D1631969

Ple
sho

ww\

Ren

Text

spee

32

LANGENSCHEIDT
STANDARD DICTIONARIES

LANGENSCHEIDT'S STANDARD GREEK DICTIONARY

Greek-English
English-Greek

Edited by
GEORGE A. MAGAZIS

LANGENSCHEIDT

© *1989 Efstathiadis Group, Athens*
© *1990 Langenscheidt KG, Berlin and Munich*
Printed in Germany by Graphische Betriebe Langenscheidt, Berchtesgaden, 1996

GUIDE TO THE DICTIONARY
ΟΔΗΓΙΕΣ ΓΙΑ ΤΗ ΧΡΗΣΗ ΤΟΥ ΛΕΞΙΚΟΥ

§1 Entry Word: The entry word is sometimes separated into two parts by means of a thin dash e.g. **starv-ation.** This separation **DOES NOT** mean syllabication. It is used to save space. Thus, derivatives, combining forms and compounds can be included in the same entry, e.g.

§1 Κύριο Λήμμα: Το κύριο λήμμα χωρίζεται μερικές φορές σε δύο μέρη με μια παύλα, π.χ. starv-ation. Ο χωρισμός αυτός ΔΕΝ σημαίνει συλλαβισμό. Χρησιμοποιείται μόνο και μόνο για οικονομία χώρου. Μ' αυτόν τον τρόπο, παράγωγες και σύνθετες λέξεις μπορούν να συμπεριληφθούν στο κύριο λήμμα, π.χ.

starv-ation (sta:r´vei ən): *(n)* πείνα, λιμός, ασιτία ‖ ~ **e** [-d]: *(v)* λιμοκτονώ ‖ πεθαίνω από ασιτία ‖ πεινώ υπερβολικά, πεθαίνω από την πείνα ‖ ~ **eling:** (n) πεθαμένος από πείνα ‖ ~**ing:** (adj) πεθαίνων από πείνα, πεινασμένος

§2 Labels and Symbols: The following information is given by means of labels and symbols:

a) **The label "Id"** signifies that the word or expression is colloquial, slang or non-standard.
b) **Parts of speech:** see § 5
c) **Plural:** see § 5
d) **Feminine:** if different from the masculine
e) **Different meaning of the same word:** The symbol ‖ is used to separate the different meaning of the same word or a derivative or compound that is formed by adding a new ending.

f) **Pronunciation:** The pronunciation of each word is given in parentheses,

§2 Ενδείξεις και Σύμβολα: Οι ακόλουθες ενδείξεις και σύμβολα χρησιμοποιούνται για διευκόλυνση αυτού που θα χρησιμοποιήσει το λεξικό:

α) **Η ένδειξη ``Id"** σημαίνει ότι η λέξη ή έκφραση είναι λαϊκή, ιδιωματική ή αργκό
β) **Μέρη του λόγου:** βλ. § 5
γ) **Πληθυντικός:** βλ. § 5
δ) **Θηλυκό:** Δίνεται, αν είναι διαφορετικό από το αρσενικό.
ε) **Διαφορετική σημασία της ίδιας λέξης:** Το σύμβολο ‖ χρησιμοποιείται για να χωρίσει τις διαφορετικές σημασίες της ίδιας λέξης ή τα παράγωγα και σύνθετα που σχηματίζονται με την προσθήκη νέας κατάληξης.

στ) **Προφορά:** Η προφορά κάθε λέξης δίνεται μέσα σε παρένθεση, π.χ.

e.g. **work** (wə:rk)

g) **Avoidance of repetition:** The symbol ~ replaces the part of the word preceding the dash (see §1) or the whole word, if it is not split by the dash.

h) **Principal parts of verbs:** The principal parts of the verbs are given in square brackets immediately following the pronunciation. If the verb is regular, only the ending -ed, or -d is given, e.g.

ζ) **Αποφυγή επανάληψης:** Το σύμβολο ~ αντικαθιστά το μέρος της λέξης που προηγείται της παύλας (βλ. § 1) ή ολόκληρη τη λέξη, αν δεν χωρίζεται από την κατακόρυφη γραμμή
η) **Κύρια μέρη του ρήματος:** Τα κύρια μέρη του ρήματος δίνονται σε αγκύλες αμέσως μετά την προφορά. Αν το ρήμα είναι ομαλό, δίνεται μόνο η κατάληξη -ed ή -d, π.χ.

work (wə:rk) [-ed]

5

If the verb is irregular, all the principal parts are given, e.g.

Αν το ρήμα είναι ανώμαλο, τότε δίνονται όλα τα κύρια μέρη του, π.χ.

take (΄teik) [took, taken]

i) **Accent:** The accent is marked by an accent mark placed on the left of the accented syllable, e.g.

θ) **Τονισμός:** Ο τονισμός της λέξης σημειώνεται με ένα σημείο τόνου στο αριστερό της τονιζόμενης συλλαβής, π.χ.

starvation (sta:r΄vei∫ən)

§3 Alphabetical order: The entries are generally given in alphabetical order. However, to save space, derivatives, compounds and combining forms are often given with the entry word. Thus, the word WINDPIPE is given under WIND and not after WINDOW. Nevertheless, after the word WINDOW, the word WINDPIPE is given with the remark: see WIND

§3 Αλφαβητική κατάταξη: Τα λήμματα έχουν γενικά τοποθετηθεί σε αλφαβητική σειρά. Για οικονομία όμως χώρου, τα παράγωγα και τα σύνθετα δίνονται συχνά μαζί με το κύριο λήμμα. Έτσι η λέξη WINDPIPE δίνεται κάτω από το λήμμα WIND και όχι μετά τη λέξη WINDOW. Μετά, όμως, από τη λέξη WINDOW, για τη λέξη WINDPIPE γίνεται η παρατήρηση, βλ. wind.

§4 Pronunciation Key: The following phonetic symbols are used:

§4 Κλειδί προφοράς: Για την προφορά, χρησιμοποιούνται τα εξής σύμβολα:

æ	ήχος μεταξύ α και ε (pat, hat)
ei	εϊ (μονοσύλλαβο) (take, lake)
eə	εα (κλειστό) (bear, there)
a:	α παρατεταμένο (μακρό) (arm, farm)
e	ε (set, jet)
i:	ι παρατεταμένο (μακρό) (see, bee)
i	ι βραχύ (sit, bit)
ai	αϊ (μονοσύλλαβο) (eye, buy)
iə	ιε (κλειστό) (ear, dear)
ɔ	βραχύ ο με ήχο που κλίνει προς το α (lot, pot)
ou	οου (nose, pose)
ɔ:	ο παρατεταμένο (μακρό) (bought, taught)
au	αου (μονοσύλλαβο) (mouth, south)
u	ου βραχύ (put, push)
u:	ου παρατεταμένο (μακρό) (loot, hoot)
ʌ	βραχύς ήχος μεταξύ α και ο (but, thumb)
ə:	ήχος μεταξύ ε και ο (γαλλικό eu) (third, bird)
ə	άτονο ε βραχύ (linen, garland)
∫	παχύ σ (όπως το γαλλικό ch) (she, dish)
t	παχύ τσ (chalk, cheese)
g	γκ (game, gag)
dz	παχύ τζ (giant, gist)
ŋ	όπως ο ήχος ν στή λέξη σάλπιγξ (ring, sing)
th	θ (theme, anthem)
δ	δ (the, them)
j	υγρό ι που εκφέρεται σαν ένας ήχος με το επόμενο φωνήεν. Όταν είναι στην αρχή της λέξης έχει απήχηση γ πριν απ'αυτό (duty, yes)

adj.	=	adjective
adv.	=	adverb
anat.	=	anatomy
chem.	=	chemistry
conj.	=	conjunction
interj.	=	interjection
math.	=	mathematics
n.	=	noun
phys.	=	physics
pl.	=	plural
prep.	=	preposition
pron.	=	pronoun
sing.	=	singular
tech	=	technical
v.	=	verb

Conversion factors

Length

miles: kilometres	1.609
yards: metres	0.914
feet: metres	0.305
inches: millimetres	25.4
inches: centimetres	2.54

Area

square miles: square kilometres	2.59
square miles: hectares	258.999
acres: square metres	4046.86
acres: hectares	0.405
square yards: square metres	0.836
square feet: square metres	0.093
square feet: square centimetres	929.03
square inches: square millimetres	645.16
square inches: square centimetres	6.452

Volume

cubic yards: cubic metres	0.764
cubic feet: cubic metres	0.028
cubic feet: cubic decimetres	28.317
cubic inches: cubic centimetres	16.387

Capacity

gallons: cubic decimetres	4.546
gallons: litres	4.546
US barrels: cubic metres (for petroleum)	0.159
US gallons: litres	3.785
US gallons: cubic decimetres	3.785
quarts: cubic decimetres	1.136
quarts: litres	1.137
pints: cubic decimetres	0.568
pints: litres	0.568
gills: cubic decimetres	0.142
gills: litres	0.142
fluid ounces: millilitres	28.413
fluid ounces: cubic centimetres	28.413

Παράγοντες μετατροπής

Μήκος

μίλια: χιλιόμετρα	1.609
γυάρδες: μέτρα	0.914
πόδια: μέτρα	0.305
ίντσες: χιλιοστά	25.4
ίντσες: εκατοστά	2.54

Επιφάνεια

μίλια^2: χιλιόμετρα^2	2.59
μίλια^2: εκτάρια	258.999
άκρ: μέτρα^2	4046.86
άκρ: εκτάρια^2	0.405
γυάρδες^2: μέτρα^2	0.836
πόδια^2: μέτρα^2	0.093
πόδια^2: εκατοστά^2	929.03
ίντσες^2: χιλιοστά^2	645.16
ίντσες^2: εκατοστά^2	6.452

Όγκος

γυάρδες^3: μέτρα^3	0.764
πόδια^3: μέτρα^3	0.028
πόδια^3: παλάμες^3	28.317
ίντσες^3: εκατοστά^3	16.387

Χωρητικότητα

γαλλόνια: παλάμες^3	4.546
γαλλόνια: λίτρα	4.546
βαρέλι US: μέτρα^3 (για πετρέλαιο)	0.159
γαλλόνια US: λίτρα	3.785
γαλλόνια US: παλάμες^3	3.785
κουώρτς: παλάμες^3	1.136
κουώρτς: λίτρα	1.137
πίντς: παλάμες^3	0.568
πίντς: λίτρα	0.568
τζίλλς: παλάμες^3	0.142
τζίλλς: λίτρα	0.142
ουγγιά υγρών: παλάμες^3	28.413

Conversion factors

Mass

tons: kilogrammes	1016.05
hundredweights:	
kilogrammes	50.802
centals: kilogrammes	45.359
quarters: kilogrammes	12.701
stones: kilogrammes	6.350
pounds: kilogrammes	0.453
ounces: grammes	28.350

Mass per unit length

tons per mile:	
kilogrammes per metre	0.631
pounds per foot:	
kilogrammes per metre	1.488
pounds per inch:	
kilogrammes per metre	17.858
ounces per inch:	
grammes per millimetre	1.116

Mass per unit area

tons per square mile:	
kilogrammes per hectare	3.923
pounds per square foot:	
kilogrammes per	
square metre	4.882
pounds per square inch:	
grammes per square	
centimetre	70.307
ounces per square yard:	
grammes per square metre	33.906
ounces per square foot:	
grammes per square	
metre	305.152

Fuel consumption

gallons per mile:	
litres per kilometre	2.825
US gallons per mile:	
litres per kilometre	2.352
miles per gallon:	
kilometres per litre	0.354

Power

horsepower: kilowatts	0.746

Παράγοντες μετατροπής

Μάζα

τόννοι: κιλά	1016.05
εκατόβαρο: κιλά	50.802
τσένταλς: κιλά	45.359
κουώρτερς: κιλά	12.701
στόουνς: κιλά	6.350
πάουντς: κιλά	0.453
ουγγιές: γραμμάρια	28.350

Μάζα ανά μονάδα μήκους

τόννοι ανά μίλι:	
κιλά ανά μέτρο	0.631
πάουντς ανά πόδι:	
κιλά ανά μέτρο	1.488
πάουντς ανά ίντσα:	
κιλά ανά μέτρο	17.858
ουγγιές ανά ίντσα:	
γραμμάρια ανά χιλιοστό	1.116

Μάζα ανά μονάδα επιφανείας

τόννοι ανά μίλι^2:	
κιλά ανά εκτάριο	3.923
πάουντς ανά πόδι^2:	
κιλά ανά μέτρο^2	4.882
πάουντς ανά ίντσα^2:	
γραμμ. ανά εκατοστό^2	70.307
ουγγιές ανά γυάρδα^2:	
γραμμ. ανά εκατοστό^2	33.906
ουγγιές ανά πόδι^2:	
γραμμ. ανά μέτρο^2	305.152

Κατανάλωση καυσίμων

γαλλόνια ανά μίλι:	
λίτρα ανά χλμ.	2.825
US γαλλόνι ανά μίλι:	
λίτρα ανά χλμ.	2.352
μίλια το γαλλόνι:	
χλμ. το λίτρο	0.354

Ισχύς

Ιπποδύναμη: κιλοβάτ	0.746

CARDINAL NUMBERS

ΑΠΟΛΥΤΑ ΑΡΙΘΜΗΤΙΚΑ

English		Greek
zero	0	μηδέν
one	1	ένας, μία, ένα
two	2	δύο
three	3	τρείς, τρία
four	4	τέσσερα
five	5	πέντε
six	6	έξι
seven	7	επτά
eight	8	οκτώ (οχτώ)
nine	9	εννέα (εννιά)
ten	10	δέκα
eleven	11	έντεκα
twelve	12	δώδεκα
thirteen	13	δεκατρία
fourteen	14	δεκατέσσερα
fifteen	15	δεκαπέντε
sixteen	16	δεκαέξι
seventeen	17	δεκαεπτά
eighteen	18	δεκαοκτώ (δεκαοχτώ)
nineteen	19	δεκαεννέα (δεκαεννιά)
twenty	20	είκοσι
twenty-one	21	είκοσι ένας, μία, ένα
twenty-two	22	είκοσι δύο
thirty	30	τριάντα
forty	40	σαράντα
fifty	50	πενήντα
sixty	60	εξήντα
seventy	70	εβδομήντα
eighty	80	ογδόντα
ninety	90	ενενήντα
one hundred	100	εκατό
two hundred	200	διακόσιοι, ες, α
three hundred	300	τριακόσιοι, ες, α
four hundred	400	τετρακόσιοι, ες, α
five hundred	500	πεντακόσιοι, ες, α
six hundred	600	εξακόσιοι, ες, α
seven hundred	700	επτακόσιοι, ες, α
eight hundred	800	οκτακόσιοι, ες, α
nine hundred	900	εννιακόσιοι, ες, α
one thousand	1,000	χίλιοι, χίλιες, χίλια
two thousand	2,000	δύο χιλιάδες
three thousand	3,000	τρεις χιλιάδες
one million	1,000,000	ένα εκατομμύριο
one billion	1,000,000,000	ένα δισεκατομμύριο

Months

January
February
March
April
May
June
July
August
September
October
November
December

Days

Sunday
Monday
Tuesday
Wednesday
Thursday
Friday
Saturday

Μήνες

Ιανουάριος
Φεβρουάριος
Μάρτιος
Απρίλιος
Μάϊος
Ιούνιος
Ιούλιος
Αύγουστος
Σεπτέμβριος
Οκτώβριος
Νοέμβριος
Δεκέμβριος

Ημέρες

Κυριακή
Δευτέρα
Τρίτη
Τετάρτη
Πέμπτη
Παρασκευή
Σάββατο

English Greek

A

A, a (ei): το πρώτο γράμμα του Αγγλ. αλφαβήτου ‖ 6ος φθόγγος της μουσ. κλίμακας

a (ə, ei): (ind. art.) ένας, μία, ένα, κάποιος, κάποια, κάποιο ‖ (prep) ανά, κάθε

aback (ə'bæk): πίσω, προς τα πίσω ‖ **taken ~**: ξαφνιασμένος, έκπληκτος, σαστισμένος

abaft (ə'ba:ft): προς την πρύμνη, προς τα πίσω του πλοίου

abandon (ə'bændən) [-ed]: (v) εγκαταλείπω, αφήνω ‖ **~ed**: (adj) εγκαταλειμμένος ‖ δύστυχος, φουκαράς ‖ ξεδιάντροπος ‖ **~ment**: (n) εγκατάλειψη

abase (ə'beis) [-d]: (v) υποβιβάζω ‖ ταπεινώνω ‖ **~ment**: (n) υποβιβασμός ‖ ταπείνωση

abash (ə'bæʃ) [-ed]: (v) ντροπιάζω ‖ συγχύζω ‖ **~ment**: (n) ντρόπιασμα, καταισχύνη ‖ σύγχυση

abate (ə'beit) [-d]: (v) ελαττώνω, μετριάζω ‖ καταπαύω, εξασθενίζω ‖ ελαττώνομαι, κοπάζω, εξασθενώ, μετριάζομαι ‖ αφαιρώ, εκπίπτω ‖ (leg) ακυρώνομαι ‖ **~ment**: (n): ελάττωση, μετριασμός ‖ κατάπαυση, εξασθένιση ‖ αφαίρεση, έκπτωση

abba-cy ('æbəsi): (n) αξίωμα ή δικαιοδοσία ηγούμενου ‖ **~tial** (æ'bəʃiəl): (adj) ηγουμενικός

abbess ('æbis): (n) ηγουμένη

abbey ('æbi): (n) μοναστήρι ‖ αβαείο

abbot ('æbət): (n) ηγούμενος ‖ αβάς

abbreviat-e (ə'bri:vieit) [-d]: (v) συντομεύω ‖ **~ion**: (n) συντόμευση, συντομία, βραχυγραφία ‖ συγκεκομμένη λέξη

abdicat-e ('æbdikeit) [-d]: (v) παραιτούμαι από αξίωμα ή θέση ‖ **-ion**: (n) παραίτηση

abdom-en (æb'domən): (n) υπογάστριο

‖ κοιλιά ‖ **~inal**: (adj) υπογάστριος

abduct (æb'dʌkt) [-ed]: (v) απάγω ‖ **~ion**: (n) απαγωγή ‖ **~or**: (n) απαγωγέας

abed (ə'bed): (adv) κρεβατωμένος, στο κρεβάτι

aberran-ce (æ'berəns): (n) ανωμαλία, παρέκκλιση ‖ **~t**: (adj) ανώμαλος, με παρέκκλιση

aberration (æbə'reiʃən): (n) ανωμαλία, εκτροπή, παρέκκλιση

abet (ə'bet) [-ted]: (v) ενθαρρύνω, παρακινώ, υποκινώ ‖ **~ment**: (n) ενθάρρυνση, παρακίνηση ‖ **~ter** ή **~tor**: (n) υποκινητής, συνένοχος

abeyance (ə'beiəns): (n) αναβολή ‖ εκκρεμότητα

abhor (əb'hər) [-red]: (v) σιχαίνομαι, αποστρέφομαι, απεχθάνομαι ‖ απορρίπτω ‖ **~rence**: (n) απέχθεια, αποστροφή ‖ απόρριψη ‖ **~rent**: (adj) σιχαμερός, απεχθής

abide (ə'baid) [-d ή abode]: (v) μένω, διαμένω, κατοικώ ‖ περιμένω, καρτερώ ‖ υπομένω, αντιστέκομαι ‖ υφίσταμαι ‖ συμμορφώνομαι

ability (ə'biliti): (n) ικανότητα, επιδεξιότητα

abject ('æbdzekt): (adj) τιποτένιος, αισχρός, ταπεινός ‖ **~ion**: (n) αισχρότητα, ταπεινότητα

abjure (əb'dzuər) [-d]: (v) απαρνούμαι ‖ **~ation**: (n) απάρνηση ‖ **~er**: (n) εξωμότης, αρνητής

ablative ('æblətiv): (n) (gram) αφαιρετική πτώση

ablaze (ə'bleiz): (adj) φλεγόμενος, μέσα σε φλόγες ‖ λαμπερός ‖ ζωηρόχρωμος, με ζωηρά ή χτυπητά χρώματα

able ('eibl): (adj) ικανός ‖ **~ness**: (n) ικανότητα

15

abloom (ə΄blu:m): *(adj)* ανθισμένος
abnormal (æb΄nɔrməl): *(adj)* ανώμαλος, ακανόνιστος ‖ ~**ity:** *(n)* ανωμαλία
aboard (ə΄bo:rd): *(adv)* επάνω ή μέσα σε πλοίο ή άλλο συγκ. μέσο
abode (a΄boud): βλ. abide ‖ *(n)* κατοικία, διαμονή
abolish (ə΄bɔliʃ) [-ed]: *(v)* καταργώ, ακυρώνω, διαγράφω ‖ ~**ment** (ή **abolition**): *(n)* κατάργηση, ακύρωση, διαγραφή
abolition: βλ. abolishment
A-bomb (ei΄-bəm): *(n)* ατομική βόμβα
abomina-ble (ə΄bominəbl) *(adj)*: απαίσιος, απεχθής, βδελυρός, αποτρόπαιος ‖ ~**ness:** *(n)* βδελυρότητα
abominate (ə΄bomineit) [-d]: *(v)* απεχθάνομαι ‖ ~**ion:** *(n)* βδελυγμία, απέχθεια ‖ βδελυρό πρόσωπο ή πράγμα
aboriginal (æbə΄ridzinəl): *(adj)* ιθαγενής ‖ πρωτόγονος
aborigines (æbə΄ridzini:z): *(n)* ιθαγενείς, γηγενείς, αυτόχθονες
abort (ə΄bo:rt) [-ed]: *(v)* κάνω έκτρωση ‖ διακόπτω, σταματώ, ματαιώνω ‖ προκαλώ αποτυχία ‖ ματαιώνομαι, αποτυχαίνω ‖ ~**ion:** *(n)* έκτρωση, αποβολή ‖ έκτρωμα ‖ ~**ive:** *(adj)* εκτρωματικός ‖ αποτυχημένος ‖ πρόωρος ‖ ~**iveness:** *(n)* έκτρωση, εκτρωματικότητα ‖ ματαίωση, αποτυχία
abound (ə΄baund) [-ed]: *(v)* αφθονώ, βρίθω ‖ έχω σε αφθονία ‖ είμαι εφοδιασμένος ‖ ~**ing:** *(adj)* άφθονος
about (ə΄baut): *(adv)* σχεδόν, περίπου ‖ χωρίς κατεύθυνση ‖ σχετικά προς ‖ έτοιμος για ‖ *(prep)* γύρω, ολόγυρα, κοντά ‖ ~ **face:** μεταβολή ‖ αλλαγή ιδεών ή προθέσεων
above (ə΄bʌv): *(adj)* από πάνω, ψηλά, σε ψηλότερο επίπεδο ‖ *(prep)* από πάνω, ψηλότερα ‖ ~**board:** τίμιος, ειλικρινής, τίμια, με ειλικρίνεια
abra-de (ə΄breid) [-d]: (b) τρίβω ‖ καταστρέφω ή φθείρω με τριβή ‖ ~**sion:** *(n)* τριβή ‖ φθορά από τριβή ‖ ~**sive:** *(adj)* τριβικός ‖ *(n)* μέσο τριβής
abreast (ə΄brest): *(adv)* δίπλα, κοντάκοντά ‖ ~ **of** (ή ~ with): συμβαδίζω ‖ ξέρω

abridge (ə΄bridz) [-d]: *(v)* συντομεύω, περικόβω ‖ ~**d:** *(adj)*: σύντομος, περιληπτικός ‖ ~**ment:** *(n)* συντόμευση, περίληψη
abroad (ə΄bro:d): *(adv)* στο εξωτερικό, σε άλλη χώρα ‖ έξω από το σπίτι, έξω από το κλειστό χώρο ‖ σε κυκλοφορία, ελεύθερος ‖ έξω από το στόχο ‖ *(n)* ξενιτιά, εξωτερικό
abrogat-e (΄æbrogeit) [-d]: *(v)* ακυρώνω ‖ καταργώ με διάταγμα ‖ ~**ion:** *(n)* ακύρωση, κατάργηση
abrupt (ə΄brʌpt): *(adj)* απότομος ‖ τραχύς ‖ αιφνίδιος, απροσδόκητος, αναπάντεχος ‖ ~**ly:** *(adv)* απότομα, ξαφνικά ‖ ~**ness** *(n)*: τραχύτητα ‖ το απότομο
abscess (΄æbses) [-ed]: *(v)* σχηματίζω οίδημα, κάνω απόστημα ‖ *(n)* οίδημα, απόστημα
abscis-e (əb΄saiz) [-d]: *(v)* κάνω τομή, αποκόβω ‖ βγάζω με τομή ‖ ~**sion:** *(n)* αποκοπή, τομή
abscissa (əb΄sisə): *(n)* τετμημένη *(math)*
abscond (əb΄skɔnd) [-ed]: *(v)* φυγοδικώ ‖ διαφεύγω, κρύβομαι ‖ ~**er** *(n)* φυγόδικος
absen-ce (΄æbsəns): *(n)* απουσία ‖ έλλειψη ‖ ~**t:** *(adj)* απών ‖ ανύπαρκτος ‖ ~**t-minded:** *(adj)* αφηρημένος
absent (æb΄sent) [-ed]: *(v)* απουσιάζω ‖ απών, απουσιάζων ‖ ~**ee:** απών
absolut-e (΄æbsəlu:t): *(adj)* απόλυτος ‖ τέλειος, πλήρης ‖ αγνός, ανόθευτος ‖ τελειωτικός *(leg)* ‖ ~**eness:** *(n)* απόλυτη εξουσία, απολυταρχία ‖ το απόλυτο ‖ ~**ism:** *(n)* απολυταρχία, απολυταρχικό πολίτευμα ‖ ~**ist:** *(n & adj)* απολυταρχικός
absolution (æbsə΄luʃən): *(n)* άφεση αμαρτιών
absolve (əb΄sɔlv) [-d]: *(v)* αθωώνω, απαλλάσσω ‖ δίνω άφεση αμαρτιών, συγχωρώ
absorb (əb΄sɔrb) [-ed]: *(v)* απορροφώ ‖ ~**ent:** *(adj)* απορροφητικός ‖ *(n)* μέσο απορρόφησης
absorpt-ion (əb΄sɔrpʃən): *(n)* απορρόφηση ‖ ~**ive:** *(adj)* απορροφητικός

16

abstain (əb´stein) [-ed]: *(v)* απέχω, κάνω αποχή, αποφεύγω ‖ **~er**: *(n)* αυτός που κάνει αποχή (από οιν. ποτά)

abstemious (æb´sti:miəs): *(adj)* εγκρατής, λιτός

abstention (æb´stenʃən): *(n)* αποχή, αποφυγή κατάχρησης ποτών ‖ εγκράτεια, λιτότητα

abstinence (´æbstinəns): *(n)* αποχή, εγκράτεια ‖ (θρησκ.) νηστεία

abstract (´æbstrækt): *(adj)* αφηρημένος, μη συγκεκριμένος ‖ θεωρητικός, μη εφαρμόσιμος ‖ δυσκολονόητος ‖ *(n)* σύνοψη ‖ περιληπτική έκθεση ή αναφορά ‖ (æb´strækt) [-ed]: *(v)* περικόβω, αφαιρώ ‖ υπεξαιρώ *(leg)* ‖ συνοψίζω, εκθέτω περιληπτικά ‖ **~ion**: *(n)* αποκοπή, περικοπή ‖ αφηρημένη ιδέα ‖ έργο αφηρημένης τέχνης

abstruse (æb´stru:s): *(adj)* δυσκολονόητος, ασαφής, διφορούμενος ‖ **~ness**: *(n)* ασάφεια

absurd (əb´sə:rd): *(adj)* παράλογος ‖ **~ity** ή **~ness**: *(n)* παραλογισμός, ανοησία

abundan-ce (ə´bʌndəns) [και **abundancy**]: *(n)* αφθονία ‖ πληρότητα, πληθώρα ‖ **~t**: *(adj)* άφθονος.· πληθωρικός

abus-e (ə´bju:z) [-d]: *(v)* προσβάλλω, βρίζω ‖ καταχρώμαι ‖ κακομεταχειρίζομαι ‖ χρησιμοποιώ κακώς ‖ (ə´bju:s): *(n)* προσβολή, ύβρη ‖ κακομεταχείριση ‖ σφαλερή ή κακή χρήση ‖ **~ive**: *(adj)* προσβλητικός, υβριστικός

abut (ə´bʌt) [-ted]: *(v)* συνορεύω ‖ αγγίζω, εφάπτομαι ‖ **~ment**: *(n)* επαφή, σημείο επαφής ‖ στήριγμα, σημείο στήριξης ‖ ακρόβαθρο γέφυρας

abysm (ə´bizəm) (βλ. και **abyss**): *(n)* μεγάλο βάθος ‖ άβυσσος ‖ **~al**: *(adj)* βαθύς, αβυσσαλέος

abyss (ə´bis): *(n)* άβυσσος, μεγάλο βάθος

acacia (ə´keiʃə): *(n)* ακακία

academic (ækə´demik): *(adj)* ακαδημαϊκός ‖ σχετικός με ανώτατη σχολή ‖ θεωρητικός, μη πρακτικός ‖ τυπικός, συμβατικός ‖ *(n)* μέλος μορφωτικής ή πανεπιστημιακής εταιρείας ‖ φοιτητής

ή καθηγητής ‖ **~als**: *(n)* τήβεννος και καπέλο καθηγητή ή φοιτητή ‖ **~ian**: *(n)* ακαδημαϊκός, μέλος ακαδημίας

academy (ə´kædemi): *(n)* ακαδημία ‖ ανώτατη σχολή

acajou (əka´zu:): *(n)* μαόνι

accede (æk´si:d) [-d]: *(v)* συμφωνώ ‖ προσχωρώ ‖ ανέρχομαι (σε αξίωμα) ‖ **~nce**: *(n)* συμφωνία ‖ προσχώρηση ‖ ανέβασμα σε αξίωμα

accelerat-e (æk´selereit) [-d]: *(v)* επιταχύνω ‖ επισπεύδω ‖ επιταχύνομαι, αυξάνω ταχύτητα ‖ **~ion**: *(n)* επιτάχυνση ‖ επίσπευση ‖ **~ive** *(adj)* επιταχυντικός ‖ **~or**: *(n)* επιταχυντής

accent (´æksənt): *(n)* τονισμός, τόνος ‖ τρόπος ομιλίας, προφορά (κυρίως ξενική) ‖ διακεκριμένο χαρακτηριστικό ή ποιότητα ‖ (æk´sent) [-ed]: *(v)* τονίζω ‖ δίνω έμφαση

accentuate (æk´sentʃueit) [-ed]: *(v)* τονίζω, προφέρω με έντονο τονισμό ‖ δίνω έμφαση

accept (ək´sept) [-ed]: *(v)* δέχομαι, παραδέχομαι ‖ **~able**: *(adj)* δεκτός, αποδεκτός ‖ **~ance**: *(n)* αποδοχή, αναγνωρισμένος ‖ **~ation**: *(n)* αποδοχή ‖ εκδοχή ‖ **~ed**: *(adj)* δεκτός, παραδεκτός, αναγνωρισμένος ‖ **~er** ή **~or**: *(n)* αποδέκτης

access (´ækses): *(n)* προσέγγιση, μέσο προσέγγισης ή εισόδου ή επαφής, διέλευση ‖ δικαίωμα εισόδου ή χρήσης ‖ προσιτότητα ‖ **~ible**: *(adj)* ευπρόσιτος, προσιτός ‖ **~ibility**: *(n)* προσιτότητα, το προσιτό

accession (æk´seʃən): *(n)* επαύξηση ‖ υπεραξία ‖ ανέβασμα σε αξίωμα

accessory (æk´sesəri): *(n)* συμπλήρωμα, προσθήκη ‖ συνένοχος, συνεργός ‖ εξάρτημα, ανταλλακτικό, βοηθητικό κομμάτι ‖ *(adj)* δευτερεύων, συμπληρωματικός

accidence (´æksidəns): *(n)* βασικό στοιχείο ή βασικά στοιχεία ‖ τεχνολογικό γραμματικής

accident (´æksidənt): *(n)* δυστύχημα, ατύχημα ‖ απροσδόκητο ή τυχαίο περιστατικό ‖ **~al**: *(adj)* τυχαίος

acclaim (ə´kleim) [-ed]: *(v)* επευφημώ,

17

ζητωκραυγάζω ‖ επιδοκιμάζω έντονα ‖ *(n)* επευφημία, ζητωκραυγή ‖ ενθουσιώδης επιδοκιμασία
acclamation (əklə´meiʃən): *(n)* επευφημία, ζητωκραυγή ‖ ψήφος δια βοής ‖ επιδοκιμασία
acclimat-e (´ækləmeit) ή **acclimatiz-e** (ə´klaimətaiz) [-d]: *(v)* εγκλιματίζω, εγκλιματίζομαι ‖ εξοικειώνω ‖ ~**ion**: *(n)* εγκλιματισμός, εξοικείωση
acclivity (ə´kliviti): *(n)* ανωφέρεια, ανήφορος
accolade (´ækoleid): *(n)* έπαινος, έγκριση ‖ θερμός χαιρετισμός ‖ χρίση ιππότη
accommodat-e (ə´kɔmədeit) [-d]: *(v)* εξυπηρετώ, κάνω χάρη ‖ διευκολύνω ‖ παρέχω ‖ διευθετώ ‖ εξοικονομώ ‖ παρέχω ή διαθέτω στέγη ή χώρο ‖ ~**ion**: *(n)* εξυπηρέτηση, διευκόλυνση ‖ στέγαση, παροχή χώρου ‖ συμβιβασμός ‖ *(comm.)* οικον. παροχή ή ευκολία ‖ δάνειο
accompan-iment (ə´kʌmpənimənt): *(n)* συνοδεία ‖ συμπλήρωμα ‖ ~**ist**: *(n)* συνοδός τραγουδιού ‖ ~**y** *(-ied)*: *(n)* συνοδεύω ‖ συμπληρώνω, προσθέτω
accomplice (ə´kɔmplis): *(n)* συνένοχος, συνεργός
accomplish (ə´kɔmpliʃ) [-ed]: *(v)* συμπληρώνω, τελειώνω ‖ κατορθώνω, πετυχαίνω ‖ ~**ed**: *(adj)* τέλειος ‖ με ταλέντο, ταλαντούχος ‖ ~**ment**: *(n)* επίτευγμα, κατόρθωμα, ‖ συμπλήρωση ‖ άξια, προσόν, ταλέντο
accord (ə´kɔ:rd) [-ed]: *(v)* χορηγώ, παρέχω ‖ συμφωνώ ‖ *(n)* συμφωνία ‖ αρμονία ‖ ~**ance**: *(n)* συμφωνία, αρμονία ‖ ~**ed**: *(adj)* σύμφωνος, αρμονικός, σε αρμονία ‖ ~**ing**: *(adv)* σύμφωνα ‖ ~**ingly** *(adv)*: συνεπώς, κατά συνέπεια
accordion (ə´kɔ:rdiən): *(n)* αρμόνικα (ακορντεόν)
accost (ə´kɔst) [-ed]: *(v)* αποτείνομαι, απευθύνω το λόγο ‖ πλησιάζω, ''πλευρίζω''
account (ə´kaunt) [-ed]: *(v)* θεωρώ ‖ δίνω λογαριασμό ή λόγο ‖ *(n)* λογαριασμός, έκθεση ‖ αφήγηση ‖ αξία ‖

κέρδος, πλεονέκτημα ‖ ~**able**: *(adj)* υπόλογος, υπεύθυνος ‖ ~**ancy**: *(n)* λογιστική ‖ ~**ant**: *(n)* λογιστής ‖ **on** ~: σε πίστωση ‖ ένεκα ‖ **on no** ~: με κανένα τρόπο
accredit (ə´kredit) [-ed]: *(v)* αναγνωρίζω, επικυρώνω ‖ διαπιστεύομαι, δίνω διαπιστευτήρια ‖ ~**ed**: *(adj)* αναγνωρισμένος, έγκυρος ‖ διαπιστευμένος
accretion (æ´kri:ʃən): *(n)* επαύξηση ‖ πρόσφυση
accru-e (ə´kru:) [-d]: *(v)* αυξάνω, συσσωρεύομαι ‖ γίνομαι νόμιμο δικαίωμα ‖ ~**al**: *(n)* αύξηση, συσσώρευση
accumulat-e (ə´ku:muleit) [-d]: *(v)* συσσωρεύω, συσσωρεύομαι ‖ ~**ion**: *(n)* συσσώρευση ‖ ~**ive** *(adj)* επισωρρευτικός ‖ ~**or**: *(n)* συσσωρευτής
accura-cy (´ækjurəsi): *(n)* ακρίβεια ‖ ορθότητα, πιστότητα ‖ ~**te**: *(adj)* ακριβής, σωστός, πιστός ‖ ~**tely** *(adv)* ακριβώς, σωστά
accursed (ə´kə:rsid): *(adj)* καταραμένος
accusable (ə´kju:zəbl): κατηγορητέος, αξιοκατάκριτος
accusat-ion (ækju:´zeiʃən): *(n)* κατηγορία ‖ ~**ive**: *(n)* αιτιατική
accuse (ə´kju:z) [-d]: *(v)* κατηγορώ ‖-**d**: κατηγορούμενος ‖ ~**r**: *(n)* μηνυτής, κατήγορος
accustom (ə´kʌstəm) [-ed]: *(v)* εθίζω, εξοικειώνω ‖ ~**ed**: *(adj)* συνηθισμένος ‖ **get** ~**ed**: *(v)* συνηθίζω
ace (eis) *(n)* άσος
acerbity (ə´sə:rbiti): *(n)* στυφάδα ‖ δριμύτητα
acetate (´æsitit): οξινό αλάτι
acetic: (ə´si:tik): οξικός
ach-e (eik) ˙[-d]: *(v)* πονώ ‖ *(n)* πόνος ‖ ~**ing**: *(adj)* πονεμένος
achieve (ə´tʃi:v) [-d]: *(v)* κατορθώνω, πετυχαίνω ‖ εκτελώ, πραγματοποιώ ‖ ~**ment**: *(n)* επίτευγμα, κατόρθωμα ‖ ~**r**: ικανός, πετυχημένος, φτασμένος
achromatism (ə´kroumətizəm): *(n)* αχρωματισμός
acid (´æsid): *(n)* οξύ ‖ *(adj)* οξύς, δριμύς ‖ ~**ify** [-ied]: *(v)* οξοποιώ ‖ ~**ity** ή ~**ness**: *(n)* οξύτητα ‖ ~**osis**: *(n)* οξίδωση ‖ βαθμός οξύτητας

ack-ack (æk-æk): *(n)* αντιαεροπορικό πυροβολικό ‖ αντιαεροπορικά πυρά
acknowledge (ə´knɒlidz) [-d]: *(v)* αναγνωρίζω, παραδέχομαι ‖ γνωρίζω λήψη ‖ ανταποδίδω χαιρετισμό ‖ ~**ment:** *(n)* παραδοχή, αναγνώριση ‖ *(pl)* ευχαριστίες
acme (´ækmi): *(n)* ακμή
acne (´ækni): *(n)* ακμή, εξάνθημα νεότητος
acolyte (´ækolait): *(n)* οπαδός, ακόλουθος ‖ βοηθός ιερέα
aconite (´ækonait): *(n)* ακόνιτο (φυτό)
acorn (´eiko:rn): *(n)* βαλανίδι
acoustic (ə´kustik): *(adj)* ακουστικός ‖ ~**al:** ακουστικός ‖ ~**s:** ακουστική *(n)*
acquaint (ə´kweint) [-ed]: *(v)* κάνω γνωστό, γνωστοποιώ ‖ ~**ance:** *(n)* γνωριμία ‖ γνωστός, γνώριμος ‖ ~**ed:** γνώστης, γνώριμος, πληροφορημένος
acquiesce (ækwi´es) [-d]: *(v)* αποδέχομαι, συναινώ ‖ ενδίδω, υποχωρώ ‖ ~**nce:** *(n)* συγκατάθεση
acquire (ə´kwaiər) [-d]: *(v)* αποκτώ, πετυχαίνω ‖ ~**d:** *(adj)* επίκτητος ‖~**ment:** *(n)* απόκτημα, προσόν
acquisiti-on (ækwi´zi∫ən): *(n)* απόκτηση, απόκτημα ‖ ~**ve:** *(adj)* αρπακτικός ‖ επιδεκτικός μάθησης
acquit (ə´kwit) [-ted]: *(v)* αθωώνω, απαλλάσσω από κατηγορία ή υποχρέωση ή καθήκον ‖ ξεπληρώνω υποχρέωση ‖ ~**tal:** *(n)* αθώωση, απαλλαγή ‖ απαλλακτικό βούλευμα ‖ ~**tance:** *(n)* α. ᾽λακτική δήλωση
acre (´eikər): *(n)* εκτάριο (=4000 τετρ. μέτρα ‖ ~ **age:** *(n)* έκταση ή εμβαδό σε εκτάρια ‖ ~ **age:** *(n)* κτηματική περιουσία
acrid (´ækrid): *(adj)* δριμύς, δηκτικός, τσουχτερός
acrimon-ious (ækri´məniəs): *(adj)* πικρός, δύστροπος ‖ ~**iousness ή ~y:** *(n)* πικρία, πικρότητα
acrobat (´ækrobat): *(n)* ακροβάτης ‖ ~**ic:** *(adj)* ακροβατικός ‖ ~**ics:** *(n)* ακροβασίες, ακροβατικά
across (ə´kros): *(adv)* εγκάρσια, κατά πλάτος ‖ διά μέσου ‖ απέναντι ‖ **come ~:** *(v)* συναντώ

acrostic (ə´krostik): *(n)* ακροστιχίδα
act (´ækt) [-ed]: *(v)* υποκρίνομαι ‖ υποδύομαι, παριστάνω ‖ εκτελώ, ενεργώ ‖ αντικαθιστώ ‖ *(n)*: πράξη, ενέργεια ‖ πράξη θεατρικού έργου ‖ νομοθέτημα ‖ προσποίηση, προσποιητό ύφος ‖ ~**ing:** *(adj)* αντικαταστάτης, αναπληρωματικός
action (´æk∫ən): *(n)* πράξη, ενέργεια ‖ πολεμική δράση ‖ μήνυση, αγωγή ‖ **missing in ~** ή Μ.Ι.Α.: αγνοούμενος
activ-ate (´æktiveit) [-d]: *(v)* βάζω σε ενέργεια ‖ οργανώνω ‖ βάζω σε ενεργό υπηρεσία ‖ επιταχύνω αντίδραση ‖ ~**e:** *(adj)* ενεργητικός, δραστήριος, ζωηρός ‖ ~**ity:** *(v)* ενεργητικότητα, δραστηριότητα ‖ δράση, εκδήλωση
act-or (´æktər): *(n)* ο ηθοποιός ‖ ~**ress:** *(n)* η ηθοποιός
actual (´æktjuəl): *(adj)* πραγματικός, υπάρχων ‖ ~**ize** [-d]: *(v)* πραγματοποιώ ‖ περιγράφω ρεαλιστικά ‖ ~**ly:** *(adv)* πράγματι, πραγματικά
actuary (´æktjuəri): *(n)* στατιστικός ασφαλιστικής εταιρείας
actuat-e (´æktjueit) [-d]: *(v)* βάζω σε κίνηση ή ενέργεια ‖ παρακινώ, εξωθώ ‖ ~**ion:** *(n)* κίνηση, ώθηση, εξώθηση
acuity (æ´kjuiti): *(n)* οξύτητα ‖ αιχμηρότητα
acumen (ə´kju:men): *(n)* οξύνοια ‖ ταχύτητα σκέψης και κρίσης
acupuncture (əkju´pʌŋkt∫ər): *(n)* βελονισμός
acute (ə´kju:t): *(adj)* αιχμηρός, μυτερός ‖ οξύς ‖ οξύνους, έξυπνος ‖ ευαίσθητος ‖ σπουδαίος ‖ διαπεραστικός, δριμύς
ad: see advertise
adage (´ædədz): γνωμικό, ρητό
adagio (ə´dadzo:): *(adv)* αργά (music) ‖ *(adj)*: αργός ρυθμός
adamant (´ædəmənt): *(n)* αδαμαντίνη ‖ *(adj)* άκαμπτος, ανένδοτος, αμετάπειστος ‖ ~**ine:** σκληρός, άκαμπτος ‖ διαμαντένιος
Adam's apple (´ædəmz ´æpəl): *(n)* μήλο του Αδάμ, το ᾽᾽καρύδι᾽᾽
adapt (ə´dæpt) [-ed]: *(v)* προσαρμόζω, προσαρμόζομαι ‖ διασκευάζω ‖

~ability: *(n)* προσαρμοστικότητα ‖ **~able**: *(adj)* προσαρμόσιμος, διασκευάσιμος ‖ **~ation**: *(n)* προσαρμογή ‖ διασκευή ‖ **~er ή ~or**: *(n)* προσαρμοστής, προσαρμογέας

add (æd) [-ed]: *(v)* προσθέτω ‖ **~er**: *(n)* αθροιστική μηχανή ‖ ~ **up**: *(n)* αθροίζω ‖ εννοώ, σημαίνω, δείχνω ‖ **~endum**: *(n)* προσθήκη, συμπλήρωμα, παράρτημα ‖ **~ition**: *(n)* πρόσθεση ‖ **~itional**: *(adj)* επιπρόσθετος ‖ **in ~ition**: *(adv)* επιπρόσθετα, επιπλέον

adder (´ædər): *(n)* οχιά, έχιδνα

addict (ə´dikt) [-ed]: *(v)* αφοσιώνομαι σε κάτι, συνηθίζω σε κάτι ‖ (´ədikt): *(n)* επιρρεπής, συνηθισμένος σε κάτι ‖ **~ion**: *(n)* έξη, εθισμός ‖ **~ive**: *(adj)* εθιστικός

addition (ə´diʃən): πρόσθεση ‖ άθροισμα ‖ προσθήκη, συμπλήρωμα

addle (´ædl) [-d]: *(v)* συγχύζω ‖ κλουβιαίνω, χαλώ ‖ συγχύζομαι, τα χάνω ‖ *(adj)* κλούβιος, χαλασμένος ‖ **~ brained**: χαζός, ηλίθιος

address (ə´dres) [-ed]: *(v)* απευθύνω, απευθύνομαι, γράφω τη διεύθυνση ‖ προσαγορεύω, προσφωνώ ‖ κατευθύνω προσπάθεια ‖ *(n)* διεύθυνση ‖ προσφώνηση ‖ **~ee**: *(n)* παραλήπτης ‖ **~er ή ~or**: *(n)* αποστολέας

adduce (ə´dju:s) [-d]: *(v)* προβάλλω, παρουσιάζω θέμα ‖ επικαλούμαι

adduction (ə´dʌkʃən): προσαγωγή ‖ **~or**: μυς προσαγωγός *(anat)*

adenoid (´ædinoid): *(adj)* αδενοειδής ‖ **~s**: *(n)* ρινικές εκβλαστήσεις, ''κρεατάκια'' της μύτης

adept (ə´dept): *(adj)* ικανός, έμπειρος ‖ **~ness**: *(n)* ικανότητα, εμπειρία

adequacy (´ædikwəsi): *(n)* επάρκεια

adequate (´ædikwit): *(adj)* επαρκής, αρκετός ‖ **~ly**: *(adv)* αρκετά

adhere (əd´hier) [-d]: *(v)* προσκολλώμαι ‖ εμμένω, μένω πιστός ‖ **~nce**: *(n)* προσκόλληση ‖ αφοσίωση, εμμονή ‖ **~nt**: *(adj)* κολλητικός ‖ υποστηρικτής, οπαδός

adhesi-on (əd´hi:ʒən): *(n)* προσκόλληση ‖ συγκόλληση ‖ αφοσίωση, υποστήριξη ‖ **~ve**: *(adj)* κολλητικός, συγκολλητι-κός ‖ *(n)* μέσο συγκόλλησης ‖ **~veness**: *(n)* κολλητικότητα ‖ **~ve tape**: κολλητική ταινία

adieu (ə´dju:): *(interj)* αντίο (French)

adios (adi´o:s): *(interj)* αντίο (Spanish)

adit (´ædit): είσοδος ορυχείου

adjacen-cy (ə´dzeisensi): *(n)* γειτνίαση ‖ γειτόνεμα ‖ **~t**: *(adj)* γειτονικός, διπλανός ‖ προσκείμενος

adjectival (ædzek´taivəl): *(adj)* επιθετικός (grammar)

adjective (´ædzektiv): *(n)* επίθετο

adjoin (ə´dzoin) [-ed]: *(v)* συνορεύω ‖ ενώνω

adjourn (ə´dzə:rn) [-ed]: *(v)* αναβάλλω, αναβάλλομαι ‖ διακόπτω, κάνω διάλειμμα ‖ μετακινούμαι, πηγαίνω ‖ **~ment**: *(n)* αναβολή, διακοπή

adjudge (ə´dzʌdz) [-d]: *(v)* επιβάλλω με δικαστική απόφαση, επιδικάζω, καταλογίζω ‖ θεωρώ, υπολογίζω, εξετάξω ‖ **~ment**: *(n)* κατακύρωση, επιδίκαση, καταλογισμός ‖ δικαστική απόφαση

adjudicat-e (ə´dzu:dikeit) [-d]: *(v)* κρίνω, δικάζω ‖ επιδικάζω ‖ **~ion**: *(n)* επιδίκαση, απόφαση ‖ **~or**: *(n)* κριτής, δικαστής

adjunct (´ædzʌŋkt): *(n)* βοηθός ‖ *(adj)* βοηθητικός, επεξηγηματικός, παρεπόμενος ‖ προσκολλημένος, αποσπασμένος ‖ **~ion**: *(n)* προσθήκη, συμπλήρωμα, επεξήγηση ‖ **~ive**: *(adj)* επεξηγηματικός, συμπληρωματικός

adjure (ə´dzu:r) [-d]: *(v)* διατάζω ‖ εξορκίζω, επικαλούμαι

adjust (ə´dzʌst) [-ed]: *(v)* διευθετώ, κανονίζω, ρυθμίζω ‖ προσαρμόζω, προσαρμόζομαι ‖ διορθώνω ‖ **~able**: *(adj)* ρυθμιζόμενος, προσαρμοζόμενος ‖ **~ment**: *(n)* διευθέτηση, ρύθμιση, προσαρμογή, διόρθωση

adjutant (´ædzutənt): *(n)* υπασπιστής

ad lib (æd lib) [-bed]: *(v)* αυτοσχεδιάζω ‖ *(n)* πρόχειρο κατασκεύασμα, αυτοσχεδιασμός ‖ *(adj)* αυτοσχεδιασμένος, πρόχειρος

admeasure (æd´mezər) [-d]: *(v)* καταμετρώ ‖ μοιράζω αναλογικά ‖ **~ment**: *(n)* καταμέτρηση, διανομή

administer (əd´minister) [-ed]: *(v)* παρέχω, δίνω, αποδίδω ‖ διαχειρίζομαι, εκτελώ ‖ απονέμω

administrat-e (əd´ministreit) [-d]: *(v)* διευθύνω ‖ διαχειρίζομαι, επιτροπεύω ‖ **~ion:** *(n)* διεύθυνση, διοίκηση ‖ κυβέρνηση ή προεδρία χώρας ‖ διαχείριση, επιτροπεία ‖ **~ive:** *(adj)* διοικητικός, διαχειριστικός ‖ **~or:** *(n)* διευθύνων υπάλληλος, διευθυντής ‖ διαχειριστής, επίτροπος, εκτελεστής

admirabl-e (´ædmərəbl): *(adj)* θαυμάσιος, εξαιρετικός ‖ **~y:** *(adv)* θαυμάσια, έξοχα

admiral (´ædmirəl): *(n)* ναύαρχος ‖ ναυαρχίδα ‖ **~ty:** *(n)* ναυαρχείο ‖ υπουργείο ναυτικών ‖ ναυτοδικείο

admiration (ædmi´reiʃən): *(n)* θαυμασμός, λατρεία ‖ αντικείμενο θαυμασμού

admire (əd´maiər) [-d]: *(v)* θαυμάζω ‖ **~r:** *(n)* θαυμαστής

admissible (əd´misibəl): *(adj)* δεκτός, παραδεκτός, αποδεκτός ‖ επιτρεπτός

admission (əd´miʃən): *(n)* αποδοχή, παραδοχή ‖ ομολογία ‖ παραχώρηση ‖ είσοδος ‖ τιμή ή εισιτήριο εισόδου

admit (əd´mit) [-ted]: *(v)* ομολογώ, παραδέχομαι ‖ επιτρέπω είσοδο ‖ χωρώ, έχω χώρο για ‖ δέχομαι, αποδέχομαι ‖ **~tance:** *(n)* είσοδος, άδεια εισόδου ‖ **~ted:** *(adj)* παραδεκτός, δεκτός ‖ **~tedly:** *(adv)* ομολογουμένως

admix (əd´miks) [-ed]: *(v)* ανακατεύω, ανακατεύομαι, κάνω μείγμα ‖ **~ture:** *(n)* μείγμα, ανακάτεμα

admon-ish (əd´məniʃ) [-ed]: *(v)* εφιστώ την προσοχή, νουθετώ ‖ επιπλήττω ελαφρά ‖ θυμίζω καθήκον ή υποχρέωση ‖ **~ishment:** *(n)* επίπληξη, παραίνεση, νουθεσία ‖ **~itory:** *(adj)* προειδοποιητικός, παραινετικός

ado (ə´du:): *(n)* φασαρία, ενόχληση

adobe (ə´doubi): *(n)* πλίνθος ‖ πηλός ‖ σπίτι από πλίνθους

adolescen-ce (ædo´lesəns): *(n)* εφηβεία, εφηβική ηλικία ‖ **~t:** *(n)* έφηβος

adopt (ədopt) [-ed]: *(v)* υιοθετώ ‖ ασπάζομαι, αποδέχομαι ‖ **~ion:** *(n)* υιοθεσία ‖ αποδοχή, παραδοχή

ador-able (ə´dɔ:rəbəl): *(adj)* αξιολάτρευτος, γοητευτικός, αξιαγάπητος ‖ **~ation** (ædo´reiʃən): *(n)* λατρεία, αγάπη, σεβασμός ‖ **~e** (ə´dɔ:r) [-d]: *(v)* λατρεύω ‖ **~er:** *(n)* λάτρης ‖ **~ing:** θερμός οπαδός, λάτρης

adorn (ə´dɔ:rn) [-ed]: στολίζω, κοσμώ ‖ **~ment:** *(n)* στολίδι

adrenal (æd´ri:nəl): *(adj)* επινεφρίδιος ‖ **~in:** *(n)* αδρεναλίνη

adrift (ə´drift): *(adj & adv)*: έρμαιο, παρασυρόμενος ‖ χαμένος, σαστισμένος

adroit (ə´drɔit): *(adj)* ικανός, επιδέξιος ‖ **~ness:** *(n)* ικανότητα, επιδεξιότητα

adscititious (ədsi´tiʃəs): *(adj)* επουσιώδης ‖ παράγωγος

adsorb (æd´sɔrb) [-ed]: *(v)* προσροφώ ‖ **~ent:** *(adj)* προσροφητικός ‖ **~tion:** *(n)* προσρόφηση

adulat-e (´ædjuleit) [-d]: *(v)* κολακεύω, φέρνομαι με δουλοπρέπεια ‖ **~ion:** *(n)* δουλοπρέπεια ‖ **~ory:** *(adj)* δουλοπρεπής

adult (æ´dʌlt): *(n. & adj)*: ενήλικος, ώριμος

adulter-ant (ə´dʌltərənt): *(n)* μέσο νόθευσης ‖ *(adj)* νοθευτικός ‖ **~ate** [-d]: *(v)* νοθεύω, αλλοιώνω ‖ *(adj)* νοθευμένος ‖ **~er:** *(n)* μοιχός ‖ **~ess:** *(n)* μοιχαλίδα ‖ **~y:** *(n)* μοιχεία

adumbrat-e (´ædʌmbreit) [-d]: *(v)* σκιαγραφώ ‖ αποκαλύπτω με επιφύλαξη ‖ **~ion:** *(n)* σκιαγράφηση

adust (ə´dʌst): *(adj)* καψαλισμένος ‖ σκυθρωπός

ad valorem (ædvə´lərəm): *(adv)* κατ' αξία, ανάλογα με την αξία

advance (əd´va:ns) [-d]: *(v)* προχωρώ, προελαύνω ‖ προτείνω ‖ προάγω, συμβάλλω στην πρόοδο ‖ επιταχύνω ‖ αυξάνω, υπερτιμώ ‖ προκαταβάλλω ‖ ανέρχομαι, προάγομαι ‖ *(n)* προέλαση, προχώρεμα ‖ πρόοδος ‖ υπερτίμηση ‖ προκαταβολή ‖ **~d:** *(adj)* προχωρημένος, σε ανώτερο επίπεδο ‖ ηλικιωμένος ‖ **~s:** *(n)* προσπάθεια για απόκτηση εύνοιας, προσέγγιση

advantage (əd´va:ntidʒ): *(n)* πλεονέκτημα ‖ όφελος, κέρδος ‖ **~ous:** *(adj)*: επωφελής, ευνοϊκός

21

advent (΄ædvənt): άφιξη, έλευση, προσέλευση ΙΙ (*cap):* γέννηση του Χριστού ΙΙ η σαρακοστή προ των Χριστουγέννων ΙΙ ~**itious:** *(adj)* επιπρόσθετος, τυχαία αποκτημένος

adventur-e (əd΄ventʃər): *(n)* περιπέτεια ΙΙ επικίνδυνο τόλμημα ή επιχείρηση ΙΙ ~**er:** *(n)* τυχοδιώκτης ΙΙ τολμηρός επιχειρηματίας ΙΙ ~**ous:** *(adj)* τυχοδιωκτικός, περιπετειώδης

adverb (΄ædvə:rb): *(n)* επίρρημα ΙΙ ~**ial:** *(adj)* επιρρηματικός

advers-ary (΄ædvərsəri): *(n)* αντίπαλος, ανταγωνιστής, εχθρός ΙΙ ~**ative:** *(adj)* αντιθετικός, εναντιωματικός ΙΙ ~**e:** *(adj)* αντίθετος, ενάντιος, εχθρικός ΙΙ δυσμενής, αντίξοος ΙΙ ~**ity:** *(n)* αντιξοότητα, αναποδιά ΙΙ εναντιότητα ΙΙ ~**e possession:** χρησικτησία

advert (əd΄və:rt) [-ed]: *(v)* παραπέμπω

advertis-e (΄ædvərtaiz) [-d]: *(v)* διαφημίζω ΙΙ δημοσιεύω αγγελία ΙΙ ~**ing:** *(n)* διαφήμιση ΙΙ *(adj)* διαφημιστικός ΙΙ ~**ement** (ədvər΄taizment ή əd΄vərtizment) [abbr.: ad]: *(n)* διαφήμιση ΙΙ αγγελία

advice (əd΄vais): *(n)* συμβουλή ΙΙ ~**s:** *(n)* πληροφορία, αναφορά

advis-ability (ədvaisə΄biliti): *(n)* ωφελιμότητα, σκοπιμότητα, το συμβουλεύσιμο ή σκόπιμο ΙΙ ~**able** (əd΄vaizəbl): *(adj):* σκόπιμος, συμβουλεύσιμος ΙΙ ~**e** (əd΄vaiz) [-d]: *(n)* συμβουλεύω, συνιστώ, προτείνω ΙΙ πληροφορώ ΙΙ ~**er ή** ~**or:** *(n)* σύμβουλος ΙΙ ~**ory:** συμβουλευτικός

advoca-cy (΄ædvəkəsi): *(n)* συνηγορία ΙΙ υποστήριξη ΙΙ ~**te** (΄ædvəkeit) [-ed]: *(v)* συνηγορώ, υποστηρίζω ΙΙ (΄ædvəkət): *(n)* συνήγορος, υποστηρικτής

adz ή adze (ædz): *(n)* σκεπάρνι

aegis (΄i:dzis): *(n)* αιγίδα, προστασία

aerat-e (΄eəreit) [-d]: *(v)* εξαερίζω, αερίζω ΙΙ γεμίζω με αέριο ή ανθρακικό οξύ ΙΙ ~**ed:** *(adj)* αεριούχος ΙΙ ~**ion:** εξαερισμός, αερισμός

aerial (΄eəriəl): *(adj)* εναέριος, αέριος ΙΙ αέρινος, ανάλαφρος ΙΙ *(n)* κεραία ΙΙ εναέριος αγωγός ΙΙ ~**ist:** σχοινοβάτης

aerie ή eyrie (΄eəri): *(n)* αετοφωλιά

aerobatics (eərou΄bætiks): *(n)* αεροακροβασίες, ακροβασίες αεροπλάνου

aerodrome: see airdrome

aerodynamic (eəroudai΄næmik): *(adj)* αεροδυναμικός ΙΙ ~**s:** *(n)* αεροδυναμική

aerolite (΄eəroulait): *(n)* αερόλιθος

aeronaut (΄eərənɔ:t): *(n)* αεροναύτης ΙΙ ~**ic ή** ~**ical:** *(adj)* αεροναυτικός ΙΙ ~**ics:** *(n)* αεροναυτική

aeroplane: see airplane

aerostat (΄eərəstat): *(n)* αεροστατο ΙΙ ~**ics:** *(n)* αεροστατική

aesthet-e (΄i:sθi:t) ή **esthete:** *(n)* αισθητικός ΙΙ ~**ic ή ical:** *(adj)* αισθητικός ΙΙ ~**ics:** *(n)* αισθητική

aestival (΄əstəvəl ή is΄taivəl): *(adj)* θερινός

afar (ə΄fa:r): *(adv)* μακριά

affable (΄æfəbl): *(adj)* προσιτός, ευπρόσηγορος ΙΙ καλόκαρδος ΙΙ ~ **affability:** *(n)* ευπροσηγορία

affair (ə΄feər): *(n)* υπόθεση ΙΙ γεγονός, συμβάν ΙΙ ερωτικός δεσμός ΙΙ ~**s:** προσωπικά είδη

affect (ə΄fekt) [-ed]: *(v)* επηρεάζω, επιδρώ ΙΙ συγκινώ ΙΙ προσποιούμαι, κάνω ΙΙ ~**ation:** *(n)* προσποίηση ΙΙ ~**ed:** *(adj)* προσποιητός ΙΙ επηρεασμένος ΙΙ προσβλημένος από ασθένεια ή πάθηση

affect-ion (ə΄fekʃən): *(n)* τρυφερότητα, στοργή ΙΙ αίσθημα, συγκίνηση ΙΙ πάθηση ΙΙ επίδραση ΙΙ ~**ionate:** *(adj)* τρυφερός, στοργικός, αφοσιωμένος ΙΙ ~**ionately:** *(adv)* στοργικά, τρυφερά, με αφοσίωση ΙΙ ~**ive:** *(adj)* συγκινητικός, συγκινησιακός

affian-ce (ə΄faiəns) [-d]: *(v)* αρραβωνιάζω, μνηστεύω ΙΙ ~**ced:** *(adj)* αρραβωνιασμένος ΙΙ ~**t:** *(adj)* ενόρκως βεβαιών

affidavit (æfi΄deivit): *(n)* ένορκη βεβαίωση ή κατάθεση

affiliat-e (ə΄filieit) [-d]: *(v)* υιοθετώ ΙΙ εξακριβώνω πατρότητα ΙΙ παίρνω συνεργάτη ή συνεταίρο ΙΙ ~**ion:** *(n)* υιοθέτηση ΙΙ συνεταιρισμός, προσεταιρισμός συνεργάτη

affinity (ə΄finiti): *(n)* φυσική έλξη ΙΙ χημική συγγένεια ΙΙ τάση για ένωση ΙΙ

συγγένεια από αγχιστεία
affirm (ə'fərm) [-ed]: *(v)* βεβαιώνω ‖ επιβεβαιώνω, επικυρώνω ‖ ~**ation**: *(n)* κατάφαση ‖ επιβεβαίωση, επικύρωση ‖ ~**ative**: *(adj)* καταφατικός ‖ επιβεβαιωτικός ‖ *(n)* κατάφαση
affix (ə'fiks) [-ed]: *(v)* επισυνάπτω ‖ προσαρτώ ‖ επικολλώ
afflatus (ə'fleitəs): *(n)* έμπνευση ‖ τάση για δημιουργία
afflict (ə'flikt) [-ed]: *(v)* πικραίνω, προκαλώ θλίψη ‖ βασανίζω, προκαλώ πόνο ‖ ~**ion** *(n)* βάσανο, λύπη ‖ συμφορά, πάθημα
affluen-ce ('æfluəns): *(n)* αφθονία, πλούτος ‖ εισροή ‖ ~**t**: *(adj)* άφθονος, πλούσιος ‖ *(n)* παραπόταμος
afflux ('æfləks): *(n)* συρροή
afford (ə'fərd) [-ed]: *(v)* παρέχω, δίνω ‖ έχω τα μέσα, μπορώ ‖ μου περισσεύει ‖ ~**able**: *(adj)* προσιτός
afforest (æ'fərəst) [-ed]: *(v)* αναδασώνω ‖ ~**ation**: *(n)* αναδάσωση
affray (ə'frei): *(n)* θορυβώδης φιλονικία, διαπληκτισμός
affront (ə'frʌnt) [-ed]: *(v)* προσβάλλω ‖ εξευτελίζω ‖ αντιμετωπίζω προκλητικά ‖ *(n)* προσβολή
aficionado (əfisio'nado): *(n)* φανατικός θαυμαστής ή οπαδός
afield (ə'fi:ld): *(adv)* έξω ή μακριά από το συνηθισμένο δρόμο ή μέρος ‖ έξω από το περιβάλλον ‖ στην εξοχή, στα λιβάδια
afire (ə'faiər): *(adj)* γεμάτος ενθουσιασμό, κατενθουσιασμένος, φλογερός ‖ φλεγόμενος
aflame (ə'fleim): *(adj)* ζωηρόχρωμος, λαμπερός ‖ φλεγόμενος ‖ φλεγόμενος από ενθουσιασμό
afloat (ə'flout): *(adj)* επιπλέων ‖ στην ανοιχτή θάλασσα ‖ πλημμυρισμένος ‖ σε κυκλοφορία, σε διάδοση
aflutter (ə'flʌtər): *(adj)* συγχυσμένος, νευριασμένος
afoot (ə'fut): *(adj)* σε κίνηση, σε κυκλοφορία ‖ με τα πόδια, πεζός
afore (ə'fə:r): *(adv)* προηγουμένως, προ ‖ ~**mentioned**: προαναφερόμενος ‖ ~**said**: προλεχθείς ‖ ~**thought**: προ-

μελετημένος
afoul (ə'faul): *(adv)* σε αντίθεση, σε σύγκρουση ‖ **run** ~: *(v)* έρχομαι σε σύγκρουση ή αντίθεση, έχω φασαρίες
afraid (ə'freid): *(adj)* φοβισμένος ‖ **be** ~ : *(v)* φοβούμαι
afresh (ə'freʃ): *(adv)* από την αρχή, και πάλι, εκ νέου
afro ('æfro:): *(n)* κόμμωση σγουρή σε στυλ Νέγρικο
aft (a:ft): *(adv)* προς την πρύμνη, προς τα πίσω
after ('a:ftər): *(prep)* μετά, έπειτα ‖ πίσω, στα οπίσθια ‖ *(adj)* επόμενος ‖ ~**clap**: *(n)* δυσάρεστος αντίκτυπος ‖ ~**effect**: *(n)* μετενέργεια ‖ ~**math**: *(n)* επακόλουθο ‖ ~**noon**: *(n)* απόγευμα ‖ ~ **thought**: *(n)* μεταγενέστερη σκέψη, δεύτερη σκέψη ‖ ~**ward** ή ~**wards**: *(adv)* ύστερα, μετέπειτα
again (ə'gein): *(adv)* πάλι, ξανά ‖ επιπλέον
against (ə'geinst): *(adv)* εναντίον, κατά ‖ σε αντίθεση ‖ για λογαριασμό, έναντι (λογαριασμού) ‖ αντικρυστά
agape (ə'geip): *(adv)* με ανοιχτό στόμα ‖ σε κατάπληξη, κατάπληκτος
agar ('eigər) ή **agaragar**: *(n)* πηκτικό ‖ ~**ic**: *(adj)* αγαρικό
agate ('ægit): *(n)* αχάτης ‖ μπίλια, βόλος ‖ τυπογραφικό στοιχείο 5 1/2 στιγμών
agave (ə'geivi:): *(n)* αλόη (φυτό)
age (eidz): *(n)* ηλικία ‖ εποχή, περίοδος ‖ ενηλικίωση ‖ γερατειά, γήρας ‖ μεγάλο χρονικό διάστημα ‖ [-d]: *(v)* γερνώ, μεγαλώνω ‖ ~**d**: *(adj)* ηλικιωμένος ‖ ηλικίας, ετών ‖ ~**less**: *(adj)* αγέραστος ‖ αιωνόβιος
agen-cy ('eidzənsi): *(n)* μέσο, παράγοντας ‖ ενέργεια ‖ αντιπροσωπία, πρακτορείο ‖ υπηρεσία ‖ ~**t**: *(n)* μέσο ‖ συντελεστής ‖ αντιπρόσωπος, πληρεξούσιος ‖ πράκτορας
agenda (ə'dzendə): [sing: agendum]: *(n)* πινάκιο υποθέσεων ‖ ημερησία διάταξη
agglomerat-e (ə'glɒməreit) [-d]: *(v)* συσσωρεύω ‖ *(n)* σύγκραμα ‖ ~**ion**: *(n)* συσσώρευση ‖ σύμπηξη

23

agglutinate

agglutinat-e (ə´glu:tineit) [-d]: *(v)* προσκολλώ, συγκολλώ ‖ **~ion**: *(n)* συγκόλληση
aggrandize (´ægrəndaiz) [-d]: *(v)* μεγαλώνω, αυξάνω ‖ ενισχύω, δυναμώνω ‖ υπερβάλλω
aggravat-e (´ægrəveit) [-d]: *(v)* επιδεινώνω ‖ εξοργίζω, εξερεθίζω ‖ επιβαρύνω ‖ **~ion**: *(n)* επιδείνωση ‖ ερεθισμός ‖ επιβάρυνση
aggregat-e (´ægrigeit) [-d]: *(v)* συναθροίζω ‖ (´ægrigit): *(n)* άθροισμα, σύνολο ‖ πρόσμιγμα ‖ **~ion**: *(n)* άθροιση ‖ συσσωμάτωση, πρόσμειξη
aggress (ə´gres) [-ed]: *(v)* επιτίθεμαι ‖ **~ion**: *(n)* επίθεση, επιθετική διάθεση ‖ **~ive**: *(adj)* επιθετικός ‖ ενεργητικός, δραστήριος ‖ **~or**: *(n)* επιτιθέμενος, επιδρομέας
aggrieve (ə´gri:v) [-d]: *(v)* προκαλώ λύπη ή αδικία ‖ προσβάλλω ‖ **~d**: *(adj)* θλιμένος, λυπημένος ‖ προσβλημένος ‖ αδικημένος
aghast (ə´ga:st): *(adj)* εμβρόντητος ‖ τρομοκρατημένος
agil-e (´ædzail ή ´ædzəl): *(adj)* ευκίνητος ‖ εύστροφος ‖] **ity**: *(n)* ευκινησία ‖ ευστροφία
agio (´ædzio:): *(n)* τέλος αλλαγής συναλλάγματος
agitat-e (´ædziteit) [-d]: *(v)* ταράζω, αναταράζω ‖ διαταράζω, προκαλώ ανησυχία ‖ **~ion**: *(n)* ταραχή, αναταραχή ‖ διατάραξη ‖ **~or**: *(n)* ταραξίας, ταραχοποιός ‖ αναμικτήρας
aglow (ə´glou): *(adj)* φωτοβόλος, λαμπερός
agnail (´ægneil): *(n)* παρανυχίδα
agnostic (æg´nostik): *(adj)* αγνωστικιστής, οπαδός αγνωστικισμού ‖ **~ism** (æg´nostisizəm): *(n)* αγνωστικισμός
ago (ə´gou): *(adj)* περασμένος, παρελθόντας ‖ *(adv)* πριν, στο παρελθόν
agog (ə´gog): *(adv)* σε έξαψη, συνεπαρμένος ‖ ανυπόμονος
agoniz-e (´ægənaiz) [-d]: *(v)* προκαλώ πόνο ή αγωνία ‖ αγωνιώ, πονάω ‖ **~ing**: *(adj)* βασανιστικός ‖ αγωνιώδης
agony (´ægəni): *(n)* αγωνία ‖ βάσανο, μεγάλος πόνος

agrarian (ə´greəriən): *(adj)* αγροτικός
agree (ə´gri:) [-d]: *(v)* συμφωνώ ‖ ταιριάζω, είμαι κατάλληλος ‖ **~able**: *(adj)* σύμφωνος ‖ ευχάριστος ‖ **~d**: *(adj)* συμφωνημένος ‖ **~ment**: *(n)* συμφωνία, σύμβαση
agrestic (ə´grestik): *(adj)* αγροτικός ‖ αγροίκος
agricultur-e (´ægrikʌlt∫ər): *(n)* γεωργία ‖ γεωπονία ‖ **~al**: *(adj)* γεωργικός ‖ **~ist** ή **~alist**: *(n)* γεωπόνος
agronomics ή agronomy (ægrə´nəmiks, ə´grənəmi): αγρονομία ‖ γεωπονία
aground (ə´graund): *(adv)* στην ξηρά ‖ στα ρηχά νερά ‖ **run ~**: *(v)* εξοκέλλω
ague (´eigju): *(n)* ρίγος ή παροξυσμός πυρετού
ahead (ə´hed): *(adv)* εμπρός ‖ προς τα εμπρός ‖ **get ~**: *(v)* πετυχαίνω, πάω μπροστά
ahoy (ə´hoi): *(interj)* έι! (ναυτ. επιφών. ή χαιρετισμός)
aid (eid) [-ed]: *(v)* βοηθώ ‖ *(n)* βοήθεια, συνδρομή ‖ βοηθός ‖ υπασπιστής
aide (eid): υπασπιστής ή επιτελάρχης ‖ βοηθός ‖ **- de - camp**: υπασπιστής
AIDS (eidz): *(abbr.)* acquired immunity deficiency syndrome: η ασθένεια AIDS (έιντς)
aigret ή aigrette (ei´gret): *(n)* λοφίο
ail (eil) [-ed]: *(v)* πονώ, υποφέρω, πάσχω ‖ προκαλώ πόνο ή ασθένεια ‖ **~ing**: άρρωστος ‖ **~ment**: *(n)* ασθένεια
aileron (´eiləron): *(n)* πτερύγιο ελέγχου (αερ)
aim (eim) [-ed]: *(v)* σκοπεύω, έχω πρόθεση ‖ σημαδεύω, σκοπεύω ‖ *(n)* σκοπός, τελικός στόχος ‖ σκόπευση ‖ **~less**: *(adj)* άσκοπος
ain't (eint): am not (και are not, is not, has not, have not)
air (eər) [-ed]: *(v)* αερίζω ‖ ανακοινώνω ‖ *(n)* αέρας ‖ αύρα, αεράκι ‖ παρουσιαστικό, εμφάνιση ‖ μουσικός σκοπός, μελωδία ‖ **~borne**: μεταφερόμενος από τον αέρα, με αεροπλάνο ‖ **~conditioning**: *(n)* τεχνητός κλιματισμός ‖ **~cooling**: αερόψυξη ‖ **~craft**: αεροσκάφος ‖ **~craft carrier**: αεροπλανοφόρο ‖ **~drome**: αεροδρόμιο ‖ **~**

24

drop: ρίψη από αεροπλάνο || **~field**: βλ. **~drome** || **~force**: πολεμική αεροπορία || **~gun**: αεροβόλο όπλο || **~ head**: αεροπρογεφύρωμα || **~ily**: *(adv)* ελαφρά, επιπόλαια, όχι σοβαρά || **~less**: *(adj)* πνιγερός, χωρίς αέρα || χωρίς άνεμο || **~lift**: *(n)* αερογέφυρα || **~line**: αεροπορική γραμμή ή εταιρεία ||**~liner**: επιβατικό αεροπλάνο || **~lock**: αεροκρουνός || **~mail**: αεροπορικό ταχυδρομείο || **~man**: αεροπόρος || σμηνίτης || **~ piracy**: αεροπειρατεία || **~plane**: αεροπλάνο || **~pocket**: κενό αέρα || αεροθύλακος || **~port**: αερολιμένας || **~proof**: *(adj)* αεροστεγής || **~pump**: *(n)* αεραντλία || **~raid**: αεροπορική επιδρομή || **~s**: ύφος, ψευτοπερηφάνεια || **~ screw**: έλικας αεροπλάνου || **~ship**: αερόπλοιο || **~sick**: *(adj)* ζαλισμένος από το αεροπλάνο, πάσχων από ναυτία (αερ) || **~sickness**: *(n)* ναυτία (αερ) || **~strip**: διάδρομος προσγείωσης || **~tight**: *(adj)* αεροστεγής || αναντίρρητος, αδιάψευστος || **~way**: *(n)* αεραγωγός || αερ. γραμμή || **~y**: *(adj)*: ελαφρός, επιπόλαιος || παράλογος, μη πραγματικός || αέρινος || αεριζόμενος, ενάεραος

aisle (ail): *(n)* διάδρομος μεταξύ καθισμάτων ή πάγκων || πτέρυγα ναού

ajar (ə΄dzar): *(adv)* μισάνοιχτος || αντίθετος, αταίριαστος

akimbo (ə΄kimbou): *(adj)* με τα χέρια στη μέση

akin (ə΄kin): *(adj)* συγγενικός || όμοιος, ανάλογος

alabaster (΄æləba:stər): *(n)* αλάβαστρο || *(adj)* αλαβάστρινος

alacrity (ə΄lækriti): *(n)* πρόσχαρη προθυμία || ζωηρότητα

alarm (ə΄la:rm) [-ed]: *(v)* εκφοβίζω, τρομάζω || δίνω σύνθημα συναγερμού || *(n)* τρόμος, φόβος || συναγερμός || ηλεκτρικό σύστημα κινδύνου || κλήση στα όπλα || **~ clock**: ξυπνητήρι || **~ing**: *(adj)* ανησυχαστικός || **~ist**: *(n)* διαδοσίας ανησυχαστικών ειδήσεων

alary (΄eilləri): *(adj)* πτερυγοειδής

alas (ə΄la:s): *(interj)* αλίμονο!

alb (΄ælb): *(n)* άμφια

albatross (΄ælbatros): *(n)* άλμπατρος (το πτηνό Διομήδεια)

albeit (ə:l΄bi:t): *(conj)* μολονότι, αν και, εν τούτοις

albin-ism: (΄ælbinizəm): *(n)* αλφισμός, λευκισμός || **~** (æl΄bainou): λευκίτης, αυτός που πάσχει από αλφισμό

album (΄ælbəm): *(n)* άλμπουμ, λεύκωμα || **album-en** (æl΄bjumin): λεύκωμα, αλμπουμίνη || **~inous**: *(adj)* λευκωματώδης

alchem-ist (΄ælkimist): *(n)* αλχημιστής || **~y**: *(n)* αλχημεία

alcohol (΄ælkəhol): *(n)* οινόπνευμα, αλκοόλ || **~ic**: *(adj)* οινοπνευματώδης, αλκοολικός || **~ism**: *(n)* αλκοολισμός

alcove (΄ælkouv): *(n)* εσοχή, κοιλότητα || σηκός

alder (΄ɔ:ldər): *(n)* κλήθρα, σκλέθρος, σκλήθρα

alderman (΄ɔ:ldermən): *(n)* δημοτ. σύμβουλος

ale (eil): *(n)* είδος μπίρας

aleatory (΄eiliətəri): τυχαίος, αβέβαιος || χαρτοπαικτικός, τυχερός

alert (ə΄lə:rt) [-ed]: *(v)* δίνω συναγερμό, ξεσηκώνω || προειδοποιώ || *(adj)* άγρυπνος, έτοιμος, προσεχτικός || έξυπνος, ζωηρός, δραστήριος || *(n)* σήμα ή σύνθημα συναγερμού || κατάσταση συναγερμού || **~ness**: *(n)* επαγρύπνηση, ετοιμότητα || δραστηριότητα, εξυπνάδα, ευστροφία || **on the ~**: σε επιφυλακή || **red ~**: κατάσταση κινδύνου

alga (΄ælga) [pl.: algae (΄ældzi)]: *(n)* άλγας, φύκι

algebra (΄ældzibrə): *(n)* άλγεβρα || **~ic**: *(adj)* αλγεβρικός

algorism (΄ælgorizəm): δεκαδικό σύστημα

alias (΄eiliæs): *(n)* ψευδώνυμο, ψεύτικο όνομα || *(adv)* αλλιώς

alibi (΄ælibai) [-ed]: *(v)* δικαιολογώ, δικαιολογούμαι || υποστηρίζω το άλλοθι || *(n)* άλλοθι || δικαιολογία

alien (΄eiliən): *(n)* αλλοδαπός || ξένος, ασυνήθιστος, άγνωστος || **~ate** [-d]: *(v)* αποξενώνω || απαλλοτριώνω || μεταβιβάζω την κυριότητα || **~ation**: *(n)*

25

alight

απόξένωση, αλλοτρίωση ‖ ~ **police**: κέντρο αλλοδαπών
alight (ə´lait) [-ed]: *(v)* κατεβαίνω, ξεζεύω ‖ *(adj)* αναμμένος
align (ə´lain) [-ed]: *(v)* ευθυγραμμίζω ‖ ευθυγραμμίζομαι ‖ στοιχίζομαι ‖ ~**ment**: *(n)* ευθυγράμμιση ‖ στοίχιση
alike (ə´laik): *(adj)* όμοιος, ίδιος ‖ *(adv)* όμοια, παρόμοια
aliment (´ælimənt): *(n)* τροφή ‖ ~**ary**: *(adj)* θρεπτικός ‖ ~**ation**: *(n)* θρέψη
alimony (´æliməni): *(n)* διατροφή, επίδομα διατροφής
aline: see align
aliquot (´ælikwət): *(adj)* υποπολλαπλάσιο
alive' (ə´laiv): *(adj)* ζωντανός ‖ ζωηρός ‖ ~ **with**: γεμάτος, βρίθων
alkali (´ælkəlai): *(n)* αλκάλιο ‖ ~**ne**: *(adj)* αλκαλικός
all (ɔ:l): *(adj)* όλος, όλοι, οι πάντες ‖ *(n)* ολότητα, το σύνολο ‖ *(adv)*: ολότελα, εντελώς ‖ **above** ~: προπαντός ‖ **after** ~: στο κάτω-κάτω ‖ ~ **but**: σχεδόν ‖ ~ **in**: κατάκοπος, εξαντλημένος ‖ ~ **in** ~: στο σύνολο ‖ ~ **clear**: λήξη συναγερμού ‖ κανένας κίνδυνος, όλα ελεύθερα ‖ ~ **over**: τελειωμένος ‖ παντού ‖ ~ **important**: πολύ σπουδαίος ‖ ~**night**: ολονύχτιος, διανυκτερεύων ‖ ~ **out**: πλήρης, με όλες τις δυνάμεις ‖ ~ **purpose**: για κάθε δουλειά, για κάθε χρήση ‖ ~**right**: εντάξει, σωστός ‖ ~ **round**: πλήρης, τέλειος ‖ ικανός, άξιος ‖ **at** ~ : διόλου
allay (ə´lei) [-ed]: *(v)* ανακουφίζω, ελαφρώνω ‖ καθησυχάζω, καλμάρω
allegation (ælə´gei∫ən): *(n)* υπαινιγμός ‖ ισχυρισμός
allege (ə´ledz) [-d]: *(v)* ισχυρίζομαι ‖ υπαινίσσομαι ‖ ~**d**: *(adj)* υποτιθέμενος ‖ ~**dly**: *(adv)*: δήθεν
allegiance (ə´li:dzəns): *(n)* νομιμοφροσύνη ‖ πίστη, αφοσίωση
allegor-y (´æligəri): *(n)* αλληγορία ‖ ~**ic** (~**ical**): *(adj)* αλληγορικός ‖ ~**ically**: *(adv)* αλληγορικά
allerg-ic (ə´lərdzik): *(adj)* αλλεργικός ‖ ~**y** (´ælərdzi): *(n)* αλλεργία ‖ αναφυλαξία

alleviat-e (ə´li:vieit) [-d]: *(v)* ανακουφίζω, καταπραΰνω ‖ ~**ion**: *(n)* ανακούφιση ‖ ~**ive**: *(adj)* καταπραντικός
alley (´æli:): *(n)* στενωπός, δρομάκι ‖ δρομάκι κήπου, αλέα ‖ ~ **cat**: αδέσποτη γάτα ‖ ακόλαστος, ερωτύλος ‖ **blind** ~: αδιέξοδο
alli-ance (ə´laiəns): *(n)* συμμαχία ‖ συνεργασία ‖ ~**ed**: *(adj)* συμμαχικός, σύμμαχος
alligator (´æligeitər): *(n)* αλλιγάτωρ (είδος κροκοδείλου)
alliteration (əlite´rei∫ən): *(n)* παρήχηση
allocat-e (´ælokeit) [-d]: *(v)* κατανέμω, διανέμω ‖ εντοπίζω ‖ ~**ion**: *(n)* κατανομή, διανομή
allot (ə´lət) [-ted]: *(v)* παραχωρώ, διαθέτω ‖ διανέμω με κλήρο ‖ ~**ment**: *(n)* κλήρος, μερίδιο ‖ διάθεση, κατανομή
allotropy (ə´lətrəpi:): *(n)* αλλοτροπία
allow (ə´lau) [-ed]: *(v)* επιτρέπω ‖ παραδέχομαι ‖ χορηγώ, παρέχω ‖ ~**able**: *(adj)* επιτρεπόμενος ‖ ~**ance**: *(n)* ανοχή ‖ επίδομα, χορήγηση ‖ έκπτωση ‖ ~ **for**: *(v)* προνοώ, αφήνω περιθώριο
alloy (´æloi): *(n)* κράμα ‖ [-ed]: *(n)* αναμειγνύω, συντήκω ‖ νοθεύω μέταλλο
allude (ə´lu:d) [-d]: *(v)* υπαινίσσομαι ‖ υπονοώ, αναφέρομαι έμμεσα
allur-e (ə´lu:ər) [-d]: *(v)* δελεάζω ‖ γοητεύω, σαγηνεύω ‖ *(n)* γοητεία, θέλγητρο, σαγήνη (also: ~**ement**) ‖ ~**ing**: *(adj)* δελεαστικός, γοητευτικός
allusi-on (ə´lu:zən): *(n)* υπαινιγμός ‖ νύξη, έμμεση παραπομπή ‖ ~**ve**: *(adj)* υπαινικτικός
alluvi-um (ə´lu:viəm): *(n)* πρόσχωση ‖ ~**al**: *(adj)* προσχωματικός
ally (ə´lai) [-ied]: *(v)* συμμαχώ, κάνω συμμαχία ‖ συνδέω, συνδέομαι ‖ *(n)* σύμμαχος ‖ στενός συνεργάτης
alma mater (´ælmə´meitər): *(n)* Σχολή ή Πανεπιστήμιο από το οποίο αποφοίτησε κάποιος ‖ ύμνος πανεπιστημίου
almanac (´ɔ:lmənæk): *(n)* πανδέκτης ‖ ημερολόγιο
almighty (ɔ:l´maiti): *(adj)* παντοδύναμος

26

almond (´a:mənd): *(n)* αμύγδαλο ‖ αμυγδαλιά ‖ *(adj)* αμυγδαλωτός, αμυγδαλοειδής

almost (´ɔ:lmoust): *(adv)* σχεδόν, περίπου

alms (a:mz): *(n)* ελεημοσύνη ‖ ~ **house**: *(n)* φτωχοκομείο

aloft (ə´lɔft): *(adv)* ψηλά

alone (ə´loun): *(adj)* μόνος ‖ **~ness**: *(n)* μοναξιά ‖ **leave** (or: let) ~: αφήνω ήσυχο

along (ə´lɔŋ): *(adv)* κατά μήκος ‖ προς τα εμπρός ‖ **all** ~: πάντα ‖ από την αρχή ‖ **~side**: δίπλα, στο πλάι ‖ **be** ~: *(v)* φθάνω, έρχομαι ‖ **get** ~: *(v)* προχωρώ ‖ καταφέρνω, τα βγάζω πέρα ‖ συμφωνώ, τα πάω καλά ‖ φεύγω

aloof (ə´lu:f): *(adj)* μακρινός ‖ *(adv)* μακριά, σε απόσταση ‖ **keep** ~: κρατώ ή κρατιέμαι σε απόσταση

aloud (ə´laud): *(adv)* μεγαλόφωνα, δυνατά

alphabet (´ælfəbet): *(n)* αλφάβητο ‖ **~ic** (or: **~ical**): *(adj)* αλφαβητικός ‖ **~ically**: *(adv)* αλφαβητικά, σε αλφαβητική σειρά ‖ **~ize** [-d]: *(v)* τοποθετώ σε αλφαβητική σειρά

alpin-e (´ælpain): *(adj)* άλπειος, αλπικός ‖ αλπινιστικός ‖ **~ist**: *(n)* αλπινιστής

already (ɔ:l´redi): *(adv)* ήδη, κιόλας

also (ɔ:lsou): *(adv)* επίσης

altar (´ɔltər): *(n)* βωμός, θυσιαστήριο ‖ Αγία Τράπεζα ‖ **~boy**: βοηθός του ιερέα, παιδί με εξαπτέρυγα ‖ **lead to the** ~: *(v)* παντρεύομαι

alter (´ɔltər) [-ed]: *(v)* αλλάζω, μεταβάλλω ‖ μεταβάλλομαι ‖ μεταποιώ, τροποποιώ ‖ **~able**: *(adj)* μεταβλητός ‖ **~ation**: *(n)* αλλαγή, μεταβολή ‖ μεταποίηση

altercat-e (´ɔ:ltərkeit) [-d]: *(v)* φιλονικώ, καβγαδίζω ‖ **~ion**: *(n)* φιλονικία, καβγάς

alternat-e (´ɔ:ltərneit) [-d]: *(v)* εναλλάσσω, εναλλάσσομαι ‖ (´ɔ:ltərnit): *(adj)* εναλλασσόμενος, αλληλοδιάδοχος ‖ **~ely**: *(adv)* εναλλακτικά, αλληλοδιαδόχως ‖ **~ing**: *(adj)* εναλλασσόμενος ‖ **~ive** (ɔl´tərnətiv): εκλογή, διέξοδος ‖

~or (´ɔ:ltə:rneitər): *(n)* εναλλάκτης

although (ɔ:l´ðou): *(conj)* καίτοι, μολονότι, αν και

alti-meter (æl´timitər): *(n)* μετρητής ύψους ‖ **~tude** (´æltitju:d): *(n)* ύψος, υψόμετρο ‖ υψηλή θέση

alto (´æltou): *(n)* (male) υψίφωνος ‖ (fem) κοντράλτα

altogether (ɔ:ltə´geðər): *(adv)* εντελώς, ολότελα ‖ συνολικά

altruis-m (´æltru:izəm): *(n)* αλτρουϊσμός, φιλαλληλία ‖ **~t**: *(n)* αλτρουϊστής ‖ **~tic**: *(adj)* αλτρουϊστικός

aluminium (ælju´miniəm) or **aluminum** (æl´ju:minəm): *(n)* αργίλιο, αλουμίνιο

alumn-us (ə´lʌmnəs), pl.: ~**i** (əlʌmnai) [fem: alumna (ə´lʌmnə), pl.: ~**e** (ə´lʌmni)]: *(n)* απόφοιτος Πανεπιστημίου

always (´ɔ:lwez): *(adv)* πάντοτε, παντοτεινά

am (æm): *(v)* είμαι (see: be)

amalgam (ə´mælgəm): *(n)* αμάλγαμα ‖ μεταλλικό κράμα υδραργύρου ‖ **~ate** [-d]: *(v)* συγχωνεύω, συγχωνεύομαι ‖ **~ation**: *(n)* συγχώνευση, μείξη

amaranth (´æmərænth): *(n)* αμάραντος

amass (ə´mæs) [-ed]: *(v)* συσσωρεύω ‖ **~ment**: *(n)* συσσώρευση

amateur (´æmətju:r or ´æmətə:r): *(n)* ερασιτέχνης ‖ άπειρος ‖ **~ish**: *(adj)* ερασιτεχνικός ‖ κακότεχνος

amatory (´æmətəri): *(adj)* ερωτικός

amaz-e (ə´meiz) [-d]: *(v)* εκπλήσσω, καταπλήσσω ‖ **~ed**: *(adj)* έκθαμβος, κατάπληκτος ‖ **~ement**: *(n)* κατάπληξη ‖ **~ing**: *(adj)* καταπληκτικός

ambassad-or (æm´bæsədər): *(n)* πρέσβης, πρεσβευτής ‖ **~ress**: πρέσβειρα

amber (´æmbər): *(n)* ήλεκτρο, κεχριμπάρι

ambidext-er (æmbi´dekstər) or: **~rous** (n & adj) αμφιδέξιος ‖ διπλοπρόσωπος ‖ **~erity**: *(n)* αμφιδεξιότητα ‖ διπλοπροσωπία

ambient (´æmbiənt): *(adj)* περιβάλλων

ambigu-ity (æmbi´gju:iti): *(n)* ασάφεια, διφορούμενη έννοια, το διφορούμενο ‖ **~ous**: *(adj)* ασαφής, διφορούμενος

ambiti-on (æm´biʃən): *(n)* φιλοδοξία ‖

amble

~ous: *(adj)* φιλόδοξος
amble (´æmbəl) [-d]: *(v)* πλαγιοποδίζω (άλογο) ‖ βαδίζω σιγά-σιγά ‖ *(n)* πλαγιοποδισμός ‖ ήσυχο, σιγανό περπάτημα
ambrosia (æm´brɔ:zə): *(n)* αμβροσία ‖ ~l: *(adj)* έξοχος, νοστιμότατος
ambsace (´eimzeis): *(n)* δυάρες ‖ κακοτυχία, γκίνια
ambul-ance (´æmbjuləns): *(n)* ασθενοφόρο, αυτοκίνητο πρώτων βοηθειών ‖ ~atory (´æmbjulətəri): *(adj)* ικανός να βαδίζει, μη κλινήρης ‖ βαδιστικός
ambuscade (´æmbəskeid) [-d] or: **ambush** (´æmbuʃ) [-ed]: *(v)* επιτίθεμαι από ενέδρα, χτυπώ ξαφνικά ‖ στήνω ενέδρα ‖ *(n)* ενέδρα
ameliorat-e (ə´mi:liəreit) [-d]: *(v)* βελτιώνω ‖ βελτιώνομαι ‖ ~ion: *(n)* βελτίωση
amen (ei´men): *(interj)* αμήν
amenab-ility (əmi:nə´biliti): *(n)* ευθύνη, το υπόλογο ‖ υπακοή ‖ ~le: *(adj)* υπόλογος, υπεύθυνος ‖ υπάκουος
amend (ə´mend) [-ed]: *(v)* βελτιώνω ‖ διορθώνω, τροποποιώ ‖ βελτιώνομαι ‖ ~ment: *(n)* βελτίωση ‖ διόρθωση, τροποποίηση ‖ ~s: *(n)* επανόρθωση, αποζημίωση
amenity (ə´mi:niti): *(n)* αβρότητα, φιλοφροσύνη ‖ *(pl)* φιλοφρονήσεις, ευχάριστες κοινοτοπίες
ament (´eimənt): *(n)* καθυστερημένος διανοητικά ‖ ~ia (ei´menʃə): διανοητική καθυστέρηση
America (ə´merikə): *(n)* Αμερική ‖ ~n: Αμερικανός ‖ αμερικανικός ‖ αμερικανική γλώσσα ‖ ~nism: *(n)* αμερικανισμός, αμερ. ιδίωμα ‖ ~nize [-d]: *(v)* εξαμερικανίζω
Americana (əmeri´kænə): *(n)* συλλογή αμερικανικών ιστορικών ή λογοτεχνικών έργων
Amerind (´əmerind): *(n)* Ινδιάνος της Αμερικής ‖ Εσκιμώος
amethyst (´æməthist): *(n)* αμέθυστος
amiable (´eimiəbəl): *(adj)* καλόκαρδος, ευχάριστος ‖ προσηνής
amicab-ility (æmikə´biliti): *(n)* εγκαρδιότητα, φιλική διάθεση ‖ ~le: *(adj)*

φιλικός, εγκάρδιος ‖ ~le **settlement**: φιλικός διακανονισμός
amid (ə´mid) or: ~st (ə´midst): *(prep)* ανάμεσα, στο μέσο, μεταξύ
amiss (ə´mis): *(adj)* εσφαλμένος, όχι σωστός ‖ *(adv)* κακά, εσφαλμένα ‖ **take** ~: *(v)* παρεξηγώ ‖ θίγομαι
amity (´æmiti): *(n)* ειρηνικές ή φιλικές σχέσεις, φιλία
ammeter (æmitər): *(n)* αμπερόμετρο
ammunition (æmju:´niʃən): *(n)* πολεμοφόδια, πυρομαχικά
amnesia (æm´ni:ziə): *(n)* αμνησία ‖ ~c: *(n & adj)* πάσχων από αμνησία, αμνησιακός
amnesty (´æmnesti) [-ied]: *(v)* αμνηστεύω ‖ *(n)* αμνηστία
amok: see amuck
among (ə´mʌŋ) or ~st (ə´mʌŋst): *(prep)* μεταξύ, ανάμεσα
amoral (æ´mɔrəl): *(adj)* ηθικά αδιάφορος, αμοραλιστής ‖ ~ism: *(n)* ηθική αδιαφορία, αμοραλισμός
amorous (´æmərəs): *(adj)* ερωτύλος, ερωτόληπτος ‖ ερωτικός
amorph-ism (ə´mɔrfizəm): *(n)* αμορφία ‖ ~ous: *(adj)* άμορφος
amortiz-e (´æmərtaiz) [-d]: *(v)* εξοφλώ χρεολυτικά ‖ ~ment **or** ~ation: *(n)* εξόφληση χρεολυτικά ‖ χρεολυσία
amount (ə´maunt) [-ed]: *(v)* ανέρχομαι, συμποσούμαι ‖ *(n)* ποσό, ποσότητα ‖ σύνολο
amphibi-an (æm´fibiən): *(n)* αμφίβιο ‖ αμφίβιο όχημα ‖ ~ous: *(adj)* αμφίβιος
amphitheat-er (´æmfiθiətər): *(n)* αμφιθέατρο ‖ ~rical: *(adj)* αμφιθεατρικός ‖ ~rically: *(adv)* αμφιθεατρικά
amphora (´æmfərə): *(n)* αμφορέας
ample (´æmpəl): *(adj)* άφθονος ‖ επαρκής, αρκετός ‖ ευρύχωρος
amplif-y (´æmplifai) [-ied]: *(v)* μεγεθύνω, δυναμώνω ‖ ενισχύω ‖ προσθέτω, συμπληρώνω ‖ ~ication: (əmplifi´keiʃən): *(n)* ενίσχυση ‖ επέκταση, προσθήκη, επεξήγηση ‖ ~ier: *(n)* ενισχυτής
amplitude (´æmplitiu:d): *(n)* μέγεθος ‖ αφθονία ‖ πλάτος
amputat-e (´æmpju:teit) [-d]: *(v)* ακρω-

28

τηριάζω ‖ **~ion**: *(n)* ακρωτηριασμός
amtrac ('æmtrak): *(n)* αποβατικό αμφίβιο όχημα
amuck (ə'mʌk): *(adv)* σε έξαλλη κατάσταση, αμόκ ‖ **run ~**: *(v)* συμπεριφέρομαι σαν μανιακός, με πιάνει αμόκ
amulet ('æmjulit): *(n)* φυλαχτό
amus-e (ə'mju:z) [-d]: *(v)* διασκεδάζω ‖ προκαλώ ευθυμία ‖ **~ement**: *(n)* διασκέδαση, αναψυχή ‖ ευθυμία ‖ **~ing**: *(adj)* διασκεδαστικός
an (æn): see a (ind. art.)
anachronis-m (ə'nækrənizəm): *(n)* αναχρονισμός ‖ **~tic**: *(adj)* αναχρονιστικός
anaemi-a or **anemia** (ə'ni:miə): *(n)* αναιμία ‖ **~c**: *(adj)* αναιμικός
anaesthe-sia or **anesthesia** (æni:s'θi:ziə): *(n)* αναισθησία ‖ **~tic**: *(n)* αναισθητικό ‖ **~tist**: *(n)* αναισθησιολόγος ‖ **~tize** [-d]: *(v)* αναισθητοποιώ
anagram ('ænəgræm): *(n)* ανάγραμμα ‖ αναγραμματισμός
analgesi-a (ænæl'dzi:ziə): *(n)* αναλγησία ‖ **~c**: *(adj)* αναλγητικός, παυσίπονος
analog-ous (ə'næləgəs): *(adj)* ανάλογος ‖ **~y** (ə'nælədzi): *(n)* αναλογία
analy-sis (ə'næləsis): *(n)* ανάλυση ‖ **~st** ('ænəlist): *(n)* αναλυτής ‖ ψυχαναλυτής ‖ **~tic** (ænæ'litik) or **~tical**: *(adj)* αναλυτικός ‖ **~ze** [-d]: *(v)* αναλύω
anarch-ism ('ænərkizəm): *(n)* αναρχισμός ‖ **~ist**: *(n)* αναρχικός ‖ **~y**: *(n)* αναρχία
anathema (ə'næθəmə): *(n)* ανάθεμα, κατάρα ‖ **~tize** [-d]: *(v)* αναθεματίζω, καταριέμαι
anatom-ical (ænə'təmikəl): *(adj)* ανατομικός ‖ **~y** (ə'nætəmi): *(n)* ανατομία
ancest-or ('ænsistər): *(n)* πρόγονος ‖ **~ral** (æn'sestrəl): *(adj)* προγονικός ‖ **~ry**: *(n)* οι πρόγονοι ‖ καταγωγή, γενεαλογία
anchor ('æŋkər) [-ed]: *(v)* αγκυροβολώ ‖ αγκυροβολώ, στερεώνω με αγκύρωση ‖ *(n)* άγκυρα ‖ **~age** ('æŋkə-ridz): *(n)* αγκυροβόλιο ‖ στερέωση με αγκύρωση ‖ **~man**: *(n)* συντονιστής εκπο-

μπής ειδήσεων ‖ τελευταίος δρομέας σκυταλοδρομίας
anchovy ('æntʃəvi): *(n)* σαρδέλα
ancient ('einʃənt): *(adj)* αρχαίος ‖ πολύ παλιός ‖ γέρος, αιωνόβιος
and (ænd): *(conj)* και
andiron ('ændaiən): *(n)* πυροστιά
anecdote ('ænikdout): *(n)* ανέκδοτο
anemia: see anaemia
anemometer (ænə'məmətər): *(n)* ανεμόμετρο
anemone (ə'nemǝni): *(n)* ανεμώνα
aneroid ('ænəroid): *(adj)* χωρίς υγρό ‖ **~ barometer**: βαρόμετρο χωρίς υδράργυρο
anesthesia: see anaesthesia
anesthetic: see anaesthetic
aneurism ('ænju:rizəm): *(n)* ανεύρισμα
anew (ə'nju:): *(adv)* πάλι, εκ νέου ‖ με καινούριο τρόπο
angel ('eindzəl): *(n)* άγγελος ‖ *(mil)* εχθρικό αεροπλάνο ‖ **~ic** or **~ical**: *(adj)* αγγελικός
anger ('æŋgər) [-ed]: *(v)* θυμώνω, εξοργίζω ‖ οργίζομαι ‖ *(n)* θυμός, οργή
angina (æn'dzainə): άγχος ‖ **~ pectoris**: *(n)* στηθάγχη
angle ('æŋgəl) [-d]: *(v)* σχηματίζω γωνία ‖ ψαρεύω με πετονιά ‖ *(n)* γωνία ‖ *(n)* άποψη, πλευρά ‖ *(n)* μηχανορραφία, ''μηχανή'' ‖ **~r**: *(n)* ψαράς
anglici-ze ('æŋglisaiz) [-d]: *(v)* αγγλίζω ‖ αγγλοποιούμαι ‖ **~sm**: *(n)* αγγλισμός
angr-y ('æŋgri): *(adj)* θυμωμένος ‖ απειλητικός ‖ ερεθισμένος ‖ **~ily**: *(adv)* θυμωμένα
angst ('æŋgst): *(n)* άγχος, ανησυχία
anguish ('æŋwiʃ) [-ed]: *(v)* προκαλώ αγωνία, βασανίζω ‖ νιώθω αγωνία, βασανίζομαι ‖ *(n)* αγωνία, οδύνη
angular ('æŋgju:lər): *(adj)* γωνιώδης ‖ γωνιακός ‖ κοκαλιάρης
anile ('ænail): *(adj)* γριίστικος, με τρόπους γριάς
aniline ('ænəlin): *(n)* ανιλίνη
animal ('ænəməl): *(n)* ζώο ‖ *(adj)* ζωικός, ζωώδης ‖ **~ cule**: ζωύφιο ‖ **~ism**: *(n)* κτηνωδία ‖ **~ity**: *(n)* ζωικό βασίλειο ‖ το ζωώδες, κτηνωδία

animate

animat-e (´ænəmeit) [-d]: *(v)* δίνω ζωή, ζωοποιώ ‖ ζωογονώ ‖ εμψυχώνω ‖ δίνω κίνηση ‖ *(adj)* ζωντανός, ζωικός ‖ ζωηρός ‖ **~ed**: *(adj)* ζωντανός, ζωηρός ‖ κινούμενος, με κινούμενα σχέδια ‖ **~ion**: *(n)* ζωντάνια, ζωηρότητα ‖ κινούμενο σχέδιο

animosity (ænə´məsəti): *(n)* μεγάλη έχθρα, ανοιχτή εχθρότητα

animus (´ænəməs): *(n)* κίνητρο ‖ έχθρα, μίσος

anise (´ænis): *(n)* άνισο ‖ **~ed**: *(n)* γλυκάνισο

ankle (´æŋkəl): *(n)* αστράγαλος ‖ **~t**: *(n)* κοντό καλτσάκι ‖ αλυσιδίτσα αστραγάλου

annals (´ænəlz): *(n)* χρονικά

anneal (ə´ni:l) [-ed]: *(v)* σκληρύνω με πυράκτωση

annex (ə´neks) [-ed]: *(v)* προσαρτώ ‖ ενσωματώνω ‖ (´æneks): *(n)* παράρτημα ‖ πρόσθετη πτέρυγα οικοδομής ‖ προσθήκη βιβλίου ‖ **~ation**: *(n)* προσάρτηση

annihilat-e (ə´naiəleit) [-d]: *(v)* εκμηδενίζω, εξουθενώνω ‖ καταστρέφω ολότελα ‖ **~ion**: *(n)* εκμηδένιση, καταστροφή

anniversary (ænə´və:rsəri): *(n)* επέτειος

annotat-e (´ænouteit) [-d]: *(v)* σχολιάζω, επεξηγώ ‖ **~ion**: *(n)* σχόλιο, επεξήγηση ‖ **~or**: *(n)* σχολιαστής

announce (ə´nauns) [-d]: *(v)* αγγέλλω, αναχοινώνω ‖ δημοσιεύω ειδοποίηση ή αγγελία ‖ **~ment**: *(n)* αγγελία, ειδοποίηση, αναχοίνωση ‖ **~r**: *(n)* εκφωνητής

annoy (ə´nɔi) [-ed]: *(v)* ενοχλώ, ανησυχώ ‖ βλάπτω ‖ **~ance**: *(n)* ενόχληση ‖ ερεθισμός ‖ **~ing**: *(adj)* ενοχλητικός

annual (´ænjuəl): *(adj)* ετήσιος ‖ μονοετής ‖ **~ly**: *(adv)* ετησίως ‖ **~ring**: *(n)* ετήσιος δακτύλιος

annuity (ə´njuiti): *(n)* ετήσια πρόσοδος ‖ ετήσια εισφορά

annul (ə´nʌl) [-led]: *(v)* ακυρώνω ‖ καταργώ, διαλύω ‖ εξουδετερώνω ‖ **~ment**: *(n)* ακύρωση, κατάργηση ‖ εξουδετέρωση

annular (´ænjulər): *(adj)* δακτυλιοειδής

annulet (´ænjulit): *(n)* δακτύλιος, ψέλλιο

annunciat-e (ə´nʌn/ieit) [-d]: *(v)* διαχηρύσσω, αγγέλλω ‖ **~ion**: *(n)* Ευαγγελισμός

anode (´ænoud): *(n)* άνοδος, θετικό ηλεκτρόδιο

anodyne (´ænədain): *(adj)* ανώδυνος ‖ παυσίπονος

anoint (ə´nɔint) [-ed]: *(v)* χρίζω, μυρώνω ‖ **~ed**: *(adj)* χρισμένος, Χριστός ‖ **~ment**: *(n)* χρίσμα

anomal-ous (ə´nɔmələs): *(adj)* ανώμαλος ‖ **~y**: *(n)* ανωμαλία

anon (ə´nɔn): *(adv)* και πάλι

anonym-ity (ænə´niməti:): *(n)* ανωνυμία ‖ **~ous** (ə´nɔnəməs): *(adj)* ανώνυμος

another (ə´nʌðər): *(adj)* άλλος, ακόμη ένας

answer (´a:nsər) [-ed]: *(v)* απαντώ ‖ είμαι υπόλογος ‖ *(n)* απάντηση ‖ **~able**: *(adj)* υπεύθυνος, υπόλογος

ant (ænt): *(n)* μυρμήγκι

antacid (æn´tæsid): *(n)* αντιοξικό

antagon-ism (æn´tægənizəm): *(n)* ανταγωνισμός ‖ αντιζηλία, εχθρότητα ‖ **~ist**: *(n)* ανταγωνιστής ‖ **~istic**: *(adj)* ανταγωνιστικός, εχθρικός ‖ **~ize** (æn´tægənaiz) [-d]: *(v)* φέρομαι εχθρικά ή επιθετικά ‖ έχω εχθρική διάθεση ‖ αντιδρώ

antarctic (ænt´a:rktik): *(adj)* ανταρκτικός ‖ *(n)* Ανταρκτική

ante- (´ænti): προ, πριν

ante (´ænti:) [-d]: *(v)* μπαίνω στο παιχνίδι, ακολουθώ, βλέπω ‖ *(n)* μίζα, ποσό

anteater (´ænti:tər): *(n)* μυρμηγκοφάγος

anteceden-ce (ænti´si:dəns): *(n)* προτεραιότητα ‖ **~t**: *(adj)* προηγούμενος ‖ *(n)* το προηγούμενο ‖ *(n)* πρώτος όρος αναλογίας

antechamber (´æntit/eimbər): *(n)* προθάλαμος

antedate (´æntideit) [-d]: *(v)* προηγούμαι χρονολογικά, είμαι παλιότερος ‖ προχρονολογώ, βάζω παλιότερη ημε-

30

ρομηνία

antediluvian (æntidəˈluːviən): *(adj)* προκατακλυσμιαίος

antelope (ˈæntiloup): *(n)* αντιλόπη

antemeridian (æntiməˈridiən): *(adj)* προμεσημβρινός, πρωινός

antenatal (æntiˈneitl): *(adj)* προγενέθλιος, πριν από τη γέννηση

antenna (ænˈtenə): *(n)* κεραία, αντένα

antepenult (æntiˈpiːnʌlt): *(n)* προπαραλήγουσα

anterior (ænˈtiəriər): *(adj)* εμπρόσθιος || προηγούμενος

anteroom (ˈæntiruːm): *(n)* προθάλαμος, χολ || αίθουσα αναμονής

anthem (ˈænθəm): *(n)* ύμνος

anther (ˈænθər): *(n)* ανθήρας

anthology (ænˈθɒlədzi): *(n)* ανθολογία

anthracite (ˈænθrəsait): *(n)* ανθρακίτης

anthrax (ˈænθræks): *(n)* άνθρακας

anthropoid (ˈænθropɔid): *(adj)* ανθρωποειδής

anthropolog-y (ænθroˈpɒlədzi): *(n)* ανθρωπολογία || ~ist: ανθρωπολόγος

anti-, ant-: αντί

antiaircraft (æntiˈɛərkraft): *(adj)* αντιαεροπορικός || *(n)* αντιαεροπορικό

antibio-sis (æntibaiˈɔsis): *(n)* αντιβίωση || ~tic: *(adj & n)* αντιβιοτικό

antic (ˈæntik): *(n)* φάρσα, αστείο φέρσιμο || ~s: *(n)* καμώματα

anticipat-e (ænˈtisipeit) [-d]: *(v)* προβλέπω || προσδοκώ, περιμένω || ~ion: *(n)* πρόβλεψη || προσδοκία || προαίσθημα || ~ory: *(adj)* προληπτικός

anticlimax (anti klaimæks): *(n)* αντικλίμακα || πτώση

anticoagulant (antiko:ˈægiələnt): *(adj & n)*: αντιπηκτικό

anticonstitutional (æntikɒnstiˈtuːʃənəl): *(adj)* αντισυνταγματικός

anticyclone (æntiˈsaikloun): *(n)* αντικυκλώνας

antidote (ˈæntidout): *(n)* αντίδοτο

antifreeze (æntiˈfriːz): αντιπηκτικό || αντιψυκτικό

antimacassar (ˈæntiməˈkæsər): *(n)* κάλυμμα επίπλων

antimagnetic (ˈæntiməˈgnetik): *(adj)* αντιμαγνητικός

antipath-y (ænˈtipəθi): *(n)* αντιπάθεια || ~etic: *(adj)* αντιπαθητικός

antiperspirant (æntiˈpəːrspərənt): *(adj)* ανθιδρωτικός || αποσμητικό

antipode (ˈæntipoud): *(n)* εκ διαμέτρου αντίθετος || ~s (ænˈtipoudiːz): *(n)* αντίποδες

antipyretic (æntipaiˈretik): *(adj)* αντιπυρετικός

antiqu-arian (æntiˈkweəriən): αρχαιοδίφης || αρχαιοπώλης, παλαιοπώλης || ~ate (ˈæntikweit) [-d]: *(v)* δίνω τεχνητά παλιά εμφάνιση, κατασκευάζω αντίκα || ~ated: *(adj)* παλιός, ξεπερασμένος || ~e (ænˈtiːk): *(adj)* παλιός, περασμένης μόδας || *(n)* αντίκα || ~ity (æntikwiti):. *(n)* αρχαιότητα, τα αρχαία χρόνια

antisemit-e (æntiˈsemait): *(n)* αντισημίτης || ~ic: *(adj)* αντισημιτικός || ~ism: *(n)* αντισημιτισμός

antiseptic (æntiˈseptik): *(adj & n)* αντισηπτικό

antisocial (æntiˈsouʃəl): *(adj)* αντικοινωνικός

antisubmarine (æntiˈsʌbməriːn): *(adj)* ανθυποβρυχιακός

antithesis (ænˈtiθisis): *(n)* αντίθεση

antitox-ic (æntiˈtɒksik): *(adj)* αντιτοξικός || ~in: *(n)* αντιτοξίνη

antler (ˈæntlər): *(n)* κέρατο ελαφιού

antonym (ˈæntənim): *(n)* λέξη αντίθετης σημασίας

anus (ˈeinəs): *(n)* πρωκτός

anvil (ˈænvil): *(n)* αμόνι || άκμων *(anat)*

anxi-ety (æŋˈzaiəti): *(n)* ανησυχία || ανυπομονησία || ~ous (ˈæŋkʃəs): *(adj)* ανήσυχος || ανυπόμονος || ~ously: *(adv)* ανήσυχα, ανυπόμονα

any (ˈeni): *(adj)* μερικοί || οποιοσδήποτε, ένας || καθένας || *(adv)* καθόλου || ~body: *(pron)* οποιοσδήποτε, καθένας || ~how: *(adv)* οπωσδήποτε, με κάθε τρόπο || εν πάσει περιπτώσει || ~more: *(adv)* πια, από τώρα και πέρα || ~one: *(pron)* οποιοσδήποτε, καθένας || ~place: *(adv)* οπουδήποτε || ~thing: *(pron)* οτιδήποτε, κάτι || ~way: *(adv)* οπωσδήποτε, με κάθε τρόπο ||

~where: *(adv)* οπουδήποτε ‖ **~wise**: *(adv)* με οποιονδήποτε τρόπο

aorist (΄eərist): *(n)* αόριστος

aorta (ei΄ɔrtə): *(n)* αορτή

apace (ə΄peis): *(adv)* γρήγορα ‖ με γρήγορο βήμα

apart (ə΄pa:rt): *(adv)* σε τμήματα, κομματιαστά ‖ χωριστά ‖ κατά μέρος ‖ ανεξάρτητα, ξεχωριστά ‖ **~ from**: επιπλέον, εκτός του ότι

apartheid (ə΄pa:rthait): *(n)* φυλετική διάκριση

apartment (ə΄pa:rtmənt): *(n)* διαμέρισμα ‖ **~ building** or **~ complex**: πολυκατοικία

apath-etic (æpə΄θetik): *(adj)* απαθής, αδιάφορος ‖ **~y** (΄æpəθi): *(n)* απάθεια, αδιαφορία

ape (΄eip): *(n)* πίθηκος ‖ μιμητής ‖ [-d]: *(v)* μιμούμαι, πιθηκίζω

aperitif (ə΄peritif): *(n)* ποτό πριν από το φαγητό, ορεκτικό, απεριτίφ

aperture (΄æpərtʃuər): *(n)* οπή, άνοιγμα ‖ θυρίδα

apex (΄eipeks): *(n)* κορυφή ‖ αιχμή ‖ αποκορύφωμα

aphasia (æ΄feiziə): *(n)* αφασία

aphelion (æ΄fi:liən): *(n)* αφήλιο

aphorism (΄æfərizəm): *(n)* γνωμικό, ρητό, απόφθεγμα

apiar-ist (΄eipiərist): *(n)* μελισσοκόμος ‖ **~y**: *(n)* μελισσοκομείο

apical (΄æpikəl): *(adj)* κορυφαίος ‖ ακιδωτός

apiculture (eipi΄cʌltʃər): *(n)* μελισσοκομία

apiece (ə΄pi:s): *(adv)* στον ή για τον καθένα

apish (΄eipiʃ): *(adj)* μιμητικός, πιθηκίζων ‖ ανόητος

aplomb (æ΄plɔm): *(n)* αυτοπεποίθηση

apodictic (æpə΄diktik): *(adj)* φανερός, αποδειγμένος

apogee (΄æpədzi): *(n)* απόγειο ‖ αποκορύφωμα, κολοφώνας

apolog-etic (əpələ΄dzetik): *(adj)* απολογητικός, επεξηγηματικός ‖ **~ize** (ə΄pələdzaiz) [-d]: *(v)* ζητώ συγγνώμη ‖ δίνω εξηγήσεις ‖ **~y** (ə΄pələdzi): *(n)* συγγνώμη ‖ εξήγηση, απολογία ‖ κακέκτυπο, κατώτερης ποιότητας

apople-ctic (æpə΄plektik): *(adj)* πάσχων από αποπληξία ‖ **~xy** (΄æpəpleksi): *(n)* αποπληξία

aposta-sy (ə΄pɔstəsi): *(n)* αποστασία ‖ **~te**: *(n)* αποστάτης

apostle (ə΄pɔsəl): *(n)* απόστολος

apostrophe (ə΄pɔstrəfi): *(n)* απόστροφος ‖ αποστροφή

apothecary (ə΄pəθikəri): *(n)* φαρμακοποιός

apotheosis (æpəθi΄ousis): *(n)* αποθέωση

appall (ə΄pɔ:l) [-ed]: *(v)* φοβίζω, τρομάζω ‖ **~ing**: *(adj)* φοβερός, τρομακτικός

apparatus (æpə΄reitəs): *(n)* συσκευή ‖ μηχανικό συγκρότημα ‖ πολιτική οργάνωση

apparel (ə΄pærəl): *(n)* ένδυμα, ρούχα ‖ [-ed]: *(v)* ντύνω ‖ στολίζω

apparent (ə΄pærənt): *(adj)* φανερός, προφανής ‖ **~ly**: *(adv)* προφανώς

apparition (æpə΄riʃən): *(n)* οπτασία, φάντασμα

appeal (ə΄pi:l) [-ed]: *(v)* επικαλούμαι ‖ προσφεύγω ‖ βρίσκω απήχηση, τραβώ, γοητεύω ‖ εφεσιβάλλω ‖ *(n)* επίκληση ‖ προσφυγή, έφεση ‖ απήχηση, γοητεία

appear (ə΄piər) [-ed]: *(v)* εμφανίζομαι, φαίνομαι ‖ μοιάζω στην εμφάνιση ‖ **~ance**: *(n)* εμφάνιση, παρουσία ‖ παρουσιαστικό, ύφος, όψη ‖ πρόσχημα

appease (ə΄pi:z) [-d]: *(v)* κατευνάζω ‖ ανακουφίζω, καταπραΰνω ‖ ικανοποιώ ‖ **~ment**: *(n)* κατευνασμός ‖ ικανοποίηση ‖ συνδιαλλαγή

appell-ant (ə΄pelənt): *(adj)* εφεσιβάλλων ‖ **~ate**: *(adj)* εφετικός

appellation (æpe΄leiʃən): *(n)* προσωνυμία, ονομασία

append (ə΄pend) [-ed]: *(v)* προσθέτω, προσαρτώ ‖ συνάπτω, επισυνάπτω ‖ **~age**: *(n)* παράρτημα, προσθήκη ‖ απόφυση ‖ **~ant**: *(adj)* συνημμένος ‖ συνοδεύων

appendectomy (əpend΄ektəmi): *(n)* εγχείριση σκωληκοειδίτιδας

appendicitis (əpendi΄saitis): *(n)* σκωληκοειδίτιδα

appendix (ə΄pendiks): *(n)* παράρτημα,

προσθήκη ‖ σκωληκοειδής απόφυση
appertain (æpər´tein) [-ed]: *(n)* ανήκω ‖ αναφέρομαι
appetence (´æpitəns): *(n)* ζωηρή επιθυμία ‖ τάση
appet-ite (´æpitait): *(n)* όρεξη ‖ ~**izer** (´æpitaizər): *(n)* ορεκτικό ‖ ~**izing**: *(adj)* ορεκτικός
applau-d (ə´plɔ:d) [-ed]: *(v)* επευφημώ ‖ χειροκροτώ ‖ επιδοκιμάζω ‖ ~**se** (ə´plɔ:z): *(n)* επευφημία ‖ χειροκρότημα ‖ επιδοκιμασία
apple (´æpəl): *(n)* μήλο, μηλιά ‖ ~ **green**: *(adj)* κιτρινοπράσινος ‖ ~**jack**: *(n)* λικέρ από μήλα ‖ ~ **pie**: *(n)* μηλόπιτα ‖ ~ **pie order**: σε πολύ καλή κατάσταση ‖ ~ **sauce**: *(n)* πελτές από μήλα
appliance (ə´plaiəns): *(n)* συσκευή ‖ μηχάνημα, σύστημα
appli-cable (´æplikəbəl): *(adj)* εφαρμόσιμος, πρακτικός ‖ ~**cant** (´æplikənt): *(n)* ο αιτών, υποψήφιος ‖ ~**cation** (æpli´keiʃən): *(n)* αίτηση ‖ εφαρμογή, τοποθέτηση ‖ επίθεμα ‖ αφοσίωση, προσήλωση ‖ ~**ed** (ə´plaid): *(adj)* εφαρμοσμένος ‖ σε χρήση, πρακτικός
apply (ə´plai) [-ied]: *(v)* εφαρμόζω ‖ υποβάλλω αίτηση
appoint (ə´point) [-ed]: *(v)* ορίζω ‖ διορίζω ‖ εντέλλομαι ‖ ~**ee**: διορισμένος ‖ ~**ment**: *(n)* διορισμός ‖ αξίωμα, θέση ‖ συνάντηση, συνέντευξη ‖ ~**ments**: *(n)* εφόδια
apportion (ə´pɔ:rʃən) [-ed]: *(v)* μοιράζω αναλογικά ‖ ~**ment**: *(n)* αναλογική διανομή
apposit-e (´æpəzit): *(adj)* κατάλληλος, αρμόδιος ‖ ~**ion** (æpə´ziʃən): *(n)* παράθεση
apprais-al (ə´preizəl): *(n)* εκτίμηση, διατίμηση ‖ υπολογισμός ‖ ~**e** [-d]: *(v)* εκτιμώ, διατιμώ ‖ υπολογίζω ‖ ~**ement**: *(n)* εκτίμηση, υπολογισμός
appreci-able (ə´pri:ʃəbəl): *(adj)* εκτιμητέος ‖ άξιος λόγου, υπολογίσιμος ‖ ~**ably**: *(adv)* αισθητά ‖ ~**ate** (ə´pri:ʃieit) [-d]: *(v)* εκτιμώ, υπολογίζω ‖ καταλαβαίνω τη σημασία ‖ ανατιμώ, ανατιμούμαι ‖ ~**ation**: *(n)* εκτί-

μηση ‖ κριτική ‖ ανατίμηση ‖ ~**ative** or ~**atory**: *(adj)* εκτιμητικός
apprehen-d (æpri´hend) [-ed]: *(v)* συλλαμβάνω, πιάνω ‖ αντιλαμβάνομαι, καταλαβαίνω ‖ προσδοκώ με ανησυχία ‖ ~**sion**: *(n)* σύλληψη ‖ φόβος, ζωηρή ανησυχία ‖ κατανόηση ‖ ~**sive**: *(adj)* ανήσυχος, φοβισμένος ‖ ευαίσθητος
apprentice (ə´prentis) [-d]: *(v)* τοποθετώ ή παίρνω μαθητευόμενο ‖ *(n)* μαθητευόμενος, δόκιμος ‖ ~**ship**: *(n)* μαθητεία
apprise (ə´praiz) [-d]: *(v)* γνωστοποιώ
approach (ə´prout∫) [-ed]: *(v)* προσεγγίζω, πλησιάζω ‖ ''διπλαρώνω'' ‖ *(n)* προσέγγιση ‖ δίοδος, είσοδος ‖ ~**able**: *(adj)* προσιτός, ευπρόσιτος
approbat-e (´æprəbeit) [-d]: *(v)* εξουσιοδοτώ ‖ εγκρίνω ‖ ~**ion**: *(n)* επίσημη έγκριση ‖ ευμενής κρίση
appropriat-e (ə´prouprieit) [-d]: *(v)* οικειοποιούμαι, σφετερίζομαι ‖ προορίζω ‖ (ə´proupriit): *(adj)* κατάλληλος, ταιριαστός ‖ ~**ion**: *(n)* οικειοποίηση ‖ ειδικό κεφάλαιο, ''κοντύλι''
approv-al (ə´pru:vəl): *(n)* επιδοκιμασία, έγκριση ‖ ~**e** (ə´pru:v) [-d]: *(v)* επιδοκιμάζω, εγκρίνω
approximat-e (ə´prɔksəmeit) [-d]: *(v)* προσεγγίζω, πλησιάζω ‖ υπολογίζω κατά προσέγγιση ‖ (ə´prɔksəmit): *(adj)* ο κατά προσέγγιση, προσεγγίζων ‖ ~**ely**: *(adv)* κατά προσέγγιση, περίπου ‖ ~**ion**: *(n)* προσέγγιση ‖ υπολογισμός ή αποτέλεσμα κατά προσέγγιση
appurtenance (ə´pə:rtnəns): *(n)* εξάρτημα, προσθήκη
apricot (´eipricɔt): *(n)* βερίκοκο, βερικοκιά
April (´eipril): *(n)* Απρίλιος ‖ ~ **Fools' Day**: *(n)* Πρωταπριλιά
apron (´eiprən): *(n)* ποδιά
apropos (æprə´pou): *(adj)* κατάλληλος ‖ επίκαιρος ‖ παρεπιπτόντως
apt (æpt): *(adj)* κατάλληλος ‖ ικανός ‖ επιρρεπής, υποκείμενος ‖ ~**itude**: *(n)* ικανότητα ‖ τάση
aqua-fortis (´ækwa´fɔ:rtis): *(n)* νιτρικό οξύ, ακουαφόρτε ‖ ~**lung**: υποβρύχια

αναπνευστική συσκευή ‖ **~marine**: γαλαζοπράσινος
aquarium (əˊkweəriəm): *(n)* ενυδρείο
aquatic (əˊkwætik): *(adj)* υδρόβιος, υδροχαρής
aqueduct (ˊækwədʌkt): *(n)* υδαταγωγός ‖ υδραγωγείο
aqueous (ˊækwiəs): *(adj)* υδάτινος, υδαρής
aquiline (ˊækwilain or ~lin): *(adj)* αετίσιος ‖ κυρτός, γρυπός
Arab (ˊærəb): *(n)* Άραβας ‖ *(adj)* αραβικός ‖ **~ia**: *(n)* Αραβία ‖ **~ian**: *(adj)* αραβικός ‖ Άραβας ‖ **~ic**: *(adj)* αραβικός ‖ αραβική γλώσσα
arabesque (ærəˊbesk): *(n)* αραβούργημα
arable (ˊærəbəl): *(adj)* καλλιεργήσιμος ‖ *(n)* καλλιεργήσιμη γη
arbiter (ˊaːrbətər): *(n)* διαιτητής, κριτής
arbitrary (ˊaːrbətrəri): *(adj)* αυθαίρετος
arbitrat-e (ˊaːrbətreit) [-d]: *(v)* κρίνω ‖ κάνω διαιτησία ‖ **~ion**: *(n)* διαιτησία ‖ **~or**: *(n)* διαιτητής, κριτής
arbor or arbour (ˊaːrbər): *(n)* χαγιάτι ‖ **~eal** (aːrˊbəːriəl): *(adj)* δενδρόβιος ‖ **~etum** (aːrbəˊriːtəm): *(n)* δενδροκομείο
arc (aːrk): *(n)* τόξο
arcade (aːrˊkeid): *(n)* στοά
arch (aːrtʃ) [-ed]: *(v)* κυρτώνω, σχηματίζω τόξο ‖ γεφυρώνω ‖ *(n)* τόξο, αψίδα ‖ καμάρα του πέλματος ‖ *(adj)* πονηρούλης, κατεργάρης ‖ **~ly**: *(adv)* πονηρά ‖ **~ness**: *(n)* πονηριά ‖ **~way**: *(n)* θολωτή είσοδος
archaeolog-y or archeology (aːrkiˊələdzi): *(n)* αρχαιολογία ‖ **~ic or ~ical**: *(adj)* αρχαιολογικός ‖ **~ist**: *(n)* αρχαιολόγος
archaic (aːrˊkeiik): *(adj)* αρχαϊκός
archangel (aːrkˊeindzel): *(n)* αρχάγγελος
archbishop (aːrtʃˊbiʃəp): *(n)* αρχιεπίσκοπος ‖ **~ric**: *(n)* αρχιεπισκοπή
archdeacon (aːrtʃˊdiːkən): *(n)* αρχιδιάκονος
archdiocese (aːrtʃˊdaiəsiːs): *(n)* αρχιεπισκοπή

archduke (aːrtʃˊdjuːk): *(n)* αρχιδούκας
archeology, etc: see archaeology
archer (ˊaːrtʃər): *(n)* τοξότης ‖ **~y**: *(n)* τοξοβολία ‖ σώμα τοξοτών
archetype (ˊaːrkətaip): *(n)* αρχέτυπο, πρωτότυπο
archimandrite (aːrkəˊmændrait): *(n)* αρχιμανδρίτης
archipelago (aːrkəˊpeləgou): *(n)* αρχιπέλαγος
architect (ˊaːrkətekt): *(n)* αρχιτέκτονας ‖ **~onic**: *(adj)* αρχιτεκτονικός ‖ **~ural**: *(adj)* αρχιτεκτονικός ‖ **~ure**: *(n)* αρχιτεκτονική
architrave (ˊaːrkətreiv): *(n)* επιστήλιο
archiv-es (ˊaːrkaivz): *(n)* αρχείο ‖ **~ist**: *(n)* αρχειοφύλακας
arctic (ˊaːrktik): *(adj)* αρκτικός
arden-cy or ardour (ˊaːrdənsi, ˊaːrdər): *(n)* σφοδρή επιθυμία, διακαής πόθος ‖ **~t**: *(adj)* διακαής, σφοδρός ‖ φλογερός
ardour or ardor: see ardency
arduous (ˊaːrdjuəs): *(adj)* τραχύς ‖ κοπιαστικός, δύσκολος ‖ **~ness**: *(n)* τραχύτητα, δυσκολία
are: see be
area (ˊeəriə): *(n)* εμβαδόν, επιφάνεια ‖ έκταση, περιοχή ‖ **~ code**: αριθμός τηλεφωνικού τομέα
arena (əˊriːnə): *(n)* κονίστρα, αρένα ‖ σφαίρα ή πεδίο δραστηριότητας ή σύγκρουσης
Argentin-a (ardzənˊtiːnə): *(n)* Αργεντινή ‖ **~e** (ˊardzəntain): Αργεντινός ‖ *(adj)* αργεντινός
argosy (ˊaːrgəsi): *(n)* υπερωκεάνιο εμπορ. ναυτικού ‖ εμπορικός στολίσκος
argue (ˊaːrgjuː) [-d]: *(v)* φιλονικώ ‖ προβάλλω επιχειρήματα ή αποδεικνύω με επιχειρήματα ‖ **~ment**: *(n)* φιλονικία ‖ επιχείρημα ‖ **~mentative**: *(adj)* συζητήσιμος ‖ αποδεικτικός
aria (ˊaːriə): *(n)* μελωδία, άρια
arid (ˊærid): *(adj)* άνυδρος ‖ ξερός, καμένος ‖ άτονος, νωθρός ‖ **~ity or ~ness**: *(n)* ξηρασία
aril (ˊærəl): *(n)* περικάρπιο
arise (əˊraiz) [arose, arisen]: *(v)* σηκώ-

νομαι ‖ ανιψώνομαι, ανεβαίνω ‖ προκύπτω

aristocra-cy (ˈæris'təkrəsi): *(n)* αριστοκρατία ‖ κυβέρνηση των ευγενών ‖ **~t:** *(n)* αριστοκράτης ‖ **~tic:** *(adj)* αριστοκρατικός

arithmetic (əˈriθmətik): *(n)* αριθμητική ‖ (æriθ'metik) or: **~al:** *(adj)* αριθμητικός

ark (aːrk): *(n)* κιβωτός

arm (ˈaːrm) [-ed]: *(v)* οπλίζω, εξοπλίζω ‖ οχυρώνω ‖ *(n)* όπλο ‖ όπλο, σώμα ‖ βραχίονας, μπράτσο ‖ κλάδος, τμήμα ‖ **~ed:** *(adj)* ένοπλος ‖ **~chair:** *(n)* πολυθρόνα ‖ *(adj)* καθιστικός, μη μάχιμος ‖ **~ful:** αγκαλιά, όσο χωρούν τα χέρια ‖ **~pit:** *(n)* μασχάλη

armada (aːrˈmadə): *(n)* στόλος, αρμάδα

armament (ˈaːrməmənt): *(n)* οπλισμός, εξοπλισμός

armature (ˈaːrmət ʃər): *(n)* οπλισμός

armistice (ˈaːrmistis): *(n)* εκεχειρία, ανακωχή

armor or armour (ˈaːrmər): *(n)* θωράκιση ‖ θώρακας ‖ προστατευτικό κάλυμμα ‖ [-ed]: *(v)* θωρακίζω ‖ **~ed:** *(adj)* θωρακισμένος ‖ **~er:** *(n)* οπλοποιός ‖ **~y:** *(n)* οπλοστάσιο ‖ εργοστάσιο όπλων

army (ˈaːrmi): *(n)* στρατός ‖ στρατιά ‖ πλήθος

aroma (əˈroumə): *(n)* άρωμα ‖ **~tic:** *(adj)* αρωματικός

around (əˈraund): *(adv)* γύρω, τριγύρω ‖ περίπου ‖ **get ~:** *(n)* καταφέρνω ‖ **get ~ to:** *(v)* ασχολούμαι με κάτι, αρχίζω κάτι όταν βρω καιρό

arouse (əˈrauz) [-d]: *(v)* αφυπνίζω, ξεσηκώνω ‖ διεγείρομαι

arraign (əˈrein) [-ed]: *(v)* κατηγορώ, καταφέρομαι ‖ εγκαλώ, ενάγω ‖ **~ment:** *(n)* κλήση, κατηγορία

arrange (əˈreindz) [-d]: *(v)* τακτοποιώ, διευθετώ ‖ κανονίζω, σχεδιάζω ‖ **~ment:** *(n)* διευθέτηση, τακτοποίηση ‖ **~ments:** σχέδια, προβλέψεις

arrant (ˈærənt): *(adj)* πολύ κακός, διαβόητος

arras (ˈærəs): *(n)* τάπητας

array (əˈrei) [-ed]: *(v)* παρατάσσω, βά-

ζω σε θέση μάχης ‖ στολίζω, ντύνω πλούσια ‖ *(n)* παράταξη ‖ θέση μάχης

arrears (əˈriərz): *(n)* καθυστερούμενη πληρωμή ‖ ανεκπλήρωτη υποχρέωση ‖ **in ~:** εκπρόθεσμος, καθυστερούμενος

arrest (əˈrest) [-ed]: *(v)* συλλαμβάνω, πιάνω ‖ αναχαιτίζω, βάζω κάτω από έλεγχο, "κοντρολάρω" ‖ τραβώ την προσοχή ή το ενδιαφέρον ‖ *(n)* σύλληψη ‖ αναχαίτιση, έλεγχος ‖ **~ing:** *(adj)* συμπαθητικός, ελκυστικός

arriv-al (əˈraivəl): *(n)* άφιξη ‖ **~e** [-d]: *(v)* φθάνω ‖ καταλήγω

arrogan-ce (ˈærəgəns): *(n)* υπεροψία, αλαζονεία ‖ **~t:** *(adj)* υπερόπτης, αλαζόνας

arrow (ˈærou): *(n)* βέλος

arsenal (ˈaːrsənəl): *(n)* οπλοστάσιο ‖ οπλαποθήκη

arsenic (ˈaːrsənik): *(n)* αρσενικό

arson (ˈaːrsən): *(n)* εμπρησμός ‖ **~ist:** εμπρηστής

art (ˈaːrt): *(n)* τέχνη ‖ **~s:** κόλπα, στρατηγήματα ‖ **~ful:** *(adj)* επιδέξιος ‖ πονηρός ‖ **~isan:** *(n)* τεχνίτης ‖ **~ist:** καλλιτέχνης ‖ **~istic:** καλλιτεχνικός, καλαίσθητος ‖ **~less:** *(adj)* κακότεχνος ‖ απλός

arter-ial (aːrˈtiriːəl): *(adj)* αρτηριακός ‖ **~y** (ˈaːrtəri): αρτηρία

artesian well (aːrˈtiːzjən wel): *(n)* αρτεσιανό φρέαρ

arthriti-s (aːrˈθraitis): *(n)* αρθρίτιδα ‖ **~c:** *(adj)* αρθριτικός

artichoke (ˈaːrtiʃouk): *(n)* αγκινάρα

article (ˈaːrtikəl): *(n)* κομμάτι, αντικείμενο, είδος ‖ άρθρο

articul-ar (aːrˈtikjulər): *(adj)* αρθρικός ‖ **~ate** (aːrˈtikjuleit) [-d]: *(v)* προφέρω ‖ είμαι έναρθρος ‖ αρθρώνω, συναρθρώνω ‖ αρθρώνομαι ‖ (aːrˈtikjulit): *(adj)* έναρθρος ‖ αρθρωτός ‖ **~ated:** *(adj)* έναρθρος ‖ με αρθρώσεις ‖ **~ation:** *(n)* άρθρωση

artifact (ˈaːrtəfækt): *(n)* κατασκεύασμα

artific-e (ˈaːrtifis): *(n)* στρατήγημα, τέχνασμα ‖ εξυπνάδα, επιδεξιότητα ‖ απάτη ‖ **~ial** (aːrtiˈfiʃəl): *(adj)* τεχνητός ‖ προσποιητός, εξεζητημένος

artillery (aːrˈtiləri): *(n)* πυροβολικό

35

as (æz): *(adv)* ως, όπως, καθώς ‖ αφού, επειδή ‖ ~ **for**: όσο για ‖ ~ **is**: όπως είναι

asbestos (æz´bestəs): *(n)* άσβεστος, αμίαντος

ascend (ə´send) [-ed]: *(v)* ανεβαίνω ‖ ανηφορίζω ‖ ~**ancy or** ~**ance**: *(n)* κυριαρχία, επικράτηση, ηγεμονία ‖ ~**ant**: *(adj)* κυριαρχικός, επικρατέστερος ‖ ανηφορικός ‖ ~**ing**: *(adj)* ανηφορικός, ανερχόμενος

ascen-sion (ə´senʃən): *(n)* άνοδος ‖ ανάβαση ‖ Ανάληψη ‖ ~**t** (ə´sent): *(n)* άνοδος, ανάβαση ‖ ανωφέρεια

ascertain (æsər´tein) [-ed]: *(v)* εξακριβώνω, διαπιστώνω ‖ επιβεβαιώνω

ascetic (ə´setik): *(n)* ασκητής ‖ *(adj)* ασκητικός ‖ ~**ism**: *(n)* ασκητισμός, ασκητεία

ascribe (əs´kraib) [-d]: *(v)* αποδίδω, προσάπτω

asep-sis (ei´sepsis): *(n)* ασηψία ‖ ~**tic**: *(adj)* ασηπτικός

ash (æʃ): *(n)* στάχτη ‖ μελία, φλαμουριά ‖ ~**can**: τεφροδοχείο ‖ βόμβα βυθού ‖ ~**en**: *(adj)* σταχτής, χλωμός ‖ από ξύλο φλαμουριάς ‖ ~**tray**: *(n)* σταχτοδοχείο ‖ ~**y**: *(adj)* σταχτής ‖ γεμάτος στάχτη

ashamed (ə´ʃeimd): *(adj)* ντροπιασμένος ‖ **be** ~: *(v)* ντρέπομαι

ashlar (´æʃlər): *(n)* κυβόλιθος δομήσιμος

ashore (ə´ʃɔːr): *(adv)* προς τη στεριά ‖ στη στεριά ‖ **run** ~: *(v)* εξωκέλλω, πέφτω στη στεριά

Asia (´eiʃə): *(n)* Ασία ‖ ~ **Minor**: Μικρά Ασία ‖ ~**n**: Ασιάτης ‖ ~**tic**: *(adj)* ασιατικός ‖ Ασιάτης

aside (ə´said): *(adv)* από τη μια πλευρά ‖ κατά μέρος, παράμερα ‖ *(n)* παρενθετική προσθήκη ή παρεμβολή ‖ ~ **from**: εκτός από

asinine (´asinain): *(adj)* βλάκας ‖ βλακωδώς πεισματάρης

ask (æsk) [-ed]: *(v)* ρωτώ ‖ ζητώ ‖ προσκαλώ

askance (əs´kɑːns) or **askant** (əs´kɑnt): *(adv)* λοξά, με την άκρη του ματιού ‖ με δυσπιστία ή υποψία ή αποδοκιμα-

σία ‖ **look** ~: *(v)* στραβοκοιτάζω

askew (əs´kjuː): *(adj)* λοξός, στραβός ‖ *(adv)* λοξά, στραβά

aslant (əs´lɑnt): *(adj)* πλάγιος, λοξός ‖ *(adv)* πλάγια, λοξά, με κλίση

asleep (ə´sliːp): *(adj)* κοιμισμένος ‖ αδρανής ‖ μουδιασμένος

asp (æsp): *(n)* οχιά, ασπίδα

asparagus (əs´pærəgəs): *(n)* σπαράγγι

aspect (´æspekt): *(n)* όψη, παρουσιαστικό ‖ άποψη, πλευρά ζητήματος ‖ θέα

aspen (´æspən): *(n)* λεύκα

asperity (æs´periti): *(n)* τραχύτητα ‖ οξύτητα ‖ ερεθισμός

aspers-e (əs´pərs) [-d]: *(v)* δυσφημώ, συκοφαντώ ‖ ~**ion**: *(n)* δυσφήμηση, συκοφαντία

asphalt (´æsfɔlt): *(n)* άσφαλτος ‖ *(adj)* ασφαλτόστρωτος

asphyxia (æs´fiksiːə): *(n)* ασφυξία ‖ ~**te** (æs´fiksieit) [-d]: *(v)* ασφυκτιώ, πνίγομαι ‖ προκαλώ ασφυξία ‖ ~**tion**: *(n)* ασφυξία, θάνατος από ασφυξία

aspir-ant (´æspərənt): *(n & adj)* φιλόδοξος ‖ ~**ate** (´æspəreit) [-d]: *(v)* δασύνω ‖ αναρροφώ, εισπνέω ‖ (´æspərit): *(n)* δασεία ‖ ~**ation** (æspəreiʃən): *(n)* φιλοδοξία, βλέψη ‖ ~**e** (æs´paiər) [-d]: *(v)* φιλοδοξώ, έχω βλέψεις

aspirin (´æspirin): *(n)* ασπιρίνη

ass (æs): *(n)* όνος, γάιδαρος ‖ ,ιιωινός, οπίσθια (vulg.)

assail (ə´seil) [-ed]: *(v)* προσβάλλω, επιτίθεμαι ‖ ~**ant**: *(n)* επιδρομέας

assassin (ə´sæsin): *(n)* δολοφόνος ‖ ~**ate** (ə´sæsineit) [-d]: *(v)* δολοφονώ ‖ ~**ation**: *(n)* δολοφονία

assault (ə´sɔːlt): *(n)* σφοδρή επίθεση ‖ έφοδος ‖ βιασμός ‖ [-ed]: *(v)* επιτίθεμαι, χτυπώ ‖ ~**er**: *(n)* επιδρομέας

assay (ə´sei) [-ed]: *(v)* δοκιμάζω ‖ αναλύω, κάνω εκτίμηση ‖ *(n)* δοκιμή, τεστ ‖ ανάλυση, εκτίμηση ‖ ~**er**: *(n)* εκτιμητής

assembl-age (ə´semblidz): *(n)* συναρμολόγηση ‖ συνάθροιση, συγκέντρωση ‖ ~**e** (ə´sembəl) [-d]: *(v)* συναρμολογώ ‖ συναθροίζω, συγκεντρώνω, συγκαλώ ‖

36

συναθροίζομαι, συγκεντρώνομαι ‖ ~y (ə'sembli): συναρμολόγηση ‖ συσκευή ‖ συγκρότημα ‖ συνάθροιση, συγκέντρωση, συνέλευση

assent (ə'sent) [-ed]: (v) συναινώ, συγκατατίθεμαι ‖ (n) συγκατάθεση, συναίνεση ‖ ~ation: (n) δουλοπρεπής συγκατάθεση

assert (ə'se:rt) [-ed]: (v) υποστηρίζω ‖ δηλώνω κατηγορηματικά ‖ ισχυρίζομαι ‖ ~ion: (n) κατηγορηματική δήλωση ‖ ισχυρισμός ‖ ~ive: (adj) κατηγορηματικός ‖ ~iveness: (n) κατηγορηματικότητα, βεβαιότητα

assess (ə'ses) [-ed]: (v) υπολογίζω, κάνω εκτίμηση ‖ καταλογίζω, επιβάλλω ‖ προσδιορίζω, κατανέμω ‖ ~ed tax: (n) άμεση φορολογία ‖ ~ment: (n) υπολογισμός, εκτίμηση ‖ καταλογισμός, επιβολή ‖ καταλογισθέν ποσό ‖ φορολογία ‖ ~or: (n) εκτιμητής ‖ πάρεδρος, σύμβουλος

asset ('æset): (n) προσόν, πλεονέκτημα, ''ατού'' ‖ το ενεργητικό ‖ ~s: περιουσιακά στοιχεία

assidu-ity (æsi'djuiti): (n) επιμονή, καρτερία ‖ προσήλωση, επιμέλεια ‖ ~ous: (adj) επίμονος, καρτερικός, προσηλωμένος

assign (ə'sain) [-ed]: (v) προσδιορίζω, ορίζω ‖ αναθέτω ‖ μεταβιβάζω, εκχωρώ ‖ αποπνώ, μετατάσσω ‖ ~ment: (n) ανάθεση ‖ ανατεθέν έργο ή καθήκον ‖ μεταβίβαση ‖ αποστολή ‖ ~ee: (n) εντολοδόχος

assimilat-e (ə'simileit) [-d]: (v) αφομοιώνω, εξομοιώνω ‖ αφομοιώνομαι ‖ ~ion: (n) αφομοίωση ‖ εξομοίωση ‖ ~ive: (adj) αφομοιωτικός

assist (ə'sist) [-ed]: (v) βοηθώ ‖ υποστηρίζω, συμπαρίσταμαι ‖ ~ance: (n) βοήθεια, συνδρομή ‖ συμπαράσταση ‖ ~ant: (n) βοηθός ‖ επικουρικός ‖ υπάλληλος

assize (ə'saiz): (n) αγορανομικό διάταγμα ‖ ~s: περιοδική δικάσιμος ‖ court of ~: περιοδικό δικαστήριο

associat-e (ə'souʃieit) [-d]: (v) συνδέω, συσχετίζω ‖ συνδέομαι, σχετίζομαι, συναναστρέφομαι ‖ συνεταιρίζω ‖ συ-

νεταιρίζομαι ‖ (ə'souʃiət): (n) συνέταιρος, συνεργάτης ‖ δόκιμο μέλος ‖ παρεπόμενο ‖ ~ion: εταιρεία, συνεταιρισμός, σωματείο ‖ συναναστροφή, σύνδεσμος ‖ συσχετισμός

assonance ('æsənəns): (n) συνήχηση

assort (ə'sə:rt) [-ed]: (v) ταξινομώ ‖ ταιριάζω ‖ ~ed: (adj) ταξινομημένος ‖ ποικίλος, σε ποικιλία ‖ ~ment: (n) ποικιλία ‖ ταξινόμηση

assua-ge (ə'sweidz) [-d]: (v) καταπραΰνω, κατευνάζω ‖ ανακουφίζω ‖ ~sive: (adj) καταπραϋντικός, κατευναστικός

assum-e (ə'sju:m) [-d]: (v) φορώ ‖ αναλαμβάνω ‖ υποθέτω, δέχομαι ‖ προσποιούμαι ‖ ~ed: (adj) υποθετικός ‖ προσποιητός, ψεύτικος ‖ ~ing: (adj) προσποιητός ‖ αλαζονικός ‖ ~ption (ə'sʌmpʃən): (n) υπόθεση ‖ προσποίηση ‖ Κοίμηση της Θεοτόκου

assur-e (ə'ʃuər) [-d]: (v) βεβαιώνω, διαβεβαιώνω ‖ εξασφαλίζω ‖ ασφαλίζω ‖ ~ance: (n) βεβαίωση, διαβεβαίωση ‖ πεποίθηση ‖ ασφάλεια ‖ ~ed: (adj) βέβαιος, αναμφίβολος ‖ γεμάτος αυτοπεποίθηση ‖ ~edly: (adv) βέβαια, χωρίς αμφιβολία

asterisk ('æstərisk): (n) αστερίσκος

astern (æs'tə:rn): (adv) προς την πρύμνη ‖ πίσω από το πλοίο ‖ προς τα πίσω

asteroid ('æstərɔid): (n) αστεροειδής

asthma ('æsmə): (n) άσθμα ‖ ~tic: (adj) ασθματικός

astigmatism (æ'stigmətizəm): (n) αστιγματισμός

astir (əs'tər): (adj) κινητός, σε κίνηση ‖ ξυπνητός, σηκωμένος

astonish (əs'tɔniʃ) [-ed]: (v) εκπλήσσω, καταπλήσσω ‖ ~ing: (adj) καταπληκτικός, εκπληκτικός ‖ ~ment: (n) έκπληξη, κατάπληξη

astound (əs'taund) [-ed]: (v) καταπλήσσω, θαμπώνω ‖ αφήνω εμβρόντητο ‖ ~ing: (adj) καταπληκτικός

astraddle (əs'trædəl): (adv) καβαλικευτά, καβάλα

astral ('æstrəl): (adj) αστρικός

astray (əs'trei): (adv) έξω από το σω-

astride

στό δρόμο ή κατεύθυνση ‖ έξω από το στόχο ‖ στον κακό δρόμο ‖ **go** ~: *(v)* χάνω το δρόμο, περιπλανιέμαι ‖ παίρνω τον κακό δρόμο ‖ **lead** ~: οδηγώ στον κακό δρόμο
astride (əsˈtraid): *(adv)* με ανοιχτά τα σκέλη ‖ καβαλικευτά
astringen-t (əsˈtrindzənt): *(adj)* στυφός ‖ στυπτικός ‖ ~**cy**: στυπτικότητα ‖ στυφάδα
astrodome (ˈæstrədoum): *(n)* κλειστό, θολωτό στάδιο ‖ θολωτό παρατητήριο
astrolabe (ˈæstrəleib): *(n)* αστρολάβος
astrolog-er (əsˈtrələdzər): *(n)* αστρολόγος ‖ ~**y**: *(n)* αστρολογία
astronaut (ˈæstrənɔːt): *(n)* αστροναύτης ‖~**ic**, ~**ical**: *(adj)* αστροναυτικός ‖~**ics**: αστροναυτική
astronom-er (əsˈtrɒnəmər): *(n)* αστρονόμος ‖ ~**ic**, ~**ical**: *(adj)* αστρονομικός ‖ ~**y**: *(n)* αστρονομία
astrophysics (æstrəˈfiziks): *(n)* αστροφυσική
astute (əsˈtjuːt): *(adj)* έξυπνος ‖ πονηρός ‖ ~**ness**: *(n)* εξυπνάδα
asunder (əˈsʌndər): *(adv)* χωριστά
asylum (əˈsailəm): *(n)* άσυλο ‖ **lunatic** ~: φρενοκομείο
at (æt): *(prep)* εις, σε ‖ προς, για ‖ ~ **all**: καθόλου ‖ ~ **a loss**: σε αμηχανία ‖ ~ **least**: τουλάχιστο ‖ ~ **ease**: ανάπαυση ‖ ~ **last**: επιτέλους ‖ ~ **once**: αμέσως ‖ ~ **sea**: στη θάλασσα, εν πλω ‖ σε αμηχανία
atavis-m (ˈætəvizəm): *(n)* αταβισμός ‖ ~**tic**: *(adj)* αταβιστικός
ataxia (əˈtæksiə): *(n)* παθολογική αταξία
ate (eit): see eat
atheis-m (ˈeiθiizəm): *(n)* αθεϊσμός, αθεΐα ‖ ~**t**: άθεος
Athens (ˈæθinz): *(n)* Αθήνα
athirst (əˈθəːrst): διψασμένος
athlet-e (ˈæθliːt): αθλητής ‖ ~**ic**: *(adj)* αθλητικός ‖ ~**ics**: *(n)* αθλητικά, αθλητισμός ‖ ~**e's foot**: μυκητίαση
athwart (əˈθwɔːrt): *(adv)* ενάντια, εμποδιστικά ‖ εγκάρσια
atilt (əˈtilt): *(adj)* επικλινής
Atlantic (ətˈlæntik): Ατλαντικός

atlas (ˈætləs): *(n)* άτλας
atmospher-e (ˈætməsfiər): *(n)* ατμόσφαιρα ‖ ~**ic**, ~**ical**: *(adj)* ατμοσφαιρικός ‖ ~**ics**: *(n)* ατμοσφαιρικά παράσιτα
atoll (əˈtɒl): *(n)* πεταλοειδής, κοραλλιογενής νήσος
atom (ˈætəm): *(n)* άτομο ‖ ~**ic**: *(adj)* ατομικός ‖ ~ ή ~**ic bomb**: ατομική βόμβα ‖ ~**ic energy**: ατομική ενέργεια ‖ ~**ic pile**: πυρηνικός αντιδραστήρας ή ατομική στήλη ‖ ~**ize** (ˈætəmaiz) [-d]: *(v)* χωρίζω σε άτομα ‖ ψεκάζω ‖ ~**r**: *(n)* ψεκαστήρας
atone (əˈtoun) [-d]: *(v)* συμβιβάζω ‖ εξιλεώνω, εξιλεώνομαι ‖ ~**ment**: *(n)* εξιλέωση ‖ αποζημίωση
atonic (əˈtonik): *(adj)* άτονος, ατονικός
atroci-ous (əˈtrouləs): *(adj)* τερατώδης, ωμός, στυγερός ‖ ~**ty**: *(n)* ωμότητα, τερατούργημα
atrophy (ˈætrəfi) [-ied]: *(v)* κάνω ατροφικό ‖ γίνομαι ατροφικός ‖ *(n)* ατροφία
attach (əˈtætʃ) [-ed]: *(v)* επισυνάπτω, προσαρτώ ‖ αποδίδω, δίδω ‖ αποσπώ ‖ κατάσχω ‖ ~**ment**: *(n)* προσάρτηση, επισύναψη ‖ σύνδεσμος, στενή σχέση ‖ κατάσχεση ‖ ~**e'** (əˈtæʃei): *(n)* διπλωματικός ακόλουθος ‖ ~**e' case**: χαρτοφύλακας
attack (əˈtæk) [-ed]: *(v)* επιτίθεμαι, προσβάλλω ‖ αρχίζω δουλειά με ζήλο, ''πέφτω με τα μούτρα'' ‖ *(n)* επίθεση ‖ προσβολή ασθένειας ‖ ~**er**: *(n)* επιτιθέμενος, επιδρομέας
attain (əˈtein) [-ed]: *(v)* πετυχαίνω, κατορθώνω ‖ αποκτώ ‖ φθάνω ‖ ~**able**: *(adj)* κατορθωτός, εφικτός ‖ ~**ment**: *(n)* επίτευξη, επίτευγμα
attainder (əˈteindər): *(n)* στέρηση πολιτικών δικαιωμάτων
attaint (əˈteint) [-ed]: *(v)* στερώ πολιτικά δικαιώματα ‖ κηλιδώνω, ατιμάζω
attempt (əˈtempt) [-ed]: *(v)* αποπειρώμαι ‖ επιχειρώ ‖ προσπαθώ ‖ *(n)* απόπειρα ‖ προσπάθεια
atten-d (əˈtend) [-ed]: *(v)* είμαι παρών, παραβρίσκομαι, παρίσταμαι ‖ παρακολουθώ ‖ συνοδεύω ‖ υπηρετώ, φρο-

ντίζω ‖ νοσηλεύω ‖ ακούω με προσοχή ‖ **~dance**: *(n)* παρουσία ‖ παρακολούθηση ‖ συμμετοχή ‖ σύνολο παρόντων, παρόντες ‖ συνοδεία ‖ **~dant**: *(n)* παραβρισκόμενος, παρών ‖ συνοδός, ακόλουθος, συνοδεύων ‖ υπηρέτης ‖ **~tion** (ə΄tenʃən): *(n)* προσοχή ‖ μέριμνα, φροντίδα ‖ **~tions**: φιλοφρονήσεις ‖ **~tive**: *(adj)* προσεχτικός ‖ φιλοφρονητικός, περιποιητικός

attenuat-e (ə΄tenjueit) [-d]: *(v)* λεπτύνω ‖ μικραίνω, ελαττώνω ‖ αμβλύνω ‖ μετριάζω, εξασθενίζω ‖ αραιώνω ‖ ελαττώνομαι ‖ **~ion**: *(n)* ελάττωση ‖ μετριασμός, εξασθένιση

attest (ə΄test) [-ed]: *(v)* επικυρώνω, επιβεβαιώνω ‖ μαρτυρώ, φανερώνω ‖ καταθέτω ‖ **~ation**: *(n)* επικύρωση ‖ μαρτυρία

attic (΄ætik): *(n)* σοφίτα ‖ αττικός

Attica (΄ætikə): *(n)* Αττική

attire (ə΄taiər) [-d]: *(v)* ντύνω, ντύνομαι ‖ ιματισμός, ενδυμασία

attitude (΄ætitju:d): *(n)* στάση, διάθεση

attorney (ə΄tə:rni): *(n)* δικηγόρος ‖ αντιπρόσωπος, πληρεξούσιος ‖ **~ at law**: δικηγόρος ‖ **~ general**: υπουργός δικαιοσύνης ‖ **district ~** (ή D.A): εισαγγελέας, κατήγορος ‖ **power of ~**: πληρεξούσιο ‖ πληρεξουσιότητα

attract (ə΄trækt) [-ed]: *(v)* έλκω ‖ γοητεύω, προσελκύω ‖ **~ion**: *(n)* έλξη ‖ γοητεία, θέλγητρο ‖ νούμερο, "ατραξιόν" ‖ **~ive**: *(adj)* ελκυστικός, γοητευτικός ‖ **~iveness**: *(n)* γοητεία, θέλγητρο

attribut-e (ə΄tribju:t) [-d]: *(v)* αποδίδω, καταλογίζω ‖ (΄ætribju:t): *(n)* ιδιότητα, γνώρισμα, χαρακτηριστικό ‖ *(gram)* επιθετικός προσδιορισμός, κατηγορούμενο ‖ **~ion**: *(n)* απόδοση ‖ **~ive**: *(adj)* προσδιοριστικός

attrition (ə΄triʃən): *(n)* φθορά ‖ εκτριβή, φθορά από τριβή ‖ συντριβή, βαθιά μετάνοια

attune (ə΄tju:n) [-d]: *(v)* εναρμονίζω ‖ κουρντίζω

auburn (΄ɔ:bərn): *(n)* καστανοκόκκινος

auction (΄ɔ:kʃən) [-ed]: *(v)* βγάζω σε δημοπρασία ή πλειστηριασμό ‖ *(n)* δημοπρασία, πλειστηριασμός ‖ **~eer**: *(n)* πλειστηριαστής, διευθύνων δημοπρασία

audaci-ous (ɔ:΄deiʃəs): *(adj)* άφοβος, τολμηρός ‖ ιταμός, θρασύς ‖ **~ty**: *(n)* τόλμη ‖ ιταμότητα, θρασύτητα

audib-ility (ədə΄biliti): *(n)* ακουστικότητα, ευκρίνεια ‖ **~le**: *(adj)* ευκρινής, ακουστός

audience (΄ɔ:diəns): *(n)* ακρόαση ‖ ακροατήριο

audio (΄ɔ:di:o:): *(adj)* ακουστικός ‖ **~ frequency**: ακουστική συχνότητα ‖ **~ visual**: οπτικοακουστικός

audit (΄ɔ:dit) [-ed]: *(v)* ελέγχω λογιστικά βιβλία ‖ εγγράφομαι ως ακροατής ‖ *(n)* έλεγχος λογιστικών ‖ ρύθμιση λογαριασμών ή ισοζυγίου ‖ **~ion**: *(n)* ακρόαση ‖ δοκιμή ‖ **~or**: ελεγκτής λογιστικών ‖ ακροατής σε σχολείο ‖ **~orium** (ɔ:di΄tə:riəm): *(n)* αμφιθέατρο σχολής ‖ αίθουσα θεάτρου ‖ αίθουσα συνελεύσεων ‖ **~ory**: *(adj)* ακουστικός

auger (΄ɔ:gər): *(n)* γεωτρύπανο

augment (ɔ:g΄ment) [-ed]: *(v)* αυξάνω ‖ αυξάνομαι ‖ **~ation**: *(n)* αύξηση ‖ προσθήκη ‖ **~ative**: *(adj)* προσθετικός

augur (΄ɔ:gər) [-ed]: *(v)* προμαντεύω, προλέγω ‖ οιωνοσκοπώ ‖ *(n)* μάντης, προφήτης ‖ **~y**: *(n)* οιωνός

august (ɔ:΄gʌst): *(adj)* μεγαλειώδης ‖ σεπτός

August (΄ɔ:gəst): *(n)* Αύγουστος

auld lang syne (΄ɔ:ld læn sain): ο παλιός καλός καιρός

aunt (a:nt): *(n)* θεία ‖ **~ie, ~y**: θείτσα

aura (΄ɔ:rə): *(n)* πνοή, απόπνοια ‖ ύφος, αέρας ‖ αύρα

aural (΄ɔ:rəl): *(adj)* ωτολογικός ‖ ωτικός ‖ ακουστικός

aureole (΄ɔ:ri:ol): *(n)* φωτοστέφανος

aureomycin (ɔri:ə΄maisin): *(n)* χρυσομυκίνη

auricle (΄ɔ:rikəl): *(n)* λοβός του αυτιού ‖ κόλπος καρδιάς

auricular (ɔ΄rikjulər): *(adj)* ωτιαίος, ωτικός

auriferous (ɔ΄rifərəs): *(adj)* χρυσοφόρος

aurora (ɔ:΄rɔ:rə): *(n)* σέλας ‖~

australis: νότιο σέλας ||~ **borealis**: βόρειο σέλας

auscultation (əskəl'teiʃən): (n) ακρόαση διαγνωστική (med)

auspic-es ('ɔ:spisiz): (n) αιγίδα, προστασία || οιωνός, σημάδι || ~**ious**: (adj) ευοίωνος, ευνοϊκός

auster-e (ɔ:s'tiər): (adj) αυστηρός || λιτός || ~**ity**: αυστηρότητα, λιτότητα

austral ('ɔ:strəl): (adj) νότιος

Australia (ɔ:s'treiliə): (n) Αυστραλία || ~**n**: Αυστραλός

Austria ('ɔ:striə): (n) Αυστρία || ~**n**: Αυστριακός

autarchy ('ɔ:tarki:): (n) απολυταρχία

autark-ic (ə'ta:rkik): (adj) αυτάρκης || ~**y**: (n) αυτάρκεια

authentic (ɔ:'θentik): (adj) αυθεντικός, γνήσιος || ~**ate** [-d]: (v) βεβαιώνω τη γνησιότητα || επισημοποιώ, επικυρώνω || ~**icy** (ə:θen'tisiti): (n) γνησιότητα

author ('ɔ:θər): (n) συγγραφέας || πρωταίτιος, πρωτουργός, δράστης || ~**itarian** (ə:θɔri'teəriən): (adj) αυταρχικός, δεσποτικός || ~**itative** (ɔ:'θɔrəteitiv): (adj) επίσημος || ~**ity**: (n) αρχή, εξουσία || εξουσιοδότηση, εντολή || αυθεντία || ~**ize** ('ɔ:θəraiz) [-d]: (v) εξουσιοδοτώ || εγκρίνω, δίνω άδεια

auto ('ɔ:tou): (n) αυτοκίνητο (abbr.)

autobiography (ə:toubai'ɔgrəfi): (n) αυτοβιογραφία

autocra-cy (ɔ:'tɔkrəsi): (n) απολυταρχία, δεσποτισμός || ~**t** ('ɔ:tɔkræt): (n) απόλυτος κυρίαρχος ή μονάρχης || δεσποτικός || ~**tic**: (adj) απολυταρχικός, δεσποτικός

autogiro ή **autogyro** (ɔ:tou'dzairo:): (n) αυτόγυρο

autograph ('ɔ:təgraf) [-ed]: (v) γράφω ιδιοχείρως || δίνω αυτόγραφο || (n) αυτόγραφο

automat ('ɔtəmæt): (n) εστιατόριο αυτομάτου μηχανικού σερβιρίσματος || ~**ic** (ɔ:tə'mætik), ~**ical** (ɔ:təmætikəl): (adj) αυτόματος || ~**ically**: (adv) αυτόματα || ~**ion**: (n) αυτοματισμός || ~**on**: (n) αυτόματο

automobile ('ɔ:təməbil): (n) αυτοκίνητο

automotive (ɔ:tə'mo:tiv): (adj) αυτοκίνητος

autonom-ous (ɔ:'tɔnəməs): (adj) αυτόνομος || ~**y**: (n) αυτονομία

autopsy ('ɔ:təpsi): (n) αυτοψία

autosuggestion (ə:tousə'dzestʃən): (n) αυθυποβολή

autumn ('ɔ:təm): (n) φθινόπωρο || ~**al**: (adj) φθινοπωρινός

auxiliary (ɔ:g'ziliəri): (adj) βοηθητικός, επικουρικός

avail (ə'veil) [-ed]: (v) δίνω πλεονέκτημα, ωφελώ || (n) πλεονέκτημα, όφελος || ~**able**: (adj) διαθέσιμος || πρόχειρος, προσιτός || ~ **myself of**: χρησιμοποιώ, μεταχειρίζομαι || επωφελούμαι

avalanche ('ævəla:ntʃ) [-ed]: (v) πέφτω ορμητικά, κατακλύζω || συντρίβω, καταβάλλω || (n) χιονοστιβάδα || κατολίσθηση

avant-garde ('avaŋ'ga:rd): (n) πρωτοπορία || (adj) πρωτοποριακός || (n) προφυλακή

avaric-e ('ævəris): (n) φιλαργυρία, τσιγκουνιά || ~**ious**: φιλάργυρος, τσιγκούνης

avenge (ə'vendz) [-d]: (v) εκδικούμαι || τιμωρώ || ~**er**: (n) εκδικητής, τιμωρός

ave: see avenue

avenue ('ævənju:): (n) λεωφόρος

aver (ə'vər) [-ed]: (v) βεβαιώνω κατηγορηματικά

average ('ævəridz) [-d]: (v) υπολογίζω τον μέσο όρο || συγκεντρώνω κατά μέσο όρο || (n) μέσος όρος || μέσος, αντιπροσωπευτικός || αβαρία, βλάβη του πλοίου ή του φορτίου

avers-e (ə'və:rs): (adj) ενάντιος, αντίθετος || αισθανόμενος αποστροφή || ~**ion**: (n) απέχθεια, αποστροφή

avert (ə've:rt) [-ed]: (v) αποτρέπω, αποσοβώ || αποστρέφω

aviary ('eiviəri): (n) πτηνοτροφείο

aviat-ion (eivi'eiʃən): (n) αεροπορία, αεροπλοΐα || παραγωγή αεροσκαφών || ~**or**: (n) αεροπόρος (masc.) || ~**rix**: (n) αεροπόρος (fem.)

aviculture (əvi'cʌltʃər): (n) πτηνοτροφία

40

avid (ˊævid): (adj) ένθερμος, πρόθυμος ‖ άπληστος ‖ ~ly: (adv) ένθερμα ‖ με απληστία

avocado (ænəˊkadou): (n) το φρούτο αβοκάντο

avocation (ævoˊkeiʃən): (n) ασχολία, "χόμπυ"

avoid (əˊvoid) [-ed]: (v) αποφεύγω ‖ ακυρώνω ‖ ~ance: (n) αποφυγή ‖ ακύρωση

avoirdupois (ˊævərdəˊpoiz): (n) μέτρο βάρους "αβουαρντίπουα"

avouch (əˊvautʃ) [-ed]: (v) εγγυούμαι

avow (əˊvau) [-ed]: (v) αναγνωρίζω, παραδέχομαι ‖ ~al: (n) αναγνώριση, ομολογία ‖ ~ed: (adj) παραδεγμένος

await (əˊweit) [-ed]: (v) αναμένω, περιμένω

awake (əˊweik) [~d or awoke]: (v) ξυπνώ, αφυπνίζω ‖ αφυπνίζομαι ‖ διεγείρω ‖ (adj) ξυπνητός ‖ άγρυπνος ‖ ~n [-ed]: (v) ξυπνώ ‖ ~ning: (n) ξύπνημα ‖ (adj) διεγερτικός

award (əˊwɔːrd) [-ed]: απονέμω ‖ επιδικάζω ‖ (n) βραβείο ‖ απόφαση

aware (əˊweər): (adj) ενήμερος, γνώστης ‖ ~ness: (n) γνώση ‖ συνείδηση

awash (əˊwɔʃ): (adj) πλημμυρισμένος, γεμάτος νερά ‖ πάνω στα κύματα

away (əˊwei): (adv) μακρυά ‖ προς άλλη κατεύθυνση ‖ συνεχώς, ασταμάτητα ‖ ~ with you!: φύγε! ‖ be ~: λείπω ‖ do ~: δολοφονώ ‖ right ~: αμέσως

awe (ɔ) [-d]: (v) φοβίζω ‖ προκαλώ δέος ‖ (n) φόβος ‖ δέος, σεβασμός ‖ ~some: (adj) φοβερός ‖ ~ stricken: περιδεής, φοβισμένος

awful (ˊɔːfəl): (adj) τρομερός, φοβερός ‖ ~ly: (adv) φοβερά

awhile (əˊwail): (adv) για λίγο

awkward (ˊɔːkwerd): (adj) άχαρος ‖ αδέξιος, άβολος ‖ οχληρός ‖ ~ness: (n) αδεξιότητα ‖ αμηχανία

awl (ˊɔːl): (n) σουβλί, "τσαγκαροσούβλι"

awning (ˊɔːniη): (n) επιστέγασμα, στέγαστρο

awoke: see awake

awry (əˊrai): (adv) λοξά, στραβά ‖ λανθασμένα, άστοχα

ax or axe (æks): (n) πελέκι, τσεκούρι ‖ get the ~: απολύομαι ‖ have an ~ to grind: επιδιώκω ιδιοτελή σκοπό

axial (ˊæksiəl): (adj) αξονικός

axil (ˊæksil): (n) μασχάλη κλαδιού

axilla (ˊæksilə): (n) μασχάλη ‖ ~ry: (adj) μασχαλικός

axiom (ˊæksiəm): (n) αξίωμα ‖ ~atic: (adj) αξιωματικός, αποφθεγματικός ‖ προφανής, έκδηλος

axis (ˊæksis): (n) άξονας

axle (ˊæksəl): (n) άξονας τροχού

ay or aye (ai): (n) ψήφος υπέρ ‖ (adv) ναι, μάλιστα ‖ (ei): (adv) πάντα, για πάντα (poet.)

azalea (əˊzeiljə): (n) αζαλέα

azimuth (ˊæzimθ): (n) αζιμούθιο

azure (ˊæzər): (adj) γαλάζιος

B

B, b: (bi) το δεύτερο γράμμα του Αγγλ. αλφαβήτου

B.A.: see Bachelor of Arts

baa (bæ, baː) [-ed]: (v) βελάζω ‖ (n) βέλασμα

Babbitt (ˊbæbit): ~ metal: (n) αντιτριβικό κράμα

babble (ˊbæbəl) [-d]: (v) μιλώ ασυνάρτητα ‖ φλυαρώ ‖ κελαρίζω ‖ (n) ασυνάρτητη ομιλία ‖ φλυαρία ‖ κελάρυσμα ρυακιού ‖ ~r: (n) φλύαρος

babe (beib): (n) κοπέλα ‖ νήπιο ‖ αθώος, απλοϊκός (id)

babel (ˊbeibəl): (n) οχλαγωγία, "βαβυλωνία"

baboon (bəˊbuːn): (n) κυνοκέφαλος (πί-

θηκος) || χοντροκέφαλος, αγροίκος
(id)
baby (΄beibi): *(n)* νήπιο, βρέφος || κο-
πέλα, κοπελιά *(id)* || *(adj)* νηπιακός ||
~ **carriage**: καροτσάκι μωρού || ~
face: μεγάλος με παιδικό πρόσωπο ||
~ **farm**: βρεφικός σταθμός || ~**ish**:
(adj) νηπιακός || ~ **sit**: *(n)* προσέχω
ένα νήπιο, κάνω "μπέϊμπυσίτιν" || ~
sitter: "μπέϊμπυσίτερ" || ~ **talk**: νη-
πιακή ομιλία || αστήρικτη παρατήρηση
bacchanal (΄bækənæl): *(adj)* βακχικός ||
(n) μεθύσι, "γλέντι τρικούβερτο"
bachelor (΄bætʃelər): *(n)* άγαμος, "ερ-
γένης" || **B** ~ πτυχίο Πανεπιστημίου
τετραετούς φοίτησης || ~ **of Arts**
(B.A.): πτυχίο ή πτυχιούχος φιλοσο-
φικής Σχολής || ~ **of Science (B.S.,**
B.Sc.): πτυχίο ή πτυχιούχος θετικών
επιστημών
bacillus (bə΄siləs): *(n)* βάκιλος
back (bæk) [-ed]: *(v)* οπισθοχωρώ ||
σπρώχνω πίσω || υποστηρίζω || οπι-
σθογράφω || *(n)* πλάτη || σπονδυλική
στήλη || οπισθοφύλακας, "μπακ" ||
(adj) οπίσθιος || ~ **and fill**: αμφιταλα-
ντεύομαι || ~ **bite**: σπονδφαντώ, κατη-
γορώ πίσω από την πλάτη || ~ **bone**:
σπονδυλική στήλη || καρίνα σκάφους
|| κύριος παράγοντας || αποφασιστικό-
τητα, δύναμη χαρακτήρα ||~ **breaking**:
(adj) εξαντλητικός, κουραστικός || ~
door: *(adj)* μυστικός, κρυφός || ~**er**:
(n) υποστηρικτής || χρηματοδότης ||
~**ing**: *(n)* υποστήριξη || χρηματοδότηση
|| ~ **fire** [-d]: *(v)* αναφλέγομαι πρόωρα
|| προκαλώ απροσδόκητο και δυσάρε-
στο αποτέλεσμα || *(n)* πρόωρη έκρηξη
ή ανάφλεξη || ~**gammon**: *(n)* τάβλι ||
~**ground**: *(n)* βάθος, "φόντο" || περι-
θώριο, θέση χωρίς σπουδαιότητα ||
βιογραφικό σημείωμα ή πληροφορίες
|| υπόκρουση ή συνοδεία ήχων ή μου-
σικής || ~**hand** [-ed]: *(n)* χτυπώ με την
ανάστροφη του χεριού || *(n)* χτύπημα
με την ανάστροφη || γράψιμο με κλίση
προς τα αριστερά || ~**lash**: *(n)* κλότση-
μα όπλου || βίαιη αντίδραση || ~**log**:
(n) καθυστερημένη εργασία ή λογαρια-
σμός || ~**rest**: ερεισίνωτο καθίσματος

|| ~**side**: *(adj)* οπίσθιος || *(n)* τα οπί-
σθια || ~ **slapper**: *(n)* εκδηλωτικός,
εγκάρδιος || ~ **stage**: *(adj)* παρασκη-
νιακός, κρυφός || ~**ward**: *(adv)* προς
τα πίσω || προς το χειρότερο || *(adj)*
καθυστερημένος διανοητικά || ~ **off**:
υποχωρώ, αποσύρομαι || ~ **number**:
παλιό αντίτυπο || ~ **out**: ανακαλώ
υπόσχεση ή υποχρέωση || ~ **seat**
driver: επιβάτης που συμβουλεύει
ενοχλητικά τον οδηγό || ~ **talk**: αντι-
λογία, αντιμίλημα || ~ **water**: στάσιμο
νερό || τόπος απόμακρος και καθυστε-
ρημένος
bacon (΄beikən): *(n)* παστό ή καπνιστό
χοιρινό, "μπέικον"
bacteriolog-ist (bæktiri:΄ələdzist): *(n)*
μικροβιολόγος || ~y: *(n)* βακτηριολο-
γία, μικροβιολογία
bacterium (bæk΄tiəriəm): [pl. bacteria]:
μικρόβιο, βακτηρίδιο
bad (bæd): *(adj)* κακός || κλούβιος,
χαλασμένος || πλαστός, μη γνήσιος ||
~ **blood**: *(n)* έχθρα, αντιπάθεια || ~**ly**:
(adv) άσχημα, κακά || ~**ly off**: σε δυ-
σχερή θέση || ~**ness**: *(n)* κακία || ~
tempered: δύστροπος, σε κακά κέφια
|| **in** ~: σε δυσμένεια
bade: see bid
badge (bædz): *(n)* έμβλημα, σήμα
badger (΄bædzər) [-ed]: *(v)* παρενοχλώ,
γίνομαι φόρτωμα || *(n)* ασβός
badinage (΄bædənɑ:z) [-d]: *(v)* πειράζω
|| *(n)* χαριτολόγημα, πείραγμα
baffl-e (΄bæfəl) [-d]: *(v)* προκαλώ αμη-
χανία || ματαιώνω, εμποδίζω || ~**ing**:
(adj) ακατανόητος, μυστηριώδης
bag (bæg): *(n)* σάκος, σακί, τσουβάλι ||
τσάντα, βαλίτσα || ειδικότητα || [-ged]:
(v) βάζω σε σάκο, "τσουβαλιάζω" ||
φουσκώνω σαν τσουβάλι || σκοτώνω ||
πιάνω || ~**gy**: *(adj)* φουσκωμένος, σαν
τσουβάλι || ~ **pipe**: *(n)* άσκαυλος
(γκάιντα)
baggage (΄bægidz): *(n)* αποσκευές
bah (bæ): *(interj)* μπα! (επιφώνημα
αποδοκιμασίας)
bail (beil) [-ed]: *(v)* απελευθερώνω με
εγγύηση || βγάζω από δύσκολη θέση ||
αδειάζω τα νερά βάρκας || *(n)* εγγύηση

‖ **~er**: εγγυητής ‖ **~ment**: εγγύηση ‖ παραχώρηση με παρακαταθήκη ‖ **~out**: *(v)* πέφτω με αλεξίπτωτο ‖ εγκαταλείπω σχέδιο ή ιδέα ‖ **~sman**: *(n)* εγγυητής

bailiff (´beilif): *(n)* δικαστικός κλητήρας

bailiwick (´beiliwik): *(n)* δικαιοδοσία

bait (beit) [-ed]: *(v)* δολώνω, βάζω δόλωμα ‖ δελεάζω, στήνω παγίδα ‖ κριτικάρω, σχολιάζω ειρωνικά ‖ *(n)* δόλωμα

baize (beiz): *(n)* τσόχα

bake (beik) [-d]: *(v)* ψήνω ‖ ψήνομαι ‖ ξεραίνω ‖ **~r**: *(n)* αρτοποιός, ψητάς ‖ **~r's dozen**: δεκατρία ‖ **~ry**: *(n)* αρτοποιείο, αρτοπωλείο

balance (´bæləns) [-d]: *(v)* ισορροπώ ‖ σταθμίζω, αντισταθμίζω ‖ ισολογίζω ‖ εξοφλώ, πληρώνω υπόλοιπο ‖ εξισώνω, εξισώνομαι ‖ *(n)* ζυγαριά, πλάστιγγα ‖ ισορροπία ‖ αντιστάθμισμα ‖ ισοζύγιο ‖ υπόλοιπο ‖ **~ bob**: αντίβαρο ‖ **~ sheet**: δελτίο ισολογισμού

balcony (´bælkəni): *(n)* εξώστης, μπαλκόνι ‖ εξώστης θεάτρου ή κινηματογράφου

bald (bɔ:ld): *(adj)* φαλακρός ‖ γυμνός, μαδημένος ‖ **~ness**: *(n)* φαλακρότητα

bale (beil): *(n)* μπάλα, μεγάλο δέμα ‖ **~ful**: *(adj)* κακός, γεμάτος κακία

baleen (bə´li:n): *(n)* κόκαλο φάλαινας, "μπαλένα"

balk (bɔ:k) [-ed]: *(v)* σταματώ απότομα ‖ αρνούμαι, αποφεύγω επίμονα ‖ ματαιώνω, παρεμποδίζω ‖ εμπόδιο, αναχαίτιση ‖ ξύλινο δοκάρι, "πάτερο"

Balkan (´bɔlkən): *(adj)* Βαλκανικός ‖ **~s**: *(n)* Βαλκάνια, Βαλκανική

ball (bɔ:l): *(n)* σφαίρα, μπάλα ‖ οβίδα ‖ χορός, χοροεσπερίδα ‖ **~s**: ανοησίες, τρίχες ‖ όρχεις ‖ **~ bearing**: *(n)* σφαιρικός τριβέας, "ρουλεμάν" ‖ **carry the ~**: παίρνω την πρωτοβουλία ή την ευθύνη ‖ **~point pen**: μολύβι διαρκείας ‖ **~ room**: αίθουσα χορού

ballad (´bæləd): *(n)* μπαλάντα

ballast (´bæləst): *(n)* έρμα, "σαβούρα" ‖ σκύρο, σκυρόστρωμα

ballerina (bælə´ri:nə): *(n)* μπαλαρίνα

ballet (bæ´lei, ´bælei): *(n)* μπαλέτο

ballistic (bə´listik): *(adj)* βλητικός ‖ **~s**: *(n)* βλητική

balloon (bə´lu:n): *(n)* αερόστατο ‖ μπαλόνι ‖ [-ed]: *(v)* φουσκώνω, εξογκώνομαι

ballot (´bælət): *(n)* ψηφοδέλτιο, ψήφος ‖ δικαίωμα ψήφου ‖ [-ed]: *(v)* ψηφίζω ‖ τραβώ κλήρο

ballyhoo (´bælihu:): *(n)* μεγάλη διαφήμιση, πολύς θόρυβος για κάτι

balm (ba:m): *(n)* βάλσαμο ‖ καταπραϋντικό ‖ **~y**: *(adj)* ευχάριστος, πραϋντικός ‖ εκκεντρικός, "λοξός"

baloney (bə´lo:ni): *(n)* ανοησίες, "τρίχες"

balsam (´bɔlsəm): *(n)* βάλσαμο

Baltic (´bɔ:ltik): Βαλτική ‖ *(adj)* βαλτικός

balust-er (´bæləstər): *(n)* κιγκλίδα, κάγκελο ‖ **~rade**: *(n)* κιγκλίδωμα

bamboo (bæm´bu:): *(n)* ινδοκάλαμο, "μπαμπού"

bamboozle (bæm´bu:zəl) [-d]: *(v)* εξαπατώ ‖ στήνω παγίδα

ban (bæn) [-ned]: *(v)* απαγορεύω με διάταγμα ή νόμο ‖ *(n)* απαγόρευση ‖ αφορίζω ‖ *(n)* αφορισμός

banal (bə´na:l): *(adj)* κοινός, κοινότοπος, τριμμένος ‖ **~ity**: *(n)* κοινοτοπία

banana (bə´na:nə): *(n)* μπανάνα

band (bænd) [-ed]: *(v)* δένω με ιμάντα ‖ συγκεντρώνω, σχηματίζω ομάδα ‖ συνασπίζομαι ‖ *(n)* ιμάντας, λουρί ‖ ζώνη ‖ ομάδα ‖ ορχήστρα, "μπάντα"

bandage (´bændidz) [-d]: *(v)* επιδένω ‖ *(n)* επίδεσμος

bandana (bæn´dænə): *(n)* μαντίλι του λαιμού

bandit (´bændit): *(n)* ληστής

bandoleer or **bandolier** (bændə´li:r): *(n)* φυσιγγιοθήκη

bandy (´bændi) [-ied]: *(v)* ανταλλάσσω ‖ αναταράζω ‖ συνομιλώ, κουβεντιάζω ‖ μοιράζω, δίνω ‖ *(adj)* κυρτός, καμπουριαστός ‖ **~ legged**: στραβοπόδης

bane (´bein): *(n)* δηλητήριο ‖ χαμός, μεγάλο κακό ‖ **~ful**: *(adj)* δηλητηριώ-

43

bang

δης ‖ ολέθριος

bang (bæŋg) [-ed]: *(v)* χτυπώ με θόρυβο, "βροντάω" ‖ *(adv)* ακριβώς ‖ *(n)* βρόντος, δυνατό χτύπημα ‖ ενθουσιασμός ‖ ~s: αφέλειες, "φράντζα" (είδος χτενίσματος)

banish (ˊbæniʃ) [-ed]: *(v)* εκτοπίζω ‖ διώχνω, απομακρύνω ‖ ~ment: *(n)* εκτόπιση, εξορία

banister (ˊbænistər): *(n)* κάγκελο ‖ ~s: κιγκλίδωμα σκάλας

banjo (ˊbændzou): *(n)* μπάντζο

bank (bæŋk): *(n)* τράπεζα ‖ κεφάλαιο χαρτοπαικτικής λέσχης, "μπάνκα" ‖ όχθη ‖ ανάχωμα ‖ ύψωμα ‖ κλίση αεροπλάνου στη στροφή ‖ [-ed]: *(v)* κατασκευάζω ανάχωμα, κρηπιδώνω ‖ καταθέτω ή έχω δοσοληψίες με τράπεζα ‖ γέρνω το αεροπλάνο ‖ ~ **account**: τραπεζικός λογαριασμός, κατάθεσεις ‖ ~**er**: τραπεζίτης ‖ ~**note**: τραπεζογραμμάτιο ‖ ~ **on**: *(n)* βασίζομαι σε, "ποντάρω" ‖ ~**roll**: μάτσο χαρτονομίσματα, "μασούρι" ‖ ~**rupt** [-ed]: *(v)* χρεοκοπώ, πτωχεύω ‖ *(n)* χρεοκοπημένος ‖ ~**ruptcy**: χρεοκοπία, πτώχευση

banner (ˊbænər): *(n)* λάβαρο ‖ πηχιαίος τίτλος

banns (bænz): *(n)* αγγελία μέλλοντος γάμου

banquet (ˊbæŋkwit): *(n)* συμπόσιο, συνεστίαση

banshee (ˊbænʃi:): *(n)* στρίγκλα

bantam (ˊbæntəm): *(n)* μικρόσωμο πουλερικό ‖ μικρόσωμος αλλά επιθετικός άνθρωπος ‖ ~ **weight**: κατηγορία πετεινού (πυγμαχίας)

banter (ˊbæntər) [-ed]: *(v)* πειράζω, αστειεύομαι ‖ *(n)* πείραγμα, αστείο

bapti-sm (ˊbæptizəm): *(n)* βάφτιση ‖ ~**st**: *(adj)* βαπτιστής ‖ ~**ze** (ˊbæptaiz) [-d]: *(v)* βαφτίζω

bar (ba:r) [-red]: *(v)* εμποδίζω, φράζω ‖ αποκλείω ‖ *(n)* ράβδος, κάγκελο ‖ Δικαστικό ή Δικηγορικό Σώμα ‖ εμπόδιο ‖ ποτοπωλείο, μπιραρία, "μπαρ" ‖ πάχος σερβιρίσματος ποτών ‖ ~ **keeper**: ιδιοκτήτης ή διευθυντής μπάρ ‖ ~**maid**: σερβιτόρα μπαρ ‖ ~**man** ή ~

tender: σερβιτόρος στον πάγκο του μπαρ, "μπάρμαν"

barb (ba:rb): *(n)* ακίδα, αιχμή ‖ δηκτική παρατήρηση ‖ ~**ed**: *(adj)* αγκαθωτός

barbar-ian (ba:rˊbeəriən): *(n)* βάρβαρος ‖ ~**ic**: *(adj)* βαρβαρικός, βάρβαρος ‖ ~**ism**: *(n)* βαρβαρισμός ‖ ~**ous**: *(adj)* βάρβαρος, σκληρός

barbecue (ˊba:rbikju:) [-d]: *(v)* ψήνω σε κάρβουνα ‖ *(n)* ψητό σούβλας ή σχάρας ‖ υπαίθρια ψησταριά

barbel (ˊba:rbəl): *(n)* μπαρμπούνι ‖ "μουστάκι" μπαρμπουνιού

barbell (ˊba:rbel): *(n)* αλτήρας ‖ βάρος γυμναστικής

barber (ˊba:rbər): *(n)* κουρέας

barberry (ˊba:rberi:): *(n)* βατόμουρο

barbit-al (ˊba:rbətəl): *(n)* καταπραϋντικό, ηρεμιστικό φάρμακο ‖ ~**urate**: *(n)* υπνωτικό ή ηρεμιστικό φάρμακο, βαρβιτουρικό

bard (ba:rd): *(n)* τροβαδούρος, "βάρδος"

bare (beər) [-d]: *(v)* γυμνώνω ‖ αποκαλύπτω ‖ *(adj)* γυμνός ‖ εκτεθειμένος, ακάλυπτος ‖ μόλις αρκετός ‖ ~ **back**: χωρίς σέλα ‖ ~ **faced**: απροκάλυπτος, θρασύς ‖ ~ **foot**: ξυπόλυτος ‖ ~ **headed**: ασκεπής ‖ ~**ly**: *(adv)* μόλις και μετά βίας ‖ ~**ness**: *(n)* γυμνότητα

bargain (ˊba:rgin) [-ed]: *(v)* διαπραγματεύομαι ‖ παζαρεύω ‖ *(n)* διαπραγμάτευση, συμφωνία ‖ συναλλαγή, παζάρι ‖ ευκαιρία, "κελεπούρι" ‖ **into the ~**: κι' από πάνω, περισσότερο

barge (ba:rdz) [-d]: *(v)* συγκρούομαι ‖ περπατάω βαριά ‖ *(n)* φορτηγίδα, "μαούνα" ‖ ~ **in(to)**: παρεμβαίνω, "χώνομαι"

baritone (ˊbærətoun): *(n)* βαρύτονος

bark (ba:rk) [-ed]: *(v)* γαβγίζω ‖ ξεφλουδίζω ‖ ξεγδέρνω ‖ *(n)* γάβγισμα ‖ φλοιός ‖ βάρκα ‖ ~**er**: "κράχτης"

barley (ˊba:rli:): *(n)* κριθάρι

barn (ba:rn): *(n)* σιταποθήκη, αχυρώνα

barnacle (ˊba:rnəkəl): *(n)* ανατίφη (μαλακόστρακο)

baromet-er (bəˊrəmitər): *(n)* βαρόμετρο ‖ ~**ric**, ~**rical**: *(adj)* βαρομετρικός

baron (ˊbærən): *(n)* βαρόνος ‖ μεγιστά-

44

νας βιομηχανίας ‖ **~ess:** βαρόνη ‖ **~et:** βαρονέτος ‖ **~ial:** *(adj)* βαρονικός ‖ μεγαλοπρεπής, επιβλητικός
barque (ba:rk): *(n)* βάρκα, πλοιάριο
barracks (΄bærəks): *(n)* στρατώνας ‖ συγκρότημα στρατώνων
barracuda (ba:rə΄ku:də): *(n)* σφύραινα
barrage (bə΄ra:z): *(n)* καταιγισμός πυρός, "μπαράζ" ‖ φράγμα πυρών ‖ (΄bæridz): τεχνητό φράγμα ποταμού
barrel (΄bærəl): *(n)* κάννη όπλου ‖ βυτίο, "βαρέλι" ‖ κύλινδρος ή τύμπανο μηχανής
barren (΄bærən): *(adj)* στείρος, άγονος ‖ μη επικερδής, μη παραγωγικός
barricade (΄bærikeid) [-d]: *(v)* φράζω ‖ στήνω οδόφραγμα ‖ *(n)* φραγμός, εμπόδιο ‖ οδόφραγμα
barrier (΄bæriər): *(n)* φράγμα, εμπόδιο ‖ **sound ~:** φράγμα του ήχου
barrister (΄bæristər): *(n)* δικηγόρος, ποινικολόγος
barrow (΄bærou): *(n)* χειράμαξα
barter (΄ba:rtər) [-ed]: *(v)* ανταλλάσσω ‖ *(n)* ανταλλαγή
barytone: see baritone
basal (΄beisəl): *(adj)* βασικός
basalt (beisəlt): *(n)* βασάλτης
bas-e (beis): *(n)* βάση ‖ *(adj)* ταπεινός, χυδαίος ‖ κατώτερης ποιότητας ‖ [-d]: *(v)* σχηματίζω βάση, βάζω σε βάση ‖ θεμελιώνω, βασίζω ‖ στηρίζω ‖ **~eless:** *(adj)* αβάσιμος, αδικαιολόγητος, αστήριχτος ‖ **~ement:** *(n)* υπόγειο ‖ θεμελίωση ‖ **~ic:** *(adj)* βασικός, θεμελιώδης ‖ **~ically:** *(adv)* βασικά ‖ **off ~e:** εντελώς λανθασμένος ή ανακριβής
bash (bæ∫) [-ed]: *(v)* χτυπώ δυνατά ‖ σπάζω, τσακίζω ‖ *(n)* δυνατό χτύπημα, τσάκισμα ‖ γλέντι ‖ **~ful:** *(adj)* ντροπαλός ‖ διστακτικός, αβέβαιος
basilica (bə΄zilikə): *(n)* βασιλική (ρυθμός)
basin (΄beisin): *(n)* λεκάνη ‖ λουτήρας ‖ λεκανοπέδιο ‖ δεξαμενή πλοίων
basis (΄beisis): *(n)* βάση ‖ θεμελιώδης αρχή
bask (ba:sk) [-ed]: *(v)* χαίρομαι τη ζέστη, απολαμβάνω τη θαλπωρή ‖ απολαμβάνω πλεονέκτημα

basket (΄ba:skit): *(n)* καλάθι ‖ **~ball:** καλαθόσφαιρα
bas relief (ba:rili:f): *(n)* ανάγλυφο
bass (bæs): *(n)* πέρκη ‖ (beis): βαθύφωνος, "μπάσος"
bassoon (bə΄su:n): *(n)* βαρύαυλος
bastard (΄bæstərd): *(n)* νόθος, "μπάσταρδος" ‖ *(adj)* αμφίβολης ή μη γνήσιας προέλευσης
baste (beist) [-d]: *(v)* ράβω πρόχειρα, "τρυπώνω" ‖ βουτυρώνω ψητό ‖ δέρνω ‖ επιπλήττω
bastion (΄bæstiən): *(n)* προμαχώνας ‖ έπαλξη ‖ οχυρό
bat (bæt): *(n)* ρόπαλο ‖ νυχτερίδα ‖ ξεφάντωμα ‖ [-ted]: *(v)* χτυπώ με ρόπαλο ‖ ανοιγοκλείνω γρήγορα τα μάτια ‖ **off one's own ~:** με ατομική πρωτοβουλία ή προσπάθεια
batch (bæt∫): *(n)* σύνολο, ομάδα ‖ ποσότητα, "φουρνιά"
bate (beit) [-d]: *(v)* μετριάζω ‖ ελαττώνω, αφαιρώ
bath (bæθ, ba:θ): *(n)* λουτρό ‖ **~e** (beið) [-d]: *(v)* λούζω, πλένω ‖ λούζομαι, κάνω μπάνιο ‖ κολυμπώ ‖ **~ing:** λούσιμο, κολύμπι ‖ **~ing suit:** μαγιό ‖ **~robe:** ρόμπα του μπάνιου, "μπουρνούζι" ‖ **~room:** λουτρό, τουαλέτα ‖ **~tub:** μπανιέρα
baton (΄bætən, bə΄ton): *(n)* ράβδος αρχιμουσικού, "μπαγκέτα" ‖ ραβδί
battalion (bə΄tæliən): *(n)* τάγμα
batten (΄bætən) [-ed]: *(v)* παχαίνω ‖ πλουτίζω σε βάρος άλλου ‖ *(n)* σανίδα πατώματος ‖ *(v)* σανιδώνω
batter (΄bætər) [-ed]: *(v)* χτυπώ δυνατά, συντρίβω ‖ *(n)* φύραμα, μείγμα, "κουρκούτι" ‖ κλίση ‖ **~ing ram:** πολιορκητικός κριός
battery (΄bætəri): *(n)* πυροβολαρχία ‖ δυνατό χτύπημα ‖ ηλεκτρική συστοιχία, "μπαταρία" ‖ βιαιοπραγία
battle (΄bætl) [-d]: *(v)* μάχομαι, πολεμώ ‖ *(n)* μάχη ‖ **~ axe:** πολεμικός πέλεκυς ‖ **~ cruiser:** καταδρομικό ‖ **~ cry:** πολεμική ιαχή ‖ **~field:** πεδίο μάχης ‖ **~ment:** έπαλξη, πολεμίστρα ‖ **~ royal:** μάχη μέχρις εσχάτων ‖ **~ship:** θωρηκτό

bauble

bauble (´bɔ:bəl): *(n)* ψευτοκόσμημα, "μπιχλιμπίδι"

bawd (bɔ:d): *(n)* διευθύντρια οίκου ανοχής, "μαντάμα" ‖ **~y:** *(adj)* ασελγής ‖ αγροίκος, άξεστος ‖ **~y house:** *(n)* οίκος ανοχής

bawl (bɔ:l) [-ed]: *(v)* φωνάζω δυνατά, ουρλιάζω ‖ κλαίω δυνατά ‖ *(n)* δυνατή κραυγή ‖ **~ out:** επιπλήττω μεγαλόφωνα

bay (bei) [-ed]: *(v)* γαβγίζω δυνατά ‖ στριμώχνω, φέρνω σε δύσκολη θέση ‖ *(n)* δυνατό γάβγισμα ‖ δύσκολη θέση ‖ κόλπος, όρμος ‖ άλογο κοκκινοκάστανο ‖ διαμέρισμα αεροσκάφους ‖ δάφνη ‖ **at ~:** σε απελπιστική κατάσταση ‖ **~ window:** προεξέχον παράθυρο

bayonet (´beiənit): *(n)* ξιφολόγχη

bayou (´baiu:): *(n)* ποταμόκολπος ‖ παραπόταμος

bazaar (bə´za:r): *(n)* αγορά, "παζάρι"

bazooka (bə´zu:kə): *(n)* αντιαρματικός εκτοξευτής, "μπαζούκα"

be (bi:) [was, been]: *(v)* είναι

beach (bi:tʃ): *(n)* ακροθαλασσιά, γιαλός ‖ παραλία, "πλαζ" ‖ [-e]: *(v)* προσαράσσω, τραβώ στη στεριά ‖ **~ comber:** *(n)* κύμα που σπάει στην αμμουδιά ‖ αλήτης των "πλαζ" ‖ **~head:** προγεφύρωμα

beacon (´bi:kən): *(n)* συνθηματική φωτιά ‖ φάρος ‖ ραδιοπομπός σημάτων

bead (bi:d): *(n)* χάντρα ‖ φυσαλίδα αερίου σε υγρό ‖ **~s:** κομπολόι ‖ **draw a ~:** σημαδεύω το στόχο

beadle (´bi:dl): *(n)* επίτροπος εκκλησίας

beagle (´bi:gəl): *(n)* μικρόσωμο κυνηγετικό σκυλί

beak (bi:k): *(n)* ράμφος

beaker (´bi:kər): *(n)* κύπελλο ‖ δοκιμαστικός σωλήνας μεγάλης διαμέτρου

beam (bi:m) [-ed]: *(v)* εκπέμπω ‖ ακτινοβολώ ‖ κοιτάζω χαμογελώντας ή ακτινοβολώντας από χαρά ‖ *(n)* ακτίνα ‖ δέσμη ακτίνων ‖ δοκός ‖ πλάτος πλοίου ‖ βραχίονας ζυγού

bean (bi:n): *(n)* φασόλι ‖ κουκί ‖ κόκκος καφέ ‖ κεφάλι, "κούτρα" ‖ **~ie:** σκούφος ‖ **spill the ~s:** μαρτυρώ, λέω

μυστικό ‖ **string ~:** φασολάκι φρέσκο

bear (beər) [bore, borne]: *(v)* υποστηρίζω, βαστάζω ‖ φέρω, μεταφέρω ‖ ανέχομαι, αντέχω ‖ παράγω ‖ προχωρώ προς ορισμένη κατεύθυνση ‖ [bore, born]: γεννώ ‖ *(n)* αρκούδα ‖ **~able:** *(adj)* υποφερτός, ανεκτός ‖ **~er:** *(n)* κομιστής ‖ **~ing:** τρόπος, συμπεριφορά, ύφος ‖ διεύθυνση, προσανατολισμός ‖ σχέση ‖ **~ with:** κάνω υπομονή, ανέχομαι

beard (´biərd): *(n)* γένι, γενειάδα ‖ [-ed]: *(v)* αρπάζω από τα γένεια ‖ αντιμετωπίζω ‖ **~ed:** *(adj)* γενειοφόρος ‖ **~less:** χωρίς γένια

beast (bi:st): *(n)* κτήνος, ζώο ‖ **~ly:** *(adj)* κτηνώδης ‖ **~ of burden:** *(n)* υποζύγιο

beat (bi:t) [beat, beaten or beat]: *(v)* χτυπώ επανειλημμένα, δέρνω ‖ νικώ, καταβάλλω ‖ πάλλω ‖ υπερτερώ ‖ φέρνω σε αμηχανία ‖ *(n)* χρόνος, ρυθμός, σκοπός μουσικής ‖ περιοχή βάρδιας ή σκοπιάς ‖ δικαιοδοσία δημοσιογράφου ‖ **~ about (around) the bush:** μιλώ με υπεκφυγές, καθυστερώ ‖ **~ a retreat:** το βάζω στα πόδια ‖ **~ back (off):** απωθώ ‖ **~en:** *(adj)* πατημένος, πολυπατημένος ‖ εξαντλημένος ‖ **~en path:** η πεπατημένη ‖ **~er:** χτυπητήρι (αυγών κλπ) ‖ ξεσκονιστήρι ‖ **~ it!:** δρόμο! φύγε! ‖ **off the ~en path**. αυυνήθιστος

beatif-ic (bi:ə´tifik): *(adj)* μακάριος ‖ **~y:** *(v)* κάνω μακάριο, δίνω ευτυχία ‖ μακαρίζω

beatnik (´bi:tnik): *(n)* εξεζητημένα ατημέλητος, υπαρξιστής

beau (bo:u): *(n)* κομψευόμενος, "δανδής" ‖ φίλος, "αγαπητικός"

beaut-eous (´bju:tiəs): *(adj)* όμορφος, ευπαρουσίαστος ‖ **~ician** (bju:´tiʃən): *(n)* καλλωπιστής, ιδιοκτ. ή υπάλληλος ινστιτούτου καλλονής ‖ **~iful** (´bju:tiful): *(adj)* όμορφος, ωραίος ‖ **~ifully:** *(adv)* ωραία, θαυμάσια ‖ **~ify** (´bju:tifai) [-ied]: *(v)* ομορφαίνω, εξωραΐζω, καλλωπίζω ‖ **~y:** *(n)* καλλονή, ομορφιά ‖ **~y parlour:** ινστιτούτο καλλονής beaver (´bi:vər): *(n)* κάστορας ‖ *(adj)* καστόρινος ‖ *(n)* γείσο κράνους

becalm (bi´ka:m) [-ed]: *(v)* κατευνάζω ‖ ακινητοποιώ πλοίο ελλείψει ανέμου

became: see become

because (bi´kɔz): *(conj)* διότι, επειδή ‖ ~ of: ένεκα, εξαιτίας

beck (bek): *(n)* νεύμα, γνέψιμο ‖ ρυάκι

beckon (´bekən) [-ed]: *(v)* γνέφω, κάνω νόημα ‖ ελκύω

becloud (bi´klaud) [-ed]: *(v)* σκεπάζω με σύννεφα ‖ συγχέω, συγχύζω

becom-e (bi´kʌm) [became, become]: *(v)* γίνομαι ‖ αρμόζω, ταιριάζω ‖ ~ing: *(adj)* κατάλληλος, ταιριαστός

bed (bed): *(n)* κρεβάτι ‖ κοίτη ‖ πρασιά ‖ υπόστρωση ‖ έδραση, έδρανο ‖ λιθορριπή ‖ [-ded]: *(v)* δίνω στέγη, κοιμίζω ‖ βάζω στο κρεβάτι ‖ εντειχίζω, εδράζω, ‖ ~ and board: στέγη και τροφή ‖ ~ bug: *(n)* κοριός ‖ ~ chamber, ~room: υπνοδωμάτιο ‖ ~ clothes: κλινοσκεπάσματα ‖ ~ding: στρώμα, στρωσίδια ‖ έδραση, υπόστρωση ‖ ~fast, ~ridden: κρεβατωμένος, κατάκοιτος ‖ ~ fellow: προσωρινός συνεργάτης ή σύμμαχος ‖ ~ pan: δοχείο νυκτός ‖ ~ spread: κάλυμμα κρεβατιού

bedeck (bi´dek) [-ed]: *(v)* στολίζω

bedevil (bi´devəl) [-ed]: *(v)* βασανίζω, ενοχλώ βασανιστικά

bedlam (´bedləm): *(n)* φρενοκομείο ‖ μεγάλη φασαρία

bedraggle (bi´drægəl) [-d]: *(v)* λασπώνω, λερώνω ‖ ~d: *(adj)* βρωμερός και τρισάθλιος

bee (bi:): *(n)* μέλισσα ‖ κοινωνική εκδήλωση και συνεργασία ‖ συναγωνισμός, διαγωνισμός ‖ ~hive: κυψέλη ‖ ~keeper: μελισσοκόμος ‖ ~line: ευθεία

beech (´bi:tʃ): *(n)* οξιά

beef (bi:f): *(n)* βοδινό κρέας ‖ βόδι ή γελάδα ‖ μυϊκή δύναμη ‖ παράπονο ‖ ~steak: μπριζόλα, μπιφτέκι ‖ ~y: *(adj)* σωματώδης, μυώδης

been: see be

beer (biər): *(n)* ζύθος, μπίρα

beet (bi:t): *(n)* τεύτλο, παντζάρι ‖ ~

root: κοκκινογούλι

beetle (´bi:tl): *(n)* σκαθάρι ‖ ξύλινο σφυρί ‖ *(adj)* προεξέχων ‖ ~ brows: φουντωτά φρύδια

befall (bi´fɔl) [-fell, -fallen): *(v)* συμβαίνω, τυχαίνω

befit (bi´fit) [-ted]: *(v)* αρμόζω, ταιριάζω ‖ ~ting: *(adj)* κατάλληλος, ταιριαστός

befog (bi´fɔg) [-ged]: *(v)* συγχέω, προκαλώ σύγχυση

befool (bi´fu:l) [-ed]: *(v)* εξαπατώ

before (bi´fɔ:r): *(adv & prep)* μπροστά, εμπρός, ενώπιον ‖ πριν, προ ‖ ~hand: *(adv)* πριν από, εκ των προτέρων

befoul (bi´faul) [-ed]: *(v)* ρυπαίνω, λερώνω ‖ κακολογώ

befriend (bi´frend) [-ed]: *(v)* ευνοώ, δείχνω φιλία ‖ υποστηρίζω, παίρνω υπό την προστασία μου

befuddle (bi´fʌdəl) [-d]: *(v)* σκοτίζω, συγχύζω, ζαλίζω

beg (beg) [-ged]: *(v)* παρακαλώ ‖ ζητιανεύω ‖ *(n)* ζητιάνος ‖ ~garly: *(adj)* ελεεινός ‖ ~ off: ζητώ απαλλαγή από υποχρέωση

began: see begin

beget (bi´get) [-got, -gotten]: *(v)* τεκνοποιώ ‖ παράγω

begin (bi´gin) [began, begun]: *(n)* αρχίζω, άρχομαι ‖ ~ner: *(n)* αρχάριος ‖ ~ning: *(n)* έναρξη, αρχή

begone (bi´gɔn): *(interj)* φύγε!

begot: see beget

begrudge (bi´grʌdz) [-d]: *(v)* φθονώ, μνησικακώ ‖ παραχωρώ απρόθυμα

beguile (bi´gail) [-d]: *(v)* εξαπατώ ‖ αφαιρώ δόλια ‖ δελεάζω

begun: see begin

behalf (bi´ha:f): *(n)* ενδιαφέρον, όφελος ‖ in ~ of: προς όφελος ‖ on ~ of: εν ονόματι, για λογαριασμό, εκ μέρους

behav-e (bi´heiv) [-d]: *(v)* συμπεριφέρομαι, φέρομαι ‖ φέρνομαι όπως πρέπει ‖ ~ior: *(n)* συμπεριφορά, διαγωγή

behead (bi´hed) [-ed]: *(v)* αποκεφαλίζω, καρατομώ ‖ ~ing: *(n)* αποκεφαλισμός, καρατόμηση

beheld

beheld: see behold
behemoth (bi´hi:məθ): *(n)* τέρας, θηρίο
behind (bi´haind): *(adv & prep)* πίσω, από πίσω, προς τα πίσω ΙΙ σε καθυστέρηση ΙΙ *(n)* πισινός, οπίσθια
behold (bi´hould) [beheld, beheld]: *(v)* βλέπω, κοιτάζω ΙΙ ~en: *(adj)* υπόχρεος, δεσμευμένος
beige (beiz): *(adj)* μπέζ χρώμα ΙΙ *(n)* άβαφο μάλλινο ύφασμα
being (´bi:ŋ): *(n)* ον, ύπαρξη
belabor (bi´leibər) [-ed]: *(v)* ξυλοκοπώ ΙΙ "κατσαδιάζω" ΙΙ συζητώ διεξοδικά
belated (bi´leitid): *(adj)* καθυστερημένος, αργοπορημένος
belch (beltʃ) [-ed]: *(v)* ρεύομαι ΙΙ *(n)* ρέψιμο
beldam (´beldəm): *(n)* ασχημόγρια, "τζαντόγρια"
beleaguer (bi´li:gər) [-ed]: *(v)* πολιορκώ ΙΙ παρενοχλώ
belfry (´belfri): *(n)* κωδωνοστάσιο, "καμπαναριό"
Belg-ian (´beldzən): *(n)* Βέλγος ΙΙ *(adj)* βελγικός ΙΙ ~ium: *(n)* Βέλγιο
Belgrade (´belgreid): *(n)* Βελιγράδι
belie (bi´lai) [-d]: *(v)* διαψεύδω ΙΙ διαστρέφω ΙΙ δίνω ψεύτικη εντύπωση
belief (bi´li:f): *(n)* πίστη ΙΙ δοξασία, πεποίθηση
believ-e (bi´li:v) [-d]: *(v)* πιστεύω ΙΙ δέχομαι, παραδέχομαι ΙΙ ~able *(adj)* πιστευτός ΙΙ ~er: πιστός, οπαδός
belittle (bi´litəl) [-d]: *(v)* μικραίνω, ελαττώνω ΙΙ υποβιβάζω, υποτιμώ ΙΙ μιλώ περιφρονητικά
bell (bel): *(n)* κουδούνι ΙΙ καμπάνα ΙΙ γάβγισμα ΙΙ [-ed]: *(v)* φουσκώνω, κάνω σχήμα καμπάνας ΙΙ ~ bottom: παντελόνι καμπάνα ΙΙ ~ boy, ~ hop: *(n)* υπηρέτης ξενοδοχείου ΙΙ ~ captain: αρχιθαλαμηπόλος ξενοδοχείου ΙΙ ~ the cat: αποτολμώ, ριψοκινδυνεύω
belle (bel): *(n)* καλλονή
belles - lettres (be´letrə): *(n)* λογοτεχνία
bellicose (´belikous): *(adj)* επιθετικός ΙΙ φιλοπόλεμος
belligeren-t (bi´lidzərənt): *(adj)* εμπόλεμος ΙΙ φιλοπόλεμος, φίλερις ΙΙ ~ce:

(n) επιθετικότητα ΙΙ ~cy: *(n)* εμπόλεμη κατάσταση
bellow (´belou) [-ed]: *(v)* μυκώμαι, μουγκρίζω ΙΙ φωνάζω δυνατά ΙΙ *(n)* μυκηθμός, μούγκρισμα ΙΙ δυνατή φωνή ΙΙ ~s: φυσερό
belly (´beli): *(n)* κοιλιά ΙΙ [-ied]: *(v)* εξογκώνομαι, "κάνω κοιλιά" ΙΙ ~ache: *(n)* κοιλόπονος ΙΙ ~ache [-d]: *(v)* γκρινιάζω, "κλαψουρίζω" ΙΙ ~ button: *(n)* αφαλός ΙΙ ~ful: *(n)* υπεραρκετή ποσότητα, παραπάνω απ´ ό,τι χρειάζεται
belong (bi´lɔŋ) [-ed]: *(v)* ανήκω ΙΙ έχω θέση ΙΙ ~ings: *(n)* προσωπικά πράγματα, τα υπάρχοντα
beloved (bi´lʌvd): *(adj)* αγαπημένος
below (bi´lou): *(adv & prep)* από κάτω, κάτω, σε κατώτερο επίπεδο
belt (belt): *(n)* ζωστήρας, ζώνη ΙΙ δυνατό χτύπημα, γροθοκόπημα ΙΙ ιμάντας, ταινία ΙΙ [-ed]: *(v)* περιζώνω, ζώνω ΙΙ χτυπώ με ζωστήρα ΙΙ χτυπώ δυνατά, γροθοκοπώ ΙΙ below the ~: ύπουλο χτύπημα ΙΙ ύπουλος υπαινιγμός ΙΙ seat ~: *(n)* ζώνη ασφαλείας ΙΙ tighten the ~: *(v)* κάνω οικονομίες, "σφίγγω το ζωνάρι"
bemire (bi´mair) [-d]: *(v)* βουτώ στη λάσπη, λασπώνω
bemoan (bi´moun) [-ed]: θρηνώ, κλαψουρίζω
bemuse (bi´mju:z) [-d]: συγχύζω, ζαλίζω ΙΙ καταπλήσσω
bench (bentʃ): *(n)* πάγκος ΙΙ έδρα δικαστού ΙΙ δικαστικό αξίωμα ΙΙ σύνεδροι ΙΙ αναβαθμίδα ΙΙ ~mark: *(n)* ορόσημο ΙΙ ~ warrant: ένταλμα σύλληψης
bend (bend) [bent, bent]: *(v)* κάμπτω, λυγίζω ΙΙ σκύβω ΙΙ αποφασίζω ΙΙ κάμπτομαι, λυγίζω ΙΙ υποχωρώ, ενδίδω ΙΙ *(n)* καμπή, στροφή ΙΙ ~er: *(n)* μεθοκόπημα
beneath (bi´ni:θ): *(adv & prep)* από κάτω, κάτω, σε χαμηλότερο επίπεδο
benediction (beni´dikʃən): *(n)* ευλογία
benefact-ion (beni´fækʃən): *(n)* ευεργεσία ΙΙ ~or: *(n)* ευεργέτης
beneficia-l (beni´fiʃəl): *(adj)* ευεργετικός ΙΙ ~ry: *(n)* δικαιούχος
benefit (´benifit) [-ed]: *(v)* ωφελώ, ευ-

48

εργετώ ‖ επωφελούμαι, κερδίζω ‖ *(n)* όφελος, κέρδος ‖ επιχορήγηση ‖ **fringe ~s**: επιπρόσθετες παροχές, δευτερεύουσες αποδοχές

benevolen-ce (bi΄nevələns): *(n)* καλοκαγαθία ‖ αγαθοεργία ‖ **~t**: *(adj)* καλοκάγαθος ‖ αγαθοεργός

benign (bi΄nain): *(adj)* καλοκάγαθος ‖ καλοήθης ‖ **~ant** (bi΄nignənt): *(adj)* αγαθός, καλόκαρδος ‖ **~ity**: *(n)* καλοκαγαθία

bent (bent): see bend ‖ *(adj)* κυρτός ‖ αποφασισμένος ‖ *(n)* κυρτότητα, λύγισμα ‖ τάση, κλίση, ροπή ‖ ζευκτό οικοδομήματος

benumb (bi΄nʌm) [-ed]: *(v)* μουδιάζω, παραλύω

bequeath (bi΄kwi:ð) [-ed]: *(v)* κληροδοτώ

bequest (bi΄kwest): *(n)* κληροδότημα

berate (bi΄reit) [-d]: *(v)* επιπλήττω άγρια, ''κατσαδιάζω''

bereave (bi΄ri:v) [-d]: *(v)* αποστερώ, αφαιρώ ‖ **~d**: ο αποστερηθείς λόγω θανάτου, ο βαρυπενθών ‖ **~ment**: *(n)* αποστέρηση, απώλεια λόγω θανάτου

beret (bə΄rei): *(n)* σκούφος, ''μπερέ''

berg: see iceberg

Berlin (bə:r΄lin): *(n)* Βερολίνο

Berne (bern): *(n)* Βέρνη

berry (΄beri): *(n)* μούρο

berserk (bər΄sə:rk): *(adj)* ξετρελαμένος, καταστρεπτικά βίαιος

berth (bə:rθ) [-ed]: *(v)* προσορμίζω ‖ *(n)* όρμος, αγκυροβόλιο ‖ κρεβάτι πλοίου ή κλινάμαξας ‖ **give a wide ~**: αποφεύγω

beryl (΄beril): *(n)* βήρυλλος

beseech (bi΄si:tʃ) [-ed or besought]: *(v)* ικετεύω, εκλιπαρώ

beset (bi΄set) [beset]: *(v)* επιτίθεμαι απ΄ όλες τις πλευρές ‖ κυκλώνω, περικυκλώνω

beside (bi΄said): *(prep)* δίπλα, παρά ‖ χωριστά ‖ **~ oneself**: εκτός εαυτού, έξω φρενών ‖ **~s**: *(adv)* επιπρόσθετα, επίσης, επιπλέον ‖ αλλιώς ‖ εκτός από

besiege (bi΄si:dz) [-d]: *(v)* πολιορκώ

besmear (bi΄smiər) [-ed]: *(v)* κηλιδώνω, σπιλώνω

besom (΄bi:zəm): *(n)* σκούπα από βέργες, πρόχειρη σκούπα

besot (bi΄sət) [-ted]: *(v)* ζαλίζω

besought: see beseech

bespatter (bi΄spætər) [-ed]: *(v)* πιτσιλίζω ‖ συκοφαντώ

bespectacled (bi΄spektəkəld): *(adj)* διοπτροφόρος, ''γυαλάκιας''

best (best): *(adj)* κάλλιστος, ο πιο καλός (superl. of good) ‖ μέγιστος, ο μεγαλύτερος ‖ [-ed]: *(v)* υπερισχύω, καταβάλλω ‖ **at ~**: κατά το πλείστο ‖ **~seller**: *(n)* βιβλίο μεγάλης κυκλοφορίας ‖ **~man**: *(n)* παράνυμφος, ''κουμπάρος'' ‖ **get (have) the ~ of**: *(v)* υπερνικώ ‖ **make the ~ of**: *(v)* κάνω ό,τι μπορώ καλύτερα

bestial (΄bestʃəl): *(adj)* κτηνώδης ‖ υπάνθρωπος ‖ **~ity**: *(n)* κτηνωδία

bestow (bi΄stou) [-ed]: *(v)* απονέμω, χορηγώ ‖ **~al, ~ment**: *(n)* απονομή, χορήγηση

bet (bet) [bet or ~ted]: *(v)* στοιχηματίζω ‖ *(n)* στοίχημα ‖ **you ~**: *(interj)* βεβαιότατα, σίγουρα! ‖ παρακαλώ, τίποτε (ans. to thanks)

betray (bi΄trei) [-ed]: *(v)* προδίδω ‖ φανερώνω ‖ **~al**: *(n)* προδοσία ‖ **~er**: *(n)* προδότης

betroth (bi΄trouð) [-ed]: *(v)* μνηστεύω, αρραβωνιάζω ‖ **~al**: *(n)* μνηστεία ‖ **~ed**: *(n)* αρραβωνιαστικός, αρραβωνιασμένος

better (΄betər): *(adj)* καλύτερος (comp. of good) ‖ μεγαλύτερος ‖ καλύτερα, πιο καλά ‖ [-ed]: *(v)* βελτιώνω ‖ υπερβαίνω ‖ βελτιώνομαι ‖ **~ off**: σε καλύτερη κατάσταση ‖ **~s**: *(n)* οι ανώτεροι, οι καλύτεροι ‖ **get (have) the ~ of**: *(v)* υπερνικώ, αποκτώ πλεονέκτημα, υπερέχω ‖ **go one ~**: ξεγελώ, ''τη φέρνω'' ‖ **had ~**: θα ήταν καλύτερα, θα έπρεπε

between (bi΄twi:n): *(prep)* ανάμεσα, μεταξύ ‖ σε συνδυασμό, σε συνεργασία

bevel (΄bevəl) [-ed]: *(v)* κόβω σε λοξή γωνία ‖ σχηματίζω κλίση ‖ *(n)* λοξή γωνία ‖ λοξή τομή ‖ *(adj)* κωνικός ‖ λοξός, κομμένος λοξά

beverage

beverage (ˈbevəridz): *(n)* αναψυκτικό, ποτό

bevy (ˈbevi): *(n)* σμήνος ‖ ομάδα, πλήθος

beware (biˈweər) [-d]: *(v)* προσέχω, προφυλάγομαι

bewilder (biˈwildər) [-ed]: *(v)* συγχύζω, φέρνω σε αμηχανία ‖ **~ment:** *(n)* σύγχυση, αμηχανία

bewitch (biˈwitʃ) [-ed]: *(v)* γοητεύω, σαγηνεύω ‖ **~ing:** *(adj)* γοητευτικός

beyond (biˈjɔnd): *(prep)* πέρα, πιο πέρα ‖ αργότερα, πέρα από ‖ εκτός

biannual (baiˈænju:əl): *(adj)* εξαμηνιαίος, δυό φορές το χρόνο

bias (ˈbaiəs): *(n)* λοξότητα, διαγώνιος ‖ προκατάληψη ‖ πόλωση ‖ **~ed, ~sed:** *(adj)* προκατειλημμένος

bib (bib) [-bed]: *(v)* πίνω, ''τα κοπανάω'' ‖ *(n)* σαλιαρίστρα μωρού ‖ μπούστος φόρμας ή ποδιάς ‖ **~ and tucker:** κοστούμι, ‖ **~ber:** *(n)* πότης, μέθυσος

Bible (ˈbaibəl): *(n)* Βίβλος, Αγ. Γραφή

biblio-graphy (bibliˈɔgrəfi): *(n)* βιβλιογραφία ‖ **~phile** (ˈbibliəfail): *(n)* βιβλιόφιλος

bicameral (baiˈkæmərəl): *(adj)* με δύο βουλευτήρια

bicenten-ary (baisenˈtenəri): *(n)* δισεκατονταετηρίδα, διακοσιοετηρίδα ‖ *(adj)* διάρκειας 200 ετών ‖ **~nial:** see bicentenary

biceps (baiseps): *(n)* δισχιδής ή δικέφαλος μυς ‖ μυς του μπράτσου, ''ποντίκι''

bichloride (baiˈklɔraid): *(n)* διχλωριούχο

bicker (ˈbikər) [-ed]: *(v)* φιλονικώ, λογομαχώ ‖ *(n)* λογομαχία

bicuspid (baiˈkʌspid): *(n)* προγόμφιος

bicycle (ˈbaisikəl): *(n)* ποδήλατο ‖ [-d]: *(v)* ποδηλατώ

bid (bid) [bade, bidden or bid]: *(v)* λέω, προφέρω ‖ διατάζω, εντέλλομαι ‖ καλώ ‖ προσφέρω τιμή, παίρνω μέρος σε δημοπρασία ‖ *(n)* προσφορά τιμής ‖ πρόσκληση ‖ **~ defiance:** *(v)* αρνούμαι να υποκύψω ‖ **~ up:** *(v)* ανεβάζω την προσφορά ‖ κάνω ''ρελάνς''

bide (baid) [-d]: *(v)* αναμένω, περιμένω, καραδοκώ

bidet (biˈdei): *(n)* ''μπιντές''

biennial (baiˈenjəl): *(adj)* διετής

bier (biər): *(n)* βάθρο φέρετρου

biff (bif) [-ed]: *(v)* γροθοκοπώ, χτυπώ ‖ *(n)* χτύπημα

bifocal (baiˈfoukəl): *(adj)* διεστιακός

bifurcat-e (ˈbaifərkeit) [-d]: *(v)* σχηματίζω διακλάδωση, κάνω διχάλα ‖ *(adj)* διχαλωτός ‖ **~ion:** *(n)* διακλάδωση, διχάλα

big (big): *(adj)* μεγάλος ‖ μεγαλόσωμος ‖ σπουδαίος ‖ πομπώδης ‖ **~shot, ~wheel:** σπουδαίο πρόσωπο, ''μεγάλος'' ‖ **~ wig:** σπουδαίος, επίσημος, ''μεγάλος''

bigam-ist (ˈbigəmist): *(n)* δίγαμος ‖ **~ous:** *(adj)* δίγαμος ‖ **~y:** *(n)* διγαμία

bigot (ˈbigət): *(n)* στενοκέφαλος, φανατικός, μισαλλόδοξος ‖ **~ry:** *(n)* στενοκεφαλιά, φανατισμός, μισαλλοδοξία

bike: see bicycle

bilateral (baiˈlætərəl): *(adj)* δίπλευρος ‖ αμφίπλευρος

bil-e (bail): *(n)* χολή ‖ πίκρα, δυσθυμία ‖ **~ious** (ˈbiljəs): *(adj)* χολικός ‖ πικρόχολος

bilge (bildz): *(n)* κύτος πλοίου ‖ ανοησίες, τρίχες

bilingual (baiˈliŋwəl): *(adj)* δίγλωσσος

bilk (bilk) [-ed]: *(v)* εξαπατώ ‖ αποφεύγω ιιληρωμη ‖ *(n)* απατεώνας ‖ απάτη

bill (bil): *(n)* λογαριασμός ‖ κατάλογος, λίστα ‖ αγγελία, αφίσα ‖ χαρτονόμισμα ‖ νομοσχέδιο ‖ γραμμάτιο ‖ τιμολόγιο ‖ ράμφος ‖ γείσο ‖ [-ed]: *(v)* καταλογίζω, χρεώνω ‖ ανακοινώνω, διαφημίζω ‖ **~ of exchange:** συναλλαγματική ‖ **~ board:** πίνακας ανακοινώσεων ‖ **~ fold:** πορτοφόλι ‖ **~ of fare:** τιμοκατάλογος, μενού ‖ **~ of lading:** φορτωτική ‖ **~ of rights:** καταστατικός χάρτης ‖ **~ of sale:** πωλητήριο ‖ **fill the ~:** ικανοποιητικός, εντάξει ‖ **foot the ~:** πληρώνω τα έξοδα

billet (ˈbillit) [-ed]: *(v)* στρατωνίζω, παρέχω κατάλυμα σε στρ. μονάδα ‖ επιτάσσω οίκημα ‖ καταλύω, διαμένω

50

‖ *(n)* εντολή ή δελτίο στρατωνισμού ‖ επιταγμένο κατάλυμα ‖ δουλειά, θέση ‖ καυσόξυλο ‖ **~doux** (bileidu): *(n)* ερωτική επιστολή, ραβασάκι
billiards (΄biljərdz): *(n)* σφαιριστήριο, μπιλιάρδο
billingsgate (΄biliŋgzgeit): *(n)* βρισιά, βρομόλογο
billion (΄biljən): *(n)* δισεκατομμύριο ‖ **~aire:** *(n)* δισεκατομμυριούχος
billow (΄bilou) [-ed]: *(v)* φουσκώνω, εξογκώνομαι ‖ *(n)* μεγάλο κύμα
billy (΄bili): *(n)* ρόπαλο, κλομπ ‖ **~goat:** τράγος
bimonthly (bai΄mʌnθli): *(adj)* διμηνιαίος
bin (bin): *(n)* κιβώτιο, αποθήκη ‖ φρενοκομείο
binary (΄bainəri): *(adj)* δυαδικός
bind (baind) [bound, bound]: *(v)* δένω, προσδένω ‖ επιδένω ‖ συγκρατώ ‖ δεσμεύω, υποχρεώνω ‖ συνδέω, συγκολλώ ‖ δένω βιβλίο ‖ *(n)* δύσκολη θέση, δίλημμα ‖ **~ing:** *(n)* δέσιμο, πρόσδεση ‖ *(adj)* δεσμευτικός ‖ *(n)* εξώφυλλο, δέσιμο
binge (bindz): *(n)* κρασοκατάνυξη, μεθύσι
binnacle (΄binəkəl): *(n)* βάση πυξίδας
binocular (bi΄nəkjulər): *(adj)* διόφθαλμος, διοφθαλμικός ‖ **~s:** *(n)* διόπτρα, κιάλια
binomial (bai΄noumiəl): *(n)* διώνυμο *(math)*
bio-chemistry (΄baiou΄kemistri): *(n)* βιοχημεία ‖ **~grapher** (bai΄əgrəfər): *(n)* βιογράφος ‖ **~graphic, ~graphical:** *(adj)* βιογραφικός ‖ **~graphy:** *(n)* βιογραφία ‖ **~logy** (bai΄ələdzi): *(n)* βιολογία ‖ **~logic, ~logical:** *(adj)* βιολογικός ‖ **~logist:** *(n)* βιολόγος ‖ **~physics** (baio΄fiziks): *(n)* βιοφυσική ‖ **~psy** (΄baio:psi): *(n)* βιοψία
bipartite (bai΄pa:rtait): *(adj)* διμερής
biped (΄baiped): *(n)* δίποδο
biplane (΄baiplein): *(n)* διπλάνο (αεροπλάνο με δύο πτέρυγες)
bi-polar (bai΄poulər): *(adj)* διπολικός ‖ **~quadratic** (baikwə΄drætik): *(adj)* διτετράγωνος *(math)*

birch (bə:rtʃ): *(n)* κερκίδα (σημύδα) ‖ βέργα
bird (bə:rd): *(n)* πουλί ‖ πύραυλος ‖ παράξενος *(id)* ‖ **~brain:** *(n)* χαζός ‖ **~ colonel:** συνταγματάρχης ‖ **~ farm:** *(id)* αεροπλανοφόρο ‖ **~ie:** πουλάκι ‖ **~ of prey:** αρπακτικό ‖ **~'s-eye view:** θέα ή άποψη από ψηλά
birth (bə:rθ): *(n)* γέννηση ‖ καταγωγή ‖ **~ certificate:** πιστοποιητικό γέννησης ‖ **~ control:** έλεγχος γεννήσεων ‖ **~day:** γενέθλια ‖ **~ right:** κληρονομικό δικαίωμα ‖ πρωτοτόκια
biscuit (΄biskit): *(n)* παξιμάδι, ''μπισκότο'', γαλέτα
bisect (bai΄sekt) [-ed]: *(v)* διχοτομώ ‖ **~ion:** *(n)* διχοτόμηση ‖ **~or:** *(n)* διχοτόμος
bisexual (bai΄seksjuəl): *(adj)* ερμαφρόδιτος
bishop (΄biʃəp): *(n)* επίσκοπος ‖ **~ric:** *(n)* επισκοπή, επισκοπείο
bismuth (΄bizməth): *(n)* βισμούθιο
bison (΄baisən): *(n)* βόνασος, βίσωνας
bistro (΄bi:strou): *(n)* νυχτερινό κέντρο, ταβέρνα
bit (bit): *(n)* κομμάτι, κομματάκι ‖ στιγμή, μια στιγμή ‖ νούμερο αρτίστας ‖ άκρη τρυπανιού ‖ στομίδα του χαλινού ‖ see **bite**
bitch (bitʃ): *(n)* σκύλα ‖ ''βρόμα'', παλιογυναίκα ‖ *(id)* παράπονο, γκρίνια ‖ [-ed]: *(v)* γκρινιάζω, παραπονούμαι ‖ χαλάω τη δουλειά
bit-e (bait) [bit, bit or bitten]: *(v)* δαγκώνω ‖ κάνω τομή ‖ διαβρώνω ‖ *(n)* δάγκωμα, δαγκωματιά ‖ μπουκιά ‖ **~e the dust:** πέφτω νεκρός ‖ **put the ~e on:** ζητώ ή δανείζομαι χρήματα ‖ **~ing:** *(adj)* δηκτικός, τσουχτερός, καυστικός
bitter (΄bitər): *(adj)* πικρός ‖ δριμύς, τσουχτερός ‖ φαρμακερός, δηκτικός ‖ **~ly:** *(adv)* πικρά, με πίκρα ‖ **~ness:** *(n)* πίκρα ‖ **~ sweet:** *(adj)* γλυκόπικρος ‖ **to the ~ end:** μέχρις εσχάτων, ως το τέλος
bitumen (bi΄tu:mən): *(n)* πίσσα
bivalve (΄baivælv): *(n)* όστρακο δίλοβο
bivouac (΄bivuæk) [-ked]: *(v)* κατασκη-

νώνω ή καταυλίζομαι προσωρινά ‖ *(n)* προσωρινός καταυλισμός ή στρατόπεδο

biweekly (bai´wi:kli:): *(adj)* δεκαπενθήμερος

bizarre (bi´za:r): *(adj)* παράξενος, αλλόκοτος, παράδοξος

blab (blæb) [-bed]: *(v)* φλυαρώ ‖ αποκαλύπτω μυστικό ‖ *(n)* φλύαρος, ακριτόμυθος ‖ φλυαρία ‖ ~**ber:** *(n)* φλύαρος ‖ [-ed]: *(v)* φλυαρώ

black (blæk): *(adj)* μαύρος ‖ κατασκότεινος ‖ [-ed]: *(v)* μαυρίζω, βάφω μαύρο ‖ ~ **and blue:** μαυρισμένος από χτύπημα ‖ ~**ball:** *(n)* αρνητική ψήφος ‖ ~**berry:** *(n)* βατόμουρο, βατομουριά ‖ ~**bird:** *(n)* κότσυφας ‖ ~**board:** *(n)* μαυροπίνακας ‖ ~**en** [-ed]: *(v)* μαυρίζω ‖ συκοφαντώ, κηλιδώνω ‖ ~**guard:** *(adj & n)* παλιάνθρωπος, αχρείος ‖ [-ed]: *(v)* βρίζω, κακολογώ ‖ ~**jack:** *(n)* μικρό ρόπαλο ‖ είδος χαρτοπαιγνίου ‖ ~**list:** *(n)* μαύρος πίνακας, πίνακας ανεπιθύμητων ‖ [-ed]: *(v)* γράφω στο μαύρο πίνακα, προγράφω ‖ ~**mail** [-ed]: *(v)* εκβιάζω ‖ *(n)* εκβιασμός ‖ ~**mailer:** *(n)* εκβιαστής ‖ ~**market:** *(n)* μαύρη αγορά ‖ ~**ness:** *(n)* μαυράδα, μαυρίλα ‖ ~ **out:** *(n)* συσκότιση ‖ σκοτοδίνη ‖ διακοπή ρεύματος ‖ *(v)* παθαίνω σκοτοδίνη ‖ ~ **sheep:** *(n)* άσωτος, ο ''κακός της οικογένειας'' ‖ ~**smith:** *(n)* σιδηρουργός, πεταλωτής ‖ ~ **top:** *(n)* ασφαλτόστρωση ‖ **boot** ~: *(n)* στιλβωτής, ''λούστρος''

bladder (´blædər): *(n)* κύστη

blade (bleid): *(n)* λεπίδα ‖ λεπτό φύλλο ‖ κόκαλο της πλάτης ‖ πτερύγιο ‖ **shoulder** ~: *(n)* ωμοπλάτη

blain (blein): *(n)* οίδημα ‖ φουσκάλα

blame (bleim) [-d]: *(v)* μέμφομαι, ψέγω, κατηγορώ, ρίχνω το βάρος ‖ *(n)* μομφή, κατηγορία, φταίξιμο ‖ ~**less:** *(adj)* άμεμπτος, άψογος ‖ ~ **worthy:** *(adj)* αξιόμεμπτος

blanch (bla:ntʃ) [-ed]: *(v)* χλομιάζω ‖ λευκαίνω, ασπρίζω

bland (blænd): *(adj)* πράος, ήπιος ‖ ~**ish** [-ed]: *(v)* κολακεύω ‖ ~**isher:** *(n)*

κόλακας ‖ ~**ishment:** *(n)* κολακεία ‖ ~**ness:** *(n)* ηπιότητα

blank (blæŋk): *(adj)* κενός, άγραφος, λευκός ‖ ανέκφραστος ‖ *(n)* κενό ‖ *(n)* άσφαιρο φυσίγγιο ‖ **draw a** ~: δεν φέρνω αποτέλεσμα ‖ **point** ~: από πολύ κοντά ‖ απερίφραστα

blanket (´blæŋkit): *(n)* κουβέρτα ‖ κάλυμμα ‖ [-ed]: *(v)* καλύπτω, προφυλάγω

blar-e (bleər) [-d]: *(v)* ωρύομαι, κραυγάζω ‖ σαλπίζω ‖ *(n)* δυνατός ήχος ‖ ~**ing:** *(adj)* εκκωφαντικός

blarney (´bla:rni): *(n)* ψευτοκολακεία

blase´ (bla:´zei): *(adj)* προσποιητά αδιάφορος, ''μπλαζέ''

blasphem-e (blæs´fi:m) [-d]: *(v)* βλαστημώ ‖ ~**er:** *(n)* βλάστημος ‖ ~**ous:** *(adj)* βλάστημος, ασεβής ‖ ~**y:** *(n)* βλαστημιά

blast (bla:st) [-ed]: *(v)* ανατινάζω ‖ προκαλώ έκρηξη ‖ καταστρέφω ‖ *(n)* έκρηξη ‖ δυνατή ριπή ανέμου ‖ δυνατό σφύριγμα ‖ ξεφάντωμα ‖ ~ **off:** *(v)* εκτοξεύω ‖ *(n)* εκτόξευση

blatan-cy (´bleitənsi): *(n)* βίαιη χυδαιότητα ‖ ~**t:** *(adj)* χυδαίος ‖ κραυγαλέος

blaze (bleiz) [-d]: *(v)* καίω ή καίομαι με φλόγα ‖ λαμποκοπώ, φεγγοβολώ ‖ βρίσκομαι σε έξαψη ‖ *(n)* ανάφλεξη ‖ φεγγοβολία ‖ ξαφνικό ξέσπασμα ‖ ~**r:** *(n)* σπορ σακάκι, μπλέιζερ

bleach (bli:tʃ) [-ed]: λευκαίνω ‖ ξεβάφω ‖ *(n)* λεύκανση, ξέβαμα ‖ λευκαντικό ‖ ~**er:** *(n)* λευκαντικό ‖ ~**ers:** *(n)* ανοιχτός εξώστης σταδίου

bleak (bli:k): *(adj)* εκτεθειμένος στα στοιχεία της φύσης ‖ παγερός, κρύος ‖ σκοτεινός, μελαγχολικός

blear (´bliər) [-ed]: *(v)* θολώνω τα μάτια, βουρκώνω ‖ ~**y-eyed:** *(adj)* με θολά μάτια, βουρκωμένος

bleat (bli:t) [-ed]: *(v)* βελάζω ‖ τσιρίζω, ''σκούζω'' ‖ *(n)* βέλασμα ‖ σκούξιμο

bleed (bli:d) [bled, bled]: *(v)* αιμορραγώ, ματώνω ‖ κάνω αφαίμαξη ‖ αποσπώ με εκβιασμό ‖ ~**ing:** *(n)* αιμορραγία

blemish (´blemiʃ) [-ed]: *(v)* κηλιδώνω, σπιλώνω ‖ *(n)* στίγμα, ελάττωμα, κηλίδα

blench (blentʃ) [-ed]: *(v)* μαζεύομαι από φόβο, "τραβιέμαι πίσω"

blend (blend) [-ed]: *(v)* ανακατεύω, συγχωνεύω ‖ συγχωνεύομαι, ανακατεύομαι ‖ *(n)* μείγμα, "χαρμάνι" ‖ μείξη, ανακάτωμα

bless (bles) [-ed]: *(v)* ευλογώ ‖ δοξάζω ‖ προικίζω με χάρες ‖ ~**ed Virgin**: *(n)* Παναγία ‖ ~**ing**: *(n)* ευλογία

blew: see blow

blight (blait) [-ed]: *(v)* φθείρω, καταστρέφω ‖ ματαιώνω ‖ *(n)* ασθένεια φυτών, ερυσίβη ‖ ματαίωση ελπίδων ‖ πληγή

blimey ('blaimi): *(interj)* ανάθεμα! να πάρει η ευχή!

blimp (blimp): αερόστατο

blind (blaind) [-ed]: *(v)* τυφλώνω ‖ θαμπώνω ‖ *(adj)* τυφλός ‖ απροετοίμαστος, χωρίς σκέψη ‖ ακατάληπτος ‖ αδιέξοδος, κλειστός ‖ *(n)* παραπέτασμα παραθύρου, "στόρι" ‖ ~ **alley**: *(n)* αδιέξοδος δρόμος ‖ αδιέξοδο, αποτυχία ‖ ~**er**: *(n)* παρωπίδα ‖ ~ **fold** [-ed]: δένω τα μάτια ‖ *(n)* κάλυμμα των ματιών ‖ *(v)* εξαπατώ ‖ ~**man's buff**: *(n)* τυφλόμυγα (παιχνίδι) ‖ ~**ness**: *(n)* τυφλότητα, τύφλωση

blink (bliŋk) [-ed]: *(v)* ανοιγοκλείνω τα μάτια ‖ κοιτάζω με μισόκλειστα μάτια ‖ τρεμοσβήνω ‖ δίνω φωτεινά σήματα ‖ *(n)* ανοιγοκλείσιμο των ματιών ‖ τρεμοσβήσιμο ‖ ~**er**: *(n)* συνθηματικό φως ‖ ~**ers**: *(n)* παρωπίδες ‖ **on the** ~: σε κακή κατάσταση, χαλασμένο

bliss (blis): *(n)* ευδαιμονία, μακαριότητα ‖ ~**ful**: *(adj)* μακάριος

blister ('blistər) [-ed]: *(v)* προκαλώ φουσκάλα ή κάλους ‖ βγάζω φουσκάλες ή κάλους ‖ *(n)* φλύκταινα, φουσκάλα

blithe (blaið): *(adj)* εύθυμος, χαρωπός ‖ ανέμελος ‖ ~**ring**: *(adj)* μωρολόγος, "φαφλατάς"

blitz (blits): *(n)* κεραυνοβόλος πόλεμος ‖ αστραπιαία επίθεση ‖ σειρά αεροπορικών επιδρομών ‖ ενθουσιώδης ή έντονη καμπάνια

blizzard ('blizərd): *(n)* χιονοθύελλα ‖

χιονοστρόβιλος

bloat (blout) [-ed]: *(v)* φουσκώνω, πρήζομαι ‖ ~**ed**: *(adj)* φουσκωμένος, πρησμένος

blob (bləb): *(n)* άμορφη μάζα

bloc (blɔk): *(n)* συνασπισμός, "μπλοκ"

block (blɔk) [-ed]: *(v)* εμποδίζω, αποκλείω, "μπλοκάρω" ‖ σχηματίζω όγκους ‖ στηρίζω με κυβόλιθους ‖ *(n)* όγκος, κομμάτι ‖ κυβόλιθος ‖ οικοδομικό τετράγωνο ‖ σύσπαστο, θήκη τροχαλίας ‖ οικοδομή, κτίριο ‖ φραγμός, εμπόδιο ‖ αποκλεισμός, "μπλοκάρισμα", "μπλόκο" ‖ ~**ade** [-d]: *(v)* αποκλείω ‖ *(n)* αποκλεισμός ‖ ~**age**: *(n)* αποκλεισμός, φράξιμο ‖ ~ **and tackle**: *(n)* πολύσπαστο ‖ ~ **buster**: *(n)* μεγάλη βόμβα ‖ φοβερός, τρομαχτικός ‖ ~ **head**: χοντροκέφαλος ‖ ~ **house**: οχυρό, "αμπρί"

bloke (blouk): *(n)* άνθρωπος, άτομο *(id)*

blond (blɔnd): *(adj)* ξανθός ‖ ~**e**: ξανθιά

blood (blʌd): *(n)* αίμα ‖ αιματοχυσία ‖ συγγένεια ‖ [-ed]: *(v)* δίνω το βάπτισμα του πυρός ‖ ~ **bank**: *(n)* τράπεζα αίματος ‖ ~ **bath**: *(n)* αιματοχυσία, λουτρό αίματος ‖ ~**ed**: *(adj)* καθαρόαιμος ‖ ~ **donor**: *(n)* αιμοδότης ‖ ~ **hound**: *(n)* κυνηγετικό σκυλί ‖ ~**less**: *(adj)* αναίμακτος ‖ ~**shed**: *(n)* αιματοχυσία, σφαγή ‖ ~ **shot**: *(adj)* κόκκινος και ερεθισμένος ‖ ~ **sucker**: *(n)* εκμεταλλευτής, παράσιτο ‖ αιμοπότης ‖ ~ **thirsty**: αιμοβόρος ‖ ~ **vessel**: αιμοφόρο αγγείο ‖ ~**y**: *(adj)* αιματηρός, ματωμένος ‖ αιμοχαρής ‖ ~**y fool**: παλιοβλάκας *(id)*

bloom (blu:m) [-ed]: *(v)* ανθίζω ‖ λάμπω, λαμποκοπώ ‖ ακμάζω ‖ *(n)* ανθός, λουλούδι ‖ ακμή, άνθηση ‖ ~**er**: *(n)* ανθός ‖ γκάφα *(id)*

blossom ('blɔsəm) [-ed]: *(v)* ανθίζω, ανθώ ‖ *(n)* άνθος, λουλούδι

blot (blɔt) [-ted]: *(v)* κηλιδώνω, λεκιάζω ‖ αναρροφώ, στουπώνω ‖ *(n)* κηλίδα, λεκές ‖ ~ **out**: *(v)* εξαφανίζω, αφανίζω ‖ ~**ter**: *(n)* στουπόχαρτο ‖ ημερολόγιο συμβάντων ‖ ~**ting paper**:

blotch

(π) στουπόχαρτο

blotch (blɔtʃ) [-ed]: *(v)* ερυθραίνω, κοκκινίζω, βγάζω εξανθήματα ‖ εξάνθημα, κόκκινο στίγμα ‖ **~ed, ~y**: *(adj)* γεμάτος κόκκινα εξανθήματα

blouse (blauz): *(π)* μπλούζα

blow (blou) [blew, blown]: *(v)* φυσώ ‖ ξεφυσώ, λαχανιάζω ‖ καυχιέμαι ‖ παίρνω δρόμο, "στρίβω" ‖ σπαταλώ *(id)* ‖ τα κάνω θάλασσα, χαλώ τη δουλειά *(id)* ‖ ανατινάζω ‖ *(π)* χτύπημα ‖ φύσημα ‖ ~ **away**: *(π)* παρασέρνω, παίρνω με φύσημα ‖ **~er**: *(π)* φυσερό ‖ ~ **off**: *(v)* ξεσπώ, βρίσκω διέξοδο ‖ ~ **one's top**: *(v)* ξεσπώ ‖ ~ **out**: *(v)* σβήνω ‖ καίομαι, τήκομαι ‖ σκάζω, "κλατάρω" ‖ *(π)* τήξη, κάψιμο ασφάλειας ‖ σκάσιμο, "κλατάρισμα" ‖ ~ **up**: *(v)* ξεσπάω ‖ σκάζω, ανατινάζω ‖ μεγεθύνω φωτογραφία ‖ φουσκώνω ‖ *(π)* μεγέθυνση ‖ έκρηξη

blowzy (ˊblouzi): *(adj)* αναμαλλιασμένος ‖ κοκκινοπρόσωπος

blubber (ˊblʌbər) [-ed]: *(v)* κλαίω δυνατά ‖ *(π)* λίπος από θαλάσσια κήτη ‖ *(π)* παχυσαρκία

bludgeon (ˊblʌdzən): *(π)* ρόπαλο, "κλομπ" ‖ [-ed]: *(v)* χτυπώ με ρόπαλο ‖ φοβερίζω, κάνω το "νταή"

blue (blu:): *(adj)* γαλάζιος ‖ μελαγχολικός ‖ αριστοκρατικός ‖ ~ **beard**: *(π)* συζυγοκτόνος, φονιάς γυναικών ‖ ~ **bell**: *(π)* υάκινθος, ζουμπούλι ‖ **blood**: *(π)* αριστοκρατική καταγωγή ‖ ~ **blooded**: αριστοκράτης, "γαλαζοαίματος" ‖ ~ **bottle**: *(π)* κρεατόμυγα ‖ ~ **cheese**: *(π)* ροκφόρ ‖ **~coat**: *(π)* αστυφύλακας ‖ **~collar**: *(π)* εργατοτεχνίτης ‖ **~print**: *(π)* κυανοτυπία ‖ σχέδιο, μελέτη ‖ **~s**: *(π)* βαθιά μελαγχολία ‖ είδος τζαζ, "μπλουζ" ‖ **~s**: *(π)* ναυτικό, ναυτική στολή ‖ ~ **streak**: *(π)* λογοδιάρροια

bluff (blʌf) [-ed]: *(v)* "μπλοφάρω" ‖ *(π)* "μπλόφα" ‖ *(π)* βραχώδης ακτή, απότομος βράχος ‖ *(adj)* απότομος, τραχύς

bluish (ˊblu:iʃ): *(adj)* γαλαζωπός, υπογάλανος

blunder (ˊblʌndər) [-ed]: *(v)* κάνω χο-

ντρό λάθος, κάνω "γκάφα" ‖ *(π)* χοντρό λάθος, "γκάφα" ‖ ~ **buss**: *(π)* τρομπόνι (είδος όπλου) ‖ αδέξιος, "μπουνταλάς"

blunt (blʌnt) [-ed]: *(v)* αμβλύνω, "στομώνω" ‖ *(adj)* αμβλύς ‖ απότομος, τραχύς ‖ ~ **witted**: *(adj)* χαζός

blur (blə:r) [-red]: *(v)* κηλιδώνω ‖ θολώνω, κάνω θαμπό ‖ *(π)* θολούρα, θαμπάδα ‖ δυσδιάκριτη κίνηση, πολύ γρήγορη κίνηση

blurt (blə:rt) [-ed]: *(v)* μιλώ ξαφνικά, "πετάγομαι" ‖ ~ **out**: *(v)* μιλώ χωρίς να το θέλω, μου ξεφεύγει

blush (blʌʃ) [-ed]: *(v)* κοκκινίζω, ‖ *(π)* κοκκίνισμα ‖ **~ing**: *(adj)* συνεσταλμένος

bluster (ˊblʌstər) [-ed]: *(v)* φυσώ απότομα και δυνατά, φυσώ με δυνατές ριπές ‖ κομπάζω μεγαλόφωνα ‖ *(π)* ανεμοθύελλα ‖ κομπασμός, καυχησιολογία

boa (ˊbouə): *(π)* βόας ‖ γούνα

boar (bɔ:r): *(π)* κάπρος, αρσεν. χοίρος ‖ **wild** ~: αγριόχοιρος

board (bɔ:rd): *(v)* σανιδώνω, βάζω σανίδες ‖ σκεπάζω με σανίδωμα ‖ παρέχω τροφή επί πληρωμή ‖ τρώω σε οικοτροφείο ‖ επιβιβάζομαι ‖ *(π)* σανίδα ‖ πίνακας, πινακίδα ‖ τραπέζι φαγητού ‖ φαγητά ‖ τραπέζι συνεδριάσεων ‖ συμβούλιο, μέλη γραφομλίου ‖ ~ **and lodging**: τροφή και κατοικία ‖ **~er**: οικότροφος, ένοικος ‖ **~ing house**: πανσιόν, οικοτροφείο ‖ **~ing school**: εσωτερικό σχολείο, σχολείο με οικοτροφείο

boast (boust) [-ed]: *(v)* καυχιέμαι, περηφανεύομαι ‖ είμαι περήφανος για κάτι ‖ *(π)* καυχησιολογία ‖ αντικείμενο περηφάνειας, "καύχημα" ‖ **~er, ~ful**: *(adj)* καυχησιάρης

boat (bout): *(π)* πλοίο ‖ βάρκα ‖ **~man**: *(π)* βαρκάρης ‖ **~house**: *(π)* υπόστεγο για βάρκες ‖ **~ing**: βαρκάδα ‖ **~swain**: *(π)* ναύκληρος ‖ **in the same** ~: στην ίδια κατάσταση, το ίδιο

bob (bɔb) [-bed]: *(v)* κινώ πάνω-κάτω ‖ ανεβοκατεβαίνω γρήγορα, κινούμαι πάνω-κάτω ‖ κόβω τα μαλλιά κοντά ‖

(n) γρήγορη κίνηση πάνω-κάτω ‖ κοντά μαλλιά ‖ σελίνιο *(id)* ‖ ~ **tail**: κοντή ουρά, κοντοκομμένη ουρά ‖ ~**sled**, ~**sleigh**: *(n)* έλκηθρο

bobbin (´bəbin): *(n)* κουβαρίστρα, "καρούλι"

bobby (´bɔbi:): *(n)* αστυφύλακας *(id)* ‖ ~**pin**: *(n)* καρφίτσα μαλλιών ‖ ~**socks**: *(n)* κοντές κάλτσες

bode (boud) [-d]: *(v)* προμηνώ

bodice (´bɔdis): *(n)* το επάνω μέρος φορέματος, "μπούστος"

bodily (´bɔdili): *(adj)* σωματικός ‖ υλικός ‖ *(adv)* προσωπικά, σωματικά

bodkin (´bɔdkin): *(n)* καρφίτσα των μαλλιών ‖ μεγάλη βελόνα ‖ τρυπητήρι

body (´bɔdi): *(n)* σώμα ‖ κορμός ‖ σωματείο ‖ ομάδα, πλήθος ‖ αμάξωμα αυτοκινήτου ‖ ~ **guard**: *(n)* σωματοφυλακή ‖ σωματοφύλακας ‖ ~ **shop**: *(n)* συνεργείο επισκευής αμαξωμάτων

bog (bɔg): *(n)* έλος, τέλμα ‖ βόρβορος ‖ ~ **down**: *(v)* εμποδίζω, εμποδίζομαι, καθυστερώ

bogey (´bougi): *(n)* "μπαμπούλας"

boggle (´bɔgəl) [-d]: *(v)* υποχωρώ ‖ διστάζω

bogus (´bougəs): *(adj)* κίβδηλος, ψεύτικος

boil (bɔil) [-ed]: *(v)* βράζω ‖ κοχλάζω ‖ βράζω από θυμό ‖ *(n)* βρασμός ‖ σπυρί, "καλόγερος" ‖ ~ **down**: *(n)* συνοψίζομαι ‖ ~**er**: *(n)* ατμοβέλητας ‖ ~**ing**: *(n)* βρασμός

boisterous (´bɔistərəs): *(adj)* θορυβώδης, φωνακλάδικος

bold (bould): *(adj)* τολμηρός ‖ θρασύς, αναιδής ‖ καθαρός, ευδιάκριτος ‖ ~**ness**: *(n)* τόλμη ‖ θράσος

bole (boul): *(n)* κορμός δέντρου, "κούτσουρο"

bollard (´bɔlərd): *(n)* στύλος πρόσδεσης πλοίων

bolster (´boulstər) [-ed]: *(v)* υποστηρίζω ‖ τοποθετώ μαξιλάρι ‖ *(n)* μεγάλο μαξιλάρι

bolt (boult) [-ed]: *(v)* βάζω σύρτη, "μανταλώνω" ‖ καταπίνω λαίμαργα ‖ φεύγω γρήγορα ‖ μιλώ απερίσκεπτα, "πετάγομαι" ‖ *(n)* σύρτης, "μάντα-

λο" ‖ βλήτρο, "μπουλόνι" ‖ ξαφνική κίνηση ‖ φυγή

bolus (´bouləs): *(n)* χάπι, "ταμπλέτα" ‖ βώλος

bomb (bɔm) [-ed]: *(v)* βομβαρδίζω ‖ *(n)* βόμβα ‖ ~**ard** [-ed]: *(v)* σφυροκοπώ, βομβαρδίζω ‖ ~**ardment**: *(n)* βομβαρδισμός ‖ ~**er**: *(n)* βομβαρδιστής ‖ βομβαρδιστικό αεροπλάνο ‖ ~**ing**: see ~**ardment** ‖ ~**shell**: *(n)* βόμβα, οβίδα ‖ μεγάλη έκπληξη, "βόμβα"

bombast (´bɔmbæst): *(n)* στόμφος, πομπώδες ύφος ‖ ~**ic**: *(adj)* στομφώδης

bona fide (´bounə´faidi): καλή τη πίστει ‖ καλόπιστος

bonanza (bə´nænzə): *(n)* πλούσια φλέβα ορυκτού ‖ πλούσιο μεταλλείο ‖ πηγή πλούτου, θείο δώρο

bond (´bɔnd) [-ed]: *(v)* δεσμεύω ‖ υποθηκεύω ‖ βάζω υπό εγγύηση ‖ συνδέω, συγκολλώ ‖ *(n)* δεσμός, συνάφεια ‖ συγκολλητικό ‖ συμφωνητικό, σύμβαση ‖ εγγύηση ‖ ομολογία (econ) ‖ ~**age** (´bɔndidz): *(n)* δουλεία, δεσμά ‖ ~**man**, ~**servant**: *(n)* δούλος ‖ ~**sman**: *(n)* εγγυητής

bone (boun): *(n)* κόκαλο ‖ *(adj)* κοκάλινος ‖ ~**dry**: *(adj)* κατάξερος ‖ **have a ~ to pick**: έχω κάποια διαφορά ή λόγο για καβγά

boner (´bounər): *(n)* χονδροειδής γκάφα, χοντρό λάθος

bonfire (´bɔnfaiər): *(n)* υπαίθρια φωτιά

bonnet (´bɔnit): *(n)* γυναικείο καπέλο με κορδέλα ‖ σκούφια ‖ μεταλλικό κάλυμμα ‖ "καπώ" αυτοκινήτου

bonus (´bounəs): *(n)* έκτακτο βοήθημα, δώρο ‖ έκτακτο μέρισμα

bony (´bouni): *(adj)* κοκαλιάρης ‖ κοκάλινος

boo (bu:) [-ed]: *(v)* αποδοκιμάζω μεγαλόφωνα, "γιουχαΐζω" ‖ *(n)* αποδοκιμασία, "γιούχα"

boob (bu:b): *(n)* βλάκας ‖ μαστός

booby (´bu:bi): *(n)* ηλίθιος, βλάκας ‖ "μαστάρι" ‖ ~ **hatch**: *(n)* τρελοκομείο ‖ ~ **trap**: *(n)* παγίδα με βόμβα ή εκρηκτικά ‖ *(v)* παγιδεύω

boodle (´bu:dəl): *(n)* κλοπιμαία, "κλε-

book

ψιμέικα'' ‖ λεφτά δωροδοκίας
book (buk) [-ed]: *(v)* καταγράφω, εγγράφω ‖ κλείνω δωμάτιο ή θέση ‖ βγάζω εισιτήριο ‖ **~binding**: *(n)* βιβλιοδεσία ‖ **~case**: βιβλιοθήκη ‖ **~end**: *(n)* βιβλιοστάτης ‖ **~ing**: *(n)* προμίσθωση, "κλείσιμο" ‖ **~keeper**: *(n)* λογιστής ‖ **~let**: *(n)* βιβλιαράκι ‖ **~maker**: *(n)* μεσίτης στοιχημάτων ‖ **~mark** *(n)* σελιδοδείκτης ‖ **~seller**: *(n)* βιβλιοπώλης ‖ **~shop**, **~store**: *(n)* βιβλιοπωλείο ‖ **~stall**: *(n)* κιόσκι πωλήσεως βιβλίων, πάγκος βιβλίων ‖ **~worm**: *(n)* βιβλιόφιλος, βιβλιοφάγος
boom (bu:m) [-ed]: *(v)* βροντώ ‖ βουίζω ‖ ευημερώ ξαφνικά, πετυχαίνω απότομα ‖ υπερτιμώμαι ‖ *(n)* βροντή, βοή ‖ ξαφνική ευημερία, ξαφνική επιτυχία, απότομο "ανέβασμα"
boomerang ('bu:məræng): *(n)* βλήμα που γυρίζει πίσω ‖ πράξη ή λόγος που βλάπτει αυτόν που το έκανε
boon (bu:n): *(n)* εύνοια, χάρη ‖ όφελος, ευεργέτημα ‖ *(adj)* εύθυμος, χαρούμενος
boor (buər): *(n)* χωρικός ‖ άξεστος, "χωριάτης" ‖ **~ish**: *(adj)* αγροίκος, άξεστος
boost (bu:st) [-ed]: *(v)* ωθώ, δίνω ώθηση ‖ ανασπρώνω ‖ δυναμώνω, μεγαλώνω ‖ διαφημίζω κραυγαλέα ‖ *(n)* ώθηση ‖ δυνάμωμα ‖ **~er**: *(n)* προωθητήρας ‖ διαφημιστής ‖ **~er cable**: *(n)* καλώδιο φορτίσεως μπαταρίας
boot (bu:t): *(n)* μπότα, αρβύλα ‖ παπούτσι ‖ "πορτ-μπαγκάζ" ‖ κλοτσιά ‖ [-ed]: *(v)* κλοτσώ, πετάω με τις κλοτσιές ‖ παπουτσώνω ‖ **~black**: στιλβωτής, "λούστρος" ‖ **~camp**: *(n)* κέντρο εκπαίδευσης νεοσυλλέκτων ‖ **~leg**: *(n)* κάνω λαθρεμπόριο ‖ **~legger**: *(n)* λαθρέμπορος (κυρίως οιν. ποτών) ‖ **~licker**: *(n)* δουλοπρεπής, "γλύφτης" ‖ **~less**: ανώφελος
booth (bu:θ): *(n)* θαλαμίσκος
booty ('bu:ti): *(n)* λάφυρα ‖ κλοπιμαία
booze (bu:z) [-d]: *(v)* πίνω πολύ, "τα κοπανάω" ‖ *(n)* οινοπν. ποτό
bor-ate ('bə:reit): *(n)* αλάτι βορικού οξέος ‖ **~ax**: *(n)* βόρακας, βορικό νά-

τριο ‖ **~ic**: *(adj)* βορικός
border ('bə:rdər) [-ed]: *(v)* συνορεύω ‖ βάζω σύνορα ‖ περιβάλλω με όρια ‖ βάζω "μπορντούρα" ‖ *(n)* σύνορο, όριο ‖ μεθόριος ‖ πλαίσιο, "μπορντούρα" ‖ **~land**: *(n)* παραμεθόρια περιοχή ‖ **~line**: *(n)* οροθετική γραμμή, όριο
bor-e ('bə:r) [-d]: τρυπώ ‖ κάνω γεώτρηση ‖ προκαλώ ανία ‖ *(n)* οπή, άνοιγμα ‖ διαμέτρημα ‖ *(n)* πληκτικός άνθρωπος, ανιαρός ‖ see **bear** ‖ **~edom**: *(n)* πλήξη, ανία ‖ **~ing**: *(adj)* πληκτικός, ανιαρός ‖ *(n)* διάτρηση
born (bə:rn): *(adj)* γεννημένος
borne (bə:rn): μεταφερόμενος (see bear) ‖ **air~**: μεταφερόμενος με αεροπλάνο
borough ('blrə): *(n)* δήμος ‖ κοινότητα ‖ διοικητική περιφέρεια
borrow ('bərou) [-ed]: *(v)* δανείζομαι
bosky ('bəski:): *(adj)* θαμνώδης, γεμάτος θάμνους ‖ γεμάτος δέντρα
bosom ('buzəm): *(n)* στήθος, "κόρφος" ‖ *(adj)* επιστήθιος
boss ('bəs) [-ed]: *(v)* επιβλέπω, εποπτεύω ‖ διευθύνω ‖ διευθύνω δικτατορικά ‖ *(n)* κύρτωμα, εξόγκωμα ‖ άξονας τροχού ‖ εργοδότης, "αφεντικό", προϊστάμενος ‖ **~y**: *(adj)* αυταρχικός
bosum: see boatswain
botan-ic (bo'tænik) & **~ical**: *(adj)* βοτανικός ‖ **~ist**: *(n)* βοτανολόγος ‖ **~y**: *(n)* βοτανική
botch (bətʃ) [-ed]: *(v)* επισκευάζω αδέξια ή πρόχειρα ‖ καταστρέφω από αδεξιότητα ‖ *(n)* κακοφτιαγμένη επισκευή ‖ **~y**: *(adj)* κακοφτιαγμένος
botfly ('bətflai): *(n)* αλογόμυγα
both (bouθ): *(adj)* αμφότεροι, και οι δύο ‖ *(conj)* αλλά και, επίσης
bother ('bədər) [-ed]: *(v)* ενοχλώ ‖ ενοχλούμαι ‖ μπαίνω στον κόπο, κάνω τον κόπο να ... ‖ *(n)* ενόχληση, "μπελάς" ‖ **~some**: *(adj)* ενοχλητικός
bottle ('bətəl): *(n)* φιάλη, μπουκάλι ‖ [-d]: *(v)* εμφιαλώνω ‖ **~neck**: *(n)* λαιμός μπουκάλας ‖ στενό πέρασμα ‖ εμπόδιο, "φρακάρισμα" ‖ **~ up**: *(v)* καταπνίγω, συγκρατώ ‖ hit the **~**:

(v) το ρίχνω στο ποτό
bottom (´bɔtəm): *(n)* πυθμένας, βυθός ‖ το κάτω μέρος ‖ βάση ‖ *(id)* πισινός ‖ **~less**: *(adj)* απύθμενος
bough (bau): *(n)* κλάδος, κλαρί
bought: see buy
bouillon (´bu:yon, ´bu:lion): *(n)* ζωμός κρέατος
boulder (´bauldər): *(n)* ογκόλιθος, λιθάρι
boulevard (´bu:ləva:rd): *(n)* λεωφόρος, "βουλεβάρτο"
bounce (bauns) [-d]: *(v)* αναπηδώ ‖ ορμώ, πετάγομαι ‖ *(n)* πήδημα ‖ ζωηράδα ‖ **~ in**, **~ out**: μπαίνω (βγαίνω) ξαφνικά, πετάγομαι μέσα (έξω)
bound (baund) [-ed]: *(v)* πηδώ, αναπηδώ ‖ ορίζω, βάζω όρια ‖ περιορίζω ‖ *(adj)* προορισμένος ‖ κατευθυνόμενος ‖ **see bind** ‖ *(n)* πήδημα, σκίρτημα ‖ όριο, σύνορο ‖ **~ary**: *(n)* όριο ‖ διαχωριστική γραμμή ‖ **~less**: *(adj)* απεριόριστος, απέραντος
bount-eous (´bauntiəs), **~iful** (´bauntifəl): *(adj)* γενναιόδωρος ‖ άφθονος, πλούσιος ‖ **~y**: *(n)* γενναιοδωρία ‖ αμοιβή, δώρο
bouquet (´bukei): *(n)* ανθοδέσμη
bourgeois (´buərzwa:): *(n)* μεσαίας τάξης, αστός, μπουρζουά
bout (baut): *(n)* αγώνας, "ματς" ‖ γύρος, περίοδος αγώνα
bovine (´bouvain): *(adj)* βοδινός ‖ "μπουνταλάς", "βόδι"
bow (bau) [-ed]: *(v)* κλίνω, υποκλίνομαι ‖ σκύβω ‖ υποκύπτω ‖ *(n)* υπόκλιση, σκύψιμο ‖ *(n)* πλώρη πλοίου
bow (bou) [-ed]: *(v)* κάμπτω, λυγίζω ‖ *(n)* καμπή, κύρτωση ‖ τόξο ‖ δοξάρι ‖ φιόγκος, θηλιά ‖ **~ legged**: *(adj)* στραβοπόδης ‖ **~ tie**: παπιγιόν ‖ **~string**: *(n)* χορδή τόξου
bowel (´bauəl): *(n)* έντερο ‖ **~s**: *(n)* πεπτικό σύστημα, έντερα ‖ σπλάχνα
bower (´bauər): *(n)* σκιάδα, δεντροσκιασμένο μέρος, "χαγιάτι" ‖ **~y**: *(n)* φυτεία ‖ παλιόδρομος, δρόμος ύποπτης συνοικίας *(id)*
bowie knife (´boui naif): *(n)* κυνηγετικό μαχαίρι

bowl (boul): *(n)* ημισφαιρικό κύπελλο, "μπολ" ‖ μικρή λεκάνη ‖ η χοάνη της πίπας ‖ το κοίλο μέρος κουταλιού ‖ ξύλινη μπάλα του "μπόουλιν" ‖ [-ed]: *(v)* ρίχνω τη μπάλα, κάνω "μπόουλιν" ‖ **~along**: *(v)* περπατώ σβέλτα ‖ **~er**: *(n)* παίκτης "μπόουλιν" ‖ ημίψηλο (είδος σκληρού καπέλου) ‖ **~ing**: *(n)* παιχνίδι "μπόουλιν" ‖ **~over**: *(v)* ανατρέπω
box (bɔks): *(n)* κουτί ‖ κιβώτιο ‖ θεωρείο ‖ θαλαμίσκος ‖ δύσκολη θέση, αμηχανία ‖ χτύπημα, γροθιά ‖ [-ed]: *(v)* βάζω σε κιβώτια ‖ δίνω γροθιά ‖ πυγμαχώ ‖ **~car**: *(n)* κλειστό φορτηγό βαγόνι ‖ **~er**: *(n)* πυγμάχος ‖ είδος σκύλου, "μπόξερ" ‖ **~ing**: *(n)* πυγμαχία ‖ **~ office**: *(n)* εκδοτήριο εισιτηρίων
boy (bɔi): *(n)* αγόρι ‖ **~ish**: *(adj)* παιδικός, αγορίστικος ‖ **~friend**: φίλος ‖ **~hood**: *(n)* παιδική ηλικία, παιδικά χρόνια
boycott (´bɔikɔt) [-ed]: *(v)* αποφεύγω εκ προθέσεως να αγοράσω ή να χρησιμοποιήσω, "μποϊκοτάρω" ‖ τορπιλίζω προσπάθεια ‖ *(n)* "μποϊκοτάζ"
bra: see brassiere
brace (breis) [-d]: *(v)* συνδέω ‖ ενισχύω ‖ στηρίζω, υποστηρίζω ‖ *(n)* ζευκτό ‖ δεσμός ‖ υποστήριγμα ‖ ζεύγος ‖ **~s**: τιράντες ‖ **~s**: μύστακες (σημ. στίξης) ‖ **~r**: *(n)* στήριγμα ‖ ποτό τονωτικό
bracelet (´breislit): *(n)* βραχιόλι
bracket (´brækit): *(n)* υποστήριγμα ‖ αγκύλη (σημ. στίξης) ‖ οικον. ταξινόμηση, οικον. κλίμακα ‖ [-ed]: *(v)* υποστηρίζω ‖ κλείνω σε αγκύλες ή παρενθέσεις
brackish (´brækiʃ): *(adj)* υφάλμυρος ‖ αηδιαστικός
brad (bræd): *(n)* είδος καρφιού
brag (bræg) [-ged]: *(v)* καυχιέμαι ‖ *(n)* καυχησιολογία ‖ **~gart**: *(n)* καυχησιάρης ‖ **~gadocio** (bragə´do:ʃio): *(n)* ψευτοπαλικαριά ‖ καυχησιάρης, ψευτοπαλικαράς
braid (breid) [-ed]: *(v)* πλέκω, κάνω πλεξίδα ‖ στολίζω με σειρήτι ‖ *(n)*

braille

πλεξίδα || σειρήτι, κορδόνι
braille (breil): *(n)* σύστημα γραφής για τυφλούς, "μπρέιγ"
brain (brein): *(n)* εγκέφαλος, μυαλό || εξυπνάδα, "μυαλό" || σπάζω το κεφάλι || **~child**: *(n)* πρωτότυπη ιδέα ή σχέδιο || **~fever**: *(n)* εγκεφαλικός πυρετός || **~less**: *(adj)* άμυαλος || **~storm, ~wave**: *(n)* ξαφνική έμπνευση || **~washing**: *(n)* πλύση εγκεφάλου || **~y**: *(adj)* μυαλωμένος
braise (breiz) [-d]: *(v)* σιγοβράζω
brake (breik) [-d]: *(v)* "φρενάρω" || *(n)* πέδηση, τροχοπέδη, φρένο || φτέρη || λόχμη, πύκνωμα || **~fluid**: υγρό φρένων || **~man**: *(n)* τροχοπεδητής || **~shoe**: *(n)* πέδιλο φρένων
bramble (´bræmbəl): *(n)* βάτος || **~berry**: *(n)* βατόμουρο
bran (bræn): *(n)* πίτουρο
branch (bræntʃ, bra:ntʃ): *(n)* κλάδος, κλαρί || τμήμα, κλάδος || παράρτημα, υποκατάστημα || διακλάδωση || [-ed]: *(v)* βγάζω κλαδιά || διακλαδίζομαι || **~out**: επεκτείνομαι, διακλαδίζομαι
brand (brænd) [-ed]: *(v)* σημαδεύω, "μαρκάρω" || στιγματίζω || *(n)* σήμα, "μάρκα" || σφραγίδα με πυρωμένο σίδερο || **~new**: *(adj)* κατακαίνουργος
brandish (´brændiʃ) [-ed]: *(v)* κραδαίνω || κρατώ επιδεικτικά
brandy (´brændi): *(n)* "μπράντυ", κονιάκ
brash (bræʃ): *(adj)* απερίσκεπτος || αναιδής
brass (bræs, bra:s): *(n)* ορείχαλκος, μπρούντζος || *(adj)* μπρούντζινος || *(n)* θρασύτητα || *(n)* ανώτεροι, οι "μεγάλοι" *(id)* || **~hat**: *(n)* ανώτατος αξιωματικός *(id)* || **~ knuckles**: *(n)* σιδερένια γροθιά || **~y**: *(adj)* μπρούντζινος ή δυνατός, θορυβώδης ή αναιδής
brassiere (brə´ziər): *(n)* στηθόδεσμος, "σουτιέν"
brat (bræt): *(n)* παλιόπαιδο, κακομαθημένο, αντιπαθητικό παιδί, "μπασταρδέλι"
bravado (brə´va:dou): *(n)* ψευτοπαλικαριά || ψεύτικο κουράγιο
brave (breiv): *(adj)* ανδρείος, γενναίος

|| *(n)* Ινδιάνος πολεμιστής || [-d]: *(v)* αψηφώ, αντιμετωπίζω θαρραλέα || **~ly**: *(adv)* γενναία || **~ness, ~ry**: *(n)* γενναιότητα, ανδρεία
bravo (´bra:vou): *(interj)* εύγε! μπράβο! || *(n)* πληρωμένος παλικαράς, "μπράβος"
brawl (brɔ:l) [-ed]: *(v)* συμπλέκομαι, τσακώνομαι || *(n)* θορυβώδης συμπλοκή || **~er**: *(n)* καβγατζής, παλικαράς
brawn (brɔ:n): *(n)* αναπτυγμένο μυϊκό σύστημα || μυϊκή δύναμη || **~y**: *(adj)* μυώδης, δυνατός
bray (brei) [-ed]: *(v)* ογκανίζω, "γκαρίζω" || φωνάζω διαπεραστικά || *(n)* γκάρισμα || διαπεραστική φωνή
braze (breiz) [-d]: *(v)* συγκολλώ με τήξη || επιχαλκώνω || **~n**: *(adj)* ορειχάλκινος, μπρούντζινος || αυθάδης || τολμηρός || **~n out**: *(v)* αντιμετωπίζω με τόλμη ή αυτοπεποίθηση
brazier (´breiziər): *(n)* ορειχαλκουργός || μαγκάλι
Brazil (brə´zil): *(n)* Βραζιλία || **~ian**: *(adj & n)* Βραζιλιάνος
breach (bri:tʃ) [-ed]: *(v)* προκαλώ ρήγμα || *(n)* ρήξη, ρήγμα || αθέτηση, παράβαση, παραβίαση
bread (bred): *(n)* ψωμί || ο άρτος ο επιούσιος, το καθημερινό φαγητό || **~basket**: *(n)* ψωμιέρα || σιτοπαραγωγική περιοχή || **~crumb**: *(n)* ψίχουλο || **~winner**: *(n)* καλός οικογενειάρχης
breadth (bredθ): *(n)* πλάτος
break (breik) [broke, broken]: *(v)* σπάζω || συντρίβω, τσακίζω || θραύομαι || υποχωρώ, "σπάω" || παραβαίνω, αθετώ || διακόπτω || υποβιβάζω *(id)* || τιθασεύω, δαμάζω || παθαίνω βλάβη || *(n)* σπάσιμο || τρέξιμο, απόπειρα διαφυγής || διάλειμμα || αναπάντεχη τύχη *(id)* || διακοπή || **~able**: *(adj)* εύθραυστος || **~age**: *(n)* σπάσιμο || αποζημίωση για σπάσιμο || **~away**: *(v)* αποσπώμαι || ξεφεύγω || **~down**: *(n)* διακοπή, βλάβη || κατάρρευση σωματική ή νευρική || διάλυση || **~er**: *(n)* σπαστήρας || κύμα που σπάει στην ακτή || **~fast** (´brekfəst): *(n)* πρωινό φαγητό || [-d]: *(v)* προγευματίζω || **~free, ~loose**: *(v)*

58

ελευθερώνομαι, ξεφεύγω ‖ ~**in**: *(v)* κάνω διάρρηξη ‖ επεμβαίνω ‖ δαμάζω, εκπαιδεύω ‖ ~**neck**: *(adj)* ριψοκίνδυνος, παρακινδυνευμένος, παράτολμος ‖ ~**through**: *(n)* ξαφνική ανακάλυψη ‖ ρήγμα, άνοιγμα ‖ ~ **up**: *(v)* διαλύω, διαλύομαι ‖ ~**water**: *(n)* κυματοθραύστης

breast (brest): *(n)* στήθος ‖ μαστός ‖ [-ed]: *(v)* αντιμετωπίζω ‖ ~**bone**: *(n)* στέρνο ‖ ~ **plate**: *(n)* θώρακας ‖ ~ **stroke**: *(n)* κολύμπι με απλωτές, απλωτή ‖ **make a clean** ~: *(v)* ομολογώ, αποκαλύπτω

breath (breθ): *(n)* αναπνοή ‖ πνοή ‖ ~**e** (bri:ð) [-d]: *(v)* αναπνέω ‖ ψιθυρίζω σιγά ‖ ~**er**: *(n)* βαριά δουλειά ‖ μικρή ανάπαυλα ‖ ~**less**: *(adj)* λαχανιασμένος ‖ ~**taking**: *(adj)* καταπληκτικός, που κόβει την αναπνοή

bred: see breed

breech (bri:tʃ): *(n)* οπίσθια ‖ ουραίο όπλου ‖ ~**es**: *(n)* κιλότα ιππασίας ‖ ~ **block**: *(n)* κινητό ουραίο ‖ ~ **loader**: *(v)* οπισθογεμές

breed (bri:d) [bred, bred]: *(v)* αναπαράγω, αναπαράγομαι ‖ τρέφω, ανατρέφω ‖ *(n)* γένος, γενιά ‖ ~**er**: *(n)* τροφέας ‖ αναπαραγωγός, κτηνοτρόφος ‖ ~**ing**: *(n)* ανατροφή ‖ αναπαραγωγή ‖ καταγωγή

breez-e (bri:z): *(n)* αύρα, ελαφρό αεράκι ‖ ~**y**: *(adj)* ανάερος ‖ ζωηρός, πρόσχαρος ‖**land** ~: *(n)* απόγεια αύρα ‖ **sea** ~: *(n)* θαλάσσια αύρα

brethren (ˈbreðrin): *(n)* αδελφοί εν Χριστώ

brevet (brəˈvet): *(n)* βαθμός κατ' απονομή

brevity (ˈbreviti): *(n)* συντομία

brew (bru:) [-ed]: *(v)* κατασκευάζω μπίρα ‖ κάνω ποτό με βράσιμο ‖ βράζω, βράζομαι ‖ επίκειμαι, είμαι έτοιμος να ξεσπάσω ‖ μηχανεύομαι ‖ αφέψημα ‖ ~**ery**: *(n)* εργοστάσιο μπίρας

briar (ˈbraiər): *(n)* βάτος

bribe (braib) [-d]: *(v)* δωροδοκώ ‖ εξαγοράζω ‖ *(n)* δεκασμός, δωροδοκία ‖ ~**ry**: *(n)* δωροδοκία

bric-a-brac (ˈbrikəbræk): *(n)* μικροστο-

λίδια, "μπιμπελό"

brick (brik): *(n)* πλίνθος, τούβλο ‖ [-ed]: *(v)* κάνω πλινθοδομή ‖ ~ **bat**: *(n)* τσουχτερή παρατήρηση *(id)* ‖ ~**layer**: *(n)* χτίστης ‖ ~**maker**: *(n)* πλινθοποιός ‖ ~**work**: *(n)* πλινθοδομή

brid-e (braid): *(n)* νύφη ‖ μνηστή, μελλόνυμφη ‖ ~**al**: *(adj)* γαμήλιος, νυφικός ‖ ~**e groom**: *(n)* γαμπρός ‖ ~**es maid**: *(n)* παράνυμφος

bridge (bridz): *(n)* γέφυρα ‖ γέφυρα πλοίου ‖ κυρτό σημείο της μύτης ‖ είδος χαρτοπαιγνίου, "μπριτζ" ‖ [-d]: *(v)* γεφυρώνω ‖ ~**head**: *(n)* προγεφύρωμα

bridle (ˈbraidəl) [-d]: *(v)* χαλιναγωγώ, βάζω χαλινάρι ‖ *(n)* χαλινός

brief (bri:f): *(adj)* βραχύς, σύντομος ‖ περιληπτικός ‖ δικογραφία ‖ [-ed]: *(v)* συνοψίζω ‖ ενημερώνω, καθοδηγώ ‖ ~**case**: *(n)* χαρτοφύλακας ‖ ~**ing**: *(n)* ενημέρωση ‖ ~**ness**: *(n)* συντομία

brig (brig): *(v)* βρίκι (είδος πλοίου) ‖ πειθαρχείο πλοίου

brigad-e (briˈgeid): *(n)* ταξιαρχία ‖ ~**ier** (brigəˈdiər): ~**ier general**: *(n)* ταξίαρχος ‖ **fire** ~**e**: *(n)* πυροσβεστική υπηρεσία

brigand (ˈbrigənd): *(n)* συμμορίτης

bright (brait): *(adj)* λαμπρός ‖ φωτεινός ‖ έξυπνος ‖ χαρούμενος, εύθυμος ‖ ~**en** [-ed]: *(v)* φωτίζομαι ‖ λαμπρύνω ‖ φαιδρύνω, φαιδρύνομαι

brillian-ce (ˈbriljəns): *(n)* λαμπρότητα ‖ φωτεινότητα ‖ λάμψη ‖ εξυπνάδα, ιδιοφυΐα ‖ ~**t**: *(adj)* λαμπερός ‖ φωτεινός ‖ πανέξυπνος, ευφυής

brim (brim): *(n)* χείλη δοχείου ‖ γύρος καπέλου, "μπορ" ‖ [-med]: *(v)* ξεχειλίζω, γεμίζω ως επάνω ‖ ~**ful**: *(adj)* ξέχειλος, γεμάτος ‖ ~**over**: *(v)* ξεχειλίζω ‖ **broad** ~**med**: *(adj)* πλατύγυρο ‖ ~**stone**: *(n)* θειάφι

brine (brain): άλμη, αλατόνερο

bring (briŋ) [brought, brought]: *(v)* φέρνω ‖ προκαλώ ‖ ~**about**: *(v)* προκαλώ ‖ ~**forth**: παράγω, γεννώ ‖ ~ **forward**: παρουσιάζω ‖ ~**off**: φέρνω σε πέρας, τελειώνω ‖ ~**out**: αποκαλύπτω ‖ παράγω ‖ ~ **round**: κάνω να

συνέλθει, επαναφέρω ‖ ~ **to**: επαναφέρω ‖ ~ **under**: υποτάσσω ‖ ~ **up**: ανατρέφω ‖ αναφέρω, ανακινώ
brink (briŋk): *(n)* χείλος ‖ άκρη
brisk (brisk): *(adj)* ζωηρός, σβέλτος ‖ δροσερός, ζωογόνος
brisket (´briskit): *(n)* παϊδάκια ή στήθος ζώου
bristle (´brisəl) [-d]: *(v)* ανατριχιάζω, φρίττω ‖ μου σηκώνονται οι τρίχες ‖ θυμώνω ‖ *(n)* σκληρή τρίχα ‖ ~ **with**: *(v)* είμαι γεμάτος ή σκεπασμένος από...
Brit-ain (´britən): *(n)* Βρετανία ‖ ~**ish**: *(adj & n)* βρετανικός, Βρετανός ‖ ~**on**: *(n)* Βρετανός
brittle (´britəl): *(adj)* εύθραστος ‖ οξύθυμος, αψύς
broach (brout∫) [-ed]: *(v)* θίγω θέμα ‖ ανοίγω τρύπα ‖ *(n)* γλύφανο ‖ τρύπα
broad (brɔ:d): *(adj)* πλατύς ‖ κύριος, βασικός ‖ χυδαίος ‖ *(n)* γυναίκα *(id)* ‖ ~**cast**: *(n)* εκπομπή ‖ *(v)* εκπέμπω, μεταδίδω ‖ ~**en** [-d]: *(v)* ευρύνω, διαπλατύνω ‖ ευρύνομαι ‖ ~**minded**: *(adj)* ευρείας αντίληψης ‖ ~**side**: *(n)* ομοβροντία
brocade (bro´keid): *(n)* κεντητό, ''μπροκάρ''
broccoli (´brɔkəli): *(n)* μπρόκολα
brochure (brou´∫u:ər): *(n)* ενημερωτικό φυλλάδιο, ''μπροσούρα''
brogue (broug): *(n)* χοντρό παπούτσι ‖ βαριά Ιρλανδέζικη προφορά
broil (brɔil) [-ed]: *(v)* ψήνω σε ψησταριά ‖ καίγομαι ‖ *(n)* ψητό ‖ καβγάς *(id)* ‖ ~**er**: *(n)* σχάρα, ψησταριά
broke (brouk): see break ‖ *(adj)* απέναντος ‖ ~**n**: see break ‖ *(adj)* ανώμαλος, τραχύς ‖ παρεφθαρμένος, με κακή προφορά ‖ σπασμένος ‖ ~**r**: *(n)* μεσίτης ‖ χρηματομεσίτης ‖ ~**rage**: *(n)* ποσοστά μεσιτείας
bronch-ial (´brɔŋki:əl): *(adj)* βρόγχιος, βρογχικός ‖ ~**itis** (brɔŋ´kaitis): *(n)* βρογχίτιδα *(pl.: ~i)*: βρόγχος
bronze (brɔnz): *(n)* ορείχαλκος, ''μπρούντζος'' ‖ *(adj)* ορειχάλκινος, μπρούντζινος
brooch (brut∫): *(n)* πόρπ΄ καρφίτσα

brood (bru:d) [-ed]: *(v)* κλωσσώ ‖ είμαι κατσουφιασμένος, μελαγχολώ ‖ *(n)* γενιά, κοπάδι νεοσσών ‖ γενιά, βλαστάρια ‖ ~**y**: *(adj)* μελαγχολικός
brook (bruk) [-ed]: *(v)* ανέχομαι, υπομένω ‖ *(n)* ρυάκι ‖ ~**let**: *(n)* ρυάκι
broom (brum): *(n)* σκούπα ‖ ~**stick**: *(n)* σκουπόξυλο
broth (brɔθ): *(n)* ζωμός κρέατος
brothel (´brɔðəl): *(n)* οίκος ανοχής, ''μπορντέλο''
brother (´brʌðər): *(n)* αδελφός ‖ ~**hood**: *(n)* αδελφότητα ‖ αδελφοσύνη ‖ ~ **in - arms**: συνάδελφος ‖ ~ **in - law**: *(n)* κουνιάδος, γαμπρός από αδελφή ‖ ~**ly**: *(adj)* αδελφικός
brougham (bru:m): *(n)* τετράτροχο αμάξι
brought: see bring
brow (brau): *(n)* μέτωπο ‖ φρύδι ‖ παρυφή ‖ ~ **beat**: *(v)* εκφοβίζω ‖ φέρομαι αυταρχικά ‖ **high** ~: καλλιεργημένος, μορφωμένος ‖ **low** ~: αμόρφωτος
brown (braun): *(adj)* καστανός, καφέ χρώματος ‖ [-ed]: *(v)* σκουραίνω, μαυρίζω ‖ καβουρδίζω ‖ ~ **nose**: *(n)* κόλακας, δουλοπρεπής ‖ ~ **study**: μελαγχολία
browse (brauz) [-d]: *(v)* βόσκω ‖ κοιτάζω με την ησυχία μου, ''χαζεύω''
bruise (bru:z) [-d]: *(v)* μωλωπίζω ‖ χτυπώ δυνατά ‖ προσβάλλω βαθιά ‖ *(n)* μώλωπας ‖ ~**r**: *(n)* μεγαλόσωμος, δυνατός
brunch (brʌnt∫): *(n)* κολατσιό
brunet (bru:´net): *(adj)* μελαχρινός ‖ ~**te**: μελαχρινή
brunt (brʌnt): *(n)* ορμή ‖ βάρος χτυπήματος
brush (brʌ∫) [-ed]: *(v)* βουρτσίζω ‖ αγγίζω ελαφρά ‖ *(n)* βούρτσα ‖ βούρτσισμα ‖ άγγιγμα ‖ σύντομη συνάντηση ‖ πυκνός θάμνος ‖ σύγκρουση ‖ ~**aside**: *(v)* παραμερίζω ‖ ~ **off**: *(v)* αγνοώ, δε λαμβάνω υπ' όψη ‖ ~ **up**: φρεσκάρω
brusque or brusk (brusk): *(adj)* απότομος, τραχύς
Brussels (´brʌsəlz): *(n)* Βρυξέλλες ‖ ~ **sprouts**: *(n)* μικρά λάχανα

brut ('bru:t): *(adj)* ξερό κρασί, μπρού-
σικο
brut-al ('bru:təl): *(adj)* κτηνώδης ||
σκληρός || **~ality**: *(n)* θηριωδία, κτη-
νωδία || **~e**: *(n)* κτήνος || **~ish**: *(adj)*
κτηνώδης
bubble ('bʌbəl): *(n)* φυσαλίδα || [-d]:
(v) σχηματίζω φυσαλίδες || κελαρύζω
|| κοχλάζω || ξεχειλίζω από ενεργητι-
κότητα || **~ gum**: *(n)* μαστίχα που κά-
νει φούσκα || **~ over**: *(v)* ξεχειλίζω
buccaneer (bʌkə'niər): *(n)* πειρατής
buck (bʌk): *(n)* αρσενικό ελάφι || παλι-
κάρι || δανδής, κομψευόμενος || δολά-
ριο *(id)* || [-ed]: *(v)* σηκώνομαι στα πι-
σινά (για τ' άλογα) || αντιστέκομαι,
αντιμετωπίζω || αγωνίζομαι, προσπα-
θώ || **~board**: *(n)* ανοιχτό αμάξι ||
~fever: *(n)* "τρακ" || **~ private**: *(n)*
απλός στρατιώτης || **~ up**: *(v)* παίρνω
θάρρος
bucket ('bʌkit): *(n)* κουβάς || έμβολο
αντλίας || **~seat**: κοίλο κάθισμα αυτο-
κινήτου ή αεροπλάνου || **kick the ~**:
(v) "τα τινάζω", πεθαίνω
buckle ('bʌkəl) [-d]: *(v)* συνδέω με
πόρπη || λυγίζω || υποχωρώ || πόρπη,
"αγκράφα" || συνδετήρας || κύρτωση,
κάμψη || υποχώρηση || **~ down**: *(n)*
αφοσιώνομαι σε κάτι || **~ under**: *(n)*
ενδίδω, λυγίζω
bucko ('bʌkou): *(n)* "νταής", παλικα-
ράς
buckshot ('bʌkʃət): *(n)* σκάγια
bucktooth ('bʌktu:θ): *(n)* προεξέχοντα
δόντια
bucolic (bju'kəlik): *(adj)* βουκολικός
bud (bʌd) [-ded]: *(v)* βγάζω μπουμπού-
κια || θάλλω || *(n)* μπουμπούκι || φί-
λος *(id)* || **nip in the ~**: *(v)* σταματώ
κάτι στην αρχή του || **~dy**: *(n)* στενός
φίλος, αχώριστος φίλος
budge (bʌdz) [-d]: *(v)* σαλεύω, μετακι-
νούμαι λίγο || κινώ ελαφρά || αλλάζω
γνώμη ή στάση || ενδίδω
budgerigar ('bʌdzəriga:r): *(n)* παπαγα-
λάκι
budget ('bʌdzit): *(n)* προπολογισμός ||
[-ed]: *(v)* ετοιμάζω προϋπολογισμό
buff (bʌf) [-ed]: *(v)* στιλβώνω || απορ-

ροφώ δόνηση || *(n)* δέρμα αιγάγρου,
"σαμουά" || δερμάτινο σακάκι || φα-
νατικός οπαδός *(id)* || **~er**: *(n)* απο-
σβεστήρας δονήσεως || προσκρουστή-
ρας || **in the ~**: γυμνός *(id)*
buffalo ('bʌfəlou): *(n)* βούβαλος
buffet ('bʌfit) [-ed]: *(v)* χτυπώ επανει-
λημμένα, γροθοκοπώ || παλεύω || *(n)*
χτύπημα || (bu'fei): *(n)* μπουφές || φα-
γητό "μπουφέ"
buffoon (bə'fu:n): *(n)* γελωτοποιός,
παλιάτσος || χαζός || **~ery**: *(n)* αστειό-
τητες
bug (bʌg): *(n)* σκαθάρι || κατσαρίδα ||
μικρόβιο *(id)* || μηχανική βλάβη *(id)* ||
φανατικός οπαδός *(id)* || κρυμμένο μι-
κρόφωνο *(id)* || [-ged]: *(v)* προεξέχω ||
παρενοχλώ, γίνομαι "φόρτωμα" *(id)* ||
τοποθετώ κρυμμένο μικρόφωνο || **~
eyed**: *(adj)* με γουρλωμένα μάτια ||
~ger: *(n)* τιποτένιος *(id)* || φίλος, "τύ-
πος" *(id)* || **~gy**: *(n)* αμαξάκι || τρελός
(id) || γεμάτος κατσαρίδες ή κοριούς
bugle ('bju:gəl) [-d]: *(v)* σαλπίζω ||
σάλπιγγα || **~r**: *(n)* σαλπιγκτής
build (bild) [built, built]: *(v)* οικοδομώ,
κατασκευάζω || δυναμώνω || *(n)* σωμα-
τική κατασκευή || **~er**: *(n)* οικοδόμος,
κατασκευαστής || **~ing**: *(n)* οικοδομή,
κατασκευή || **~ up**: *(v)* δυναμώνω ||
μεγαλοποιώ
built (bilt): see build || **~ in**: *(adj)* εντοι-
χισμένος || ενσωματωμένος || **~ up**:
(adj) σύνθετος
bulb (bʌlb): *(n)* βολβός || λυχνία, λα-
μπτήρας || σφαιροειδές δοχείο || **~ous**:
(adj) βολβοειδής || βολβώδης
Bulgaria (bʌl'geəriə): *(n)* Βουλγαρία ||
~n: *(n & adj)* Βούλγαρος, βουλγαρι-
κός
bulge (bʌldz) [-d]: *(v)* εξογκώνομαι ||
φουσκώνω || κυρτώνομαι || *(n)* εξό-
γκωμα || διόγκωση || κύρτωση || κύτος
πλοίου || πλεονέκτημα *(id)*
bulk (bʌlk): *(n)* όγκος, μάζα || το κύριο
μέρος, το μεγαλύτερο μέρος || αμπάρι
|| [-ed]: *(v)* σχηματίζω μάζα || **~head**:
(n) διαχώρισμα πλοίου || τοίχος αντι-
στήριξης σήραγγας || **~out**: *(v)* διο-
γκώνω || **~ up**: *(v)* γίνομαι σπουδαιό-

τερος ‖ ~y: *(adj)* ογκώδης
bull (bul): *(n)* ταύρος ‖ αρσ. ελέφαντας ‖ αστυνομικός *(id)* ‖ σαχλαμάρες *(id)* ‖ παπικό διάταγμα, βούλα ‖ ~**dike**: *(n)* λεσβία *(id)* ‖ ~**dog**: *(n)* μπουλντόκ ‖ ~**dog edition**: *(n)* πρωινή έκδοση εφημερίδας ‖ ~**dozer**: *(n)* εκσκαφέας, "μπουλντόζα" ‖ ~ **fight**: *(n)* ταυρομαχία ‖ ~'**s eye**: κέντρο στόχου, "διάνα" ‖ ~**y**: τρομοκράτης, "νταής" ‖ *(v)* κάνω τον παλικαρά, τρομοκρατώ ‖ ~ **roarer**: *(n)* "ροκάνα", ξύλινο κρόταλο ‖ ~**shit**: *(n)* σαχλαμάρες, "τρίχες"
bullet (´bulit): *(n)* σφαίρα ‖ ~**head**: κεφάλας, στρογγυλοκέφαλος ‖ ~**proof**: *(adj)* αδιάσφαιρος
bulletin (´bulətin): *(n)* δελτίο
bullion (´buljən): *(n)* όγκος ή ράβδοι χρυσού ή αργύρου
bullock (´bulək): *(n)* μικρός ταύρος ‖ ευνουχισμένος ταύρος
bulrush (´bulrʌʃ): *(n)* βούρλο
bulwark (´bulwərk): *(n)* προπύργιο ‖ παραπέτο πλοίου ‖ κυματοθραύστης
bum (bʌm) [-med]: *(v)* αλητεύω ‖ τεμπελιάζω ‖ κάνω "τράκα", "σελεμίζω" ‖ *(n)* αλήτης ‖ τεμπέλης, άνεργος ‖ ~'**s rush**: *(n)* διώξιμο με σπρωξιές, "καροτσάκι" *(id)*
bumble (´bʌmbəl) [-d]: *(v)* βομβώ ‖ ~**bee**: *(n)* μεγάλη μέλισσα, "μπάμπουρας"
bump (bʌmp) [-ed]: *(v)* προσκρούω, πέφτω επάνω ‖ εκτοπίζω ‖ *(n)* πρόσκρουση, "τρακάρισμα" ‖ κραδασμός ‖ ανωμαλία δρόμου ‖ κενό αέρος ‖ ~**er**: *(n)* προσκρουστήρας ‖ προφυλακτήρας αυτοκ. ‖ ~ **off**: *(v)* σκοτώνω *(id)* ‖ ~**y**: *(adj)* ανώμαλος, με λακκούβες
bumptious (´bʌmpʃəs): *(adj)* προκλητικός, επιθετικός ‖ ψευτοπερήφανος
bun (bʌn): *(n)* ψωμάκι ‖ κότσος μαλλιών
bunch (bʌnʃ) [-ed]: *(v)* κάνω δέμα, κάνω "μάτσο" ‖ σχηματίζω ομάδα ‖ *(n)* δέσμη ‖ δέμα, "μάτσο" ‖ τσαμπί ‖ ομάδα
bunco (´bʌŋko) or **bunko**: *(n)* απάτη, μηχανή
buncombe (´bʌŋkəm) or **bunkum**: *(n)* δημοκοπία
bundle (´bʌndəl) [-d]: *(v)* κάνω δέμα, τυλίγω ‖ *(n)* δέμα, δέσμη ‖ "κομπόδεμα" *(id)* ‖ ~ **off**: *(v)* ξεφορτώνομαι γρήγορα
bung (bʌŋ) [-ed]: *(v)* βουλώνω ‖ *(n)* βούλωμα
bungalow (´bʌŋgəlou): *(n)* μονόροφο σπίτι, "μπάγκαλοου"
bungle (´bʌŋgəl) [-d]: *(v)* κάνω κάτι αδέξια ‖ χαλάω τη δουλειά
bunion (´bʌnjən): *(n)* κάλος
bunk (´bʌŋk) [-ed]: *(v)* κοιμούμαι σε υπνωτήριο ή κουκέτα ‖ *(n)* κρεβάτι υπνωτηρίου ‖ κρεβάτι πλοίου, "κουκέτα" ‖ ~**house**: υπνωτήριο καταυλισμού ή κατασκήνωσης
bunker (´bʌŋkər): *(n)* πρόχωμα, οχυρό ‖ ανθρακαποθήκη
bunko: see bunco
bunkum: see buncombe
bunny (´bʌni): *(n)* κουνελάκι
bunt (´bʌnt) [-ed]: *(v)* χτυπώ με το μέτωπο, "κουτουλώ"
bunting (´bʌntiŋ): *(n)* σημαίες, σημαιοστολισμός ‖ ύφασμα σημαίας
buoy (bɔi): *(n)* σημαντήρας, "σημαδούρα" ‖ ~**ancy**: *(n)* πλευστότητα ‖ ζωηρότητα ‖ ~**ant**: *(adj)* επιπλέων ‖ εύθυμος, φαιδρός, ζωηρός
bur (bə:r): *(n)* αγκάθι, "κολλιτσίδα" ‖ ενοχλητικός, "κολλιτσίδα" ‖ γλύφανο, περιστροφικό κοπίδι
burden (´bə:rdn) [-ed]: *(v)* επιβαρύνω ‖ φορτώνω ‖ *(n)* φορτίο, βάρος
bureau (´bjuərou): *(n)* γραφείο ‖ υπηρεσία ‖ ~**cracy**: *(n)* γραφειοκρατία ‖ ~**crat**: *(n)* γραφειοκράτης ‖ ~**cratic**: *(adj)* γραφειοκρατικός
burg (bə:rg): *(n)* κωμόπολη ‖ οχυρωμένη πόλη
burglar (´bə:rglər): *(n)* διαρρήκτης ‖ ~ **alarm**: *(n)* σύστημα προστασίας κατά διαρρήξεων ‖ ~**ize** [-d]: *(v)* κάνω διάρρηξη ‖ ~**y**: *(n)* διάρρηξη
burgle: see burglarize
burial (´beriəl): *(n)* ταφή ‖ κηδεία ‖ ~ **ground**: *(n)* νεκροταφείο ‖ ~ **service**

(η) νεκρώσιμη ακολουθία

burlap (´bə:rlæp): *(η)* χοντρόπανο, "λινάτσα"

burlesque (bə:r´lesk): *(η)* παρωδία ‖ εύθυμη θεατρική επιθεώρηση ‖ [-d]: *(ν)* παρωδώ, γελοιοποιώ

burly (´bə:rli): *(adj)* μεγαλόσωμος και μυώδης

burn (bə:rn) [burnt, burnt]: *(ν)* καίω ‖ καίομαι ‖ *(η)* έγκαυμα ‖ ~ **in**: *(ν)* χαράζω με πυρωμένο σίδερο ‖ ~**ing question**: *(η)* φλέγον ζήτημα ‖ ~**er**: *(η)* καυστήρας

burnish (´bə:rniʃ) [-d]: *(ν)* στιλβώνω

burnt: see burn

burp (bə:rp) [-ed]: *(ν)* ρεύομαι *(id)* ‖ *(η)* ρέψιμο

burr (bə:r): *(η)* προεξοχή ‖ λαρυγγόφωνη προφορά του "ρ"

burro (´buro): *(η)* μικρόσωμος γάιδαρος

burrow (´bʌrou) [-ed]: *(ν)* ανοίγω τρύπα ή χώνομαι σε τρύπα ‖ *(η)* υπόγεια τρύπα, "λαγούμι"

bursar (´bə:rsər): *(η)* ταμίας, θησαυροφύλακας

burst (´bə:rst) [burst, burst]: *(ν)* σκάω, εκρήγνυμαι ‖ προκαλώ έκρηξη ‖ ξεσπάω ‖ *(η)* έκρηξη ‖ ριπή ‖ ~ **forth**: *(ν)* παρουσιάζομαι ξαφνικά

bury (´beri) [-ied]: *(ν)* θάβω ‖ τρυπώνω, χώνομαι

bus (bʌs): *(η)* λεωφορείο ‖ ~ **boy**: *(η)* βοηθός σερβιτόρων ή υπηρέτης "σουπερμάρκετ"

bush (buʃ): *(η)* θάμνος ‖ λόχμη ‖ ~**y**: *(adj)* δασύς ‖ φουντωτός

bushel (´buʃəl): *(η)* μονάδα όγκου "μπούσελ" (Αμερ. 2150,42 κυβ. ίντσες, Αγγλ. 2219,36 κ. ι)

busi-ly (´bizili): *(adv)* δραστήρια, ενεργητικά ‖ ~**ness** (´biznəs): *(η)* εργασία, ασχολία ‖ επιχείρηση ‖ υπόθεση ‖ ~**nessman**: *(η)* επιχειρηματίας ‖ ~**nesslike**: *(adj)* πρακτικός ‖ σαφής ‖ **mind your** ~**ness**: κοίτα τη δουλειά σου ‖ **none of your** ~**ness**: δε σε αφορά

buskin (´bʌskin): *(η)* δετή μπότα

bust (bʌst) [-ed]: *(ν)* σπάζω ‖ προκαλώ

χρεοκοπία ‖ υποβιβάζω σε βαθμό ‖ *(η)* αποτυχία *(id)* ‖ στήθος, "μπούστος" ‖ προτομή ‖ ~**er**: σπουδαίο *(id)*

bustl-e (´bʌsəl) [-d]: *(ν)* μετακινούμαι με θόρυβο ή φασαρία ‖ *(η)* φασαρία, ταραχή ‖ ~**ing**: *(adj)* αεικίνητος

busy (´bizi) [-ied]: *(ν)* ασχολούμαι, απασχολούμαι ‖ *(adj)* απασχολημένος ‖ πολυάσχολος ‖ ~ **body**: *(η)* αυτός που χώνει τη μύτη του παντού

but (bʌt): *(conj)* αλλά, όμως ‖ μόνο, μόλις, παρά

butane (´bju:tein): *(η)* βουτάνιο

butcher (´butʃər): *(η)* σφαγέας ‖ κρεοπώλης, χασάπης ‖ [-ed]: *(ν)* σφάζω ‖ κατακρεουργώ

butler (´bʌtlər): *(η)* οικονόμος, επιστάτης, επικεφαλής υπηρετικού προσωπικού

butt (bʌt) [-ed]: *(ν)* χτυπώ με το κεφάλι, "κουτουλώ" ‖ προεξέχω ‖ *(η)* άκρο ‖ υποκόπανος ‖ στόχος ‖ βαρέλι ‖ αποτσίγαρο *(id)* ‖ αρμός ‖ πισινός *(id)* ‖ ~ **in**: *(ν)* χώνομαι, ανακατεύομαι

butte (´bjut): *(η)* ύψωμα, γήλοφος

butter (´bʌtər): *(η)* βούτυρο ‖ [-ed]: *(ν)* βουτυρώνω, αλείφω με βούτυρο ‖ ~ **cup**: *(η)* νεραγκούλα ‖ ~**fly**: *(η)* πεταλούδα ‖ ~ **up**: *(ν)* κολακεύω ‖ ~**y**: *(adj)* βουτυρωμένος ‖ κολακευτικός

buttock (´bʌtək): *(η)* γλουτός

button (´bʌtn) [-ed]: *(ν)* κουμπώνω ‖ *(η)* κουμπί ‖ ~**hole**: *(η)* κομβιοδόχη, κουμπότρυπα ‖ *(ν)*: σταματώ κάποιον, τον γραπώνω *(id)*

buttress (´bʌtris): *(η)* αντέρεισμα · ‖ [-ed]: *(ν)* τοποθετώ αντέρεισμα ή αντηρίδες

buxom (´bʌksəm): *(adj)* στρουμπουλή

buy (bai) [bought, bought]: *(ν)* αγοράζω ‖ *(η)* αγορά, ψώνιο ‖ ~**er**: *(η)* αγοραστής ‖ ~ **in**: *(ν)* αγοράζω το μερίδιο ‖ ~ **off**: *(ν)* εξαγοράζω ‖ ~ **out**: *(ν)* αγοράζω μερίδιο παραιτουμένου

buzz (bʌz) [-ed]: *(ν)* βομβώ ‖ ειδοποιώ με βομβητή ‖ *(η)* βόμβος, βουητό ‖ ~**er**: *(η)* βομβητής

buzzard (´bʌzərd): *(η)* γύπας, όρνιο ‖

63

by

γεράκι ‖ αρπακτικός, αχόρταγος
by (bai): *(prep)* υπό, διά, κατά, από ‖
(adv) κοντά ‖ ~ **and by**: σε λίγο ‖ ~
and large: στο σύνολο, κατά μέσο
όρο ‖ ~ **election**: αναπληρωματική
εκλογή ‖ ~ **far**: κατά πολύ ‖ ~ **gone**:
περασμένος ‖ ~ **law**: τοπικός νόμος ‖

κανονισμός ‖ ~**pass**: παρακάμπτω ‖
παρακαμπτήριος ‖ ~ **product**: υπο-
προϊόν ‖ ~**stander**: τυχαίος θεατής ‖
~ **word**: παροιμία ‖ παρατσούκλι
bye (bai): ~ **bye**: γειά σου, αντίο
Byzantine (´bizæntin): Βυζαντινός
Byzantium (bi´zænti:əm): Βυζάντιο

C

C, c: το τρίτο γράμμα του Αγγλ. αλφα-
βήτου
cab (kæb): *(n)* όχημα ‖ ταξί ‖ ~**by**: *(n)*
"ταξιτζής"
cabal (kə´bæl): *(n)* μυστική εταιρεία
cabaret (´kæbərei): *(n)* "καμπαρέ"
cabbage (´kæbidz): *(n)* λάχανο, χαρπο-
λάχανο ‖ χρήματα, "μασούρι" *(id)*
cabin (´kæbin): *(n)* καλύβα ‖ καμπίνα ‖
~**boy**: *(n)* καμαρότος ‖ ~ **class**: *(n)*
δεύτερη θέση πλοίου ‖ ~ **cruiser**: *(n)*
βενζινάκατος με καμπίνα
cabinet (´kæbinit): *(n)* ντουλάπα ‖
υπουργικό συμβούλιο ‖ ~ **maker**: *(n)*
επιπλοποιός ‖ ~ **minister**: *(n)* μέλος
κυβέρνησης
cable (´keibl): *(n)* καλώδιο ‖ παλαμάρι
‖ τηλεγράφημα ‖ [-d]: *(v)* τηλεγραφώ ‖
~**gram**: *(n)* τηλεγράφημα ‖ ~ **railway**:
(n) κρεμαστός ή εναέριος σιδηρόδρο-
μος
caboose (kə´bu:s): *(n)* σκευοφόρος τρέ-
νου
cacao (kə´ka:ou): *(n)* κακαόδεντρο ‖
κακάο
cache (kæ∫) [-d]: *(v)* κρύβω, βάζω στην
"μπάντα" ‖ *(n)* κρύπτη, κρυψώνα ‖
κρυμμένα πράγματα
cackle (´kækəl) [-d]: *(v)* κακαρίζω ‖
(n) κακάρισμα ‖ ~**r**: *(n)* "φαφλατάς"
cactus (´kæktəs): *(n)* κάκτος
cad (kæd): *(n)* χαμένος, παλιάνθρωπος
cadaver (kə´dævər): *(n)* πτώμα ‖ ~**ous**:
(adj) σαν πτώμα, κατάχλομος
caddie or **caddy** (´kædi): *(n)* υπηρέτης

παικτών γκολφ
caddy (´kædi): *(n)* κουτάκι, θήκη ‖ see
caddie
cadence (´keidəns): *(n)* ρυθμός
cadet (kə´det): *(n)* μαθητής στρατ. σχο-
λής ‖ υστερότοκος
cadge (kædz) [-d]: *(v)* ζητιανεύω, "κά-
νω τράκα"
cadre (´kædri): *(n)* σκελετός, πλαίσιο ‖
πυρήνας, κέντρο
caduceus (kə´dju:siəs): *(n)* κηρύκειο
Caesar (´si:zər): *(n)* Καίσαρας ‖ ~**ean**:
(adj) καισαρικός ‖ ~**ean section**: *(n)*
καισαρική τομή
cafe (kæ´fei): *(n)* εστιατόριο, καφεστια-
τόριο ‖ ~**teria** (kæfə´tiriə): *(n)* εστια-
τόριο "σελφ-σέρβις", καφετερία
cage (keidz) [-d]: *(v)* εγκλωβίζω ‖ *(n)*
κλουβί ‖ ~**y**: *(adj)* πολύ προσεχτικός
cairn (keərn): *(n)* ορόσημο από πέτρες
‖ μνημείο από ογκόλιθους
Cairo (´kaiərou): *(n)* Κάιρο
caisson (´keisən): *(n)* κιβώτιο πολεμο-
φοδίων ‖ όχημα πολεμοφοδίων ‖ υδα-
τοστεγές ξύλινο περίβλημα
cajole (kə´dzoul) [-d]: *(v)* καλοπιάνω ‖
~**ry**: *(n)* καλόπιασμα, κολακεία
cake (keik): *(n)* γλύκισμα, "κέικ" ‖
πλάκα, κομμάτι
calabash (´kæləbæ∫): *(n)* κολοκυθιά
calaboose (´kæləbu:s): *(n)* φυλακή *(id)*
calamit-ous (kə´læmitəs): *(adj)* ολέ-
θριος ‖ ~**y**: *(n)* όλεθρος, συμφορά
calcium (´kalsiəm): *(n)* ασβέστιο
calculat-e (´kælkjuleit) [-d]: *(v)* υπολο-

64

γίζω ΙΙ σκοπεύω, λογαριάζω ΙΙ ~ing:
(adj) υπολογιστικός ΙΙ μηχανορράφος ΙΙ
~ion: (n) υπολογισμός ΙΙ ~or: (n) υπο-
λογιστική μηχανή, "χαλκιουλέιτορ"
calculus ('kælkjuləs): (n) λογισμός
(math) ΙΙ λιθίαση, πέτρα
caldron or cauldron ('kɔ:ldrən): (n)
καζάνι
calendar ('kæləndər): (n) ημερολόγιο
calender ('kæləndər): (n) κυλινδρικό
σιδερωτήριο
calf (ka:f): (n) μοσχάρι ΙΙ μικρός ελέφα-
ντας κλπ. ΙΙ γάμπα
caliber ('kælibər): (n) διαμέτρημα ΙΙ ολ-
κή, αξία
calibrate ('kæləbreit) [-d]: (v) μετρώ
διαμέτρημα ΙΙ βαθμολογώ όργανο με-
τρήσεως
calico ('kælicou): (n) βαμβακερό ύφα-
σμα, "τσίτι"
California (kæli'fɔ:rniə): (n) Καλιφόρ-
νια
caliper ('kæləpər): (n) or ~s: διαστη-
μόμετρο, παχύμετρο
calisthenics or callisthenics
(kæləs'θeniks): (n) γυμναστική
calk (kɔk): see caulk
call (kɔ:l) [-ed]: (v) καλώ ΙΙ φωνάζω ΙΙ
συγκαλώ ΙΙ τηλεφωνώ ΙΙ ονομάζω ΙΙ
επισκέπτομαι ΙΙ (n) φωνή ΙΙ κλήση ΙΙ
επίσκεψη ΙΙ πρόσκληση ΙΙ τηλεφώνημα
ΙΙ ~ back: (v) ανακαλώ ΙΙ ~ down: (v)
επιπλήττω ΙΙ ~er: (n) επισκέπτης ΙΙ ~
for: (v) απαιτώ ΙΙ έρχομαι για κάτι ΙΙ
~girl: (n) πόρνη ΙΙ ~ing: (n) ασχολία ΙΙ
παρόρμηση ΙΙ ~ off: (v) ακυρώνω,
αναβάλλω ΙΙ ~ on: επισκέπτομαι ΙΙ ~
up: (v) καλώ τηλ/κώς ΙΙ καλώ κλάση
callous ('kæləs): (adj) γεμάτος κάλους,
σκληρυμμένος ΙΙ αναίσθητος, πωρωμέ-
νος ΙΙ ~ness: (n) αναισθησία, πώρωση
calm (ka:m) [-ed]: (v) καταπραΰνω, κα-
θησυχάζω ΙΙ καθησυχάζω, ηρεμώ ΙΙ
ηρεμία, γαλήνη ΙΙ αταραξία ΙΙ ~ down:
(v) καταπραΰνω, καταπραΰνομαι, καλ-
μάρω ΙΙ ~ness: (n) γαλήνη, ηρεμία
calorie ('kæləri): (n) θερμίδα
calumet ('kæljəmet): (n) πίπα της ειρή-
νης των Ινδιάνων
calumn-iate (kə'lʌmnieit) [-d]: (v) δια-

βάλλω ΙΙ ~ious: (adj) συκοφαντικός ΙΙ
~y ('kæləmni): (n) συκοφαντία, διαβο-
λή
Calvary ('kælvəri): (n) Γολγοθάς
calve (ka:v) [-d]: (v) γεννώ (επί ζώων)
cam (kæm): (n) έκκεντρο μηχανής
camber ('kæmbər): (n) κυρτότητα ΙΙ
εγκάρσια κλίση οδού
came: see come
camel ('kæməl): (n) καμήλα
cameo ('kæmiou): (n) γλυπτός λίθος,
"καμέα" ΙΙ μενταγιόν με παράσταση
camera ('kæmərə): (n) φωτογραφική
μηχανή ΙΙ ~man: (n) χειριστής κιν. μη-
χανής ΙΙ in ~: κεκλεισμένων των θυ-
ρών
camouflage ('kæməfla:z) [-d]: (v) "κα-
μουφλάρω" ΙΙ (n) καμουφλάζ
camp (kæmp) [-ed]: (v) κατασκηνώνω ΙΙ
στρατοπεδεύω ΙΙ μένω πολλή ώρα,
"αράζω" ΙΙ (n) κατασκήνωση ΙΙ στρα-
τόπεδο ΙΙ ~er: (n) κατασκηνωτής ΙΙ εκ-
δρομικό αυτοκίνητο, "κάμπερ"
campaign (kæm'pein) [-ed]: (v) εκστρα-
τεύω ΙΙ κάνω "καμπάνια" ΙΙ (n) εκ-
στρατεία ΙΙ "καμπάνια"
campus ('kæmpəs): (n) σχολείο με την
περιοχή του
can (kæn) [could]: (v) μπορώ, είμαι σε
θέση ΙΙ κονσερβοποιώ ΙΙ απολύω, διώ-
χνω (id) ΙΙ (n) κουτί, τενεκές ΙΙ κονσέρ-
βα ΙΙ φυλακή (id) ΙΙ αποχωρητήριο (id)
ΙΙ ~ opener: (n) ανοιχτήρι κονσέρβας
Canad-a ('kænədə): (n) Καναδάς ΙΙ
~ian: (adj & n) Καναδός, καναδικός
canal (kə'næl): (n) διώρυγα, "κανάλι"
ΙΙ πόρος ΙΙ αγωγός ΙΙ [-ed]: (v) φτιάνω
κανάλι
canard (kə'na:rd): (n) ψευτιά, "μασά-
λια"
canary (kə'neəri): (n) καναρίνι ΙΙ (adj)
χρώμα καναρινί
cancel ('kænsəl) [-ed, -led]: (v) ακυρώ-
νω ΙΙ διαγράφω ΙΙ εξουδετερώνω, εξι-
σώνω ΙΙ εξαλείφω ΙΙ απλοποιώ (math)
ΙΙ ~lation: (n) διαγραφή ΙΙ ακύρωση
cancer ('kænsər): (n) καρκίνος ΙΙ ~ous:
(adj) καρκινώδης
candelabrum (kændə'la:brəm): (n) πο-
λύφωτο

Candia

Candia (ˈkændiə): *(n)* Κρήτη ‖ Ηράκλειο
candid (ˈkændid): *(adj)* αμερόληπτος ‖ ειλικρινής ‖ αφελής, μη εξεζητημένος
candida-cy (ˈkændədəsi): *(n)* υποψηφιότητα ‖ **~te** (ˈkændədeit): *(n)* υποψήφιος
candle (ˈkændəl): *(n)* κερί ‖ **burn the ~ at both ends**: *(v)* παθαίνω υπερκόπωση ‖ **~ light**: *(n)* φως κεριού ‖ ημίφωτο, μισοσκόταδο ‖ **~mas**: *(n)* Υπαπαντή ‖ **~ stick**: *(n)* κηροπήγιο
candor or **candour** (ˈkændər): *(n)* αμεροληψία ‖ ευθύτητα, ειλικρίνεια
candy (ˈkændi): *(n)* ζαχαρωτό ‖ καραμέλα ‖ [-ied]: *(v)* φτιάνω καραμέλα ‖ επιζαχαρώνω
cane (kein): *(n)* καλάμι ‖ ραβδί, μπαστούνι ‖ [-d]: *(v)* κάνω καλαμόπλεκτο ή ψάθα ‖ δέρνω
canine (ˈkeinain): *(adj)* σκυλίσιος ‖ *(n)* κυνόδους
canister (ˈkænistər): *(n)* μεταλλικό κουτί, δοχείο ή κιβώτιο
canker (ˈkæŋkər): *(n)* επιθηλιακός καρκίνος ‖ πληγή, εστία μόλυνσης
cannery (ˈkænəri): *(n)* εργοστάσιο κονσερβοποιίας
cannibal (ˈkænibəl): *(n)* ανθρωποφάγος, "χανίβαλος" ‖ **~ize**: [-d]: *(v)* αφαιρώ τμήμα από μηχανή για να το χρησιμοποιήσω αλλού ‖ απογυμνώνω από προσωπικό ‖ **~ism**: *(n)* ανθρωποφαγία, "χανιβαλισμός"
cannon (ˈkænən) [-ed]: *(v)* κανονιοβολώ ‖ *(n)* τηλεβόλο, πυροβόλο ‖ **~ade**: *(n)* κανονιοβολισμός ‖ **~ball**: *(n)* οβίδα ‖ **~eer**: *(n)* πυροβολητής
cannot (ˈkænət): can not (see can)
canny (ˈkæni): *(adj)* επιδέξιος ‖ πονηρός
canoe (kəˈnu:): *(n)* μονόκωνο, "κανό" ‖ [-d]: *(v)* κάνω βαρκάδα με κανό
canon (ˈkænən): *(n)* κανόνας, κώδικας ‖ εκκλ. κανόνας ‖ κριτήριο ‖ **~ize** [-d]: *(v)* αγιοποιώ ‖ δοξάζω, υμνώ
canopy (ˈkænəpi): *(n)* προστέγασμα ‖ θόλος ‖ σκιάδα ‖ [-ied]: *(v)* τοποθετώ στέγαστρο ‖ σκεπάζω
can't: see cannot

cant (kænt) [-ed]: *(v)* κλαψουρίζω ‖ μιλώ ιδιωματικά ‖ δίνω κλήση ‖ αλλάζω κατεύθυνση ‖ *(n)* κλαψούρισμα ‖ ιδιωματική ή μάγκικη ομιλία ‖ κλίση, υπερύψωση
cantaloupe (ˈkæntəlu:p): *(n)* πεπόνι ‖ πεπονιά
cantankerous (kənˈtæŋkərəs): *(adj)* κακότροπος, ανάποδος
canteen (kænˈti:n): *(n)* κέντρο ψυχαγωγίας οπλιτών ‖ καντίνα ‖ παγούρι
canter (ˈkæntər) [-ed]: *(v)* τριποδίζω ‖ *(n)* τριποδισμός
cantilever (ˈkæntələvər): *(n)* πρόβολος
canton (ˈkæntən) [-ed]: *(v)* στρατωνίζω ‖ *(n)* επαρχία, καντόνι
canvas (ˈkænvəs): *(n)* καραβόπανο, "καναβάτσο" ‖ πανιά ιστιοφόρου ‖ μουσαμάς ζωγραφικής ‖ **under ~**: σε κατασκήνωση
canvass (ˈkænvəs) [-ed]: *(v)* εξετάζω, ερευνώ ‖ αγρεύω (ψήφους, γνώμη κλπ.) ‖ σφυγμομετρώ γνώμη ‖ *(n)* εξέταση, έρευνα ‖ άγρα ψήφων, συνδρομών κλπ. ‖ **~er**: *(n)* πλασιέ
canyon (ˈkænjən): *(n)* χαράδρα
cap (kæp): *(n)* κάλυμμα ‖ πηλίκιο ‖ κιονόκρανο ‖ σκούφος ‖ βούλωμα ‖ [-ped]: *(v)* βουλώνω ‖ καλύπτω ‖ ξεπερνώ
capab-ility (keibəˈbiliti): *(n)* ικανότητα ‖ αξία ‖ **~le** (ˈkeipəbəl): *(adj)* ικανός, ‖ άξιος
capaci-ous (kəˈpeiʃəs): *(adj)* ευρύχωρος ‖ **~ousness**: *(n)* ευρυχωρία ‖ **~ty** (kəˈpæsiti): *(n)* χωρητικότητα ‖ απόδοση ‖ ικανότητα ‖ θέση, ιδιότητα ‖ εξουσία
cape (keip): *(n)* ακρωτήριο ‖ κάπα, "πελερίνα"
caper (ˈkeipər) [-ed]: *(v)* χοροπηδώ ‖ πηδηματάκι ‖ κάμωμα, τρέλα ‖ κάπαρη
capillary (ˈkæpəleri): *(adj)* τριχοειδής
capital (ˈkæpitəl): *(n)* πρωτεύουσα ‖ κεφάλαιο ‖ κεφαλαίο γράμμα ‖ εξαίρετος, υπέροχος ‖ κιονόκρανο ‖ **~ism**: *(n)* κεφαλαιοκρατία, "καπιταλισμός" ‖ **~ist**: *(n)* κεφαλαιοκράτης, "καπιταλιστής" ‖ **~ize** (ˈkæpitəlaiz) [-d]: *(v)* επωφελούμαι ‖ γράφω με κεφαλαία ‖ **~ punishment**: *(n)* θανατική ποινή

66

capitol ('kæpətəl): *(n)* καπιτώλιο ‖ κοινοβούλιο ΗΠΑ
capitulat-e (kə'pitjuleit) [-d]: *(v)* υποκύπτω ‖ συνθηκολογώ ‖ **~ion:** *(n)* συνθηκολόγηση ‖ περίληψη
capper ('kæpər): *(n)* "αβανταδόρος"
capric-e (kə'pri:s): *(n)* ιδιοτροπία ‖ **~ious:** *(adj)* ιδιότροπος
capsize ('kæpsaiz) [-d]: *(v)* ανατρέπω
capstan ('kæpstən): *(n)* εργατοκύλινδρος (mech)
capsule ('kæpsəl, 'kæpsju:l): *(n)* περικάλυμμα, θήκη ‖ κάψα ‖ καψούλα
captain ('kæptən): *(n)* αρχηγός ‖ πλοίαρχος ‖ λοχαγός ‖ **~cy:** *(n)* αρχηγία ‖ αξίωμα λοχαγού
caption ('kæpʃən): *(n)* επικεφαλίδα ‖ επεξήγηση ‖ υπότιτλος ταινίας ‖ "λεζάντα" ‖ [-ed]: *(v)* βάζω τίτλο ή λεζάντα
captivate ('kæptiveit) [-d]: *(v)* σαγηνεύω, γοητεύω ‖ τραβώ το ενδιαφέρον
capt-ive ('kæptiv): *(n)* αιχμάλωτος ‖ δέσμιος, σκλάβος ‖ **~ivity:** *(n)* αιχμαλωσία ‖ δεσμά ‖ **~or:** *(n)* αιχμαλωτιστής ‖ **~ure** ('kæptʃər): *(n)* σύλληψη, αιχμαλωσία ‖ κατάληψη, πόρθηση ‖ [-d]: *(v)* αιχμαλωτίζω, συλλαμβάνω
car (ka:r): *(n)* αυτοκίνητο ‖ αμάξι ‖ βαγόνι ‖ θαλαμίσκος ανελκυστήρα ‖ **~wash:** *(n)* πλυντήριο αυτοκινήτων ‖ **~ ferry:** πορθμείο αυτοκινήτων
carafe (kə'ra:f): *(n)* φιάλη, "καράφα"
carapace ('kærəpeis): *(n)* κέλυφος
carat ('kærət): *(n)* καράτι
caravan ('kærəvæn): *(n)* καραβάνι ‖ αυτοκίνητο "καραβάν" ‖ τροχοφόρο όχημα ρυμουλκούμενο
caraway ('kærəwei): *(n)* κύμινο
carbine ('ka:rbain): *(n)* καραμπίνα
carbon ('ka:rbən): *(n)* άνθρακας ‖ **~ copy:** *(n)* αντίγραφο με καρμπόν ‖ πανομοιότυπος, ολόιδιος ‖ **~paper:** *(n)* καρμπόν
carboy ('ka:rbɔi): *(n)* δαμιτζάνα
carburetor or **carburettor** ('ka:rbəretər): *(n)* αναμεικτήρας, "καρμπυρατέρ"
carcass ('ka:rkəs): *(n)* πτώμα ‖ απομεινάρια, σκελετός

card (ka:rd): *(n)* δελτάριο ‖ επισκεπτήριο, κάρτα ‖ τραπουλόχαρτο ‖ "λόξα" *(id)* ‖ ξύστρα ‖ [-ed]: *(v)* λαναρίζω ‖ **~board:** *(n)* χαρτόνι ‖ **~ sharp:** *(n)* χαρτοκλέφτης ‖ **have a ~ up my sleeve:** *(n)* έχω κρυφό "ατού" ‖ **in the ~s:** πεπρωμένο, πιθανό ‖ **lay (put) the ~s on the table:** μιλώ ανοιχτά και καθαρά ‖ **trump ~:** "ατού", πλεονέκτημα
cardiac ('ka:rdiæk): *(adj)* καρδιακός ‖ **~ patient:** *(n)* καρδιοπαθής
cardigan ('ka:rdigən): *(n)* πλεχτό γιλέκο
cardinal ('ka:rdinəl): *(adj)* σπουδαίος, κυριότερος ‖ *(n)* καρδινάλιος ‖ **~ number:** *(n)* απόλυτο αριθμητικό ‖ **~ points:** σημεία του ορίζοντα ‖ **~ sins:** τα 7 θανάσιμα αμαρτήματα
cardio-gram ('ka:rdi:əgram): *(n)* καρδιογράφημα ‖ **~graph:** *(n)* καρδιογράφος ‖ **~logist** (ca:rdi'alədjist): *(n)* καρδιολόγος ‖ **~logy:** *(n)* καρδιολογία
care (keər) [-d]: *(v)* ενδιαφέρομαι ‖ φροντίζω, προσέχω ‖ *(n)* μέριμνα, φροντίδα ‖ σύνεση ‖ **~free:** *(adj)* αμέριμνος, ξένοιαστος ‖ **~ful:** *(adj)* προσεκτικός ‖ **~less:** *(adj)* απρόσεκτος ‖ **~ of:** με τη φροντίδα ‖ **~taker:** *(n)* επιστάτης ‖ **take ~:** *(v)* προσέχω ‖ φροντίζω
careen (kə'ri:n) [-ed]: *(v)* κλίνω ‖ γλιστρώ ‖ *(n)* κλίση
career (kə'riər): *(n)* σταδιοδρομία, "καριέρα"
caress (kə'res) [-ed]: *(v)* χαϊδεύω ‖ *(n)* θωπεία, χάδι
cargo ('ka:rgou): *(n)* φορτίο
carhop ('ka:rhəp): *(n)* σερβιτόρα (που σερβίρει παρκαρισμένα αυτοκίνητα)
caricature ('kærikatjuər): *(n)* γελοιογραφία ‖ [-d]: *(v)* γελοιογραφώ, σατυρίζω ‖ κάνω γελοιογραφία
caries ('keəri:z): *(n)* τερηδόνα δοντιού
carnage ('ka:rnidz): *(n)* σφαγή, "μακελειό"
carnal ('ka:rnəl): *(adj)* σαρκικός
carnation (ka:r'neiʃən): *(n)* γαρίφαλο
carnival ('ka:rnivəl): *(n)* καρναβάλι
carnivor-e ('ka:rnivəər): *(n)* σαρκοφά-

67

carob

γο ‖ ~ous: *(adj)* σαρκοφάγος
carob (΄kærəb): *(n)* χαρουπιά ‖ χαρούπι
carol (΄kærəl): *(n)* κάλαντα ‖ [-ed]: *(v)* τραγουδώ κάλαντα
carotid (kə΄rɒtid): *(n)* καρωτίδα
carous-al (kə΄rauzəl): *(n)* ξεφάντωμα ‖ ~e [-d]: *(v)* ξεφαντώνω
carousel (΄kærə΄səl): *(n)* κούνιες, ''αλογάκια'' λούνα-παρκ
carp (ka:rp) [-ed]: *(v)* επικρίνω, βρίσκω σφάλματα ‖ *(n)* κυπρίνος, ''σαζάνι''
carpent-er (΄ka:rpəntər): *(n)* ξυλουργός ‖ ~ry: *(n)* ξυλουργική
carpet (΄ka:rpit): *(n)* χαλί ‖ ~ bag: *(n)* πάνινος ταξιδ. σάκος ‖ ~ bagger: *(n)* πολιτικάντης ‖ on the ~: υπο συζήτηση ‖ υπο επίκριση
carriage (΄kæridʒ): *(n)* άμαξα ‖ όχημα, βαγόνι ‖ κινητή βάση ‖ μεταφορικά ‖ στάση, συμπεριφορά ‖ ~trade: *(n)* πελάτες που ξοδεύουν άφθονα *(id)*
carrier (΄kæriər): *(n)* φορέας ‖ μεταφορέας ‖ αεροπλανοφόρο ‖ ~ pigeon: *(n)* ταχυδρομικό περιστέρι
carrion (΄kæriən): *(n)* νεκρό ζώο, ''ψοφίμι''
carrot (΄kærət): *(n)* καρότο
carry (΄kæri) [-ied]: *(v)* φέρω, μεταφέρω ‖ σηκώνω ‖ φέρω ευθύνη ‖ είμαι έγκυος ‖ συμπεριφέρομαι ‖ κερδίζω πλειοψηφία ‖ ~ all: *(n)* μεγάλη τσάντα ‖ ~ away: *(v)* παρασύρω ‖ ~ off: *(v)* καταφέρνω ‖ τελειώνω ‖ ~ on: *(v)* χειρίζομαι ‖ συνεχίζω ‖ ~ out: *(v)* εκτελώ ‖ ~ over: εκ μεταφοράς, εις μεταφοράν ‖ ~ through: *(n)* συμπληρώνω, καταφέρνω
cart (ka·rt) [-ed]: *(v)* μεταφέρω με άμαξα ή κάρο ‖ κουβαλώ ‖ *(n)* αμαξάκι, καροτσάκι ‖ κάρο ‖ ~ wright: *(n)* καροποιός ‖ ~er: *(n)* καροτσιέρης
carte blanche (ka:rt bla:nʃ): εν λευκώ
cartel (΄ka:rtəl): *(n)* τράστ επιχειρήσεων ‖ συμφωνία μεταξύ εμπολέμων
cartilage (΄ka:rtilidʒ): *(n)* χόνδρος
cartograph-er (ka:r΄tɒgrafər): *(n)* χαρτογράφος ‖ ~y: *(n)* χαρτογραφία
carton (΄ka:tən): *(n)* χαρτοκιβώτιο ‖ κούτα

cartoon (ka:r΄tu:n): *(n)* γελοιογραφία ‖ ιστορία με σκίτσα ‖ κινούμενη εικόνα ‖ [-ed]: *(v)* γελοιογραφώ, σκιτσάρω ‖ ~ist: *(n)* σκιτσογράφος, γελοιογράφος
cartridge (΄ka:rtridʒ): *(n)* φυσίγγιο ‖ πηνίο ταινίας, ''κασέτα'' ‖ ~ belt: *(n)* ζώνη-φυσιγγιοθήκη
carv-e (ka:rv) [-d]: *(v)* λαξεύω ‖ χαράζω, κόβω ‖ κομματιάζω ‖ ~ing: *(n)* λάξευση, σκάλισμα ‖ γλυπτό ‖ ~ing knife: *(n)* μαχαίρι σερβιρίσματος, μαχαίρι μεγάλο
cascade (kæs΄keid) [-d]: *(v)* πέφτω σαν καταρράχτης ‖ *(n)* καταρράχτης
case (keis): *(n)* υπόθεση ‖ περίπτωση ‖ θέμα, ζήτημα ‖ πτώση γραμματικής ‖ παράξενος *(id)* ‖ περίβλημα, θήκη ‖ [-d]: *(v)* επενδύω, βάζω σε θήκη ‖ παρακολουθώ οίκημα πριν από διάρρηξη *(id)* ‖ ~ment: *(n)* πλαίσιο παράθυρου
cash (kæʃ) [-ed]: *(v)* εξαργυρώνω ‖ *(n)* ρευστό χρήμα, μετρητά ‖ ~ in: *(v)* εξαργυρώνω ‖ πεθαίνω *(id)* ‖ ~ register: *(n)* υπολογιστική μηχανή ταμείου ‖ ~ier (kæ΄ʃi:r): *(n)* ταμίας ‖ ~ier [-ed]: αποτάσσω από στρατό
cask (ka:sk): *(n)* βαρέλι
casket (΄ka:skit): *(n)* κασετίνα ‖ κοσμηματοθήκη ‖ φέρετρο
casque (΄kæsk): *(n)* κράνος ‖ κάσκα
casserole (΄kæsəroul): *(n)* κατσαρόλα ‖ φαγητό κατσαρόλας, ''γιουβέτσι''
cassette (kæ΄set): *(n)* κασέτα
cassock (΄kæsək): *(n)* ράσο
cast (kæst, ka:st) [cast, cast]: *(v)* εκσφενδονίζω ‖ απορρίπτω ‖ γυρίζω, κατευθύνω ‖ τραβώ κλήρο ‖ διανέμω ρόλους έργου ‖ χύνω σε καλούπι ‖ *(n)* ρίψη ‖ χύσιμο ‖ εκμαγείο ‖ διανομή ρόλων ‖ γύψος, επίδεσμος καταγμάτων ‖ *(adj)* χυτός ‖ ~ about: *(v)* αναζητώ ‖ ~ aside: *(v)* απορρίπτω, πετώ ‖ ~ away: *(v)* ναυαγώ ‖ πετώ ‖ *(n)* ναυαγός ‖ απόρριμμα ‖ ~ing: *(n)* ρίψη ‖ μήτρα ‖ εκμαγείο ‖ ~ing vote: *(n)* αποφασιστική ψήφος ‖ ~ iron: *(n)* χυτοσίδηρος ‖ ~ off: *(v)* αφήνω ‖ απορρίπτω, πετώ
castanets (kæstə΄nets): *(n)* καστανιέτες

caste (ka:st): *(n)* κοινωνική τάξη

caster (΄kɑːstər): *(n)* ρόδα, καρούλι

castigate (΄kæstəgeit) [-d]: επικρίνω ‖ τιμωρώ

castle (΄kæsəl): *(n)* φρούριο ‖ πύργος

castor (΄kæstər): *(n)* καστόρινο καπέλο ‖ see **caster** ‖ ~ **oil**: *(n)* ρετσινόλαδο

castrat-e (kæ΄streit) [-d]: *(v)* ευνουχίζω ‖ ~**ion**: *(n)* ευνουχισμός

casual (΄kæzjuəl): *(adj)* τυχαίος, στην τύχη ‖ απροσχεδίαστος ‖ μη τυπικός ‖ άσκοπος ‖ αμέριμνος ‖ ~**ty**: *(n)* δυστύχημα ‖ νεκρός ή τραυματίας σε δυστύχημα ή πόλεμο ‖ ~**ties**: *(n)* απώλειες σε μάχη

cat (kæt): *(n)* γάτα ‖ ''φαρμακόγλωσσα'' *(id)* ‖ **let the ~ out of the bag**: *(v)* φανερώνω μυστικό ‖ ~ **call**: *(n)* φωνή αποδοκιμασίας ‖ ~**ty**: *(adj)* κακοήθης

catalogue, catalog (΄kætələg): *(n)* κατάλογος ‖ [-ed]: *(v)* φτιάνω ή γράφω σε κατάλογο

catalyst (΄kætəlist): *(n)* καταλύτης

catapult (΄kætəpʌlt) [-ed]: *(v)* εκσφενδονίζω ‖ εκσφενδονίζομαι ‖ *(n)* καταπέλτης ‖ σφενδόνα

cataract (΄kætərækt): *(n)* καταρράχτης

catarrh (kə΄tɑːr): *(n)* καταρρους, καταρροή ‖ ~**al**: *(adj)* καταρροϊκός

catastroph-e (kə΄tæstrəfi): *(n)* καταστροφή ‖ ~**ic** (kætə΄strɔfic): *(adj)* καταστρεπτικός, καταστροφικός

catch (kætʃ) [caught, caught]: *(v)* συλλαμβάνω ‖ πιάνω, αρπάζω ‖ *(n)* σύλληψη ‖ άγκιστρο, αρπάγη ‖ σύρτης ‖ ''ψαριά'' ‖ πιάσιμο φωνής ‖ ύποπτος όρος, παγίδα *(id)* ‖ ~**ing**: *(adj)* ελκυστικός ‖ μεταδοτικός ‖ ~ **on**: *(v)* καταλαβαίνω ‖ ~ **up with**: *(v)* προλαβαίνω ‖ ~ **phrase, ~ word**: *(n)* σύνθημα ‖ ~**y**: *(adj)* ελκυστικός ‖ ευκολοθύμητος ‖ απατηλός

catech-ism (΄kætəkizəm): *(n)* κατήχηση ‖ ~**ize** (΄kætəkaiz) [-d]: *(v)* κατηχώ ‖ ~**ist**: *(n)* κατηχητής

categor-ical (kæti΄gərikəl): *(adj)* κατηγορηματικός ‖ ~**ize** (΄kætigəraiz) [-d]: *(v)* κατατάσσω σε κατηγορίες ‖ ~**y** (΄kætəgəri): *(n)* κατηγορία, τάξη, κλά-

ση

cater (΄keitər) [-ed]: *(v)* προμηθεύω ‖ παρέχω τροφή και σερβίρισμα σε γεύμα ‖ έχω σαν πελατεία ‖ ~**er**: *(n)* προμηθευτής, τροφοδότης

caterpillar (΄kætərpilər): *(n)* κάμπια ‖ ερπύστρια

caterwaul (΄kætərwɔːl) [-ed]: *(v)* τσιρίζω

cathartic (kə΄θɑːrtik): *(n)* καθαρτικό

cathedral (kə΄θiːdrəl): *(n)* καθεδρικός

catheter (΄kæθətər): *(n)* καθετήρας

cathode (΄kæθoud): *(v)* κάθοδος

catholic (΄kæθəlik): *(adj)* καθολικός, γενικός ‖ **C~**: καθολικός

cattle (΄kætl): *(n)* βοοειδή ‖ κοπάδι, όχλος ‖ ~**man**: *(n)* ιδιοκτήτης βοοειδών, κτηνοτρόφος

caucus (΄kɔːkəs): *(n)* πολιτική επιτροπή κόμματος

caught: see **catch**

cauldron: see **caldron**

cauliflower (΄kɔliflauər): *(n)* κουνουπίδι ‖ ~ **ear**: παραμορφωμένο αυτί πυγμάχου

caulk (kɔːk) [-ed]: *(v)* στεγανοποιώ, ''καλαφατίζω''

caus-al (΄kɔːzəl): *(adj)* αιτιολογικός ‖ ~**ation**: *(n)* αιτία ‖ ~**ative**: *(adj)* αιτιολογικός ‖ ~**e** (kɔːz): *(v)* προκαλώ, επιφέρω, γίνομαι αιτία ‖ *(n)* αιτία, λόγος ‖ ιδέα, ιδανικό ‖ ~**e cele΄bre**: *(n)* φλέγον ζήτημα

causeway (΄kɔːzwei): *(n)* ανυψωμένος δρόμος

caustic (΄kɔːstik): *(adj)* καυστικός ‖ δηκτικός, καυστικός

cauteriz-e (΄kɔːtəraiz) [-d]: *(v)* καυτηριάζω ‖ ~**ation**: *(n)* καυτηρίαση

caut-ion (΄kɔːʃən) [-ed]: *(v)* προειδοποιώ, καθιστώ προσεκτικό ‖ *(n)* προσοχή, προφύλαξη ‖ σύνεση ‖ ~**ious**: *(adj)* προσεκτικός, συνετός

cavalcade (΄kævəlkeid): *(n)* παρέλαση ιππικού

cavalier (kævə΄liər): *(n)* ιππότης ‖ καβαλιέρος ‖ *(adj)* υπεροπτικός

cavalry (΄kævəlri): *(n)* ιππικό ‖ τεθωρακισμένα

cave (keiv): *(n)* σπηλιά ‖ [-d]: *(v)* σκάβω, κοιλαίνω ‖ ~ **in**: *(v)* καταρρέω, υποχωρώ ‖ ~**man**, ~ **dweller**: *(n)* τρωγλοδύτης

cavern (´kævərn): *(n)* μεγάλη σπηλιά ‖ ~**ous**: *(adj)* σπηλαιώδης ‖ τεράστιος σε βάθος

caviar (´kævia:r): *(n)* χαβιάρι

cavity (´kæviti): *(n)* κοίλωμα, λακούβα

caw (kɔ:) [-ed]: *(v)* κρώζω ‖ *(n)* κρώξιμο

cay (ki:, kei): *(n)* κοραλλιογενής ή αμμώδης νήσος

cease (si:s) [-d]: *(v)* καταπαύω ‖ σταματώ, τελειώνω ‖ ~ **fire**: παύσατε πυρ ‖ *(n)* ανακωχή ‖ ~**less**: *(adj)* ακατάπαυστος

cecum (´si:kəm): *(n)* τυφλό έντερο

cedar (´si:dər): *(n)* κέδρος

cede (si:d) [-d]: *(v)* εκχωρώ ‖ υποχωρώ, ενδίδω

ceiling (´si:liŋ): *(n)* ταβάνι ‖ ανώτατο όριο, μέγιστο ύψος

celebr-ant (´seləbrənt): *(n)* εορταστής ‖ ~**ate** (´seləbreit) [-d]: *(v)* εορτάζω ‖ ιερουργώ, τελετουργώ ‖ ~**ated**: *(adj)* διάσημος ‖ ~**ation**: *(n)* εορτασμός ‖ ~**ity** (sə´lebriti): *(n)* διασημότητα

celery (´seləri): *(n)* σέλινο

celestial (si´lestjəl): *(n)* ουράνιος

celiba-cy (´selibəsi): *(n)* αγαμία ‖ ~**te**: *(n)* άγαμος

cell (sel): *(n)* φατνίο ‖ κελί ‖ κύτταρο ‖ ηλεκτρ. στοιχείο

cellar (´selər): *(n)* υπόγειο ‖ **wine** ~: *(n)* κάβα κρασιών

cell-ist (´t∫elist): *(n)* παίκτης βιολοντσέλου ‖ ~**o**: *(n)* βιολοντσέλο

cellophane (seloufein): *(n)* κυτταρίνη, ''σελοφάν''

cellul-ar (´seljulər): *(adj)* κυψελοειδής ‖ κυτταροειδής ‖ ~**oid**: *(n)* κυτταρίνη ή σελουλόιντ ‖ ~**ose**: *(n)* κυτταρίνη ή σελλουλόζη

celtic (´keltik, ´seltik): *(adj)* κελτικός

cement (si´ment) [-ed]: *(v)* συγκολλώ ή επιστρώνω με τσιμέντο ‖ στερεώνω με τσιμέντο ‖ στερεώνω, συνδέω άρρηκτα ‖ *(n)* κονίαμα, τσιμέντο

cemetery (´semətəri): *(n)* νεκροταφείο

cenotaph (´senətæf): *(n)* κενοτάφιο

cense (sens) [-d]: *(v)* λιβανίζω, θυμιατίζω ‖ ~**r**: *(n)* θυμιατό

censor (´sensər) [-ed]: *(v)* λογοκρίνω ‖ *(n)* λογοκριτής ‖ ~**ship**: *(n)* λογοκρισία

censure (´sen∫ər) [-d]: *(v)* επικρίνω, κατακρίνω ‖ *(n)* μομφή, επίκριση

census (´sensəs): *(n)* απογραφή

cent (sent): *(n)* 1/100 δολαρίου, ''σεντ'' ‖ **per** ~: τοις εκατό

centaur (´sentɔ:r): *(n)* κένταυρος

centenar-ian (sente´neəriən): *(n)* εκατοντούτης ‖ ~**y** (sen´tenəri): *(n)* εκατονταετηρίδα

centennial (sen´teni:əl): *(adj)* εκατονταετής

center, centre (´sentər): *(n)* κέντρο ‖ *(adj)* κεντρικός ‖ [-ed]: *(v)* κεντρώ ‖ μπαίνω σε κέντρο ‖ βάζω σε κέντρο

centesimal (sen´tesəməl): *(adj)* εκατοστός

centi-grade (´sentigreid): *(adj)* εκατοντάβαθμος ‖ ~**gram**: *(n)* εκατοστόγραμμο ‖ ~**liter**: *(n)* εκατοστόλιτρο ‖ ~**meter** (´sentimi:tər): *(n)* εκατοστόμετρο

centipede (´sentipi:d): *(n)* σαρανταποδαρούσα

central (´sentrəl): *(adj)* κεντρικός ‖ *(n)* τηλεφ. κέντρο ‖ ~ **angle**: *(n)* επίκεντρη γωνία ‖ ~ **heating**: *(n)* κεντρική θέρμανση ‖ ~**ize** [-d]: *(v)* συγκεντρώνω ‖ κεντρώνω, φέρνω σε κέντρο

centri-c (´sentric): *(adj)* κεντρώος ‖ κεντρικός ‖ ~**fugal** (sen´trifjugəl): *(adj)* φυγόκεντρος ‖ ~**petal** (sen´tripitəl): *(adj)* κεντρομόλος

century (´sent∫uri): *(n)* αιώνας

cephalic (se´fælik): *(adj)* κεφαλικός

Cephalonia (sefə´louni:ə): *(n)* Κεφαλονιά

ceramic (se´ræmik): *(adj)* κεραμικός ‖ ~**s**: *(n)* κεραμική

cereal (´siəriəl): *(n)* δημητριακά ‖ σπόρος σιτηρών

cereb-ellum (serə´beləm): *(n)* παρεγκεφαλίδα ‖ ~**ral** (sə´ri:brəl): *(adj)* εγκεφαλικός ‖ διανοητικός ‖ ~**rate** [-d]: *(v)* διανοούμαι ‖ ~**ration**: *(n)* διανόηση ‖ ~**rum** (sə´ri:brəm): *(n)* εγκέφαλος

ceremon-ial (seri´mouniəl): *(adj)* τελετουργικός ‖ *(n)* τελετουργία ‖ *(adj)* εθιμοτυπικός ‖ **~y** (´serimɘni): *(n)* τελετή ‖ εθιμοτυπία

certain (´se:rtən): *(adj)* ορισμένος ‖ προσδιορισμένος ‖ βέβαιος ‖ αναμφίβολος ‖ κάποιος, ένας ‖ **~ly**: *(adv)* βέβαια ‖ **~ty**: *(n)* βεβαιότητα

certif-icate (sər´tifikit): *(n)* πιστοποιητικό ‖ βεβαίωση ‖ **~ication**: *(n)* πιστοποίηση ‖ **~y** (´sertifai) [-ied]: *(v)* πιστοποιώ ‖ βεβαιώνω ‖ επικυρώνω

certitude (´sərtitjud): *(n)* βεβαιότητα

cerv-ical (´servikəl): *(adj)* αυχενικός ‖ **~ix**: *(n)* αυχένας

cessation (se´seiʃən): *(n)* κατάπαυση

cession (´seʃən): *(n)* εκχώρηση

cesspool (´sespu:l): *(n)* βόθρος

chafe (tʃeif) [-d]: *(v)* τρίβω ‖ φθείρω με τριβή ‖ ερεθίζω ‖ ερεθίζομαι

chaff (tʃæf): *(n)* άχυρο

chaffinch (´tʃæfintʃ): *(n)* σπίνος

chagrin (ʃæ´grin) [-ed]: *(v)* πικραίνω ‖ πικρία, απογοήτευση

chain (tʃein): *(n)* αλυσίδα ‖ σειρά ‖ οροσειρά ‖ μέτρο μήκους (=66 πόδια) ‖ *(adj)* αλυσιδωτός ‖ **~s**: *(n)* δεσμά ‖ [-ed]: *(v)* αλυσοδένω ‖ **~ bridge**: *(n)* κρεμαστή γέφυρα ‖ **~ reaction**: *(n)* αλυσιδωτή αντίδραση, σειρά αντιδράσεων ‖ **~ smoke**: *(v)* καπνίζω συνεχώς

chair (tʃeər): *(n)* κάθισμα, καρέκλα ‖ έδρα ‖ [-ed]: *(n)* καθίζω ‖ εγκαθιστώ σε έδρα ‖ προεδρεύω ‖ **~man**: *(n)* πρόεδρος συμβουλίων, επιτροπής ή συνεδρίασης ‖ **~ person**: *(n)* αρσ. ή θηλ. πρόεδρος

chalet (ʃæ´lei): *(n)* εξοχικό σπιτάκι ‖ ιδιαίτερο οίκημα μοτέλ

chalice (´tʃælis): *(n)* δισκοπότηρο

chalk (tʃɔ:k): *(n)* κιμωλία ‖ ασβεστόλιθος ‖ [-ed]: *(v)* γράφω ή σημαδεύω με κιμωλία

challeng-e (´tʃæləndz) [-d]: *(v)* προκαλώ ‖ αμφισβητώ ‖ **~** πρόκληση ‖ αμφισβήτηση ‖ αίτηση για εξαίρεση μάρτυρα ή ενόρκου ‖ **~er**: *(n)* διεκδικητής ‖ **~ing**: *(adj)* προκλητικός ‖ πολύ εν-

διαφέρων

chamber (´tʃeimbər): *(n)* δωμάτιο ‖ θαλάμη ‖ βουλευτήριο ‖ **~s**: *(n)* διαμέρισμα ‖ **~s**: γραφείο δικαστού ‖ **~maid**: *(n)* καμαριέρα ‖ **~ of Commerce**: *(n)* εμπορικό επιμελητήριο ‖ **~pot**: *(n)* δοχείο νυκτός

chameleon (kə´mi:ljən): *(n)* χαμαιλέων

chamois (´ʃæmwa:): *(n)* αγριοκάτσικο ‖ δέρμα αιγάγρου, ''σαμουά''

chamomile (´kæməmail): *(n)* χαμομήλι

champ (´tʃæmp) [-ed]: *(v)* δαγκάνω, μασώ ‖ *(n)* see champion

champagne (ʃæm´pein): *(n)* σαμπάνια

champion (´tʃæmpiən): *(n)* πρωταθλητής ‖ πρόμαχος ‖ **~ship**: *(n)* πρωτάθλημα, τίτλος πρωταθλητού ‖ προάσπιση ‖ αγώνας πρωταθλήματος

chance (tʃæns, tʃa:ns): *(n)* τύχη, σύμπτωση ‖ ευκαιρία ‖ πιθανότητα ‖ διακινδύνευση ‖ [-d]: *(v)* τυχαίνω, συμβαίνω κατά τύχη ‖ διακινδυνεύω ‖ **~ on** (upon): *(v)* συναντώ κατά τύχη ‖ **take a ~**: *(v)* δοκιμάζω στην τύχη, ''ρισκάρω''

chancel (´tʃænsəl): *(n)* ιερό εκκλησίας

chancellor (´tʃænsələr): *(n)* καγκελάριος ‖ γεν. γραμμ. πρεσβείας ‖ πρύτανης ή πρόεδρος πανεπ. ‖ **~ of the Exchequer**: *(n)* Υπουργός Οικονομικών

chandelier (ʃændə´liər): *(n)* πολύφωτο

chandler (´tʃændlər): *(n)* προμηθευτής, τροφοδότης

chang-e (tʃeindz) [-d]: *(v)* αλλάζω, μεταβάλλω ‖ τροποποιώ, μετατρέπω ‖ ανταλλάσσω ‖ μεταβάλλομαι ‖ χαλώ νόμισμα ‖ *(n)* αλλαγή, μεταβολή ‖ τροποποίηση, μετατροπή ‖ ψιλά, ρέστα ‖ **~eable**: *(adj)* ευμετάβλητος, άστατος ‖ **~eless**: *(adj)* αμετάβλητος ‖ **~e hands**: *(v)* αλλάζω ιδιοκτήτη ‖ **~e over**: *(n)* αλλαγή σκοπού ή συστήματος ‖ **~ing**: *(n)* αλλαγή, μεταβολή ‖ *(adj)* μεταβλητός ‖ **~ing room**: *(n)* αποδυτήρια

channel (´tʃænəl): *(n)* κοίτη ‖ βαθύ ή πλωτό τμήμα ποταμού ή κόλπου ‖ πορθμός ‖ δίαυλος ‖ διώρυγα ‖ αγωγός ‖ ζώνη συχνοτήτων, κανάλι ‖ τά-

71

φρος ‖ ~s: *(n)* μέσα επικοινωνίας ‖
C~: *(n)* Μάγχη ‖ [-ed]: *(v)* κατασκευά-
ζω διώρυγα ‖ κατευθύνω ‖ αυλακώνω
‖ ~ islands: νησιά της Μάγχης ‖
English C~: Μάγχη

chant (tʃænt, tʃɑːnt) [-ed]: *(v)* ψάλλω ‖
μιλώ μονότονα ‖ διαλαλώ ‖ *(n)* ψαλ-
μός ‖ τραγουδάκι ‖ μονότονη ομιλία

chao-s (ˈkeiəs): *(n)* χάος ‖ ~tic: *(adj)*
χαώδης, συγκεχυμένος

chap (tʃæp) [-ped]: *(v)* ραγίζω το δέρ-
μα, "σκάω" ‖ *(n)* ράγισμα δέρματος,
"σκάσιμο" ‖ φίλος, άνθρωπος, τύπος
(id) ‖ ~s: *(n)* δερμάτινο παντελόνι κά-
ου-μπόυ

chaparral (ˈʃæpəˈral): *(n)* λόχμη

chapel (ˈtʃæpəl): *(n)* παρεκκλήσι

chaperon (ˈʃæpəroun): *(n)* συνοδός κο-
ριτσιού ‖ [-ed]: *(v)* συνοδεύω

chaplain (ˈtʃæplin): *(n)* στρατιωτικός
ιερέας ‖ εφημέριος

chapter (ˈtʃæptər): *(n)* κεφάλαιο βιβλί-
ου ‖ παράρτημα οργάνωσης ή συλλό-
γου ‖ εκκλησ. σύνοδος

char (tʃɑːr) [-red]: *(v)* καψαλίζω ‖
απανθρακώνω ‖ *(n)* μικροδουλειά ‖
~woman, ~lady: *(n)* παραδουλεύτρα,
καθαρίστρια

character (ˈkæriktər): *(n)* χαρακτήρας
‖ ιδιότητα, χαρακτηριστικό ‖ τύπος,
χαρακτηριστικός τύπος ‖ πρόσωπο
έργου ‖ γράμμα, χαρακτήρας ‖ συστα-
τική επιστολή ‖ ~istic: *(adj)* χαρακτη-
ριστικός ‖ *(n)* χαρακτηριστικό γνώρι-
σμα ‖ ~ization: *(n)* χαρακτηρισμός ‖
~ize [-d]: *(v)* χαρακτηρίζω

charade (ʃəˈreid, ˌʃəˈrɑːd): *(n)* συλλαβό-
γριφος

charcoal (ˈtʃɑːrkoul): *(n)* ξυλοκάρβουνο
‖ μολύβι-κάρβουνο σχεδιάσεως

charge (tʃɑːrdʒ) [-d]: *(v)* φορτίζω ‖ επι-
φορτίζω, αναθέτω ‖ ρίχνω ευθύνη ή
σφάλμα ‖ χρεώνω, καταλογίζω ‖ επι-
τίθεμαι ‖ *(n)* ευθύνη ‖ επίβλεψη, επο-
πτεία ‖ επιφόρτιση ‖ κατηγορία ‖ κα-
ταλογισμός ‖ τίμημα, αξία ‖ επίθεση,
έφοδος ‖ φορτίο ‖ φόρτιση ‖ γόμωση
‖ ~r: *(n)* άλογο ιππικού ‖ φορτιστής
μπαταρίας ‖ ~ off: *(v)* θεωρώ σαν
απώλεια ‖ get a ~ out of: *(v)* απο-

λαμβάνω ‖ in ~ of: επικεφαλής

chargé d' affaires (ʃɑːrˈzeidəˈfeər):
(n) επιτετραμμένος

chariot (ˈtʃæriət): *(n)* άρμα ‖ ~eer: *(n)*
ηνίοχος

charit-able (ˈtʃæritəbəl): *(adj)* φιλάν-
θρωπος, ελεήμονας ‖ επιεικής ‖ ~y:
(n) φιλανθρωπία, ελεημοσύνη ‖ φιλαν-
θρ. ίδρυμα ‖ επιείκεια

charlatan (ˈʃɑːrlətən): *(n)* αγύρτης,
"τσαρλατάνος"

charm (tʃɑːrm) [-ed]: *(v)* θέλγω, γοη-
τεύω ‖ μαγεύω ‖ *(n)* θέλγητρο, γοητεία
‖ φυλαχτό ‖ "μπρελόκ" ‖ μαγική λέ-
ξη ‖ ~er: *(n)* γόης ‖ ~ing: *(adj)* θελ-
κτικός, γοητευτικός

chart (tʃɑːrt) [-ed]: *(v)* κατασκευάζω
διάγραμμα ‖ καταγράφω λεπτομερώς
‖ *(n)* ναυτικός χάρτης ‖ διάγραμμα ‖
πίνακας ‖ γραφ. παράσταση

charter (ˈtʃɑːrtər) [-ed]: *(v)* ναυλώνω ‖
εκθέτω καταστατικό ‖ ναύλωση ‖ κα-
ταστατικός χάρτης ‖ ~ed accountant:
(n) ορκωτός λογιστής

charwoman: see char

chase (tʃeis) [-d]: *(v)* καταδιώκω ‖ τρέ-
χω από πίσω, κυνηγώ συστηματικά ‖
(n) καταδίωξη

chasm (ˈkæzəm): *(n)* χάσμα, κενό

chassis (ˈʃæsi): *(n)* αμάξωμα, "σασί" ‖
σύστημα προσγείωσης

chast-e (tʃeist): *(adj)* αγνός ‖ ~en [-d]:
(v) εξαγνίζω ‖ τιμωρώ ‖ ~ity: *(n)*
αγνότητα ‖ ~ity belt: *(n)* ζώνη αγνό-
τητας

chastise (tʃæsˈtaiz) [-d]: *(v)* τιμωρώ ‖
επικρίνω

chat (tʃæt) [-ted]: *(v)* κουβεντιάζω ‖
(n) κουβεντούλα, "ψιλοκουβέντα" ‖
~ty: *(adj)* μη τυπικός

chateau (ʃæˈtou): *(n)* πύργος

chattel (ˈtʃætl): *(n)* προσωπική περιου-
σία ‖ σκλάβος

chatter (ˈtʃætər) [-ed]: *(v)* φλυαρώ ‖
κροταλίζω, χτυπώ (δόντια) ‖ *(n)*
φλυαρία ‖ ~box: *(n)* φλύαρος ‖ ~er:
(n) φλύαρος

chauffeur (ˈʃoufər, ʃouˈfer): *(n)* οδη-
γός, "σοφέρ" ‖ [-ed]: *(v)* κάνω το σο-
φέρ

72

chauvinis-m (ʃɔːovənizəm): *(n)* σοβινισμός ‖ **~t**: *(n)* σοβινιστής

cheap (tʃiːp): *(adj)* φτηνός ‖ ευτελής, κακής ποιότητας ‖ τσιγκούνης ‖ *(adv)* φτηνά ‖ **~en** [-d]: *(v)* υποτιμώ, φτηναίνω ‖ **~ly**: *(adv)* φτηνά ‖ **~skate**: *(n)* τσιγκούνης *(id)*

cheat (tʃiːt) [-ed]: *(v)* εξαπατώ ‖ κλέβω σε διαγωνισμό, αντιγράφω ‖ *(n)* απατεώνας ‖ **~er**: *(n)* απατεώνας ‖ **~ers**: *(n)* ματογυάλια *(id)*

check (tʃek) [-ed]: *(v)* αναχαιτίζω, ανακόπτω ‖ εμποδίζω ‖ ελέγχω, "τσεκάρω" ‖ αφήνω για φύλαξη ‖ κάνω "ρουά" στο σκάκι ‖ *(n)* τετραγωνικό σχέδιο, καρό ‖ αναχαίτιση ‖ εμπόδιο ‖ έλεγχος, επαλήθευση ‖ λογαριασμός εστιατορίου ή μπαρ ‖ *(also:* **cheque***)*: επιταγή, τσεκ ‖ **~ed**: *(adj)* με τετράγωνα, "καρό" ‖ **~er**: *(n)* ελεγκτής ‖ ταμίας ‖ **~ered**: *(adj)* καρό ‖ περιπετειώδης ‖ **~ers**: *(n)* ντάμα (παιχνίδι) ‖ **~in**: *(v)* πιάνω δωμάτιο σε ξενοδοχείο ‖ **~mate**: *(n)* ματ (σκάκι) ‖ **~ out**: *(n)* αφήνω δωμάτιο ξενοδοχείου ‖ *(v)* συμφωνώ, επαληθεύομαι ‖ **~ point**: *(n)* σημείο ελέγχου ‖ **~ up**: *(n)* ιατρική εξέταση ‖ γενική επαλήθευση

cheek (tʃiːk): *(n)* μάγουλο ‖ αναίδεια, θράσος ‖ πλάγιο τοίχωμα ‖ [-ed]: *(v)* φέρομαι με αναίδεια ‖ **~bone**: *(n)* κόκαλο της παρειάς, "μήλο" ‖ **~y**: *(adj)* θρασύς, αναιδής

cheer (tʃiər) [-ed]: *(v)* δίνω χαρά ‖ ευθυμώ ‖ επευφημώ, ζητωκραυγάζω ‖ *(n)* χαρά, ευθυμία ‖ επευφημία ‖ **~ful**: *(adj)* χαρούμενος, εύθυμος ‖ **~io**: *(int)* γειά σας ‖ **~leaders**: *(n)* κοπέλες που ενθαρρύνουν τους ποδοσφαιριστές στον αγώνα ‖ **~less**: *(adj)* κακόκεφος, λυπημένος ‖ **~ up**: *(v)* δίνω χαρά ‖ γίνομαι χαρούμενος ‖ **~y**: *(adj)* εύθυμος

chees-e (tʃiːz): *(n)* τυρί ‖ [-d]: *(v)* σταματώ *(id)* ‖ **~eburger**: *(n)* σάντουιτς με κιμά και τυρί ‖ **~e cake**: *(n)* γαλατοτυρόπιτα ‖ **~y**: *(adj)* κακής ποιότητας

cheetah (ˈtʃiːtə): *(n)* κυναίλουρος

chef (ʃef): *(n)* αρχιμάγειρας

chemi-cal (ˈkemikəl): *(adj)* χημικός ‖

~cals: *(n)* χημικές ουσίες ‖ **~st**: *(n)* χημικός ‖ φαρμακοποιός ‖ **~stry**: *(n)* χημεία

cherish (ˈtʃeriʃ) [-ed]: *(v)* αγαπώ ‖ φέρομαι με τρυφερότητα ‖ τρέφω ελπίδες ‖ κρατώ προσφιλή ανάμνηση ‖ **~ed**: *(adj)* προσφιλής, χαϊδεμένος

cheroot (ʃəˈruːt): *(n)* πούρο με τετραγωνικά άκρα

cherry (ˈtʃeri): *(n)* κερασιά ‖ κεράσι ‖ *(adj)* χρώμα κερασιού

cherub (ˈtʃerəb): *(n)* χερουβείμ

chess (tʃes): *(n)* σκάκι ‖ **~board**: *(n)* σκακιέρα ‖ **~man**: *(n)* πιόνι

chest (tʃest): *(n)* στήθος ‖ κιβώτιο, μπαούλο ‖ ντουλάπα ‖ ταμείο εταιρείας ‖ **~ of drawers**: *(n)* σιφονιέρα ‖ **get sth. off one's ~**: *(v)* λέω κάτι και ξαλαφρώνω

chesterfield (ˈtʃestərfiːld): *(n)* παλτό με βελούδινο γιακά ‖ καναπές

chestnut (ˈtʃesnʌt): *(n)* καστανιά ‖ κάστανο ‖ *(adj)* καστανός

chevron (ˈʃevrən): *(n)* γαλόνι υπαξιωματικού

chew (tsuː) [-ed]: *(v)* μασώ ‖ σκέπτομαι *(id)* ‖ *(n)* μάσημα ‖ **~ing gum**: *(n)* μαστίχα ‖ **~ out**: *(v)* κατσαδιάζω ‖ **~ the rag**: *(v)* φιλονικώ

chic (ʃik): *(n)* μοντέρνος, "σικ"

Chicago (ʃəˈkægə): *(n)* Σικάγο

chicanery (ʃiˈkeinəri): *(n)* κατεργαριά ‖ κόλπο

Chicano (tʃiˈkæno): *(n)* Μεξικανοαμερικανός

chick (tʃik): *(n)* νεοσσός ‖ κοτόπουλο ‖ κοπελίτσα *(id)* ‖ **~en**: *(n)* κοτόπουλο ‖ κοπέλα *(id)* ‖ φοβιτσιάρης *(id)* ‖ **~en** [-d]: *(v)* δειλιάζω ‖ **~en feed**: *(n)* πενταροδεκάρες *(id)* ‖ **~en pox**: *(n)* ανεμοβλογιά

chicory (ˈtʃikəri): *(n)* ραδίκι ‖ αντίδι

chide (tʃaid) [-d]: *(v)* αποδοκιμάζω ‖ επιπλήττω ‖ παροτρύνω

chief (tʃiːf): *(n)* αρχηγός ‖ κύριος, πρωτεύων ‖ **~ justice**: *(n)* πρόεδρος του ανωτάτου δικαστηρίου ‖ πρόεδρος δικαστηρίου ‖ **~ly**: *(adv)* κυρίως ‖ **~ of staff**: *(n)* αρχηγός επιτελείου ‖ **in ~**: ανώτατος ‖ **~tain**: *(n)* οπλαρχηγός

chilblain (ˈtʃilblein): *(n)* χιονίστρα
child (ˈtʃaild) [pl. children]: *(n)* παιδί ‖ ~**birth**: *(n)* τοκετός ‖ ~**hood**: *(n)* παιδική ηλικία ‖ ~**ish**: *(adj)* παιδαριώδης, ανώριμος ‖ ~**less**: *(adj)* άτεκνος ‖ ~**like**: *(adj)* παιδικός, αθώος
children: see child
chill (tʃil) [-ed]: *(v)* κρυώνω, παγώνω ‖ *(n)* ψύχος, ψύχρα ‖ ρίγος ‖ *(adj)* ψυχρός ‖ ~**y**: *(adj)* ψυχρός, παγερός
chime (tʃaim) [-d]: *(v)* κουδουνίζω ‖ ηχώ αρμονικά ‖ εναρμονίζομαι ‖ *(n)* μουσική ή ρυθμική κωδωνοκρουσία
chimer-a (kaiˈmiərə): *(n)* Χίμαιρα ‖ ~**ic**, ~**ical**: *(adj)* χιμαιρικός, απραγματοποίητος
chimney (ˈtʃimni): *(n)* καπνοδόχος ‖ λαμπογυάλι
chimpanzee (tʃimpənˈzi:): *(n)* χιμπαντζής
chin (tʃin): *(n)* σαγόνι ‖ [-ned]: *(v)* κουβεντιάζω *(id)* ‖ ~ **up!**: *(int)* θάρρος
china (ˈtʃainə): *(n)* πορσελάνη ‖ σκεύη από πορσελάνη
Chin-a (ˈtʃainə): *(n)* Κίνα ‖ ~**ese**: *(n & adj)* Κινέζος ‖ κινέζικος
chink (tʃink): *(n)* ρωγμή ‖ μεταλλικός ήχος
chintz (tʃints): *(n)* τσίτι
Chios (ˈki:os): *(n)* Χίος
chip (tʃip) [-ped]: *(v)* κομματιάζω ‖ *(n)* θραύσμα ‖ τσιπ του πόκερ ‖ ~ **in**: *(v)* συνεισφέρω ‖ παρεμβαίνω σε συνομιλία ‖ ~**per**: *(adj)* ζωηρός
chipmunk (ˈtʃipmʌŋk): *(n)* κουνάβι Αμερικής
chiropod-ist (kiˈrəpədist): *(n)* ποδίατρος, ειδικός των κάτω άκρων ‖ ~**y**: *(n)* ποδιατρική
chiropractic (kairəˈpræktik): *(n)* χειροπρακτική
chirp (tʃə:rp) [-ed]: *(v)* τερετίζω, τιτιβίζω ‖ *(n)* τερέτισμα, τιτίβισμα
chirrup (ˈtʃə:rəp) [-ed]: *(v)* κελαηδώ, τιτιβίζω ‖ *(n)* κελάηδημα, τιτίβισμα
chisel (ˈtʃizəl) [-ed]: *(v)* λαξεύω ‖ *(n)* σμίλη ‖ εξαπατώ *(id)* ‖ ~**er**: *(n)* λαξευτής ‖ απατεώνας
chit (tʃit): *(n)* λογαριασμός ‖ σημείωμα ‖ ~ **chat**: *(n)* ψιλοκουβέντα ‖ *(v)* κου-

βεντιάζω
chivalr-ous (ˈʃivəlrəs): *(adj)* ιπποτικός ‖ ~**y**: *(n)* ιπποτισμός
chive (tʃaiv): *(n)* κρεμμύδι
chlor-ate (ˈklɔreit): *(n)* χλωρικό άλας ‖ ~**ic**: *(adj)* χλωρικός ‖ ~**ide**: *(n)* χλωρίδιο ‖ ~**ine**: *(n)* χλώριο ‖ ~**oform** (ˈklɔrəfɔ:rm) [-ed]: *(v)* δίνω χλωροφόρμιο, κοιμίζω ‖ *(n)* χλωροφόρμιο ‖ ~**ophyll**: *(n)* χλωροφύλλη
chock (tʃɔk) [-ed]: *(v)* υποστηρίζω με σφήνα ‖ *(n)* σφήνα ‖ *(adv)* πολύ κοντά ‖ *(adv)* ολόγεμα ‖ ~**full**: *(adj)* γεμάτος
chocolate (ˈtʃɔkəlit): *(n)* σοκολάτα
choice (tʃɔis): *(n)* εκλογή, προτίμηση ‖ προαίρεση ‖ *(adj)* εκλεκτός
choir (kwaiər): *(n)* χορωδία
choke (tʃouk) [-d]: *(v)* πνίγω ‖ στραγγαλίζω ‖ πνίγομαι, ασφυκτιώ ‖ καταπνίγω ‖ φράζω, σταματώ ‖ *(n)* εμφράκτης
choler-a (ˈkələrə): *(n)* χολέρα ‖ ~**ic**: *(adj)* δύστροπος
cholesterol (kəˈlestərəl): *(n)* χοληστερίνη
choose (tʃu:z) [chose, chosen]: *(v)* διαλέγω ‖ προτιμώ
chop (tʃɔp) [-ped]: *(v)* τεμαχίζω ‖ κόβω, πελεκώ ‖ χτυπώ δυνατά ‖ *(n)* μπριζόλα, παϊδάκι ‖ δυνατό χτύπημα ‖ κυματισμός ‖ ~**py**: *(adj)* γεμάτος κύματα, ταραχώδης ‖ ~**s**: *(n)* προγούλι *(id)* ‖ ~**sticks**: *(n)* ξυλαράκια φαγητού των Κινέζων
choral (ˈkərəl): *(adj)* χορωδιακός
chord (kɔ:rd): *(n)* χορδή
chore (tʃɔər): *(n)* μικροδουλειά
choreograph-er (kəriˈɔgrəfər): *(n)* χορογράφος ‖ ~**y**: *(n)* χορογραφία
chorister (ˈkəristər): *(n)* μέλος χορωδίας ‖ διευθυντής χορωδίας
chortle (ˈtʃɔ:rtl) [-d]: *(v)* καγχάζω
chorus (ˈkɔ:rəs): *(n)* χορός, ομάδα τραγουδιστών ‖ ομάδα χορευτριών ή τραγουδιστριών του καμπαρέ ‖ ομαδική φωνασκία ‖ [-ed]: *(v)* τραγουδώ σε ομάδα ‖ ~**girl**: *(n)* χορεύτρια ή τραγουδίστρια καμπαρέ
chose: see choose ‖ ~**n**: see choose

chow (tʃau) [-ed]: *(v)* τρώω *(id)* ‖ *(n)* φαγητό *(id)* ‖ *(n)* είδος σκύλου ‖ ~ **chow**: *(n)* σαλάτα λαχανικών
chowder (´tʃaudər): *(n)* πηχτή ψαρόσουπα, "μπουγιαμπέσα"
chrism (´krizəm): *(n)* μύρο ‖ χρίσμα
Christ (kraist): *(n)* Χριστός ‖ ~**ian** (´kristjən): *(adj)* Χριστιανός ‖ ~**endom** (´krisəndəm): Χριστιανοσύνη, οι Χριστιανοί ‖ ~**ianity** (kris´tʃiænəti): *(n)* Χριστιανισμός ‖ ~**mas** (´krisməs): *(n)* Χριστούγεννα
christen (´krisən) [-ed]: *(v)* βαφτίζω ‖ ~**ing**: *(n)* βάφτιση
chrom-ate (´kromeit): *(n)* χρωμικό άλας ‖ ~**e**: (kroum): *(n)* χρώμιο ‖ *(adj)* χρωμιούχος ‖ ~**ium** (´kroumiəm): *(n)* χρώμιο ‖ ~**ium plating**: *(n)* επιχρωμίωση
chrom-atic (kro´mætik): *(adj)* χρωματικός ‖ ~**osome** (´kroməsoum): *(n)* χρωματόσωμα
chronic, ~**al** (´krɔnik): *(adj)* χρόνιος ‖ ~**ally**: *(adv)* χρονίως
chronicle (´krɔnikəl): *(n)* χρονικό ‖ [-d]: *(v)* γράφω χρονικά ‖ ~**r**: *(n)* χρονικογράφος
chronolog-ical (krɔnə´lodzikəl): *(adj)* χρονολογικός ‖ ~**y** (krə´nɔlədzi): *(n)* χρονολογία
chronometer (krə´nɔmitər): *(n)* χρονόμετρο
chrysanthemum (kri´sænθiməm): *(n)* χρυσάνθεμο
chubb-iness (´tʃʌbinis): *(n)* πάχος ‖ ~**y**: *(adj)* στρουμπουλός
chuck (tʃʌk) [-ed]: *(v)* ρίχνω, πετώ ‖ διώχνω ‖ *(n)* σφιγκτήρας
chuckle (´tʃʌkəl) [-d]: *(v)* γελώ αθόρυβα ‖ *(n)* αθόρυβος καγχασμός
chug (tʃʌg) [-ged]: *(v)* βροντοχτυπώ ‖ *(n)* βρόντος
chum (tʃʌm) [-med]: *(v)* είμαι στενός φίλος ‖ συνοικώ ‖ *(n)* στενός φίλος ‖ ~**my**: *(adj)* οικείος, πολύ στενός φίλος
chump (tʃʌmp): *(n)* χοντροκέφαλος, "μπούφος"
chunk (tʃʌŋk): *(n)* χοντρό κομμάτι ‖ ποσότητα *(id)* ‖ ~**y**: *(adj)* κοντόχοντρος

church (tʃə:rtʃ): *(n)* ναός, εκκλησία ‖ ~ **service**: *(n)* θεία λειτουργία
churl (tʃə:rl): *(n)* αγροίκος, άξεστος ‖ ~**ish**: *(adj)* αγροίκος, άξεστος
churn (tʃə:rn) [-ed]: *(v)* χτυπώ γάλα ή βούτυρο ‖ *(n)* βυτίο βουτύρου ‖ δοχείο που χτυπούν βούτυρο
chute (ʃu:t): *(n)* καταχόρυφος ή κεκλιμένος αγωγός ‖ κατηφορικό αυλάκι ‖ αλεξίπτωτο *(id)*
cicada (si´keidə, si´ka:da): *(n)* τζίτζικας
cider (´saidər): *(n)* χυμός μήλων ‖ μηλίτης
cigar (si´ga:r): *(n)* πούρο ‖ ~**ette** (´sigəret): *(n)* τσιγάρο ‖ ~**ette case**: *(n)* τσιγαροθήκη ‖ ~**ette end**: *(n)* αποτσίγαρο ‖ ~**ette holder**: *(n)* πίπα τσιγάρου
cinch (sintʃ): *(n)* ζώνη σέλας ‖ εύκολο, τιποτένιο ‖ [-ed]: *(v)* σιγουράρω
cinder (´sindər): *(n)* ανθρακιά ‖ ~**s**: *(n)* στάχτη
Cinderella (sində´relə): *(n)* Σταχτοπούτα
cinema (´sinəmə): *(n)* κινηματογράφος ‖ ~**tograph** (sinə´mætəgræf): *(n)* κινηματογραφική μηχανή ‖ ~**tography**: *(n)* τεχνική κινηματογράφου, κινηματογραφία
cinnamon (´sinəmən): *(n)* κανέλα
cipher (´saifər) [-ed]: *(n)* κρυπτογραφώ ‖ *(n)* κρυπτογράφηση ‖ γρίφος ‖ μηδέν
circle (´sə:rkl): *(n)* κύκλος ‖ ομήγυρη ‖ [-d]: *(v)* κυκλώνω ‖ κάνω κύκλο
circuit (´sə:rkit): *(n)* κλειστή καμπύλη ‖ περιστροφική διαδρομή ‖ κύκλωμα ‖ ~**ous**: *(adj)* όχι κατ' ευθείαν, έμμεσος
circul-ar (´se:rkjulər): *(adj)* κυκλικός ‖ κυκλωτερής ‖ *(n)* εγκύκλιος ‖ ~**ate** (´sə:rkjuleit) [-d]: *(v)* κυκλοφορώ ‖ είμαι σε κυκλοφορία ‖ ~**ation**: *(n)* κυκλοφορία ‖ ~**atory**: *(adj)* κυκλοφοριακός
circumcis-e (´sə:rkəmsaiz) [-d]: *(n)* κάνω περιτομή ‖ ~**ion**: *(n)* περιτομή
circumference (sə:r´kʌmfərəns): *(n)* περιφέρεια
circumflex (´sə:rkəmfləks): *(n)* περισπωμένη

75

circumlocution

circumlocut·ion (sə:rkəmlə´kju:ʃən): *(n)* περίφραση ‖ **~ory:** *(adj)* περιφραστικός

circumnavigate (sə:rkəm´nævigeit) [-d]: *(v)* περιπλέω

circumscribe (´sə:rkəmskraib) [-d]: περιγράφω ‖ **~d:** *(adj)* περιγραμμένος

circumspect (´se:rkəmspekt): *(adj)* φρόνιμος, προσεκτικός ‖ **~ion:** *(n)* φρόνηση

circumstan·ce (´sə:rkəmstəns): *(n)* περίσταση ‖ συνθήκη ‖ τυπικότητα ‖ **~s:** *(n)* οικονομ. κατάσταση ‖ **~tial** (sə:rkəm´stænʃəl): *(adj)* συμπτωματικός

circumvent (´sə:rkəm´vent) [-ed]: *(v)* παρακάμπτω ‖ καταστρατηγώ ‖ **~ion:** *(n)* παράκαμψη ‖ καταστρατήγηση

circus (´sə:rkəs): *(n)* τσίρκο

cirrhosis (si´ro:sis): *(n)* κίρρωση

cistern (´sistərn): *(n)* δεξαμενή

citadel (´sitədəl): *(n)* ακρόπολη ‖ προμαχώνας

cit·e (sait) [-d]: *(v)* μνημονεύω ‖ προτείνω για έπαινο ή βραβείο ‖ κλητεύω ‖ **~ation:** *(n)* μνημόνευση ‖ κλήση

citizen (´sitizən): *(n)* πολίτης ‖ **~ship:** *(n)* ιδιότητα πολίτου ‖ πολιτικά δικαιώματα

citr·ate (´sitreit): *(n)* κιτρικό άλας ‖ **~ic:** *(adj)* κιτρικός ‖ **~us** (´sitrəs): *(n)* εσπεριδοειδές, κιτροειδές ‖ **~on:** *(n)* κίτρο

city (´siti): *(n)* πόλη ‖ **~ hall:** *(n)* δημαρχείο

civic (´sivik): *(n)* αστικός

civies, civvies (´sivi:z): *(n)* πολιτικά ρούχα *(id)*

civil (´sivəl): *(adj)* πολιτικός ‖ ευγενικός ‖ **~ engineer:** *(n)* πολ. μηχανικός ‖ **~ian** (sə´viljən): *(n)* πολίτης, όχι στρατιωτικός ‖ **~ity:** *(n)* ευγένεια ‖ **~ization** (sivələ´zeiʃən): *(n)* πολιτισμός ‖ **~ize** (´sivəlaiz) [-d]: *(v)* εκπολιτίζω ‖ **~ law:** *(n)* αστικό δίκαιο ‖ **~ rights:** *(n)* δικαιώματα του ατόμου ‖ **~ servant:** *(n)* δημόσιος υπάλληλος ‖ **~ service:** *(n)* δημόσια υπηρεσία ‖ **~ war:** *(n)* εμφύλιος πόλεμος

clad (klæd): *(adj)* ντυμένος ‖ επενδυμένος

claim (kleim) [-ed]: *(v)* απαιτώ, αξιώνω ‖ διεκδικώ ‖ ισχυρίζομαι ‖ *(n)* απαίτηση, αξίωση ‖ διεκδίκηση ‖ ισχυρισμός ‖ **~ant:** *(n)* διεκδικητής ‖ ενάγων

clairvoyan·ce (kleər´voiəns): *(n)* μαντική δύναμη, πρόβλεψη ‖ οξεία αντίληψη ‖ **~t:** *(n)* μάντης

clam (klæm): *(n)* αχιβάδα ‖ [-med]: *(v)* σωπαίνω, "το βουλώνω" *(id)*

clamber (´klæmbər) [-ed]: *(v)* σκαρφαλώνω με δυσκολία ή αδεξιότητα

clammy (´klæmi): *(adj)* μουσκεμένος, κολλημένος από ιδρώτα

clamor (´klæmər) [-ed]: *(v)* φωνασκώ ‖ κάνω φασαρία ‖ *(n)* φωνασκίες, φασαρία

clamp (klæmp) [-ed]: *(v)* συσφίγγω ‖ συνδέω ‖ *(n)* σφιγκτήρας ‖ αγκύριο

clan (klæn): *(n)* φυλή ‖ πατριά ‖ **~nish** *(adj)* φυλετικός ‖ στενά συνδεμένος με το σόι

clandestine (klæn´destin): *(adj)* μυστικός, κρυφός

clang (klæŋ) [-ed]: *(v)* κροτώ ή αντηχώ μεταλλικά ‖ *(n)* κλαγγή ‖ **~or:** *(n)* συνεχής κλαγγή

clap (klæp) [-ped]: *(v)* χτυπώ, κροτώ ‖ χειροκροτώ ‖ *(n)* χτύπος ‖ χαστούκι ‖ **~ping:** *(n)* χειροκρότημα ‖ **~ trap:** *(n)* "μπούρδες" *(id)*

claque (klæk): *(n)* "κλάκα", αβανταδόροι

claret (´klæret): *(n)* μαύρο μπρούσικο κρασί (μπορντό)

clari·fication (klærifi´keiʃən): *(n)* διευκρίνιση ‖ καθάρισμα ‖ **~fy** (´klærifai) [-ied]: *(v)* διευκρινίζω ‖ καθαρίζω ‖ καθαρίζομαι, γίνομαι διαυγής ‖ **~ty** (´klærity): *(n)* διαύγεια, σαφήνεια

clarinet (klæri´net): *(n)* κλαρίνο

clash (klæʃ): *(v)* συγκρούομαι ‖ χτυπώ, συγκρούω ‖ έρχομαι σε σύγκρουση ή αντίθεση ‖ *(n)* σύγκρουση ‖ αντίθεση

clasp (klæsp) [-ed]: *(v)* συνδέω με πόρπη ή συνδετήρα ‖ αγκαλιάζω, σφίγγω ‖ *(n)* πόρπη ‖ συνδετήρας ‖ χειραψία ‖ αγκάλιασμα, σφίξιμο

class (klæs): *(n)* τάξη ‖ κλάση, κατηγορία ‖ [-ed]: *(v)* ταξινομώ ‖ **~ic, ~ical:**

(adj) κλασικός ‖ **~icism**: *(n)* κλασικισμός ‖ **~ification** (klæsifiˊkeiʃən): *(n)* ταξινόμηση ‖ **~ify** (ˊklæsifai) [-ied]: *(v)* κατατάσσω σε κλάσεις ‖ **~room**: *(n)* αίθουσα διδασκαλίας ‖ **~y**: *(adj)* ανώτερης κλάσης ή τάξης
clatter (ˊklætər) [-ed]: *(v)* κροτώ, κροταλίζω ‖ κάνω θόρυβο ‖ *(n)* κρότος, θόρυβος ‖ δυνατή φασαρία
clause (klɔːz): *(n)* όρος, ρήτρα ‖ απλή πρόταση (gram)
claustrophobia (klɔːstrəˊfoubiə): *(n)* φόβος κλειστών χώρων, κλειστοφοβία
clavicle (ˊklævikəl): κόκαλο της κλειδός, κλειδοκόκαλο
claw (klɔː): *(n)* νύχι ζώου ‖ αρπάγη ‖ δαγκάνα ‖ [-ed]: *(v)* αρπάζω ή σκαλίζω με τα νύχια
clay (klei): *(n)* άργιλος ‖ πηλός
clean (kliːn) [-ed]: *(v)* καθαρίζω ‖ *(adj)* καθαρός ‖ **~cut**: *(adj)* με αδρά χαρακτηριστικά ‖ **~liness, ~ness**: *(n)* καθαριότητα ‖ **~se** (klenz) [-d]: *(v)* καθαρίζω ‖ εξαγνίζω ‖ **~ser**: *(n)* απορρυπαντικό ‖ **come ~**: *(v)* λέω την αλήθεια *(id)*
clear (kliər): *(adj)* καθαρός ‖ διαυγής ‖ σαφής ‖ ελεύθερος, χωρίς εμπόδια ‖ *(adv)* εντελώς *(id)* ‖ [-ed]: *(v)* καθαρίζω ‖ ελευθερώνω, ανοίγω ‖ διευκρινίζω ‖ απαλάσσω από ενοχή ή μομφή ‖ βγάζω καθαρό κέρδος ‖ **~ance**: *(n)* ξεκαθάρισμα ‖ ξεπούλημα ‖ όριο, ύψος, περιθώριο ‖ άδεια εκτέλεσης σχεδίου ή απόφασης ‖ **~cut**: *(adj)* σαφής ‖ εμφανής ‖ **~ing**: *(n)* καθάρισμα ‖ κλήριγκ ‖ ξέφωτο δάσους ‖ **~ out**: *(v)* φεύγω *(id)* ‖ **~ up**: *(v)* διασαφηνίζω ‖ καθαρίζω, γίνομαι καθαρός
cleat (kliːt): *(n)* συνοχέας ‖ υποστήριγμα
cleav-age (ˊkliːvidz): *(n)* σχίσιμο ‖ ρωγμή ‖ **~e** (kliːv) [-d or cleft, cleaved, cloven]: *(v)* σχίζω ‖ διεισδύω ‖ **~er**: *(n)* χασαπομάχαιρο
clef (klef): κλειδί (music)
cleft (kleft): *(n)* σχισμή ‖ see cleave
clematis (ˊklemətis): *(n)* κληματίδα
clemen-cy (ˊklemənsi): *(n)* επιείκεια ‖ **~t**: *(adj)* επιεικής ‖ ήπιος

clench (klentʃ) [-ed]: *(v)* σφίγγω ‖ σφίγγομαι
clergy (ˊklɔːrdzi): *(n)* κλήρος, κληρικοί ‖ **~man**: *(n)* κληρικός
clerical (ˊklerikəl): *(adj)* γραφειακός, υπαλληλικός ‖ κληρικός ‖ **~ error**: *(n)* λάθος υπαλλήλου ή αντιγραφής
clerk (klɔːrk): *(n)* υπάλληλος
clever (ˊklevər): *(adj)* έξυπνος ‖ επιδέξιος
clew (kluː): *(n)* ο μίτος της Αριάδνης ‖ κουβάρι ‖ see clue
cliché (kliːˊʃei): *(n)* κοινοτοπία ‖ στερεότυπο, κλισέ
click (klik) [-ed]: *(v)* κροταλίζω ‖ πλαταγίζω ‖ πετυχαίνω *(id)* ‖ ταιριάζω *(id)* ‖ *(n)* κρότος
client (ˊklaiənt): *(n)* πελάτης ‖ **~ele** (ˊklaiən ˊtel): *(n)* πελατεία
cliff (klif): *(n)* ψηλός απότομος βράχος
climacteric (klaimækˊterik): *(adj)* κλιμακτήριος (ή κλιμακτηριακός)
climate (ˊklaimit): *(n)* κλίμα
climax (ˊklaimæks): *(n)* αποκορύφωμα ‖ οργασμός ‖ [-ed]: *(v)* φθάνω σε αποκορύφωμα
climb (klaim) [-ed]: *(v)* σκαρφαλώνω ‖ ανεβαίνω κοινωνικά ή σε βαθμό ‖ γίνομαι ανηφορικός ‖ *(n)* αναρρίχηση
clinch (klintʃ) [-ed]: *(v)* στερεώνω ‖ κάνω τελική συμφωνία, "κλείνω" ‖ *(n)* συνοχέας
cling (kliŋ) [clung, clung]: *(n)* προσκολλώμαι ‖ πιάνομαι σταθερά ‖ εμμένω
clinic (ˊklinik): *(n)* κλινική ‖ **~al**: *(adj)* κλινικός
clink (kliŋk) [-ed]: *(v)* κουδουνίζω ‖ τσουγκρίζω ποτήρια ‖ *(n)* κουδούνισμα ‖ φυλακή *(id)*
clip (klip) [-ped]: *(v)* ψαλιδίζω ‖ κόβω κοντά ‖ χτυπώ απότομα *(id)* ‖ φορτώνω λογαριασμό *(id)* ‖ *(n)* γρήγορο βάδισμα ‖ συνδετήρας ‖ φυσιγγιοθήκη πιστολιού ‖ **~per**: *(n)* ιστιοφόρο ‖ **~pers**: μηχανή κουρέματος ‖ **~ping**: *(n)* απόκομμα ‖ **nail ~pers**: νυχοκόπτης
clique (kliːk): *(n)* κλίκα
cloak (klouk): *(n)* μανδύας ‖ σκέπασμα ‖ [-ed]: *(v)* σκεπάζω με μανδύα ‖ κρύ-

clobber

βω, καλύπτω ‖ ~**room**: *(π)* ιματιοφυλάκιο

clobber (ˊkləbər) [-ed]: *(v)* γροθοκοπώ

clock (klɔk): *(π)* ρολόι τοίχου ή επιτραπέζιο ‖ ~**wise**: *(adv)* κατά τη φορά των δεικτών του ρολογιού

clod (klɔd): *(π)* βόλος χώματος ‖ χοντροκέφαλος, "μπουμπούνας" *(id)*

clog (klɔg) [-ged]: *(v)* φράζω, "στουπώνω" ‖ *(π)* φράξιμο ‖ ξυλοπάπουτσο

cloister (ˊkloistər): *(π)* περιστύλιο ‖ μοναστήρι

close (klous) [-d]: *(v)* κλείνω ‖ φέρω εις πέρας ‖ τερματίζομαι ‖ *(adj)* κοντινός ‖ σφιχτός, στενός ‖ ακριβής ‖ κλειστός ‖ πνιγηρός ‖ *(adv)* κοντά ‖ ~**down**: *(v)* σταματώ ολότελα ‖ κλείνω οριστικά ‖ ~ **fisted**: *(adj)* τσιγκούνης ‖ ~**ly**: *(adv)* προσεκτικά ‖ ~ **mouthed**: *(adj)* λιγομίλητος ‖ ~ **up**: *(π)* φωτογραφία από κοντά, λεπτομέρεια ‖ ~ **in**: *(v)* κυκλώνω, προσεγγίζω

closet (ˊklɔzit): *(π)* δωματιάκι ‖ αποθηκούλα ‖ ντουλάπα

closure (ˊklouzhər): *(π)* κλείσιμο

clot (klɔt) [-ted]: *(v)* θρομβώνομαι, κάνω θρόμβο ‖ *(π)* θρόμβος

cloth (klɔθ): *(π)* ύφασμα ‖ **the** ~: *(π)* κλήρος, κληρικοί ‖ ~**e** (klouð) [-d]: *(v)* ντύνω, περιβάλλω ‖ ~**es**: *(π)* ρούχα ‖ ~**es line**: *(π)* σχοινί μπουγάδας ‖ ~**es peg** *(pin)*: *(π)* μανταλάκι ρούχων ‖ ~**ier**: *(π)* υφασματοποιός ‖ ~**ing**: *(π)* ρουχισμός

cloud (klaud) [-ed]: *(v)* συννεφιάζω ‖ σκεπάζω, σκεπάζομαι ‖ *(π)* σύννεφο ‖ ~ **burst**: *(π)* μπόρα ‖ ~**less**: *(adj)* ξάστερος ‖ ~**y**: *(adj)* συννεφιασμένος

clout (klaut) [-ed]: *(v)* γροθοκοπώ ‖ *(π)* γροθιά, γροθοκόπημα

clove (klouv): *(π)* μοσχοκάρφι ‖ see cleave ‖ ~**n**: see cleave

clover (ˊklouvər): *(π)* τριφύλλι ‖ **in** ~: σε ευημερία

clown (klaun) [-ed]: *(v)* κάνω τον παλιάτσο, "σαχλαμαρίζω" ‖ *(π)* παλιάτσος, "κλόουν"

cloy (kloi) [-ed]: *(π)* παραχορταίνω, "μπουχτίζω"

club (klʌb) [-bed]: *(v)* χτυπώ με ρόπα-

λο ‖ συνεταιρίζομαι, κάνω σύλλογο ‖ *(π)* ρόπαλο ‖ μπαστούνι γκολφ ή χόκεϊ ‖ σπαθί της τράπουλας ‖ λέσχη, σύλλογος, εντευκτήριο

cluck (klʌk) [-ed]: *(v)* κακαρίζω ‖ *(π)* κακάρισμα ‖ βλάκας *(id)*

clue (klu:) [-d]: *(π)* κάνω νύξη, δίνω ενδείξεις ‖ *(π)* ένδειξη ‖ στοιχείο ‖ υπαινιγμός

clump (klʌmp): *(π)* όγκος ‖ σωρός ‖ συστάδα

clumsy (ˊklʌmzi): *(adj)* αδέξιος ‖ άχαρος

clung: see cling

cluster (ˊklʌstər) [-ed]: *(v)* σχηματίζω ομάδα ή συστάδα ‖ *(π)* ομάδα ‖ συστάδα ‖ δέσμη, "τσαμπί"

clutch (klʌtʃ) [-ed]: *(v)* αρπάζω ‖ σφίγγω ‖ *(π)* αρπάγη ‖ άρπαγμα, πιάσιμο ‖ λαβή, σφίξιμο ‖ συμπλέκτης

clutter (ˊklʌtər) [-ed]: *(v)* παραγεμίζω ‖ γεμίζω άτακτα ‖ *(π)* ακαταστασία

coach (coutʃ) [-ed]: *(v)* προγυμνάζω ‖ προπονώ ‖ *(π)* προπονητής ‖ προγυμναστής ‖ άμαξα ‖ όχημα ‖ λεωφορείο

coagulat-e (kouˊægjuleit) [-d]: *(v)* πήζω ‖ ~**ion**: *(π)* πήξη ‖ ~**ive**: *(adj)* πηκτικός

coal (koul): *(π)* κάρβουνο ‖ ~**field**: *(π)* ανθρακοφόρα περιοχή ‖ ~**mine**: *(π)* ανθρακωρυχείο

coalesce (kouəˊles) [-ed]: *(v)* συνενώνομαι ‖ συγκολλώμαι ‖ ~**nce**: *(π)* συνένωση ‖ συγκόλληση ‖ ~**nt**: *(adj)* συγκολλητικός

coalition (kouəˊliʃən): *(π)* συνασπισμός

coaming (ˊkoumiŋ): *(π)* παραπέτο

coarse (kə:rs): *(adj)* τραχύς ‖ ακατέργαστος ‖ άξεστος, χοντροκομμένος ‖ κατώτερης ποιότητας ‖ ~**n**: [-ed]: *(π)* τραχύνω ‖ ~**ness**: *(π)* τραχύτητα

coast (koust): *(π)* ακτή ‖ [-ed]: *(v)* προχωρώ αργά ‖ πλέω γύρω από την ακτή ‖ ~**al**: *(adj)* παράκτιος ‖ ~**er**: *(π)* ακτοπλοϊκός ‖ "σου βερ" ‖ ~**guard**: *(π)* ακτοφυλακή ‖ ακτοφύλακας ‖ ~**line**: *(π)* ακτή

coat (kout): *(π)* σακάκι ‖ παλτό ‖ δέρμα, προβιά ζώου ‖ επίχρισμα ‖ [-ed]: *(v)* επιχρίζω ‖ ~**ing**: *(π)* επίχρισμα ‖ ~

78

of arms: *(n)* οικόσημο ‖ **frock** ~: *(n)* φράκο ‖ **over** ~, **top** ~: *(n)* παλτό
coax (kouks) [-ed]: *(v)* καλοπιάνω ‖ προσπαθώ να καταφέρω
coaxial (kou΄æksi:əl): *(adj)* ομαξονικός
cobble (΄kəbəl): *(n)*, ~ **stone**: πλάκα λιθόστρωσης ‖ ~**r**: *(n)* παπουτσής, τσαγκάρης
cobra (΄koubrə): *(n)* κόμπρα
cobweb (΄kəbweb): *(n)* ιστός αράχνης
cocaine (ko΄kein): *(n)* κοκαΐνη
cock (kək): *(n)* κόκορας ‖ αρσενικό πουλιών ‖ κρουνός ‖ βαλβίδα ‖ λύκος όπλου, ''κόκορας'' ‖ πέος *(id)* ‖ [-ed]: *(v)* σηκώνω τον κόκορα του όπλου ‖ γέρνω προς το πλάι ‖ ~ **crow**: *(n)* ξημερώματα ‖ ~**erel** ‖ *(n)* πετεινάρι ‖ ~**eyed**: *(adj)* αλλήθωρος ‖ λοξός ‖ ~ **sure**: απόλυτα βέβαιος ‖ ~**y**: *(adj)* επιδεικτικός, ''κόκορας'' ‖ ~ **scomb**: *(n)* λειρί
cockle (΄kəkəl): *(n)* κοχύλι ‖ [-d]: *(v)* ζαρώνω
cockney (΄kəkni): *(n)* μέλος ή διάλεκτος της κατώτερης τάξης του Λονδίνου
cockpit (΄kəkpit): *(n)* διαμέρισμα πιλότου αεροπλάνου, θάλαμος χειρισμού
cockroach (΄kəkroutʃ): *(n)* κατσαρίδα
cocktail (΄kəkteil): *(n)* ανακατωμένο οιν. ποτό, ''κοκτέιλ''
cocoa (΄koukou): *(n)* κακάο
coconut (΄koukənʌt): *(n)* ινδοκάρυδο
cocoon (kə΄ku:n): *(n)* κουκούλι
cod (kəd), ~ **fish**: *(n)* μουρούνα ‖ ~ **liver oil**: *(n)* μουρουνόλαδο
coddle (kədl) [-d]: *(v)* σιγοβράζω ‖ παραχαϊδεύω
cod-e (koud) [-d]: *(v)* γράφω σε κώδικα, κρυπτογραφώ ‖ κώδικας ‖ ~**ex** (΄koudeks): *(n)* κώδικας (αρχ. χειρόγραφο) ‖ ~**icil** (΄kədəsil): *(n)* κωδίκελος ‖ ~**ify** (΄koudifai) [-ied]: *(v)* κωδικοποιώ
codger (΄kədjər): *(n)* γέρος *(id)*
coed (΄koued): *(n)* φοιτήτρια μεικτού σχολείου ‖ ~ **ucational** (΄koudju΄keiʃənəl): *(adj)* μεικτής εκπαίδευσης
coefficient (koui΄fiʃənt): *(n)* συντελεστής

coerc-e (kou΄ə:rs) [-d]: *(v)* εξαναγκάζω ‖ πιέζω ‖ ~**ion**: *(n)* εξαναγκασμός, πίεση ‖ ~**ive**: *(adj)* πιεστικός
coexist (΄kouig΄zist) [-ed]: *(v)* συνυπάρχω ‖ ~**ence**: *(n)* συνύπαρξη
coffee (΄kəfi): *(n)* καφές ‖ ~ **house**, ~**shop**: *(n)* καφεστιατόριο ‖ ~ **klatch**: *(n)* συγκέντρωση για καφέ, ''καφέ προλονζέ'' ‖ ~**mill**: *(n)* μύλος καφέ
coffer: (΄kəfər): *(n)* χρηματοκιβώτιο ‖ φράγμα
coffin (΄kəfin): *(n)* φέρετρο
cog (kəg): *(n)* δόντι τροχού ‖ δευτερεύουσας σημασίας *(id)*
cogen-cy (΄koudzənsi): *(n)* πειστικότητα ‖ ~**t**: *(adj)* πειστικότατος
cognac (΄kounjæk): *(n)* κονιάκ
cognate (΄kəgneit): *(adj)* συγγενής
cogni-tion (kəg΄niʃən): *(n)* γνώση ‖ ~**zance** (΄kəgnizəns): *(n)* αντίληψη, γνώση ‖ ~**zant**: *(adj)* ενήμερος, γνώστης
cognomen (kəg΄noumen): *(n)* επώνυμο
cohabit (kou΄hæbit) [-ed]: *(v)* συζώ παράνομα
coheir (kou΄eər): *(n)* συγκληρονόμος
coheren-ce (kou΄hiərəns): *(n)* συνοχή, συνάφεια ‖ ~**t**: *(adj)* συναφής
coil (kəil) [-ed]: *(v)* συσπειρώνω ‖ συσπειρώνομαι ‖ ελίσσομαι ‖ *(n)* σπείρα, σπείρωμα ‖ έλικας ‖ πηνίο
coin (kəin) [-ed]: *(v)* επινοώ ‖ κόβω νομίσματα ‖ *(n)* νόμισμα, κέρμα ‖ ~**age**: *(n)* νομισματοκοπή ‖ νομισματικό σύστημα
coincide (΄kouin΄said) [-d]: *(v)* συμπίπτω ‖ ~**nce** (kou΄insidəns): *(n)* σύμπτωση ‖ ~**nt**: *(adj)* ανάλογος, συμπίπτων ‖ ~**ntal**: *(adj)* συμπτωματικός
coition (kou΄iʃən), **coitus** (΄kouətəs): *(n)* συνουσία
coke (kouk): *(n)* οπτάνθρακας, ''κόκ'' ‖ κόκα-κόλα ‖ κοκαΐνη *(id)*
colander (΄kʌləndər): *(n)* στραγγιστήρι
cold (kould): *(n)* κρύο, ψύχρα ‖ *(adj)* κρύος ‖ *(n)* κρυολόγημα ‖ *(n)* αναίσθητος *(id)* ‖ **catch** ~: *(v)* κρυολογώ ‖ ~ **front**: *(n)* ψυχρό μέτωπο ‖ **have** ~ **feet**: δειλιάζω, κάνω πίσω

79

coleslaw

coleslaw (´koulslə:): *(n)* λαχανοσαλάτα ψιλοκομμένη

coli-c (´kəlik): *(n)* κολικός ‖ κολικόπονος ‖ **~itis** (kə´laitis): *(n)* κολίτιδα

coliseum: see colosseum

collaborat-e (kə´læbəreit) [-d]: *(v)* συνεργάζομαι ‖ **~ion**: *(n)* συνεργασία ‖ **~or**: *(n)* συνεργάτης ‖ συνεργάτης κατακτητή

collaps-e (kə´læps) [-d]: *(v)* καταρρέω ‖ *(n)* κατάρρευση ‖ **~ible**: *(adj)* πτυσσόμενος

collar (´kələr): *(n)* γιακάς, κολάρο ‖ περιλαίμιο ζώου ‖ [-ed]: *(v)* αρπάζω από το γιακά ή από το σβέρκο ‖ **~bone**: *(n)* κλειδοκόκαλο

collate (kə´leit) [-d]: *(v)* παραβάλλω ‖ βάζω στη σειρά

collateral (kə´lætərəl): *(n)* υποθήκη ‖ εχέγγυο

colleague (´kəli:g): *(n)* συνεργάτης

collect (kə´lekt) [-ed]: *(v)* συλλέγω ‖ συναθροίζω ‖ συναθροίζομαι ‖ εισπράττω ‖ **~ed**: *(adj)* συγκεντρωμένος, ατάραχος ‖ **~ion**: *(n)* συλλογή ‖ είσπραξη ‖ **~ive**: *(adj)* συλλογικός ‖ **~or**: *(n)* συλλέκτης ‖ εισπράκτορας

colleg-e (´kəlidz): *(n)* Σχολή πανεπιστημίου ‖ Ανωτάτη ανεξάρτητη σχολή ‖ **~iate** (kə´li:dzit): *(adj)* κολεγιακός, πανεπιστημιακός

collide (kə´laid) [-d]: *(v)* συγκρούομαι

collie (´kəli): *(n)* ράτσα τσοπανόσκυλου

collier (´kəliər): *(n)* ανθρακοφόρο πλοίο ‖ ανθρακωρύχος ‖ **~y**: *(n)* ανθρακωρυχείο

collision (kə´li:zhən): *(n)* σύγκρουση

colloquial (kə´loukwiəl): *(adj)* καθομιλούμενος, κοινός

collusion (kə´lu:zhən): *(n)* συμπαιγνία

colon (´koulən): *(n)* κόλον ‖ διπλή στιγμή

colonel (´kə:rnəl): *(n)* συνταγματάρχης

colon-ial (kə´louniəl): *(adj)* αποικιακός ‖ **~ist**: *(n)* άποικος ‖ **~ize** (´kələnaiz) [-d]: *(v)* αποικίζω ‖ **~y** (´kələni): *(n)* αποικία

colonnade (kələ´neid): *(n)* κιονοστοιχία

color, colour (´kʌlər) [-ed]: *(v)* χρωμα-

τίζω ‖ κοκκινίζω ‖ *(n)* χρώμα ‖ βαφή ‖ ζωηρότητα, γραφικότητα ‖ **~s**: *(n)* σημαία, χρώματα ‖ **~blind**: *(adj)* αχρωματοπικός ‖ **~ed**: *(adj)* έγχρωμος ‖ χρωματιστός ‖ **~fast**: *(adj)* με ανεξίτηλο χρώμα ‖ **~ful**: *(adj)* πολύχρωμος ‖ ζωντανός, ζωηρός

coloss-al (kə´ləsəl): *(adj)* κολοσσιαίος ‖ **~eum**: *(n)* κολοσσαίο ‖ **~us**: *(n)* κολοσσός

colt (koult): *(n)* πουλάρι ‖ είδος περιστρόφου

Columbus (kə´lʌmbəs): *(n)* Κολόμβος

column (´kələm): *(n)* κολόνα ‖ στήλη ‖ φάλαγγα ‖ **~ar**: *(adj)* κιονοειδής ‖ **~ist**: *(n)* αρθρογράφος, χρονογράφος

coma (´koumə): *(n)* κώμα ‖ **~tose**: *(adj)* κωματώδης

comb (koum) [-ed]: *(v)* χτενίζω ‖ ερευνώ, "χτενίζω" ‖ *(n)* χτένα ‖ λανάρα ‖ λειρί ‖ κηρήθρα ‖ **~er**: *(n)* μεγάλο κύμα

combat (´kəmbət) [-ed]: *(v)* μάχομαι ‖ αντιτίθεμαι βίαια ‖ *(n)* μάχη ‖ *(adj)* μάχιμος ‖ **~ive**: *(adj)* μαχητικός ‖ **~iveness**: *(n)* μαχητικότητα

combin-ation (kəmbə´neiʃən): *(n)* συνδυασμός ‖ **~e** (kəm´bain) [-d]: *(v)* συνδυάζω ‖ ενώνω ‖ ενώνομαι ‖ (´kombain): *(n)* συνασπισμός ‖ θεριζοαλωνιστικό συγκρότημα

combust-ible (kəm´bʌstəbəl): *(adj)* καύσιμος ‖ εύφλεκτος ‖ *(n)* καύσιμη ύλη ‖ **~ion**: *(n)* καύση ‖ ανάφλεξη ‖ αγανάκτηση, θυμός

come (kʌm) [came, come]: *(v)* έρχομαι ‖ καταλήγω ‖ συμβαίνω, γίνομαι ‖ εκσπερματίζω *(id)* ‖ **~ about**: *(v)* συμβαίνω ‖ γυρίζω ‖ **~ across**: *(v)* συναντώ ‖ ενδίδω ‖ **~ again**: *(v)* ξαναλέω *(id)* ‖ **~ along**: *(v)* προχωρώ, ανεβαίνω ‖ **~ around**: *(v)* συνέρχομαι ‖ **~ by**: *(v)* αποκτώ ‖ επισκέπτομαι ‖ **~ down**: *(v)* ξεπέφτω ‖ *(n)* ξεπεσμός ‖ **~ into**: *(v)* αποκτώ ‖ κληρονομώ ‖ **~ ly**: *(adj)* όπως πρέπει ‖ ευπαρουσίαστος, χαριτωμένος ‖ **~ out**: *(v)* αποκαλύπτομαι ‖ αποκαλύπτω ‖ **~ over**: *(v)* επισκέπτομαι ‖ **~ through**: *(v)* πετυχαίνω ‖ **how ~ ?**: Πώς έτσι? πώς αυτό?

80

comed-ian (kə´mi:diən): *(n)* κωμικός ‖
~y (´kəmidi): *(n)* κωμωδία
comet (´komit): *(n)* κομήτης
comfort (´kʌmfərt) [-ed]: *(v)* παρηγο-
ρώ ‖ ανακουφίζω ‖ *(n)* άνεση ‖ παρη-
γοριά, ανακούφιση ‖ **~able**: *(adj)* άνε-
τος ‖ αρκετός *(id)* ‖ **~er**: *(n)* πάπλωμα
‖ κασκόλ ‖ **~ station**: *(n)* δημόσια ου-
ρητήρια
comic (´komik): *(n)* κωμικός ‖ **~s**: *(n)*
ιστορία με εικόνες ‖ **~al**: *(adj)* κωμι-
κός, αστείος ‖ **~ strip**: *(n)* ιστοριούλα
με σκίτσα
comma (´komə): κόμμα ‖ inverted **~s**:
(n) εισαγωγικά
command (kə´mænd) [-ed]: *(v)* διατάζω
‖ διοικώ ‖ έχω στην κατοχή μου, δια-
θέτω ‖ *(n)* διοίκηση, εξουσία ‖ διατα-
γή, εντολή ‖ κυριαρχία ‖ **~ant**: *(n)*
φρούραρχος ‖ διοικητής στρατοπέδου
‖ **~eer** (kəmən´di:r) [-ed]: *(v)* επιτάσ-
σω ‖ αρπάζω *(id)* ‖ **~er** (kə´mændər):
(n) διοικητής ‖ αντιπλοίαρχος ‖ **~er-
in-chief**: *(n)* αρχιστράτηγος ‖ **~ing**:
(adj) επιβλητικός ‖ **~ing officer**
(C.O.): *(n)* διοικητής ‖ **~ment**: *(n)*
εντολή ‖ **~o**: *(n)* καταδρομέας, ''κομ-
μάντο'' ‖ **~ post**: *(n)* προκεχωρημένο
αρχηγείο
commemorat-e (kə´meməreit) [-d]: *(v)*
εορτάζω μνήμη ή επέτειο ‖ **~ion**: *(n)*
εορτή σε μνήμη ‖ **~ive**: *(adj)* αναμνη-
στικός
commence (kə´mens) [-d]: *(v)* αρχίζω ‖
~ ment: *(n)* αρχή ‖ εορτή αποφοίτη-
σης
commend (kə´mend) [-ed]: *(v)* επαινώ
‖ συνιστώ ‖ εμπιστεύομαι, αναθέτω ‖
~able: *(adj)* αξιέπαινος ‖ **ation**: *(n)*
έπαινος ‖ εύφημη μνεία ‖ **~atory**:
(adj) επαινετικός
commensurate (kə´menʃərit): *(adj)* σύμ-
μετρος ‖ ανάλογος
comment (´koment) [-ed]: *(v)* σχολιάζω
‖ επεξηγώ ‖ *(n)* σχόλιο ‖ επεξήγηση ‖
~ary: *(n)* σχολιαστικό ή επεξηγηματι-
κό άρθρο ‖ **~ator**: *(n)* σχολιαστής
commerc-e (´komə:rs): *(n)* εμπόριο ‖
~ial (kə´mə:rʃəl): *(adj)* εμπορικός ‖
(n) διαφημιστικό κομμάτι ‖ *(adj)* όχη-

μα δημόσιας χρήσης ‖ **~ialize** [-d]:
(v) εμπορεύομαι ‖ καπηλεύομαι ‖ **~ial
traveler**: *(n)* παραγγελιοδόχος
commingle (kə´miŋgl) [-d]: *(v)* ανακα-
τεύομαι
commiserate (kə´mizəreit) [-d]: *(v)*
συλλυπούμαι
commissary (´koməseri:): *(n)* καντίνα ‖
επιμελητεία ‖ αντιπρόσωπος, εντεταλ-
μένος
commission (kə´miʃən) [-ed]: *(v)* ανα-
θέτω εντολή ‖ εξουσιοδοτώ ‖ επιφορ-
τίζω ‖ δίνω παραγγελία ‖ *(n)* εντολή,
εξουσιοδότηση ‖ παραγγελία ‖ διορι-
σμός ‖ προμήθεια, ποσοστά ‖ βαθμός
αξιωματικού ‖ **~aire**: *(n)* θυρωρός ‖
~ed officer: *(n)* αξιωματικός ‖ **~er**:
(n) αρχηγός ‖ μέλος επιτροπής ‖ **non
~ed officer**: *(n)* υπαξιωματικός ‖ **out
of ~**: όχι εν λειτουργία
commit (kə´mit) [-ted]: *(v)* διαπράττω
‖ εμπιστεύομαι, αναθέτω ‖ θέτω υπό
κράτηση ‖ δίνω υπόσχεση, δεσμεύω ‖
~ment: *(n)* δέσμευση ‖ ανάθεση ‖ **~ to
memory**: *(n)* απομνημονεύω ‖ **~tee**
(kə´miti): *(n)* επιτροπή
commodi-ous (kə´moudiəs): *(adj)* ευρύ-
χωρος ‖ **~ty**: *(n)* επιχερδές είδος,
εμπόρευμα
commodore (´komədə:r): *(n)* στόλαρ-
χος ‖ αρχιπλοίαρχος
common (´komən): *(adj)* κοινός ‖ δη-
μόσιος ‖ συνηθισμένος ‖ ευτελής ‖
(n) δίχρονο φωνήεν ‖ **~s**: *(n)* κοινοτι-
κό κτήμα ‖ **~er**: *(n)* κοινός άνθρωπος,
μη ευγενής ‖ **~ market**: *(n)* κοινή
αγορά ‖ **~ place**: *(adj)* κοινός ‖ *(n)*
κοινοτοπία ‖ **~s**: *(n)* κοινοβούλιο ‖
~wealth: *(n)* λαός ‖ δημοκρατία ‖ κοι-
νοπολιτεία
commotion (kə´mouʃən): *(n)* ταραχή
commun-al (kə´mju:nəl): *(adj)* κοινοτι-
κός ‖ κοινός ‖ **~e** (kə´mju:n) [-d]: *(n)*
συνομιλώ ‖ κοινωνώ ‖ (´kəmju:n):
(n) κοινότητα ‖ **~icate** (kə´mju:nikeit)
[-d]: *(v)* ανακοινώνω ‖ επικοινωνώ ‖
συγκοινωνώ ‖ **~ication**: *(n)* επικοινω-
νία ‖ συγκοινωνία ‖ **~ion**
(kə´mju:njən): *(n)* συμμερισμός ‖ θρη-
σκευτική ομάδα ‖ θεία κοινωνία ‖

~**ique** (kəmju:ni´kei): *(n)* ανακοινωθέν ‖ ~**ism** (´kɔmjunizəm): *(n)* κομμουνισμός ‖ ~**ist**: *(n)* κομμουνιστής ‖ ~**ity**: *(n)* κοινότητα ‖ κοινωνία, κοινό ‖ ~**ity property**: κοινή συζυγική περιουσία

commut-ation (kɔmju:´teiʃən): *(n)* μεταστροφή, μεταλλαγή ‖ ~**ation ticket**: *(n)* εισιτήριο διαρκείας ‖ ~**ator**: *(n)* μετατροπέας ‖ ~**e** (kə´mju:t) [-d]: *(v)* μετατρέπω ‖ εναλλάσσω ‖ κινούμαι προς τόπο εργασίας

compact (kəm´pækt): *(adj)* συμπαγής ‖ συνοπτικός ‖ συμμαζεμένος ‖ [-ed]: *(v)* κάνω συμπαγή, συμπιέζω ‖ (´kɔmpækt): *(n)* σύμβαση, συμφωνία ‖ πουδριέρα

companion (kəm´pænjən): *(n)* σύντροφος ‖ ~**ship**: *(n)* συντροφιά ‖ ~ **way**: *(n)* σκάλα πλοίου

company (´kʌmpəni): *(n)* συντροφιά ‖ συνάθροιση ‖ επισκέπτες ‖ εταιρεία ‖ θίασος ‖ λόχος ‖ **keep** ~: *(v)* κάνω παρέα ‖ **part** ~: *(v)* χωρίζω

compar-able (´kɔm´pərəbəl): *(adj)* παραβλητός ‖ ~ **ative** (kəm´pærətiv): *(adj)* συγκριτικός ‖ *(n)* συγκριτικός βαθμός ‖ ~**atively**: *(adv)* συγκριτικά, σε σύγκριση ‖ ~**e** (kəm´peər) [-d]: *(n)* συγκρίνω, παραβάλλω ‖ συγκρίνομαι ‖ παρομοιάζω ‖ ~**ison** (kəm´pærisən): *(n)* σύγκριση ‖ **beyond** ~**ison**: ασύγκριτος

compartment (kəm´pa:rtmənt): *(n)* διαμέρισμα

compass (´kʌmpəs): *(n)* πυξίδα ‖ όριο, σύνορο ‖ ~**es**: *(n)* διαβήτης ‖ **gyro** ~: *(n)* γυροσκοπική πυξίδα ‖ **radio** ~: *(n)* ραδιοπυξίδα

compassion (kəm´pæʃən): *(n)* ευσπλαχνία ‖ ~**ate**: *(adj)* φιλεύσπλαχνος

compatib-ility (kəmpætə´biliti): *(n)* συμφωνία, αρμονία ‖ ~**le** (kəm´pætəbəl): *(adj)* σύμφωνος, ταιριαστός

compatriot (kəm´pætriət): *(n)* συμπατριώτης

compel (kəm´pel) [-led]: *(v)* αναγκάζω ‖ καταβάλλω

compendi-ous (kəm´pendiəs): *(adj)* περιληπτικός ‖ ~**um**: *(n)* περιληπτική έκδοση

compensat-e (´kɔmpenseit) [-d]: *(v)* αντισταθμίζω ‖ αποζημιώνω ‖ αμείβω για εργασία ‖ ~**ion**: *(n)* αντιστάθμιση ‖ αποζημίωση ‖ αμοιβή

compet-e (kəm´pi:t) [-d]: *(v)* αμιλλώμαι ‖ συναγωνίζομαι, ανταγωνίζομαι ‖ ~**ition** (kɔmpi´tiʃən): *(n)* άμιλλα ‖ ανταγωνισμός ‖ ~**itive** (kəm´petitiv): *(adj)* ανταγωνιστικός ‖ ~**itor**: ανταγωνιστής

competen-ce (´kɔmpitəns): *(n)* ικανότητα ‖ επάρκεια ‖ αρμοδιότητα ‖ ~**t**: *(adj)* ικανός ‖ αρμόδιος

compil-ation (kɔmpə´leiʃən): *(n)* συνάθροιση ‖ απάνθισμα ‖ ~**e** (kəm´pail) [-d]: *(v)* συλλέγω, συναθροίζω υλικό

complacen-ce (kəm´pleisəns), **complacency** (kəm´pleisənsi): *(n)* ικανοποίηση, ευχαρίστηση ‖ κρυφή ικανοποίηση ‖ ~**t**: *(adj)* ικανοποιημένος

complain (kəm´plein) [-ed]: *(v)* παραπονιέμαι ‖ ενάγω ‖ ~**ant**: *(n)* μηνυτής, ενάγων ‖ ~**t**: *(n)* παράπονο ‖ ασθένεια ‖ μήνυση

complement (´kɔmpləmənt): *(n)* συμπλήρωμα ‖ πληρότητα ‖ προσδιορισμός ‖ πλήρωμα ‖ (´kɔmplə´ment) [-ed]: *(v)* συμπληρώνω ‖ ~**ary**: *(adj)* συμπληρωματικός

complet-e (kəm´pli:t) [-d]: *(v)* συμπληρώνω ‖ αποτελειώνω ‖ *(adj)* πλήρης, συμπληρωμένος ‖ ~**ely**: *(adv)* εντελώς ‖ ~**ion**: *(n)* συμπλήρωση ‖ πραγματοποίηση

complex (´kɔmplexs): *(adj)* σύνθετος ‖ πολύπλοκος ‖ μιγαδικός ‖ *(n)* σύμπλεγμα, ''κόμπλεξ'' ‖ *(n)* σύνθετο ‖ ~**ity**: *(n)* περιπλοκή

complexion (kəm´plekʃən): *(n)* χροιά και υφή επιδερμίδας

complian-ce (kəm´plaiəns): *(n)* συγκατάθεση ‖ συμβιβασμός ‖ ~**t**: *(adj)* ενδοτικός

complicat-e (´kɔmplikeit) [-d]: *(v)* περιπλέκω ‖ ~**ion**: *(n)* περιπλοκή ‖ επιπλοκή

complicity (kəm´plisiti): *(n)* συνενοχή ‖ περιπλοκή

compliment (´kɒmpləmənt) [-ed]: *(v)* εκφράζω φιλοφρόνηση, "κοπλιμεντάρω" ‖ εκφράζω σεβασμό ή συμπάθεια ‖ *(n)* φιλοφρόνηση, "κοπλιμέντο"

comply (kəm´plai) [-ied]: *(v)* συμμορφώνομαι ‖ ενδίδω ‖ τηρώ

component (kəm´pounənt): *(n)* συστατικό μέρος ‖ συνιστώσα

compos-e (kəm´pouz) [-d]: *(v)* συνθέτω ‖ συνιστώ ‖ διευθετώ ‖ ηρεμώ ‖ **~ed**: *(adj)* ήρεμος, ατάραχος ‖ **~er**: *(n)* συνθέτης ‖ **~ite** (´kɒmpəzit): *(adj)* σύνθετος ‖ μεικτός ‖ **~ition** (kɒmpə´ziʃən): *(n)* σύνθεση ‖ σύσταση ‖ έκθεση ιδεών ‖ συμβιβασμός ‖ **~ure**: *(n)* ηρεμία, αταραξία

compost (´kɒmpoust): *(n)* λίπασμα, "κοπριά"

compote (´kɒmpout): *(n)* κομπόστα

compound (kəm´paund) [-ed]: *(v)* συνθέτω ‖ ανακατεύω ‖ *(´kɒmpaund)*: *(adj)* σύνθετος ‖ *(n)* σύνθετη ύλη ‖ σύνθετη λέξη ‖ περιφραγμένο συγκρότημα κατοικιών ‖ φραγμένος χώρος ‖ στρατόπεδο ‖ **~ interest**: ανατοκισμός

comprehen-d (kɒmpri´hend) [-ed]: *(v)* αντιλαμβάνομαι ‖ συμπεριλαμβάνω ‖ **~sion**: *(n)* αντίληψη ‖ κατανόηση ‖ **~sive**: *(adj)* περιεκτικός ‖ νοήμων

compress (kəm´pres) [-ed]: *(v)* πιέζω, συμπιέζω ‖ **~ed**: *(adj)* πιεσμένος ‖ **~ion**: *(n)* πίεση ‖ **~or**: *(n)* συμπιεστής ‖ *(´kɒmpres)*: *(n)* επίθεμα, "κομπρέσα" ‖ πιεστήριο

comprise (kəm´praiz) [-d]: *(v)* αποτελούμαι ‖ συμπεριλαμβάνω

compromise (´kɒmprəmaiz) [-d]: *(v)* συμβιβάζομαι ‖ διακυβεύω ‖ εκθέτω σε κίνδυνο ή υποψία ‖ *(n)* συμβιβασμός ‖ διακύβευση

comptroller (kɒn´troulər): *(n)* οικονομικός ελεγκτής ‖ αρχιλογιστής

compuls-ion (kəm´pʌlʃən): *(n)* πίεση ‖ καταναγκασμός ‖ **~ory**: *(adj)* υποχρεωτικός, αναγκαστικός

compunction (kəm´pʌŋkʃən): *(n)* τύψη

comput-ation (kɒmpju´teiʃən): *(n)* υπολογισμός ‖ **~e** (kəm´pju:t) [-d]: *(v)* υπολογίζω ‖ **~er**: *(n)* υπολογιστής ‖ ηλεκτρονικός υπολογιστής, "κομπιού-

τερ" ‖ **~erize** [-d]: *(v)* εφαρμόζω σύστημα "κομπιούτερς"

comrade (´kɒmræd): *(n)* σύντροφος ‖ **~ship**: *(n)* συντροφιά, συναδελφοσύνη

con (kɒn): *(adv)* εναντίον ‖ *(n)* τα κατά ‖ [-ned]: *(v)* εξετάζω λεπτομερώς ‖ εξαπατώ *(id)* ‖ *(n)* κατάδικος *(id)*

concave (´kɒnkeiv): *(adj)* κοίλος ‖ **concavo ~**: αμφίκοιλος

conceal (kən´si:l) [-ed]: *(v)* κρύβω ‖ **~ment**: *(n)* κρύψιμο

concede (kən´si:d) [-d]: *(v)* παραδέχομαι ‖ παραχωρώ

conceit (kən´si:t): *(n)* έπαρση, ματαιοδοξία ‖ πνευματώδης έκφραση ή σκέψη ‖ **~ed**: *(adj)* ματαιόδοξος, φαντασμένος

conceiv-e (kən´si:v) [-d]: *(v)* συλλαμβάνω σκέψη ‖ συλλαμβάνω, μένω έγκυος ‖ **~ able**: *(adj)* διανοητός

concentrat-e (´kɒnsentreit) [-d]: *(v)* συγκεντρώνω ‖ συγκεντρώνομαι ‖ συμπυκνώνω ‖ εμπλουτίζω ‖ **~ed**: *(adj)* συμπυκνωμένος ‖ **~ion**: *(n)* συγκέντρωση ‖ συμπύκνωση ‖ **~ion camp**: *(n)* στρατόπεδο συγκεντρώσεως

concentric (kən´sentrik): *(adj)* ομόκεντρος

concept (´kɒnsept): *(n)* έννοια, ιδέα ‖ **~ion** (kən´sepʃən): *(n)* σύλληψη, αντίληψη ‖ σύλληψη, κυοφορία ‖ **~ual**: *(adj)* ιδεατός

concern (kən´sə:rn) [-ed]: *(v)* αφορώ, ενδιαφέρω ‖ ενδιαφέρομαι ‖ προκαλώ ανησυχία ‖ *(n)* ενδιαφέρον ‖ επιχείρηση, εταιρεία

concert (kən´sə:rt) [-ed]: *(v)* σχεδιάζω εκ συμφώνου ‖ μηχανεύομαι ‖ **~ed**: *(adj)* συμφωνημένος ‖ συναυλιακός ‖ *(´kɒnsə:rt)*: *(n)* συναυλία ‖ αρμονία, συμφωνία ‖ **~ pitch**: *(adj)* πανέτοιμος ‖ **in ~**: σε συμφωνία, εκ συμφώνου

concertina (kɒnsə:r´ti:nə): *(n)* μικρό ακορντεόν, κονσερτίνα

concerto (kən´tʃə:rtou): *(n)* κονσέρτο

concession (kən´seʃən): *(n)* εκχώρηση ‖ παραχώρηση

conciliat-e (kən´silieit) [-d]: *(v)* συνδιαλλάσσω, συμβιβάζω ‖ **~ion**: *(n)* συνδιαλλαγή ‖ **~ory**: *(adj)* συνδιαλλα-

83

κτικός, συμβιβαστικός

concis-e (kən´sais): *(adj)* συνοπτικός ‖ **~ion**: *(n)* συνοπτικότητα

conclave (´kɔŋkleiv): *(n)* μυστικοσυμβούλιο ‖ συμβούλιο καρδιναλίων

conclu-de (kən´klu:d) [-d]: *(v)* τελειώνω, φέρνω σε πέρας ‖ κλείνω, αποτελειώνω ‖ συμπεραίνω, καταλήγω ‖ αποφασίζω ‖ **~sion** (kən´klu:zhən): *(n)* τέλος, κατάληξη ‖ συμπέρασμα ‖ πόρισμα ‖ **~sive**: *(adj)* αποφασιστικός ‖ τελικός

concoct (kən´kɔkt) [-ed]: *(v)* παρασκευάζω ‖ επινοώ ‖ **~ion**: *(n)* παρασκεύασμα, κατασκεύασμα ‖ επινόηση

concomitant (kən´kɔmitənt): *(adj)* παρεπόμενος

concord (´kɔŋkɔ:rd): *(n)* αρμονία, συμφωνία ‖ συνθήκη ‖ **~ance**: *(n)* αρμονία ‖ **~ant**: *(adj)* αρμονικός

concourse (´kɔŋkɔ:rs): *(n)* πλήθος ‖ λεωφόρος ‖ πλατεία σιδ. σταθμού ‖ κίνηση, ρεύμα πλήθους

concrete (´kɔnkri:t, kən´kri:t): *(n)* σκυρόδεμα, "μπετόν" ‖ *(adj)* συγκεκριμένος ‖ συμπαγής ‖ ~ **mixer**: *(n)* μπετονιέρα

concubine (´kɔŋkjubain): *(n)* παλλακίδα

concur (kən´kə:r) [-red]: *(v)* συμφωνώ ‖ συμπίπτω ‖ **~rence**: *(n)* συμφωνία ‖ σύμπτωση ‖ **~rent**: *(adj)* ταυτόχρονος, σύγχρονος ‖ συμπτωματικός ‖ **~rently**: *(adv)* από κοινού

concussion (kən´klʌʃən): *(n)* δόνηση ‖ διάσειση

condemn (kən´dem) [-ed]: *(v)* μέμφομαι ‖ καταδικάζω ‖ **~ation**: *(n)* καταδίκη

condens-e (kən´dens) [-d]: *(v)* συμπυκνώνω ‖ συμπυκνώνομαι ‖ συντομεύω ‖ **~ation**: *(n)* συμπύκνωση ‖ **~ed**: *(adj)* συμπυκνωμένος ‖ σύντομος ‖ **~er**: *(n)* πυκνωτής

condescend (kɔndi´send) [-ed]: *(v)* καταδέχομαι ‖ **~ing**: *(adj)* καταδεχτικός ‖ συγκαταβατικός

condition (kən´diʃən): *(n)* όρος, συνθήκη ‖ κατάσταση, θέση ‖ [-ed]: *(v)* διατυπώνω όρους ‖ προσαρμόζω, εγκλι-

ματίζω, εθίζω ‖ **~al**: *(adj)* υποθετικός ‖ υπό όρους ‖ **~ing**: *(n)* ρύθμιση

condole (kən´doul) [-d]: *(v)* συλλυπούμαι ‖ **~nce**: *(n)* συλλυπητήρια

condom (´kɔndəm): *(n)* προφυλακτικό, "καπότα"

condominium (kɔndou´miniəm): *(n)* συνιδιοκτησία ‖ πολυκατοικία ιδιόκτητων διαμερισμάτων

condone (kən´doun) [-d]: *(v)* αντιπαρέρχομαι, παραβλέπω ‖ αποσύρω μήνυση για μοιχεία

condor (´kɔndər): *(n)* κόνδωρ

conduc-e (kən´dju:s) [-d]: *(v)* συντελώ ‖ **~ive**: *(adj)* συντελεστικός

conduct (kən´dʌkt) [-ed]: *(v)* οδηγώ ‖ ελέγχω πορεία ‖ διευθύνω ορχήστρα ‖ φέρω, μεταφέρω ‖ συμπεριφέρομαι ‖ **~ed**: *(adj)* με καθοδήγηση, με οδηγό ‖ **~or**: *(n)* εισπράκτορας λεωφορείου ‖ οδηγός σιδ. οχήματος ‖ μαέστρος ‖ αγωγός ‖ **~ress**: (fem) see **~or** ‖ (´kɔndəkt): *(n)* διαγωγή, συμπεριφορά ‖ διαχείριση, διεύθυνση ‖ διεξαγωγή

conduit (´kɔndjuit): *(n)* αγωγός ‖ οχετός

cone (koun): *(n)* κώνος ‖ χοάνη, χουνί ‖ κουκουνάρι ‖ χωνάκι παγωτού

confab: see confabulate

confabulate (kən´fæbjuleit) [-d]: *(v)* κουβεντιάζω

confect (´kɔnfəkt): *(n)* ζαχαρωτό ‖ **~ion** (kən´fekʃən): *(n)* ζαχαρωτό, γλύκισμα ‖ ζαχαρόπηκτο χάπι ‖ **~ioner**: *(n)* ζαχαροπλάστης ‖ **~ionery**: *(n)* γλυκίσματα ‖ ζαχαροπλαστείο

confedera-cy (kən´fedərəsi): *(n)* ομοσπονδία ‖ συνωμοσία ‖ **~te**: *(n)* ομόσπονδος ‖ συνένοχος ‖ **~tion**: *(n)* συνομοσπονδία

confer (kən´fə:r) [-red]: *(v)* απονέμω ‖ χορηγώ ‖ συζητώ ‖ συνδιασκέπτομαι ‖ **~ence** (´kɔnfərəns): *(n)* διάσκεψη ‖ απονομή

confess (kən´fes) [-ed]: *(v)* ομολογώ ‖ παραδέχομαι ‖ εξομολογούμαι ‖ **~ion**: *(n)* ομολογία ‖ εξομολόγηση ‖ **~or**: *(n)* εξομολογητής ‖ ομολογητής

confetti (kən´feti): *(n)* χαρτοπόλεμος, "κονφετί"

confid-ant ('kɔnfidænt), fem.:
confidante: (n) έμπιστος ‖ ~e
(kən'faid) [-d]: (v) εμπιστεύομαι ‖
~ence ('kɔnfidəns): (n) εμπιστοσύνη ‖
αυτοπεποίθηση ‖ ~ence game (or: con
game): (n) απάτη ‖ ~ence man (or
con man): (n) απατεώνας ‖ ~ent:
(adj) βέβαιος ‖ έμπιστος ‖ ~ential
(kɔnfə'denʃəl): (adj) εμπιστευτικός
configuration (kənfigju'reiʃən): (n) δια-
μόρφωση
confine (kən'fain) [-d]: (v) περιορίζω ‖
be ~d: (v) λοχεύω, περιμένω παιδί ‖
~ment: (n) περιορισμός ‖ λοχεία, το-
κετός ‖ ('kɔnfain): (n) όριο, σύνορο
confirm (kən'fə:rm) [-ed]: (v) επαλη-
θεύω ‖ επιβεβαιώνω ‖ επικυρώνω ‖
~ation: (n) επαλήθευση ‖ επιβεβαίωση
‖ επικύρωση
confiscat-e ('kɔnfiskeit) [-d]: (v) κατά-
σχω ‖ δημεύω ‖ ~ion: (n) κατάσχεση ‖
δήμευση
conflagration (kɔnflə'greiʃən): (n) με-
γάλη πυρκαγιά
conflict ('kɔnflikt): (n) πάλη, αγώνας ‖
διαμάχη, σύγκρουση ‖ (kən'flikt)
[-ed]: (v) μάχομαι, συγκρούομαι ‖ έρ-
χομαι σε αντίθεση
conform (kən'fɔ:rm) [-ed]: (v) συμμορ-
φώνομαι ‖ συμμορφώνω, εξομοιώνω ‖
~ity: (n) συμμόρφωση ‖ συμφωνία
confound (kən'faund) [-ed]: (v) συγχύ-
ζω ‖ συγχέω ‖ ~ed: (adj) συγχυσμένος,
χαμένος ‖ καταραμένος (id)
confront (kən'frʌnt) [-ed]: (v) αντικρί-
ζω ‖ αντιμετωπίζω ‖ φέρνω σε αντι-
παράσταση ‖ ~ation: (n) αντιμετώπιση
‖ αντιπαράσταση
confus-e (kən'fju:z) [-d]: (v) συγχέω ‖
συγχύζω ‖ ~ing: (adj) συγκεχυμένος ‖
προκαλών σύγχυση ‖ ~ion: (n) σύγχυ-
ση ‖ αμηχανία
confut-e (kən'fju:t) [-d]: (v) ανασκευά-
ζω, αποδεικνύω σφάλμα ‖ ~ation: (n)
ανασκευή, απόδειξη σφάλματος
congeal (kən'dzi:l) [-ed]: (v) πήζω
congenial (kən'dzi:niəl): (adj) όμοιος ‖
ευχάριστος
congenital (kən'dzenitəl): (adj) εκ γενε-
τής

congest (kən'dzest) [-ed]: (v) συσσω-
ρεύω ‖ παραγεμίζω ‖ προκαλώ συμ-
φόρηση ‖ ~ed: (adj) γεμάτος ‖ ~ion:
(n) πλήρωση, συμφόρηση
conglomerate (kən'glɔməreit) [-d]: (v)
συμφύρω ‖ συμφύρομαι ‖
(kɔnglɔmərit): (n) σύγκραμα, σύμφυρ-
μα ‖ κροκαλοπαγές πέτρωμα
congratulat-e (kən'grætjuleit) [-d]: (v)
συγχαίρω ‖ ~ions: (n) συγχαρητήρια
congregat-e ('kɔŋgrigeit) [-d]: (v) συ-
ναθροίζω ‖ συναθροίζομαι ‖ ~ion:
(n) συνάθροιση ‖ εκκλησίασμα
congress ('kɔŋgres): (n) συνέλευση
αντιπροσώπων ‖ βουλή, κογκρέσο ‖ ~
ional: (adj) κοινοβουλευτικός ‖ ~man:
(n) βουλευτής, μέλος του κογκρέσου
congruen-ce (kən'gru:əns), congruency
(kən'gru:ənsi): (n) αρμονία, συμφωνία
‖ σύγκλιση ‖ ~t: (adj) αρμονικός ‖ συ-
γκλίνων
conic ('kɔnik), ~al ('kɔnikəl): (adj) κω-
νικός
conifer ('kɔnifər): (n) κωνοφόρο ‖
~ous: (adj) κωνοφόρος
conjectur-al (kən'dzektʃərəl): (adj) συ-
μπερασματικός ‖ εξ εικασίας ‖ ~e
[-d]: (v) συμπεραίνω ‖ εικάζω ‖ (n) ει-
κασία, συμπέρασμα
conjug-al ('kɔndzugəl): (adj) συζυγικός
‖ ~ate ('kɔndzugeit) [-d]: (v) κλίνω
ρήμα ‖ ('kɔndzugit): (adj) συζυγής ‖
~ation (kɔndzu'geiʃən): (n) συζυγία
conjunction (kən'dzʌŋkʃən): (n) σύνδε-
σμος ‖ in ~ with: μαζί, από κοινού
conjure (kən'dzu:r, 'kʌndzər) [-d]: (v)
επικαλούμαι ‖ κάνω μάγια ‖ ~r: (n)
ταχυδακτυλουργός, μάγος ‖ ~ up: (n)
παρουσιάζω ως διά μαγείας
conk (kɔŋk) [-ed]: (v) χτυπώ ‖ κεφάλι
(id) ‖ χτύπημα ‖ ~ out: (v) εξαντλού-
μαι ‖ χαλώ, σταματώ
connect (kə'nekt) [-ed]: (v) συνδέω ‖
συνδέομαι, ενώνομαι ‖ συνδυάζω ‖
~ion: (n) σύνδεση, ένωση ‖ σύνδεσμος,
αρμός ‖ συνδυασμός ‖ σχέση ‖ έμπο-
ρος ναρκωτικών (id) ‖ ~ive: (adj) συν-
δετικός
connexion: see connection
conning tower ('kəniŋ'tauər): (n) γέ-

connive

φύρα πολεμικού πλοίου ‖ πυργίσκος υποβρυχίου

connive (kəˊnaiv) [-d]: *(v)* συμπράττω ‖ μηχανορραφώ ‖ κάνω πως δε βλέπω ‖ ~**ance**: *(n)* σύμπραξη ‖ μηχανορραφία

connoisseur (kənəˊsəːr): *(n)* γνώστης, εμπειρογνώμονας

connot-ation (kɒnəˊteiʃən): *(n)* υπονόηση ‖ σημασία ‖ ~**e** [-d]: *(v)* υπονοώ

connubial (kəˊnjuːbiəl): *(adj)* γαμήλιος ‖ συζυγικός

conque-r (ˊkɒŋkər) [-ed]: *(v)* κατακτώ ‖ νικώ, υποτάσσω ‖ ~**ror**: *(n)* κατακτητής ‖ νικητής ‖ ~**st**: *(n)* κατάκτηση

consci-ence (ˊkɒnʃəns): *(n)* συνείδηση ‖ ~**entious** (kɒnʃiˊenʃəs): *(adj)* ευσυνείδητος ‖ ~**onable** (ˊkɒnʃənəbəl): *(adj)* ευσυνείδητος ‖ ~**ous** (ˊkɒnʃəs): *(adj)* συναισθανόμενος ‖ με τις αισθήσεις, ξυπνητός, έχων τις αισθήσεις ‖ ~**ousness**: *(n)* συναίσθηση ‖ **lose** ~**ousness**: *(v)* χάνω τις αισθήσεις

conscript (kɒnˊskript) [-ed]: *(v)* στρατολογώ υποχρεωτικά ‖ ~**ion**: *(n)* υποχρεωτική στράτευση ‖ (ˊkɒnskript): *(n)* στρατεύσιμος ‖ στρατευμένος

consecrat-e (ˊkɒnsikreit) [-d]: *(v)* καθαγιάζω ‖ εγκαινιάζω εκκλησία ‖ αφιερώνω ‖ ~**ion**: *(n)* καθαγίαση ‖ εγκαίνια

consecutive (kənˊsekjutiv): *(adj)* διαδοχικός

consen-sus (kənˊsensəs): *(n)* γενική συμφωνία ‖ ομοφωνία ‖ ~**t** (kənˊsent) [-ed]: *(v)* συμφωνώ ‖ συγκατατίθεμαι ‖ *(n)* συγκατάθεση

consequen-ce (ˊkɒnsəkwəns): *(n)* συνέπεια ‖ επακόλουθο ‖ σπουδαιότητα ‖ ~**t**: *(adj)* συνεπής, ακόλουθος ‖ ~**tly**: *(adv)* συνεπώς, επομένως

conserv-ation (kɒnsəːrˊveiʃən): *(n)* διατήρηση ‖ συντήρηση ‖ ~**ative** (kənˊsəːrvətiv): *(adj)* συντηρητικός ‖ ~**atory**: *(n)* θερμοκήπιο ‖ ωδείο ‖ ~ **e** (kənˊsəːrv) [-d]: *(v)* διατηρώ ‖ συντηρώ

consider (kənˊsidər) [-ed]: *(v)* θεωρώ ‖ μελετώ, εξετάζω ‖ παίρνω υπόψη ‖ ~**able**: *(adj)* σημαντικός ‖ αξιόλογος ‖

~**ate**: *(adj)* διακριτικός ‖ συνετός ‖ ~**ation**: *(n)* διακριτικότητα ‖ σύνεση ‖ μελετημένη γνώμη ‖ ~**ing**: παίρνοντας υπόψη

consign (kənˊsain) [-ed]: *(v)* παραδίδω ‖ αποστέλλω ‖ βάζω σε παρακαταθήκη ‖ ~**ee**: *(n)* αποδέκτης, παραλήπτης ‖ ~**ment**: *(n)* αποστολή ‖ παρακαταθήκη ‖ ~**or**: *(n)* αποστολέας

consist (kənˊsist) [-ed]: *(v)* αποτελούμαι ‖ ~**ence**, ~**ency**: *(n)* σύσταση ‖ συνοχή ‖ σταθερότητα, συνέπεια ‖ στερεότητα ‖ ~**ent**: *(adj)* συνεπής ‖ σταθερός

consol-ation (kɒnsəˊleiʃən): *(n)* παρηγοριά ‖ ~**e** (kənˊsoul) [-d]: *(v)* παρηγορώ

consolidat-e (kənˊsɒlideit) [-d]: *(v)* στερεοποιώ ‖ παγιώνω ‖ συγχωνεύω ‖ στερεοποιούμαι ‖ ~**ion**: *(n)* στερεοποίηση ‖ συγχώνευση

consommé (kənˊsɒmei): *(n)* ζωμός, ''κονσομέ''

consonant (ˊkɒnsənənt): *(n)* σύμφωνο

consort (kənˊsɔːrt) [-ed]: *(v)* συναναστρέφομαι ‖ σύντροφος, συνοδός ‖ ~**ium** (kənˊsɔːrʃiəm): *(n)* οικονομικός συνασπισμός, ''κονσόρτιο''

conspicuous (kənˊspikjuəs): *(adj)* φανερός, καταφανής ‖ αξιοπρόσεκτος

conspir-acy (kənˊspirəsi): *(n)* συνωμοσία ‖ ~**ator**: *(n)* συνωμότης ‖ ~ **e** (kənˊspaiər) [-d]: *(v)* συνωμοτώ

constab-le (ˊkʌnstəbəl): *(n)* χωροφύλακας, αστυφύλακας ‖ αρχηγός χωροφυλακής ‖ ~**ulary** (kənˊstæbjuləri): *(n)* χωροφυλακή

constan-cy (ˊkɒnstənsi): *(n)* ευστάθεια ‖ σταθερότητα ‖ ~**t**: *(adj)* ευσταθής ‖ σταθερός ‖ συνεχής ‖ *(n)* σταθερή ποσότητα ‖ ~**tly**: *(adv)* σταθερά ‖ συνεχώς

constellation (kɒnstəˊleiʃən): *(n)* αστερισμός

consternation (kɒnstəːrˊneiʃən): *(n)* στενοχώρια ‖ σύγχυση ‖ φόβος

constipat-e (ˊkɒnstipeit) [-d]: *(v)* προκαλώ δυσκοιλιότητα ‖ ~**ed**: *(adj)* δυσκοίλιος ‖ ~**ion**: *(n)* δυσκοιλιότητα

constituen-cy (kənˊstitjuənsi): *(n)* εκλογείς, ψηφοφόροι ‖ εκλογική περιφέρεια ‖ ~t: *(n)* συστατικό ‖ εκλογέας, ψηφοφόρος

constitut-e (´kɔnstitjuːt) [-d]: *(v)* αποτελώ, απαρτίζω ‖ συνιστώ ‖ ιδρύω ‖ διορίζω ‖ **~ion:** *(n)* σύνθεση, σύσταση ‖ κράση ‖ σύνταγμα κράτους ‖ **~ional:** *(adj)* συνταγματικός

constrain (kɔn´strein) [-ed]: *(v)* εξαναγκάζω ‖ περιορίζω ‖ **~t:** *(n)* εξαναγκασμός ‖ περιορισμός ‖ αμηχανία

constrict (kɔn´strikt) [-ed]: *(v)* σφίγγω ‖ συστέλλω ‖ συνθλίβω ‖ **~ion:** *(n)* σφίξιμο ‖ συστολή ‖ **~or:** *(n)* σφιγκτήρας

construct (kɔn´strʌkt) [-ed]: *(v)* οικοδομώ ‖ κατασκευάζω ‖ καταρτίζω ‖ **~ion:** *(n)* οικοδόμηση ‖ κατασκευή ‖ **~ive:** *(adj)* εποικοδομητικός ‖ υπονοούμενος

construe (kɔn´struː) [-d]: *(v)* συντάσσω ‖ αναλύω ‖ ερμηνεύω

consul (´kɔnsəl): *(n)* πρόξενος ‖ **~ate** (´kɔnsəlit): *(n)* προξενείο

consult (kɔn´sʌlt) [-ed]: *(v)* συμβουλεύω ‖ συμβουλεύομαι ‖ **~ant:** *(n)* σύμβουλος ‖ **~ation:** *(n)* συμβουλή ‖ συμβούλιο

consum-e (kɔn´sjuːm) [-d]: *(v)* καταναλίσκω ‖ φθείρω ‖ φθείρομαι ‖ **~er:** *(n)* καταναλωτής ‖ **~mate** (´kɔnsəmeit) [-d]: *(v)* πληρώ ‖ **~ption** (kɔn´sʌmpʃən): *(n)* κατανάλωση ‖ φυματίωση

contact (kɔn´tækt) [-ed]: *(v)* εφάπτομαι ‖ έρχομαι σε επαφή ‖ (´kɔntækt): *(n)* επαφή ‖ **~ breaker:** *(n)* αυτόματος διακόπτης ‖ **~ lens:** *(n)* φακός επαφής

contagi-on (kɔn´teidʒən): *(n)* μετάδοση ‖ μόλυνση ‖ **~ous:** *(adj)* μεταδοτικός

contain (kɔn´tein) [-ed]: *(v)* περιέχω, περιλαμβάνω ‖ περικλείω ‖ περιορίζω ‖ συγκρατώ ‖ **~er:** *(n)* δοχείο, κιβώτιο

contaminat-e (kɔn´tæmineit) [-d]: *(v)* μολύνω ‖ **~ion:** *(n)* μόλυνση ‖ παραφθορά

contemn (kɔn´tem) [-ed]: *(v)* περιφρονώ, καταφρονώ

contemplat-e (´kɔntempleit) [-d]: *(v)* κοιτάζω εξεταστικά ‖ σκέπτομαι, θεω-

ρώ ‖ μελετώ, σχεδιάζω ‖ **~ion:** *(n)* μελέτη ‖ συλλογή ‖ πρόθεση

contemporary (kɔn´tempərəri): *(adj)* σύγχρονος, της ίδιας εποχής ‖ μοντέρνος ‖ της ίδιας ηλικίας

contempt (kɔn´tempt): *(n)* περιφρόνηση, καταφρόνια ‖ **~ible:** *(adj)* αξιοκαταφρόνητος ‖ **~uous:** *(adj)* περιφρονητικός

contend (kɔn´tend) [-ed]: *(v)* μάχομαι, αγωνίζομαι ‖ συναγωνίζομαι ‖ ισχυρίζομαι ‖ **~er:** *(n)* διεκδικητής ‖ ανταγωνιστής

content (´kɔntent), ~ s: *(n)* περιεχόμενο, -να ‖ (kɔn´tent) [-ed]: *(v)* ικανοποιώ ‖ *(n)* ικανοποίηση ‖ ικανοποιημένος ‖ **~ed:** *(adj)* ικανοποιημένος ‖ **~ment:** *(n)* ικανοποίηση ‖ **~ion** (kɔn´tenʃən): *(n)* φιλονικία ‖ διαμάχη ‖ ισχυρισμός

contest (´kɔntest): *(n)* αγώνας, πάλη ‖ διαγωνισμός ‖ (kɔn´test) [-ed]: *(v)* αγωνίζομαι ‖ αμφισβητώ ‖ διαφιλονικώ ‖ **~ant:** *(n)* ανταγωνιστής ‖ διεκδικητής

context (´kɔntekst): *(n)* συμφραζόμενα ‖ συνάφη ‖ **~ual:** *(adj)* συναφής

contigu-ity (kɔnti´gjuiti): *(n)* συνέχεια ‖ γειτονικότητα ‖ **~ous:** *(adj)* γειτονικός

continent (´kɔntinənt): *(n)* ήπειρος ‖ **~al:** *(adj)* ηπειρωτικός

contingen-cy (kɔn´tindʒənsi): *(n)* ενδεχόμενο ‖ πιθανότητα ‖ παρεπόμενο ‖ **~t:** *(adj)* ενδεχόμενος ‖ συμπτωματικός ‖ με την προϋπόθεση, εξαρτώμενος ‖ *(n)* άγημα

continu-al (kɔn´tinjuəl): *(adj)* συνεχής ‖ διαρκής ‖ **~ance** (kɔn´tinjuəns): *(n)* συνέχιση ‖ **~ation** (kɔntinjuˈeiʃən): *(n)* συνέχεια ‖ **~e** (kɔn´tinjuː) [-d]: *(v)* συνεχίζω ‖ συνεχίζομαι, εξακολουθώ ‖ αναβάλλω δίκη ‖ **~ity:** *(n)* συνέχιση, συνέχεια ‖ **~uous:** *(adj)* συνεχής, αδιάκοπος

contort (kɔn´tɔːt) [-ed]: *(v)* συστρέφω ‖ παραμορφώνω ‖ παραμορφώνομαι ‖ **~ion:** *(n)* στρέβλωση ‖ παραμόρφωση ‖ **~ionist:** *(n)* ακροβάτης που στρεβλώνει το σώμα του

contour (´kɔntuər): *(n)* περίγραμμα ‖

contraband

κατατομή εδάφους
contraband ('kɔntrəbænd): *(n)* λαθρεμπόριο ‖ λαθραία
contracepti-on (kɔntrə'sepʃən): *(n)* πρόληψη σύλληψης ‖ ~**ve**: *(adj)* αντισυλληπτικός ‖ *(n)* αντισυλληπτικό
contract ('kɔntrækt): *(n)* συμβόλαιο ‖ υπόσχεση γάμου ‖ εργοληψία ‖ (kən'trækt) [-ed]: *(v)* συμβάλλομαι, αναλαμβάνω εργοληψία ‖ συστέλλομαι ‖ συντομογραφώ ‖ ~**ion**: *(n)* συστολή ‖ έκθλιψη, συναίρεση ‖ ~**or**: *(n)* συστολέας ‖ εργολήπτης
contradict (kɔntrə'dikt) [-ed]: *(v)* αντιλέγω ‖ διαψεύδω ‖ έρχομαι σε αντίθεση ‖ ~**ion**: *(n)* αντίφαση ‖ διάψευση ‖ ~**ory**: *(adj)* αντιφατικός
contradistinction (kɔntrədis'tiŋkʃən): *(n)* αντιδιαστολή
contralto (kən'træltou): *(n)* μεσόφωνος, "κοντράλτο"
contraption (kən'træpʃən): *(n)* επινόηση ‖ κατασκεύασμα
contrary ('kɔntrəri): *(adj)* αντίθετος ‖ εναντίος, δυσμενής ‖ αντιρρησίας ‖ **on the** ~: τουναντίον ‖ **to the** ~: αντίθετα
contrast (kən'træst) [-ed]: *(v)* αντιπαραβάλλω ‖ έρχομαι σε αντίθεση ‖ ('kɔntræst) *(n)* αντιπαραβολή ‖ αντίθεση
contraven-e (kɔntrə'vi:n) [-d]: *(v)* έρχομαι σε αντίθεση, προσκρούω ‖ παραβαίνω ‖ καταπατώ ‖ ~**tion**: *(n)* αντίπραξη ‖ παράβαση ‖ καταπάτηση
contribut-e (kən'tribju:t) [-d]: *(v)* συνεισφέρω ‖ συμβάλλω ‖ ~**ion**: *(n)* συνεισφορά ‖ συμβολή ‖ ~**or**: *(n)* συνεισφέρων ‖ συμβάλλων
contrit-e ('kɔntrait): *(adj)* βαθιά μετανοημένος ‖ γεμάτος συντριβή ‖ ~**ion**: (kən'triʃən): *(n)* μετάνοια ‖ συντριβή
contriv-e (kən'traiv) [-d]: *(v)* μηχανεύομαι ‖ επινοώ ‖ μηχανορραφώ ‖ ~**ance**: *(n)* επινόηση ‖ μηχανορραφία
control (kən'troul) [-led]: *(v)* ελέγχω ‖ εξουσιάζω, έχω υπό έλεγχο ‖ θέτω υπό έλεγχο ‖ συγκρατώ ‖ συγκρατώ ‖ συγχρατώ ‖ συγχρατώ ‖ χειρίζομαι ‖ *(n)* έλεγχος ‖ εξουσία ‖ μοχλός ελέγχου, χειριστήριο ‖ ~**ler**: *(n)* ελεγκτής ‖

ρυθμιστής ‖ ~ **tower**: *(n)* πύργος ελέγχου ‖ **out of** ~: εκτός ελέγχου ‖ **under** ~: υπό έλεγχο
controvers-ial (kɔntrə'və:rʃəl): *(adj)* αμφισβητήσιμος ‖ αντίθετος ‖ ~**y** ('kɔntrəvə:rsi): *(n)* αντιγνωμία ‖ αμφισβήτηση
contus-e (kən'tju:z) [-d]: *(v)* μωλωπίζω ‖ ~**ion**: *(n)* μώλωπας
convalesce (kɔnvə'les) [-d]: *(v)* αναρρώνω ‖ ~**nce**: *(n)* ανάρρωση ‖ ~**nt**: *(adj)* αναρρωνύων, σε ανάρρωση
convene (kən'vi:n) [-d]: *(v)* συγκαλώ ‖ συνέρχομαι, έρχομαι σε συνεδρίαση
convenien-ce (kən'vi:niəns): *(n)* ευκολία ‖ άνεση ‖ βολικότητα ‖ αποχωρητήριο ‖ ~**t**: *(adj)* βολικός ‖ προσιτός
convent ('kɔnvənt): *(n)* μοναστήρι γυναικών
convention (kən'venʃən): *(n)* συνέλευση, συνέδριο ‖ συνθήκη ‖ διεθνής συμφωνία ‖ συμβατικότητα ‖ τυπικότητα ‖ εθιμοτυπία ‖ ~**al**: *(adj)* συμβατικός
converge (kən'və:rdz) [-d]: *(n)* συγκλίνω ‖ ~**nce**: *(n)* σύγκλιση ‖ ~ **nt**: *(adj)* συγκλίνων
convers-ant (kən'və:rsənt): *(adj)* γνώστης, ειδήμονας ‖ ~**ation** (kɔnvər'seiʃən): *(n)* συνομιλία ‖ ~**ational**: *(adj)* καθομιλούμενος ‖ συνομιλητικός ‖ ~**e** (kən'və:rs) [-d]: *(v)* συνομιλώ ‖ ('kɔnvə:rs): *(n)* κουβέντα ‖ *(adj)* αντίστροφος
conver-sion (kən'və:rʃən): *(n)* μετατροπή ‖ αναγωγή ‖ προσηλυτισμός ‖ ~ **t** (kən'və:rt) [-ed]: *(v)* μετατρέπω ‖ προσηλυτίζω ‖ ~ **ter**: *(n)* μετασχηματιστής ‖ ~**tible**: *(adj)* μετατρέψιμος ‖ *(n)* αυτοκιν. "κονβέρτιμπλ" ‖ ~**t** ('kɔnvə:rt): *(n)* προσήλυτος
convex ('kɔnveks): *(adj)* κυρτός ‖ ~**ity**: *(n)* κυρτότητα ‖ **convexo** ~: *(adj)* αμφίκυρτος
convey (kən'vei) [-ed]: *(v)* μεταβιβάζω ‖ μεταφέρω ‖ ~**ance**: *(n)* μεταφορά ‖ μεταφορικό μέσο ‖ ~**or**: *(n)* μεταφορέας
convict (kən'vikt) [-ed]: *(v)* καταδικάζω ‖ ('kɔnvikt): *(n)* κατάδικος ‖ ~**ion**: *(n)* καταδίκη ‖ πεποίθηση

88

convinc-e (kən´vins) [-d]: *(v)* πείθω ‖
~ing: *(adj)* πειστικός
convivial (kən´viviəl): *(adj)* κοινωνι-
κός, γλεντζές ‖ εορταστικός
convocation (kɔnvo´keiʃən): *(n)* σύ-
γκληση ‖ σύναξη
convoke (kənvouk) [-d]: *(v)* συγκαλώ
convoy (´kɔnvoi): *(n)* συνοδεία ‖ νηο-
πομπή ‖ φάλαγγα αυτοκινήτων ‖
[-ed]: *(v)* συνοδεύω προστατευτικά
convuls-e (kən´vʌls) [-d]: *(v)* συνταρά-
ζω ‖ προκαλώ σπασμούς ‖ ~ion: *(n)*
σπασμός ‖ ταραχή
coo (ku:) [-ed]: *(v)* γουργουρίζω σαν
περιστέρι ‖ λέω γλυκόλογα *(id)* ‖ bill
and ~: λέω ερωτόλογα, γλυκοκουβε-
ντιάζω
cook (kuk) [-ed]: *(v)* μαγειρεύω ‖ ψήνω
‖ μαγειρεύομαι ‖ ψήνομαι ‖ συμβαίνω
(id) ‖ *(n)* μάγειρας ‖ ~er: *(n)* μαγειρι-
κή συσκευή ‖ ~ery: *(n)* μαγειρική ‖
μαγειρείο ‖ ~ie, ~y: *(n)* γλυκισματάκι,
κέικ ‖ ~ up: *(v)* μηχανεύομαι, "μαγει-
ρεύω"
cool (ku:l) [ed]: *(v)* δροσίζω ‖ ψύχω ‖
δροσίζομαι ‖ ψυχραίνω, κόβω τον εν-
θουσιασμό ‖ *(adj)* δροσερός, ψυχρός ‖
ψύχραιμος ‖ μη φιλικός, ψυχρός ‖
αναιδής ‖ ολόκληρος, ακέραιος *(id)* ‖
~er: *(n)* ψυκτική συσκευή ‖ φυλακή
(id) ‖ ~ it: *(v)* ηρεμώ, χαλαρώνω *(id)* ‖ ~ my
heels: *(v)* περιμένω πολλές ώρες ‖
~ness: *(n)* ψύχρα, ψυχρότητα
coop (ku:p) [-ed]: *(v)* κλείνω, περιορίζω
‖ *(n)* κοτέτσι, κλουβί ‖ φυλακή *(id)* ‖
fly the ~: *(v)* ''το σκάω'' *(id)*
cooperat-e (kou´əpəreit) [-d]: *(n)* συ-
νεργάζομαι ‖ ~ion: *(n)* συνεργασία ‖
~ive: *(adj)* συνεργατικός ‖ συνεργαζό-
μενος ‖ *(n)* συνεργατική ένωση
coordinat-e (kou´ɔːrdineit) [-d]: *(v)* συ-
ντονίζω ‖ *(n)* ισόβαθμος, ισότιμος ‖
~es: *(n)* συντεταγμένες ‖ ~ion: *(n)* συ-
ντονισμός
coot (ku:t): *(n)* νερόκοτα ‖ βλάκας *(id)*
cop (kɔp) [-ped]: *(v)* κλέβω *(id)* ‖ αρπά-
ζω *(id)* ‖ *(n)* αστυνομικός *(id)* ‖ ~ out:
(v) αποφεύγω ευθύνη, αποτραβιέμαι
(id)
cope (koup) [-d]: *(v)* αντεπεξέρχομαι ‖

αντιμετωπίζω ‖ *(n)* φελόνιο
copier (´kɔpiər): *(n)* φωτοτυπικό μηχά-
νημα ‖ μιμητής, αντιγραφέας
copilot (kou´pailət): *(n)* συμπιλότος,
βοηθητικός πιλότος
copious (´koupjəs): *(adj)* άφθονος
copper (´kɔpər): *(n)* χαλκός ‖ χάλκινο
νόμισμα ‖ *(adj)* χάλκινος ‖ *(n)* καζάνι
‖ αστυνομικός *(id)* ‖ ~ head: *(n)* δηλη-
τηριώδες φίδι ‖ ~ plate: *(n)* χαλκο-
γραφία
coppice (´kɔpis), copse (´kɔps): *(n)*
λόχμη, συστάδα
copse: see coppice
copulat-e (´kɔpjuleit) [-d]: *(v)* συνου-
σιάζομαι ‖ ~ion: *(n)* συνουσία ‖ ~ive:
(adj) συνδετικός
copy (´kɔpi) [-ied]: *(v)* αντιγράφω ‖ μι-
μούμαι, απομιμούμαι ‖ *(n)* αντίγραφο
‖ ~ book: *(n)* τετράδιο ‖ χιλιοειπωμέ-
νος *(id)* ‖ ~cat: *(n)* μιμητής ‖ ~ist:
(n) αντιγραφέας ‖ ~reader: *(n)* διορ-
θωτής ‖ ~right: *(n)* δικαίωμα πνευμα-
τικής ιδιοκτησίας, αποκλειστικότητα
coquet (kou´ket) [-ted]: *(v)* ερωτοτρο-
πώ ‖ ~ish: *(adj)* φιλάρεσκος, ''κοκέτι-
κος'' ‖ ~ary (´koukətri) *(n)* ερωτο-
τροπία ‖ κοκεταρία ‖ ~te: ''κοκέτα''
coral (´kɔrəl): *(n)* κοράλλι ‖ *(adj)* κο-
ραλλένιος ‖ ~ reef: *(n)* κοραλλιογενής
ύφαλος, σπιλάδα
cord (kɔ:rd): *(n)* σχοινί ‖ σιρίτι ‖ χορ-
δή ‖ [-ed]: *(v)* δένω με σχοινί
cordial (´kɔ:rdzəl): *(n)* εγκάρδιος ‖
(n) τονωτικό ‖ ~ly: *(adj)* εγκάρδια
cordon (´kɔ:rdən): *(n)* κορδόνι ‖ διά-
ζωμα ‖ κλοιός, ζώνη ‖ [-ed]: *(v)* απο-
κλείω
corduroy (´kɔ:rdəroi): *(n)* ύφασμα κοτ-
λέ
core (kɔ:r): *(n)* πυρήνας ‖ χουχούτσι ‖
κέντρο, καρδιά ‖ [-d]: *(v)* βγάζω κου-
κούτσι
Corea (kɔ´riə): *(n)* Κορέα ‖ ~n: *(n &*
adj) Κορεάτης, κορεατικός
Corfu (kɔ:r´fu:): *(n)* Κέρκυρα
Corinth (´kɔrinθ): *(n)* Κόρινθος
cork (kɔ:rk) [-ed]: *(v)* βουλώνω ‖ στα-
ματώ ‖ *(n)* φελλός ‖ βούλωμα ‖ ~er:
θαύμα *(id)* ‖ ~ screw: *(n)* ανοιχτήρι,

''τιρμπουσόν'' ‖ [-ed]: *(v)* προχωρώ ελικοειδώς ‖ ~**y**: *(adj)* ζωηρός, πεταχτός

cormorant (ˈkɔːrmərənt): *(n)* φαλακροκόρακας

corn (kɔːrn): *(n)* κάλος ‖ κόκκος ‖ σιτηρά ‖ καλαμπόκι, σιτάρι ‖ [-ed]: *(v)* διατηρώ με άλμη ή χοντρό αλάτι ‖ ~**ed**: *(adj)* αλίπαστος ‖ ~**ed beef**: *(n)* αλίπαστο βοδινό, ''κόρνμπιφ'' ‖ ~**y**: *(adj)* γεμάτος κάλους ‖ σαχλός *(id)*

cornea (ˈkɔːniə): *(n)* κερατοειδής χιτώνας

corner (ˈkɔːrnər) [-ed]: *(v)* κάνω γωνία ‖ γυρίζω, κάνω στροφή ‖ φέρνω σε δύσκολη θέση, ''στριμώχνω'' ‖ *(n)* γωνία ‖ δύσκολη θέση *(id)* ‖ *(adj)* γωνιαίος, ακρογωνιαίος ‖ ~**stone**: *(n)* ακρογωνιαίος λίθος ‖ ~**wise**: *(adv)* διαγώνια ‖ **cut** ~**s**: *(v)* κόβω δρόμο ‖ κάνω οικονομίες *(id)*

cornet (ˈkɔːrnit): *(n)* κορνέτα ‖ χωνί από χαρτί ‖ ~**ist**: *(n)* κορνετίστας

cornice (ˈkɔːrnis): *(n)* κορωνίδα ‖ στεφάνη ‖ κορνίζα

cornucopia (kɔːrnjuˈkoupi:ə): *(n)* κέρας της Αμαλθείας ‖ αφθονία

corolla (kəˈrɔlə): *(n)* στεφάνη άνθους, πέταλα

corollary (ˈkɔrələri): *(n)* πόρισμα ‖ αποτέλεσμα

corona (kəˈrounə): *(n)* στεφάνη, άλως, ''αλώνι'' ‖ ~**ry**: (ˈkɔrənəri): *(adj)* στεφανιαίος ‖ ~**tion** (kɔrəˈneiʃən): *(n)* στέψη

coroner (ˈkɔrənər): *(n)* ανακριτής βίαιου θανάτου ‖ ~**'s jury**: *(n)* βοηθοί ανακριτή

corp-oral (ˈkɔːrpərəl): *(adj)* σωματικός ‖ *(n)* δεκανέας ‖ υποσμηνίας ‖ ~**orate** (kɔːrpərit): *(adj)* ενσωματωμένος ‖ σωματειακός ‖ ~**oration**: *(n)* σωματείο, εταιρεία ‖ ~**oreal** (kɔːrˈpɔriəl): *(adj)* σωματικός ‖ υλικός, πραγματικός ‖ ~**s** (kɔːr): *(n)* σώμα στρατού ‖ ~**se** (kɔːrps): *(n)* πτώμα ‖ ~**ulence** (ˈkɔːrpjuləns): *(n)* παχυσαρκία ‖ ~ **ulent**: *(adj)* παχύσαρκος, εύσωμος ‖ ~ **uscle** (ˈkɔːrpʌsəl): *(n)* σωματίδιο ‖ **blood** ~**uscle**: *(n)* αιμοσφαίριο

corral (kəˈral) [-led]: *(v)* μαντρώνω, κλείνω σε στάβλο ‖ πιάνω *(id)* ‖ *(n)* μάντρα

correct (kəˈrekt) [-ed]: *(v)* διορθώνω ‖ επανορθώνω ‖ *(adj)* ορθός, σωστός ‖ ακριβής ‖ ~**ion**: *(n)* διόρθωση ‖ επανόρθωση ‖ *(n)* σωφρονισμός, τιμωρία ‖ ~**ive**: *(adj)* διορθωτικός ‖ σωφρονιστικός

correlat-e (ˈkɔrileit) [-d]: *(v)* συσχετίζω ‖ αντιστοιχώ ‖ ~**ion**: *(n)* συσχέτιση ‖ αντιστοιχία

correspond (kɔrisˈpɔnd) [-ed]: *(v)* αντιστοιχώ ‖ ανταποκρίνομαι ‖ αλληλογραφώ ‖ ~**ence**: *(n)* αντιστοιχία ‖ ανταπόκριση ‖ αλληλογραφία ‖ ~**ent**: *(n)* ανταποκριτής ‖ ~**ing**: *(adj)* αντίστοιχος

corridor (ˈkɔridɔːr): *(n)* διάδρομος

corroborat-e (kəˈrɔbəreit) [-d]: *(n)* ενισχύω, δίνω πρόσθετες αποδείξεις ‖ επιβεβαιώνω ‖ ~**ion**: *(n)* ενίσχυση ‖ επιβεβαίωση

corro-de (kəˈroud) [-d]: *(v)* διαβρώνω ‖ διαβρώνομαι ‖ κατατρώγω ‖ ~**sion**: *(n)* διάβρωση ‖ ~**sive**: *(adj)* διαβρωτικός

corrugate (ˈkɔrugeit) [-d]: *(v)* αυλακώνω ‖ κάνω πτυχές ‖ ~**d**: *(n)* αυλακωτός ‖ κυματοειδής ‖ ~**d iron**: *(n)* αυλακωτό σιδερένιο έλασμα

corrupt (kəˈrʌpt) [-ed]: *(v)* διαφθείρω ‖ παραφθείρω, αλλοιώνω ‖ *(adj)* διεφθαρμένος ‖ παραφθαρμένος ‖ ~**ion**: *(n)* διαφθορά ‖ παραφθορά

corsair (ˈkɔːrseər): *(n)* πειρατής, ''κουρσάρος''

corset (ˈkɔːrsit): *(n)* κορσές

Corsica (ˈkɔːrsikə): *(n)* Κορσική ‖ ~ **n**: *(n & adj)* Κορσικανός, κορσικανικός

cortège (kɔːrˈteiz): *(n)* ακολουθία, συνοδεία ‖ πομπή

cortex (ˈkɔːrteks): *(n)* φλοιός

cortisone (ˈkɔːrtizoun): *(n)* κορτιζόνη

Cosa Nostra (ˈkousəˈnoustrə): *(n)* συνδικάτο εγκλήματος

cosecant (kouˈsiːkənt): *(n)* συντέμνουσα

cosh (kɔʃ): *(n)* ρόπαλο *(id)* ‖ [-ed]: *(v)*

χτυπώ με ρόπαλο

cosine (´kousain): *(n)* συνημίτονο

cosmetic (kɔz´metik): *(n)* καλλυντικό

cosm-ic (´kɔzmik): *(adj)* κοσμικός ‖ -αχανής ‖ **~ography** (kɔz´mɔgrəfi): *(n)* κοσμογραφία ‖ **~onaut** (´kɔzmənə:t): *(n)* κοσμοναύτης ‖ **~opolitan** (kɔzmə´pɔlitən): *(adj)* κοσμοπολιτικός ‖ **~opolite** (kɔz´mɔpəlait): *(n)* κοσμοπολίτης ‖ **~os** (´kɔzmɔs): *(n)* σύμπαν, κόσμος

Cossack (´kɔsæk): *(n)* Κοζάκος

cost (kɔst) [cost, cost]: *(v)* στοιχίζω, κοστίζω ‖ κοστολογώ ‖ *(n)* δαπάνη, τιμή, κόστος ‖ **~s**: *(n)* δικαστικά έξοδα ‖ **at all ~s**: με κάθε θυσία ‖ **~er**: *(n)* πλανόδιος πωλητής ‖ **~ly**: *(adv)* δαπανηρός

costal (´kɔstəl): *(adj)* πλευρικός

costume (´kɔstju:m): *(n)* ντύσιμο, τρόπος ντυσίματος ‖ τοπική ενδυμασία ‖ καρναβαλίστικη φορεσιά

cosy, cozy (´kouzi): *(adj)* βολικός, αναπαυτικός

cot (kɔt): *(n)* καλύβα ‖ κρεβάτι εκστρατείας ‖ καταφύγιο ‖ υπόστεγο

cotangent (kou´tændzənt): *(n)* συνεφαπτομένη

coterie (´koutəri): *(n)* όμιλος, συναναστροφή

cottage (´kɔtidz): *(n)* αγροικία ‖ **~ cheese**: *(n)* μυζήθρα

cotter (´kɔtər): *(n)* σφήνα

cotton (´kɔtn): *(n)* βαμβάκι ‖ βαμβακερό ύφασμα ‖ *(adj)* βαμβακερός ‖ [-ed]: *(v)* συμπαθώ *(id)* ‖ **~gin**: *(n)* εκκοκκιστήριο βαμβακιού ‖ **~tail**: *(n)* κουνέλι ‖ **~wood**: *(n)* αγριόλευκα ‖ **~wool**: *(n)* ακατέργαστο βαμβάκι ‖ απορροφητικό βαμβάκι

couch (kautʃ) [-ed]: *(v)* εκφράζω ‖ ενεδρεύω ‖ *(n)* καναπές, ντιβάνι

cougar (´ku:gər): *(n)* λιοντάρι της Αμερικής, "κουγκουάρος", "πούμα"

cough (kɔf) [-ed]: *(v)* βήχω ‖ *(n)* βήχας ‖ **~ drop**: *(n)* παστίλια για βήχα ‖ **~ up**: *(v)* πληρώνω, "κατεβαίνω" *(id)*

could: see can

coulee (´ku:li): *(n)* βαθιά χαράδρα ‖ λάβα, στρώμα λάβας

council (´kaunsil): *(n)* συμβούλιο ‖ **~lor, ~ or**: *(n)* σύμβουλος ‖ **~man**: *(n)* δημοτικός σύμβουλος

counsel (´kaunsəl) [-ed]: *(v)* δίνω γνώμη, συμβουλεύω ‖ συνιστώ ‖ *(n)* συμβούλιο ‖ συμβουλή, γνώμη ‖ σχέδιο, σκοπός ‖ συνήγορος ‖ **~lor, ~or**: *(n)* σύμβουλος ‖ δικηγόρος, συνήγορος

count (kaunt) [-ed]: *(v)* μετρώ ‖ αριθμώ ‖ υπολογίζω, συμπεριλαμβάνω ‖ έχω σημασία, μετρώ ‖ *(n)* μέτρηση ‖ κόμης ‖ **~ in**: *(v)* συμπεριλαμβάνω ‖ **~ on**: *(v)* υπολογίζω, βασίζομαι ‖ **~ off**: *(v)* χωρίζω σε μέρη ή ομάδες ‖ **~ out**: *(v)* αποκλείω ‖ **~ess**: *(n)* κόμισσα ‖ **~less**: *(adj)* αναρίθμητος

countenance (´kauntinəns): *(n)* φυσιογνωμία ‖ έκφραση προσώπου ‖ αυτοκυριαρχία

counter (´kauntər) [-ed]: *(v)* αντιτίθεμαι ‖ αντιπαρέρχομαι ‖ *(adj)* αντίθετος, σε αντίθεση ‖ αντίθετα, αντί ‖ *(n)* πάγκος, "γκισέ" ‖ **~act**: *(v)* αντιδρώ ‖ αντενεργώ ‖ **~attack**: *(n)* αντεπίθεση ‖ *(v)* αντεπιτίθεμαι ‖ **~ balance**: *(n)* αντίβαρο ‖ [-d]: *(v)* αντισταθμίζω ‖ **~ clockwise**: *(adv)* αντίθετα προς τη φορά των δεικτών του ρολογιού ‖ **~ espionage**: *(n)* αντικατασκοπία ‖ **~feit**: *(adj)* κίβδηλος, πλαστός ‖ *(n)* παραποίηση ‖ *(v)* πλαστογραφώ ‖ **~foil**: *(n)* στέλεχος απόδειξης ή επιταγής ‖ **~mand** [-ed]: *(v)* ανακαλώ διαταγή ‖ **~measure**: *(n)* αντίμετρο ‖ **~ pane**: *(n)* κρεβατοσκέπασμα ‖ **~part**: *(n)* πανομοιότυπο ‖ αντίστοιχο ‖ **~proposal**: *(n)* αντιπρόταση ‖ **~sign**: *(n)* παρασύνθημα ‖ [-ed]: *(v)* προσυπογράφω

country (´kʌntri): *(n)* χώρα ‖ ύπαιθρος ‖ πατρίδα ‖ *(adj)* αγροτικός, υπαίθριος ‖ **~ cousin**: *(n)* αγροίκος ‖ **~man**: *(n)* συμπατριώτης ‖ αγρότης ‖ **~side**: *(n)* ύπαιθρος

county (´kaunti): *(n)* διοικητική διαίρεση πολιτείας, νομός ή επαρχία ‖ κομητεία ‖ **~seat**: *(n)* πρωτεύουσα επαρχίας

coup (ku:): *(n)* στρατήγημα ‖ **~ d' e´tat**: *(n)* πραξικόπημα ‖ **~ de grace**: *(n)*

coupé

χαριστική βολή
coupé (ku´pei): (n) κλειστό αυτοκίνητο, "κουπέ" ‖ τετράτροχο αμάξι
couple (´kʌpəl) [-d]: (v) ζεύω ‖ συνδέω ‖ σχηματίζω ζεύγη ‖ (n) ζεύγος ‖ ~t: (´kʌplit): (n) δίστοιχο ‖ ζευγάρι
coupon (´ku:pɒn, ´kiu:pɒn): (n) δελτίο τροφίμων ή ιματισμού ‖ απόκομμα, στέλεχος, "κουπόνι"
courage (´kʌridz): (n) θάρρος ‖ ~ous (kə´reidzəs): (adj) θαρραλέος
courier (´kuriər): (n) αγγελιοφόρος
course (kə:rs) [-d]: (v) διασχίζω ‖ ρέω, κυλώ ‖ (n) πορεία, διαδρομή ‖ ρους ‖ σειρά ‖ σειρά μαθημάτων ‖ πιάτο φαγητό ‖ in due ~: όταν έλθει η ώρα του, με τη σειρά του ‖ of ~: βέβαια, φυσικά
court (kə:rt) [-ed]: (v) ερωτοτροπώ, "κορτάρω" ‖ επιδιώκω (n) αυλή ‖ βασ. αυλή, αυλικοί ‖ δικαστήριο ‖ γήπεδο ‖ ~eous: (adj) ευγενικός, φιλόφρονας ‖ ~esan (´kə:rtəzən): (n) εταίρα ‖ ~ esy: (n) ευγένεια ‖ ευγενική φροντίδα ‖ ~house: (n) δικαστήριο ‖ ~ier (´kə:rti:ər): (n) αυλικός ‖ κόλακας ‖ ~martial (´kə:rt´ma:r/əl): (n) στρατοδικείο ‖ (v) δικάζω σε στρατοδικείο ‖ ~ship: (n) ερωτοτροπία, "κόρτε" ‖ ~yard: προαύλιο
cousin (´kʌzən): (n) ξάδελφος ‖ ξαδέλφη
cove (kouv): (n) κολπίσκος ‖ όρμος, μυχός ‖ σπηλιά ‖ στενό πέρασμα
covenant (´kʌvinənt): (n) συνθήκη ‖ σύμβαση ‖ η Διαθήκη των Εβραίων
cover (´kʌvər) [-ed]: (v) σκεπάζω ‖ κλωσσώ ‖ κρύβω ‖ προστατεύω, "καλύπτω" ‖ δεσπόζω ‖ αντικαθιστώ κάποιον ή καλύπτω την απουσία του ‖ (n) σκέπασμα ‖ προστασία ‖ πρόφαση ‖ break ~: (v) φανερώνομαι ‖ ~age: (n) ειδησεογραφία ‖ ~alls: (n) φόρμα εργάτη ‖ ~ charge: (n) "κουβέρ" ‖ ~let: (n) κλινοσκέπασμα ‖ ~t (´kʌvərt): (adj) κρυφός ‖ προστατευμένος ‖ (n) κρυψώνα
covet (´kʌvit) [-ed]: (v) ποθώ ‖ εποφθαλμιώ ‖ ~ed: (adj) ποθητό
covey (´kʌvi): παρεούλα (id)

cow (kau): (n) γελάδα ‖ θηλυκό μεγαλόσωμων ζώων ‖ χοντρογυναίκα (id) ‖ ~boy, ~puncher: (n) γελαδάρης, "καουμπόυ" ‖ απρόσεκτος οδηγός (id) ‖ ~hand, ~poke: see ~boy ‖ ~pox: βατσίνα
coward (´kauərd): (n) άνανδρος, δειλός ‖ ~ice: (n) ανανδρία ‖ ~ly: (adj) άνανδρος
cower (´kauər) [-ed]: (v) ζαρώνω από φόβο ή κρύο
cowl (kaul): (n) κουκούλα
cox (´kɒks): see coxswain ‖ ~ comb: (n) κομψευόμενος ‖ ~ swain (´kɒkswein): (n) πηδαλιούχος λέμβου ‖ επικεφαλής πληρώματος λέμβου
coy (kɒi): (adj) συνεσταλμένος ‖ σεμνότυφος
coyote (kai´outi, ´kaiout): (n) τσακάλι
cozy: see cosy
crab (kræb): (n) καβούρι ‖ αστερισμός καρκίνου ‖ έλικτρο ‖ γκρινιάρης (id) ‖ [-bed]: (v) ψαρεύω καβούρια ‖ ~bed: (adj) γρουσούζης, ανάποδος (id)
crack (kræk) [-ed]: (v) ραγίζω ‖ σπάζω απότομα ‖ τρίζω ‖ καταρρέω, "σπάω" ‖ διασπώ ‖ διαρρηγνύω ‖ βρίσκω λύση ‖ (n) κρότος ‖ ραγάδα ‖ σχίσιμο ‖ σαρκαστική έκφραση, "εξυπνάδα" (id) ‖ (adj) εκλεκτός ‖ ~down: (n) γίνομαι πιο αυστηρός, "πατάω πόδι" ‖ ~er: (n) μπισκοτάκι, "κράκερ" ‖ ~erjack: (adj) υπέροχος ‖ ~ing: (n) διύλιση ‖ ~pot: (n) "λοξός" (id) ‖ ~ up: (v) συγκρούομαι ‖ καταρρέω
crackle (´krækəl) [-d]: (v) τριζοβολώ
cradle (´kreidl) [-d]: (v) λικνίζω ‖ βάζω σε κούνια ‖ κρεμώ το ακουστικό ‖ (n) λίκνο, κούνια ‖ θέση του ακουστικού τηλεφώνου
craft (kræft, kra:ft): (n) ικανότητα, επιτηδειότητα ‖ πανουργία ‖ τέχνη ‖ σκάφος ‖ αεροσκάφος ‖ ~sman: (n) τεχνίτης ‖ ~smanship: (n) τέχνη ‖ ~y: (adj) πανούργος, ύπουλος
crag (kræg): (n) απότομος βράχος
cram (kræm) [-med]: (v) παραγεμίζω, στριμώχνω ‖ (n) παραγέμισμα
cramp (kræmp) [-ed]: (v) παρεμποδίζω

‖ περιορίζω ‖ προκαλώ πιάσιμο, προκαλώ "κράμπα" ‖ (n) πιάσιμο, "κράμπα" ‖ σπασμός ‖ αρπάγη ‖ ~s: (n) κοιλόπονος

cranberry (´krænbəri): (n) βατόμουρο

crane (krein): (n) γερανός (πουλί και μηχάνημα) ‖ [-d]: (v) τεντώνω το λαιμό

crani-al (´kræniəl): (adj) κρανιακός ‖ ~**um**: (n) κρανίο

crank (kræŋk) [-ed]: (v) στρεβλώνω ‖ γυρίζω μανιβέλα ‖ (n) στρόφαλος ‖ "μανιβέλα" ‖ παραξενιά (id) ‖ γκρινιάρης, παράξενος (id) ‖ ~**axle**: (n) άξονας του στροφάλου ‖ ~**shaft**: (n) στροφαλοφόρος άξονας ‖ ~**iness**: (n) παραξενιά ‖ ~**y**: (adj) ιδιότροπος, παράξενος

cranny (´kræni): (n) χαραμάδα

crap (kræp) [-ped]: (v) αποτυχαίνω (id) ‖ (n) μπούρδες (id) ‖ ευτελής, χωρίς αξία (id) ‖ ~**s**: (n) ζάρια, παιχνίδι ζαριών

crash (kræʃ) [-ed]: (v) συγκρούομαι ‖ συντρίβομαι ‖ πέφτω με κρότο ‖ βρυντάω ‖ μπαίνω απρόσκλητος (id) ‖ βρόντος ‖ σύγκρουση ‖ συντριβή ‖ γκρέμισμα ‖ χρηματιστηριακός πανικός, "κραχ" ‖ ~ **course**: (n) εντατική διδασκαλία ‖ ~ **helmet**: (n) προστατευτικό κράνος ‖ ~ **land** [-ed]: (v) προσγειώνομαι αναγκαστικά ‖ ~ **landing**: (n) αναγκαστική προσγείωση

crate (kreit): (n) κιβώτιο ‖ κόφα ‖ καφάσι

crater (´kreitər): (n) κρατήρας

crave (kreiv) [-d]: (v) επιθυμώ πολύ ‖ χρειάζομαι επειγόντως ‖ εκλιπαρώ

craven (´kreivn): (adj) δειλός, άνανδρος

crawl (krɔːl) [-ed]: (v) έρπω ‖ προχωρώ σέρνοντας ‖ προχωρώ πολύ αργά ‖ φέρνομαι δουλοπρεπώς και με δειλία ‖ (n) έρπυση ‖ κολύμπι κρόουλ

crayfish (´kreifiʃ): (n) καραβίδα

crayon (´kreiən): (n) χρωματιστό μολύβι ‖ μολύβι κάρβουνο ‖ σχέδιο με μολύβι

craz-e (kreiz) [-d]: (v) τρελαίνω ‖ τρελαίνομαι ‖ τρέλα ‖ μανία, ιδιοτροπία

‖ ~**iness**: (n) τρέλα ‖ ~**y**: (adj) τρελός ‖ ξετρελαμένος

creak (kriːk) [-ed]: (v) τρίζω ‖ (n) τρίξιμο

cream (kriːm): (n) κρέμα ‖ καϊμάκι ‖ αφρόκρεμα, εκλεκτοί ‖ [-ed]: (v) κατανικώ ‖ (adj) χρώμα κρεμ

crease (kriːs) [-d]: (v) πτυχώνω ‖ τσαλακώνω ‖ ζαρώνω, κάνω ζάρες ‖ (n) πτυχή ‖ τσάκιση ‖ ζαρωματιά ‖ (n) χτυπώ ξόφαλτσα (id)

creat-e (kriː´eit) [-d]: (v) δημιουργώ ‖ ~**ion** (kriː´eiʃən): (n) δημιουργία ‖ δημιούργημα ‖ "κρεασιόν" ‖ ~**ive** (kriː´eitiv): (adj) δημιουργικός ‖ ~**or**: (n) δημιουργός ‖ ~**ure** (´kriːtʃər): (n) δημιούργημα, πλάσμα ‖ ~**ure comforts**: υλικές ανέσεις

credence (´kriːdəns): (n) πίστη ‖ σύσταση

credentials (kri´denʃəlz): (n) διαπιστευτήρια ‖ πιστοποιητικά

cred-ibility (kredi´biliti): (n) αξιοπιστία ‖ το αξιόπιστο ‖ το πιστευτό ‖ ~**ible** (´kredəbəl): (adj) πιστευτός ‖ αξιόπιστος ‖ ~**it** (´kredit): (n) πίστη ‖ πίστωση ‖ το αξιόπιστο ‖ ~**it** [-ed]: (v) δίνω πίστη ‖ αναγνωρίζω κάτι σε κάποιον ‖ πιστώνω ‖ ~**itable**: (adj) αξιόπιστος ‖ αξιέπαινος ‖ ~**it card**: (n) πιστωτικό δελτίο ‖ ~**itor**: (n) πιστωτής ‖ ~**ulity** (kri´djuːliti): (n) ευπιστία ‖ ~**ulous**: (adj) εύπιστος

creed (kriːd): (n) δόγμα, θρήσκευμα ‖ σύμβολο πίστης

creek (kriːk): (n) ρυάκι ‖ όρμος

creep (kriːp) [crept, crept]: (v) έρπω ‖ σέρνομαι, προχωρώ σερνόμενος ‖ φέρνομαι δουλοπρεπώς και φοβισμένα (id) ‖ ανατριχιάζω, μερμηγκιάζω ‖ (n) έρπυση ‖ σύρσιμο, ολίσθημα ‖ "τρίχας", "μάπας" (id) ‖ ~**er**: (n) ερπετό ‖ αναρριχητικό φυτό ‖ ~**ers**: (n) φόρμα μωρού ‖ ~**y**: (adj) ανατριχιαστικός

cremat-e (kri´meit) [-d]: (v) καίω νεκρό ‖ ~**ion**: (n) καύση νεκρού ‖ ~**orium**, ~**ory**: (n) κρεματόριο

creosote (´kriəsout): (n) ωσίκρεας

crepe (kreip): (n) μεταξωτό ύφασμα ‖ κρέπι

crept

crept: see creep

crescent (´kresənt): *(n)* ημισέληνος ‖ μηνίσκος ‖ *(adj)* μηνοειδής ‖ ημικυκλικός

cress (kres): *(n)* κάρδαμο

crest (krest): *(n)* λοφίο ‖ κράνος ‖ κορυφή ‖ κορωνίδα ‖ [-ed]: *(v)* σχηματίζω κορυφή ‖ φθάνω στην κορυφή ‖ ~ fallen: *(adj)* κατηφής ‖ απογοητευμένος

Cret-e (kri:t): *(n)* Κρήτη ‖ ~an: *(n)* Κρητικός

cretin (´kretin): *(n)* πάσχων από κρετινισμό ‖ βλάκας ‖ ~ism: *(n)* κρετινισμός

crev-asse (krə´væs), ~ice (´krevis): *(n)* ρωγμή ‖ σχισμή

crevice: see crevasse

crew (kru:): *(n)* πλήρωμα ‖ ομάδα ‖ ~cut: *(n)* μαλλιά κοντοκομμένα

crib (krib): *(n)* κρεβάτι μωρού, "κούνια" ‖ αποθήκη καλαμποκιού ‖ φάτνη ‖ καλυβούλα ‖ καλάθι ‖ μικροκλοπή *(id)* ‖ [-bed]: *(v)* βάζω στην κούνια ‖ αντιγράφω σε διαγωνισμό, "κλέβω" *(id)* ‖ ~bage: *(n)* είδος χαρτοπαιγνίου

crick (krik) [-ed]: *(v)* προκαλώ νευροκαβαλίκεμα ‖ *(n)* νευροκαβαλίκεμα ‖ στρέβλωση μυός

cricket (´krikit): *(n)* γρύλος, "τριζόνι" ‖ κρίκετ ‖ υποπόδιο ‖ ~er: *(n)* παίκτης κρίκετ

cried: see cry

crier (´kraiər): *(n)* ντελάλης

crim-e (kraim): *(n)* έγκλημα ‖ ~inal (´kriminəl): *(adj)* εγκληματικός ‖ *(n)* εγκληματίας ‖ ~inality: *(n)* εγκληματικότητα ‖ ~inology: *(n)* εγκληματολογία

crimson (´krimzən): *(adj)* βαθυκόκκινο ‖ [-ed]: *(v)* κατακοκκινίζω

cringe (krindz) [-d]: *(v)* μαζεύομαι από φόβο ‖ φέρομαι δουλοπρεπώς

crinkle (´kriŋkəl) [-d]: *(v)* τσαλακώνω ‖ *(n)* ζαρωματιά

cripple (´kripəl) [-d]: *(v)* καθιστώ ανάπηρο, "σακατεύω" ‖ καταστρέφω ‖ *(n)* ανάπηρος, "σακάτης" ‖ κουτσός

crisis (´kraisis): *(n)* κρίση ‖ κρίσιμο σημείο ή στιγμή

crisp (krisp): *(adj)* ευκολότριφτος ‖ τραγανός ‖ τονωτικός, ζωογόνος ‖ ζωηρός ‖ ξεροψημένος ‖ ~s: *(n)* "τσιπς", πατατάκια τηγανητά ‖ ~ y: *(adj)* τραγανός, ξεροψημένος

criss-cross (´kriskrəs) [-ed]: *(v)* σημαδεύω με σταυροειδείς γραμμές ‖ προχωρώ σταυροειδώς ‖ *(adj)* σταυροειδής, χιαστί

criterion (krai´tiriən): *(n)* κριτήριο, γνώμονας

critic (´kritik): *(n)* κριτικός ‖ επικριτής ‖ ~al: *(adj)* κριτικός ‖ κρίσιμος ‖ οριακός ‖ επικριτικός ‖ ~aster (´kri´tikæstər): *(n)* ψευτοκριτικός, "πολύξερος" ‖ ~ism: *(n)* κριτική ‖ επίκριση ‖ ~ize (´kritəsaiz) [-d]: *(v)* κρίνω ‖ επικρίνω, κριτικάρω

critique (kri´ti:k): *(n)* λογοτεχν. ή καλλιτεχν. κριτική

croak (krouk) [-ed]: *(v)* κρώζω ‖ μιλώ βραχνά ‖ πεθαίνω *(id)* ‖ σκοτώνω *(id)* ‖ *(n)* κρώξιμο

crochet (krou´ʃei): *(n)* "κροσέ"

crock (krɔk): *(n)* πήλινο δοχείο ‖ ~ery: *(n)* πήλινα σκεύη

crocodile (´krɔkədail): *(n)* κροκόδειλος

crocus (´kroukəs): *(n)* κρόκος

crone (kroun): γραΐδιο, παλιόγρια

crony (´krouni): *(n)* στενός φίλος ‖ σύντροφος

crook (kruk): *(n)* στρέβλωση ‖ καμπή ‖ γάντζος ‖ γκλίτσα ‖ κακοποιός *(id)* ‖ ~back: *(n)* καμπούρης ‖ ~ed: *(adj)* στραβός ‖ κακοποιός, απατεώνας

croon (kru:n) [-ed]: *(v)* σιγοτραγουδώ ‖ μουρμουρίζω το σκοπό

crop (krɔp) [-ped]: *(v)* θερίζω ‖ κόβω σύρριζα ‖ δρέπω ‖ *(n)* συγκομιδή, εσοδεία ‖ χοντό κούρεμα ‖ μαστίγιο ιππασίας ‖ ~ up: *(v)* ξεφυτρώνω, παρουσιάζομαι ξαφνικά

croquet (´kroukei): *(n)* κροκέ (παιχνίδι)

croquette (kou´ket): *(n)* κεφτές, "κροκέτα"

crosier (´krouzhər): *(n)* πατερίτσα επισκόπου

cross (krɔs) [-ed]: *(v)* διασχίζω ‖ διασταυρώνω ‖ διαστραυρώνομαι ‖ βάζω

94

σταυρωτά ‖ σταυροκοπιέμαι ‖ *(π)* σταυρός ‖ διασταύρωση ‖ προϊόν διασταύρωσης ‖ *(adj)* εγκάρσιος ‖ αντίθετος ‖ κατσουφιασμένος, σκυθρωπός ‖ απότομος ‖ **~breed**: *(v)* διασταυρώνω γένη ‖ *(π)* διασταύρωση γενών ‖ *(π)* μιγάδας ‖ **~country**: *(adj)* από το ένα μέρος ως το άλλο ‖ ανώμαλος δρόμος ‖ ~ **examination**: *(π)* αντεξέταση μάρτυρα ‖ ~ **examine**: *(v)* αντεξετάζω μάρτυρα ‖ **~eyed**: *(adj)* αλλήθωρος ‖ **~fire**: *(π)* διασταυρούμενα πυρά ‖ **~head**: *(π)* υπότιτλος ‖ **~index**: *(π)* πίνακας παραπομπών ‖ **~ing**: *(π)* διασταύρωση ‖ διάβαση ‖ διάπλους ‖ *(adj)* διασταυρωμένος ‖ **~over**: *(π)* διακλάδωση ‖ ~ **purpose**: *(π)* αντίθεση ‖ παρεξήγηση ‖ **~reference**: *(π)* παραπομπή ‖ **~roads**: *(π)* σταυροδρόμι ‖ **~section**: *(π)* εγκάρσια τομή ‖ τυπικό δείγμα ‖ **~walk**: *(π)* διάβαση πεζών ‖ **~wind**: *(π)* πλευρικός άνεμος ‖ **~wise**: *(adv)* σταυροειδώς ‖ εγκάρσια ‖ **~word puzzle**: *(π)* σταυρόλεξο

crotch (krɒtʃ): *(π)* διχάλα ‖ γωνία σύνδεσης ‖ καβάλο πανταλονιού

crotchet (ˈkrɒtʃit): *(π)* κρεμαστάρι ‖ πείσμα ‖ ιδιοτροπία ‖ **~ety**: *(adj)* πεισματάρης, ιδιότροπος

crouch (krautʃ) [-ed]: *(v)* συσπειρώνομαι ‖ μαζεύομαι, ζαρώνω ‖ κάθομαι σκυφτός ‖ *(π)* συσπείρωση ‖ ζάρωμα

croup (kru:p): *(π)* καπούλια αλόγου

crow (krou) [-ed]: *(v)* κρώζω ‖ λαλώ ‖ καυχιέμαι *(id)* ‖ *(π)* κόρακας ‖ κουρούνα ‖ λάληα, κράξιμο ‖ **~bar**: *(π)* λοστός ‖ **~'s feet**: *(π)* ρυτίδες στις άκρες των ματιών

crowd (kraud): *(π)* πλήθος ‖ κοινός λαός ‖ κοινωνική ομάδα ‖ [-ed]: *(v)* συνωστίζω ‖ στριμώχνω ‖ συνωστίζομαι, στριμώχνομαι

crown (kraun): *(π)* στέμμα ‖ στέψη, στεφάνη ‖ βασιλική εξουσία ‖ κορυφή κεφαλιού ‖ κορυφή καπέλου ‖ ακμή, κολοφώνας ‖ κορόνα δοντιού ‖ λοφίο πτηνού ‖ [-ed]: *(v)* στέφω ‖ γίνομαι σαν αποκορύφωμα ‖ κοπανάω στο κεφάλι *(id)* ‖ ~ **prince** [fem: ~ **princess**]: *(π)* διάδοχος

crucial (ˈkru:ʃiəl): *(adj)* κρίσιμος, αποφασιστικός ‖ σταυροειδής

crucible (ˈkru:sibəl): *(π)* λέβητας τήξης

cruci-fix (ˈkru:sifiks): *(π)* σταυρωμένος ‖ **~fixion**: *(π)* σταύρωση ‖ **~form**: *(adj)* σταυροειδής ‖ **~fy** (ˈkrusifai) [-ied]: *(v)* σταυρώνω ‖ διώκω, βάζω σε διωγμό

crude (kru:d): *(adj)* ακατέργαστος ‖ μη ώριμος ‖ ωμός, άξεστος ‖ πρωτογενής ‖ *(π)* ακάθαρτο πετρέλαιο ‖ **~ness** [or: **crudity**]: *(π)* ωμότητα ‖ προχειρότητα

cruel (ˈkruəl): *(adj)* σκληρός, απάνθρωπος ‖ οξύς, δριμύς ‖ **~ty**: *(π)* σκληρότητα, απανθρωπιά

cruise (kru:z) [-d]: *(v)* περιπλέω, κάνω ''κρουαζιέρα'' ‖ κάνω θαλάσσια αναγνώριση ‖ *(π)* ταξίδι αναψυχής, ''κρουαζιέρα'' ‖ **~r**: *(π)* καταδρομικό ‖ περιπολικό αστυνομίας

crumb (krʌm): *(π)* ψίχουλο ‖ ψίχα ψωμιού ‖ πρόστυχος, ποταπός *(id)*

crumbl-e (ˈkrʌmbəl) [-d]: *(v)* συντρίβομαι ‖ συντρίβω ‖ κάνω κομμάτια ‖ καταρρέω ‖ **~y**: *(adj)* ευκολόθρυπτος

crummy (ˈkrʌmi): *(adj)* θλιβερός ‖ βρωμιάρης

crump (ˈkrʌmp) [-ed]: *(v)* τραγανίζω ‖ **~et**: *(π)* φρυγανιά

crumple (ˈkrʌmpəl) [-d]: *(v)* ρυτιδώνω, ζαρώνω ‖ διπλώνω, τσακίζω ‖ καταρρέω

crunch (krʌntʃ) [-ed]: *(v)* μασουλώ ‖ τραγανίζω ‖ συντρίβω ‖ *(π)* μασούλισμα, τραγάνισμα ‖ αποφασιστική στιγμή ή αντιμετώπιση ‖ **~y**: *(adj)* τραγανός ‖ ξεροτηγανισμένος

crusade (kru:ˈseid): *(π)* σταυροφορία ‖ **~r**: *(π)* σταυροφόρος

crush (krʌʃ) [-ed]: *(v)* συνθλίβω ‖ συντρίβω ‖ σφιχταγκαλιάζω ‖ συνωστίζω ‖ *(π)* συντριβή ‖ συνωστισμός ‖ έρωτας, ''ψώνιο'' *(id)* ‖ **~ing**: *(adj)* συντριπτικός

crust (krʌst): *(π)* φλοιός, ''κρούστα'' ‖ κόρα ψωμιού ‖ επικάθισμα ‖ εσχάρα της πληγής, ''κακάδι'' ‖ αυθάδεια *(id)* ‖ [-ed]: *(v)* σχηματίζω φλοιό, κάνω ''κρούστα'' ‖ σχηματίζω επικάθισμα ‖ **~y**: *(adj)* στρυφνός

crutch (krʌtʃ): *(n)* δεκανίκι ‖ στήριγμα, υποστήριγμα

crux (krʌks): *(n)* κρίσιμο σημείο ή στιγμή ‖ ουσιώδες σημείο ‖ κεντρική ουσία ‖ δύσκολο πρόβλημα

cry (krai) [-ied]: *(v)* κλαίω ‖ φωνάζω ‖ διαλαλώ ‖ *(n)* φωνή, κραυγή ‖ κλάμα ‖ πολιτικό σύνθημα ‖ κλήση ‖ **a far ~**: απέχει πολύ, κάθε άλλο ‖ **~ baby**: *(n)* κλαψιάρης ‖ **~ing**: *(adj)* κραυγαλέος ‖ επείγων ‖ **~ off**: *(n)* παραβαίνω υπόσχεση ‖ ανακαλώ ‖ **~ up**: *(v)* επαινώ

crypt (kript): *(n)* κρύπτη ‖ **~ic, ~ical**: *(adj)* μυστικός ‖ αινιγματικός ‖ με κρυφή σημασία, συγκαλυμμένος ‖ **~ogram** (ˈkriptəɡræm): *(n)* κρυπτογράφημα ‖ **~ograph**: *(n)* κρυπτογραφία

crystal (ˈkristəl): *(n)* κρύσταλλο ‖ *(adj)* κρυσταλλικός ‖ κρυστάλλινος ‖ **~ clear**: καθαρός σαν κρύσταλλο ‖ ευκολονόητος, ξεκάθαρος ‖ **~line**: *(adj)* κρυστάλλινος, κρυσταλλικός ‖ **~lize** [-d]: *(n)* αποκρυσταλλώνω ‖ αποκρυσταλλώνομαι

cub (kʌb): *(n)* νεογνό σαρκοβόρου, σκύμνος ‖ αρχάριος, μαθητευόμενος *(id)*

Cuba (ˈkju:bə): *(n)* Κούβα ‖ **~n**: *(n & adj)* Κουβανέζος, κουβανέζικος

cubbyhole (ˈkʌbihoul): *(n)* δωματιάκι, "τρύπα"

cub-e (kju:b) [-d]: *(v)* κυβίζω ‖ υψώνω στον κύβο ‖ *(n)* κύβος ‖ **~ic, ~ical**: *(adj)* κυβικός ‖ **~icle**: *(n)* δωματιάκι ‖ **~ism**: *(n)* κυβισμός

cuckold (ˈkʌkəld): *(n)* απατημένος σύζυγος, "κερατάς"

cuckoo (ˈkuku:): *(n)* κούκος ‖ φωνή κούκου ‖ απλοϊκός *(id)*

cucumber (ˈkju:kʌmbər): *(n)* αγγούρι

cud (kʌd): *(n)* αναμάσημα, μηρυκασμός

cuddle (ˈkʌdl) [-d]: *(v)* σφιχταγκαλιάζω ‖ τρυπώνω, χώνομαι ‖ *(n)* σφιχταγκάλιασμα

cudgel (ˈkʌdzəl) [-ed]: *(v)* χτυπώ με ρόπαλο ‖ *(n)* ρόπαλο

cue (kju:): *(n)* στέκα μπιλιάρδου ‖ κοτσίδα ‖ υπαινιγμός ‖ [-d]: *(v)* πλέκω κοτσίδα ‖ δίνω υπαινιγμό ‖ χτυπώ μπίλια μπιλιάρδου

cuff (kʌf) [-ed]: *(v)* μπατσίζω ‖ *(n)* μπάτσος, "σφαλιάρα" ‖ μανικέτι ‖ **~link**: *(n)* κουμπί μανικετιού ‖ **off the ~**: απροετοίμαστος ‖ **on the ~**: επί πιστώσει ‖ τζάμπα

cuisine (kwiˈzi:n): *(n)* μαγειρική, "κουζίνα"

cul-de-sac (ˈkʌldəˈsæk): *(n)* αδιέξοδο

culinary (ˈkʌlinəri): *(adj)* μαγειρικός

culmin-ant (ˈkʌlmənənt): *(adj)* ανώτατος, σε μεσουράνημα ‖ **~ate** (ˈkʌlmineit) [-d]: *(v)* μεσουρανώ ‖ φθάνω σε αποκορύφωμα ‖ **~ation**: *(n)* μεσουράνηση, αποκορύφωμα

culp-ability (kʌlpəˈbiliti): *(n)* ενοχή ‖ **~able** (ˈkʌlpəbəl): *(adj)* ένοχος ‖ **~rit** (ˈkʌlprit): *(n)* ένοχος ‖ δράστης

cult (kʌlt): *(n)* δόγμα ‖ αίρεση

cult-ivate (ˈkʌltiveit) [-d]: *(v)* καλλιεργώ ‖ προάγω, βελτιώνω σχέσεις ‖ **~ivation**: *(n)* καλλιέργεια ‖ **~ure** (ˈkʌltʃər) [-d]: *(v)* καλλιεργώ, αναπτύσσω ‖ *(n)* καλλιέργεια ‖ καλλιέργεια, "κουλτούρα" ‖ **~ ural**: *(adj)* πνευματικός, μορφωτικός ‖ καλλιεργητικός ‖ **~ured**: *(adj)* καλλιεργημένος

culvert (ˈkʌlvərt): *(n)* οχετός

cumber (ˈkʌmbər) [-ed]: *(n)* παρεμποδίζω ‖ ενοχλώ ‖ βαραίνω ‖ **~some**: *(adj)* ενοχλητικός ‖ επιβαρυντικός ‖ αδέξιος, βαρύς

cum laude (ku:mˈloudə): μετά τιμών

cumulat-e (ˈkju:mjuleit) [-d]: *(v)* συσσωρεύω ‖ **~ion**: *(n)* συσσώρευση ‖ **~ive**: *(adj)* επισωρευτικός

cumulus (ˈkju:muləs): *(n)* σωρείτης (σύννεφο)

cunning (ˈkʌniŋ): *(adj)* πολυμήχανος ‖ πονηρός ‖ *(n)* πονηριά ‖ επιτηδειότητα

cup (kʌp): *(v)* φλιτζάνι ‖ κύπελλο ‖ άγιο ποτήρι ‖ **~board**: *(n)* ντουλάπι, μπουφές ‖ **~final**: *(n)* τελικός αγώνας κυπέλλου ‖ **~ of tea**: ταιριαστό, αυτό που χρειάζεται *(id)*

cupid (ˈkju:pid): *(n)* Έρωτας ‖ **~ity**: *(n)* απληστία

cupola (ˈkju:pələ): *(n)* θόλος ‖ τρούλος

‖ *(adj)* θολωτός
cur (kə:r): *(n)* παλιόσκυλο ‖ κοπρίτης *(id)*
curable (´kjuərəbl): *(adj)* θεραπεύσιμος
curate (´kjuərit): *(n)* εφημέριος
curative (´kju:rətiv): *(adj)* θεραπευτικός
curator (kjuə´reitər): *(n)* έφορος μουσείου ‖ διευθυντής βιβλιοθήκης
curb (kə:rb) [-ed]: *(v)* περιστέλλω ‖ χαλιναγωγώ, περιορίζω ‖ *(n)* χαλινός ‖ ρείθρο, άκρη
curdle (´kə:rdl) [-d]: *(v)* πήζω
cure (kjuər) [-d]: *(v)* θεραπεύω ‖ διατηρώ σε αλάτι, αλατίζω, καπνίζω ‖ *(n)* θεραπεία
curfew (´kə:rfju): *(n)* απαγόρευση κυκλοφορίας
curio (´kju:ri:ou): *(n)* σπάνιο αντικείμενο
curio-sity (kjuəri´ɔsiti): *(n)* περιέργεια ‖ περίεργο πράγμα, παράξενο ‖ ~ us: *(adj)* περίεργος ‖ παράξενος
curl (kə:rl) [-ed]: *(v)* στρίβω ‖ σγουραίνω ‖ σχηματίζω μπούκλες ‖ στρεβλώνω ‖ *(n)* πλόκαμος, ´´μπούκλα´´, βόστρυχος ‖ ~er: *(n)* ψαλίδι σγουρώματος ‖ ´´μπικουντί´´ ‖ ~ing iron: *(n)* ψαλίδι κατσαρώματος ‖ ~y: *(adj)* σγουρός
curlew (´kə:rlju:): *(n)* είδος μπεκάτσας
currant (´kʌrənt): *(n)* κορινθιακή σταφίδα ‖ φραγκοστάφυλο
curren-cy (´kə:rənsi): *(n)* χρήμα, κυκλοφορούν νόμισμα ‖ κυκλοφορία ‖ ~t: *(adj)* τρεχούμενος ‖ *(n)* ρους ‖ ηλεκτρ. ρεύμα
curriculum (kə´rikjuləm): *(n)* πρόγραμμα ή σύνολο μαθημάτων ‖ ~vitae: *(n)* βιογραφικό σημείωμα
curry (´kə:ri) [-ied]: *(v)* ξυστρίζω άλογο ‖ κατεργάζομαι δέρμα ‖ *(n)* πιπεράτη σάλτσα ‖ ~ favour: *(n)* επιζητώ εύνοια
curse (kə:rs) [-d]: *(v)* καταριέμαι ‖ βρίζω, αναθεματίζω ‖ *(n)* κατάρα ‖ βρισιά, ανάθεμα
cursive (´kə:rsiv): *(adj)* γραφή χειρός, με ενωμένα γράμματα
cursory (´kə:rsəri): *(adj)* γρήγορος και πρόχειρος, χωρίς προσοχή

curt (kə:rt): *(adj)* απότομος, τραχύς ‖ σύντομος ‖ ~ly: *(adv)* απότομα ‖ σύντομα
curtail (kə:r´teil) [-ed]: *(v)* συντομεύω, περικόβω
curtain (´kə:rtin): *(n)* παραπέτασμα ‖ αυλαία
curtsy (´kə:rtsi) [-ied]: *(v)* υποκλίνομαι ‖ *(n)* υπόκλιση, ´´ρεβερέντζα´´
curv-ature (´kə:rvətʃur): *(n)* καμπυλότητα ‖ κυρτότητα, σφαιρικότητα ‖ ~e (kə:rv): *(n)* καμπύλη ‖ στροφή οδού, καμπή ‖ [-d]: *(v)* σχηματίζω καμπύλη
cushion (´kuʃən): *(n)* μαξιλάρι ‖ μαλακή επένδυση ‖ [-ed]: *(v)* απορροφώ δόνηση ή χτύπημα
cusp (kʌsp): *(n)* ακίδα ‖ αιχμηρή προεξοχή ‖ ~id (´kʌspid): *(n)* κυνόδοντας
cuspidor (´kʌspidər): *(n)* πτυελοδοχείο
custard (´kʌstə:rd): *(n)* κρέμα
custod-ian (kʌs´toudiən): *(n)* θυρωρός ‖ επιστάτης, φύλακας ‖ ~y (´kʌstədi): *(n)* κηδεμονία ‖ φύλαξη, επιτήρηση ‖ κράτηση ‖ in ~: υπό κράτηση
custom (´kʌstəm): *(n)* έθιμο ‖ εθιμικό δίκαιο ‖ πελατεία ‖ *(adj)* επί παραγγελία ‖ ~s: *(n)* δασμός ‖ ~: *(n)* τελωνείο ‖ ~able: *(adj)* φορολογήσιμος ‖ ~arily: *(adj)* συνηθισμένα ‖ ~ary (´kʌstəmeri): *(adj)* συνηθισμένος ‖ ~built, ~made: επί παραγγελία ‖ ~er: *(n)* πελάτης ‖ ~house: *(n)* τελωνείο
cut (kʌt) [cut, cut]: *(v)* κόβω ‖ φυτρώνει δόντι, βγάζω δόντι ‖ αραιώνω ποτό ‖ κόβομαι ‖ προκαλώ πόνο, πληγώνω ‖ απουσιάζω από μάθημα ‖ *(n)* κόψιμο, κοπή ‖ μερίδιο ‖ εισκαφή ‖ τσουχτερή ή δηκτική κουβέντα ‖ a ~ above: λίγο ανώτερος ‖ ~ and dried: τακτοποιημένος ‖ συνηθισμένος ‖ ~back: *(n)* μείωση ‖ απότομη στροφή πίσω ‖ ~ in: *(v)* διακόπτω, μπαίνω στη μέση ‖ ~ out: *(n)* απόκομμα ‖ διακόπτης ‖ ~ter: *(n)* κοπτήρας ‖ ~ting: *(n)* τομή ‖ *(adj)* τσουχτερός, δηκτικός
cute (kju:t), **cutie** (´kju:ti): *(adj)* χαριτωμένος
cuticle (´kju:tikəl): *(n)* επιδερμίδα ‖ πέτσα στη ρίζα των νυχιών

97

cutie

cutie: see cute
cutlery (´kʌtləri): *(n)* μαχαιροποιία ||
μαχαιροπήρουνα
cutlet (´kʌtlit): *(n)* παϊδάκι, "κοτολέ-
τα"
cutthroat (´kʌtθrout): *(n)* φονιάς, μα-
χαιροβγάλτης || ανηλεής
cuttlefish (´kʌtlfiʃ): *(n)* σουπιά
cyanide (´saiənaid): *(n)* κυανίδιο ||
(adj) κυανιούχος
cybernat-e (´saibərneit) [-d]: *(v)* ελέγχω
αυτομάτως με ηλεκτρονικό εγκέφαλο ||
~ics: *(n)* κυβερνητική
Cyclades (´siklədiz): *(n)* Κυκλάδες
cyclamen (´saikləmən): *(n)* κυκλάμινο
cycl-e (´saikəl): *(n)* κύκλος, περίοδος ||
περιοδική επανάληψη || περιφορά ||
ποδήλατο || [-d]: *(v)* επανέρχομαι ή
συμβαίνω κατά περιόδους || ποδηλατώ
ή κάνω μοτοσικλέτα || ~ic: *(adj)* κυ-
κλικός, περιοδικός || ~ing: *(n)* ποδη-
λάτηση || ~ist: *(n)* ποδηλατιστής || μο-
τοσικλετιστής
cyclone (´saikloun): *(n)* κυκλώνας
cyclop-ean (saiklo´pi:ən): *(adj)* κυκλώ-
πειος || ~s (´saiklops): *(n)* Κύκλωπας
cygnet (´signit): *(n)* μικρό κύκνου
cylind-er (´silindər): *(n)* κύλινδρος ||
κυλινδρικό τεμάχιο || κυλινδρικό δο-
χείο || φιάλη || gas ~er: *(n)* φιάλη αε-
ρίου || ~rical: *(adj)* κυλινδρικός
cymbal (´simbəl): *(n)* κύμβαλο
cynic (´sinik): *(n)* κυνικός || ~al: *(adj)*
κυνικός || ~ism: *(n)* κυνισμός
cypress (´saipris): *(n)* κυπαρίσσι
Cypr-iot (´sipri:out): *(n)* Κύπριος || κυ-
πριακή γλώσσα || ~ian: *(adj)* κυπρια-
κός || ~us (´saiprəs): *(n)* Κύπρος
cyst (sist): *(n)* κύστη
czar (za:r): *(n)* τσάρος (fem.: czarina)
Czech (tʃek): *(n)* Τσεχοσλοβάκος ||
(adj) τσεχοσλοβακικός, τσέχικος ||
~oslovakia (tʃekəslo´væki:ə): *(n)* Τσε-
χοσλοβακία

D

D, d: το τέταρτο γράμμα του Αγγλ.
Αλφαβήτου
dab (dæb) [-bed]: *(v)* χτυπώ ελαφρά ||
επαλείφω || *(n)* μικρή ποσότητα || ελα-
φρό χτυπηματάκι || ειδικός *(id)*
dabble (´dæbəl) [-d]: *(v)* πιτσιλίζω
dad (dæd): *(n)* μπαμπάς || ~ dy (´dædi):
(n) μπαμπάκας || ~ dy longlegs: *(n)*
αράχνη
daffodil (´dæfədil): *(n)* ασφόδελος
daft (dæft, da:ft): *(n)* τρελός, παλαβός
dagger (´dægər): *(n)* εγχειρίδιο, στιλέτο
|| αστερίσκος || look ~s: *(v)* αγριοκοι-
τάζω, κοιτάζω με μίσος
dahlia (´deiljə): *(n)* ντάλια
daily (´deili): *(adj)* ημερήσιος, καθημε-
ρινός
dainty (´deinti): *(adj)* χαριτωμένος ||
νόστιμος, εκλεκτός || ραφιναρισμένος
dairy (´deəri): *(n)* γαλακτοκομείο || γα-
λακτοπωλείο || γαλακτοκομικά προϊό-
ντα || *(adj)* γαλακτομικός || ~ bar: *(n)*
γαλακτοπωλείο || ~man: *(n)* γαλακτο-
πώλης
dais (deis): *(n)* εξέδρα
daisy (´deizi): *(n)* μαργαρίτα
dale (deil): *(n)* κοιλάδα
dall-iance (´dæli:əns): *(n)* ερωτοτροπία
|| χασομέρι || ~ y (´dæli) [-ied]: *(v)*
ερωτοτροπώ || χασομερώ
daltonism (´dəltənizəm): *(n)* δαλτονι-
σμός
dam (dæm) [-med]: *(v)* φράζω || κατα-
σκευάζω φράγμα || *(n)* φράγμα || ανά-
χωμα
damage (´dæmidz) [-d]: *(v)* προκαλώ
ζημία || βλάπτω || βλάπτομαι, παθαίνω
ζημιά || *(n)* ζημία, βλάβη || ~s: *(n)*
αποζημίωση
dame (deim): *(n)* δέσποινα, κυρία || γυ-

98

ναίκα, "θηλυκό"

damn (dæm) [-ed]: *(v)* καταδικάζω ‖ καταριέμαι ‖ **~able**: *(adj)* μισητός ‖ κατακριτέος ‖ **~ation** (dæm´neiʃən): *(n)* καταδίκη ‖ *(interj)* διάβολε! ‖ **~ed**: *(adj)* καταδικασμένος, χαμένος ‖ *(adv)* πολύ *(id)* ‖ *(adj)* παλιο-, βρωμο- *(id)* ‖ **~ing**: *(adj)* συντριπτικός, επιβαρυντικός ‖ **not give a ~**: δε δίνω δεκάρα *(id)*

damp (dæmp): *(adj)* υγρός ‖ *(n)* υγρασία, καταχνιά ‖ κατήφεια ‖ [-ed]: *(v)* υγραίνω, μουσκεύω ‖ αποσβήνω, εξουδετερώνω ‖ **~en** [-ed]: *(v)* υγραίνω ‖ καταπτοώ, προκαλώ κατήφεια ‖ **~er**: *(n)* αποσβεστήρας ‖ αναστολέας

damsel (´dæmzəl): *(n)* κοπέλα

damson (´dæmzən): *(n)* δαμασκηνιά ‖ δαμάσκηνο

dance (dæns) [-d]: *(v)* χορεύω ‖ *(n)* χορός ‖ **~r**: *(n)* χορευτής, χορεύτρια

dandelion (´dændi´laiən): *(n)* κιχώρι, πικραλίδα ‖ ζωηρό κίτρινο

dander (´dændər): *(n)* θυμός

dandruff (´dændrəf): *(n)* πιτυρίδα

dandy (´dændi): *(n)* κομψευόμενος, "δανδής" ‖ έξοχο, θαυμάσιο *(id)* ‖ δάγκειος

Dane (dein): *(n)* Δανός

danger (´deindʒər): *(n)* κίνδυνος ‖ **~ous**: *(adj)* επικίνδυνος

dangle (´dæŋgəl) [-d]: *(v)* αιωρώ ‖ κρεμώ ‖ κουνώ πέρα-δώθε ‖ αιωρούμαι, κουνιέμαι πέρα-δώθε ‖ κρέμομαι ‖ γίνομαι της προσκολλήσεως *(id)*

Danish (´deiniʃ): *(adj)* δανικός ‖ *(n)* δανική γλώσσα

dank (dæŋk): *(adj)* μουχλιασμένος, υγρός

dapper (´dæpər): *(adj)* κομψός, κομψοντυμένος ‖ ζωηρούλης, πεταχτός

dapple (´dæpəl) [-d]: *(v)* κάνω παρδαλό ‖ **~ d**: *(adj)* παρδαλός

dare (deər) [-d]: *(v)* τολμώ ‖ προκαλώ ‖ αψηφώ ‖ **~ devil**: *(n)* παράτολμος ‖ **~ say**: *(v)* θεωρώ πιθανό

dark (da:rk): *(adj)* σκοτεινός ‖ σκούρος ‖ μελαψός ‖ μελαγχολικός ‖ μυστηριώδης ‖ *(n)* σκοτάδι ‖ **~ Ages**: *(n)* μεσαίωνας ‖ **~ Continent**: *(n)* Αφρική

‖ **~en** [-ed]: *(v)* σκοτεινιάζω ‖ σκουραίνω ‖ **~ness**: *(n)* σκοτάδι ‖ **in the ~**: μυστικά, κρυφά ‖ σε άγνοια

darling (´da:rliŋ): *(adj)* αγαπημένος ‖ χαριτωμένος *(id)*

darn (da:rn) [-ed]: *(v)* καρικώνω ‖ *(n)* καρίκωμα ‖ *(interj)* στον κόρακα! ‖ **~ing egg**: *(n)* αυγό καρικώματος

dart (da:rt) [-ed]: *(v)* ορμώ ‖ πετάγομαι, ρίχνομαι ‖ ρίχνω, εξακοντίζω ‖ *(n)* βέλος ‖ κεντρί ‖ απότομη κίνηση ‖ **~s**: παιχνίδι με βέλη

dash (dæʃ) [-ed]: *(v)* εκσφενδονίζω ‖ συντρίβω χτυπώντας ‖ πιτσιλίζω ‖ καταστρέφω, ματαιώνω ‖ πετάγομαι ‖ ορμώ ‖ *(n)* μικρή ποσότητα *(id)* ‖ εξόρμηση ‖ αγώνας ταχύτητας ‖ παύλα ‖ *(int)* να πάρει η ευχή! ‖ **~ board**: *(n)* πίνακας χειριστηρίων αυτοκινήτου ‖ **~ing**: *(adj)* τολμηρός, ζωηρός ‖ φανταχτερός

dastardly (´dæstərdli): *(adj)* ύπουλος, άνανδρος

data (´deitə) [sing: datum]: *(n)* στοιχεία, δεδομένα ‖ **~ processing**: προετοιμασία ή επεξεργασία στοιχείων σε κομπιούτερ

date (deit): *(n)* ημερομηνία ‖ ραντεβού ‖ πρόσωπο με το οποίο έχει κανείς ραντεβού ‖ ντάμα ή καβαλιέρος ‖ χουρμάς ‖ [-d]: *(v)* βάζω ημερομηνία ‖ προδίνω την ηλικία ‖ δίνω ραντεβού ή συναντώ ‖ "πάω" με κάποιον ή κάποια *(id)* ‖ **~d**: *(adj)* απαρχαιωμένος ‖ με ημερομηνία

dative (´deitiv): *(n)* δοτική

datum (´deitəm): αφετηρία ‖ γραμμή αναφοράς, στάθμη ‖ see data

daub (dɔ:b) [-ed]: *(v)* πασαλείβω ‖ *(n)* πασάλειμμα ‖ κακότεχνη ζωγραφιά

daughter (´dɔ:tər): *(n)* θυγατέρα, κόρη ‖ **~ in law**: *(n)* νύφη από το γιο

daunt (dɔ:nt) [-ed]: *(v)* φοβίζω ‖ **~ less**: *(adj)* άφοβος, απτόητος

davenport (´dævənpɔ:rt): *(n)* ντιβάνι ‖ γραφειάκι

daw (dɔ:): *(n)* καλιακούδα

dawdle (´dɔ:dəl) [-d]: *(v)* χασομερώ ‖ κοντοστέκομαι ‖ **~r**: *(n)* χασομέρης

dawn (dɔ:n): *(n)* αυγή ‖ αρχή ‖ [-ed]:

99

day

(ν) ξημερώνει, χαράζει ‖ φανερώνομαι, αποκαλύπτομαι

day (dei): *(n)* ημέρα ‖ περίοδος ‖ **call it a ~**: σταματώ τη δουλειά, τελειώνω ‖ **~ after ~**: συνεχώς ‖ **~ bed:** *(n)* ντιβάνι μετατρεπόμενο σε κρεβάτι ‖ **~break**: *(n)* χαράματα ‖ **~ by day**: μέρα με την ημέρα ‖ **~care**: ίδρυμα για νήπια ή ηλικιωμένους ‖ **~dream**: *(ν)* ονειροπολώ ‖ **~labour**: *(n)* ημερομίσθια εργασία ‖ **~light**: *(n)* φως ημέρας ‖ δημοσιότητα *(id)* ‖ **~s of grace**: παράταση γραμματίου ‖ **~star**: *(n)* αυγερινός, ήλιος ‖ **D - ~**: ημερομηνία επίθεσης ‖ ημέρα απόβασης των συμμάχων στη Νορμανδία

daze (deiz) [-d]: *(ν)* ζαλίζω ‖ *(n)* ζάλη

dazzl-e (´dæzəl) [-d]: *(ν)* εκτυφλώνω, "θαμπώνω" ‖ προκαλώ θαυμασμό ή κατάπληξη ‖ *(n)* θάμπωμα ‖ **~ing**: *(adj)* εκθαμβωτικός

deacon (´di:kən) [fem.: deaconess]: *(n)* διάκονος

dead (ded): *(adj)* νεκρός ‖ εντελώς αναίσθητος ‖ μη αποδοτικός ‖ απόλυτος ‖ ακριβής ‖ **~ air**: *(adj)* μη αεριζόμενος ‖ **~ beat**: *(n)* "μπαταξής" *(id)* ‖ τεμπέλης *(id)* ‖ **~ center**: *(n)* νεκρό σημείο ‖ **~en** [-ed]:*(ν)* απονεκρώνω ‖ αποσβήνω ‖ κάνω αντιηχητικό ‖ **~ end**: *(n)* αδιέξοδο ‖ **~ eye**: *(n)* τέλειος σκοπευτής *(id)* ‖ **~ head**: *(n)* τζαμπατζής *(id)* ‖ χοντροκέφαλος *(id)* ‖ **~ heat**: *(n)* ταυτόχρονος τερματισμός δρομέων ‖ **~ letter**: *(n)* νόμος ή κανονισμός που έχει ατονήσει ‖ **~ line**: *(n)* προθεσμία ‖ **~ly**: *(adj)* θανάσιμος ‖ καταστροφικός ‖ ανηλεής ‖ **~ pan**: *(adj)* ανέκφραστος *(id)* ‖ **~wood**: *(n)* ξερόκλαδα ‖ άχρηστο βάρος *(id)*

deaf (def): *(adj)* κουφός ‖ **~ en** [-ed]: *(ν)* κουφαίνω ‖ αποσβήνω ήχο ‖ **~ening**: *(adj)* εκκωφαντικός ‖ **~ mute**: *(n)* κωφάλαλος ‖ **~ness**: *(n)* κώφωση

deal (di:l) [dealt, dealt]: *(ν)* μοιράζω, δίνω ‖ δίνω χτύπημα ‖ ασχολούμαι, ανακατεύομαι ‖ αντιμετωπίζω ‖ *(n)* συμφωνία, "δουλειά" ‖ ποσότητα ‖ πολιτικό πρόγραμμα ‖ κελεπούρι *(id)* ‖ **~er**: *(n)* έμπορος, πωλητής ‖ αυτός

που "μοιράζει" χαρτιά στο παιχνίδι
dealt: see deal

dean (di:n): *(n)* κοσμήτορας ‖ πρωθιερέας ‖ **~'s list**: *(n)* κατάλογος αριστούχων

dear (diər): *(adj)* αγαπητός ‖ ακριβός ‖ **~ me**: Θεέ μου!! Τι λες!! ‖ **~ly**: *(adv)* ακριβά ‖ με αγάπη

dearth (dərθ): *(n)* έλλειψη, στέρηση ‖ λιμός

death (deθ): *(n)* θάνατος ‖ **~ bed**: οι τελευταίες στιγμές ‖ κρεβάτι του θανάτου ‖ **~ blow**: *(n)* θανατηφόρο χτύπημα ‖ τελειωτικό χτύπημα ‖ **~ certificate**: πιστοποιητικό θανάτου ‖ **~ cup**: *(n)* δηλητηριώδες μανιτάρι ‖ **~ duty, ~ tax**: *(n)* φόρος κληρονομιάς ‖ **~ly**: *(adj)* θανάσιμος, θανατηφόρος ‖ κίτρινος σαν πεθαμένος ‖ **~ rate**: *(n)* ποσοστό θνησιμότητας ‖ **~ trap**: *(n)* σαράβαλο ‖ δύσκολη περίσταση

debacle (di´bækəl): *(n)* ξαφνική καταστροφή ‖ μεγάλη πλημμύρα

debark (di´ba:rk) [-ed]: *(n)* ξεφορτώνω ‖ αποβιβάζω ‖ αποβιβάζομαι

debase (di´beis) [-d]: *(ν)* εξευτελίζω, ταπεινώνω ‖ υποτιμώ, υποβιβάζω ‖ νοθεύω

debat-e (di´beit) [-d]: *(ν)* συζητώ, σκέπτομαι, συνδιασκέπτομαι ‖ **~able**: *(adj)* αμφισβητήσιμος ‖ συζητήσιμος

debauch (di´bɔ:t∫) [-ed]: *(ν)* διαφθείρω ‖ ρίχνομαι ή βρίσκομαι σε κραιπάλη ‖ *(n)* ακολασία, διαφθορά ‖ κραιπάλη ‖ **~ed**: *(adj)* διεφθαρμένος, ακόλαστος ‖ **~ery**: *(n)* ακολασία, διαφθορά, έκλυτη ζωή

debenture (di´bent∫ər): *(n)* χρεωστικό ομόλογο, γραμμάτιο

debility (di´biliti): *(n)* αδυναμία, ατονία

debit (´debit) [-ed]: *(ν)* χρεώνω ‖ *(n)* χρέωση, παθητικό

debris (də´bri:): *(n)* χαλάσματα, συντρίμμια

debt (det): *(n)* χρέος, οφειλή ‖ **~or**: *(n)* χρεώστης, οφειλέτης

debug (di´bʌg) [-ged]: *(ν)* εξοντώνω έντομα ‖ βρίσκω βλάβη μηχανισμού

debut (´deibju:): *(n)* πρώτη εμφάνιση,

"ντεμπούτο" ‖ ~ante ('debju:tant): *(n)* κοπέλα που πρωτοεμφανίζεται στην κοσμική ζωή
deca-de ('dekeid): *(n)* δεκάδα ‖ δεκαετία ‖ ~gon ('dekəgən): *(n)* δεκάγωνο ‖ ~thlon: *(n)* δέκαθλο
decaden-ce ('dekədəns): *(n)* παρακμή ‖ κατάπτωση ‖ ~t: *(adj)* παρακμασμένος
decal ('di:kæl): *(n)* χαλκομανία
decamp (di'kæmp) [-ed]: *(v)* φεύγω από στρατόπεδο ‖ φεύγω ξαφνικά
decanter (di'kæntər): *(n)* φιάλη, "καράφα"
decapitate (di'kæpəteit) [-d]: *(v)* αποκεφαλίζω
decay (di'kei) [-ed]: *(v)* φθείρομαι ‖ αποσυντίθεμαι ‖ παρακμάζω ‖ *(n)* φθορά ‖ αποσύνθεση ‖ παρακμή
decease (di'si:s): *(v)* εκλείπω, αποθνήσκω ‖ ~d: νεκρός, εκλειπών
deceit (di'si:t): *(n)* δόλος, απάτη ‖ ~ful: *(adj)* απατηλός
deceive (di'si:v) [-d]: *(v)* εξαπατώ
decelerat-e (di'seləreit) [-ed]: *(v)* επιβραδύνω, "κόβω" ταχύτητα ‖ ~ion: *(n)* επιβράδυνση
December (di'sembər): *(n)* Δεκέμβριος
decenc-y (di'disənsi): *(n)* ευπρέπεια, κοσμιότητα ‖ ~t: *(adj)* ευπρεπής, κόσμιος ‖ σεμνός ‖ αρκετός, υποφερτός
decentraliz-e (di'sentrəlaiz) [-d]: *(v)* αποκεντρώνω ‖ ~ation: *(n)* αποκέντρωση
decepti-on (di'sepʃən): *(n)* απάτη ‖ ~ve: *(adj)* απατηλός
decibel ('desibəl): *(n)* μονάδα ντεσιμπέλ
decide (di'said) [-d]: *(v)* αποφασίζω ‖ καταλήγω, αποφαίνομαι ‖ επηρεάζω ‖ ~d: *(adj)* οριστικός, κατηγορηματικός ‖ ~dly: *(adv)* αναμφισβήτητα, αποφασιστικά
deciduous (di'sidjuəs): *(adj)* πρόσκαιρος ‖ *(n)* δέντρο φυλλοβόλο ‖ ~ teeth: *(n)* νεογιλοί οδόντες
decimal ('desiməl): *(adj)* δεκαδικός
decimat-e ('desimeit) [-ed]: *(v)* αποδεκατίζω ‖ ~ion: *(n)* αποδεκάτιση
decipher (di'saifər) [-ed]: *(v)* αποκρυπτογραφώ

decisi-on (di'sizhən): *(n)* απόφαση ‖ ~ve (di'saisiv): *(adj)* αποφασιστικός
deck (dek): *(n)* κατάστρωμα ‖ οδόστρωμα ‖ όροφος αεροπλάνου ή λεωφορείου ‖ τράπουλα ‖ [-ed]: *(v)* στολίζω, διακοσμώ ‖ ~chair: *(n)* σαιζ-λονγκ ‖ ~ hand: *(n)* ναύτης καταστρώματος ‖ hit the ~: *(v)* ξυπνώ *(id)* ‖ ετοιμάζομαι για μάχη *(id)* ‖ πέφτω μπρούμυτα *(id)* ‖ on ~: παρών, έτοιμος *(id)*
decla-mation (deklə'meiʃən): *(n)* αγόρευση ‖ ~im (di'kleim) [-ed]: *(v)* αγορεύω
declar-e (di'kleər) [-d]: *(v)* δηλώνω ‖ διακηρύσσω ‖ κηρύσσω (πόλεμο) ‖ ~ation (deklə'reiʃən): *(n)* δήλωση ‖ διακήρυξη ‖ κήρυξη
declension (di'klenʃən): *(n)* κλίση
decline (di'klain) [-d]: *(v)* αρνούμαι ‖ κλίνω ‖ γίνομαι κατηφορικός ‖ παρακμάζω, "παίρνω τον κατήφορο" ‖ *(n)* παρακμή, πτώση ‖ κατηφορική κίνηση
declivity (di'kliviti): *(n)* κατωφέρεια
declutch (di:'klʌtʃ) [-ed]: *(v)* αποσυνδέω ‖ πατώ "ντεμπραγιάζ"
decode (di:'koud) [-d]: *(v)* αποκρυπτογραφώ ‖ ανακαλύπτω κώδικα
decompos-e (dikəm'pouz) [-d]: *(v)* αποσυνθέτω ‖ αποσυντίθεμαι ‖ ~ ition (dikəmpə'ziʃən): *(n)* αποσύνθεση
decontamina-nt (dikən'tæminənt): *(n)* απολυμαντικό ‖ ~te [-d]: *(v)* απολυμαίνω
decor (dei'kɔ:r): *(n)* διάκοσμος, "ντεκόρ" ‖ ~ ate ('dekəreit) [-d]: *(v)* διακοσμώ ‖ παρασημοφορώ ‖ ~ation: *(n)* διακόσμηση, διάκοσμος ‖ παρασημοφορία ‖ ~ative: *(adj)* διακοσμητικός ‖ ~ator: *(n)* διακοσμητής ‖ ~ous ('dekərəs, di'kɔrəs): *(adj)* ευπρεπής, καθώς πρέπει ‖ ~um (di'kɔ:rəm): *(n)* ευπρέπεια, καθωσπρεπισμός
decoy (di'kɔi) [-ed]: *(v)* δελεάζω ‖ παγιδεύω με τέχνασμα ή δόλωμα ‖ *(n)* παγίδα ‖ δόλωμα
decrease (di:'kri:s) [-d]: *(v)* ελαττώνω ‖ ελαττώνομαι ‖ *(n)* μείωση, ελάττωση
decree (di'kri:): *(n)* βούλευμα, ψήφισμα ‖ διάταγμα ‖ δικαστ. απόφαση

decrement

decrement (΄dekrimənt): *(n)* μείωση, ελάττωση

decrepit (di΄krepit): *(adj)* σε κακά χάλια, σαράβαλο

dedicat-e (΄dedikeit) [-d]: *(v)* αφιερώνω ‖ ~ed: *(adj)* αφιερωμένος, δοσμένος ολόψυχα ‖ ~ion: *(n)* αφιέρωση ‖ ~ory: *(adj)* αφιερωτικός

deduce (di΄dju:s) [-d]: *(v)* συμπεραίνω, εξάγω

deduct (di΄dʌkt) [-ed]: *(v)* αφαιρώ ‖ συμπεραίνω, εξάγω ‖ εκπίπτω ‖ ~ible: *(adj)* απαλλακτέος φόρου ‖ εκπτώσιμος ‖ ~ion: *(n)* αφαίρεση ‖ έκπτωση ‖ συμπέρασμα

deed (di:d): *(n)* πράξη ‖ επίτευγμα ‖ έγγραφη πράξη νομική

deem (di:m) [-ed]: *(v)* κρίνω, φρονώ

deep (di:p): *(adj)* βαθύς ‖ δυσνόητος ‖ πανούργος ‖ σκούρος ‖ ~en [-ed]: *(v)* βαθύνω ‖ γίνομαι βαθύς ‖ ~ freeze: *(n)* κατάψυξη ‖ ~ rooted, ~ seated: *(adj)* σταθερός, στερεωμένος βαθιά, ριζωμένος ‖ ~ space: *(n)* το διάστημα πέρα από τη Σελήνη

deer (di:ər): *(n)* ελάφι ‖ ζαρκάδι

deface (di΄feis) [-d]: *(v)* παραμορφώνω ‖ εξαλείφω

defalcat-e (di΄fælkeit) [-d]: *(v)* καταχρώμαι ‖ ~or: *(n)* καταχραστής

defam-e (di΄feim) [-d]: *(v)* δυσφημίζω ‖ συκοφαντώ ‖ ~ation: *(n)* δυσφήμιση ‖ ~atory: *(adj)* δυσφημιστικός

default (di΄fɔ:lt) [-ed]: *(v)* αθετώ, παραβαίνω ‖ παραλείπω πληρωμή χρέους ‖ φυγοδικώ ‖ δικάζομαι ερήμην ‖ αποσύρομαι από αγώνα ‖ *(n)* αθέτηση, παράβαση ‖ απουσία, ερήμην ‖ αποχώρηση από αγώνα ‖ ~er: *(n)* ελλειμματίας ‖ φυγόδικος

defeat (di΄fi:t) [-ed]: *(v)* νικώ ‖ ανατρέπω σχέδιο ‖ ακυρώνω ‖ *(n)* ήττα ‖ ανατροπή σχεδίου ‖ ακύρωση ‖ ~ism: *(n)* ηττοπάθεια ‖ ~ist: *(n)* ηττοπαθής

defecate (΄defikeit) [-d]: *(v)* αφοδεύω, αποπατώ

defect (di΄fekt) [-ed]: *(v)* εγκαταλείπω ιδεολογία ή στρατόπεδο, προσχωρώ σε αντίθετο στρατόπεδο ‖ *(n)* ατέλεια ‖ ελάττωμα ‖ ~ive: *(adj)* ελαττωματικός ‖ πλημμελής, ελλιπής

defence: see defense

defen-d (di΄fend) [-ed]: *(v)* υπερασπίζω ‖ υποστηρίζω, δικαιολογώ ‖ ~dant: *(n)* εναγόμενος, κατηγορούμενος ‖ ~der: *(n)* υπερασπιστής, υπέρμαχος ‖ συνήγορος ‖ ~se: *(n)* υπεράσπιση ‖ άμυνα ‖ ~ sive: *(adj)* αμυντικός ‖ *(n)* μέσο άμυνας ‖ άμυνα

defenestration (difənə΄streiʃən): *(n)* εκπαραθύρωση

defer (di΄fə:r) [-red]: *(v)* αναβάλλω ‖ χορηγώ αναβολή κατάταξης ‖ υποχωρώ, ενδίδω ‖ σέβομαι ‖ ~ence (΄defərəns): *(n)* συγκατάβαση, υποχώρηση ‖ σεβασμός ‖ ~ential (defə΄renʃəl): *(adj)* γεμάτος σεβασμό

defian-ce (di΄faiəns): *(n)* περιφρόνηση ‖ πρόκληση ‖ αποφασιστική αντίσταση ‖ ~t: *(adj)* περιφρονητικός ‖ προκλητικός

defic-iency (di΄fiʃənsi): *(n)* ατέλεια ‖ έλλειψη ‖ έλλειμμα ‖ ~ient: *(adj)* ανεπαρκής, ελλιπής ‖ πλημμελής ‖ ~it (΄defisit): *(n)* έλλειμμα

defile (di΄fail) [-d]: *(n)* σπιλώνω ‖ μολύνω ‖ βαδίζω εφ' ενός ζυγού ‖ *(n)* στενό πέρασμα, στενωπός

defin-e (di΄fain) [-d]: *(v)* ορίζω, καθορίζω ‖ δίνω ορισμό ‖ ~ite (΄definit): *(adj)* ορισμένος, καθορισμένος ‖ σαφής, κατηγορηματικός ‖ οριστικός ‖ ~itely: *(adv)* οπωσδήποτε, ρητά ‖ ~ition (defi΄niʃən): *(n)* ορισμός ‖ προσδιορισμός ‖ ~itive (di΄finitiv): *(adj)* οριστικός, τελικός

deflat-e (di΄fleit) [-d]: *(v)* ξεφουσκώνω ‖ ρίχνω αυτοπεποίθηση ή εγωισμό ‖ περιορίζω το κυκλοφορούν νόμισμα ‖ ~ion: *(n)* ξεφούσκωμα ‖ αντιπληθωρισμός

deflect (di΄flekt) [-ed]: *(v)* εκτρέπω ‖ παρεκκλίνω ‖ εκτρέπομαι ‖ ~ion: *(n)* εκτροπή ‖ απόκλιση

deflower (di΄flauər) [-ed]: *(v)* κηλιδώνω, σπιλώνω ‖ διακορεύω

deform (di΄fɔ:rm) [-ed]: *(v)* παραμορφώνω ‖ παραμορφώνομαι ‖ ~ation: *(n)* παραμόρφωση ‖ ~ed: *(adj)* παραμορφωμένος ‖ ~ity: *(n)* δυσμορφία

102

defraud (di´frɔ:d) [-ed]: *(v)* παίρνω με απάτη

defray (di´frei) [-ed]: *(v)* καταβάλλω έξοδα, αποζημιώνω

defrost (di´frɔst) [-ed]: *(v)* ξεπαγώνω ‖ κάνω απόψυξη ‖ ~er: *(n)* αυτόματο αποψυκτικό μηχάνημα

deft (deft): *(adj)* επιδέξιος

defunct (di´fʌŋkt): *(adj)* εκλειπών ‖ μη εν κυκλοφορία ‖ όχι εν ισχύει

defy (di´fai) [-ied]: *(v)* προκαλώ ‖ αψηφώ

degenera-cy (di´dzenərəsi): *(n)* εκφυλισμός ‖ ~te (di´dzenəreit) [-d]: *(v)* εκφυλίζω ‖ εκφυλίζομαι ‖ καταντώ ‖ (di´dzenərit): *(adj)* εκφυλισμένος ‖ έκφυλος ‖ ~tion: (didzenə´reiʃən): *(n)* εκφυλισμός

degrad-e (di´greid) [-d]: *(v)* υποβιβάζω ‖ ταπεινώνω ‖ ~ation: *(n)* υποβιβασμός, ταπείνωση ‖ ~ing: *(adj)* ταπεινωτικός

degree (di´gri:): *(n)* βαθμός ‖ στάδιο ‖ μοίρα ‖ πτυχίο ‖ by ~s: *(adv)* βαθμηδόν ‖ ~d: *(adj)* πτυχιούχος ‖ to a ~: μέχρι ενός σημείου

dehydrat-e (di:´haidreit) [-d]: *(v)* αφυδατώνω ‖ αφυδατώνομαι ‖ ~ed: *(adj)* αφυδατωμένος ‖ ~ion: *(n)* αφυδάτωση

deice (di´ais) [-d]: *(v)* καθαρίζω τους πάγους ‖ ξεπαγώνω

deif-ication (di:əfə´keiʃən): *(n)* θεοποίηση ‖ αποθέωση ‖ ~y (´di:əfai) [-ied]: *(v)* θεοποιώ ‖ αποθεώνω

deign (dein) [-ed]: *(v)* καταδέχομαι ‖ αξιώνω

deity (´di:iti): *(n)* θεότητα

deject (di´dzekt) [-ed]: *(v)* αποθαρρύνω ‖ ~ed: *(adj)* απογοητευμένος ‖ κατηφής ‖ ~ion: *(n)* μελαγχολία, κατήφεια

delay (di´lei) [-ed]: *(v)* αναβάλλω ‖ καθυστερώ ‖ *(n)* αναβολή ‖ καθυστέρηση ‖ ~ed action: *(adj)* βραδυφλεγής ‖ σε καθυστέρηση

delectable (di´lektəbəl): *(adj)* ευχάριστος

delegat-e (´deligeit) [-d]: *(v)* εξουσιοδοτώ ή στέλνω αντιπρόσωπο ‖ δίνω εντολή ‖ *(n)* απεσταλμένος ‖ ~ion: *(n)* αποστολή ‖ εντολή

delet-e (di:´li:t) [-d]: *(v)* εξαλείφω ‖ ~ion: *(n)* διαγραφή

deliberat-e (di´libəreit) [-d]: *(v)* σκέπτομαι μελετώ ‖ ανταλλάσσω γνώμη ‖ (di´libərit): *(adj)* εσκεμμένος ‖ συνετός ‖ επιφυλακτικός ‖ όχι βιαστικός ‖ ~ion (dilibə´reiʃən): *(n)* σκέψη, μελέτη ‖ ανταλλαγή γνωμών ‖ περίσκεψη

delica-cy (´delikəsi): *(n)* λεπτότητα, "φινέτσα" ‖ αδύνατη κράση ‖ ευαισθησία ‖ γλύκισμα, "λιχουδιά" ‖ ~te (´delikit): *(adj)* αβρός, λεπτός ‖ με αδύνατη κράση ‖ ευαίσθητος, ευπαθής ‖ λεπτός, που χρειάζεται "τακτ" ‖ ~tessen (´delikət´esən): *(n)* κατάστημα ετοίμων τροφίμων

delicious (di´liʃəs): *(adj)* ευχάριστος νόστιμος, εύγευστος

delight (di´lait) [-ed]: *(v)* απολαμβάνω, χαίρομαι ‖ δίνω απόλαυση, ευχαριστώ ‖ *(n)* ευχαρίστηση, τέρψη ‖ ~ed: *(adj)* κατενθουσιασμένος, ευχαριστημένος ‖ ~ful: *(adj)* ευχάριστος, χαριτωμένος

delinquen-cy (di´liŋkwənsi): *(n)* παράβαση ‖ αδίκημα, πταίσμα ‖ ~t: *(adj)* παραβάτης ‖ ληξιπρόθεσμος, εκπρόθεσμος ‖ **juvenile ~cy**: *(n)* παιδική εγκληματικότητα

deliri-ous (di´liriəs): *(adj)* σε παραλήρημα, σε παροξυσμό, ξέφρενος ‖ ~um: *(n)* παραλήρημα, παροξυσμός, "ντελίριο" ‖ ~um tremens: *(n)* τρομώδης παροξυσμός αλκοολικών

deliver (di´livər) [-ed]: *(v)* απαλλάσσω ‖ ελευθερώνω ‖ βοηθώ τοκετό ‖ παραδίνω, διανέμω ‖ δίνω ‖ απαγγέλλω, εκφωνώ ‖ ~ance: *(n)* απαλλαγή ‖ απελευθέρωση ‖ ~ the goods: *(v)* εκπληρώνω υποχρέωση ‖ ~y: *(n)* διανομή, παράδοση ‖ απαλλαγή ‖ γέννα ‖ εκφώνηση ‖ ~y room: *(n)* αίθουσα τοκετού

dell (del): *(n)* κοιλάδα

delocalize (di´loukəlaiz) [-d]: *(v)* διευρύνω

delouse (di´laus) [-d]: *(v)* ξεψειριάζω

delta (´deltə): *(n)* δέλτα

delude (di´lu:d) [-d]: *(v)* εξαπατώ

deluge (´delju:dz) [-d]: *(v)* πλημμυρίζω ‖ κατακλύζω ‖ *(n)* κατακλυσμός

delusion

delusi-on (di´lu:ʒən): *(n)* απάτη ‖ αυ-
ταπάτη ‖ ~**ve**: *(adj)* απατηλός
de luxe (di´luks): *(adj)* υπερπολυτελής
‖ *(adv)* με πολυτέλεια
delve (delv) [-d]: *(v)* διερευνώ ‖ μελετώ
βαθιά
demagogue (´deməgɔg): *(n)* δημαγωγός
‖ ~**ry**: *(n)* δημαγωγία
demand (di´mænd, di´ma:nd) [-ed]: *(v)*
απαιτώ, αξιώνω ‖ ρωτώ επιτακτικά ‖
χρειάζομαι ‖ εγκαλώ ‖ *(n)* απαίτηση,
αξίωση ‖ ~**ing**: *(adj)* απαιτητικός ‖ δύ-
σκολος ‖ **in** ~: σε ζήτηση ‖ **on** ~: επί
τη εμφανίσει
demarcat-e (dima:r´keit) [-d]: *(v)* ορο-
θετώ ‖ διαχωρίζω ‖ ~**ion**: *(n)* οροθε-
σία ‖ διαχωρισμός
demean (di´mi:n) [-ed]: *(v)* φέρομαι ‖
ταπεινώνω ‖ ~**or**: *(n)* συμπεριφορά,
τρόπος
dement-ed (di´mentid): *(adj)* τρελός ‖
~**ia** (di´menʃi:ə): *(n)* τρέλα
demigod (´demigɔd): *(n)* ημίθεος
demijohn (´demidzən): *(n)* νταμιτζάνα
demise (di´maiz) [-d]: *(v)* εκχωρώ, με-
ταβιβάζω ‖ μεταβιβάζομαι ‖ πεθαίνω ‖
(n) θάνατος ‖ μεταβίβαση, εκχώρηση
demitasse (´demitæs): *(n)* φλιτζανάκι
του καφέ
demobiliz-e (di:´moubilaiz) [-d]: *(v)*
αποστρατεύω ‖ ~**ation**: *(n)* αποστρά-
τευση
democra-cy (di´məkrəsi): *(n)* δημοκρα-
τία ‖ ~**t** (´deməkræt): *(n)* δημοκράτης
‖ ~**tic** (demə´krætic): *(adj)* δημοκρατι-
κός
demoli-sh (di´məliʃ) [-ed]: *(v)* κατεδα-
φίζω, γκρεμίζω ‖ συντρίβω ‖ εξουδε-
τερώνω ‖ ~**tion**: (demə´liʃən): *(n)* κα-
τεδάφιση ‖ ~**tions**: *(n)* εκρηκτικά
demon (´di:mən): *(n)* δαίμονας ‖ ~**iac**,
~**iacal**: *(adj)* δαιμονικός, δαιμονισμέ-
νος
demonstra-ble (di´mənstrəbəl): *(adj)*
αποδεικτός, που μπορεί να αποδειχτεί
‖ ~**bility**: *(n)* το εναπόδεικτο ‖ ~**nt**:
(n) διαδηλωτής ‖ ~**te** (´demənstreit) [-
d]: *(v)* αποδεικνύω, επιδεικνύω ‖ κά-
νω διαδήλωση ‖ ~**tion**: *(n)* απόδειξη ‖
επίδειξη ‖ διαδήλωση ‖ ~**tive**: *(adj)*

αποδεικτικός ‖ εκδηλωτικός ‖ δεικτι-
κός ‖ ~**tive pronoun**: *(n)* δεικτική
αντωνυμία ‖ ~**tively**: *(adv)* αποδεικτι-
κά, εκδηλωτικά ‖ ~**tor**: *(n)* αυτός που
επιδεικνύει, επιδεικνύων ‖ διαδηλωτής
demoralize (di´mərəlaiz) [-d]: *(v)* απο-
θαρρύνω, ρίχνω το ηθικό ‖ προκαλώ
πανικό ‖ εξαχρειώνω
demot-e (di´mout) [-d]: *(v)* υποβιβάζω
‖ ~**ion**: *(n)* υποβιβασμός
demotic (di´mətik): *(adj)* δημοτικός ‖
(n) δημοτική γλώσσα
demur (di´mə:r) [-red]: *(n)* φέρνω
αντίρρηση ‖ καθυστερώ ‖ *(n)* αντίρρη-
ση ‖ καθυστέρηση
demure (di´mjuər): *(adj)* συγκρατημέ-
νος ‖ φρόνιμος ‖ σεμνότυφος
den (den): *(n)* άντρο ‖ δωματιάκι ‖
ενωμοτία προσκόπων
denationalize (di:´næʃənəlaiz) [-d]: *(v)*
στερώ την ιθαγένεια ‖ απεθνικοποιώ
denaturalize (di:´nætʃərəlaiz) [-d]: *(v)*
αφαιρώ την υπηκοότητα
dengue (´dengi): *(n)* δάγκειος
denial (di´naiel): *(n)* άρνηση ‖ απάρνη-
ση ‖ διάψευση
denigrate (´di:nigreit) [-d]: *(v)* αμαυρώ-
νω, δυσφημώ
denizen (´denizən): *(n)* κάτοικος
Denmark (´denma:rk): *(n)* Δανία
denominat-ion (dinəmi´neiʃən): *(n)* κα-
τηγορία, τάξη ‖ ονομασία ‖ θρήσκευ-
μα, δόγμα ‖ ~**or**: *(n)* παρονομαστής
denote (di´nout) [-d]: *(v)* δηλώνω, εμ-
φαίνω ‖ σημαίνω
denounce (di´nauns) [-d]: *(v)* καταγγέλ-
λω ‖ ~**ment**: *(n)* καταγγελία
dens-e (dens): *(adj)* πυκνός ‖ συμπαγής
‖ χοντροκέφαλος ‖ ~**ity**: *(n)* πυκνότη-
τα ‖ χοντροκεφαλιά, βλακεία
dent (dent) [-ed]: *(v)* κάνω εσοχή, βα-
θουλώνω ‖ *(n)* κοιλότητα, εσοχή, βού-
λιαγμα
dent-al (´dentl): *(adj)* οδοντικός ‖ οδο-
ντόφωνος ‖ ~**al plate**: *(n)* τεχνητή
οδοντοστοιχία ‖ ~**al surgeon**: *(n)* χει-
ρούργος οδοντίατρος ‖ ~**ist** (´dentist):
(n) οδοντίατρος ‖ ~**istry**: *(n)* οδοντια-
τρική ‖ ~**ition** (den´tiʃən): *(n)* οδοντο-
φυΐα ‖ ~**ure** (´dentʃər): *(n)* τεχνητή

οδοντοστοιχία, μασέλα

denud-ate (di´nju:deit), ~ **e** (di´nju:d) [-d]: *(v)* απογυμνώνω ‖ **~ation:** *(n)* απογύμνωση

denunciation (dinʌnsi´eiʃən): *(n)* καταγγελία

deny (di´nai) [-ied]: *(v)* αρνούμαι ‖ απαρνιέμαι ‖ διαψεύδω

deodorant (di:´oudərənt): *(n)* αποσμητικό

depart (di´pa:rt) [-ed]: *(v)* αναχωρώ ‖ αποκλίνω ‖ **~ed:** *(adj)* περασμένος ‖ νεκρός ‖ **~ure:** *(n)* αναχώρηση ‖ απόκλιση ‖ γεωγρ. μήκος

department (di´pa:rtmənt): *(n)* διαμέρισμα, τμήμα ‖ **D~:** υπουργείο ‖ περιοχή, ειδικότητα ‖ **~ store:** *(n)* κατάστημα με τμήματα όλων των ειδών

depend (di´pend) [-ed]: *(v)* εξαρτώμαι ‖ βασίζομαι ‖ **~able:** *(adj)* αξιόπιστος, βάσιμος ‖ **~ence:** *(n)* εξάρτηση ‖ **~ent:** *(adj)* υποτελής, δευτερεύων ‖ εξαρτημένος

depict (di´pikt) [-ed]: *(v)* απεικονίζω ‖ περιγράφω ‖ **~ion:** *(n)* απεικόνιση

depilat-e (´depileit) [-d]: *(v)* κάνω αποτρίχωση, βγάζω τις τρίχες ‖ **~ory:** *(n)* αποτριχωτικό

deplet-e (di´pli:t) [-d]: *(v)* εξαντλώ ‖ **~ion:** *(n)* εξάντληση

deplor-able (di´plɔ:rəbəl): *(adj)* οικτρός, αξιοθρήνητος ‖ απαίσιος ‖ **~e** [-d]: *(v)* οικτίρω ‖ αποδοκιμάζω ‖ σιχαίνομαι

deploy (di´plɔi) [-ed]: *(v)* αναπτύσσω

depopulate (di:´pɔpjuleit) [-d]: *(v)* ελαττώνω τον πληθυσμό, ερημώνω ‖ αποδεκατίζω

deport (di´pɔ:rt) [-ed]: *(v)* εκτοπίζω ‖ απελαύνω ‖ συμπεριφέρομαι ‖ **~ation:** *(n)* απέλαση ‖ **~ment:** *(n)* συμπεριφορά

depos-e (di´pouz) [-d]: *(v)* παύω, απολύω ‖ βγάζω από θέση ‖ καταθέτω ενόρκως ‖ **~it** (di´pɔzit) [-ed]: *(v)* καταθέτω ‖ αποθέτω ‖ δίνω προκαταβολή ‖ *(n)* κατάθεση ‖ προκαταβολή ‖ κατάλοιπο, κοίτασμα ‖ **~ition** (depə´ziʃən): *(n)* απόλυση, παύση ‖ ένορκη κατάθεση ‖ αποκαθήλωση ‖

~itor: *(n)* καταθέτης ‖ **~itory:** *(n)* ταμείο, θησαυροφυλάκιο

depot (´depou): *(n)* σταθμός λεωφορείου ή σιδηροδρόμων ‖ αποθήκη ‖ κέντρο υποδοχής νεοσυλλέκτων ‖ κέντρο ανεφοδιασμού

deprav-e (di´preiv) [-d]: *(v)* διαφθείρω ‖ **~ed:** *(adj)* διεφθαρμένος ‖ **~ity:** *(n)* διαφθορά ‖ αισχρή πράξη

deprecat-e (´deprikeit) [-d]: *(v)* αποδοκιμάζω ‖ υποτιμώ ‖ **~ory:** *(adj)* αποδοκιμαστικός

depreciat-e (di´pri:ʃieit) [-d]: *(v)* υποτιμώ ‖ υποτιμώμαι, πέφτει η αξία μου ‖ **~ion:** *(n)* υποτίμηση ‖ **~ory:** *(adj)* υποτιμητικός

depress (di´pres) [-ed]: *(v)* πιέζω ‖ ρίχνω τις τιμές ‖ προκαλώ μελαγχολία ή θλίψη ‖ **~ed:** *(adj)* μελαγχολικός, θλιμμένος ‖ χαμηλωμένος ‖ περιοχή με χαμηλό βιοτικό επίπεδο ‖ **~ion:** *(n)* θλίψη, μελαγχολία ‖ εσοχή ‖ πτώση ‖ οικονομική κρίση

depriv-ation (depri´veiʃən): *(n)* αφαίρεση ‖ στέρηση ‖ **~e** (di´praiv) [-d]: *(v)* αποστερώ, αφαιρώ

depth (depθ): *(n)* βάθος ‖ **~s:** *(n)* βαθιά νερά ‖ **beyond one's ~:** ακατανόητο ‖ πέραν των δυνάμεων ‖ **~charge:** *(n)* βόμβα βυθού

deput-ation (depju´teiʃən): *(n)* διορισμός αντιπροσώπου ή πράκτορα ‖ διορισμός αναπληρωτή ή βοηθού ‖ αντιπροσωπία ‖ αποστολή ‖ επιτροπεία ‖ **~ize** (´depjutaiz) [-d]: *(v)* διορίζω αντιπρόσωπο, πράκτορα, βοηθό ή αναπληρωτή ‖ ορκίζω βοηθό ή αναπληρωτή ‖ αναπληρώνω ‖ **~y** (´depjuti): *(n)* βοηθός ‖ αναπληρωτής ‖ αντιπρόσωπος ή πράκτορας

derail (di´reil) [-ed]: *(v)* εκτροχιάζω ‖ **~ment:** *(n)* εκτροχίαση

derange (di´reindz) [-d]: *(v)* διαταράσσω ‖ τρελαίνω ‖ **~d:** *(adj)* τρελός ‖ **~ment:** *(n)* διατάραξη ‖ παραφροσύνη

derby (´də:rbi): *(n)* ημίψηλο καπέλο ‖ ιπποδρομία

derelict (´derilikt): *(adj)* παραβάτης καθήκοντος ή υποχρέωσης ‖ εγκαταλειμμένος ‖ απόκληρος ‖ εγκαταλειμμένο

deride

πλοίο ‖ ~**ion**: *(η)* παράλειψη καθήκοντος ή υποχρέωσης ‖ εγκατάλειψη
deri-de (di´raid) [-d]: *(ν)* χλευάζω, φέρομαι σκωπτικά ‖ ~**der**: *(η)* σκώπτης ‖ ~**sion** (di´rizən): *(η)* χλευασμός ‖ ~**sive** (di´raisiv): ~**sory** (di´raisəri): *(adj)* χλευαστικός, σαρκαστικός
deriv-ation (deri´veiʃən): *(η)* ετυμολογία ‖ εξαγωγή παραγώγου ‖ καταγωγή, προέλευση ‖ ~**ative** (di´rivətiv): *(η)* παράγωγος ‖ παράγωγο ‖ μη πρωτότυπος, αντίγραφο ‖ ~**e** (di´raiv) [-d]: *(ν)* παράγω ‖ παράγομαι ‖ κατάγομαι ‖ συνάγω, εξάγω
dermat-itis (də:rmə´taitis): *(η)* δερματίτιδα ‖ ~**ologist** (də:rmə´tələdzist): *(η)* δερματολόγος ‖ ~**ology**: *(η)* δερματολογία
derogat-e (´derəgeit) [-d]: *(ν)* μειώνω ‖ ταπεινώνω ‖ ~**ion**: *(η)* μείωση, ταπείνωση ‖ ~**ory** (di´rəgətəri): *(adj)* μειωτικός ‖ ταπεινωτικός
derrick (´derik): *(η)* βαρούλκο ‖ γερανός ‖ ικρίωμα γεώτρησης ή άντλησης
descen-d (di´send) [-ed]: *(ν)* κατεβαίνω ‖ κατηφορίζω ‖ κατάγομαι, προέρχομαι ‖ επιπίπτω, εφορμώ ‖ ~**dant**: *(η)* απόγονος, γόνος ‖ ~**dent**: *(adj)* κατηφορικός, κατερχόμενος ‖ ~**t**: *(η)* κάθοδος ‖ κατωφέρεια ‖ καταγωγή ‖ πτώση ‖ επίθεση ‖ μεταβίβαση από κληρονομιά
descri-be (dis´kraib) [-d]: *(ν)* περιγράφω ‖ διαγράφω, σύρω ‖ ~**ption** (dis´kripʃən): *(η)* περιγραφή ‖ διάγραμμα ‖ ~**ptive**: *(adj)* περιγραφικός ‖ παραστατικός
descry (dis´krai) [-ied]: *(ν)* διακρίνω
desecrat-e (´desikreit) [-d]: *(ν)* βεβηλώνω ‖ κάνω ιεροσυλία ‖ ~**ion**: *(η)* ιεροσυλία, βεβήλωση
desegregat-e (di:´segrəgeit) [-d]: *(ν)* καταργώ φυλετικό διαχωρισμό ‖ ~**ion**: *(η)* κατάργηση φυλετικού διαχωρισμού
desert (´dezərt): *(η)* έρημος ‖ (di´zə:rt) [-ed]: *(ν)* εγκαταλείπω ‖ λιποτακτώ ‖ ~**s** (di´zə:rts): *(η)* τιμωρία, αυτό που του αξίζει ‖ ~**er**: *(η)* λιποτάκτης ‖ ~**ion**: *(η)* εγκατάλειψη ‖ λιποταξία
deserv-e (di´zə:rv) [-d]: *(ν)* έχω δικαί-

ωμα, αξίζω ‖ ~**edly**: *(adv)* επάξια ‖ ~**ing**: *(adj)* επάξιος ‖ άξιος αμοιβής ή επαίνου ‖ δικαιωματικός
desiccat-e (´desikeit) [-d]: *(ν)* αποξηραίνω ‖ ~**or**: *(η)* αποξηραντής
design (di´zain) [-ed]: *(ν)* μηχανεύομαι, επινοώ ‖ σχεδιάζω ‖ εκτελώ στατικό υπολογισμό ‖ εκπονώ σχέδιο ή μελέτη ‖ *(η)* στατικός υπολογισμός ‖ εκπόνηση, μελέτη ‖ επιδίωξη, βλέψη ‖ ~**er**: *(η)* εκπονητής
designat-e (´dezigneit) [-d]: *(ν)* χαρακτηρίζω ‖ ονομάζω ‖ καθορίζω ‖ προορίζω, προσδιορίζω ‖ ~ **ion**: *(η)* χαρακτηρισμός, ονομασία ‖ ορισμός ‖ (´dezignit): *(adj)* διορισμένος χωρίς να έχει αναλάβει καθήκοντα
desir-ability (dizairə´biliti): *(η)* το επιθυμητό, το ποθητό ‖ ~**able** (di´zairərəbəl): *(adj)* επιθυμητός, ποθητός ‖ ~**e** (di´zaiər) [-d]: *(ν)* επιθυμώ, ποθώ ‖ *(η)* επιθυμία, πόθος
desist (di´zist) [-ed]: *(ν)* απέχω, παραιτούμαι
desk (desk): *(η)* γραφείο ‖ θρανίο ‖ τμήμα ‖ αναλόγιο μουσικού
desolat-e (´desəleit) [-d]: *(ν)* ερημώνω ‖ καταστρέφω ‖ (´desəlit): *(adj)* ερημωμένος, ακατοίκητος ‖ κατεστραμμένος ‖ έρημος και μόνος ‖ ~**ion**: *(η)* ερήμωση ‖ καταστροφή
despair (dis´peər) [-ed]: *(ν)* απελπίζομαι ‖ βρίσκομαι σε απόγνωση ‖ *(η)* απελπισία, απόγνωση
despatch: see dispatch
desperado (despə´ra:dou): *(η)* εκτός νόμου
desperat-e (´despərit): *(adj)* απελπισμένος, σε απόγνωση ‖ απελπιστικός ‖ ~**ion**: *(η)* απελπισία, απόγνωση
despicable (´despikəbəl): *(adj)* σιχαμερός ‖ άξιος περιφρόνησης
despise (dis´paiz) [-d]: *(ν)* περιφρονώ, σιχαίνομαι
despite (dis´pait): *(prep)* παρά, σε πείσμα ... ‖ *(η)* περιφρόνηση
despoil (dis´pɔil) [-ed]: *(ν)* λεηλατώ, αρπάζω ‖ ~**er**: *(η)* άρπαγας
desponden-cy (dis´pɔndənsi): *(η)* απελπισία ‖ αποθάρρυνση ‖ ~**t**: *(adj)* απελ-

πισμένος, αποθαρρημένος

despot (´despot): *(n)* δεσπότης, αυταρχικός κυβερνήτης ‖ **~ic**: *(adj)* δεσποτικός, αυταρχικός

dessert (di´zə:rt): *(n)* επιδόρπιο

destin-ation (destə´nei∫ən): *(n)* προορισμός ‖ **~e** (´destin) [-d]: *(v)* προορίζω ‖ **~y** (´destəni): *(n)* πεπρωμένο

destitut-e (´destitju:t): *(adj)* στερημένος ‖ πάμπτωχος ‖ **~ion**: *(n)* στέρηση

destroy (dis´trɔi) [-ed]: *(v)* καταστρέφω ‖ αχρηστεύω ‖ **~er**: *(n)* καταστροφέας ‖ αντιτορπιλικό

destruct-ion (dis´trʌk∫ən): *(n)* καταστροφή ‖ **~ive**: *(adj)* καταστρεπτικός

desultory (´desəltəri): *(adj)* ασύνδετος, ασυνάρτητος

detach (ditætʃ) [-ed]: *(n)* αποσπώ ‖ **~ed**: *(adj)* αδιάφορος ‖ χωριστός, ξέμακρος ‖ **~ment**: *(n)* απόσπασμα ‖ αδιαφορία ‖ απόσπαση

detail (di´teil, ´diteil) [-ed]: *(n)* εκθέτω λεπτομερώς ‖ αναθέτω ‖ *(n)* λεπτομέρεια ‖ απόσπασμα

detain (di´tein) [-ed]: *(n)* θέτω υπό περιορισμό ή κράτηση ‖ εμποδίζω, καθυστερώ

detect (di´tekt) [-ed]: *(n)* ανιχνεύω ‖ ανακαλύπτω ‖ **~ion**: *(n)* ανίχνευση ‖ **~ive**: *(n)* μυστικός αστυνομικός ‖ *(adj)* ανιχνευτικός ‖ **~or**: *(n)* ανιχνευτής, συσκευή ανακάλυψης βλαβών

detente (dei´ta:nt): *(n)* ύφεση

detention (di´ten∫ən): *(n)* κράτηση, περιορισμός

deter (di´tə:r) [-red]: *(v)* αποτρέπω ‖ **~rent**: *(n)* προληπτικό μέτρο ‖ *(adj)* προληπτικός

detergent (di´tə:rdʒənt): *(n)* απορρυπαντικό, σκόνη μπουγάδας

deteriorat-e (di´tiəriəreit) [-d]: *(v)* χειροτερεύω ‖ φθείρομαι ‖ εκφυλίζομαι ‖ **~ion**: *(n)* χειροτέρευση ‖ φθορά, αποσύνθεση

determin-ation (ditə:rmi´nei∫ən): *(n)* αποφασιστικότητα ‖ απόφαση ‖ προσδιορισμός ‖ **~e** (di´tə:rmin) [-d]: *(v)* αποφασίζω, καθορίζω ‖ ορίζω ‖ εξακριβώνω ‖ **~ed**: *(adj)* αποφασισμένος

detest (di´test) [-ed]: *(v)* αποστρέφομαι,

σιχαίνομαι ‖ **~able**: *(adj)* σιχαμερός

dethrone (di´θroun) [-d]: *(v)* εκθρονίζω

detonat-e (´detouneit) [-d]: *(v)* προκαλώ έκρηξη ‖ εκρήγνυμαι ‖ **~ion**: *(n)* έκρηξη ‖ εκτόνωση ‖ **~or**: *(n)* καψύλλιο ‖ συσκευή που προκαλεί έκρηξη

detour (di´tuər) [-ed]: *(v)* λοξοδρομώ ‖ πηγαίνω από παρακαμπτήριο ‖ *(n)* παρακαμπτήριος ‖ λοξοδρόμηση

detract (di´trækt) [-ed]: *(v)* μειώνω

detriment (´detrimənt): *(n)* βλάβη, απώλεια ‖ **~al**: *(adj)* επιζήμιος

deuce (dju:s): *(n)* δυάρι τράπουλας ‖ κακοτυχία (int)

devaluat-e (di:´væljueit) [-d]: *(v)* υποτιμώ ‖ **~ion**: *(n)* υποτίμηση

devastat-e (´devəsteit) [-d]: *(v)* ερημώνω ‖ καταστρέφω ‖ **~ion**: *(n)* ερήμωση ‖ καταστροφή

develop (di´veləp) [-ed]: *(v)* αναπτύσσω ‖ εμφανίζω φιλμ ‖ αναπτύσσομαι ‖ **~ment**: *(n)* ανάπτυξη ‖ ανάπτυγμα

deviat-e (´di:vieit) [-d]: *(v)* εκτρέπω ‖ αποκλίνω ‖ εκτρέπομαι ‖ **~ion**: *(n)* εκτροπή, απόκλιση

device (di´vais): *(n)* επινόηση, τέχνασμα ‖ κατασκεύασμα, συσκευή

devil (´devəl): *(n)* διάβολος ‖ **~ish**: *(adj)* διαβολικός ‖ **~ may care**: *(adj)* απερίσκεπτος ‖ **~ry**: *(n)* διαβολιά ‖ **~ to pay**: θα γίνει φασαρία, θα έχουμε μπελάδες

devious (´di:viəs): *(adj)* έμμεσος ‖ ύπουλος, ενεργών δόλια

devise (di´vaiz) [-d]: *(v)* επινοώ, μηχανεύομαι

devoid (di´void): *(adj)* στερημένος

devot-e (di´vout) [-d]: *(v)* αφοσιώνω, δίνω ολόψυχα ‖ **~ed**: *(adj)* αφοσιωμένος ‖ **~ee**: *(n)* οπαδός, λάτρης ‖ θρησκομανής ‖ **~ion**: *(n)* αφοσίωση

devour (di´vauər) [-ed]: *(v)* καταβροχθίζω ‖ καταστρέφω

devout (di´vaut): *(adj)* ευσεβής ‖ ένθερμος

dew (dju:): *(n)* δρόσος, δροσιά ‖ **~ drop**: *(n)* δροσοσταλίδα ‖ **~ lap**: *(n)* κρεμαστό προγούλι

dext-erity (deks´teriti): *(n)* επιδεξιότητα ‖ **~erous, ~rous**: *(adj)* επιδέξιος

diabetes

diabet-es (diaə´bi:ti:z): *(n)* διαβήτης ‖ **~es melitus** *(n)* ζαχαροδιαβήτης ‖ **~ic**: *(adj)* διαβητικός

diagnos-e (´daiəgnouz) [-d]: *(v)* κάνω διάγνωση ‖ **~is** (daiəg´nousis): *(n)* διάγνωση

diagonal (dai´ægənəl): *(n)* διαγώνιος

diagram (´daiəgræm) [-med]: *(v)* κάνω διάγραμμα ‖ *(n)* διάγραμμα ‖ **~matic**: *(adj)* διαγραμματικός

dial (´daiəl) [-ed]: *(v)* καλώ στο τηλέφωνο, χειρίζομαι τηλέφωνο, παίρνω αριθμό ‖ *(n)* πίνακας ή πλάκα ενδείξεων, "καντράν"

dialect (daiəlekt): *(n)* διάλεκτος

dialogue (´daiələg): *(n)* διάλογος

diamet-er (dai´æmitər): *(n)* διάμετρος ‖ **~ric** (daiə´metrik): *(adj)* αντίθετος ‖ **~rical**: *(adj)* διαμετρικός ‖ **~rically**: *(adv)* εκ διαμέτρου

diamond (´daiəmənd): *(n)* διαμάντι ‖ *(adj)* διαμαντένιος ‖ *(n)* καρό της τράπουλας ‖ **~ back**: *(n)* κροταλίας

diaper (´daiəpər): *(n)* σπάργανα

diaphanous (dai´æfənəs): *(adj)* διαφανής

diaphragm (´daiəfræm): *(n)* διάφραγμα

diarrhea, diarrhoea (daiə´riə): *(n)* διάρροια

diary (´daiəri): *(n)* ημερολόγιο

diastole (dai´æstəli): *(n)* διαστολή (καρδιάς)

diatribe (´daiətraib): *(n)* υβριστική κριτική ‖ επίπληξη δριμεία

dice (dais) [-d]: *(v)* παίζω ζάρια ‖ *(n)* ζάρια

dick (dik): *(n)* μυστικός αστυνομικός *(id)* ‖ πέος *(id)*

dickens (´dikənz): *(int)* διάβολε!

dicker (´dikər) [-ed]: *(v)* παζαρεύω

dictat-e (dik´teit) [-d]: *(v)* υπαγορεύω εντέλλομαι ‖ **~ion**: *(n)* υπαγόρευση ‖ **~or**: *(n)* δικτάτορας ‖ **~orship**: *(n)* δικτατορία ‖ *(´)* dikteit): *(n)* εντολή

diction (´dikʃən): *(n)* άρθρωση ‖ λεκτικό ‖ **~ary** (´dikʃənəri): *(n)* λεξικό

did: see do

die (dai) [-d]: *(v)* πεθαίνω ‖ εξαφανίζομαι, σβήνω ‖ ποθώ ‖ *(n)* μήτρα, τύπος ‖ **~away**: *(n)* εξασθενίζω, σβήνω σιγά

σιγά ‖ **~ hard**: *(adj)* πεισματάρης ‖ γερός

diet (´daiət): *(n)* δίαιτα ‖ **~itian** (daiə´tiʃən): *(n)* διαιτολόγος

differ (´difər) [-ed]: *(v)* διαφέρω ‖ διαφωνώ ‖ **~ence**: *(n)* διαφορά ‖ διαφωνία ‖ **~ent**: *(adj)* διαφορετικός ‖ **~ential** (difər´enʃəl): *(adj)* διαφορικός ‖ **~entiate** (difər´enʃieit) [-d]: *(v)* διαφοροποιώ ‖ διαφορίζω ‖ **~ential calculus**: *(n)* διαφορικός λογισμός

difficult (´difikəlt): *(adj)* δύσκολος ‖ **~y**: *(n)* δυσκολία, δυσχέρεια

diffiden-ce (´difidəns): *(n)* ενδοιασμός ‖ δισταχτικότητα ‖ **~t**: *(adj)* δισταχτικός, χωρίς αυτοπεποίθηση

diffus-e (di´fju:z) [-d]: *(v)* διαχέω ‖ διασκορπίζω ‖ **~ion**: *(n)* διάχυση ‖ (di´fju:s): *(adj)* διάχυτος ‖ πολυλογάδικος ‖ **~ness**: *(n)* πολυλογία

dig (dig) [dug, dug]: *(v)* σκάβω ‖ ανακαλύπτω ‖ απολαμβάνω *(id)* ‖ καταλαβαίνω *(id)* ‖ *(n)* γροθιά *(id)* ‖ πείραγμα, μπηχτή *(id)* ‖ **~s**: κατοικία *(id)*

digamous (´digəməs): *(adj)* δευτεροπαντρεμένος

digest (dai´dzest, di´dzest) [-ed]: *(v)* χωνεύω ‖ υποφέρω, αντέχω ‖ επεξεργάζομαι ‖ **~ible**: *(adj)* ευκολοχώνευτος ‖ **~ion**: *(n)* χώνεψη ‖ (´daidzəst): *(n)* σύνοψη ‖ πανδέκτης

digit (´didzit): *(n)* δάχτυλο ‖ ψηφίο ‖ **~al**: *(adj)* δαχτυλικός ‖ αριθμητικός ‖ **~al computer**: *(n)* αριθμητικός ηλεκτρονικός υπολογιστής

digni-fy (´dignifai) [-ied]: *(v)* εξυψώνω, εξευγενίζω ‖ **~fied**: *(adj)* αξιοπρεπής ‖ **~tary**: *(n)* dignitəri): *(n)* επίσημος, ψηλό πρόσωπο ‖ **~ty**: *(n)* αξιοπρέπεια ‖ αξίωμα

digress (dai´gress) [-ed]: *(v)* εκτρέπομαι, φεύγω από το θέμα ‖ **~ion**: *(n)* εκτροπή

dihedral (dai´hi:drəl): *(adj)* δίεδρος

dike, dyke (daik): *(n)* ανάχωμα ‖ τάφρος

dilapidate (di´læpideit) [-d]: *(v)* ερειπώνω, σαραβαλιάζω ‖ **~d**: *(adj)* ερείπιο, σαραβαλιασμένος

dilatation: see dilation
dilat-e (dai´leit) [-d]: (v) διαστέλλω ‖ διαστέλλομαι ‖ επεκτείνομαι, μακρηγορώ ‖ **~ion**: (n) διαστολή
dilemma (di´lemə): (n) δίλημμα
diligen-ce (´dilidzəns): (n) επιμέλεια ‖ φιλοπονία ‖ **~t**: (adj) επιμελής, φιλόπονος
dill (dil): (n) άνηθος
dilute (dai´lju:t) [-d]: (v) αραιώνω ‖ διαλύω ‖ εξασθενώ ‖ (adj) αραιωμένος
dim (dim) [-med]: (v) σκοτεινιάζω, χαμηλώνω φως ‖ (adj) αμυδρός, σκοτεινός ‖ σκυθρωπός ‖ χοντροκέφαλος, μπουνταλάς ‖ **~s**: (n) φώτα στάθμευσης ‖ **~ness**: (n) αμυδρότητα, σκοτείνιασμα ‖ **~ witted**: (adj) χαζός
dime (daim): (n) δεκάρα (=10 σέντς) ‖ **~store**: (n) ψιλικαντζίδικο
dimension (di´menʃən): (n) διάσταση
dimin-ish (di´mini∫) [-ed]: (v) μειώνω, ελαττώνω ‖ ελαττώνομαι ‖ στενεύω ‖ **~utive** (di´minjutiv): (adj) μικροσκοπικός ‖ (n) υποκοριστικό
dimple (´dimpəl) [-d]: (v) σχηματίζω λακκούβα ‖ (n) λακκάκι
din (din) [-ned]: (v) κάνω πάταγο ‖ (n) πάταγος, φασαρία
din-e (dain) [-d]: (v) γευματίζω ‖ προσφέρω γεύμα ‖ **~er**: (n) πελάτης εστιατορίου ‖ μικρό εστιατόριο ‖ εστιατόριο-όχημα, βαγκόν-ρεστωράν ‖ **~ing car**: (n) εστιατόριο-όχημα, βαγκόν-ρεστωράν ‖ **~ing room**: (n) τραπεζαρία ‖ **~ette**: (n) δωματιάκι προγεύματος
dinghy (diŋgi): (n) βάρκα
ding-y (´dindzi): (adj) βρόμικος ‖ μαυρισμένος ‖ **~iness**: (n) βρομιά
dinner (´dinər): (n) γεύμα ‖ **~jacket**: (n) επίσημο κοστούμι, σμόκιν ‖ **~ware**: (n) πιατικά, σερβίτσια
dinosaur (´dainəsɔ:r): (n) δεινόσαυρος
dint (dint) [-ed]: (v) βαθουλώνω, κάνω κοίλωμα ‖ **by ~ of**: δυνάμει
diocese (´daiəsi:z): (n) επισκοπή ‖ επισκοπική περιοχή
dip (dip) [-ped]: (v) βυθίζω, βουτώ ‖ βυθίζομαι ‖ χαμηλώνω ‖ γέρνω ‖ διαβάζω γρήγορα ‖ (n) βουτιά ‖ κλίση ‖

σάλτσα ‖ **~per**: (n) κουτάλα ‖ τάσι
diphtheria (dif´θiəriə): (n) διφθερίτιδα
diphthong (´difθəŋ): (n) δίφθογγος
diploma (di´ploumə): (n) δίπλωμα ‖ απολυτήριο
diploma-cy (di´plouməsi): (n) διπλωματία ‖ **~t** (´dipləmæt): (n) διπλωμάτης
dipolar (dai´poulər): (adj) διπολικός
Dipper (´dipər): (n) ‖ **Big ~**, **Little ~**: Μεγάλη, Μικρή Άρκτος
dire (´daiər): (adj) φρικτός, τρομερός ‖ **~ful**: (adj) απαίσιος, φρικτός
direct (di´rekt, dai´rekt) [-ed]: (v) διευθύνω ‖ κατευθύνω ‖ διευθύνση ‖ απευθύνω ‖ (adj) ευθύς ‖ άμεσος ‖ **~current**: (n) συνεχές ρεύμα ‖ **~ive**: (n) κατευθυντήρια γραμμή ‖ **~ion**: (n) διεύθυνση ‖ κατεύθυνση ‖ εντολή ‖ **~ional**: (adj) κατευθυντήριος, κατευθυντικός ‖ **~ion finder**: (n) ραδιογωνιόμετρο ‖ **~or**: (n) διευθυντής ‖ **~ory**: (n) διευθυντήριο ‖ τηλεφ. κατάλογος
dirge (də:rdz): (n) μοιρολόγι
dirigible (´diridzəbəl): (n) πηδαλιουχούμενο
dirk (də:rk): (n) στιλέτο
dirt (də:rt): (n) χώμα ‖ ακαθαρσία, βρόμα ‖ κακεντρεχές κουτσομπολιό ‖ (adj) χωμάτινος ‖ **~cheap**: πάμφθηνος ‖ **~iness**: (n) βρομιά ‖ **~y** (´də:rti) [-ied]: (v) λερώνω ‖ αντικανονικός ‖ **~y work**: άχαρη δουλειά, αγγαρεία (id) ‖ βρομοδουλειά, απάτη (id)
disab-ility (disə´biliti): (n) ανικανότητα, αναπηρία ‖ **~le** (dis´eibəl) [-d]: (v) κάνω ανίκανο ή ανάπηρο ‖ **~led**: (adj) ανίκανος, ανάπηρος ‖ **~led veteran**: ανάπηρος πολέμου
disadvantage (disəd´væntidz): (n) μειονέκτημα ‖ ζημία, απώλεια ‖ **~ous** (disædvən´teidzəs): (adj) επιζήμιος, δυσμενής, ασύμφορος
disagree (disə´gri:) [-d]: (v) διαφωνώ ‖ φιλονικώ ‖ δεν ταιριάζω ‖ δεν έχω αντιστοιχία ‖ είμαι βλαβερός ‖ **~able**: (adj) δυσάρεστος ‖ αντιπαθής ‖ κακότροπος ‖ **~ment**: (n) ασυμφωνία ‖ διαφωνία, διαφορά
disallow (disə´lau) [-ed]: (v) απαγορεύω

disappear

‖ αποκλείω ‖ απορρίπτω
disappear (disə΄piər) [-ed]: (v) εξαφα-
νίζομαι ‖ ~ance: (n) εξαφάνιση
disappoint (disə΄pɔint) [-ed]: (v) απο-
γοητεύω ‖ ~ing: (adj) απογοητευτικός
‖ ~ment: (n) απογοήτευση
disapprov-al (disə΄pru:vəl): (n) αποδο-
κιμασία ‖ ~e (disə΄pru:v) [-d]: (v)
αποδοκιμάζω
disarm (dis΄a:rm) [ed]: (v) αφοπλίζω ‖
~ament: (n) αφοπλισμός
disarr-ange (disə΄reindz) [-d]: (v) βάζω
σε αταξία, χαλάω την τάξη ‖
~angement: (n) αταξία ‖ ~ay
(disə΄rei): (n) ακαταστασία, αταξία
disassembl-e (disə΄sembəl) [-d]: (v)
διαλύω, αποσυνδέω ‖ ~y: (n) διάλυση
disast-er (di΄zæstər): (n) καταστροφή,
συμφορά ‖ ~rous: (adj) καταστρεπτι-
κός, ολέθριος
disavow (disə΄vau) [-ed]: (v) απαρνού-
μαι, αποκηρύσσω
disband (dis΄bænd) [-ed]: (v) διαλύω,
διασκορπίζω ‖ διαλύομαι, διασκορπί-
ζομαι
disbar (dis΄ba:r) [-red]: (v) στερώ την
άδεια δικηγόρου ‖ ~ment: (n) στέρηση
άδειας δικηγόρου
disbelief (disbi΄li:f): (n) δυσπιστία ‖
απιστία
disc: see disk
discard (dis΄ka:rd) [-ed]: (v) απορρί-
πτω, πετώ ‖ ~ed: (adj) πεταμένος,
άχρηστος
discern (di΄sə:rn) [-ed]: (v) διακρίνω,
ξεχωρίζω
discharge (dis΄tʃa:rdz) [-d]: (v) ξεφορ-
τώνω ‖ απολύω ‖ λύνω από υποχρέω-
ση ‖ παρέχω ‖ πυροβολώ ‖ εκτελώ ‖
(n) ξεφόρτωμα ‖ πυροβολισμός, εκκέ-
νωση ‖ παροχή ‖ εκροή ‖ απόλυση ‖
απολυτήριο στρατού
discipl-e (di΄saipəl): (n) ακόλουθος,
οπαδός ‖ ~inarian (disipli΄neəriən):
(n) αυστηρός, που επιβάλλει πειθαρ-
χία ‖ ~inary (΄disipli΄neri): (adj) πει-
θαρχικός ‖ ~ine (΄disiplin): (n) πει-
θαρχία ‖ πειθαρχικό μέτρο ‖ [-d]: (v)
τιμωρώ ‖ διδάσκω υπακοή
disclaim (dis΄kleim) [-ed]: (v) αρνού-

μαι, δεν παραδέχομαι ‖ παραιτούμαι ‖
απαρνιέμαι
disclos-e (dis΄klouz) [-d]: (v) αποκαλύ-
πτω, κοινολογώ ‖ ~ure: (n) αποκάλυ-
ψη ‖ κοινολόγηση
disco: see discotheque
discolor (dis΄kʌlər) [-ed]: (v) αποχρω-
ματίζω
discomfit (dis΄kʌmfit) [-ed]: (v) ταρά-
ζω, συγχύζω ‖ ματαιώνω ‖ κατανικώ
‖ ~ure: (n) σύγχυση, ταραχή ‖ ματαί-
ωση ‖ ήττα
discomfort (dis΄kʌmfərt) [-ed]: (v) στε-
νοχωρώ, προκαλώ δυσφορία ‖ (n) δυ-
σφορία, στενοχώρια ‖ έλλειψη άνεσης
disconcert (diskən΄sə:rt) [-ed]: (v) τα-
ράζω ‖ ανησυχώ
disconnect (diskə΄nekt) [-ed]: (v) απο-
συνδέω ‖ διαχωρίζω ‖ διακόπτω ‖
~ion: (n) διακοπή ‖ αποσύνδεση
disconsolate (dis΄kɔnsəlit): (adj) λυπη-
μένος, απαρηγόρητος
discontent (΄diskən΄tent) [-ed]: (v) δυ-
σαρεστώ ‖ (n) δυσαρέσκεια ‖ ~ment:
(n) δυσαρέσκεια, στενοχώρια
discontinu-e (diskən΄tinju:) [-d]: (v)
διακόπτω, σταματώ ‖ αποσύρω αγωγή
‖ ~ity: (n) ασυνέχεια, ασυνδεσία
discord (΄diskɔ:rd): (n) διαφωνία ‖ πα-
ραφωνία ‖ D~, D~ia: (n) Έρις ‖
~ance: (n) ασυμφωνία ‖ παραφωνία ‖
~ant: (adj) ασύμφωνος ‖ παράφωνος
discotheque (΄diskoutek): (n) ντισκοτέκ
discount (΄diskaunt) [-ed]: (v) κάνω έκ-
πτωση ‖ προεξοφλώ ‖ αγνοώ, δεν δί-
νω πίστη ‖ (n) έκπτωση ‖ προεξόφλη-
ση
discourage (dis΄kʌridz) [-ed]: (v) απο-
θαρρύνω ‖ αποτρέπω
discourse (dis΄kə:rs) [-d]: (v) συζητώ ‖
(n) συζήτηση
discourteous (dis΄kə:rtiəs): (adj) αγε-
νής, χωρίς τρόπους
discover (dis΄kʌvər) [-ed]: (v) ανακα-
λύπτω ‖ ~y: (n) ανακάλυψη
discredit (dis΄kredit) [-ed]: (v) κατα-
στρέφω υπόληψη ‖ ρίχνω αμφιβολία ή
δυσπιστία ‖ (n) απώλεια υπόληψης ή
πίστης, ανυποληψία
discreet (dis΄kri:t): (adj) συνετός ‖ δια-

110

κριτικός

discrepancy (dis´krepənsi): *(n)* ασυμφωνία, διαφορά σε αποτέλεσμα ή υπολογισμό

discrete (dis´kri:t): *(adj)* χωριστός

discretion (dis´kreʃən): *(n)* σύνεση ‖ διακριτικότητα

discriminat-e (dis´krimineit) [-d]: *(v)* διακρίνω, κάνω διάκριση, δείχνω προτίμηση ‖ ~**ion**: *(n)* διάκριση

discus (´diskəs): *(n)* δίσκος αγώνων ‖ ~ **thrower**: *(n)* δισκοβόλος

discuss (dis´kʌs) [-ed]: *(v)* συζητώ ‖ ~**ion**: *(n)* συζήτηση

disdain (dis´dein) [-ed]: *(v)* απαξιώ ‖ δεν καταδέχομαι ‖ *(n)* περιφρόνηση ‖ ~**ful**: *(adj)* ακατάδεχτος ‖ περιφρονητικός

disease (di´zi:z): *(n)* ασθένεια ‖ ~**d**: *(adj)* ασθενής ‖ νοσηρός

disembark (disim´ba:rk) [-ed]: *(v)* αποβιβάζω ‖ αποβιβάζομαι

disembowel (disim´bauəl) [-ed]: *(v)* ξεκοιλιάζω

disenchant (disin´tʃa:nt) [-ed]: *(v)* κάνω να αντιληφθεί αυταπάτη, κάνω να ξυπνήσει

disengage (disin´geidz) [-d]: *(v)* αποσυμπλέκω ‖ αποσυνδέω ‖ αποδεσμεύω

disentangle (disin´tæŋgl) [-d]: *(v)* ξεδιαλύνω ‖ ξεμπερδεύω, ξεμπλέκω

disfavor (dis´feivər) [-ed]: *(v)* θεωρώ με δυσμένεια ‖ *(n)* δυσμένεια

disfigure (dis´figər) [-d]: *(v)* παραμορφώνω ‖ ~**ment**: *(n)* παραμόρφωση

disfranchise (dis´fræntʃaiz) [-d]: *(v)* αφαιρώ πολιτικά δικαιώματα

disgorge (dis´gordz) [-d]: *(v)* ξερνώ ‖ ξεχύνω ορμητικά

disgrace (dis´greis) [-d]: *(v)* ατιμάζω ‖ ντροπιάζω ‖ *(n)* ατίμωση ‖ ντρόπιασμα, εξευτελισμός ‖ ~**ful**: *(adj)* ατιμωτικός ‖ επονείδιστος

disgruntle (dis´grʌntəl) [-d]: *(v)* απογοητεύω ‖ δυσαρεστώ ‖ ~**d**: *(adj)* σκυθρωπός, δυσαρεστημένος

disguise (dis´gaiz) [-d]: *(v)* μεταμφιέζω ‖ κρύβω το νόημα ‖ ~**d**: *(adj)* μεταμφιεσμένος

disgust (dis´gʌst) [-ed]: *(v)* αηδιάζω ‖

(n) αηδία ‖ ~**ing**: *(adj)* αηδιαστικός

dish (diʃ) [-ed]: *(v)* σερβίρω ‖ κοιλαίνω ‖ εξαπατώ *(id)* ‖ ματαιώνω *(id)* ‖ *(n)* πιάτο ‖ φαγητό ‖ ''κόμματος'' *(id)* ‖ ~ **cloth**: *(n)* πανί καθαρίσματος πιάτων ‖ ~ **it out**: *(v)* κατσαδιάζω *(id)* ‖ ~ **out**: *(v)* διανέμω *(id)* ‖ ~**washer**: *(n)* αυτόματο πλυντήριο πιάτων ‖ λαντζιέρης

dishearten (dis´ha:rtən) [-ed]: *(v)* αποκαρδιώνω

dishevel (di´ʃevəl) [-ed]: *(v)* ανακατώνω, αναμαλλιάζω ‖ ~**ed**, ~**led**: *(adj)* αναμαλλιασμένος ‖ τσαπατσούλης

dishonest (dis´ɔnist): *(adj)* ανέντιμος ‖ ~**y**: *(n)* ανεντιμότητα

dishonor (dis´ɔnər) [-ed]: *(v)* ατιμάζω ‖ *(n)* ατίμωση ‖ ατιμία

disillusi-on (disi´lu:ʒən) [-ed]: *(v)* απογοητεύω ‖ βγάζω από αυταπάτη ‖ ~**onment**: *(n)* απογοήτευση ‖ ~**ve**: *(adj)* απογοητευτικός

disinfect (disin´fekt) [-ed]: *(v)* απολυμαίνω ‖ ~**ant**: *(n)* απολυμαντικό

disinherit (disin´herit) [-ed]: *(v)* αποκληρώνω ‖ ~**ance**: *(n)* αποκλήρωση

disintegrat-e (dis´intigreit) [-d]: *(v)* αποσυνθέτω ‖ διαλύω, θρυμματίζω ‖ αποσυνθέτομαι ‖ διαλύομαι, θρυμματίζομαι ‖ ~**ion**: *(n)* αποσύνθεση, διάλυση

disinterest (dis´intərist): *(n)* αδιαφορία ‖ αμεροληψία ‖ ~**ed**: *(adj)* αδιάφορος ‖ αμερόληπτος

disjoint (dis´dzɔint) [-ed]: *(v)* εξαρθρώνω ‖ εξαρθρώνομαι ‖ διαχωρίζω, αποσυνδέω ‖ ~**ed**: *(adj)* εξαρθρωμένος ‖ ασύνδετος, ασυνάρτητος ‖ ~**edness**: *(n)* ασυναρτησία ‖ εξάρθρωση

disk (disk): *(n)* δίσκος ‖ **clutch** ~: δίσκος συμπλέκτη ‖ ~ **brake**: δισκόφρενο ‖ ~ **jockey**: χειριστής γραμμοφώνου ντισκοτέκ ή ραδιοσταθμού, εκφωνητής τραγουδιών

dislike (dis´laik) [-d]: *(v)* αντιπαθώ, αποστρέφομαι ‖ *(n)* αντιπάθεια

dislocat-e (´dislokeit) [-d]: *(v)* μεταθέτω ‖ εξαρθρώνω ‖ ταράζω ‖ ~**ion**: *(n)* μετάθεση ‖ εξάρθρωση

dislodge (dis´lɔdz) [-d]: *(v)* εκδιώκω ‖

disloyal

βγάζω ‖ αποσπώ ‖ εκτοπίζω
disloyal (dis´ləiəl): *(adj)* μη πιστός ‖
~**ty**: *(n)* απιστία
dismal (´dizməl): *(adj)* θλιβερός ‖ φρι
κτός
dismantle (dis´mæntl) [-d]: *(v)* διαλύω
‖ αδειάζω ‖ κατεδαφίζω
dismay (dis´mei) [-ed]: *(v)* τρομοκρα
τώ, φοβίζω ‖ προκαλώ αγωνία ή με
γάλη απογοήτευση ‖ *(n)* φόβος ‖ αγω
νία
dismember (dis´membər) [-ed]: *(v)* δια
μελίζω
dismiss (dis´mis) [-ed]: *(v)* απολύω ‖
διώχνω ‖ απορρίπτω ‖ διαλύω στοίχι
ση ή ζυγούς, λύνω τους ζυγούς ‖ ~**a**
charge: *(v)* απαλλάσσω από κατηγο
ρία ‖ ~**al**: *(n)* απόλυση ‖ απόρριψη ‖
απαλλαγή
dismount (dis´maunt) [-ed]: *(v)* ξεκαβα
λικεύω ‖ κατεβάζω
disobe-dience (disə´bi:diəns): *(n)* ανυ
πακοή, απείθεια ‖ ~**dient**: *(adj)* ανυ
πάκουος, απειθής ‖ ~**y** (disə´bei) [-
ed]: *(v)* παρακούω, απειθώ
disorder (dis´ɔ:rdər): *(n)* ακαταστασία
‖ διατάραξη ‖ ~**ed**: *(adj)* ακατάστατος,
σε ακαταστασία ‖ άρρωστος ‖ ~**ly**:
(adj) ακατάστατος ‖ άτακτος ‖ ταρα
ξίας
disorganize (dis´ɔ:rgənaiz) [-d]: *(v)*
αποδιοργανώνω
disorient (dis´ɔ:riənt) [-ed]: *(v)* απο
προσανατολίζω
disown (dis´oun) [-ed]: *(v)* αποκηρύσ
σω, απαρνούμαι, δεν αναγνωρίζω
disparage (dis´pæridz) [-d]: *(v)* διασύ
ρω ‖ υποτιμώ ‖ ~**ment**: *(n)* υποτίμηση
‖ διασυρμός
disparat-e (´dispərit): *(adj)* ανόμοιος ‖
~**y** (dis´pæriti): *(n)* ανομοιότητα, δια
φορά
dispassionate (dis´pæʃənit): *(adj)* ήρε
μος, ατάραχος ‖ αμερόληπτος
dispatch (dis´pætʃ) [-ed]: *(v)* αποστέλ
λω ‖ διεκπεραιώνω ‖ θανατώνω ‖ *(n)*
αποστολή ‖ θανάτωση ‖ γρήγορη διεκ
περαίωση ή εκτέλεση ‖ διαταγή, ανα
φορά
dispel (dis´pel) [-led]: *(n)* διώχνω ‖

διασκορπίζω
dispens-able (dis´pensəbəl): *(adj)* διαθέ
σιμος ‖ απαλλάξιμος ‖ ~**ary**: *(n)* απο
θήκη διανομής ‖ πολυκλινική ‖ ~**e**
(dis´pens) [-d]: *(v)* χορηγώ ‖ διανέμω
‖ απονέμω ‖ εξαιρώ, απαλλάσσω ‖ ~**e**
with: *(n)* διαθέτω ‖ κάνω χωρίς
dispers-al (dis´pə:rsəl): *(n)* διασπορά ‖
σκόρπισμα ‖ ~**e** [-d]: *(v)* διασπείρω ‖
διασκορπίζω ‖ διαχέω ‖ ~**ion**: *(n)* δια
σπορά ‖ διάχυση
dispirit (dis´pirit) [-ed]: *(v)* αποθαρρύ
νω
displace (dis´pleis) [-d]: *(v)* μετατοπίζω
‖ εκτοπίζω ‖ ~**d**: *(adj)* πρόσφυγας ‖
~**ment**: *(n)* μετατόπιση ‖ εκτόπιση ‖
εκτόπισμα
display (dis´plei) [-ed]: *(v)* επιδεικνύω
‖ εκθέτω ‖ εκδηλώνω ‖ *(n)* επίδειξη ‖
έκθεση ‖ έκθεμα
displeas-e (dis´pli:z) [-d]: *(v)* δυσαρε
στώ ‖ ~**ure**: *(n)* δυσαρέσκεια
dispos-able (dis´pouzəble): *(adj)* διαθέ
σιμος ‖ για μία μόνο χρήση, για πέτα
μα μετά τη χρήση ‖ ~**al**: *(n)* διευθέτη
ση ‖ διάθεση ‖ ~**e** [-d]: *(v)* διευθετώ ‖
διαθέτω ‖ ~**e of**: *(v)* τακτοποιώ ‖
διεκπεραιώνω ‖ ξεφορτώνομαι ‖ κα
ταβροχθίζω ‖ ~**ition**: *(n)* διάθεση ‖ τά
ση
dispossess (dispə´zes) [-ed]: *(v)* στερώ
το δικαίωμα κατοχής ‖ κάνω έξωση ‖
~**ion**: *(n)* έξωση ‖ αποστέρηση
disproof (dis´pru:f): *(n)* διάψευση ‖
αναίρεση
disproportion (disprə´pɔ:rʃən): *(n)* δυ
σαναλογία ‖ ~**ate**: *(adj)* δυσανάλογος
disprove (dis´pru:v) [-d]: *(v)* αναιρώ,
ανασκευάζω ‖ αποδεικνύω λανθασμέ
νο
disput-able (dis´pju:təbəl): *(adj)* αμφι
σβητήσιμος ‖ ~**e** [-d]: *(v)* αμφισβητώ ‖
διεκδικώ ‖ φιλονικώ ‖ *(n)* αμφισβήτη
ση ‖ φιλονικία
disqualif-ication (diskwɔləfi´keiʃən):
(n) αποστέρηση δικαιώματος ‖ εξαίρε
ση ‖ αποκλεισμός ‖ ~**y** (dis´kwɔləfai)
[-ied]: *(v)* στερώ δικαιώματος ‖ εξαι
ρώ ‖ αποκλείω ‖ καθιστώ ακατάλληλο
disregard (disri´ga:rd) [-ed]: *(v)* αγνοώ,

112

δε δίνω σημασία ‖ *(n)* άγνοια

disreput-able (dis΄ rεpjutәbәl): *(adj)*
ανυπόληπτος ‖ ελεεινός ‖ κακόφημος
‖ ~e (΄ disre΄ pju:t): *(n)* ανυποληψία

disrespect (disris΄ pεkt): *(n)* ασέβεια ‖
αυθάδεια ‖ ~ful: *(adj)* ασεβής, αυθά-
δης

disrupt (dis΄ rʌpt) [-ed]: *(v)* διαλύω ‖
εξαρθρώνω ‖ διασπώ ‖ ~ion: *(n)* διά-
λυση ‖ διάσπαση ‖ ~ive: *(adj)* διαλυτι-
κός, αποσυνθετικός

dissatisf-action (dis΄ sætis΄ fækʃәn): *(n)*
δυσαρέσκεια ‖ ~ied (dis΄ sætisfaid):
(adj) ανικανοποίητος, δυσαρεστημένος
‖ ~y: *(v)* δυσαρεστώ

dissect (dis΄ sεkt, dais΄ sεkt) [-ed]: *(v)*
κάνω ανατομή ‖ αναλύω βαθιά, εξετά-
ζω με λεπτομέρεια ‖ ~ion: *(n)* ανατο-
μή

disseminat-e (di΄ sεmineit) [-d]: *(v)* δια-
σπείρω ‖ διαδίδω ‖ ~ion: *(n)* διασπο-
ρά ‖ διάδοση

dissent (di΄ sεnt) [-ed]: *(v)* διαφωνώ ‖
(n) διαφωνία ‖ αίρεση, σχίσμα

dissertation (disә:r΄ teiʃәn): *(n)* διδακτο-
ρική διατριβή

dissiden-ce (΄ disidәns): *(n)* διάσταση,
διαφωνία ‖ ~t: *(adj)* σχισματικός, δια-
φωνών

dissimilar (di΄ similәr): *(adj)* ανόμοιος ‖
~ity: *(n)* ανομοιότητα

dissipat-e (΄ disipeit) [-d]: *(v)* διασκορ-
πίζω ‖ διαχέω ‖ διασκορπίζομαι ‖
διαχέομαι ‖ σπαταλώ ‖ ~ed: *(adj)* χα-
μένος ‖ άσωτος, έκλυτος ‖ ~ion: *(n)*
διασκορπισμός ‖ διάχυση ‖ σπατάλη

dissociat-e (di΄ souʃieit) [-d]: *(v)* διαχω-
ρίζω ‖ αποχωρίζομαι ‖ διασπώ ‖ προ-
καλώ διάσταση ‖~ion: *(n)* διαχωρι-
σμός ‖ διάσταση

dissolut-e (΄ disәlu:t): *(adj)* ανήθικος,
έκλυτος ‖ ~ion (disә΄ lu:ʃәn): *(n)* απο-
σύνθεση, διάλυση ‖ αφανισμός

dissolv-e (di΄ zɔlv) [-d]: *(v)* διαλύω ‖
διαλύομαι ‖ λιώνω ‖ περατώνω, λύνω
‖ ~able: *(adj)* διαλυτός

dissua-de (di΄ sweid) [-d]: *(v)* μεταπεί-
θω, αποτρέπω ‖ ~sion: *(n)* αποτροπή

distan-ce (΄ distәns): *(n)* απόσταση ‖ ~t:
(adj) μακρυνός, απομακρυσμένος ‖

ψυχρός, μη φιλικός

distaste (dis΄ teist): *(n)* απέχθεια ‖ ~ful:
(adj) απεχθής

distemper (dis΄ tεmpәr): *(n)* κοινωνική
ή πολιτική αναταραχή ‖ νερομπογιά ‖
καταρροή των σκυλιών και αλόγων

disten-d (dis΄ tεnd) [-ed]: *(v)* εξογκώνω
‖ εξογκώνομαι ‖ υπερβάλλω, διογκώ-
νω ‖ ~tion, ~sion: *(n)* διόγκωση

distill (dis΄ til) [-ed]: *(v)* διυλίζω ‖ απο-
στάζω ‖ διαχωρίζω ‖ ~ation: *(n)* διύ-
λιση ‖ απόσταξη ‖ ~ery: *(n)* διυλιστή-
ριο ‖ εργοστ. οιν. ποτών

distinct (dis΄ tiŋkt): *(adj)* ευκρινής, σα-
φής ‖ ευδιάκριτος ‖ χωριστός, ανό-
μοιος ‖ ~ion: *(n)* διάκριση ‖ ευκρίνεια
‖ ~ive: *(adj)* χαρακτηριστικός ‖ ευκρι-
νής

distinguish (dis΄ tiŋwiʃ) [-ed]: *(v)* δια-
κρίνω, ξεχωρίζω ‖ ~ed: *(adj)* διακε-
κριμένος

distort (dis΄ tɔ:rt) [-ed]: *(v)* παραμορ-
φώνω ‖ αλλοιώνω ‖ διαστρεβλώνω ‖
~ion: *(n)* παραμόρφωση ‖ διαστρέβλω-
ση

distract (dis΄ trækt) [-ed]: *(v)* περισπώ,
αποσπώ ‖ προκαλώ αμηχανία ‖ ~ion:
(n) περισπασμός ‖ ψυχική διαταραχή
‖ διασκέδαση

distrain (dis΄ trein) [-ed]: *(v)* κατάσχω ‖
~t: *(n)* κατάσχεση

distraught (dis΄ trɔ:t): *(adj)* ταραγμένος,
ανήσυχος ‖ τρελός

distress (dis΄ trεs) [-ed]: *(v)* ανησυχώ,
λυπώ ‖ ενοχλώ, βασανίζω ‖ φέρνω σε
δύσκολη οικονομική θέση ‖ κατάσχω ‖
(n) λύπη, ανησυχία ‖ υπερένταση ‖ οι-
κονομική δυσχέρεια ‖ κατάσχεση ‖ ~
signal: *(n)* σήμα κινδύνου ‖ ~
warrant: *(n)* ένταλμα κατάσχεσης

distribut-e (dis΄ tribju:t) [-d]: *(v)* διανέ-
μω ‖ κατανέμω ‖ απλώνω ‖ ταξινομώ
‖ ~ion: *(n)* διανομή ‖ εξάπλωση ‖ ~or:
(n) διανομέας

district (΄ distrikt): *(n)* περιοχή ‖ συνοι-
κία ‖ ~ **attorney**: *(n)* εισαγγελέας ‖
school ~: *(n)* εκπαιδευτική περιφέρεια
ή επιθεώρηση

distrust (dis΄ trʌst) [-ed]: *(v)* δυσπιστώ
‖ δεν εμπιστεύομαι ‖ *(n)* δυσπιστία,

disturb

έλλειψη εμπιστοσύνης ‖ ~**ful**: *(adj)* φιλύποπτος, δύσπιστος
disturb (dis΄tə:rb) [-ed]: *(v)* ταράζω, ανησυχώ ‖ ενοχλώ ‖ προκαλώ αναταραχή ‖ ~**ance**: *(n)* ταραχή, ανησυχία ‖ αναταραχή
disuse (dis΄ju:s): *(n)* αχρηστία
ditch (ditʃ) [-ed]: *(v)* σκάβω χαντάκι ‖ ρίχνω σε χαντάκι ‖ αφήνω, ξεφορτώνομαι *(id)* ‖ αποφεύγω, ξεφεύγω *(id)* ‖ προσθαλασσώνω ανώμαλα ‖ *(n)* όρυγμα, χαντάκι ‖ τάφρος
dither (΄diðər): *(n)* ανησυχία ‖ αναποφασιστικότητα
ditto (΄ditou): *(n)* αντίγραφο ‖ *(n)* τα ως άνω, τα προαναφερθέντα ‖ *(adv)* όμοια
ditty (΄diti): *(n)* λιανοτράγουδο
divan (di΄væn): *(n)* ντιβάνι
div-e (daiv) [-d]: *(v)* καταδύομαι ‖ πέφτω ‖ ορμώ, ξεχύνομαι ‖ *(n)* κατάδυση ‖ απότομη πτώση ‖ παλιομάγαζο, ''τρύπα'' ‖ ~**er**: *(n)* δύτης ‖ ~**ing bell**: *(n)* κώδωνας καταδύσης ‖ ~**ing board**: *(n)* σανίδα καταδύσεων
diverge (dai΄və:rdz) [-d]: *(v)* εκτρέπομαι ‖ αποκλίνω ‖ διίσταμαι ‖ ~**nce**: *(n)* εκτροπή ‖ απόκλιση ‖ διάσταση
diver-s (΄daivə:rz): *(adj)* διάφοροι ‖ ποικίλος ‖ ~**se** (dai΄və:rs): *(adj)* μοναδικός ‖ διάφορος ‖ ποικίλος ‖ ~**sify** (dai΄və:rsifai) [-ied]: *(v)* ποικίλλω ‖ παραλλάζω ‖ επεκτείνω ‖ ~**sion** (dai΄və:rʃən): *(n)* αντιπερισπασμός ‖ εκτροπή ‖ απόκλιση ‖ αλλαγή κατεύθυνσης ‖ απόσπαση σκέψης, διασκέδαση ‖ ~**sity**: *(n)* διαφορικότητα ‖ ανομοιότητα ‖ ποικιλία ‖ ~**t** (dai΄və:rt) [-ed]: *(v)* εκτρέπω ‖ αποσπώ ‖ περισπώ
divest (dai΄vest, di΄vest) [-ed]: *(v)* απογυμνώνω
divide (di΄vaid) [-d]: *(v)* διαιρώ ‖ διαχωρίζω ‖ διαιρούμαι ‖ διαχωρίζομαι ‖ *(n)* διαχωριστική γραμμή ‖ ~**r**: *(n)* διαιρέτης ‖ ~**rs**: *(n)* διαστημόμετρο ‖ ~**nd** (΄divədend): *(n)* διαιρετέος ‖ μέρισμα
divin-e (di΄vain) [-d]: *(v)* μαντεύω ‖ *(adj)* θεϊκός ‖ υπέροχος *(id)* ‖ ~**ity** (di΄viniti): *(n)* θεϊκότητα ‖ θεότητα ‖

θεολογία
divis-ible (di΄vizəbəl): *(adj)* διαιρετός ‖ ~**ion** (di΄vizən): *(n)* διαίρεση ‖ διάσταση ‖ διαχωριστική γραμμή ‖ μεραρχία ‖ μοίρα στόλου ‖ υπηρεσία, διεύθυνση ‖ ~**or**: (di΄vaizər): *(n)* διαιρέτης
divorce (di΄vɔ:rs) [-d]: *(v)* παίρνω διαζύγιο, χωρίζω ‖ *(n)* διαζύγιο ‖ ~**d**: *(adj)* διαζευγμένος, χωρισμένος ‖ ~**e**: διαζευγμένη γυναίκα
divulge (di΄vʌldz) [-d]: *(v)* αποκαλύπτω, φανερώνω
dizz-iness (΄dizinis): *(n)* ζάλη ‖ σύγχυση ‖ ~**y**: *(adj)* ζαλισμένος ‖ σαστισμένος
do (du:) [did, done]: *(v)* κάνω ‖ εκτελώ ‖ εκπληρώνω ‖ ταξιδεύω, πάω *(id)* ‖ αρκώ, ταιριάζω, είμαι κατάλληλος ‖ είμαι φυλακή *(id)* ‖ ~ **away with**: *(v)* σκοτώνω ‖ ~ **for**: *(v)* φροντίζω ‖ ~ **in**: εξαντλώ ‖ ~ **out**: εξαπατώ ‖ **make** ~: καταφέρνω
docile (΄dousəl, ΄dousail): *(adj)* υπάκουος ‖ ευκολοδούλευτος ‖ ευκολοδίδακτος
dock (dɔk) [-ed]: *(v)* αράζω σε αποβάθρα ‖ περικόπτω ‖ *(n)* νηοδόχη ‖ αποβάθρα ‖ περιοχή εδωλίων κατηγορουμένων ‖ ~**age**: *(n)* τέλη αποβάθρας ‖ ~**er**: *(n)* φορτοεκφορτωτής λιμανιού ‖ ~ **hand**: *(n)* λιμενεργάτης ‖ ~ **yard**: *(n)* ναύσταθμος
docket (΄dɔkit): *(n)* πινάκιο δικασίμου ‖ περίληψη ‖ πίνακας οδηγιών χρήσεως ή συναρμολόγησης
doctor (΄dɔktər): *(n)* διδάκτορας ‖ γιατρός ‖ [-ed]: *(v)* προσφέρω ιατρική βοήθεια ‖ επιδιορθώνω πρόχειρα ‖ παραποιώ ‖ ~**al**: *(adj)* διδακτορικός ‖ ~**ate**: *(n)* πτυχίο ή θέση διδάκτορα
doctrin-aire (΄dɔktri΄neər): *(n)* δογματιστής ‖ ~**al**: *(adj)* δογματικός ‖ ~**e** (΄dɔktrin): *(n)* δόγμα
document (΄dɔkjumənt) [-ed]: *(v)* τεκμηριώνω ‖ *(n)* τεκμήριο ‖ έγγραφο ‖ ~**ary**: *(adj)* τεκμηριωμένος ‖ *(n)* ταινία ντοκυμανταίρ ‖ ~**ation**: *(n)* τεκμηρίωση
dodder (΄dɔdər) [-ed]: *(v)* τρικλίζω ‖ ~**ing**: *(adj)* ξεκουτιασμένος

114

dodge (dodz) [-d]: *(v)* αποφεύγω υποχρέωση ή χτύπημα ‖ παραμερίζω ή σκύβω γρήγορα ‖ *(n)* αποφυγή ‖ γρήγορο παραμέρισμα ‖ τέχνασμα, στρατήγημα ‖ υπεκφυγή

doe (dou): *(n)* ελαφίνα ‖ ~ **skin**: *(n)* δέρμα ελαφιού

doff (dof) [-ed]: *(v)* βγάζω ρούχο ή καπέλο

dog (dog): *(n)* σκύλος ‖ εμπλοκέας ‖ λαβή ‖ κλείστρο ‖ πληκτικός, ανιαρός *(id)* ‖ παλιάνθρωπος, κοπρόσκυλο *(id)* ‖ [-ged]: *(v)* ακολουθώ, παρακολουθώ ‖ ~ **collar**: *(n)* περιλαίμιο σκύλου ‖ ~ **days**: *(n)* κυνικά καύματα ‖ ~ **ear**: *(n)* τσάκισμα στη γωνία σελίδας ‖ ~ **eared**: *(adj)* με τσακισμένα τα φύλλα ‖ τσαλακωμένο, στραπατσαρισμένο ‖ ~ **eat** - **dog**: *(adj)* λυσσαλέα ανταγωνιστικός ή αρπακτικός ‖ ~ **face**: *(n)* φαντάρος *(id)* ‖ ~ **fight**: *(n)* αερομαχία *(id)* ‖ ~ **fish**: *(n)* σκυλόψαρο ‖ ~**ged**: *(adj)* άκαμπτος, πεισματάρης ‖ ~ **gone!**: *(int)* να πάρει ο διάβολος ‖ ~ **paddle**: αδέξιο πρόσθιο κολύμπι, κολύμπι "σκυλάκι" ‖ ~ **tag**: *(n)* δίσκος ταυτότητας σκύλου ‖ ταυτότητα στρατιώτη κρεμασμένη στο λαιμό

dogma (΄dogmə): *(n)* δόγμα ‖ αξίωμα ‖ ~**tic**: *(adj)* δογματικός ‖ αξιωματικός

doldrums (΄doldrəmz): *(n)* βαργεστιμάρα, ακεφιά

dole (doul) [-d]: *(v)* δίνω σε μικρές ποσότητες, δίνω με τσιγκουνιά ‖ *(n)* ελεημοσύνη, μικροαγαθοεργία ‖ επίδομα ανεργίας ‖ θλίψη ‖ ~**ful**: *(adj)* θλιβερός

doll (dol): *(n)* κούκλα ‖ ~ **up**: *(v)* βάζω τα καλά μου ‖ ~**y**: *(n)* κουκλίτσα ‖ τροχοφόρος μεταφορέας

dollar (΄dolər): *(n)* δολάριο

dolor (΄doulər): *(n)* θλίψη

dolphin (΄dolfin): *(n)* δελφίνι

dolt (doult): *(n)* χοντροκέφαλος

domain (do΄mein): *(n)* περιοχή, πεδίο ‖ κυριαρχία

dome (doum): *(n)* θόλος ‖ κεφάλι *(id)* ‖ ~**d**: *(adj)* θολωτός

domestic (də΄mestik): *(adj)* οικιακός, του σπιτιού ‖ κατοικίδιος ‖ εγχώριος,

ντόπιος ‖ των εσωτερικών ‖ υπηρέτης ‖ ~**ate** [-d]: *(v)* εξημερώνω

domicile (΄domisail, ΄doməsil): *(n)* κατοικία

domin-ance (΄dominəns): *(n)* υπεροχή ‖ επικράτηση ‖ ~**ant**: *(adj)* επικρατών, ο ισχυρότερος ‖ ~**ate** (΄domineit) [-d]: *(v)* κυριαρχώ ‖ υπερισχύω ‖ δεσπόζω ‖ ~**ation**: *(n)* κυριαρχία, υπεροχή ‖ ~**eer** (dominiΊər) [-ed]: *(v)* εξουσιάζω ‖ δεσπόζω ‖ ~**eering**: *(adj)* δεσποτικός ‖ ~**ion** (də΄miniən): *(n)* εξουσία, κυριαρχία ‖ περιοχή επιρροής ‖ μέρος κοινοπολιτείας, κτήση

domino (΄dominou): *(n)* ντόμινο

don (don) [-ned]: *(v)* φορώ, βάζω ‖ **D**~: Δον ‖ *(n)* καθηγητής Αγγλ. Πανεπιστημίου

donat-e (dou΄neit) [-d]: *(v)* κάνω δωρεά ‖ ~**ion**: *(n)* δωρεά

done: see do

donkey (΄donki): *(n)* γάιδαρος

donor (΄dounər): *(n)* δωρητής ‖ δότης, χορηγός

doodle (΄du:dəl) [-d]: *(v)* μουντζουρώνω, τραβώ γραμμές ασυνάρτητες ‖ *(n)* μουντζουρογραφία

doom (du:m) [-ed]: *(v)* καταδικάζω, προβλέπω κακό τέλος ‖ *(n)* καταδίκη, χαμός, καταστροφή ‖ ~**sday**: *(n)* ημέρα κρίσης

door (do:r): *(n)* πόρτα ‖ θυρίδα ‖ στόμιο εισόδου ‖ ~ **jamb**: *(n)* παραστάτης πόρτας ‖ ~**keeper**: *(n)* φύλακας πύλης ‖ ~**man**: *(n)* θυρωρός ‖ ~**mat**: *(n)* ψάθα πόρτας ‖ δουλοπρεπής *(id)* ‖ ~**step**: *(n)* κατώφλι ‖ ~**way**: *(n)* είσοδος

dope (doup) [-d]: *(v)* βάζω λιπαντικό ‖ βάζω αντιεκρηκτικό υγρό ‖ δίνω ναρκωτικό ‖ υπολογίζω, σχεδιάζω *(id)* ‖ *(n)* λιπαντικό ‖ αντιεκρηκτικό ‖ ναρκωτικό ‖ βλάκας *(id)* ‖ πληροφορίες, στοιχεία *(id)* ‖ ~ **sheet**: *(n)* εφημερίδα ιπποδρομιών ‖ ~**y**: *(adj)* χαζός, αποβλακωμένος

Doric (΄dorik): *(adj)* δωρικός

dormant (΄do:rmənt): *(adj)* κοιμισμένος, μισοκοιμισμένος ‖ λανθάνων, αδρανής

dormer

dormer (´dɔrmər): *(n)* αέτωμα με παράθυρο ‖ παράθυρο σοφίτας

dormitory (´dɔːrmitəri): *(n)* υπνωτήριο

dormouse (´dɔːrmaus: *(n)* μυωξός ‖ ασβός

dory (´dɔːri): *(n)* ψαρόβαρκα ‖ βάρκα χωρίς καρίνα, ''πλάβα''

dos-age (´dousidz): *(n)* δόση, χορήγηση ‖ ποσό δόσης ‖ **~e** (dous) [-d]: *(v)* δίνω σε δόσεις ‖ *(n)* δόση ‖ αφροδίσιο νόσημα *(id)*

doss (dɔs): *(n)* φτηνό ξενοδοχείο ‖ στρωσίδι

dossier (´dɔsiei): *(n)* φάκελος, ''ντοσιέ''

dot (dɔt) [-ted]: *(v)* βάζω στιγμές ‖ βάζω τελεία ‖ *(n)* στιγμή, τελεία ‖ σημαδάκι ‖ πολύ λίγο *(id)* ‖ προίκα ‖ **on the ~**: ακριβώς, στην ώρα του

dot-age (´doutidz): *(n)* ξεμώραμα ‖ υπερβολικη αδυναμία, παραχάιδεμα ‖ **~ard**: *(n)* ξεμωραμένος, γεροξεκούτης ‖ **~e** (dout) [-d]: *(v)* έχω υπερβολική αδυναμία, ''παραχαϊδεύω'' ‖ είμαι ξεμωραμένος

dotty (´doti): *(adj)* ''βλαμένος''

double (´dʌbəl) [-d]: *(v)* διπλασιάζω ‖ διπλασιάζομαι ‖ αναδιπλώνω ‖ κάνω εις διπλούν ‖ παραπλέω ‖ αντικαθιστώ ηθοποιό ‖ *(adj)* διπλάσιος ‖ διπλός ‖ σωσίας ‖ αντίγραφο ‖ αντικαταστάτης ηθοποιού ‖ **~ bar**: διπλή κάθετη γραμμή ‖ **~ bass**: κοντραμπάσο ‖ **~ breasted**: σταυρωτό σακάκι ‖ **~ chin**: διπλό προγούλι ‖ **~ cross** [-ed]: *(v)* προδίνω ‖ *(n)* προδοσία ‖ **~ dealing**: διπλοπρόσωπος ‖ **~ decker**: διόροφο• όχημα ‖ διπλό σάντουιτς *(id)* ‖ **~ faced**: διπλοπρόσωπος ‖ **~ take**: καθυστερημένη αντίδραση ή κατανόηση ‖ **~s**: διπλός αγώνας, αγώνας ζευγαριών ‖ **on the ~**: στη στιγμή, τροχάδην

doubt (daut) [-ed]: *(v)* αμφιβάλλω ‖ αμφισβητώ ‖ *(n)* αμφιβολία ‖ αβεβαιότητα ‖ **beyond ~**: αναμφίβολα, αναμφισβήτητα ‖ **~ful**: *(adj)* αμφίβολος ‖ **~ing Thomas**: άπιστος Θωμάς ‖ **~less**: αναμφίβολα, βέβαια ‖ **in ~**: αβέβαιο, σε αμφιβολία ‖ **no ~**: χωρίς αμφιβολία

dough (dou): *(n)* ζυμάρι ‖ λεφτά *(id)* ‖ **~ boy**: φαντάρος *(id)* ‖ **~nut**: *(n)* είδος γλυκίσματος, ''ντόουνατ''

dour (daur): *(adj)* σκυθρωπός, πικρόχολος

douse (daus) [-d]: *(v)* καταβρέχω ‖ γίνομαι μούσκεμα ‖ σβήνω φως ή φωτιά

dove (dʌv): *(n)* περιστέρι ‖ **~ tail**: εγκοπή σχήματος χελιδονοουράς ‖ συναρμόζω με εγκοπή

dowdy (´daudi): *(adj)* ακαλαίσθητος, κακοντυμένος

down (daun): *(adv)* κάτω ‖ *(n)* προκαταβολή ‖ *(adj)* αδιάθετος, άκεφος ‖ [-ed]: *(v)* ρίχνω ‖ καταβροχθίζω ‖ *(n)* πούπουλο ‖ χνούδι ‖ **~s**: λιβάδι ‖ **and out**: φτωχός ‖ **~ cast**: προς τα κάτω ‖ θλιμμένος ‖ **~er**: *(n)* καταπραϋντικό ‖ **~fall**: *(n)* πτώση ‖ **~ grade**: *(n)* κατήφορος ‖ **~hearted**: *(adj)* άκεφος, μελαγχολικός ‖ **~hill**: *(adv)* προς τα κάτω ‖ **~ pour**: *(n)* ραγδαία βροχή ‖ **~ right**: *(adj)* σαφής ‖ ειλικρινής ‖ **~stairs**: *(adv)* στο κάτω πάτωμα ‖ **~stream**: *(adv)* κατά το ρεύμα του ποταμού ‖ **~swing**: *(n)* οικονομική καταστροφή ‖ **to earth**: *(adj)* ρεαλιστικός ‖ **~town**: το κέντρο της πόλης ‖ **trodden**: *(adj)* καταπιεσμένος ‖ **~ward**: *(adj)* κατηφορικός ‖ **~wind**: *(adv)* προς την κατεύθυνση του ανέμου ‖ **~y**: *(adj)* πουπουλένιος, χνουδωτός

dowry (´dauri): *(n)* προίκα

doxy (´dɔksi): *(n)* ερωμένη

doze (douz) [-d]: *(v)* λαγοκοιμούμαι ‖ *(n)* υπνάκος

dozen (´dʌzən): *(n)* δωδεκάδα, ''ντουζίνα''

drab (dræb): *(adj)* σκούρος ‖ ξέθωρος ‖ χακί ‖ κοινός, μη ενδιαφέρων ‖ πόρνη *(id)*

drachma (´drækmə): *(n)* δραχμή

draft (dræft, dra:ft) [-ed]: *(v)* στρατολογώ ‖ προσχεδιάζω ‖ συντάσσω ‖ *(n)* ρεύμα αέρος (also: draught) ‖ έλξη, τράβηγμα ‖ βύθισμα σκάφους ‖ γουλιά ‖ στρατολογία ‖ στρατιωτική κλά-

ση ‖ **σχέδιο** ‖ **~board:** *(n)* επιτροπή
επιλογής ή στρατολογίας ‖ **~ing:** σχεδίαση, σχέδιο ‖ **~sman:** *(n)* σχεδιαστής
drag (dræg) [-ged]: *(v)* σύρω ‖ σέρνω,
τραβολογώ ‖ χάνω βυθοκόρηση ‖ σέρνω τα πόδια μου ‖ καθυστερώ ‖ γίνομαι φορτικός ‖ *(n)* τράβηγμα ‖ ρουφηξιά ‖ αρπάγη ‖ βολοκόπος ‖ τέθριππο
αμάξι ‖ φορτικός, ενοχλητικός ‖ αγγαρεία ‖ **~line:** *(n)* εκσκαφέας ‖ **~net:**
δίχτυα ‖ αποχη
dragon (ˈdrægən): *(n)* δράκοντας
drain (drein) [-ed]: *(v)* αποστραγγίζω ‖
ρουφώ ως το τέλος ‖ εξαντλώ ‖ αδειάζω ‖ αποχετεύω ‖ *(n)* σωλήνας αποχέτευσης ‖ οχετός ‖ εξάντληση ‖ σωλήνας παρακέντησης ‖ **~age:** *(n)* αποχέτευση ‖ σύστημα αποχέτευσης ‖ **~cock:** *(n)* κρουνός ‖ **~er:** *(n)* στεγνωτήρι ‖ **~ pipe:** *(n)* σωλήνας αποχέτευσης, υδρορρόη
drake (dreik): *(n)* αρσενική πάπια
dram (dræm): *(n)* σταγόνα ‖ μονάδα
βάρους (0,0625 ουγκιές) ‖ λίγο
drama (ˈdrɑːmə, ˈdræmə): *(n)* δράμα ‖
~tic (drəˈmætik):*(adj)* δραματικός ‖
~tics: *(n)* δραματική τέχνη ‖ θεατρινισμοί ‖ **~tis personae:** *(n)* πρόσωπα ενός
έργου ‖ **~tist:** *(n)* δραματικός συγγραφέας ‖ **~tize** [-d]: *(v)* διασκευάζω για
θεατρ. έργο ‖ μεγαλοποιώ, δίνω έμφαση
drank (dræŋk): see drink
drape (dreip) [-d]: *(v)* τυλίγω με ύφασμα ‖ κρεμάω, αναρτώ ‖ **~r:** *(n)* υφασματοπώλης ‖ **~ry:** *(n)* ύφασμα ‖
κουρτίνα ‖ **~s:** κουρτίνες
drastic (ˈdræstik): *(adj)* δραστικός,
αποτελεσματικός ‖ των άκρων
drat (dræt): *(int)* να πάρει η ευχή
draught: see draft ‖ **~s:** *(n)* ντάμα (παιχνίδι)
draw (drɔː) [drew, drawn]: *(v)* σύρω ‖
εκτοπίζω, έχω εκτόπισμα ‖ συνάγω ‖
αποσύρω ‖ φέρνω ισοπαλία ‖ επεξεργάζομαι με μέθοδο έλξης ‖ σχεδιάζω ‖
προχωρώ ‖ *(n)* έλξη ‖ ισοπαλία ‖ **~ a
blank:** *(v)* αποτυγχάνω ‖ **~back:** *(n)*
μειονέκτημα, εμπόδιο ‖ **~ bridge:** *(n)*
κινητή γέφυρα ‖ **~ee:** *(n)* αποδέκτης

επιταγής ‖ **~er:** *(n)* συρτάρι ‖ εκδότης
επιταγής ‖ σχεδιαστής ‖ **~ers:** *(n)* βρακί, κιλότα ‖ **~ing:** *(n)* σχέδιο, σχεδίαση ‖ **~ing pin:** *(n)* πινέζα ‖ **~ing
room:** *(n)* σαλόνι ‖ **~ on:** *(n)* πλησιάζω ‖ **~ out:** *(n)* παρατείνω, "παρατραβώ" ‖ **~ the line:** *(n)* βάζω όρια ‖
~ up: *(v)* συντάσσω ‖ σταματώ, καταφθάνω
drawl (drɔːl) [-ed]: *(v)* μιλώ με μακρόσυρτη προφορά ‖ *(n)* μακρόσυρτη
προφορά ‖ προφορά των νοτίων Πολιτειών των ΗΠΑ
drawn: see draw
dray (drei): *(n)* τετράτροχο κάρο,
"αραμπάς"
dread (dred) [-ed]: *(v)* τρομάζω, φοβάμαι ‖ *(n)* φόβος, τρόμος ‖ δέος ‖ **~ful:**
(adj) τρομερός, φοβερός ‖ απαίσιος ‖
~nought: *(n)* βαρύ θωρηκτό
dream (driːm) [-ed or dreamt]: *(v)* ονειρεύομαι ‖ ονειροπολώ ‖ *(n)* όνειρο ‖
ονειροπόληση ‖ *(adj)* ονειρώδης ‖ **~er:**
(n) ονειροπόλος, φαντασιόπληκτος ‖ **~y:**
(adj) ονειρώδης ‖ ονειροπόλος
dreary (ˈdriəri): *(adj)* ζοφερός ‖ καταθλιπτικός, αποκαρδιωτικός ‖ ανιαρός
dredge (dredz) [-d]: *(v)* σκάβω ‖ εκβαθύνω ‖ βγάζω με βυθοκόρο ‖ *(n)* εκσκαφέας ‖ βυθοκόρος ‖ **~r:** *(n)* βυθοκόρος ‖ φορτηγίδα με εκσκαφέα
dregs (dregz): *(n)* κατακάθια
drench (drentʃ) [-ed]: *(v)* μουσκεύω, καταβρέχω ‖ *(n)* μούσκεμα, κατάβρεγμα
dress (dres) [-ed]: *(v)* ντύνω ‖ ντύνομαι ‖
στολίζω ‖ βάζω σε στοίχους ‖ βάζω
επίδεσμο ‖ κάνω τα μαλλιά ‖ καθαρίζω ψάρια ή πουλερικά ‖ επεξεργάζομαι ‖ λαξεύω ‖ *(n)* φόρεμα ‖ *(adj)* επίσημος, βραδινός ‖ **~ circle:** *(n)* θεωρεία θεάτρου ‖ **~ down:** *(v)* επιπλήττω
‖ **~er:** κομψοντυμένος ‖ **~ing:** *(n)* ντύσιμο ‖ επίδεση τραύματος ‖ σάλτσα ‖
γέμιση ‖ **~ing down:** *(n)* επίπληξη ‖
~ing gown: *(n)* ρόμπα δωματίου, "ρομπ ντε σαμπρ" ‖ **~ing room:** *(n)* καμαρίνι ‖ **~ing table:** *(n)* τραπέζι τουαλέτας ‖ **~maker:** *(n)* μοδίστρα ‖ **~
parade:** *(n)* παρέλαση ή παράταξη με
μεγάλη στολή ‖ **~ rehearsal:** *(n)* γενι-

drew

κή πρόβα, "πρόβα τζενεράλε" ‖ ~
uniform: *(n)* επίσημη στολή ‖ ~y:
(adj) κομψευόμενος ‖ επίσημο, τυπικό
drew: see draw
dribble (ˊdribəl) [-d]: *(v)* στάζω ‖ κυλώ
σιγανά ‖ μου τρέχουν τα σάλια ‖ *(n)*
σταγόνα, στάλαγμα ‖ ~t: *(n)* σταγονί-
τσα
dried (draid): see dry ‖ *(adj)* στεγνός ‖
αποξεραμένος
drier: see dryer
drift (drift) [-ed]: *(v)* παρασύρομαι, φέ-
ρομαι ‖ περιπλανιέμαι, γυρίζω από
τόπο σε τόπο ‖ εκτρέπομαι ‖ συσσω-
ρεύω ‖ συσσωρεύομαι ‖ *(n)* εκτροπή ‖
συσσώρευση ‖ στιβάδα ‖ πορεία, κα-
τεύθυνση γεγονότων ή συζήτησης ‖
σημασία ‖ ~age: *(n)* εκτροπή ‖ εκβρά-
σματα ‖ ~er: *(n)* άνθρωπος που πάει
από τόπο σε τόπο ή από δουλειά σε
δουλειά ‖ αλήτης ‖ ~wood: *(n)* ξύλο
που παρασέρνει το νερό ‖ εκβρασμένο
ξύλο
drill (dril) [-ed]: *(v)* ανοίγω τρύπα ‖
εξασκώ, γυμνάζω ‖ εκπαιδεύω ‖ εξα-
σκούμαι ‖ *(n)* γεωτρύπανο, τρυπάνι ‖
άσκηση, γυμνάσια ‖ εκπαίδευση ‖ αυ-
λάκι ‖ ύφασμα "ντρίλι" ‖ ~ **master**:
(n) εκπαιδευτής ‖ ~ing: *(n)* γεώτρηση
‖ διάτρηση
drink (driŋk) [drank, drunk]: *(v)* πίνω ‖
απορροφώ ‖ *(n)* ποτό ‖ θάλασσα *(id)*
‖ ~able: *(adj)* πόσιμος ‖ ~er: *(n)* πό-
της ‖ ~ing: *(n)* πόση ‖ *(adj)* πόσιμος
drip (drip) [-ped]: *(v)* στάζω ‖ *(n)* στά-
ξιμο ‖ *(adj)* πληκτικός *(id)* ‖ ~pings:
(n) λίπος ψητού ‖ ~ping wet: *(adj)*
μουσκεμένος ως το κόκαλο ‖ ~py:
(adj) μούσκεμα, βρεγμένος
driv-e (draiv) [drove, driven]: *(v)* ωθώ,
σπρώχνω ‖ οδηγώ ‖ κινώ μηχανή ‖
εξαναγκάζω ‖ μπήγω ‖ μεταφέρω με
όχημα ‖ ορμώ, ρίχνομαι ‖ ρίχνω ‖
(n) ώθηση ‖ δρόμος ‖ διαδρομή με
όχημα ‖ επίθεση ‖ κινητήρια δύναμη ‖
εξόρμηση, εξόρμηση, "καμπάνια" ‖
πρωτοβουλία ‖ ενεργετικότητα ‖ ~e
at: *(v)* θέλω να πω, εννοώ, καταλήγω
‖ ~e **in**: *(n)* κινηματογράφος ή εστια-
τόριο για αυτοκίνητα ‖ ~ **home**: *(n)*

μπήγω ‖ δίνω να καταλάβει ‖ ~er:
(n) οδηγός ‖ απαιτητικός προϊστάμε-
νος ‖ ~er's **seat**: *(n)* θέση ισχύος ‖
~ing: *(n)* οδήγηση ‖ *(adj)* έντονος, ρα-
γδαίος ‖ ~eway: *(n)* ιδιωτικός δρόμος
ή δίοδος
drivel (ˊdrivəl) [-d]: *(v)* σαχλαμαρίζω,
λέω ανοησίες ‖ μου τρέχουν τα σάλια
‖ *(n)* σαχλαμάρες, ανοησίες
driven: see drive
drizzle (ˊdrizəl) [-d]: *(v)* ψιχαλίζω ‖
(n) ψιχάλα
drogue (drɔg): *(n)* ανεμοδείκτης αερο-
δρομίου
droll (droul) [-ed]: *(v)* κάνω τον παλιά-
τσο ‖ *(adj)* αστείος
dromedary (ˊdrʌmədəri): *(n)* καμήλα
δρομάδα
drone (droun) [-d]: *(v)* βουίζω ‖ μιλώ
μονότονα ‖ *(n)* βούισμα, βουητό ‖ μο-
νότονη ομιλία ‖ κηφήνας ‖ τηλεκατευ-
θυνόμενο αεροσκάφος χωρίς πιλότο
drool (dru:l) [-ed]: *(v)* μου τρέχουν τα
σάλια ‖ εκφράζω ευχαριστίες δουλο-
πρεπώς ‖ σαχλαμαρίζω ‖ *(n)* σαχλα-
μάρες
droop (dru:p) [-ed]: *(v)* γέρνω ‖ πέφτω,
κατεβαίνω ‖ σκύβω ‖ *(n)* σκύψιμο, πέ-
σιμο
drop (drɔ:p) [-ped]: *(v)* πέφτω ‖ ρίχνο-
μαι, στάζω ‖ ελαττώνομαι ‖ κατεβάζω
‖ κατεβαίνω ‖ υποχωρώ ‖ εγκαταλεί-
πω ‖ αφήνω να πέσει ‖ *(n)* σταγόνα ‖
μικρή ποσότητα ‖ πτώση ‖ κατακόρυ-
φη απόσταση ‖ γκρεμός ‖ ~ **behind**:
(v) μένω πίσω ‖ ~ **by**: *(v)* επισκέπτο-
μαι για λίγο ‖ ~**leaf**: *(v)* πτυσσόμενο
φύλλο τραπεζιού ‖ ~**let**: *(n)* σταγονί-
τσα ‖ ~ **off**: *(v)* με παίρνει ο ύπνος ‖
~ **out**: *(v)* αποσύρομαι ‖ εγκαταλείπω
σπουδές
drops-y (ˊdrɔpsi): *(n)* υδρωπικία ‖
~**ical**: *(adj)* πάσχων από υδρωπικία
dross (drɔs): *(n)* σκουριά ‖ χωρίς αξία
‖ θολούρα, ζάλη
drought (draut): *(n)* λειψυδρία, μεγάλη
ξηρασία
drove (drouv): see drive ‖ *(n)* πλήθος ‖
σμίλη
drown (draun) [-ed]: *(v)* πνίγω ‖ πνίγο-

118

μαι ‖ πλημμυρίζω ‖ καταβρέχω, κάνω μούσκεμα

drows-e (drauz) [-d]: (v) λαγοκοιμούμαι, είμαι μισοκοιμισμένος ‖ ~y: (adj) νυσταλέος

drudge (drʌdz), ~r: (n) χειρόναξ, εργάτης αγγαρείας ‖ ~ry: (n) σκληρή δουλειά

drug (drʌg) [-ged]: (v) δίνω φάρμακο ‖ δίνω ναρκωτικό ή δηλητήριο ‖ (n) φάρμακο ‖ ναρκωτικό ‖ ~ addict: ναρκομανής, τοξικομανής ‖ ~gist: (n) φαρμακοποιός ‖ ~store: (n) φαρμακείο ‖ παντοπωλείο

drum (drʌm) [-med]: (v) παίζω τύμπανο ‖ χτυπώ ρυθμικά ‖ (n) τύμπανο ‖ κύλινδρος, έλικτρο ‖ ~ beat: (n) τυμπανοκρουσία ‖ ~ fire: (n) κανονιοβολισμός ‖ ~ into: (v) δίνω να καταλάβει ‖ ~mer: (n) τυμπανιστής ‖ πλασιέ ‖ ~stick: (n) πόδι κοτόπουλου ‖ ~ up: (v) διαφημίζω, πλασάρω

drunk (drʌŋk): see drink ‖ (adj) μεθυσμένος ‖ (n) μεθύσι ‖ ~ard: (n) μπεκρής ‖ ~en: (adj) μεθυσμένος ‖ μέθυσος ‖ ~enness: (n) μέθη

dry (drai) [-ied]: (v) στεγνώνω ‖ ξεραίνω ‖ στεγνώνω (αμετβ) ‖ ξεραίνομαι ‖ σκουπίζω με πετσέτα ‖ (adj) στεγνός ‖ ξερός ‖ ζώο που δεν δίνει γάλα ‖ μπρούσικο κρασί ‖ ποτό με πολύ αλκοόλ ‖ αντιαλκοολικός (id) ‖ ~ cleaner: (n) στεγνοκαθαριστής ‖ ~er: (n) στεγνωτήριο ‖ στεγνωτής ‖ ~fly: (n) ψεύτικο δόλωμα ‖ ~ goods: (n) υφάσματα και ρούχα ‖ ~ law: (n) ποτοαπαγορευτικός νόμος ‖ ~ness: (n) ξηρασία ‖ ~rot: (n) τερηδόνα ‖ ~ run: (n) άσκηση χωρίς πυρά ‖ ~ up: (v) ξεραίνομαι, στεγνώνω ‖ παύω να μιλώ, "το βουλώνω" (id)

dual (΄du:əl): (adj) δυαδικός ‖ διπλός ‖ (n) δυικός αριθμός

dub (dʌb) [-bed]: (v) καταγράφω σε ταινία από ταινία ‖ ντουμπλάρω φιλμ ‖ ~bed: (adj) ντουμπλαρισμένος

dubious (΄du:biəs): (adj) αμφίβολος ‖ διστακτικός

duchess (΄dʌtʃis): (n) δούκισσα

duck (dʌk) [-ed]: (v) αποφεύγω ‖ σκύβω απότομα ‖ βυθίζω ‖ (n) σκύψιμο ‖ πάπια ‖ ~ling: (n) παπάκι ‖ ~s and drakes: πήδημα της πέτρας πάνω στο νερό, "ψαράκι" ‖ ~y: έξοχα, υπέροχα (id)

duct (dʌkt): (n) αγωγός

ductile (΄dʌktil): (adj) όλκιμος ‖ ελατός

dud (dʌd): (n) βλήμα που δεν εξερράγη ‖ απογοητευτικό ή ανεπιτυχές αποτέλεσμα (id) ‖ ~s: (n) ρούχα ή ατομικά είδη

dude (du:d): (n) κομψευόμενος, "δανδής"

due (dju:): (adj) οφειλόμενος ‖ ληξιπρόθεσμος ‖ πληρωτέος ‖ προσήκων ‖ αναμενόμενος ‖ (adv) προς, προς την κατεύθυνση ‖ ~s: (n) δασμός, τέλη ‖ ~ to: ένεκα, οφειλόμενο σε

duel (΄dju:əl) [-ed]: (v) μονομαχώ ‖ (n) μονομαχία

duet (du:΄et): (n) διωδία, "ντουέτο"

duffel bag (΄dʌfəl bæg): (n) ναυτικός ή στρατ. σάκος

dug (dʌg): see dig ‖ ~ out: (n) καταφύγιο, "αμπρί"

duke (dju:k): (n) δούκας

dull (dʌl) [-ed]: (v) αμβλύνω ‖ σκοτεινιάζω ‖ (adj) αμβλύς ‖ βραδύνους ‖ θαμπός ‖ ανιαρός ‖ μουντός ‖ ~ard: (n) ηλίθιος

duly (΄dju:li): (adv) δεόντως ‖ ακριβώς, στην ώρα του

dumb (dʌm): (adj) βουβός ‖ άφωνος, βλάκας ‖ ~bell: (n) αλτήρας ‖ ~ show: (n) παντομίμα ‖ ~ waiter: (n) κινητό τραπέζι σερβιρίσματος ‖ ~ founded: (adj) εμβρόντητος

dumfounded: see dumbfounded

dummy (΄dʌmi): (n) ομοίωμα ‖ κούκλα μοδίστρας ‖ στόχος σε σχήμα ανθρώπου ‖ ανδρείκελο ‖ αγόμωτο βλήμα ‖ (adj) χαζός ‖ ψεύτικος, πλαστός

dump (dʌmp) [-ed]: (v) αδειάζω ‖ ρίχνω ‖ αδειάζω με ανατρεπόμενο ‖ ξεφορτώνομαι (id) ‖ (n) σκουπιδότοπος ‖ αποθήκη ‖ σωρός ‖ χαμόσπιτο (id) ‖ ~ling: (n) φρουτόπιτα ‖ κοντόχοντρος (id) ‖ ~s: (n) μελαγχολία ‖ ~y: (adj) κοντόχοντρος

dunce (dʌns): (n) βλάκας

dune

dune (du:n): (n) αμμόλοφος
dung (dʌŋ): (n) κοπριά ‖ βρομιά
dungarees (dʌŋɡə΄ri:z): (n) πρόχειρο πανταλόνι ‖ εργατική φόρμα
dungeon (΄dʌndʒən): (n) υπόγειο κελί, "μπουντρούμι"
dunk (dʌnk) [-ed]: (v) βουτώ σε γάλα ή καφέ ‖ ~ing: (adj) βούτημα, για βούτημα
duoden-al (du:ou΄di:nəl): (adj) δωδεκαδακτυλικός ‖ ~um: (n) δωδεκαδάκτυλο
dupe (dju:p) [-d]: (v) εξαπατώ ‖ (n) κορόιδο ‖ όργανο άλλου, ανδρείκελο ‖ ~ry: (n) απάτη, κοροϊδία
dupl-ex (΄du:pleks): (adj) διπλός ‖ (n) διπλό διαμέρισμα, "ντούπλεξ" ‖ ~icate (΄du:plikeit) [-d]: (n) διπλασιάζω ‖ κάνω αντίγραφο ή απομίμηση ‖ κάνω το ίδιο πράγμα, ξανακάνω ‖ (n) ακριβές αντίγραφο ‖ διπλότυπο ‖ (adj) διπλός ‖ ~icator: (n) πολύγραφος ‖ ~icity (du:΄plisiti): (n) διπλοπροσωπία ‖ δολιότητα
durab-ility (djurə΄biliti): (n) αντοχή, ανθεκτικότητα ‖ ~le (΄djuərəbəl): (adj) στερεός, ανθεκτικός
duration (djuə΄reiʃən): (n) διάρκεια
duress (djuə΄res, ΄djuris): (n) εξαναγκασμός ‖ αναγκαστικός περιορισμός
during (΄djuəriŋ): (prep) κατά τη διάρκεια
dusk (dʌsk): (n) σκοτάδι ‖ (adj) σκοτεινός ‖ σούρουπο ‖ ~y: (adj) σκούρος, σκοτεινός
dust (dʌst) [-ed]: (n) ξεσκονίζω ‖ παρπαλίζω ‖ σκεπάζω σαν σκόνη ‖ (n) σκόνη ‖ ~bin: (n) σκουπιδοτενεκές ‖ ~ bowl: (n) άνυδρη περιοχή ‖ ~ devil: (n) ανεμοστρόβιλος ‖ ~er: (n) ξεσκονιστήρι, ξεσκονόπανο ‖ ~ jacket: (n) κάλυμμα βιβλίου ‖ ~man: (n) οδοκαθαριστής ‖ ~pan: (n) φαράσι ‖ ~ storm: ανεμοθύελλα με σύννεφα σκόνης ‖ ~y: (adj) σκονισμένος ‖ σαν σκόνη ‖ γκρίζος
Dutch (dʌtʃ): (n) Ολλανδός ‖ (adj) Ολλανδικός ‖ ~ bargain: συμφωνία

μεθυσμένων ‖ ~ courage: θάρρος μεθυσμένου ‖ ~man: Ολλανδός ‖ ~oven: (n) χωριάτικος φούρνος ‖ ~ treat: έξοδος, όπου ο καθένας πληρώνει τα δικά του έξοδα
dut-eous (΄dju:tiəs): (adj) πιστός στο καθήκον ‖ ευπειθής ‖ ~iable (΄dju:tiəbəl): (adj) υποκείμενο σε φόρο εισαγωγής ‖ ~iful (΄dju:tiful): (adj) του καθήκοντος, έχων συναίσθηση καθήκοντος ‖ ~y (΄dju:ti): (n) καθήκον ‖ στρατ. υπηρεσία ‖ εργασία, καθήκοντα ‖ δασμός, φόρος εισαγωγής ‖ απόδοση ή δύναμη μηχανής ‖ ~y free: (adj) αφορολόγητος ‖ heavy ~y: (adj) μεγάλης απόδοσης ή δύναμης ‖ off ~y: ελεύθερος υπηρεσίας ‖ on ~y: εν υπηρεσία
dwarf (dwɔ:rf): νάνος ‖ [-ed]: (v) σταματώ την ανάπτυξη ‖ επισκιάζω ‖ ~ish: (adj) μικροσκοπικός
dwell (dwel) [-ed or dwelt]: (v) διαμένω ‖ συγκεντρώνω την προσοχή ‖ ~er: (n) κάτοικος ‖ ~ing: (n) διαμονή ‖ ~ on: (n) επιμένω, εμμένω
dwindle (dw΄indəl) [-d]: (v) ελαττώνω ‖ ελαττώνομαι, σβήνω σιγά-σιγά
dye (dai) [-d]: (v) βάφω ‖ (n) βαφή
dying (΄daiiŋ): (adj) ετοιμοθάνατος ‖ επιθανάτιος
dyke: see dike
dynam-ic (dai΄næmik): (adj) δυναμικός ‖ ~s: (n) δυναμική ‖ ~ism (΄dainəmizəm): (n) δυναμισμός ‖ ~ite (΄dainəmait) [-d]: (v) ανατινάζω ‖ (n) δυναμίτιδα ‖ (adj) επικίνδυνος, τρομερός ‖ ~o (΄dainəmou): (n) ηλεκτρογεννήτρια, δυναμό
dynast (΄dainæst): (n) δυνάστης ‖ ~y: (n) δυναστεία
dysentery (΄disəntəri): (n) δυσεντερία
dysfunction (dis΄fʌŋkʃən): (n) κακή λειτουργία
dyspepsia (dis΄pepsiə): (n) δυσπεψία
dyspnea, dyspnoea (dis΄pni:ə): (n) δύσπνοια
dystrophy (΄distrəfi): (n) δυστροφία

120

E

E, e: το πέμπτο γράμμα του Αγγλ. Αλφαβήτου

each (i:t∫): *(adj)* καθένας ‖ **~other:** αλλήλους

eager (´i:gər): *(adj)* πρόθυμος, ένθερμος ‖ ~ **beaver:** δουλευτής, με ζήλο ‖ **~ness:** *(n)* ζήλος, προθυμία, ανυπομονησία

eagle (´i:gəl): *(n)* αετός ‖ **~eyed:** *(adj)* με οξεία όραση ‖ **~t:** *(n)* αετόπουλο

ear (iər): *(n)* αυτί ‖ προσοχή ‖ κώνος αραβοσίτου ‖ **~ache:** *(n)* ωταλγία ‖ ~ **drop:** *(n)* κρεμαστό σκουλαρίκι ‖ ~ **flap:** *(n)* προστατευτικό κάλυμμα αυτιού ‖ ~ **lobe:** *(n)* λωβός αυτιού ‖ ~ **mark:** *(n)* σημάδι ‖ **~ring:** σκουλαρίκι ‖ ~ **shot:** απόσταση ακοής ‖ ~ **splitting:** *(adj)* εκκωφαντικός ‖ ~ **wax:** *(n)* κυψελίδα αυτιού ‖ **~wig:** *(n)* ψαλίδα (έντομο)

earl (ə:rl): *(n)* κόμης

early (´ə:rli): *(adv)* νωρίς ‖ στις αρχές ‖ *(adj)* πρόωρος ‖ κοντινός, προσεχής

earn (ə:rn) [-ed]: *(v)* κερδίζω, βγάζω ‖ αποκτώ ‖ **~ings:** *(n)* απολαβές

earnest (´ə:rnist): *(adj)* ένθερμος ‖ γεμάτος ζήλο ‖ σοβαρός ‖ ~ **money:** *(n)* καπάρο ‖ **in** ~: στα σοβαρά

earth (ə:rθ): *(n)* γη ‖ στεριά ‖ χώμα ‖ γείωση ‖ **down to** ~: λογικός, προσγειωμένος ‖ ~ **bound:** χωρίς φαντασία ‖ **~en:** *(adj)* πήλινος ‖ **~ly:** *(adj)* γήινος ‖ πρακτικός ‖ **~quake:** *(n)* σεισμός ‖ **~work:** *(n)* επιχωμάτωση ‖ χωμάτινη κατασκευή

ease (i:z) [-d]: *(v)* καταπραΰνω ‖ ανακουφίζω, απαλύνω ‖ χαλαρώνω ‖ σπρώχνω απαλά ‖ *(n)* άνεση, ευκολία ‖ ελευθερία, φυσικότητα ‖ οικονομική άνεση ‖ **at** ~: ανάπαυση! ‖ σε ανάπαυση

easel (´i:zəl): *(n)* καβαλέτο ζωγράφου

east (i:st): *(n)* ανατολή ‖ *(adj)*

ανατολικός ‖ *(adv)* ανατολικά, προς ανατολάς ‖ ~ **bound:** *(adj)* προς ανατολάς, με κατεύθυνση ανατολική ‖ **~erly:** *(n)* ανατολικός άνεμος ‖ **~ern:** ανατολικός

Easter (´i:stər): *(n)* Πάσχα

easy (´i:zi): *(adj)* εύκολος ‖ ανέμελος ‖ άνετος ‖ επιεικής ‖ όχι συγκρατημένος ‖ *(adv)* προσεκτικά, με σύνεση ‖ ~ **chair:** πολυθρόνα ‖ ~ **going:** ανέμελος ‖ ~ **go** ~ **on:** *(v)* φέρομαι προσεκτικά ή με επιείκεια ‖ **take it** ~: *(v)* συγκρατιέμαι ‖ δεν παρακουράζομαι, πάω με το ''πάσο'' μου

eat (i:t) [ate, eaten]: *(v)* τρώω ‖ **~able:** *(adj)* φαγώσιμος ‖ ~ **away:** κατατρώω, φθείρω ‖ **~ery:** *(n)* μαγειρείο, μικρό εστιατόριο ‖ **~s:** *(n)* φαΐ ‖ ~ **one's heart out:** σκάω από τη ζήλια ‖ ~ **one's words:** ανακαλώ, ''καταπίνω'' τα λόγια μου

eaves (i:vz): *(n)* γείσωμα στέγης ‖ ~ **drop** [-ped]: *(v)* κρυφακούω

ebb (eb) [-ed]: *(n)* αποτραβιέμαι ‖ ξεπέφτω ‖ *(n)* πτώση, παρακμή ‖ άμπωτη

ebony (´ebəni): *(n)* έβενος ‖ *(adj)* εβένινος ‖ πολύ σκούρος

ebullient (i´buliənt): *(adj)* κοχλάζων, σε βρασμό ‖ υπερενθουσιώδης

eccentric (ik´sentrik): *(adj)* εκκεντρικός, ιδιότροπος ‖ εκτός κέντρου ‖ μη ομόκεντρος ‖ **~cam:** *(n)* έκκεντρο μηχανής ‖ **~ity:** εκκεντρικότητα

echelon (´e∫əlon): *(n)* στρατιωτικό τμήμα ‖ επίπεδο ιεραρχίας

echo (´ekou) [-ed]: *(v)* ηχώ, αντηχώ ‖ επαναλαμβάνω, μιμούμαι ‖ απηχώ ‖ *(n)* ηχώ, αντήχηση ‖ απομίμηση ‖ ~ **sounder:** ηχητικό βυθόμετρο

eclip-se (i´klips) [-d]: *(v)* εκλείπω, κάνω έκλειψη ‖ επισκιάζω ‖ *(n)* έκλειψη ‖ παρακμή ‖ **~tic** (i´kliptik): *(n)* εκλειπτική

121

econom·ic (ikə'nəmik, əkə'nəmik): *(adj)* οικονομικός ‖ **~ical:** *(adj)* οικονομικός, φειδωλός ‖ **~ics:** *(n)* οικονομικές επιστήμες ‖ **~ist** (i'kənəmist): *(n)* οικονομολόγος ‖ οικονόμος ‖ **~ize** (i'kənəmaiz) [-d]: *(v)* οικονομώ, κάνω οικονομία ‖ **~y:** *(n)* οικονομία

ecst·asy ('ekstəsi): *(n)* έκσταση ‖ **~atic** (ek'stætik): *(adj)* εκστατικός

ecumenical (ikju:'menikəl): *(adj)* οικουμενικός

eczema ('eksəmə, eg'zi:mə): *(n)* έκζεμα

eddy ('edi): *(n)* δίνη

Eden ('i:dən): *(n)* Εδέμ, παράδεισος

edg·e (edz) [-d]: *(v)* οξύνω ‖ πλαισιώνω ‖ προχωρώ σιγά ‖ *(n)* ακμή ‖ οξύτητα ‖ χείλος ‖ πλεονέκτημα, υπεροχή ‖ **~y:** *(adj)* εκνευρισμένος ‖ **on ~e:** νευριασμένος, ερεθισμένος ‖ **take the ~e off:** *(v)* απαλύνω

edible ('edibəl): *(adj)* φαγώσιμος

edict ('i:dikt): *(n)* διάταγμα

edific·ation (edifi'keiʃən): *(n)* διαφώτιση ‖ εποικοδόμηση, ανάπτυξη ‖ **~e** ('edifis): *(n)* οικοδόμημα

edit ('edit) [-ed]: *(v)* συντάσσω, επιμελούμαι ύλη για δημοσίευση ‖ έχω επιμέλεια έκδοσης ‖ **~ion** (i'diʃən): *(n)* έκδοση ‖ **~or:** *(n)* συντάκτης ‖ **~orial:** *(n)* κύριο άρθρο ‖ σχόλιο. σχόλιο ‖ **~or in chief:** *(n)* αρχισυντάκτης ‖ **~ out:** *(n)* περικόβω, εξαλείφω

educat·e ('edju:keit) [-d]: *(v)* μορφώνω, εκπαιδεύω ‖ πληροφορώ ‖ **~ed:** *(adj)* μορφωμένος ‖ εκ των πραγμάτων ή εκ πείρας ‖ **~ion** (edju'keiʃən): *(n)* μόρφωση, παιδεία ‖ **~ional:** *(adj)* εκπαιδευτικός ‖ μορφωτικός ‖ **~or:** *(n)* εκπαιδευτικός, παιδαγωγός

educ·e (i:'dju:s) [-d]: *(v)* συνάγω, συμπεραίνω ‖ **~tion** (i'dʌkʃən): *(n)* συμπέρασμα

eel (i:l): *(n)* χέλι

eerie, eery ('iəri): *(adj)* υπερφυσικός ‖ μυστηριώδης ‖ τρομακτικός

efface (i'feis) [-d]: *(v)* εξαλείφω ‖ θαμπώνω

effect (i'fekt) [-ed]: *(v)* φέρνω αποτέλεσμα ‖ εκτελώ ‖ *(n)* αποτέλεσμα ‖ επίδραση ‖ πραγματοποίηση ‖ ενέργεια ‖ εντύπωση ‖ **~ive:** *(adj)* αποτελεσματικός ‖ σε ισχύ, ισχύων ‖ ετοιμοπόλεμος ‖ **~iveness:** *(n)* αποτελεσματικότητα ‖ **~s:** *(n)* ατομικά είδη ‖ ''εφφέ'' θεάτρου ή κινηματογράφου ‖ **~ual:** *(adj)* δεσμευτικός, ισχύων ‖ αποτελεσματικός ‖ **in ~:** πράγματι, αλήθεια ‖ **take ~:** *(v)* μπαίνω σε ισχύ ‖ ενεργώ

effemina·cy (i'feminəsi): *(n)* θηλυπρέπεια ‖ **~te:** *(adj)* θηλυπρεπής

effervescen·ce (efər'vesəns): *(n)* αναβρασμός ‖ ζωηρότητα ‖ **~t:** *(adj)* αναβράζων ‖ ζωηρός, εύθυμος ‖ αεριούχος

efficacy ('efəkəsi): *(n)* αποτελεσματικότητα

efficien·cy (i'fiʃənsi): *(n)* απόδοση ‖ ικανότητα για απόδοση ‖ αποτελεσματικότητα ‖ διαμέρισμα ενός δωματίου ‖ **~t:** *(adj)* ικανός, αποδοτικός ‖ αποτελεσματικός

effigy ('efidzi): *(n)* ομοίωμα

effort ('efərt): *(n)* προσπάθεια ‖ κόπος, δυσκολία ‖ **~less:** *(adj)* άκοπος, χωρίς προσπάθεια

effrontery (i'frʌntəri): *(n)* αναίδεια ‖ αυθάδεια

effus·ion (e'fju:zən): *(n)* διάχυση ‖ **~ive:** *(adj)* διαχυτικός

egad (i'gæd): *(int)* για το Θεό! Θεέ μου!

egalitarian (igæli'teəriən): *(n)* οπαδός, ισότητας

egg (eg): *(n)* αυγό ‖ τύπος *(id)* ‖ **~beater:** *(n)* χτυπητήρι αυγών ‖ **~ cup:** *(n)* αυγοθήκη ‖ **~ head:** *(n)* άνθρωπος του πνεύματος *(id)* ‖ **~ on:** *(v)* εξωθώ, προτρέπω ‖ **~ plant:** *(n)* μελιτζάνα ‖ **~ shaped:** *(adj)* ωοειδής ‖ **~ shell:** *(n)* τσόφλι αυγού ‖ *(adj)* ασπροκίτρινος ‖ **~ white:** *(n)* ασπράδι

ego ('egou, 'i:gou): *(n)* το εγώ ‖ **~ism:** *(n)* εγωισμός ‖ **~ist:** *(n)* εγωιστής ‖ **~tism:** *(n)* εγωπάθεια ‖ **~tist:** *(n)* εγωπαθής

egregious (i'gri:dziəs): *(adj)* περιβόητος, διαβόητος

egress ('i:gres): *(n)* έξοδος, διαφυγή

122

Egypt (´i:dʒipt): *(n)* Αίγυπτος ‖ **~ian**: *(n)* Αιγύπτιος ‖ *(adj)* αιγυπτιακός

eiderdown (´aidərdaun): *(n)* πάπλωμα με πούπουλα

eight (eit): *(n)* οκτώ ‖ **~een**: δέκα οκτώ ‖ **~eenth**: δέκατος όγδοος ‖ **~h**: όγδοος ‖ **~ieth**: ογδοηκοστός ‖ **~y**: ογδόντα

either (´i:ðər, ´aidər): *(pron & conj)* οποιοσδήπτε από τους δύο ‖ ή, είτε ‖ και οι δυό ‖ ούτε

ejaculat-e (i´dʒækjuleit) [-d]: *(v)* αναφωνώ ‖ εκσπερματώνω ‖ **~ion**: *(n)* επιφώνημα ‖ εκσπερμάτωση

eject (i´dzekt) [-d]: *(v)* εκτοξεύω ‖ αποβάλλω ‖ εκβάλλω ‖ **~a**: *(n)* απορρίμματα ‖ **~ion**: *(n)* εκτόξευση ‖ αποβολή ‖ απόρριψη ‖ **~ion seat**: *(n)* εξακοντιζόμενο κάθισμα οχήματος ή σκάφους ‖ **~or**: *(n)* εκβολέας

elaborat-e (i´læbəreit) [-d]: *(v)* επεξεργάζομαι ‖ εκφράζομαι λεπτομερώς ‖ (i´læbərit): *(adj)* πολύπλοκος ‖ λεπτομερώς επεξεργασμένος ‖ **~ely**: *(adv)* με μεγάλη προσοχή και ακρίβεια ‖ με λεπτολογία ‖ **~ion**: *(n)* επεξεργασία ‖ λεπτομερειακή απόδοση ή έκφραση

elapse (i´læps) [-d]: *(v)* διαρρέω, περνώ

elastic (i´læstik): *(adj)* ελαστικός ‖ *(n)* ελαστικό ‖ **~ity** (elæs´tisiti): *(n)* ελαστικότητα

elat-e (i´leit) [-d]: *(v)* ενθουσιάζω ‖ δίνω χαρά ‖ **~d**: *(adj)* ενθουσιασμένος ‖ καταχαρούμενος ‖ **~ion**: *(n)* ενθουσιασμός, χαρά

elbow (´elbou): *(n)* αγκώνας ‖ καμπή, γωνία ‖ στροφή ποταμού ‖ [-ed]: *(v)* σπρώχνω με τους αγκώνες ‖ **~ room**: *(n)* ευρυχωρία

elder (´elder): *(n)* πρόγονος ‖ δημαγέροντας, προεστός ‖ ζαμπούκος, κουφοξυλιά ‖ **~ly**: πλικιωμένος

eldest (´eldəst): πρεσβύτατος, πρωτότοκος

elect (i´lekt) [-ed]: *(v)* εκλέγω ‖ *(adj)* εκλεκτός ‖ εκλεγείς αλλά μη αναλαβών καθήκοντα ‖ **~ion**: *(n)* εκλογή ‖ **~ioneer** [-ed]: *(v)* ψηφοθηρώ ‖ **~ioneering**: *(n)* ψηφοθηρία ‖ **~ive**: *(adj)* αιρετός ‖ **~or**: *(n)* εκλογέας ‖

~oral: *(adj)* εκλογικός ‖ **~orate**: *(n)* οι εκλογείς ‖ εκλογική περιφέρεια

electr-ic (i´lektrik), **~ical**: *(adj)* ηλεκτρικός ‖ ηλεκτρισμένος ‖ **~ical engineer**: *(n)* ηλεκτρολόγος μηχανικός ‖ **~ic chair**: ηλεκτρ. καρέκλα ‖ **~ician** (ilek´triʃən): *(n)* ηλεκτροτεχνίτης ‖ **~icity** (ilek´trisiti): *(n)* ηλεκτρισμός ‖ **~ic ray**: το ψάρι νάρκη ‖ **~ification** (ilektrifi´keiʃən): *(n)* ηλεκτροκίνηση ‖ εξηλεκτρισμός ‖ **~ify** (i´lektrifai) [-ied]: *(v)* εξηλεκτρίζω ‖ ηλεκτρίζω

electrocut-e (i´lektrəkju:t) [-d]: *(v)* προκαλώ ηλεκτροπληξία ‖ σκοτώνω με ηλεκτροπληξία ‖ **~ion**: *(n)* ηλεκτροπληξία

electrode (i´lektroud): *(n)* ηλεκτρόδιο

electrolysis (ilek´trɔləsis): *(n)* ηλεκτρόλυση

electron (i´lektrən): *(n)* ηλεκτρόνιο ‖ **~ic** (elək´trɔnik): *(adj)* ηλεκτρονικός ‖ **~ics**: *(n)* ηλεκτρονική

elegan-ce (´eləgəns): *(n)* χάρη, φινέτσα ‖ κομψότητα ‖ **~t**: *(adj)* έξοχος, φίνος ‖ κομψός

elegy (´elədzi): *(n)* ελεγείο

element (´eləmənt): *(n)* στοιχείο ‖ **~al**, **~ary** (elə´mentəl, elə´mentəri): *(adj)* στοιχειώδης ‖ στοιχειακός ‖ **~ary education**: *(n)* στοιχειώδης εκπαίδευση

elephant (´eləfənt): *(n)* ελέφαντας ‖ **~ine**: *(adj)* τεράστιος, ογκώδης

Eleusis (e´lju:sis): *(n)* Ελευσίνα

elevat-e (´eləveit) [-d]: *(v)* υψώνω ‖ ανυψώνω ‖ **~ed**: *(adj)* ανυψωμένος, εναέριος ‖ χαρούμενος ‖ **~ion**: *(n)* ύψος ‖ ανύψωση ‖ **front ~ion**: *(n)* πρόσθια όψη, πρόσοψη ‖ **side ~ion**: *(n)* πλάγια όψη ‖ **~or**: *(n)* ανελκυστήρας

eleven (i´levən): *(n)* έντεκα ‖ **~ fold**: *(adj)* ενδεκαπλάσιος ‖ **~th**: *(adj)* ενδέκατος ‖ **~th hour**: τελευταία στιγμή

elf (elf): *(n)* ξωτικό, καλικαντζαράκι ‖ νάνος ‖ άτακτο παιδί, ''διαβολάκι'' ‖ **~in**, **~ish**: *(adj)* πονηρούλης, άτακτος, ''διαβολάκι''

elicit (i´lisit) [-ed]: *(v)* βγάζω ‖ φανερώνω

123

eligible

eligib-le (´eləʤəbəl): *(adj)* εκλέξιμος ‖ επιθυμητός ‖ κατάλληλος ‖ πολύφερνος ‖ **~ility:** *(n)* αιρετότητα ‖ καταλληλότητα

eliminat-e (i´liməneit) [-d]: *(v)* εξαλείφω ‖ εξουδετερώνω ‖ **~ion:** *(n)* εξάλειψη ‖ εξουδετέρωση

elite (i´li:t): *(n)* επίλεκτοι

elk (elk): *(n)* άλκη (είδος ελαφιού)

ellip-se (i´lips): *(n)* έλλειψη ‖ **~tic:** *(adj)* ελλειπτικός

elm (elm): *(n)* φτελιά

elocution (elə´kjuʃən): *(n)* εκφραση, λεκτικό ‖ ρητορική ‖ στόμφος

elongat-e (i´lɔŋgeit) [-d]: *(v)* μακραίνω ‖ γίνομαι πιο μακρύς ‖ **~ed:** *(adj)* επιμήκης ‖ **~ion:** *(n)* επιμήκυνση

elope (i´loup) [-d]: *(v)* απάγομαι εκούσια ‖ **~ment:** *(n)* εκούσια απαγωγή

eloquen-ce (´elokwəns): *(n)* ευγλωττία ‖ **~t:** *(adj)* εύγλωττος

else (els): *(adj)* άλλος ‖ *(adv)* αλλιώς ‖ **~where:** *(adv)* αλλού

elucidat-e (i´lu:sideit) [-d]: *(v)* διασαφηνίζω, διευκρινίζω ‖ **~ion:** *(n)* διασάφηση, διευκρίνιση

elu-de (i´lju:d) [-d]: *(v)* διαφεύγω ‖ υπεκφεύγω ‖ **~sive:** *(adj)* ασύλληπτος ‖ απατηλός ‖ **~sory:** *(adj)* απατηλός

em (əm): see them

emaciate (i´meiʃieit) [-d]: *(v)* αδυνατίζω ‖ **~d:** *(adj)* κάτισχνος

emanat-e (´eməneit) [-d]: *(v)* πέμπω, εκπέμπω ‖ ακτινοβολώ ‖ πηγάζω, προέρχομαι ‖ **~ion:** *(n)* ακτινοβολία

emancipat-e (i´mænsəpeit) [-d]: *(v)* χειραφετώ ‖ **~ed:** *(adj)* χειραφετημένος ‖ **~ion:** *(n)* χειραφέτηση

emasculate (i´mæskjuleit) [-d]: *(v)* ευνουχίζω

embalm (im´ba:m) [-ed]: *(v)* ταριχεύω, βαλσαμώνω ‖ αρωματίζω

embank (im´bæŋk) [-ed]: *(n)* επιχωματώνω ‖ **~ment:** *(n)* ανάχωμα ‖ επιχωμάτωση

embargo (em´ba:rgou): *(n)* παρεμπόδιση εισόδου και εξόδου πλοίων ‖ αποκλεισμός, απαγόρευση

embark (em´ba:rk) [-ed]: *(v)* επιβιβάζω ‖ επιβιβάζομαι ‖ **~ation, ~ment:** *(n)*

επιβίβαση ‖ ~ **on:** *(v)* βάζω μπρος, αρχίζω

embarrass (em´bærəs) [-ed]: *(v)* προκαλώ αμηχανία ‖ περιπλέκω ‖ στενοχωρώ ‖ **~ment:** *(n)* αμηχανία ‖ στενοχώρια

embassy (´embəsi): *(n)* πρεσβεία

embed (em´bed, im´bed) [-ded]: *(v)* εντειχίζω ‖ σφηνώνω ‖ χαράζω στη μνήμη

embellish (im´beliʃ) [-ed]: *(v)* καλλωπίζω, εξωραΐζω ‖ προσθέτω φανταστικές λεπτομέρειες σε ομιλία, "γαρνίρω" ‖ **~ment:** *(n)* καλλωπισμός ‖ "γαρνίρισμα" ομιλίας

ember (´embər): *(n)* αναμμένο κάρβουνο ‖ **~s:** *(n)* χόβολη, θράκα

embezzle (em´bezəl) [-d]: *(v)* καταχρώμαι ‖ **~r:** *(n)* καταχραστής ‖ **~ment:** *(n)* κατάχρηση

embitter (em´bitər, im´bitər) [-ed]: *(v)* πικραίνω

emblem (´embləm): *(n)* έμβλημα

embod-y (im´bɔdi) [-ied]: *(v)* ενσαρκώνω ‖ ενσωματώνω ‖ προσωποποιώ ‖ **~iment:** *(n)* ενσάρκωση ‖ ενσωμάτωση ‖ προσωποποίηση

embolism (´embəlizəm): *(n)* εμβολή

embosom (im´buzəm) [-ed]: *(v)* αγκαλιάζω ‖ προστατεύω

emboss (im´bɔs) [-ed]: *(v)* χαράζω ‖ γεμίζω στολίδια ‖ **~ment:** *(n)* ανάγλυφο

embrace (em´breis, im´breis) [-d]: *(v)* αγκαλιάζω ‖ περιβάλλω ‖ περιλαμβάνω ‖ παραδέχομαι, δέχομαι, υιοθετώ ‖ *(n)* αγκάλιασμα ‖ παραδοχή, υιοθέτηση

embroider (im´brɔidər) [-ed]: *(v)* κεντώ ‖ "γαρνίρω" ομιλία, τα παραλέω ‖ **~y:** *(n)* κέντημα

embroil (im´brɔil) [-ed]: *(v)* ανακατεύω, περιπλέκω

embryo (´embriou): *(n)* έμβρυο ‖ **~nic:** *(adj)* νηπιακός, μη αναπτυγμένος

emcee, [M.C.] (´emsi:): *(n)* "κονφερανσιέ", εκφωνητής τελετών (συγκ.: master of ceremonies)

emerald (´emərəld): *(n)* σμαράγδι

emerge (i´mə:rʤ) [-d]: *(v)* αναδύομαι

124

‖ ξεπροβάλλω ‖ γίνομαι προφανής ‖
~nce: *(n)* ανάδυση ‖ εμφάνιση ‖ **~ncy:**
(n) έκτακτη ανάγκη, κίνδυνος ‖ **~ncy**
brake: χειρόφρενο ‖ **~ncy exit:** έξο-
δος κινδύνου ‖ **~nt:** επείγον
emeritus (iˊmeritəs): *(adj)* τιμητικός
emersion (iˊmə:rʃən): *(n)* ανάδυση
emery (ˊeməri): *(n)* σμύριδα ‖ **~board,**
~paper: *(n)* σμυριδόχαρτο ‖ **~ cloth:**
(n) γυαλόχαρτο
emetic (iˊmetik): *(adj & n)* εμετικό
emigr-ant (ˊemigrənt): *(n)* μετανάστης
‖ *(adj)* μεταναστευτικός ‖ **~ate**
(ˊemigreit) [-d]: *(v)* μεταναστεύω ‖
~ation: *(n)* μετανάστευση
eminen-ce (ˊeminəns): *(n)* ύψωμα ‖ πε-
ριωπή, ανωτερότητα ‖ **E~:** εξοχότητα
(τίτλος) ‖ **~t:** *(adj)* εξέχων ‖ **~t**
domain: δικαίωμα απαλλοτρίωσης
emissary (ˊemisəri): *(n)* απεσταλμένος
emi-ssion (iˊmiʃən): *(n)* εκπομπή ‖ έκ-
δοση ‖ **~t** (-mit) [-ted]: *(v)* εκπέμπω ‖
εκφέρω ‖ εκδίδω
emot-ion (iˊmouʃən): *(n)* συγκίνηση, αί-
σθημα ‖ **~ional, ~ive:** *(adj)* συγκινη-
σιακός ‖ συγκινητικός ‖ **~ional:** *(adj)*
συναισθηματικός ‖ ευκολοσυγκίνητος
‖ **~ionless:** *(adj)* ασυγκίνητος, απαθής
emp-eror (ˊempərər): *(n)* αυτοκράτο-
ρας ‖ θέκλη (είδος πεταλούδας) ‖
~ress: *(n)* αυτοκράτειρα
empha-sis (ˊemfəsis): *(n)* έμφαση ‖
~size (ˊemfəsaiz) [-d]: *(v)* δίνω έμφα-
ση, τονίζω ‖ **~tic** (emˊfætik): *(adj)* εμ-
φατικός
empire (ˊemˊpaiər): *(n)* αυτοκρατορία
‖ τεράστια επιχείρηση, μεγαλοβιομηχα-
νία ‖ **~ State:** Ν. Υόρκη
empiric (emˊpirik): *(n)* εμπειρικός ‖
τσαρλατάνος ‖ **~al:** *(adj)* εμπειρικός ‖
πρακτικός, από πείρα
employ (imˊplɔi) [-ed]: *(v)* προσλαμβά-
νω ‖ έχω στη δουλειά, απασχολώ ‖
βάζω σε χρήση, εφαρμόζω ‖ *(n)* πρό-
σληψη ‖ απασχόληση ‖ **~ee:** *(n)* εργα-
ζόμενος, υπάλληλος ‖ **~er:** *(n)* εργοδό-
της ‖ **~ment:** *(n)* πρόσληψη ‖ απασχό-
ληση ‖ χρήση ‖ **~ment agency:** γρα-
φείο εύρεσης εργασίας
emporium (emˊpɔ:riəm): *(n)* εμπορικό

κέντρο ‖ παντοπωλείο
empower (imˊpauər) [-ed]: *(v)* εξουσιο-
δοτώ
empress: see emperor
empty (ˊempti) [-ied]: *(v)* αδειάζω ‖
ξαλαφρώνω ‖ *(adj)* άδειος ‖ όχι κατει-
λημμένος ‖ πεινασμένος ‖ **~ handed:**
με άδεια χέρια ‖ **~ headed:** κουφιοκέ-
φαλος ‖ **~ing:** *(n)* κένωση, άδειασμα
emulate (ˊemjəleit) [-d]: *(v)* αμιλλώμαι
‖ μιμούμαι
emulsion (iˊmʌlʃən): *(n)* γαλάκτωμα
enable (iˊneibəl) [-d]: *(v)* κάνω δυνατό
ή πραγματοποιήσιμο ‖ επιτρέπω, κα-
θιστώ ικανό ‖ διευκολύνω
enact (iˊnækt) [-ed]: *(v)* παίζω ρόλο ‖
θεσπίζω
enamel (iˊnæməl): *(n)* σμάλτο ‖ αδαμα-
ντίνη ‖ βερνίκι [-ed]: *(v)* σμαλτώνω
encage (inˊkeidz) [-d]: *(v)* εγκλωβίζω
encamp (inˊkæmp) [-ed]: *(v)* στρατοπε-
δεύω ‖ **~ment:** *(n)* στρατόπεδο ‖
στρατοπέδευση
encase (inˊkeis) [-d]: *(v)* περικλείνω ‖
βάζω σε θήκη ‖ περιβάλλω με επένδυ-
ση
encephalitis (ensefəˊlaitis): *(n)* εγκεφα-
λίτιδα
enchain (inˊtʃein) [-ed]: *(n)* αλυσοδένω
enchant (inˊtʃænt, inˊtʃɑ:nt) [-ed]: *(v)*
γοητεύω ‖ μαγεύω ‖ **~er:** *(n)* γόης ‖
μάγος
encircle (inˊsə:rkl) [-d]: *(v)* περικυκλώ-
νω ‖ περιβάλλω ‖ κινούμαι σε κυκλι-
κή τροχιά ‖ πολιορκώ
enclos-e (inˊklouz) [-d]: *(v)* περικλείνω
‖ περιβάλλω ‖ εσωκλείω ‖ **~ed:** εσώ-
κλειστο ‖ **~ure:** *(n)* περίβολος ‖ περί-
κλειστος χώρος ‖ εσώκλειστο
encompass (inˊkʌmpəs) [-ed]: *(v)* συ-
μπεριλαμβάνω
encore (ˊaŋkɔ:r) [-d]: *(v)* καλώ και πά-
λι στη σκηνή, φωνάζω ''ανκόρ'',
''μπις'' ‖ *(n)* δεύτερη παρουσίαση,
''ανκόρ''
encounter (ənˊkauntər) [-ed]: *(v)* συνα-
ντώ τυχαία, βρίσκω ‖ *(n)* συνάντηση ‖
αντιμετώπιση
encourage (ənˊkʌridz) [-d]: *(v)* ενθαρ-
ρύνω ‖ υποστηρίζω, ευνοώ ‖ **~ment:**

(n) ενθάρρυνση

encroach (ən΄krout∫) [-ed]: (v) καταπατώ ‖ παρεμβαίνω ‖ ~ment: (n) καταπάτηση ‖ παρέμβαση

encumb-er (ən΄kʌmbər) [-ed]: (v) εμποδίζω ‖ επιβαρύνω ‖ ~rance: (n) εμπόδιο ‖ επιβάρυνση

encyclical (ən΄siklikəl): (n) εγκύκλιος

encycloped-ia (ensaiklou΄pi:diə): (n) εγκυκλοπαίδεια ‖ ~ic: (adj) εγκυκλοπαιδικός

end (end) [-ed]: (v) τελειώνω ‖ τερματίζομαι ‖ καταλήγω ‖ (n) τέλος ‖ (adj) τελικός ‖ (n) άκρο ‖ (adj) ακραίος ‖ (n) αποτέλεσμα ‖ επιδίωξη ‖ υπόλοιπο ‖ κατάληξη ‖ μέρος ευθύνης ή υποχρέωσης ‖ **dead** ~: αδιέξοδο ‖ ~ing: τέλος ‖ κατάληξη ‖ ~less: (adj) ατέλειωτος ‖ ατέρμων ‖ ~ **matter**: (n) παράρτημα βιβλίου ‖ ~ **most**: (adj) ακρότατος, τελευταίος ‖ ~ **table**: (n) τραπεζάκι σαλονιού ‖ **make ~s meet**: τα φέρνω ΄΄βόλτα΄΄ ‖ **no** ~: ατέλειωτο, πάρα πολύ

endanger (ən΄deindzər) [-ed]: (v) βάζω ή εκθέτω σε κίνδυνο

endeavor (ən΄devər) [-ed]: (v) προσπαθώ ‖ προσπάθεια

endemic (en΄demik): (adj) ενδημικός

endive (΄endaiv): (n) αντίδι ‖ πικραλίδα

endocrine (΄endokrain): (adj) ενδοκρινής

endorse (in΄dɔ:rs) [-d]: (v) οπισθογραφώ ‖ επικυρώνω ‖ επιδοκιμάζω, συμφωνώ ‖ ~e: (n) κομιστής ‖ ~ment: (n) οπισθογράφηση ‖ επικύρωση ‖ ~r: (n) οπισθογράφος

endow (en΄dau) [-ed]: (v) παρέχω ‖ δωρίζω, προικίζω ‖ ~ed: (adj) προικισμένος

endur-e (en΄dju:r) [-d]: (v) υπομένω, έχω καρτερία ‖ αντέχω ‖ ~able: (adj) ανεκτός ‖ ~ance: (n) καρτερία ‖ αντοχή ‖ ~ing: (adj) καρτερικός ‖ έμμονος

enema (΄enəmə): (n) κλύσμα

enemy (΄enəmi): (n) εχθρός ‖ (adj) εχθρικός

energ-etic (enər΄dzetik): (adj) ενεργητικός ‖ δραστήριος ‖ ~ize (΄enərgaiz) [-

d]: (v) ενεργοποιώ, βάζω σε ενέργεια ‖ ~y (΄.enərdzi): (n) ενέργεια ‖ δραστηριότητα, ζωτικότητα

enervate (΄enə:rveit) [-d]: (v) εξασθενίζω

enfant terrible (an΄fan te΄ri:bl): τρομερό παιδί

enfilade (enfi΄leid) [-d]: (v) κάνω θεριστική βολή

enfold (in΄fould) [-ed]: (v) περιβάλλω

enforce (ən΄fɔ:rs) [-d]: (v) επιβάλλω υπακοή ή εφαρμογή ‖ βάζω σε ισχύ ‖ δίνω έμφαση

enfranchise (enfræn΄t∫aiz) [-d]: (v) χορηγώ πολιτικά δικαιώματα

engage (ən΄geidz) [-d]: (v) προσλαμβάνω ‖ μισθώνω, κλείνω ‖ προσηλώνω, τραβώ ‖ κάνω χρήση ‖ εμπλέκω ‖ συνδέω ‖ δεσμεύω ‖ εμπλέκομαι ‖ ~d: (adj) κρατημένος, κλεισμένος ‖ απασχολημένος ‖ κατειλημμένος ‖ αρραβωνιασμένος ‖ ~ment: (n) μίσθωση ‖ πρόσληψη ‖ αρραβώνας ‖ δέσμευση ‖ κλείσιμο, ΄΄αγκαζάρισμα΄΄ ‖ εμπλοκή ‖ σύνδεση ‖ ~ments: (n) οικονομικές υποχρεώσεις

engender (in΄dzendər) [-ed]: (v) παράγω, γεννώ

engine (΄endzin): (n) μηχανή ‖ κινητήρας ‖ ~er (endzə΄ni:r): (n) μηχανικός ‖ ιθύνων νους ‖ ~er [-ed]: (v) μηχανεύομαι ‖ μηχανορραφώ ‖ ~ering: (n) μηχανική επιστήμη ‖ ~ry: (n) πολεμική μηχανή ‖ **steam** ~: (n) ατμομηχανή ‖ **tandem** ~s: (n) συζευγμένες ατμομηχανές

Engl-and (΄inglənd): (n) Αγγλία ‖ ~ish: (n) Άγγλος ‖ (adj) Αγγλικός ‖ (n) αγγλική γλώσσα ‖ ~ish Channel: (n) Μάγχη ‖ ~ish horn: πίπιζα ‖ ~ishism: (n) αγγλισμός ‖ ~ishman: (n) Άγγλος ‖ ~ishwoman: (n) Αγγλίδα

engorge (in΄gɔ:rdz) [-d]: (v) καταβροχθίζω ‖ παρατρώω

engrav-e (in΄grèiv) [-d]: (v) χαράζω, γλύφω ‖ εντυπώνω ‖ ~ing: (n) χαρακτική ‖ γλυπτό

engross (in΄grous) [-ed]: (v) απορροφώ την προσοχή ‖ μονοπωλώ ‖ ~ed: (adj) απορροφημένος ‖ ~ing: (adj) πολύ ενδιαφέρων

engulf (in´gʌlf) [-ed]: *(v)* περικλείνω ‖ περισφίγγω ‖ υπερκαλύπτω, σκεπάζω

enhance (en´hæns, en´ha:ns) [-d]: *(v)* υπερτιμώ, ανεβάζω αξία

enigma (i´nigmə): *(n)* αίνιγμα ‖ ~**tic** (eni´gmætik): *(adj)* αινιγματικός

enjoin (en´dzɔin) [-ed]: *(v)* επιβάλλω ‖ απαγορεύω ‖ ~**der**: *(n)* εντολή

enjoy (en´dzoi, in´dzoi) [-ed]: *(v)* απολαμβάνω ‖ ~**able**: *(adj)* απολαυστικός, ευχάριστος ‖ ~**ment**: *(n)* ευχαρίστηση, απόλαυση

enkindle (en´kindl) [-d]: *(v)* συνδαυλίζω

enlarge (en´la:rdz, in´la:rdz) [-d]: *(v)* επεκτείνω ‖ μεγεθύνω ‖ επεκτείνομαι ‖ ~**ment**: *(n)* επέκταση ‖ μεγέθυνση

enlighten (en´laitn) [-ed]: *(v)* διαφωτίζω, φωτίζω ‖ κάνω γνωστό ‖ ~**ment**: *(n)* διαφώτιση

enlist (en´list) [-ed]: *(v)* στρατολογώ ‖ κατατάσσω ‖ κατατάσσομαι ‖ ~**ed man**: *(n)* στρατιώτης

enliven (en´laivən) [-ed]: *(v)* δίνω ζωή, ζωογονώ

en masse (en´mæs): ομαδικά, όλοι μαζί

enmity (´enmiti): *(n)* έχθρα

ennoble (i´noubəl) [-d]: *(v)* εξευγενίζω

ennui (´a:n´wi:): *(n)* πλήξη, ανία

enorm-ity (e´nɔ:rmiti): *(n)* τερατουργία ‖ τερατούργημα ‖ ~**ous**: *(adj)* πελώριος ‖ ~**ously**: *(adv)* υπέρμετρα

enough (i´nʌf): *(adj)* αρκετός ‖ *(adv)* αρκετά

enrage (in´reidz) [-d]: *(v)* εξοργίζω

enrapture (en´ræptʃər) [-d]: *(v)* γοητεύω, μαγεύω

enrich (en´ritʃ) [-ed]: *(v)* εμπλουτίζω ‖ ~**ment**: *(n)* εμπλουτισμός

enroll (en´roul) [-ed]: *(v)* εγγράφω ‖ τυλίγω ‖ ~**ment**: *(n)* εγγραφή ‖ αριθμός εγγραφέντων

en route (an´ru:t): καθ' οδόν ‖ κατά μήκος διαδρομής

enshroud (in´ʃraud) [-ed]: *(v)* κρύβω, περιβάλλω

ensign (´ensən): *(n)* σημαιφόρος ‖ (´ensən, ´ensain): *(n)* στρατιωτική ή ναυτική σημαία

enslave (en´sleiv) [-d]: *(v)* υποδουλώνω ‖ ~**ment**: *(n)* υποδούλωση

ensnare (en´sneər) [-d]: *(v)* παγιδεύω ‖ δελεάζω

ensu-e (en´sju:) [-d]: *(v)* επακολουθώ, έπομαι ‖ ~**ing**: *(adj)* επόμενος, ακόλουθος

ensure (en´ʃuər) [-d]: *(v)* εξασφαλίζω ‖ διασφαλίζω, εγγυούμαι

entail (en´teil) [-ed]: *(v)* συνεπάγομαι ‖ επιφέρω ‖ επιβάλλω

entangle (en´tæŋgəl) [-d]: *(v)* περιπλέκω, μπερδεύω

entente (an´ta:nt): *(n)* συνεννόηση, συμμαχία, "αντάντ"

enter (´entər) [-ed]: *(v)* μπαίνω ‖ διεισδύω ‖ διαπερνώ ‖ εισάγω ‖ γίνομαι μέλος ‖ παίρνω μέρος ‖ καταγράφω ‖ **break and** ~: *(v)* μπαίνω με διάρρηξη ‖ ~ **on**, ~ **upon**: αρχίζω, αναλαμβάνω

enteric (en´terik): *(adj)* εντερικός

enterpris-e (´entərpraiz): *(n)* εγχείρημα ‖ επιχείρηση ‖ τόλμημα ‖ τόλμη, αποφασιστικότητα ‖ ~**ing**: *(adj)* αποφασιστικός ‖ τολμηρά φιλόδοξος

entertain (´entər´tein) [-ed]: *(v)* διασκεδάζω ‖ περιποιούμαι ‖ έχω στο νου, τρέφω ‖ ~**er**: *(n)* καλλιτέχνης θεάτρου, κινηματογράφου κλπ. ‖ ~**ing**: *(adj)* διασκεδαστικός ‖ ~**ment**: *(n)* διασκέδαση ‖ θέαμα ‖ περιποίηση

enthrall (en´θrɔ:l) [-ed]: *(v)* γοητεύω, μαγεύω

enthrone (en´θroun) [-d]: *(v)* ενθρονίζω

enthus-e (en´θu:z) [-d]: *(v)* δείχνω ενθουσιασμό ‖ ενθουσιάζομαι ‖ ~**iasm** (en´θu:ziæzəm): *(n)* ενθουσιασμός ‖ ~**iast**: *(n)* ενθουσιώδης οπαδός ‖ φανατικός ‖ ~**iastic**: *(adj)* ενθουσιώδης

entice (en´tais) [-d]: *(v)* δελεάζω, πλανεύω

entire (en´taiər): *(adj)* ολόκληρος ‖ ακέραιος ‖ ~**ly**: *(adv)* εξ ολοκλήρου ‖ αποκλειστικά ‖ ~**ty**: *(n)* σύνολο, ολότητα

entitle (en´taitl) [-d]: *(v)* τιτλοφορώ, ονομάζω ‖ δίνω δικαίωμα, παρέχω ‖ εξουσιοδοτώ ‖ **be** ~**d**: *(v)* δικαιούμαι

127

entity (´entəti:): *(n)* ύπαρξη, οντότητα
entomb (en´tu:m) [-ed]: *(v)* ενταφιάζω
entrails (´entreilz): *(n)* εντόσθια
entrance (´entrəns): *(n)* είσοδος ‖ δικαίωμα εισόδου ‖ ~ **fee**: *(n)* αντίτιμο εισιτηρίου, δικαίωμα συμμετοχής, εγγραφής ή εισόδου ‖ ~ **examination**: εισαγωγική εξέταση ‖ ~ **hall**: *(n)* προθάλαμος ‖ (in´tra:ns) [-d]: *(v)* ρίχνω σε έκσταση
entrap (en´træp) [-ped]: *(v)* παγιδεύω
entreat (en´tri:t) [-ed]: *(v)* εκλιπαρώ ‖ ~**ing**: *(adj)* ικετευτικός ‖ ~**y**: *(n)* έκκληση, ικεσία
entre´e (´antrei): *(n)* δικαίωμα εισόδου ‖ ελεύθερη είσοδος ‖ το κυρίως πιάτο γεύματος ‖ πρώτο πιάτο επίσημου γεύματος
entrench (en´trentʃ) [-ed]: *(v)* περιχαρακώνω ‖ κάνω οχυρωματικά ‖ εντυπώνω, χαράζω ‖ ~**ed**: *(adj)* οχυρωμένος ‖ ~**ment**: *(n)* περιχαράκωση ‖ οχύρωση
entrepreneur (´entrəpre´nər): *(n)* επιχειρηματίας ‖ χρηματοδότης ‖ ''ιμπρεσάριος''
entrust (en´trʌst) [-ed]: *(v)* εμπιστεύομαι ‖ αναθέτω
entry (´entri): *(n)* είσοδος ‖ καταχώριση ‖ εγγραφή ‖ ~ **way**: *(n)* είσοδος, δίοδος
entwine (en´twain) [-d]: *(v)* περιτυλίγω
enumerate (i´nju:məreit) [-d]: *(v)* απαριθμώ
enunciat-e (i´nʌnʃieit) [-d]: *(v)* δηλώνω ρητά ‖ προφέρω καθαρά ‖ ~**ion**: *(n)* ρητή δήλωση ‖ καθαρή προφορά
envelop (en´veləp) [-ed]: *(v)* περιβάλλω, περικλείνω ‖ ~**e** (´envəloup): *(n)* φάκελος ‖ περίβλημα
envi-able (´enviəbəl): *(adj)* επίζηλος ‖ αξιοζήλευτος ‖ ~**ous** (´enviəs): *(adj)* φθονερός, ζηλότυπος
environ (in´vaiərən) [-ed]: *(v)* περιβάλλω ‖ ~**ment**: *(n)* περιβάλλον
envoy (´envoi): *(n)* απεσταλμένος ‖ επιτετραμμένος
envy (´envi) [-ied]: *(v)* ζηλεύω, φθονώ ‖ *(n)* ζήλια, φθόνος ‖ αξιοζήλευτο αντικείμενο

enzyme (´enzaim): *(n)* ένζυμο
eon (´i:ɒn): *(n)* αιώνας, μεγάλο χρον. διάστημα ‖ ~**ian**: *(adj)* αιωνόβιος
epaulet (´epə:let): *(n)* επωμίδα
ephemer-al (i´femərəl): *(adj)* εφήμερος ‖ ~**is**: *(n)* αστρονομικός πανδέκτης ‖ ημερολόγιο
epic (´epik): *(n)* έπος ‖ *(adj)* επικός
epicentre (´episentər): *(n)* επίκεντρο
epicure (´epikjuər): *(n)* γνώστης καλού φαγητού και ποτού
epidemic (epi´demik): *(adj)* επιδημικός ‖ *(n)* επιδημία
epigram (´epigræm): *(n)* επίγραμμα ‖ ~**matic**: *(adj)* επιγραμματικός
epilep-sy (´epilepsi): *(n)* επιληψία ‖ ~**tic** (epi´leptik): *(adj)* επιληπτικός
epilogue (´epilɒg): *(n)* επίλογος
Epiphany (e´pifəni): *(n)* Θεοφάνια
Epirus (i´peiərəs): *(n)* Ήπειρος
episcopal (i´piskəpəl): *(adj)* επισκοπικός
episod-e (´epəsoud): *(n)* επεισόδιο ‖ ~**ic**: *(adj)* επεισοδιακός
epistle (i´pisəl): *(n)* επιστολή
epitaph (´epitæf): *(n)* επιτάφιος
epithet (´epiθet): *(n)* επίθετο ‖ χαρακτηρισμός
epitom-e (i´pitəmi): *(n)* επιτομή, περίληψη ‖ αντιπροσωπευτικός τύπος ‖ ~**ize** (i´pitəmaiz) [-d]: *(v)* συνοψίζω ‖ είμαι αντιπροσωπευτικός τύπος, αντιπροσωπεύω
epoch (´i:pɒk): *(n)* εποχή
equab-ility (ekwə´biliti): *(n)* ομοιομορφία ‖ ομαλότητα ‖ ~**le** (´ekwəbəl): *(adj)* ομοιόμορφος ‖ ομαλός
equal (´i:kwəl): *(adj)* ίσος ‖ αντάξιος ‖ ομότιμος ‖ [-ed or -led]: *(v)* ισούμαι ‖ ισοφαρίζω ‖ ~**ity**: *(n)* ισότητα ‖ ~**ize** [-d]: *(v)* εξισώνω ‖ ισορροπώ ‖ κάνω ομοιόμορφο ‖ ~**izer**: *(n)* εξισωτής ‖ ισορροπιστής ‖ πιστόλι *(id)* ‖ ~**ly**: *(adv)* εξίσου ‖ ~ **sign**, ~**s sign**, ~**ity sign**: *(n)* σημείο ισότητας, ίσον
equanimity (i:kwə´nimiti): *(n)* αταραξία, ηρεμία
equat-e (i´kweit) [-d]: *(v)* εξισώνω ‖ εξισούμαι ‖ εκφράζω σαν εξίσωση ‖ ~**ion**: *(n)* εξίσωση ‖ ισορροπία ‖ ~**or**:

(n) ισημερινός ‖ **~orial:** *(adj)* ισημερινός

equestrian (i΄kwestriən): *(adj)* ιππικός ‖ έφιππος

equi-distant (i:kwi΄distənt): *(adj)* ισαπέχων ‖ **~lateral** (i:kwi΄lætərəl): *(adj)* ισόπλευρος ‖ **~librium** (i:kwi΄libriəm): *(n)* ισορροπία

equinox (΄ikwinəks): *(n)* ισημερία

equip (i΄kwip) [-ped]: *(v)* εφοδιάζω ‖ εξοπλίζω ‖ **~age:** *(n)* εξοπλισμός ‖ **~ment:** *(n)* εφοδιασμός ‖ εφόδια ‖ τροχαίο υλικό

equit-able (΄ekwitəbəl): *(adj)* ευθύς, δίκαιος ‖ αμερόληπτος ‖ **~y:** *(n)* ευθύτητα ‖ αμεροληψία

equivalent (i΄kwivələnt): *(adj)* ισοδύναμος ‖ ισάξιος, ισότιμος

equivocal (i΄kwivəkəl): *(adj)* ασαφής ‖ διφορούμενος ‖ αμφίβολος ‖ ύποπτος, αμφιβόλου ποιού

era (΄iərə): *(n)* περίοδος, εποχή

eradicat-e (i΄rædikeit) [-d]: *(v)* εξαλείφω ‖ εξολοθρεύω ‖ ξεριζώνω ‖ **~ion:** *(n)* εξάλειψη ‖ εξολόθρευση ‖ ξερίζωμα

erase (i΄reiz) [-d]: *(v)* σβήνω ‖ εξαλείφω ‖ σκοτώνω *(id)* ‖ **~r:** *(n)* σβηστήρι ‖ **~ure:** *(n)* σβήσιμο ‖ διαγραφή

erect (i΄rekt) [-ed]: *(v)* ανεγείρω ‖ συναρμολογώ, κατασκευάζω ‖ εγκαθιδρύω ‖ εγείρομαι ‖ *(adj)* όρθιος ‖ ανυψωμένος ‖ **~ion:** *(n)* ανέγερση ‖ ανόρθωση ‖ **~or:** *(n)* ανυψωτήρας

eristic (i΄ristik): *(adj)* εριστικός

ermine (΄ə:rmin): *(n)* νυφίτσα ‖ γούνα ερμίνα

ero-de (i΄roud) [-d]: *(v)* διαβρώνω ‖ κατατρώγω ‖ διαβρώνομαι ‖ υποσκάπτω ‖ **~sion** (i΄rouzən): *(n)* διάβρωση ‖ φθορά ‖ **~sive:** *(adj)* διαβρωτικός ‖ φθοροποιός

erotic (i΄rɔtik): *(adj)* σεξουαλικά ερωτικός ‖ διεγερτικός ‖ **~a:** *(n)* σεξουαλική τέχνη ή λογοτεχνία ‖ **~ism:** *(n)* ερωτισμός

err (ə:r) [-ed]: *(v)* σφάλλω ‖ αμαρτάνω

errand (΄erənd): *(n)* μικροδουλειά, "θέλημα" ‖ **~ boy:** *(n)* μικρός βοηθός, κλητήρας ‖ **run ~s:** *(v)* κάνω θελήμα-

τα

err-ata (i΄reitə): *(n)* παροράματα ‖ **~atic** (i΄rætic): *(adj)* ακανόνιστος, άτακτος ‖ σφαλερός ‖ ιδιότροπος ‖ **~oneous** (i΄rounjəs): *(adj)* εσφαλμένος ‖ **~or** (΄erər): *(n)* σφάλμα ‖ πλάνη ‖ λάθος

ersatz (er΄za:ts): *(n)* υποκατάστατο, τεχνητό προϊόν

erstwhile (΄əərstwail): *(adj)* τέως

erudite (΄eru:dait): *(adj)* διαβασμένος, πολυμαθής

erupt (i΄rʌpt) [-ed]: *(v)* ξεσπώ ‖ πετάγομαι ‖ εκρήγνυμαι ‖ βγάζω δόντια ‖ **~ion:** *(n)* ξέσπασμα ‖ έκρηξη ‖ εξάνθημα ‖ οδοντοφυΐα

escalat-e (΄eskəleit) [-d]: *(v)* κλιμακώνω ‖ **~ion:** *(n)* κλιμάκωση ‖ **~or:** *(n)* κυλιώμενη σκάλα

escapade (΄eskəpeid): *(n)* περιπέτεια ‖ ξέσπασμα

escap-e (is΄keip) [-d]: *(v)* δραπετεύω ‖ ξεφεύγω ‖ αποφεύγω ‖ *(n)* δραπέτευση ‖ διαφυγή ‖ ξέσπασμα, ξέδοσμα ‖ μέσο διαφυγής ή αποφυγής ‖ **~ee:** *(n)* δραπέτης ‖ **~ement:** *(n)* δραπέτευση ‖ **~ism:** *(n)* αποφυγή της πραγματικότητας ‖ **~ist:** *(n)* αυτός που αποφεύγει την πραγματικότητα

escarpment (is΄ka:rpmənt): *(n)* ανάχωμα ‖ πρόχωμα

escort (es΄kɔ:rt) [-ed]: *(v)* συνοδεύω ‖ (΄eskə:rt): *(n)* συνοδεία ‖ φρουρά ‖ σωματοφυλακή ‖ συνοδός

escrow (΄eskrou): *(n)* εχέγγυο προς τρίτον

Eskimo (΄eskimou): *(n)* εσκιμώος

especial (is΄pe∫əl): *(adj)* εξαιρετικός ‖ ιδιαίτερος ‖ **~ly** *(adv)* ιδιαίτερα

espionage (΄espiənα:zh): *(n)* κατασκοπία ‖ **counter ~:** *(n)* αντικατασκοπία

esplanade (΄espləneid): *(n)* φαρδιά λεωφόρος ‖ παραλιακός πεζόδρομος

esprit de corps (es΄pri:də΄kɔ:r) *(n)* συναδελφικό πνεύμα

esquire (es΄kwaiər): *(n)* κύριος ‖ κύριον (μετά το όνομα)

essay (e΄sei) [-ed]: *(v)* προσπαθώ ‖ δοκιμάζω ‖ (΄esei, e΄sei): *(n)* πραγματεία ‖ απόπειρα ‖ δοκιμή ‖ **~ist:** *(n)* δοκιμιογράφος

essence (´esəns): *(n)* κυρία ουσία ‖ αιθέριο έλαιο ‖ άρωμα, μύρο

essential (i´senʃəl): *(adj)* βασικός, κύριος ‖ ουσιώδης ‖ *(n)* ουσία ‖ **~ly**: *(adv)* ουσιωδώς ‖ βασικά ‖ **~oil**: *(n)* αιθέριο έλαιο

establish (es´tæbliʃ) [-ed]: *(v)* εγκαθιδρύω ‖ στερεώνω, ενισχύω ‖ ιδρύω ‖ καθιστώ ‖ εισάγω ‖ αποδεικνύω, πιστοποιώ ‖ **~ed**: *(adj)* ανεγνωρισμένος, επιβεβαιωμένος ‖ **~ment**: *(n)* εγκαθίδρυση ‖ στερέωση ‖ εισαγωγή ‖ απόδειξη, πιστοποίηση ‖ ίδρυμα ‖ οργάνωση ‖ το κατεστημένο

estate (es´teit): *(n)* κτηματική περιουσία ‖ περιουσία ‖ κληρονομία, διαδοχή ‖ κοινωνική θέση ‖ **~ office**: *(n)* κτηματολογικό γραφείο

esteem (es´ti:m) [-ed]: *(v)* εκτιμώ, υπολήπτομαι ‖ κρίνω, θεωρώ ως ‖ *(n)* εκτίμηση, υπόληψη ‖ **~ed**: *(adj)* ευυπόληπτος

estimat-e (´estimeit) [-d]: *(v)* υπολογίζω, εκτιμώ ‖ (´estimit): *(n)* υπολογισμός, εκτίμηση ‖ **~ion**: *(n)* εκτίμηση, κρίση ‖ υπόληψη, εκτίμηση

estrange (es´treindz) [-d]: *(v)* αποξενώνω ‖ **~d**: *(adj)* σε διάσταση

estuary (´estjuəri): *(n)* ποταμόκολπος ‖ στόμιο ποταμού

etc: see et cetera

et cetera (et´setərə): και τα λοιπά

etch (etʃ) [-ed]: *(v)* χαράζω ‖ **~ing**: *(n)* χαρακτική ‖ χαλκογραφία ή ξυλογραφία

etern-al (i´tə:rnəl): *(adj)* αιώνιος ‖ **~ally**: *(adv)* αιώνια, για πάντα ‖ **~ity**: *(n)* αιωνιότητα ‖ **~ize** [-d]: *(v)* διαιωνίζω, αποθανατίζω

ether (´i:θər): *(n)* αιθέρας ‖ **~eal**: *(adj)* αιθέριος

ethic (´eθik): *(n)* ηθικός νόμος ‖ **~al**: *(adj)* ηθικός ‖ **~s**: *(n)* ηθική, ηθικοί κανόνες

ethnic (´eθnik): *(adj)* εθνικός ‖ εθνολογικός ‖ **~ group**: εθνολογική ομάδα

etiquette (´etiket): *(n)* εθιμοτυπία, ετικέτα

etymology (etə´molədzi): *(n)* ετυμολογία, ετυμολογικό

Eucharist (jukerist): θεία ευχαριστία

eulog-ize (´julədzaiz) [-d]: *(v)* εγκωμιάζω ‖ **~y** (´julədzi): *(n)* εγκώμιο ‖ επικήδειος

eunuch (´ju:nək): *(n)* ευνούχος

euphemis-m (´ju:fimizəm): *(n)* ευφημισμός ‖ **~tic**: *(adj)* ευφημιστικός

euphonic (ju:´fonik): *(adj)* ευφωνικός

euphoria (ju:´foriə): *(n)* ευφορία, ευεξία

eureka (ju:´ri:kə): *(interj)* εύρηκα!

eurhythmics (ju:´riθmiks): *(n)* ρυθμική γυμναστική

Europe (´juərəp): *(n)* Ευρώπη ‖ **~an**: *(n)* Ευρωπαίος ‖ *(adj)* Ευρωπαϊκός

euthanasia (ju:θə´neiziə): *(n)* ευθανασία

evacuat-e (i´vækjueit) [-d]: *(v)* εκκενώνω ‖ έχω κένωση ‖ **~ion**: *(n)* εκκένωση ‖ κένωση

evade (i´veid) [-d]: *(v)* αποφεύγω ‖ ξεφεύγω

evaluat-e (i´væljueit) [-d]: *(v)* εκτιμώ, κάνω εκτίμηση ‖ βρίσκω την τιμή ‖ **~ion**: *(n)* εκτίμηση ‖ εύρεση της τιμής

evangel-ical (ivæn´dzelikəl): *(n)* ευαγγελιστής ‖ *(adj)* ευαγγελικός ‖ **~ist**: ευαγγελιστής

evaporat-e (i´væpəreit) [-d]: *(v)* εξατμίζω ‖ εξατμίζομαι ‖ **~ed milk**: γάλα ''εβαπορέ'' ‖ **~ion**: *(n)* εξάτμιση, εξαέρωση

evasion (i´veizhən): *(n)* υπεκφυγή ‖ αποφυγή ‖ **~ive**: *(adj)* με περιστροφές, όχι ευθύς ‖ αποφυγή επαφής με εχθρό

eve (i:v): *(n)* παραμονή

even (´i:vən) [-ed]: *(v)* εξομαλύνω ‖ ισοπεδώνω ‖ εξισώνω, ισοφαρίζω ‖ *(adj)* ομαλός, επίπεδος ‖ κανονικός ‖ στο ίδιο επίπεδο, στο ίδιο ύψος ‖ ομοιόμορφος ‖ ισόπαλος ‖ ισόποσος ‖ άρτιος, ζυγός ‖ ακριβής, ακριβές ποσό ‖ *(adv)* ακριβώς, τη στιγμή ‖ ακόμη, ακόμη και αν ‖ **~ly**: *(adv)* ομαλά ‖ κανονικά ‖ ομοιόμορφα ‖ **~ handed**: αμερόληπτος ‖ **break ~**: *(v)* ισοφαρίζω ‖ **get ~**: *(v)* ανταποδίδω, εκδικούμαι

evening (´i:vniŋ): *(n)* βράδυ ‖ δυσμές,

παρακμή ‖ ~ dress: *(n)* βραδινό ένδυμα ‖ ~ gown: *(n)* βραδινή τουαλέτα ‖ ~ prayer: *(n)* εσπερινός ‖ ~ star: *(n)* πούλια

evensong (´i:vǝnsǝŋ): *(n)* see evening prayer

event (i´vent): *(n)* συμβάν, γεγονός ‖ αποτέλεσμα, έκβαση ‖ άθλημα, αγώνισμα ‖ περίπτωση ‖ ~ful: *(adj)* γεμάτος συμβάντα, ''γεμάτος'' ‖ σπουδαίος ‖ ~ual (i´vent|uǝl): *(adj)* ενδεχόμενος ‖ τελικός ‖ ~uality: *(n)* πιθανότητα, το ενδεχόμενο ‖ ~ually: *(adv)* τελικά ‖ ενδεχομένως ‖ ~uate [-d]: *(v)* απολήγω

ever (evǝr): *(adv)* πάντοτε ‖ συνεχώς ‖ επανειλημμένα ‖ κάποτε, ποτέ ‖ ~ and ~: πότε-πότε ‖ ~ so: πολύ, τόσο πολύ ‖ ~ so often: συχνά, πολλές φορές ‖ ~ glade: *(n)* βαλτότοπος ‖ ~ green: *(adj)* αειθαλής ‖ ~ lasting: *(adj)* αιώνιος ‖ ~y (´evri): *(adj)* καθένας, κάθε ‖ ~y bit: από κάθε άποψη, εντελώς ‖ ~ybody, ~yone: όλοι, ο καθένας ‖ ~y day: κάθε μέρα ‖ καθημερινός ‖ κοινός, συνηθισμένος ‖ ~ other: ένα παρά ένα ‖ ~y other day: μέρα παρά μέρα ‖ ~y so often: πότε-πότε ‖ ~ything: τα πάντα, το κάθε τι ‖ ~ywhere: παντού ‖ ~y which way: εδώ κι' εκεί, άνω κάτω

evict (i´vikt) [-ed]: *(v)* βγάζω, εκδιώκω ‖ κάνω έξωση ‖ ~ion: *(n)* έξωση

eviden-ce (´evidǝns) [-d]: *(v)* καταδεικνύω ‖ αποδεικνύω ‖ υποστηρίζω με ενδείξεις ‖ *(n)* ένδειξη ‖ αποδεικτικό στοιχείο ‖ ~t: *(adj)* προφανής, καταφανής ‖ ~tial: *(adj)* ενδεικτικός, αποδεικτικός ‖ ~tly: *(adv)* προφανώς ‖ in ~ce: ολοφάνερος ‖ turn state's ~ce: *(v)* καταθέτω εναντίον συνενόχου

evil (´i:vǝl): *(adj)* κακός, πονηρός ‖ *(n)* κακία ‖ ~ doer: *(adj)* κακοποιός ‖ ~ eye: κακό μάτι ‖ ~ minded: *(adj)* κακόβουλος

evince (i´vins) [-d]: *(v)* καταδεικνύω

evocation (evo´keiʃǝn): *(n)* επίκληση, ικεσία

evoke (i´vouk) [-d]: *(v)* προκαλώ, παράγω ‖ επικαλούμαι

evol-ution (ǝvǝ´lu:ʃǝn): *(n)* εξέλιξη ‖ εύρεση ρίζας αριθμού ‖ ελιγμός στρατιωτικός ‖ ~utionary: *(adj)* εξελικτικός ‖ ~ve (i´vɔlv) [-d]: *(v)* αναπτύσσω, εκτυλίσσω ‖ αναπτύσσομαι, εξελίσσομαι ‖ αναφαίνομαι ‖ αναδίνω

evzone (´evzoun): *(n)* εύζωνος

ewe (ju:): *(n)* προβατίνα

ewer (´ju:ǝr): *(n)* κανάτα, στάμνα

ex (eks): πρώην ‖ πρώην σύζυγος *(id)*

exacerbat-e (eg´zæsǝ:rbeit) [-d]: *(v)* επιδεινώνω ‖ ~ion: *(n)* επιδείνωση

exact (eg´zækt) [-ed]: *(v)* αποσπώ ‖ απαιτώ ‖ *(adj)* ακριβής ‖ λεπτολόγος ‖ ~ing: *(adj)* απαιτητικός, αυστηρός ‖ κουραστικός ‖ ~ion: *(n)* απόσπαση ‖ ~itude: *(n)* ακρίβεια, ακριβολογία ‖ ~ly: *(adv)* ακριβώς ‖ ~ness: *(n)* ακρίβεια ‖ ~or: *(n)* απαιτητής

exaggerat-e (eg´zædzǝreit) [-d]: *(v)* υπερβάλλω, μεγαλοποιώ ‖ ~ion: *(n)* υπερβολή

exalt (eg´zɔ:lt) [-ed]: *(v)* εξυψώνω ‖ εκθειάζω ‖ δυναμώνω, εντείνω ‖ γεμίζω χαρά ή ενθουσιασμό ‖ ~ation: *(n)* εξύψωση ‖ εκθειασμός ‖ χαρά, ενθουσιασμός

exam (eg´zæm), ~ination (egzæmǝ´neiʃǝn): *(n)* εξέταση ‖ αναζήτηση, έρευνα ‖ ανάκριση ‖ ~ine (eg´zæmin) [-d]: *(v)* εξετάζω ‖ ερευνώ ‖ ~inee: *(n)* εξεταζόμενος ‖ ~iner: *(n)* εξεταστής

example (eg´zæmpǝl): *(n)* παράδειγμα ‖ υπόδειγμα ‖ for ~: παραδείγματος χάρη ‖ set an ~: *(v)* γίνομαι ή δίνω παράδειγμα

exasperat-e (eg´zæspǝreit) [-d]: *(v)* εξερεθίζω ‖ εξοργίζω ‖ ~ing: *(adj)* εξερεθιστικός ‖ εξοργιστικός ‖ ~ion: *(n)* ερεθισμός ‖ οργή

excavat-e (´ekskǝveit) [-d]: *(v)* ανασκάβω, κάνω ανασκαφή ‖ εκσκάπτω ‖ ~ion: *(n)* ανασκαφή ‖ εκσκαφή ‖ ~or: *(n)* εκσκαφέας

exceed (ek´si:d) [-ed]: *(v)* υπερβαίνω, ξεπερνώ ‖ υπερέχω ‖ ~ing: *(adj)* εξαιρετικός, άκρος ‖ ~ingly: *(adv)* υπερβολικά, πάρα πολύ

excel (ek´sel) [-led]: *(v)* υπερτερώ ‖

131

εξέχω ‖ **~lence**: (´eksələns): (n) υπεροχή ‖ εξοχότητα ‖ **E~lence, E~lency**: (n) Εξοχότητα ‖ **~lent**: (adj) εξαιρετικός ‖ βαθμός "άριστα"

except (ek´sept) [-ed]: (v) εξαιρώ αποκλείω ‖ φέρνω αντίρρηση ‖ (prep) εκτός, με την εξαίρεση ‖ **~ing**: (prep) εξαιρουμένου του ‖ **~ion**: (n) εξαίρεση ‖ ένσταση ‖ **~ionable**: (adj) εξαιρετέος ‖ **~ional**: (adj) εξαιρετικός ‖ **~ive**: (adj) αντιρρησίας

excerpt (ek´sə:rpt) [-ed]: (v) εκλέγω περικοπή ‖ (´eksə:rpt): (n) περικοπή

excess (ek´ses): (n) πλεόνασμα ‖ (adj) πλεονάζων ‖ (n) υπερβολή ‖ **~ive**: (adj) υπερβολικός ‖ **~weight**: (n) υπερβάλλον βάρος ‖ **in ~ of**: περισσότερο, κατά υπερβολή ‖ **to ~**: (adv) υπερβολικά

exchange (eks´t∫eindz) [-d]: (v) ανταλλάσσω ‖ (n) ανταλλαγή ‖ αντάλλαγμα ‖ χρηματιστήριο ‖ συνάλλαγμα ‖ τηλεφ. κέντρο ‖ **~able**: (adj) ανταλλάξιμος

exchequer (eks´t∫ekər): (n) δημόσιο ταμείο ‖ οικονομική κατάσταση (id)

excis-able (ek´saizəbəl): (adj) υποκείμενος σε έμμεσο φόρο ‖ **~e** (ek´saiz) [-d]: (v) φορολογώ έμμεσα ‖ (n) έμμεσος φόρος ‖ αποσπώ, εκτέμνω ‖ **~eman**: (n) φορεισπράκτορας

excit-able (ek´saitəbəl): (adj) ευερέθιστος ‖ **~ant**: (n) διεγερτικό ‖ **~ation**: (n) διέγερση ‖ **~e** (ek´sait) [-d]: (v) διεγείρω ‖ εξεγείρω ‖ προκαλώ ενθουσιασμό ‖ **~ed**: (adj) συνεπαρμένος ‖ **~ing**: (adj) συναρπαστικός ‖ διεγερτικός ‖ **~ement**: (n) ενθουσιασμός, έξαψη

excla-im (eks´kleim) [-ed]: (v) αναφωνώ ‖ **~mation** (exclə´mei∫ən): (n) επιφώνημα ‖ **~mation mark, ~mation point**: (n) θαυμαστικό

exclu-de (eks´klu:d) [-d]: (v) αποκλείω ‖ βγάζω έξω ‖ εξαιρώ ‖ **~sion** (eks´klu:zən): (n) αποκλεισμός ‖ εξαίρεση ‖ απαγόρευση ‖ **~sive**: (adj) αποκλειστικός ‖ αποκλειστικότητα ‖ πολυτελής, πολυτελείας ‖ **~sive of**: αποκλειομένου ‖ **~siveness**: αποκλειστικό-

τητα

excommunicate (ekskə´mju:nikeit) [-d]: (v) αφορίζω

excrement (´ekskrəmənt): (n) περιττώματα

excretion (eks´kri:∫ən): (n) έκκριση

excruciating (eks´kru:∫ietiŋ): (adj) βασανιστικός ‖ ανυπόφορος, φοβερός

excursion (eks´kə:r∫ən): (n) εκδρομή ‖ εκτροπή από θέμα ‖ **~ist**: (n) εκδρομέας

excus-able (eks´kju:zəbəl): (adj) συχωρητέος ‖ δικαιολογημένος ‖ **~e** (eks´kju:z) [-d]: (v) συγχωρώ ‖ δικαιολογώ ‖ απαλλάσσω ‖ επιτρέπω ‖ **~e oneself**: ζητώ άδεια ή απαλλαγή ‖ (eks´kju:s): (n) συγγνώμη ‖ δικαιολογία, πρόφαση ‖ απομίμηση (id)

execrable (´eksəkrəbl): (adj) απαίσιος

execut-e (´eksikju:t) [-d]: (v) εκτελώ ‖ εκπληρώνω ‖ **~ion** (eksi´kju:∫ən): (n) εκτέλεση ‖ εκπλήρωση ‖ εκτέλεση θανατικής ποινής ‖ **~ioner**: (n) εκτελεστής, δήμιος ‖ **~ive** (eg´zekjutiv): (adj) εκτελεστικός, διοικητικός ‖ (n) ανώτατος λειτουργός ‖ εκτελεστική εξουσία ‖ **~ive agreement**: συνεννόηση κορυφής ‖ **~ive officer**: υποδιοικητής μονάδας ‖ ύπαρχος ‖ **~or**: εκτελεστής διαθήκης

exempl-ar (ig´zemplər): (n) υπόδειγμα, παράδειγμα ‖ **~y**: (adj) υποδειγματικός ‖ παραδειγματικός ‖ **~ify** (ig´zemplifai) [-ied]: (v) περιγράφω με παράδειγμα ‖ είμαι παράδειγμα

exempt (eg´zempt) [-ed]: (v) απαλλάσσω ‖ εξαιρώ ‖ (adj) απαλλαγμένος ‖ εξαιρεμένος ‖ **~ion**: (n) απαλλαγή ‖ εξαίρεση

exercise (´eksərsaiz) [-d]: (v) ασκώ ‖ εξασκώ ‖ ασκούμαι, εξασκούμαι ‖ (n) άσκηση ‖ εξάσκηση ‖ **~s**: (n) σχολική γιορτή ‖ **~r**: (n) όργανο γυμναστικής

exert (ig´zə:rt) [-ed]: (v) εντείνω, αναπτύσσω ‖ προσπαθώ ‖ **~ion**: (n) κουραστική προσπάθεια

exhal-e (eks´heil) [-d]: (v) εκπνέω, βγάζω αναπνοή ‖ αναδίνω ‖ **~ation**: (n) εκπνοή

exhaust (eg´zə:st) [-ed]: (v) εξάγω

132

ατμό ‖ αδειάζω ‖ εξαντλώ ‖ διαφεύγω ‖ *(π)* εξάτμιση ‖ έξοδος αερίου ή ατμού ‖ εξερχόμενα αέρια, καυσαέρια ‖ σωλήνας εξαγωγής αερίων ‖ σύστημα εξαγωγής ‖ ~**ed**: *(adj)* εξαντλημένος ‖ ~**er**: *(π)* εξαγωγέας ‖ ~**ing**: *(adj)* εξαντλητικός ‖ ~**ion**: *(π)* εξάντληση ‖ έξοδος αερίων ‖ ~**ive**: *(adj)* εξαντλητικός ‖ ~**less**: ανεξάντλητος ‖ ~ **pipe**: σωλήνας εξαγωγής, εξάτμιση

exhibit (eg ´zibit) [-ed]: *(v)* εκθέτω ‖ παρουσιάζω ‖ φέρνω τεκμήρια ‖ *(π)* έκθεμα ‖ τεκμήριο, αποδεικτικό στοιχείο ‖ ~**ion** (eksə´biʃən): *(π)* έκθεση ‖ παρουσίαση, επίδειξη ‖ ~**ionist**: *(π)* επιδειξίας ‖ ~**ive**: *(adj)* ενδεικτικός ‖ ~**or**: *(π)* εκθέτης

exhilarat-e (eg´ziləreit) [-d]: *(v)* χαροποιώ, ευθυμώ ‖ τονώνω, ζωογονώ ‖ ~**ing**: *(adj)* χαροποιός ‖ ζωογόνος ‖ ~**ion**: *(π)* χαρά ‖ αναζωογόνηση

exhort (eg´zɔ:rt)[-ed]:*(v)* προτρέπω ‖ ~**ation**: *(π)* προτροπή, παραίνεση

exigenc-y (´eksidzənsi): *(π)* επείγουσα ή έκτακτη ανάγκη ή κατάσταση ‖ ~**t**: *(adj)* επείγων

exile (eg´zail) [-d]: *(v)* εξορίζω ‖ *(π)* εξορία ‖ εξόριστος

exist (eg´zist) [-ed]: *(v)* υπάρχω ‖ ~**ence**: *(π)* ύπαρξη ‖ τρόπος ζωής ‖ ~**ent**: *(adj)* υπάρχων ‖ ~**ing**: *(adj)* σε χρήση, σε ύπαρξη ‖ ~**entialism** (egzi´stenʃəlizəm): *(π)* υπαρξισμός ‖ ~**entialist**: υπαρξιστής

exit (´egzit) [-ed]: *(v)* βγαίνω ‖ *(π)* έξοδος

exodus (´eksədəs): *(π)* έξοδος, ομαδική φυγή

exonerat-e (eg´zɔnəreit) [-d]: *(v)* αθωώνω ‖ απαλλάσσω ‖ ~**ion**: *(π)* αθώωση, απαλλαγή

exorbitan-ce (eg´zɔ:rbətəns): *(π)* υπερβολή ‖ εξωφρενικότητα ‖ ~**t**: *(adj)* υπερβολικός ‖ εξωφρενικός

exorcis-e (´eksə:rsaiz) [-d]: *(v)* εξορκίζω, διώχνω κακά πνεύματα ‖ ~**m** (´eksə:rsizəm): *(π)* εξορκισμός, ξόρκι ‖ ~**t**: *(π)* εξορκιστής

exotic (eg´zɔtik): *(adj)* εξωτικός

expan-d (iks´pænd) [-ed]: *(v)* διαστέλ-

λω ‖ εκτείνω ‖ ευρύνω ‖ διαστέλλομαι ‖ εκτείνομαι ‖ ευρύνομαι ‖ αναπτύσσω ‖ αναπτύσσομαι ‖ προκαλώ ευδιαθεσία ‖ ~**der**: *(π)* διαστολέας ‖ ~**se** (eks´pæns): *(π)* έκταση ‖ επέκταση ‖ ~**sion** (eks´pænʃən): *(π)* διαστολή ‖ διόγκωση ‖ επέκταση ‖ ανάπτυξη ‖ εκτόνωση ‖ ανάπτυγμα ‖ ~**sionism**: *(π)* πολιτική επεκτατισμού ‖ ~**sive**: *(adj)* διασταλτός ‖ ευδιάθετος

expatiat-e (eks´peiʃieit) [-d]: *(v)* μακρηγορώ ‖ ~**ion**: *(π)* μακρηγορία

expatriat-e (eks´pætrieit) [-d]: *(v)* εκπατρίζω ‖ εκπατρίζομαι ‖ (eks´pætriit): *(π)* εκπατρισμένος, φυγάδας ‖ ~**ion**: *(π)* εκπατρισμός

expect (eks´pekt) [-ed]: *(v)* προσδοκώ ‖ αναμένω ‖ απαιτώ ‖ υποθέτω, νομίζω ‖ ~**ing**: έγκυος ‖ ~**ancy**: αναμονή, προσδοκία ‖ ~**ant**: *(adj)* γεμάτος προσδοκία ‖ έγκυος, επίτοκος ‖ ~**ation**: *(π)* προσδοκία

expectora-te (eks´pektəreit) [-d]: *(v)* αποχρέμπτομαι, βγάζω φλέγμα ‖ ~**nt**: αποχρεμπτικό

expedien-ce (eks´pi:diəns), **expediency** (eks´pi:diənsi): *(π)* αρμοδιότητα ‖ καταλληλότητα ‖ όφελος ‖ ~**t**: *(adj)* αρμόδιος, πρέπων ‖ κατάλληλος, πρόσφορος ‖ ωφέλιμος ‖ *(π)* μέσο, τρόπος ‖ επινόηση, τέχνασμα

expediency: see expedience

expedite (´ekspədait) [-d]: *(v)* επιταχύνω, επισπεύδω ‖ διευκολύνω ‖ ~**r**: *(π)* διεκπεραιωτής ‖ επιταχυντής

expedition (ekspə´diʃən): *(π)* εκστρατεία ‖ ταχύτητα ‖ ~**ary**: *(adj)* εκστρατευτικός

expel (eks´pel) [-led]: *(v)* βγάζω ‖ αποβάλλω, τιμωρώ με αποβολή

expen-d (eks´pend) [-ed]: *(v)* δαπανώ ‖ καταναλώνω ‖ ~**dable**: *(adj)* αναλώσιμος ‖ θυσιαστέος, μη ουσιώδης ‖ ~**diture** (eks´penditʃər): *(π)* δαπάνη ‖ κατανάλωση ‖ ~**se** (eks´pens): *(π)* δαπάνη, έξοδο ‖ ~**ses**: *(π)* αποζημίωση για δαπάνες ‖ έξοδα παραστάσεως ‖ ~**se account**: *(π)* λογαριασμός εξόδων και δαπανών, έξοδα παραστάσεως ‖ **at the ~se of**: σε βάρος ‖ ~**sive**: *(adj)*

133

experience

ακριβός ‖ ~sively: *(adv)* ακριβά
experience (eks´piəriəns) [-d]: *(v)* νιώθω, δοκιμάζω ‖ συμμετέχω ‖ *(n)* εμπειρία, προσωπική πείρα ‖ πείρα ‖ **~d**: *(adj)* πεπειραμένος ‖ έμπειρος
experiment (eks´perimənt) [-ed]: *(v)* πειραματίζομαι ‖ *(n)* πείραμα ‖ δοκιμή ‖ **~al**: *(adj)* πειραματικός ‖ **~ation**: *(n)* πειραματισμός
expert (´ekspə:rt): *(n)* ειδικός, εμπειρογνώμονας ‖ άσος ‖ **~ise** (´ekspər´ti:z): *(n)* ειδικότητα ‖ πραγματογνωμοσύνη
expir-ation (ekspə´reiʃən): *(n)* εκπνοή ‖ λήξη ‖ **~e** (eks´paiər) [-d]: *(v)* εκπνέω ‖ λήγω, παύω να ισχύω ‖ **~y**: *(n)* εκπνοή, λήξη
expl-ain (eks´plein) [-ed]: *(v)* εξηγώ ‖ διασαφηνίζω ‖ **~ainable**: *(adj)* ευεξήγητος ‖ **~ain away**: *(v)* δικαιολογώ με προφάσεις ‖ μειώνω τη σημασία ‖ **~anation** (eksplə´neiʃən): *(n)* εξήγηση ‖ **~anatory**: *(adj)* επεξηγηματικός, ερμηνευτικός ‖ **~icable** (´eksplikəbəl): *(adj)* ευεξήγητος, εξηγήσιμος
explicit (eks´plisit): *(adj)* σαφής, ρητός ‖ ντόμπρος ‖ **~ly**: *(adv)* σαφώς, ρητά
explode (eks´ploud) [-d]: *(v)* προκαλώ έκρηξη ‖ εκρήγνυμαι, ανατινάζομαι ‖ ξεσπάω ‖ μανιάζω από θυμό
exploit (eks´ploit) [-ed]: *(v)* εκμεταλλεύομαι ‖ (´eksploit): *(n)* άθλος, ανδραγάθημα ‖ **~able**: *(adj)* εκμεταλλεύσιμος ‖ **~ation**: *(n)* εκμετάλλευση
explor-ation (eksplə:´reiʃən): *(n)* εξερεύνηση ‖ ανίχνευση ‖ διερεύνηση ‖ έρευνα ‖ **~atory** (eks´plərətəri): *(adj)* εξερευνητικός ‖ δοκιμαστικός ‖ **~e** (eks´plə:r) [-d]: *(v)* εξερευνώ ‖ διερευνώ, εξετάζω ‖ **~er**: *(n)* εξερευνητής ‖ καθετήρας
explos-ion (eks´plouzən): *(n)* έκρηξη ‖ ξέσπασμα ‖ απότομη αύξηση ‖ **~ive**: *(adj)* εκρηκτικός ‖ *(n)* εκρηκτική ύλη, εκρηκτικό
exponent (eks´pounənt): *(n)* υπέρμαχος ‖ ερμηνευτής ‖ εκθέτης δυνάμεως ‖ **~ial**: *(adj)* εκθετικός
export (eks´pə:rt) [-ed]: *(v)* εξάγω ‖ (´ekspə:rt): *(n)* εξαγόμενο προϊόν ‖

εξαγωγή ‖ **~ation**: *(n)* εξαγωγή ‖ **~er**: *(n)* εξαγωγέας
expos-e (eks´pouz) [-d]: *(v)* εκθέτω ‖ αποκαλύπτω, ξεσκεπάζω ‖ **~ed**: *(adj)* ακάλυπτος, ορατός ‖ **~e** (ekspou´zei): *(n)* αποκάλυψη ‖ έκθεση στοιχείων ‖ **~ition** (ekspo´ziʃən): *(n)* έκθεση, εξήγηση ‖ **~ure** (eks´pouzər): *(n)* έκθεση ‖ αποκάλυψη ‖ φωτογραφική εμφάνιση, "τράβηγμα" ‖ άσεμνη επίδειξη ‖ **~ure meter**: *(n)* φωτόμετρο
expound (eks´paund) [-ed]: *(v)* διευκρινίζω ‖ εκθέτω λεπτομερώς
express (eks´pres) [-ed]: *(v)* εκφράζω ‖ εκδηλώνω ‖ διατυπώνω ‖ βγάζω με πίεση ‖ στέλνω με έκτακτο απεσταλμένο ‖ *(adj)* ρητός, κατηγορηματικός ‖ έκτακτος, "εξπρές" ‖ χωρίς διακοπές ή σταθμεύσεις ‖ *(n)* ειδικός αγγελιοφόρος ‖ ταχεία αμαξοστοιχία, "εξπρές" ‖ συγκοινωνιακό μέσο χωρίς ενδιάμεσες σταθμεύσεις ‖ **~ion**: *(n)* έκφραση ‖ δήλωση, εκδήλωση ‖ μαθηματική παράσταση ‖ **~ionism**: *(n)* εξπρεσιονισμός ‖ **~ionless**: *(adj)* ανέκφραστος ‖ **~ive**: *(adj)* εκφραστικός ‖ **~ly**: *(adv)* ρητά, κατηγορηματικά ‖ ειδικά ‖ αποκλειστικά ‖ **~oneself**: *(v)* εκφράζομαι ‖ εκδηλώνω
expropriat-e (eks´prouprieit) [-d]: *(v)* απαλλοτριώνω ‖ **~ion**: *(n)* απαλλοτρίωση
expulsion (eks´pʌlʃən): *(n)* αποβολή, εκδίωξη
exquisite (´ekskwizit): *(adj)* έξοχος ‖ λεπτός, ευαίσθητος ‖ σφοδρός, έντονος
exten-d (eks´tend) [-ed]: *(v)* εκτείνω ‖ τείνω ‖ επεκτείνω ‖ προεκτείνω ‖ παρατείνω ‖ εκτείνομαι ‖ επεκτείνομαι ‖ προεκτείνομαι ‖ προσφέρω, δίνω ‖ **~sion** (eks´tenʃən): *(n)* έκταση ‖ επέκταση ‖ προέκταση ‖ παράταση ‖ εσωτερική γραμμή τηλεφώνου ‖ **~sive**: *(adj)* εκτεταμένος ‖ εκτενής ‖ **~sor**: *(n)* εκτατήρας ‖ **~t**: *(n)* έκταση, βαθμός, μέγεθος
extenuat-e (eks´tenjueit) [-d]: *(v)* μετριάζω, ελαφρύνω ‖ **~ing**: *(adj)* ελαφρυντικός ‖ **~ion**: *(n)* μετριασμός ‖

~ory: *(adj)* ελαφρυντικός

exterior (eks´tiəriər): *(n)* το εξωτερικό, εξωτερική όψη ‖ *(adj)* εξωτερικός

exterminat-e (eks´tə:rmineit) [-d]: *(v)* εξολοθρεύω, εξοντώνω ‖ **~ion**: *(n)* εξολόθρευση, εξόντωση ‖ **~or**: *(n)* εξολοθρευτής ‖ ψεκαστής εντομοκτόνου

extern (eks´tə:rn): *(n)* εξωτερικός γιατρός νοσοκομείου ‖ **~al** (eks´tə:rnəl): *(adj)* εξωτερικός

extinct (eks´tiŋkt): *(adj)* εκλείψας, είδος που έχει εκλείψει ‖ αδρανής, σβησμένος ‖ **~ion**: *(n)* εξαφάνιση, εξάλειψη

extinguish (eks´tiŋwiʃ) [-ed]: *(v)* σβήνω ‖ εξαλείφω, εξαφανίζω ‖ κάνω απόσβεση χρέους ή δανείου ‖ **~er**: *(n)* σβεστήρας ‖ **~ment**: *(n)* απόσβεση ‖ **fire ~er**: *(n)* πυροσβεστήρας

extol (eks´təl) [-led]: *(v)* εκθειάζω, εγκωμιάζω

extort (eks´tə:rt) [-ed]: *(v)* αποσπώ με βία ‖ εκβιάζω, κάνω εκβιασμό ‖ **~er**: *(n)* εκβιαστής ‖ **~ion**: *(n)* βίαιη απόσπαση ‖ εκβιασμός ‖ είσπραξη υπερβολικής τιμής ‖ **~ionist**: *(n)* εκβιαστής

extra (´ekstrə): *(adj)* έκτακτος, επιπρόσθετος ‖ ανώτερος, καλύτερος ‖ αναπληρωματικός ‖ *(n)* συμπληρωματικό εξάρτημα ‖ έκτακτη έκδοση εφημερίδας, "παράρτημα" ‖ κομπάρσος ‖ **~ curricular**: *(adj)* εξωσχολικός ‖ **~judicial** (ekstrədzu:´diʃəl): *(adj)* εξώδικος ‖ **~marital** (ekstrə´mærətəl): *(adj)* εξωσυζυγικός, από μοιχεία, μοιχευτικός ‖ **~ territoriality**: (ekstrəterətori:´æləti): *(n)* ετεροδικία

extract (eks´trækt) [-ed]: *(v)* βγάζω ‖ αποσπώ ‖ βγάζω με απόσταξη ή πίεση ‖ (´ekstrækt): *(n)* απόσπασμα ‖ εκχύλισμα ‖ **~ion**: *(n)* εξαγωγή ‖ απόσπαση ‖ απόσταγμα ‖ προέλευση, καταγωγή ‖ **~or**: *(n)* εξολκέας ‖ τανάλια οδοντογιατρού

extradit-e (´ekstrədait) [-d]: *(v)* εκδίδω καταζητούμενο ‖ **~ion** (ekstrə´diʃən): *(n)* έκδοση

extraneous (eks´treini:əs): *(adj)* επουσιώδης ‖ άσχετος ‖ από έξω

extraordinary (eks´trə:rdənəri): *(adj)*

εξαιρετικός ‖ ασυνήθιστος ‖ αξιοσημείωτος

extravagan-ce (eks´trævəgəns): *(n)* υπερβολή ‖ αφθονία ‖ σπατάλη ‖ **~t**: *(adj)* υπερβολικός ‖ άφθονος ‖ σπάταλος

extrem-e (eks´tri:m): *(adj)* άκρος ‖ τελευταίος ‖ μέγιστος ‖ των άκρων ‖ *(n)* άκρο ‖ **~ely**: *(adv)* στο έπακρο ‖ **~ist**: *(n)* εξτρεμιστής, των άκρων ‖ **~ity**: *(n)* άκρη ‖ μέλος του σώματος, άκρο ‖ έσχατη ανάγκη ‖ έκτακτος κίνδυνος

extricate (´ekstrikeit) [-d]: *(v)* βγάζω από δυσκολία, "ξεμπλέκω" ‖ διακρίνω τη διαφορά

extrovert (´ekstrauvə:rt): *(n)* εξώστροφος

extrude (eks´tru:d) [-d]: *(v)* εξωθώ, εξάγω

exuberan-ce (eg´zu:bərəns): *(n)* ξεχείλισμα χαράς ‖ ευτυχία ‖ αφθονία ‖ διαχυτικότητα ‖ **~t**: *(adj)* πανευτυχής ‖ γεμάτος χαρά και κέφι ‖ άφθονος, πλούσιος ‖ διαχυτικότατος

exud-e (eg´zu:d) [-d]: *(v)* ξεχύνω, βγάζω ‖ ξεχύνομαι ‖ **~ation**: *(n)* έκχυση ‖ εξίδρωση

exult (eg´zʌlt) [-ed]: *(v)* αγάλλομαι, είμαι γεμάτος χαρά ή θρίαμβο ‖ **~ant**: *(adj)* γεμάτος αγαλλίαση ‖ γεμάτος θρίαμβο ‖ **~ation**: (egzʌl´teiʃən): *(n)* αγαλλίαση ‖ θρίαμβος ‖ **~ance, ~ancy**: *(n)* θρίαμβος, θριαμβολογία

exurbia (ek´sə:rbi:ə): *(n)* περίχωρα

eye (ai): *(n)* μάτι ‖ όραση ‖ ικανότητα για παρατήρηση ή αντίληψη ‖ ματιά ‖ άνοιγμα, "μάτι" ‖ κέντρο κυκλώνα ‖ μυστικός αστυνομικός *(id)* [-d]: *(v)* κοιτάζω, βλέπω ‖ **an ~ for an ~**: οφθαλμό αντί οφθαλμού ‖ **catch one's ~**: *(v)* τραβώ την προσοχή ‖ **~ ball**: *(n)* βολβός ματιού ‖ **~ brow**: *(n)* φρύδι ‖ **~ful**: χορταστικό ή ευχάριστο θέαμα ‖ **~glasses**: *(n)* ματογυάλια ‖ **~lash**: *(n)* βλεφαρίδα ‖ **~lid**: *(n)* βλέφαρο ‖ **~opener**: *(n)* εκπληκτική αποκάλυψη ‖ ποτό για ξενύσταγμα ‖ **~piece**: *(n)* προσοφθάλμιος φακός ‖ **~shadow**: *(n)* φτιασίδι των ματιών ‖

135

fable

~shot: θέα ‖ ~sight: όραση ‖ ~sore: αποκρουστικό θέαμα ‖ ~tooth: κυνόδοντας ‖ ~wash: (n) υγρό για μάτια ‖ ~wink: μια στιγμούλα ‖ ~witness: αυτόπτης μάρτυρας ‖ give the ~: (v)

κοιτάζω προκλητικά ή με θαυμασμό ‖ in a pig's ~: με κανένα τρόπο (id) ‖ make ~s: (v) κάνω γλυκά μάτια ‖ see ~ to ~: (v) συμφωνώ

eyry (´aiəri): (n) αετοφωλιά

F

F, f: το έκτο γράμμα του Αγγλ. αλφαβήτου

fable (´feibəl): (n) μύθος ‖ ~d: (adj) μυθικός ‖ μυθώδης ‖ ~r: (n) μυθογράφος

fabric (´fæbrik): (n) υφή ‖ ύφασμα ‖ ~ate (´fæbrikeit) [-d]: (v) κατασκευάζω ‖ συναρμολογώ ‖ επινοώ ‖ ~ation: (n) κατασκευή ‖ επινόηση, ψευτιά

fabulous (´fæbjələs): (adj) μυθώδης, παραμυθένιος ‖ υπέροχος, καταπληκτικός

facade, façade (fə´sa:d): (n) πρόσοψη ‖ προσποιητό ύφος ή παρουσιαστικό

fac-e (feis) [-d]: (v) αντικρίζω ‖ αντιμετωπίζω ‖ αλλάζω κατεύθυνση, γυρίζω ‖ επιστρώνω, επικαλύπτω ‖ (n) πρόσωπο ‖ φυσιογνωμία ‖ πρόσοψη ‖ μορφασμός ‖ γόητρο ‖ επίστρωση ‖ ~e card: (n) φιγούρα τράπουλας ‖ ~e lift: (n) πλαστική προσώπου ‖ ~er: (n) αναπάντεχο χτύπημα ‖ ~e out: υπομένω ως το τέλος ‖ ~e up to: (v) αντιμετωπίζω ‖ ~e value: (n) ονομαστική αξία ‖ ~ing: (n) πρόσοψη ‖ επένδυση ή επίστρωση πρόσοψης ‖ υλικό κάλυψης ‖ on the ~: (adv) φαινομενικά ‖ show one's ~: εμφανίζομαι ‖ ~ial: (´feiʃəl): (adj) προσωπικός ‖ (n) περιποίηση προσώπου ‖ ~ial index: προσωπικός δείκτης

facet (´fæsit): (n) έδρα ‖ πλευρά ‖ έδρα πολύτιμου λίθου

facetious (fe´si:ʃəs): (adj) αστείος

facil-e (´fæsəl): (adj) εύκολος ‖ επιπόλαιος ‖ ενδοτικός ‖ ~itate (fə´siləteit) [-d]: (v) διευκολύνω ‖ ~ity: (n) ευκο-

λία ‖ ~ities: (n) μέσα, ανέσεις ‖ λουτρό

fascimile (fæk´simili): (n) πανομοιότυπο ‖ ραδιοτηλεφωτογραφία

fact (fækt): (n) γεγονός ‖ in ~: πράγματι ‖ in point of ~: στην πραγματικότητα, στ' αλήθεια

faction (´fækʃən): (n) φατρία ‖ διχόνοια, διχασμός ‖ ~al: (adj) φατριαστικός, διαχωριστικός

factitious (fæk´tiʃəs): (adj) επίπλαστος, τεχνητός

factor (´fæktər): (n) αντιπρόσωπος, πράκτορας ‖ συντελεστής ‖ παράγοντας ‖ ~ial: παραγοντικό ‖ ~ize [-d]: (v) αναλύω σε παράγοντες

factory (´fæktəri): (n) εργοστάσιο

factual (´fæktju:əl): (adj) πραγματικός

faculty (´fækəlti): (n) ιδιότητα ‖ διαν. ικανότητα ‖ πανεπ. σχολή ‖ σύγκλητος πανεπιστημίου ‖ σύλλογος καθηγητών γυμνασίου ή δασκάλων

fad (fæd): (n) παροδική συνήθεια, ''μόδα''

fade (feid) [-d]: (v) εξασθενίζω σε λάμψη ή ένταση ‖ μαραίνομαι ‖ χάνομαι σιγά-σιγά ‖ κάνω διαλείψεις ‖ φεύγω, ''γίνομαι καπνός'' (id)

fag (fæg): (n) βαριά δουλειά, άχαρο έργο, ''αγγαρεία'' ‖ τσιγάρο (id) ‖ πούστης (id) ‖ ~end: απομεινάρι ‖ ~ged: ψόφιος από κούραση

Fahrenheit (´færənhait): Φάρεναϊτ

fail (feil) [-d]: (v) αποτυγχάνω ‖ υστερώ ‖ παθαίνω βλάβη ή διακοπή ‖ εξασθενίζω, πέφτω ‖ χρεωκοπώ ‖ απογοητεύω, προδίδω εμπιστοσύνη ‖

136

απορρίπτω σε εξετάσεις ‖ ~ing: *(n)* αποτυχία ‖ διακοπή, βλάβη ‖ ελάττωμα, αδυναμία ‖ *(prep)* χωρίς ‖ ~ure: *(n)* αποτυχία ‖ διακοπή, βλάβη ‖ υποχώρηση ‖ χρεωκοπία ‖ παράλειψη ‖ αποτυχημένος

faint (feint) [-ed]: *(v)* λιποθυμώ, χάνω αισθήσεις ‖ *(adj)* ασθενικός, αδύνατος ‖ λιπόψυχος ‖ διστακτικός, άτολμος ‖ δυσδιάκριτος, αμυδρός ‖ ζαλισμένος ‖ *(n)* λιποθυμία ‖ ~ **hearted**: *(adj)* λιπόψυχος, άτολμος ‖ **~ly**: *(adv)* αμυδρά ‖ **~ness**: *(n)* αμυδρότητα ‖ λιποψυχία, αδυναμία

fair (feər): *(adj)* ευπαρουσίαστος, όμορφος ‖ ανοιχτού χρώματος ‖ ξανθός ‖ καθαρός, ξάστερος, χωρίς σύννεφα ‖ κανονικός, ομαλός ‖ δίκαιος, αμερόληπτος ‖ αρκετά καλός, καλούτσικος ‖ *(adv)* δίκαια, τίμια ‖ κατ' ευθείαν ‖ *(n)* έκθεση, πανηγύρι ‖ ~ **haired**: *(adj)* ξανθόμαλλος ‖ ευνοούμενος ‖ **~ish**: μέτριος ‖ **~ly**: *(adv)* δίκαια, τίμια ‖ νόμιμα ‖ ευδιάκριτα ‖ έτσι κι έτσι, μέτρια ‖ **~minded**: *(adj)* αμερόληπτος, δίκαιος ‖ **~ness**: *(n)* δικαιοσύνη ‖ ~ **sex**: *(n)* το ωραίο φύλο ‖ ~ **way**: *(n)* ελεύθερος δρόμος ‖ ~ **weather**: *(adj)* της περίστασης ‖ **play ~**: *(v)* δεν κάνω ζαβολιές, φέρνομαι τίμια

fairy (´feəri): *(n)* νεράιδα ‖ ομοφυλόφιλος, κίναιδος ‖ **~land**: παραμυθένια χώρα ‖ **~tale**: *(n)* παραμύθι

faith (feiθ): *(n)* πίστη ‖ νομιμοφροσύνη ‖ εμπιστοσύνη ‖ **bad ~**: *(n)* κακοπιστία ‖ **good ~**: *(n)* ειλικρίνεια ‖ **~ful**: *(adj)* πιστός ‖ **~less**: *(adj)* άπιστος ‖ **in good ~**: με καλή πίστη

fake (feik) [-d]: *(v)* απομιμούμαι ‖ προσποιούμαι ‖ παραποιώ ‖ *(n)* παραποίηση, πλαστό ‖ απατεώνας ‖ **~r**: απατεώνας

falcon (´fɔ:lkən): *(n)* γεράκι

fall (fɔ:l) [fell, fallen]: *(v)* πέφτω ‖ μὲ πιάνουν ‖ γίνομαι κατηφορικός ‖ ελαττώνομαι ‖ *(n)* πτώση ‖ φθινόπωρο ‖ κάθοδος ‖ ελάττωση ‖ σύλληψη ‖ ~ **away**: *(v)* παραχμάζω ‖ ~ **back**: *(v)* οπισθοχωρώ ‖ ~ **behind**: μένω πίσω ‖

~ **down**: αποτυγχάνω ‖ ~ **flat**: δεν φέρνω το προσδοκόμενο αποτέλεσμα ‖ ~ **for**: ερωτεύομαι ‖ γίνομαι κορόιδο, το "χάφτω" ‖ ~ **foul**: τσακώνομαι, τα "χαλάω" ‖ ~ **in**: μπαίνω στη γραμμή ‖ ~ **in with**: συμφωνώ ‖ συναντώ τυχαία ‖ ~ **off**: ελαττώνομαι ‖ ~ **on**: επιτίθεμαι ‖ ~ **out**: διακόπτω σχέσεις ‖ ~ **short**: υστερώ, δεν είμαι αρκετός ‖ ~ **through**: αποτυγχάνω πλήρως ‖ ~ **to**: αρχίζω με όρεξη ‖ κλείνω ή κινούμαι αυτόματα ‖ ~ **under**: υποκύπτω ‖ υπάγομαι ‖ **~s**: *(n)* καταρράχτης

fallac-ious (fə´leiʃəs) *(adj)* απατηλός ‖ **~y**: πλάνη

fallen: see **fall**

fallible (´fælibəl): *(adj)* σφαλερός

fallout (´fɔ:laut): *(n)* αιώρηση ραδιενερ-γού νέφους ‖ τυχαίο αποτέλεσμα ή προϊόν

fallow (´fælou): *(adj)* χέρσος ‖ στείρος

fals-e (fɔ:ls): *(adj)* ψεύτικος ‖ απατηλός ‖ φάλτσος ‖ **~e-alarm**: *(n)* αδικαιολόγητη ανησυχία ‖ **~e colors**: *(n)* απάτη, τέχνασμα ‖ **~ehood**: *(n)* ψεύδος ‖ **~e pretense**: *(n)* παραποίηση ‖ **~e rib**: *(n)* νόθο πλευρά ‖ **~e step**: *(n)* παραπάτημα ‖ **~etto** (fəl´setou): *(n)* ψεύτικη φωνή ‖ **~ify** (´fɔ:lsifai) [-ied]: *(v)* παραποιώ ‖ ψεύδομαι ‖ **play ~e**: *(v)* προδίνω

falter (´fɔ:ltər) [-ed]: *(v)* αμφιρρέπω ‖ χάνω τα λόγια μου ‖ σκουντουφλώ

fame (feim): *(n)* φήμη ‖ **~d**: *(adj)* φημισμένος, περίφημος

famil-iar (fə´miliər): *(adj)* οικείος ‖ γνώριμος ‖ **~iarity**: *(n)* οικειότητα ‖ **~iarize** [-d]: *(v)* κάνω γνωστό ‖ **~iarize oneself**: *(v)* εξοικειώνομαι ‖ **~y** (´fæmili): *(n)* οικογένεια ‖ **~y name**: επώνυμο ‖ **~y skeleton**: *(n)* ταπεινωτικό οικογενειακό μυστικό ‖ **~y tree**: γενεαλογικό δέντρο

famous (´feiməs): *(adj)* περίφημος, διάσημος

fam-ine (´fæmin): *(n)* λιμός ‖ πλήρης έλλειψη ‖ μεγάλη όρεξη ‖ **~ished** (´fæmiʃt): ξελιγωμένος από πείνα

fan (fæn) [-ned]: *(v)* αερίζω ‖ ξεσηκώ-

fanatic

νω ‖ κάνω θεριστική βολή ‖ λιχνίζω ‖ ανοίγω ή ανοίγομαι ή απλώνω ριπιδοειδώς ‖ *(n)* βεντάλια ‖ ανεμιστήρας ‖ εξαεριστήρας ‖ λιχνιστική μηχανή ‖ πτερύγιο ‖ φανατικός οπαδός *(id)* ‖ ~ **light:** *(n)* φεγγίτης ‖ ~ **tail:** *(n)* περιστέρι

fanatic (fə΄nætik), ~**al** (fə΄nætikəl): *(adj)* φανατικός ‖ ~**ism:** *(n)* φανατισμός

fanc-y (΄fænsi) [-ied]: *(v)* φαντάζομαι ‖ συμπαθώ ‖ υποθέτω ‖ *(n)* φαντασία ‖ φαντασιοπληξία ‖ ξαφνική συμπάθεια ‖ *(adj)* φανταχτερός, "φανταιζί" ‖ ~**ied:** *(adj)* φανταστικός, επινόημα της φαντασίας ‖ ~**ier:** *(n)* λάτρης ‖ ονειροπόλος ‖ ~**iful** *(adj)* φανταστικός ‖ "φανταιζί" ‖ ~**y dress:** *(n)* αποκριάτικη στολή ‖ ~**y free:** *(adj)* ανέμελος ‖ ~**y work:** *(n)* διάκοσμος, διακοσμητικό στολίδι

fanfare (΄fænfeər): *(n)* δυνατό ομαδικό σάλπισμα ‖ θορυβώδης επίδειξη

fang (fæŋ): *(n)* σκυλόδοντο σαρκοβόρου ‖ δόντι δηλητηριώδους φιδιού

fanny (΄fæni): *(n)* πισινός *(id)*

fantas-tic (fæn΄tæstik): *(adj)* φανταστικός, απίθανος ‖ παράξενος ‖ υπέροχος ‖ ~**tical:** *(adj)* φαντασιώδης ‖ ~**y** (΄fæntəsi): *(n)* φαντασία ‖ φαντασίωση ‖ ιδιοτροπία, παράξενη ιδέα

far (fa:r): *(adv)* μακριά ‖ κατά πολύ, πάρα πολύ ‖ κάθε άλλο παρά ‖ *(adj)* μακρινός ‖ **as ~ as:** έως, μέχρι ‖ **by ~:** κατά πολύ ‖ ~ **and away:** αναμφίβολα ‖ ~ **and wide:** παντού ‖ ~ **away:** μακριά ‖ **F~ East:** Άπω Ανατολή ‖ ~ **fetched:** απίθανος, παρατραβηγμένος ‖ ~ **flung:** διαδεδομένος ‖ ~ **off:** μακρινός, απομακρυσμένος ‖ ~ **reaching:** με εκτεταμένη επίδραση ή σημασία, με σημαντικές επιπτώσεις ‖ ~ **seeing:** προνοητικός, που βλέπει μακριά ‖ ~ **sighted:** υπερμέτρωπας, πρεσβύωπας ‖ προνοητικός ‖ ~**ther:** πιο μακριά ‖ επιπλέον ‖ ~**thest:** ο πιό μακρινός

farc-e (fa:rs): *(n)* αστειότητα, "φάρσα" ‖ ~**ical** (΄fa:rsikəl): *(adj)* αστείος, γελοίος

fare (feər) [-d]: *(v)* προχωρώ, πηγαίνω ‖ *(n)* κόμιστρα, ναύλα ‖ επιβάτης ‖ φαγητό ‖ ~**well:** *(adj)* αποχαιρετιστήριος ‖ *(n)* αποχαιρετισμός ‖ στο καλό

farm (fa:rm) [-ed]: *(v)* καλλιεργώ ‖ ασχολούμαι με κτήματα ‖ *(n)* αγρόκτημα ‖ ~**er:** *(n)* κτηματίας ‖ εργάτης αγροκτήματος ‖ ~ **hand:** *(n)* εργάτης αγροκτήματος ‖ ~ **house:** *(n)* αγροικία ‖ ~**ing:** *(n)* καλλιέργεια ‖ γεωργία ‖ ~ **stead:** *(n)* περιοχή αγροκτήματος ‖ ~ **yard:** αυλή αγροικίας

farrier (΄færiər): *(n)* πεταλωτής

fart (fa:rt) [-ed]: *(v)* κλάνω ‖ *(n)* πορδή

farther: see far

farthest: see far

farthing (΄fa:rðiŋ): *(n)* φαρδίνι

fascinat-e (΄fæsineit) [-d]: *(v)* γοητεύω, σαγηνεύω ‖ ~**ing:** *(adj)* γοητευτικός, σαγηνευτικός ‖ ~**ion:** *(n)* γοητεία, έλξη, σαγήνη

fascis-m (΄fæ∫izəm): *(n)* φασισμός ‖ ~**t:** *(n)* φασίστας ‖ *(adj)* φασιστικός

fashion (΄fæ∫ən) [-ed]: *(v)* διαμορφώνω, δίνω εμφάνιση ‖ προσαρμόζω ‖ *(n)* σχήμα, τρόπος ‖ μόδα ‖ μέθοδος ‖ **after a ~:** κατά κάποιο τρόπο ‖ ~**able:** *(adj)* μοντέρνος ‖ ~ **plate:** *(n)* αυτός που ντύνεται με την τελευταία λέξη της μόδας, "φιγουρίνι" ‖ σχέδιο μόδας, "φιγουρίνι" ‖ **in a ~:** κάπως, κατά κάποιο τρόπο ‖ **in ~:** της μόδας ‖ **out of ~:** περασμένης μόδας, "ντεμοντέ"

fast (fæst, fa:st): *(adj)* στερεός, στερεωμένος ‖ γρήγορος ‖ άσωτος ‖ πιστός ‖ *(adv)* στερεά, σίγουρα, σταθερά ‖ γρήγορα ‖ μπροστά από τη σωστή ώρα ‖ [-ed]: *(v)* νηστεύω ‖ *(n)* νηστεία ‖ ~ **food:** γρηγοροσερβίριστο φαγητό ‖ ~**en** (΄fæsən, ΄fa:sən) [-ed]: *(v)* στερεώνω, σταθεροποιώ ‖ προσδένω ‖ στερεώνομαι ‖ καρφώνω ‖ ~**ener:** *(n)* συνδετήρας

fastidious (fæs΄tidiəs): *(adj)* λεπτολόγος ‖ δύσκολος, ανικανοποίητος ‖ δύστροπος

fat (fæt): *(n)* πάχος, χόνδρος, λίπος ‖ το καλύτερο μέρος, αφρόκρεμα ‖ *(adj)* παχύς ‖ λιπαρός ‖ παραγωγικός,

138

πλούσιος ‖ **chew the ~**: κάνω ψιλοκουβέντα ‖ **~ back**: *(n)* παστό χοιρινό ‖ **~ cat**: *(n)* πλούσιος χρηματοδότης *(id)* ‖ **~ling**: *(n)* θρεφτάρι ‖ **~ness**: *(n)* πάχος, παχυσαρκία ‖ **~ten** [-ed]: *(v)* παχαίνω ‖ λιπαίνω ‖ κάνω πιο μεγάλο ή πιο πλούσιο ‖ **~tish**: *(adj)* χοντρούτσικος ‖ **~ty**: *(adj)* παχύς, λιπαρός

fat-al (´feitl): *(adj)* μοιραίος ‖ θανάσιμος ‖ **~alism**: *(n)* μοιρολατρεία ‖ **~alist**: μοιρολάτρης ‖ **~ality**: *(n)* απροσδόκητος θάνατος ‖ το μοιραίο ‖ **~ally**: *(adv)* μοιραία ‖ μοιραίως ‖ **~e** (feit): *(n)* μοίρα ‖ πεπρωμένο ‖ **~ed**: *(adj)* πεπρωμένος, ''γραμμένος'', ''γραφτός'' ‖ καταδικασμένος, χαμένος ‖ **~eful**: *(adj)* μοιραίος ‖ καταστρεπτικός, ολέθριος ‖ δυσοίωνος ‖ μεγάλης σπουδαιότητας ‖ **F~es**: οι 3 Μοίρες

father (´fa:ðər): *(n)* πατέρας ‖ [-ed]: *(v)* γίνομαι πατέρας, κάνω παιδί ‖ ιδρύω, δημιουργώ ‖ **F~ Christmas**: Άγιος Βασίλης ‖ **~ confessor**: εξομολογητής ‖ έμπιστος, εξ απορρήτων ‖ **~hood**: *(n)* πατρότητα ‖ **~ in - law**: *(n)* πεθερός ‖ **~land**: *(n)* πατρίδα ‖ **~less**: *(n)* ορφανός πατρός ‖ **~ly**: *(adj)* πατρικός

fathom (´fæðəm) [-ed]: *(v)* βυθομετρώ, βολιδοσκοπώ ‖ μπαίνω στο νόημα ‖ *(n)* μέτρο μήκους (6 πόδια), οργιά ‖ **~less**: *(adj)* απύθμενος ‖ ακατάληπτος

fatigue (fə´ti:g) [-d]: *(v)* εξαντλώ ‖ εξαντλούμαι ‖ *(n)* κόπωση ‖ αγγαρεία ‖ **~s**: *(n)* στολή υπηρεσίας και γυμνασίων

fatu-ity (fə´tu:iti): *(n)* βλακεία ‖ μωροδοξία, ‖ **~ous** (´fætjuəs): *(adj)* βλάκας ‖ αυταπατώμενος

faucet (´fɔ:sit): *(n)* κρουνός, στρόφιγγα

fault (fɔ:lt): *(n)* σφάλμα ‖ ελάττωμα ‖ ενοχή ‖ [-ed]: *(v)* βρίσκω λάθη ‖ σφάλλω ‖ **at ~**: *(adj)* ‖ **~ finder**: γκρινιάρης, ανικανοποίητος ‖ **~less**: άψογος ‖ **~y**: *(adj)* ελαττωματικός, ατελής ‖ **in ~**: φταίχτης ‖ **to a ~**: υπερβολικά *(id)*

fauna (´fɔ:nə): *(n)* πανίδα, το ζωϊκό βασίλειο

favor (´feivər) [-ed]: *(v)* ευνοώ ‖ κάνω χάρη ‖ υποστηρίζω ‖ διευκολύνω ‖ *(n)* εύνοια ‖ χάρη, χατίρι ‖ **~able**: *(adj)* ευνοϊκός ‖ **~ed**: *(adj)* ευνοούμενος ‖ προικισμένος, με ταλέντο ‖ **~ite**: ευνοούμενος, φαβορί ‖ **~itism**: *(n)* ευνοιοκρατία

fawn (fɔ:n) [-ed]: *(v)* κολακεύω δουλοπρεπώς ‖ *(n)* ελαφάκι ‖ χρώμα κοκκινόξανθο ή γκριζοκίτρινο

faze (feiz) [-d]: *(v)* προκαλώ σύγχυση

F.B.I: see federal

fear (fiər) [-ed]: *(v)* φοβούμαι ‖ *(n)* φόβος ‖ **~ful**: *(adj)* φοβερός ‖ φοβισμένος ‖ περιδεής ‖ **~less**: *(adj)* άφοβος ‖ **~lessness**: *(n)* γενναιότητα, θάρρος ‖ **~some**: *(adj)* φοβερός ‖ **for ~ of**: μήπως, προς αποφυγή ‖ **for ~ that**: μήπως, σε περίπτωση

feasib-le (´fi:zəbəl): *(adj)* κατορθωτός, εφικτός ‖ δυνατός, πιθανός ‖ **~ility**, **~leness**: *(n)* το εφικτό, το πραγματοποιήσιμο

feast (fi:st) [-ed]: *(v)* ευωχούμαι, παίρνω μέρος σε συμπόσιο ‖ δίνω συμπόσιο ‖ χαίρομαι, απολαμβάνω ‖ *(n)* θρησκευτική πανήγυρη ‖ ευωχία, πανδαισία

feat (fi:t): *(n)* κατόρθωμα, επίτευγμα

feather (´feðər): *(n)* φτερό ‖ **~ brain**: *(adj)* κακορόμαλος ‖ **~ed**: *(adj)* φτερωτός ‖ **in one's cap**: τίτλος τιμής, επίτευγμα ‖ **~ one's nest**: *(v)* βγάζω χρήματα εκμεταλλευόμενος ευκαιρία ή ξένο κεφάλαιο ‖ **~ weight**: *(adj)* κατηγορίας φτερού

feature (´fi:tʃər) [-d]: *(v)* παρουσιάζω ‖ παρουσιάζομαι ‖ τονίζω χαρακτηριστικά ‖ *(n)* χαρακτηριστικό ‖ έκτακτο άρθρο εφημερίδας ή περιοδικού ‖ **main ~**: *(n)* το κυρίως έργο κινηματογράφου

February (´februəri): *(n)* Φεβρουάριος

feces (´fi:siz): *(n)* περιττώματα

fed (fed): see federal ‖ see feed ‖ **~ up**: μπουχτισμένος

federa-l (´fedərəl) [συγκ. fed]: *(adj)* ομόσπονδος ‖ ομοσπονδιακός ‖ **F~l Bureau of Investigation** (F.B.I): Ομο-

σπονδιακό Γραφείο Ερευνών ‖ **F~1 District**: περιοχή Διοικήσεως Πρωτεύουσας ‖ **~te** (΄fedəreit) [-d]: (v) σχηματίζω ομοσπονδία ‖ (adj) ομόσπονδος ‖ **~tion**: (n) ομοσπονδία
fedora (fi΄dərə): (n) μαλακή ρεμπούμπλικα, "καβουράκι"
fee (fi:): (n) αμοιβή, δικαίωμα, τέλος ‖ **tuition ~s**: (n) δίδακτρα
feeble (΄fi:bəl): (adj) ασθενικός ‖ ανεπαρκής ‖ **~minded**: ανόητος ‖ καθυστερημένος διανοητικά
feed (fi:d) [fed, fed]: (v) τρέφω ‖ τροφοδοτώ ‖ χρησιμεύω για τροφή ‖ επαρκώ για τροφή ‖ δίνω πάσα την μπάλα ‖ (n) τροφή ‖ τροφοδοσία ‖ τροφοδότηση μηχανής ‖ **~back**: (n) ανάδραση ‖ **~ bag**: (n) σάκος τροφής ζώου ‖ **~er**: (n) τροφοδότης ‖ μηχανισμός τροφοδότησης ‖ **~ing**: (n) τροφοδότηση, τροφοδοσία ‖ **~ing mechanism**: σύστημα τροφοδότησης **off one's ~**: ανόρεχτος
feel (fi:l) [felt, felt]: (v) αισθάνομαι, εγγίζω, ψηλαφώ ‖ εξετάζω προσεχτικά ‖ φαίνομαι στην αφή ‖ **~er**: (n) κεραία εντόμου ή σαλιγκαριού ‖ βολιδοσκόπηση ‖ **~ing**: (n) αίσθηση ‖ αφή ‖ αίσθημα ‖ (adj) ευαίσθητος ‖ **~ like**: (v) έχω κέφι για κάτι ‖ **~ out**: (v) βολιδοσκοπώ ‖ **~ up**: (v) βάζω "χέρι" ‖ **~ up to**: (v) είμαι ικανός ή έτοιμος για κάτι
feet: pl. of foot
feign (fein) [-ed]: (v) προσποιούμαι, υποκρίνομαι ‖ μηχανεύομαι, επινοώ ‖ **~ed**: (adj) προσποιητός ‖ φανταστικός, "φτιαστός"
feint (feint): (n) στρατήγημα, τέχνασμα ‖ αντιπερισπασμός
feline (΄fi:lain): (adj) αιλουροειδής
fell (fel) [-ed]: (v) ρίχνω, γκρεμίζω ‖ (n) συγκομιδή ξυλείας ‖ προβιά ‖ (adj) βάρβαρος, άγριος ‖ see fall
fellow (΄felou): (n) άνθρωπος, άτομο ‖ συνάδελφος, σύντροφος ‖ εταίρος ‖ ομότιμος ‖ πανεπ. βοηθός ‖ **~ citizen**: συμπολίτης ‖ **~ countryman**: συμπατριώτης ‖ **~ creature**, **~man**: συνάνθρωπος ‖ **~ feeling**: σύμπτωση συμφε-

ρόντων ‖ συναδελφοσύνη ‖ **~ship**: συναδελφοσύνη ‖ αδελφότητα, σύλλογος ‖ επιχορήγηση και θέση παν. βοηθού ‖ **~ traveller**: συνοδοιπόρος του κομ. κόμματος ‖ **~ student**: συμμαθητής, συμφοιτητής
felon (΄felən): (n) εγκληματίας ‖ **~y**: κακούργημα ‖ **~y murder**: ληστεία με φόνο
felt (felt): (n) καστόρι ‖ (adj) καστόρινος ‖ πίλημα ‖ see: feel
fem-ale (΄fi:meil): (n) θήλυ ‖ **~e** (fem): (n) η σύζυγος ‖ **~e covert**: έγγαμη γυναίκα ‖ **~inine** (΄feminin): (adj) θηλυκός ‖ γυναικείος ‖ θηλυπρεπής ‖ **~inism** (΄feminizəm): (n) φεμινισμός ‖ **~inist**: φεμινιστής
fence (fens) [-d]: (v) περιφράζω ‖ ξιφομαχώ ‖ κάνω διαξιφισμούς στη συζήτηση ‖ αποφεύγω ‖ κάνω τον κλεπταποδόχο ‖ (n) φράχτης ‖ ξιφασκία ‖ κλεπταποδόχος ‖ **on the ~**: αμφιταλαντευόμενος, αναποφάσιστος ‖ ουδέτερος
fend (fend) [-ed]: (v) αντιστέκομαι, αποκρούω ‖ **~er**: (n) προφυλακτήρας αυτοκινήτου ‖ κιγκλίδωμα τζακιού ‖ **~ for oneself**: (v) τα καταφέρνω χωρίς βοήθεια ‖ **~ off**: (v) αποκρούω
fennel (΄fenəl): (n) μάραθος
feral (΄fərəl): (adj) άγριος
ferment (fər΄ment) [-ed]: (v) προκαλώ ζύμωση ‖ ζυμώνομαι ‖ προκαλώ αναταραχή ‖ (΄fə:rment): (n) ένζυμο ‖ ζύμωση ‖ αναβρασμός ‖ **~ation**: (n) ζύμωση
fern (fə:rn): (n) φτέρη
ferroci-ous (fə΄rouləs): (adj) άγριος ‖ **~ously**: (adv) άγρια, με μανία ‖ **~ty**: (n) αγριότητα
ferret (΄ferət): (n) νυφίτσα ‖ [-ed]: (v) ανακαλύπτω ‖ ερευνώ ‖ **~ out**: (v) ξετρυπώνω, ανακαλύπτω
ferry (΄feri) [-ied]: (v) περνώ ή μεταφέρω με πορθμείο ‖ (n) διαπόρθμευση ‖ πορθμείο, "φέριμποτ" ‖ **~boat**: (n) πορθμείο ‖ **~man**: (n) πορθμέας
fertil-e (΄fə:tl):(adj) γόνιμος, εύφορος ‖ **~ity** (fə:r΄tiliti): (n) γονιμότητα, ευφορία ‖ **~ization** (fə:rtilai΄zeiʃən): (n) λί-

πανση ‖ γονιμοποίηση ‖ ~ize [-d]: *(v)* γονιμοποιώ ‖ βάζω λίπασμα ‖ ~izer: *(n)* λίπασμα ‖ μέσο γονιμοποίησης

ferven-cy (ˈfəːrvənsi): *(n)* ζήλος ‖ πάθος ‖ ~t: *(adj)* καυτός ‖ διάπυρος, διακαής

fervor (ˈfəːrvər): *(n)* πάθος, ζέση

fester (ˈfestər) [-ed]: *(v)* μαζεύω πύο ‖ σχηματίζω έλκος ‖ σαπίζω

festiv-al (ˈfestəvəl): *(n)* σειρά εορταστικών εκδηλώσεων ‖ "φεστιβάλ" ‖ ~ve: *(adj)* εορτάσιμος ‖ χαρμόσυνος ‖ ~ity (fesˈtiviti): *(n)* εορτασμός ‖ χαρά, ευθυμία ‖ ~ities: *(n)* εορταστικές εκδηλώσεις, πανηγύρια

fet-al (ˈfiːtəl): *(adj)* εμβρυακός ‖ ~al position: κουλουριασμένος, με το σαγόνι στα γόνατα ‖ ~us (ˈfiːtəs): *(n)* έμβρυο

fetch (fetʃ) [-ed]: *(v)* πάω να φέρω, φέρνω από αλλού ‖ εισπνέω ‖ αποφέρω, "πιάνω" τιμή ‖ γοητεύω ‖ αράζω, "πιάνω" ‖ ~ing: *(adj)* ελκυστικός

fete (feit, fet): *(n)* γιορτή, "φεστιβάλ" ‖ May ~: γιορτή πρωτομαγιάς

fetid (ˈfetid): *(adj)* βρομερός

fetishism (ˈfetiʃizəm): *(n)* φετιχισμός

fetter (ˈfetər) [-ed]: *(v)* αλυσοδένω ‖ ~s: *(n)* δεσμά

fetus (ˈfiːtəs): *(n)* έμβρυο

feud (fiuːd) [-ed]: *(v)* βρίσκομαι σε έχθρα ‖ αντιμάχομαι ‖ *(n)* έχθρα, "βεντέτα" ‖ φέουδο ‖ ~al: *(adj)* φεουδαρχικός ‖ ~alism: *(n)* φεουδαρχισμός

fever (ˈfiːvər): *(n)* πυρετός ‖ ~ few: *(n)* πύρεθρο, χρυσάνθεμο ‖ ~ish: *(adj)* εμπύρετος ‖ πυρετώδης

few (fjuː): *(adj)* λίγοι

fez (fez): *(n)* φέσι

fiancé (fiːaːnˈsei): *(n)* αρραβωνιαστικός, μνηστήρας ‖ ~e: μνηστή

fiasco (fiˈæskou): *(n)* τέλεια ή γελοία αποτυχία, "φιάσκο"

fib (fib) [-bed]: *(v)* λέω μικροψέματα ‖ *(n)* ψεματάκι

fiber, fibre (ˈfaibər): *(n)* ίνα ‖ κλωστούλα ‖ εσωτερική δύναμη, αντοχή

fickle (ˈfikəl): *(adj)* άστατος ‖ ~ness: *(n)* αστάθεια

fict-ion (ˈfikʃən): *(n)* φαντασία ‖ φαντα-

νταστικό γεγονός ‖ μυθιστόρημα ‖ *(adj)* μυθιστορηματικός ‖ ~ional: *(ajd)* φανταστικός, επινοημένος ‖ ~itious (fikˈtiʃəs): *(adj)* φανταστικός ‖ ψεύτικος

fiddle (ˈfidl): *(n)* βιολί ‖ βιολιστής ‖ [-d]: *(v)* παίζω βιολί ‖ κουνώ νευρικά τα χέρια ‖ ~ away: *(v)* σπαταλώ ‖ ~er: *(n)* βιολιστής ‖ ~ sticks: τρίχες, μπούρδες ‖ ~ with: *(v)* παίζω νευρικά με κάτι ‖ fit as a ~: υγιέστατος, ολόγερος ‖ play second ~: παίζω δευτερεύοντα ρόλο, είμαι "υπό"

fidelity (fiˈdeliti): *(n)* πίστη ‖ πιστότητα ‖ ακρίβεια

fidget (ˈfidzit) [-ed]: *(v)* κουνώ νευρικά χέρια ή πόδια ‖ κινούμαι νευρικά πάνω-κάτω ‖ ~s: *(n)* νευρικότητα ‖ ~y: *(adj)* νευρικός, ανήσυχος

field (fiːld): *(n)* πεδίο ‖ λιβάδι ‖ χωράφι ‖ περιοχή ‖ αερολιμένας ‖ "φόντο" ‖ στίβος ‖ οι αγωνιζόμενοι ‖ μάχη σε εξέλιξη ‖ ύπαιθρος ‖ *(adj)* υπαίθριος ‖ [-ed]: *(v)* αντιμετωπίζω, αντεπεξέρχομαι ‖ ~ artillery: πεδινό πυροβολικό ‖ ~ day: μέρα εκδηλώσεων ή αθλοπαιδιών ‖ θρίαμβος, επιτυχία ‖ ~ events: αγωνίσματα στίβου ‖ ~ glasses: κιάλια ‖ ~ gun: πεδινό πυροβόλο ‖ ~ officer: ανώτερος αξιωματικός ‖ ~ work: προσωρινή οχύρωση ‖ εργασία υπαίθρου

fiend (fiːnd): *(n)* δαίμονας, πονηρό πνεύμα ‖ δαιμόνιος ‖ ~ish: *(adj)* σατανικός

fierce (fiərs): *(adj)* άγριος ‖ ~ly: *(adv)* άγρια ‖ ~ness: *(n)* αγριότητα, λύσσα

fiery (ˈfaiəri): *(adj)* φλεγόμενος ‖ φλογερός, ορμητικός

fift-een (fifˈtiːn): δεκαπέντε ‖ ~eenth: *(adj)* δέκατος πέμπτος ‖ ~h (fifθ): *(adj)* πέμπτος ‖ ~h column: πέμπτη φάλαγγα ‖ ~h wheel: παραπανίσιος, περιττός ‖ ~ieth (ˈfiftiθ): *(adj)* πεντηκοστός ‖ ~y: πενήντα ‖ ~y - ~y: μισά και μισά

fig (fig): *(n)* σύκο ‖ συκιά ‖ κράση, φυσική κατάσταση ‖ ~tree: συκιά ‖ not give a ~, not care a ~: δεν δίνω δε-

fight

κάρα

fight (fait) [fought, fought]: *(v)* μάχομαι, πολεμώ ‖ αγωνίζομαι, παλεύω ‖ τσακώνομαι ‖ πυγμαχώ ή παλεύω ‖ *(n)* μάχη ‖ αγώνας, πάλη ‖ καβγάς ‖ πυγμαχία, πάλη ‖ ~**er**: *(n)* μαχητής ‖ πυγμάχος ‖ μαχητικό ή καταδιωκτικό αεροπλάνο ‖ ~**ing**: *(adj)* μαχητικός ‖ αξιόμαχος ‖ ~**ing chance**: μικρή πιθανότητα επιτυχίας ‖ ~**ing cock**: καβγατζής

figment (´figmənt): *(n)* πλάσμα της φαντασίας, "παραμύθι"

figurative (´figjərətiv): *(adj)* μεταφορικός, μη κατά γράμμα

figure (´figər): *(n)* ψηφίο, αριθμός ‖ σχήμα, μορφή ‖ ανθρώπινο σώμα ‖ εμφάνιση, παρουσιαστικό ‖ εικόνα, απεικόνιση ‖ περίγραμμα ‖ "φιγούρα" χορού ‖ [-d]: *(v)* κάνω μαθηματικό υπολογισμό ‖ παριστάνω με σχήμα ‖ πιστεύω, προβλέπω ‖ παίρνω μέρος ‖ ~ **head**: διακοσμητική φιγούρα της πλώρης πλοίου ‖ διακοσμητικό πρόσωπο χωρίς πραγματική δύναμη ‖ ~ **of speech**: σχήμα λόγου ‖ ~ **on**, ~ **upon**: βασίζομαι, υπολογίζω σε ‖ ~ **out**: ξεδιαλύνω, αντιλαμβάνομαι

filament (´filəmənt): *(n)* νήμα ‖ νήμα ηλεκτρικού λαμπτήρα

filch (filt∫) [-ed]: *(v)* κλέβω, "βουτάω", "σουφρώνω"

file (fail) [-d]: *(v)* βάζω σε αρχείο ‖ ταξινομώ ‖ καταχωρίζω ‖ βαδίζω σε στοίχους ‖ υποβάλλω αίτηση ή υποψηφιότητα ‖ λιμάρω, τροχίζω ‖ *(n)* φάκελος ‖ αρχείο ‖ στοίχος ‖ ~ **in**, ~ **out**: μπαίνω ή βγαίνω, πίσω από κάποιον, ο ένας πίσω από τον άλλο ‖ **in single** ~: εφ' ενός ζυγού, κατ' άνδρα

filibuster (´filəbʌstər) [-ed]: *(v)* κωλυσιεργώ ‖ *(n)* κωλυσιεργία

fill (fil) [-ed]: *(v)* γεμίζω ‖ συμπληρώνω ‖ βουλώνω ‖ ικανοποιώ ‖ *(n)* γέμισμα ‖ επιχωμάτωση ‖ γόμωση ‖ ~**er**: γόμωση, γέμισμα ‖ σφήνα ‖ ~ **in**: συμπληρώνω ‖ αντικαθιστώ άλλον ‖ *(n)* αντικαταστάτης ‖ ~**ing**: *(n)* γέμισμα ‖ σφράγισμα δοντιού ‖ ~**ing station**:

(n) πρατήριο βενζίνης ‖ ~ **someone in**: *(v)* πληροφορώ ‖ ~ **out**: παχαίνω, "γεμίζω" ‖ συμπληρώνω ‖ ~ **the bill**: *(v)* ανταποκρίνομαι σε προσδοκία, τα βγάζω πέρα ‖ ~ **up**: γεμίζω ως επάνω

filly (´fili): *(n)* φοραδίτσα ‖ ζωηρή κοπέλα

film (film): *(n)* λεπτή μεμβράνη ‖ λεπτό στρώμα ‖ ταινία, "φιλμ" ‖ [-ed]: *(v)* επικαλύπτω, σκεπάζω με στρώμα ή σκόνη ‖ γυρίζω ταινία ‖ σκεπάζομαι, επικαλύπτομαι ‖ ~**dom**: *(n)* ο κόσμος του κινηματογράφου ‖ ~**script**: *(n)* σενάριο ταινίας ‖ ~**y**: *(adj)* σκεπασμένος με μεμβράνη ‖ αμυδρός ‖ διαφανής

filter (´filtər) [-ed]: *(v)* "φιλτράρω" ‖ "φιλτράρομαι" ‖ διεισδύω ‖ διαπερνώ ‖ διυλίζω ‖ *(n)* "φίλτρο" ‖ ~**tip**: φίλτρο τσιγάρου ‖ τσιγάρο με φίλτρο

filth (filθ): *(n)* βρομιά ‖ βρομόλογα ‖ αισχρές φωτογραφίες ή ιστορίες ‖ ~**y**: *(adj)* βρομερός

filtrat-e (´filtreit) [-d]: *(v)* φιλτράρω ή περνώ μέσα από φίλτρο, φιλτράρομαι ‖ ~**ion**: *(n)* διήθηση, "φιλτράρισμα"

fin (fin): *(n)* πτερύγιο ‖ τάλιρο, πεντοδόλαρο

final (´fainəl): *(adj)* τελικός ‖ τελειωτικός, οριστικός ‖ ~**e** (fi´næli): *(n)* "φινάλε" ‖ ~**ist** (´fainəlist): *(n)* αυτός που φτάνει στους τελικούς αγώνων ή καλλιστείων ‖ ~**ize** [-d]: *(v)* κάνω τελειωτικό ή τελεσίδικο ‖ ~**ly**: *(adv)* τελικά ‖ επιτέλους

financ-e (´fainæns, fi´næns) [-d]: *(v)* χρηματοδοτώ ‖ παρέχω με δόσεις ‖ διαχειρίζομαι τα οικονομικά ‖ *(n)* οικονομικά ‖ ~**e charge**: *(n)* επιβάρυνση για τις δόσεις ‖ ~**ial**: *(adj)* οικονομικός ‖ ~**ier**: *(n)* χρηματοδότης ‖ οικονομολόγος

find (faind) [found, found]: *(v)* βρίσκω ‖ *(n)* εύρημα ‖ ~**er**: *(n)* όργανο ανίχνευσης ή εντόπισης ‖ **direction** ~**er**: *(n)* ραδιογωνιόμετρο ‖ ~**ing**: *(n)* εύρημα ‖ ~**ings**: *(n)* συμπέρασμα ‖ ετυμηγορία ‖ εργαλεία ή εφόδια δουλειάς ‖ ~ **out**: *(v)* ανακαλύπτω

fine (fain): *(adj)* λεπτός, "φίνος" ‖ τέλειος ‖ αγνός, καθαρός ‖ λεπτοφυής ‖

142

μικροσκοπικός, ψιλός ‖ καλοκαιρία ‖ πρόστιμο ‖ ποινική ρήτρα ‖ φιλικός διακανονισμός ‖ *(adv)* πολύ καλά, θαυμάσια ‖ [-d]: *(v)* τελειοποιώ ‖ τελειοποιούμαι ‖ επιβάλλω πρόστιμο ‖ ~ **arts**: *(n)* καλές τέχνες ‖ ~**cut**: *(adj)* ψιλοκομμένος ‖ ~**ness**: *(n)* λεπτότητα, "φινέτσα" ‖ ~**ry**: *(n)* πολυτελή ρούχα, "τα καλά" ‖ ~**nesse** (fi´nes): *(n)* λεπτότητα, "φινέτσα" ‖ τέχνασμα, "μπλόφα"

finger (´fiŋgər): *(n)* δάχτυλο ‖ [-ed]: *(v)* ψηλαφώ με το δάχτυλο ‖ προδίδω, "καρφώνω" ‖ κλέβω, "βουτάω" ‖ **burn one's ~s**: *(v)* την παθαίνω ‖ ~**board**: *(n)* πλήκτρα πιάνου ή εγχόρδου ‖ ~**nail**: *(n)* νύχι χεριού ‖ ~**print**: δακτυλ. αποτύπωμα ‖ ~**tip**: *(n)* άκρη του δαχτύλου ‖ **put the ~ on**: *(v)* προδίδω, "καρφώνω" ‖ **twist (wrap) around one's little ~**: *(v)* τον "παίζω στα δάχτυλα"

finicky, finnicky (´finiki): *(adj)* δύσκολος, "ψείρα"

finish (´finiʃ) [-ed]: *(v)* τελειώνω ‖ τερματίζω ‖ επεξεργάζομαι τελικά ‖ *(n)* τέλος ‖ τέρμα ‖ τερματισμός ‖ τελική επεξεργασία ‖ τελική επεξεργασία ‖ ~**ed**: *(adj)* επεξεργασμένος ‖ κατεστραμμένος ‖ ~**ing**: *(n)* τελική επεξεργασία ‖ ~**ing school**: *(n)* σχολή κοινωνικής μόρφωσης

finite (´fainait): *(adj)* πεπερασμένος ‖ περατώσιμος ‖ περιορισμένος

Fin-land (´finlənd): *(n)* Φιλανδία ‖ ~**n**: *(n)* Φιλανδός ‖ ~**nish**: *(adj)* Φιλανδικός ‖ *(n)* Φιλανδική γλώσσα

finnicky: see finicky

fiord, fjord (fjɔːrd): *(n)* φιόρδ

fir (fə:r): *(n)* έλατο

fir-e (´faiər): *(n)* φωτιά ‖ πυρ, πυρά ‖ ενθουσιασμός ‖ [-d]: *(v)* βάζω φωτιά, αναφλέγω ‖ κινώ τον ενθουσιασμό, "ανάβω" ‖ αρχίζω πυρ, πετώ ορμητικά ‖ απολύω ‖ **between two ~es**: μεταξύ δύο πυρών ‖ **catch ~e**: *(v)* παίρνω φωτιά ‖ **hang ~e**: *(v)* δεν παίρνω φωτιά ‖ ~**e alarm**: *(n)* προειδοποιητικό σύστημα πυρκαγιάς ‖ ~**earm**: *(n)* πυροβόλο όπλο ‖ ~**eball**:

(n) φωτεινό μετέωρο ‖ *(adj)* φλογερός, ενθουσιώδης ‖ ~**e bomb**: *(n)* εμπρηστική βόμβα ‖ ~**ebug**: *(n)* πυρομανής ‖ ~**e company**, ~**e brigade**: πυροσβεστική υπηρεσία ‖ ~**ecracker**: *(n)* βαρελότο ‖ ~**e-eater**: ενθουσιώδης, φλογερός ‖ ~**e engine**: *(n)* πυροσβεστική αντλία ‖ ~**e escape**: *(n)* σκάλα πυρκαγιάς ‖ ~**e extinguisher**: *(n)* πυροσβεστήρας ‖ ~**efly**: *(n)* πυγολαμπίδα ‖ ~**e hydrant**: *(n)* υδροσωλήνας πυρκαγιάς ‖ ~**eman**: *(n)* πυροσβέστης ‖ θερμαστής ‖ ~**e-new**: *(adj)* ολοκαίνουργος ‖ ~**epan**: *(n)* μαγκάλι ‖ ~**eplace**: *(n)* τζάκι ‖ ~**e power**: *(n)* δύναμη πυρός ‖ ~**e proof**: *(adj)* αλεξίπυρος ‖ ~**e ship**: *(n)* πυρπολικό ‖ ~**e station**: *(n)* πυροσβεστικός σταθμός ‖ ~**estone**: *(n)* τσακμακόπετρα ‖ ~**etrap**: *(n)* σαράβαλο, ερείπιο ‖ ~**ewater**: *(n)* δυνατό ποτό ‖ ~**ewood**: *(n)* καυσόξυλα ‖ ~**eworks**: *(n)* πυροτεχνήματα ‖ *(n)* ανάφλεξη ‖ τροφοδοσία φωτιάς ‖ βολή, πυρά ‖ καύσιμα ‖ ~**ing**: *(n)* γραμμή πυρός, πρώτη γραμμή ‖ ~**ing squad**: *(n)* εκτελεστικό απόσπασμα ‖ απόσπασμα τιμητικών πυροβολισμών

firm (fə:rm): *(adj)* στερεός ‖ σταθερός ‖ συμπαγής ‖ *(n)* εταιρεία, "φίρμα" ‖ ~**ament** (´fə:rməmənt): *(n)* στερέωμα

first (fə:rst): *(adj)* πρώτος ‖ για πρώτη φορά ‖ μάλλον ‖ **at ~**: στην αρχή ‖ ~ **aid**: πρώτες βοήθειες ‖ ~ **born**: πρωτότοκος ‖ ~ **class**: *(n)* πρώτη θέση ‖ *(adj)* πρώτης τάξεως ‖ ~ **degree**: πρωτοβάθμιος ‖ ~ **hand**: από πρώτο χέρι ‖ ~ **lady**: πρώτη κυρία ‖ ~ **lieutenant**: *(n)* υπολοχαγός ‖ ~**ly**: *(adv)* στην αρχή, πρώτα-πρώτα ‖ ~**mate**: *(n)* ύπαρχος ‖ ~ **rate**: *(adj)* πρώτης ποιότητας ‖ ~ **water**: ανωτάτης κλάσεως

firth (fə:rθ): *(n)* ποταμόκολπος

fisc (fisk): *(n)* εθνικό θησαυροφυλάκιο ‖ ~**al**: *(adj)* οικονομικός ‖ ~**al year**: *(n)* οικονομικό έτος

fish (fiʃ): *(n)* ψάρι ‖ τορπίλα ‖ [-ed]: *(v)* ψαρεύω ‖ ~ **bowl**: γυάλα ψαριών ‖ ανοιχτό, σε κοινή θέα ‖ ~**er, ~erman**: *(n)* ψαράς ‖ ~**ery**: *(n)* αλιευτική περιοχή ‖ βιομηχανία θαλασσινών ‖ ~

fission

eye: παγερή ματιά ‖ φιλύποπτη ματιά ‖ ~ **gig**: *(n)* καμάκι ‖ ~ **hook**: *(n)* αγκίστρι ‖ ~**ing**: *(n)* ψάρεμα ‖ αλιεία ‖ ~**ing line**: *(n)* πετονιά ‖ ~**ing rod**: *(n)* καλάμι ψαρέματος ‖ ~ **monger**: *(n)* ιχθυοπώλης ‖ ~**net**: *(n)* δίχτυ ψαρέματος ‖ ~ **plate**: *(n)* συνδετικό έλασμα ‖ ~ **story**: *(n)* "μπούρδα", "παλάβρα" ‖ ~**y**: *(adj)* ανέκφραστος ‖ απίθανος, αμφίβολος ‖ ύποπτος

fiss·ion (´fiʃən): *(n)* διάσπαση ‖ **nuclear ~ion**: *(n)* πυρηνική διάσπαση ‖ ~**ure** (´fiʃər) [-d]: *(v)* ραγίζω ‖ ραγίζομαι ‖ *(n)* ρωγμή, σχισμή

fist (fist): *(n)* πυγμή, γροθιά ‖ ~**ful**: *(n)* χούφτα, όσο παίρνει η χούφτα ‖ ~**ic**: *(adj)* πυγμαχικός ‖ ~**icuff**: *(n)* γροθοκόπημα

fit (fit) [-ted]: *(v)* εφαρμόζω ‖ ταιριάζω ‖ προσαρμόζω ‖ κάνω ικανό, προετοιμάζω ‖ *(adj)* ικανός ‖ κατάλληλος, ταιριαστός ‖ σε καλή κατάσταση, σε "φόρμα" ‖ *(n)* εφαρμογή ‖ προσαρμογή ‖ παροξυσμός ‖ ξαφνική προσβολή ‖ ~**ful**: *(adj)* σπασμωδικός, ακανόνιστος, άτακτος ‖ ~ **in, ~ into**: *(v)* βρίσκω μέρος ή χρόνο για κάτι ‖ συμφωνώ, ταιριάζω, προσαρμόζομαι ‖ ~ **out, ~ up**: *(v)* εφοδιάζω, εξοπλίζω ‖ ~**ter**: *(n)* εφαρμοστής ‖ προμηθευτής ‖ ~**ing**: *(adj)* κατάλληλος, ταιριαστός ‖ *(n)* δοκιμή, "πρόβα" ‖ συναρμολόγηση ‖ εξάρτημα ‖ **tight ~**: εφαρμοστό, πολύ σφιχτό

five (faiv): πέντε ‖ ~ **and dime store, ~ and ten store**: *(n)* φτηνό μαγαζί, ψιλικαντζίδικο ‖ ~**fold**: *(adj)* πενταπλάσιος ‖ ~**r**: *(n)* πεντοδόλαρο ή πεντόλιρο, τάλιρο ‖ ~**s**: *(n)* χειρόσφαιρα ‖ ~ **year plan**: *(n)* πενταετές σχέδιο

fix (fiks) [-ed]: *(v)* στερεώνω ‖ καρφώνω ‖ προσηλώνω ‖ προσδιορίζω, καθορίζω ‖ προσαρμόζω, επιδιορθώνω ‖ **αποδίδω**, "ρίχνω" ‖ προετοιμάζω ‖ "κανονίζω" ‖ κάνω "φτιαχτό" μάτς ‖ *(n)* δύσκολη θέση ‖ εντοπισμός ‖ δωροδοκία ‖ απάτη ‖ "δόση" ναρκομανούς ‖ ~**ed**: *(adj)* σταθερός, ακίνητος ‖ στερεωμένος, κολλημένος ‖ αμετάβλητος ‖ ~**ed idea**: *(n)* έμμονη ιδέα

‖ ~**ture** (´fikstʃər): *(n)* σταθερό εξάρτημα ‖ ~ **on, ~ upon**: *(v)* συμφωνώ ή αποφασίζω για κάτι ‖ ~ **up**: *(v)* διορθώνω ‖ εφοδιάζω, εξοπλίζω

fizz (fiz) [-ed]: *(v)* σφυρίζω από αναβρασμό ‖ βγάζω φυσαλίδες ‖ *(n)* σφύριγμα βρασμού ‖ αεριούχο ποτό ‖ ~**le** [-d]: *(v)* σφυρίζω ‖ ~ **le out**: *(v)* καταλήγω σε αποτυχία ‖ αποτυχία, "φιάσκο"

fjord: see fiord

flabbergast (´flæbərgæst) [-ed]: *(v)* καταπλήσσω, αφήνω εμβρόντητο ‖ ~**ed**: *(adj)* εμβρόντητος, κατάπληκτος

flabb·iness (´flæbinis): *(n)* πλαδαρότητα ‖ ατονία ‖ ~**y**: *(adj)* πλαδαρός ‖ άτονος, αδύναμος

flaccid: see flabby

flag (flæg): *(n)* σημαία ‖ βούρλο ‖ πλάκα λιθόστρωσης ‖ [-ged]: *(v)* κάνω σήμα με σημαία ‖ συλλαμβάνω ‖ ατονώ, χαλαρώνω ‖ ~ **day**: *(n)* εορτή σημαίας ‖ ~ **down**: *(v)* σταματώ με σινιάλο ‖ ~**ging**: *(n)* λιθόστρωτο, πλακόστρωτο ‖ ~ **officer**: *(n)* ανώτατος αξιωματικός ναυτικού ‖ ~ **pole, ~ staff**: *(n)* κοντός σημαίας ‖ ~**ship**: *(n)* ναυαρχίδα ‖ ~**stone**: *(n)* λιθόστρωτο, πλάκα λιθόστρωσης

flagon (´flægən): *(n)* κανάτα

flagrant (´fleigrənt): *(adj)* κατάφωρος ‖ ~**e delicto** (flə´grænti, di´liktou): επ' αυτοφώρω

flail (fleil) [-ed]: *(v)* κουνώ τα χέρια πάνω-κάτω ‖ κοπανίζω, λιχνίζω ‖ *(n)* κόπανος

flair (fleər): *(n)* έμφυτο ταλέντο ή επιτηδειότητα

flak (flæk): *(n)* αντιαεροπορικό πυροβόλο ‖ αντιαεροπορικά πυρά ‖ οξεία κριτική, "πυρά"

flake (fleik) [-d]: *(v)* εκλεπίζω ‖ εκλεπίζομαι ‖ ξεφλουδίζομαι ‖ *(n)* ρίνισμα, λέπι ‖ νιφάδα χιονιού ‖ ~ **out**: *(v)* πέφτω ξερός ‖ **snow ~**: *(n)* νιφάδα χιονιού

flamboyant (flæm´bɔiənt): *(adj)* επιδεικτικός ‖ εξεζητημένος ‖ χτυπητός, ζωηρός

flame (fleim) [-d]: *(v)* φλέγομαι ‖ γίνο-

144

μαι κατακόκκινος, "ανάβω" ‖ φλογίζω ‖ *(n)* φλόγα ‖ φλογερό πάθος ‖ αγαπημένη, "φιλενάδα" ‖ ~ **thrower**: *(n)* φλογοβόλο

flamingo (flə΄miŋgou): *(n)* φοινικόπτερος, "φλαμίγκο" ‖ *(adj)* πυρρόξανθος
flammable (΄flæməbəl): *(adj)* εύφλεκτος
flange (flændz): *(n)* "πέλμα", "φλάντζα"

flank (flæŋk): *(n)* ισχία, πλευρά ‖ πλαγιά ‖ πλευρά, πλευρική θέση ‖ [-ed]: *(v)* πλευροκοπώ ‖ προστατεύω τα πλάγια ‖ ~**er**: *(n)* πλαγιοφυλακή
flannel (΄flænəl): *(n)* φανέλα ‖ *(adj)* φανελένιος ‖ ~**s**: *(n)* πανταλόνι ή εσώρουχα από φανέλα
flap (flæp) [-ped]: *(v)* φτεροκοπώ ‖ κουνώ πάνω-κάτω, ανεμίζω ‖ χαστουκίζω ‖ *(n)* πτερύγιο ‖ πτερυγιοειδές κάλυμμα ‖ φτεροκόπημα ‖ ανέμισμα ‖ χαστούκι ‖ στενοχώρια, "σκασίλα" ‖ ~ **jack**: *(n)* τηγανίτα ‖ ~**pable**: *(adj)* ευρέθιστος, "τσοχάδας"
flare (fleər) [-d]: *(v)* αναλάμπω ‖ αναφλέγομαι σποραδικά και ξαφνικά ‖ διευρύνομαι, ανοίγω, πλαταίνω *(n)* αναλαμπή ‖ ξαφνική λάμψη ‖ φωτοβολίδα ‖ έξαψη, ξέσπασμα ‖ διεύρυνση, άνοιγμα ‖ ~ **up**: *(v)* ξεσπώ σε φλόγα ‖ εξάπτομαι, "ανάβω"
flash (flæʃ) [-ed]: *(v)* εμφανίζομαι στιγμιαία ‖ κινούμαι γρήγορα ‖ δίνω φωτεινά σήματα ‖ προκαλώ ανάφλεξη ‖ αντανακλώ ‖ μεταδίδω γρήγορα ‖ δείχνω γρήγορα ‖ δείχνω επιδεικτικά ‖ *(n)* αστραπή ‖ αναλαμπή ‖ σύντομη σπουδαία είδηση ‖ γλώσσα υποκόσμου ‖ φωτογραφικό "φλας" ‖ *(adj)* αστραπιαίος ‖ ~**back**: *(n)* αναδρομή ‖ ~ **bulb**: *(n)* λάμπα του "φλας" ‖ ~**card**: *(n)* εποπτική κάρτα διδασκαλίας ‖ ~**cube**: *(n)* κυβική λάμπα φλας ‖ ~**er**: *(n)* αυτόματος διακόπτης ‖ ~**light**: *(n)* ηλεκτρικός φανός τσέπης ‖ προβολέας ‖ ~**y**: *(adj)* φανταχτερός ‖ **in a** ~: στη στιγμή ‖ ~ **by**, ~ **past**: *(v)* περνώ σαν αστραπή
flask (flæsk, fla:sk): *(n)* φιαλίδιο ‖ μπουκάλι τσέπης, "φλασκί" ‖ πυριτιδαποθήκη

flat (flæt): *(adj)* επίπεδος ‖ ομαλός, ίσιος ‖ απόλυτος ‖ μη ενδιαφέρων ‖ ξεθυμασμένος, χωρίς ουσία ‖ ξεφουσκωμένος ‖ ξεφουσκωμένο λάστιχο ‖ χωρίς ρυθμό, μονότονος ‖ μη γυαλιστερός, "ματ" ‖ *(adv)* οριζόντια, επίπεδα ‖ *(n)* ύφεση (music) ‖ πεδινό μέρος, ίσιωμα ‖ ρηχό μέρος ‖ διαμέρισμα ‖ *(adj)* πεπλατυσμένος, συμπιεσμένος, "πλακέ" ‖ ~**car**: *(n)* φορτηγό βαγόνι χωρίς παρειές, "πλατφόρμα" ‖ ~**foot**: πλατυποδία ‖ αστυνομικός *(id)* ‖ **catch someone ~footed**: *(v)* πιάνω απροετοίμαστον ‖ ~**ly**: *(adv)* κατηγορηματικά, απόλυτα ‖ ~**ness**: *(n)* ομαλότητα ‖ ισοπέδωση ‖ ~**ten** [-ed]: *(v)* ισοπεδώνω ‖ κάνω πεπλατυσμένο, κάνω "πλακέ" ‖ ~**top**: *(n)* αεροπλανοφόρο
flatter (΄flætər) [-ed]: *(v)* κολακεύω ‖ ~**er**: *(n)* κόλακας ‖ ~**ing**: *(adj)* κολακευτικός ‖ ~**y**: *(n)* κολακεία
flatulen-ce (΄flætjuləns): *(n)* στόμφος, πομπώδες ύφος ‖ ~**nt**: *(adj)* πομπώδης
flaunt (flɔ:nt) [-ed]: *(v)* επιδεικνύω ‖ επιδεικνύομαι ‖ ~**er**: *(n)* επιδειξίας ‖ ~**y**: *(adj)* επιδεικτικός
flavor (΄fleivər) [-ed]: *(v)* δίνω γεύση ‖ *(n)* γεύση ‖ ~**ful**: *(adj)* εύγευστος ‖ ~**less**: *(adj)* άγευστος ‖ ~**ing**: *(n)* καρίκευμα
flaw (flɔ:): *(n)* ατέλεια ‖ σχισμή, ράγισμα ‖ [-ed]: *(n)* κάνω ή γίνομαι ελαττωματικός ή ατελής ‖ ~**less**: *(adj)* τέλειος, χωρίς ελάττωμα ‖ ~**y**: *(adj)* ελαττωματικός
flax (flæks): *(n)* λινάρι ‖ γκριζοχίτρινος ‖ ~**en**: *(adj)* λινός, από λινάρι ‖ ανοιχτός κίτρινος ‖ ~ **seed**: *(n)* λιναρόσπορος
flay (flei) [-ed]: *(n)* γδέρνω
flea (fli:): *(n)* ψύλλος ‖ ~**market**, ~**mart**: *(n)* παλαιοπωλείο
flection: see flexion
fled: see flee
fledgeling, fledgling (΄fledzliŋ): *(adj)* πρωτόπειρος, άπειρος, πρωτόβγαλτος
flee (fli:) [fled, fled]: *(v)* το βάζω στα πόδια ‖ περνώ γρήγορα
fleece (fli:s): *(n)* δέρμα ‖ μαλλί ‖ [-d]:

fleet

(v) κουρεύω ζώο ‖ ληστεύω, "μαδάω" ‖ **golden ~**: *(n)* χρυσόμαλλο δέρας

fleet (fli:t): *(n)* στόλος ‖ ομάδα οχημάτων ‖ *(adj)* γρήγορος ‖ [-ed]: *(v)* φεύγω γρήγορα ‖ ~ **Admiral**: *(n)* αρχηγός του ναυτικού ‖ **~ing**: *(adj)* σύντομος ‖ φευγαλέος, παροδικός ‖ **F~ street**: *(n)* Δημοσιογραφία, ο Τύπος

flesh (fleʃ): *(n)* σάρκα ‖ σαρκώδες μέρος ‖ πάχος ‖ ~ **and blood**: στενός συγγενής ‖ **~fly**: *(n)* κρεατόμυγα ‖ ~ **wound**: *(n)* ελαφρό τραύμα, τραύμα στο ψαχνό ‖ **~y**: *(adj)* εύσαρκος ‖ **in the ~**: προσωπικά ο ίδιος

flew: see fly

flex (fleks) [-ed]: *(v)* λυγίζω ‖ λυγίζομαι ‖ συστέλλω τους μυς ‖ *(n)* μονωμένο καλώδιο ‖ **~ibility**: *(n)* ευκαμψία ‖ ελαστικότητα ‖ **~ible**: *(adj)* εύκαμπτος ‖ ελαστικός ‖ **~ion**: *(n)* κάμψη ‖ **~ible time**: *(n)* μη καθορισμένο ωράριο

flick (flik) [-ed]: *(v)* ακουμπώ ή χτυπώ ελαφρά ‖ τινάζω απαλά ‖ *(n)* ελαφρό χτύπημα ‖ κινημ. ταινία

flicker (ˈflikər) [-ed]: *(v)* τρεμουλιάζω ‖ τρεμοσβήνω ‖ λάμπω στιγμιαία ‖ *(n)* αναλαμπή ‖ τρεμούλιασμα ‖ τρεμοσβήσιμο ‖ τρεμουλιαστό φως ‖ βωβή κινημ. ταινία ‖ ~ **tail**: *(n)* σκίουρος

flier, flyer (ˈflaiər): *(n)* αεροπόρος ‖ ιπτάμενος ‖ μεγάλο πήδημα ‖ φέιγ βολάν ‖ σκαλοπάτι

flight (flait): *(n)* πτήση ‖ γρήγορη διαδρομή ‖ σμήνος ‖ φυγή ‖ ~ **deck**: *(n)* διαμέρισμα πιλότου ‖ κατάστρωμα αεροπλανοφόρου ‖ ~ **of stairs**: *(n)* μεσόσκαλο ‖ **~y**: *(adj)* ιδιότροπος, άστατος ‖ ευερέθιστος ‖ **put to ~**: *(v)* κυνηγώ, τρέπω σε φυγή ‖ **take ~**, **take to ~**: *(v)* τρέπομαι σε φυγή

flimflam (ˈflimflæm): *(n)* απάτη ‖ ασυναρτησία, "αρλούμπα"

flimsy (ˈflimzi): *(adj)* λεπτός και ελαφρός ‖ λεπτοκαμωμένος ‖ ασθενικός, αδύνατος ‖ ψιλό χαρτί

flinch (flintʃ) [-ed]: *(v)* τινάζομαι από φόβο, έκπληξη ή πόνο ‖ μορφάζω από έκπληξη ή πόνο ‖ αποτραβιέμαι, "ζα-

ρώνω"

fling (fliŋ) [flung, flung]: *(v)* εξακοντίζω ‖ ρίχνομαι, ορμώ ‖ *(n)* ρίψη, βολή ‖ ξέσκασμα, διασκέδαση ‖ ~ **oneself**: *(v)* ρίχνομαι, πετιέμαι

flint (flint): *(n)* τσακμακόπετρα ‖ ~ **glass**: *(n)* κρύσταλλο ‖ **~y**: *(adj)* σκληρός, άκαμπτος

flip (flip) [-ped]: *(v)* πετάω προς τα επάνω ‖ χτυπώ ελαφρά ‖ συναρπάζω ‖ κάνω τούμπες ‖ *(n)* ρίψη, πέταγμα ‖ "κορόνα-γράμματα" ‖ ελαφρό χτύπημα ‖ τούμπα ‖ αναίδεια ‖ **~flop**: ανάποδη τούμπα ‖ αλλαγή γνώμης ‖ **~pancy** (ˈflipənsi): *(n)* αναίδεια ‖ ελαφρότητα ‖ **~pant**: *(adj)* αναιδής ‖ ελαφρός, "κούφιος" ‖ **~per** (ˈflipər): *(n)* βατραχοπέδιλο ‖ χέρι *(id)*

flirt (flə:rt) [-ed]: *(v)* ερωτοτροπώ, "φλερτάρω" ‖ ορμώ, πετιέμαι ‖ τινάζω, πετάω ‖ *(adj)* φιλάρεσκος ‖ ερωτότροπος, "κορτάκιας" ‖ **~ation**: *(n)* ερωτοτροπία ‖ ερωτική "περιπέτεια"

flit (flit) [-ted]: *(v)* πετάγομαι γρήγορα ‖ κινούμαι γρήγορα ‖ *(n)* κίναιδος

float (flout): *(v)* επιπλέω ‖ κινούμαι ανάλαφρα ‖ διαχυμαίνομαι ‖ πλημμυρίζω ‖ ιδρύω ‖ *(n)* σχεδία ‖ πλωτήρας ‖ σημαδούρα ‖ σωσίβιο λέμβος ‖ **~ation**: *(n)* πλεύση ‖ διακύμανση ‖ **~er**: *(n)* πλωτήρας ‖ πλάνης, αλήτης ‖ παράνομος ψηφοφόρος ‖ **~ing**: *(adj)* πλωτός ‖ κυμαινόμενος ‖ κινητός ‖ **~ing dock**: *(n)* πλωτή δεξαμενή

flock (flɔk) [-ed]: *(v)* πηγαίνω ή συγκεντρώνομαι σαν κοπάδι ‖ *(n)* αγέλη κοπάδι ‖ ποίμνιο ιερέα ‖ πλήθος, κόσμος

flog (flɔg) [-ged]: *(v)* μαστιγώνω ‖ **~ging**: *(n)* μαστίγωση

flood (flʌd) [-ed]: *(v)* πλημμυρίζω ‖ κατακλύζω ‖ ξεχειλίζω ‖ *(n)* πλημμύρα ‖ κατακλυσμός ‖ πλημμυρίδα ‖ ~ **gate** *(n)* υδατοφράκτης ‖ ~ **light**: *(n)* προβολέας ‖ *(v)* φωτίζω με προβολέα ‖ ~ **tide**: *(n)* πλημμυρίδα

floor (flɔ:r): *(n)* όροφος ‖ πάτωμα, δάπεδο ‖ [-ed]: *(v)* επιστρώνω ‖ κάνω πάτωμα ‖ ρίχνω ή πιέζω στο πάτωμα

146

‖ κατανικώ **~board**: (n) σανίδα πατώματος ‖ **~show**: (n) θέαμα, "νούμερα" ‖ **~ walker**: (n) τμηματάρχης καταστήματος ‖ **have the ~**: (v) έχω το λόγο

flop (flɔp) [-ped]: (v) πέφτω βαριά, σωριάζομαι με θόρυβο ‖ περπατώ αδέξια ‖ "την παθαίνω" ‖ πάω στο κρεβάτι ‖ ρίχνω βαριά ‖ (n) βαρύ πέσιμο ‖ αποτυχία ‖ **~ house**: (n) ξενοδοχείο τελευταίας κατηγορίας ‖ **~py**: (adj) χαλαρός

flor-a (flɔ:rǝ): (n) χλωρίδα, φυτικό βασίλειο ‖ **~al**: (adj) ανθεστήριος ‖ από λουλούδια ‖ **~id**: (adj) ανθηρός ‖ στολισμένος, με γαρνιτούρες ‖ ρόδινος, κοκκινωπός ‖ **~ist** (flɔrist): (n) ανθοπώλης

floss (flɔs): (n) μεταξωτή ίνα ή κλωστή

flotation: see floatation

flotilla (flou tilǝ): (n) στολίσκος

flounce (flans) [-d]: (v) κινούμαι νευρικά ή σπασμωδικά ‖ (n) ποδόγυρος, "μπορντούρα"

flounder (flaundǝr) [-ed]: (v) παραπατώ ‖ περπατώ αδέξια ‖ παραπαίω ‖ (n) παραπάτημα ‖ αδέξιο βάδισμα ‖ γλώσσα (ψάρι) ‖ **~ about**: (v) τα έχω χαμένα, παραπαίω

flour (flauǝr): (n) αλεύρι

flourish (flǝ:riʃ) [-ed]: (v) ακμάζω, ανθώ ‖ ευδαιμονώ, προοδεύω ‖ κραδαίνω ‖ κουνώ επιδεικτικά ‖ (n) επιδεικτική κίνηση ‖ στόλισμα, στολίδι

flout (flaut) [-ed]: (v) καταφρονώ ‖ χλευάζω ‖ (n) χλευασμός ‖ περιφρονητική ή χλευαστική παρατήρηση

flow (flou) [-ed]: (v) ρέω ‖ χύνομαι ‖ κυκλοφορώ ‖ προχωρώ με ευκολία ‖ αφθονώ ‖ (n) ροή ‖ ρεύμα, ρους ‖ ευφράδεια ‖ **~ over**: (v) ξεχειλίζω

flower (flauǝr): (n) άνθος ‖ [-ed]: (v) ανθίζω ‖ **~bed**: (v) πρασιά ‖ **~pot**: (n) γλάστρα ‖ **~y**: (adj) λουλουδάτος ‖ γεμάτος όμορφες εκφράσεις

flown: see fly

flu (flu:): (n) γρίππη

fluctuat-e (flʌktʃueit) [-d]: (v) κυμαίνομαι ‖ **~ion**: (n) διακύμανση, αυξομείωση

flue (flu:): (n) καπνοδόχος, σωλήνας καπνοδόχου

fluen-cy (flu:ǝnsi): (n) ευφράδεια ‖ ευχέρεια χρήσης γλώσσας ‖ ροή ‖ **~t**: (adj) ευγλωττος ‖ ρευστός ‖ **~tly**: (adv) με ευχέρεια, άπταιστα

fluff (flʌf): (n) χνούδι ‖ **~y**: (adj) χνουδωτός ‖ πολύ μαλακός

fluid (flu:id): (adj) ρευστός ‖ (n) ρευστό ‖ (adj) ευμετάβλητος ‖ (n) ρευστό χρήμα ‖ υγρό ‖ **~ity**, **~ness**: (n) ρευστότητα

fluke (flu:k): (n) αρπάγη ‖ γλώσσα (ψάρι)

flung: see fling

flunk (flʌŋk) [-ed]: (v) αποτυγχάνω σε εξετάσεις ‖ απορρίπτομαι ‖ αφήνω στάσιμο, απορρίπτω ‖ **~y**: (n) υπηρέτης, "λακές" ‖ δουλοπρεπής, "γλείφτης"

fluoresce (fluǝ res) [-d]: (v) παράγω φθορισμό ‖ **~nce**: (n) φθορισμός ‖ **~nt lamp**: (n) λαμπτήρας φθορισμού

fluori-de (fluǝraid): (adj) φθοριούχος ‖ **~ne** (fluɔri:n): (n) φθόριο ‖ φθορίνη

flurry (flǝ:ri): (n) ριπή ανέμου ‖ ελαφρή χιονόπτωση ‖ ξαφνική ζωηρή δραστηριότητα, αναστάτωση ‖ σύντομη ζωηρή κίνηση της αγοράς

flush (flʌʃ) [-ed]: (v) εκρέω ορμητικά ‖ κοκκινίζω ‖ τραβώ το καζανάκι αποχωρητηρίου ‖ (n) εκροή ‖ συρροή ‖ ορμητικό ανάβρυσμα ‖ κοκκίνισμα ‖ έξαψη ‖ (adj) στο αυτό επίπεδο, λείος, ισόπεδος ‖ στη μέση, ακριβώς επάνω ‖ "φλος" του χαρτοπαιγνίου

fluster (flʌstǝr) [-ed]: (v) συγχύζω, ταράζω ‖ (n) σύγχυση, ταραχή ‖ **~ed**: (adj) συγχυσμένος, εκνευρισμένος

flut-e (flu:t): (n) αυλός ‖ αυλάκωμα, αυλάκι, αυλακιά ‖ ράβδωση ‖ φλογέρα ‖ [-d]: (v) αυλακώνω ‖ παίζω αυλό ‖ σφυρίζω ‖ **~ist**: (n) αυλητής

flutter (flʌtǝr) [-ed]: (v) πλαταγίζω, χτυπώ ‖ φτεροκοπώ ‖ φτερουγίζω ‖ περπατώ πηδώντας ‖ εξάπτομαι ‖ (n) πλατάγισμα, χτύπημα ‖ κυμάτισμα ‖ φτεροκόπημα ‖ φτερούγισμα ‖ τρέμισμα, τρεμούλα ‖ έξαψη ‖ αρρυθμία σφυγμού ή καρδιάς

flux

flux (flʌks): *(n)* ροή ‖ μεταβολή ‖ ρευστότητα

fly (flai) [flew, flown]: *(v)* πετώ, ίπταμαι ‖ το βάζω στα πόδια ‖ ξεσπάω ‖ στήνω σημαία ‖ *(n)* μύγα ‖ πτερύγιο ‖ κουμπιά ή φερμουάρ πανταλονιού ‖ ~ **at**: *(n)* επιτίθεμαι ‖ ~ **boy**: *(n)* πιλότος ‖ ~ **by-night**: *(adj)* αμφίβολης πίστης ή ποιού ‖ ~ **catcher**: *(n)* μυγοχάφτης ‖ ~**er**: see flier ‖ ~ **high**: *(v)* πετώ στα σύννεφα ‖ ~**ing colors**: νίκη, θρίαμβος ‖ ~**ing fish**: *(n)* χελιδονόψαρο ‖ ~**ing saucer**: *(n)* ιπτάμενος δίσκος ‖ ~**net**: *(n)* κουνουπιέρα ‖ ~ **off the handle**: *(v)* θυμώνω απότομα ‖ ~ **over**: *(n)* χαμηλή πτήση ‖ εναέρια διάβαση ‖ ~ **paper**: *(n)* μυγοπαγίδα ‖ ~ **speck**: *(n)* "μυγόχεσμα" ‖ ~ **swatter**: *(n)* "μυγοσκοτώστρα" ‖ ~ **the coop**: *(v)* δραπετεύω ‖ ~ **weight**: πυγμάχος κατηγορίας μύγας ‖ ~ **wheel**: σφόνδυλος ‖ **let** ~: *(v)* εκσφενδονίζω

foal (foul): *(n)* πουλάρι, αλογάκι ‖ [-ed]: *(v)* γεννώ αλογάκι

foam (foum) [-ed]: *(n)* αφρίζω ‖ *(n)* αφρός ‖ ~ **rubber**: *(n)* αφρώδες ελαστικό, "αφρολέξ" ‖ ~**y**: *(adj)* αφρισμένος

fob (fɒb): *(n)* τσεπάκι για το ρολόι ‖ αλυσιδίτσα ή μπρελόκ ρολογιού

foc-al ('foukəl): *(adj)* εστιακός ‖ κεντρικός ‖ συγκεντρώνων προσοχή ή το ενδιαφέρον ‖ ~**us** ('foukəs): *(n)* εστία ‖ επίκεντρο ‖ [-ed]: *(v)* βρίσκω την εστία ‖ προσηλώνω ‖ ρυθμίζω εστιακή απόσταση ‖ **in** ~**us**: ευδιάκριτος, καθαρός ‖ **out of** ~**us**: μη ευδιάκριτος, μη εστιωμένος ‖ αρρύθμιστος

fodder ('fɒdər): *(n)* νομή, τροφή ζώων

foe (fou): *(n)* εχθρός

foet-al: see fetal ‖ ~ **us**: see fetus

fog (fɒg): *(n)* ομίχλη ‖ θολούρα ‖ [-ged]: *(v)* σκεπάζω με ομίχλη ‖ θολώνω, συγχύζω ‖ ~**gy**: *(adj)* ομιχλώδης ‖ συγχυσμένος, αβέβαιος ‖ ~ **horn**: *(n)* σειρήνα κινδύνου ομίχλης, ομιχλόκερας

foible ('foibəl): *(n)* τρωτό σημείο, αδυναμία

foil (foil) [-ed]: *(v)* ματαιώνω, ανατρέ-

πω ‖ κρύβω ‖ μπερδεύω ‖ *(n)* έλασμα ‖ χτυπητή αντίθεση ‖ ξίφος ξιφασκίας

fold (fould) [-ed]: *(v)* διπλώνω ‖ κάνω πτυχή ‖ διπλώνομαι ‖ πτύσσομαι ‖ τυλίγω, περιτυλίγω ‖ εξαντλούμαι ‖ πάω "πάσσο" στα χαρτιά ‖ *(n)* πτυχή ‖ στάνη ‖ ποίμνιο ιερέα ‖ ~**er**: *(n)* φάκελος, "ντοσιέ" ‖ ~ **up**: *(v)* χρεοκοπώ ‖ ~**ing**: *(adj)* πτυσσόμενος

foliage ('fouliidz): *(n)* φύλλωμα

folio ('fouliou): *(n)* τετρασέλιδο ‖ σελίδα κατάστιχου

folk (fouk): *(n)* λαός, εθνική ομάδα ‖ *(adj)* λαϊκός ‖ ~**s**: *(n)* άνθρωποι ‖ μέλη οικογένειας, συγγενείς ‖ ~ **dance**: *(n)* τοπικός ή λαϊκός χορός ‖ ~**lore**: *(n)* λαογραφία, λαϊκές παραδόσεις ‖ ~ **music**: λαϊκή μουσική ‖ ~**sy**: *(adj)* απλός, μη επιτηδευμένος

follow ('folou) [-ed]: *(v)* ακολουθώ ‖ παρακολουθώ ‖ επακολουθώ, συνεπάγομαι ‖ ασκώ, ασχολούμαι με ‖ καταλαβαίνω ‖ ~**er**: *(n)* ακόλουθος ‖ οπαδός ‖ ~**ing**: *(adj)* επόμενος ‖ οπαδοί ‖ πελατεία ‖ ~ **out**: *(v)* εκτελώ πιστά ‖ ~ **suit**: *(v)* ακολουθώ παράδειγμα ‖ ~ **through**: *(v)* φέρω σε πέρας ‖ ~ **up**: *(v)* εκτελώ ως το τέλος ‖ συνεχίζω ‖ επαναλαμβάνω

foll-y ('foli): *(n)* ανοησία, τρέλα ‖ ~**ies**: *(n)* νούμερα του καμπαρέ

foment (fou'ment) [-ed]: *(v)* υποθάλπω

fond (fond): *(adj)* τρυφερός, στοργικός ‖ αγαπητός ‖ **be** ~ **of**: *(v)* συμπαθώ πολύ ‖ ~**ly**: *(adv)* με αγάπη, με στοργή, τρυφερά ‖ ~**ness**: *(n)* στοργή, αγάπη ‖ έντονη προτίμηση

fondle ('fondl) [-d]: *(v)* χαϊδεύω

font (font): *(n)* κολυμπήθρα ‖ πηγή, προέλευση

food (fu:d): *(n)* τροφή ‖ ~ **stamp**: *(n)* δελτίο τροφίμων ‖ ~ **stuff**: *(n)* είδος τροφής, τρόφιμα

fool (fu:l) [-ed]: *(v)* εξαπατώ ‖ αστειεύομαι, χοροϊδεύω ‖ *(adj)* ανόητος, ηλίθιος ‖ κορόϊδο ‖ ~ **around**: *(v)* χασομεράω ‖ "τσιληπουρδώ" ‖ ~ **away**: *(v)* σπαταλώ ‖ ~**ery**: *(n)* ανοησία, παλαβομάρα ‖ ~ **hardy**: *(adj)* παράτολμος ‖ ~**ish**: *(adj)* ανόητος ‖ γελοίος ‖

~ishness: *(n)* ανοησία ‖ ~proof: *(adj)* αδύνατο να αποτύχει ‖ ~'s errand: άσκοπη ασχολία, χαμένος κόπος ή καιρός ‖ ~ with: *(v)* καταπιάνομαι, ψευτομαστορεύω

foot (fut): *(n)* πόδι ‖ βάση ‖ έδρανο ‖ πέδιλο στήριξης ‖ έδραση ‖ πεζικάριοι ‖ [-ed]: *(v)* προχωρώ ‖ ~ it: *(v)* πάω με τα πόδια ‖ ~ and - mouth disease: *(n)* αφθώδης πυρετός ‖ cubic ~: κυβικό πόδι ‖ ~ bridge: *(n)* γέφυρα πεζών ‖ ~age: *(n)* μήκος σε πόδια ‖ ~ball: *(n)* ποδόσφαιρο ‖ ~boy: *(n)* κλητήρας ‖ ~ fall: *(n)* πάτημα ‖ ~ gear: *(n)* υπόδηση ‖ ~hill: *(n)* λοφίσκος στους πρόποδες οροσειράς ‖ ~ hold: *(n)* ασφαλές πάτημα, στήριγμα ‖ ασφαλής ή εξασφαλισμένη θέση ‖ ~ing: *(n)* σταθερό ή σίγουρο πάτημα ‖ βάση ‖ στήριγμα ‖ πλάκα θεμελίωσης ‖ άθροισμα, σύνολο ‖ ~less: *(adj)* αστήρικτος ‖ ~ lights: φώτα προπροσκηνίου, φώτα της "ράμπας" ‖ θέατρο ‖ προσκήνιο ‖ ~ locker: *(n)* ιματιοφυλάκιο στρατιώτη ‖ ~loose: *(adj)* ανέμελος ‖ ~man: *(n)* ιπποκόμος ‖ ~mark, ~print: *(n)* πατημασιά ‖ ~note: *(n)* υποσημείωση ‖ ~ pace: *(n)* βήμα ‖ εξέδρα ‖ ~path: *(n)* μονοπάτι ‖ δρόμος πεζών ‖ ~print: see ~mark ‖ ~rest: *(n)* υποπόδιο ‖ ~ soldier: *(n)* στρατιώτης πεζικού ‖ ~sore: *(adj)* με κουρασμένα ή πονεμένα πόδια ‖ ~step: *(n)* βήμα ‖ πάτημα ‖ πατημασιά ‖ σκαλοπάτι ‖ ~ the bill: *(v)* πληρώνω το λογαριασμό ‖ ~ way: *(n)* διάδρομος πεζών ‖ ~ wear: *(n)* υπόδηση, παπούτσια ή παντόφλες ‖ ~ worn: *(adj)* πολυσύχναστο, πατημένο ‖ put one's ~ down: *(v)* "πατώ πόδι", επιβάλλομαι ‖ put one's ~ in the mouth: *(v)* κάνω γκάφα

fop (fɔp): *(n)* κομψευόμενος, δανδής ‖ ~pish: *(adj)* κομψευόμενος

for (fɔːr): *(prep)* δια, για ‖ αντί, προς ‖ παρόλο ‖ υπέρ ‖ επειδή, γιατί ‖ ~ all that: παρόλα αυτά ‖ ~ my part: όσο για μένα

forage (΄fɔridz) [-d]: *(v)* κάνω επιδρομή για τρόφιμα ή εφόδια ‖ ψαχου-

λεύω, ψάχνω παντού ‖ δίνω χορτονομή ‖ *(n)* χορτονομή ‖ επιδρομή για τρόφιμα ή εφόδια ‖ ~ cap: *(n)* πηλίκιο εκστρατείας

foray (΄fɔrei) [-ed]: *(v)* διαρπάζω, λεηλατώ ‖ κάνω επιδρομή ‖ *(n)* επιδρομή ‖ στρατιωτική επιχείρηση

forbade: see forbid

forbear (fɔːr΄beər) [forbore, forborne]: *(v)* απέχω, συγκρατιέμαι ‖ ~ance: *(n)* αποχή ‖ ανοχή ‖ ~ing: *(adj)* ανεκτικός

forbid (fər΄bid) [forbade, forbidden]: *(v)* απαγορεύω ‖ ~dance: *(n)* απαγόρευση ‖ ~den: *(adj)* απαγορευμένος ‖ ~ding: *(adj)* δυσάρεστος, αποκρουστικός ‖ ανασχετικός ‖ God ~!: Θεός φυλάξοι!

forbore: see forbear

forborne: see forbear

forc-e (fɔːrs) [-d]: *(v)* βιάζω ‖ πιέζω ‖ εξαναγκάζω ‖ βάζω με πίεση ‖ ανοίγω ή μπαίνω με τη βία ‖ διακορεύω ‖ επιβάλλω ‖ *(n)* δύναμη ‖ βία ‖ ισχύς, εγκυρότητα ‖ ~ed: *(adj)* υποχρεωτικός ‖ αναγκαστικός ‖ αφύσικος, προσποιητός ‖ ~eful: *(adj)* αποτελεσματικός, πειστικός ‖ δυναμικός ‖ ~e majeure: ανωτέρα βία ‖ ~e pump: *(n)* καταθλιπτική αντλία ‖ in ~e: εν ισχύει, ισχύων ‖ armed ~es: ένοπλες δυνάμεις ‖ ~eps (΄fɔːrsəps): *(n)* λαβίδα ‖ δαγκάνα εντόμου ‖ ~ible (΄fɔːrsəbəl): *(adj)* βίαιος, με το ζόρι ‖ δυναμικός ‖ ~ibly: *(adv)* με τη βία ‖ δυναμικά

ford (fɔːrd): *(n)* πόρος, ρηχά του ποταμού ‖ [-ed]: *(n)* περνώ από τα ρηχά

fore (fɔːər): *(adj)* πρόσθιος ‖ *(n)* πλώρη ‖ to the ~: στο τις εμπρός ‖ στο επίκεντρο, στο προσκήνιο

forearm (΄fɔːəraːrm): *(n)* πήχη χεριού ‖ (fɔːər΄aːrm) [-ed]: *(n)* προετοιμάζομαι, εξοπλίζομαι

forebod-e (fɔːr΄boud) [-d]: *(v)* προβλέπω ή προαισθάνομαι κακό ‖ ~ing: *(n)* κακό προαίσθημα ή οιωνός

forecast (΄fɔːrkaːst) [-ed or forecast]: *(n)* προβλέπω ‖ *(n)* πρόβλεψη, πρόγνωση

foreclos-e (΄fɔːrklouz) [-d]: *(v)* κατάσχω υποθήκη ‖ αποκλείω ‖ ~ure: *(n)*

149

κατάσχεση υποθήκης

forecourt (´fɔːkɔːrt): *(n)* προαύλιο

foredoomed (´fɔːrduːmt): *(adj)* καταδικασμένος εκ των προτέρων

forefather (´fɔːrfaːðər): *(n)* πρόγονος

forefinger (´fɔːrfiŋɡər): *(n)* δείκτης χεριού

forefront (´fɔːrfrʌnt): *(n)* πρόσοψη ‖ πρωτοκαθεδρία

forego (fɔːr´gou) [forewent, foregone]: *(v)* προηγούμαι ‖ το πλησιέστερο μέρος ‖ ~**ing**: *(adj)* προηγούμενος ‖ προειρημένος ‖ ~**ne**: *(adj)* περασμένος ‖ ~**ne conclusion**: *(n)* αναπόφευκτο αποτέλεσμα

foregone: see forego

foreground (´fɔːrgraund): *(n)* πρώτο πλάνο ‖ το πλησιέστερο μέρος ‖ η σπουδαιότερη θέση, η πρώτη σειρά

forehand (´fɔːrhænd): *(adj)* προγενέστερος ‖ ~**ed**: *(adj)* προβλεπτικός ‖ ευκατάστατος

forehead (´fɔːrhed, ´fɔrid): *(n)* μέτωπο

foreign (´fɔrin): *(adj)* ξένος, αλλοδαπός ‖ εξωτερικός, του εξωτερικού ‖ άσχετος ‖ ~ **bill**: *(n)* συναλλαγματική εξωτερικού ‖ ~**er**: *(n)* ξένος, όχι ντόπιος ‖ ~ **exchange**: *(n)* ξένο συνάλλαγμα ‖ ~ **legion**: *(n)* λεγεώνα των ξένων ‖ **F~ Office**: *(n)* υπουργείο εξωτερικών

forejudge (fɔːr´dzʌdz) [-d]: *(v)* προδικάζω

foreleg (´fɔːrleg): *(n)* μπροστινό πόδι

forelock (´fɔːrlɔk): *(n)* τούφα μαλλιού, τσουλούφι που πέφτει στο μέτωπο

foreman (´fɔːrmən): *(n)* αρχιεργάτης ‖ επιστάτης κτήματος ‖ προϊστάμενος ενόρκων ‖ αρχιτεχνίτης

foremost (´fɔːrmoust): *(adj)* ο πιο πρώτος ‖ ο πιο σπουδαίος

forensic (fə´rensik): *(adj)* δικαστικός ‖ ρητορικός ‖ ~ **medecine**: *(n)* ιατροδικαστική ‖ ~**s**: *(n)* επιχειρηματολογία

forerunner (´fɔːrʌnər): *(n)* πρόδρομος ‖ προάγγελος

foresaid (´fɔːrsed): *(adj)* προειρημένος, προλεχθείς

foresee (fɔːr´siː) [foresaw, foreseen]: *(v)* προβλέπω

foreshadow (fɔːr´ʃædou) [-ed]: *(v)* προ-

μαντεύω, προλέγω

foresight (´fɔːrsait): *(n)* πρόγνωση ‖ πρόβλεψη, πρόνοια

forest (´fɔrist): *(n)* δάσος ‖ ~**er**: *(n)* δασοκόμος ‖ ~**ry**: *(n)* δασοκομία ‖ δασώδης έκταση

forestall (fɔːr´stɔːl) [-ed]: *(v)* προλαβαίνω ‖ καθυστερώ ‖ προνοώ

foretaste (´fɔːrteist): *(n)* ζωηρή προαίσθηση

foretell (fɔːr´tel) [foretold]: *(v)* προλέγω ‖ προμηνώ

forethought (´fɔːrθɔːt): *(n)* πρόνοια, πρόβλεψη

forever (fɔr´evər): *(adv)* για πάντα ‖ ~**more**: *(adv)* παντοτινά ‖ ~**ness**: *(n)* αιωνιότητα

forewarn (fɔːr´wɔːrn) [-ed]: *(n)* προειδοποιώ

foreword (´fɔːrwəːrd): *(n)* πρόλογος ‖ εισαγωγή

forfeit (´fɔːrfiːt) [-ed]: *(v)* χάνω δικαίωμα ‖ πληρώνω ποινική ρήτρα ‖ *(n)* πρόστιμο, ποινική ρήτρα ‖ ενέχυρο ‖ ~**ure**: *(n)* στέρηση δικαιώματος ‖ απώλεια δικαιώματος

forge (fɔːrdz) [-d]: *(v)* επεξεργάζομαι μέταλλο ‖ σφυρηλατώ ‖ πλαστογραφώ ‖ προχωρώ σιγά αλλά σταθερά ‖ πετάγομαι προς τα εμπρός ‖ *(n)* σιδηρουργείο ‖ καμίνι ‖ ~**r**: *(n)* πλαστογράφος ‖ σιδηρουργός ‖ ~**ry**: *(n)* πλαστογραφία ‖ πλαστό, κίβδηλο

forget (fər´get) [forgot, forgotten]: *(v)* ξεχνώ ‖ παραλείπω ‖ ~**ful**: *(adj)* ξεχασιάρης ‖ ~**fulness**: *(n)* λησμονιά ‖ απροσεξία ‖ ~ **oneself**: *(v)* χάνω την αυτοκυριαρχία

forgive (fər´giv) [forgave, forgiven]: *(v)* συγχωρώ ‖ λύνω από υποχρέωση ‖ ~**ness**: *(n)* συγχώρεση

forgo (fɔːr´gou) [forwent, forgone]: *(v)* παραιτούμαι ‖ αποποιούμαι

fork (fɔːrk): *(n)* περόνη, δίκρανο ‖ πιρούνι ‖ διακλάδωση ‖ ~**out**: *(v)* πιρουνιάζω ‖ σχηματίζω διχάλα ‖ διακλαδίζομαι ‖ ~**ed**: *(adj)* διχαλωτός ‖ ~**ful**: *(n)* πιρουνιά ‖ ~ **over**, ~ **out**: *(v)* δίνω, πληρώνω, ''κατεβάζω''

forlorn (fər´lɔːrn): *(adj)* έρημος, εγκαταλειμμένος ‖ απελπισμένος ‖ ~ **hope**: αποστολή ή εγχείρημα απελπισίας

form (fɔ:rm) [-ed]: (v) σχηματίζω ‖ σχηματίζομαι ‖ διαμορφώνω ‖ διαμορφώνομαι ‖ (n) σχήμα, μορφή ‖ τύπος, καλούπι ‖ είδος ‖ τρόποι ‖ φυσική κατάσταση, "φόρμα" ‖ υπόδειγμα εντύπου ‖ τάξη σχολείου ‖ πάγκος ‖ ~**al** (´fɔ:məl): (adj) τυπικός ‖ επίσημος, εθιμοτυπικός ‖ ~**alism**: (n) τυπικότητα ‖ ~**ality**: (n) τύποι, τυπικότητα ‖ επισημότητα ‖ ~**alize** [-d]: (v) τυποποιώ ‖ ~**ally**: (adv) τυπικά ‖ επίσημα ‖ ~ **at** (´fɔ:rmæt): (n) σχήμα ‖ πρότυπο, σχέδιο ‖ ~**ation** (fɔ:r´mei∫ən): (n) σχηματισμός ‖ διάταξη ‖ διαμόρφωση, διάπλαση ‖ ~**ative** (´fɔ:rmətiv): (adj) διαμορφωτικός, διαπλαστικός ‖ ~**er**: (n) διαμορφωτής ‖ ~**less**: (adj) άμορφος ‖ ~ **work**: (n) ξυλότυποι, καλούπια

former (´fɔ:rmər): see **form** ‖ (adj) προηγούμενος, προγενέστερος ‖ τέως, πρώην ‖ προηγούμενος από δύο, πρώτος των δύο ‖ ~**ly**: (adv) προηγουμένως

formica (fɔ:r´maikə): (n) φορμάικα

formidable (´fɔ:rmidəbəl): (adj) φοβερός, τρομερός ‖ τεράστιος ‖ δύσκολος

formula (´fɔ:rmjulə): (n) τύπος ‖ στερεότυπο, κοινοτυπία ‖ ~**te**: (v) τυποποιώ ‖ εκφράζω σε τύπο

forsake (fər´seik) [forsook, forsaken]: (v) παραιτούμαι, εγκαταλείπω ‖ απαρνούμαι

fort (fɔ:rt): (n) οχυρό ‖ φρούριο

forte (´fɔ:rtei, ´fɔ:rt): κυριότερο προσόν, "φόρτε" ‖ μουσικό "φόρτε"

forth (fɔ:rθ): (adv) προς τα εμπρός ‖ έξω, φανερά ‖ ~**coming**: (adj) επερχόμενος ‖ ~ **right**: (adv) κατευθείαν εμπρός ‖ ευθύς, ντόμπρος ‖ **with**: (adj) αμέσως

fortieth (´fɔ:rti:θ): (adj) τεσσαρακοστός

fortif-ication (fɔ:rtifi´kei∫ən): (n) οχυρό ‖ οχύρωση ‖ ενίσχυση, τόνωση ‖ ~**y** (´fɔ:rtifai) [-ied]: (v) οχυρώνω ‖ ενισχύω, τονώνω ‖ υποστηρίζω, ενισχύω

fortitude (´fɔ:rtitju:d): (n) σθένος ‖ θάρρος

fortnight (´fɔ:rtnait): (n) δεκαπενθήμερο

FORTRAN (´fɔ:rtræn): (n) "Μετάφραση τύπων" (γλώσσα των computers)

fortress (´fɔ:rtris): (n) φρούριο ‖ οχυρό ‖ **flying** ~: (n) ιπτάμενο φρούριο

fortun-ate (´fɔrt∫ənit): (adj) τυχερός ‖ ~**ately**: (adv) ευτυχώς ‖ ~**e** (´fɔ:rt∫ən): (n) τύχη ‖ μοίρα ‖ περιουσία ‖ ~**e hunter**: (n) προικοθήρας ‖ ~**e teller**: (n) χαρτορίχτρα ή καφετζού

forty (´fɔ:rti): σαράντα ‖ ~ **winks**: (n) υπνάκος

forward (´fɔ:rwərd) [-ed]: (v) διαβιβάζω, προωθώ ‖ προάγω ‖ (adj) πρόσθιος ‖ (adv) προς τα εμπρός ‖ (adj) πρόθυμος, ανυπόμονος ‖ τολμηρός ‖ προοδευτικός ‖ διαν. αναπτυγμένος ‖ ~**s**: (adv) εμπρός, προς τα εμπρός ‖ ~**er**: (n) διεκπεραιωτής ‖ ~**ness**: (n) πρόοδος, ανάπτυξη ‖ τόλμη, προπέτεια

fossil (´fɔsil): (n) απολίθωμα ‖ άνθρωπος με αναχρονιστικές ιδέες, "σκουριασμένος"

foster (´fɔstər) [-ed]: (v) ανατρέφω ‖ τρέφω, υποθάλπω ‖ ~ **child**: (n) θετό παιδί ‖ ~ **father**: (n) πατριός ‖ ~ **mother**: (n) μητριά

fought: see **fight**

foul (faul): (adj) αποκρουστικός ‖ αηδιαστικός, βρομερός ‖ σάπιος ‖ αισχρός ‖ ανέντιμος ‖ "φάουλ" αθλητικό ‖ [-ed]: (v) βρομίζω ‖ μολύνω ‖ ατιμάζω ‖ εμποδίζω ‖ μπλέκω, μπερδεύω ‖ κάνω "φάουλ" ‖ ~ **mouthed**: (adj) βρομολόγος ‖ ~**ness**: (n) βρομιά ‖ ~ **play**: (n) ατιμία ‖ εγκληματική ενέργεια ή πράξη ‖ ~**shot**: (n) ελεύθερη βολή ‖ ~ **up**: (v) μπερδεύω, τα κάνω "θάλασσα"

found (faund) [-ed]: (v) ιδρύω, δημιουργώ ‖ εγκαθιδρύω ‖ τοποθετώ σε βάση, στηρίζω ‖ θεμελιώνω ‖ χύνω σε καλούπι ‖ see **find** ‖ ~**ation**: (n) υποδομή ‖ θεμέλιο, θεμελίωση ‖ έδραση, στήριξη ‖ ίδρυμα ‖ ~**er**: (n) χύτης ‖ ιδρυτής ‖ ~**ling**: (n) έκθετο βρέφος ‖ ~**ry**: (n) χυτήριο ‖ χυτά αντικείμενα

founder (´faundər) [-ed]: (v) γίνομαι

151

fount

ανάπηρος ‖ αποτυγχάνω, "βουλιάζω" ‖ βυθίζομαι ‖ παθαίνω καθίζηση

fount (faunt): *(n)* πηγή ‖ **~ain**: *(n)* βρύση, πηγή ‖ συντριβάνι ‖ προέλευση ‖ **~ainhead**: *(n)* πηγή ποταμού ‖ **~ain pen**: *(n)* στυλογράφος

four (fɔ:r): *(n)* τέσσερα ‖ **~ bits**: *(n)* πενηντάλεπτο ‖ **~ cylinder**: *(adj)* τετρακύλινδρος ‖ **~ flush**: *(n)* μπλόφα ‖ [-ed]: *(v)* μπλοφάρω ‖ **~ flusher**: *(n)* απατεώνας ‖ **~ fold**: *(adj)* τετραπλάσιος ‖ **~ hundred**: *(n)* οι εκατομμυριούχοι, οι πάμπλουτοι ‖ **~ in-hand**: *(n)* τέθριππο αμάξι ‖ είδος γραβάτας ‖ **~ letter word**: *(n)* βρομόλογο, χυδαία λέξη ‖ **poster**: *(n)* κρεβάτι με κολόνες ‖ **~some**: *(n)* τετράδα ‖ δύο ζεύγη παιχνίδι με τέσσερις παίκτες ‖ **~ square**: *(adj)* ευθύς, "ντόμπρος" ‖ **~teen**: δεκατέσσερα ‖ **~teenth**: *(adj)* δέκατος τέταρτος ‖ **~th**: τέταρτος ‖ **~th estate**: *(n)* η δημοσιογραφία, τύπος ‖ **on all ~s**: με τα τέσσερα, μπουσουλώντας

fowl (faul): *(n)* όρνιθα, πουλερικό

fox (fɔks): *(n)* αλεπού ‖ πονηρός, "αλεπού" ‖ [-ed]: *(v)* εξαπατώ ‖ βάζω ψίδια σε παπούτσι ‖ **~ hole**: *(n)* ατομικό όρυγμα ‖ **~ hound**: *(n)* κυνηγόσκυλο ‖ **~iness**: *(n)* πονηριά ‖ **~ing**: *(n)* ψίδι ‖ **~trot**: *(n)* χορός φοξ-τροτ ‖ **~y**: *(adj)* πονηρός, "αλεπού"

foyer (ˊfɔiei): *(n)* χωλ, είσοδος, φουαγιέ

fract-ion (ˊfrækʃ ən): *(n)* τμήμα, μέρος ‖ κλάσμα ‖ **~ional**: *(adj)* κλασματικός ‖ μικροσκοπικός ‖ **~ionate** [-d]: *(v)* διυλίζω με διάσπαση ή απόσταξη ‖ **~ionize** [-d]: *(v)* κλασματοποιώ ‖ **~ure**: (ˊfræktʃ ər): *(n)* θλάση, κάταγμα ‖ [-d]: *(v)* προκαλώ θλάση ή κάταγμα ‖ ραγίζω

fragile (ˊfrædzail, ˊfrædzəl): *(adj)* εύθραυστος

fragment (ˊfrægmənt) [-ed]: *(v)* συντρίβω ‖ κομματιάζω ‖ *(n)* θραύσμα ‖ κομμάτι, μέρος ‖ **~ary**: *(adj)* κομματιαστός, μη συνεχής ‖ **~ation**: *(n)* συντριβή, κομμάτιασμα

fragran-ce (ˊfreigrəns): *(n)* άρωμα, ευ-

χάριστη μυρωδιά ‖ **~t**: *(adj)* ευώδης

frail (freil): *(adj)* ασθενικός, αδύνατος ‖ ευπαθής, εύθραυστος ‖ αδύνατος ψυχικά ‖ *(n)* πλεχτό καλάθι ‖ **~ty**: *(n)* αδυναμία, ευπάθεια

frame (freim) [-d]: *(v)* πλαισιώνω, τοποθετώ σε πλαίσιο, κορνιζώνω ‖ κατασκευάζω ή συναρμολογώ το σκελετό ‖ συλλαμβάνω ή καταστρώνω σχέδιο ή ιδέα ‖ σχηματίζω λέξη ‖ σκηνοθετώ ενοχή ‖ σκηνοθετώ νίκη σε αγώνα ‖ *(n)* σκελετός ‖ πλαίσιο, κορνίζα ‖ σωματική κατασκευή ‖ **~ up**: *(n)* ψεύτικη ενοχοποίηση, σκηνοθεσία ενοχής ‖ **~ house**: *(n)* ξυλόσπιτο ‖ **~ of mind**: *(n)* διανοητική κατάσταση ή διάθεση ‖ **~ work**: *(n)* σκελετός ‖ πλαίσιο ‖ βασικός τύπος ή σύστημα

franc (fræŋk): *(n)* φράγκο

France (fra:ns): *(n)* Γαλλία

franchise (ˊfræntʃaiz): *(n)* δικαίωμα ψήφου ‖ προνόμιο εκμετάλλευσης επιχείρησης ‖ [-d]: *(v)* χορηγώ δικαίωμα ψήφου ‖ χορηγώ ή εκμισθώνω ή πουλώ προνόμιο εκμετάλλευσης επιχείρησης

frank (fræŋk): *(adj)* ειλικρινής ‖ ευθύς "ντόμπρος" ‖ **~ly**: *(adv)* ειλικρινά ‖ **~ness**: *(n)* ειλικρίνεια

frankincense (ˊfræŋkinsens): *(n)* μοσχολίβανο

frantic (ˊfræntik): *(adj)* έξαλλος ‖ σε μεγάλη αγωνία

frappé (fræpeˊi): *(adj)* χτυπητό, "φραπέ" ‖ λικέρ με παγάκια

frat-ernal (frəˊtə:rnəl): *(n)* αδελφικός ‖ **~ernity**: *(n)* αδελφότητα ‖ αδελφοσύνη ‖ **~ernization**: *(n)* συναδέλφωση ή συναδελφοσύνη ‖ **~ernize** [-d]: *(v)* συναδελφώνομαι ‖ **~ricide** (ˊfrætrisaid): *(n)* αδελφοκτονία ‖ αδελφοκτόνος

fraud (frɔ:d): *(n)* δόλος ‖ απάτη ‖ *(n)* απατεώνας ‖ **~ulent**: *(adj)* δόλιος ‖ απατηλός

fray (frei) [-ed]: *(v)* ξεφτίζω ‖ ξεφτίζομαι ‖ ερεθίζω, ταράζω ‖ εκδιώκω ‖ *(n)* ξέφτισμα, φάγωμα ‖ καβγάς ‖ **~ed**: *(adj)* ξεφτισμένος, φαγωμένος

freak (fri:k): *(n)* παραδοξότητα, τερατολογία ‖ τέρας ‖ παραξενιά ‖ *(adj)*

152

μανιώδης, φανατικός ‖ ~ish, ~y: (adj) αλλόκοτος, τερατώδης

freckle (´frekəl): (n) φακίδα ‖ ~d: (adj) με φακίδες

free (fri:) [-d]: (v) ελευθερώνω ‖ (adj) ελεύθερος ‖ ανεξάρτητος ‖ μη υποκείμενος σε ‖ δωρεάν ‖ ελεύθερος, διαθέσιμος ‖ γενναιόδωρος ‖ ~ **and clear**: ελεύθερο υποθήκης ‖ ~ **booter**: (n) πειρατής ‖ ~**dom**: (n) ελευθερία ‖ αναίδεια, τόλμη ‖ ~ **hand**: (adj) με το χέρι, χωρίς όργανα ‖ ~ **handed**: (adj) γενναιόδωρος, ανοιχτοχέρης ‖ ~**lance**, ~**lancer**: (n) ελεύθερος ή ανεξάρτητος επαγγελματίας, "ελεύθερος σκοπευτής" ‖ κομματικά ανεξάρτητος ‖ ~**loader**: (n) τρακαδόρος ‖ ~ **mason**: (n) ελεύθερος τέκτονας, "μασόνος" ‖ ~ **masonry**: (n) μασονία ‖ ~ **spoken**: (adj) ειλικρινής, "ντόμπρος" ‖ ~ **verse**: ελεύθερος στίχος ‖ ~**way**: (n) δρόμος χωρίς σήματα στάθμευσης ‖ ~ **wheeling**: (adj) χωρίς ενδοιασμούς

freez-e (fri:z) [froze, frozen]: (n) παγώνω ‖ καταψύχω, κάνω κατάψυξη ‖ ψύχομαι ‖ παγιώνω, ακινητοποιώ, "παγώνω" ‖ (n) παγωνιά ‖ ψύξη ‖ ψυγείο ‖ ~**e dry**: (v) διατηρώ με ψύξη ‖ ~**er**: (n) ψυγείο, καταψύκτης ‖ ~**ing** (´fri:ziŋ): (n) ψύξη ‖ ~**ing cold**: παγωνιά ‖ ~**ing point**: (n) σημείο ψύξης ή πήξης ‖ **deep** ~**e**: (n) κατάψυξη

freight (freit) [-ed]: (v) μεταφέρω ‖ φορτώνω εμπόρευμα ‖ (n) φορτίο ‖ εμπορεύματα ‖ μεταφορά ‖ κόμιστρα ‖ ~**age**: (n) κόμιστρα εμπορευμάτων ‖ μεταφορά εμπορευμάτων ‖ ~**car**: φορτηγό όχημα ‖ ~**er**: (n) μεταφορέας ή φορτηγό πλοίο ή όχημα ‖ ~ **train**: (n) εμπορική αμαξοστοιχία

French (frentʃ): (n) Γάλλος ‖ (adj) γαλλικός ‖ γαλλική γλώσσα, γαλλικά ‖ ~ **bread**: (n) φραντζόλα ζυμωτού ψωμιού ‖ ~ **cuff**: (n) διπλό μανικέτι ‖ ~ **curves**: (n) καμπυλόγραμμο ‖ ~ **fries**: (n) τηγανητές ψιλοκομμένες πατάτες ‖ ~ **leave**: (n) φυγή "αλά Γαλλικά" ‖ ~**man**: Γάλλος ‖ ~ **window**: (n) τζαμόπορτα ή πόρτα βεράντας ‖ ~**y**: Γάλλος

fren-etic (frə´netik): (adj) έξαλλος, φρενιασμένος ‖ ~**zy** (´frenzi): (n) φρένιασμα, μανία ‖ τρέλα, "ντελίριο" ‖ έξαλλη ιδέα, "τρέλα"

freon (´friən): (n) αντιψυκτικό υγρό, "φρίον"

frequen-ce (´fri:kwəns), ~**cy** (´fri:kwənsi): (n) συχνότητα ‖ ~**t**: (adj) συχνός ‖ ~**t** [-ed]: (v) συχνάζω ‖ ~**tation**: (n) συχνή επίσκεψη ‖ ~**tly**: (adv) συχνά

fresco (´freskou): (n) τοιχογραφία ‖ νωπογραφία, "φρέσκο"

fresh (freʃ): (adj) καινούριος ‖ φρέσκος ‖ νωπός, μη κονσερβαρισμένος ή κατεψυγμένος ‖ γλυκό νερό, μη αλμυρό ‖ αρχάριος ‖ φρεσκαρισμένος ‖ τολμηρός, αναιδής ‖ ~**en** [-ed]: (v) φρεσκάρω ‖ φρεσκάρομαι ‖ ζωηρεύω ‖ ~**man**: (n) πρωτοετής φοιτητής ‖ πρωτόπειρος ‖ ~**ness**: (n) φρεσκάδα ‖ ~**water**: (adj) άπειρος, του "γλυκού νερού"

fret (fret) [-ted]: (v) ταράζω, ανησυχώ ‖ ταράζομαι, ανησυχώ ‖ κατατρώγω, φαγώνω ‖ (n) ταραχή, ανησυχία ‖ ~**ful**: (adj) ταραγμένος, ανήσυχος ‖ ~ **work**: (n) στολίδι, "γιρλάντα" ‖ σκάλισμα, σκαλιστό

friar (´fraiər): (n) καθολικός μοναχός ‖ ~ y: (n) μοναστήρι

friction (´frikʃən): (n) τριβή ‖ προστριβή, ασυμφωνία

Friday (´fraidi): (n) Παρασκευή ‖ **man** ~, **girl** ~: βοηθός ή υπάλληλος για όλες τις δουλειές

fridge (fridʒ): (n) ψυγείο

fried: see fry

friend (frend): (n) φίλος ‖ **boy** ~: "φίλος", αγαπητικός ‖ ~**less**: (adj) χωρίς φίλους, μόνος ‖ ~**ly**: (adj) φιλικός, ευπροσήγορος ‖ ~**ly society**: Φιλική Εταιρεία ‖ ~**ship**: (n) φιλία ‖ **girl**~: "φιλενάδα"

frieze (´fri:z): (n) ζωοφόρος ‖ διάζωμα αετώματος ή μετόπης ‖ διακοσμητικό διάζωμα οροφής ή τοίχου

frigate (´frigit): (n) φρεγάτα ‖ πολεμικό συνοδείας

fright (frait): (n) φόβος, τρομάρα ‖

frigid

απαίσιος, "φρίκη" ‖ ~en [-ed]: (v) τρομάζω, φοβίζω ‖ ~en away, ~en out: (v) διώχνω φοβερίζοντας ‖ ~ening: (adj) τρομακτικός ‖ ~ful: (adj) τρομερός, φοβερός ‖ ~fully: (adv) τρομερά, φοβερά ‖ ~fulness: (n) τρόμος, φόβος

frigid (´fridzid): (adj) παγερός ‖ ~ity, ~ness: (n) παγερότητα ‖ σεξουαλική ψυχρότητα ‖ ~ly: (adv) παγερά ‖ ~ zone: (n) κατεψυγμένη ζώνη

frill (fril): (n) πτύχωση διακοσμητική, "φραμπαλάς" ‖ ψεύτικο στολίδι ‖ ~y: (adj) με φραμπαλάδες ‖ φτηνοστολισμένος

fringe (frindz): (n) παρυφή ‖ άκρη, περιθώριο ‖ "γαρνιτούρα", "κρόσσι" ‖ κόμμα των άκρων ‖ ~ benefit: (n) δευτερεύουσα απολαβή, επίδομα

frisk (frisk) [-ed]: (v) χοροπηδώ ‖ κάνω σωματική έρευνα ‖ (n) χοροπήδημα, σκίρτημα ‖ σωματική έρευνα ‖ ~y: (adj) παιχνιδιάρης

fritter (´fritər) [-ed]: (v) ξοδεύω ‖ σπαταλώ ‖ (n) κέικ με φρούτα ‖ ~ away: (v) καταξοδεύομαι, κατασπαταλώ, σκορπάω

frivol-ity (fri´vəliti): (n) ελαφρότητα, επιπολαιότητα ‖ ~ous: (adj) ελαφρός, επιπόλαιος ‖ χωρίς περιεχόμενο, "κούφιος"

frizz (friz), ~ le (´frizəl) [-d]: (v) κατσαρώνω ‖ ξεροψήνω ‖ ~y, ~ly: (adj) σγουρός

fro (frou): to and ~: πέρα δώθε, μπρος-πίσω

frock (frɔk): (n) φουστάνι ‖ ράσο ‖ [-ed]: (v) χειροτονώ κληρικό

frog (frɔg): (n) βάτραχος ‖ βραχνάδα ‖ ~man: βατραχάνθρωπος

frolic (´frɔlik) [-ked]: (v) χοροπηδώ παιχνιδιάρικα, κάνω παιχνίδια ‖ (n) παιχνιδιάρικο χοροπήδημα ‖ παιχνίδι, αστείο ‖ ~ some: (adj) παιχνιδιάρης

from (frɔm): (prep) από, εκ

frond (frɔnd): (n) φυλλωσιά ‖ φύλλο φτέρης ή φοίνικα

front (frʌnt): (n) μέτωπο, πρόσοψη ‖ πολεμικό μέτωπο ‖ παρουσιαστικό, όψη ‖ ψεύτικη προσποιητή εμφάνιση ή

έκφραση ‖ (adj) μπροστινός ‖ μετωπικός ‖ (n) κάλυμμα ‖ [-ed]: (v) αντικρίζω, αντιμετωπίζω ‖ ~age: (n) πρόσοψη ‖ διαστάσεις πρόσοψης ‖ ~al (adj) μετωπιαίος ‖ ~ier (frən´ti:r): (n) μεθόριος, σύνορα ‖ ανεξερεύνητη περιοχή ‖ ~ page: (adj) σπουδαίο, εντυπωσιακό, "πρωτοσέλιδο"

frost (frɔst): (n) παγετός ‖ παγωνιά ‖ παγερό ύφος ‖ [-ed]: (v) παγώνω ‖ βάζω σαντιγί σε γλυκό ‖ ~ bite: (n) κρυοπάγημα ‖ ~ed: (adj) παγωμένος ‖ σκεπασμένος με σαντιγί ‖ θαμπός αδιαφανής ‖ ~y: (adj) παγερός ‖ ασημής, ασπρειδερός ‖ ground ~: πάχνη

froth (frɔθ): (n) αφρός ‖ [-ed]: (v) αφρίζω ‖ ~y: (adj) αφρώδης ‖ αφρισμένος ‖ παιχνιδιάρης

frown (fraun) [-ed]: (v) συνοφρυώνομαι ‖ (n) συνοφρύωμα ‖ ~ away: (v) απορρίπτω, δεν επιδοκιμάζω ‖ ~ upon: (v) θεωρώ αντικανονικό, απο κρουστικό ή κακό

froze (frouz): see freeze ‖ ~n: see freeze ‖ (adj) παγωμένος ‖ καταψυγμένος ‖ παγερός, ψυχρός

frugal (´fru:gəl): (adj) λιτός ‖ φτηνός ‖ ~ity: (n) λιτότητα

fruit (fru:t): (n) καρπός ‖ οπωρικό φρούτο ‖ βλαστάρι, γένος ‖ κίναιδος ‖ [-ed]: (v) καρποφορώ ‖ ~er, ~erer (n) οπωροπώλης ‖ οπωροκόμος ‖ καρποφόρο δέντρο ‖ ~ful: (adj) καρ ποφόρος ‖ οπωροφόρος ‖ παραγωγι κός, κερδοφόρος ‖ ~ion: (n) καρποφορία ‖ εκπλήρωση ‖ ~less: (adj) άκαρπος ‖ ~y: (adj) παλαβός, "λοξός"

frustrat-e (frʌs´treit) [-d]: (v) ματαιώ νω ‖ απογοητεύω ‖ ~ed: (adj) απογοη τευμένος ‖ ~ion: (n) ματαίωση ‖ απο γοήτευση

frustum (´frʌstəm): (n) κόλουρος κώ νος ή πυραμίδα

fry (frai) [-ied]: (v) τηγανίζω ‖ τηγανί ζομαι ‖ ψήνω ‖ (n) τηγανιτό ‖ μαρε δούλα, ψαράκι ‖ μικρός, τιποτένιος ~er: (n) κοτόπουλο για τηγάνισμα ~ing pan: (n) τηγάνι ‖ small ~: ο μι κρός λαός, οι ασήμαντοι

fuck (fʌk) [-ed]: (v) γαμώ ‖ τα κάνω

154

"θάλασσα", χαλάω τη δουλειά
fudge (fʌdz): *(n)* ζαχαρωτό ‖ ανοησία, "μπούρδα" ‖ [-d]: *(v)* πλαστοποιώ
fuel (fjuəl): *(n)* καύσιμη ύλη ‖ τροφή ‖ [-ed]: *(v)* τροφοδοτώ με καύσιμα ‖ παίρνω καύσιμα
fugitive (´fju:dzitiv): *(adj)* φυγάδας ‖ φευγαλέος, παροδικός
fulcrum (´fʌlkrəm): *(n)* υπομόχλιο
fulfil (ful´fil) [-led]: *(v)* εκπληρώνω ‖ ικανοποιώ ‖ συμπληρώνω, τελειώνω ‖ **~ment**: *(n)* εκπλήρωση, ικανοποίηση ‖ συμπλήρωση
full (ful): *(adj)* πλήρης, γεμάτος ‖ χορτάτος, "φουλ" ‖ βαθύς ‖ **~ back**: *(n)* οπισθοφύλακας ‖ **~ blood**: *(adj)* καθαρόαιμος ‖ **~ blown**: *(adj)* ολάνθιστος ‖ **~ dress**: μεγάλη στολή ‖ **~ fledged**: *(adj)* τέλειος ‖ ώριμος ‖ **~ house**: *(n)* χαρτοπαικτικό "φουλ" ‖ **~moon**: *(n)* πανσέληνος ‖ **~ mouthed**: *(adj)* μεγαλόφωνος ‖ **~ness**: *(n)* πληρότητα ‖ **~stop**: *(n)* τελεία, στιγμή ‖ **~y**: *(adv)* πλήρως
fumble (´fʌmbəl) [-d]: *(v)* ψηλαφώ, ψαχουλεύω ‖ χειρίζομαι αδέξια ‖ ψάχνω αδέξια ‖ τα κάνω "θάλασσα", τα κάνω "μούσκεμα" ‖ *(n)* αδέξιο ψάξιμο ή χειρισμός
fum-e (fju:m) [-d]: *(v)* αναδίδω καπνό ή ατμό ‖ εξατμίζομαι ‖ θυμώνω, "σιγοβράζω" ‖ *(n)* αναθυμίαση ‖ δυνατή μυρωδιά ‖ θυμός ‖ **~igate** (´fjumigeit) [-d]: *(v)* απολυμαίνω με καπνό ή ατμό
fun (fʌn): *(n)* διασκέδαση ‖ αστειότητα, αστείο ‖ γούστο, "πλάκα" ‖ **for ~, in ~**: στα αστεία, για "πλάκα", για "γούστο" ‖ **~ny**: *(n)* αστείος, διασκεδαστικός ‖ παράξενος ‖ **~nies**: *(n)* αστείες ιστορίες ‖ **have ~**: *(v)* διασκεδάζω ‖ **like ~**: ασφαλώς όχι ‖ **make ~ of**: *(v)* περιπαίζω, γελοιοποιώ
function (´fʌŋkʃən): *(n)* συνάρτηση ‖ λειτουργία ‖ εργασία, καθήκον ‖ επίσημη κοινωνική εκδήλωση ‖ [-ed]: *(v)* λειτουργώ, εργάζομαι ‖ *(adj)* πρακτικός ‖ λειτουργικός, της εργασίας ‖ **~ary**: *(n)* κρατικός λειτουργός
fund (fʌnd): *(n)* απόθεμα, πηγή εφοδίων ‖ κεφάλαιο ‖ **~s**: *(n)* διαθέσιμα

μετρητά ‖ **the ~s**: εθνικό χρέος
fundament (´fʌndemənt): *(n)* θεμέλιο ‖ βασική αρχή ‖ **~al**: *(adj)* θεμελιώδης, βασικός ‖ κύριος, ουσιώδης ‖ **~ally**: *(adv)* βασικά, θεμελιωδώς
funeral (´fjunerəl): *(n)* κηδεία ‖ *(adj)* πένθιμος ‖ νεκρώσιμος ‖ **your ~**: εσύ θα υποστείς τις συνέπειες, εσύ θα δώσεις το λόγο, εσύ θα τα πληρώσεις
fungus (´fʌngəs): *(n)* μύκητας
funicular (fju´nikjulər): *(adj)* κινούμενος με καλώδιο ‖ **~ railway**: *(n)* σιδηρόδρομος κινούμενος με καλώδιο, "τελεφερίκ"
funk (fʌŋk): *(n)* φόβος, "τρακ" ‖ θλίψη
funnel (´fʌnəl): *(n)* χωνί ‖ φουγάρο
fur (fə:r): *(n)* τρίχωμα ζώου ‖ γούνα ‖ **~ry**: *(adj)* γούνινος ‖ τριχωτός ‖ **make the ~ fly**: *(v)* αρχίζω καβγά ή φασαρία
furious (´fjuəriəs): *(adj)* έξαλλος, μανιασμένος ‖ **~ly**: *(adv)* έξαλλα, με μανία
furl (fə:rl) [-ed]: *(v)* διπλώνω, μαζεύω, τυλίγω
furlong (´fə:rloŋ): *(n)* στάδιο (1/8 του μιλίου = 220 γιάρδες)
furlough (´fə:rlou): *(n)* κανονική άδεια στρατιώτη
furnace (´fə:rnis): *(n)* κλίβανος ‖ καμίνι ‖ **blast ~**: *(n)* υψικάμινος
furn-ish (´fə:rniʃ) [-ed]: *(v)* εφοδιάζω ‖ επιπλώνω ‖ **~ishings**: *(n)* έπιπλα ‖ ενδύματα ‖ **~iture** (´fə:rnitʃər): *(n)* επίπλωση, έπιπλα ‖ εφόδια
furor (´fjuərər): *(n)* μανία, έξαλλη κατάσταση
furrow (´fə:rou) [-ed]: *(v)* ανοίγω αυλάκι ‖ *(n)* αυλάκωση, αυλάκι ‖ **~ed**: *(adj)* αυλακωτός ‖ με ραβδώσεις
furry: see fur
further (´fə:rðər): *(adj)* πιο μακρινός, απώτερος ‖ επιπρόσθετος ‖ *(adv)* επιπροσθέτως ‖ [-ed]: *(v)* υποστηρίζω, προάγω, βοηθώ σε εξέλιξη ή άνοδο ‖ **~more**: *(adv)* επιπλέον, εξάλλου
furthest (´fə:rðist): *(adj)* ο απώτατος, ο πιο μακρινός ‖ *(adv)* στο μέγιστο βαθμό

furtive

furtive (´fə:rtiv): *(adj)* λαθραίος, ύπουλος

fury (´fjuəri): *(n)* μανία ‖ έξαλλη κατάσταση ή ξέσπασμα

fuse (fju:z) [-d]: *(v)* τήκω, λιώνω ‖ τήκομαι ‖ συγχωνεύω ‖ *(n)* ασφάλεια ηλεκτρικής εγκατάστασης ‖ θρυαλλίδα ‖ **~box**: *(n)* κιβώτιο ασφαλειών

fuselage (´fju:zila:z): *(n)* σκάφος αεροπλάνου, άτρακτος αεροσκάφους

fusilier (fju:zi´liər): *(n)* τυφεκιοφόρος

fusion (´fju:zən): *(n)* τήξη ‖ συγκόλληση με τήξη ‖ πυρηνική σύντηξη ‖ συγχώνευση

fuss (fʌs): *(n)* φασαρία, ανακατωσούρα

‖ υπερβολική ανησυχία ή ενδιαφέρον ‖ λογομαχία ‖ **~y**: *(adj)* λεπτολόγος, ιδιότροπος

fusty (´fʌsti): *(adj)* μουχλιασμένος

futil-e (´fju:tel, ´fju:tail): *(adj)* μάταιος ‖ **~ity**: *(n)* ματαιότητα

futur-e (´fju:tʃər): μέλλων ‖ μελλοντικός ‖ **~e perfect**: *(n)* τετελεσμένος μέλλων ‖ **~ism**: *(n)* φουτουρισμός ‖ **~ist**: *(n)* φουτουριστής ‖ **~istic**: *(adj)* φουτουριστικός

fuzz (fʌz): *(n)* χνούδι ‖ **the ~**: αστυνομικός, αστυνομία ‖ **~y**: *(adj)* χνουδωτός ‖ θαμπός

fyke (faik): *(n)* απόχη

G

G, g: το έβδομο γράμμα του Αγγλ. αλφαβήτου

gab (gæb) [-bed]: *(v)* φλυαρώ, αερολογώ ‖ *(n)* φλυαρία, αερολογία ‖ **~by**: *(adj)* φλύαρος

gabardine (´gabərdi:n): *(n)* καμπαρντίνα

gabble (´gæbəl) [-d]: *(v)* μιλώ ασυνάρτητα ή γρήγορα ‖ κακαρίζω ‖ *(n)* ασυνάρτητη ή γρήγορη ομιλία

gable (´geibəl): *(n)* αέτωμα

gad (´gæd) [-ded]: *(v)* τριγυρίζω άσκοπα ‖ *(n)* άσκοπο τριγύρισμα ‖ *(n)* βουκέντρα ‖ **~ fly**: *(n)* αλογόμυγα

gadget (´gædzit): *(n)* μικρή συσκευή, όργανο ‖ **~ry**: *(n)* μικροσυσκευές

gaff (gæf) [-ed]: *(v)* καμακώνω ‖ *(n)* καμάκι ‖ κακομεταχείριση ‖ *(v)* εξαπατώ

gaffe (gæf): *(n)* γκάφα

gag (gæg) [-ged]: *(v)* φιμώνω, βάζω φίμωτρο ‖ βουλώνω ‖ πνίγω ‖ πνίγομαι ‖ κάνω αστείο ‖ κάνω εμετό ‖ *(n)* φίμωτρο ‖ αστείο, "πλάκα"

gaga (´ga:ga:): *(adj)* ανόητος, τρελός

gai-ety (´geiəti): *(n)* χαρά, ευθυμία ‖ **~ly**: *(adv)* χαρούμενα, εύθυμα

gain (gein) [-ed]: *(v)* κερδίζω ‖ αποκτώ ‖ φθάνω ‖ ωφελούμαι ‖ πλησιάζω ‖ *(n)* απόκτημα ‖ κέρδος ‖ πλεονέκτημα ‖ εγκοπή ‖ **~ful**: *(adj)* επικερδής, κερδοφόρος ‖ **~ say** [-said]: *(v)* διαψεύδω, αρνούμαι ‖ αντιλέγω

gait (geit): *(n)* τρόπος βαδίσματος, βάδισμα ‖ **~er**: *(n)* γκέτα

gal (gæl): *(n)* κοπέλα *(id)*

gala (´geilə, ´ga:lə): *(n)* εορταστική εκδήλωση ‖ *(adj)* εορτάσιμος

gala-ctic (gə´læktik): *(adj)* γαλαξιακός ‖ **~xy** (´gæləksi): *(n)* γαλαξίας

gale (geil): *(n)* ανεμοθύελλα ‖ χαλασμός κόσμου, ξέσπασμα

gall (gɔ:l): *(n)* χολή ‖ πικρία ‖ αναίδεια, θράσος ‖ ερέθισμα ‖ **~ bladder**: *(n)* χοληδόχος κύστη ‖ **~stone**: *(n)* χολόλιθος

gallant (´gælənt): *(adj)* ιππότης, ευγενής, ιπποτικός ‖ μεγαλοπρεπής ‖ γενναίος ‖ ερωτότροπος ‖ **~ry**: *(n)* ιπποτισμός ‖ γενναιότητα ‖ φιλοφροσύνη

galleon (´gæliən): *(n)* γαλέρα

gallery (´gæləri): *(n)* στοά ‖ αίθουσα ‖ εξώστης θεάτρου, "γαλαρία" ‖ γυναικωνίτης εκκλησίας ‖ πινακοθήκη ή αίθουσα εκθέσεων ‖ υπόγεια στοά

galley (´gæli): *(n)* πλοίο κάτεργο ‖ κουτζίνα πλοίου ή αεροπλάνου ‖ ~ **slave**: άνθρωπος για αγγαρείες, "σκλάβος"

gallivant (´gælivænt) [-ed]: *(v)* κυνηγώ γυναίκες

gallon (´gælən): *(n)* γαλόνι

gallop (´gæləp) [-ed]: *(v)* καλπάζω ‖ *(n)* καλπασμός ‖ ~**ing**: *(adj)* καλπάζουσα (ασθένεια)

gallows (´gælouz): *(n)* αγχόνη

galoot (gə´lu:t): *(n)* τσαπατσούλης

galore (gə´lə:r): *(adj)* άφθονος, "ένα σωρό"

galosh (gə´loʃ): *(n)* γαλότσα

galvan-ism (´gælvənizəm): *(n)* γαλβανισμός ‖ ~**ize** (´gælvənaiz) [-d]: *(v)* γαλβανίζω ‖ ξεσηκώνω, "κεντρίζω" ‖ ~**ometer**: *(n)* γαλβανόμετρο

gamble (´gæmbəl) [-d]: *(n)* παίζω τυχερό παιχνίδι ‖ διακινδυνεύω ‖ *(n)* τυχερό παιχνίδι ‖ διακινδύνευση ‖ ~**r**: *(n)* παίκτης, χαρτοπαίκτης ‖ ριψοκίνδυνος

gambol (´gæmbəl) [-ed]: *(v)* χοροπηδώ ‖ χοροπήδημα

game (geim): *(n)* παιχνίδι ‖ αθλοπαιδιά ‖ σκορ, σημεία ‖ θήραμα ‖ κορόιδο *(id)* ‖ *(adj)* αποφασιστικός ‖ έτοιμος, πρόθυμος ‖ κουτσός ‖ ~ **cock**: *(n)* κόκορας για κοκορομαχίες ‖ ~ **keeper**: *(n)* φύλακας περιοχής κυνηγιού ‖ ~ **law**: *(n)* νόμος απαγορευτικός κυνηγιού ‖ ~**ly**: *(adv)* άφοβα

gammon (´gæmən): *(n)* ανοησία, χαζοκουβέντα ‖ καπνιστό χοιρομέρι

gander (´gænder): *(n)* αρσενική χήνα ‖ ματιά *(id)* ‖ βλάκας *(id)*

gang (gæη): *(n)* παρέα ‖ συμμορία, σπείρα ‖ ομάδα εργατών ‖ [-ed]: *(v)* σχηματίζω ομάδα ή σπείρα ‖ επιτίθεμαι ομαδικά ‖ ~**er**: *(n)* αρχιεργάτης ‖ ~ **plank**: *(n)* σανιδόσκαλα πλοίου ή αποβάθρας ‖ ~**ster**: *(n)* συμμορίτης, "γκάγκστερ" ‖ ~**way**: *(n)* διάδρομος ‖ *(interj)* ανοίξτε δρόμο! ‖ *(n)* διάδρομος πλοίου ή σκάλα

gangling (´gæηgliη): *(adj)* ψηλός και άχαρος, "κρεμανταλάς"

ganglion (´gæηgliən): *(n)* γάγγλιο

gangrene (´gæηgri:n): *(n)* γάγγραινα ‖ [-d]: *(v)* προκαλώ ή παθαίνω γάγγραινα

gaol: see jail

gap (gæp): *(n)* άνοιγμα ‖ διάστημα, κενό, διάκενο ‖ ~**e** (geip) [-d]: *(v)* ανοίγω το στόμα, "χάσκω" ‖ κοιτάζω με ανοιχτό στόμα ‖ χασμουριέμαι ‖ *(n)* άνοιγμα ‖ **the** ~**es**: *(n)* πλήξη μέχρι χασμουρήματος ‖ ~**ing**: *(adj)* χαίνων, ολάνοιχτος

garage (gə´ra:z): *(n)* γκαράζ ‖ [-d]: *(v)* βάζω στο γκαράζ

garb (ga:rb) [-ed]: *(v)* ντύνω ‖ *(n)* φορέματα, ρούχα

garbage (´ga:rbidz): *(n)* σκουπίδια ‖ ανοησίες, "τρίχες" *(id)*

garble (´ga:rbəl) [-d]: *(v)* διαστρέφω, αλλάζω ‖ διαχωρίζω

garden (´ga:rdn): *(n)* κήπος ‖ [-ed]: *(v)* φτιάνω ή φυτεύω κήπο ‖ ~**er**: *(n)* κηπουρός ‖ ~**ing**: *(n)* κηπουρική ‖ **kitchen** ~, **vegetable** ~: *(n)* λαχανόκηπος

gargle (´ga:rgəl) [-d]: *(v)* κάνω γαργάρα ‖ κάνω λαρυγγισμούς ‖ *(n)* γαργάρα ‖ λαρυγγισμός

gargoyle (´ga:rgəil): *(n)* υδρορροή σε σχήμα τέρατος ‖ απαίσια φιγούρα, πρόσωπο ή στολίδι

garish (´geəriʃ): *(adj)* χτυπητός, φανταχτερός

garland (´ga:rlənd): *(n)* στέφανος, στεφάνι ‖ [-ed]: *(v)* στεφανώνω ‖ σχηματίζω στεφάνι

garlic (´ga:rlik): *(n)* σκόρδο

garment (´ga:rmənt): *(n)* ένδυμα ‖ ~**s**: *(n)* ρούχα

garner (´ga:rnər): *(n)* σιτοβολώνας

garnish (´ga:rniʃ) [-ed]: *(v)* στολίζω, "γαρνίρω" ‖ *(n)* στόλισμα, "γαρνιτούρα" ‖ άδικη πληρωμή, "χαράτσι" *(id)*

garret (´gærət): *(n)* σοφίτα

garrison (´gærisən): *(n)* φρουρά ‖ [-ed]: *(v)* τοποθετώ φρουρά ‖ επανδρώνω θέση ή πόλη

garrulous (´gæruləs): *(adj)* φλύαρος ‖ ~**ness**: *(n)* φλυαρία

157

garter

garter ('ga:rtər): *(n)* κολτσοδέτα ‖ **Order of the ~**: παράσημο της περικνημίδας

gas (gæs): *(n)* αέριο ‖ αναισθητικό ‖ see **gasoline** ‖ [-sed]: *(v)* βάζω αέριο ή βενζίνη ‖ σκοτώνω με ασφυξιογόνο ‖ μιλώ πολύ ‖ ~ **burner**: *(n)* καυστήρας αερίου ‖ ~ **cooker**: *(n)* κουζίνα αερίου ‖ ~ **cylinder**: *(n)* φιάλη αερίου ‖ ~**station**: *(n)* πρατήριο βενζίνης ‖ ~**sy**: *(adj)* αεριώδης ‖ αεριούχος ‖ πομπώδης ‖ ~**tight**: *(adj)* αεροστεγής ‖ ~ **turbine**: *(n)* αεροστρόβιλος ‖ ~**works**: *(n)* εργοστάσιο αεριόφωτος ‖ **natural** ~: *(n)* φυσικό αέριο

gash (gæʃ) [-ed]: *(v)* σκίζω, κόβω ‖ *(n)* κόψιμο, μαχαιριά ‖ εγκοπή

gasket ('gæskit): *(n)* μονωτικό παρένθεμα ‖ σκοινί ιστίου ‖ **blow a ~**: *(v)* ξεσπάω *(id)*

gasoline ('gæsoli:n): *(n)* βενζίνη

gasp (gæsp, ga:sp) [-ed]: *(v)* λαχανιάζω, μου πιάνεται η αναπνοή ‖ μιλώ λαχανιαστά ‖ *(n)* λαχάνιασμα, πιάσιμο αναπνοής.‖ **at the last ~**: στα τελευταία του ‖ ~**er**: *(n)* τσιγάρο *(id)*

gastr-ic ('gæstrik): *(adj)* γαστρικός ‖ ~**ic juice**: *(n)* γαστρικό υγρό ‖ ~**ic ulcer**: *(n)* έλκος στομάχου ‖ ~**itis** (gæs'traitis): *(n)* γαστρίτιδα ‖ ~**onome** ('gæstrənom): *(n)* καλοφαγάς ‖ ~**onomy** (gæs'trənəmi): *(n)* γαστρονομία, καλοφαγία

gat (gæt): *(n)* πιστόλι *(id)*

gate (geit): *(n)* πύλη ‖ αυλόπορτα ‖ δίοδος ‖ ~ **crasher**: *(n)* απρόσκλητος *(id)* ‖ τζαμπατζής *(id)* ‖ ~ **keeper**: *(n)* θυρωρός ‖ ~ **way**: *(n)* είσοδος, προπύλαια ‖ **get the ~**: *(v)* αποβάλλομαι, διώχνομαι ‖ **give the ~**: *(v)* αποβάλλω, διώχνω

gather ('gæðər) [-ed]: *(v)* μαζεύω ‖ συγκεντρώνω, συναθροίζω ‖ συγκεντρώνομαι, συναθροίζομαι ‖ αναπτύσσω, αυξάνω ‖ συμπεραίνω, συνάγω ‖ μπάζω, σουφρώνω ‖ ~**ing**: *(n)* συγκέντρωση

gauche (gouʃ): *(adj)* άξεστος ‖ ~**rie**: *(n)* χοντροκοπιά

gaudy ('gɔ:di): *(adj)* χτυπητός, φαντα-

χτερός ‖ άκομψος ‖ *(n)* συμπόσιο

gauge (geidz): *(n)* μέτρο, δείκτης ‖ μετρητής ‖ πλάτος σιδ. γραμμής ‖ διαμέτρημα ‖ [-d]: *(v)* μετρώ ‖ εκτιμώ, υπολογίζω ‖ ~**r**: *(n)* μετρητής

gaunt (gɔ:nt): *(adj)* λιπόσαρκος, ισχνός ‖ έρημος, θλιβερός

gauze (gɔ:z): *(n)* γάζα ‖ μεταξωτό, δαντέλα

gave: see give

gavel ('gævəl): *(n)* σφυρί δημοπράτου ή δικαστού

gawk (gɔ:k) [-ed]: *(v)* κοιτάζω με γουρλωμένα μάτια, "χαζεύω" ‖ ~**y**: *(adj)* "μπουνταλάς"

gay (gei): *(adj)* εύθυμος, χαρούμενος ‖ χαρωπός ‖ λαμπρός ‖ ομοφυλόφιλος, κίναιδος ‖ ~**ety**: see gaiety ‖ ~**ly**: see gaily

gaze (geiz) [-d]: *(v)* ατενίζω ‖ *(n)* παρατεταμένο βλέμμα

gazelle (gə'zel): *(n)* γαζέλα, αντιλόπη

gazette (gə'zet): *(n)* εφημερίδα ‖ επίσημο δελτίο ‖ ~**er**: γεωγραφικό ευρετήριο

gear (giər): *(n)* μηχανισμός ‖ σύστημα οδοντωτών τροχών ‖ σύστημα ταχυτήτων ‖ υλικά, εφόδια ‖ μοχλός ταχυτήτων ‖ εξαρτήματα πλοίου ‖ [-ed]: *(v)* τοποθετώ σύστημα ή μηχανισμό ‖ συνδέω με οδοντωτούς τροχούς ‖ προσαρμόζω ‖ ~**box**: *(n)* κιβώτιο ταχυτήτων ‖ ~**shift**, ~**lever**: μοχλός ταχυτήτων ‖ **in** ~: συνδεμένος, σε εμπλοκή ‖ κινούμενος ‖ **out of** ~: εκτός λειτουργίας, μη συνδεμένος

gee (dzi:): *(n)* χιλιάρικο *(id)* ‖ *(interj)* ω!

geese (gi:s): *(n)* χήνες *(pl* of goose)

gelatin, ~ **e** ('dzelətən): *(n)* ζελατίνα, ζελέ

gelding ('geldiŋ): *(n)* άλογο ευνουχισμένο

gem (dzem): *(n)* πολύτιμος λίθος

gendarme ('za:nda:rm): *(n)* χωροφύλακας

gender ('dzendər): *(n)* γένος

gene (dzi:n): *(n)* γονάδα, γονίδιο ‖ ~**alogical**: γενεαλογικός ‖ ~**alogy**: *(n)* γενεαλογία ‖ ~**ric**: *(adj)* του γένους

general (´dzenərəl): *(adj)* γενικός ‖ *(n)* στρατηγός ‖ **~cy:** *(n)* αξίωμα στρατηγού ‖ **~issimo:** *(n)* στρατάρχης ‖ **~ity:** *(n)* γενικότητα ‖ **~ization** (dzenərələ´zeiʃən): *(n)* γενίκευση ‖ **~ize** (´dzenərəlaiz) [-d]: *(v)* γενικεύω ‖ **~ly:** *(adv)* γενικά ‖ ~ **officer:** *(n)* ανώτατος αξιωματικός ‖ ~ **ship:** *(n)* στρατηγική ικανότητα ‖ βαθμός στρατηγού ‖ ~ **staff:** *(n)* γενικό επιτελείο

generat-e (´dzenəreit) [-d]: *(v)* γεννώ, παράγω ‖ **~ion:** *(n)* γενεά ‖ γένεση, παραγωγή ‖ **~or:** *(n)* γεννήτρια ‖ **~rix:** *(n)* γενέτειρα

gener-osity (dzenə´rɔsiti): *(n)* γενναιοδωρία ‖ μεγαλοψυχία ‖ **~ous** (´dzenərəs): *(adj)* γενναιόδωρος ‖ μεγαλόψυχος ‖ πλουσιοπάροχος ‖ **~ously:** *(adv)* γενναιόδωρα, μεγαλόψυχα, με μεγαλοψυχία

genetic, ~ **al** (dzi´netik, ~ əl): *(adj)* γεννητικός ‖ **~s:** *(n)* γενετική, βιολογία κληρονομικότητας

genial (´dzi:niəl): *(adj)* προσηνής, καλόκαρδος ‖ εύκρατος, ήπιος

genit-al (´dzenital): *(adj)* γενετήσιος ‖ γεννητικός ‖ **~als:** *(n)* γεννητικά όργανα ‖ **~ive** (´dzenitiv): *(n)* γενική πτώση

genius (´dzi:niəs): *(n)* ιδοφυΐα

genocide (´dze:nəsaid): *(n)* γενοκτονία

gent (dzent): *(n)* άνθρωπος *(id)* ‖ **~eel** (dzen´ti:l): *(adj)* ευγενής, με καλούς τρόπους ‖ κομψός ‖ **G~ile:** *(adj)* *(n)* εθνικός, ειδωλολάτρης ‖ μη εβραίος ‖ **~le** (dzentl): *(adj)* απαλός ‖ μαλακός, ήπιος ‖ από καλή γενιά ‖ **~le folk:** *(n)* ευγενείς, άρχοντες ‖ **~leman:** *(n)* κύριος ‖ ευγενής, "τζέντλεμαν" ‖ **~le sex:** το ωραίο φύλο ‖ **~ly:** *(adv)* απαλά, μαλακά ‖ **~ry** (´dzentri): *(n)* ανώτερη μεσαία τάξη ‖ ευγενείς, καλή κοινωνία

genuflect (´dzenjuflekt) [-ed]: *(v)* υποκλίνομαι ‖ φέρνομαι με δουλοπρέπεια ‖ **~ion:** *(n)* υπόκλιση

genu-ine (´dzenjuin): *(adj)* γνήσιος, αυθεντικός ‖ **~ly:** *(adv)* γνήσια, πραγματικά ‖ ειλικρινά ‖ **~ness:** *(n)* γνησιότητα ‖ ειλικρίνεια

geo-desy (dzi:´ɔdəsi): *(n)* γεωδαισία ‖ **~graphic, ~graphical** (dziə´græfik, ~kəl): *(adj)* γεωγραφικός ‖ **~graphy** (dzi´ɔgrəfi): *(n)* γεωγραφία ‖ **~logic, ~logical** (dziə´lɔdzik): *(adj)* γεωλογικός ‖ **~logist:** *(n)* γεωλόγος ‖ **~logy** (dzi´ɔlədzi): *(n)* γεωλογία ‖ **~magnetism** (dziou´mægnətizəm): *(n)* γήινος μαγνητισμός ‖ **~metric, ~metrical** (dziə´metrik): *(adj)* γεωμετρικός ‖ **~metry** (dzi´ɔmitri): *(n)* γεωμετρία ‖ **~physics** (dziou´fiziks): *(n)* γεωφυσική ‖ **~ponic** (dziə´pɔnik): *(adj)* γεωπονικός ‖ **~ponics:** *(n)* γεωπονία

geranium (dzi´reiniəm): *(n)* γεράνι

germ (dzə:rm): *(n)* μικρόβιο ‖ σπέρμα ‖ **~icide:** *(n)* μικροβιοκτόνο

German (´dzə:rmən): *(n)* Γερμανός ‖ *(adj)* γερμανικός ‖ **~ic:** *(adj)* γερμανικός ‖ **~ophile:** *(n)* γερμανόφιλος ‖ **~shepherd:** *(n)* λυκόσκυλο ‖ **~y:** Γερμανία

germinat-e (´dze:rmineit) [-d]: *(v)* βλασταίνω ‖ φυτρώνω ‖ **~ion:** *(n)* βλάστηση

gerrymander (´dzerimændər) [-ed]: *(v)* καλπονοθεύω, αλλοιώνω ‖ *(n)* καλπονόθευση, αλλοίωση

gestat-e (dzes´teit) [-d]: *(v)* κυοφορώ ‖ **~ion:** *(n)* κυοφορία

gest-iculate (dzes´tikjuleit) [-d]: *(v)* χειρονομώ ‖ **~iculation:** *(n)* χειρονομία ‖ **~ure** (´dzestʃər) [-d]: *(v)* κάνω χειρονομία ‖ γνέφω ‖ *(n)* χειρονομία ‖ γνέψιμο

get (get) [got, got or gotten]: *(v)* αποκτώ ‖ παίρνω ‖ διασφαλίζω ‖ φέρνω ‖ φθάνω ‖ δέχομαι, λαβαίνω ‖ πιάνω, κολλάω ‖ καταλαβαίνω ‖ ετοιμάζω, φτιάχνω ‖ νικώ ‖ συλλαμβάνω ‖ εκδικούμαι ‖ φέρνω σε αμηχανία ‖ δίνω στα νεύρα ‖ γίνομαι ‖ ~ **about:** *(v)* γυρίζω, περιφέρομαι ‖ ανακατεύομαι ‖ ~ **across:** *(v)* γίνομαι αντιληπτός, δίνω να καταλάβει ‖ περνώ απέναντι ‖ ~ **ahead:** *(v)* προχωρώ, πετυχαίνω ‖ ~ **along:** *(v)* πηγαίνω ‖ τα πάω καλά ‖ ~ **at:** φτάνω ‖ ~ **away:** ξεφεύγω, δραπετεύω ‖ φεύγω ‖ ~ **away with:**

γλιτώνω ‖ ~ **back at**: εκδικούμαι ‖ ~ **by**: τα καταφέρνω, κουτσοπερνάω ‖ ~ **down**: καταγράφω ‖ κατεβάζω ‖ ~ **in**: μπαίνω ‖ ~ **in with**: γίνομαι ευνοούμενος ‖ ~ **nowhere**: δε φτάνω σε αποτέλεσμα ‖ ~ **on**: ανεβαίνω ‖ τα πάω καλά ‖ προχωρώ ‖ ~ **out**: βγαίνω ‖ βγάζω ‖ ~ **over**: περνώ ‖ αναλαμβάνω, συνέρχομαι ‖ ~ **there**: φτάνω στο σκοπό μου ‖ ~ **through to**: δίνω να καταλάβει ‖ ~ **together**: συγκεντρώνομαι ‖ *(n)* συγκέντρωση ‖ ~ **up**: σηκώνομαι

geyser (´gaizər): *(n)* θερμοπίδακας, θερμή πηγή ‖ (´gi:zər): *(n)* θερμοσίφωνας

ghastl-iness (´ga:stlinis, ´gæstlinis): *(n)* ωχρότητα, χλομάδα ‖ φρίκη, απαισιότητα ‖ ~**y**: *(adj)* κατάχλομος ‖ φοβερός, τρομερός, απαίσιος

gherkin (´gə:rkin): *(n)* αγγουράκι για τουρσί

ghetto (´getou): *(n)* περιορισμένη περιοχή εβραίων, ''γκέτο'' ‖ περιοχή κατοικημένη από μειονότητα

ghost (goust): *(n)* πνεύμα ‖ φάντασμα ‖ απειροελάχιστο, αμυδρό ‖ ~**ly**: *(adj)* φαντασματώδης ‖ ~ **town**: έρημη πόλη ‖ **give up the** ~: πεθαίνω ‖ **Holy G~**: Άγιο Πνεύμα

giant (´dzaiənt): *(n)* γίγαντας ‖ *(adj)* γιγάντιος ‖ ~**ess**: *(n)* γιγάντισσα

gibber (´dzibər) [-ed]: *(v)* μιλώ ασυνάρτητα ‖ ~**ish**: *(n)* χαζομάρες, ''ακαταλαβίστικα''

gibe (dzaib) [-d]: *(v)* πειράζω, δίνω ''μπηχτή'' ‖ *(n)* πείραγμα, ''μπηχτή''

giblet (´dziblit): *(n)* εντόσθια πουλεριικού

Gibraltar (dzi´brɔ:ltər) Γιβραλτάρ

gidd-iness (´gidinis): *(n)* ζάλη, ίλιγγος ‖ ελαφρότητα, επιπολαιότητα ‖ ~**y**: *(adj)* ζαλισμένος ‖ προκαλών ζάλη ή ίλιγγο ‖ ελαφρύς, επιπόλαιος

gift (gift): *(n)* δώρο ‖ ταλέντο, φυσικό χάρισμα ‖ [-ed]: *(v)* κάνω δωρεά ‖ ~**ed**: *(adj)* προικισμένος με φυσικά χαρίσματα

gig (gig): *(n)* μόνιππο ‖ βάρκα πλοιάρχου ‖ βάρκα κωπηλασίας ‖ καταγγε-

λία *(id)*

gigantic (dzai´gæntik): *(adj)* γιγάντιος

giggle (´gigəl) [-d]: *(v)* γελώ νευρικά ‖ χασκογελώ ‖ *(n)* νευρικό γέλιο

gild (gild) [-ed or gilt]: *(v)* επιχρυσώνω ‖ γυαλίζω ‖ ~**ing**: *(n)* επιχρύσωμα ή χρυσή βαφή

gill (gil): *(n)* βράγχια ‖ [-ed]: *(v)* καθαρίζω ψάρια ‖ (dzil): *(n)* μονάδα όγκου ή χωρητικότητας (= 1/4 πιντ)

gilt (gilt): see gild ‖ *(adj)* επίχρυσος ‖ *(n)* επιχρύσωμα ή χρυσή βαφή ‖ γυάλισμα ‖ ~**edge**, ~**edged**: ανώτερης ποιότητας ή αξίας

gimlet (´gimlit): *(n)* τρυπάνι ‖ κοκτέιλ τζιν ή βότκας ‖ *(adj)* διαπεραστικός

gimmick (´gimik): *(n)* τέχνασμα, στρατήγημα

gin (dzin): *(n)* ποτό τζιν ‖ αντιψωτικό μηχάνημα ‖ ~ **mill**: *(n)* μπαρ

ginger (´dzindzər): *(n)* ζιγγίβερη ή πιπερόριζα ‖ σκούρο καφέ χρώμα ‖ ζωηράδα ‖ [-ed]: *(v)* ζωηρεύω ‖ ~**ale**: *(n)* τζιτζιμπίρα ‖ ~**bread**: *(n)* μελόπιτα ‖ στολίδι ‖ ~**ly**: *(adj)* προσεκτικός ‖ συνεσταλμένος ‖ *(adv)* προσεκτικά, συνεσταλμένα ‖ μαλακά, απαλά ‖ ~**y**: *(adj)* καυστικός, τσουχτερός ‖ σκούρος καστανός

gipsy, gypsy (´dzipsi): *(n)* τσιγγάνος, ''γύφτος''

giraffe (dzi´ræf, dzi´ra:f): *(n)* καμηλοπάρδαλη

girder (´gə:rdər): *(n)* κυρία δοκός

girdle (´gə:rdl) [-d]: *(v)* περιζώνω ‖ φορώ ζώνη ‖ *(n)* ζώνη

girl (gə:rl): *(n)* κορίτσι, κοπέλα ‖ θυγατέρα ‖ φιλενάδα ‖ ~**friend**: *(n)* φιλενάδα ‖ ~ **guide**: *(n)* προσκοπίνα, οδηγός ‖ ~**hood**: *(n)* νεανική ηλικία ‖ ~**ish**: *(adj)* κοριτσίστικος ‖ θηλυπρεπής ‖ ~**scout**: *(n)* προσκοπίνα

girth (gə:rθ): *(n)* περιφέρεια ‖ όγκος, διάσταση ‖ ιμάντας ‖ [-ed]: *(v)* μετρώ την περιφέρεια ‖ περιζώνω ‖ στερεώνω με ιμάντα

gist (dzist): *(n)* κεντρική ιδέα ή ουσία ‖ δικαιολογία ή βάση για αγωγή

give (giv) [gave, given]: *(v)* δίνω ‖ δωρίζω ‖ παρέχω ‖ μεταδίνω ‖ υποχω-

160

ρώ, ενδίδω ‖ έχω θέα προς ‖ ~ away: *(v)* προδίνω ‖ χαρίζω ‖ συνοδεύω τη νύφη ‖ ~ back: δίνω πίσω ‖ ~ birth: γεννώ ‖ ~n: *(adj)* δοσμένος ‖ που έχει κλίση ή τάση ‖ ~n name: όνομα ‖ ~ in: *(v)* ενδίδω, υποχωρώ ‖ παραδίνω ‖ ~ off: *(v)* αναδίνω, αποπνέω ‖ ~ out: *(v)* γνωστοποιώ ‖ καταρρέω ‖ ~ rise to: προκαλώ ‖ ~ up: εγχαταλείπω, παραιτούμαι ‖ υποχωρώ, παραδίνομαι ‖ ~ way: υποχωρώ, δίνω τόπο ‖ καταρρέω

gizzard (́gizərd): *(n)* πρόλοβος ‖ στομάχι *(id)*

glacier (́gleiʃər): *(n)* παγετώνας, ογκόπαγος

glad (glæd): *(adj)* χαρούμενος ‖ ευχάριστος ‖ ~den [-ed]: *(v)* χαροποιώ ‖ ~ eye: *(n)* γλυκοκοίταγμα ‖ ~ rags: *(n)* τα γιορτινά, τα "καλά ρούχα" *(id)*

glade (gleid): *(n)* ξέφωτο

gladiator (́glædieitər): *(n)* μονομάχος ‖ επαγγελματίας πυγμάχος

gladiolus (glædi ́ouləs) [pl. gladioli]: *(n)* γλαδιόλα

glamor, glamour (́glæmər): *(n)* αίγλη, λαμπρότητα ‖ γοητεία ‖ ~ous: *(adj)* γοητευτικός, λαμπρός

lanc-e (glæns, gla:ns) [-d]: *(v)* χτυπώ ξώφαλτσα ‖ χτυπώ και εκτρέπομαι ‖ κοιτάζω στιγμιαία ‖ *(n)* ματιά, βλέμμα ‖ εκτροπή ‖ ~ing: *(adj)* ξώφαλτσος ‖ λοξός, πλάγιος

gland (glænd): *(n)* αδένας ‖ ~ular: *(adj)* αδενοειδής ‖ αδενώδης ‖ αδενικός ‖ έμφυτος

lar-e (gleər) [-d]: *(v)* αγριοκοιτάζω ‖ αστράφτω, λάμπω ‖ θαμπώνω ‖ διακρίνομαι, ξεχωρίζω ‖ *(n)* άγρια ματιά ‖ εκθαμβωτική λάμψη ‖ παγωμένη επιφάνεια ‖ ~ing: *(adj)* εκθαμβωτικός ‖ επιδεικτικός ‖ φανερός, καθαρός ‖ ~y: *(adj)* εκθαμβωτικά λαμπερός

lass (glæs, gla:s): *(n)* γυαλί ‖ γυάλινος ‖ γυαλικά ‖ ποτήρι ‖ καθρέφτης ‖ τζάμι ‖ ~es: *(n)* ματογυάλια ‖ ~ house: *(n)* θερμοκήπιο ‖ υαλουργείο ‖ ~ware: *(n)* γυαλικά ‖ ~y: *(adj)* γυάλινος, σα γυαλί ‖ άψυχος, ανέκφραστος

laz-e (gleiz) [-d]: *(v)* βάζω τζάμια ‖

στιλβώνω ‖ *(n)* στίλβωση ‖ σμάλτωση ‖ λεπτό στρώμα πάγου ‖ θάμπωμα ‖ ~ed frost: *(n)* χιονόνερο ‖ ~ier (́gleiziər): *(n)* τζαμτζής ‖ ~ iery: *(n)* υαλουργείο

gleam (gli:m) [-ed]: *(v)* λάμπω, αστράφτω ‖ αναλάμπω ‖ *(n)* λάμψη, φεγγοβόλημα ‖ στιγμιαία λάμψη ‖ αναλαμπή

glean (gli:n) [-ed]: *(v)* σταχυολογώ, συγκεντρώνω σιγά-σιγά

glee (gli:): *(n)* χαρά, ευθυμία ‖ ~ful: *(adj)* χαρούμενος, εύθυμος

glen (glen): *(n)* κοιλάδα

glib (glib): *(adj)* εύκολος, πρόχειρος ‖ επιπόλαιος ‖ εύγλωττος ‖ εύστροφος ‖ "καταφερτζής"

glid-e (glaid) [-d]: *(v)* γλιστρώ ‖ συμβαίνω ή περνώ απαρατήρητα ‖ *(n)* ολίσθηση ‖ ~er: *(n)* ολισθητήρας ‖ ανεμόπτερο ‖ ~ing: *(n)* ολίσθηση ‖ ανεμοπορία ‖ *(adj)* ολισθητικός

glimmer (́glimər): *(n)* αναλαμπή ‖ αμυδρή λάμψη ‖ τρεμοσβήσιμο ‖ [-ed]: *(v)* αναβοσβήνω ‖ τρεμοσβήνω

glimpse (glimps) [-d]: *(v)* ρίχνω φευγαλέα ματιά ‖ *(n)* φευγαλέα ματιά, γρήγορη ματιά

glint (glint) [-ed]: *(v)* λαμπυρίζω, γυαλίζω ‖ *(n)* λαμπύρισμα, λάμψη

glisten (́glisən) [-ed]: *(v)* αντανακλώ λάμψη, γυαλίζω ‖ *(n)* λάμψη, γυάλισμα

glitter (́glitər) [-ed]: *(v)* λαμπυρίζω, γυαλίζω ‖ *(n)* λάμψη, γυαλάδα ‖ φωτεινότητα

gloat (glout) [-ed]: *(v)* φέρνομαι ή βλέπω με χαιρεκακία

glob-al (́gloubəl): *(adj)* παγκόσμιος ‖ σφαιρικός ‖ ολοκληρωτικός ‖ ~e (gloub): *(n)* σφαίρα ‖ υδρόγειος ‖ σφαιρικό περίβλημα λαμπτήρα ‖ σφαιρικό δοχείο ‖ ~e trotter: *(n)* περιηγητής ‖ ~ular: σφαιρικός ‖ ~ule:. *(n)* σφαιρίδιο ‖ σταγονίδιο

gloom (glu:m): *(n)* σκοτάδι ‖ μισοσκόταδο ‖ μελαγχολία, κατήφεια ‖ [-ed]: *(v)* σκοτεινιάζω ‖ μελαγχολώ ‖ ~y: *(adj)* σκοτεινός ‖ μελαγχολικός, κατηφής ‖ αποκρουστικός

glorification

glor-ification (glɔ:rifiˈkeiʃən): *(n)* εξύμνηση, δοξολογία ‖ εξύψωση ‖ **~ify** (ˈglɔ:rifai) [-ied]: *(v)* εξυμνώ, δοξάζω ‖ εκθειάζω ‖ **~ious** (ˈglɔ:riəs): *(adj)* ένδοξος ‖ υπέροχος, λαμπρός ‖ **~y** (ˈglɔ:ri) [-ied]: *(v)* αγάλλομαι, γεμίζω χαρά ‖ *(n)* δόξα ‖ λαμπρότητα, μεγαλείο ‖ φωτοστέφανο

gloss (glɔs): *(n)* λάμψη, γυαλάδα ‖ επιφανειακή ομορφιά ‖ [-ed]: *(v)* στιλβώνω ‖ **~iness**: *(n)* στιλπνότητα, γυαλάδα ‖ **~y**: *(adj)* γυαλιστερός ‖ επιφανειακά όμορφος

glossary (ˈglɔsəri): *(n)* γλωσσάριο, λεξιλόγιο όρων

glove (glʌv): *(n)* γάντι ‖ **hand in ~**: αρμονικά, ταιριαστά

glow (glou) [-ed]: *(v)* λάμπω ‖ ακτινοβολώ ‖ κοκκινίζω ‖ πυρακτώνομαι ‖ *(n)* ακτινοβολία ‖ πυράκτωση ‖ **~worm**: *(n)* πυγολαμπίδα

glower (ˈglauər) [-ed]: *(v)* κοιτάζω θυμωμένα ‖ *(n)* άγρια ματιά

glucose (ˈgluːkous): *(n)* σταφυλοζάχαρο, γλυκόζη

glue (gluː) [-d]: *(v)* κολλώ, συγκολλώ ‖ *(n)* κόλλα

glum (glʌm): *(adj)* άκεφος, σκυθρωπός

glut (glʌt) [-ted]: *(v)* παραγεμίζω ‖ τρώω υπερβολικά ‖ πλημμυρίζω την αγορά ‖ *(n)* παραγέμισμα, φούσκωμα ‖ πλημμύρισμα της αγοράς ‖ αφθονία ‖ **~ton**: *(n)* αδηφάγος, αχόρταγος ‖ **~tony**: *(n)* αδηφαγία, λαιμαργία

glycer-in (ˈglisəri:n), **~ol** (ˈglisərəl): *(n)* γλυκερίνη ή γλυκερόλη

glyph (glif): *(n)* γλυφή ‖ γλυπτό

G-man (ˈdziːmæn): *(n)* ομοσπονδιακός αστυνομικός, κυβερνητικός πράκτορας (see FBI)

gnarl (ˈnaːrl): *(n)* ρόζος ‖ **~ ed**: *(adj)* ροζιασμένος ‖ κακότροπος, "στριμμένος" ‖ με αδρά χαρακτηριστικά

gnash (næʃ) [-ed]: *(v)* τρίζω τα δόντια ‖ αρπάζω με τα δόντια, σκίζω με τα δόντια

gnat (næt): *(n)* σκνίπα

gnaw (nɔ:) [-ed]: *(v)* δαγκάνω, ροκανίζω ‖ κατατρώγω, διαβρώνω ‖ ερεθίζω, προκαλώ πόνο

gnome (noum): *(n)* γνωμικό ‖ νάνος καλικαντζαράκι, στοιχειό ‖ ζαρωμένος, κοντούλικος, "μπασμένος"

gnomon (ˈnoumən): *(n)* γνώμονας

go (gou) [went, gone]: *(v)* πηγαίνω φεύγω ‖ ξεκινώ, αρχίζω κίνηση ‖ λειτουργώ, εργάζομαι ‖ κάνω ‖ απλώνομαι, εκτείνομαι ‖ ταιριάζω, "πηγαίνω" ‖ διαλύομαι, καταρρέω ‖ χάνομαι ‖ γίνομαι ‖ αντέχω, υπομένω ‖ στοιχηματίζω, "πάω" ‖ *(n)* απόπειρα προσπάθεια ‖ συμφωνία *(id)* ‖ πράξ ‖ ζωτικότητα, ενέργεια ‖ **~ about**: *(v)* καταπιάνομαι ‖ μετακινούμαι ‖ **~ ahead**: πάω μπροστά ‖ **~ - ahead** *(n)* άδεια για έναρξη ‖ **~ along**: συμφωνώ ‖ **~ at**: *(v)* επιτίθεμαι ‖ **~ back on**: *(v)* αλλάζω γνώμη, παραβαίνω ‖ **~ devil**: *(n)* χειροκίνητη δραιζίνε ‖ **~ for**: *(v)* μου αρέσει ‖ πουλιέμα για... ‖ **~ in**: *(v)* μπαίνω ‖ **~ into**: *(v)* αρχίζω, καταπιάνομαι ‖ εξετάζω **~ing**: *(n)* αναχώρηση ‖ κατάσταση το εδάφους ‖ **~ing over**: *(n)* επιθεώρηση εξέταση ‖ **~ings on**: *(n)* συμβάντα, συ μπεριφορά ‖ **~ne**: *(adj)* προχωρημένο ‖ περασμένος ‖ χαμένος ‖ ερωτοχτυ πημένος *(id)* ‖ σπουδαίος *(id)* ‖ **~ner** *(n)* χαμένος, καταστρεμμένος ‖ **~ off** *(v)* συμβαίνω ‖ σκάω, εκπυροσοκροτ ‖ βγαίνω ‖ **~ on**: *(v)* συνεχίζω ‖ προ χωρώ ‖ **~ one better**: *(v)* ξεπερνώ ‖ **~ out**: *(v)* σβήνω ‖ βγαίνω ‖ **~ over** *(v)* επιθεωρώ, εξετάζω ‖ επαναλαμβά νω ‖ γίνομαι δεκτός ‖ **~ through**: *(v)* εξετάζω, ερευνώ ‖ υποφέρω, υφίστα μαι ‖ **~ up**: *(v)* ανατινάζομαι ‖ ανε βαίνω ‖ **~ without**: *(v)* περνώ χωρίς. ‖ **from the word ~**: από την αρχή **on the ~**: ενεργητικός, δραστήριος

goad (goud) [-ed]: *(v)* κεντρίζω ‖ παρο κινώ ‖ *(n)* βουκέντρα ‖ κίνητρο, "κέ ντρισμα"

goal (goul): *(v)* σκοπός, στόχος ‖ τέρ μα, "γκολ" ‖ **~keeper**: *(n)* τερματο φύλακας ‖ **~post**: *(n)* δοκός τέρματος

goat (gout): *(n)* τράγος ‖ αστερισμό του αιγόκερω ‖ **~ee**: *(n)* μούσι **~skin**: *(n)* ασκί ‖ **get one's ~**: *(v)* εξε ρεθίζω, κάνω να θυμώσει ‖ **she~**: *(n)*

162

κατσίκα

gob (gɔb): *(n)* κομμάτι μάζας ‖ ~s: *(n)* πλήθος, σωρός

gobble (´gɔbəl) [-d]: *(v)* καταπίνω λαίμαργα, καταβροχθίζω ‖ αρπάζω ‖ ~ **dygook**: *(n)* ακαταλαβίστικα, "αλαμπουρνέζικα" ‖ ~**r**: *(n)* κούρκος

goblet (´gɔblit): *(n)* ποτήρι κρασιού

goblin (´gɔblin): *(n)* καλικάντζαρος

god (gɔd): *(n)* Θεός ‖ ~ **child**: *(n)* βαφτιστικός ‖ ~ **damn**: *(interj)* να πάρει ο διάβολος ‖ ~ **daughter**: *(n)* βαφτιστικιά ‖ ~**dess**: *(n)* Θεά ‖ ~**father**: *(n)* ανάδοχος, "νουνός" ‖ ~ **forsaken**: *(adj)* έρημος ‖ απαίσιος ‖ ~ **head**: *(n)* Θεότητα ‖ ~**ly**: *(adj)* πολύ καλός, ευλαβής ‖ ~**mother**: *(n)* η ανάδοχος, "νουνά" ‖ ~ **send**: *(n)* αναπάντεχο ή θείο δώρο ‖ ~**son**: *(n)* βαφτιστικός ‖ **G**~**speed**: καλή τύχη, επιτυχία

goggle (´gɔgəl) [-d]: *(v)* κοιτάζω με γουρλωμένα μάτια ‖ *(n)* βλέμμα με γουρλωμένα μάτια ‖ ~ **eyed**: *(adj)* γουρλομάτης ‖ ~**s**: *(n)* προστατευτικά ματογυάλια

goiter (´gɔitər): *(n)* βρογχοκήλη

gold (gould): *(n)* χρυσός ‖ χρυσαφί χρώμα ‖ *(adj)* χρυσός ‖ ~**brick**: *(n)* "κοπανατζής" ‖ ~ **bug**: *(n)* χρυσοζούζουνας ‖ ~**en**: *(adj)* χρυσός, χρυσαφής ‖ ~**en anniversary**: *(n)* πεντηκονταετηρίδα ‖ ~**en eagle**: *(n)* χρυσαετός ‖ ~**en mean**: *(n)* μέση οδός, μετριοπάθεια ‖ ~**en rule**: "ο συ μισείς ετέρω μη ποιήσης" ‖ ~**smith**: *(n)* χρυσοχόος

golf (gɔlf): *(n)* γκολφ ‖ [-ed]: *(v)* παίζω γκολφ ‖ ~**club**: *(n)* ρόπαλο του γκολφ ‖ λέσχη ή όμιλος γκολφ ‖ ~**course**, ~**links**: *(n)* γήπεδο γκολφ ‖ ~**er**: *(n)* παίκτης γκολφ

golly (´gɔli:) *(interj)* ω! Θεέ μου! Πω πω!

gondola (´gɔndələ): *(n)* γόνδολα ‖ καλάθι πηδαλιοχουμένου ή αεροστάτου

gone: see go

gong (gɔŋ): *(n)* σήμαντρο, "γκόγκ"

gonorrhea (gɔnə´ri:ə): *(n)* βλεννόρροια

good (gud): *(adj)* καλός ‖ σε καλή κατάσταση ‖ **a** ~ **deal**, **a** ~ **many**: αρκετά, κάμποσα ‖ ~ **and...**: εντελώς ‖ ~ **book**: *(n)* Αγία Γραφή ‖ ~**by**, ~**bye**: αντίο, χαίρετε ‖ ~ **for-nothing**: ανίκανος ‖ **G~ Friday**: Μεγάλη Παρασκευή ‖ ~**ish**: *(adj)* καλούτσικος ‖ μεγαλούτσικος, αρκετούτσικος ‖ ~ **looking**: ευπαρουσίαστος, συμπαθητικός ‖ ~ **looks**: *(n)* ομορφιά ‖ ~ **natured**: *(adj)* καλόκαρδος ‖ ~**ness**: *(n)* καλοσύνη ‖ ~**s**: *(n)* εμπορεύματα ‖ ~**sized**: μεγαλούτσικος ‖ ~**y**: *(n)* γλύκισμα, "καλούδι" ‖ **deliver the** ~**s**: *(v)* φέρνω αποτέλεσμα ‖ **make** ~: *(v)* εκπληρώνω υποχρέωση ή υπόσχεση ‖ αποζημιώνω ‖ πάω καλά, προοδεύω ‖ **no** ~: ανάξιος, ανίκανος ‖ **for** ~: για πάντα

goof (gu:f) [-ed]: *(v)* τεμπελιάζω ‖ τα κάνω θάλασσα ‖ *(n)* γκάφα, λάθος ‖ μπουνταλάς ‖ ~**y**: *(adj)* γελοίος, ανόητος

goon (gu:n): *(n)* κακοποιός ‖ "μπράβος"

goose (gu:s): *(n)* χήνα ‖ ~ **berry**: *(n)* φραγκοσταφυλο ‖ ~ **egg**: *(n)* μηδενικό *(id)* ‖ ~ **flesh**, ~ **bumps**: ανατρίχιασμα, ανατριχίλα ‖ ~ **step**: βήμα της χήνας ‖ ~**y**: βλάκας ‖ **cook one's** ~: την παθαίνω *(id)*

gor-e (gɔ:r): *(n)* πηχτό αίμα, αίμα πληγής ‖ [-d]: *(v)* τρυπώ με χαυλιόδοντα ή κέρατο, "ξεκοιλιάζω" ‖ ~**y**: *(adj)* γεμάτος αίμα, ματωμένος

gorge (gɔ:rdz): *(n)* χαράδρα ‖ λαιμός, φάρυγγας ‖ πολυφαγία ‖ [-d]: *(v)* παρατρώω ‖ καταβροχθίζω λαίμαργα

gorgeous (´gɔ:rdzəs): *(adj)* υπέροχος, θαυμάσιος ‖ πανέμορφος

gorilla (gə´rilə): *(n)* γορίλας ‖ "μπράβος" ‖ σωματοφύλακας

gorse (gɔ:rs): *(n)* σπάρτο

gosh (gɔʃ): *(interj)* ω!

gosling (´gɔzliŋ): *(n)* χηνάριο ‖ πρωτόπειρος νεαρός *(id)*

gospel (´gɔspəl): *(n)* ευαγγέλιο ‖ *(adj)* αληθινός

gossip (´gɔsip) [-ed]: *(v)* κουτσομπολεύω ‖ *(n)* κουτσομπολιό ‖ φλυαρία, ψιλοκουβέντα ‖ *(n)* κουτσομπόλης ‖ ~**er**: *(n)* κουτσομπόλης, φλύαρος ‖ ~**y**:

(adj) κουτσομπόλικος
got: see get ‖ ~ **ten**: see get
gouge (gaudz) [-d]: *(v)* φτυαρίζω, βγάζω ‖ εξαπατώ ‖ *(n)* φτυαράκι, σέσουλα
gourmet (gu:r΄mei): *(n)* καλοφαγάς
gout (gaut): *(n)* θρόμβος ‖ ποδάγρα
govern (΄gΛvǝrn) [-ed]: *(v)* κυβερνώ ‖ ελέγχω ‖ διέπω ‖ συγκρατώ ‖ ~**ance**: *(n)* διακυβέρνηση ‖ ~**ess**: *(n)* κυβερνήτρια ‖ γκουβερνάντα ‖ ~**ing**: *(adj)* κατευθυντήριος, ελέγχων ‖ διέπων ‖ ~**ment**: *(n)* κυβέρνηση ‖ πολιτικές επιστήμες ‖ ~**mental**: *(adj)* κυβερνητικός ‖ ~**ment issue**: *(n)* δημόσιου είδος ‖ ~**or**: *(n)* κυβερνήτης ‖ στρατ. διοικητής ‖ ρυθμιστής
gown (gaun): *(n)* επίσημο φόρεμα ‖ τήβεννος ‖ ρόμπα
grab (græb) [-bed]: *(v)* αρπάζω, ''γραπώνω'' ‖ συγκρατώ ‖ *(n)* άρπαγμα, πιάσιμο ‖ αρπάγη ‖ **up for ~s**: ελεύθερο, ''όποιος προφτάσει''
grac-e (greis) [-d]: *(v)* τιμώ ‖ δίνω ομορφιά, στολίζω ‖ *(n)* χάρη ‖ έλεος ‖ εύνοια, χατίρι ‖ προσωρινή απαλλαγή από υποχρέωση ‖ προσευχή προ φαγητού ‖ ~**eful**: *(adj)* χαριτωμένος ‖ ~**eless**: *(adj)* άχαρος ‖ **G~s**: *(n)* οι Χάριτες ‖ **in the bad ~s**: σε δυσμένεια ‖ **in the good ~s**: σε εύνοια ‖ ~**ious** (΄grei/ǝs): *(adj)* καλοκάγαθος ‖ ανεκτικός, καταδεκτικός ‖ ευσπλαχνικός
grad (græd): *(n)* απόφοιτος (ιδ) ‖ ~**ate** (grǝ΄deit) [-d]: *(v)* διαβαθμίζω ‖ ~**ation**: *(n)* διαβάθμιση ‖ ~**e** (greid) [-d]: *(v)* ταξινομώ ‖ ρυθμίζω ‖ διαβαθμίζω ‖ βαθμολογώ ‖ ισοπεδώνω, ομαλύνω ‖ *(n)* βαθμίδα ‖ βαθμός ‖ κλάση ‖ τάξη σχολείου ‖ στάθμη ‖ κλίση ‖ **at ~e**: στο ίδιο επίπεδο ‖ ~**e crossing**: *(n)* ισόπεδη διάβαση ‖ ~**e school**: *(n)* δημοτικό σχολείο ‖ **make the ~e**: *(v)* φτάνω στο ανώτερο σημείο ‖ πετυχαίνω, ''περνάω'' ‖ ~**ient** (΄greidiǝnt): *(n)* κλίση ‖ αναλογία κλίσης ‖ ~**ual** (΄grædjuǝl): *(adj)* βαθμιαίος ‖ ~**ually**: *(adv)* βαθμηδόν ‖ ~**uate** (΄grædjueit) [-d]: *(v)* αποφοιτώ ‖ διαβαθμίζω ‖ δίνω πτυχίο ή δίπλωμα ‖ (΄grædjuit):

(n) απόφοιτος, πτυχιούχος ‖ *(adj)* πτυχιακός ‖ ~**uation**: *(n)* βαθμολόγηση ‖ αποφοίτηση ‖ **post ~uate**: *(adj)* μεταπτυχιακός
graffiti (græ΄fi:ti): *(n)* ''ντουβαρογραψίματα''
graft (græft, gra:ft) [-ed]: *(v)* μπολιάζω, μοσχεύω ‖ μεταμοσχεύω ‖ δωροδοκούμαι εκμεταλλευόμενος θέση ‖ *(n)* μόσχευμα, μπόλι ‖ μόσχευση ‖ δωροδοκία
grail (greil), **Holy ~**: Άγιο Ποτήρι
grain (grein): *(n)* κόκκος ‖ δημητριακά ‖ διάταξη των ινών ‖ υφή ‖ χαρακτήρας, ''ταμπεραμέντο'' ‖ [-d]: *(v)* κάνω κόκκους ‖ **against one's ~**: αντίθετα προς το χαρακτήρα ή τη διάθεση
gram, ~me (græm): *(n)* γραμμάριο
gramm-ar (΄græmǝr): *(n)* γραμματική ‖ ~**arian**: *(n)* συγγραφέας γραμματικής ‖ ~**ar school**: *(n)* δημοτικό σχολείο ‖ ~**atical** (grǝ΄mætikǝl): *(adj)* γραμματικός
gramme: see gram
gramophone (΄græmǝfoun): *(n)* γραμμόφωνο
granary (΄grænǝri): *(n)* σιταποθήκη ‖ σιτοπαραγωγική περιοχή, σιτοβολώνας
grand (grænd): *(adj)* μεγάλος, σπουδαίος ‖ ανώτερος ‖ σπουδαιότερος ‖ πλήρης ‖ ~**child**: *(n)* εγγόνι ‖ ~**dad**, ~**daddy**: *(n)* παππούς ‖ ~**daughter**: *(n)* εγγονή ‖ ~**ee**: *(n)* προσωπικότητα, ''μεγάλος'' ‖ ~**eur**: *(n)* μεγαλείο ‖ ~**father**: *(n)* παππούς ‖ ~**father clock**: *(n)* ρολόι με εκκρεμές ‖ ~**iose**: *(adj)* μεγαλοπρεπής, επιβλητικός ‖ πομπώδης ‖ ~**ly**: *(adv)* με μεγαλοπρέπεια ‖ ~**ma**, ~**mother**: *(n)* γιαγιά ‖ ~**pa**: παππούς ‖ ~ **piano**: *(n)* πιάνο με ουρά ‖ ~**son**: *(n)* εγγονός ‖ ~**stand**: *(n)* σκεπαστή εξέδρα σταδίου ‖ ~ **stand play**: επιδεικτικό φέρσιμο ή πράξη
granite (΄grænit): *(n)* γρανίτης
granny (΄græni): *(n)* γιαγιάκα ‖ γριούλα, ''γιαγιά'' ‖ λεπτολόγος, ''ψείρα'' *(id)*
grant (grænt) [-ed]: *(v)* παρέχω ‖ μεταβιβάζω ‖ παραδέχομαι, αναγνωρίζω ‖ απονέμω ‖ *(n)* παροχή ‖ μεταβίβαση ‖

164

αναγνώριση, παραδοχή ‖ απονομή ‖ **~ee**: *(n)* αποδέκτης μεταβίβασης ή δωρεάς ‖ **~or**: *(n)* παραχωρητής, μεταβιβάζων

granul-ar (ˈgrænjulər): *(adj)* κοκκώδης ‖ κοκκοειδής ‖ **~e**: *(n)* κόκκος, κοκκίδιο

grape (greip): *(n)* κλήμα ‖ σταφύλι ‖ *(adj)* σκούρο μόβ χρώμα ‖ **~ fruit**: *(n)* φράπα, "γκρέιπ φρουτ" ‖ **~ stone**: *(n)* κουκούτσι σταφυλιού ‖ **~ vine**: *(n)* κληματαριά ‖ πηγή πληροφοριών ή διαδόσεων *(id)*

graph (græf, graːf) [-ed]: *(v)* παριστάνω γραφικά ‖ κατασκευάζω γραφική παράσταση ‖ *(n)* γραφική παράσταση ή κατασκευή ‖ **~ic**, **~ical**: *(adj)* γραφικός ‖ ευκρινής, λεπτομερής ‖ **~ically**: *(adv)* γραφικά ‖ **~ite**: *(n)* γραφίτης ‖ **~ paper**: *(n)* τετραγωνισμένο χαρτί

grapple (ˈgræpəl) [-d]: *(v)* αρπάζω ή συγκρατώ με αρπάγη ‖ πιάνω ‖ τσακώνομαι, παλεύω ‖ προσπαθώ ‖ *(n)* αρπάγη ‖ συμπλοκή, τσακωμός

grasp (græsp, graːsp) [-ed]: *(v)* πιάνω, αρπάζω ‖ συγκρατώ ‖ καταλαβαίνω, "αρπάζω" ‖ *(n)* πιάσιμο ‖ λαβή, σφίξιμο ‖ αντίληψη, κατανόηση ‖ συγκρατημός ‖ **~at**: *(v)* είμαι έτοιμος, δέχομαι αμέσως ‖ κάνω να αρπάξω ‖ **~ing**: *(adj)* άρπαγας, άπληστος

grass (græs, graːs): *(n)* χορτάρι, χλόη ‖ λιβάδι ‖ πρασιά ‖ μαριχουάνα *(id)* ‖ [-ed]: *(v)* φυτεύω χορτάρι ‖ σκεπάζομαι με χορτάρι ‖ **~ green**: *(adj)* κιτρινοπράσινος ‖ **~hopper**: *(n)* ακρίδα ‖ **~ land**: *(n)* λιβάδι ‖ **~ roots**: *(n)* βάση, προέλευση ‖ **~ snake**: *(n)* νεροφίδα ‖ **~ widow**: *(n)* χωρισμένη, σε διάσταση ή διαζευγμένη ‖ εγκαταλειμμένη ‖ **~y**: *(adj)* χορταριασμένος

grate (greit) [-d]: *(v)* τρίβω ‖ τρίζω ‖ ερεθίζω, ενοχλώ ‖ *(n)* τρίξιμο ‖ κάγκελο ‖ κιγκλίδωμα ‖ εσχάρα ‖ **~r**: *(n)* ξύστης, τρίφτης

grateful (ˈgreitfəl): *(adj)* ευγνώμονας ‖ **~ly**: *(adv)* με ευγνωμοσύνη ‖ **~ness**: *(n)* ευγνωμοσύνη

grati-fication (grætifiˈkeiʃən): *(n)* ικανοποίηση, ευχαρίστηση ‖ **~fy**

(ˈgrætifai) [-ied]: *(v)* ικανοποιώ, ευχαριστώ ‖ **~fying**: *(adj)* ικανοποιητικός

gratis (ˈgreitis): *(adj)* δωρεάν

gratitude (ˈgrætitjuːd): *(n)* ευγνωμοσύνη

gratuit-ous (grəˈtjuːitəs): *(adj)* δωρεάν, ελεύθερα ‖ μη απαραίτητος, περιττός ‖ **~y** (greˈtjuːiti): *(n)* φιλοδώρημα ‖ δώρο, χάρισμα

grave (greiv): *(n)* τάφος ‖ *(adj)* σοβαρός, σπουδαίος ‖ βαρύς ‖ σκούρος ‖ [-d]: *(v)* κατασκευάζω γλυπτό, χαράζω ‖ εντυπώνω στη μνήμη ‖ **~ digger**: *(n)* νεκροθάφτης ‖ **~r**: *(n)* χαράκτης ‖ **~ robber**: *(n)* τυμβωρύχος ‖ **~stone**: *(n)* ταφόπετρα ‖ **~ yard**: *(n)* νεκροταφείο ‖ **~ yard shift**: *(n)* νυχτερινή βάρδια *(id)*

gravel (ˈgrævəl): *(n)* αμμοχάλικο ‖ [-ed]: *(v)* στρώνω αμμοχάλικο ‖ συγχύζω, ερεθίζω *(id)*

gravit-ate (ˈgræviteit) [-d]: *(v)* έλκομαι ‖ πέφτω, κατακαθίζω ‖ **~ation**: *(n)* έλξη ‖ τάση, ροπή ‖ **~ational**: *(adj)* ελκτικός, της βαρύτητας ‖ **~y**: *(n)* βαρύτητα ‖ έλξη ‖ σοβαρότητα, σπουδαιότητα

gravure (grəˈvjuːr): *(n)* ξυλογραφία ή χαλκογραφία, "γκραβούρα"

gravy (ˈgreivi): *(n)* χυμός κρέατος ‖ σάλτσα ‖ αναπάντεχο κέρδος *(id)* ‖ **~ train**: *(n)* αργομισθία

gray, grey (grei): *(adj)* φαιός, γκρίζος ‖ μουντός, σκοτεινός ‖ **~ beard**: *(n)* γέρος ‖ **~ish**: *(adj)* γκριζωπός ‖ **~ matter**: *(n)* φαιά ουσία

graze (greiz) [-d]: *(v)* βόσκω ‖ εγγίζω ‖ γδέρνω, ξεγδέρνω ‖ ξύνω ‖ *(n)* γδάρσιμο, ξέγδαρμα ‖ ξύσιμο

greas-e (griːs): *(n)* λίπος ‖ γράσο ‖ [-d]: *(v)* λαδώνω, γρασώνω ‖ **~e box**: *(n)* λιποκιβώτιο ‖ **~e cup**: *(n)* λιπαντήρας ‖ **~e monkey**: *(n)* βοηθός τεχνίτη, "μουντζούρης" ‖ **~e paint**: *(n)* θεατρικό μακιγιάζ ‖ **~e the palm**: *(v)* δωροδοκώ, "λαδώνω" ‖ **~y**: *(adj)* λιπαρός ‖ λαδωμένος, λιγδιασμένος ‖ γλοιώδης άνθρωπος

great (greit): *(adj)* μεγάλος ‖ σημαντικός, σπουδαίος ‖ αξιοσημείωτος ‖ εν-

Grecian

θουσιώδης ‖ ~ **Bear**: *(π)* Μεγάλη Άρκτος ‖ **G~ Britain**: Μεγάλη Βρετανία ‖ ~ **coat**: *(π)* παλτό ‖ ~ **Dane**: *(π)* δανέζικο σκυλί ‖ ~**er doxology**: *(π)* μεγάλη δοξολογία ‖ ~ **grandchild**: *(π)* δισέγγονο ‖ ~ **granddaughter**: *(π)* δισεγγονή ‖ ~ **grandfather**: *(π)* προπάππος ‖ ~ **grandmother**: *(π)* προμάμη ‖ ~ **grandson**: *(π)* δισέγγονος ‖ ~ **hearted**: *(adj)* μεγαλόκαρδος ‖ ~**ly**: *(adv)* πάρα πολύ ‖ με μεγαλοπρέπεια ‖ ~ **Russian**: *(π)* η Ρωσική γλώσσα ‖ ~ **seal**: *(π)* η μεγάλη του κράτους σφραγίδα ‖ ~ **war**: *(π)* ο πρώτος παγκ. πόλεμος

Grecian (΄gri:ʃən): *(adj)* Ελληνικός

Greece (gri:s): *(π)* Ελλάς

greed (gri:d): *(π)* απληστία, πλεονεξία ‖ λαιμαργία ‖ ~**iness**: λαιμαργία ‖ ~**y**: *(adj)* άπληστος, λαίμαργος, πλεονέκτης

Greek (gri:k): *(π)* Έλληνας ‖ Ελληνική γλώσσα, Ελληνικά ‖ *(adj)* Ελληνικός ‖ ~ **fire**: *(π)* το υγρό πυρ

green (gri:n): *(adj)* πράσινος ‖ εύκρατος ‖ ανώριμος ‖ άπειρος ‖ ευκολόπιστος ‖ ~ **back**: *(π)* χαρτονόμισμα ‖ ~ **bean**: *(π)* φρέσκο φασολάκι ‖ ~**ery**: *(π)* πρασινάδα ‖ ~ **eyed**: *(adj)* πρασινομάτης ‖ ζηλιάρης *(id)* ‖ ~**gage**: *(π)* κιτρινοπράσινο δαμάσκηνο ‖ ~**grocer**: *(π)* μανάβης ‖ ~**horn**: *(π)* άπειρος, αρχάριος ‖ ~ **house**: *(π)* θερμοκήπιο ‖ ~**ish**: *(adj)* πρασινωπός ‖ ~**light**: άδεια, ''το ελεύθερο''

greet (gri:t) [-ed]: *(v)* χαιρετώ ‖ ~**ings**: *(π)* χαιρετίσματα

gregarious (gri΄geəriəs): *(adj)* αγελαίος ‖ κοινωνικός

gremlin (΄gremlən): *(π)* διαβολάκι *(id)*

grenad-e (grə΄neid): *(π)* χειροβομβίδα ‖ ~**ier**: *(π)* γρεναδιέρος ‖ **hand ~e**: *(π)* χειροβομβίδα

grew: see grow

grey: see gray

greyhound (΄greihaund): *(π)* κυνηγετικό σκυλί

grid (grid): *(π)* εσχάρα ‖ δικτύωμα ‖ τετραγωνισμός ‖ πλέγμα ‖ ~**ded**: *(adj)* τετραγωνισμένος ‖ δικτυωτός ‖ ~**dle**: *(π)* εσχάρα ‖ τηγάνι ‖ ~**dle**

cake: *(π)* τηγανίτα ‖ ~**iron** (΄gridaiərn): *(π)* εσχάρα ‖ ποδοσφαιρικό γήπεδο

grie-f (gri:f): *(π)* λύπη, πόνος ‖ ~**vance** (΄gri:vəns): *(π)* παράπονο ‖ αγανάκτηση ‖ ~**ve** (΄gri:v) [-d]: *(v)* λυπώ ‖ λυπούμαι ‖ πενθώ

grill (gril) [-ed]: *(v)* ψήνω σε σχάρα ή ψησταριά ‖ βασανίζω ‖ ανακρίνω εξαντλητικά ‖ *(π)* σχάρα ‖ ψησταριά ‖ ψητό σχάρας ‖ πλέγμα ‖ ~**e**: *(π)* πλέγμα, ''γρίλια'' ‖ ~**ed**: *(adj)* της σχάρας ‖ δικτυωτός ‖ ~ **room**: *(π)* ψησταριά

grim (grim): *(adj)* βλοσυρός ‖ σκυθρωπός ‖ αυστηρός ‖ αποκρουστικός ‖ ~**ly**: *(adv)* βλοσυρά, σκιθρωπά, αυστηρά

grimace (gri΄meis) [-d]: *(v)* μορφάζω, κάνω ''γκριμάτσα'' ‖ *(π)* μορφασμός, ''γκριμάτσα''

grim-e (graim) [-d]: *(v)* λερώνω, βρωμίζω ‖ *(π)* βρωμιά, λέρα ‖ μουντζούρα από καρβουνόσκονη ‖ ~**y**: *(adj)* μουντζουρωμένος, βρώμικος

grin (grin) [-ned]: *(v)* χαμογελώ ‖ μορφάζω επιδοκιμαστικά ή χαρούμενα ‖ *(π)* χαμόγελο ‖ μορφασμός επιδοκιμασίας ή χαράς

grind (graind) [ground, ground]: *(v)* τρίβω, κονιορτοποιώ ‖ τροχίζω ‖ τρίζω ‖ *(π)* τριβή ‖ ρουτίνα, βαρετή δουλειά ‖ σχολαστικός *(id)* ‖ ~**er**: *(π)* τριβέας ‖ ακονιστής ‖ ~ **into**: *(v)* δίνω να καταλάβει, κάνω να εντυπωθεί στη μνήμη ‖ ~ **stone**: *(π)* ακονόλιθος ‖ μυλόπετρα

gringo (΄gringou): *(π)* Αμερικάνος (περιφρονητική έκφραση των Μεξικάνων)

grip (grip) [-ped]: *(v)* σφίγγω ‖ αρπάζω ‖ *(π)* σφίξιμο, χειρολαβή ‖ χειροσφίξιμο ‖ γνώση, κατανόηση ‖ σπασμός, ''πιάσιμο'' ‖ λαβή ‖ βαλιτσούλα, ''σακ-βουαγιάζ'' ‖ **come to ~s**: *(v)* έρχομαι στα χέρια ‖ καταπιάνομαι με ‖ ~**ping**: *(adj)* συναρπαστικός ‖ ~ **sack**: *(π)* βαλιτσάκι

gripe (graip) [-d]: *(v)* προκαλώ κοιλόπονο ή κολικόπονο ‖ ενοχλώ, ερεθίζω ‖ αρπάζω ‖ παραπονούμαι, ''γκρινιά-

166

ζω'' ‖ *(n)* παράπονο, "γκρίνια" ‖ ~s: *(n)* κολικόπονος ή κοιλόπονος

grippe (grip): *(n)* γρίπη

grisly (´grizli): *(adj)* φρικτός, απαίσιος

gristle (´grisəl): *(n)* χόνδρος, "τραγανό"

grit (grit) [-ted]: *(v)* τρίζω ‖ τρίζω ή σφίγγω τα δόντια ‖ *(n)* κόκκος άμμου ‖ αμμόλιθος ‖ θάρρος, γενναιότητα *(id)* ‖ ~ty: *(adj)* αμμώδης, με κόκκους ‖ θαρραλέος *(id)*

grizzl-e (´grizəl) [-d]: *(v)* κάνω γκρίζο ‖ ~ed: *(adj)* γκρίζος, με γκρίζα μαλλιά ‖ ~y: *(adj)* γκριζωπός ‖ ~y bear: *(n)* φαιά άρκτος

groan (groun) [-ed]: *(v)* στενάζω ‖ βογκώ ‖ *(n)* βόγκος, βογκητό

grocer (´grousər): *(n)* μπακάλης ‖ ~ies: *(n)* είδη μπακαλικής ‖ ~y, ~y store: *(n)* παντοπωλείο, μπακάλικο

grog (grɔg): *(n)* οινοπν. ποτό ‖ διαλυμένο ρούμι ‖ ~gy: *(adj)* ζαλισμένος

groin (grɔin): *(n)* βουβώνας

groom (gru:m) [-ed]: *(v)* στολίζω ‖ καθαρίζω, περιποιούμαι ‖ εκπαιδεύω, προετοιμάζω ‖ *(n)* ιπποκόμος ‖ **bride ~**: *(n)* γαμπρός ‖ **~sman**: *(n)* παράνυμφος

groov-e (gru:v) [-d]: *(v)* αυλακώνω, κάνω εγκοπή ‖ *(n)* αυλάκωμα, αυλάκι ‖ εγκοπή ‖ ταιριαστή θέση ‖ βαρετή εργασία, "ρουτίνα" ‖ ~ed: *(adj)* αυλακωτός ‖ ~y: *(adj)* ικανοποιητικός, σπουδαίος *(id)*

grope (group) [-d]: *(v)* ψηλαφώ ‖ αναζητώ ψηλαφώντας ‖ ψάχνω, προσπαθώ να βρω

gross (grous): *(adj)* ολικός, χονδρικός ‖ τελικός ‖ φανερός, έκδηλος ‖ χονδροειδής ‖ χυδαίος, "χοντρός" ‖ παχύς ‖ *(n)* το σύνολο ‖ δώδεκα δωδεκάδες ‖ [-ed]: *(v)* κερδίζω ολικά χωρίς κρατήσεις ‖ **in the ~**: *(adv)* χονδρικά ‖ ~ly: *(adv)* χονδροειδέστατα

grotesque (grou´tesk): *(adj)* αλλόκοτος, παράξενος

grotto (´grɔtou): *(n)* σπήλαιο ‖ εκσκαφή

grouch (´grautʃ) [-ed]: *(v)* γκρινιάζω, παραπονιέμαι συνεχώς ‖ *(n)*, ~y:

(adj) δύστροπος, γκρινιάρης

ground (graund): see grind ‖ *(n)* έδαφος ‖ πυθμένας ‖ γη, γείωση ‖ [-ed]: *(v)* βασίζω ‖ διδάσκω ‖ γειώνω, προσγειώνω ‖ απαγορεύω πτήση ‖ προσαράζω ‖ προσεδαφίζομαι ‖ , ~s: *(n)* περιοχή ‖ , ~s: *(n)* λόγος, αφορμή ‖ ~s: *(n)* κατακάθια ‖ **break ~**: *(v)* καταπιάνομαι ‖ **gain ~**: *(v)* κερδίζω έδαφος ‖ **give ~**: *(v)* ενδίδω, υποχωρώ ‖ **home ~**: *(n)* γνωστή περιοχή ‖ γνωστό θέμα ‖ **~ cloth, ~ sheet**: *(n)* αδιάβροχο κάλυμμα ή στρώμα ‖ **~ floor**: *(n)* ισόγειο ‖ **~less**: *(adj)* αβάσιμος ‖ **~ling**: *(n)* ακαλλιέργητος άνθρωπος *(id)* ‖ **~nut**: *(n)* φιστίκι ‖ **~plan**: *(n)* κάτοψη ‖ **~ work**: *(n)* θεμέλια, βάση

group (gru:p): *(n)* ομάδα ‖ [-ed]: *(v)* σχηματίζω ή τοποθετώ σε ομάδα ‖ ~ie: *(n)* κόλακας, "γλείφτης" ‖ μέλος ή οπαδός ομαδικής ζωής

grouse (´graus) [-d]: *(v)* παραπονιέμαι, "γκρινιάζω" ‖ *(n)* αιτία γκρίνιας ‖ αγριόκοτα

grove (grouv): συστάδα, πύκνωμα

grovel (´grɔvəl) [-ed]: *(v)* ταπεινώνομαι, "σέρνομαι", "έρπω" ‖ υποκλίνομαι βαθιά, κάνω "τεμενάδες"

grow (grou) [grew, grown]: *(v)* αναπτύσσομαι ‖ μεγαλώνω, αυξάνω ‖ προέρχομαι ‖ καλλιεργώ ‖ **~ on, ~ upon**: *(v)* γίνομαι ευχάριστος ή δεκτός ‖ **~ out of**: *(v)* γίνομαι πάρα πολύ μεγάλος σε σχέση με κάτι ‖ προέρχομαι ‖ **~ up**: *(v)* μεγαλώνω, ενηλικιώνομαι ‖ **~ing pains**: *(n)* αρχικές δυσκολίες ‖ **~nup**: *(n)* μεγάλος, ενήλικος

growl (graul) [-ed]: *(v)* μουγκρίζω, γρυλίζω

grown: see grow

growth (grouθ): *(n)* ανάπτυξη ‖ αύξηση, μεγάλωμα ‖ όγκος

grub (grʌb) [-bed]: *(v)* ξεσκάβω, ξεριζώνω ‖ δίνω τροφή *(id)* ‖ ψάχνω, ψαχουλεύω ‖ δουλεύω σκληρά ‖ τρώω *(id)* ‖ *(n)* σκουλήκι εντόμου ‖ βαριά δουλειά ‖ φαγητό *(id)* ‖ ~by: *(adj)* βρωμιάρης ‖ **~stake**: *(v)* χρηματοδοτώ *(id)* ‖ *(n)* χρηματοδότηση

grudge

grudge (grʌdz) [-d]: *(v)* δέχομαι ή δίνω με το ζόρι, με δυσκολία ‖ *(n)* μνησικακία

gruesome (ˈgru:səm): *(adj)* φρικτός, απαίσιος, αποκρουστικός

gruff (grʌf): *(adj)* τραχύς ‖ ~ly: *(adv)* με τραχύτητα, απότομα ‖ ~ness: *(n)* τραχύτητα

grumble (ˈgrʌmbəl) [-d]: *(v)* γρυλίζω ‖ γκρινιάζω ‖ *(n)* μεμψιμοιρία, γκρίνια

grump-s (grʌmps): *(n)* κακοκεφιά ‖ κακοτροπιά ‖ κακότροπος ‖ ~y: *(adj)* ευερέθιστος, κακότροπος, γκρινιάρης

grunt (grʌnt) [-ed]: γρυλίζω ‖ *(n)* γρύλισμα

guarant-ee (gærənˈti): *(n)* εγγυητής ‖ εγγύηση ‖ εγγυητικό συμβόλαιο ‖ [-d]: *(v)* εγγυούμαι ‖ ~or (ˈgærəntər): *(n)* εγγυητής ‖ ~y: *(n)* εγγύηση ‖ εγγυητής ‖ [-ied]: *(v)* εγγυούμαι

guard (ga:rd) [-ed]: *(v)* φρουρώ ‖ προστατεύω, προφυλάγω ‖ διασφαλίζω ‖ *(n)* φρουρός ‖ φύλακας ‖ φρουρά ‖ προστασία, προφύλαξη ‖ ~ed: *(adj)* συγκρατημένος, προσεκτικός ‖ ~house: *(n)* πειθαρχείο ‖ φυλάκιο ‖ ~ian: *(n)* προστάτης, φύλακας ‖ κηδεμόνας ‖ ~sman: *(n)* εθνοφρουρός ‖ mount ~: *(v)* αρχίζω υπηρεσία ‖ off ~: απροετοίμαστος ‖ on one's ~: έτοιμος, προετοιμασμένος

gubernatorial (gubərnəˈtori:əl): *(adj)* κυβερνητικός

gudgeon (ˈgʌdzən): *(n)* κωβιός ‖ ευκολόπιστος, ''κορόιδο'', ''θύμα'' *(id)*

guerrilla, guerilla (gəˈrilə): *(n)* αντάρτης ‖ ~ warfare: *(n)* κλεφτοπόλεμος

guess (ges) [-ed]: *(v)* μαντεύω ‖ υποθέτω ‖ *(n)* εικασία ‖ μάντεμα, μαντεία ‖ ~ work: *(n)* εικασία, υπόθεση

guest (gest): *(n)* επισκέπτης ‖ φιλοξενούμενος ‖ πελάτης ξενοδοχείου ή εστιατορίου

guffaw (gəˈfo:) [-ed]: *(v)* καγχάζω ‖ *(n)* καγχασμός, βροντερό γέλιο

guid-ance (ˈgaidəns): *(n)* καθοδήγηση ‖ οδηγία ‖ ~e [-d]: *(v)* οδηγώ ‖ καθοδηγώ ‖ *(n)* οδηγός ‖ ~eboard: *(n)* πινακίδα οδηγιών ‖ ~e book: *(n)* οδηγός, βιβλίο οδηγιών ‖ ~ed: *(adj)* κατευθυ-

νόμενος ‖ υπο καθοδήγηση ‖ ~ed missile: *(n)* κατευθυνόμενο βλήμα ‖ ~e line: *(n)* κατευθυντήρια γραμμή

guild (gild): *(n)* συντεχνία

guile (gail): *(n)* δόλος ‖ υπουλότητα ‖ ~ful: *(adj)* δόλιος, ύπουλος ‖ ~less: *(adj)* άδολος

guillotine (ˈgiləti:n): *(n)* λαιμητόμος, καρμανιόλα, ''γκιλοτίνα''

guilt (gilt): *(n)* ενοχή ‖ ~less: *(adj)* αθώος ‖ ~y: *(adj)* ένοχος

guinea (ˈgini): *(n)* μια λίρα και ένα σελίνι ‖ Ιταλός *(id)* ‖ ~ pig: πειραματόζωο

guise (gaiz): *(n)* εμφάνιση, παρουσιαστικό ‖ προσποίηση

guitar (giˈta:r): *(n)* κιθάρα

gulch (gʌltʃ): *(n)* χαράδρα, χαντάκι

gulf (gʌlf): *(n)* κόλπος ‖ χάσμα ‖ ~stream: *(n)* ρεύμα του κόλπου του Μεξικού

gull (gʌl): *(n)* γλάρος ‖ εύπιστος, απλοϊκός *(id)* ‖ [-ed]: *(v)* εξαπατώ, κοροϊδεύω

gullet (ˈgʌlit): *(n)* οισοφάγος ‖ χαντάκι

gullib-ility (gʌləˈbiliti): *(n)* ευπιστία ‖ ~le (ˈgʌləbəl): *(adj)* εύπιστος

gully (ˈgʌli): *(n)* χαντάκι

gulp (gʌlp) [-ed]: *(v)* καταπίνω ‖ ξεροκαταπίνω, πνίγομαι καταπίνοντας ‖ *(n)* καταπιά

gum (gʌm): ελαστικό κόμμι ‖ καουτσούκ ‖ καουτσουκόδεντρο ‖ μαστίχα ‖ [-med]: *(v)* σκεπάζω ή σφραγίζω με ελαστικό ή σχηματίζω ελαστικό ‖ ούλο ‖ ~ boil: *(n)* απόστημα των ούλων ‖ ~ shoe: *(n)* γαλότσα ‖ μυστικός αστυνομικός *(id)* ‖ ~tree: *(n)* καουτσουκόδεντρο

gumbo (ˈgʌmbou): *(n)* μπάμια

gumption (ˈgʌmpʃən): εξυπνάδα *(id)* ‖ τόλμη *(id)*

gun (gʌn): πυροβόλο όπλο ‖ πυροβόλο, κανόνι ‖ [-ned]: *(v)* πυροβολώ ‖ big ~: μεγάλο πρόσωπο, σπουδαίος ‖ jump the ~: κλέβω στην εκκίνηση ‖ ~boat: *(n)* κανονιοφόρος ‖ ~ carriage: *(n)* κιλλίβαντας πυροβόλου ‖ ~man: *(n)* πιστολάς ‖ πληρωμένος φονιάς ‖ ~ner: *(n)* πυροβολητής ‖ ~powder:

(n) πυρίτιδα ‖ ~ **runner**: *(n)* λαθρέμπορος όπλων ‖ ~**shot**: *(n)* πυροβολισμός ‖ βεληνεκές όπλου ‖ ~**slinger**: *(n)* πιστολάς ‖ ~**smith**: *(n)* οπλοποιός ‖ ~**wale**: *(n)* κουπαστή πλοίου

gunny (´gʌni): *(n)* λινάτσα

gurgle (´gə:rgəl) [-d]: *(v)* κελαρύζω, γαργαρίζω ‖ *(n)* κελάρυσμα

gush (gʌʃ) [-ed]: *(v)* ξεχύνομαι ορμητικά ‖ αναβλύζω ορμητικά ‖ εκδηλώνομαι ενθουσιαστικά ‖ *(n)* ορμητικό τρέξιμο υγρού

gust (gʌst): *(n)* ριπή ανέμου ‖ ξέσπασμα

gusto (´gʌstou): *(n)* ζήλος, ζέση

gut (gʌt): *(n)* έντερο ‖ στομάχι ‖ [-ted]: *(v)* ξεκοιλιάζω ‖ ~**s**: εντόσθια ‖ θάρρος, τόλμη ‖ ~**less**: *(adj)* άτολμος, δειλός

gutter (´gʌtər): *(n)* ρείθρο ‖ υδρορροή ‖ κατώτερης υποστάθμης, ''πεζοδρομίου'' ‖ ~ **snipe**: *(n)* χαμίνι, αλάνι

guttural (´gʌtərəl): *(adj)* λαρυγγικός

guy (gai): *(n)* καλώδιο, σκοινί ‖ άνθρωπος *(id)* ‖ [-ed]: *(v)* κοροϊδεύω

guzzle (´gʌzəl) [-d]: *(v)* πίνω λαίμαργα

gym (dzim): *(n)* γυμναστήριο ‖ γυμναστική ‖ ~**nasium** (dzim´neizi:əm): *(n)* Γυμνάσιο ‖ γυμναστήριο ‖ ~**nast** (´dzimnæst): *(n)* γυμναστής ‖ αθλητής γυμναστικής ‖ ~**nastic** (dzim´næstik): *(adj)* γυμναστικός ‖ ~**nastics**: *(n)* γυμναστική

gynecologist (dzainə´kələdzist): *(n)* γυναικολόγος ‖ ~**y**: *(n)* γυναικολογία

gyp (dzip) [-ped]: *(v)* εξαπατώ ‖ *(n)* απάτη ‖ απατεώνας

gypsy (´dzipsi): *(n)* Τσιγγάνος, ''γύφτος''

gyr-ate (´dzaireit) [-d]: *(v)* περιστρέφομαι ‖ περιφέρομαι ‖ ~**ation**: *(n)* περιστροφή ‖ ~**atory**: *(adj)* περιστροφικός ‖ ~**ocompass**: *(n)* γυροσκοπική πυξίδα ‖ ~**oscope** (´dzairəskoup): *(n)* γυροσκόπιο

H

H, h: το 8ο γράμμα του Αγγλ. αλφαβήτου

habeas corpus (´heibiəs ´kə:rpəs): *(n)* εντολή προσαγωγής κρατουμένου

haberdasher (´hæbər´dæʃər): *(n)* έμπορος ανδρικών ειδών

habiliments (hə´biləmənts): *(n)* επίσημη ενδυμασία

habit (´hæbit): *(n)* συνήθεια ‖ άμφια ‖ ρούχα ιππασίας ‖ ~**able**: *(adj)* κατοικήσιμος ‖ ~**at**: *(n)* περιβάλλον ‖ τόπος που συχνάζει κανείς ‖ ~**ation** (hæbə´teiʃən): *(n)* κατοίκηση ‖ φυσικό περιβάλλον ‖ ~**ual** (hə´bitʃuəl): *(adj)* συνήθης, από συνήθεια ‖ ~**uate** (hə´bitʃueit) [-d]: *(v)* εθίζω, συνηθίζω ‖ ~**ude** (´hæbətu:d): *(n)* συνηθισμένη συμπεριφορά, συνήθειες ‖ ~**ué** (hə´bitʃuei): *(n)* τακτικός θαμώνας

hacienda (ha:si:´endə): *(n)* μέγαρο, αρχοντικό

hack (hæk) [-ed]: *(v)* πελεκώ, κόβω ‖ ξεροβήχω ‖ *(n)* εγκοπή, πελέκημα ‖ χτύπημα ‖ κομματαρχίσκος ‖ αμάξι ‖ στεγνωστήρι ‖ ~**ie**: *(n)* ταξιτζής *(id)*

hackle (´hækəl): *(n)* φτερά του λαιμού κόκκορα ‖ ~**s**: *(n)* τρίχες λαιμού ζώου ‖ **get one's ~s up**: *(v)* είμαι έτοιμος για καβγά ‖ **make the ~s rise**: *(v)* θυμώνω, εξοργίζω

hackney (´hækni) [-ed]: *(v)* κάνω υπερβολική κατάχρηση μιας έκφρασης ‖ εκμισθώνω ‖ *(n)* αμάξι ‖ *(adj)* κοινότυπος, συνηθισμένος ‖ νοικιασμένος ‖ ~**ed**: *(adj)* τετριμμένος, μπανάλ

had: see have

haft (hæft): *(n)* λαβή σπαθιού ή μαχαιριού

hag (hæg): *(n)* παλιόγρια, ''τζαντόγρια''

169

haggard

haggard (´hægərd):*(adj)* καταβλημένος, "κομμένος" ‖ άγριος, ανυπότακτος

haggle (´hægəl) [-d]: *(v)* παζαρεύω ‖ πετσοκόβω

hail (heil) [-ed]: *(v)* χαιρετώ ‖ ζητωκραυγάζω ‖ ρίχνω βροχηδόν, "λούζω" ‖ *(n)* χαιρέτισμα ‖ χαλάζι ‖ ~**stone**: *(n)* κόκκος χαλαζιού ‖ ~**storm**: *(n)* χαλαζοθύελλα

hair (heər): *(n)* τρίχα ‖ τρίχωμα ‖ μαλλιά ‖ ~**breadth**: *(adj)* παρά τρίχα ‖ ~**brush**: *(n)* βούρτσα των μαλλιών ‖ ~**cut**: *(n)* κούρεμα ‖ ~ **do**: *(n)* κόμμωση ‖ ~**dresser**: *(n)* κομμωτής, -τρια ‖ ~**less**: *(adj)* άτριχος ‖ ~ **piece**: *(n)* περούκα ‖ ~ **pin**: *(n)* φουρκέτα ‖ ~ **raiser**: *(n)* συναρπαστική ή τρομακτική ιστορία ή θέαμα ‖ ~ **raising**: *(adj)* τρομακτικός ‖ ~**s breadth**: see hairbreadth ‖ ~ **splitting**: *(n)* λεπτολογία ‖ ~**y**: *(adj)* τριχωτός, μαλλιαρός

halcyon (´hælsi:ən): *(n)* αλκυόνα ‖ *(adj)* ήρεμος, γαλήνιος ‖ ευτυχισμένος ‖ ~ **days**: *(n)* χειμωνιάτικη καλοκαιρία ‖ περίοδος ηρεμίας και ησυχίας

hale (heil): *(adj)* γερός, υγιής

half (hæf, ha:f): *(n)* μισό ‖ ημιχρόνιο ‖ μέσος ομάδας ποδοσφαίρου, "χαφ" ‖ **better** ~: *(n)* το έτερον ήμισυ ‖ **by** ~: πάρα πολύ ‖ **by** ~**s**: εν μέρει ‖ **go** ~**s**: συμμερίζομαι, πάω "μισά-μισά" ‖ ~**baked**: *(adj)* μισοψημένος ‖ ανόητος, πρόχειρος *(id)* ‖ ~ **boot**: *(n)* αρβύλα ‖ ~ **breed**: *(n)* μιγάδας ‖ ~ **brother**: *(n)* ετεροθαλής αδελφός ‖ ~ **hearted**: *(adj)* χωρίς ενθουσιασμό, χωρίς όρεξη ‖ ~ **mast**, ~ **staff**: μεσίστιος ‖ ~**moon**: *(n)* ημισέληνος ‖ ~ **sister**: *(n)* ετεροθαλής αδελφή ‖ ~**time**: *(n)* ημιχρόνιο ‖ ~ **track**: *(n)* θωρακισμένο όχημα ‖ ~**way**: *(adj)* στη μέση του δρόμου ή αποσπάσεως ‖ μερικώς, εν μέρει ‖ ~ **wit**: καθυστερημένος διανοητικά ‖ ανόητος, ηλίθιος

halitosis (hælə´tousis): *(n)* βρομερή αναπνοή

hall (hɔ:l): *(n)* προθάλαμος, "χωλ" ‖ αίθουσα συγκεντρώσεων ή συναυλιών ‖ κτίριο συναυλιών ή θεατρ. παραστάσεων ‖ ~ **mark**: *(n)* σήμα ποιότητας

hallow (´hælou) [-ed]: *(v)* αγιάζω, καθαγιάζω ‖ ~**ed**: *(adj)* άγιος, ιερός ‖ ~**een**: *(n)* των Αγίων Πάντων

hallucinat-e (hə´lu:səneit) [-d]: *(v)* προκαλώ ή παθαίνω φαντασιώσεις ‖ ~**ion**: *(n)* φαντασίωση ‖ φαντασιοπληξία

halo (´heilou): *(n)* φωτοστέφανος ‖ στεφάνι ηλίου ή σελήνης

halt (hɔ:lt) [-ed]: *(v)* σταματώ ‖ προχωρώ διστακτικά ή με δυσκολία ‖ *(n)* σταμάτημα, στάση ‖ ~**er**: *(n)* καπίστρι ‖ ~**ing**: *(adj)* ατελής ‖ κουτσός ‖ διστακτικός

halve (hæv, ha:v) [-d]: *(v)* χωρίζω στη μέση ‖ ~**s**: pl of half

halyard (´hæljərd): *(n)* σκοινί ιστίων ή σημαίας

ham (hæm): χοιρομέρι ‖ ερασιτέχνης ιδιοκτήτης ραδιοπομπού *(id)* ‖ υπερβολικός, που προσπαθεί να τραβήξει το ενδιαφέρον με υπερβολές ‖ [-med]: *(v)* λέω υπερβολές, τα παραλέω ‖ ~**burger**: *(n)* σάντουιτς με κιμά, "χάμπουργκερ" ‖ ~ **shackle**: *(v)* δένω, εμποδίζω

hamlet (´hæmlit): *(n)* χωριουδάκι

hammer (´hæmər) [-ed]: *(v)* χτυπώ με σφυρί ‖ σφυρηλατώ ‖ δίνω να καταλάβει, κάνω να εντυπωθεί ‖ δουλεύω με επιμέλεια και επιμονή ‖ *(n)* σφυρί ‖ επικρουστήρας ‖ σφύρα του αυτιού ‖ αθλητική σφύρα ρίψεων ‖ **go (come) under the** ~: βγαίνω στο "σφυρί" ‖ ~ **and tongs**: με όλα μου τα δυνατά ‖ ~ **and sickle**: *(n)* σφυροδρέπανο ‖ ~ **head**: *(n)* καρχαρίας

hammock (´hæmək): *(n)* κούνια

hamper (´hæmpər) [-ed]: *(v)* εμποδίζω

hand (hænd): χέρι ‖ δείκτης ρολογιού ‖ χειροκρότημα ‖ μέλος ομάδας εργατών ή πληρώματος ‖ [-ed]: *(v)* δίνω ‖ οδηγώ με το χέρι, δείχνω με το χέρι ‖ **at** ~: κοντά, πρόχειρο ‖ σύντομα ‖ **come to** ~: γίνομαι φανερός ή αθώωσον, παραλαμβάνομαι ‖ **force one's** ~: αναγκάζω πρόωρη δράση ή εκδήλωση ‖ ~ **in glove**, ~ **and glove**: σε στενή σχέση ή συνεργασία ‖ ~ **over fist**: πολύ γρήγορα ‖ ~**s down**: εύκολα ‖ ~**s**

170

off: μην εγγίζετε ‖ have a ~ in: ανακατεύομαι, βάζω το χέρι μου ‖ joing ~s: γίνομαι συνεταίρος ‖ out of ~: έξω από τον έλεγχο ‖ αμέσως ‖ αδιάκριτο, μη κόσμιο ‖ tip one's ~: φανερώνομαι ‖ ~ in: παραδίδω ‖ ~ over: δίνω, παραδίνω ‖ ~bag: (n) τσάντα ‖ ~ball: χειρόσφαιρα ‖ ~book: εγχειρίδιο, βιβλιαράκι ‖ ~clasp: (n) χειραψία ‖ ~cuff: χειροπέδη, δένω με χειροπέδη ‖ ~ful: χούφτα ‖ ~gun: πιστόλι ‖ ~iwork: εργόχειρο ‖ ~kerchief (´hæŋkərt]if): μαντίλι ‖ ~ out: (v) διανέμω ‖ ~ picked: (adj) διαλεχτός ‖ ~shake: (n) χειραψία ‖ ~ to ~: εκ του συστάδην ‖ ~writing: γραφικός χαρακτήρας, ‖ ~y: πρόχειρος ‖ επιδέξιος ‖ ~yman: βοηθός για προχειροδουλειές

handicap (´hændi:kæp) [-ped]: (v) εμποδίζω, παρεμποδίζω ‖ (n) εμπόδιο ‖ αναπηρία ‖ ~ped: (adj) ανάπηρος ‖ εμποδισμένος, με εμπόδια

handle (´hændl) [-d]: (v) χειρίζομαι ‖ (n) λαβή ‖ όνομα (id) ‖ fly off the ~: εξάπτομαι, ξεσπάω ‖ ~bar: (n) χειρολαβή ποδηλάτου ή μοτοσικλέτας ‖ ~r: (n) χειριστής

handsome (´hænsəm): (adj) όμορφος, ωραίος

hang (hæŋ) [hung, hung]: (v) αναρτώ, κρεμώ ‖ στολίζω αναρτώντας ή κρεμώντας ‖ [-ed]: (v) κρεμώ, απαγχονίζω ‖ ~ around: (v) τριγυρίζω, τεμπελιάζω ‖ συντροφεύω, πάω μαζί ‖ ~ back: (v) καθυστερώ ‖ off: (v) αποτραβιέμαι ‖ ~ on: (v) επιμένω, δεν σταματώ ‖ ~er: (v) κρεμάστρα ‖ ~er - on: (n) της προσκολλήσεως, παράσιτο ‖ ~ing: (n) απαγχονισμός, κρέμασμα ‖ κουρτίνα ‖ ~man: (n) δήμιος ‖ ~ out: (n) στέκι (id) ‖ ~ over: (n) ζάλη μετά από μεθύσι, επακόλουθο προηγούμενης μέθης, πονοκέφαλος επομένης ‖ ~ up: (n) έμμονη ιδέα, κόμπλεξ

hangar (´hæŋgər): (n) υπόστεγο ‖ υπόστεγο αεροπλάνων

hanker (´hæŋkər) [-ed]: (v) επιθυμώ πολύ

hanson (´hænsən): (n) δίτροχο αμάξι

haphazard (hæp´hæzərd): (adj) τυχαίος,

στα ''κουτουρού''

hapless (´hæplis): (adj) άτυχος

happen (´hæpən) [-ed]: (v) συμβαίνω ‖ βρίσκω ή συναντώ τυχαία ‖ εμφανίζομαι τυχαία ‖ ~ing: (n) συμβάν, γεγονός ‖ ~stance: (n) τυχαίο περιστατικό

happ-iness (´hæpinis): (n) ευτυχία ‖ ~y: (adj) ευτυχισμένος ‖ ~y - go - lucky: (adj) ανέμελος

harangue (hə´ræŋg) [-d]: (v) μιλώ με στόμφο ‖ μιλώ έντονα ‖ (n) στομφώδης ομιλία ‖ έντονη ομιλία

harass (´hærəs, hə´ræs) [-ed]: (v) ενοχλώ συστηματικά ‖ κουράζω, εξαντλώ ‖ ~ment: (n) παρενόχληση

harbinger (´ha:rbəndzər): (n) προάγγελος

harbor (´ha:rbər), harbour [-ed]: (v) προστατεύω, παρέχω άσυλο ‖ τρέφω ελπίδες, σκέψεις ή αισθήματα ‖ (n) λιμάνι ‖ άσυλο, προστασία ‖ ~age: (n) αγκυροβόλιο ‖ άσυλο, καταφύγιο

hard (ha:rd): (adj) σκληρός ‖ στερεός, ανθεκτικός ‖ απαιτητικός ‖ δύσκολος ‖ μεγάλης περιεκτικότητας σε αλκοόλ ‖ ~ and fast: (adj) προσδιορισμένος, αμετάβλητος ‖ ~back: (adj) πανόδετος ‖ ~ bitten: (adj) τραχύς, σκληρός ‖ ~boiled: (adj) σφιχτοβρασμένος, σφιχτό αυγό ‖ σκληρός, αναίσθητος, τραχύς ‖ ~cash: (n) μετρητά ‖ ~core: (n) ο σκληρός πυρήνας, ‖ ~en [-ed]: (v) σκληραίνω ‖ ~fisted: (adj) τσιγκούνης, ''σφιχτοχέρης'' ‖ ~ headed: (adj) πεισματάρης ‖ ρεαλιστής ‖ ~hearted: (adj) σκληρόκαρδος ‖ ~labor: (n) καταναγκαστικά έργα ‖ ~ly: (adv) μόλις ‖ ~ness: (n) σκληρότητα ‖ ~ of hearing: βαρήκοος ‖ ~ put: σε δύσκολη θέση, σε δυσχέρειες ‖ ~ship: (n) κακουχία ‖ δυσκολία, δυσχέρεια ‖ ~tack: (n) γαλέτα ‖ ~ware: (n) σιδερικό ‖ μηχανήματα ‖ όπλα ‖ ~y: (adj) θαρραλέος ‖ σκληραγωγημένος

hare (heər): (n) λαγός ‖ ~lip: (n) σχιστό άνω χείλος

harem (´hærəm): (n) χαρέμι

harlequin (´ha:rləkwən): (n) αρλεκίνος

harlot (´ha:rlət): πόρνη ‖ ~ry: (n) πορ-

171

harm

νεία

harm (ha:rm) [-ed]: *(v)* βλάπτω, κάνω κακό ‖ κάνω ζημιά ‖ *(n)* κακό ‖ βλά- βη, ζημιά ‖ **~ful**: *(adj)* βλαβερός, επι- βλαβής ‖ **~less**: *(adj)* άκακος, ακίνδυ- νος

harmon-ic (ha:r΄mənik): *(adj)* αρμονι- κός ‖ **~ica**: *(n)* φυσαρμόνικα ‖ **~ious**: *(adj)* αρμονικός ‖ μελωδικός ‖ **~ium**: *(n)* αρμόνιο ‖ **~ize** (΄ha:rmənaiz) [-d]: *(v)* εναρμονίζω ‖ μελοποιώ ‖ **~y** (΄ha:rməni:): *(n)* αρμονία ‖ συμφωνία

harness (΄ha:rnis): *(n)* ιπποσκευή, ΄΄χά- μουρα΄΄ ‖ λουριά, δέσιμο ‖ [-ed]: *(v)* βάζω ιπποσκευή ‖ βάζω υπό έλεγχο, συγκρατώ

harp (ha:rp): *(n)* άρπα ‖ **~ist**: *(n)* παί- κτης ή παίκτρια άρπας

harpoon (ha:r΄pu:n): *(n)* καμάκι

harpy (΄ha:rpi:): *(n)* Άρπυια ‖ κακιά, ΄΄στρίγκλα΄΄

harridan (΄hærədən): *(n)* γριά στρίγγλα

harrow (΄hærou): βολοκόπος, ΄΄σβάρ- να΄΄ ‖ [-ed]: *(v)* βολοκοπώ, ΄΄σβαρνί- ζω΄΄ ‖ **~ing**: *(adj)* θλιβερός, τραγικός

harry (΄hæri) [-ied]: *(v)* παρενοχλώ συ- νεχώς ‖ κάνω επιδρομές

harsh (ha:rʃ): *(adj)* σκληρός, τραχύς ‖ αυστηρός ‖ **~ly**: *(adv)* τραχιά, σκληρά, απότομα ‖ **~ness**: *(n)* τραχύτητα, σκληρότητα ‖ αυστηρότητα ‖ **~en** [-ed]: *(v)* σκληραίνω, τραχύνω

hart (ha:rt): *(n)* αρσενικό ελάφι

harvest (΄ha:rvist) [-ed]: *(v)* θερίζω ‖ κάνω συγκομιδή, μαζεύω ‖ *(n)* συγκο- μιδή, εσοδεία ‖ εποχή συγκομιδής ‖ **~er**: *(n)* θεριστής ‖ θεριστική μηχανή ‖ **~ fly**: *(n)* τζίτζικας ‖ **~ home**: *(n)* τέ- λος συγκομιδής

has (hæz): έχει (see have) ‖ **~ been**: *(n)* αυτός που πέρασε η αξία του, που πέρασε η ΄΄μπογιά του΄΄

hash (hæʃ) [-ed]: *(v)* ψιλοκόβω, κάνω κιμά ‖ τα ΄΄θαλασσώνω΄΄ *(id)* ‖ εξετά- ζω *(id)* ‖ *(n)* κεφτέδες με πατάτες και λαχανικά, κιμάς με πατάτες ‖ ΄΄θα- λάσσωμα΄΄ *(id)* ‖ **~ house**: *(n)* φτηνό εστιατόριο, ΄΄μαγειρείο΄΄

hashish, hasheesh (΄hæʃi:ʃ): *(n)* χασίς

hasn't: has not (see have)

hassle (΄hæsəl): *(n)* ενόχληση, μπελάς, σκοτούρα

hassock (΄hæsək): *(n)* μαξιλάρα του πατώματος

hast-e (heist): *(n)* βία, βιασύνη ‖ **~en** [-ed]: *(v)* βιάζομαι ‖ επισπεύδω, επι- ταχύνω ‖ σπεύδω ‖ **~ily**: *(adv)* βιαστι- κά ‖ **~iness**: *(n)* βία ‖ **~y**: *(adj)* βιαστι- κός ‖ απερίσκεπτος ‖ ευερέθιστος ‖ **post ~**: *(adv)* κατεπειγόντως

hat (hæt): *(n)* καπέλο ‖ **~ter**: *(n)* καπε- λάς ‖ **pass the ~**: *(v)* κάνω έρανο ‖ **talk through one's ~**: *(v)* λέω ανοη- σίες ‖ **under one's ~**: μυστικά, εμπι- στευτικά

hatch (hætʃ) [-ed]: *(v)* εκκολάπτομαι ‖ εκκολάπτω ‖ *(n)* εκκόλαψη ‖ καταπα- κτή ‖ φεγγίτης ‖ ΄΄μπουκαπόρτα΄΄

hatchet (΄hætʃit): *(n)* τσεκούρι ‖ **bury the ~**: *(v)* κάνω ειρήνη

hat-e (heit) [-d]: *(v)* μισώ ‖ *(n)* μίσος ‖ **~ed**, **~ful**: *(adj)* μισητός ‖ **~red**: *(n)* μίσος, έντονη έχθρα

haughty (΄hɔ:ti): *(adj)* υπερόπτης, αγέ- ρωχος, αλαζόνας

haul (΄hɔ:l) [-ed]: *(v)* τραβώ, έλκω ‖ μεταφέρω ‖ αλλάζω πορεία ‖ *(n)* σύρ- σιμο, τράβηγμα, έλξη ‖ μεταφορά ‖ απόσταση μεταφοράς ‖ μάζεμα, πιάσι- μο, ΄΄διχτιά΄΄ ‖ **~age**: *(n)* μεταφορά ‖ κόμιστρα ‖ **~ off**: *(v)* υποχωρώ ‖ **~ up**: *(v)* σταματώ

haunch (hɔ:ntʃ): *(n)* γλουτός ‖ ΄΄καπού- λι΄΄ ‖ μπούτι σφαχτού

haunt (hɔ:nt) [-ed]: *(v)* στοιχειώνω ‖ συχνάζω ‖ δεν φεύγω από το μυαλό ‖ *(n)* ΄΄στέκι΄΄ ‖ **~ ed**: *(adj)* στοιχειωμέ- νος ‖ **~ing**: *(adj)* που δεν φεύγει από το μυαλό

hauteur (hou΄tə:r): *(n)* υπεροψία, αλα- ζονεία

have (hæv) [had, had]: *(v)* έχω ‖ παίρ- νω ‖ πρέπει, είμαι αναγκασμένος ‖ εξαπατώ ‖ γεννώ ‖ **~ done with**: *(v)* τελειώνω ‖ **~ had it**: είμαι εξαντλημέ- νος, είμαι ΄΄πτώμα΄΄ ‖ **~ on**: *(v)* φορώ

haven (΄heivən): *(n)* λιμάνι ‖ καταφύ- γιο, άσυλο

haven't: have not (see have)

haversack (΄hævərsæk): *(n)* εκδρομικός

σάκος ‖ γυλιός

havoc (´hævək): *(n)* καταστροφή, ερήμωση ‖ **play** ~: *(v)* καταστρέφω, ερημώνω ‖ λεηλατώ

hawk (hɔ:k): *(n)* γεράκι ‖ πολεμοκάπηλος ‖ [-ed]: *(v)* πουλώ στο δρόμο, κάνω το μικροπωλητή ‖ **~er:** *(n)* μικροπωλητής, γυρολόγος

hawser (´hɔ:zər): *(n)* καραβόσκοινο, ''παλαμάρι''

hay (hei): *(n)* ξερό χόρτο, άχυρο ‖ ~ **cock,** ~ **stack:** *(n)* θημωνιά ‖ ~ **fever:** *(n)* αλλεργικός κατάρρους από εισπνοή γύρης ή σκόνης αχύρου ‖ ~ **fork:** *(n)* δίκρανο ‖ ~ **maker:** *(n)* δυνατή γροθιά (ιδ) ‖ ~ **wire:** *(n)* σύρμα χορτόμπαλας ‖ ακατάστατα, πρόχειρα ‖ συγχυσμένος, χαμένος ‖ **go** ~ **wire:** *(v)* δεν λειτουργώ καλά, χαλάω ‖ **hit the** ~: *(v)* πάω για ύπνο

hazard (´hæzərd) [-ed]: *(v)* διακινδυνεύω, ριψοκινδυνεύω ‖ κίνδυνος ‖ κακοτυχία

haz-e (heiz): *(n)* ομίχλη, καταχνιά ‖ [-d]: *(v)* καταχνιάζω, σκοτεινιάζω ‖ κάνω νίλα, κάνω ''καψόνι'' ‖ **~y:** *(adj)* ομιχλώδης, καταχνιασμένος ‖ αμυδρός, σκοτεινός

hazel (´heizəl): *(n)* λεπτοκαρυδιά ‖ φουντούκι ‖ καστανοκίτρινο χρώμα ‖ **~nut:** *(n)* φουντούκι

he (hi:): *(prep)* αυτός ‖ *(n)* αρσενικός

head (hed) [-ed]: *(v)* είμαι επικεφαλής, διευθύνω, είμαι αρχηγός ‖ είμαι πρώτος, προηγούμαι, ηγούμαι ‖ κατευθύνω ‖ δίνω κεφαλιά ‖ *(n)* κεφάλι ‖ μυαλό, εξυπνάδα ‖ πρωτοβουλία ‖ επικεφαλής, αρχηγός, διευθύνων ‖ αφρός αεριούχου ποτού ‖ αποχωρητήριο πλοίου ‖ ακρωτήρι ‖ **~s:** *(n)* κορόνα (όψη νομίσματος) ‖ **~ache:** *(n)* πονοκέφαλος ‖ ~ **board:** *(n)* κεφαλάρι κρεβατιού ‖ ~ **dress:** *(n)* κόμμωση ‖ ~ **first:** *(adv)* με το κεφάλι ‖ **~ing:** *(n)* επικεφαλίδα, τίτλος ‖ **~land:** *(n)* ακρωτήρι ‖ **~less:** *(adj)* ακέφαλος ‖ **~light:** *(n)* μπροστινό φανάρι οχήματος ‖ **~line:** *(n)* επικεφαλίδα ‖ **~lock:** *(n)* κεφαλοκλείδωμα ‖ **~long:** *(adv)* με το κεφάλι ‖ απερίσκεπτα, γρήγορα ‖

~master (mistress): διευθυντής (διευθύντρια) σχολείου ‖ ~ **on:** *(adj)* κατά μέτωπο ‖ **~phone:** *(n)* ακουστικό κεφαλής ‖ **~quarters:** *(n)* αρχηγείο ‖ κεντρική διεύθυνση ή διοίκηση ‖ **~rest:** *(n)* ακουμπιστήρι κεφαλιού ‖ ~ **shrinker:** *(n)* ψυχίατρος *(id)* ‖ **~sman:** *(n)* δήμιος ‖ **~strong:** *(adj)* ισχυρογνώμονας ‖ **~waiter:** *(n)* αρχισερβιτόρος, μαίτρ ντ' οτέλ ‖ **~way:** *(n)* προχώρημα ‖ πρόοδος ‖ ~ **wind:** *(n)* εναντίος άνεμος ‖ **~y:** *(adj)* μεθυστικός, ζαλιστικός ‖ πεισματάρης ‖ **come to a** ~: *(v)* φτάνω σε κρίσιμο σημείο ‖ **go to one's** ~: *(v)* το παίρνω επάνω μου ‖ ~ **over heels:** κουτρουβάλα, τούμπα ‖ **out of one's** ~: τρελός ‖ **turn one's** ~: *(v)* παίρνουν τα μυαλά μου αέρα ‖ ~ **off:** *(v)* εμποδίζω, σταματώ

heal (hi:l) [-ed]: *(v)* θεραπεύω ‖ επουλώνω ‖ θεραπεύομαι, επουλώνομαι ‖ **~er:** *(n)* θεραπευτής

health (helθ): *(n)* υγεία ‖ **~ful:** *(adj)* υγιεινός ‖ **~y:** *(adj)* υγιής ‖ υγιεινός ‖ κάμπτωσος, αρκετός

heap (hi:p) [-ed]: *(v)* συσσωρεύω ‖ γεμίζω ως επάνω ‖ γίνομαι σωρός, συσσωρεύομαι ‖ *(n)* σωρός ‖ **~s:** πολύ, ένα σωρό ‖ **~ing:** *(adj)* γεμάτος ως επάνω

hear (hiər) [heard, heard]: *(v)* ακούω ‖ ακούω προσεκτικά ‖ μαθαίνω, ακούω ‖ **~ing:** *(n)* ακοή ‖ απόσταση ακοής ‖ ακρόαση ‖ προκαταρκτική εξέταση κατηγορουμένου ‖ ακροαματική εξέταση ‖ **~ing aid:** *(n)* ακουστικό βαρηκοΐας ‖ **~say:** πληροφορία εξ ακοής

heard: see hear

hearse (hə:rs): *(n)* νεκροφόρα

heart (ha:rt): *(n)* καρδιά ‖ θάρρος, ''καρδιά'' ‖ κούπα της τράπουλας ‖ **at** ~: βασικά, κατά βάθος ‖ **by** ~: από μνήμης ‖ **~attack:** *(n)* καρδιακή προσβολή ‖ **~beat:** *(n)* καρδιοχτύπι ‖ **~break:** *(n)* θλίψη, ράγισμα καρδιάς ‖ **~broken:** *(adj)* με ραγισμένη καρδιά, περίλυπος ‖ **~burn:** *(n)* ξινίλα ή καούρα στομαχιού ‖ **~en** [-ed]: *(v)* δίνω κουράγιο, εμψυχώνω ‖ **~failure:** *(n)* συγκοπή ‖ **~felt:** *(n)* εγκάρδιος, ειλι-

hearth

κρινής ‖ ~**ily**: *(adv)* εγκάρδια ‖ εντελώς ‖ ειλικρινά ‖ ~**less**: *(adj)* άκαρδος ‖ ~ **rending**: *(adj)* συγκινητικός, που σκίζει την καρδιά ‖ ~**sick**: *(adj)* απογοητευμένος ‖ ~ **to - heart**: ειλικρινής ‖ ~**y**: *(adj)* εγκάρδιος ‖ πλήρης, απόλυτος ‖ γερός ‖ πλούσιος, άφθονος ‖ **lose** ~: *(v)* απογοητεύομαι ‖ **take to** ~: *(v)* το παίρνω κατάκαρδα

hearth (ha:rθ): *(n)* τζάκι ‖ οικογενειακή ζωή ‖ πυροστιά

heat (hi:t) [-ed]: *(v)* ζεσταίνω ‖ κάνω καυτό, υπερθερμαίνω ‖ ξεσηκώνω ‖ θερμαίνομαι ‖ ξεσηκώνομαι ‖ θερμότητα ‖ ζέστη ‖ ζέση, έξαψη ‖ προκριματικός αγώνας δρόμου ‖ πίεση, "στρίμωγμα" ‖ ~**ed**: *(adj)* ξαναμμένος, αναμμένος ‖ ~**er**: *(n)* θερμαντήρας ‖ πιστόλι *(id)* ‖ καυστήρας κεντρικής θέρμανσης ‖ ~ **wave**: *(n)* κύμα ζέστης

heath (hi:θ): *(n)* ερείκη ‖ βαλτότοπος, ρεικιά ‖ ~**er**: *(n)* ρείκι, ερείκη

heathen (´hi:ðən): *(n)* ειδωλολάτρης

heave (hi:v) [-d]: *(v)* σηκώνω ‖ ρίχνω πετώ ‖ αναψώνομαι ‖ βγάζω, ξεφυσώ ‖ κάνω εμετό ‖ *(n)* ανύψωση, σήκωμα ‖ ρίψη ‖ ~ **ho!**: βίρα! ‖ ~ **to**: *(v)* σταματώ ‖ γυρίζω το πλοίο αντίθετα ‖ ~**s**: *(n)* εμετός

heaven (´hevən): *(n)* ουρανός ‖ **for** ~'**s sake!**: για όνομα του θεού ‖ **good** ~**s!** Ω, Θεέ! ‖ ~**ly**: *(adj)* ουράνιος ‖ θαυμάσιος, υπέροχος

heav-ily (´hevəli): *(adj)* βαριά ‖ ~**iness**: *(n)* βαρύτητα, βάρος ‖ ~**y**: *(adj)* βαρύς ‖ πυκνός ‖ άφθονος, πολύς ‖ δύσκολος ‖ δυνατός, έντονος ‖ βαθύς, σπουδαίος *(id)* ‖ *(n)* ο "κακός" ιστορίας ή έργου ‖ κακοποιός ‖ ~**y - duty**: *(adj)* ανθεκτικός, αντοχής ‖ ~**y - handed**: *(adj)* αδέξιος ‖ σκληρός ‖ ~**yset**: *(adj)* γεμάτος, γεροδεμένος ‖ ~**y weight**: βαρέων βαρών

Hebrew (´hi:bru:): *(n)* Εβραίος ‖ εβραϊκή γλώσσα ‖ *(adj)* Εβραϊκός

heckle (´hekəl) [-d]: *(v)* διακόπτω ή ρωτώ ενοχλητικά

hectare (´hekteər): *(n)* εκτάριο

hectic (´hektik): *(adj)* πυρετώδης ‖

εξημμένος

hedge (hedz) [-d]: *(v)* φράζω, περιφράζω ‖ αντισταθμίζω ‖ υπεκφεύγω, μιλώ με υπεκφυγές, αποφεύγω να εκτεθώ ‖ *(n)* φράχτης ‖ υπεκφυγή ‖ ~ **hog**: *(n)* σκαντζόχοιρος

heed (hi:d) [-ed]: *(v)* δίνω προσοχή, λαβαίνω υπόψη ‖ προσοχή ‖ ~**ful**: *(adj)* προσεκτικός, συνετός ‖ ~**less**: *(adj)* απρόσεκτος, που δεν λαβαίνει υπόψη

heel (hi:l): *(n)* φτέρνα ‖ τακούνι ‖ ''γωνιά'' φραντζόλας ‖ πρόστυχος *(id)* ‖ [-ed]: *(v)* βάζω τακούνια ‖ δίνω λεφτά ή πιστόλι *(id)* ‖ ακολουθώ κατά πόδας ‖ γέρνω ‖ ~**ed**: *(adj)* ''λεφτάς'' ‖ ένοπλος *(id)* ‖ **at** ~: από πίσω, από κοντά ‖ **take to one's** ~**s**: το βάζω στα πόδια ‖ **to** ~: από πίσω, από κοντά ‖ υπό έλεγχο, πειθαρχημένα

heft (heft) [-ed]: *(v)* σηκώνω ‖ ζυγίζω ‖ βάρος, όγκος ‖ ~**y**: *(adj)* βαρύς ‖ ρωμαλέος, μεγαλόσωμος και δυνατός

hegemony (hi´dzeməni): *(n)* ηγεμονία

heifer (´hefər): *(n)* νεαρή γελάδα, δαμαλίδα

height (hait): *(n)* ύψος ‖ αποκορύφωμα, ακμή ‖ ύψωμα ‖ ~**en** [-ed]: *(v)* υψώνω ‖ αυξάνω ‖ υψώνομαι, αυξάνομαι

heinous (´heinəs): *(adj)* αποτρόπαιος, απαίσιος

heir (eər): *(n)* κληρονόμος ‖ ~**dom**: *(n)* κληρονομία ‖ ~**ess**: *(n)* η κληρονόμος ‖ ~ **loom**: *(n)* οικογενειακό κειμήλιο ‖ ~**ship**: *(n)* κληρονομικό δικαίωμα

heist (´haist) [-ed]: *(v)* κλέβω, ληστεύω ‖ *(n)* κλοπή, ληστεία

held: see hold

heli-cal (´helikəl): *(adj)* ελικοειδής ‖ ~**copter** (´helikəptər): *(n)* ελικόπτερος ‖ ~**otrope** (´hi:liətroup): *(n)* ηλιοτρόπιο

hell (hel): *(n)* κόλαση ‖ **catch** ~, **get** ~: βρίσκω το διάβολό μου ‖ **give** ~: δίνω να ''καταλάβει'', κάνω να ''τον πάρει ο διάβολος'' ‖ ~ **to pay**: μεγάλοι μπελάδες ‖ **like** ~: ασφαλώς όχι, αποκλείεται ‖ με όλη μου τη δύναμη ‖ **raise** ~: κάνω μεγάλη φασαρία ή βάζω σε μεγάλους μπελάδες ‖ ~ **bent** *(adj)* παράτολμα αποφασισμένος ‖ ~

174

for leather: *(adv)* με μεγάλη ταχύτητα ‖ **~ish**: *(adj)* διαβολικός, καταχθόνιος
he'll: he will, he shall: see will
Hell-as: see Greece ‖ **~enic** (he´lenik): *(adj)* Ελληνικός ‖ **~enistic**: *(adj)* Ελληνιστικός
hello (he´lou): *(interj)* γειά, γεια σου ‖ εμπρός, "αλλό" ‖ ω! τι λες! μπα!
helm (helm): *(n)* τιμόνι πλοίου, πηδάλιο ‖ **~sman**: *(n)* πηδαλιούχος
helmet (´helmit): *(n)* κράνος ‖ περικεφαλαία ‖ κάσκα ‖ [-ed]: *(v)* φορώ ή τοποθετώ κράνος
helot (´hi:lət): *(n)* είλωτας, σκλάβος
help [-ed]: *(v)* βοηθώ ‖ ενισχύω, υποστηρίζω ‖ υποβοηθώ ‖ εξυπηρετώ, "σερβίρω" ‖ **(can)** ~: αποφεύγω, εμποδίζω ‖ *(n)* βοήθεια ‖ βοηθός, υπηρέτης, υπάλληλος ‖ **~er**: *(n)* βοηθός ‖ **~ful**: *(adj)* χρήσιμος, ευεργετικός ‖ **~ing**: *(n)* μερίδα φαγητού ‖ **~less**: *(adj)* ανίκανος ‖ αβοήθητος ‖ απελπιστικός, ανίατος ‖ ~ **oneself to**: *(v)* σερβίρομαι ‖ παίρνω μόνος μου, παίρνω χωρίς άδεια
helter-skelter (´heltər´skeltər): *(adv)* άνω-κάτω, φύρδην-μίγδην ‖ *(adj)* βιαστικός, σαν χαμένος
hem (hem): *(n)* ποδόγυρος, στρίφωμα ‖ [-med]: *(v)* στριφώνω ‖ περικυκλώνω
hemisphere (´heməsfiər): *(n)* ημισφαίριο
hemlock (´hemlək): *(n)* κώνειο
hemorrh-age (´heməridz): αιμορραγία ‖ **~oids** (´heməroids): *(n)* αιμορροΐδες
hemp (hemp): *(n)* κανναβι
hen (hen): *(n)* θηλυκό πουλί ‖ κότα, όρνιθα ‖ **~coop**: *(n)* κοτέτσι ‖ **~nery**: *(n)* ορνιθοτροφείο ‖ **~peck** [-ed]: *(v)* κάνω "κρεβατομουρμούρα", γκρινιάζω το σύζυγο
hence (hens): *(adv)* όθεν, άρα ‖ απ' αυτό, γι' αυτό ‖ από τώρα ‖ από δω, απ' αυτό το μέρος
henchman (´hent∫mən): *(n)* πιστός ακόλουθος ‖ συμμορίτης, γκάγκστερ
henna (´henə): *(n)* κοκκινοκάστανος
hepati-c (hi´pætik): ηπατικός ‖ **~tis** (hepə´taitis): *(n)* ηπατίτιδα
heptagon (´heptəgən): *(n)* επτάγωνο

her (hə:r): *(pron)* αυτήν ‖ της, δικός της ‖ **~s**: δικός της ‖ **~self**: η ίδια, εαυτός της
herald (´herəld): *(n)* κήρυκας ‖ προάγγελος ‖ πρόδρομος ‖ [-ed]: *(v)* κηρύσσω, αναγγέλω ‖ προαναγγέλω, προμηνώ
herb (ə:rb, hə:rb): *(n)* βότανο ‖ **~ivore** (´hə:rbəvə:r): *(n)* φυτοφάγο ζώο ‖ **~ivorous** (hə:r´bivərəs): *(adj)* χορτοφάγος
herculean (hə:rkjə´li:ən): *(adj)* ηράκλειος
herd (hə:rd): *(n)* κοπάδι ‖ [-ed]: *(v)* οδηγώ κοπάδι ‖ μαζεύω σαν κοπάδι, αγελήδον
here (hiər): *(adv)* εδώ ‖ παρών! ‖ να! νάτο! ‖ ~ **about**: *(adv)* κάπου εδώ ‖ **~after**: *(adv)* στο εξής ‖ (n) η μέλλουσα ζωή ‖ ~ **by**: *(adv)* δια του παρόντος ‖ ~ **of**: *(adv)* αναφορικά προς το παρόν, σχετικά με το παρόν ‖ ~ **to**: *(adv)* σ' αυτό, στο παρόν ‖ ~ **upon**: *(adv)* αμέσως μετά, "και πάνω σ' αυτό"
heredit-ary (hə´redəteri:): *(adj)* κληρονομικός ‖ πατροπαράδοτος, προαιώνιος ‖ **~y**: *(n)* κληρονομικότητα
here-sy (´herəsi): *(n)* αίρεση ‖ **~tic**: *(n)* αιρετικός ‖ **~tical**: *(adj)* αιρετικός
heritage (´herətidz): *(n)* κληρονομιά
hermetic, **~al**: *(adj)* ερμητικός
hermit (´hə:rmit): *(n)* ερημίτης
hernia (´hə:rni:ə): *(n)* κήλη
hero (´hiərou): *(n)* ήρωας ‖ ήρωας ιστορίας ή έργου ‖ **~ic** (hi´rouik), **~ical**: *(adj)* ηρωικός ‖ **~ine** (´hiərouin): *(n)* ηρωίδα ‖ **~ism**: *(n)* ηρωϊσμός
heroin (´herouən): *(n)* ηρωίνη
heron (´herən): *(n)* ερωδιός, ψαροφάγος
herring (´heriŋ): *(n)* ρέγκα ‖ ~ **bone**: *(n)* ραφή ψαροκόκαλο
hers, herself: see her
hesit-ancy (´hezetənsi), **~ation** (hezə´tei∫ən): *(n)* δισταγμός ‖ αναποφασιστικότητα ‖ **~ant**: *(adj)* διστακτικός ‖ αναποφάσιστος ‖ **~ate**

175

heterosexual

(´hezəteit) [-d]: (v) διστάζω
heterosexual (hetərou´sekʃu:əl): (adj)
ετεροφυλόφιλος
hew (hju:) [-ed & hewn]: (v) σκαλίζω,
πελεκάω ‖ κόβω με τσεκούρι, γκρεμί-
ζω
hexagon (´heksəgən): εξάγωνο
heyday (´heidei): ακμή, άνθηση, κολο-
φώνας, κορυφή
hi (hai): γειά σου!
hiatus (hai´eitəs): (n) διακοπή ‖ χα-
σμωδία
hibernat-e (´haibərneit) [-d]: (v) πέφτω
σε χειμερία νάρκη ‖ **-ion**: (n) χειμερία
νάρκη
hicc-up, ~ **ough** (´hikʌp) [-ped]: (v)
έχω λόξιγκα ‖ (n) λόξιγκας
hickory (´hikəri:): (n) αγριοκαρυδιά
hid: see **hide** ‖ ~ **den**: see **hide**
hid-e (haid) [hid, hidden or hid]: (v)
κρύβω ‖ κρύβομαι ‖ (n) δέρμα, τομάρι
‖ ~**e and - seek**: (n) κρυφτό, κρυ-
φτούλι ‖ **-eaway**: (n) κρυψώνα, κρη-
σφύγετο ‖ **-ing**: (n) δάρσιμο, ξύλο
hideous (´hidi:əs): (adj) απαίσιος ‖ βδε-
λυρός ‖ **-ly**: (adj) απαίσια, φρικτά
hierarchy (´haiərærki): (n) ιεραρχία
hi-fi (´hai´fai): see high fidelity
high (hai): (adj) ψηλός ‖ ανώτερος, πο-
λύ σπουδαίος ‖ μεθυσμένος, ''στο κέ-
φι'' ‖ (adv) ψηλά ‖ (n) ύψος, ψηλό
μέρος ‖ μεγάλη ταχύτητα ‖ μεθύσι,
''κέφι'' ‖ ~ **and dry**: εγκαταλειμμέ-
νος, έρημος ‖ ~ **and low**: εδώ κι εκεί
‖ ~ **and mighty**: αγέρωχος, δεσποτι-
κός ‖ ~**ball**: (n) κοκτέιλ σε ψηλό πο-
τήρι ‖ ~**brow**: (n) διαβασμένος, πολυ-
σπούδαστος ‖ ~**chair**: (n) ψηλό καρε-
κλάκι μωρού ‖ ~**er - up**: (n) ο ανώτε-
ρος ‖ ~ **fidelity**: υψηλή πιστότητα ή
απόδοση ‖ ~ **grade**: (adj) υψηλής ποι-
ότητας ‖ ~ **handed**: (adj) αυθαίρετος ‖
~**jack** [-ed]: (v) ληστεύω όχημα ‖ αρ-
πάζω όχημα ή αεροπλάνο ‖ κάνω αε-
ροπειρατεία ‖ ~**jacker**: (n) πειρατής,
αεροπειρατής ‖ ~**jump**: (n) άλμα σε
ύψος ‖ ~**lander**: (n) ορεσίβιος, ορει-
νός ‖ ~**light**: (n) κέντρο ενδιαφέρο-
ντος, το επίκεντρο ‖ ~**ly**: (adv) ψηλά,
εξαιρετικά ‖ **H~ Mass**: (n) Μεγάλη

Δοξολογία καθολικής Εκκλ. ‖ ~**ness**:
(n) ύψος ‖ **H~ness**: (n) υψηλότης (τίτ-
λος) ‖ ~ **pitched**: (adj) οξύς, διαπερα-
στικός ‖ απότομος, ανηφορικός ‖
~**rise**: (n) πολυόροφο κτίριο ‖
~**school**: (n) γυμνάσιο ‖ ~**seas**: (n)
ανοιχτό πέλαγος ‖ ~**tail** [-ed]: (v) το
βάζω στα πόδια ‖ ~ **tea**: (n) απογευ-
ματινό κολατσιό ‖ ~**tension**: (adj)
υψηλής τάσεως ‖ ~**tide**: (n) πλημμυρί-
δα ‖ ~ **treason**: (n) εσχάτη προδοσία
‖ ~**water**: (n) ανωτάτη στάθμη ύδατος
‖ ~**way**: (n) δημόσιος δρόμος ‖
~**wayman**: (n) ληστής
hijack: see highjack
hike (haik) [-d]: (v) κάνω πεζοπορία ‖
πάω εκδρομή με τα πόδια ‖ ανεβαίνω,
υψώνομαι, γίνομαι ακριβότερος ‖ ανε-
βάζω, κάνω ακριβότερο ‖ (n) πεζοπο-
ρία ‖ ύψωση τιμών
hilar-ious (hi´leəri:əs): (adj) χαρούμε-
νος, εύθυμος, στο κέφι ‖ ~**ity**: (n) ευ-
θυμία, κέφι
hill (hil): (n) λόφος ‖ ύψωμα, σωρός ‖
ανήφορος δρόμου ‖ ~ **billy**: (n) χω-
ριάτης, ''στουρνάρι'' ‖ ~**ock**: (n) λο-
φίσκος, υψωματάκι ‖ ~**top**: (n) κορυ-
φή λόφου ‖ ~**y**: (adj) λοφώδης, με
υψώματα
hilt (hilt): (n) λαβή μαχαιριού ή ξίφους
‖ **to the ~**: ως το τέλος, εντελώς
him (him): (pron) αυτόν ‖ σ' αυτόν ‖
~**self**: (pron) ο ίδιος ‖ εαυτός του,
τον εαυτό του
hind (haind): (adj) οπίσθιος ‖ θηλυκό
ελάφι ‖ ~**most**: (adj) ο πιο πίσω
hind-er (´hindər) [-ed]: (v) εμποδίζω ‖
~**rance** (´hindrəns): (n) εμπόδιο
hinge (hindz): (n) άρθρωση ‖ ''ρεζές'',
''μεντεσές'' ‖ [-d]: (v) βάζω ή κρεμώ
σε μεντεσέδε ‖ εξαρτώμαι
hinny (´hini): (n) ημίονος
hint (hint) [-ed]: (v) υπαινίσσομαι ‖
(n) υπαινιγμός
hip (hip): (n) γοφός ‖ (adj) γνώστης, εν
γνώσει (id) ‖ της μόδας, μοντέρνος
(id) ‖ ~**pie**, ~**py**: (n) χίπυ
hippo: see hippopotamus
hippopotamus (hipə´pɔtəməs): (n) ιπ-
ποπόταμος

176

hire (hair) [-d]: *(v)* μισθώνω, προσλαμβάνω ‖ εκμισθώνω, νοικιάζω ‖ *(n)* μίσθωση, πρόσληψη ‖ εκμίσθωση, νοίκιασμα ‖ ~ling: *(n)* μισθωτός μπράβος, μισθοφόρος, "πληρωμένος" ‖ ~ out: *(v)* προσφέρω υπηρεσία επί πληρωμή ‖ for ~: ενοικιάζεται ‖ ~ purchase: αγορά με δόσεις

his (hiz): *(pron)* δικός του

hiss (his) [-ed]: *(v)* σφυρίζω ‖ μιλώ σφυριχτά ‖ *(n)* σφύριγμα

histor-ian (his´tɔ:ri:ən): *(n)* ιστορικός ‖ ~ic, ~ical: *(adj)* ιστορικός ‖ ~y (´histəri:): *(n)* ιστορία

histrionic (histri:´ɔnik): *(adj)* θεατρικός ‖ θεατρινίστικος ‖ ~s: *(n)* θεατρινισμός

hit (hit) [hit, hit]: *(v)* χτυπώ ‖ φτάνω ‖ εξαχοντίζω ‖ ξεκινώ *(id)* ‖ κάνω "τράκα" *(id)* ‖ *(n)* χτύπημα ‖ τύχη, "τυχερό" ‖ επιτυχία, "σουξέ" ‖ ~ it off: *(v)* τα πάω καλά με κάποιον ‖ ~ and-run: *(adj)* οδηγός που χτυπά και δεν σταματά

hitch (hitʃ) [-ed]: *(v)* δένω, στερεώνω ‖ συνδέω ‖ παντρεύω *(id)* ‖ κουτσαίνω ‖ μπερδεύομαι ‖ *(n)* κόμπος, δέσιμο ‖ τίναγμα ‖ εμπόδιο ‖ θητεία ‖ ~hike: *(v)* κάνω ή ταξιδεύω με ωτοστόπ ‖ ~hiker: *(n)* αυτός που κάνει ωτοστόπ

hive (haiv): *(n)* κυψέλη ‖ [-d]: *(v)* μαζεύω, συσσωρεύω

hoar (hɔ:r), ~y (´hɔ:ri:): *(adj)* ασπρομάλλης, γκριζομάλλης, ασπριδερός ‖ ~frost: *(n)* πάχνη

hoard (hɔ:rd) [-ed]: *(v)* συσσωρεύω ‖ βάζω στην μπάντα, μαζεύω ‖ *(n)* σωρός κρυμμένων χρημάτων ή αγαθών

hoarse (hɔ:rs): *(adj)* βραχνός ‖ ~n [-ed]: *(v)* βραχνιάζω ‖ ~ness: *(n)* βραχνάδα

hoary: see hoar

hoax (houks): *(n)* πονηριά, τέχνασμα ‖ αστείο, "πλάκα" ‖ [-ed]: *(v)* ξεγελώ

hobble (´hɔbəl) [-d]: *(v)* περπατώ, με δυσκολία ‖ κουτσαίνω ‖ πεδικλώνω, παρεμποδίζω την κίνηση ‖ *(n)* δύσκολο ή αδέξιο περπάτημα ‖ ~skirt: *(n)* στενό φουστάνι

hobby (´hɔbi:): *(n)* "χόμπυ", απασχόληση

hobnail (´hɔbneil): *(n)* πρόκα αρβύλας

hobo (´houbou): *(n)* αλήτης ‖ πλανόδιος εργάτης

hock (´hɔk): *(n)* αστράγαλος αλόγου ‖ άσπρο κρασί του Ρήνου ‖ [-ed]: *(v)* βάζω ενέχυρο ‖ in ~: χρεωμένος ‖ φυλακισμένος *(id)* ‖ ~ shop: *(n)* ενεχυροδανειστήριο

hockey (´hɔki:): *(n)* χόκεϊ

hocus (´houkəs) [-ed]: *(v)* εξαπατώ ‖ νοθεύω ‖ ~ pocus: *(n)* ταχυδακτυλουργία ‖ απάτη

hod (hɔd): *(n)* πηλοφόρι

hodge-podge (´hɔdzpɔdz): *(n)* συνοθύλευμα, ανακάτωμα

hoe (hou) [-d]: *(v)* σκαλίζω, τσαπίζω ‖ *(n)* σκαλιστήρι, τσαπί

hog (hɔg, hɔ:g): *(n)* γουρούνι ‖ ~gish: *(adj)* λαίμαργος ‖ βρομιάρης, "γουρούνι"

hoist (´hoist) [-ed]: *(v)* ανυψώνω ‖ *(n)* ανυψωτικό μηχάνημα ‖ ανύψωση, σήκωμα

hold (hould) [held, held]: *(v)* κρατώ ‖ έχω ‖ συγκρατώ ‖ στηρίζω ‖ περιέχω ‖ ελέγχω, σταματώ ‖ κατέχω ‖ βγάζω βούλευμα ή διάταγμα ‖ θεωρώ ‖ συγκαλώ ‖ βαστώ, αντέχω ‖ *(n)* πιάσιμο, βάστημα ‖ λαβή ‖ αμπάρι πλοίου ‖ επιρροή, επηρεασμός ‖ ~ all: *(n)* βαλιτσούλα, "σακ βουαγιάζ" ‖ ~ back: *(v)* συγκρατώ ‖ συγκρατιέμαι ‖ κρύβω, δεν μαρτυρώ ‖ βάζω στην άκρη ‖ ~ down: *(v)* συγκρατώ ‖ κρατώ, βαστώ ‖ ~er: *(n)* λαβή ‖ κάτοχος ‖ ~ for: ισχύω ‖ ~ in: *(v)* συγκρατώ, ελέγχω ‖ ~ing: *(n)* νοικιασμένο κτήμα ‖ μετοχή ‖ ~ings: *(n)* απόθεμα ‖ περιουσία ‖ ~ off: *(v)* σταματώ, καθυστερώ ‖ ~ on: *(v)* περιμένω ‖ συνεχίζω ‖ ~ out: *(v)* προσφέρω ‖ αντέχω, "βαστάω" ‖ ~ over: *(v)* αναβάλλω ‖ χρησιμοποιώ ως απειλή ‖ ~ to: *(v)* μένω πιστός, εμμένω ‖ ~ up: *(v)* στηρίζω, συγκρατώ ‖ επιδεικνύω ‖ αντέχω, "βαστάω" ‖ ληστεύω ‖ *(n)* ληστεία ‖ ~ water: *(v)* είναι πιστευτό ή έγκυρο

hole (houl): *(n)* τρύπα ‖ άνοιγμα ‖ [-d]: *(v)* ανοίγω τρύπα, τρυπώ ‖ βάζω σε

τρύπα ‖ ~ **up**: *(v)* τρυπώνω, κρύβομαι σε τρύπα ‖ **in the ~**: χρεωμένος
holi-day (΄hɔlədei): *(n)* γιορτή ‖ αργία ‖ **~days**: διακοπές ‖ **~ness**: *(n)* αγιότητα (τίτλος)
Holland (΄hɔlənd): *(n)* Ολλανδία
holler (΄hɔlər) [-ed]: *(v)* φωνάζω ‖ *(n)* φωνή, κραυγή
hollow (΄hɔlou): *(adj)* κοίλος ‖ βαθουλωμένος ‖ κούφιος ‖ *(n)* κοίλωμα ‖ βαθούλωμα, λακκούβα ‖ ~ **out**: *(v)* κοιλαίνω ‖ κάνω βαθούλωμα, σκάβω ‖ ~ **leg**: μεγάλος πότης
holly (΄hɔli:): *(n)* πρίνος, ''πουρνάρι''
holocaust (΄hɔləkɔst): *(n)* ολοκαύτωμα
holster (΄houlstər): *(n)* θήκη πιστολιού ‖ **~ed**: *(adj)* στη θήκη, μέσα σε θήκη
holy (΄houli): *(adj)* άγιος, ιερός ‖ Θεϊκός ‖ **H~ Ghost**: *(n)* Άγιο Πνεύμα ‖ ~ **of holies**: *(n)* Άγια των Αγίων ‖ ~ **Saturday**: Μεγάλο Σάββατο ‖ **~week**: Μεγάλη βδομάδα
homage (΄hɔmidz): *(n)* σέβας ‖ υποταγή
hombre (΄ɔmbrei): *(n)* άνθρωπος *(id)*
home (houm): *(n)* κατοικία ‖ σπίτι ‖ οικογένεια ‖ πατρίδα ‖ κέντρο, κεντρική διεύθυνση ‖ οίκος, ίδρυμα ‖ *(adj)* σπιτικός, σπιτίσιος ‖ εγχώριος ‖ *(adv)* στο σπίτι ‖ προς το σπίτι ‖ **at ~**: στο σπίτι ‖ άνετα, βολικά ‖ ~ **body**: του σπιτιού ‖ ~ **coming**: *(n)* ετήσια συνάντηση αποφοίτων ‖ επιστροφή, γυρισμός ‖ ~ **economics**: *(n)* οικιακή οικονομία ‖ ~ **front**: *(n)* εσωτερικό μέτωπο ‖ ~ **guard**: *(n)* πολιτοφυλακή ‖ **~land**: *(n)* πατρίδα ‖ **~less**: *(adj)* χωρίς σπίτι, χωρίς οικογένεια ‖ **~ly**: *(adj)* απλός, απλοϊκός ‖ άσχημος ‖ **~made**: *(adj)* σπιτίσιος ‖ **~maker**: *(n)* νοικοκυρά, ασχολούμενη με ''οικιακά'' ‖ **H~ Office**: *(n)* υπουργείο εσωτερικών ‖ **~r**: *(n)* ταχυδρομικό περιστέρι ‖ **~sick**: *(adj)* νοσταλγός της πατρίδας ή του σπιτιού του ‖ **~sickness**: *(n)* νοσταλγία ‖ **~ward**, **~wards**: *(adv)* προς το σπίτι ‖ **~work**: *(n)* μαθητική εργασία για το σπίτι ‖ προετοιμασία
homicid-al (hɔmə΄saidl): *(adj)* ανθρωποκτόνος ‖ φονικός ‖ **~e** (΄hɔməsaid):

(n) ανθρωποκτονία
homo (΄houmou): see homosexual
homo-centric (houmo΄sentrik): *(adj)* ομόκεντρος ‖ **~geneous** (houmə΄dzi:ni:əs): *(adj)* ομοιογενής ‖ **~nym** (΄hɔmənim): *(n)* ομώνυμο ‖ **~nymous** (hou΄mɔnəməs): *(adj)* ομώνυμος ‖ **~sexual**: *(n & adj)* ομοφυλόφιλος ‖ **~sexuality**: *(n)* ομοφυλοφιλία
hone (houn) [-d]: *(v)* τροχίζω, ακονίζω ‖ *(n)* ακόνι ‖ ακονόπετρα
honest (΄ɔnist): *(adj)* τίμιος, έντιμος ‖ δίκαιος ‖ ειλικρινής, ευθύς ‖ **~ly**: *(adv)* τίμια ‖ ειλικρινά ‖ **~y**: *(n)* εντιμότητα ‖ τιμιότητα ‖ ειλικρίνεια
honey (΄hʌni:): *(n)* μέλι ‖ γλύκα *(int)* ‖ **~comb**: *(n)* κηρήθρα ‖ γεμάτος τρύπες, λαβύρινθος ‖ ~ **comb**[-ed]: *(v)* γεμίζω τρύπες, κάνω διάτρητο ‖ **~moon**: *(n)* μήνας του μέλιτος ‖ *(v)* κάνω μήνα του μέλιτος ‖ **~suckle**: *(n)* αγιόκλημα
honk (΄hɔŋk): *(n)* κράξιμο ‖ κορνάρισμα ‖ [-ed]: *(v)* κορνάρω
honor (΄ɔnər): *(n)* τιμή ‖ υπόληψη, εκτίμηση ‖ [-ed]: *(v)* τιμώ ‖ εκτιμώ, υπολήπτομαι ‖ αναγνωρίζω την εγκυρότητα, δέχομαι να ξοφλήσω ή να πληρώσω ‖ **~able**: *(adj)* έντιμος ‖ τιμητικός ‖ **H~able**: εντιμότατος (τίτλος) ‖ **~ary**: *(adj)* τιμητικός ‖ **~s**: *(n)* φιλοφρονήσεις ‖ τιμητικές διακρίσεις
hood (hud): *(n)* κουκούλα ‖ κάλυμμα ‖ σκέπασμα μηχανής αυτοκινήτου (''καπό'') ‖ κακοποιός *(id)* ‖ [-ed]: *(v)* σκεπάζω με κουκούλα ‖ **~lum**: *(n)* κακοποιός, γκάγκστερ ‖ **~wink** [-ed]: *(v)* εξαπατώ, ξεγελώ
hooey (΄hu:i:): *(n)* ανοησίες, ''τρίχες'' *(id)*
hoof (huf): *(n)* οπλή, νύχι ζώου
hook (huk) [-ed]: *(v)* γαντζώνω ‖ αγκιστρώνω ‖ παγιδεύω *(id)* ‖ γάντζος ‖ αγκίστρι ‖ ~ **and eye**: *(n)* ''κόπιτσα'', μικρή πόρπη ‖ **~ed**: *(adj)* κυρτός ‖ ναρκομανής ‖ **~er**: *(n)* πόρνη ‖ ~ **up**: *(v)* συνδέω με πρίζα ‖ παντρεύομαι *(id)* ‖ **~y**: *(n)* ''σκασιαρχείο'', ''σμπόμπα''
hookah (΄hukə): *(n)* ναργιλές
hooligan (΄hu:ligən): *(n)* νεαρός κακο-

ποιός ή αλήτης
hoop (hup): στεφάνι βαρελιού ‖ κρίκος, στεφάνι
hooray: see hurrah
hoosegow (΄hu:sgau): *(n)* φυλακή *(id)*
hoot (hu:t) [-ed]: *(v)* κρώζω, φωνάζω σαν κουκουβάγια ‖ σφυρίζω ή φωνάζω αποδοκιμαστικά ‖ *(n)* φωνή κουκουβάγιας ‖ αποδοκιμασία, γιουχάισμα ‖ **~er**: *(n)* σειρήνα ‖ χλάξον
hop (hαp) [-ped]: *(v)* περπατώ πηδώντας ‖ χοροπηδώ, σκιρτώ ‖ φεύγω *(id)* ‖ χοροπήδημα, σκίρτημα ‖ λυκίσκος μπιρόχορτο ‖ **~ head**: *(n)* ναρκομανής ‖ **~ scotch**: *(n)* "κουτσό" (παιχνίδι)
hope (houp) [-d]: *(v)* ελπίζω ‖ *(n)* ελπίδα ‖ **~ chest**: *(n)* προικιά ‖ **~ful**: *(adj)* γεμάτος ελπίδες ‖ **~fully**: *(adv)* με ελπίδες, όπως ελπίζουμε ‖ **~less**: *(adj)* απελπισμένος ‖ μάταιος, αδύνατος
horde (hα:rd): *(n)* ορδή, στίφος
horizon (hα΄raizαn): *(n)* ορίζοντας ‖ **~tal** (hαrα΄zαntl): *(adj)* οριζόντιος
hormone (΄hα:rmoun): *(n)* ορμόνη
horn (hα:rn): *(n)* κέρατο ‖ κέρας, "τρόμπαμαρίνα" ‖ "κόρνα", "κλάξον" ‖ **~ed**: *(adj)* κερασφόρος ‖ **~et**: *(n)* σφήκα ‖ **~mad**: *(adj)* έξαλλος από θυμό *(id)* ‖ **of plenty**: *(n)* το κέρας της Αμαλθείας ‖ **~y**: *(adj)* κεράτινος
horoscope (΄hα:rαskoup): *(n)* ωροσκόπιο
horr-endous (hα΄rendαs): *(adj)* φρικτός, απαίσιος ‖ **~ible** (΄hα:rαbαl): *(adj)* φρικτός, φοβερός ‖ **~id** (΄hα:rid): *(adj)* φρικιαστικός ‖ απαίσιος ‖ **~ify** (΄hα:rαfai) [-ied]: *(v)* προκαλώ φρίκη ή αποτροπιασμό ‖ **~or** (΄hα:rαr): *(n)* φρίκη, φόβος
hors d' oeuvres (α:r΄dα:rvz): *(n)* ορεκτικά, ορντέβρ
horse (hα:rs): *(n)* άλογο ‖ ηρωίνη *(id)* ‖ **~back**: *(n)* ράχη υψώματος ‖ καβάλα ‖ **~ chestnut**: ιπποκαστανιά, "αγριοκαστανιά" ‖ **~fly**: *(n)* αλογόμυγα ‖ **~hair**: *(n)* αλογότριχα ‖ **~man**: *(n)* ιππέας ‖ **~opera**: *(n)* φτηνό καουμπούϊστικο έργο ‖ **~power**: *(n)* ιππο-

δύναμη ‖ **~sense**: *(n)* κοινός νούς *(id)* ‖ **~shoe**: *(n)* πέταλο ‖ **~trade**: *(n)* παζαρέματα
horticultur-al (hα:rtα΄kαltʃαrαl): *(adj)* κηπουρικός ‖ **~e**: *(n)* κηπουρική
hose (houz): *(n)* σωλήνας ‖ κάλτσες ‖ [-d]: *(v)* ποτίζω με σωλήνα
hosiery (΄houzαri:): *(n)* κάλτσες ‖ εσώρουχα ‖ πλεκτά είδη
hospitable (΄hαspαtαbαl): *(adj)* φιλόξενος
hospital (΄hαspitαl): *(n)* νοσοκομείο ‖ **~ization** (hαspαtαlα΄zeiʃαn): *(n)* εισαγωγή ή παραμονή σε νοσοκομείο ‖ ασφάλεια με νοσοκομειακή περίθαλψη
hospitality (hαspα΄tælαti): *(n)* φιλοξενία
host (houst) [fem.: **hostess**]: *(n)* οικοδεσπότης, φιλοξενών, αμφιτρύωνας ‖ πλήθος, στίφος ‖ στρατιά ‖ **~el** (΄hαstαl): *(n)* πανδοχείο, φτηνό ξενοδοχείο ‖ **~elry**: *(n)* πανδοχείο ‖ **~ess**: οικοδέσποινα ‖ προϊσταμένη σερβιτόρων, υποδοχέας εστιατορίου ‖ συνοδός εδάφους ή αέρος
hostage (΄hαstidz): *(n)* όμηρος
hostelry: see host
hostess: see host
hostil-e (΄hαstαl, ΄hαstail): *(adj)* εχθρικός ‖ αφιλόξενος ‖ **~ity** (hαs΄tilαti): *(n)* εχθρότητα ‖ εχθρική πράξη ή εκδήλωση ‖ **~ities**: *(n)* εχθροπραξίες
hostler (΄hαslαr): *(n)* ιπποκόμος
hot (hαt): *(adj)* καυτός, πολύ ζεστός ‖ καυτερός, πιπεράτος ‖ ραδιενεργός ‖ ξαναμμένος ‖ κλοπιμαίο *(id)* ‖ **~air**: κούφιες κουβέντες, αερολογήματα ‖ **~blooded**: *(adj)* θερμόαιμος ‖ **~dog**: *(n)* σάντουϊτς με λουκάνικο, ή λουκάνικο ψητό ‖ **~line**: *(n)* απ' ευθείας τηλεφ. γραμμή επικοινωνίας αρχηγών κρατών ‖ **~ under the collar**: θυμωμένος *(id)* ‖ **in ~ water**: σε μπελάδες
hotel (hou΄tel): *(n)* ξενοδοχείο
hound (haund) [-ed]: *(n)* καταδιώκω ‖ γκρινιάζω ‖ παροτρύνω ‖ *(n)* σκύλος ‖ κυνηγετικός σκύλος ‖ παλιάνθρωπος, "κοπρίτης"
hour (aur): *(n)* ώρα ‖ **~ glass**: *(n)* κλεψύδρα ‖ **~ hand**: *(n)* ωροδείκτης ‖

179

house

~ly: *(adj & adv)* κάθε ώρα

hous-e (haus): *(n)* σπίτι, κατοικία ‖ οίκος, καταγωγή ‖ οίκος, ίδρυμα ή φίρμα ‖ κοινοβούλιο ‖ [-d]: *(v)* στεγάζω ‖ περιέχω ‖ αποθηκεύω ‖ ~e arrest: *(n)* περιορισμός κατ' οίκον ‖ ~eboat: *(n)* πλωτό σπίτι, βάρκα για κατοίκηση ‖ ~ebreaker: *(n)* διαρρήκτης ‖ ~e breaking: *(n)* διάρρηξη ‖ ~ehold: *(n)* σπιτικό, οικογένεια ‖ ~ekeeper: *(n)* νοικοκυρά ‖ οικονόμος, επιστάτρια ‖ ~ekeeping: *(n)* νοικοκυριό ‖ ~emaid: *(n)* υπηρέτρια ‖ ~emother: *(n)* προϊσταμένη οικοτροφείου ή υπνωτηρίου ‖ H~e of Commons: *(n)* Βουλή των Κοινοτήτων ‖ ~e of correction: *(n)* αναμορφωτήριο ‖ ~ewife: *(n)* νοικοκυρά ‖ ~ework: *(n)* οικιακή εργασία ‖ ~ing: *(n)* κατοικία ‖ περίβλημα, θήκη ‖ στέγαση

hovel (´hɔvəl): μικρό υπόστεγο, "σκεπαστό" ‖ παλιόσπιτο, "τρύπα", "παράγκα"

hover (´hɔvər) [-ed]: *(v)* επικρέμομαι ‖ υπερίπταμαι, αιωρούμαι ‖ ταλαντεύομαι, αμφιταλαντεύομαι, είμαι αναποφάσιστος ‖ ~craft: *(n)* σκάφος που πετά χαμηλά σε στρώμα αέρος, "χόβερκραφτ"

how (hau): *(adv)* πως ‖ πόσο ‖ ~ come?: πώς έτσι? πώς γίνεται? πώς αυτό? ‖ ~ so?: γιατί έτσι? ‖ ~dy: *(interj)* γειά σας ‖ ~ever: *(adv)* με οποιονδήποτε τρόπο ‖ οπωσδήποτε ‖ όμως ‖ όσο κι' αν, όσο και ‖ and ~!: σίγουρα, βέβαια!

howitzer (´hauitsər): *(n)* ολμοβόλο

howl (haul) [-ed]: *(v)* ουρλιάζω ‖ γελώ δυνατά *(id)* ‖ *(n)* ουρλιαχτό, ούρλιασμα ‖ ~er: *(n)* ζώο που ουρλιάζει ‖ γελοίο λάθος, διασκεδαστική γκάφα ‖ ~ing: *(adj)* μεγάλο, τρομερό *(id)*

hub (hʌb): *(n)* πλήμνη, "κέντρο" τροχού ‖ κέντρο προσοχής ή ενδιαφέροντος ‖ ~bub: *(n)* οχλαγωγία, φασαρία ‖ ~cap: *(n)* καπάκι ρόδας αυτοκινήτου

huckleberry (´hʌkəlberi:): *(n)* βατόμουρο

huckster (´hʌkstər): *(n)* γυρολόγος ‖ διαφημιστής ραδιοφ. ή τηλεόρασης

huddle (´hʌdəl) [-d]: *(v)* μαζεύομαι, κουλουριάζομαι ‖ συνωστίζομαι ‖ κολλώ ο ένας με τον άλλο, μαζευόμαστε κοντά-κοντά ‖ συνέρχομαι, κάνω συνέλευση ‖ *(n)* συνωστισμός, πλήθος ‖ σωρός, μάζεμα ‖ συνέλευση

hue (hju:): *(n)* απόχρωση ‖ χροιά ‖ δυνατή φωνή ‖ ~ and cry: κατακραυγή

huff (hʌf) [-ed]: *(v)* ξεφυσώ ‖ φοβερίζω ‖ αγανακτώ ‖ *(n)* παραφορά ‖ ~y: *(adj)* ευερέθιστος ‖ αγέρωχος

hug (hʌg) [-ged]: *(v)* αγκαλιάζω σφιχτά, σφίγγω επάνω μου ‖ βρίσκομαι πολύ κοντά ‖ *(n)* σφιγταγκάλιασμα, σφίξιμο

huge (hju:dz): *(adj)* πελώριος

hulk (hʌlk): *(n)* βαρύ, βραδυκίνητο πλοίο ‖ σκάφος ναυαγίου ‖ παροπλισμένο πλοίο ‖ όγκος ‖ ογκώδης και βαρύς άνθρωπος ‖ ~ing: ογκώδης, πελώριος

hull (hʌl): *(n)* κάλυκας φυτού ‖ κέλυφος ‖ σκάφος ‖ [-ed]: *(v)* ξεφλουδίζω

hullabaloo (´hʌləbəlu): *(n)* οχλαγωγία θόρυβος, φασαρία

hum (hʌm) [-med]: *(v)* βουΐζω ‖ τραγουδώ μουρμουριστά ‖ *(n)* βουϊτό ‖ μουρμουριστό τραγούδι

human (´hju:mən): *(adj)* ανθρώπινος ‖ *(n)* άνθρωπος, πλάσμα ανθρώπινο ‖ ~e (hju:´mein): *(adj)* ανθρώπινος, με ανθρώπινα αισθήματα ‖ ανθρωπιστικός ‖ ~ism: *(n)* ανθρωπισμός ‖ ~ist: *(n)* ανθρωπιστής ‖ ~itarian (hjumænə´teəri:ən): *(adj)* ανθρωπιστικός, ανθρωπιστής ‖ ~ity (hju´mænəti) *(n)* ανθρωπότητα ‖ ανθρωπισμός, ανθρωπιά ‖ ~ize [-d]: *(v)* εξανθρωπίζω ανθρωπίζω ‖ ~kind: στο ανθρώπινο γένος ‖ ~ly: *(adv)* ανθρώπινα ‖ ~oid: *(adj)* ανθρωποειδής

humble (´hʌmbəl): *(adj)* ταπεινός, ταπεινόφρωνας ‖ [-d]: *(v)* ταπεινώνω ‖ eat ~pie: *(v)* ταπεινώνομαι

humbug (´hʌmbʌg): *(n)* τέχνασμα, δόλος ‖ *(n)* απατεώνας ‖ ανοησίες, "τρίχες"

humdrum (´hʌmdrʌm): *(adj)* μονότονος, "ρουτίνα"

humid (´hju:mid): *(adj)* υγρός, γεμάτος υγρασία ‖ ~ify [-ied]: *(v)* υγραίνω αυξάνω την υγρασία ‖ ~ity (hju:΄midəti:): (n) υγρασία

humiliat-e (hju:΄mili:eit) [-d]: (v) ταπεινώνω ‖ προσβάλλω, εξευτελίζω ‖ ~ion: (n) ταπείνωση, εξευτελισμός

humility (hju:΄miləti:): (n) ταπεινοφροσύνη

hummock (΄hʌmək): (n) ύψωμα, γήλοφος

humor (΄hju:mər): (n) πνεύμα, "χιούμορ" ‖ διάθεση, κέφι ‖ αστειότητα, αστείο ‖ καπρίτσιο, στιγμιαία διάθεση ‖ [-ed]: (v) κάνω το κέφι ή το χατίρι, "πάω με τα νερά του" ‖ ~ist: (n) πνευματώδης, "χιουμορίστας" ‖ συγγραφέας κωμωδιών ‖ ~less: (adj) χωρίς πνεύμα ‖ σοβαρός, ψυχρός ‖ ~ous: (adj) πνευματώδης, γεμάτος χιούμορ ‖ αστείος, για γέλια

hump (hʌmp) [-ed]: (v) καμπουριάζω ‖ κυρτώνω, σχηματίζω καμπούρα ‖ (n) καμπούρα ‖ κατήφεια, κακοκεφιά (id) ‖ ~ back: (n) καμπούρης ‖ ~y: (adj) καμπουρωτός ‖ γεμάτος εξογκώματα

hunch (hʌntʃ): (n) διαίσθηση ‖ προαίσθηση ‖ εξόγκωμα, όγκος ‖ καμπούρα ‖ [-ed]: (v) σπρώχνω απότομα ‖ κυρτώνω, καμπουριάζω ‖ ~back: (n) καμπούρης

hundred (΄hʌndrid): (n) εκατό ‖ ~th: (adj) εκατοστός ‖ ~ weight: (n) στατήρας

hung: see hang

Hungar-ian (hʌn΄geəriən): (adj) Ουγγρικός ‖ (n) Ούγγρος ‖ Ουγγρική γλώσσα ‖ ~y (΄hʌngəri): (n) Ουγγαρία

hung-er (΄hʌngər): (n) πείνα ‖ [-ed]: (v) πεινώ ‖ επιθυμώ έντονα ‖ ~er strike: (n) απεργία πείνας ‖ ~rily: (adv) πεινασμένα, αχόρταγα, άπληστα ‖ ~ry: (adj) πεινασμένος

hunk (hʌŋk): (n) όγκος, κομμάτι

hunt (hʌnt) [-ed]: (v) κυνηγώ ‖ εκδιώκω ‖ καταδιώκω, κάνω διωγμό ‖ (n) κυνήγι ‖ ~er: (n) κυνηγός ‖ κυνηγετικό σκυλί ‖ ~ing: (n) κυνήγι ‖ ~ress: (n) κυνηγέτιδα

hurdle (hə:rdl): (n) εμπόδιο ‖ φορητός φράχτης ‖ [-d]: (v) πηδώ εμπόδια

hurl (hə:rl) [-ed]: (v) εξακοντίζω, εκσφενδονίζω ‖ αναφωνώ ‖ ρίχνομαι, πετάγομαι

hurra-h (hu΄ræ), ~y (hu΄rei): (n) ζητοκραυγή ‖ [-ed]: (v) ζητοκραυγάζω

hurricane (΄hə:rəkein): (n) λαίλαπα ‖ ~ lamp: (n) λάμπα θυέλλης

hurr-ied (΄hə:ri:d): (adj) βεβιασμένος ‖ βιαστικός ‖ ~iedly: (adv) βιαστικά ‖ ~y [-ied]: (v) βιάζομαι ‖ βιάζω, προκαλώ βιασύνη ‖ (n) βία, βιασύνη

hurt (hə:rt) [hurt, hurt]: (v) προκαλώ κακό ‖ χτυπώ, πληγώνω ‖ προσβάλλω, θίγω ‖ (n) πληγή, χτύπημα ‖ κακό ‖ βλάβη ‖ ~ful: (adj) οδυνηρός ‖ βλαβερός

hurtle (΄hə:rtl) [-d]: (v) εξακοντίζω, εκσφενδονίζω ‖ συγκρούομαι με σφοδρότητα ‖ ρίχνομαι, ορμώ

husband (΄hʌzbənd): (n) σύζυγος

hush (hʌʃ) [-ed]: (v) προκαλώ σιγή ‖ ησυχάζω, καθησυχάζω ‖ αποσιωπώ ‖ σωπαίνω ‖ (n) σιγή, σιωπή ‖ (interj) σιωπή! σουτ! ‖ ~ hush: (adj) απόρρητο

husk (hʌsk): (n) κέλυφος ‖ φλούδα ‖ ~y (΄hʌski:): (adj) μεγαλόσωμος, γεροδεμένος ‖ βραχνός, βραχνιασμένος

hustle (΄hʌsəl) [-d]: (v) σπρώχνω, σκουντώ ‖ οδηγώ με σπρωξίματα ‖ κάνω τον μεσάζοντα, βρίσκω "πελατεία" ‖ (n) εργατικότητα, κίνηση, επιμέλεια

hut (hʌt): (n) καλύβα ‖ πρόχειρο κατασκεύασμα, παράπηγμα

hutch (hʌtʃ): (n) ντουλάπα κουζίνας ή αποθήκης ‖ κλουβί ‖ κονικλοτροφείο

hyacinth (΄haiəsinth): (n) υάκινθος (ζουμπούλι)

hyaena: see hyena

hybrid (΄haibrid): (n) μειχτογενής ‖ μιγάδας, ανάμεικτος

hydra (΄haidrə): (n) ύδρα

hydrant (΄haidrənt): (n) υδροσωλήνας ‖ fire ~: (n) υδροσωλήνας πυρκαγιάς

hydraulic (hai΄drə:lik): (adj) υδραυλικός ‖ ~s: (n) υδραυλική

hydro-carbon (haidrə΄ka:rbən): (n) υδρογονάνθρακας ‖ ~chloric: υδροχλωρικός ‖ ~electric: (adj) υδροηλεκτρικός ‖ ~gen (΄haidrədʒən): (n)

181

υδρογόνο ‖ **~meter**: *(n)* υδρόμετρο ‖
~phobia: *(n)* υδροφοβία ‖ **~plane**: *(n)*
υδροπλάνο ‖ **~statics**: *(n)* υδροστατική
hyena (hai´i:nə): *(n)* ύαινα
hygien-e (´haidzi:n): *(n)* υγιεινή ‖ **~ic**
(haidzi:´enik): *(adj)* υγιεινός
hymn (him): *(n)* ύμνος ‖ **~al**: *(n)* ψαλ-
τήρι ‖ **~ody**: *(n)* υμνωδία
hyperacidity (haipərə´sidi:ti): *(n)* υπε-
ροξύτητα, ξινίλα
hyphen (´haifən): *(n)* υφέν, ενωτικό
hypno-sis (hip´no:sis): *(n)* ύπνωση ‖
~tic: *(adj)* υπνωτικός ‖ **~tism**:
(´hipnətizəm): *(n)* υπνωτισμός ‖ **~tist**:
(n) υπνωτιστής ‖ **~tize** (´hipnətaiz) [-
d]: *(v)* υπνωτίζω

hypo (´haipo): *(n)* υποδερμική βελόνα
ή ένεση
hypochondria (haipə´kəndri: ə): *(n)*
υποχονδρία ‖ **~c**: *(n)* υποχονδριακός
hypocr-isy (hi´pəkrəsi:): *(n)* υποκρισία
‖ **~ite** (´hipəkrit): *(n)* υποκριτής ‖
~itic, **~itical**: *(adj)* υποκριτικός
hypodermic (haipə´də:rmik): *(adj)* υπο-
δόριος
hypotenuse (hai´pətinjus): *(n)* υποτεί-
νουσα
hypothe-sis (hai´pəthəsis): *(n)* υπόθεση
‖ **~tic**, **~tical**: *(adj)* υποθετικός
hyster-ia (his´teri:ə): *(n)* υστερία ‖ **~ic**,
~ical: *(adj)* υστερικός ‖ **~ics**: *(n)* υστε-
ρισμός, υστερισμοί

I

I, i: το ένατο γράμμα του Αγγλ. αλφα-
βήτου
I (ai): *(pron)* εγώ
iamb (´aiæmb): *(n)* ίαμβος ‖ **~ic**: *(adj)*
ιαμβικός
ibex (´aibeks): *(n)* αγριοκάτσικο
ic-e (ais): *(n)* πάγος ‖ σαντιγί ή ζαχά-
ρωμα γλυκού ή κέικ ‖ διαμάντι *(id)* ‖
[-d]: *(v)* παγώνω ‖ βάζω σαντιγί ή ζα-
χαρένια κρούστα ‖ **~e ax**: *(n)* πελέκι
πάγου ορειβάτη ‖ **~e bag**: *(n)* παγοκύ-
στη ‖ **~eberg**: *(n)* ογκόπαγος ‖ παγό-
βουνο ‖ χρύος άνθρωπος, ''παγόβου-
νο'' ‖ **~e-boat**, **~e-breaker**: *(n)* παγο-
θραυστικό ‖ **~e box**: *(n)* παγωνιέρα ‖
ψυγείο ‖ **~e cream**: *(n)* παγωτό ‖ **~e
cube**: *(n)* παγάκι ‖ **~ed**: *(adj)* παγωμέ-
νος ‖ με σαντιγί ή ζαχαρένια κρούστα
‖ **~e hockey**: *(n)* χόκεϊ επί πάγου ‖
~e-skate [-d]: *(v)* παγοδρομώ ‖ **~icle**
(´aisikəl): *(n)* παγοκρύσταλλο ‖ **~ily**:
(´adv) παγερά, ψυχρά ‖ **~ing**: *(n)* σα-
ντιγί ή ζαχαρένια κρούστα ‖ **~y**: *(adj)*
παγωμένος ‖ παγερός, ψυχρότατος ‖
γλιστερός από παγετό
icon (´aikən): *(n)* εικόνα ‖ **~oclast**: *(n)*

εικονομάχος ‖ ριζοσπαστικός
I'd (aid): I would ‖ I should ‖ I had
idea (ai´di:ə): *(n)* ιδέα ‖ **~l**: *(n)* ιδανι-
κό, ιδεώδες ‖ *(adj)* ιδανικός, ιδεώδης
‖ **~lism**: *(n)* ιδανικότητα, ιδεαλισμός ‖
~list: *(n)* ιδεολόγος ‖ ιδεαλιστής ‖
~lize [-d]: *(v)* εξιδανικεύω ‖ **~lly**:
(adj) ιδανικά, ιδεωδώς
identi-cal (ai´dentikəl): *(adj)* όμοιος,
ίδιος ‖ **~fication** (aidentəfi´keiʃən):
(n) αναγνώριση ‖ εξακρίβωση ή διαπί-
στωση ταυτότητας ‖ συνταύτιση ‖ **~fy**
[-fied]: *(v)* αναγνωρίζω ‖ εξακριβώνω
ή διαπιστώνω ταυτότητα ‖ συνταυτί-
ζω ‖ **~ty**: *(n)* ταυτότητα
ideolog-ic (aidi:ə´lədzik), **~ical**: *(adj)*
ιδεολογικός ‖ **~y**: *(n)* ιδεολογία
id est (id´est): δηλαδή
idiocy (´idi:əsi:): *(n)* ηλιθιότητα
idiom (´idi:əm): *(n)* ιδίωμα ‖ ιδιωματι-
σμός, ιδιωματική διάλεκτος ‖ **~atic**:
(adj) ιδιωματικός
idiosyncrasy (idiə´siŋkrəsi): *(n)* ιδιοσυ-
γκρασία
idiot (´idi:ət): *(n)* ηλίθιος ‖ **~ic**: *(adj)*
βλακώδης

idle (΄aidl): (adj) αργός ‖ αργόσχολος ‖ τεμπέλης ‖ ανώφελος ‖ [-d]: (v) αργώ, τεμπελιάζω ‖ κινούμαι τεμπέλικα ‖ ~**ness**: (n) αργία, οκνηρία ‖ ~**r**: (n) αργόσχολος

idol (΄aidl): (n) είδωλο ‖ ~**ater**: (n) ειδωλολάτρης ‖ ~**atry**: (n) ειδωλολατρία ‖ ~**ize** [-d]: (v) ειδωλοποιώ, θεοποιώ, θαυμάζω ή λατρεύω σαν είδωλο

idyl (΄aidl): (n) ειδύλλιο ‖ ~**lic**: (adj) ειδυλλιακός

i.e.: see id est

if (if): (conj) εάν ‖ ~**fy**: (adj) αμφίβολος, αβέβαιος

igloo (΄iglu:): (n) καλύβα Εσκιμώων

ignit-e (ig΄nait) [-d]: (v) ανάβω ‖ αναφλέγω ‖ ξεσπκώνω, διεγείρω ‖ ~**ion** (ig΄niʃən): (n) ανάφλεξη ‖ κλειδί ή μοχλός ξεκινήματος μηχανής

ignominy (΄ignəmini:): (n) αίσχος, ατιμία

ignor-amus (ignə΄reiməs): (n) αμαθής ‖ ~**ance** (΄ignərəns): (n) άγνοια ‖ αμάθεια ‖ ~**ant**: (adj) αδαής ‖ αμαθής ‖ ~**e** [-d]: (v) αγνοώ, αψηφώ δεν δίνω σημασία

ikon: see icon

Iliad (΄ili:əd): (n) Ιλιάδα

ilk (ilk): (n) είδος, τύπος

I'll (ail): I will ‖ I shall

ill (il): (adj) άρρωστος, ασθενής ‖ κακός ‖ (n) κακό ‖ κακοτυχία, καταστροφή ‖ ~ **advised**: (adj) ασύνετος, απερίσκεπτος ‖ ~ **at ease**: (adj) νευρικός ‖ ανήσυχος ‖ ~ **fated**: (adj) καταδικασμένος σε αποτυχία ‖ κακότυχος ‖ ~ **favored**: (adj) κακομούτσουνος ‖ ~ **gotten**: (adj) "ανεμομαζώματα" ‖ ~ **humored**: (adj) κακότροπος ‖ ~ **mannered**: (adj) κακομαθημένος, αγενής ‖ ~**ness**: (n) αρρώστια ‖ ~**omened**: (adj) δυσοίωνος ‖ ~ **starred**: (adj) άτυχος ‖ ~ **treat** [-ed]: (v) κακομεταχειρίζομαι ‖ ~ **will**: (n) κακοβουλία ‖ έχθρα, εχθρότητα

illegal (i΄li:gəl): (adj) παράνομος ‖ ~**ly**: (adj) παράνομα ‖ ~**ity**: (n) παρανομία

illegible (i΄ledjəbəl): (adj) δυσανάγνωστος

illegitima-cy (ili΄dzitəməsi): (n) αθεμιτότητα ‖ παρανομία, ανομία ‖ ~**te**: (adj) παράνομος ‖ αθέμιτος ‖ νόθος, "μπάσταρδος"

illicit (i΄lisit): (adj) αθέμιτος ‖ παράνομος

illitera-cy (i΄litərəsi): (n) αγραμματοσύνη, αμορφωσιά ‖ ~**te** (i΄litərit): (adj) αγράμματος, αμόρφωτος

illogic (i΄lədzik): (n) παραλογισμός ‖ ~**al**: (adj) παράλογος

illumin-ant (i΄lu:mənənt): (n) φωτιστικό ‖ ~**ate** [-d]: (v) φωτίζω, διαφωτίζω ‖ φωταγωγώ ‖ ~**ation** (ilu:mə΄neiʃən): (n) φωτισμός ‖ διαφώτιση ‖ φωταγώγηση ‖ ~**ative**: (adj) φωτιστικός ‖ διαφωτιστικός ‖ ~**ator**: (n) φωτιστικό ‖ ~**e** [-d]: (v) φωτίζω ‖ φωτίζομαι

illus-ion (i΄lu:zən): (n) αυταπάτη ‖ πλάνη ‖ ~**ionist**: (n) θαυματοποιός ‖ εγκαστρίμυθος ‖ ~**ive** (i΄lu:siv): (adj) απατηλός ‖ ~**iveness**: (n) απατηλότητα ‖ ~**ory**: (adj) φανταστικός, απατηλός

illustr-ate (΄iləstreit) [-d]: (v) απεικονίζω, επεξηγώ ‖ διευκρινίζω ‖ εικονογραφώ ‖ ~**ation** (ilə΄streiʃən): (n) απεικόνιση, επεξήγηση ‖ εικονογράφηση ‖ εικόνα ‖ ~**ative**: (adj) επεξηγηματικός ‖ ~**ious** (i΄lʌstri:əs): (adj) ένδοξος, λαμπρός

I'm (aim): I am [be, was, been]: (εγώ) είμαι

image (΄imidz): (n) εικόνα ‖ είδωλο ‖ ομοίωμα ‖ πανομοιότυπο ‖ [-d]: (v) εικονίζω, αναπαριστώ ‖ ~**ry**: (n) εικόνες, σχήματα λόγου, μεταφορικά σχήματα

imagin-able (i΄mædzənəbəl): (adj) διανοητός, νοητός, φανταστικός ‖ ~**ary** (i΄mædzəneri): (adj) φανταστικός ‖ ~**ation** (imædzə΄neiʃən): (n) φαντασία ‖ ~**ative** (i΄mædzənətiv): (adj) ευφάντaστος ‖ επινοητικός ‖ ~**e** [-d]: (v) φαντάζομαι ‖ διανοούμαι

imbalance (im΄bæləns): (n) ανισορροπία

imbecil-e (΄imbəsil): (n) βλάκας ‖ ~**ic**: (adj) βλακώδης ‖ ~**ity**: (n) βλακεία

imbib-e (im΄baib) [-d]: (v) ρουφώ ‖ απορροφώ ‖ ~**ition**: (n) ρούφηγμα ‖ απορρόφηση

imbrue

imbrue (im´bru:) [-d]: *(v)* διαποτίζω ‖ κηλιδώνω

imbrute (im´bru:t) [-d]: *(v)* αποκτηνώνω

imbue (im´bju:) [-d]: *(v)* διαποτίζω ‖ εμποτίζω

imita-ble (´imətəbəl): *(adj)* μιμητός ‖ **~te** (´iməteit) [-d]: *(v)* μιμούμαι ‖ απομιμούμαι, αντιγράφω ‖ **~tion** (imə´teiʃən): *(n)* μίμηση ‖ απομίμηση ‖ αντίγραφο ‖ **~tive**: *(adj)* μιμητικός ‖ απομιμητικός ‖ **~tor**: *(n)* μιμητής

immaculate (i´mækjəlit): *(adj)* άσπιλος ‖ άμεμπτος ‖ κατακάθαρος

immaterial (imə´tiri:əl): *(ad)* άυλος ‖ ασήμαντος, μηδαμινός

immatur-e (imə´tju:ər): *(adj)* ανώριμος ‖ **~ity**: *(n)* ανωριμότητα

immeasurable (i´mezərəbəl): *(adj)* αμέτρητος

immedia-cy (i´mi:di:əsi:): *(n)* αμεσότητα ‖ **~te** (i´mi:di:it): *(adj)* άμεσος ‖ εγγύς, προσεχέστατος ‖ στιγμιαίος ‖ **~tely**: *(adv)* αμέσως

immemorial (imə´məri:əl): *(adj)* δυσκολοθύμητος, πολύ παλιός, ξεχασμένος

immens-e (i´mens): *(adj)* αχανής, απέραντος ‖ πελώριος, τεράστιος ‖ **~ely**: *(adv)* απέραντα, τεράστια ‖ **~eness**, **~ity**: *(n)* απεραντοσύνη, το αχανές

immers-e (i´mə:rs) [-d]: *(v)* βυθίζω ‖ εμβαπτίζω ‖ απορροφώ, αφοσιώνω ‖ **~ion**: *(n)* βύθισμα ‖ εμβάπτιση ‖ απορρόφηση, αφοσίωση

immigr-ant (´imigrənt): *(n)* μετανάστης ‖ **~ate** (´imigreit) [-d]: *(v)* μεταναστεύω ‖ **~ation**: *(n)* μετανάστευση

imminent (´imənənt): *(adj)* επικείμενος

immobil-e (i´mo:bəl): *(adj)* ακίνητος ‖ αμετακίνητος ‖ **~ize** (i´mo:bəlaiz) [-d]: *(v)* ακινητοποιώ

immoderate (i´mədərit): *(adj)* υπέρμετρος, υπερβολικός ‖ μη συγκρατημένος

immodest (i´mədist): *(adj)* άσεμνος ‖ υπερόπτης ‖ **~y**: *(n)* υπεροψία ‖ ξετσιπωσιά

immoral (i´mərəl): *(adj)* ανήθικος ‖ **~ity**: *(n)* ανηθικότητα

immortal (i´mə:rtl): *(adj)* αθάνατος, αιώνιος ‖ *(n)* αθάνατος ‖ **~ity**: *(n)* αθα-

νασία ‖ **~ize** [-d]: *(v)* αποθανατίζω

immovab-ility (imu:və´biləti): *(n)* ακινησία ‖ ακινητοποίηση ‖ αταραξία, απάθεια ‖ **~le**: *(adj)* ακίνητος ‖ ατάραχος, απαθής

immun-e (i´mju:n): *(adj)* μη υποκείμενος, εξαιρούμενος ‖ ασύδοτος ‖ απρόσβλητος, έχων ανοσία ‖ **~ity**: *(n)* εξαίρεση, απαλλαγή ‖ ασυδοσία ‖ ανοσία ‖ ατιμωρησία ‖ **~ization**: *(n)* ανοσοποίηση ‖ εξαίρεση ‖ **~ize** (´imjənaiz) [-d]: *(v)* ανοσοποιώ, προκαλώ ανοσία ‖ **~ogenic**: *(n)* ανοσοποιητικό

immure (i´mju:r) [-d]: *(v)* εντοιχίζω ‖ περιτειχίζω

immutable (i´mju:təbəl): *(adj)* αμετάβλητος ‖ μη εξελίξιμος

imp (imp): *(n)* διαβολάκι

impact (´impækt): *(n)* κρούση ‖ χτύπος, χτύπημα, σύγκρουση ‖ επίδραση, αποτέλεσμα

impair (im´peər) [-ed]: *(v)* χειροτερεύω, βλάπτω ‖ επιδρώ εμποδιστικά ή βλαβερά ‖ **~ment**: *(n)* βλάβη ‖ εμποδιστική επίδραση

impale (im´peil) [-d]: *(v)* ανασκολοπίζω, παλουκώνω

impalpable (im´pælpəbəl): *(adj)* ανεπαίσθητος

impart (im´pa:rt) [-ed]: *(v)* αποδίδω ‖ μεταδίδω

impartial (im´pa:rʃəl): *(adj)* αμερόληπτος ‖ **~ity**: *(n)* αμεροληψία

impassable (im´pæsəbəl): *(adj)* αδιάβατος ‖ απέραστος, δυσκολοπέραστος

impasse (´impæs): *(n)* αδιέξοδο

impassioned (im´pæʃənd): *(adj)* γεμάτος πάθος, παθιασμένος

impassiv-e (im´pæsiv): *(adj)* απαθής ‖ **~eness**, **~ity**: *(n)* απάθεια

impatien-ce (im´peiʃəns): *(n)* ανυπομονησία ‖ **~t**: *(adj)* ανυπόμονος ‖ **~tly**: *(adv)* ανυπόμονα, με ανυπομονησία

impeach (im´pi:tʃ) [-ed]: *(v)* κατηγορώ, καταγγέλλω ‖ **~ment**: *(n)* καταγγελία

impeccable (im´pekəbəl): *(adj)* άψογος, τέλειος ‖ αναμάρτητος

imped-ance (im´pi:dəns): *(n)* αντίσταση ‖ **~e** (im´pi:d) [-d]: *(v)* εμποδίζω,

184

παρεμποδίζω ‖ ~iment: *(n)* εμπόδιο, κώλυμα ‖ ~imenta: *(n)* φορτίο, φόρτος

impel (im´pel) [-led]: *(v)* αναγκάζω ‖ ωθώ, εξωθώ

impend (im´pend) [-ed]: *(v)* επίκειμαι ‖ ~ing: *(adj)* επικείμενος

impenetrable (im´penətrəbəl): *(adj)* αδιαπέραστος ‖ σκοτεινός, ανεξιχνίαστος

impenitent (im´penətənt): *(adj)* αμετανόητος

imperative (im´perətiv): *(adj)* επιτακτικός ‖ *(n)* προστακτική

imperceptible (impər´septəbəl): *(adj)* ανεπαίσθητος ‖ αδιόρατος

imperfect (im´pə:rfikt): *(adj)* ατελής ‖ ελαττωματικός ‖ ~ion: *(n)* ατέλεια ‖ ελάττωμα

imperi-al (im´piri:əl): *(adj)* αυτοκρατορικός ‖ μεγαλοπρεπής ‖ τεράστιος ‖ *(n)* μούσι ‖ ~alism: *(n)* ιμπεριαλισμός, αποικιοκρατία ‖ ~alist: *(n)* ιμπεριαλιστής, αποικιοκράτης ‖ ~alistic: *(adj)* ιμπεριαλιστικός ‖ ~ous: *(adj)* δευποτικός

imperil (im´perəl) [-ed]: *(v)* βάζω σε κίνδυνο ‖ διακινδυνεύω

imperishable (im´peri/əbəl): *(adj)* αναλλοίωτος, άφθαρτος

impermanent (im´pə:rmənənt): *(adj)* μη μόνιμος, έκτακτος, πρόσκαιρος

impermeable (im´pə:rmi:əbəl): *(adj)* αδιαπέραστος

imperson-al (im´pə:rsənəl): *(adj)* απρόσωπος ‖ ~ate (im´pə:rsəneit) [-d]: *(v)* προσωποποιώ ‖ υποδύομαι ‖ ~ation: *(n)* ενσάρκωση, προσωποποίηση ‖ μίμηση ‖ ~ator: *(n)* ενσαρκωτής ‖ μιμητής

impertinen-ce (im´pə:rtnəns): *(n)* αυθάδεια ‖ ~t: *(adj)* αυθάδης ‖ άσχετος

imperturbable (impər´tə:rbəbəl): *(adj)* ατάραχος, απαθής

impervious (im´pə:rvi:əs): *(adj)* αδιαπέραστος ‖ ανεπηρέαστος

impetu-osity (impet/u´əsəti): *(n)* ορμητικότητα ‖ βιασύνη ‖ το αυθόρμητο ‖ ~ous (im´pet/u:əs): *(adj)* ορμητικός ‖ αυθόρμητος

impetus (´impətəs): *(n)* ορμή ‖ ώθηση, "φόρα"

impiety (im´paiəti): *(n)* ασέβεια

impinge (im´pindz) [-d]: *(v)* προσκρούω ‖ καταπατώ

impious (im´paiəs, ´impi:əs): *(adj)* ασεβής

implacable (im´pleikəbəl): *(adj)* αδυσώπητος ‖ ανένδοτος

implant (im´plænt) [-ed]: *(v)* εμφυτεύω, μπήγω

implausible (im´plɔ:zəbəl): *(adj)* απίθανος

implement (´impləmənt): *(n)* εργαλείο, σκεύος ‖ [-ed]: *(v)* δίνω τα μέσα, διευκολύνω ‖ παρέχω εργαλεία

implicat-e (´implikeit) [-d]: *(v)* εμπλέκω, ανακατεύω ‖ ενοχοποιώ ‖ υπαινίσσομαι ‖ ~ion: *(n)* εμπλοκή, ενοχοποίηση ‖ υπαινιγμός

implicit (im´plisit): *(adj)* απεριόριστος ‖ απόλυτος ‖ υπονοούμενος

implore (im´plɔ:r) [-d]: *(v)* εκλιπαρώ, ικετεύω

imply (im´plai) [-ied]: *(v)* υπονοώ ‖ προϋποθέτω ‖ συνεπάγομαι

impolite (impə´lait): *(adj)* αγενής

imponderable (im´pondərəbəl): *(adj)* αστάθμητος ‖ ανυπολόγιστος, ανεξιχνίαστος

import (im´pɔ:rt) [-ed]: *(v)* εισάγω ‖ (´impɔ:rt): *(n)* εισαγωγή ‖ εισαγόμενα είδη ‖ ~ation: *(n)* εισαγωγή ‖ ~er: *(n)* εισαγωγέας

import (impə:rt): *(n)* σημασία ‖ σπουδαιότητα ‖ ~ance (im´pə:rtəns): *(n)* σπουδαιότητα ‖ ~ant: *(adj)* σπουδαίος, σημαντικός

importun-ate (im´pə:rt/u:nit): *(adj)* οχληρός, ενοχλητικός ‖ ~e [-d]: *(v)* ενοχλώ, ζητώ επίμονα

impos-e (im´pouz) [-d]: *(v)* επιβάλλω ‖ επιτάσσω ‖ ~ing: *(adj)* επιβλητικός ‖ ~ition (impə´ziʃən): *(n)* επιβολή ‖ βάρος, επιβεβλημένο πράγμα

impossib-ility (impəsə´biləti): *(n)* το αδύνατο ‖ ~le (im´pəsəbəl): *(adj)* αδύνατος ‖ απαράδεκτος ‖ ανυπόφορος

impostor (im´pəstər): *(n)* απατεώνας, "ψεύτικος"

185

impotence

impoten-ce (´impətəns), ~**cy** (´impətənsi): *(n)* ανικανότητα ‖ αδυναμία ‖ ~**t:** *(adj)* ανίκανος ‖ ανίσχυρος

impound (im´paound) [-ed]: *(v)* περικλείνω, εγκλείω ‖ κατάσχω

impoverish (im´pɒvəriʃ) [-ed]: *(v)* ελαττώνω τη δύναμη ή τον πλούτο, φτωχαίνω ‖ ~**ed:** *(adj)* φτωχός ‖ εξασθενημένος

impractic-able (im´præktikəbəl): *(adj)* ακατόρθωτος ‖ απραγματοποίητος ‖ ~**ability,** ~**ableness:** *(n)* το ακατόρθωτο ‖ ~**al** (im´præktikəl): *(adj)* μη πρακτικός

imprecat-e (´imprəkeit) [-d]: *(v)* καταριέμαι ‖ ~**ion:** *(n)* κατάρα

impregn-able (im´pregnəbəl): *(adj)* απόρθητος ‖ αδιάσειστος ‖ ~**ate** (im´pregneit) [-d]: *(v)* γονιμοποιώ, κάνω έγκυο ‖ υπερπληρώ ‖ διαποτίζω

impress (im´pres) [-ed]: *(v)* εντυπώνω, παράγω με πίεση ‖ εντυπωσιάζω ‖ κατάσχω ‖ στρατολογώ ‖ (´impres): *(n)* τύπος, "στάμπα" ‖ ~**ion:** *(n)* αποτύπωση ‖ αποτύπωμα ‖ εντύπωση ‖ εκτύπωση ‖ ~**ionable:** *(adj)* ευκολοεντυπωσιαζόμενος ‖ επηρεάσιμος, ευκολοεπηρέαστος ‖ ~**ionism:** *(n)* ιμπρεσιονισμός ‖ ~**ionist:** *(n)* ιμπρεσιονιστής ‖ ~**ive:** *(adj)* εντυπωσιακός ‖ ~**ment:** *(n)* υποχρεωτική στρατολογία

imprint (im´print) [-ed]: *(v)* εκτυπώνω ‖ αποτυπώνω, βγάζω αποτύπωμα ‖ εντυπώνω ‖ (´imprint): *(n)* αποτύπωμα

imprison (im´prizən) [-ed]: *(v)* φυλακίζω ‖ ~**ment:** *(n)* φυλάκιση

improbab-ility (imprɒbə´biləti): *(n)* απιθανότητα, το απίθανο ‖ ~**le** (im´prɒ-bəbəl): *(adj)* απίθανος

impromptu (im´prɒmptju:): *(n & adj)* αυτοσχέδιος, εκ του προχείρου ‖ *(adv)* εκ του προχείρου, αυτοσχέδια

improp-er (im´prɒpər): *(adj)* ακατάλληλος ‖ ανάρμοστος, απρεπής ‖ ακανόνιστος, εσφαλμένος ‖ ~**riety** (imprə´praiəti): *(n)* ακαταλληλότητα ‖ απρέπεια

improve (im´pru:v) [-d]: *(v)* βελτιώνω,

καλυτερεύω ‖ βελτιώνομαι, καλυτερεύω ‖ ~**ment:** *(n)* βελτίωση, καλυτέρευση

improvidence (im´prɒvədəns): *(n)* απρονοησία

improvis-ation (imprəvə´zeiʃən): *(n)* αυτοσχεδιασμός ‖ ~**e** (´imprəvaiz) [-d]: *(v)* αυτοσχεδιάζω ‖ κάνω ή κατασκευάζω εκ του προχείρου ή εκ των ενόντων

impruden-ce (im´pru:dəns): *(n)* απερισκεψία ‖ ασύνεσία ‖ ~**t:** *(adj)* απερίσκεπτος ‖ ασύνετος

impuden-ce (´impjudəns):*(n)* αναίδεια, θράσος, αναισχυντία ‖ ~**t:** *(adj)* αναιδής, θρασύς

impugn (im´pju:n) [-ed]: *(v)* αντικρούω

impuls-e (´impʌls): *(n)* ώθηση ‖ παρώθηση ‖ ορμέμφυτο ‖ ~**ion** (im´pʌlʃən): *(n)* ώθηση ‖ ορμή, φόρα ‖ ~**ive:** *(adj)* αυθόρμητος, ορμέμφυτος ‖ ορμητικός

impunity (im´pju:nəti): *(n)* ατιμωρησία

impur-e (im´pju:r): *(adj)* ακάθαρτος ‖ μη εξαγνισμένος ‖ ανακατεμένος, νοθευμένος ‖ ~**ity:** *(n)* ακαθαρσία ‖ νόθευση ‖ νόθευμα, ακαθαρσία, ξένη ύλη

impute (im´pju:t) [-d]: *(v)* αποδίδω, ρίχνω το σφάλμα

in (in): *(prep)* εις, σε ‖ μέσα, έν ‖ με ‖ προς τα μέσα ‖ **all** ~: εξαντλημένος ‖ ~ **for:** έτοιμος να δεχθεί, τον "περιμένει" *(id)* ‖ ~ **order to:** για να ‖ ~**s and outs:** στροφές, καμπύλες ‖ λεπτομέρειες, τα "σχετικά" ‖ ~ **that:** διότι, ένεκα της αιτίας

inability (inə´biləti:): *(n)* αδυναμία ‖ ανικανότητα

in absentia (inæb´senʃi:ə): ερήμην

inaccessible (inæk´sesəbəl): *(adj)* απρόσιτος ‖ άφθαστος ‖ απλησίαστος

inaccura-cy (in´ækjərəsi:): *(n)* ανακρίβεια ‖ ~**te** (in´ækjərit): *(adj)* ανακριβής

inact-ion (in´ækʃən): *(n)* αδράνεια ‖ απραξία ‖ ~**ivate** (in´æktəveit) [-d]: *(v)* αδρανοποιώ ‖ σταματώ την κίνηση ή ενέργεια ‖ αποστρατεύω ‖ ~**ive:** *(adj)* αδρανής ‖ μη εν ενεργεία, σε αργία ‖ ~**ivity:** *(n)* αδράνεια ‖ αργία

inadequa-cy (in´ædikwəsi): *(n)* ανεπάρκεια ‖ σφάλμα, ατέλεια ‖ ~te: *(adj)* ανεπαρκής ‖ ανίκανος ‖ ατελής

inadmissible (inəd´misəbəl): *(adj)* απαράδεκτος

inadverten-ce (inəd´vəːrtəns): *(n)* αβλεψία, απροσεξία, αμέλεια ‖ ~t: *(adj)* απρόσεκτος ‖ αμελής ‖ ~tly: *(adv)* από αμέλεια, από απροσεξία

inadvisable (inəd´vaizəbəl): *(adj)* μη συμβουλεύσιμος, μη συνιστώμενος ‖ ασύνετος, ασύμφορος

inalienable (in´eiljənəbəl): *(adj)* μη απαλλοτριώσιμος ‖ αναπαλλοτρίωτος

inalterable (in´ɔːltərəbəl): *(adj)* αναλλοίωτος

inan-e (in´ein): *(adj)* κενός, άδειος, μάταιος, ανόητος ‖ ~ity: *(n)* κενότητα, ανοησία

inanimate (in´ænəmit): *(adj)* άψυχος

inapplicable (in´æplikəbəl): *(adj)* ανεφάρμοστος

inapposite (in´æpəzit): *(adj)* ακατάλληλος ‖ άσχετος

inappreciable (inə´priːʃiːəbəl): *(adj)* ασήμαντος, μηδαμινός ‖ ανεπαίσθητος

inapproachable (inə´proutʃəbəl): *(adj)* απλησίαστος

inappropriate (inə´proupriit): *(adj)* ανάρμοστος, απρεπής ‖ ακατάλληλος

inapt (in´æpt): *(adj)* μη επιτήδειος ‖ αδέξιος ‖ ~itude: *(n)* αδεξιότητα

inarticulate (inaːr´tikjəlit): *(adj)* άναρθρος ‖ ανίκανος να εκφρασθεί καθαρά ‖ ανέκφραστος ‖ χωρίς αρθρώσεις

inasmuch as (inəz´mʌtʃ): αφού, εφόσον

inattent-ion (inə´tenʃən): *(n)* απροσεξία ‖ αφηρημάδα ‖ αμέλεια, παραμέληση ‖ ~ive: *(adj)* απρόσεκτος ‖ αφηρημένος ‖ αμελής

inaudible (in´ɔːdəbəl): *(adj)* μη ακουστός ‖ ανεπαίσθητος, πολύ σιγανός

inaugur-al (in´ɔːgjərəl): *(adj)* εγκαινιαστικός ‖ εναρκτήριος ‖ ~ate [-d]: *(v)* εγκαινιάζω ‖ κηρύσσω την έναρξη, αρχίζω, θέτω σε λειτουργία ‖ ~ation (inə:gjə´reiʃən): *(n)* εγκαίνια ‖ έναρξη λειτουργίας

inauspicious (inə:´spiʃəs): *(adj)* δυσοίωνος

inborn (´inbə:rn): *(adj)* έμφυτος

inbound (´inbaund): *(adj)* επιστρέφων ‖ εισερχόμενος

inbred (´inbred): *(adj)* έμφυτος, εκ φύσεως

incalculable (in´kælkjələbəl): *(adj)* ανυπολόγιστος

in camera (in´kæmərə): κεκλεισμένων των θυρών

incandescent (inkən´desənt): *(adj)* λαμπερός ‖ λευκοπυρωμένος

incantation (inkæn´teiʃən): *(n)* ψαλμωδία

incapab-ility (inkeipə´biləti): *(n)* ανικανότητα ‖ ~le (in´keipəbəl): *(adj)* ανίκανος

incapacit-ate (inkə´pæsəteit) [-d]: *(v)* κάνω ανίκανο, αφαιρώ τη δύναμη ή ισχύ ‖ ~y: *(n)* ανικανότητα ‖ αφαίρεση ισχύος

incarcerat-e (in´kaːrsəreit) [-d]: *(v)* περιορίζω ‖ φυλακίζω ‖ ~ion: *(n)* περιορισμός ‖ φυλάκιση

incarnat-e (in´kaːrneit) [-d]: *(v)* ενσαρκώνω ‖ (in´kaːrnit): *(adj)* ενσαρκωμένος ‖ ·ion: *(n)* ενσάρκωση

incendiar-ism (in´sendiːərizəm): *(n)* εμπρηστικότητα ‖ ~y: *(adj)* εμπρηστικός

incense (in´sens) [-d]: *(v)* εξαγριώνω, εξερεθίζω, εξοργίζω ‖ (´insens) [-d]: *(v)* λιβανίζω, θυμιατίζω ‖ *(n)* θυμίαμα, λιβάνι

incentive (in´sentiv): *(n)* κίνητρο, ελατήριο ‖ *(adj)* κινητήριος, ωθητικός

incept-ion (in´sepʃən): *(n)* αρχή, έναρξη ‖ ~ive: *(adj)* αρχικός

incertitude (in´səːrtətjuːd): *(n)* αβεβαιότητα

incessant (in´sesənt): *(adj)* αδιάκοπος, ασταμάτητος ‖ ~ly: *(adv)* αδιάκοπα, ασταμάτητα

incest (´insest): *(n)* αιμομειξία ‖ ~uous: *(adj)* αιμομεικτικός

inch (intʃ): *(n)* δάκτυλος, "ίντσα" ‖ [-ed]: *(v)* προχωρώ ή σπρώχνω σιγά-σιγά

inchoate (in´kouit): *(adj)* ανώριμος, ατελής ‖ στην αρχή, στα "σπάργανα"

inciden-ce (´insədəns): *(n)* περίπτωση ‖ περιστατικό ‖ ~t: *(n)* περιστατικό,

incinerate

επεισόδιο ‖ *(adj)* παρεπόμενος ‖ ~tal
(insə΄dentl): *(adj)* συμπτωματικός ‖
παρεπόμενος ‖ ~tally: *(adv)* συμπτω-
ματικά ‖ παρεπιπτόντως
incinerat-e (in΄sinəreit) [-d]: *(v)* αποτε-
φρώνω ‖ ~ion: *(n)* αποτέφρωση ‖ ~or:
(n) κλίβανος αποτέφρωσης
incipient (in΄sipi:ənt): *(adj)* αρχικός,
μόλις "σκάζει"
incis-e (in΄saiz) [-d]: *(v)* χαράζω, κάνω
τομή ‖ ~ion (in΄sizən): *(n)* εντομή, χα-
ρακιά ‖ ~ive (in΄saisiv): *(adj)* οξύς,
κοφτερός ‖ δηκτικός, τσουχτερός ‖
~or: *(n)* κοπτήρας
incite (in΄sait) [-d]: *(v)* ερεθίζω, διεγεί-
ρω ‖ υποκινώ, παροτρύνω ‖ ~ment:
(n) ερεθισμός, υποκίνηση
incivility (insi΄viləti): *(n)* αγένεια,
απρέπεια
inclemen-t (in΄klemənt): *(adj)* ανηλεής,
σκληρός ‖ δριμύς ‖ ~cy: *(n)* σκληρό-
τητα ‖ δριμύτητα
inclin-ation (inklə΄neiʃən): *(n)* κλίση ‖
τάση, ροπή, κλίση ‖ διάθεση ‖ απόκλι-
ση ‖ ~e (in΄klain) [-d]: *(v)* κλίνω ‖
κλίνω προς, ρέπω, τείνω ‖ γέρνω,
προκαλώ κλίση ‖ υποκλίνομαι ‖
(΄inklain): *(n)* κλίση, κεκλιμένη επιφά-
νεια ‖ ~ed: *(adj)* κεκλιμένος με κλίση
‖ ~ometer: *(n)* κλισιόμετρο
inclu-de (in΄klu:d) [-d]: *(v)* περιλαμβά-
νω, περιέχω ‖ ~ded: *(adj)* περιεχόμε-
νος ‖ ~sion (in΄klu:zən): *(n)* περιεχό-
μενο, συμπερίληψη ‖ ~sive: *(adj)* πε-
ριέχων, περιληπτικός, συμπεριλαμβά-
νων
incognito (inkəg΄ni:tou, in΄kɔgnətou):
(adv) ανεπίσημα, "ινκόγνιτο"
incoheren-ce (inkou΄hiərəns), ~cy: *(n)*
ασυναρτησία ‖ ~t: *(adj)* ασυνάρτητος ‖
~tly: *(adv)* ασυνάρτητα
incombustible (inkəm΄bʌstəbəl): *(adj)*
άφλεκτος
income (΄inkʌm): *(n)* εισόδημα
incoming (΄inkʌmiŋ): *(adj)* εισερχόμε-
νος ‖ *(n)* είσοδος
incommunica-do (inkəmjuni΄ka:do): σε
απομόνωση ‖ ~tive: *(adj)* αμετάδοτος
incomparable (in΄kəmpərəbəl): *(adj)*
ασύγκριτος, απαράμιλλος

incompatible (inkəm΄pætəbəl): *(adj)*
αταίριαστος, ασύμφωνος ‖ ασυμβίβα-
στος
incompeten-ce (in΄kəmpətəns): *(n)* ανι-
κανότητα ‖ αναρμοδιότητα ‖ ~t: *(adj)*
ανίκανος ‖ αναρμόδιος
incomplete (inkəm΄pli:t): *(adj)* ατελής ‖
~ly: *(adv)* ατελώς, όχι τέλεια ‖ ~ness:
(n) ατέλεια
incomprehensible (inkəmpri΄hensəbəl):
(adj) ακατανόητος, ακατάληπτος
incomprehensive (inkəmpri΄hensiv):
(adj) μη πλήρης, ελλειπής, περιορισμέ-
νος
incompressible (inkəm΄presəbəl): *(adj)*
ασυμπίεστος
inconceivable (inkən΄si:vəbəl): *(adj)*
ασύλληπτος, αφάνταστος, απίστευτος
inconclusive (inkən΄klu:siv): *(adj)* μη
πειστικός
incongru-ity (inkən΄gru:əti:): *(n)* ασυ-
ναρτησία ‖ ασυνέπεια ‖ ασυμφωνία ‖
~ous (in΄kɔngru:əs): *(adj)* ασυνεπής ‖
ασύμφωνος ‖ ανάρμοστος ‖ άτοπος
inconsequent (in΄kɔnsəkwənt): *(adj)*
άσχετος ‖ ασυνεπής ‖ ~ial: *(adj)* ασή-
μαντος ‖ άσχετος
inconsider-able (inkən΄sidərəbəl): *(adj)*
ασήμαντος ‖ ~ate (inkən΄sidərit):
(adj) απερίσκεπτος ‖ αδιάκριτος ‖ χω-
ρίς λεπτότητα, χωρίς "τακτ"
inconsisten-ce (inkən΄sistəns), ~cy: *(n)*
ασυνέπεια ‖ αντίφαση ‖ ~t: *(adj)* ασυ-
νεπής ‖ αντιφατικός
inconsolable (inkən΄souləbəl): *(adj)*
απαρηγόρητος
inconsonan-ce (in΄kɔnsənəns): *(n)*
ασυμφωνία ‖ ~t: *(adj)* ασύμφωνος
inconspicuous (inkən΄spikju:əs): *(adj)*
αφανής, μη διακρινόμενος, μη χτυπη-
τός
inconstan-cy (in΄kɔnstənsi): *(n)* αστά-
θεια, ελαφρότητα, αστασία ‖ ~t: *(adj)*
ασταθής, άστατος
incontestable (inkən΄testəbəl): *(adj)*
αδιαφιλονίκητος, αναντίρρητος
incontinen-ce (in΄kɔntənəns): *(n)* ασω-
τία ‖ ακολασία ‖ ακράτεια ‖ ~t: *(adj)*
άσωτος ‖ ακόλαστος ‖ ακρατής
incontrovertible (inkəntrə΄və:rtəbəl)

188

(adj) αναμφισβήτητος

inconvenien-ce (inkən´vi:ni:əns): *(n)* ενόχληση, σκοτούρα ‖ δυσχέρεια ‖ [-d]: *(v)* ενοχλώ ‖ **~t**: *(adj)* άβολος, ακατάλληλος ‖ στενόχωρος, ενοχλητικός

inconvertible (inkən´və:rtəbəl): *(adj)* αμετάτρεπτος

incorporate (in´kə:rpəreit) [-d]: *(v)* συγχωνεύω ‖ ενσωματώνω ‖ σχηματίζω σωματείο ‖ συγχωνεύομαι, ενσωματώνομαι ‖ (in´kə:rpərit): *(adj)* ενσωματωμένος ‖ **~d**: *(adj)* συγχωνευμένος, ενσωματωμένος ‖ ανώνυμη εταιρεία

incorporeal (inkə:r´pə:ri:əl): *(adj)* άυλος

incorrect (inkə´rekt): *(adj)* ανακριβής ‖ απρεπής

incorrigible (in´kə:rədzəbəl): *(adj)* αδιόρθωτος

incorrupt (inkə´rΛpt): *(adj)* μη φθαρμένος, όχι χαλασμένος ‖ **~ible**: *(adj)* αδιάφθορος

increas-e (in´kri:s) [-d]: *(v)* αυξάνω ‖ αυξάνομαι ‖ πολλαπλασιάζω, αναπαράγω ‖ (´inkri:s): *(n)* αύξηση ‖ προσαύξηση ‖ **~ingly**: *(adv)* μεγαλώνοντας διαρκώς, όλο και περισσότερο

incred-ibility (inkredə´biləti:): *(n)* το απίστευτο, απιθανότητα ‖ **~ible** (in´kredəbəl): *(adj)* απίστευτος ‖ **~ibly**: *(adv)* απίστευτα ‖ **~ulity** (inkrə´dju:ləti:): *(n)* δυσπιστία ‖ **~ulous** (in´kredzələs): *(adj)* δύσπιστος

increment (´inkrəmənt): *(n)* αύξηση ‖ προσαύξηση, προσθήκη

incriminat-e (in´kriməneit) [-d]: *(v)* ενοχοποιώ ‖ **~ing**: *(adj)* ενοχοποιητικός ‖ **~ion**: *(n)* ενοχοποίηση

incubat-e (´inkjəbeit) [-d]: *(v)* επωάζω ‖ **~ion**: *(n)* επώαση ‖ **~or**: *(n)* εκκολαπτικό μηχάνημα

inculpat-e (in´kΛlpeit) [-d]: *(v)* ενοχοποιώ, ρίχνω το βάρος ‖ **~ion**: *(n)* ενοχοποίηση, κατηγορία ‖ **~ory**: *(adj)* ενοχοποιητικός

incumben-cy (in´kΛmbənsi): *(n)* αξίωμα ‖ διάρκεια αξιώματος ‖ **~t**: *(adj)* υποχρεωτικός ‖ αξιωματούχος

incur (in´kə:r) [-red]: *(v)* πέφτω σε,

μου συμβαίνει ‖ υφίσταμαι, διατρέχω ‖ προκαλώ

incurable (in´kju:rəbəl): *(adj)* ανίατος, αθεράπευτος

incurious (in´kju:ri:əs): *(adj)* μη περίεργος, αδιάφορος

incursion (in´kə:rzən): *(n)* εισβολή ‖ επιδρομή, επίθεση

incus (´inkəs): *(n)* άκμων του αυτιού

indebted (in´detid): *(adj)* υπόχρεος, υποχρεωμένος ‖ χρεωμένος ‖ **~ness**: *(n)* υποχρέωση ‖ χρέος, χρέωση

indecen-cy (in´di:sənsi): *(n)* απρέπεια, ακοσμία ‖ απρεπής έκφραση ή πράξη ‖ **~t**: *(adj)* απρεπής, άσεμνος

indecipherable (indi´saifərəbəl): *(adj)* αδύνατο να αποκρυπτογραφηθεί ‖ δυσανάγνωστος

indecis-ion (indi´sizən): *(n)* αναποφασιστικότητα ‖ **~ive** (indi´saisiv): *(adj)* μη αποφασιστικός ‖ διστακτικός, αναποφάσιστος

indecor-ous (in´dekərəs): *(adj)* άκοσμος, άπρεπος ‖ **~um** (indi´kərəm): *(n)* απρέπεια

indeed (in´di:d): *(adv)* πράγματι, αλήθεια ‖ **~!** μη μου πεις! Τι μας λες!

indefatigable (indi´fætəgəbəl): *(adj)* ακούραστος

indefensible (indi´fensəbəl): *(adj)* αδικαιολόγητος, ασυγχώρητος ‖ αβάσιμος, αστήριχτος ‖ ευπρόσβλητος

indefin-able (indi´fainəbəl): *(adj)* απροσδιόριστος ‖ **~ableness**: *(n)* αοριστία ‖ **~ite** (in´defənit): *(adj)* αόριστος ‖ αβέβαιος, αναποφάσιστος ‖ **~itely**: *(adv)* αόριστα, επ' αόριστον

indelible (in´deləbəl): *(adj)* ανεξίτηλος

indelica-cy (in´delikəsi): *(n)* αγένεια, έλλειψη λεπτότητας ‖ **~te**: *(adj)* αγενής, χωρίς "τακτ"

indemni-fication (indemnəfi´keiʃən): *(n)* αποζημίωση ‖ διασφάλιση, ασφάλεια ‖ **~fier** (in´demnəfaiər): *(n)* αποζημιωτής ‖ ασφάλεια, διασφάλιση ‖ **~fy** [-ied]: *(v)* ασφαλίζω ‖ αποζημιώνω ‖ **~ty**: *(n)* αποζημίωση ‖ ασφάλεια

indent (in´dent) [-ed]: *(v)* κάνω εγκοπή ή οδόντωση ‖ **~ation** (inden´teiʃən): *(n)* οδόντωση ‖ εγκοπή, χαρακιά ‖

189

~ed: *(adj)* οδοντωτός ‖ χαραγμένος ‖
~ion: *(n)* εγκοπή, οδόντωση
indenture (in´dentʃər): *(n)* συμβόλαιο ‖
εγκοπή
independen-ce (indi´pendəns): *(n)* ανε-
ξαρτησία ‖ **~cy**: *(n)* ανεξάρτητη περιο-
χή ‖ **~t**: *(adj)* ανεξάρτητος
indescribable (indi´skraibəbəl): *(adj)*
απερίγραπτος
indestructible (indi´strʌktibəl): *(adj)*
ακατάστρεπτος ‖ ακατάλυτος
indetermin-able (indi´tə:rmənəbəl):
(adj) απροσδιόριστος ‖ **~ate**: *(adj)* αό-
ριστος ‖ ακαθόριστος ‖ **~ation**: *(n)*
αοριστία ‖ αναποφασιστικότητα
index (´indeks) [pl.: indexes or indices]:
(n) δείκτης ‖ πίνακας, ευρετήριο ‖
[-ed]: *(v)* προσθέτω ευρετήριο ‖ δεί-
χνω, κάνω σύνθημα
India (´Indi:ə): *(n)* Ινδία ‖ ~ **ink**: *(n)*
σινική μελάνη ‖ **~n**: *(n)* Ινδός ‖ *(adj)*
Ινδικός, Ινδιάνικος ‖ **~n club**: *(n)* κο-
ρύνη γυμναστικής ‖ **~n summer**: *(n)*
χειμερινή καλοκαιρία ‖ ~ **rubber**: *(n)*
ελαστικό κόμμι, καουτσούκ
indic-ant (´indikənt): *(n)* δηλωτικό, εν-
δεικτικό ‖ **~ate** [-d]: *(v)* δείχνω, κατα-
δεικνύω ‖ εμφαίνω, δηλώνω ‖ **~ation**
(indi´keiʃən): *(n)* ένδειξη ‖ **~ative**
(in´dikətiv): *(adj)* ενδεικτικός ‖ οριστι-
κή έγκλιση ‖ **~ator** (´indikeitər): *(n)*
δείκτης
indices: see index
indict (in´dait) [-ed]: *(v)* ενάγω, καταγ-
γέλλω ‖ **~ee** (indai´ti:): *(n)* εναγόμενος
‖ **~er**: *(n)* μηνυτής ‖ **~ment**: *(n)* μήνυ-
ση, καταγγελία ‖ κατηγορία
indifferen-ce (in´difərəns): *(n)* αδιαφο-
ρία ‖ **~t**: *(adj)* αδιάφορος ‖ ασήμαντος
‖ μέτριος ‖ ουδέτερος, αμερόληπτος
indigen-ce (´indədzəns): *(n)* ένδεια, έλ-
λειψη ‖ **~ous** (in´didzinəs): *(adj)* γηγε-
νής, ντόπιος ‖ **~t** (´indədzənt): *(adj)*
ενδεής
indigest-ed (indi´dzestid): *(adj)* αχώνευ-
τος ‖ απερίσκεπτος, χωρίς σκέψη ‖
~ible (indi´dzestəbəl): *(adj)* δυσκολο-
χώνευτος ‖ **~ion**: *(n)* δυσπεψία
indign-ant (in´dignənt): *(adj)* αγανακτι-
σμένος ‖ **~ation** (indig´neiʃən): *(n)*

αγανάκτηση ‖ **~ity** (in´dignəti:): *(n)*
προσβολή, ύβρις ‖ ταπείνωση, εξευτε-
λισμός
indigo (´indigou): *(n)* λουλάκι
indirect (indi´rekt, indai´rekt): *(adj)* έμ-
μεσος, πλάγιος ‖ **~ion**: *(n)* πλάγια λό-
για ή μέσα ‖ **~ly**: *(adv)* πλάγια, έμμε-
σα
indiscernible (indi´sernəbəl): *(adj)* δυσ-
διάκριτος
indiscr-eet (indis´kri:t): *(adj)* αδιάκρι-
τος ‖ ασύνετος ‖ **~etion**: *(n)* αδιακρι-
σία ‖ ακριτομυθία
indiscriminat-e (indis´krimənit): *(adj)*
χωρίς διάκριση ‖ **~ely**: *(adv)* χωρίς
διακρίσεις, στα τυφλά, στα "κουτου-
ρού"
indispensabl-e (indis´pensəbəl): *(adj)*
απαραίτητος ‖ **~y**: *(adv)* απαραίτητα
indispos-ed (indis´pouzd): *(adj)* αδιάθε-
τος ‖ απρόθυμος ‖ **~ition**
(indispə´ziʃən): *(n)* αδιαθεσία ‖ απρο-
θυμία
indisputabl-e (indis´pju:təbəl): *(adj)*
αναμφισβήτητος, αδιαφιλονίκητος ‖
σίγουρος, αναμφίβολος ‖ **~y**: *(adv)*
αναμφισβήτητα ‖ χωρίς αμφιβολία
indissoluble (indi´səljəbəl): *(adj)* αδιά-
λυτος
indistinct (indis´tiŋkt): *(adj)* δυσδιάκρι-
τος, αμυδρός ‖ ασαφής, συγκεχυμένος
‖ **~ly**: *(adv)* δυσδιάκριτα, αμυδρά, συ-
γκεχυμένα
indistinguishable (indis´tiŋgwiʃəbəl):
(adj) δυσδιάκριτος
individual (ində´vidzuəl): *(n)* άτομο,
πρόσωπο ‖ *(adj)* ατομικός, ξεχωρι-
στός, ιδιαίτερος ‖ **~ism**: *(n)* ατομικι-
σμός ‖ **~ist**: *(n)* ατομικιστής ‖ **~ity**:
(n) ατομικότητα, προσωπικότητα, ατο-
μικά χαρακτηριστικά ‖ **~ize** [-d]: *(v)*
θεωρώ ή αναφέρω ατομικά ή ξεχωρι-
στά ‖ προσδίδω ιδιαίτερο χαρακτηρι-
στικό, δίνω ατομικότητα
indivisible (ində´vizəbəl): *(adj)* αδιαίρε-
τος
indoctrinat-e (in´dɔktrəneit) [-d]: *(v)*
μυώ, διδάσκω δόγμα ή ιδέα ‖ **~ion**:
(n) μύηση, διδασκαλία ιδεών ή δόγμα-
τος

indolen-ce (´indǝlǝns): *(n)* νωχέλεια ‖ νωθρότητα, τεμπελιά ‖ ~**t**: *(adj)* νωχελής ‖ νωθρός, τεμπέλης

indomitable (in´dǝmǝtǝbǝl): *(adj)* ακατανίκητος, αδάμαστος

indoor (´indɔ:r): *(adj)* εσωτερικός, μέσα στο σπίτι ‖ ~**s**: *(adv)* μέσα, στο εσωτερικό, στο σπίτι

indubitabl-e (in´dju:bitǝbǝl): *(adj)* αναμφίβολος ‖ ~**y**: *(adv)* αναμφίβολα, χωρίς αμφιβολία, σίγουρα

induce (in´dju:s) [-d]: *(v)* παρακινώ, προτρέπω ‖ επηρεάζω, επιφέρω, προκαλώ ‖ πείθω ‖ ~**ment**: *(n)* παρακίνηση, προτροπή ‖ επηρεασμός ‖ κίνητρο

induct (in´dʌkt) [-ed]: *(v)* εγκαθιστώ ‖ εισάγω, μυώ ‖ στρατολογώ ‖ ~**ion**: *(n)* εγκατάσταση, εγκαθίδρυση ‖ εισαγωγή ‖ επαγωγή ‖ ~**ive**: *(adj)* επαγωγικός ‖ ~**iveness**: *(n)* επαγωγικότητα ‖ ~**or**: *(n)* μυητής ‖ επαγωγέας

indulge (in´dʌldz) [-d]: *(v)* παραδίδομαι, εντρυφώ ‖ ικανοποιώ ‖ ~**nce**: *(n)* παράδοση, εντρύφηση ‖ ικανοποίηση ‖ επιείκεια, ανοχή, ανεκτικότητα ‖ ~**nt**: *(adj)* ανεκτικός, επιεικής

industr-ial (in´dʌstriǝl): *(adj)* βιομηχανικός ‖ ~**ialism**: *(n)* βιομηχανικό σύστημα ‖ ~**ialist**: *(n)* βιομήχανος ‖ ~**ialize** [-d]: *(v)* εκβιομηχανίζω, βιομηχανοποιώ ‖ ~**ialization**: *(n)* βιομηχανοποίηση ‖ ~**ious** (in´dʌstriǝs): *(adj)* εργατικός, φιλόπονος ‖ ~**y** (´indǝstri): *(n)* βιομηχανία ‖ εργατικότητα, φιλοπονία

inebriate (in´i:bri:eit) [-d]: *(v)* μεθώ ‖ ~**d**: *(adj)* μεθυσμένος

inedible (in´edibǝl): *(adj)* μη φαγώσιμος

ineffable (in´efǝbǝl): *(adj)* απερίγραπτος

ineffect-ive (in´ifektiv), ~ **ual** (ini´fekt∫u:ǝl): *(adj)* μη αποτελεσματικός, ανώφελος

inefficien-cy (ini´fi∫ǝnsi:): *(n)* ανικανότητα, ανεπάρκεια ‖ ~**t**: *(adj)* ανίκανος

inelastic (ini´læstik): *(adj)* μη ελαστικός, άκαμπτος

inelegant (in´elǝgǝnt): *(adj)* άχαρος,

άκομψος

ineligible (in´elǝdzǝbǝl): *(adj)* ακατάλληλος ‖ μη εκλέξιμος

inept (in´ept): *(adj)* αταίριαστος ‖ ανάρμοστος, απρεπής ‖ ανίκανος ‖ ανόητος ‖ ~**ness**, ~**itude**: *(n)* απρέπεια ‖ ανικανότητα

inequality (ini´kwɔlǝti): *(n)* ανισότητα

inequit-able (in´ekwǝtǝbǝl): *(adj)* άδικος ‖ ~**y**: *(n)* αδικία

ineradicable (ini´rædikǝbǝl): *(adj)* αξερίζωτος ‖ ανεξείληπτος

inert (in´ǝ:rt): *(adj)* αδρανής ‖ ~**ia** (in´ǝ:r∫ǝ), ~**ness**: *(n)* αδράνεια

inescapable (inǝs´keipǝbǝl): *(adj)* αναπόφευκτος

inessential (inǝ´sen∫ǝl): *(adj)* μη ουσιώδης ή απαραίτητος

inestimable (in´estǝmǝbǝl): *(adj)* ανυπολόγιστος ‖ ανεκτίμητος

inevitab-ility (inǝvitǝ´bilǝti): *(n)* το αναπόφευκτο ‖ ~**le** (in´evǝtǝbǝl): *(adj)* αναπόφευκτος

inexact (inig´zækt): *(adj)* ανακριβής ‖ ~**ness**: *(n)* ανακρίβεια

inexcusable (iniks´kju:zǝbǝl): *(adj)* ασυγχώρητος

inexhaustible (inig´zɔ:stǝbǝl): *(adj)* ανεξάντλητος

inexorable (in´eksǝrǝbǝl): *(adj)* αμείλικτος, αδυσώπητος

inexpensive (iniks´pensiv): *(adj)* φθηνός ‖ ~**ness**: *(n)* φθήνια

inexperience (iniks´piri:ǝns): *(n)* απειρία ‖ ~**d**: *(adj)* άπειρος

inexpiable (in´ekspi:ǝbǝl): *(adj)* ανεξιλέωτος, ασυγχώρητος

inexplicable (in´eksplikǝbǝl): *(adj)* ανεξήγητος

inexplicit (iniks´plisit): *(adj)* αόριστος, ασαφής

inexpressible (iniks´presǝbǝl): *(adj)* ανέκφραστος

inextinguishable (inik´sting wi∫ǝbǝl): *(adj)* άσβηστος

inextricable (in´ekstrikǝbǝl): *(adj)* αξεμπέρδευτος, μπερδεμένος ‖ αδιέξοδος, ανεξιχνίαστος, άλυτος

infallib-ility (infælǝ´bilǝti): *(n)* το αλάθητο, το αλάνθαστο ‖ ~**le** (in´fælǝbǝl): *(adj)*:

191

infamous

(adj) αλάνθαστος

infam-ous (´ infəməs): *(adj)* άτιμος, επονείδιστος ‖ ~**y** (´ infæmi): *(n)* ατιμία, κακοήθεια

infan-cy (´ infənsi): *(n)* νηπιακή ηλικία, βρεφική ηλικία ‖ ~**t**: *(n)* νήπιο, βρέφος ‖ ~**ticide** (in´ fæntisaid): *(n)* βρεφοκτονία ‖ ~**tile** (´ infəntail): *(adj)* νηπιακός, βρεφικός ‖ νηπιώδης, παιδαριώδης ‖ ~**tilism**: *(n)* παιδομορφία

infantry (´ infəntri:): *(n)* πεζικό ‖ ~**man**: *(n)* πεζός στρατιώτης, φαντάρος

infatua-te (in´ fætʃu:eit): *(v)* ξεμυαλίζω, ξετρελαίνω ‖ ~**ed**: *(adj)* ξεμυαλισμένος, ξετρελαμένος από έρωτα ‖ ~**ion**: *(n)* ξεμυάλισμα, ξετρέλαμα

infeasible (in´ fi:zəbəl): *(adj)* απραγματοποίητος, ακατόρθωτος

infect (in´ fekt) [-ed]: *(v)* μολύνω ‖ μεταδίδω ‖ ~**ion**: *(n)* μόλυνση ‖ μετάδοση ‖ ~**ious**: *(adj)* μολυσματικός ‖ μεταδοτικός, κολλητικός

infer (in´ fə:r) [-red]: *(v)* συνάγω, συμπεραίνω ‖ συνεπάγομαι ‖ υπονοώ ‖ ~**ence**: *(n)* συμπέρασμα, πόρισμα ‖ ~**ential**: *(adj)* συμπερασματικός

inferior (in´ firi:ər): *(adj)* κατώτερος ‖ *(n)* υφιστάμενος, υποδεέστερος ‖ ~**ity**: *(n)* κατωτερότητα ‖ ~**ity complex**: *(n)* σύμπλεγμα κατωτερότητας

infern-al (in´ fə:nəl): *(adj)* διαβολικός, καταχθόνιος ‖ ~**o**: *(n)* κόλαση

infertil-e (in´ fə:rtl): *(adj)* άγονος, στείρος ‖ ~**ity**: *(n)* στειρότητα, ακαρπία

infest (in´ fest) [-ed]: *(v)* λυμαίνομαι ‖ κατακλύζω, γεμίζω

infidel (´ infədəl): *(n & adj)* άπιστος ‖ ~**ity**: *(n)* απιστία

infiltrat-e (´ infiltreit, in´ filtreit) [-d]: *(v)* διηθώ ‖ διεισδύω, εισχωρώ ‖ ~**ion**: *(n)* διήθηση ‖ διείσδυση

infinit-e (´ infənit): *(adj)* άπειρος, απέραντος ‖ ~**ely**: *(adj)* απείρως ‖ ~**eness**: *(n)* το άπειρο, απεραντοσύνη ‖ ~**esimal** (infənə´ tesəməl): *(adj)* απειροελάχιστος ‖ απειροστός ‖ ~**ive** (in´ finitiv): *(n)* απαρέμφατο ‖ ~**ude** (in´ finətu:d), ~**y** (in´ finəti:): *(n)* το άπειρο

infirm (in´ fə:rm): *(adj)* ασταθής ‖ ασθενικός, αδύνατος ‖ ~**ary** (in´ fə:rməri:): *(n)* αναρρωτήριο, νοσοκομείο ‖ ~**ity**: *(n)* αδυναμία, ασθενικότητα

inflam-e (in´ fleim) [-d]: *(v)* αναφλέγω ‖ εξερεθίζω, εξεγείρω ‖ προκαλώ ερέθισμα ‖ πιάνω φωτιά ‖ ~**mable** (in´ flæməbəl): *(adj)* εύφλεκτος ‖ ευερέθιστος ‖ ~**mation** (inflə´ meiʃən): *(n)* ανάφλεξη ‖ φλόγωση ‖ ~**matory**: *(adj)* εμπρηστικός ‖ ερεθιστικός

inflat-e (in´ fleit) [-d]: *(v)* φουσκώνω ‖ διογκώνω ‖ προκαλώ πληθωρισμό ‖ ~**ion** (in´ fleiʃən): *(n)* φούσκωμα ‖ διόγκωση ‖ πληθωρισμός

inflect (in´ flekt) [-ed]: *(v)* κλίνω, κάμπτω ‖ αλλάζω τόνο φωνής ‖ ~**ion**: *(n)* κλίση, καμπή ‖ αλλαγή τόνου φωνής

inflexib-le (in´ fleksəbəl): *(adj)* άκαμπτος, αλύγιστος ‖ ~**leness**, ~**ility**: *(n)* ακαμψία

inflict (in´ flikt) [-ed]: *(v)* επιβάλλω, καταφέρω ‖ ~**ion**: *(n)* επιβολή, τιμωρία

inflow (´ inflou): *(n)* εισροή

influen-ce (´ influ:əns): *(n)* επιρροή, επίδραση ‖ [-d]: *(v)* επηρεάζω, επιδρώ ‖ ~**t** (´ influ:ənt): *(n)* παραπόταμος ‖ ~**tial** (influ:´ enʃəl): *(adj)* με επιρροή, με επήρεια, με μέσα ή γνωριμίες

influenza (influ:´ enzə): *(n)* γρίπη

influx (´ inflʌks): *(n)* εισροή

inform (in´ fo:rm) [-ed]: *(v)* δίνω σχήμα ή μορφή ‖ πληροφορώ, ειδοποιώ ‖ καταδίδω, μαρτυρώ ‖ ~**al**: *(adj)* ανεπίσημος, μη τυπικός ‖ ~**ality**: *(n)* ανεπισημότητα ‖ ~**ant**, ~**er**: πληροφοριοδότης ‖ καταδότης ‖ ~**ation** (infər´ meiʃən): *(n)* πληροφορία, είδηση ‖ ~**ative**: *(adj)* πληροφοριακός ‖ κατατοπιστικός ‖ ~**er**: *(n)* καταδότης

infraction (in´ frækʃən): *(n)* παράβαση

infrangible (in´ frændzəbəl): *(adj)* άθραυστος ‖ απαραβίαστος

infrared (infrə´ red): *(adj)* υπέρυθρος

infrequen-t (in´ fri:kwənt): *(adj)* σπάνιος ‖ ~**tly**: *(adv)* σπανίως ‖ ~**ce**, ~**cy**: *(n)* σπανιότητα

infringe (in´ frindz) [-d]: *(v)* παραβαίνω, παραβιάζω ‖ καταπατώ, υπεισέρχομαι ‖ ~**ment**: *(n)* παράβαση, παραβίαση ‖ καταπάτηση

infuriat-e (in´fju:ri:eit) [-d]: *(v)* εξοργίζω, εξαγριώνω ‖ ~**ing**: *(adj)* εξοργιστικός

ingen-ious (in´dzi:njiəs): *(adj)* εφευρετικός, πολυμήχανος ‖ ~**uity** (indzi´nju:iti): *(n)* εφευρετικότητα, οξύνοια, εξυπνάδα ‖ ~**uous** (in´dzenju:əs): *(adj)* αφελής, ανεπιτήδευτος ‖ τίμιος, ειλικρινής, ''ντόμπρος'' ‖ ~**uousness**: *(n)* αφέλεια, ειλικρίνεια, ευθύτητα

inglorious (in´glə:ri:əs): *(adj)* άτιμος

ingot (´ingət): *(n)* όγκος μετάλλου, ράβδος ‖ καλούπι

ingrain (in´grein) [-ed]: *(v)* εντυπώνω, χαράζω ‖ *(adj)* εντυπωμένος, ριζωμένος

ingrat-e (´ingreit): *(n)* αχάριστος ‖ ~**iate** (in´greiʃi:eit) [-d]: *(v)* αποκτώ εύνοια ‖ ~**itude** (in´grætətju:d): *(n)* αχαριστία, αγνωμοσύνη

ingredient (in´gri:di:ənt): *(n)* συστατικό

ingress (´ingres), ~ **ion**: *(n)* είσοδος ‖ δικαίωμα εισόδου

inhabit (in´hæbit) [-ed]: *(v)* κατοικώ ‖ ~**able**: *(adj)* κατοικήσιμος ‖ ~**ant**: *(n)* κάτοικος ‖ ~**ed**: *(adj)* κατοικημένος

inhal-ation (inhə´leiʃən): *(n)* εισπνοή ‖ ~**e** (in´heil) [-d]: *(v)* εισπνέω ‖ ~**er**: *(n)* αναπνευστήρας

inherent (in´hirənt): *(adj)* έμφυτος ‖ συμφυής

inherit (in´herit) [-ed]: *(v)* κληρονομώ ‖ ~**ance**: *(n)* κληρονομιά

inhibit (in´hibit) [-ed]: *(v)* εμποδίζω, αναχαιτίζω ‖ απαγορεύω ‖ ~**ion**: *(n)* εμπόδιο, αναχαίτιση ‖ απαγόρευση ‖ συγκράτηση

inhospitable (in´həspitəbəl): *(adj)* αφιλόξενος

inhuman (in´hju:mən): *(adj)* απάνθρωπος ‖ ~**ity**, ~**ness**: *(n)* απανθρωπία ‖ ~**ly**: *(adv)* απάνθρωπα, σκληρά

inimical (in´imikəl): *(adj)* βλαβερός, ενάντιος

inimitable (in´imitəbəl): *(adj)* αμίμητος

iniquit-ous (in´ikwitəs): *(adj)* κακός,

κακοήθης ‖ ~**y**: *(n)* κακία, κακοήθεια

initial (i´niʃəl) [-ed]: *(v)* γράφω τα αρχικά του ονόματος, μονογράφω, βάζω μονογραφή ‖ *(adj)* αρχικός ‖ *(n)* αρχικό, αρχικό γράμμα ‖ ~**ly**: *(adv)* καταρχή

initiat-e (i´niʃieit) [-d]: *(v)* μυώ ‖ εισάγω, κάνω έναρξη ‖ ~**ion**: *(n)* μύηση ‖ ~**ive** (i´niʃi:ətiv): *(n)* πρωτοβουλία

inject (in´dzekt) [-ed]: *(v)* εγχύνω, εισάγω υγρό ‖ κάνω ένεση ‖ εισάγω, βάζω ‖ ~**ion**: *(n)* έγχυση ‖ ένεση

injudicious (indzu:´diʃəs): *(adj)* χωρίς κρίση, απερίσκεπτος, ασύνετος

injur-e (´indzər) [-d]: *(v)* βλάπτω, προκαλώ βλάβη ή ζημιά ‖ πληγώνω, τραυματίζω ‖ ~**y**: *(n)* βλάβη ‖ ζημία ‖ τραύμα

injustice (in´dzʌstis): *(n)* αδικία

ink (iŋk): *(n)* μελάνη ‖ [-ed]: *(v)* μελανώνω, περνώ με μελάνη ‖ ~**y**: *(adj)* μελανός, μελανωμένος ‖ κατάμαυρος

inkling (´iŋkliŋ): *(n)* υποψία, υπόνοια ‖ νύξη

inlaid (´inleid): *(adj)* σκαλιστός, στολισμένος με σκαλίσματα ή με υφυψηλάτηση

inland (´inlænd): *(adj)* μεσόγειος, στο εσωτερικό της χώρας ‖ *(adv)* στο εσωτερικό, στα μεσόγεια

in-law (´inlə:): *(n)* συγγενής εξ αγχιστείας

inlet (´inlet): *(n)* όρμος ‖ στενό κανάλι ‖ είσοδος

inmate (´inmeit): *(n)* ένοικος ‖ φυλακισμένος ‖ τρόφιμος ασύλου

inn (in): *(n)* πανδοχείο ‖ ταβέρνα

innate (´ineit): *(adj)* εκ γενετής ‖ έμφυτος

inner (´inər): *(adj)* έσω, εσωτερικός

innocen-ce (´inəsəns): *(n)* αθωότητα ‖ αφέλεια ‖ ~**t**: *(adj)* αθώος ‖ αφελής

innocuous (in´əkju:əs): *(adj)* ασήμαντος, κοινός ‖ άκακος, αβλαβής

innovat-e (´inəveit) [-d]: *(v)* καινοτομώ ‖ νεωτερίζω ‖ ~**ion**: *(n)* καινοτομία ‖ νεωτερισμός

innuendo (inju´endou): *(n)* υπαινιγμός, ''οπόντα''

innumerable (i´nju:mərəbəl): *(adj)* αμέ-

inobtrusive

τρητος, αναρίθμητος
inobtrusive (inəb΄tru:siv): *(adj)* διακριτικός
inoculat-e (i΄nəkjuleit) [-d]: *(v)* μπολιάζω ‖ **~ion**: *(n)* μπόλιασμα
inoffensive (inə΄fensiv): *(adj)* άκακος
inopportune (in΄əpərtju:n): *(adj)* άκαιρος, άτοπος
inordinate (in΄ərdnit): *(adj)* υπερβολικός ‖ άτακτος ‖ **~ly**: *(adv)* υπερβολικά
inorganic (inər΄gænik): *(adj)* ανόργανος
input (΄input): *(n)* εισαγωγή, είσοδος
inquest (΄inkwest): *(n)* προανάκριση ‖ εξέταση προ ενόρκων ‖ εξέταση
inquir-e (in΄kwaiər) [-d]: *(v)* ρωτώ ‖ ζητώ πληροφορίες ‖ εξετάζω, ερευνώ ‖ **~ing**: *(adj)* ερευνητικός, εξεταστικός ‖ **~y**: *(n)* ερώτηση ‖ εξέταση, έρευνα ‖ αναζήτηση πληροφοριών
inquisit-ion (inkwə΄ziʃən): *(n)* εξέταση ‖ προανάκριση, ανάκριση ‖ **I~**: *(n)* ιερά εξέταση ‖ **~ive** (in΄kwizətiv): *(adj)* αδιάκριτος ‖ περίεργος ‖ **~iveness**: *(n)* αδιακρισία, περιέργεια ‖ **~or**: *(n)* ανακριτής ‖ ιεροεξεταστής
inroad (΄inroud): *(n)* εισβολή, επιδρομή ‖ καταπάτηση
inrush (΄inrʌʃ): *(n)* εισροή
insan-e (in΄sein): *(adj)* τρελός ‖ **~ity**: *(n)* τρέλα, παραφροσύνη
insanitary (in΄sænəteri:): *(adj)* ανθυγιεινός
insanity (in΄sænəti): *(n)* παραφροσύνη
insati-able (in΄seiʃəbəl): *(adj)* ακόρεστος, αχόρταγος ‖ **~ate**: *(adj)* ανικανοποίητος, άπληστος, αχόρταγος
inscr-ibe (in΄skraib) [-d]: *(v)* επιγράφω ‖ χαράζω ‖ γράφω αφιέρωση ‖ εγγράφω ‖ **~iption** (in΄skripʃən): *(n)* επιγραφή ‖ εγγραφή ‖ αφιέρωση
inscrutable (in΄skru:təbəl): *(adj)* ανεξιχνίαστος ‖ αινιγματικός, σκοτεινός
insect (΄insekt): *(n)* έντομο ‖ **~icide**: *(n)* εντομοκτόνο ‖ **~ivore** (in΄sektəvə:r): *(n)* εντομοφάγο ‖ **~ivorous**: *(adj)* εντομοφάγος
insecur-e (insi΄kju:r): *(adj)* επισφαλής ‖ αβέβαιος, χωρίς αυτοπεποίθηση ‖ **~ity**: *(n)* ανασφάλεια
inseminat-e (in΄seməneit) [-d]: *(v)* γο-

νιμοποιώ ‖ σπέρνω ‖ **~ion**: *(n)* γονιμοποίηση ‖ σπορά
insensible (in΄sensəbəl): *(adj)* ανεπαίσθητος ‖ αναίσθητος
insensitive (in΄sensətiv): *(adj)* χωρίς ευαισθησία ‖ αναίσθητος, χωρίς αισθήματα ‖ **~ness**: *(n)* αναισθησία
inseparable (in΄sepərəbəl): *(adj)* αχώριστος, αναπόσπαστος
insert (in΄sə:rt) [-ed]: *(v)* παρεμβάλλω, προσθέτω ανάμεσα ‖ θέτω σε τροχιά ‖ εισάγω ‖ (΄insə:rt): *(n)* παρεμβολή, προσθήκη, ένθεμα ‖ **~ion**: *(n)* παρεμβολή, προσθήκη
inshore (΄inʃə:r): *(adj)* παράκτιος ‖ προς την ακτή, με κατεύθυνση προς την ακτή
inside (΄insaid): *(n)* το εσωτερικό, το μέσα μέρος ‖ *(adj)* εσωτερικός, από μέσα ‖ *(prep & adv)* μέσα, εντός ‖ **~r**: *(n)* αυτός που έχει τα μέσα ‖ μυημένος ‖ **~ out**: ανάποδα, το μέσα έξω ‖ **on the ~**: με επιρροή, με μέσα
insidious (in΄sidi:əs): *(adj)* ύπουλος ‖ δόλιος, πονηρός
insight (΄insait): *(n)* διορατικότητα ‖ διαφωτιστική ματιά ή νύξη
insignia (in΄signi:ə): *(n)* διακριτικό, έμβλημα
insignifican-ce (insig΄nifikəns), **~cy**: *(n)* ασημότητα, ασημαντότητα ‖ **~t**: *(adj)* ασήμαντος ‖ μηδαμινός, τιποτένιος
insincer-e (insin΄siər): *(adj)* ανειλικρινής ‖ **~ity**: *(n)* ανειλικρίνεια
insinuat-e (in΄sinju:eit) [-d]: *(v)* παρεισέρχομαι, παρεισφρώ, ''χώνομαι'' ‖ υπαινίσσομαι ‖ **~ing**: *(adj)* υπαινικτικός ‖ δουλοπρεπής ‖ **~ion**: *(n)* υπαινιγμός ‖ παρείσδυση
insipid (in΄sipid): *(adj)* άνοστος, ανούσιος
insist (in΄sist) [-ed]: *(v)* επιμένω ‖ εμμένω ‖ **~ence, ~ency**: *(n)* επιμονή ‖ εμμονή ‖ **~ent**: *(adj)* επίμονος
insole (΄insoul): *(n)* εσωτερική σόλα, εν διάμεση σόλα
insolen-ce (΄insələns): *(n)* αυθάδεια, αναίδεια, θρασύτητα ‖ **~t**: *(adj)* αυθάδης, αναιδής, θρασύς

194

insoluble (in´soljəbəl): *(adj)* αδιάλυτος ‖ ανεξήγητος, άλυτος

insolvable (in´sɔlvəbəl): *(adj)* άλυτος, χωρίς λύση

insolven-cy (in´sɔlvənsi:): *(n)* χρεωκοπία, πτώχευση, έλλειψη οικ. μέσων ‖ αφερεγγυότητα ‖ ~t: *(adj)* χρεωκοπημένος, χωρίς οικ. μέσα ‖ αφερέγγυος

insomnia (in´sɔmni:ə): *(n)* αϋπνία ‖ ~c: *(n)* αυτός που έχει αϋπνίες

insomuch (´insou´mʌtʃ): *(adv)* αφού, εφόσον

insoucian-ce (in´su:si:əns): *(n)* αδιαφορία ‖ ~t: *(adj)* αδιάφορος, αμέριμνος

inspect (in´spekt) [-ed]: *(v)* επιθεωρώ ‖ ελέγχω ‖ ~ion: *(n)* επιθεώρηση ‖ ~ive: *(adj)* εξεταστικός ‖ ~or: *(n)* επιθεωρητής

inspir-ation (inspə´reiʃən) *(n)* έμπνευση ‖ ~ator: *(n)* αναπνευστήρας ‖ ~e (ins´paiər) [-d]: *(v)* εμπνέω ‖ ~er: εμπνευστής

inspirit (in´spirit) [-ed]: *(v)* εμψυχώνω

instability (instə´biləti): *(n)* αστάθεια

install (in´stɔ:l) [-ed]: *(v)* εγκαθιστώ ‖ τοποθετώ ‖ ~ation: *(n)* εγκατάσταση ‖ τοποθέτηση ‖ ~ment: *(n)* δόση ‖ "συνέχεια" μυθιστορήματος

instance (´instəns): *(n)* περίπτωση ‖ παράδειγμα ‖ δικαστική υπόθεση ‖ **for ~**: παραδείγματος χάρη

instant (´instənt): *(n)* στιγμή ‖ *(adj)* στιγμιαίος ‖ άμεσος ‖ τρέχων ‖ ~aneous (instən´teini:əs): *(adj)* στιγμιαίος, στη στιγμή ‖ ~ly: *(adv)* αμέσως, στη στιγμή

instead (in´sted): *(adv)* αντί, στη θέση του ‖ ~ of: αντί

instep (instep): *(n)* μετατάρσιο

instigat-e (´instigeit) [-d]: *(v)* υποκινώ ‖ παρακινώ ‖ ~ion: *(n)* υποκίνηση ‖ παρακίνηση ‖ ~or: *(n)* υποκινητής

instill (in´stil) [-ed]: *(v)* ενσταλλάζω

instinct (´instiŋkt): *(n)* ένστικτο ‖ ~ive: *(adj)* ενστικτώδης, ορμέμφυτος ‖ ~ively: *(adv)* ενστικτωδώς, από ένστικτο

institut-e (´instətju:t) [-d]: *(v)* θεσπίζω, εισάγω ‖ εγκαθιδρύω, εγκαθιστώ ‖ *(n)* ίδρυμα, "ινστιτούτο" ‖ ~ion

(instə´tju:ʃən): *(n)* θεσμός ‖ εγκαθίδρυση, εγκατάσταση ‖ ίδρυμα

instruct (in´strʌkt) [-ed]: *(v)* καθοδηγώ, διδάσκω ‖ δίνω οδηγίες ή εντολές ‖ ~ion: *(n)* καθοδήγηση ‖ διδασκαλία, διδαχή ‖ ~ions: *(n)* εντολές ‖ ~ive: *(adj)* διδακτικός, πληροφοριακός, καθοδηγητικός ‖ ~or: καθοδηγητής ‖ εκπαιδευτής ‖ διδάσκαλος ‖ επιμελητής πανεπιστημίου

instrument (´instrəmənt): *(n)* όργανο ‖ μέσο ‖ μουσ. όργανο ‖ ~al: *(adj)* ενόργανος ‖ συντελεστικός, που συμβάλλει ‖ ~alist: *(n)* οργανοπαίκτης ‖ ~ality: *(n)* μέσο, όργανο ‖ συντελεστικότητα

insubordinat-e (insə´bə:rdnit): *(adj)* ανυπάκουος, απειθής ‖ ανυπότακτος ‖ ~ion: *(n)* απείθεια ‖ ανυποταξία

insubstantial (insəb´stænʃəl): *(adj)* αβάσιμος

insufferable (in´sʌfərəbəl): *(adj)* ανυπόφορος

insufficien-cy (insə´fiʃənsi): *(n)* ανεπάρκεια ‖ ~t: *(adj)* ανεπαρκής ‖ ~tly: *(adv)* ανεπαρκώς

insular (´insələr): *(adj)* νησιώτικος ‖ στενής αντίληψης ‖ ~ity: *(n)* στενοκεφαλιά, στενότητα αντιλήψεων, στενή αντίληψη

insulat-e (´insəleit) [-d]: *(v)* απομονώνω ‖ μονώνω, βάζω μόνωση ‖ ~ing: *(adj)* μονωτικός ‖ ~ion: *(n)* μόνωση ‖ ~or: *(n)* μονωτήρας

insult (in´sʌlt) [-ed]: *(v)* προσβάλλω, θίγω ‖ (´insʌlt): *(n)* προσβολή

insuperable (in´su:pərəbəl): *(adj)* ανυπέρβλητος

insupportable (inse´pə:rtəbəl): *(adj)* αβάσταχτος ‖ αστήριχτος

insur-ance (in´ʃu:rəns): *(n)* ασφάλεια ‖ ασφάλιση ‖ ασφάλιστρο ‖ ~ant: *(n)* ασφαλισμένος ‖ ~e [-d]: *(v)* ασφαλίζω ‖ διασφαλίζω, εξασφαλίζω ‖ ~ed: *(n)* ασφαλισμένος

insurgen-ce (in´sə:rdzəns), ~cy: *(n)* εξέγερση, ανταρσία ‖ ~t: *(adj)* στασιαστικός, εξεγερτικός ‖ *(n)* αντάρτης, στασιαστής

insurmountable (insər´mauntəbəl): *(adj)* ανυπέρβλητος, αξεπέραστος

195

insurrection (insəˈrekʃən): *(n)* ανταρσία, εξέργεση
insusceptible (insəˈseptəbəl): *(adj)* ανεπηρέαστος, μη επηρεάσιμος
intact (inˈtækt): *(adj)* ακέραιος, άθικτος, απείραχτος
intake (ˈinteik): *(n)* εισαγωγή ‖ είσοδος, στόμιο εισόδου
intangible (inˈtændzəbəl): *(adj)* απροσδιόριστος ‖ μη χειροπιαστός
integ-er (ˈintədzər): *(n)* ακέραιος αριθμός ‖ ~ral (ˈintəgrəl): *(adj)* ακέραιος ‖ αναπόσπαστος ‖ ολοκληρωτικός ‖ ολοκληρωματικός ‖ ~rate [-d]: *(v)* ολοκληρώνω ‖ ενσωματώνω, ενώνω ‖ ~ration: *(n)* ολοκλήρωση ‖ ~rity (inˈtegrəti): *(n)* ακεραιότητα
infellect (ˈintəlekt): *(n)* διανόηση ‖ διάνοια, νους ‖ ~ual: *(adj)* διανοητικός, πνευματικός ‖ *(n)* διανοούμενος
intelligen-ce (inˈtelədzəns): *(n)* νοημοσύνη ‖ ευφυΐα, εξυπνάδα ‖ πληροφορίες ‖ κατασκοπία, μυστικές πληροφορίες ‖ ~t: *(adj)* ευφυής, έξυπνος, νοήμων ‖ ~tsia: *(n)* "οι διανοούμενοι"
intelligible (inˈtelədzəbəl): *(adj)* νοητός, κατανοητός
intemper-ance (inˈtempərəns): *(n)* ακράτεια ‖ ~ate: *(adj)* ακρατής
intend (inˈtend) [-ed]: *(v)* προτίθεμαι, έχω σκοπό ‖ έχω σημασία, σημαίνω ‖ ~ed: *(adj)* εκ προθέσεως, από σκοπού ‖ μέλλων σύζυγος *(id)*
intens-e (inˈtens): *(adj)* έντονος, δυνατός ‖ σε ένταση ‖ ~ify (inˈtensəfai) [-ied]: *(v)* εντείνω, δυναμώνω ‖ ~ity: *(n)* ένταση ‖ σφοδρότητα ‖ ~ive: *(adj)* εντατικός ‖ ~ively: *(adv)* εντατικά
intent (inˈtent): *(n)* σκοπός, πρόθεση ‖ ~ion: *(n)* πρόθεση, σχέδιο, σκοπός ‖ ~ional: *(adj)* σκόπιμος, από σκοπού, εσκεμμένος ‖ ~ionally: *(adv)* σκόπιμα, από σκοπού ‖ ~ly: *(adv)* έντονα, με όλη την προσοχή
inter (inˈtəːr) [-red]: *(v)* ενταφιάζω
interact (intərˈækt) [-ed]: *(v)* αλληλεπιδρώ ‖ ~ion: *(n)* αλληλεπίδραση
intercede (intərˈsiːd) [-d]: *(v)* μεσολαβώ
intercept (intərˈsept) [-ed]: *(v)* τέμνω ‖ ανακόπτω ή εμποδίζω πορεία

intercession (intərˈseʃən): *(n)* μεσολάβηση
interchange (ˈintərˈtʃeindz) [-d]: *(v)* ανταλλάσσω ‖ εναλλάσσομαι ‖ *(n)* ανταλλαγή ‖ μεταλλαγή ‖ ~able: *(adj)* ανταλλάξιμος, εναλλάξιμος
intercom: see intercommunication
i n t e r c o m m u n i c a t i o n (intərkəmjuːnəˈkeiʃən): *(n)* ενδοεπικοινωνία ‖ ~ system or intercom: σύστημα ενδοεπικοινωνίας, εσωτερικό σύστημα επικοινωνίας
interconnect (intərkəˈnekt) [-ed]: *(v)* αλληλοσυνδέω
intercontinental (intərkəntəˈnentl): *(adj)* διηπειρωτικός
intercostal (intərˈkəstl): *(adj)* ενδοπλευρικός
intercourse (ˈintərkəːrs): *(n)* επικοινωνία ‖ συνουσία
interdependence (intərdiˈpendəns): *(n)* αλληλεξάρτηση
interest (ˈintərist): *(n)* ενδιαφέρον ‖ συμφέρον ‖ τόκος ‖ [-d]: *(v)* ενδιαφέρω ‖ ~ed: *(adj)* ενδιαφερόμενος ‖ ~ing: *(adj)* ενδιαφέρων ‖ in the ~ of: προς το συμφέρον, για το καλό
interfere (ˈintərˈfiːr) [-d]: *(v)* επεμβαίνω ‖ εμποδίζω, μπαίνω στο δρόμο ‖ ~nce: *(n)* επέμβαση ‖ παρεμβολή, παρέμβαση
interim (ˈintərim): *(n)* χρονικό διάστημα, μεσοδιάστημα ‖ *(adj)* προσωρινός
interior (inˈtiriːər): *(adj)* εσωτερικός ‖ *(n)* εσωτερικό
interject (ˈintərˈdzekt) [-ed]: *(v)* παρεμβάλλω, πετάγομαι διακόπτοντας ‖ ~ion: *(n)* επιφώνημα ‖ αναφώνηση
interlock (ˈintərˈlək) [-ed]: *(v)* συνδέω στερεά, συναρμολογώ ‖ συνδέομαι, συμπλέκομαι
interlope (ˈintərˈloup) [-d]: *(v)* επεμβαίνω, παρεμβαίνω ‖ καταπατώ ‖ ~r: *(n)* παρείσακτος
interlude (ˈintərˈluːd): *(n)* διάλειμμα ‖ "μουσικό διάλειμμα"
intermarriage (intərˈmæridz): *(n)* επιγαμία
intermedia-cy (intərˈmiːdiːəsi:): *(n)* το μέσο, το ενδιάμεσο ‖ ~ry: *(n)* μεσολα

196

βητής ‖ μεσάζων ‖ ~te: *(adj)* ενδιάμεσος

interminable (in´tə:rmənəbəl): *(adj)* ατέλειωτος

intermingle (intər´miŋgəl) [-d]: *(v)* ανακατεύομαι

intermission (intər´miʃən): *(n)* διάλειμμα ‖ διακοπή

intermit (intər´mit) [-ted]: *(v)* διακόπτω, διαλείπω ‖ ~**tent**: *(adj)* διαλείπων, εναλλασσόμενος

intermix (´intər´miks) [-ed]: *(v)* ανακατεύομαι

intern (´intə:rn): *(n)* πτυχιούχος που παίρνει ειδικότητα ‖ εσωτερικός γιατρός ‖ (in´tə:rn) [-ed]: *(v)* περιορίζω, θέτω σε περιορισμό ‖ εκπαιδεύω ή εκπαιδεύομαι ως εσωτ. γιατρός ‖ ~**al** (in´tə:rnəl): *(adj)* εσωτερικός, από μέσα ‖ ~**al revenue**: *(n)* εφορεία ‖ ~**ment**: *(n)* περιορισμός, κάθειρξη

international (intər´neiʃənəl): *(adj)* διεθνής ‖ ~**ism**: *(n)* διεθνισμός

internist (in´tə:rnist): *(n)* ειδικός παθολόγος

interpellat-e (intər´peleit) [-d]: *(v)* κάνω επερώτηση ‖ ~**ion**: *(n)* επερώτηση

interplanetary (intər´plænəteri): *(adj)* διαπλανητικός

interplay (´intərplei): *(n)* αλληλεπίδραση

interpolat-e (in´tə:rpəleit) [-d]: *(v)* παρεμβάλλω, υπολογίζω με παρεμβολή ‖ ~**ion**: *(n)* υπολογισμός με παρεμβολή

interpos-e (intər´pouz) [-d]: *(v)* παρενθέτω, παρεμβάλλω ‖ επεμβαίνω ‖ ~**ition**: *(n)* παρέμβαση

interpret (in´tə:rprit) [-ed]: *(v)* διερμηνεύω, ερμηνεύω ‖ ~**ation**: *(n)* ερμηνεία ‖ ~**er**: *(n)* διερμηνέας

interregnum (intər´regnəm): *(n)* μεσοβασιλεία

interrelat-e (´intərri´leit) [-d]: *(v)* συσχετίζω ‖ ~**ion, ~ionship**: *(n)* συσχέτιση

interrogat-e (in´terəgeit) [-d]: *(v)* ανακρίνω, εξετάζω ‖ ~**ion**: *(n)* ανάκριση, εξέταση ‖ ~**ion point**: *(n)* ερωτηματικό ‖ ~**ive**: *(adj)* ερωτηματικός ‖ ~**or**: *(n)* ανακριτής, εξεταστής ‖

~**ory**: *(adj)* εξεταστικός, ερωτηματικός

interrupt (intə´rʌpt) [-ed]: *(v)* διακόπτω ‖ ~ **ion**: *(n)* διακοπή

intersect (intər´sekt) [-ed]: *(v)* τέμνω ‖ διασταυρώνομαι ‖ ~**ion**: *(n)* τομή ‖ διασταύρωση

interspers-e (´intər´spə:rs) [-d]: *(v)* διασπείρω ‖ ~**ion**: *(n)* διασπορά

interstate (´intər´steit): *(adj)* διαπολιτειακός

interstellar (´intər´stelər): *(adj)* διαστρικός, διαστημικός

intertwine (´intər´twain) [-d]: *(v)* συμπλέκω, πλέκω

interval (´intərvəl): *(n)* διάστημα ‖ διάλειμμα

interven-e (´intər´vi:n) [-d]: *(v)* παρεμβαίνω ‖ επεμβαίνω, μεσολαβώ ‖ ~**tion** (intər´venʃən): *(n)* παρέμβαση ‖ επέμβαση, μεσολάβηση ‖ ~**tionism**: *(n)* πολιτική επέμβασης, παρεμβατισμός

interview (´intərvju) [-ed]: *(v)* παίρνω συνέντευξη ‖ εξετάζω υποψήφιο για θέση ‖ *(n)* συνέντευξη ‖ εξέταση υποψηφίου για θέση

intestate (in´testeit): *(adj)* (αποθανών) χωρίς διαθήκη

intestine (in´testən): *(n)* έντερο

intima-cy (´intəməsi:): *(n)* οικειότητα ‖ σεξουαλική σχέση ‖ ~**te** (´intəmit): *(adj)* οικείος ‖ εσωτερικός, ενδόμυχος, μυστικός ‖ *(n)* στενός φίλος ‖ (´intəmeit) [-d]: *(v)* υποδηλώνω, δίνω να καταλάβει, υπαινίσσομαι ‖ ~**tely**: *(adv)* πολύ στενά, οικεία ‖ ενδόμυχα, μυστικά, σε βάθος ‖ ~**tion**: *(n)* υπαινιγμός

intimidat-e (in´timədeit) [-d]: *(v)* εκφοβίζω, φοβίζω ‖ ~**ion**: *(n)* εκφοβισμός

into (´intu:): *(prep)* εις, μέσα, σε ‖ κατά, επάνω σε

intoler-able (in´tələrəbəl): *(adj)* ανυπόφορος, αβάστακτος, αφόρητος ‖ ~**ance**: *(n)* μισαλλοδοξία ‖ αδιαλλαξία ‖ ερεθιστικότητα ‖ ~**ant**: *(adj)* μισαλλόδοξος ‖ αδιάλλακτος ‖ ευερέθιστος ‖ μη ανεκτικός

intonation (intou´neiʃən): *(n)* τόνος, διακύμανση

intoxic-ant (in´təksikənt): *(n)* οινο-

197

πνευματώδες ποτό, μεθυστικό ποτό ‖ *(adj)* μεθυστικός ‖ ~**ate** [-d]: *(v)* μεθώ, ζαλίζω ‖ ~**ated:** *(adj)* μεθυσμένος, ζαλισμένος ‖ ~**ation:** *(n)* μεθύσι, μέθη
intractable (in΄træktəbəl): *(adj)* δύσχρηστος ‖ ατίθασος, απειθής ‖ δυσκολοθεράπευτος
intransigent (in΄trænsədzənt): *(adj)* ανένδοτος ‖ αδιάλλακτος
intransitive (in΄trænsətiv): *(adj)* αμετάβατος
intravenous (intrə΄vi:nəs): *(adj)* ενδοφλέβιος
intrepid (in΄trepid): *(adj)* ατρόμητος ‖ ~**ity,** ~**ness:** *(n)* αφοβία
intrica-cy (΄intrikəsi:): *(n)* πλοκή, περιπλοκή ‖ ~**te:** *(adj)* πολύπλοκος
intrigue (΄intri:g, in΄tri:g): *(n)* ραδιουργία, μηχανορραφία ‖ [-d]: *(v)* μηχανορραφώ, ραδιουργώ ‖ ελκύω, θέλγω
intrinsic (in΄trinsik): *(adj)* έμφυτος, εσωτερικός ‖ ουσιώδης
introduc-e (΄intrə΄dju:s) [-d]: *(v)* συνιστώ ‖ εισάγω ‖ πρωτοπαρουσιάζω ‖ ~**tion:** *(n)* σύσταση ‖ εισαγωγή ‖ πρωτοπαρουσίαση ‖ πρόλογος, εισαγωγή ‖ ~**tory:** *(adj)* συστατικός ‖ εισαγωγικός
introspect (΄intrə΄spekt) [-ed]: *(v)* κάνω ενδοσκόπηση, εξετάζω τον εαυτό μου ή τις σκέψεις μου ‖ ~**ion:** *(n)* ενδοσκόπηση ‖ ~**ive:** *(adj)* ενδοσκοπικός
introvert (΄intrə΄və:rt): ενδοστρεφής, ενδόστροφος
intru-de (in΄tru:d) [-d]: *(v)* διεισδύω, μπαίνω απρόσκλητος ‖ παρεμβαίνω ‖ ~**der:** *(n)* παρείσακτος ‖ ~**sion:** *(n)* διείσδυση, απρόσκλητη είσοδος ‖ παρέμβαση ‖ ~**sive:** *(adj)* παρενοχλητικός
intuiti-on (intu:΄iʃən): *(n)* διαίσθηση ‖ ~**ve:** *(adj)* διαισθητικός ‖ ενστικτώδης
inundat-e (΄inʌndeit) [-d]: *(v)* πλημμυρίζω ‖ κατακλύζω, υπερπληρώ, γεμίζω ‖ ~**ion:** *(n)* πλημμύρα ‖ κατακλυσμός
inure (in΄ju:r) [-d]: *(v)* εθίζω, συνηθίζω
invade (in΄veid) [-d]: *(v)* κάνω επιδρομή, εισβάλλω ‖ καταπατώ, αρπάζω ‖ ~**r:** *(n)* επιδρομέας, εισβολέας
invalid (΄invəlid): *(n)* ανάπηρος ‖ άρρωστος, κατάκοιτος ‖ (in΄vælid): *(adj)* αβάσιμος ‖ άκυρος ‖ ~**ate** [-d]:

(v) ακυρώνω ‖ ~**ity:** *(n)* ακυρότητα ‖ το αβάσιμο
invaluable (in΄væljuəbəl): *(adj)* πολύτιμος, ανεκτίμητος
invariable (in΄veəri:əbəl): *(adj)* αμετάβλητος, σταθερός
invasion (in΄veizən): *(n)* εισβολή, επιδρομή ‖ καταπάτηση
invent (in΄vent) [-ed]: *(v)* εφευρίσκω ‖ επινοώ ‖ ~**ion:** *(n)* εφεύρεση ‖ επινόηση ‖ ~**ive:** *(adj)* εφευρετικός ‖ επινοητικός ‖ ~**iveness:** *(n)* εφευρετικότητα ‖ επινοητικότητα ‖ ~**or:** *(n)* εφευρέτης ‖ ~**ory** (΄invəntəri:): *(n)* καταγραφή
inver-se (in΄və:rs, ΄invə:rs): *(adj)* αντίστροφος ‖ ~**sion:** *(n)* αντιστροφή ‖ σεξουαλική ανωμαλία ‖ ~**t** [-ed]: *(v)* αντιστρέφω ‖ ~**ted:** *(adj)* αντιστραμμένος, ανάποδογυρισμένος ‖ ~**ted commas:** *(n)* εισαγωγικά
invertebrate (in΄və:rtəbrit): *(adj)* ασπόνδυλος ‖ *(n)* ασπόνδυλο ζώο
invest (in΄vest) [-ed]: *(v)* επενδύω ‖ περιβάλλω ‖ ~**ment:** *(n)* επένδυση ‖ ~**or:** *(n)* μέτοχος, αυτός που έχει επενδύσει
investigat-e (in΄vestigeit) [-d]: *(v)* ερευνώ, εξετάζω ‖ ~**ion:** *(n)* έρευνα, εξέταση ‖ αναζήτηση ‖ ~**or:** *(n)* ερευνητής ‖ μυστικός αστυνομικός ‖ **private** ~**or:** *(n)* ιδιωτικός ντετέκτιβ
investiture (in΄vestətʃu:r): *(n)* ένδυμα ‖ εγκαθίδρυση, εγκατάσταση σε αξίωμα ή αρχή
investment (in΄vestmənt): *(n)* επένδυση
inveterate (in΄vetərit): *(adj)* αδιόρθωτος, χρόνιος
invigorat-e (in΄vigəreit) [-d]: *(v)* αναζωογονώ, τονώνω ‖ ~**ing:** *(adj)* τονωτικός, αναζωογονητικός
invincible (in΄vinsəbəl): *(adj)* αήττητος, ακατανίκητος
inviol-able (in΄vaiələbəl): *(adj)* μη παραβιάσιμος ‖ ~**ate:** *(adj)* απαραβίαστος ‖ απαράβατος
invisible (in΄vizəbəl): *(adj)* αόρατος ‖ ~**ink:** *(n)* συμπαθητική μελάνη
invit-ation (invə΄teiʃən): *(n)* πρόσκληση ‖ πρόκληση, έλξη ‖ ~**e** (in΄vait) [-d]: *(v)* προσκαλώ ‖ προσελκύω, προκαλώ

‖ ~ing: *(adj)* ελκυστικός
invocation (´invə´keiʃən): *(n)* εναρκτήρια προσευχή
invoice (´invois): *(n)* τιμολόγιο ‖ [-d]: *(v)* εκδίδω τιμολόγιο
invoke (in´vouk) [-d]: *(v)* επικαλούμαι
involuntar-y (in´vələnteri:): *(adj)* ακούσιος ‖ ~ily: *(adv)* ακούσια, άθελα
involve (in´vɔlv) [-d]: *(v)* περιέχω ‖ συνεπάγομαι ‖ ανακατεύω, μπερδεύω, μπλέκω ‖ τυλίγω ‖ υψώνω σε δύναμη ‖ ~d: *(adj)* ανακατεμένος, μπερδεμένος, μπλεγμένος ‖ πολύπλοκος
invulnerable (in´vʌlnərəbəl): *(adj)* απρόσβλητος ‖ άτρωτος
inward (´inwərd): *(adj)* εσωτερικός ‖ προς το εσωτερικό, προς τα μέσα ‖ στενός, οικείος ‖ *(n)* το εσωτερικό ‖ ~ly: *(adv)* προς τα μέσα ‖ στα μέσα ‖ ~ness: *(n)* οικειότητα, στενή σχέση
iodine (´aiədain, ´aiədin): *(n)* ιώδιο
Ionic (ai´onik): *(adj)* Ιωνικός
iota (ai´outə): *(n)* γιώτα ‖ απειροελάχιστη ποσότητα
IOU (´aiou´ju:): *(n)* γραμμάτιο, υυναλλαγματική
Iran (i´ræn): *(n)* Ιράν, Περσία ‖ ~ian: *(adj)* Περσικός ‖ *(n)* Πέρσης ‖ περσική γλώσσα
Iraq (i´ræk): *(n)* Ιράκ ‖ ~i: *(adj)* Ιρακινός
irascible (i´ræsəbəl): *(adj)* ευερέθιστος, ευέξαπτος
irate (´aireit, ai´reit): *(adj)* ερεθισμένος, οργισμένος
ire (´air): *(n)* οργή
Ir-eland (´airlənd): *(n)* Ιρλανδία ‖ ~ish: *(adj)* Ιρλανδικός ‖ *(n)* Ιρλανδός ‖ ~ish coffee: *(n)* καφές με ουΐσκυ
irk (ə:rk) [-ed]: *(v)* ερεθίζω, εξερεθίζω ‖ παρενοχλώ ‖ ~some: *(adj)* ερεθιστικός, ενοχλητικός
iron (´aiərn): *(n)* σίδερος ‖ σίδερο, σιδερικό ‖ σίδερο σιδερώματος ‖ *(adj)* σιδερένιος ‖ ~s: *(n)* σίδερα, δεσμά ‖ [-ed]: *(v)* σιδερώνω ‖ **have an ~ in the fire**: *(v)* έχω αναλάβει μια επιχείρηση ‖ **in ~s**: αλυσοδεμένος ‖ **~ out**: *(v)* εξομαλύνω δυσκολίες ‖ **~ Age**: εποχή σιδήρου ‖ **~ curtain**: *(n)* σιδηρούν πα-

ραπέτασμα ‖ **~ hand**: αυταρχική εξουσία ‖ **~ horse**: ατμομηχανή *(id)* ‖ ~ing: *(n)* σιδέρωμα ‖ ~ing board: τάβλα σιδερώματος ‖ ~lung: *(n)* σιδερούς πνεύμων ‖ **~ monger**: *(n)* σιδεράς, πωλητής σιδερικών ‖ ~smith: *(n)* σιδεράς ‖ ~works: *(n)* σιδηρουργείο
iron-ic (ai´rɔnik), ~ical: *(adj)* ειρωνικός ‖ ~ically: *(adv)* ειρωνικά ‖ ~y (´airəni): *(n)* ειρωνεία
irrational (i´ræʃənəl): *(adj)* παράλογος ‖ ~ism: *(n)* παραλογισμός
irreconcilable (irekən´sailəbəl): *(adj)* αδιάλλακτος ‖ ασυμβίβαστος
irrecoverable (iri´kʌnərəbəl): *(adj)* ανεπανόρθωτος
irredeemable (iri´di:məbəl): *(adj)* μη εξαγοράσιμος ‖ μη εξαγυρώσιμος
irreducible (iri´du:səbəl): *(adj)* μη απλοποιήσιμος
irrefutable (i´refjətəbəl): *(adj)* αδιάψευστος ‖ ακαταμάχητος
irregular (i´regjələr): *(adj)* ανώμαλος ‖ αντικανονικός ‖ ακανόνιστος, άτακτος ‖ μη τακτικός, άτακτος ‖ ~ity: *(n)* ανωμαλία ‖ αντικανονικότητα ‖ αταξία
irrelevan-ce (i´reləvəns), ~cy: *(n)* ασχετότητα, το άσχετο ‖ ~t: *(adj)* άσχετος
irreligious (iri´lidzəs): *(adj)* άθρησκος
irremovable (iri´mu:vəbəl): *(adj)* αμετακίνητος
irreparable (i´repərəbəl): *(adj)* ανεπανόρθωτος
irreplaceable (iri´pleisəbəl): *(adj)* αναντικατάστατος
irrepressible (iri´presəbəl): *(adj)* ακατάσχετος
irreproachable (iri´proutʃəbəl): *(adj)* άμεμπτος, άψογος
irresistible (iri´zistəbəl): *(adj)* ακαταμάχητος
irresolute (i´rezəljut): *(adj)* αναποφάσιστος ‖ διστακτικός
irrespective (iri´spektiv): ~ **of**: άσχετα με, ανεξάρτητα από
irresponsible (iri´spɔnsəbəl): *(adj)* ανεύθυνος
irretrievable (iri´tri:vəbəl): *(adj)* ανε-

irrevenence

πανόρθωτος ǁ ~y: *(adv)* ανεπανόρθωτα
irrevenen-ce (i´revərəns): *(n)* ασέβεια ǁ
~t: *(adj)* ασεβής
irreversible (iri´və:rsəbəl): *(adj)* αμετάτρεπτος
irrevocabl-e (i´revəkəbəl): *(adj)* αμετάκλητος ǁ ~y: *(adv)* αμετάκλητα, οριστικά
irrig-able (´irigəbəl): *(adj)* αρδεύσιμος
ǁ ~ate [-d]: *(v)* αρδεύω ǁ ~ation: *(n)*
άρδευση
irrit-able (´irətəbəl): *(adj)* ευέξαπτος ǁ
~ant: *(n)* ερεθιστικό ǁ ~ate [-d]: *(v)*
ερεθίζω ǁ ~ating: *(adj)* ερεθιστικός ǁ
~ation: *(n)* ερεθισμός, ερέθισμα
is (iz): *(v)* είναι (see be)
island (´ailənd): *(n)* νησί ǁ ~er: *(n)* νησιώτης
isle (ail): *(n)* νησί ǁ ~t: *(n)* νησάκι
isn't: is not (see is)
isobar (´aisəba:r): *(n)* ισοβαρής γραμμή
isoclinal (aisə´klainəl): *(adj)* ισοκλινής
isogon-al (ai´səgənəl), ~ic: *(adj)* ισογώνιος
isolat-e (´aisəleit) [-d]: *(v)* απομονώνω
ǁ ~ ion: *(n)* απομόνωση ǁ ~ionism:
(n) πολιτική απομόνωσης
isometric (aisə´metrik), ~al: *(adj)* ισομετρικός
isosceles (ai´səsəli:z): *(adj)* ισοσκελές
isotope (´aisətoup): *(n)* ισότοπο
Israel (´izreəl): *(n)* Ισραήλ ǁ ~i: *(adj &
n)* Ισραηλινός ǁ ~ite: *(n)* Ισραηλίτης
issue (´iʃu:): *(n)* έκδοση ǁ δόσιμο ǁ τεύχος ǁ θέμα, ζήτημα ǁ γέννημα, γόνος ǁ
κρίσιμο σημείο, αιχμή ǁ εκβολή ǁ [-d]:

(v) προβάλλω, βγαίνω ǁ κατάγομαι ǁ
εκδίδω, δημοσιεύω ǁ δίνω, διανέμω ǁ
at ~: υπό συζήτηση ǁ σε διαφωνία ǁ
join ~: *(v)* αρχίζω διαφωνία ǁ **take** ~:
(v) παίρνω αντίθετο μέρος
Isthm-ian (´ismi:ən): *(adj)* Ίσθμια ǁ
~us: *(n)* Ισθμός
it (it): *(pron)* αυτό
Italian (i´tæljən): *(adj)* ιταλικός ǁ *(n)*
Ιταλός
italic (i´tælik, ai´tælik): *(adj)* γυρτός,
πλάγιος (γραφή) ǁ ~s: πλάγια γραφή
Italy (´itəli): *(n)* Ιταλία
itch (itʃ) [-ed]: *(v)* έχω φαγούρα, ''με
τρώει'' ǁ *(n)* φαγούρα ǁ πόθος, επιθυμία ǁ δερματική ασθένεια ǁ ~y: *(adj)*
φαγουριστικός, ερεθιστικός, που
''τρώει''
item (´aitəm): *(n)* τεμάχιο ǁ άρθρο ǁ
εγγραφή, καταγραφή ǁ ειδησεογραφικό
κομμάτι, μικρό δημοσίευμα ǁ ~ize [-d]: *(v)* καταγράφω αναλυτικά ǁ δίνω
αναλυτικά
itinera-nt (ai´tinərənt): *(adj)* περιοδεύων ǁ ~ry: *(n)* δρομολόγιο ǁ ταξιδιωτικός οδηγός ǁ *(adj)* περιοδεύων
its (its): *(pron)* δικό του, του
it's: it is: see is
itself (it´self): *(pron)* εαυτός του, τον
εαυτό του
I've: I have: see have
ivory (´aivəri:): *(n)* ελεφαντόδοντο ǁ ~
tower: *(n)* κατάσταση ή τόπος διανοητικής απομόνωσης
ivy (´aivi): *(n)* κισσός
Izmir (iz´mir): *(n)* Σμύρνη

J

J, j (dzei): το δέκατο γράμμα του
Αγγλικού αλφαβήτου
jab (dzæb) [-bed]: *(v)* χτυπώ, δίνω
''μπηχτή'' ǁ μαχαιρώνω ǁ διατρυπώ ǁ
τινάζω με ορμή ǁ χτύπημα, μπηχτή ǁ

μαχαιριά
jabber (´dzæbər) [-ed]: *(v)* μιλώ γρήγορα και ακατάληπτα ǁ *(n)* γρήγορη
ακατάληπτη ομιλία
jack (dzæk): *(n)* εργάτης ǁ ναύτης ǁ βα-

λές, φάντης ‖ γρύλος, ανιψωτήρας ‖ γάιδαρος αρσενικός ‖ αρσενικό ζώων ‖ σημαία πρύμης ‖ λεφτά (id) ‖ ~ass: (n) γάιδαρος ‖ μπουνταλάς, "μπουμπούνας" ‖ ~ boot: (n) μπότα ψηλή ‖ ~ daw: (n) καλιακούδα ‖ ~ in the box: (n) φασουλής που πετάγεται από το κουτί ‖ ~ knife: (n) διπλοσουγιάς ‖ ~ knife [-d]: (v) διπλώνομαι ‖ ~ of-all-trades: (n) πολυτεχνίτης ‖ ~ pot: (n) το μεγάλο βραβείο, η "καλή" ‖ ~ rabbit: (n) λαγός

jackal (´dzækəl): (n) τσακάλι

jacket (´dzækit): (n) ζακέτα ‖ περίβλημα, φλοιός ‖ κάλυμμα βιβλίου

jade (dzeid): (n) νεφρίτης ‖ παλιάλογο ‖ παλιογυναίκα ‖ [-d]: (v) κουράζω, εξαντλώ ‖ ~ d: (adj) κατάκοπος, κουρασμένος

jag (dzæg): (n) αγκίδα, μύτη ‖ κόψιμο, σκίσιμο ‖ [-ged]: (v) κάνω οδοντώσεις, κόβω ‖ ~ged: (adj) μυτερός, με αιχμές, με οδοντώσεις, με "δόντια"

jaguar (´dzægwa:r): (n) πάνθηρας της Αμερικής, τζαγκουαρ

jail (dzeil) [-ed]: (v) φυλακίζω ‖ (n) φυλακή ‖ ~ bird: (n) φυλακισμένος ‖ πρώην κατάδικος ‖ ~ delivery: (n) ομαδική δραπέτευση ‖ ~ break: (n) δραπέτευση ‖ ~er, ~or: (n) δεσμοφύλακας

jake (dzeik): (adj) υπέροχος, φίνος (id)

jalopy (dzə´ləpi): (n) σαραβαλιασμένο αυτοκίνητο ή αεροπλάνο

jam (dzæm) [-med]: (v) σφηνώνω, "μπήγω" ‖ στριμώχνω, χώνω ‖ σφίγγομαι, κολλάω ‖ παραγεμίζω ‖ (n) σφήνωμα ‖ στρίμωγμα ‖ σφίξιμο, κόλλημα ‖ παραγέμισμα ‖ μαρμελάδα ‖ ~pack [-ed]: (v) παραγεμίζω, γεμίζω πέρα ως πέρα

jamb (dzæm): (n) παραστάτης πόρτας ή παράθυρου

jamboree (dzæmbə´ri:): (n) γλέντι ‖ προσκοπική συγκέντρωση, "τζάμπορι"

jangle (´dzæŋgəl) [-d]: (v) ηχώ μεταλλικά, κουδουνίζω ‖ (n) μεταλλικός ήχος

janissary (´dzæniseri): (n) γενίτσαρος

janitor (´dzænətər): (n) καθαριστής ‖ εργάτης συντήρησης κτιρίου

January (´dzænjueri:): (n) Ιανουάριος

Jap (dzæp): (n) Γιαπωνέζος ‖ ~an (dzə´pæn): (n) Ιαπωνία ‖ ~anese: (adj) Ιαπωνικός ‖ (n) Γιαπωνέζος

jar (dza:r) [-red]: (v) φωνάζω, ηχώ ‖ ενοχλώ ‖ τραντάζω ‖ συγκρούομαι ‖ (n) τράνταγμα ‖ βάζο ‖ κανάτι

jargon (´dza:rgən): (n) ειδική διάλεκτος επιστήμης ή επαγγέλματος ‖ ακαταλαβίστικα

jasmine (´dzæzmən): (n) γιασεμί

jasper (´dzæspər): (n) ίασπις

jaundice (´dzɔ:ndis): (n) ίκτερος ‖ ~d: (adj) πάσχων από ίκτερο ‖ κιτρινωπός ‖ φθονερός

jaunt (dzɔ:nt) [-ed]: (v) πάω βόλτα ‖ (n) βόλτα, περίπατος ‖ μικρό ταξιδάκι ‖ ~y: (adj) κομψός ‖ ανέμελος

javelin (´dzævlən): (n) ακόντιο ‖ ακοντισμός

jaw (dzɔ:): (n) σαγόνι ‖ άνω ή κάτω σιαγόνα ‖ ~s: (n) τοίχοι χαράδρας ‖ ~bone: (n) γνάθος ‖ ~ breaker: (n) λέξη δυσκολοπρόφερτη

jay (dzei): (n) κίσσα ‖ ~ walk [-ed]: (v) περνώ δρόμο παράνομα

jazz (dzæz): (n) "τζαζ" ‖ ζωηράδα (id) ‖ υπερβολή, "μπούρδα" (id) ‖ [-ed]: (v) παίζω τζαζ ‖ υπερβάλλω, λέω "μπούρδες" (id) ‖ ~ up: (v) ζωηρεύω ‖ ~y: (adj) φανταχτερός, "φαντεζί" (id)

jealous (´dzeləs): (adj) ζηλότυπος, ζηλιάρης ‖ ζηλόφθονος ‖ ~y: (n) ζήλια, ζηλοτυπία

jean (dzi:n): (n) "ντρίλι", "τζην" ‖ ~s: (n) παντελόνι "τζην"

jeep (dzi:p): (n) "τζιπ"

jeer (dziər) [-ed]: (v) ειρωνεύομαι, χλευάζω ‖ (n) ειρωνεία, χλευασμός, κοροϊδία

Jehovah (dzi´houvə): (n) Ιεχωβάς ‖ ~'s witnesses: (n) μάρτυρες του Ιεχωβά

jejune (dzə´dzu:n): (adj) μη θρεπτικός ‖ άνοστος, σαχλός ‖ παιδαριώδης

jell (dzel) [-ed]: (v) πήζω, γίνομαι πελτές ‖ αποκρυσταλλώνομαι ‖ ~ied: (adj) πολτοποιημένος ‖ σερβιρισμένος με ζελέ ‖ ~y: (n) πελτές, ζελές ‖ [-ied]:

(v) γίνομαι ζελές ‖ φτιάχνω ζελέ ‖ ~**y**
bean: *(n)* κουφέτο ‖ ~**y fish**: *(n)* μέ-
δουσα
jenny (΄dzeni:): *(n)* γαϊδούρα ‖ κλω-
στική μηχανή
jeopard-ize (΄dzepərdaiz) [-d]: *(v)* δια-
κινδυνεύω ‖ ~**y**: *(n)* διακινδύνευση,
κίνδυνος ‖ **in** ~**y**: σε κίνδυνο, "ρι-
σκέ"
jerk (dzə:rk) [-ed]: *(v)* τινάζω απότομα
‖ ρίχνω απότομα ‖ "πετάω κουβέ-
ντα" *(id)* ‖ *(n)* τίναγμα ‖ "τρίχας",
"μάπας" *(id)* ‖ *(v)* καπνίζω κρέας ‖ ~
off: *(v)* αυνανίζομαι ‖ ~**y**: *(adj)* ανόη-
τος *(id)* ‖ απότομος ‖ *(n)* καπνιστό
κρέας
jerkin (΄dzə:rkən): *(n)* γιλέκο ‖ δερμά-
τινο "μπουφάν"
Jerry (΄dzeri): *(n)* Γερμανός *(id)*
jersey (΄dzə:rzi:): *(n)* πλεχτό ύφασμα,
"ζέρσεϊ"
jest (dzest) [-ed]: *(v)* αστειεύομαι ‖ ει-
ρωνεύομαι, γελοιοποιώ ‖ *(n)* αστείο ‖
ειρωνεία ‖ ~**er**: *(n)* γελωτοποιός
jet (dzet): *(n)* γαγάτης ‖ ορμητικός πί-
δακας, ορμητική εκροή ‖ στόμιο
εκροής ‖ προωστήρας ‖ *(adj)* μαύρος ‖
[-ted]: *(v)* κινούμαι γρήγορα, ορμώ ‖
ταξιδεύω με αεριωθούμενο ‖ πετάω ή
ρίχνω ορμητικά ‖ ~ **black**: *(adj)* κατά-
μαυρος ‖ ~ **engine**: *(n)* κινητήρας αυ-
τοπροωθήσεως, "τζετ" ‖ ~ **lag**: *(n)*
σωματική κατάπτωση ή υπνηλία μετά
από πολύωρο ταξίδι με "τζετ" ‖ ~
sam: *(n)* εκβράσματα ‖ ~ **set**: *(n)* οι
"κοσμικοί", η "κοσμική κοινωνία" ‖
~**tison** [-ed]: *(v)* πετάω, απορρίπτω
jetty (΄dzeti:): *(n)* κυματοθραύστης ‖
αποβάθρα λιμένος ‖ λιμενοβραχίονας
Jew (dzju:): *(n)* Εβραίος ‖ ~**ish**: *(adj)*
Εβραϊκός ‖ ~**ry**: *(n)* Εβραίοι, Εβραϊ-
σμός
jewel (΄dzu:əl): *(n)* κόσμημα ‖ πολύτι-
μος λίθος ‖ εξαιρετικός άνθρωπος,
"διαμάντι" ‖ ~**er**, ~**ler**: *(n)* κοσμημα-
τοπώλης ‖ ~**ry**: *(n)* κοσμήματα, πολύ-
τιμες πέτρες
jib (dzib): *(n)* αρτέμονας, μπροστινό
τριγωνικό ιστίο ‖ βραχίονας γερανού
‖ [-bed]: *(v)* σταματώ, σαστίζω ‖ τρα-

βιέμαι πίσω, διστάζω
jibe (dzaib) [-d]: *(v)* στρέφω το ιστίο ‖
εναρμονίζω ‖ συμφωνώ, εναρμονίζο-
μαι ‖ *(n)* πείραγμα
jiffy (΄dzifi:): *(n)* στιγμή, απειροελάχι-
στο χρονικό διάστημα *(id)*
jig (dzig): *(n)* πηδηχτός, γρήγορος χο-
ρός ‖ αστείο, καλαμπούρι ‖ πείραγμα
‖ [-ged]: *(v)* χοροπηδώ ‖ ~**ger**: *(n)*
βαρκούλα με πανί ‖ ~**saw**: *(n)* κατα-
κόρυφο μηχανικό πριόνι ‖ ~**saw
puzzle**: *(n)* παιχνίδι συναρμολόγησης
χωριστών κομματιών που αποτελούν
εικόνα
jilt (dzilt) [-ed]: *(v)* εγκαταλείπω ή
απατώ εραστή ή ερωμένη
jimmy (΄dzimi:) *(n)* μοχλός, λοστός ‖
[-ied]: *(v)* ανοίγω με λοστό
jingle (΄dziŋgəl) [-d]: *(v)* κουδουνίζω ‖
(n) κουδούνισμα
jingo (΄dziŋgou): *(n)* πολεμοκάπηλος,
σοβινιστής ‖ **by** ~!: *(interj)* τι λες! ω!
jinx (΄dziŋks): *(v)* φέρνω γρου-
σουζιά ‖ *(n)* γρουσούζης ή γρουσούζι-
κο πράγμα ή περιστατικό
jitney (΄dzitni:): *(n)* αγοραίο αυτοκίνη-
το
jitter (΄dzitər) [-ed]: *(v)* είμαι νευρι-
κός, νευριάζω ‖ ~ **bug**: *(n)* γρήγορος
χορός ‖ μανιώδης χορευτής ‖ ~**s**: *(n)*
νεύρα, φόβος, τρεμούλα ‖ ~**y**: *(adj)*
εκνευρισμένος, φοβισμένος
jiujitsu: see **jujitsu**
jive (dzaiv): *(n)* τζαζ *(id)* ‖ απατηλές
κουβέντες *(id)*
job (dzɔb): *(n)* δουλειά, έργο εργασία
καθήκον ‖ θέση, δουλειά ‖ [-bed]: *(v)*
δουλεύω με το κομμάτι ‖ κάνω τον
μεσάζοντα ‖ ~**ber**: *(n)* εργάτης κατ
αποκοπή ‖ μεσάζοντας ‖ ~**bery**: *(n)*
δημοσιοϋπαλληλική διαφθορά ‖ ~**lot**
(n) φτηνοπράγματα ‖ ~**less**: *(adj)* άερ
γος ‖ ~**lessness**: *(n)* ανεργία ‖ **li**
down on the ~: παραμελώ τη δουλειά
μου
jockey (dzɔki:): *(n)* τζόκεϊ ‖ [-ed]: *(v)*
ιππεύω σαν τζόκεϊ ‖ εξαπατώ, χοροϊ
δεύω ‖ ελίσσομαι, προσπαθώ να προ
χωρήσω με πονηριές
jocular (΄dzɔkjələr): *(adj)* αστείος, ευ

τράπελος ‖ ~ity: *(n)* αστειότητα, ευθυμία

jocund (΄dʒəkənd): *(adj)* εύθυμος, χαρούμενος ‖ ~idy: *(n)* ευθυμία

jodhpurs (΄dʒədpərz): *(n)* κιλότα ιππασίας

jog (dʒɔg) [-ged]: *(v)* τραντάζω ‖ σκουντώ ‖ τρέχω σιγανά, τρέχω "αντοχή" ‖ *(n)* τράνταγμα ‖ σκούντημα ‖ τρέξιμο, "τζόγκιν" ‖ ~ger: *(n)* αυτός που τρέχει, που κάνει "τζόγκιν" ‖ ~ging: *(n)* σιγανό τρέξιμο, "τζόγκιν" ‖ ~trot: *(n)* "τζόγκιν" ‖ μονότονη δουλειά ή ζωή

joggle (΄dʒɔgəl) [-d]: *(v)* τραντάζω ‖ *(n)* τράνταγμα ‖ αρμός δοκών

john (zɔn): *(n)* αποχωρητήριο *(id)*

Johnny come lately (΄jɔni:kʌm΄leitli:): *(n)* αιωνίως αργοπορημένος ‖ ~ on-the-spot: *(n)* πάντα έτοιμος να βοηθήσει

join (dʒɔin) [-ed]: *(v)* ενώνω, συνδέω ‖ συναρμολογώ ‖ γίνομαι μέλος ‖ κατατάσσομαι ‖ εγγράφομαι ‖ παίρνω μέρος ‖ ~er: *(n)* λεπτουργός, ξυλουργός ‖ ~t: *(n)* αρμός ‖ σύνδεσμος, σύνδεση ‖ άρθρωση ‖ κομμάτι κρέας ‖ φτηνό μπαρ, καταγώγιο ‖ τσιγάρο με μαριχουάνα *(id)* ‖ *(adj)* κοινός, από κοινού ‖ ~t [-ed]: *(v)* συναρμολογώ, ενώνω με άρθρωση ‖ out of ~t: ασύμφωνος ‖ κακόκεφος ‖ ~ted: *(adj)* αρθρωτός

joist (dʒoist): *(n)* δοκάρι πατώματος ή οροφής

jok-e (dʒouk) [-d]: *(v)* αστειεύομαι ‖ χοροϊδεύω, πειράζω ‖ *(n)* αστείο, καλαμπούρι ‖ πείραγμα, "πλάκα" ‖ ~er: *(n)* αστείος, χωρατατζής ‖ γελοίος ‖ απροσδόκητη δυσκολία ‖ τζόκερ της τράπουλας, "μπαλαντέρ" ‖ ~ingly: *(adv)* στ' αστεία

joll-ity (΄dʒɔləti:): *(n)* χαρά, ευθυμία ‖ ~y: *(adj)* εύθυμος, χαρούμενος ‖ *(adv)* πάρα πολύ ‖ ~y [-ied]: *(v)* διασκεδάζω, δίνω κέφι

jolt (dʒoult) [-ed]: *(v)* τραντάζω, τινάζω ‖ *(n)* τράνταγμα ‖ ξάφνιασμα

josh (dʒɔʃ) [-ed]: *(v)* πειράζω, αστειεύομαι ‖ *(n)* πείραγμα

jostle (΄dʒɔsəl) [-d]: *(v)* σπρώχνω, σκουντώ ‖ περνώ σπρώχνοντας ‖ στριμώχνομαι

jot (dʒɔt) [-ted]: *(v)* σημειώνω, γράφω βιαστικά ‖ *(n)* απειροελάχιστη ποσότητα ‖ ~ting: *(n)* σημειωματάκι

jounce (dʒauns) [-d]: *(v)* τινάζω, τραντάζω ‖ προχωρώ με τινάγματα

journal (΄dʒə:rnəl): *(n)* ημερολόγιο συμβάντων ‖ ημερολόγιο πλοίου ‖ κατάστιχο ‖ εφημερίδα ‖ περιοδικό ειδικότητας ‖ ~ese: *(n)* δημοσιογραφικό "στυλ" ‖ ~ism: *(n)* δημοσιογραφία ‖ υλικό δημοσίευσης ‖ ~ist: *(n)* δημοσιογράφος ‖ ~istic: *(adj)* δημοσιογραφικός

journey (΄dʒə:rni:): *(n)* ταξίδι ‖ διαδρομή ‖ [-ed]: *(v)* ταξιδεύω ‖ κάνω διαδρομή ‖ ~man: *(n)* ικανός ή ειδικευμένος εργάτης ή τεχνίτης

joust (dʒaust): *(n)* κονταρομαχία ‖ [-ed]: *(v)* κονταρομαχώ

jovial (΄dʒouvi:əl): *(adj)* εύθυμος, ανοιχτόκαρδος

jowl (dʒaul): *(n)* μάγουλο ‖ σαγόνι ‖ προγούλι

joy (dʒoi): *(n)* χαρά ‖ ~ance: *(n)* γλέντι, ευθυμία ‖ ~ful: *(adj)* χαρούμενος ‖ ~less: *(adj)* άκεφος, χωρίς χαρά ‖ ~ous: *(adj)* χαρούμενος, εύθυμος, χαρωπός ‖ ~ride: *(n)* επικίνδυνη και πολυέξοδη επιχείρηση *(id)*

jubil-ant (΄dʒu:bələnt): *(adj)* καταχαρούμενος, πανευτυχής ‖ ~ate [-d]: *(v)* πανηγυρίζω, αγάλλομαι ‖ ~ation: *(n)* αγαλλίαση ‖ ~ee: *(n)* επέτειος, γιορτή επετείου

judge (dʒʌdʒ) [-ed]: *(v)* κρίνω ‖ δικάζω ‖ κρίνω, υπολογίζω ‖ σκέπτομαι ‖ *(n)* δικαστής ‖ κριτής ‖ διαιτητής ‖ ~advocate: *(n)* επίτροπος στρατοδικείου ‖ ~ment [judgment]: κρίση ‖ απόφαση, γνώμη ‖ δικαστική απόφαση

judici-al (dʒu:΄diʃəl): *(adj)* δικαστικός ‖ κριτικός ‖ ~ary: *(adj)* δικαστικός, δικαστηριακός ‖ *(n)* δικαστικό σώμα ‖ ~ous: *(adj)* με ορθή κρίση, συνετός ‖ ~ousness: *(n)* ορθή κρίση, σύνεση, φρόνηση

judo (΄dʒu:dou): *(n)* Ιαπωνική πάλη, "τζούντο"

jug

jug (dzʌg): *(n)* σταμνί ‖ κανάτα ‖ φυλακή *(id)* ‖ ~ **head**: *(n)* βλάκας *(id)*

juggle (´dzʌgəl) [-d]: *(v)* κάνω ταχυδακτυλουργίες ‖ κάνω απάτη, κάνω λαθροχειρία ‖ *(n)* ταχυδακτυλουργία ‖ λαθροχειρία ‖ ~**r**: *(n)* ταχυδακτυλουργός ‖ ~**ry**: *(n)* ταχυδακτυλουργία ‖ απάτη

jugular (´dzʌgjələr): *(adj)* αυχενικός ‖ *(n)* αυχενική φλέβα

juic-e (dzu:s): *(n)* χυμός ‖ έντονη ζωή, ζωηράδα *(id)* ‖ ηλεκτικό ρεύμα *(id)* ‖ ~**y**: *(adj)* χυμώδης, ζουμερός ‖ ενδιαφέρων ‖ επικερδής

jujitsu (dzu:´dzitsu:): *(n)* Ιαπωνική πάλη, ''ζίου-ζίτσου''

juke box (dzu:k bəks): *(n)* ''τζουκμποξ''

July (dzu´lai): *(n)* Ιούλιος

jumble (´dzʌmbəl) [-d]: *(v)* ανακατεύω, κάνω συνοθύλευμα ‖ συγχύζω, ταράζω ‖ *(n)* κυκεώνας, μπέρδεμα, ανακάτεμα

jumbo (´dzʌmbou): *(adj)* πελώριος, ογκώδης

jump (dzʌmp) [-ed]: *(v)* πηδώ ‖ αναπηδώ, σκιρτώ ‖ υπερπηδώ ‖ επιτίθεμαι ‖ *(n)* άλμα, πήδημα ‖ απότομη άνοδος, αύξηση ‖ ~**ship**: *(v)* λιποτακτώ (από πλοίο) ‖ ~ **the gun**: *(v)* αρχίζω πρόωρα ‖ ~**er**: *(n)* μπλούζα ‖ ~**er cable**: see booster cable ‖ ~**ing jack**: *(n)* κρεμαστός φασουλής, καραγκιοζάκι με σχοινιά ‖ ~**y**: *(adj)* νευρικός

junct-ion (´dzʌŋkʃən): *(n)* ένωση, συνένωση ‖ διακλάδωση ‖ διασταύρωση ‖ ~**ure**: *(n)* σημείο ή γραμμή ένωσης ή σύνδεσης ‖ σημείο ‖ **at this** ~: σ' αυτό το σημείο

June (dzu:n): *(n)* Ιούνιος

jungle (´dzʌŋgəl): *(n)* ζούγκλα

junior (´dzu:njər): *(adj)* νεότερος ‖ μικρός, παιδικός ‖ κατώτερος ‖ τριτοε-

τής φοιτητής ‖ μαθητής προτελευταίας τάξης γυμνασίου ‖ *(n)* μικρός, νεαρός ‖ ~ **high school**: *(n)* γυμνάσιο

junk (dzʌŋk): *(n)* άχρηστα υλικά, πράγματα για πέταμα ‖ παλιατζούρα ‖ πράγμα κατώτερης ποιότητας, ''παλιοπράγμα'' ‖ ηρωίνη *(id)* ‖ αλατισμένο βωδινό ‖ ~**ie**: *(n)* ναρκομανής ‖ ~**man**: *(n)* παλιατζής

junta (´hu:ntə): *(n)* χούντα

jur-idical (dzu:´ridikəl): *(adj)* νομικός ‖ ~**idical day**: *(n)* δικάσιμος ‖ ~**isdiction** (dzu:rəs´dikʃən): *(n)* δικαιοδοσία ‖ ~**is prudence** (´dzu:rəs´pru:dəns): *(n)* νομολογία ‖ ~**ist**: *(n)* ειδικός νομομαθής ‖ ~**or**: *(n)* ένορκος ‖ ~**y**: *(n)* ένορκοι, σύνολο των ενόρκων ‖ ελλανόδικη επιτροπή, οι κριτές ‖ ~**yman**: *(n)* ένορκος

just (dzʌst): *(adj)* δίκαιος ‖ σωστός, κατάλληλος ‖ ακριβής ‖ *(adv)* ακριβώς ‖ μόλις ‖ ~ **about**: έτοιμος, επάνω που... ‖ ~ **now**: μια στιγμή πριν ‖ τώρα δα ‖ ~**ice** (´dzʌstis): *(n)* δικαιοσύνη ‖ δίκαιο ‖ δικαστής ‖ ~**ice of the peace**: *(n)* ειρηνοδίκης ‖ ~**ifiable** (´dzʌstə´faiəbəl): *(adj)* δικαιολογημένος, εύλογος ‖ ~**ification** (´dzʌstəfi´keiʃən): *(n)* δικαιολογία ‖ δικαίωση ‖ ~**ify** (´dzʌstəfai) [-ied]: *(v)* δικαιολογώ, αιτιολογώ ‖ δικαιώνω ‖ ~**ness**: *(n)* δίκαιο

jut (dzʌt) [-ted]: *(v)* προεξέχω ‖ *(n)* προεξοχή

juvenile (´dzu:vənəl, ´dzu:vənail): *(adj)* νεανικός ‖ παιδικός, παιδιάστικος ‖ *(n)* νεαρός, νεανίας ‖ ~ **delinquency**: παιδική εγκληματικότητα

juxtapos-e (´dzʌkstə´pouz) [-d]: *(v)* αντιπαραθέτω ‖ συγκρίνω με αντιπαράθεση ‖ ~**ition**: *(n)* αντιπαράθεση ‖ σύγκριση με αντιπαράθεση

K

K, k (kei): το 11ο γράμμα του Αγγλικού Αλφαβήτου

kaleidoscope (kəˊlaidəskoup): *(n)* καλειδοσκόπιο

kangaroo (ˊkæŋgəˊru:): *(n)* καγκουρώ ‖ ~ **court:** παρωδία δικαστηρίου

kantar (ka:nˊta:r): *(n)* ''καντάρι''

karat: see carat

karate (kəˊra:ti:): *(n)* καράτε (πάλη)

katydid (ˊkeiti:did): *(n)* ακρίδα ‖ γρύλλος

kayo (ˊkeiou): νοκ άουτ

keel (ki:l) [-ed]: *(v)* αναποδογυρίζω, ''τουμπάρω'' ‖ *(n)* τρόπιδα, καρίνα ‖ μαούνα ‖ ~ **over:** *(v)* πέφτω λιπόθυμος, πέφτω κάτω

keen (ki:n): *(adj)* αιχμηρός ‖ κοφτερός ‖ επιμελής ‖ ζωηρός, δυνατός ‖ οξύς ‖ ενεργητικός ‖ ~**ness:** *(n)* επιμέλεια ‖ ζωηράδα, ενεργητικότητα ‖ ζήλος

keep (ki:p) [kept, kept]: *(v)* κρατώ, διατηρώ ‖ συντηρώ ‖ τηρώ, υπακούω, σέβομαι ‖ συνεχίζω, εξακολουθώ ‖ διατηρούμαι, ''βαστάω'' ‖ μένω ‖ *(n)* φροντίδα ‖ έξοδα συντήρησης ‖ κεντρικός πύργος φρουρίου ‖ φυλακή ‖ ~ **back:** *(n)* δεν μαρτυρώ, κρύβω ‖ μένω πίσω, απομακρύνομαι ‖ ~ **off:** *(v)* δεν πλησιάζω ‖ ~ **on:** *(v)* συνεχίζω ‖ ~ **out:** *(v)* αποκλείω ή απαγορεύω είσοδο ‖ ~ **up:** *(v)* διατηρώ ‖ επιμένω, εμμένω ‖ κρατώ άγρυπνο ‖ **for ~s:** μόνιμα, για πάντα ‖ ~ **sake:** *(n)* ενθύμιο

keg (keg): *(n)* δοχείο, βαρελάκι, βυτίο

kennel (ˊkenəl): *(n)* κυνοτροφείο ‖ κοπάδι κυνηγετικών σκυλιών ‖ άντρο λύκου ‖ μεγάλο σπίτι σκύλου, σκυλόσπιτο

kept: see keep

kerb: see curb

kerchief (ˊkə:rtʃif): *(n)* σάρπα, σάλι ‖ μαντίλι

kernel (ˊkə:rnəl): *(n)* πυρήνας ‖ ψίχα σπόρου

kerosene (ˊkerəsi:n): *(n)* πετρέλαιο, κεροζίνη, παραφίνη

kestrel (ˊkestrəl): *(n)* κιρκινέζι

ketch (ketʃ): *(n)* ''γολέτα'', καράβι δίστιο ‖ ~ **up:** *(n)* σάλτσα ντομάτας, ''κετσάπ''

kettle (ˊketl): *(n)* χύτρα ‖ γούρνα, λακούβα ‖ τσαγιέρα

key (ki:): *(n)* κλειδί ‖ πλήκτρο ‖ κλείδα, πίνακας λύσεων, πίνακας στοιχείων ‖ [-ed]: *(v)* κλειδώνω ‖ εναρμονίζω, συντονίζω ‖ *(adj)* καίριος, ''κλειδί'' ‖ ~**board:** *(n)* ταμπλώ των πλήκτρων, ''κλαβιέ'' ‖ ~**hole:** *(n)* κλειδαρότρυπα ‖ ~**note:** *(n)* κύριο ή κρίσιμο στοιχείο ‖ γενική ιδέα ή πνεύμα

khaki (ˊkæki): *(adj)* χακί ‖ *(n)* ρούχο χακί

kibbutz (kiˊbuts): *(n)* κολεκτιβικό κτήμα του Ισραήλ, ''κιμπούτς''

kick (kik) [-ed]: *(v)* κλοτσώ ‖ αρνούμαι να κάνω κάτι, ''κλοτσάω'' ‖ *(n)* κλοτσιά, λάκτισμα ‖ ~ **around:** *(v)* δεν φέρομαι καλά, παραμελώ ‖ τριγυρίζω εδώ κι εκεί ‖ σκέπτομαι, συλλογίζομαι κάτι ‖ ~ **back:** *(v)* επιστρέφω κλοπιμαία ‖ ''λαδώνω'' ‖ ~ **in:** *(v)* συνεισφέρω ‖ ~ **off:** *(v)* εναρκτήριο λάκτισμα ‖ *(v)* δίνω το εναρκτήριο λάκτισμα ‖ ~ **out:** *(v)* πετώ με τις κλοτσιές ‖ ~ **up:** *(v)* βάζω σε μπελά ή σε φασαρία

kid (kid): *(n)* νεαρό ελάφι ή κατσίκι ‖ κατσικίσιο κρέας ‖ δέρμα κατσικίσιο ‖ παιδί *(id)* ‖ νεαρός ‖ [-ded]: *(v)* κοροϊδεύω, αστειεύομαι ‖ ~**dy:** *(n)* παιδάκι ‖ ~ **brother,** ~ **sister:** *(n)* αδελφούλης, αδελφούλα ‖ ~**nap** [-ed or -ped]: *(v)* απάγω ‖ ~**naper:** *(n)* απαγωγέας

kidney (ˊkidni): *(n)* νεφρό ‖ ~ **stone:**

kike

(n) πέτρα των νεφρών

kike (kaik): *(n)* εβραίος (περιφρονητικά)

kill (kil) [-ed]: *(v)* σκοτώνω ‖ σταματώ, θέτω τέρμα ‖ εξολοθρεύω, αφανίζω ‖ παραλείπω, απαγορεύω δημοσίευση ‖ *(n)* φόνος ‖ κυνήγι, θήραμα ‖ ~**er**: *(n)* φονιάς ‖ ~**ing**: *(n)* φόνος ‖ ξαφνικό κέρδος ‖ ~**joy**: *(n)* γρουσούζης

kiln (kiln): *(n)* κλίβανος

kilo (´ki:lou): *(n)* κιλό, χιλιόγραμμο ‖ χιλιόμετρο ‖ ~**gram**: *(n)* χιλιόγραμμο ‖ ~**meter**: *(n)* χιλιόμετρο ‖ ~**watt**: *(n)* κιλοβάτ

kilt (kilt): *(n)* φουστανέλα

kilter (´kiltər): *(n)* καλή κατάσταση, ''φόρμα'' ‖ **out of** ~: όχι σε φόρμα

kin (kin): *(n)* συγγενείς, σόι ‖ ~ **folk**: *(n)* οικογένεια, συγγενολόι ‖ ~**ship**: *(n)* συγγένεια ‖ **next of** ~: ο πλησιέστερος συγγενής

kind (kaind): *(adj)* ευγενής, καλός, αγαθός, καλόκαρδος ‖ *(n)* είδος ‖ ~ **of**: κάπως, κάτι σαν ‖ **in** ~: (πληρωμή) σε είδος ‖ **I** με το ίδιο νόμισμα ‖ ~**hearted**: *(adj)* καλόκαρδος ‖ ~**liness**: *(n)* καλοσύνη ‖ ~**ly**: *(adj)* καλός, καλόβολος ‖ *(adv)* καλά, ευγενικά, μαλακά ‖ ~**ness**: *(n)* καλοσύνη

kindergart-en (´kindər´ga:rtn): *(n)* νηπιαγωγείο ‖ ~**ner**: *(n)* νηπιαγωγός

kindle (kindl) [-d]: *(v)* συνδαυλίζω ‖ βάζω φωτιά ‖ εξάπτω, ''ανάβω'' ‖ παίρνω φωτιά

kindred (´kindrid): *(adj)* συγγενικός

kinetic (ki´netik): *(adj)* κινητικός ‖ ~**s**: *(n)* κινητική

king (kiŋ): *(n)* βασιλιάς ‖ ρήγας της τράπουλας ‖ ~**dom**: *(n)* βασίλειο ‖ ~**fisher**: *(n)* αλκυόνα, ψαροφάγος ‖ ~**ly**: *(adj)* μεγαλόπρεπος, βασιλικός ‖ ~**pin**: *(n)* κεντρικός στύλος ‖ ουσιώδης, ο πιο σπουδαίος ‖ ~**ship**: *(n)* βασιλεία

kink (kiŋk): *(n)* μπέρδεμα, κόμπος ‖ μυϊκός σπασμός, ''πιάσιμο'' ‖ δυσκολία, εμπόδιο ‖ ~**y**: *(adj)* μπερδεμένος, με κόμπους ‖ αλλόκοτος ‖ ανώμαλος

kinsfolk: see kinfolk

kiosk (ki:´ɔsk): *(n)* περίπτερο, ''κιό-

σκι''

kipper (´kipər): *(n)* σολομός ‖ ρέγκα καπνιστή και αλατισμένη

kiss (kis) [-ed]: *(v)* φιλώ ‖ φιλί, φίλημα ‖ ~**er**: *(n)* στόμα *(id)* ‖ ~ **off**: *(v)* ξεφορτώνομαι, διώχνω οριστικά

kit (kit): *(n)* σύνεργα, εργαλεία ‖ θήκη εργαλείων ‖ ατομικά είδη

kitchen (´kitʃən): *(n)* κουζίνα ‖ μαγειρείο ‖ ~**ette**: *(n)* κουζινούλα ‖ ~ **garden**: *(n)* λαχανόκηπος ‖ ~ **police** [**k.p.**]: *(n)* αγγαρεία μαγειρείου ‖ ~**ware**: *(n)* σκεύη κουζίνας

kite (kait): *(n)* χαρταετός ‖ μικρό ιστίο ‖ είδος αετού

kitt-en (´kitn): *(n)* γατάκι ‖ ~**enish**: *(adj)* παιχνιδιάρης ‖ ~**y**: *(n)* γατούλα ‖ κεφάλαιο, συνεισφορά *(id)* ‖ ποσοστό χαρτοπ. λέσχης

K.K.K.: see ku klux klan

kleptomania (kleptə´meini:ə) or **cleptomania**: *(n)* κλεπτομανία ‖ ~**c**: *(n)* κλεπτομανής

knack (næk): *(n)* φυσικό χάρισμα, φυσικό ''ταλέντο''

knapsack (´næpsæk): *(n)* γυλιός, σακίδιο

knave (neiv): *(n)* κατεργάρης ‖ φάντης, βαλές ‖ ~**ry**: *(n)* κατεργαριά

knead (ni:d) [-ed]: *(v)* ζυμώνω ‖ τρίβω δυνατά, κάνω μασάζ

knee (ni:): *(n)* γόνατο ‖ ~**cap**: *(n)* επιγονατίδα ‖ ~ **deep**, ~ **high**: *(adj)* ως τα γόνατα ‖ ~**jerk**: *(n)* αντανακλαστική κλοτσιά ‖ ~**l** [knelt, knelt]: *(v)* γονατίζω ‖ ~**pad**: *(n)* επιγονατίδα προστατευτική

knell (nel) [-ed]: *(v)* χτυπώ καμπάνες ‖ *(n)* κωδωνοκρουσία

knelt: see kneel

knew: see know

knickers (´nikərz): *(n)* κιλότα

knickknack (´niknæk): *(n)* μπιμπελό, μπιχλιμπίδι

knife (naif) [-d]: *(v)* μαχαιρώνω ‖ προδίδω, φέρομαι ύπουλα ‖ *(n)* μαχαίρι

knight (nait): *(n)* ιππότης ‖ άλογο σκακιού ‖ [-ed]: *(v)* χρίζω ιππότη ‖ ~**errant**: *(n)* ιππότης-τυχοδιώκτης, πλανόδιος, ιππότης ‖ τυχοδιωκτικός

τύπος ‖ ~hood: *(n)* ιπποτισμός ‖ αξίωμα ιππότη ‖ σύνολο ιπποτών ‖ ~ly: *(adj)* ιπποτικός
knit (nit) [knit or -ed]: *(v)* πλέκω ‖ αλληλοπλέκω, συνδέω σταθερά ‖ μαζεύω τα φρύδια, σουφρώνω τα φρύδια ‖ *(n)* πλεκτό ‖ ~ting: *(n)* πλεκτό, πλέξιμο ‖ ~ting needle: *(n)* βελόνα πλεξίματος
knives: pl. of knife (see)
knob. (nɔb): *(n)* κόμπος, ρόζος, εξόγκωμα ‖ πόμολο, λαβή ‖ λοφίσκος ‖ ~by: *(adj)* ογκώδης, με εξογκώματα
knock (nɔk) [-ed]: *(v)* κτυπώ ‖ προκαλώ σύγκρουση, ''χτυπώ'' ‖ κριτικάρω *(id)* ‖ συγκρούομαι ‖ *(n)* χτύπημα ‖ δηκτική παρατήρηση ή κριτική (ιδ) ‖ ~ about: *(v)* τριγυρίζω ‖ συζητώ θέμα ‖ ~ off: *(v)* σταματώ, διακόπτω ‖ τελειώνω γρήγορα ή βιαστικά ‖ μειώνω, κατεβάζω ‖ σκοτώνω ‖ ~ down: *(v)* ρίχνω με χτύπημα ‖ ~er: *(n)* ρόπτρο ‖ ~ kneed: *(adj)* στραβοπόδης ‖ ~ out: *(v)* βγάζω ''νοκ άουτ'', ρίχνω αναίσθητο ‖ ~ out drop: *(n)* ναρκωτικό ‖ ~ together: *(v)* φτιάχνω στα γρήγορα, μαζεύω βιαστικά
knoll (noul): *(n)* λοφίσκος, ύψωμα
knot (nɔt) [-ted]: *(v)* δένω κόμπο ‖

μπερδεύω ‖ κομποδένομαι ‖ μπερδεύομαι ‖ *(n)* κόμπος ‖ δεσμός ‖ πυκνή ομάδα ‖ πρόβλημα, δυσκολία ‖ ρόζος ‖ κόμβος ‖ ~ted: *(adj)* κομποδεμένος ‖ με κόμπους, ροζιασμένος
know (nou) [knew, known]: *(v)* γνωρίζω, ξέρω ‖ αναγνωρίζω, ξεχωρίζω ‖ ~how: *(n)* δεξιότητα, τέχνη ‖ ~ it-all: *(n)* πολύξερος ‖ ~ledge (΄nɔlidz): *(n)* γνώση ‖ μάθηση ‖ πληροφορία ‖ ~ledgeable: *(adj)* γνώστης, καλώς πληροφορημένος ‖ ~n: *(adj)* γνωστός ‖ ~ nothing: *(n)* αδαής, απληροφόρητος
knuckle (΄nʌkəl): *(n)* φάλαγγα δακτύλου, κλείδωση ‖ [-d]: *(v)* δίνω γροθιά ‖ ~ down: *(v)* πέφτω με τα μούτρα στη δουλειά ‖ ~ under: *(v)* υποχωρώ
K.O: see knock out
kook (ku:k): *(n)* χαζούλης, παλαβούτσικος
koran (kə΄ræn): *(n)* κοράνι
Korea (kə΄ri:ə): *(n)* Κορέα ‖ ~n: *(n & adj)* Κορεάτης, κορεατικός
kraut (kraut): *(n)* Γερμανός, ''παλιογερμαναράς''
Ku klux klan (΄ku:΄klʌks΄klæn): [K. K. K.]: *(n)* Κου Κλουξ Κλαν
kung fu (ku:ŋg΄fu:): *(n)* κινεζικό καράτε

L

L, l (el): Το 12ο γράμμα του Αγγλ. αλφαβήτου
lab: see laboratory
label (΄leibəl): *(n)* επιγραφή ‖ ετικέτα ‖ [-ed]: *(v)* βάζω επιγραφή ή ετικέτα ‖ ταξινομώ, περιγράφω
labial (΄leibi:əl): *(adj)* χειλικός
labor [labour] (΄lei:bər): *(n)* δουλειά, εργασία ‖ χειρονακτική εργασία ‖ εργατική τάξη ‖ [-ed]: *(v)* κοπιάζω, μοχθώ ‖ προχωρώ σιγά-σιγά και με κόπο ‖ ~atory (΄læbrətɔri) or lab: εργαστήριο ‖ χημείο ‖ ~ious (lə΄bəri:əs):

(adj) κοπιαστικός, επίπονος ‖ ~er: *(n)* χειρώναξ, εργάτης ‖ ~ Party: *(n)* εργατικό κόμμα ‖ ~ union: *(n)* εργατικό σωματείο
labyrinth (΄læbərinth): *(n)* λαβύρινθος ‖ ~ine: *(adj)* λαβυρινθώδης, δαιδαλώδης
lace (leis): *(n)* κορδόνι ‖ σειρήτι ‖ δαντέλα ‖ [-d]: *(v)* δένω, πλέκω ‖ βάζω δαντέλα ‖ βάζω αλκοόλ σε ποτό ‖ δέρνω *(id)*
lacerat-e (΄læsəreit) [-d]: *(v)* ξεσχίζω ‖ προκαλώ θλίψη ‖ ~ ion: *(n)* σκίσιμο

207

laches

laches (´lætʃiz): *(n)* εγκληματική αμέλεια

lack (læk): *(n)* έλλειψη ‖ ανάγκη ‖ [-ed]: *(v)* στερούμαι ‖ λείπω

lackadaisical (´lækə´deizikəl): *(adj)* άτονος ‖ νωθρός, νωχελής

lackey (´læki:): *(n)* δουλοπρεπής άνθρωπος, ''λακές''

lackluster (´læklʌstər): *(adj)* άτονος, χωρίς ζωή

lacon-ic (lə´kɔnik): *(adj)* λακωνικός ‖ ~ism: *(n)* λακωνισμός

lacquer (´lækər): *(n)* βερνίκι λάκας, λάκα

lacuna (lə´kju:nə): *(n)* κενό ‖ κοιλότητα

lad (læd): *(n)* νεαρός, αγόρι ‖ ~ die: *(n)* αγοράκι

ladder (´lædər): *(n)* σκάλα ‖ ''πόντος'' κάλτσας ‖ κοινωνική κλίμακα ‖ ~ back: *(n)* κοινή, ξύλινη καρέκλα

lad-e (leid) [-d laden]: *(v)* φορτώνω ‖ πιέζω, καταπιέζω ‖ ~en: *(adj)* φορτωμένος ‖ πιεσμένος, ''φορτωμένος'' ‖ bill of ~ing: *(n)* φορτωτική

ladle (´leidl): *(n)* κουτάλα

lady (´leidi:): *(n)* κυρία ‖ λαίδη ‖ ~ bug: *(n)* πασχαλίτσα (έντομο) ‖ ~ finger: *(n)* μακρουλό κουλουράκι ‖ ~ in waiting: *(n)* κυρία των τιμών ‖ ~ killer: *(n)* γόης ‖ ~like: *(adj)* σαν ''κυρία'', αξιοπρεπής ‖ ~ship: *(n)* τίτλος λαίδης

lag (læg) [-ged]: *(v)* μένω πίσω, βραδυπορώ ‖ καθυστερώ, χρονοτριβώ ‖ συλλαμβάνω *(id)* ‖ *(n)* καθυστερημένος, βραδυπορών ‖ βραδυπορία ‖ χρονοτριβή, καθυστέρηση ‖ κατάδικος *(id)* ‖ ~gard: *(n)* καθυστερημένος

lager (´la:gər): *(n)* μπίρα ''λάγκερ''

lagging (´lægiŋ): *(n)* μονωτική επένδυση ‖ ξύλινο καλούπι

lagoon (lə´gu:n): *(n)* λιμνοθάλασσα

laid: see lay

lain: see lie

lair (leər): *(n)* άντρο

laissez faire (´lesei´feər): *(n)* πολιτική μη επεμβάσεως

laity (´leiəti:): *(n)* λαϊκοί, μη κληρικοί ‖ οι ''κοινοί'' άνθρωποι, μη ειδικοί

lake (leik): *(n)* λίμνη ‖ ~r: *(n)* πλοίο λίμνης

lam (læm) [-med]: *(v)* δέρνω ‖ δραπετεύω, το ''σκάω'' ‖ *(n)* δραπέτευση ‖ on the ~: σκαστός

lamb (læm): *(n)* αρνάκι ‖ κρέας αρνίσιο ‖ πράος, ''αρνάκι'' ‖ χορόιδο ‖ ~chop: *(n)* παϊδάκι ‖ ~kin: *(n)* αρνάκι

lame (leim): *(adj)* κουτσός ‖ μη πειστικός ‖ [-d]: *(v)* κουτσαίνω ‖ ~ duck: άνθρωπος αδύνατου χαρακτήρα

lament (lə´ment) [-ed]: *(v)* θρηνώ, οδύρομαι ‖ θρηνωδώ, παραπονιέμαι κλαψουρίζοντας ‖ *(n)* θρήνος, οδυρμός ‖ θρηνωδία ‖ ~able: *(adj)* αξιοθρήνητος ‖ ~ation: *(n)* θρήνος ‖ L~ations: *(n)* θρήνοι του Ιερεμία, Ιερεμιάδες

lamina (´læmənə): *(n)* έλασμα, φύλλο ‖ ~te [-d]: *(v)* κατασκευάζω φύλλα ή ελάσματα ‖ σκίζω σε φύλλα ‖ (´læmənit): *(adj)* φυλλωτός, σε ελάσματα ‖ ~ted: *(adj)* από ελάσματα, σε ελάσματα, σε φύλλα

lamp (læmp): *(n)* λάμπα ‖ φανάρι ‖ λυχνάρι ‖ ~ion: *(n)* λυχνάρι λαδιού ‖ ~lighter: *(n)* ''γκαζιέρης'' ‖ ~oon: *(n)* σάτιρα ‖ ~post: *(n)* φανοστάτης, στύλος ‖ ~shade: *(n)* ''αμπαζούρ''

lance (læns): *(n)* λόγχη ‖ καμάκι ‖ νυστέρι ‖ [-d]: *(v)* λογχίζω ‖ ανοίγω με νυστέρι ‖ ~ corporal: υποδεκανέας ‖ ~r: *(n)* λογχοφόρος ‖ ~t: *(n)* νυστέρι

land (lænd): *(n)* γη, στεριά ‖ χώρα ‖ έδαφος ‖ περιοχή, κτήματα ‖ [-ed]: *(v)* αποβιβάζω ‖ αποβιβάζομαι ‖ προσγειώνω ‖ προσγειώνομαι ‖ κερδίζω, εξασφαλίζω, ''πιάνω'' ‖ δίνω, ''καταφέρνω'' ‖ φτάνω ‖ πέφτω ‖ ~ed: *(adj)* με κτηματική περιουσία ‖ ~holder: *(n)* κτηματίας, γαιοκτήμονας ‖ ~ing: *(n)* αποβίβαση ‖ προσγείωση ‖ πλατύσκαλο, κεφαλόσκαλο ‖ ~ing craft: *(n)* αποβατικό σκάφος ‖ ~ing field: *(n)* πεδίο προσγείωσης ‖ ~ing gear: *(n)* σύστημα προσγείωσης ‖ ~ing strip: *(n)* διάδρομος ή λουρίδα προσγείωσης ‖ ~ lady: *(n)* νοικοκυρά, οικοδέσποινα ‖ ~less: *(adj)* ακτήμονας ‖ ~lord: *(n)* νοικοκύρης, οικοδεσπότης ‖ πανδοχέας ‖ ~ lubber: *(n)* στεριανός,

που δεν ξέρει από θάλασσα ‖ ~mark:
(n) ορόσημο ‖ ~ mine: *(n)* νάρκη ‖ ~
office: *(n)* κτηματολόγιο ‖ ~ **owner**:
(n) γαιοκτήμονας ‖ ~**scape**: *(n)* τοπίο
‖ ~**slide**: *(n)* κατολίσθηση ‖ συντριπτι-
κή εκλογική νίκη ‖ ~**sman**: *(n)* στερια-
νός ‖ ~**ward**: *(adv)* προς τη στεριά

ane (lein): *(n)* δρομάκι, σοκάκι ‖ εξο-
χικός δρομίσκος ‖ εναέρια ή θαλάσ-
σια διαδρομή ‖ λουρίδα δρόμου ‖
λουρίδα σταδίου

anguage (´læŋgwidz): *(n)* γλώσσα ‖
βρομόλογα

angu-id (´læŋgwid): *(adj)* νωχελικός ‖
άτονος ‖ ~**idness**: *(n)* νωχέλεια ‖ ατο-
νία ‖ ~**ish** [-ed]: *(v)* ατονώ ‖ εξασθε-
νώ ‖ νοσταλγώ, ‘‘λιώνω από νοσταλ-
γία’’ ‖ ~**or**: *(n)* ατονία ‖ νωχέλεια ‖
καταθλιπτική ηρεμία ή ατονία

ank (læŋk): *(adj)* μακρύς και λεπτός ‖
~**y**: *(adj)* ψηλόλιγνος ‖ ψηλός και άχα-
ρος

antern (´læntərn): *(n)* φανάρι ‖ φάρος
‖ φωταγωγός ‖ ~ **jaw**: κρεμαστό, μα-
κρύ σαγόνι

anyard (´lænjərd): *(n)* κορδόνι ‖ καρα-
βόσκοινο, σκοινί ιστίου

ap (læp) [-ped]: *(v)* ρουφώ με τη γλώσ-
σα ‖ παφλάζω ‖ παίρνω άπληστα,
‘‘ρουφάω’’ ‖ τυλίγω, διπλώνω γύρω
από ‖ γυαλίζω, στιλβώνω ‖ *(n)* ρού-
φηγμα με τη γλώσσα ‖ ελαφρός πα-
φλασμός ‖ γύρος ‖ ‘‘βόλτα’’, τύλιγμα
‖ αγκαλιά ‖ ~ **board**: *(n)* ατομικός δί-
σκος σερβιρίσματος ‖ ~ **dog**: *(n)* ήμε-
ρο σκυλάκι

apel (lə´pel): *(n)* πέτο

apse (læps) [-d]: *(v)* εξασθενίζομαι,
‘‘πέφτω’’ ‖ παρέρχομαι, περνώ ‖ *(n)*
εξασθένιση, ‘‘πέσιμο’’ ‖ ολίσθημα,
σφάλμα, πταίσμα ‖ πέρασμα χρόνου,
παρέλευση

apwing (´læpwiŋ): *(n)* κατσουλιέρης
(πουλί)

arboard (´la:rbərd): *(n)* το αριστερό
του πλοίου ‖ *(adj)* στ᾽ αριστερά του
πλοίου

arceny (´la:rsəni:): *(n)* υπεξαίρεση ‖
grand ~: *(n)* σοβαρή υπεξαίρεση ‖
petty ~: *(n)* μικροκλοπή

lard (la:rd): *(n)* χοιρινό λίπος, ‘‘λαρδί’’
‖ [-ed]: *(v)* εμπλουτίζω ομιλία ‖ ~**er**:
(n) αποθήκη τροφίμων

large (la:rdz): *(adj)* μεγάλος ‖ φαρδύς,
εκτενής ‖ ούριος, ευνοϊκός ‖ **at** ~:
ελεύθερος ‖ εν εκτάσει ‖ γενικά, εν
γένει ‖ **in the** ~: σε μεγάλη κλίμακα ‖
~ **hearted**: *(adj)* γενναιόδωρος ‖ ~**ly**:
(adv) σε μεγάλη κλίμακα ή βαθμό ‖
~**minded**: *(adj)* ευρείας αντίληψης ‖
~**ness**: *(n)* μέγεθος ‖ ~**scale**: *(adj)* με-
γάλης κλίμακας ‖ ~**ss**, ~**sse**: *(n)* γεν-
ναιοδωρία

lariat (´læri:ət): *(n)* θηλιά, ‘‘λάσο’’ ‖
σχοινί δεσίματος αλόγων

lark (la:rk): *(n)* κορυδαλλός ‖ μικροπε-
ριπέτεια, αθώα περιπέτεια, ‘‘ξέδομα’’
‖ αθώα φάρσα ‖ [-ed]: *(v)* το ρίχνω
έξω

larva (´la:rvə): *(n)* κάμπια εντόμου,
νύμφη

laryn-gitis (´lærən´dzaitis): *(n)* λαρυγ-
γίτιδα ‖ ~**x** (´læriŋks): *(n)* λάρυγγας

lasagna (lə´za:nje): *(n)* πλατιά μακαρό-
νια, ‘‘λαζάνια’’

lascivious (lə´sivi:əs): *(adj)* ασελγής ‖
προκλητικός, ‘‘σέξυ’’ ‖ ~**ness**: *(n)*
ασέλγεια ‖ προκλητικότητα

laser (´leizər): *(n)* ‘‘λέιζερ’’

lash (læʃ) [-ed]: *(v)* μαστιγώνω ‖ χτυπώ
με μανία ‖ ορμώ ή κινώ με μανία ή
δύναμη ‖ επιτίθεμαι βίαια με λόγια ή
γραπτά ‖ χτύπημα μαστιγίου ‖ μα-
στίγιο ‖ τσουχτερή ή προσβλητική πα-
ρατήρηση ‖ δυνατό χτύπημα, ορμητικό
χτύπημα ‖ *(v)* δένω με λουρί ή σκοινί
‖ ~ **out**: *(v)* επιτίθεμαι ορμητικά ή με
μανία ‖ ~**ing**: *(n)* δέσιμο, σκοινί ή
κορδόνι ή λουρί δεσίματος ‖ μαστίγω-
ση ‖ ~**ings**: *(n)* μεγάλη ποσότητα,
αφθονία

lass (læs): *(n)* νεαρή, κοπέλα ‖ ~**ie**: *(n)*
κοριτσάκι

lassitude (´læsətu:d): *(n)* εξάντληση ‖
ατονία

lasso (´læsou): *(n)* σκοινί με θηλιά,
‘‘λάσο’’ ‖ [-ed]: *(v)* πιάνω με λάσο

last (læst, la:st): *(adj)* τελευταίος ‖ τελι-
κός ‖ *(adv)* τελευταία ‖ τελικά ‖ *(n)* ο
τελευταίος, ο ύστατος ‖ καλαπόδι ‖ [-

latch

ed]: *(v)* διαρκώ, "κρατώ" ‖ παραμένω, διατηρούμαι ‖ βάζω σε καλαπόδι ‖ at ~, at long ~: επί τέλους ‖ stick to one's ~: κοιτάζω τη δουλειά μου ‖ ~ing: *(adj)* διαρκείας ‖ ανθεκτικός ‖ ~ly: *(adv)* τελικά, στο τέλος, τελευταία ‖ the ~ straw: το τελειωτικό χτύπημα

latch (lætʃ): *(n)* σύρτης ‖ [-ed]: *(v)* κλείνω με σύρτη ‖ ~ key: *(n)* κλειδί ‖ ~ on to: *(n)* αποκτώ ‖ αντιλαμβάνομαι

late (leit): *(adj)* αργοπορημένος ‖ προκεχωρημένος, αργά ‖ τελευταίος, πρόσφατος ‖ πρώην, τέως ‖ προσφάτως αποθανών, "μακαρίτης" ‖ *(adv)* αργά ‖ πρόσφατα ‖ of ~: πρόσφατα ‖ ~ comer: *(n)* καθυστερημένος, αργοπορημένος ‖ ~ly: *(adv)* πρόσφατα, τελευταία ‖ ~ness: *(n)* καθυστέρηση, αργοπορία ‖ ~r: αργότερα ‖ ~st: *(adj)* ο τελευταίος, ο νεότερος

laten-cy (´leitnsi:): *(n)* αφάνεια ‖ ~t: *(adj)* αφανής ‖ λανθάνων

lateral (´lætərəl): *(adj)* πλευρικός ‖ πλάγια "πάσα" ποδοσφαίρου

lath (læth): *(n)* σανιδούλα, σανιδάκι

lathe (leiδ): *(n)* "τόρνος" ‖ [-d]: *(v)* "τορνάρω"

lather (´læδər): *(n)* αφρός ‖ σαπουνάδα ‖ [-ed]: *(v)* αφρίζω ‖ in a ~: εξερεθισμένος

Latin (´lætin): *(n)* Λατίνος ‖ λατινική γλώσσα, λατινικά ‖ *(adj)* λατινικός ‖ ~ Quarter: *(n)* Καρτιέ Λατέν

latitude (´lætətju:d): *(n)* πλάτος, εύρος ‖ ελευθερία, ξεγνοιασιά ‖ γεωγραφ. πλάτος

latrine (lə´tri:n): *(n)* κοινό αποχωρητήριο στρατώνων ή στρατοπέδου

latter (´lætər): *(adj)* δεύτερος ή τελευταίος από δύο ‖ πρόσφατος ‖ ~ly: *(adv)* τελευταία ‖ ~day: *(adj)* πρόσφατος, μοντέρνος ‖ ~most: *(adj)* ο τελευταίος

lattice (´lætis): *(n)* δικτυωτός ‖ [-d]: *(v)* βάζω δικτυωτό ‖ ~ work: *(n)* δικτυωτό, "καφάσι"

laud (lɔ:d) [-ed]: *(v)* επαινώ ‖ *(n)* έπαινος, ύμνος ‖ ~able: *(adj)* αξιέπαινος ‖ ~ative: *(adj)* επαινετικός

laugh (læf, la:f) [-ed]: *(v)* γελώ ‖ *(n)* γέλιο ‖ γελοίο πράγμα ‖ ~able: *(adj)* γελοίος, αστείος ‖ ~ing stock: *(n)* περίγελος ‖ ~ter: *(n)* γέλιο ‖ ~ at: *(v)* κοροϊδεύω, περιγελώ ‖ δεν παίρνω στα σοβαρά ‖ ~ away, ~ off: *(v)* απορρίπτω γελώντας ‖ ~ s.b. out: *(v)* διώχνω γελώντας, διώχνω περιγελώντας

launch (lɔ:ntʃ) [-ed]: *(v)* εκτοξεύω ‖ καθελκύω αρχίζω, ξεκινώ, βάζω μπρος ‖ *(n)* εκτόξευση ‖ καθέλκυση ‖ βάρκα πλοίου ‖ βενζινάκατος ‖ ~er: *(n)* εκτοξευτήρας ‖ ~ pad, ~ing pad: *(n)* εξέδρα εκτόξευσης

laund-er (´lɔ:ndər) [-ed]: *(v)* πλένω ‖ καθαρίζω, ξεκαθαρίζω ‖ κρύβω την πηγή κέρδους ‖ ~erer: *(n)* πλύντης ‖ ~ress: *(n)* πλύστρια ‖ ~romat: *(n)* πλυντήριο αυτόματης εξυπηρέτησης ‖ ~ry: *(n)* άπλυτα ρούχα ‖ πλυντήριο

laur-eate (´lɔ:ri:it): *(adj)* ένδοξος, δαφνοστεφής ‖ poet ~eate: *(n)* εθνικός ποιητής ‖ ~el: *(n)* δάφνη ‖ rest on one's ~els: *(v)* επαναπαύομαι στα επιτεύγματα και σταματώ την προσπάθεια

lava (´la:və, ´la:və): *(n)* λάβα

lavatory (´lævətəri): *(n)* νιπτήρας αποχωρητήριο, τουαλέτα

lavish (´læviʃ): *(adj)* σπάταλος, άσωτος ‖ πλούσιος, άφθονος ‖ [-ed]: *(v)* δίνω σε αφθονία, χαρίζω πλουσιοπάροχα ‖ ~ly: *(adj)* πλουσιοπάροχα, άφθονα ‖ ~ness: *(n)* γενναιοδωρία

law (lɔ:): *(n)* νόμος ‖ δίκαιο ‖ νομική επιστήμη, νομικά ‖ ~ abiding: *(adj)* νομοταγής ‖ ~ breaker: *(n)* παραβάτης ‖ ~ful: *(adj)* νόμιμος ‖ ~fully *(adv)* νόμιμα ‖ ~ giver: *(n)* νομοθέτης ‖ ~less: *(adj)* παράνομος, άνομος ‖ ~maker: *(n)* νομοθέτης ‖ ~suit: *(n)* αγωγή

lawn (lɔ:n): *(n)* πρασιά ‖ ~ mower: *(n)* χορτοκοπτική μηχανή ‖ ~ tennis: *(n)* τένις σε γήπεδο με χορτάρι

lawyer (´lɔ:jər): *(n)* δικηγόρος

lax (læks): *(adj)* χαλαρός, χαλαρωμένος όχι εντατικός ‖ ~ative: *(n)* καθαρτικ ‖ ~ity: *(n)* χαλαρότητα

lay (lei) [laid, laid]: *(v)* θέτω, βάζω

210

τοποθετώ ‖ κάνω αυγά ‖ απλώνω, βάζω ‖ συνουσιάζομαι *(id)* ‖ *(adj)* λαϊκός, μη κληρικός ή μη ειδικός ‖ see **lie** ‖ ~ **a course**: *(v)* σχεδιάζω δράση ή ενέργεια ‖ ~ **aside**: *(v)* βάζω κατά μέρος, "βάζω στην μπάντα" ‖ εγκαταλείπω ‖ ~ **away**: *(v)* αποταμιεύω ‖ ~ **bare**: *(v)* αποκαλύπτω ‖ ~ **by**: *(v)* αποταμιεύω ‖ ~ **down**: *(v)* αποθηκεύω ‖ ~ **for**: *(v)* καραδοκώ ‖ ~ **into**: *(v)* δέρνω ή επιπλήττω άγρια ‖ ~ **low**: *(v)* κρύβομαι, εξαφανίζομαι ‖ ~**er**: *(n)* στρώμα ‖ ~**ette**: *(n)* ρούχα ή είδη μωρού ‖ ~ **figure**: *(n)* "κούκλα" ράφτη ή μοδίστρας ‖ "κούκλα" καταστήματος ‖ ~**man**: *(n)* λαϊκός, μη κληρικός ‖ μη ειδικός ‖ ~ **off**: *(v)* απολύω υπάλληλο ‖ εγκαταλείπω, σταματώ, παύω ‖ ~ **out**: *(v)* απλώνω ή σχεδιάζω ‖ *(n)* σχέδιο ‖ ~ **up**: *(v)* αποθηκεύω ‖ παροπλίζω ‖ ~ **waste**: *(v)* αφανίζω, ερημώνω

laz-e (leiz) [-d]: *(v)* τεμπελιάζω ‖ ~**ily**: *(adj)* τεμπέλικα ‖ ~**iness**: *(n)* τεμπελιά ‖ ~**y**: *(adj)* τεμπέλης

lead (li:d) [led, led]: *(v)* οδηγώ ‖ ηγούμαι ‖ διευθύνω, αρχηγεύω ‖ προηγούμαι ‖ κάνω, κάνω ‖ *(n)* πρώτη θέση ‖ προήγηση, απόσταση προήγησης ‖ υπαινιγμός ‖ πληροφορία ‖ αρχηγία, διοίκηση ‖ παράδειγμα ‖ πρώτος ρόλος ‖ πρωταγωνιστής ‖ ~ **astray**: *(v)* παρασύρω σε κακό δρόμο, παραπλανώ ‖ ~ **on**: *(v)* προσελκύω, παραπλανώ ‖ ~**er**: *(n)* ηγέτης, αρχηγός ‖ κύριο άρθρο ‖ υδρορροή ‖ ~**ership**: *(n)* αρχηγία, ηγεσία ‖ ~**ing**: *(adj)* κύριος, σπουδαίος, σημαίνων ‖ πρώτος, ο ηγούμενος ‖ πρωταγωνιστής ‖ ~ **off**: *(adj)* εναρκτήριος

lead (led): *(n)* μόλυβδος ‖ μολυβένιος ‖ ~**en**: *(adj)* μολύβδινος, μολυβένιος ‖ βαρύς, "μολύβι" ‖ ανιαρός ‖ ~ **pencil**: *(n)* μολυβδοκόντυλο, μολύβι

leaf (li:f): *(n)* φύλλο ‖ φύλλο βιβλίου ‖ φύλλο, λεπτό έλασμα ‖ [-ed]: *(v)* φυλλομετρώ, γυρίζω τα φύλλα ‖ ~**age**: *(n)* φύλλωμα ‖ ~**let**: *(n)* φυλλαράκι ‖ φυλλάδιο ‖ ~**y**: *(adj)* γεμάτος φύλλα ‖ σαν φύλλο

league (li:g): *(n)* ένωση ‖ συμμαχία ‖ λεύγα ‖ [-d]: *(v)* ενώνομαι, συμμαχώ ‖ ενώνω ‖ ~**r**: *(n)* πολιορκητής

leak (li:k): *(n)* διαρροή, διαφυγή ‖ τρύπα διαρροής ή διαφυγής ‖ διαρροή πληροφοριών ‖ διαρρέουσα πληροφορία ‖ [-ed]: *(v)* διαφεύγω, διαρρέω ‖ ~**age**: *(n)* διαρροή ‖ ~**y**: *(adj)* με τρύπες, με διαρροή ‖ **spring a** ~: *(v)* τρυπώ, αποκτώ διαρροή

lean (li:n) [-ed or leant]: *(v)* κλίνω, γέρνω ‖ βασίζομαι, στηρίζομαι ‖ ακουμπώ ‖ τείνω, έχω τάση, κλίνω προς ‖ *(adj)* λεπτός, αδύνατος ‖ άπαχος ‖ ισχνός, φτωχικός ‖ ~**ing**: *(n)* τάση, κλίση ‖ ~ **to**: *(n)* υπόστεγο

leap (li:p) [-ed or leapt]: *(v)* πηδώ, αναπηδώ ‖ υπερπηδώ ‖ **by** ~**s and bounds**: πολύ γρήγορα και σε μεγάλη ποσότητα, αλματωδώς ‖ ~ **frog**: *(n)* παιχνίδι "βαρελάκια" ‖ ~ **year**: *(n)* δίσεκτο έτος

learn (lə:rn) [-ed or learnt]: *(v)* μαθαίνω ‖ ~**ed**: *(adj)* μορφωμένος, πολυμαθής ‖ ~**ing**: *(n)* μάθηση ‖ ~**er**: *(n)* μαθητής, υπό εκπαίδευση, μαθητευόμενος

lease (li:s) [-d]: *(v)* εκμισθώνω ‖ νοικιάζω ‖ *(n)* εκμίσθωση ‖ νοίκιασμα ‖ διάρκεια εκμίσθωσης

leash (li:ʃ) [-ed]: *(v)* δένω ‖ συγκρατώ ‖ *(n)* λουρί ή αλυσίδα

least (li:st): *(adj)* ελάχιστος ‖ λιγότερο σπουδαίος ‖ **at** ~: τουλάχιστο ‖ **in the** ~: καθόλου

leather (ˊleðər): *(n)* κατεργασμένο δέρμα ‖ *(adj)* δερμάτινος ‖ ~**neck**: *(n)* πεζοναύτης *(id)* ‖ ~**y**: *(adj)* σαν δέρμα

leave (li:v) [left, left]: *(v)* φεύγω ‖ αφήνω, εγκαταλείπω ‖ [-d]: *(v)* βγάζω φύλλα ‖ ~**d**: *(adj)* με φύλλα, γεμάτος φύλλα ‖ *(n)* άδεια ‖ αποχαιρετισμός ‖ ~ **off**: *(v)* σταματώ, διακόπτω ‖ ~ **out**: *(v)* παραλείπω ‖ **on** ~: σε άδεια, αδειούχος ‖ **take** ~ **of**: *(v)* αποχαιρετώ ‖ ~ **taking**: *(n)* αποχαιρετισμός ‖ ~**s**: *(pl)* see **leaf**

Leban-ese (lebəˊni:z): *(n)* Λιβανέζος ‖ ~**on**: *(n)* Λίβανος

lecher (ˊletʃər): *(n)* λάγνος, άνθρωπος ασελγής ‖ ~**ous**: *(adj)* ασελγής ‖ ~**y**:

211

lectern

(n) ασέλγεια

lectern (´lektərn): *(n)* αναλόγιο

lecture (´lektʃər) [-d]: *(v)* δίνω διάλεξη ‖ κάνω μάθημα ‖ νουθετώ ‖ *(n)* διάλεξη ‖ μάθημα ‖ νουθεσία ‖ ~r: *(n)* ομιλητής ‖ βοηθός καθηγητή

led: see lead

ledge (ledz): *(n)* προεξοχή ‖ χείλος, άκρη ‖ υφαλοκρηπίδα ‖ ράφι

ledger (´ledzər): *(n)* βιβλίο λογιστικού, κατάστιχο

lee (li:): *(n)* υπήνεμη πλευρά, πλευρά προστατευμένη από τον άνεμο ‖ προστατευτικό κάλυμμα, καταφύγιο ‖ ~ward: *(adj)* προσήνεμο ‖ ~way: *(n)* περιθώριο

leech (li:tʃ): *(n)* βδέλλα ‖ παράσιτο, της προσκολλήσεως, ''βδέλλα''

leek (li:k): *(n)* πράσο

leer (liər) [-ed]: *(v)* κοιτάζω ειρωνικά ή λάγνα ‖ στραβοκοιτάζω ‖ *(n)* στραβοκοίταγμα ‖ λάγνο ή ειρωνικό κοίταγμα ‖ ~y: *(adj)* διστακτικός, προσεκτικός *(id)*

left (left): see leave ‖ *(adj)* αριστερός ‖ *(n)* το αριστερό, η αριστερά ‖ L~: αριστερή παράταξη ‖ *(adv)* αριστερά ‖ ~hand: *(adj)* αριστερός ‖ προς τα αριστερά ‖ ~handed: *(adj)* αριστερόχειρας ‖ αριστερή, με το αριστερό χέρι ‖ αδέξιος ‖ πλάγιος, ύπουλος ‖ ~hander: *(n)* χτύπημα με το αριστερό χέρι ‖ ~ism: *(n)* αριστερή ιδεολογία ‖ ~ist: *(n)* αριστερός, αριστερίζων ‖ ~over: *(adj)* υπόλειμμα ‖ ~wing: *(n)* αριστερή παράταξη, η αριστερά ‖ ~y: *(n)* αριστερόχειρας *(id)*

leg (leg): *(n)* πόδι ‖ γάμπα ‖ ''μπατζάκι'' ‖ σκέλος διαδρομής ‖ [-ged]: *(v)* προχωρώ, βαδίζω, τρέχω ‖ ~ged: *(adj)* με πόδια ‖ ~ging: *(n)* γκέτα ‖ ~gy: *(adj)* μακρυπόδης ‖ ~work: *(n)* εργασία που χρειάζεται περπάτημα ‖ on one's last ~s: στα τελευταία του ‖ pull one's ~: χοροϊδεύω, ''δουλεύω'' ‖ shake a ~: *(v)* βιάσου, κάνε γρήγορα, ''κούνα τα πόδια σου''

legacy (´legəsi:): *(n)* κληροδότημα ‖ κληρονομιά

legal (´li:gəl): *(adj)* νόμιμος ‖ νομικός

‖ ~ity: *(n)* νομιμότητα ‖ νομικός τύπος ‖ ~ize [-d]: *(v)* νομιμοποιώ

legat-e (´legit): *(n)* επίσημος απεσταλμένος ‖ ~ion: *(n)* αποστολή

legend (´ledzənd): *(n)* θρύλος ‖ επιγραφή, υπόμνημα ‖ τίτλος φωτογραφίας ή εικόνας ‖ ~ary: *(adj)* θρυλικός

legerdemain (´ledzərdə´mein): *(n)* ταχυδακτυλουργία ‖ απάτη

legibl-e (´ledzəbəl): *(adj)* ευανάγνωστος ‖ ~y: *(adj)* ευανάγνωστα, καθαρά

legion (´li:dzən): *(n)* λεγεώνα ‖ μεγάλος αριθμός, πάρα πολλοί ‖ ~ary ~naire: *(n)* λεγεωνάριος

legislat-e (´ledzisleit) [-d]: *(v)* νομοθετώ ‖ ~ion: *(n)* νομοθεσία ‖ ~ive: *(adj)* νομοθετικός ‖ ~or: *(n)* νομοθέτης ‖ ~ure: *(n)* νομοθετικό σώμα

legit (lə´dzit), ~imate (lə´dzitəmit): *(adj)* νόμιμος ‖ ~imacy: *(n)* νομιμότητα

leisure (´lezər, ´li:zər): *(n)* άνεση ‖ ελεύθερος καιρός, ελεύθερη ώρα ‖ at ~: που έχει ελεύθερο καιρό, ελεύθερος ‖ αβίαστος ‖ at one's ~: χωρίς βία, με το ''πάσο'' ‖ ~ly: *(adv)* αβίαστα, με το ''πάσο''

lemon (´lemən): *(n)* λεμόνι ‖ λεμονιά ‖ *(adj)* κιτρινωπός, ''λεμονής'' ‖ ~ade: *(n)* λεμονάδα ‖ ~ yellow: ζωηρός κίτρινος

lend (lend) [lent, lent]: *(v)* δανείζω ‖ προσδίδω, δίνω κάποια ποιότητα ‖ ~er: *(n)* δανειστής ‖ ~lease: *(n)* πρόγραμμα μίσθωσης και δανεισμού

length (leŋgth): *(n)* μήκος ‖ επίμηκες κομμάτι ‖ χρονική διάρκεια ‖ ~en [-ed]: *(v)* επιμηκύνω, κάνω πιο μακρύ ‖ γίνομαι πιο μακρύς ‖ ~wise, ~ways: *(adv)* κατά μήκος ‖ ~y: *(adj)* μακροσκελής, μακρύς, πολύωρος ‖ at ~: τελικά, επιτέλους, στο τέλος ‖ για πολλή ώρα ‖ εν εκτάσει, εκτενώς

lenien-cy (´li:ni:ənsi): *(n)* επιείκεια ‖ ~t: *(adj)* επιεικής ‖ ~tly: *(adv)* επιεικώς

lenitive (´lenətiv): *(n)* παυσίπονο

lens (lenz): *(n)* φακός

lent (lent): see lend ‖ L ~: σαρακοστή ‖ L~en: *(adj)* σαρακοστιανός

212

lentil (´lentəl): *(n)* φακή

leonine (´li:ənain): *(adj)* λεόντειος, λιο-
νταρίσιος

leopard (´lepərd): *(n)* λεοπάρδαλη ‖
~ess: *(n)* θηλ. λεοπάρδαλη

leotard (´li:əta:rd): *(n)* εφαρμοστή, ελα-
στική φόρμα ‖ **~s:** *(n)* "χαλτσόν"

lep-er (´lepər): *(n)* λεπρός ‖ **~rous:**
(adj) λεπρός ‖ **~rosy:** *(n)* λέπρα

Lesbian (´lezbi:ən): *(n)* Λέσβιος ‖
(adj) λεσβιακός ‖ *(n)* ομοφυλόφιλη,
λεσβία ‖ **~ism:** *(n)* ομοφυλοφιλία, λε-
σβιασμός

lesion (´li:zən): *(n)* πληγή, χτύπημα

less (les): *(adj)* λιγότερος ‖ *(adv)* λιγό-
τερο ‖ *(prep)* μείον, πλην ‖ **~en** [-ed]:
(v) μειώνω, μικραίνω, λιγοστεύω ‖
μειώνομαι, λιγοστεύω ‖ **~er:** *(adj)* ο
μικρότερος ή λιγότερος από δύο

lesson (´lesən): *(n)* μάθημα ‖ [-ed]: *(v)*
διδάσκω ‖ επιπλήττω, τιμωρώ, δίνω
"μάθημα"

lest (lest): *(conj)* μη τυχόν, μήπως

let (let) [let, let]: *(v)* αφήνω ‖ επιτρέπω
‖ ας ‖ νοικιάζω, μισθώνω, εκμισθώνω
‖ *(n)* εμπόδιο ‖ **~ alone:** ας αφήσουμε
το ότι... ‖ **~ down:** *(v)* κατεβάζω ‖
απογοητεύω ‖ *(n)* απογοήτευση ‖ **~ in
on:** *(v)* εμπιστεύομαι ‖ αφήνω να συμ-
μετάσχει ‖ **~ loose:** *(v)* ελευθερώνω ‖
~ off: *(v)* αφήνω ‖ απαλλάσσω ‖ διώ-
χνω ‖ **~ on:** *(v)* γνωστοποιώ ‖ **~ out:**
(v) αφήνω, ελευθερώνω ‖ αφήνω, βγά-
ζω ‖ **~ up on:** *(v)* ελαττώνω ‖
without ~or hindrance: χωρίς κανένα
εμπόδιο

lethal (´li:θəl): *(adj)* θανατηφόρος ‖
θανάσιμος

letharg-ic (lə´tha:rdzik): *(adj)* ληθαργι-
κός ‖ **~y** (´lethərdzi:): *(n)* λήθαργος

letter (´letər): *(n)* γράμμα αλφαβήτου ‖
επιστολή, γράμμα ‖ [-ed]: *(v)* γράφω
γράμματα ‖ **~box:** *(n)* γραμματοκιβώ-
τιο ‖ **~ carrier:** *(n)* ταχυδρόμος, δια-
νομέας ‖ **~ed:** *(adj)* εγγράμματος ‖ με
γράμματα ‖ **~head:** *(n)* επιγραφή επι-
στολόχαρτου ‖ **~ing:** *(n)* γραφή, γράμ-
ματα ‖ **~-perfect:** *(adj)* τέλειος ‖ **~s:**
(n) γράμματα, μόρφωση

lettuce (´letəs): *(n)* μαρούλι

leukemia (lu:´ki:mi:ə): *(n)* λευχαιμία

leukocyte (´lu:kəsait): *(n)* λευκό αιμο-
σφαίριο

Levant (lə´vænt): *(n)* Ανατολή, Λεβά-
ντες ‖ **~er:** *(n)* άνεμος ανατολικός,
Λεβάντες ‖ **L~er:** *(n)* Λεβαντίνος

levee (´levi:): *(n)* φράγμα, ανάχωμα

level (´levəl): *(n)* επίπεδο ‖ στάθμη ‖
αλφάδι ‖ *(adj)* επίπεδος ‖ [-ed]: *(v)*
ισοπεδώνω, οριζοντιώνω ‖ σημαδεύω
οριζόντια ‖ φέρομαι ειλικρινά, μιλώ
ξεκάθαρα και τίμια ‖ **on the ~:** τίμια,
ειλικρινά ‖ **~ off:** *(v)* σταθεροποιού-
μαι ‖ **~ crossing:** *(n)* ισόπεδη διάβαση
‖ **~er:** *(n)* ισοπεδοτής ‖ **~ headed:**
(adj) λογικός, ψύχραιμος

lever (´levər): *(n)* μοχλός ‖ [-ed]: *(v)*
κινώ με μοχλό ‖ **~age:** *(n)* ενέργεια
μοχλού ‖ πλεονέκτημα, "αβαντάζ"

levity (´levəti): *(n)* ελαφρότητα, έλλει-
ψη βάρους ‖ ελαφρότητα, έλλειψη σο-
βαρότητας ‖ αστάθεια

levy (´levi) [-ied]: *(v)* εισπράττω η επι-
βάλλω ‖ στρατολογώ υποχρεωτικά ‖
κατάσχω ‖ *(n)* είσπραξη ή επιβολή ‖
στρατολογία

lewd (lu:d): *(adj)* ασελγής ‖ πρόστυχος,
χυδαίος ‖ **~ness:** *(n)* ασέλγεια ‖ χυ-
δαιότητα

lexic-ographer (leksi´kəgrəfər): *(n)* λε-
ξικογράφος ‖ **~on:** *(n)* λεξικό

liab-ility (´laiə´biləti:): *(n)* ευθύνη ‖
υποχρέωση ‖ βάρος, ευθύνη, υποχρέω-
ση ‖ πιθανότητα ‖ **~le** (´laiəbəl): *(adj)*
υπεύθυνος ‖ υποχείμενος

liaison (´li:ei´zən): *(n)* σύνδεσμος ‖
παράνομος σύνδεσμος, μοιχεία

liar (´laiər): *(n)* ψεύτης

libel (´laibəl): *(n)* λίβελος ‖ δυσφήμηση
‖ [-ed]: *(v)* δυσφημώ ‖ **~ous:** *(adj)* δυ-
σφημιστικός

liberal (´libərəl): *(adj)* φιλελεύθερος ‖
γενναιόδωρος, "χουβαρντάς" ‖ ελεύ-
θερος, όχι κατά γράμμα ‖ **~ly:** *(adv)*
γενναιόδωρα, με γενναιοδωρία ‖ με
αφθονία ‖ **~arts:** *(n)* θεωρητικές επι-
στήμες ‖ **~ Party:** *(n)* κόμμα Φιλελευ-
θέρων

liber-ate (´libəreit) [-d]: *(v)* ελευθερώ-
νω ‖ απελευθερώνω ‖ **~tine:** *(n)* ελευ-

θερίων ηθών ‖ ~ation: (n) απελευθέρωση ‖ ~ator: (n) ελευθερωτής ‖ ~ty: (n) ελευθερία ‖ take ~ties with: (v) δεν τηρώ πιστά ‖ παίρνω θάρρος με κάποιον

librar-ian (lai΄breəri:ən): (n) βιβλιοθηκάριος ‖ ~y (΄laibrəri:): (n) βιβλιοθήκη

Libya (΄libiə): (n) Λιβύη ‖ ~n: (n & adj) λιβυκός

lice: pl. of louse (see)

license (΄laisəns), or **licence**: (n) άδεια ‖ προνόμιο, "ελεύθερο" ‖ [-d]: (v) δίνω άδεια ή έγκριση ‖ χορηγώ προνόμιο ‖ **driver's** ~: δίπλωμα οδηγού ‖ ~ **plate**: (n) πινακίδα αυτοκινήτου

licentious (lai΄senʃəs): (adj) ακόλαστος, ασελγής

lichen (΄laikən): (n) λειχήνα

licit (΄lisit): (adj) νόμιμος

lick (lik) [-ed]: (v) γλείφω ‖ δέρνω ‖ κατανικώ ‖ (n) γλείψιμο ‖ απειροελάχιστη ποσότητα ‖ χτύπημα ‖ ~ing: (n) ήττα ‖ δάρσιμο ‖ ~ **one's chops**: (v) "γλείφω τα χείλια μου", ξεροσγλύφομαι ‖ **last** ~s: (n) τελευταία ευκαιρία ‖ ~**spittle**: ψευτοκόλακας, "γλείφτης"

licorice (΄likəris): (n) γλυκόριζα

lid (lid): (n) κάλυμμα, καπάκι ‖ ~less: (adj) άυπνος ‖ χωρίς καπάκι

lie (lai) [lay, lain]: (v) κείμαι, βρίσκομαι ‖ είμαι ξαπλωμένος ‖ [-d]: (v) ψεύδομαι ‖ (n) ψέμα ‖ ~ **down on the job**: (v) παραμελώ τη δουλειά ‖ ~ **low**: (v) κρύβομαι ‖ ~ **with**: (v) εξαρτώμαι ‖ **give the** ~ **to**: (v) διαψεύδω ‖ ~ **detector**: (n) ανιχνευτής ψεύδους

lien (li:n): (n) υποθήκη, δικαίωμα κατάσχεσης υποθήκης

lieu (lu:): (n) θέση ‖ **in** ~ **of**: αντί, στη θέση του

lieutenant (lu΄tenənt): (n) υπαρχηγός, αντικαταστάτης αρχηγού ‖ **first** ~: (n) υπολοχαγός ‖ **second** ~: (n) ανθυπολοχαγός ‖ ~ **junior grade**: (n) ανθυποπλοίαρχος ‖ ~ **senior grade**: (n) υποπλοίαρχος ‖ ~ **colonel**: (n) αντισυνταγματάρχης ‖ ~ **commander**: (n) πλωτάρχης ‖ ~ **general**: (n) αντιστρά-

τηγος

life (laif): (n) ζωή ‖ διάρκεια ή τρόπος ζωής ‖ βίος, βιογραφία ‖ **as big** (or **large**) **as** ~: φυσικού μεγέθους, ολόκληρος ‖ **bring to** ~: (v) ζωηρεύω, ζωογονώ ‖ **for dear** ~: απελπισμένα ‖ **not on your** ~: ασφαλώς όχι, αποκλείεται ‖ **true to** ~: παρόμοιο, έτσι ακριβώς ‖ ~**belt**: (n) σωσίβιο ‖ ~**boat**: (n) ναυαγοσωστική βάρκα ‖ ~ **expectancy**: (n) μέσος όρος ζωής ‖ ~**guard**: (n) ναυαγοσώστης ‖ ~ **jacket**: (n) σωσίβιο σακάκι, σωσίβιος χιτώνας ‖ ~**less**: (adj) άψυχος ‖ ακατοίκητος, χωρίς ζωντανά όντα ‖ ~**like**: (adj) σα ζωντανός ‖ ρεαλιστικός ‖ ~ **line**: (n) σχοινί ανέλκυσης δυτών ‖ σωσίβιο σχοινί ‖ αγωγός ζωτικής σημασίας ‖ γραμμή ζωής του χεριού ‖ ~**long**: (adj) ισόβιος ‖ ~ **preserver**: (n) σωσίβιο ‖ ~**r**: (n) ισοβίτης ‖ ~ **raft**: (n) πρόχειρη σωσίβια βάρκα, σωσίβια σχεδία ‖ ~**saver**: (n) σωτήρας ‖ ~**size**, -**sized**: (adj) φυσικού μεγέθους ‖ ~**span**: (n) διάρκεια ζωής ‖ ~**time**: (n) ζωή, περίοδος ζωής ‖ διάρκεια

lift (lift) [-ed]: (v) υψώνω, σηκώνω ‖ υψώνομαι, σηκώνομαι ‖ αφαιρώ ‖ σταματώ, παύω ‖ κλέβω ‖ κάνω πλαστική προσώπου ‖ (n) ανύψωση, σήκωμα ‖ δύναμη ανύψωσης ‖ αννψούμενο φορτίο ‖ αννψωτήρας ‖ ανελκυστήρας, "ασανσέρ" ‖ άνωση ‖ μεταφορά με αυτοκίνητο

light (lait): (n) φως ‖ φωτιά για τσιγάρο ‖ ξημέρωμα, χάραμα ‖ πηγή ή μέσο φωτισμού ‖ διαφώτιση, φώτισμα ‖ φωστήρας ‖ (adj) ελαφρός ‖ αραιός ‖ λειψός, "ξύκικος" ‖ μη σοβαρός, "ελαφρός" ‖ ελαφροζαλισμένος ‖ φωτεινός ‖ ανοιχτόχρωμος ‖ εύθυμος ‖ [-ed, or lit]: (v) ανάβω ‖ φωτίζω ‖ διαφωτίζω, "φωτίζω" ‖ κατεβαίνω ‖ ~**en** [-ed]: (v) φωτίζω ‖ φωτίζομαι ‖ ελαφρώνω ‖ κάνω πιο ανοιχτόχρωμο ‖ ελαφρώνομαι ‖ ~**er**: (n) αναπτήρας ‖ φορτηγίδα, "μαούνα" ‖ ~ **fingered**: (adj) κλεφτουριάρικος ‖ ~ **headed**: (adj) επιπόλαιος, "ελαφρόμυαλος" ‖ ζαλισμένος ‖ ~ **hear**...: (adj) αμέριμνος, ανέμελος, χαρούμενος ‖ **~house:** *(n)* φάρος ‖ **~ing:** *(n)* φωτισμός ‖ άναμα ‖ **~ly:** *(adv)* ελαφρά ‖ **~meter:** *(n)* φωτόμετρο ‖ **~ness:** *(n)* ελαφρότητα ‖ **~ning:** *(n)* αστραπή ‖ κεραυνός ‖ **~ning bug:** *(n)* πυγολαμπίδα ‖ **~ning rod:** *(n)* αλεξικέραυνο ‖ **~some:** *(adj)* φωτεινός ‖ ελαφρός, "σβέλτος" ‖ **~weight:** *(n)* πυγμάχος ελαφρών βαρών ‖ μικροσκοπικός άντρας ‖ **~year:** *(n)* έτος φωτός ‖ **~ up:** *(v)* φωτίζομαι ‖ ανάβω τσιγάρο ‖ **make ~ of:** *(v)* ρίχνω τη σημασία, το παίρνω στ' αστεία ‖ **~ out:** *(v)* το βάζω στα πόδια

lignite (´lignait): *(n)* λιγνίτης

likable: see likeable

like (laik) [-d]: *(v)* συμπαθώ, μου αρέσει ‖ προτιμώ, θέλω ‖ *(prep)* σαν, όπως, όμοιος σαν ‖ με τάση προς ‖ *(adj)* όμοιος ‖ ισοδύναμος, όμοιος ‖ *(adv)* σαν ‖ πιθανώς *(id)* ‖ **~s:** *(n)* προτιμήσεις ‖ **~able:** *(adj)* συμπαθής, αξιαγάπητος ‖ **~lihood:** *(n)* πιθανότητα ‖ **~ly:** *(adj)* πιθανός ‖ *(adv)* πιθανώς, πιθανόν ‖ **~minded:** *(adj)* της ίδιας γνώμης ‖ **~n** [-ed]: *(v)* παρομοιάζω, συγκρίνω ‖ **~ness:** *(n)* ομοιότητα ‖ αναπαράσταση, εικόνα ‖ **~wise:** *(adv)* παρομοίως, ομοίως ‖ επίσης, επιπλέον

lilac (´lailək): πασχαλιά ‖ μοβ χρώμα

lilliputian (lilə´pju:ʃən): *(adj)* λιλιπούτειος, μικροσκοπικός

lily (´lili:): *(n)* κρίνος ‖ **~livered:** *(adj)* άνανδρος, δειλός ‖ **~pad:** *(n)* νούφαρο ‖ **~white:** *(adj)* κρινόλευκος

lima bean (´laiməbi:n): *(n)* ρεβίθι

limb (lim): *(n)* μέλος σώματος, άκρο ‖ προέκταση, προεξοχή ‖ διαβολάκι *(id)* ‖ **out on a ~:** σε δύσκολη θέση, εκτεθειμένος

limber (´limbər) [-ed]: *(v)* κάνω εύκαμπτο ‖ γίνομαι εύκαμπτος ‖ *(adj)* εύκαμπτος

limbo (´limbou): *(n)* κατάσταση ανυπαρξίας ‖ ενδιάμεση κατάσταση

lime (laim): *(n)* κίτρο ‖ φιλύρα ‖ ασβέστης ‖ **~kiln:** *(n)* ασβεστοκάμινο ‖ **~light:** *(n)* προσκήνιο, φανερή θέση,

δημοσιότητα ‖ **~stone:** *(n)* ασβεστόλιθος ‖ **~y:** *(n)* Εγγλέζος *(id)*

limerick (´limərik): *(n)* ασυνάρτητο πεντάστιχο ποίημα, αστείο ποιηματάκι

limit (´limit) [-ed]: *(v)* περιορίζω ‖ *(n)* όριο ‖ σύνορο, άκρη ‖ **~ary:** *(adj)* οριακός ‖ **~ation:** *(n)* περιορισμός ‖ όριο δύναμης ή ικανότητας, όριο αντοχής ‖ **~ed:** *(adj)* περιορισμένος ‖ περιορισμένης ευθύνης ‖ **~ed monarchy:** *(n)* συνταγματική βασιλεία ‖ **~less:** *(adj)* απεριόριστος ‖ **off ~s:** απαγορεύεται η είσοδος

limousine (limə´zi:n): *(n)* λιμουζίνα ‖ αγοραίο αυτοκίνητο

limp (limp) [-ed]: *(v)* κουτσαίνω ‖ περπατώ με αστάθεια ή δυσκολία ‖ *(adj)* χαλαρός, μαλακός ‖ ασθενικού χαρακτήρα ‖ *(n)* χωλότητα, κούτσαμα

limpet (´limpit): *(n)* πεταλίδα, αχιβάδα

limpid (´limpid): *(adj)* κατακάθαρος, διαυγής ‖ ευανάγνωστος, "καθαρός" ‖ ατάραχος

linden (´lindən): *(n)* φιλύρα

line (lain): *(n)* γραμμή ‖ ρυτίδα ‖ οριοθετική γραμμή ‖ σχοινί, καλώδιο ή σύρμα ‖ κατευθυντήρια γραμμή ‖ ευθυγράμμιση ‖ στίχος, "γραμμή" ‖ [-d]: *(v)* τραβώ γραμμή ‖ βάζω σε γραμμή ‖ ορίζω, είμαι όριο ‖ σχηματίζω γραμμή ‖ βάζω φόδρα, φοδράρω ‖ γεμίζω με χρήματα ή φαγητό ‖ **~age:** *(n)* καταγωγή, γενεαλογικό δέντρο ‖ **~al:** *(adj)* κατευθείαν άμεσος ‖ **~ar:** *(adj)* γραμμικός ‖ ευθύς, σαν γραμμή ‖ **~man:** *(n)* συντηρητής ή επισκευαστής τηλ. γραμμών ‖ φύλακας σιδ. γραμμής ‖ **~r:** *(n)* πλοίο ή αεροπλάνο γραμμής ‖ **~sman:** *(n)* βοηθός διαιτητή, "λάινσμαν" ‖ **~ up:** *(v)* βάζω σε γραμμή ‖ παίρνω το μέρος, πάω μαζί με ‖ **get a ~ on:** *(v)* μαθαίνω, πληροφορούμαι ‖ **on the ~:** σε κίνδυνο, "ρισκαρισμένο"

linen (´linən): *(n)* λινό ‖ λινά ρούχα ‖ ασπρόρουχα

linger (´lingər) [-ed]: *(v)* χοντοστέκομαι ‖ αργοπορώ, χρονοτριβώ ‖ κρεμιέμαι μεταξύ ζωής και θανάτου ‖ **~ing:** *(adj)* αργός, παρατεταμένος

215

lingerie

lingerie (laːnzəˊriː): *(n)* γυναικεία εσώρουχα

lingo (ˊliŋgou): *(n)* διάλεκτος

ling-ual (ˊliŋgwəl): *(adj)* γλωσσικός ‖ **~uiform**: *(adj)* γλωσσοειδής ‖ **~uist**: *(n)* γλωσσολόγος ‖ γλωσσομαθής ‖ **~uistic**: *(adj)* γλωσσολογικός ‖ **~uistics**: *(n)* γλωσσολογία

liniment (ˊlinəmənt): *(n)* επάλειψη, υλικό επάλειψης

lining (ˊlainiŋ): *(n)* φόδρα ‖ εσωτερική επένδυση

link (liŋk): *(n)* κρίκος ‖ συνδετικός κρίκος, σύνδεσμος ‖ μονάδα μήκους (7.92 ίντσες) ‖ [-ed]: *(v)* συνδέω ‖ συνδέομαι ‖ **~age**: *(n)* σύνδεση ‖ **~s**: *(n)* γήπεδο γκολφ

linnet (ˊlinit): *(n)* σπίνος

linoleum (liˊnouliːəm): *(n)* πλαστικό δαπέδου, λινοτάπητας

linotype (ˊlainəˊtaip): *(n)* λινοτυπία

linseed (ˊlinsiːd): *(n)* λιναρόσπορος ‖ **~ oil**: *(n)* λινέλαιο

lint (lint): *(n)* ξαντό

lintel (ˊlintl): *(n)* ανώφλι πόρτας ή παραθύρου

lion (ˊlaiən): *(n)* λέων, λιοντάρι ‖ **~ess**: *(n)* λέαινα ‖ **the ~'s share**: η μερίδα του λέοντος ‖ **~ize** [-d]: *(v)* ειδωλοποιώ

lip (lip): *(n)* χείλος ‖ αυθάδεια *(id)* ‖ [-ped]: *(v)* προφέρω, ψιθυρίζω ‖ **~ read**: *(v)* διαβάζω ομιλία από τις κινήσεις των χειλιών ‖ **~ service**: *(n)* κολακευτική συμφωνία ή ψευτοσεβασμός ‖ **~stick**: *(n)* κραγιόν ‖ **bite one's ~**: *(v)* συγκρατιέμαι ‖ δείχνω ταραχή ή αμηχανία

liquefy (ˊlikwəfai) [-ied]: *(v)* υγροποιώ

liqueur (liˊkəːr): *(n)* λικέρ

liquid (ˊlikwid): *(n)* υγρό ‖ *(adj)* υγρός, ρευστός ‖ **~ate** [-d]: *(v)* ρευστοποιώ ‖ ξεκαθαρίζω οικ. υποθέσεις ‖ σκοτώνω ‖ **~ation**: *(n)* ρευστοποίηση ‖ ξεκαθάρισμα λογαριασμών ‖ εκτέλεση, σκότωμα ‖ **~ity**: *(n)* ρευστότητα

liquor (ˊlikər): *(n)* οινοπνευματώδες ποτό ‖ [-ed]: *(v)* μεθώ, μεθοκοπώ, "πίνω"

lisp (lisp) [-ed]: *(v)* ψευδίζω ‖ *(n)* ψεύδισμα

lissome (ˊlisəm): *(adj)* ευκίνητος, σβέλτος

list (list): *(n)* κατάλογος, "λίστα" ‖ λουρίδα ‖ λουρίδα φωτός ‖ κλίση ‖ [-ed]: *(v)* κάνω κατάλογο, γράφω "λίστα" ‖ καταγράφω, ταξινομώ ‖ κλίνω, γέρνω

listen (ˊlisən) [-ed]: ‖ **~ to** *(v)* ακούω με προσοχή, προσέχω ‖ αφουγκράζομαι ‖ **~ in**: *(v)* κρυφακούω, ακούω συνδιάλεξη ‖ **~er**: *(n)* ακροατής

listless (ˊlistlis): *(adj)* άτονος ‖ αδιάφορος

lit: see light

litany (ˊlitniː): *(n)* λιτανεία

liter (ˊliːtər) [or: litre]: λίτρο

liter-acy (ˊlitərəsiː): *(n)* γραμματοσύνη, μόρφωση ‖ **~al** (ˊlitərəl): *(adj)* κυριολεκτικός ‖ κατά γράμμα ‖ **~ally**: *(adv)* κυριολεκτικά ‖ κατά γράμμα ‖ **~ary**: *(adj)* λογοτεχνικός, φιλολογικός ‖ **~ate** (ˊlitərit): *(adj)* εγγράμματος ‖ **~ati** (litəˊraːtiː): *(n)* λογοτεχνικοί κύκλοι, άνθρωποι των γραμμάτων ‖ **~ature** (ˊlitərətʃuːr): *(n)* λογοτεχνία, φιλολογία ‖ πληροφοριακό έντυπο

lithe (laið): *(adj)* λυγερός ‖ **~some**: *(adj)* ευλύγιστος, λυγερός

lithograph (ˊliθəgræf): *(n)* λιθογραφία

litig-ant (ˊlitigənt): *(n)* αντίδικος, διάδικος ‖ **~ate** [-d]: *(v)* είμαι υπό δίκη ή φέρνω προς δίκη ‖ **~ation**: *(n)* νόμιμη διαδικασία

litmus (ˊlitməs): *(n)* ερυθρό ηλιοτροπίου

litre: see liter

litter (ˊlitər): *(n)* φορείο ‖ χορτοστρωμνή ‖ νεογνά ζώου ‖ σκουπίδια, απορρίμματα ‖ [-ed]: *(v)* γεννώ ‖ πετάω σκουπίδια, γεμίζω σκουπίδια ‖ γεμίζω με πεταμένα πράγματα ‖ **~bug**: *(n)* βρωμιάρης, που γεμίζει τον τόπο

little (ˊlitl): *(adj)* μικρός ‖ βραχύς ‖ λίγος ‖ μικροσκοπικός, κοντούλης ‖ *(adv)* πολύ λίγο ‖ *(n)* μικρή ποσότητα, λίγο ‖ **~ by ~**: λίγο-λίγο, σιγά-σιγά ‖ **make ~ of**: δεν δίνω μεγάλη σημασία ‖ **L~ Bear, L~ Dipper**: Μικρή Άρκτος

littoral (ˊlitərəl): *(adj)* παράλιος, παρά-

216

κτιος

liturgy (´litərdzi:): *(n)* λειτουργία

livable: see liveable

live (liv) [-d]: *(v)* ζω ‖ μένω, κατοικώ, διαμένω ‖ (laiv): *(adj)* ζωντανός ‖ ζωτικής σημασίας ‖ αναμμένος ‖ φορτισμένος, με ρεύμα ‖ ζωντανή, ταυτόχρονη παρουσίαση σε ράδιο ή τηλεόραση ‖ ~**able**: *(adj)* κατοικήσιμος, κατάλληλος για να ζει κανείς ‖ ~ **and let** ~: να είσαι ανεκτικός ή υπομονετικός ‖ ~ **down**: *(v)* ξεπερνώ λύπη ή δυσκολία, ξεχνώ ‖ ~ **up to**: *(v)* γίνομαι αντάξιος προσδοκίας ή φήμης ‖ εφαρμόζω, εκπληρώνω ‖ ~**lihood** (´laivli:hud): *(n)* μέσα συντήρησης ‖ τα προς το ζειν ‖ ~**long** (´livloŋ): *(adj)* ατέλειωτος, μακρύς ‖ ~**ly** (´laivli:): *(adj)* ζωηρός, έντονος ‖ ~**n** (´laivən) [-ed]: *(v)* ζωηρεύω, δίνω ζωή ‖ ζωηρεύω, ζωντανεύω, παίρνω ζωή ‖ ~**stock**: *(n)* κατοικίδια ζώα, "ζωντανά"

liver (´livər): *(n)* συκώτι ‖ ~ **extract**: *(n)* εκχύλισμα ήπατος ‖ ~**ish**: *(adj)* ηπατικός ‖ ευερέθιστος, κακότροπος

livery (´livəri:): *(n)* στολή σοφέρ, θυρωρού ή υπηρέτη, "λιβρέα" ‖ σταβλισμός, στάβλισμα ‖ ~ **man**: *(n)* ιπποκόμος, ιδιοκτήτης στάβλου ‖ ~**stable**: *(n)* στάβλος επί ενοικίω

lives: pl. of life (see)

livid (´livid): *(adj)* μολωπισμένος, σημαδεμένος, με μαυρίλες ‖ ωχρός, χλομός ‖ πολύ θυμωμένος, έξαλλος

living (´liviŋ): *(n)* τα προς το ζειν ‖ ζωή, τρόπος του ζειν ‖ *(adj)* ζωντανός ‖ ~ **room**: *(n)* καθημερινό δωμάτιο, το "καθιστικό" ‖ ~ **wage**: *(n)* ελάχιστο προβλεπόμενο νόμιμο ημερομίσθιο

lizard (´lizərd): *(n)* σαύρα

load (loud) [-ed]: *(v)* φορτώνω ‖ φορτίζω, γεμίζω ‖ διαστρέφω στοιχεία ή αποδείξεις ‖ νοθεύω, αλλοιώνω ‖ *(n)* φορτίο ‖ φόρτωμα ‖ γέμισμα, φόρτιση ‖ βάρος, ευθύνη ‖ ~**ed**: *(adj)* φορτωμένος ‖ φορτισμένος, γεμάτος ‖ δόλιος, "παγίδα" ‖ μεθυσμένος *(id)* ‖ "λεφτάς" *(id)*

loaf (louf) [-ed]: *(v)* τεμπελιάζω, χασομερώ ‖ *(n)* φραντζόλα ‖ ~ **er**: *(n)* χασομέρης, "ακαμάτης" ‖ παπούτσι παντοφλέ

loam (loum): *(n)* πηλός, λάσπη

loan (loun) [-ed]: *(v)* δανείζω, χορηγώ δάνειο ‖ *(n)* δάνειο ‖ δανεισμός ‖ **on** ~: επί δανείω, δανεικός ‖ αποσπασμένος προσωρινά ‖ ~ **shark**: *(n)* τοκογλύφος

loath (louth): *(adj)* διστακτικός, ακούσιος ‖ ~**e** (louδ) [-d]: *(v)* σιχαίνομαι, νιώθω βδελυγμία ‖ ~**ing**: *(n)* βδελυγμία, σιχαμάρα ‖ ~**some**: *(adj)* βδελυρός, σιχαμερός

loaves: pl. of loaf (see)

lobby (´lɔbi:): *(n)* προθάλαμος, χωλ ‖ βουλευτικός ή υπουργικός προθάλαμος ‖ άνθρωποι ή ομάδες που επηρεάζουν υπουργούς ή βουλευτές ‖ [-ied]: *(v)* προσπαθώ να επηρεάσω κυβερν. παράγοντες ‖ ~**ist**: *(n)* άνθρωπος των υπουργικών προθαλάμων ‖ επηρεαστής κυβ. παραγόντων

lobe (loub): *(n)* λοβός ‖ ~**ctomy**: λοβεκτομή

lobo (´loubou): *(n)* λύκος

lobster (´lɔbstər): *(n)* αστακός

loca-l (´loukəl): *(adj)* τοπικός ‖ επιτόπιος ‖ *(n)* ντόπιος ‖ ~ **color**: *(n)* τοπικό χρώμα ‖ ~**lity**: *(n)* τοποθεσία, θέση ‖ ~**lize** [-d]: *(v)* εντοπίζω ‖ ~**te** [-d]: *(v)* εντοπίζω, βρίσκω ‖ τοποθετώ ‖ ~**tion**: *(n)* τοποθεσία

loch (lɔk): *(n)* λίμνη (Σκωτ.) ‖ ποταμόκολπος

lock (lɔk) [-ed]: *(v)* κλειδώνω ‖ συνδέω στερεά ‖ συμπλέκομαι ‖ κλειδώνομαι, ασφαλίζομαι ‖ "μπλοκάρομαι", συμπλέκομαι ‖ *(n)* κλειδαριά ‖ "λουκέτο" ‖ μπλοκάρισμα ‖ βόστρυχος, μπούκλα, "τσουλούφι" ‖ υδατοφράκτης ‖ ~**er**: *(n)* ντουλάπι, ιματιοθήκη ‖ μπαούλο ‖ ~**er room**: *(n)* αποδυτήρια ‖ ~ **jaw**: *(n)* τέτανος ‖ ~**et**: *(n)* μενταγιόν ‖ ~ **horns**: *(v)* τσακώνομαι, "μπλέκω" ‖ ~ **out**: *(v)* κάνω ανταπεργία, κάνω λοκάουτ ‖ *(n)* ανταπεργία, "λοκάουτ" ‖ ~**smith**: *(n)* κλειδαράς ‖ ~ **stock and barrel**: συνολικά, πέρα ως πέρα ‖ ~ **up**: *(v)* βάζω φυλα-

217

κή

loco (´loukou): *(adj)* τρελός, "για δέσιμο"

locomot-ion (´loukə´mouʃən): *(n)* μετακίνηση ‖ ~**ive** (´loukə´mətiv): *(n)* ατμομηχανή ‖ *(adj)* κινητήριος

locus (´loukəs): *(n)* γεωμετρικός τόπος

locust (´loukəst): *(n)* ακρίδα

lodg-e (´lɔdz) [-d]: *(v)* προσφέρω στέγη ‖ μένω, κατοικώ ‖ νοικιάζω, μένω με ενοίκιο ‖ σφηνώνομαι ‖ αφήνω κάπου, καταθέτω ‖ μπήγω ‖ καταθέτω, υποβάλλω ‖ *(n)* αγροικία ‖ σπιτάκι φύλακα ή επιστάτη ‖ πανδοχείο ‖ τοπικός κλάδος εταιρείας ή συνδέσμου ‖ αίθουσα συνελεύσεων, "στοά" ‖ ~**er**: *(n)* ένοικος, νοικάρης ‖ ~**ings**: *(n)* παροχή στέγης ‖ νοικιασμένα δωμάτια

loft (lɔft): *(n)* σοφίτα ‖ εξώστης, υπερώο ‖ ~**y**: *(adj)* ψηλός ‖ ευγενικού χαρακτήρα και ηθών, υψηλόφρονας ‖ υπερόπτης

log (lɔg): *(n)* κούτσουρο ‖ δρομόμετρο πλοίου ‖ ημερολόγιο πλοίου ή αεροπλάνου ‖ **see logarithm** ‖ **sleep like a** ~: κοιμάμαι βαριά, σαν "κούτσουρο"

logarithm (´lɔgəridəm): *(n)* λογάριθμος

logic (´lɔdzik): *(n)* λογική ‖ ~**al**: *(adj)* λογικός ‖ ~**ally**: *(adv)* λογικά

logistics (lou´dzistiks): *(n)* λογιστική υλικών και προσωπικού

loin (loin): *(n)* οσφύς, μέση και γοφοί ‖ ~**s**: όργανα αναπαραγωγής

loiter (´loitər) [-ed]: *(v)* χασομερώ, "χαζεύω" ‖ τεμπελιάζω σε δουλειά ‖ ~**er**: *(n)* αλήτης, που γυρίζει εδώ κι' εκεί ‖ αργόσχολος

loll (lɔl) [-ed]: *(v)* τεμπελιάζω ‖ κρεμιέμαι άτονα, σαν ξεχαρβαλωμένος ‖ ξαπλώνω τεμπέλικα

lollipop or lollypop (´lɔli:pɔp): *(n)* γλειφιτσούρι

London (´lʌndən): *(n)* Λονδίνο ‖ ~**er**: *(n)* Λοντρέζος

lone (loun): *(adj)* μόνος, μοναχικός ‖ ξεμοναχιασμένος, ερημικός ‖ ανύπαντρος ‖ ~**liness**: *(n)* μοναξιά ‖ ~**ly**: *(adj)* μόνος ή μοναχικός, έρημος ‖ μελαγχολικός, "έρημος και μόνος" ‖

~**r**: *(n)* αυτός που αποφεύγει τις παρέες ή κάνει τη δουλειά του μόνος του ‖ ~**some**: *(adj)* μοναχικός ‖ μελαγχολικός

long (lɔ:ŋ): *(adj)* μακρύς ‖ εκτεταμένος, εκτενής ‖ επικίνδυνος, "ρισκέ" ‖ *(adv)* επί μακρόν, για πολύ ‖ μακριά ‖ για ολόκληρο, σ' όλη τη διάρκεια ‖ [-ed]: *(v)* ποθώ, επιθυμώ, νοσταλγώ ‖ **before** ~: σύντομα ‖ **as** ~ **as**: εφόσον ‖ **no** ~**er**: όχι πιά ‖ **in the** ~ **run**: στο τέλος, τελικά ‖ ~ **distance**: υπεραστικό τηλεφ. ‖ μεγάλων αποστάσεων ‖ ~ **dozen**: δεκατρία ‖ ~**drawn**: *(adj)* παρατεταμένος ‖ ~**evity** (lɔn´dzevəti): *(n)* μακροζωία ‖ ~ **face**: κατσουφιά, "κρεμασμένα μούτρα" ‖ ~ **green**: χαρτονόμισμα ‖ ~ **hand**: *(n)* καλλιγραφική γραφή ή συνηθισμένη γραφή ‖ ~ **headed**: *(adj)* προβλεπτικός ‖ ~**ing**: *(n)* νοσταλγία, επιθυμία ‖ ~**ish**: *(adj)* αρκετά μακρύς, μακρούτσικος ‖ ~**itude**: *(n)* γεωγρ. μήκος ‖ ~ **johns**: *(n)* μακρύ σώβρακο ‖ ~ **jump**: *(n)* άλμα εις μήκος ‖ ~**lived**: *(adj)* μακρόβιος ‖ ~**playing**: *(adj)* δίσκος μακράς διαρκείας ‖ ~**range**: *(adj)* μακρόχρονος, μακρόπνοος ‖ μεγάλου βεληνεκούς ‖ ~ **shore**: *(adj)* παράλιος ‖ ~**shoreman**: *(n)* λιμενεργάτης ‖ ~**shot**: *(n)* ριψοκίνδυνη επιχείρηση ‖ ~**sighted**: *(adj)* υπερμέτρωπ ‖ οξύδερχής ‖ ~**standing**: *(adj)* από πολύ καιρό, μακροχρόνιος ‖ ~**term**: *(adj)* μακροπρόθεσμος ‖ ~ **winded**: *(adj)* κουραστικός ‖ ~**wise**: *(adv)* κατά μήκος

look (lu:k) [-ed]: *(v)* κοιτάζω ‖ αντικρίζω, "βλέπω", έχω θέα προς ‖ φαίνομαι, δείχνω ‖ *(n)* βλέμμα, ματιά ‖ εμφάνιση, παρουσιαστικό, όψη ‖ ~**after**: *(v)* φροντίζω ‖ ~**alive**: *(v)* ενεργώ ή αντιδρώ γρήγορα, ζωντανά ‖ ~ **down on** (or **upon**): *(v)* καταφρονώ, περιφρονώ ‖ ~**er**: *(n)* όμορφος, γοητευτικός ‖ ~**er on**: *(n)* θεατής ‖ ~ **for**: *(v)* αναζητώ ‖ προσδοκώ, περιμένω ‖ ~ **forward to**: *(v)* περιμένω με ανυπομονησία ‖ ~ **in**: *(v)* επισκέπτομαι για λίγο, "περνώ" ‖ ~**ing glass**: *(n)* καθρέπτης ‖ ~ **into**: *(v)* εξετάζω ‖ ~ **on**:

(v) βλέπω, "χαζεύω" ‖ ~ **out**: *(v)* προσέχω ‖ **~-out**: *(n)* σκοπιά ‖ σκοπός ‖ ~ **over**: *(v)* εξετάζω πρόχειρα ‖ ~ **see**: *(n)* σύντομη ματιά ‖ ~ **to**: *(v)* φροντίζω ‖ βασίζομαι ‖ αναμένω, προσδοκώ ‖ ~ **up**: *(v)* αναζητώ, ψάχνω για πληροφορία ‖ επισκέπτομαι ‖ ~ **up to**: *(v)* θαυμάζω ‖ σέβομαι, προσβλέπω με σεβασμό

loom (lu:m) *(n)* [-ed]: *(v)* φαίνομαι ή εμφανίζομαι παραμορφωμένος ή όχι καθαρά ‖ επικρέμαμαι, προσεγγίζω απειλητικά ‖ *(n)* αργαλειός

loon (lu:n): *(n)* χαζός ‖ τεμπέλης ‖ **~y**: *(adj)* αλλόκοτος ‖ *(n)* τρελός

loop (lu:p): *(n)* θηλειά ‖ ανακύκλωση, απότομη στροφή ‖ κλειστό κύκλωμα ‖ [-ed]: *(v)* κάνω ή περνώ με θηλειά ‖ **~hole**: *(n)* πολεμίστρα ‖ διέξοδος, "παράθυρο"

loose (lu:s): *(adj)* ελεύθερος, μη περιορισμένος, μη δεμένος ‖ χαλαρός ‖ ευρύχωρος ‖ ήρεμος ‖ ανήθικος ‖ [-d]: *(v)* ελευθερώνω ‖ χαλαρώνω ‖ λύνω ‖ εξακοντίζω, πυροβολώ ‖ **at ~ends**: χωρίς σχέδια, χωρίς σκοπό ‖ χωρίς κατεύθυνση, σαν χαμένος ‖ ~ **jointed**: *(adj)* "ξεβιδωμένος" ‖ **~n** [-ed]: *(v)* λύνω ‖ ξεσφίγγω, χαλαρώνω ‖ **~ness**: *(n)* χαλαρότητα, ευρυχωρία ‖ **on the** ~: ελεύθερος, χωρίς περιορισμό

loot (lu:t) [-ed]: *(v)* λαφυραγωγώ, λεηλατώ ‖ *(n)* λάφυρα ‖ κλοπιμαία

lop (lɔp) [-ped]: *(v)* κόβω ‖ γέρνω, κρεμιέμαι ‖ **~eared**: *(adj)* με πεσμένα αυτιά ‖ **~sided**: *(adj)* στραβοχυμένος ‖ ~**e** [-d]: *(v)* καλπάζω

lord (lɔ:rd): *(n)* άρχοντας ‖ λόρδος ‖ αφέντης ‖ **L~**: ο Κύριος, ο Θεός ‖ **~ly**: *(adj)* μεγαλοπρεπής ‖ σαν άρχοντας ‖ υπεροπτικός ‖ **~ship**: *(n)* εξοχότητα, αφεντιά (τίτλος) ‖ **L~'s prayer**: *(n)* το Πάτερ ημών

lore (lɔ:r): *(n)* γνώση, μάθηση

lorry (′lɔ:ri): *(n)* τετράτροχο κάρο, "αραμπάς" ‖ φορτηγό

lose (lu:z) [lost, lost]: *(v)* χάνω ‖ ξεφεύγω, χάνομαι από διώκτη ‖ **~r**: *(n)* χαμένος ‖ κακότυχος, που πάντα χάνει

‖ ~ **out**: *(v)* νικιέμαι

loss (lɔ:s): *(n)* απώλεια ‖ ζημία, χασούρα ‖ **at a** ~: σε αμηχανία, "χαμένος" ‖ ~ **leader**: *(n)* είδος προσφερόμενο επί ζημία ‖ **~es**: *(n)* απώλειες σε μάχη

lost (lɔ:st): *(adj)* χαμένος ‖ **see lose**

lot (lɔt): *(n)* κλήρος, "λότος" ‖ ομάδα σύνολο ‖ πλήθος, μεγάλος αριθμός, πολύ ‖ οικόπεδο, κτήμα, τεμάχιο γης ‖ **~tery**: *(n)* λαχείο ‖ ~ **to**: *(n)* λότος ‖ **cast ~ s, draw ~s**: *(v)* ρίχνω κλήρο, τραβώ κλήρο ‖ **the** ~: όλα, τα πάντα ‖ **throw (cast) in my ~ with**: ενώνω την τύχη μου με

lotion (′louʃən): *(n)* "λοσιόν"

loud (laud): *(adj)* ηχηρός ‖ μεγαλόφωνος, φωναχτός ‖ φανταχτερός, χτυπητός ‖ χυδαίος ‖ *(adv)* δυνατά, μεγαλόφωνα ‖ θορυβωδώς ‖ **~ly**: *(adv)* δυνατά, θορυβωδώς ‖ **~ness**: *(n)* ηχηρότητα ‖ ~ **mouth**: *(n)* που λέει μεγάλα λόγια ‖ φωνακλάς ‖ **~speaker**: *(n)* μεγάφωνο

lounge (laundz) [-d]: *(v)* κάθομαι ή στέκομαι ή ξαπλώνω ξένοιαστα και αμέριμνα ‖ περπατώ αμέριμνα και άσκοπα ‖ περνώ την ώρα μου, "χαζεύω" ‖ *(n)* ξένοιαστο πέρασμα της ώρας ‖ αίθουσα αναμονής ‖ σαλονάκι ‖ προθάλαμος ‖ ντιβάνι

loupe (lu:p): *(n)* φακός ωρολογοποιού

lous-e (laus): *(n)* ψείρα ‖ κοπρίτης, παλιάνθρωπος *(id)* ‖ [-d]: *(v)* χαλάω τη δουλειά ‖ **~y**: *(adj)* ψειριάρης ‖ βρώμικος, πρόστυχος ‖ κατώτερης ποιότητας

lout (laut): *(n)* μπουνταλάς ‖ άξεστος ‖ **~ish**: *(adj)* μπουνταλάδικος

lovable: **see loveable**

lov-e (lʌv) [-d]: *(v)* αγαπώ ‖ *(n)* αγάπη ‖ έρωτας ‖ αγαπημένος, αγαπημένο πρόσωπο ‖ μηδέν στο τένις ‖ ~**e affair**: *(n)* ερωτικός δεσμός, ερωτική υπόθεση ‖ **~eless**: *(adj)* ανέραστος ‖ που δεν έχει αγαπηθεί, χωρίς αγάπη ‖ **~ely**: *(adj)* γεμάτος αγάπη ‖ όμορφος, χαριτωμένος ‖ αξιαγάπητος ‖ **~eable**: *(adj)* αξιαγάπητος ‖ **~emaking**: *(n)* ερωτοτροπία, "φλερτ" ‖ συνουσία ‖ **~er**: *(n)* ερωμένος, ερωμένη ‖ φίλος, εραστής, φανατικός οπαδός ‖ ~eseat: *(n)* κάθισμα για δύο ‖ ~esick: *(adj)* απελπισμένος από έρωτα ‖ **fall in ~e**: *(v)* ερωτεύομαι ‖ **for ~e or money**: με κανένα τρόπο ‖ **make ~e**: *(v)* κάνω έρωτα ‖ ~ing: *(adj)* στοργικός, με αγάπη

low (lou): *(adj)* χαμηλός ‖ κομμένο χαμηλά, "ντεκολτέ" ‖ κατώτερος ‖ ταπεινός, χυδαίος ‖ αδύναμος ‖ με πεσμένο ηθικό ή διάθεση ‖ κρυμμένος ‖ *(adv)* χαμηλά ‖ κατώτερα ‖ ταπεινά ‖ χαμηλόφωνα ‖ *(n)* χαμηλό σημείο ‖ [-ed]: *(v)* μυκώμαι, μουγκρίζω ‖ *(n)* μυκηθμός, μούγκρισμα ‖ ~ **born**: *(adj)* ταπεινής καταγωγής ‖ ~**boy**: *(n)* σιφονιέρα ‖ ~**bred**: *(adj)* χυδαίος, χωρίς ανατροφή ‖ ~**brow**: *(n)* άνθρωπος ακαλλιέργητος ‖ ~ **down**: *(n)* όλα τα στοιχεία, όλη την ιστορία, όλη την περιγραφή ‖ ~**er** [-ed]: *(v)* χαμηλώνω ‖ κατεβάζω, κάνω κατώτερο ‖ *(adj)* χαμηλότερος ‖ κατώτερος ‖ ~**er-case**: *(adj)* μικρά, όχι κεφαλαία ‖ ~**ermost**: *(adj)* ο πιο χαμηλός ‖ ~**est**: *(adj)* ο πιο χαμηλός ή ταπεινός απ' όλους ‖ ~**key**: *(adj)* χαμηλής έντασης ‖ ~**ly**: *(adj)* ταπεινός ‖ *(adv)* ταπεινά ‖ ~**minded**: *(adj)* ταπεινού χαρακτήρα ‖ ~ **necked**: *(adj)* "ντεκολτέ" ‖ ~ **pitched**: *(adj)* χαμηλού τόνου ‖ με ελαφρά κλίση, όχι απότομος ‖ ~ **profile**: *(n)* αφανής ‖ ~ **spirited**: *(adj)* άκεφος ‖ ~**tide**: *(n)* άμπωτη

loyal (΄loiəl): *(adj)* νομοταγής ‖ πιστός, αφοσιωμένος ‖ ~**ist**: *(n)* κυβερνητικός οπαδός ‖ ~**ty**: *(n)* πίστη, αφοσίωση

lozenge (΄lɔzindz): *(n)* παστίλια

LSD (elesdi): *(n)* ναρκωτικό ελ-εσ-ντι

lubber (΄lʌbər): *(n)* άγαρμπος, μπουντάλας

lubric-ant (΄lu:brikənt): *(n)* λιπαντικό ‖ μεσάζων σε διαφορά, ειρηνοποιός ‖ ~**ate** [-d]: *(v)* λιπαίνω, λαδώνω ‖ ~**ation**: *(n)* λίπανση, λάδωμα

lucid (΄lu:sid): *(adj)* σαφής, καθαρός ‖ ~**ness, ~ity**: *(n)* σαφήνεια, καθαρότητα ‖ ~**ly**: *(adv)* σαφώς, καθαρά

Lucifer (΄lu:səfər): Σατανάς ‖ *(n)* αυγερινός

luck (lʌk): *(n)* τύχη ‖ ~**ily**: *(adv)* ευτυχώς ‖ ~**less**: *(adj)* άτυχος ‖ ~**y**: *(adj)* τυχερός ‖ **down on one's ~**: έχω κακοτυχία, έχω "γκίνια"

lucrative (΄lu:krətiv): *(adj)* επικερδής

ludicrous (΄lu:dikrəs): *(adj)* γελοίος ‖ γελοία παράξενος

lug (lʌg) [-ged]: *(v)* τραβώ δύσκολα, σέρνω με δυσκολία ‖ προχωρώ δύσκολα ή βαριά ‖ *(n)* σύρσιμο, τράβηγμα ‖ εκβιασμός *(id)* ‖ μπουνταλάς *(id)*

luggage (΄lʌgidz): *(n)* αποσκευές

lugubrious (lu΄gu:bri:əs): *(adj)* πένθιμος, θλιβερός

lukeworm (΄lu:kwə:rm): *(adj)* χλιαρός ‖ χωρίς ενθουσιασμό, "χλιαρός"

lull (lʌl) [-ed]: *(v)* νανουρίζω ‖ κερδίζω εμπιστοσύνη απατηλά, "κοιμίζω" ‖ καθησυχάζω ‖ *(n)* ανάπαυλα ‖ γαλήνη ‖ ~**aby**: *(n)* νανούρισμα ‖ [-ied]: *(v)* νανουρίζω ‖ καθησυχάζω

lulu (΄lu:lu:): *(n)* εξαιρετικό, περίφημο *(id)*

lumb-ago (lʌm΄beigou): *(n)* οσφυαλγία ‖ ~**ar**: *(adj)* οσφυϊκός

lumber (΄lʌmbər): *(n)* ξυλεία ‖ αποθηκευμένο υλικό ή άχρηστο υλικό ‖ [-ed]: *(v)* ετοιμάζω κατεργασμένη ξυλεία ‖ περπατώ βαριά και άχαρα ‖ κινούμαι με θόρυβο ‖ ~**jack**: *(n)* ξυλοκόπος ‖ χοντρό μπουφάν ‖ ~**yard**: *(n)* αποθήκη κατεργ. ξυλείας

lumin-ance (΄lu:mənəns): *(n)* φωτεινότητα, λάμψη ‖ ~**ary**: *(n)* φωτεινό σώμα ‖ φωστήρας ‖ ~**escence**: *(n)* φωτοβολία ‖ ~**escent**: *(adj)* φωτοβόλος ‖ ~**osity**: *(n)* φωτεινότητα ‖ ~**ous**: *(adj)* φωτεινός

lummox (΄lʌməks): *(n)* μπουνταλάς, μπουμπούνας

lump (lʌmp): *(n)* όγκος, εξόγκωμα ‖ "καρούμπαλο" ‖ σβόλος, βόλος, κομμάτι ‖ ομάδα, σύνολο ‖ μπουνταλάς ‖ [-ed]: *(v)* συσσωρεύω ‖ σβολιάζω ‖ περπατώ αδέξια ‖ ~**er**: *(n)* λιμενεργάτης, φορτοεκφορτωτής ‖ ~**ish**: *(adj)* βλάκας ‖ ~**sum**: *(n)* πληρωμή σε μία δόση, ολόκληρη πληρωμή ‖ ~**y**: *(adj)* γεμάτος όγκους ή εξογκώματα ‖ σβο-

220

λιασμένος

luna-cy (´lu:nəsi:): *(n)* παραφροσύνη, τρέλα ‖ **~r:** *(adj)* σεληνιακός ‖ **~te, ~ted:** *(adj)* μηνοειδής ‖ **~tic:** *(n & adj)* παράφρονας, τρελός

lunch (lʌntʃ): *(n)* μεσημεριανό γεύμα ‖ [-ed]: *(v)* γευματίζω ‖ **~eon:** *(n)* γεύμα ‖ **~eonette:** *(n)* εστιατόριο ταχύτατου σερβιρίσματος

lung (lʌŋ): *(n)* πνεύμονας ‖ **~er:** *(n)* φυματικός

lunge (lʌndz) [-d]: *(v)* ορμώ ή χτυπώ ξαφνικά και απότομα ‖ *(n)* απότομο ή ξαφνικό χτύπημα ή κίνηση προς τα εμπρός ‖ ξιφισμός

lupine (´lu:pən): *(n)* λούπινο ‖ (´lu:pain): *(adj)* άγριος, αρπακτικός, σαν λύκος

lurch (lə:rtʃ) [-ed]: *(v)* τρικλίζω ‖ κλυδωνίζομαι ‖ τραντάζομαι ‖ *(n)* τρίκλισμα ‖ κλυδωνισμός ‖ **in the ~:** στα κρύα του λουτρού

lure (lu:r) [-d]: *(v)* δελεάζω ‖ παγιδεύω ‖ *(n)* δόλωμα ‖ δελέασμα, παγίδα

lurid (´lurid): *(adj)* φρικτός, απαίσιος ‖ χλωμός

lurk (lə:rk) [-ed]: *(v)* παραμονεύω, ενεδρεύω

luscious (´lʌʃəs): *(adj)* εύγευστος ‖ προκλητική, ζουμερή

lush (lʌʃ): *(adj)* πλούσιος σε βλάστηση ‖ πολυτελέστατος ‖ γλυκός ‖ *(n)* μπεκρής

lust (lʌst) [-ed]: *(v)* επιθυμώ σεξουαλικά ‖ εποφθαλμιώ, επιθυμώ πολύ ‖ *(n)* σεξουαλική επιθυμία ‖ σφοδρή επιθυμία ‖ **~ful:** *(adj)* λάγνος

luster (´lʌstər): *(n)* λάμψη, στιλπνότητα, γυάλισμα, γυαλάδα

lusty (´lʌsti:): *(adj)* δυνατός ‖ σφριγηλός ‖ λάγνος

lute (´lu:t): *(n)* λαγούτο

luxur-iant (lʌg´zu:ri:ənt): *(adj)* άφθονος, πλούσιος ‖ **~iate** [-d]: *(v)* αυξάνω σε αφθονία ‖ περνώ με πολυτέλεια ‖ απολαμβάνω κάτι ‖ **~ious:** *(adj)* πολυτελής ‖ **~y:** (´lʌgzəri:, ´lʌkʃəri:): *(n)* πολυτέλεια

lying (´laiiŋ): *(adj)* ψεύτης ‖ ψευδόμενος ‖ ξαπλωμένος, κείμενος

lymph (limf): *(n)* λέμφος ‖ **~atic:** *(adj)* λυμφατικός

lynch (lintʃ) [-ed]: *(v)* λιντσάρω ‖ **~ing:** *(n)* λιντσάρισμα

lyre (lair): *(n)* λύρα

lyric (´lirik): *(adj)* λυρικός ‖ πολύ ενθουσιώδης ‖ *(n)* λυρικό ποίημα ή τραγούδι ‖ **~ist:** *(n)* λυρικός ποιητής ‖ **~ism:** *(n)* λυρισμός (or: lyrism) ‖ **~s:** *(n)* λόγια τραγουδιού

M

M, m (em): Το 13ο γράμμα του Αγγλικού αλφαβήτου

ma (ma:, mə:): *(n)* μαμάκα

mac: see mackintosh

macabre (mə´ka:bər): *(adj)* μακάβριος

macadam (mə´kædəm): *(n)* λιθόστρωτο

macaroni (mækə´rouni:): *(n)* μακαρόνια ‖ **~c:** *(adj)* γλώσσα πομπώδης και λανθασμένη, ''μακαρονίζουσα''

macaroon (mækə´ru:n): *(n)* αμυγδαλωτό

macaw (mə´kə:): *(n)* παπαγάλος

mace (meis): *(n)* κεφαλοθραύστης, ρόπαλο ‖ ράβδος ‖ μοσχοκάρυδο

macerate (´mæsəreit) [-d]: *(v)* λιώνω, διαλύω ‖ αδυνατίζω, ισχναίνω

machete (mə´ʃeti:): *(n)* μάχαιρα

machin-ate (´mæʃineit) [-d]: *(v)* μηχανορραφώ, δολοπλοκώ ‖ **~ation:** *(n)* μηχανορραφία, δολοπλοκία ‖ **~e** (mə´ʃi:n): *(n)* μηχανή ‖ [-d]: *(v)* επεξεργάζομαι ή κόβω με μηχανή ‖ **~e gun:** *(n)* πολυβόλο ‖ **~e language:** *(n)* κώδικες ηλεκτρονικού εγκεφάλου ‖

machismo

~ery: *(n)* μηχανισμός ‖ μηχανές, μηχανήματα ‖ ~ist: *(n)* μηχανοτεχνίτης ‖ μηχανουργός

mach-ismo (maˊtʃiːzmo): *(n)* υπερβολική ανδροπρέπεια ‖ ~o: *(adj)* υπερβολικά ανδροπρεπής

mackerel (ˊmækərəl): *(n)* κολιός

mackinaw (ˊmækənə): *(n)* βραχεία, κοντή χλαίνη

mackintosh (ˊmækintəʃ): *(n)* αδιάβροχο

macrocosm (ˊmækroukəzəm): *(n)* μακρόκοσμος, σύμπαν

mad (mæd): *(adj)* τρελός ‖ λυσσασμένος ‖ έξαλλος, εξαγριωμένος ‖ ξετρελαμένος ‖ ~ cap: *(α)* απερίσκεπτος, επιπόλαιος ‖ ~den [-ed]: *(v)* τρελαίνω ‖ ~dening: *(adj)* που ξετρελαίνει, φοβερός, εκνευριστικός ‖ ~ly: *(adv)* τρελά, ξέφρενα ‖ ~man: *(n)* τρελός ‖ ~ness: *(n)* τρέλα

madam (ˊmædəm): *(n)* κυρία

made: see make ‖ ~ to order: επί παραγγελία ‖ κατάλληλο, ταιριαστό ‖ ~ up: *(adj)* φανταστικός, τεχνητός, ''φτιαστός'', επινοημένος ‖ φτιασιδωμένος

Madonna (məˊdɒnə): *(n)* Παναγία

maelstrom (ˊmeilstrəm): *(n)* κυκλώνας

Mafia (ˊmaːfiːə): *(n)* Μαφία

magazine (ˊmægəziːn): *(n)* αποθήκη, πολεμοφοδίων ‖ θαλάμη όπλου ‖ περιοδικό

magenta (məˊdzentə): *(adj)* ζωηρό κόκκινο

maggot (ˊmægət): *(n)* σκουλήκι ‖ ~y: *(adj)* σκουληκιασμένος

magi (ˊmeidzai): *(n)* οι Μάγοι ‖ ~c (ˊmædzik): *(n)* μαγεία ‖ *(adj)* μαγικός ‖ ~cal: *(adj)* μαγικός ‖ ~cian (məˊdziʃən): *(n)* μάγος ‖ ταχυδακτυλουργός

magistrate (ˊmædzistreit): *(n)* ειρηνοδίκης ‖ δικαστικός

magnanim-ity (mægnəˊnimiti:): *(n)* μεγαλοψυχία ‖ ~ous: *(adj)* μεγαλόψυχος

magnate (ˊmægneit): *(n)* μεγιστάνας

magnet (ˊmægnit): *(n)* μαγνήτης ‖ ~ic: *(adj)* μαγνητικός ‖ ~ism: *(n)* μαγνητισμός ‖ ~ize [-d]: *(v)* μαγνητίζω ‖ ~o: *(n)* μανιατό

magnif-ication (mægnifiˊkeiʃən): *(n)* μεγέθυνση ‖ ~icence (mæˊgnifisəns): *(n)* μεγαλοπρέπεια ‖ ~icent: *(adj)* μεγαλοπρεπής ‖ έξοχος, εξαίρετος ‖ ~ier: *(n)* μεγεθυντικός φακός ‖ ~y (ˊmægnifai) [-ied]: *(v)* μεγεθύνω ‖ ~ying glass: *(n)* μεγεθυντικός φακός

magnitude (ˊmægnituːd): *(n)* μέγεθος ‖ σπουδαιότητα

magnolia (mægˊnouljə): *(n)* μανόλια

magpie (ˊmægpai): *(n)* κίσσα, ''καρακάξα''

mahara-jah (maːhəˊraːdza): *(n)* μαχαραγιάς ‖ ~ni: *(n)* μαχαρανή

mahogany (məˊhɒgəni:): *(n)* μαόνι

maid (meid): *(n)* κοπέλα, κορίτσι ‖ παρθένος ‖ υπηρέτρια ‖ ~en: *(n)* κοπέλα ‖ παρθένος ‖ *(adj)* παρθενικός ‖ ~enhair: *(n)* φτέρη ‖ ~enhood: *(n)* παρθενία ‖ ~en name: *(n)* οικογενειακό όνομα ‖ ~ in waiting: *(n)* δεσποινίς των τιμών ‖ ~ of honor: *(n)* παράνυμφος ‖ δεσποινίς των τιμών ‖ ~servant: *(n)* υπηρέτρια ‖ ~en voyage: *(n)* παρθενικό ταξίδι

mail (meil): *(n)* ταχυδρομείο ‖ επιστολές, γράμματα, προσωπικό ταχυδρομείο ‖ *(adj)* ταχυδρομικός ‖ *(n)* αλυσιδωτός θώρακας ‖ [-ed]: *(v)* ταχυδρομώ ‖ ~bag: *(n)* ταχυδρομικός σάκος ‖ ~box: *(n)* γραμματοκιβώτιο ‖ ~car: *(n)* όχημα ταχυδρομείο ‖ ~ carrier, ~man: *(n)* ταχυδρόμος ‖ ~ clerk: *(n)* διεκπεραιωτής ‖ ~ drop: *(n)* ταχυδρομική θυρίδα ‖ ~ order: *(n)* ταχυδρομική εντολή

maim (meim) [-ed]: *(v)* ακρωτηριάζω

main (mein): *(adj)* κύριος, κυριότερος, πρωτεύων ‖ *(n)* κύριο μέρος ή σημείο ‖ κεντρικός αγωγός ‖ φυσική δύναμη ‖ in the ~: κυρίως ‖ στο σύνολο ‖ ~ drag: *(n)* κεντρικός δρόμος *(id)* ‖ ~land: *(n)* ηπειρωτική χώρα ‖ ~line: *(n)* κεντρική σιδ. γραμμή ‖ ~ly: *(adv)* κυρίως ‖ ~stay: *(n)* σκοινί καταρτιού ‖ κύριο στήριγμα ‖ ~street: *(n)* κεντρική οδός πόλης

maintain (meinˊtein) [-ed]: *(v)* διατηρώ ‖ συντηρώ ‖ υποστηρίζω

maintenance (ˊmeintənəns): *(n)* συντή-

222

συντήρηση ‖ διατήρηση ‖ υποστήριξη
maitre d': see maitre d'hotel
maitre d'hotel (´metr dou´tel): *(n)* αρχισερβιτόρος ‖ αρχιοικονόμος
maize (meiz): *(n)* καλαμπόκι ‖ *(adj)* ανοιχτό κίτρινο
majest-ic (mə´dzestik), **~ical**: *(adj)* μεγαλοπρεπής, μεγαλειώδης ‖ **~y** (´mædzisti:): *(n)* μεγαλείο ‖ **M~y**: *(n)* μεγαλειότητα (τίτλος)
major (´meidzər): *(adj)* σπουδαιότερος, ανώτερος ‖ σε νόμιμη ηλικία ‖ πανεπιστημιακός κλάδος, ειδίκευση ‖ *(n)* ταγματάρχης ‖ επισημηναγός ‖ [-ed]: *(v)* παρακολουθώ ειδικό πανεπιστημιακό κλάδο ‖ ~ **general**: *(n)* υποστράτηγος ‖ υποπτέραρχος ‖ **~ity** (mə´dzɔ:riti:): *(n)* πλειοψηφία ‖ πλειονότητα
make (meik) [made, made]: *(v)* κάνω ‖ κατασκευάζω, φτιάχνω ‖ υποχρεώνω, αναγκάζω, ''κάνω'' ‖ κερδίζω, ''κάνω'' ‖ *(n)* κατασκευή, φτιάσιμο ‖ κατασκευή, είδος κατασκευής, τύπος ‖ είδος, τύπος, ''μάρκα'' ‖ ~**a face**: *(v)* κάνω γκριμάτσες ‖ ~ **away with**: *(v)* αρπάζω και φεύγω ‖ ~ **believe**: *(v)* προσποιούμαι, υποκρίνομαι ‖ ~ **believe**: *(adj)* προσποιητός, ψεύτικος ‖ ~ **do**: *(v)* τα καταφέρνω, αρκούμαι ‖ ~**r**: *(n)* κατασκευαστής ‖ εκδότης γραμματίου ‖ δημιουργός ‖ ~ **eyes**: *(v)* κάνω γλυκά μάτια, γλυκοκοιτάζω ‖ ~ **good**: *(v)* πετυχαίνω ‖ ~ **love**: *(v)* κάνω έρωτα ‖ ~ **out**: *(v)* διακρίνω ‖ καταλαβαίνω ‖ συντάσσω, γράφω ‖ τα βγάζω πέρα, τα καταφέρνω ‖ ~ **over**: *(v)* ανανεώνω, ξαναφτιάχνω ‖ μεταβιβάζω ‖ ~ **shift**: *(v)* αυτοσχέδιο, πρόχειρο ‖ ~ **time**: *(v)* πάω γρήγορα ‖ ~ **up**: *(v)* βάζω μακιγιάζ ‖ *(n)* μακιγιάζ ‖ *(v)* συμφιλιώνομαι ‖ ~ **way**: *(v)* ανοίγω δρόμο, παραμερίζω ‖ ~ **work**: *(n)* αργομισθία, δουλειά χωρίς καμιά αξία ή νόημα
maladjusted (´mælə´dzʌstid): *(adj)* απροσάρμοστος
maladroit (´mælə´droit): *(adj)* αδέξιος ‖ αγενής, χωρίς ''τακτ''
mal-ady (´mælədi:): *(n)* ασθένεια ‖

~aise (mæ´leiz): *(n)* αδιαθεσία ‖ κακοδιαθεσία ‖ **~aria** (mə´leəri:ə): *(n)* ελονοσία
Malay (´meilei): *(n)* Μαλαίσιος ‖ **~sia**: *(n)* Μαλαισία
malcontent (´mælkəntent): *(adj)* δυσαρεστημένος
male (meil): *(adj)* αρσενικός ‖ *(n)* άρρην
male-diction (´mælə´dik∫ən): *(n)* κατάρα ‖ συκοφαντία ‖ **~factor** (´mæləfæktər): *(n)* κακοποιός ‖ **~ficence** (mə´levələns): *(n)* κακότητα ‖ **~volence** (mə´levələns): *(n)* κακία ‖ μοχθηρία ‖ **~volent**: *(adj)* κακός, μοχθηρός ‖ κακόβουλος
malform-ation (mælfɔ:r´mei∫ən): *(n)* δυσμορφία ‖ **~ed**: *(adj)* δύσμορφος
malfunction (mæl´fuŋk∫ən) [-ed]: *(v)* δεν λειτουργώ, δεν παίρνω μπρος ‖ λειτουργώ ελαττωματικά ‖ *(n)* ελαττωματική λειτουργία
malic-e (´mælis): *(n)* κακία ‖ κακεντρέχεια ‖ **~ious**: *(adj)* κακός, κακεντρεχής ‖ **~iousness**: *(n)* κακεντρέχεια
malign (mə´lain) [-ed]: *(v)* κακολογώ ‖ *(adj)* κακός, κακόβουλος ‖ **~ancy** (mə´lignənsi): *(n)* κακοήθεια ‖ **~ant**: *(adj)* κακοήθης ‖ **~ity**: *(n)* κακοβουλία, κακεντρέχεια
malinger (mə´liŋgər) [-ed]: *(v)* κάνω τον άρρωστο
mall (mæl, mɔ:l): *(n)* κλειστή αγορά ‖ δεντροστοιχία
malleable (´mæli:əbəl): *(adj)* ελατός, ευκολόπλαστος ‖ ευκολόπιστος, εύπλαστος
mallet (´mælit): *(n)* ξύλινο σφυρί ‖ μπαστούνι του ''πόλο''
malnutrition (mælnu:´tri∫ən): *(n)* υποσιτισμός
malodorous (mæ´loudərəs): *(adj)* δύσοσμος
malpractice (mæl´præktis): *(n)* κατάχρηση εξουσίας ‖ κακή θεραπεία
malt (mɔ:lt): *(n)* ψημένο κριθάρι ζυθοποιίας, βύνη
Malta (´mɔ:ltə): *(n)* Μάλτα
maltreat (mæl´tri:t) [-ed]: *(v)* κακομεταχειρίζομαι

malversation

malversation (mælvər´seiʃən): *(n)* δημόσια ατασθαλία
mama (´ma:mə, mə´ma:): *(n)* μαμά, μητέρα
mammal (´mæməl): *(n)* μαστοφόρο ζώο, θηλαστικό
mammoth (´mæməθ): *(n)* μαμούθ ‖ *(adj)* πελώριος
mammy (´mæmi:): *(n)* μαμάκα
man (mæn): *(n)* άντρας ‖ άνθρωπος ‖ [-ned]: *(v)* επανδρώνω ‖ **be one's own ~**: *(v)* είμαι ανεξάρτητος ή αμερόληπτος ‖ **to a ~**: όλοι χωρίς εξαίρεση ‖ **~ about town**: κοσμοπολίτης ‖ **~ Friday**: *(n)* υπηρέτης ή υπάλληλος για όλες τις δουλειές
manacle (´mænəkəl): *(n)* χειροπέδη ‖ δεσμά ‖ [-d]: *(v)* δένω, αλυσοδένω
manage (´mænidz) [-d]: *(v)* διευθύνω, διοικω ‖ χειρίζομαι, διαχειρίζομαι ‖ καταφέρνω ‖ **~able**: *(adj)* ευκολοκατάφερτος ‖ ευκολοχείριστος ‖ **~ment**: *(n)* διεύθυνση, διοίκηση ‖ χειρισμός ‖ διαχείριση ‖ **~r**: *(n)* διαχειριστής ‖ διευθυντής ‖ αθλητικός ''μάνατζερ'' ‖ **~rial**: *(adj)* διευθυντικός, της διοίκησης
mandarin (´mændərin): *(n)* μανδαρίνος ‖ **~orange**: μανταρίνι
mandat-e (´mændeit): *(n)* εντολή ‖ **~ory**: *(adj)* υποχρεωτικός ‖ επιτακτικός
mandible (´mændəbəl): *(n)* σιαγόνα
mandolin (´mændəlin): *(n)* μαντολίνο
mandrake (´mændreik): *(n)* μανδραγόρας
mane (mein): *(n)* χαίτη
maneuver, manoeuvre (mə´nu:vər): *(n)* ελιγμός, ''μανούβρα'' ‖ στρατιωτικός ελιγμός ‖ [-ed]: *(v)* ελίσσομαι, ''μανουβράρω'' ‖ **~s**: *(n)* στρατιωτικές ασκήσεις
manful (´mænfəl): *(adj)* ανδροπρεπής ‖ γενναίος ‖ **~ly**: *(adv)* γενναία, με θάρρος
mange (´meindz): *(n)* ψώρα
manger (´meindzər): *(n)* φάτνη
mangle (´mæŋgəl) [-d]: *(v)* πετσοκόβω, κομματιάζω ‖ χαλάω
mango (´mæŋgou): *(n)* μάγκο

mangy (´meindzi:): *(adj)* ψωραλέος, ψωριάρης
manhandle (mæn´hændəl) [-d]: *(v)* κακομεταχειρίζομαι, φέρνομαι άγρια ‖ χειρίζομαι
manhole (´mænhoul): *(n)* στόμιο υπονόμου ‖ φρεάτιο εισόδου ή ελέγχου
manhood (´mænhud): *(n)* ανδρική ηλικία ‖ ανδροπρέπεια ‖ άνδρες
man-hour (´mænauər): *(n)* ωριαία εργασία κατ' άτομο
manhunt (´mænhʌnt): *(n)* ανθρωποκυνηγητό
mania (´meiniə): *(n)* μανία ‖ **~c**: *(n)* μανιακός ‖ **~cal**: *(adj)* μανιακός, τρελός
manicure (´mænikju:r): *(n)* μανικιούρ ‖ [-d]: *(v)* κάνω μανικιούρ ‖ περιποιούμαι ή κόβω φυτά ή φράχτη
manifest (´mænəfest) [-ed]: *(v)* επιδεικνύω ‖ εκδηλώνω ‖ κάνω εμφανή, αποδεικνύω ‖ *(adj)* έκδηλος, φανερός ‖ κατάλογος επιβατών ή φορτίου ‖ ταχεία εμπορική αμαξοστοιχία ‖ **~ation**: *(n)* εκδήλωση, φανέρωμα, παρουσία ‖ **~o**: *(n)* διακήρυξη, ''μανιφέστο''
manifold (´mænəfould): *(adj)* πολλαπλός ‖ ποικίλος ‖ *(n)* αντίτυπο
manipulat-e (mə´nipjəleit) [-d]: *(v)* χειρίζομαι ‖ αλλοιώνω, παραποιώ ‖ **~ion**: *(n)* χειρισμός ‖ παραποίηση
mankind (´mænkaind): *(n)* ανθρωπότητα ‖ άντρες
manl-iness (´mænlinis): *(n)* ανδροπρέπεια, ανδρισμός ‖ **~y**: *(adj)* ανδροπρεπής
mannequin (´mænikin): *(n)* κούκλα ράφτη ή μοδίστρας ή καταστήματος ‖ μοντέλο
manner (´mænər): *(n)* τρόπος ‖ συμπεριφορά ‖ **~s**: καλοί τρόποι, συμπεριφορά ‖ **~ed**: *(adj)* τεχνητός, ψεύτικος ‖ **~ism**: *(n)* ιδιαίτερη συμπεριφορά, τρόπος ‖ ιδιορρυθμία ‖ **~ly**: *(adj)* με καλούς τρόπους
manoeuvre: see maneuver
man-of-war (´mænə´wər): *(n)* πολεμικό πλοίο
manor (´mænər): *(n)* φέουδο, ''τσιφλί-

224

κι'' ‖ μέγαρο, ''αρχοντικό''

manpower (´mænpauər): *(n)* ανδρικό δυναμικό

manservant (´mænsə:rvənt): *(n)* υπηρέτης

mansion (´mænʃən): *(n)* μέγαρο

manslaughter (mæn´slɔ:tər): *(n)* ανθρωποκτονία

mantel (´mæntəl), **~piece**: *(n)* γείσωμα τζακιού

mantle (´mæntəl): *(n)* μανδύας ‖ [-d]: *(v)* καλύπτω

manual (´mænju:əl): *(adj)* χειροκίνητος ‖ χειρωνακτικός ‖ *(n)* εγχειρίδιο

manufacture (mænjə´fæktʃər) [-d]: *(v)* κατασκευάζω βιομηχανικά ή μηχανικά ‖ επινοώ ‖ *(n)* βιομηχανική κατασκευή ‖ βιομηχανία ‖ **~r**: *(n)* βιομήχανος ‖ εργοστασιάρχης

manure (mə´nu:r): *(n)* κοπριά

manuscript (´mænjəskript): *(n)* χειρόγραφο

many (´mæni): *(adj)* πολλοί ‖ *(n)* οι πολλοί ‖ **how ~**: πόσοι

map (mæp): *(n)* χάρτης ‖ ''φάτσα'' *(id)* ‖ [-ped]: *(v)* χαρτογραφώ ‖ **wipe off the ~**: εξαλείφω, καταστρέφω

maple (´meipəl): *(n)* σφένδαμος

mar (ma:r) [-red]: *(v)* παραμορφώνω ‖ χαλάω, καταστρέφω εμφάνιση ‖ *(n)* κηλίδα

marathon (´mærəthən): *(n)* μαραθώνιος

maraud (mə´rɔ:d) [-ed]: *(v)* κάνω επιδρομή ‖ λεηλατώ ‖ **~er**: *(n)* επιδρομέας, ''πλιατσικολόγος''

marble (´ma:rbəl): *(n)* μάρμαρο ‖ βόλος, ''κοϊνάκι'', ''μπίλια'' ‖ **~s**: *(n)* παιχνίδι, μπίλιες, βόλοι ‖ **lose one's ~s**: *(v)* ''μου στρίβει''

march (ma:rtʃ) [-ed]: *(v)* βαδίζω στρατιωτικά ‖ *(n)* στρατιωτικό βάδισμα ‖ πορεία ‖ εμβατήριο ‖ σύνορο ‖ **~land**: *(n)* παραμεθόριος

March (ma:rtʃ): *(n)* Μάρτιος

marchioness (´ma:rʃənis): *(n)* μαρκησία

mare (meər): *(n)* φοράδα ‖ *(n)* (´ma:rei): *(n)* θάλασσα σελήνης ‖ **~'s nest**: *(n)* απάτη

margarin (´ma:rdzərin), **-e**: *(n)* μαργαρίνη

margin (´ma:rdzən): *(n)* περιθώριο ‖ **~al**: *(adj)* περιθωριακός ‖ ελάχιστος, ''μίνιμουμ''

marigold (´mærəgould): *(n)* χρυσάνθεμο

mari-juana, **~huana** (mærə´wa:nə): *(n)* μαριχουάνα

marina (mə´ri:nə): *(n)* αγκυροβόλιο, ''μαρίνα''

marina-de (´mærə´neid): *(n)* σάλτσα ''μαρινάτη'' ‖ **~te** [-d]: *(v)* ''μαρινάρω''

marine (mə´ri:n): *(adj)* ναυτικός ‖ θαλάσσιος, θαλασσινός ‖ πεζοναυτικός ‖ *(n)* ναυτικό ‖ πεζοναύτης ‖ **~r**: *(n)* ναυτικός

marionette (´mæri:ə´net): *(n)* ανδρείκελο, ''μαριονέτα''

marital (´mærətəl): *(adj)* γαμήλιος ‖ συζυγικός

maritime (´mærətaim): *(adj)* ναυτικός ‖ θαλάσσιος

marjoram (´ma:rdzərəm): *(n)* μαντζουράνα

mark (ma:rk): *(n)* σημάδι ‖ στίγμα ‖ ''μάρκα'' ‖ σημείο ‖ βαθμός ‖ ποιότητα ‖ προσοχή ‖ στόχος ‖ αφετηρία ‖ ''χορόϊδο'' *(id)* ‖ [-ed]: *(v)* σημαδεύω, ''μαρκάρω'' ‖ δείχνω, φανερώνω ‖ βαθμολογώ, βάζω βαθμούς ‖ προσέχω, δίνω σημασία ‖ *(n)* μάρκο ‖ **~ed**: *(adj)* βαθμολογημένος ‖ έντονος, φανερός, σαφής ‖ ''μαρκαρισμένος'' ‖ **~edly**: *(adv)* έντονα, φανερά ‖ **~er**: *(n)* δείκτης ‖ μαρκαδόρος ‖ **beside the ~**: άσχετος ‖ **~ up**: *(n)* άνοδος τιμών

market (´ma:rkit): *(n)* αγορά ‖ αγοραπωλησία ‖ ζήτηση προϊόντος ‖ [-ed]: *(v)* προσφέρω για πώληση ‖ κάνω δοσοληψία ή αγοραπωλησία ‖ **~ basket**: *(n)* καλάθι ''σουπερμάρκετ'' ‖ **~place**: *(n)* αγορά ‖ **play the ~**: *(v)* παίζω στο χρηματιστήριο

marksman (´ma:rksmən): *(n)* σκοπευτής ‖ **~ship**: *(n)* σκοπευτική ικανότητα

marmalade (´ma:rməleid): *(n)* μαρμελάδα

marmite (ma:r´mi:t): *(n)* καζάνι μαγειρέματος, ''μαρμίτα''

225

maroon

maroon (mə´ru:n) [-ed]: (v) εγκαταλείπω σε ερημιά ‖ εγκαταλείπω, απομονώνω ‖ σκούρος καστανός, βυσσινής

marquee (ma:r´ki:): (n) τέντα ‖ στέγασμα εισόδου, ''μαρκίζα''

marquis, marquess (´ma:rkwis): (n) μαρκήσιος

marr-iage (´mæridz): (n) γάμος ‖ **~ied**: (n) έγγαμος ‖ **get ~ied**: (v) παντρεύομαι

marrow (´mærou): (n) μεδούλι ‖ ~ **squash**: (n) κολοκύθι

marry (´mæri) [-ied]: (v) παντρεύω ‖ παντρεύομαι

Mars (´ma:rz): (n) Άρης

marsh (ma:rʃ): (n) έλος, βαλτότοπος ‖ **~y**: (adj) ελώδης, βαλτώδης

marshal (´ma:rʃəl): (n) αρχηγός αστυνομίας ή πυροσβ. υπηρεσίας ‖ δικαστικός κλητήρας ‖ τελετάρχης ‖ [-ed]: (v) συγκεντρώνω, παρατάσσω

marsupial (ma:r´su:pi:əl): (n) μαρσιποφόρο

mart (ma:rt): (n) αγορά, παζάρι

martial (´ma:rʃəl): (adj) πολεμικός ‖ στρατιωτικός ‖ **court ~**: στρατοδικείο ‖ (v) δικάζω σε στρατοδικείο ‖ ~ **law**: (n) στρατ. νόμος

martin (´ma:rtin): (n) πετροχελίδονο

martyr (´ma:rtər): (n) μάρτυρας ‖ [-ed]: (v) μαρτυρώ, βασανίζομαι ‖ **~dom**: (n) μαρτυρία, βασανιστήριο, μαρτύριο

marvel (´ma:rvəl): (n) θαύμα ‖ [-ed]: (v) θαυμάζω ‖ απορώ ‖ **~ous**: (adj) θαυμάσιος

Marx-ism (´ma:rksizəm): (n) Μαρξισμός ‖ **~ist**: (n) μαρξιστής

mascara (mæs´kærə): (n) φτιασίδι, ''μάσκαρα''

mascot (´mæskət): (n) μασκότ

masculine (´mæskjəlin): (adj) αρσενικός ‖ ανδροπρεπής ‖ **~ity**: (n) ανδρισμός

maser (´meizər): (n) ''μέιζερ''

mash (meʃ) [-ed]: (v) κάνω πολτό ‖ (n) πολτός ‖ **~ed potatoes**: (n) πουρές ‖ **~er**: (n) χτυπητήρι ‖ ''χορτάκιας'' (id)

mask (mæsk): (n) προσωπίδα, μάσκα ‖ προσωπείο, ψεύτικη εμφάνιση ‖ [-ed]:

(v) σκεπάζω, κρύβω ‖ **~ed**: (adj) προσωπιδοφόρος ‖ κρυμμένος, σκεπασμένος

masoch-ism (´mæsəkizəm): (n) μαζοχισμός ‖ **~ist**: (n) μαζοχιστής

mason (´meisən): (n) τέκτονας, κτίστης ‖ μασόνος ‖ **~ic**: (adj) τεκτονικός, μασονικός ‖ **~ry**: (n) λιθοδομή

masquerade (´mæskəreid): (n) μεταμφίεση, ''μασκαράτα'' ‖ [-d]: (v) μεταμφιέζομαι ‖ παριστάνω, υποκρίνομαι

mass (mæs): (n) μάζα ‖ πλήθος, μάζα ‖ **M~**: (n) λειτουργία ‖ [-ed]: (v) σχηματίζω μάζα ‖ μαζεύω, συγκεντρώνω ‖ **~ive**: (adj) ογκώδης ‖ ~ **production**: μαζική παραγωγή

massacre (´mæsəkər) [-d]: (v) σφαγιάζω ‖ (n) σφαγή

massage (mə´sa:z): (n) μάλαξη, ''μασάζ'' ‖ [-d]: (v) μαλάζω, κάνω ''μασάζ''

masseur (mæ´sə:r): (n) ''μασέρ''

mast (mæst): (n) κατάρτι, ιστός ‖ στύλος

master (´mæstər): (n) κύριος, αφέντης ‖ κυβερνήτης εμπορ. πλοίου ‖ νικητής ‖ δάσκαλος ‖ καλός τεχνίτης, ''μάστορας'' ‖ [-ed]: (v) κατανοώ, μαθαίνω τέλεια ‖ εξουσιάζω, είμαι κύριος ‖ **~ful**: (adj) αυταρχικός, δεσποτικός ‖ ειδικός, αριστοτέχνης ‖ **~key**: (n) γενικό κλειδί, αντικλείδι ‖ **~ly**: (adj) αριστοτεχνικός ‖ **~mind** [-ed]: (v) συλλαμβάνω και διευθύνω σχέδιο ‖ (n) ο ιθύνων νους του σχεδίου ‖ **M~ of Arts**: (n) πτυχιούχος θεωρ. επιστημών ‖ ~ **of ceremonies**: (n) κονφερανσιέ ‖ τελετάρχης ‖ **M~ of Science**: (n) πτυχιούχος θετικών επιστημών ‖ **~piece**: (n) αριστούργημα ‖ ~ **stroke**: (n) αριστοτεχνικός χειρισμός ‖ ~ **work**: (n) αριστούργημα ‖ ~ **workman**: (n) αρχιτεχνίτης ‖ **~y**: (n) τέχνη ‖ εξουσία ‖ πλήρης γνώση

mastic (´mæstic): (n) μαστίχα ‖ **~ate** [-d]: (v) μασώ ‖ πολτοποιώ ‖ ~ **tree**: (n) μαστιχόδεντρο

masturbat-e (´mæstərbeit) [-d]: (v) αυνανίζομαι ‖ **~ion**: (n) αυνανισμός, μα-

226

λακία ‖ ~**or**: *(n)* αυνανιστής

mat (mæt): ψάθα ‖ μαντιλάκι τραπεζιού, μικρό τραπεζομάντιλο ‖ χαλί γυμναστηρίου ‖ μπέρδεμα, μπλέξιμο ‖ [-ted]: *(v)* μπερδεύω, μπλέκω ‖ μπερδεύομαι ‖ ~**ted**: *(adj)* μπερδεμένος

matador (ˊmætədər): *(n)* ταυρομάχος (που σκοτώνει τον ταύρο)

match (mætʃ): *(n)* ταίρι, πανομοιότυπο ‖ ίσος, ισοδύναμος ‖ αθλητική συνάντηση, "ματς" ‖ συνοικέσιο, "προξενιά" ‖ σπίρτο ‖ [-ed]: *(v)* ταιριάζω ‖ είμαι ίσος ή ισοδύναμος ‖ εναρμονίζω ‖ εναρμονίζομαι ‖ βάζω σε συναγωνισμό ‖ ~**book**, ~**box**: *(n)* σπιρτοκούτι ‖ ~**less**: *(adj)* απαράμιλλος ‖ ~**maker**: *(n)* προξενητής, προξενήτρα ‖ ~**wood**: *(n)* σπιρτόξυλο ‖ κομματάκια, ψιλά ξυλάκια

mate (meit): *(n)* σύντροφος, ταίρι ‖ συνάδελφος, συνεργάτης ‖ ανθυποπλοίαρχος ή υποπλοίαρχος εμπορ. ναυτικού ‖ "ματ" σκακιού ‖ [-d]: *(v)* ζευγαρώνω ‖ ζευγαρώνομαι ‖ **first** ~, **chief** ~: υποπλοίαρχος εμπ. ναυτικού ‖ **second** ~: *(n)* ανθυποπλοίαρχος εμπ. ναυτικού ‖ ~**y**: *(adj)* κοινωνικός, φιλικός

material (məˊtiəriəl): *(n)* υλικό ‖ ύλη, ουσία ‖ ύφασμα ‖ *(adj)* υλικός ‖ ουσιώδης ‖ ~**ism**: *(n)* υλισμός ‖ ~**ist**: *(n)* υλιστής ‖ ~**istic**: *(adj)* υλιστικός ‖ ~**ize** [-d]: *(v)* υλοποιούμαι ‖ γίνομαι, πραγματοποιούμαι ‖ ~**ization**: *(n)* υλοποίηση ‖ πραγματοποίηση ‖ ~**ly**: *(adv)* υλικά, ουσιαστικά

materiel (mətiriˊel): *(n)* υλικά, εφόδια

matern-al (məˊtə:rnəl): *(adj)* μητρικός ‖ εκ μητρός ‖ ~**ity**: *(n)* μητρότητα ‖ *(adj)* εγκυμοσύνης

maths (mæths): see mathematics

mathemat-ical (mæθəˊmætikəl): *(adj)* μαθηματικός ‖ ~**ic**: *(adj)* μαθηματικός ‖ ~**ically**: *(adv)* μαθηματικά ‖ ~**ician** (mæθəməˊtiʃən): *(n)* μαθηματικός ‖ ~**ics**: *(n)* μαθηματικά

matinee (mætiˊnei): *(n)* απογευματινή παράσταση

matins (ˊmætinz): *(n)* όρθρος

matri-archal (meitriˊa:rkəl): *(adj)* μητριαρχικός ‖ ~**archy**: *(n)* μητριαρχία ‖ ~**cide** (ˊmætrəsaid): *(n)* μητροκτονία ‖ ~**mony** (ˊmætrəmouni:): *(n)* γάμος ‖ ~**monial**: *(adj)* γαμήλιος

matrices: pl. of matrix (see)

matriculat-e (məˊtrikjəleit) [-d]: *(v)* εγγράφομαι σε πανεπιστήμιο ‖ ~**ion**: *(n)* εγγραφή

matrix (ˊmeitriks): *(n)* μήτρα ‖ καλούπι

matron (ˊmeitrən): *(n)* παντρεμένη γυναίκα, κυρία ‖ προϊσταμένη ιδρύματος ‖ ~**ly**: *(adj)* σεβαστός, σεβάσμια

matter (ˊmætər): *(n)* ύλη ‖ ουσία ‖ υπόθεση, θέμα ‖ ζήτημα ‖ απόρριμμα οργανισμού, πύο ή ακαθαρσία ‖ [-ed]: *(v)* έχω σπουδαιότητα ή σημασία ‖ **of course**: λογική σειρά ή αποτέλεσμα ‖ ~ **of-fact**: *(adj)* κατά γράμμα, πεζός, πρακτικός ‖ **what's the ~?**: τι συμβαίνει; τι έπαθες;

matting (ˊmætiŋ): *(n)* θαμπή επιφάνεια, "ματ" ‖ πλέγμα, ψάθα

mattress (ˊmætris): *(n)* στρώμα

matur-ate (ˊmætʃu:reit) [-d]: *(v)* ωριμάζω ‖ εμπυάζω, μαζεύω πύο ‖ ~**ation**: *(n)* ωρίμανση ‖ εμπύηση, "μάζεμα" ‖ ~**e** (məˊtju:r): *(adj)* ώριμος ‖ ληξιπρόθεσμος ‖ [-d]: *(v)* ωριμάζω ‖ λήγω, λήγει η προθεσμία μου ‖ ~**ity**: *(n)* ωρίμανση ‖ λήξη προθεσμίας πληρωμής

maudlin (ˊmɔ:dlin): *(adj)* υπερευαίσθητος ‖ κλαψιάρης

maul (ˊmɔ:l): *(n)* μεγάλο σφυρί, "βαριά" ‖ [-ed]: *(v)* σχίζω ξύλα ‖ καταξεσχίζω ‖ "κοπανάω"

mausoleum (mɔ:səˊli:əm): *(n)* μαυσωλείο

mauve (mouv): *(adj)* μοβ

maverick (ˊmævərik): *(n)* αδέσποτο μοσχάρι ‖ ζώο που ξέκοψε από το κοπάδι ‖ ανεξάρτητος, χωρίς δεσμεύσεις σε κόμμα

mawkish (ˊmɔ:kiʃ): *(adj)* ψευτοευαίσθητος, εκδηλωτικά διαχυτικός ‖ ενοχλητικά και αηδιαστικά διαχυτικός ή ευαίσθητος

maxim (ˊmæksim): *(n)* γνωμικό, ρητό

maxim-al (ˊmæksəməl): *(adj)* μέγιστος

may

‖ ~ize (´mæksəmaiz) [-d]: *(v)* αυξάνω στο μέγιστο ‖ βρίσκω τη μεγίστη τιμή ‖ ~um (´mæksəməm): *(n)* μέγιστον, ''μάξιμουμ'' ‖ *(adj)* μέγιστος ‖ ανώτατος

may (mei) [might]: *(v)* μπορώ ‖ ενδέχομαι, μπορεί να, ίσως να ‖ μου επιτρέπεται να ‖ **~be**: *(adv)* ίσως, μπορεί ‖ **~day**: *(n)* ραδιοτηλεφωνικό σήμα κινδύνου

May (mei): *(n)* Μάϊος ‖ ~ **Day**: *(n)* Πρωτομαγιά

mayhem (´meihəm): *(n)* τραυματισμός εκ προθέσεως ‖ καταστροφή

mayonnaise (meiə´neiz): *(n)* μαγιονέζα

mayor (´meiər): *(n)* δήμαρχος ‖ **~al**: *(adj)* δημαρχιακός ‖ **~alty**: *(n)* δημαρχία ‖ **~ess**: *(n)* δημαρχίνα

maze (meiz): *(n)* λαβύρινθος ‖ κυκεώνας, ανακάτεμα, σύγχυση

mazuma (mə´zu:mə): *(n)* λεφτά, ''μαλλί'' *(id)*

M.C.: see master of ceremonies

M.D. doctor of medicine

M.Day (´emdei): *(n)* ημέρα γενικής επιστράτευσης

me (mi:): *(pron)* εμένα, σ' εμένα

mead (mi:d): *(n)* υδρόμελι, ''σερμπέτι''

meadow (´medou): *(n)* λιβάδι ‖ **~mouse**: *(n)* αρουραίος

meager, meagre (´mi:gər): *(adj)* ισχνός, αδύνατος ‖ πενιχρός

meal (mi:l): *(n)* ψίχα, εσωτερικό κουκουτσιού ‖ αλεύρι, τρίμμα ‖ γεύμα, φαγητό ‖ ~ **ticket**: *(n)* ''χοροίδο'' ‖ **~y**: *(adj)* με βούλες, με στίγματα ‖ **~y-mouthed**: *(adj)* ανειλικρινής, που μιλά με υπεκφυγές

mean (mi:n) [meant, meant]: *(v)* σημαίνω, εννοώ ‖ θέλω να πω, εννοώ ‖ προορίζω ‖ προτίθεμαι, έχω την πρόθεση να ‖ υποδηλώνω ‖ *(adj)* κατώτερος, ταπεινός ‖ κατώτερης ποιότητας ‖ χυδαίος ‖ τσιγκούνης ‖ κακόψυχος, κακός ‖ κακοδιάθετος *(id)* ‖ δύσκολος ‖ μέσος, μεσαίος ‖ *(n)* το μεσαίο σημείο ‖ μέση οδός ‖ **by all** ~s: βεβαιότατα, οπωσδήποτε ναι ‖ **by any** ~s: με κάθε τρόπο ‖ καθόλου ‖ **by** ~s **of**: δια, μέσω του ‖ **by no** ~s: οπωσδήπο-

τε όχι ‖ **~ing**: *(n)* σημασία, έννοια ‖ σκοπός, πρόθεση ‖ **~ingful**: *(adj)* γεμάτος σημασία ‖ σημαντικός ‖ **~ingless**: *(adj)* χωρίς σημασία ή νόημα

meander (mi:´ændər) [-ed]: *(v)* σχηματίζω μαιάνδρους ‖ περιπλανιέμαι άσκοπα ‖ **~s**: *(n)* μαίανδρος, ελικοειδής κοίτη ή οδός

meant: see mean

mean-time (´mi:ntaim), ~ **while** (´mi:nwail): *(adj)* στο μεταξύ

measles (´mi:zəlz): *(n)* ιλαρά ‖ **German** ~: *(n)* ερυθρά

measly (´mi:zli:): *(adj)* πενιχρός, ασήμαντος *(id)*

measur-able (´mezərəbəl): *(adj)* μετρητός ‖ σημαντικός, αξιόλογος ‖ **~e** (´mezər) [-d]: *(v)* μετρώ ‖ αναμετρώ ‖ αναμετρώμαι ‖ *(n)* μέτρο, ''μεζούρα'' ‖ ''μέτρο'' μήκους, βάρους, όγκου κλπ. ‖ μέτρημα ‖ μέτρο, βαθμός ‖ νόμος, μέτρο ‖ **beyond ~e**: απεριόριστος ‖ **for good ~e**: λίγο ακόμη για καλό και για κακό ‖ **~e one's length**: *(v)* πέφτω κάτω ‖ **~ed**: *(adj)* μετρημένος ‖ **~eless**: *(adj)* αμέτρητος ‖ **~ement**: *(n)* μέτρηση ‖ μέτρα, διάσταση

meat (mi:t): *(n)* σάρκα, κρέας ‖ το ''ψαχνό'' ‖ **~ball**: *(n)* κεφτές ‖ βλάκας *(id)* ‖ **~less**: *(adj)* άσαρκος ‖ μέρα νηστείας κρέατος ‖ **~loaf**: *(n)* ρολό κιμά ‖ **~y**: *(adj)* γεμάτος, ''κρεατωμένος'', εύσαρκος

mechan-ic (mi´kænik): *(n)* μηχανοτεχνίτης ‖ *(adj)* μηχανικός ‖ **~ical**: *(adj)* μηχανικός ‖ αυτόματος, ''μηχανικός'' ‖ **~ical engineer**: *(n)* μηχανολόγος ‖ **~ics**: *(n)* μηχανική ‖ **~ism** (´mekənizəm): *(n)* μηχανισμός ‖ **~ist**: *(n)* μηχανοτεχνίτης ‖ **~ize** (´mekənaiz) [-d]: *(v)* μηχανοποιώ ‖ **~zed**: *(adj)* μηχανοκίνητος ‖ **~zation**: *(n)* μηχανοκίνηση ‖ μηχανοποίηση

medal (´medl): *(n)* μετάλλιο ‖ [-ed]: *(v)* απονέμω μετάλλιο ‖ **~ist**: *(n)* κατασκευαστής μεταλλίων ‖ κάτοχος μεταλλίου ‖ **~lion** (mə´dæljən): *(n)* μεγάλο αρχαίο Ελληνικό νόμισμα ‖ μεντανιόν

meddle (´medl) [-d]: *(v)* ανακατεύομαι

228

σε ξένες υποθέσεις, "χώνω τη μύτη μου" ‖ **~r** *(n)*. **~some** *(adj)*: ανακατωσούρης, που ανακατεύεται παντού

media: pl. of medium ‖ μέσα

media-cy (´mi:di:əsi): *(n)* μεσολάβηση ‖ **~l** (´mi:di:əl): *(adj)* μέσος ‖ **~n** (´midi:ən): *(n)* μέσον, κεντρικό σημείο ή γραμμή ‖ διαχωριστική γραμμή οδού ‖ *(adj)* μέσος, ενδιάμεσος ‖ **~te** [-d]: *(v)* μεσολαβώ ‖ **~tion**: *(n)* μεσολάβηση ‖ **~tive**: *(adj)* μεσολαβητικός ‖ **~tor**: *(n)* μεσολαβητής

medic (´medik): *(n)* γιατρός *(id)* ‖ φοιτητής ιατρικής *(id)* ‖ **~able**: *(adj)* θεραπεύσιμος ‖ **~ aid**: *(n)* ιατρική περίθαλψη απόρων ‖ **~al**: *(adj)* ιατρικός ‖ *(n)* ιατρική εξέταση *(id)* ‖ **~al examiner**: *(n)* ιατροδικαστής ‖ **~are**: *(n)* ιατρική περίθαλψη παρηλίκων ‖ **~ate** [-d]: *(v)* προσφέρω ιατρική περίθαλψη ‖ εμποτίζω με φάρμακο ‖ **~ation**: *(n)* φάρμακο ‖ ιατρική περίθαλψη ‖ **~inal** (mə´disənəl): *(adj)* φαρμακευτικός ‖ θεραπευτικός ‖ **~ine** (´medəsən): *(n)* ιατρική ‖ φάρμακο ‖ **~o** (´medikou): *(n)* γιατρός *(id)*

medieval, mediaeval (mi:´di:vəl): *(adj)* μεσαιωνικός

mediocr-e (mi:di:´oukər): *(adj)* μέσος, μέτριος, κοινός ‖ **~ity**: *(n)* μετριότητα

meditat-e (´medəteit) [-d]: *(v)* συλλογίζομαι, στοχάζομαι ‖ σκέπτομαι, μελετώ, σχεδιάζω ‖ **~ion**: *(n)* συλλογισμός, στοχασμός, συλλογή ‖ σκέψη, μελέτη ‖ **~ive**: *(adj)* στοχαστικός, σκεπτικός

mediterranean (medətə´reini:ən): *(adj)* μεσόγειος

medium (´mi:di:əm): *(n)* μέσο ‖ ενδιάμεσο, "μέντιουμ" ‖ *(adj)* μεσαίος, μέτριος

medley (´medli:): *(n)* ανακάτωμα, κυκεώνας ‖ "ποτ-πουρί" μουσικής

meek (mi:k): *(adj)* πράος, μαλακός ‖ υπομονετικός

meet (mi:t) [met, met]: *(v)* συναντώ ‖ υποδέχομαι ‖ γνωρίζω, συστήνομαι ‖ διασταυρώνομαι ‖ συναντώ, αντιμετωπίζω ‖ ανταποκρίνομαι ‖ συνέρχομαι, συνεδριάζω ‖ **~ing**: *(n)* συνάντηση ‖ συνέλευση, συνεδρίαση ‖ αντιμετώπιση

megalomania (megəlou´meini:ə): *(n)* μεγαλομανία ‖ **~c**: *(n)* μεγαλομανής

megaphone (´megəfoun): *(n)* μεγάφωνο

melanchol-ia (melən´kouli:ə): *(n)* μελαγχολία ‖ **~ic**: *(adj)* μελαγχολικός ‖ **~y** (´melənkəli:): *(n)* μελαγχολία, κατήφεια ‖ *(adj)* μελαγχολικός, κατηφής

melee (´meilei) (´melei): *(n)* συμπλοκή, στα χέρια, "μελέ"

meliorat-e (´mi:ljəreit) [-d]: *(v)* βελτιώνω ‖ **~ion**: *(n)* βελτίωση

mellifluous (mə´liflu:əs): *(adj)* μελίρρυτος

mellow (´melou): *(adj)* ζουμερός και εύγευστος ‖ μαλακός, γλυκός ‖ απαλός ‖ [-ed]: *(v)* ωριμάζω ‖ παραωριμάζω ‖ γίνομαι μαλακός, μαλακώνω

melod-ious (mə´loudi:əs): *(adj)* μελωδικός ‖ **~y** (´melədi:): *(n)* μελωδία

melodrama (´melə´dra:mə): *(n)* μελόδραμα ‖ **~tic**: *(adj)* μελοδραματικός ‖ **~tics**: *(n)* μελοδραματισμοί, θεατρινισμοί

melon (´mələn): *(n)* πεπόνι ‖ καρπούζι (και **water~**)

melt (melt) [-ed]: *(v)* τήκω, λιώνω ‖ τήκομαι ‖ εξαφανίζομαι σιγά-σιγά ‖ σβήνω ‖ **~ away**: *(v)* σβήνω, διαλύομαι ‖ εξαφανίζομαι ‖ **~ into**: *(v)* σβήνω, ανακατεύομαι με άλλο ‖ **~ing point**: σημείο τήξης ‖ **~ing pot**: *(n)* χωνευτήρι ‖ χώρα που απορροφά τους μετανάστες

member (´membər): *(n)* μέλος ‖ **M~**: μέλος κοινοβουλίου ‖ **~ship**: *(n)* σύνολο των μελών ‖ ιδιότητα μέλους

membrane (´membrein): *(n)* μεμβράνη

memento (mə´mentou): *(n)* ενθύμιο ‖ υπενθύμιση

memo (´memou): *(n)* υπόμνημα ‖ υπενθυμιστικό σημείωμα ‖ **~ir** (´memwa:r): *(n)* θύμηση, ανάμνηση γεγονότος ή περιγραφή ‖ **~s**: *(n)* απομνημονεύματα ‖ μνημόνιο ‖ **~rable** (´memərəbəl): *(adj)* αξιομνημόνευτος ‖ αξέχαστος ‖ **~randum** (memə´rændəm): *(n)* υπόμνημα ‖ **~rial** (mə´mə:ri:əl): *(n)* μνημείο ‖ *(adj)* αναμνηστικός ‖ **~rize** [-d]: *(v)* απομνημονεύω, αποστηθίζω ‖ **~ry** (´meməri:):

men

(n) μνήμη ‖ ανάμνηση
men: pl. of man (see)
menac-e (´menis): *(n)* απειλή ‖ [-d]: *(v)* απειλώ ‖ **~ing**: *(adj)* απειλητικός
me´nage (mei´na:z): *(n)* οικογένεια, σπιτικό ‖ νοικοκυριό, οικιακή οικονομία ‖ **~rie** (mə´nædzəri:): *(n)* θηριοτροφείο
mend (mend) [-ed]: *(v)* διορθώνω, επιδιορθώνω ‖ καλυτερεύω ‖ αναμορφώνομαι ‖ αναρρώνω ‖ *(n)* επιδιόρθωση, επισκευή ‖ **on the ~**: προς το καλύτερο
mendacious (men´deiʃəs): *(adj)* ψεύτης ‖ ψεύτικος
mendican-cy (´mendicənsi:): *(n)* επαιτεία ‖ **~t**: *(n)* επαίτης
menial (´mi:ni:əl): *(adj)* χειρωνακτικός ‖ δουλικός ‖ *(n)* υπηρέτης
meningitis (menin´dzaitis): *(n)* μηνιγγίτιδα
men-opause (´menəpɔ:z): *(n)* εμμηνόπαυση ‖ **~ses**: *(n)* έμμηνα ‖ **~strual**: *(adj)* έμμηνος ‖ **~struation**: *(n)* έμμηνα
mensuration (mensə´reiʃən): *(n)* επιμέτρηση ‖ καταμέτρηση
mental (´mentəl): *(adj)* πνευματικός, διανοητικός ‖ νοερός ‖ **~ity** (men´tæləti:): *(n)* νοοτροπία ‖ διανοητική ικανότητα
mention (´menʃən) [-ed]: *(v)* αναφέρω ‖ *(n)* μνεία ‖ **don't ~ it**: παρακαλώ, τίποτα, μην το συζητάτε ‖ **Honorable ~**: εύφημος μνεία
mentor (´mentər): *(n)* σοφός σύμβουλος ή προστάτης
menu (´menju:): *(n)* τιμοκατάλογος φαγητών, μενού
mercantile (´mə:rkənti:l, ´mə:rkəntail): *(adj)* εμπορικός
mercenary (´mə:rsəneri:): *(n)* μισθοφόρος ‖ *(adj)* μισθοφορικός ‖ για πούλημα, που αγοράζεται με χρήματα, πουλημένος
merchan-dise (´mə:rtʃəndaiz): *(n)* εμπόρευμα ‖ [-d]: *(v)* εμπορεύομαι ‖ **~t**: *(n)* έμπορος ‖ *(adj)* εμπορικός ‖ **~t marine**: *(n)* εμπορικό ναυτικό ‖ **~table**: *(adj)* εμπορεύσιμος ‖ **~tman**: *(n)* εμπορικό πλοίο

merci-ful (´mə:rsifəl): *(adj)* ευσπλαχνικός, φιλεύσπλαχνος ‖ **~fully**: *(adv)* ευσπλαχνικά ‖ **~less**: *(adj)* άσπλαχνος, ανήλεος ‖ **~lessly**: *(adv)* ανηλεώς
mercur-ial (mər´kju:ri:əl): *(adj)* υδραργυρικός ‖ ευμετάβλητος, άστατος ‖ **~y**: *(n)* υδράργυρος
mercy (´mə:rsi:): *(n)* έλεος, ευσπλαχνία ‖ **~ killing**: *(n)* ευθανασία
mere (miər): *(adj)* απλός ‖ **~ly**: *(adv)* απλά, μόνο
merge (´mə:rdz) [-d]: *(v)* συγχωνεύω, απορροφώ ‖ συγχωνεύομαι ‖ **~r**: *(n)* συγχώνευση εταιρειών
meridian (mə´ridi:ən): *(n)* μεσημβρινός ‖ κολοφώνας, ζενίθ
meringue (mə´ræŋg): *(n)* ''σαντιγί'', ''μαρέγκα''
merit (´merit): *(n)* αξία ‖ προσόν, αρετή ‖ [-ed]: *(v)* αξίζω, μου πρέπει ‖ **~ocracy**: *(n)* αξιοκρατία ‖ **~orious**: *(adj)* άξιος ‖ **~ system**: *(n)* σύστημα προαγωγής κατ' εκλογήν
mermaid (´mə:rmeid): *(n)* γοργόνα
mer-rily (´merili): *(adv)* εύθυμα, χαρωπά ‖ **~riment**: *(n)* ευθυμία, χαρά ‖ **~ry**: *(adj)* εύθυμος, χαρούμενος, κεφάτος ‖ **~ry-go-round**: *(n)* κούνιες του ''λούνα παρκ'' ‖ **~ry making**: *(n)* διασκέδαση ‖ **~ry Christmas**: χαρούμενα Χριστούγεννα
mesa (´meisə): *(n)* οροπέδιο ‖ υψίπεδο
mesh (meʃ): *(n)* πλέγμα ‖ θηλιά δικτύου ‖ πλόκαμος, παγίδα ‖ [-ed]: *(v)* μπερδεύω ‖ παγιδεύω ‖ εμπλέκω ‖ μπερδεύομαι ‖ **~ work**: *(n)* δικτυωτό, πλέγμα
mesmer-ism (´mezmərizəm): *(n)* υπνωτισμός ‖ προσωπικός μαγνητισμός ‖ **~ize** [-d]: *(v)* υπνωτίζω, ''μαγνητίζω''
mess (mes): *(n)* ανακατωσούρα, ανακάτωμα ‖ χάος, κυκεώνας ‖ αηδία, αντιδιαστικό κατασκεύασμα ‖ λέσχη στρατιωτικών ‖ [-ed]: *(v)* ανακατεύω, κάνω άνω-κάτω ‖ ανακατεύομαι ‖ **~ about, ~ around**: *(v)* χαζοδουλεύω, ψευτοδουλεύω, χαταπιάνομαι ‖ **~ up**: *(v)* τα κάνω θάλασσα ‖ κακομεταχειρίζομαι ‖ **~y**: *(adj)* ανάκατος ‖ ακατάστατος
mess-age (´mesidz): *(n)* είδηση, μήνυμα

‖ **~enger**: *(n)* αγγελιοφόρος
Messiah (mə´saiə): *(n)* Μεσσίας
met: see meet
metabolism (mə´tæbəlizəm): *(n)* μεταβολισμός
metal (´metl): *(n)* μέταλλο ‖ [-ed]: *(v)* σκυροστρώνω ‖ **~lic**: *(adj)* μεταλλικός ‖ **~lurgy**: *(n)* μεταλλουργία ‖ **~work**: *(n)* μετάλλινη κατασκευή
metamorphos-e (metə´mə:rfə:z) [-d]: *(v)* μεταμορφώνω ‖ **~is**: *(n)* μεταμόρφωση
metaphor (´metəfə:r): *(n)* μεταφορά, μεταφορικό σχήμα ‖ **~ical**: *(adj)* μεταφορικός
metaphysics (metə´fiziks): *(n)* μεταφυσική
metastasis (mə´tæstəsis): *(n)* μετάσταση
mete (´mi:t) [-d]: *(v)* διαμοιράζω, διανέμω ‖ *(n)* όριο
meteor (´mi:ti:ər): *(n)* μετέωρο ‖ **~ic**: *(adj)* μετεωρικός, που ανέρχεται απότομα σε ακμή ‖ **~ite**: *(n)* μετεωρίτης ‖ **~ology**: *(n)* μετεωρολογία
meter, metre (´mi:tər): *(n)* μέτρο ‖ μετρητής [-ed]: *(v)* μετρώ
methinks (mithiŋks) [methought]: *(v)* μου φαίνεται, νομίζω
method (´methəd): *(n)* μέθοδος ‖ **~ical**: *(adj)* μεθοδικός ‖ **M~ist**: *(n)* Μεθοδιστής ‖ **~ize** [-d]: *(v)* συστηματοποιώ, μεθοδοποιώ ‖ **~ology**: *(n)* μεθοδολογία
methought: see methinks
meticulous (mə´tikjələs): *(adj)* λεπτολόγος
me´tier (mei´tjei): *(n)* πεδίο δράσης ή δραστηριότητας
metonymy (mə´tənəmi:): *(n)* μετωνυμία
metre: see meter
metric (´metrik), **~al**: *(adj)* μετρικός, του δεκαδικού συστήματος
metro (´metrou): *(n)* μητροπολιτικό σύστημα συγκοινωνιών ‖ **~nome**: *(n)* μετρονόμος ‖ **~polis** (mə´tropəlis): *(n)* μητρόπολη ‖ μεγαλούπολη
mettle (´metl): *(n)* θάρρος, καρτερία ‖ **~some**: *(adj)* θαρραλέος, καρτερικός
mew (mju) [-ed]: *(v)* νιαουρίζω, κάνω "νιάου-νιάου" ‖ *(n)* νιαούρισμα ‖ ~

[-ed]: *(v)* κλαψουρίζω
mews (mju:z): *(n)* πάροδος κατοικημένη
Mexic-an (´meksikən): *(n)* Μεξικανός ‖ Μεξικανική γλώσσα ‖ **~o**: *(n)* Μεξικό
mezzanine (´mezəni:n): *(n)* μεσόροφος, μεσοπάτωμα
miasma (mai´æzmə): *(n)* μίασμα
mice: pl. of mouse (see)
mick (mik): *(n)* Ιρλανδέζος
Mickey Finn (´miki:´fin): *(n)* ναρκωτικό
microbe (´maikroub): *(n)* μικρόβιο
micro-cosm (´maikrəkozəm): *(n)* μικρόκοσμος ‖ **~film**: *(n)* μικροφίλμ ‖ **~n**: *(n)* μικρόν (1/1000000 του μέτρου) ‖ **~organism**: *(n)* μικροοργανισμός ‖ **~phone**: *(n)* μικρόφωνο ‖ **~scope**: *(n)* μικροσκόπιο ‖ **~scopic**: *(adj)* μικροσκοπικός ‖ **~wave**: *(n)* μικροκύμα
mid (mid): *(adj)* μέσος, μεσαίος ‖ **~day**: *(n)* μεσημέρι ‖ **~dle** (´midl): *(n)* μέσο ‖ *(adj)* μέσος ‖ **~dle** [-d]: *(v)* διπλώνω στη μέση ‖ **~dle-aged**: *(adj)* μεσήλικος ‖ **M~dle Ages**: *(n)* Μεσαίωνας ‖ **~dle brow**: ημιμαθής ‖ **~dieman**: *(n)* μεσάζοντας ‖ μεταπράτης ‖ **~dleweight**: *(adj)* μεσαίων βαρών ‖ **~dling**: *(adj)* μεσαίου μεγέθους ‖ **~ge** (midz): *(n)* σκνίπα ‖ μικρόσωμος *(id)* ‖ **~get** (´midzit): *(n)* νάνος ‖ μικρόσωμος ‖ *(adj)* μικροσκοπικός ‖ **~night**: *(n)* μεσάνυχτα ‖ **~riff**: *(n)* μέση του σώματος ‖ **~shipman**: *(n)* αρχικελευστής ‖ **~st**: *(n)* το μέσο ‖ **~way**: *(adv)* στο μέσο ‖ **~wife**: *(n)* μαία, μαμή ‖ **~wifery**: *(n)* μαιευτική
mien (mi:n): *(n)* εμφάνιση, παρουσιαστικό
might (mait): see may ‖ *(n)* δύναμη, ισχύς ‖ **~ily**: *(adv)* δυνατά ‖ πάρα πολύ ‖ **~y**: *(adj)* ισχυρός, δυνατός
migraine (´maigrein): *(n)* ημικρανία
migr-ant (´maigrənt): *(n & adj)* αποδημητικός ‖ **~ate** [-d]: *(v)* αποδημώ ‖ μετανιστεύω ‖ **~ation**: *(n)* αποδημία, μετανάστευση ‖ **~atory**: *(adj)* αποδημητικός
mike (maik): *(n)* μικρόφωνο
milch (miltʃ): *(adj)* γαλακτοφόρος
mild (maild): *(adj)* ήπιος, μαλακός ‖

231

mildew

ελαφρός, απαλός ‖ **~ly**: *(adv)* ήπια, μαλακά ‖ **~ness**: *(n)* ηπιότητα
mildew (΄mildju:): *(n)* μούχλα ‖ [-ed]: *(v)* μουχλιάζω
mile (mail): *(n)* μίλι ‖ **~age**: *(n)* απόσταση σε μίλια ‖ χρημ. αποζημίωση κατά μίλι ‖ **~post**: *(n)* χιλιομ. δείκτης ‖ **~stone**: *(n)* χιλιομ. δείκτης ‖ σταθμός, ορόσημο ‖ **~r**: *(n)* δρομέας μιλίου
milieu (mi:΄ljə:): *(n)* περιβάλλον
milit-ant (΄milətənt): *(adj)* μαχητικός, πολεμικός ‖ επιθετικός ‖ **~arism** (΄milətərizəm): *(n)* στρατοκρατία, "μιλιταρισμός" ‖ **~arist**: *(n)* μιλιταριστής ‖ **~arize** [-d]: *(v)* κάνω ετοιμοπόλεμο ‖ στρατοκρατώ ‖ **~ary** (΄milətəri:): *(adv)* στρατιωτικός ‖ πολεμικός ‖ *(n)* στρατιωτικοί, στρατός ‖ **~ate** [-d]: *(v)* πολεμώ, αντιστρατεύομαι ‖ **~ia** (mə΄liʃə): *(n)* εθνοφυλακή, εθνοφρουρά ‖ ικανοί προς στράτευση
milk (milk): *(n)* γάλα ‖ [-ed]: *(v)* αρμέγω ‖ "μαδώ", "αρμέγω" *(id)* ‖ δίνω γάλα ‖ **~ and-water**: *(adj)* αδύναμος, "νερόβραστος" ‖ **~fish**: *(n)* χάνος ‖ **~ing**: *(n)* άρμεγμα ‖ **~ livered**: *(adj)* δειλός ‖ **~man**: *(n)* γαλατάς ‖ **~run**: *(n)* εύκολη αποστολή ‖ **~shake**: *(n)* γάλα και παγωτό χτυπητό ‖ **~sop**: *(n)* δειλός, άνανδρος ‖ **~teeth**: *(n)* νεογιλοί οδόντες, τα πρώτα δόντια ‖ **M~y Way**: *(n)* Γαλαξίας
mill (mil): *(n)* μύλος ‖ εργοστάσιο ‖ αργή διαδικασία ‖ [-ed]: *(v)* αλέθω ‖ κατασκευάζω σε εργοστάσιο ‖ ανακατεύω ‖ τριγυρίζω ‖ **~board**: *(n)* χαρτόνι ‖ **~ed**: *(adj)* επεξεργασμένος ‖ οδοντωτός, με προεξοχές ‖ **~er**: *(n)* μυλωνάς ‖ αλεστική μηχανή ‖ **run of the ~**: κοινός, κοινότυπος ‖ **~stone**: *(n)* μυλόπετρα
millen-arian (milə΄neəri:ən): *(adj)* χιλιετής ‖ **~nium**: *(n)* χιλιετηρίδα
millet (΄milit): *(n)* κεχρί
millimeter (΄miləmi:tər): *(n)* χιλιοστόμετρο
milliner (΄milənər): *(n)* καπελού ‖ **~y**: *(n)* καπελάδικο ‖ γυναικεία καπέλα
million (΄miljən): *(n)* εκατομμύριο ‖

~aire: *(n)* εκατομμυριούχος ‖ **~th**: *(n)* εκατομμυριοστός
mim-e (maim): *(n)* μίμος ‖ μιμόδραμα, παντομίμα ‖ [-d]: *(v)* μιμούμαι ‖ **~eograph**: *(n)* πολύγραφος ‖ **~etic**: *(adj)* μιμητικός ‖ **~ic** (΄mimik) [-ked]: *(v)* μιμούμαι ‖ απομιμούμαι ‖ μιμούμαι χοροϊδευτικά ‖ *(n)* μιμητής ‖ μίμος ‖ **~icry**: *(n)* μίμηση
mince (mins) [-d]: *(v)* ψιλοκόβω ‖ ψευτοπροφέρω, μιλώ προσποιητά ‖ μετριάζω ‖ περπατώ εξεζητημένα ή με μικρά βηματάκια ‖ *(n)* κιμάς ‖ **~ meat**: *(n)* γέμιση πίτας ‖ **make ~ meat**: *(v)* τσακίζω, κάνω κομμάτια ‖ **~ pie**: *(n)* κρεατόπιτα
mind (maind): *(n)* νους ‖ πνεύμα, διανόηση ‖ ιδιοφυΐα, "νους" ‖ γνώμη, ιδέα ‖ ανάμνηση ‖ προσοχή ‖ [-ed]: *(v)* αντιλαμβάνομαι ‖ προσέχω ‖ υπακούω ‖ έχω αντίρρηση, αντιτίθεμαι ‖ φροντίζω ‖ ενδιαφέρομαι ‖ **~ed**: *(adj)* διατεθειμένος ‖ **~ful**: *(adj)* προσεκτικός ‖ **~less**: *(adj)* ανόητος, άμυαλος ‖ απρόσεκτος, απερίσκεπτος ‖ **make up one's ~**: *(v)* αποφασίζω ‖ **piece of one's ~**: *(n)* αυστηρή επίπληξη, "κατσάδα" ‖ **out of one's ~**: *(adj)* τρελός, παλαβός ‖ **bear in ~, keep in ~**: *(v)* θυμάμαι, έχω στο νου μου
mine (main): *(n)* ορυχείο, μεταλλείο ‖ υπονόμευση ‖ νάρκη ‖ [-d]: *(v)* εξορύσσω, εκμεταλλεύομαι ορυχείο, βγάζω από μεταλλείο ‖ υπονομεύω ‖ σκάβω, κάνω "τούνελ" ‖ *(pron)* δικός μου ‖ **~ detector**: *(n)* ανιχνευτής ναρκών ‖ **~ field**: *(n)* ναρκοπέδιο ‖ **~ layer**: *(n)* ναρκοθέτης ‖ **~r**: *(n)* ορύχος ‖ ναρκοθέτης ‖ **~ral** (΄minərəl): *(n)* ορυκτό ‖ μετάλλευμα ‖ *(adj)* ορυκτός ‖ μεταλλικός ‖ **~ralogy**: *(n)* ορυκτολογία ‖ **~ral pitch**: *(n)* άσφαλτος ‖ **~ral water**: *(n)* μεταλλικό νερό ‖ **~ sweeper**: *(n)* ναρκαλιευτικό πλοίο
mingle (΄miŋgəl) [-d]: *(v)* ανακατεύω ‖ ανακατεύομαι, αναμιγνύομαι
mini (΄mini:): *(n)* μικροσκοπικό πράγμα, "μίνι" ‖ **~ature** (΄mini:ətʃu:r): *(n)* μικρογραφία, "μινιατούρα" ‖ **~fy** [-ied]: *(v)* σμικρύνω ‖ **~mal**: *(adj)* ελά-

232

χιστος ‖ ~**mize** [-d]: *(v)* μικραίνω, ελαττώνω ‖ υποβιβάζω, κατεβάζω την αξία ή τη σημασία ‖ ~**mum** (΄minəməm): *(n)* το ελάχιστο, "μίνι-μουμ" ‖ *(adj)* ελάχιστος, κατώτατος ‖ ~**skirt**: *(n)* φούστα "μίνι"

minion (΄minjən): *(n)* δουλοπρεπής ακόλουθος ή οπαδός ‖ ευνοούμενος ‖ υπάλληλος, μικρουπάλληλος

minist-er (΄ministər): *(n)* πράκτορας, αντιπρόσωπος ‖ ιερέας ‖ υπουργός ‖ επιτετραμμένος ‖ [-ed]: *(v)* φροντίζω ‖ ~**erial**: *(adj)* ιερατικός ‖ υπουργικός ‖ ~**ry**: *(n)* φροντίδα, υπηρεσία ‖ ιερατικό επάγγελμα ‖ υπουργείο ‖ **M~ry**: *(n)* κυβέρνηση

mink (miŋk): *(n)* νυφίτσα ‖ γούνα "μινκ"

minnow (΄minou): *(n)* κυπρίνος

minor (΄mainər): *(adj)* μικρότερος ‖ λιγότερος ‖ λιγότερο σπουδαίος ‖ λιγότερο σοβαρός ‖ ανήλικος ‖ ~**ity**: *(n)* μειοψηφία ‖ μειονότητα ‖ ανηλικιότητα

minster (΄minstər): *(n)* παρεκκλήσι μονής ‖ καθεδρικός

minstrel (΄minstrəl): *(n)* ραψωδός, "τροβαδούρος" ‖ λυρικός ποιητής ή τραγουδιστής

mint (mint): *(n)* νομισματοκοπείο ‖ πολλά λεφτά, "νομισματοκοπείο" ‖ δυόσμος ‖ μέντα ‖ [-ed]: *(v)* βγάζω νόμισμα, κόβω νόμισμα ‖ επινοώ ‖ *(adj)* εντελώς καινούριος ‖ ~**age**: *(n)* νομισματοκοπή ‖ παράσταση σε νόμισμα

minu-end (΄minju:end): *(n)* μειωτέος ‖ ~**s** (΄mainəs): *(prep)* πλην, μείον ‖ *(n)* απώλεια

minute (΄minit): *(n)* λεπτό της ώρας ή της μοίρας ‖ σημείωμα, υπόμνημα ‖ ~**s**: *(n)* πρακτικά ‖ [-d]: *(v)* καταγράφω ‖ (mai΄nju:t): *(adj)* μικροσκοπικός, απειροελάχιστος ‖ λεπτομερειακός ‖ ~**hand**: *(n)* λεπτοδείκτης ‖ ~**ly** (mai΄nju:tli:): *(adv)* λεπτομερώς ‖ σε μικρή κλίμακα ‖ ~**man** (΄minitmæn): *(n)* πολιτοφύλακας

mirac-le (΄mirəkəl): *(n)* θαύμα ‖ ~**ulous** (mi΄rækjələs): *(adj)* θαυμάσιος,

θαυμαστός ‖ εκ θαύματος ‖ θαυματουργός

mirage (mi΄ra:z): *(n)* αντικατοπτρισμός ‖ οφθαλμαπάτη

mire (mair): *(n)* έλος, βούρκος ‖ [-d]: *(v)* λασπώνω ‖ χώνομαι στο βούρκο

mirror (΄mirər): *(n)* κάτοπτρο ‖ καθρέφτης ‖ [-ed]: *(v)* αντικατοπτρίζω

mirth (mə:rth): *(n)* ευθυμία ‖ χαρά ‖ ~**ful**: *(adj)* εύθυμος, χαρούμενος ‖ ~**less**: *(adj)* άκεφος ‖ σκυθρωπός

misadventure (΄misəd΄ventʃər): *(n)* κακοτυχία

misalliance (misə΄laiəns): *(n)* ανάρμοστος γάμος

misanthrop-e (΄misənthroup), ~ **ist** (mis΄ænthrəpist): *(n)* μισάνθρωπος ‖ ~**ic**: *(adj)* μισάνθρωπος ‖ ~**y**: *(n)* μισανθρωπία

misappropriate (misə΄proupri:eit) [-d]: *(v)* καταχρώμαι, σφετερίζομαι

misbegotten (misbi΄gətn): *(adj)* παράνομος, αθέμιτα κτηθείς

misbehav-e (misbi΄heiv) [-d]: *(v)* συμπεριφέρομαι άπρεπα ‖ ~**ior**: *(n)* κακή συμπεριφορά

misbelie-f (misbi΄li:f): *(n)* εσφαλμένη αντίληψη

miscalculat-e (mis΄kælkjaleit) [-d]: *(v)* κάνω κακό υπολογισμό ‖ ~**ion**: *(n)* κακός ή εσφαλμένος υπολογισμός

miscarriage (mis΄kæridz): *(n)* αποτυχία ‖ αποβολή ‖ ~ **of justice**: *(n)* δικαστική πλάνη

miscellan-eous (misə΄leini:əs): *(adj)* ετερόκλιτος ‖ διάφορος, ποικίλος ‖ ~**y**: *(n)* ετερόκλιτα αντικείμενα, ανακάτωμα, ποικιλία

mischance (mis΄tʃæns): *(n)* κακοτυχία

mischie-f (΄mistʃif): *(n)* αταξία ‖ ζημιά ‖ μικροαταξία, κατεργαριά ‖ ~**vous**: *(adj)* άτακτος ‖ κατεργάρης ‖ επιζήμιος

misconception (miskən΄sepʃən): *(n)* παρανόηση, κακή αντίληψη

misconduct (mis΄kəndʌkt): *(n)* παράπτωμα ‖ ατασθαλία ‖ (΄miskən΄dʌkt) [-ed]: *(v)* κάνω ατασθαλίες ‖ συμπεριφέρομαι απρεπώς

misconstrue (miskən΄stru:) [-d]: *(v)* πα-

233

miscount

ρερμηνεύω, παρεξηγώ

miscount (mis´kaunt) [-ed]: *(v)* κάνω λάθος στο μέτρημα ΙΙ υπολογίζω κακώς

miscre-ant (´miskri:ənt): *(n)* κακοποιός ΙΙ **~ate** [-d]: *(v)* κακοπλάθω

misdemeanor (misdi´mi:nər): *(n)* πλημμέλημα

misdirect (misdi´rekt, misdai´rekt) [-ed]: *(v)* δίνω εσφαλμένη κατεύθυνση ΙΙ γράφω λανθασμένη διεύθυνση ΙΙ **~ion**: *(n)* εσφαλμένη κατεύθυνση ή διεύθυνση

misemploy (misem´ploi) [-ed]: *(v)* κάνω κακή χρήση

miser (´maizər): *(n)* τσιγκούνης ΙΙ **~able** (´mizərəbəl): *(adj)* άθλιος ΙΙ δυστυχισμένος ΙΙ άρρωστος *(id)* ΙΙ **~ly** (´maizərli): *(adj)* τσιγκούνικος ΙΙ **~y** (´misəri:): *(n)* αθλιότητα ΙΙ δυστυχία ΙΙ πόνος, αρρώστια

misfire (mis´fair) [-d]: *(v)* παθαίνω αφλογιστία ΙΙ δεν παίρνω μπρος ΙΙ αποτυγχάνω

misfit (mis´fit): *(n)* απροσάρμοστος ΙΙ [-ted]: *(v)* δεν ταιριάζω

misfortune (mis´fo:rtʃən): *(n)* ατυχία ΙΙ κακοτυχία, ατύχημα

misgivings (mis´giviŋs): *(n)* αβεβαιότητα, ανησυχία, φόβος

misguide (mis´gaid) [-d]: *(v)* παρασύρω, αποπλανώ ΙΙ **~d**: *(adj)* παρασυρμένος, πλανεμένος

mishandle (mis´hændəl) [-d]: *(v)* χειρίζομαι κακά ή αδέξια

mishap (´mishæp): *(n)* ατυχία ΙΙ κακοτυχία, αναποδιά, ατύχημα

mishear (mis´hiər) [misheard, misheard]: *(v)* παρακούω, ακούω λάθος

mishmash (´miʃmæʃ): *(n)* συνοθύλευμα, ανακάτωμα

misinform (misin´fo:rm) [-ed]: *(v)* δίνω εσφαλμένη πληροφορία

misinterpret (misin´tə:rprit) [-ed]: *(v)* παρερμηνεύω ΙΙ **~ation**: *(n)* παρερμηνεία, παρανόηση

misjudge (mis´dʒʌdz) [-d]: *(v)* κάνω εσφαλμένη κρίση, κρίνω κακώς ΙΙ **~ment**: *(n)* εσφαλμένη κρίση

mislay (mis´lei) [mislaid, mislaid]: *(v)* τοποθετώ εσφαλμένα ΙΙ ξεχνώ, παραπετώ

mislead (mis´li:d) [misled, misled]: *(v)* κατευθύνω λανθασμένα ΙΙ παραπλανώ ΙΙ **~ing**: *(adj)* παραπλανητικός

mismanage (mis´mænidz) [-d]: *(v)* διαχειρίζομαι ή διευθύνω κακώς ή εσφαλμένα

mismatch (´mismatʃ): *(n)* παράταιρο πράγμα, κακό ταίριασμα ΙΙ (mis´matʃ) [-ed]: *(v)* ταιριάζω άσχημα ή λανθασμένα

misnomer (mis´noumər): *(n)* εσφαλμένη ονομασία

misogyn-ist (mi´sədzənist): *(n)* μισογύνης ΙΙ **~y**: *(n)* μισογυνία

misplace (mis´pleis) [-d]: *(v)* βάζω σε λανθασμένο μέρος ΙΙ χάνω, παραπετώ

misprint (´misprint): *(n)* τυπογραφικό λάθος

mispronounce (´misprə´nauns) [-d]: *(v)* προφέρω λανθασμένα

misquote (mis´kwout) [-d]: *(v)* δίνω περικοπή λανθασμένη, αναφέρω λανθασμένα

misread (mis´ri:d) [misread, misread]: *(v)* διαβάζω εσφαλμένα ΙΙ παρερμηνεύω

misrepresent (´misrepri´zent) [-ed]: *(v)* διαστρέφω ΙΙ δίνω εσφαλμένη παρουσίαση

miss (mis) [-ed]: *(v)* αστοχώ, δεν βρίσκω το στόχο ΙΙ αποτυγχάνω ΙΙ παραλείπω ΙΙ χάνω, δεν προφταίνω ΙΙ αποφεύγω ΙΙ επιθυμώ, αποζητώ, μου λείπει ΙΙ *(n)* αποτυχία ΙΙ αστοχία ΙΙ δεσποινίδα ΙΙ **~ing**: *(adj)* απών ΙΙ χαμένος ΙΙ αγνοούμενος ΙΙ **~ing in action**: αγνοούμενος εν πολέμω ΙΙ **~y**: *(n)* δεσποινιδούλα

misshape (misʃeip) [-d]: *(v)* κακοπλάθω ΙΙ παραμορφώνω ΙΙ **~n**: *(adj)* παραμορφωμένος

missile (´misəl): *(n)* βλήμα ΙΙ **guided ~**: κατευθυνόμενο βλήμα

mission (´miʃən): *(n)* αποστολή ΙΙ ιεραποστολή ΙΙ [-ed]: *(v)* αναθέτω αποστολή ΙΙ **~ary**: *(n)* ιεραπόστολος ΙΙ προπαγανδιστής

234

miss-is (´misiz), **~us** (´misis): *(n)* νοικοκυρά, κυρά του σπιτιού ‖ σύζυγος, "κυρά"

missive (´misiv): *(n)* μήνυμα ‖ γράμμα

misspell (mis´spel) [-ed]: *(v)* γράφω ανορθόγραφα

misspend (mis´spend) [misspent, misspent]: *(v)* σπαταλώ

misstep (mis´step): *(n)* παραπάτημα, στραβοπάτημα

missus: see missis

mist (mist): *(n)* καταχνιά, αραιή ομίχλη ‖ αιώρημα, σταγονίδια ‖ [-ed]: *(v)* θαμπώνω, καταχνιάζω ‖ ~y: *(adj)* θαμπός ‖ καταχνιασμένος

mistake (mis´teik) [mistook, mistaken]: *(v)* αντιλαμβάνομαι λανθασμένα, παρανοώ ‖ παραγνωρίζω, νομίζω για άλλον ‖ κάνω λάθος ‖ *(n)* σφάλμα, λάθος ‖ παρανόηση, παρερμηνεία ‖ ~n: *(adj)* εσφαλμένος, λανθασμένος ‖ που έχει κάνει λάθος ή παρανόηση

Mister (´mistər) [Mr.]: *(n)* κύριος

mistletoe (´misəltou): *(n)* "γκι", ιξός

mistook: see mistake

mistral (´mistrəl): *(n)* βοριάς, "μαϊστράλι"

mistreat (mis´tri:t) [-ed]: *(v)* κακομεταχειρίζομαι

mistress (´mistris): *(n)* κυρία, αφέντισσα ‖ οικοδέσποινα ‖ αριστοτέχνισσα ‖ ερωμένη, "μαιτρέσα" ‖ δασκάλα

mistrust (mis´trʌst) [-ed]: *(v)* δυσπιστώ, δεν εμπιστεύομαι ‖ *(n)* αμφιβολία, έλλειψη εμπιστοσύνης

misunderstand (´misʌndər´stænd) [misunderstood, misunderstood]: *(v)* παρερμηνεύω, παρανοώ, παρεξηγώ ‖ ~ing: *(n)* παρερμηνεία, παρεξήγηση, παρανόηση

misunderstood: see misunderstand ‖ παρεξηγημένος ‖ που δεν βρίσκει κατανόηση

misuse (mis´ju:z) [-d]: *(v)* χρησιμοποιώ κακώς ή εσφαλμένα ‖ κάνω κατάχρηση ‖ (mis´ju:s): *(n)* κακή χρήση ‖ κατάχρηση

mite (mait): *(n)* απειροελάχιστη ποσότητα χρημάτων ‖ μικρή ποσότητα, λίγο ‖ σκουλήκι ‖ **widow's ~**: ο οβολός της χήρας

miter, mitre (´maitər): *(n)* μίτρα ‖ τιάρα ‖ "κόκορας" καπνοδόχου ‖ λοξή σύνδεση, λοξότμητη ένωση

mitigate (´mitəgeit) [-d]: *(v)* μετριάζω ‖ μετριάζομαι

mitre: see miter

mitt (mit), **~en**: *(n)* γάντι χωρίς δάχτυλα ‖ γάντι προστατευτικό ‖ χέρι *(id)*

mix (miks) [-ed]: *(v)* ανακατεύω, κάνω μείγμα ‖ ανακατεύω, βάζω μαζί ‖ ανακατεύομαι, γίνομαι μείγμα ‖ ανακατεύομαι, πηγαίνω μαζί ‖ **~ed**: *(adj)* ανάμεικτος ‖ ανακατεμένος ‖ **~ed marriage**: *(n)* γάμος μεταξύ αλλοφύλων ‖ **~ed number**: *(n)* μεικτός αριθμός ‖ **~er**: *(n)* κοινωνικός άνθρωπος ‖ αναμεικτήρας, "μίξερ" ‖ **~ture**: *(n)* μείγμα ‖ ανακάτεμα ‖ ποικιλία ‖ **~ up**: *(v)* συγχύζω, μπερδεύω ‖ *(n)* σύγχυση, μπέρδεμα ‖ **get ~ed up, become ~ed up in (with)**: *(v)* μπερδεύομαι, ανακατεύομαι, παίρνω μέρος χωρίς να το θέλω

mnemonic (ni´mənik): *(adj)* μνημονικός

moan (moun) [-ed]: *(v)* βογκώ ‖ γογγύζω, γκρινιάζω ‖ *(n)* βογκητό ‖ γογγυσμός, γκρίνια

moat (mout): *(n)* προστατευτική τάφρος

mob (məb): *(n)* όχλος ‖ οργανωμένη συμμορία εγκληματιών ‖ [-bed]: *(v)* κυκλώνω ενοχλητικά, πολιορκώ ενοχλητικά ‖ στριμώχνομαι ‖ επιτίθεμαι ομαδικά ‖ **~ster**: *(n)* συμμορίτης

mobil-e (´moubəl): *(adj)* κινητός ‖ ευμετάβλητος ‖ ρευστός ‖ **~ity** (mou´biliti): *(n)* μεταβλητότητα ‖ κινητικότητα ‖ **~ize** (´moubəlaiz) [-d]: *(v)* κινητοποιώ ‖ επιστρατεύω

moccasin (´məkəsin): *(n)* νεροφίδα ‖ παπούτσι "παντοφλέ", "μοκασίν"

mock (mək) [-ed]: *(v)* ειρωνεύομαι, χορ||διεύω ‖ μιμούμαι χοροϊδευτικά ‖ ματαιώνω ‖ *(n)* εμπαιγμός, ειρωνεία ‖ *(adj)* απομίμηση, ψεύτικο ‖ **~ery**: *(n)* ειρωνεία, εμπαιγμός, χοροϊδία ‖ παρωδία, εμπαιγμός ‖ **~ up**: *(v)* φτιάχνω μακέτα ‖ **~-up**: *(n)* "μοντέλο", "μακέτα"

mode

mode (moud): *(n)* τρόπος, μέθοδος ‖ μόδα ‖ **~l** (´mədl): *(n)* ομοίωμα, "μοντέλο" ‖ μακέτα ‖ τύπος ‖ πρότυπο ‖ μανεκέν ‖ **~l** [-ed]: *(v)* κατασκευάζω πρότυπο ‖ διαπλάθω, διαμορφώνω ‖ επιδεικνύω, κάνω το μανεκέν ‖ κάνω το μοντέλο, ποζάρω ‖ *(adj)* πρότυπος, "μοντέλο" ‖ **~ling**: *(n)* διαμόρφωση, πλάσιμο ‖ ποζάρισμα ‖ επίδειξη

moderat-e (´mədərit): *(adj)* μέτριος ‖ μέσος, όχι των άκρων, μετριοπαθής ‖ *(n)* μετριοπαθής ‖ (´mədəreit) [-d]: *(v)* μετριάζω ‖ προεδρεύω, προΐσταμαι ‖ μετριάζομαι ‖ μεσολαβώ ‖ **~ion**: *(n)* μετριασμός ‖ μετριοπάθεια ‖ **~or**: *(n)* μεσολαβητής

modern (´mədərn): *(adj)* σύγχρονος, "μοντέρνος" ‖ **~ism**: *(n)* μοντερνισμός ‖ **~ization**: *(n)* εκσυγχρονισμός, μοντερνοποίηση ‖ **~ize** [-d]: *(v)* εκσυγχρονίζω, μοντερνίζω ‖ εκσυγχρονίζομαι

modest (´mədist): *(adj)* μετριόφρονας ‖ συνεσταλμένος ‖ σεμνός ‖ ταπεινός, όχι φανταχτερός ή εξεζητημένος ‖ μετριοπαθής ‖ **~y**: *(n)* μετριοφροσύνη ‖ συστολή ‖ σεμνότητα ‖ ταπεινότητα

modicum (´mədikəm): *(n)* μικρή ποσότητα

modif-ication (mədəfi´keiʃən): *(n)* τροποποίηση ‖ μετριασμός ‖ αλλαγή, προσαρμογή ‖ **~y** (´mədəfai) [-ied]: *(v)* τροποποιώ ‖ μετριάζω ‖ προσαρμόζω

modul-ate (´mədzuleit) [-d]: *(v)* ρυθμίζω, "ρεγουλάρω" ‖ αλλάζω ένταση ‖ **~ation**: *(n)* ρύθμιση, "ρεγουλάρισμα" ‖ αλλαγή έντασης ‖ **~ator**: *(n)* ρυθμιστής ‖ **~e** (´mədjul): *(n)* στερεότυπο μέτρησης ‖ διαστημάκατος, σεληνάκατος ‖ **~us**: *(n)* συντελεστής

mogul (´məgəl): *(n)* μεγιστάνας πλούτου ‖ ισχυρό πρόσωπο, "μεγάλος"

mohair (´mouheər): *(n)* ύφασμα "μοχαίρ"

moist (´moist): *(adj)* υγρός ‖ **~en** [-ed]: *(v)* υγραίνω, μουσκεύω ‖ υγραίνομαι ‖ **~ure**: *(n)* υγρασία

molar (´moulər): *(n)* γομφίος, "τραπεζίτης"

mold (mould), **mould** (mould) [-ed]: χύνω σε καλούπι ‖ διαμορφώνω, διαπλάθω ‖ φτιάχνω καλούπι ‖ μουχλιάζω ‖ *(n)* τύπος, καλούπι ‖ μορφή, σχήμα ‖ μούχλα ‖ **~er** [-ed]: *(v)* αποσυντίθεμαι, τρίβομαι ‖ αποσυνθέτω ‖ **~ing**: *(n)* καλούπι ‖ **~y**: *(adj)* μουχλιασμένος

mole (moul): *(n)* τυφλοπόντικας ‖ κυματοθραύστης ‖ "μόλος" ‖ κρεατοελιά

molecul-ar (mə´lekjələr): *(adj)* μοριακός ‖ **~e** (´mələkju:l): *(n)* μόριο

molest (mə´lest) [-ed]: *(v)* κακοποιώ σεξουαλικά ‖ παρενοχλώ ‖ **~ation**: *(n)* κακοποίηση

moll (məl): *(n)* πόρνη ‖ φιλενάδα κακοποιού, "ζιγκολέτ"

mollify (´mələfai) [-ied]: *(v)* κατευνάζω, καλμάρω ‖ απαλύνω

mollusk (´mələsk): *(n)* μαλακόστρακο

molt (moult), **moult** [-ed]: *(v)* χάνω το τρίχωμα ή τα φτερά

molten (´moultn): *(adj)* λιωμένος ‖ λαμπερός, αστραφτερός

mom (məm): *(n)* μαμά

moment (´moumənt): *(n)* στιγμή ‖ σπουδαιότητα, αξία ‖ ροπή ‖ **~arily**: *(adv)* σύντομα ‖ για μια στιγμή, για λίγο ‖ **~tary**: *(adj)* στιγμιαίος ‖ σε κάθε στιγμή ‖ **~ly**: *(adv)* από στιγμή σε στιγμή ‖ **~ous** (:mou´mentəs): *(adj)* σπουδαίος ‖ βαρυσήμαντος, σημαντικός ‖ **~um**: *(n)* φορά ‖ ορμή

monarch (´mənərk): *(n)* μονάρχης ‖ **~ical**: *(adj)* μοναρχικός ‖ **~y**: *(n)* μοναρχία

monast-ery (´mənəsteri:): *(n)* μονή, μοναστήρι ‖ **~ic**: *(adj)* μοναστικός

Monday (´mʌndei, ´mʌndi:): *(n)* Δευτέρα

monetary (´mənəteri:): *(adj)* νομισματικός ‖ χρηματικός

money (´mʌni:): *(n)* χρήμα ‖ νόμισμα ‖ **~bags**: *(n)* πλούτος ‖ "λεφτάς" ‖ **~ed**: *(adj)* πλούσιος, "λεφτάς" ‖ **~lender**: *(n)* τοκιστής ‖ **~ making**: *(n)* κέρδος, απόκτηση πλούτου ‖ *(adj)* επικερδής ‖ **~ order**: *(n)* τραπεζική ή ταχ. επιταγή

monger (´məngər): *(n)* έμπορος ‖ κά-

πηλος ‖ **scandal** ~: σκανδαλοθήρας ‖
war ~: πολεμοκάπηλος
mongol-ian (məŋ´gouli:ən): *(adj)* πά-
σχων από μογγολισμό ‖ **M~**: Μογγό-
λος ‖ **~ism**: *(n)* μογγολισμός ‖ **~oid**:
(adj) μογγολοειδή
mongrel (´mʌŋgrəl): *(n & adj)* μιγάδας
monicker, moniker (´mənikər): *(n)*
όνομα *(id)* ‖ παρατσούκλι *(id)*
monitor (´mənətər): *(n)* επιμελητής
σχολείου ‖ ελεγκτής εκπομπής ‖ [-ed]:
(v) ελέγχω εκπομπή ‖ παρακολουθώ
με ηλεκτρονικό ιχνηλάτη ‖ εξετάζω
προσεκτικά ‖ **~ y**: *(adj)* παραινετικός
monk (´mʌŋk): *(n)* μοναχός, καλόγε-
ρος
monkey (´mʌŋki:): *(n)* πίθηκος, μαϊ-
μού ‖ [-ed]: *(v)* ψευτοδουλεύω, ψευτο-
καταπιάνομαι, ''παίζω'' ‖ **~ business**:
(n) κατεργαριά ‖ **~suit**: *(n)* φράκο
(id) ‖ μεγάλη στολή *(id)* ‖ **~ wrench**:
(n) ρυθμιζόμενο γαλλικό κλειδί ‖ χά-
λασμα σχεδίου *(id)*
monochro-matic (mənəkrou´mætik):
(adj) μονόχρωμος ‖ **~me**
(´mənəkroum): *(n)* μονόχρωμη εικόνα
‖ μονόχρωμο αντικείμενο
monocle (´mənəkəl): *(n)* ''μονόκλ''
monogram (´mənəgræm): *(n)* μονό-
γραμμα ‖ [-med]: *(v)* βάζω μονόγραμ-
μα
monolith (´mənəlith): *(n)* μονόλιθος,
ογκόλιθος ‖ **~ic**: *(adj)* μονολιθικός
monologue (´mənələ:g): *(n)* μονόλογος
monomania (mənou´meini:ə): *(n)* μονο-
μανία ‖ **~c**: *(adj)* μονομανής
monoplane (´mənəplein): *(n)* μονοπλά-
νο
monopo-lize (mə´nəpəlaiz): [-d]: *(v)* μο-
νοπωλώ ‖ **~ly** (mə´nəpəli:): *(n)* μονο-
πώλιο
monorail (´mənəreil): *(n)* σιδηρόδρο-
μος με μία σιδηροτροχιά, μονόραβδος
monosyllabic (mənəsi´læbik): *(adj)* μο-
νοσύλλαβος
monoton-e (´mənətoun): *(n)* μονότονος
ήχος ‖ μονοτονία ομιλίας ‖ *(adj)* μο-
νότονος ‖ **~ous**: *(adj)* μονότονος ‖ **~y**:
(n) μονοτονία
monoxide (mə´nəksaid): *(n)* μονοξίδιο

monsoon (mən´su:n): *(n)* μουσώνας
monst-er (´mənstər): *(n)* τέρας ‖ επι-
κίνδυνος φονιάς, ''δράκος'' ‖ *(adj)* τε-
ράστιος ‖ **~rosity** (mən´strəsəti:): *(n)*
τερατούργημα ‖ τερατωδία ‖ **~rous**:
(adj) τερατώδης
montage (mən´ta:z): *(n)* σύνθεση, ''μο-
ντάζ''
month (mʌnth): *(n)* μήνας ‖ **~ly**: *(adj)*
μηνιαίος ‖ *(adv)* κάθε μήνα ‖ μια φο-
ρά το μήνα ‖ *(n)* μηνιαία έκδοση, μη-
νιαίο περιοδικό ‖ **~lies**: *(n)* έμμηνα
monument (´mənjəmənt): *(n)* μνημείο ‖
~al: *(adj)* μνημειώδης
moo (mu:) [-ed]: *(v)* μουγκρίζω
mood (mu:d): *(n)* διάθεση ‖ όρεξη, κέφι
‖ έγκλιση ‖ *(n)* ψυχολογία, σκυ-
θρωπός ‖ **~iness**: *(n)* κακοκεφιά ‖ **in
the** ~: διατεθειμένος, με όρεξη για κά-
τι ‖ **~s**: *(n)* κακοκεφιά, κατήφεια
moola (´mu:lə), **~ h**: *(n)* λεφτά, χρήμα-
τα *(id)*
moon (mu:n): *(n)* σελήνη, φεγγάρι ‖ [-
ed]: *(v)* ερωτοκοιτάζω, γλυκοκοιτάζω
‖ χαζεύω, τριγυρίζω ‖ **~ calf**: *(n)* ηλί-
θιος ‖ **~faced**: *(adj)* στρογγυλοπρόσω-
πος ‖ **~light**: *(n)* σεληνόφωτο ‖ **~light**
[-ed]: *(v)* κάνω δεύτερη δουλειά, έχω
πάρεργο, κάνω νυχτερινή εργασία ‖
~scape: *(n)* τοπίο φεγγαριού ‖ ερημό-
τοπος ‖ **~shine**: *(n)* χαζοκουβέντα ‖
ανόητο εγχείρημα ‖ [-d]: *(v)* κατασκευ-
άζω οινοπν. ποτό παράνομα ‖ **~
struck**: *(adj)* τρελός ‖ ερωτοχτυπημέ-
νος
moor (mur) [-ed]: *(v)* προσορμίζω,
αράζω, αγκυροβολώ, δένω στην παρα-
λία ‖ στερεώνω ‖ *(n)* βάλτος ‖ **M~**:
(n) Μαυριτανός ‖ **~age**: *(n)* αγκυροβό-
λιο, ''αραξοβόλι'' ‖ τέλη αγκυροβολί-
ου ‖ **~ing**: *(n)* προσόρμιση ‖ αγκυρο-
βόλιο ‖ **~ings**: *(n)* σχοινιά, άγκυρες
moose (mu:s): *(n)* άλκη, μεγάλο ελάφι
της Αμερικής
moot (mu:t) [ed]: *(v)* φέρω προς συζή-
τηση ‖ *(adj)* συζητήσιμος
mop (məp): *(n)* σφουγγαρόπανο ‖ ανα-
κατωμένα πράγματα, μπέρδεμα ‖ [-
ped]: *(v)* σφουγγαρίζω ‖ **~ of hair**:
(n) ανακατωμένο τσουλούφι, ξεχτένι-

mope

στα μαλλιά ‖ ~ **up**: *(v)* τελειώνω δουλειά ‖ ξεπαστρεύω εχθρό, εξαλείφω αντίσταση
mope (moup) [-ed]: *(v)* είμαι κατσούφης, μελαγχολώ
moped (´mouped): *(n)* μοτοποδήλατο
moppet (´mɔpit): *(n)* κοριτσάκι ‖ παιδάκι, πιτσιρικάκι
moral (´mɔral): *(adj)* ηθικός ‖ *(n)* ηθικό δίδαγμα ‖ ~**s**: *(n)* ηθική, ήθη, ηθικές αρχές ‖ ~**e** (mə´ræl): *(n)* ηθικό ‖ ~**ism**: *(n)* ηθικολογία ‖ ~**ist**: *(n)* ηθικολόγος ‖ ~**ity**: *(n)* ηθικότητα, ηθική ‖ ~**ize** [-d]: *(v)* ηθικολογώ ‖ ~**ly**: *(adv)* ηθικά
morass (mə´ræs): *(n)* έλος, τέναγος ‖ βόρβορος ‖ τελμάτωση κατάστασης, αποτελμάτωση
morbid (´mɔ:rbid): *(adj)* νοσηρός ‖ ~**ity**: *(n)* νοσηρότητα
more (mɔ:r): *(adj)* περισσότερος ‖ *(adv)* περισσότερο, πιο πολύ, πιο ‖ ~ **or less**: πάνω-κάτω, σχεδόν ‖ ~ **over**: *(adj)* επιπλέον, και εκτός απ' αυτό
mores (´mɔ:reiz): *(n)* ήθη ‖ τρόποι
morganatic (mɔ:rgə´nætik): *(adj)* μοργανατικός
morgue (´mɔ:rg): *(n)* νεκροτομείο ‖ αρχείο εφημερίδας
moribund (´mɔribʌnd): *(adj)* ετοιμοθάνατος ‖ που τείνει να εκλείψει
morning (´mɔ:rniŋ): *(n)* πρωί ‖ *(adj)* πρωινός ‖ ~-**glory**: *(n)* περιπλοκάδα ‖ ~ **star**: *(n)* αυγερινός
Moroc-can (mə´rɔkən): *(adj & n)* Μαροκινός ‖ ~**co**: *(n)* Μαρόκο
moron (´mɔ:rɑn): *(n)* διανοητικά καθυστερημένος ‖ βλάκας ‖ ~**ic**: *(adj)* βλακώδης
morose (mə´rous): *(adj)* σκυθρωπός, δύσθυμος, κακόκεφος ‖ ~**ness**: *(n)* δυσθυμία, κακοκεφιά
morphine (´mɔ:rfi:n): *(n)* μορφίνη
morphology (mɔr´fɔlədzi:): *(n)* μορφολογία
morrow (mɔ:rou): *(n)* η επαύριο
Morse (mɔ:rs): *(n)* Μορς ‖ ~ **code**: *(n)* αλφάβητο ή σύστημα Μορς
morsel (´mɔ:rsəl): *(n)* κομματάκι ‖ μπουκίτσα

mortal (´mɔ:rtl): *(n & adj)* θνητός ‖ *(adj)* θανάσιμος, θανατηφόρος ‖ φρικτός ‖ ~**ity**: *(n)* θνησιμότητα ‖ θνητότητα ‖ το θανάσιμο
mortar (´mɔ:rtər): *(n)* γουδί ‖ όλμος, ολμοβόλο ‖ ασβέστης, πηλός ‖ [-ed]: *(v)* ασβεστώνω, χτίζω με πηλό ‖ βομβαρδίζω με όλμους ‖ ~**board**: *(n)* πηλοφόρι ‖ καπέλο καθηγ. ή τελειόφοιτου πανεπιστημίου
mortgage (´mɔ:rgidz): *(n)* υποθήκη ‖ [-d]: *(v)* υποθηκεύω ‖ ~**e**: *(n)* αποδέκτης υποθήκης, δανειστής ‖ ~**r**: *(n)* δανειζόμενος, χρεώστης επί υποθήκη
mort-ician (mɔ:r´tiʃən): *(n)* εργολάβος κηδειών ‖ ~**ification**: *(n)* ταπείνωση ‖ νέκρωση, απονέκρωση ‖ ~**ify** [-ied]: *(v)* απονεκρώνω ‖ ταπεινώνω ‖ νεκρώνομαι ‖ ~**uary** (´mɔ:rtʃu:eri:): *(n)* νεκροθάλαμος ‖ *(adj)* νεκρικός
mosaic (mou´zeik): *(n)* μωσαϊκό ‖ σύνθετη αεροφωτογραφία ‖ **M**~: *(adj)* Μωσαϊκός
Moscow (´mɔskau): *(n)* Μόσχα
mosey (´mouzi:) [-ed]: *(v)* προχωρώ *(id)*
Moslem (´mɔzləm): *(n)* Μουσουλμάνος
mosque (mɔsk): *(n)* τέμενος, "τζαμί", "μιναρές"
mosquito (mɔs´ki:tou): *(n)* κουνούπι ‖ ~**net**: *(n)* κουνουπιέρα
moss (mɔs): *(n)* βρύο ‖ ~ **back**: *(n)* σκοταδιστής, "σκουριασμένος", "μουχλιασμένος" ‖ ~ **green**: προασινοκίτρινος ‖ ~ **grown**, ~**y**: *(adj)* βρυώδης, μουχλιασμένος
most (moust): *(adj)* πλείστος, ο πιο πολύς ‖ ο μεγαλύτερος αριθμός, οι πιο πολλοί ‖ *(adv)* πάρα πολύ ‖ σχεδόν *(id)* ‖ at ~, at the ~: κατά το πλείστο, το πιο πολύ ‖ **make the** ~ **of**: υπερβάλλω, δίνω περισσότερη σπουδαιότητα ‖ επωφελούμαι ‖ ~**ly**: *(adv)* ως επι το πλείστον
mote (mout): *(n)* κόκκος
motel (mou´tel): *(n)* "μοτέλ"
moth (mɔ:th): *(n)* σκόρος ‖ νυχτοπεταλούδα ‖ ~**ball**: *(n)* μπάλα ναφθαλίνης ‖ ~**eaten**: *(adj)* σκοροφαγωμένος ‖ χιλιοειπωμένος, κοινότυπος ‖ ~**y**: *(adj)*

238

γεμάτο σκόρο

mother (´mʌðər): *(n)* μητέρα ‖ *(adj)* μητρικός ‖ [-ed]: *(v)* γίνομαι μητέρα, γεννώ ‖ περιποιούμαι σαν μητέρα, φροντίζω μητρικά ‖ **~less:** *(adj)* ορφανός από μητέρα ‖ **~hood:** *(n)* μητρότητα ‖ μητέρες ‖ **~ hubbard:** *(n)* ρόμπα γυναικεία ‖ **~-in-law:** *(n)* πεθερά ‖ **~land:** *(n)* πατρίδα ‖ **~ly:** *(adj)* μητρικός, σαν μητέρα ‖ *(adv)* μητρικά, στοργικά ‖ **M~'s Day:** *(n)* ημέρα της μητέρας ‖ **~superior:** *(n)* ηγουμένη ‖ **~tongue:** *(n)* μητρική γλώσσα ‖ **~ wit:** *(n)* έμφυτη εξυπνάδα

mo-tif (mou´ti:f), **~ tive** (mou´ti:v): *(n)* θέμα, ''μοτίβο''

mo-tion (´mouʃən): *(n)* κίνηση ‖ κίνητρο ‖ πρόταση ‖ [-ed]: *(v)* κάνω νόημα, γνέφω ‖ **~tionless:** *(adj)* ακίνητος ‖ **~tion picture:** *(n)* κινημ. ταινία ‖ **~tion sickness:** *(n)* ναυτία ‖ **~tivate** (´moutəveit) [-d]: *(v)* δίνω κίνητρο ‖ προκαλώ, κάνω ‖ **~tivation:** *(n)* κίνητρο ‖ **~tive** (´moutiv): *(n)* αίτιο, κίνητρο ‖ see **motif** ‖ *(adj)* κινητήριος

motley (´mɒtli:): *(adj)* ποικίλος, ετερογενής ‖ πολύχρωμος

motor (´moutər): *(n)* κινητήρας, ''μοτέρ'' ‖ μηχανοκίνητο, αυτοκίνητο ‖ *(adj)* κινητήριος ‖ [-ed]: *(v)* πάω με αυτοκίνητο ‖ μεταφέρω με αυτοκίνητο ‖ **~bike:** *(n)* μοτοποδήλατο ‖ **~boat:** *(n)* βενζινάκατος ‖ **~car:** *(n)* αυτοκίνητο ‖ **~cycle:** *(n)* μοτοσικλέτα ‖ **~cyclist:** *(n)* μοτοσικλετιστής ‖ **~ist:** *(n)* αυτοκινητιστής ‖ **~ize** [-d]: *(v)* μηχανοποιώ ‖ **~man:** *(n)* μηχανοδηγός ‖ **~ scooter:** *(n)* ''σκούτερ'' ‖ **~ vehicle:** *(n)* αυτοκίνητο όχημα

mottle (´mɒtl): *(n)* κηλίδα ‖ γραμμές, ''νερά'' ‖ **~d:** *(adj)* κηλιδωτός ‖ με ''νερά''

motto (´mɒtou): *(n)* ρητό, γνωμικό

moue (mu:): *(n)* γκριμάτσα

mould: see **mold**

moult: see **molt**

mound (maund): *(n)* γήλοφος, ύψωμα ‖ ανάχωμα ‖ πρόχωμα ‖ [-ed]: *(v)* κατασκευάζω πρόχωμα

mount (maunt) [-ed]: *(v)* ανεβαίνω ‖

σκαρφαλώνω ‖ ιππεύω ‖ ανεβάζω, τοποθετώ επάνω ‖ τοποθετώ πυροβόλο ‖ ετοιμάζω επίθεση ‖ ανέρχομαι, αυξάνω ‖ *(n)* άλογο ‖ μεταφορικό μέσο ‖ στήριγμα, βάθρο ‖ βουνό ‖ **~ain:** *(n)* βουνό, όρος ‖ σωρός, βουνό ‖ **~ain dew:** *(n)* παράνομο ποτό *(id)* ‖ **~aineer:** *(n)* ορεσίβιος ‖ ορειβάτης ‖ **~aineering:** *(n)* ορειβασία ‖ **~ain lion:** *(n)* κουγουάρος, ''πούμα'' ‖ **~ainous:** *(adj)* ορεινός ‖ τεράστιος

mountebank (´mauntəbæŋk): *(n)* τσαρλατάνος, αγύρτης

mourn (´mɔ:rn) [-ed]: *(v)* πενθώ ‖ θρηνώ ‖ **~ful:** *(adj)* πένθιμος ‖ **~ing:** *(n)* πένθος

mouse (maus): *(n)* ποντικός ‖ δειλός *(id)* ‖ μαυρισμένο μάτι από γροθιά *(id)* ‖ **~trap:** *(n)* ποντικοπαγίδα

moustache: see **mustache**

mouth (mauth): *(n)* στόμα ‖ στόμιο ‖ γκριμάτσα, μορφασμός ‖ εκβολή ‖ [-ed]: *(v)* βάζω στο στόμα ‖ κάνω γκριμάτσες ‖ μιλώ με στόμφο ‖ **down in the ~, down at the ~:** μουτρωμένος, κατσούφης *(id)* ‖ **~ful:** *(n)* μπουκιά ‖ δυσκολοπρόφερτη λέξη *(id)* ‖ **~organ:** *(n)* φυσαρμόνικα ‖ **~piece:** *(n)* επιστόμιο ‖ ''μασέλα'' πυγμάχου ‖ φερέφωνο *(id)* ‖ συνήγορος υπεράσπισης *(id)* ‖ **~y:** *(adj)* πομπώδης

mov-able (´mu:vəbəl): *(adj)* κινητός ‖ **~e** [-d]: *(v)* κινώ ‖ κινούμαι ‖ μετακινούμαι ‖ προχωρώ ‖ μετακινώ ‖ μετακομίζω ‖ συγκινώ ‖ υποβάλλω πρόταση ‖ έχω κένωση ‖ *(n)* κίνηση ‖ μετακόμιση ‖ ενέργεια, βήμα ‖ **get a ~e on:** ξεκινώ, αρχίζω, προχωρώ *(id)* ‖ **on the ~e:** σε πρόοδο, σε άνοδο ‖ σε κίνηση ‖ **~eable:** see **movable** ‖ **~ement:** *(n)* κίνηση ‖ μετακίνηση ‖ κίνημα ‖ τάση ‖ κένωση ‖ **~ie** (´mu:vi:): *(n)* κινημ. ταινία ‖ κινηματογράφος ‖ **~ies:** *(n)* κινηματογραφικό έργο, κινηματογράφος ‖ **~ing:** *(adj)* συγκινητικός ‖ κινητός, κινούμενος ‖ **~ing staircase:** *(n)* κυλιόμενη σκάλα

mow (mou) [-ed]: *(v)* θερίζω ‖ κόβω χόρτο ‖ **~ down:** *(v)* θερίζω, αποδεκατίζω ‖ **~er:** *(n)* θεριστική μηχανή ‖

χορτοκοπτική μηχανή ‖ ~ing machine:
see mower
Mr: see mister
Mrs: see mistres
Ms (miz, ´emes): κυρία ή δεσποινίδα
much (mʌtʃ): (adj) πολύς ‖ (adv) πολύ,
μεγάλος ‖ σχεδόν ‖ make ~ of: δίνω
μεγάλη σημασία ή προσοχή ‖ think ~
of: εκτιμώ πολύ
muck (mʌk): (n) λάσπη ‖ κοπριά ‖
σκούρο, εύφορο χώμα ‖ βρωμιά ‖ χώ-
μα και πέτρες εκσκαφής ‖ [-ed]: (v)
βάζω λίπασμα, βάζω κοπριά ‖ βρωμί-
ζω (id) ‖ μεταφέρω χώμα εκσκαφής ‖
make a ~ of: (v) τα κάνω θάλασσα ‖
~ about: (v) τεμπελιάζω, ``χαζεύω'' ‖
~ up: (v) βρωμίζω ‖ κάνω άνω-κάτω
‖ τα κάνω θάλασσα, χαλάω τη δου-
λειά ‖ ~ amuck: (n) ``σπουδαίος''
(id) ‖ ~rake [-d]: (v) ερευνώ για πολι-
τική διαφθορά ‖ ~y: (adj) βρωμιάρης
mucus (´mju:kəs): (n) βλέννα
mud (mʌd): (n) λάσπη ‖ συκοφαντία,
``βρωμιά'' ‖ ~dle [-d]: (v) λασπώνω,
θολώνω ‖ ανακατώνω, μπερδεύω ‖ τα
``κάνω θάλασσα'' ‖ (n) μπέρδεμα,
ανακάτωμα ‖ ~dle through: (v) τα
καταφέρνω με το ζόρι, τα βγάζω πέρα
``κουτσά-στραβά'' ‖ ~dle-headed:
(adj) βλάκας ‖ ~dy: (adj) λασπωμένος
‖ θολός ‖ [-ied]: (v) λασπώνω ‖ λερώ-
νω ‖ ~ flat: (n) παραλία που σκεπά-
ζεται με την παλίρροια ‖ ~ guard:
(n) φτερό αυτοκινήτου ‖ ~lark: (n)
χαμίνι ‖ ~ slinger: (n) συκοφάντης,
λασπολόγος
muff (mʌf) [-ed]: (v) τα ``θαλασσώνω''
(id) ‖ (n) ``μανσόν'' ‖ ~in: (n) ψωμά-
κι, μικρό κέικ ‖ ~le (´mʌfəl) [-d]: (v)
σκεπάζω, κουκουλώνω ‖ κατασιγάζω,
καταπνίγω ‖ (n) κουκούλα ‖ ~ler: (n)
κουκούλα ‖ σιγαστήρας, πνιγέας ήχου
mufti (´mʌfti:): (n) πολιτικά ρούχα,
πολιτική περιβολή
mug (mʌg): (n) φλιτζάνι ‖ πρόσωπο,
``μούτρο'' (id) ‖ γκριμάτσα ‖ κακο-
ποιός ‖ κορόιδο ‖ [-ged]: (v) χτυπώ
για να ληστέψω ‖ ~ging: (n) επίθεση
με ληστεία ‖ ~gy: (adj) ζεστός και
υγρός ‖ ~shot: (n) φωτογραφία κακο-

ποιού σε αρχείο αστυνομίας ‖ ~
wump: (n) ανεξάρτητος στην πολιτική
‖ αποστάτης στην πολιτική
mulatto (mu´lætou): (n) μιγάδας (από
λευκό και μαύρο)
mulberry (´mʌlberi:): (n) μούρο ‖ μου-
ριά
mule (mju:l): (n) ημίονος, μουλάρι ‖
ανέμη ‖ παντόφλα ‖ ~ skinner, ~teer:
(n) ημιονηγός
mull (mʌl) [-ed]: (v) σκέπτομαι, συλλο-
γίζομαι ‖ ~ over: (v) αργοσκέπτομαι,
το φέρνω βόλτα στο μυαλό
mullet (´mʌlit): (n) μπαρμπούνι
multi-colored (´mʌltikʌlərd): (adj) πο-
λύχρωμος ‖ ~ethnic: (adj) πολυεθνής
‖ ~form: (adj) πολύμορφος ‖ ~graph:
(n) πολύγραφος ‖ ~lateral: (adj) πολύ-
πλευρος ‖ ~millionaire: (n) πολυεκα-
τομμυριούχος ‖ ~national: (adj) πο-
λυεθνικός ‖ ~ple: (adj) πολλαπλός ‖
(n) πολλαπλάσιο ‖ ~plicand
(´mʌltipli´kænd): (n)
πολλαπλασιαστέος ‖ ~plication
(mʌltəpli´keiʃən): (n) πολλαπλασια-
σμός ‖ ~plier: (n) πολλαπλασιαστής ‖
~ply (´mʌltəplai) [-ied]: (v) πολλα-
πλασιάζω ‖ πολλαπλασιάζομαι ‖
~tude (´mʌltətju:d): (n) πλήθος ‖
~tudinous: (adj) πολυπληθής
mum (mʌm): (adj) άλαλος, βουβός ‖
(n) μαμά
mumble (´mʌmbəl) [-d]: (v) ψελλίζω,
μιλώ μασώντας τα λόγια ‖ (n) ψέλλι-
σμα, μουρμούρισμα
mumbo-jumbo (´mʌmbou´dzʌmbou):
(n) ασυνάρτητα λόγια ή ακατανόητο
φέρσιμο
mum-mify (´mʌməfai) [-ied]: (v) ταρι-
χεύω νεκρό ή μουμιοποιούμαι, ζαρώ-
νω ‖ ~my: (n) μούμια ‖ μαμάκα
mumps (mʌmps): (n) παρωτίτιδα, πα-
ραμαγούλες
munch (mʌntʃ) [-ed]: (v) τραγανίζω
mundane (mʌn´dein): (adj) κοσμικός,
εγκόσμιος ‖ κοινός, κοινότοπος
municipal (mju´nisəpəl): (adj) δημοτι-
κός ‖ ~ity: (n) δήμος
munificen-ce (mju´nifəsəns): (n) γεν-
ναιοδωρία, απλοχεριά ‖ ~t: (adj) γεν-

240

ναιόδωρος ‖ πλουσιοπάροχος, απλόχερος

munitions (mju:'niʃəns): *(n)* πολεμοφόδια

mural ('mju:rəl): *(n)* τοιχογραφία ‖ *(adj)* τοιχικός, σαν τοίχος

murder ('mə:rdər): *(n)* δολοφονία ‖ [-ed]: *(v)* δολοφονώ ‖ θαλασσώνω, "σκοτώνω" ‖ ~**er**, ~**eress**: *(n)* ο, η δολοφόνος ‖ ~**ous**: *(adj)* δολοφονικός, φονικός

murk (mə:rk): *(n)* σκότος ‖ ~**y**: *(adj)* ζοφερός

murmur ('mə:rmər) [-ed]: *(v)* μουρμουρίζω ‖ γκρινιάζω, "μουρμουρίζω" ‖ *(n)* μουρμούρισμα

mus-cle ('mʌsəl): *(n)* μυς ‖ δύναμη, μυϊκή δύναμη ‖ [-d]: *(v)* μπαίνω ή αναγκάζω με τη βία ‖ ~**cle-bound**: *(adj)* γεροδεμένος ‖ άκαμπτος ‖ ~**cular** ('mʌskjələr): *(adj)* μυώδης ‖ μυϊκός ‖ ~**culature**: *(n)* μυϊκό σύστημα

muse (mju:z) [-d]: *(v)* αργοσκέπτομαι, συλλογίζομαι για πολύ ώρα ‖ ονειροπολώ ‖ **M~**: *(n)* Μούσα

museum (mju:'zi:əm): *(n)* μουσείο

mush (mʌʃ): *(n)* πολτός, χουρκούτι ‖ σαχλό αίσθημα, "σαλιάρισμα" *(id)* ‖ ~**room**: *(n)* μανιτάρι ‖ ~**room** [-ed]: *(v)* απλώνομαι σαν μανιτάρι, αυξάνομαι γρήγορα ‖ ~**y**: *(adj)* πολτώδης, σαν χουρκούτι ‖ σαχλοαισθηματίας

music ('mju:zik): *(n)* μουσική ‖ ~**al**: *(adj)* μουσικός ‖ φιλόμουσος ‖ ~**ale** (mju:zi'kæl): *(n)* μουσική βραδιά ‖ ~**ian** (mju:'ziʃən): *(n)* μουσικός ‖ face the ~: *(v)* αντιμετωπίζω τις συνέπειες κακής πράξης

musk (mʌsk): *(n)* μόσχος ‖ ~**beaver**, ~**rat**: *(n)* μοσχοπόντικας ‖ ~**deer**: *(n)* μοσχοδορκάδα ‖ ~**y**: *(adj)* μοσχάτος ‖ ~**melon**: *(n)* πεπόνι

musket ('mʌskit): *(n)* τουφέκι ‖ ~**eer**: *(n)* τουφεκιοφόρος ‖ σωματοφύλακας

Muslim: see Moslem

muslin ('mʌzlin): *(n)* μουσελίνα ‖ "αχνάρι", μοδίστρας

muss (mʌs) [-ed]: *(v)* ανακατεύω ‖ *(n)* ανακάτωμα ‖ ~**y**: *(adj)* ανακατωμένος

mussel ('mʌsəl): *(n)* μύδι

must (mʌst): *(v)* πρέπει, είμαι υποχρεωμένος ‖ πρέπει, πιθανόν να είναι ‖ *(n)* ανάγκη, απαραίτητη προϋπόθεση ‖ a ~: απαραίτητο, αναγκαίο ‖ μούστος

mustache (mə'stæʃ, 'mʌstæʃ): *(n)* μουστάκι

mustang ('mʌstæŋg): *(n)* άγριο άλογο

mustard ('mʌstərd): *(n)* μουστάρδα ‖ σινάπι ‖ ~**gas**: *(n)* υπερίτης ‖ ~**plaster**: *(n)* σιναπισμός, έμπλαστρο

muster ('mʌstər) [-ed]: *(v)* παρατάσσω ‖ συγκεντρώνω, συναθροίζω ‖ *(n)* παράταξη ‖ **pass ~**: *(v)* γίνομαι δεκτός, "περνώ"

must-iness ('mʌstinis): *(n)* μούχλα ‖ ~**y**: *(adj)* μουχλιασμένος ‖ κοινός, "μουχλιασμένος"

muta-ble ('mju:təbəl): *(adj)* αλλοιώσιμος ‖ ευμετάβλητος ‖ ~**nt**: *(n)* οργανισμός που έχει διαφορετικά χαρακτηριστικά, με αλλοιωμένα γονίδια ή χρωμοσώματα ‖ ~**tion**: *(n)* αλλοίωση γονιδίων ή χρωμοσωμάτων, αλλαγή φύσης

mute (mju:t): *(adj)* άλαλος, βουβός ‖ άφωνος, μη προφερόμενος ‖ *(n)* βουβός ‖ πνιγέας, "σουρντίνα" ‖ [-d]: *(v)* απαλύνω ήχο ή χρωματισμό ‖ ~**ness**: *(n)* βουβαμάρα

mutilat-e ('mju:təleit) [-d]: *(v)* ακρωτηριάζω ‖ ~**ion**: *(n)* ακρωτηριασμός

muti-neer (mju:ti'ni:r): *(n)* στασιαστής ‖ ~**nous**: *(adj)* στασιαστικός ‖ ~**ny** ('mju:tni:): *(n)* στάση, ανταρσία ‖ ~**ny** [-ied]: *(v)* στασιάζω

mutt (mʌt): *(n)* κοπρόσκυλο ‖ ανόητος

mutter ('mʌtər) [-ed]: *(v)* μουρμουρίζω ‖ γκρινιάζω, παραπονιέμαι, "μουρμουρίζω"

mutton ('mʌtn): *(n)* πρόβειο κρέας ‖ ~**chop**: *(n)* παϊδάκι αρνίσιο ‖ ~**head**: *(n)* χοντροκέφαλος

mutual ('mju:tʃuəl): *(adj)* αμοιβαίος ‖ ~**ly**: *(adv)* αμοιβαία

muzzle ('mʌzəl): *(n)* ρύγχος ‖ φίμωτρο ‖ στόμιο κάννης ‖ [-d]: *(v)* φιμώνω ‖ απαγορεύω ομιλία, "φιμώνω" ‖ ~ **loader**: *(n)* εμπροσθογεμές όπλο

my (mai): *(pron)* μου, δικός μου ‖ **oh my!** *(int)* ω! πω πω!

myocarditis

myocarditis (maiouka:r´daitis): *(n)* μυο-
καρδίτιδα
myopi-a (mai´oupi:ə): *(n)* μυωπία ‖ **~c**:
(adj) μυωπικός
myriad (´miri:əd): *(n)* μυριάδες, πολλοί
myrmidon (´mə:rmədəm): *(n)* πιστός
οπαδός
myrrh (mə:r): *(n)* μύρρα, μύρρο
myrtle (´mə:rtl): *(n)* μυρτιά
myself (mai´self): *(pron)* εγώ ο ίδιος ‖
εαυτός μου
myste-rious (mi´stiəri:əs): *(adj)* μυστη-
ριώδης ‖ **~riously**: *(adv)* μυστηριωδώς
‖ **~ry** (´mistəri:): *(n)* μυστήριο ‖ **~ry**

play: *(n)* χριστιανικό δράμα
mystic (´mistik): *(adj)* μυστηριακός,
μυστικός ‖ *(n)* μύστης ‖ **~al**: *(adj)* μυ-
στικός ‖ **~ism**: *(n)* μυστικισμός
mysti-fication (mistəfi´keiʃən): *(n)* πε-
ριπλοκή, σύγχυση ‖ **~fy** [-ied]: *(v)*
προκαλώ σύγχυση ή αμηχανία ‖ κάνω
ακατανόητο
myth (mith): *(n)* μύθος ‖ **~ical**: *(adj)*
μυθικός ‖ **~icize** [-d]: *(v)* μυθοποιώ ‖
~ological: *(adj)* μυθολογικός ‖ **~ology**:
(n) μυθολογία
mythomania (mithə´meini:ə): *(n)* μυθο-
μανία ‖ **~c**: *(n & adj)* μυθομανής

N

N, n (en): το 14ο γράμμα του Αγγλ.
αλφαβήτου
nab (næb) [-bed]: *(v)* πιάνω, συλλαμβά-
νω ‖ αρπάζω
nadir (´neidər): *(n)* ναδίρ
nag (næg) [-ged]: *(v)* γκρινιάζω, ενοχλώ
με γκρίνια ‖ μισοθυμούμαι, ''τριγυρί-
ζει'' στο μυαλό ‖ *(n)* γκρινιάρης, ανι-
κανοποίητος ‖ παλιάλογο ‖ **~ging**:
(adj) ενοχλητικός ‖ που τριγυρίζει στο
μυαλό
nail (neil): *(n)* καρφί ‖ νύχι ‖ [-ed]: *(v)*
καρφώνω ‖ συλλαμβάνω, πιάνω *(id)* ‖
αποκαλύπτω, φανερώνω *(id)* ‖ **hard
as ~s**: σκληρός, σκληροτράχηλος ‖
ανήλεος ‖ **~ down**: *(v)* διασφαλίζω ‖
~ file: *(n)* λίμα νυχιών ‖ **~ fold**: *(n)*
πετσούλα των νυχιών
naive (na:´i:v): *(adj)* απλοϊκός, αφελής
‖ **~té** (na:i:´tei): *(n)* απλοϊκότητα,
αφέλεια
naked (´neikid): *(adj)* γυμνός ‖ ακάλυ-
πτος, εκτεθειμένος ‖ **~ness**: *(n)* γύ-
μνια, γυμνότητα
namby-pamby (´næmbi:´pæmbi:): *(adj)*
αναπαφάσιστος, δειλός ‖ σαχλός
name (neim): *(n)* όνομα ‖ υβριστική λέ-
ξη, ''κοσμητικό'' επίθετο ‖ υπόληψη,

''όνομα'' ‖ [-d]: *(v)* ονομάζω ‖ κατο-
νομάζω ‖ **in the ~ of**: εν ονόματι του
‖ **~day**: *(n)* ονομαστική εορτή ‖ **~less**:
(adj) ανώνυμος ‖ **~ly**: *(adv)* δηλαδή ‖
~sake: *(n)* συνονόματος ‖ ομώνυμος
nanny (´næni:): *(n)* παραμάνα, νταντά
‖ **~ goat**: *(n)* κατσίκα
nap (næp): *(n)* υπνάκος ‖ [-ped]: *(v)*
λαγοκοιμάμαι ‖ δεν αντιλαμβάνομαι
κίνδυνο, ''κοιμάμαι''
nape (neip): *(n)* σβέρκος, αυχένας
napery (´neipəri:): *(n)* πανιά, σεντόνια
και τραπεζομάντηλα
napkin (´næpkin): *(n)* πετσέτα ‖ φα-
σκιά, πάνα
narcis-sism (´na:rsəsizəm): *(n)* ναρκισ-
σισμός, αυτοθαυμασμός ‖ **~sus**: *(n)*
νάρκισσος
narco-sis (na:r´kousis): *(n)* νάρκωση ‖
~tic (na:r´kɔtik): *(n & adj)* ναρκωτικό
‖ **~tism** (´na:rkətizəm): *(n)* ναρκωμα
νία ‖ **~tize** [-d]: *(v)* ναρκώνω
nark (na:rk): *(n)* πληροφοριοδότης
''χαφιές'' ‖ [-ed]: *(v)* πληροφορώ
''καρφώνω''
narrat-e (´næreit) [-d]: *(v)* αφηγούμαι
διηγούμαι ‖ **~ion**: *(n)* αφήγηση, διήγη
ση ‖ **~ive** (´næRətiv): *(n)* αφήγηση

242

ιστορία ‖ *(adj)* αφηγηματικός ‖ ~**er, ~or:** *(n)* αφηγητής

narrow (´nærou): *(adj)* στενός ‖ στενόμυαλος ‖ στενόχωρος, στενός ‖ [-ed]: *(v)* στενεύω ‖ *(n)* στενό, στενωπός ‖ ~**s:** *(n)* στενό μέρος ποταμού ‖ ~**down:** *(v)* περιορίζω ‖ ~**gauge, ~gage:** *(adj)* στενού διαμετρήματος ‖ ~**minded:** *(adj)* στενοκέφαλος ‖ ~**mindedness:** *(n)* στενοκεφαλιά

narthex (´na:rtheks): *(n)* νάρθηκας

nary (´neəri:): *(adj)* όχι, καθόλου *(id)*

nasal (´neizəl): *(adj)* ένρινος ‖ ρινικός

nas-tily (´næstili): *(adv)* αηδιαστικά ‖ χυδαία, πρόστυχα ‖ δυσάρεστα, άσχημα ‖ ~**tiness:** *(n)* αηδία ‖ χυδαιότητα, προστυχιά ‖ κακία, άσχημο φέρσιμο ‖ ~**ty** (´næsti:): *(adj)* αηδιαστικός ‖ χυδαίος, πρόστυχος ‖ δυσάρεστος, κακός ‖ δύσκολος, επικίνδυνος

nation (´neiʃən): *(n)* έθνος ‖ κράτος, χώρα ‖ ~**al** (´næʃənəl): *(adj)* εθνικός ‖ πανεθνικός ‖ δημόσιος ‖ *(n)* υπήκοος έθνους ‖ ~**al guard:** *(n)* εθνοφρουρά ‖ ~**alism:** *(n)* εθνικισμός ‖ ~**ality:** *(n)* εθνικότητα, καταγωγή ‖ ~**alize** [-d]: *(v)* εθνικοποιώ ‖ πολιτογραφώ ‖ ~**wide:** *(adj)* πανεθνικός

native (´neitiv): *(adj & n)* γηγενής, ντόπιος ‖ ιθαγενής ‖ εκ γενετής, εκ προελεύσεως

natty (´næti:): *(adj)* κομψός, καλοντυμένος, "στην τρίχα"

natur-al (´nætʃərəl): *(adj)* φυσικός ‖ έμφυτος ‖ εξώγαμος ‖ ~**ist:** *(n)* φυσιοδίφης ‖ ~**alize** [-d]: *(v)* πολιτογραφώ ‖ εγκλιματίζω ‖ εγκλιματίζομαι ‖ ~**ally:** *(adv)* φυσικά, βέβαια ‖ ~**e** (´neitʃər): *(n)* φύση ‖ είδος, φύση, χαρακτήρας ‖ **against ~e:** αφύσικο ‖ **by ~e:** εκ φύσεως

naught (nɔ:t): *(n)* τίποτε ‖ μηδέν ‖ ~**y** (´nɔ:ti:): *(adj)* άτακτος, ανυπάκουος ‖ άσεμνος ‖ ~**iness:** *(n)* αταξία, ανυπακοή ‖ κακή διαγωγή, κακό φέρσιμο

nause-a (´nɔ:zi:ə): *(n)* αηδία, αποστροφή ‖ αναγούλα ‖ ~**ate** [-d]: *(v)* προκαλώ αηδία ή αναγούλα ‖ αηδιάζω ‖ προκαλώ αποστροφή ‖ ~**ous:** *(adj)* αηδιαστικός ‖ απεχθής

nautical (´nɔ:tikəl): *(adj)* ναυτικός

naval (´neivəl): *(adj)* ναυτικός ‖ ~**officer:** *(n)* αξιωματικός ναυτικού

nave (neiv): *(n)* κυρίως ναός ‖ κέντρο τροχού

navel (´neivəl): *(n)* αφαλός

nav-igable (´nævəgəbəl): *(adj)* πλωτός ‖ πλοηγήσιμος ‖ ~**igate** (´nævəgeit) [-d]: *(v)* πλοηγώ, χαράζω πλεύση ‖ ναυσιπλοώ ‖ κυβερνώ πλοίο ‖ κατευθύνομαι, πάω *(id)* ‖ ~**igation:** *(n)* πλοήγηση ‖ ναυσιπλοΐα ‖ πλους ‖ ~**igator** (´nævəgeitər): *(n)* πλοηγός ‖ θαλασσοπόρος ‖ αεροναυτίλος ‖ ραδιοναυτίλος, αυτόματο μηχάνημα ραδιοναυτιλίας ‖ ~**vy** (´nævi): *(n)* εργάτης ‖ ~**y** (´neivi:): *(n)* ναυτικό ‖ ~**y blue:** βαθύ μπλε

nay (nei): *(adv)* όχι ‖ επιπλέον, και μάλλον ‖ *(n)* αρνητική ψήφος

Nazi (´nætsi:): *(n)* Ναζιστής ‖ *(adv)* ναζιστικός ‖ ~**sm:** *(n)* Ναζισμός, εθνικοσοσιαλισμός

neap tide (´ni:ptaid): *(n)* άμπωτη

near (ni:ər): *(n)* πλησίον, κοντά ‖ σχεδόν ‖ πολύ σχετικά, κοντινά ‖ *(adj)* πλησίον, κοντινός ‖ παρά λίγο ‖ στο αριστερό πλευρό σχήματος ‖ *(prep)* κοντά, παρά ‖ [-ed]: *(v)* προσεγγίζω, πλησιάζω ‖ ~**by:** *(adj)* κοντινός ‖ διπλανός ‖ **N~ East:** *(n)* εγγύς Ανατολή ‖ ~**ly:** *(adv)* περίπου, σχεδόν ‖ στενά, εκ του πλησίον ‖ ~**sighted:** *(adj)* μύωπας

neat (ni:t): *(adj)* τακτικός, νοικοκύρης ‖ καθαρός, καθαροντυμένος ‖ έντεχνος ‖ ανέρωτος, καθαρός, χωρίς νερό ‖ μοντέρνος *(id)* ‖ ~**ly:** *(adv)* τακτικά, νοικοκυρεμένα ‖ καθαρά, όμορφα ‖ ~**ness:** *(n)* τάξη, νοικοκυριό ‖ καθαριότητα ‖ κομψότητα

nebul-a (´nebjələ): *(n)* νεφέλωμα ‖ ~**ar:** *(n)* νεφελοειδής ‖ ~**ous:** *(adj)* νεφελώδης ‖ ακαθόριστος

neces-sarily (´nesə´serəli:): *(adv)* κατ΄ ανάγκη, απαραίτητα ‖ ~**sary** (´nesəseri:): *(adj)* αναγκαίος ‖ απαραίτητος ‖ αποχωρητήριο *(id)* ‖ ~**sitate** (nə´sesəteit) [-d]: *(v)* κάνω αναγκαίο ή απαραίτητο ‖ υποχρεώνω ‖ ~**sitous:**

neck

(adj) ενδεής, σε ανάγκη ‖ ~**sity** (nǝˊsesǝti:): *(n)* ανάγκη ‖ **of** ~**sity:** εξ ανάγκης

neck (nek): *(n)* λαιμός ‖ αυχένας, στενό μέρος, στενό ‖ [-ed]: *(v)* αγκαλιάζω ‖ ~**erchief:** *(n)* μαντίλι του λαιμού, ''φουλάρι'' ‖ ~**lace:** *(n)* περιδέραιο, ''κολιέ'' ‖ ~**line:** *(n)* άνοιγμα λαιμού, ''ντεκολτέ'' ‖ ~**piece:** *(n)* ''κασκόλ'' ‖ ~**tie:** *(n)* γραβάτα ‖ **break one's** ~: *(v)* κάνω μεγάλη προσπάθεια ‖ ~ **and** ~: ισόπαλοι ‖ ~ **of the woods:** *(n)* περιοχή, μέρος ‖ **stick one's** ~ **out:** *(v)* ριψοκινδυνεύω, ρισκάρω

necropsy (ˊnekrǝpsi:): *(n)* αυτοψία, νεκροψία

née (nei): *(adj)* γεννηθείσα, το γένος

need (ni:d): *(n)* ανάγκη ‖ [-ed]: *(v)* έχω ανάγκη ‖ χρειάζομαι ‖ είναι απαραίτητο να ‖ ~**ful:** *(adj)* αναγκαίος ‖ ~**iness:** *(n)* χρεία, ανάγκη, φτώχεια ‖ ~**less:** *(adj)* μη απαραίτητος, όχι αναγκαίος ‖ ~**lessly:** *(adj)* ανώφελα ‖ ~**s:** *(adv)* απαραίτητα ‖ ~**y:** *(adj)* φτωχός, ενδεής, σε ανάγκη

needle (ˊni:dl): *(n)* βελόνα ‖ βελόνη ‖ [-d]: *(v)* κεντώ, τσιμπώ ‖ εξερεθίζω, πικάρω ‖ ράβω ‖ βελονιά, κέντημα ‖ ~**woman:** *(n)* μοδίστρα ‖ ~**work:** *(n)* κέντημα ‖ ράψιμο, εργόχειρο

ne'er: see **never** ‖ ~ **do-well:** *(n)* ανεύθυνος, επιπόλαιος

nefarious (niˊfæri:ǝs): *(adj)* απαίσιος, κακός

negat-e (niˊgeit) [-d]: *(v)* ακυρώνω ‖ αναιρώ ‖ ~**ion** (niˊgeiʃǝn): *(n)* άρνηση ‖ αναίρεση, ακύρωση ‖ ~**ive** (ˊnegǝtiv): *(adj)* αρνητικός ‖ (n) αρνητικό ‖ *(adv)* όχι ‖ ~**ive** [-d]: *(v)* αρνούμαι επικύρωση, ασκώ ''βέτο'' ‖ διαψεύδω ‖ εξουδετερώνω

neglect (niˊglekt) [-ed]: *(v)* παραμελώ ‖ αμελώ ‖ *(n)* αμέλεια ‖ παραμέληση ‖ ~**ful:** *(adj)* αμελής

negligee (negliˊzei): *(n)* πρόχειρο φόρεμα, ''νεγκλιζέ'' ‖ ρόμπα δωματίου γυναικεία

negli-gence (ˊneglidzǝns): *(n)* αμέλεια ‖ ~**gent:** *(adj)* αμελής ‖ απρόσεχτος ‖

~**gible** (ˊneglidzǝbǝl): *(adj)* αμελητέος

negotia-ble (niˊgouʃǝbǝl): *(adj)* συζητήσιμος ‖ μεταβιβάσιμος ‖ διαπραγματεύσιμος ‖ ~**nt:** *(n)* διαπραγματευτής ‖ ~**te** (niˊgouʃi:eit) [-d]: *(v)* διαπραγματεύομαι, συζητώ ‖ μεταβιβάζω ‖ καταφέρνω να ξεπεράσω ‖ ~**tion:** *(n)* διαπραγμάτευση, συζήτηση ‖ μεταβίβαση ‖ ~**tor:** *(n)* διαπραγματευτής

Negr-ess (ˊni:gris): *(n)* Νέγρα ‖ ~**o** (ˊni:grou): *(n)* Νέγρος ‖ *(adj)* νέγρικος ‖ ~**oid:** *(adj)* Νεγροειδής

neigh (nei) [-ed]: *(v)* χλιμιντρίζω ‖ *(n)* χλιμίντρισμα

neighbor, neighbour (ˊneibǝr): *(n)* γείτονας ‖ *(adj)* γειτονικός ‖ [-ed]: *(v)* γειτονεύω ‖ ~**hood:** *(n)* γειτονιά ‖ περιοχή ‖ ~**ing:** *(adj)* γειτονικός ‖ ~**ly:** *(adj)* γειτονικός, με φιλικές γειτονικές προθέσεις, καλοπροαίρετος

neither (ˊni:ðǝr, ˊnaiðǝr): *(adj & pron)* ούτε ‖ κανείς από δύο ‖ *(conj)* ούτε

nemesis (ˊnemǝsis): *(n)* εκδικητής, τιμωρός, ''νέμεση''

neon (ˊni:ǝn): *(n)* νέον (αέριο)

neophyte (ˊni:ǝfait): *(n)* αρχάριος, νεόφυτος

nephew (ˊnefju:): *(n)* ανιψιός

nepotism (ˊnepǝtizǝm): *(n)* νεποτισμός

nerv-e (nǝ:rv): *(n)* νεύρο ‖ σθένος ‖ θέληση, αυτοκυριαρχία ‖ θράσος ‖ ~**es** *(n)* νευρική κατάσταση ‖ [-d]: *(v)* δίνω θάρρος ‖ ~**eless:** *(adj)* ατάραχος, με αυτοκυριαρχία ‖ ~**e-racking,** ~**e-wracking:** *(adj)* εκνευριστικός ‖ ~**ous** (ˊnǝ:rvǝs): *(adj)* εκνευρισμένος ‖ νευρικός ‖ ανήσυχος, ''νευρικός'' ‖ ~**ousness:** *(n)* εκνευρισμός ‖ νευρικότητα ‖ ~**ous breakdown:** *(n)* νευρασθένεια ‖ νευρικός κλονισμός, νευρική κατάρρευση ‖ ~**y:** *(adj)* θρασύς ‖ ενεργητικός

nest (nest): *(n)* φωλιά ‖ [-ed]: *(v)* χτίζα φωλιά ‖ φωλιάζω ‖ ψάχνω για φωλιές ‖ ~ **egg:** *(n)* φωλι ‖ ''κομπόδεμα'', λεφτά για ώρα ανάγκης ‖ ~**l** (ˊnesǝl) [-d]: *(v)* φωλιάζω ‖ πλησιάζ χαδιάρικα, ακουμπώ χαδιάρικα ‖ ~**ling:** *(n)* νεοσσός

244

night

net (net): *(n)* δίχτυ ‖ δίκτυο, δικτύωση, δικτυωτό ‖ *(adj)* καθαρός, "νετ" ‖ τελικός ‖ [-ted]: *(v)* πιάνω σε δίχτυ ‖ έχω ως κέρδος, "καθαρίζω" ‖ ~ting: *(n)* δικτυωτό ‖ δικτύωμα ‖ ψάρεμα με δίχτυ ‖ ~work: *(n)* δικτυωτό, δίκτυο

Nether-lands (´neðərləndz): *(n)* Κάτω Χώρες ‖ ~most: *(adj)* ο κατώτατος ‖ ~ world: *(n)* ο κάτω κόσμος

nettle (´netl): *(n)* τσουκνίδα ‖ [-d]: *(v)* ερεθίζω, εξερεθίζω ‖ τσιμπώ, κεντώ

neur-al (´nju:rəl): *(adj)* νευρικός, των νεύρων ‖ ~algia: *(n)* νευραλγία ‖ ~asthenia: *(n)* νευρασθένεια ‖ ~ologist (nju´rələdzist): *(n)* νευρολόγος ‖ ~osis (nju´rousis): *(n)* νεύρωση ‖ ~otic: *(n & adj)* νευρωτικός, νευροπαθής

neut-er (´nju:tər): *(adj)* ουδέτερος ‖ *(n)* ουδέτερο ‖ ευνουχισμένο ζώο ‖ ~ral (´nju:trəl): *(adj)* ουδέτερος ‖ ~rality: *(n)* ουδετερότητα ‖ ~ralization: *(n)* εξουδετέρωση ‖ ~ralize [-d]: *(v)* εξουδετερώνω ‖ ~ron: *(n)* ουδετερόνιο

never (´nevər): *(adv)* ποτέ ‖ ~more: *(adv)* ποτέ ξανά ‖ ~theless: *(adv)* όμως, μολονότι, ούχ ήττον, παρόλα αυτά

new (nju:): *(adj)* νέος, καινούριος ‖ τρέχων, νέος ‖ ~born: *(adj)* νεογέννητος ‖ ~comer: *(n)* νεοφερμένος ‖ ~fangled: *(adj)* καινούριος, πρωτοειπωμένος, μοντέρνος ‖ ~ly: *(adv)* τελευταία, πρόσφατα ‖ και πάλι ‖ ~lywed: *(n)* νεόνυμφοι ‖ ~moon: *(n)* νέα σελήνη, καινούριο φεγγάρι ‖ ~s (nju:z): *(n)* ειδήσεις, νέα ‖ εφημερίδα *(id)* ‖ ~s agency: *(n)* πρακτορείο ειδήσεων ‖ ~s agent: *(n)* πράκτορας εφημερίδων ‖ ~s boy: *(n)* εφημεριδοπώλης ‖ ~scast: *(n)* εκπομπή ειδήσεων ‖ ~sletter *(n)* περιοδικό δελτίο επιστημονικών ειδήσεων ‖ ~sman: *(n)* δημοσιογράφος ‖ πράκτορας εφημερίδων ‖ ~spaper *(n)* εφημερίδα ‖ ~spaperman: *(n)* δημοσιογράφος ‖ ~sprint: *(n)* δημοσιογραφικό χαρτί ‖ ~ sreel: *(n)* ταινία επικαίρων ‖ ~sstand: *(n)* περίπτερο ή πάγκος εφημεριδοπώλη ‖ N~ Testament: *(n)* Και-

νή Διαθήκη ‖ N~ Year: *(n)* νέο έτος ‖ N~ Year's day: *(n)* Πρωτοχρονιά ‖ N~ Year's Eve: *(n)* παραμονή πρωτοχρονιάς ‖ N~ York: *(n)* Νέα Υόρκη ‖ N~ Zealand: *(n)* Νέα Ζηλανδία

next (nekst): *(adj)* προσεχής, επόμενος ‖ διπλανός ‖ *(adv)* ύστερα, έπειτα, και μετά ‖ *(prep)* κοντά, πλησιέστατα ‖ ~door: *(adj)* διπλανός, γειτονικός ‖ ~ of kin: *(n)* ο πλησιέστερος εξ αίματος συγγενής

nib (nib): *(n)* πενάκι, πένα ‖ ακίδα

nibble (´nibəl): [-d]: *(v)* μασουλώ, τραγανίζω ‖ τρώω με μικρές μπουκίτσες ‖ *(n)* μπουκίτσα ‖ δαγκωματιά

nice (nais): *(adj)* ελκυστικός, ευχάριστος ‖ καλός ‖ καλόκαρδος ‖ όμορφος ‖ ~ly: *(adv)* ευχάριστα ‖ όμορφα ‖ ικανοποιητικά ‖ ~ty: *(n)* ευγένεια, λεπτότητα ‖ to a ~ty: προσεχτικότατα, ακριβέστατα

niche (nitʃ): *(n)* εσοχή ‖ κατάλληλη περίσταση ή θέση

nick (nik): *(n)* εγκοπή, χαρακιά ‖ [-ed]: *(v)* χαράζω ‖ κόβω, διακόπτω, σταματώ ‖ in the ~ of time: στην κατάλληλη στιγμή

nickel (´nikəl): *(n)* νικέλιο, νίκελ ‖ νόμισμα των 5 σεντς ‖ ~ plate [-d]: *(v)* επινικελώνω

nickname (´nikneim): *(n)* υποκοριστικό ‖ παρατσούκλι ‖ [-d]: *(v)* βγάζω παρατσούκλι

nicotine (´nikəti:n): *(n)* νικοτίνη

niece (ni:s): *(n)* ανεψιά

nifty (´nifti:): *(adj)* μοντέρνος, στυλάτος *(id)*

niggard (´nigərd): *(n)* τσιγκούνης, "σάυλοκ" ‖ ~ly: *(adj)* τσιγκούνης ‖ πενιχρός, λίγος

nigger (´nigər): *(n)* νέγρος, "αράπης" *(υβριστ)*

niggl-e (´nigəl) [-d]: *(v)* γκρινιάζω, βρίσκω διαρκώς σφάλματα ‖ λεπτολογώ, "ψειρίζω" ‖ ~ing: *(adj)* γκρινιάρης ‖ υπερβολικά λεπτολόγος, "ψείρας"

night (nait): *(n)* νύχτα ‖ βαθύ σκοτάδι ‖ ~blindness: *(n)* νυκταλωπία ‖ ~cap: *(n)* νυχτικός σκούφος ‖ νυχτερινό ποτό, ποτό προ του ύπνου ‖ τελικός

245

nihilism

αγώνας της ημέρας ‖ ~ **clothes**: *(n)* νυχτικό ‖ **~club**: *(n)* νυχτερινό κέντρο διασκέδασης, ''νάιτ-κλαμπ'' ‖ **~dress**: *(n)* νυχτικό ‖ **~fall**: *(n)* νύχτωμα, πέσιμο της νύχτας ‖ ~ **gown**: *(n)* νυχτικιά ‖ **~hawk, ~owl**: *(n)* ξενύχτης *(id)* ‖ **~ingale**: *(n)* αηδόνι ‖ **~latch**: *(n)* σύρτης ασφαλείας ‖ **~long**: *(adj)* που διαρκεί όλη τη νύχτα ‖ *(adv)* όλη τη νύχτα ‖ **~ly**: *(adj)* νυκτερινός ‖ *(adv)* κάθε νύχτα ‖ **~mare**: *(n)* εφιάλτης ‖ ~s: *(adj)* τη νύχτα ‖ **~school**: *(n)* νυχτερινό σχολείο ‖ **~soil**: *(n)* κοπριά, λίπασμα ‖ **~spot**: *(n)* ''νάιτ-κλαμπ'' ‖ **~stick**: *(n)* ''κλομπ'' αστυνομικού ‖ **~table**: *(n)* κομοδίνο ‖ **~time**: *(n)* νύχτα, νυχτερινή περίοδος ‖ **~watch**: *(n)* νυχτερινή βάρδια ‖ **~watchman**: *(n)* νυχτοφύλακας ‖ **~y**: *(n)* νυχτικιά

nihilis-m (ˈnaiəlizəm): *(n)* μηδενισμός ‖ **~t**: *(n)* μηδενιστής

nil (nil): *(n)* τίποτε, μηδέν

nimble (ˈnimbəl): *(adj)* ευκίνητος, σβέλτος ‖ εύστροφος

nincompoop (ˈninkəmpuːp): *(n)* βλάκας, ανόητος

nin-e (nain): *(n)* εννέα ‖ **~eteen**: *(n)* δεκαεννέα ‖ **~eteenth**: *(n)* δέκατος ένατος ‖ **~etieth**: *(n)* ενενηκοστός ‖ **~ety**: *(n)* ενενήντα ‖ **~th**: *(n)* ένατος

ninny (ˈnini:): *(n)* ανόητος

nip (nip) [-ped]: *(v)* τσιμπώ ‖ δίνω μικρή δαγκωματιά ‖ αρπάζω βιαστικά ‖ κλέβω ‖ *(n)* τσίμπημα ‖ μικρή δαγκωματιά ‖ μικρό κομματάκι ‖ τσουχτερό κρύο ‖ καυτερή γεύση ‖ ~ **away, ~ off, ~ out**: προχωρώ γρήγορα και ευκίνητα ‖ **~per**: *(n)* δαγκανιάρης ‖ δαγκάνα ‖ **~pers**: *(n)* χειροπέδες ‖ **~ping**: *(adj)* σαρκαστικός, δηκτικός ‖ τσουχτερός ‖ **~py**: *(adj)* τσουχτερός ‖ ζωηρός

nipple (ˈnipəl): *(n)* θηλή, ρώγα

nit (nit): *(n)* κόνιδα ‖ αυγό ή μικρό έντομο

nitrogen (ˈnaitrədzən): *(n)* άζωτο

nitroglycerin (naitrəˈglisərin): *(n)* νιτρογλυκερίνη

nitwit (ˈnitwit): *(n)* βλάκας

nix (niks): τίποτε *(id)* ‖ όχι *(id)*

no (nou): *(adv)* όχι ‖ *(adj)* καθόλου, κανένας ‖ μην ‖ *(n)* άρνηση ‖ αρνητική ψήφος ‖ ~ **account**: *(adj)* ανάξιος

nob-ility (nouˈbiləti:): *(n)* τάξη των ευγενών ‖ ευγένεια, ευγενική καταγωγή ‖ ευγενικό ήθος ‖ **~le** (ˈnoubəl): *(adj)* ευγενής ‖ έξοχος, υπέροχος ‖ *(n)* ευγενής, ιππότης ‖ **~leman**: *(n)* ευγενής, ευπατρίδης, ιππότης ‖ **~lewoman**: *(n)* ευγενής γυναίκα

nobody (ˈnoubədi:): *(pron)* κανείς ‖ *(n)* μηδαμινός άνθρωπος, ''τίποτε''

nocturnal (nɔcˈtə:rnəl): *(adj)* νυχτερινός ‖ νυκτόβιος

nod (nɔd) [-ded]: *(v)* κατανεύω, γνέφω ''ναι'' με το κεφάλι ‖ ''κουτουλώ'' από νύστα ‖ ανεβοκατεβάζω το κεφάλι ‖ γνέφω με το κεφάλι ‖ *(n)* γνέψιμο, νεύμα ‖ **give the ~**: *(v)* εγκρίνω ‖ **~dle**: *(n)* κεφάλι, ''κούτρα'' *(id)*

noggin (ˈnəgin): *(n)* φλιτζανάκι

nohow (ˈnouhau): *(adv)* με κανένα τρόπο *(id)*

nois-e (noiz): *(n)* θόρυβος ‖ κατακραυγή, φωνές ‖ [-d]: *(v)* διαδίδω φήμη ‖ μιλώ πολύ, λέω πολλά ‖ **~eless**: *(adj)* αθόρυβος ‖ **~emaker**: *(n)* θορυβοποιός ‖ ''ροκάνα'' ‖ **~y**: *(adj)* θορυβώδης ‖ **~ily**: *(adv)* με θόρυβο, θορυβωδώς

nomad (ˈnoumæd): *(n)* νομάς ‖ **~ic**: *(adj)* νομαδικός

nom de guerre (nəmdəˈgeər): *(n)* ψευδώνυμο ‖ **~de plume** (~ dəˈpluːm): *(n)* φιλολογικό ψευδώνυμο

nome (noum): *(n)* νομός

nomenclature (ˈnoumənkleitʃər): *(n)* ονοματολογία

nomin-al (ˈnəmənəl): *(adj)* ονομαστικός ‖ θεωρητικός, ονομαστικός, μη πραγματικός ‖ **~ate** (ˈnəməneit) [-d]: *(v)* ονομάζω, προτείνω υποψήφιο ‖ διορίζω, κατονομάζω ‖ **~ation**: *(n)* πρόταση υποψηφίου, ονομασία υποψηφίου ‖ διορισμός ‖ **~ative**: *(n)* ονομαστική ‖ *(adj)* ονομαστικός ‖ **~ee** (nəməˈni:): *(n)* υποψήφιος, προταθείς

non (nən): *(prefix)* μη

nonage (ˈnounidz): *(n)* ανηλικιότητα ‖ ανωριμότητα

nonagenarian (nənədzəˈneəri:ən): *(adj)*

ενενηκοντούτης
nonagon ('nɒnəgon): ενεάγωνο
nonchalan-ce ('nɒnʃə'la:ns): *(n)*
προσποιητή αδιαφορία, "μπλαζεδι-
σμός" ‖ αταραξία επιδεικτική ‖ ~t:
(adj) προσποιητά αδιάφορος, "μπλα-
ζέ" ‖ επιδεικτικά ατάραχος
noncom: see noncommissioned officer
noncombatant (nɒnkəm'bætənt): *(n)*
άμαχος ‖ μη μάχιμος στρατιωτικός,
βοηθητικός
noncommissioned **officer**
(nɒnkə'miʃənd): *(n)* υπαξιωματικός
noncommittal (nɒnkə'mitl): *(adj)* ακα-
θόριστος, μη συγκεκριμένος
nondescript ('nɒndi'skript): *(adj)* ακα-
θόριστος, χωρίς συγκεκριμένα χαρα-
κτηριστικά
none (nʌn): *(adj & pron)* κανένας ‖
(adv) καθόλου ‖ ~ the less: *(adv)*
όμως
nonentity (nɒn'entəti:): *(n)* μηδαμινό-
τητα, ασήμαντος, "τίποτε"
nonexistence (nɒnig'zistəns): *(n)* ανυ-
παρξία
nonplus (nɒn'plʌs): *(n)* αμηχανία, ζάλη
‖ ~sed: *(adj)* αμήχανος, "χαμένος"
nonproductive (nɒprə'dʌktiv): *(adj)* μη
αποδοτικός, μη παραγωγικός
nonprofit (nɒn'prɒfit): *(adj)* κοινωφε-
λής
nonresistant (nɒnri'zistənt): *(adj)* υπο-
χωρητικός, ελαστικός
nonscheduled (nɒn'skedzu:ld): *(adj)* μη
δρομολογημένος, έκτακτος
nonsectarian (nɒnsek'teəri:ən): *(adj)*
αδογμάτιστος
nonsens-e ('nɒnsens): *(n)* ανοησία ‖
τρέλα, χαζομάρα ‖ ~ical: *(adj)* ανόη-
τος, παράλογος
nonskid ('non'skid): *(adj)* αντιολισθη-
τικός
nonstop ('nɒn'stɒp): *(adj)* κατευθείαν,
άνευ σταθμού ή στάσης
nonsuit (nɒn'su:t): *(n)* απόρριψη αγω-
γής ‖ [-ed]: *(v)* απορρίπτω αγωγή
nonunion (nɒn'ju:niən): *(adj)* ασυνδικά-
λιστος
nonviable (nɒn'vaiəbəl): *(adj)* μη βιώ-
σιμος ‖ μη πρακτικός

noodle ('nu:dl): *(n)* χυλοπίτα, λεπτό
ζυμαρικό ‖ βλάκας, μπούφος ‖ κεφά-
λι, "κόκα"
nook (nu:k): *(n)* γωνιά, εσοχή
noon (nu:n): *(n)* μεσημέρι ‖ ~day,
~tide: *(n)* μεσημβρία, μεσημέρι
no one: see nobody
noose (nu:s): *(n)* θηλιά, βρόχος ‖ παγί-
δα
nope (noup): *(adv)* όχι *(id)*
nor (nɔ:r): *(conj)* ούτε
norm (nɔ:rm): *(n)* στερεότυπο ‖ τύπος,
μοντέλο, κανόνας
normal ('nɔ:rməl): *(adj)* ομαλός ‖ φυ-
σικός, κανονικός ‖ κάθετος ‖ συνηθι-
σμένος ‖ ~ly: *(adv)* ομαλά ‖ κανονικά,
συνηθισμένα ‖ ~cy, ~ity: *(n)* ομαλότη-
τα, κανονικότητα ‖ ~ize [-d]: *(v)* ομα-
λοποιώ ‖ στερεοποιώ ‖ ~ school: *(n)*
διδασκαλική ακαδημία
north (nɔ:rθ): *(n)* βορράς ‖ βορινό μέ-
ρος, ο βορράς, τα βορινά ‖ *(adj)* βό-
ρειος, βορινός ‖ *(adv)* προς βορρά,
στα βορινά, βορείως ‖ ~bound: *(adj)*
με κατεύθυνση προς βορρά ‖ ~east:
(n) βορειοανατολικά ‖ ~eastern: *(adj)*
βορειοανατολικός ‖ ~easter: *(n)* βο-
ρειοανατολικός άνεμος ‖ ~er: *(n)* βό-
ρειος άνεμος ‖ ~ery: *(adj)* βορινός ‖
~erner: *(n)* κάτοικος του βορρά ‖
~ern lights: *(n)* βόρειο σέλας ‖
~ernmost: *(adj)* βορειότατος ‖ N~
Pole: *(n)* Βόρειος Πόλος ‖ N~ Star:
(n) Πολικός αστέρας ‖ ~ward,
~wards: *(adv)* προς βορρά ‖ ~west:
(n) τα βορειοδυτικά ‖ ~westerly:
(adj) βορειοδυτικός ‖ ~westward,
~westwards: *(adv)* προς τα βορειοδυ-
τικά
Nor-way ('nɔ:rwei): *(n)* Νορβηγία ‖
~wegian (nɔ:r'wi:dzən): *(n)* Νορβηγός
‖ *(adj)* νορβηγικός
nose (nouz): *(n)* μύτη ‖ ρύγχος, μου-
σούδι ‖ όσφρηση, μύτη ‖ [-d]: *(v)* βρί-
σκω από ένστικτο, με τη μυρουδιά ‖
~ bleed: *(n)* αιμορραγία της μύτης ‖ ~
cone: *(n)* κώνος πυραύλου ‖ ~ dive:
(n) κάθετη εφόρμηση ‖ follow one's ~:
(v) πηγαίνω από ένστικτο ‖ προχωρώ
ίσια εμπρός ‖ lead by the ~: "τραβώ

από τη μύτη'' ‖ **look down one's ~:**
(v) φέρομαι περιφρονητικά ‖ **on the
~:** ακριβώς ‖ **pay through the ~:** *(v)*
πληρώνω τα μαλλοκέφαλα ‖ **~y:** *(adj)*
αδιάκριτος
nosology (nou΄sɔlədzi): *(n)* νοσολογία
nostalgi-a (nɔ΄stældzə): *(n)* νοσταλγία ‖
~c: *(adj)* νοσταλγικός
nostril (΄nɔstrəl): *(n)* ρουθούνι
not (nɔt): *(adv)* δεν, όχι, μη
not-able (΄noutəbəl): *(adj)* αξιωσημείω-
τος ‖ σημαντικός ‖ *(n)* επίσημο πρό-
σωπο ‖ **~ably:** *(adv)* αξιοσημείωτα ‖
ιδιαίτερα ‖ **~arize** (΄noutəraiz) [-d]:
(v) θεωρώ συμβολαιογραφικά, υπο-
γράφω ως συμβολαιογράφος ‖ **~ary,
~ary public:** *(n)* συμβολαιογράφος ‖
~ation: *(n)* σύμβολα, συμβολισμός ‖
σημείωση
notch (nɔtʃ): *(n)* στενωπός, στενό πέρα-
σμα ‖ σημείωση, τσεκάρισμα, μάρκα ‖
εγκοπή, χαρακιά ‖ [-ed]: *(v)* χαράζω ‖
τσεκάρω
note (nout): *(n)* σημείωση ‖ σημείωμα ‖
υπόμνημα, νότα ‖ τόνος, νότα ‖ τρα-
πεζική εντολή ‖ πλήκτρο ‖ σπουδαιό-
τητα σημασία ‖ [-d]: *(v)* σημειώνω ‖
παρατηρώ, προσέχω, σημειώνω ‖ κα-
ταδεικνύω ‖ **~book:** *(n)* σημειωματά-
ριο ‖ **~d:** *(adj)* αξιοσημείωτος, σημα-
ντικός, σημαίνων ‖ **~ of hand:** *(n)*
γραμμάτιο ‖ **~ worthy:** *(adj)* αξιοση-
μείωτος, αξιοπρόσεκτος ‖ **compare
~s:** *(v)* ανταλλάσσω ιδέες ή απόψεις ‖
strike the right ~: *(v)* λέω αυτό που
πρέπει
nothing (΄nʌthiŋ): *(n)* τίποτε ‖ **~
doing:** αποκλείεται ‖ **~ness:** *(n)* ανυ-
παρξία, το τίποτε
notice (΄noutis): *(n)* παρατήρηση, προ-
σοχή ‖ αγγελία ‖ ανακοίνωση ‖ προει-
δοποίηση ‖ [-d]: *(v)* παρατηρώ ‖ προ-
σέχω ‖ φροντίζω ‖ **~able:** *(adj)* αξιο-
πρόσεκτος ‖ αξιοσημείωτος
noti-fication (noutəfi΄keiʃən): *(n)* γνω-
στοποίηση ‖ αγγελία ‖ **~fy** (΄nɔtəfai)
[-ied]: *(v)* γνωστοποιώ ‖ αγγέλλω ‖
πληροφορώ
notion (΄nouʃən): *(n)* ιδέα, αντίληψη ‖
πρόθεση, τάση ‖ **~s:** *(n)* ψιλικά

noto-riety (noutə΄raiəti:): *(n)* κακή φή-
μη ‖ **~rious** (nou΄tɔ:ri:əs): *(adj)* περι-
βόητος
notwithstanding (nɔtwith΄stændiŋ):
(prep & adv) παρά ταύτα, παρόλο
nougat (΄nu:gət): *(n)* αμυγδαλωτό,
''νουγκάς''
nought: see naught
noun (naun): *(n)* ουσιαστικό
nourish (΄nə:riʃ) [-ed]: *(v)* τρέφω ‖ δια-
τρέφω, εκτρέφω ‖ **~ing:** *(adj)* θρεπτι-
κός ‖ **~ment:** *(n)* τροφή, διατροφή
nouveau riche (nu:vou΄riʃ): *(n)* νεό-
πλουτος
novel (΄nɔvəl): *(n)* μυθιστόρημα, ''νου-
βέλα'' ‖ *(adj)* νέος ‖ πρωτότυπος ‖
~ette: *(n)* διήγημα, μυθιστόρημα μι-
κρής έκτασης ‖ **~ist:** *(n)* μυθιστοριο-
γράφος ‖ **~ty:** *(n)* νεωτερισμός, καινο-
τομία ‖ **~ties:** *(n)* παιχνιδάκια, μπι-
χλιμπίδια
November (nou΄vembər): *(n)* Νοέμ-
βριος
novice (΄nɔvis): *(n)* αρχάριος ‖ νεόφυ-
τος, νεοφώτιστος
now (nau): *(adv)* τώρα ‖ αμέσως, αυτή
τη στιγμή ‖ στο παρόν ‖ *(n)* το παρόν
‖ **~ and again, ~ and then:** κάπου-κά-
που, κατά καιρούς, κάθε τόσο ‖
~adays: *(adv)* στο παρόν, σήμερα, τη
σημερινή εποχή
no-way (΄nouwei): *(adv)* επ' ουδενί λό-
γω, με κανένα τρόπο ‖ **~where:** *(adv)*
πουθενά ‖ **~wise:** see noway ‖ **get
~where:** *(v)* δεν καταφέρνω, δεν φέρ-
νω αποτέλεσμα
noxious (΄nɔkʃəs): *(adj)* επιβλαβής
βλαβερός
nozzle (΄nɔzəl): *(n)* στόμιο ‖ ακροφύ-
σιο ‖ μύτη *(id)*
nuance (nu:΄a:ns): *(n)* απόχρωση
nubile (΄nu:bil): *(adj)* σε ηλικία γάμου
nucle-ar (΄nu:kli:ər): *(adj)* πυρηνικός ‖
~ar energy: *(n)* πυρηνική ενέργεια ‖
~ar reactor: *(n)* πυρηνικός αντιδρα-
στήρας ‖ **~i:** pl. of nucleus (see) ‖ **~
us** (΄nu:kli:əs): *(n)* πυρήνας
nud-e (nju:d): *(adj)* γυμνός ‖ *(n)* το γυ
μνό ‖ **~ism:** *(n)* γυμνισμός ‖ **~ity:** *(n)*
γυμνότητα ‖ **~ist:** *(n)* γυμνιστής

O, o

nudge (nʌdz) [-d]: *(v)* σκουντώ, τραβώ την προσοχή σκουντώντας ‖ *(n)* σκούντημα

nugatory (΄nu:gətə:ri:): *(adj)* ευτελής ‖ άκυρος, μη ισχύων

nugget (΄nʌgət): *(n)* βόλος χρυσού

nuisance (΄nju:səns): *(n)* ενόχληση ‖ ενοχλητικό πράγμα

null (nʌl): *(adj)* άκυρος, μη ισχύων ‖ **~ification**: *(n)* ακύρωση ‖ **~ify** [-ied]: *(v)* ακυρώνω ‖ **~ity**: *(n)* ακυρότητα ‖ μηδαμινότητα

numb (nʌm): *(adj)* μουδιασμένος ‖ παράλυτος, ΄΄μουδιασμένος΄΄, απολιθωμένος από φόβο ‖ ναρκωμένος, χωρίς ευαισθησία ‖ [-ed]: *(v)* μουδιάζω, ναρκώνω ‖ ναρκώνομαι, μουδιάζω ‖ **get ~**: *(v)* μουδιάζω ‖ **~ness**: *(n)* μούδιασμα

number (΄nʌmbər): *(n)* αριθμός ‖ **~s**: *(n)* μεγάλη ποσότητα ‖ [-ed]: *(v)* αριθμώ ‖ μετρώ, απαριθμώ ‖ **~less** *(adj)* αναρίθμητος

numer-able (΄nu:mərəbəl): *(adj)* αριθμητός ‖ **~al**: *(n)* αριθμός, ψηφίο ‖ *(adj)* αριθμητικός ‖ **~ate** [-d]: *(v)* αριθμώ, απαριθμώ ‖ **~ation**: *(n)* αρίθμηση ‖ **~ator**: *(n)* αριθμητής ‖ **~ical**: *(adj)* αριθμητικός ‖ **~ous**: *(adj)* πολυάριθμος

numismatic (nu:miz΄mætik): *(adj)* νομισματικός ‖ **~s**: *(n)* νομισματολογία

numskull (΄nʌmskʌl): *(n)* βλάκας, χοντροκέφαλος

nun (nʌn): *(n)* καλόγρια ‖ **~nery**: *(n)* μοναστήρι καλογρυών

nuncio (΄nunsi:o): *(n)* έξαρχος του Βατικανού, ΄΄νούντσιος΄΄

nuptial (΄nʌpʃəl): *(adj)* γαμήλιος ‖ **~s**: *(n)* γαμήλια τελετή

nurs-e (nə:rs): *(n)* νοσοκόμα, νοσοκόμος ‖ παραμάνα, ΄΄νταντά΄΄ ‖ τροφός ‖ [-d]: *(v)* βυζαίνω βρέφος ‖ φροντίζω μικρό ‖ περιποιούμαι, νοσηλεύω ‖ πιάνω σφιχτά πονεμένο μέρος, σφίγγω πονεμένο μέρος ‖ σιγοπίνω, ΄΄κουτσοπίνω΄΄ ‖ **~emaid**: *(n)* παραμάνα, ΄΄νταντά΄΄ ‖ **~ery**: *(n)* δωμάτιο βρέφους ή μικρών παιδιών ‖ βρεφοκομείο, παιδικός σταθμός ‖ φυτώριο ‖ **~ery rhyme**: *(n)* παιδικό τραγούδι ‖ **~ery school**: *(n)* προνηπιαγωγείο, τάξη προνηπίων ‖ **~ing**: *(n)* περίθαλψη, νοσηλεία, περιποίηση ‖ *(n)* επάγγελμα νοσοκόμου ‖ **~ing home**: *(n)* κλινική ‖ γηροκομείο ‖ **~ling**: *(n)* ΄΄βυζασταρούδι΄΄

nurture (΄nə:rtʃər): *(n)* τροφή ‖ ανατροφή ‖ [-d]: *(v)* τρέφω ‖ ανατρέφω

nut (nʌt): *(n)* ξηρός καρπός ‖ καρύδι ‖ περικόχλιο, ΄΄παξιμάδι΄΄ ‖ παράξενος, τρελός *(id)* ‖ **~s**: *(n)* όρχεις *(id)* ‖ **~s**: *(adj)* τρελός ‖ **~s**: *(inter)* ΄΄τρίχες΄΄ ‖ **~cracker**: *(n)* καρυοθραύστης ‖ **~meg**: *(n)* μοσχοκάρυδο ‖ **~shell**: *(n)* κέλυφος ‖ **in a ~shell**: σύντομα, εν συντομία

nutri-ent (΄nu:tri:ənt): *(n)* θρεπτική ουσία ‖ **~ment**: *(n)* θρεπτική ουσία ‖ **~tion**: *(n)* θρέψη ‖ διατροφή ‖ **~tious**: *(adj)* θρεπτικός ‖ **~tive**: *(adj)* θρεπτικό

nuzzle (΄nʌzəl) [-d]: *(v)* σπρώχνω με τη μούρη ‖ τρίβω τη μύτη μου ‖ μαζεύομαι ή χώνομαι κοντά σε κάποιον

nylon (΄nailən): *(n & adj)* νάυλον

nymph (nimf): *(n)* νύμφη ‖ **~ et**: *(n)* νυμφίδιο ‖ **~omania** (nimfə΄meini:ə): *(n)* νυμφομανία ‖ **~omaniac**: *(n & adj)* νυμφομανής

O

O, o (ou): *(n)* το 15ο γράμμα του Αγγλικού Αλφαβήτου

O, ~ h: *(inter)* Ω!, Α!

o' (ə, ou): *(prep)* of (see)

249

oaf

oaf (ouf): *(n)* αδέξιος, "μπουνταλάς"
oak (ouk): *(n)* δρύς, βαλανιδιά ‖ *(adj)* δρύινος ‖ ~**en**: *(adj)* δρύινος
oar (ɔːr): *(n)* κουπί ‖ [-ed]: *(v)* κωπηλατώ ‖ **put one's ~ in**: *(v)* ανακατεύομαι, "χώνω τη μύτη μου" ‖ ~**lock**: *(n)* σκαρμός ‖ ~**sman**: *(n)* κωπηλάτης
oasis (ouˈeisis): *(n)* όαση
oat (out): *(n)* βρόμη (φυτό) ‖ ~**s**: *(n)* βρόμη ‖ ~**meal**: *(n)* κουρκούτι βρόμης
oath (outh): *(n)* όρκος ‖ βλαστήμια
obdura-cy (ˈɔbdjuːrəsiː): *(n)* ακαμψία ‖ ισχυρογνωμοσύνη ‖ σκληρότητα ‖ ~**te**: *(adj)* άκαμπτος, σκληρός ‖ ισχυρογνώμονας
obedien-ce (ouˈbiːdiːəns): *(n)* ευπείθεια ‖ υπακοή ‖ ~**t**: *(adj)* ευπειθής, υπάκουος
obeisanc-e (ouˈbeisəns): *(n)* υποταγή ‖ υπόκλιση σεβασμού ‖ ~**t**: *(adj)* υποταγμένος
obelisk (ˈɔbəlisk): *(n)* οβελίσκος ‖ σημείο παραπομπής
obes-e (ouˈbiːs): *(adj)* παχύσαρκος ‖ ~**ity**: *(n)* παχυσαρκία
obey (ouˈbei) [-ed]: *(v)* υπακούω
obfuscat-e (ˈɔbfəskeit) [-d]: *(v)* συσκοτίζω, συγχύζω ‖ ~**ion**: *(n)* σύγχυση, συσκότιση
obituary (ouˈbitʃuːəri): *(n)* νεκρολογία
object (ɔbˈdzekt) [-ed]: *(v)* έχω αντίρρηση ‖ αντιτίθεμαι ‖ (ˈɔbdzekt): *(n)* αντικείμενο ‖ αντικειμενικός σκοπός ‖ **no ~**: κανένα εμπόδιο, δεν είναι θέμα ‖ ~**ion** (ɔbˈdzekʃən): *(n)* αντίρρηση ‖ αντίθεση ‖ ~**ionable**: *(adj)* αντικρούσιμος ‖ υποκείμενος σε αντίρρηση ή αντίθεση ‖ απαράδεκτος ‖ ανεπιθύμητος, μη αρεστός ‖ ~**ive**: *(adj)* αντικειμενικός ‖ *(n)* αντικειμενικός σκοπός ‖ αιτιατική πτώση ‖ ~**ively**: *(adv)* αντικειμενικά ‖ ~**iveness**, ~**ivity**: *(n)* αντικειμενικότητα ‖ ~ **d'art**: *(n)* έργο τέχνης
oblate (ˈɔbleit): *(adj)* σφαιροειδής
obli-gate (ˈɔbləgeit) [-d]: *(v)* υποχρεώνω ‖ ~**gation**: *(n)* υποχρέωση ‖ ~**gatory**: *(adj)* υποχρεωτικός ‖ ~**ge** (əˈblaidz) [-d]: *(v)* υποχρεώνω ‖ αναγκάζω ‖ βάζω σε υποχρέωση ‖ ~**gee**:

(n) υποχρεωμένος ‖ ~**ging**: *(adj)* εξυπηρετικός, υποχρεωτικός ‖ ~**gingly**: *(adv)* υποχρεωτικά
obli-que (ouˈbliːk): *(adj)* λοξός, πλάγιος ‖ ~**quity**: *(n)* λοξότητα
obliterat-e (əˈblitəreit) [-d]: *(v)* εξαλείφω, καταστρέφω ολοσχερώς ‖ ~**ion**: *(n)* ολοσχερής καταστροφή, εξάλειψη
oblivi-on (əˈbliviːən): *(n)* λησμονιά ‖ λήθη, ξέχνασμα διαφορών ή αδικημάτων ‖ ~**ous**: *(adj)* επιλήσμονας ‖ ανύποπτος, μη προσέχων, μη δίνων σημασία
oblong (ˈɔblɔːŋ): *(adj)* επιμήκης, στενόμακρος
obnoxious (ɔbˈnɔkʃəs): *(adj)* απαίσιος, απεχθής
oboe (ˈoubou): *(n)* οξύαυλος (όμποε)
obscen-e (ɔbˈsiːn): *(adj)* χυδαίος, αισχρός ‖ απαίσιος, ειδεχθής ‖ ~**ity**: *(n)* χυδαιότητα, αισχρότητα
obscur-e (ɔbˈskjuːr): *(adj)* μισοσκότεινος ‖ σκοτεινός, σκούρος ‖ δυσδιάκριτος ‖ κρυμμένος ‖ άσημος, αφανής ‖ συγκεχυμένος, μη συγκεκριμμένος ‖ ~**ity**: *(n)* σκοτάδι ‖ αφάνεια, ασημότητα
obsequious (ɔbˈsiːkwiːəs): *(adj)* χαμερπής, δουλοπρεπής ‖ ~**ness**: *(n)* χαμέρπεια, δουλοπρέπεια
observ-able (ɔbˈzɜːrvəbəl): *(adj)* ευδιάκριτος ‖ αξιοπαρατήρητος ‖ αξιοτήρητος, άξιος τήρησης ‖ ~**ance** (ɔbˈzɜːrvəns): *(n)* τήρηση ‖ ~**ant** *(adj)* παρατηρητικός ‖ τηρητής ‖ ~**ation** (ɔbzərˈveiʃən): *(n)* παρατήρηση ‖ **τήρηση** ‖ ~**atory** (ɔbˈzɜːrvətɔːri): *(n)* παρατηρητήριο ‖ αστεροσκοπείο ‖ ~**e** (ɔbˈzɜːrv) [-d]: *(v)* παρατηρώ ‖ παρακολουθώ προσεκτικά ‖ τηρώ ‖ ~**er** *(n)* παρατηρητής ‖ τηρητής
obsess (ɔbˈses) [-ed]: *(v)* βασανίζω ενοχλώ επίμονα ‖ βάζω έμμονη ιδέα ‖ ~**ion**: *(n)* βάσανο, συνεχής και επίμον ενόχληση ‖ έμμονη ιδέα
obso-lescent (ɔbsəˈlesənt): *(adj)* ξεπερασμένος, που τείνει να αχρηστευτεί ‖ ~**lete** (ˈɔbsəˈliːt): *(adj)* άχρηστος απαρχαιωμένος ‖ σε αχρηστία, μ χρησιμοποιούμενος πια

250

obstale (´ɔbstəkəl): *(n)* εμπόδιο

obstetric (əb´stetrik), **~al**: *(adj)* μαιευτικός ‖ **~ian**: *(n)* μαιευτήρας ‖ **~s**: *(n)* μαιευτική

obstina-cy (´ɔbstənəsi:): *(n)* ισχυρογνωμοσύνη ‖ πείσμα, επιμονή ‖ **~te**: *(adj)* ισχυρογνώμονας ‖ επίμονος, πεισματάρης ‖ **~tely**: *(adv)* με πείσμα ‖ επίμονα

obstreperous (əb´strepərəs): *(adj)* θορυβοποιός ‖ κραυγαλέος

obstruct (əb´strʌkt) [-ed]: *(v)* εμποδίζω ‖ παρεμποδίζω ‖ κωλυσιεργώ ‖ **~ion**: *(n)* εμπόδιο ‖ κωλυσιεργία ‖ **~ive**: *(adj)* παρεμποδιστικός, κωλυσιεργός ‖ **~ionist**: *(n)* συστηματικά κωλυσιεργός

obtain (əb´tein) [-ed]: *(v)* αποκτώ ‖ πετυχαίνω ‖ επικρατώ, ισχύω ‖ **~able**: *(adj)* εφικτός ‖ ευκολοαπόκτητος

obtrusive (əb´tru:siv): *(adj)* ενοχλητικός

obtuse (əb´tju:s): *(adj)* αμβλύς ‖ αμβλύνους ‖ **~angle**: *(n)* αμβλεία γωνία

obverse (əb´vəːrs): *(adj)* αντικρυστός, "φάτσα" ‖ (´ɔbvəːrs): *(n)* όψη, φάτσα ‖ εικόνα νομίσματος, "κορόνα"

obvi-ate (´ɔbvi:eit) [-d]: *(v)* προλαβαίνω, προκαταλαβαίνω ‖ **~ous** (´ɔbvi:əs): *(adj)* προφανής, έκδηλος, φανερός ‖ **~ously**: *(adv)* προφανώς

occasion (ə´keizən): *(n)* ευκαιρία ‖ περίπτωση ‖ περίσταση ‖ αφορμή ‖ [-ed]: *(v)* δίνω ευκαιρία ‖ προξενώ ‖ **~al**: *(adj)* κατά καιρούς, σποραδικός ‖ ευκαιριακός ‖ **~ally**: *(adv)* που και πια που, σποραδικά, κάπου-κάπου ‖ **by ~ of**: ένεκα, εξαιτίας ‖ **on ~**: πότε-πότε, που και πια

Occident (´ɔksədənt): *(n)* η δύση ‖ δυτικές χώρες, δυτικό ημισφαίριο ‖ **~al**: *(adj)* δυτικός

occip-ital (ɔk´sipətəl): *(adj)* ινιακός ‖ **~ut** (´ɔksəput): *(n)* ινιακό οστούν

occlu-de (ə´klu:d) [-d]: *(v)* αποφράζω ‖ **~sion**: *(n)* απόφραξη, έμφραξη

occult (ə´kʌlt): *(adj)* απόκρυφος ‖ *(n)* απόκρυφες επιστήμες ‖ [-ed]: *(v)* αποκρύβω ‖ **~ation**: *(n)* απόκρυψη ‖ **~ism**: *(n)* αποκρυφισμός ‖ **~ist**: *(n)* αποκρυφιστής, μυστικιστής

occup-ancy (´ɔkjəpənsi:): *(n)* κατοχή ‖ **~ant**: *(n)* κάτοχος ‖ ένοικος ή ιδιοκτήτης ‖ **~ation** (ɔkjə´peiʃən): *(n)* ασχολία, απασχόληση ‖ επάγγελμα ‖ κατοχή ‖ κατάληψη ‖ αρχές κατοχής ‖ **~ational**: *(adj)* επαγγελματικός ‖ **~y** (´ɔkjəpai) [-ied]: *(v)* κατέχω ‖ απασχολώ ‖ ενοικώ, μένω ‖ καταλαμβάνω

occur (ə´kəːr) [-red]: *(v)* συμβαίνω ‖ λαμβάνω χώρα, επισυμβαίνω ‖ έρχομαι στο μυαλό ή στη θύμηση ‖ **~rence**: *(n)* συμβάν ‖ περιστατικό

ocean (´ouʃən): *(n)* ωκεανός ‖ **O~ia**: *(n)* Ωκεανία ‖ **~ic**: *(adj)* ωκεάνιος ‖ **~ography** (ouʃə´nɔgrəfi:): *(n)* ωκεανογραφία

ocelot (´ɔsələt): *(n)* αίλουρος

ocher (´oukər), **ochre**: *(n)* ώχρα

o'clock (ə´klɔk): *(adv)* σύμφωνα με το ρόλόι, "η ώρα"

octa-gon (´ɔktəgən): *(n)* οκτάγωνο ‖ **~al**: *(adj)* οκτάγωνος ‖ **~hedral** (ɔktə´hi:drəl): *(adj)* οκτάεδρος ‖ **~hedron**: *(n)* οκτάεδρο ‖ **~ne** (´ɔktein): *(n)* οκτάνιο ‖ **~ve** (´ɔktiv): *(n)* οκτάβα, οκτώηχος

October (ɔk´toubər): *(n)* Οκτώβριος

octogenarian (ɔktədzə´neəri:ən): *(adj)* ογδοηκοντούτης, "ογδοντάρης"

octopus (´ɔktəpəs): *(n)* χταπόδι

octuple (´ɔktupəl): *(adj)* οκταπλός ‖ [-d]: *(v)* οκταπλασιάζω

ocu-lar (´ɔkjələr): *(adj)* οφθαλμικός ‖ *(n)* προσοφθάλμιο ‖ **~list**: *(n)* οφθαλμίατρος

odd (ɔd): *(adj)* περίεργος, παράξενος ‖ ιδιότροπος, εκκεντρικός ‖ παραπανίσιος ‖ μονός, χωρίς ταίρι ‖ περιττός, μονός, όχι άρτιος ‖ **~ly**: *(adv)* περίεργα ‖ **~ball**: *(n)* εκκεντρικός, παράξενος, "λοξός" ‖ **~ity**: *(n)* παραξενιά, ιδιοτροπία ‖ παράξενος άνθρωπος ή πράγμα ‖ **~ment**: *(n)* παραξενιά ‖ υπόλειμμα, περίσσευμα, απομεινάρι ‖ **~s**: *(n)* χαριστικό πλεονέκτημα, "αβάντζο" ‖ πιθανότητα νίκης ή έκβασης ‖ διαφορά δύναμης ‖ **at ~s**: σε διαφωνία, σε διαφορά ‖ **~s and ends**: *(n)* μικροπράγματα, κομμάτακια ή απομεινάρια

ode (oud): *(n)* ωδή
odi-ous (´oudi:əs): *(adj)* βδελυρός ‖ απεχθής, απαίσιος ‖ **~um**: *(n)* απέχθεια
odometer (ou´dəmətər): *(n)* οδόμετρο
odor, odour (´oudər): *(n)* οσμή, μυρουδιά ‖ υπόληψη ‖ **~iferous**: *(adj)* ευώδης ‖ **~less**: *(adj)* άοσμος ‖ **~ous**: *(adj)* κάκοσμος ‖ με μυρωδιά, που μυρίζει
of (əv, əv): *(prep)* από ‖ του ‖ περί, για ‖ ως προς
off (əf): *(adj)* μακρυά ‖ μη εν ενεργεία, "κλειστό" ‖ εξολοκλήρου ‖ *(adj)* απομακρυσμένος ‖ *(prep)* μακρυά από, πιο λίγο από, απομακρυσμένος από ‖ **~ and on**: κατά καιρούς, που και που ‖ **~ chance**: αμυδρή πιθανότητα ‖ **~color**: *(adj)* χωρίς το κανονικό χρώμα ‖ κακόχρωστος ‖ άκεφος, αδιάθετος
offal (´ɔ:fəl): *(n)* απορρίμματα, σκουπίδια ‖ άχρηστα εντόσθια
offbeat (´ɔfbi:t): *(adj)* παράξενος, εκκεντρικός
offcast (´ɔfkæst): *(adj)* πεταμένος
offen-d (ə´fend) [-ed]: *(v)* προσβάλλω ‖ δυσαρεστώ ‖ **~se, ~ce**: *(n)* προσβολή ‖ παράβαση ‖ *(´ɔfens)*: *(n)* επίθεση, προσβολή ‖ **give ~se**: *(v)* προκαλώ δυσαρέσκεια ‖ **take ~se**: *(v)* προσβάλλομαι, δυσαρεστούμαι ‖ **~sive**: *(adj)* δυσάρεστος ‖ προσβλητικός ‖ επιθετικός ‖ **~sive**: *(n)* επίθεση ‖ **the ~sive**: *(n)* επιθετική κίνηση ‖ **~siveness**: *(n)* επιθετικότητα
offer (´ɔfər) [-ed]: *(v)* προσφέρω ‖ προσφέρομαι ‖ προτείνω ‖ προτείνω γάμο ‖ *(n)* προσφορά ‖ πρόταση ‖ **~ing**: *(n)* προσφορά ‖ ανάθημα, αφιέρωμα
offhand (´ɔfhænd): *(adv)* αυθόρμητα ‖ *(adj)* αυθόρμητος
offi-ce (´ɔfis): *(n)* γραφείο ‖ υπηρεσία ‖ αξίωμα, θέση ‖ **~ceholder**: *(n)* αξιωματούχος ‖ **~cer**: *(n)* αξιωματούχος ‖ ανώτερος υπάλληλος, υπάλληλος με δικαίωμα υπογραφής ‖ αξιωματικός ‖ αστυνομικός ‖ **~cer of the day**: *(n)* αξιωματικός υπηρεσίας ‖ **~cial** (ə´fiʃəl): *(adj)* υπηρεσιακός ‖ επίσημος

‖ *(n)* υπάλληλος ‖ **~ciate** [-d]: *(v)* εκτελώ υπηρεσία ή καθήκοντα ‖ ιερουργώ ‖ **~cious**: *(adj)* ενοχλητικά εξυπηρετικός
offing (´ɔfiŋ): *(n)* ανοικτή θάλασσα ‖ **in the ~**: στα ανοιχτά ‖ ενόψει
offset (´ɔfset): *(n)* αντιστάθμισμα ‖ κλάδος, βλαστός ‖ τυπογραφία "όφσετ" ‖ *(v)* αντισταθμίζω
off-shore (´ɔfʃɔ:r): *(adv)* μακριά από την ακτή, στα ανοιχτά
offside (´ɔfsaid): *(adj)* σε θέση "οφσάιντ"
offspring (´ɔfspriŋ): *(n)* απόγονος, βλαστάρι ‖ αποτέλεσμα, προϊόν
off-stage (´ɔfsteidz): *(adv)* στα παρασκήνια
often (´ɔfən): *(adv)* συχνά, πολλές φορές ‖ κατ' επανάληψη ‖ **~ times**: *(adv)* συχνά
ogle (´ɔ:gəl) [-d]: *(v)* κοιτάζω με γουρλωμένα μάτια ‖ κοιτάζω ερωτικά, "γλυκοκοιτάζω" ‖ *(n)* γλυκοκοίταγμα
ogre (´ougər): *(n)* δράκος
oh (ou): *(interj)* ω! α! ‖ **~o** (ou´hou): *(int)* αχά!
oil (oil): *(n)* λάδι ‖ πετρέλαιο ‖ λάδι λίπανσης ‖ ελαιογραφία ‖ [-ed]: *(v)* λαδώνω ‖ φορτώνω λάδι ‖ δωροδοκώ, "λαδώνω" ‖ κολακεύω ‖ **strike ~**: *(v)* κάνω "την καλή" ‖ **~can**: *(n)* λαδωτήρι ‖ **~cloth**: *(n)* μουσαμάς ‖ **~er**: *(n)* πετρελαιοφόρο, "τάνκερ" ‖ πετρελαιοκίνητο ‖ **~field**: *(n)* πετρελαιοπηγές, πετρελαιοφόρα περιοχή ‖ **~painting**: *(n)* ελαιογραφία ‖ **~skin**: *(n)* αδιάβροχο, μουσαμάς ‖ **~well**: *(n)* πετρελαιοπηγή ‖ **~y**: *(adj)* ελαιώδης, λαδερός ‖ "γλοιώδης" τύπος
ointment (´ointmənt): *(n)* αλοιφή
O.K., okay (ou´kei): *(interj)* εν τάξει ‖ [-ed]: *(v)* δίνω το "O.K.", δίνω έγκριση
okra (´oukər): *(n)* μπάμια
old (ould): *(adj)* γέρος ‖ παλιός ‖ ορισμένης ηλικίας, "χρονών", "ετών" ‖ *(n)* παλιός καιρός, παλιά χρόνια ‖ **~ness**: *(n)* παλαιότητα ‖ **~ country**: *(n)* η πατρίδα μετανάστη ‖ **~fashioned**: *(n)* κοκτέιλ ουίσκι και χυ-

μού φρούτων ‖ ~ **fashioned**: *(adj)* με παλιές ιδέες, του παλιού καιρού ‖ παλιάς ή περασμένης μόδας ‖ ~ **fogy**: με απαρχαιωμένες ιδέες, "σκουριασμένος" ‖ **O~ Glory**: η σημαία των ΗΠΑ ‖ ~ **lady**: η μητέρα, η "γριά" ‖ η σύζυγος, η "κυρά" ‖ ~ **maid**: *(n)* γεροντοκόρη ‖ ~**man**: πατέρας, ο "γέρος" ‖ ~**ster**: γεροντάκος ‖ **O~ Testament**: Παλαιά Διαθήκη ‖ ~**timer**: παλιός, σε δουλειά ή σε περιοχή, παλιός κάτοικος

oleander (´ouli:´ændər): *(n)* ροδοδάφνη, ροδόδεντρο

olfac-tion (əl´fæk∫ən): *(n)* όσφρηση ‖ ~**tory**: *(adj)* οσφραντικός

oligarchy (´ɔləga:rki:): *(n)* ολιγαρχία

olive (´ɔliv): *(n)* ελιά ‖ *(adj)* λαδής, λαδί χρώμα ‖ ~ **branch**: *(n)* προσφορά ειρήνης, "κλάδος ελαίας" ‖ ~ **oil**: *(n)* ελαιόλαδο

Olympi-ad (ou´limpi:æd): *(n)* Ολυμπιάδα ‖ ~**c**: *(adj)* ολυμπιακός ‖ ~**ic games**: *(n)* ολυμπιακοί αγώνες

omelet, omelette (´ɔməlit): *(n)* ομελέτα

omen (´oumən): *(n)* οιωνός ‖ [-ed]: *(v)* προοιωνίζω

ominous (´ɔmənəs): *(adj)* δυσοίωνος ‖ απειλητικός

omission (ou´mi∫ən): *(n)* παράλειψη

omit (ou´mit) [-ted]: *(v)* παραλείπω

omni-bus (´ɔmnibʌs): *(n)* λεωφορείο ‖ άπαντα συγγραφέως ‖ ~**potent** (əm´nipətənt): *(adj)* παντοδύναμος, πανίσχυρος ‖ ~**present** (əmni´prezənt): *(adj)* πανταχού παρών ‖ ~**scient** (əm´ni∫ənt): *(adj)* παντογνώστης ‖ ~**vorous**: *(adj)* παμφάγος

on (ɔn): *(prep)* επί, επάνω ‖ εις, σε κατά ‖ περί ‖ *(adv)* σε λειτουργία, "ανοιχτό" ‖ εμπρός, προς τα εμπρός ‖ **and so ~**: και ούτω καθεξής ‖ ~ **and off**: κάπου-κάπου ‖ ~ **and ~**: χωρίς σταματημό, συνέχεια ‖ **be ~ to**: καταλαβαίνω, "παίρνω μυρουδιά"

once (wʌns): *(adv)* άπαξ, μια φορά ‖ κάποτε, μια φορά ‖ *(conj)* μόλις ‖ αν ποτέ ‖ *(adj)* άλλοτε, αλλοτινός ‖ ~ **and for all**: μια για πάντα ‖ ~ **upon a time**: μια φορά κι ένα καιρό, κάπο-

τε ‖ **all at ~**: όλοι μαζί ‖ ξαφνικά ‖ **at ~**: ταυτόχρονα ‖ αμέσως ‖ ~ **over**: *(n)* σύντομη επισκόπηση ή εκτέλεση

oncoming (ən´kʌmiŋ): *(adj)* επερχόμενος ‖ *(n)* προσέγγιση, φτάσιμο

one (wʌn): *(adj)* ένας ‖ *(n)* ένα ‖ μονάδα ‖ *(pron)* ορισμένος, αυτός ‖ **all ~**: ίδιας σημασίας, το ίδιο ‖ **at ~**: σε ομοφωνία ‖ ~ **and all**: οι πάντες, όλοι ‖ ~ **another**: αλλήλους ‖ ~**horse**: *(adj)* μόνιππος ‖ ~**self**: εαυτός ‖ ~**sided**: *(adj)* μονόπλευρος ‖ ~**time**: *(adj)* αλλοτινός ‖ ~**way**: *(adj)* μονόδρομος, απλής κατεύθυνσης

onerous (´ɔnərəs): *(adj)* ενοχλητικός, φορτικός ‖ επαχθής, βαρύς

onion (´ʌnjən): *(n)* κρεμμύδι ‖ ~**skin**: *(n)* λαδόχαρτο

onlooker (´ɔnlukər): *(n)* θεατής

only (´ounli:): *(adj)* μόνος, μοναδικός ‖ *(adv)* μόνο

onomatopoeia (ɔnəmætə´pi:ə): *(n)* ονοματοποιία

on-rush (´ɔnrʌ∫): *(n)* εισβολή ‖ επίθεση ‖ ~**set**: *(n)* επίθεση, έφοδος ‖ απαρχή

onshore (´ɔn∫ɔ:r): *(adj & adv)* προς την ακτή ‖ επι της ακτής, παράκτιος

onslaught (´ɔnslɔ:t): *(n)* βίαιη επίθεση

onto (´ɔntu:), **on to**: επάνω σε ‖ see on

onus (´ounəs): *(n)* στίγμα ‖ μπελάς, σκοτούρα, βάρος

onward (´ɔnwərd), ~ **s**: *(adj & adv)* προς τα εμπρός ‖ και στο εξής

oodles (´u:dəlz): *(n)* πλήθος, μεγάλο ποσό

oomph (umf): *(n)* σεξαπίλ ‖ μεγάλος ενθουσιασμός

ooze (u:z) [-d]: *(v)* διαρρέω σιγανά, περνώ μέσα από πόρους ‖ χάνομαι σιγά-σιγά ‖ προχωρώ σιγά-σιγά ‖ σταλάζω σιγανά ‖ αναδίνω ‖ *(n)* σιγανή διαρροή μέσα από πόρους ‖ στάλαγμα, χύσιμο ‖ μαλακή λάσπη

opacity (ou´pæsəti:): *(n)* αδιαφάνεια

opal (´oupəl): *(n)* οπάλι

opaque (ou´peik): *(adj)* αδιαφανής

open (´oupən): *(adj)* ανοιχτός ‖ ακάλυπτος, "ανοιχτός" ‖ ειλικρινής, "ανοιχτός" ‖ απροκάλυπτος ‖ [-ed]: *(v)* ανοίγω ‖ κάνω έναρξη, "ανοίγω" ‖

253

(n) ανοιχτοσιά, ανοιχτός χώρος ή έκταση ‖ **~-air**: *(adj)* υπαίθριος ‖ **~-and-shut**: *(adj)* απλούστατος ‖ **~city**: *(n)* ανοχύρωτη πόλη ‖ **~-end**: *(adj)* ανοιχτός, χωρίς όριο ‖ **~er**: *(n)* ανοιχτήρι ‖ αυτός που "ανοίγει" το παιχνίδι ‖ **~-faced**: *(adj)* ειλικρινής ‖ **~-handed**: *(adj)* γενναιόδωρος, "ανοιχτοχέρης" ‖ **~-heart surgery**: *(n)* εγχείριση ανοιχτής καρδιάς ‖ **~house**: "δεχόμαστε επισκέψεις" ‖ **~ing**: *(n)* άνοιγμα ‖ έναρξη ‖ ευκαιρία, ευνοϊκή ευκαιρία ‖ **~-minded**: *(adj)* επιδεκτικός ιδεών, με ανοιχτό μυαλό ‖ **~shop**: μέρος προσλαμβάνον μη συνδικαλισμένους εργάτες

opera (´ɔpərə): *(n)* μελόδραμα, "όπερα" ‖ **~ house**: *(n)* όπερα (κτίριο) ‖ **~tic**: *(adj)* μελοδραματικός

opera-ble (´ɔpərəbəl): *(adj)* λειτουργίσιμος ‖ πρακτικός, εφαρμόσιμος ‖ χειρουργίσιμος ‖ **~nt**: *(adj)* αποτελεσματικός ‖ **~te** (´ɔpəreit) [-d]: *(v)* λειτουργώ, εργάζομαι ‖ χειρίζομαι ‖ διευθύνω ‖ κάνω στρατ. ή ναυτική επιχείρηση ‖ χειρουργώ, κάνω εγχείριση ‖ **~tion** (ɔpə´reiʃən): *(n)* λειτουργία ‖ χειρισμός ‖ διεύθυνση ‖ επιχείρηση ‖ εγχείριση ‖ **~tional**: *(adj)* χειριστικός ‖ των επιχειρήσεων ‖ λειτουργίσιμος, σε κατάσταση λειτουργίας ‖ **~tive** (´ɔpərətiv): *(adj)* ενεργός, ενεργοποιός ‖ σε λειτουργία ή σε ισχύ ‖ *(n)* ειδικευμένος εργάτης ‖ μυστικός πράκτορας ή ντετέκτιβ ‖ **~tor** (´ɔpəreitər): *(n)* χειριστής ‖ επιχειρηματίας ‖ σύμβολο αριθμητικής πράξης ‖ τηλεφωνητής ή τηλεφωνήτρια ‖ "καταφερτζής" *(id)*

operetta (ɔpə´retə): *(n)* οπερέτα

ophthalmolo-gist (əfthæl´mɔlədzist): *(n)* οφθαλμίατρος ‖ **~gy**: *(n)* οφθαλμιατρική

opiate (´oupi:eit): *(n)* ναρκωτικό ‖ καταπραϋντικό ‖ [-d]: *(v)* ναρκώνω, καταπραΰνω

opinion (ə´pinjən): *(n)* γνώμη, ιδέα ‖ **~ated**: *(adj)* ισχυρογνώμονας, "αγύριστο κεφάλι" ‖ **~ative**: *(adj)* δογματικός

opium (´oupi:əm): *(n)* όπιο

opossum (ə´pɔsəm), **possum** (´pɔsəm): *(n)* δίδελφυς

opponent (ə´pounənt): *(n)* αντίπαλος ‖ αντίθετος

opportun-e (ɔpər´tju:n): *(adj)* κατάλληλος ‖ εύθετος ‖ επίκαιρος ‖ **~ist**: *(n)* καιροσκόπος ‖ **~istic**: *(adj)* καιροσκοπικός ‖ **~ity**: *(n)* ευκαιρία

oppos-able (ə´pouzəbəl): *(adj)* αντικρούσιμος ‖ **~e** [-d]: *(v)* αντιτίθεμαι, είμαι αντίθετος ‖ αντιτάσσω ‖ αντικρούω ‖ **~ite** (´ɔpəsit): *(adj)* αντίθετος ‖ απέναντι, αντικρινός ‖ *(adv & prep)* απέναντι ‖ *(n)* το αντίθετο ‖ **~ite number**: *(n)* αντίστοιχος σε βαθμό ή σε θέση ‖ **~ition** (ɔpəziʃən): *(n)* αντίθεση ‖ αντίσταση ‖ αντιπολίτευση ‖ **~itional**: *(adj)* αντιπολιτευτικός ‖ αντιθετικός ‖ **~itionist**: *(n)* της αντιπολίτευσης, αντιπολιτευόμενος

oppress (ə´pres) [-ed]: *(v)* καταπιέζω, καταδυναστεύω ‖ καταθλίβω, βαραίνω, πιέζω ‖ **~ion**: *(n)* καταπίεση, καταδυνάστευση ‖ κατάθλιψη, βάρος, πίεση ‖ **~ive**: *(adj)* καταπιεστικός, τυραννικός ‖ καταθλιπτικός

opt (ɔpt) [-ed]: *(v)* διαλέγω, κάνω επιλογή ‖ αποφασίζω ‖ **~ative**: *(adj* επιλεκτικός ‖ *(n)* ευκτική ‖ **~ion** (´ɔpʃən): *(n)* εκλογή ‖ προαίρεση, δικαίωμα εκλογής ή επιλογής ‖ **~ional**: *(adj)* προαιρετικός

optic (´ɔptik), **~ al**: *(adj)* οπτικός ‖ **~ian** (ɔp´tiʃən): *(n)* οπτικός, ειδικός φακών ‖ **~s**: *(n)* οπτική

optim-ism (´ɔptəmizəm): *(n)* αισιοδοξία ‖ **~ist**: *(n)* αισιόδοξος ‖ **~istic**: *(adj)* αισιόδοξος ‖ **~istically**: *(adv)* με αισιοδοξία ‖ **~ize** [-d]: *(v)* χρησιμοποιώ αποτελεσματικά, χρησιμοποιώ με τον πιο αποτελεσματικό τρόπο ‖ **~um** (´ɔptəməm): *(n)* η πιο ευνοϊκή λύση, κατάσταση ή ποσότητα

option, ~ al: see opt

optom-etrist (ɔp´tɔmətrist): *(n)* ειδικός μέτρησης οφθαλμών, οπτικός ‖ **~etry**: *(n)* οφθαλμομετρία

opulen-ce (´ɔpjələns), **~cy**: *(n)* αφθονία ‖ πλούτος ‖ μεστότητα ‖ **~t**: *(adj)*

254

άφθονος, πλούσιος ‖ μεστός

opus (´oupəs): *(n)* δημιουργική εργασία ‖ μουσική σύνθεση

or (ɔ:r): *(conj)* ή ‖ ειδεμή, αλλιώς ‖ είτε

oracle (´ɔ:rəkəl): *(n)* μαντείο ‖ χρησμός ‖ ιέρεια μαντείου, μάντισσα

oral (´ɔ:rəl): *(adj)* στοματικός, από το στόμα ‖ προφορικός ‖ *(n)*, ~s: προφορική εξέταση

orange (´ɔrindz): *(n)* πορτοκάλι ‖ πορτοκαλιά ‖ πορτοκαλί χρώμα ‖ **~ade**: *(n)* πορτοκαλάδα

orangutan (ə´ræŋgətæn): *(n)* ουραγκουτάγκος

orat-e (ɔ:´reit) [-d]: *(v)* ρητορεύω ‖ **~ion** (ɔ:´reiʃən): *(n)* ρητορεία, λόγος ‖ **~or** (´ɔ:rətər): *(n)* ρήτορας ‖ **~orical**: *(adj)* ρητορικός ‖ **~ory**: *(n)* ρητορική ‖ παρεκκλήσι

orb (´ɔ:rb): *(n)* σφαίρα ‖ μάτι ‖ **~it** (´ɔ:rbit): *(n)* τροχιά ‖ [-ed]: *(v)* περιστρέφομαι ‖ θέτω σε τροχιά

orchard (´ɔ:tʃərd): *(n)* κήπος οπωροφόρων δέντρων

orchestra (´ɔ:rkistrə): *(n)* ορχήστρα ‖ διακεκριμένες θέσεις θεάτρου ‖ **~l**: *(adj)* ορχηστρικός ‖ **~te** [-d]: *(v)* ενορχηστρώνω ‖ **~tion**: *(n)* ενορχήστρωση

orchid (´ɔ:rkid): *(n)* ορχιδέα ‖ ορχεοειδές

ordain (ɔ:r´dein) [-ed]: *(v)* χειροτονώ ‖ επιτάσσω, ορίζω τελεσίδικα

ordeal (ɔ:r´di:l): *(n)* βάσανο, δοκιμασία

order (´ɔ:rdər): *(n)* τάξη ‖ σειρά ‖ αλληλουχία ‖ διαταγή, προσταγή ‖ εντολή ‖ παραγγελία ‖ βαθμός ‖ τάγμα ‖ αρχιτεκτονικός ρυθμός ‖ [-ed]: *(v)* διατάζω, προστάζω ‖ παραγγέλνω, δίνω παραγγελία ‖ διευθετώ, ταξινομώ ‖ χειροτονώ ‖ **~s**: *(n)* γραπτή εντολή ‖ **~s**: *(n)* ιερωσύνης βαθμός ‖ **call to ~**: *(v)* κηρύσσω έναρξη συνεδρίασης ‖ **in ~ that**: για να, ούτως ώστε ‖ **in ~ to**: για να, προς τον σκοπό ‖ **in short ~**: γρήγορα, σύντομα ‖ **on the ~ of**: όμοιο, ίδιο με ‖ **out of ~**: χαλασμένο, όχι εν λειτουργία ‖ αντικανονικός ‖ **~ arms**: παρά πόδα! ‖ **~ly**: *(adj)* τακτικός ‖ ήρεμος, ήσυχος ‖ *(n)* βοηθός νο-

σοκόμου ‖ στρατ. αγγελιοφόρος, ιπποκόμος, ‵‵ορντινάντσα‵‵

ordin-al (´ɔ:rdnəl): *(adj)* τακτικός ‖ *(n)* τακτικός αριθμός

ordinance (´ɔ:rdnəns): *(n)* διάταγμα ‖ θρησκ. μυστήριο ‖ θεσμός

ordinar-ily (´ɔ:rdn´erəli:): *(adv)* κανονικά, συνήθως ‖ **~y** (´ɔ:rdneri:): *(adj)* συνηθισμένος ‖ κοινός

ordination (´ɔ:rd´neiʃən): *(n)* χειροτονία

ordnance (´ɔ:rdnəns): *(n)* πυροβολικό ‖ πυροβόλα και πολεμοφόδια

ordure (´ɔ:rdjur): *(n)* κοπριά, περιττώματα ‖ βρομερότητα, ‵‵βρομιά‵‵

ore (´ɔ:r): *(n)* ορυκτό, μετάλλευμα

oregano (ə´regənou): *(n)* ρίγανη

organ (´ɔ:rgən): *(n)* όργανο ‖ μουσικό όργανο, αρμόνιο ‖ **~ grinder**: *(n)* λατερνατζής ‖ **~ic** (ɔ:r´gænik): *(adj)* οργανικός ‖ **~ism**: *(n)* οργανισμός ‖ **~ist**: *(n)* οργανοπαίκτης ‖ **~ization** (ɔ:rgənə´zeiʃən): *(n)* οργάνωση ‖ **~ize** (´ɔ:rgənaiz) [-d]: *(v)* οργανώνω ‖ **~izer**: *(n)* οργανωτής

orgasm (´ɔ:rgæzəm): *(n)* οργασμός

orgy (´ɔ:rdzi:): *(n)* όργιο

orient (´ɔ:ri:ənt): *(n)* ανατολή ‖ **O~**: Ανατολή, ανατολικές χώρες ‖ [-ed]: *(v)* προσανατολίζω ‖ **~ myself**: *(v)* προσανατολίζομαι ‖ **~al**: *(adj)* ανατολίτικος ‖ *(n)* ανατολίτης ‖ **~ate** [-d]: *(v)* προσανατολίζω ‖ **~ation**: *(n)* προσανατολισμός

orifice (´ɔrəfis): *(n)* στόμιο, άνοιγμα

origin (´ɔrədzin): *(n)* αρχή, προέλευση, καταγωγή ‖ **~al**: *(adj)* αρχικός ‖ πρωτότυπος ‖ επινοητικός ‖ ιδιόμορφος, ιδιότυπος ‖ *(n)* πρωτότυπο ‖ **~ality**: *(n)* πρωτοτυπία ‖ **~ally**: *(adv)* αρχικά ‖ πρωτότυπα ‖ **~al sin**: *(n)* προπατορικό αμάρτημα ‖ **~ate** (ə´ridzəneit) [-d]: *(v)* δημιουργώ ‖ προέρχομαι ‖ **~ation**: *(n)* δημιουργία, προέλευση ‖ **~ator**: *(n)* δημιουργός, πρώτος επινοήσας

ornament (´ɔ:rnəmənt): *(n)* στολίδι, κόσμημα ‖ [-ed]: *(v)* στολίζω, κοσμώ ‖ **~al**: *(adj)* διακοσμητικός ‖ **~ation**: *(n)* διακόσμηση, στόλισμα ornate (ɔːrˈneit): (adj) παραστολισμένος, φανταχτερά στολισμένος || φανταχτερός, ''φανταιζί''

ornery (ˈɔːrnəri:): (adj) κακός, κακότροπος

ornitholog-ist (ɔːrnəˈθɔlədzist): (n) ορνιθολόγος || ~y: (n) ορνιθολογία

orphan (ˈɔːrfən): (n) ορφανός || [-ed]: (v) απορφανίζω || ~age: (n) ορφανοτροφείο

orthodox (ˈɔːrθədɔks): (adj) ορθόδοξος || ~y: (n) ορθοδοξία

ortho-gonal (ɔːrˈθəgənəl): (adj) ορθογώνιος || ~graphy (ɔːrˈθəgrəfi:): (n) ορθογραφία || ~paedic, ~pedic: (adj) ορθοπεδικός || ~scope: (n) ορθοσκόπιο

ortolan (ˈɔːrtələn): (n) ορίολος, ''συκοφάγος''

oscillat-e (ˈɔsəleit) [-d]: (v) ταλαντεύομαι || αμφιταλαντεύομαι || ~ion: (n) ταλάντευση || αμφιταλάντευση || ~ory: (adj) ταλαντευτικός

osprey (ˈɔsprei): (n) αλιάετος

osteitis (ɔstiˈaitis): (n) οστεΐτιδα

osten-sible (ɔsˈtensəbəl): (adj) φαινομενικός, δήθεν || ~sibly: (adv) δήθεν, φαινομενικά || ~sive: (adj) προφανής || ~tation (ɔstenˈteiʃən): (n) επιδειξη, ''φιγούρα'' || ~tatious: (adj) επιδεικτικός

osteomyelitis (ɔstiːoumaiəˈlaitis): (n) οστεομυελίτιδα

ostra-cism (ˈɔstrəsizəm): (n) εξοστρακισμός || ~cize (ˈɔstrəsaiz) [-d]: (v) εξοστρακίζω

ostrich (ˈɔstritʃ): (n) στρουθοκάμηλος

other (ˈʌðər): (adj) άλλος || διαφορετικός, άλλος || ο άλλος || (pron) άλλος || the ~ day: τις προάλλες || every ~ day: μέρα παρά μέρα || ~wise: (adv) άλλως, αλλιώς, αλλιώτικα || σε διαφορετική περίπτωση || κατά τα άλλα

otitis (ouˈtaitis): (n) ωτίτιδα

otter (ˈɔtər): (n) εννυδρίς, βύδρα || ''λουτρ''

ottoman (ˈɔtəmən): (n) ντιβάνι || O~: (n) οθωμανός, οθωμανικός

ouch (autʃ): (interj) ωχ!

ought (ɔːt): (v) πρέπει || θα έπρεπε ||

θα πρέπει

ounce (auns): (n) ουγκιά

our (aur): (pron) μας, (δικός) μας || ~s: δικός μας || ~selves: (pron) εμείς οι ίδιοι, εμάς τους ίδιους

oust (aust) [-ed]: (v) εκβάλλω, βγάζω βίαια

out (aut): (adv) έξω || προς τα έξω || εντελώς τελειωμένο || σβησμένος || στα έξω, στα φανερά || έξω από κυκλοφορία ή χρήση || (adj) έξω, εξωτερικός || στερημένος, χωρίς || εκτός συζήτησης || ~ of: από, εκ || εκτός, έξω || από, (καημωμένος) από || ~ from under: σωσμένος, γλιτωμένος || ~ on the ~s: μαλωμένοι, τσακωμένοι || ~age: (n) προσωρινή διακοπή || ~ and—~: (adj) ολότελος, ολοσχερής || ~back: (n) το εσωτερικό χώρας || ~bid: (v) προσφέρω περισσότερα σε δημοπρασία || ~board: (adj) εξωλέμβιος || ~break: (n) ξέσπασμα ή έναρξη

outbuilding (ˈautbildiŋ): (n) παράρτημα κτιρίου

outburst (ˈautbəːrst): (n) ξέσπασμα, έκρηξη

outcast (ˈautkæst): (n) απόβλητος, ''παρίας''

outclass (autˈklæs) [-ed]: (v) ξεπερνώ, υπερτερώ, είμαι ανώτερης κλάσης

outcome (ˈautkʌm): (n) αποτέλεσμα || έκβαση || συνέπεια

outcry (ˈautkrai): (n) κατακραυγή

outdate (autˈdeit) [-d]: (v) ξεπερνώ, κάνω απαρχαιωμένο || ~d: (adj) ξεπερασμένος

outdistance (autˈdistəns) [-d]: (v) ξεπερνώ, αφήνω πίσω

outdo (ˈautˈduː): [outdid, outdone]: (v) υπερβαίνω, ξεπερνώ

outdoor (ˈautdɔːr): (adj) υπαίθριος || ~s: (adv) στο ύπαιθρο

outer (ˈautər): (adj) εξωτερικός || απομακρυσμένος || ~most: (adj) ο πιο μακρινός || ~space: (n) διάστημα πέραν της έλξης ουρανίου σώματος

outfall (ˈautfɔːl): (n) εκβολή

outfit (ˈautfit): (n) εξοπλισμός απαραίτητα εφόδια ή εργαλεία || κοστούμι, ρούχα || στρ. μονάδα ή εταιρεία || [-

ted]: *(v)* εξοπλίζω, εφοδιάζω ‖ **~ter**: *(n)* προμηθευτής ‖ έμπορος κοστουμιών, εμπορορράφτης

outflank (aut´flæŋk) [-ed]: *(v)* πλευροκοπώ

outflow (´autflou): *(n)* εκροή

outfox (aut´foks) [-ed]: *(v)* ξεγελώ, καταφέρνω να ξεπεράσω σε πονηριά

outgoing (´autgoiŋ): *(adj)* εξερχόμενος ‖ φιλικός, προσηνής, εξώστροφος

outgrow (aut´grou) [outgrew, outgrown]: *(v)* ξεπερνώ σε μέγεθος ή σε ύψος ‖ ξεπερνώ κάποια κατάσταση ή ιδέα

outguess (aut´ges) [-ed]: *(v)* προμαντεύω, καταλαβαίνω τη σκέψη ή την πρόθεση

outing (´autiŋ): *(n)* έξοδος, περίπατος

outland-er (aut´lændər): *(n)* ξένος ‖ **~ish**: *(adj)* παράξενος, ασυνήθιστος

outlast (aut´læst) [-ed]: *(v)* ξεπερνώ σε διάρκεια, αντέχω πιο πολύ από άλλον

outlaw (´autlɔ:): *(n)* εκτός νόμου ‖ κακοποιός ‖ [-ed]: *(v)* κάνω παράνομο ‖ προγράφω ‖ **~ry**: *(n)* παρανομία

outlay (´autlei): *(n)* δαπάνες

outlet (´autlet): *(n)* διέξοδος ‖ έξοδος, διαφυγή, οπή εξόδου

outline (´autlain): *(n)* περίγραμμα ‖ σκιαγραφία ‖ προκαταρκτικό σχέδιο ‖ **~s**: *(n)* γενικά χαρακτηριστικά ‖ [-d]: *(v)* σκιαγραφώ, δίνω τα κύρια σημεία ‖ σχεδιάζω περίγραμμα

outlive (aut´liv) [-d]: *(v)* επιζώ ‖ ζω περισσότερο από κάποιον άλλο

outlook (´autluk): *(n)* άποψη ‖ πρόβλεψη

outlying (´autlaiiŋ): *(adj)* απόμερος

outmoded (au´moudid): *(adj)* περασμένης μόδας, "ντεμοντέ" ‖ ξεπερασμένος, απαρχαιωμένος

outnumber (aut´nʌmbər) [-ed]: *(v)* υπερτερώ αριθμητικά, έχω αριθμητική υπεροχή

out-of-door, ~s: see outdoor

out-of-the way (´autəndə´wei): *(adj)* απόμερος, απομακρυσμένος ‖ ασυνήθιστος

outpatient (´autpeiʃənt): *(n)* εξωτερικός ασθενής

outpost (´autpoust): *(n)* απομακρυσμένο φυλάκιο

outpour (aut´pɔ:r) [-ed]: *(v)* ξεχύνω ‖ (´autpɔ:r): *(n)* νεροποντή, ορμητική εκροή

output (´autput): *(n)* απόδοση, παραγωγή ‖ σύνολο παραγωγής ή απόδοσης

outrage (´autreidz): *(n)* ύβρη, προσβολή ‖ [-d]: *(v)* βιάζω ‖ προσβάλλω ‖ εξαγριώνω ‖ **~ous**: *(adj)* υβριστικός, προσβλητικός ‖ χυδαίος, αχρείος ‖ σκανδαλώδης, υπερβολικός

outrank (´autræŋk) [-ed]: *(v)* ξεπερνώ σε βαθμό

outright (´autrait): *(adv)* ανοιχτά και ξάστερα, απερίφραστα ‖ στο σύνολο, εντελώς ‖ *(adj)* απερίφραστος ‖ ολικός, τελικός

outrun (aut´rʌn) [outran, outrun]: *(v)* ξεπερνώ στο τρέξιμο, αφήνω πίσω

outset (´autset): *(n)* αρχή, έναρξη, ξεκίνημα

outside (´autsaid): *(n)* εξωτερικό ‖ *(adj)* εξωτερικός ‖ άκρος ‖ **at the ~**: στο ανώτατο όριο ‖ **~r**: *(n)* απόβλητος ‖ ξένος, άσχετος, αδιάφορος ‖ με μικρές πιθανότητες επιτυχίας

outsize (´autsaiz): *(adj)* μεγάλων διαστάσεων

outskirts (´autskə:rts): *(n)* περίχωρα, ακραία σημεία ή περιοχή

outsmart (aut´sma:rt) [-ed]: *(v)* ξεπερνώ σε πονηριά ‖ αποκτώ πλεονέκτημα με πονηριά

outspoken (aut´spoukən): *(adj)* ειλικρινής, ευθύς

outstand (aut´stænd) [outstood, outstood]: *(v)* ξεχωρίζω, διακρίνομαι ‖ διαπρέπω ‖ **~ing**: *(adj)* ξεχωριστός, διακεκριμένος ‖ διαπρεπής, σπουδαίος ‖ εκκρεμής, μη διευθετηθείς

outstay (aut´stei) [-ed]: *(v)* μένω περισσότερο ή πιο αργά από άλλον

outstretch (aut´stretʃ) [-ed]: *(v)* απλώνω, τεντώνω

outward (´autwərd): *(adj)* προς τα έξω ‖ εξωτερικός ‖ επιφανειακός ‖ **~ly**: *(adv)* εξωτερικά ‖ επιφανειακά

outweigh (aut´wei) [-ed]: *(v)* ξεπερνώ

outwit

σε βάρος ‖ υπερτερώ σε σπουδαιότητα, βαραίνω

outwit (aut´wit): see outsmart

outworn (´autwə:rn): *(adj)* παλιός, τριμμένος

ouzel (´u:zəl), **water** ~: νεροκότσυφας

oval (´ouvəl): *(adj & n)* ωοειδής, ''οβάλ''

ova-ry (´ouvəri:): *(n)* ωοθήκη ‖ **~te**: *(adj)* ωοειδής

ovation (ou´vei∫ən): *(n)* ενθουσιώδης υποδοχή ‖ παρατεταμένες επευφημίες ή χειροκροτήματα

oven (´ʌvən): *(n)* κλίβανος, φούρνος

over (´ouvər): *(prep & adv)* υπεράνω, από πάνω, πάνω από ‖ πέρα από ‖ διαμέσου, δια ‖ περί, για ‖ πέρα ως πέρα, εντελώς ‖ ξανά ‖ *(adj)* τελειωμένος ‖ περασμένος ‖ παραπανήσιος, ανώτερος ‖ *(int)* τέλος ‖ ~ **and above**: επιπλέον, πέραν από ‖ ~ **against**: σε αντίθεση με ‖ ~ **and** ~: ξανά και ξανά ‖ **-ly**: *(adv)* πάρα πολύ

overabundan-ce (ouvərə´bʌndəns): *(n)* υπεραφθονία ‖ **-t**: *(adj)* υπεράφθονος

overact (´ouvər´ækt) [-ed]: *(v)* το παρακάνω

overall (´ouvərə:l): *(adj)* από τη μια άκρη ως την άλλη ‖ συμπεριληπτικός ‖ *(n)* μπλούζα τεχνίτη, ποδιά εργασίας ‖ **-s**: *(n)* φόρμα εργατική

overawe (´ouvər´ɔ:) [-d]: *(v)* γεμίζω δέος ‖ φοβίζω

overbalance (´ouvər´bæləns) [-d]: *(v)* υπερβάλλω σε σπουδαιότητα ‖ ανατρέπω ισορροπία ‖ χάνω την ισορροπία μου

overbear (´ouvər´beər) [overbore, overborn]: *(v)* πιέζω ‖ κατισχύω ‖ **-ing**: *(adj)* επικρατών ‖ αυταρχικός, δεσποτικός

overboard (´ouvərbɔ:rd): *(adv)* στη θάλασσα ‖ **man** ~: άνθρωπος στη θάλασσα! ‖ **go** ~: ενθουσιάζομαι υπερβολικά

overburden (´ouvər´bə:rdn) [-ed]: *(v)* παραφορτώνω

overcast (´ouvərkæst): *(adj)* σκοτεινός, συννεφιασμένος ‖ *(n)* συννεφιά, σκοτεινιά

overcharge (´ouvərt∫a:rdz) [-d]: *(v)* παραφορτώνω το λογαριασμό, χρεώνω πιο πολλά από το κανονικό ‖ υπερβάλλω, τα παραλέω

overcloud (´ouvər´klaud) [-ed]: *(v)* συννεφιάζω, σκοτεινιάζω

overcoat (´ouvərkout): *(n)* πανωφόρι παλτό

overcome (´ouvər´kʌm) [overcame overcome]: *(v)* υπερνικώ, κατανικώ καταβάλλω

overcrowded (´ouvər´kraudid): *(adj)* γεμάτος ως επάνω, υπερπλήρης, συνωστισμένοι

overdo (´ouvər´du:) [overdid overdone]: *(v)* το παρακάνω ‖ παρα ψήνω ή παραβράζω

overdose (´ouvər´dous) [-d]: *(v)* δίνω υπερβολική δόση ‖ *(n)* υπερβολική δόση

over-draft (´ouvərdræft): *(n)* επιταγ χωρίς αντίκρισμα ‖ ποσό χρημάτων αποσυρθέν με επιταγή χωρίς αντίκρισμα ‖ **-draw**: *(v)* αποσύρω χρήματ με επιταγή χωρίς αντίκρισμα

overdress (´ouvər´dres) [-ed]: *(v)* τ παρακάνω σε ντύσιμο

overdrive (´ouvər´draiv) [overdrove overdriven]: *(v)* παραδουλεύω, το πα ρακάνω σε δουλειά ‖ *(n)* πολλαπλα σιαστής ταχύτητας

overdue (´ouvər´dju:): *(adj)* εκπρόθε σμο ‖ που αναμένονταν από καιρό

overestimate (ouvər´estəmeit) [-d]: *(v)* υπερτιμώ ‖ υπερεκτιμώ

overexert (´ouvərig´zə:rt) [-ed]: *(v)* παρακουράζω ‖ **-ion**: *(n)* υπερκόπωσι

overexpose (´ouvəriks´pouz) [-d]: *(v)* δίνω υπερβολικό φως σε φωτ. φιλμ **~d**: *(adj)* φιλμ ''καμένο'' από υπερβο λικό φως

overflow (ouvər´flou) [-ed]: *(v)* ξεχειλι ζω ‖ *(n)* ξεχείλισμα

overgrow (´ouvərgrou) [overgrew overgrown]: *(v)* σκεπάζομαι από βλά στηση ‖ παραμεγαλώνω

overhang (´ouvər´hæŋ): *(n)* προεξοχ ‖ *(v)* προεξέχω

overhaul (´ouvərhɔ:l) [-ed]: *(v)* επι σκευάζω ολοκληρωτικά ‖ προφταίνω

258

εξετάζω ‖ *(n)* εξέταση ‖ γενική επισκευή

overhead (´ouvərhed): *(n)* γενικά έξοδα εκτός εργατικών ‖ οροφή καμπίνας πλοίου ‖ *(adj & adv)* από πάνω, ψηλά

overhear (ouvər´hiər) [overheard]: *(v)* ακούω τυχαία

overheat (ouvər´hi:t) [-ed]: *(v)* υπερθερμαίνω ‖ παραενθουσιάζω ‖ υπερερεθίζω

overjoyed (´ouvər´dzoid): *(adj)* καταχαρούμενος

overland (´ouvərlænd): *(adj & adv)* από την ξηρά, στη στεριά

overlap (ouvər´læp) [-ped]: *(v)* υπερκαλύπτω, σκεπάζω ένα μέρος ‖ συμπίπτω εν μέρει ‖ (´ouvərlæp): *(n)* μερική επικάλυψη ‖ μερική σύμπτωση

overlay (ouvər´lei) [overlaid]: *(v)* επικαλύπτω ‖ κάλυμμα, επικάλυψη

overload (ouvər´loud) [-ed]: *(v)* υπερφορτώνω, παραφορτώνω ‖ (´ouvərloud): *(n)* υπερβολικό φορτίο

overlook (ouvər´luk) [-ed]: *(v)* δεσπόζω ‖ αντικρίζω, ''βλέπω'' προς ‖ παραβλέπω, αγνοώ ‖ συγχωρώ, δεν λαμβάνω υπόψη

overlord (´ouvərlə:rd): *(n)* κυρίαρχος

overmuch (´ouvər´mʌtʃ): *(adj & adv)* πάρα πολύ

overnight (´ouvərnait): *(adj)* ολονύκτιος ‖ για μια νύχτα ‖ *(adv)* για τη νύχτα, για μια νύχτα ‖ για όλη τη νύχτα

overpass (´ouvərpæs) [-ed]: *(v)* περνώ από πάνω ή διασταυρώνομαι ‖ παραβλέπω, αγνοώ ‖ *(n)* ανισόπεδη διάβαση, ανυψωμένη διάβαση, ''αερογέφυρα''

overpay (ouvər´pei) [overpaid]: *(v)* πληρώνω πάνω από το κανονικό

overpower (ouvər´pauər) [-ed]: *(v)* κατανικώ, καταβάλλω ‖ αφήνω άναυδο ‖ ~**ing**: *(adj)* συντριπτικός

overrate (ouvər´reit) [-d]: *(v)* υπερτιμώ

overreach (ouvər´ri:tʃ) [-ed]: *(v)* υπερβαίνω ‖ την ''παθαίνω'' από υπερβολική εξυπνάδα

override (ouvər´raid) [overrode, overridden): *(v)* καταπατώ ‖ υπερι-

σχύω ‖ ακυρώνω, ανατρέπω ‖ (´ouvəraid): *(n)* προμήθεια από πωλητή ή από παραγγελιοδόχο

overripe (ouvər´raip): *(adj)*·παραγινωμένος

overrule (ouvər´ru:l) [-d]: *(v)* αναιρώ, ανατρέπω ‖ ακυρώνω ‖ υπερισχύω

overrun (ouvər´rʌn) [ov.erran, overrun): *(v)* κατασυντρίβω ‖ κατακλύζω ‖ ξεχειλίζω

overseas (´ouvərsi:z): *(adj)* υπερπόντιος ‖ *(adv)* πέρα από τη θάλασσα, υπερποντίως

oversee (ouvər´si:) [oversaw, overseen]: *(v)* επιβλέπω ‖ ~**r**: *(n)* επόπτης, επιτηρητής

oversexed (ouvər´sekst): *(adj)* υπερβολικά σεξουαλικά επιθετικός, ''νταβραντισμένος''

overshadow (ouvər´ʃædou) [-ed]: *(v)* επισκιάζω

overshoe (´ouvərʃu:): *(n)* γαλότσα

overshoot (ouvər´ʃu:t) [overshot]: *(v)* ξεπερνώ το στόχο ‖ πετώ πιο πέρα από το σωστό μέρος

overshot (´ouvərʃɔt): *(adj)* με προεξέχον το επάνω μέρος

oversight (´ouvərsait): *(n)* προσεκτική επίβλεψη ‖ παράβλεψη, παραδρομή

oversimplify (ouvər´simpləfai) [-ied]: *(v)* παρακάνω απλό

oversize (ouvər´saiz), ~**d**: *(adj)* μεγαλύτερου μεγέθους από το κανονικό

oversleep (ouvərsli:p) [overslept]: *(v)* παρακοιμάμαι

overstate (ouvər´steit) [-d]: *(v)* μεγαλοποιώ ‖ ~**ment**: *(n)* υπερβολή, μεγαλοποίηση

overstay (ouvər´stei) [-ed]: *(v)* μένω περισσότερο από το κανονικό

overstep (ouvər´step) [-ped]: *(v)* το παρακάνω, υπερβαίνω

overt (´ouvə:rt): *(adj)* φανερός, ''ανοιχτός''

overtake (ouvər´teik) [overtook, overtaken]: *(v)* προφταίνω ‖ προσπερνώ ‖ επισυμβαίνω, τυχαίνω

overtax (ouvər´tæks) [-ed]: *(v)* υπερφορτίζω, παρακουράζω ‖ βάζω υπερβολικό φόρο

over-the-counter (´ouvər də´kauntər): *(adj)* πωλούμενο χωρίς συνταγή γιατρού

overthrow (ouvər´throu) [overthrew, overthrown]: *(v)* ανατρέπω

overtime (´ouvərtaim): *(n)* υπερωρία ‖ *(adj)* υπερωριακός

overtone (´ouvərtoun): *(n)* αρμονική ‖ υπαινιγμός

overture (´ouvərtʃu:r): *(n)* εισαγωγή, προοίμιο ‖ "ουβερτούρα" ‖ [-d]: εισάγω, κάνω προοίμιο

overturn (ouvər´tə:rn) [-ed]: *(v)* αναποδογυρίζω, ανατρέπω ‖ αναποδογυρίζομαι, ανατρέπομαι

overweight (´ouvər´weit): *(adj)* με βάρος μεγαλύτερο του κανονικού ‖ (´ouvərweit): *(n)* υπερβάλλον βάρος

overwhelm (ouvər´whelm) [-ed]: *(v)* κατακλύζω, σκεπάζω ‖ κατανικώ, καταβάλλω ‖ ανατρέπω ‖ **~ing:** *(adj)* συντριπτικός

overwork (ouvər´wə:rk) [-ed]: *(v)* παρακουράζω ‖ φορτώνω με πολλή δουλειά ‖ παρακουράζομαι ‖ εργάζομαι υπερβολικά ή πιο πολύ από το κανονικό

overwrought (ouvər´rɔ:t): *(adj)* με τεντωμένα νεύρα ‖ παρακουρασμένος ‖ παραδουλεμένος, με υπερβολικά στολίδια

owe (ou) [-d]: *(v)* οφείλω, χρωστώ

owing to (´ouiŋ): *(prep)* ένεκα, εξαιτίας

owl (aul): *(n)* κουκουβάγια ‖ **~et:** *(n)* κουκουβαγάκι ‖ **~ish:** *(adj)* σαν κουκουβάγια

own (oun) [-ed]: *(v)* έχω στην κατοχή μου, έχω, κατέχω ‖ είμαι ιδιοκτήτης ‖ παραδέχομαι ‖ ομολογώ ‖ *(adj)* του εαυτού, δικός ‖ **my ~:** δικό μου, το δικό μου ‖ **hold one's ~:** "βαστώ" τη θέση μου, δεν υποχωρώ ‖ **of one's ~:** ανεξάρτητος ‖ **on one's ~:** ανεξάρτητα ‖ **~ up:** ομολογώ ξεκάθαρα ‖ **~er:** *(n)* ιδιοκτήτης ‖ **~ership:** *(n)* ιδιοκτησία ‖ κυριότητα

ox (ɔks): *(n)* βόδι ‖ **~bow:** *(n)* ζυγός βοδιού ‖ καμπύλη ποταμού ‖ **~en:** *(n)* βόδια

oxen: pl. of ox (see)

oxford (´ɔksfərd): *(n)* παπούτσι χαμηλοτάκουνο, "σκαρπίνι"

oxid-e (´ɔksaid): *(n)* οξίδιο ‖ **~ize** [-d]: *(v)* οξιδώνω

oxygen (´ɔksidzən): *(n)* οξυγόνο ‖ **~ate** [-d]: *(v)* οξυγονώνω ‖ **~ mask:** *(n)* μάσκα οξυγόνου ‖ **~tent:** *(n)* θάλαμος οξυγόνου, οξυγονοθώρακας, σκηνή οξυγόνου

oxymoron (ɔksə´mɔ:rən): *(n)* σχήμα οξύμωρο

oyez (´oujez): *(inter)* "η συνεδρίαση αρχίζει, ησυχία!"

oyster (´oistər): *(n)* στρείδι ‖ **~bed:** *(n)* στρειδοτροφείο ‖ **~man:** *(n)* στρειδοαλιευτικό

oz: ουγκιά (see ounce)

ozon (´ouzoun): *(n)* όζον

P

P,p (pi): το 16ο γράμμα του Αγγλικού Αλφαβήτου

pa (pa:): *(n)* μπαμπάκας

pace (peis): *(n)* βήμα ‖ βηματισμός ‖ βάδισμα ‖ μήκος 30 ιντσών ‖ [-d]: *(v)* βηματίζω ‖ βαδίζω ‖ **~maker:** *(n)* πρώτος στο είδος του, οδηγός ‖ βημα-τοδότης ‖ **~setter:** *(n)* ηγέτης ‖ **~r:** *(n)* see **~maker**

pachyderm (´pækidə:rm): *(n)* παχύδερμο ‖ **~ous:** *(adj)* παχύδερμος

paci-fic (pə´sifik): *(adj)* ειρηνικός ‖ **P~fic:** *(n)* ειρηνικός ωκεανός ‖ **~fication** (pæsəfə´keiʃən): *(n)* ειρήνευση ‖ συνθήκη ειρήνης ‖ ~**fier**: *(n)* ειρηνοποιός ‖ ~**fism**: *(n)* φιλειρηνικότητα, ειρηνοφιλία ‖ ~**fist**: *(n & adj)* ειρηνόφιλος ‖ ~**fy** (΄pæsəfai) [-ied]: *(v)* ειρηνεύω

pack (pæk): *(n)* δέμα ‖ πακέτο ‖ σακίδιο, σάκος ‖ δέσμη ‖ τράπουλα, δεσμίδα ‖ συμμορία ‖ αγέλη, κοπάδι (λύκων ή σκύλων) ‖ επίθεμα ‖ [-ed]: *(v)* πακετάρω ‖ κάνω δέμα ‖ συσκευάζω, "αμπαλάρω" ‖ συνωστίζω ‖ βάζω επιθέματα ‖ ~**age**: *(n)* δέμα, πακέτο ‖ ~**et**: *(n)* πακέτο ‖ δεματάκι ‖ λεφτά, "μασούρι" *(id)* ‖ ~**ice**: *(n)* ογκόπαγος ‖ ~**ing**: *(n)* συσκευασία ‖ ~**sack**: *(n)* γυλιός ‖ ~ **saddle**: *(n)* σάγμα, "σαμάρι" ‖ ~ **train**: *(n)* καραβάνι ‖ **send** ~**ing**: *(v)* διώχνω, του "δίνω δρόμο"

pact (pækt): *(n)* συνθήκη, συμφωνία

pad (pæd): *(n)* βάτα ‖ ταμπόν σφραγίδας ‖ μπλοκ σημειώσεων ‖ πλατύ φύλλο ‖ μαλακό πέλμα ‖ εξέδρα εκτοξεύσεως ‖ [-ded]: *(v)* γεμίζω με βάτα ‖ περπατώ ‖ ~**ding**: *(n)* γέμισμα, βάτα

paddle (΄pædl): *(n)* κουπί για μονόκωπη βάρκα ‖ αναδευτήρας ‖ κόπανος ‖ ρακέτα πινγκ-πονγκ ‖ [-d]: *(v)* κωπηλατώ ‖ κολυμπτώ "πρόσθιο" ‖ αναδεύω ‖ τσαλαβουτώ στα ρηχά

paddock (΄pædək): *(n)* μάντρα ‖ [-ed]: *(v)* μαντρίζω

paddy (΄pædi:): *(n)* ρύζι με τη φλούδα ‖ ορυζοφυτεία ‖ **P**~: *(n)* Ιρλανδός *(id)* ‖ ~ **wagon**: *(n)* αστυνομική κλούβα

padlock (΄pædlɔk): *(n)* λουκέτο ‖ [-ed]: *(v)* κλείνω με λουκέτο

padre (΄pa:drei): *(n)* πάτερ ‖ στρατιωτικός ιερέας *(id)* ‖ παπάς *(id)*

paean (΄pi:ən): *(n)* παιάνας

paed: see ped

pagan (΄peigən): *(n)* ειδωλολάτρης ‖ *(adj)* ειδωλολατρικός

page (peidz): *(n)* σελίδα ‖ νεαρός υπηρέτης ‖ μικρός παράνυμφος ‖ [-d]: *(v)* καλώ κάποιον με μεγάφωνο ή με αγγελιοφόρο ‖ αριθμώ τις σελίδες

pageant (΄pædzənt): *(n)* πομπή ‖ επίδειξη ‖ ~**ry**: *(n)* πομπώδης επίδειξη

pagoda (pə΄goudə): *(n)* παγόδα

pah (pa:): *(inter)* μπα!

paid: see pay

pail (peil): *(n)* κουβάς

pain (pein): [-ed]: *(v)* προκαλώ πόνο ‖ *(n)* πόνος ‖ βάσανα ‖ ~**s**: *(n)* πόνοι τοκετού ‖ ~**s**: *(n)* κόπος ‖ ~**ful**: *(adj)* οδυνηρός ‖ επίπονος ‖ ~**killer**: *(n)* παυσίπονο ‖ ~**less**: *(adj)* ανώδυνος ‖ ~**staking**: *(adj)* φιλόπονος, εργατικός

paint (peint): *(n)* μπογιά, χρώμα ‖ [-ed]: *(v)* ζωγραφίζω με μπογιές ‖ απεικονίζω με λόγια ‖ βάφω, μπογιατίζω ‖ βάζω μακιγιάζ ‖ ~**brush**: *(n)* πινέλο ζωγράφου ή μπογιατζή ‖ ~**ed lady**: *(n)* βανέσσα (πεταλούδα) ‖ ~**er**: *(n)* ζωγράφος ‖ μπογιατζής ‖ ~**ing**: *(n)* ζωγραφική ‖ πίνακας ζωγραφικής ‖ ~ **the town red**: *(v)* τα "σπάω" *(id)*

pair (peər): *(n)* ζεύγος, ζευγάρι ‖ [-ed]: *(v)* ζευγαρώνω

pajamas (pə΄dza:məz): *(n)* πιζάμες ‖ σαλβάρια ανατολίτικα

pal (pæl): *(n)* φίλος, σύντροφος ‖ [-led]: *(v)* πάω με κάποιον, κάνω παρέα

palace (΄pælis): *(n)* ανάκτορο

paladin (΄pælədin): *(n)* υπέρμαχος

palat-able (΄pælitəbəl): *(adj)* εύγευστος ‖ παραδεκτός, ευμενώς δεκτός ‖ ~**e** (΄pælit) *(n)* ουρανίσκος ‖ γεύση

palaver (pə΄lævər) [-ed]: *(v)* κάνω ψιλοκουβέντα, φλυαρώ ‖ *(n)* ψιλοκουβέντα, φλυαρία ‖ "παλάβρα"

pale (peil): *(n)* πάσσαλος ‖ *(adj)* ωχρός, χλομός ‖ [-d]: *(v)* χλομιάζω ‖ *(adj)* ανοιχτόχρωμος ‖ αμυδρός, όχι έντονος ‖ ~ **face**: *(n)* λευκός, "χλομοπρόσωπος"

paleolithic (peili:ə΄lithik): *(adj)* παλαιολιθικός

palette (΄pælit): *(n)* "παλέτα" ζωγράφου

palindrom-e (΄pælindroum): *(n)* παλίνδρομο ‖ ~**ic**: *(adj)* παλινδρομικός

palisade (pælə΄seid): *(n)* φράχτης από πασσάλους ‖ ~**s**: *(n)* οροσειρά απότομη

pall (pɔ:l): *(n)* κάλυμμα φερέτρου ‖ φέρετρο ‖ ζοφερή ατμόσφαιρα ‖ σύννεφο, καταχνιά ‖ ~ **bearer**: *(n)* νεκροπομπός, μεταφορέας φερέτρου

pallet

pallet (´pælit): *(n)* στρώμα
pall-id (´pælid): *(adj)* χλομός ‖ ~or: *(n)* ωχρότητα
palm (pa:m): *(n)* παλάμη ‖ μήκος τριών ιντσών ‖ το πλατύ τμήμα του κουπιού ‖ φοίνικας ‖ φύλλο φοίνικα ‖ [-ed]: *(v)* κρύβω στην παλάμη ‖ παίρνω κρυφά ‖ cross one's ~: *(v)* δωροδοκώ ‖ grease the ~: *(v)* ''λαδώνω'' ‖ have an itching ~: *(v)* είμαι φιλοχρήματος, ''με τρώει η χούφτα μου'' ‖ ~ate: *(adj)* παλαμοειδής ‖ ~ist: *(n)* χειρομάντης ‖ ~istry: *(n)* χειρομαντεία ‖ P~ Sunday: *(n)* Κυριακή των Βαΐων
palpable (´pælpəbəl): *(adj)* χειροπιαστός ‖ εμφανής, καταφανής
palpitat-e (´pælpəteit) [-d]: *(v)* πάλλω ‖ σπαρταρώ ‖ ~ion: *(n)* παλμός ‖ σπαρτάρισμα, τρεμούλα
pal-sied (´pɔ:lzi:d): *(adj)* παραλυτικός ‖ τρομώδης, τρέμων ‖ ~sy: *(n)* παράλυση ‖ [-ied]: *(v)* παραλύω
paltry (´pɔ:ltri:): *(adj)* μηδαμινός, τιποτένιος ‖ ανάξιος
pamper (´pæmpər) [-ed]: *(v)* παραχαϊδεύω, καλομαθαίνω
pamphlet (´pæmflit): *(n)* φυλλάδιο
pan (pæn): *(n)* τηγάνι ‖ κατσαρόλα ‖ πλάστιγγα ζυγού ‖ κοίλωμα ‖ ''φάτσα'' *(id)* ‖ [-ned]: *(v)* τηγανίζω ‖ κριτικάρω αυστηρά ‖ ~ out: *(v)* φέρνω αποτέλεσμα, αποδίδω ‖ P~: *(n)* Παν ‖ ~cake: *(n)* τηγανίτα
panacea (pænə´si:ə): *(n)* πανάκεια
panda (´pændə): *(n)* πάνδα ή γιγάντιος (ζώο)
pandemonium (pændə´mouni:əm): *(n)* πανδαιμόνιο
pander (´pændər), ~er: *(n)* προαγωγός, ''ρουφιάνος'' ‖ [-ed]: *(v)* κάνω τον μεσάζοντα
pane (pein): *(n)* υαλοπίνακας
panegyric (pænə´dzirik): *(n)* πανηγυρικός
panel (´pænəl): *(n)* φάτνωμα ‖ πλάκα φατνώματος ‖ πίνακας ελέγχου ‖ ένορκοι ‖ επιτροπή ‖ [-ed]: *(v)* φατνώ ‖ επενδύω με ξύλο ‖ ~ing: *(n)* ξυλεπένδυση ‖ ~ truck: *(n)* κλειστό φορτηγό

pang (pæŋ): *(n)* ξαφνικός πόνος, ''σουβλιά'' ‖ ξαφνική λύπη ή αγωνία
panic (´pænik): *(n)* πανικός ‖ *(adj)* πανικόβλητος ‖ [-ked]: *(v)* πανικοβάλλω ‖ πανικοβάλλομαι ‖ ~ stricken: *(adj)* πανικόβλητος ‖ ~y: *(adj)* τρομοκρατημένος, πανικόβλητος
pannier (´pænjər): *(n)* κοφίνι
panoply (´pænəpli:): *(n)* πανοπλία
panoram-a (pænə´ræmə): *(n)* πανόραμα ‖ ~ic: *(adj)* πανοραμικός
pansy (´pænzi:): *(n)* πανσές ‖ κίναιδος, ''πούστης'' *(id)*
pant (pænt) [-ed]: *(v)* λαχανιάζω ‖ πάλλω ‖ μιλώ λαχανιαστά ‖ *(n)* λαχάνιασμα ‖ ~ingly: *(adv)* λαχανιαστά
panther (´pænθər): *(n)* πάνθηρας
panties (´pænti:z): *(n)* κιλότα γυναικεία ‖ παιδικό βρακάκι
pantomime (´pæntəmaim): *(n)* παντομίμα ‖ [-d]: *(v)* μιμούμαι
pantry (´pæntri:): *(n)* αποθήκη τροφίμων, ''κελάρι''
pant-s (pænts): *(n)* πανταλόνι ‖ σώβρακο ‖ ~suit: *(n)* γυναικείο ταγιέρ με πανταλόνι ‖ ~yhose: *(n)* καλτσόν
papa (´pa:pə): *(n)* μπαμπάκας
papa-cy (´peipəsi:): *(n)* αξίωμα του πάπα ‖ παπισμός ‖ θητεία του πάπα ‖ ~l: *(adj)* παπικός
paper (´peipər): *(n)* χαρτί ‖ γραπτό ‖ εφημερίδα ‖ *(adj)* χάρτινος ‖ ~s: *(n)* πιστοποιητικά, ''χαρτιά'' ‖ on ~: στη θεωρία, ''στα χαρτιά'' ‖ ~back: *(n)* χαρτόδετο βιβλίο ‖ ~board: *(n)* χαρτόνι ‖ ~bound: *(adj)* χαρτόδετος ‖ ~knife: *(n)* χαρτοκόπτης ‖ ~ weight: *(n)* ''πρες παπιέ'' ‖ ~work: *(n)* γραφική εργασία
papier-maché (´peipərmə´ʃei): *(n)* πεπιεσμένο χαρτί
pappy (´pæpi:): *(n)* μπαμπάς
papyrus (pə´pairəs): *(n)* πάπυρος
par (pa:r): *(n)* φυσιολογικό στερεότυπο, παραδεκτό ''στάνταρ'' ‖ ισοτιμία, ισότητα ‖ on a ~: ισότιμος, ίσος
parable (´pærəbəl): *(n)* παραβολή
parabol-a (pə´ræbələ): *(n)* γεωμ. παραβολή ‖ ~ic: *(adj)* παραβολικός
parachut-e (´pærəʃu:t): *(n)* αλεξίπτωτο

262

‖ [-d]: (v) πέφτω με αλεξίπτωτο ‖ ~ist: (π) αλεξιπτωτιστής
parade (pə´reid) [-d]: (v) παρατάσσομαι ‖ παρελαύνω ‖ (π) παράταξη ‖ παρέλαση ‖ ~ **ground**: (π) πεδίο επιθεώρησης ή ασκήσεων ή προσκλητηρίου
paradise (´pærədaiz): (π) παράδεισος
paradox (´pærədɔks): (π) παράδοξο ‖ παραδοξολογία ‖ ~**ical**: (adj) παράδοξος ‖ ~**ically**: (adv) παράδοξα
paradrop (´pærədrɔp) [-ped]: (v) ρίχνω με αλεξίπτωτο
paraffin (´pærəfin): (π) παραφίνη
paragon (´pærəgɔn): (π) πρότυπο ‖ ασυναγώνιστος
paragraph (´pærəgræf): (π) παράγραφος
parakeet (´pærəki:t): (π) παπαγαλάκι
parallax (´pærəlæks): (π) παράλλαξη
parallel (´pærəlel): (adj & π) παράλληλος ‖ ανάλογος, παράλληλος ‖ [-ed]: (v) κάνω παράλληλο ‖ κάνω παραλληλισμό ‖ ~**epiped**: (v) παραλληλεπίπεδο ‖ ~**ism**: (π) παραλληλισμός ‖ ~**ogram**: (π) παραλληλόγραμμο
paraly-sis (pə´ræləsis): (π) παράλυση ‖ ~**ze** [-d]: (v) παραλύω
paramedic (parə´medik): (π) βοηθός ιατρικού επαγγέλματος
paramilitary (parə´miləteri:): (adj) παραστρατιωτικός
paramount (´pærəmaunt): (adj) πρώτιστος ‖ ανώτατος
paranoi-a (pærə´noiə): (π) παράνοια ‖ ~**ac**: (adj & π) παρανοϊκός ‖ ~**d**: (adj) παρανοϊκός
parapet (´pærəpit): (π) στηθαίο ‖ πρόχωμα
paraphernalia (pærəfər´neiljə): (π) διάφορα εξαρτήματα ή πράγματα
paraphrase (´pærəfreiz): (π) παράφραση ‖ [-d]: (v) παραφράζω
paraplegi-a (pærə´pli:dzi:ə): (π) παραπληγία ‖ ~**c**: (adj & π) παραπληγικός
parasit-e (´pærəsait): (π) παράσιτο ‖ ~**ic**, ~**ical**: (adj) παρασιτικός ‖ ~**icide**: (π) παρασιτοκτόνο ‖ ~**ism**: (π) παρασιτισμός
parasol (´pærəsɔ:l): (π) ομπρέλα για

τον ήλιο
paratroop (´pærətru:p): (adj) με αλεξίπτωτο, αλεξιπτωτιστικός ‖ ~**er**: (π) αλεξιπτωτιστής ‖ ~**s**: (π) σώμα αλεξιπτωτιστών
parcel (´pɑ:rsəl): (π) δέμα, δεματάκι, πακέτο ‖ τεμάχιο γης ‖ ομάδα ‖ [-ed]: (v) ~ **out**: διανέμω ‖ ~ **up**: πακετάρω
parch (pɑ:rtʃ) [-ed]: (v) κατακαίω, ξεροψήνω ‖ προκαλώ μεγάλη δίψα ‖ ξεραίνομαι ‖ διψώ ‖ ~**ment**: (π) περγαμηνή
pardon (´pɑ:rdn) [-ed]: (v) συγχωρώ ‖ απονέμω χάρη ‖ (π) συγχώρεση, συγγνώμη ‖ ~**able**: (adj) συγχωρητέος, άξιος συγγνώμης ‖ **beg** ~: (v) ζητώ συγγνώμη
pare (peər) [-d]: (v) ξεφλουδίζω ‖ πελεκώ
parent (´peərənt): (π) γονέας ‖ ~**age**: (π) καταγωγή ‖ ~**al**: (adj) εκ γονέων, πατρικός ή μητρικός ‖ ~**hood**: (π) ιδιότητα γονέα, πατρότητα ή μητρότητα
parenthesis (pə´renthəsis): (π) παρένθεση
par excellence (pɑ:r eksə´lɑ:ns): ασύγκριτος, μοναδικός
parfait (pɑ:r´fei): (π) παγωτό ''σπέσιαλ''
pariah (pə´raiə): (π) παρίας, απόβλητος
parish (´pæriʃ): (π) ενορία ‖ ~**ioner**: (π) ενορίτης
parity (´pærəti:): (π) ισοτιμία, ισότητα ‖ μητρότητα
park (pɑ:rk): (π) άλσος, πάρκο ‖ κλειστό γήπεδο ‖ [-ed]: (v) παρκάρω, σταθμεύω ‖ ~**ing lot**: (π) χώρος στάθμευσης, ''πάρκιν'' ‖ ~**ing meter**: (π) μετρητής στάθμευσης, ''παρκόμετρο'' ‖ ~**way**: (π) βουλεβάρτο, λεωφόρος ‖ **no** ~**ing**: απαγορεύεται η στάθμευση
parka (´pɑ:rkə): (π) ζακέτα με γούνινη κουκούλα
par-lance (´pɑ:rləns): (π) τρόπος ομιλίας ‖ ~**lay** [-ed]: (v) καταφέρνω, ''μανουβράρω'' ‖ στοιχηματίζω και τα κέρδη, τα ''πάω όλα'' ‖ ~**ley**: (´pɑ:rli:) (π) συζήτηση συνθήκης, διαπραγματεύ-

parlor

σεις ‖ ~ley [-d]: (v) διαπραγματεύομαι ‖ ~liament ('pa:rləmənt): (n) κοινοβούλιο ‖ ~liamentary: (adj) κοινοβουλευτικός

parlor ('pa:rlər): (n) σαλόνι ‖ beauty ~: (n) ινστιτούτο καλλονής ‖ ~ car: (n) σιδ. όχημα πολυτελείας

parochial (pə'rouki:əl): (adj) κοινοτικός ‖ επαρχιακός ‖ ενοριακός ‖ στενής αντίληψης

parody ('pærədi:): (n) παρωδία

parole (pə'roul): (n) παρασύνθημα ‖ απελευθέρωση κρατουμένου με υπόσχεση καλής διαγωγής ‖ [-d]: (v) ελευθερώνω με υπόσχεση καλής διαγωγής ‖ ~e: (n) ελεύθερος επί υποσχέσει

parotitis (pærə'taitis): (n) παρωτίτιδα

paroxysm ('pærəksizəm): (n) παροξυσμός

parquet (pa:r'kei): (n) σάλα θεάτρου ‖ παρκέτο ‖ [-ed]: (v) βάζω παρκέ ‖ ~ry: (n) παρκέ

parricide ('pærəsaid): (n) φόνος γονέα ‖ φονιάς γονέα

parrot ('pærət): (n) παπαγάλος ‖ [-ed]: (v) μιμούμαι, παπαγαλίζω ‖ ~fever: (n) ψιττακίαση

parry ('pæri:) [-ied]: (v) αποκρούω ‖ αποφεύγω ‖ (n) απόκρουση ‖ αποφυγή

parse (pa:rs) [-d]: (v) αναλύω συντακτικά

parsimo-nious (pa:rsə'mouni:əs): (adj) φιλάργυρος, φειδωλός ‖ ~ny: (n) φιλαργυρία

parsley ('pa:rsli:): (n) μαϊδανός

parsnip ('pa:rsnip): (n) δαύκος

parson ('pa:rsən): (n) ιερέας της ενορίας, εφημέριος ‖ ~age: (n) σπίτι του εφημέριου

part (pa:rt): (n) τμήμα, μέρος ‖ τεμάχιο, κομμάτι ‖ ρόλος, μέρος ‖ (adj) μερικό, εν μέρει ‖ [-ed]: (v) διαχωρίζω, χωρίζω ‖ χωρίζομαι ‖ αποχωρίζομαι ‖ κάνω χωρίστρα ‖ ~ly: (adv) εν μέρει ‖ for one's ~: όσο για μένα, όσον αφορά εμένα ‖ for the most ~: ως επί το πλείστον ‖ in ~: εν μέρει ‖ take ~: (v) παίρνω μέρος, συμμετέχω ‖ take someone's ~: παίρνω το μέρος κάποιου ‖ ~ from: (v) αποχωρώ ‖ ~

with: (v) εγκαταλείπω, αφήνω ‖ ~ake [partook, partaken]: (v) συμμετέχω ‖ ~ial ('pa:r/əl): (adj) μερικός, επιμέρους ‖ μεροληπτικός ‖ be ~ial: (v) έχω αδυναμία, συμπαθώ ‖ ~iality: (n) μεροληψία ‖ ~ially: (adv) εν μέρει ‖ ~ible: (adj) διαχωρίσιμος ‖ ~ing: (n) χωρισμός ‖ αποχώρηση ‖ χωρίστρα ‖ ~time: (adj) όχι πλήρως, για λιγότερη ώρα από το ωράριο

partici-pant (pa:r'tisəpənt): (n) μέτοχος, συμμετέχων ‖ ~pate [-d]: (v) συμμετέχω ‖ ~pation: (n) συμμετοχή

participle ('pa:rtəsipəl): (n) μετοχή

particle ('pa:rtikəl): (n) σωματίδιο

particular (pər'tikjələr): (adj) ιδιαίτερος ‖ ειδικός, συγκεκριμένος ‖ ιδιότροπος, λεπτολόγος ‖ (n) λεπτομέρεια ‖ in ~: ειδικά, ιδιαίτερα ‖ ~ly: (adv) ιδιαίτερα, ειδικά ‖ λεπτομερειακά

partisan ('pa:rtəzən): (n) φανατικός οπαδός ‖ αντάρτης, "παρτιζάνος" ‖ (adj) μεροληπτικός

partition (pa:r'tiʃən): (n) διαχωρισμός ‖ διαίρεση ‖ χώρισμα ‖ [-ed]: (v) χωρίζω σε μέρη ‖ βάζω χώρισμα ‖ μεσότοιχο

partner ('pa:rtnər): (n) συνεταίρος ‖ σύζυγος ‖ συνοδός, καβαλιέρος, ντάμα ‖ [-ed]: (v) συνεταιρίζω, συνεταιρίζομαι ‖ ~ship: (n) συνεταιρισμός ‖ συνεργασία

partridge ('pa:rtridz): (n) πέρδικα

parturient (pa:r'tju:ri:ənt): (adj) μέλλουσα μητέρα, ετοιμόγεννη

party ('pa:rti:): (n) παρέα, συντροφιά ‖ συγκέντρωση, "πάρτυ" ‖ πολιτικό κόμμα ‖ διάδικος ‖ μέτοχος, συμμετέχων ‖ συνένοχος ‖ άνθρωπος, πρόσωπο (id) ‖ (adj) κομματικός ‖ ~line: (n) κοινή τηλεφ. γραμμή

parvenu ('pa:rvənu:): (n) νεόπλουτος

pass (pæs) [-ed]: (v) περνώ ‖ ξεπερνώ ‖ υπερβαίνω ‖ μεταβιβάζω ‖ μεταβιβάζομαι ‖ συμβαίνω ‖ περνώ εξετάσεις ‖ επιδοκιμάζω, εγκρίνω ‖ (n) πέρασμα ‖ στενωπός ‖ εισιτήριο ελευθέρας εισόδου, "πάσο" ‖ στρατ. άδεια ‖ πρόκληση ‖ bring to ~: (v) κάνω να συμβεί ‖ come to ~: (v) συμβαίνω ‖ ~

264

away: *(v)* βάζω τέλος ‖ φεύγω ‖ πεθαίνω ‖ ~ **for**: *(v)* περνώ ως ‖ ~ **off**: *(v)* προσφέρω απομίμηση για γνήσιο ‖ ~ **out**: *(v)* διανέμω ‖ λιποθυμώ *(id)* ‖ ~ **over**: *(v)* αγνοώ, παραλείπω ‖ ~ **up**: *(v)* απορρίπτω, κάνω ''πάσο'' ‖ **pretty** ~: *(n)* δύσκολη θέση ‖ ~**able**: *(adj)* διαβατός ‖ καλός, που ''περνάει'' ‖ μέτριος, που ''περνά τη βάση'' ‖ ~ **by**: *(v)* διέρχομαι, περνώ ‖ αντιπαρέρχομαι ‖ ~**age**: *(n)* πέρασμα, διάβαση ‖ θαλάσσιο ή αεροπορικό ταξίδι ‖ ελεύθερη διάβαση ‖ διάδρομος ‖ περικοπή, απόσπασμα ‖ κένωση ‖ ~**ageway**: *(n)* διάδρομος ‖ δίοδος ‖ ~**book**: *(n)* βιβλιάριο καταθέσεων ‖ ~**é** (pæ′sei): *(adj)* ξεπερασμένος, περασμένης μόδας ‖ ~**enger** (′pæsəndzər): *(n)* ταξιδιώτης ‖ επιβάτης ‖ ~**er-by**: *(n)* διαβάτης, περαστικός ‖ ~**ing**: *(adj)* περαστικός, παροδικός ‖ προβιβάσιμος ‖ *(n)* πέρασμα, διάβαση ‖ θάνατος ‖ **in** ~**ing**: παρεμπιπτόντως ‖ ~**port**: *(n)* διαβατήριο ‖ ~**word**: *(n)* σύνθημα, συνθηματική λέξη

pas-sion (′pæʃən): *(n)* πάθος ‖ λατρεία, σφοδρός έρωτας ‖ **P~sion**: *(n)* τα Πάθη του Υριστού ‖ ~**sionate**: *(adj)* φλογερός, διάπυρος ‖ εμπαθής ‖ περιπαθής ‖ ~**sionately**: *(adv)* φλογερά, με περιπάθεια ‖ ~**sive** (′pæsiv): *(adj)* παθητικός ‖ αδρανής ‖ ~**sively**: *(adv)* παθητικά

passport: see pass

password: see pass

past (pæst): *(adj)* παρελθών, περασμένος ‖ πρώην ‖ παρωχημένος χρόνος ‖ *(n)* το παρελθόν ‖ αόριστος ‖ *(adv)* πέρα, περνώντας ‖ περασμένα ‖ πιο πέρα, εκείθεν

paste (peist): *(n)* κόλλα‖ πάστα, ζύμη ‖ [-d]: *(v)* κολλώ ‖ δίνω γροθιά *(id)* ‖ ~**board**: *(n)* λεπτό χαρτόνι

pastel (pæ′stel): *(n)* κραγιόν ζωγραφικής, ''παστέλ''

pasteuri-zation (pæstʃərə′zeiʃən): *(n)* παστερίωση ‖ ~**ze** [-d]: *(v)* παστεριώνω

pastille (pæ′sti:l): *(n)* παστίλια

pastime (′pæstaim): *(n)* ασχολία για να περνά η ώρα

pastor (′pæstər): *(n)* εφημέριος ‖ ~**al**: *(adj)* βουκολικός ‖ εφημεριακός, ιερατικός ‖ ~**ate**: *(n)* ενορία εφημερίου

pastry (′peistri:): *(n)* ζυμαρικό ‖ γλυκό από ζύμη

pasture (′pæstʃər): *(n)* βοσκή ‖ βοσκότοπος ‖ [-d]: *(v)* βγάζω σε βοσκή ‖ βόσκω

pasty (′peisti:): *(n)* κρεατόπιτα ή ψαρόπιτα ‖ *(adj)* χλομός ‖ σαν ζυμάρι

pat (pæt): *(v)* χτυπώ ελαφρά ‖ χτυπώ χαϊδευτικά ‖ *(n)* ελαφρό χτύπημα ‖ χαϊδευτικό χτύπημα ‖ *(adj)* κατάλληλος, όπως έπρεπε ‖ **stand** ~: *(v)* εμμένω σε γνώμη

patch (pætʃ): *(n)* μπάλωμα ‖ στρατ. σήμα ‖ επίδεσμος, τσιρότο ‖ τεμάχιο γης ‖ [-ed]: *(v)* μπαλώνω ‖ ~ **up**: *(v)* τακτοποιώ ‖ ~**work**: *(n)* ανακάτωμα ετερόκλιτων αντικειμένων‖ χαλί από κομμάτια, ''κουρελού'' ‖ ~**y**: *(adj)* με μπαλώματα ‖ ανομοιόμορφος

pate (peit): *(n)* το επάνω μέρος του κεφαλιού ‖ μυαλό

paté (pa:′tei): *(n)* πάστα κρέατος

patent (′pætənt): *(n)* δίπλωμα ευρεσιτεχνίας ‖ προνόμιο ‖ *(adj)* με ευρεσιτεχνία, προστατευμένος με δίπλωμα ευρεσιτεχνίας ‖ προνομιακός ‖ (′peitənt): *(adj)* προφανής, έκδηλος ‖ ~**ee**: *(n)* ο έχων δίπλωμα ευρεσιτεχνίας ‖ ~**leather**: *(n)* λουστρίνι ‖ ~**ly** (′peitəntli:): *(adv)* φανερά ‖ ~ **medicine**: *(n)* ιδιοσκεύασμα, φαρμακευτικό που πουλιέται χωρίς συνταγή γιατρού, τυποποιημένο φάρμακο

pater-nal (pə′tə:rnəl): *(adj)* πατρικός ‖ ~**nity**: *(n)* πατρότητα ‖ ~**noster**: *(n)* το πάτερ ημών ‖ συρτή ψαρέματος

path (pæth): *(n)* μονοπάτι ‖ διαδρομή, πορεία ‖ τροχιά ‖ ~**finder**: *(n)* πρωτοπόρος ‖ ~**way**: *(n)* πέρασμα, μονοπάτι

pathetic (pə′thetik), ~**al**: *(adj)* παθητικός, συγκινητικός ‖ συγκινητικά αξιοθρήνητος, αξιολύπητος ‖ αξιοθρηνος ‖ αξιολύπητος ‖ παρκηχ

patholog-ical (pæthə′lədzikəl): *(adj)* παθολογικός ‖ ~**y**: *(n)* παθολογία ‖ ~**ist**: *(n)* παθολόγος

pathos (′peithəs): *(n)* πάθος ‖ συμπό-

265

patience

νια, λύπη

patien-ce (´peiʃəns): *(n)* υπομονή ‖ **lose one's ~**: *(v)* εκνευρίζομαι, νευριάζω ‖ **~t**: *(adj)* υπομονετικός ‖ ανεκτικός ‖ *(n)* ασθενής

patio (´pæti:ou): *(n)* εσωτερική αυλή ‖ πίσω βεράντα

patisserie (pa:´ti:seri): *(n)* ζαχαροπλαστείο

patriarch (´peitri:a:rk): *(n)* πατριάρχης ‖ **~al, ~ic**: *(adj)* πατριαρχικός ‖ **~ate**: *(n)* πατριαρχείο ‖ **~y**: *(n)* πατριαρχία

patrician (pə´triʃən): *(n)* πατρίκιος ‖ ευγενής, ανώτερης τάξης

patricide (´pætrəsaid): *(n)* πατροκτόνος ‖ πατροκτονία

patrimo-nial (pætrə´mouni:əl): *(adj)* πατρογονικός ‖ **~ny**: *(n)* πατρογονική κληρονομιά

patriot (´peitri:ət): *(n)* πατριώτης ‖ **~ic**: *(adj)* πατριωτικός ‖ **~ism**: *(n)* πατριωτισμός

patrol (pə´troul): *(n)* περίπολος ‖ περιπολία ‖ *(adj)* περιπολικός ‖ [-led]: *(v)* περιπολώ ‖ **~car**: *(n)* περιπολικό αστυνομίας ‖ **~man**: *(n)* φύλακας ή αστυφύλακας ορισμένης βάρδιας ‖ **~wagon**: *(n)* κλούβα αστυνομίας

patron (´peitrən): *(n)* πάτρωνας, προστάτης ‖ τακτικός πελάτης ‖ **~age**: *(n)* υποστήριξη, προστασία, πατρονάρισμα ‖ προστατευτικό ύφος ‖ πελατεία ‖ **~ess**: *(n)* προστάτισσα, υποστηρίκτρια ‖ τακτική πελάτισσα ‖ **~ize** [-d]: *(v)* προστατεύω, πατρονάρω ‖ είμαι τακτικός πελάτης ‖ φέρομαι με ύφος συγκαταβατικό και προστατευτικό

patsy (´pætsi:): *(n)* κορόιδο *(id)*

patter (´pætər) [-ed]: *(v)* χτυπώ γρήγορα και απαλά ή ελαφρά και απανωτά ‖ περπατώ με γρήγορα, απαλά βήματα ‖ φλυαρώ γρήγορα ‖ *(n)* γρήγορα και απαλά απανωτά χτυπήματα ‖ φλυαρία ‖ ασυνάρτητη ομιλία

pattern (´pætərn): *(n)* πρότυπο, υπόδειγμα ‖ σχέδιο, ''μοντέλο'' ‖ δείγμα ‖ τύπος ‖ ''στυλ'' ‖ [-ed]: *(v)* φτιάνω σχέδιο ή κατά το σχέδιο

patty (´pæti:): *(n)* τηγανίτα ‖ κεφτές

για ''χάμπουργκερ''

paunch (pə:ntʃ): *(n)* κοιλιά ‖ **~y**: *(adj)* κοιλαράς

pauper (´pɔ:pər): *(n)* φτωχός ‖ άπορος ‖ **~ism**: *(n)* φτώχεια ‖ άποροι συνολικά

pause (pɔ:z) [-d]: *(v)* σταματώ ‖ διστάζω ‖ *(n)* παύση ‖ διακοπή, ανάπαυλα ‖ αιτία για δισταγμό

pav-e (peiv) [-d]: *(v)* επιστρώνω ‖ πλακοστρώνω ‖ **~e the way**: *(v)* προετοιμάζω το έδαφος ‖ **~ement**: *(n)* πλακόστρωτο, λιθόστρωτο ‖ επιφάνεια του δρόμου ‖ (British) πεζοδρόμιο ‖ **~ing**: *(n)* λιθόστρωση, πλακόστρωση ‖ επίστρωση

pavilion (pə´viljən): *(n)* περίπτερο ‖ πτέρυγα κτιρίου ‖ [-ed]: *(v)* σκεπάζω

paw (pɔ:) *(n)* πόδι ζώου ‖ χέρι *(id)* ‖ [-ed]: *(v)* χτυπώ με το πόδι ‖ πασπατεύω, χαϊδεύω

pawn (pɔ:n) [-ed]: *(v)* βάζω ενέχυρο ‖ διακυβεύω ‖ *(n)* ενέχυρο ‖ πεσσός, ''πιόνι'' ‖ **~broker**: *(n)* ενεχυροδανειστής ‖ **~shop**: *(n)* ενεχυροδανειστήριο ‖ **~ticket**: *(n)* απόδειξη ενεχυροδανειστηρίου

pay (pei) [paid, paid]: *(v)* πληρώνω ‖ καταβάλλω ‖ αποδίδω ‖ ωφελώ, συμφέρω ‖ *(n)* πληρωμή ‖ αποζημίωση εργασίας, μισθός ή μεροκάματο ‖ αμοιβή ‖ **~ down**: *(v)* δίνω προκαταβολή ‖ **~ one's way**: *(v)* συνεισφέρω, πληρώνω για κάτι ‖ **~ up**: *(v)* εξοφλώ ‖ **~able**: *(adj)* πληρωτέος ‖ επικερδής ‖ **~check**: *(n)* πληρωμή, μισθός ‖ **~day**: *(n)* μέρα πληρωμής ‖ **~dirt**: κέρδος, απόδοση, ''η καλή'' *(id)* ‖ **~ee**: *(n)* πληρωνόμενος, αποδέκτης πληρωμής ‖ **~er**: *(n)* πληρωτής ‖ **~load**: *(n)* φορτίο συνολικό αεροσκάφους ‖ φορτίο επί πληρωμή ‖ **~master**: *(n)* ταμίας, πληρωτής ‖ **~ment**: *(n)* πληρωμή ‖ **~ off**: *(v)* εξοφλώ τελείως ‖ πληρώνω απολυόμενο ‖ δωροδοκώ ‖ *(n)* εξόφληση ‖ δωροδοκία ‖ **~roll**: *(n)* κατάσταση μισθοδοσίας ‖ **~phone**: *(n)* τηλέφωνο για το κοινό

pea (pi:): *(n)* μπιζελιά ‖ μπιζέλι ‖

~soup: (n) πυκνή ομίχλη ‖ ~shooter: (n) ψεύτικο πιστολάκι

peace (pi:s): (n) ειρήνη ‖ ησυχία, κοινή ησυχία ‖ at ~: ήρεμος ‖ ειρηνικός ‖ ~able:ʼ (adj) ειρηνικός, ήρεμος ‖ disturbing the ~: διατάραξη κοινής ησυχίας ‖ ~ful: (adj) ειρηνικός ‖ ειρηνόφιλος ‖ ~maker: (n) ειρηνοποιός ‖ ~ offering: δώρο συμφιλίωσης ‖ ~ officer: (n) αστυνομικός ‖ ~time: (n) περίοδος ειρήνης

peach (pi:tʃ): (n) ροδακινιά ‖ ροδάκινο ‖ [-ed]: (v) κάνω το χαφιέ (id)

peacock (ˊpi:kɔk): (n) παγόνι ‖ [-ed]: (v) κάνω το σπουδαίο, καμαρώνω, κορδώνομαι

peak (pi:k): (n) κορυφή ‖ άκρο ‖ αποκορύφωμα, κολοφώνας ‖ γείσο ‖ [-ed]: (v) κορυφώνομαι

peal (pi:l) [-ed]: (v) χτυπώ, ηχώ ‖ (n) κωδωνοκρουσία ‖ κρότος, ξέσπασμα βροντής

peanut (ˊpi:nʌt): (n) φυστίκι ‖ μηδαμινός άνθρωπος ‖ ~s: (n) πενταροδεκάρες (id)

pear (peər): (n) αχλαδιά ‖ αχλάδι

pearl (pə:rl): (n) μαργαριτάρι ‖ ~y: (adj) μαργαριταρένιος

peasant (ˊpezənt): (n) χωρικός ‖ χωριάτης, αγροίκος ‖ ~ry: (n) αγροτιά

peat (pi:t): (n) φυτάνθρακας, τύρφη

pebble (ˊpebəl): (n) χαλίκι

pecan (piˊka:n): (n) καρυδιά ‖ καρύδι

peck (pek) [-ed]: (v) ραμφίζω, τσιμπώ με ράμφος ‖ αρπάζω με ράμφος ‖ δίνω απαλό φιλί ‖ γκρινιάζω ‖ (n) ράμφισμα, τσίμπημα ‖ ελαφρό φιλί ‖ μονάδα χωρητικότητας ή όγκου ‖ ~ing order: νόμος του ισχυροτέρου

pectoral (ˊpektərəl): (adj) στηθικός ‖ (n) στηθαίο

peculiar (piˊkju:ljər): (adj) ιδιότροπος, παράξενος ‖ ιδιαίτερος, ξεχωριστός ‖ ειδικός ‖ ~ity: (n) ιδιοτροπία, παραξενιά ‖ ιδιαίτερο χαρακτηριστικό

pedagog-ic (pedəˊgɔdzik), ~ical: (adj) παιδαγωγικός ‖ ~ics: (n) παιδαγωγική ‖ ~ue (ˊpedəgɔg): (n) παιδαγωγός ‖ ~y: (n) παιδαγωγική

pedal (ˊpedl): (n) ποδοκίνητος μοχλός,

ποδωστήριο, "πεντάλι" ‖ (adj) ποδικός, ποδωστήριος ‖ [-ed]: (v) κινώ το "πεντάλι", ποδηλατώ

pedant (ˊpedənt): (n) σχολαστικός άνθρωπος ‖ ~ic: (adj) σχολαστικός

peddle (ˊpedl) [-d]: (v) πουλώ λιανικά ‖ πουλώ στο δρόμο ή από πόρτα σε πόρτα ‖ χάνω τον καιρό μου με μικροπράγματα ‖ ~r: (n) μικροπωλητής

pedestal (ˊpedəstəl): (n) βάθρο ‖ βάση

pedestrian (pəˊdestri:ən): (n) πεζός, πεζοπόρος ‖ (adj) πεζός ‖ κοινός, "πεζός"

pediatri-cian (pi:di:əˊtriʃən), pediatrist (pi:ˊdi:atrist): (n) παιδίατρος ‖ ~cs: (n) παιδιατρική

pedicure (ˊpedikjur): (n) ποδιατρική ‖ περιποίηση ποδιών, "πεντικιούρ"

pedigree (ˊpedəgri:): (n) γενεαλογικό δέντρο ‖ επίσημο δελτίο καθαρόαιμου ζώου

pedometer (piˊdəmətər): (n) βηματόμετρο

pee (pi:) [-d]: (v) ουρώ, "κατουρώ" ‖ (n) ούρο, "κάτουρο"

peek (pi:k) [-ed]: (v) ρίχνω γρήγορη ματιά ‖ κρυφοκοιτάζω ‖ (n) γρήγορη ή κρυφή ματιά

peel (pi:l): (n) φλοιός, φλούδα ‖ [-ed]: (v) ξεφλουδίζω ‖ ξεφλουδίζομαι ‖ ξεντύνομαι (id) ‖ (n) φουρνόφταιαρο ‖ ~er: (n) αυτόματο ξεφλουδιστήρι ‖ στριπ-τήζερ (id)

peep (pi:p) [-ed]: (v) τιτιβίζω ‖ κρυφοκοιτάζω ‖ (n) τιτίβισμα ‖ κρυφοκοίταγμα ‖ ~er: (n) "μπανιστιρτζής" ‖ μάτι (id) ‖ ~ing Tom: "μπανιστιρτζής"

peer (piər) [-ed]: (v) κοιτάζω παρατεταμένα ή προσεκτικά ‖ κρυφοκοιτάζω ‖ (n) ομότιμος ‖ ευγενής, τιτλούχος ‖ ~age: (n) οι ευγενείς ‖ τίτλος ευγενούς ‖ ~less: (adj) απαράμιλλος, ασύγκριτος, μοναδικός

peev-e (pi:v) [-d]: (v) εξερεθίζω, εκνευρίζω ‖ (n) εκνευρισμός ‖ ~ish: (adj) ευέξαπτος ‖ δύστροπος, κακότροπος ‖ ~ishly: (adv) με εκνευρισμό

peg (peg): (n) καρφί ‖ γόμφος, σφηνίσκος ‖ πάσσαλος ‖ [-ged]: (v) καρφώ-

pekingese

νω, στερεώνω ‖ σημαδεύω με πασσά-
λους ‖ **take one down a ~**: ταπεινώ-
νω, "κόβω τα φτερά" ‖ ~ **away**: (ν)
επιμένω, συνεχίζω ‖ ~**leg**: (π) ψεύτικο
πόδι
pekingese, pekinese (pi:kə΄ni:z): (π)
μικρόσωμος σκύλος "πεκινουά"
pelican (΄pelikən): (π) πελεκάνος
pellet (΄pelit): (π) σβόλος ‖ δισκίο ‖
σφαίρα ‖ σκάγι
pell-mell (΄pelmel): (adv) άνω-κάτω
pelt (pelt): (π) δορά, δέρμα ζώου ‖ δυ-
νατό χτύπημα ‖ γρήγορο βήμα ‖ [-ed]:
(ν) ρίχνω βλήματα απανωτά ‖ χτυπώ
επανειλημμένα ‖ περπατώ με γρήγορα
βήματα
pelvis (΄pelvis): (π) λεκάνη
pen (pen): (π) πένα ‖ μάντρα ‖ αποβά-
θρα επισκευής υποβρυχίων ‖ [-ned]:
(ν) γράφω με πένα ‖ βάζω σε μάντρα
‖ ~**knife**: (π) σουγιάς ‖ ~**manship**:
(π) καλλιγραφία ‖ ~**name**: (π) φιλολο-
γικό ψευδώνυμο ‖ ~**friend**: (π) γνωρι-
μία δι' αλληλογραφίας
penal (΄pi:nəl): (adj) ποινικός ‖ αξιό-
ποινος ‖ ~ **code**: (π) ποινικός κώδι-
κας ‖ ~**ize**: (ν) τιμωρώ, επιβάλλω
ποινή ‖ βάζω σε μειονεκτική θέση ‖
~**ty**: (π) ποινή, τιμωρία ‖ "πέναλτυ"
penance (΄penəns): (π) εξομολόγηση
και εξιλασμός ‖ αυτοτιμωρία εξιλα-
σμού ‖ μετάνοια
pence (pens): (π) πένες (νόμισμα)
penchant (΄pent∫ənt): (π) έντονη κλίση
pencil (΄pensəl): (π) μολύβι ‖ δέσμη
ακτίνων ‖ [-ed]: (ν) γράφω ή σημα-
δεύω με μολύβι ‖ ~**sharpener**: (π) ξυ-
στήρι μολυβιού
pend-ant (΄pendənt): (π) κρεμαστό κό-
σμημα ή σκεύος ‖ ~**ent**: (adj) κρεμα-
στός ‖ προεξέχων ‖ ~**ing**: (adj) εκκρε-
μής ‖ επικείμενος ‖ διαρκούντος, κα-
τά τη διάρκεια ‖ ~**ulum** (΄pendjələm):
(π) εκκρεμές
penetra-ble (΄penətrəbəl): (adj) διαπε-
ραστός ‖ ~**nt**: (adj) διαπεραστικός ‖
~**te** [-d]: (ν) διαπερνώ ‖ διεισδύω ‖
~**ting**: (adj) διαπεραστικός ‖ ~**tion**:
(π) διείσδυση ‖ ~**tive**: (adj) διεισδυτι-
κός, διαπεραστικός

penguin (΄peηgwin): (π) πιγκουΐνος
penicillin (penə΄silin): (π) πενικιλίνη
peninsula (pə΄ninsələ): (π) χερσόνησος
penis (΄pi:nis): (π) πέος
peniten-ce (΄penətəns): (π) μετάνοια ‖
~**t**: (adj) μετανοών, μετανοημένος ‖
~**tiary** (penə΄ten∫əri:): (π) ποινική φυ-
λακή, σωφρονιστήριο
pennant (΄penənt): (π) επισείων, "φιά-
μολα"
penniless (΄peni:lis): (adj) αδέκαρος
pennon (΄penən): (π) λάβαρο, "φλά-
μπουρο"
penny (΄peni:): (π) πένα (νόμισμα) ‖
σεντ, λεπτό ‖ ~**ante**: "ψιλό" πόκερ ‖
μικροδουλειά ‖ ~ **pincher**: τσιγκού-
νης, "δεκαρολόγος" ‖ ~ **weight**: (π)
μονάδα βάρους ίση με 1,555 γραμ.
pension (΄pen∫ən): (π) σύνταξη ‖ [-ed]:
(ν) συνταξιοδοτώ ‖ ~**ary**: (adj) συντα-
ξιοδοτικός ‖ ~**er**: (π) συνταξιούχος
pensive (΄pensiv): (adj) σκεπτικός ‖ με-
λαγχολικός
pent (pent): (adj) περιορισμένος, κλει-
σμένος, φυλακισμένος ‖ ~ **up**: (adj)
συγκρατημένος
pentagon (΄pentəgən): (π) πεντάγωνο ‖
~**al**: (adj) πεντάγωνος
pentathlon (pen΄tæθlən): (π) πένταθλο
Pentecost (΄pentikəst): (π) Πεντηκοστή
penthouse (΄penthaus): (π) "ρετιρέ" ‖
υπόστεγο
penult (pi΄nʌlt), ~**ima** (pi΄nʌltəmə):
(π) παραλήγουσα ‖ ~**imate**: (π) ο προ-
τελευταίος
penu-rious (pə΄njuri:əs): (adj) φτωχός,
πενιχρός ‖ ~**ry** (΄penjəri:): (π) πενία,
φτώχεια
people (΄pi:pəl): (π) κόσμος, λαός, άν-
θρωποι ‖ λαός, έθνος ‖ οι οικείοι ‖ [-
d]: (ν) κατοικώ ‖ ~**'s front**: (π) λαϊκό
μέτωπο
pep (pep): (π) ενεργητικότητα, ζωντά-
νια ‖ κέφι ‖ [-ped]: (ν) δίνω ζωντάνια
‖ ~**py**: (adj) ζωηρός, ζωντανός ‖ ~
talk: (π) πρόχειρος λόγος, "δεκάρι-
κος", λόγος προς οπαδούς
pepper (΄pepər): (π) πιπεριά ‖ πιπέρι ‖
[-ed]: (ν) βάζω πιπέρι ‖ ραντίζω, ρί-
χνω επάνω ‖ βομβαρδίζω με μικρά

permeable

βλήματα ‖ ζωηρεύω, δίνω ζωντάνια ‖ ~box, ~pot: *(n)* πιπεριέρα ‖ ~mint: *(n)* δυόσμος

per (pə:r): *(prep)* ανά, κατά, δια ‖ ~ annum: κατ' έτος ‖ ~ capita: κατά κεφαλήν ‖ ~cent: τοις εκατό ‖ ~ diem: κάθε μέρα ‖ ~ chance: ίσως, πιθανόν

perambulator (pə´ræmbjəleitər): *(n)* παιδικό αμαξάκι (also: pram)

perceive (pər´si:v) [-d]: *(v)* διακρίνω ‖ αντιλαμβάνομαι

percentage (pər´sentidz): *(n)* ποσοστό επί τοις εκατό

percept (pə:r´sept): *(n)* το αντιληπτό ‖ ~ible: *(adj)* αισθητός, αντιληπτός ‖ ~ibly: *(adv)* αισθητά ‖ ~ion: *(n)* αίσθηση, αντίληψη ‖ ~ive: *(adj)* αντιληπτικός

perch (pə:tʃ) [-ed]: *(v)* κουρνιάζω ‖ κάθομαι σε ψηλό μέρος ‖ βάζω πάνω σε ψηλό μέρος ‖ *(n)* ξύλο για κούρνιασμα ‖ πέρκα

percolat-e (´pə:rkəleit) [-d]: *(v)* φιλτράρω ‖ κατακάθομαι ‖ ~or: φίλτρο ‖ ηλεκτρικό μπρίκι καφέ με φίλτρο, καφόμπρικο ‘‘περκολέ’’

percuss (pər´kʌs) [-ed]: *(v)* χτυπώ, κρούω ‖ ~ion: *(n)* κρούση ‖ κρουστά μουσικά όργανα ‖ ~ion instrument: κρουστό όργανο

peremptory (pə remptəri:): *(adj)* τελεσίδικος ‖ αναντίρρητος ‖ αμετάκλητος ‖ αυθαίρετος, δεσποτικός

perennial (pə´reni:əl): *(adj)* πολυετής ‖ αιώνιος, αέναος ‖ *(n)* φυτό πολυετούς ζωής

perfect (´pə:rfikt): *(adj)* τέλειος ‖ ολοκληρωμένος ‖ τετελεσμένος, συντελεσμένος ‖ (pər´fekt) [-ed]: *(v)* τελειοποιώ ‖ ~ion: *(n)* τελειότητα ‖ ~ly: *(adv)* τέλεια ‖ present ~: παρακείμενος ‖ past ~: υπερσυντέλικος

perfi-dious (pər´fidi:əs): *(adj)* άπιστος, κακόπιστος ‖ ~dy (´pə:rfədi:): *(n)* απιστία, κακοπιστία

perforat-e (´pə:rfəreit) [-ed]: *(v)* διατρυπώ ‖ ~ed: *(adj)* διάτρητος ‖ ~ion: *(n)* διάτρηση

perforce (pər´fɔ:rs): *(adj)* κατ' ανάγκη

perform (pər´fɔ:rm) [-ed]: *(v)* εκτελώ ‖ εκπληρώ ‖ δίνω παράσταση ‖ ~ance: *(n)* εκτέλεση ‖ εκπλήρωση ‖ παράσταση ‖ ~ er: *(n)* εκτελεστής ‖ ηθοποιός

perfume (´pə:rfjum): *(n)* άρωμα ‖ (pər´fju:m) [-d]: *(v)* αρωματίζω ‖ ~r: *(n)* αρωματοποιός ‖ ~ry: *(n)* αρώματα ‖ αρωματοποιία ‖ αρωματοπωλείο

perfunctory (pər´fʌŋktəri:): *(adj)* μηχανικός, μη εσκεμμένος, αδιάφορος

pergola (´pə:rgələ): *(n)* χαγιάτι, κληματαριά, ‘‘πέργουλα’’

perhaps (pər´hæps): *(adv)* ίσως

peril (´perəl): *(n)* άμεσος κίνδυνος ‖ επικίνδυνη κατάσταση ‖ [-ed]: *(v)* βάζω σε κίνδυνο ‖ ~ous: *(adj)* επικίνδυνος

period (´piri:əd): *(n)* περίοδος ‖ φάση ‖ τελεία (σημ. στίξης) ‖ *(adj)* της περιόδου ‖ ~ic, ~ical: *(adj)* περιοδικός ‖ ~ical: *(n)* περιοδικό ‖ ~ically: *(adv)* περιοδικά, κατά περιόδους ‖ ~icity: *(n)* περιοδικότητα

perimeter (pə´rimitər): *(n)* περίμετρος

peripher-al (pə´rifərəl): *(adj)* περιφερειακός ‖ ~ally: *(adv)* περιφερειακά ‖ ~y: *(n)* περιφέρεια ‖ περίμετρος

periscope (´perəskoup): *(n)* περισκόπιο

perish (´periʃ) [-ed]: *(v)* πεθαίνω από βίαιο θάνατο ‖ χάνομαι, αφανίζομαι ‖ ~able: *(adj)* φθαρτός ‖ ~ables: *(n)* τροφή που χαλάει ‖ ~ the thought!: ούτε να το σκεφτείς! ‘‘χτύπα ξύλο!’’

peristyle (´perəstail): *(n)* περιστύλιο

periwig (´periwig): *(n)* περούκα

perjur-e (´pə:rdzər) [-d]: *(v)* γίνομαι ένοχος ψευδορκίας ‖ ~y: *(n)* ψευδομαρτυρία, ψευδορκία

perk (pə:rk) [-ed]: *(v)* ανασηκώνομαι, ανυψώνομαι ‖ ζωηρεύω, αναπτερώνεται το ηθικό μου ‖ ~ up: *(v)* ξαναβρίσκω τη διάθεσή μου ή το κέφι μου ‖ ~y: *(adj)* ζωηρός ‖ ζωντανός, κεφάτος

perm: see permanent *(n)*

permanen-ce (´pə:rmənəns), ~cy: *(n)* μονιμότητα ‖ ~t: *(adj)* μόνιμος ‖ *(n)* περμανάντ ‖ ~tly: *(adv)* μόνιμα ‖ ~t wave: *(n)* περμανάντ

permea-ble (´pə:rmi:əbəl): *(adj)* διαπεραστός ‖ ~te [-d]: *(v)* διαπερνώ ‖ δια-

269

ποτίζω ‖ διαχύνομαι ‖ ~tion: *(n)* δια-
πότιση ‖ διάχυση
permissi-ble (pər´misəbəl): *(adj)* επι-
τρεπτός, επιτρεπόμενος ‖ ανεκτός ‖
~on: *(n)* ανοχή ‖ άδεια ‖ ~ve: *(adj)*
ανεκτικός ‖ επιτρεπόμενος ‖ επιτρέ-
πων
permit (pər´mit) [-ted]: *(v)* επιτρέπω ‖
ανέχομαι ‖ (´pə:rmit): *(n)* έγγραφη
άδεια
permutation (pə:rmju´teiʃən): *(n)* μετα-
τροπή ‖ μετάθεση, αντιμετάθεση
pernicious (pər´niʃəs): *(adj)* θανατηφό-
ρος ‖ καταστρεπτικός, ολέθριος
peroxide (pə´rɒksaid): *(n)* υπεροξίδιο ‖
οξυζενέ
perpendicular (pə:rpən´dikjələr): *(adj)*
κάθετος ‖ *(n)* στάθμη, νήμα στάθμης
perpetrat-e (´pə:rpətreit) [-d]: *(v)* δια-
πράττω ‖ ~or: *(n)* δράστης
perpetu-al (pər´petʃuːəl): *(adj)* διαρκής,
αέναος, παντοτεινός ‖ ~al motion:
(n) αέναη κίνηση ‖ ~ate [-d]: *(v)* διαι-
ωνίζω ‖ ~ity: *(n)* αιωνιότητα
perplex (pər´pleks) [-ed]: *(v)* περιπλέ-
κω ‖ προκαλώ αμηχανία ή σύγχυση ‖
~ity: *(n)* περιπλοκή ‖ αμηχανία, σύγ-
χυση
perquisite (´pə:rkwəzit): *(n)* δικαίωμα,
προνόμιο ‖ δώρο, φιλοδώρημα ‖ δευ-
τερεύουσα απολαβή
persecut-e (´pə:rsəkjuːt) [-d]: *(v)* διώ-
κω, βάζω σε διωγμό ‖ ~ion: *(n)* διωγ-
μός ‖ ~or: *(n)* διώκτης
persever-ance (pə:rsə´virəns): *(n)* καρ-
τερία, εγκαρτέρηση ‖ επιμονή ‖ ~e [-
d]: *(v)* καρτερώ, έχω καρτερία ‖ επι-
μένω, εμμένω
Persia (´pə:rʒə): *(n)* Περσία ‖ ~n: *(n)*
Πέρσης ‖ περσική γλώσσα ‖ *(adj)* Περ-
σικός
persist (pər´sist) [-ed]: *(v)* επιμένω, εμ-
μένω ‖ διαρκώ, συνεχίζω ‖ ~ence:
(n) επιμονή, εμμονή ‖ διάρκεια ‖
~ent: *(adj)* επίμονος, έμμονος ‖ διαρ-
κής
person (´pə:rsən): *(n)* πρόσωπο, άτομο
‖ πρόσωπο ρήματος ‖ ~a (pər´sounə):
(n) πρόσωπο έργου ‖ ~able: *(adj)* ευ-
παρουσίαστος ‖ ~age: *(n)* προσωπικό-

τητα ‖ πρόσωπο έργου ‖ ~a grata:
(n) πρόσωπο επιθυμητό ‖ ~al: *(adj)*
προσωπικός ‖ ~ality: *(n)* προσωπικό-
τητα ‖ ~alize [-d]: *(v)* το παίρνω προ-
σωπικά ‖ βάζω προσωπική σφραγίδα
ή μονόγραμμα ‖ ~ally: *(n)* προσωπική
περιουσία ‖ ~a non grata: *(n)* ανεπι-
θύμητο πρόσωπο ‖ ~ification: *(n)*
προσωποποίηση ‖ ~ify [-ied]: *(v)* προ-
σωποποιώ ‖ ~nel (pə:rsə´nel): *(n)*
προσωπικό υπηρεσίας ή εταιρίας ‖
~nel manager: *(n)* προσωπάρχης
perspective (pər´spektiv): *(n)* προοπτι-
κή ‖ άποψη
perspi-ration (pə:rspə´reiʃən): *(n)* ιδρώ-
τας ‖ ίδρωμα, εφίδρωση ‖ ~re
(pər´spair) [-d]: *(v)* ιδρώνω
persua-de (pər´sweid) [-d]: *(v)* πείθω ‖
~sion: *(n)* πειθώ ‖ πειστικότητα ‖
θρησκευτικό δόγμα ‖ ~sive: *(adj)* πει-
στικός
pert (pə:rt): *(adj)* τολμηρός ‖ ζωηρός,
ζωντανός
per-tain (pər´tein) [-ed]: *(v)* αναφέρο-
μαι, σχετίζομαι ‖ είμαι κατάλληλος ‖
~tinent: *(adj)* σχετικός, αναφερόμενος
‖ ~tinence, ~tinency: *(n)* σχέση
perturb (pər´tə:rb) [-ed]: *(v)* αναστα-
τώνω ‖ ~ation: *(n)* αναστά-
τωμα ‖ σύγχυση
perus-al (pə´ruːzəl): *(n)* προσεκτικό
διάβασμα ‖ ~e [-d]: *(v)* διαβάζω προ-
σεκτικά, εξετάζω σε βάθος
perva-de (pər´veid) [-d]: *(v)* διαποτίζω,
απλώνομαι δια μέσου ‖ ~sive: *(adj)*
διαποτιστικός, διαπεραστικός
perver-se (pər´və:rs): *(adj)* ανώμαλος,
διεστραμμένος ‖ ξεροκέφαλος ‖ ~sion:
(n) διαστροφή ‖ ~sity: *(n)* ανωμαλία,
διαστροφή ‖ ~t [-ed]: *(v)* διαφθείρω ‖
διαστρέφω ‖ (´pə:rvə:rt): *(n)* ανώμα-
λος, διεστραμμένος
pervious (´pə:rviːəs): *(adj)* διαπεραστός
pesky (´peski:): *(adj)* ενοχλητικός
pessimis-m (´pesəmizəm): *(n)* απαισιο-
δοξία ‖ ~t: *(n)* απαισιόδοξος ‖ ~tic:
(adj) απαισιόδοξος
pest (pest): *(n)* ενοχλητικό άτομο ‖
βλαβερό ζώο ή φυτό ‖ ~er [-ed]: *(v)*
παρενοχλώ ‖ ~icide: *(n)* ποντικοφάρ-

270

μακο ή εντομοκτόνο ‖ **~ilence**
(´pestələns): *(n)* λοιμός, θανατηφόρα
επιδημία ‖ **~ilent:** *(adj)* θανατηφόρος ‖
επικίνδυνος

pestle (´pesəl): *(n)* κόπανος ‖ γουδοχέ-
ρι ‖ [-d]: *(v)* τρίβω σε γουδί

pet (pet): *(n)* χαϊδεμένο κατοικίδιο ζώο
‖ αγαπημένο ή χαϊδεμένο πρόσωπο,
"συμπάθεια" ‖ [-ted]: *(v)* χαϊδεύω

petal (´petl): *(n)* πέταλο άνθους

peter (´pi:tər) [-ed]: *(v)* ~ **out:** ελαττώ-
νομαι σιγά-σιγά, σβήνω, χάνομαι ‖
εξαντλούμαι

petite (pə´ti:t): *(adj)* λεπτούλα και μι-
κροκαμωμένη

petition (pə´tiʃən): *(n)* έκκληση ‖ ανα-
φορά, αίτηση ‖ [-ed]: *(v)* κάνω αναφο-
ρά ή αίτηση ‖ κάνω έκκληση ‖ **~ary,**
(adj), **~er,** *(n):* αιτών

petri-fication (petrəfi´keiʃən): *(n)* απο-
λίθωση ‖ **~fied:** *(adj)* απολιθωμένος ‖
~fy [-ied]: *(v)* απολιθώνω

petrol (´petrəl): *(n)* βενζίνη (Brit) ‖
~eum (pə´trouli:əm): *(n)* πετρέλαιο ‖
~station: see gas station

petticoat (´peti:kout): *(n)* μεσοφούστα-
νο, μεσοφόρι ‖ κοπέλα *(id)* ‖ *(adj)* θη-
λυπρεπής

pettifog (´peti:fɔg) [-ged]: *(v)* στρεψο-
δικώ ‖ κάνω τον ψευτοδικηγόρο ‖
~ger: *(n)* δικολάβος, ψευτοδικηγόρος,
στρεψόδικος δικηγορίσκος ‖ **~ging:**
(adj) στρεψόδικος

petty (´peti:): *(adj)* ασήμαντος, μικρο-
σκοπικός ‖ ταπεινός ‖ κατώτερος ‖
~cash: *(n)* μικροποσό για πρόχειρα
έξοδα ‖ ~ **larceny:** *(n)* μικροκλοπή ‖
~ **officer:** *(n)* υπαξιωματικός ναυτι-
κού

petulant (´petʃu:lənt): *(adj)* ευερέθιστος
‖ κακότροπος

pew (pju:): *(n)* κάθισμα εκκλησίας, στα-
σίδι

pewter (´pju:tər): *(n)* κράμα κασσιτέ-
ρου, χαλκού και μολύβδου, "χάλκω-
μα"

phaeton (´feiətən): *(n)* αμάξι, "παετό-
νι"

phalanx (´fælæŋks): *(n)* φάλαγγα

phantom (´fæntəm): *(n)* φάντασμα

Pharaoh (´feərou): *(n)* Φαραώ

pharisaic (færə´seiik), **~al:** *(adj)* φαρι-
σαϊκός, υποκριτικός

pharma-ceutical (fa:rmə´su:tikəl): *(adj)*
φαρμακευτικός ‖ **~ceutics:** *(n)* φαρμα-
κοποιΐα ‖ φαρμακευτική ‖ ~ **cist:** *(n)*
φαρμακοποιός ‖ **~cy:** *(n)* φαρμακείο ‖
φαρμακευτική

pharyn-gitis (færin´dzaitis): *(n)* φαρυγ-
γίτιδα ‖ **~x:** *(n)* φάρυγγας

phase (feiz): *(n)* φάση ‖ [-d]: *(v)* εκτελώ
σε φάσεις

pheasant (´fezənt): *(n)* φασιανός

phenome-nal (fi´nəmənəl): *(adj)* φαινο-
μενικός ‖ καταπληκτικός ‖ **~non:** *(n)*
φαινόμενο

phew (fju:): *(interj)* ουφ! φιου!

phial (´faiəl): *(n)* φιαλίδιο

philander (fi´lændər) [-ed]: *(v)* ερωτο-
τροπώ ελαφρά, "φλερτάρω" ‖ "τσιλι-
μπουρδώ"

philanthro-pic (filən´thrəpik), **~pical:**
(adj) φιλανθρωπικός, φιλάνθρωπος ‖
~pist: *(n)* φιλάνθρωπος ‖ **~py:** *(n)* φι-
λανθρωπία

philate-list (fi´lætəlist): *(n)* φιλοτελι-
στής ‖ **~ly:** *(n)* φιλοτελισμός

philharmonic (filha:r´mənik): *(n)* φι-
λαρμονική ορχήστρα

philhellene (fil´heli:n): *(n)* φιλέλληνας

Philistine (fi´listin): *(n)* Φιλισταίος ‖
(adj) αγροίκος, άξεστος, αμαθής

philology (fi´lɔlədzi): *(n)* φιλολογία ‖
~ical: *(adj)* φιλολογικός ‖ **~ist:** *(n)* φι-
λόλογος

philoso-pher (fi´ləsəfər): *(n)* φιλόσοφος
‖ **~phic, ~phical:** *(adj)* φιλοσοφικός ‖
~phize: *(v)* φιλοσοφώ ‖ **~phy:** *(n)*
φιλοσοφία

phle-bitis (fli´baitis): *(n)* φλεβίτιδα ‖
~botomy: *(n)* φλεβοτομία

phlegm (flem): *(n)* φλέγμα, φλέμα ‖
αταραξία, "φλέγμα" ‖ **~atic:** *(adj)*
φλεγματικός

phobia (´foubi:ə): *(n)* φοβία

phoenix (´fi:niks): *(n)* φοίνικας

phone: see telephone

phonetic (fə´netik): *(adj)* φωνητικός ‖
~s: *(n)* φωνητικά σύμβολα ‖ φωνολο-
γία

phoney.

phoney: see phony
phonograph (´founəgræf): *(n)* φωνο-
γράφος
phonology (fə´nɒlədzi:): *(n)* φωνολογία
phony (´founi:): *(adj)* κίβδηλος, ψεύτι-
κος ‖ *(n)* απατεώνας ‖ υποκριτής
phooey (´fu:i:): *(inter)* ουφ! ουχ!
phos-phate (´fɒsfeit): *(n)* φωσφορικό
άλας ‖ ~phide: *(n)* φωσφορούχο ‖
~phoresce [-d]: *(v)* φωσφορίζω ‖
~phorescence (fəsfə´resəns): *(n)* φω-
σφορισμός ‖ ~phorus: *(n)* φωσφόρος
photo: see photograph ‖ ~copier
(´foutou´kəpi:ər): *(n)* φωτοτυπική μη-
χανή ‖ ~copy: *(n)* φωτοτυπία ‖
~electric: *(adj)* φωτοηλεκτρικός ‖
~genic (foutə´dzenik): *(adj)* φωτογενής
‖ ~meter: *(n)* φωτόμετρο
photograph (´foutəgræf) [-ed]: *(v)* φω-
τογραφίζω ‖ *(n)* φωτογραφία ‖ ~er
(fə´təgrəfər): *(n)* φωτογράφος ‖ ~ic,
~ical: *(adj)* φωτογραφικός ‖ ~y: *(n)*
φωτογραφία ‖ φωτογράφιση ‖ φωτο-
γραφική τέχνη
photosphere (´foutəsfiər): *(n)* φωτό-
σφαιρα
phras-al (´freizəl): *(adj)* φραστικός ‖
~e [-d]: *(v)* χωρίζω σε φράσεις ‖ δια-
τυπώνω ‖ *(n)* φράση ‖ ~eology: *(n)*
φρασεολογία ‖ ~ing: *(n)* διατύπωση
phratry (´freitri:): *(n)* φρατρία, φατρία
physical (´fizikəl): *(adj)* φυσικός, υλι-
κός ‖ σωματικός ‖ *(n)* ιατρική εξέτα-
ση σε υγειονομική επιτροπή ‖ ~ly:
(adv) φυσικά, υλικά ‖ ~ education:
(n) σωματική αγωγή ‖ ~ examination:
(n) υγειονομική εξέταση ‖ ~ therapy:
(n) φυσιοθεραπεία
physician (fi´ziʃən): *(n)* ιατρός
physi-cist (´fizəsist): *(n)* φυσικός, πτυ-
χιούχος φυσικής ‖ ~cs: *(n)* φυσική ‖
~ognomy: *(n)* φυσιογνωμική ‖ ~ology:
(n) φυσιολογία ‖ ~otherapy: *(n)* φυ-
σιοθεραπεία ‖ ~que (fi´zi:k): *(n)* σω-
ματική κατασκευή, σωματική διάπλα-
ση, σώμα
pian-ist (´pi:ənist): *(n)* πιανίστας ‖ ~o:
(n) πιάνο
pick (pik) [-ed]: *(v)* διαλέγω, εκλέγω ‖
μαζεύω ‖ σκαλίζω ‖ ανοίγω τρύπες ‖

προκαλώ ‖ *(n)* διάλεγμα, εκλογή ‖ μά-
ζεμα ‖ εκλεκτό, το καλύτερο ‖ σκαπά-
νη, αξίνα ‖ σουβλί ‖ ~apart: *(v)* δια-
λύω, κάνω κομμάτια ένα-ένα ‖ ~ at:
(v) τραβώ, ξεκολλώ ‖ τρώω ανόρεχτα
‖ ~ out: *(v)* διαλέγω ‖ ξεχωρίζω, δια-
κρίνω ‖ ~s.b.'s pocket: *(v)* κλέβω από
την τσέπη ‖ ~ aback: *(adv)* πάνω στην
πλάτη, ''καβάλα'' ‖ μεταφορά οχημά-
των επάνω σε ειδική πλατφόρμα ‖ ~
axe: *(n)* σκαπάνη, αξίνα ‖ ~ed: *(adj)*
διαλεχτός, εξαιρετικός ‖ ~et: *(n)* πάσ-
σαλος ‖ προφυλακή ‖ φρουρά απερ-
γών ‖ ομάδα διαμαρτυρίας, διαδηλω-
τές ‖ [-ed]: *(v)* τοποθετώ πασσάλους ‖
βάζω σκοπούς κατά τη διάρκεια απερ-
γίας ή διαδήλωσης ‖ στέλνω ή τοπο-
θετώ προφυλακές ‖ ~et line: *(n)* δια-
δήλωση ‖ ~ings: *(n)* απομεινάρια ‖
πλιάτσικο ‖ ~lock: *(n)* διαρρήκτης ‖
~-me-up: *(n)* ποτό για τόνωση ‖ ~
pocket: *(n)* λωποδύτης, πορτοφολάς ‖
~ up: *(v)* σηκώνω, παίρνω ‖ αντιλαμ-
βάνομαι, ξεχωρίζω, ''πιάνω'' ‖ συλ-
λαμβάνω, ''τσιμπώ'' ‖ πιάνω γνωρι-
μία, ''ψωνίζω'' ‖ ~up: *(n)* σήκωμα,
ύψωση ‖ σύλληψη, ''τσίμπημα'' ‖
γνωριμία, ''ψώνιο'' ‖ μικρό ανοιχτό
φορτηγό (also: ~ up truck) ‖ ''πι-
κάπ'' ‖ ~y: *(adj)* ιδιότροπος, λεπτολό-
γος
pickle (´pikəl): *(n)* τουρσί, τουρσιά ‖
άλμη ‖ δύσκολη κατάσταση *(id)* ‖ [-d]:
(v) βάζω σε άλμη, κάνω τουρσί ‖ ~d:
(adj) μεθυσμένος
picnic (´piknik): *(n)* φαγητό στο ύπαι-
θρο ή σε εκδρομή ‖ εύκολη ή ευχάρι-
στη δουλειά *(id)* ‖ [-ked]: *(v)* παίρνω
μέρος σε πικνίκ
pic-torial (pik´tɔ:ri:əl): *(adj)* γραφικός
‖ εικονογραφικός ‖ εικονογραφημένος
‖ *(n)* εικονογραφημένο περιοδικό ‖
~ture (´piktʃər): *(n)* εικόνα ‖ προσω-
ποποίηση ‖ ζωντανή εικόνα, ''ταμπλώ
βιβάν''. ‖ [-d]: *(v)* απεικονίζω ‖ φέρνω
στη φαντασία μου, φαντάζομαι ‖
~turesque: *(adj)* γραφικός
piddling (´pidliŋ): *(adj)* μηδαμινός, τι-
ποτένιος, ασήμαντος
pidgin (´pidzən): *(n)* απλουστευμένη,

ανάμεικτη γλώσσα ‖ ~ **English**: *(n)* γλώσσα ανάμεικτη από αγγλικές λέξεις και ανατολίτικες

pie (pai): *(n)* πίτα ‖ see magpie ‖ ~ **bald**: *(adj & n)* ζώο με ασπρόμαυρες βούλες ‖ ~**chart**: *(n)* κυκλικό στατιστικό διάγραμμα

piece (pi:s): *(n)* τεμάχιο, κομμάτι ‖ όπλο ‖ [-d]: *(v)* ενώνω τα κομμάτια ‖ ~ **goods**: ύφασμα με το μέτρο ‖ ~ **meal**: *(adv)* με το κομμάτι ‖ σε κομμάτια, κομματιαστά ‖ λίγο-λίγο ‖ ~**work**: *(n)* εργασία με το κομμάτι

pied (paid): *(adj)* πολύχρωμος, παρδαλός

pier (piər): *(n)* μεσόβαθρο γέφυρας ‖ βάθρο ‖ προβλήτα, αποβάθρα

pierc-e (piərs) [-d]: *(v)* διατρυπώ, ανοίγω τρύπα ‖ διαπερνώ, εισχωρώ, διεισδύω ‖ ~**ing**: *(adj)* διαπεραστικός ‖ ~**ingly**: *(adv)* διαπεραστικά

piety (´paiəti:): *(n)* ευλάβεια, ευσέβεια

pif-fle (´pifəl) [-d]: *(v)* χαζομιλάω, μωρολογώ ‖ *(n)* χαζοκουβέντα, μωρολογία ‖ ~**fling**: *(adj)* ανόητος, ασήμαντος

pig (pig): *(n)* χοίρος, γουρούνι ‖ γουρουνάνθρωπος, "γουρούνι" ‖ ράβδος ή χελώνα μετάλλου ‖ καλούπι ‖ ~**boat**: *(n)* υποβρύχιο *(id)* ‖ ~**gery**: *(n)* χοιροτροφείο ‖ ~**gish**: *(adj)* γουρουνοειδής ‖ ~**gy**: *(n)* γουρουνάκι ‖ ~**gyback**: see pickaback ‖ ~**gy bank**: *(n)* κουμπαράς ‖ ~**headed**: *(adj)* ξεροκέφαλος ‖ ~**iron**: *(n)* σίδηρος σε ράβδους ‖ ~**let**: *(n)* γουρουνάκι ‖ ~**pen**: *(n)* χοιροστάσιο ‖ ~**skin**: *(n)* χοιρόδερμα ‖ ~**sty**: *(n)* χοιροστάσιο ‖ ~**tail**: *(n)* κοτσίδα

pigeon (´pidzən): *(n)* περιστέρι ‖ ~**hole**: *(n)* θυρίδα ‖ περιστερεώνας ‖ ~**hole** [-d]: *(v)* βάζω σε θυρίδα ‖ ταξινομώ ‖ βάζω σε αρχείο, αγνοώ

pigment (´pigmənt): *(n)* χρωστικό ‖ βαφή ‖ χρωμοφόρο ‖ ~**ation**: *(n)* σχηματισμός χρωμοφόρου

pigmy: see pygmy

pike (paik): *(n)* δόρυ, ακόντιο ‖ σταθμός διοδίων ‖ αιχμή ‖ ~**r**: *(n)* υπερβολικά συντηρητικός χαρτοπαίχτης, "καραμπίνα"

pilchard (´piltʃərd): *(n)* σαρδέλα

pile (pail): *(n)* σωρός ‖ πολλά λεφτά *(id)* ‖ στήλη, αντιδραστήρας ‖ πάσσαλος ‖ τρίχες, τριχούλες ‖ [-d]: *(v)* συσσωρεύω, κάνω σωρό ‖ τοποθετώ πασσάλους ‖ ενισχύω με πασσάλους ‖ ~ **in**, ~ **out**: *(v)* μπαίνω ή βγαίνω σωρηδόν ‖ ~ **up**: *(v)* συσσωρεύω, συσσωρεύομαι ‖ ~**driver**: *(n)* πασσαλοπήκτης

piles (pailz): *(n)* αιμορροΐδες

pilfer (´pilfer) [-ed]: *(v)* κλέβω, "βουτάω"

pilgrim (´pilgrim): *(n)* προσκυνητής ‖ ~**age**: *(n)* προσκύνημα, ταξίδι σε ιερό τόπο

pill (pil): *(n)* χάπι ‖ δυσάρεστο πράγμα αλλά αναγκαίο *(id)* ‖ χοντράνθρωπος *(id)* ‖ the ~, the P~: *(n)* αντισυλληπτικό ‖ ~**box**: *(n)* πολυβολείο

pillage (´pilidz) [-d]: *(v)* λεηλατώ, "πλιατσικολογώ" ‖ *(n)* λεηλασία, "πλιάτσικο" ‖ ~**r**: *(n)* "πλιατσικολόγος"

pillar (´pilər): *(n)* κολόνα, στύλος ‖ **from ~ to post**: από τον Άννα στον Καϊάφα

pillion (´piljən): *(n)* πίσω κάθισμα μοτοσικλέτας

pillory (´piləri:): *(n)* κύφωνας ‖ [-ied]: *(v)* διαπομπεύω

pillow (´pilou): *(n)* μαξιλάρι ‖ [-ed]: *(v)* στηρίζω το κεφάλι ‖ ~**case**: *(n)* μαξιλαροθήκη

pilot (´pailət): *(n)* πιλότος, κυβερνήτης αεροσκάφους ‖ πλοηγός ‖ ενδείκτης μηχανής ‖ αρχική ταινία των "σήριαλ" ‖ [-ed]: *(v)* κυβερνώ, οδηγώ, "πιλοτάρω" ‖ ~**age**: *(n)* πλοήγηση ‖ ~ **balloon**: *(n)* δείκτης ταχύτητας ανέμου ‖ ~**light**: *(n)* φλόγιστρο του καυστήρα

pimp (pimp): *(n)* μαστροπός, μεσάζων, "ρουφιάνος" ‖ [-ed]: *(v)* κάνω το μαστροπό

pimple (´pimpəl): *(n)* εξάνθημα

pin (pin): *(n)* καρφίτσα ‖ γόμφος, σφήνα, περόνη ‖ άξονας, αξονίσκος ‖ [-ned]: *(v)* καρφιτσώνω ‖ στερεώνω ‖ κρατώ ακίνητο, "καρφώνω" ‖ ~ **on**: *(v)* ρίχνω σφάλμα σε, τα "φορτώνω"

273

pinafore

σε κάποιον ‖ ~ **down**: (v) υποχρεώνω ‖ καθηλώνω ‖ ~**ball**: (n) επιτραπέζιο ποδόσφαιρο, μηχανικό "ποδοσφαιράκι" ‖ ~**s and needles**: "βελόνιασμα" από μούδιασμα ‖ **on ~s and needles**: "στα αναμμένα κάρβουνα", σε φανερή ανησυχία και ταραχή ‖ **safety ~**: καρφίτσα ασφαλείας, "παραμάνα" ‖ ~**cushion**: (n) "πελότα" ‖ ~**head**: (n) κεφάλι καρφίτσας ‖ ~**stripe**: ύφασμα "ριγέ" ‖ ~**money**: (n) χαρτζιλίκι ‖ ~**wheel**: (n) μύλος (παιχνίδι) ‖ ~ **up**: (n) εικόνα για τον τοίχο, "πίναπ"

pinafore (´pinǝfɔ:r): (n) κοριτσίστικη ποδιά

pincer (´pincǝr): (n) δαγκάνα ‖ ~**s**: (n) τανάλια ‖ "πένσα"

pinch (pintʃ) [-ed]: (v) τσιμπώ ‖ στενεύω, περιορίζω ‖ συλλαμβάνω, "τσιμπώ" ‖ τσιγκουνεύομαι ‖ (n) τσιμπιά, τσίμπημα ‖ μικρή ποσότητα ‖ δύσκολη θέση ‖ κλοπή ‖ σύλληψη (id) ‖ ~**bar**: (n) λοστός ‖ **at a ~**: στην ανάγκη

pine (pain): (n) πεύκο ‖ [-d]: (v) νοσταλγώ έντονα ‖ ~**away**: (n) μαραζώνω, λιώνω από θλίψη ή νοσταλγία ‖ ~**apple**: (n) ανανάς ‖ ~**needle**: (n) πευκοβελόνα

ping (piŋ) [-ed]: (v) χτυπώ κουδουνιστά, κάνω "πιγκ" ‖ (n) κουδουνιστός ήχος, "πιγκ" ‖ ~**pong**: (n) επιτραπέζια αντισφαίριση, "πιγκ-πογκ"

pinion (´pinjǝn): (n) οδοντωτός τροχός ‖ πτερύγιο ‖ [-ed]: (v) καθηλώνω

pink (piŋk):(n)γαριφαλιά ‖ γαρίφαλο ‖ (n & adj) ρόδινος, ροζ ‖ ~**ie**: (n) το μικρό δάχτυλο

pinnacle (´pinǝkǝl): (n) οβελίσκος, πυργίσκος ‖ κορυφή, ακμή, κολοφώνας

pinochle, pinocle (´pi:nʌkǝl): (n) πινάκλ (χαρτοπαίγνιο)

pinpoint (´pinpoint): (n) μικροσκοπικό σημείο ‖ [-ed]: (v) καθορίζω ή δείχνω με απόλυτη ακρίβεια

pint (paint): (n) πίντα (1/8 γαλονιού) ‖ ~**size**: (adj) μικροσκοπικός

pinto (´pintou): (n) παρδαλό άλογο

pioneer (´paiǝniǝr): (n) πρωτοπόρος ‖ (adj) πρωτοποριακός ‖ [-ed]: (v) είμαι πρωτοπόρος

pi-osity (pai´ǝsǝti:): (n) επιδεικτική θρησκοληψία ‖ ~**ous**: (adj) ευσεβής, ευλαβής

pip (pip): (n) κουκούτσι ‖ σπουδαίος στο είδος του (id) ‖ βούλα ζαριού ‖ άστρο αξιωματικών (id) ‖ σήμα του ραντάρ ‖ κόρυζα πτηνών ‖ [-ped]: (v) τιτιβίζω

pip-e (paip): (n) σωλήνα ‖ πίπα καπνού ‖ αγωγός ‖ αυλός ‖ εύκολη δουλειά (id) ‖ [-d]: (v) μεταφέρω με σωλήνα ‖ παίζω σε αυλό ‖ σφυρίζω ‖ ~**e down**: (v) σωπώ ‖ ~**e up**: (v) μιλώ τσιριχτά ‖ ~**e dream**: (n) χίμαιρα ‖ ~**e line**: (n) αγωγός ‖ ~**er**: (n) αυλητής ‖ ~**ette**: (n) σίφωνας ‖ ~**ing**: (n) σωλήνωση ‖ διαπεραστικός ήχος ‖ ~**ing hot**: ξεματιστός ‖ **pay the ~er**: (v) πληρώνω τα σπασμένα

pi-quant (´pi:kǝnt): (adj) πικάντικος ‖ ~**que** (´pi:k): (n) πείσμα, "πικάρισμα", "πίκα" ‖ ~**que** [-d]: (v) "πικάρω"

pira-cy (´pairǝsi:): (n) πειρατεία ‖ ~**te**: (n) πειρατής ‖ ~**te** [-d]: (v) κάνω πειρατεία ‖ χρησιμοποιώ παράνομη ξένη παραγωγή ή εργασία

pirozhki (pi´rɔzki:): (n) τυρόπιτα "πιροσκί"

pirouette (piǝru:´et): (n) "πιρουέτα" ‖ [-d]: (v) κάνω "πιρουέτα"

piss (pis) [-ed]: (v) ουρώ, κατουρώ ‖ (n) ούρο, κάτουρο ‖ ~**ed**: (adj) σε κακό χάλι, "στουπί"

pistol (´pistǝl): (n) πιστόλι ‖ [-ed]: (v) ρίχνω με πιστόλι ‖ ~ **grip**: (n) λαβή πιστολιού ‖ ~**whip** [-ped]: (v) χτυπώ με τη λαβή πιστολιού

piston (´pistǝn): (n) έμβολο

pit (pit): (n) λάκκος ‖ κρυφή παγίδα ή κίνδυνος ‖ περιοχή ορχήστρας θεάτρου ‖ [-ted]: (v) κάνω λάκκους ‖ βάζω σε αντίθεση ή συναγωνισμό ‖ ~**fall**: (n) παγίδα

pitch (pitʃ): (n) ρητίνη ‖ πίσσα ‖ βολή, ρίψη ‖ σκαμπανέβασμα πλοίου ‖ απότομη κατηγορική κλίση ‖ βαθμός κλίσης ‖ τόνος, ύψος ήχου ‖ βήμα κοχλία ‖ [-ed]: (v) ρίχνω, πετώ ‖ στήνω,

πρωτοπόρος

τοποθετώ ‖ πέφτω, βουτώ ‖ σκαμπα-
νεβάζω ‖ ~ **into**: *(v)* πέφτω επάνω ‖
high ~: *(n)* ψηλός τόνος ‖ ~ **black**:
(adj) κατάμαυρος ‖ ~ **dark**: *(adj)* κα-
τασκότεινος, σκοτάδι "πίσσα" ‖ ~**ed**
battle: *(n)* μάχη εκ του συστάδην ‖ ~
fork: *(n)* δικράνι ‖ ~ **fork** [-ed]: *(v)*
πιάνω ή σηκώνω ή φορτώνω με δι-
κράνι ‖ ~**man**: *(n)* μικροπωλητής ‖
~**y**: *(adj)* κατάμαυρος

pitcher (´pit∫ər): *(n)* κανάτι

piteous (´piti:əs): *(adj)* λυπητερός

pith (pith): *(n)* εντεριώνη, ψίχα ‖ κε-
ντρική ιδέα, ουσία ‖ σθένος ‖ ~
helmet: *(n)* κάσκα ‖ ~**y**: *(adj)* ακριβής,
ουσιαστικός

pit-iable (´piti:əbəl): *(adj)* αξιολύπητος,
οικτρός ‖ ~**iful**: *(adj)* αξιολύπητος,
οξιοθρήνητος ‖ ~**iless**: *(adj)* ανηλεής ‖
~**ilessly**: *(adv)* ανηλεώς, αλύπητα ‖
~**y**: έλεος, οίκτος ‖ ~**y** [-ied]: *(v)* λυ-
πούμαι ‖ **take** ~**y**: *(v)* λυπούμαι, οι-
κτίρω

pittance (´pitəns): *(n)* μικροπαροχή,
πενιχρή αμοιβή ‖ μικρομισθός ‖ μι-
κροποσό, μικρή ποσότητα

pivot (´pivət): *(n)* στροφέας ‖ άξονας ‖
κεντρικό πρόσωπο, ουσιώδης παράγο-
ντας ‖ κεντρικό σημείο ‖ [-ed]: *(v)* γυ-
ρίζω πάνω σε στροφέα ή άξονα ‖ πε-
ριστρέφομαι

pix (piks): *(n)* φωτογραφίες ‖ κινημα-
τογράφος *(id)*

pixy (´piksi:): *(n)* νεράιδα ‖ καλικα-
ντζαράκι

pizza (´pi:tsə): *(n)* πίτσα ‖ ~**ria**: *(n)*
πιτσαρία

placable (´plækəbəl): *(adj)* ευκολοκαλ-
μάριστος, που καταπραΰνεται εύκολα

placard (´plæka:rd): *(n)* ανακοίνωση,
"πόστερ" ‖ ταμπέλα

placat-e (plæ´keit) [-d]: *(v)* κατευνάζω,
καλμάρω ‖ ~**ory**: *(adj)* κατευναστικός

place (pleis): *(n)* τόπος, θέση ‖ μέρος ‖
σπίτι, μέρος που μένουμε ‖ πόλη που
κατοικούμε ‖ βαθμός, θέση ‖ [-d]: *(v)*
τοποθετώ, θέτω ‖ δίνω, θέτω ‖ βάζω
σε θέση, βάζω σε δουλειά ‖ φθάνω
ανάμεσα στους τρεις πρώτους στο
τέρμα ‖ τερματίζω δεύτερος ‖ **go** ~**s**:

(v) πετυχαίνω, ανεβαίνω ‖ **take** ~:
(v) συμβαίνω, λαμβάνω χώρα ‖
~**ment**: *(n)* τοποθέτηση ‖ εύρεση εργα-
σίας

placid (´plæsid): *(adj)* ήσυχος, γαλή-
νιος, ήρεμος ‖ ικανοποιημένος

plagiarism (´pleidzərizəm): *(n)* λογο-
κλοπία

plague (pleig): *(n)* πανώλης, πανούκλα
‖ μάστιγα, πληγή

plaice (pleis): *(n)* γλώσσα (ψάρι)

plaid (plæd): *(n)* ύφασμα καρό

plain (plein): *(adj)* καθαρός, ανοιχτός ‖
καθαρός, σαφής ‖ απλός, όχι πολύ-
πλοκος ‖ "ντόμπρος" ‖ καθαρός, όχι
ανακατωμένος ‖ κοινός, όχι πολύ
όμορφος ‖ *(n)* επίπεδο έδαφος, πεδιά-
δα ‖ οροπέδιο ‖ ~**ly**: *(adv)* φανερά,
προφανώς ‖ απλά ‖ ~**ness**: *(n)* απλό-
τητα ‖ σαφήνεια ‖ ~ **clothesman**: *(n)*
αστυνομικός με πολιτικά

plaintiff (´pleintif): *(n)* ενάγων, μηνυ-
τής

plaintive (´pleintiv): *(adj)* λυπητερός

plait (pleit): *(n)* πλεξούδα ‖ [-ed]: *(v)*
πλέκω ‖ κάνω πλεξούδα

plan (plæn) [-ned]: *(v)* σχεδιάζω ‖ κάνω
σχέδια, καταστρώνω σχέδιο ‖ *(n)* σχέ-
διο ‖ κάτοψη ‖ σχεδιαγράφημα ‖
~**ner**: *(n)* σχεδιαστής, αυτός που κα-
ταστρώνει σχέδια ‖ ~**ning**: *(n)* σχέδιο,
κατάστρωση σχεδίου

plan-ar (´pleinər): *(adj)* επίπεδος ‖ επί
επιπέδου ‖ ~**e** (plein): *(n & adj)* επίπε-
δο ‖ ρυκάνη, πλάνη ‖ πλάτανος (also:
~ **tree**) ‖ αεροπλάνο ‖ ~**e** [-d]: *(v)*
επεξεργάζομαι με πλάνη, πλανίζω ‖
υψώνομαι ‖ ταξιδεύω με αεροπλάνο ‖
~ **tree**: *(n)* πλάτανος ‖ ~**er**: *(n)* μηχα-
νική πλάνη ‖ ~**imeter**: *(n)* εμβαδόμε-
τρο

planet (´plænət): *(n)* πλανήτης ‖
~**arium**: *(n)* πλανητάριο ‖ ~**ary**: *(adj)*
πλανητικός

plank (plæŋk): *(n)* σανίδα ‖ [-ed]: *(v)*
επιστρώνω με σανίδες ‖ ~**ing**: *(n)* σα-
νίδωση

plankton (´plæŋktən): *(n)* πλαγκτό

plant (plænt): *(n)* φυτό ‖ συγκρότημα,
εργοστασιακό συγκρότημα ‖ εγκατα-

plantain

στάσεις ‖ ψεύτικη ένδειξη ‖ "αβαντα-δόρος" ‖ [-ed]: *(ν)* φυτεύω ‖ τοποθε-τώ, εγκαθιστώ ‖ βάζω ψεύτικες ενδεί-ξεις ‖ δίνω χτύπημα

plantain (´plæntən): *(n)* αρνόγλωσσο (βότανο)

plantation (plæn´teiʃən): *(n)* φυτεία

plaque (plæk): *(n)* αναμνηστική ή τιμη-τική πλάκα ‖ σήμα

plasma (´plæzmə): *(n)* πλάσμα αίματος

plaster (´plæstər) [-ed]: *(ν)* καλύπτω ή επαλείφω με κονία ή γύψο ‖ σκεπάζω ολότελα ‖ κολλάω ‖ *(n)* γύψος, κονία ‖ **~cast**: *(n)* γύψος για κατάγματα ‖ **~ed**: *(adj)* μεθυσμένος, "στουπί" *(id)* ‖ **~er**: *(n)* γυψουργός ‖ σοβατζής

plastic (´plæstik): *(adj)* πλαστικός ‖ εύ-πλαστος ‖ *(n)* πλαστικό, πλαστική ύλη ‖ **~ize** [-d]: *(ν)* πλαστικοποιώ ‖ πλα-στικοποιούμαι ‖ ~ **surgery**: *(n)* πλα-στική χειρουργική ή εγχείριση

plate (pleit): *(n)* έλασμα, πλάκα, φύλλο ‖ ολοσέλιδη εικόνα ‖ φωτογραφική πλάκα ‖ πιάτο ‖ επίχρυσο ή επάργυρο πιάτο ‖ "δίσκος" εκκλησίας ‖ [-d]: *(ν)* επενδύω με πλάκες ‖ επιμεταλλώ-νω ‖ **~d**: *(adj)* επιμεταλλωμένος ‖ **~glass**: *(n)* κρύσταλλο, χοντρό τζάμι

plateau (plæ´tou): *(n)* οροπέδιο, υψίπε-δο ‖ περίοδος ηρεμίας

platform (´plætfə:rm): *(n)* εξέδρα ‖ εξώστης βαγονιού ‖ επίσημη ανακοί-νωση πολιτικού προγράμματος ‖ ~ **balance**: *(n)* ζυγαριά ‖ ~ **car**: *(n)* βα-γόνι χωρίς πλευρές, "πλατφόρμα"

platinum (´plætənəm): *(n)* λευκόχρυ-σος, πλατίνα ‖ ~ **blond**: ξανθιά με πλατινένια μαλλιά

platitude (´plætətu:d): *(n)* κοινοτοπία, τριμμένη έκφραση ‖ έλλειψη πρωτοτυ-πίας

platoon (plə´tu:n): *(n)* ουλαμός ‖ ομά-δα εργατών

platter (´plætər): *(n)* πιατέλα

plausi-bility (plɔ:zə´biləti:): *(n)* ευλογο-φάνεια ‖ **~ble**: *(adj)* εύλογος ‖ ευλογο-φανής

play (plei) [-ed]: *(ν)* παίζω ‖ αστειεύο-μαι, περιπαίζω ‖ υποδύομαι, "παίζω" ρόλο ‖ "παίζω" μουσικό όργανο ‖

"παίζω", "παιχνιδίζω" ‖ *(n)* θεατρι-κό έργο ‖ παιχνίδι ‖ αστειότητα ‖ "παιχνίδισμα" ‖ διάκενο, "παίξιμο", "τζόγος" ‖ **~act**: *(ν)* παριστάνω, υπο-δύομαι ‖ **~bill**: *(n)* πρόγραμμα θεά-τρου ‖ **~boy**: *(n)* πλούσιος γλεντζές, "πλαίη μπόυ" ‖ **~er**: *(n)* παίκτης ‖ ηθοποιός ‖ **~ful**: *(adj)* παιχνιδιάρης ‖ **~goer**: *(n)* θεατρόφιλος ‖ **~ground**: *(n)* παιχνιδότοπος, "παιδική χαρά" ‖ **~house**: *(n)* θέατρο ‖ παιχνιδόσπιτο ‖ **~ing card**: *(n)* χαρτί τράπουλας ‖ **~ing field**: *(n)* γήπεδο ‖ **~mate**, **~fellow**: *(n)* σύντροφος σε παιχνίδια ‖ **~pen**: *(n)* "πάρκο" μωρού ‖ **~thing**: *(n)* άθυρμα, παιχνίδι ‖ παίγνιο ‖ **~wright**: *(n)* θεατρικός συγγραφέας ‖ **~along**: *(ν)* συμφωνώ, πάω με τα "νε-ρά του" ‖ ~ **down**: *(ν)* υποτιμώ ‖ ~ **on**, ~ **upon**: *(ν)* εκμεταλλεύομαι ‖ ~ **out**: *(ν)* εξαντλώ

plaza (´pla:zə): *(n)* πλατεία

plea (pli:): *(n)* έκκληση ‖ ένσταση ‖ **~d** (pli:d) [-ed or pled]: κάνω έκκληση, επικαλούμαι ‖ προβάλλω δικαιολογία ‖ απευθύνομαι προς δικαστή, συνηγο-ρώ ‖ **~ding**: *(adj)* επικαλεστικός

pleas-ant (´plezənt): *(adj)* ευχάριστος, ενάρεστος ‖ εύθυμος, ζωηρός ‖ **~antly**: *(adv)* ευχάριστα, με ευχαρίστη-ση ‖ **~antness**: *(n)* ευχαρίστηση ‖ **~antry**: *(n)* ευχάριστη συνομιλία ή παρατήρηση, ευχάριστο ύφος ‖ **~e** (pli:z) [-d]: *(ν)* ευχαριστώ, είμαι ευχά-ριστος, προκαλώ ευχαρίστηση ‖ **~ed**: *(adj)* ευχαριστημένος ‖ **~ing**: *(adj)* ευ-χάριστος ‖ **~ingly**: *(adv)* ευχάριστα ‖ **~urable** (´plezərəbəl): *(adj)* ευχάρι-στος, ενάρεστος ‖ **~ure** (´plezər): *(n)* ευχαρίστηση ‖ χαρά ‖ απόλαυση ‖ διασκέδαση ‖ **~e** [-d]: *(ν)* παρακαλώ ‖ ευχαριστιέμαι, ευχαριστώ ‖ **if you ~e**: αν θέλετε, αν ευαρεστείστε, παρακαλώ ‖ **~e!**: παρακαλώ

pleat (pli:t): *(n)* πτυχή, τσάκιση, πιέτα ‖ [-ed]: *(ν)* κάνω πτυχές ‖ **~ed**: *(adj)* με πιέτες

pleb (pleb): *(n)* κοινός άνθρωπος, του λαού ‖ πρωτοετής στρατιωτικής σχο-λής (also: **plebe** (pli:b): *(n)* πρω-

276

τοετής στρατ. ή ναυτικής σχολής ‖
~ian **~eian** (pli´ bi:ən): (n) πληβείος ‖
ταπεινός, χυδαίος ‖ **~iscite**
(´plebəsait): (n) δημοψήφισμα ‖ **~s**
(plebz): (n) κοινός λαός
plectrum (´ plektrəm): (n) πλήκτρο,
"πένα" εγχόρδου
pled: see plead
pledge (pledz): (n) υπόσχεση ‖ όρκος
πίστης ή καθήκοντος ‖ ενέχυρο, εχέγ-
γυο ‖ [-d]: (v) υπόσχομαι ‖ δίνω όρκο
πίστης ή καθήκοντος ‖ πίνω στην
υγεία ‖ **take the ~**: (v) υπόσχομαι να
κόψω το ποιτό ‖ **~e**: (n) αποδέκτης
ενεχύρου ‖ **~r**: (n) ενεχυριαστής
plenipotentiary (pleni:pə´ tenʃi:əri:):
(n) επίσημος απεσταλμένος κυβερνήσε-
ως
plen-tiful (´ plentifəl): (adj) άφθονος ‖
πλούσιος ‖ **~ty**: (n) αφθονία ‖ (adj)
άφθονος ‖ (adv) πολύ
plethor-a (´ pleθərə): (n) πληθώρα,
αφθονία ‖ **~ic**: (adj) πληθωρικός
pleurisy (´ plu:rəsi:): (n) πλευρίτιδα
plia-bility (plaiə´biləti): (n) ευκαμψία ‖
~ble: (adj) εύκαμπτος ‖ εύπλαστος ‖
~nt: (adj) εύκαμπτος ‖ εύπλαστος
pliers (´ plaiərz): (n) λαβίδα, τανάλια,
πένσα
plight (plait): (n) δύσκολη θέση ή κατά-
σταση ‖ υπόσχεση γάμου ‖ επίσημη
υπόσχεση, όρκος ‖ [-ed]: (v) δίνω
υπόσχεση γάμου ‖ δίνω επίσημη υπό-
σχεση
plinth (plinth): (n) πλίνθος, πλιθί
plod (pləd) [-ded]: (v) περπατώ βαριά ή
με κόπο, σέρνω τα πόδια μου ‖ δου-
λεύω σε σκληρή ή μονότονη εργασία ‖
~der: (n) αργοκίνητος ‖ δουλευτάρης
‖ **~dingly**: (adv) συρτά, σερνόμενα ‖
επίπονα, βαριά, με δυσκολία
plop (pləp) [-ped]: (v) πέφτω βαριά
plot (plət): (n) τεμάχιο γης ‖ οικόπεδο
‖ κάτοψη, σχέδιο ‖ πλοκή ‖ συνωμο-
σία ‖ [-ted]: (v) σχεδιάζω, κάνω διά-
γραμμα ‖ συνωμοτώ ‖ **~ter**: (n) συνω-
μότης
plow (Eng. **plough**) (plau): (n) άροτρο,
αλέτρι ‖ [-ed]: (v) αροτριώ ‖ διασχί-
ζω, περνώ με κόπο ή βίαια ‖ **~ into**:

(v) χτυπώ με δύναμη ‖ αρχίζω κάτι
με ενθουσιασμό ‖ ~ **back**: (v) επενδύω
κέρδη ή μέρισμα στην ίδια δουλειά ‖
~boy: (n) εργάτης οργώματος,
ζευγολάτης ‖ αγροτόπαιδο ‖ **~man**:
(n) ζευγολάτης ‖ αγρότης ‖ **~share**:
(n) υνί του αρότρου
ploy (ploi): (n) τέχνασμα
pluck (plʌk) [-ed]: (v) αποσπώ ‖ μαδώ
‖ τραβώ απότομα ‖ χτυπώ χορδές ορ-
γάνου ‖ εξαπατώ, "μαδώ" ‖ (n) από-
σπαση ‖ μάδημα ‖ τράβηγμα ‖ θάρρος,
τόλμη ‖ **~y**: (adj) τολμηρός, θαρραλέ-
ος
plug (plʌg): (n) πώμα, βούλωμα ‖ βύ-
σμα, ρευματολήπτης ‖ διαφήμιση (id)
‖ πιστολιά, σφαίρα (id) ‖ [-ged]: (v)
βουλώνω ‖ συνδέω, βάζω σε πρίζα ‖
πυροβολώ, χτυπώ με σφαίρα (id) ‖
διαφημίζω (id) ‖ **~hat**: (n) ψηλό καπέ-
λο
plum (plʌm): (n) δαμασκηνιά ‖ δαμά-
σκηνο ‖ επιθυμητό πράγμα
plumage (´ plu:midz): (n) φτέρωμα
plumb (plʌm): (n) βολίδα, βαρίδι ‖
(adj) κατακόρυφος ‖ απόλυτος, τέλει-
ος (id) ‖ (adv) κατακόρυφα ‖ απόλυ-
τα, εντελώς (id) ‖ [-ed]: (v) σταθμίζω,
βρίσκω την κατακόρυφο ‖ βυθομετρώ
‖ εξετάζω λεπτομερώς ‖ **~bob**: (n) βα-
ρίδι ‖ **~er**: (n) υδραυλικός ‖ **~er's
helper**: (n) ξεβουλωτήρι τουαλέτας ‖
~ing: (n) υδραυλική εγκατάσταση ‖
υδραυλική τέχνη ‖ **~line**: (n) νήμα της
στάθμης
plume (plu:m): (n) φτερό ‖ λοφίο ‖
τουλίπα, συννεφάκι
plump (plʌmp): (adj) παχουλός, στρου-
μπουλός ‖ πλούσιος, πλουσιοπάροχος
‖ [-ed]: (v) κάνω παχουλό, παχαίνω ‖
γίνομαι παχουλός ‖ πέφτω βαριά, σω-
ριάζομαι ‖ φεύγω γρήγορα ‖ (n) σώ-
ριασμα ‖ ~ **for**: (v) υποστηρίζω ‖ ~
out: (v) πετάγομαι έξω ‖ **~ness**: (n)
πάχος, στρουμπουλάδα
plunder (´ plʌndər) [-ed]: (v) λεηλατώ ‖
αρπάζω ‖ (n) λεηλασία ‖ λάφυρα ‖
κλεμμένα
plunge (´ plʌndz) [-d]: (v) βυθίζω, μπή-
γω ‖ βουτώ, βυθίζω ‖ βυθίζομαι ‖

pluperfect

μπαίνω με δύναμη ή ορμή ‖ κατηφο-
ρίζω απότομα ‖ *(n)* κατάδυση, βουτιά
‖ μπήξιμο ‖ **~r**: *(n)* έμβολο
pluperfect: see perfect (past)
plural (´plurǝl): *(n)* πληθυντικός αριθ-
μός ‖ *(adj)* πολλαπλός ‖ **~ity**: *(n)* πλή-
θος ‖ πλειονότητα
plus (plʌs): *(prep)* επιπρόσθετα, συν,
και επιπλέον ‖ *(adj)* επιπρόσθετος ‖
θετικός ‖ *(n)* ευνοϊκό στοιχείο ‖
~sign: *(n)* σύμβολο πρόσθεσης, +
plush (plʌʃ): *(n)* βελούδο ‖ *(adj)* βελού-
δινος ‖ πολυτελής *(id)*
pluto-cracy (plu:´tɔkrǝsi:): *(n)* πλουτο-
κρατία ‖ **~crat** (´plu:tǝkræt): πλουτο-
κράτης ‖ **~cratic**: *(adj)* πλουτοκρατι-
κός
ply (plai) [-ied]: *(v)* ενώνω, συνδέω ‖
πτυχώνω, διπλώνω ‖ χρησιμοποιώ με
τέχνη ‖ εξασκώ επάγγελμα ή τέχνη ‖
ταξιδεύω τακτικά ‖ επιτίθεμαι, ρίχνο-
μαι ‖ *(n)* φύλλο, φλοιός ‖ **~wood**: *(n)*
κόντρα πλακέ
p.m.: see post meridiem
pneumatic (nu:´mætik): *(adj)* αέριος ‖
αεροστατικός ‖ **~s**: *(n)* αεροστατική
pneumonia (nu´mounjǝ): *(n)* πνευμονία
poach (poutʃ) [-ed]: *(v)* βράζω σε ζεμα-
τιστό υγρό ‖ λαθροκυνηγώ ‖ ψαρεύω
ή κυνηγώ σε απαγορευμένη περιοχή ‖
τσαλαβουτώ στη λάσπη ‖ **~ed egg**:
(n) αυγό ξεφλουδισμένο βραστό ‖ **~er**:
(n) κατσαρόλα ‖ λαθροθήρας
pock (pɔk): *(n)* εξάνθημα ασθένειας ‖
βλογιόκομμα, σημάδι ευλογιάς ‖
~mark: *(n)* σημάδι ευλογιάς ή εξάνθη-
μα ασθένειας, σημάδι ‖ **~marked**:
(adj) βλογιοκομμένος ‖ σημαδεμένος
με ουλές
pocket (´pɔkit): *(n)* θύλακας, θυλάκιο ‖
τσέπη ‖ θύλακας ‖ κενό αέρα ‖ *(adj)*
μικροσκοπικός, "τσέπης" ‖ [-ed]: *(v)*
"τσεπώνω", βάζω στην τσέπη ‖ αρπά-
ζω, τσεπώνω ‖ καταστέλλω, κρύβω,
"καταπίνω" ‖ **~book**: *(n)* πορτοφόλι
‖ γυναικεία τσάντα ‖ βιβλίο τσέπης ‖
~ful: *(n)* μια τσέπη, όσο χωράει μια
τσέπη ‖ **~knife**: *(n)* σουγιαδάκι ‖
~money: *(n)* χρήματα για μικροέξοδα
‖ χαρτζιλίκι

pockmark: see pock
pod (pɔd): *(n)* περικάρπιο ‖ θήκη ‖ κο-
πάδι από φώκιες ή φάλαινες ‖ αυλά-
κωμα
pod-agra (pǝ´dægrǝ): *(n)* ποδάγρα ‖
~iatry (pǝ´daiǝtri:): *(n)* ποδιατρική ‖
~iatrist: *(n)* ποδίατρος
podium (´poudi:ǝm): *(n)* βήμα, εξέδρα
po-em (´pouǝm): *(n)* ποίημα ‖ **~et**
(´pouit): *(n)* ποιητής ‖ **~etaster**: *(n)*
ψευτοποιητής, ποιητάστρος ‖ **~etess**:
(n) ποιήτρια ‖ **~etic**, **~etical**: *(adj)*
ποιητικός ‖ **~etic license**: *(n)* ποιητική
άδεια ‖ **~et laureate**: *(n)* εθνικός ποι-
ητής ‖ **~etry** (´pouitri:): *(n)* ποίηση
pogrom (pou´grɔm): *(n)* διωγμός, "πο-
γκρόμ"
poign-ance (´poinjǝns), **~ancy**: *(n)* δρι-
μύτητα, οξύτητα ‖ επιδεξιότητα ‖
~ant: *(adj)* δριμύς, οξύς ‖ επιδέξιος ‖
πικάντικος
point (point): *(n)* σημείο ‖ αιχμή, μύτη
‖ ακίδα ‖ ακρωτήρι ‖ στιγμή, τελεία ‖
κόμμα δεκαδικού, δεκαδικό σημείο ‖
σημείο οριζόντια ‖ κρίσιμο σημείο ‖
σημασία ‖ λεπτομέρεια ‖ ηλεκτρική
επαφή ‖ πρίζα ‖ αιχμή αλλαγής τρο-
χιάς, "ψαλίδι" ‖ [-ed]: *(v)* κατευθύνω
‖ δείχνω ‖ σημαδεύω, στρέφω το όπλο
προς ‖ κάνω αιχμηρό ‖ βάζω στιγμή,
βάζω τελεία ‖ δίνω έμφαση ‖ **in ~**:
υπόψη ‖ **in ~ of**: αναφορικά προς ‖
stretch a ~: *(v)* κάνω εξαίρεση, παρα-
βλέπω ‖ υπερβάλλω ‖ **~ blank**: *(adj)*
κατευθείαν σκόπευση ‖ από κοντά,
εξεπαφής ‖ απερίστροφος ‖ **~ed**: *(adj)*
αιχμηρός, σουβλερός ‖ οξύς, τσουχτε-
ρός ‖ εμφανής, φανερός ‖ **~edly**:
(adv) με οξύτητα, τσουχτερά ‖ καθα-
ρά, φανερά ‖ **~er**: *(n)* δείκτης ‖ ξυ-
στήρας ‖ σκυλί "πόιντερ" ‖ **~less**:
(adj) άσκοπος ‖ μη αποτελεσματικός ‖
~ of view: *(n)* σημείο θέας ‖ άποψη
poise (poiz) [-d]: *(v)* ισορροπώ ‖ ισορ-
ροπούμαι ‖ *(n)* ισορροπία ‖ αυτοπε-
ποίθηση, αταραξία ‖ παρουσιαστικό,
ύφος ‖ επικρέμαση, αιώρηση
poison (´poizǝn) [-ed]: *(v)* δηλητηριάζω
‖ διαφθείρω, μολύνω ‖ *(n)* δηλητήριο
‖ *(adj)* δηλητηριώδης ‖ **~er**: *(n)* δηλη-

τηριαστής ‖ ~ing: (n) δηλητηρίαση ‖
~ous: (adj) δηλητηριώδης
poke (pouk) [-d]: (v) σπρώχνω ‖ χτυπώ
‖ σκαλίζω τη φωτιά ‖ χώνομαι, ανα-
κατεύομαι ‖ ψαχουλεύω ‖ (n) σπρώξι-
μο, σπρωξιά ‖ χτύπημα ‖ σάκος,
τσουβάλι ‖ ~ into, ~ one's nose into:
(v) χώνω τη μύτη μου, ανακατεύομαι
σε ξένη υπόθεση ‖ ~ around, ~ about:
(v) ψάχνω, "σκαλίζω", ψαχουλεύω ‖
~r: (n) σκαλιστήρι φωτιάς ‖ χαρτο-
παίγνιο "πόκερ" ‖ ~ face: (n) πρό-
σωπο που διατηρεί αταραξία, που δεν
αλλάζει έκφραση ‖ ~y (or: poky):
(adj) ανιαρός ‖ παλιός, τσαπατσούλι-
κος ‖ (n) φυλακή (id)
Poland ('poulǝnd): (n) Πολωνία
pol-ar ('poulǝr): (adj) πολικός ‖ ~ar
bear: (n) πολική άρκτος ‖ P~aris: (n)
πολικός αστέρας ‖ ~arization: (n) πό-
λωση ‖ ~arize [-d]: (v) πολώνω ‖ πο-
λώνομαι ‖ ~e: (n) πόλος ‖ στύλος ‖
κοντός ιστός ‖ P~e: (n) Πολωνός ‖
~ecat: (n) κουνάβι, νυφίτσα ‖ ~e
jump, ~e **vault**: (n) άλμα επί κοντώ ‖
~estar: (n) πολικός αστέρας
police (pǝ'li:s): (n) αστυνομία ‖ καθα-
ρισμός στρατιωτικής εγκατάστασης ‖
στρατώνα ‖ στρατ. ομάδα αγγαρείας
[-d]: (v) αστυνομεύω ‖ τακτοποιώ ή
καθαρίζω στρατ. εγκατάσταση ‖
~man: (n) αστυνομικός ‖ ~ reporter:
(n) αστυνομικός συντάκτης ‖ ~ state:
(n) αστυνομικό κράτος ‖ ~ station:
(n) αστυν. σταθμός ή τμήμα ‖
~woman: (n) γυναίκα αστυνομικός ‖
kitchen ~ (K.P.): (n) ομάδα καθαριό-
τητας στρατ. μαγειρείου
policy ('pɒlǝsi:): (n) πολιτική ‖ τρόπος
δράσης ή συμπεριφοράς ‖ σύνεση ‖
ασφαλιστικό συμβόλαιο ‖ ~ holder:
(n) ασφαλισμένος
polio ('pouli:ou), ~ **myelitis**
(pouli:oumaiǝ'laitis): (n) πολιομυελίτι-
δα
polish ('pɒliʃ) [-ed]: (v) στιλβώνω, γυα-
λίζω ‖ βερνικώνω ‖ "ραφινάρω",
"λουστράρω" ‖ τελειοποιώ ‖ τελειο-
ποιούμαι ‖ (n) στιλπνότητα, γυαλάδα
‖ στίλβωμα, βερνίκι ‖ στίλβωση, γυά-

λισμα ‖ ραφινάρισμα ‖ P~ ('pouliʃ):
(n) Πολωνός ‖ (adj) Πολωνικός ‖ ~ed:
(adj) γυαλιστερός ‖ ραφιναρισμένος ‖
τέλειος ‖ ~ off: (v) ξεφορτώνομαι,
"καθαρίζω" ‖ τελειώνω γρήγορα ‖ ~
up: (v) βελτιώνω
polite (pǝ'lait): (adj) ευγενικός ‖ ραφι-
ναρισμένος, καλλιεργημένος ‖ ~ly:
(adv) ευγενικά, με ευγένεια ‖ ~ness:
(n) ευγένεια
politic ('pɒlǝtik): (adj) οξυδερκής, οξύ-
νους ‖ συνετός, σώφρονας ‖ πονηρός,
ασυνείδητος ‖ ~al (pǝ'litikǝl): (adj)
πολιτικός ‖ ~al science: (n) πολιτικές
επιστήμες ‖ ~ian (pɒlǝ'tiʃǝn): (n) πο-
λιτικός ‖ πολιτικάντης ‖ ~ize [-d]:
(v) πολιτεύομαι ‖ συζητώ πολιτικά ‖
πολιτικοποιώ ‖ ~o: (n) πολιτικάντης ‖
~s: (n) πολιτική, πολιτικά
polka ('poulkǝ): (n) χορός ή μουσική
"πόλκα" ‖ ~ dot: με βούλες
poll (poul): (n) ψηφοφορία ‖ αριθμός
ψήφων ‖ [-ed]: (v) καταγράφω σε
εκλογικό κατάλογο ‖ ρίχνω ψήφο ‖
παίρνω ψήφο ‖ σφυγμομετρώ την κοι-
νή γνώμη
pollen ('pɒlǝn): (n) γύρη
pollinat-e ('pɒlǝneit) [-d]: (v) γονιμο-
ποιώ ‖ ~ion: (n) γονιμοποίηση
pollut-e (pǝ'lu:t) [-d]: (v) μολύνω ‖
~ion: (n) μόλυνση
polo ('poulou): (n) υδατοσφαίριση,
"πόλο"
poly-clinic (pǝli:'klinik): (n) πολυκλινι-
κή, πολυϊατρείο ‖ ~gamist
(pǝ'ligǝmist): (n) πολύγαμος ‖
~gamous: (adj) πολύγαμος ‖ ~gamy:
(n) πολυγαμία ‖ ~gon: (n) πολύγωνο ‖
~nomial (pǝli:'noumi:ǝl): (adj) πολυώ-
νυμος ‖ (n) πολυώνυμο ‖ ~p (pǝlip):
(n) πολύποδας ‖ ~syllabic: (adj) πολυ-
σύλλαβος ‖ ~technic (pǝli:'teknik):
(adj) πολυτεχνικός ‖ (n) πολυτεχνείο ‖
~theism: (n) πολυθεϊσμός ‖ ~thene,
~ethylene: (n) πολυθένιο ‖ ~uria: (n)
πολυουρία
pomegranate ('pɒmgrænit): (n) ροδιά ‖
ρόδι
pommel ('pʌmǝl) [-ed]: (v) γρονθοκο-
πώ ‖ (n) αψίδα σέλας

pomp (΄pɔmp): *(n)* επίδειξη ‖ **~ous**: *(adj)* πομπώδης ‖ επιδεικτικός ‖ **~ously**: *(adv)* πομπωδώς ‖ **~osity, ~ousness**: *(n)* πομπώδης επίδειξη ή ομιλία

pond (pɔnd): *(n)* λιμνούλα, δεξαμενή ‖ **~lily**: *(n)* νούφαρο

ponder (΄pɔndər) [-ed]: *(v)* μελετώ προσεκτικά, "ζυγίζω" ‖ σκέπτομαι βαθειά, στοχάζομαι ‖ **~able**: *(adj)* αντιληπτός, ικανός να σταθμιστεί ‖ **~ous**: *(adj)* βαρύς ‖ βαρύγδουπος ‖ κοπιώδης, ανιαρός

pon-tiff (΄pɔntif): *(n)* πάπας, ποντίφικας ‖ **~tifical**: *(adj)* παπικός ‖ βαρύγδουπος ‖ επιβλητικός, πομπώδης ‖ **~tificate** [-d]: *(v)* μιλώ ή φέρομαι πομπωδώς

pontoon (pɔn΄tu:n): *(n)* βάρκα χωρίς καρίνα ‖ πλωτό στήριγμα πρόχειρης γέφυρας ‖ πλωτή αποβάθρα ‖ πλωτήρας υδροπλάνου ‖ **~ bridge**: *(n)* προσωρινή γέφυρα

pony (΄pouni:): *(n)* μικρόσωμο άλογο ‖ **~ express**: *(n)* έφιππο ταχυδρομείο ‖ **~tail**: *(n)* αλογοουρά

pooch (pu:tʃ): *(n)* σκύλος *(id)*

poodle (΄pu:dl): *(n)* μακρύτριχο μικρόσωμο σκυλί, "λουλού"

pooh (pu:): *(inter)* πουφ! ‖ **~ pooh** [-ed]: *(v)* εκφράζω περιφρόνηση

pool (pu:l): *(n)* λιμνούλα ‖ δεξαμενή ‖ βαθύ μέρος ποταμού ‖ ολικό ποσό χαρτοπαιγνίου, "ποτ" ‖ κοινοπραξία, συνεργασία ‖ συγκέντρωση κεφαλαίων ‖ μπιλιάρδο ‖ [-ed]: *(v)* συνδυάζω ή συνενώνω κεφάλαια ή ιδέες ή ενδιαφέροντα ‖ ενώνω δυνάμεις ‖ κάνω κοινοπραξία ‖ **~room**: *(n)* σφαιριστήριο, καφενείο με μπιλιάρδα και ποδοσφαιράκια ‖ **football ~**: *(n)* προ-πο *(προγνωστικά ποδοσφαίρου)*

poop (pu:p): *(n)* πρύμνη, πρυμναίο κατάστρωμα ‖ [-ed]: *(v)* εξαντλώ ‖ **~ out**: *(v)* εγκαταλείπω από εξάντληση

poor (pur): *(adj)* φτωχός ‖ άπορος ‖ πενιχρός, λιγοστός ‖ κατώτερος, ανεπαρκής ‖ αδύνατος ‖ **~house**: *(n)* φτωχοκομείο ‖ **~ly**: *(adv)* φτωχικά ‖ πενιχρά, άθλια, κακά ‖ *(adj)* ασθενής,

αδιάθετος *(id)*

pop (pɔp) [-ped]: *(v)* κροτώ ξαφνικά ή απότομα ‖ ανοίγω με κρότο ‖ πετάγομαι ‖ πυροβολώ ‖ *(n)* απότομος ξερός κρότος ‖ πυροβολισμός ‖ πατέρας ‖ της λαϊκής μουσικής, της μουσικής "ποπ" ‖ **~corn**: *(n)* ψημένος καλαμποκόσπορος, "πόπκορν" ‖ **~ in**: *(v)* πετάγομαι μέσα, μπαίνω απότομα ‖ **~ out**: *(v)* ξεπετάγομαι, βγαίνω απότομα ‖ **~ off**: *(v)* φεύγω ξαφνικά ‖ μιλώ απότομα, ξεσπάω ‖ **~ the question**: *(v)* κάνω πρόταση γάμου ‖ **~ eyed**: *(adj)* γουρλομάτης ‖ **~gun**: *(n)* αεροπίστολο

pope (΄poup): *(n)* πάπας

poplar (΄pɔplər): *(n)* λεύκα

poplin (΄pɔplin): *(n)* ποπλίνα

poppy (΄pɔpi:): *(n)* παπαρούνα ‖ ζωηρό κόκκινο χρώμα ‖ **~ cock**: *(n)* ανοησία, "μπούρδα"

popu-lace (΄pɔpjəlis): *(n)* κόσμος, λαός ‖ πληθυσμός ‖ **~lar** (΄pɔpjələr): *(adj)* λαοφιλής, δημοφιλής ‖ λαϊκός ‖ **~larity**: *(n)* δημοτικότητα ‖ **~larize** [-d]: *(v)* κάνω δημοφιλή ‖ εκλαϊκεύω ‖ **~larly**: *(adv)* λαϊκά ‖ κοινώς ‖ **~late front**: *(n)* λαϊκό μέτωπο ‖ **~late** [-d]: *(v)* βάζω κατοίκους ‖ κατοικώ ‖ **~lation** (pɔpjə΄leiʃən): *(n)* πληθυσμός ‖ **~lous**: *(adj)* πολυάνθρωπος ‖ πυκνοκατοικημένος

porcelain (΄pɔ:rselin): *(n)* πορσελάνη

porch (΄pɔ:rtʃ): *(n)* βεράντα ‖ σκεπαστή είσοδος

porcupine (΄pɔ:rkjəpain): *(n)* σκαντζόχοιρος

pore (pɔ:r) [-d]: *(v)* κοιτάζω παρατεταμένα ‖ μελετώ προσεκτικά, βυθίζομαι στη μελέτη, απορροφώμαι από το διάβασμα ‖ σκέπτομαι βαθιά, στοχάζομαι ‖ *(n)* πόρος

pork (΄pɔ:rk): *(n)* χοιρινό ‖ ρουσφέτι *(id)* ‖ **~ barrel**: *(n)* χαριστικό νομοσχέδιο, ρουσφετολογικός νόμος ή διάταγμα ‖ **~er**: *(n)* γουρούνι θρεφτάρι

porno (΄pɔ:rnou), **~graphic**: *(adj)* πορνογραφικός ‖ **~graphy**: *(n)* πορνογραφία

porous (΄pɔ:rəs): *(adj)* πορώδης

porpoise (΄pɔ:rpəs): (n) φώκαινα

porridge (΄pɔ:ridz): (n) χυλός από γάλα και βρόμη

port (΄pɔ:rt): (n) λιμένας ‖ λιμάνι πόλης ‖ αριστερή πλευρά πλοίου ή αεροσκάφους ‖ μπουκαπόρτα ‖ οπή, άνοιγμα, στόμιο ‖ κρασί "πορτό" ‖ ύφος, συμπεριφορά

portable (΄pɔ:rtəbəl): (adj) φορητός

portal (΄pɔ:rtl): (n) πύλη ‖ είσοδος

portcullis (pɔ:rt΄kʌlis): (n) σιδερένια καταρρακτή, σιδερένιο κιγκλίδωμα

portecochere (pɔ:rtkou΄ʃær): (n) σκεπαστή είσοδος κτιρίου, πρόστεγο εισόδου

por-tend (pɔ:r΄tend) [-ed]: (v) προμηνώ ‖ ~tent (΄pɔ:rtent): (n) οιωνός, προμήνυμα ‖ καταπληκτικό πράγμα

porter (΄pɔ:rtər): (n) αχθοφόρος ‖ συνοδός βαγκόν-λι ‖ φύλακας πύλης, πορτιέρης ‖ ~age: (n) αχθοφορικά

portfolio (pɔ:rt΄fouli:ou): (n) χαρτοφυλάκιο

porthole (΄pɔ:rthoul): (n) παραθυράκι πλοίου, "φινιστρίνι"

portico (΄pɔ:rtikou): (n) στοά ‖ βεράντα με στύλους

portion (΄pɔ:rʃən): (n) τμήμα, κομμάτι ‖ μερίδα ‖ μερίδιο ‖ προίκα ‖ [-ed]: (v) κόβω σε τμήματα, μερίδες ή μερίδια

portly (΄pɔ:rtli:): (adj) εύσωμος ‖ επιβλητικός

portrait (΄pɔ:rtreit): (n) προσωπογραφία, "πορτραίτο" ‖ ζωντανή περιγραφή, "πορτραίτο" ‖ φωτογραφία προσώπου

portray (pər΄trei) [-ed]: (v) απεικονίζω ‖ περιγράφω ‖ υποδύομαι ρόλο ‖ ~al: (n) απεικόνιση ‖ περιγραφή

Portu-gal (΄pɔ:rtəgəl): (n) Πορτογαλία ‖ ~guese: (adj) Πορτογαλικός ‖ (n) πορτογαλική γλώσσα ‖ Πορτογάλος

pose (pouz) [-d]: (v) "ποζάρω", παίρνω στάση ‖ υποδύομαι, παριστάνω ‖ τοποθετώ σε στάση, βάζω σε πόζα ‖ θέτω ‖ (n) στάση, "πόζα" ‖ προσποίηση ‖ ~r: (n) αυτός που ποζάρει ‖ δύσκολη ερώτηση ή πρόβλημα ‖ ~ur (pou΄zə:r): (n) αυτός που κάνει "πό-

ζα", που παίρνει ύφος

posh (pɔʃ): (adj) πολυτελής, ανώτερης τάξης ‖ μοντέρνος

position (pə΄ziʃən): (n) θέση ‖ στάση ‖ άποψη, "θέση" ‖ τοποθεσία ‖ ~ [-ed]: (v) βάζω σε θέση

positive (΄pɔzətiv): (adj) θετικός ‖ βέβαιος, απόλυτα σίγουρος ‖ αναντίρρητος ‖ ~ly: (adv) θετικά ‖ απόλυτα, βέβαια ‖ ~ness: (n) θετικότητα

posse (΄pɔsi:): (n) καταδιωκτικό απόσπασμα

possess (pə΄zes) [-ed]: (v) κατέχω ‖ διατηρώ στην κατοχή μου ‖ ελέγχω, συγκρατώ ‖ ~ed: (adj) ήρεμος, συγκρατημένος ‖ δαιμονισμένος ‖ ~ion: (n) κτήση, κατοχή ‖ κτήμα ‖ κατεχόμενο έδαφος ‖ ~ions: (n) περιουσία ‖ ~ive: (adj) κτητικός ‖ δεσποτικός, που θέλει να έχει στην κατοχή ή στον έλεγχό του ‖ ~or: (n) κύριος, κάτοχος

possi-bility (pɔsə΄biləti:): (n) δυνατότητα ‖ ~ble (΄pɔsəbəl): (adj) δυνατός ‖ πιθανός ‖ ~bly: (adv) δυνατόν, πιθανόν

possum (΄pɔsəm): see opossum ‖ play ~: (v) κάνω την "πάπια", κάνω τον "ψόφιο χοριό"

post (poust): (n) στύλος ‖ ορθοστάτης ‖ αφετηρία ‖ στρατιωτική βάση ‖ σάλπισμα αποχώρησης ‖ θέση, "πόστο" ‖ ταχυδρομείο ‖ (pref) μεταγενέστερα, μετά ‖ [-ed]: (v) τοιχοκολλώ, βάζω ανακοίνωση ‖ καταγγέλλω δημόσια ‖ τοποθετώ, βάζω σε θέση ‖ ταχυδρομώ ‖ επισπεύδω ‖ (adv) ταχυδρομικώς ‖ ~age: (n) ταχυδρομικά τέλη ‖ ~age stamp: (n) γραμματόσημο ‖ ~al: (adj) ταχυδρομικός ‖ ~al card, ~card: (n) ταχυδρομικό δελτάριο, καρτ-ποστάλ ‖ ~box: (n) γραμματοκιβώτιο ‖ ~date [-d]: (v) βάζω μεταγενέστερη χρονολογία ‖ ~er: (n) "αφίσα", "πόστερ" ‖ ~e restante: (n) ποστ ρεστάντ ‖ ~haste: (adv) επειγόντως ‖ ~ office: (n) ταχυδρομείο ‖ ~man: (n) ταχυδρόμος ‖ ~master: (n) διευθυντής ταχυδρομείου ‖ ~ meridiem (P.M.): μετά μεσημβρία ‖ ~ paid: (adj) με πληρωμένη απάντηση

281

posteri-or (pǝ´stiǝri:ǝr): *(adj)* οπίσθιος ‖ *(n)* ο πισινός ‖ **~ty**: *(n)* οι μεταγενέστεροι ‖ απόγονοι

postgraduate (poust´grædzu:æt): *(adj)* μεταπτυχιακός ‖ *(n)* φοιτητής μεταπτυχιακών σπουδών

posthumous (pǝs´tʃumǝs): *(adj & adv)* μετά θάνατο

postiche (pǝ´sti:ʃ): *(adj)* ψεύτικος, τεχνητός ‖ *(n)* ψεύτικα μαλλιά, "ποστίς"

postman: see post

postmaster: see post

post-mortem (poust´mɔ:rtǝm): *(n)* νεκροψία, αυτοψία

post office: see post

postpone (poust´poun) [-d]: *(v)* αναβάλλω ‖ **~ment**: *(n)* αναβολή

postscript (´poustskript) (P.S.): *(n)* υστερόγραφο

postulate (´pǝstʃuleit) [-d]: *(v)* αξιώνω ‖ παίρνω ως δεδομένο ‖ (´pǝstʃulit): *(n)* αξίωμα

posture (´pǝstʃǝr): *(n)* στάση του σώματος ‖ στάση, "πόζα" ‖ θέση, κατάσταση ‖ [-d]: *(v)* παίρνω "πόζα" ‖ τοποθετώ, κανονίζω τη στάση

postwar (´poustwɔ:r): *(adj)* μεταπολεμικός

posy (´pozi:): *(n)* λουλούδι για μπουτονιέρα ‖ μπουκετάκι

pot (pɔt): *(n)* χύτρα, κατσαρόλα ‖ κύπελλο ‖ γλάστρα ‖ δοχείο ‖ ποσό παιζόμενο στα χαρτιά, "ποτ" ‖ το κοινό ταμείο *(id)* ‖ μαριχουάνα *(id)* ‖ [-ted]: *(v)* βάζω σε γλάστρα ‖ συντηρώ σε κονσέρβα ‖ μαγειρεύω σε χύτρα ‖ ρίχνω πυροβολισμό ‖ **go to ~**: *(v)* φθείρομαι, καταρρέω ‖ **~belly**: *(n)* φουσκωτή κοιλιά ‖ **~bellied**: *(adj)* κοιλαράς ‖ **~ shot**: *(n)* τυχαίος πυροβολισμός ‖ πυροβολισμός από κοντά ‖ **~ted**: *(adj)* σε γλάστρα, της γλάστρας ‖ κονσερβαρισμένο ‖ μεθυσμένος *(id)* ‖ **~ter**: *(n)* κεραμοποιός ‖ **see putter** ‖ **~tery**: *(n)* αγγειοπλαστική ‖ **~ty**: *(adj)* μηδαμινός ‖ στο κέφι, στο "τσακίρ" κέφι ‖ *(n)* δοχείο νυκτός βρέφους

potable (´poutǝbǝl): *(adj)* πόσιμος

potash (´pǝtaʃ): *(n)* ποτάσα

potato (pǝ´teitou): *(n)* πατάτα

poten-cy (´poutensi:), **~ce**: *(n)* ισχύς, δυναμικό ‖ **~t**: *(adj)* ισχυρός ‖ ικανός ‖ **~tate** (´poutnteit): *(n)* ηγέτης, αρχηγός ‖ **~tial** (pǝ´tenʃǝl): *(adj)* πιθανός, δυνατός ‖ δυνητικός ‖ *(n)* δυναμικό

pothole (´pǝthoul): *(n)* λάκκος ‖ αμμόλακκος, κινούμενη άμμος

potion (´pouʃǝn): *(n)* υγρό φάρμακο ή δηλητήριο

potluck (´pǝtlʌk): *(n)* φαγητό εκ του προχείρου, "το βρισκόμενο", ό,τι υπάρχει

pouch (pautʃ): *(n)* σάκος, θύλακος ‖ καπνοσακούλα ‖ ταχυδρομικός σάκος ‖ ζάρα, ρυτίδα, "σακούλα"

poultice (´poultis): *(n)* κατάπλασμα ‖ [-d]: *(v)* βάζω κατάπλασμα

poultry (´poultri:): *(n)* πουλερικά

pounce (pauns) [-d]: *(v)* ορμώ, εφορμώ ‖ επιτίθεμαι από ενέδρα ‖ *(n)* εφόρμηση ‖ πήδημα για επίθεση

pound (paund): *(n)* λίβρα ‖ λίρα ‖ μάντρα ‖ φυλακή ‖ [-d]: *(v)* χτυπώ ‖ μπήγω με σφυρί ‖ συντρίβω, λιώνω ‖ μαντρώνω

pour (pɔ:r) [-ed]: *(v)* χύνω ‖ ξεχύνω ‖ χύνομαι ‖ ξεχύνομαι ‖ βρέχω ραγδαία ‖ *(n)* ραγδαίο χύσιμο ‖ **~ing**: *(adj)* ραγδαίος, καταρρακτώδης

pout (paut) [-ed]: *(v)* φουσκώνω ή δαγκώνω τα χείλια από δυσαρέσκεια ή κατσούφιασμα ‖ κατσουφιάζω, δείχνω δυσαρέσκεια ‖ προεξέχω, προβάλλω ‖ *(n)* κατσούφιασμα ‖ φούσκωμα των χειλιών ‖ **~er**: *(n)* περιστέρι "γογγρώνη"

poverty (´pǝvǝrti:): *(n)* φτώχεια ‖ έλλειψη, ένδεια ‖ πενιχρότητα

powder (´paudǝr): *(n)* κόνις, σκόνη ‖ πυρίτιδα ‖ πούδρα ‖ [-d]: *(v)* κονιοποιώ, κάνω σκόνη ‖ κονιοποιούμαι ‖ σκονίζω, σκεπάζω με σκόνη ‖ βάζω πούδρα ‖ **take a ~**: *(v)* το βάζω στα πόδια, "στρίβω" ‖ **~keg**: *(n)* βαρέλι πυρίτιδας ‖ επικίνδυνη κατάσταση, εκρηκτική κατάσταση ‖ **~room**: *(n)* δημόσια τουαλέτα για κυρίες, "γυναικών" ‖ **~y**: *(adj)* σε μορφή σκόνης ‖ σκεπασμένος από σκόνη ‖

go to ~ one's nose: *(v)* πηγαίνω στην τουαλέτα (γυναικών)
power ('pauər): *(n)* ισχύς, δύναμη ‖ μεγάλο κράτος, δύναμη ‖ πνευματική δύναμη ‖ [-ed]: *(v)* εφοδιάζω με κινητήρα ή κινητήρια δύναμη ‖ δίνω ενέργεια ‖ **driving ~**: *(n)* κινητήρια δύναμη ‖ **~boat**: *(n)* ατμάκατος ‖ **~drill**: *(n)* ηλεκτρικό τρυπάνι ‖ **~ful**: *(adj)* ισχυρός, δυνατός ‖ **~house**: *(n)* σταθμός παραγωγής ηλεκτρ. ρεύματος ‖ **~less**: *(adj)* ανίσχυρος ‖ **~ of attorney**: *(n)* πληρεξούσιο ‖ **~plant**: *(n)* εργοστάσιο παραγωγής ρεύματος ‖ **~play**: *(n)* επίδειξη ισχύος ‖ **~ politics**: *(n)* πολιτική ισχύος ‖ **~ shovel**: *(n)* μηχανικός εκσκαφέας
powwow ('pauwau): *(n)* μάγος-ιατρός ερυθροδέρμων ‖ συνεδρίαση ερυθροδέρμων ‖ συνέδριο *(id)* ‖ [-ed]: *(v)* συνομιλώ, συνεδριάζω
pox (pɒks): *(n)* εξανθηματική ασθένεια ‖ σύφιλη
practica-bility (præktikə'biləti:): *(n)* δυνατότητα, το εφαρμόσιμο ‖ **~ble** ('præktikəbəl): *(adj)* πρακτικός, εφαρμόσιμος ‖ **~l**: *(adj)* πρακτικός ‖ εφαρμόσιμος, κατορθωτός ‖ **~l joke**: *(n)* κακόγουστο αστείο ‖ **~lly** *(adv)* πρακτικά ‖ ουσιαστικά ‖ σχεδόν
practic-e ('præktis) [-d] also **practise**: *(v)* ασκώ, εξασκώ ‖ ακολουθώ ‖ εφαρμόζω ‖ εξασκώ, γυμνάζω, προπονώ ‖ εξασκούμαι, προπονούμαι ‖ *(n)* άσκηση, εξάσκηση ‖ πρακτική εφαρμογή ‖ εξάσκηση, προπόνηση ‖ **~ed**: *(adj)* εξασκημένος
practitioner (præk'tiʃənər): *(n)* εξασκών επάγγελμα ‖ **general ~**: *(n)* γιατρός χωρίς ειδικότητα, πτυχιούχος γενικής ιατρικής
pragma-tic (præg'mætik), **~tical**: *(adj)* πραγματικός ‖ πρακτικός, της δράσης ‖ **~tism** ('prægmətizəm): *(n)* πραγματισμός
prairie ('preiəri:): *(n)* εκτεταμένη πεδιάδα, κάμπος ‖ **P~ State**: *(n)* η Πολιτεία του Ιλλινόις
praise (preiz) [-d]: *(v)* επαινώ ‖ εξυψώνω, εξυμνώ ‖ υμνώ, λατρεύω ‖ *(n)*

έπαινος ‖ εξύμνηση, ύμνος ‖ **~ worthy**: *(adj)* αξιέπαινος
pram: see perambulator
prance (præns) [-d]: *(v)* αναπηδώ στα πισινά πόδια (αλόγου) ‖ περπατώ ζωηρά και περήφανα ‖ κάνω άλογο να αναπηδήσει ‖ *(n)* σκίρτημα, πήδημα
prank (præŋk): *(n)* αταξία, μικροπαλαβομάρα ‖ χοντρό αστείο ‖ **~ster**: *(n)* αυτός που κάνει παλαβομάρες ή χοντρά αστεία
prate (preit) [-d]: *(v)* φλυαρώ ‖ μιλώ άσκοπα ‖ *(n)* φλυαρία ‖ **~r**: *(n)* φλύαρος
prattle ('prætl) [-d]: *(v)* λέω ασυναρτησίες ‖ μιλάω μωρουδίστικα ‖ *(n)* ασυνάρτητη ομιλία, φλυαρία
prawn (prɔ:n): *(n)* καραβίδα
pray (prei) [-ed]: *(v)* προσεύχομαι ‖ παρακαλώ ‖ **~er**: *(n)* προσευχόμενος ‖ προσευχή ‖ παράκληση ‖ **~er beads**: *(n)* κομπολόγι προσευχής ‖ **~ book**: *(n)* προσευχητάρι
preach (pri:tʃ) [-ed]: *(v)* κάνω κήρυγμα ‖ **~er**: *(n)* διαμαρτυρόμενος ιερέας ‖ ιεροκήρυκας ‖ **~ment**: *(n)* κήρυγμα
preadolescence (pri:ædə'lesəns): *(n)* προεφηβική ηλικία
preamble ('pri:æmbəl): *(n)* προοίμιο, εισαγωγή ‖ προεισαγωγικό ή προκαταρκτικό μέρος
prearrange (pri:ə'reindz) [-d]: *(v)* προκαθορίζω ‖ κανονίζω από πριν ‖ **~ment**: *(n)* προκαθορισμός
precarious (pri'keəri:əs): *(adj)* επισφαλής, όχι σίγουρος ‖ ασταθής, όχι πολύ σταθερός ‖ **~ly**: *(adv)* επισφαλώς, αβέβαια ‖ με αστάθεια, χωρίς σταθερή ισορροπία
precaution (pri'kɔ:ʃən): *(n)* προφυλακτικό μέτρο, προφύλαξη ‖ προνοητικότητα ‖ **~al, ~ary**: *(adj)* προληπτικός, προνοητικός
preced-e (pri'si:d) [-d]: *(v)* προηγούμαι ‖ προπορεύομαι ‖ προεισάγω, βάζω σαν εισαγωγή ‖ **~ence, ~ency**: *(n)* προβάδισμα ‖ προτεραιότητα ‖ **~ent** ('presədənt): *(n)* προηγούμενο ‖ **~ing** ('presədənt): *(adj)* προηγούμενος
precept ('pri:sept): *(n)* κανόνας, αρχή ‖

precession

εντολή
precession (pri´seʃən): *(n)* προήγηση
precinct (´prisiŋkt): *(n)* αστυνομικό
τμήμα ‖ περιοχή αστυνομικού τμήμα-
τος ‖ εκλογική περιφέρεια ‖ περιοχή
precious (´preʃəs): *(adj)* πολύτιμος ‖
προσποιητά ραφιναρισμένος ή λεπτε-
πίλεπτος
precipice (´presəpis): *(n)* γκρεμός
precipi-tance (pri´siptəns), **~tancy:** *(n)*
κατακρήμνιση ‖ βιασύνη ‖ αυθόρμητι-
σμός ‖ **~tant:** *(adj)* γκρεμιζόμενος,
που πέφτει με το κεφάλι ‖ αυθόρμη-
τος, ασύνετος ‖ ξαφνικός, απροσδόκη-
τος ‖ **~tate** [-d]: *(v)* γκρεμίζω ‖ προ-
καταλαμβάνω, επισπεύδω ‖ υγροποι-
ούμαι ‖ καθιζάνω ‖ γκρεμίζομαι ‖
(adj) ορμητικός ‖ βιαστικός ‖ ξαφνι-
κός ‖ **~tation:** *(n)* κατακρήμνιση ‖
βιασύνη ‖ συμπύκνωση ‖ βροχόπτωση
‖ **~tous:** *(adj)* απόκρημνος ‖ γεμάτος
γκρεμούς και βράχους
précis (´preisi:, prei´si:): *(n)* σύνοψη,
περίληψη ‖ [-ed]: *(v)* γράφω σύνοψη
precis-e (pri´sais): *(adj)* ακριβής ‖ **~ian**
(pri´sizən): *(n)* ακριβολόγος ‖ **~ion**
(pri´sizən): *(n)* ακρίβεια ‖ **~ely:** *(adv)*
ακριβώς
preclu-de (pri´klu:d) [-d]: *(v)* προκατα-
λαμβάνω, παρεμποδίζω ‖ αποκλείω ‖
~sion: *(n)* παρεμπόδιση, αποκλεισμός
‖ **~sive:** *(adj)* εμποδιστικός
precocious (pri´kouʃəs): *(adj)* πρόωρα
αναπτυγμένος ‖ **~ness:** *(n)* πρόωρη
ανάπτυξη
precon-ceive (pri:kn´si:v) [-d]: *(v)* προ-
δικάζω ‖ **~ception** (pri:kn´sepʃən):
(n) προκατάληψη
precondition (pri:kn´diʃən): *(n)* προϋ-
πόθεση
precursor (pri´k:rsər): *(n)* προάγγελος
‖ πρόδρομος ‖ **~y:** *(adj)* προειδοποιη-
τικός
preda-cious (pri´deiʃəs): *(adj)* αρπακτι-
κός ‖ **~tion:** *(n)* αρπαγή ‖ **~tor**
(´predtər): *(n)* αρπακτικό ‖ **~tory:**
(adj) αρπακτικός
predecessor (´predsesər): *(n)* προκάτο-
χος
predestinat-e (pri:´destneit) [-d]: *(v)*

προκαθορίζω ‖ **~ion:** *(n)* προκαθορι-
σμός
predetermine (pri:di´t:rmin) [-d]: *(v)*
προαποφασίζω ‖ προκαταλαμβάνω
predicament (pri´dikmənt): *(n)* δύσκο-
λη θέση ή κατάσταση
predicat-e (´predkeit) [-d]: *(v)* βασίζω ‖
δηλώνω κατηγορηματικά ‖ (´predikit):
(adj) κατηγορηματικός ‖ *(n)* κατηγόρη-
μα ‖ **~ive:** *(adj)* δηλωτικός ‖ κατηγο-
ρηματικός ‖ **~ion:** *(n)* δήλωση, βεβαίω-
ση
predict (pri´dikt) [-ed]: *(v)* προλέγω ‖
~able: *(adj)* ευκολομάντευτος, αναμε-
νόμενος ‖ **~ion:** *(n)* προφητεία
predispos-e (pri:dis´pouz) [-d]: *(v)* προ-
διαθέτω ‖ **~ition:** *(n)* προδιάθεση
predomin-ance (pri´dɒmnəs), **~ancy:**
(n) επικράτηση ‖ υπεροχή ‖ **~ant:**
(adj) επικρατέστερος, επικρατών ‖
υπερισχύων ‖ **~antly:** *(adv)* κατά το
μεγαλύτερο μέρος ή ποσοστό, κατά το
πλείστο ‖ **~ate** [-d]: *(v)* επικρατώ ‖
υπερισχύω, υπερέχω
pre-eminen-ce (pri:´emnənəs): *(n)* υπε-
ροχή, ανωτερότητα ‖ **~t:** *(adj)* υπερέ-
χων, εξέχων
pre-empt (pri:´empt) [-ed]: *(v)* αποκτώ
πριν από άλλον ‖ έχω δικαίωμα προ-
αγοράς ‖ **~ion:** *(n)* δικαίωμα προαγο-
ράς ‖ απόκτηση πριν από άλλους
preen (pri:n) [-ed]: *(v)* καθαρίζω ή
ισιώνω με το ράμφος ‖ στολίζομαι ‖
καμαρώνω
pre-exist (pri:ig´zist) [-ed]: *(v)* προϋ-
πάρχω
prefab (pri:´fæb): *(n)* προκατασκευα-
σμένο κομμάτι ‖ **~ricate** [-d]: *(v)* προ-
κατασκευάζω ‖ **~ricated:** *(adj)* προκα-
τασκευασμένος
preface (´prefis): *(n)* εισαγωγή, πρόλο-
γος ‖ [-d]: *(v)* γράφω εισαγωγή ή πρό-
λογο
prefect (´prifekt): *(n)* κοσμήτορας ‖
επιμελητής
prefer (pri´fə:r) [-red]: *(v)* προτιμώ ‖
υποβάλλω ‖ **~able** (´prefərbl): *(adj)*
προτιμητέος ‖ προτιμότερος ‖ **~ably:**
(adv) κατά προτίμηση, προτιμότερο ‖
~ence: *(n)* προτίμηση ‖ **~ential:** *(adj)*

284

προνομιακός ‖ ~ment: *(n)* προνομιακή θέση

prefigu-ration (pri:figjə´reiʃn): *(n)* προεικόνιση ‖ ~re [-d]: *(v)* προεικονίζω

prefix (´pri:fiks): *(n)* πρόθεμα

preformation (pri:fɔ:r´meiʃən): *(n)* προσχηματισμός

pregnable (´prignəbl): *(adj)* ευκολοπόρθητος

pregnan-cy (´pregnənsi:): *(n)* εγκυμοσύνη ‖ ~t: *(adj)* έγκυος ‖ μεστός ‖ αποτελεσματικός, σοβαρότατος

preheat (pri´hi:t) [-ed]: *(v)* προθερμαίνω

prehensile (pri´hensil): *(adj)* κατασκευασμένος για πιάσιμο

prehistor-ic (pri:his´tɔ:rik), ~ical: *(adj)* προϊστορικός ‖ ~y (pri:´histəri:): *(n)* προϊστορία

prejudge (pri:´dzʌdz) [-d]: *(v)* προδικάζω

prejudice (´predzədis): *(n)* προκατάληψη ‖ βλάβη από προκατάληψη άλλων ‖ [-d]: *(v)* επηρεάζω εναντίον, προκαλώ προκατάληψη, προδιαθέτω ‖ ~d: *(adj)* προκατειλημμένος ‖ **in the ~ of, to the ~ of**: προς ζημίαν του

prelate (´prelət): *(n)* ανώτερος κληρικός, ιεράρχης

preliminar-y (pri´liməneri:): *(adj)* προκαταρκτικός ‖ ~ies: *(n)* τα προκαταρκτικά ‖ προκαταρκτικός αγώνας

prelude (´prelju:d, ´pri:lu:d): *(n)* εισαγωγή, πρόλογος ‖ προανάκρουσμα, ''πρελούντιο''

premature (pri:mə´tʃur): *(adj)* πρόωρος ‖ ~ly: *(adv)* πρόωρα

premedical (pri:´medikəl): *(adj)* προπαρασκευαστικός για ιατρική σχολή

premeditat-e (pri:´medəteit) [-d]: *(v)* προμελετώ ‖ ~ed: *(adj)* προμελετημένος ‖ ~ion: *(n)* προμελέτη

premier (´pri:mi:ər): *(adj)* πρώτιστος, κυριότερος ‖ (pri´miər): *(n)* πρωθυπουργός ‖ ~e (pri´miər): *(n)* πρεμιέρα

premise (´premis): *(n)* πρόταση ‖ προϋπόθεση ‖ [-d]: *(v)* προϋποθέτω ‖ ~s: *(n)* κτίριο με την περιοχή του

premium (´pri:mi:əm): *(n)* δώρο, προσφορά ‖ βραβείο ‖ ασφάλιστρο ‖ **at a**

~: ανώτερο από το κανονικό

premonition (pri:mə´niʃən): *(n)* προαίσθημα

preoccu-pation (pri:əkjə´peiʃən): *(n)* απορρόφηση σε κάτι, αφηρημάδα από βαθιά σκέψη ‖ προκατάληψη, κατάληψη πριν από άλλους ‖ ~pied: *(adj)* απορροφημένος, αφηρημένος από σκέψη ‖ κατειλημμένος ‖ ~py [-ied]: *(v)* απορροφώ, βάζω σε βαθιά σκέψη

prep *(prep)*: *(adj)* προπαρασκευαστικός ‖ *(n)* προπαρασκευαστικό σχολείο, φροντιστήριο ‖ σχολική εργασία, ετοιμασία μαθημάτων (*id*) ‖ ~aration (prepə´reiʃən): *(n)* προπαρασκευή, ετοιμασία ‖ ~aratory (pri´pærətɔɔri:): *(adj)* προπαρασκευαστικός ‖ προκαταρκτικός, προεισαγωγικός ‖ ~are (pri´peər) [-d]: *(v)* προετοιμάζω, προπαρασκευάζω ‖ προετοιμάζομαι, προπαρασκευάζομαι ‖ ~ared: *(adj)* προετοιμασμένος ‖ **be ~ared**: έσο έτοιμος ‖ ~aredness: *(n)* ετοιμότητα

prepay (pri:´pei) [prepaid, prepaid]: *(v)* προπληρώνω ‖ ~ment: *(n)* προπληρωμή

preponder-ance (pri´pəndərəns): *(n)* υπεροχή ‖ επικράτηση ‖ ~ant: *(adj)* επικρατών, υπερισχύων ‖ ~ate [-d]: *(v)* υπερέχω, υπερισχύω

preposition (prepə´ziʃən): *(n)* πρόθεση

prepossess (pri:pə´zes) [-ed]: *(v)* απορροφώ εντελώς ‖ επηρεάζω, προδιαθέτω ευμενώς ‖ ~ing: *(adj)* ευνοϊκός, προδιαθέτων ευνοϊκά

preposterous (pri´pəstərəs): *(adj)* παράλογος

prerequisite (pri:´rekwəzit): *(n)* απαραίτητη προϋπόθεση

prerogative (pri´rɔgətiv): *(n)* προνόμιο

presage (pri´seidz) [-d]: *(v)* προλέγω, προμηνώ ‖ προαισθάνομαι ‖ (´presidz): *(n)* προαίσθημα ‖ προμήνυμα

Presbyter-ian (prezbə´tiəri:ən): *(n)* Πρεσβυτεριανός ‖ ~y: *(n)* πρεσβυτέριο

preschool (´pri:sku:l): *(adj)* προσχολικός

prescri-be (pris´kraib) [-d]: *(v)* εντέλλομαι, παραγγέλνω ‖ γράφω συνταγή

285

ιατρική ‖ ~pt (´pri:skript): *(n)* εντολή ‖ ~ption (pris´krip∫ən): *(n)* ιατρική συνταγή ‖ εντολή ‖ χρησιοκτησία
presell (´pri:´sel) [presold]: *(v)* προπωλώ
presen-ce (´prezəns): *(n)* παρουσία ‖ παρουσιαστικό ‖ ~**ce of mind**: *(n)* ετοιμότητα πνεύματος ‖ ~**t**: *(n)* το παρόν ‖ ενεστώτας ‖ δώρο ‖ *(adj)* παρών ‖ τωρινός ‖ (pri´zent) [-ed]: *(v)* παρουσιάζω ‖ δωρίζω ‖ προσφέρω ‖ **at ~t**: προς το παρόν ‖ ~**table**: *(adj)* παρουσιάσιμος ‖ ευπαρουσίαστος ‖ ~**tation**: *(n)* παρουσίαση ‖ παράσταση ‖ ~**t-day**: *(adj)* τωρινός, σημερινός ‖ ~**tee**: *(n)* παρουσιαζόμενος ‖ αποδέκτης δώρου ‖ ~**tly**: *(adv)* σύντομα, σε λίγο ‖ στο παρόν, τώρα ‖ ~**tment**: *(n)* παρουσίαση ‖ ~**t participle**: *(n)* μετοχή ενεστώτος ‖ ~**t perfect**: *(n)* παρακείμενος ‖ ~**t tense**: *(n)* ενεστώτας
preserv-ation (prezər´vei∫ən): *(n)* διατήρηση ‖ συντήρηση ‖ διαφύλαξη ‖ ~**ative**: *(adj & n)* συντηρητικό, προφυλακτικό ‖ ~**e** [-d]: *(v)* διατηρώ ‖ συντηρώ ‖ διαφυλάγω ‖ *(n)* συντηρητικό, προφυλακτικό ‖ κονσέρβα φρούτων, μαρμελάδα ‖ περιοχή διατήρησης άγριων ζώων ή φυσικών πηγών
preside (pri´zaid) [-d]: *(v)* προεδρεύω ‖ ~**ncy** (´prezədənsi:): *(n)* προεδρία ‖ ~**nt**: *(n)* πρόεδρος ‖ ~**nt-elect**: *(n)* πρόεδρος εκλεγείς αλλά μη αναλαβών καθήκοντα ‖ ~**ntial** (prezə´den∫əl): *(adj)* προεδρικός
press (pres) [-ed]: *(v)* πιέζω ‖ συνθλίβω ‖ στύβω ‖ σιδερώνω ‖ δίνω έμφαση, τονίζω ‖ επιμένω, προχωρώ ‖ επείγομαι ‖ συνωστίζομαι ‖ στρατολογώ ‖ ναυτολογώ ‖ *(n)* πιεστήριο, ''πρέσα'' ‖ τυπογραφικό πιεστήριο ‖ τύπος, εφημερίδες και περιοδικά ‖ ο τύπος, οι δημοσιογράφοι, εκδότες και συντάκτες ‖ συνωστισμός ‖ πίεση ‖ φόρτος εργασίας ‖ στρατολογία ‖ ναυτολογία ‖ **be ~ed**: *(v)* πιέζομαι, βρίσκομαι σε δυσχερή θέση ‖ ~**agent**: *(n)* διαφημιστής, συνεργάτης επί του τύπου ‖ ~**agency**: *(n)* πρακτορείο ειδήσεων ‖

~**board**: *(n)* σανίδα σιδερώματος ‖ ~**box**: *(n)* θέσεις δημοσιογράφων ‖ ~**conference**: *(n)* διάσκεψη τύπου ‖ ~**er**: *(n)* σιδερωτής ‖ συμπιεστής ‖ ~**gang**: *(n)* άγημα ναυτολογίας ‖ ~**ing**: *(adj)* επείγον ‖ επίμονος, φορτικός ‖ ~**release**: *(n)* επίσημη ανακοίνωση για τον τύπο ‖ ~**ure** (´pre∫ər): *(n)* πίεση ‖ σύνθλιψη ‖ ~**ure** [-d]: *(v)* πιέζω ‖ ~**ure cooker**: *(n)* χύτρα πιέσεως, χύτρα ταχύτητας ‖ ~**ure gauge**: *(n)* πιεζόμετρο ‖ ~**ure group**: *(n)* ομάδα προσώπων με επιρροή, οι ''ισχυροί'' των παρασκηνίων ‖ ~**ure suit**: *(n)* διαστημική στολή, στολή πιέσεως ‖ ~**urize** (´pre∫əraiz) [-d]: *(v)* διατηρώ ομαλή ατμοσφαιρική πίεση ‖ βάζω υπό πίεση
prestig-e (pre´sti:z): *(n)* γόητρο ‖ *(adj)* με γόητρο ‖ ~**ious**: *(adj)* με γόητρο
presum-able (pri´zou:məbəl): *(adj)* προϋποτιθέμενος, πιθανός ‖ ~**ably**: *(adj)* πιθανώς, όπως φαίνεται ‖ ~**e** [-d]: *(v)* προϋποθέτω ‖ παίρνω ως δεδομένο, πιστεύω ‖ αποτολμώ ‖ ενεργώ με υπερβολική αυτοπεποίθηση ‖ ~**ption** (pi´zʌmp∫ən): *(n)* προσβλητική συμπεριφορά ή ομιλία, αναίδεια ‖ προϋπόθεση, παραδοχή ‖ ~**ptive**: *(adj)* πιθανός, υποθετικός ‖ ~**ptuous** (pri´zʌmpt∫u:əs): *(adj)* αναιδής
presuppose (pri:sə´pouz) [-d]: *(v)* προϋποθέτω
pretence: see pretend
preten-d (pri´tend) [-ed]: *(v)* προσποιούμαι, υποκρίνομαι, παριστάνω ‖ προβάλλω αξίωση ‖ ~**ded**: *(adj)* προσποιητός ‖ ~**der**: *(n)* υποκριτής ‖ μνηστήρας θρόνου ‖ ~**se**: *(n)* προσποίηση ‖ υποκρισία ‖ πρόσχημα ‖ αξίωση ‖ ~**sion** (pri´ten∫ən): *(n)* πρόφαση ‖ αξίωση ‖ επίδειξη, επιδεικτικότητα
preternatural (pri:tər´næt∫ərəl): *(adj)* παρά φύση ‖ υπερφυσικός
pretest (pri´test): *(n)* προκαταρκτική εξέταση
pretext (pri:´tekst): *(n)* πρόφαση, πρόσχημα
pret-ify (´pritifai) [-ied]: *(v)* ομορφαίνω ‖ ~**tification**: *(n)* καλλωπισμός ‖

286

~**tily** (΄pritili): (adv) όμορφα, ωραία ‖ ~**tiness**: (n) ομορφιά ‖ ~**ty**: (adj) όμορφος, χαριτωμένος ‖ (adv) αρκετά, κάμποσο ‖ ~**ty** [-ied]: (v) ομορφαίνω, καλλωπίζω

pretzel (΄pretsəl): (n) αλμυρό κουλουράκι

prevail (priveil) [-ed]: (v) υπερισχύω ‖ επικρατώ ‖ ~**ing**: (adj) επικρατών, ισχύων

prevalent (΄prevələnt): (adj) επικρατών, ο πιο διαδεδομένος

prevaricat-e (pri΄værəkeit) [-d]: (v) υπεκφεύγω, αποφεύγω την αλήθεια ‖ ~**ion**: (n) υπεκφυγή

prevent (pri΄vent) [-ed]: (v) αποτρέπω, προλαβαίνω ‖ παρεμποδίζω ‖ ~**able**: (adj) που μπορεί να αποφευχθεί, μπορεί να προληφθεί ‖ ~**ion**: (n) αποτροπή ‖ πρόληψη ‖ εμπόδιση ‖ ~**ive**, ~**ative**: (adj) αποτρεπτικός, προληπτικός ‖ (n) προληπτικό

preview (΄pri:vju:): (n) προβολή ταινίας με προσκλήσεις προ της δημοσίας προβολής ‖ έκθεση τέχνης με προσκλήσεις προ του ανοίγματος για το κοινό

previous (΄pri:viəs): (adj) προηγούμενος ‖ ~**ly**: (adv) προηγουμένως, πιο πριν, προτήτερα ‖ ~ **to**: πριν από

prewar (΄pri:΄wɔ:r): (adj) προπολεμικός

prey (prei): (n) βορά, λεία ‖ θύμα, εύκολο θύμα ‖ [-ed]: (v) αρπάζω για λεία, τρώγω αρπάζοντας ‖ κάνω θύμα, εξαπατώ ‖ κατατρώω, βασανίζω

price (prais): (n) τιμή ‖ τίμημα ‖ αμοιβή για φόνο ‖ [-d]: (v) διατιμώ, βάζω τιμή ‖ ~**less**: (adj) ανεκτίμητος ‖ ~**tag**: (n) ταμπελίτσα με την τιμή

prick (prik): (n) κέντημα, τσίμπημα ‖ σουβλιά ‖ κεντρί ‖ αγκάθι ‖ πέος (id) ‖ γρουσούζης, ''τρίχας'' (id) ‖ [-ed]: (v) κεντώ, τσιμπώ ‖ κεντρίζω ‖ εξωθώ ‖ ~ **up one's ears**: τεντώνω τ' αυτιά μου ‖ ~**et**: (n) σουβλί για το μπήξιμο κεριού

prick-le (΄prikəl): (n) αγκάθι ‖ αγκίδα ‖ κέντρισμα ‖ ~**le** [-d]: (v) τσιμπώ, κεντώ ‖ προκαλώ ‖ αισθάνομαι μυρμή-

κιασμα ‖ ~**ly**: (adj) αγκαθωτός ‖ τσουχτερός ‖ ενοχλητικός

pride (praid): (n) περηφάνια ‖ καμάρι ‖ υπεροψία ‖ κοπάδι λεονταριών ‖ [-d] ~ **on**, ~ **upon**: (v) καμαρώνω, υπερηφανεύομαι

priest (pri:st): (n) ιερέας ‖ [-ed]: (v) χειροτονώ ιερέα ‖ ~**ess**: (n) ιέρεια ‖ ~**hood**: (n) ιεροσύνη, ιερείς, κληρικοί ‖ ~**ly**: (adv) ιερατικά

prig (prig): (n) στενοκέφαλος, σεμνότυφος ή επιδεικτικά όπως πρέπει ‖ ~**gish**: (adj) φαντασμένος

prim (prim): (adj) προσποιητά καθώς πρέπει ‖ τυπικός ‖ [-med]: (v) παίρνω ύφος τυπικό

prima-cy (΄praiməsi): (n) πρωτεία ‖ ιεραρχείο ‖ ~**l**: (adj) αρχέτυπος, πρώτιστος, αρχικός ‖ ~**rily** (prai΄merəli): (adj) πρωτίστως, καταρχήν ‖ κυρίως ‖ ~**ry**: adj) πρώτιστος ‖ πρώτος, αρχικός ‖ κυριότερος, πρωτεύων ‖ (n) ονομασία υποψηφίων κόμματος ‖ προκαταρκτική ή προκριματική ψηφοφορία κόμματος ‖ απλανής αστέρας με πλανήτες ‖ ~**ry school**: (n) πρώτες τρεις ή τέσσερεις τάξεις δημοτικού σχολείου ‖ ~**te** (΄praimit): (n) αρχιεπίσκοπος ‖ ~**tes** (΄praimeits): (n) πρωτεύοντα (ζωολ)

prime (praim): (adj) πρωτεύων, πρώτιστος ‖ εξαιρετικός, έξοχος ‖ πρωταρχικός ‖ (n) ακμή ‖ [-d]: (v) προετοιμάζω ‖ γεμίζω όπλο ‖ ~ **meridian**: (n) πρώτος μεσημβρινός ‖ ~ **minister**: (n) πρωθυπουργός ‖ ~ **mover**: (n) κινητήρια δύναμη ‖ ~ **number**: (n) πρώτος αριθμός ‖ ~**r** (΄primər): (n) αλφαβητάριο ‖ ~**val** (prai΄mi:vəl): (adj) αρχέγονος, πρωτόγονος

primitive (΄primətiv): (adj) πρωτόγονος

primo-geniture (΄praimou΄dzenətʃur): (n) πρωτοτόκια ‖ ~**rdial** (prai΄mɔ:rdi:əl): (adj) πρωταρχικός, αρχικός

primrose (΄primrouz): (n) πριμούλη, ηρανθές (δακράκι)

prince (prins): (n) πρίγκηπας ‖ ~ **consort**: (n) βασιλικός πρίγκηπας ‖ ~**ss**: (n) πριγκήπισσα

principal (´prinsəpəl): *(adj)* κυριότερος, πρωτεύων ‖ *(n)* διευθυντής δημοτικού σχολείου ή γυμνασιάρχης ‖ πρωταγωνιστής ‖ κεφάλαιο ‖ εντολέας ‖ πρωταίτιος ‖ ~**ity**: *(n)* πριγκιπάτο ‖ ~**ly**: *(adv)* κυρίως, πρωτίστως
principle (´prinsəpəl): *(n)* αρχή, βασική αρχή ‖ ~**d**: *(adj)* με αρχές
print (print) [-ed]: *(v)* τυπώνω ‖ αποτυπώνω ‖ εκτυπώνω ‖ δημοσιεύω ‖ εντυπώνω στη μνήμη ‖ γράφω με καθαρά ή κεφαλαία γράμματα ‖ *(n)* τύπος, αποτύπωμα ‖ τύπος, στάμπα ‖ τυπωμένα γράμματα ‖ έντυπο ‖ αντίτυπο ‖ εικόνα ‖ ~**able**: *(adj)* κατάλληλο για δημοσίευση ‖ ~**ed**: *(adj)* τυπωμένος, έντυπος ‖ ~**ed matter**: *(n)* έντυπα ‖ ~**er**: *(n)* τυπογράφος ‖ ~**ing**: *(n)* τυπογραφία ‖ εκτύπωση, τύπωμα ‖ ~**ing office**: *(n)* τυπογραφείο ‖ ~**ing press**: *(n)* πιεστήριο τυπογραφικό ‖ **out of** ~: βιβλίο που έχει εξαντληθεί
prior (´praiər): *(adj)* προγενέστερος ‖ *(n)* ηγούμενος ‖ ~**ess**: *(n)* ηγουμένη ‖ ~**ity**: *(n)* προτεραιότητα ‖ ~**y**: *(n)* μονή
prise: see prize
prism (´prizəm): *(n)* πρίσμα ‖ ~**atic**: *(adj)* πρισματικός
prison (´prizən): *(n)* φυλακή ‖ φυλάκιση ‖ ~**er**: *(n)* φυλακισμένος ‖ κρατούμενος ‖ αιχμάλωτος ‖ ~**er of war**: αιχμάλωτος πολέμου ‖ ~**er's base**: *(n)* "αμπάριζα", "σκλαβάκια"
prissy (´prisi:): *(adj)* ψευτοηθικολόγος, σεμνότυφος
pristine (´pristi:n): *(adj)* αρχέγονος, πρωταρχικός, πρωτόγονος
priva-cy (´praivəsi:): *(n)* μυστικότητα ‖ απομόνωση ‖ ~**te** (´praivit): *(adj)* ιδιαίτερος ‖ ιδιωτικός ‖ απόκρυφος, κρυφός ‖ *(n)* απλός στρατιώτης ‖ ~**tes**: *(n)* τα απόκρυφα μέρη ‖ **in** ~**te**: ιδιαίτερως ‖ εμπιστευτικά, μυστικά ‖ ~**te detective**, ~**te eye**: *(n)* ιδιωτικός αστυνομικός ‖ ~**te first class**: *(n)* υποδεκανέας ‖ ~**te law**: *(n)* ιδιωτικό δίκαιο ‖ ~**tion** (prai´veiʃən): *(n)* ένδεια, έλλειψη ‖ ~**tive**: *(adj)* στερητικός ‖ ~**tive**: *(n)* στερητικό
privet (´privit): *(n)* λιγούστρο το κοινό

privilege (´privəlidz): *(n)* προνόμιο ‖ [-d]: *(v)* δίνω προνόμιο ‖ εξαιρώ ‖ ~**d**: *(adj)* προνομιούχος
privy (´praivi:): *(adj)* εξ απορρήτων ‖ ~ **council**: *(n)* ανακτοβούλιο
prize (praiz): *(n)* έπαλθο ‖ αμοιβή, βραβείο ‖ λεία, λάφυρο ‖ *(adj)* βραβεύσιμος ‖ εξαιρετικός, πρώτης τάξεως, υπόδειγμα, υποδειγματικός ‖ [-d]: *(v)* εκτιμώ πολύ, θεωρώ πολύτιμο ‖ μοχλεύω, κινώ ή ανοίγω με μοχλό ή λοστό ‖ ~ **fight**: *(n)* επαγγελματικός πυγμαχικός αγώνας ‖ ~**ring**: *(n)* επαγγελματική πυγμαχία
pro (prou): *(n)* υποστηριχτής ‖ *(adv & adj)* υπέρ, ευνοϊκά ‖ *(n)* επαγγελματίας, επαγγελματικός (see professional) ‖ ~: *(prep)* υπέρ, προ ‖ ~**s and cons**: τα υπέρ και τα κατά
proba-bility (prəbə´biləti:): *(n)* πιθανότητα ‖ ~**ble** (´prəbəbəl): *(adj)* πιθανός ‖ ~**bly**: *(adv)* πιθανόν, πιθανώς
probat-e (´proubeit): *(n)* επικύρωση διαθήκης ‖ ~**e** [-d]: *(v)* επικυρώνω διαθήκη ‖ ~**ion** (prou´beiʃən): *(n)* περίοδος δοκιμής ‖ δοκιμή, δοκιμασία ‖ απελευθέρωση υπό επιτήρηση και υπόσχεση καλής διαγωγής ‖ ~**ionary**: *(adj)* δοκιμαστικός ‖ ~**ioner**: *(n)* δόκιμος
probe (proub) [-d]: *(v)* ερευνώ επισταμένως ‖ ερευνώ με μήλη ‖ *(n)* μήλη ‖ εξέταση με μήλη ‖ εξονυχιστική έρευνα, επισταμένη εξέταση ‖ επιστημονικό όργανο ή μηχάνημα έρευνας άγνωστης περιοχής ή κατάστασης
probity (´proubəti:): *(n)* χρηστότητα, ακεραιότητα χαρακτήρα
problem (´prəbləm): *(n)* πρόβλημα ‖ ~**atic**, ~**atical**: *(adj)* προβληματικός
proboscis (prou´bəsis): *(n)* προβοσκίδα ‖ μύτάρα
proce-dure (prə´si:dzər): *(n)* διαδικασία ‖ μέθοδος ‖ ~**ed** (prou´si:d) [-ed]: *(v)* προχωρώ, εξακολουθώ, συνεχίζω ‖ προχωρώ, κινούμαι κανονικά ‖ αναλαμβάνω, ενεργώ, εκτελώ ‖ αρχίζω νομική διαδικασία ‖ ~**eding**: *(n)* πορεία, διαδικασία ‖ ~**edings**: *(n)* πρακτικά συνεδρίασης ‖ *(n)* νομική διαδι-

288

κασία ‖ ~eds (prousi:dz): (n) έσοδα, εισπράξεις ‖ ~ss (΄prouses) (prəses): (n) μέθοδος ‖ διαδικασία ‖ πορεία, εξέλιξη ‖ δικαστική κλήση ‖ αριθμητική πράξη ‖ μέθοδος κατασκευής ή παραγωγής ‖ απόφυση ‖ ~ss [-ed]: (v) επεξεργάζομαι, κατεργάζομαι ‖ ~ss (prə΄ses) [-ed]: (v) προχωρώ, πορεύομαι ‖ ~ssion: (n) πορεία ‖ παρέλαση ‖ πομπή

procla-im (prou΄kleim) [-ed]: (v) διακηρύσσω ‖ αναγορεύω ‖ ~mation (prɔklə΄meiʃən): (n) διακήρυξη ‖ προκήρυξη

procrastinat-e (prou΄kræstəneit) [-d]: (v) αναβάλλω ‖ κωλυσιεργώ, χρονοτριβώ ‖ ~ion: (n) αναβολή ‖ κωλυσιεργία, χρονοτριβή

procreat-e (proukri:΄eit) [-d]: (v) τεκνοποιώ ‖ δημιουργώ, παράγω ‖ ~ion: (n) τεκνοποιία ‖ δημιουργία, παραγωγή ‖ ~ive: (adj) δημιουργικός

proctor (΄prɔktər): (n) επόπτης διαγωνισμού

procure (prou΄kjur) [-d]: (v) προμηθεύομαι ‖ αποκτώ ‖ επιφέρω ‖ κάνω τον προαγωγό ‖ ~r: (n) μαστροπός ‖ προμηθευτής ‖ ~ss: (n) η μαστροπός

prod (prɔd) [-ded]: (v) κεντώ, κεντρίζω ‖ εξωθώ, σπρώχνω ‖ (n) εξώθηση, σπρώξιμο ‖ βουκέντρα

prodi-gal (΄prɔdigəl): (adj) άσωτος ‖ άφθονος, πλουσιοπάροχος ‖ ~gality: (n) ασωτία ‖ ~gious (prə΄didзəs): (adj) εξαιρετικός ‖ ~gy (΄prɔdədzi:): (n) φαινόμενο, εξαιρετικός, θαύμα

produc-e (prə΄dju:s) [-d]: (v) παράγω ‖ παρουσιάζω ‖ ~e (΄prɔdju:s): (n) παραγωγή, προϊόντα ‖ ~er: (n) παραγωγός ‖ ~t (΄prɔdəkt): (n) προϊόν ‖ γινόμενο ‖ ~tion (prə΄dʌkʃən): (n) παραγωγή ‖ ~tive: (adj) παραγωγικός ‖ ~tive of: (adj) επιφέρων, έχων ως αποτέλεσμα ‖ ~tivity, ~tiveness: (n) παραγωγικότητα

profa-nation (prɔfə΄neiʃən): (n) βλασφημία ‖ βεβήλωση ‖ ~ne (prou΄fein): (adj) βλάσφημος ‖ βέβηλος ‖ λαϊκός, μη θρησκευτικός ‖ ~ne [-d]: (v) βλασφημώ ‖ ~nity: (n) βλασφημία

profess (prə΄fes) [-ed]: (v) διακηρύσσω ‖ ισχυρίζομαι ‖ προσποιούμαι ‖ ~ion: (n) επάγγελμα προϋποθέτον πτυχίο, ανώτερο επάγγελμα ‖ διακήρυξη, ισχυρισμός ‖ ~ional: (n) επαγγελματίας αθλητής ‖ τέλειος στο είδος του ‖ ~ionalism: (n) επαγγελματισμός ‖ ~or: (n) καθηγητής πανεπιστημίου ‖ ~orship: (n) καθηγεσία

proffer (΄prɔfər) [-ed]: (v) προσφέρω

proficien-cy (prə΄fiʃənsi:): (n) ικανότητα ‖ επιδεξιότητα ‖ ~t: (adj) ικανός, ειδικός, επιδέξιος

profile (΄proufail): (n) κατατομή, ''προφίλ'' ‖ βιογραφικό σημείωμα ‖ διατομή

profit (΄prɔfit): (n) κέρδος ‖ όφελος ‖ [-ed]: (v) κερδίζω ‖ ωφελούμαι ‖ ~eer: (n) κερδοσκόπος ‖ ~eer [-ed]: (v) κερδοσκοπώ

profound (prə΄faund): (adj) βαθύς, από βάθους ‖ ~ly: (adv) βαθιά, από βάθους

profus-e (prə΄fju:s): (adj) άφθονος ‖ ~ely: (adv) άφθονα, με αφθονία ‖ ~ion: (n) αφθονία

progen-itor (prou΄dzenətər): (n) πρόγονος ‖ ~y (΄prɔdzəni:): (n) απόγονος ‖ προϊόν, αποτέλεσμα

program (΄prougræm), ~me: (n) πρόγραμμα ‖ [-ed, -med]: (v) προγραμματίζω ‖ ~mer: (n) προγραμματιστής ‖ ~ing, ~ming: (n) προγραμματισμός

progress (΄prɔgres, ΄prougres): (n) πρόοδος ‖ εξέλιξη ‖ (prə΄gres) [-ed]: (v) προοδεύω ‖ εξελίσσομαι ‖ ~ion: (n) πρόοδος ‖ ~ive: (adj) προοδευτικός ‖ ~ively: (adv) προοδευτικά, βαθμηδόν ‖ ~iveness: (n) προοδευτικότητα

prohibit (prou΄hibit) [-ed]: (v) απαγορεύω ‖ παρεμποδίζω ‖ ~ion: (n) απαγόρευση ‖ ποτοαπαγόρευση ‖ ~ionist: (n) οπαδός ποτοαπαγόρευσης ‖ ~ive: (adj) απαγορευτικός ‖ δυσανάλογα μεγάλος, εμποδιστικός

project (΄prɔdzekt): (n) σχέδιο, μελέτη ‖ έργο ‖ (prə΄dzekt) [-ed]: (v) προβάλλω ‖ εξακοντίζω, ρίχνω ‖ μεταφέρω στη φαντασία ‖ σχεδιάζω, μελετώ, εκ-

proletarian

πονώ ‖ προεξέχω ‖ ~ile: *(n)* βλήμα ‖
(adj) προβαλλόμενος, εξέχων ‖ ~ion:
(n) προεξοχή ‖ προβολή ‖ ~ive: *(adj)*
προβολικός ‖ προεξέχων ‖ ~or: *(n)*
προβολέας ‖ μηχανή προβολής
proletari-an (prouləˈteəri:ən): *(adj)*
προλεταριακός ‖ *(n)* προλετάριος ‖
~at: *(n)* προλεταριάτο
prolifer-ate (prouˈlifəreit) [-d]: *(v)*
αναπαράγω ‖ αναπαράγομαι, πολλα-
πλασιάζομαι ‖ ~ous: *(adj)* αναπαρα-
γωγικός ‖ ~ation: *(n)* αναπαραγωγή,
πολλαπλασιασμός
prolific (prouˈlifik): *(adj)* πολύ γόνι-
μος, παραγωγικός
prologue (ˈproulɒg): *(n)* πρόλογος
prolong (prəˈlɔ:ŋ) [-ed]: *(v)* προεκτεί-
νω ‖ παρατείνω ‖ ~ation: *(n)* προέ-
κταση ‖ παράταση
prom (prɒm): *(n)* σχολικός ή φοιτητι-
κός χορός ‖ ~enade (ˈprɒməˈneid):
(n) περίπατος, "βόλτα" ‖ χώρος για
περίπατο ‖ επίσημος χορός ‖ φιγούρα
χορού ‖ ~enade [-d]: *(v)* κάνω περί-
πατο ‖ περιφέρω, εκθέτω, επιδεικνύω
‖ ~enader: *(n)* περιπατητής ‖ ~enade
deck: *(n)* κατάστρωμα πλοίου για
τους επιβάτες
prominen-ce (ˈprɒmənəns), ~cy: *(n)*
προεξοχή ‖ εξοχότητα, υπεροχή ‖ ~t:
(adj) προεξέχων ‖ εξέχων, διακεκριμέ-
νος
promiscu-ity (prɒmisˈkju:əti:): *(n)* μείγ-
μα, ανακάτωμα ‖ μη εκλεκτικότητα ‖
~ous: *(adj)* ανάμεικτος, ανακατωμένος
‖ μη εκλεκτικός, χωρίς διάκριση
promis-e (ˈprɒmis): *(n)* υπόσχεση ‖ έν-
δειξη επιτυχίας ‖ [-d]: *(v)* υπόσχομαι
‖ ~ed land: *(n)* γη της επαγγελίας ‖
~ing: *(adj)* υποσχόμενος πολλά, με εν-
δείξεις επιτυχίας ‖ ~sory: *(adj)* υπο-
σχετικός ‖ ~sory note: *(n)* συναλλαγ-
ματική
promontory (ˈprɒməntɔ:ri:): *(n)* ακρω-
τήριο
promot-e (prəˈmout) [-d]: *(v)* προάγω,
προβιβάζω ‖ προάγω, υποστηρίζω ‖
~er: *(n)* υποστηρικτής ‖ οργανωτής ‖
~ion: *(n)* προαγωγή, προβιβασμός ‖
προαγωγή, υποστήριξη, διαφήμιση ‖

~ive: *(adj)* προαγωγικός
prompt (prɒmpt): *(adj)* έγκαιρος, ακρι-
βής ‖ άμεσος ‖ [-ed]: *(v)* υποκινώ ‖
παρακινώ ‖ υπενθυμίζω, υποβάλλω ‖
~er: *(n)* υποκινητής ‖ υποβολέας ‖
~ly: *(adv)* αμέσως, σύντομα ‖ ~itude,
~ness: *(n)* αμεσότητα ‖ ταχύτητα, συ-
ντομία
promulgat-e (ˈprɒməlgeit) [-d]: *(v)* δια-
κηρύσσω, προκηρύσσω ‖ ~ion: *(n)*
διακήρυξη, προκήρυξη
prone (proun): *(adj)* πρηνής ‖ επιρρε-
πής ‖ ~ness: *(n)* ροπή, κλίση
prong (prɒŋ): *(n)* αιχμή περόνης, σου-
βλί ‖ [-d]: *(v)* τρυπώ
pronoun (ˈprounaun): *(n)* αντωνυμία
pronounce (prəˈnauns) [-d]: *(v)* προφέ-
ρω ‖ διακηρύσσω, αγγέλλω ‖ απαγγέλ-
λω, δηλώνω ‖ ~d: *(adj)* με έμφαση,
έντονος ‖ ~dly: *(adv)* εμφαντικά,
έντονα ‖ ~ment: *(n)* διακήρυξη ‖ επί-
σημη δήλωση
pronto (ˈprɒntou): *(adv)* αμέσως, "τά-
κα-τάκα" *(id)*
pronunciation (prɒnʌnsi:ˈeiʃən): *(n)*
προφορά
proof (pru:f): *(n)* απόδειξη ‖ τεκμήριο,
στοιχείο ‖ δοκιμασία ‖ δοκίμιο τυπο-
γραφικό ‖ φωτογραφικό δοκίμιο ‖
(adj) αδιαπέραστος ‖ ~read: *(v)* διορ-
θώνω τυπογραφικό δοκίμιο ‖
~reader: *(n)* διορθωτής
prop (prɒp): *(n)* υποστήριγμα ‖ *(n)*
σκηνικά, υλικά θεάτρου ‖ [-ped]: *(v)*
υποστηρίζω
propa-ganda (prɒpəˈɡændə): *(n)* συστη-
ματική διαφώτιση, προπαγάνδα ‖
~gandist: *(n)* προπαγανδιστής ‖
~gandistic: *(adj)* προπαγανδιστικός ‖
~gandize [-d]: *(v)* κάνω προπαγάνδα
προπαγανδίζω ‖ ~gate [-d]: *(v)* διαδί-
δω ‖ αναπαράγω, πολλαπλασιάζω ‖
διαδίδομαι ‖ πολλαπλασιάζομαι ‖
~gation (prɒpəˈgeiʃən): *(n)* διάδοση ‖
αναπαραγωγή
propel (prəˈpel) [-led]: *(v)* προωθώ ‖
δίνω κίνηση ‖ ~lant, ~lent: *(n)* προω-
θητικό ‖ ~ler, ~lor: *(n)* έλικας, "προ-
πέλα"
propensity (prəˈpensəti:): *(n)* ροπή, τά-

290

ση

proper ('prɔpər): *(adj)* κατάλληλος ‖ αρμόζων ‖ διεξοδικός, "πέρα ως πέρα" ‖ πρέπων, όπως πρέπει ‖ ~ly: *(adv)* κατάλληλα ‖ όπως πρέπει, όπως αρμόζει ‖ ~ **fraction**: *(n)* κύριο κλάσμα ‖ ~ **noun**: *(n)* κύριο όνομα

property ('prɔpərti:): *(n)* περιουσία ‖ ιδιοκτησία, κυριότητα ‖ σκηνικά (see prop) ‖ ιδιότητα ‖ ιδιαίτερο χαρακτηριστικό

prophe-cy ('prɔfəsi:): *(n)* προφητεία ‖ ~**sy** ('prɔfəsai) [-ied]: *(v)* προφητεύω ‖ προλέγω ‖ ~**t**: *(n)* προφήτης ‖ ~**tess**: *(n)* προφήτισσα ‖ ~**tic**, ~**tical**: *(adj)* προφητικός

prophylactic (proufə'læktik): *(n)* προφυλακτικό, "καπότα" ‖ *(adj)* προφυλακτικός

proportion (prə'pɔ:r∫ən): *(n)* αναλογία ‖ αναλογική σχέση ‖ μέγεθος, διάσταση ‖ [-ed]: *(v)* ρυθμίζω σε αναλογία ‖ σχηματίζω συμμετρικά ‖ ~**al**: *(adj)* ανάλογος ‖ ~**ally**: *(adv)* ανάλογα ‖ ~**ate**: *(adj)* ανάλογος, σύμμετρος

propos-al (prə'pouzəl): *(n)* πρόταση ‖ εισήγηση ‖ πρόταση γάμου ‖ ~**e** [-d]: *(v)* προτείνω ‖ εισάγω, φέρνω για συζήτηση ‖ προτίθεμαι ‖ προτείνω γάμο ‖ ~**ition** (prɔpə'zi∫ən): *(n)* πρόταση ‖ ανήθικη πρόταση ‖ υπόθεση, "πράγμα" ‖ [-ed]: *(v)* κάνω ανήθικες προτάσεις

propound (prə'paund) [-ed]: *(v)* αναπτύσσω

proprie-tary (prə'praiəteri:): *(adj)* αποκλειστικά ιδιωτικός ‖ ιδιοκτησιακός ‖ *(n)* ιδιοκτήτης ‖ ιδιοκτησία ‖ ~**tor**: *(n)* ιδιοκτήτης ‖ ~**torship**: *(n)* ιδιοκτησία ‖ ~**tress**: *(n)* ιδιοκτήτρια ‖ ~**ty** (prə'praiəti): *(n)* καθωσπρεπισμός ‖ κοσμιότητα ‖ **the** ~**ties**: *(n)* οι καθώς πρέπει τρόποι

propulsion (prə'pʌl∫ən): *(n)* προώθηση ‖ ωθητική δύναμη

prorata (prou'reitə): *(adv)* κατ' αναλογία

prosa-ic (prə'zeik): *(adj)* πεζός ‖ ~**ically**: *(adv)* πεζά ‖ ~**ism**: *(n)* πεζότητα

proscri-be (prə'skraib) [-d]: *(v)* προγράφω ‖ ~**ption**: *(n)* προγραφή

prose (prouz): *(n)* πεζός λόγος ‖ πεζογράφημα ‖ *(adj)* πεζός, κοινότυπος

prosecut-e ('prɔsəkju:t) [-d]: *(v)* διώκω ποινικά ‖ ~**ing attorney**: *(n)* δημόσιος κατήγορος ‖ ~**ion**: *(n)* ποινική δίωξη ‖ κατηγορία, κατήγοροι ‖ ~**or**: *(n)* δημόσιος κατήγορος ‖ εισαγγελέας

proselyt-e ('prɔsəlait): *(n)* προσήλυτος ‖ ~**ize** [-d]: *(v)* προσηλυτίζω

prospect ('prɔspekt): *(n)* προσδοκία ‖ πιθανός αγοραστής ή πελάτης ‖ άποψη ‖ ανίχνευση ή αναζήτηση ‖ [-ed]: *(v)* ψάχνω για πολύτιμα μέταλλα ‖ ~**ive**: *(adj)* προβλεπτικός ‖ αναμενόμενος, προσδοκόμενος ‖ ~**or**: *(n)* χρυσοθήρας ‖ εξερευνητής μεταλλοφόρας περιοχής ‖ ~**us**: *(n)* κατατοπιστικό φυλλάδιο, διαφημιστικό πρόγραμμα ή κατάλογος, "προσπέκτους"

prosper ('prɔspər) [-ed]: *(v)* ευημερώ ‖ ευδοκιμώ ‖ ~**ity**: *(n)* ευημερία ‖ ~**ous**: *(adj)* ευημερών ‖ ευκατάστατος

prostitut-e ('prɔstətju:t): *(n)* πόρνη ‖ ~**ion**: *(n)* πορνεία

prostrat-e ('prɔstreit) [-d]: *(v)* προσκυνώ, πέφτω στα γόνατα ‖ πέφτω μπρούμυτα ‖ καταβάλλω ‖ *(adj)* γονατιστός, πεσμένος στα γόνατα ‖ ξαπλωμένος μπρούμυτα ‖ ~**ion**: *(n)* προσκύνημα ‖ ξάπλωμα

protagonist (prou'tægənist): *(n)* πρωταγωνιστής

protect (prə'tekt) [-ed]: *(v)* προστατεύω ‖ καλύπτω προστατευτικά ‖ ~**ion**: *(n)* προστασία ‖ κάλυψη ‖ ~**ive**: *(adj)* προστατευτικός ‖ ~**or**: *(n)* προστάτης ‖ ~**orate**: *(n)* προτεκτοράτο ‖ ~**ory**: *(n)* προστατευτικό ίδρυμα αλητοπαίδων

protégé ('proutəzei): *(n)* προστατευόμενος ‖ ~**e**: *(n)* προστατευομένη

protein ('prouti:in): *(n)* πρωτεΐνη

protest (prou'test) [-ed]: *(v)* διαμαρτύρομαι ‖ προκαλώ διαμαρτύρηση γραμματίου ‖ ('proutest): *(n)* διαμαρτυρία ‖ διαμαρτύρηση ‖ ~**er**: *(n)* διαδηλωτής, διαμαρτυρόμενος, αντίθετος ‖ ~**ant**: *(n & adj)* Διαμαρτυρόμενος ‖

protocol

~ation: *(n)* διαμαρτυρία ‖ εκδήλωση διαμαρτυρίας
protocol (´proutəkɔ:l): *(n)* πρωτόκολλο, ετικέτα
prototype (´proutətaip): *(n)* πρωτότυπο
protract (prou´trækt) [-ed]: *(v)* παρατείνω ‖ σχεδιάζω υπό κλίμακα ‖ ~ed: *(adj)* παρατεταμένος ‖ ~ion: *(n)* παράταση ‖ προέκταση ‖ ~or: *(n)* μοιρογνωμόνιο, γωνιόμετρο
protru-de (prou´tru:d) [-d]: *(v)* προεξέχω ‖ ~sion: *(n)* προεξοχή
protuber-ance (prou´tu:bərəns): *(n)* εξόγκωμα ‖ ~ant: *(adj)* εξογκωμένος ‖ ~ate [-d]: *(v)* διογκώνομαι, εξογκώνομαι
proud (praud): *(adj)* περήφανος ‖ υπερόπτης ‖ έξοχος, μεγαλόπρεπος ‖ ~ly: *(adv)* περήφανα
prove- (pru:v) [-d]: *(v)* αποδεικνύω ‖ αποδεικνύομαι ‖ επαληθεύω ‖ ~n: *(adj)* αποδειγμένος
provenance (´prɒnənəns): *(n)* καταγωγή, προέλευση
proverb (´prɒvə:rb): *(n)* παροιμία ‖ ~ial: *(adj)* παροιμιώδης
provide (prə´vaid) [-d]: *(v)* παρέχω, προμηθεύω ‖ προπαρασκευάζομαι ‖ χορηγώ ‖ ~d: *(conj)* με την προυπόθεση, αρκεί ή εφόσον .. ‖ ~nce (´prɒvədəns): *(n)* πρόνοια ‖ **P-nce**: *(n)* θεία πρόνοια ‖ ~nt: *(adj)* προνοητικός ‖ ~ntial: *(adj)* από θεία πρόνοια
provinc-e (´prɒvins): *(n)* επαρχία ‖ διοικητική περιοχή ‖ αρχιεπισκοπική περιοχή ‖ αρμοδιότητα, δικαιοδοσία ‖ ~ial: *(adj)* επαρχιακός ‖ περιορισμένης αντίληψης ‖ *(n)* επαρχιώτης
provision (prə´vizən): *(n)* προμήθεια ‖ χορηγία ‖ προληπτικό μέτρο ‖ όρος ‖ [-ed]: *(v)* προμηθεύω, εφοδιάζω ‖ ~s: *(n)* εφόδια ‖ ~al: *(adj)* προσωρινός
provo-cation (prɒvə´keiʃən): *(n)* πρόκληση ‖ ~cative (prə´vɒkətiv): *(adj)* προκλητικός ‖ ερεθιστικός, διεγερτικός ‖ ~ke (prə´vouk) [-d]: *(v)* προκαλώ ‖ διεγείρω, ερεθίζω
provost (´prouvoust): *(n)* πρύτανης ‖ ~ **marshal**: *(n)* διοικητής στρατονομίας
prow (prau): *(n)* πλώρη ‖ εμπρόσθιο

άκρο ‖ ~**ess**: *(n)* δεξιοτεχνία ‖ γενναιότητα, ανδρεία
prowl (praul) [-ed]: *(v)* περιφέρομαι ύποπτα ‖ *(n)* ύποπτο τριγύρισμα ‖ ~**er**: *(n)* ύποπτος, αλήτης ‖ ~**car**: *(n)* περιπολικό αστυνομίας
proxim-al (´prɒksəməl): *(adj)* κοντινός, γειτονικός ‖ ~**ate**: *(adj)* κοντινός ‖ κατά προσέγγιση ‖ ~**ity** (prɒk´siməti): *(n)* εγγύτητα ‖ ~**o**: *(adv)* τον προσεχή μήνα
proxy (´prɒksi:): *(n)* πληρεξούσιος ‖ πληρεξούσιο ‖ αντιπρόσωπος ‖ **vote by ~**: ψήφος δι' αντιπροσώπου
prud-e (´pru:d): *(n)* σεμνότυφος ‖ ~**ence**: *(n)* σύνεση, φρόνηση ‖ φροντίδα, προσοχή ‖ ~**ent**: *(adj)* συνετός, φρόνιμος ‖ ~**ential**: *(adj)* φρόνιμος ‖ ~**ery**: *(n)* σεμνοτυφία ‖ ~**ish**: *(adj)* σεμνότυφος ‖ ~**ishness**: *(n)* σεμνοτυφία
prune (pru:n): *(n)* ξερό δαμάσκηνο ‖ γρουσούζης *(id)* ‖ [-d]: *(v)* κλαδεύω ‖ περικόπτω
pry (prai) [-ied]: *(v)* κατασκοπεύω, παρακολουθώ αδιάκριτα ‖ μοχλεύω, ανοίγω ή κινώ με μοχλό ‖ αποσπώ με δυσκολία ‖ *(n)* αδιάκριτος ‖ λοστός ‖ ~ **into**: *(v)* ανακατεύομαι σε ξένες υποθέσεις, "χώνω τη μύτη μου"
psalm (sa:m): *(n)* ψαλμός ‖ ~**ist**: *(n)* ψαλμωδός ‖ ~**ody**: *(n)* ψαλμωδία
pseudo (´su:dou): *(adj)* ψεύτικος ‖ ψευδο- ‖ ~**nym**: *(n)* ψευδώνυμο
psoriasis (sə´raiəsis): *(n)* ψωρίαση
psych (saik): *(n)* see psychology ‖ [-ed]: *(v)* υποβάλλω *(id)* ‖ ~**e** (´saiki:): *(n)* ψυχή, πνεύμα ‖ νους ‖ ~**edelic**: *(adj)* ψυχεδελικός ‖ ~**iatrist** (sai´kaiətrist): *(n)* ψυχίατρος ‖ ~**iatry**: *(n)* ψυχιατρική ‖ ~**ic** (´saikik), ~**ical**: *(adj)* ψυχικός, διανοητικός ‖ ~**o**: *(n)* ψυχοπαθής *(id)* ‖ ~**oanalysis**: *(n)* ψυχανάλυση ‖ ~**oanalyze** [-d]: *(v)* ψυχαναλύω ‖ ~**oanalyst**: *(n)* ψυχαναλυτής ‖ ~**ologic** (saikə´lɒdzik), ~**ological**: *(adj)* ψυχολογικός ‖ ~**ologist**: *(n)* ψυχολόγος ‖ ~**ologize** [-d]: *(v)* ψυχολογώ ‖ ~**ology**: *(n)* ψυχολογία ‖ ~**opath** (´saikəpæth): *(n)* ψυχοπαθής ‖ ~**opathy**: *(n)* ψυχοπάθεια ‖ ~**osis** (sai´kousis): *(n)* ψύχω-

ση ‖ ~ **osomatic**: *(adj)* ψυχοσωματικός ‖ ~**otic**: *(n & adj)* ψυχοτικός, ψυχοπαθής

P.T. boat (pi:ti:bout): *(n)* τορπιλάκατος

pub (pʌb): *(n)* ταβέρνα ‖ πανδοχείο ‖ ~ **crawl** [-ed]: *(v)* γυρίζω από ταβέρνα σε ταβέρνα

puberty (´pju:bərti:): *(n)* εφηβεία

public (´pʌblik): *(adj)* δημόσιος ‖ *(n)* το κοινό ‖ ~ **address system**: *(n)* σύστημα μετάδοσης με μεγάφωνα ‖ ~**an**: *(n)* ταβερνιάρης ‖ πανδοχέας ‖ ~**ation**: *(n)* δημοσίευση ‖ δημοσίευμα ‖ κοινοποίηση ‖ ~ **defender**: *(n)* συνήγορος διορισμένος από δικαστήριο ‖ ~ **house**: see pub ‖ ~**ity**: *(n)* δημοσιότητα ‖ ~**ize** [-d]: *(v)* δημοσιεύω, κάνω γνωστό ‖ ~ **law**: *(n)* δημόσιο δίκαιο ‖ ~**ly**: *(adv)* δημόσια, όχι κρυφά ‖ ~ **prosecutor**: *(n)* δημόσιος κατήγορος ‖ ~ **relations**: *(n)* δημόσιες σχέσεις ‖ ~ **school**: *(n)* δημόσιο σχολείο (U.S.) ‖ ιδιωτικό γυμνάσιο (G.B.) ‖ ~ **servant**: *(n)* δημόσιος υπάλληλος ‖ ~ **spirited**: *(adj)* εργαζόμενος ή ενδιαφερόμενος για το κοινό καλό ‖ ~ **utility**: *(n)* δημόσια επιχείρηση

publish (´pʌbliʃ) [-ed]: *(v)* εκδίδω, δημοσιεύω ‖ κάνω γνωστό, γνωστοποιώ, δημοσιεύω ‖ ~**er**: *(n)* εκδότης

pucker (´pʌkər) [-ed]: *(v)* σουφρώνω, μαζεύω ‖ *(n)* σούφρωμα ‖ σούφρα, ζάρα

pudding (´pudiŋ): *(n)* πουτίγκα

puddle (´pʌdl): *(n)* λασπόλακκος ‖ λιμνούλα ‖ [-d]: *(v)* λασπώνω

pudgy (´pʌdzi:): *(adj)* κοντόχοντρος

puerile (´pju:əril, ´pju:ərail): *(adj)* παιδαριώδης

puff (pʌf): *(n)* φύσημα ‖ ξαφνική ριπή ανέμου ‖ τουλίπα καπνού ‖ ρουφηξιά καπνού ή αέρα ‖ πρήξιμο, φούσκωμα ‖ [-ed]: *(v)* φυσώ, ξεφυσώ ‖ βγάζω τουλίπες καπνού ‖ τραβώ ρουφηξιές καπνού ‖ φουσκώνω ‖ ~ **pastry**: λαλαγγίτες, τηγανίτες ‖ ~**y**: *(adj)* πρησμένος, φουσκωμένος

pug (pʌg): *(n)* πυγμάχος (id) ‖ ~**ilism** (´pju:dʒəlizəm): *(n)* πυγμαχία ‖ ~**ilist**: *(n)* πυγμάχος ‖ ~**nacious** (pʌg´neiʃəs):

(adj) καβγατζής ‖ ~**nosed**: *(adj)* πλατσομύτης

puke (pju:k) [-d]: *(v)* κάνω εμετό ‖ *(n)* εμετός

pull (pul) [-ed]: *(v)* σύρω, τραβώ, έλκω ‖ βγάζω απότομα, βγάζω τραβώντας ‖ *(n)* έλξη, τράβηγμα ‖ ''μέσα'', επιρροή ‖ ~ **back**: *(n)* αποχώρηση ‖ ~ **off**: *(v)* καταφέρνω, εκτελώ ‖ ~ **oneself together**: *(v)* συνέρχομαι ‖ ~ **through**: *(v)* τα βγάζω πέρα, καταφέρνω ‖ ~ **out**: *(v)* αποχωρώ, αποσύρομαι ‖ ~ **over**: *(v)* σταματώ όχημα στην άκρη δρόμου ‖ ~ **up**: *(v)* σταματώ ‖ *(n)* έλξη σε δοκό ‖ ~ **a face**: *(v)* κάνω μορφασμούς ‖ ~ **down**: *(v)* γκρεμίζω ‖ ~ **in**: *(v)* μπαίνω σε σταθμό ‖ ~ **out**: *(v)* βγαίνω, ξεκινώ

pullet (´pulit): *(n)* πουλάδα

pulley (´pu:li:): *(n)* τροχαλία

pullover (´pulovər): *(n)* πουλόβερ

pulmon-ary (´pʌlməneri:), ~**ic**: *(adj)* πνευμονικός

pulp (pʌlp): *(n)* πολτός, μάζα ‖ σάρκα φρούτου ‖ πολφός ‖ [-ed]: *(v)* κάνω μάζα, πολτοποιώ ‖ ~ **magazine**: *(n)* φτηνό περιοδικό

pulpit (´pulpit): *(n)* άμβωνας

puls-ate (´pʌlseit) [-d]: *(v)* πάλλω ‖ σφύζω ‖ ~**ation**: *(n)* παλμός ‖ ~**e**: *(n)* σφυγμός ‖ παλμός ‖ ~**e** [-d]: *(v)* σφύζω ‖ ~**imeter**: *(n)* σφυγμόμετρο

pulveriz-e (´pʌlvəraiz) [-d]: *(v)* κονιοποιώ, κάνω σκόνη ‖ καταστρέφω, κατασυντρίβω ‖ ~**ation**: *(n)* κονιοποίηση

puma (´pju:mə): *(n)* αμερικανικό λιοντάρι, πούμα

pumice (´pʌmis): *(n)* ελαφρόπετρα

pummel (´pʌməl): see pommel

pump (pʌmp): *(n)* αντλία, ''τρόμπα'' [-ed]: *(v)* αντλώ, ''τρομπάρω'' ‖ προσπαθώ να μάθω κάτι, ''παίρνω λόγια''

pumpkin (´pʌmpkin): *(n)* κολοκύθα

pun (pʌn): *(n)* λογοπαίγνιο ‖ [-ned]: *(v)* κάνω λογοπαίγνιο

punch (pʌntʃ): *(n)* τρυπητήρι, στιγέας ‖ εξολκέας ‖ γροθιά, μπουνιά ‖ ''πόντσι'' ‖ [-ed]: *(v)* διατρυπώ, κάνω τρύπα ‖ δίνω γροθιά ‖ κάνω το γελα-

293

punctual

δάρη ‖ ~ **drunk**: *(adj)* ζαλισμένος από
γροθιές ‖ ζαλισμένος, χαμένος ‖ **cow
~er**: *(n)* αγελαδάρης ‖ **~ing bag**: *(n)*
σάκκος πυγμαχίας ‖ **~y**: *(adj)* ζαλισμέ-
νος
punctu-al (΄pʌŋktʃu:əl): *(adj)* ακριβής,
στην ώρα του ‖ **~ate** [-d]: *(v)* βάζω
σημείο στίξης ‖ διακόπτω περιοδικά,
διακόπτω που και που ‖ δίνω έμφα-
ση, τονίζω ‖ **~ation**: *(n)* στίξη ‖ ση-
μεία στίξης ‖ **~ation mark**: *(n)* σημείο
στίξης
puncture (΄pʌŋktʃər) [-d]: *(v)* διατρυπώ
‖ ξεφουσκώνω, κάνω να ξεφουσκώσει
‖ *(n)* διάτρηση ‖ τρύπα ‖ ξεφούσκωμα
pundit (΄pʌndit): *(n)* βραχμάνος σοφός
‖ σοφός άνθρωπος, πολύ μορφωμένος
pungent (΄pʌndzənt): *(adj)* οξύς, καυ-
στικός
punish (΄pʌniʃ) [-ed]: *(v)* τιμωρώ ‖ κά-
νω κακό, μεταχειρίζομαι άσχημα ‖
~able: *(adj)* αξιόποινος ‖ **~ment**: *(n)*
τιμωρία ‖ κακομεταχείριση
punitive (΄pju:nətiv): *(adj)* τιμωρητικός
‖ **~action**: *(n)* αντίποινα
punk (pʌŋk): *(n)* άβγαλτος νεαρός ‖
νεαρός αλήτης ‖ κίναιδος
punt (pʌnt): *(n)* βάρκα χωρίς καρίνα
puny (΄pju:ni): *(adj)* μικροσκοπικός ‖
ασήμαντος
pup (pʌp), **~py**: *(n)* κουτάβι
pupil (΄pju:pəl): *(n)* μαθητής ‖ κηδεμο-
νευόμενος ‖ κόρη οφθαλμού ‖ **~age**:
(n) μαθητεία
puppet (΄pʌpit): *(n)* κούκλα, ''μαριονέ-
τα'' ‖ **~eer**: *(n)* παίκτης κουκλοθέα-
τρου
puppy: see pup
purchase (΄pə:rtʃis) [-d]: *(v)* αγοράζω ‖
κινώ με μοχλό ‖ *(n)* αγορά, ψώνιο ‖
μόχλευση
pure (pju:r): *(n)* αγνός ‖ καθαρός, αμι-
γής ‖ **~bred**: *(adj)* καθαρόαιμος ‖ **~ly**:
(adv) αγνά ‖ καθαρά ‖ **~ness**: *(n)* κα-
θαρότητα, αγνότητα
purée (pju΄rei): *(n)* πουρές
purg-ation (pə:r΄geiʃən): *(n)* κάθαρση ‖
~ative: *(n)* καθαρτικό ‖ **~atory**: *(n)*
καθαρτήριο ‖ **~e** (pə:rdz) [-d]: *(v)* κα-
θαρίζω ‖ εκκαθαρίζω ‖ *(n)* κάθαρση ‖

καθαρτικό, καθάρσιο
puri-fication (pjurəfi΄keiʃən): *(n)* κά-
θαρση ‖ εξαγνισμός ‖ εξυγίανση ‖ **~fy**
[-ied]: *(v)* καθαρίζω ‖ εξαγνίζω ‖ εξυ-
γιαίνω ‖ **~sm**: *(n)* καθαρολογία, χρήση
καθαρεύουσας ‖ **~st**: *(n)* οπαδός κα-
θαρεύουσας ‖ **~tan**: *(n)* πουριτανός ‖
~tanical: *(adj)* πουριτανικός ‖
~tanism: *(n)* πουριτανισμός ‖ **~ty**:
(n) καθαρότητα ‖ ομοιογένεια ‖ αγνό-
τητα
purl (pə:rl) [-ed]: *(v)* κελαρύζω ‖ πλέκω
με ανάποδη βελονιά ‖ *(n)* κελάρυσμα
‖ ανάποδη βελονιά ‖ δαντέλα ‖
~stitch: *(n)* ανάποδη βελονιά
purloin (΄pə:rloin) [-ed]: *(v)* κλέβω
purple (΄pə:rpəl): *(adj)* πορφυρός ‖ βα-
σιλικός, πριγκιπικός ‖ *(n)* πορφύρα ‖
[-d]: *(v)* κοκκινίζω ‖ **~ heart**: *(n)* πα-
ράσημο τραυματία
purpose (΄pə:rpəs): *(n)* σκοπός ‖ πρό-
θεση ‖ απόφαση ‖ **~ful**: *(adj)* αποφα-
σιστικός, αποφασισμένος ‖ εσκεμμένος
‖ **~fully**: *(adj)* αποφασιστικά ‖ **~ly**:
(adv) με σκοπό, σκόπιμα ‖ **~less**:
(adj) άσκοπος ‖ **on ~**: επίτηδες, σκό-
πιμα, εκ προθέσεως
purr (pə:r) [-ed]: *(v)* ρουθουνίζω ‖
γουργουρίζω ‖ *(n)* ρουθούνισμα ‖
μουρμούρισμα μηχανής
purse (pə:rs): *(n)* πορτοφόλι ‖ γυναι-
κεία τσάντα ‖ χρηματική αμοιβή ‖ [-
d]: *(v)* σουφρώνω τα χείλη ή τα φρύ-
δια ‖ **~r**: *(n)* διαχειριστής ή ταμίας ή
λογιστής πλοίου
pursu-ance (pər΄su:əns): *(n)* εξακολού-
θηση, συνέχιση ‖ δίωξη, καταδίωξη ‖
επιδίωξη ‖ **~ant**: *(adj)* ακόλουθος,
επόμενος ‖ **~e** [-d]: *(v)* διώκω, κατα-
διώκω ‖ επιδιώκω, επιδίδομαι ‖ εξα-
κολουθώ, συνεχίζω ‖ **~it**: *(n)* δίωξη,
καταδίωξη ‖ επιδίωξη
purvey (pər΄vei) [-ed]: *(v)* εφοδιάζω,
προμηθεύω ‖ **~ance**: *(n)* προμήθεια,
εφοδιασμός ‖ **~or**: *(n)* προμηθευτής
pus (pʌs): *(n)* πύο
push (puʃ) [-ed]: *(v)* ωθώ, σπρώχνω ‖
προωθώ ‖ παρακινώ ‖ πιέζω ‖ διαφη-
μίζω ‖ πουλώ παράνομα ναρκωτικά ‖
(n) ώθηση, σπρώξιμο ‖ προώθηση ‖

294

παρακίνηση ‖ ενεργητικότητα ‖ ~
aside: *(v)* παραμερίζω σπρώχνοντας ‖
~ **button**: *(n)* διακόπτης ‖ ~ **cart**: *(n)*
χειράμαξα ‖ ~**er**: *(n)* πωλητής ναρκωτικών ‖ ~**ing**: *(adj)* ενεργητικός ‖ επιθετικός ‖ ~ **off**: *(v)* φεύγω *(id)* ‖ ~**on**:
(v) συνεχίζω ‖ ~**over**: *(n)* εύκολη δουλειά ‖ ~**pin**: *(n)* πινέζα ‖ ~**y**: *(adj)* επιθετικός, δεσποτικός
puss (pus): *(n)* γάτα ‖ κορίτσι *(id)* ‖
στόμα *(id)* ‖ "φάτσα" *(id)* ‖ ~**y**: *(n)*
γατάκι ‖ αιδοίο, "μουνί" *(id)* ‖
~**yfoot**: *(v)* περπατώ αθόρυβα
pustule (΄pʌstʃul): *(n)* σπυρί
put (put) [put, put]: *(v)* θέτω, τοποθετώ, βάζω ‖ *(adj)* ακίνητος, σταματημένος ‖ ~ **about**: *(v)* αλλάζω κατεύθυνση, γυρίζω ‖ ~ **across**: *(v)* κάνω αντιληπτό, δίνω να καταλάβει ‖ καταφέρνω, επιτυγχάνω ‖ ~ **aside**, ~ **away**, ~
by: *(v)* φυλάγω για αργότερα, βάζω
στην μπάντα ‖ εγκαταλείπω ‖ ~ **forth**:
(v) βγάζω, αναπτύσσω ‖ εισάγω, προτείνω ‖ εξασκώ ‖ ~ **in**: *(v)* μπαίνω
στο λιμάνι ‖ εισάγω, υποβάλλω ‖ ~
forward: *(v)* προτείνω, εισάγω ‖ ~
down: *(v)* καταγράφω, σημειώνω ‖
υποτιμώ ‖ ~ **off**: *(v)* αναβάλλω ‖ βγάζω ‖ ~ **on**: *(v)* βάζω, φορώ ‖ εφαρμόζω, ενεργοποιώ ‖ παρουσιάζω ‖ πειράζω, κοροϊδεύω ‖ προσποιούμαι ‖ ~
out: *(v)* σβήνω ‖ βγαίνω από λιμάνι

βγάζω ‖ δημοσιεύω, εκδίδω ‖ προκαλώ αμηχανία, στενοχωρώ ‖ ~
through: *(v)* φέρνω σε πέρας ‖ ~ **up**:
(v) ανεγείρω, στήνω ‖ ονομάζω ‖ παρέχω στέγη, φιλοξενώ ‖ υποκινώ ‖ ~
up: *(adj)* προσχεδιασμένο, "στημένο"
‖ ~ **upon**: *(v)* δίνω βάρος, επιβαρύνω
‖ ~ **up with**: *(v)* ανέχομαι
putrid (΄pju:trid): *(adj)* σάπιος
putt (pʌt): *(n)* χτύπημα μπάλας του
γκολφ
puttee (΄pʌti:): *(n)* περικνημίδα, γκέτα
στρατιωτική
putter (΄pʌtər) [-ed]: *(v)* ψευτοδουλεύω
‖ χασομερώ
putty (΄pʌti:): *(n)* στόκος ‖ [-ied]: *(v)*
στοκάρω
puzzle (΄pʌzəl) [-d]: *(v)* περιπλέκω,
βάζω σε αμηχανία ‖ βρίσκομαι σε
αμηχανία ‖ *(n)* αίνιγμα ‖ γρίφος, ακατανόητο πράγμα ‖ ~**ing**: *(adj)* αινιγματικός, ακατανόητος ‖ ~**e out**: *(v)* βρίσκω σημασία
αινίγματος
pygmy (΄pigmi): *(n)* πυγμαίος
pylon (΄pailən): *(n)* πυλώνας ‖ πύργος
pyramid (΄pirəmid): *(n)* πυραμίδα ‖
~**al**, ~**ic**, ~**ical**: *(adj)* πυραμιδοειδής
pyre (pair): *(n)* πυρά, μεγάλη φωτιά
pyromania (pairou΄meini:ə): *(n)* πυρομανία ‖ ~**c**: *(adj)* πυρομανής
python (΄paithən): *(n)* πύθωνας

Q

Q, q (kju:): Το 17ο γράμμα του Αγγλικού αλφαβήτου
Q.E.D.: όπερ έδει δείξαι
quack (kwæk): *(n)* πρακτικός γιατρός,
ψευτογιατρός ‖ τσαρλατάνος ‖ κρώξιμο πάπιας ‖ [-ed]: *(v)* κρώζω σαν πάπια
quad (kwɔd): *(n)* see quadrangle ‖ see
quadrant ‖ see quadrilateral ‖ ~**rangle**
(΄kwɔdræŋgəl): *(n)* τετράπλευρο ‖ τε-

τράγωνος εσωτερικός περίβολος ‖
~**rant**: *(n)* τεταρτημόριο ‖ τετράδα ‖
~**ratic**: *(adj)* δευτεροβάθμιος ‖
~**rilateral**: τετράπλευρο ‖ ~**rille**
(kwə΄dril): *(n)* "καντρίλια" ‖ ~**ruped**
(΄kwədruped): *(n & adj)* τετράποδο ‖
~**ruple**: *(adj)* τετραπλάσιος ‖ τετραπλός ‖ [-d]: *(v)* τετραπλασιάζω ‖ τετραπλασιάζομαι ‖ ~**ruplets**
(kwə΄druplits): *(n)* τετράδυμα

quaff

quaff (kwəf) [-ed]: (v) πίνω

quag-mire (´kwægmair): (n) τέναγος, έλος ‖ ~**hog**: (n) χιβάδα

quail (kweil): (n) ορτύκι ‖ [-ed]: (v) δειλιάζω, "κάνω πίσω"

quaint (kweint): (adj) παράξενος, περίεργος ‖ ελκυστικά παράξενος, γραφικός

quake (kweik) [-d]: (v) σείομαι ‖ τρέμω ‖ (n) σεισμός ‖ **Q~r**: (n) Κουάκερος ‖ **~r gun**: (n) ξυλοντούφεκο, ψεύτικο τουφέκι

quali-fication (kwɔləfi´keiʃən): (n) προσόν ‖ προϋπόθεση, όρος ‖ περιορισμός, τροποποίηση ‖ ~**fied** (´kwɔləfaid): (adj) έχων προσόντα ‖ ικανός, με τις κατάλληλες γνώσεις ‖ τροποποιημένος ‖ ~**fy** [-ied]: (v) περιγράφω χαρακτηριστικά, χαρακτηρίζω ‖ δίνω προσόντα, καθιστώ κατάλληλο για κάτι ‖ αποκτώ ή έχω προσόντα, είμαι κατάλληλος ‖ τροποποιώ ‖ μετριάζω ‖ ~**tative**: (adj) ποιοτικός ‖ ~**ty**: (n) ποιότητα ‖ ιδιότητα ‖ χαρακτηριστικό

qualm (kwɔ:m, kwɑ:m): (n) ξαφνική αδιαθεσία ‖ ενδοιασμός ‖ τύψη ‖ ~**ish**: (adj) διστακτικός

quandary (´kwɔndəri:): (n) δίλημμα

quanti-fy (´kwɔntəfai) [-ied]: (v) ποσολογώ ‖ ~**tative** (´kwɔntəteitiv): (adj) ποσοτικός ‖ ~**ty**: (n) ποσότητα

quarantine (´kwɔ:rənti:n): (n) υγειονομική κάθαρση, "καραντίνα" ‖ αποκλεισμός, "καραντίνα" ‖ [-d]: (v) βάζω σε "καραντίνα" ‖ απομονώνω πολιτικά ή οικονομικά

quarrel (´kwɔ:rəl): (n) φιλονικία, καβγάς, "τσάκωμα" ‖ [-ed]: (v) φιλονικώ, καβγαδίζω, τσακώνομαι ‖ διαφωνώ ‖ ~**some**: (adj) φίλερος, καβγατζής

quarry (´kwɔ:ri:): (n) θήραμα ‖ λατομείο ‖ [-ied]: (v) βγάζω πέτρα από λατομείο

quart (kwɔ:rt): (n) 1/4 του γαλονιού ‖ ~**an**: (n) τεταρταίος πυρετός ‖ ~**er**: (n) τέταρτο ‖ νόμισμα 25 σεντς ‖ τρίμηνο ‖ ~**er** [-ed]: (v) κόβω στα τέσσερα ‖ στεγάζω, στρατωνίζω, δίνω κατάλυμα ‖ στεγάζομαι, βρίσκω κατάλυ-

μα ‖ ~**s**: (n) κατάλυμα, στρατώνας ‖ ~**erage**: (n) τριμηνιαίο επίδομα ‖ ~**er deck**: (n) πρυμναίο κατάστρωμα ‖ ~**er-hour**: (n) δεκαπέντε λεπτά, τέταρτο ‖ ~**erly**: (adj) τετραμερής ‖ τριμηνιαίος ‖ ~**ermaster**: (n) διαχειριστής μονάδας ‖ υπαξιωματικός πλοηγός ‖ ~**ermaster corps**: (n) επιμελητεία στρατού ‖ ~**et**, ~**ette**: (n) τετραφωνία, "κουαρτέτο"

quartz (kwɔ:rts): (n) χαλαζίας

quash (kwɔʃ) [-ed]: (v) καταστέλλω, καταπνίγω ‖ ακυρώνω

quasi (´kweizi): (adv) μέχρις ενός βαθμού, κάπως, όχι τέλεια ‖ (adj) σαν, ας πούμε πως ‖ ~ **scientific**: ψευτοεπιστημονικός, δήθεν επιστημονικός, μισοεπιστημονικός

quaver (´kweivər) [-ed]: (v) τρέμω, τρεμουλιάζω ‖ μιλώ τρεμουλιαστά ‖ βγάζω λαρυγγισμό ‖ (n) τρεμουλιστός ήχος ‖ λαρυγγισμός ‖ όγδοη νότα μουσικής

quay (ki:): (n) αποβάθρα, μόλος, προκυμαία

queas-iness (´kwi:zi:nis): (n) ζάλη ‖ αηδία ‖ ~**y**: (adj) ζαλισμένος ‖ αηδιαστικός ‖ αμήχανος, διστακτικός

queen (kwi:n): (n) βασίλισσα ‖ ντάμα τράπουλας ‖ κίναιδος (id) ‖ ~**ly**: (adj) βασιλικός ‖ ~**mother**: (n) βασιλομήτωρ

queer (kwiər): (adj) "παράξενος", παράδοξος ‖ εκκεντρικός, "παράξενος" ‖ ύποπτος ‖ απατεώνας (id) ‖ κίναιδος, πούστης (id) ‖ [-ed]: (v) "χαλάω" δουλειά

quell (kwel) [-ed]: (v) καταστέλλω, καταπνίγω ‖ κατευνάζω, ειρηνεύω

quench (kwentʃ) [-ed]: (v) σβήνω ‖ καταστέλλω ‖ ικανοποιώ

querulous (´kwerələs): (adj) γκρινιάρης ‖ παραπονιάρικος

query (´kwiəri:): (n) αμφιβολία ‖ ερώτημα ‖ [-ied]: (v) ερωτώ, θέτω ερώτημα

quest (kwest): (n) αναζήτηση, επιδίωξη ‖ έρευνα ‖ [-ed]: (v) ερευνώ, αναζητώ

question (´kwestʃən): (n) ερώτηση ‖ ζήτημα ή θέμα υπό συζήτηση ή υπο

296

αμφιβολία ‖ θέμα ‖ αμφιβολία ‖ [-ed]: *(v)* ερωτώ ‖ εξετάζω, ανακρίνω ‖ αμφισβητώ ‖ **~able**: *(adj)* αμφισβητήσιμος ‖ αμφίβολος ‖ **~er**: *(n)* εξεταστής ‖ **~ing**: *(adj)* εξεταστικός ‖ ερωτηματικός ‖ *(n)* ανάκριση, εξέταση ‖ **~mark**: *(n)* ερωτηματικό ‖ **~naire**: *(n)* ερωτηματολόγιο ‖ **no ~**: χαμιά αμφιβολία ‖ **out of the ~**: εκτός συζητήσεως, αποκλείεται ‖ **call into ~**: καλώ προς συζήτηση ‖ θέτω σε αμφιβολία

queue (kju:): *(n)* σειρά ανθρώπων ή οχημάτων, "ουρά" ‖ αλογοουρά ‖ [-d]: *(v)* μπαίνω στην "ουρά" ή σχηματίζω "ουρά"

quibble (΄kwibəl) [-d]: *(v)* φέρνω αντιρρήσεις χωρίς βάση ‖ *(n)* αντίρρηση χωρίς βάση

quick (kwik): *(adj)* ταχύς, γρήγορος ‖ ευφυής, έξυπνος ‖ γρηγορομάθητος ‖ *(n)* το ευαίσθητο σημείο ‖ ζωτικό ή ουσιώδες σημείο ‖ *(adv)* γρήγορα ‖ **~en** [-ed]: *(v)* επιταχύνω ‖ ζωντανεύω, δίνω ζωή ‖ ζωντανεύω, παίρνω ζωή ‖ **~ie**: *(n)* γρήγορο πράγμα, γρήγορη δουλειά ‖ **~lime**: *(n)* ασβέστης ‖ **~ly**: *(adv)* γρήγορα ‖ **~ness**: *(n)* ταχύτητα, γρηγοράδα ‖ **~sand**: *(n)* κινούμενη άμμος ‖ **~silver**: *(n)* υδράργυρος ‖ **~tempered**: *(adj)* ευέξαπτος ‖ **~ witted**: *(adj)* έξυπνος, οξύνους

quid (kwid): *(n)* κομμάτι καπνού για μάσημα ‖ λίρα Αγγλίας

quiescent (kwai΄esənt): *(adj)* αδρανής ‖ ήρεμος

quiet (΄kwaiət): *(adj)* ήσυχος ‖ σιωπηλός ‖ ήρεμος ‖ ξεκουραστικός ‖ συμμαζεμένος, όχι φανταχτερός ‖ *(n)* ησυχία ‖ σιωπή ‖ ηρεμία ‖ [-ed]: *(v)* σιωπώ ‖ ηρεμώ ‖ **~ly**: *(adv)* σιωπηλά ‖ ήσυχα, ήρεμα ‖ **~ness**: *(n)* ησυχία ‖ σιωπή ‖ **~ude**: *(n)* γαλήνη, ηρεμία

quill (kwil): *(n)* καλάμι φτερού ‖ φτερό φτερούγας ‖ κάλαμος, πένα φτερού

quilt (kwilt): *(n)* πάπλωμα

quince (kwins): *(n)* κυδωνιά ‖ κυδώνι

quinine (΄kwainain, kwi΄ni:n): *(n)* κινίνη

quinquenni-al (kwin΄kweni:əl): *(adj)* πενταετής ‖ **~ um**: *(n)* πενταετία

quinsy (΄kwinzi:): *(n)* φλόγωση αμυγδαλών

quintet (kwin΄tet), **~ te**: *(n)* πενταφωνία ‖ πεντάδα

quintuple (kwin΄tu:pəl): *(adj)* πενταπλός ‖ πενταπλάσιος ‖ [-d]: *(v)* πενταπλασιάζω ‖ **~t**: *(n)* πεντάδυμος

quip (kwip) [-ped]: *(v)* λέω εξυπνάδες, ευφυολογώ ‖ *(n)* ευφυολογία, "εξυπνάδα" ‖ πείραγμα, μπηχτή ‖ παράξενο πράγμα ‖ **~ster**: *(n)* εξυπνάκιας, ευφυολόγος

quirk (kwə:rk): *(n)* απότομο στρίψιμο ‖ παράξενο φέρσιμο, "παραξενιά" ‖ απρόβλεπτη πράξη ή συμβάν

quirt (kwə:rt): *(n)* μαστίγιο ιππασίας

quit (kwit) [-ed or quit]: *(v)* εγκαταλείπω, "παρατάω" ‖ σταματώ, παύω ‖ παραιτούμαι, αφήνω δουλειά ‖ **~tance**: *(n)* λύση από υποχρέωση ‖ **call it ~s**: *(v)* παραιτούμαι, εγκαταλείπω τον αγώνα ‖ **~s**: *(adj)* είμαι "στα ίσια", ξόφλησα, δεν οφείλω

quite (kwait): *(adv)* εντελώς ‖ αληθινά, πράγματι ‖ μάλλον, ως ένα βαθμό ‖ **~ a, ~ an**: σημαντικός, αξιοσημείωτος, πολύς

quiver (΄kwivər): *(n)* τρεμούλιασμα, τρεμούλα ‖ *(n)* φαρέτρα ‖ [-ed]: *(v)* τρέμω, τρεμουλιάζω ‖ πάλλω, δονούμαι

quixot-ic (kwik΄sətik): *(adj)* δονκιχωτικός ‖ **~ism** ‖ *(n)* δονκιχωτισμός

quiz (kwiz) [-zed]: *(v)* θέτω ερωτηματολόγιο ‖ εξετάζω ‖ ειρωνεύομαι ‖ *(n)* ερωτηματολόγιο ‖ γραπτό ή προφορικό τεστ ‖ πείραγμα, αστείο ‖ **~zical**: *(adj)* με απορία, ερωτηματικός ‖ πειραχτικός ‖ **~zing glass**: *(n)* μονύελο, "μονόκλ"

quoit (kwoit): *(n)* παιχνίδι με κρίκους, σημάδι με κρίκους ‖ κρίκος παιχνιδιού

Quonset hut (΄kwɔnsit hʌt): *(n)* στρατιωτικό προκατασκευασμένο οίκημα, "τολ"

quorum (΄kwɔ:rəm): *(n)* ελάχιστη απαιτούμενη παρουσία για απαρτία ‖ εκλεκτοί

quota (΄kwoutə): *(n)* αναλογία, δικαι-

ούμενο ποσοστό ‖ αναλογία παραγωγής
quot-ation (kwouˊteiʃən): *(n)* περικοπή, απόσπασμα ‖ επανάληψη ή αντιγραφή ακριβούς περικοπής ή λόγων ‖ πίνακας τιμών εμπορευμάτων ή μετοχών ‖ **~ation marks**: *(n)* εισαγωγικά ‖ **~e**

(ˊkwout) [-d]: *(v)* επαναλαμβάνω επί λέξει περικοπή ή λόγια ‖ παραπέμπω, αναφέρω ‖ καθορίζω τιμή ‖ *(n)* περικοπή, απόσπασμα ‖ εισαγωγικά
quotient (ˊkwouʃənt): *(n)* πηλίκον
q.v. (kwədˊvaidi:): ίδε, βλέπε

R

R, r (a:r): το 18ο γράμμα του Αγγλ. αλφαβήτου
rabbi (ˊræbai): *(n)* ραβίνος ‖ **~nate**: *(n)* ραβινεία ‖ **~nic, ~nical**: *(adj)* ραβινικός
rabbit (ˊræbit): *(n)* κουνέλι ‖ λαγός ‖ **~ears**: *(n)* αντένα τηλεόρασης δωματίου σε σχήμα V ‖ **~ punch**: *(n)* χτύπημα στο σβέρκο ‖ **welsh ~**: *(n)* πεΐνιρλί
rabble (ˊræbəl): *(n)* όχλος ‖ **~ rouser**: *(n)* δημαγωγός
rab-id (ˊræbid): *(adj)* λυσσασμένος ‖ έξαλλος, μανιώδης ‖ **~ies** (reibi:s): *(n)* λύσσα
rac-e (reis): *(n)* φυλή, ''ράτσα'' ‖ γενεά ‖ αγώνας δρόμου ‖ γρήγορο ρεύμα νερού ‖ αγωγός, χαντάκι, κοίτη ‖ [-d]: *(v)* τρέχω γρήγορα ‖ κάνω αγώνα δρόμου ‖ **~e course**: *(n)* στάδιο, γραμμές αγώνων δρόμου ‖ **~ehorse**: *(n)* άλογο ιπποδρομιών ‖ **~er**: *(n)* δρομέας ‖ **~etrack**: see **~e course** ‖ **~ial** (ˊreiʃəl): *(adj)* φυλετικός ‖ **~ing**: *(n)* αγώνες δρόμου ‖ **~ing form**: *(n)* δελτίο ιπποδρομιών ‖ **~ism**: *(n)* also **~ialism**: *(n)* φυλετισμός, ''ρατσισμός'' ‖ **~ist, ~ialist**: *(n & adj)* οπαδός φυλετικών διακρίσεων, ''ρατσιστής''
rack (ræk): *(n)* ράφι αποσκευών ‖ κρεμάστρα ‖ οδόντωση ‖ καταστροφή ‖ [-ed]: *(v)* βασανίζω ‖ βάζω σε ένταση ‖ **on the ~**: κάτω από μεγάλη ένταση ή πίεση ‖ **~ one's brain**: σπάζω το μυαλό μου ‖ **go to ~ and ruin**: καταστρέφομαι τελείως ‖ **~ railway**: *(n)* οδο-

ντωτός σιδηρόδρομος ‖ **~ rent**: *(n)* υπερβολικό ενοίκιο
racket (ˊrækit): *(n)* ρακέτα (also: racquet) ‖ φασαρία, μεγάλος θόρυβος ‖ δουλειά, επάγγελμα *(id)* ‖ απάτη, ''μηχανή'', ''κομπίνα'' ‖ **~eer**: *(n)* απατεώνας ‖ **~y**: *(adj)* θορυβώδης
racy (ˊreisi:): *(adj)* πικάντικος ‖ γευστικός ‖ ''σόκιν''
radar (ˊreida:r): ραδιοανιχνευτής, ραδιοανίχνευση, ''ραντάρ''
radian (ˊreidi:ən): *(n)* ακτίνιο ‖ **~ce**: *(n)* ακτινοβολία ‖ **~t**: *(adj)* ακτινοβόλος ‖ γεμάτος χαρά, ολόφωτος από χαρά
radiat-e (ˊreidi:eit) [-d]: *(v)* ακτινοβολώ ‖ απλώνομαι ακτινοειδώς ‖ εκπέμπω λάμψη ή θερμότητα ‖ λάμπω από χαρά ‖ **~ion**: *(n)* ακτινοβολία ‖ εκπομπή ακτίνων ή θερμότητας ‖ **~or**: *(n)* σώμα κεντρικής θέρμανσης, σώμα ''καλοριφέρ'' ‖ ψυκτικό μηχάνημα
radical (ˊrædikəl): *(adj)* ριζικός ‖ ριζοσπαστικός ‖ *(n)* ριζοσπάστης, οπαδός ριζοσπαστικού μέτρου ‖ *(n)* ριζοσπαστισμός ‖ **~ism**: *(n)* ‖ **~sign**: ριζικό σημείο
radio (ˊreidi:ou): *(n)* ράδιο, ραδιοφωνία ‖ ραδιόφωνο ‖ ασύρματος ‖ [-ed] *(v)* μεταδίδω ‖ **~active**: *(adj)* ραδιενεργός ‖ **~activity**: *(n)* ραδιενέργεια ‖ **~beacon**: *(n)* ραδιοφάρος ‖ **~cast**: *(v)* μεταδίδω με ασύρματο ‖ **~compass** *(n)* ραδιοπυξίδα ‖ **~control**: *(n)* τηλεκατεύθυνση ‖ **~graph**: *(n)* ακτινογράφημα, ακτινογραφία ‖ **~ location**: *(n)*

298

ραδιοανίχνευση, ραδιοεντοπισμός ‖ **~phone, ~telephone**: *(n)* ραδιοτηλέφωνο, ασύρματο τηλέφωνο ‖ **~telegraph**: *(n)* ραδιοτηλέγραφος ‖ **~telescope**: *(n)* ραδιοτηλεσκόπιο ‖ **~therapy**: *(n)* θεραπεία με ακτινοβολία

radish (´rædiʃ): *(n)* ρεπάνι

radium (´reidi:əm): *(n)* ράδιο

radius (´reidi:əs): *(n)* ακτίνα

raffish (´ræfiʃ): *(adj)* πρόστυχος, χυδαίος ‖ φανταχτερός, επιδεικτικός

raffle (´ræfəl): *(n)* λαχνός, λοταρία ‖ [-d]: *(v)* βγάζω σε λαχνό

raft (ræft): *(n)* σχεδία ‖ [-ed]: *(v)* μεταφέρω με σχεδία

rafter (´ræftər): *(n)* δοκάρι, πάτερο

rag (ræg): *(n)* κουρέλι ‖ κομματάκι ‖ εφημερίδα *(id)* ‖ [-ged]: *(v)* πειράζω, κοροϊδεύω ‖ *(n)* κοροϊδία, πείραγμα ‖ **~amuffin**: *(n)* βρωμόπαιδο, βρώμικο χαμίνι ‖ **~bag**: *(n)* ανακάτεμα ‖ **~ged**: *(adj)* κουρελιάρης ‖ τραχύς ‖ **~man, ~picker**: *(n)* ρακοσυλλέκτης ‖ **~tag**: *(n)* κουρελήδες, όχλος

rag-e (reidz): *(n)* έντονος θυμός, μανία ‖ μανία, λύσσα ‖ [-d]: *(v)* μαίνομαι, λυσσομανώ ‖ είμαι έξαλλος από θυμό ‖ **~ing**: *(adj)* λυσσασμένος, μαινόμενος, έξαλλος

raglan (´ræglən): *(n)* ρούχο χωρίς ώμους, "ραγκλάν"

raid (reid): *(n)* επιδρομή ‖ [-ed]: *(v)* επιδράμω, εισβάλλω ‖ **~er**: *(n)* επιδρομέας

rail (reil): *(n)* κιγκλίδα ‖ ράβδος σιδηροτροχιάς ‖ σιδηρόδρομος ‖ [-ed]: *(v)* μιλώ δηκτικά ή υβριστικά ‖ **by ~**: σιδηροδρομικώς ‖ **~ing**: *(n)* κιγκλίδωμα ‖ **~lery**: *(n)* αστεία, "καζούρα" ‖ **~road, ~way**: *(n)* σιδηρόδρομος ‖ **~road** [-ed]: *(v)* εγκρίνω "στα γρήγορα", εγκρίνω χωρίς πολλές διατυπώσεις ‖ κατηγορώ με ψεύτικα στοιχεία

rain (rein): *(n)* βροχή ‖ [-ed]: *(v)* βρέχω, πέφτω σαν βροχή ‖ **~bow**: *(n)* ουράνιο τόξο ‖ **~check**: *(n)* εισιτήριο υπογεγραμμένο για μελλοντική χρήση ‖ **~coat**: *(n)* αδιάβροχο ‖ **~fall**: *(n)* βροχόπτωση ‖ **~maker**: *(n)* βροχοποιός ‖ **~spout**: *(n)* υδροσωλήνας στέγης,

λούκι ‖ **~squall, ~storm**: *(n)* καταιγίδα ‖ **~y**: *(adj)* βροχερός ‖ **~y day**: *(n)* περίοδος ανάγκης ‖ **~s**: *(n)* περίοδος βροχών ‖ **~ or shine**: ό,τι και να γίνει ‖ **~ cats and dogs**: βρέχει ραγδαία, ρίχνει "καρεκλοπόδαρα"

raise (reiz) [-d]: *(v)* υψώνω, ανεγείρω, σηκώνω ‖ οικοδομώ, "στήνω" ‖ αυξάνω ‖ ανατρέφω, μεγαλώνω ‖ εγείρω ζήτημα, θέτω ‖ προκαλώ ‖ μαζεύω, συγκεντρώνω ‖ *(n)* αύξηση ‖ **~d**: *(adj)* ανάγλυφος ‖ υψωμένος, σηκωμένος

raisin (´reizən): *(n)* σταφίδα

rake (reik): *(n)* ξύστρα, τσουγκράνα ‖ πρόστυχος, έκλυτος ‖ κλίση ‖ [-d]: *(v)* ξύνω ‖ μαζεύω ή σκαλίζω με τσουγκράνα ‖ εξετάζω προσεκτικά ‖ κλίνω, γέρνω ‖ κανονιοβολώ ‖ θερίζω με πυρά ‖ **~ hell**: *(n)* πρόστυχος ‖ **~ in**: *(v)* κερδίζω πολλά, μαζεύω άφθονα κέρδη ‖ **~ up**: *(v)* αναζωογονώ, αναξωπυρώνω ‖ **~ through**: *(v)* διασχίζω ορμητικά ‖ **~ off**: *(n)* ποσοστό παράνομου κέρδους

rakish (´reikiʃ): *(adj)* εύθυμος και επιδεικτικός ‖ πρόστυχος, χυδαίος

rally (´ræli:) [-ied]: *(v)* συγκεντρώνω, μαζεύω πλήθος ‖ αναστηλώνω, παλινορθώνω ‖ συγκεντρώνομαι, μαζεύομαι ‖ ενώνομαι σ' ένα κοινό σκοπό ‖ συνέρχομαι ‖ συσπειρώνομαι ‖ *(n)* συγκέντρωση ‖ ανασύνταξη δυνάμεων ‖ ανάρρωση ‖ αναστήλωση ‖ συναγερμός, ένωση για κοινό σκοπό ‖ αυτοκινητοδρομία, "ράλι"

ram (ræm): *(n)* κριάρι, κριός ‖ κριός, πολιορκητικό μηχάνημα ‖ έμβολο, βάκτρο ‖ [-med]: *(v)* εμβολίζω ‖ μπήγω με δύναμη ‖ χτυπώ και γκρεμίζω ‖ παραγεμίζω ‖ **battering ~**: *(n)* πολιορκητικός κριός ‖ **~rod**: *(n)* ράβδος εμβόλου, εξολκέας ‖ **~rod**: *(adj)* ίσιος, ολόισιος, στητός ‖ αυστηρός ‖ **~mer**: *(n)* έμβολο ‖ συμπιεστής

rambl-e (´ræmbəl) [-d]: *(v)* περπατώ άσκοπα, "σουλατσάρω" ‖ κινούμαι ή αναπτύσσομαι ακανόνιστα ‖ μιλώ ή γράφω ασυνάρτητα ή ασύνδετα ‖ *(n)* περίπατος ‖ **~er**: *(n)* αναρριχητική τριανταφυλλιά ‖ **~ing**: *(adj)* απλωμένος, εκτεταμένος ‖ ασυνάρτητος, ασύνδετος

ramification (ræmǝfǝ´keiʃǝn): *(n)* διακλάδωση ‖ κλάδος ‖ περιπλοκή, παρεπόμενα ζητήματος

ramp (ræmp): *(n)* αναβατήρας, ''ράμπα'' ‖ φορητή κλίμακα αεροπλάνου ‖ κεκλιμένο επίπεδο φόρτωσης ‖ κλίση ‖ [-ed]: *(v)* παίρνω απειλητική στάση ‖ ~age (´ræmpeidz): *(n)* βίαιο και έξαλλο φέρσιμο ‖ ~age [-d]: *(v)* φέρομαι έξαλλα και βίαια ‖ ~ageous: *(adj)* έξαλλος, βίαιος, άγριος

rampant (´ræmpǝnt): *(adj)* ακράτητος, αχαλίνωτος ‖ ξαπλωμένος, διαδεδομένος ελεύθερα ‖ όρθιος στα πισινά πόδια ‖ πηδώντας στα πισινά πόδια

rampart (´ræmpɑ:rt): *(n)* πρόχωμα, οχύρωση ‖ έπαλξη, οχυρό, προμαχώνας

ramshackle (´ræmʃækǝl): *(adj)* ετοιμόρροπος

ranch (ræntʃ): *(n)* αγρόκτημα, κτήμα, ''ράντσο'' ‖ [-ed]: *(v)* έχω ή εργάζομαι σε κτήμα ‖ ~er: *(n)* κτηματίας ‖ ~eria: *(n)* ινδιάνικο χωριό ‖ μεξικάνικη καλύβα ‖ ~ house: *(n)* αγροικία ‖ ~man: see rancher

rancid (´rænsid): *(adj)* ταγκός, ταγκιασμένος ‖ ~ity: *(n)* ταγκάδα

rancor, rancour (´ræŋkǝr): *(n)* μνησικακία ‖ ~ous: *(adj)* μνησίκακος

random (´rændǝm): *(adj)* τυχαίος, συμπτωματικός ‖ at ~, -ly: *(adv)* στην τύχη ‖ ~ize [-d]: *(v)* παίρνω στην τύχη

randy (´rændi:): *(adj)* πρόστυχος, ασελγής

rang: see ring

range (reindz): *(n)* έκταση, περιοχή ‖ σειρά ‖ ευθυγράμμιση ‖ βεληνεκές ‖ εμβέλεια ‖ οροσειρά ‖ πεδίο βολής ‖ εκτεταμένη πεδιάδα ‖ διάταξη, τάξη ‖ μαγειρική θερμάστρα, ''μασίνα'' ‖ [-d]: *(v)* τάσσω, διατάζω, βάζω σε διάταξη ‖ τοποθετώ σε ευθυγραμμία ‖ σκοπεύω ‖ περιφέρομαι, ταξιδεύω σε περιοχή ‖ εκτείνομαι ‖ ποικίλλω μεταξύ ορίων ‖ ~r: *(n)* καταδρομέας, ''κομμάντο'' ‖ δασοφύλακας ‖ αστυ-

νομικός υπαίθρου

rank (ræŋk): *(n)* βαθμός ‖ κοινωνική βαθμίδα ‖ γραμμή, στοίχος, σειρά ‖ στοίχηση κατά μέτωπο ‖ *(adj)* άφθονος, ευκολοανάπτυκτος ‖ πλούσιος, εύφορος ‖ δύσοσμος ‖ απόλυτος, τέλειος ‖ [-ed]: *(v)* στοιχίζω, βάζω σε στοίχους ‖ ταξινομώ, κατατάσσω ‖ κατατάσσομαι ‖ ξεπερνώ σε βαθμό ‖ pull ~: *(v)* κάνω χρήση του βαθμού μου ‖ ~s: *(n)* στρατιώτες ‖ ~ and file: *(n)* οι απλοί στρατιώτες ‖ οι απλοί άνθρωποι, οι κοινοί θνητοί ‖ ~er: *(n)* αξιωματικός, βαθμούχος ‖ ~ing: *(adj)* ο ανώτατος

rankle (´ræŋkǝl) [-d]: *(v)* προκαλώ επίμονη ενόχληση ή θυμό ‖ ανάβω, ερεθίζομαι

ransack (´rænsæk) [-ed]: *(v)* ερευνώ με προσοχή ‖ λεηλατώ, αρπάζω

ransom (´rænsǝm): *(n)* λύτρα ‖ [-ed]: *(v)* ελευθερώνω αφού πάρω ή πληρώσω λύτρα

rant (rænt) [-ed]: *(v)* μιλώ ή ρητορεύω φωναχτά και έντονα ‖ *(n)* φωνές, φωνασκίες ‖ ~ out: *(v)* κραυγάζω, φωνάζω δυνατά ‖ ~er: *(n)* φωνακλάς

rap (ræp) [-ped]: *(v)* χτυπώ ‖ φωνάζω απότομα ‖ *(n)* γρήγορο, ελαφρό χτύπημα ‖ κρότος ‖ επίπληξη ‖ καταδίκη σε φυλάκιση ‖ beat the ~: γλυτώνω την κατηγορία, ''την σκαπουλάρω'' ‖ take the ~: *(v)* παίρνω το βάρος, δέχομαι την τιμωρία, ''την παθαίνω'' ‖ ~per: *(n)* ρόπτρο πόρτας

rapacious (rǝ´peiʃǝs): *(adj)* αρπακτικός, άρπαγας ‖ ~ness: *(n)* αρπακτικότητα, απληστία

rap-e (reip): *(n)* βιασμός ‖ απαγωγή ‖ προσβολή, ύβρη ‖ [-d]: *(v)* βιάζω ‖ απάγω ‖ λεηλατώ, ''κάνω πλιάτσικο'' ‖ ~ist: *(n)* βιαστής

rapid (´ræpid): *(adj)* γρήγορος ‖ ~ly: *(adv)* γρήγορα ‖ ~ness, ~ity: *(n)* ταχύτητα ‖ ~s: *(n)* ταχύρρους τμήμα ποταμού, κατωφέρεια κοίτης ‖ ~ transit: *(n)* μεταφορά με υπόγειο ή εναέριο σιδηρόδρομο χωρίς στάσεις

rapier (´reipi:ǝr): *(n)* ξίφος

rapine (´ræpin): *(n)* αρπαγή, λεηλασία

rapist: see rape

rapport (rə´pɔ:rt): *(n)* αμοιβαία αρμονική σχέση, έλξη αμοιβαία

rapprochement (raprɔ:ʃ´ma:n): *(n)* επανασύνδεση σχέσεων, προσέγγιση

rapt (ræpt): *(adj)* εκστατικός ‖ βαθιά απορροφημένος ‖ ~ure (´ræptʃər): *(n)* έκσταση ‖ ~urous: *(adj)* εκστατικός

rar-e (reər): *(adj)* σπάνιος ‖ εξαιρετικός ‖ αραιός ‖ ελαφρά ψημένος, όχι πολύ ψημένος ‖ ~ebit: *(n)* πεϊνιρλί ‖ ~efaction: *(n)* αραίωση ‖ ~efied: *(adj)* αραιωμένος ‖ ~efy [-ied]: *(v)* αραιώνω ‖ ~ely: *(adv)* σπάνια ‖ ~eripe: *(adj)* πρώιμα ώριμος ‖ ~ing: *(adj)* ενθουσιώδης ‖ ~ity: *(n)* σπανιότητα

rascal (´ræskəl): *(n)* παλιάνθρωπος, απατεώνας ‖ κατεργάρης, άτακτος

rash (ræʃ): *(adj)* απερίσκεπτος ‖ *(n)* εξάνθημα ‖ ~er: *(n)* φέτα μπέικον ‖ ~ly: *(adv)* απερίσκεπτα ‖ ~ness: *(n)* απερισκεψία

rasp (ræsp) [-ped]: *(v)* ρινίζω, λιμάρω, ξύνω με λίμα ‖ εξερεθίζω ‖ μιλώ κοφτά και βραχνά ‖ *(n)* λίμα ‖ ~berry: *(n)* βατόμουρο ‖ κοροϊδευτικός μορφασμός ή ήχος ‖ ~y: *(adj)* τραχύς

rat (ræt): *(n)* ποντικός, προδότης, "χαφιές" *(id)* ‖ [-ted]: *(v)* προδίδω, "χαφιεδίζω" ‖ smell a ~: μυρίζομαι κάτι το ύποπτο ‖ ~ race: *(n)* καθημερινή ρουτίνα ‖ ~ter: *(n)* προδότης ‖ ~trap: *(n)* ποντικοπαγίδα ‖ σαραβαλιασμένο οίκημα

ratable (´reitəbəl): *(adj)* φορολογήσιμο

ratchet (´rætʃit): *(n)* οδόντωση ‖ οδοντωτός τροχός ‖ όνυχας, αναστολέας, επίσχετρο ‖ ~ wheel: *(n)* οδοντωτός τροχός

rate (reit): *(n)* ποσοστό, ανάλογο ποσό ‖ αναλογία ‖ κόστος, τιμή ‖ επίπεδο ποιότητας ‖ [-d]: *(v)* εκτιμώ, υπολογίζω αξία ‖ θεωρώ, υπολογίζω αξίζω, μου αρμόζει ‖ at any ~: τουλάχιστο ‖ εν πάσει περιπτώσει ‖ ~ payer: *(n)* φορολογούμενος

rather (´ræðər): *(adv)* μάλλον ‖ τουναντίον ‖ βεβαίως

rati-fication (rætifi´keiʃən): *(n)* επικύρωση ‖ ~fy [-ied]: *(v)* επικυρώνω

rating (´reitiŋ): *(n)* βαθμός ‖ τάξη ‖ εκτίμηση οικονομικής κατάστασης ‖ απλός ναύτης

ratio (´reiʃi:ou): *(n)* λόγος ‖ ~n (´reiʃən): *(n)* μερίδα, μερίδα "δελτίου" ‖ ~n [-ed]: *(v)* εφοδιάζω με "δελτίο" ‖ ~ns: *(n)* τροφή, ημερησία τροφή, σιτηρέσιο ‖ ~ning: *(n)* διανομή με δελτίο, περιορισμός χορήγησης

rational (´ræʃənəl): *(adj)* λογικός ‖ ορθολογικός ‖ ~e (ræʃə´næl): *(n)* βασική αιτία, λογική βάση ‖ ~ity, ~ness: *(n)* λογική, λογικότητα ‖ ~ization: *(n)* λογική, ορθολογισμός ‖ ~ize [-d]: *(v)* κάνω λογικό, εκφράζω λογικά ή ορθολογιστικά ‖ ~ly: *(adv)* λογικά ‖ ~number: *(n)* ρητός αριθμός

rattle (rætl) [-d]: *(v)* κροταλίζω, κροτώ ‖ μιλώ γρήγορα και απερίσκεπτα ‖ εκνευρίζω ‖ *(n)* κρόταλο ‖ κροταλισμός ‖ ~ brained: *(adj)* ελαφρόμυαλος ‖ ~r, ~ snake: *(n)* κροταλίας ‖ ~ trap: *(n)* σαραβαλιασμένο αυτοκίνητο

raucous (´rɔ:kəs): *(adj)* ξερός, βραχνός ‖ ~ly: *(adj)* ξερά, βραχνά ‖ ~ness: *(n)* βραχνάδα, ξερός και βραχνός ήχος

ravage (´rævidz) [-d]: *(v)* καταστρέφω, ερημώνω ‖ *(n)* καταστροφή, φθορά, ερήμωση ‖ ~r: *(n)* καταστροφέας

rav-e (reiv) [-d]: *(v)* παραληρώ ‖ μουγκρίζω ‖ *(n)* παραλήρημα ‖ ~ing: *(adj)* τρελός, παραληρών

ravel (´rævəl) [-ed]: *(v)* μπερδεύω, συγχύζω ‖ μπερδεύομαι, συγχύζομαι ‖ ~ment: *(n)* σύγχυση, μπέρδεμα, "κομφούζιο"

raven (´reivən): *(n)* κοράκι ‖ *(adj)* μαύρος σαν κοράκι ‖ [-ed]: *(v)* καταβροχθίζω ‖ αρπάζω ‖ ~ing: *(adj)* αρπακτικός ‖ ~ous: *(adj)* πεθαμένος από την πείνα ‖ ~ously: *(adv)* λαίμαργα

ravine (rə´vi:n): *(n)* χαράδρα

raving: see rave

ravioli (ra:vi:´ouli:): *(n)* ραβιόλια

ravish (´ræviʃ) [-ed]: *(v)* απάγω, αρπάζω ‖ βιάζω ‖ βάζω σε έκσταση, προκαλώ έκσταση ‖ ~ing: *(adj)* γοητευτικός, που σε συναρπάζει

raw (rɔ:): *(adj)* ωμός,, μη μαγειρεμένος

301

‖ ακατέργαστος ‖ άπειρος, πρωτόπειρος ‖ ανοιχτός, όχι επουλωμένος ‖ ωμός, σκληρός ‖ **~ness**: *(n)* ωμότητα ‖ **in the ~**: γυμνός ‖ σε φυσική κατάσταση ‖ **~ boned**: *(adj)* με πεταχτά κόκαλα ‖ **~hide**: *(n)* ακατέργαστο δέρμα ‖ *(v)* μαστιγώνω ‖ **~ material**: *(n)* πρώτη ύλη

ray (rei): *(n)* αχτίδα ‖ **[-ed]**: *(v)* εκπέμπω αχτίνα ‖ *(n)* σαλάχι (ψάρι)

rayon (΄reiɔn): *(n)* συνθετικό μετάξι, ''ρεγιόν''

raze (reiz) **[-d]**: *(v)* κατεδαφίζω, ισοπεδώνω ‖ ξύνω, ξυρίζω

razor (΄reizɔr): *(n)* ξυράφι ‖ **~ back**: *(n)* αγριογούρουνο ‖ απότομη ράχη βουνού

razzle-dazzle (΄ræzəl΄dæzəl): επιδεικτικό και φανταχτερό φέρσιμο

re (ri:): *(prep)* αναφορικά με

reach (ri:tʃ) **[-ed]**: *(v)* εκτείνω, απλώνω ‖ φτάνω ‖ εκτείνομαι ‖ επικοινωνώ, καταφέρνω να γίνω αντιληπτός ‖ κάνω εντύπωση ‖ *(n)* έκταση ‖ άπλωμα ‖ φτάσιμο ‖ ευθύ τμήμα ποταμού ‖ **within ~**: κοντά, σε μέρος που το φτάνεις

react (ri:΄ækt) **[-ed]**: *(v)* αντιδρώ ‖ αντενεργώ ‖ **~ion**: *(n)* αντίδραση ‖ **~ionary**: *(adj)* αντιδραστικός ‖ **~ivate** **[-d]**: *(v)* επανενεργοποιώ, κάνω πάλι ενεργό ‖ **~or**: *(n)* αντιδραστήρας ‖ **nuclear ~or**: *(n)* πυρηνικός αντιδραστήρας

read (ri:d) **[read, read]**: *(v)* διαβάζω ‖ διαβάζω ένδειξη ή μέτρηση ‖ αντιλαμβάνομαι ‖ καταδεικνύω, ενδεικνύω ‖ διαβάζομαι ‖ **read** (red): *(adj)* πληροφορημένος, μορφωμένος ‖ **~able**: *(adj)* αναγνώσιμος ‖ **~er**: *(n)* αναγνώστης ‖ αναγνωστικό ‖ **~ership**: *(n)* αναγνωστικό κοινό ‖ **~ing**: *(n)* ανάγνωση ‖ *(adj)* αναγνωστικός ‖ **~ between the lines**: *(v)* αντιλαμβάνομαι κρυφή σημασία

read-ily (΄redəli:): *(adv)* αμέσως ‖ πρόθυμα ‖ εύκολα ‖ **~iness**: *(n)* ετοιμότητα ‖ προθυμία ‖ **~y** (΄redi:): *(adj)* έτοιμος ‖ άμεσος ‖ πρόχειρος ‖ **[-ied]**: *(v)* ετοιμάζω ‖ **~y-made**: *(adj)* έτοιμος,

όχι επι παραγγελία ‖ προμελετημένος ‖ **at the ~y**: σε ετοιμότητα, έτοιμος

reading: see read

readjust (ri:ə΄dzʌst) **[-ed]**: *(v)* αναπροσαρμόζω ‖ **~ment**: *(n)* αναπροσαρμογή

ready: see readily

reaffirm (ri:ə΄fə:rm) **[-ed]**: *(v)* ξαναβεβαιώνω

reagent (ri:΄eidzənt): *(n)* αντιδραστήριο

real (΄ri:əl): *(adj)* πραγματικός ‖ αληθινός, γνήσιος ‖ **~estate**, **~ty**: *(n)* ακίνητη περιουσία ‖ **~ism**: *(n)* πραγματοκρατία, ρεαλισμός ‖ **~ist**: *(n)* ρεαλιστής ‖ **~istic**: *(adj)* ρεαλιστικός ‖ **~istically**: *(adv)* ρεαλιστικά ‖ **~ity**: *(n)* πραγματικότητα ‖ **~ization** (ri:ələ΄zeiʃən): *(n)* πραγματοποίηση ‖ αντίληψη, κατανόηση ‖ **~ize** (΄ri:əlaiz) **[-d]**: *(v)* αντιλαμβάνομαι ‖ πραγματοποιώ ‖ **~izable**: *(adj)* πραγματοποιήσιμος ‖ **~ly**: *(adv)* πράγματι ‖ αλήθεια, αληθινά ‖ **~ly!** μπα! έλα τώρα! όχι δα! ‖ **~tor**: *(n)* μεσίτης ακινήτων ‖ **~ty**: see real estate

realm (relm): *(n)* βασίλειο ‖ πεδίο, περιοχή, σφαίρα ενδιαφέροντος ή δικαιοδοσίας

ream (ri:m): *(n)* δέσμη ή πακέτο χαρτιού ‖ **[-ed]**: *(v)* διευρύνω τρύπα ‖ στύβω ‖ **~er**: *(n)* στύφτης, λεμονοστύφτης ‖ γλύφανο, τρυπάνι

reap (ri:p) **[-ed]**: *(v)* θερίζω ‖ κάνω συγκομιδή ‖ **~er**: *(n)* θεριστής ‖ θεριστική μηχανή ‖ **~ing**: *(n)* θερισμός

reappear (ri:ə΄piər) **[-ed]**: *(v)* επανεμφανίζομαι ‖ **~ance**: *(n)* νέα εμφάνιση

rear (riər): *(adj)* οπίσθιος ‖ *(n)* το οπίσθιο μέρος ‖ πισινός *(id)* ‖ οπισθοφυλακή ‖ **[-ed]**: *(v)* ανυψώνω, σηκώνω ‖ σηκώνομαι, ανορθώνομαι ‖ ανατρέφω, μεγαλώνω ‖ ~ **admiral**: *(n)* υποναύαρχος ‖ ~ **guard**: *(n)* οπισθοφυλακή ‖ **~most**: *(adj)* ο τελευταίος ‖ **~view mirror**: *(n)* καθρέφτης οδήγησης αυτοκινήτων ‖ **~ward**: *(adv)* προς τα πίσω ‖ **bring up the ~**: *(v)* κλείνω την πομπή, έρχομαι τελευταίος, προχωρώ τελευταίος

rearm (ri:΄a:rm) **[-ed]**: *(v)* οπλίζω ξα-

νά, επανεξοπλίζω ‖ ~ament: *(n)* επανεξοπλισμός
rearrange (ri:əˈreindz) [-d]: *(v)* ξανατακτοποιώ, ξαναδιευθετώ ‖ ~ment: *(n)* διάξιμο, τακτοποίηση εκ νέου
reason (ˈri:zən): *(n)* λογική, λογικό ‖ λόγος, αιτία, αίτιο ‖ κοινός νους, κρίση ‖ [-ed]: *(v)* χρησιμοποιώ τη λογική ‖ σκέπτομαι ή μιλώ λογικά ‖ συμπεραίνω ‖ ~ s.o. into: *(v)* πείθω να κάνει ‖ ~ s.o out: *(v)* πείθω να μην κάμει ‖ ~ out: *(v)* συμπεραίνω, βγάζω νόημα ‖ by ~ of: ένεκα ‖ stand to ~: είναι λογικό, είναι πιθανό ‖ ~able: *(adj)* λογικός ‖ ~ably: *(adv)* λογικά ‖ ~ing: *(n)* συλλογισμός ‖ στοιχείο, επιχείρημα
reassemble (ri:əˈsembəl) [-d]: *(v)* ξανασυναρμολογώ ‖ ξανασυγκολώ ‖ ξανασυγκεντρώνομαι
reassur-ance (ri:əˈʃurəns): *(n)* καθησύχαση ‖ διασφάλιση ‖ ~e [-d]: *(v)* καθησυχάζω ‖ διασφαλίζω ‖ ξαναβεβαιώνω ‖ ~ing: *(adj)* καθησυχαστικός
rebate (ˈri:beit) [-d]: *(v)* εκπίπτω ‖ *(n)* έκπτωση
rebel (riˈbel) [-led]: *(v)* επαναστατώ ‖ στασιάζω, ξεσηκώνομαι ‖ (ˈrebəl): *(n)* αντάρτης, στασιαστής, επαναστάτης ‖ *(adj)* αντάρτικος, στασιαστικός ‖ ~ion: *(n)* ανταρσία ‖ ~ious: *(adj)* αντάρτικος ‖ επαναστατικός, ατίθασος
rebirth (ri:ˈbə:rth): *(n)* αναγέννηση ‖ ξανάνιωμα
reborn (ri:ˈbə:rn): *(adj)* ξαναγεννημένος
rebound (ri:ˈbaund) [-ed]: *(v)* αναπηδώ ‖ αντηχώ ‖ (ˈri:baund): *(n)* αναπήδηση
rebuff (riˈbʌf) [-ed]: *(v)* αρνούμαι απότομα ή περιφρονητικά ‖ αποκρούω ‖ *(n)* άρνηση ‖ απόκρουση
rebuild (ri:ˈbild) [rebuilt, rebuilt]: *(v)* ανακατασκευάζω ‖ ανοικοδομώ ‖ ~ing: *(n)* ανοικοδόμηση
rebuke (riˈbju:k) [-d]: *(v)* επιπλήττω ‖ *(n)* επίπληξη
rebus (ˈri:bəs): (ˌˈ) λεξίγριφος ‖ αίνιγμα με εικόνες
rebut (riˈbʌt) [̣ ̣]: *(v)* ανασκευάζω, αντικρούω ‖ ~tal: *(n)* ανασκευή, αντι-

κρουση
recalcitrant (riˈkælsətrənt): *(adj)* δύστροπος, ατίθασος
recall (riˈkɔ:l) [-ed]: *(v)* ανακαλώ ‖ θυμούμαι ‖ *(n)* ανάκληση ‖ μνήμη, θύμηση
recant (riˈkænt) [-ed]: *(v)* αναιρώ, ανακαλώ ‖ ~ation: *(n)* ανάκληση, αναθεώρηση
recap (ri:ˈkæp) [-ped]: *(v)* ξαναβουλώνω ‖ επισκευάζω λάστιχο αυτοκινήτου ‖ συνοψίζω
recapture (ri:ˈkæptʃər) [-d]: *(v)* ξανασυλλαμβάνω, ξαναπιάνω ‖ ανακαταλαμβάνω, ξαναπαίρνω ‖ *(n)* ξαναπιάσιμο, σύλληψη εκ νέου ‖ ανακατάληψη
recede (riˈsi:d) [-d]: *(v)* υποχωρώ, αποτραβιέμαι ‖ κλίνω προς τα πίσω
receipt (riˈsi:t): *(n)* λήψη, παραλαβή ‖ απόδειξη παραλαβής ‖ [-ed]: *(v)* δίνω απόδειξη παραλαβής ‖ ~s: *(n)* εισπράξεις
receiv-able (riˈsi:vəbəl): *(adj)* εισπρακτέος ‖ ~ables [-d]: *(v)* λαβείν ‖ ~e [-d]: *(v)* λαβαίνω, παίρνω ‖ δέχομαι, αποδέχομαι ‖ υποδέχομαι ‖ ~er: *(n)* αποδέκτης ‖ δέκτης ‖ ακουστικό ‖ ~ing: *(n)* λήψη ‖ *(adj)* ληπτικός
recent (ˈri:sənt): *(adj)* πρόσφατος ‖ ~ly: *(adv)* πρόσφατα
recept-acle (riˈseptəkəl): *(n)* υποδοχέας ‖ δοχείο, αγγείο ‖ ~ion (riˈsepʃən): *(n)* λήψη ‖ υποδοχή ‖ δεξίωση ‖ ~ionist: *(n)* επί της υποδοχής, ''ρεσεψιονιστ'', ''ρεσεψιόν'' ‖ ~ive: *(adj)* ληπτικός ‖ επιδεικτικός ‖ ~or: *(n)* υποδοχέας
recess (ri:ˈses) [-ed]: *(n)* κάνω διάλειμμα, διακόπτω ‖ κατασκευάζω εσοχή, βαθουλώνω ‖ *(n)* διάλειμμα, διακοπή ‖ εσοχή, κοίλωμα ‖ ~es: *(n)* τα μύχια ‖ ~ion: *(n)* υποχώρηση ‖ ύφεση, πτώση ‖ ~ional: *(n)* απολυτίκιο
recharge (ri:ˈtʃɑ:rdz) [-d]: *(v)* ξαναγεμίζω ‖ ξαναγομώνω ‖ επαναφορτίζω ‖ *(n)* επαναφόρτιση
recipe (ˈresəpi:): *(n)* συνταγή
recipien-ce (riˈsipi:əns), ~cy: *(n)* λήψη ‖ ~t: *(n)* δέκτης ‖ κώδωνας, δοχείο

reciprocal

recipro-cal (ri´siprəkəl): *(adj)* αντίστρο-
φος ‖ αμοιβαίος ‖ ~**cality**, ~**calness**:
(n) αντιστροφή ‖ αμοιβαιότητα ‖ ~**cal**
pronoun: αλληλοπαθής αντωνυμία ‖
~**cate** [-d]: *(v)* ανταλλάσσω ‖ ανταπο-
δίδω ‖ παλινδρομώ ‖ ~**cation**: *(n)* πα-
λινδρόμηση ‖ ανταπόδοση

recit-al (ri´saitl): *(n)* απαγγελία ‖ "ρε-
σιτάλ" ‖ ~**ation** (´resə´teiʃən): *(n)*
απαγγελία ‖ ~**e** (ri´sait) [-d]: *(v)*
απαγγέλλω ‖ αφηγούμαι λεπτομερώς ‖
απαριθμώ

reck (rek) [-ed]: *(v)* προσέχω, δίνω ση-
μασία ‖ ~**less**: *(adj)* απρόσεκτος, αλό-
γιστος, απερίσκεπτος ‖ ~**lessly**: *(adv)*
αλόγιστα, απερίσκεπτα ‖ ~**lessness**:
(n) απερισκεψία, απροσεξία

reckon (´rekən) [-ed]: *(v)* υπολογίζω ‖
θεωρώ ‖ εκτιμώ, λογαριάζω ‖ νομίζω,
υποθέτω ‖ ~ **on**, ~ **upon**: *(v)* βασίζο-
μαι, υπολογίζω σε ‖ ~ **for**: *(v)* είμαι
υπόλογος ‖ ~**er**: *(n)* πίνακες μαθημα-
τικών υπολογισμών ‖ ~**ing**: *(n)* υπο-
λογισμός ‖ λογαριασμός εξόδων ή
εσόδων

reclaim (ri´kleim) [-ed]: *(v)* εκτελώ εγ-
γειοβελτιωτικά έργα, βελτιώνω τη γη ‖
αναμορφώνω

reclamation (reklə´meiʃən): *(n)* εγγειο-
βελτίωση ‖ αναμόρφωση

reclin-e (ri´klain) [-d]: *(v)* ξαπλώνω ‖
~**ation**: *(n)* ξάπλωμα ‖ ~**ing**: *(adj)* ξα-
πλωμένος

reclus-e (´reklu:s): *(n)* ερημίτης, απο-
μονωμένος ‖ *(adj)* μοναχικός, απομο-
νωμένος ‖ ~**ion**: *(n)* απομόνωση

recogni-tion (rekəg´niʃən): *(n)* αναγνώ-
ριση ‖ ευνοϊκή υποδοχή ή παρουσίαση
‖ ~**zance**: *(n)* εγγύηση, κατάθεση εγ-
γύησης ‖ ~**zable** (´rekəg´naizəbəl):
(adj) αναγνωρίσιμος ‖ ~**ze** [-d]: *(v)*
αναγνωρίζω ‖ παραδέχομαι ‖ δέχομαι
ή παρουσιάζω ευνοϊκά

recoil (ri´koil) [-ed]: *(v)* πηδώ προς τα
πίσω ‖ αναπηδώ, "κλοτσώ" ‖ οπισθο-
χωρώ, μαζεύομαι ‖ (´ri:koil): *(n)* ανα-
πήδηση ‖ αντίκρουση, "κλοτσιά"

recollect (rekə´lekt) [-ed]: *(v)* θυμούμαι
‖ ~**ion**: *(n)* μνήμη, ανάμνηση

recommend (rekə´mend) [-ed]: *(v)* συ-

νιστώ ‖ εμπιστεύομαι σε ‖ ~**ation**:
(n) σύσταση ‖ συστατικό ‖ ~**atory**:
(adj) συστατικός

recompense (´rekəmpəns) [-d]: *(v)*
αποζημιώνω ‖ αμείβω ‖ *(n)* αποζημίω-
ση ‖ ανταμοιβή

recompose (ri:kəm´pouz) [-d]: *(v)* καλ-
μάρω, συνέρχομαι ‖ ξανασυνθέτω

reconcil-able (rekən´sailəbəl): *(adj)*
συμβιβάσιμος ‖ διαλλακτικός ‖ ~**e** [-
d]: *(v)* συμβιβάζω ‖ συμβιβάζομαι ‖
συμφιλιώνομαι ‖ ~**iation**: *(n)* συμβιβα-
σμός ‖ συμφιλίωση ‖ ~**iatory**: *(adj)*
συμβιβαστικός

recondite (´rekəndait): *(adj)* δυσνόητος
‖ βαθύς, κρυφός

recondition (ri:kən´diʃən) [-ed]: *(v)*
ανανεώνω ‖ επισκευάζω

reconnaissance (ri´kɔnəsəns): *(n)* ανα-
γνώριση εδάφους ‖ αναγνωριστική
εξερεύνηση ‖ *(adj)* αναγνωριστικός

reconnoiter (ri:kə´noitər) [-ed]: *(v)* κά-
νω αναγνώριση ‖ ανιχνεύω, ερευνώ

reconsider (rikən´sidər) [-ed]: *(v)* ανα-
θεωρώ, επανεξετάζω

reconstruct (ri:kən´strʌkt) [-ed]: *(v)*
αναπαριστάνω ‖ επανακατασκευάζω ‖
~**ion**: *(n)* αναπαράσταση ‖ επανοικο-
δόμηση

record (´rekərd): *(n)* καταγραφή ‖
ιστορικό, ιστορία ‖ μεγίστη επίδοση,
"ρεκόρ" ‖ πρακτικά ‖ δίσκος γραμ-
μοφώνου ‖ (ri´kɔ:rd) [-ed]: *(v)* κατα-
γράφω ‖ αναγράφω, σημειώνω ‖ εγ-
γράφω ήχο, ηχογραφώ ‖ ~**er**: *(n)* μη-
χάνημα καταγραφής ή ηχογράφησης ‖
~**ing**: *(n)* καταγραφή ‖ ηχογράφηση ‖
~ **player**: *(n)* γραμμόφωνο ‖ **off the**
~: ιδιαιτέρως, όχι για καταγραφή

recount (ri´kaunt) [-ed]: *(v)* αφηγούμαι
‖ απαριθμώ ‖ ~**al**: *(n)* αφήγηση, απα-
ρίθμηση

recoup (ri´ku:p) [-ed]: *(v)* ανακτώ,
αποζημιώνομαι για ‖ αποζημιώνω ‖
(n) αποζημίωση, ανάκτηση

recourse (´kɔ:rs): *(n)* προσφυγή ‖
καταφύγιο

recover (ri´kʌnər) [-ed]: *(v)* επανακτώ,
ξαναποκτώ ‖ παλινορθώνω ‖ αποζη-
μιώνω ‖ ανακτώ δυνάμεις ή υγεία ‖

304

~**able**: *(adj)* ανακτήσιμος ‖ ~**y**: *(n)* ανάκτηση, επαναπόκτηση ‖ ανάκτηση δυνάμεων ή υγείας

recreat-e (΄rekri:eit) [-d]: *(v)* αναζωογονώ ‖ διασκεδάζω ‖ ~**ion**: *(n)* αναζωογόνηση ‖ διασκέδαση, αναψυχή

recriminat-e (ri΄krimineit) [-d]: *(v)* αντεγκαλώ, αντικατηγορώ ‖ ~**ion**: *(n)* αντέγκληση, αντικατηγορία

recruit (ri΄kru:t) [-ed]: *(v)* στρατολογώ ‖ *(n)* νεοσύλλεκτος ‖ ~**er**: *(n)* στρατολόγος ‖ ~**ing office**: *(n)* στρατολογικό γραφείο ‖ ~**ing officer**: στρατολόγος, αξιωματικός στρατολογίας ‖ ~**ment**: *(n)* στρατολόγηση, στρατολόγηση

rectan-gle (΄rektæŋgəl): *(n)* ορθογώνιο ‖ ~**gular**: *(adj)* ορθογώνιος

recti-fication (rektifi΄keiʃən): *(n)* επανόρθωση ‖ ανασύσταση ‖ ~**fier**: *(n)* ανορθωτής ‖ ~**fy** (΄rektifai) [-ied]: *(v)* επανορθώνω ‖ διορθώνω ‖ καθαρίζω

rectilinear (rektə΄lini:ər): *(adj)* ευθύγραμμος

rectitude (΄rektitu:d): *(n)* ευθύτητα, ηθική αξία

rector (΄rektər): *(n)* εφημέριος ‖ διευθυντήριο σχολείου ‖ ~**y**: *(n)* πρεσβυτέριο

rectum (΄rektəm): *(n)* πρωκτός

recuperat-e (ri΄ku:pəreit) [-d]: *(v)* αναρρώνω ‖ ξανακερδίζω, συνέρχομαι από οικονομική απώλεια ‖ ~**ion**: *(n)* ανάρρωση

recur (ri΄kə:r) [-red]: *(v)* επαναλαμβάνομαι ‖ επανέρχομαι ‖ καταφεύγω ‖ ~**rence**: *(n)* επανάληψη ‖ περιοδική επιστροφή ή επανάληψη ‖ επάνοδος ‖ ~**rent**: *(adj)* επαναλαμβανόμενος ‖ περιοδικός ‖ ~**ring**: see recurrent

recurve (ri:΄kə:rv) [-d]: *(v)* κυρτώνω ‖ σκύβω ή λυγίζω προς τα πίσω

recycle (ri:΄saikəl) [-d]: *(v)* ανακυκλώνω ‖ ξαναχρησιμοποιώ βιομηχανικώς άχρηστα υλικά

red (red): *(adj)* ερυθρός, κόκκινος ‖ ~**bait** [-ed]: *(v)* καταγγέλλω ως κομμουνιστή ‖ ~ **blooded**: *(adj)* αρρενωπός, δυνατός ‖ ~ **breast**: *(n)* κοκκινολαίμης (πουλί) ‖ ~ **cap**: *(n)* αχθοφόρος σιδ. σταθμού ‖ **R**~ **Cross**: *(n)* Ερυ-

θρός Σταυρός ‖ ~**den** [-ed]: *(v)* κοκκινίζω ‖ ~**dish**: *(adj)* κοκκινωπός ‖ **in the** ~: με ζημία, ελλειμματικός ‖ **see** ~: γίνομαι έξαλλος από θυμό ‖ ~**ness**: *(n)* κοκκινίλα ‖ ~ **eye**: *(n)* σήμα κινδύνου ‖ ~ **handed**: *(adj)* επ΄ αυτοφόρω ‖ ~ **head**: *(adj)* κοκκινομάλης ‖ ~ **herring**: *(n)* ψεύτικο ίχνος ‖ ~ **hot**: *(adj)* πυρακτωμένος ‖ ξαναμμένος, γεμάτος ενθουσιασμό ‖ ~**skin**: *(n)* ερυθρόδερμος ‖ ~ **letter**: *(adj)* ευτυχής, αξιομνημόνευτος ‖ ~ **snapper**: *(n)* λιθρίνι ‖ ~ **tape**: *(n)* γραφειοκρατία

redecorat-e (ri:΄dekəreit) [-d]: *(v)* ξαναδιακοσμώ ‖ ~**ion**: *(n)* νέα διακόσμηση

redeem (ri΄di:m) [-ed]: *(v)* εξαγοράζω ‖ εκπληρώνω ‖ απολυτρώνω ‖ εξαργυρώνω ‖ ~**er**: *(n)* λυτρωτής

redemption (ri΄dempʃən): *(n)* εξαγορά ‖ απολύτρωση ‖ εξαργύρωση

redistribute (ri:dis΄tribju:t) [-d]: *(v)* αναδιανέμω, ανακατανέμω

redo (ri΄du:) [redid, redone]: *(v)* ξανακάνω ‖ ξαναδιακοσμώ

redouble (ri:΄dʌbəl) [-d]: *(v)* διπλασιάζω ‖ επαναλαμβάνω ‖ αναδιπλασιάζομαι ‖ αναδιπλασιάζω

redoubt (ri΄daut): *(n)* πρόχωμα, οχύρωση ‖ ~**able**: *(adj)* φοβερός

redound (ri΄daund) [-ed]: *(v)* έχω επίπτωση ‖ επιδρώ

redress (ri΄dres) [-ed]: *(v)* επανορθώνω ‖ ρυθμίζω ‖ *(n)* επανόρθωση

reduc-e (ri΄dju:s) [-d]: *(v)* ελαττώνω, περιορίζω ‖ θέτω υπό έλεγχο ‖ αναλύω, απλοποιώ ‖ μεταβάλλω ‖ ελαττώνομαι, μικραίνω ‖ χάνω βάρος ‖ ~**ed**: *(adj)* μειωμένος, ελαττωμένος, χαμηλωμένος ‖ ~**tio ad absurdum**: εις άτοπον απαγωγή ‖ ~**tion** (ri΄dʌkʃən): *(n)* ελάττωση, μείωση ‖ ανάλυση, απλοποίηση ‖ μεταβολή ‖ έκπτωση

redundan-cy (ri΄dʌndənsi:): *(n)* πλεονασμός ‖ ~**t**: *(adj)* πλεονάζων

reed (ri:d): *(n)* καλαμιά ‖ καλάμι ‖ φλογέρα ‖ γλωσσίδι κλαρίνου

reef (ri:f): *(n)* ύφαλος ‖ ~**er**: *(n)* τσιγάρο μαριχουάνας

reek (ri:k) [-ed]: *(v)* βγάζω καπνό ή

305

reel

ατμό ΙΙ αναδίδω κακοσμία ΙΙ *(n)* κακοσμία

reel (ri:l): *(n)* καρούλι ΙΙ *(n)* παραπάτημα ΙΙ [-ed]: *(v)* τυλίγω σε καρούλι ΙΙ παραπατώ, τρικλίζω

re-en-ter (ri: 'entər) [-ed]: *(v)* ξαναμπαίνω ΙΙ ξανακαταγράφω ΙΙ ~**try**: *(n)* νέα είσοδος ΙΙ επάνοδος στην ατμόσφαιρα

ref: see referee ΙΙ see reference ΙΙ see reformation

refer (ri 'fə:r) [-red]: *(v)* παραπέμπω ΙΙ αναφέρομαι ΙΙ ~**ee** (refə 'ri:): *(n)* διαιτητής ΙΙ ~**ee** [-d]: *(v)* είμαι διαιτητής ΙΙ ~**ence** ('refərəns): *(n)* παραπομπή ΙΙ αναφορά ΙΙ παραπομπή σε διαιτησία ΙΙ συστατικό ΙΙ συστατικό πρόσωπο ΙΙ ~**endum**: *(n)* δημοψήφισμα ΙΙ ~**ral**: *(n)* σύσταση, συστατικό

refill (ri: 'fil) [-ed]: *(v)* ξαναγεμίζω ΙΙ ('rifil): *(n)* ξαναγέμισμα ΙΙ ανταλλακτικό

refine (ri 'fain) [-d]: *(v)* καθαρίζω ΙΙ εξευγενίζω ΙΙ διυλίζω ΙΙ καθαρίζομαι ΙΙ εξευγενίζομαι ΙΙ ~**d**: *(adj)* καθαρός ΙΙ εξευγενισμένος, ''ραφιναρισμένος'' ΙΙ ~**ment**: *(n)* καθαρισμός ΙΙ διύλιση ΙΙ εξευγενισμός, ''ραφινάρισμα'' ΙΙ ~**ry**: *(n)* διυλιστήριο

refit (ri: 'fit) [-ted]: *(v)* επιδιορθώνω ΙΙ εξοπλίζω εκ νέου

reflect (ri 'flekt) [-ed]: *(v)* ανακλώ, αντανακλώ ΙΙ αντανακλώμαι ΙΙ σκέπτομαι ΙΙ ~**ing**: *(adj)* αντανακλαστικός ΙΙ ~**ion**: *(n)* ανάκλαση, αντανάκλαση ΙΙ σκέψη, συλλογισμός ΙΙ ~**ive**: *(adj)* αντανακλαστικός ΙΙ σκεπτικός ΙΙ ~**or**: *(n)* ανταυγαστήρας, ανακλαστήρας ΙΙ ανακλαστικό τηλεσκόπιο

reflex ('ri:fleks): *(adj)* αντανακλαστικός, άθελος ΙΙ (ri: 'fleks): *(n)* αντανακλαστικό, άθελο κίνημα ΙΙ ~**ive**: *(adj)* αυτοπαθής

reforest (ri: 'fə:rist) [-ed]: *(v)* αναδασώνω ΙΙ ~**ation**: *(n)* αναδάσωση

reform (ri 'fə:rm) [-ed]: *(v)* αναμορφώνω ΙΙ μεταρρυθμίζω ΙΙ *(n)* αναμόρφωση ΙΙ μεταρρύθμιση ΙΙ ανασχηματισμός ΙΙ ~**ation**: *(n)* αναμόρφωση ΙΙ μεταρρύθμιση ΙΙ ~**atory**: *(adj)* αναμορφωτικός ΙΙ

μεταρρυθμιστικός ΙΙ *(n)* αναμορφωτικό ίδρυμα ΙΙ ~**ed**: *(adj)* αναμορφωθείς ΙΙ ~**er**: *(n)* αναμορφωτής ΙΙ μεταρρυθμιστής

refract (ri 'frækt) [-ed]: *(v)* διαθλώ ΙΙ ~**ion**: *(n)* διάθλαση ΙΙ ~**ive**: *(adj)* διαθλαστικός ΙΙ ~**ory**: *(adj)* πεισματάρης, ''αγύριστος'' ΙΙ πυρίμαχος

refrain (ri 'frein) [-ed]: *(v)* συγκρατούμαι, κρατιέμαι ΙΙ απέχω ΙΙ *(n)* επωδός, ''ρεφρέν''

refresh (ri 'freʃ) [-ed]: *(v)* αναζωογονώ ΙΙ δροσίζω ΙΙ φρεσκάρω ΙΙ ζωογονούμαι ΙΙ ~**er**: *(n)* αναψυκτικό ΙΙ ~**er course**: *(n)* μαθήματα επανάληψης ΙΙ ~**ing**: *(adj)* αναζωογονητικός ΙΙ αναψυκτικός ΙΙ ευχάριστος, γεμάτος ''φρεσκάδα'' ΙΙ ~**ment**: *(n)* αναψυκτικό ΙΙ ~**ments**: *(n)* κολατσιό, μεζέδες

refrigerat-e (ri 'fridzəreit) [-d]: *(v)* ψύχω ΙΙ διατηρώ σε ψυγείο ΙΙ ~**ion**: *(n)* ψύξη ΙΙ ~**or**: *(n)* ψυγείο

refuel (ri: 'fju:əl) [-ed]: *(v)* ανεφοδιάζω με καύσιμα ΙΙ ανεφοδιάζομαι με καύσιμα ΙΙ ~**ing**: *(n)* ανεφοδιασμός με καύσιμα

refuge ('refju:dz): *(n)* προστασία ΙΙ καταφύγιο ΙΙ ~**e**: *(n)* πρόσφυγας

refund (ri 'fʌnd) [-ed]: *(v)* επιστρέφω χρήματα ΙΙ ('ri:fʌnd): *(n)* επιστροφή χρημάτων ΙΙ ποσό επιστραφέν

refurbish (ri: 'fə:rbiʃ) [-ed]: *(v)* ανακαινίζω ΙΙ ~**ment**: *(n)* ανακαίνιση

refus-al (ri 'fju:zəl): *(n)* άρνηση ΙΙ αποποίηση ΙΙ ~**e** [-d]: *(v)* αρνούμαι ΙΙ αποποιούμαι ΙΙ ~**e** ('refju:s): *(n)* απορρίμματα, άχρηστα, σκουπίδια

refu-tation (refju: 'teiʃən): *(n)* ανασκευή, ανατροπή ΙΙ ανασκευαστικό επιχείρημα ΙΙ ~**te** [-d]: *(v)* ανασκευάζω ανατρέπω ΙΙ ~**table**: *(adj)* ανασκευάσιμος, ανατρέψιμος ΙΙ ~**tal**: *(n)* ανασκευ

regain (ri: 'gein) [-ed]: *(v)* επανακτώ ξαναποκτώ ΙΙ ξαναφτάνω

regal ('ri:gəl): *(adj)* βασιλικός ΙΙ ~**ly** *(adv)* βασιλικά, σαν βασιλιάς ΙΙ ~**ia** *(n)* σύμβολα της βασιλείας ΙΙ βασιλικ προνόμια ΙΙ πολυτελή, φανταχτερ ρούχα ΙΙ ~**ity**: *(n)* βασιλεία

regard (ri 'ga:rd) [-ed]: *(v)* παρατηρώ

306

reinforce

θεωρώ ‖ αναφέρομαι, έχω σχέση ‖ (π) βλέμμα ‖ σκέψη ‖ σεβασμός, εκτίμηση ‖ ~s: (π) χαιρετίσματα ‖ σέβη ‖ ~ful: (adj) παρατηρητικός ‖ σεβάσμιος, με σεβασμό ‖ ~ing: αναφορικά προς, σχετικά με ‖ ~less: (adj) αδιάφορος ‖ (adv) οπωσδήποτε, παρά τα ‖ in ~ to, with ~ to: αναφορικά προς, ως προς ‖ as ~s: όσο για

regatta (ri´gætə): (π) λεμβοδρομίες

regen-cy (´ri:dzənsi:): (π) αντιβασιλεία ‖ ~t: (π) αντιβασιλέας ‖ μέλος διοικητικού συμβουλίου πανεπιστημίου

regenerat-e (ri´dzenəreit) [-d]: (v) αναγεννώ ‖ αναγεννιέμαι ‖ ~ion: (π) αναγέννηση

regicide (´redzəsaid): (π) βασιλοκτονία ‖ βασιλοκτόνος

regime (rei´zi:m): (π) καθεστώς ‖ ~n (´redzəmən): (π) θεραπευτική αγωγή ‖ ~nt (´redzəmənt): (π) σύνταγμα ‖ ~nt [-ed]: (v) σχηματίζω σύνταγμα ‖ συστηματοποιώ ‖ ~ntation: (π) οργάνωση σε μονάδες ‖ συστηματοποίηση ‖ ~ntals (redzə´mentəlz): (π) στρατιωτική στολή ‖ διακριτικά συντάγματος

region (´ri:dzən): (π) περιοχή ‖ σφαίρα ενδιαφέροντος ‖ ~al: (adj) τοπικός

register (´redzistər): (π) μητρώο ‖ κατάστιχο ‖ περιοχή ήχου ‖ [-ed]: (v) καταγράφω ‖ εγγράφω ‖ δείχνω, κάνω εμφανές ‖ καταθέτω συστημένη επιστολή ‖ προκαλώ εντύπωση ‖ ~ed: (adj) εγγεγραμμένος σε μητρώο ‖ συστημένη (επιστολή) ‖ ~ed letter: (π) συστημένη επιστολή ‖ ~ed nurse: (π) πτυχιούχος νοσοκόμος

registrar (´redzistra:r): (π) διευθυντής γραμματείας πανεπιστημίου

registration (redzi´streiʃən): (π) εγγραφή ‖ καταγραφή ‖ αριθμός εγγεγραμμένων

registry (´redzistri:): (π) εθνικότητα πλοίου ‖ γραφείο μητρώων

regress (ri´gres) [-ed]: (v) παλινδρομώ ‖ ξαναγυρίζω, "ξανακυλάω" ‖ ~ion: (π) παλινδρόμηση ‖ αναδρομή

regret (ri´gret) [-ted]: (v) λυπάμαι ‖ μετανοώ, λυπάμαι που έκανα κάτι ‖ (π) λύπη ‖ μετάνοια ‖ ~ful: (adj) γε-

μάτος λύπη ‖ μετανοημένος ‖ ~fully: (adv) μετά λύπης ‖ ~table: (adj) λυπηρός

regroup (ri´gru:p) [-ed]: (v) ανασχηματίζω ομάδα, ανασυγκροτώ ομάδα

regu-lar (´regjələr): (adj) κανονικός, συνηθισμένος ‖ ομαλός, κανονικός ‖ τακτικός ‖ μεθοδικός ‖ (π) μόνιμος στρατιωτικός ‖ τακτικός πελάτης ‖ ~larity: (π) κανονικότητα ‖ ομαλότητα ‖ ~late [-d]: (v) ρυθμίζω ‖ κανονίζω ‖ ~larly: (adv) ομαλά ‖ κανονικά ‖ τακτικά ‖ ~lation (regjə´leiʃən): (π) κανονισμός, κανόνας ‖ ρύθμιση ‖ ~lator: (π) ρυθμιστής, ρυθμιστήριο ‖ ~latory: (adj) ρυθμιστικός

rehabilitat-e (ri:hə´bileiteit) [-d]: (v) επανορθώνω, αποκαθιστώ ‖ ~ion: (π) επανόρθωση, αποκατάσταση

rehash (ri:´hæʃ) [-ed]: (v) επαναλαμβάνω γνωστό ή ειπωμένο πράγμα ‖ ξαναδουλεύω, επισκευάζω ‖ (´ri:hæʃ): (π) ειπωμένο, ξαναειπωμένο

rehears-al (ri´hə:rsəl): (π) δοκιμή, "πρόβα" ‖ ~e [-d]: (v) κάνω δοκιμή, κάνω "πρόβα"

reign (rein): (π) βασιλεία ‖ [-ed]: (v) βασιλεύω

reimburse (ri:im´bə:rs) [-d]: (v) εξοφλώ ‖ αποζημιώνω για δαπάνες ή απώλεια ‖ ~ment: (π) εξόφληση ‖ αποζημίωση

rein (rein): (π) ηνίο, χαλινάρι ‖ [-ed]: (v) τραβώ τα ηνία ‖ χαλιναγωγώ, ελέγχω ‖ draw in the ~s: (v) τραβώ τα γκέμια ‖ επιβραδύνω ‖ σταματώ ‖ give ~ to, give free ~ to: (v) αφήνω ελεύθερο, αφήνω χωρίς έλεγχο ‖ keep a ~ on, keep a tight ~ on: (v) ελέγχω στενά, κρατώ υπό έλεγχο

reincarnat-e (riin´ka:rneit) [-d]: (v) ενσαρκώνω πάλι ‖ ~ion: (π) νέα ενσάρκωση

reindeer (´reindiər): (π) τάρανδος

reinforce (ri:in´fɔ:rs) [-d]: (v) ενισχύω, δυναμώνω ‖ ~d: (adj) ενισχυμένος, δυναμωμένος ‖ ~d concrete: (π) σιδηροπαγές ή οπλισμένο σκυρόδεμα, "μπετόν αρμέ" ‖ ~ment: (π) ενίσχυση, δυνάμωμα ‖ οπλισμός σκυροδέματος

307

reinstate

reinstate (ri:in´steit) [-d]: *(v)* αποκαθιστώ ‖ **~ment**: *(n)* αποκατάσταση
reissue (ri:´iʃu): *(n)* νέα έκδοση ‖ [-d]: *(v)* επανεκδίδω
reiterat-e (ri:´itəreit) [-d]: *(v)* επαναλαμβάνω, ξαναλέω ‖ **~ion**: *(n)* επανάληψη, ξαναείπωμα
reject (ri´dzekt) [-ed]: *(v)* απορρίπτω ‖ αρνούμαι, αποκρούω ‖ εξεμώ, φτύνω ‖ (´ri:dzekt): *(n)* απόρριμμα, πεταμένο, άχρηστο ‖ **~ion**: *(n)* απόρριψη ‖ απόρριμμα
rejoic-e (ri´dzois) [-d]: *(v)* χαροποιώ ‖ χαίρομαι ‖ **~ing**: *(n)* χαρά, αγαλλίαση
rejoin (ri:´dzoin) [-ed]: *(v)* ξαναενώνω ‖ ξαναενώνομαι, ξανασυνναντώ, ξαναβρίσκω ‖ (ri´dzoin) [-ed]: *(v)* απαντώ, αποκρίνομαι ‖ **~der**: *(n)* απάντηση, απόκριση
rejuvenat-e (ri´dzu:vəneit) [-d]: *(v)* ξανανιώνω ‖ **~ion**: *(n)* ξανάνιωμα
relapse (ri´læps) [-d]: *(v)* υποτροπιάζω ‖ *(n)* υποτροπή
relat-e (ri´leit) [-d]: *(v)* σχετίζομαι, έχω σχέση ‖ συσχετίζω ‖ αφηγούμαι, λέω ‖ **~ed**: *(adj)* σχετικός ‖ συγγενής, συγγενικός ‖ **~ion**: *(n)* σχέση ‖ συγγένεια ‖ συγγενικός ‖ αφήγηση ‖ **~ional**: *(adj)* συγγενικός ‖ **~ionship**: *(n)* σχέση ‖ συγγένεια ‖ **~ive** (´relətiv): *(adj)* σχετικός ‖ αναφορικός ‖ *(n)* συγγενής ‖ **~ively**: *(adv)* σχετικά ‖ **~iveness**, **~ivity**: *(n)* σχετικότητα ‖ **~ive pronoun**: *(n)* αναφορική αντωνυμία ‖ **~ivity**: *(n)* σχετικότητα ‖ **~or**: *(n)* αφηγητής
relax (ri´læks) [-ed]: *(v)* χαλαρώνω ‖ χαλαρώνομαι, "ξελασκάρω" ‖ ελαφρώνω, ανακουφίζω ‖ αναπαύομαι, κάνω "φιλάξ" ‖ **~ant**: *(n)* χαλαρωτικό, ανακουφιστικό ‖ **~ation**: *(n)* χαλάρωση, "λασκάρισμα", ανακούφιση ‖ αναψυχή ‖ ξεκούρασμα ‖ **~ing**: *(adj)* ανακουφιστικός, ξεκουραστικός
relay (ri´lei) [-ed]: *(v)* αναμεταδίδω ‖ *(n)* εφεδρική ομάδα, ομάδα αντικατάστασης ‖ αναμετάδοση ‖ **~race**: *(n)* σκυταλοδρομία
release (ri´li:s) [-d]: *(v)* ελευθερώνω, λύνω από υποχρέωση ‖ απελευθερώνω, αποφυλακίζω ‖ αποδεσμεύω ‖ *(n)* αποδέσμευση ‖ απαλλαγή ‖ απελευθέρωση, ελευθέρωση, αποφυλάκιση ‖ κομβίον, "κουμπί", διακόπτης
relegat-e (´reləgeit) [-d]: *(v)* μεταθέτω δυσμενώς ‖ ταξινομώ ‖ αποβάλλω, διώχνω ‖ **~ion**: *(n)* δυσμενής μετάθεση ‖ ταξινόμηση ‖ διώξιμο, αποβολή
relent (ri´lent) [-ed]: *(v)* υποχωρώ, κάμπτομαι, μαλακώνω, δείχνω έλεος ‖ **~less**: *(adj)* αμείλικτος, άκαμπτος ‖ ανένδοτος ‖ **~lessly**: *(adv)* αμείλικτα, αλύπητα
relevan-ce (´reləvəns), **~cy**: *(n)* σχετικότητα ‖ σχέση ‖ **~t**: *(adj)* σχετικός ‖ εντός του θέματος
relia-bility (rilaiə´biliti): *(n)* αξιοπιστία, πίστη, εμπιστοσύνη ‖ **~ble**: *(adj)* αξιόπιστος ‖ **~bleness**: *(n)* εμπιστοσύνη ‖ **~nce** (ri´laiəns): *(n)* εμπιστοσύνη, πίστη ‖ πεποίθηση ‖ **~nt**: *(adj)* εμπιστευόμενος, βασιζόμενος
relic (´relik): *(n)* λείψανο ‖ απομεινάρι, κατάλοιπο ‖ ενθύμιο ‖ **~s**: *(n)* τα λείψανα
relie-f (ri´li:f): *(n)* ανακούφιση ‖ αλλαγή, αντικατάσταση ‖ ομάδα αλλαγής, βάρδια αλλαγής ‖ ανάγλυφο ‖ αρωγή, περίθαλψη ‖ καθαρότητα ‖ **~f map**: *(n)* ανάγλυφος χάρτης ‖ **~f on ~f**: απόρος ‖ **~ve** [-d]: *(v)* ανακουφίζω ‖ δίνω βοήθεια ή περίθαλψη ‖ αντικαθιστώ σε καθήκοντα ‖ απαλλάσσω από καθήκοντα
relig-ion (ri´lidzən): *(n)* θρησκεία ‖ **~ionism**: *(n)* θρησκομανία ‖ **~ionist**: *(n)* θρησκομανής ‖ **~ious**: *(adj)* θρησκευτικός ‖ ευσεβής ‖ **~iously**: *(adv)* θρησκευτικά ‖ με θρησκευτική ακρίβεια ή πιστότητα ‖ με ευσέβεια
reline (ri:´lain) [-d]: *(v)* τραβώ νέες γραμμές ‖ επενδύω εκ νέου
relinquish (ri´liŋkwiʃ) [-ed]: *(v)* εγκαταλείπω ‖ παραιτούμαι ‖ αφήνω ‖ **~ment**: *(n)* εγκατάλειψη ‖ παραίτηση
relish (´reliʃ) [-ed]: *(v)* απολαμβάνω ‖ δίνω γεύση ‖ *(n)* όρεξη, τάση προς ‖ απόλαυση ‖ καρύκευμα ‖ **~able**: *(adj)* απολαυστικός
relive (ri:´liv) [-d]: *(v)* ξαναζώ

308

reload (ri:´loud) [-ed]: *(v)* ξαναφορτώνω ‖ ξαναγεμίζω

relocate (ri:´loukeit) [-d]: *(v)* τοποθετώ σε νέα θέση ‖ μετακομίζω σε νέο μέρος

reluctan-ce (ri´lʌktəns), ~cy: *(n)* απροθυμία ‖ δισταγμός, διστακτικότητα ‖ ~t: *(adj)* απρόθυμος ‖ διστακτικός ‖ ~tly: *(adv)* απρόθυμα, διστακτικά

rely (ri´lai) [-ied]: *(v)* ~ on, ~ upon: βασίζομαι ‖ εμπιστεύομαι

remain (ri´mein) [-ed]: *(v)* μένω, παραμένω ‖ απομένω ‖ εμμένω ‖ ~der: *(n)* υπόλοιπο ‖ κατάλοιπο, υπόλειμμα ‖ ~s: *(n)* λείψανα ‖ υπολείμματα, κατάλοιπα

remake (ri:´meik) [remade, remade]: *(v)* ξανακάνω ‖ ξαναγυρίζω, ξαναφτιάνω ταινία ‖ *(n)* επανάληψη, ξαναφτιάξιμο

reman (ri:´mæn) [-ned]: *(v)* ξαναεπανδρώνω

remand (ri´mænd) [-ed]: *(v)* επιστρέφω ‖ αντιδιατάσσω ‖ δίνω εντολή για άλλη διαδικασία ‖ παραπέμπω ‖ επαναπροφυλακίζω ‖ *(n)* παραπομπή

remark (ri´ma:rk) [-ed]: *(v)* παρατηρώ ‖ σημειώνω, γράφω παρατήρηση ‖ *(n)* παρατήρηση ‖ σημείωση, σχόλιο ‖ ~able: *(adj)* αξιοσημείωτος, αξιόλογος ‖ ~ably: *(adv)* αξιοσημείωτα, σπουδαία, εξαιρετικά

remarry (ri:´mæri) [-ied]: *(v)* ξαναπαντρεύομαι

rematch (ri´mætʃ): *(n)* επαναληπτικός αγώνας

remed-iable (ri´mi:di:əbəl): *(adj)* θεραπεύσιμος ‖ ~ial: *(adj)* θεραπευτικός ‖ ~ially: *(adv)* θεραπευτικά ‖ ~y (´remədi:): *(n)* θεραπευτικό μέσο ‖ ~y [-ied]: *(v)* θεραπεύω ‖ επανορθώνω, διορθώνω

remem-ber (ri´membər) [-ed]: *(v)* θυμούμαι ‖ ~berable: *(adj)* αξιομνημόνευτος ‖ ~ brance: *(n)* θύμηση ‖ ανάμνηση ‖ μνήμη ‖ ~brancer: *(n)* αναμνηστικό

remind (ri´maind) [-ed]: *(v)* υπενθυμίζω ‖ ~er: *(n)* ενθύμιο

reminisce (remə´nis) [-d]: *(v)* αναπολώ, θυμάμαι ‖ ~nce: *(n)* αναπόληση ‖ ανάμνηση ‖ ~nt: *(adj)* αναμνηστικός, θυμιστικός ‖ αναπολών

remiss (ri´mis): *(adj)* αμελής ‖ ~ion: *(n)* μεταβίβαση ‖ άφεση, λύση από υποχρέωση ‖ μείωση

remit (ri´mit) [-ted]: *(v)* μεταβιβάζω ‖ εμβάζω ‖ δίνω χάρη ‖ χαλαρώνω ‖ αναβάλλω ‖ ~tance: *(n)* έμβασμα ‖ ~tent: *(adj)* διαλείπων

remnant (´remnənt): *(n)* υπόλειμμα, κατάλοιπο ‖ ~s: *(n)* λείψανα

remodel (ri´mədl) [-ed]: *(v)* ανακαινίζω

remonstrat-e (ri´mənstreit) [-d]: *(v)* εγείρω αντιρρήσεις ‖ διαμαρτύρομαι ‖ ~ion: *(n)* διαμαρτυρία, αντίρρηση

remorse (ri´mɔ:rs): *(n)* τύψη ‖ μετάνοια, μεταμέλεια ‖ ~ful: *(adj)* με τύψεις, μεταμελημένος ‖ ~less: *(adj)* ανηλεής

remote (ri´mout): *(adj)* απομακρυσμένος, μακρινός ‖ δυσδιάκριτος ‖ ~ control: *(n)* τηλεχειρισμός ‖ ~ly: *(adv)* απομακρυσμένα, μακρινά

remov-able (ri´mu:vəbəl): *(adj)* αφαιρετέος, αφαιρέσιμος ‖ κινητός, φορητός ‖ ~al: *(n)* μετακίνηση ‖ αφαίρεση ‖ ανάκληση, καθαίρεση, έκπτωση ‖ ~e [-d]: *(v)* μετακινώ ‖ μεταφέρω ‖ αφαιρώ, βγάζω ‖ εξαλείφω ‖ ανακαλώ, καθαιρώ ‖ μετακινούμαι, μεταφέρομαι ‖ ~ed: *(adj)* μακρινός, απομακρυσμένος

remunerat-e (ri´mju:nəreit) [-d]: *(v)* αμείβω ‖ αποζημιώνω ‖ ~ion: *(n)* αμοιβή, πληρωμή ‖ αποζημίωση ‖ ~ive: *(adj)* επικερδής ‖ αποζημιωτικός

renaissance (´renə´sa:ns): *(n)* αναγέννηση

rename (ri:´neim) [-d]: *(v)* μετονομάζω

rend (rend) [-ed or rent]: *(v)* ξεσχίζω ‖ αποσπώ βίαια ‖ διαπερνώ, σχίζω

render (´rendər) [-ed]: *(v)* υποβάλλω ‖ αποδίδω ‖ παραδίδω ‖ ερμηνεύω ‖ καθιστώ ‖ ~ing: *(n)* απόδοση ‖ ερμηνεία, απόδοση

rendezvous (´ra:ndeivu:): *(n)* συνάντηση, "ραντεβού" ‖ [-ed]: *(v)* συναντιέμαι

rendition (ren´diʃən): see rendering

rene-gade (´renəgeid): *(n)* αποστάτης ‖

309

παράνομος ‖ ~ge [-d]: *(v)* αποστατώ ‖ παραβαίνω υποχρέωση ή καθήκον

renew (ri´nju:) [-ed]: *(v)* ανανεώνω ‖ ξαναρχίζω, αναλαμβάνω πάλι ‖ ~able: *(adj)* ανανεώσιμος ‖ ~al: *(n)* ανανέωση ‖ επανάληψη ‖ ~edly: *(adv)* ξανά, από την αρχή

renounce (ri´nauns) [-d]: *(v)* παραιτούμαι, εγκαταλείπω ‖ απαρνιέμαι, αποκηρύσσω ‖ ~ment: *(n)* παραίτηση ‖ απάρνηση, αποκήρυξη

renovat-e (´renəveit) [-d]: *(v)* ανακαινίζω ‖ ~ion: *(n)* ανακαίνιση ‖ ~or: *(n)* ανακαινιστής

renown (ri´naun): *(n)* φήμη ‖ ~ed: *(adj)* ξακουστός, φημισμένος, περίφημος, ονομαστός

rent (rent): see rend ‖ *(n)* ενοίκιο, μίσθωμα ‖ [-ed]: *(v)* νοικιάζω ‖ εκμισθώνω, μισθώνω ‖ ~able: *(adj)* εκμισθώσιμος ‖ ~al: *(n)* νοίκι ‖ ακίνητο για νοίκιασμα ‖ ενοικίαση ‖ for ~: "ενοικιάζεται" ‖ ~er: *(n)* ενοικιαστής

renunciation (rinʌnsi´eiʃən): *(n)* see renouncement

reopen (ri:´oupən) [-ed]: *(v)* ξανανοίγω ‖ ανακινώ, ξαναρχίζω

reorder (ri:´o:rdər) [-ed]: *(v)* ξαναπαραγγέλνω ‖ ξανατακτοποιώ ‖ *(n)* νεα παραγγελία

reorgani-zation (ri:ɔ:rgənə´zeiʃən): *(n)* αναδιοργάνωση ‖ ~ze (ri:´ɔ:rgənaiz) [-d]: *(v)* αναδιοργανώνω ‖ ~zer: *(n)* αναδιοργανωτής

rep (rep): *(n)* see representative ‖ see repertory

repair (ri´peər) [-ed]: *(v)* επισκευάζω ‖ επιδιορθώνω ‖ επανέρχομαι ‖ πηγαίνω, μεταφέρομαι, μετακινούμαι ‖ *(n)* επισκευή ‖ επιδιόρθωση ‖ διόρθωμα ‖ κατάσταση μετά από χρήση ‖ ~able: *(adj)* επισκευάσιμος, διορθώσιμος ‖ ~er: *(n)* επιδιορθωτής ‖ ~man: *(n)* επιδιορθωτής

repartee (repər´ti:): *(n)* πνευματώδης συνομιλία ‖ πνευματώδης ή ετοιμόλογη απάντηση

repass (ri:´pæs) [-ed]: *(v)* ξαναπερνώ ‖ ~age: *(n)* ξαναπέρασμα

repatriat-e (ri´peitri:eit) [-d]: *(v)* επα-

ναπατρίζω ‖ ~ion: *(n)* επαναπατρισμός

repay (ri´pei) [repaid]: *(v)* ξεπληρώνω, εξοφλώ ‖ ανταποδίδω ‖ ~ment: *(n)* ανταπόδοση

repeal (ri´pi:l) [-ed]: *(v)* ανακαλώ ‖ ακυρώνω ‖ *(n)* ακύρωση, ανάκληση ‖ ~able: *(adj)* ακυρώσιμος

repeat (ri´pi:t) [-ed]: *(v)* επαναλαμβάνω ‖ αναπαράγω ‖ *(n)* επανάληψη ‖ ~ed: *(adj)* επανειλημμένος ‖ ~edly: *(adv)* επανειλημμένα ‖ ~er: *(n)* επαναληπτικό όπλο ‖ παράνομα διπλοψηφίζων ‖ ~ing: *(adj)* επαναληπτικός ‖ ~ing firearm: *(n)* επαναληπτικό όπλο

repel (ri´pel) [-led]: *(v)* απωθώ ‖ αποκρούω ‖ ~lent: *(adj)* απωθητικός ‖ αποκρουστικός ‖ *(n)* απωθητικό ή αποκρουστικό μέσο ή φάρμακο ‖ ~lence, ~lency: *(n)* απώθηση, απόκρουση

repent (ri´pent) [-ed]: *(v)* μετανοώ ‖ ~ance: *(n)* μετάνοια ‖ ~ant: *(adj)* μετανοών, μετανοημένος

repercussion (ri:pər´kʌʃən): *(n)* αντίκτυπος ‖ αντήχηση ‖ αντίδραση

reper-toire (´repərtwa:r), ~tory: *(n)* ρεπερτόριο, δραματολόγιο, "ρεπερτουάρ"

repeti-tion (repə´tiʃən): *(n)* επανάληψη ‖ ~tious: *(adj)* γεμάτος επαναλήψεις, κουραστικός ‖ ~tive: *(adj)* επαναληπτικός

rephrase (ri:´freiz) [-d]: *(v)* επαναλαμβάνω υπό νέα μορφή, ξανασχηματίζω πρόταση

replace (ri´pleis) [-d]: *(v)* αντικαθιστώ ‖ επανατοποθετώ, ξαναβάζω στη θέση ‖ ~able: *(adj)* αναπληρώσιμος ‖ ~ment: *(n)* αντικατάσταση, αναπλήρωση

replay (ri:´plei) [-ed]: *(v)* ξαναπαίζω ‖ (´ri:plei): *(n)* ξαναπαίξιμο, επανάληψη

replenish (ri´pleniʃ) [-ed]: *(v)* ξανασυμπληρώνω, ξαναγεμίζω, ξαναεφοδιάζω

replet-e (ri´pli:t): *(adj)* γεμάτος, πλήρης ‖ χορτάτος ‖ ~ion: *(n)* γέμισμα

replica (´repləkə): *(n)* αντίγραφο έργου τέχνης ‖ ακριβές αντίγραφο, πανομοιότυπο ‖ ~te [-d]: *(v)* αντιγράφω

reply (ri´plai) [-ied]: *(v)* απαντώ ‖
αντηχώ ‖ *(n)* απάντηση
report (ri´pɔːrt): *(n)* έκθεση ‖ αναφορά
‖ φήμη, διάδοση ‖ εκπυρσοκρότηση,
κρότος ‖ [-ed]: *(v)* εκθέτω ‖ αναφέρω
‖ γράφω ειδησεολογία, κάνω ''ρεπορ-
τάζ'' ‖ παρουσιάζομαι σε ανώτερο ή
σε νέα θέση ‖ **~age**: *(n)* ειδησεογρα-
φία, ''ρεπορτάζ'' ‖ **~edly**: *(adj)* εκ
διαδόσεως ‖ υποθετικά ‖ **~er**: *(n)* ει-
δησεογράφος, ''ρεπόρτερ'' ‖ **court
-er**: *(n)* στενογράφος δικαστηρίου,
πρακτικογράφος
repose (ri´pouz): *(n)* ανάπαυση ‖ ηρε-
μία ‖ [-d]: *(v)* αναθέτω ‖ **~ful**: *(adj)*
γαλήνιος, ήρεμος
reposit (ri´pɔzit) [-ed]: *(v)* αποθηκεύω
‖ αποταμιεύω ‖ **~ion**: *(n)* αποθήκευση
‖ αποταμίευση ‖ **~ory**: *(n)* αποθήκη ‖
ταμείο ‖ μαυσωλείο
repossess (riːpə´zes) [-ed]: *(v)* επανα-
κτώ ‖ παίρνω πίσω αντικείμενο για
το οποίο δεν πληρώθηκαν οι δόσεις ‖
~ion: *(n)* επανάκτηση
reprehen-d (repri´hend) [-ed]: *(v)* μέμ-
φομαι, ψέγω ‖ **~sible**: *(adj)* αξιόμε-
μπτος ‖ **~sion**: *(n)* μομφή
represent (repri´zent) [-ed]: *(v)* αντι-
προσωπεύω ‖ απεικονίζω ‖ παρουσιά-
ζω, παριστάνω ‖ **~ation**: *(n)* αντιπρο-
σώπευση ‖ αντιπροσωπία ‖ απεικόνι-
ση ‖ παρουσίαση ‖ αναπαράσταση ‖
~ational: *(adj)* απεικονιστικός, παρα-
στατικός ‖ **~ative**: *(adj)* αντιπροσω-
πευτικός ‖ παραστατικός ‖ τυπικός ‖
(n) αντιπρόσωπος ‖ βουλευτής ‖
~atively: *(adv)* αντιπροσωπευτικά, τυ-
πικά
repress (ri´pres) [-ed]: *(v)* καταστέλλω,
καταπνίγω ‖ **~ible**: *(adj)* κατασταλτός
‖ **~ion**: *(n)* καταστολή, κατάπνιξη ‖
~ive: *(adj)* κατασταλτικός ‖ **~or**: *(n)*
καταστολέας
reprieve (ri´priːv) [-d]: *(v)* αναστέλλω
‖ *(n)* αναστολή ποινής ‖ ανακούφιση,
διακοπή
reprimand (´reprəmænd) [-ed]: *(v)* επι-
πλήττω ‖ *(n)* επίπληξη
reprint (riː´print) [-ed]: *(n)* ανατυπώνω
‖ επανεκδίδω ‖ (´riːprint): *(n)* ανατύ-

πωση
reprisal (ri´praizəl): *(n)* αντίποινα
reproach (ri´proutʃ) [-ed]: *(v)* μέμφο-
μαι, ψέγω ‖ ντροπιάζω ‖ *(n)* μομφή ‖
ντροπή, ντρόπιασμα ‖ **~ful**: *(adj)* επι-
τιμητικός, γεμάτος μομφή
reproduc-e (riːprə´djuːs) [-d]: *(v)* ανα-
παράγω ‖ αναπαράγομαι ‖ **~tion**
(riːprə´dʌkʃən): *(n)* αναπαραγωγή ‖
ανατύπωση ‖ **~tive**: *(adj)* αναπαραγω-
γικός ‖ **~tiveness**: *(n)* αναπαραγωγι-
κότητα
re-proof (riː´pruːf): *(n)* επίπληξη ‖
~provable: *(adj)* μεμπτός ‖ **~prove**
(ri´pruːv) [-d]: *(v)* επιπλήττω ‖
~proving: *(adj)* επιτιμητικός, επικριτι-
κός
reptil-e (´reptil, ´reptail): *(n)* ερπετό ‖
~ian: *(adj)* γλοιώδης, σαν ερπετό,
βρωμερός, ύπουλος
republic (ri´pʌblik): *(n)* δημοκρατία ‖
~an: *(adj)* δημοκρατικός ‖ **R~an**:
Ρεπουμπλικανικός *(n)* Ρεπουμπλικά-
νος ‖ δημοκράτης
republi-cation (riːpʌbli´keiʃən): *(n)*
επανέκδοση ‖ **~sh** [-ed]: *(v)* επανεκδί-
δω
repudiat-e (ri´pjuːdiːeit) [-d]: *(v)* απορ-
ρίπτω ‖ απαρνιέμαι ‖ αρνούμαι ανα-
γνώριση ‖ **~ion**: *(n)* απόρριψη ‖ απάρ-
νηση ‖ **~ive**: *(adj)* απορριπτικός ‖
απαρνητικός
repugnan-ce (ri´pʌgnəns): **~cy**: *(n)* απέ-
χθεια, αποστροφή ‖ εναντιότητα ‖ αη-
δία ‖ **~t**: *(adj)* απεχθής ‖ αηδιαστικός
‖ ενάντιος
repuls-e (ri´pʌls) [-d]: *(v)* απωθώ ‖
αποκρούω ‖ *(n)* απώθηση ‖ απόκρου-
ση ‖ **~ion**: *(n)* απέχθεια, αποστροφή ‖
απόκρουση ‖ **~ive**: *(adj)* αποκρουστι-
κός, απεχθής ‖ **~iveness**: *(n)* αποκρου-
στικότητα
reput-able (´repjutəbəl): *(adj)* ευυπόλη-
πτος, αξιοπρεπής ‖ έντιμος ‖ **~ation**
(repjə´teiʃən): *(n)* υπόληψη ‖ φήμη ‖
ευυπόληψία ‖ **~e** (ri´pjuːt) [-ed]: *(v)*
φημολογώ, δίνω φήμη ή υπόληψη ‖
(n) see reputation ‖ **~ed**: *(adj)* θεωρού-
μενος, υποτιθέμενος ‖ **~edly**: *(adv)*
όπως θεωρείται, όπως λένε, κατά τη

request

γνώμη όλων
request (ri´kwest) [-ed]: *(v)* αιτούμαι,
ζητώ ‖ *(n)* αίτηση, παράκληση ‖ αίτη-
μα ‖ **by ~**: κατ᾽ αίτηση, κατά παρά-
κληση ‖ **in ~**: σε μεγάλη ζήτηση
requi-em (´rekwi:əm): *(n)* μνημόσυνο ‖
επιμνημόσυνη δέηση, σύνθεση ή ύμνος
‖ **~escat** (rekwi:´eskæt): *(n)* δέηση
υπέρ των ψυχών
requi-re (ri´kwaiər) [-d]: *(v)* απαιτώ ‖
επιζητώ, ζητώ ‖ εντέλλομαι ‖ **~red**:
(adj) απαιτούμενος ‖ **~rement**: *(n)*
απαίτηση ‖ απαιτούμενο προσόν ‖
~site (´rekwəzit): *(adj)* ουσιώδης,
απαραίτητος ‖ *(n)* ουσιώδες πράγμα ή
προσόν, απαραίτητη προϋπόθεση ‖
~sition: *(n)* απαίτηση ‖ επίταξη ‖
~sition [-ed]: *(v)* απαιτώ ‖ επιτάσσω
rerun (ri:´rʌn) [reran, rerun]: *(v)* προ-
βάλλω ταινία για δεύτερη φορά ‖
(´ri:rʌn): *(n)* δεύτερη προβολή, επανά-
ληψη
resale (´ri:seil): *(n)* μεταπώληση
rescind (ri´sind) [-ed]: *(v)* ακυρώνω ‖
~able: *(adj)* ακυρώσιμος ‖ **~ing**: *(adj)*
ακυρωτικός, ανακλητικός ‖ *(n)* ακύ-
ρωση, ανάκληση
rescue (´reskju:) [-d]: *(v)* διασώζω ‖
(n) διάσωση ‖ **~r**: *(n)* σωτήρας
research (ri´sə:rtʃ): *(n)* έρευνα ‖ [-ed]:
(v) ερευνώ, εξετάζω επιστημονικά ‖
~er: *(n)* ερευνητής
resect (ri´sekt) [-ed]: *(v)* κάνω εκτομή
‖ **~ion**: *(n)* εκτομή
resembl-ance (ri´zembləns): *(n)* ομοιό-
τητα ‖ **~e** [-d]: *(v)* ομοιάζω
resent (ri´zent) [-ed]: *(v)* νοιώθω αγα-
νάκτηση ή θυμό για κάτι, πειράζομαι
πολύ ‖ φέρω βαρέως ‖ **~ful**: *(adj)* πει-
ραγμένος ‖ γεμάτος αγανάκτηση ή θυ-
μό ‖ **~fully**: *(adv)* με θυμό, με αγανά-
κτηση ή μνησικακία ‖ **~ment**: *(n)* αγα-
νάκτηση, μνησικακία
reser-vation (rezər´veiʃən): *(n)* επιφύ-
λαξη ‖ περιορισμός ‖ αποκλεισμένη
περιοχή, περιορισμένη περιοχή ‖ εξα-
σφάλιση θέσης ή δωματίου, ''κλείσι-
μο'', ''πιάσιμο'' ‖ **~ve** [-d]: *(v)* εξα-
σφαλίζω θέση ή δωμάτιο, ''κλείνω'' ‖
διατηρώ ‖ *(n)* εφεδρεία ‖ συγκράτημα,

συγκρατημός ‖ επιφύλαξη ‖ ψυχρότη-
τα, σκεπτικισμός ‖ **~ves**: *(n)* έφεδροι,
εφεδρεία ‖ **~ved**: *(adj)* ''κλεισμένος'',
''πιασμένος'', ''ρεζερβέ'' ‖ συγκρατη-
μένος ‖ **~vist**: *(n)* έφεδρος ‖ **~voir**
(´rezərvwa:r): *(n)* δεξαμενή, ''ρεζερ-
βουάρ'' ‖ απόθεμα
reshuffle (ri´ʃʌfəl) [-d]: *(v)* ανασχημα-
τίζω ‖ ανακατεύω ξανά ‖ *(n)* ανασχη-
ματισμός ‖ ξανανακάτεμα
reside (ri´zaid) [-d]: *(v)* κατοικώ, δια-
μένω ‖ ενυπάρχω ‖ **~nce** (´rezidəns):
(n) κατοικία ‖ κατοίκηση, διαμονή ‖
~ncy: *(n)* περίοδος ειδίκευσης ιατρού
‖ **~nt**: *(n)* κάτοικος ‖ *(adj)* ενυπάρχων,
έμφυτος ‖ κατοικών, εγκαταστημένος
‖ **~ntial**: *(adj)* κατοικημένος, με κατοι-
κίες
residu-al (ri´zidzju:əl): *(adj)* υπολειμμα-
τικός ‖ **~e** (´rezədju:): *(n)* υπόλειμμα
‖ ίζημα, κατακάθι
resign (ri´zain) [-ed]: *(v)* παραιτούμαι
‖ εγκαταλείπω, ενδίδω ‖ **~ation**
(rezig´neiʃən): *(n)* παραίτηση ‖ εγκα-
τάλειψη, ένδοση, υποχώρηση ‖ **~ed**:
(adj) παραιτηθείς ‖ υποταγμένος στη
μοίρα ‖ **~edly**: *(adv)* με ύφος εγκατά-
λειψης
resil-e (ri´zail) [-d]: *(v)* πάλλω ξανά,
αναπηδώ ‖ ξαναγυρίζω στην προηγού-
μενη κατάσταση ‖ **~ience** (ri´ziljəns):
(n) ελαστικότητα ‖ ανάπαλση, αναπή-
δηση ‖ **~ient**: *(adj)* ελαστικός
resin (´rezin): *(n)* ρητίνη
resist (ri´zist) [-ed]: *(v)* αντιστέκομαι ‖
~ance: *(n)* αντίσταση ‖ **~ant**: *(adj)* αν-
θεκτικός ‖ **~ible**: *(adj)* αποκρουόμενος
‖ **~ivity**: *(n)* ανθεκτικότητα ‖ **~less**:
(adj) ακατάσχετος ‖ **~or**: *(n)* αντίστα-
ση (ηλεκ.)
resolu-ble (ri´zəljəbəl): *(adj)* διαλυτός ‖
~te (´rezolu:t): *(adj)* αποφασιστικός ‖
~tion: *(n)* αποφασιστικότητα ‖ απόφα-
ση ‖ διάλυση, ανάλυση
resolv-able (ri´zəlvəbəl): *(adj)* διαλυτός ‖
αναλύσιμος ‖ **~e** [-d]: *(v)* αποφασί-
ζω ‖ διαλύω, αναλύω ‖ διαλύομαι,
αναλύομαι ‖ *(n)* αποφασιστικότητα ‖
απόφαση ‖ **~ed**: *(adj)* αποφασισμένος
‖ **~ent**: *(n)* διαλυτικό μέσο

resonan-ce (´rezənəns): *(n)* συνήχηση ‖ αντήχηση ‖ ~**t**: *(adj)* αντηχητικός, ηχηρός

resort (ri´zɔ:rt) [-ed]: *(v)* προσφεύγω, καταφεύγω ‖ πηγαίνω ταχτικά, συχνάζω ‖ *(n)* προσφυγή, καταφύγιο ‖ τόπος διαμονής για ψυχαγωγία ή παραθέριση ‖ τόπος που συχνάζει κανείς, ''στέχι'' ‖ **summer ~**: *(n)* θέρετρο

resound (ri´zaund) [-ed]: *(v)* αντηχώ ‖ διακηρύσσω ‖ ~**ing**: *(adj)* ηχηρός

resource (ri´sɔ:rs): *(n)* καταφύγιο, προσφυγή, υποστήριξη ‖ πηγή, εφόδιο, εφεδρεία ‖ πόρος ‖ επινοητικότητα, ικανότητα ‖ ~**ful**: *(adj)* επινοητικός, εφευρετικός ‖ ~**fulness**: *(n)* επινοητικότητα, εφευρετικότητα

respect (ri´spekt) [-ed]: *(v)* σέβομαι ‖ παραπέμπω, αναφέρομαι ‖ *(n)* σεβασμός ‖ υπόληψη ‖ άποψη ‖ σχέση ‖ ~**s**: *(n)* σέβη ‖ ~**ability**: *(n)* υπόληψη ‖ ~**able**: *(adj)* ευυπόληπτος ‖ αξιοσέβαστος ‖ σημαντικός ‖ ~**ed**: *(adj)* σεβάσμιος, σεβαστός ‖ αξιοσέβαστος, ευυπόληπτος ‖ ~**ful**: *(adj)* με σεβασμό, γεμάτος σέβας ‖ ~**fully**: *(adv)* με σεβασμό, ευσεβάστως ‖ ~**ing**: *(prep)* σχετικά με, αναφορικά προς, όσον αφορά ‖ ~**ive**: *(adj)* αντίστοιχος ‖ ~**ively**: *(adv)* αντίστοιχα

respira-ble (´respərəbəl): *(adj)* αναπνεύσιμος ‖ ~**tion** (respə´reiʃən): *(n)* αναπνοή ‖ ~**tor**: *(n)* αναπνευστική συσκευή, αναπνευστήρας ‖ ~**tory**: *(adj)* αναπνευστικός

respite (´respit): *(n)* ανάπαυλα ‖ αναβολή εκτέλεσης θανατικής ποινής

resplenden-ce (ris´plendəns), ~**cy**: *(n)* λαμπρότητα, μεγαλοπρέπεια ‖ ~**t**: *(adj)* λαμπρός, μεγαλοπρεπής

respon-d (ri´spɔnd) [-ed]: *(v)* αποκρίνομαι, απαντώ ‖ ανταποκρίνομαι ‖ ~**dent**: *(n)* κατηγορούμενος ‖ ~**se**: *(n)* απόκριση, απάντηση ‖ ανταπόκριση ‖ ~**sive**: *(adj)* ανταποκρινόμενος ‖ ευκολεπηρέαστος

responsi-bility (rispənsə´biləti:): *(n)* ευθύνη ‖ υπευθυνότητα ‖ ~**ble** (ri´spɔnsəbəl): *(adj)* υπεύθυνος ‖ ~**bly**: *(adv)* υπεύθυνα

responsive: see respond

rest (rest): *(n)* ανάπαυση ‖ ηρεμία ‖ ακινησία ‖ θάνατος ‖ βάση, έδρα ‖ υπόλοιπο ‖ [-ed]: *(v)* αναπαύομαι, ξεκουράζομαι ‖ σταματώ, διακόπτω ‖ ηρεμώ, βρίσκομαι σε ηρεμία ‖ βρίσκομαι σε ακινησία ‖ στηρίζομαι ‖ βρίσκομαι ‖ ~**ful**: *(adj)* ξεκουραστικός, ξεκούραστος ‖ ~**ive**: *(adj)* ανήσυχος, νευρικός ‖ δύσκολος, ανυπάκουος ‖ ~**less**: *(adj)* ανήσυχος, νευρικός ‖ αεικίνητος ‖ ~**room**: *(n)* δημόσιο αποχωρητήριο ‖ **at ~**: πεθαμένος ‖ εν αναπαύσει ‖ **lay to ~**: θάβω

restaurant (´restərənt): *(n)* εστιατόριο ‖ ~**eur**: *(n)* εστιάτορας

restful: see rest

restitut-e (´restitju:t) [-d]: *(v)* αποκαθιστώ ‖ ~**ion**: *(n)* αποκατάσταση

restive: see rest

restless: see rest

restock (ri:´stɔk) [-ed]: *(v)* ανεφοδιάζω

resto-ration (restə´reiʃən): *(n)* αποκατάσταση ‖ παλινόρθωση ‖ ~**rative**: *(adj)* παλινορθωτικός ‖ ~**re** [-d]: *(v)* αποκαθιστώ ‖ παλινορθώνω ‖ επισκευάζω, επιδιορθώνω ‖ ανασηλώνω

restrain (ri´strein) [-ed]: *(v)* συγκρατώ ‖ αναχαιτίζω, ελέγχω ‖ περιορίζω, βάζω σε περιορισμό ‖ ~**able**: *(adj)* ευκολοσυγκράτητος ‖ ~**ed**: *(adj)* συγκρατημένος ‖ ~**edly**: *(adj)* ήρεμα, συγκρατημένα ‖ ~**t**: *(n)* αναχαίτιση, έλεγχος ‖ περιορισμός ‖ συγκρατημός

restrict (ri´strikt) [-ed]: *(v)* περιορίζω ‖ ~**ed**: *(adj)* περιορισμένος ‖ ~**ion**: *(n)* περιορισμός ‖ όριο ‖ ~**ive**: *(adj)* περιοριστικός

rest room: see rest

result (ri´zʌlt) [-ed]: *(v)* έχω ως αποτέλεσμα, απολήγω, καταλήγω ‖ συνεπάγομαι ‖ *(n)* αποτέλεσμα ‖ συνέπεια ‖ ~**ant**: *(n)* συνισταμένη ‖ *(adj)* προκύπτων

resum-e (ri´zu:m) [-d]: *(v)* ξαναρχίζω ‖ ξαναπαίρνω ‖ ~**ption** (ri´zʌmpʃən): *(n)* επανάληψη

résumé (´rezumei): *(n)* βιογραφικό σημείωμα ‖ περίληψη

resumption: see resume

resurge (ri´sə:rdz) [-d]: *(v)* ξανασηκώνομαι ‖ ξαναορμώ ‖ ανασταίνομαι, παίρνω νέα ζωή ‖ ~**nce**: *(n)* ξεσήκωμα ‖ ανάσταση, αναζωογόνηση

resurrect (rezə´rekt) [-ed]: *(v)* ανασταίνω ‖ ~**ion**: *(n)* ανάσταση

resuscitat-e (ri´susəteit) [-d]: *(v)* αναζωογονώ, δίνω νέα ζωή ‖ ξαναδίνω τις αισθήσεις ‖ συνέρχομαι ‖ ~**ion**: *(n)* αναζωογόνηση ‖ ανάσταση, νέα ζωή

retail (´ri:teil): *(n)* λιανική πώληση ‖ *(adj)* λιανικός ‖ [-ed]: *(v)* πουλώ λιανικά ‖ ~**er**: *(n)* έμπορος λιανικής πώλησης ‖ ~ **price**: *(n)* τιμή λιανικής πώλησης ‖ ~ **space**: *(n)* πώληση ή ενοικίαση κατά γραφείο ή δωμάτιο

retain (ri´tein) [-ed]: *(v)* κατακρατώ, διατηρώ ‖ συνεχίζω να κρατώ ή να διατηρώ ‖ συγκρατώ, θυμάμαι ‖ εκμισθώνω δικηγόρο ‖ ~**able**: *(adj)* κρατήσιμος, διατηρήσιμος ‖ ~**er**: *(n)* μίσθωση υπηρεσίας δικηγόρου ‖ προκαταβολή δικηγόρου ‖ υπάλληλος

retake (ri:´teik) [retook, retaken]: *(v)* ξαναπαίρνω, ξαναποκτώ ‖ (´ri:teik): *(n)* επαναπόκτηση, ξαναπάρσιμο

retaliat-e (ri´tæli:eit) [-d]: *(v)* ανταποδίδω ‖ εκδικούμαι, κάνω αντίποινα ‖ ~**ion**: *(n)* ανταπόδοση ‖ αντίποινα ‖ ~**ive**: *(adj)* εκδικητικός, για αντίποινα

retard (ri´ta:rd) [-ed]: *(v)* επιβραδύνω ‖ καθυστερώ ‖ ~**ate**: *(n)* διανοητικά καθυστερημένος ‖ ~**ation**: *(n)* καθυστέρηση ‖ επιβράδυνση ‖ ~**ed**: *(adj)* καθυστερημένος ‖ ~**er**: *(n)* επιβραδυντήρας

retch (retʃ) [-ed]: *(v)* εξεμώ, κάνω εμετό

retent-ion (ri´tenʃən): *(n)* συγκράτηση, έλεγχος ‖ μνήμη ‖ ~**ive**: *(adj)* επισχετικός ‖ συγκρατητικός ‖ ~**iveness**, ~**ivity**: *(n)* συνεκτικότητα

reticen-ce (´retisəns): *(n)* σιωπή ‖ σιωπηλότητα, το λιγομίλητο ‖ ~**t**: *(adj)* λιγομίλητος ‖ σιωπηλός ‖ συγκρατημένος

retina (´retinə): *(n)* αμφιβληστροειδής χιτώνας

retinue (´retinju:): *(n)* ακολουθία, ακόλουθοι

retir-e (ri´tair) [-d]: *(v)* αποχωρώ ‖ αποσύρομαι ‖ αποχωρώ από ενεργό υπηρεσία ‖ αποσύρω από ενεργό υπηρεσία ‖ ~**ed**: *(adj)* αποτραβηγμένος ‖ συνταξιούχος ή απόστρατος ‖ ~**ement**: *(n)* απόσυρση ‖ αποχώρηση ‖ αποχώρηση από ενεργό υπηρεσία ‖ ~**ing**: *(adj)* συνεσταλμένος, "τραβηγμένος"

retool (ri:´tu:l) [-ed]: *(v)* επανεφοδιάζω ‖ αναδιοργανώνω

retort (ri´tə:rt) [-ed]: *(v)* ανταποδίδω ‖ απαντώ απότομα ‖ *(n)* απότομη απάντηση ‖ ανταπόδοση ‖ αποστακτήρας

retouch (ri:´tʌtʃ) [-ed]: *(v)* "ρετουσάρω", επεξεργάζομαι ‖ *(n)* επεξεργασία, "ρετουσάρισμα"

retrace (ri:´treis) [-d]: *(v)* ανατρέχω

retract (ri´trækt) [-ed]: *(v)* ανακαλώ ‖ συστέλλω, αποσύρω, μαζεύω ‖ ~**able**: *(adj)* ανασταλτός ‖ ~**ile**: *(adj)* συσταλτός, ελκόμενος ‖ ~**ion**: *(n)* ανάκληση ‖ επανάταξη, συστολή ‖ ~**ive**: *(adj)* συσταλτικός

retread (ri:´tred) [-ed]: *(v)* ξαναεπιστρώνω ελαστικό αυτοκινήτου

retreat (ri´tri:t): *(n)* οπισθοχώρηση ‖ καταφύγιο, μέρος απόσυρσης ‖ υποχώρηση ‖ σάλπισμα αποχώρησης ‖ [-ed]: *(v)* οπισθοχωρώ ‖ υποχωρώ ‖ γέρνω προς τα πίσω ‖ **beat a** ~: *(v)* το βάζω στα πόδια ‖ σαλπίζω υποχώρηση

retrench (ri´trentʃ) [-ed]: *(v)* περικόβω ‖ ~**ment**: *(n)* περικοπή

retrial (ri:´traiəl): *(n)* αναψηλάφηση δίκης

retribu-tion (retrə´bju:ʃən): *(n)* ανταπόδοση, αντίποινα ‖ ~**tive**: *(adj)* ανταποδοτικός, για αντίποινα, για τιμωρία

retriev-al (ri´tri:vəl): *(n)* επανάκτηση ‖ επανόρθωση, διόρθωμα ‖ ~**e** [-d]: *(v)* επανακτώ ‖ παλινορθώ, αναστηλώνω ‖ διασώζω, βρίσκω ‖ θυμάμαι ‖ ~**er**: *(n)* σκύλος γυμνασμένος να φέρνει πίσω θήραμα ή αντικείμενα

retro-act (´retrouækt) [-ed]: *(v)* αντενεργώ ‖ ~**action**: *(n)* αντενέργεια ‖ ~**active**: *(adj)* αναδρομικός ‖ αντενεργών ‖ ~**grade**: *(adj)* ανάδρομος ‖ αντι-

στροφος ‖ ~**gress** [-ed]: (ν) οπισθο-
δρομώ ‖ ~**gressive**: (adj) οπισθοδρομι-
κός ‖ ~ **rocket**: (n) ανασταλτικός πύ-
ραυλος ‖ ~**spect** (´retrəspekt): (n)
ανασκόπηση ‖ [-ed]: (ν) ανασκοπώ,
κάνω ανασκόπηση ‖ ~**spective**: (adj)
ανασκοπικός ‖ αναδρομικός ‖ **in**
~**spect**: σε ανασκόπηση, εξετάζοντας
πάλι το παρελθόν
retroversion (retrou´və:rzən): (n) ανα-
στροφή
return (ri´tə:rn) [-ed]: (ν) επιστρέφω,
γυρίζω ‖ επανέρχομαι σε προηγούμενη
κατάσταση ‖ ανταπαντώ ‖ υποβάλω
αίτηση ή δήλωση ‖ εκλέγω ή επανε-
κλέγω ‖ (n) επιστροφή, επάνοδος ‖
περιοδική επάνοδος ‖ απάντηση, από-
κριση ‖ κέρδος ‖ αναφορά ή δήλωση ‖
αποτέλεσμα εκλογής ‖ εισιτήριο επι-
στροφής ‖ (adj) επιστρεπτέος ‖ ~**able**:
(adj) επιστρεπτός ‖ ~-**visit**: (n) αντεπί-
σκεψη, ανταπόδοση επίσκεψης ‖ ~
match: αγώνας ''ρεβάνς''
reun-ion (ri:´ju:njən): (n) επανένωση,
επανασύνδεση ‖ συνάντηση, συγκέ-
ντρωση ‖ ~**ite** (ri:ju:´nait) [-ed]: (ν)
επανενώνω ‖ ξανασυνναντιέμαι
rev (rev): (n) στροφή(see revolution) ‖
[-ved]: (ν), ~ **up**: αυξάνω τις στροφές
μηχανής, ''φουλάρω'' τη μηχανή
Rev: see reverend
revamp (ri:´væmp) [-ed]: (ν) ανακαινί-
ζω ‖ διασκευάζω
reveal (ri´vi:l) [-ed]: (ν) αποκαλύπτω,
κάνω γνωστό ή φανερό ‖ ~**able**: (adj)
γνωστοποιήσιμος ‖ ~**ing**: (adj) αποκα-
λυπτικός
reveille (´revæli:): (n) εγερτήριο
revel (´revəl) [-ed]: (ν) απολαμβάνω,
παίρνω μεγάλη χαρά από κάτι ‖ γλε-
ντοκοπώ ‖ ~**er**: (n) γλεντζές, μέτοχος
γλεντιού ‖ ~**ry**: (n) γλέντι, γκεντοκό-
πημα
revelation (rivə´leiʃən): (n) αποκάλυψη
revenge (ri´vendz) [-d]: (ν) εκδικούμαι
‖ (n) εκδίκηση ‖ ~**ful**: (adj) εκδικητι-
κός
revenue (´revənju:): (n) εισόδημα, έσο-
δα ‖ δημόσιο εισόδημα ‖ **internal** ~:
εφορία

reverberat-e (ri´və:rbəreit) [-d]: (ν)
αντηχώ ‖ αναπηδώ ‖ ανακλώμαι επα-
νειλλειμμένα ‖ ~**ion**: (n) αντήχηση ‖
αναπήδηση ‖ αντανάκλαση
revere (ri´viər) [-d]: (ν) σέβομαι ‖
~**nce** (´revərəns): (n) σέβας, σεβασμός,
ευλάβεια ‖ ~**nd**: (adj) σεβάσμιος ‖
R~nd: αιδεσιμότατος ‖ ~**nt**: (adj) ευ-
λαβής
reverie (´revəri:): (n) ονειροπόλημα,
ρεμβασμός
revers (ri´viər): (n) ''ρεβέρ'' ‖ ~**al**
(ri´və:rsəl): (n) αντιστροφή, αναστρο-
φή ‖ ~**e** (ri´və:rs) [-d]: (ν) αντιστρέ-
φω, αναστρέφω ‖ αναποδογυρίζω ‖
βάζω την όπισθεν σε μηχανή ‖ (adj)
αντίστροφος ‖ ανάστροφος, ''όπι-
σθεν'' ‖ (n) το αντίστροφο ‖ κακοτυ-
χία, καταδρομή τύχης ‖ ~**ely**: (adv)
αντίστροφα ‖ αντίθετα ‖ ~**ible**: (adj)
αντιστρεφόμενος, που μπορεί να γυρί-
σει ανάποδα ‖ ~**ion**: (n) επιστροφή,
επάνοδος ‖ αντιστροφή, αναστροφή
revert (ri´və:rt) [-ed]: (ν) επιστρέφω
‖ ~**ible**: (adj) επιστρεπτέος
review (ri´vju:) [-ed]: (ν) επανεξετάζω
‖ κάνω ανασκόπηση ‖ επιθεωρώ ‖ κά-
νω ή γράφω κριτική ‖ κάνω επανάλη-
ψη, μελετώ ξανά ‖ (n) επανεξέταση ‖
ανασκόπηση ‖ επιθεώρηση ‖ see revue
‖ ~**able**: (adj) αναθεωρήσιμος ‖ ~**er**:
(n) κριτικός
revile (ri´vail) [-d]: (ν) κατηγορώ, βρί-
ζω
revis-e (ri´vaiz) [-d]: (ν) αναθεωρώ ‖
διασκευάζω ‖ ~**able**: (adj) αναθεωρήσι-
μος ‖ ~**ed**: (adj) αναθεωρημένος, διορ-
θωμένος, διασκευασμένος ‖ ~**ion**
(ri´vizən): (n) αναθεώρηση ‖ διασκευή
revisit (ri:´vizit) [-ed]: (ν) ξαναεπισκέ-
πτομαι ‖ (n) νέα επίσκεψη
revitaliz-e (ri:´vaitəlaiz) [-d]: (ν) ανα-
ζωογονώ ‖ ~**ation**: (n) αναζωογόνηση
reviv-al (ri´vaivəl): (n) αναγέννηση ‖
επάνοδος στη ζωή ή στην ενεργό δρά-
ση ‖ επανάληψη ταινίας ‖ ~**e** [-d]: (ν)
ανασταίνω ‖ κάνω να συνέλθει ‖ ανα-
ζωογονώ ‖ ανασταίνομαι ‖ συνέρχο-
μαι ‖ παίρνω νέα ζωή
revo-cable (´revəkəbəl): (adj)

315

revolt

ακυρώσιμος, ανακλητός ‖ **~cation**: *(n)* ανάκληση, ακύρωση ‖ **~ke** (ri´vouk) [-d]: *(v)* ανακαλώ, ακυρώνω
re-volt (ri´voult) [-ed]: *(v)* επαναστατώ ‖ στασιάζω, ξεσηκώνομαι ‖ αποστρέφομαι ‖ *(n)* επανάσταση ‖ στάση ‖ **~volting**: *(adj)* αηδιαστικός, αποκρουστικός ‖ **~volution** (revə´lu:ʃən): *(n)* επανάσταση ‖ περιστροφή ‖ **~volutionary** (revə´lu:ʃəneri:): *(adj)* επαναστατικός ‖ *(n)* επαναστάτης ‖ **~volutionist**: *(n)* οπαδός επαναστατικής δράσης, επαναστάτης ‖ **~volutionize** [-d]: *(v)* προκαλώ επανάσταση ‖ εισάγω επαναστατική λύση ή μεταρρύθμιση ‖ αλλάζω ριζικά ‖ **~volve** (ri´vɔlv) [-d]: *(v)* περιστρέφομαι ‖ περιστρέφω ‖ **~volver**: *(n)* περίστροφο, "ρεβόλβερ"
revue (ri´vju:): *(n)* θεατρική επιθεώρηση
revul-sion (ri´vʌlʃən): *(n)* αποστροφή ‖ μεταστροφή ‖ **~sive**: *(adj)* απεχθής
reward (ri´wɔ:rd) [-ed]: *(v)* αμείβω, ανταμείβω ‖ *(n)* αμοιβή, ανταμοιβή
rewind (ri:´waind) [rewound]: *(v)* ξανατυλίγω ‖ ξανακουρδίζω
rewire (ri:´waiər) [-d]: *(v)* εφοδιάζω με νέα καλώδια ή σύρματα
reword (ri:´wə:rd) [-ed]: *(v)* επαναλαμβάνω ‖ ξαναλέω ή ξαναγράφω με άλλες εκφράσεις, συντάσσω ξανά με νέες λέξεις, εκφράζω διαφορετικά
rewrite (ri:´rait) [rewrote, rewritten]: *(v)* ξαναγράφω
rezone (ri:´zoun) [-d]: *(v)* ξαναδιαχωρίζω σε τομείς ή ζώνες
rhapso-dist (´ræpsədist): *(n)* ραψωδός ‖ **~dy**: *(n)* ραψωδία
rhetoric (´retərik): *(n)* ρητορική ‖ **~al** (ri´tɔ:rikəl): *(adj)* ρητορικός
rheumat-ic (ru:´mætik): *(adj)* ρευματικός ‖ **~ism** (´ru:mətizəm): *(n)* ρευματισμός
rhinestone (´rainstoun): *(n)* τεχνητό διαμάντι
rhino (´raino): see rhinoceros ‖ λεφτά, μετρητά *(id)* ‖ **~ceros** (rai´nɔsərəs): *(n)* ρινόκερος
rhododendron (roudə´dendrən): *(n)* ρο-

δόδεντρο
rhomboid (´rɔmboid): *(n)* ρομβοειδές ‖ **~bus**: *(n)* ρόμβος
rhyme (raim), **rime**: *(n)* ομοιοκαταληξία, "ρίμα" ‖ [-d]: *(v)* ομοιοκαταληκτώ
rhythm (´riðəm): *(n)* ρυθμός ‖ μετρικός ρυθμός ‖ **~ic**, **~ical**: *(adj)* ρυθμικός ‖ **~ically**: *(adv)* ρυθμικά ‖ **~ics**: *(n)* ρυθμική
rib (rib): *(n)* πλευρά, το πλευρό ανθρώπου ή ζώου ‖ πλευρική ενίσχυση ‖ πτερύγιο ‖ [-bed]: *(v)* βάζω πλευρική ενίσχυση ‖ κατασκευάζω ραβδώσεις ‖ κοροϊδεύω, πειράζω *(id)* ‖ **~bed**: *(adj)* ραβδωτός ‖ με πλευρική ενίσχυση ή νεύρωση ‖ **~bing**: *(n)* εγκαρσία ή πλευρική ενίσχυση, νεύρωση ‖ πείραγμα, αστείο
ribald (´ribəld): *(adj)* χυδαίος, "σόκιν" ‖ **~ry**: *(n)* χυδαία γλώσσα ή αστεία
ribbed, ribbing: see rib
ribbon (´ribən): *(n)* ταινία ‖ κορδέλα ‖ [-ed]: *(v)* κουρελιάζω, ξεσχίζω ‖ **~s**: *(n)* κουρέλια
rice (rais): *(n)* ρύζι ‖ **~ pudding**: *(n)* πουτίγκα ρυζιού, ρυζόγαλο ‖ **~ weevil**: *(n)* καλάνδρα
rich (ritʃ): *(adj)* πλούσιος ‖ πλουσιοπάροχος ‖ εύφορος, γόνιμος ‖ **~ly**: *(adv)* πλούσια, πλουσιοπάροχα ‖ σε αφθονία ‖ **~ness**: *(n)* πλούτος, αφθονία ‖ **~en**: *(v)* εμπλουτίζω ‖ **~es**: *(n)* πλούτη, πλούτος
rick (ri´k): *(n)* θημωνιά ‖ [-ed]: *(v)* στοιβάζω, κάνω θημωνιές
rickets (´rikits): *(n)* ραχίτιδα, ραχιτισμός
rickety (´rikiti:): *(adj)* σαραβαλιασμένος, ετοιμόρροπος ‖ ακανόνιστος ‖ *(n)* σαράβαλο
rickshaw (´rikʃɔ:), **ricksha**: *(n)* δίτροχο αμάξι των "κούληδων"
ricochet (rikə´ʃet) [-ted]: *(v)* εποστρακίζομαι, αλλάζω κατεύθυνση αφού χτυπήσω κάπου ‖ *(n)* εποστρακισμός
rid (rid) [-ded or rid]: *(v)* απαλλάσσω ‖ ξεφορτώνομαι ‖ **~dance**: *(n)* απαλλαγή, ξεφόρτωμα ‖ **get ~ of**: *(v)* απαλλάσσομαι, ξεφορτώνομαι, γλιτώνω ‖

316

good ~ dance! καλό ξεφόρτωμα, καλά που τον ξεφορτωθήκαμε

riddle (´ridl): *(n)* αίνιγμα ‖ κόσκινο, τρυπητό ‖ [-d]: *(v)* επεξηγώ ‖ λύνω γρίφο ή αίνιγμα ‖ μιλώ αινιγματωδώς ‖ περνώ από κόσκινο ‖ κατατρυπώ, κάνω κόσκινο

ride (raid) [rode, ridden]: *(v)* ιππεύω ‖ πηγαίνω με όχημα ‖ διασχίζω, ταξιδεύω ‖ αγκυροβολώ, είμαι σε λιμάνι ‖ ελέγχω, επιβάλλομαι, δεσπόζω ‖ πειράζω, κοροϊδεύω ‖ *(n)* διαδρομή ή ταξίδι με όχημα ‖ **~r**: *(n)* ιππέας, καβαλάρης ‖ συμπληρωματικός όρος ή κώδικας ‖ **let sth. ~**: το αφήνουμε όπως είναι, δεν το θίγουμε ‖ **~ for a fall**: πας γυρεύοντας για καταστροφή ‖ ~ **herd on**: επιβλέπω, εποπτεύω ‖ ~ **out**: *(v)* επιζώ, τα βγάζω πέρα επιτυχώς ‖ **take for a ~**: εξαπατώ ‖ πάω κάποιον για εκτέλεση

ridge (ridz): *(n)* ράχη, κορυφή ‖ κορυφογραμμή ‖ κορυφή στέγης, κολοφώνας ‖ πτυχή, καμπούριασμα ‖ [-d]: *(v)* σχηματίζω κορυφογραμμή ή πτυχή ‖ ~ **roof**: *(n)* δίκλινη στέγη, στέγη με δύο κλίσεις

ridicul-e (´ridəkju:l) [-d]: *(v)* γελοιοποιώ ‖ *(n)* περίγελος ‖ **~ous**: *(adj)* γελοίος ‖ **~ously**: *(adv)* γελοία ‖ **~ousness**: *(n)* γελοιότητα

riding (´raidŋ): *(n)* ιππασία ‖ ~ **habit**: *(n)* στολή ιππασίας

rife (raif): *(adj)* εξαπλωμένος, διαδεδομένος, άφθονος ‖ ~ **with**: γεμάτος, βρίθων από

riffle (´rifəl): *(n)* ύφαλος, ξέρα ‖ [-d]: *(v)* ανακατεύω χαρτιά τράπουλας ‖ φυλλομετρώ βιβλίο

riff-raff (´rifræf): *(n)* κατακάθια της κοινωνίας ‖ σκουπίδια, απορρίμματα

rifle (´raifəl): *(n)* τουφέκι ‖ [-d]: *(v)* ψαχουλεύω, ανακατεύω ‖ διαρπάζω, αδειάζω ‖ **~ry**: *(n)* πυροβολισμοί τουφεκιού, τουφεκιές ‖ **~s**: *(n)* τουφεκιοφόροι

rift (rift): *(n)* ρωγμή ‖ ρήγμα σε σχέσεις ‖ [-ed]: *(v)* σχίζω ‖ σχίζομαι

rig (rig) [-ged]: *(v)* εφοδιάζω ‖ εξοπλίζω πλοίο, εξαρτίζω πλοίο ‖ ντύνομαι,

στολίζομαι ‖ φτιάνω πρόχειρα ή αυτοσχέδια ‖ χειρίζομαι ανέντιμα, ‘‘φτιάνω’’ ‖ *(n)* ξάρτια ‖ εφόδιο ‖ στολή ‖ γεωτρύπανο ‖ σέλα ‖ **~ging**: *(n)* εξάρτια, εξάρτιση

right (rait): *(adj)* σωστός, ορθός ‖ κατάλληλος ‖ δεξιός ‖ κατά ορθή γωνία ‖ ευθύς ‖ δίκαιος ‖ *(n)* δίκαιο ‖ δεξιό μέρος ‖ δεξιά παράταξη ‖ χτύπημα με το δεξί χέρι, ‘‘δεξιά’’ ‖ δικαίωμα ‖ *(adv)* κατευθείαν ‖ σωστά, ορθά ‖ ακριβώς ‖ κατάλληλα, σωστά ‖ αμέσως ‖ εντελώς ‖ δίκαια ‖ δεξιά ‖ [-ed]: *(v)* επανορθώνω, διορθώνω ‖ ανορθώνω, ξαναβάζω σε όρθια στάση ή θέση ‖ **~angle**: *(n)* ορθή γωνία ‖ **~angled**: *(adj)* ορθογώνιος ‖ **~eous**: *(adj)* δίκαιος, ηθικός ‖ **~eousness**: *(n)* δικαιοσύνη, ηθική ‖ ~ **face**: κλίνατε επί δεξιά ‖ **~ful**: *(adj)* νόμιμος ‖ δίκαιος ‖ **~fully**: *(adv)* νόμιμα ‖ ~ **hand**: *(adj)* δεξιός, προς τα δεξιά ‖ **~handed**: *(adj)* δεξιόχειρας, δεξιός ‖ με το δεξί χέρι ‖ δεξιόστροφος ‖ **~handman**: *(n)* πολύτιμος βοηθός, ‘‘το δεξί χέρι’’ ‖ **~ism**: *(n)* συντηρητισμός, τάση προς τα δεξιά ‖ **~ly**: *(adv)* ορθά, σωστά, δίκαια ‖ κατάλληλα ‖ **~minded**: *(adj)* ορθόφρονας ‖ **~ness**: *(n)* το δίκαιο, το σωστό ‖ ~ **of way**: δικαίωμα πρόσβασης ‖ προτεραιότητα ‖ **~on**: *(adj)* υπερμοντέρνος ‖ ~ **triangle**: *(n)* ορθογώνιο τρίγωνο ‖ **~wing**: *(n)* η δεξιά πτέρυγα, η δεξιά παράταξη ‖ **~winger**: *(n)* δεξιός ‖ **by ~, by ~s**: δίκαια, δικαιωματικά ‖ **be ~**: *(v)* έχω δίκαιο ‖ **have the ~**: *(v)* έχω το δικαίωμα

rigid (´ridzid): *(adj)* άκαμπτος, αλύγιστος ‖ ακίνητος, σταθερός ‖ αυστηρός, άκαμπτος ‖ **~ity**, **~ness**: *(n)* ακαμψία

rigmarole (´rigməroul): *(n)* μπερδεμένη διαδικασία, χαζοκαμώματα ‖ ασυναρτησία

rigor (´rigər), **rigour**: *(n)* ρίγος ‖ αυστηρότητα, ακαμψία ‖ ~ **mortis**: *(n)* νεκρική ακαμψία ‖ **~ous**: *(adj)* αυστηρός, άκαμπτος ‖ ακριβέστατος ‖ **~ously**: *(adv)* αυστηρά ‖ με ακρίβεια ‖

~ousness: *(n)* απόλυτη ακρίβεια
rigour: see rigor
rile (rail) [-d]: *(v)* εξερεθίζω, εκνευρίζω ‖ ανακατεύω ‖ ~y: *(adj)* εκνευρισμένος, αναστατωμένος ‖ ανακατεμένος, θολός
rill (ril): *(n)* ρυάκι
rim (rim): *(n)* στεφάνη ‖ χείλος ‖ [-med]: *(v)* τοποθετώ στεφάνη ‖ ~less: *(adj)* χωρίς σκελετό, χωρίς στεφάνη, χωρίς γύρο
rime (raim): *(n)* αχλή, πάχνη ‖ see rhyme ‖ [-d]: *(v)* σκεπάζομαι από πάχνη
rimple (΄rimpǝl) [-d]: *(v)* πτυχώνομαι, ζαρώνω ‖ *(n)* πτυχή, ζάρα
rind (raind): *(n)* φλούδα
ring (riŋ): *(n)* δακτύλιος ‖ δαχτυλίδι ‖ παλαίστρα, αρένα, "ριγκ" ‖ πίστα τσίρκου ‖ φατρία, ομάδα που ενεργεί για το συμφέρον της ‖ κουδούνισμα ‖ τηλεφώνημα ‖ ήχος ‖ [-ed]: *(v)* περικυκλώνω, σχηματίζω δακτύλιο ‖ [rang, rung]: *(v)* κουδουνίζω, χτυπώ κουδούνι ‖ αντηχώ ‖ τηλεφωνώ ‖ ~ a bell: *(v)* κάτι μου θυμίζει, κάπως γνωστό φαίνεται ‖ ~er: παράνομος συναγωνιστής ‖ σωσίας ‖ ~ finger: το τρίτο δάχτυλο του αριστερού χεριού ‖ ~ leader: *(n)* αρχηγός φατρίας ή συμμορίας ‖ ~ let: *(n)* "αφέλεια", μπουκλίτσα ‖ δαχτυλιδάκι ‖ ~ master: *(n)* εκφωνητής ή κονφερανσιέ τσίρκου ‖ ~side: *(n)* πρώτες θέσεις ‖ ~ up: *(n)* τηλεφωνικό ‖ ~ off: *(v)* κλείνω το ακουστικό
rink (riŋk): *(n)* πίστα του πατινάζ
rinse (rins) [-d]: *(v)* ξεπλένω ‖ πλύσιμο, ξέπλυμα
riot (΄raiǝt): *(n)* ταραχές ‖ θορυβώδες ξέσπασμα ‖ αφθονία ‖ [-ed]: *(v)* παίρνω μέρος σε ταραχές ‖ ξεσπάω θορυβωδώς ‖ ~er: *(n)* ταραχοποιός, ταραξίας ‖ ~ous: *(adj)* ταραχώδης ‖ άφθονος, οργιαστικός ‖ θορυβώδης ‖ run ~: *(v)* ξεσπάω ‖ αφθονώ, φυτρώνω οργιαστικά
rip (rip) [-ped]: *(v)* σχίζω, ξεσχίζω ‖ βγάζω απότομα ‖ πετάγομαι απότομα ‖ *(n)* σχίσιμο ‖ ~per: αντεροβγάλτης ‖

~ off: *(v)* κλέβω, ληστεύω ‖ ~off: *(n)* κλοπή
ripcord (΄ripkǝ:rd): *(n)* σχοινί ανοίγματος αλεξιπτώτου ‖ σχοινί τραβήγματος διακόπτη ή θυρίδας
ripe (raip): *(adj)* ώριμος ‖ ~ly: *(adv)* ώριμα, με ωριμότητα ‖ ~en [-ed]: *(v)* ωριμάζω ‖ ~ness: *(n)* ωριμότητα
ripple (΄ripǝl) [-d]: *(v)* σχηματίζω κυματάκια ‖ κυλάω κυματιστά ‖ *(n)* κυματάκι ‖ αμυδρός κρότος ‖ ~t: *(n)* κυματάκι
ripsaw (΄ripsɔ:): *(n)* σχιστοπρίονο
rise (raiz) [rose, risen]: *(v)* σηκώνομαι ‖ ξυπνώ ‖ υψώνομαι, ανεβαίνω ‖ ανηφορίζω ‖ προέρχομαι ‖ αναστaίνομαι ‖ εξεγείρομαι, επαναστατώ, στασιάζω ‖ ανατέλλω ‖ *(n)* σήκωμα ‖ ύψωμα, ύψωση, ύψος ‖ ανύψωση ‖ ανηφορική κλίση ‖ ανατολή ‖ προέλευση, πηγή ‖ ύψωση, ανέβασμα ‖ ύψος σκαλοπατιού ‖ αύξηση ‖ ~r: αυτός που σηκώνεται ‖ μετόπη σκαλοπατιού ‖ late ~r: υπναράς ‖ get a ~ out of: *(v)* εξερεθίζω, πειράζω αποτελεσματικά, φέρνω αποτέλεσμα, βρίσκω αντίκτυπο ‖ give ~ to: *(v)* δίνω λαβή, προκαλώ ‖ ~ to: *(v)* είμαι στο ύψος, εγείρομαι στο ύψος για να αντιμετωπίσω κάτι
risk (risk) [-ed]: *(v)* διακινδυνεύω, ριψοκινδυνεύω, "ρισκάρω" ‖ *(n)* διακινδύνευση ‖ κίνδυνος ‖ ~y: *(adj)* επικίνδυνος ‖ ριψοκίνδυνος
risqué (ris΄kei): *(adj)* τολμηρός, "σόκιν"
rite (rait): *(n)* ιεροτελεστία
ritual (΄ritʃu:ǝl): *(n)* τελετουργία ‖ *(adj)* τελετουργικός ‖ καθιερωμένος
ritzy (΄ritsi:): *(adj)* υπερμοντέρνος *(id)*
rival (΄raivǝl): *(n)* αντίπαλος, ανταγωνιστής ‖ συναγωνιζόμενος, συναγωνιστής ‖ [-ed]: *(v)* ανταγωνίζομαι ‖ συναγωνίζομαι ‖ ~ry: *(n)* ανταγωνισμός ‖ συναγωνισμός
river (΄river): *(n)* ποταμός ‖ ~ basin: *(n)* λεκάνη ποταμού ‖ ~ bed: *(n)* κοίτη ποταμού ‖ ~ head: *(n)* πηγές ποταμού ‖ ~ horse: *(n)* ιπποπόταμος ‖ ~ine: *(adj)* ποταμίσιος ‖ ~ side: *(n)* όχθη ποταμού ‖ *(adj)* παρόχθιος

rivet (´rivit): *(n)* ήλος, καζανόκαρφο, πριτσίνι ‖ [-ed]: *(v)* προσηλώνω, "καρφώνω" ‖ συνδέω με ήλους, πριτσινώνω ‖ ~ed: *(adj)* προσηλωμένος ‖ συνδεδεμένος με πριτσίνια

rivulet (´rivjəlit): *(n)* ποταμάκι

roach (routʃ): *(n)* κατσαρίδα

road (roud): *(n)* δρόμος ‖ ~ agent: *(n)* ληστής ‖ ~ block: *(n)* οδόφραγμα ‖ ~ hog: *(n)* απρόσεκτος ή κακός οδηγός ‖ ~ drag: *(n)* οδοστρωτήρας ‖ ~ metal: *(n)* σκύρο ‖ ~ side: *(n)* παρυφή δρόμου ‖ ~ster: *(n)* ανοιχτό, σπορ αυτοκίνητο ‖ ~way: *(n)* αμαξιτός δρόμος ‖ ~work: *(n)* δρόμος αντοχής ‖ on the ~: σε περιοδεία

roam (roum) [-ed]: *(v)* περιφέρομαι, τριγυρίζω, γυρίζω ‖ ~er: *(n)* πλάνης

roan (roun): *(n)* καστανόξανθο ή κασταvοκόκκινο άλογο

roar (rɔ:r) [-ed]: *(v)* βρυχιέμαι, μουγκρίζω ‖ γελώ βροντερά ‖ *(n)* βρυχηθμός, μούγκρισμα ‖ βροντώδες γέλιο ‖ ~ing: *(adj)* ζωηρότατος, εντονότατος ‖ *(adv)* πάρα πολύ

roast (roust) [-ed]: *(v)* ψήνω ‖ κριτικάρω αυστηρά *(id)* ‖ γελοιοποιώ *(id)* ‖ *(n)* ψητό ‖ ψήσιμο ‖ ~er: *(n)* ψητάς ‖ ψησταριά

rob (rɔb) [-bed]: *(v)* ληστεύω ‖ αφαιρώ, στερώ ‖ ~ber: *(n)* ληστής ‖ ~ber fly: *(n)* μύγα αρπακτική ‖ ~bery: *(n)* ληστεία

robe (roub): *(n)* τήβεννος δικαστού ή καθηγητού ‖ ρόμπα ‖ κουβέρτα ‖ [-d]: *(v)* φορώ τήβεννο ή ρόμπα, ενδύω ‖ ~s: *(n)* ρούχα

robin (´rɔbin): *(n)* κοκκινολαίμης

robot (´rɔbət): *(n)* ρομπότ ‖ ~ bomb: *(n)* τηλεκατευθυνόμενο βλήμα ‖ ~ pilot: *(n)* αυτόματος πιλότος

robust (´roubʌst): *(adj)* ρωμαλέος ‖ υγιής, γερός

rock (rɔk): *(n)* πέτρωμα, βράχος, πέτρα ‖ διαμάντι *(id)* ‖ καραμέλα σκληρή ‖ [-ed]: *(v)* ταλαντεύω, λικνίζω ‖ ταλαντεύομαι, λικνίζομαι ‖ συγχύζω, ταράζω ‖ ~ botton: το κατώτατο σημείο, "μίνιμουμ" ‖ ~ breaker: *(n)* σπαστήρας, λιθοθραύστης ‖ ~er: *(n)* κουνιστή

πολυθρόνα ‖ ~ery, ~ garden: *(n)* ανθόκηπος σε βραχώδη περιοχή ‖ ~ing chair: *(n)* κουνιστή καρέκλα ‖ ~ing horse: *(n)* κουνιστό αλογάκι παιδικό ‖ ~ oil: *(n)* πετρέλαιο ‖ ~ ribbed: *(adj)* αυστηρός, άκαμπτος ‖ ~ salt: *(n)* ορυκτό αλάτι ‖ ~y: *(adj)* βραχώδης ‖ κουνιστός ‖ ζαλισμένος ‖ R~y Mountains: *(n)* Βραχώδη Όρη ‖ on the ~s: πάει για καταστροφή, είναι καταδικασμένος ‖ μπατίρης, αδέκαρος ‖ σε παγάκια χωρίς νερό ‖ off one's ~er: παλαβός, τα έχει χαμένα

rocket (´rɔkit): *(n)* ρόκα (φυτό) ‖ πύραυλος ‖ ρουκέτα, βολίδα ‖ [-ed]: *(v)* πετάγομαι ορμητικά και γρήγορα ‖ υψώνομαι απότομα και γρήγορα ‖ χτυπώ με πυραύλους ‖ ~ry: *(n)* κατασκευή ή επιστήμη πυραύλων

rocking, rocky: see rock

rod (rɔd): *(n)* μέτρο μήκους (5 1/2 γιάρδες) ‖ ράβδος, βέργα ‖ διωστήρας ‖ lightning ~: *(n)* αλεξικέραυνο

rode: see ride

rodent (´roudənt): *(n)* τρωκτικό

rodeo (´roudi:ou): *(n)* περισυλλογή κοπαδιών, συγκέντρωση κοπαδιών ‖ πανηγύρι με αγώνες ιππασίας κλπ., "ρόντεο"

roe (rou): *(n)* αυγά ψαριού, αυγοτάραχο ‖ ~ buck: *(n)* αρσενικό ζαρκάδι ‖ ~deer: *(n)* ζαρκάδι (also: roe)

roger (´rɔdzər): *(interj)* ελήφθη

rogu-e (´roug): *(n)* αφηνιασμένο ζώο που ξέκοψε από το κοπάδι ‖ παλιάνθρωπος, απατεώνας ‖ κατεργαράκος, πειραχτήρι ‖ [-d]: *(v)* εξαπατώ ‖ ~ery: *(n)* παλιανθρωπιά ‖ ~es' gallery: *(n)* φωτογραφίες σεσημασμένων κακοποιών ‖ ~ish: *(adj)* ανέντιμος, παλιάνθρωπος ‖ κατεργάρικος, πονηρούλης

role, rôle (roul): *(n)* ρόλος, μέρος

roll (roul) [-ed]: *(v)* κυλίω, κυλάω ‖ κυλινδρίζω ‖ περιστρέφω ‖ περιστρέφομαι ‖ περιφέρομαι ‖ κουνιέμαι, σκαμπανεβάζω ‖ τυλίγω, κάνω ρολό ‖ ισοπεδώνω ‖ χτυπώ, κροτώ ‖ *(n)* κύλινδρος, ρολό ‖ κατάλογος, μητρώο παρουσίας ‖ φραντζόλα, καρβέλι ‖ γε-

rollick

μιστό κουλούρι ‖ κούνημα, ταρακούνημα, σκαμπανέβασμα ‖ κυματοειδής έκταση ‖ βαθύς κρότος, βαθύς ήχος ‖ επαναλαμβανόμενος κρότος ‖ ~ **away**: *(adj)* κυλιόμενος, με καρούλια ‖ ~ **back**: *(v)* ξαναχατεβάζω τις τιμές ‖ ~ **call**: εκφώνηση καταλόγου παρόντων ‖ προσκλητήριο ‖ ~**er**: *(n)* κύλινδρος, καρούλι ‖ οδοστρωτήρας ‖ μεγάλο κύμα ‖ ~**er coaster**: *(n)* τρένο λούναπαρκ ‖ ~**er skate**: *(n)* πατίνι ‖ ~**ing**: *(n)* ελασματοποίηση, κυλίνδρωση ‖ *(adj)* κυματιστός, ανώμαλος ‖ ~**ing pin**: *(n)* πλάστης ‖ ~**ing stock**: *(n)* τροχαίο υλικό σιδηροδρόμου ‖ ~**top desk**: *(n)* γραφείο με ρολό ‖ ~ **in**: *(v)* φτάνω σπίτι αργά ή μεθυσμένος ‖ συρρέω, μπαίνω σε μεγάλο αριθμό ‖ ~ **out**: *(v)* ξετυλίγω ‖ ~ **the bones**: *(v)* ρίχνω ζαριά ‖ ~ **up**: *(v)* φτάνω με αμάξι ‖ μαζεύω, συγκεντρώνω ‖ ~ **of a drum**: *(n)* τυμπανοκρουσία ‖ **strike off the** ~**s**: *(v)* διαγράφω από μέλος

rollick (´rɔlik) [-ed]: *(v)* κάνω τρέλες, είμαι στο κέφι, είμαι γεμάτος ευθυμία ‖ ~**ing**, ~**some**, ~**y**: *(adj)* εύθυμος, χαρούμενος

roly-poly (´rouli: ´pouli:): *(adj)* κοντόχοντρος ‖ *(n)* κέικ γεμιστό με φρούτα

roman (´roumən), **R**~: *(n)* Ρωμαίος ‖ *(adj)* Ρωμαϊκός ‖ ~ **numerals**: *(n)* λατινικοί αριθμοί ‖ ~ **letters**: *(n)* όρθια πεζά στοιχεία

roman-ce (´roumæns): *(n)* ρομαντικό μυθιστόρημα ή ιστορία ή ποίημα ‖ αίσθημα, ''ρομάντσο'' ‖ [-d]: *(v)* γράφω ρομαντικό μυθιστόρημα ‖ φαντασιοκοπώ, ρομαντεύομαι ‖ ~**tic**: *(adj)* ρομαντικός ‖ ~**ticism**: *(n)* ρομαντισμός

romp (´rɔmp) [-ed]: *(v)* παίζω με θόρυβο, πηδώ και γελώ ‖ κερδίζω εύκολη νίκη ‖ *(n)* εύθυμο, θορυβώδες παιχνίδι ‖ εύκολη νίκη ‖ ~**er**: *(n)* ζωηρό παιδί ‖ ~**ers**: *(n)* παιδική φορμίτσα

rood (ru:d): *(n)* σταυρός

roof (ru:f): *(n)* στέγη ‖ σκεπή, στέγαστρο ‖ οροφή ‖ [-ed]: *(v)* στεγάζω ‖ καλύπτω, σκεπάζω ‖ ~**er**: *(n)* τεχνίτης στέγης ‖ ~**ing**: *(n)* στέγαση ‖ ~**less**: *(adj)* άστεγος ‖ **raise the** ~: *(v)* θορυ-

βώ, κάνω φασαρία ‖ παραπονιέμαι μεγαλόφωνα

rook (ruk): *(n)* πύργος σκακιού ‖ κορώνη, ''κουρούνα'' ‖ [-ed]: *(v)* εξαπατώ ‖ ~**ie**: *(n)* αγύμναστος νεοσύλλεκτος, ''γιαννάκης'' ‖ πρωτόπειρος, άπειρος, αρχάριος

room (ru:m): *(n)* δωμάτιο ‖ χώρος, μέρος, τόπος ‖ περιθώριο, χώρος ‖ [-ed]: *(v)* μένω, διαμένω, κατοικώ ‖ ~**s**: *(n)* διαμονή, κατοικία ‖ ~**er**: *(n)* νοικάρης ‖ ~**ing house**: *(n)* ''πανσιόν'' ‖ ~**mate**: *(n)* συγκάτοικος ‖ ~**y**: *(adj)* ευρύχωρος

roost (ru:st) [-ed]: *(v)* κουρνιάζω ‖ *(n)* ξύλο για κούρνιασμα ‖ προσωρινό καταφύγιο ‖ ~**er**: *(n)* πετεινός, κόκορας ‖ επιθετικός άνθρωπος, παλικαράς

root (ru:t): *(n)* ρίζα ‖ [-ed]: *(v)* ριζώνω, πιάνω ρίζες ‖ σκάβω, ανασκάπτω ‖ ψαχουλεύω, ψάχνω ‖ ~**less**: *(adj)* ξεριζωμένος, χωρίς ρίζες ‖ ~ **up**, ~ **out**: *(v)* ξεριζώνω ‖ ~ **for**: *(v)* ενθαρρύνω ‖ **take** ~: *(v)* ριζώνω

rope (roup): *(n)* σχοινί ‖ κρεμάλα ‖ [-d]: *(v)* πιάνω με σχοινί, πιάνω με ''λάσο'' ‖ δένω με σχοινί ‖ ~ **off**: *(v)* περιορίζω με σχοινί, κλείνω με φράχτη από σχοινιά ‖ ~ **in**: *(v)* εξαπατώ ‖ ~ **on the** ~**s**: στο χείλος της καταστροφής ‖ **know the** ~**s**: ξέρω τα κατατόπια ή τις λεπτομέρειες, είμαι ''μέσα''

rosary (´rouzəri:): *(n)* κομπολόγι προσευχής

rose (rouz): *(n)* τριαντάφυλλο ‖ *(adj)* ρόδινος ‖ **see**: **rise** ‖ ~**ate**: *(adj)* ροδόχροος, ροζ ‖ εύθυμος ‖ ~**bud**: *(n)* μπουμπούκι τριανταφυλλιάς ‖ ~**colored**: *(adj)* ροδόχροος, ροζ ‖ υπεραισιόδοξος ‖ ~ **bush**: *(n)* τριανταφυλλιά ‖ ~**mary**: *(n)* δεντρολίβανο ‖ ~**water**: *(n)* ροδόνερο ‖ ~ **wood**: *(n)* ροδόδεντρο

rosé (rou´zei): *(n)* κόκκινο κρασί, κοκκινέλι

rosette (rou´zet): *(n)* ταινία παράσημου, ''ροζέτα''

roster (´rɔstər): *(n)* κατάλογος ‖ ονο-

320

μαστική κατάσταση
rostrum (´rɔstrəm): *(n)* βήμα κήρυκα ή ομιλητή
rosy (´rouzi:): *(adj)* ροδαλός, ροδόχρος, ρόδινος ‖ αισιόδοξος, ``ρόδινος``
rot (´rɔt) [-ted]: *(v)* αποσυντίθεμαι, σαπίζω ‖ αποσαθρώνομαι ‖ *(n)* σήψη, αποσύνθεση ‖ αποσάθρωση ‖ ανοησία, ``μπούρδες``, ``τρίχες`` ‖ ~ **gut**: *(n)* λικέρ κακής ποιότητας ‖ **~ten**: *(adj)* σάπιος ‖ αχρείος, βρωμιάρης ‖ κάκιστος, απαίσιος
rota (´routə): *(n)* see roster ‖ κύκλωμα υπηρεσίας ‖ **R~rian**: *(n)* ροταριανός ‖ **~ry** (´routəri:): *(adj)* περιστροφικός ‖ **~te** (´routeit) [-d]: *(v)* περιστρέφω ‖ περιστρέφομαι ‖ εναλλάσσομαι ‖ κάνω κύκλωμα ‖ **~ting**: *(adj)* περιστροφικός ‖ περιστρεφόμενος ‖ **~tion**: *(n)* περιστροφή ‖ περιτροπή ‖ **~tory**: *(adj)* περιστροφικός ‖ εκ περιτροπής
rote (rout): *(n)* αυθόρμητη επανάληψη, ρουτινιέρικη επανάληψη ‖ **by** ~: από συνήθη επανάληψη
rotor (´routər): *(n)* δρομέας, στροφείο
rotten: see rot
rotund (rou´tʌnd): *(adj)* στρογγυλός ‖ ηχηρός ‖ **~a**: *(n)* στρογγυλό κτίριο, ``ροτόντα`` ‖ **~ity, ~ness**: *(n)* στρογγυλάδα ‖ πάχος
rouble, ruble (´ru:bəl): *(n)* ρούβλι
roué (ru:´ei): *(n)* έκλυτος άνθρωπος
rouge (ru:z): *(n)* κόκκινη βαφή, ``κοκκινάδι`` ‖ [-d]: *(v)* βάζω ρουζ
rough (rʌf): *(adj)* τραχύς, ανώμαλος ‖ ταραχώδης, άγριος ‖ απότομος, τραχύς ‖ δύσκολος ‖ οξύς, στυφός ‖ ακατέργαστος ‖ πρόχειρος ‖ σκληρός, κοπιαστικός ‖ *(n)* χέρσο έδαφος ‖ κακοποιός, μπράβος, ``νταής`` ‖ [-ed]: *(v)* τραχύνω ‖ μεταχειρίζομαι σκληρά ή απότομα ‖ κατασκευάζω πρόχειρα ‖ **in the** ~: ατέλειωτο, πρόχειρο σχέδιο ή κατασκευή ‖ ~ **it**: *(v)* τα βγάζω πέρα αντιμετωπίζοντας δυσκολίες και στερήσεις ‖ **~ly**: *(adv)* πρόχειρα ‖ περίπου, πάνω-κάτω ‖ **~-and-ready**: *(adj)* πρόχειρο αλλά αποτελεσματικό ‖ **~-and-tumble**: *(adj)* άγριος, σκληρός ‖ ~ **breathing**: *(n)* δασεία ‖ **~en** [-ed]:

(v) τραχύνω ‖ ~ **house**: *(n)* σκληρό ή θορυβώδες παιχνίδι ή συμπεριφορά ‖ ~ **neck**: *(n)* ``νταής``, ``μάγκας`` ‖ **ride** ~ **shod over**: *(v)* μεταχειρίζομαι βάναυσα ‖ **~ness**: *(n)* τραχύτητα, ανωμαλία
roulette (ru:´let): *(n)* ρουλέτα
Roumania, ~ n: see Rumania
round (raund): *(adj)* στρογγυλός ‖ σφαιρικός ή κυκλικός ‖ ολόκληρος, πλήρης ‖ κατά προσέγγιση ‖ ζωηρός, γρήγορος ‖ *(n)* γύρος ‖ κύκλος ‖ γύρος, περιοδεία ‖ φυσίγγι ‖ *(adv & prep)* γύρω, περί ‖ [-ed]: *(v)* στρογγυλεύω ‖ αποτελειώνω ‖ παίρνω στροφή, γυρίζω, κάνω καμπύλη ‖ ~ **about**: *(adj)* έμμεσος, όχι κατευθείαν ‖ ``αλογάκια`` του λούνα-παρκ ‖ **~ed**: *(adj)* στρογγυλεμένος ‖ **~er**: ~ απατεώνας ‖ ~ **house**: *(n)* μηχανοστάσιο σιδηροδρόμου ‖ γροθιά ``σουίγκ`` ‖ **~ish**: *(adj)* στρογγυλούτσικος ‖ **~ly**: *(adv)* στρογγυλά ‖ τέλεια ‖ **~-shouldered**: *(adj)* σκυφτός, με γυρτούς ώμους ή πλάτη ‖ **~sman**: *(n)* περιπολάρχης αστυνομίας ‖ πωλητής ή διανομέας που κάνει το γύρο της γειτονιάς ‖ ~ **the-clock**: *(adj)* ολόκληρη τη μέρα, όλο το 24ωρο ‖ ~ **trip**: *(n)* ταξίδι μετ' επιστροφής ‖ ~ **off**: *(v)* στρογγυλεύω αριθμό ‖ ~ **up**: *(v)* συγκεντρώνω, μαζεύω ‖ *(n)* μάζεμα, συγκέντρωση ‖ περίληψη, σύνοψη ‖ **go the ~s, make the ~s**: κυκλοφορώ ‖ ~ **thrashing**: *(n)* γερό ξύλο, ``μπερντάχι``
rous-e (rauz) [-d]: *(v)* εξεγείρω, διεγείρω ‖ ξυπνώ ‖ σηκώνομαι, σηκώνω ‖ *(n)* εγερτήριο ‖ **~ing**: *(adj)* συναρπαστικός ‖ ζωηρός, έντονος ‖ εξαιρετικός
roust (raust) [-ed]: *(v)* σηκώνω ή διώχνω απότομα ‖ βγάζω από το κρεβάτι ‖ ~ **about**: *(n)* ανειδίκευτος εργάτης
rout (raut): *(n)* άτακτη ή πανικόβλητη φυγή ‖ ολοσχερής ήττα ‖ όχλος, θορυβώδες πλήθος ‖ ταραχές ‖ [-ed]: *(v)* τρέπω σε άτακτη φυγή ‖ νικώ ολοσχερώς, κατατροπώνω ‖ τσιμπολογώ, ψάχνω για τροφή ‖ ξεσκεπάζω
route (ru:t): *(n)* δρόμος, διαδρομή ‖

routine

δρομολόγιο, τακτικός δρόμος
routine (ru:´ti:n): *(n)* συνηθισμένη δια-
δικασία ή δουλειά, "ρουτίνα" ‖ *(adj)*
εκ συνηθείας, "ρουτινιέρικος" ‖ κα-
νονικός, τακτικός ‖ **~ly**: *(adv)* κανονι-
κά, τακτικά, όπως πάντα
rov-e (rouv) [-d]: *(v)* διατρέχω, περι-
πλανιέμαι, γυρίζω ‖ *(n)* περιπλάνηση,
γύρισμα ‖ **~er**: *(n)* πλάνης, νομάδας ‖
πειρατής ‖ **~ing**: *(adj)* περιπλανώμενος
row (rou): *(n)* σειρά, γραμμή ‖ στοίχος
‖ γραμμή κτιρίων ‖ κωπηλασία ‖
(rau): *(n)* καβγάς, τσακωμός, φιλονι-
κία ‖ φασαρία, αναταραχή ‖ (rou) [-
ed]: *(v)* στοιχίζω, βάζω σε σειρές ‖
κωπηλατώ ‖ (rau) [-ed]: *(v)* φιλονικώ,
τσακώνομαι ‖ ~ **boat** (´roubout): *(n)*
βάρκα με κουπιά ‖ **~diness**
(´roudinis): *(n)* αναταραχή, φασαρία,
θορυβώδης φιλονικία ‖ **~dy** (´roudi:):
(adj) θορυβώδης ‖ *(n)* θορυβοποιός ‖
~el: *(n)* σπιρούνι ‖ **~ing**: *(n)* κωπηλα-
σία ‖ **~lock**: see oarlock
royal (´roiəl): *(adj)* βασιλικός ‖ ~ **blue**:
βαθύ μπλε ‖ ~ **flush**: φλός ρουαγιάλ ‖
~ist: *(n)* βασιλόφρονας ‖ **~ist, ~istic**:
(adj) βασιλικός ‖ ~ **jelly**: *(n)* βασιλι-
κός πολτός ‖ **~ty**: *(n)* βασιλική οικο-
γένεια, συγγενής του βασιλιά ‖ βασι-
λεία ‖ βασιλική χορηγεία ‖ συγγραφι-
κό δικαίωμα ‖ ποσοστά εφευρέτη ή
συνθέτη
rub (rʌb) [-bed]: *(v)* εκτρίβω, λειαίνω
με τριβή ‖ τρίβω ‖ επαλείφω ‖ *(n)*
ανωμαλία ‖ τρίψιμο ‖ σαρκασμός,
μπηχτή ‖ δυσκολία, εμπόδιο ‖ ~ **off**,
~ **out**: *(v)* αφαιρώ με τριβή ‖ ~ **out**:
(v) σκοτώνω *(id)* ‖ ~ **it in**: *(v)* υπεν-
θυμίζω λάθος ή πάθημα
rubber (´rʌbər): *(n)* ελαστικό, κόμμι,
καουτσούκ ‖ προφυλακτικό, καπότα ‖
τρίφτης ‖ σβηστήρα ‖ **~band**: *(n)* λα-
στιχάκι, ελαστικός συνδετήρας ‖ ~
check: *(n)* επιταγή χωρίς αντίκρυσμα
‖ **~ize** [-d]: *(v)* ελαστικοποιώ ‖ ~
neck: *(n)* άνθρωπος που χαζεύει στο
δρόμο ‖ ~ **stamp**: *(n)* σφραγίδα ‖ αυ-
τός που εγκρίνει κάτι χωρίς να το
εξετάσει ‖ πρόχειρη έγκριση ‖ **~y**:
(adj) ελαστικός, σα λάστιχο

rubbish (´rʌbiʃ): *(n)* απορρίμματα,
άχρηστα σκουπίδια ‖ ανοησίες,
μπούρδες ‖ **~y**: *(adj)* άχρηστος ‖ γεμά-
τος σκουπίδια
rubble (´rʌbəl): *(n)* σκύρο ‖ λιθόδεμα
rube (´ru:b): *(n)* χωριάτης, άξεστος
rubicund (´ru:bəkənd): *(adj)* ροδαλός,
ρόδινος, κοκκινομάγουλος
ruble: see rouble
ruby (´ru:bi:): *(n)* ρουμπίνι ‖ *(adj)* ρου-
μπινής, κόκκινος
rucksack (´rʌksæk): *(n)* γυλιός, σακί-
διο
ruckus (´rʌkəs): *(n)* φασαρία
ruction (´rʌkʃən): see ruckus
rudder (´rʌdər): *(n)* πηδάλιο ‖ ~
stock: *(n)* άξονας πηδαλίου
ruddy (´rʌdi:): *(adj)* κοκκινωπός ‖ ρο-
δαλός, ροδοκόκκινος ‖ κακός, βρωμε-
ρός *(id)*
rude (ru:d): *(adj)* αγενής ‖ πρόχειρος,
κακότεχνος, πρωτόγονος ‖ ταπεινός ‖
απολίτιστος, πρωτόγονος ‖ πρόχειρος,
κατά προσέγγιση ‖ **~ly**: *(adv)* αγενώς,
απρεπώς ‖ **~ness**: *(n)* αγένεια, απρέ-
πεια ‖ χυδαιότητα, χοντροκοπιά
rudiment (´ru:dəmənt): *(n)* στοιχείο,
βάση ‖ **~ary**: *(adj)* στοιχειώδης
rueful (´ru:fəl): *(adj)* λυπηρός ‖ πικρα-
μένος
ruff (rʌf): *(n)* φτέρωμα του λαιμού ‖
δαντελωτός γιακάς
ruffian (´rʌfi:ən): *(n)* παλιάνθρωπος ‖
κακοποιός ‖ **~ism**: *(n)* παλιανθρωπιά
ruffle (´rʌfəl): *(n)* πτυχή, σούφρα ‖
σύγχυση, ταραχή ‖ σιγανή τυμπανο-
κρουσία ‖ [-d]: *(v)* πτυχώνω, σουφρώ-
νω ‖ ρυτιδώνω, κυματίζω ‖ ανακα-
τεύω, διαταράσσω ‖ καμαρώνω, κάνω
τον παλικαρά ή τον έξυπνο
rug (rʌg): *(n)* χαλί ‖ κουβερτούλα, σκέ-
πασμα
rugby (´rʌgbi:) ~ **football**: *(n)* αγγλικό
ποδόσφαιρο, ράγκμπυ
rugged (´rʌgid): *(adj)* τραχύς, ανώμα-
λος ‖ αδρός ‖ θυελλώδης
rugger: see rugby
ruin (´ru:in): *(n)* καταστροφή, ερείπω-
ση ‖ ερείπιο ‖ [-ed]: *(v)* καταστρέφω,
ερειπώνω ‖ καταστρέφομαι, ερειπώνο-

μαι ‖ **~ate**: *(adj)* ερειπωμένος ‖ **~ation**: *(n)* καταστροφή, ερείπωση ‖ **~ous**: *(adj)* καταστρεπτικός ‖ **-s**: *(n)* ερείπια

rul-e (ru:l): *(n)* αρχή, εξουσία ‖ κυριαρχία ‖ κανόνας, κανονισμός ‖ δικαστική απόφαση ‖ κανόνας, χάρακας ‖ [-d]: *(v)* κυριαρχώ, εξουσιάζω ‖ κυβερνώ, διοικώ ‖ αποφαίνομαι ‖ διέπω ‖ χαρακώνω ‖ **~ed**: *(adj)* χαρακωμένος με γραμμές, με ρίγες ‖ **~e of thumb**: πρακτικό μέτρο, πρακτική αρχή ‖ **~er**: *(n)* κυβερνήτης, άρχοντας, διοικητής ‖ χάρακας, κανόνας ‖ **~ing**: *(adj)* διοικών, κυβερνών ‖ *(n)* διοίκηση, κυβέρνηση, εξουσία ‖ απόφαση ‖ **~ing class**: *(n)* άρχουσα τάξη ‖ **~e of three**: *(n)* μέθοδος των τριών ‖ **slide ~e**: *(n)* λογαριθμικός κανόνας

rum (rʌm): *(n)* ρούμι ‖ **-my**: *(adj)* παράξενος

Rumania (ru´meiniːə): *(n)* Ρουμανία ‖ **~n**: *(n)* Ρουμάνος ‖ *(adj)* Ρουμανικός ‖ *(n)* Ρουμανική γλώσσα

rumble (´rʌmbəl) [-d]: *(v)* μπουμπουνίζω, βροντώ υπόκωφα ‖ κινούμαι βαριά και με θόρυβο ‖ *(n)* μπουμπουνίσμα, υπόκωφη βροντή ή θόρυβος

rumi-nant (´ru:mənənt): *(n)* μηρυκαστικό ζώο ‖ *(adj)* σκεπτικός ‖ **~nate** [-d]: *(v)* μηρυκάζω ‖ σκέφτομαι, συλλογίζομαι ‖ **~nation**: *(n)* μηρυκασμός ‖ συλλογή, σκέψη

rummage (´rʌmidz) [-d]: *(v)* ανακατεύω ψάχνοντας ή ψάχνω ανακατεύοντας, ''σκαλίζω'' ‖ *(n)* ψαχούλεμα, ψάξιμο, ανακάτωμα, ''σκάλισμα'' ‖ **~sale**: *(n)* παζάρι μεταχειρισμένων ειδών

rummy (´rʌmi:): *(n)* μεθύστακας, μπεκρής ‖ see rum

rumor, rumour (´ru:mər): *(n)* φήμη, διάδοση ‖ [-ed]: *(v)* διαδίδω, φημολογώ ‖ **monger**: *(n)* διαδοσίας

rump (´rʌmp): *(n)* καπούλια ‖ απομεινάρι, τελευταίο πράγμα ‖ πισινός ‖ φιλέτο

rumple (´rʌmpəl) [-d]: *(v)* ρυτιδώνω, τσαλακώνω ‖ τσαλακώνομαι ‖ *(n)* τσαλάκωμα

rumpus (´rʌmpəs): *(n)* φασαρία, θόρυβος ‖ **~ room**: *(n)* δωμάτιο παιχνιδιών

run (rʌn) [ran, run]: *(v)* τρέχω ‖ το βάζω στα πόδια, παίρνω δρόμο ‖ πάω για λίγο, ''πετάγομαι'' ‖ διατρέχω, περνώ γρήγορα ‖ συναγωνίζομαι ως υποψήφιος, βάζω υποψηφιότητα ‖ λειτουργώ, ''δουλεύω'' ‖ κυλώ, ρέω ‖ πλημμυρίζω ‖ εκτείνομαι, φθάνω ‖ *(n)* τρέξιμο, δρόμος ‖ διαδρομή ‖ ελευθερία, απεριόριστη χρήση ‖ περίοδος λειτουργίας ‖ ροή, κύλημα ‖ κοτέτσι, μάντρα ‖ ''πόντος'' κάλτσας ‖ **~about**: *(n)* αεροπλανάκι ‖ μικρή βενζινάκατος ‖ αυτοκίνητο διθέσιο ‖ **~around**: *(n)* υπεκφυγή ‖ **~away**: *(n)* φυγάς ‖ φυγή ‖ εύκολη νίκη ‖ *(adj)* που ξέφυγε, αποσπασθείς ‖ **~down**: *(v)* εξαντλούμαι, ''πέφτω'' ‖ χτυπώ με όχημα, ''πατώ'' ‖ αναφέρω περιληπτικά ‖ κατηγορώ, δυσφημώ ‖ **~down**: *(n)* περίληψη ‖ *(adj)* εξαντλημένος ‖ σταματημένος, μη λειτουργών ‖ **~in**: *(n)* φιλονικία, καβγάς ‖ **~ner**: *(n)* δρομέας ‖ φυγάς ‖ αγγελιοφόρος ‖ παιδί για θελήματα ‖ πατίνι ‖ μακρόστενο χαλί ‖ **~ner-up**: *(n)* δεύτερος σε αγώνα ή συναγωνισμό ‖ **~ning**: *(n)* δρόμος, τρέξιμο ‖ διεύθυνση, διαχείριση, εκμετάλλευση ‖ *(adj)* τρέχων ‖ συνεχής ‖ **~ning lights**: *(n)* φώτα ναυσιπλοΐας ‖ **~off**: *(v)* το σκάω, φεύγω ‖ ξεχειλίζω ‖ **~off**: *(n)* επαναληπτικός αγώνας ‖ **~of-the-mill**: *(adj)* κοινός ‖ **~on**: *(v)* συνεχίζω ‖ **~through**: *(v)* διαπερνώ ‖ εξετάζω στα γρήγορα ‖ **~way**: *(n)* διάδρομος, λουρίδα ‖ κοίτη ποταμού ‖ διάδρομος προσγείωσης ‖ **have the ~ of**: έχω το ελεύθερο να χρησιμοποιήσω ‖ **a ~ for one's money**: σκληρός ανταγωνισμός ‖ **in the long ~**: σε τελική ανάλυση ‖ **on the ~**: σε άτακτη υποχώρηση ‖ τρέχοντας, βιαστικός ‖ **~across**: *(v)* συναντώ ή βρίσκω τυχαία ‖ **~after**: *(v)* διώκω, καταδιώκω ‖ τρέχω από πίσω, επιζητώ με μανία ‖ **~away with**: *(v)* κερδίζω εκλογή με μεγάλη πλειοψηφία ‖ **~for it**: *(v)* το βάζω στα πόδια ‖ **~into**:

rung

(n) συναντώ κατά τύχη, "πέφτω επά-νω" ‖ τραχάρω ‖ ~ **out of**: *(v)* μου τελειώνει, "μένω" από ‖ ~ **over**: *(v)* χτυπώ ή πατώ με όχημα ‖ ξεχειλίζω ‖ εξετάζω ‖ προεξέχω

rung (ρΛη): *(n)* βαθμίδα, σκαλί ‖ see ring

runner, running: see run

runt (ρΛnt): *(n)* μικροσκοπικό ζώο, ζω-άκι ‖ κοντούλης, κοντοστούπης

runway: see run

rupture (΄ρΛptʃər): *(n)* ρήξη ‖ διακοπή ‖ κήλη ‖ [-d]: *(v)* σπάζω, διαρρηγνύω

rural (΄rurəl): *(adj)* αγροτικός ‖ ~ **route**: *(n)* διαδρομή αγροτικού διανο-μέα

ruse (΄ruz): *(n)* τέχνασμα

rush (ρΛʃ) [-ed]: *(v)* σπεύδω, ενεργώ με σπουδή ‖ φέρνω γρήγορα, μεταφέρω, εσπευσμένα ‖ επιτίθεμαι γρήγορα ‖ βιάζω, προσπαθώ να κάνω να ενεργή-σει γρήγορα ‖ *(n)* βιασύνη ‖ ξαφνική επίθεση ‖ αιχμή ενεργείας ή κυκλοφο-ρίας ‖ βούρλο ‖ *(adj)* βιαστικός ‖ ~ **hour**: *(n)* αιχμή κυκλοφοριακή ‖ ~ **candle, ~ light**: καντήλι, λυχνάρι ‖ ~ **on, ~ upon**: *(v)* επιτίθεμαι ξαφνικά

rusk (ρΛsk): *(n)* μπισκότο ‖ γλυκό πα-ξιμάδι

russet (΄rΛsit): *(adj)* καστανοκόκκινος

Russia (΄rΛʃə): *(n)* Ρωσία ‖ ~**n**: *(n)* Ρώσος ‖ Ρωσική γλώσσα ‖ *(adj)* ρωσι-κός ‖ ~ **roulette**: "όποιον πάρει ο χάρος"

rust (ρΛst): *(n)* σκουριά ‖ οξίδωση ‖ [-ed]: *(v)* σκουριάζω, οξιδώνομαι ‖ *(adj)* σκούρο καστανό ‖ ~**y**: *(adj)* σκουριασμένος ‖ καστανοκόκκινος ‖ ~ **proof**: *(adj)* ανοξίδωτος

rustic (΄rΛstik): *(adj)* αγροτικός ‖ *(n)* αγρότης, χωρικός ‖ απλοϊκός, άξεστος

rustle (΄rΛsəl) [-d]: *(n)* θροΐζω ‖ κλέβω ζώα ‖ λεηλατώ, διαρπάζω ‖ θρόι-σμα ‖ ~**r**: *(n)* ζωοκλέφτης

rust proof, rusty: see rust

rut (ρΛt) [-ted]: *(v)* αυλακώνω ‖ *(n)* αυ-λάκωση, αυλάκι, αυλακιά, αχνάρι ρό-δας ‖ ρουτίνα ‖ ~**ty**: *(adj)* γεμάτος αυ-λακιές

ruthless (΄ru:thlis): *(adj)* ανηλεής ‖ ~**ly**: *(adv)* ανηλεώς, αλύπητα ‖ ~**ness**: *(n)* αλυπησιά, σκληρότητα

rye (rai): *(n)* σίκαλι ‖ ουΐσκι από σίκα-λη ‖ ~ **bread**: *(n)* σικαλίσιο ψωμί

S

S, s (es): Το 19ο γράμμα του αγγλικού αλφαβήτου

Sabba-th (΄sæbəth): *(n)* Κυριακή, ημέ-ρα ανάπαυσης ‖ Σάββατο ‖ ~**tical**: *(adj)* Σαββατιανός ‖ ~**tical year, ~tical leave**: *(n)* άδεια μετ᾽ αποδοχών ενός χρόνου, ανά επταετία, για έρευνες ή σπουδές

saber, sabre (΄seibər): *(n)* σπάθη, σπα-θί ‖ [-ed]: *(v)* σπαθίζω

sabot (΄sæbət): *(n)* ξυλοπάπουτσο ‖ ~**age** (΄sæbəta:z): *(n)* δολιοφθορά, "σαμποτάζ" ‖ ~**age** [-d]: *(v)* κάνω δο-λιοφθορά, "σαμποτάρω" ‖ ~**eur**: *(n)* δολιοφθορέας, "σαμποτέρ", "σαμπο-

ταριστής"

sabre: see saber

saccharin (΄sækərin): *(n)* ζαχαρίνη ‖ ~**e**: *(adj)* ζαχαρένιος

sack (sæk): *(n)* σάκος, σακί, "τσουβά-λι" ‖ κοντό παλτό ‖ απόλυση, διώξι-μο ‖ κρεβάτι ‖ πλιάτσικο ‖ [-ed]: *(v)* βάζω σε σακί, "τσουβαλιάζω" ‖ απο-λύω ‖ κοιμούμαι ‖ διαρπάζω, λεηλα-τώ ‖ ~ **cloth**: *(n)* σαμαροσκούτι ‖ ~**ing**: *(n)* πανί για σάκους ‖ **give the ~**: *(v)* απολύω, διώχνω ‖ **hit the ~**: πάω για ύπνο, πέφτω στο κρεβάτι

sac-rament (΄sækrəmənt): *(n)* ιερό μυ-στήριο ‖ μετάληψη ‖ θεία ευχαριστία

324

saliva

‖ ~red (ˈseikrid): *(adj)* άγιος, ιερός, αγιασμένος
sacrific-e (ˈsækrəfais): *(n)* θυσία ‖ [-d]: *(v)* θυσιάζω ‖ ~ial: *(adj)* θυσιαστικός
sacrileg-e (ˈsækrəlidz): *(n)* ιεροσυλία ‖ βεβήλωση ‖ ~ious: *(adj)* ιερόσυλος ‖ βέβηλος
sacrosanct (ˈsækrousæŋkt): *(adj)* άγιος, ιερός, απαραβίαστος
sad (sæd): *(adj)* λυπημένος ‖ θλιβερός ‖ καταθλιπτικός ‖ ~den [-ed]: *(v)* λυπώ ‖ λυπούμαι, θλίβομαι ‖ ~ly: *(adv)* λυπημένα ‖ θλιβερά ‖ ~ness: *(n)* λύπη, θλίψη
saddle (ˈsædl) [-d]: *(v)* σελώνω ‖ φορτώνω ‖ επιβαρύνω ‖ *(n)* σέλα ‖ αυχένας βουνού ‖ ~ bag: *(n)* δισάκι ‖ ~ blanket: *(n)* σαμαροσκούτι ‖ ~ bow: see pommel ‖ ~ horse: *(n)* άλογο ιππασίας ‖ ~r: *(n)* σελοποιός ‖ ~ry: *(n)* σελάδικο ‖ εξαρτήματα σαγής ‖ ~ sore: *(n)* σύγκαμα από ιππασία
sadis-m (ˈseidizəm): *(n)* σαδισμός ‖ ~t: *(n)* σαδιστής ‖ ~tic: *(adj)* σαδιστικός
safe (seif): *(adj)* ασφαλής ‖ ασφαλισμένος ‖ σώος, αβλαβής ‖ ακίνδυνος, ασφαλής ‖ *(n)* χρηματοκιβώτιο ‖ προφυλακτικό *(id)* ‖ ~conduct: *(n)* ελευθέρα διάβαση ‖ ~guard: *(n)* προστασία, ασφάλεια, ασφαλιστικό μέτρο, προστατευτικό μέτρο ‖ [-ed]: *(v)* εξασφαλίζω, προστατεύω ‖ ~ keeping: *(n)* διασφάλιση, προστασία, φύλαγμα ‖ ~ly: *(adv)* ασφαλώς, με ασφάλεια, σίγουρα ‖ ακίνδυνα ‖ ~ness: *(n)* ασφάλεια ‖ σιγουριά ‖ ~ty: *(n)* ασφάλεια ‖ προφυλακτικό *(id)* ‖ *(adj)* ασφαλιστικός, ασφάλειας ‖ ~ty belt: *(n)* ζώνη ασφάλειας ‖ ~ty catch: *(n)* ασφάλιστρο ‖ ~ty glass: *(n)* άθραυστο γυαλί ‖ ~ty lamp: *(n)* λυχνία ασφαλείας ‖ ~ty pin: *(n)* ασφαλιστική περόνη ‖ παραμάνα ‖ ~ty valve: *(n)* ασφαλιστική δικλείδα
sag (sæg) [-ged]: *(v)* κυρτώνομαι, κάμπτομαι ‖ υποχωρώ, βουλιάζω ‖ χαλαρώνω ‖ *(n)* κύρτωση ‖ υποχώρηση, βούλιαγμα
saga (ˈsɑ:gə): *(n)* εκτεταμένη αφήγηση ‖ έπος, επικό μυθιστόρημα

sagaci-ous (səˈgeiʃəs): *(adj)* σοφός, οξύνους ‖ ~ty, ~ousness: *(n)* οξύνοια, σοφία
sage (seidz): *(n)* σοφός ‖ φασκομηλιά ‖ ~ly: *(adj)* σοφά, με περίσκεψη ‖ ~ness: *(n)* σοφία
said (sed): see say ‖ *(adj)* λεχθείς, εν λόγω
sail (seil): *(n)* ιστίο, πανί καραβιού ‖ ιστιοφόρο ‖ πλους, θαλασσινό ταξίδι ‖ [-ed]: *(v)* ταξιδεύω, πλέω ‖ ξεκινώ, αποπλέω ‖ πηγαίνω με αεροπλάνο ‖ περνώ γρήγορα ‖ ~ boat: *(n)* βάρκα με πανί ‖ ~ cloth: *(n)* καραβόπανο ‖ ~ in: *(n)* επεμβαίνω, πέφτω με τα μούτρα ‖ ~ing: *(n)* απόπλους ‖ ιστιοδρομία, ιστιοπλοΐα ‖ ~ into: *(v)* αρχίζω με ενεργητικότητα και ζήλο ‖ ~or: *(n)* ναυτικός ‖ ναύτης ‖ make ~, set ~: *(v)* απλώνω τα πανιά ‖ ξεκινώ για ταξίδι ‖ ~plane: *(n)* ανεμοπλάνο
saint (seint): *(n)* άγιος ‖ [-ed]: *(v)* αγιάζω ‖ ~dom, ~liness: *(n)* αγιότητα ‖ ~ly: *(adj)* άγιος ‖ ~ Nicholas: see Santa Claus
sake (seik): *(n)* σκοπός ‖ χάρη ‖ for the ~ of: χάριν, προς χάριν
salad (ˈsæləd): *(n)* σαλάτα ‖ ~ days: *(n)* ο καιρός της ξενοιασιάς ‖ ~ dressing: *(n)* καρύκευμα ή σάλτσα για σαλάτα
salamander (ˈsæləmændər): *(n)* σαλαμάνδρα
salami (səˈlɑ:mi:): *(n)* σαλάμι
sala-ried (ˈsæləri:d): *(adj)* έμμισθος ‖ ~ry: *(n)* μισθός ‖ ~ry [-ied]: *(v)* πληρώνω μισθό, μισθοδοτώ
sale (seil): *(n)* πώληση ‖ εκπτώσεις ‖ ~able: *(adj)* πωλήσιμο, ευκολοπούλητο ‖ ~sclerk: *(n)* πωλητής, πωλήτρια ‖ ~sman: *(n)* πωλητής ‖ ~slady, ~swoman: *(n)* πωλήτρια ‖ ~s pitch, ~s talk: *(n)* επιχείρημα πωλητού ‖ on ~: σε έκπτωση ‖ for ~: πωλείται
salien-ce (ˈseili:əns): *(n)* προεξοχή ‖ εξοχότητα, το περίοπτο ‖ ~t: *(adj)* προεξέχων ‖ έξοχος, περίοπτος ‖ *(n)* προκεχωρημένες θέσεις
saliva (səˈlaivə): *(n)* σάλιο ‖ ~ry: *(adj)* σιελογόνος ‖ ~te (ˈsæləveit) [-d]: *(v)*

325

sallow

βγάζω σάλιο, μου τρέχουν τα σάλια

sallow (´sælou): *(adj)* ωχρός, χλομός, κίτρινος ‖ **~ness**: *(n)* ωχρότητα, κιτρινάδα

sally (´sæli:([-ied]: *(v)* εξορμώ ‖ κάνω ορμητική έξοδο ‖ *(n)* εφόρμηση ‖ έξοδος

salmon (´sæmən): *(n)* σολομός

salon (sə´lɔn): *(n)* σαλόνι ‖ αίθουσα εκθέσεων ‖ **beauty ~**: *(n)* ινστιτούτο καλλονής

saloon (sə´lu:n): *(n)* μπαρ, ταβέρνα ‖ αίθουσα δεξιώσεων ‖ αίθουσα αξιωματικών πλοίου ‖ σαλόνι πλοίου ‖ κλειστό αυτοκίνητο ‖ **~ keeper**: *(n)* ταβερνιάρης

salt (sɔ:lt): *(n)* αλάτι ‖ παλιός ναυτικός *(id)* ‖ *(adj)* αλμυρός, αλμυρισμένος ‖ [-ed]: *(v)* αλατίζω ‖ **~ cellar, ~ shaker**: *(n)* αλατιέρα ‖ **~ish**: *(adj)* αλμυρούτσικος ‖ **~mine, ~pit**: *(n)* αλατωρυχείο ‖ **~y**: *(adj)* αλμυρός ‖ πικάντικος ‖ **with a grain of ~**: με επιφύλαξη ‖ **~ away, ~ down**: *(v)* βάζω στην μπάντα, μαζεύω

salubrious (sə´lu:bri:əs): *(adj)* υγιεινός

salu-tary (´sæljəteri:): *(adj)* υγιεινός ‖ σωτήριος ‖ **~tation**: *(n)* χαιρετισμός ‖ **~tatory** (sə´lu:tətə:ri:): *(adj)* χαιρετιστήριος ‖ **~te** (sə´lu:t) [-d]: *(v)* χαιρετάω, χαιρετίζω ‖ χαιρετώ στρατιωτικά ‖ *(n)* χαιρετισμός ‖ στρατ. χαιρετισμός

salva-ble (´sælvəbəl): *(adj)* διασώσιμος ‖ **~ge** (´sælvidz) [-d]: *(v)* διασώζω ‖ διαφυλάγω άχρηστο υλικό για μελλοντική χρήση ‖ *(n)* διάσωση ‖ άχρηστο υλικό φυλαγμένο για χρήση ‖ **~tion**: *(n)* σωτηρία

salve (sæv): *(n)* αλοιφή ‖ [-d]: *(v)* βάζω αλοιφή ‖ ανακουφίζω ‖ **~r** (´sælvər): *(n)* δίσκος σερβιρίσματος, πιατέλα

salvo (´sælvou): *(n)* ομοβροντία

same (seim): *(adj)* ίδιος, όμοιος ‖ *(n)* σωσίας ‖ ο ανωτέρω, ο προαναφερθείς ‖ **~ness**: *(n)* ομοιότητα ‖ μονοτονία ‖ **all the ~, just the ~**: παρόλα αυτά

sample (´sæmpəl) [-d]: *(v)* δοκιμάζω ‖ κάνω δειγματοληψία ‖ *(n)* δείγμα ‖ δειγματοληψία ‖ **~r**: *(n)* δειγματολή-

πτης ‖ δοκιμαστής

sanatorium (sænə´tɔ:ri:əm): *(n)* see sanitarium

sanct-ify (´sæŋktifai) [-ied]: *(v)* καθαγιάζω, καθιερώνω ‖ **~ification**: *(n)* καθαγιασμός ‖ **~imonious** (sæŋktə´mouni:əs): *(adj)* ψευτοευλαβής, "φαρισαίος" ‖ **~imoniousness, ~imony**: *(n)* ψευτοευλάβεια, "φαρισαϊσμός" ‖ **~ity**: *(n)* αγιοσύνη, αγιότητα ‖ απαραβίαστο ‖ **~uary** (´sæŋktʃu:əri:): *(n)* ιερό ‖ άσυλο, καταφύγιο ‖ **~um**: *(n)* άδυτο ‖ **~um sanctorum**: *(n)* άδυτα των αδύτων

sanction (´sæŋkʃən): *(n)* κύρωση ‖ [-ed]: *(v)* επικυρώνω ‖ υποστηρίζω

sand (sænd): *(n)* άμμος ‖ [-ed]: *(v)* στρώνω ή γεμίζω με άμμο ‖ **~ bag**: *(n)* σάκος άμμου ‖ **~ bank, ~ bar**: *(n)* αμμοσύρτης ‖ **~ blind**: *(adj)* μισόστραβος ‖ **~dune**: *(n)* αμμόλοφος ‖ **~ pillar, ~ spout**: *(n)* αμμοσίφωνας ‖ **~ paper**: *(n)* γυαλόχαρτο ‖ **~ piper**: *(n)* νεροκότσυφας ‖ **~stone**: *(n)* ψαμμόλιθος ‖ **~storm**: *(n)* αμμοθύελλα ‖ **~ viper**: *(n)* οχιά ‖ **~ worm**: *(n)* σκουλήκι για δόλωμα ‖ **~y**: *(adj)* αμμώδης ‖ κιντρινοκόκκινος

sandal (´sændəl): *(n)* πέδιλο, σανδάλι

sandwich (´sændwitʃ): *(n)* σάντουϊτς ‖ [-ed]: *(v)* παρεμβάλλω ανάμεσα σε δύο, στριμώχνω

san-e (sein): *(adj)* λογικός, στα λογικά του ‖ **~ely**: *(adv)* φρόνιμα, λογικά ‖ **~eness, ~ity**: *(n)* λογική, λογικό

sang: see sing

sang-froid (sa:n´frwa): *(n)* αταραξία, ψυχραιμία

sangui-nary (´sæŋgwə´neri:): *(adj)* αιμοχαρής, αιμοδιψής ‖ αιματηρός, ματοβαμένος ‖ **~ne**: *(adj)* κόκκινος σαν αίμα ‖ χαρούμενος, αισιόδοξος

sani-tarian (sænə´teəri:ən): *(n)* υγιεινολόγος ‖ **~tarium**: σανατόριο ‖ **~tary** (´sænəteri:): *(adj)* υγιεινός ‖ υγιειονομικός ‖ **~tary engineer**: *(n)* υγιεινολόγος μηχανικός ‖ **~tary napkin**: *(n)* πετσέτα υγιεινής, πανί περιόδου ‖ **~tation** (sænə´teiʃən): *(n)* υγιεινή ‖ δημόσια καθαριότητα ‖ **~tize** [-d]: *(v)*

κάνω υγιεινό
sanity: see sane
sank: see sink
Santa Claus (ˊsæntəˊklɔːz): *(n)* Άγιος Βασίλης
sap (sæp): *(n)* χυμός ‖ υγεία, ζωηράδα ‖ κορόϊδο *(id)* ‖ προστατευτικό χαράκωμα ‖ υπόνομος ‖ [-ped]: *(v)* υποσκάπτω, υπονομεύω ‖ **~head**: *(n)* βλάκας ‖ **~less**: *(adj)* άτονος ‖ **~ling**: *(n)* δενδρύλλιο, δεντράκι ‖ νεαρός ‖ **~per**: *(n)* στρατιωτικός μηχανικός
sapphire (ˊsæfair): *(n)* σάπφειρος, ζαφίρι
sarcas-m (ˊsɑːrkæzəm): *(n)* σαρκασμός ‖ **~tic, ~tical**: *(adj)* σαρκαστικός ‖ **~tically**: *(adv)* σαρκαστικά
sarcophagus (sɑːrˊkɔfəgəs): *(n)* σαρκοφάγος
sardine (sɑːrˊdiːn): *(n)* σαρδέλα
sardonic (sɑːrˊdɔnik): *(adj)* σαρδόνιος ‖ **~ally**: *(adv)* σαρδόνια
sarge (sɑːrdz): see sergeant
sartorial (sɑːrˊtɔːriːəl): *(adj)* ραπτικός ‖ του ντυσίματος, των ενδυμάτων
sash (sæʃ): *(n)* πλαίσιο παράθυρου ‖ ζωνάρι ‖ ζώνη επίσημης στολής ‖ **~ay** [-ed]: *(v)* περπατώ καμαρωτός
sass (sæs): *(n)* αυθάδεια ‖ [-ed]: *(v)* αυθαδιάζω ‖ **~y**: *(adj)* αυθάδης
sat: see sit
Satan (ˊseitn): *(n)* σατανάς ‖ **~ic, ~ical**: *(adj)* σατανικός ‖ **~ically**: *(adv)* σατανικά
satchel (ˊsætʃəl): *(n)* τσάντα, μικρός σάκος
sate (seit) [-d]: *(v)* χορταίνω
satellite (ˊsætəlait): *(n)* δορυφόρος
satiat-e (ˊseiʃiːeit) [-d]: *(v)* ικανοποιώ, χορταίνω ‖ **~ion**: *(n)* κορεσμός
satin (ˊsætn): *(n & adj)* σατέν ‖ **~y**: *(adj)* μεταξένιος, σαν σατέν, γυαλιστερός
satir-e (ˊsætair): *(n)* σάτιρα ‖ **~ic, ~ical** (səˊtirik): *(adj)* σατιρικός ‖ **~ically**: *(adv)* σατιρικά ‖ **~ist**: *(n)* σατιρογράφος ‖ **~ize** (ˊsætəraiz) [-d]: *(v)* σατιρίζω
satis-faction (ˊsætisˊfækʃən): *(n)* ικανοποίηση ‖ **~factory**: *(adj)* ικανοποιητι-

κός ‖ **~factorily**: *(adv)* ικανοποιητικά ‖ **~fy** (ˊsætisfai) [-ied]: *(v)* ικανοποιώ ‖ **~fying**: *(adj)* ικανοποιητικός
satrap (ˊsætræp): *(n)* σατράπης, δεσποτικός, αυταρχικός
saturat-e (ˊsætʃəreit) [-d]: *(v)* διαποτίζω, διαβρέχω ‖ χορταίνω, παραγεμίζω ‖ **~ed**: *(adj)* κορεσμένος ‖ διαποτισμένος ‖ **~ion**: *(n)* κορεσμός ‖ διαπότιση
Saturday (ˊsætərdi:): *(n)* Σάββατο
saturnine (ˊsætərnain): *(adj)* σοβαρός, λιγόλογος
satyr (ˊsætər): *(n)* σάτυρος
sauc-e (sɔːs): *(n)* σάλτσα ‖ αναίδεια *(id)* ‖ αλκοόλ *(id)* ‖ **~ebox**: *(n)* αυθάδης, αναιδής ‖ **~epan**: *(n)* κατσαρόλα ‖ **~er**: *(n)* πιατάκι ‖ **~ily**: *(adv)* με αυθάδεια, με αναίδεια ‖ με τσαχπινιά ‖ **~y**: *(adj)* αυθάδης, αναιδής ‖ πικάντικος, τσαχπίνικος
saunter (ˊsɔːntər) [-ed]: *(v)* περπατώ αργά, πάω με το "πάσο" μου ‖ *(n)* αργοπερπάτημα
sausage (ˊsɔːsidz): *(n)* λουκάνικο
savage (ˊsævidz): *(adj)* άγριος, πρωτόγονος ‖ άγριος, θηριώδης ‖ *(n)* άγριος ‖ κτηνώδης άνθρωπος ‖ [-d]: *(v)* εξαγριώνω ‖ επιτίθεμαι με μανία ή αγριότητα ‖ χτυπώ άγρια ‖ κατακοματιάζω, τσαλαπατώ ‖ **~ly**: *(adv)* άγρια, με αγριότητα ‖ **~ness, ~ry**: *(n)* αγριότητα, θηριωδία
sav-e (seiv) [-d]: *(v)* σώζω, διασώζω, γλυτώνω ‖ φυλάγω, διαφυλάγω ‖ κάνω οικονομίες ‖ μαζεύω, βάζω στην μπάντα ‖ *(prep)* εκτός, με την εξαίρεση ‖ **~ing**: *(adj)* σωτήριος, σώζων ‖ οικονόμος ‖ *(n)* σωτηρία, γλίτωμα ‖ οικονομία ‖ *(prep)* με την εξαίρεση ‖ **~ings**: *(n)* οικονομίες, αποταμίευση ‖ **~ings account**: *(n)* καταθέσεις, αποταμίευση ‖ **~ings bank**: *(n)* κουμπαράς ‖ ταμευτήριο ‖ **~ings bond**: *(n)* ομολογία ‖ **~ior, ~iour**: *(n)* σωτήρας
savor, savour (ˊseivər): *(n)* γεύση, ουσία ‖ ποιότητα ‖ μυρωδιά ‖ [-ed]: *(v)* μυρίζω ‖ δίνω γεύση ‖ γεύομαι ‖ **~y**: *(adj)* γευστικός, ορεκτικός ‖ ευυπόληπτος ‖ θρούμπη (φυτ)
savvy (ˊsævi:) [-ied]: *(v)* καταλαβαίνω,

saw

''μπαίνω'' *(id)* ‖ *(n)* αντίληψη

saw (sɔ:): see see ‖ *(n)* πριόνι ‖ γνωμικό, ρητό ‖ [-ed]: *(v)* πριονίζω ‖ **band ~**: *(n)* πριονοκορδέλα ‖ **disk ~**: *(n)* δισκοπρίονο ‖ **~bones**: *(n)* χειρούργος *(id)* ‖ **~buck**: *(n)* δεκάρικο *(id)* ‖ **~ dust**: *(n)* πριονίδι ‖ **~ed-off**: *(adj)* κοντοστούπης *(id)* ‖ **~ mill**: *(n)* πριονιστήριο ‖ **~ toothed**: *(adj)* οδοντωτός

saxon (´sæksən): *(n)* Σάξονας ‖ *(adj)* σαξονικός ‖ **Anglo ~**: *(n)* Αγγλοσάξονας

saxophone (´sæksəfoun): *(n)* σαξόφωνο

say (sei) [said, said]: *(v)* λέω ‖ *(n)* λόγος, κουβέντα ‖ *(adv)* ας πούμε, να πούμε, περίπου ‖ *(interj)* δεν μου λες! ‖ **~ing**: *(n)* ρητό, γνωμικό ‖ **~-so**: *(n)* διαβεβαίωση, λόγος

scab (skæb): *(n)* εσχάρα, ''κακάδι'', ''κάκαδο'' ‖ ψώρα των ζώων ‖ απεργοσπάστης ‖ μη συνδικαλισμένος εργάτης ‖ [-bed]: *(v)* κακαδιάζω ‖ γίνομαι απεργοσπάστης ‖ **~by**: *(adj)* ψωραλέος ‖ κακαδιασμένος, με κακάδι ‖ πρόστυχος, ταπεινός ‖ **~ies**: *(n)* ψώρα ‖ **~ious**: *(adj)* ψωριάρης ‖ **~rous**: *(adj)* τραχύς ‖ τολμηρός

scabbard (´skæbərd): *(n)* θήκη ξίφους ή εγχειριδίου

scaffold (´skæfəld): *(n)* ικρίωμα ‖ σκαλωσιά ‖ [-ed]: *(v)* κατασκευάζω ικρίωμα ή σκαλωσιά ‖ **~ing**: *(n)* υλικά ικριώματος ‖ κατασκευή ικριώματος ‖ σκαλωσιά

scalawag (´skæləwæg): *(n)* παλιάνθρωπος

scald (skɔ:ld) [-ed]: *(v)* κατακαίω, ζεματίζω ‖ *(n)* ζεμάτισμα ‖ **~ing**: *(adj)* καυτός, ζεματιστός

scal-e (skeil): *(n)* φολίδα, λέπι ‖ επικάθισμα ‖ κλίμακα ‖ διαβαθμισμένος χάρακας ‖ μουσ. κλίμακα ‖ ζυγαριά ‖ [-d]: *(v)* απολεπίζω ‖ απολεπίζομαι ‖ ξεφλουδίζω ‖ ξεφλουδίζομαι ‖ αναρριχώμαι, σκαρφαλώνω ‖ κατασκευάζω υπό κλίμακα ‖ ζυγίζω ‖ **~es**: *(n)* ζυγαριά ‖ **turn the ~es, tip the ~es**: αποφασίζω, καταλήγω ‖ **~y**: *(adj)* φολιδωτός, με λέπια

scalene (´skeili:n): *(n)* σκαληνό τρίγωνο

scallop (´skæləp, ´skɔləp): *(n)* χτένι (όστρακο)

scalp (skælp): *(n)* τριχωτό μέρος του κεφαλιού ‖ τρόπαιο ‖ [-ed]: *(v)* αφαιρώ το τριχωτό μέρος του κεφαλιού ‖ κατανικώ, κατατσακίζω αντίπαλο *(id)* ‖ πουλώ σε τιμή μαύρης αγοράς

scalpel (´skælpəl): *(n)* νυστέρι

scaly: see scale

scamp (skæmp): *(n)* παλιάνθρωπος ‖ κατεργαράκος ‖ [-ed]: *(v)* κάνω ή εκτελώ απρόσεκτα ή πρόχειρα

scamper (´skæmpər) [-ed]: *(v)* τρέχω βιαστικά, φεύγω βιαστικά, το βάζω στα πόδια ‖ *(n)* βιαστική φευγάλα

scan (skæn) [-ned]: *(v)* εξετάζω προσεκτικά και λεπτομερώς ‖ κάνω ανάλυση ποιήματος ‖ ανιχνεύω ‖ *(n)* εξεταστικό βλέμμα ‖ **~ning**: *(n)* έρευνα, εξέταση, ανίχνευση ‖ **~sion**: *(n)* μετρική ανάλυση ποιήματος

scandal (´skændəl): *(n)* σκάνδαλο ‖ **~ize** (´skændəlaiz) [-d]: *(v)* σκανδαλίζω ‖ **~izing**: *(adj)* σκανδαλιστικός ‖ **~ous**: *(adj)* σκανδαλώδης ‖ **~ously**: *(adv)* σκανδαλωδώς ‖ **~ sheet**: *(n)* σκανδαλοθηρικό έντυπο

Scandinavia (skændə´neivi:ə): *(n)* Σκανδιναβία ‖ **~n**: *(n)* Σκανδιναβός ‖ *(adj)* σκανδιναβικός

scansion: see scan

scant (skænt): *(adj)* λιγοστός ‖ ανεπαρκής ‖ [-ed]: *(v)* περιορίζω, περικόβω ‖ δίνω σε ανεπαρκείς ποσότητες ‖ **~ly**: *(adv)* ανεπαρκώς ‖ λιγοστά ‖ **~iness, ~ ness**: *(n)* ανεπάρκεια ‖ **~y**: *(adj)* λιγοστός, γλίσχρος ‖ μόλις επαρκής

scapegoat (´skeipgout): *(n)* αποδιοπομπαίος τράγος

scar (ska:r): *(n)* ουλή, σημάδι πληγής ‖ σημάδι ‖ [-red]: *(v)* σημαδεύω, αφήνω σημάδι, κάνω ουλή

scarab (´skærəb): *(n)* σκαραβαίος

scarc-e (skeərs): *(adj)* σπάνιος ‖ σπανίζων, σε έλλειψη ‖ **~ely**: *(adv)* μόλις και μετά βίας, σχεδόν καθόλου ‖ ασφαλώς όχι ‖ **~eness, ~ity**: *(n)* σπανιότητα, έλλειψη ‖ **make oneself ~e**: *(v)* εξαφανίζομαι, φεύγω, στρίβω

scar-e (skeər) [-d]: (v) φοβίζω, τρομο-
κρατώ, τρομάζω ‖ (n) τρομάρα, φόβι-
σμα, φόβος ‖ ~ing: (adj) τρομακτικός
‖ ~ecrow: (n) φόβητρο, σκιάχτρο ‖ ~e
away, ~e off: (v) διώχνω φοβερίζο-
ντας, κάνω να φοβηθούν και να φύ-
γουν ‖ ~e up: (v) συγκεντρώνω ή
ετοιμάζω βιαστικά και πρόχειρα ‖ ~y:
(adj) τρομακτικός

scarf (ska:rf): (n) φουλάρι, κασκόλ,
σάρπα ‖ σύνδεσμος, ένωση ‖ ~ skin:
(n) επιδερμίδα

scarlet (´ska:rlit): (n & adj) ζωηρό
κόκκινο ‖ ~ fever: (n) οστρακιά

scarp (ska:rp): (n) απότομη πλαγιά

scary: see scare

scat (skæt) [-ted]: (v) φεύγω, "στρίβω"
(id)

scath-e (skeið) [-d]: (v) κατακαίω, κα-
ψαλίζω ‖ κατακρίνω, επικρίνω ‖ ~ing:
(adj) δηκτικός, καυστικός

scatter (´skætər) [-ed]: (v) διασκορπί-
ζω ‖ σκορπίζω, διασπείρω ‖ διασκορ-
πίζομαι ‖ σκορπίζομαι, διασπείρομαι
‖ (n) διασπορά ‖ σκόρπισμα, διασκορ-
πισμός ‖ ~ brain, ~ brained: κουφιο-
κέφαλος, άμυαλος ‖ ~ good: σπάτα-
λος ‖ ~ing: (n) διασπορά, σκόρπισμα
‖ σκόρπιο, διασκορπισμένο ‖ ~rug:
(n) χαλάκι

scavenge (´skævindz) [-d]: (v) καθαρί-
ζω απορρίματα ‖ ψάχνω μέσα σε
άχρηστα ‖ μαζεύω άχρηστο υλικό ‖
~r: (n) ζώο που τρώει ψοφίμια ‖ ρα-
κοσυλλέκτης

scenario (si´neəri:ou): (n) σενάριο

scen-e (si:n): (n) σκηνή ‖ ~ery: (n) το-
πίο ‖ σκηνικά ‖ ~ic: (adj) σκηνικός ‖
θεαματικός ‖ behind the ~es: ιδιαίτε-
ρα, κρυφά, από πίσω ‖ στα παρασκή-
νια, παρασκηνιακά ‖ make the ~e:
παίρνω μέρος ενεργά

scent (sent): (n) οσμή, μυρουδιά ‖ άρω-
μα ‖ ίχνη διωκωμένου ‖ όσφρηση ‖ [-
ed]: (v) μυρίζομαι, οσφραίνομαι ‖
αρωματίζω

scepter, sceptre (´septər): (n) σκήπτρο
‖ [-ed]: (v) δίνω βασιλική εξουσία

sceptic: see skeptic

sceptre: see scepter

schedule (´skedzu:əl): (n) τιμολόγιο ‖
πρόγραμμα ‖ δρομολόγιο ‖ [-d]: (v)
φτιάνω τιμολόγιο ‖ προγραμματίζω ‖
δρομολογώ, κανονίζω με δρομολόγιο

schem-atic (ski:´mætik): (adj) σχηματι-
κός ‖ ~atize (´ski:mətaiz) [-d]: (v) κά-
νω συνδυασμό ή σχήμα ‖ ~e (ski:m):
(n) συστηματικό σχέδιο ‖ διάταξη, σύ-
στημα ‖ σχέδιο ‖ μηχανορραφία ‖ ~e
[-d]: (v) σχεδιάζω, επινοώ σχέδιο ‖
μηχανορραφώ, συνωμοτώ ‖ ~er: (n)
μηχανορράφος, συνωμότης ‖ ~ing:
(adj) μηχανορραφικός, συνωμοτικός

schism (´skizəm, ´sizəm): (n) σχίσμα ‖
~atic: (adj) σχισματικός

schizophreni-a (skitsə´fri:ni:ə): (n) σχι-
ζοφρένεια ‖ ~c: (n & adj) σχιζοφρενι-
κός

schol-ar (´skələr): (n) μορφωμένος,
των γραμμάτων, λόγιος ‖ ειδικός σε
ένα θέμα ‖ υπότροφος ‖ ~arly: (adj)
λόγιος των γραμμάτων ‖ ~arship: (n)
μόρφωση ‖ υποτροφία ‖ ~astic
(ska´læstik): (adj) ακαδημαϊκός, σχο-
λικός

school (sku:l): (n) σχολείο ‖ σχολή ‖
κοπάδι ψαριών ‖ [-ed]: (v) εκπαιδεύω
‖ μορφώνω ‖ κολυμπώ σε κοπάδι ‖
~boy: (n) μαθητής ‖ ~girl: (n) μαθή-
τρια ‖ ~ing: (n) μόρφωση, εκπαίδευση
‖ ~master: (n) δάσκαλος ‖ διευθυντής
σχολείου ‖ ~mate: (n) συμμαθητής ‖
~mistress: (n) δασκάλα ‖ ~room: (n)
τάξη, αίθουσα διδασκαλίας ‖
~teacher: (n) δάσκαλος ή καθηγητής
γυμνασίου ‖ ~year: (n) σχολικό έτος ‖
pre~: (adj) προσχολικός ‖ high ~,
secondary ~: γυμνάσιο ‖ elementary
~, primary ~: δημοτικό σχολείο

schooner (´sku:nər): (n) σκούνα ‖ με-
γάλο ποτήρι μπίρας

sciatic (sai´ætik): (adj) ισχιακός ‖ ~a:
(n) ισχιαλγία

scien-ce (´saiəns): (n) επιστήμη ‖ φυσι-
κή επιστήμη, φυσική ‖ ~ce fiction:
(n) επιστημονική φαντασία ‖ ~tific
(saiən´tifik): (adj) επιστημονικός ‖
~tist: (n) επιστήμονας

scimitar (´simətər): (n) γιαταγάνι

scintillat-e (´sintəleit) [-d]: (v) σπινθη-

scion

ροβολώ ‖ ~ing: *(adj)* σπινθηροβόλος ‖ ~ion: *(n)* σπινθηροβόλημα, σπινθηρισμός

scion (´saiən): *(n)* γόνος, απόγονος ‖ παραφυάδα

scissor (´sizər) [-ed]: *(v)* ψαλιδίζω ‖ ~s, pair of ~s: *(n)* ψαλίδι ‖ άλμα ''ψαλίδι'', ''ψαλιδιά''

scoff (skɔf) [-ed]: *(v)* ειρωνεύομαι, κοροϊδεύω ‖ *(n)* ειρωνεία, κοροϊδία ‖ ~law: *(n)* φυγόδικος

scold (skould) [-ed]: *(v)* επιπλήττω άγρια ‖ ~ing: *(n)* επίπληξη

scone (skoun): *(n)* κουραμπιές, κεκάκι

scoop (sku:p): *(n)* κουβάς η φτυάρι εκσκαφέα ‖ φτυαράκι, σέσουλα ‖ κουτάλα σερβιρίσματος ‖ φτυάρισμα, φτυαριά ‖ μεγάλο κέρδος ‖ εντυπωσιακή είδηση ‖ [-ed]: *(v)* φτυαρίζω ‖ ~ out: *(v)* ανασκάπτω ‖ αδειάζω ‖ ~ up, ~ in: *(v)* ''μαζεύω με τη σέσουλα''

scoot (sku:t) [-ed]: *(v)* τρέχω γρήγορα ‖ *(n)* βιαστικό τρέξιμο ‖ ~er: *(n)* πατίνι ‖ ~er, motor ~er: *(n)* μοτοποδήλατο, ''σκούτερ''

scope (skoup): *(n)* έκταση, ορίζοντας αντιλήψεων ή δράσης ‖ περιθώριο ‖ περισκόπιο ‖ σκοπός, βλέψη, πρόθεση

scorch (skɔ:rtʃ) [-ed]: *(v)* καψαλίζω ‖ καψαλίζομαι ‖ εξοργίζω ‖ επιπλήττω δριμύτατα ‖ *(n)* καψάλισμα, ελαφρό κάψιμο ‖ ~er: *(n)* πολύ ζεστή μέρα ‖ ~ing: *(adj)* καυστερός, καυστικός

score (skɔ:r): *(n)* σημείο, ''πόντος'' ‖ διαφορά πόντων, ''σκορ'' ‖ αποτέλεσμα αγώνων, ''σκορ'' ‖ χρέος, οφειλή ‖ εικοσάδα ‖ [-d]: *(v)* σημειώνω το ''σκορ'', γράφω τους πόντους ‖ κερδίζω, κάνω ''σκορ'', κερδίζω πόντο ‖ κριτικάρω καυστικά ‖ know the ~: *(v)* ξέρω τα κατατόπια, είμαι μπασμένος, ξέρω τι με περιμένει ‖ ~r: *(n)* παίκτης που πέτυχε ''σκορ'' ‖ σημειωτής πόντων

scorn (´skɔ:rn): *(n)* περιφρόνηση ‖ [-ed]: *(v)* περιφρονώ ‖ απορρίπτω με περιφρόνηση ‖ ~ful: *(adj)* γεμάτος περιφρόνηση ‖ περιφρονητικός ‖ ~fully: *(adv)* περιφρονητικά ‖ ~fulness: *(n)* καταφρόνια, περιφρόνηση

scorpion (´skɔ:rpi:ən): *(n)* σκορπιός ‖ ~fish: *(n)* σκόρπαινα

Scot (skɔt): *(n)* Σκοτσέζος ‖ ~ch: *(n)* Σκοτσέζικη διάλεκτος ‖ Σκοτσέζοι ‖ ουΐσκι, ''σκατς'' ‖ ~ch tape: κολλητική ταινία, ''σελοτέιπ'' ‖ ~land: *(n)* Σκοτία ‖ ~land Yard: Μητροπολιτική Αστυνομία Λονδίνου, Σκότλαντ Γιάρντ ‖ ~sman: *(n)* Σκοτσέζος ‖ ~tish: *(adj)* Σκοτσέζικος ‖ *(n)* σκοτσέζικη διάλεκτος

scotch (skɔtʃ) [-ed]: *(v)* κόβω, ξύνω ‖ σακατεύω ‖ καταπνίγω ‖ εμποδίζω ‖ see scot

scot-free (´skɔtfri:): *(adj)* ελεύθερος τελείως, απαλλαγμένος από κατηγορία ή υποχρέωση

Scotland, Scotsman, Scottish: see Scot

scoundrel (´skaundrəl): *(n)* παλιάνθρωπος, κακοποιός

scour (skaur) [-ed]: *(v)* εκτρίβω, καθαρίζω ή γυαλίζω με τρίψιμο ‖ διατρέχω, περνώ στα γρήγορα ‖ ερευνώ λεπτομερώς ‖ *(n)* εκτριβή, καθάρισμα, γυάλισμα ‖ ~er: *(n)* καθαριστής ‖ καθαριστικό, λειαντικό ‖ ~ings: *(n)* απομεινάρια

scourge (skə:rdz): *(n)* μαστίγιο ‖ πληγή, μάστιγα ‖ [-d]: *(v)* μαστιγώνω ‖ αφανίζω

scout (skaut): *(n)* πρόσκοπος ‖ ανιχνευτής ‖ ανιχνευτικό πλοίο ή αεροπλάνο ‖ κυνηγός ταλέντων ‖ [-ed]: *(v)* ανιχνεύω ‖ απορρίπτω περιφρονητικά ‖ ~ master: *(n)* αρχηγός προσκοπικής ομάδας

scow (skau): *(n)* φορτηγίδα, ''μαούνα''

scowl (skaul) [-ed]: *(v)* συνοφρυώνομαι, σουφρώνω τα φρύδια ‖ *(n)* συνοφρύωση, συνοφρύωμα

scrabble (´skræbəl) [-d]: *(v)* ψαχουλεύω, ψάχνω βιαστικά ‖ παλεύω ‖ γράφω βιαστικά και άσχημα ‖ *(n)* ψάξιμο βιαστικό ‖ τσαπατσούλικο γράψιμο, μουτζούρωμα

scrag (´skræg): *(n)* κοκαλιάρης ‖ άπαχο κρέας ‖ λαιμός *(id)* ‖ [-ged]: *(v)* στραγγαλίζω, στρίβω το λαιμό ‖ ~gy: *(adj)* τραχύς, ανώμαλος ‖ κοκαλιάρης

scram (skræm) [-med]: *(v)* φεύγω στα

330

γρήγορα, το βάζω στα πόδια, ''στρίβω''

scramble (´skræmbəl) [-d]: (v) κινούμαι ή σκαρφαλώνω βιαστικά ή αδέξια ‖ μπουσουλώ γρήγορα ‖ παλεύω ‖ απογειώνομαι βιαστικά ‖ ανακατεύω ‖ (n) βιαστικό ή αδέξιο σκαρφάλωμα ‖ μπουσούλημα ‖ πάλη ‖ **~d eggs**: (n) κτυπητά αυγά ‖ χρυσά σιρίτια στο πηλήκιο αξιωματικού

scrap (skræp): (n) τεμάχιο, κομμάτι ‖ υπόλειμμα, απόρριμμα ‖ παλιοσίδερο ‖ πάλη ‖ κομμάτι γραπτού ‖ [-ped]: (v) τεμαχίζω ‖ πετώ ως άχρηστο ‖ διαλύω σε άχρηστα κομμάτια ‖ παλεύω, τσακώνομαι, συμπλέκομαι ‖ (adj) άχρηστο, πεταμένο, για πέταμα ‖ ~ **book**: (n) λεύκωμα για αποκόμματα εφημερίδων ‖ **~py**: (adj) καβγατζής ‖ μαχητικός ‖ ~ **iron**: (n) παλιοσίδερα

scrape (skreip) [-d]: (v) αποξέω, αποξύνω ‖ εξομαλύνω ‖ γδέρνω, ξύνω, ξεγδέρνω ‖ (n) απόξεση ‖ ξύσιμο, γδάρσιμο ‖ συμπλοκή ‖ αμηχανία, δίλημμα ‖ ~**r**: (n) ξύστης, ξύστρα ‖ ομαλυντήρας, μηχάνημα εξομάλυνσης ‖ **sky ~r**: (n) ουρανοξύστης

scratch (skrætʃ) [-ed]: (v) ξύνω, γρατσουνίζω ‖ ξύνομαι ‖ γράφω πρόχειρα ‖ σβήνω, διαγράφω ‖ αποσύρω από συναγωνισμό ‖ (n) ξύσιμο ‖ γρατσουνιά ‖ (adj) πρόχειρος, εκ του προχείρου ‖ ~**line**: (n) αφετηρία ‖ ~**pad**: (n) πρόχειρο σημειωματάριο ‖ ~**y**: (adj) ανώμαλος, τραχύς ‖ **from** ~: από την αρχή

scrawl (skrɔ:l) [-ed]: (v) γράφω άσχημα, κακογραφώ ‖ γράφω ακανόνιστα ‖ (n) κακό γράψιμο, κακογραφία

scrawny (´skrɔ:ni:): (adj) κοκαλιάρης

scream (skri:m) [-ed]: (v) ξεφωνίζω, τσιρίζω ‖ (n) ξεφωνητό, τσιρίδα ‖ ~**er**: (n) εντυπωσιακός τίτλος

scree (skri:): (n) σωρός από πέτρες

screech (skri:tʃ) [-ed]: (v) τσιρίζω, σκούζω, ουρλιάζω ‖ (n) τσιρίδα, ούρλιασμα

screen (skri:n): (n) σείστρο, κόσκινο ‖ επιλογή, ''κοσκίνισμα'' ‖ δικτυωτό, ''σήτα παραθύρου'' ‖ παραπέτασμα,

---

''παραβάν'' ‖ οθόνη, ''πανί'' κινηματογράφου ‖ οθόνη τηλεόρασης ‖ [-ed]: (v) βάζω οθόνη ή διάφραγμα ‖ βάζω παραπέτασμα ‖ προστατεύω, καλύπτω ‖ κοσκινίζω ‖ ~ **land**: (n) ο κόσμος του κινηματογράφου ‖ ~ **play**: (n) σενάριο

screw (skru:): (n) κοχλίας, βίδα ‖ έλικας ‖ συνουσία (id) ‖ δεσμοφύλακας (id) ‖ [-ed]: (v) βιδώνω ‖ συνδέω με βίδες ‖ συνουσιάζομαι (id) ‖ ~**ball**: (n) τρελός, παλαβός ‖ ~**driver**: (n) κατσαβίδι ‖ κοκτέιλ από βότκα και πορτοκαλάδα ‖ ~**y**: (adj) παλαβός, εκκεντρικός ‖ **have a** ~ **loose**: του έχει ''στρίψει η βίδα'' ‖ **put the** ~**s on**, **apply the** ~**s on**: πιέζω, εκβιάζω ‖ ~ **up**: (v) τα κάνω θάλασσα

scribble (´skribəl) [-d]: (v) γράφω βιαστικά και άσχημα ‖ (n) κακογραφία, ορνιθοσκαλίσματα ‖ ~**r**: (n) κακογράφος ‖ παρακατιανός συγγραφέας

scribe (skraib): (n) γραφέας, αντιγραφέας

scrimmage (´skrimidz): (n) συμπλοκή, ''μελέ'' ‖ προπόνηση ομάδας

script (skript): (n) γραπτό, χειρόγραφο ‖ κείμενο έργου ‖ **S~ure** (´skriptʃər): (n) Αγία Γραφή ‖ ~**writer**: (n) σεναριογράφος

scroll (skroul): (n) σπείρα κιονοκράνου ‖ ρόλος γραφής, ρολό περγαμηνής ή παπύρου ‖ ονομαστική κατάσταση

scrounge (skraundz) [-d]: (v) γυρίζω για ''τράκα'' (id) ‖ αρπάζω, βουτάω ‖ καλοπιάνω

scrub (skrʌb) [-bed]: (v) καθαρίζω με τρίψιμο ή βούρτσισμα ‖ ακυρώνω, διαγράφω (id) ‖ (n) τρίψιμο, καθάρισμα ‖ κούτσουρο ‖ χαμηλή βλάστηση ‖ κοντοστούπης ‖ ~ **woman**: (n) καθαρίστρια

scruff (skrʌf): (n) σβέρκος ‖ ~**y**: (adj) βρομιάρης

scrup-le (´skru:pəl): (n) συνείδηση ‖ ενδοιασμός, δισταγμός ‖ μονάδα βάρους ‖ μικροσκοπική ποσότητα ‖ [led]: (v) έχω ενδοιασμούς ‖ ~**ulous** (´skru:pjələs): (adj) ευσυνείδητος ‖ ~**ulously**: (adv) ευσυνείδητα

scrutinize

scruti-nize (´skru:tnaiz) [-d]: *(v)* εξετάζω με μεγάλη προσοχή ‖ **~ny** (´skru:tini:): *(n)* προσεκτική εξέταση

scuba (´sku:bə): *(n)* αναπνευστική συσκευή

scuff (skʌf) [-ed]: *(v)* σέρνω τα πόδια μου ‖ ξύνω με τα πόδια ‖ τρίβω, ξύνω, τραχύνω, φθείρω ‖ *(n)* σύρσιμο, τρίψιμο ‖ παντόφλα ‖ **~ed**: *(adj)* τριμμένος, φθαρμένος

scuffle (´skʌfəl) [-d]: *(v)* συμπλέκομαι ‖ τρέχω σέρνοντας τα πόδια ‖ *(n)* συμπλοκή

scull (skʌl): *(n)* κουπί για μονόκωπο ‖ μονόκωπο ‖ [-ed]: *(v)* τραβώ κουπί ‖ **~ery**: *(n)* πλυσταριό ‖ πλυντήριο

sculpt (skʌlpt) [-ed]: *(v)* κατασκευάζω γλυπτό ‖ **~or**: *(n)* γλύπτης ‖ **~ress**: *(n)* γλύπτρια ‖ **~ure** (´skʌlptʃər): *(n)* γλυπτική ‖ γλυπτό ‖ [-d]: *(v)* κατασκευάζω γλυπτό ‖ **~uresque**: *(adj)* γλυπτός, αγαλματένιος

scum (skʌm): *(n)* σκουριά ‖ βρομιά ‖ κατακάθι της κοινωνίας

scurrilous (´skə:riləs): *(adj)* βωμολόχος, χυδαιολόγος

scurry (´skə:ri:) [-ied]: *(v)* τρέχω γρήγορα και ελαφρά ‖ *(n)* ελαφρό, γρήγορο τρέξιμο

scurvy (´skə:rvi): *(n)* σκορβούτο ‖ *(adj)* τιποτένιος

scuttle (´skʌtl): *(n)* φινιστρίνι ‖ μεταλλικός κουβάς ‖ [-d]: *(v)* πετάω, απορρίπτω ‖ τρέχω βιαστικά, το βάζω στα πόδια ‖ **~butt**: *(n)* κουτσομπολιό

scythe (saið): *(n)* δρεπάνι ‖ [-d]: *(v)* θερίζω

sea (si:): *(n)* θάλασσα ‖ πέλαγος ‖ *(adj)* θαλάσσιος ‖ **at ~**: χαμένος, συγχυσμένος ‖ στα ανοιχτά ‖ **put to ~**: βγαίνω από το λιμάνι ‖ **S~bee**: *(n)* τεχνικός του ναυτικού ‖ **~bird**: *(n)* θαλασσοπούλι ‖ **~biscuit**: *(n)* γαλέτα ‖ **~board**: *(n)* ακτή ‖ **~borne**: *(adj)* μεταφερόμενος δια θαλάσσης ‖ **~bread see**: ~ biscuit ‖ **~breeze**: *(n)* θαλάσσια αύρα ‖ ~ **dog**: *(n)* θαλασσόλυκος ‖ φώκια ‖ ~ **farer**: *(n)* θαλασσοπόρος ‖ ~ **faring**: *(n)* θαλασσοπορία, θαλασσινό ταξίδι ‖ *(adj)* θαλασσοπόρος ‖ ~

food: *(n)* θαλασσινά ‖ ~ **front**: *(n)* ακτή, παραλία, παράκτια έκταση ‖ ~ **going**: *(adj)* υπερωκεάνιος, ποντοπόρος ‖ ~**gull**: *(n)* γλάρος ‖ **~horse**: *(n)* ιππόκαμπος ‖ **~lion**: *(n)* μεγάλη φώκια ‖ ~ **maiden**: *(n)* γοργόνα ‖ **~man**: *(n)* ναυτικός ‖ ναύτης ‖ **ordinary ~man**: ανειδίκευτος ναύτης ‖ **able ~man**: *(n)* πτυχιούχος ναύτης ‖ **~manship**: *(n)* ναυτική τέχνη ‖ **~mount**: *(n)* υποβρύχιο βουνό ‖ **~plane**: *(n)* υδροπλάνο ‖ **~port**: *(n)* λιμάνι ‖ **~scape**: *(n)* θαλασσογραφία, θαλάσσιο τοπίο ‖ **~shore**: *(n)* ακτή, παραλία ‖ **~sick**: *(adj)* πάσχων από ναυτία ‖ **~sickness**: *(n)* ναυτία ‖ **~side**: *(n)* παραλία ‖ ~ **urchin**: *(n)* αχινός ‖ **~wall**: *(n)* κυματοθραύστης ‖ **~ward**: *(adv)* προς τη θάλασσα ‖ **~way**: *(n)* θαλάσσια διαδρομή ‖ κανάλι πλωτό ‖ **~weed**: *(n)* φύκι ‖ **~worthy**: *(adj)* ικανό ή κατάλληλο για ταξίδι, για πλου ‖ **~wrack**: *(n)* εκβράσματα

seal (si:l): *(n)* φώκια ‖ δέρμα φώκιας ‖ σφραγίδα ‖ [-ed]: *(v)* σφραγίζω ‖ κλείνω ερμητικά, στεγανοποιώ ‖ κυνηγώ φώκιες ‖ **~ing**: *(n)* σφράγιση ‖ κλείσιμο, στεγανοποίηση ‖ **~ing wax**: *(n)* βουλοκέρι

sea lion: see sea

seam (si:m): *(n)* ραφή ‖ σύνδεση, αρμός ‖ λεπτό στρώμα ορυκτού ‖ [-ed]: *(v)* συνδέω, ενώνω ‖ **~less**: *(adj)* χωρίς ραφή ‖ **~stress**: *(n)* μοδίστρα, ράπτρια ‖ **~y**: *(adj)* άσχημος, ανάποδος ‖ με ραφές

sea-maiden: see sea

seaman, ~ **ship**: see sea

seamount: see sea

séance (´seia:ns): *(n)* συγκέντρωση

sea-plane, ~ **port**: see sea

search (sə:rtʃ) [-ed]: *(v)* ερευνώ, αναζητώ, ψάχνω ‖ *(n)* έρευνα, ψάξιμο ‖ **~er**: *(n)* ερευνητής ‖ **~ing**: *(adj)* ερευνητικός ‖ **~ light**: *(n)* προβολέας ‖ ηλεκτρικός φανός τσέπης ‖ ~ **warrant**: *(n)* ένταλμα έρευνας

sea-scape, ~shore, ~sick, ~sickness, ~side: see sea

season (´si:zən): *(n)* εποχή ‖ περίοδος,

"σαιζόν" ‖ [-ed]: (v) εγκλιματίζω ‖ επεξεργάζομαι ‖ βάζω καρικεύματα ή μπαχαρικά ‖ ξηραίνω ‖ ~able: (adj) στην κατάλληλη στιγμή ή εποχή ‖ ~al: (adj) εποχιακός ‖ ~ed: (adj) επεξεργασμένος, ξεραμένος ‖ ωριμασμένος, εγκλιματισμένος, έμπειρος ‖ με καρικεύματα ή μπαχαρικά ‖ ~ing: (n) επεξεργασία ‖ εγκλιματισμός, ωρίμανση ‖ καρύκευμα, μπαχαρικό ‖ ~ ticket: (n) εισιτήριο διαρκές ορισμένης περιόδου

seat (si:t): (n) έδρα, έδρανο ‖ έδραση, βάση ‖ κάθισμα ‖ πισινός (id) ‖ καβάλος ‖ έδρα αρχής ή κυβέρνησης ‖ [-ed]: (v) καθίζω ‖ εδράζω, τοποθετώ ‖ έχω χώρο για ορισμένα άτομα ‖ εγκαθιστώ σε έδρα ‖ ~belt: (n) ζώνη ασφάλειας ‖ ~er: (adj) -θέσιος (suffix) ‖ two ~er: διθέσιος ‖ ~ing: (n) διάταξη θέσεων ‖ παροχή καθίσματος

sea-urchin, ~wall, ~ward, ~way, ~weed, ~worthy, ~wrack: see sea

secant (΄si:kənt): (n) τέμνουσα

secede (si΄si:d) [-d]: (v) αποχωρώ, αποσύρομαι

seclu-de(si΄klu:d)[-d]: (v) απομονώνω ‖ ~ded: (adj) απόμερος, απομονωμένος ‖ ~sion (si΄klu:zən): (n) απομόνωση

second (΄sekənd): (adj) δεύτερος ‖ (n) δευτερόλεπτο ‖ υποστήριξη ‖ [-ed]: (v) υποστηρίζω ‖ ενθαρρύνω ‖ S-Advent, S~ coming: (n) Δευτέρα Παρουσία ‖ ~ary: (adj) δευτερεύων ‖ δευτερογενής ‖ μέσος, μέσης εκπαίδευσης, γυμνασιακός ‖ (n) δορυφόρος, πλανήτης ‖ ~ary school: (n) γυμνάσιο ‖ ~ childhood: (n) ξαναμώραμα ‖ ~class: (adj) δεύτερης θέσης ‖ δεύτερης τάξης ‖ ~degree: (adj) δευτέρου βαθμού ‖ ~ fiddle: δευτερεύων ρόλος, βοηθητικός ρόλος ‖ ~ hand: (n) δευτερολεπτοδείκτης ‖ δεύτερο χέρι, μεταχειρισμένος ‖ ~ lieutenant: (n) ανθυπολοχαγός ‖ ~ly: (adv) και δεύτερον, κατά δεύτερο λόγο

secre-cy (΄si:krəsi:): (n) μυστικότητα ‖ εχεμύθεια ‖ ~t (΄si:krit): (adj) μυστικός, κρυφός ‖ εχέμυθος ‖ απόρρητος ‖ (n) μυστικό ‖ in ~: (adv) μυστικά ‖ ~tarial (sekrə΄teəriəl): (adj) γραμμα-

τειακός, της γραμματέας ή του γραμματέα ‖ ~tariat (sekrə΄teəri:ət): (n) γραμματεία ‖ ~tary (΄sekrəteri:): (n) γραμματέας ‖ γραφειάκι με ράφι ‖ υπουργός ‖ ~tary general: (n) γενικός γραμματέας ‖ ~tive (΄si:krətiv): (adj) εχέμυθος ‖ κρυψίνους ‖ ~tly: (adv) κρυφά, μυστικά

sect (sekt): (n) φατρία ‖ αίρεση ‖ ~arian: (adj) αιρετικός ‖ φατριακός, φατριαστής ‖ στενοκέφαλος ‖ ~ary: (n) αιρετικός

section (΄sekʃən): (n) τμήμα ‖ τομή ‖ διατομή ‖ [-ed]: (v) τέμνω, διατέμνω ‖ χωρίζω σε τμήματα ‖ ~al: (adj) τμηματικός

sector (΄sektər): (n) τομέας ‖ [-ed]: (v) διαχωρίζω σε τομείς

secular (΄sekjələr): (adj) κοσμικός, λαϊκός ‖ εκατονταετής ‖ αιώνιος

secur-e (si΄kjur): (adj) ασφαλής ‖ σταθερός, στερεωμένος ‖ εξασφαλισμένος, βέβαιος ‖ [-d]: (v) ασφαλίζω, διασφαλίζω, εξασφαλίζω ‖ στερεώνω, σταθεροποιώ ‖ αποκτώ, εξασφαλίζω ‖ ~ely: (adv) ασφαλώς ‖ στερεά, σταθερά ‖ ~ity (si΄kjurəti:): (n) ασφάλεια ‖ ησυχία, σιγουριά ‖ εγγύηση ‖ χρεώγραφο ‖ S~ity Council: (n) Συμβούλιο Ασφαλείας ΟΗΕ

sedan (si΄dæn): (n) κλειστό αυτοκίνητο, "σεντάν"

sedat-e (si΄deit): (adj) ήρεμος, ατάραχος, γαλήνιος ‖ [-d]: (v) δίνω καταπραϋντικό ‖ ~ion: (n) χορήγηση καταπραϋντικού ‖ ~ive (΄sedətiv): (n) καταπραϋντικό

sedentary (΄sednteri:): (adj) καθιστικός ‖ μη μεταναστευτικός

sediment (΄sedəmənt): (n) ίζημα, κατακάθι ‖ αιώρημα ‖ ~ary: (adj) ιζηματικός, ιζηματογενής ‖ ~ation: (n) ιζηματοποίηση, απόθεση ιζήματος

sedi-tion (si΄diʃən): (n) ανατρεπτική ενέργεια ή ομιλία ‖ ~tious: (adj) ανατρεπτικός

seduc-e (si΄dju:s) [-d]: (v) παρασύρω ‖ προκαλώ σεξουαλικά ‖ διαφθείρω,

333

see

απλπλανώ ‖ ~er: (n) διαφθορέας ‖
~cement, ~tion (si΄dΛkʃən): (n) απο-
πλάνηση ‖ πρόκληση ‖ ~tive: (adj)
προκλητικός ‖ αποπλανητικός ‖
~tiveness: (n) πρόκληση ‖ ~tress: (n)
σεξουαλικά προκλητική γυναίκα,
''γόησσα''

see (si:) [saw, seen]: (v) βλέπω ‖ αντι-
λαμβάνομαι, καταλαβαίνω ‖ θεωρώ ‖
φροντίζω, προσέχω ‖ συνοδεύω ‖ (n)
έδρα ή περιοχή επισκόπου ‖ ~ about:
(v) εξετάζω, ερευνώ ‖ ~ through: (v)
διαβλέπω, αντιλαμβάνομαι την αλή-
θεια ‖ φροντίζω ως το τέλος ‖ ~ to:
(v) φροντίζω ‖ ~ing: (conj) εφόσον
αφού ‖ ~r: (n) προφήτης ‖ ~ress: (n)
προφήτισσα

seed (si:d): (n) σπόρος ‖ σπέρμα ‖
σπειρί ‖ [-ed]: (v) σπέρνω ‖ ~er: (n)
εκκοκκιστικό μηχάνημα ‖ ~ling: (n)
νεαρό φυτό ‖ ~y: (adj) σπορ/ασμένος
‖ κουρελής, βρόμικος ‖ κατακουρα-
σμένος, τσακισμένος ‖ ύποπτος, ''βρό-
μικος''

seeing: see see

seek (si:k) [sought, sought]: (v) ζητώ,
αναζητώ ‖ ~er: (n) αναζητητής

seem (si:m) [-ed]: (v) φαίνομαι ‖ ~ing:
(adj) φαινομενικός ‖ ~ingly: (adv)
φαινομενικά ‖ ~ly: (adj) συμπαθητι-
κός, όμορφος ‖ καθώς πρέπει

seen: see see

seep (si:p) [-ed]: (v) διαποτίζω, διαπερ-
νώ ‖ ~age: (n) διαποτισμός

seer, ~ ess: see see

seesaw (΄si:sɔ:): (n) τραμπάλα ‖ ανεβο-
κατέβασμα ‖ [-ed]: (v) ανεβοκατεβαί-
νω, τραμπαλίζομαι ‖ πηγαινοέρχομαι

seethe (΄si:δ) [-d]: (v) αναταράζομαι

segment (΄segmənt): (n) τμήμα ‖ τομέ-
ας ‖ [-ed]: (v) διαιρώ σε τμήματα ‖
διαχωρίζομαι ‖ ~ation: (n) διαχωρι-
σμός

segregat-e (΄segrəgeit) [-d]: (v) διαχω-
ρίζω ‖ διαχωρίζομαι ‖ κάνω φυλετι-
κές διακρίσεις ‖ ~ion: (n) διαχωρι-
σμός ‖ φυλετικός διαχωρισμός

seism (΄saizəm): (n) σεισμός ‖ ~ic:
(adj) σεισμικός ‖ ~ograph: (n) σεισμο-
γράφος

seiz-e (si:z) [-d]: (v) συλλαμβάνω, πιά-
νω ‖ αντιλαμβάνομαι ‖ αρπάζω ‖ κα-
τάσχω ‖ ~able: (adj) κατασχετέο ‖
~er: (n) κατάσχων ‖ ~in: (n) κατάσχε-
ση ‖ ~ure (΄si:zər): (n) σύλληψη, πιά-
σιμο ‖ προσβολή, συγκοπή

seldom (΄seldəm): (adv) σπάνια

select (si΄lekt) [-ed]: (v) διαλέγω ‖
(adj) εκλεκτός ‖ ~ed: (adj) διαλεχτός,
εκλεκτός, επίλεκτος ‖ ~ee (silek΄ti:):
(n) επιλεγείς, επίλεκτος ‖ ~ion: (n)
επιλογή, εκλογή ‖ ~ive: (adj) εκλεκτι-
κός ‖ ~ive service: (n) κατάταξη εξ
επιλογής ‖ ~ivity: (n) εκλεκτικότητα ‖
~or: (n) επιλογέας

self (self): (n) εαυτός ‖
~aggrandizement: (n) αυτοπροώθηση,
αυτοδιαφήμιση ‖ ~ appointed: (adj)
αυτοδιορισμένος ‖ ~ assured: (adj) με
αυτοπεποίθηση, έχων αυτοπεποίθηση ‖
~command, ~control: (n) αυτοέλεγ-
χος ‖ ~ confidence: (n) αυτοπεποίθη-
ση ‖ ~conscious: (adj) έχων συναί-
σθηση των ελλείψεων του ‖ συνεσταλ-
μένος ‖ ~contained: (adj) αυτάρκης ‖
συγκρατημένος ‖ ~deceived: (adj) αυ-
τοαπατημένος ‖ ~deception: (n) αυ-
ταπάτη ‖ ~defense: (n) αυτοάμυνα ‖
νόμιμη άμυνα ‖ ~denial: (n) αυτα-
πάρνηση ‖ ~employed: (adj) ελεύθε-
ρος επαγγελματίας ‖ ~esteem: (n)
αυτοσεβασμός ‖ ~evident: (adj) αυτό-
δηλος, προφανής ‖ ~explanatory:
(adj) αυτεξήγητος ‖ ~government:
(n) αυτοκυβέρνηση ‖ ~inflicted: (adj)
αυτοεπιβληθείς ‖ ~interest: (n) ιδιο-
τέλεια ‖ ~ish: (adj) εγωϊστικός, φίλαυ-
τος ‖ ~ishness: (n) εγωϊσμός, φιλαυ-
τία ‖ ~know-ledge: (n) το γνώθι σαυ-
τόν ‖ ~less: (adj) αφιλοκερδής ‖
~lessness: (n) αφιλοκέρδεια ‖ ~love:
(n) φιλαυτία ‖ ~loving: (adj) φίλαυ-
τος ‖ ~made: (adj) αυτοδημιούργητος
‖ ~portrait: (n) αυτοπροσωπογραφία
‖ ~ possession: (n) αταραξία, αυτοέ-
λεγχος ‖ ~ preservation: (n) αυτοσυ-
ντήρηση ‖ ~ propelled: (adj) αυτοπρο-
ωθούμενος ‖ ~reliance: (n) αυτοπε-
ποίθηση ‖ ~respect: (n) αυτοσεβα-
σμός ‖ ~righteous: (adj) υποκριτικά

334

δικαιοφανής, υποκριτικός ‖ ~-**rule**: *(n)* αυτοεξουσία, αυτοκυβέρνηση, αυτοδιάθεση ‖ ~-**sacrifice**: *(n)* αυτοθυσία ‖ ~ **same**: *(adj)* ίδιος, ολοίδιος ‖ ~-**satisfaction**: *(n)* αυτοϊκανοποίηση ‖ ~-**service**: *(adj)* αυτοεξυπηρετούμενος, αυτοσερβίρισμα, "σελφ-σέρβις" ‖ ~-**sufficient**: *(adj)* αυτάρκης ‖ ~-**support**: *(n)* αυτοσυντήρηση ‖ ~-**taught**: *(adj)* αυτοδίδακτος ‖ ~-**will**: *(n)* ισχυρογνωμοσύνη

sell (sel) [sold, sold]: *(v)* πουλώ ‖ εξαπατώ, κοροϊδεύω *(id)* ‖ πουλιέμαι ‖ *(n)* πώληση ‖ απάτη *(id)* ‖ ~-**er**: *(n)* πωλητής ‖ ~ **on**: *(v)* πείθω, καταφέρνω ‖ ~ **out**: *(v)* προδίδω, "πουλάω" ‖ ξεπουλώ ‖ ~ **short**: *(v)* υποτιμώ

selves: pl. self

semantic (´ mæntik): *(adj)* σημασιολογικός ‖ ~-**ist**: *(n)* σημασιολόγος ‖ ~-**s**: *(n)* σημασιολογία

semaphore (´ semǝfǝ:r): *(n)* σημαφόρος ‖ σηματοδοσία

semen (´ si:mǝn): *(n)* σπέρμα

semester (sǝ ´ mestǝr): *(n)* σχολικό ή ακαδημαϊκό εξάμηνο ή τετράμηνο

semi (´ semi): ημι- ‖ ~ **annual**: *(adj)* εξαμηνιαίος ‖ ~-**automatic**: *(adj)* ημιαυτόματος ‖ ~-**circle**: *(n)* ημικύκλιο ‖ ~-**circular**: *(adj)* ημικυκλικός ‖ ~-**colon**: *(n)* άνω τελεία ‖ ~-**conscious**: *(adj)* μισοαναίσθητος ‖ ~-**final**: *(adj)* ημιτελικός ‖ ~ **round**: *(adj)* μισοστρογγυλός ‖ ~ **skilled**: *(adj)* ημιειδικευμένος ‖ ~ **official**: *(adj)* ημιεπίσημος ‖ ~-**tone**: *(n)* ημιτόνιο

seminar (´ semǝnǝ:r): *(n)* σεμινάριο

semitic (sǝ ´ mitik): *(adj)* Σημιτικός

semitone: see semi

semolina (semǝ ´ li:nǝ): *(n)* σιμιγδάλι

senat-e (´ senit): *(n)* Γερουσία ‖ σύγκλητος ‖ ~-**or** (´ senǝtǝr): *(n)* γερουσιαστής

send (send) [sent, sent]: *(v)* στέλνω ‖ αποστέλλω ‖ βάζω σε, ξεσηκώνω, ξετρελλαίνω ‖ ~-**er**: *(n)* αποστολέας ‖ πομπός ‖ ~ **flying**: *(v)* διασκορπίζω ‖ ~ **for**: *(v)* παραγγέλνω ‖ στέλνω για να ειδοποιήσω, καλώ ‖ ~ **packing**: *(v)* του δίνω "τα παπούτσια στο χέρι" ‖ ~ **up**: *(v)* βάζω φυλακή ‖ ~ **off**:

(n) ξεπροβόδισμα

senil-e (´ si:nail): *(adj)* γεροντικός ‖ γεροντικά ξεμωραμένος ‖ ~-**ity**: *(n)* γεράματα ‖ γεροντικό ξεμώραμα

senior (´ si:njǝr): *(adj)* μεγαλύτερος, ανώτερος ‖ πρεσβύτερος ‖ τεταρτοετής φοιτητής ‖ τελειόφοιτος γυμνασίου ‖ *(n)* ηλικιωμένος άνθρωπος ‖ τελειόφοιτος ‖ ~-**citizen**: *(n)* άνθρωπος άνω των 65 χρονών ‖ ~ **high school**: *(n)* λύκειο ‖ ~-**ity**: *(n)* ανωτερότητα ‖ αρχαιότητα

sens-ation (sen ´ seiʃǝn): *(n)* αίσθηση ‖ ~-**ational**: *(adj)* αισθησιακός ‖ που κάνει αίσθηση, εντυπωσιακός ‖ ~-**e** (sens): *(n)* αίσθηση ‖ αίσθημα, λογική ‖ προαίσθηση, συναίσθημα ‖ έννοια, νόημα ‖ ~-**e** [-d]: *(v)* αισθάνομαι ‖ νιώθω, συναισθάνομαι ‖ αντιλαμβάνομαι ‖ ~-**eless**: *(adj)* χωρίς έννοια, χωρίς νόημα ‖ αναίσθητος ‖ παράλογος, ανόητος ‖ ~-**elessly**: *(adv)* χωρίς έννοια ή νόημα ‖ αναίσθητα ‖ ανόητα ‖ ~-**es**: *(n)* λογικό, λογικά ‖ ~-**ibility** (´ sensǝ ´ biləti:): *(n)* ευαισθησία ‖ λογικότητα ‖ ~-**ible** (´ sensǝbǝl): *(adj)* αισθητός ‖ λογικός ‖ ~-**itive** (´ sensǝtiv): *(adj)* ευαίσθητος, ευπαθής ‖ ~-**itivity**: *(n)* ευαισθησία, ευπάθεια ‖ ~-**itize** (´ sensǝtaiz) [-d]: *(v)* ευαισθητοποιώ ‖ ~-**ory**: *(adj)* αισθητήριος ‖ ~-**ual** (´ senʃuǝl): *(adj)* αισθησιακός ‖ αισθητήριος ‖ ~-**ualism**: *(n)* αισθησιασμός, φιληδονισμός ‖ ~-**uality**: *(n)* αισθησιασμός, φιληδονία ‖ ~-**uous** (´ senʃuǝs): *(adj)* αισθησιακός, φιλήδονος

sent: see send

sentence (´ sentǝns): *(n)* πρόταση ‖ δικαστική απόφαση ‖ καταδίκη ‖ γνωμάτευση [-d]: *(v)* καταδικάζω

sentiment (´ sentǝmǝnt): *(n)* αίσθημα ‖ αισθηματισμός ‖ ~-**al**: *(adj)* αισθηματικός ‖ συναισθηματικός ‖ ~-**alism**: *(n)* συναισθηματισμός ‖ ~-**ality**: *(n)* αισθηματικότητα, αισθηματισμός ‖ ~-**alize** [-d]: *(v)* αισθηματοποιώ

sentinel (´ sentnǝl): see sentry

sentry (´ sentri:): *(n)* φρουρός, σκοπός ‖ ~-**box**: *(n)* σκοπιά

sepal (´ si:pǝl): *(n)* σέπαλο

335

separable

separa-ble ('sepərəbəl): *(adj)* διαχωρι-
στός ‖ ~ **te** ('sepəreit) [-d]: *(v)* χωρί-
ζω, διαχωρίζω ‖ ξεχωρίζω ‖ διαχωρί-
ζομαι, χωρίζομαι ‖ απολύω ‖ ~**te**
('sepərit): *(adj)* χωριστός ‖ ξεχωρι-
στός ‖ ~**tely**: *(adv)* χωριστά ‖ ~**tion**
(sepə'reiʃən): *(n)* διαχωρισμός ‖ απο-
χωρισμός ‖ απόλυση ‖ ~**tion center**:
(n) κέντρο διερχομένων απολυομένων
‖ ~**tist**: *(n)* σχισματικός ‖ ~**tive**: *(adj)*
‾διαχωριστικός ‖ ~**tor**: *(n)* διαχωριστής
‖ διαλογέας
September (sep'tembər): *(n)* Σεπτέμ-
βριος
septennial (sep'teni:əl): *(adj)* επταετής
septic ('septik): *(adj)* σηπτικός ‖ ~**emia**
(septi'si:mi:ə): *(n)* σηψαιμία
septuagenarian (septʃu:ədʒə'neəri:ən):
(adj) εβδομηκοντούτης, εβδομηντάρης
sequel ('si:kwəl): *(n)* συνέχεια, διαδοχή
‖ επακόλουθο, συνέπεια
sequence ('si:kwəns): *(n)* ακολουθία,
συνέχεια ‖ σειρά
sequester (si'kwestər) [-ed]: *(v)* διαχω-
ρίζω, ξεχωρίζω ‖ αποχωρίζω ‖ κάνω
προσωρινή κατάσχεση ‖ αποσύρομαι
sequin ('si:kwin): *(n)* διακοσμητικό πε-
τάλι, ''πούλι''
serape (sə'ra:pi:): *(n)* σάρπα
seraph ('serəf): *(n)* σεραφείμ
serenade ('serəneid): *(n)* σερενάδα ‖ [-
d]: *(v)* κάνω σερενάδα ‖ ~**r**: *(n)* κα-
νταδόρος
seren-e (si'ri:n): *(adj)* γαλήνιος, ήρεμος
‖ ~**ely**: *(adv)* γαλήνια ‖ ~**eness**, ~**ity**:
(n) γαλήνη
serf (sə:rf): *(n)* δουλοπάροικος
serge (sə:rdz): *(n)* ύφασμα ''σερζ''
sergeant ('sa:rdzənt): *(n)* λοχίας ‖ σμη-
νίας ‖ ενωματάρχης ‖ ~**major**: επιλο-
χίας
seri-al ('siri:əl): *(adj)* κατά σειρά ‖ σε
σειρές ή συνέχειες ‖ *(n)* επεισόδιο σει-
ράς, ιστορία ή ταινία σε επεισόδια ‖
~**alize** [-d]: *(v)* δημοσιεύω ή προβάλ-
λω σε επεισόδια ‖ ~**al number**: *(n)*
αριθμός τεύχους ‖ ~**es** ('siri:z): *(n)*
σειρά
serious ('siəri:əs): *(adj)* σοβαρός ‖ ~**ly**:
(adv) σοβαρά ‖ ~**ness**: *(n)* σοβαρότητα

sermon ('sə:rmən): *(n)* κήρυγμα ‖ ~**ize**
('sə:rmənaiz) [-d]: *(v)* κάνω κήρυγμα ‖
ηθικολογώ, κάνω ηθικολογία ‖ νουθε-
τώ
serous ('sirəs): *(adj)* ορογόνος ‖ υδα-
ρής ‖ ~ **gland**: *(n)* ορογόνος αδένας
serpent ('sə:rpənt): *(n)* φίδι
serrat-e ('sereit, 'serit), ~**ed**: *(adj)*
οδοντωτός ‖ ~**ion**: *(n)* οδόντωση
serried ('seri:d): *(adj)* στη σειρά, σε
σειρά, σε σειρές
serum ('siərəm): *(n)* ορός
serv-ant ('sə:rvənt): *(n)* υπηρέτης ‖
civil ~**ant**, **public** ~**ant**: *(n)* δημόσιος
υπάλληλος ‖ ~**e** (sə:rv) [-d]: *(v)* υπηρε-
τώ ‖ σερβίρω, προσφέρω ‖ εξυπηρετώ
‖ εκτελώ θητεία ή ποινή ‖ εκτελώ
χρέη, κάνω ‖ δίνω δικαστική κλήση ‖
κάνω ''σερβίρισμα'', ρίχνω μπαλιά ‖
ικανοποιώ απαίτηση, αρκώ ‖ ~**er**: *(n)*
σερβίτσιο ‖ βοηθός ιερέα ‖ αυτός που
''σερβίρει'' σε αθλοπαιδιά ‖ ~**es s.b.**
right: του άξιζε, καλά να πάθει ‖ ~**e**
as: ~*(v)* εκτελώ χρέη, ''κάνω'' ‖ ~**ice**
('sə:rvis): *(n)* υπηρεσία ‖ δημόσια
υπηρεσία ‖ ένοπλες δυνάμεις ‖ στρα-
τιωτική, ναυτική ή αεροπορική υπηρε-
σία ‖ εξυπηρέτηση ‖ εγκατάσταση, συ-
ντήρηση και επισκευές ‖ λειτουργία ‖
σερβίρισμα ‖ σερβίτσιο ‖ συνουσία ‖
επίδοση δικαστικής κλήσης ‖ *(adj)*
εξυπηρετικός, χρήσιμος ‖ για την υπη-
ρεσία ή το προσωπικό ‖ των ενόπλων
δυνάμεων ‖ ~**ice** [-d]: *(v)* συντηρώ ή
επισκευάζω ‖ προσφέρω υπηρεσία ή
εξυπηρέτηση ‖ ~**ices**: *(n)* ένοπλες δυ-
νάμεις ‖ ~**iceable** (sə:rvisəbəl): *(adj)*
χρησιμοποιήσιμος ‖ εξυπηρετικός ‖
ανθεκτικός, γερός ‖ ~**iceman**: *(n)*
στρατιώτης ‖ ~**ice station**: *(n)* πρατή-
ριο βενζίνης ‖ συνεργείο αυτοκινήτων,
γκαράζ ‖ ~**ile** ('sə:rvəl, 'sə:rvail):
(adj) δουλοπρεπής, δουλικός ‖ ~**ing**:
(n) μερίδα φαγητού ‖ ~**itude**: *(n)* κα-
ταναγκαστικά έργα ‖ δουλικότητα
sesame ('sesəmi:): *(n)* σουσάμι
session ('seʃən): *(n)* συνεδρίαση ‖ συ-
νάθροιση ‖ περίοδος μαθημάτων
sestet (ses'tet): *(n)* εξάστιχο
set (set) [set, set]: *(v)* θέτω, τοποθετώ ‖

ρυθμίζω ‖ θέτω σε λειτουργία ‖ ανα-
θέτω, βάζω ‖ δύω ‖ σκληρύνομαι, πή-
ζω ‖ *(adj)* καθορισμένος ‖ συμφωνημέ-
νος ‖ στερεότυπος, συνηθισμένος ‖
σταθερός, άκαμπτος ‖ σκληρός, πηγ-
μένος ‖ υποχρεωτικός ‖ ρυθμισμένος
‖ έτοιμος, σε θέση ‖ *(n)* ρύθμιση ‖
σκλήρυνση, πήξη ‖ στάση ‖ δύση ‖
ομάδα, κατηγορία ‖ ομάδα όμοιων
αντικειμένων ‖ σειρά, συλλογή ‖ σερ-
βίτσιο, "σετ" ‖ συσκευή ‖ σύστημα ‖
~ **back**: *(v)* εμποδίζω ‖ *(n)* εμπόδιο,
αναποδιά ‖ ~ **about**: *(v)* αρχίζω κάτι,
αρχίζω να κάνω ‖ ~ **against**: *(v)* συ-
γκρίνω ‖ βάζω εναντίον, στρέφω ενα-
ντίον ‖ ~ **aside**: *(v)* βάζω στην μπά-
ντα ‖ απορρίπτω ‖ ~ **down**: *(v)* κατα-
γράφω ‖ θεωρώ, υπολογίζω ‖ αποδί-
δω ‖ ~ **forth**: *(v)* εκφράζω ‖ ~ **in**:
(v) αρχίζω να γίνομαι ‖ ~ **on**: *(v)*
εξωθώ ‖ ~ **out**: *(v)* εκθέτω ‖ καθορίζω
‖ ξεκινώ ‖ ~ **on**, ~ **upon**: *(v)* προοδο-
κώ, ελπίζω ‖ ~ **off**: *(v)* ξεχωρίζω,
διαχωρίζω ‖ κάνω να εκραγεί ‖ ανα-
δεικνύω, κάνω εμφανή ‖ ~ **ter**: *(n)*
σκυλί "σέττερ" ‖ ~ **ting**: *(n)* σκλήρυν-
ση, πήξη ‖ ρύθμιση ‖ τοποθέτηση ‖
πλαίσιο, βάση ‖ τοποθεσία, σκηνή,
πλαίσιο έργου ‖ δύση ‖ ~ **to**: *(v)* αρ-
χίζω ‖ ~ **up**: *(v)* σηκώνω ‖ συναρμο-
λογώ ‖ εγκαθιδρύω ‖ κερνάω ποτό ‖
(n) κατάσταση, θέση ‖ διευθέτηση ‖
παρουσιαστικό ‖ "στημένος" αγώνας
settee (se΄ti:): *(n)* καναπές ‖ ξύλινος
πάγκος
set-ter, ~ **ting**: see set
settle (΄setl) [-d]: *(v)* διευθετώ, τακτο-
ποιώ ‖ εγκαθιστώ ‖ καθιζάνω, κατα-
καθίζω ‖ βάζω σε τάξη, καθησυχάζω ‖
αντισταθμίζω, τακτοποιώ ‖ καταστα-
λάζω ‖ εγκαθίσταμαι ‖ ~ **down**: *(v)*
κατασταλάζω ‖ καθησυχάζω ‖ επιδί-
δομαι με επιμέλεια ‖ ~ **ment**: *(n)* διευ-
θέτηση, τακτοποίηση ‖ καθίζηση ‖ συ-
νοικισμός ‖ εποικισμός, αποικία ‖
εγκατάσταση ‖ ~ **r**: *(n)* άποικος
seven (΄sevən): *(n)* επτά ‖ ~ **fold**:
(adj) επταπλάσιος ‖ ~ **teen**: *(n)* δεκαε-
πτά ‖ ~ **teenth**: *(adj)* δέκατος έβδομος
‖ ~ **th**: *(adj)* έβδομος ‖ ~ **tieth**: *(adj)*

εβδομηκοστός ‖ ~ **ty**: *(n)* εβδομήντα
sever (΄sevər) [-ed]: *(v)* αποχωρίζω ‖
κόβω ‖ διακόπτω ‖ ~ **able**: *(adj)* απο-
χωριστός ‖ ~ **al** (΄sevərəl): *(adj)* ξεχω-
ριστός ‖ απλός, μονός ‖ κάμποσοι,
μερικοί ‖ ~ **ance** (΄sevərəns): *(n)* δια-
κοπή ‖ διαχωρισμός
sever-e (sə΄viər): *(adj)* αυστηρός ‖ δρι-
μύς, οξύς ‖ ~ **ely**: *(adv)* αυστηρά ‖ με
δριμύτητα ‖ ~ **eness**, ~ **ity**: *(n)* αυστη-
ρότητα ‖ δριμύτητα
sew (sou) [-ed, sewn]: *(v)* ράβω ‖ ~ **up**:
(v) συρράπτω ‖ "τελειώνω" τη δου-
λειά ‖ ελέγχω, έχω υπό τον απόλυτο
έλεγχο ‖ ~ **ing**: *(n)* ράψιμο ‖ ~ **ing
machine**: *(n)* ραπτομηχανή
sew-age (΄su:idz): *(n)* νερό αποχετεύσε-
ως, αποχέτευση ‖ ~ **er** (΄su:ər): *(n)*
υπόνομος, οχετός, αγωγός αποχετευτι-
κός ‖ ~ **erage**: *(n)* αποχετευτικό σύστη-
μα
sewing, **sewn**: see sew
sex (seks): *(n)* φύλο, διακριτικό φύλου,
"σεξ" ‖ γενετήσια ορμή ‖ συνουσία ‖
~ **appeal**: *(n)* έλξη, "σεξ απίλ" ‖
~ **ism**: *(n)* αντιφεμινισμός ‖ ~ **ology**:
(n) σεξολογία ‖ ~ **ual**: *(adj)* σεξουαλι-
κός ‖ ~ **ual intercourse**: *(n)* συνουσία
‖ ~ **uality**: *(n)* σεξουαλικότητα ‖ ~ **y**:
(adj) προκλητικός, "σέξυ"
sexagenarian (seksədʒə΄neəri:ən): *(n)*
υπερεξηκοντούτης
sexpartite (seks΄pa:rtait): *(adj)* εξαμε-
ρής
sextant (΄sekstənt): *(n)* εξάντας
sextet (seks΄tet): *(n)* εξαφωνία
sexton (΄sekstən): *(n)* νεωκόρος, κα-
ντηλανάφτης
sextuple (seks΄tu:pəl) [-d]: *(v)* εξαπλα-
σιάζω ‖ *(adj)* εξαπλάσιος ‖ ~ **t**: *(n)*
εξάδυμο
sex-ual, ~ **uality** ~ **y**: see sex
shab-by (΄ʃæbi:): *(adj)* κουρελής ‖ κου-
ρελιασμένος ‖ ταπεινός, τιποτένιος ‖
~ **bily**: *(adv)* κουρελιασμένα ‖ ~ **biness**:
(n) αθλιότητα
shack (ʃæk): *(n)* καλύβα ‖ ~ **up**: *(v)* μέ-
νω, κατοικώ ‖ ~ **up with**: *(v)* συζώ
shackle (΄ʃækəl): *(n)* χειροπέδη ‖ δέσι-
μο, δεσμός ‖ [-d]: *(v)* δεσμεύω ‖ πε-

337

shade

ριορίζω ‖ ~s: *(n)* δεσμά, "σίδερα"

shad-e (΄ʃeid): *(n)* σκιά, ίσκιος ‖ σκιάδα ‖ αμπαζούρ ‖ τόνος, απόχρωση ‖ ίχνος, λιγάκι ‖ [-d]: *(v)* σκιάζω ‖ κατεβάζω, ελαττώνω ‖ **~ing**: *(n)* γραμμοσκιά ‖ **~es**: *(n)* γυαλιά του ηλίου ‖ **~ow** (΄ʃædou): *(n)* σκιά ‖ κατάσκοπος ‖ προστασία ‖ **~ow** [-ed]: *(v)* ρίχνω σκιά ‖ σκοτεινιάζω, σκιάζω ‖ παρακολουθώ ‖ **~owy**: *(adj)* σκιασμένος, σκιερός ‖ αμυδρός, σκοτεινός, ασαφής ‖ **~y** (΄ʃeidi:): *(adj)* σκιερός ‖ που δίνει σκιά ‖ σκοτεινός, κρυφός ‖ ύποπτος, "σκοτεινός"

shaft (ʃæft): *(n)* άτρακτος, κορμός, στέλεχος ‖ άξονας ‖ μίσχος ‖ δέσμη ακτίνων ‖ κοντάρι ‖ βέλος ‖ βλήμα ‖ φρέαρ, φρεάτιο ‖ σήραγγα

shag (ʃæg): *(n)* ανακατεμένα μαλλιά, τσουλούφια ‖ τραχύ ύφασμα ‖ **~gy**: *(adj)* τριχωτός ‖ τσαπατσούλης

shak-e (ʃeik) [shook, shaken]: *(v)* σείω, κουνώ ‖ τινάζω, τραντάζω ‖ ταράζω ‖ κραδαίνω ‖ κάνω χειραψία ‖ κουνώ τα ζάρια ‖ τινάζομαι, τραντάζομαι ‖ σείεμαι, κουνιέμαι ‖ τρέμω ‖ *(n)* κούνημα ‖ τίναγμα, τράνταγμα ‖ τάραγμα ‖ χειραψία ‖ τρεμούλα ‖ σεισμός ‖ στιγμούλα *(id)* ‖ **~e down**: *(v)* παίρνω λεφτά εκβιαστικά ‖ ερευνώ λεπτομερώς ‖ **~edown**: *(n)* εκβιασμός ‖ έρευνα ‖ **~er**: *(n)* αναμεικτήρας ‖ **~e up**: *(v)* αναδιοργανώνω ‖ **~eup**: *(n)* αναδιοργάνωση ‖ **~y**: *(adj)* τρεμουλιάρης ‖ ασταθής ‖ **~e off**: *(v)* απαλλάσσομαι, ξεφορτώνομαι ‖ αποτινάζω ‖ **~e up**: *(v)* αναταράζω ‖ **give s.b. the ~e**: *(v)* ξεφορτώνομαι κάποιον ‖ **no great ~es**: κοινός, μέτριος ‖ **the ~es**: *(n)* ρίγος ‖ τρεμούλα

shale (ʃeil): *(n)* σχιστόλιθος

shall (ʃæl) [should]: θα

shallow (΄ʃælou): *(adj)* ρηχός ‖ "ρηχός", χωρίς σοβαρότητα, επιπόλαιος ‖ *(n)* ρηχία, ρηχό μέρος ‖ **~ness**: *(n)* ρηχότητα

sham (ʃæm): *(n)* απομίμηση ‖ προσποίηση ‖ απατεώνας ‖ *(adj)* ψεύτικος, πλαστός ‖ προσποιητός ‖ [-med]: *(v)* προσποιούμαι

shamble (΄ʃæmbəl) [-d]: *(v)* περπατώ σέρνοντας τα πόδια ‖ *(n)* βαριοπερπάτημα ‖ **~s**: *(n)* συντρίμμια ‖ σφαγείο ‖ μακελειό

shame (ʃeim) [-d]: *(v)* ντροπιάζω ‖ εξαναγκάζω ντροπιάζοντας ‖ *(n)* ντροπή, αίσχος ‖ ντροπή, ντρόπιασμα ‖ κρίμα, ντροπή ‖ **put to ~**: *(v)* ντροπιάζω, καταισχύνω ‖ **~ faced**: *(adj)* ντροπιασμένος ‖ υπερβολικά ντροπαλός ‖ **~ful**: *(adj)* επαίσχυντος ‖ **~less**: *(adj)* ξεδιάντροπος, αναίσχυντος

shampoo (ʃæm΄pu:): *(n)* "σαμπουάν" ‖ λούσιμο με "σαμπουάν" ‖ [-ed]: *(v)* λούζομαι με "σαμπουάν"

shamrock (΄ʃæmrɔk): *(n)* τριφύλλι

shamus (΄ʃeiməs, ΄ʃa:məs): *(n)* αστυνομικός *(id)* ‖ ιδιωτικός "ντετέκτιβ" *(id)*

shanghai (ʃæng΄hai) [-ed]: *(v)* απάγω ‖ καταφέρνω με απάτη

shank (ʃæŋk): *(n)* σκέλος ‖ στέλεχος, κορμός

shan't: shall not: see shall

shanty (΄ʃænti): *(n)* παράγκα ‖ **~man**: *(n)* παραπηγματούχος ‖ **~ town**: *(n)* "τενεκέ μαχαλάς", παραπήγματα, παραπηγματούπολη

shape (ʃeip): *(n)* σχήμα, μορφή ‖ σιλουέτα ‖ εμφάνιση ‖ τύπος, καλούπι ‖ σωματική κατάσταση, "φόρμα" ‖ [-d]: *(v)* διαμορφώνω ‖ σχηματίζω ‖ σχηματίζομαι, αναπτύσσομαι ‖ παίρνω μορφή ‖ **~less**: *(adj)* άμορφος ‖ **~ly**: *(adj)* καλοσχηματισμένος

shard (ʃa:rd): *(n)* κομμάτι, τρίμμα

share (ʃeər): *(n)* μερίδιο ‖ μέρισμα, μετοχή ‖ [-d]: *(v)* μοιράζομαι ‖ συμμερίζομαι ‖ διαμοιράζω ‖ **go ~s**: πάω μισιακά, μισά-μισά ‖ **~holder**: *(n)* μέτοχος

shark (ʃa:rk): *(n)* καρχαρίας ‖ [-ed] *(v)* ζω με απάτες

sharp (ʃa:rp): *(adj)* οξύς, αιχμηρός ‖ κοφτερός ‖ απότομος ‖ καθαρός ‖ οξύνους, έξυπνος ‖ πονηρός ‖ ξύπνιος ‖ διαπεραστικός ‖ έντονος ‖ βίαιος ‖ μοντέρνος, καλοντυμένος ‖ *(adv)* ακριβώς ‖ απότομα ‖ *(n)* δίεση ‖ απατεώνας ‖ **~en** [-ed]: *(v)* τροχίζω

338

ξύνω, κάνω μυτερό ‖ **~ener**: *(π)* ξυστήρας, ξύστρα ‖ **~er**: *(π)* απατεώνας ‖ χαρτοκλέφτης ‖ **~-eyed**: *(adj)* με οξεία όραση ‖ ξύπνιος ‖ **~ie**: *(π)* έξυπνος ‖ **~ shooter**: *(π)* σκοπευτής ‖ **~-tongued**: *(adj)* σαρκαστικός, με δηκτική γλώσσα

shatter (´ʃætər) [-ed]: *(v)* συντρίβω ‖ κομματιάζω ‖ συντρίβομαι ‖ *(π)* συντριβή ‖ **~ing**: *(adj)* συντριπτικός ‖ **~proof**: *(adj)* άθραυστος

shav-e (ʃeiv) [-d]: *(v)* ξυρίζω ‖ ξυρίζομαι ‖ κόβω σύρριζα ‖ κόβω φετούλες ‖ περνώ ξυστά, "ξύνω" ‖ *(π)* ξύρισμα ‖ ξέσμα ‖ **~er**: *(π)* ξυριστική μηχανή ‖ αγοράκι ‖ **~ing**: *(π)* ξέσμα, απόξεσμα, πελεκουδάκι ‖ ξύρισμα ‖ **close ~e**: παρά τρίχα γλίτωμα

shawl (ʃɔːl): *(π)* σάρπα, σάλι

she (ʃiː): *(pron)* αυτή ‖ *(π)* θηλυκό πρόσωπο ή ζώο ‖ **~-cat**: *(π)* γάτα ‖ **~devil**: *(π)* διαβολογυναίκα

sheaf (ʃiːf): *(π)* δέσμη, δεσμίδα ‖ δεμάτι ‖ [-ed]: *(v)* δεματιάζω, κάνω δέσμη ή δεμάτι

shear (ʃiər) [-ed]: *(v)* κουρεύω ‖ ψαλιδίζω ‖ απογυμνώνω ‖ *(π)* κούρεμα ‖ διάτμηση ‖ **~s**: *(π)* μεγάλο ψαλίδι, ψαλίδα

sheath (ʃiːθ): *(π)* θήκη ξίφους ή μαχαιριού ‖ περίβλημα ‖ πολύ στενό φόρεμα ‖ **~e** (ʃiːð) [-d]: *(v)* βάζω στη θήκη ‖ επενδύω ‖ **~ing**: *(π)* επένδυση

sheaves: see sheaf

shebang (ʃi´bæŋ): **the whole ~**: τα πάντα, ολόκληρο

shed (ʃed) [shed, shed]: *(v)* αποβάλλω, βγάζω ‖ απορρίπτω, πετώ ‖ χύνω ‖ *(π)* υπόστεγο ή αποθήκη

she'd (ʃiːd): she had: see have ‖ she would: see would

sheen (ʃiːn): *(π)* γυαλάδα

sheep (ʃiːp): *(π)* πρόβατο ‖ προβιά ‖ **~cote**, **~ fold**: *(π)* στάνη ‖ **~ dog**: *(π)* τσομπανόσκυλο ‖ **~ herder**: *(π)* βοσκός ‖ **~ish**: *(adj)* συνεσταλμένος ‖ αμήχανος ‖ **~'s eyes**: "γλυκά μάτια", ερωτική ματιά ‖ **~skin**: *(π)* προβιά ‖ δίπλωμα

sheer (ʃiər) [-ed]: *(v)* αποκλίνω ‖ *(π)*

απόκλιση ‖ *(adj)* διαφανής, πολύ λεπτός ‖ αγνός, καθαρός, γνήσιος ‖ απότομος, απόκρημνος ‖ *(adv)* απότομα ‖ πλήρως

sheet (ʃiːt): *(π)* φύλλο, έλασμα ‖ λεπτό στρώμα ‖ φύλλο χαρτιού ‖ εφημερίδα, "φυλλάδα" ‖ σεντόνι ‖ **~ anchor**: καταφύγιο, προσφυγή ‖ **~ iron**: *(π)* έλασμα σιδήρου ‖ **~ing**: *(π)* ύφασμα σεντονιού ‖ επένδυση με φύλλο μετάλλου ‖ θωράκιση ‖ **~ lightning**: *(π)* επιφανειακή αστραπή

sheik, sheikh (sheik): *(π)* σεΐχης ‖ **~dom**: *(π)* σεϊχάτο

shelf (ʃelf): *(π)* ράφι ‖ χείλος, προεξοχή ‖ κρηπίδα ‖ **on the ~**: άχρηστος, "στο ράφι"

shell (ʃel): *(π)* κέλυφος, τσόφλι ‖ περίβλημα ‖ σκελετός οικοδομής ‖ κύτος πλοίου ‖ βάρκα λεμβοδρομίας ‖ βλήμα, οβίδα ‖ [-ed]: *(v)* βομβαρδίζω ‖ ξεφλουδίζω ‖ **~ out**: *(v)* πληρώνω, "κατεβάζω" ‖ **~ back**: *(π)* θαλασσόλυκος ‖ **~ fire**: *(π)* πυρά πυροβολικού ‖ **~fish**: *(π)* οστρακόδερμο ‖ **~ game**: *(π)* απάτη

she'll: she will ‖ she shall

shelter (´ʃeltər) [-ed]: *(v)* καλύπτω, προστατεύω ‖ καλύπτομαι, προστατεύομαι ‖ προφυλάγω ‖ προφυλάγομαι ‖ προσφέρω καταφύγιο ‖ *(π)* καταφύγιο ‖ προστασία

shelve (ʃelv) [-d]: *(v)* τοποθετώ σε ράφι ‖ αναβάλλω, βάζω στο χρονοντούλαπο ‖ απολύω, διώχνω ‖ κλίνω ‖ **~s**: pl. of shelf

shepherd (´ʃepərd): *(π)* βοσκός ‖ [-ed]: *(v)* φυλάω κοπάδι ‖ οδηγώ κοπαδιαστά ‖ **~ dog**: *(π)* τσομπανόσκυλο ‖ **~ess**: *(π)* βοσκοπούλα

sheriff (´ʃerif): *(π)* αρχηγός αστυνομίας υπαίθρου, "σέριφ", "σερίφης"

sherry (´ʃeri:): *(π)* κρασί σέου

shield (ʃiːld): *(π)* ασπίδα ‖ θωράκιση ‖ προστατευτικό κάλυμμα ‖ [-ed]: *(v)* προασπίζω ‖ καλύπτω ‖ προστατεύω

shift (ʃift) [-ed]: *(v)* μετατοπίζω, μετακινώ ‖ μετατοπίζομαι, μετακινούμαι, αλλάζω θέση ‖ ανταλλάσσω ‖ αλλάζω

shill

ταχύτητες ‖ τα βγάζω πέρα ‖ *(n)* με-
τατόπιση, μετακίνηση ‖ μετάπτωση,
μεταστροφή ‖ βάρδια ‖ πρόσχημα ‖
κομπινεζόν, μεσοφόρι ‖ κόλπο ‖
~less: *(adj)* τεμπέλης ‖ ανίκανος ‖ **~y**:
(adj) πανούργος, πονηρός ‖ ύπουλος
shill (ʃil): *(n)* αβαντάδορος
shilling (ˈʃiliŋ): *(n)* σελίνι
shilly-shally (ˈʃiliˈʃæli:) [-ied]: *(v)* δι-
στάζω, είμαι αναποφάσιστος ‖ χαζεύω
‖ *(n)* δισταγμός, αναποφασιστικότητα
‖ *(adv)* διστακτικά, αναποφάσιστα
shimmer (ˈʃimər) [-ed]: *(v)* λαμπυρίζω,
λάμπω ‖ *(n)* μαρμαρυγή, λαμπύρισμα
shin (ʃin): *(n)* αντικνήμιο, ''καλάμι'' ‖
[-ned]: *(v)* χτυπιό στο καλάμι ‖ σκαρ-
φαλώνω σε σχοινί
shin-dig (ˈʃindig): *(n)* γλέντι ‖ **~dy**: *(n)*
φασαρία, ''σαματάς''
shin-e (ʃain) [-d or shone]: *(v)* λάμπω,
ακτινοβολώ ‖ γυαλίζω, αστράφτω ‖
διαπρέπω ‖ στιλβώνω ‖ *(n)* λάμψη,
ακτινοβολία ‖ γυάλισμα ‖ ουΐσκυ *(id)*
‖ **~er**: *(n)* μαυρισμένο μάτι ‖ **~ing**:
(adj) λάμπων, ακτινοβολών ‖ **~y**:
(adj) λαμπερός, ακτινοβόλος
shingle (ˈʃingəl): *(n)* ταμπέλα ‖ κοντό
γυναικείο κούρεμα ‖ χαλίκι, βότσαλο
‖ χαλικωτή παραλία ‖ ξυλοκέραμος,
ταβανόπλακα ‖ [-d]: *(v)* κόβω τα μαλ-
λιά κοντά ‖ σκεπάζω με ταβανόπλα-
κες ‖ **~s**: *(n)* έρπης, ζωστήρας
ship (ʃip): *(n)* πλοίο ‖ αερόπλοιο ‖ [-
ped]: *(v)* επιβιβάζω ‖ αποστέλλω ‖ εκ-
μισθώνω πλήρωμα ‖ επιβιβάζομαι,
μπαρκάρω ‖ πιάνω δουλειά σε πλοίο,
''μπαρκάρω'' ‖ **~ biscuit**: *(n)* γαλέτα ‖
~ builder: *(n)* ναυπηγός ‖ **~ building**:
(n) ναυπηγική ‖ **~ canal, ~ way**: *(n)*
πλωτή διώρυγα ‖ **~ chandler**: *(n)*
προμηθευτής πλοίων ‖ **~ master**: *(n)*
κυβερνήτης εμπορικού πλοίου ‖
~ment: *(n)* αποστολή ‖ φόρτωση ‖
εμπορεύματα ‖ **~per**: *(n)* πράκτορας
θαλασσίων μεταφορών ‖ **~ping**: *(n)*
αποστολή, φόρτωση ‖ πλοία, συνολικό
τονάζ ‖ **~ shape**: *(adj)* τακτικός, νοι-
κοκυρεμένος ‖ **~wreck**: *(n)* ναυάγιο ‖
καταστροφή ‖ **~wreck** [-ed]: *(v)* ναυα-
γώ ‖ καταστρέφω ‖ **~wright**: *(n)* ξυ-

λουργός πλοίου ‖ **~yard**: *(n)* ναυπη-
γείο
shire (ʃair): *(n)* κομητεία
shirk (ʃə:rk) [-ed]: *(v)* αποφεύγω υπο-
χρέωση, καθήκον ή εργασία ‖ **~er**:
(n) φυγόπονος
shirt (ʃə:rt): *(n)* πουκάμισο ‖ **keep
one's ~ on**: κρατώ την ψυχραιμία
μου, κάνω υπομονή ‖ **lose one's ~**:
χάνω τα πάντα
shit (ʃit) [-ted or shat]: *(v)* αφοδεύω,
''χέζω'' ‖ *(n)* σκατά ‖ *(n)* ''τρίχες'',
''μπούρδες''
shiver (ˈʃivər) [-ed]: *(v)* τρέμω, ριγώ,
τουρτουρίζω ‖ κομματιάζομαι ‖ *(n)*
ρίγος, τρεμούλα, τουρτούρισμα ‖ **~y**:
(adj) εύθραυστος
shoal (ʃoul): *(n)* ρηχό μέρος, τα ρηχά ‖
κοπάδι, πλήθος ‖ κοπάδι ψαριών ‖ [-
ed]: *(v)* πάω κοπαδιαστά
shock (ʃɔk): *(n)* απότομη σύγκρουση,
απότομο χτύπημα ‖ τράνταγμα, τίναγ-
μα ‖ δόνηση ‖ συγκλονισμός, ''σοκ'' ‖
ψυχολογικός κλονισμός, ''σοκ'' ‖ κα-
ταπληξία, ''σοκ'' ‖ ηλεκτροσόκ ‖ πυ-
κνά μαλλιά ‖ [-ed]: *(v)* συγκλονίζω ‖
''σοκάρω'' ‖ κάνω ηλεκτροσόκ ‖ **after
~**: *(n)* μετασεισμική δόνηση ‖ **~
absorber**: *(n)* αποσβεστήρας κρούσης,
''αμορτισέρ'' ‖ **~er**: *(n)* συγκλονιστική
ιστορία ‖ **~ing**: *(adj)* σκανδαλώδης,
''σόκιν'' ‖ συγκλονιστικός ‖ **~ troops**:
(n) μονάδες κρούσεως ‖ **~ proof**:
(adj) αντιδονητικός, προστατευμένος
από χτυπήματα και δονήσεις
shod (ʃɔd): see shoe ‖ **~dy**: *(adj)* κατώ-
τερης ποιότητας, ''παρακατιανό''
shoe (ʃu:): *(n)* παπούτσι ‖ βάση, έδρανο
‖ πέταλο ‖ πέδιλο πέδης ‖ [shod,
shodden]: *(v)* πεταλώνω ‖ **~horn**: *(n)*
κόκαλο (παπουτσιού) ‖ **~lace, ~string**:
(n) κορδόνι παπουτσιού ‖ **~maker**:
(n) υποδηματοποιός ‖ **~r**: *(n)* πεταλω-
τής ‖ **~string**: μικροποσό, μικρό ποσό
χρημάτων ‖ see **~face** ‖ **~ tree**: *(n)*
καλαπόδι
shone: see shine
shoo (ʃu:): *(interj)* ξου! ξου!
shook: see shake
shoot (ʃu:t) [shot, shot]: *(v)* πυροβολώ ‖

340

χτυπώ με πυροβολισμό ‖ πετώ, εκσφενδονίζω ‖ τρέχω ορμητικά, πετάγομαι ‖ παίρνω ταινία ‖ βλασταίνω ‖ *(n)* τροχιά ‖ βλαστός ‖ ~ **down**: *(n)* καταρρίπτω ‖ απογοητεύω ‖ ~ **for**, ~ **at**: έχω ως σκοπό ‖ ~ **up**: *(v)* ξεπετάγομαι, αναπτύσσομαι γρήγορα ‖ ~**ing gallery**: σκοπευτήριο ‖ ~**ing iron**: *(n)* περίστροφο ‖ ~**ing star**: *(n)* διάττοντας αστέρας ‖ ~-**out**: *(n)* συμπλοκή με όπλα, "εξόφληση" λογαριασμών

shop (ʃɔp): *(n)* κατάστημα ‖ τμήμα υπεραγοράς ‖ εργαστήριο ‖ [-ped]: *(v)* ψωνίζω ‖ ~ **assistant**: *(n)* υπάλληλος καταστήματος ‖ ~ **keeper**: *(n)* καταστηματάρχης ‖ ~ **lifter**: *(n)* κλέφτης από καταστήματα ‖ ~ **lifting**: *(n)* κλοπή από κατάστημα ‖ ~**per**: *(n)* πελάτης καταστήματος ‖ ~**ping**: *(n)* αγορά, ψώνια ‖ ~**ping center**: *(n)* αγορά με πολλά καταστήματα, κεντρική αγορά συνοικίας ‖ ~ **chairman**, ~ **steward**: *(n)* συνδικαλιστής, αντιπρόσωπος συνδικάτου ‖ ~ **talk**: *(n)* κουβέντα για θέμα ειδικότητας ή εργασίας ‖ ~ **window**: *(n)* βιτρίνα ‖ ~ **worn**: *(adj)* εξαντλημένος ‖ **talk** ~: *(v)* μιλώ για θέμα της ειδικότητας μου ή της εργασίας μου ‖ **window** ~: *(v)* χαζεύω στις βιτρίνες

shore (ʃɔ:r): *(n)* ακτή, παραλία ‖ όχθη ‖ *(n)* υποστήριγμα ‖ [-d]: *(v)* βγάζω στην ακτή ‖ υποστηρίζω, στηρίζω, αντιστηρίζω ‖ ~ **up**: *(v)* υποστηλώνω, βάζω αντέρεισμα ‖ ~**line**: *(n)* ακτή, αιγιαλός ‖ ~ **patrol**: *(n)* περίπολος ναυτικής αστυνομίας

short (ʃɔ:rt): *(adj)* βραχύς, κοντός ‖ σύντομος ‖ ανεπαρκής, ελλειπής ‖ απότομος, κοφτός ‖ εύθρυπτος, τραγανός ‖ *(adv)* απότομα ‖ πριν φτάσει, κοντά, όχι αρκετά ‖ *(n)* βραχυκύκλωμα ‖ [-ed]: *(v)* βραχυκυκλώνω ‖ δίνω λιγότερο από το κανονικό ‖ **caught** ~: ανακαλύπτω ότι μου λείπει κάτι ‖ **fall** ~, **come** ~: *(v)* αποτυγχάνω, δεν ανταποκρίνομαι σε προσδοκίες ή απαιτήσεις ‖ πέφτω πιο κοντά από το στόχο ‖ ~ **of**: λιγότερο από ‖ ~**age**: *(n)* ανεπάρκεια ‖ ~ **bread**: *(n)* κουλουράκια ‖ ~

cake: *(n)* φρουτόπιτα ‖ ~ **change**: *(v)* κλέβω στα ρέστα ‖ εξαπατώ ‖ ~ **circuit**: *(n)* βραχυκύκλωμα ‖ *(v)* βραχυκυκλώνω ‖ ~**coming**: *(n)* ατέλεια, μειονέκτημα ‖ ~**cut**: *(n)* ο σύντομος δρόμος, μονοπάτι που κόβει δρόμο ‖ ~**en** [-ed]: *(v)* κονταίνω ‖ ~**ened**: *(adj)* σε συντομογραφία ‖ ~**ening**: *(n)* συντομογραφία, βράχυνση, συντομία ‖ βούτυρο για κέικ ‖ ~ **fall**: *(n)* ανεπάρκεια ‖ ~**hand**: *(n)* στενογραφία ‖ ~**handed**: *(adj)* έχων στενότητα προσωπικού ‖ ~**hand typist**: *(n)* στενοδακτυλογράφος ‖ ~**lived**: *(adj)* βραχύβιος ‖ εφήμερος, προσωρινός ‖ ~**ly**: *(adv)* σύντομα ‖ εν συντομία, με λίγα λόγια ‖ απότομα ‖ ~**ness**: *(n)* βραχύτητα ‖ συντομία ‖ **in** ~ **order**: αμέσως ‖ ~ **shrift**: *(n)* γρήγορη απόρριψη ‖ ~**sighted**: *(adj)* μύωπας ‖ χωρίς προβλεπτικότητα, "κοντόφθαλμος" ‖ ~**spoken**: *(adj)* λακωνικός ‖ ~ **story**: *(n)* διήγημα ‖ ~ **tempered**: *(adj)* οξύθυμος, ευέξαπτος ‖ ~**term**: *(adj)* βραχυπρόθεσμος ‖ ~**wave**: *(adj)* βραχέων κυμάτων ‖ ~**winded**: *(adj)* που λαχανιάζει εύκολα

shot (ʃɔt): see **shoot** ‖ *(n)* πυροβολισμός ‖ βλήμα ‖ σκοπευτής ‖ βεληνεκές ‖ απόπειρα, δοκιμή, προσπάθεια ‖ σφαίρα αγώνων ‖ φωτογραφία ‖ ένεση ‖ ποτό, "ποτηράκι" ‖ σκάγια ‖ [-ted]: *(v)* γεμίζω με σκάγια ‖ *(adj)* καταστρεμμένος, φθαρμένος ‖ ~**gun**: *(n)* τουφέκι με σκάγια ‖ ~**put**: *(n)* σφαιροβολία ‖ ~**putter**, ~ **thrower**: *(n)* σφαιροβόλος

should (ʃud): see **shall** ‖ θα έπρεπε, θα πρέπει να

shoulder (ˈʃouldər): *(n)* ώμος ‖ αντέρεισμα ‖ άκρο δημοσίου δρόμου ‖ [-ed]: *(v)* επωμίζομαι, παίρνω στους ώμους, φορτώνομαι ‖ σπρώχνω με τον ώμο ‖ ~ **blade**: *(n)* ωμοπλάτη

shouldn't: should not: see **should**

shout (ʃaut): *(n)* κραυγή, δυνατή φωνή ‖ [-ed]: *(v)* φωνάζω ‖ ~ **down**: *(v)* επιβάλλω σιωπή φωνάζοντας

shove (ʃuv) [-d]: *(v)* σπρώχνω ‖ *(n)* σπρωξιά, σπρώξιμο ‖ ~ **off**: *(v)* ρίχνω

341

shovel

βάρκα στη θάλασσα ‖ φεύγω, "του δίνω"

shovel (ˈʃʌvəl): *(n)* φτυάρι ‖ κάδος γερανού ή εκσκαφέα ‖ [-ed]: *(v)* φτυαρίζω ‖ ~ **hat**: *(n)* πλατύγυρο καπέλο καθολικού ιερέα ‖ **~ful**: *(n)* φτυαριά

show (ʃou) [-ed]: *(v)* δείχνω ‖ επιδεικνύω, παρουσιάζω ‖ αποδεικνύω ‖ εμφανίζομαι, προβάλλω ‖ έρχομαι ‖ *(n)* εμφάνιση ‖ παρουσίαση ‖ θέαμα ‖ επίδειξη ‖ ένδειξη ‖ ~ **bill**: *(n)* διαφημιστική ‖ **~biz**, **~business**: *(n)* θέατρο, κινηματογράφος ή καλλιτεχνικές επιχειρήσεις ‖ **~case**: *(n)* βιτρίνα ‖ ~ **down**: *(n)* "άνοιγμα" των χαρτιών στο πόκερ ‖ τελική αναμέτρηση ‖ **~girl**: *(n)* αρτίστα κέντρου ‖ **~ing**: *(n)* εμφάνιση ‖ παρουσίαση ‖ **~man**: *(n)* θεατρικός παραγωγός ‖ επιδειξίας ‖ **~manship**: *(n)* επιδεικτικότητα ‖ ~ **off**: *(v)* επιδεικνύομαι, κάνω ψευτοεπίδειξη ‖ **~room**: *(n)* αίθουσα επιδείξεων ‖ **~y**: *(adj)* επιδεικτικός ‖ ~ **out**: *(v)* συνοδεύω έξω, ξεπροβοδίζω ‖ ~ **up**: *(v)* αποκαλύπτω ‖ φαίνομαι καθαρά ‖ παρουσιάζομαι, φτάνω, έρχομαι ‖ ~ **of hands**: *(n)* ψηφοφορία με ανάταση χεριών

shower (ˈʃauər): *(n)* απότομη, ραγδαία βροχή, μπόρα ‖ καταιγισμός, "βροχή" ‖ "ντους" ‖ [-ed]: *(v)* κάνω "ντους" ‖ πέφτω ραγδαία ‖ παρέχω πλουσιοπάροχα ‖ ~ **party**: *(n)* συγκέντρωση προσφοράς δώρων σε μελλονύμφους, βαφτίσια ή γιορτή

show-ing, **~man**, ~ **off**, **~room**, **~y**: see show

shrank: see shrink

shrapnel (ˈʃræpnəl): *(n)* θραύσματα οβίδας ‖ εγκαιροφλεγής βολιδοφόρα οβίδα

shred (ʃred) [-ded]: *(v)* κόβω σε λουρίδες ‖ κομματιάζω ‖ *(n)* λουρίδα ‖ κουρέλι ‖ μικρό κομμάτι

shrew (ʃruː): *(n)* στρίγκλα ‖ **~ish**: *(adj)* στρίγκλικος

shrewd (ʃruːd): *(adj)* οξυδερκής ‖ πονηρός, πανούργος ‖ διορατικός ‖ **~ly**: *(adv)* πονηρά, πανούργα ‖ με εξυπνάδα, με οξυδέρκεια ‖ **~ness**: *(n)* οξυ-

δέρκεια ‖ διορατικότητα ‖ πονηριά, πανουργία ‖ κοπάδι πιθήκων

shriek (ʃriːk) [-ed]: *(v)* τσιρίζω, ουρλιάζω, ξεφωνίζω ‖ *(n)* τσιρίδα, ούρλιασμα, ξεφωνητό

shrike (ʃraik): *(n)* αετομάχος, "κεφαλάς"

shrill (ʃril): *(adj)* οξύς, διαπεραστικός ήχος ‖ [-ed]: *(v)* βγάζω διαπεραστική φωνή, στριγκλίζω

shrimp (ʃrimp): *(n)* γαρίδα

shrine (ʃrain): *(n)* βωμός, ιερό ‖ θήκη ιερών λειψάνων

shrink (ʃriŋk) [shrank, shrunk]: *(v)* συστέλλομαι, μαζεύομαι ‖ μαζεύω, "μπάζω" ‖ τραβιέμαι, κάνω πίσω ‖ *(n)* συρρίκνωση, συστολή ‖ ψυχίατρος *(id)* ~ **age**: *(n)* συρρίκνωση, συστολή ‖ μάζεμα, "μπάσιμο" ‖ πτώση αξίας

shrivel (ˈʃrivəl) [-ed]: *(v)* συρρικνούμαι, μαζεύω και ζαρώνω

shroud (ʃraud) [-ed]: *(v)* σκεπάζω ‖ σαβανώνω ‖ *(n)* σάβανο ‖ κάλυμμα

shrove (ʃrouv): ~ **Sunday**: Κυριακή της Τυρινής ‖ ~ **Monday**: Καθαρά Δευτέρα

shrub (ʃrʌb): *(n)* θάμνος ‖ **~bery**: *(n)* θαμνότοπος, μέρος γεμάτο θάμνους ‖ **~by**: *(adj)* θαμνώδης, γεμάτος θάμνους

shrug (ʃrʌg) [-ged]: *(v)* σηκώνω τους ώμους ‖ *(n)* ανασήκωμα των ώμων ‖ ~ **off**: *(v)* ελαττώνω τη σημασία, δείχνω αδιαφορία ‖ ξεφορτώνομαι

shrunk (ʃrʌnk): see shrink ‖ **~en**: *(adj)* μαζεμένος, μπασμένος, ζαρωμένος

shuck (ʃuk) [-ed]: *(v)* ξεφλουδίζω ‖ *(n)* φλούδα, κέλυφος ‖ **~s**: *(interj)* να πάρει η ευχή! τρίχες! "βράστα"!

shudder (ˈʃʌdər) [-ed]: *(v)* τρέμω ‖ δονούμαι ‖ *(n)* τρεμούλα

shuffle (ˈʃʌfəl) [-d]: *(v)* σέρνω τα πόδια ‖ μετατοπίζω ‖ ανακατεύω ‖ *(n)* σύρσιμο ‖ ανακάτεμα

shun (ʃun) [-ned]: *(v)* αποφεύγω

shunt (ʃʌnt): *(n)* διακλάδωση σιδηροδρομικής γραμμής ‖ αλλαγή τροχιάς

shut (ʃʌt) [shut, shut]: *(v)* κλείνω ‖ αποκλείω ‖ κλείνομαι ‖ *(n)* κλείσιμο ‖ ~ **down**: *(n)* κλείσιμο ‖ ~ **eye**: *(n)* υπνάκος ‖ **~-in**: *(adj)* κλεισμένος στο σπίτι, ή στο νοσοκομείο ‖ *(n)* ανάπηρος ‖ ~ **off**: *(n)* διακόπτης ‖ διακοπή ‖ *(v)* διακόπτω ‖ **~ter**: *(n)* παραθυρόφυλλο ‖ διάφραγμα φωτ. μηχανής ‖ **~ter** [-ed]: *(v)* κλείνω με παραθυρόφυλλα ‖ **~terbug**: *(n)* ερασιτέχνης φωτογράφος ‖ ~ **up**: *(v)* κάνω κάποιον να σιωπήσει ‖ *(interj)* σιωπή! "σκασμός!" ‖ κλείνω, κλειδώνω

shuttle (´ʃʌtl): *(n)* σαΐτα του αργαλειού ‖ πηνίο ραπτομηχανής ‖ μέσο συγκοινωνίας που πηγαινοέρχεται μεταξύ δύο σημείων ‖ ~ **cock**: *(n)* φτερωτή μπαλίτσα παιχνιδιού

shy (ʃai): *(adj)* συνεσταλμένος ‖ δειλός ‖ δύσπιστος, πολύ συνετός ‖ ελλειπής ‖ [-ied]: *(v)* τινάζομαι, ξαφνιάζομαι ‖ **~ly**: *(adv)* ντροπαλά ‖ **~ness**: *(n)* συστολή ‖ δειλία

shyster (´ʃaistər): *(n)* απατεώνας, ανήθικος δικηγόρος ή πολιτικός

Siam (sai´æm): *(n)* Σιάμ ‖ **~ese**: *(n & adj)* Σιαμαίος ‖ **~ese cat**: *(n)* γάτα του Σιάμ ‖ **~ese twins**: *(n)* Σιαμαίοι αδελφοί

sibilant (´sibələnt): *(adj)* συριστικός

sibling (´sibliŋ): *(n)* αδελφός ή αδελφή

sic (sik) [-ced]: *(v)* κάνω να επιτεθεί, εξωθώ να επιτεθεί

sick (sik): *(adj)* άρρωστος, ασθενής ‖ ναυτιών, ζαλισμένος πολύ ‖ αηδιαστικός, βρομερός ‖ αηδιασμένος ‖ έχων τάση προς εμετό ‖ ~ **bay**: *(n)* αναρρωτήριο πλοίου ‖ ~ **call**: *(n)* αναφορά και προσκλητήριο ασθενών ‖ **~en** [-ed]: *(v)* αρρωσταίνω ‖ αηδιάζω ‖ **~ening**: *(adj)* αηδιαστικός ‖ που ζαλίζει ‖ **~ish**: *(adj)* μισοζαλισμένος ‖ ~ **for**: *(adj)* νοσταλγός, νοσταλγικός ‖ ~ **leave**: *(n)* αναρρωτική άδεια ‖ **~list**: *(n)* ονομαστική κατάσταση ασθενών ‖ **~ly**: *(adj)* ασθενικός ‖ αρρωστιάρικος, αρρωστημένος ‖ αηδιαστικός ‖ **~ness**: *(n)* ασθένεια ‖ ναυτία, αηδία, ζάλη

sickle (´sikəl): *(n)* δρεπάνι ‖ ~ **feather**: *(n)* φτερό της ουράς πετεινού

side (said): *(n)* πλευρά ‖ το πλευρό, το πλευρικό μέρος ‖ *(adj)* πλευρικός ‖ πλαϊνός ‖ δευτερεύων ‖ [-d]: *(v)* τοποθετώ πλευρές ‖ ~ **arm**: *(n)* πιστόλι

‖ ~ **board**: *(n)* μπουφές ‖ ~ **burns**: *(n)* μακριές φαβορίτες ‖ ~ **effect**: *(n)* παρενέργεια ‖ **~kick**: *(n)* αχώριστος σύντροφος ‖ ~ **light**: *(n)* τυχαία ή συμπτωματική πληροφορία ‖ πλάγιος φανός ‖ ~ **line**: *(n)* δευτερεύουσα απασχόληση ‖ δευτερεύουσα γραμμή ‖ ~ **lines**: *(n)* άποψη των θεατών ‖ **~long**: *(adj)* πλάγιος ‖ *(adv)* πλάγια ‖ ~ **show**: *(n)* θέαμα εκτός προγράμματος ‖ ~ **slip** [-ped]: *(v)* γλιστρώ πλάγια ‖ ~ **splitting**: *(adj)* που σπάει τα πλευρά ‖ ~ **step** [-ped]: *(v)* παραμερίζω ‖ υπεκφεύγω ‖ ~ **stroke**: *(n)* πλαγία κολύμβηση ‖ ~ **track** [-ed]: *(v)* αλλάζω τροχιά ‖ αλλάζω θέμα ‖ *(n)* παρακαμπτήριος ‖ ~ **walk**: *(n)* πεζοδρόμιο ‖ ~ **ward**: *(adj)* πλευρικός ‖ **~ways**: *(adv)* από το πλάι ‖ προς το "πλευρό" ‖ πλάγια

siding (´saidiŋ): *(n)* παρακαμπτήριος

sidle (´saidl) [-d]: *(v)* προχωρώ λοξά ‖ προχωρώ ύπουλα ή κρυφά ‖ προσεγγίζω δουλικά ή κολακευτικά

siege (si:dz): *(n)* πολιορκία ‖ παρατεταμένη κακοτυχία ‖ [-d]: *(v)* πολιορκώ

siesta (si:´estə): *(n)* ανάπαυση ‖ μεσημβρινή ανάπαυση ή υπνάκος

sieve (siv) [-d]: *(v)* κοσκινίζω ‖ *(n)* κόσκινο

sift (sift) [-ed]: *(v)* διαχωρίζω, ξεχωρίζω ‖ εξετάζω προσεκτικά, διερευνώ ‖ κοσκινίζω ‖ **~ings**: *(n)* απομεινάρια, κοσκινίσματα

sigh (sai) [-ed]: *(v)* αναστενάζω ‖ *(n)* στεναγμός

sight (sait): *(n)* όραση ‖ θέα, θέαμα ‖ αξιοθέατο ‖ στόχαστρο ‖ όργανο σκόπευσης ‖ κλισιοσκόπιο ‖ σκόπευση ‖ [-ed]: *(v)* βλέπω ‖ παρατηρώ ‖ σκοπεύω ‖ ~ **draft**: *(n)* επιταγή πληρωτέα επί τη εμφανίσει ‖ **~less**: *(adj)* αόμματος ‖ αόρατος ‖ **~ly**: *(adj)* ευχάριστος, ευπαρουσίαστος ‖ **~seeing**: *(n)* περιοδεία στα αξιοθέατα ‖ **at ~**, **on ~**: επί τη εμφανίσει ‖ **out of ~**: απίστευτος *(id)* ‖ εξαφανισμένος, άφαντος ‖ ~ **unseen**: χωρίς να το δεις, "γουρούνι στο σακί" ‖ **~ing**: *(n)* διόπτευση ‖ σκόπευση ‖ *(adj)* σκοπευτικός ‖ **~s**:

343

sign

(n) στόχαστρο

sign (sain): *(n)* σημείο ‖ σήμα ‖ σύμβολο ‖ νεύμα ‖ πινακίδα ‖ ένδειξη ‖ σημάδι ‖ [-ed]: *(v)* υπογράφω ‖ ~ **board**: *(n)* ταμπέλα ‖ ~ **language**: *(n)* συνεννόηση με νοήματα ‖ ~ **post**: *(n)* οδοδείκτης ‖ **stop** ~: *(n)* σήμα στάθμευσης ‖ ~ **on**: *(v)* προσλαμβάνω ‖ ~ **away**, ~ **over**: *(v)* μεταβιβάζω ‖ ~ **off**: *(v)* τελειώνω την εκπομπή ‖ ~ **up**: *(v)* κατατάσσομαι

signal (΄signəl): *(n)* σήμα ‖ σύνθημα ‖ *(adj)* εξαιρετικός ‖ συνθηματικός ‖ [-ed]: *(v)* σηματοδοτώ ‖ κάνω σημείο, κάνω σύνθημα, δίνω σύνθημα ‖ ~**ler**: *(n)* σηματοδότης ‖ ~ **corps**: *(n)* σώμα διαβιβάσεων ‖ ~**ling**: *(n)* σηματοδότηση ‖ τηλεχειρισμός

signature (΄signətʃur): *(n)* υπογραφή

signet (΄signit): *(n)* σφραγίδα, "βούλα" ‖ ~ **ring**: *(n)* σφραγιδοφόρο δαχτυλίδι

signif-icance (sig΄nifikəns) ~**icancy**: *(n)* σπουδαιότητα, το αξιοσημείωτο ‖ σημασία ‖ ~**icant**: *(adj)* σημαντικός, σπουδαίος ‖ σημαντικός, με σημασία, με τη σημασία ‖ ~**icantly**: *(adv)* με σημασία ‖ ~**ication** (signəfi΄keiʃən): *(n)* έννοια, ένδειξη ‖ ~**icative**: *(adj)* ενδεικτικός ‖ ~**y** (΄signəfai) [-ied]: *(v)* σημαίνω

sign-language, ~ **post**: see sign

silen-ce (΄sailəns): *(n)* σιωπή, σιγή ‖ ησυχία ‖ [-d]: *(v)* σιωπώ ‖ ~**cer**: *(n)* σιγαστήρας ‖ ~**t**: *(adj)* σιωπηλός ‖ βουβός, άλαλος ‖ αμίλητος ‖ ήρεμος, σε ηρεμία ‖ ~**tly**: *(adv)* σιωπηλά ‖ αθόρυβα, σιγανά ‖ ~**t partner**: *(n)* κρυφός συνεταίρος

silhouette (silu:΄et): *(n)* περίγραμμα, "σιλουέττα" ‖ [-d]: *(v)* κάνω περίγραμμα, φτιάχνω ή παρουσιάζω "σιλουέτα" ‖ διαγράφομαι, φαίνομαι σαν "σιλουέτα"

silicon (΄silikən): *(n)* πυρίτιο

silk (silk): *(n)* μετάξι ‖ *(adj)* μεταξωτός ‖ ~**en**: *(adj)* μεταξωτός ‖ μεταξένιος, απαλός ‖ ~**-stocking**: *(n)* αριστοκράτης ‖ ~ **worm**: *(n)* μεταξοσκώληκας ‖ ~**y**: *(adj)* μεταξένιος ‖ δουλοπρεπής, κολακευτικός

sill (sil): *(n)* περβάζι

sil-ly (΄sili:): *(adj)* ανόητος, χαζός ‖ ~**lily**: *(adv)* ανόητα, χαζά ‖ ~**liness**: *(n)* ανοησία

silo (΄sailou): *(n)* αναρροφητήρας, "σιλό"

silt (silt): *(n)* πρόσχωση ‖ λάσπη ‖ [-ed]: *(v)* προσχώνω, γεμίζω προσχώσεις

silver (΄silvər): *(n)* άργυρος, ασήμι ‖ ασημένια νομίσματα ‖ ασημικά, είδη από ασήμι ‖ *(adj)* ασημένιος ‖ ασημής, γκρίζος ‖ [-ed]: *(v)* επαργυρώνω ‖ ~**plate**: *(n)* ασημικά ή επάργυρα είδη ‖ ~**ing**: *(n)* επαργύρωση ‖ ~ **smith**: *(n)* τεχνίτης ασημικών, αργυροχόος ‖ ~**tongued**: *(adj)* εύγλωττος ‖ ~**ware**: *(n)* ασημικά ‖ ~**y**: *(adj)* ασημένιος

simian (΄simi:ən): *(adj)* πιθηκίσιος, πιθηκοειδής

simii-ar (΄similər): *(adj)* όμοιος ‖ ~**arity**, ~**itude**: *(n)* ομοιότητα ‖ ~**arly**: *(adv)* όμοια ‖ ~**e** (΄siməli:): *(n)* παρομοίωση

simmer (΄simər) [-ed]: *(v)* σιγοβράζω ‖ βράζω από θυμό ‖ ~ **down**: *(v)* καταπραΰνεται ο θυμός, πέφτει ο θυμός

simoon (si΄mu:n): *(n)* σιμούν

simper (΄simpər) [-ed]: *(v)* χαζογελάω ‖ *(n)* χαζογέλιο

simpl-e (΄simpəl): *(adj)* απλός ‖ απλοϊκός ‖ αφελής ‖ *(n)* ανόητος άνθρωπος ‖ ~**e-minded**: *(adj)* απλοϊκός ‖ βλάκας ‖ διανοητικά καθυστερημένος ‖ ~**e simon**: *(n)* χαζός, βλάκας ‖ ~**eton** (΄simpltən): *(n)* βλάκας, ανόητος ‖ ~**icity** (sim΄plisəti:): *(n)* απλότητα ‖ απλοϊκότητα, αφέλεια ‖ ~**ify** (΄simplifai) [-ied]: *(v)* απλοποιώ ‖ ~**ification** (simpləfi΄keiʃən): *(n)* απλοποίηση, απλούστευση ‖ ~**y**: *(adv)* απλώς ‖ απλώς και μόνο, μόνο

simu-lacrum (simjə΄leikrəm): *(n)* ομοίωμα ‖ ~**late** [-d]: *(v)* προσποιούμαι ‖ ~**lation** (simjə΄leiʃən): *(n)* προσποίηση ‖ απομίμηση, μίμηση

simultaneous (saiməl΄teini:əs): *(adj)* ταυτόχρονος ‖ ~**ly**: *(adv)* ταυτόχρονα

sin (sin): *(n)* αμαρτία ‖ [-ned]: *(v)* αμαρτάνω ‖ see sine ‖ ~**ful**: *(adj)*

344

αμαρτωλός ‖ **-ner**: αμαρτωλός

sinapism (´sinəpizəm): *(n)* σιναπισμός

since (sins): *(adv)* έκτοτε, από τότε ‖ πριν, στα παλιά ‖ *(prep)* από ‖ *(conj)* από τότε ‖ αφού

sincer-e (sin´siər): *(adj)* ειλικρινής ‖ **-ely**: *(adv)* ειλικρινά ‖ **-ity**: *(n)* ειλικρίνεια

sine (sain): *(n)* ημίτονο

sinecur-e (´sainəkjur, ´sinəkjur): *(n)* αργομισθία ‖ **-ist**: *(n)* αργόμισθος

sine die (´saini:´ daii:): επ᾽ αόριστο

sinew (´sinju:): *(n)* τένοντας ‖ δύναμη ‖ **-y**: *(adj)* νευρώδης

sinful: see sin

sing (siŋ) [sang, sung]: *(v)* τραγουδώ ‖ μουρμουρίζω, βουΐζω, σφυρίζω ‖ **-er**: *(n)* τραγουδιστής

singe (sindz) [-d]: *(v)* καψαλίζω ‖ *(n)* καψάλισμα

singer: see sing

single (´siŋgəl): *(adj)* απλούς, μονός ‖ μόνος, μοναδικός ‖ άγαμος, ''μπεκιάρης'' ‖ *(n)* χωριστός, μόνος ‖ χαρτονόμισμα ενός δολαρίου ‖ **~-breasted**: *(adj)* μονόπετο ‖ **~ file**: ένας ζυγός (γυμναστική) ‖ **in ~ file**: στη γραμμή, ο ένας πίσω από τον άλλο ‖ **~-handed**: *(adj)* μόνος, χωρίς βοήθεια ‖ για το ένα μόνο χέρι ‖ χρησιμοποιώντας το ένα χέρι ‖ **~ minded**: *(adj)* σταθερός ‖ με ένα μοναδικό σκοπό ‖ **~-phase**: *(adj)* μονοφασικός ‖ **~ sticker**: *(n)* μονοκάταρτο πλοίο ‖ **~ out**: *(v)* επιλέγω, ξεχωρίζω ‖ **~s**: *(n)* παιχνίδι μεταξύ δύο παικτών, ένας-ένας

singlet (´singlit): *(n)* φανέλα ζέρσευ

singly (´siŋgli:): *(adv)* ατομικά

singular (´siŋgjələr): *(adj)* ξεχωριστός, μοναδικός ‖ ενικός, του ενικού ‖ *(n)* ενικός αριθμός ‖ **-ity**, **-ness**: *(n)* μοναδικότητα ‖ **-ly**: *(adv)* μοναδικά ‖ **-ize** [-d]: *(v)* διακρίνω, ξεχωρίζω

sinister (´sinistər): *(adj)* κακός, διαβολικός

sink (siŋk) [sank, sunk or sunken]: *(v)* βυθίζω ‖ βυθίζομαι ‖ κατεβαίνω ‖ κατηφορίζω ‖ χειροτερεύω, ''πέφτω'' ‖ σκάβω, διατρυπώ ‖ επενδύω ‖ κατα-

στρέφομαι, ''βουλιάζω'' ‖ *(n)* νεροχύτης, λεκάνη ‖ **-er**: *(n)* βαρίδι ‖ **-ing**: *(adj)* κατερχόμενος, κατηφορικός ‖ **~ in**, **~ into**: *(v)* διαπερνώ, διαποτίζω ‖ εντυπώνομαι

sinner: see sin

sinuous (´sinju:əs): *(adj)* ευκίνητος, ''σβέλτος'' ‖ κυματοειδής ‖ ελικοειδής

sinus (´sainəs): *(n)* κόλπος ‖ εσοχή, κοιλότητα ‖ **-itis**: *(n)* φλόγωση κόλπου, κολπίτιδα

sip (sip) [-ped]: *(v)* ρουφώ ‖ *(n)* ρουφηξιά, γουλιά

siphon (´saifən): *(n)* σίφωνας ‖ [-ed]: *(v)* μεταγγίζω με σίφωνα

sir (sə:r): *(n)* κύριε ‖ Σέρ (τίτλος)

sire (´saiər): *(n)* πατέρας ‖ πρόγονος

siren (´sairən): *(n)* σειρήνα

sirloin (´sə:rloin): *(n)* φιλέτο, κόντρα φιλέτο

sirocco (si´rəkou): *(n)* νότιος ή νοτιοανατολικός άνεμος, σιρόκος, εύρος

sis (sis): see sister ‖ **~ sified** (´sisifaid): *(adj)* θηλυπρεπής ‖ **~sy**: *(n)* θηλυπρεπής άντρας ‖ δειλός, άνανδρος·

sister (´sistər): *(n)* αδελφή ‖ **S~**: Αδελφή, μοναχή ‖ **~hood**: *(n)* αδελφότητα ‖ **~-in-law**: *(n)* νύφη από αδελφό ‖ γυναικαδέλφη, κουνιάδα ‖ **~ly**: *(adj)* αδελφικός

sit (sit) [sat, sat]: *(v)* κάθομαι ‖ κλωσώ ‖ παίρνω μέρος σε συνεδρίαση ή συμβούλιο ή σε εξετάσεις ‖ καθίζω ‖ **~ on**, **~ upon**: *(v)* βαραίνω, δίνω βάρος ‖ **~ it on**: *(v)* παρακολουθώ ‖ παίρνω μέρος ‖ **~ out**: *(v)* κάθομαι ως το τέλος ‖ **~ tight**: *(v)* περιμένω με υπομονή ‖ **~ up**: *(v)* ανακάθομαι, ανασηκώνομαι ‖ τινάζομαι, ξαφνιάζομαι ‖ ξαγρυπνώ ‖ **~-down strike**: *(n)* στάση εργασίας ‖ **~-in**: *(n)* στάση διαμαρτυρίας, καθιστική διαμαρτυρία ή διαδήλωση ‖ **~ter**: *(n)* κλώσα ‖ **~ting**: *(n)* κάθισμα ‖ περίοδος, περίοδος πόζας ή διαβάσματος ή συνεδρίας ‖ **~ting duck**: *(n)* εύκολο θύμα ή στόχος ‖ **~ting room**: *(n)* καθημερινό δωμάτιο

site (sait): *(n)* τοποθεσία, θέση ‖ [-d]: *(v)* τοποθετώ

sit-in, **~ter**, **~ting**: see sit

situat-e (´sitʃu:eit) [-d]: *(v)* θέτω, τοποθετώ ‖ **~ed**: *(adj)* κείμενος ‖ **~ion** (sitʃu:´eiʃən): *(n)* θέση ‖ τοποθεσία ‖ κατάσταση

six (siks): *(n)* έξι ‖ **at ~es and sevens**: άνω κάτω ‖ **~ gun**, **~ shooter**: *(n)* εξάσφαιρο ‖ **~pence**: *(n)* νόμισμα έξι πενών ‖ **~teen**: *(n)* δεκαέξι ‖ **~teenth**: *(n & adj)* δέκατος έκτος ‖ **~th**: *(n & adj)* έκτος ‖ **~tieth**: *(n & adj)* εξηκοστός ‖ **~ty**: εξήντα

siz-able (´saizəbəl): *(adj)* ογκώδης, μεγάλος ‖ **~e**: *(n)* μέγεθος, διάσταση ‖ κόλλα ‖ μέγεθος, νούμερο ‖ κατάσταση ‖ **~e** [-d]: *(v)* διευθετώ κατά διάσταση ‖ **~e up**: *(v)* εκτιμώ, υπολογίζω ‖ γίνομαι αντάξιος περίστασης ‖ κολλάω ‖ κολλαρίζω ‖ **~ing**: *(n)* ταξινόμηση κατά μέγεθος ‖ κολλάρισμα

sizzle (´sizəl) [-d]: *(v)* σιγοσφυρίζω, τσιτσιρίζω ‖ σιγοβράζω από θυμό ‖ *(n)* σιγοσφύργιμα, τσιτσίρισμα ‖ **~r**: *(n)* πολύ ζεστή μέρα, "κάψα"

skat-e (skeit) [-d]: *(v)* παγοδρομώ, κάνω "πατινάζ" ‖ *(n)* παγοπέδιλο ‖ πατίνι ‖ ραΐα, "σελάχι" (ψάρι) ‖ **~er**: *(n)* παγοδρόμος ‖ **~ing**: *(n)* παγοδρομία ‖ **~ing rink**: *(n)* πίστα παγοδρομίας, πίστα πατινάζ

skele-tal (´skelətəl): *(adj)* σκελετωμένος, σκελετοειδής ‖ **~ton**: *(n)* σκελετός ‖ *(adj)* σκελετώδης

skeptic (´skeptik): *(n)* σκεπτικιστής ‖ **~al**: *(adj)* αμφίβολος ‖ σκεπτικιστικός ‖ δύσπιστος ‖ **~ism**: *(n)* σκεπτικισμός

sketch (sketʃ): *(n)* πρόχειρο σχέδιο, πρόχειρο ιχνογράφημα, "σκίτσο" ‖ περίγραμμα, διάγραμμα ‖ μικρό μονόπρακτο, "σκετς" ‖ [-ed]: *(v)* ιχνογραφώ, "σκιτσάρω", φτιάνω το σκίτσο ‖ **~book**: *(n)* μπλοκ ιχνογραφίας ή σκιτσαρίσματος ‖ λεύκωμα σκιτσογραφιών ‖ **~y**: *(adj)* προχειροσχεδιασμένος, σαν σκίτσο ‖ όχι πλήρης ‖ **~ily**: *(adv)* πρόχειρα, όχι τέλεια

skew (skju:): *(adj)* λοξός ‖ [-ed]: *(v)* λοξοδρομώ

skewer (´skju:ər): *(n)* σούβλα ‖ σουβλάκι ‖ [-ed]: *(v)* σουβλίζω

ski (ski:): *(n)* χιονοπέδιλο, "σκι" ‖ [-ed]: *(v)* χιονοδρομώ, κάνω "σκι" ‖ **~er**: *(n)* χιονοδρόμος, "σκιέρ" ‖ **~ing**: *(n)* χιονοδρομία, "σκι" ‖ **~lift**, **~tow**: *(n)* εναέριος σιδηρόδρομος του "σκι"

skid (skid) [-ded]: *(v)* γλυστρώ προς τα πλάγια, "ντελαπάρω" ‖ σταματώ με ανασταλτικό πέδιλο ή σφήνα ‖ *(n)* πλάγιο γλίστρημα, "ντελαπάρισμα" ‖ ανασταλτικό πέδιλο ‖ **on the ~s**: βαδίζει προς αποτυχία, πήρε τον "κατήφορο" ‖ **~row**: *(n)* βρομογειτονιά

skilful: see skillful

skill (skil): *(n)* ικανότητα, δεξιοτεχνία, επιδεξιότητα ‖ ειδικότητα ‖ **~ed**: *(adj)* ειδικευμένος ‖ δεξιοτέχνης, επιδέξιος ‖ **~ful**: *(adj)* επιδέξιος, ικανός, επιτήδειος ‖ **~fully**: *(adv)* επιδέξια, επιτήδεια ‖ **~fulness**: *(n)* επιδεξιότητα, επιτηδειότητα

skillet (´skilit): *(n)* τηγάνι

skim (skim) [-med]: *(v)* ξαφρίζω ‖ σκεπάζω με λεπτό στρώμα ‖ χτυπώ ή ρίχνω ξυστά ‖ περνώ ξυστά ‖ **~milk**: *(n)* γάλα αποβουτυρωμένο ‖ **~ming**: *(n)* ξάφρισμα ‖ ξυστό πέρασμα ‖ γρήγορη ματιά, "πέρασμα" ‖ **~ over**, **~ through**: *(v)* διαβάζω ή κοιτάζω γρήγορα και πρόχειρα, "περνώ" βιαστικά

skimp (skimp) [-ed]: *(v)* προχειροφτιάνω, ψευτοφτιάνω ‖ τσιγκουνεύομαι ‖ **~y**: *(adj)* τσιγκούνικος ‖ ανεπαρκής, μικρός, στενός

skin (skin): *(n)* δέρμα ‖ περίβλημα ‖ φλοιός, κέλυφος, φλούδι ‖ δερμάτινο δοχείο, δερμάτινο παγούρι ‖ [-ned]: *(v)* γδέρνω ‖ καλύπτω με περίβλημα ‖ "μαδώ", "γδέρνω" ‖ περνώ από πολύ κοντά, "ξύνω" ‖ **~deep**: *(adj)* επιφανειακός ‖ **~dive**: *(v)* κολυμπώ υπο βρυχίως ‖ **~diving**: *(n)* υποβρύχιο κολύμπι ‖ **~ flint**: *(n)* τσιγκούνης ‖ **~game**: *(n)* "στημένο" χαρτοπαίγνιο ‖ **~ graft**: *(n)* μεταμόσχευση δέρματος ‖ **~ner**: *(n)* εκδορέας ‖ **~ny**: *(adj)* κοκαλιάρης ‖ **~ny-dip**: *(v)* κολυμπώ γυμνός ‖ **~ tight**: *(adj)* πολύ εφαρμοστός ‖ **by the ~ of one's teeth**: παρά τρίχα ‖ **go under one's ~**: *(v)* εξοργίζω

346

γίνομαι πυρ και μανία

skip (skip) [-ped]: *(v)* αναπηδώ, χοροπηδώ ‖ εποστρακίζομαι ‖ παραλείπω, "πηδώ" ‖ φεύγω βιαστικά ‖ *(n)* χοροπήδημα ‖ παράλειψη, "πήδημα"

skipper (´skipər): *(n)* κυβερνήτης πλοίου, καπετάνιος

skirmish (´skə:rmiʃ) [-ed]: *(v)* αψιμαχώ ‖ *(n)* αψιμαχία

skirt (skə:rt): *(n)* φούστα ‖ άκρο, σύνορο ‖ γυναίκα *(id)* ‖ [-ed]: *(v)* περιβάλλω, σχηματίζω όριο ‖ περιτρέχω, κάνω το γύρο ‖ υπεκφεύγω

skit (skit): *(n)* κωμικό θεατρικό σκετς ‖ παρωδία

ski tow: see ski

skitter (´skitər) [-ed]: *(v)* τρέχω ή γλιστρώ βιαστικά

skittish (´skitiʃ): *(adj)* ευερέθιστος ‖ ντροπαλός, δειλός

skulk (skʌlk) [-ed]: *(v)* ενεδρεύω ‖ περπατώ κρυφά και ύποπτα ‖ αποφεύγω δουλειά

skull (skʌl): *(n)* κρανίο ‖ **~cap**: *(n)* καλπάκι, σκούφος ‖ **~ duggery**: *(n)* απάτη, απατεωνιά

skunk (skʌŋk): *(n)* ερμελίνη ή οζοϊκτίδα ‖ πρόστυχος άνθρωπος, παλιάνθρωπος ‖ [-ed]: *(v)* δεν πληρώνω, γίνομαι "μπαταξής", "ρίχνω"

sky (skai): *(n)* ουρανός ‖ **~blue**: *(adj)* ουρανί ‖ **~high**: *(adv)* ψηλά ως τον ουρανό ή άφθονα ‖ ενθουσιωδώς ‖ **~ jack** [-ed]: *(v)* κάνω αεροπειρατεία ‖ **~jacker**: *(n)* αεροπειρατής ‖ **~lark**: *(n)* κορυδαλλός ‖ **~lark** [-ed] *(v)* γλεντοκοπώ ‖ **~light**: *(n)* φεγγίτης ‖ **~line**: *(n)* ορίζοντας ‖ σιλουέτα αντικειμένου ή βουνού με φόντο τον ουρανό ‖ **~pilot**: *(n)* παπάς *(id)* ‖ **~rocket** [-ed]: *(v)* ανεβαίνω στα ύψη ‖ **~scraper**: *(n)* ουρανοξύστης ‖ **~ward**, **~wards**: *(adv)* προς τα επάνω ‖ **~way**: *(n)* ανυψωμένος δρόμος ‖ αεροπορική γραμμή

slab (slæb): *(n)* πλάκα ‖ [-bed]: *(v)* πλακοποιώ ‖ πλακοστρώνω ‖ **~sided**: *(adj)* ψηλόλιγνος

slack (slæk): *(adj)* χαλαρός ‖ αδρανής, σιγανός ‖ *(n)* χαλαρωμένο μέρος ‖ χα-

λαρότητα, "λάσκα" ‖ περίοδος αδράνειας ή πτώσης ‖ στάσιμο νερό ‖ *(adv)* χαλαρά ‖ [-ed]: *(v)* see **slake** ‖ χαλαρώνω ‖ αδρανώ, ατονώ ‖ **~en** [-ed]: *(v)* χαλαρώνω ‖ χαμηλώνω, μετριάζω, σιγανεύω ‖ χαλαρώνομαι ‖ **~er**: *(n)* σκασιάρχης, τεμπέλης ‖ **~ly**: *(adv)* χαλαρά ‖ άτονα ‖ **~ness**: *(n)* χαλαρότητα ‖ ατονία, νωθρότητα ‖ πτώση, κάμψη ‖ **~ off**: *(v)* πέφτω, μειώνομαι ‖ **~s**: *(n)* σπορ πανταλόνι

slag (slæg): *(n)* κατάλοιπο μετάλλου, σκουριά ‖ ηφαιστειογενές κατάλοιπο ‖ [-ged]: *(v)* σκεπάζομαι ή αφήνω σκωρία, κατάλοιπα

slain: see slay

slake (sleik) [-d]: *(v)* σβήνω ‖ μετριάζω

slalom (´sla:ləm): *(n)* ελικοειδής κατάβαση σκιέρ,'' σλάλομ''

slam (slæm) [-med]: *(v)* χτυπώ με δύναμη ‖ κλείνω με βρόντο ‖ πετάω ή ρίχνω με δύναμη και κρότο ‖ κριτικάρω με δριμύτητα ‖ *(n)* βρόντος, χτύπημα δυνατό ‖ δριμεία κριτική ‖ **~ bang**: *(adv)* γρήγορα και με θόρυβο ‖ ριψοκίνδυνα

slander (´slændər) [-ed]: *(v)* συκοφαντώ ‖ *(n)* συκοφαντία ‖ διαβολή, κακολογία

slang (slæŋg): *(n)* λεξιλόγιο λαϊκών, κοινών εκφράσεων είτε χυδαίων είτε του υποκόσμου, "αργκό"

slant (slænt) [-ed]: *(v)* κλίνω, δίνω κλίση ‖ παρουσιάζω σύμφωνα με δεδομένη αντίληψη ή ιδέα ‖ *(n)* κλίση ‖ λοξότητα ‖ αντίληψη, ιδέα, άποψη ‖ **~wise**: *(adv)* λοξά

slap (slæp) [-ped]: *(v)* μπατσίζω, χαστουκίζω ‖ χτυπώ με πλαταγιστό κρότο ‖ προσβάλλω ή επιπλήττω άγρια ‖ *(n)* μπάτσος, χαστούκι ‖ πλαταγιστός κρότος ή χτύπημα ‖ προσβολή ‖ **~dash**: *(adj)* βιαστικός και απρόσεκτος ‖ *(adv)* απρόσεκτα, πρόχειρα ‖ **~jack**: *(n)* τηγανίτα ‖ **~stick**: *(n)* κωμωδία με παθήματα και φάρσες

slash (slæʃ) [-ed]: *(v)* χτυπώ με βίαιες κινήσεις ‖ σκίζω ή κόβω με βίαια χτυπήματα ή βίαιες μαχαιριές ‖ κριτικάρω τσουχτερά ‖ αποκόπτω, "πετσοκό-

slat

βω'' ‖ *(n)* δυνατό, βίαιο χτύπημα με μαχαίρι ή ξίφος ‖ κόψιμο, μαχαιριά ‖ ''σκίσιμο'' σε φούστα, άνοιγμα ‖ κατακόρυφη διαχωριστική γραμμή (/)

slat (slæt): *(n)* λουρίδα ‖ ~**s**: *(n)* τα πλευρά

slate (sleit): *(n)* σχιστόλιθος ‖ πλάκα στέγης ‖ άβακας, αβάκιο, ''πλάκα'' μαθητή ‖ ονομαστική κατάσταση υποψηφίων κόμματος ‖ [-d]: *(v)* πλακοστρώνω ‖ γράφω σε κατάλογο υποψηφίων ‖ προορίζω

slattern ('slætərn): *(n)* γυναίκα βρόμικη και ακατάστατη ‖ βρομογυναίκα, ''τσούλα'' ‖ ~**ly**: *(adj)* βρόμικος, ακατάστατος, τσαπατσούλικος

slaughter ('slɔ:tər) [-ed]: *(v)* σφάζω ‖ σφαγιάζω, κάνω μακελειό ‖ *(n)* σφαγή ‖ ~**er**: *(n)* σφαγέας ‖ ~**ous**: *(adj)* σφαγιαστικός ‖ ~**house**: *(n)* σφαγείο

Slav (sla:v): *(n)* Σλάβος ‖ ~**ic**: *(adj)* σλαβικός ‖ ~**ism**: *(n)* Σλαβισμός

slav-e (sleiv): *(n)* σκλάβος ‖ δούλος ‖ [-d]: *(v)* δουλεύω σα σκλάβος, δουλεύω σκληρά ‖ ~**e driver**: *(n)* αυστηρός προϊστάμενος ‖ ~**ery**: *(n)* σκλαβιά, δουλεία ‖ ~**ish**: *(adj)* δουλικός ‖ φοβερά δύσκολος ή επίπονος ‖ ~**ishly**: *(adv)* δουλικά

slay (slei) [slew, slain]: *(v)* σκοτώνω ‖ σφάζω ‖ ~**er**: *(n)* φονιάς ‖ σφαγέας

sleazy ('sli:zi:): *(adj)* κατώτερης ποιότητας, ''πρόστυχος''

sled (sled): *(n)* μικρό έλκηθρο ‖ [-ded]: *(v)* μεταφέρω με έλκηθρο ‖ ~**ge** (sledz): *(n)* έλκηθρο ‖ [-d]: *(v)* μεταφέρω με έλκηθρο ‖ ~**ge-hammer**: *(n)* μεγάλο βαρύ σφυρί, βαριά

sleek (sli:k): *(adj)* απαλός και γυαλιστερός ‖ περιποιημένος ‖ ψευτοευγενής ‖ [-ed]: *(v)* απαλύνω, γυαλίζω

sleep (sli:p) [slept, slept]: *(v)* κοιμάμαι ‖ παρέχω στέγη, ''κοιμίζω'' ‖ *(n)* ύπνος ‖ ~ **around**: *(v)* επιζητώ ερωτικές περιπέτειες, ''τραβιέμαι'' ‖ ~**er**: *(n)* κοιμισμένος, υπναράς ‖ κλινάμαξα, ''βαγκόν-λι'' ‖ στρωτήρας σιδ. γραμμής, ''τραβέρσα'' ‖ ~**ily**: *(adv)* κοιμισμένα, νυσταγμένα ‖ ~**iness**: *(n)* νύστα ‖ ~**ing bag**: *(n)* υπνόσακος,

''σλίπιν-μπαγκ'' ‖ ~**ing car**: *(n)* κλινάμαξα, ''βαγκόν-λι'' ‖ ~**ing pill**: *(n)* υπνωτικό, χάπι ύπνου ‖ ~**ing sickness**: *(n)* ασθένεια του ύπνου ‖ ~**less**: *(adj)* άυπνος ‖ ~**lessness**: *(n)* αϋπνία ‖ ~**walker**: *(n)* υπνοβάτης ‖ ~**walking**: *(n)* υπνοβασία ‖ ~**y**: *(adj)* νυσταγμένος ‖ κοιμισμένος ‖ ~**yhead**: *(adj)* κοιμισμένος

sleet (sli:t): *(n)* χιονόνερο ‖ [-ed]: *(v)* ρίχνω χιονόνερο

sleeve (sli:v): *(n)* μανίκι ‖ συνδετικός δακτύλιος ‖ **up one's** ~: κρυμμένο, κρυφό

sleigh (slei): *(n)* έλκηθρο ‖ [-ed]: *(v)* πάω με έλκηθρο

sleight (slait): *(n)* επιδεξιότητα, επιτηδειότητα ‖ κόλπο ‖ ~ **of hand**: *(n)* ταχυδακτυλουργία

slender ('slendər): *(adj)* λεπτοκαμωμένος, λεπτός ‖ ισχνός, πενιχρός ‖ ~**ness**: *(n)* λεπτότητα ‖ ισχνότητα, πενιχρότητα

slept: see **sleep**

sleuth (slu:th): *(n)* μυστικός αστυνομικός, ''ντετέκτιβ'' ‖ [-ed]: *(v)* ανιχνεύω, ιχνηλατώ

slew: see **slay**

slice (slais): *(n)* φέτα ‖ μερίδιο, κομμάτι ‖ μαχαίρι σερβιρίσματος ‖ [-d]: *(v)* κόβω σε φέτες ‖ τεμαχίζω, κόβω σε μερίδια ‖ ~ **off**: *(v)* αποκόπτω, κόβω κομμάτι

slick (slik): *(adj)* γλιστερός ‖ επιτήδειος, πετυχημένος ‖ πονηρός, δόλιος ‖ [-ed]: *(v)* γυαλίζω ‖ ~**er**: *(n)* γυαλιστερό αδιάβροχο ‖ απατεώνας ‖ κομψευόμενος

slid: see **slide**

slid-e (slaid) [slid, slid]: *(v)* κατολισθαίνω ‖ γλιστρώ ‖ *(n)* κατολίσθηση ‖ γλίστρημα ‖ γλίστρα, τσουλήθρα ‖ φωτ. διαφάνεια, ''σλάιντ'' ‖ **let it** ~**e**: μην δίνεις σημασία, άσ' το να περάσει ‖ ~**e rule**: *(n)* λογαριθμικός κανόνας ‖ **snow** ~**e**: *(n)* χιονοστιβάδα ‖ ~**ing**: *(adj)* ολισθητικός ‖ ~**ing door**: *(n)* συρταρωτή πόρτα

slight (slait): *(adj)* μικροσκοπικός, πενιχρός ‖ ασήμαντος ‖ λεπτούλης, λεπτοκαμωμένος ‖ [-ed]: (ν) ενεργώ με αμέλεια ‖ θίγω, υποτιμώ ‖ (n) υποτίμηση, προσβολή ‖ ~ing: (adj) υποτιμητικός ‖ ~ly: (adv) πολύ λίγο, ελαφρά ‖ απρόσεκτα

slim (slim): (adj) λεπτός, λεπτοκαμωμένος ‖ μικρός, πενιχρός ‖ [-med]: (ν) λεπτύνω ‖ λεπταίνω ‖ ~ming: (n) αδυνάτισμα ‖ ~ness: (n) λεπτότητα, αδυναμία

slim-e (slaim): (n) βόρβορος, λάσπη ‖ [-d]: (ν) λερώνω με λάσπη ‖ καθαρίζω, ξελασπώνω ‖ ~y: (adj) βορβορώδης, γεμάτος λάσπη ‖ βρομερός, γλοιώδης

sling (slin): (n) σφενδόνη ‖ αορτήρας ‖ κρεμαστός επίδεσμος ή στήριγμα του μπράτσου, κρεμαστάρι ‖ [slung, slung]: (ν) εκσφενδονίζω ‖ αναρτώ ‖ ~shot: (n) σφενδόνα παιδική, "λάστιχο"

slink (slink) [slunk, slunk]: (ν) προχωρώ κρυφά ή ύπουλα ‖ ~y: (adj) ύπουλος ‖ ευκίνητος

slip (slip) [-ped]: (ν) ολισθαίνω ‖ προχωρώ ολισθαίνοντας, γλιστρώ ‖ γλιστρώ, παραπατώ ‖ μετατοπίζομαι ‖ σφάλλω ‖ σπρώχνω γλιστρώντας ‖ (n) γλίστρημα ‖ μετατόπιση ‖ ολίσθημα, παρεκτροπή ‖ "μουράγιο" ‖ κομπινεζόν, μισοφόρι, φουρό ‖ μαξιλαροθήκη ‖ ~ one over: (ν) εξαπατώ, "τη φέρνω" ‖ ~ over: (ν) παραλείπω ‖ ~ up: (ν) κάνω λάθος ‖ ~-up: (n) λάθος, γκάφα ‖ ~case: (n) προστατευτικό κάλυμμα βιβλίου ‖ ~cover: (n) κάλυμμα επίπλων ‖ ~knot: (n) συρτοθηλιά ‖ ~-on: (adj) ευκολοφόρετο ‖ ~over: (n) πουλόβερ ή μπλούζα χωρίς κουμπιά ‖ ~per: (n) παντόφλα ‖ ~pery: (adj) ολισθηρός, γλιστερός ‖ δόλιος, πανούργος, όχι αξιόπιστος ‖ ~shod: (adj) κακοφτιαγμένος ‖ ακατάστατος ‖ ~slop: (n) ψιλοκουβέντα ‖ ~ stitch: (n) κρυφοβελονιά ‖ ~way: (n) ολκός ναυπηγείου ‖ ναυπηγική κλίνη

slit (slit) [-ted]: (ν) κάνω τομή ‖ κόβω, σχίζω ‖ (n) σχισμή ‖ κόψιμο ‖ ~trench: (n) ατομικό όρυγμα

slither ('sliðər) [-ed]: (ν) γλιστρώ, προχωρώ γλιστρώντας ‖ (n) γλίστρημα

sliver ('slivər):(n) κομματάκι, ξέσμα ‖ [-ed]: (ν) ψιλοκόβω

slob (slob): (n) αντιπαθητικός ή βρόμικος άνθρωπος ‖ ~ber [-ed]: (ν) μου τρέχουν τα σάλια ‖ (n) σάλια ‖ σαλιαρίσματα

slog (slog) [-ged]: (ν) χτυπώ δυνατά, "κοπανάω" ‖ περπατώ βαριά ‖ δουλεύω σκληρά ‖ (n) σκληρή και παρατεταμένη δουλειά, αγγαρεία ‖ μεγάλη κουραστική πορεία

slogan ('slougən): (n) σύνθημα

sloop (slu:p): (n) μονοκάταρτο καΐκι ‖ ~ of war: (n) κανονιοφόρος

slop (slop) [-ped]: (ν) πιτσιλίζω, ξεχύνομαι ‖ ξεχειλίζω ‖ τσαλαβουτώ ‖ (n) βόρβορος, μαλακή λάσπη ‖ αποφάγια ‖ ~py: (adj) λασπωμένος ‖ λασπώδης ‖ νερουλιασμένος, νερομπούλικος ‖ ακατάστατος ‖ υπεραισθηματικός, δακρύβρεχτος ‖ ~pily: (adv) ακατάστατα, πρόχειρα ‖ ~piness: (n) ακαταστασία ‖ επιδεικτικός αισθηματισμός

slop-e (sloup) [-d]: (ν) κλίνω, είμαι επικλινής ‖ κατηφορίζω ‖ ανηφορίζω ‖ (n) κλιτύς, πλαγιά ‖ κλίση ‖ ~ing: (adj) επικλινής

slop-py, ~pily, ~piness: see slop

slot (slot): (n) εγκοπή, εντομή ‖ σχισμή, χαραμάδα ‖ [-ted]: (ν) κάνω εντομή ‖ χαράζω, κάνω εγκοπή ‖ ~machine: (n) αυτόματη μηχανή πωλήσεων ή τυχερών παιχνιδιών

sloth (slo:th): (n) οκνηρία, τεμπελιά ‖ ~ful: (adj) οκνηρός, νωθρός ‖ ~fulness: (n) νωθρότητα

slouch (slautʃ) [-ed]: (ν) περπατώ ή στέκομαι σκυφτός και άχαρος ‖ στέκομαι τεμπέλικα ή νωχελικά ή γέρνω ‖ (n) άχαρη ή σκυφτή στάση ‖ ~hat: (n) μαλακό καπέλο

sloven ('slΛvən): (n) τσαπατσούλης ‖ ~ly: (adj) τσαπατσούλικος

slow (slou): (adj) βραδύς, σιγανός, αργός ‖ βραδυπόρων, σε καθυστέρηση, "πίσω" ‖ όχι σε μεγάλη ενεργητικότητα, "πεσμένος" ‖ χοντροκέφαλος, "αργόστροφος" ‖ (adv) σιγανά, αργά ‖ [-ed]: (ν) βραδύνω ‖ ~ down: επιβραδύνω ‖ (n) επιβράδυνση ‖ ~ up:

sludge

(v) καθυστερώ ‖ επιβραδύνω ‖ ~**ly**: *(adv)* αργά, σιγανά ‖ ~-**motion**: *(adj)* αργοκίνητος, σε αργό ρυθμό ‖ ~ **poke**: *(n)* βραδυκίνητος, τεμπέλάκος ‖ ~**ness**: *(n)* βραδύτητα ‖ ~ **witted**: *(adj)* χαζός, καθυστερημένος

sludge (slʌdz): *(n)* βόρβορος, λάσπη

slug (slʌg): *(n)* σφαίρα ‖ δόση ποτού, "ποτηράκι" ‖ μάζα ‖ γυμνοσάλιαγκας ‖ τεμπέλης, νωθρός ‖ [-ged]: *(v)* χτυπώ δυνατά, γρονθοκοπώ ‖ ~**abed**: *(n)* τεμπέλαρος ‖ ~**fest**: *(n)* γροθοπατινάδα ‖ ~**gard**: *(n)* τεμπέλης ‖ ~**gish**: *(adj)* αδρανής, αργός ‖ νωθρός ‖ ~**gishness**: *(n)* αδράνεια ‖ νωθρότητα

sluice (slu:s): *(n)* υδατοφράκτης ‖ δικλείδα, θυρίδα ‖ [-d]: *(v)* τοποθετώ υδατοφράκτη

slum (slʌm): *(n)* φτωχογειτονιά

slumber (´slʌmbər) [-ed]: *(v)* κοιμάμαι ‖ *(n)* ύπνος ‖ ~**ous**: *(adj)* υπναλέος, νυσταγμένος

slump (slʌmp) [-ed]: *(v)* βυθίζομαι, πέφτω ‖ γλιστρώ ή πέφτω ξαφνικά ή απότομα ‖ *(n)* πτώση

slung: see **sling**

slunk: see **slink**

slur (slə:r) [-red]: *(v)* δεν δίνω σημασία ‖ προφέρω όχι καθαρά ‖ μιλώ περιφρονητικά ‖ *(n)* περιφρονητική παρατήρηση, ύβρη ‖ στίγμα ‖ κακή προφορά

slurp (slə:rp) [-ed]: *(v)* καταπίνω με θόρυβο

slush (slʌʃ): *(n)* λασπόχιονο, λιωμένο χιόνι με λάσπη ‖ βόρβορος, λάσπη ‖ λάδι, "γράσο" ‖ [-ed]: *(v)* συνδέω με λάσπη ‖ ξεπλένω ‖ "γρασάρω" ‖ ~**y**: *(adj)* λασπώδης

slut (slʌt): *(n)* βρομιάρα, βρομογυναίκα ‖ τολμηρό κορίτσι, "αγοροκόριτσο"

sly (slai): *(adj)* πονηρός ‖ ύπουλος ‖ κατεργάρης, "πονηρούλης" ‖ ~**ly**: *(adv)* πονηρά, με πονηριά ‖ ύπουλα ‖ παιχνιδιάρικα, "πονηρούλικα" ‖ ~**ness**: *(n)* πονηριά, πανουργία ‖ υπουλότητα ‖ ~ **boots**: *(n)* πονηρός άνθρωπος

smack (smæk) [-ed]: *(v)* πλαταγίζω τα χείλη ‖ φιλώ ηχηρά ‖ χτυπώ ‖ *(n)*

πλατάγισμα ‖ ηχηρό φίλημα ‖ δυνατό χτύπημα ‖ μικρή ποσότητα ‖ *(adv)* κατευθείαν, κατσπάνω

small (smə:l): *(adj)* μικρός ‖ ασήμαντος ‖ αμυδρός, αδύναμος ‖ ~ **arms**: *(n)* πιστόλια ‖ ~ **change**: *(n)* ψιλά ‖ ψιλοπράγματα ‖ ~ **fry**: *(n)* ψαράκια ‖ παϊδάκια ‖ λαουτζίκος, οι "μικροί" ‖ ~ **hours**: *(n)* πολύ πρωί, οι "μικρές ώρες" ‖ ~**ish**: *(adj)* μικρούτσικος ‖ ~-**minded**: *(adj)* στενοκέφαλος, μικρόμυαλος ‖ ~**ness**: *(n)* μικρότητα ‖ ~ **potatoes**: *(n)* ασήμαντοι άνθρωποι ή πράγματα ‖ ~**pox**: *(n)* ευλογιά ‖ ~**talk**: *(n)* ψιλοκουβέντα, κουβεντούλα ‖ ~ **time**: *(adj)* ασήμαντος

smalt (smə:lt): *(n)* σμάλτο

smarmy (´sma:rmi): *(adj)* ψευτοηθικολόγος ‖ ψευτοεργατικός, προσποιητά επιμελής

smart (sma:rt) [-ed]: *(v)* τσούζω ‖ νιώθω τσούξιμο ή σουβλιά ‖ πονώ, υποφέρω ‖ *(n)* τσούξιμο, "σουβλιά" ‖ *(adj)* έξυπνος, οξύνους ‖ γρήγορος ή ζωηρός ‖ μοντέρνος, κομψός ‖ ~**aleck**: *(n)* "εξυπνάκιας" ‖ ~**en** [-ed]: *(v)* ζωηρεύω ‖ ~**en up**: *(v)* κάνω κομψό, ομορφαίνω ‖ κομψοντύνομαι ‖ ~**ly**: *(adv)* μοντέρνα, κομψά ‖ ζωηρά, γρήγορα ‖ ~**ness**: *(n)* εξυπνάδα ‖ κομψότητα

smash (smæʃ) [-ed]: *(v)* συντρίβω ‖ δίνω συντριπτικό χτύπημα ‖ συντρίβομαι, καταστρέφομαι ‖ *(n)* συντριβή ‖ σύγκρουση ‖ καταπληκτική επιτυχία *(id)* ‖ ~**ing**: *(adj)* συντριπτικός ‖ καταπληκτικός, εξαιρετικός *(id)* ‖ ~ **up**: *(n)* ολοκληρωτική συντριβή ‖ σύγκρουση

smatter (´smætər) [-ed]: *(v)* μιλώ "σπασμένα", μιλώ με δυσχέρεια ‖ προχειρομελετώ ή προχειροεξετάζω ‖ ~**ing**: *(n)* πρόχειρη ή επιπόλαιη γνώση

smear (smiər) [-ed]: *(v)* αλείβω, πασαλείβω ‖ κηλιδώνω, λεκιάζω ‖ στιγματίζω, κηλιδώνω ‖ *(n)* κηλίδα, λεκές ‖ στιγματισμός, κηλίδωση

smell (smel) [-ed]: *(v)* οσφραίνομαι ‖ μυρίζω, αναδίνω μυρωδιά ‖ βρομάω ‖ είμαι ύποπτος, "μυρίζω" ‖ *(n)* οσμή,

μυρωδιά ‖ όσφρηση ‖ ~ **of**: *(v)* δίνω
υποψία, "μυρίζω" ‖ ~**y**: *(adj)* βρομε-
ρός, δύσοσμος
smelt (smelt) [-ed]: *(v)* τήκω, λιώνω ‖
εξάγω μέταλλο ‖ *(n)* μαρίδα ‖ ~**er**:
(n) χύτης ‖ ~**ing**: *(n)* εξαγωγή μετάλ-
λου, καμίνευση
smil-e (smail) [-d]: *(v)* χαμογελώ, μει-
διώ ‖ *(n)* χαμόγελο, μειδίαμα ‖ ~**ing**:
(adj) χαμογελαστός
smirch (smə:rtʃ) [-ed]: *(v)* κηλιδώνω,
λερώνω ‖ *(n)* κηλίδα, λεκές
smirk (smə:rk) [-ed]: *(v)* κρυφογελώ ‖
χαμογελώ κοροϊδευτικά ή περιφρονη-
τικά ‖ *(n)* ψεύτικο χαμόγελο, κρυφό
χαμόγελο
smite (smait) [smote, smitten]: *(v)* δίνω
συντριπτικό χτύπημα ‖ πλήττω
smith (smith): *(n)* σιδηρουργός, σιδεράς
‖ τεχνίτης μετάλλων, μεταλλουργός ‖
~**ereens**: *(n)* κομματάκια, συντρίμμια
‖ ~**ery**: *(n)* σιδηρουργία, μεταλλουργι-
κή ‖ ~**y**: *(n)* σιδηρουργείο
smock (smɔk): *(n)* ποδιά ή μπλούζα
εργασίας
smog (smɔg): *(n)* ομιχλόκαπνος, ομίχλη
και καπνιά [smoke and fog]
smok-e (smouk) [-d]: *(v)* καπνίζω, βγά-
ζω καπνό ‖ καπνίζω, είμαι καπνιστής
‖ κάνω καπνιστό, "καπνίζω" ‖ *(n)*
καπνός ‖ κάπνισμα ‖ τσιγάρο *(id)* ‖
~**ed**: *(adj)* καπνιστός ‖ ~**ehouse**: *(n)*
εργαστήρι καπνιστών ειδών ‖ ~**eless**:
(adj) άκαπνος ‖ ~**eless powder**: *(n)*
άκαπνο μπαρούτι ‖ ~**er**: *(n)* καπνι-
στής ‖ ~**er**, ~**ing car**: *(n)* βαγόνι κα-
πνιστήριο ‖ ~**e screen**: *(n)* προπέτα-
σμα καπνού ‖ ~**estack**: *(n)* καπνοδό-
χος ‖ ~**ing**: *(n)* κάπνισμα ‖ **no** ~**ing**: απαγο-
ρεύεται το κάπνισμα ‖ ~**y**: *(adj)* κα-
πνισμένος, με καπνό, γεμάτος καπνό
smolder (´smouldər) [-ed]: *(v)* σιγο-
καίω, κρυφοκαίω ‖ βρίσκομαι σε λαν-
θάνουσα κατάσταση
smooch (smu:tʃ) [-ed]: *(v)* φιλώ, κάνω
"ματς-μουτς" *(id)* ‖ *(n)* φιλί, "ματς-
μουτς"
smooth (smu:ð): *(adj)* λείος, ομαλός ‖
μαλακός, απαλός ‖ μελίρρυτος ‖ κο-
λακευτικά γλυκομίλητος ‖ [-ed]: *(v)*

εξομαλύνω ‖ λειαίνω, κάνω λείο ‖
ηρεμώ ‖ εξομαλύνομαι ‖ ~**ly**: *(adv)*
ομαλά ‖ μαλακά ‖ ήρεμα ‖ ~**ness**: *(n)*
ομαλότητα ‖ απαλότητα ‖ ~**en** [-ed]:
(v) εξομαλύνω ‖ κάνω λείο
smote: see smite
smother (´smʌðər) [-ed]: *(v)* πνίγω,
κάνω να πάθει ασφυξία ‖ καταπνίγω
‖ σκεπάζω ολότελα ‖ πνίγομαι, ασφυ-
κτιώ ‖ ~**ing**: *(adj)* αποπνικτικός
smoulder: see smolder
smudge (smʌdz) [-ed]: *(v)* λερώνω, μου-
ντζουρώνω ‖ λεκιάζω ‖ *(n)* μουντζού-
ρα ‖ λεκές
smug (smʌg): *(adj)* κρυφοκαμαρώνο-
ντας, με κρυφό καμάρι ‖ ~**ness**: *(n)*
κρυφό καμάρι ‖ ~**ly**: *(adv)* με κρυφό
καμάρι
smuggle (´smʌgəl) [-d]: *(v)* κάνω λα-
θρεμπόριο ‖ ~**r**: *(n)* λαθρέμπορος
smug-ly, ~**ness**: see smug
smut (smʌt): *(n)* βρομιά ‖ βρομοκουβέ-
ντα, βωμολοχία ‖ ~**ty**: *(adj)* βρομερός,
βρομιάρης
snack (snæk) [-ed]: *(v)* κολατσίζω,
τρώω πρόχειρα ‖ *(n)* κολατσιό, πρό-
χειρο φαγητό ‖ ~ **bar**: *(n)* εστιατόριο
πρόχειρων φαγητών, "σνακ-μπαρ"
snafu (snæ´fu:): *(adj)* σε χάος, για τα
πανηγύρια, "άνω-κάτω" ‖ [-ed]: *(v)*
τα θαλασσώνω
snag (snæg) [-ged]: *(v)* εμποδίζω, στα-
ματώ, βάζω εμπόδιο ‖ πιάνω στα
πράσα ‖ *(n)* εμπόδιο ‖ σκίσιμο ή τρά-
βηγμα σε ύφασμα
snail (sneil): *(n)* σαλιγκάρι
snake (sneik): *(n)* φίδι ‖ [-d]: *(v)* προ-
χωρώ έρποντας ‖ ~**pit**: *(n)* τρελοκο-
μείο *(id)* ‖ ~**skin**: *(n)* φιδόδερμα
snap (snæp) [-ped]: *(v)* πλαταγίζω, κρο-
ταλίζω ‖ σπάζω απότομα, σπάζω με
κρότο ‖ υποχωρώ, "τσακίζω" ‖ χτυ-
πώ τα σαγόνια, κλείνω με κρότο το
στόμα ‖ μιλώ απότομα ‖ κουνώ απότο-
μα ‖ τραβώ φωτογραφία ‖ δίνω
"σέντρα" ‖ *(n)* πλατάγισμα, κροτάλι-
σμα ‖ απότομο ή θορυβώδες σπάσιμο ‖
ξαφνικό σπάσιμο ‖ αυτόματη αρπά-
γη ή κλείστρο ‖ κροτάλισμα των δα-
χτύλων ‖ δαγκωνιά ‖ ζωηράδα ‖ τρά-

snare

βηγμα φωτογραφίας, στιγμιότυπο ‖
(adj) βιαστικός, της στιγμής ‖ απλός,
εύκολος ‖ ~brim: (n) καπέλο με μα-
λακό μπορ ‖ ~per: (n) δαγκανιάρης ‖
λυθρίνι ‖ ~pish: (adj) δηκτικός ‖ δα-
γκανιάρης, που δαγκάνει ‖ ~py: (adj)
ζωηρός, ενεργητικός ‖ μοντέρνος,
"σιχ" ‖ δηκτικός ‖ ~ shot: (n) στιγ-
μιότυπο, "ενσταντανέ" ‖ ~ at, ~ up:
(v) δαγκάνω, αρπάζω με το στόμα ‖
αρπάζω απότομα, γραπώνω, βουτάω ‖
~ to attention: (v) στέκομαι προσοχή,
στέκομαι "χλαρίνο"
snare (sneər) [-d]: (v) παγιδεύω ‖ (n)
παγίδα
snarl (sna:rl) [-ed]: (v) γρυλίζω ‖ μπερ-
δεύω, ανακατώνω ‖ μπερδεύομαι ‖
(n) γρύλισμα ‖ μπέρδεμα, ανακάτεμα
snatch (snætʃ) [-ed]: (v) αρπάζω ξαφνι-
κά ή απότομα ‖ αρπάζω παράνομα,
"αρπάζω" ‖ (n) άρπαγμα, αρπαγή ‖
μικρή περίοδος ‖ μικρό κομμάτι ‖
απαγωγή ‖ ~ at: (v) κάνω ν' αρπάξω
‖ ~y: (adj) περιοδικός, κομματιαστός
sneak (sni:k) [-ed]: (v) κινούμαι ή φέ-
ρομαι ύπουλα ή κρυφά ‖ (n & adj)
ύπουλος, δόλιος ‖ ~ers: (n) παπού-
τσια του τένις ‖ ~ing: (adj) ύπουλος,
κρυφός ‖ ~y: (adj) δόλιος, ύπουλος
sneer (sniər) [-ed]: (v) ειρωνεύομαι, κο-
ροϊδεύω ‖ μιλώ ή φέρομαι περιφρονη-
τικά ‖ (n) ειρωνεία, κοροϊδία ‖ περι-
φρονητική ομιλία ή μορφασμός ‖
~ingly: (adv) ειρωνικά, κοροϊδευτικά
‖ περιφρονητικά
sneeze (sni:z) [-d]: (v) φτερνίζομαι ‖
(n) φτέρνισμα
snicker (ˊsnikər) [-ed]: (v) γελώ πνι-
χτά, κοροϊδευτικά ή περιφρονητικά ‖
(n) περιφρονητικό ή κοροϊδευτικό
πνιχτό γέλιο
snide (snaid): (adj) σαρκαστικός, περι-
φρονητικός
sniff (snif) [-ed]: (v) μυρίζω, παίρνω
μυρουδιά ‖ ρουφώ από τη μύτη ‖ ξε-
φυσώ περιφρονητικά ή σαρκαστικά ‖
(n) μύρισμα, μυρουδιά ‖ περιφρονητι-
κό ή σαρκαστικό ξεφύσημα ‖ ~y:
(adj) ψωροπερήφανος
snifter (ˊsniftər): ποτηράκι του λικέρ

snip (snip) [-ped]: (v) αποκόπτω ‖ ψα-
λιδίζω ‖ (n) ψαλίδισμα ‖ μικροσκοπι-
κός άνθρωπος ‖ εύκολη δουλειά ‖
~pet: (n) κομματάκι ‖ μικρούλης ‖
~py: (adj) αυθάδης ‖ κομματιαστός
snipe (snaip) [-d]: (v) πυροβολώ από
ενέδρα ‖ κυνηγώ μπεκάτσες ‖ (n) μπε-
κάτσα ‖ ~r: (n) ελεύθερος σκοπευτής
snippet, ~ py: see snip
snitch (snitʃ) [-ed]: (v) γίνομαι πληρο-
φοριοδότης, καταδίδω, "χαφιεδίζω" ‖
κλέβω, "βουτώ" ‖ ~er: (n) κλέφτης ‖
καταδότης
snivel (ˊsnivəl) [-ed]: (v) κλαψουρίζω ‖
παραπονιέμαι ‖ (n) κλαψούρισμα ‖
~er: (n) κλαψιάρης ‖ ~ing: (adj) κλα-
ψιάρικος
snob (snɔb): (n) ψευτοαριστοκράτης,
"ονομπ" ‖ ~bery: (n) σνομπισμός ‖
~bish: (adj) ψευτοαριστοκρατικός,
"ονομπ" ‖ ~ bism: (n) σνομπισμός,
ψευτοπερηφάνια
snood (snu:d): (n) δίχτυ των μαλλιών ‖
κορδέλα μαλλιών
snooker (ˊsnukər): (n) μπιλιάρδο της
τσέπης
snoop (snu:p) [-ed]: (v) κατασκοπεύω,
"χώνω τη μύτη μου" ‖ ~er: (n) χα-
φιές ‖ ~y: (adj) περίεργος, που χώνει
τη μύτη του
snooty (ˊsnu:ti:): (adj) ψωροπερήφανος
‖ ανώτερης τάξης
snooze (snu:z) [-d]: (v) ελαφροκοιμά-
μαι, παίρνω υπνάκο ‖ (n) μικρός
υπνάκος
snor-e (snɔ:r) [-d]: (v) ροχαλίζω ‖ (n)
ροχαλητό ‖ ~ing: (adj) ροχαλίζοντας,
ροχαλίζων ‖ (n) ροχαλητό
snorkel (ˊsnɔ:rkəl): (n) εξαεριστήρας
υποβρυχίου ‖ αναπνευστική συσκευή
snort (snɔ:rt) [-ed]: (v) ρουθουνίζω ‖
ξεφυσώ ‖ ξεφυσώ, περιφρονώ ‖
(n) ρουθούνισμα ‖ ξεφύσημα ‖ μικρή
δόση ποτού, "ποτηράκι"
snot (snɔt): (n) μύξα ‖ κακός, ύπουλος
‖ ~ty: (adj) μυξιάρης, μυξωμένος ‖
ψηλομύτης ‖ κακός (id)
snout (snaut): (n) ρύγχος, "μουσούδα"
‖ μύτη ‖ ακροφύσιο, στόμιο
snow (snou): (n) χιόνι ‖ χιονόπτωση ‖

352

[-ed]: *(v)* χιονίζω ‖ ψευτοκολακεύω ‖ **~ball**: *(n)* μπάλα από χιόνι ‖ **~ball** [-ed]: *(v)* αυξάνω απότομα και συνεχώς σε μέγεθος ή σπουδαιότητα ‖ **~bank, ~drift**: *(n)* χιονοστιβάδα ‖ **~capped, ~covered**: *(adj)* χιονοσκεπής ‖ **~fall**: *(n)* χιονόπτωση ‖ **~flake**: *(n)* νιφάδα χιονιού ‖ **~job**: *(n)* ''καταφερτζίδικη'' προσπάθεια ‖ **~ plow**: *(n)* χιονοδιώκτης ‖ **~shoe**: *(n)* χιονοπέδιλο ‖ **~storm**: *(n)* χιονοθύελλα ‖ **~-white**: *(adj)* άσπρος σαν το χιόνι ‖ **S~white**: *(n)* Χιονάτη

snub (snʌb) [-bed]: *(v)* φέρομαι ή μιλώ υποτιμητικά ή περιφρονητικά ‖ αποκρούω περιφρονητικά ‖ επιπλήττω ‖ *(n)* περιφρόνηση ‖ περιφρονητική απόκρουση ‖ επίπληξη ‖ **~-nosed**: *(adj)* πλατσομύτης ‖ με ανασηκωμένη μύτη

snuff (snʌf) [-ed]: *(v)* ρουφώ από τη μύτη ‖ οσφραίνομαι, μυρίζω ‖ *(n)* μυρουδιά ‖ καμένο φυτίλι ‖ ταμπάκος ‖ **~ out**: *(v)* σβήνω λάμπα, κερί ή καντήλι ‖ **~ box**: *(n)* ταμπακιέρα ‖ **~er**: *(n)* χαντηλανάφτης

snug (snʌg) [-ged]: *(v)* βολεύω, κάνω βολικό και άνετο ‖ βολεύομαι, γίνομαι άνετος ‖ *(adj)* βολικός, άνετος, ζεστός ‖ **~ly**: *(adv)* άνετα, ζεστά

so (sou): *(adv)* ούτως, έτσι, μ' αυτό τον τρόπο ‖ τόσο ‖ κι' έτσι ‖ επίσης, το ίδιο ‖ *(conj)* έτσι που, ούτως ώστε, έτσι ‖ με αποτέλεσμα, κι' έτσι ‖ **~ long**: χαίρετε, αντίο ‖ **~ much**: τόσος ‖ **~ many**: τόσοι ‖ **~-and-so**: τάδε, δείνας ‖ ''τέτοιος'', ''αποτέτοιος'' ‖ **~-called**: *(adj)* ο λεγόμενος, ο ονομαζόμενος, ο δήθεν ‖ **~-so**: *(adj)* έτσι κι έτσι, μέτριος ‖ *(adv)* έτσι κι έτσι, μέτρια

soak (souk) [-ed]: *(v)* διαβρέχω, διαποτίζω ‖ μουσκεύω ‖ εμποτίζω, απορροφώ ‖ παραπίνω, τα ''κοπανάω'' άγρια ‖ παραφορτώνω τον λογαριασμό ‖ *(n)* εμποτισμός, μούσκεμα ‖ διαποτισμός, διαβροχή ‖ μπεχρής ‖ **~age**: *(n)* διαποτισμός ‖ εμποτισμός ‖ **~ing**: *(n)* διαποτισμός, βρέξιμο, κατάβρεγμα ‖ **~ing wet**: μούσκεμα ως το

κόκαλο

so-and-so: see so

soap (soup): *(n)* σαπούνι ‖ [-ed]: *(v)* σαπουνίζω ‖ **no ~**: αποκλείεται, δεν γίνεται ‖ **~ box**: *(adj)* ρήτορας της δεκάρας ‖ **~ bubble**: *(n)* σαπουνόφουσκα ‖ **~ opera**: δακρύβρεχτο μελό ‖ **~suds**: *(n)* σαπουνάδα ‖ **~y**: *(adj)* σαπουνισμένος, γεμάτος σαπουνάδα ‖ γλοιώδης, χαμερπής

soar (sɔ:r) [-ed]: *(v)* ανεβαίνω ψηλά, ανέρχομαι γρήγορα ή απότομα ‖ *(n)* άνοδος απότομη

sob (sɔb) [-bed]: *(v)* κλαίω με λυγμούς ‖ *(n)* λυγμός ‖ **~ sister**: δημοσιογράφος που γράφει δακρύβρεχτο ρεπορτάζ ‖ παρηγορήτρα ‖ **~story**: δακρύβρεχτη ψευτοδικαιολογία

S.O.B.: son of a bitch: see son

sober (´soubər): *(adj)* εγκρατής ‖ νηφάλιος, όχι μεθυσμένος ‖ σοβαρός ‖ [-ed], **~ up**: *(v)* συνέρχομαι από μεθύσι ‖ κάνω να συνέλθει

sobriety (sou´braiəti:): *(n)* νηφαλιότητα ‖ σοβαρότητα

sobriquet (soubri´kei): *(n)* παρατσούκλι ‖ επωνυμία

sob-sister, ~story: see sob

so-called: see so

soccer (´sɔkər): *(n)* ποδόσφαιρο

soci-ability (souʃə´biləti:): *(n)* κοινωνικότητα ‖ **~able** (´souʃəbəl): *(adj)* κοινωνικός ‖ *(n)* κοινωνικό γεγονός ‖ **~al** (´souʃəl): *(adj)* κοινωνικός ‖ εταιρικός, ομοσπονδιακός ‖ ανώτερης τάξης ‖ *(n)* κοινωνική εκδήλωση ‖ **~al climber**: άνθρωπος που θέλει να ανέβει σε κοινωνική τάξη ‖ **~alism**: *(n)* σοσιαλισμός ‖ **~alist**: *(n)* σοσιαλιστής ‖ **~alistic**: *(adj)* σοσιαλιστικός ‖ **~alite** *(n)* μέλος καλής κοινωνίας, ''κοσμικός'' ‖ **~alize** (´souʃəlaiz) [-d]: *(v)* γίνομαι κοινωνικός, ανακατεύομαι με κόσμο ‖ κάνω σοσιαλιστικό, εκσοσιαλίζω ‖ **~ally**: *(adv)* κοινωνικά ‖ **~al science**: *(n)* κοινωνικές επιστήμες ‖ **~al security**: *(n)* κοινωνική ασφάλεια ‖ **~al service, ~al work**: *(n)* κοινωνική εργασία, εργασία κοινωνικού λειτουργού ‖ **~ety** (sə´saiəti:): *(n)* κοινω-

sock

νία ‖ εταιρεία, σύνδεσμος ‖ η καλή
κοινωνία ‖ ~ology (sousi:΄ɔlədzi:):
(n) κοινωνιολογία ‖ ~ologic,
~ological: *(adj)* κοινωνιολογικός ‖
~ologist: *(n)* κοινωνιολόγος ‖
~opolitical: *(adj)* κοινωνικοπολιτικός
sock (sɔk) [-ed]: *(v)* δίνω γροθιά, "χο-
πανάω" ‖ *(n)* γροθιά, χτύπημα ‖ κάλ-
τσα κοντή ‖ ~ **away**: *(v)* βάζω στην
μπάντα, αποταμιεύω
socket (΄sɔkit): *(n)* υποδοχή ‖ πρίζα
sod (sɔd): *(n)* πόα, χορταριασμένο χώ-
μα ‖ παλιάνθρωπος, χαμένος
soda (΄soudə): *(n)* σόδα ‖ ~ **fountain**:
(n) μπαρ που σερβίρει μη οινοπνευμα-
τώδη ποτά και σάντουϊτς ‖ ~ **jerk**:
(n) υπάλληλος μπαρ ‖ ~**water**: *(n)* σό-
δα, αεριούχο ποτό
sodden (΄sɔdn): *(adj)* μουσκεμένος ‖ μι-
σοψημένος, μαλακός και άψητος ‖ [-
ed]: *(v)* μουσκεύω
sodom-ite (΄sɔdəmait): *(n)* παιδεραστής
‖ ~**y**: *(n)* παιδεραστία
sofa (΄soufə): *(n)* καναπές ‖ ~**bed**: κα-
ναπές-κρεβάτι
soft (sɔft): *(adj)* μαλακός ‖ πλαδαρός,
όχι γεροδεμένος ‖ απαλός ‖ σιγανός,
χαμηλόφωνος ‖ ασθενικός ‖ απλοϊκός
‖ ~**ball**: *(n)* είδος μπέιζ-μπολ ‖ ~-
boiled: *(adj)* μελάτο (αυγό) ‖ μαλακός,
υποχωρητικός ‖ ~**drink**: *(n)* μη οινο-
πνευματώδες αναψυκτικό ποτό ‖ ~**en**
[-ed]: *(v)* μαλακώνω ‖ ~**headed**: *(adj)*
ανόητος ‖ ~**hearted**: *(adj)* ευαίσθητος
‖ με τρυφερή καρδιά ‖ ~**landing**: *(n)*
ομαλή προσγείωση ‖ ~**soap**: *(v)* ψευ-
τοκολακεύω ‖ ~**spot**: το αδύνατο ση-
μείο ‖ ~**ware**: *(n)* προγραμματισμός
ηλεκτρ. εγκεφάλου, πρόγραμμα ‖ ~**y**:
(n) "μαλακός", ασθενικός ή θηλυπρε-
πής άνθρωπος
soggy (΄sɔgi:): *(adj)* μουσκεμένος ‖ νω-
θρός, μαλθακός
soil (soil): *(n)* έδαφος ‖ χώμα ‖ [-ed]:
(v) λερώνω ‖ ~**ed**: *(adj)* λερωμένος,
βρόμικος
sojourn (΄soudzə:rn) [-ed]: *(v)* μένω
προσωρινά ‖ *(n)* προσωρινή διαμονή
sol (΄soul): *(n)* ήλιος ‖ ~**ar**: *(adj)* ηλια-
κός ‖ ~**ar plexus**: *(n)* ηλιακό πλέγμα

‖ ~**ar system**: *(n)* ηλιακό σύστημα
solace (΄sɔlis) [-d]: *(v)* παρηγορώ ‖ *(n)*
παρηγοριά
sold: see sell
solder (΄sɔdər) [-ed]: *(v)* συγκολλώ ‖
(n) συγκόλληση
soldier (΄souldzər): *(n)* στρατιώτης ‖
στρατιωτικός ‖ [-ed]: *(v)* είμαι στρα-
τευμένος ‖ ~**ly**: *(adj)* στρατιωτικός
sole (soul): *(adj)* μόνος, μοναδικός ‖
ανύπαντρος ‖ *(n)* γλώσσα (ψάρι) ‖
πέλμα ‖ βάση, δάπεδο ‖ σόλα ‖ [-d]:
(v) βάζω σόλες ‖ ~**ly**: *(adv)* μόνο, μο-
ναδικά, απλώς και μόνο
solecism (΄sɔləsizəm): *(n)* σολοικισμός
solemn (΄sɔləm): *(adj)* σοβαρός ‖ εντυ-
πωσιακός ‖ επίσημος ‖ ~**ity**: *(n)* σοβα-
ρότητα ‖ επισημότητα ‖ ~**ize** [-d]: *(v)*
επισημοποιώ
solicit (sə΄lisit) [-ed]: *(v)* κάνω τον
"πλασιέ", "πλασάρω" ‖ επικαλούμαι,
ζητώ ‖ κάνω τον προαγωγό, "πασά-
ρω" γυναίκα ‖ ~**or**: *(n)* "πλασιέ" ‖
(British) δικηγόρος κατώτερου δικα-
στηρίου ‖ ~**ous**: *(adj)* γεμάτος φροντί-
δα, περιποιητικός και συμπαθητικός
solid (΄sɔlid): *(n)* στερεό ‖ *(adj)* στερε-
ός, συμπαγής ‖ ακέραιος, ατόφιος ‖
γερός ‖ οικονομικά ανθεκτικός ‖
~**arity**: *(n)* αλληλεγγύη ‖ ~**ary**: *(adj)*
ενωμένος, αλληλέγγυος ‖ ~ **geometry**
(n) στερεομετρία ‖ ~**ify** (sə΄lidifai) [
ied]: *(v)* στερεοποιώ ‖ στερεοποιούμα
‖ ~**ification**: *(n)* στερεοποίηση ‖ ~**ity**
(n) στερεότητα ‖ σταθερότητα
solilo-quize (sə΄liləkwaiz) [-d]: *(v)* μο-
νολογώ ‖ ~**quy**: *(n)* μονόλογος
soli-taire (΄sɔləteər): *(n)* μονόπετρο κό-
σμημα ‖ πασιέντσα (χαρτιά) ‖ ~**tary**
(adj) μόνος, μοναχικός ‖ *(n)* απομό
νωση ‖ ~**tude** (΄sɔlitu:d): *(n)* μοναξι
‖ απομόνωση
solo (΄soulou): *(n)* μονωδία, "σόλο"
[-ed]: *(v)* κάνω κάτι μόνος ‖ ~**ist**: *(n)*
σολίστ
so long: see so
solstice (΄sɔlstis): *(n)* ηλιοστάσιο
solu-bility (sɔljə΄biləti:): *(n)* διαλυτότη
τα ‖ ~**ble**: *(adj)* διαλυτός ‖ ευδιάλυτο
‖ λυτός, που έχει δυνατή λύση ‖ ευε

354

ξήγητος ‖ **~bleness**: *(n)* ευδιαλυτότητα ‖ **~tion** (sə´lu:ʃən): *(n)* διάλυση ‖ λύση ‖ επίλυση

solv-able (´sɔlvəbəl): *(adj)* λυτός, που έχει λύση ‖ **~e** [-d]: *(v)* λύω, βρίσκω λύση ‖ **~ent** (´sɔlvənt): *(adj)* διαλυτικός ‖ αξιόχρεος, φερέγγυος ‖ *(n)* διαλύτης ‖ **~ency**: *(n)* φερεγγυότητα

somber (´sɔmbər): *(adj)* σκοτεινός ‖ μελαγχολικός, σκυθρωπός

sombrero (sɔm´breərou): *(n)* πλατύγυρο μεξικάνικο καπέλο, "σομπρέρο"

some (sʌm): *(adj)* μερικοί ‖ κάποιος, κάποιοι ‖ σπουδαίος *(id)* ‖ *(adv)* περίπου, πάνω-κάτω, κατά προσέγγιση ‖ κάπως *(id)* ‖ **~body, ~one**: *(pron)* κάποιος ‖ **~day**: *(adv)* κάποια μέρα, κάποτε ‖ **~how**: *(pron)* κάπως, κατά κάποιο τρόπο ‖ **~place, ~where**: *(adv)* κάπου ‖ **~thing**: *(pron)* κάτι ‖ **~time**: *(adv)* κάποτε, κάποια μέρα ‖ *(adj)* άλλοτε, αλλοτινός ‖ **~times**: *(adv)* πότε-πότε, κάπου-κάπου ‖ **~way, ~ways**: *(adv)* κατά κάποιο τρόπο ‖ **~what**: *(adv)* κάπως ‖ μέχρις ενός βαθμού ‖ **~where**: *(adv)* κάπου

somersault (´sʌmərsɔ:lt) [-ed]: *(v)* κάνω τούμπα ‖ αλλάζω ολότελα πεποιθήσεις ‖ *(n)* τούμπα ‖ αλλαγή πεποιθήσεων

some-thing, ~time, ~times, ~way, ~what, ~where: see some

somnambu-lism (sɔm´næmbjəlizəm): *(n)* υπνοβασία ‖ **~list**: *(n)* υπνοβάτης

somnolen-ce (´sɔmnələns): *(n)* νύστα ‖ **~t**: *(adj)* νυσταλέος

son (sʌn): *(n)* γιός ‖ **~in-law**: *(n)* γαμπρός ‖ **~ny**: *(n)* αγοράκι, γιε μου ‖ **~ of a bitch**: βρομόσκυλο, γιός σκύλας

sonar (´souna:r): *(n)* ηχητικός ανιχνευτής

sonata (sou´na:ta): *(n)* σονάτα

song (sɔ:ŋ): *(n)* τραγούδι ‖ **~ and dance**: *(n)* πολύλογη δικαιολογία ‖ **~ster, ~writer**: *(n)* μουσικοσυνθέτης

sonic (´sɔnik): *(adj)* ηχητικός ‖ **~ barrier**: *(n)* φράγμα του ήχου

son-in-law: see son

sonnet (´sɔnit): *(n)* σονέτο

sonny: see son

soon (su:n): *(adv)* σύντομα ‖ γρήγορα ‖ νωρίς, νωρίτερα από το κανονικό ‖ πρόθυμα ‖ **~er**: καλύτερα, προτιμότερα ‖ συντομότερα ‖ **as ~ as**: μόλις ‖ **as ~ as possible**: όσο το δυνατό συντομότερα

soot (sut): *(n)* αιθάλη, κάπνα ‖ [-ed]: *(v)* σκεπάζω ή λερώνω με καπνιά ‖ **~y**: *(adj)* γεμάτος καπνιά

sooth-e (su:θ) [-d]: *(v)* καταπραΰνω, καλμάρω ‖ παρηγορώ ‖ **~ing**: *(adj)* καταπραϋντικός

sop (sɔp) [-ped]: *(v)* βρέχω, διαποτίζω, μουσκεύω ‖ *(n)* βούτημα ‖ "φίλεμα", "δωράκι" ‖ **~ping**: *(adj)* μουσκεμένος, βρεγμένος ‖ **~py**: *(adj)* μούσκεμα ‖ δακρύβρεχτος

sophist (´sɔfist): *(n)* σοφιστής ‖ **~icate** (sə´fistikeit) [-d]: *(v)* εκλεπτύνω, "ραφινάρω" ‖ κάνω πιο πολύπλοκο ‖ **~icated**: *(adj)* γνώστης, έμπειρος, του κόσμου ‖ πολύπλοκος, τελειοποιημένος ‖ **~ication**: *(n)* γνώση του κόσμου, εμπειρία ‖ τελειοποίηση

sophomore (´sɔfəmɔ:r): *(n)* δευτεροετής φοιτητής ‖ μαθητής πρώτης λυκείου

sopor (´soupɔ:r): *(n)* νάρκη, βαθύς ύπνος ‖ **~iferous, ~ific**: *(adj)* υπνωτικός, ναρκωτικός

sopping ~ py: see sop

soprano (sə´prænou): *(n)* υψίφωνος, "σοπράνο"

sorcer-er (´sɔ:rsərər): *(n)* μάγος ‖ **~ess**: *(n)* μάγισσα ‖ **~y**: *(n)* μαγεία

sordid (´sɔ:rdid): *(adj)* βρομερός ‖ καταθλιπτικός, άθλιος, απαίσιος ‖ χυδαίος, πρόστυχος ‖ τσιγκούνης ‖ **~ness**: *(n)* βρομιά ‖ αθλιότητα ‖ χυδαιότητα

sore (sɔ:r): *(adj)* πονεμένος ‖ πληγωμένος ‖ θυμωμένος ή προσβεβλημένος ‖ *(n)* τραύμα, πληγή ‖ έλκος ‖ **~ head**: *(n)* ευκολοπρόσβλητος ή ευέξαπτος άνθρωπος ‖ **~ly**: *(adv)* με δριμύτητα, με σφοδρότητα ‖ **~ throat**: *(n)* πονόλαιμος ‖ **~ness**: *(n)* πόνος ‖ πληγή

sorori-cide (sə´rɔ:rəsaid): *(n)* αδελφοκτονία, φόνος αδελφής ‖ **~ty**: *(n)* αδελφότητα

sor-row (´sɔ:rou): *(n)* λύπη, θλίψη ‖ [-

ed]: *(v)* θλίβομαι, λυπούμαι ‖
~**rowful**: *(adj)* λυπημένος, θλιμμένος ‖
~**rowfully**: *(adv)* θλιβερά ‖ ~**ry**
(΄sǝri:): *(adj)* λυπημένος ‖ θλιβερός,
πενιχρός, άθλιος ‖ ~**ry!**: συγνώμη!
sort (sǝ:rt): *(n)* είδος ‖ τρόπος ‖ [-ed]:
(v) ταξινομώ ‖ ~ **out**: *(v)* ξεχωρίζω ‖
τακτοποιώ, διευθετώ ‖ **out of** ~**s**:
αδιάθετος ‖ κακοδιάθετος ‖ **after a** ~:
πρόχειρα
sortie (΄sǝ:rti:): *(n)* έξοδος
so-so: see so
sot (sǝt): *(n)* μέθυσος, μεθύστακας ‖
~**tish**: *(adj)* τύφλα στο μεθύσι
soubriquet: see sobriquet
sough (sʌf) [-ed]: *(v)* θροΐζω
sought: see seek
soul (soul): *(n)* ψυχή ‖ ~**ful**: *(adj)* πολύ
αισθηματικός ‖ ~**fulness**: *(n)* αισθημα-
τικότητα ‖ ~**less**: *(adj)* χωρίς αισθήμα-
τα ‖ ~**lessness**: *(n)* έλλειψη αισθημά-
των ‖ ~**mate**: *(n)* ΄΄αδελφή ψυχή΄΄
sound (saund): *(adj)* γερός, αβλαβής ‖
υγιής ‖ στερεός ‖ λογικός, ορθός ‖
βαθύς ‖ *(n)* ήχος ‖ απόσταση ακοής ‖
πορθμός ‖ [-ed]: *(v)* ηχώ, αντηχώ ‖
φαίνομαι ‖ βυθομετρώ ‖ βολιδοσκοπώ
‖ ~ **barrier**: see sonic barrier ‖
~**effects**: ηχητικά ΄΄εφέ΄΄ ‖ ~**er**: *(n)*
βυθόμετρο ‖ κοπάδι αγριογούρουνων
‖ ~**ing**: *(n)* βυθομέτρηση ‖ βολιδοσκό-
πηση ‖ ~**less**: *(adj)* σιωπηλός, αθόρυ-
βος ‖ ~**ly**: *(adv)* γερά ‖ τέλεια ‖ βαθιά
‖ ~**proof**: *(adj)* αντιηχητικός, ηχομο-
νωτικός ‖ *(v)* κάνω αντιηχητικό, μο-
νώνω ‖ ~ **off**: *(v)* φωνασκώ ‖ ~**track**:
(n) ηχητική ζώνη κινημ. ταινίας
soup (su:p): *(n)* σούπα ‖ πυκνή ομίχλη
‖ νιτρογλυκερίνη ‖ **in the** ~: σε μπε-
λάδες ‖ ~ **up**: *(v)* δυναμώνω, ΄΄ανεβά-
ζω΄΄ μηχανή ‖ ~ **spoon**: *(n)* κουτάλι
σούπας ‖ ~**y**: *(adj)* ομιχλιασμένος ‖
αισθηματικός, δακρύβρεχτος
sour (sauǝr): *(adj)* ξινός ‖ ξινισμένος ‖
στριφνός, ΄΄ξινός΄΄ ‖ ανεπιτυχής, χα-
λασμένος ‖ whiskey ~: *(n)* ουΐσκι με
χυμό λεμονιού ‖ [-ed]: *(v)* ξινίζω ‖
~**ly**: *(adv)* στριφνά, κακότροπα ‖
~**ness**: *(n)* ξινίλα ‖ ~**puss**: *(n)* στριφ-
νός άνθρωπος, κατσούφης

source (sǝ:rs): *(n)* πηγή ‖ προέλευση,
΄΄πηγή΄΄
sourness, ~ **puss**: see sour
souse (saus) [-d]: *(v)* βουτώ, καταβρέ-
χω, μουσκεύω
south (sauth): *(n)* νότος ‖ *(adj)* νότιος ‖
(adv) νότια, προς νότον ‖ ~ **bound**:
(adj) με νότια κατεύθυνση ‖ ~**east**:
(adj) νοτιοανατολικός ‖ ~**easter**: *(n)*
νοτιοανατολικός άνεμος ‖ ~**easterly**:
(adj) νοτιοανατολικός, από νοτιοανα-
τολικά ‖ ~**eastward**: *(adv)* προς νοτιο-
ανατολάς ‖ ~**er**: *(n)* νοτιάς ‖ ~**erly**:
(adj) νότιος ‖ *(n)* νότιος άνεμος ‖
~**ern**: *(adj)* νότιος ‖ ~**erner**: *(n)* κάτοι-
κος του νότου ‖ ~**ern lights**: *(n)* νό-
τιο σέλας ‖ ~**ing**: *(n)* νότια πορεία ‖
~**paw**: *(adj)* αριστερόχειρας ‖ S~ **Pole**:
(n) νότιος πόλος ‖ ~**ward**, ~**wards**:
(adv) προς νότο ‖ ~**west**: *(adj)* νοτιο-
δυτικός ‖ ~**wester**: *(n)* νοτιοδυτικός
άνεμος ‖ ~**westward**: *(adv)* προς τα
νοτιοδυτικά
souvenir (su:vǝ΄niǝr): *(n)* ενθύμιο,
΄΄σουβενίρ΄΄
sovereign (΄sovǝrǝn): *(n)* βασιλιάς ή
βασίλισσα, μονάρχης, ηγεμόνας ‖ χρυ-
σό νόμισμα μιας λίρας ‖ *(adj)* ανώτα-
τος ‖ κυρίαρχος ‖ ~**ty**: *(n)* ανωτάτη
αρχή ‖ ηγεμονία ‖ κυριαρχία ‖ αυτο-
κυριαρχία, ανεξαρτησία
soviet (΄souvi:et): *(adj)* σοβιετικός ‖ **S~
Union**: *(n)* Σοβιετική Ένωση
sow (sou) [-ed]: *(v)* σπέρνω ‖ διασπεί-
ρω ‖ *(n)* γουρούνα ‖ ~**belly**: *(n)* πα-
στό χοιρινό
sox: socks: see sock
soy (soi), ~ **bean**: *(n)* σόγια
spa (spa:): *(n)* ιαματική πηγή ‖ μέρος
ιαματικών πηγών, λουτρόπολη
spac-e (speis): *(n)* διάστημα ‖ χώρος ‖
χρονικό διάστημα ‖ [-d]: *(v)* τοποθετώ
ή διευθετώ κατά διαστήματα ‖ καθο-
ρίζω απόσταση μεταξύ τμημάτων ‖
~**ecraft**, ~**evehicle**, ~**eship**: *(n)* διαστη-
μόπλοιο ‖ ~**eman**: *(n)* αστροναύτης ‖
~**eport**: *(n)* διαστημοδρόμιο ‖ ~**e
probe**: *(n)* δορυφόρος ή διαστημό-
πλοιο παρατηρήσεων ‖ ~**e shuttle**:
(n) διαστημόπλοιο μεταφοράς μεταξύ

γης και διαστημικού σταθμού ή δορυφόρου ΙΙ **~e sickness**: *(n)* ασθένεια διαστήματος ΙΙ **~e station**: *(n)* δορυφόρος-εξέδρα, εξέδρα διαστήματος ΙΙ **~e suit**: *(n)* στολή διαστήματος ΙΙ **~ing**: *(n)* τοποθέτηση κατά διαστήματα ΙΙ διάστημα, χώρισμα ΙΙ **~ious**: *(adj)* ευρύχωρος

spade (speid): *(n)* σκαπάνη, τσάπα ΙΙ μπαστούνι τράπουλας ΙΙ [-d]: *(v)* τσαπίζω ΙΙ **call a ~ a ~**: να λες τα σύκα, σύκα ΙΙ **~work**: *(n)* τσάπισμα ΙΙ προκαταρκτική ή προπαρασκευαστική εργασία

spaghetti (spə΄geti:): *(n)* σπαγγέτο

Spain (spein): *(n)* Ισπανία

span (spæn): *(n)* άνοιγμα ΙΙ απόσταση, διάστημα ΙΙ περίοδος ΙΙ [-ned]: *(v)* μετρώ με πιθαμές ΙΙ ξευγνύω, εκτείνομαι από το ένα μέρος σε άλλο ΙΙ γεφυρώνω ΙΙ δένω ΙΙ **life ~**: *(n)* διάρκεια ζωής

spangle (΄spæŋgəl): *(n)* see sequin ΙΙ [-d]: *(v)* στολίζω ΙΙ **star ~d**: αστερόεσσα

Span-iard (΄spænjərd): *(n)* Ισπανός ΙΙ **~ish**: *(adj)* ισπανικός ΙΙ *(n)* ισπανική γλώσσα

spaniel (΄spænjəl): *(n)* σκυλί σπάνιελ ΙΙ ήσυχος και βολικός άνθρωπος, "αρνάκι"

spank (spæŋk) [-ed]: *(v)* περπατώ ζωηρά ΙΙ ξυλίζω στον πισινό ΙΙ *(n)* ξυλιά ΙΙ **~ing**: *(n)* ξύλισμα, δάρσιμο ΙΙ *(adj)* εξαιρετικός ΙΙ ζωηρός, φρέσκος

spanner (΄spænər): *(n)* κλειδί περικοχλίων

spar (spa:r) [-red]: *(v)* πυγμαχώ για άσκηση ΙΙ λογομαχώ

spare (speər) [-d]: *(v)* φείδομαι ΙΙ φέρνομαι με επιείκεια ΙΙ γλυτώνω ΙΙ μου περισσεύει, διαθέτω, μπορώ να διαθέσω ΙΙ εξοικονομώ ΙΙ *(adj)* εφεδρικός ΙΙ περισσεύόμενος, παραπανίσιος ΙΙ διαθέσιμος, ελεύθερος ΙΙ λιτός, οικονομικός ΙΙ *(n)* εφεδρικό κομμάτι, ανταλλακτικό ΙΙ **~ribs**: *(n)* χοιρινά παϊδάκια ΙΙ **~part**: *(n)* ανταλλακτικό ΙΙ **~wheel**: *(n)* ρεζέρβα, εφεδρικός τροχός ΙΙ **to ~**: και με το παραπάνω, και περισσεύει

spark (spa:rk): *(n)* σπινθήρας ΙΙ σπίθα ΙΙ [-ed]: *(v)* σπινθηρίζω ΙΙ σπινθηροβολώ,

βγάζω σπίθες ΙΙ κάνω "κόρτε", "φλερτάρω" ΙΙ **~ plug**: *(n)* πώμα σπινθήρων, "μπουζί" ΙΙ **~plug** [-ged]: *(v)* δίνω ζωή, εμπνέω ΙΙ **~s**: *(n)* ασυρματιστής πλοίου

sparkl-e (΄spa:rkəl) [-d]: *(v)* σπινθηροβολώ ΙΙ αστράφτω, λάμπω ΙΙ *(n)* σπινθήρας, σπίθα ΙΙ λάμψη, ακτινοβολία ΙΙ ζωηράδα, "σπιρτάδα" ΙΙ **~er**: *(n)* διαμάντι ΙΙ **~ing**: *(adj)* σπινθηροβόλος ΙΙ αστραφτερός ΙΙ **~ing wine**: *(n)* αφρώδες κρασί

sparling (΄spa:riŋ): *(n)* μαρίδα

sparrow (΄spærou): *(n)* σπουργίτης

sparse (spa:rs): *(adj)* αραιός ΙΙ **~ly**: *(adv)* αραιά ΙΙ **~ness**: *(n)* αραιότητα

spasm (΄spæzəm): *(n)* σπασμός ΙΙ ξαφνική έκρηξη ενέργειας ή αισθήματος ΙΙ **~odic**: *(adj)* σπασμωδικός ΙΙ **~odically**: *(adv)* σπασμωδικά

spastic (΄spæstik): *(adj)* σπαστικός

spat: see spit ΙΙ *(n)* μικροφιλονικία ΙΙ καρπαζιά ΙΙ πλατάγισμα ΙΙ γκέτα

spate (speit): *(n)* πλημμύρα, κατακλυσμός

spatial (΄speiʃəl): *(adj)* διαστημικός ΙΙ χωρικός, του χώρου

spatter (΄spætər) [-ed]: *(v)* πιτσιλίζω ΙΙ κηλιδώνω, δυσφημώ ΙΙ *(n)* πιτσίλισμα, ράντισμα ΙΙ πιτσιλιστός ήχος

spatula (΄spætʃələ): *(n)* επάλειπτο, "σπάτουλα"

spawn (spɔ:n): *(n)* αυγά ψαριών ή αμφιβίων ΙΙ γενιά, γένος ΙΙ απόγονος, "βλαστάρι", γόνος ΙΙ [-ed]: *(v)* γεννώ αυγά ΙΙ αφήνω απογόνους, γεννώ

speak (spi:k) [spoke, spoken]: *(v)* μιλώ ΙΙ συνομιλώ ΙΙ βγάζω λόγο ΙΙ φωνάζομαι ΙΙ **~easy**: *(n)* ταβέρνα με παράνομα ποτά ΙΙ **~er**: *(n)* ομιλητής ΙΙ προεδρεύων συνέλευσης ΙΙ μεγάφωνο ΙΙ **~ing**: *(adj)* εκφραστικός ΙΙ **on ~ing terms**: γνωστοί, με φιλικές σχέσεις ΙΙ **loud - ~er**: *(n)* μεγάφωνο ΙΙ **so to ~**: δηλαδή, να πούμε ΙΙ **~ for**: *(v)* συνηγορώ ΙΙ αντιπροσωπεύω ΙΙ **~ one's mind**: λέω καθαρά τη γνώμη μου ΙΙ **~ out**: *(v)* μιλώ χωρίς δισταγμούς ΙΙ μιλώ καθαρότερα ΙΙ **~ up**: *(v)* μιλώ πιο δυνατά

spear (spiər): *(n)* δόρυ ΙΙ ακόντιο ΙΙ λε-

special

πτό κοτσάνι ‖ [-ed]: *(v)* τρυπώ με ακόντιο ‖ πιάνω με αιχμηρό όργανο, πηρουνιάζω ‖ ~**head**: *(n)* αιχμή κονταριού ‖ ειδικό τμήμα στρατού, προφυλακή ‖ ~**head** [-ed]: *(v)* ηγούμαι ‖ ~**mint**: *(n)* δυόσμος ‖ ~**side**: *(n)* αρσενική πλευρά οικογένειας, άρρενα μέλη

special (´speʃəl): *(adj)* ειδικός ‖ ιδιαίτερος ‖ εξαιρετικός ‖ *(n)* ειδική υπηρεσία ή ειδικό τμήμα ‖ ~ **delivery**: *(n)* επείγουσα ταχυδρομική αποστολή, ''εξπρές'' ‖ ~**ist**: *(n)* ειδικός ‖ ~**ity**: *(n)* ιδιαίτερο χαρακτηριστικό ‖ ιδιοτροπία ‖ λεπτομέρεια ‖ ειδικότητα ‖ ''σπεσιαλιτέ'' ‖ ~**ization**: *(n)* ειδίκευση ‖ ~**ize** (´speʃəlaiz) [-d]: *(v)* ειδικεύομαι ‖ προσδιορίζω, καθορίζω ‖ ~**ty**: *(n)* ειδικότητα

specie (´spi:ʃi:): *(n)* κέρμα ‖ **in** ~: σε κέρματα ‖ σε είδος ‖ ~**s**: *(n)* είδος

specif-ic (spə´sifik): *(adj)* ειδικός ‖ ορισμένος ‖ ιδιαίτερος ‖ ~**ically**: *(adv)* ειδικά ‖ ορισμένα, συγκεκριμένα ‖ ~**ication**: (spesifi´keiʃən): *(n)* καθορισμός ‖ περιγραφή ‖ ρήτρα ‖ προδιαγραφή ‖ ~**ic gravity**, ~**ic weight**: *(n)* ειδικό βάρος ‖ ~**y** (´spesifai) [-ied]: *(v)* καθορίζω, προσδιορίζω ‖ προδιαγράφω

specimen (´spesəmən): *(n)* τύπος ‖ δείγμα

speck (spek): *(n)* κόκκος ‖ κομματάκι, μόριο ‖ κηλίδα ‖ [-ed]: *(v)* κηλιδώνω ‖ ~**le**: *(n)* βούλα, σημαδάκι ‖ ~**led**: *(adj)* διάστικτος ‖ ~**s** (also: specs): *(n)* γυαλιά, ματογυάλια

specta-cle (´spektəkəl): *(n)* θέαμα ‖ ~**cled**: *(adj)* διοπτροφόρος ‖ ~**cles**: *(n)* γυαλιά ‖ ~**cular** (spek´tækjələr): *(adj)* θεαματικός ‖ ~**cularity**: *(n)* θεαματικότητα ‖ ~**tor** (´spekteitər): *(n)* θεατής

spect-er (´spektər), **spectre**: *(n)* φάντασμα ‖ ~**ral**: *(adj)* φασματικός ‖ σαν φάντασμα, φαντασματώδης ‖ ~**rum**: *(n)* φάσμα

specula-te (´spekjəleit) [-d]: *(v)* σκέπτομαι, συλλογίζομαι ‖ κερδοσκοπώ ‖ ~**tion**: *(n)* σκέψη, συλλογισμός, διαλο-

γισμός ‖ συμπέρασμα ‖ κερδοσκοπία ‖ ~**tive**: *(adj)* θεωρητικός ‖ σκεπτικός, συλλογισμένος ‖ κερδοσκοπικός ‖ ~**tor**: *(n)* κερδοσκόπος

sped: see speed

speech (spi:tʃ): *(n)* ομιλία, λόγος ‖ συνομιλία ‖ ~ **community**: *(n)* ομόγλωσσοι ‖ ~**ify** [-ied]: *(v)* μιλώ πομπωδώς ‖ ~**less**: *(adj)* άλαλος, άφωνος

speed (spi:d): *(n)* ταχύτητα ‖ διεγερτικό *(id)* ‖ [~ ed or sped]: *(v)* σπεύδω ‖ επισπεύδω ‖ ~**ball**: *(n)* δόση ναρκωτικού *(id)* ‖ ~**boat**: *(n)* βενζινάκατος ‖ ~**er**: *(n)* οδηγός που τρέχει υπερβολικά ‖ ~**ing**: *(adj)* ταχυκίνητος ‖ *(n)* υπερβολική ταχύτητα ‖ ~**limit**: *(n)* ανώτατο όριο ταχύτητας ‖ ~**ometer**: *(n)* ταχύμετρο, δείκτης ταχύτητας ‖ ~**ster**: *(n)* αυτοκίνητο σπορ ‖ ~ **up**: *(v)* επιταχύνω ‖ *(n)* αύξηση παραγωγής ‖ ~**way**: *(n)* αυτοκινητόδρομος ‖ ~**y**: *(adj)* γρήγορος, ταχύς ‖ άμεσος

spell (spel) [-ed or spelt]: *(v)* γράφω ή λέω τα γράμματα μιας λέξης, λέω ή γράφω την ορθογραφία ‖ αντικαθιστώ για λίγο ‖ γράφομαι ‖ σημαίνω ‖ *(n)* μαγεία, γοητεία ‖ μικρό χρονικό διάστημα ‖ περίοδος ‖ μικρή απόσταση ‖ ~**bind** [-bound]: *(v)* γοητεύω, μαγεύω ‖ ~**bound**: *(adj)* μαγεμένος ‖ ~**er**: *(n)* βιβλίο ορθογραφίας ‖ ~**ing**: *(n)* ορθογραφία ‖ ~ **out**: *(v)* ξεκαθαρίζω, διασαφηνίζω ‖ αντιλαμβάνομαι

spelt: see spell

spend (spend) [spent, spent]: *(v)* δαπανώ, ξοδεύω ‖ καταναλώνω ‖ εξαντλώ ‖ περνώ ‖ ~**er**: *(n)* άνθρωπος που δεν λογαριάζει τα έξοδα ‖ ~**able**: *(adj)* αναλώσιμος ‖ ~**ing money**: *(n)* λεφτά για μικροέξοδα, ''χαρτζιλίκι'' ‖ ~**thrift**: *(n)* σπάταλος

spent (spent): see spend ‖ *(adj)* καταναλωμένος ‖ περασμένος ‖ εξαντλημένος

sperm (spə:rm): *(n)* σπέρμα ‖ ~**aceti** (spə:rmə´ceti:): *(n)* σπαρματσέτο ‖ ~**atic**: *(adj)* σπερματικός ‖ ~**whale**: *(n)* φυσητήρας (φάλαινα)

spew (spju:) [-ed]: *(v)* βγάζω ή πετώ με δύναμη ‖ εξεμώ, πετάω από το στόμα, κάνω εμετό ‖ *(n)* έμετος

358

spher-al (´sfiərəl): (adj) συμμετρικός ‖
σφαιροειδής ‖ **~e** (sfiər): (n) σφαίρα ‖
~e [-d]: (v) περιβάλλω ‖ κάνω σφαιρι-
κό ‖ **~ical, ~ic**: (adj) σφαιρικός ‖
~oid: (n) σφαιροειδές
sphinx (sfinks): (n) σφίγγα
spic (spik), **~ k**: (n) Μεξικάνος, Ισπα-
νός ‖ **~ and span, ~k and span**: κα-
τακάθαρος ‖ της ώρας
spic-e (spais): (n) μπαχαρικό, καρύκευ-
μα ‖ πικάντικο άρωμα ‖ [-d]: (v) κα-
ρυκεύω, βάζω μπαχαρικά ‖ δίνω ζωή
‖ **~ery**: (n) μπαχαρικά ‖ **~y**: (adj) με
μπαχαρικά, αρωματισμένος, νόστιμος
‖ πικάντικος
spider (´spaidər): (n) αράχνη ‖ πυρο-
στιά ‖ **~y**: (adj) αραχνοειδής ‖ ψηλόλι-
γνος ‖ μακρόστενος ‖ γεμάτος αρά-
χνες
spiel (spi:l): (n) πολυλογία
spigot (´spigət): (n) πείρος ‖ στρόφιγ-
γα, κάνουλα
spike (spaik): (n) ήλος, μεγάλο καρφί ‖
αιχμή ‖ πάσσαλος ‖ στάχυ ‖ [-d]: (v)
καρφώνω ‖ ματαιώνω ‖ **~ heel**: (n)
πολύ ψηλό τακούνι ‖ **~s**: (n) αθλητικά
παπούτσια με καρφιά
spill (spil) [-ed or spilt]: (v) χύνω ‖ χύ-
νομαι ‖ ρίχνω ‖ σκορπίζω ‖ μαρτυ-
ράω, λέω, τα βγάζω στη ''φόρα'' ‖
(n) ρίξιμο ‖ χύσιμο ‖ **~ out**: (v) ξεχύ-
νομαι ‖ **~age**: (n) χύσιμο ‖ ρίξιμο
spin (spin) [spun or span, spun]: (v) πε-
ριδινούμαι ‖ στριφογυρίζω ‖ παραπα-
τώ, ζαλίζομαι ‖ οδηγώ γρήγορα ‖
κλώθω, γνέθω ‖ περιστρέφω, γυρίζω ‖
(n) περιδίνηση ‖ στροφή, περιστροφή
‖ διανοητική σύγχυση ‖ **~dle**: (n)
άτρακτος, αξονίσκος ‖ αδράχτι ‖
~dly: (adj) ψηλόλιγνος ‖ **~ner**: (n)
κλώστης, υφαντής ‖ **~nery**: (n) κλω-
στήριο ‖ **~ning**: (n) περιδίνηση ‖ κλώ-
σιμο ‖ **~ning wheel**: (n) ανέμη ‖ **~-
the-bottle**: (n) παιχνίδι της μπουκά-
λας, στριφογύρισμα της μπουκάλας
spinach (´spinit∫): (n) σπανάκι
spin-al (´spainəl): (adj) νωτιαίος ‖
σπονδυλικός ‖ **~al column**: (n) σπον-
δυλική στήλη ‖ **~al cord**: (n) νωτιαίος
μυελός ‖ **~e** (spain): (n) σπονδυλική

στήλη ‖ αγκάθι ‖ **~eless**: ασπόνδυλος
‖ άβουλος, δειλός ‖ **~elessness**: (n)
δειλία, αβουλία ‖ **~y** (´spaini:): (adj)
αγκαθωτός
spin-dle, ~dly: see under spin
spine, ~less: see spinal
spin-ner, ~nery, ~ning: see under spin
spinster (´spinstər): (n) γεροντοκόρη
spiny: see under spinal
spiral (´spairəl): (n) σπείρα, έλικας ‖
ανακύκλωση ‖ (adj) σπειροειδής, ελι-
κοειδής ‖ [-ed]: (v) σχηματίζω σπείρα
‖ κινούμαι ή ανέρχομαι σπειροειδώς ‖
~ly: (adv) σπειροειδώς
spire (spaiər): (n) πύργος ‖ οβελίσκος ‖
[-d]: (v) υψώνομαι σαν οβελίσκος
spirit (´spirit): (n) πνεύμα ‖ διάθεση ‖
σθένος ‖ οινόπνευμα, ''σπίρτο'' ‖ **S~**:
Άγιο Πνεύμα ‖ [-ed]: (v) δίνω θάρρος,
εμψυχώνω ‖ **~ away**: (v) απομακρύνω
ή φυγαδεύω μυστηριωδώς ή κρυφά ‖
~ed: (adj) ζωηρός ‖ σθεναρός, θαρρα-
λέος ‖ **~less**: (adj) άτονος, χωρίς ψυχή
‖ χωρίς ενθουσιασμό ‖ **~lessly**: (adv)
άτονα, χωρίς ψυχή ‖ χωρίς ενθουσια-
σμό ‖ **~ level**: (n) αεροστάθμη, ''αλ-
φάδι'' ‖ **~ual** (´spirit∫u:əl): (adj) πνευ-
ματικός ‖ (n) θρησκευτικό τραγούδι
Νέγρων ‖ **~ualism**: (n) πνευματισμός ‖
~uous: (adj) οινοπνευματώδης
spit (spit) [spat, spat]: (v) φτύνω ‖ (n)
φτύσιμο ‖ σάλιο ‖ σούβλα ‖ **~fire**:
(n) ευέξαπτος ‖ **~ting image**: (n) πα-
ρόμοιος, ''ολόφτυστος'' ‖ **~tle**: (n)
σάλιο ‖ **~toon**: (n) πτυελοδοχείο
spite (spait) [-d]: (v) πεισμώνω, κάνω
να πεισμώσει, πικάρω ‖ δείχνω κακία
‖ (n) κακία ‖ **~ful**: (adj) κακός ‖ εκδι-
κητικός ‖ **~fully**: (adv) με κακία, με
πείσμα ‖ **in ~ of**: παρά, παρόλα αυτά
spit-fire, ~ting, ~tle, ~toon: see under
spit
splash (splæ∫) [-ed]: (v) πιτσιλίζω ‖
τσαλαβουτώ ‖ πιτσιλίζομαι, πετιέμαι ‖
(n) πιτσίλισμα ‖ τσαλαβούτημα ‖ ζωη-
ρό σημάδι ‖ **~ down**: (n) προσθαλάσ-
σωση πυραύλου ή δορυφόρου ‖ **~y**:
(adj) με ζωηρά σημάδια, πολύχρωμος
‖ φανταχτερός, επιδεικτικός
splatter (´splætər) [-ed]: (v) πιτσιλίζω

359

splay

με βρομιές

splay (splei): *(n)* διεύρυνση ‖ [-ed]: *(v)* απλώνω ‖ απλώνομαι, τεντώνομαι

spleen (spli:n): *(n)* σπλήνα ‖ κακοκεφιά ‖ ~**ful**: *(adj)* κακόκεφος

splend-id (́splendid): *(adj)* λαμπρός ‖ έξοχος, εξαίρετος ‖ ~**idly**: *(adv)* λαμπρά ‖ έξοχα ‖ ~**or**, ~**our**: *(n)* λαμπρότητα, αίγλη ‖ μεγαλοπρέπεια

splice (splais) [-d]: *(v)* συνδέω, ενώνω ‖ παντρεύω *(id)* ‖ *(n)* συναρμογή, σύνδεση

splint (splint): *(n)* κομμάτι ‖ νάρθηκας ‖ καλάμι πλεκτικής ‖ ~**er**: *(n)* σχίζα, πελεκούδι ‖ ~**er** [-ed]: *(v)* σκίζομαι ‖ σπάζω ‖ ~**er group**: *(n)* αποστάτες κόμματος

split (split) [-ted]: *(v)* σχίζω ‖ σπάζω ‖ απότομα ‖ διασπώ ‖ σχίζομαι ‖ διασπώμαι, αποχωρίζομαι ‖ μοιράζω, διαμοιράζομαι ‖ *(n)* σχίσιμο ‖ σχίσμα, διάσπαση ‖ μερίδιο ‖ σπάσιμο ‖ κομματάκι, φετούλα ‖ *(adj)* σκισμένος ‖ χωριστός ‖ ~**level**: *(adj)* με ανισοϋψή πατώματα ‖ ~ **personality**: διχασμένη προσωπικότητα ‖ ~ **second**: μια στιγμούλα, απειροελάχιστη στιγμή ‖ ~**ting**: *(adj)* διαπεραστικός, οξύς ‖ *(n)* διάσπαση

splutter (́splʌtər) [-ed]: *(v)* τραυλίζω, μιλώ συγκεχυμένα ‖ πλαταγίζω ‖ *(n)* πλατάγισμα

spoil (spoil) [-ed]: *(v)* καταστρέφω, χαλώ ‖ κακομαθαίνω, παραχαϊδεύω, "χαλάω" ‖ καταστρέφομαι, χαλάω ‖ ~**s**: *(n)* λεία, πλιάτσικο ‖ ~ **for**: *(v)* επιθυμώ ζωηρά, "ψοφώ" για κάτι ‖ ~**age**: *(n)* καταστροφή, χάλασμα ‖ ~**er**: *(n)* πλιατσικολόγος ‖ ~ **sport**: *(n)* άνθρωπος που χαλά τη διασκέδαση ή το κέφι, "γρουσούζης"

spoke (spouk): see speak ‖ *(n)* ακτίνα τροχού ‖ ακτίνα πηδαλίου πλοίου ‖ εμπόδιο, φρένο ‖ [-d]: *(v)* σταματώ τροχό με εμπόδιο ‖ ~**n**: see speak ‖ ~ **shave**: *(n)* ξέστρο, ξύστρα ‖ ~**sman**: *(n)* ομιλητής, εκπρόσωπος ‖ ~**swoman**: *(n)* ομιλήτρια, εκπρόσωπος

spondylitis (spɔndə ́laitis): *(n)* σπονδυλίτιδα

spong-e (spʌndz): *(n)* σπόγγος ‖ σφουγγάρι ‖ ζυμάρι με μαγιά, ζυμάρι "ανεβασμένο", "γινωμένο" ‖ μπεκροκανάτας *(id)* ‖ σελέμης, τρακαδόρος *(id)* ‖ [-d]: *(v)* σφουγγίζω ‖ κάνω τράκα *(id)* ‖ ψαρεύω, σφουγγάρια ‖ ~**ecake**: *(n)* αφράτο κέικ, αφράτο παντεσπάνι ‖ ~**er**: *(n)* σφουγγαράς ‖ σελέμης, τρακαδόρος ‖ ~**y**: *(adj)* σπογγώδης, αφράτος

sponsor (́spɔnsər): *(n)* υποστηρικτής, πάτρονας ‖ εγγυητής ή εισηγητής υποψηφίου ‖ εισηγητής νομοσχεδίου ‖ ανάδοχος ‖ [-ed]: *(v)* υποστηρίζω, πατρονάρω ‖ εισάγω, εισηγούμαι

spontane-ity (spɔntə ́ni:əti:): *(n)* αυθορμητισμός ‖ το αυθόρμητο ‖ ~**ous** (spɔn ́teini:əs): *(adj)* αυθόρμητος ‖ ορμέμφυτος ‖ γηγενής, έμφυτος ‖ ~**ously**: *(adv)* αυθόρμητα ‖ ~**ousness**: *(n)* αυθορμητισμός ‖ ~**ous abortion**: *(n)* αποβολή

spoof (spu:f) [-ed]: *(v)* εξαπατώ ‖ σατιρίζω ‖ *(n)* ανοησία, "μπούρδα" ‖ απάτη ‖ παρωδία, σάτιρα

spook (spu:k) [-ed]: *(v)* τρομάζω, σκιάζω, ξαφνιάζω ‖ *(n)* φάντασμα, στοιχειό ‖ μυστικός πράκτορας *(id)* ‖ ~**y**: *(adj)* τρομακτικός ‖ στοιχειωμένος ‖ ευκολόσκιαχτος, νευρικός

spool (spu:l): *(n)* πηνίο ‖ κουβαρίστρα, καρούλι ‖ [-ed]: *(v)* τυλίγω

spoon (spu:n): *(n)* κουτάλι ‖ [-ed]: *(v)* παίρνω κουταλιά ‖ φλερτάρω, ερωτοτροπώ ‖ ~**bill**: *(n)* αγριόπαπια ‖ ερωδιός, ψαροφάγος ‖ ~**feed**: *(v)* δίνω κουταλιά, ταΐζω κουταλιά-κουταλιά ‖ ~**fed**: *(adj)* μαμόθρεφτος, καλομαθημένος ‖ καθ' υπαγόρευση ‖ ~**ful**: *(n)* κουταλιά ‖ ~**y**, ~**ey**: *(adj)* σαχλοαισθηματικός, "σαλιάρης"

spoor (spur): *(n)* ίχνος ζώου, "ντορός" ‖ [-ed]: *(v)* ιχνηλατώ, βρίσκω τον "ντορό"

sporadic (spɔ: ́rædik): *(adj)* σποραδικός ‖ ~**ally**: *(adv)* σποραδικά

spore (spɔ:r): *(n)* σπόριο, σπόρος

sport (spɔ:rt): *(n)* αθλητισμός, "σπορ" ‖ αθλοπαιδιά, παιδιά ‖ αστείο, "πλάκα" ‖ άνθρωπος που δέχεται μια πε-

360

ρίσταση κατά ορισμένο τρόπο καλά ή κακά ‖ εύθυμος, γλεντζές ‖ [-ed]: *(v)* παίζω ‖ αστειεύομαι ‖ επιδεικνύω ‖ **~ing**: *(adj)* αθλητικός, "σπορ" ‖ τίμιος, καλός ‖ **~ing chance**: *(n)* κάμποση πιθανότητα επιτυχίας ‖ **~ive**: *(adj)* παιχνιδιάρης ‖ αθλητικός ‖ **~s car**: *(n)* αυτοκίνητο αυτοκινητοδρομιών ‖ αυτοκίνητο σπορ ‖ **~sman**: *(n)* αθλητής ‖ φίλαθλος ‖ τίμιος παίκτης, που παίζει σύμφωνα με κανονισμούς ‖ **~smanship**: *(n)* φίλαθλο πνεύμα ‖ τιμιότητα σε αθλητικό παιχνίδι ‖ **~swear**: *(n)* ρούχα αθλητικά, ρούχα για σπορ ‖ **~swoman**: *(n)* αθλήτρια ‖ **~y**: *(adj)* σπορ ‖ εύθυμος ‖ **in ~**: στ' αστεία ‖ **make ~ of**: *(v)* το παίρνω στα αστεία

spot (spɔt): *(n)* σημείο ‖ κηλίδα, σημάδι ‖ μέρος, τόπος ‖ δύσκολη περίσταση ή κατάσταση ‖ λίγο, λιγουλάκι ‖ [-ted]: *(v)* κηλιδώνω ‖ βάζω σημαδάκια ή βούλες ‖ τοποθετώ ‖ εντοπίζω, διακρίνω την τοποθεσία ‖ γεμίζω σημαδάκια ‖ *(adj)* άμεσος, επί τόπου ‖ **hit the ~**: *(v)* είμαι ακριβώς ό,τι χρειάζεται ‖ **in ~s**: σποραδικά, κατά καιρούς ‖ εδώ κι' εκεί, κατά σημεία ‖ **on the ~**: επί τόπου ‖ αμέσως ‖ σε δυσκολία, σε δύσκολη θέση ‖ **~ check**: *(n)* τυχαίος και βιαστικός έλεγχος ‖ **~-check** [-ed]: *(v)* κάνω τυχαίο και βιαστικό έλεγχο ‖ **~less**: *(adj)* ακηλίδωτος, κατακάθαρος ‖ **~lessly**: *(adv)* κατακάθαρα, ακηλίδωτα ‖ **~light**: *(n)* προβολέας, "σποτ" ‖ κέντρο ενδιαφέροντος ‖ φως δημοσιότητας ‖ **~light** [-ed or lit]: *(v)* ρίχνω το φως του προβολέα, φωτίζω με προβολέα ‖ ρίχνω το ενδιαφέρον, κάνω κέντρο ενδιαφέροντος ‖ **~ted**: *(adj)* διάστικτος, με κηλίδες, με βούλες ‖ **~ter**: *(n)* ανιχνευτής ‖ εντοπιστής ‖ **~ty**: *(adj)* see ~ ted

spous-al ('spauzəl): *(adj)* γαμήλιος ‖ **~als**: *(n)* γάμος, γαμήλιος τελετή ‖ **~e**: *(n)* σύζυγος

spout (spaut) [-ed]: *(v)* αναπηδώ, ξεπηδώ ορμητικά, εκτοξεύομαι, ξεχύνομαι ορμητικά ‖ εκτοξεύω, ξεχύνω, πετάω με δύναμη ‖ μιλώ ακατάσχετα, φλυα-

ρώ ακατάσχετα ‖ *(n)* σωλήνα εκροής, στόμιο ροής ‖ εκροή, εκτόξευση

sprain (sprein) [-ed]: *(v)* στραμπουλίζω ‖ *(n)* στραμπούλιγμα

sprang: see spring

sprawl (sprɔːl) [-ed]: *(v)* ξαπλώνω, τεντώνομαι φαρδιά-πλατιά ‖ εκτείνομαι, απλώνομαι ‖ *(n)* ξάπλα, τέντωμα ‖ εξάπλωση ‖ **~ing**: *(adj)* εκτεταμένος, απλωμένος

spray (sprei) [-ed]: *(v)* ψεκάζω ‖ *(n)* ψεκασμός ‖ λεπτά σταγονίδια ‖ ψεκαστήρας ‖ **~er, ~gun**: *(n)* ψεκαστήρας

spread (spred) [spread, spread]: *(v)* εκτείνω, απλώνω ‖ εξαπλώνω, διαδίδω ‖ επιστρώνω, επαλείφω ‖ *(n)* έκταση ‖ εξάπλωση, διάδοση ‖ κτήμα ‖ σκέπασμα, τραπεζομάντηλο ή ντιβανοσκέπασμα ‖ πλουσιοπάροχο γεύμα

spree (spriː): *(n)* ξεφάντωμα ‖ **bying ~**: *(n)* ασυλλόγιστα ψώνια

sprig (sprig): *(n)* βλαστάρι, κλωνάρι ‖ καρφί χωρίς κεφάλι ‖ νεαρούλης

spright (sprait): see sprite ‖ **~ly**: *(adj)* ζωηρός, ζωντανός ‖ *(adv)* ζωηρά, με ζωντάνια

spring (spriŋ) [sprang, sprung]: *(v)* πηδώ, αναπηδώ ‖ πετάγομαι, εμφανίζομαι ξαφνικά ‖ πηγάζω ‖ ξελασκάρω ‖ εμφανίζω ξαφνικά ‖ βγάζω από τη φυλακή *(id)* ‖ *(n)* ελατήριο ‖ κινητήρια δύναμη ‖ πήδημα, αναπήδηση ‖ πηγή ‖ άνοιξη ‖ *(adj)* ελατηριωτός ‖ πηγαίος ‖ ανοιξιάτικος ‖ **~ balance**: *(n)* ζυγαριά με ελατήριο, πλάστιγγα ‖ **~board**: *(n)* σανίδα καταδύσεων, "τραμπλέν" ‖ **~chicken**: *(n)* αγαθούλης, απλοϊκός ‖ **~lock**: *(n)* αυτόματος σύρτης ‖ **~y**: *(adj)* ελαστικός ‖ γεμάτος πηγές

sprinkl-e ('spriŋkəl) [-d]: *(v)* ραντίζω ‖ *(n)* ράντισμα ή ψιλή βροχούλα ‖ **~er**: *(n)* ραντιστήρι ‖ ποτιστήρι ‖ **~ing**: *(n)* ράντισμα ‖ ελάχιστη ποσότητα

sprint (sprint) [-ed]: *(v)* τρέχω με μεγάλη ταχύτητα ‖ *(n)* τρέξιμο με μεγάλη ταχύτητα ‖ δρόμος ταχύτητας ‖ **~er**: *(n)* δρομέας ταχύτητας

sprite (sprait): *(n)* στοιχειό, καλικάντζαρος, νεράιδα

sprocket

sprocket (´sprɔkit): *(n)* οδόντωση ‖ ~ **wheel**: *(n)* οδοντωτός τροχός

sprout (spraut) [-ed]: *(v)* εκβλαστάνω ‖ ξεπετάγομαι ‖ ξεπετάω ‖ *(n)* βλαστός ‖ ~**s**: *(n)* λάχανο

spruce (spru:s): *(n)* έλατο ‖ ευπαρουσίαστος, κομψός ‖ [-d]: *(v)* κομψοντύνομαι

sprung: see spring

spry (sprai): *(adj)* ζωηρός, γεμάτος ζωντάνια ‖ ~**ly**: *(adv)* ζωντανά, ζωηρά ‖ ~**ness**: *(n)* ζωντάνια

spud (spʌd): *(n)* τσάπα ‖ πατάτα *(id)* ‖ [-ded]: *(v)* τσαπίζω

spume (spju:m) [-d]: *(v)* αφρίζω ‖ *(n)* αφρός

spun: see spin

spunk (spʌŋk): *(n)* θάρρος ‖ ~**y**: *(adj)* θαρραλέος, γενναίος

spur (spə:r): *(n)* αντέρεισμα, προεξοχή ‖ διακλάδωση σιδηροδρομικής γραμμής ‖ σπιρούνι ‖ κίνητρο ‖ [-red]: *(v)* σπιρουνίζω ‖ κεντρίζω, παρακινώ ‖ ~**track**: *(n)* παρακαμπτήριος ‖ **on the** ~ **of the moment**: ξαφνικά, χωρίς προηγούμενη σκέψη

spurious (´spjouri:əs): *(adj)* ψεύτικος, κίβδηλος ‖ παράνομος ‖ ~**ness**: *(n)* ψευτιά, κιβδηλότητα

spurn (spə:rn) [-ed]: *(v)* απορρίπτω ή αποκρούω περιφρονητικά ‖ *(n)* περιφρονητική απόρριψη

spurt (spə:rt): *(n)* ανάβλυση, ξεπήδημα ορμητικό, πίδακας ‖ ξέσπασμα ξαφνικό ‖ [-ed]: *(v)* ξεπηδώ, πετάγομαι ‖ ξεχύνω, πετάω ορμητικά

sputter (´spʌtər) [-ed]: *(v)* μιλώ γρήγορα και συγκεχυμένα, τραυλίζω από θυμό ή φόβο ‖ φτύνω απότομα και με θόρυβο

sputum (´spju:təm): *(n)* σάλιο

spy (spai): *(n)* κατάσκοπος ‖ ''χαφιές'' ‖ [-ied]: *(v)* κατασκοπεύω ‖ ~**glass**: *(n)* τηλεσκόπιο ‖ ~**glasses**: *(n)* κιάλια

squab (skwɔb): *(adj)* κοντόχοντρος

squabble (skwɔbəl) [-d]: *(v)* φιλονικώ, τσακώνομαι ‖ *(n)* μικροφιλονικία

squad (skɔd): *(n)* αθλητική ομάδα ‖ διμοιρία ‖ ομάδα δίωξης ‖ [-ded]: *(v)* τοποθετώ σε διμοιρία ή ομάδα ‖ ~

car: *(n)* περιπολικό αστυνομίας ‖ ~**ron**: *(n)* μοίρα ‖ [-ed]: *(v)* σχηματίζω μοίρα

squalid (´skwɔlid): *(adj)* απεχθής, αποκρουστικός ‖ βρομερός ‖ ~**ness**: *(n)* βρομερότητα

squall (skwɔ:l): *(n)* δυνατή κραυγή ‖ αναταραχή ‖ θύελλα ‖ [-ed]: *(v)* τσιρίζω, ουρλιάζω ‖ φυσώ δυνατά ‖ ~**y**: *(adj)* θυελλώδης

squalor (´skwɔlər): *(n)* βρομιά, αποκρουστική εμφάνιση

square (skweə:r): *(n)* τετράγωνο ‖ γνώμονας ‖ δεύτερη δύναμη αριθμού, τετράγωνο αριθμού ‖ πλατεία ‖ οικοδομικό τετράγωνο ‖ άνθρωπος που ακολουθεί πιστά τις συμβατικότητες, *(adj)* τετράγωνος, τετραγωνικός ‖ τίμιος, ευθύς ‖ δίκαιος ‖ ''σαχλοσοβαρός'' ‖ εξοφλημένος, τακτοποιημένος ‖ [-d]: *(v)* τετραγωνίζω ‖ διευθετώ, ρυθμίζω ‖ υψώνω στο τετράγωνο ‖ συμφωνώ, συμβιβάζομαι ‖ **on the** ~: κατά ορθή γωνία ‖ τίμια, ''ντόμπρα'' ‖ ~ **peg in a round hole**: αταίριαστος, όχι στο κατάλληλο ''πόστο'' ‖ ~ **away**: *(v)* τακτοποιώ ‖ ~ **measure**: *(n)* μέτρα επιφανείας ‖ ~ **root**: *(n)* τετραγωνική ρίζα ‖ **set** ~: *(n)* τρίγωνο σχεδιάσεως ‖ ~ **foot**: *(n)* τετραγωνικό πόδι ‖ **T** ~: *(n)* χάρακας σχήματος Ταυ

squash (skwɔʃ) [-ed]: *(v)* συνθλίβω, στύβω ‖ καταστέλλω ‖ *(n)* κολοκυθάκι ‖ συνωστισμός ‖ ζούληγμα, στύψιμο ‖ χυμός πορτοκαλιού ή λεμονιού ‖ ~**y**: *(adj)* παραγινωμένος

squat (skwɔt) [-ted]: *(v)* κάθομαι στις φτέρνες ‖ εγκαθίσταμαι παράνομα σε έκταση γης ‖ *(adj)* καθιστός, στις φτέρνες ‖ κοντόχοντρος ‖ ~**ter**: *(n)* παράνομα εγκατεστημένος σε κτήμα ‖ εγκαταστημένος σε δημόσιο κτήμα και επιζητών τίτλο ιδιοκτησίας

squaw (skwɔ:): *(n)* Ινδιάνα

squawk (skwɔ:k) [-ed]: *(v)* κρώζω, σκούζω ‖ διαμαρτύρομαι κραυγαλέα ‖ *(n)* κρώξιμο, σκούξιμο

squeak (skwi:k) [-ed]: *(v)* τσιρίζω ‖ τρίζω ‖ γίνομαι πληροφοριοδότης,

362

προδίδω ‖ *(n)* τσίριγμα ‖ τρίξιμο ‖
~**y**: *(adj)* τσιρίζων, τσιριχτός ‖ τριζάτος

squeal (skwi:l) [-ed]: *(v)* τσιρίζω ‖ προδίδω μυστικό, "μαρτυρώ" ‖ *(n)* τσιρίδα ‖ ~**er**: *(n)* προδότης, μαρτυριάρης

squeamish (´skwi:miʃ): *(adj)* ευκολοπρόσβλητος, σεμνότυφος ‖ φοβιτσιάρης, ευκολοσυγκίνητος ‖ ευκολοζάλιστος, που ζαλίζεται εύκολα ‖ ~**ness**: *(n)* σεμνοτυφία ‖ δειλία

squeegee (´skwi:dzi:): *(n)* σφουγγάρι, σφουγγιστήρι

squeeze (skwi:z) [-d]: *(v)* συνθλίβω, στύβω ‖ σφίγγω ‖ εκβιάζω, παίρνω με απειλές ‖ *(n)* σύνθλιψη, στύψιμο ‖ σφίξιμο ‖ συνωστισμός ‖ εκβιασμός

squelch (skweltʃ) [-ed]: *(v)* λειώνω ‖ αποστομώνω ‖ *(n)* λιώσιμο ‖ αποστομωτική απάντηση

squid (skwid): *(n)* σουπιά

squint (skwint) [-ed]: *(v)* κοιτάζω με μισόκλειστα μάτια ‖ στραβοκοιτάζω ‖ αλληθωρίζω ‖ *(n)* μισοκλείσιμο των ματιών ‖ στραβοκοίταγμα ‖ αλληθώρισμα ‖ τάση, κλίση ‖ ~ **eyed**: *(adj)* αλλήθωρος ‖ με μισόκλειστα μάτια

squire (skwaiər): *(n)* επαρχιώτης ευπατρίδης ‖ τοπικός προύχοντας ‖ καβαλιέρος ‖ [-d]: *(v)* συνοδεύω κυρία

squirm (skwə:rm) [-ed]: *(v)* σαλεύω, στριφογυρίζω ‖ νιώθω ντροπή ή φόβο ή ταπείνωση ‖ *(n)* στριφογύρισμα, σάλεμα

squirrel (´skwə:rəl, ´skwirəl): *(n)* σκίουρος

squirt (skwə:rt) [-ed]: *(v)* εκτοξεύομαι με δύναμη ‖ εκτοξεύω ‖ πιτσιλίζω, καταβρέχω εκτοξεύοντας ‖ *(n)* εκτόξευση ‖ πιτσίλισμα ‖ "κοχορευόμενος" ανθρωπάκος ‖ κλυστήρας

stab (stæb) [-bed]: *(v)* τρυπώ, διαξιφίζω ‖ μαχαιρώνω ‖ *(n)* διαξιφισμός ‖ μαχαιριά ‖ απόπειρα ‖ ~ **in the back**: *(v)* προδίδω, χτυπώ "πισώπλατα" ‖ ~**bing**: *(n)* μαχαίρωμα ‖ ~**bing pain**: *(n)* διαπεραστικός πόνος, "σουβλιά"

stabili-ty (stə´bilǝti:): *(n)* ευστάθεια ‖ σταθερότητα ‖ ισορροπία ‖ ~**z e** (´steibǝlaiz) [-d]: *(v)* σταθεροποιώ ‖

~**zation**: *(n)* σταθεροποίηση ‖ ~**zer**: *(n)* ισορροπιστής, σταθεροποιητής

stable (´steibǝl): *(adj)* ευσταθής ‖ σταθερός ‖ *(n)* στάβλος ‖ [-d]: *(v)* μένω σε στάβλο ‖ σταβλίζω

staccato (stə´ka:tou): *(adj)* κομματιαστός, κοφτός και επαναλαμβανόμενος

stack (stæk) [-ed]: *(v)* συσσωρεύω ‖ κάνω θημωνιά ‖ "φτιάχνω" τα χαρτιά ‖ *(n)* θημωνιά ‖ σωρός ‖ πυραμίδα τουφεκιών ‖ φουγάρο

stadium (´steidi:əm): *(n)* στάδιο

staff (stæf): *(n)* ράβδος, ραβδί ‖ κοντός σημαίας ‖ ράβδος αξιώματος ‖ επιτελείο ‖ προσωπικό ‖ μους. πεντάγραμμο ‖ [-ed]: *(v)* επανδρώνω ‖ ~ **sergeant**: *(n)* επιλοχίας

stag (stæg): *(n)* αρσενικό ελάφι ‖ *(adj)* μόνο για άντρες ‖ ~ **party**: *(n)* "πάρτυ" μόνο για άντρες

stage (steidz): *(n)* σκηνή θεάτρου ‖ πλάκα μικροσκοπίου ‖ σκαλωσιά ‖ θέατρο ‖ στάδιο, βαθμός, φάση ‖ [-d]: *(v)* οργανώνω, ανεβάζω ‖ ~ **coach**: *(n)* ταχυδρομική άμαξα ‖ ~**craft**: *(n)* τεχνική θεάτρου ‖ ~**hand**: *(n)* βοηθός σκηνής, βοηθός παρασκηνίων ‖ ~ **manager**: *(n)* διευθυντής σκηνής, σκηνοθέτης ‖ ~**r**: *(n)* άνθρωπος με μεγάλη πείρα ‖ ~**struck**: *(adj)* θεατρόπληκτος ‖ ~ **whisper**: *(n)* δυνατός ψίθυρος, ψίθυρος που έχει σκοπό να ακουστεί ‖ ~**y**: *(adj)* θεατρινίστικος, προσποιητός

stagger (´stægǝr) [-ed]: *(v)* παραπατώ, τρικλίζω ‖ υποχωρώ, χάνω δύναμη ή θάρρος ‖ συγκλονίζω ‖ κλονίζω, "τα ρακουννώ" ‖ τοποθετώ εναλλάξ ή σε "ζιγκ-ζαγκ" ‖ εναλάσσω χρονικά διαστήματα ‖ *(n)* παραπάτημα, τρίκλισμα ‖ ~**s**: *(n)* ζαλάδα, ίλιγγος ‖ ~**ing**: *(adj)* συγκλονιστικός

stagna-nt (´stægnənt): *(adj)* στάσιμος, λιμνάζων ‖ νωθρός, μαλθακός, κοιμισμένος ‖ ~**te** (´stægneit) [-d]: *(v)* λιμνάζω, γίνομαι στάσιμος ‖ μένω αδρανής ή νωθρός ‖ ~**ncy**, ~**tion**: *(n)* στασιμότητα ‖ τελμάτωση

stagy: see stagey under stage

staid (steid): *(adj)* μαζεμένος, συγκρατημένος ‖ μόνιμος, σταθερός ‖ σοβαρός

stain

stain (stein) [-ed]: *(v)* λερώνω, βρομίζω ‖ κηλιδώνω, λεκιάζω ‖ οξιδώνω ‖ *(n)* βρομιά ‖ κηλίδα, λεκές ‖ **~ed**: *(adj)* χρωματιστός, έγχρωμος ‖ **~less**: *(adj)* ανοξίδωτος ‖ ακηλίδωτος ‖ **~less steel**: *(n)* ανοξίδωτο ατσάλι ‖ **~ remover**: *(n)* υλικό που καθαρίζει λεκέδες

stair (steər): *(n)* σκαλοπάτι ‖ σκάλα ‖ **~case, ~way**: *(n)* σκάλα ‖ **~well**: *(n)* κλιμακοστάσιο

stake (steik): *(n)* πάσσαλος ‖ χρήματα τοποθετημένα σε στοίχημα ή τυχερό παιχνίδι, "ποτ", "ποντάρισμα", "πόντος" ‖ αμοιβή νικητή, βραβείο ‖ μερίδιο ‖ [-d]: *(v)* μπήγω πασσάλους, διαχωρίζω ή περιορίζω με πασσάλους ‖ στηρίζω φυτά με πασσάλους ‖ δένω σε πάσσαλο ‖ "διακυβεύω", "ποντάρω" ‖ υποστηρίζω χρηματικά ‖ **pull up ~s**: *(v)* φεύγω, "του δίνω", "τα μαζεύω"

stalactite (´stæləktait): *(n)* σταλακτίτης

stalagmite (´stæləgmait): *(n)* σταλαγμίτης

stale (steil): *(adj)* μπαγιάτικος ‖ σε αχρηστία ‖ [-d]: *(v)* μπαγιατεύω ‖ **~mate**: *(n)* αδιέξοδο στο σκάκι, "πατ" ‖ αδιέξοδο ‖ [-d]: *(v)* φέρνω σε αδιέξοδο ‖ **~ness**: *(n)* μπαγιατοσύνη, μπαγιατίλα

stalk (stɔ:k): *(n)* μίσχος, κοτσάνι ‖ στέλεχος ‖ [-ed]: *(v)* περπατώ καμαρωτά ή θυμωμένα ή απειλητικά ‖ παρακολουθώ ‖ ενεδρεύω

stall (stɔ:l): *(n)* φάτνη, παχνί ‖ θαλαμίσκος ‖ στασίδι ‖ πάγκος, περίπτερο ‖ κάθισμα στην πρώτη σειρά ‖ πρόσχημα, παρακωλυτική επινόηση ‖ [-ed]: *(v)* βάζω σε παχνί ‖ κωλυσιεργώ, καθυστερώ ‖ αναβάλλω ‖ "μπλοκάρω" μηχανή ‖ μένω στο δρόμο, "κολλάω"

stallion (´stæljən): *(n)* άλογο βαρβάτο

stalwart (´stɔ:lwərt): *(adj)* στιβαρός, ρωμαλέος ‖ ανένδοτος ‖ σθεναρός ‖ *(n)* φανατικός υποστηρικτής ‖ **~ness**: *(n)* ρώμη ‖ σθεναρότητα

stamina (´stæminə): *(n)* δύναμη, ηθική ή φυσική, αντοχή

stammer (´stæmiər) [-ed]: *(v)* τραυλίζω ‖ *(n)* τραύλισμα ‖ **~er**: *(n)* τραυλός

stamp (stæmp) [-ed]: *(v)* χτυπώ τα πόδια ‖ σφραγίζω ‖ κάνω εκτύπωση, "σταμπάρω" ‖ γραμματοσημαίνω ‖ χαρακτηρίζω ‖ *(n)* "σταμπάρισμα" ‖ σφραγίδα, "στάμπα" ‖ γραμματόσημο ‖ ένσημο, χαρτόσημο ‖ χτύπημα του ποδιού ‖ **~ collector**: *(n)* συλλέκτης γραμματοσήμων ‖ **~ing ground**: *(n)* μέρος που συχνάζει, "λημέρι"

stampede (stæm´pi:d) [-d]: *(v)* πανικοβάλλω, τρέπω σε άτακτη φυγή ‖ τρομάζω κοπάδι και το κάνω να αφηνιάσει ‖ *(n)* αφηνιασμένο τρέξιμο κοπαδιού ‖ πανικόβλητη φυγή ‖ ομαδική έξοδος

stance (stæns): *(n)* στάση

stanch (stæntʃ) [-ed]: *(v)* σταματώ αιμορραγία ‖ **~er**: *(n)* αιμοστατικό

stanchion (´stæntʃən): *(n)* στύλος

stand (stænd) [stood, stood]: *(v)* στέκομαι ‖ είμαι τοποθετημένος ‖ σηκώνομαι ‖ βάζω όρθιο, τοποθετώ όρθιο ‖ ανθίσταμαι, αντέχω ‖ υποφέρω, αντέχω ‖ *(n)* στάση, σταμάτημα ‖ στάση ‖ βάση, βάθρο ‖ εξέδρα ‖ περίπτερο ή πάγκος πωλητή ‖ **~ on**: *(v)* εμμένω ‖ **~ a chance**: *(v)* έχω πιθανότητα επιτυχίας ‖ **~ for**: *(v)* αντιπροσωπεύω ‖ συμβολίζω ‖ **~ in for**: *(v)* αντικαθιστώ ‖ **~ one's ground**: *(v)* κρατώ, ανθίσταμαι, δεν υποχωρώ ‖ **~ on one's own feet, ~ on one's own legs**: *(v)* είμαι ανεξάρτητος, ενεργώ ανεξάρτητα ή υπεύθυνα ‖ **~ over**: *(v)* παρακολουθώ στενά ‖ αναβάλλω ‖ **~ pat**: *(v)* μένω αμετάβλητος, δεν αλλάζω θέση ή γνώμη ‖ **~ to reason**: *(v)* φαίνομαι λογικός ‖ **~ up for**: *(v)* υποστηρίζω ή υπερασπίζω ‖ **~ up to**: *(v)* είμαι στο ύψος των περιστάσεων ή προσδοκιών ‖ **~ by**: *(v)* είμαι σε κατάσταση ετοιμότητας ‖ κρατώ λόγο ή υπόσχεση ‖ **~ee**: *(n)* όρθιος ‖ **~in**: *(n)* αντικαταστάτης ‖ **~ing**: *(adj)* όρθιος ‖ κατάσταση, υπόληψη ‖ διάρκεια ‖ **~ing room**: *(n)* χώρος μόνο για όρθιους ‖ **~ off**: *(v)* κρατώ απόσταση ‖ υπεκφεύγω ‖ **~-off**: *(n)* ισοπαλία ‖

364

~offish: *(adj)* ψευτοπερήφανος ‖ ~ **out**: *(v)* προεξέχω ‖ διακρίνομαι, είμαι φανερός ‖ **~point**: *(n)* άποψη, σκοπιά, τρόπος αντίληψης ‖ **~still**: *(n)* στάση, σταμάτημα, στασιμότητα ‖ ~ **up**: *(v)* σηκώνομαι ‖ δεν κρατώ το ραντεβού, "αφήνω μπουκάλα"

standard (´stændərd): *(n)* σημαία, λάβαρο ‖ μέτρο, γνώμονας, υπόδειγμα ‖ στερεότυπο ‖ *(adj)* στερεότυπος ‖ κανονικός, συνηθισμένος ‖ ~ **bearer**: *(n)* σημαιοφόρος ‖ ~ **gauge**: *(n)* σιδηρ. γραμμή κανονικού πλάτους ‖ **~ize** (´stændərdaiz) [-d]: *(v)* κάνω στερεότυπο, τυποποιώ ‖ **~ization**: *(n)* τυποποίηση

stand-by, ~ee, ~ in, ~ing, ~ off, ~ offish, ~ out, ~ point, ~ still, ~ up: see under stand

stank: see stink

stanza (´stænzə): *(n)* στροφή ποιήματος

staple (´steipəl): *(n)* κύριο εμπόριο ή κύριο προϊόν τόπου ‖ κύριο μέρος ‖ ακατέργαστη ύλη ‖ συνδετήρας ‖ άγκιστρο ‖ *(adj)* σε συνεχή ζήτηση ή παραγωγή ‖ πρωτεύων, κυριότερος ‖ [-d]: *(v)* συνδέω ‖ **~r**: *(n)* συρραπτικό εργαλείο

star (sta:r): *(n)* άστρο ‖ απλανής αστέρας ‖ αστέρας, "σταρ" ‖ αστερίσκος ‖ [-red]: *(v)* στολίζω με άστρα ‖ σημειώνω με αστερίσκο ‖ πρωταγωνιστώ ‖ δίνω ρόλο πρωταγωνιστού, βάζω πρωταγωνιστή ‖ **see ~s**: *(v)* ζαλίζομαι, "βλέπω αστράκια" ‖ **~board**: *(n)* το δεξί μέρος του πλοίου ή αεροσκάφους ‖ **~dom**: *(n)* το βασίλειο των κινηματογραφικών αστέρων, οι αστέρες ‖ θέση ή υπόληψη ενός "σταρ" ‖ **~fish**: *(n)* αστερίας, άστρο της θάλασσας ‖ **~gaze**: *(v)* ονειροπολώ ‖ **~let**: *(n)* αστεράκι ‖ νεαρή "σταρ", "στάρλετ" ‖ **~light**: *(n)* φως των άστρων, αστροφεγγιά ‖ **~lit**: *(adj)* στο φως των άστρων, φωτισμένος από τα άστρα ‖ **~ry**: *(adj)* έναστρος, γεμάτος άστρα λαμπερός σαν άστρο ‖ αστεροειδής ‖ **~ry-eyed**: *(adj)* γεμάτος απλοϊκό ενθουσιασμό ή χαρά ‖ **S~s and stripes**,

~spangled Banner: *(n)* η σημαία των ΗΠΑ, αστερόεσσα

starch (sta:rtʃ): *(n)* άμυλο ‖ κόλλα κολλαρίσματος ‖ άκαμπτη συμπεριφορά ‖ ζωτικότητα ‖ [-ed]: *(v)* κολλαρίζω ‖ **~ed**: *(adj)* κολλαριστός ‖ **~y**: *(adj)* αμυλούχος, αμυλώδης ‖ κολλαρισμένος ‖ υπερβολικά τυπικός

stardom: see under star

stare (steər) [-d]: *(v)* ατενίζω, κοιτάζω παρατεταμένα ‖ *(n)* ατενές βλέμμα

star-fish, ~gaze: see under star

stark (sta:rk): *(adj)* γυμνός, καθαρός ‖ πλήρης ‖ ~ **naked**: ολόγυμνος

star-let, ~light, ~lit, ~ry, ~s and stripes, ~ spangled: see under star

start (sta:rt) [-ed]: *(v)* αρχίζω ‖ ξεκινώ ‖ τινάζομαι ‖ ξεπηδώ ‖ προεξέχω ‖ ξελασκάρω, ξεφεύγω ‖ *(n)* αρχή ‖ ξεκίνημα ‖ τίναγμα, ξάφνιασμα ‖ αφετηρία, σημείο ξεκινήματος ‖ πλεονέκτημα σε ξεκίνημα, "αβάντσο" ‖ **~er**: *(n)* εκκινητήρας, εκκινητής "στάρτερ" ‖ αφέτης ‖ **~ing**: *(n)* εκκίνηση ‖ έναρξη λειτουργίας ή κίνησης ‖ **~ing gear**: *(n)* μηχανισμός εκκίνησης ‖ ~ **handle**, ~ **level**: *(n)* μοχλός εκκίνησης, "μανιβέλα" ‖ **~ing point**: *(n)* σημείο εκκίνησης ‖ **~ing line**: *(n)* αφετηρία ‖ ~ **in**: *(v)* αρχίζω κάτι, καταπιάνομαι ‖ ~ **off**: *(v)* ξεκινώ για ταξίδι ‖ ~ **out**: *(v)* αρχίζω ταξίδι, εργασία ή καριέρα ‖ ~ **up**: *(v)* ξεπηδώ, παρουσιάζομαι ξαφνικά ‖ βάζω σε κίνηση ή σε λειτουργία, βάζω μπρος

startle (´sta:rtəl) [-d]: *(v)* ξαφνιάζω, τρομάζω ‖ ξαφνιάζομαι ‖ *(n)* ξάφνιασμα

starv-ation (sta:r´veiʃən): *(n)* πείνα, λιμός, ασιτία ‖ **~e** [-d]: *(v)* λιμοκτονώ ‖ πεθαίνω από ασιτία ‖ πεινώ υπερβολικά, "πεθαίνω" από πείνα ‖ **~eling**: *(n)* πεθαμένος από πείνα, λιμοκτονών ‖ **~ing**: *(adj)* πεθαμένος από πείνα, πειναομένος

state (steit): *(n)* κατάσταση ‖ θέση ‖ διάθεση ‖ διέγερση ‖ πολιτεία ‖ κράτος ‖ [-d]: *(v)* δηλώνω ‖ **lie in ~**: *(v)* εκτίθεμαι σε λαϊκό προσκύνημα ‖ ~ **attorney**: *(n)* δημόσιος κατήγορος, ει-

static

σαγγελέας ‖ ~ **Capitol**: *(n)* κυβερνείο
πολιτείας ‖ **~ly**: *(adj)* μεγαλοπρεπής ‖
~liness: *(n)* μεγαλοπρέπεια ‖ **~ment**:
(n) δήλωση ‖ **~room**: *(n)* ιδιαίτερη κα-
μπίνα πλοίου ή ιδιαίτερο διαμέρισμα
βαγονιού ‖ **~side**: *(adv)* στις Η.Π.Α. ‖
~sman: *(n)* πολιτικός
static (ˊstætik), **~al**: *(adj)* στατικός ‖
(n) διαταραχή, "παράσιτα" ‖ παρεμ-
βολή ‖ αντιλογία *(id)* ~ **electricity**:
(n) στατικός ηλεκτρισμός ‖ **~s**: *(n)*
στατική
station (ˊsteiʃən): *(n)* θέση, "πόστο" ‖
σταθμός ‖ κοινωνική θέση, κοινωνική
βαθμίδα ‖ [-ed]: *(v)* τοποθετώ σε θέση
‖ εγκαθιστώ ‖ **~ary**: *(adj)* στατικός,
ακίνητος ‖ **fire** ~: *(n)* πυροσβεστικός
σταθμός ‖ ~ **house, police** ~: *(n)*
αστυνομικό τμήμα ή σταθμός ‖ ~
master: *(n)* σταθμάρχης ‖ **~wagon**:
(n) αυτοκίνητο "καραβάν", στέτσιον
ουέγκον ‖ **way** ~: *(n)* δευτερεύων σιδ.
σταθμός
stationer (ˊsteiʃənər): *(n)* χαρτοπώλης ‖
~y: *(n)* γραφική ύλη ‖ χαρτικά είδη ‖
χαρτοπωλείο
station-house, ~ **master, ~wagon**: see
under station
statistic (stəˊtistik): *(n)* στατιστικό
στοιχείο ‖ **~al**: *(adj)* στατιστικός ‖
~ian: *(n)* στατιστικός ‖ **~s**: *(n)* στατι-
στική ‖ στατιστικά στοιχεία
statu-ary (ˊstætʃu:əri:): *(n)* γλυπτική ‖
αγάλματα, είδη γλυπτικής ‖ γλύπτης ‖
~e (ˊstætʃu:): *(n)* άγαλμα ‖ **~esque**:
(adj) αγαλματώδης, αγαλματένιος ‖
μεγαλοπρεπής ‖ **~ette**: *(n)* αγαλμάτί-
διο, αγαλματάκι
stature (ˊstætʃər): *(n)* ανάστημα ‖ επί-
πεδο, ύψος
status (ˊsteitəs): *(n)* θέση, κατάσταση ‖
γόητρο ‖ ~ **quo** (ˊsteitəs kwou): *(n)*
υπάρχουσα τάξη, καθεστώς
statut-able (ˊstætʃutəbəl): *(adj)* νομοθε-
τήσιμος ‖ νομικός ‖ **~e** (ˊstætʃu:t):
(n) νόμος, νομοθέτημα ‖ διάταγμα ‖
~e law: *(n)* νομοθετικό διάταγμα, νό-
μος ‖ **~e mile**: *(n)* στερεότυπο αγγλι-
κό μίλι ‖ **~ory** (ˊstætʃtə:ri:): *(adj)* νο-
μοθετικός ‖ νομοθετημένος ‖ **~ory**

rape: *(n)* βιασμός ανηλίκου
staunch (stə:ntʃ): *(adj)* σταθερός, πιστός
‖ γερός ‖ **~ly**: *(adv)* γερά, δυνατά ‖
πιστά, σταθερά ‖ **~ness**: *(n)* σταθερό-
τητα
stave (steiv): *(n)* λεπτή σανίδα ‖ βαθμί-
δα ‖ ραβδί ‖ [-d]: *(v)* σπάζω, συντρί-
βω ‖ σανιδώνω ‖ ~ **off**: *(v)* αποκρούω
‖ κρατώ σε απόσταση
stay (stei) [-ed]: *(v)* παραμένω ‖ μένω,
διαμένω ‖ σταματώ ‖ υπομένω ‖ υπο-
στηρίζω, στηρίζω ‖ *(n)* παραμονή ‖
διαμονή ‖ σταμάτημα ‖ αναβολή ‖
στήριγμα ‖ μπαλένα, μπανέλα ‖ **~ing
power**: *(n)* αντοχή ‖ ~ **put**: *(v)* μένω
στη θέση μου, δεν το κουνώ ‖ δεν αλ-
λάζω ‖ **~s**: *(n)* κορσές
steadfast (ˊstedfæst): *(adj)* σταθερός
stead-y (ˊstedi:): *(adj)* σταθερός ‖ συ-
γκρατημένος ‖ συνεχής ‖ αξιόπιστος,
συνεπής ‖ [-ied]: *(v)* σταθεροποιώ ‖
σταθεροποιούμαι ‖ *(n)* μόνιμος φίλος
ή φιλενάδα ‖ **~ier**: *(n)* σταθεροποιητής
‖ **~ily**: *(adv)* σταθερά ‖ συνεχώς ‖
~iness: *(n)* σταθερότητα ‖ **go** ~: *(v)*
"βγαίνω" με τον ίδιο φίλο ή φιλενά-
δα
steak (steik): *(n)* μπριζόλα μοσχαρίσια
‖ φιλέτο ψαριού, φέτα ψαριού
steal (sti:l) [stole, stolen]: *(v)* κλέβω ‖
κινούμαι ή βάζω στα κλεφτά ‖ *(n)*
κλοπή ‖ **~th** (stelth): *(n)* κρυφότητα,
υπουλότητα ‖ **~thy**: *(adj)* κρυφός, μυ-
στικός ‖ **~thily**: *(adv)* στα κρυφά, στα
κλεφτά
steam (sti:m): *(n)* ατμός ‖ δύναμη,
ενεργητικότητα ‖ [-ed]: *(v)* βγάζω
ατμό ‖ ανεβαίνω σαν ατμός ‖ κινού-
μαι με ατμό ‖ ~ **boat**: *(n)* ατμάκατος
‖ ~ **boiler**: *(n)* ατμολέβητας, "καζάνι"
‖ ~ **engine**: *(n)* ατμομηχανή ‖ **~er**,
~ship: *(n)* ατμόπλοιο ‖ ~ **heating**: *(n)*
κεντρική θέρμανση με ατμό ‖ ~
roller: *(n)* οδοστρωτήρας ‖ [-ed]: *(v)*
παίρνω σβάρνα, καταπλακώνω ‖ **~y**:
(adj) γεμάτος ατμούς ‖ αναδίδων
ατμούς
steed (sti:d): *(n)* κέλητας, άλογο ιππα-
σίας
steel (sti:l): *(n)* χάλυβας, ατσάλι ‖ *(adj)*

χαλύβδινος, ατσαλένιος ‖ [-ed]: *(v)* ατσαλώνω, χαλυβδώνω ‖ **chrome** ~: *(n)* χρωμιούχο ατσάλι ‖ ~**works**: *(n)* χαλυβδουργείο ‖ ~**y**: *(adj)* ατσαλένιος, σκληρός ‖ ~**yard**: *(n)* στατήρας, ρωμαϊκός ζυγός

steep (sti:p) [-ed]: *(v)* εμποτίζω, εμβαπτίζω, βουτώ ‖ εμποτίζομαι, εμβαπτίζομαι ‖ *(n)* εμβάπτισμα, εμποτισμός, διαποτισμός ‖ απότομη κλίση ‖ *(adj)* απότομος ‖ υπερβολικός ‖ ~**en** [-ed]: *(v)* κάνω απότομο ‖ γίνομαι απότομος ‖ ~**ly**: *(adv)* απότομα

steeple (ˈsti:pəl): *(n)* κωδωνοστάσι ‖ ~ **chase**: *(n)* ιπποδρομία ανωμάλου δρόμου ή μετ' εμποδίων ‖ ~ **jack**: *(n)* εργάτης κωδωνοστασίων ή καπνοδόχων

steer (stiər) [-ed]: *(v)* διευθύνω, κατευθύνω ‖ οδηγώ με πηδάλιο, πηδαλιουχώ ‖ κατευθύνομαι ‖ διευθύνομαι, οδηγούμαι ‖ *(n)* συμβουλή ‖ μοσχάρι ‖ ~**age**: *(n)* πηδαλιούχηση ‖ ~ **clear of**: *(n)* αποφεύγω ‖ ~**ing**: *(n)* διεύθυνση, οδήγηση, πηδαλιούχηση ‖ ~**ing gear**: *(n)* μηχανισμός διευθύνσεως ‖ ~**ing shaft**: *(n)* άξονας τιμονιού ‖ ~**ing wheel**: *(n)* τιμόνι ‖ ~**sman**: *(n)* πηδαλιούχος

stellar (ˈstelər): *(adj)* αστρικός

stem (stem): *(n)* στέλεχος ‖ κορμός ‖ μίσχος, κοτσάνι ‖ [-med]: *(v)* ελέγχω, ανακόπτω ‖ ~ **from**: *(v)* προέρχομαι

stench (stentʃ): *(n)* δυσοσμία, βρόμα

stencil (ˈstensəl): *(n)* διάτρητος κανόνας, διάτρητο πρότυπο ‖ μεμβράνη πολυγράφου ‖ [-ed]: *(v)* γράφω με διάτρητο πρότυπο

steno (ˈstenou), ~**grapher** (stəˈnɔgrəfər): *(n)* στενογράφος ‖ ~**graphy**: *(n)* στενογραφία

stentorian (stenˈtɔ:ri:ən): *(adj)* στεντόρειος

step (step) [-ped]: *(v)* πατώ ‖ βηματίζω ‖ βαδίζω ‖ *(n)* βήμα ‖ πάτημα ‖ σκαλοπάτι ‖ ~ **brother**: *(n)* ετεροθαλής αδελφός ‖ ~ **child**: *(n)* προγόνι ‖ ~ **daughter**: *(n)* προγονή ‖ ~ **down**: *(v)* κατεβαίνω ‖ ελαττώνω ‖ παραιτούμαι ‖ ~ **father**: *(n)* πατριός ‖ ~ **in**: *(v)* επεμβαίνω ‖ ~ **ladder**: *(n)* φορητή

σκάλα ‖ ~ **mother**: *(n)* μητριά ‖ ~ **parent**: *(n)* πατριός ή μητριά ‖ ~**per**: *(n)* χορευτής *(id)* ‖ ~**ping stone**: *(n)* πάτημα, βοηθητικό μέσο ‖ ~ **rocket**: *(n)* πολυσταδιακός πύραυλος ‖ ~ **sister**: *(n)* ετεροθαλής αδελφή ‖ ~ **son**: *(n)* προγονός ‖ ~ **up**: *(v)* αυξάνω, ανεβάζω βαθμιαία ‖ **in** ~: σε βήμα ‖ συμβαδίζων ‖ **out of** ~: χωρίς βήμα ‖ ~ **by** ~: βαθμιαία

steppe (step): *(n)* στέπα

step-per, ~ping, ~ rocket, ~ sister, ~ son, ~ up: see under step

stereo (ˈsteri:ou): *(n)* στερεοφωνικό σύστημα ‖ στερεοσκοπική εικόνα ‖ ~**phonic**: *(adj)* στερεοφωνικός ‖ ~**scope**: *(n)* στερεοσκόπιο ‖ ~**scopic**: *(adj)* στερεοσκοπικός ‖ ~**type**: *(n)* στερεοτυπία ‖ [-d]: *(v)* κάνω στερεοτυπία

steril-e (ˈsterəl): *(adj)* στείρος ‖ άγονος ‖ αποστειρωμένος ‖ ~**ity**, ~**eness**: *(n)* στειρότητα ‖ το άγονο ‖ ~**ization** (sterələˈzeiʃən): *(n)* αποστείρωση ‖ ~**ize** (ˈsterəlaiz) [-d]: *(v)* αποστειρώνω

sterling (ˈstə:rliŋ): *(adj)* ανώτερης ποιότητας ‖ αμιγής, καθαρός ‖ αγγλικής λίρας, στερλίνας

stern (stə:rn): *(adj)* αυστηρός ‖ άκαμπτος ‖ σκυθρωπός ‖ ανηλεής ‖ *(n)* πρύμη ‖ ~**ly**: *(adv)* αυστηρά, σκυθρωπά

stethoscope (ˈstethəskoup): *(n)* στηθοσκόπιο

stevedore (ˈsti:vədɔ:r): *(n)* φορτοεκφορτωτής λιμένος ‖ [-d]: *(v)* φορτοεκφορτώνω πλοίο

stew (stju:) [-ed]: *(v)* σιγοβράζω ‖ ψήνομαι από τη ζέστη, "σκάω" ‖ ανησυχώ, είμαι σε ταραχή ‖ *(n)* κρέας η ψάρι με χόρτα σε κατσαρόλα ‖ ανησυχία, σύγχυση, ταραχή ‖ ~ **in one's own juice**: σιγοβράζω στο ζουμί μου

steward (ˈstu:ərd): *(n)* οικονόμος ‖ διαχειριστής, τροφοδότης ‖ καμαρότος ‖ επιτραμμένος συνοδός ‖ [-ed]: *(v)* κάνω εργασία οικονόμου ή καμαρότου ‖ ~**ess**: *(n)* ιπτάμενη συνοδός

stick (stik) [stuck, stuck]: *(v)* διατρυπώ ‖ μπήγω, χώνω ‖ κολλώ ‖ καρφώνω ‖ καθυστερώ ‖ βάζω σε αμηχανία ‖ εξα-

stiff

πατώ ‖ μπήγομαι ‖ πιάνομαι, "κολλάω" ‖ εμμένω ‖ (n) ράβδος ‖ βέργα ‖ μπαστούνι ‖ μοχλός ‖ δέσμη βομβών ‖ μπήξιμο, "μπηχτή" ‖ ~er: (n) επίμονος ‖ αγκάθι, αγκίδα ‖ αυτοκόλλητη ετικέτα ‖ ~ by: (v) μένω πιστός ‖ ~ it out: (v) επιμένω ως το τέλος ‖ ~le [-d]: (v) επιμένω σε μικρολεπτομέρειες ‖ ~ler: (n) επίμονος, άκαμπτος ‖ δύσκολη ή αινιγματική υπόθεση ‖ ~ around: (v) μένω, κοντοστέκομαι, περιμένω ‖ ~ out, ~ up: (v) προεξέχω ‖ ~ pin: (n) καρφίτσα γραβάτας ‖ ~ to the ribs: (v) είναι χορταστικό, σε χορταίνει ‖ ~ up: (v) ληστεύω ‖ (n) ληστεία ‖ ~ up for: (v) υποστηρίζω, υπερασπίζομαι ‖ ~y: (adj) κολλώδης, που κολλάει ‖ ζεστός και υγρός ‖ δύσκολος

stiff (stif): (adj) άκαμπτος ‖ δύσκαμπτος, σκληρός ‖ σφιχτός ‖ υπερβολικά τυπικός ‖ άχαρος ‖ δυνατός ‖ δύσκολος ‖ (n) πτώμα (id) ‖ μεθυσμένος ‖ ~en [-ed]: (v) σκληραίνω ‖ κάνω δύσκαμπτο ή σφιχτό ή γίνομαι σφιχτός ή σκληρός ‖ ~ necked: (adj) άκαμπτος, πεισματάρης, "αγύριστος" ‖ ~ly: (adv) σκληρά, άκαμπτα ‖ ~ness: (n) σκληρότητα, ακαμψία ‖ σφίξιμο, πιάσιμο

stifl-e (´staifəl) [-d]: (v) προκαλώ ασφυξία ‖ ασφυκτιώ, παθαίνω ασφυξία ‖ καταπνίγω, καταστέλλω ‖ ~ed: (adj) πνιχτός ‖ ~ing: (adj) αποπνικτικός

stigma (´stigmə): (n) στίγμα ‖ ~tic, ~tical: (adj) στιγματικός ‖ στιγματισμένος ‖ ~tize (´stigmətaiz) [-d]: (v) στιγματίζω

stile (stail): (n) παραστάτης, ορθοστάτης ‖ σκαλωσιά, σκάλα

still (stil): (adj) σιωπηλός, αθόρυβος ‖ ακίνητος ‖ ήρεμος ‖ (n) ησυχία, σιωπή ‖ ακινησία ‖ αποστακτήρας ‖ φωτογραφία από ταινία κινημ. ‖ (adv) ακίνητα, ήρεμα ‖ ακόμη ‖ εντούτοις, παρόλα αυτά ‖ [-ed]: (v) ακινητώ ‖ σιωπώ ‖ ~birth: (n) γέννηση νεκρού παιδιού ‖ ~born: (adj) θνησιγενής ‖ ~hunt: (n) σιωπηλή ή ύπουλη επιδίω-

ξη ‖ ~life: (n) νεκρή φύση ‖ ~ness: (n) ακινησία ‖ ηρεμία, ησυχία ‖ σιωπή

stilt (stilt): (n) ξυλοπόδαρο ‖ στύλος σκαλωσιάς ‖ [-ed]: (v) τοποθετώ σε στύλους ‖ ~ed: (adj) προσποιητά πομπώδης, προσποιητός και επιδεικτικός

stimul-ant (´stimjulənt): (n) διεγερτικό, τονωτικό ‖ κίνητρο ‖ ~ate (´stimjuleit) [-d]: (v) διεγείρω, εξάπτω ‖ ξεσηκώνω, ωθώ ‖ ~ater, ~ator: (n) διεγερτικό ‖ ~ating: (adj) διεγερτικός, τονωτικός ‖ ~ation: (n) διέγερση ‖ τόνωση ‖ υποκίνηση, ξεσήκωμα, ώθηση ‖ ~ative: (adj) διεγερτικός ‖ υποκινητικός ‖ ~us (´stimjulas): (n) διεγερτικό ‖ κίνητρο, ελατήριο

sting (stiŋ) [stung, stung]: (v) κεντώ, τσιμπώ, κεντρίζω ‖ εξαπατώ (id) ‖ (n) κέντημα, τσίμπημα, κέντρισμα ‖ κεντρί ‖ ~er: (n) προσβολή

sting-y (´stindzi:): (adj) τσιγκούνης ‖ πενιχρός, λιγοστός ‖ ~ily: (adv) τσιγκούνικα ‖ λιγοστά ‖ ~iness: (n) τσιγκουνιά, φιλαργυρία ‖ πενιχρότητα

stink (stiŋk) [stank, stunk]: (v) βρομάω, μυρίζω άσχημα ‖ είμαι κατώτερος ποιοτικά ‖ (n) βρόμα, δυσοσμία ‖ ~er: (n) βρομιάρης, βρομερός ‖ κοπρίτης, βρομιάρης ‖ φοβερά δύσκολος ‖ ~ing: (adj) βρομερός, δύσοσμος ‖ τύφλα στο μεθύσι ‖ (adv) φοβερά, πάρα πολύ ‖ ~ out: (v) διώχνω με μυρουδιά ‖ ~ pot: (n) κοπρίτης, χαμένος ‖ make a ~, raise a ~: κάνω φασαρία, κάνω μεγάλο ζήτημα

stint (stint) [-ed]: (v) περιορίζω ‖ περιορίζομαι ‖ (n) όριο ή μερίδα εργασίας ή καθήκοντος

stipend (´staipend): (n) μισθός ‖ επιμίσθιο, αμοιβή ‖ ~iary: (adj) μισθωτός

stipulat-e (´stipjəleit) [-d]: (v) ορίζω ‖ συμφωνώ, συνομολογώ ‖ ~ion: (n) όρος, διάταξη, ρήτρα

stir (stə:r) [-red]: (v) ανακατεύω, ανακατώνω ‖ σαλεύω ‖ αναστατώνω, ξεσηκώνω, ενθουσιάζω ‖ (n) ανακάτωμα ‖ αναστάτωση, ξεσήκωμα ‖ φυλακή (id) ‖ ~ring: (adj) συγκινητικός ‖ ζωηρός, ζωντανός ‖ ~ up: (v) ξεσηκώνω, υποκινώ

368

stirrup (´stə:rəp): *(n)* αναβολέας

stitch (stitʃ): *(n)* βελονιά ‖ θηλιά ‖ ξαφνικός πόνος, "σουβλιά", "βελονιά" ‖ [-ed]: *(v)* ράβω, κάνω βελονιές ‖ in ~es: σκασμένος στα γέλια

stock (stok): *(n)* απόθεμα, στοκ ‖ ζώο ‖ κεφάλαιο ‖ μετοχές, χρεώγραφα ‖ κορμός, στέλεχος ‖ πρόγονος, καταγωγή ‖ ύλη, υλικό ‖ *(adj)* αποθεματικός ‖ κοινός, κοινότυπος ‖ μετοχικός, χρεωγραφικός ‖ [-ed]: *(v)* εφοδιάζω ‖ ~ up: *(v)* αποθηκεύω, μαζεύω, κάνω απόθεμα ‖ ~ broker: *(n)* χρηματιστής ‖ ~ certificate: *(n)* μετοχή, ομολογία ‖ ~ exchange: *(n)* χρηματιστήριο ‖ ~ holder: *(n)* μέτοχος ‖ ~man: *(n)* κτηνοτρόφος ‖ ~market: *(n)* χρηματιστήριο ‖ αγορά μετοχών ή χρεωγράφων ‖ ~ pile: *(n)* απόθεμα ‖ *(v)* αποθηκεύω, κάνω απόθεμα ‖ ~yard: *(n)* μάντρα ζώων ‖ in ~: υπάρχον ‖ out of ~: σε έλλειψη, μη υπάρχον ‖ ~ in trade: απόθεμα ‖ take ~: *(v)* κάνω απογραφή αποθήκης ‖ εκτιμώ, υπολογίζω ‖ take ~ in: *(v)* πιστεύω, δίνω πίστη

stockade (´stokeid): *(n)* φράχτης, μάντρα ‖ [-d]: *(v)* περιφράζω

stock-broker, ~ certificate, ~ exchange, ~ holder: see under stock

stocking (´stokiŋ): *(n)* κάλτσα

stock-market, ~ pile: see under stock

stocky (´stoki:): *(adj)* γεμάτος, σωματώδης

stockyard: see under stock

stodgy (´stodzi:): *(adj)* ανιαρός, κοινός ‖ βαρύς, δυσκολοχώνευτος ‖ γεμάτος

stoic (´stouik): *(n)* στωικός ‖ ~al: *(adj)* στωικός ‖ ~ally: *(adv)* με στωικότητα, στωικά ‖ ~alness, ~ism: *(n)* στωικισμός

stoke (stouk) [-d]: *(v)* τροφοδοτώ ή συντηρώ φωτιά ‖ ~r: *(n)* θερμαστής

stole (stoul): *(n)* άμφια ‖ γούνα, σάρπα ‖ see steal ‖ ~n: *(adj)* κλεμμένος ‖ see steal

stolid (´stolid): *(adj)* απαθής, ψύχραιμος ‖ ~ity, ~ness: *(n)* απάθεια, ψυχραιμία ‖ ~ly: *(adv)* με απάθεια

stomach (´stʌmək): *(n)* στόμαχος, στομάχι ‖ όρεξη ‖ [-ed]: *(v)* χωνεύω ‖

ανέχομαι, "χωνεύω" ‖ ~ache: *(n)* στομαχόπονος ‖ ~al, ~ic, ~ical: *(adj)* στομαχικός

stomp (stɔ:mp) [-ed]: *(v)* τσαλαπατώ

ston-e (stoun): *(n)* πέτρα ‖ κουκούτσι ‖ μονάδα βάρους (14 λίμπρες) ‖ *(adj)* λίθινος, πέτρινος ‖ *(adv)* ολότελα ‖ [-d]: *(v)* πετροβολώ ‖ βγάζω το κουκούτσι ‖ λιθοστρώνω ‖ ~e-blind: θεόστραβος ‖ ~ed: *(adj)* μεθυσμένος ‖ ~emason: *(n)* κτίστης ‖ ~e's throw: κοντά ‖ ~ewall [-ed]: *(v)* αρνούμαι να συνεργασθώ, "πάω κόντρα" ‖ ~e ware: *(n)* πέτρινες γλάστρες ‖ ~e work: *(n)* λιθοδομή ‖ ~y: *(adj)* πετρώδης ‖ σκληρός σαν πέτρα ‖ σκληρός, σκληρόκαρδος

stood: see stand

stooge (stu:dz): *(n)* ο "βλάκας" της κωμωδίας, αυτός που παθαίνει τις γκάφες ‖ "άθυρμα", "παίγνιο" ‖ κατάσκοπος, "χαφιές"

stool (stu:l): *(n)* σκαμνί ‖ κένωση ‖ κενώσεις, περιττώματα ‖ [-ed]: *(v)* έχω κένωση, αποπατώ ‖ ~ pigeon: *(n)* χαφιές

stoop (stu:p) [-ed]: *(v)* σκύβω ‖ κατεβαίνω ποιοτικά, κατεβαίνω σε επίπεδο ‖ *(n)* σκύψιμο ‖ κατώφλι

stop (stɔp) [-ped]: *(v)* σταματώ ‖ διακόπτω ‖ βουλώνω ‖ σταματεύω ‖ *(n)* στάση ‖ σταμάτημα, διακοπή ‖ στάθμευση ‖ παραμονή ‖ τελεία, στιγμή ‖ ~ cock: *(n)* κρουνός, κάνουλα ‖ ~light: *(n)* φώτα τροχαίας ‖ οπίσθιο φανάρι φρένων ‖ ~ over: *(n)* ενδιάμεση στάση, διακοπή ταξιδιού ‖ ~page: *(n)* διακοπή ‖ έμφραξη, βούλωμα ‖ ~per: *(n)* πώμα ‖ *(v)* βουλώνω ‖ ~ sign: *(n)* σήμα στάθμευσης ‖ ~watch: *(n)* χρονόμετρο ‖ ~ off, ~ over: *(v)* περνώ από κάπου, σταματώ κάπου για λίγο

stor-age (´sto:ridz): *(n)* αποθήκευση ‖ χώρος αποθήκευσης ‖ τέλη αποθήκης ‖ φόρτιση ‖ ~age battery: *(n)* συσσωρευτής ‖ ~e (sto:r): *(n)* κατάστημα, μαγαζί ‖ αποθήκη ‖ παρακαταθήκη ‖ ~e [-d]: *(v)* αποθηκεύω ‖ συσσωρεύω, μαζεύω ‖ set ~e by: *(v)* εκτιμώ ‖ ~e house: *(n)* αποθήκη, κτίριο αποθήκης

369

storey

‖ παρακαταθήκη ‖ **~ekeeper**: *(n)* καταστηματάρχης ‖ **~eroom**: *(n)* αποθήκη

storey (´stɔ:ri): *(n)* όροφος, πάτωμα

stork (stɔ:rk): *(n)* πελαργός

storm (stɔ:rm): *(n)* καταιγίδα, θύελλα ‖ αιφνίδια επίθεση ‖ [-ed]: *(v)* κάνω καταιγίδα ή θύελλα ‖ μαίνομαι ‖ τρέχω βιαστικά και θυμωμένα ‖ επιτίθεμαι αιφνιδιαστικά και βίαια ‖ ~ **bound**: *(adj)* αποκλεισμένος από καιρικές συνθήκες ‖ **~y**: *(adj)* θυελλώδης

story (´stɔ:ri): *(n)* ιστορία ‖ διήγημα ‖ ''παραμύθι'', φανταστική ιστορία ‖ **~line**: *(n)* πλοκή ‖ **~teller**: *(n)* παραμυθάς ‖ ψεύτης, ''παραμυθάς''

stout (staut): *(adj)* αποφασισμένος, θαρραλέος, γενναίος ‖ γερός, γεροδεμένος ‖ σωματώδης, γεμάτος ‖ δυνατός ‖ σταθερός ‖ *(n)* δυνατή, σκούρα μπύρα ‖ **~ly**: *(adv)* αποφασιστικά ‖ γερά, δυνατά ‖ σταθερά ‖ **~ness**: *(n)* αποφασιστικότητα ‖ πάχος ‖ σταθερότητα ‖ ~ **hearted**: *(adj)* γενναίος, θαρραλέος

stove (stouv): *(n)* θερμάστρα, σόμπα ‖ ~ **pipe**: *(n)* μπουρί σόμπας ‖ ψηλό καπέλο

stow (stou) [-ed]: *(v)* τοποθετώ με τάξη ‖ αποθηκεύω, βάζω σε αποθήκη ή σε ράφια ‖ γεμίζω ως επάνω, παραγεμίζω ‖ σταματώ, παύω *(id)* ‖ **~age**: *(n)* αποθήκευση ‖ τέλος αποθήκης ‖ ~ **away**: *(v)* αποθηκεύω ‖ κάνω τον λαθρεπιβάτη ‖ *(n)* λαθρεπιβάτης

straddle (´strædl) [-d]: *(v)* καβαλικεύω, κάθομαι καβαλικευτά ‖ αμφιταλαντεύομαι, ευνοώ και τις δυό πλευρές

strafe (streif) [-d]: *(v)* πολυβολώ από αεροπλάνο ‖ πολυβολισμός από αέρα

straggle (´strægəl) [-d]: *(v)* παραπλανώμαι, παραστρατίζω ‖ βραδυπορώ, μένω πίσω ‖ σκορπίζω ‖ **~r**: *(n)* βραδυπορών ή χαμένος, παραπλανημένος

straight (streit): *(adj)* ευθύς, ίσιος ‖ ευθύς, ''ντόμπρος'' ‖ νομιμόφρονας, στον ''ίσιο δρόμο'' ‖ καθαρός, αγνός, ανάμεικτος ‖ *(adv)* κατευθείαν ‖ ίσια, σε ευθεία ‖ τίμια, ''ντόμπρα'' ‖ ~ **away**: *(adv)* αμέσως ‖ **~edge**: *(n)* κανόνας, χάρακας ‖ **~en** [-ed]: *(v)* ευθυγραμμίζω ‖ ευθύνω, ισιάζω ‖ **~en out**: *(v)* σιάζω, διευθετώ, τακτοποιώ ‖ ~ **faced**: *(adj)* με ανέκφραστο ή ατάραχο πρόσωπο ‖ ~ **forward**: *(adj)* κατευθείαν ‖ ευθύς, ''ντόμπρος'', χωρίς περιστροφές ‖ ~ **jacket**: *(n)* ζουρλομανδύας ‖ **~man**: see stooge ‖ **go** ~: *(v)* γυρίζω στον καλό δρόμο, γίνομαι πάλι νομοταγής ‖ ~ **off**: αμέσως

strain (strein) [-ed]: *(v)* εντείνω, τείνω ‖ τεντώνω ‖ στραγγίζω, φιλτράρω ‖ σφίγγω, σφιχταγκαλιάζω ‖ τεντώνομαι ‖ *(n)* ένταση, τάση ‖ καταπόνηση, υπέρταση ‖ υπερένταση ‖ απόγονοι, γένος ‖ πρόγονος ‖ έμφυτο χαρακτηριστικό ‖ τόνος ‖ ήχος, μουσική ‖ ~ **at**: *(v)* κάνω προσπάθεια, αγωνίζομαι ‖ **~er**: *(n)* κόσκινο ‖ σουρωτήρι ‖ **~ed**: *(adj)* βεβιασμένος

strait (streit): *(n)* πορθμός ‖ **~en** [-ed]: *(v)* στενεύω ‖ περιορίζω ‖ βάζω σε οικονομική δυσχέρεια ‖ **~jacket**: *(n)* see straight jacket ‖ *(v)* βάζω ζουρλομανδύα ‖ **~-laced**: *(adj)* πουριτανός, σεμνότυφος ‖ **~s**: *(n)* πορθμός, στενό ‖ δυσχέρεια, δυσκολία

strand (strænd) [-ed]: *(v)* εξοκέλλω, βγάζω ή ρίχνω στη στεριά ‖ αφήνω στα ''κρύα του λουτρού'', εγκαταλείπω ‖ κάνω πλεξούδα ‖ *(n)* ακρογιαλιά, γιαλός ‖ κλωστή, ίνα ‖ πλεξούδα ‖ **~ed**: *(adj)* εγκαταλειμμένος

strange (streindz): *(adj)* παράξενος, περίεργος ‖ άγνωστος, ξένος ‖ **~ly**: *(adv)* παράξενα, περίεργα ‖ **~ness**: *(n)* παραδοξότητα ‖ **~r**: *(n)* άγνωστος ‖ ξένος

strang-le (´stræŋgəl) [-d]: *(v)* στραγγαλίζω ‖ καταπνίγω ‖ πνίγομαι ‖ **~ler**: *(n)* στραγγαλιστής ‖ ~ **ulate** (´stræŋgjəleit) [-d]: *(v)* στραγγαλίζω ‖ πνίγομαι ‖ **~ulation**: *(n)* στραγγαλισμός

strap (stræp) [-ped]: *(v)* δένω με ιμάντα, δένω με λουριά ‖ δέρνω με λουρί ‖ ακονίζω ξυράφι σε λουρί ‖ *(n)* ιμάντας, λουρί ‖ **~less**: *(n)* φόρεμα χωρίς ώμους ‖ **~ped**: *(adj)* αδέκαρος, ''μπατίρης'' ‖ **~per, ~ping**: ψηλός και

370

δυνατός

strata: see stratum *(pl)*

strat-agem (´strætədʒəm): *(n)* στρατήγημα ‖ **~egic** (strə´ti:dʒik), **~egical**: *(adj)* στρατηγικός ‖ **~egics**: *(n)* στρατηγική ‖ **~egist** (´strætədʒist): *(n)* με στρατηγικό μυαλό, ειδικός στρατηγικής ‖ **~egy**: *(n)* στρατηγική

stratocra-cy (strə´tɔkrəsi:): *(n)* στρατοκρατία ‖ **~tic**: *(adj)* στρατοκρατικός

stratosphere (´strætəsfiər): *(n)* στρατόσφαιρα

stratum (´streitəm): *(n)* στρώμα

straw (strɔ:): *(n)* άχυρο ‖ ψαθόχορτο ‖ ψάθα ‖ καλαμάκι ‖ *(adj)* άχθινος ‖ κιτρινωπός ‖ **catch at a ~, grasp at a ~**: κάνω απελπισμένη προσπάθεια ‖ **~ in the wind**: απροσδιόριστη φήμη, "ψίθυρος" ‖ **the last ~**: το τελευταίο χτύπημα, το τελειωτικό χτύπημα ‖ **~berry**: *(n)* φράουλα ‖ **~berry-blond**: κοκκινόξανθος

stray (strei) [-ed]: *(v)* περιπλανιέμαι, φεύγω από το δρόμο μου ‖ παραστρατώ, παίρνω τον κακό δρόμο ‖ αλλάζω θέμα, ξεφεύγω από το θέμα ‖ *(n)* χαμένος, περιπλανηθείς ‖ αδέσποτο ζώο, ζώο που χάθηκε ‖ *(adj)* χαμένος, περιπλανηθείς ‖ αδέσποτος ‖ σκόρπιος

streak (stri:k): *(n)* γραμμή, σημάδι, βούλα, λουρίδα ‖ ίχνος, δόση ‖ [-ed]: *(v)* σχηματίζω ραβδώσεις, γραμμές ή σημάδια ‖ τρέχω σαν αστραπή ‖ **~y**: *(adj)* ραβδωτός, με λουρίδες, με γραμμές ‖ άστατος

stream (stri:m): *(n)* ρεύμα, ροή, ρους ‖ ποταμάκι, ρυάκι ‖ [-ed]: *(v)* κυλώ, ρέω ‖ χύνω, ξεχύνω ‖ κυματίζω ‖ **~er**: *(n)* σημαιούλα ‖ ολοσέλιδος τίτλος ‖ **~lined**: *(adj)* αεροδυναμικός

street (stri:t): *(n)* οδός, δρόμος ‖ **~ arab**: *(n)* χαμίνι ‖ **~car**: *(n)* τραμ ‖ **~walker**: *(n)* πόρνη, "του δρόμου"

strength (streŋθ): *(n)* δύναμη ‖ **~en** [-ed]: *(v)* δυναμώνω, ενισχύω ‖ ενισχύομαι, δυναμώνω ‖ **on the ~ of**: επί τη βάσει, βασιζόμενος στο

strenuous (´strenju:əs): *(adj)* κοπιώδης ‖ εντατικός ‖ δραστήριος, ζωηρός ‖

~ly: *(adv)* κοπιωδώς, επίπονα ‖ δραστήρια, έντονα, ζωηρά ‖ **~ness**: *(n)* ένταση ‖ ζωηράδα ‖ κόπος

stress (stres): *(n)* έμφαση, τόνος ‖ τονισμός, τόνος ‖ τάση, ένταση ‖ ένταση, "στρες" ‖ [-ed]: *(v)* εντείνω ‖ τονίζω, δίνω έμφαση ‖ βάζω τόνο

stretch (stretʃ) [-ed]: *(v)* απλώνω ‖ τεντώνω ‖ απλώνομαι ‖ τεντώνομαι ‖ εκτείνομαι ‖ ρίχνω, "ξαπλώνω" ‖ κρεμάω ‖ κρεμιέμαι ‖ *(n)* άπλωμα, τέντωμα ‖ έκταση ‖ περίοδος φυλάκισης ‖ *(adj)* ελαστικός ‖ **~er**: *(n)* εντατήρας, τεντώστρα ‖ φορείο ‖ **~er-bearer**: *(n)* τραυματιοφορέας ‖ **~able**: *(adj)* εκτατός, ελαστικός ‖ **at a ~**: χωρίς διακοπή, συνέχεια ‖ **one's legs**: ξεκουράζομαι, "τεντώνω" τα πόδια μου, "ξεμουδιάζω"

strew (stru:) [-ed or strewn]: *(v)* σκορπίζω, διασκορπίζω εδώ κι´ εκεί, στρώνω (με κάτι)

stricken (´strikən): *(adj)* χτυπημένος ‖ που έχει πληγεί από ασθένεια ή συμφορά ή θλίψη ‖ see strike

strict (strikt): *(adj)* ακριβής ‖ απόλυτος ‖ αυστηρός ‖ στενός ‖ **~ly**: *(adv)* ακριβώς ‖ αυστηρά ‖ στενά ‖ **~ness**: *(n)* ακρίβεια ‖ αυστηρότητα ‖ **~ure** (´striktʃər): *(n)* εμπόδιο, περιορισμός ‖ επίκριση

stride (straid) [strode, stridden]: *(v)* διασκελίζω ‖ *(n)* διασκελισμός ‖ μεγάλο βήμα, δρασκελιά

striden-t (´straidənt): *(adj)* οξύς, διαπεραστικός, "στριγκιός" ‖ **~ce, ~cy**: *(n)* οξύτητα, "στριγκιά" ‖ **~tly**: *(adv)* διαπεραστικά

strife (straif): *(n)* αγώνας, πάλη

strik-e (straik) [struck, struck or stricken]: *(v)* χτυπώ ‖ ανάβω (σπίρτο) ‖ ανακαλύπτω ‖ απεργώ ‖ συγκρούομαι, προσκρούω ‖ *(n)* επίθεση ‖ απεργία ‖ πλήγμα ‖ ανακάλυψη, εύρημα ‖ **~ebreaker**: *(n)* απεργοσπάστης ‖ **~er**: *(n)* απεργός ‖ σφυρί ‖ **~ing**: *(adj)* χτυπητός ‖ εντυπωσιακός ‖ **~e down**: *(v)* ρίχνω με χτύπημα ‖ **~e out, ~e off**: *(v)* διαγράφω ‖ **~e on, ~e upon**: *(v)* φτάνω ή βρίσκω απροσδόκητα ή

string

ξαφνικά ‖ ~e out: *(v)* ξεκινώ ‖ ~e dumb: *(v)* καταπλήσσω, κάνω να "βουβαθεί" ‖ ~e it rich: κάνω την "χαλή" ‖ ~e up: *(v)* αρχίζω να παίζω με δύναμη ‖ αρχίζω κάτι, αρχίζω σύνδεσμο ή φιλία ή γνωριμία

string (striŋ): *(n)* χορδή ‖ σπάγκος ‖ σειρά ‖ στάβλος, άλογα, ομάδα αλόγων ‖ διάζωμα ‖ [strung, strung]: *(v)* βάζω σε σειρά, βάζω αλυσιδωτά ‖ δένω με σπάγκο ‖ τεντώνω ‖ ~along: *(v)* ακολουθώ ‖ αφήνω σε αναμονή ‖ ~ bean: *(n)* φασολάκι φρέσκο ‖ ~ed: *(adj)* έγχορδο ‖ ~ up: *(v)* κρεμάω ‖ pull ~s: *(v)* χρησιμοποιώ γνωριμίες ή μέσα ‖ ~ quartet: *(n)* κουαρτέτο εγχόρδων ‖ ~y: *(adj)* σαν σπάγκος

stringen-t (´strindzənt): *(adj)* αυστηρός ‖ στενός, περιορισμένος ‖ ~ce: *(n)* αυστηρότητα ‖ στενότητα, περιορισμός

stringy: see under string

strip (strip) [-ped]: *(v)* γδύνω ‖ απογυμνώνω ‖ αποσυνδέω, διαλύω ‖ γδύνομαι ‖ κόβω σε λουρίδες ‖ *(n)* λουρίδα ‖ ταινία ‖ ~ling: *(n)* νεαρός ‖ ~per, ~teaser: *(n)* αυτή που κάνει "στριπτήζ" ‖ ~tease: *(n)* "στριπτήζ" ‖ comic~, ~cartoon: *(n)* ιστορία με σκίτσα

stripe (straip): *(n)* λουρίδα, ράβδωση, ρίγα ‖ γαλόνι ‖ είδος ‖ ~d: *(adj)* ριγωτός, "ριγέ" ‖ ~r: *(n)* γαλονάς

strip-ling, ~per, ~tease: see under strip

strive (straiv) [strove, striven or strived]: *(v)* αγωνίζομαι, μοχθώ, προσπαθώ

strode: see stride

stroke (strouk): *(n)* χτύπημα, κρούση ‖ πλήγμα ‖ χτύπος ‖ προσβολή ‖ αποπληξία ‖ κίνηση ‖ διαδρομή ‖ πινελιά, πενιά ‖ χάδι ‖ [-d]: *(v)* χαϊδεύω ‖ four ~: τετράχρονος ‖ two~~: δίχρονος

stroll (stroul) [-ed]: *(v)* κάνω περίπατο, "βολτάρω" ‖ *(n)* περίπατος, "βόλτα" ‖ ~er: *(n)* περιπατητής ‖ καθιστό καροτσάκι μωρού

strong (stro:ŋ): *(adj)* δυνατός ‖ γερός, ανθεκτικός ‖ ~-arm [-ed]: *(v)* εξαναγκάζω ‖ ~ box: *(n)* χρηματοκιβώτιο ‖

~ hold: *(n)* οχυρό ‖ προπύργιο ‖ ~-minded: *(adj)* με ισχυρή θέληση

strove: see strive

struck: see strike

structur-al (´strʌktʃərəl): *(adj)* δομήσιμος ‖ δομικός, οικοδομικός ‖ μορφολογικός ‖ ~ally: *(adv)* δομήσιμα ‖ δομικά, οικοδομικά ‖ ~e (´strʌktʃər): *(n)* δομή ‖ κατασκευή ‖ οικοδομή ‖ υφή ‖ [-d]: *(v)* δίνω υφή, δομώ

struggle (´strʌgəl) [-d]: *(v)* αγωνίζομαι, παλεύω ‖ προχωρώ, κινούμαι ή βάζω κάτι με μεγάλη δυσκολία ‖ *(n)* αγώνας, πάλη

strum (strʌm) [-med]: *(v)* χτυπώ τις χορδές άσκοπα ή για να περνά η ώρα

strumpet (´strʌmpət): *(n)* πόρνη

strung: see string

strut (strʌt) [-ted]: *(v)* περπατώ καμαρωτά ‖ βάζω στήριγμα ‖ *(n)* καμαρωτό περπάτημα ‖ αντηρίδα, στήριγμα

strychnine (´striknin, ´striknain): *(n)* στρυχνίνη

stub (stʌb): *(n)* υπόλειμμα, απομεινάρι ‖ αποτσίγαρο ‖ στέλεχος επιταγής ή απόδειξης ‖ [-bed]: *(v)* σκοντάφτω ‖ σβήνω το τσιγάρο

stubble (´stʌbəl): *(n)* κοτσάνια, καλάμια, υπολείμματα θερίσματος ‖ αξύριστα γένια

stubborn (´stʌbərn): *(adj)* πεισματάρης ‖ επίμονος ‖ ~ly: *(adv)* με πείσμα ‖ επίμονα ‖ ~ness: *(n)* πείσμα ‖ επιμονή

stubby (´stʌbi): *(adj)* κοντόχοντρος

stucco (´stʌkou): *(n)* μαρμαροκονίαμα

stuck (stʌk): see stick ‖ ~ up: *(adj)* ψωροπερήφανος, ψηλομύτης

stud (stʌd): *(n)* ορθοστάτης ‖ πλατυκέφαλο καρφί ‖ κουμπί ‖ άλογα αναπαραγωγής ‖ επιβήτορας ‖ [-ded]: *(v)* βάζω πλατυκέφαλα καρφιά

stud-ent (´stu:dənt): *(n)* μαθητής ‖ φοιτητής ‖ σπουδαστής ‖ ~ied (´stʌdi:d): *(adj)* μελετημένος ‖ εξεζητημένος ‖ ~io (´stu:di:ou): *(n)* "ατελιέ", εργαστήριο ‖ εργαστήριο, "στούντιο" ‖ ~ious (´stu:di:əs): *(adj)* μελετηρός ‖ επιμελής ‖ ~y (´stʌdi:) [-ied]: *(v)* μελετώ ‖ σπουδάζω ‖ *(n)* μελέτη ‖ σπουδή ‖ μελετητήριο, γραφείο ‖ ~y hall: *(n)* αίθουσα μελέτης

stuff (stʌf) [-ed]: (v) γεμίζω ‖ παρατρώω ‖ (n) ουσία, ύλη, υλικό ‖ απορρίμματα, σκουπίδια ‖ ανοησίες, "τρίχες" ‖ **-ed shirt:** (n) πομπώδης άνθρωπος, "σαπουνόφουσκα" ‖ **-ing:** (n) γέμισμα, γέμιση ‖ **-iness:** (n) έλλειψη αερισμού, έλλειψη καθαρού αέρα ‖ **-y:** (adj) πνιγερός, χωρίς αερισμό ‖ ανιαρός

stumbl-e (ˈstʌmbəl) [-d]: (v) σκοντάφτω ‖ κάνω γκάφα ‖ (n) σκόνταμμα ‖ γκάφα ‖ **-e on, -e upon:** (v) ανακαλύπτω τυχαία ή απροσδόκητα ‖ **-ebum:** (n) γκαφατζής ‖ **-ing:** (n) σκόνταμμα ‖ **-ing block:** (n) εμπόδιο

stump (stʌmp) [-ed]: (v) κόβω, πετσοκόβω ‖ κάνω προεκλογική περιοδεία ‖ προκαλώ ‖ φέρω σε αδιέξοδο ή αμηχανία ‖ (n) κούτσουρο ‖ κομμάτι, υπόλειμμα ‖ κοντόχοντρος

stun (stʌn) [-ned]: (v) ζαλίζω ‖ (n) ζαλιστικό χτύπημα ‖ **-ning:** (adj) καταπληκτικός, που ζαλίζει ‖ **-ner:** (n) καταπληκτική καλλονή

stung: see sting

stunk: see stink

stun-ner, -ning: see under stun

stunt (stʌnt) [-ed]: (v) παρεμποδίζω, περιστέλλω ‖ (n) άθλος ‖ επιδεικτική ή διαφημιστική πράξη ‖ **-man:** (n) αντικαταστάτης του πρωταγωνιστή σε επικίνδυνες σκηνές

stupefy (ˈstuːpəfai) [-ied]: (v) καταπλήσσω ‖ ζαλίζω ‖ **-ing:** (adj) καταπληκτικός

stupendous (stuːˈpendəs): (adj) φοβερός, καταπληκτικός ‖ τεράστιος, πελώριος

stupid (ˈstuːpid): (adj) βλάκας ‖ βλακώδης ‖ **-ity, -ness:** (n) βλακεία, ηλιθιότητα ‖ **-ly:** (adv) βλακωδώς

stupor (ˈstuːpər): (n) νάρκη, λήθαργος ‖ ζάλη

sturd-y (ˈstəːrdiː): (adj) γερός, ανθεκτικός ‖ δυνατός, ρωμαλέος ‖ **-ily:** (adv) γερά, δυνατά ‖ **-iness:** (n) ανθεκτικότητα ‖ δύναμη, ρώμη

sturgeon (ˈstəːrdʒən): (n) οξύρρυγχος (ψάρι)

stutter (ˈstʌtər) [-ed]: (v) τραυλίζω ‖ (n) τραύλισμα ‖ **-er:** (n) τραυλός ‖ **-ingly:** (adv) τραυλίζοντας

sty (stai): (n) χοιροστάσιο ‖ κριθαράκι (του ματιού)

stygian (ˈstidʒiːən): (adj) μαύρος και σκοτεινός ‖ απαίσιος

styl-e (stail): (n) ρυθμός ‖ τεχνοτροπία, "στυλ" ‖ τρόπος ‖ βελόνα γραμμοφώνου ‖ [-d]: (v) κανονίζω ρυθμό ή τεχνοτροπία ‖ δίνω "στυλ" ‖ **-ish:** (adj) μοντέρνου ρυθμού ‖ σύγχρονος, μοντέρνος της μόδας ‖ **-ize** (ˈstailaiz) [-d]: (v) στυλιζάρω, δίνω "στυλ" ‖ **-ized:** (adj) στυλιζαρισμένος

stylus (ˈstailəs): (n) βελόνα γραμμοφώνου ‖ γραφίδα

stymie (ˈstaimiː) [-d]: (v) φέρνω σε αδιέξοδο ‖ (n) αδιέξοδο

styptic (ˈstiptik): **-al:** (adj) στυπτικός ‖ **-ity:** (n) στυπτικότητα ‖ **~ pencil:** (n) στύψη για αιμοστατική χρήση

suave (sweiv, swaːv): (adj) ευγενής, του κόσμου, με τρόπους, καθώς πρέπει ‖ **-ness:** (n) ευγένεια, "καθωσπρεπισμός"

sub (sʌb): (n) see submarine ‖ (prep) υπό ‖ (n) αντικαταστάτης (see substitute)

subaltern (sʌbˈɔːltərn): (adj) κατώτερος ‖ δευτερεύων ‖ (n) υπολοχαγός (brit)

subcommittee (ˈsʌbkəmitiː): (n) υποεπιτροπή

subconscious (sʌbˈkɒnʃəs): (n) το υποσυνείδητο ‖ (adj) υποσυνείδητος ‖ **-ly:** (adv) υποσυνείδητα ‖ **-ness:** (n) υποσυνείδητο

subcontract (sʌbˈkɒntrækt) [-ed]: (v) δίνω με υπεργολαβία ‖ (n) υπεργολαβία ‖ **-or:** (n) υπεργολάβος

subcutaneous (sʌbkjuːˈteiniəs): (adj) υποδόριος ‖ **-ly:** (adv) υποδόρια

subdivi-de (ˈsʌbdiˈvaid) [-d]: (v) υποδιαιρώ ‖ **-sion** (sʌbdiˈvizən): (n) υποδιαίρεση

subdue (səbˈdjuː) [-d]: (v) καταβάλλω, κατανικώ ‖ υποτάσσω ‖ κατασιγάζω

subhuman (sʌbˈhjuːmən): (adj) υπάνθρωπος

subject (ˈsʌbdʒikt): (n) υπήκοος ‖ θέμα

‖ υποκείμενο ‖ (sʌbˊdzekt) [-ed]: (v) υποβάλλω ‖ υποτάσσω ‖ ~ion: (n) υποταγή, καθυπόταξη ‖ υποβολή ‖ υποτέλεια ‖ ~ive: (adj) υποκειμενικός ‖ ~ively: (adv) υποκειμενικά ‖ ~iveness, ~ivity: (n) υποκειμενικότητα ‖ ~matter: (n) θέμα, αντικείμενο, περιεχόμενο ‖ ~ to: (adj) υποκείμενος σε ‖ με τάση προς ‖ εξαρτώμενος από
sub judice (sʌbˊdzu:dəsi:): υπό εκδίκαση
subjugat-e (ˊsʌbdzəgeit) [-d]: (v) υποτάσσω, καθυποτάσσω ‖ υποδουλώνω ‖ ~ion: (n) καθυπόταξη ‖ υποδούλωση ‖ ~or: (n) κατακτητής
subjunctive (sʌbˊdzʌŋktiv): (n) υποτακτική
sub-lease (ˊsʌbli:s) [-d], ~let (ˊsʌblet) [~let]: (v) υπενοικιάζω, υπομισθώνω ‖ (n) υπενοικίαση, υπεκμίσθωση
sublime (səbˊlaim): (adj) υπέροχος, έξοχος ‖ [-d]: (v) εξυψώνω
submachine gun (ˊsʌbməˊʃi:n gʌn): (n) αυτόματο όπλο
submarine (ˊsʌbməri:n): (adj) υποβρύχιος ‖ (n) υποβρύχιο ‖ ~r: (n) μέλος πληρώματος υποβρυχίου
submerge (səbˊmə:rdz) [-d]: (v) βυθίζω ‖ κρύβω ‖ βυθίζομαι ‖ ~d: (adj) βυθισμένος ‖ κρυμμένος, κρυφός ‖ ~nce: (n) βύθιση
submerse (səbˊmə:rs) [-d]: see submerge
sub-mission (səbˊmiʃən): (n) υποταγή ‖ υποβολή ‖ ~missive (səbˊmisiv): (adj) υπάκουος, ευκολοϋπότακτος ‖ ~missively: (adv) υπάκουα, με υποταγή ‖ ~mit (səbˊmit) [-ted]: (v) υποτάσσομαι ‖ υποβάλλω ‖ υποβάλλομαι ‖ ~mittal: (n) υποταγή
submultiple (sʌbˊmʌltipəl): (n) υποπολλαπλάσιο
subnormal (sʌbˊnɔ:rməl): (adj) κάτω από το κανονικό ή το ομαλό
subordinate (səˊbɔ:rdinit): (adj) υποδεέστερος ‖ κατώτερος ‖ δευτερεύων ‖ υπό την εξουσία ‖ (n) υφιστάμενος ‖ [-d]: (v) κατεβάζω αξία ή βαθμό ‖ καταβάλλω
subpoena (səˊpi:nə): (n) δικαστική κλή-

ση ‖ [-ed]: (v) καλώ, στέλνω κλήση
subrogat-e (ˊsʌbrəgeit) [-d]: (v) αντικαθιστώ ‖ ~ion: (n) αντικατάσταση
sub-scribe (səbˊskraib) [-d]: (v) υπογράφω ‖ γράφομαι συνδρομητής ‖ επιδοκιμάζω ‖ ~scriber: (n) συνδρομητής ‖ ~script (ˊsʌbskript): υποσημείωση ‖ υπογεγραμμένη ‖ ~scription: (n) συνδρομή ‖ υπογραφή
subsequen-ce (ˊsʌbsəkwəns): (n) ακολουθία, επακόλουθο ‖ ~t: (adj) επακόλουθος ‖ ~tly: (adv) μετά, ακολούθως
subserv-e (səbˊsə:rv) [-d]: (v) εξυπηρετώ, προωθώ ‖ ~ience (səbˊsə:rvi:əns): (n) εξυπηρέτηση ‖ εξυπηρετικότητα ‖ κατωτερότητα ‖ δουλοπρέπεια ‖ ~ient: (adj) εξυπηρετικός ‖ δουλοπρεπής
subside (səbˊsaid) [-d]: (v) παθαίνω καθίζηση, καταρρέω ‖ πέφτω, βουλιάζω ‖ κατακαθίζω ‖ κοπάζω ‖ ~nce: (n) καθίζηση ‖ κόπαση
subsidiary (səbˊsidi:æri:): (adj) βοηθητικός ‖ υποδεέστερος, δευτερεύων ‖ ~ company: (n) θυγατρική εταιρεία
subsid-ize (ˊsʌbsidaiz) [-d]: (v) επιδοτώ, δίνω επιχορήγηση ‖ ~y: (n) επιχορήγηση
subsist (səbˊsist) [-ed]: (v) υπάρχω ‖ ~ence: (n) ύπαρξη ‖ συντήρηση ‖ υπόσταση ‖ ~ in: (v) ενοικώ, ενυπάρχω ‖ ~ on, ~ by: (v) διατηρούμαι, συντηρούμαι από
subsoil (ˊsʌbsoil): (n) υπέδαφος
substance (ˊsʌbstəns): (n) ύλη ‖ ουσία ‖ έννοια, ουσία ‖ υλικός πλούτος, υλικά αγαθά
substandard (sʌbˊstændərd): (adj) κάτω του στερεότυπου ή κανονικού
substanti-al (səbˊstænʃəl): (adj) υλικός ‖ πραγματικός ‖ ουσιώδης ‖ ευκατάστατος ‖ ~ally: (adv) ουσιωδώς ‖ πραγματικά, ουσιαστικά ‖ ~ate [-d]: (v) υλοποιώ ‖ επαληθεύω, αιτιολογώ
substation (sʌbˊsteiʃən): (n) υποσταθμός
substitu-ent (səbˊstitʃu:ənt): υποκατάστατο ‖ ~te (ˊsʌbstitju:t) [-d]: (v) αντικαθιστώ, υποκαθιστώ ‖ (n) αντικαταστάτης ‖ ~tion: (n) αντικατάσταση ‖ ~tive: (adj) αντικαταστατικός

substratum (sʌb´streitəm): *(n)* υπόστρωμα

subtenant (sʌb´tenənt): *(n)* υπενοικιαστής

subterfuge (´sʌbtərfju:dz): *(n)* υπεκφυγή, πρόφαση, στρατήγημα

subterranean (sʌbtə´reini:ən): *(adj)* υπόγειος

subtitle (´sʌbtaitl): *(n)* υπότιτλος

subtle (´sʌtl): *(adj)* λεπτός, απειροελάχιστος ‖ δυσνόητος, δυσδιάκριτος ‖ έξυπνος, ευφυής ‖ πονηρός, πανούργος ‖ **~ness, ~ty:** *(n)* λεπτότητα ‖ εξυπνάδα, ευφυΐα ‖ πανουργία

subtract (səb´trækt) [-ed]: *(v)* αφαιρώ ‖ **~ion:** *(n)* αφαίρεση

subtrahend (´sʌbtrəhend): *(n)* αφαιρετέος

subtropical (sʌb´trɒpikəl): *(adj)* υποτροπικός

suburb (´sʌbərb): *(n)* προάστιο ‖ **~an** (sə´bə:rbən): *(adj)* προαστιακός, συνοικιακός ‖ **~anite:** *(n)* κάτοικος προαστίων ‖ **~ia:** *(n)* τα προάστια

subver-sion (səb´və:rzən): *(n)* υπονόμευση ‖ ανατροπή ‖ **~sive:** *(adj)* υπονομευτικός ‖ ανατρεπτικός ‖ **~t** (səb´və:rt) [-ed]: *(v)* υπονομεύω ‖ ανατρέπω

subway (´sʌbwei): *(n)* υπόγειος σιδηρόδρομος ‖ υπόγεια διάβαση

suc-ceed (sək´si:d) [-ed]: *(v)* πετυχαίνω ‖ διαδέχομαι ‖ **~ceeding:** *(adj)* επόμενος ‖ **~cess** (sək´ses): *(n)* επιτυχία ‖ πετυχημένος, φτασμένος ‖ **~cessful:** *(adj)* επιτυχής, πετυχημένος ‖ **~cession:** *(n)* διαδοχή, αλληλουχία ‖ διαδοχή ‖ **~cessive:** *(adj)* διαδοχικός, αλλεπάλληλος ‖ **~cessively:** *(adv)* διαδοχικά, αλλεπάλληλα ‖ **~cessor:** *(n)* διάδοχος

succint (sək´siŋkt): *(adj)* λακωνικός και σαφής ‖ **~ly:** *(adv)* λακωνικά ‖ **~ness:** *(n)* σαφήνεια και συντομία

succor (´sʌkər) [-ed]: *(v)* βοηθώ, σπεύδω σε βοήθεια ‖ *(n)* βοήθεια

succulent (´sʌkjələnt): *(adj)* ζουμερός

succumb (sə´kʌm) [-ed]: *(v)* υποκύπτω

such (sʌtʃ): *(adj)* τέτοιος ‖ τόσος ‖ *(adv)* τόσο ‖ *(pron)* τέτοιος, τέτοιου

είδους ‖ **~ like:** *(adj)* όμοιος

suck (sʌk) [-ed]: *(v)* ρουφώ, βυζαίνω ‖ γλείφω ‖ πιπιλίζω ‖ **~er:** *(n)* γλειφιτζούρι ‖ κορόιδο

suckle (´sʌkəl) [-d]: *(v)* θηλάζω

suction (´sʌkʃən): *(n)* αναρρόφηση ‖ ρούφηγμα ‖ *(adj)* αναρροφητικός ‖ **~ pump:** *(n)* αναρροφητική αντλία

Sudan (su:´dæn): *(n)* Σουδάν ‖ **~ese:** *(adj)* σουδανέζικος ‖ *(n)* Σουδανέζος

sudden (´sʌdn): *(adj)* αιφνίδιος, ξαφνικός ‖ **~ly, all of a ~:** αιφνίδια, ξαφνικά ‖ **~ness:** *(n)* το αιφνίδιο ‖ **~ death:** *(n)* αιφνίδιος θάνατος ‖ παράταση σε ισοπαλία

suds (sʌdz): *(n)* σαπουνάδα, αφρός ‖ μπύρα ‖ **~y:** *(adj)* αφρώδης

sue (su:) [-d]: *(v)* ενάγω, κάνω μήνυση

suede (sweid): *(n)* καστόρι, ''σουέτ''

suet (´su:it): *(n)* λίπος

Suez (su:´ez): *(n)* Σουέζ ‖ **~ Canal:** *(n)* διώρυγα του Σουέζ

suffer (´sʌfər) [-ed]: *(v)* υποφέρω ‖ ανέχομαι ‖ **~er:** *(n)* αυτός που υποφέρει ή πάσχει ‖ **~ing:** *(n)* πάθος, δεινά ‖ **~able:** *(adj)* υποφερτός ‖ **~ance:** *(n)* αντοχή, υπομονή

suffic-e (sə´fais) [-d]: *(v)* αρκώ ‖ **~iency** (sə´fiʃənsi:): *(n)* επάρκεια ‖ **~ient:** *(adj)* επαρκής, αρκετός ‖ **~iently:** *(adv)* αρκετά

suffix (´sʌfiks): *(n)* πρόσφυμα, επίθημα ‖ [-ed]: *(v)* βάζω πρόσφυμα

suffocat-e (´sʌfəkeit) [-d]: *(v)* ασφυκτιώ, πνίγομαι ‖ **~ion:** *(n)* ασφυξία ‖ **~ive:** *(adj)* αποπνικτικός, ασφυκτικός

suffus-e (sə´fju:z) [-d]: *(v)* διαχέω ‖ **~ion:** *(n)* διάχυση

sugar (´ʃu:gər): *(n)* ζάχαρη ‖ ''γλύκα'', αγαπούλα ‖ [-ed]: *(v)* ζαχαρώνω ‖ **~beet:** *(n)* ζαχαρότευτλο ‖ **~cane:** *(n)* ζαχαροκάλαμο ‖ **~coat** [-ed]: *(v)* επιζαχαρώνω ‖ **~ daddy:** *(n)* πλούσιος ''προστάτης'' νεαρής, ''γεροσαλιάρης'' ‖ **~ the pill:** *(n)* προσπαθώ να μειώσω τη σημασία κάποιου κακού, ''γλυκαίνω'' ‖ **~y:** *(adj)* ζαχαρένιος, ψευτόγλυκος

suggest (sə´dzest) [-ed]: *(v)* προτείνω ‖ υποβάλλω ‖ υποδηλώνω, υπονοώ ‖

~er: (n) εισηγητής ‖ ~ible: (adj) ευκολούπιβαλλόμενος ‖ ~ion: (n) πρόταση ‖ εισήγηση, υποβολή ‖ ~ive: (adj) υπενθυμιστικός ‖ υπονοητικός ‖ υπαινισσόμενος ‖ σκανδαλιστικός

suici-dal (su:ə´saidəl): (adj) αυτοκτόνος, αυτοκτονικός, της αυτοκτονίας ‖ ~de (´su:əsaid): (n) αυτοκτονία ‖ αυτόχειρας ‖ **commit** ~: αυτοκτονώ

suit (su:t): (n) κοστούμι ‖ σειρά, ομάδα ‖ χρώμα τράπουλας ‖ ακολουθία ‖ αγωγή, ποινική αγωγή ‖ [-ed]: (v) ταιριάζω ‖ είμαι κατάλληλος, κάνω για ‖ **follow** ~: (v) ακολουθώ το παράδειγμα ‖ ~able: (adj) κατάλληλος, πρέπων ‖ ταιριαστός ‖ ~ability, ~ableness: (n) καταλληλότητα ‖ ~ably: (adv) κατάλληλα, όπως πρέπει ‖ ~case: (n) βαλίτσα ‖ ~e (swi:t): (n) ακολουθία ‖ διαμέρισμα, "σουίτα" ‖ μουσική "σουίτα" ‖ ~ing: (n) ύφασμα κοστουμιού ‖ ~or: (n) ενάγων ‖ υποψήφιος μνηστήρας, "πολιορκητής"

sulfur, sulphur (´sʌlfər): (n) θειάφι ‖ ~ic: (adj) θειϊκός ‖ ~ous: (adj) θειούχος

sulk (sʌlk) [-ed]: (v) κάνω μούτρα, είμαι κατσούφης ‖ (n) "μούτρα", κατσούφιασμα ‖ ~y: (adj) μουτρωμένος, κατσούφης, σκυθρωπός

sullen (´sʌlən): (adj) κατσουφιασμένος, σκυθρωπός ‖ μελαγχολικός ‖ ~ly: (adv) σκυθρωπά ‖ μελαγχολικά ‖ ~ness: (n) μελαγχολία, σκυθρωπότητα

sulphur: see sulfur

sultan (´sʌltən): (n) σουλτάνος ‖ ~a: (n) σουλτάνα ‖ σουλτανίνα σταφίδα ‖ ~ate: (n) Σουλτανάτο

sul-try (´sʌltri:): (adj) καυτερός, πολύ ζεστός ‖ πνιγερός, ζεστός και υγρός ‖ αισθησιακός ‖ ~triness: (n) πνιγηρότητα ‖ αισθησιακότητα

sum (sʌm): (n) άθροισμα, σύνολο ‖ ποσό ‖ [-med]: (v) προσθέτω ‖ ~ up: (v) συνοψίζω ‖ ~marize (´sʌməraiz) [-d]: (v) συνοψίζω ‖ ανακεφαλαιώνω ‖ ~marization: (n) ανακεφαλαίωση, σύνοψη ‖ ~mary: (n) περίληψη, σύνοψη ‖ (adj) συνοπτικός ‖ ~mation: (n) πρόσθεση, άθροιση ‖ άθροισμα ‖

~ming up: (n) ανακεφαλαίωση

summer (´sʌmər): (n) καλοκαίρι, θέρος ‖ (adj) θερινός ‖ [-ed]: (v) ξεκαλοκαιριάζω ‖ ~house: (n) περίπτερο πάρκου ή κήπου ‖ ~sault: see somersault ‖ ~time: (n) καλοκαίρι ‖ ~y: (adj) καλοκαιριάτικος

summing: see under sum

summit (´sʌmit): (n) κορυφή ‖ (adj) κορυφαίος, κορυφής

summon (´sʌmən) [-ed]: (v) συγκαλώ ‖ καλώ ‖ στέλνω δικαστική κλήση ‖ ~er: (n) κλητεύων ‖ ~s: (n) κλήση ‖ ~s [-ed]: (v) δίνω κλήση

sump (sʌmp): (n) περιοχή αποστράγγισης ‖ φρέαρ αποστράγγισης ‖ βόθρος ‖ ~ter: (n) υποζύγιο

sumptu-ary (´sʌmptʃueri:): (adj) καθοριστικός των δαπανών και εξόδων ‖ ηθικός ‖ ~ous (´sʌmptʃuəs): (adj) υπερπολυτελής ‖ ~ously: (adv) πολυτελέστατα ‖ ~ousness: (n) υπερβολική πολυτέλεια

sun (sʌn): (n) ήλιος ‖ απλανής αστέρας ‖ [-ned]: (v) λιάζω ‖ λιάζομαι ‖ ~bath: (n) ηλιόλουτρο ‖ ~bathe [-d]: (v) κάνω ηλιοθεραπεία ‖ ~beam: (n) ηλιαχτίδα ‖ ~burn: (n) ηλιόκαμα ‖ ~dae: (n) παγωτό με φρούτα ‖ ~dial: (n) ηλιακό ρολόγι ‖ ~ down: (n) ηλιοβασίλεμα ‖ ~ flower: (n) ηλίανθος ‖ ~ glasses: (n) γυαλιά ηλίου ‖ ~less: (n) ανήλιος ‖ ~lit: (adj) ηλιόλουστος ‖ ~ny: (adj) ηλιόλουστος ‖ χαρούμενος ‖ ~y-side up: αυγά τηγανητά μάτια ‖ ~rise: (n) ανατολή ηλίου ‖ ~set: (n) δύση ηλίου ‖ ~shade: (n) σκιάδιο ‖ ~shine: (n) λιακάδα ‖ ~spot: (n) κηλίδα ηλίου ‖ ~stroke: (n) ηλίαση ‖ ~tan: (n) μαύρισμα από ήλιο ‖ [-ned]: (v) μαυρίζω στον ήλιο ‖ ~ up: (n) ανατολή ‖ ~ward, ~wards: προς τον ήλιο ‖ ~wise: (adv) δεξιόστροφα

Sunday (´sʌndei, ´sʌndi:): (n) Κυριακή ‖ ~ school: (n) κατηχητικό σχολείο

sun-dial, ~ down: see under sun

sundry (´sʌndri:): (adj) διάφορος ‖ κάμποσος

sunflower: see under sun

sung: see sing

sunglasses: see under sun

sunk (´sʌŋk): see sink ‖ ~en: (adj) βα-
θουλωμένος ‖ βυθισμένος ‖ σε χαμη-
λότερο επίπεδο

sun-less, ~lit, ~ny, ~rise, ~set, ~shade,
~shine, ~spot, ~stroke, ~tan, ~ up,
~ward, ~wise: see under sun

super (´su:pər): (n) θυρωρός ή διαχει-
ριστής πολυκατοικίας ‖ έκτακτος, πα-
ραπανίσιος ‖ εξαιρετικός, υπέροχος ‖
υπέρ

superable (´su:pərəbəl): (adj) ξεπερα-
στός

supera-bound (´su:pərə ´baund) [-ed]:
(v) υπεραφθονώ ‖ ~bundant: (adj)
υπεράφθονος ‖ ~bundance: (n) υπερα-
φθονία

superannuate (su:pər´ænjueit) [-d]: (v)
δίνω σύνταξη λόγω γήρατος ή ανικα-
νότητας ‖ αποσύρω λόγω φθοράς ή
μόδας

superb (su´pə:rb): (adj) εξαιρετικός,
έξοχος ‖ ~ly: (adv) έξοχα, υπέροχα ‖
~ness: (n) υπεροχή

supercargo (´su:pər´ca:rgou): (n) επό-
πτης φορτώσεως πλοίου

supercharge (´su:pərtʃa:rdz) [-d]: (v)
υπερφορτίζω ‖ (n) υπερφόρτωση

supercilious (su:pər´sili:əs): (adj) υπε-
ροπτικός ‖ ~ly: (adv) υπεροπτικά ‖
~ness: (n) υπεροψία

superficial (su:pər´fiʃəl): (adj) επιφανει-
ακός ‖ επιπόλαιος, "ρηχός" ‖ μηδα-
μινός ‖ ~ity, ~ness: (n) επιφανειακό-
τητα ‖ επιπολαιότητα ‖ ~ly: (adv) επι-
φανειακά ‖ επιπόλαια

superfluous (su´pə:rfluəs): (adj) παρα-
πανίσιος ‖ περιττός ‖ ~ly: (adv) πε-
ριττά

superhuman (´su:pər´hju:mən): (adj)
υπεράνθρωπος ‖ ~ly: (adv) υπεράν-
θρωπα

superimpose (´su:pərim´pouz) [-d]:
(v) επιθέτω, βάζω από πάνω

superintend (su:pərin´tend) [-ed]: (v)
εποπτεύω ‖ ~ence: (n) εποπτεία ‖
~ent: (n) αρχιεπόπτης, επόπτης ‖
police ~ent: (n) αρχηγός ή διευθυντής
αστυνομίας

superior (sə´piəriər): (adj) ανώτερος ‖

υπέρτερος, μεγαλύτερος ‖ που κάνει
τον ανώτερο, που κάνει τον περήφα-
νο, ψευτοπερήφανος ‖ σε ψηλότερο
επίπεδο, πιο πάνω ‖ (n) ανώτερος ‖
ηγούμενος ‖ ~ity: (n) ανωτερότητα ‖
υπεροχή ‖ ~ly: (adv) ανώτερα, εξαίρε-
τα, υπέροχα ‖ ~ity complex: (n) σύ-
μπλεγμα ανωτερότητας

superlative (su´pə:rlətiv): (adj) ανώτα-
τος, υπέρτατος ‖ υπερβολικός ‖ (n)
υπερθετικός βαθμός

superman (´su:pərmæn): (n) υπεράν-
θρωπος, "σούπερμαν"

supermarket (´su:pərma:rkit): (n) υπε-
ραγορά, "σουπερμάρκετ"

supernatural (su:pər´nætʃərəl): (adj)
υπερφυσικός ‖ ~ly: (adv) υπερφυσικά

supernumerary (su:pər´nu:məræri:):
(adj) υπεράριθμος

superpower (´su:pərpauər): (n) υπερδύ-
ναμη

supersede (su:pər´si:d) [-d]: (v) εκτοπί-
ζω ‖ αντικαθιστώ

supersonic (su:pər´sɔnik): (adj) υπερη-
χητικός

supersti-tion (su:pər´stiʃən): (n) πρόλη-
ψη, δεισιδαιμονία ‖ ~tious
(su:pər´stiʃəs): (adj) προληπτικός, δει-
σιδαίμονας

superstructure (´su:pər´strʌktʃər): (n)
ανωδομή

superven-e (su:pər´vi:n) [-ed]: (v) επι-
συμβαίνω ‖ ακολουθώ, έπομαι

supervis-e (´su:pərvaiz) [-d]: (v) επι-
βλέπω, εποπτεύω ‖ ~ion: (n) εποπτεία,
επίβλεψη ‖ ~ory: (adj) εποπτικός ‖
~or: (n) επόπτης

supine (´su:pain): (adj) ανάσκελα,
ύπτιος ‖ ~ly: (adv) ύπτια, ανάσκελα

supper (´sʌpər): (n) ελαφρό βραδινό
φαγητό

supplant (sə´plænt) [-ed]: (v) παραγκω-
νίζω, εκτοπίζω

supple (´sʌpəl): (adj) ευλύγιστος ‖ [-d]:
(v) κάνω ευλύγιστο ‖ γίνομαι ευλύγι-
στος

supplement (´sʌpləmənt): (n) συμπλή-
ρωμα ‖ (´sʌplə´ment) [-ed]: (v) συ-
μπληρώνω ‖ ~al: (adj) επιπρόσθετος,
συμπληρωματικός ‖ ~ary: (adj) συ-

377

suppliant

μπληρωματικός

suppli-ant (´sʌpliənt), **~cant** (´sʌplikənt): *(n)* ικέτης ‖ **~cate** [-d]: *(v)* ικετεύω ‖ **~cation:** *(n)* ικεσία ‖ **~catory:** *(adj)* ικετευτικός

suppl-y (sə´plai) [-ied]: *(v)* εφοδιάζω ‖ προμηθεύω ‖ αντικαθιστώ ‖ *(n)* εφόδιο ‖ εφοδιασμός ‖ προμήθεια ‖ **~ier:** *(n)* προμηθευτής

support (sə´pɔːrt) [-ed]: *(v)* στηρίζω ‖ υποστηρίζω ‖ ενισχύω ‖ υπομένω ‖ *(n)* υποστήριξη ‖ υποστήριγμα ‖ ενίσχυση ‖ στήριγμα ‖ **~able:** *(adj)* υποφερτός ‖ **~er:** *(n)* υποστηριχτής ‖ **~ive:** *(adj)* υποστηρικτικός

suppos-able (sə´pouzəbəl): *(adj)* υποθετικός ‖ **~e** [-d]: *(v)* υποθέτω ‖ προσδοκώ, έχω την απαίτηση ‖ **~ed:** *(adj)* υποθετικός ‖ **~edly:** *(adv)* υποθετικά, ας πούμε, δήθεν ‖ **~ing:** υποθέτοντας, ας υποθέσουμε ‖ **~ition** (supə´ziʃən): *(n)* υπόθεση ‖ **~itional:** *(adj)* υποθετικός

suppository (sə´pɔzətəːri:): *(n)* υπόθετο

suppress (sə´pres) [-ed]: *(v)* καταστέλλω ‖ αποκρύπτω, "σκεπάζω", "κάνω πλακάκια" ‖ **~er, ~or:** *(n)* καταστολέας ‖ **~ion:** *(n)* καταστολή ‖ απόκρυψη, "σκέπασμα" ‖ **~ive:** *(adj)* κατασταλτικός

suppurat-e (´supjəreit) [-d]: *(v)* πυορροώ ‖ **~ion:** *(n)* πυόρροια

supra (´su:prə): υπέρ ‖ **~renal** (su:prə´riːnəl): *(adj)* επινεφρίδιος ‖ **~renal gland:** *(n)* επινεφρίδιος αδένας

suprem-acy (sə´preməsi:): *(n)* υπεροχή ‖ ανωτάτη αρχή ή ισχύς ‖ **~e** (sə´priːm): *(adj)* υπέρτατος, ανώτατος ‖ **~ely:** *(adv)* ανώτατα, στον ανώτατο βαθμό, τέλεια ‖ **~e Court:** *(n)* Ανώτατο Δικαστήριο ‖ **~e Soviet:** *(n)* Ανώτατο Σοβιέτ

surcharge (´sə:rtʃaːrdz) [-d]: *(v)* επιβαρύνω ‖ παραφορτώνω το λογαριασμό, χρεώνω περισσότερα ‖ παραφορτώνω ‖ *(n)* επιβάρυνση ‖ παραφόρτωμα του λογαριασμού

sure (ʃur): *(adj)* βέβαιος ‖ σίγουρος, ασφαλής ‖ *(adv)* βέβαια ‖ **for ~:** χωρίς αμφιβολία, ασφαλώς ‖ **make ~:**

(v) βεβαιώνω ‖ **to be ~:** πράγματι, βεβαίως ‖ **~-fire:** *(adj)* σίγουρος, εξασφαλισμένος ‖ **~-footed:** *(adj)* με σίγουρο βήμα, με σίγουρο πόδι ‖ **~ly:** *(adv)* βεβαίως ‖ ασφαλώς, σίγουρα ‖ **~ty:** *(n)* βεβαιότητα ‖ εξασφάλιση, εχέγγυο

surf (sə:rf): *(n)* κύμα, κυματισμός ‖ [-ed]: *(v)* ισορροπώ πάνω στα κύματα σε σανίδα κολύμβησης, κάνω είδος θαλασσίου σκι ‖ **~board:** *(n)* σανίδα για ισορροπία πάνω στα κύματα, σανίδα κολύμβησης ‖ **~casting:** *(n)* ψάρεμα από την ακρογιαλιά ‖ **~ing:** *(n)* ισορροπία στα κύματα, είδος θαλασσίου σκι

surface (´sə:rfəs): *(n)* επιφάνεια ‖ επίστρωση ‖ *(adj)* επιφανειακός ‖ [-d]: *(v)* επιστρώνω, επικαλύπτω ‖ βγαίνω στην επιφάνεια

surf-board, ~casting: see under surf

surfeit (´sə:rfit) [-ed]: *(v)* δίνω μέχρι κορεσμού, δίνω άφθονα ‖ αφθονία, πληθώρα

surfing: see surf

surge (sə:rdz) [-d]: *(v)* κυματίζω, ορμώ σαν κύμα ‖ αυξάνω απότομα ‖ σκαμπανεβάζω ‖ *(n)* μεγάλο κύμα ‖ απότομη αύξηση

sur-geon (´sə:rdzən): *(n)* χειρούργος ‖ **~geon General:** *(n)* Υπουργός Υγιεινής ‖ αρχηγός υγ. υπηρ. στρατού ‖ **~gery:** *(n)* χειρουργική ‖ χειρουργείο ‖ **~gical** (´sə:rdzikəl): *(adj)* εξαιρετικός

surl-y (´sə:rli:): *(adj)* σκυθρωπός και απότομος, κατσούφης και αγενής ‖ **~ily:** *(adv)* σκυθρωπά και με αγένεια ‖ **~iness:** *(n)* σκυθρωπότητα και αγένεια

surmise (sər´maiz) [-d]: *(v)* εικάζω, υποθέτω ‖ *(n)* εικασία

surmount (sər´maunt) [-ed]: υπερνικώ ‖ περνώ από πάνω, υπερπηδώ ‖ **~able:** *(adj)* δυνατόν να υπερνικηθεί ή να ξεπεραστεί

surname (´sə:neim): *(n)* επώνυμο ‖ [-d]: *(v)* δίνω επώνυμο

surpass (sər´pæs) [-ed]: *(v)* ξεπερνώ, υπερβαίνω ‖ **~ing:** *(adj)* εξαιρετικός

surplice (´sə:rplis): *(n)* άσπρα άμφια

surplus (´sə:rpləs): *(adj)* υπερβάλλων ‖

πλεονάζω ‖ *(π)* πλεόνασμα ‖ ~**age:** *(π)* παραπανίσια λόγια

surpris-e (sər´praiz) [-d]: *(v)* εκπλήσσω ‖ αιφνιδιάζω ‖ *(π)* έκπληξη ‖ ~**ing:** *(adj)* εκπληκτικός ‖ **take by** ~**e:** *(v)* αιφνιδιάζω, φτάνω ξαφνικά και απροσδόκητα ‖ ~**e into:** *(v)* κάνω να κάνει άθελα

surreal-ism (sə´ri:əlizəm): *(π)* υπερρεαλισμός, σουρρεαλισμός ‖ ~**ist:** *(π)* υπερρεαλιστής, σουρρεαλιστής ‖ *(adj)* υπερρεαλιστικός, σουρρεαλιστικός ‖ ~**istic:** *(adj)* υπερρεαλιστικός

surrender (sə´rendər) [-ed]: *(v)* εγκαταλείπω ‖ παραδίδω ‖ παραδίνομαι ‖ *(π)* εγκατάλειψη ‖ παράδοση

surreptitious (sə:rəp´tiʃəs): *(adj)* ύπουλος ‖ λαθραίος ‖ ~**ly:** *(adv)* κρυφά, λαθραία ‖ ύπουλα

surround (sə´raund) [-ed]: *(v)* περιβάλλω ‖ περικυκλώνω, κυκλώνω ‖ ~**ing:** *(adj)* περιβάλλων ‖ ~**ings:** *(π)* το περιβάλλον

surtax (´sə:ɽæks) [-ed]: *(v)* επιβάλλω πρόσθετο φόρο ‖ *(π)* επιπρόσθετος φόρος

surveillan-ce (sər´veiləns): *(π)* εποπτεία, επιτήρηση ‖ ~**t:** *(π)* επιτηρητής

survey (sər´vei, ´sə:rvei) [-ed]: *(v)* εξετάζω προσεκτικά ‖ τοπογραφώ, κάνω τοπογράφηση ‖ *(π)* επισκόπηση ‖ προσεκτική εξέταση ‖ τοπογράφηση, τοπογραφία, χωρομέτρηση ‖ χωροστάθμιση ‖ ~**ing:** *(adj)* χωροσταθμικός ‖ τοπογραφικός ‖ *(π)* τοπογραφία ‖ χωροστάθμιση ‖ ~**or:** *(π)* τοπογράφος ‖ ~**or's level:** *(π)* χωροβάτης

surviv-al (sər´vaivəl): *(π)* επιβίωση ‖ ~**e** [-d]: *(v)* επιβιώνω ‖ επιζώ ‖ ~**or:** *(π)* επιζήσας, επιζών, επιβιώσας ‖ ~**orship:** *(π)* επιβίωση

suscepti-bility (səseptə´biləti:): *(π)* επιδεκτικότητα ‖ ~**ble** (sə´septəbəl): *(adj)* επιδεκτικός ‖ ευκολοεπηρέαστος ‖ ευαίσθητος ‖ ~**ve:** *(adj)* επιδεκτικός ‖ ~**veness:** *(π)* επιδεκτικότητα

suspect (sə´spekt) [-ed]: *(v)* υποπτεύομαι, υποψιάζομαι ‖ (´sʌspekt): *(π & adj)* ύποπτος

suspen-d (sə´spend) [-ed]: *(v)* θέτω σε

διαθεσιμότητα, αναστέλλω θητεία, φοίτηση ή εκτέλεση εργασίας ‖ διακόπτω, σταματώ στιγμιαία ‖ αναστέλλω απόφαση ή κρίση, αφήνω σε εκκρεμότητα ‖ αναρτώ, κρεμώ ‖ ~**ders:** *(π)* τιράντες ‖ καλτσοδέτες ‖ ~**se** (sə´spens): *(π)* εκκρεμότητα ‖ αγωνία ‖ αβεβαιότητα ‖ ~**sion:** (səs´penʃən): *(π)* αναστολή ‖ διαθεσιμότητα, παύση, αργία ‖ ανάρτηση ‖ αιώρηση ‖ *(adj)* κρεμαστός, αιωρούμενος ‖ ~**sion bridge:** *(π)* κρεμαστή γέφυρα ‖ ~**sion points:** *(π)* αποσιωπητικά ‖ ~**sory:** *(adj)* στηρικτικός

suspi-cion (sə´spiʃən): *(π)* υποψία, υπόνοια ‖ ελάχιστη ποσότητα, ''υποψία'' ‖ ~**cious** (sə´spiʃəs): *(adj)* ύποπτος ‖ φιλύποπτος, καχύποπτος ‖ ~**ciously:** *(adv)* ύποπτα, καχύποπτα ‖ ~**ciousness:** *(π)* καχυποψία

sustain (sə´stein) [-ed]: *(v)* στηρίζω, διατηρώ ‖ συντηρώ ‖ υποστηρίζω ‖ αντέχω ‖ υφίσταμαι ‖ δέχομαι, αποδέχομαι ‖ ~**able:** *(adj)* ανεκτός ‖ ~**er:** *(π)* συντηρητής ‖ υποστηρικτής

sustenance (´sʌstənəns): *(π)* διατήρηση, συντήρηση ‖ διατροφή, είδη συντήρησης

suzerain (´su:zərən): *(π & adj)* κυρίαρχος ‖ ~**ty:** *(π)* κυριαρχία

svelte (svelt): *(adj)* ευλύγιστη, λυγερή, λεπτή

swab (swɔb): *(π)* ψήκτρα ‖ σφουγγαρόπανο ‖ [-bed]: *(v)* σφουγγαρίζω

swaddle (swɔdl) [-d]: *(v)* φασκιώνω ‖ *(π)* φασκιά, φάσκιωμα

swagger (´swægər) [-ed]: *(v)* περπατώ καμαρωτά ή παλικαρίσια ‖ καυχιέμαι, κομπάζω ‖ ~**stick:** *(π)* ραβδί αξιωματικού

swallow (´swa:lou) [-ed]: *(v)* καταπίνω ‖ *(π)* καταπιά, μπουκιά ‖ χελιδόνι ‖ ~**tail:** *(π)* φράκο ‖ ~**tailed coat:** *(π)* φράκο ‖ ~ **up:** *(v)* καταβροχθίζω, χάφτω ‖ ~**an insult:** *(v)* καταπίνω προσβολή

swam: see swim

swamp (swa:mp): *(π)* τέλμα ‖ βαλτότοπος ‖ [-ed]: *(v)* πλημμυρίζω, σκεπάζω

379

swan

με νερά ‖ πλακώνω, φορτώνω ‖ ~er:
(n) εργάτης ‖ λαντζιέρης ‖ ~ fever:
(n) ελονοσία ‖ ~y: *(adj)* ελώδης, τελματώδης
swan (swa:n): *(n)* κύκνος ‖ ~nery: *(n)*
κυκνοτροφείο
swank (swæηk): *(adj)* υπερπολυτελής ‖
επιδεικτικός ‖ *(n)* πολυτέλεια ‖ κόρδωμα
swap (swa:p) [-ped]: *(v)* ανταλλάσσω ‖
(n) ανταλλαγή
swarm (swə:rm): *(n)* σμήνος ‖ ομάδα,
''μπουλούκι'' ‖ [-ed]: *(v)* ορμώ όπως
ένα σμήνος, καταπλύζω ‖ συρρέω, μαζεύομαι ‖ σκαρφαλώνω με πόδια και χέρια
swarthy (΄swə:rði:): *(adj)* μελαψός
swash (swə:ʃ) [-ed]: *(v)* κορδώνομαι ‖
πιτσιλίζω ‖ πλαταγίζω ‖ *(n)* κόρδωμα
‖ πιτσίλισμα ‖ πλατάγισμα ‖ ~
buckler: *(n)* παλικάρι, τυχοδιώκτης
παλικαράς ‖ ~ **buckling:** *(adj)* περιπετειώδης, παλικαρίσιος
swastika (΄swa:stikə): *(n)* αγκυλωτός
σταυρός, ''σβάστικα''
swat (swa:t) [-ted]: *(v)* χτυπώ απότομα,
''κοπανάω'' ‖ *(n)* χτύπημα ‖ ~ter:
(n) μυγοσκοτώστρα
swathe (swa:ð) [-d]: *(v)* τυλίγω με επιδέσμους, ''φασκιώνω'' ‖ *(n)* επίδεσμος
sway (swei) [-ed]: *(v)* ταλαντεύομαι ‖
γέρνω ‖ ταλαντεύω ‖ επηρεάζω ‖ *(n)*
ταλάντωση ‖ ισχύς, δύναμη, επιρροή
swear (sweər) [swore, sworn]: *(v)* ορκίζομαι ‖ βλαστημώ ‖ ~ **by:** *(v)* ορκίζομαι στο όνομα ‖ ~ **in:** *(v)* ορκίζω ‖ ~
off: *(v)* υπόσχομαι να απαρνηθώ ‖ ~
word: *(n)* χυδαία λέξη, βλαστήμια
sweat (swet) [-ed]: *(v)* ιδρώνω ‖ παραδουλεύω, ''ιδροκοπώ'' στη δουλειά ‖
αγωνιώ ‖ βάζω σε βαριά δουλειά ‖
(n) ιδρώτας ‖ ~ **blood:** *(v)* πεθαίνω
στη δουλειά ‖ ~ **out:** *(v)* περιμένω με
αγωνία, αγωνιώ ‖ ~ **out a cold:** ιδρώνω για να μου περάσει το κρύωμα ‖
no ~: ευκολότατο πράγμα ‖ ~ **band:**
(n) εσωτερική ταινία καπέλου ‖ ~**er:**
(n) ''πουλόβερ'', ''ζιλέ'', φανέλα ‖
~**suit:** *(n)* φόρμα αθλητή
Swed-e (swi:d): *(n)* Σουηδός ‖ ~**en:** *(n)*

Σουηδία ‖ ~**ish:** *(adj)* σουηδικός ‖ *(n)*
σουηδική γλώσσα
sweep (swi:p) [swept, swept]: *(v)* σαρώνω, σκουπίζω ‖ σαρώνω, παρασύρω ‖
περνώ γρήγορα ή βιαστικά ‖ διασχίζω
‖ κερδίζω σαρωτική νίκη ‖ εκτείνομαι,
απλώνομαι ‖ *(n)* σάρωμα ‖ σαρωτική
κίνηση ‖ βεληνεκές ‖ καλυπτόμενο
έδαφος ‖ έκταση ‖ σαρωτική νίκη ‖
καμπή ‖ ~**ing:** *(n)* σάρωμα ‖ *(adj)* με
μεγάλες επιπτώσεις ‖ κυκλικός ‖ ~
past: *(v)* περνώ βιαστικά ‖ ~**stakes:**
(n) το μεγάλο λαχείο, ''σουήπστεϊκς''
sweet (swi:t): *(adj)* γλυκός ‖ φρέσκος,
όχι αλμυρός (νερό) ‖ *(inter)* γλύκα
μου, γλυκειά μου ‖ *(n)* γλυκό, γλύκισμα ‖ ~**bread:** *(n)* εντόσθιο, γλυκάδι
‖ ~ **briar:** *(n)* αγριοτριανταφυλλιά ‖
~**en** [-ed]: *(v)* γλυκαίνω ‖ ~**heart:** *(n)*
αγαπημένος ‖ ~**ie:** *(n)* αγαπούλα, γλύκα ‖ ~**meat:** *(n)* γλύκισμα, ζαχαρωτό ‖
~ **pea:** *(n)* λαθούρι, μπιζέλι ‖ ~**ly:**
(adv) γλυκά ‖ ~**ness:** *(n)* γλύκα ‖
~**sultan:** *(n)* κενταύρεo, κύανος, ''αλιφόνι'' (φυτ) ‖ ~ **tooth:** αδυναμία στα
γλυκά ‖ ~ **William:** *(n)* γαρύφαλο ‖
αγριομοσχοκάρφι
swell (swel) [-ed, swollen]: *(v)* διογκώνομαι, εξογκώνομαι ‖ δυναμώνω,
υψώνομαι ‖ φουσκώνω ‖ πρήζομαι ‖
εξογκώνω ‖ *(n)* διόγκωση, εξόγκωση ‖
εξόγκωμα ‖ πρήξιμο ‖ φουσκωμένο
κύμα ‖ *(adj)* κομψός, σικ ‖ εξαιρετικός, ''φίνος'' ‖ ~**ing:** *(n)* διόγκωση ‖
κύρτωση, φούσκωμα, εξόγκωμα
swelter (΄sweltər) [-ed]: *(v)* ιδροκοπώ,
σκάω από τη ζέστη ‖ *(n)* αποπνικτική
ζέστη ‖ ~**ing:** *(adj)* αποπνικτικός ‖
σκασμένος από τη ζέστη
swept: see sweep ‖ ~**back:** με κλίση
προς τα πίσω
swerve (swə:rv) [-d]: *(v)* παρεκκλίνω ‖
στρίβω απότομα ‖ *(n)* παρέκκλιση,
στρίψιμο
swift (swift): *(adj)* γρήγορος ‖ άμεσος ‖
(n) αδράχτι, καρούλι ‖ είδος χελιδονιού ‖ σαύρα ‖ ~**ly:** *(adv)* γρήγορα,
σβέλτα ‖ ~**ness:** *(n)* γρηγοράδα
swig (swig) [-ged]: *(v)* καταπίνω, ρουφώ ‖ *(n)* ρουφηξιά

swill (swil) [-ed]: *(v)* ρουφώ λαίμαργα ‖ ξεπλένω ‖ πλημμυρίζω ‖ *(n)* αποφάγια ‖ ρουφηξιά

swim (swim) [swam, swum]: *(v)* κολυμπώ ‖ πλημμυρίζω, είμαι γεμάτος νερό ‖ ''γυρίζω'', ζαλίζομαι ‖ *(n)* κολύμπι ‖ ζάλη ‖ **~mer:** *(n)* κολυμβητής ‖ **~ming:** *(n)* κολύμπι ‖ **~mingly:** *(adv)* ευκολότατα ‖ **~ming pool:** *(n)* κολυμβητική δεξαμενή, ''πισίνα'' ‖ **~ suit:** *(n)* ''μαγιό''

swindle (´swindl) [-d]: *(v)* εξαπατώ ‖ *(n)* απάτη ‖ **~r:** *(n)* απατεώνας

swine (swain) *(n)* γουρούνι ‖ **~herd:** *(n)* χοιροβοσκός

swing (swiŋ) [swung, swung]: *(v)* ταλαντεύομαι ‖ αιωρούμαι ‖ κουνιέμαι σε κούνια ‖ περπατώ κουνιστά ‖ περιστρέφομαι, γυρίζω ‖ μεταστρέφω ‖ κρεμιέμαι ‖ παίρνω μέρος σε οργιαστικό γλέντι ‖ αιωρώ, κουνώ πέρα δώθε ‖ περιστρέφω, γυρίζω ‖ καταφέρνω, ''φέρνω βόλτα'' ‖ *(n)* ταλάντευση ‖ αιώρηση ‖ κούνημα ‖ κούνια ‖ **in full ~:** εν πλήρει δράσει, σε οργιαστική δράση ‖ **~ a deal:** καταφέρνω μια δουλειά ‖ **~er:** *(n)* γλεντζές ‖ **~ bob:** *(n)* αντίβαρο ‖ **~ bridge:** *(n)* περιστρεφόμενη γέφυρα ‖ **~gate, ~ing gate:** *(n)* ταλαντευόμενη πόρτα ‖ **~ shift:** *(n)* βραδινή βάρδια

swipe (swaip) [-d]: *(v)* χτυπώ με φόρα ‖ κλέβω, ''βουτάω'' ‖ *(n)* δυνατό χτύπημα με φόρα ‖ μοχλός

swirl (swə:rl) [-ed]: *(v)* περιδινούμαι, στροβιλίζομαι ‖ *(n)* δίνη, στρόβιλος, περιδίνηση

swish (swiʃ) [-ed]: *(v)* θροΐζω, κάνω σφυριχτό θόρυβο ‖ περπατώ κουνιστά και λυγιστά ‖ δέρνω, ξυλίζω ‖ *(n)* σφυριχτός ήχος ‖ μαστίγιο ‖ θηλυπρεπής νέος ‖ *(adj)* κομψευόμενος

Swiss (swis): *(adj)* ελβετικός ‖ *(n)* Ελβετός

switch (switʃ): *(n)* βέργα ‖ φούντα ουράς ‖ διακόπτης ‖ κλειδί αλλαγής τροχιάς ‖ αλλαγή, μεταστροφή ‖ [-ed]: *(v)* δέρνω ‖ αλλάζω, γυρίζω, στρέφω ‖ γυρίζω διακόπτη ‖ **back:** *(n)* απότομη, ανηφορική στροφή ‖ **~ blade**

knife: *(n)* σουγιάς με αυτόματη λεπίδα ‖ **~board:** *(n)* πίνακας διανομής ή χειρισμού ‖ τηλεφ. κέντρο ‖ **~man:** *(n)* κλειδούχος σιδηροδρόμου ‖ **~ off:** *(v)* διακόπτω, κλείνω, σβήνω ‖ **~ on:** *(v)* ανοίγω, ανάβω

Switzer (´switsər): *(n)* Ελβετός ‖ **~land:** *(n)* Ελβετία

swivel (´swivəl) [-ed]: *(v)* περιστρέφομαι ‖ *(n)* στροφέας ‖ **~ chair:** *(n)* περιστρεφόμενη πολυθρόνα

swollen (´swoulən): see swell ‖ *(adj)* πρησμένος ‖ διογκωμένος, φουσκωμένος

swoon (swu:n) [-ed]: *(v)* λιποθυμώ ‖ *(n)* λιποθυμία

swoop (swu:p) [-ed]: *(v)* εφορμώ κάθετα, πέφτω επάνω ‖ *(n)* εφόρμηση, πέσιμο επάνω ‖ **~ down:** *(v)* πέφτω επάνω, εφορμώ ‖ **~ up:** *(v)* πέφτω και αρπάζω

sword (sə:rd): *(n)* ξίφος ‖ **at ~s' points:** έτοιμοι για καυγά ‖ **cross ~s:** τσακώνομαι ‖ **put to the ~:** θανατώνω με ξίφος ‖ **~ cane:** *(n)* μπαστούνι με λεπίδα ‖ **~fish:** *(n)* ξιφίας ‖ **~ play:** *(n)* ξιφομαχία ‖ **~sman:** *(n)* ξιφομάχος ‖ σπαθοφόρος

swore: see swear

sworn: see swear

swum: see swim

swung: see swing

sycamore (´sikəmə:r): *(n)* πλάτανος ‖ συκομουριά

sycophant (´sikəfənt): *(n)* κόλακας, ''γλύφτης'' ‖ **~ic:** *(adj)* κολακευτικός, δουλοπρεπής

syllab-ic (si´læbik): *(adj)* συλλαβικός ‖ **~icate** [-d], **~ify** [-ied]: *(v)* συλλαβίζω ‖ **~ism:** *(n)* συλλαβισμός ‖ **~le** (´siləbəl): *(n)* συλλαβή

syllabus (´siləbəs): *(n)* περιληπτική έκθεση ‖ πρόγραμμα

symbol (´simbəl): *(n)* σύμβολο ‖ **~ic, ~ical** (sim´bəlik, ~əl): *(adj)* συμβολικός ‖ **~ically:** *(adv)* συμβολικά ‖ **~ism:** *(n)* συμβολισμός ‖ **~ize** [-d]: *(v)* συμβολίζω

symmet-ric (si´metrik) **~rical:** *(adj)* συμμετρικός ‖ **~rically:** *(adv)* συμμε-

381

sympathetic

τριχά ‖ **~rize** (´simətraiz) [-d]: *(v)* κάνω συμμετρικό ‖ **~ry** (´simətri:): *(n)* συμμετρία

sympa-thetic (simpə´thetik), **~thetical:** *(adj)* συμπαθητικός ‖ **~thetically:** *(adv)* με συμπάθεια, με κατανόηση ‖ **~thetic ink:** *(n)* συμπαθητική ή αόρατη μελάνη ‖ **~thize** (´simpəthaiz) [-d]: *(v)* συμπάσχω, συμπονώ ‖ δείχνω κατανόηση ‖ **~thizer:** *(n)* συμπαθών, οπαδός ‖ **~thy** (´simpəthi:): *(n)* συμπάθεια ‖ κατανόηση

symphon-ic (sim´fonik): *(adj)* συμφωνικός ‖ **~ist:** *(n)* συνθέτης συμφωνιών ‖ **~y** (´simfəni:): *(n)* μουσική συμφωνία ‖ **συμφωνική ορχήστρα ‖ ~y orchestra:** *(n)* συμφωνική ορχήστρα

symposium (sim´pouzi:əm): *(n)* συμπόσιο ‖ διάσκεψη ‖ συλλογή φιλολογική

symptom (´simtəm): *(n)* σύμπτωμα ‖ **~atic:** *(adj)* συμπτωματικός ‖ **~atically:** *(adv)* συμπτωματικά

synagogue (´sinəgəg): *(n)* συναγωγή

synchro (´sinkrou): *(prep)* σύγχρονος ‖ **~mesh:** *(n)* αυτόματος συγχρονισμένος μηχανισμός εμπλοκής ‖ **~nic** (sin´krənik), **~nical:** *(adj)* σύγχρονος, σε συγχρονισμό ‖ **~nism** (´sinkrənizəm): *(n)* συγχρονισμός ‖ **~nize** (´sinkrənaiz) [-d]: *(v)* συγχρονίζω ‖ συγχρονίζομαι, συμβαίνω ταυτόχρονα ‖ **~nization:** *(n)* συγχρονισμός ‖ **~nous:** *(adj)* σύγχρονος ‖ ταυτόχρονος ‖ συγχρονισμένος

synco-pate (´sinkəpeit) [-d]: *(v)* συγκόπτω ‖ **~pation, ~pe** (sinkə´peiʃən,

´sinkəpi:): *(n)* συγκοπή

syndic (´sindik): *(n)* σύνδικος ‖ **~alism:** *(n)* συνδικαλισμός ‖ **~ate** (´sindikit): *(n)* συνδικάτο ‖ [-d]: *(v)* οργανώνω σε συνδικάτο

syndrome (´sindroum): *(n)* σύνδρομο

synod (´sinəd): *(n)* σύνοδος ‖ **~ic, ~ical:** *(adj)* συνοδικός

synonym (´sinənim): *(n)* συνώνυμο ‖ **~ous:** *(adj)* συνώνυμος ‖ **~y:** *(n)* συνωνυμία

synop-sis (si´nəpsis): *(n)* σύνοψη ‖ **~size** (si´nopsaiz) [-d]: *(v)* συνοψίζω ‖ **~tic:** *(adj)* συνοπτικός

syntax (´sintæks): *(n)* σύνταξη ‖ συντακτικό

synthe-sis (´sinthəsis): *(n)* σύνθεση ‖ **~size** (´sinthəsaiz) [-d]: *(v)* συνθέτω ‖ **~tic** (sin´thetik), **~tical:** *(adj)* συνθετικός ‖ **~tically:** *(adv)* συνθετικά

syphi-lis (´sifəlis): *(n)* σύφιλη ‖ **~litic** (sifə´litik): *(adj & n)* συφιλιδικός

syphon: see siphon

Syria (´siri:ə): *(n)* Συρία ‖ **~n:** *(adj & n)* Σύριος

syringe (sə´rindz): *(n)* σύριγγα

syrup (´sə:rəp): *(n)* σιρόπι ‖ **~y:** *(adj)* σαν σιρόπι ‖ μελιστάλαχτος

system (´sistəm): *(n)* σύστημα ‖ **~atic, ~atical:** *(adj)* συστηματικός ‖ μεθοδικός ‖ **~atically:** *(adv)* συστηματικά ‖ μεθοδικά ‖ **~atize** (´sistəmətaiz) [-d]: *(v)* συστηματοποιώ ‖ **~atization:** *(n)* συστηματοποίηση

systole (´sistəli:): *(n)* συστολή

syzygy (´sizədzi:): *(n)* συζυγία

T

T, t (ti:): το 20ο γράμμα του αγγλ. αλφαβήτου

tab (tæb): *(n)* ταμπελίτσα ‖ πρόσθετη θηλιά ‖ προεξοχή διακοσμητική ‖ λογαριασμός εστιατορίου ‖ **keep ~s:** κρατώ λογαριασμό, παρακολουθώ

tabby (´tæbi:): *(n)* γάτα ‖ γάτα με ραβδώσεις ή βούλες ‖ γεροντοκόρη ‖ κουτσομπόλα ‖ κιματοειδές μεταξωτό ύφασμα, ''μουαρέ''

tabernacle (´tæbərnækəl): *(n)* Ιερό ‖ ιεροφυλάκιο

table (´teibəl): *(n)* τραπέζι ‖ φύλλο τα-
βλιού ‖ οροπέδιο ‖ πίνακας ‖ [-d]:
(v) αναβάλλω ‖ **~au** (´tæblou): *(n)*
"ταμπλό βιβάν" ‖ γραφική σκηνή ‖ ~
cloth: *(n)* τραπεζομάντηλο ‖ **~d'hoəte**
(´ta:bəl´dout): *(n)* "ταμπλ ντοτ" ‖
~land: *(n)* οροπέδιο ‖ **~spoon:** *(n)*
κουτάλα σερβιρίσματος ‖ κουτάλι
σούπας ‖ **~t** (´tæblit): *(n)* πλάκα επι-
γραφής ‖ σημειωματάριο, "μπλοκ" ‖
δισκίο, χάπι ‖ ~ **tennis:** *(n)* "πιγκ-πο-
γκ" ‖ **~ware:** *(n)* επιτραπέζια είδη ‖
on the ~: σε εκκρεμότητα ‖ **turn the**
~s: *(v)* γυρίζω την τύχη, αντιστρέφω
αποτέλεσμα

tabloid (´tæbloid): *(n)* φτηνή, λαϊκή
εφημερίδα ‖ σκανδαλοθηρικό φύλλο

taboo (tə´bu:): *(n & adj)* απαγορευμέ-
νο, "ταμπού" ‖ [-ed]: *(v)* βάζω σε
απαγόρευση, κάνω "ταμπού"

taboret (tæbə´ret): *(n)* σκαμνί

tabu-lar (´tæbjələr): *(adj)* πεπλατυσμέ-
νος ‖ πινακοποιημένος, σε πίνακα ‖
~larize (´tæbjələraiz) [-d], **~late**
(´tæbjəleit) [-d]: *(v)* γράφω σε μορφή
πίνακα ‖ **~lation:** *(n)* καταγραφή σε
μορφή πίνακα, σύνταξη πίνακα

tachometer (tə´kəmətər): *(n)* μετρητής
ταχύτητας, ταχύμετρο

tachycardia (tæki´ka:rdi:ə): *(n)* ταχυ-
καρδία

tachymeter (tæ´kimətər): *(n)* ταχυμε-
τρικός θεοδόλιχος, ταχύμετρο

tacit (´tæsit): *(adj)* σιωπηρός ‖ **~ly:**
(adv) σιωπηρά ‖ **~urn:** *(adj)* σιωπηλός,
λιγόλογος, λακωνικός

tack (tæk): *(n)* πλατυκέφαλο καρφί ‖
καραβόσκοινο ‖ πορεία πλοίου ‖ προ-
σέγγιση, τρόπος προσέγγισης, τρόπος
χειρισμού ‖ [-ed]: *(v)* στερεώνω ‖ ση-
μαδεύω με βελονιά ‖ αλλάζω πορεία ‖
thumb ~: *(n)* πινέζα ‖ **~y:** *(adj)* κολ-
λώδης, που κολλά

tackle (´tækəl) [-d]: *(v)* αρπάζομαι ‖
αντιμετωπίζω, έρχομαι στα χέρια ‖
καταπιάνομαι, πέφτω επάνω ‖ ζεύω ‖
(n) εφόδια, είδη, εξάρτηση ‖ σύσπαστο

tacky: see under tack

tact (tækt): *(n)* λεπτότητα, "τακτ" ‖
~ful: *(adj)* λεπτός, με "τακτ" ‖

~fully: *(adv)* με λεπτότητα, με "τακτ"
‖ **~less:** *(adj)* χωρίς "τακτ"

tactic (´tæktik): *(n)* τακτική κίνηση ή
ελιγμός ‖ **~al:** *(adj)* τακτικός ‖ **~ian**
(tæk´tiʃən): *(n)* τακτικός, ειδικός στην
τακτική ‖ **~s:** *(n)* τακτική

tactil-e (´tæktəl): *(adj)* απτός, της αφής
‖ **~ity:** *(n)* γυρίνος

tactless: see under tact

tad (tæd): *(n)* αγοράκι ‖ **~pole**
(´tædpoul): *(n)* γυρίνος

taffeta (´tæfətə): *(n)* "ταφτάς" ‖ *(adj)*
από ταφτά, ταφταδένιο

tag (tæg): *(n)* ταμπελίτσα ‖ ετικέτα ‖
κυνηγητό (παιχνίδι) ‖ προσονυμία,
παρατσούκλι ‖ [-ged]: *(v)* κατηγορώ ‖
ακολουθώ ‖ δίνω όνομα, ονομάζω ‖
~day: *(n)* έρανος όπου κολλούν ετικέ-
τες στο πέτο

tail (teil): *(n)* ουρά ‖ οπίσθιο μέρος ‖
κοτσίδα ‖ [-ed]: *(v)* ακολουθώ ‖ **~**
board, ~ **gate:** *(n)* οπίσθια κινητή πα-
ρειά φορτηγού αυτοκινήτου ‖ **~gate**
[-d]: *(v)* δεν κρατάω απόσταση με αυ-
τοκίνητο ‖ ~ **light,** ~ **lamp:** *(n)* πισινό
φανάρι αυτοκινήτου ‖ ~ **wind:** *(n)* ού-
ριος άνεμος

tailor (´teilər): *(n)* ράφτης ‖ [-ed]: *(v)*
ράβω ‖ φτιάνω κατά παραγγελία ‖
~made: *(adj)* φτιασμένο με ειδική πα-
ραγγελία

tailwind: see under tail

taint (teint) [-ed]: *(v)* κηλιδώνω, ατιμά-
ζω ‖ μολύνω ‖ σαπίζω, "χαλάω" ‖
(n) κηλίδα ‖ **~ed:** *(adj)* κηλιδωμένος ‖
μολυσμένος ‖ χαλασμένος

take (teik) [took, taken]: *(v)* παίρνω ‖
αρπάζω, πιάνω ‖ χτυπώ ‖ αιχμαλωτί-
ζω, γοητεύω ‖ συνουσιάζομαι ‖ δέχο-
μαι, συμπεραίνω ‖ ~ **aback:** *(v)* προ-
καλώ κατάπληξη ή αμηχανία ‖ ~ **a**
back seat: *(v)* παίζω δευτερεύοντα
ρόλο ‖ ~ **advantage of:** *(v)* εκμεταλ-
λεύομαι ‖ ~ **after:** *(v)* μοιάζω ‖ ακο-
λουθώ ‖ ~ **amiss:** *(v)* παρεξηγώ ‖ ~
apart: *(v)* διαλύω ‖ ~ **back:** *(v)* ανα-
καλώ ‖ ~ **care:** προσέχω ‖ ~ **care of:**
φροντίζω ‖ ~ **effect:** μπαίνω σε ισχύ
‖ ~ **down:** καταγράφω ‖ κατεβάζω ‖
ταπεινώνω ‖ ~ **for granted:** παίρνω

383

talc

ως δεδομένο ‖ ~ **heart:** αναθαρρεύω ‖
~-**home pay:** *(π)* καθαρός μισθός ‖ ~
in: μικραίνω, μαζεύω ‖ συμπεριλαμ-
βάνω ‖ εξαπατώ ‖ ~ **it lying down:**
δεν φέρνω αντίσταση, "σκύβω το κε-
φάλι" ‖ ~ **it on the chin:** αντέχω ‖ ~
it out on: τα βάζω με κάποιον, ξε-
σπάω σε κάποιον ‖ ~ **off:** βγάζω ‖
φεύγω ‖ ανυψώνομαι ‖ *(π)* ανύψωση ‖
~ **on:** αναλαμβάνω ‖ μισθώνω ‖ ~
out: βγάζω ‖ ~ **over:** παίρνω υπό
έλεγχο, αναλαμβάνω τη διεύθυνση ‖ ~
place: συμβαίνω, λαμβάνω χώρα ‖ ~
to: πάω για, τραβώ για, το βάζω για
‖ συνηθίζω, "το ρίχνω" ‖ έλκομαι,
συμπαθώ ‖ ~ **to task:** κατσαδιάζω ‖ ~
up: σηκώνω ‖ ξαναρχίζω ‖ καταλαμ-
βάνω, παίρνω, πιάνω ‖ ~ **up with:**
πάω μαζί, κάνω παρέα
talc (tælk): *(π)* τάλκης, "ταλκ" ‖ ~**um
powder:** *(π)* σκόνη "ταλκ", πούδρα
"ταλκ"
tale (teil): *(π)* ιστορία ‖ ψέμα ‖ ~
bearer: *(π)* διαδοσίας ‖ κουτσομπόλης
talent (ˈtælənt): *(π)* προσόν, ταλέντο ‖
~**ed:** *(adj)* με ταλέντο ‖ ~ **scout:** *(π)*
κυνηγός ταλέντων
talisman (ˈtælismən): *(π)* φυλαχτό
talk (tɔːk) [-ed]: *(v)* μιλώ ‖ συνομιλώ,
συζητώ ‖ *(π)* ομιλία ‖ συνομιλία, κου-
βέντα ‖ φλυαρία ‖ ~ **around:** *(v)* πεί-
θω, καταφέρνω ‖ μιλώ με περιστρο-
φές ‖ ~ **back:** *(v)* αντιμιλώ ‖ ~ **big:**
λέω μεγάλα λόγια ‖ ~ **into:** καταφέρ-
νω ‖ ~ **out of:** καταφέρνω να μην κά-
νει ‖ ~ **over:** συζητώ ‖ παίρνω με το
μέρος μου ‖ ~**ative:** *(adj)* ομιλητικός ‖
φλύαρος ‖ ~**ativeness:** *(π)* ομιλητικό-
τητα ‖ φλυαρία ‖ ~**er:** ομιλητής ‖ πο-
λυλογάς ‖ ~**ie:** *(π)* ομιλούσα ταινία ‖
~**ing-to:** επίπληξη ‖ ~**y:** *(adj)* ομιλητι-
κός
tall (tɔːl): *(adj)* ψηλός ‖ *(adv)* περήφανα
‖ ~**boy:** *(π)* σιφονιέρα, ψηλό κομό ‖ ~
order: δύσκολη δουλειά, δύσκολη
υπόθεση ‖ ~ **tale:** *(π)* ψευτιά, "μπούρ-
δα"
tallow (ˈtælou): *(π)* λίπος
tally (ˈtæliː) [-ied]: *(v)* καταγράφω ‖
τσεκάρω ‖ λογαριάζω ‖ αντιστοιχώ,

συμφωνώ ‖ *(π)* καταγραφή πόντων ‖
λογαριασμός, υπολογισμός ‖ αντιστοι-
χία
talon (ˈtælən): *(π)* νύχι αρπακτικού ‖
αρπάγη
tamarisk (ˈtæmərisk): *(π)* τάμαρις, μυ-
ρίκη
tambour (ˈtæmbur): *(π)* τύμπανο, "τα-
μπούρλο" ‖ τελάρο κεντήματος ‖ ~**a:**
(π) ταμπουράς ‖ ~**ine** (tæmbəˈriːn):
(π) ντέφι
tame (teim): *(π)* ήμερος ‖ εξημερωμένος
‖ ήπιος, μαλακός ‖ άτονος, νωθρός ‖
[-d]: *(v)* εξημερώνω ‖ δαμάζω
tamper (ˈtæmpər) [-ed]: *(v)* ~ **with:**
ανακατεύομαι, χώνομαι ‖ επιφέρω αλ-
λοίωση
tan (tæn) [-ned]: *(v)* κατεργάζομαι δέρ-
μα ‖ ηλιοκαίω, μαυρίζω στον ήλιο ‖
ξυλοκοπώ, δέρνω ‖ *(π)* χρώμα ανοι-
χτό καφέ ‖ ηλιόκαμα, μαύρισμα από
ήλιο ‖ ~**ner:** *(π)* βυρσοδέψης ‖ ~**nery:**
(π) βυρσοδεψείο ‖ ~**ning:** *(π)* βυρσοδε-
ψία
tandem (ˈtændəm): *(adv)* ο ένας πίσω
από τον άλλο, στη σειρά ‖ *(π)* ποδή-
λατο για δύο
tang (tæŋ) [-ed]: *(v)* ταγκίζω, παίρνω
τσουχτερή γεύση ή μυρουδιά ‖ *(π)* τα-
γκάδα, ταγκίλα, τσουχτερή γεύση ή
μυρουδιά ‖ καμπανιά, καμπανιστός
ήχος
tangen-cy (ˈtændzənsiː): *(π)* επαφή ‖
~**t:** *(π)* εφαπτομένη
tangerine (ˈtændzəriːn): *(π)* μανταρίνι
tangible (ˈtændzəbəl): *(adj)* απτός ‖
χειροπιαστός ‖ ~**ness:** *(π)* απτότητα,
το απτό
tangle (ˈtæŋgəl) [-d]: *(v)* ανακατεύω,
μπερδεύω ‖ ανακατεύομαι, μπερδεύο-
μαι ‖ *(π)* ανακάτεμα, μπέρδεμα ‖ πε-
ριπλοκή ‖ φιλονικία ‖ ~ **with:** *(v)* αρ-
πάζομαι στα χέρια ‖ ~**d:** *(adj)* μπερδε-
μένος
tango (ˈtæŋgou): *(π)* ταγκό ‖ [-ed]: *(v)*
χορεύω ταγκό
tank (tæŋk): *(π)* δεξαμενή, ντεπόζιτο ‖
άρμα μάχης, "τανκ" ‖ φυλακή ‖ [-ed]:
(v) βάζω σε ντεπόζιτο ‖ ~**age:** *(π)* πε-
ριεκτικότητα δεξαμενής ‖ ~**ard:** *(π)*

κύπελλο ‖ ~er: *(n)* δεξαμενόπλοιο, "τάνκερ" ‖ βυτιοφόρο αεροπλάνο ή αυτοκίνητο

tan-ner, ~nery, ~ning: see under tan

tantaliz-e (΄tæntəlaiz) [-d]: *(v)* προκαλώ, επιδεικνύω βασανιστικά ‖ ~ing: *(adj)* βασανιστικός

tantamount (΄tæntəmaunt): *(adj)* ισοδύναμος

tantrum (΄tæntrəm): *(n)* παροξυσμός νεύρων ή θυμού

tap (tæp) [-ped]: *(v)* χτυπώ ελαφρά ‖ συνδέω κρουνό ‖ τραβώ υγρό, προκαλώ εκροή ‖ υποκλέπτω τηλεφώνημα ‖ συνδέω ‖ κάνω "τράκα" ‖ *(n)* ελαφρό χτύπημα ‖ "πέταλο" παπουτσιού ή αρβύλας ‖ κρουνός, στρόφιγγα, βρύση ‖ ~ dance: *(n)* "χλακέτες" ‖ *(v)* χορεύω "χλακέτες" ‖ ~ house, ~ room: *(n)* μπαρ, ταβέρνα ‖ ~ster: *(n)* ταβερνιάρης

tape (teip): *(n)* ταινία, κορδέλα ‖ μαγνητοταινία ‖ [-d]: *(v)* δένω με ταινία ‖ μετρώ με μετροταινία ‖ ηχογραφώ ‖ ~ cartridge: *(n)* κασσέττες μαγνητοφώνου ‖ ~ measure: *(n)*μετροταινία, "μεζούρα" ‖ ~ -record [-ed]: *(v)* μαγνητοφωνώ ‖ ~recorder: *(n)* μαγνητόφωνο

taper (΄teipər): *(n)* κερί ‖ βαθμιαίο στένεμα ‖ [-ed]: *(v)* στενεύω βαθμηδόν ‖ μικραίνω

tape-record, ~recorder: see under tape

tapestry (΄tæpistri:): *(n)* τάπητας, χαλί του τοίχου

tappet (΄tæpit): *(n)* πλήκτρο

taps (tæps): *(n)* σιωπητήριο

tapster: see under tap

tar (ta:r): *(n)* πίσσα ‖ [-red]: *(v)* αλείφω με πίσσα ‖ ~ paper: *(n)* πισσόχαρτο ‖ ~y: *(adj)* πισσώδης

tard-y (΄ta:rdi:): *(adj)* καθυστερημένος ‖ αργός ‖ ~ily: *(adv)* με καθυστέρηση ‖ αργά ‖ ~iness: *(n)* βραδύτητα, καθυστέρηση

target (΄ta:rgit): *(n)* στόχος

tariff (΄tærif): *(n)* δασμός ‖ τιμολόγιο, "ταρίφα" ‖ [-ed]: *(v)* δασμολογώ ‖ τιμολογώ

tarmac (΄ta:rmac): *(n)* πισσόστρωση,

πισσόστρωμα

tarn (ta:rn): *(n)* ορεινή λίμνη

tarnish (΄ta:rniʃ) [-ed]: *(v)* ξεθωριάζω ‖ κηλιδώνω ‖ κηλιδώνομαι ‖ *(n)* ξεθώριασμα ‖ κηλίδωμα

tar paper: see under tar

tarpaulin (ta:r΄pɔ:lin, ΄ta:rpəlin): *(n)* μουσαμάς

tarragon (΄tærəgɔn): *(n)* δρακόντειο, "φιδόχορτο"

tarry (΄tæri:) [-ied]: *(v)* καθυστερώ ‖ κοντοστέκομαι ‖ *(n)* παραμονή ‖ *(adj)* see tar

tart (ta:rt): *(adj)* ξινός ‖ τσουχτερός ‖ *(n)* τούρτα, κέικ ‖ πόρνη, "τσούλα"

tartan (΄ta:rtn): *(n)* ύφασμα καρό ή σκοτσέζικο

tartar (΄ta:rtər): *(n)* οξύθυμος και κακότροπος άνθρωπος ‖ κατακάθι μούστου ‖ πουρί

task (tæsk): *(n)* έργο, καθήκον ‖ αποστολή ‖ ~ force: *(n)* ομάδα κρούσης ‖ ~ master: *(n)* "ζόρικο" αφεντικό ‖ take to ~: επιπλήττω, "κατσαδιάζω", "βάζω μπρος"

tassel (΄tæsəl): *(n)* φούντα

tast-e (teist) [-d]: *(v)* γεύομαι ‖ δοκιμάζω με το στόμα, με τη γεύση ‖ νιώθει στη γεύση, φαίνεται γευστικά ‖ **have good ~:** *(v)* έχω καλό γούστο ‖ *(n)* γεύση ‖ μικρή ποσότητα, μικρή δόση ‖ γούστο ‖ προτίμηση ‖ ~eful: *(adj)* καλαίσθητος, με καλό γούστο ‖ ~efully: *(adv)* με καλαισθησία ‖ ~efulness: *(n)* καλαισθησία ‖ ~eless: *(adj)* άνοστος ‖ κακόγουστος ‖ ~elessly: *(adv)* κακόγουστα ‖ ~elessness: *(n)* κακογουστιά, ακαλαισθησία ‖ ~er: *(n)* δοκιμαστής ‖ ~ily: *(adv)* καλαίσθητα ‖ ~iness: *(n)* καλαισθησία ‖ ~y (΄teisti:): *(adj)* νόστιμος, γευστικός ‖ καλαίσθητος

tatter (΄tætər) [-ed]: *(v)* κουρελιάζω ‖ σκίζομαι, κουρελιάζομαι ‖ *(n)* κουρέλι ‖ ~ed: *(adj)* κουρελιάρης ‖ κουρελιασμένος ‖ ~s: *(n)* κουρέλια, παλιόρουχα

tattle (΄tætl) [-d]: *(v)* φλυαρώ ‖ *(n)* φλυαρία ‖ ~r: *(n)* φλύαρος

tattoo (tæ΄tu:): *(n)* αποχώρηση, σιωπητήριο ‖ επίδειξη στρατ. ασκήσεων ‖

τυμπανοκρουσία ‖ στιγματισμός δέρματος, "τατουάζ" ‖ [-ed]: *(ν)* χτυπώ σε τύμπανο ‖ κάνω "τατουάζ"

taught: see teach

taunt (tɔ:nt) [-ed]: *(ν)* εμπαίζω, χλευάζω ‖ *(π)* εμπαιγμός, χλευασμός, κοροϊδία

taut (tɔ:t): *(adj)* τεντωμένος ‖ σε υπερένταση ‖ τακτικός, νοικοκυρεμένος ‖ **~en** [-ed]: *(ν)* τεντώνω ‖ τεντώνομαι

tavern (ˈtævərn): *(π)* ταβέρνα

tawdry (ˈtɔ:dri:): *(adj)* φτηνός και φανταχτερός

tawny (ˈtɔ:ni:): *(adj)* κασταννόξανθος ‖ κιτρινόφαιος

tax (tæks) [-ed]: *(ν)* φορολογώ ‖ κατηγορώ ‖ βαρύνω ‖ βάζω σε δοκιμασία ‖ *(π)* φόρος ‖ **~able:** φορολογήσιμος ‖ **~ation:** *(π)* φορολογία ‖ **~ collector:** *(π)* φοροεισπράκτορας ‖ **~ deductible:** εκπίπτων της φορολογίας ‖ **~-exempt:** αφορολόγητος, εξαιρέσιμος ‖ **~ing:** *(adj)* κουραστικός ‖ **~ payer:** φορολογούμενος

taxi (ˈtæksi:): *(π)* ταξί ‖ [-ed]: *(ν)* πάω με ταξί ‖ τρέχω σιγανά (πριν από απογείωση ή μετά την προσγείωση) ‖ **~ cab:** *(π)* ταξί ‖ **~meter:** *(π)* ταξίμετρο ‖ **~ stand:** *(π)* στάση ταξί

taxider·mist (ˈtæksəˈdə:rmist): *(π)* βαλσαμωτής ‖ **~my:** *(π)* ταρίχευση, βαλσάμωμα

taximeter: see under taxi

taxing: see under tax

taxi stand: see under taxi

taxpayer: see under tax

T.B: see tuberculosis

tea (ti:): *(π)* τσάι ‖ μαριχουάνα *(id)* ‖ **~cup:** *(π)* φλιτζάνι τσαγιού ‖ **~house:** *(π)* ζαχαροπλαστείο, τεϊοποτείο ‖ **~kettle, ~pot:** *(π)* τσαγιέρα ‖ **~shop:** τεϊοποτείο ‖ **~spoon:** κουταλάκι του τσαγιού ‖ **~spoonful:** κουταλιά του τσαγιού

teach (ti:tʃ) [taught, taught]: *(ν)* διδάσκω ‖ **~able:** *(adj)* διδακτέος ‖ **~er:** *(π)* δάσκαλος, δασκάλα ‖ **~ing:** *(π)* διδασκαλία ‖ δίδαγμα

tea-cup, ~house: see under tea

teak (ti:k): *(n & adj)* τεκτονία, τικ

teakettle: see tea

team (ti:m): *(π)* ζώα ζεμένα σε αμάξι (δυο ή περισσότερα) ‖ ομάδα ‖ [-ed]: *(ν)* ζεύω, βάζω μαζί σε ζυγό ‖ σχηματίζω ομάδα ‖ **~ster:** *(π)* οδηγός φορτηγού ‖ **~work:** *(π)* συνεργασία

teapot: see tea

tear (teər) [tore, torn]: *(ν)* σχίζω ‖ ξεσχίζω ‖ σχίζομαι ‖ τρέχω ακάθεκτα ‖ *(π)* σκίσιμο ‖ βία, τρέξιμο ‖ γλεντοκόπι *(id)* ‖ **~ along:** διασχίζω κατά μήκος ‖ **~ across:** σχίζω ή διασχίζω εγκάρσια ‖ **~ down:** κατεδαφίζω ‖ **~ into:** ρίχνομαι ‖ (tiər): *(π)* δάκρυ ‖ **~ drop:** *(π)* δάκρυ, σταγόνα δακρύου ‖ **~ful:** *(adj)* δακρυσμένος ‖ κλαμένος ‖ **~gas:** *(π)* δακρυγόνο αέριο ‖ **~-jerker:** *(π)* δακρύβρεχτο μελό ‖ **in ~s:** δακρυσμένος ‖ κλαμένος, σε δάκρυα βουτηγμένος ‖ **to ~s:** μέχρι δακρύων

tearoom: see tea

tease (ti:z) [-d]: *(ν)* πειράζω ‖ ειρωνεύομαι, κοροϊδεύω ‖ *(π)* πείραγμα ‖ πειραχτήρι ‖ **~r:** *(π)* πειραχτήρι

tea-shop, ~spoon, ~spoonful: see under tea

teat (ti:t): *(π)* θηλή, ρώγα

tech (tek): *(π)* τεχνικός ‖ **~nics** (ˈtekniks): *(π)* τεχνική μέθοδος ‖ τεχνικές λεπτομέρειες ‖ **~nical** (ˈteknikəl): *(adj)* τεχνικός ‖ **~nicality:** *(π)* τεχνική λεπτομέρεια ‖ τεχνικότητα ‖ **~nically:** *(adv)* τεχνικά ‖ **~nicalness:** *(π)* τεχνικότητα, τέχνη ‖ **~nician** (tekˈniʃən): *(π)* τεχνίτης ‖ **~nique** (tekˈni:k): *(π)* τεχνική ‖ **~nocracy** (tekˈnokrəsi:): *(π)* τεχνοκρατία ‖ **~nocrat** (ˈteknəkræt): *(π)* τεχνοκράτης ‖ **~nocratic:** *(adj)* τεχνοκρατικός ‖ **~nologic** (teknəˈlɔdʒik), **~nological:** *(adj)* τεχνολογικός ‖ **~nologist** (tekˈnələdʒist): *(π)* τεχνολόγος, τεχνικός ‖ **~nology:** *(π)* τεχνολογία

tectonic (tekˈtonik): *(adj)* τεκτονικός

teddy (ˈtedi:): *(π)* εσώρουχο γυναικείο, μεσοφόρι ‖ **~bear:** *(π)* αρκουδάκι παιδικό

tedi·ous (ˈti:di:əs): *(adj)* κουραστικός ‖ μονότονος, ανιαρός ‖ **~ously:** *(adv)* μονότονα, ανιαρά ‖ **~ousness, ~um:**

(n) μονοτονία, ανία

tee (ti:): *(n)* πάσσαλος του γκολφ, ση-μάδι ‖ ~ **off** [-d]: *(v)* αρχίζω ‖ **to a** ~: τέλεια

teem (ti:m) [-ed]: *(ν)* βρίθω, είμαι γεμάτος ‖ πέφτω ραγδαία, πέφτω καταρρακτωδώς ‖ ~**ing:** *(adj)* γεμάτος ‖ καταρρακτώδης

teen (ti:n): *(n)* έφηβος ‖ *(adj)* εφηβικός ‖ ~**-age:** *(adj)* εφηβικός (από 13 έως 19 ετών) ‖ ~**-ager:** *(n)* έφηβος ‖ ~**s:** *(n)* εφηβική ηλικία (από 13 έως 19) ‖ ~**y:** *(adj)* μικροσκοπικός ‖ ~**ybopper** (́ti:ni:bəpər): *(n)* μικρομεγάλη

teeter (́ti:tər) [-ed]: *(ν)* τρικλίζω ‖ κάνω τραμπάλα ‖ *(n)* τρίκλισμα ‖ τραμπάλα ‖ ~**board, ~totter:** *(n)* τραμπάλα

teeth (ti:th): pl. see tooth ‖ ~**e** (ti:ð) [-d]: *(ν)* βγάζω δόντια ‖ ~**ing:** *(n)* οδοντοφυΐα ‖ ~**ing ring:** *(n)* βραχιόλι μωρού για οδοντοφυΐα

teetotaler (ti: ́toutlər): *(n)* απέχων από οινοπνευματώδη

teetotum (ti: ́toutəm): *(n)* σβούρα "πάρτα όλα"

teiglach (́teiglək): *(n)* κουρκουμπίνια

tele-cast (́teləkæst) [-ed or telecast]: *(ν)* κάνω τηλεκπομπή ‖ *(n)* τηλεκπομπή ‖ ~**communication** (́teləkəmju:ni ́kei∫ən): *(n)* τηλεπικοινωνία ‖ ~**gram** (́teləgræm): *(n)* τηλεγράφημα ‖ ~**graph** (́teləgræf): *(n)* τηλέγραφος ‖ [-ed]: *(ν)* τηλεγραφώ ‖ ~**grapher** (tə ́legrəfər): *(n)* τηλεγραφητής ‖ ~**graphic** (telə ́græfik): *(adj)* τηλεγραφικός ‖ ~**graphy** (tə ́legrəfi:): *(n)* τηλεγραφία ‖ ~**meter** (tə ́lemətər): *(n)* τηλέμετρο ‖ ~**pathic** (telə ́pæthik): *(adj)* τηλεπαθητικός ‖ ~**pathy** (tə ́lepəthi:): *(n)* τηλεπάθεια ‖ ~**phone** (́teləfoun): *(n)* τηλέφωνο ‖ [-d]: *(ν)* τηλεφωνώ ‖ ~**phone book, ~phone directory:** *(n)* τηλεφωνικός κατάλογος ‖ ~**phone booth:** *(n)* τηλεφ. θάλαμος ‖ ~**phone exchange:** *(n)* τηλεφωνικό κέντρο ‖ ~**phone receiver:** *(n)* ακουστικό ‖ ~**phonic** (telə ́fənik): *(adj)* τηλεφωνικός ‖ ~**phony** (tə ́lefəni:): *(n)* τηλεφωνία ‖ ~**photo**

(́teləfoutou): *(adj)* τηλεφωτογραφικός ‖ ~**photograph:** *(n)* τηλεφωτογραφία ‖ ~**printer, ~typewriter:** *(n)* τηλέτυπο ‖ ~**scope** (́teləskoup): *(n)* τηλεσκόπιο ‖ [-d]: *(ν)* συμπτύσσω ‖ συμπτυκνώνω, συμμαζεύω ‖ ~**scopic:** *(adj)* τηλεσκοπικός ‖ ~**thon** (́teləthən): *(n)* τηλεοπτικός μαραθώνιος, συνεχές θέαμα ‖ ~**vise** (́teləvaiz) [-d]: *(ν)* εκπέμπω με τηλεόραση ‖ ~**vision** (́teləvizən): *(n)* τηλεόραση ‖ ~**visor:** *(n)* πομπός τηλεόρασης

tell (tel) [told, told]: *(ν)* λέω ‖ ξεχωρίζω, διακρίνω ‖ έχω αποτέλεσμα ‖ ~**er:** *(n)* ταμίας τραπέζης ‖ αφηγητής ‖ ~**ing:** *(adj)* γεμάτος σημασία, αποκαλυπτικός ‖ αποτελεσματικός ‖ ~**off:** *(ν)* αριθμώ φωναχτά ‖ επιπλήττω, "βάζω πόστα" ‖ ~**on:** *(ν)* εξαντλώ ‖ μαρτυρώ, προδίδω ‖ ~**tale:** *(n)* καταδότης, μαρτυριάρης ‖ αποκαλυπτικό στοιχείο, "σημάδι" ‖ ωρογράφος ‖ *(adj)* αποκαλυπτικός

telly (́teli:): *(n)* τηλεόραση *(id)*

telpher (́telfər): *(n)* "τελεφερίκ" ‖ [-ed]: *(ν)* μεταφέρω ή πηγαίνω με τελεφερίκ

temer-arious (temə ́reəri:əs): *(adj)* παράτολμος, απερίσκεπτα τολμηρός ‖ ~**ity** (tə ́merəti:) *(n)* παρατολμία, απερίσκεπτη τόλμη

temper (́tempər) [-ed]: *(ν)* απαλύνω, μαλακώνω, μετριάζω ‖ βάφω ή σκληρύνω μέταλλο ‖ απαλύνομαι, μετριάζω ‖ *(n)* διάθεση ‖ ψυχραιμία ‖ θυμός ‖ σκλήρυνση ‖ ~**ament:** *(n)* ιδιοσυγκρασία, "ταμπεραμέντο" ‖ ερεθιστικότητα ‖ ~**amental:** *(adj)* ευερέθιστος ‖ ~**ance** (́tempərəns): *(n)* εγκράτεια ‖ μετριοπάθεια ‖ αποφυγή κατανάλωσης οινοπν. ποτών ‖ ~**ate** (́tempərit): *(adj)* μετριοπαθής ‖ εγκρατής ‖ εύκρατος ‖ ~**ate zone:** *(n)* εύκρατη ζώνη ‖ ~**ature** (́tempərət∫ur): *(n)* θερμοκρασία ‖ ~**ed:** *(adj)* σκληρυνθείς, σκληρυμμένος ‖ μέτριος, μαλακωμένος

tempest (́tempist): *(n)* θύελλα ‖ [-ed]: *(ν)* ταράζω, αναταράζω ‖ ~**uous** (tem ́pest∫u:əs): *(adj)* θυελλώδης ‖ ~**uously:** *(adv)* θυελλωδώς

387

template

template (´templit): *(n)* πρότυπο
temple (´tempəl): *(n)* ιερό ‖ ναός ‖ κρόταφος
tempo (´tempou): *(n)* ρυθμός, ''τέμπο'', χρόνος ‖ ~ral (´tempərəl): *(adj)* χρονικός ‖ εγκόσμιος ‖ κοσμικός ‖ πρόσκαιρος ‖ κροταφικός ‖ ~rality: *(n)* προσωρινότητα ‖ ~rary (´tempəreri:): *(adj)* προσωρινός ‖ ~rarily: *(adv)* προσωρινά ‖ ~rize [-d]: *(v)* χρονοτριβώ, κωλυσιεργώ
tempt (tempt) [-ed]: *(v)* δελεάζω ‖ βάζω σε πειρασμό ‖ παροτρύνω, προτρέπω ‖ ~er: *(n)* δελεαστής, ''πειρασμός'' ‖ ~ation: *(n)* πειρασμός ‖ ~ing: *(adj)* δελεαστικός
ten (ten): *(n)* δέκα ‖ δεκάρι ‖ ~th: δέκατος
tenable (´tenəbəl): *(adj)* υποστηρίξιμος ‖ λογικός
tena-cious (tə´neiʃəs): *(adj)* επίμονος ‖ ανθεκτικός ‖ συνεκτικός ‖ ~ciously: *(adv)* επίμονα ‖ ~city: *(n)* επιμονή, εμμονή ‖ συνεκτικότητα
tenan-cy (´tenənsi:): *(n)* κατοχή ‖ εκμίσθωση, μίσθωση, ενοικίαση ‖ ~t: *(n)* μισθωτής ‖ ενοικιαστής ‖ ~t [-ed]: *(v)* νοικιάζω
tend (tend) [-ed]: *(v)* ρέπω, κλίνω ‖ τείνω ‖ φροντίζω, περιποιούμαι ‖ ~ency: *(n)* τάση, ροπή
tender (´tendər): *(adj)* τρυφερός ‖ λεπτοκαμωμένος ‖ *(n)* προσφορά ‖ [-ed]: *(v)* υποβάλλω προσφορά ‖ ~ly: *(adv)* τρυφερά, στοργικά ‖ ~ness: *(n)* τρυφερότητα ‖ ~foot: *(n)* αρχάριος
tendon (´tendən): *(n)* τένοντας
tenement (´tenəmənt): *(n)* κατοικία ‖ λαϊκή ή φτηνή πολυκατοικία
tenet (´tenit): *(n)* δόγμα, αρχή
tennis (´tenis): *(n)* αντισφαίριση, ''τένις''
tenor (´tenər): *(n)* σημασία, νόημα ‖ ακριβές αντίγραφο εγγράφου ‖ τενόρος
tens-e (tens): *(adj)* τεντωμένος ‖ σε υπερένταση ‖ *(n)* χρόνος ρήματος ‖ [-d]: *(v)* τεντώνω ‖ τεντώνομαι ‖ ~ile: *(adj)* ευκολοτέντωτος ‖ της τάσης ‖ ~ion (´tenʃən): *(n)* τάση ‖ ένταση ‖

υπερένταση
tent (tent): *(n)* σκηνή
tentacle (´tentəkəl): *(n)* πλόκαμος
tentative (´tentətiv): *(adj)* πειραματικός ‖ δοκιμαστικός ‖ αβέβαιος ‖ ~ly: *(adv)* δοκιμαστικά
tenter (´tentər): *(n)* τελάρο ‖ ~hook: *(n)* άγκιστρο τελάρου ‖ on ~hooks: σε κατάσταση ερεθισμού ή ανησυχίας
tenth: see under ten
tenu-ity (tə´nu:əti:): *(n)* λεπτότητα ‖ ~ous: *(adj)* λεπτός ‖ αραιός ‖ ασήμαντος
tenure (´tenjər): *(n)* κατοχή ‖ όροι κατοχής ‖ κτήση
tepee (´ti:pi:): *(n)* σκηνή ερυθρόδερμου
tepid (´tepid): *(adj)* χλιαρός ‖ ~ity, ~ness: *(n)* χλιαρότητα ‖ ~ly: *(adv)* χλιαρά
tequila (tə´ki:lə): *(n)* τεκίλα (ποτό)
term (tə:rm): *(n)* περίοδος ‖ χρόνος θητείας ή υπηρεσίας ‖ προθεσμία ‖ όρος ‖ [-ed]: *(v)* ονομάζω, αποκαλώ ‖ ~inal: *(adj)* τελικός ‖ μοιραίος, θανάσιμος ‖ *(n)* τελικός σταθμός ‖ πόλος ‖ ~inate [-d]: *(v)* βάζω τέλος ‖ τελειώνω ‖ καταλήγω ‖ ~ination (tə:rmə´neiʃən): *(n)* περάτωση ‖ κατάληξη ‖ ~inology: *(n)* ορολογία ‖ ~inus: *(n)* άκρο ‖ τελικός σταθμός ‖ ~s: *(n)* εκφράσεις ‖ όροι, διατάξεις ‖ bring to ~s: αναγκάζω να συμφωνήσει ‖ come to ~s: *(v)* συμφωνώ ‖ ~less: *(adj)* χωρίς όρους
termite (´tə:rmait): *(n)* τερμίτης
terrace (´teris): *(n)* ταράτσα ‖ πλακόστρωτη αυλή ‖ σειρά οικιών σε πλαγιά
terracotta (´terə´kətə): *(n)* οπτή γη, κεραμεικά, ''τερρακόττα''
terrain (tə´rein): *(n)* έδαφος ‖ περιοχή ‖ χαρακτηριστικά περιοχής, τοπογραφία
terrestrial (tə´restri:əl): *(adj)* γήινος ‖ χερσαίος
ter-rible (´terəbəl): *(adj)* τρομερός ‖ τρομακτικός ‖ ~ribly: *(adv)* τρομερά ‖ ~rific (tə´rifik): *(adj)* τρομερός ‖ υπέροχος ‖ ~rify (´terəfai) [-ied]: *(v)* τρομοκρατώ, φοβίζω ‖ ~rifying: *(adj)*

τρομακτικός

territo-rial (terə´tɔ:riəl): *(adj)* τοπικός ‖ χωρικός ‖ **~rialism:** *(n)* τοπικισμός ‖ **~rialist:** *(n)* τοπικιστής ‖ **~rial waters:** *(n)* χωρικά ύδατα ‖ **~ry** (´terətɔ:ri:): *(n)* περιοχή

terror (´terər): *(n)* τρόμος ‖ **~ism:** *(n)* τρομοκρατία ‖ **~ist:** *(n)* τρομοκράτης ‖ **~istic:** *(adj)* τρομοκρατικός ‖ **~ize** (´terəraiz) [-d]: *(v)* τρομοκρατώ

terse (´tɜ:rs): *(adj)* βραχύς και περιληπτικός

tertiary (´tɜ:rʃi:əri:): *(adj)* τριτεύων

test (test) [-ed]: *(v)* δοκιμάζω ‖ εξετάζω ‖ *(n)* δοκιμή ‖ εξέταση, ''τεστ'' ‖ **~tube:** *(n)* δοκιμαστικός σωλήνας

testa-ment (´testəmənt): *(n)* διαθήκη ‖ **~tor:** *(n)* ο κληροδότης ‖ **~trix:** *(n)* η κληροδότρια

testicle (´testikəl): *(n)* όρχης

testi-fy (´testəfai) [-ied]: *(v)* καταθέτω ‖ **~monial** (testə´mouni:əl): *(n)* πιστοποιητικό ‖ ένδειξη ευχαριστίας, τεκμήριο ευχαριστίας ‖ **~mony** (´testəmouni:): *(n)* κατάθεση ‖ μαρτυρία, ένδειξη

testy (´testi:): *(adj)* ευέξαπτος

tetanus (´tetənəs): *(n)* τέτανος

tether (´teðər) [-ed]: *(v)* δεσμεύω ‖ περιορίζω ‖ *(n)* δεσμά ‖ **at the end of one's ~:** ως εκεί που δεν παίρνει άλλο, ως το τελικό όριο αντοχής

tetrahe-dral (tetrə´hi:drəl): *(adj)* τετράεδρος ‖ **~dron:** *(n)* τετράεδρο

text (tekst): *(n)* κείμενο ‖ **~ual:** *(adj)* κατά λέξη

textile (´tekstail, ´tekstil): *(n)* ύφασμα ‖ *(adj)* υφαντό

textual: see text

texture (´tekstʃər): *(n)* υφή

Thames (temz): *(n)* Τάμεσης

than (ðæn): *(conj)* από, παρά

thank (θæŋk) [-ed]: *(v)* ευχαριστώ ‖ **~ful:** *(adj)* με ευχαριστίες ‖ ευγνώμονας ‖ **~fully:** *(adv)* με ευγνωμοσύνη ‖ **~less:** *(adj)* αχάριστος ‖ **~lessness:** *(n)* αχαριστία ‖ **~s:** *(n)* ευχαριστίες ‖ *(v)* ευχαριστώ ‖ **~s to:** χάρη στον ‖ **~sgiving:** *(n)* ευχαριστία, ημέρα ευχαριστιών

that (ðæt, ðət): *(adj)* εκείνος ‖ *(pron)* ο οποίος, που, ότι

thatch (θætʃ): *(n)* καλαμωτή ‖ ψάθα, ψαθόχορτο ‖ [-ed]: *(v)* σκεπάζω με ψάθα ή με καλάμια

thaw (θɔ:) [-ed]: *(v)* λιώνω ‖ *(n)* λιώσιμο, τήξη

the (ði:, ðə): *(article)* ο, η, το, οι, οι, τα ‖ *(adv)* όσο ... τόσο

theat-er (´thi:ətər): *(n)* θέατρο ‖ αίθουσα κινηματογράφου ‖ θεατρική τέχνη ή κόσμος του θεάτρου ‖ **~rical** (thi:´ætrikəl): *(adj)* θεατρικός ‖ θεατρινίστικος ‖ **~ricalism, ~ricalness:** *(n)* θεατρινισμός ‖ **~rics:** *(n)* θεατρινισμοί

theft (theft): *(n)* κλοπή

their (ðeər): *(adj)* τους, δικός τους ‖ **~s:** *(pron)* δικούς τους, δικοί τους

them (ðem): *(pron)* αυτούς, αυτές, αυτά, τους, τις, τα ‖ **~selves:** *(pron)* οι ίδιοι ‖ αυτούς, τους εαυτούς των

theme (thi:m): *(n)* θέμα ‖ **~ song:** *(n)* προσωπικό τραγούδι ατόμου ή ομάδας ‖ μουσική υπόκρουση έργου

themselves: see them

then (ðen): *(adv)* τότε ‖ έπειτα, μετά ‖ λοιπόν ‖ **~ce:** *(adv)* από κει ‖ από τότε

theodolite (thi:´ədəlait): *(n)* θεοδόλιχος

theolo-gian (thi:ə´loudzən): *(n)* θεολόγος ‖ **~gic, ~gical:** *(adj)* θεολογικός ‖ **~gy:** *(n)* θεολογία

theo-rem (´thi:ərəm): *(n)* θεώρημα ‖ **~retic, ~retical:** *(adj)* θεωρητικός ‖ **~rize** (´thi:əraiz) [-d]: *(v)* κάνω ή σχηματίζω θεωρία ‖ **~ry** (´thi:əri:): *(n)* θεωρία ‖ υπόθεση

thera-peutic (there´pju:tik), **~peutical:** *(adj)* θεραπευτικός ‖ **~peutics:** *(n)* θεραπευτική ‖ **~pist** (´therəpist): *(n)* θεραπευτής ‖ **~py:** *(n)* θεραπεία

there (ðeər): *(adv)* εκεί ‖ *(inter)* να, επιτέλους ‖ **about, ~ abouts:** κάπου εκεί κοντά, περίπου, κατά προσέγγιση ‖ **~after:** *(adv)* από τότε και πέρα, έκτοτε ‖ **~ by:** *(adv)* ως εκ τούτου ‖ **~fore:** *(adv)* όθεν, άρα, συνεπώς, επομένως ‖ **~ is:** υπάρχει ‖ **~ are:** υπάρχουν

therm-al (´thɜ:rməl), **~ic** (´thɜ:rmik):

thermodynamic

(adj) θερμικός

thermo-dynamic (thə:rmoudaiˊnæmik): *(adj)* θερμοδυναμικός ‖ **~dynamics:** *(n)* θερμοδυναμική ‖ **~meter** (thərˊməmətər): *(n)* θερμόμετρο ‖ **~nuclear** (thə:rmouˊnu:kli:ər): *(adj)* θερμοπυρηνικός ‖ **~s bottle:** *(n)* ''θερμό'' ‖ **~stat** (ˊthə:rməstæt): *(n)* θερμοστάτης

thesaurus (thiˊsə:rəs): *(n)* βιβλίο όρων, γνωμικών ή συνωνύμων

these (ði:z): *(pron)* αυτοί, αυτές, αυτά

thesis (ˊthi:sis): *(n)* πραγματεία, διατριβή ‖ υπόθεση

they (ðei): *(pron)* αυτοί, αυτές, αυτά ‖ **~'d:** they had, they would (see had, would) ‖ **~'ll:** they will (see will) ‖ **~'re:** they are (see are) ‖ **~'ve:** they have (see have)

thick (thik): *(adj)* χοντρός ‖ παχύς ‖ πυκνός ‖ γεμάτος, ''πήχτρα'' ‖ χοντροκέφαλος ‖ κοντινός, στενός ‖ **~en** [-ed]: *(v)* χοντραίνω, παχαίνω ‖ περιπλέκω ‖ πυκνώνω ‖ πήζω ‖ **~et:** *(n)* πύκνωμα ‖ **~ head:** *(n)* χοντροκέφαλος ‖ **~ness:** *(n)* πάχος ‖ πυκνότητα ‖ **~ set:** *(adj)* κοντόχοντρος ‖ **~ skinned:** *(adj)* παχύδερμος ‖ **~ witted:** *(adj)* βλάκας ‖ **~ly:** *(adv)* χοντρά, πυκνά ‖ **lay it on ~:** *(v)* υπερβάλλω, τα παραλέω ‖ **through ~ and thin:** πάντα, σε δύσκολες και εύκολες στιγμές, πιστά

thief (thi:f): *(n)* κλέφτης

thieves (thi:vz): pl. of thief

thigh (thai): *(n)* μηρός

thimble (ˊthimbəl): *(n)* δαχτυλήθρα ‖ **~ful:** *(n)* ελάχιστο, μια δαχτυλήθρα

thin (thin): *(adj)* λεπτός, αδύνατος ‖ αραιός, όχι πυκνός ‖ θαμπός ‖ **~ness:** *(n)* αδυναμία, λεπτότητα ‖ αραιότητα

thing (thiŋ): *(n)* πράγμα ‖ πλάσμα ‖ **~amabob:** *(n)* ''μαραφέτι'', ''αποτέτοιο'' ‖ **first ~:** αμέσως ‖ **sure ~:** βεβαιότατα ‖ βεβαιότητα

think (thiŋk) [thought, thought]: *(v)* νομίζω ‖ σκέφτομαι ‖ θεωρώ, υπολογίζω ‖ **~able:** *(adj)* θεωρητέο, δυνατό ‖ **~er:** *(n)* άνθρωπος της σκέψης ‖ **~ better of:** *(v)* αλλάζω γνώμη μετά από σκέ-

ψη ‖ **~ over:** *(v)* μελετώ, συλλογίζομαι

thinness: see thin

third (thə:rd): *(adj & n)* τρίτος ‖ τρίτο ‖ **~ly:** *(adv)* τρίτον ‖ **~ degree:** τρίτου βαθμού

thirst (thə:rst): *(n)* δίψα ‖ πόθος, ''δίψα'' ‖ [-ed]: *(v)* διψώ ‖ ποθώ έντονα, ''διψώ'' ‖ **~ily:** *(adv)* διψασμένα ‖ **~y:** *(adj)* διψασμένος ‖ **be ~y:** *(v)* διψώ

thirt-een (thə:rˊti:n): *(n)* δεκατρία ‖ **~eenth:** *(adj)* δέκατος τρίτος ‖ **~ieth:** *(adj)* τριακοστός ‖ **~y:** *(n)* τριάντα

this (ðis): *(pron)* αυτός, -ή, -ό ‖ τόσο

thistle (ˊthisəl): *(n)* γαϊδουράγκαθο

thong (thə:ŋg): *(n)* λουρί

thorn (thə:rn): *(n)* αγκάθι ‖ θάμνος με αγκάθια ‖ **~y:** *(adj)* αγκαθωτός ‖ ακανθώδης, δύσκολος

thorough (ˊthə:rou): *(adj)* πλήρης, τελειωμένος ‖ διεξοδικός, λεπτομερής ‖ **~bred:** *(adj & n)* καθαρόαιμος ‖ **~fare:** *(n)* κεντρικός δρόμος, αρτηρία ‖ διάβαση ‖ **~ going:** *(adj)* εξονυχιστικός, διεξοδικός ‖ **~ly:** *(adv)* διεξοδικά, λεπτομερώς ‖ **~ness:** *(n)* διεξοδικότητα ‖ τελειότητα ‖ **~ paced:** *(adj)* πλήρης

those (ðouz): *(pron)* εκείνοι, -ες, -α

though (ðou): *(conj)* αν και, μολονότι ‖ *(adv)* όμως, παρόλα αυτά ‖ **as ~:** σα να

thought (thə:t): see think ‖ *(n)* σκέψη ‖ ιδέα, γνώμη ‖ πρόθεση ‖ **~ful:** *(adj)* σκεπτικός ‖ διακριτικός, με ''τακτ'' ‖ **~fully:** *(adv)* σκεπτικά ‖ **~fulness:** *(n)* σκεπτικότητα ‖ διακριτικότητα, λεπτότητα ‖ **~less:** *(adj)* απερίσκεπτος ‖ αδιάκριτος, χωρίς ''τακτ'' ‖ **~lessly:** *(adv)* απερίσκεπτα ‖ αδιάκριτα ‖ **~lessness:** *(n)* απερισκεψία

thousand (ˊthauzənd): *(n)* χίλιοι ‖ **~th:** *(adj)* χιλιοστός ‖ χιλιοστό

thrash (thræʃ) [-ed]: *(v)* δέρνω, ξυλοκοπώ ‖ κατανικώ, συντρίβω ‖ κοπανίζω ‖ ανεμοδέρνομαι, θαλασσοδέρνω ‖ **~ out:** *(v)* συζητώ διεξοδικά ‖ **~ing:** *(n)* ξυλοκόπημα, δάρσιμο

thread (thred) [-ed]: *(v)* βελονιάζω,

περνώ κλωστή ‖ περνώ σε κλωστή ‖ περνώ προσεκτικά ή με δυσκολία ‖ *(n)* κλωστή, νήμα ‖ ίνα ‖ ειρμός, αλληλουχία ‖ σπείρα κοχλία ‖ ~ **bare:** *(adj)* ξεφτισμένος

threat (thret): *(n)* απειλή ‖ φοβέρισμα ‖ φοβέρα ‖ ~**en** [-ed]: *(v)* απειλώ, φοβερίζω ‖ ~**ening:** *(adj)* απειλητικός ‖ ~**eningly:** *(adv)* απειλητικά

three (thri:): *(n)* τρεις, τρία ‖ ~-**D,** ~- **dimensional:** *(adj)* τρισδιάστατος ‖ ~**fold:** *(adj)* τριπλός ‖ τριπλάσιος ‖ *(adv)* τριπλάσια ‖ ~ **pence:** *(n)* νόμισμα 3 πενών ‖ ~**piece:** *(adj)* τριμερής, από τρία κομμάτια ‖ ~**ply:** *(adj)* τρίκλωνος ‖ ~ **R's:** γραφή, ανάγνωση και αριθμητική ‖ ~**score:** *(adj)* εξήντα ‖ ~**some:** *(n)* τριάδα

thresh (threʃ) [-ed]: *(v)* αλωνίζω ‖ κοπανίζω ‖ συζητώ διεξοδικά ‖ ~**er,** ~**ing machine:** *(n)* αλωνιστική μηχανή ‖ ~ **out:** *(v)* αποφασίζω με συζήτηση

threshold (´threʃhould): *(n)* κατώφλι ‖ αρχή, αφετηρία

threw: see throw

thrice (thrais): *(adv)* τρεις φορές

thrift (thrift): *(n)* οικονομία, λιτότητα ‖ αποταμίευση ‖ ~**y:** *(adj)* οικονόμος ‖ ~**ily:** *(adv)* οικονομικά, μετρημένα

thrill (thril) [-ed]: *(v)* συναρπάζω, συγκινώ ‖ προκαλώ τρεμούλα ή ρίγος ‖ ριγώ, φρικιώ ‖ *(n)* συγκίνηση, συνάρπαση ‖ ρίγος, ανατριχίλα ‖ ~**er:** *(n)* ταινία ή ιστορία αγωνίας ‖ ~**ing:** *(adj)* συναρπαστικός ‖ αγωνιώδης

thriv-e (thraiv) [-ed or throve, thriven]: *(v)* ευδοκιμώ ‖ ~**ing:** *(adj)* σε πλήρη άνθηση, ακμαίος

throat (throut): *(n)* λαιμός ‖ [-ed]: *(v)* προφέρω με το λάρυγγα ‖ **stick in one's** ~: διστάζω να μιλήσω ‖ ~**y:** *(adj)* λαρυγγώδης

throb (thrɔb) [-bed]: *(v)* πάλλω ‖ πάλλομαι, χτυπώ ‖ *(n)* χτύπος, παλμός

throes (throuz): *(n)* οξύς πόνος, "σουβλιά" ‖ πάλη, αγώνας

thrombosis (thrɔm´bousis): *(n)* θρόμβωση

throne (throun): *(n)* θρόνος

throng (thrɔng): *(n)* πλήθος ‖ [-ed]: *(v)*

συρρέω ‖ συνωστίζομαι

throttle (´thrɔtl) [-d]: *(v)* ρυθμίζω ροή ‖ στραγγαλίζω, πνίγω ‖ *(n)* ρυθμιστική βαλβίδα

through (thru:): *(prep)* δια, δια μέσου ‖ σ' όλη τη διάρκεια, από την αρχή ως το τέλος ‖ εξαιτίας, λόγω ‖ *(adv)* πέρα ως πέρα ‖ τελείως ‖ *(adj)* συνεχής, από την αρχή ως το τέλος ‖ τελειωμένος ‖ ~ **and** ~: πέρα ως πέρα ‖ ~**out:** *(prep)* σ' όλη τη διάρκεια ‖ *(adv)* παντού ‖ ~**way:** *(n)* εθνική οδός

throve: see thrive

throw (throu) [threw, thrown]: *(v)* ρίχνω ‖ πετώ, εξακοντίζω ‖ προκαλώ αμηχανία ‖ απορρίπτω, πετάω ‖ *(n)* ρίξιμο ‖ βολή ‖ απόσταση βολής ‖ κουβερτούλα, σκέπασμα ‖ ~ **away:** *(n)* απόρριμμα, πεταμένο ‖ ~ **in:** προσθέτω χωρίς επαύξηση τιμής ‖ ~ **in with:** συντροφεύω ‖ ~ **off:** απορρίπτω ‖ αναδίνω ‖ ~**out:** αναδίνω ‖ απορρίπτω ‖ εκδιώκω, πετάω έξω ‖ ~ **over:** ανατρέπω ‖ ~ **up:** εγκαταλείπω ‖ κατασκευάζω βιαστικά και πρόχειρα ‖ κάνω εμετό

thru: see through

thrum (thrʌm) [-med]: *(v)* χτυπώ χορδές, ψευτοπαίζω έγχορδο ‖ μιλώ ή επαναλαμβάνω μονότονα

thrush (thrʌʃ): *(n)* τσίχλα (πτ.)

thrust (thrʌst) [thrust]: *(v)* σπρώχνω βίαια ‖ χώνω, μπήγω ‖ χώνομαι ‖ περνώ, διασχίζω με δύναμη ή βίαια ‖ *(n)* βίαιο σπρώξιμο ‖ ώθηση ‖ μπήξιμο

thruway: see throughway

thud (thʌd): *(n)* γδούπος ‖ [-ded]: *(v)* βροντώ ‖ πέφτω με βρόντο

thug (thʌg): *(n)* μαχαιροβγάλτης, κακοποιός

thumb (thʌm): *(n)* αντίχειρας ‖ [-ed]: *(v)* λερώνω ή τσαλακώνω από χρήση ‖ καταστρέφω ή τσαλακώνω φυλλομετρώντας ‖ **all** ~**s:** αδέξιος ‖ ~**s down:** απόρριψη ‖ ~**s up:** έγκριση ‖ **under the** ~: κάτω από την εξουσία η επιρροή ‖ ~ **one's nose:** δείχνω περιφρόνηση ή ειρωνία ‖ ~**s:** φυλλομετρώ ‖ ~ **index:** αλφαβητικό ευρετήριο ‖ ~**nail:** *(n)* νύχι αντίχειρα ‖ *(adj)*

thump

μικρός ή σύντομος ‖ ~**screw:** βίδα ‖ ~ **tack:** *(n)* πινέζα

thump (thʌmp): *(n)* χτύπημα ‖ υπόκωφος βρόντος, γδούπος ‖ [-ed]: *(v)* βροντώ υπόκωφα ‖ χτυπώ δυνατά

thunder (΄thʌndər): *(n)* βροντή ‖ [-ed]: *(v)* βροντώ ‖ βροντοφωνάζω ‖ ~**bolt:** *(n)* κεραυνός ‖ ~**clap:** *(n)* βροντή ‖ κεραυνός ‖ ~**cloud:** *(n)* μαύρο σύννεφο θύελλας ‖ ΄΄απειλή΄΄, σύννεφο ‖ ~**ous:** *(adj)* βροντώδης ‖ ~**shower, ~storm:** *(n)* καταιγίδα ‖ ~**struck:** *(adj)* κεραυνόπληκτος, εμβρόντητος

Thursday (΄thə:rzdei, ΄thə:rzdi:): *(n)* Πέμπτη

thus (ðʌs): *(adv)* έτσι ‖ λοιπόν, συνεπώς

thwart (thwɔ:rt) [-ed]: *(v)* ματαιώνω ‖ ανατρέπω

thyme (taim): *(n)* θυμάρι

thymus (΄thaiməs): *(n)* θύμος αδένας

thyroid (΄thairoid): *(n)* θυρεοειδής αδένας

tiara (ti:΄ærə): *(n)* τιάρα

tic (tik): *(n)* νευρικός σπασμός, ΄΄τιχ΄΄

tick (tik): *(n)* ελαφρός χτύπος, ΄΄τιχ΄΄ ‖ στιγμούλα ‖ ΄΄μαρκάρισμα΄΄, ΄΄τσεκάρισμα΄΄ ‖ τσιμούρι ‖ [-ed]: *(v)* χτυπώ ελαφρά, κάνω ΄΄τιχ-ταχ΄΄ ‖ ΄΄τσεκάρω΄΄ ‖ ~**er:** *(n)* ρολόι *(id)* ‖ καρδιά *(id)* ‖ ~**tack:** τικ-ταχ

ticket (΄tikit): *(n)* εισιτήριο ‖ άδεια ‖ δελτίο υποψηφίων ‖ κλήση ‖ [-ed]: *(v)* δίνω εισιτήριο ‖ δίνω κλήση ‖ ~ **scalper:** μαυραγορίτης εισιτηρίων

tickl-e (΄tikəl) [-d]: *(v)* γαργαλώ ‖ *(n)* γαργάλισμα ‖ ~**ish:** *(adj)* που γαργαλιέται, ευκολογαργάλιστος ‖ ευκολοπρόσβλητος, ΄΄μυγιάγγιχτος΄΄ ‖ λεπτός, δύσκολος, που απαιτεί ΄΄ταχτ΄΄

tidal (΄taidl): *(adj)* παλιρροϊκός ‖ ~**wave:** *(n)* παλιρροϊκό κύμα

tidbit (΄tidbit): *(n)* εκλεκτό κομμάτι τροφής, νόστιμος μεζές ‖ κουβεντούλα

tide (taid): *(n)* παλίρροια ‖ ρεύμα, ρους ‖ εποχή ‖ ~**way:** πορθμός με παλιρροϊκό ρεύμα

tid-y (΄taidi:): *(adj)* νοικοκυρεμένος, τακτικός ‖ ευπρεπισμένος, συγυρισμένος ‖ [-ied]: *(v)* νοικοκυρεύω, τακτοποιώ,

συγυρίζω ‖ ~**ily:** *(adv)* νοικοκυρεμένα, τακτικά ‖ ~**iness:** *(n)* νοικοκυροσύνη, τακτικότητα, τάξη

tie (tai) [-d]: *(v)* δένω ‖ κομποδένω, κάνω κόμπο ‖ *(n)* δέσιμο ‖ δεσμός ‖ γραβάτα ‖ στρωτήρας γραμμής ‖ ισοπαλία ‖ ~ **one on:** μεθώ ‖ ~ **down:** στερεώνω ‖ ~ **in:** συντονίζω ‖ ~**in:** *(n)* σχέση ‖ ~ **tack:** καρφίτσα γραβάτας ‖ ~ **up:** *(v)* δένω ‖ ακινητοποιώ

tier (tiər): *(n)* σειρά ‖ [-ed]: *(v)* βάζω σε σειρές

tiff (tif): *(n)* ερεθισμός ‖ μικροκαυγαδάκι ‖ [-ed]: *(v)* τσακώνομαι

tiger (΄taigər): *(n)* τίγρης

tight (tait): *(adj)* σφιχτός ‖ πυκνός ‖ στερεός, στερεωμένος ‖ τεντωμένος ‖ περιορισμένος ‖ στεγανός, ερμητικός ‖ μεθυσμένος, πιωμένος ‖ τσιγκούνης, ΄΄σφιχτός΄΄ ‖ sit ~: καραδοκώ, περιμένω ευκαιρία ‖ μένω ακίνητος ‖ ~**en** [-ed]: *(v)* σφίγγω ‖ σφίγγομαι ‖ ~ **spot:** *(n)* δύσκολη θέση ‖ ~ **fisted:** *(adj)* τσιγκούνης, ΄΄σφιχτοχέρης΄΄ ‖ ~ **lipped:** *(adj)* λιγομίλητος, αμίλητος ‖ ~ **rope:** *(n)* σκοινί ακροβάτη ‖ ~**s:** εφαρμοστή φόρμα χορευτή ή ακροβάτη ‖ ~ **wad:** *(n)* τσιγκούνης ‖ ~**ly:** *(adv)* σφιχτά ‖ γερά, στερεά ‖ ~**ness:** *(n)* τέντωμα ‖ στεγανότητα

tigress (΄taigris): *(n)* θηλ. τίγρη

tile (tail): *(n)* πλακάκι ‖ κεραμίδι ‖ [-d]: *(v)* πλακοστρώνω ‖ βάζω κεραμίδια ‖ ~**d:** *(adj)* κεραμωτός, με κεραμίδια

till (til) [-ed]: *(v)* οργώνω, καλλιεργώ ‖ *(prep)* έως, μέχρι ‖ *(n)* ταμείο, συρτάρι ‖ ~**able:** *(adj)* καλλιεργήσιμος ‖ ~**age:** *(n)* καλλιέργεια ‖ ~**er:** *(n)* καλλιεργητής ‖ μοχλός τιμονιού

tilt (tilt) [-ed]: *(v)* γέρνω, κλίνω ‖ *(n)* κλίση ‖ **at full ~:** με μεγάλη ταχύτητα, ολοταχώς

timber (΄timbər): *(n)* δάσος, δασώδης έκταση ‖ ξυλεία ‖ [-ed]: *(v)* τοποθετώ ξυλεία ‖ υποστηρίζω με ξύλινα δοκάρια ‖ ~**work:** *(n)* ξύλινη κατασκευή

timbre (΄timbər): *(n)* ποιότητα ήχου, τόνος

time (taim): *(n)* χρόνος ‖ ώρα ‖ φορά, περίπτωση ‖ χρόνος, ρυθμός ‖ [-d]:

(v) χρονομετρώ ‖ ρυθμίζω ‖ **against** ~: με προσεγγίζουσα λήξη προθεσμίας ‖ **at the same** ~: όμως ‖ **at** ~**s**: κατά καιρούς ‖ **for the** ~ **being**: προς το παρόν ‖ **behind the** ~**s**: οπισθοδρομικός ‖ **high** ~: καιρός πια, ήταν καιρός ‖ **in good** ~: γρήγορα ‖ πριν από την προθεσμία ‖ **in no** ~: αμέσως ‖ **in** ~: εγκαίρως ‖ με ρυθμό ‖ **keep** ~: κρατώ το χρόνο ‖ **lose** ~: καθυστερώ, χρονοτριβώ ‖ **make** ~: προχωρώ, προοδεύω ‖ **on** ~: στην ώρα ‖ ~ **and a half:** υπερωριακή πληρωμή 1 1/2 ημερομισθίου ‖ ~ **bomb:** ωρολογιακή βόμβα ‖ ~ **card:** *(n)* κάρτα ωρογράφου ‖ ~ **clock:** *(n)* ωρογράφος ‖ ~ **keeper:** *(n)* ρολόι ‖ χρονομετρητής ‖ ~**less:** *(adj)* αιώνιος ‖ αγέραστος ‖ ~**ly:** *(adj)* έγκαιρος ‖ στην κατάλληλη στιγμή ‖ ~**out:** ανάπαυλα, ημιχρόνιο ‖ ~ **piece:** *(n)* ρολόι ‖ ~**r:** *(n)* χρονομετρητής ‖ χρονοδιακόπτης ‖ ~**saving:** *(adj)* αυτό που γλυτώνει χρόνο ‖ ~**server:** καιροσκόπος ‖ ~**table:** *(n)* δρομολόγιο ‖ πίνακας γεγονότων, πρόγραμμα, ωρολόγιο πρόγραμμα ‖ ~**work:** *(n)* εργασία με την ώρα ‖ ~**zone:** *(n)* ωριαία άτρακτος

timid (´ timid): *(adj)* δειλός, συνεσταλμένος ‖ φοβιτσιάρης ‖ ~**ity**, ~ **ness:** *(n)* δειλία, συστολή ‖ ~**ly:** *(adv)* δειλά, ντροπαλά

timpani, tympani (´ timpəni:): *(n)* τύμπανα

tin (tin): *(n)* κασσίτερος ‖ τενεκές ‖ τενεκεδένιο κουτί ‖ κονσέρβα ‖ [-ned]: *(v)* κασσιτερώνω ‖ κονσερβάρω ‖ ~**can:** *(n)* αντιτορπιλικό *(id)* ‖ ~ **foil:** *(n)* αλουμινόχαρτο ‖ ~**ner:** *(n)* τενεκετζής ‖ ~**ny:** *(adj)* φανταχτερός ‖ ~ **smith:** *(n)* τενεκετζής

tinder (´ tindər): *(n)* προσάναμμα ‖ ~ **box:** *(n)* εκρηκτική κατάσταση

tinge (´ tindz) [-d]: *(v)* χρωματίζω ‖ *(n)* χροιά, απόχρωση ‖ μικρή δόση

tingle (´ tiŋɡəl) [-d]: *(v)* τσούζω ‖ διεγείρω ‖ διεγείρομαι ‖ *(n)* τσούξιμο ‖ διέγερση, έξαψη

tinker (´ tiŋkər): *(n)* γανωτής ‖ αδέξιος ‖ [-ed]: *(v)* γανώνω ‖ καταπιάνομαι,

ψευτοδουλεύω

tinkle (´ tiŋkəl) [-d]: *(v)* κουδουνίζω ‖ κάνω σινιάλο με κουδούνι ‖ *(n)* κουδούνισμα

tin-ner, ~ny: see tin

tinsel (´ tinsəl): *(n)* γυαλιστερή ταινία, ´´στρας´´

tinsmith: see tin

tint (tint) [-ed]: *(v)* δίνω απόχρωση ‖ *(n)* χροιά, απόχρωση ‖ ίχνος

tiny (´ taini:): *(adj)* μικροσκοπικός

tip (tip) [-ped]: *(v)* σχηματίζω ή προσθέτω άκρη ‖ σκεπάζω την άκρη ‖ αναποδογυρίζω ‖ γέρνω, κλίνω ‖ αδειάζω ‖ χτυπώ ελαφρά ‖ δίνω φιλοδώρημα, δίνω πουρμπουάρ ‖ δίνω πληροφορία ‖ *(n)* άκρη ‖ λαβή ‖ κλίση ‖ αναποδογύρισμα ‖ ελαφρό χτύπημα ‖ φιλοδώρημα, πουρμπουάρ ‖ πληροφορία ‖ ~ -**off:** *(v)* δίνω πληροφορία ‖ ~ **off:** *(n)* πληροφορία ‖ ~ **cart:** *(n)* ανατρεπόμενο ‖ ~**ster:** *(n)* πληροφοριοδότης

tipple (´ tipəl) [-d]: *(v)* πίνω συστηματικά, μπεκροπίνω ‖ *(n)* ποτό

tipster: see tip

tipsy (´ tipsi:): *(adj)* ασταθής ‖ πιωμένος

tiptoe (´ tiptou) [-d]: *(v)* περπατώ στα νύχια ‖ **on** ~: στα νύχια, στις μύτες των ποδιών

tiptop (´ tiptəp): *(n)* το ψηλότερο σημείο ‖ άριστη κατάσταση

tirade (´ taireid): *(n)* τα εξ αμάξης, ´´εξάψαλμος´´, ´´κατσάδα´´

tire (taiər) [-d]: *(v)* κουράζω ‖ κουράζομαι ‖ βαριέμαι, βαργεστώ ‖ *(n)* ρόδα ‖ *(n)* see tyre ‖ ~**d:** *(adj)* κουρασμένος ‖ βαργεστημένος ‖ ~**dness:** *(n)* κούραση ‖ ~**less:** *(adj)* ακούραστος ‖ ~**lessly:** *(adv)* ακούραστα ‖ ~**some:** *(adj)* κουραστικός ‖ βαρετός

tissue (´ tiʃu:): *(n)* ιστός ‖ υφή ‖ (λεπτά) χαρτομάντηλα ή χαρτοπετσέτες ‖ δίχτυ, πλέγμα, σύμπλεγμα ‖ ~ **paper:** *(n)* ψιλό χαρτί περιτυλίγματος

tit (tit): *(n)* μελισσοφάγος, ´´καλογρίδα´´ ‖ μαστός ‖ θηλή, ρώγα ‖ ~ **for tat:** ανταπόδοση, ´´οφθαλμόν αντί οφθαλμού´´ ‖ ~ **bit:** see tidbit

titan

titan (´taitn): *(n)* τιτάνας, κολοσσός ‖
~**ic:** *(adj)* τιτάνιος

titian (´tiʃən): *(adj)* κιτρινοκόκκινος

titillate (´titəleit) [-d]: *(v)* γαργαλάω

title (´taitl): *(n)* τίτλος ‖ επικεφαλίδα,
τίτλος ‖ τίτλος δικαιούχου ή κτήσης ‖
[-d]: *(v)* τιτλοφορώ ‖ ~**d:** *(adj)* τιτλού-
χος

titter (´titər) [-ed]: *(v)* χαζογελάω ‖
(n) ελαφρό γέλιο

tittle-tattle (´titl´tætl): *(n)* ψιλοκουβέ-
ντα ‖ [-d]: *(v)* ψιλοκουβεντιάζω

titular (´titʃulər): *(adj)* επίτιμος ‖ ονο-
μαστικός ‖ *(n)* τιτλούχος

tizzy (´tizi:): *(n)* κατάσταση αμηχανίας

to (tu, tə): *(prep)* εις, σε, προς ‖ ως
προς, προς ‖ μέχρις ‖ για να, να ‖ ~
and fro: πέρα δώθε, πηγαινέλα ‖ ~
do: *(n)* φασαρία, ανακατωσούρα

toad (toud): *(n)* φρύνος ‖ ~**eater, ~y:**
(n) κόλακας, "γλύφτης" ‖ ~**stool:** *(n)* δη-
λητηριώδες μανιτάρι

toast (toust) [-ed]: *(v)* ψήνω, ξεροψήνω
‖ ζεσταίνω ‖ ζεσταίνομαι, ψήνομαι ‖
κάνω πρόποση ‖ προπίνω ‖ *(n)* φρυγανιά ‖ πρό-
ποση ‖ ~**er:** *(n)* φρυγανιέρα ‖ ~
master: *(n)* τελετάρχης συμποσίου

tobacco (tə´bækou): *(n)* καπνός ‖
~**nist:** *(n)* καπνοπώλης

toboggan (tə´bɔgən): *(n)* έλκηθρο ‖ [-
ed]: *(v)* "τσουλώ" με έλκηθρο ‖ κα-
τρακυλώ, πέφτω απότομα

today (tə´dei): *(adv)* σήμερα ‖ *(n)* η σή-
μερον

toddle (´tɔdl) [-d]: *(v)* περπατώ αδέξια,
"κάνω στράτα", περπατώ σαν μωρό
‖ ~**r:** *(n)* νήπιο που μόλις περπατά

toddy (´tɔdi:): *(n)* ζεστό οινοπν. ποτό

to-do: see to

toe (tou): *(n)* δάχτυλο ποδιού ‖ μύτη
κάλτσας ή παπουτσιού ‖ **on one's ~s:**
έτοιμος ‖ **tread on someone's ~:**
"μπαίνω στη μύτη κάποιου", μπερδε-
δεύομαι στις υποθέσεις του ‖ προ-
σβάλλω ‖ ~ **the mark, ~ the line:**
συμμορφώνομαι, υπακούω σε κανονι-
σμούς ‖ ~ **hold:** *(n)* πάτημα ‖ πλεονέ-
κτημα, "πάτημα"

toff (tɔf): *(n)* κομψευόμενος, "δανδής"

toffee (´tɔfi:): *(n)* σκληρή καραμέλα

toga (´tougə): *(n)* τήβεννος

together (tə´geðər): *(adv)* μαζί ‖ **get it**
~, **put it** ~: βάζω τα δυνατά μου, συ-
γκεντρώνω τις προσπάθειές μου ‖ **get**
~: συγκεντρώνομαι ‖ ~**ness:** *(n)* συ-
ντροφικότητα

toggle (´tɔgəl): *(n)* συνδετήρας ‖ [-d]:
(v) συνδέω

toil (toil) [-ed]: *(v)* μοχθώ, εργάζομαι
κοπιωδώς ‖ προσπαθώ με κόπο ή δυ-
σκολία ‖ *(n)* μόχθος ‖ σκληρή δουλειά
ή προσπάθεια ‖ ~**some:** *(adj)* κοπιώ-
δης, επίμοχθος

toilet (´toilit): *(n)* αποχωρητήριο, τουα-
λέτα ‖ περιποίηση, "τουαλέτα" ‖ τρα-
πέζι τουαλέτας ‖ ~**paper:** *(n)* χαρτί
υγείας ‖ ~**ry:** *(n)* αντικείμενα τουαλέ-
τας ‖ ~**water:** *(n)* κολόνια

token (´toukən): *(n)* τεκμήριο ‖ ένδει-
ξη, σημείο, σήμα ‖ **by the same ~:** με
τον ίδιο τρόπο, ομοίως ‖ **in ~ of:** σε
ένδειξη ‖ ~**ism:** *(n)* ψεύτικη προσπά-
θεια

told: see tell

tolera-ble (´tɔlərəbəl): *(adj)* ανεκτός,
υποφερτός ‖ ~**bility, ~bleness:** *(n)*
ανεκτικότητα ‖ ~**bly:** *(adv)* ανεκτά,
υποφερτά ‖ ~**nce** (´tɔlərəns): *(n)* αντο-
χή ‖ ανεκτικότητα ‖ ~**nt:** *(adj)* ανεκτι-
κός ‖ ~**ntly:** *(adv)* ανεκτικά ‖ ~**te**
(´tɔləreit) [-d]: *(v)* ανέχομαι, υποφέ-
ρω, αντέχω ‖ ~**tive:** *(adj)* ανεκτικός ‖
~**tion** (tɔlə´reiʃən): *(n)* ανοχή

toll (toul) [-ed]: *(v)* χτυπώ καμπάνα ‖
(n) καμπανοκρουσία ‖ φόρος διοδίων,
διόδια ‖ επιβάρυνση, επαύξηση κό-
στους ‖ φόρος ‖ ~ **booth:** *(n)* σταθμός
διοδίων ‖ ~ **call:** *(n)* υπεραστικό τηλε-
φώνημα ‖ ~**er:** *(n)* καμπανοκρούστης ‖
~**bar,** ~**gate:** *(n)* πύλη διοδίων ‖
~**house:** *(n)* σταθμός διοδίων ‖ ~**line:**
(n) υπεραστική γραμμή

tomahawk (´tɔməhɔ:k): *(n)* τσεκούρι

tomato (tə´meitou): *(n)* ντομάτα

tomb (tu:m): *(n)* τύμβος ‖ τάφος ‖
~**stone:** *(n)* ταφόπλακα

tom-boy (´tɔmboi): *(n)* αγοροκόριτσο ‖
~**cat:** *(n)* γάτος ‖ ~**fool:** *(n)* βλάκας ‖
~**foolery:** *(n)* χαζομάρα, βλακεία

tombstone: see tomb

tome (toum): *(n)* τόμος

tommyrot (΄təmi:rɔt): *(n)* ανοησία, τρέλα

tomorrow (tə΄mə:rou): *(n & adv)* αύριο

ton (tʌn): *(n)* τόνος ‖ **~nage:** *(n)* χωρητικότητα, "τονάζ"

tone (toun): *(n)* τόνος ‖ τάση, τόνος ‖ [-d]: *(v)* δίνω τόνο ‖ τονίζω ‖ **~ arm:** *(n)* βραχίονας του πικ-απ ‖ **~ down:** *(v)* χαμηλώνω τον τόνο ‖ κατεβάζω, μαλακώνω ‖ **~ up:** *(v)* ανεβάζω τον τόνο ‖ **~less:** *(adj)* άτονος

tong (tə:ŋg) [-ed]: *(v)* πιάνω με τσιμπίδα ‖ **~s:** *(n)* τσιμπίδα, λαβίδα

tongue (tʌŋ): *(n)* γλώσσα ‖ **on the tip of one's ~:** στην άκρη της γλώσσας, έτοιμος να το πω ‖ **~-in-cheek:** *(adj)* ειρωνικός ‖ **~-lashing:** *(n)* κατσάδιασμα ‖ **~-tied:** *(adj)* βουβός, αμίλητος, με δεμένη τη γλώσσα ‖ **~ twister:** *(n)* γλωσσοδέτης

tonic (΄tɔnik): *(n)* τονωτικό ‖ τονική

tonight (tə΄nait): *(n)* η σημερινή βραδιά ή νύχτα ‖ *(adv)* απόψε

tonnage: see ton

tonsil (΄tɔnsəl): *(n)* αμυγδαλή ‖ **~ectomy:** *(n)* αφαίρεση αμυγδαλών ‖ **~itis:** *(n)* αμυγδαλίτιδα

too (tu:): *(adv)* επίσης, και ‖ πάρα πολύ, υπερβολικά

took: see take

tool (tu:l): *(n)* εργαλείο ‖ όργανο, "εργαλείο" ‖ [-ed]: *(v)* επεξεργάζομαι ‖ **~ing:** *(n)* επεξεργασία

toot (tu:t): [-ed]: *(v)* κορνάρω ‖ σφυρίζω ‖ *(n)* κορνάρισμα ‖ σφύριγμα

tooth (tu:th): *(n)* δόντι ‖ [-ed]: *(v)* σχηματίζω οδοντώσεις ‖ **~ and nail:** μ' όλη τη δύναμη ‖ **~brush:** *(n)* οδοντόβουρτσα ‖ **~ed:** *(adj)* με οδοντώσεις ‖ **~less:** *(adj)* χωρίς δόντια ‖ **~paste:** *(n)* οδοντόκρεμα ‖ **~pick:** *(n)* οδοντογλυφίδα ‖ **~powder:** *(n)* οδοντόκρεμα σε σκόνη ‖ **~some:** *(adj)* νόστιμος ‖ ελκυστικός, "σέξυ" ‖ **~y:** *(adj)* δοντάς, με μεγάλα ή πεταχτά δόντια

top (tɔp): *(n)* κορυφή ‖ το επάνω μέρος ‖ το μεγαλύτερο χαρτί χαρτοπαιγνίου ‖ το καλύτερο μέρος ‖ σβούρα ‖ *(adj)* πρώτος, κορυφαίος ‖ [-ped]: *(v)* αφαιρώ την κορυφή ‖ σχηματίζω κορυφή ‖ βρίσκομαι στην κορυφή, υπερέχω ‖ **blow one's ~:** χάνω την ψυχραιμία μου, ξεσπάω σε νεύρα ή θυμό ‖ **on ~:** επάνω ‖ **over the ~:** πάνω από το όριο ‖ **~ off:** προσθέτω στο τέλος, καταλήγω με ‖ **~ boot:** *(n)* ψηλή μπότα ‖ **~ coat:** *(n)* πανωφόρι, παλτό ‖ **~ dog:** αυτός που κάνει "κουμάντο" ‖ **~drawer:** *(adj)* ανωτάτης σημασίας ή βαθμού ‖ **~ flight:** *(adj)* πρώτης τάξης, εξαιρετικός ‖ **~full:** *(adj)* γεμάτος ως επάνω ‖ **~hat:** *(n)* ψηλό καπέλο ‖ **~ heavy:** *(adj)* υπερβολικά βαρύς στο επάνω μέρος, ασταθής ‖ **~ kick:** *(n)* επιλοχίας ‖ **~less:** *(adj)* "τόπλες" ‖ **~lofty:** *(adj)* ψηλομύτης ‖ **~ most:** *(adj)* ο πιο ψηλός, ο ανώτατος ‖ **~ notch:** *(adj)* πρώτης ποιότητας, εξαιρετικός ‖ **~s:** *(adj)* εξαιρετικός, έξοχο ‖ **~secret:** *(adj)* αυστηρώς απόρρητο ‖ **~ sergeant:** *(n)* επιλοχίας

topi (΄toupi:): *(n)* κάσκα

topic (΄tɔpik): *(n)* θέμα, ζήτημα ‖ **~al:** *(adj)* τοπικός ‖ επίκαιρος ‖ **~ally:** *(adv)* τοπικά

top-kick, ~less, ~lofty, ~ most, ~ notch: see top

topogra-pher (tə΄pɔgrəfər): *(n)* τοπογράφος ‖ **~phic, ~phical:** *(adj)* τοπογραφικός ‖ **~phy:** *(n)* τοπογραφία

topple (΄tɔpəl) [-d]: *(v)* ανατοδογυρίζω ‖ κλονίζομαι και πέφτω

top-s, ~secret, ~sergeant: see top

topsy-turvy (΄tɔpsi:΄tə:rvi): *(adv)* άνω-κάτω

torch (΄tɔ:tʃ): *(n)* πυρσός ‖ δαυλός ‖ φανάρι ‖ **carry a ~ for:** αγαπώ χωρίς ανταπόκριση

tore: see tear

torment (΄tɔ:rment): *(n)* βάσανο, βασανιστήριο ‖ (tɔ:r΄ment, ΄tɔ:rment) [-ed]: *(v)* βασανίζω ‖ **~or:** *(n)* βασανιστής

torn: see tear

tornado (tɔ:r΄neidou): *(n)* κυκλώνας

torpedo (tɔ:r΄pi:dou): *(n)* τορπίλα ‖ [-ed]: *(v)* τορπιλίζω ‖ **~ boat:** *(n)* τορ-

395

torpid

πιλάκατος ‖ ~ **tube:** (n) τορπιλοβλητικός σωλήνας

torp-id (ˈtɔːrpid): (adj) ναρκωμένος ‖ αδρανής ‖ **~or** (ˈtɔːrpər): (n) νάρκη ‖ αδράνεια ‖ απάθεια, λήθαργος

torrent (ˈtɔːrənt): (n) χείμαρρος ‖ **~ial** (təˈrenʃəl): (adj) χειμαρρώδης

torrid (ˈtɔːrid): (adj) καμένος, καυτός ‖ ~ **zone:** (n) διακεκαυμένη ζώνη

torso (ˈtɔːrsou): (n) κορμός

tortoise (ˈtɔːrtəs): (n) χελώνα ‖ ~ **shell:** (n) ταρταρούγα

tortuous (ˈtɔːrtʃuːəs): (adj) ελικοειδής ‖ πολύπλοκος ‖ δόλιος ‖ **~ly:** (adv) ελικοειδώς ‖ πολύπλοκα ‖ δόλια

torture (ˈtɔːrtʃər): (n) βασανιστήριο ‖ [-d]: (v) βασανίζω ‖ **~r:** (n) βασανιστής

Tory (ˈtɔːriː): (n & adj) συντηρητικός (οπαδός του συντηρητικού κόμ. της Αγγλίας)

toss (tɔːs): [-ed]: (v) πετώ, ρίχνω ‖ στριφογυρίζω ‖ τραντάζω ‖ τινάζω ‖ τινάζομαι, τραντάζομαι ‖ ρίχνω ''κορόνα-γράμματα'' ‖ (n) πέταγμα, ρίξιμο ‖ στριφογύρισμα ‖ τίναγμα, πέταγμα ‖ ~ **down:** (v) ''κατεβάζω ποτήρι'' ‖ ~ **off:** (v) πίνω μονοκοπανιά ‖ τελειώνω εύκολα ‖ ~ **up:** (v) ρίχνω κορόνα-γράμματα

tot (ˈtɔt) [-ted]: (v) συναθροίζω, προσθέτω ‖ (n) μικράκι, παιδάκι ‖ μικρή ποσότητα

total (ˈtoutl): (n) σύνολο ‖ (adj) πλήρης, ολόκληρος ‖ [-ed]: (v) ανέρχομαι, συμποσούμαι ‖ **~itarian:** (n) ολοκληρωτικός ‖ **~itarianism:** (n) ολοκληρωτισμός ‖ **~ity:** (n) ολότητα ‖ σύνολο, άθροισμα ‖ **~izator** (ˈtoutələzeitər): (n) αθροιστική μηχανή ‖ **~ize** (ˈtoutəlaiz) [-d]: (v) αθροίζω ‖ **~ly:** (adv) συνολικά ‖ εντελώς

tote (tout) [-d]: (v) μεταφέρω ‖ ~ **bag:** (n) τσάντα αγοράς

totem (ˈtoutəm): (n) ιερό έμβλημα, ''τοτέμ'' ‖ ~ **pole:** (n) στήλη ''τοτέμ'' ‖ ιεραρχία

totter (ˈtɔtər) [-ed]: (v) τρικλίζω ‖ παραπαίω, είμαι έτοιμος να πέσω

touch (tʌtʃ) [-ed]: (v) αγγίζω ‖ ακου-

μπώ ‖ εφάπτομαι ‖ συγκινώ, θίγω ‖ χτυπώ χορδή ‖ (n) άγγιγμα ‖ επαφή ‖ ίχνος, σημάδι ‖ ίχνος, υποψία ‖ **~at:** (v) σταματώ για λίγο ‖ ~ **and-go:** επισφαλής, επικίνδυνος ‖ ~ **down:** (v) προσγειώνομαι ‖ (n) προσγείωση ‖ **~ed:** ''βλαμμένος'' ‖ **~ing:** (adj) συγκινητικός ‖ **~line:** (n) πλευρική γραμμή γηπέδου ‖ **~-me-not:** (n) μη μου άπτου ‖ ~ **off:** (v) προκαλώ έκρηξη ή ανάφλεξη ‖ ~ **on, ~ upon:** (v) θίγω θέμα ‖ αφορώ ‖ **~stone:** (n) κριτήριο ‖ **~-type:** (v) γράφω σε γραφομηχανή με τυφλό σύστημα ‖ ~ **up:** ρετουσάρω ‖ **~y:** (adj) εύθικτος ‖ ευαίσθητος, λεπτός

tough (tʌf): (adj) σκληρός ‖ σκληροτράχηλος, τραχύς ‖ δύσκολος ‖ πολύ άτυχος, κακότυχος ‖ (n) κακοποιός ‖ **~en** [-ed]: (v) σκληραίνω ‖ σκληραίνομαι, γίνομαι σκληρός ‖ **~ly:** (adv) σκληρά ‖ **~ness:** (n) σκληρότητα ‖ τραχύτητα ‖ δυσκολία

toupee (tuːˈpei): (n) περούκα

tour (tur): (n) περιήγηση ‖ περιοδεία ‖ περίοδος υπηρεσίας ‖ [-ed]: (v) περιοδεύω ‖ κάνω περιήγηση ‖ **~ism:** (n) περιήγηση, τουρισμός ‖ **~ist:** (n) περιηγητής, τουρίστας ‖ **~nament** (ˈturnəmənt): (n) ''τουρνουά''

tourniquet (ˈturnikit): (n) επίδεσμος αιμοστατικός

tousle (ˈtauzəl) [-d]: (v) ανακατώνω, ξεχτενίζω

tow (tou) [-ed]: (v) ρυμουλκώ ‖ (n) ρυμούλκηση ‖ ~ **boat:** (n) ρυμουλκό ‖ **~line, ~rope:** (n) σχοινί ρυμουλκήσεως, ρυμούλκιο

toward (ˈtɔːrd, təˈwɔːrd), ~s: (prep) προς, κατά

towel (ˈtauəl): (n) πετσέτα ‖ [-ed]: (v) σκουπίζω με πετσέτα

tower (ˈtauər): (n) πύργος ‖ [-ed]: (v) υψώνομαι ‖ **~ing:** (adj) πολύ ψηλός

towheaded (ˈtouhedid): (adj) με ασπρόξανθα μαλλιά

towline: see tow

town (taun): (n) κωμόπολη ‖ πόλη ‖ ~ **clerk:** (n) δημοτικός υπάλληλος, γραμματέας του δήμου ‖ ~ **hall:** (n) δημαρχείο ‖ **~sman:** *(n)* συμπολίτης ‖ **go to ~:** *(v)* τα ''σπάω'', το ρίχνω έξω ‖ **on the ~:** σε ξεφάντωμα, για γλέντι ‖ **paint the ~ red:** *(v)* το ρίχνω έξω, τα κάνω ''λίμπα''

towrope: see tow

toxic (΄təksik): *(adj)* τοξικός ‖ **~ology:** *(n)* τοξικολογία

toy (toi): *(n)* παιχνίδι, άθυρμα ‖ [-ed]: *(v)* παίζω

trace (treis): *(n)* ίχνος ‖ [-d]: *(v)* παρακολουθώ ίχνος ‖ ανιχνεύω ‖ τραβώ γραμμή, σύρω ‖ αντιγράφω, ''ξεσπακώνω'' ‖ **~able:** *(adj)* αντιληπτός, ευκολοπαρακολούθητος ‖ **~r:** *(n)* ιχνηλάτης, ανιχνευτής ‖ όργανο σχεδιάσεως ‖ τροχιοδεικτικό βλήμα

trachea (΄treiki:ə): *(n)* τραχεία αρτηρία

track (træk): *(n)* ίχνος, αχνάρι ‖ μονοπάτι ‖ μέθοδος, πορεία ‖ δρόμος σταδίου ή γυμναστηρίου ‖ σιδηρ. γραμμή ‖ [-ed]: *(v)* ιχνηλατώ ‖ παρακολουθώ ‖ διασχίζω ‖ **in one's ~s:** στον τόπο, εκεί που βρίσκεται ‖ **keep ~ of:** *(v)* κρατώ επαφή ‖ **make ~s:** *(v)* φεύγω βιαστικά ‖ **~ down:** *(v)* ανακαλύπτω παρακολουθώντας, πιάνω ‖ **~events:** *(n)* αγώνες δρόμου ‖ **~ing station:** σταθμός παρακολούθησης με ραντάρ ‖ **~er:** *(n)* ιχνηλάτης ‖ **~less:** *(adj)* χωρίς γραμμές ‖ χωρίς μονοπάτι ‖ **~ meet:** *(n)* αθλητ. συνάντηση

tract (trækt): *(n)* έκταση ‖ περιοχή ‖ ανατομικό σύστημα ‖ προπαγανδιστικό φυλλάδιο

tract-able (΄træktəbəl): *(adj)* ευκολομεταχείριστος, εύχρηστος ‖ ευκολοκυβέρνητος ‖ **~ile:** *(adj)* επεκτατός ‖ **~ion** (΄trækʃən): *(n)* έλξη ‖ **~ive:** *(adj)* ελκτικός ‖ **~or:** *(n)* ελκυστήρας, τρακτέρ

trad-e (treid): *(n)* επάγγελμα, τέχνη ‖ εμπόριο, συναλλαγή ‖ συντεχνία ‖ [-d]: *(v)* εμπορεύομαι, κάνω εμπόριο ‖ συναλλάσσομαι ‖ ψωνίζω τακτικά ‖ **~ in:** *(v)* ανταλλάσσω παλιό με καινούριο πληρώνοντας τη διαφορά ‖ **~emark:** *(n)* σήμα κατατεθέν ‖ **~ename:** *(n)* εμπορική επωνυμία ‖ όνομα προϊόντος ‖ **~e off:** *(n)* ανταλ-

λαγή ‖ **~er:** *(n)* έμπορος ‖ **~esman:** *(n)* καταστηματάρχης, έμπορος ‖ ειδικευμένος τεχνίτης ‖ **~e union:** *(n)* εργατικό συνδικάτο ‖ **~e unionist:** *(n)* συνδικαλιστής ‖ **~e winds:** *(n)* ετήσιοι άνεμοι ‖ **~ing:** *(n)* συναλλαγές, εμπόριο ‖ **~ing stamp:** *(n)* κουπόνι

tradition (trə΄diʃən): *(n)* παράδοση ‖ **~al:** *(adj)* παραδοσιακός ‖ πατροπαράδοτος ‖ **~ally:** *(adv)* πατροπαράδοτα ‖ παραδοσιακά ‖ **~alize** [-d]: *(v)* κάνω παραδοσιακό

traffic (΄træfik): *(n)* κυκλοφορία ‖ διακίνηση ‖ κίνηση, κυκλοφοριακή κίνηση ‖ τροχαία κίνηση ‖ συναλλαγές ‖ [-ked]: *(v)* συναλλάσσομαι, κάνω εμπόριο ‖ διακινώ ‖ **~ator:** *(n)* σήμα τροχαίας ‖ **~ circle:** *(n)* κυκλικός κυκλοφοριακός μονόδρομος ‖ **~jam:** *(n)* πολύ πυκνή τροχαία κίνηση, ''φρακάρισμα'' ‖ **~ light:** *(n)* φωτεινός σηματοδότης τροχαίας

tragedy (΄trædʒədi:): *(n)* τραγωδία

tragic (΄trædʒik), **~al:** *(adj)* τραγικός ‖ **~ally:** *(adv)* τραγικά ‖ **~alness:** *(n)* τραγικότητα, το τραγικό ‖ **~omedy:** *(n)* κωμικοτραγωδία ‖ **~omic:** κωμικοτραγικος

trail (treil) [-ed]: *(v)* σέρνω, τραβώ πίσω μου ‖ αφήνω ίχνη ‖ ανοίγω μονοπάτι ‖ παρακολουθώ ίχνη ‖ σέρνομαι ‖ αναδεύομαι ‖ μένω πίσω ‖ *(n)* ίχνος, αχνάρι, πατήματα ‖ μονοπάτι ‖ παρακολούθηση ‖ **~ blazer:** *(n)* πρωτοπόρος ‖ **~er:** *(n)* ρυμουλκούμενο ‖ τροχόσπιτο ‖ διαφημιστική περίληψη φιλμ

train (trein): *(n)* αμαξοστοιχία, τρένο ‖ αλληλουχία, σειρά ‖ συναρμολογημένα τμήματα μηχανισμού ‖ ακολουθία ‖ καραβάνι ‖ ''ουρά'' τουαλέτας ή πέπλου ‖ [-ed]: *(v)* εκπαιδεύω, γυμνάζω ‖ προπονώ ‖ κατευθύνω, στρέφω ‖ σκοπεύω ‖ εκπαιδεύομαι, γυμνάζομαι ‖ **~able:** *(adj)* εκπαιδεύσιμος ‖ **~bearer:** *(n)* αυτός που κρατά την ''ουρά'' του φορέματος ‖ **~ee** (trei΄ni:): *(n)* εκπαιδευόμενος, μαθητευόμενος, δόκιμος ‖ **~er:** *(n)* εκπαιδευτής ‖ σκοπευτής πυροβόλου ‖

~ing: *(n)* εκπαίδευση, μαθητεία ‖ **~ing school:** *(n)* αναμορφωτικό ίδρυμα ανηλίκων ‖ επαγγελματική σχολή ‖ **~man:** *(n)* σιδηροδρομικός

traipse (treips) [-d]: *(v)* περπατώ άσκοπα ‖ ''μπλέκομαι'' μέσα στα πόδια, εμποδίζω περπατώντας

trait (treit): *(n)* ιδιαίτερο χαρακτηριστικό

traitor (΄treitər): *(n)* προδότης ‖ **~ous:** *(adj)* προδοτικός ‖ ύπουλος ‖ **~ously:** *(adv)* προδοτικά, ύπουλα

traject (trə΄dzekt) [-ed]: *(v)* μεταδίδω ‖ **~ion:** *(n)* μετάδοση ‖ **~ory** (trə΄dzektəri:) *(n)* τροχιά βλήματος

tram (træm): *(n)* τροχιόδρομος, ''τραμ'' ‖ βαγονέτο ‖ ~ **car:** *(n)* βαγόνι του τραμ ‖ **~line:** *(n)* γραμμή τροχιοδρόμου ‖ ~ **way:** *(n)* τροχιοδρομική γραμμή ‖ τραμ

trammel (΄træməl) [-ed]: *(v)* περιορίζω ‖ εμποδίζω ‖ *(n)* περιορισμός, εμπόδιο ‖ δίχτυ ψαρέματος

tramp (træmp) [-ed]: *(v)* περπατώ με σταθερό ή βαρύ βήμα ‖ πεζοπορώ ‖ αλητεύω, τριγυρίζω άσκοπα ‖ *(n)* βαριά περπατησιά ‖ πεζοπορία ‖ αλήτης ‖ πόρνη ‖ ~**le** [-d]: *(v)* τσαλαπατώ, ποδοπατώ ‖ φέρνομαι βάναυσα ‖ **~oline:** *(n)* καναβάτσο με ελατήρια, ''τραμπολίν''

trance (træns): *(n)* έκσταση ‖ ζάλη

tranquil (΄trænkwəl): *(adj)* γαλήνιος, ήρεμος ‖ **~ity, ~ness:** *(n)* γαλήνη, ηρεμία ‖ **~ize** [-d]: *(v)* καταπραΰνω, ηρεμώ ‖ **~izer:** *(n)* ηρεμιστικό

trans (træns): *(prep)* πέρα, δια, διαμέσου

transact (træn΄sækt) [-ed]: *(v)* διεξάγω, διεκπεραιώνω ‖ εκτελώ, κάνω ‖ συναλλάσσομαι, κάνω ''δουλειά'' ‖ **~ion:** *(n)* διεξαγωγή, διεκπεραίωση ‖ εκτέλεση ‖ συναλλαγή

transatlantic (trænsət΄læntik): *(adj)* υπερατλαντικός

transcend (træn΄send) [-ed]: *(v)* ξεπερνώ ‖ **~ent:** *(adj)* ανώτερος, υπερβαίνων

transcontinental (trænskəntə΄nentəl): *(adj)* διηπειρωτικός

transcript (΄trænskript): *(n)* αντίγραφο ‖ **~ion:** *(n)* αντιγραφή ‖ αντίγραφο

transept (΄trænsept): *(n)* πτέρυγα εκκλησίας

transfer (træns΄fə:r) [-red]: *(v)* μεταθέτω ‖ μεταβιβάζω ‖ μεταφέρω ‖ μεταθέτομαι, μεταφέρομαι ‖ (΄trænsfər): *(n)* μετάθεση ‖ μεταβίβαση ‖ μετατεθείς ‖ μεταγραφή ‖ **~able:** *(adj)* μεταθέσιμος ‖ μεταβιβάσιμος ‖ **~ee:** *(n)* αποδέκτης μεταβίβασης ‖ μετατεθείς ‖ **~ence:** *(n)* μετάθεση ‖ μεταβίβαση ‖ **~or:** *(n)* μεταβιβάζων

transfiguration (trænsfigjə΄rei∫ən): *(n)* μεταμόρφωση

transfix (træns΄fiks) [-ed]: *(v)* καρφώνω, διαπερνώ

transform (træns΄fɔ:rm) [-ed]: *(v)* μεταμορφώνω ‖ μετασχηματίζω, αλλάζω ριζικά ‖ **~ation:** *(n)* μεταμόρφωση ‖ μετασχηματισμός, μεταβολή ‖ **~er:** *(n)* μετασχηματιστής

trans-fuse (træns΄fju:z) [-d]: *(v)* μεταγγίζω ‖ **~fusion:** *(n)* μετάγγιση

transgress (træns΄gres) [-ed]: *(v)* παραβαίνω, παρανομώ ‖ ξεπερνώ τα όρια ‖ **~ion:** *(n)* παράβαση ‖ υπέρβαση ορίων

transient (΄trænziənt): *(adj)* παροδικός ‖ περαστικός, διαβατάρικος

transistor (træn΄zistər): *(n)* ενισχυτής ηλεκτρικής δύναμης, ''τρανζίστορ''

transit (΄trænzit): *(n)* διαμετακόμιση ‖ μεταφορά ‖ [-ed]: *(v)* περνώ, διέρχομαι ‖ **~ion:** *(n)* μεταβατική περίοδος ‖ μετάβαση ‖ μετάπτωση ‖ **~ional:** *(adj)* μεταβατικός ‖ **~ive** (΄trænzitiv): *(adj)* μεταβατικός ‖ **~ively:** *(adv)* μεταβατικά ‖ **~iveness, ~ivity:** *(n)* μεταβατικότητα ‖ **~ory:** *(adj)* παροδικός

translat-e (træns΄leit) [-d]: *(v)* μεταφράζω ‖ **~ion:** *(n)* μετάφραση ‖ **~or:** *(n)* μεταφραστής

transliterat-e (træns΄litəreit) [-d]: *(v)* αποδίδω με γράμματα άλλης γλώσσας ‖ **~ion:** *(n)* απόδοση με γράμματα άλλης γλώσσας

trans-missible (΄træns΄misəbəl): *(adj)* μεταβιβάσιμο, διαβιβάσιμο ‖ **~mission:** *(n)* μεταβίβαση, διαβίβαση ‖ μετάδοση

‖ **~mit** (træns´mit) [-ted]: *(v)* μεταβιβάζω, διαβιβάζω ‖ μεταδίνω ‖ **~mittal:** *(n)* μετάδοση ‖ **~mitter:** *(n)* πομπός

transoceanic (trænsouʃi:´ænik): *(adj)* υπερωκεάνειος

transom (´trænsəm): *(n)* φεγγίτης πόρτας

transparen-ce (træns´pærəns), **~cy** (træns´pærənsi:): *(n)* διαφάνεια ‖ διαφανής πλάκα, ''σλάιντ'' ‖ **~t:** *(adj)* διαφανής ‖ φανερός

transpire (træn´spaiər) [-d]: *(v)* συμβαίνω, επισυμβαίνω

transplant (træns´plænt) [-ed]: *(v)* μεταμοσχεύω ‖ μεταφυτεύω ‖ μεταφέρω ‖ (´trænsplænt): *(n)* μεταμόσχευση ‖ μεταφύτευση ‖ μεταμόσχευμα

transport (træns´po:rt) [-ed]: *(v)* μεταφέρω ‖ παρασύρω ‖ (´trænspo:rt): *(n)* μεταφορά ‖ μεταφορικό σκάφος ή όχημα ‖ **~able:** *(adj)* φορητός, μεταφερτός ‖ **~ation:** *(n)* μεταφορά ‖ συγκοινωνία ‖ μεταφορικό μέσο ‖ **~er:** *(n)* μεταφορέας

transpo-se (træns´pouz) [-d]: *(v)* μεταθέτω, μετατοπίζω ‖ **~sition:** *(n)* μετάθεση ‖ μετατόπιση

transverse (træns´və:rs): *(adj)* εγκάρσιος

transvestite (træns´vestait): *(n)* άντρας που ντύνεται γυναικεία, ''τρανσβεστί''

trap (træp): *(n)* παγίδα ‖ συλλέκτης ‖ δίτροχο αμάξι, ''σούστα'' ‖ στόμα *(id)* ‖ [ped] παγιδεύω ‖ **~ door:** *(n)* καταπακτή ‖ **~per:** *(n)* κυνηγός που στήνει παγίδες ‖ **~s:** *(n)* ατομικά είδη ‖ **~pings:** *(n)* ρούχα ‖ στολίδια

trape-ze (træ´pi:z): *(n)* ακροβατική κούνια ‖ **~zoid** (´træpəzoid): *(n)* τραπεζοειδές ‖ **~zoidal:** *(adj)* τραπεζοειδής ‖ **~zium:** *(n)* τραπέζιο

trap-per, ~pings: see trap

trash (træʃ): *(n)* σκουπίδια, απορρίμματα ‖ κατακάθια της κοινωνίας ‖ ανοησίες, ''μπούρδες'' ‖ **~y:** *(adj)* κατώτερος, ευτελούς αξίας, άχρηστος

trauma (´troumə): *(n)* τραύμα ‖ **~tic:** *(adj)* τραυματικός ‖ **~tism:** *(n)* τραυματισμός

travail (trə´veil): *(n)* μόχθος ‖ αγωνία ‖ πόνοι τοκετού

travel (´trævəl) [-ed or - led]: *(v)* ταξιδεύω ‖ μεταδίδομαι, μετακινούμαι ‖ *(n)* ταξίδι ‖ **~ed:** *(adj)* ταξιδεμένος, πολυτάξιδος ‖ **~er:** *(n)* ταξιδιώτης ‖ **~ing salesman:** *(n)* παραγγελιοδόχος, περιοδεύων αντιπρόσωπος, ''πλασιέ'' ‖ **~ogue:** *(n)* διάλεξη με σλάιντς ταξιδιών ‖ ταινία ταξιδίων

traverse (trə´ve:rs, ´trævərs) [-d]: *(v)* διασχίζω ‖ περνώ και ξαναπερνώ ‖ περιστρέφομαι ‖ *(n)* όδευση ‖ πέρασμα ‖ περιστροφή

travesty (´trævisti): *(n)* παρωδία ‖ [-ied]: *(v)* διακωμωδώ

trawl (trɔ:l): *(n)* δίχτυ ψαρέματος, τράτα ‖ [-ed]: *(v)* ψαρεύω με δίχτυα ‖ **~er:** *(n)* ψαρόβαρκα, τράτα

tray (trei): *(n)* δίσκος

treacher-ous (´tretʃərəs): *(adj)* προδοτικός, άπιστος ‖ ύπουλος ‖ **~ously:** *(adv)* προδοτικά ‖ ύπουλα ‖ **~ousness:** *(n)* απιστία ‖ υπουλότητα, δολιότητα ‖ **~y** (´tretʃəri:): *(n)* προδοσία

treacle (´tri:kəl): *(n)* μελάσα ‖ ''σορόπιασμα''

tread (tred) [trod, trodden]: *(v)* πατώ ‖ περπατώ ‖ συντρίβω, ποδοπατώ ‖ *(n)* βήμα ‖ πάτημα ‖ βαθμίδα ‖ πέλμα ‖ βατήρας ‖ **~ on someone's toes:** *(v)* προσβάλλω ή ενοχλώ πολύ κάποιον ‖ **~ mill:** *(n)* μύλος που κινείται με τα πόδια ‖ μονότονη εργασία, ''μαγκανοπήγαδο''

treason (´tri:zən): *(n)* προδοσία ‖ **high ~:** εσχάτη προδοσία ‖ **~ous:** *(adj)* προδοτικός

treasur-e (´trezər): *(n)* θησαυρός ‖ [-d]: *(v)* εκτιμώ πολύ ‖ αποθησαυρίζω, μαζεύω θησαυρούς ‖ **~er:** *(n)* θησαυροφύλακας ‖ ταμίας ‖ **~y:** *(n)* θησαυροφυλάκιο

treat (tri:t) [-ed]: *(v)* μεταχειρίζομαι ‖ θεωρώ ‖ συμπεριφέρομαι προς, φέρνομαι ‖ κερνώ ‖ θεραπεύω, προσφέρω βοήθεια ή θεραπεία ‖ χειρίζομαι ‖ **~ise** (´tri:tis): *(n)* πραγματεία, διατριβή ‖ **~ment:** *(n)* συμπεριφορά, φέρσιμο ‖ μεταχείριση ‖ θεραπεία

treaty

treaty (´tri:ti:): *(n)* συνθήκη ‖ συμφωνία

treble (´trebəl): *(adj)* τριπλάσιος ‖ τριπλός ‖ οξύφωνος, υψίφωνος ‖ [-d]: *(v)* τριπλασιάζω ‖ ~ **clef**: *(n)* κλειδί σολ (μουσ)

tree (tri:): *(n)* δέντρο ‖ [-d]: *(v)* βάζω σε δύσκολη θέση, "στριμώχνω" ‖ **up a ~**: σε δύσκολη θέση

trek (trek) [-ked]: *(v)* αργοταξιδεύω ‖ *(n)* σιγανό ταξίδι ‖ μετανάστευση

trellis (´trelis): *(n)* πλέγμα, "καφάσι" ‖ [-ed]: *(v)* φτιάχνω πλέγμα, βάζω "καφάσι" ‖ ~ **work**: *(n)* δικτυωτό

tremble (´trembəl) [-d]: *(v)* τρέμω ‖ *(n)* τρόμος, τρεμούλα, ρίγος

tremendous (tri´mendəs): *(adj)* τρομερός ‖ μεγάλος, φοβερός, εξαιρετικά δύσκολος ‖ θαυμάσιος ‖ **~ly**: *(adv)* τρομερά ‖ υπερβολικά

tremor (´tremər): *(n)* τρέμισμα, τρεμούλα

trench (trentʃ) [-ed]: *(v)* κάνω χαράκωμα ή χαντάκι ‖ βάζω σε χαράκωμα ή χαντάκι ‖ κόβω βαθιά ‖ *(n)* αυλάκι ‖ χαράκωμα ‖ ~ **on**, ~ **upon**: *(v)* συνορεύω ‖ **~ant**: *(adj)* οξύς ‖ έντονος ‖ ~ **coat**: *(n)* τρέντσκοτ

trend (trend) [-ed]: *(v)* τείνω, έχω τάση ή κατεύθυνση ‖ *(n)* τάση ‖ πορεία, φορά ‖ **~y**: *(adj)* της μόδας

trepid (trepid): *(adj)* δειλός ‖ **~ation** (trepə´deiʃən): *(n)* φόβος ‖ τρεμούλα

trespass (´trespəs) [-ed]: *(v)* παραβαίνω, παρανομώ ‖ καταπατώ, μπαίνω παράνομα ‖ **~er**: *(n)* παραβάτης ‖ εισερχόμενος παράνομα

tress (tres): *(n)* βόστρυχος ‖ πλεξούδα, κοτσίδα

trestle (´tresəl): *(n)* στήριγμα ή βάθρο από σανίδες και τρίποδα ‖ ικρίωμα ‖ καβαλέτο ‖ πρόχειρη γέφυρα

triad (´traiəd): *(n)* τριάδα

trial (´traiəl): *(n)* δίκη ‖ δοκιμασία ‖ δοκιμή ‖ *(adj)* δοκιμαστικός ‖ **on ~**: υπό δοκιμή

trian-gle (´traiæŋgəl): *(n)* τρίγωνο ‖ **~gular** (trai´æŋgjələr): *(adj)* τριγωνικός ‖ **~gulate** [-d]: *(v)* τριγωνίζω ‖ **~gulation:** *(n)* τριγωνισμός

trib-al (´traibəl): *(adj)* φυλετικός ‖ **~alism:** *(n)* φυλετισμός ‖ **~e:** *(n)* φυλή ‖ **~esman:** *(n)* μέλος φυλής

tribulation (tribjə´leiʃən): *(n)* δεινό, δοκιμασία

tribunal (trai´bju:nəl): *(n)* δικαστήριο ‖ έδρα δικαστού

tribu-tary (´tribjəteri:): *(adj)* υποτελής ‖ *(n)* παραπόταμος ‖ **~te:** *(n)* φόρος υποτελείας ή τιμής

trice (trais): *(n)* στιγμούλα

trick (trik): *(n)* τέχνασμα, κόλπο ‖ τέχνη, δεξιοτεχνία ‖ περίοδος υπηρεσίας, βάρδια ‖ "πελάτης" πόρνης ‖ [-ed]: *(v)* εξαπατώ ‖ *(n)* απάτη ‖ **~ery:** *(n)* απάτη ‖ **~ish:** *(adj)* απατηλός, κατεργάρικος ‖ **~ster:** *(n)* κολπαδόρος ‖ απατεώνας ‖ **~y:** *(adj)* ύπουλος ‖ πολύπλοκος

trickle (´trikəl) [-d]: *(v)* αργοκυλώ, αργοσταλάζω ‖ *(n)* αργή ροή ή αργοστάλαγμα

trick-ster, ~y: see trick

tricolor (´traikʌlər), **~ed:** *(adj)* τρίχρωμος

tricorn, ~e (´traikə:rn): *(n)* "τρικαντό"

tricycle (´traisikəl): *(n)* τρίκυκλο

trident (´traidənt): *(n)* τρίαινα

tried (traid): *(adj)* δοκιμασμένος ‖ see try

trienni-al (trai´eni:əl): *(adj)* τριετής ‖ **~um:** *(n)* τριετία

trifl-e (´traifəl): *(n)* μηδαμινό πράγμα ή γεγονός, ασημαντότητα ‖ *(n)* κέικ με μαρμελάδα ‖ [-d]: *(v)* φέρομαι ή μιλώ με ελαφρότητα ‖ παίζω ‖ **~ing:** *(adj)* μηδαμινός, ασήμαντος ‖ ελαφρός, όχι σοβαρός

trifocal (trai´foukəl): *(adj)* τριεστιακός

trifold (´traifould): *(adj)* τρίδιπλος

trigger (´trigər): *(n)* σκανδάλη ‖ [-ed]: *(v)* προκαλώ, θέτω σε ενέργεια ‖ τραβώ σκανδάλη ‖ **~-happy:** *(adj)* ευέξαπτος, "μηγιάγγιχτος"

trigonome-tric (trigənə´metrik), **~trical:** *(adj)* τριγωνομετρικός ‖ **~try** (trigə´nəmətri:): *(n)* τριγωνομετρία

trill (tril) [-ed]: *(v)* τιτυβίζω, τερετίζω ‖ λαρυγγίζω ‖ *(n)* λαρυγγισμός ‖ τερέτισμα

trillion (´triljən): *(n)* τρισεκατομμύριο

400

trilogy (´trilədzi:): *(n)* τριλογία

trim (trim) [-med]: *(v)* ευπρεπίζω ΙΙ περικόβω ΙΙ στολίζω ΙΙ ξυλοκοπώ, δέρνω ΙΙ εξαπατώ, κοροϊδεύω, ''μαδώ'' ΙΙ *(n)* τακτοποίηση, ευπρεπισμός ΙΙ *(adj)* ευπρεπής ΙΙ σε φόρμα ΙΙ **~ness:** *(n)* ευπρέπεια ΙΙ **~mer:** *(n)* κλαδευτήρι ΙΙ **~ming:** *(n)* γαρνιτούρα, στολίδι

trinity (´trinəti:): *(n)* τριάδα ΙΙ **T~:** Αγ. Τριάδα

trinket (´triŋkit): *(n)* μπιχλιμπίδι ΙΙ μικροκόσμημα ΙΙ μικροπράγμα

trio (´tri:ou): *(n)* τριάδα ΙΙ τριφωνία, ''τρίο''

trip (trip): *(n)* ταξίδι ΙΙ μετάβαση ΙΙ ελαφροπερπάτημα ΙΙ παραπάτημα, σκόνταμα ΙΙ τρικλοποδιά ΙΙ [-ped]: *(v)* σκοντάφτω ΙΙ ελαφροπερπατώ ΙΙ βάζω τρικλοποδιά

tripartite (trai´ƥa:rtait): *(adj)* τριμερής

tripe (traip): *(n)* πατσάς (φαγητό) ΙΙ ασήμαντο πράγμα, για πέταμα

tri-ple (´tripəl): *(adj)* τριπλός ΙΙ τρίδιπλος ΙΙ [-d]: *(v)* τριπλασιάζω ΙΙ **~plets:** *(n)* τρίδυμα ΙΙ **~plicate** (´triplikit): *(adj)* τριπλός ΙΙ **~plicate** [-d]: *(v)* τριπλασιάζω ΙΙ **in ~plicate:** εις τριπλούν

tripod (´traipɔd): *(n)* τρίποδο

triptych (´triptik): *(n)* τρίπτυχο

trireme (´trairi:m): *(n)* τριήρης

trisect (trai´sekt) [-ed]: *(v)* τριχοτομώ

trite (trait): *(adj)* κοινότυπος, τετριμμένος

triumph (´traiəmf) [-ed]: *(v)* θριαμβεύω ΙΙ *(n)* θρίαμβος ΙΙ **~al:** *(adj)* θριαμβικός, θριαμβευτικός ΙΙ **~ant:** *(adj)* θριαμβευτικός

trivet (´trivit): *(n)* πυροστιά

trivia (´trivi:ə): *(n)* ασήμαντα πράγματα, ασημαντότητες ΙΙ **~l:** *(adj)* μηδαμινός, ασήμαντος ΙΙ **~lity:** *(n)* ασημαντότητα, κοινοτυπία

troch-aic (trou´keik): *(adj)* τροχαίος ΙΙ **~ee** (´trouki:): *(n)* τροχαίος

trod (trɔd): *(v)* see tread ΙΙ **~den:** *(adj)* πατημένος ΙΙ see tread

troll (troul) [-ed]: *(v)* ψαρεύω με συρτή ΙΙ τραγουδώ ΙΙ στριφογυρίζω ΙΙ *(n)* συρτή ΙΙ καλικάντζαρος, στοιχειό

trolley (´trɔli:): *(n)* τρόλεϊ ΙΙ βαγονέτο

ΙΙ [-ed]: *(v)* μεταφέρω με τρόλεϊ ή βαγονέτο ΙΙ **~ bus, ~ car:** τρόλεϊ

trollop (´trɔləp): *(n)* τσούλα

trombone (trɔm´boun): *(n)* τρομπόνι

tromp (trɔmp) [-ed]: *(v)* περπατώ βαριά ΙΙ τσαλαπατώ

troop (tru:p): *(n)* ομάδα ΙΙ στράτευμα ΙΙ [-ed]: *(v)* περπατώ ομαδικά ΙΙ **~ with:** *(v)* κάνω παρέα, πάω με ΙΙ **~er:** *(n)* αστυνομικός ΙΙ έφιππος, ιππέας ΙΙ άλογο ιππικού ΙΙ **~ship:** *(n)* μεταγωγικό πλοίο

trophy (´troufi:): *(n)* τρόπαιο ΙΙ έπαθλο

tropic (´trɔpik): *(n)* τροπικός ΙΙ **~al:** *(adj)* τροπικός ΙΙ **~ of Cancer:** *(n)* τροπικός του Καρκίνου ΙΙ **~ of Capricorn:** *(n)* τροπικός του Αιγόκερω

troposphere (´troupəsfiər): *(n)* τροπόσφαιρα

trot (trɔt) [-ted]: *(v)* τριποδίζω ΙΙ προχωρώ γρήγορα ή βιαστικά ΙΙ *(n)* τριποδισμός ΙΙ τρεχάλα ΙΙ **the ~s:** *(n)* διάρροια

trouble (´trʌbəl): *(n)* φασαρία ΙΙ σκοτούρα, στενοχώρια ΙΙ μόχθος, κόπος ΙΙ ανησυχία ΙΙ μπελάς ΙΙ ταραχή ΙΙ [-d]: *(v)* ταράζω ΙΙ στενοχωρώ ΙΙ βάζω σε σκοτούρα ή μπελάδες ΙΙ μπαίνω σε φασαρία ΙΙ **~d:** *(adj)* ανήσυχος ΙΙ ταραγμένος, ανάστατος ΙΙ **~maker:** *(n)* ταραξίας ΙΙ **~shooter:** *(n)* επιδιορθωτής βλαβών ΙΙ **~some:** *(adj)* οχληρός ΙΙ μπελαλίδικος ΙΙ δύσκολος ΙΙ **~someness:** *(n)* οχληρότητα ΙΙ δυσκολία

trough (trɔ:f): *(n)* σκάφη ποτίσματος ΙΙ τάφρος ΙΙ λούκι ΙΙ πτώση, ύφεση

trounce (trauns) [-d]: *(v)* ξυλοκοπώ ΙΙ κατανικώ, συντρίβω

troupe (tru:p): *(n)* θίασος ΙΙ [-d]: *(v)* περιοδεύω ΙΙ **~r:** *(n)* μέλος θιάσου

trousers (´trauzərz): *(n)* παντελόνι

trousseau (´tru:sou): *(n)* ρούχα προίκας, ''προικιά''

trout (traut): *(n)* πέστροφα ΙΙ τζαντόγρια

trove (trouv): *(n)* εύρημα

trowel (´trauəl): *(n)* μυστρί ΙΙ [-ed]: *(v)* αλείφω με μυστρί

truan-cy (´tru:ənsi:), **~try:** *(n)* σκασιαρχείο ‖ **~t:** *(n)* σκασιάρχης, "σμπομπατζής" ‖ **~t** [-ed], play ~: *(v)* το σκάζω, απουσιάζω κρυφά

truce (tru:s): *(n)* ανακωχή

truck (trʌk): *(n)* φορτηγό ‖ ανοιχτό φορτηγό βαγόνι ‖ [-ed]: *(v)* μεταφέρω με φορτηγό ‖ **~age:** *(n)* κόμιστρα ‖ μεταφορά ‖ **~driver, ~er:** *(n)* οδηγός φορτηγού ‖ **~ farm, ~ garden:** *(n)* λαχανόκηπος ‖ **~man:** *(n)* μεταφορέας

truculen-ce (´trʌkjələns): *(n)* επιθετικότητα ‖ αγριότητα ‖ **~t:** *(adj)* επιθετικός ‖ άγριος, βίαιος

trudge (trʌdz) [-d]: *(v)* βαδίζω βαριά ή δύσκολα ‖ *(n)* δύσκολο βάδισμα

tru-e (tru:): *(adj)* αληθινός ‖ γνήσιος, πραγματικός ‖ πιστός, ειλικρινής ‖ ακριβής, σωστός ‖ **~blue:** *(n)* νομοταγής, πιστός, αφοσιωμένος ‖ **~ly:** *(adv)* αληθινά ‖ ειλικρινά, πιστά, γνήσια

trump (trʌmp): *(n)* ατού ‖ ~ **up:** *(v)* επινοώ απατηλά ‖ **~ed up:** *(adj)* ψεύτικος

trumpet (´trʌmpit): *(n)* τρομπέτα ‖ [-ed]: *(v)* παίζω τρομπέτα ‖ σαλπίζω ‖ **~er:** *(n)* τρομπετίστας

truncate (´trʌŋkeit) [-d]: *(v)* κολοβώνω ‖ **~d:** *(adj)* κόλουρος, κολοβός

truncheon (´trʌntʃən): *(n)* ράβδος αξιώματος ‖ ρόπαλο, "κλομπ"

trundle (´trʌndl): *(n)* τροχίσκος, καρούλι, ροδίτσα ‖ κύλισμα ‖ [-d]: *(v)* κυλώ

trunk (trʌŋk): *(n)* κορμός ‖ κιβώτιο, μπαούλο ‖ "πορτ-μπαγκάζ" ‖ προβοσκίδα ‖ αγωγός ‖ **~line:** *(n)* κύρια γραμμή ‖ ~**s:** *(n)* κοντό πανταλονάκι γυμναστικής ή μπάνιου

truss (trʌs): *(n)* δεσμός, δικτυωτό στήριγμα ‖ κοιλεπίδεσμος ‖ [-ed]: *(v)* σφιχτοδένω

trust (trʌst): *(n)* πίστη, εμπιστοσύνη ‖ καταπίστευμα (leg) ‖ σύμπραξη εταιρειών, "τραστ" ‖ [-ed]: *(v)* εμπιστεύομαι ‖ πιστεύω, ελπίζω, στηρίζω τις ελπίδες ‖ **~ee:** *(n)* επίτροπος, θεματοφύλακας ‖ **~eeship:** *(n)* επιτροπεία ‖ **~ful:** *(adj)* ευκολόπιστος ‖ με εμπιστο-

σύνη ‖ **~ing:** *(adj)* που εμπιστεύεται ‖ ~ **worthy:** *(adj)* αξιόπιστος ‖ ~ **worthiness:** *(n)* αξιοπιστία ‖ **~y:** *(adj)* αξιόπιστος, έμπιστος

truth (tru:th): *(n)* αλήθεια ‖ πραγματικότητα ‖ **~ful:** *(adj)* φιλαλήθης, ειλικρινής ‖ αληθινός ‖ **~fully:** *(adv)* αληθινά, ειλικρινά ‖ **~fulness:** *(n)* φιλαλήθεια

try (trai) [-ied]: *(v)* δοκιμάζω ‖ κρίνω ‖ δικάζω ‖ προσπαθώ ‖ **~ing:** *(adj)* δύσκολος, δυσχερής ‖ σκληρός ‖ ~ **out:** *(v)* δοκιμάζω, κάνω δοκιμή ‖ *(n)* δοκιμή, πρόβα ‖ ~ **on:** *(v)* προβάρω

tryst (trist): *(n)* ερωτικό ραντεβού

tsar (za:r): *(n)* τσάρος

T-shirt (´ti:ʃə:rt): *(n)* φανέλα με κοντά μανίκια ‖ ~ **square:** *(n)* ταυ σχεδίασης

tub (tʌb): *(n)* μπανιέρα ‖ λεκάνη ‖ κάδος ‖ ~ **by:** *(adj)* κοντόχοντρος

tuba (´tu:bə): *(n)* κορνέτα, "κοντραμπάσο"

tubby: see tub

tube (tju:b): *(n)* σωλήνας ‖ αγωγός, σωλήνωση ‖ σωληνάριο ‖ υπόγειο τούνελ ‖ υπόγειος σιδηρόδρομος ‖ τηλεόραση *(id)* ‖ εσωτερικό ελαστικού, σαμπρέλα ‖ **~less tyre:** *(n)* ελαστικό χωρίς σαμπρέλα ‖ **~r:** *(n)* βολβός

tuber-cle (´tju:bərkəl): *(n)* φύμα, φυμάτιο ‖ **~cular:** *(adj)* φυματιώδης ‖ φυματικός ‖ **~culosis** (tubə:rkjə´lousis): *(n)* φυματίωση

tubing (´tju:biŋ): *(n)* σωλήνωση

tubular (´tju:bjələr): *(adj)* σωληνωτός ‖ σωληνοειδής

tuck (tʌk) [-ed]: *(v)* πτυχώνω, διπλώνω ‖ μαζεύω ‖ **~in:** τρώω *(id)* ‖ *(n)* πτυχή, πιέτα ‖ λιχουδιές *(id)* ‖ ~ **away:** *(v)* συμμαζεύω, χώνω ‖ ~ **in bed, ~ into bed:** κουκουλώνω στο κρεβάτι ‖ **~er** [-ed]: *(v)* εξαντλώ, κατακουράζω ‖ ~ **shop:** *(n)* ζαχαροπλαστείο

Tuesday (´tju:zdei, ´tju:zdi:): *(n)* Τρίτη

tuft (tʌft): *(n)* θύσανος, φούντα ‖ **~ed:** *(adj)* θυσανωτός, φουντωτός

tug (tʌg) [-ged]: *(v)* τραβώ δυνατά ή με δυσκολία ‖ ρυμουλκώ ‖ *(n)* τράβηγμα ‖ ρυμουλκό ‖ ~ **boat:** *(n)* ρυμουλκό πλοίο ‖ ~ **of war:** *(n)* διελκυστίνδα

tuition (tu:ˈiʃən): *(n)* διδασκαλία ‖ δίδακτρα ‖ ~ **fee:** *(n)* δίδακτρα

tulip (ˈtu:lip): *(n)* τουλίπα

tulle (ˈtu:l): *(n)* τούλι

tumble (ˈtʌmbəl) [-d]: *(v)* κάνω τούμπες ‖ κουτρουβαλώ, κατρακυλώ ‖ σωριάζομαι, γκρεμίζομαι ‖ πέφτω επάνω κατά τύχη ‖ καταλαβαίνω ξαφνικά ‖ ανακαλύπτω ξαφνικά ‖ *(n)* τούμπα ‖ κοντρουβάλα, κατρακύλισμα ‖ ~ **-down:** *(adj)* σαράβαλο, σαραβαλιασμένος ‖ ~**r:** *(n)* αυτός που κάνει τούμπες ‖ ακροβάτης ‖ ποτήρι ‖ μηχανισμός κλειδαριάς ‖ ~ **weed:** *(n)* ξερόχορτο

tummy (ˈtʌmi:): *(n)* στομάχι

tumor (ˈtu:mər, ˈtju:mər): *(n)* όγκος

tumult (ˈtu:məlt): *(n)* θόρυβος, φασαρία ‖ ταραχές ‖ ~**uous:** *(adj)* θορυβώδης ‖ ταραχώδης

tumulus (ˈtu:mjələs): *(n)* αρχαίος τύμβος

tun (tʌn): *(n)* κρασοβάρελο

tuna (ˈtu:nə): *(n)* τόνος (ψάρι)

tundra (ˈtʌndrə): *(n)* άδενδρη αρκτική περιοχή, ''τούντρα''

tune (tju:n): *(n)* τόνος ‖ σκοπός, μελωδία ‖ συμφωνία, συγχορδία ‖ [-d]: *(v)* χουρδίζω ‖ συντονίζω, εναρμονίζω ‖ ~**ful:** *(adj)* μελωδικός ‖ μουσικός ‖ ~**fully:** *(adv)* μελωδικά ‖ ~**fulness:** *(n)* μελωδικότητα ‖ ~**less:** *(adj)* χωρίς σκοπό, χωρίς μελωδία ‖ ~**r:** *(n)* χουρδιστής ‖ χουρδιστήρι ‖ **change one's** ~: *(v)* αλλάζω ''σκοπό'', αλλάζω γνώμη ή κατεύθυνση ‖ **to the ~ of:** στο ποσό των ‖ ~ **in:** *(v)* κανονίζω το ραδιόφωνο, βρίσκω το μήκος κύματος ‖ ~ **up:** *(v)* κανονίζω τον τόνο ‖ ρυθμίζω ‖ **in** ~: σε αρμονία ‖ **out of** ~: σε παραφωνία

tungsten (ˈtʌŋstən): *(n)* βολφράμιο

tunic (ˈtu:nik): *(n)* χιτώνιο ‖ χιτώνας ‖ μπλούζα

tuning (ˈtju:niŋ): *(n)* ρύθμιση ‖ συντονισμός ‖ ~ **fork:** *(n)* διαπασών

tunnel (ˈtʌnəl): *(n)* σήραγγα, τούνελ ‖ [-ed]: *(v)* ανοίγω σήραγγα ‖ σκάβω υπόγεια διάβαση

tunny (ˈtʌni:): see tuna

turban (ˈtə:rbən): *(n)* τουρμπάνι, σαρίκι

turbid (ˈtə:rbid): *(adj)* θολός ‖ πυκνός, θολός ‖ ταραχώδης

turbine (ˈtə:rbin, ˈtə:rbain): *(n)* στρόβιλος, ''τουρμπίνα''

turbulence (ˈtə:rbjələns): *(n)* αναταραχή ‖ ~**t:** *(adj)* ταραχώδης

turd (ˈtə:rd): *(n)* κοπριά, ''βουνιά'' ‖ βρομιάρης, χαμένος

tureen (tuˈ:rin): *(n)* σουπιέρα

turf (tə:rf): *(n)* χλόη ‖ **the** ~: *(n)* ιππόδρομος

turgid (ˈtə:rdʒid): *(adj)* πρησμένος, φουσκωμένος ‖ πομπώδης, με στόμφο

turk (tə:rk): *(n)* κτηνώδης άνθρωπος ‖ **T~:** *(n)* Τούρκος ‖ **T~ey:** *(n)* Τουρκία ‖ ~**ey:** *(n)* διάνος, κούρκος, γαλοπούλα ‖ **T~ish:** *(adj)* Τουρκικός ‖ *(n)* Τουρκική γλώσσα ‖ **T~ish bath:** *(n)* Τουρκικό λουτρό, ''χαμάμ'' ‖ **T~ish delight:** *(n)* λουκούμι

turmoil (ˈtə:rmoil): *(n)* σύγχυση, ταραχή, αναστάτωση

turn (tə:rn) [-ed]: *(v)* περιστρέφω, στρέφω, γυρίζω ‖ αλλάζω, μεταβάλλομαι ‖ περιστρέφομαι, γυρίζω ‖ στρέφομαι ‖ αλλοιώνομαι ‖ *(n)* περιστροφή, στροφή ‖ γυρίσμα ‖ μεταστροφή ‖ σειρά ‖ στροφή, μετάπτωση ‖ διάθεση ‖ ~ **about:** *(n)* μεταβολή ‖ μεταστροφή ‖ ~ **around:** *(n)* στροφή, γύρισμα ‖ ~ **coat:** *(n)* αποστάτης ‖ ~ **down:** *(v)* κατεβάζω, χαμηλώνω ‖ απορρίπτω ‖ ~**er:** *(n)* στροφέας ‖ τορναδόρος ‖ ~ **in:** *(v)* επιστρέφω, δίνω πίσω ‖ πάω στο κρεβάτι ‖ ~**ing:** *(n)* επιστροφή, γύρισμα ‖ τορνάρισμα ‖ ~**ing point:** *(n)* κρίσιμο σημείο ‖ ~**key:** *(n)* δεσμοφύλακας ‖ ~ **off:** *(v)* σταματώ, κλείνω, σβήνω ‖ γυρίζω, αλλάζω πορεία ‖ αποκρούω, προκαλώ απέχθεια ‖ ~ **on:** *(v)* ανοίγω, βάζω μπρος, ανάβω ‖ έλκω, τραβώ, ελκύω ‖ διεγείρω σεξουαλικά ‖ ~ **out:** *(v)* κλείνω, σβήνω ‖ βγαίνω, πάω ‖ απολήγω, καταλήγω ‖ *(n)* συγκέντρωση, αριθμός συγκεντρωμένων ‖ ~ **over:** *(v)* αναποδογυρίζω ‖ σκέφτομαι, συλλογίζομαι ‖ ~ **pike:** *(n)* δημόσιος δρόμος με διόδια ‖ ~

turnip

stile: *(n)* περιστροφική είσοδος ‖ ~ **table:** *(n)* περιστροφική γέφυρα σιδηροδρόμου, πλάκα περιστροφής ατμαμαξών ‖ ~ **to:** *(v)* αρχίζω να εργάζομαι ‖ στρέφομαι προς ‖ ~ **tail:** *(v)* το βάζω στα πόδια ‖ ~ **up:** *(v)* παρουσιάζομαι, εμφανίζομαι ‖ ξαναβρίσκω

turnip (΄tə:rnip): *(n)* γογγύλι ‖ ρολόι τσέπης

turpentine (΄tə:rpəntain): *(n)* νέφτι

turpitude (΄tə:rpətu:d): *(n)* χυδαιότητα

turquoise (΄tə:rkwoiz): *(adj)* γαλαζοπράσινος ‖ *(n)* ΄΄τουρκουάζ΄΄

turret (΄tə:rit): *(n)* πυργίσκος ‖ **~ed:** *(adj)* πυργωτός

turtle (΄tə:rtl): *(n)* χελώνα ‖ ~ **neck:** *(n)* πουλόβερ με κλειστό γιακά

tush (tʌʃ): *(interj)* τσ! τσ!

tusk (tʌsk): *(n)* χαυλιόδοντο

tussle (΄tʌsəl) [-d]: *(v)* τσακώνομαι, μαλώνω ‖ *(n)* καβγάς

tussock (΄tʌsək): *(n)* θύσανος, τούφα

tutor (΄tju:tər): *(n)* προγυμναστής, δάσκαλος ιδιαίτερος ‖ πανεπιστημιακός διδάσκαλος ‖ [-ed]: *(v)* προγυμνάζω ‖ **~ship:** *(n)* προγύμναση, ιδιαίτερο μάθημα

tuxedo (tʌk΄si:dou): *(n)* σμόκιν

TV (ti:vi:): *(n)* τηλεόραση ‖ ~ **dinner:** *(n)* φαγητό έτοιμο για σερβίρισμα , κατεψυγμένο φαγητό

twaddle (΄twɔdl) [-d]: *(v)* φλυαρώ άσκοπα, λέω ΄΄μπούρδες΄΄ ‖ *(n)* φλυαρία, μπούρδες

twang (twæng) [-ed]: *(v)* αντηχώ δυνατά, βγάζω οξύ ήχο ‖ *(n)* οξύς ήχος ‖ έvρινη ομιλία

tweed (twi:d): *(n)* μάλλινο ύφασμα ΄΄τουΐντ΄΄

tweet (twi:t): *(v)* τιτιβίζω ‖ *(n)* τιτίβισμα

tweezers (΄twi:zərz): *(n)* τσιμπιδάκι

twel-fth (twelfth): δωδέκατος ‖ -ve (twelv): *(n)* δώδεκα

twen-tieth (΄twenti:th): εικοστός ‖ **-ty:** *(n)* είκοσι

twerp (twə:rp): *(n)* τιποτένιος άνθρωπος

twibil (΄twaibil): *(n)* διπλός πέλεκυς

twice (twais): *(adv)* δύο φορές

twiddle (΄twidl) [-d]: *(v)* στριφογυρίζω κάτι, παίζω με κάτι ‖ ~ **one's thumbs:** *(v)* στριφογυρίζω τους αντίχειρες άσκοπα ‖ χαζεύω, χασομερώ

twig (twig): *(n)* κλαδάκι ‖ [-ged]: *(v)* παρατηρώ ‖ εννοώ, καταλαβαίνω, ΄΄μπαίνω΄΄ *(id)* ‖ **~gy:** *(adj)* λεπτούλης, λεπτοκαμωμένος

twilight (΄twailait): *(n)* λυκόφως

twill (twil): *(n)* ύφασμα με καρό ‖ **~ed:** *(adj)* με καρό

twin (twin): *(n & adj)* δίδυμος ‖ ~ **screw:** *(adj)* με δύο έλικες

twine (twain) [-d]: *(v)* τυλίγω ‖ τυλίγομαι ‖ πάω στριφογυριστά ‖ *(n)* σπάγκος

twinge (twindz) [-d]: *(v)* πονώ έντονα και ξαφνικά ‖ *(n)* έντονος ξαφνικός πόνος, ΄΄σουβλιά΄΄

twinkle (΄twiŋkəl) [-d]: *(v)* λαμπυρίζω ‖ λάμπω, αστράφτω ‖ *(n)* λαμπύρισμα ‖ λάμψη

twirl (twə:rl) [-ed]: *(v)* περιδινώ, περιστρέφω γρήγορα ‖ τυλίγω ‖ *(n)* περιδίνηση, περιστροφή

twirp: see twerp

twist (twist) [-ed]: *(v)* συστρέφω, στρίβω ‖ στραμπουλίζω ‖ στρεβλώνω, στραβώνω ‖ συστρέφομαι, στρίβω ‖ διαστρέφω ‖ χορεύω ΄΄τουΐστ΄΄ ‖ *(n)* συστροφή, στρίψιμο ‖ στραμπούλιγμα ‖ στρέβλωση ‖ διαστρέβλωση, διαστροφή ‖ χορός ΄΄τουΐστ΄΄ ‖ **~er:** *(n)* κυκλώνας

twit (twit) [-ted]: *(v)* ειρωνεύομαι ‖ γελοιοποιώ ‖ κοροϊδία ‖ κορόιδο, χαζός

twitch (twitʃ) [-ed]: *(v)* συσπώμαι ‖ τινάζω απότομα ‖ *(n)* σύσπαση ‖ απότομο τίναγμα

twitter (΄twitər) [-ed]: *(v)* τιτιβίζω, κελαϊδώ ‖ *(n)* κελάηδημα

two (tu:): *(n)* δύο ‖ **~bit:** *(adj)* φτηνός, τιποτένιος ‖ **~bits:** εικοσιπέντε σεντς ‖ **~by-four:** δύο επί τέσσερα ‖ μικρός, στενόχωρος ‖ **~dimensional:** *(adj)* σε δύο διαστάσεις ‖ **~edged:** *(adj)* δίκοπος ‖ **~faced:** *(adj)* διπλοπρόσωπος ‖ **~fer:** *(n)* εισιτήριο με έκπτωση ‖ **~fisted:** *(adj)* επιθετικός, ορ-

404

μητικός ‖ ~ **fold:** *(adj)* διπλός, διπλάσιος ‖ *(adv)* διπλά ‖ ~-**master:** *(n)* δικάταρτο καράβι ‖ ~ **phase:** *(adj)* διφασικός ‖ ~-**piece:** *(adj)* "ντεπιές" ‖ ~-**ply:** *(adj)* δίκλωνο ‖ ~-**some:** *(n)* δυάδα ‖ ~-**seater:** *(n)* διθέσιο ‖ ~-**time** [-d]: *(v)* απατώ, προδίδω ‖ ~-**way:** *(adj)* διπλής κατεύθυνσης
tycoon (tai´ku:n): *(n)* μεγιστάνας
tyke (taik): *(n)* παιδάκι
tympani: see timpani
type (taip): *(n)* τύπος ‖ τυπογραφικό στοιχείο ‖ [-d]: *(v)* δακτυλογραφώ ‖ χαρακτηρίζω ‖ ~ **script:** *(n)* δακτυλογραφημένο κείμενο ‖ ~-**setter:** *(n)* στοιχειοθέτης ‖ ~-**setting:** *(n)* στοιχειοθεσία ‖ ~-**writer:** *(n)* γραφομηχανή
typhoid (´taifoid): *(n)* τυφοειδής
typhoon (tai´fu:n): *(n)* τυφώνας
typhus (´taifəs): *(n)* τύφος
typi-cal (´tipikəl): *(adj)* τυπικός ‖ ~-**cally:** *(adv)* τυπικά, χαρακτηριστικά

‖ ~ **fy** (´tipifai) [-ied]: *(v)* είμαι τυπικό παράδειγμα, είμαι αντιπροσωπευτικός τύπος ‖ ~**fication:** *(n)* αντιπροσώπευση
typist (´taipist): *(n)* δακτυλογράφος
typogra-pher (tai´pɔgrəfər): *(n)* τυπογράφος ‖ ~**phical:** *(adj)* τυπογραφικός ‖ ~**phy:** *(n)* τυπογραφία
tyran-nic (ti´rænik), ~**nical:** *(adj)* τυραννικός ‖ ~**nically:** *(adv)* τυραννικά, δεσποτικά ‖ ~**nize** (´tirənaiz) [-d]: *(v)* εξασκώ τυραννία, είμαι τύραννος ‖ καταδυναστεύω ‖ ~**nous:** *(adj)* τυραννικός, δεσποτικός ‖ ~**ny:** *(n)* τυραννία ‖ ~**t:** *(n)* τύραννος
tyre (taiər): *(n)* λάστιχο, ελαστικό, ρόδα
tyro (´tairou): *(n)* αρχάριος, πρωτόπειρος
tzar: see tsar
Tzigane (tsi´ga:n): *(n)* Τσιγγάνος

U

U, u (ju:): Το 21ο γράμμα του αγγλικού αλφαβήτου
ubiquitous (ju´bikwətəs): *(adj)* πανταχού παρών
U-boat (ju:´bout): *(n)* γερμανικό υποβρύχιο
udder (´ʌdər): *(n)* μαστός ζώου
UFO: (Unidentified flying objects) ανεξιχνίαστα ιπτάμενα αντικείμενα, ιπτάμενοι δίσκοι
ugh (uk): *(interj)* ου! πιφ!
ug-lify (´ʌglifai) [-ied]: *(v)* ασχημίζω, χαλώ την εμφάνιση ‖ ~**lification:** *(n)* ασχήμισμα ‖ ~**liness:** *(n)* ασχήμια ‖ ~**ly** (´ʌgli): *(adj)* άσχημος ‖ κακός, απαίσιος
ukulele (ju:kə´leili:): *(n)* τετράχορδη κιθάρα, "ουκουλέλε"
ulcer (´ʌlsər): *(n)* έλκος ‖ ~**ate** [-d]: *(v)* εξελκώνω, κάνω έλκη ‖ ~**ous:**

(adj) ελκώδης
ulna (´ʌlnə): *(n)* ωλένη
ulterior (ʌl´tiəri:ər): *(adj)* κρύφιος, κρυφός ‖ απώτερος
ulti-ma (´ʌltəmə): *(n)* λήγουσα ‖ ~**mate:** *(adj)* τελικός ‖ ύστατος ‖ στοιχειώδης, βασικός ‖ απώτατος ‖ ~**mately:** *(adv)* τελικά ‖ στοιχειωδώς, βασικά ‖ ~**matum** (ʌltə´meitəm): *(n)* τελεσίγραφο ‖ ~**mo:** *(adv)* λήγοντος μηνός
ultra (´ʌltrə): *(adj)* άκρος ‖ *(pref)* υπερ ‖ ~**ism:** *(n)* εξτρεμισμός ‖ ~**ist:** *(n)* εξτρεμιστής ‖ ~ **modern:** *(adj)* υπερμοντέρνος ‖ ~**sonic:** *(adj)* υπερηχητικός ‖ ~**violet:** *(adj)* υπεριώδης
umbilical (ʌm´bilikəl): *(adj)* ομφάλιος ‖ ~ **cord:** *(n)* ομφάλιος λώρος
umbrage (´ʌmbridz): *(n)* προσβολή ‖ δυσφορία

umbrella

umbrella (ʌmˈbrelə): *(n)* ομπρέλα

umpir-age (ˈʌmpiridʒ):*(n)* διαιτησία ‖ **~e** (ˈʌmpaiər): *(n)* διαιτητής ‖ κριτής ‖ [-d]: διαιτητεύω

umpteen (ʌmpˈti:n): *(adj)* αναρίθμητα, πολλά, ένα σωρό

unabashed (ʌnəˈbæʃt): *(adj)* ατάραχος

unabated (ʌnəˈbeitid): *(adj)* αμείωτος

unable (ʌnˈeibəl): *(adj)* ανίκανος

unabridged (ʌnəˈbridʒd): *(adj)* μη συντομευμένος, ολόκληρος, στο πλήρες κείμενο

unaccented (ʌnˈæksentid): *(adj)* άτονος

unaccompanied (ʌnəˈkʌmpəni:d): *(adj)* ασυνόδευτος ‖ χωρίς ακομπανιαμέντο

unaccomplished (ʌnəˈkɔmpliʃt): *(adj)* χωρίς προσόντα ‖ μη συμπληρωμένος

unaccount-able (ʌnəˈkauntəbəl): *(adj)* ανεξήγητος ‖ ανεξάρτητος ‖ **~ably:** *(adv)* ανεξήγητα

unaccustomed (ʌnəˈkʌstəmd): *(adj)* ασυνήθιστος

unadulterated (ʌnəˈdʌltəreitid): *(adj)* ανόθευτος

unaffected (ʌnəˈfektid): *(adj)* ανεπηρέαστος ‖ μη εξεζητημένος, φυσικός

unaided (ʌnˈeidid): *(adj)* αβοήθητος

unanim-ity (junəˈniməti:): *(n)* ομοφωνία ‖ παμψηφία ‖ **~ous** (juˈnænəməs): *(adj)* ομόφωνος, με παμψηφία ‖ **~ously:** *(adv)* ομόφωνα ‖ παμψηφεί

unapproachable (ʌnəˈproutʃəbəl): *(adj)* απλησίαστος ‖ απρόσιτος

unarmed (ʌnˈa:rmd): *(adj)* άοπλος

unassailable (ʌnəˈseiləbəl): *(adj)* αδιάσειστος ‖ απρόσβλητος

unassisted (ʌnəˈsistid): *(adj)* see unaided

unattached (ʌnəˈtætʃt): *(adj)* χωριστός, μη κολλημένος ‖ ανεξάρτητος ‖ εργένης

unattended (ʌnəˈtendid): *(adj)* ασυνόδευτος

unauthorized (ʌnˈə:θəraizd): *(adj)* μη εξουσιοδοτημένος ‖ χωρίς ειδική άδεια

unavoida-ble (ʌnəˈvoidəbəl): *(adj)* αναπόφευκτος ‖ **~bly:** *(adv)* αναπόφευκτα

unaware (ˈʌnəˈweər): *(adj)* αγνοών, ανίδεος ‖ **~s:** *(adv)* απροσδόκητα

unbalanced (ʌnˈbælənst): *(adj)* μη ισορροπημένος ‖ ανισόρροπος

unbeara-ble (ʌnˈbeərəbəl): *(adj)* ανυπόφορος ‖ **~bly:** *(adv)* ανυπόφορα

unbeat-able (ʌnˈbi:təbəl): *(adj)* ανίκητος ‖ αξεπέραστος ‖ **~en:** *(adj)* αήττητος ‖ απάτητος

unbecoming (ʌnbiˈkʌmiŋ): *(adj)* ανάρμοστος ‖ αταίριαστος, που δεν πάει ή δεν ταιριάζει

unbeknown (ʌnbiˈnoun), **~st:** *(adj)* εν αγνοία, χωρίς να ξέρει

unbe-lief (ʌnbiˈli:f): *(n)* απιστία ‖ **~lievable:** *(adj)* απίστευτος ‖ **~lievably:** *(adv)* απίστευτα

unbend (ʌnˈbend) [unbent, unbent]: *(v)* χαλαρώνω, κάνω ''φιλάξ'' ‖ ξετεντώνω, λασκάρω ‖ ισιώνω ‖ γίνομαι ίσιος ‖ **~ing:** *(adj)* αλύγιστος, άκαμπτος

unbiased (ʌnˈbaiəst): *(adj)* αμερόληπτος ‖ **~ly:** *(adj)* αμερόληπτα ‖ **~ness:** *(n)* αμεροληψία

unbidden (ʌnˈbidn): *(adj)* απρόσκλητος

unblushing (ʌnˈblʌʃiŋ): *(adj)* ξεδιάντροπος ‖ ανερυθρίαστος

unbound (ʌnˈbaund): *(adj)* άδετος ‖ ελεύθερος ‖ **~ed:** *(adj)* απεριόριστος ‖ απέραντος

unbreakable (ʌnˈbreikəbəl): *(adj)* άθραυστος

unbridled (ʌnˈbraidld): *(adj)* αχαλίνωτος

unbroken (ʌnˈbroukən): *(adj)* ακέραιος, όχι σπασμένος ‖ απαράβατος ‖ αδιάκοπος ‖ αδιατάρακτος

unbuckle (ʌnˈbʌkəl) [-d]: *(v)* ξεκουμπώνω την αγκράφα

unburden (ʌnˈbə:rdn) [-ed]: *(v)* ξαλαφρώνω

unbutton (ʌnˈbʌtn) [-ed]: *(v)* ξεκουμπώνω

uncalled-for (ʌnˈkə:ldˈfə:r): *(adj)* αδικαιολόγητος ‖ περιττός

uncanny (ʌnˈkæni:): *(adj)* ανεξήγητος, μυστηριώδης

uncap (ʌnˈkæp) [-ped]: *(v)* ξεβουλώνω

unceasing (ʌnˈsi:siŋ): *(adj)* ακατάπαυστος ‖ **~ly:** *(adv)* ακατάπαυστα, ασταμάτητα

uncertain (ʌn´sə:rtn): *(adj)* αβέβαιος ‖ αναποφάσιστος ‖ αμφίβολος ‖ ασταθής ‖ **~ty:** *(n)* αβεβαιότητα ‖ αναποφασιστικότητα ‖ αμφιβολία ‖ αστάθεια

unchain (ʌn´tʃein) [-ed]: *(v)* απελευθερώνω

unchange-able (ʌn´tʃeindzəbəl): *(adj)* αμετάβλητος, αδύνατο να μεταβληθεί ‖ **~d:** *(adj)* αμετάβλητος, που δεν έχει μεταβληθεί

uncharitable (ʌn´tʃæritəbəl): *(adj)* μη ελεήμονας, μη φιλάνθρωπος

uncharted (ʌn´tʃɑ:rtid): *(adj)* αχαρτογράφητος ‖ άγνωστος, ανεξερεύνητος

unci-form (´ʌnsəfə:rm): *(adj)* αγκιστροειδής ‖ **~nate:** *(adj)* αγκιστρωτός

uncivil (ʌn´sivəl): *(adj)* αγενής ‖ άξεστος ‖ **~ized:** *(adj)* απολίτιστος

unclad (ʌn´klæd): *(adj)* ξέντυτος, ξεντυμένος

unclassified (ʌn´klæsifaid): *(adj)* αταξινόμητος

uncle (´ʌŋkəl): *(n)* θείος ‖ ενεχυροδανειστής *(id)* ‖ **U~ Sam:** *(n)* Αμερικανική κυβέρνηση

unclench (ʌn´klentʃ) [-ed]: *(v)* ξεσφίγγω

uncloak (ʌn´klouk) [-ed]: *(v)* αποκαλύπτω

unclothe (ʌn´klouð) [-d]: *(v)* ξεντύνω

uncomfortable (ʌn´kʌmftəbəl): *(adj)* ανήσυχος ‖ ενοχλητικός, δυσάρεστος ‖ **~ness:** *(n)* ανησυχία ‖ ενόχληση

uncommitted (ʌnkə´mitid): *(adj)* μη εκτεθειμένος, μη δεσμευμένος

uncommon (ʌn´kəmən): *(adj)* ασυνήθιστος

uncomplimentary (ʌnkəmplə´mentri:): *(adj)* όχι κολακευτικός

uncompromising (ʌn´kəmprəmaiziŋ): *(adj)* αδιάλλακτος ‖ ανένδοτος

unconcern (ʌnkən´sə:rn): *(n)* αδιαφορία ‖ **~ed:** *(adj)* αδιάφορος ‖ **~edly:** *(adv)* αδιάφορα

unconditional (ʌnkən´diʃənəl): *(adj)* άνευ όρων

unconform-able (ʌnkən´fɔ:rməbəl): *(adj)* απροσάρμοστος ‖ **~ableness:** *(n)* απροσαρμοστικότητα ‖ **~ity:** *(n)* το απροσάρμοστο, μη προσαρμοστικότητα

unconquerable (ʌn´kəŋkərəbəl): *(adj)* αήττητος ‖ απόρθητος, απάτητος

uncon-scionable (ʌn´kənʃənəbəl): *(adj)* ασυνείδητος ‖ **~scionableness:** *(n)* ασυνειδησία ‖ **~scious** (ʌn´kənʃəs): *(adj)* αναίσθητος ‖ χωρίς να έχει συνείδηση του ... ‖ ασυνείδητος ‖ **~sciously:** *(adv)* ασυνείδητα ‖ **~sciousness:** *(n)* αναισθησία

unconstitutional (ʌnkənsti´tu:ʃənəl): *(adj)* αντισυνταγματικός

uncontrollable (ʌnkən´trouləbəl): *(adj)* ακατάσχετος, ασυγκράτητος

unconventional (ʌnkən´venʃənəl): *(adj)* μη συμβατικός

uncork (ʌn´kə:rk) [-ed]: *(v)* ξεβουλώνω

uncounted (ʌn´kauntid): *(adj)* αμέτρητος

uncouth (ʌn´ku:th): *(adj)* άξεστος ‖ άχαρος, ΄΄μπουνταλάδικος΄΄

uncover (ʌn´kʌvər) [-ed]: *(v)* αποκαλύπτω ‖ ξεσκεπάζω ‖ **~ed:** *(adj)* ακάλυπτος ‖ εκτεθειμένος ‖ ασκεπής

unctuous (´ʌŋktʃu:əs): *(adj)* γλοιώδης ‖ ανειλικρινής

undaunted (ʌn´dɔ:ntid): *(adj)* απτόητος ‖ ατρόμητος

undecided (ʌndi´saidid): *(adj)* αναποφάσιστος ‖ ανοιχτός, εκκρεμής

undemonstrative (ʌndi´mɔnstrətiv): *(adj)* μη εκδηλωτικός, συγκρατημένος

undenia-ble (ʌndi´naiəbəl): *(adj)* αναμφισβήτητος ‖ αναντίρρητος ‖ **~bly:** *(adv)* αναμφισβήτητα ‖ αναντίρρητα

under (´ʌndər): *(prep)* υπό, κάτω από, από κάτω από ‖ *(adv)* κάτω, κάτω από

under-age (ʌndər´eidz): *(adj)* ανήλικος

underbid (ʌndər´bid) [-bid, -bid]: *(v)* μειοδοτώ ‖ **~der:** *(n)* μειοδότης

underbrush (´ʌndərbrʌʃ): *(n)* χαμηλή βλάστηση

undercarriage (´ʌndər´kæridz): *(n)* αμάξωμα ‖ σύστημα προσγείωσης

undercharge (ʌndər´tʃɑ:rdz) [-d]: *(v)* χρεώνω λιγότερα από το κανονικό, δίνω σε χαμηλότερη τιμή ‖ φορτίζω λιγότερο του κανονικού

underclothes

underclothes (´ʌndərklouðz): *(n)* εσώρουχα

undercoat (´ʌndərkout), **~ing:** *(n)* πρώτη επένδυση, βασική επένδυση

undercover (ʌndər´kʌnər): *(adj)* μυστικός ‖ ~ **agent:** *(n)* μυστικός πράκτορας

undercurrent (´ʌndərkə:rənt): *(n)* κατώτερο ρεύμα ή ρεύμα υπό επιφάνεια ‖ νύξη, υπαινιγμός, κρυφή τάση

undercut (´ʌndərkʌt) [-cut]: *(v)* κόβω αποκάτω ‖ πουλώ φθηνότερα ‖ δουλεύω για λιγότερο μεροκάματο ‖ υπονομεύω ‖ *(n)* φιλέτο

underdeveloped (ʌndərdi´veləpt): *(adj)* υποανάπτυκτος ‖ όχι καλά εμφανισμένο φιλμ

underdo (ʌndər´du:) [-did, -done]: *(v)* μισοψήνω ‖ **~ne:** *(adj)* μισοψημένος

underdog (´ʌndərdɔg): *(n)* ο αδύνατος, ο "υπό", ο "αποκάτω"

underdone: see underdo

underestimate (ʌndər´estəmeit) [-d]: *(v)* υποτιμώ

underexpose (ʌndəriks´pouz) [-d]: *(v)* εκθέτω λιγότερο από το κανονικό

under-feed (ʌndər´fi:d) [-fed]: *(v)* υποσιτίζω ‖ **~fed:** *(adj)* υποσιτισμένος

underfoot (´ʌndər´fut): *(adv)* κάτω από τα πόδια ‖ *(adj)* καταπιεσμένος

undergament (´ʌndərga:rmənt): *(n)* εσώρουχο

undergo (ʌndər´gou) [~went, ~gone]: *(v)* υφίσταμαι

undergraduate (ʌndər´grædzu:it): *(n)* φοιτητής σχολής τετραετούς φοίτησης

underground (´ʌndərgraund): *(adj)* υπόγειος ‖ μυστικός ‖ παράνομος ‖ αντιστασιακός ‖ *(n)* μυστική οργάνωση αντίστασης ‖ υπόγειος σιδηρόδρομος

undergrown (´ʌndərgroun): *(adj)* μισοαναπτυγμένος

undergrowth (´ʌndərgrouth): *(n)* χαμηλή βλάστηση

underhand (´ʌndərhænd), **~ed:** *(adj)* ύπουλος ‖ **~ed:** *(adj)* με ελλειπές προσωπικό

underlie (´ʌndərlai) [underlay, underlain]: *(v)* υπόκειμαι ‖ αποτελώ βάση

underline (´ʌndərlain) [-d]: *(v)* υπογραμμίζω

underling (´ʌndərliŋ): *(n)* υφιστάμενος, "λακές", "τσιράκι"

undermine (ʌndər´main) [-d]: *(v)* υπονομεύω

underneath (ʌndər´ni:th): *(adv)* από κάτω ‖ *(n)* το αποκάτω μέρος

undernourish (ʌndər´nə:riʃ) [-ed]: *(v)* υποσιτίζω

underpaid (´ʌndər´peid): *(adj)* κακοπληρωμένος, που πληρώνεται λιγότερα από το κανονικό

underpants (´ʌndərpænts): *(n)* βρακί ‖ κιλότα

underpass (´ʌndərpæs): *(n)* διάβαση κάτω από δρόμο ή σιδηρόδρομο

underprivileged (ʌndər´privəlidzd): *(adj)* με λιγότερες ευκαιρίες ή προνόμια ‖ στερημένος

underrate (ʌndər´reit) [-d]: *(v)* υποτιμώ

underscore (´ʌndərskə:r) [-d]: *(v)* see underline

undersea (´ʌndərsi:): *(adj)* υποβρύχιος

undersecretary (ʌndər´sekrəteri:): *(n)* υφυπουργός

undershirt (´ʌndərʃə:rt): *(n)* φανέλα

underside (´ʌndərsaid): *(n)* το κάτω μέρος

undersign (´ʌndərsain) [-ed]: *(v)* υπογράφω ‖ **~ed:** *(adj)* ο υπογεγραμμένος

undersize (ʌndər´saiz), **~d:** *(adj)* κάτω από το κανονικό μέγεθος

underskirt (´ʌndərskə:rt): *(n)* κομπινεζόν

undersoil (´ʌndərsoil): *(n)* υπέδαφος

understaffed (ʌndər´stæft): *(adj)* με στενότητα προσωπικού

understand (ʌndər´stænd) [understood, understood]: *(v)* καταλαβαίνω ‖ έχω κατανόηση ‖ μαθαίνω, ακούω ‖ **~able:** *(adj)* αντιληπτός, κατανοητός ‖ ευνόητος ‖ **~ing:** *(adj)* με κατανόηση ‖ *(n)* κατανόηση ‖ αντίληψη ‖ συμφωνία

understate (ʌndər´steit) [-d]: *(v)* εκφράζομαι συγκρατημένα ‖ υποτιμώ ‖ **~ment:** *(n)* μη συμπληρωμένη δήλωση ‖ συγκρατημένη έκφραση understood: see understand

understudy (´ʌndərstʌdi:): (n) αντικαταστάτης

undertak-e (ʌndər´teik) |undertook, undertaken|: (v) αναλαμβάνω ‖ ~er: (n) εργολάβος κηδειών ‖ ~ing: (n) ανάληψη έργου ή υποχρέωσης ‖ δέσμευση ‖ επιχείρηση

under-the-counter (´ʌndərðə´kauntər): (adj) πουλώμενο παράνομα ή μαύρη αγορά

undertow (´ʌndərtou): (n) παλινδρομούν κύμα, ´´αντιμάμαλο´´ ‖ ρεύμα υπό την επιφάνεια, κρυφό ρεύμα

undervalue (ʌndər´vælju:) [-d]: (v) υποτιμώ

underwater (´ʌndərwɔ:tər): (adj) υποβρύχιος

underwear (´ʌndərweər): (n) εσώρουχα

underweight (´ʌndərweit): (adj) λιποβαρής ‖ (n) βάρος λιγότερο από το κανονικό

underwent: see undergo

underwood (´ʌndərwud): see underbrush

underworld (´ʌndərwɔ:rld): (n) ο κάτω κόσμος ‖ υπόκοσμος

underwrite (´ʌndərrait) |underwrote, underwritten|: (v) υπογράφω ‖ οπισθογράφω ‖ υποστηρίζω οικονομικά ‖ ασφαλίζω ‖ ~r: (n) ασφαλιστής

undeserved (ʌndi´zə:rvd): (adj) άδικος ‖ αδικαιολόγητος ‖ ~ly: (adv) άδικα ‖ αδικαιολόγητα

undesirable (ʌndi´zairəbəl): (adj) ανεπιθύμητος

undies (´ʌndi:z): (n) εσώρουχα

undigested (ʌndai´dzestid): (adj) αχώνευτος

undiluted (ʌndi´lju:tid): (adj) αδιάλυτος

undiminished (ʌndə´mini∫əd): (adj) αμείωτος

undisciplined (ʌn´disəplind): (adj) απείθαρχος

undiscovered (ʌndis´kʌvərd): (adj) μη ανακαλυφθείς

undisputed (ʌndis´pju:tid): (adj) αδιαφιλονίκητος

undo (ʌn´du:) |undid, undone|: (v) σβήνω, ακυρώνω, ´´ξεκάνω´´, χαλάω ‖

λύνω ή ξεκουμπώνω ‖ ~ing: (n) σβήσιμο, ακύρωση ‖ λύσιμο, ξεκούμπωμα ‖ αφανισμός, χαλασμός

undoubted (ʌn´dautid): (adj) αναμφίβολος ‖ αναμφισβήτητος ‖ ~ly: (adv) αναμφισβήτητα

undress (ʌn´dres) [-ed]: (v) ξεντύνω ‖ ξεντύνομαι ‖ (n) πρόχειρο ντύσιμο

undue (ʌn´dju:): (adj) υπερβολικός ‖ άδικος ‖ αδικαιολόγητος ‖ μη λήξας

undu-lant (´ʌndjələnt): (adj) κυματοειδής ‖ ~late [-d]: (v) κυμαίνομαι ‖ κυματίζω ‖ ~lation: (n) κυματισμός ‖ διακύμανση ‖ ~lating: (adj) κυμαινόμενος

unduly (ʌn´du:li): (adv) άδικα, αδικαιολόγητα ‖ υπερβολικά

undying (ʌn´daiŋ): (adj) αιώνιος, αθάνατος

unearth (ʌn´ə:rth) [-ed]: (v) ξετρυπώνω, ξεχώνω ‖ ανακαλύπτω ‖ ~ly: (adj) υπερφυσικός ‖ απίθανος, αφύσικος ‖ παράλογος

uneas-y (ʌn´i:zi:): (adj) ανήσυχος ‖ ~ily: (adv) ανήσυχα ‖ ~iness: (n) ανησυχία

uneducated (ʌn´edzu´keitid): (adj) αμόρφωτος

unemploy-ed (ʌnim´ploid): (adj) άνεργος, άεργος ‖ αργός ‖ ~ment: (n) ανεργία

unequal (ʌn´i:kwəl): (adj) άνισος ‖ ~ly: (adv) άνισα ‖ ~ed: (adj) απαράμιλλος

unerring (ʌn´ə:riŋ): (adj) αλάνθαστος

unessential (ʌnə´senʃəl): (adj) επουσιώδης

unethical (ʌn´ethikəl): (adj) αντιδεοντολογικός, αήθης

uneven (ʌn´i:vən): (adj) ανώμαλος ‖ ακανόνιστος ‖ άνισος

uneventful (ʌni´ventfəl): (adj) ήσυχος, χωρίς έκτακτα συμβάντα

unexcelled (ʌnə´kseld): (adj) ανυπέρβλητος

unexception-able (ʌnik´sepʃənəbəl): (adj) άμεμπτος, ανεπίληπτος ‖ ~al: (adj) ανεξαίρετος ‖ συνηθισμένος, κοινός

unexpected (ʌnik´spektid): (adj) απροσδόκητος ‖ ~ly: (adv) απροσδό-

409

κητα

unexpressive (ʌnikˈspresiv): *(adj)* ανέκφραστος

unfading (ʌnˈfeidiŋ): *(adj)* που δεν ξεθωριάζει ή εξασθενίζει ποτέ ΙΙ αμάραντος

unfailing (ʌnˈfeiliŋ): *(adj)* αλάνθαστος ΙΙ ανεξάντλητος, που δεν σταματά ποτέ ΙΙ πιστός

unfair (ʌnˈfeər): *(adj)* μεροληπτικός ΙΙ άδικος, άνισος ΙΙ ~ly: *(adv)* μεροληπτικά ΙΙ άδικα ΙΙ ~ness: *(n)* μεροληψία, αδικία

unfaithful (ʌnˈfeithfəl): *(adj)* άπιστος

unfamiliar (ʌnfəˈmiliər): *(adj)* άγνωστος

unfasten (ʌnˈfæsən) [-ed]: *(v)* λύνω ΙΙ αποσυνδέω ΙΙ ξεκουμπώνω ΙΙ αποσυνδέομαι

unfathomable (ʌnˈfæðəməbl): *(adj)* ανεξιχνίαστος

unfavorable (ʌnˈfeivərəbl): *(adj)* δυσμενής ΙΙ μειονεκτικός ΙΙ δυσοίωνος

unfed (ʌnˈfed): *(adj)* νηστικός, ατάιστος

unfeeling (ʌnˈfiːliŋ): *(adj)* αναίσθητος ΙΙ ~ly: *(adv)* αναίσθητα, άκαρδα

unfeigned (ʌnˈfeind): *(adj)* ανυπόκριτος

unfelt (ʌnˈfelt): *(adj)* μη αισθητός

unfilled (ʌnˈfild): *(adj)* απλήρωτος ΙΙ ανεκτέλεστος

unfinished (ʌnˈfiniʃt): *(adj)* ατελείωτος, ημιτελής

unfit (ʌnˈfit): *(adj)* ακατάλληλος ΙΙ ανίκανος ΙΙ [-ted]: *(v)* απορρίπτω ως ακατάλληλο

unfix (ʌnˈfiks) [-ed]: *(v)* αποσπώ, ξεκολλώ ΙΙ ταράζω

unflagging (ʌnˈflægiŋ): *(adj)* ακλόνητος, αδιάσειστος

unflappable (ʌnˈflæpəbəl): *(adj)* ατάραχος, που δεν ''του καίγεται καρφί''

unfledged (ʌnˈfledzd): *(adj)* άπειρος, πρωτόπειρος ΙΙ άπτερος

unflinching (ʌnˈflintʃiŋ): *(adj)* ατάραχος ΙΙ άφοβος, σταθερός ΙΙ ~ly: *(adv)* ατάραχα, άφοβα

unfold (ʌnˈfould) [-ed]: *(v)* ξετυλίγω ΙΙ αναπτύσσω ΙΙ ξετυλίγομαι ΙΙ αναπτύσ-

σομαι

unforeseen (ˈʌnfɔːrˈsiːn): *(adj)* απρόβλεπτος

unforgettable (ʌnfərˈgetəbəl): *(adj)* αλησμόνητος, αξέχαστος

unforgivable (ʌnfərˈgivəbəl): *(adj)* ασυγχώρητος

unformed (ʌnˈfɔːrmd): *(adj)* ασχημάτιστος

unfortunate (ʌnˈfɔːrtʃənit): *(adj)* άτυχος, ατυχής ΙΙ δυστυχής ΙΙ ~ly: *(adv)* δυστυχώς

unfounded (ʌnˈfaundid): *(adj)* αβάσιμος ΙΙ μη ιδρυθείς

unfrequented (ʌnˈfriˈkwentid): *(adj)* ερημικός, μοναχικός, ασύχναστος

unfriendly (ʌnˈfrendli:): *(adj)* εχθρικός, μη φιλικός

unfrock (ʌnˈfrɔk) [-ed]: *(v)* αφαιρώ επαγγελματική άδεια ΙΙ καθαιρώ κληρικό

unfruitful (ʌnˈfruːtfəl): *(adj)* άκαρπος

unfurl (ʌnˈfəːrl) [-ed]: *(v)* ξεδιπλώνω ΙΙ ξεδιπλώνομαι, απλώνομαι

unfurnished (ʌnˈfəːrniʃt): *(adj)* χωρίς έπιπλα

ungainly (ʌnˈgeinli:): *(adj)* άχαρος ΙΙ αδέξιος

unglued (ʌnˈgluːd): *(adj)* ξεκολλημένος ΙΙ **come** ~: *(v)* τα χάνω

ungodly (ʌnˈgɔdli:): *(adj)* ασεβής, άθεος ΙΙ αμαρτωλός ΙΙ απίθανος *(id)* ΙΙ *(n)* ο ''κακός''

ungracious (ʌnˈgreiʃəs): *(adj)* αγενής ΙΙ αντιπαθητικός ΙΙ ~ness: *(n)* αγένεια

ungrateful (ʌnˈgreitfəl): *(adj)* αχάριστος ΙΙ ~ness: *(n)* αχαριστία

unguarded (ʌnˈgɑːrdid): *(adj)* αφύλαχτος, απροστάτευτος ΙΙ απερίσκεπτος

ungulate (ˈʌngjəlit): *(adj)* οπληφόρο, με οπλές

unhap-py (ʌnˈhæpi:): *(adj)* δυστυχισμένος ΙΙ όχι ευχαριστημένος ΙΙ ~pily: *(adv)* δυστυχώς ΙΙ δυστυχισμένα ΙΙ ~piness: *(n)* δυστυχία

unharmed (ʌnˈhɑːrmd): *(adj)* απείραχτος, σώος, χωρίς να πάθει κακό ή βλάβη

unhealthy (ʌnˈhelthi:): *(adj)* ανθυγιεινός ΙΙ αρρωστημένος ΙΙ νοσηρός unheard (ʌn´hə:rd): *(adj)* μη ακουστός ‖ ~-of: *(adj)* ανήκουστος ‖ πρωτάκουστος

unhesitating (ʌn´hezəteitiŋ): *(adj)* αδίστακτος ‖ ~ly: *(adv)* αδίστακτα

unhindered (ʌn´hindərd): *(adj)* ανεμπόδιστος

unhinge (ʌn´hindz) [-d]: *(v)* βγάζω από τους μεντεσέδες ‖ βάζω σε αμηχανία, ταραχή, συγχύζω, κάνω να τα χάσει

unholy (ʌn´houli:): *(adj)* ανίερος ‖ φοβερός *(id)*

unhook (ʌn´hu:k) [-ed]: *(v)* ξαγκιστρώνω ‖ ξεκρεμώ

unhoped-for (ʌn´houpt´fɔ:r): *(adj)* ανέλπιστος

unhurt (ʌn´hə:rt): *(adj)* σώος, χωρίς να χτυπηθεί

unicolor (´ju:nikʌlər): *(adj)* μονόχρωμος

unicorn (´ju:nəkə:rn): *(n)* μονόκερος

unidentified (ʌnai´dentifaid): *(adj)* μη αναγνωρισθείς ‖ ~ flying object: see UFO

unification (ju:nifi´keiʃən): *(n)* ενοποίηση

uniform (´ju:nifə:rm): *(adj)* ομοιόμορφος ‖ *(n)* στολή ‖ ~ity, ~ness: *(n)* ομοιομορφία

unify (´ju:nifai) [-ied]: *(v)* ενοποιώ

unilateral (ju:ni´lætərəl): *(adj)* μονόπλευρος

unimaginable (ʌni´mædzinəbl): *(adj)* αφάνταστος

unimpeachable (ʌnim´pi:tʃəbəl): *(adj)* άμεμπτος

unimportant (ʌnim´pə:rtənt): *(adj)* ασήμαντος, όχι σπουδαίος

uninformed (ʌnin´fə:rmd): *(adj)* απληροφόρητος

uninhabited (ʌnin´hæbitid): *(adj)* ακατοίκητος

uninhibited (ʌnin´hibitid): *(adj)* έκλυτος ‖ ανεμπόδιστος, ελεύθερος

uninitiated (ʌni:niʃieitid): *(adj)* αμύητος

uninjured (ʌn´indzərd): *(adj)* αβλαβής, άθικτος

unintelligible (ʌnin´telidzibəl): *(adj)* ακατάληπτος

unintentional (ʌnin´tenʃənəl): *(adj)*

ακούσιος

uninterest-ed (ʌn´intrəstid): *(adj)* αδιάφορος ‖ ~ing: *(adj)* μη ενδιαφέρων

uninterrupted (ʌn´intərʌ:ptid): *(adj)* αδιάκοπος

uninvited (ʌnin´vaitid): *(adj)* απρόσκλητος

union (´ju:njən): *(n)* ένωση ‖ σωματείο, συνδικάτο ‖ labor ~: εργατικό σωματείο ‖ ~ Jack: *(n)* σημαία της Μ. Βρετανίας ‖ trade ~: εργατικό σωματείο

unique (ju:´ni:k): *(adj)* μοναδικός ‖ ~ly: *(adv)* μοναδικά ‖ ~ness: *(n)* μοναδικότητα

unisex (´ju:niseks): *(adj)* χωρίς ιδιαίτερα διακριτικά γνωρίσματα του φύλου

unison (´ju:nəzən): *(n)* ομοηχία ‖ in ~: σε ομοφωνία, όλοι μαζί

unit (´ju:nit): *(n)* μονάδα ‖ ~ary: *(adj)* μοναδικός

unite (ju:´nait) [-d]: *(v)* ενώνω ‖ ενώνομαι ‖ ~d: *(adj)* ενωμένος ‖ U~d Kingdom: Ενωμένο Βασίλειο ‖ U~d Nations: *(n)* Ενωμένα Έθνη ‖ U~d States: *(n)* Ενωμένες Πολιτείες

unity (´ju:nəti:): *(n)* ενότητα ‖ σύμπνοια, αρμονία

universal (ju:ni´və:rsəl): *(adj)* παγκόσμιος ‖ γενικός, καθολικός ‖ ~ly: *(adv)* παγκοσμίως ‖ γενικά, καθολικά

universe (´ju:nivə:rs): *(n)* σύμπαν

university (ju:ni´və:rsəti:): *(n)* πανεπιστήμιο

unjust (ʌn´dzʌst): *(adj)* άδικος ‖ ~ly: *(adv)* άδικα ‖ ~ness: *(n)* αδικία ‖ ~ifiable (ʌn´dzʌstəfaiəbəl): *(adj)* αδικαιολόγητος

unkempt (ʌn´kempt): *(adj)* απεριποίητος, ακατάστατος ‖ αχτένιστος

unkind (ʌn´kaind): *(adj)* κακός, χωρίς κατανόηση ‖ ~ly: *(adv)* χωρίς κατανόηση, κακά, άσχημα

unknown (ʌn´noun): *(adj)* άγνωστος

unlade (ʌn´leid) [-d]: *(v)* ξεφορτώνω ‖ ~n: *(adj)* ξεφορτωμένος, χωρίς φορτίο

unlash (ʌn´læʃ) [-ed]: *(v)* λύνω

unlatch (ʌn´lætʃ) [-ed]: *(v)* ανοίγω το σύρτη, ξεσυρτώνω

unlawful (ʌn´lə:fəl): *(adj)* παράνομος, άνομος

411

unleaded (ʌn´ledid): *(adj)* χωρίς μόλυβδο, αμόλυβδος
unleash (ʌn´liːʃ) [-ed]: *(v)* λύνω, ελευθερώνω
unleavened (ʌn´levənd): *(adj)* άζυμος
unless (ʌn´les): *(conj)* εκτός αν
unlicensed (ʌn´laisənst): *(adj)* χωρίς άδεια ‖ έκλυτος
unlike (ʌn´laik): *(adj)* ανόμοιος ‖ **~lihood:** *(n)* απιθανότητα ‖ **~ly:** *(adj)* απίθανος
unlimited (ʌn´limitid): *(adj)* απεριόριστος ‖ **~ly:** *(adv)* απεριόριστα
unlink (ʌn´liŋk) [-ed]: *(v)* αποσυνδέω
unlisted (ʌn´listid): *(adj)* μη γραμμένος σε κατάλογο
unload (ʌn´loud) [-ed]: *(v)* ξεφορτώνω ‖ ξαλαφρώνω
unlock (ʌn´lək) [-ed]: *(v)* ξεκλειδώνω
unlooked-for (ʌn´lukt´fɔːr): *(adj)* απρόβλεπτος, απροσδόκητος
unlucky (ʌn´lʌkiː): *(adj)* άτυχος
unman (ʌn´mæn) [-ned]: *(v)* αποθαρρύνω ‖ **~ly:** *(adj)* άνανδρος, ταπεινός ‖ θηλυπρεπής ‖ **~ned:** *(adj)* μη επανδρωμένος
unmarked (ʌn´maːrkt): *(adj)* ασημάδευτος ‖ απαρατήρητος
unmask (ʌn´mæsk) [-ed]: *(v)* βγάζω μάσκα, αποκαλύπτω
unmentionable (ʌn´menʃənəbəl): *(adj)* που δε λέγεται, όχι για να ειπωθεί ‖ **~s:** *(n)* εσώρουχα
unmerciful (ʌn´məːrsifəl): *(adj)* ανηλεής ‖ **~ly:** *(adv)* ανηλεώς
unmistak-able (ʌnmis´teikəbəl): *(adj)* φανερός, πρόδηλος ‖ **~ably:** *(adv)* φανερά
unmitigated (ʌn´mitigeitid): *(adj)* αμετρίαστος ‖ απόλυτος ‖ **~ly:** *(adv)* αμετρίαστα ‖ απόλυτα
unnatural (ʌn´nætʃərəl): *(adj)* αφύσικος ‖ **~ness:** *(n)* αφυσικότητα
unnecessary (ʌn´nesəseri:): *(adj)* περιττός ‖ άσκοπος
unnerve (ʌn´nəːrv) [-d]: *(v)* συγχύζω, εκνευρίζω
unobtainable (ʌnəb´teinəbəl): *(adj)* που δεν μπορεί να αποκτηθεί
unobtrusive (ʌnəb´truːsiv): *(adj)* δια-

κριτικός ‖ **~ly:** *(adv)* διακριτικά
unoccupied (ʌn´əkjəpaid): *(adj)* ελεύθερος, μη κατειλημμένος ‖ άνεργος
unofficial (ʌnə´fiʃəl): *(adj)* ανεπίσημος ‖ **~ly:** *(adv)* ανεπισήμως
unorganized (ʌn´ɔːrgənaizd): *(adj)* ανοργάνωτος
unoriginal (ʌnə´ridzinəl): *(adj)* κοινός, συνηθισμένος
unorthodox (ʌn´ɔːrthədɔks): *(adj)* ανορθόδοξος
unpack (ʌn´pæk) [-ed]: *(v)* ξεαμπαλάρω, ανοίγω βαλίτσες ή αποσκευές
unparalleled (ʌn´pærələld): *(adj)* απαράμιλλος, μοναδικός
unpardonable (ʌn´paːrdənəbəl): *(adj)* ασυγχώρητος
unparliamentary (ʌnpaːrlə´mentəriː): *(adj)* μη κοινοβουλευτικός
unpeople (ʌn´piːpəl) [-d]: *(v)* μετακινώ πληθυσμό ‖ **~d:** *(adj)* ακατοίκητος
unpin (ʌn´pin) [-ned]: *(v)* ξεκαρφιτσώνω
unpleasant (ʌn´plezənt): *(adj)* δυσάρεστος ‖ **~ness:** *(n)* δυσάρεστη κατάσταση ή ενέργεια
unplug (ʌn´plʌg) [-ged]: *(v)* ξεβουλώνω ‖ αποσυνδέω, βγάζω από την πρίζα
unpopular (ʌn´pɔpjələr): *(adj)* μη δημοφιλής ‖ αντιδημοτικός ‖ **~ity:** *(n)* αντιδημοτικότητα
unpractical (ʌn´præktikəl): *(adj)* μη πρακτικός
unprecedented (ʌn´presidentid): *(adj)* άνευ προηγουμένου
unpredictable (ʌnpri´diktəbəl): *(adj)* απρόβλεπτος ‖ αβέβαιος
unprejudiced (ʌn´predzudist): *(adj)* αμερόληπτος, χωρίς προκατάληψη
unpremeditated (ʌnpri´mediteitid): *(adj)* απρομελέτητος ‖ **~ly:** *(adv)* απρομελέτητα
unprepared (ʌnpri´pcərd): *(adj)* απροετοίμαστος
unprepossessing (ʌnpri:pə´zesiŋ): *(adj)* με κοινή εμφάνιση, όχι χτυπητός
unpretentious (ʌnpri´tenʃəs): *(adj)* σεμνός, χωρίς επίδειξη ή επιδεικτικότητα, ανεπιτήδευτος
unprincipled (ʌn´prinsipəld): *(adj)* χω-

ρίς αρχές

unprintable (ʌn΄prɪntəbəl): *(adj)* ακατάλληλος για δημοσίευση, "σόκιν", χυδαίος

unproductive (ʌnprə΄dʌktiv): *(adj)* μη παραγωγικός

unprofessional (ʌnprə΄feʃənəl): *(adj)* ερασιτεχνικός ‖ ανεπιστημονικός ‖ αντικείμενος στη δεοντολογία

unprofitable (ʌn΄prɔfitəbəl): *(adj)* ανεπικερδής ‖ ασύμφορος

unpronounceable (ʌnprə΄naunsəbəl): *(adj)* δυσκολοπρόφερτος

unprovoked (ʌnprə΄voukt): *(adj)* απρόκλητος

unpublished (ʌn΄pʌbliʃt): *(adj)* αδημοσίευτος, ανέκδοτος

unqualified (ʌn΄kwɔləfaid): *(adj)* απόλυτος ‖ χωρίς τα απαραίτητα προσόντα ‖ αναρμόδιος, ακατάλληλος

unquenchable (ʌn΄kwentʃəbəl): *(adj)* άσβηστος

unquestion-able (ʌn΄kwestʃənəbəl): *(adj)* αναμφισβήτητος ‖ **~ed:** *(adj)* ανεξέταστος ‖ αναντίρρητος, αναμφίβολος

unquote (ʌn΄kwout) [-d]: *(v)* κλείνω τα εισαγωγικά

unravel (ʌn΄rævəl) [-ed]: *(v)* ξηλώνω ‖ ξεδιαλύνω ‖ αποκρυπτογραφώ

unreadable (ʌn΄ri:dəbəl): *(adj)* αδιάβαστος ‖ ακατανόητος

unreal (ʌn΄ri:əl): *(adj)* μη πραγματικός, φανταστικός

unreasonable (ʌn΄ri:zənəbəl): *(adj)* παράλογος ‖ **~ness:** *(n)* παραλογισμός

unrecorded (ʌnri΄kɔ:rdid): *(adj)* άγραφος

unreel (ʌn΄ri:l) [-ed]: *(v)* ξετυλίγω

unrefined (ʌnri΄faind): *(adj)* άξεστος ‖ αδιύλιστος, ακάθαρτος

unrelenting (ʌnri΄lentiη): *(adj)* αδυσώπητος, ανηλεής

unreliable (ʌnri΄laiəbəl): *(adj)* αναξιόπιστος, μη έμπιστος

unremitting (ʌnri΄mitiη): *(adj)* ακατάπαυστος

unrepeatable (ʌnri΄pi:təbəl): *(adj)* ανεπανάληπτος

unreserve (ʌnri΄zə:rv): *(n)* ειλικρίνεια

‖ **~d:** *(adj)* όχι κρατημένος, ελεύθερος ‖ απόλυτος ‖ ειλικρινής

unrest (ʌn΄rest): *(n)* ανησυχία

unrestrained (ʌnri΄streind): *(adj)* αχαλίνωτος ‖ φυσικός

unrip (ʌn΄rip) [-ped]: *(v)* σκίζω

unripe (ʌn΄raip): *(adj)* ανώριμος ‖ **~ness:** *(n)* ανωριμότητα

unrivaled (ʌn΄raivəld): *(adj)* απαράμιλλος

unroll (ʌn΄roul) [-ed]: *(v)* ξετυλίγω ‖ εκτυλίσσομαι

unruffled (ʌn΄rʌfəld): *(adj)* γαλήνιος, ήρεμος, ατάραχος

unruly (ʌn΄ru:li:): *(adj)* ανυπότακτος ‖ άτακτος

unsaddle (ʌn΄sædl) [-d]: *(v)* ξεσελλώνω ‖ ρίχνω από το άλογο

unsafe (ʌn΄seif): *(adj)* επισφαλής ‖ μη ασφαλής, επικίνδυνος

unsaid (ʌn΄sed): *(adj)* ανείπωτος ‖ παρασιωπηθείς, αποσιωπηθείς

unsatisfactory (ʌnsætis΄fæktəri:): *(adj)* μη ικανοποιητικός ‖ όχι αρκετός, ανεπαρκής

unsavory (ʌn΄seivəri:): *(adj)* άνοστος ‖ δυσάρεστος ‖ ύποπτος

unscathed (ʌn΄skeiðd): *(adj)* αβλαβής, σώος

unscientific (ʌnsaiən΄tifik): *(adj)* αντιεπιστημονικός

unscramble (ʌn΄skræmbəl) [-d]: *(v)* ξεμπερδεύω ‖ ξεδιαλύνω ‖ αποκωδικοποιώ

unscrew (ʌn΄skru:) [-ed]: *(v)* ξεβιδώνω

unscrupulous (ʌn΄skru:pjələs): *(adj)* ασυνείδητος ‖ **~ly:** *(adv)* ασυνείδητα ‖ **~ness:** *(n)* ασυνειδησία

unseal (ʌn΄si:l) [-ed]: *(v)* ξεσφραγίζω

unsearchable (ʌn΄sə:rtʃəbəl): *(adj)* ανεξερεύνητος

unseasonable (ʌn΄si:zənəbəl): *(adj)* παράκαιρος ‖ άκαιρος, άτοπος

unseat (ʌn΄si:t) [-ed]: *(v)* καθαιρώ ‖ γκρεμίζω από θέση ή κάθισμα, ρίχνω

unseemly (ʌn΄si:mli:): *(adj)* απρεπής

unseen (ʌn΄si:n): *(adj)* αόρατος

unselfish (ʌn΄selfiʃ): *(adj)* αφιλοκερδής ‖ **~ness:** *(n)* αφιλοκέρδεια

unsettle (ʌn΄setl) [-d]: *(v)* διαταράσσω

413

unshaken

|| **~d:** *(adj)* ταραγμένος || αβέβαιος || αταχτοποίητος, εκκρεμής || ακατοίκητος

unshaken (ʌn´ʃeikn): *(adj)* ακλόνητος

unshaven (ʌn´ʃeivn): *(adj)* αξύριστος

unsheathe (ʌn´ʃi:ð) [-d]: *(v)* βγάζω από τη θήκη

unsightly (ʌn´saitli:): *(adj)* άσχημος, απεχθής

unskill-ed (ʌn´skild): *(adj)* ανειδίκευτος || **~ful:** *(adj)* άπειρος, άτεχνος

unsnarl (ʌn´sna:rl) [-ed]: *(v)* ξεμπερδεύω

unsociable (ʌn´souʃəbəl): *(adj)* ακοινώνητος

unsold (ʌnsould): *(adj)* απούλητος

unsophisticated (ʌnsə´fistikeitid): *(adj)* αφελής, απλός || απονήρευτος, απλοϊκός

unsound (ʌn´saund): *(adj)* επισφαλής || ασθενής || εσφαλμένος

unsparing (ʌn´speəriŋ): *(adj)* αφειδής || αμείλικτος

unspeakable (ʌn´spi:kəbəl): *(adj)* ανείπωτος, ακατανόμαστος

unspecialized (ʌn´speʃəlaizd): *(adj)* ανειδίκευτος

unspotted (ʌn´spɒtid): *(adj)* ακηλίδωτος

unstable (ʌn´steibəl): *(adj)* ασταθής || άστατος

unsteady (ʌn´stedi:): see unstable || μη σταθεροποιημένος || [-ied]: *(v)* αποσταθεροποιώ

unstick (ʌn´stik) [unstuck, unstuck]: *(v)* ξεκολλώ

unstressed (ʌn´strest): *(adj)* άτονος, χωρίς τόνο || άφωνος

unstring (ʌn´striŋ) [unstrung, unstrung]: *(v)* εκνευρίζω

unstrung (ʌn´strʌŋ): *(adj)* εκνευρισμένος || see unstring

unstuck: see unstick

unsubstantial (ʌnsəb´stænʃəl): *(adj)* μη στερεός || ασήμαντος, επουσιώδης

unsuccessful (ʌnsək´sesfəl): *(adj)* ανεπιτυχής || **~ly:** *(adv)* ανεπιτυχώς

unsuitable (ʌn´su:təbəl): *(adj)* ακατάλληλος

unsuspecting (ʌnsəs´pektiŋ): *(adj)* ανύποπτος

unswerving (ʌn´swə:rviŋ): *(adj)* σταθερός, ακλόνητος

untangle (ʌn´tæŋgəl) [-d]: *(v)* ξεμπερδεύω || ξεδιαλύνω, ξεκαθαρίζω

untapped (ʌn´tæpt): *(adj)* ανεκμετάλλευτος

untenable (ʌn´tenəbəl): *(adj)* αστήρικτος || ακατοίκητος

unthankful (ʌn´θæŋkful): *(adj)* αχάριστος || **~ness:** *(n)* αχαριστία

unthinkable (ʌn´θiŋkəbəl): *(adj)* αδιανόητος

untidy (ʌn´taidi:): *(adj)* ακατάστατος, ανοικοκύρευτος

untie (ʌn´tai) [-d]: *(v)* λύνω || λύνομαι

until (ʌn´til): *(prep & conj)* μέχρις, ως, έως ότου

untimely (ʌn´taimli:): *(adj)* άκαιρος || πρόωρος || *(adv)* άκαιρα || πρόωρα

untiring (ʌn´tairiŋ): *(adj)* ακούραστος

untold (ʌn´tould): *(adj)* ανείπωτος, μη ειπωμένος || απερίγραπτος

untouchable (ʌn´tʌtʃəbəl): *(adj)* ανεπίτευκτος || υπεράνω μομφής ή υποψίας

untoward (ʌn´tɔ:rd): *(adj)* δυσμενής || ανάποδος, δύσκολος || δυσάρεστος

untried (ʌn´traid): *(adj)* αδοκίμαστος

untrue (ʌn´tru:): *(adj)* αναληθης || μη πιστός

unused (ʌn´ju:zd): *(adj)* αχρησιμοποίητος || ~ **to** (ʌn´ju:st): *(adj)* ασυνήθιστος

unusual (ʌn´ju:zuəl): *(adj)* ασυνήθης || **~ly:** *(adv)* ασυνήθιστα || εξαιρετικά

unutterable (ʌn´ʌtərəbəl): *(adj)* απρόφερτος, δυσκολοπρόφερτος

unveil (ʌn´veil) [-ed]: *(v)* αποκαλύπτω

unverified (ʌn´verifaid): *(adj)* ανεπιβεβαίωτος

unversed (ʌn´və:rsd): *(adj)* όχι εν γνώσει, μη γνωρίζων

unwarrant-able (ʌn´wɔ:rəntəbəl): *(adj)* ασυγχώρητος || **~ed:** *(adj)* αδικαιολόγητος

unwary (ʌn´weəri:): *(adj)* απρόσεκτος

unwashed (ʌn´wɔʃt): *(adj)* άπλυτος

unwavering (ʌn´weivəriŋ): *(adj)* ακλόνητος, ασάλευτος

unwearied (ʌn´wiəri:d): *(adj)* ακούραστος || **~ly:** *(adv)* ακούραστα

414

unwed (ʌnˈwed): *(adj)* άγαμος

unwelcome (ʌnˈwelkʌm): *(adj)* ανεπιθύμητος ‖ μη ευπρόσδεκτος

unwell (ʌnˈwel): *(adj)* αδιάθετος, άρρωστος

unwholesome (ʌnˈhoulsəm): *(adj)* ανθυγιεινός ‖ νοσηρός ‖ ~ly: *(adv)* ανθυγιεινά ‖ νοσηρά

unwieldy (ʌnˈwi:ldi:): *(adj)* δυσκίνητος ‖ άγαρμπος

unwill-ed (ʌnˈwild): *(adj)* άθελος ‖ ~ing: *(adj)* ακούσιος ‖ απρόθυμος ‖ διστακτικός

unwind (ʌnˈwaind) [unwound, unwound]: *(v)* ξεκουρδίζω ‖ ξετυλίγω ‖ ξετυλίγομαι ‖ χαλαρώνω, λασκάρω

unwise (ʌnˈwaiz): *(adj)* ασύνετος

unwitting (ʌnˈwitiŋ): *(adj)* αγνοών ‖ ακούσιος, άθελος ‖ ~ly: *(adv)* ακούσια, άθελα

unwonted (ʌnˈwɔ:ntid): *(adj)* ασυνήθιστος

unworthy (ʌnˈwə:rði:): *(adj)* ανάξιος

unwrap (ʌnˈræp) [-ped]: *(v)* ξετυλίγω, ανοίγω πακέτο

unwritten (ʌnˈritn): *(adj)* άγραφος ‖ ~ law: *(adj)* άγραφος νόμος

unyielding (ʌnˈji:ldiŋ): *(adj)* ανυποχώρητος ‖ ανένδοτος

unyoke (ʌnˈjouk) [-d]: *(v)* ξεζεύω

up (ʌp): *(adj & adv)* επάνω, άνω ‖ *(prep)* προς τα επάνω ‖ [-ped]: *(v)* αυξάνω ‖ σηκώνομαι ‖ ~ against: αντιμετωπίζοντας ‖ ~ to: έτοιμος για ‖ εξαρτώμενος από ‖ on the ~ and ~: πολύ εντάξει ‖ be ~ to: επιδιώκω, έχω σκοπό ‖ be ~ to it: μπορώ να το κάνω, έχω τη δυνατότητα ή ικανότητα να το κάνω ‖ ~-and-coming: υποσχόμενος πολλά ‖ ~-and-down: με ανεβοκατεβάσματα ‖ the ~s and downs: μεταπτώσεις, διακυμάνσεις

upbraid (ʌpˈbreid) [-ed]: *(v)* επιπλήττω

upbringing (ʌpˈbringiŋ): *(n)* ανατροφή

upcoming (ʌpˈkʌmiŋ): *(adj)* επερχόμενος

update (ʌpˈdeit) [-d]: *(v)* ενημερώνω

upend (ʌpˈend) [-ed]: *(v)* αναποδογυρίζω ‖ στήνω όρθιο

upgrade (ˈʌpgreid) [-d]: *(v)* ανεβάζω την ποιότητα ‖ *(n)* ανήφορος

upheaval (ʌpˈhi:vəl): *(n)* αναστάτωση, αναταραχή

upheld: see uphold

uphill (ˈʌphil): *(adj)* ανηφορικός ‖ παρατεταμένος και κουραστικός

uphold (ʌpˈhould) [upheld, upheld]: *(v)* κρατώ ψηλά ‖ υποστηρίζω

upholster (ʌpˈhoulstər) [-ed]: *(v)* βάζω ταπετσαρία σε καθίσματα ‖ ~er: *(n)* ταπετσέρης ‖ ~y: *(n)* ταπετσαρία

upkeep (ˈʌpki:p): *(n)* συντήρηση ‖ έξοδα συντήρησης

upland (ˈʌplənd): *(n)* ορεινή περιοχή ‖ εσωτερικό

uplift (ʌpˈlift) [-ed]: *(v)* σηκώνω ‖ ανεβάζω το επίπεδο

upon (əˈpon): *(prep)* επί, σε, επάνω

upper (ˈʌpər): *(adj)* ανώτερος ‖ ψηλότερος, πιο πάνω ‖ ~case: *(adj)* κεφαλαία ‖ ~-class: *(adj)* ανώτερης τάξης, της υψηλής κοινωνίας ‖ ~ classman: *(n)* φοιτητής ή μαθητής ανωτέρας τάξεως ‖ ~ crust: *(n)* ανώτερη κοινωνία ‖ ~ hand: *(n)* πλεονεκτική θέση ‖ ~most: *(adj)* ο ψηλότερος ή ανώτερος, ο πιο επάνω

uppity (ˈʌpəti:): *(adj)* ψηλομύτης, ψωροπερήφανος

upright (ˈʌprait): *(adj)* κατακόρυφος ‖ όρθιος, στητός ‖ ευθύς, τίμιος ‖ *(n)* ορθοστάτης

uprising (ˈʌpraiziŋ): *(n)* εξέγερση ‖ ανήφορος

upriver (ˈʌprivər): *(adj)* προς το επάνω μέρος του ποταμού

uproar (ˈʌprɔ:r): *(n)* αναταραχή, φασαρία, αναστάτωση ‖ ~ious: *(adj)* θορυβώδης

uproot (ʌpˈru:t) [-ed]: *(v)* ξεριζώνω

upset (ʌpˈset) [upset, upset]: *(v)* αναποδογυρίζω ‖ αναταράζω, διαταράζω ‖ αναστατώνω, ταράζω ‖ ανατρέπομαι ‖ (ˈʌpsət): *(n)* ανατροπή ‖ αναστάτωση, ταραχή ‖ (ʌpˈset): *(adj)* αναστατωμένος, ταραγμένος ‖ αναποδογυρισμένος ‖ ~ting: *(adj)* ανησυχητικός

upshot (ˈʌpʃət): *(n)* έκβαση

upside-down (ˈʌpsaidˈdaun): *(adj)* ανάποδα, το πάνω-κάτω ‖ άνω-κάτω ‖

upspring

(adv) άνω-κάτω

upspring (´ʌpspriŋ): *(n)* αναπήδηση

upstage (´ʌpsteidz): *(adj)* στο πίσω της σκηνής ‖ ψηλομύτης ‖ [-d]: *(v)* "κλέβω" την παράσταση ‖ φέρομαι υπεροπτικά

upstairs (´ʌp´steərz): *(adv)* επάνω, στο επάνω πάτωμα ‖ *(adj)* του επάνω πατώματος ‖ **kick ~**: *(v)* προβιβάζω σε θέση χωρίς ευθύνη

upstanding (ʌp´stændiŋ): *(adj)* τίμιος, έντιμος, ευυπόληπτος ‖ όρθιος

upstart (´ʌpsta:rt) [-ed]: *(v)* τινάζομαι, ξαφνιάζομαι ‖ *(n)* νεόπλουτος ‖ αυτός που έχει μεγάλη ιδέα για τον εαυτό του

upstream (´ʌpstri:m): *(adv)* προς τις πηγές του ποταμού

upsweep (´ʌpswi:p): *(n)* μαλλιά χτενισμένα και μαζεμένα επάνω

upswing (´ʌpswiŋ): *(n)* άνοδος ‖ τάση ανοδική

uptake (´ʌpteik): *(n)* εξαεριστήρας ‖ αντίληψη ‖ **quick on the ~**: καταλαβαίνω αμέσως, το "πιάνω" αμέσως ‖ **slow on the ~**: δεν το "πιάνω" γρήγορα

uptight (´ʌptait): *(adj)* νευρικός ‖ σε στενές σχέσεις ‖ τυπικός

up-to-date (´ʌptə´deit): *(adj)* σύγχρονος, μοντέρνος

upturn (´ʌptə:rn) [-ed]: *(v)* ανατρέπω ‖ στρέφω προς τα επάνω ‖ *(n)* στροφή προς τα επάνω ‖ ανοδική πορεία

upward (´ʌpwərd), **~s**: *(adj)* προς τα επάνω ‖ **~ of**: περισσότερο από

upwind (´ʌpwind): *(adv)* αντίθετα προς τον άνεμο

uranium (ju´reini:əm): *(n)* ουράνιο

urban (´ə:rbən): *(adj)* αστικός ‖ **~e** (ə:r´bein): *(adj)* ευγενής, με τρόπους ‖ **~ite**: *(n)* κάτοικος πόλεως ‖ **~ity**: *(n)* καλοί τρόποι, ευγένεια

urchin (´ə:rtʃin): *(n)* χαμίνι ‖ **sea ~**: *(n)* αχινός

urge (´ə:rdz) [-d]: *(v)* προτρέπω, παρακινώ ‖ ώθηση, σφοδρή επιθυμία ‖ **~ncy** (´ə:rdzənsi:): *(n)* επείγουσα ανάγκη, το επείγον ‖ **~nt** (´ə:rdzənt): *(adj)* επείγων ‖ **~ntly:** *(adv)* επειγό-

ντως

urin-al (´ju:rənəl): *(n)* λεκάνη αποχωρητηρίου ‖ δοχείο νυκτός ‖ αποχωρητήριο ‖ **~ate** (´ju:rineit) [-d]: *(v)* ουρώ ‖ **~e** (´ju:rin): *(n)* ούρα

urn (´ə:rn): *(n)* αγγείο, δοχείο ‖ τσαγιέρα, "σαμοβάρι"

us (ʌs): *(pron)* εμάς, μας

usage (´ju:sidz): *(n)* χρήση

usance (´ju:zəns): *(n)* προθεσμία πληρωμής εξωτερικού συναλλάγματος

use (ju:z) [-d]: *(v)* χρησιμοποιώ ‖ συνηθίζω να κάνω ‖ μεταχειρίζομαι ‖ εκμεταλλεύομαι ‖ (ju:s): *(n)* χρήση ‖ χρησιμοποίηση ‖ χρησιμότητα ‖ **~d** (ju:zd): *(adj)* μεταχειρισμένος ‖ **~ful** (´ju:sfəl): *(adj)* χρήσιμος ‖ **~fully:** *(adv)* χρήσιμα ‖ **~fulness:** *(n)* χρησιμότητα ‖ **~less** (´ju:slis): *(adj)* άχρηστος ‖ μάταιος ‖ **~lessly:** *(adv)* άχρηστα, άσκοπα ‖ **~lessness:** *(n)* αχρηστία ‖ **~r:** *(n)* χρησιμοποιών ‖ ναρκομανής ‖ **~d to:** συνηθισμένος σε ‖ **have no ~ for:** αντιπαθώ ‖ **make ~ of:** χρησιμοποιώ ‖ **~ up:** εξαντλώ, χρησιμοποιώ ως το τέλος, καταναλίσκω

usher (´ʌʃər): *(n)* κλητήρας δικαστηρίου ‖ ταξιθέτης ‖ παράνυμφος ‖ [-ed]: *(v)* συνοδεύω, δείχνω τη θέση ‖ **~ette:** *(n)* ταξιθέτρια

usual (´ju:zuəl): *(adj)* συνηθισμένος ‖ **~ly:** *(adv)* συνήθως

usu-rer (´ju:zərər): *(n)* τοκογλύφος ‖ **~rious:** *(adj)* τοκογλυφικός ‖ **~ry:** *(n)* τοκογλυφία

usurp (ju´sə:rp) [-ed]: *(v)* σφετερίζομαι ‖ **~ation:** *(n)* σφετερισμός ‖ **~er:** *(n)* σφετεριστής

usury: see usurer

utensil (ju:´tensil): *(n)* εργαλείο ‖ σκεύος

uter-ine (´ju:tərin): *(adj)* μητρικός ‖ **~us:** *(n)* μήτρα

util-itarian (ju:tilə´teəri:ən): *(adj)* πρακτικός ‖ ωφέλιμος, κοινωφελής ‖ *(n)* ωφελιμιστής ‖ **~itarianism:** *(n)* ωφελιμισμός ‖ **~ity** (ju:´tiləti:): *(n)* χρησιμότητα ‖ κοινωφελής υπηρεσία ή επιχείρηση ‖ ωφέλιμο είδος ‖ **~ize**

('ju:tǝlaiz) [-d]: (ν) χρησιμοποιώ για ορισμένο σκοπό ‖ ~izable: (adj) χρησιμοποιήσιμος, εκμεταλλεύσιμος ‖ ~ization: (n) χρησιμοποίηση, εκμετάλλευση
utmost ('ʌtmoust): (adj) άκρος, τελευταίος ‖ ανωτάτου βαθμού
utopia (ju:'toupi:ǝ): (n) ουτοπία ‖ ~n: (adj) ουτοπικός
utter ('ʌtǝr) [-ed]: (ν) προφέρω ‖ εκφράζω ‖ (adj) πλήρης, τέλειος, ολοσχερής ‖ ~able: (adj) προφερτός, εκφραστέος ‖ ~ance: (n) προφορά, λόγος ‖ έκφραση ‖ ~ly: (adv) ολοσχερώς, τελείως
U-turn ('ju:tǝ:rn): (n) στροφή σχήματος U ‖ στροφή προς αντίθετη κατεύθυνση
uvula ('ju:vjǝlǝ): (n) σταφυλή
uxoricide (ʌk'sɔ:risaid): (n) συζυγοκτονία ‖ συζυγοκτόνος

V

V, v (vi:): Το 22ο γράμμα του Αγγλικού Αλφαβήτου
vaca-ncy ('veikǝnsi:): (n) κενό ‖ κενή θέση ‖ ''δωμάτιο για νοίκιασμα'' ‖ ~t: (adj) κενός, άδειος ‖ ανέκφραστος, ''κενός'', ''άδειος'' ‖ άδειος, ελεύθερος ‖ ~te ('veikeit) [-d]: (ν) αδειάζω, εγκαταλείπω ‖ ακυρώνω ‖ ~tion (vei'keiʃǝn): (n) διακοπές ‖ αργία ‖ άδεια ‖ ~tion [-ed]: (ν) περνώ τις διακοπές ‖ ~tioner: (n) παραθεριστής ‖ ~tionist: (n) αδειούχος
vacci-nate ('væksǝneit) [-d]: (ν) μπολιάζω ‖ ~nation: (n) εμβολιασμός ‖ σημάδι εμβολίου, ''μπόλι'' ‖ ~nator: (n) μπολιαστής ‖ ~ne (væ'ksi:n): (n) εμβόλιο, ''βατσίνα''
vacillat-e ('væsǝleit) [-d]: (ν) κυμαίνομαι ‖ ταλαντεύομαι ‖ αμφιταλαντεύομαι, αμφιρρέπω ‖ ~ing: (adj) ταλαντευόμενος ‖ κυμαινόμενος ‖ αμφιταλαντευόμενος, αμφιρρέπων, αναποφάσιστος ‖ ~ion: (n) κύμανση, διακύμανση ‖ ταλάντευση ‖ αμφιταλάντευση, αναποφασιστικότητα ‖ ~ory: (adj) κυμαινόμενος ‖ ταλαντευτικός
vacu-ity (væ'kju:ǝti:): (n) κενό, κενότητα ‖ ~ous ('vækju:ǝs): (adj) κενός, άδειος ‖ άσκοπος ‖ ανέκφραστος, ''άδειος'' ‖ χαζός ‖ ~um ('vækju:ǝm): (n) κενό ‖ ~um [-ed]: (ν) σκουπίζω με ηλεκτρική σκούπα ‖ ~um bottle: (n)

''θερμό'', μπουκάλα ''θερμό'' ‖ ~um cleaner: (n) ηλεκτρική σκούπα
vagabond ('vægǝbɔnd): (n) αλήτης ‖ (adj) αλήτικος, νομαδικός
vagary ('veigǝri:): (n) ιδιοτροπία, φαντασιοπληξία
vagi-na (vǝ'dzainǝ): (n) κολεός, κόλπος ‖ ~nal ('vædzǝnǝl): (adj) κολπικός, του κολεού
vagran-cy ('veigrǝnsi:): (n) αλητεία ‖ περίσπαση της σκέψης, αφηρημάδα ‖ ~t: (n) αλήτης ‖ (adj) αλήτικος ‖ πλάνης
vague ('veig): (adj) ασαφής ‖ ακαθόριστος ‖ αμυδρός ‖ ~ly: (adv) ασαφώς ‖ ακαθόριστα, αμυδρά ‖ ~ness: (n) ασάφεια ‖ αοριστία
vain (vein): (adj) μάταιος ‖ άδειος, άκαρπος, χωρίς σημασία ‖ ματαιόδοξος ‖ in ~: μάταια ‖ ασεβώς, υβριστικώς ‖ ~ly: (adv) μάταια ‖ άσκοπα ‖ ~ness: (n) ματαιότητα ‖ ~ glorious: (adj) ματαιόδοξος ‖ ~ gloriously: (adv) με ματαιοδοξία, ματαιόδοξα ‖ ~ gloriousness, ~ glory: (n) ματαιοδοξία
vale (veil): (n) κοιλάδα ‖ ρεματιά
valedic-tion (vælǝ'dikʃǝn): (n) αποχαιρετισμός ‖ αποχαιρετιστήριος λόγος ‖ ~tory: (adj) αποχαιρετιστήριος
valence ('veilǝns): (n) σθένος
valentine ('vælǝntain): (n) κάρτα (ημέ-

valet

ρα Αγ. Βαλεντίνου)

valet (væ´lei, ´vælit): *(n)* υπηρέτης ‖ [-ed]: *(v)* υπηρετώ ‖ ~ **service:** *(n)* παρκάρισμα αυτοκινήτου πελατών από υπάλληλο του καταστήματος

valiant (´væliənt): *(adj)* ιπποτικός, ευγενής ‖ γενναίος ‖ ~**ly:** *(adv)* γενναία ‖ ~**ness:** *(n)* ιπποτισμός ‖ γενναιότητα

valid (´vælid): *(adj)* βάσιμος ‖ αποτελεσματικός ‖ έγκυρος ‖ εν ισχύει, σε ισχύ ‖ ~**ate** [-d]: *(v)* κάνω έγκυρο ‖ θέτω σε ισχύ ‖ δίνω κύρος, επαληθεύω ‖ ~**ity:** *(n)* βασιμότητα, το βάσιμο ‖ εγκυρότητα ‖ ~**ly:** *(adv)* έγκυρα ‖ βάσιμα ‖ ~**ness:** *(n)* εγκυρότητα, ισχύς

valise (və´li:z): *(n)* βαλίτσα

vallation (væ´leiʃən): *(n)* πρόχωμα, ''ταμπούρι''

valley (´væli:): *(n)* κοιλάδα ‖ λεκάνη

valor (´vælər): *(n)* ανδρεία, γενναιότητα ‖ ~**ous:** *(adj)* ανδρείος, γενναίος ‖ ~**ously:** *(adv)* γενναία

valu-able (´vælju:əbəl): *(adj)* πολύτιμος ‖ ~**ables:** *(n)* πολύτιμα αντικείμενα, κοσμήματα ‖ ~**ableness:** *(n)* αξία ‖ ~**ation** (vælju:´eiʃən): *(n)* εκτίμηση ‖ αξία ‖ ~**ator:** *(n)* εκτιμητής ‖ ~**e** (´vælju:): *(n)* αξία ‖ τιμή ‖ ~**e** [-d]: *(v)* εκτιμώ ‖ ~**ed:** *(adj)* πολύτιμος, εκτιμώμενος πολύ ‖ ~**eless:** *(adj)* χωρίς αξία

valve (´vælv): *(n)* βαλβίδα, δικλίδα ‖ λυχνία ‖ [-d]: *(v)* ελέγχω ή εφοδιάζω με βαλβίδες

vamoose (væ´mu:s) [-d]: *(v)* φεύγω βιαστικά, ''στρίβω'' *(id)*

vamp (væmp): *(n)* ψίδι ‖ μπάλωμα ‖ ''γόησσα'' ‖ [-ed]: *(v)* βάζω ψίδια ‖ αυτοσχεδιάζω ‖ μπαλώνω ‖ γοητεύω, ''ρίχνω''

vampire (´væmpaiər): *(n)* βρυκόλακας

van (væn): *(n)* φορτηγό ‖ φορτηγό βαγόνι ‖ εμπροσθοφυλακή

vandal (´vændl): *(n)* βάνδαλος ‖ ~**ism:** *(n)* βανδαλισμός ‖ ~**ize** (´vændəlaiz) [-d]: *(v)* καταστρέφω, κάνω βανδαλισμούς

vandyke (væn´daik): *(n)* μούσι ‖ ανοιχτός μεγάλος γιακάς

vane (vein): *(n)* πτερύγιο ‖ ανειοδεί-κτης

vanguard (´vænga:rd): *(n)* εμπροσθοφυλακή ‖ εμπροσθοφύλακας

vanilla (və´nilə): *(n)* βανίλια

vanish (´væniʃ) [-ed]: *(v)* εξαφανίζομαι ‖ ~**ing point:** *(n)* σημείο φυγής

vanity (´vænəti:): *(n)* ματαιοδοξία ‖ ματαιότητα ‖ τραπέζι τουαλέτας ‖ ~ **case:** *(n)* θήκη καλλυντικών ‖ πουδριέρα

vanquish (´væŋkwiʃ) [-ed]: *(v)* κατατροπώνω ‖ υπερνικώ ‖ ~**er:** *(n)* νικητής, τροπαιούχος ‖ ~**ment:** *(n)* κατατρόπωση

vantage (´væntidz): *(n)* πλεονέκτημα ‖ ~ **point:** *(n)* πλεονεκτική θέση ‖ στρατηγικό σημείο

vapid (´væpid): *(adj)* χλιαρός ‖ ανούσιος ‖ ~**ity, ~ness:** *(n)* χλιαρότητα, ανοστιά ‖ ~**ly:** *(adv)* χλιαρά, άνοστα

vapor, vapour (´veipər): *(n)* ατμός ‖ [-ed]: *(v)* βγάζω ατμό ‖ καυχησιολογώ ‖ ~**ing:** *(adj)* πομπώδης ή καυχησιάρικη ομιλία ‖ ~**ization** (veipərai´zeiʃən): *(n)* εξάτμιση, ατμοποίηση ‖ ~**ize** [-d]: *(v)* εξατμίζω ‖ εξατμίζομαι ‖ ~**izer:** *(n)* ψεκαστήρας ‖ ~**ous, ~y:** *(adj)* ατμώδης

varia (´veəri:ə): *(n)* συλλογή λογοτεχνικών έργων, ανθολογία ‖ ~**bility:** *(n)* μεταβλητότης ‖ ~**ble** (´veəri:əbəl): *(adj)* μεταβλητός ‖ *(n)* μεταβλητή ποσότητα ‖ ~**nce** (´veəri:əns): *(n)* μεταβολή ‖ διαφορά, διάσταση ‖ **at ~nce:** σε διάσταση ‖ ~**nt:** *(adj)* μεταβλητός ‖ διάφορος ‖ *(n)* διάφορη μορφή, διάφορο είδος ‖ ~**te** (´veəri:it): *(n)* μεταβλητή ‖ ~**tion:** *(n)* μεταβολή ‖ παραλλαγή ‖ απόκλιση ‖ διαφορά

varicose (´værəkous): *(adj)* κιρσώδης

vari-ed (´veəri:d): *(adj)* ποικίλος ‖ διάφορος ‖ ~**egate** [-d]: *(v)* ποικίλλω ‖ ~**ety** (və´raiəti:): *(n)* ποικιλία ‖ διάφορη μορφή ‖ διαφορά ‖ ~**ety show:** *(n)* θέατρο ποικιλιών, ''βαριετέ'' ‖ ~**form:** *(adj)* ποικιλόμορφος ‖ ~**ous** (´veəri:əs): *(adj)* ποικίλος ‖ διάφορα, κάμποσα ‖ ~**ously:** *(adv)* με διάφορους τρόπους ‖ ~ **sized:** *(adj)* ποικίλου μεγέθους

varnish (´va:rniʃ) [-ed]: *(v)* στιλβώνω, βερνικώνω ‖ ψευτολουστράρω ‖ *(n)* βερνίκι ‖ ''λούστρο'', ''ψευτοευγένεια''

varsity (´va:rsəti:): *(n)* μεικτή αθλητική ομάδα σχολείου

vary (´veəri:) [-ied]: *(v)* ποικίλλω ‖ μεταβάλλομαι, ποικίλλω ‖ παρεκκλίνω, εκτρέπομαι ‖ **~ing:** *(adj)* μεταβαλλόμενος, κυμαινόμενος ‖ ποικίλος ‖ μεταβλητός

vascular (´væskjələr): *(adj)* αγγειακός

vase (´vaz, ´veiz): *(n)* δοχείο, βάζο

vassal (´væsl): *(adj)* υποτελής ‖ **~age:** *(n)* υποτέλεια

vast (væst): *(adj)* τεράστιος, πελώριος ‖ αχανής ‖ **~ly:** *(adv)* τεράστια, αχανώς ‖ **~ness:** *(n)* αχανές, αχανής έκταση, απεραντοσύνη

vat (væt): *(n)* βαρέλι ‖ δεξαμενή

vaudeville (´və:dəvil): *(n)* βαριετέ ‖ κωμωδία

vault (vɔ:lt) [-ed]: *(v)* υπερπηδώ, πηδώ από πάνω ‖ κατασκευάζω θόλο ‖ *(n)* πήδημα, άλμα ‖ θόλος ‖ υπόγεια αποθήκη ‖ θησαυροφυλάκιο ‖ **pole ~:** *(n)* άλμα επί κοντώ

veal (vi:l): *(n)* μοσχαρίσιο κρέας ‖ *(n)* μοσχάρι, θρεφτάρι

vector (´vektər): *(n)* διάνυσμα ‖ φορέας ασθένειας

veep (vi:p): *(n)* αντιπρόεδρος *(id)*

veer (viər) [-ed]: *(v)* αλλάζω κατεύθυνση ‖ αλλάζω γνώμη ή σκοπό ή πεποίθηση ‖ στρέφομαι, αλλάζω ‖ αφήνω άγκυρα ή κάβο, ''αμολάω''

vegeta-ble (´vedztəbəl): *(n)* λαχανικό ‖ φυτό ‖ *(adj)* φυτικός ‖ **-l:** *(adj)* φυτικός ‖ **~rian** (vedzə´teəri:ən): *(n &* *adj)* χορτοφάγος ‖ **~rianism:** *(n)* χορτοφαγία ‖ **-te** (´vedziteit) [-d]: *(v)* φύομαι ‖ φυτοζωώ ‖ **~tion:** *(n)* βλάστηση

vehemen-ce (´vi:əməns), **~cy:** *(n)* βιαιότητα ‖ ορμητικότητα ‖ **-t:** *(adj)* βίαιος ‖ ορμητικός, σφοδρός ‖ **~tly:** *(adv)* βίαια, σφοδρά

vehic-le (´vi:ikəl):*(n)* όχημα ‖ φορέας ‖ **~ular:** *(adj)* για οχήματος

veil (veil): *(n)* πέπλος ‖ βέλο ‖ [-ed]: *(v)* καλύπτω, κρύβω

vein (vein): *(n)* φλέβα ‖ **~ed:** *(adj)* με φανερές φλέβες, γεμάτος φλέβες ‖ **~let:** *(n)* φλεβίτσα

vellum (´veləm): *(n)* περγαμηνή

velocity (və´ləsəti:): *(n)* ταχύτητα

velvet (´velvit): *(n)* βελούδο ‖ **~y:** *(adj)* βελούδινος, βελουδένιος

venal (´vi:nəl): *(adj)* ευκολοδωροδοκούμενος, ''πουλημένος'', αργυρώνητος

vend (vend) [-ed]: *(v)* πουλώ ‖ **~ee:** *(n)* αγοραστής ‖ **~er, -or:** *(n)* πωλητής ‖ **~ing machine:** *(n)* αυτόματη μηχανή πωλήσεων

vendetta (ven´detə): *(n)* εκδίκηση, ''βεντέτα''

vend-ing machine, ~or: see vend

veneer (və´niər): *(n)* επίστρωμα, επικολλητό, ''καπλαμάς'' ‖ ''λούστρο'' ‖ [-ed]: *(v)* επιστρώνω ‖ φτιάνω καπλαμά ‖ λουστράρω ‖ **~ing:** *(n)* καπλαμάς

venera-ble (´venərəbəl): *(adj)* σεβάσμιος ‖ σεβασμιότατος ‖ αξιοσέβαστος ‖ **~bility, ~bleness:** *(n)* σεβασμός ‖ **~bly:** *(adv)* με σεβασμό, σεβάσμια ‖ **~te** [-d]: *(v)* σέβομαι ‖ **~tion:** *(n)* σεβασμός

venereal (və´niəri:əl): *(adj)* αφροδίσιος

venesection (´venəsekʃən): *(n)* φλεβοτομία

venetian blind (və´ni:ʃən): *(n)* σκιάδα, ''στόρι'' παραθύρου, γρίλια

vengeance (´vendзəns): *(n)* εκδίκηση ‖ **with a ~:** και με το παραπάνω

venial (´vi:ni:əl): *(adj)* ελαφρός, όχι σοβαρός, συγχωρητέος

venison (´venəsən): *(n)* κρέας ελαφιού

venom (´venəm): *(n)* δηλητήριο ερπετού ή εντόμων ‖ κακεντρέχεια, ''δηλητήριο'', ''φαρμάκι'' ‖ **~ous:** *(adj)* δηλητηριώδης, φαρμακερός ‖ **~ously:** *(adv)* φαρμακερά ‖ **~ousness:** *(n)* φαρμάκι

vent (vent): *(n)* έξοδος, οπή διαφυγής ‖ άνοιγμα εξαερισμού ‖ διέξοδος ‖ [-ed]: *(v)* δίνω διέξοδο, ξεθυμαίνω ‖ κάνω εξαερισμό ‖ **give ~ to:** δίνω διέξοδο, ξεσπώ, ξεθυμαίνω ‖ **~age:** *(n)* οπή εξ αερισμού ‖ **~ilate** (´ventileit) [-d]: *(v)* αερίζω, κάνω εξαερισμό ‖

ventriloquist

παρέχω εξαερισμό ‖ κάνω γνωστό, γνωστοποιώ ‖ **~ilation:** *(n)* εξαερισμός ‖ **~ilator:** *(n)* εξαεριστήρας
ventriloquist (ven΄trilǝkwist): *(n)* εγγαστρίμυθος
venture (΄ventʃǝr) [-d]: *(v)* αποτολμώ ‖ ριψοκινδυνεύω ‖ *(n)* τόλμημα ‖ εγχείρημα ‖ **at a ~:** τυχαία ‖ κουτουρού ‖ **~some:** *(adj)* τολμηρός, παράτολμος ‖ **~someness:** *(n)* τόλμη
venue (΄venju:): *(n)* τόπος του εγκλήματος ‖ τόπος δίκης ‖ **change of ~:** μεταφορά της δίκης
veraci-ous (vǝ΄reiʃǝs): *(adj)* φιλαλήθης ‖ ακριβής ‖ **~ty:** *(n)* φιλαλήθεια ‖ αλήθεια, πραγματικότητα, το αληθές
veranda (vǝ΄rændǝ), **~h:** *(n)* βεράντα
verb (vǝ:rb): *(n)* ρήμα ‖ *(adj)* ρηματικός ‖ **~al:** *(adj)* λεκτικός ‖ προφορικός ‖ κατά γράμμα ‖ ρηματικός ‖ **~ally:** *(adv)* προφορικά ‖ **~atim** (vǝ:r΄beitim): *(adj & adv)* λέξη προς λέξη, κατά λέξη ‖ **~iage** (΄vǝ:rbi:idz): *(n)* πολυλογία ‖ **~ose** (vǝr΄bous): *(adj)* μακροσκελής ‖ **~oseness, ~osity:** *(n)* πολυλογία
verdant (΄vǝ:rdǝnt): *(adj)* κατάφυτος, καταπράσινος
verdict (΄vǝ:rdikt): *(n)* ετυμηγορία
verge (΄vǝ:rdz): *(n)* άκρη ‖ όριο ‖ χείλος ‖ [-d]: *(v)* πλησιάζω ή εγγίζω το όριο ‖ ορίζω, είμαι σύνορο ή όριο ‖ **~ to, ~ toward:** *(v)* κλίνω, γέρνω ‖ **~ into, ~ on:** τείνω ‖ **~r:** *(n)* καντηλανάφτης, νεωκόρος
veri-fication (verifi΄keiʃǝn): *(n)* επαλήθευση ‖ επιβεβαίωση ‖ **~ficative:** *(adj)* επιβεβαιωτικός ‖ **~fy** (΄verifai) [-ied]: *(v)* επαληθεύω ‖ επιβεβαιώνω ‖ **~similar:** *(adj)* αληθοφανής ‖ **~similitude** (verisi΄milǝtu:d): *(n)* αληθοφάνεια ‖ **~table** (΄veritabl): *(adj)* πραγματικός, "βεριτάμπλ"
vermi-celli (vǝ:rmǝ΄tʃeli:): *(n)* φιδές ‖ **~cular:** *(adj)* σκωληκοειδής ‖ **~form:** *(adj)* σκωληκοειδής ‖ **~form appendix:** *(n)* σκωληκοειδής απόφυση ‖ **~n** (΄vǝ:rmin): *(n)* βλαβερά ζώα ή έντομα ‖ παλιάνθρωπος ‖ **~nous:** *(adj)* σκουληκιασμένος

vermouth, vermuth (vǝr΄mu:th): *(n)* βερμούτ
vernacular (vǝr΄nækjǝlǝr): *(n)* επίσημη γλώσσα χώρας ή τόπου ‖ δημοτική, καθομιλουμένη ‖ διάλεκτος
vernal (΄vǝ:rnal): *(adj)* εαρινός ‖ **~equinox:** *(n)* εαρινή ισημερία
veronica (vǝ΄rɒnikǝ): *(n)* άγιο μανδήλιο
versatil-e (΄vǝ:rsǝtǝl): *(adj)* εύστροφος ‖ πολύπλευρος ‖ ευμετάβλητος ‖ **~ity, ~eness:** *(n)* ευστροφία ‖ το ευμετάβλητο ‖ το πολύπλευρο
verse (vǝ:rs): *(n)* στίχος ‖ ποίηση ‖ είδος ποίησης ‖ [-d]: *(v)* στιχουργώ ‖ **~d in:** *(adj)* γνώστης, που ξέρει
version (΄vǝ:rzǝn, ΄vǝ:rʃǝn): *(n)* έκδοση, άποψη ‖ ερμηνεία, απόδοση
versus (΄vǝ:rsǝs): *(prep)* εναντίον, κατά ‖ σε αντίθεση προς
vertebra (΄vǝ:rtǝbrǝ): *(n)* σπόνδυλος ‖ **~l:** *(adj)* σπονδυλικός ‖ **~l column:** *(n)* σπονδυλική στήλη ‖ **~te** (΄vǝ:rtǝbreit): *(adj)* σπονδυλωτός
vertex (΄vǝ:rteks): *(n)* κορυφή
vertical (΄vǝ:rtikǝl): *(adj)* κατακόρυφος ‖ κάθετος ‖ κορυφαίος ‖ **~ity:** *(n)* το κατακόρυφο ‖ **~ly:** *(adv)* κατακόρυφα ‖ κάθετα
vertig-inous (vǝr΄tidzinǝs): *(adj)* στροβιλιζόμενος ‖ ιλιγγιών, ζαλισμένος από ίλιγγο ‖ **~o** (΄vǝ:rtigou): *(n)* ίλιγγος
verve (΄vǝ:rv): *(n)* ενθουσιασμός, "μπρίο" ‖ "οίστρος", κέφι
very (΄veri): *(adv)* πολύ ‖ ίδιος, αυτός ο ίδιος ‖ ακριβής ‖ απλός, και μόνο
vesper (΄vespǝr): *(n)* έσπερος ‖ **~s:** *(n)* εσπερινός
vessel (΄vesǝl): *(n)* αγγείο ‖ δοχείο ‖ σκάφος
vest (vest): *(n)* γιλέκο ‖ φανέλα ‖ [-ed]: *(v)* ενδύω ‖ περιβάλλω ‖ **~ed:** *(adj)* απόλυτος ‖ **~ments:** *(n)* άμφια
vestibule (΄vestibju:l): *(n)* είσοδος βαγονιού ‖ προθάλαμος, χωλ
vestige (΄vestidz): *(n)* ίχνος, υπόλειμμα
vestry (΄vestri:): *(n)* σκευοφυλάκιο ‖ επιτροπή εκκλησίας ‖ **~man:** *(n)* επίτροπος ενορίας

420

vet (vet): see veterinarian ‖ [-ted]: *(v)* εξασκώ κτηνιατρική ‖ εξετάζω
veteran (´vetərən): *(n & adj)* παλαίμαχος, "βετεράνος" ‖ παλαιός πολεμιστής
veterinar-ian (vetəri΄neəri:ən): *(n)* κτηνίατρος ‖ ~y: *(adj)* κτηνιατρικός ‖ ~y medicine: *(n)* κτηνιατρική
veto (´vi:tou): *(n)* αρνησικυρία, "βέτο" ‖ δικαίωμα "βέτο" ‖ απόρριψη ‖ [-ed]: *(v)* απορρίπτω, απαγορεύω ‖ εξασκώ το δικαίωμα του "βέτο"
vex (veks) [-ed]: *(v)* ενοχλώ ‖ βάζω σε αμηχανία ‖ ταράζω ‖ ~ation: *(n)* ενόχληση ‖ ταραχή ‖ σύγχυση, αμηχανία ‖ ~atious: *(adj)* ενοχλητικός ‖ ~ed: *(adj)* ενοχλημένος, πειραγμένος ‖ ταραγμένος ‖ ~edly: *(adv)* ενοχλητικά, πειραχτικά
via (´vaiə): *(prep)* μέσω, δια μέσου
via-ble (´vaiəbəl): *(adj)* βιώσιμος ‖ πραγματοποιήσιμος ‖ ~bility: *(n)* το πραγματοποιήσιμο ‖ βιωσιμότητα
viaduct (´vaiədʌkt): *(n)* οδογέφυρα
vial (´vaiəl): *(n)* φιαλίδιο
vibes (´vaibz): *(n)* συγκίνηση
vibra-nt (´vaibrənt): *(adj)* πάλλων, δονούμενος ‖ ~ncy: *(n)* παλμικότητα ‖ ~te (´vaibreit) [-d]: *(v)* πάλλω, δονώ ‖ πάλλομαι, δονούμαι ‖ αμφιταλαντεύομαι ‖ ~tile: *(adj)* δονητικός ‖ ~tion (vai΄breiʃən): *(n)* κραδασμός, δόνηση, παλμός ‖ ~tions: *(n)* συγκίνηση ‖ ~tor: *(n)* δονητής ‖ ~tory: *(adj)* δονητικός
vicar (´vikər): *(n)* εφημέριος ‖ ~age: *(n)* πρεσβυτέριο ‖ θέση εφημερίου ‖ ~ general: *(n)* βοηθός επισκόπου
vice (vais): *(n)* ελάττωμα ‖ διαστροφή, "βίτσιο" ‖ see vise ‖ *(adj & prep)* αντί ‖ *(prep)* αντί, υπό ‖ ~ admiral: *(n)* αντιναύαρχος ‖ ~ consul: *(n)* υποπρόξενος ‖ ~ regent: *(n)* αρμοστής, τοποτηρητής ‖ ~ president: *(n)* αντιπρόεδρος ‖ ~ roy: *(n)* αντιβασιλέας ‖ ~ squad: *(n)* τμήμα ηθών ‖ ~ versa: *(n)* και τανάπαλιν, και αντίστροφα
vicin-al (´visənəl): *(adj)* γειτνιάζων, γειτονικός ‖ τοπικός ‖ ~ity (vi΄sinəti:): *(n)* γειτονιά ‖ εγγύτητα

vicious (´viʃəs): *(adj)* διεστραμμένος ‖ κακός, απαίσιος, φαύλος ‖ βίαιος ‖ ~ly: *(adv)* με κακία ‖ ~ circle: *(n)* φαύλος κύκλος ‖ ~ness: *(n)* κακία, φαυλότητα ‖ βιαιότητα
vicissitudes (vi΄sisitu:ds): *(n)* μεταπτώσεις, γυρίσματα ‖ μεταβολές
victim (´viktim): *(n)* θύμα ‖ ~ize (´viktimaiz) [-d]: *(v)* κάνω θύμα, εξαπατώ ‖ θυσιάζω ‖ καταδυναστεύω, βασανίζω ‖ ~ization: *(n)* καταδυνάστευση, βασάνισμα ‖ εξαπάτηση, εύρεση "θύματος"
victor (´viktər): *(n)* νικητής ‖ ~ia (vik΄tɔ:ri:ə): *(n)* ανοιχτό αμάξι, "βικτόρια" ‖ V~ian: *(n)* Βικτοριανός ‖ ~ious (vik΄tɔ:ri:əs): *(adj)* νικηφόρος ‖ ~iously: *(adv)* νικηφόρα ‖ θριαμβευτικά ‖ ~y (´viktəri:): *(n)* νίκη
victual (´vitl) [-ed]: *(v)* τροφοδοτώ ‖ ~s: *(n)* τρόφιμα ‖ ~er: *(n)* τροφοδότης
vide (´vaidi:): δες, βλέπε ‖ ~ licet (vai΄deləsit): *(adv)* δηλαδή (abbr. viz) ‖ ~o (´vidi:ou): *(adj)* τηλεοπτικός ‖ *(n)* τηλεοπτική εικόνα
vie (vai) [-d]: *(v)* αμιλλώμαι ‖ στοιχηματίζω
view (vju:): *(n)* εξέταση ‖ άποψη ‖ θέα ‖ όψη ‖ βλέψη, πρόθεση ‖ προοπτική ‖ [-ed]: *(v)* κοιτάζω ‖ βλέπω, είμαι θεατής ‖ εξετάζω, θεωρώ ‖ in ~ of: λαβαίνοντας υπόψη ‖ on ~: σε έκθεση ‖ ~er: *(n)* θεατής ‖ μηχανή προβολής διαφανειών ‖ ~ finder: *(n)* στόχαστρο ‖ ~ point, point of ~: *(n)* άποψη ‖ ~y: *(adj)* οραματιστής ‖ with a ~ to: με πρόθεση ή ελπίδα
vigil (´vidzil): *(n)* αγρυπνία ‖ ~ance (´vidziləns): *(n)* επαγρύπνηση ‖ ~ant: *(adj)* άγρυπνος, σε επαγρύπνηση ‖ ~ante (vidzi΄lænti:): *(n)* αυτός που παίρνει το νόμο στα χέρια του
vigor (´vigər), vigour: *(n)* σφρίγος, ζωτικότητα ‖ σθένος ‖ εγκυρότητα ‖ ~ous: *(adj)* σφριγηλός, ζωντανός, ζωηρός ‖ σθεναρός ‖ ~ously: *(adv)* σθεναρά ‖ με σφρίγος, με ζωηρότητα
viking (´vaikiŋ): *(n)* Βίκινγκ
vile (´vail): *(adj)* δυστυχισμένος, θλιβερός ‖ αχρείος, βρομερός, απαίσιος ‖ ~

villa

weather: *(n)* βρομόκαιρος
villa (´vilə): *(n)* έπαυλη, βίλα
village (´vilidʒ): *(n)* χωριό ‖ ~**r:** *(n)* χωρικός
villain (´vilən): *(n)* ο "κακός" της ιστορίας ή του έργου ‖ παλιάνθρωπος ‖ ~**ess:** *(n)* κακιά, βρομιάρα ‖ ~**ous:** *(adj)* κακός, εγκληματικός ‖ ~**ousness,** ~**y:** *(n)* παλιανθρωπιά, κακία
vim (vim): *(n)* σθένος, σφρίγος
vindi-cate (´vindikeit) [-d]: *(v)* δικαιώνω ‖ δικαιολογώ, υποστηρίζω ‖ ~**cation:** *(n)* δικαίωση ‖ υπεράσπιση, υποστήριξη ‖ ~**catory:** *(adj)* δικαιωτικός ‖ εκδικητικός ‖ ~**ctive** (vin´diktiv): *(adj)* εκδικητικός
vine (vain): *(n)* αναρριχητικό φυτό ‖ κλήμα, κληματαριά ‖ ~**gar** (´vinigər): *(n)* ξίδι ‖ ~**yard** (´vinjərd): *(n)* αμπέλι
vintage (´vintidʒ): *(n)* παραγωγή κρασιού ορισμένης περιοχής και περιόδου ‖ έτος εμφιάλωσης κρασιού ‖ τρύγος ‖ *(adj)* εξαιρετικός, ποιότητας
vinyl (´vainəl): *(n)* βινύλ
viola (vi:´oulə): *(n)* βιόλα
viol-able (´vaiələbəl): *(adj)* παραβιάσιμος ‖ αθετήσιμος ‖ ~**ate** (´vaiəleit) [-d]: *(v)* παραβιάζω ‖ αθετώ, παραβαίνω, καταπατώ ‖ βιάζω ‖ ~**ator:** *(n)* παραβιαστής ‖ βιαστής ‖ ~**ation:** *(n)* παραβίαση ‖ αθέτηση, καταπάτηση ‖ ~**ence** (´vaiələns): *(n)* βία ‖ βιαιότητα ‖ σφοδρότητα, ένταση ‖ ~**ent:** *(adj)* βίαιος ‖ σφοδρός, έντονος ‖ ~**ently:** *(adv)* βίαια ‖ σφοδρά, έντονα
violet (´vaiəlit): *(n)* μενεξές, βιολέτα ‖ *(adj)* βιολετής, μωβ
violin (´vaiəlin): *(n)* βιολί ‖ ~**ist:** *(n)* βιολιστής
viper (´vaipər): *(n)* οχιά ‖ ~**ous:** *(adj)* φαρμακερός, φαρμακόγλωσσος
virago (vi´ra:gou): *(n)* μέγαιρα
virgin (´və:rdʒin): *(n)* παρθένος ‖ *(adj)* παρθενικός, παρθένος ‖ ~**al:** *(adj)* παρθενικός ‖ ~**ity:** *(n)* παρθενιά
virgule (´və:rgjul): *(n)* κάθετη διαχωριστική γραμμή (/) (see slash)
viril-e (´virəl): *(adj)* ανδροπρεπής ‖ ανδρικός ‖ ~**ity:** *(n)* ανδρισμός ‖ ανδροπρέπεια

virtual (´və:rtʃuːəl): *(adj)* ουσιαστικός ‖ αυτοδύναμος ‖ ~**ly:** *(adv)* κατ' ουσία ‖ ~ **image:** *(n)* φανταστικό είδωλο
virtue (´və:rtʃuː): *(n)* αρετή ‖ αγνότητα ‖ αποτελεσματικότητα ‖ **by ~ of, in ~ of:** δυνάμει του, λόγω του ‖ **make a ~ of necessity:** κάνω την ανάγκη φιλοτιμία
virtuoso (və:rtʃuˈouzou): *(n)* "βιρτουόζος"
virtuous (´və:rtʃuːəs): *(adj)* ενάρετος
viru-lence (´viərələns): *(n)* φαρμακερότητα ‖ παθογόνα κατάσταση ‖ κακεντρέχεια ‖ ~**lent:** *(adj)* παθογόνος ‖ δηλητηριώδης ‖ φαρμακερός, κακεντρεχής ‖ ~**s** (´vairəs): *(n)* παθογόνος ιός
visa (´viːzə): *(n)* θεώρηση διαβατηρίου, "βίζα" ‖ [-ed]: *(v)* θεωρώ διαβατήριο, δίνω "βίζα"
visage (´vizidʒ): *(n)* φυσιογνωμία ‖ όψη
viscera (´visərə): *(n)* εντόσθια
viscount (´vaikaunt): *(n)* υποκόμης ‖ ~**ess:** *(n)* υποκόμισσα
viscous (´viskəs): *(adj)* κολλώδης, πηχτός
vise (vais): *(n)* συνδήκτορας, "μέγκενη", σφιγγτήρας ‖ [-d]: *(v)* σφίγγω
visi-bility (vizə´biləti:): *(n)* ορατότητα ‖ ~**ble** (´vizəbəl): *(adj)* ορατός ‖ διαφανής ‖ ~**bly:** *(adv)* ορατά ‖ φανερά
vision (´vizən): *(n)* όραση ‖ όραμα ‖ διορατικότητα ‖ οπτασία, χάρμα ομορφιάς ‖ [-ed]: *(v)* οραματίζομαι ‖ ~**al:** *(adj)* οραματικός ‖ ~**ary:** *(n)* οραματιστής ‖ προφήτης ‖ *(adj)* διορατικός
visit (´vizit) [-ed]: *(v)* επισκέπτομαι ‖ *(n)* επίσκεψη ‖ ~**ation:** *(n)* επίσκεψη ‖ επιθεώρηση ‖ θεομηνία ‖ ~**ing card:** *(n)* επισκεπτήριο, "καρτ βιζίτ" ‖ ~**ing fireman:** *(n)* σπουδαίος επισκέπτης, εξέχων επισκέπτης ‖ ~**ing professor:** *(n)* επισκέπτης καθηγητής, καθηγητής επί προσκλήσει ‖ ~**or:** *(n)* επισκέπτης
visor (´vaizər): *(n)* προσωπείο ‖ αλεξήλιο τζάμι αυτοκινήτου ‖ πιλήκιο προστατευτικό
vista (´vistə): *(n)* θέα ‖ άποψη

visual (´vizu:əl): *(adj)* οπτικός ‖ ορατός ‖ ~ **aid:** *(n)* οπτικό μέσο διδασκαλίας ‖ ~ **field:** *(n)* οπτικό πεδίο ‖ ~ize (´vizu:əlaiz) [-d]: *(v)* οραματίζομαι ‖ ~izer: *(n)* οραματιστής ‖ ~ly: *(adv)* οπτικά, ορατά

vital (´vaitəl): *(adj)* ζωτικός ‖ ζωηρός, γεμάτος ζωή ‖ θανάσιμος, θανατηφόρος ‖ ~ly: *(adv)* ζωτικά ‖ ~ity, ~ness: *(n)* ζωτικότητα ‖ ~ize [-d]: *(v)* δίνω ζωή, ζωογονώ ‖ ~ization: *(n)* ζωογόνηση ‖ ~s: *(n)* ζωτικά όργανα ‖ ~ statistics: ληξιαρχείο

vitamin (´vaitəmən): *(n)* βιταμίνη

vitiat-e (´viʃi:eit) [-d]: *(v)* διαφθείρω ‖ ακυρώνω ‖ ~ion: *(n)* διαφθορά, φθορά ‖ ακύρωση ‖ ~or: *(n)* διαφθορέας

vivac-ious (vi´veiʃəs): *(adj)* ζωντανός, ζωηρός ‖ ~iously: *(adv)* ζωηρά, με κέφι ‖ ~iousness, ~ity: *(n)* ζωντάνια, ζωηράδα, κέφι

vivid (´vivid): *(adj)* λαμπρός, ζωηρός ‖ ζωντανός, ζωηρός ‖ ~ly: *(adv)* ζωηρά ‖ λαμπρά

vivisect (´vivisekt) [-ed]: *(v)* εκτελώ ζωοτομία ‖ ~ion: *(n)* ζωοτομία ‖ ~ional: *(adj)* ζωοτομικός ‖ ~ionist: *(n)* ζωοτόμος

vixen (´viksən): *(n)* θηλυκιά αλεπού ‖ στρίγκλα

vocabulary (vou´kæbjələri:): *(n)* λεξιλόγιο

vocal (´voukəl): *(adj)* φωνητικός ‖ ~ly: *(adv)* φωνητικά, ηχητικά ‖ ~ cord: *(n)* φωνητική χορδή ‖ ~ist: *(n)* τραγουδιστής ‖ ~ize [-d]: *(v)* αρθρώνω ‖ τραγουδώ

vocation (vou´keiʃən): *(n)* τέχνη, επάγγελμα ‖ κλίση, ώθηση για θρησκευτικό επάγγελμα ‖ ~al: *(adj)* επαγγελματικός ‖ ~al school: *(n)* επαγγελματική σχολή

vocative (´vɔkətiv): *(n)* κλητική

vocifer-ate (vou´sifəreit) [-d]: *(v)* κραυγάζω, φωνασκώ ‖ ~ation: *(n)* φωνασκία ‖ ~ous (vou´sifərəs): *(adj)* κραυγαλέος, φωνακλάδικος ‖ ~ously: *(adv)* κραυγαλέα

vodka (´vɔdkə): *(n)* βότκα

vogue (´voug): *(n)* μόδα ‖ δημοτικότητα, διάδοση

voice (vois): *(n)* φωνή ‖ [-d]: *(v)* αρθρώνω, εκφράζω δια λόγου ‖ ~d: *(adj)* μεγαλόφωνος ‖ ~less: *(adj)* άφωνος, άλαλος ‖ ~over: *(n)* φωνή αφηγητού ταινίας ‖ with one ~: ομόφωνα, όλοι μαζί

void (void): *(adj)* κενός ‖ άκυρος ‖ *(n)* κενό ‖ [-ed]: *(v)* ακυρώνω ‖ κενώνω ‖ ~able: *(adj)* ακυρωτέο ‖ ~ance: *(n)* εκκένωση ‖ κενότητα

volatile (´vɔlətail): *(adj)* πτητικός, ευκολοεξάτμιστος ‖ ευμετάβλητος, άστατος ‖ εκρηκτικός

volcan-ic (vɔl´kænik): *(adj)* ηφαιστειώδης ‖ ηφαιστειακός ‖ ~o (vɔl´keinou): *(n)* ηφαίστειο

voliton (və´liʃən): *(n)* βούληση, θέληση ‖ ~al: *(adj)* θεληματικός

volley (´vɔli:): *(n)* ομοβροντία ‖ χτύπημα της μπάλας πριν χτυπήσει στο έδαφος, "βολέ" ‖ [-ed]: *(v)* ρίχνω ομοβροντία ‖ χτυπώ "βολέ" ‖ ~ ball: *(n)* πετόσφαιρα, "βόλεϊ" ‖ μπάλα του βόλεϊ

volplane (´vɔlplein) [-d]: *(v)* κάνω "βολ-πλανέ" ‖ *(n)* "βολ-πλανέ"

volt (´voult): *(n)* βολτ ‖ ~age: *(n)* τάση σε βολτ, "βολτάζ"

volte (vɔlt´fa:s): *(n)* κυκλική κίνηση ‖ ~face (vɔlt´fa:s): *(n)* μεταβολή, πλήρης μεταστροφή

voluble (´vɔljəbəl): *(adj)* ευφραδής ‖ εύστροφος ‖ ~ness: *(n)* ευφράδεια

volume (´vɔlju:m): *(n)* όγκος ‖ τόμος ‖ ~s: μεγάλη ποσότητα ‖ speak ~s: που λέει πολλά, με μεγάλη σημασία ‖ ~tric: *(adj)* ογκομετρικός

volun-tary (´vɔlənteri:): *(adj)* εθελοντικός ‖ εκούσιος ‖ ~tarily: *(adv)* εθελουσίως ‖ εθελοντικά ‖ ~teer (´vɔlən´tiər): *(n)* εθελοντής ‖ ~teer [-ed]: *(v)* προσφέρομαι εθελοντικά ‖ κατατάσσομαι εθελοντής

voluptuous (və´lʌptʃu:əs): *(adj)* φιλήδονος ‖ ηδυπαθής ‖ ~ness: *(n)* ηδυπάθεια

volute (və´lu:t): *(n)* σπείρα

vomit (´vɔmit) [-ed]: *(v)* κάνω εμετό ‖ *(n)* εμετός ‖ ~ive: *(adj)* εμετικός

voraci-ous (və:´reiʃəs): *(adj)* αδηφάγος

423

vortex

‖ **~ousness, ~ty:** *(n)* αδηφαγία
vortex (´və:rteks): *(n)* δίνη
vote (vout) [-d]: *(v)* ψηφίζω ‖ *(n)* ψήφος ‖ ψηφοφορία ‖ αριθμός ψήφων ‖ αποτέλεσμα εκλογών ‖ ~ **down:** *(v)* καταψηφίζω ‖ ~ **in:** *(v)* εκλέγω ‖ **~r:** *(n)* ψηφοφόρος
vouch (vautʃ) [-ed]: *(v)* επαληθεύω ‖ εγγυώμαι ‖ **~er:** *(n)* εγγυητής ‖ απόδειξη, δικαιολογητικό ‖ ~ **safe** [-d]: *(v)* καταδέχομαι ‖ δέχομαι να δώσω ή να εκχωρήσω
vow (vau) [-ed]: *(v)* ορκίζομαι ‖ υπόσχομαι ‖ διακηρύσσω ‖ *(n)* υπόσχεση ‖ όρκος ‖ διακήρυξη ‖ **take ~s:** γίνομαι κληρικός
vowel (´vauəl): *(n)* φωνήεν

voyage (´vɔidz): *(n)* θαλασσινό ταξίδι ‖ [-d]: *(v)* ταξιδεύω ‖ **~r:** *(n)* ταξιδιώτης
voyeur (vwa:´jə:r): *(n)* οφθαλμοπόρνος, "μπανιστηρτζής"
vulgar (´vʌlgər): *(adj)* χυδαίος ‖ *(n)* χυδαίος όχλος ‖ **~ism, ~ity:** *(n)* χοντροκοπιά ‖ χυδαιότητα
vulnera-ble (´vʌlnərəbəl): *(adj)* τρωτός ‖ ευπρόσβλητος ‖ **~bleness, ~bility:** *(n)* τρωτότητα ‖ ευπάθεια, το ευπρόσβλητο
vulture (´vʌltʃər): *(n)* γύπας, "όρνιο" ‖ άρπαγας
vulva (´vʌlvə): *(n)* αιδοίο
vying (´vaiŋ): *(adj)* αμιλλώμενος

W

W, w (´dʌbəlju): Το 23ο γράμμα του Αγγλικού Αλφαβήτου
wacky (´wæki:): *(adj)* στριμμένος, "λόξας"
wad (wəd): *(n)* μάτσο ‖ στουπί ‖ πάρα πολλά, "μάτσο" ‖ [-ded]: *(v)* συμπιέζω, κάνω μάτσο ‖ στουπώνω ‖ **~ding:** *(n)* βάτα
waddle (´wədl) [-d]: *(v)* περπατώ αδέξια, "πάω σαν πάπια" ‖ *(n)* αδέξιο, βαρύ περπάτημα
waddy (´wədi:): *(n)* γελαδάρης
wade (weid) [-d]: *(v)* περπατώ μέσα σε νερό, περνώ τα ρηχά ‖ περνώ δύσκολα μέσα από κάτι, προχωρώ με κόπο ‖ *(n)* περπάτημα μέσα στο νερό ‖ ~ **in,** ~ **into:** *(v)* πέφτω με τα μούτρα ‖ **~rs:** *(n)* ψηλές, λαστιχένιες μπότες
wafer (´welfər): *(n)* όστια ‖ λεπτό μπισκότο
waffle (´wəfəl): *(n)* τηγανίτα ‖ [-d]: *(v)* μιλώ ή γράφω παραπλανητικά
waft (wæft, wa:ft) [-ed]: *(v)* παρασύρω ελαφρά ‖ παρασύρομαι ελαφρά στον αέρα ή στο νερό ‖ *(n)* πολύ ελαφρό φύσημα
wag (wæg) [-ged]: *(v)* κουνώ πέρα δώθε ‖ περπατώ κουνιστά ‖ *(n)* κούνημα ‖ πονηρούλης, κατεργάρης
wage (weidz): *(n)* ημερομίσθιο ‖ ωριαία αμοιβή ‖ [-d]: *(v)* διεξάγω ‖ **~s:** *(n)* μισθός ‖ **~earner:** *(n)* ημερομίσθιος, μισθωτός ‖ ~ **worker:** *(n)* μεροκαματιάρης
wager (´weidzər) [-ed]: *(v)* στοιχηματίζω ‖ *(n)* στοίχημα
waggle (´wægəl) [-d]: *(v)* κουνώ σπασμωδικά ‖ περπατώ σπασμωδικά ‖ *(n)* σπασμωδική κίνηση
wagon (´wægən): *(n)* φορτηγό ‖ βαγόνι ‖ άμαξα ‖ περιπολικό αστυνομίας ‖ φορητό τραπεζάκι σερβιρίσματος ‖ **~er:** *(n)* αμαξάς ‖ **~lit** (vaɣɔn´li:): *(n)* κλινάμαξα, βαγκόνλι ‖ **off the ~:** αρχίζω πάλι να πίνω ‖ **on the ~:** κόβω το ποτό
wagtail (´wægteil): *(n)* σουσουράδα
waif (weif): *(n)* ορφανό παιδί, έρημο, εγκαταλειμμένο ‖ αδέσποτο ζώο
wail (weil) [-ed]: *(v)* θρηνώ ‖ *(n)* θρή-

424

νος ‖ **~ingly:** *(adv)* θρηνητικά, κλαψιάρικα

wain (wein): *(n)* τετράτροχο κάρο, ''αραμπάς'' ‖ **~scot:** *(n)* φάτνωμα, ξύλινη επένδυση ‖ [-ed]: *(v)* επενδύω με ξύλο ‖ **~ wright:** *(n)* αμαξοποιός

waist (weist): *(n)* οσφύς, μέση ‖ μπούστος ‖ **~ band:** *(n)* ζώνη ‖ **~ coat:** *(n)* γιλέκο ‖ **~line:** *(n)* οσφύς, περιφέρεια στη μέση

wait (weit) [-ed]: *(v)* περιμένω, αναμένω ‖ εργάζομαι ως σερβιτόρος ‖ *(n)* αναμονή ‖ **~er:** *(n)* σερβιτόρος ‖ **~ing:** *(n)* αναμονή ‖ **~ing list:** *(n)* σειρά, σειρά αναμονής ‖ **~ing room:** *(n)* αίθουσα αναμονής ‖ **~ress:** *(n)* σερβιτόρα ‖ **~ on, ~ upon:** *(v)* περιποιούμαι ‖ επισκέπτομαι ‖ εξυπηρετώ ‖ **~r: table:** *(v)* κάνω το σερβιτόρο, σερβίρω

waive (weiv) [-d]: *(v)* παραιτούμαι από δικαίωμα ‖ σταματώ επιβολή ‖ **~r:** *(n)* παραίτηση από δικαίωμα ή απαίτηση

wake (weik) [woke, waked or woken]: *(v)* ξυπνώ ‖ αγρυπνώ ‖ *(n)* ξαγρύπνια για νεκρό ‖ κύμα έλικας πλοίου, κύματα περαστικού σκάφους ‖ **in the ~ of:** από πίσω, κατά πόδας ‖ **~ful:** *(adj)* ξυπνητός ‖ άγρυπνος ‖ **~fulness:** *(n)* αγρύπνια ‖ **~n** [-ed]: *(v)* ξυπνώ

Wales (weilz): *(n)* Ουαλία

walk (wɔ:k) [-ed]: *(v)* βαδίζω, περπατώ ‖ πάω με τα πόδια, πάω πεζός ‖ *(n)* περίπατος ‖ βάδισμα ‖ τόπος περιπάτου ‖ διάβαση πεζών ‖ **~ away,** **~ over:** *(n)* εύκολη νίκη ‖ εύκολο πράγμα ‖ **~er:** *(n)* περιπατητής ‖ **~ietalkie:** *(n)* φορητός ασύρματος, ''γουόκι-τόκι'' ‖ **~in:** *(adj)* με κατευθείαν είσοδο από το δρόμο ‖ **~in closet:** *(n)* εντοιχισμένη ντουλάπα στην οποία μπορεί να μπει κανείς μέσα ‖ **~ing:** *(n)* βάδισμα, περπάτημα, πεζοπορία ‖ **~ing papers:** *(n)* διώξιμο, ''πασαπόρτι'' ‖ **~ing stick:** *(n)* μπαστούνι ‖ **~on:** *(n)* βουβός ρόλος ‖ **~ out:** *(v)* απεργώ ‖ φεύγω σε ένδειξη διαμαρτυρίας ή διαφωνίας ‖ *(n)* απεργία ‖ **~over:** *(v)* συμπεριφέρομαι βάναυσα ‖ **see ~ away** ‖ **~ up:** *(n)* διαμέρισμα ή

γραφείο χωρίς ασανσέρ ‖ **~ way:** *(n)* διάδρομος πεζών ‖ **~ off with:** *(v)* κερδίζω εύκολα και αναπάντεχα

wall (wɔ:l): *(n)* τοίχος ‖ τείχος ‖ [-ed]: *(v)* περιτειχίζω ‖ χωρίζω ή κλείνω με τοίχο ‖ **~ flower:** *(n)* μενεξές ‖ κοπέλα που δεν χορεύει σε πάρτι από ντροπή ‖ **~ paper:** *(n)* χαρτί ταπετσαρίας ‖ **~ plug:** *(n)* πρίζα ‖ **~to-wall:** *(adj)* που σκεπάζει όλο το πάτωμα

wallet (΄wɔlit): *(n)* πορτοφόλι

wallop (΄wɔləp) [-ed]: *(v)* κοπανώ, δίνω απότομο, δυνατό χτύπημα ‖ τσακίζω στο ξύλο ‖ περπατώ δύσκολα και βαριά ‖ *(n)* δυνατό χτύπημα ‖ **~ing:** *(adj)* τεράστιος

wallow (΄wɔlou) [-ed]: *(v)* κυλιέμαι ‖ κολυμπώ μέσα, πλέω μέσα σε ‖ σκαμπανεβάζω ‖ *(n)* κύλισμα ‖ λάκος με νερό ή λάσπη

wall-paper, ~ plug, ~ to-wall: see wall

walnut (΄wɔ:lnʌt): *(n)* καρύδι ‖ **~ tree:** *(n)* καρυδιά

walrus (΄wɔ:lrəs): *(n)* θαλάσσιος ίππος, μεγάλη φώκια ‖ **~ mustache:** *(n)* μουστάκι μεγάλο, κρεμαστό, ''μουστάκες''

waltz (wɔ:lts) [-ed]: *(v)* χορεύω βαλς ‖ *(n)* βαλς

wan (wɔn): *(adj)* χλωμός ‖ κουρασμένος, ''τραβηγμένος''

wand (wɔnd): *(n)* ραβδί ‖ σκήπτρο, ράβδος αξιώματος

wander (΄wɔndər) [-ed]: *(v)* περιπλανιέμαι ‖ τριγυρίζω, περιφέρομαι ‖ ξεφεύγω, παραστρατώ ‖ *(n)* περιπλάνηση ‖ **~er:** *(n)* πλάνητας ‖ **~ing:** *(adj)* περιπλανώμενος ‖ **~lust:** *(n)* μανία ταξιδιού, ''ξεσήκωμα''

wane (wein) [-d]: *(v)* φθίνω ‖ ελαττώνομαι ‖ *(n)* φθορά, ελάττωση ‖ **on the ~:** σε πτώση

wangle (΄wæŋgəl) [-d]: *(v)* καταφέρνω με πονηριά ‖ **~r:** *(n)* καταφερτζής

want (wɔnt) [-ed]: *(v)* θέλω ‖ έχω έλλειψη, στερούμαι ‖ επιζητώ ‖ *(n)* έλλειψη ‖ ανάγκη ‖ **~ad:** *(n)* αγγελία ''ζητείται'' ‖ **~ing:** *(adj)* ελλειπής, ελαττωματικός

wanton (΄wɔntən): *(adj)* ασελγής, ακόλαστος ‖ ακράτητος ‖ άφθονος

425

war

war (wɔ:r): *(n)* πόλεμος ‖ [-red]: *(v)*
πολεμώ, διεξάγω πόλεμο ‖ **~ fare:**
(n) πολεμικές επιχειρήσεις, πόλεμος ‖
~ head: *(n)* κεφαλή βλήματος ‖ **~like:**
(adj) φιλοπόλεμος, πολεμοχαρής ‖ **~
lord:** *(n)* πολέμαρχος ‖ **~ monger:**
(n) πολεμοκάπηλος ‖ **~ path:** *(n)*
εχθρική τάση ή διάθεση ‖ **~ plane:**
(n) πολεμικό αεροπλάνο ‖ **~rior:** *(n)*
πολεμιστής ‖ **~ship:** *(n)* πολεμικό
πλοίο

warble ('wɔ:rbəl) [-d]: *(v)* τιτιβίζω, κε-
λαϊδώ ‖ *(n)* τιτίβισμα ‖ τραγούδι

ward (wɔ:rd): *(n)* διοικητική περιφέρεια
‖ τμήμα ή θάλαμος νοσοκομείου ‖
τμήμα φυλακής ‖ κηδεμονευόμενος ‖
κηδεμονία ‖ **~en:** *(n)* διευθυντής φυ-
λακών ‖ φρουρός ‖ **~er:** *(n)* αρχιφύ-
λακας ‖ δεσμοφύλακας ‖ **~ room:** *(n)*
λέσχη αξιωματικών πλοίου ‖ **~ ship:**
(n) κηδεμονία ‖ **~ off:** *(v)* αποκρούω

wardrobe ('wɔ:rdroub): *(n)* ντουλάπα
ρούχων ‖ ρούχα, ''γκαρνταρόμπα''

ward-room, **~ ship:** see ward

ware (weər): *(n)* είδη ‖ **~s:** *(n)* εμπορεύ-
ματα ‖ **~house:** *(n)* αποθήκη

war-fare, **~ head,** **~ like,** **~ lord:** see
war

warily ('weərili): *(adv)* προσεκτικά ‖ με
επιφύλαξη

warm (wɔ:rm): *(adj)* θερμός, ζεστός ‖
ένθερμος, ενθουσιώδης ‖ [-ed]: *(v)*
θερμαίνω, ζεσταίνω ‖ ζεσταίνομαι ‖ **~
to:** ενθουσιάζομαι ‖ **~ up:** ζωηρεύω,
ζεσταίνομαι ‖ ζεσταίνω ‖ **~ish:** *(adj)*
ζεστούτσικος ‖ **~ly:** *(adv)* θερμά, με
θερμότητα ‖ **~blooded:** *(adj)* θερμόαι-
μος ‖ **~ed-over:** *(adj)* ξαναζεσταμένος
‖ **~hearted:** *(adj)* καλός, καλόκαρδος,
θερμός ‖ **~th:** *(n)* ζέστη ‖ ζεστασιά

warmonger: see war

warn (wɔ:rn) [-ed]: *(v)* προειδοποιώ ‖
~ing: *(n)* προειδοποίηση, ειδοποίηση ‖
~ingly: *(adv)* προειδοποιητικά, υπό
προειδοποίηση ‖ **~ away,** **off:** *(v)*
ειδοποιώ να απομακρυνθεί

warp (wɔ:rp) [-ed]: *(v)* στρεβλώνω ‖
στρεβλώνομαι ‖ στρέφω, γυρίζω ‖ *(n)*
στρέβλωση, στρέβλωμα

war-path, **~ plane:** see war

warrant ('wɔ:rənt): *(n)* ένταλμα ‖ διο-
ρισμός ‖ [-ed]: *(v)* εγγυώμαι ‖ δικαιο-
λογώ ‖ **~ officer:** *(n)* υπαξιωματικός
‖ **~or:** *(n)* εγγυητής ‖ **~y:** *(n)* εξουσιο-
δότηση ‖ εγγύηση ‖ δικαιολογία

warren ('wɔ:rən): *(n)* κονικλοτροφείο ‖
πυκνοκατοικημένο μέρος

war-rior, **~ ship:** see war

wart (wɔ:rt): *(n)* κρεατοελιά ‖ **~y:** *(adj)*
γεμάτος κρεατοελιές

wary ('weəri:): *(adj)* προσεκτικός ‖ συ-
νετός ‖ επιφυλακτικός

was (wɔz): see be

wash (wɔʃ) [-ed]: *(v)* πλένω ‖ πλένομαι
‖ μουσκεύω ‖ ρέω, κυλώ ‖ *(n)* πλύσι-
μο ‖ πλύση, μπουγάδα ‖ ρούχα για
πλύσιμο ‖ άσπρισμα, ασβέστωμα ‖ κύ-
λισμα, ροή ‖ ρηχό νερό ‖ **~ off,** **~
out,** **~ away:** *(v)* ξεπλένω ‖ παρασύρω
‖ **~ out:** *(v)* ξεθωριάζω ή ξεβάφω στο
πλύσιμο ‖ **~ down:** *(v)* συνοδεύω με
ποτό ‖ **~ one's hands of:** *(v)* αρνού-
μαι ευθύνη, ''νίπτω τας χείρας'' ‖
~able: *(adj)* που πλένεται χωρίς βλάβη
‖ **~ basin,** **~ bowl:** *(n)* νιπτήρας ‖
cloth: *(n)* πετσετάκι πλυσίματος,
''σφουγγάρι'' ‖ **~ed-out:** *(adj)* κατα-
κουρασμένος ‖ ξεθωριασμένος ‖ **~ed-
up:** *(adj)* αποτυχημένος, για πέταμα ‖
μπουχτισμένος ‖ **~er:** *(n)* πλυντήριο ‖
πλύστρα ‖ ροδέλα ‖ **~erwoman,**
~woman: *(n)* πλύστρα ‖ **~ing:** *(n)* πλύ-
σιμο, πλύση ‖ **~ out:** *(n)* καθίζηση ‖
αποτυχία ‖ **~ room:** *(n)* τουαλέτα,
αποχωρητήριο ‖ **~ stand:** *(n)* νιπτήρας
‖ **~ tub:** *(n)* σκάφη μπουγάδας ‖ **~y:**
(adj) νερουλιάρικος

wasn't: was not: see be

wasp (wɔsp): *(n)* σφήκα ‖ **W~:** λευκός
αμερικανός και διαμαρτυρόμενος
(White Anglo Saxon. Protestant) ‖
~ish: *(adj)* ευερέθιστος, ''ζοχάδας'' ‖
~ waist: *(n)* φόρεμα με πολύ στενή
μέση

wastage ('weistidz): *(n)* απώλεια ‖
σπατάλη

waste (weist) [-d]: *(v)* σπαταλώ ‖ αδυ-
νατίζω, εξασθενίζω ‖ *(n)* σπατάλη ‖
ερημότοπος, ερημιά ‖ άχρηστο υλικό ‖
(adj) άχρηστος ‖ έρημος ‖ **~ away:**

(v) εξασθενίζω, φθίνω ‖ ~ **basket, ~ paper basket:** *(π)* κάλαθος αχρήστων ‖ ~**d:** *(adj)* χαμένος ‖ εξασθενημένος, αδυνατισμένος ‖ ~**ful:** *(adj)* σπάταλος ‖ ~**fully:** *(adv)* σπάταλα ‖ ~**fulness:** *(π)* ασωτία ‖ ~**land:** *(π)* έρημη περιοχή, χέρσος τόπος ‖ ~**r:** *(π)* άσωτος, σπάταλος

watch (wɒtʃ) [-ed]: *(v)* παρατηρώ ‖ παρακολουθώ ‖ προσέχω ‖ φυλάγω, φρουρώ ‖ *(π)* προσοχή ‖ παρακολούθηση, επιτήρηση ‖ φρουρά ‖ βάρδια ‖ ρολόι ‖ κοπάδι από αηδόνια ‖ ~ **cap:** *(π)* μάλλινο καπέλο στρατιώτη ‖ ~**dog:** *(π)* σκύλος φύλακας ‖ φύλακας, επόπτης, επιστάτης ‖ ~**ful:** *(adj)* προσεκτικός ‖ ~**fully:** *(adv)* προσεκτικά ‖ ~**fullness**¨*(π)* προσοχή ‖ ~**maker:** *(π)* ωρολογοποιός ‖ ~**man:** *(π)* φύλακας ‖ ~**night:** *(π)* παραμονή Πρωτοχρονιάς ‖ ~**tower:** *(π)* πύργος φρουράς ‖ ~ **word:** *(π)* παρασύνθημα ‖ σύνθημα, πολεμική κραυγή ‖ ~ **for:** *(v)* καραδοκώ

water (´wɔ:tər) *(π)* νερό ‖ υγρό ‖ ποιότητα ‖ [-ed]: *(v)* βρέχω ‖ καταβρέχω ‖ ποτίζω ‖ νερώνω ‖ ~**bird:** *(π)* νεροπούλι, υδρόβιο πουλί ‖ ~**borne:** *(adj)* μεταφερόμενος από νερό ή θάλασσα ‖ ~ **clock:** *(π)* κλεψύδρα ‖ ~ **closet:** *(π)* αποχωρητήριο, τουαλέτα ‖ ~ **color:** *(π)* νερομπογιά, "ακουαρέλα" ‖ ~ **cool** [-ed]: *(v)* ψύχω με νερό ‖ ~ **course, ~ way:** *(π)* δίαυλος, κανάλι πλωτό ‖ ~ **course:** κοίτη ποταμού ‖ ~**cress:** *(π)* κάρδαμο ‖ ~**fall:** *(π)* καταρράκτης ‖ ~**fowl:** *(π)* υδρόβιο πουλί ‖ ~**gate:** *(π)* υδατοφράκτης ‖ ~**gauge:** *(π)* υδροδείκτης, υδρόμετρο ‖ ~**glass:** *(π)* νεροπότηρο ‖ κλεψύδρα ‖ ~**hen:** *(π)* νερόκοτα ‖ ~**hole:** *(π)* νερόλακκος, λάκκος με νερό ‖ ~**ing:** *(π)* πότισμα ‖ ~**ing place:** *(π)* θέρετρο ‖ ~**ing pot, ~ing can:** *(π)* ποτιστήρι ‖ ~**ish:** *(adj)* νερουλιάρικος ‖ ~ **jacket:** *(π)* υδροθάλαμος ‖ ~**less:** *(adj)* άνυδρος ‖ ~ **level:** *(π)* στάθμη ύδατος ‖ see ~line ‖ ~ **lily:** *(π)* νούφαρο ‖ ~**line:** *(π)* ίσαλη γραμμή ‖ ~**log** [-ged]: *(v)* πλημμυρίζω, γεμίζω νερό ‖ ~**main:** *(π)* κεντρικός

αγωγός νερού ‖ ~**melon:** *(π)* καρπούζι ‖ ~**mill:** *(π)* υδρόμυλος ‖ ~ **moccasin:** *(π)* νεροφίδα ‖ ~ **pipe:** *(π)* υδροσωλήνας ‖ ναργιλές ‖ ~ **polo:** *(π)* υδατοσφαίριση ‖ ~**proof:** *(adj)* αδιάβροχος ‖ ~ **rat:** *(π)* αλήτης του λιμανιού ‖ ~**scape:** *(π)* υδατογραφία, θαλασσογραφία ‖ ~**shed:** *(π)* διαχωριστική γραμμή υδάτων ‖ περιοχή ποταμού ‖ ~**side:** *(π)* ακτή, όχθη ‖ παρόχθια περιοχή ‖ ~ **ski, ~ skiing:** *(π)* θαλάσσιο σκι ‖ ~ **snake:** *(π)* νεροφίδα ‖ ~**spout:** *(π)* σίφωνας ‖ κρουνός ‖ ~**tight:** *(adj)* υδατοστεγής ‖ ~**way:** *(π)* πλωτός ποταμός ή κανάλι ‖ ~**works:** *(π)* υδραυλική εγκατάσταση ‖ σιντριβάνι ‖ γερανός ύδρευσης ‖ ~**y:** *(adj)* νερουλιασμένος, νερουλός, νερουλιάρικος ‖ αδύναμος, "νερουλιασμένος"

watt (wɒt): *(π)* βατ

wattle (´wɒtl): *(π)* πλέγμα από βέργες ή καλάμια ‖ κάλλαιο του κόκκορα, κρόσι, το κάτω λειρί ‖ [-d]: *(v)* κάνω πλέγμα από βέργες

wave (weiv) [-d]: *(v)* κυματίζω ‖ κουνώ το χέρι για σινιάλο ‖ γνέφω ή χαιρετώ με το χέρι ‖ κατσαρώνω ‖ *(π)* κύμα ‖ κυματισμός, κατσάρωμα ‖ κούνημα του χεριού σε σινιάλο ή χαιρετισμό ‖ ~**band:** *(π)* ζώνη κύματος ‖ ~**length:** *(π)* μήκος κύματος ‖ ~**let:** *(π)* κυματάκι

waver (´weivər) [-ed]: *(v)* ταλαντεύομαι ‖ αμφιταλαντεύομαι ‖ χάνω την ισορροπία μου, κλονίζομαι ‖ τρεμουλιάζω, τρέμω ‖ *(π)* ταλάντευση ‖ αμφιταλάντευση ‖ τρεμούλιασμα

wavy (´weivi:): *(adj)* κυματοειδής ‖ κυματώδης, με κύματα ‖ κυματιστός, σγουρός ‖ ασταθής

wax (wæks): *(π)* κηρός, κερί ‖ [-ed]: *(v)* κηρώνω ‖ αυξάνομαι ‖ μεγαλώνω, γίνομαι ‖ ~**en:** *(adj)* κερένιος ‖ χλομός σαν κερί ‖ ~ **paper:** *(π)* κηρόχαρτο ‖ ~**work:** *(π)* αγάλματα από κερί ‖ ~**y:** *(adj)* κερένιος, κέρινος ‖ χλομός

way (wei): *(π)* δρόμος ‖ τρόπος ‖ συνήθεια, τρόπος ‖ κατεύθυνση, μεριά ‖ κατάσταση ‖ **by the** ~: παρεπιπτόντως, εδώ που τα λέμε ‖ **by ~ of:** μέ-

427

σω ‖ ως μέσον, για να ‖ **give** ~: υποχωρώ, ενδίδω ‖ **in the** ~: εμπόδιο, εμποδίζοντας, εμποδίζω ‖ **pave the** ~ **for:** προετοιμάζω ‖ **under** ~: καθ' οδόν ‖ ~**bill:** (n) κατάλογος αποστολής ‖ ~ **farer:** (n) οδοιπόρος ‖ ~**lay** [~ laid, ~laid]: (v) ενεδρεύω ‖ αντιμετωπίζω ξαφνικά ‖ ~**side:** (n) άκρη του δρόμου ‖ ~ **station:** (n) δευτερεύων σταθμός ‖ ~ **ward:** (adj) ξεροκέφαλος, πεισματάρης ‖ άστατος ‖ ~ **worn:** (adj) κουρασμένος από το ταξίδι

we (wi:): (pron) εμείς

weak (wi:k): (adj) ασθενικός, αδύνατος ‖ ελαφρός, όχι δυνατός ‖ ~en [-ed]: (v) εξασθενίζω ‖ εξασθενώ, αδυνατίζω ‖ ~-**kneed:** (adj) αναποφάσιστος ‖ δειλός ‖ ~**ling:** (n) αδύνατο πλάσμα ‖ αδύνατος χαρακτήρας ‖ ~**ly:** (adv) ασθενικά, αδύνατα ‖ ~ **minded:** (adj) ασθενικού χαρακτήρα ‖ χαζούτσικος ‖ ~**ness:** (n) αδυναμία ‖ ~ **sister:** (n) αδύνατου χαρακτήρα

weal (wi:l): (n) μωλωπισμός, σημάδι

wealth (welth): (n) πλούτος ‖ αφθονία, πλούτος ‖ ~**ily:** (adv) πλούσια ‖ ~**y:** (adj) πλούσιος

wean (wi:n) [-ed]: (v) απογαλακτίζω, κόβω από θήλασμα ‖ ~**ling:** (n) βρέφος ή ζώο που μόλις έπαψε να θηλάζει

weapon (΄wepən): (n) όπλο ‖ ~**eer:** (n) κατασκευαστής πυρηνικών όπλων ‖ ~**ry:** (n) όπλα

wear (weər) [wore, worn]: (v) φορώ ‖ φέρω, έχω ‖ φθείρω από χρήση, λιώνω ‖ εξαντλώ ‖ αντέχω σε φθορά ‖ (n) χρήση ‖ φθορά από χρήση ‖ ρούχα ‖ αντοχή σε χρήση ‖ ~**able:** (adj) κατάλληλο για να φορεθεί ‖ ~ **and tear:** φθορά ή απώλεια από χρήση ‖ ~ **away:** (v) φθείρω ‖ φθείρομαι ‖ ~**down:** (v) φθείρω ‖ ~ **off:** (v) εξαλείφομαι, σβήνω σιγά-σιγά ‖ ~ **out:** (v) καταστρέφω από χρήση ‖ καταστρέφομαι από χρήση ‖ καταναλώνω ‖ ~**er:** (n) αυτός που φορεί

wea-riful (΄wiərifəl): (adj) κουραστικός ‖ ~**riless:** (adj) ακούραστος ‖ ~**risome:** (adj) κουραστικός, κοπιώδης ‖ ~**rily:**

(adv) κουρασμένα ‖ ~**ry** (΄wiəri:): (adj) κουρασμένος ‖ κουραστικός ‖ [-ied]: (v) κουράζω ‖ κουράζομαι

weasand (΄wi:zənd): (n) λάρυγγας

weasel (΄wi:zəl): (n) νυφίτσα ‖ ύπουλος άνθρωπος ‖ [-ed]: (v) ~ **out:** αθετώ υπόσχεση ή αποφεύγω πράξη με ύπουλο τρόπο ‖ ~ **word:** (n) λέξη με διφορούμενη σημασία

weather (΄weðər): (n) καιρός ‖ καιρικές συνθήκες ‖ [-ed]: (v) εκθέτω σε καιρικές συνθήκες ‖ καταστρέφομαι από καιρικές συνθήκες ‖ περνώ ασφαλώς, καταφέρνω και αντεπεξέρχομαι ‖ ~ **balloon:** (n) μετεωρολογικό αερόστατο ‖ ~-**beaten:** (adj) με σημάδια των καιρικών συνθηκών, ανεμοδαρμένος, ηλιοψημένος ‖ ~-**bound:** (adj) αποκλεισμένος από κακοκαιρία ‖ ~**cast:** (n) πρόβλεψη καιρού ‖ ~ **cock:** (n) ανεμοδείκτης ‖ ~ **eye:** αυτός που καταλαβαίνει τον καιρό ‖ ~ **glass:** (n) βαρόμετρο ‖ ~-**man:** (n) ο προβλέπων τον καιρό ‖ ~ **station:** (n) μετεωρολογικός σταθμός ‖ ~ **worn:** (adj) ανεμοδαρμένος

weave (wi:v) [-d or wove, woven]: (v) υφαίνω ‖ πλέκω ‖ κάνω πλοκή, σχηματίζω την πλοκή ‖ προχωρώ ζιγκ-ζαγκ ‖ (n) πλέξη, υφή ‖ ~**r:** (n) υφαντής

web (web): (n) ιστός, δίχτυ ‖ υφαντό ‖ μεμβράνη ‖ ~**bed:** (adj) μεμβρανώδης ‖ με μεμβράνη ‖ με δάχτυλα ενωμένα με νηκτικές μεμβράνες ‖ ~**bing:** (n) νεύρωση, ενίσχυση ‖ ~-**footed:** (adj) με πόδια που έχουν δάχτυλα με μεμβράνες νηκτικές

wed (wed) [-ded]: (v) παντρεύω ‖ παντρεύομαι ‖ ~**ding:** (n) γάμος ‖ ~**ding ring:** (n) βέρα ‖ ~**lock:** (n) γάμος

we'd (wi:d): we had, we should, we would: see have, should & would

wedding, ~ ring: see wed

wedge (wedz): (n) σφήνα ‖ τριγωνικό κομμάτι ‖ [-d]: (v) σφηνώνω ‖ στριμώχνω ‖ στριμώχνομαι

wedlock: see wed

Wednesday (΄wenzdei, ΄wendzi:): (n) Τετάρτη

wee (wi:): (adj) μικρούτσικος ‖ ~

428

wench

hours: *(n)* οι μικρές ώρες, πολύ νωρίς το πρωί

weed (wi:d): *(n)* αγριόχορτο, ζιζάνιο ‖ καπνός πίπας ή για τσιγάρο ‖ μαριχουάνα ‖ τσιγάρο ‖ [-ed]: *(v)* καθαρίζω αγριόχορτα, ξεχορταριάζω ‖ ξεκαθαρίζω τα άχρηστα, ξεχωρίζω τα χρήσιμα από τα άχρηστα ‖ ~**s:** *(n)* πένθιμα ρούχα ‖ ~**er:** *(n)* ζιζανιοκτόνο ‖ ~**y:** *(adj)* χορταριασμένος, γεμάτος αγριόχορτα ‖ ξερακιανός

week (wi:k): *(n)* εβδομάδα ‖ ~**day:** *(n)* καθημερινή ‖ ~**end:** *(n)* Σαββατοκύριακο ‖ ~**end** [-ed]: *(v)* περνώ το Σαββατοκύριακο ‖ ~**ender:** *(n)* μικρή τσάντα εκδρομής ‖ ~**ly:** *(adv)* κάθε βδομάδα ‖ *(adj)* εβδομαδιαίος ‖ *(n)* εβδομαδιαία έκδοση

weeny (´wi:ni:): *(adj)* μικρούτσικος, μικροσκοπικός

weep (wi:p) [wept, wept]: *(v)* κλαίω ‖ ~**ing:** *(n)* κλάψιμο ‖ ~**ing willow:** *(n)* κλαίουσα, ιτιά

weigh (wei) [-ed]: *(v)* ζυγίζω ‖ σταθμίζω ‖ σηκώνω την άγκυρα ‖ βαραίνω, έχω βάρος ‖ ~ **down:** *(v)* πιέζω, βαραίνω ‖ ~ **on,** ~ **upon:** *(v)* καταπιέζω, δίνω βάρος, γίνομαι βάρος ‖ ~ **beam:** *(n)* φάλαγγα, ζυγού ‖ ~**t** (weit): *(n)* βάρος ‖ βαρύτητα ‖ μέτρο βάρους, σταθμό, ζύγι ‖ βαρίδι, βάρος ‖ **carry** ~**t:** *(v)* έχω βαρύτητα, έχω επίδραση ‖ **throw one's** ~**t around:** *(v)* κάνω το σπουδαίο ή τον παλικαρά ‖ ~**t** [-ed]: *(v)* προσθέτω βάρος, βάζω βάρος ‖ φορτώνω ‖ ~**tless:** *(adj)* αβαρής ‖ ~**tlessly:** *(adv)* ελαφρά, ανάλαφρα, χωρίς βαρύτητας ‖ ~**t-lifter:** *(n)* αθλητής άρσης βαρών ‖ ~**t-lifting:** *(n)* άρση βαρών ‖ ~**ty:** *(adj)* βαρύς ‖ καταπιεστικός ‖ σπουδαίος, με βαρύτητα ‖ αποτελεσματικός, πειστικός ‖ ~**tiness:** *(n)* βαρύτητα

weir (wiər): *(n)* ρυθμιστικό φράγμα, υπερχειλιστήρας

weird (wiərd): *(adj)* υπερφυσικός ‖ αλλόκοτος ‖ ~**ly:** *(adv)* αλλόκοτα, παράξενα ‖ ~**ie:** *(n)* αλλόκοτος άνθρωπος, τρελάκιας

welcome (´welkəm) [-d]: *(v)* καλωσορίζω ‖ υποδέχομαι με ευχαρίστηση ‖ *(n)* καλωσόρισμα ‖ ευνοϊκή υποδοχή ‖ *(adj)* ευπρόσδεκτος ‖ *(interj)* καλωσορίσατε ‖ παρακαλώ, τίποτε

weld (weld) [-ed]: *(v)* κολλώ, συγκολλώ ‖ *(n)* συγκόλληση ‖ ~**ing:** *(n)* συγκόλληση

welfare (´welfeər): *(n)* ευημερία ‖ κοινωνική πρόνοια ‖ **on** ~: άπορος που συντηρείται από την κοινωνική πρόνοια ‖ ~ **work:** *(n)* κοινωνική πρόνοια

well (wel):*(n*πηγάδι, φρέαρ ‖ πηγή ‖ [-ed]: *(v)* πηγάζω ‖ *(adv)* καλώς, καλά ‖ *(adj)* σε καλή υγεία, καλά ‖ *(interj)* λοιπόν, έτσι λοιπόν ‖ **as** ~: επίσης, ομοίως ‖ **as** ~ **as:** επιπροσθέτως, επιπλέον ‖ ~**-being:** *(n)* ευημερία ‖ ~**-bred:** *(adj)* καλοαναθρεμμένος ‖ ~**-built:** *(adj)* καλοφτιαγμένος ‖ ~**-disposed:** *(adj)* ευμενώς διατεθειμένος ‖ ~**-done:** *(adj)* καλοψημένος ‖ τέλειος, καλός ‖ ~**-fed:** *(adj)* καλοθρεμμένος ‖ ~**-fixed:** *(adj)* εύπορος ‖ ~**-groomed:** *(adj)* περιποιημένος ‖ ~ **head:** *(n)* πηγή ποταμού ‖ ~**-heeled:** *(adj)* με λεφτά, ''λεφτάς'' ‖ ~**-intentioned,** ~**-meaning:** *(adj)* καλοπροαίρετος ‖ ~**-known:** *(adj)* γνωστός, περίφημος ‖ ~**-mannered:** *(adj)* ευγενής, με τρόπους ‖ ~**-meant:** *(adj)* από καλή πρόθεση ‖ ~**-nigh:** *(adv)* σχεδόν ‖ ~**-off:** *(adj)* εύπορος ‖ τυχερός ‖ ~ **read:** *(adj)* διαβασμένος, πολυμαθής ‖ ~ **spring:** *(n)* πηγή ‖ ~**-thought of:** ευυπόληπτος ‖ ~**-timed:** *(adj)* επίκαιρος, στην ώρα του ‖ ~**-to-do:** *(adj)* εύπορος ‖ ~**-wisher:** *(n)* καλοθελητής

welsh (welʃ) [-ed]: *(v)* παραβαίνω υποχρέωση ‖ δεν πληρώνω χρέος ‖ **W**~: *(adj)* Ουαλικός ‖ *(n)* Ουαλός ‖ *(n)* ουαλικά ‖ **W**~**man:** *(n)* Ουαλός ‖ **W**~ **rabbit:** *(n)* πεϊνιρλί

welt (welt) [-ed]: *(v)* ξυλοκοπώ άγρια ‖ *(n)* σημάδι από χτύπημα

welter (´weltər) [-ed]: *(v)* κυλιέμαι ‖ κολυμπώ, βυθίζομαι ‖ *(n)* ανακάτωμα, ταραχή ‖ ~ **weight:** *(n)* πυγμάχος ελαφρών βαρών

wench (wentʃ): *(n)* κοπελιά, ''τσούπρα''

429

‖ υπηρέτρια ‖ έκφυλη, πρόστυχη
went: see go
wept: see weep
were: see be
we're (wiər): we are: see be
weren't (wəːrnt): were not: see be
werewolf (´wəːrwulf): *(n)* λυκάνθρωπος
west (west): *(n)* δύση ‖ δυτικός κόσμος,
δυτικό ημισφαίριο ‖ *(adj)* δυτικός ‖
(adv) δυτικά, προς τα δυτικά, προς
δυσμάς ‖ **go ~:** *(v)* πεθαίνω ‖ πάω
προς τις δυτικές περιοχές ‖ **~ bound:**
(adj) με κατεύθυνση προς δυσμάς ‖
~er [-ed]: *(v)* πέφτω προς τη δύση,
γέρνω προς τη δύση, αρχίζω να δύω ‖
(n) δυτικός άνεμος ‖ **~erly:** *(adj)* δυτι-
κός ‖ *(n)* δυτικός άνεμος ‖ **~ern:**
(adj) δυτικός ‖ *(n)* ταινία ''ουέστερν'',
ταινία καουμπούστικη ‖ **~erner:** *(n)*
κάτοικος των δυτικών πολιτειών ‖
~ernize [-d]: *(v)* δυτικοποιώ, εισάγω
τρόπους και έθιμα της δύσης ‖
~ernmost: *(adj)* ο δυτικότατος ‖ **~ern
omelet:** *(n)* ομελέτα με χοιρομέρι, πι-
περιές και κρεμμύδια ‖ **W~ Indies:**
(n) Δυτικές Ινδίες (οι Μπαχάμας και
οι Αντίλλες) ‖ **W~ Point:** *(n)* Αμερι-
κανική Σχολή Ευελπίδων ‖ **~ward,
~wards:** *(adv)* προς τα δυτικά
wet (wet): *(adj)* υγρός ‖ νωπός, βρεγμέ-
νος ‖ βροχερός ‖ που επιτρέπει την
κατανάλωση οινοπνευματωδών ποτών
‖ **all ~:** λάθος ‖ **~ behind the ears:**
άπειρος, αρχάριος ‖ **~ one's whistle:**
(v) πίνω ‖ **~ back:** *(n)* Μεξικανός που
μπήκε παράνομα στις ΗΠΑ ‖ **~
blanket:** *(n)* γρουσούζης, που χαλάει
το κέφι ‖ **~ dream:** *(n)* ονείρωξη ‖ **~
nurse:** *(n)* τροφός, παραμάνα ‖ **~
pack:** *(n)* κομπρέσα
we've (wiːv): we have: see have
whack (hwæk) [-ed]: *(v)* δίνω σφαλιάρα
‖ κοπανάω, χτυπώ δυνατά ‖ *(n)* σφα-
λιάρα ‖ χτύπημα ‖ **have a ~, take a
~:** *(v)* κάνω απόπειρα, δοκιμάζω κάτι
‖ **out of ~:** χαλασμένο, όχι σε λει-
τουργία ‖ **~ing:** *(adj)* υπέροχος
whale (hweil): *(n)* φάλαινα ‖ [-d]: *(v)*
φαλαινοθηρώ ‖ μαστιγώνω ‖ **~ bone:**
(n) μπανέλα ‖ **~r:** *(n)* φαλαινοθηρικό

wharf (hwəːrf): *(n)* αποβάθρα ‖ [-ed]:
(v) προσορμίζω ‖ κατασκευάζω απο-
βάθρα ‖ **~age:** *(n)* τέλη αποβάθρας ‖ **~
rat:** *(n)* αλήτης του λιμανιού
what (hwɔt, hwʌt, hwət): *(pron)* τι? ‖
ό,τι ‖ όσος ‖ ποιός? ‖ **~ever:** *(pron)*
οποιοσδήποτε ‖ ο,τιδήποτε ‖ **~ not:**
(n) κάτι τι ‖ **~ soever:** *(pron)* ο,τιδή-
ποτε
wheat (hwiːt): *(n)* σιτάρι ‖ **~en:** *(adj)*
σιταρένιος
wheedle (hwiːdl) [-d]: *(v)* καλοπιάνω,
κολακεύω ‖ καταφέρνω με δόλο ή κο-
λακεία ‖ **~r:** *(n)* κόλακας, καταφερ-
τζής
wheel (hwiːl): *(n)* τροχός, ρόδα ‖ [-ed]:
(v) κινώ ή μεταφέρω με τροχούς ‖ γυ-
ρίζω, περιστρέφω ‖ περιστρέφομαι ‖
at the ~, behind the ~: ''κουμάντο'',
''στο τιμόνι'' ‖ **~s within ~s:** περι-
πλοκές, ανακατωμένες υποθέσεις ή
καταστάσεις ‖ **~ barrow:** *(n)* χειράμα-
ξα ‖ **~ chair:** *(n)* αναπηρική πολυθρό-
να ‖ **~ed:** *(adj)* με τροχούς ‖ **~er:** *(n)*
τροχοφόρο ‖ **~man, ~sman:** *(n)* τιμο-
νιέρης
wheeze (hwiːz) [-d]: *(v)* ασθμαίνω, κο-
ντανασαίνω ‖ ξεφυσώ ‖ αναπνέω
σφυριχτά ‖ *(n)* φύσημα ‖ σφυριχτή
αναπνοή
whelk (hwelk): *(n)* κοχύλι ‖ σπυρί ‖
~y: *(adj)* σπυριάρης
whelp (hwelp): *(n)* κουτάβι ‖ λυκόπου-
λο
when (hwen): *(adv)* πότε ‖ όταν ‖ **~ce**
(hwens): *(adv)* από όπου ‖ από που ‖
~ever: *(adv)* οποτεδήποτε
where (hweər): *(adv)* που ‖ όπου, που
‖ **~ abouts:** *(n)* τόπος, μέρος ‖ *(adv)*
πάνω-κάτω που, σε ποιό περίπου μέ-
ρος ‖ **~as:** *(conj)* ενώ ‖ **~ in:** *(adv)*
όπου ‖ **~ to:** *(adv)* που, μπροστά που
‖ **~ever:** *(adv)* οπουδήποτε
whet (hwet) [-ted]: *(v)* τροχίζω ‖ οξύνω
‖ ανοίγω όρεξη ‖ *(n)* ορεκτικό
whether (´hweðər): *(conj)* εάν, είτε
whew (hwuː): *(inter)* ουφ!
which (hwitʃ): *(pron)* ποιό ‖ ποιός από
‖ οποίος ‖ **~ever:** *(pron)* οποιοδήποτε
‖ *(adj)* όποιο, απ' όπου

whiff (hwif): *(n)* ελαφρό φύσημα ‖ ελαφρή παροδική μυρουδιά ‖ ελαφρή ρουφηξιά

while (hwail): *(n)* χρονικό διάστημα ‖ *(conj)* ενώ ‖ ~ **away:** *(v)* περνώ την ώρα

whim (hwim): *(n)* ιδιοτροπία, "καπρίτσιο"

whimper (΄hwimpər) [-ed]: *(v)* κλαψουρίζω ‖ παραπονιέμαι ‖ *(n)* κλαψούρισμα ‖ ~**er:** *(n)* κλαψιάρης

whimsical (΄hwimzikəl): *(adj)* ιδιότροπος ‖ αυθαίρετος

whine (hwain) [-d]: *(v)* κλαψουρίζω ‖ τσιρίζω, σκούζω ‖ παραπονιέμαι κλαψουρίζοντας ‖ *(n)* κλαψούρισμα ‖ τσιρίδα ‖ κλαψιάρικο παράπονο

whinny (΄hwini:) [-ied]: *(v)* χλιμιντρίζω ‖ *(n)* χλιμίντρισμα

whip (hwip) [-ped]: *(v)* μαστιγώνω ‖ επιπλήττω αύγρια ‖ χτυπώ ‖ νικώ, κατανικώ ‖ κινούμαι απότομα ‖ *(n)* μαστίγιο ‖ βουλευτής που φροντίζει για την πειθαρχία του κόμματος και παρουσίες στην βουλή ‖ ~ **hand:** *(n)* θέση ελέγχου ή επιβολής ‖ ~**lash:** *(n)* μαστίγιο ‖ ~**ping:** *(n)* μαστίγωση ‖ δάρσιμο ‖ ήττα ‖ ~ **stock:** *(n)* λάβη μαστιγίου ‖ ~ **off,** ~ **out:** *(v)* βγάζω απότομα

whir (hwə:r) [-red]: *(v)* βουΐζω ‖ στριφογυρίζω βουΐζοντας ‖ *(n)* βούισμα

whirl (hwə:rl) [-ed]: *(v)* στροβιλίζομαι ‖ στριφογυρίζω ‖ *(n)* στροβίλισμα ‖ στριφογύρισμα ‖ ζάλη ‖ σύντομο ταξίδι ‖ ~ **about:** *(n)* "αλογάκια", "χούνιες" ‖ ~ **pool:** *(n)* δίνη, ρουφήχτρα ‖ ~ **wind:** *(n)* ανεμοστρόβιλος ‖ ~**y bird:** *(n)* ελικόπτερο

whirr: see whir

whisk (hwisk) [-ed]: *(v)* μετακινώ γρήγορα ‖ κινούμαι γρήγορα ‖ χτυπώ αυγά ή κρέμα ‖ *(n)* γρήγορη κίνηση ‖ χτυπητήρι ‖ ~ **broom:** *(n)* βούρτσα ρούχων

whisker (΄hwiskər): *(n)* τρίχα από γένια ‖ ~**s:** *(n)* γένια, αξυρισιά ‖ γένια ‖ μουστάκια ‖ φαβορίτες ‖ **by a** ~: παρά τρίχα

whiskey (΄hwiski:), **whisky:** *(n)* ουΐσκι

‖ ~ **sour:** *(n)* ουΐσκι με χυμό λεμονιού

whisper (΄hwispər) [-ed]: *(v)* ψιθυρίζω ‖ θροΐζω ‖ *(n)* ψίθυρος

whist (hwist): *(n)* χαρτοπαίγνιο "ουΐστ"

whistle (΄hwisəl) [-d]: *(v)* σφυρίζω ‖ *(n)* σφυρίχτρα ‖ σφύριγμα ‖ ~ **in the dark:** *(v)* προσπαθώ να πάρω κουράγιο

whit (hwit): *(n)* κομματάκι, τόσο δα

white (΄hwait): *(adj)* λευκός, άσπρος ‖ τίμιος, σωστός, "ντόμπρος" ‖ *(n)* λευκό ‖ λεύκωμα, ασπράδι ‖ ~**ant:** *(n)* τερμίτης ‖ ~ **bait:** *(n)* θαλασσινά, θαλασσινός μεζές, νόστιμο θαλασσινό ‖ ~ **blood cell:** *(n)* λευκό αιμοσφαίριο ‖ ~ **book:** *(n)* λευκή βίβλος ‖ ~ **cap:** *(n)* αφρισμένο κύμα ‖ ~**collar worker:** *(n)* υπάλληλος γραφείου ‖ ~ **corpuscle:** *(n)* see ~ blood cell ‖ ~**d sepulcher:** *(n)* υποκριτής, φαρισαίος ‖ ~ **elephant:** *(n)* δώρο ή αντικείμενο αμφιβόλου αξίας ‖ εγχείρημα αμφιβόλου έκβασης ή πιθανής αποτυχίας ‖ ~ **feather:** *(n)* δειλία ‖ ~ **horse:** see ~ cap ‖ ~ **lie:** *(n)* διπλωματικό ή αθώο ψέμα ‖ ~**en** [-ed]: *(v)* ασπρίζω ‖ λευκαίνω ‖ ~**ness:** *(n)* ασπρίλα ‖ χλωμάδα ‖ ~ **plague:** *(n)* φυματίωση ‖ ~ **wash** [-ed]: *(v)* ασπρίζω, ασβεστώνω ‖ *(n)* ασβέστωμα, ασπρισμα, ασβεστόχρωμα ‖ ήττα με μηδέν πόντους ‖ ~**y:** *(n)* ασπρούλης ‖ ξανθούλης

Whitsunday (΄hwitsəndi:): *(n)* Κυριακή της Πεντηκοστής

whittle (΄hwitl) [-d]: *(v)* πελεκώ με μαχαίρι, σκαλίζω ‖ ~ **away,** ~ **down,** ~ **off:** *(v)* ελαττώνω, περιορίζω, κατεβάζω

whiz (hwiz) [-zed]: *(v)* σφυρίζω ‖ περνώ σφυρίζοντας, περνώ με σφύριγμα ‖ περνώ γρήγορα ‖ *(n)* σφυριχτός ήχος ‖ σύντομο ταξίδι ‖ "τεχνίτης", "σπουδαίος", "αριστοτέχνης"

who (hu:): *(pron)* ποιός ‖ οποίος, που ‖ ~**dunit:** *(n)* μυθιστόρημα μυστηρίου ‖ ~**ever:** *(pron)* οποιοσδήποτε

whole (΄houl): *(adj)* ολόκληρος ‖ ακέραιος, αβλαβής ‖ *(n)* το σύνολο ‖ ακέραιο ‖ **as a** ~: στο σύνολο ‖ **on the**

431

~: γενικά, στο σύνολο ‖ ~ **hearted:**
(adj) ολόψυχος, μ' όλη την καρδιά ‖ ~
heartedly: *(adv)* μ' όλη την καρδιά,
ολόψυχα ‖ ~ **hog:** πέρα ως πέρα ‖ ~
milk: *(n)* ολόπαχο γάλα ‖ ~**ness:** *(n)*
ακεραιότητα ‖ ~**sale:** *(n)* χονδρική πώ-
ληση ‖ *(adj)* χονδρικής πώλησης ‖
απόλυτος, ολοσχερής ‖ ~**saler:** *(n)*
που πουλά χονδρικά ‖ ~**some:** *(adj)*
υγιεινός ‖ υγιής ‖ ~**someness:** *(n)*
υγεία

wholly (´houli:): *(adv)* εξ ολοκλήρου,
εντελώς, πλήρως

whom (hu:m): *(pron)* ποιόν ‖ οποίον ‖
~**ever:** *(pron)* οποιονδήποτε

whoop (hwu:p) [-ed]: *(v)* φωνάζω δυνα-
τά ή θριαμβευτικά, βγάζω φωνή
θριάμβου ‖ φωνάζω τσιριχτά ‖ *(n)*
φωνή χαράς ή θριάμβου ‖ τσίριγμα ‖
~**ing cough:** *(n)* κοκίτης

whop-per (´hwɔpər): *(n)* τεράστιο
πράγμα ‖ σπουδαίο πράγμα ‖ ψεματά-
ρα ‖ ~**ping:** *(adj)* τεράστιος, σπουδαί-
ος

whore (´hɔ:r): *(n)* πόρνη ‖ [-d]: *(v)*
πορνεύομαι ‖ πάω με πόρνες ‖ ~
house: *(n)* οίκος ανοχής, πορνείο

whose (hu:z): *(pron)* τίνος ‖ του οποί-
ου

why (hwai): *(adj)* γιατί? ‖ πού, γιατί ‖
(inter) Ω!, έλα τώρα, μα

wick (wik): *(n)* φιτίλι

wicked (´wikid): *(adj)* κακοήθης ‖
απαίσιος, κακός ‖ πονηρός ‖ ~**ly:**
(adv) με κακοήθεια, με κακία ‖ απαί-
σια ‖ ~**ness:** *(n)* κακοήθεια, κακία

wicker (´wikər): *(n)* πλέγμα από βέργες
ή καλάμια

wicket (´wikit): *(n)* πορτίτσα, παρα-
πόρτι ‖ παραθυράκι, θυρίδα ‖ υδατο-
φράκτης ‖ εστία του κρίκετ ή του
κρόκετ

wide (waid): *(adj)* πλατύς, φαρδύς ‖ ευ-
ρύς ‖ ολάνοιχτος, ορθάνοιχτος ‖ έξω
από, μακρυά ‖ *(adv)* πλατιά, διάπλατα
‖ ορθάνοιχτα ‖ μακριά, έξω από ‖ ~-
angle: *(adj)* ευρυγώνιος ‖ ~-**awake:**
(adj) εντελώς ξυπνητός ‖ ~-**eyed:**
(adj) με ορθάνοιχτα ή γουρλωμένα
μάτια ‖ ~**ly:** *(adv)* πλατιά, φαρδιά ‖

κατά πολύ, πολύ ‖ ~**n** [-ed]: *(v)* διευ-
ρύνω ‖ πλαταίνω, φαρδαίνω ‖ ευρύ-
νομαι ‖ ~**ness:** *(n)* πλάτος, ευρύτητα ‖
~-**open:** *(adj)* ορθάνοιχτος, ολάνοιχτος
‖ εντελώς ακάλυπτος ‖ χωρίς νόμους
‖ ~ **spread:** *(adj)* εκτεταμένος ‖ ~ **of
the mark:** έξω από το στόχο, μακριά
από το στόχο

widow (´widou): *(n)* χήρα ‖ ~**ed:** *(adj)*
χήρος, χηρεύων, χηρεύσας ‖ ~**er:** *(n)*
χήρος ‖ ~**hood:** *(n)* χηρεία ‖ ~**'s mite:**
(n) ο οβολός της χήρας ‖ ~**'s peak:**
(n) σηκωμένο τσουλούφι, μαλλί φου-
σκωτό μπροστά

width (width): *(n)* πλάτος, φάρδος ‖ ~
wise: *(adv)* κατά πλάτος

wield (wi:ld) [-ed]: *(v)* κραδαίνω, κρατώ
όπλο ‖ χειρίζομαι ‖ εξασκώ επίδραση
ή επιβολή ή δύναμη ‖ ~**y:** *(adj)* ευκο-
λοχείριστος

wiener (´wi:nər): *(n)* λουκάνικο

wife (waif): *(n)* η σύζυγος

wig (wig): *(n)* περούκα ‖ ~**ged:** *(adj)* με
περούκα

wiggle (´wigəl) [-d]: *(v)* προχωρώ ή κι-
νώ ή κινούμαι σαν φίδι, με μικρές κι-
νήσεις ‖ *(n)* κίνηση με απότομα τινάγ-
ματα ή στροφές ‖ **get a** ~: βιάζομαι

wild (waild): *(adj)* άγριος ‖ ανυπότα-
κτος, αχαλίνωτος ‖ ακατανόητος ‖ σε
άγρια κατάσταση ‖ *(n)* άγρια περιοχή,
ερημιά ‖ ~ **cat:** *(n)* αγριόγατος ‖ ~ **cat
strike:** *(n)* παράνομη απεργία ‖ ~
catter: *(n)* ύποπτος επιχειρηματίας ‖
~**erness** (´wildərnis): *(n)* άγρια περιο-
χή, ερημιά ‖ χέρσα γη ‖ ~~-**eyed:** *(adj)*
με μάτια ολάνοιχτα από τρόμο ή τρέ-
λα ‖ ~ **flower:** *(n)* αγριολούλουδο ‖
~-**goose chase:** *(n)* άσκοπη ή μάταιη
αναζήτηση ‖ ~ **life:** *(n)* άγρια ζώα και
φυτά ‖ ~**ly:** *(adv)* άγρια ‖ τρελά, σαν
τρελός ‖ έξαλλα ‖ ~**ness:** *(n)* αγριότη-
τα ‖ έξαλλη κατάσταση

wile (wail): *(n)* κόλπο, πονηρό τέχνα-
σμα ‖ [-d]: *(v)* καταφέρνω με πονηριά

wilful: see willful

will (wil): *(n)* βούληση, θέληση ‖ εκλο-
γή, θεληματική απόφαση ‖ διαθήκη ‖
[-ed]: *(v)* επιτάσσω, προστάζω ‖ απο-
φασίζω ‖ αφήνω σε διαθήκη, κληροδο-

τώ ‖ θέλω ‖ [would]: *(v)* θα ... ‖ **~ful:** *(adj)* ισχυρογνώμονας, πεισματάρης ‖ με θέληση, με δυνατή θέληση ‖ εσκεμμένος, προμελετημένος ‖ **~fully:** *(adv)* με θέληση, με πείσμα ‖ **~ies:** *(n)* ανησυχία, φόβος ‖ **~ing:** *(adj)* εκούσιος ‖ πρόθυμος ‖ **~ingly:** *(adv)* εκούσια ‖ πρόθυμα ‖ **~ingness:** *(n)* προθυμία ‖ **~-o-the-wisp:** *(n)* χίμαιρα ‖ **~ power:** *(n)* δύναμη θελήσεως ‖ αυτοέλεγχος, αυτοκυριαρχία ‖ **~y-nilly:** *(adv)* είτε το θέλεις είτε όχι

willow (´wilou): *(n)* ιτιά ‖ **~y:** *(adj)* λυγερός, βεργολυγερός

will-power, ~y-nilly: see will

wilt (wilt) [-d]: *(v)* μαραίνομαι ‖ μαραίνω ‖ *(n)* μάραμα, μαρασμός

wily (´waili:): *(adj)* πονηρός, πανούργος

wimble (´wimbəl): *(n)* τρυπάνι

wimple (´wimpəl): *(n)* ''τσεμπέρι''

win (win) [won, won]: *(v)* νικώ ‖ κερδίζω ‖ καταφέρνω, πετυχαίνω ‖ κατακτώ, κερδίζω την αγάπη ή την εύνοια ‖ **~ner:** *(n)* νικητής ‖ κερδισμένος ‖ **~ning:** *(adj)* νικηφόρος ‖ θελκτικός, που κατακτά ‖ *(n)* νίκη ‖ **~nings:** *(n)* κέρδη ‖ **~ning post:** *(n)* τέρμα αγώνα δρόμου ‖ **~some:** *(adj)* γοητευτικός, θελκτικός

wince (wins) [-d]: *(v)* μορφάζω ‖ τινάζομαι, συσπώμαι ‖ *(n)* μορφασμός ‖ σύσπαση, τίναγμα

winch (wintʃ): *(n)* γερανός, βαρούλκο, ''βίντσι''

wind ¹ (wind): *(n)* άνεμος, αέρας ‖ αέρια, φούσκωμα ‖ αναπνοή ‖ **break ~:** *(v)* κλάνω ‖ **get ~ of:** ''το παίρνω μυρουδιά'' ‖ **in the ~:** έτοιμο να συμβεί ‖ **sail close to the ~:** φυτοζωώ ‖ φθάνω στα όρια ‖ **~ed:** *(adj)* λαχανιασμένος ‖ **~ bag:** *(n)* ''μπούρδας'' ‖ **~ break:** *(n)* φράχτης κατά του ανέμου ‖ **~ breaker:** *(n)* αντιανέμιο ‖ **~ fall:** *(n)* τυχερό, ''κελεπούρι'' ‖ **~ instrument:** *(n)* πνευστό όργανο ‖ **~mill:** *(n)* ανεμόμυλος ‖ **~ pipe:** *(n)* τραχεία, λάρυγγας ‖ **~shield:** *(n)* αλεξίνεμο αυτοκινήτου, ''παρμπρίζ'' ‖ **~shield wiper:** *(n)* καθαριστήρας του

παρμπρίζ ‖ **~ sock:** *(n)* ανεμοδείκτης ‖ **~ storm:** *(n)* ανεμοθύελλα ‖ **~ swept:** *(adj)* ανεμοδαρμένος ‖ **~y:** *(adj)* γεμάτος ανέμους ‖ εκτεθειμένος στον άνεμο ‖ πολυλογάς, ''φαφλατάς''

wind ² (waind) [wound, wound]: *(v)* τυλίγω ‖ κουρδίζω ‖ κινώ ελικοειδώς ‖ κινούμαι ελικοειδώς ‖ στρέφω, συστρέφω ‖ διαστρέφω ‖ **~ down:** *(v)* μικραίνω ή ελαττώνομαι σιγά-σιγά, σβήνω ‖ **~ing:** *(adj)* ελικοειδής, σπειροειδής ‖ **~ up:** *(v)* τελειώνω ‖ καταλήγω ‖ κουρδίζω

wind-bag, ~ break, ~ breaker, ~ed, ~fall: see wind 1

winding: see wind 2

wind instrument: see wind 1

windlass (´windləs): *(n)* γερανός, βαρούλκο

windmill: see wind 1

window (´windou): *(n)* παράθυρο ‖ άνοιγμα, θυρίδα ‖ βιτρίνα ‖ **~ dressing:** *(n)* στόλισμα ‖ **~ pane:** *(n)* υαλοπίνακας ‖ **~-shop** [-ped]: *(v)* χαζεύω στις βιτρίνες ‖ **~ sill:** *(n)* περβάζι παραθύρου

wind-pipe, ~ shield, ~ sock, ~ storm, ~ swept: see wind 1

wind up: see wind 2

windy: see wind 1

wine (wain): *(n)* οίνος, κρασί ‖ [-d]: *(v)* κερνώ κρασί ‖ **~ bibber:** *(n)* μπεκρής ‖ **~ cellar:** *(n)* αποθήκη κρασιού, ''κάβα'' ‖ **~ glass:** *(n)* κρασοπότηρο ‖ **~ grower:** *(n)* οινοποιός ‖ **~ press:** *(n)* πατητήρι, ληνός ‖ **~ry:** *(n)* οινοποιείο ‖ **~ skin:** *(n)* ασκί κρασιού

wing (wiŋ): *(n)* φτερούγα ‖ πτέρυγα ‖ πτερύγιο ‖ πτέρυξ αεροπορίας ‖ [-ed]: *(v)* μεταφέρω γρήγορα ‖ πληγώνω ελαφρά, πληγώνω επιπόλαια ‖ **take ~:** *(v)* πετώ ‖ **under one's ~:** υπό την προστασία ‖ **~ chair:** *(n)* πολυθρόνα με μπράτσα ‖ **~ding:** *(n)* ζωηρό πάρτυ ‖ **~ed:** *(adj)* φτερωτός ‖ **~ footed:** *(adj)* φτεροπόδαρος ‖ **~less:** *(adj)* χωρίς φτερούγες ‖ **~ nut:** *(n)* περικόχλιο με πτερύγια, ''πεταλούδα''

wink (wiŋk) [-ed]: *(v)* κλείνω το μάτι

winner

για σινιάλο ‖ ανοιγοκλείνω τα μάτια ‖ λαμπυρίζω ‖ (n) κλείσιμο ματιού, "ματιά" ‖ λαμπύρισμα

win-ner, ~ning, ~ning post, ~nings: see win

winnow (´winou) [-ed]: (v) λιχνίζω ‖ σκορπίζω ‖ εξετάζω προσεκτικά, διαχωρίζω ‖ (n) λιχνιστικό μηχάνημα, λιχνιστήρι ‖ λίχνισμα

wino (´wainou): (n) αλκοολικός, μεθύστακας

winsome: see win

winter (´wintər): (n) χειμώνας ‖ (adj) χειμερινός, χειμωνιάτικος ‖ [-ed]: (v) διαχειμάζω ‖ ~ize [-d]: (v) ετοιμάζω για το χειμώνα ‖ ~ solstice: (n) χειμερινή ισημερία ‖ ~y: (adj) χειμωνιάτικος, πολύ κρύος ‖ κρύος, άχαρος

wintry: see wintery (under winter)

wipe (waip) [-d]: (v) σφουγγίζω ‖ στεγνώνω, σκουπίζω ‖ (n) σφούγγισμα ‖ χτύπημα ‖ ~r: (n) καθαριστήρας ‖ ~ out: (v) εξαλείφω, εξολοθρεύω ‖ σκοτώνω, δολοφονώ

wire (waiər): (n) σύρμα ‖ καλώδιο ‖ τηλεγράφημα ‖ [-d]: (v) ενώνω με σύρμα ή καλώδιο ‖ τοποθετώ σύρματα ή καλώδια ‖ στέλνω τηλεγράφημα ‖ **lay ~s for:** κάνω προετοιμασίες ‖ **pull ~s:** χρησιμοποιώ μέσα ‖ ~ **cloth:** (n) σύρμα καθαρίσματος πιάτων ‖ ~**haired:** (adj) με άγρια μαλλιά, με μαλλιά σαν σύρματα ‖ ~**less:** (n) ασύρματος ‖ ραδιόφωνο ‖ (adj) χωρίς καλώδια ‖ ~ **puller:** (n) άνθρωπος με μέσα

wiry (´waiəri:): (adj) άκαμπτος, άγριος ‖ νευρώδης

wisdom (´wizdəm): (n) σοφία ‖ φρόνηση, κοινός νους ‖ ~ **tooth:** (n) φρονιμίτης

wise (waiz): (adj) σοφός ‖ συνετός, φρόνιμος ‖ πολύ μορφωμένος, γνώστης ‖ έξυπνος, πανούργος ‖ **get ~:** (v) "παίρνω μυρωδιά", "παίρνω χαμπάρι" ‖ ~ **up:** (v) "ξυπνάω", γίνομαι πιο έξυπνος ‖ ~**acre:** (n) εξυπνάκιας ‖ ~ **crack:** (n) "εξυπνάδα" "καλαμπούρι" ‖ [-ed]: (v) λέω εξυπνάδες ή καλαμπούρια ‖ ~ **guy:** (n)

"εξυπνάκιας" ‖ ~**ly:** (adv) σοφά, συνετά, έξυπνα

wish (wiʃ): (n) επιθυμία ‖ ευχή ‖ [-ed]: (v) επιθυμώ ‖ εύχομαι ‖ ~**bone:** (n) το υοειδές οστούν, το "γιάντες" ‖ ~**ful:** (adj) που επιθυμεί ‖ ~**fully:** (adv) νοσταλγικά, με επιθυμία ‖ ~**full thinking:** (n) ευσεβείς πόθοι ‖ **I ~ I knew:** μακάρι να ήξερα

wisp (wisp): (n) μικρή δέσμη, μικρό ματσάκι ‖ απειροελάχιστη ποσότητα ‖ τουλίπα ‖ ίχνος, υποψία

wistful (´wistfəl): (adj) μελαγχολικά νοσταλγικός ‖ ~**ly:** (adv) με μελαγχολική νοσταλγία

wit (wit): (n) ευφυΐα ‖ πνεύμα ‖ ~**s:** (n) μυαλό, εξυπνάδα ‖ **at one's ~s'end:** χαμένος, που δεν ξέρει πια τι να κάνει ‖ ~**less:** (adj) βλάκας ‖ ~**lessly:** (adv) βλακωδώς ‖ **to ~:** δηλαδή ‖ ~**ticism:** (n) ευφυολόγημα ‖ ~**ty:** (adj) πνευματώδης

witch (witʃ): (n) μάγισσα ‖ ~**craft:** (n) μαγεία ‖ ~**ery:** (n) γοητεία, μαγεία ‖ ~**hunt:** (n) πολιτικός διωγμός

with (wiθ, wið): (prep) με, μαζί, μετά ‖ ~**al:** (adv) επιπλέον ‖ παρά τα

withdraw (with´drɔ:) [withdrew, withdrawn]: (v) αποσύρω ‖ ανακαλώ ‖ αποσύρομαι, αποτραβιέμαι ‖ υποχωρώ ‖ ~**al:** (n) απόσυρση, αποχώρηση ‖ ανάκληση ‖ ~**n:** (adj) αποτραβηγμένος, μαζεμένος στον εαυτό του

withdrew: see withdraw

wither (´wiðər) [-ed]: (v) μαραίνω ‖ μαραίνομαι ‖ ~**s:** (n) ώμος ζώου

withhold (with´hould) [withheld, withheld]: (v) αναχαιτίζω ‖ αναστέλλω ‖ κατακρατώ ‖ συγκρατώ

within (with´in, wið´in): (adv) εντός, μέσα

without (with´aut, wið´aut): (adv) έξω, απ' έξω ‖ (prep) άνευ, χωρίς

withstand (with´stænd) [withstood, withstood]: (v) ανθίσταμαι, αντιστέκομαι, ‖ αντέχω, "βαστάω"

witless, ~ly: see wit

witness (´witnis): (n) μάρτυρας ‖ μαρτυρία ‖ μαρτυρική κατάθεση, κατάθεση μάρτυρα ‖ [-ed]: (v) είμαι μάρτυρας γεγονότος ‖ καταθέτω σαν μάρτυρας ‖ υπογράφω σαν μάρτυρας ‖ επικυρώνω ‖ ~ **box**, ~ **stand:** *(n)* εδώλιο μάρτυρα

wit-ticism, wit-ty: see wit

wives: pl. of wife (see)

wiz (wiz): *(n)* σπουδαίος τεχνίτης, "μάγος" ‖ ~**ard:** *(n)* μάγος ‖ επιδέξιος, "μάγος" ‖ ~**ardry:** *(n)* μαγική επιδεξιότητα ‖ μαγεία

wizen ('wizən) [-ed]: *(v)* ξηραίνω, μαραίνω ‖ ~**ed:** *(adj)* ξερακιανός

wobble ('wɔbəl) [-d]: *(v)* παραπαίω ‖ τρέμω, τρεμουλιάζω, αμφιταλαντεύομαι ‖ *(n)* παραπάτημα, τρεμούλιασμα

woe (wou): *(n)* βαθιά λύπη, δυστυχία ‖ *(inter)* αλίμονο! ‖ ~ **begone:** *(adj)* θλιβερός, πένθιμος ‖ ~**ful:** *(adj)* δυστυχισμένος, θλιμμένος

woke: see wake

wolf (wulf): *(n)* λύκος ‖ [-ed]: *(v)* καταβροχθίζω ‖ **cry** ~: δίνω ψεύτικο συναγερμό ‖ ~ **cub:** *(n)* προσκοπάκι, λυκόπουλο ‖ ~ **pack:** *(n)* μοίρα υποβρυχίων

wolves: pl. of wolf (see)

woman ('wu:mən): *(n)* γυναίκα ‖ ~**hood:** *(n)* θηλυκότητα ‖ γυναικεία φύση ‖ ~**ish:** *(adj)* γυναικείος ‖ θηλυπρεπής ‖ ~**ishness:** *(n)* θηλυπρέπεια ‖ ~**ize** (' wumənaiz) [-d]: *(v)* κυνηγώ γυναίκες ‖ ~**izer:** *(n)* γυναικάς ‖ ~**kind:** *(n)* το γυναικείο φύλο ‖ ~**ly:** *(adj)* γυναικοπρεπής

womb (wu:m): *(n)* μήτρα

women ('wimin): pl. of woman (see) ‖ ~ **folk**, ~ **folks:** *(n)* γυναίκες, οι γυναίκες του σπιτιού

won (wʌn): see win

wonder ('wʌndər) [-ed]: *(v)* απορώ ‖ διερωτώμαι, αναρωτιέμαι ‖ *(n)* θαύμα ‖ θαυμασμός ‖ απορία ‖ ~**ful:** *(adj)* θαυμάσιος ‖ ~**fully:** *(adv)* θαυμάσια, έξοχα ‖ ~**land:** *(n)* θαυμάσιος τόπος ‖ χώρα θαυμάτων ‖ ~**ment:** *(n)* δέος ‖ κατάπληξη ‖ ~**work:** *(n)* θαύμα

won't (wount): will not: see will

wont (wə:nt): *(adj)* συνηθισμένος ‖ *(n)* συνήθεια ‖ ~**ed:** *(adj)* συνήθης

woo (wu:) [-ed]: *(v)* ερωτοτροπώ,

"φλερτάρω" ‖ επιδιώκω με ζέση, επιδιώκω έντονα ‖ προκαλώ

wood (wud): *(n)* ξύλο ‖ δάσος ‖ *(adj)* ξύλινος ‖ για ξύλα ‖ δασόβιος, του δάσους ‖ ~**bin:** *(n)* κιβώτιο καυσόξυλων ‖ ~**carving:** *(n)* ξυλογλυπτική ‖ γλυπτό από ξύλο ‖ ~**coal:** *(n)* ξυλοκάρβουνο ‖ λιγνίτης ‖ ~**cock:** *(n)* μπεκάτσα ‖ ~**cutter:** *(n)* ξυλοκόπος ‖ ~**ed:** *(adj)* δασωμένος ‖ ~**en:** *(adj)* ξύλινος ‖ απαθής ‖ άγαρμπος ‖ ~**lark:** *(n)* κορυδαλλός ‖ ~**pecker:** *(n)* δρυοκολάπτης ‖ ~**wind:** *(n)* πνευστά όργανα ‖ ~**work:** *(n)* ξυλουργική ‖ ~**worm:** *(n)* σαράκι ‖ ~**y:** *(adj)* ξυλώδης ‖ δασωμένος

woof (wuf): *(n)* γάβγισμα, "γαβ"

wool (wul): *(n)* μαλλί, έριο ‖ μάλλινο ύφασμα ‖ *(adj)* μάλλινος ‖ ~**clip:** *(n)* ετήσια παραγωγή ερίου ‖ ~**en**, ~**len:** *(adj)* μάλλινος ‖ ~**fat:** *(n)* λανολίνη ‖ ~ **gathering:** *(n)* ονειροπόληση ‖ ~**ly:** *(adj)* μαλλιαρός ‖ σαν μαλλί ‖ συγκεχυμένος ‖ *(n)* μάλλινο εσώρουχο ‖ ~**ly bear:** τριχωτή κάμπια ‖ ~**skin:** *(n)* προβιά

wop (wɔp): *(n)* "μακαρονάς" (Ιταλός, περιφρον.)

word (wə:rd) [-ed]: *(v)* εκφράζω, διατυπώνω ‖ *(n)* λέξη ‖ λόγος ‖ νέο, είδηση ‖ **at a** ~: σε άμεση ανταπόκριση ή απάντηση ‖ **by** ~ **of mouth:** προφορικά ‖ ~ **for** ~: επί λέξει, λέξη προς λέξη ‖ ~**age:** *(n)* πολυλογία ‖ ~**book:** *(n)* λεξικό ‖ ~**ing:** *(n)* φρασεολογία ‖ διατύπωση ‖ ~**less:** *(adj)* άφωνος ‖ ~**lessly:** *(adv)* άφωνα, βουβά ‖ ~**play:** *(n)* ανταλλαγή ευφυολογημάτων ‖ λογοπαίγνιο ‖ ~**square:** *(n)* ακροστιχίδα ‖ ~**iness:** *(n)* πολυλογία ‖ ~**y:** *(n)* μακροσκελής, με πάρα πολλές λέξεις

wore (wɔ:r): see wear

work (wə:rk) [-ed]: *(v)* εργάζομαι, δουλεύω ‖ εργάζομαι, λειτουργώ ‖ καταφέρνω σιγά-σιγά ‖ κατεργάζομαι ‖ *(n)* εργασία, δουλειά ‖ έργο ‖ ~**s:** *(n)* εγκατάσταση ‖ εργοστάσιο ‖ συγκρότημα ‖ **shoot one's** ~**s:** *(v)* κάνω ύστατη προσπάθεια ‖ **the** ~**s:** τα πάντα ‖ ~ **in:** *(v)* εισάγω ‖ εισάγομαι, μπαίνω ‖

world

~ **on**, ~ **upon**: (v) καταφέρνω, επηρεά- ζω ‖ ~ **over**: (v) επαναλαμβάνω ‖ ξυ- λοκοπώ ‖ ~ **up**: (v) εξάπτω, εξερεθίζω ‖ ανεβαίνω, προοδεύω ‖ ~**able**: (adj) επεξεργάσιμος ‖ ευκολοχείριστος ‖ πρακτικός, εφαρμόσιμος ‖ εκμεταλ- λεύσιμος ‖ ~ **aday**: (adj) καθημερινός, της καθημερινής, της εργάσιμης μέρας ‖ κοινός ‖ ~ **bench**: (n) πάγκος τεχνί- τη ‖ ~**day**: (n) εργάσιμη, καθημερινή ‖ ώρες εργασίας ‖ ~**er**: (n) εργάτης ‖ υπάλληλος ‖ ~ **horse**: (n) ακούραστος εργάτης ‖ ~ **house**: (n) σωφρονιστικό ίδρυμα ‖ ~**ing**: (adj) εργαζόμενος ‖ της εργασίας ‖ αρκετός, πρακτικός ‖ συσπασμένος, με συσπάσεις, μορφά- ζων ‖ ~**ing class**: (n) εργατική τάξη ‖ ~**ingman**: (n) εργάτης ‖ ~**less**: (adj) άνεργος ‖ ~**man**: (n) εργάτης ‖ ~**manship**: (n) τέχνη ‖ επεξεργασία, "δουλεμα" ‖ ~ **out**: (v) ξεφεύγω, ξε- λασκάρω, ξεκαρφώνομαι ‖ εξαντλώ ‖ λύνω, βρίσκω λύση ‖ κάνω σωματικές ασκήσεις ‖ ~**shop**: (n) εργαστήρι ‖ ~ **week**: (n) εβδομαδιαίες ώρες εργασίας **world** (wə:rld): (n) κόσμος ‖ σύμπαν ‖ (adj) παγκόσμιος ‖ διεθνής ‖ **on top of the** ~: πανευτυχής ‖ θριαμβευτής ‖ **out of this** ~: εξαιρετικός, απίθανος ‖ ~**ly**: (adj) εγκόσμιος ‖ του κόσμου, κο- σμοπολιτικός ‖ ~**shaking**: (adj) συ- γκλονιστικός ‖ **W~ war**: (n) παγκό- σμιος πόλεμος ‖ ~**weary**: (adj) "μπλαζέ" ‖ ~**wide**: (adj) παγκόσμιος **worm** (wə:rm):(n) σκουλήκι ‖ σπείρα ‖ [-ed]: (v) προχωρώ έρποντας ‖ ~ **eaten**: (adj) σκωληκόβρωτος ‖ ~ **out of**: (v) καταφέρνω με πονηριά ‖ ~**y**: (adj) σκουληκιασμένος **worn** (wə:rn): see **wear** ‖ (adj) φθαρμέ- νος ‖ φορεμένος, μεταχειρισμένος ‖ ~ **out**: (adj) τριμμένος, φαγωμένος, φθαρμένος **wor-ried** (΄wʌrid): (adj) ανήσυχος ‖ ~**rier**: (n) άνθρωπος που συνεχώς ανησυχεί ‖ ~**riment**: (n) στενοχώρια, μπελάς ‖ ~**risome**: (adj) ανησυχητικός ‖ γεμάτος ανησυχίες ‖ ~**ry** (΄wʌri) [- ied]: (v) ανησυχώ ‖ ενοχλώ, παρενο- χλώ, πειράζω ‖ στενοχωριέμαι ‖ (n)

ανησυχία, σκοτούρα ‖ ~**rying**: (adj) ενοχλητικός ‖ ~**rywart**: (n) υποχον- δριακά ανήσυχος **worse** (wə:rs): (adj) χειρότερος ‖ (adv) χειρότερα ‖ ~**n** [-ed]: (v) χειροτερεύω ‖ επιδεινώνομαι **worship** (΄wə:rʃip): (n) λατρεία ‖ **W~**: εντιμότατος (τίτλος) ‖ [-ed or -ped]: (v) λατρεύω ‖ ~**er**: (n) λάτρης ‖ πι- στός ‖ ~**ful**: (adj) γεμάτος λατρεία **worst** (wə:rst): (adj) χείριστος, ο χειρό- τερος ‖ (adv) χείριστα, χειρότερα από όλους ‖ **get the** ~ **of it**: χάνω ‖ μειο- νεκτώ ‖ **if the** ~ **comes to the** ~: στη χειρότερη περίπτωση ‖ [-ed]: (v) νικώ **worsted** (΄wustid): (n) ύφασμα από πυ- κνούφασμένο, στριμμένο μαλλί, "ου- όρστεντ" **worth** (wə:rth): (n) αξία ‖ (adj) άξιος, που αξίζει ‖ ~**less**: (adj) ανάξιος, χω- ρίς αξία ‖ ~**lessness**: (n) αναξιότητα, ευτέλεια ‖ ~**while**: (adj) που αξίζει τον κόπο, άξιος λόγου ‖ ~**y** (΄wə:rði:): (adj) άξιος ‖ αντάξιος **would** (wud): see **will** ‖ θα, θαλα- ‖ ~**like**: (v) θέλω ‖ θα ήθελα ‖ ~**be**: (adj) που θα ήθελε να είναι, υποτιθέ- μενος, φανταστικός ‖ ~**n't**: would not **wound** (΄wu:nd): τραύμα ‖ πλήγωμα αισθημάτων ‖ [-ed]: (v) τραυματίζω, πληγώνω **wound** (waund): see **wind 2** **wove** (wouv): see **weave** ‖ ~ **n**: see **weave** **wow** (wau): (inter) ω! πώ! πώ! **wrack** (ræk) [-ed]: (v) καταστρέφω ‖ (n) καταστροφή ‖ ναυάγιο, ερείπιο **wraith** (reith): (n) οπτασία **wrangle** (΄ræŋgəl) [-d]: (v) καβγαδίζω, τσακώνομαι ‖ βόσκω ζώα, φυλάω κο- πάδι ‖ (n) τσακωμός, καβγάς ‖ ~**r**: (n) καβγατζής ‖ αγελάρης, κάου-μπόϋ **wrap** (ræp) [-pcd]: (v) τυλίγω ‖ κάνω πακέτο, τυλίγω πακέτο ‖ τυλίγομαι, κουκουλώνομαι ‖ (n) ρόμπα, σάρπα, σάλι ‖ κουβέρτα ‖ τύλιγμα ‖ ~ **around**: (n) φόρεμα τυλιχτό ‖ ~**per**: (n) υλικό περιτυλίγματος ‖ κάλυμμα ‖ ρόμπα ‖ ~**ping**: (n) υλικό περιτυλίγ- ματος ‖ ~**ping paper**: (n) χαρτί περιτυλίγματος ‖ ~ **up:** *(v)* περιτυλίγω ‖ σκεπάζομαι, τυλίγομαι ‖ τελειώνω όλες τις λεπτομέρειες δουλειάς ‖ δίνω περίληψη

wrath (ræth): *(n)* οργή ‖ ~**ful:** *(adj)* οργισμένος

wreak (ri:k) [-ed]: *(v)* επιβάλλω

wreath (ri:th): *(n)* στεφάνι ‖ ~**e** (´ri:ð) [-d]: *(v)* στεφανώνω ‖ κάνω στεφάνι ‖ περιτυλίγω

wreck (rek) [-ed]: *(v)* καταστρέφω ‖ ναυαγώ ‖ προκαλώ ναυάγιο ‖ *(n)* ερείπιο ‖ ναυάγιο ‖ καταστροφή ‖ ~**age:** *(n)* ναυάγιο ‖ σύντριμμα ‖ ~**er:** *(n)* αυτοκίνητο συνεργείο, αυτοκίνητο-γερανός ‖ αμαξοστοιχία βοηθείας

wren (ren): *(n)* τρυποφράχτης

wrench (rentʃ) [-ed]: *(v)* συστρέφω απότομα ‖ στραμπουλώ ‖ διαστρεβλώνω ‖ *(n)* απότομο στρίψιμο ή τράβηγμα ‖ απότομο ξεκόλλημα ‖ κοχλιοστρόφιο, ''κλειδί'' ‖ ~ **away,** ~ **off:** *(v)* ελευθερώνω τραβώντας

wrest (rest) [-ed]: *(v)* αρπάζω βίαια ‖ διαστρεβλώνω

wrestl-e (´resl) [-d]: *(v)* παλεύω ‖ *(n)* πάλη ‖ ~**ing:** *(n)* πάλη

wretch (retʃ): *(n)* δυστυχισμένο πλάσμα ‖ ~**ed:** *(adj)* δύστυχος, δυστυχισμένος ‖ άθλιος, θλιβερός ‖ ~**edly:** *(adv)* άθλια, αξιοθρήνητα

wriggle (´rigəl) [-d]: *(v)* στριφογυρίζω ‖ προχωρώ ελικοειδώς σα φίδι ‖ *(n)* στριφογυριστή κίνηση ή πορεία ‖ ~ **into:** *(v)* καταφέρνω να πετύχω με πλάγια μέσα

wring (riŋ) [wrung, rung]: *(v)* συστρέφω ‖ στύβω

wrinkle (´riŋkəl) [-d]: *(v)* ρυτιδώνομαι, ζαρώνω ‖ *(n)* ρυτίδα ‖ πτυχή ‖ καινούρια ή έξυπνη επινόηση, νέο κόλπο

wrist (rist): *(n)* καρπός χεριού ‖ ~**let:** *(n)* μπρασελέ ‖ ~**lock:** *(n)* χειρολαβή ‖ ~**watch:** *(n)* ρολόι χεριού

writ (rit): *(n)* ένταλμα δικαστικό ‖ ~ **of summons:** *(n)* δικαστική κλήση

write (rait) [wrote, written]: *(v)* γράφω ‖ ~ **down:** *(v)* καταγράφω ‖ κρατώ σημειώσεις ‖ ~ **in:** *(v)* ζητώ ταχυδρομικώς ‖ ~ **off:** *(v)* ξεγράφω ‖ υποτιμώ ‖ ~**r:** *(n)* συγγραφέας ‖ ο συντάκτης, ο συντάξας ‖ ~**r's cramp:** *(n)* γραφικός σπασμός ‖ ~ **up:** *(v)* συντάσσω

writhe (raið) [-d]: *(v)* σπαρταρώ ‖ προχωρώ στριφογυριστά ‖ *(n)* σπασμός

writing (´raitiŋ): *(n)* γραπτό ‖ *(adj)* γραφικός, του γραψίματος

written (´ritn): see write

wrong (rɔ:ŋ): *(n)* άδικο ‖ *(adj)* άδικος ‖ λανθασμένος, ανακριβής ‖ [-ed]: *(v)* αδικώ ‖ ~ **doer:** *(n)* άδικος, κακός ‖ ~**ful:** *(adj)* άδικος ‖ παράνομος ‖ ~**fully:** *(adv)* άδικα ‖ παράνομα ‖ ~**ly:** *(adv)* άδικα ‖ εσφαλμένα

wrote (rout): see write

wrought (rɔ:t): *(adj)* κατεργασμένος ‖ ~ **up:** *(adj)* εξερεθισμένος

wrung (rʌŋ): see wring

wry (rai): *(adj)* στραβός, στρεβλωμένος ‖ ειρωνικός και χιουμοριστικός ‖ ~**ly:** *(adv)* στραβά ‖ ειρωνικά

wurst (wurst): *(n)* λουκάνικο

X

X, x (eks): Το 24ο γράμμα του Αγγλικού Αλφαβήτου

x (eks) [x'd or xed]: *(v)* σημαδεύω με Χ ‖ *(adj)* ταινία ακατάλληλη για ανηλίκους

xenophobia (zenə´foubi:ə): *(n)* ξενοφο-

βία

xerox (´ziroks): *(n)* φωτοαντίγραφο ‖ [-ed]: *(v)* κάνω φωτοτυπία

xiphoid (´zifoid): *(adj)* ξιφοειδής

Xmas (´krisməs, ´eksməs): *(n)* Χριστούγεννα

X-rated

X-rated (΄eksreitid): *(adj)* χαρακτηρισμένο ως ακατάλληλο ‖ **~ray:** *(n)* ακτίνα Χ, ακτινοσκόπηση
xylograph (΄zailəgræf): *(n)* ξυλογραφία

‖ **~y:** *(n)* ξυλογραφική τέχνη
xylophone (΄zailəfoun): *(n)* ξυλόφωνο
xyster (΄zistər): *(n)* ξέστρο

Y

Y, y (wai): *(n)* Το 25ο γράμμα του Αγγλικού Αλφαβήτου
yacht (jat): *(n)* θαλαμηγός, ''γιοτ'' ‖ [-ed]: *(v)* ταξιδεύω με θαλαμηγό ‖ **~ing:** *(n)* αθλητισμός ή ταξίδι ή απασχόληση με κότερα ή θαλαμηγούς ‖ **~sman:** *(n)* ιδιοκτήτης θαλαμηγού
yah (ja:): *(adv)* ναι
yahoo (΄ja:hu): *(n)* ''μπουμπούνας''
yak (jæk) [-ked]: *(v)* φλυαρώ ακατάσχετα ‖ *(n)* ακατάσχετη φλυαρία
yammer (΄jæmər) [-ed]: *(v)* γκρινιάζω, κλαψουρίζω ‖ πολυλογώ ‖ *(n)* γκρίνια
yank (jæŋk) [-ed]: *(v)* τραβώ απότομα ‖ **Y~, Y~ee:** *(n)* Γιάγκης
yap (jæp) [-ped]: *(v)* γαβγίζω ‖ φλυαρώ ‖ *(n)* γάβγισμα ‖ φλυαρία
yard (ja:rd): *(n)* γιάρδα (0,9144 μ) ‖ κατάρτι ‖ αυλή, προαύλιο ‖ χειμαδιό ‖ **~age:** *(n)* ύφασμα με τη γιάρδα ‖ μήκος σε γιάρδες ‖ **~stick:** *(n)* μεζούρα, μέτρο ‖ μέτρο σύγκρισης
yarn (ja:rn): *(n)* νήμα ‖ μαλλί πλεξίματος ‖ ιστορία ‖ [-ed]: *(v)* λέω παραμύθια
yawl (jə:l): *(n)* δικάταρτο καράβι ‖ βάρκα καραβιού
yawn (jə:n) [-ed]: *(v)* χασμουριέμαι ‖ ανοίγω διάπλατα, στέκω ολάνοιχτος, χάσκω ‖ *(n)* χασμουρητό ‖ **~ing:** *(adj)* ολάνοιχτος, χάσκων
yea (jei): *(adv)* ναι ‖ *(n)* καταφατική ψήφος, ψήφος υπέρ ‖ **~h:** *(adv)* ναι
year (jiər): *(n)* έτος, χρονιά ‖ **~book:** *(n)* ετήσιο λεύκωμα ‖ **~ling:** *(n)* χρονιάρικο ‖ **~long:** *(adj)* για όλο το χρόνο ‖ **~ly:** *(adj)* ετήσιος
yearn (jə:rn) [-ed]: *(v)* επιθυμώ πολύ,

λαχταρώ ‖ νοσταλγώ ‖ *(n)* πόθος, λαχτάρα ‖ **~ing:** *(n)* νοσταλγία
yeast (ji:st): *(n)* μαγιά ‖ **~y:** *(adj)* ανήσυχος, ταραχώδης
yegg (jeg): *(n)* διαρρήκτης
yell (jel) [-ed]: *(v)* φωνάζω δυνατά, βγάζω δυνατή φωνή ‖ *(n)* δυνατή φωνή
yellow (΄jelou): *(adj)* κίτρινος ‖ άνανδρος, δειλός ‖ *(n)* κιτρινάδι, κρόκος ‖ [-ed]: *(v)* κιτρινίζω ‖ ~ **bellied:** *(adj)* άνανδρος ‖ ~ **fever:** *(n)* κίτρινος πυρετός ‖ **~ish:** *(adj)* κιτρινωπός ‖ ~ **jacket:** *(n)* σφήκα ‖ ~ **journalism:** *(n)* κίτρινος τύπος ‖ ~ **spot:** *(n)* κίτρινη κηλίδα του ματιού ‖ ~ **streak:** *(n)* τάση προς ανανδρία
yelp (jelp) [-ed]: *(v)* γαβγίζω ‖ τσιρίζω ‖ *(n)* γάβγισμα ‖ τσιρίδα
yen (jen): *(n)* πόθος, λαχτάρα
yeoman (΄joumən): *(n)* υπαξιωματικός ναυτικού
yep (jep): *(adv)* ναι
yes (jes): *(adv)* ναι ‖ *(n)* ναι, κατάφαση, αποδοχή ‖ **~man:** *(n)* δουλοπρεπής άνθρωπος, που λέει πάντα ''ναι''
yesterday (΄jestərdei, ΄jestərdi:): *(n & adv)* χθες
yet (jet): *(adv)* ακόμη ‖‖ παρόλα αυτά, εντούτοις, και όμως
yew (ju:): *(n)* σμίλακας
yid (jid): *(n)* εβραίος ‖ **~dish:** *(n)* εβραϊκή γλώσσα
yield (ji:ld) [-ed]: *(v)* αποδίδω ‖ παραχωρώ ‖ ενδίδω, υποκύπτω ‖ *(n)* απόδοση, παραγωγή ‖ **~ing:** *(adj)* υποχωρητικός, ενδοτικός
yip (jip) [-ped]: *(v)* γαβγίζω τσιριχτά ‖

438

(n) τσιριχτό γάβγισμα ‖ **~pee:** *(inter)* ζήτω! ώπα!

Y.M.C.A.: ΧΑΝ (Young Men's Christian Association)

yodel (΄joudl) [-ed]: *(v)* βγάζω λαρυγγισμούς ‖ *(n)* λαρυγγισμός

yoga (΄jougə): *(n)* γιόγκα

yogurt (΄jougərt): *(n)* γιαούρτι

yoke (jouk): *(n)* ζυγός ‖ ζεύγμα, ζευκτήρας ‖ νωμίτης ‖ [-d]: *(v)* ζεύω

yokel (΄joukəl): *(n)* χωριάτης ‖ μπουντάλάς

yolk (jouk): *(n)* κρόκος αυγού

yonder (΄jondər): *(adj)* εκείνος εκεί ‖ *(adj)* εκεί πέρα

yore (jə:r): *(n)* τα περασμένα, το παρελθόν

you (ju:): *(pron)* εσύ, εσείς ‖ εσένα, εσάς

you'd (ju:d): **you had:** see have ‖ **you would:** see would

you'll (ju:l): **you will:** see will ‖ **you shall:** see shall

young (jʌŋ): *(adj)* νέος, νεαρός ‖ *(n)* νέοι, νεαροί ‖ **with ~:** έγκυος ‖ **~ish:**

(adj) νεαρούτσικος ‖ **~ling:** *(n)* μικρός, νεαρός ‖ μικρό ζώο ή φυτό ‖ **~ster:** *(n)* νέος, νεαρός ‖ δευτεροετής της Ναυτικής Σχολής

your (jə:r, jər): *(pron)* δικός σου, σου, σας

you're (juər): **you are:** see be

yours (juə:rz): *(pron)* δικός σου ‖ **~elf** (jər΄self): *(pron)* εσύ ο ίδιος ‖ μόνος σου ‖ **~elves:** *(pron)* σεις οι ίδιοι ‖ μόνοι σας

youth (ju:th): *(n)* νεότητα ‖ νέος, νεαρός ‖ νεολαία, οι νέοι ‖ **~ful:** *(adj)* νεανικός ‖ **~fully:** *(adv)* νεανικά ‖ **~fulness:** *(n)* νεανικότητα

you've (ju:v): **you have:** see have

yowl (joul) [-ed]: *(v)* ουρλιάζω ‖ *(n)* ούρλιασμα

Yugoslav (΄ju:gouslæv): *(n)* Γιουγκοσλάβος ‖ **~ian:** *(adj)* Γιουγκοσλαβικός ‖ **~ia:** *(n)* Γιουγκοσλαβία

Yule (ju:l): *(n)* Χριστούγεννα ‖ **~tide:** *(n)* περίοδος εορτών Χριστουγέννων

yummy (΄jʌmi:): *(adj)* νόστιμος

Z

Z, z (zi:, zed): Το 26ο γράμμα του Αγγλικού Αλφαβήτου

zany (΄zeini:): *(n)* κωμικός άνθρωπος ‖ *(adj)* κωμικός, γελοίος

zap (zæp) [-ped]: *(v)* βομβαρδίζω, κατακεραυνώνω, σαρώνω με πυρά

zeal (zi:l): *(n)* ζήλος ‖ **-ot:** *(n)* φανατικός οπαδός ‖ **~otry:** *(n)* φανατισμός ‖ **~ous:** *(adj)* ένθερμος, γεμάτος ζήλο ‖ **~ously:** *(adv)* με ζήλο

zebra (΄zi:brə): *(n)* όναγρος, ''ζέβρα''

zenith (΄zi:nith): *(n)* ζενίθ ‖ κολοφώνας

zephyr (΄zefər): *(n)* ζέφυρος

zero (΄zi:rou): *(n)* μηδέν ‖ [-ed]: *(v)* ρυθμίζω στο μηδέν ‖ **~ in:** *(v)* σημαδεύω το στόχο ‖ συγκεντρώνω τα πυ-

ρά στο στόχο ‖ συγκλίνω ‖ **~ hour:** *(n)* ώρα ''μηδέν'', ώρα εκτέλεσης σχεδίου ή επίθεσης

zest (zest): *(n)* ζέση, ενθουσιασμός ‖ φλούδα πορτοκαλιού ή λεμονιού

zigzag (΄zigzæg): *(n)* ελικοειδής πορεία, ζιγκ-ζαγκ ‖ [-ged]: *(v)* προχωρώ με ζιγκ-ζαγκ ‖ διαγράφω ζιγκ-ζαγκ

zilch (ziltʃ): *(n)* τίποτα, μηδέν, ''νούλα''

zillion (΄ziljən): *(n)* τεράστια ποσότητα

zinc (ziŋk): *(n)* ψευδάργυρος, τσίγκος ‖ [-ed or ~ked]: *(v)* επιψευδαργυρώνω ‖ **~ography:** *(n)* τσιγκογραφία ‖ **~ oxide:** *(adj)* τσιγκαλοιφή

zionism (΄zaiənizəm): *(n)* Σιωνισμός

zip (zip): *(n)* σφυριχτός ήχος ‖ [-ped]:

(v) κινούμαι γρήγορα ‖ περνώ σφυρι-
χτά ‖ κλείνω με φερμουάρ ‖ **Z~
Code:** *(n)* αριθμός ταχυδρομικού το-
μέα ‖ **~per:** *(n)* φερμουάρ
zither (´zithǝr), **~n:** *(n)* σαντούρι
zodiac (´zoudi:æk): *(n)* ζωδιακός κύ-
κλος ‖ **~al:** *(adj)* ζωδιακός
zombie (´zǝmbi:): *(n)* ζωντανός νεκρός
‖ χαμένος, ζαλισμένος, "αυτόματο"
zone (zoun): *(n)* ζώνη ‖ [-d]: *(v)* χωρί-
ζω σε ζώνες
zoo (zu:): *(n)* ζωολογικός κήπος ‖
~logical (zouǝ´lǝdzikǝl): *(adj)* ζωολο-
γικός ‖ **~logical garden:** see zoo ‖

~logist: *(n)* ζωολόγος ‖ **~logy**
(zou´ǝlǝdzi:): *(n)* ζωολογία
zoom (zu:m) [-ed]: *(v)* βομβώ, βουίζω ‖
ανεβαίνω ξαφνικά και κατακόρυφα,
αντιψώνομαι ξαφνικά ‖ *(n)* βόμβος ‖
φακός μηχανής με μεταβλητή εστίαση
‖ ~ **in:** *(v)* πλησιάζω το αντικείμενο
που παρατηρώ ‖ ~ **out:** *(v)* απομα-
κρύνομαι ‖ ~ **lens:** *(n)* φακός με μετα-
βλητή εστίαση
zoophile (´zouǝfail): *(n)* ζωόφιλος
zucchini (zu´ki:ni): *(n)* κολοκυθάκι
φρέσκο

Greek English

A

A, α: The first letter of the greek alphabet ‖ **ά:** 1, **α:** 1000 ‖ στερητικό μόριο: un-, in-, -less, etc. ‖ *(επιφ)* Oh! ah!

αβαθής, -ές: shallow *(και μτφ)*

αβαθμολόγητος, -η, -ο: (γραπτό) unmarked ‖ (όργανο) ungraded, not graded, ungraduated

αβάντα, η: (πλεονέκτημα) advantage ‖ (κέρδος) profit ‖ (υποστήριξη) support

αβανταδόρος, ο: (χαρτοπ. λέσχης) hustler ‖ (απάτης) decoy ‖ (που προσελκύει πελάτες) shill, capper

αβάπτιστος, -η, -ο: unbaptized

αβαρία, η: *(ναυτ)* average ‖ (ζημιά) damage ‖ (υποχώρηση) sacrifice

αβασίλευτος, -η, -ο: (χωρίς βασιλιά) without a king ‖ (που δεν βασίλεψε) not set

αβάσιμος, -η, -ο: groundless, unfounded, unsubstantiated

αβάσταχτος, -η, -ο: unbearable, intolerable, insufferable

αβάστακτος: βλ. **αβάσταχτος**

άβατος, -η, -ο: impassable, inaccessible ‖ (απάτητος) untrodden

άβαφος, -η, -ο: undyed, uncolored

αβάπτιστος: βλ. **αβάπτιστος**

αββαείο, το: abbey, abbacy

αββάς, ο: abbot

άβγαλτος, -η, -ο: inexperienced, unsophisticated

αβέβαια *(επίρ)* doubtfully

αβέβαιος, -η, -ο: uncertain, doubtful

αβεβαιότητα, η: uncertainty

αβεβαίωτος, -η, -ο: unconfirmed

αβίαστος, -η, -ο: (που δεν βιάζεται) unhurried ‖ (που δεν έχει παραβιαστεί) intact, unbroken ‖ (φυσικός) natural

αβίωτος, -η, -ο: βλ. **αβάσταχτος** ‖ (δυστυχισμένος) wretched, miserable

αβλαβής, -ές: (που δεν έχει βλάβη) unharmed, unhurt ‖ (που δεν βλάπτει) harmless

αβλεψία, η: inadvertence, inadvertency, carelessness

αβοήθητος, -η, -ο: unassisted, unaided, helpless

άβολος, -η, -ο: (μη άνετος) uncomfortable ‖ (μη βολικός) inconvenient

αβουλία, η: lack of will power, irresolution, irresoluteness, indecision, hesitancy

αβούλιαχτος, -η, -ο: (που δεν έχει βουλιάξει) unsunk, not sunk ‖ (που δεν βουλιάζει) unsinkable

άβουλος, -η, -ο: irresolute, undecided, hesitant, without volition, weak-willed

αβούλωτος, -η, -ο: uncorked

αβρά *(επίρ):* politely, courteously, affably

άβραστος, -η, -ο: unboiled, uncooked ‖ (μισοβρασμένος) undercooked ‖ (ωμός) raw

άβρεχτος, -η, -ο: not wet, dry

αβρός, -η, -ο: polite, courteous, affable

αβρότητα, η: politeness, courteousness tact, tactfulness ‖ **με ~:** tactfully, courteously, politely

αβροφροσύνη, η: courtesy, politeness

αβύθιστος, -η, -ο: βλ. **αβούλιαχτος**

αβυσσαλέος, -α, -ο: abysmal, abyssal ‖ (απύθμενος) fathomless

άβυσσος, η: abyss ‖ (χάσμα) chasm, gulf

αγαθά, τα: wealth, riches

αγαθοεργία, η: charity

αγαθοεργός, -η, -ο: charitable

αγαθός, -η, -ο: kind, good, kind-hearted ‖ (απλοϊκός): naive, simple

αγαθοσύνη, η: naiveté, naivety

αγαθότητα, η: goodness, kindness ‖ βλ. **αγαθοσύνη**

αγάλι (και αγάλια): slowly

αγαλλιάζω: rejoice, exult, jubilate, be delighted

αγαλλίαση, η: exultation, elation rejoicing, delight

αγάλλομαι: take pride, be proud ‖ (ευχαριστιέμαι) be pleased

άγαλμα, το: statue

αγαλματάκι, το: statuette

αγαλματένιος, -α, -ο: statuesque

αγαλμάτιο, το: βλ. **αγαλματάκι**

αγαλματώδης

αγαλματώδης, -ες: βλ. αγαλματένιος
αγαμία, η: bachelorship, bachelorhood ‖
(κληρικού) celibacy
άγαμος, -η, -ο: unmarried, single ‖
(εργένης) bachelor ‖ (γεροντοκόρη)
spinster ‖ (κληρικός) celibate
αγανάκτηση, η: indignation ‖ (θυμός)
anger, wrath
αγανακτισμένος, -η, -ο: indignant ‖ (θυ-
μωμένος) angry
αγανακτώ: be indignant ‖ (θυμώνω) get
angry, be mad
αγάπη, η: love ‖ (στοργή) affection ‖
μου: my love, my darling
αγαπημένα (επίρ): amicably, peaceably
αγαπημένος, -η, -ο: beloved, dear ‖ (ευ-
νοούμενος) favorite
αγαπητικιά, η: girl friend, lover,
paramour ‖ (ερωμένη) mistress
αγαπητικός, -ή, -ό: boy friend, lover,
paramour
αγαπητός, -ή, -ό: dear
αγαπίζω: reconcile, be reconciled, make
up
αγαπώ: love ‖ (είμαι ερωτευμένος) be in
love ‖ (συμπαθώ) like, be fond of
άγαρμπος, -η, -ο: graceless, ungainly,
awkward, uncouth, clumsy
αγγαρεία, η: (στρ) fatigue, fatigue duty ‖
(βαριά δουλειά) drudgery, tedious work
‖ στολή ~ς: fatigues
αγγαρεύω: (στρ) assign on fatigue duty ‖
(αναθέτω δουλειά) charge with
αγγείο, το: vessel, pot ‖ (βάζο) vase
αγγειοπλάστης, ο: potter
αγγειοπλαστική, η: pottery
αγγελία, η: (ανακοίνωση) announcement,
published notice, published statement ‖
(εφημ) advertisement, ad
αγγελιοφόρος, ο: messenger ‖ (στρ) or-
derly
αγγελικός, -ή, -ό: angelic, angelical
αγγέλλω: announce, proclaim, declare
άγγελμα, το: message, notice, announce-
ment
αγγελόμορφος, -η, -ο: angel-face
άγγελος, ο: angel ‖ (αγγελιοφόρος) bear-
er,messenger
αγγελούδι, το: little angel
άγγιγμα, το: touch

αγγίζω: touch
άγγιχτος, -η, -ο: (που δεν τον άγγιξαν)
untouched ‖ (που δεν μπορούν να τον
αγγίξουν) untouchable ‖ (απείραχτος)
intact
Αγγλία, η: England
αγγλικά, τα: English
Αγγλίδα, η: Englishwoman
Αγγλικός, -ή, -ό: English ‖ ~ή γλώσσα:
English, English language
Άγγλος, ο: Englishman
αγγόνι, το: βλ. εγγόνι
αγγουράκι, το: gherkin, small cucumber
αγγούρι, το: cucumber
αγγουριά, η: cucumber, cucumber vine
αγελάδα, η: cow
αγελαδάρης, ο: waddy, cowboy, cowhand,
cowpoke, cowpuncher
αγέλαστος, -η, -ο: (σκυθρωπός) sullen,
morose ‖ (που δεν γελιέται) undeceived
αγέλη, η: herd ‖ (προβάτων κλπ) flock ‖
(λύκων κλπ) pack ‖ (λιονταριών) pride
‖ (θαλασσινών) school
αγέμιστος, -η, -ο: unfilled, unstuffed
αγένεια, η: impoliteness, rudeness, dis-
courtesy
αγένειος, ο: beardless
αγενής, -ες: impolite, rude, discourteous
αγενώς: rudely, discourteously
αγέραστος, -η, -ο: ageless, eternal
αγέρωχος, -η, -ο: arrogant, haughty, self-
important
αγεφύρωτος, -η, -ο: unbridged
άγημα, το: party, landing party, detach-
ment
αγιάζι, το: hoarfrost ‖ (ψύχρα) chill
αγιάζω: (μτβ) sanctify, hallow ‖ (αμτβ)
become holy, become a saint ‖ (ανακη-
ρύσσω άγιο) canonize
αγίασμα, το: Holy Water
αγιασμός, ο: βλ. αγίασμα ‖ blessing of
Holly Water
αγιαστούρα, η: aspergillum, aspergill, as-
persorium
αγιάτρευτα (επίρ) incurably
αγιάτρευτος, -η, -ο: (που δεν γιατρεύ-
τηκε) uncured ‖ (που δεν γιατρεύεται)
incurable
αγίνωτος, -η, -ο: (άγουρος) unripe ‖ (ά-
ψητος) uncooked

444

αγιογδύτης, ο: usurer, thief, robber
αγιογραφία, η: icon
αγιοκέρι, το: taper, candle
αγιόκλημα, το: honey-suckle
άγιος, -α, -ο: holy, sacred || *(ουσ)* saint
σγιότητα, η: holiness, saintliness, sanctity
αγκαζάρω: engage, reserve, book
αγκαζέ: (κρατημένο) reserved, booked || (πιασμένο) taken, occupied || (μπράτσο) arm in arm
αγκάθι, το: thorn, prickle || (φυτό) thistle
αγκαθωτός, -ή, -ό: thorny, prickly || (σύρμα) barbed
αγκαλιά, η: bosom || (αγκάλιασμα) embrace || (φορτίο) armful
αγκαλιάζω: embrace, hug || (περιβάλλω) encircle || *(μτφ)* encompass
αγκάλιασμα, το: embrace, hug
αγκίδα, η: splinter, || (αγκάθι) spine, thorn
αγκινάρα, η: artichoke
αγκίστρι, το: hook || (ψαρέματος) fish hook
άγκιστρο, το: βλ. αγκίστρι
αγκιστρώνω: hook || (καθηλώνω) pin, nail || *(μτφ)* entice, decoy, catch
αγκίστρωση, η: hooking || (καθήλωση) pinning, immobilization
αγκιστρωτός, -ή, -ό: hooked
αγκομαχητό, το: panting, gasp, gasping || (γόγγυσμα) moan, groan
αγκομαχώ: pant, gasp, puff, gasp for breath || (γογγύζω) moan, groan
αγκράφα, η: clasp || (πόρπη ζώνης) buckle
αγκύλη, η: (κλείδωση) elbow || knee || (σημείο) bracket
αγκυλώνω: prickle, prick
αγκύλωση, η: ankylosis, anchylosis
αγκυλωτός, -ή, -ό: crooked, hooked || ~ σταυρός: swastica, swastika
άγκυρα, η: anchor || ρίχνω ~: cast anchor, drop anchor, let go the anchor || σηκώνω ~: weigh anchor
αγκυροβόλημα, το: bringing a ship to anchor, anchoring, casting anchor, mooring
αγκυροβόληση, η: βλ. αγκυροβόλημα
αγκυροβολία, η: βλ. αγκυροβόλημα
αγκυροβόλιο, το: anchorage, moorage, mooring

αγκυροβολώ: cast anchor, drop anchor. bring to anchor, moor
αγκωνάρι, το: corner-stone *(και μτφ)*
αγκώνας, ο: elbow
αγνάντεμα, το: watching, gazing
αγναντεύω: watch, gaze
αγνεία, η: purity, chastity || (παρθενικότητα), virginity
άγνοια, η: ignorance || *(στρ)* AWOL
αγνός, -ή, -ό: pure, chaste
αγνότητα, η: βλ. αγνεία
αγνοώ: ignore, be ignorant, be unaware
αγνωμοσύνη, η: ingratitude, ungratefulness
αγνώμων, -ον: ingrate, ungrateful, unthankful
αγνώριστος, -η, -ο: unrecognizable
άγνωστος, -η, -ο: unknown, stranger
άγονος, -η, -ο: infertile, barren, unproductive, sterile || (μη επικερδής) unprofitable
αγορά, η: market, market place || (ψώνιο) buy, purchase
αγοράζω: buy, purchase
αγοραίος, -α, -ο: for hire, for rent
αγοράκι, το: little boy, youngster, laddie
αγοραπωλησία, η: buying and selling, purchase
αγοραστής, ο: buyer, purchaser
αγόρευση, η: rhetoric, oration || (λόγος) speech
αγορεύω: orate || (βγάζω λόγο) deliver a speech, make a speech
αγόρι, το: boy, youngster, lad
αγορανομία, η: market inspection (police)
αγουρίδα, η: unripe grape || (ξυνό σταφύλι) sour grape
άγουρος, -η, -ο: unripe, green || *(μτφ)* unripe, green, immature
αγράμματος, -η, -ο: illiterate, uneducated, ignorant
αγραμματοσύνη, η: illiteracy, ignorance
άγραφος, -η, -ο: unwritten || (λευκός) blank
άγρια: *(επίρ)* wildly, savagely, fiercely, ferociously
αγριάδα, η: fierceness, ferocity, savagery, savageness || (φυτό) grass
αγριάνθρωπος, ο: savage

αγριεύω

αγριεύω: get angry, be infuriated ‖ *(μτβ)* infuriate
αγρίμι, το: wild beast, wild animal ‖ *(μτφ)* unsociable ‖ (ατίθασσος) wild, unruly
αγριόγατος, ο: wild cat
αγριογούρουνο, το: wild boar
αγριοκάτσικο, το: wild goat ‖ *(μτφ)* wild, unruly
αγριοκοιτάζω: glare, look angrily, look daggers
άγριος, -α, -ο: savage ‖ (όχι ήμερος) wild ‖ *(μτφ)* furious, ferocious, fierce
αγριότητα, η: βλ. αγριάδα
αγριότοπος, ο: wild, wilderness, barren land
αγριόχοιρος, ο: βλ. αγριογούρουνο
αγριωπά *(επίρ)*: grimly, fiercely
αγριωπός, -ή, -ό: grim, fierce
αγροικία, η: cottage, farm house, ranch house
αγροίκος, -α, -ο: coarse, rough ‖ (αγενής) rude
αγρόκτημα, το: farm, ranch
αγρονομία, η: agronomy
αγρός, ο: field
αγρότης, ο: *(θηλ.* αγρότισσα, η): countryman, peasant ‖ (κτηματίας) farmer, rancher
αγρότισσα, η: βλ. αγρότης
αγροτικός, -ή, -ό: agrarian, rustic, rural
αγροφυλακή, η: agrarian police
αγροφύλακας, ο: agrarian guard
άγρυπνα: *(επίρ)* wakefully ‖ *(μτφ)* wigilantly, watchfully
αγρυπνία, η: wakefulness ‖ *(θρησκ)* vigil ‖ (άγρυπνη προσοχή) vigilance, wakefulness
άγρυπνος, -η, -ο: wakeful, sleepless ‖ (προσεκτικός) vigilant, watchful
αγρυπνώ: lie awake, keep awake ‖ (είμαι προσεκτικός) watch, be watchful
αγυάλιστος, -η, -ο: unpolished
αγύμναστος, -η, -ο: untrained
αγύρευτος, -η, -ο: unclaimed, unsaught ‖ (μη επιθυμητός) undesirable
αγύριστος, -η, -ο: (μη επιστραφείς) unreturned ‖ (που δεν έχει γυριστεί) unturned, unreversed ‖ (απλήρωτος) unpaid ‖ (πεισματάρης) ~ο κεφάλι: stub-

born, obstinate, headstrong
αγυρτεία, η: charlatanism, charlatanry, quackery, humbuggery
αγύρτης, ο: charlatan, quack, impostor, humbug, humbugger
αγύρτικος, -η, -ο: charlatanic, charlatanical, deceitful
αγχιστεία, η: affinity, relationship by marriage
αγχόνη, η: gallows, gallowstree, gibbet
άγω: lead, conduct ‖ guide
αγωγή, η: (ανατροφή) breeding ‖ (διαγωγή) conduct ‖ (μόρφωση) education ‖ (καθοδήγηση) guidance ‖ *(νομ)* lawsuit, action
αγώγι, το: (μεταφορά) carriage, porterage ‖ (φορτίο) load ‖ (μεταφορικά) porterage, fare
αγωγιάτης, ο: *(θηλ.* αγωγιάτισσα): driver, mule skinner, muleteer, carter, guide
αγώγιμος, -η, -ο: *(νομ)* actionable ‖ *(ηλεκτρ)* conductible
αγωγός, ο: (μεταφορέας) conductor ‖ (σωλήνας) pipe, pipeline, conduit, duct
αγώνας, ο: fight, struggle, strife ‖ (συναγωνισμός) contest ‖ (αθλ) contest, game, match ‖ αγώνες *(αθλ)* games, sports, athletic, events
αγωνία, η: (ανησυχία) anxiety ‖ (οδύνη) anguish, agony ‖ (αγωνιώδης αναμονή) suspense
αγωνίζομαι: struggle, strive, fight ‖ (συναγωνίζομαι) compete
αγώνισμα, το: contest, game, sport
αγωνιστής, ο: *(θηλ.* αγωνίστρια): contestant, fighter, ‖ (παλ. πολεμιστής), veteran, war veteran
αγωνιστικά: *(επίρ)* agonistically ‖ (συναγ.) competitively
αγωνιστικός, -ή, -ό: agonistic, combative
αγωνιώ: (ανησυχώ) be anxious ‖ (νιώθω οδύνη) feel anguish be in agony, anguish ‖ (περιμένω με αγωνία) be in suspense
αγωνιώδης, -ες: (ανήσυχος) anxious ‖ (σε οδυνηρή αγωνία) anguished, agonizing, in agony
αδαής, -ές: (αγνοών) ignorant, unacquainted, unfamiliar, ‖ (άπειρος) inexperienced
αδάμαστος, -η, -ο: (μη καταβαλλόμενος)

446

indomitable, unconquerable, invincible ‖ (μη δαμασμένος) untamed, unbroken, not broken ‖ (μη καταβληθείς) unconquered, ‖ (θάρρος) unbroken

αδάπανος, -η, -ο: inexpensive, free

αδασμολόγητος, -η, -ο: free of duty, duty free

άδεια, η: (συγκατάθεση) permission, consent ‖ (απουσία, διακοπές) leave of absence, leave, vacation ‖ (γραπτή) permit, licence ‖ *(στρ)* furlough ‖ ~ *οδηγού:* driver's licence ‖ *ποιητική* ~: poetic licence

αδειάζω: empty, vacate, evacuate ‖ (όπλο) discharge ‖ (έχω καιρό) be free, have time

αδειανός, -ή, -ό: βλ. **άδειος**

άδειος, -α, -ο: empty ‖ (όχι πιασμένος) unoccupied, free ‖ (θέση, δωμάτιο κλπ) vacant

αδειούχος, -α, -ο: on leave, on vacation ‖ *(στρ)* on furlough

αδέκαρος, -η, -ο: penniless, broke, destitute

αδέκαστος, -η, -ο: (μη δωροδοκούμενος) incorruptible, unbribed, incorrupt ‖ (αμερόληπτος) unbiased, impartial, equitable

αδελφάτο, το: βλ. **αδελφότητα**

αδελφή, η: sister

αδέλφια, τα: brothers, sisters ‖ (και των δύο φύλων) siblings, brother and sister

αδελφικός, -ή, -ό: brotherly, fraternal

αδελφοκτονία, η: fratricide

αδελφοκτόνος, ο: fratricide

αδελφοποίηση, η: fraternization

αδελφός, ο: brother

αδελφότητα, η: *(αρσ)* brotherhood ‖ *(θηλ)* sisterhood ‖ *(οργ)* fraternity, association

αδελφώνω: fraternize

αδένας, ο: gland

άδεντρος, -η, -ο: treeless

αδέξιος, -α, -ο: clumsy, awkward

αδέσμευτος, -η, -ο: unbound ‖ *(μτφ)* unbound, under no obligation

αδέσποτος, -η, -ο: masterless, stray, without a master or owner

άδετος, -η, -ο: untied, loose, unbound, free ‖ (βιβλίο) unbound

αδήλωτος, -η, -ο: undeclared, unregistered

αδημιούργητος, -η, -ο: (άφτιαστος) uncreated ‖ (μη φτασμένος, μη πετυχημένος) unsuccessful, not having reached the desired success ‖ not yet successful, starting on a career

αδημονία, η: anxiety, impatience

αδημονώ: be anxious, be impatient, fret

αδημοσίευτος, -η, -ο: (που δεν έχει δημοσιευτεί) unpublished ‖ (δεν μπορεί να δημοσιευτεί) unpublishable, unprintable

Άδης, ο: Hades ‖ hell

αδηφαγία, η: greediness, voracity, voraciousness, gluttony

αδηφάγος, -ο: greedy, voracious, gluttonous

αδιάβαστος, -η, -ο: (μη διαβαστεί) unread ‖ (που δεν διαβάζεται) unreadable, illegible ‖ (μαθητής) unprepared

αδιάβατος, -η, -ο: impassable, impenetrable

αδιάβροχο, το: raincoat, mackintosh, slicker

αδιάβροχος, -η, -ο: waterproof

αδιαθεσία, η: indisposition

αδιάθετος, -η, -ο: (ασθενής) indisposed, unwell ‖ (μη διατεθείς) indisposed ‖ χωρίς διαθήκη) intestate

αδιαθετώ: be indisposed

αδιαίρετος, -η, -ο: indivisible ‖ undivided

αδιάκοπος, -η, -ο: uninterrupted, incessant, ceaseless

αδιακρισία, η: indiscretion, indiscreetness ‖ (άτοπη περιέργεια) inquisitiveness

αδιάκριτα: *(επίρ)* (χωρίς διάκριση) indistinctively, undiscriminatingly, indiscriminately

αδιάκριτος, -η, -ο: indiscreet ‖ (άτοπα περίεργος) inquisitive ‖ (χωρίς διάκριση) indistinctive, indiscriminate, undiscriminating

αδιάλλακτος, -η, -ο: irreconcilable, uncompromising

αδιάλυτος, -η, -ο: indissoluble, insoluble, undisolved

αδιαμαρτύρητος, -η, -ο: uncomplaining, unprotesting ‖ unprotested

αδιανόητος, -η, -ο: unthinkable

αδιαντροπιά, η: shamelessness ‖ (θρασύ-

αδιάντροπος

τητα) impudence
αδιάντροπος, -η, -ο: shameless ‖ (θρασύς) impudent
αδιαπέραστος, -η, -ο: impenetrable, impervious, impermeable
αδιάπτωτος, -η, -ο: undiminished, unabated
αδιάρρηκτος, -η, -ο: unbreakable ‖ (σταθερός) firm
αδιάσειστος, -η, -ο: unshakable, unshaken
αδιάσπαστος, -η, -ο: inseparable, unbroken, unbreakable
αδιατάραχτος, -η, -ο: undisturbed
αδιαφάνεια, η: opacity, opaqueness
αδιαφανής, -ές: opaque
αδιάφθορος, -η, -ο: incorruptible
αδιαφιλονίκητος, -η, -ο: indisputable, unquestioned, incontestable
αδιαφορία, η: indifference, unconcern, apathy, lack of interest
αδιάφορος, -η, -ο: indifferent, unconcerned, apathetic
αδιαφορώ: be indifferent, take no interest, ignore
αδιαχώριστος, -η, -ο: inseparable
αδιάψευστος, -η, -ο: undeniable, uncontradicted
αδίδακτος, -η, -ο: untaught
αδιεκδίκητος, -η, -ο: unclaimed
αδιέξοδο, το: impasse, dead end
αδιέξοδος, -η, -ο: blind, dead end
άδικα: *(επίρ)* wrongly, wrongfully ‖ (μάταια) vainly
αδικαιολόγητος, -η, -ο: unwarranted, unjustifiable, unjustified
αδίκαστος, -η, -ο: untried ‖ (εκκρεμής) pending
αδίκημα, το: offence
αδικία, η: injustice, wrong, iniquity
άδικο, το: wrong, injustice ‖ **έχω ~:** I am wrong
άδικος, -η, -ο: unjust, unfair, inequitable, iniquitous
αδικώ: do wrong, wrong, do injustice, be unfair
αδιόρατος, -η, -ο: imperceptible
αδιοργάνωτος, -η, -ο: unorganized
αδιόρθωτος, -η, -ο: incorrigible ‖ (ανεπανόρθωτος) irreparable
αδιόριστος, -η, -ο: unappointed, unem-

ployed
αδίστακτος, -η, -ο: unhesitating
αδοκίμαστος, -η, -ο: untried, untested ‖ (γευστικά) untasted
άδολος, -η, -ο: artless, guileles, innocent
άδοξος, -η, -ο: inglorious
αδούλευτος, -η, -ο: unwrought, raw ‖ (γη) uncultivated
αδούλωτος, -η, -ο: unconquered, indomitable ‖ free
αδράνεια, η: inertness, inertia ‖ *(μτφ)* inactivity
αδρανής, -ές: inert ‖ inactive
αδρανώ: be inert ‖ be inactive
αδράχτι, το: spindle
αδρός, -η, -ο: (άφθονος) generous, abundant ‖ (χαρακτηριστικό) rugged
αδυναμία, η: weakness, feebleness ‖ impotence ‖ (λεπτότητα) thinness, slimness, slenderness
αδυνατίζω: weaken ‖ (χάνω βάρος) grow thin, lose weight
αδυνάτισμα, το: weakening ‖ (απώλεια βάρους) loss of weight
αδύνατος, -η, -ο: weak, feeble ‖ (όχι δυνατός) impossible ‖ (λεπτός) thin, slim, slender, ‖ (ουσ το αδύνατον:) impossibility
αδυνατώ: be unable, cannot, be incapable
αδυσώπητος, -η, -ο: implacable, inexorable, relentless, unrelenting
άδυτο, το: sanctuary ‖ sanctum ‖ άδυτα των αδύτων: sanctum sanctorum
αειθαλής, -ές: evergreen ‖ *(μτφ)* ageless
αεικίνητος, -η, -ο: perpetually moving ‖ *(μτφ)* restless, never still
αείμνηστος, -η, -ο: unforgettable, ever memorable
αεράγημα, το: air-borne party (troops)
αεραγωγός, ο: air-shaft, ventilating shaft, air duct
αεράκι το: breeze, light breeze
αεράμυνα, η: air defence
αεραντλία, η: air-pump
αέρας, ο: air ‖ (άνεμος) wind
άεργος, -η, -ο: unemployed, idle
αερίζομαι: be aired, be ventilated ‖ (με βεντάλια) fan myself
αερίζω: air, ventilate ‖ fan
αέριο, το: gas

448

αεριούχος, -α, -ο: gaseous ‖ (ποτό) carbonated. effervescent

αερισμός, ο: airing, ventilating ‖ fanning

αεριστήρας, ο: ventilator ‖ (ανεμιστήρας) fan

αεριοθούμενος, -η, -ο: jet-propelled

αεροβατώ: dayream. dream. build castles in the air

αεροδρόμιο, το: aerodrome. airfield ‖ (αερολιμένας) airport

αεροδυναμική, η: aerodynamics

αεροθάλαμος, ο: air-chamber

αερόλιθος, ο: aerolite. aerolith

αερολιμένας, ο: airport

αερολογία, η: idle talk, gas, rot, rubbish

αερολόγος, -α, -ο: a gasbag

αερομαχία, η: air battle, air fight

αερομεταφορά, η: air transportation

αερομεταφερόμενος, -η, -ο: air-borne, air-transported

αεροναύτης, ο: aeronaut

αεροπειρατεία, η: highjack

αεροπειρατής, ο: highjacker

αεροπλάνο το: airplane, aeroplane, aircraft

αεροπλανοφόρο, το: air-craft carrier, flattop

αερόπλοιο, το: airship, dirigible

αεροπορία, η: aviation ‖ *(στρ)* air force

αεροπορικός, -η, -ο: air, aerial

αεροπορικώς *(επίρ):* by air

αεροπόρος, ο: aviator. airman ‖ (πιλότος) pilot

αεροσκάφος, το: aircraft

αεροστατική, η: aerostatics

αερόστατο, το: aerostat, balloon

αεροστεγής, -ές: air-tight, air-proof

αερόφρενο, το: air brake

αεροφωτογραφία, η: aerial photograph

αέτειος, -α, -ο: aquiline

αετιδέας, -ο: eaglet

αετόπουλο το: βλ. **αετιδέας**

αετός, ο: eagle ‖ (χαρταετός) kite

αέτωμα, το: gable, cornice

αζημίωτος, -η, -ο: uninjured, undamaged

αζήτητος, -η, -ο: unclaimed, unsought

αζιμούθιο, το: azimuth

άζυμος, -η, -ο: unleavened

αζύμωτος, -η, -ο: not kneaded ‖ (χωρίς ζύμωση) unfermented

άζωτο, το: nitrogen

αηδής: βλ. **αηδιαστικός**

αηδία, η: aversion. repugnance, disgust. distaste

αηδιάζω: disgust. repel, be repulsive. be repugnant ‖ *(αμτβ)* be disgusted. be sick. loathe

αηδιαστικός, -ή, -ό: loathsome, disguisting, nauseating, repulsive, revolting

αηδόνι, το: nightingale

αήρ, ο: βλ. **αέρας**

αήττητος, -η, -ο: invincible, undefeated, unbeatable

αθανασία, η: immortality

αθάνατος, -η, -ο: immortal, deathless

άθαφτος, -η, -ο: unburied

αθέατος, -η, -ο: unseen, invisible

αθεΐα, η: atheism

άθελα *(επίρ):* unintentionally, unwittingly, unwillingly, involuntarily

αθέλητος, -η, -ο: unintentional, unwitting, involuntary, unwilling

άθελος, -η, -ο: βλ. **αθέλητος**

αθέμιτος, -η, -ο: illegal, illicit, unlawful

άθεος, -η, -ο: atheist, atheistic, irreligious

αθεόφοβος, -η, -ο: impious, irreligious ‖ *(μτφ)* rascal, rogue, scoundrel

αθεράπευτος, -η, -ο: incurable ‖ (αδιόρθωτος) incorrigible

αθέρας, ο: (φυτού) awn, barb, spike ‖ (κόψη) edge

αθέτηση, η: violation. breach. transgression

αθετώ: violate, break, transgress

αθήρ, ο: βλ. **αθέρας**

άθικτος, -η, -ο: intact, untouched ‖ (αβλαβής) unharmed, undamaged

άθλημα, το: βλ. **αγώνισμα**

αθλητής, ο: *(θηλ.* **αθλήτρια, η**): athlete

αθλητικός, -η, -ο: athletic ‖ (γερός, δυνατός) strong, robust, sturdy

αθλητισμός, ο: athletics, sport

άθλιος, -α, -ο: miserable, wretched

αθλιότητα, η: wretchedness, misery

άθλος, ο: feat, exploit, heroic deed, act of courage ‖ (του Ηρακλή) labor

αθόρυβα: *(επίρ)* noiselessly ‖ (σιωπηλά) silently, quietly

αθόρυβος, -η, -ο: noiseless ‖ (σιωπηλός) silent, quiet

άθραυστος, -η, -ο: unbreakable || (που δεν έχει σπάσει) unbroken
άθρησκος, -η, -ο: irreligious
αθροίζω: add up, sum up
άθροιση, η: addition
άθροισμα, το: sum, total
αθρόος, -α, -ο: numerous, plentiful || (μαζί) all together, in a body
άθυρμα, το: toy, plaything
αθυροστομία, η: indiscretion, indiscreetness
αθυρόστομος, -η, -ο: indiscreet, loosetongued || (βρομόλογος) foulmouthed
αθώος, -α, -ο: innocent || (νομ) not guilty || (μτφ) guileless, artless
αθωότητα, η: innocence || (μτφ) guilelessness
αθωώνω: absolve, acquit, exonerate
αθώωση, η: acquittal, exoneration
αίγαγρος, ο: chamois, wild goat
αιγιαλός, ο: βλ. γιαλός
αιγίδα, η: aegis, sponsorship, auspices
αίγλη, η: splendor, glory || (μεγαλείο) grandeur
αιγόκερως, ο: capricorn
αιγόκλημα, το: βλ. αγιόκλημα
αιδέσιμος, ο: (τίτλος) reverend
αιδεσιμότατος, ο: (τίτλος) most reverend
αιδοίο, το: pudenda || (γυν) pudendum, pussy
αιθάλη, η: soot
αιθέρας, ο: ether || (αέρας) air
αιθέριος, -α, -ο: ethereal || (μτφ) ethereal, delicate, exquisite
αιθήρ, ο: βλ. αιθέρας
αίθουσα, η: hall, room || (σχολ) classroom
αίθριος, -α, -ο: clear, bright, cloudless
αιλουροειδής, -ες: feline, cat-like
αίλουρος, ο: catamount, wild cat
αίμα, το: blood, gore
αιματηρός, -ή, -ό: bloody
αιματίτης, ο: hematite
αιματοχυσία, η: bloodshed
αιμοβόρος, -α, -ο: bloodthirsty, sanguinary
αιμοδοσία, η: blood donation
αιμοδότης, ο: blood donor
αιμομείκτης, ο: incestuous
αιμομειξία, η: incest

αιμόπτυση, η: hemoptysis, spitting up of blood
αιμορραγία, η: hemorrhage, bleeding
αιμορραγώ: bleed
αιμορροΐδες, οι: hemorrhoids, piles
αιμοσταγής, -ές: blood-stained
αιμοστατικός, -ή, -ό: hemostatic
αιμοσφαίριο, το: blood corpuscle || ερυθρό ~: erythrocyte, red blood corpuscle || λευκό ~: leukocyte, white blood corpuscle
αιμοφόρο αγγείο, το: blood vessel
αιμόφυρτος, -η, -ο: bloody, bleeding
αιμοχαρής, ες: βλ. αιμοβόρος
αίνιγμα, το: enigma, riddle
αινιγματικός, -ή, -ό: enigmatic, enigmatical
άιντε (επιφ): come on! come now!
αίρεση, η: heresy, sect || (εκλογή) approval, condition
αιρετικός, -ή, -ό: heretic, heretical
αιρετός, -ή, -ό: eligible, elected
αισθάνομαι: feel
αίσθημα, το: sentiment, feeling || (ρομάντσο) romance, love affair
αισθηματίας, ο: sentimentalist
αισθηματικός, -ή, -ό: sentimental
αισθηματικότητα, η: sentimentality
αίσθηση, η: sense, feeling, sensation
αισθητήριο όργανο, το: sense organ
αισθητική, η: esthetics
αισθητικός, -ή, -ό: esthetic, esthetical || (ουσ) esthete
αισθητός, -ή, -ό: perceptible, discernible by the senses, noticeable
αισιόδοξα (επιρ): optimistically
αισιοδοξία, η: optimism
αισιόδοξος, -η, -ο: optimistic || (ουσ) optimist
αισιοδοξώ: be optimistic
αίσχος, το: shame, dishonor, disgrace
αισχοκέρδεια, η: illicit profit, illicit gain, profiteering
αισχροκερδής, ο: profiteer
αισχρολογία, η: obscenity, filth, filthy talk
αισχρολόγος, ο: foul-mouthed
αισχρός, -ή, -ό: filthy, obscene || shameful, vile, infamous
αισχρότητα, η: obscenity, filth || shame-

fulness, indecency

αίτημα, το: request, demand

αίτηση, η: request, demand ‖ (γραπτή) application ‖ *(νομ)* petition

αιτία, η: cause ‖ (λόγος) reason ‖ (δικαιολογία, λόγος) ground ‖ (κίνητρο) motive

αιτιατική, η: accusative

αιτιολογία, η: etiology ‖ (εξήγηση) explanation

αίτιο, το: βλ. **αιτία**

αίτιος, -α, -ο: cause, author ‖ (υπεύθυνος) responsible

αϊτός, ο: βλ. **αετός**

αιτούμαι: request, beg, apply for

αϊτοφωλιά, η: eyry, eagle's nest

αιτώ: demand, request

αιφνιδιάζομαι, be surprised, be taken by surprise, be caught unawares

αιφνιδιάζω: surprise, take by surprise, catch unawares

αιφνιδιασμός, ο: surprise ‖ *(στρ)* surprise attack

αιχμαλωσία, η: captivity ‖ (σύλληψη) capture, seizure

αιχμαλωτίζω: capture, take prisoner, seize

αιχμάλωτος, -η, -ο: prisoner, captive ‖ (πολέμου) prisoner of war

αιχμή, η: point ‖ (ψηλότερο σημείο καμπύλης) peak ‖ (βέλους) head

αιώνας, ο: century ‖ *(μτφ)* age

αιώνιος, -α, -ο: eternal, perpetual ‖ (ατέλειωτος) everlasting, endless

αιωνιότητα, η: eternity

αιώρηση, η: swinging, rocking

αιωρούμαι: swing, dangle

ακαδημαϊκός, -ή, -ό: academic(al) ‖ *(ουσ)* academician

ακαδημία, η: academy

ακαθαρσία, η: dirt, filth

ακάθαρτος, -η, -ο: dirty, filthy, unclean

ακάθεκτος, -η, -ο: uncontrollable, unbridled, unrestrained ‖ (ορμητικός) fierce, furious

ακάθιστος (ύμνος), **ο:** the Acathist

ακαθόριστος, -η, -ο: vague, indefinable, undefined

άκαιρος, -η, -ο: untimely, inopportune, unseasonable

ακακία, η: (δέντρο) acacia

άκακος, -η, -ο: harmless ‖ (αθώος) innocent, guileless

ακαλαισθησία, η: tastelessness, lack of taste, poor taste, bad taste

ακαλαίσθητος, -η, -ο: tasteless

ακάλεστος, -η, -ο: uninvited

ακαλλιέργητος, -η, -ο: (γη) uncultivated, fallow ‖ *(ανθρ)* uncultivated, uncultured, unrefined

ακάλυπτος, -η, -ο: uncovered ‖ (απροστάτευτος) open, unprotected, uncovered

ακαμάτης, -ικο: lazy, loafer, idler

άκαμπτος, -η, -ο: unbending, inflexible, rigid, stiff

ακαμψία, η: inflexibility, rigidity, stiffness ‖ **νεκρική ~:** rigor mortis

άκανθα, η: βλ. **αγκάθι**

ακανθώδης, -ες: *(μτφ)* thorny, vexatious, controversial

ακανόνιστος, -η, -ο: irregular, uneven ‖ (χρον. διαστ.) erratic, uneven ‖ (μη συμμετρικός) asymmetric(al)

άκαπνος, -η, -ο: smokeless ‖ *(μτφ)* unseasoned

άκαρδος, -η, -ο: heartless, cruel

ακαριαία *(επίρ):* instantaneously, immediately

ακαριαίος, -α, -ο: instantaneous ‖ (άμεσος) immediate

άκαρπος, -η, -ο: fruitless, barren ‖ *(μτφ)* fruitless, vain

ακατάβλητος, -η, -ο: indomitable, unconquerable

ακαταγώνιστος, -η, -ο: βλ. **ακατάβλητος**

ακαταδεξία, η: haughtiness, disdain

ακατάδεχτος, -η, -ο: haughty, disdainful

ακαταλαβίστικος, -η, -ο: βλ. **ακατάληπτος** ‖ **~α:** jargon

ακατάληπτος, -η, -ο: incomprehensible

ακατάλληλος, -η, -ο: unfit, unsuitable ‖ *(μτφ)* inappropriate, improper

ακαταλόγιστος, -η, -ο: (ανεύθυνος) irresponsible

ακατάλυτος, -η, -ο: indestructible, lasting

ακαταμάχητος, -η, -ο: (ανίκητος) invincible, indomitable ‖ *(μτφ)* irresistible ‖ (επιχείρημα) irrefutable

ακατανόητος, -η, -ο: ακατάληπτος ‖

451

(αδιανόητος) inconceivable, unimaginable

ακατάπαυστος, -η, -ο: incessant, unceasing, endless

ακαταστασία, η: (αταξία) disorder, untidiness, slovenliness ‖ (αστασία) instability, inconstancy, unrealiability

ακατάστατος, -η, -ο: untidy, slovenly, discorderly ‖ (άστατος) unstable, unsteady

ακατάσχετος, -η, -ο: unreastrainable, violent ‖ (μη κατασχεθείς) unconfiscated, unseizable

ακατέργαστος, -η, -ο: unwrought, unshaped, raw

ακατοίκητος, -η, -ο: uninhabited ‖ (μη κατοικήσιμος) uninhabitable

ακατόρθωτος, -η, -ο: impracticable, infeasible, impossible

άκαυστος, -η, -ο: incombustible, fireproof ‖ (που δεν κάηκε) unburnt

ακέραιος, -α, -ο: whole, entire, intact, integral ‖ (χαρακτήρας) honest, upright, honorable ‖ (αριθμός) integral ‖ ~ **αριθμός:** integer

ακεραιότητα, η: (και μτφ) integrity

ακέφαλος, -η, -ο: headless ‖ (μτφ) leaderless

ακεφιά, η: depression, low spirits, gloom, dejection

άκεφος, -η, -ο: depressed, gloomy, lowspirited, dejected

ακηλίδωτος, -η, -ο: spotless, immaculate, unstained

ακήρυκτος, -η, -ο: undeclared

ακιδωτός, -η, -ο: βλ. **αγκαθωτός**

ακίνδυνα: (επίρ) safely, without danger

ακίνδυνος, -η, -ο: safe, harmless, not dangerous

ακινησία, η: immobility, motionlessness, stillness

ακίνητα, τα: βλ. **ακίνητη περιουσία**

ακινητοποίηση, η: immobilization

ακινητοποιώ: immobilize

ακίνητος, -η, -ο: still, motionless, immobile ‖ ~ **περιουσία:** real estate, property

ακίδα, η: point, barb

ακλάδευτος, -η, -ο: untrimmed, unpruned

ακλείδωτος, -η, -ο: unlocked

άκληρος, -η, -ο: (χωρίς διαθήκη) intestate ‖ (χωρίς κληρονόμους) heirless, without heirs ‖ (άτεκνος) childless

άκλιτος, -η, -ο: indeclinable

ακλόνητος, -η, -ο: unshaken, unmoved, steady ‖ (που δεν μπορεί να κλονιστεί) unshakable, immovable

ακμάζω: prosper, flourish, thrive

ακμαίος, -α, -ο: (στην ακμή) flourishing, thriving ‖ (γερός) robust, strong, powerful ‖ (γεμάτος ζωντάνια) vigorous

ακμή, η: (κόψη) edge ‖ (μύτη) point ‖ (μτφ) height, peak, acme

ακοή, η: hearing ‖ εξ ~ς: hearsay

ακοίμητος, -η, -ο: (μτφ) vigilant

ακοινώνητος, -η, -ο: unsociable

ακολασία, η: licentiousness, dissoluteness, debauchery

ακόλαστος, -η, -ο: licentious, dissolute, debauchee, libertine

ακολουθία, η: escort, retinue, suite ‖ (αλληλουχία) suite, consequence ‖ (εκκλ) service, divine service

ακόλουθος, -η, -ο: following, next, consequent ‖ (ουσ) attendant ‖ (διπλωμ) attaché

ακολουθώ: follow, go after ‖ (παρακολουθώ) follow, shadow, tail

ακόμα: still, yet ‖ (περισσότερο) more

ακόμη: βλ. **ακόμα**

ακομπανιάρω: accompany

ακομπανιαμέντο, το: accompaniment

άκομψος, -η, -ο: inelegant, badly-dressed, sloppy

ακόνι, το: whetstone, hone

ακονίζω: sharpen, whet, hone

ακόνισμα, το: sharpening, whetting, honing

ακονιστής, ο: whetter, sharpener

ακόντιο, το: javelin ‖ (δόρυ) spear

ακοντισμός, ο: javelin throw

ακοντιστής, ο (θηλ. **ακοντίστρια**): javelin thrower

άκοπος, -η, -ο: (όχι κομμένος) uncut ‖ (χωρίς κόπο) easy, effortless

ακόρεστος, -η, -ο: insatiable, insatiate, never satisfied, greedy

άκοσμος, -η, -ο: improper, indecent, unbecoming

ακουαρέλα, η: water-color, aquarelle

ακουμπιστήρι, το: support, ‖ (για τα

452

πόδια) footrest, ‖ (για χέρια) armrest ‖ (πλάτης) backrest

ακουμπώ: (αγγίζω) touch ‖ (στηρίζομαι) lean, rest

ακούμπωτος, -η, -ο: βλ. **ξεκούμπωτος**

ακούνητος, -η, -ο: immovable, firm, steady

ακούραστα: (επιρ) tirelessly, indefatigably, unwearyingly

ακούραστος, -η, -ο: tireless, untiring, indefatigable

ακούρδιστος: βλ. **ακούρντιστος**

ακούρευτος, -η, -ο: unshorn, needing a haircut

ακούρντιστος, -η, -ο: untuned, not keyed ‖ (ελατήριο) unwound

ακούσιος, -α, -ο: involuntary, unintentional ‖ (απρόθυμος) unwilling

άκουσμα, το: hearing ‖ **στο ~:** on hearing

ακουστά: (επιρ) by hearsay, on hearsay ‖ **τον έχω ~:** I know him by name

ακουστικό το: receiver ‖ **~ βαρηκοΐας:** hearing aid

ακουστικός, -ή, -ό: acoustic(al), auditory

ακουστός, -ή, -ό: audible ‖ (ξακουστός) renowned, famous, celebrated

ακούω: hear, listen ‖ (υπακούω) obey

άκρα, τα: extremities ‖ (κατάσταση) extremes

άκρα, η: βλ. **άκρη**

ακράδαντα: (επιρ) implicitly, steadfastly

ακράδαντος, -η, -ο: unbending, steadfast

ακραίος, -α, -ο: extreme ‖ (τελικός) terminal

ακραιφνής, -ές: pure, unmixed ‖ (μτφ) sincere, true

ακράτεια, η: intemperance, incontinence

ακρατής, -ες: intemperate, incontinent

ακράτητα: (επίρ) unrestrainedly ‖ (ορμητικά) furiously, violently ‖ (αυθόρμητα) impetuously, impulsively

ακράτητος, -η, -ο: unrestrained ‖ (ορμητικός) furious, violent ‖ (αυθόρμητος) impetuous, inpulsive

άκρατος, -η, -ο: pure, unmixed, unadulterated

άκρη, η: end, extremity, tip ‖ (χείλος) edge

ακριανός, -ή, -ό: extreme

ακριβά: (επίρ) dearly, expensively

ακριβαίνω: (μτβ) increase the price, raise the price ‖ (αμτβ) become dearer, become more expensive

ακρίβεια, η: (το ακριβές) accuracy, precision, exactness ‖ (το ακριβό) coastliness, dearness ‖ (ψηλό κόστος) high cost ‖ (στην ώρα) punctuality

ακριβής, -ές: accurate, precise, exact ‖ (σωστός) correct ‖ (στην ώρα) punctual ‖ (αντίγραφο) exact, true

ακριβοθώρητος, -η, -ο: long absent, rarely seen

ακριβολογία, η: punctiliousness, exact manner of speech

ακριβολόγος, -ο: punctilious, attentive to the finer points of formal speech

ακριβοπληρώνω: pay dearly, be overcharged, pay through the nose

ακριβός, -ή, -ό: dear, expensive, costly ‖ (αγαπητός) dear

ακριβώς: (επίρ) accurately, exactly, precisely ‖ (στην ώρα) punctually

ακρίδα, η: locust, grasshopper

ακρίτας, ο: frontiersman

ακριτικός, -ή, -ό: frontier

ακριτομυθία, η: indiscretion, indiscreetness, indiscreet remark

ακριτόμυθος, -η, -ο: indiscreet, loose-tongued, blabber, blabbermouth

άκριτος, -η, -ο: (μη κριθείς) untried, ‖ (χωρίς κρίση) inconsiderate, thoughtless

άκρο, το: βλ. **άκρη**

ακροάζομαι: (δίνω ακρόαση) grant an audience ‖ (ιατρ) auscultate ‖ (αφουγκράζομαι) listen

ακροαματικός, -ή, -ό: auditory, hearing

ακρόαση, η: (παρουσία) audience ‖ (άκουσμα) hearing, listening ‖ (ιατρ) auscultation

ακροατήριο, το: audience ‖ (τόπος) auditorium

ακροατής, ο: (θηλ. **ακροάτρια**): listener ‖ (μαθητής) auditor

ακρόβαθρο, το: abutment

ακροβασία, η: acrobatics

ακροβάτης, ο: (θηλ. **ακροβάτρια**) acrobat

ακροβατικά: (adv) acrobatically ‖ **~, τα:** (ουσ) acrobatics

ακροβατικός, -ή, -ό: acrobatic

ακροβολίζομαι: skirmish, engage in a

ακροβολισμός

skirmish
ακροβολισμός, ο: (αραιά πυρά) skirmish
‖ (αραιά γραμμή) skirmish line
ακροβολιστής, ο: skirmisher
ακροβούνι, το: pointed summit, peak
ακρογιάλι, το: βλ. **ακρογιαλιά**
ακρογιαλιά η: seashore, seaside, beach,
coast
ακρογωνιαίος, -α, -ο: corner ‖ (λίθος)
cornerstone ‖ (το στήριγμα) mainstay
ακροθαλασσιά, η: βλ. **ακρογιαλιά**
ακρόπολη, η: citadel, acropolis
ακροποταμιά, η: riverside
άκρος, -η, -ο: extreme, utmost ‖ (υγεία)
perfect ‖ (σιγή) profound
ακροστιχίδα, η: acrostic
ακροστόμιο, το: nozzle
ακροσφαλής, -ες: precarious, slippery
ακρότητα, η: extremity ‖ (υπερβολή) ex-
cess
ακροώμαι: βλ. **ακροάζομαι**
ακρωμία, η: (αλόγου) withers ‖ (όρους)
highest peak, highest summit
ακρώρεια, η: summit, peak ‖ ridge
ακρωτηριάζω, mutilate, maim ‖ (ιατρ)
amputate
ακρωτηριασμός, ο: mutilation ‖ (ιατρ)
amputation
ακρωτήριο, το: promontory, cape
ακταιωρός, η: coast-guard cutter, coaster
ακτέα, η: (κουφοξυλιά) elder
ακτή, η: coast, sea-shore, ‖ (παραλία)
seaside, beach
ακτίνα, η: (φωτός) ray, beam ‖ (κύκλου)
radius ‖ (τροχού) spoke ‖ (δράσης)
range
ακτινενέργεια, η: βλ. **ραδιενέργεια**
ακτινοβολία, η: radiation ‖ (λάμψη) bril-
liancy, radiance
ακτινοβόλος, -ο: radiant, shining, beaming
ακτινοβολώ: radiate, beam, shine
ακτινογραφία, η: (εικόνα) radiograph,
X-ray, X-ray photograph ‖ (μέθοδος)
radiography
ακτινογραφικός, -ή, -ό: radiographic
ακτινογραφώ: X-ray
ακτινοθεραπεία, η: radiotherapy
ακτινοσκόπηση, η: radioscopy, X-ray
ακτινοσκοπώ: X-ray
ακτίς, η: βλ. **ακτίνα**

ακτοπλοΐα, η: coasting, coastal naviga-
tion, coastal shipping
ακτοπλοϊκό, το: coaster
ακτοπλοϊκός, -ή, -ό: coastal
ακτοφυλακή, η: coast guard
ακτύπητος, -η, -ο: βλ. **αχτύπητος**
ακυβέρνητος, -η, -ο: ungoverneed ‖ un-
controllable, ungovernable
ακύμαντος, -η, -ο: (θάλασσα) calm,
smooth, waveless ‖ (χωρίς διακυμάν-
σεις, ήσυχος) quiet, calm
άκυρος, -η, -ο: invalid, void, null
ακυρότητα, η: invalidity, voidance
ακυρώνω: void, invalidate, annul, nullify,
cancel
ακύρωση, η: annulment, cancellation, in-
validation, reversal, cassation
ακυρωτικός, -ή, -ό: invalidating, nullifying
‖ (δικαστήριο) Court of Appeal,
Supreme Court of Appeal
άκων: βλ. **αθέλητος**
αλαβάστρινος, -η, -ο: alabaster, alabas-
trine
αλάβαστρο, το: alabaster
αλάδωτος, -η, -ο: (χωρίς μύρο) unanoint-
ed ‖ (φαγητό) without oil ‖ (μηχανή)
not greased ‖ (μη δωροδοκηθείς) not
bribed
αλαζόνας, ο: βλ. **αλαζονικός**
αλαζονεία, η: arrogance, haughtiness,
presumptuousness
αλαζονικά: (επιρ) arrogantly, haughtily,
presumptuously
αλαζονικός, -ή, -ό: arrogant, haughty,
presumptuous
αλάθευτος, -η, -ο: βλ. **αλάθητος**
αλάθητος, -η, -ο: infallible, unerring, er-
rorless
αλαλαγμός, ο: loud cry, clamor ‖ (πολε-
μική κραυγή) war cry
άλαλος, -η, -ο: speechless, silent, dumb,
mute
αλάνθαστος: βλ. **αλάθητος**
αλάτι, το: salt
αλατιέρα, η: salt-shaker, salt-cellar
αλατίζω: salt, sprinkle with salt ‖ (δια-
τηρώ με αλάτι) season with salt, cure
with salt, preserve in salt, treat with salt
αλατισμένος, -η, -ο: seasoned with salt,
treated with salt, salted

454

αλατωρυχείο, το: salt mine, salt pit
αλαφιάζομαι: be startled, be frightened, be scared
αλάφιασμα, το: fright, scare, fear
άλγεβρα, η: algebra
αλγεβρικά: *(επιρ)* algebraically
αλγεβρικός, -η, -ο: algebraic
αλέθω: grind, mill
αλείβω: daub, smear, coat, rub
αλείφω: βλ. **αλείβω**
αλεξιβρόχιο, το: βλ. **ομπρέλλα**
αλεξικέραυνο, το: lightning rod, lightning conductor
αλεξιπτωτιστής, ο: *(θηλ.* **αλεξιπτωτί-στρια)** parachutist, paratrooper ‖ *(σώμα)* paratroops
αλεξίπτωτο, το: parachute
αλεξίπυρος, -η, -ο: fire-proof
αλεξίσφαιρος, -η, -ο: bullet-proof
αλεπού, η: fox ‖ *(θηλ)* vixen
άλεση, η: grinding
άλεσμα, το: βλ. **άλεση**
αλέτρι, το: plow, plough
αλεύρι, το: flour
αλευρόμυλος, ο: flour-mill
αλήθεια, η: *(ουσ)* truth ‖ *(επίρ)* indeed, really
αληθεύω: come true, be true, be realized, be fulfilled
αληθινός, -ή, -ό: true, truthful ‖ *(γνήσιος)* authentic, genuine
αληθοφάνεια, η: plausibility, verisimilitude
αληθοφανής, -ές: verisimilar, plausible
αλησμόνητος, -η, -ο: unforgettable
αλητεία, η: vagrancy
αλήτης, ο: *(θηλ.* **αλήτισσα):** tramp, vagrant, vagabond, bum ‖ *(νεαρός)* punk
αλιάετος, ο: osprey
αλιεία, η: fishing ‖ *(βιομ & δικαίωμα)* fishery
αλιευτικό, το: *(πλοίο)* fishing boat, smack
αλιευτικός, -ή, -ό: fishing
αλιεύω: fish
άλικος, -η, -ο: scarlet
αλίμονο!: *(επιρ)* alas, woe
αλίπαστο, το: salted, preserved in salt
αλίπεδο, το: seashore plain
αλισίβα, η: lye

αλιτήριος, -α, -ο: scoundrel, rascal
άλιωτος, -η, -ο: *(που δεν έχει λιώσει)* unmelted ‖ *(μη διαλυθείς)* undisolved ‖ *(που δεν διαλύεται)* insoluble
άλκαλι, το: alkali
αλκαλικός, -ή, -ό: alkaline
αλκή, η: strenght, power, vigor
άλκιμος, -η, -ο: strong, powerful, vigorous, sturdy
αλκοόλ, το: alcohol
αλκοολικός, -ή, -ό: alcoholic
αλκοολισμός, ο: alcoholism
αλκυόνα, η: halcyon, kingfisher
αλκυονίδες ημέρες: halcyon days
αλκυών: βλ. **αλκυόνα**
αλλά: but ‖ *(όμως)* however, yet
αλλαγή, η: change, alteration ‖ *(παραλλαγή)* variation ‖ *(σιδ. τροχιά)* shunt
αλλαγμένος, -η, -ο: changed, altered
αλλάζω: change, alter
αλλαντικά: sausages
αλλαντοποιός, ο: sausage maker
αλλαξιά, η: *(ρούχα)* change of clothes ‖ *(ανταλλαγή)* exchange, barter, change
αλλαξοπιστία, η: change of faith, abjuration, apostasy
αλλαξόπιστος, -η, -ο: renegade, apostate
αλλαξοπιστώ: renege, apostatize, change one's faith
αλλάσσω: βλ. **αλλάζω**
αλλεπάλληλος, -η, -ο: successive, repeated, iterative
αλλεργία, η: allergy
αλλεργικός, -ή, -ό: allergic
αλληγορία, η: allegory
αλληγορικά: *(επιρ)* allegorically
αλληγορικός, -ή, -ό: allegoric(al)
αλληθωρισμός, ο: strabismus, cross-eye, squint
αλλήθωρος, -η, -ο: cross-eyed, squinteyed
αλληλεγγύη, η: mutual aid, mutual help, mutual guarantee, solidarity
αλληλέγγυος, -α, -ο: jointly liable or responsible, solidary
αλληλένδετος, -η, -ο: *(κοινός)* common, joint ‖ *(συνδεδεμένος)* bound together ‖ *(αλληλοεξαρτημένος)* interdependent
αλληλεπίδραση, η: interaction, mutual influence

αλληλοβοήθεια, η: mutual aid or help

αλληλογραφία, η: correspondence

αλληλογραφώ: correspond, have correspondence, exchange letters

αλληλοεξάρτηση, η: interdependence

αλληλοεπίδραση, η: βλ. **αλληλεπίδραση**

αλληλοπάθεια, η: βλ. **αλληλεπίδραση**

αλληλοπαθής, -ές: reflexive

αλληλλούϊα: hellelujah

αλλήλους: each other, one another

αλληλουχία, η: connection, sequence

αλληλοφάγωμα, το: dog-eat-dog competition

αλληλόχρεος, -η, -ο: (λογαριασμός) current account ‖ (με αμοιβαίο χρέος) mutually bound

αλλιώς: (επιρ) else, otherwise ‖ (διαφορετικά) differently, in other words

αλλιώτικος, -η, -ο: different

αλλοδαπή, η: foreign country, abroad

αλλοδαπός, -ή, -ό: (ουσ) foreigner, alien ‖ (επίθ) foreign, alien ‖ **κέντρο ~ών:** alien police

αλλοεθνής, -ές: βλ. **αλλοδαπός**

αλλόθρησκος, -η, -ο: of another religion or creed

αλλοιώνω: (αλλάζω) βλ. **αλλάζω** ‖ (παραποιώ) falsify ‖ (τροφή) adultefate ‖ (χαρακτηριστικά) distort, contort

αλλοίωση, η: (αλλαγή) βλ. **αλλαγή** ‖ (παραποίηση) falsification ‖ (τροφή) adulteration ‖ (χαρακτ.) distortion

αλλόκοτος, -η, -ο: strange, queer, odd, weird

αλλοπρόσαλλος, -η, -ο: inconstant, fickle, changeable

άλλος, -η, -ο: other, another, else

άλλοτε: another time, sometime, once, formerly

αλλότριος, -α, -ο: belonging to another, somebody else's, another's

αλλού: (επιρ) elsewhere, somewhere else

αλλοφροσύνη, η: franticness, frenzy ‖ (τρέλλα) craze, madness

αλλόφρων, ο: frantic, in a frenzy, besides one's mind ‖ (τρελλός) mad, crazy

αλλόφυλος, -η, -ο: alien

άλλως: (επιρ) βλ. **αλλιώς**

άλμα, το: jump, leap, spring ‖ **~ απλούν μετά φοράς:** running broad jump ‖ ~

απλούν άνευ φοράς: standing broad jump ‖ **~ εις ύψος:** high jump ‖ **~ τριπλούν:** hop, step and jump ‖ **~ επί κοντώ:** pole vault

αλματώδης, -ες: by leaps and bounds, quickly and by large degrees

άλμη, η: pickle, brine, salt water

άλμπουμ, το: album

αλμύρα, η: βλ. **αρμύρα**

αλμυρός, -ή, -ό: salty, salt ‖ (ακριβός) costly, expensive

αλμυρούτσικος, -η, -ο: saltish

αλογίσιος, -η, -ο: horse, horsey, horsy

αλόγιστος, -η, -ο: irrational, thoughtless, absurb, inconsiderate

άλογο, το: horse

αλογόμυγα, η: horsefly, gadfly

αλογότριχα, η: horsehair

αλόη, η: aloe

αλοιφή, η: ointment, salve, unguent

αλουμίνιο, το: aluminum, aluminium

άλσος, το: grove, wood ‖ (τεχνητό) park

αλτήρας, ο: dumbbell

αλτρουϊσμός, ο: altruism

αλτρουϊστής, ο (θηλ. **αλτρουΐστρια**): altruist

αλτρουϊστικός, -ή, -ό: altruistic

αλύγιστος, -η, -ο: inflexible, unbending ‖ (μτφ) rigid, unyielding, stiff

αλυκή, η: salt marsh, salt meadow

αλύπητα: (επιρ) mercilessly, pitilessly ‖ (σκληρά) cruelly

αλύπητος, -η, -ο: merciless, pitiless, unmerciful ‖ (σκληρός) cruel

αλυσίβα, η: βλ. **αλισίβα**

αλυσίδα, η: chain

αλυσοδένω: chain, put in chains, fetter, shackle, manacle

αλυσόδετος, -η, -ο: chained, in chains, fettered, manacled

άλυτος, -η, -ο: (μη λυθείς) unsolved ‖ (αδύνατο να λυθεί) insolvable ‖ (δεμένος) tied, bound

αλύτρωτος, -η, -ο: (υπόδουλος) slave, subject ‖ (μη λυτρωθείς) unredeemed

αλύχτημα, το: bark, barking, bay, baying

αλυχτώ: bark, bay

άλυωτος, -η, -ο: βλ. **άλιωτος**

αλφαβητάριο, το: primer, ABC's, speller

αλφαβητικά: (επιρ) alphabetically

αλφαβητικός, -ή, -ό: alphabetic, alphabetical

αλφάβητο, το: alphabet

αλφάδι, το: level, spirit level

αλφαδιάζω: test the levelness

αλχημεία, η: alchemy

αλχημιστής, ο: alchemist

αλώβητος, -η, -ο: uninjured, undamaged, intact ‖ (ηθικά) unspotted, morally unblemished

αλώνι, το: threshing floor, threshing place ‖ (άλως) halo

αλωνίζω: thresh, thrash

αλώνισμα, το: threshing

αλωνιστικός, -ή, -ό: threshing ‖ ~ μηχανή: thresher, threshing machine

άλως, η: βλ. αλώνι

άλωση, η: fall, capture, conquest

άμα: (όταν) when ‖ (μόλις) as soon as ‖ (αν) if ‖ άμ' έπος άμ' έργον: no sonner said than done

αμαζόνα, η: amazon

αμάθεια, η: illiteracy, ignorance

αμαθής, -ες: illiterate, ignorant, uneducated

αμάκα, η: bumming ‖ κάνω ~: bum, live on the bum

αμακαδόρος, ο: bum

αμακατζής, ο: βλ. αμακαδόρος

αμάλθειας, κέρας: cornucopia, horn of plenty

αμανάτι, το: βλ. ενέχυρο

άμαξα, η: vehicle, carriage, wagon, coach ‖ (με άλογα) chaise, phaeton

αμαξάκι, το: (παιδικό) baby carriage, perambulator, pram, stroller

αμαξάς, ο: coachman

αμαξηλάτης, ο: βλ. αμαξάς

αμάξι, το: coach ‖ (αυτοκίνητο) automobile, car

αμαξιτός δρόμος, ο: carriage road

αμαξοστάσιο, το: roundhouse

αμαξοστοιχία, η: train ‖ επιβατική ~: passenger train ‖ εμπορική ~: freight train ‖ κοινή ~: slow train ‖ ταχεία ~: non-stop train, fast train, express train

αμάραντος, ο: amaranth

αμαρταίνω: sin, transgress

αμάρτημα, το: βλ. αμαρτία

αμαρτία, η: sin, transgression ‖ (κρίμα) pity

αμαρτωλός, -ή, -ό: sinful, sinner

αμαυρώνω: dim, darken, obscure, ‖ (μτφ) defile, sully, taint, profane

αμαύρωση, η: darkening, dimming ‖ (μτφ) defilement, taint, profaneness

αμαχητί: (επίρ) without a fight, without fighting

άμαχος, -η, -ο: non-combatant

αμβλεία, η: (γωνία) obtuse angle

αμβλυγώνιος, -α, -ο: obtuseangled, obtuse

αμβλύνω: blunt, dull

αμβλύς, -εία, -ύ: blunt, dull ‖ (γεωμ) obtuse

αμβλυωπία, η: amblyopia, dimness of vision

άμβλωση, η: abortion

αμβροσία, η: ambrosia

άμβωνας, ο: pulpit

αμέ!: (πληθ. άμετε!): go! go away!

αμέ?: (επιφ) sure! surely! of course! why not?

αμέθυστος, -η, -ο: (όχι μεθυσμένος) sober, not drunk, not intoxicated ‖ (ουσ -λίθος) amethyst

αμείβω: reward ‖ (πληρώνω) compensate, pay, remunerate

αμείλικτα: (επίρ) inexorably, implacably

αμείλικτος, -η, -ο: inexorable, implacable

αμείλιχτος, -η, -ο: βλ. αμείλικτος

αμείωτος, -η, -ο: undiminished

αμέλεια, η: negligence, carelessness ‖ (παραμέληση) neglect

αμελέτητα, τα: testicles, balls

αμελέτητος, -η, -ο: (μαθητής) unprepared ‖ (μη προμελετημένος) unstudied

αμελής, -ές: negligent, neglectful, careless

αμελώ: neglect, be indifferent, be negligent

άμεμπτος, -η, -ο: blameless, irreproachable

αμερικανικός, -ή, -ό: American

Αμερικανός (θηλ. Αμερικανίδα): American ‖ (περιφρ.) gringo ‖ (ειρων) Yank, Yankee

Αμερική, η: America ‖ Η.Π.Α.: U.S.A.

αμεριμνησία, η: lack of care, lack of worries

αμέριμνος, -η, -ο: carefree

αμέριστος, -η, -ο: undivided ‖ (μη διαι-

αμερόληπτα

ρετός) indivisible
αμερόληπτα: *(επίρ)* impartially
αμερόληπτος, -η, -ο: impartial, unprejudiced, unbiased
αμερροληψία, η: impartiality, impartialness
άμεσος, -η, -ο: immediate ‖ (μη έμμεσος) direct
αμεσότητα, η: immediateness, immediacy
αμέσως: immediately, at once, right away, directly
αμετάβατος, -η, ο: immovable ‖ *(γραμ)* intransitive
αμεταβίβαστος, -η, -ο: not transferable
αμετάβλητος, -η, -ο: (μη μεταβληθείς) unchanged, unaltered ‖ (που δεν μπορεί να μεταβληθεί), unchangeable, unalterable ‖ (σταθερός) constant, fixed ‖ (μη διαφοροποιούμενος) immutable
αμετάδοτος, -η, -ο: (μη μεταδοθείς) untransmitted ‖ (μη επιδοθείς) undelivered ‖ (που δεν μπορεί να μεταδοθεί) intransmissible, incommunicable
αμετάθετος, -η, -ο: (μη μετατεθείς) untransferred ‖ (που δεν μπορεί να μετατεθεί) untransferable, irremovable
αμετακίνητος, -η, -ο: immovable ‖ (σταθερός) steady, firm
αμετάκλητα *(επίρ):* irrevocably
αμετάκλητος, -η, -ο: irrevocable
αμετανόητος, -η -ο: impenitent, unrepentant
αμετάπειστος, -η, -ο: (μη μεταπεισθείς) unconvinced ‖ (που δεν μπορεί να μεταπεισθεί) inconvincible ‖ (πείσμων) obstinate, stubborn
αμεταποίητος, -η, -ο: unaltered
αμετάτρεπτος, -η, -ο: (μη μετατραπείς) unchanged ‖ (που δεν μετατρέπεται) unalterable, unchangeable, invariable ‖ (αμετάκλητος) βλ. λ.
αμεταχείριστος, -η, -ο: unused ‖ (καινούργιος) brand-new ‖ (καθαρός) clean
αμέτοχος, -η -ο: not participating, taking no part ‖ (αδιάφορος) indifferent
αμέτρητος, -η, -ο: (μη μετρηθείς) uncounted, unmeasured ‖ (που δεν μπορεί να μετρηθεί) immeasurable, innumerable, countless, numerous

άμετρος, -η, -ο: excessive
αμήν: amen
αμηχανία, η: embarrassment, perplexity, disconcertedness
αμήχανος, -η, -ο: embarrassed, perplexed, disconcerted
αμίαντος, -η, -ο: chaste, undefiled, pure
αμίαντος, ο: asbestos, amianthus, amiantus
αμιγής, -ές: unmixed, unmingled, pure, unadulterated
αμίλητος, -η, -ο: silent, quiet
άμιλλα, η: emulation, competition ‖ (ανταγωνισμός) rivalry, competition
αμιλλώμαι: emulate, compete, rival
αμίμητος, -η, -ο: inimitable ‖ (άφθαστος) unequalled, incomparable
άμισθος, -η, -ο: without pay, unsalaried
αμμοδοχείο, το: sand-box
αμμοκονία, η: mortar, cement
αμμόλιθος, ο: sandstone
άμμος, η: sand
αμμούδια, η: sandy beach
αμμώδης, -ες: sandy
αμμωνία, η: ammonia
αμνημόνευτος, -η, -ο: (μη αναφερθείς) unmentioned ‖ (πέρα από τη μνήμη) immemorial
αμνησία, η: amnesia, loss of memory
αμνησικακία, η: condonation, forgivingness
αμνησίκακος, -η, -ο: forgiving, not resentful
αμνηστεύω: grant amnesty, amnesty
αμνηστία, η: amnesty
αμνός, ο: lamb
αμοιβαία: *(επίρ)* mutually, reciprocally
αμοιβαίος, -α, -ο: mutual, reciprocal
αμοιβαιότητα, η: reciprocity, reciprocality, reciprocalness, mutuality ‖ *(βιολ)* mutualism
αμοιβή, η: reward ‖ (πληρωμή) payment, compensation, remuneration
άμοιρος, -η, -ο: unfortunate, unlucky, illfated, ill-starred, luckless
αμόλυντος, -η, -ο: chaste, undefiled, pure ‖ (όχι μολυσμένος) not infected, not contaminated
αμόνι, το: anvil
αμόνοιαστος, -η, -ο: irreconcilable, in-

compatible, quarrelsome

άμορφος, -η, -ο: shapeless, formless, amorphous

αμορφωσιά, η: illiteracy, ignorance, lack of education

αμόρφωτος, -η, -ο: illiterate, uneducated, ignorant

άμουσος, -η, -ο: βλ. **αμόρφωτος**

αμούστακος, -η, -ο: without a mustache, beardless

αμπαζούρ, το: lamp shade

αμπαλάρω: pack up ‖ (τυλίγω) wrap up

αμπάρα, η: bar, bolt

αμπάρι, το: hold ‖ (αποθήκη) store room, store house, warehouse

αμπάριζα, η: prisoner's base

αμπαρώνω: bar, bolt

αμπέλι, το: vineyard

αμπελουργία, η: viniculture, viticulture

αμπελουργικός, -ή, -ό: vinicultural, viticultural

αμπελουργός, ο: viniculturist, viticultirist, vinedresser, vine-grower

αμπελόφυλλο, το: vineleaf

αμπελοφυτεία, η: vinery, plantation of vines

αμπελώνας, ο: βλ. **αμπελοφυτεία**

αμπέχονο, το: field-jacket, tunic, coat

άμποτε(ς): (επιφ) would to God!

αμπραγιάζ, το: clutch

αμπρί, το: shelter, dugout ‖ (πολυβολείο) pillbox

άμπωτη, η: ebb, ebb tide, neap tide

άμυαλος, -η, -ο: brainless, stupid

αμυγδαλεκτομή, η: tonsillectomy

αμυγδαλή, η: tonsil

αμυγδαλιά, η: almond, almond tree

αμυγδαλίτιδα, η: tonsllitis

αμύγδαλο, το: almond

αμυγδαλωτός, -ή, -ό: almond-shaped, almond-like

αμυδρά: (επιρ) dimly, faintly, vaguely

αμυδρός, -ή, -ό: dim, faint, vague

αμυδρότητα, η: dimness, faintness, vagueness

αμύητος, -η, -ο: uninitiated

αμύθητος, -η, -ο: indescribable, unutterable, unspeakable, inexpressible, fabulous

άμυλο, το: amylum, starch

άμυνα, η: defense

αμύνομαι: defend

αμυντικός, -ή, -ό: defensive

αμυχή, η: scratch, graze, abrasion

άμφια, τα: vestments, ritual robes

αμφιβάλλω: doubt

αμφίβιο, το: ampfibian

αμφίβιος, -α, -ο: amphibious

αμφιβληστροειδής, ο: retina

αμφιβολία, η: doubt, dubiousness

αμφίβολος, -η, -ο: doubtful, dubious

αμφιδέξιος, -α,-.-ο: ambidextrous

αμφίεση, η: dress, attire, garments

αμφιθαλής, -ες: german

αμφιθεατρικός, -ή, -ό: amphitheatric, amphitheatrical

αμφιθέατρο, το: amphitheater

αμφίκοιλος, -η, -ο: concavo-concave, biconcave

αμφίκυρτος, -η, -ο: convexo-convex, biconvex

άμφιο, το: βλ. **άμφια**

αμφίπλευρος, -η, -ο: bilateral

αμφιρρέπω: waver, vacillate, be irresolute

αμφίρροπος, -η, -ο: undecided, wavering, irresolute, vacillating

αμφισβητήσιμος, -η, -ο: disputable, questionable, debatable

αμφισβήτηση, η: controversy, dispute, question

αμφισβητώ: controvert, dispute, question

αμφιταλαντεύομαι: βλ. **αμφιρρέπω**

αμφιταλάντευση, η: wavering, vacillation, irresoluteness, irresolution

αμφορέας, ο: amphora

αμφοτεροβαρής, -ές: bilateral

αμφότεροι, -ες, -α: both

αν: if ‖ (είτε) whether ‖ ~ **και:** though, although, even though ‖ **εκτός** ~: unless

ανά: by, through, per

αναβαθμός, ο: step

αναβάλλω: postpone, put off, defer ‖ (συνεδρίαση) adjourn

ανάβαση, η: ascent, ascension ‖ (άνοδος) rise

αναβατήρας, ο: elevator, lift ‖ (σκαλοπάτι άμαξας) step, running-board ‖ (αλόγου) stirrup

αναβάτης, ο: (βουνών) mountaineer, mountain climber ‖ (ιππέας) rider,

αναβιβάζω

horseman
αναβιβάζω: βλ. **ανεβάζω**
αναβιώνω: *(μτβ)* revive, bring back to life, renew ‖ *(αμτβ)* relive, come back to life, come to life again
αναβίωση, η: revival
αναβλητικός, -ή, -ό: deferring, postponing, dilatory
αναβλύζω: spring, spout, gush
αναβολέας, ο: stirrup
αναβολή, η: postponement, deferment, putting-off ‖ (συνεδρίαση) adjournment
αναβράζω: boil, boil up ‖ (παθαίνω ζύμωση) ferment ‖ (θυμώνω) seethe, be agitated
αναβρασμός, ο: boiling, ebullition ‖ (ζύμωση) fermentation ‖ (ταραχή) agitation, turmoil, commotion
αναβροχιά, η: drought, period with no rain, lack of rain, dryness
αναβρύζω, βλ. **αναβλύζω**
αναβρυτήριο, το: fountain, jet of water
ανάβω: light ‖ (φωτιά) ignite, set fire, fire ‖ (φως) turn on, switch on ‖ (εξάπτομαι) get irritated, get provoked, be riled
αναγαλλιάζω: be delighted, rejoice, exult
αναγγελία, η: announcement, notice, notification
αναγγέλλω: announce, notify, make known, give notice
αναγέννηση, η: rebirth, revival, regeneration ‖ (περίοδος) renaissance
αναγιεννιέμαι: be reborn, be revived, be regenerated
αναγεννώ: revive, regenerate
αναγκάζω: compel, force, constrain, oblige
αναγκαίος, -α, -ο: necessary, needful, required ‖ (απαραίτητος) requisite, indispensable
αναγκαστικός, -ή, -ό: forced ‖ (υποχρεωτικός) compulsory, obligatory
ανάγκη, η: necessity, need, want ‖ (υποχρέωση) obligation, need ‖ (έλλειψη) want ‖ (κατάσταση ανάγκης) emergency
ανάγλυφο, το: relief, low-relief, basrelief, anaglyph
ανάγλυφος, -η, -ο: in relief, relief ‖ ~ **χάρτης:** relief map

αναγνωρίζω: recognize ‖ (παραδέχομαι) acknowledge, admit ‖ (δίνω σήμα αναγνώρισης) acknowledge ‖ (κάνω αναγνώριση) reconnoiter ‖ (προσδιορίζω) identify
αναγνώριση, η: recognition ‖ (παραδοχή) acknowledgement, admission ‖ (στρ) reconnaissance ‖ (πιστοποίηση) identification
αναγνωρισμένος, -η, -ο: recognized
αναγνωριστικός, -ή, -ό: reconnaissance
ανάγνωση, η: reading
ανάγνωσμα, το: reading matter ‖ book, story, novel
αναγνωσματάριο, το: βλ. **αναγνωστικό**
αναγνωστήριο, το: reading-room
αναγνώστης, ο: *(θηλ.* **αναγνώστρια)** reader
αναγνωστικό, το: reader, reading-book, primer
αναγόρευση, η: nomination, proclamation, appointment to office
αναγορεύω: nominate, proclaim, appoint to office
αναγούλα, η: nausea, ‖ (αηδία) disgust, repugnance
αναγουλιάζω: *(μτβ)* nauseate, disgust, make sick ‖ *(αμτβ)* be nauseated, be disgusted, be sick
ανάγραμμα, το: anagram
αναγραμματισμός, ο: anagrammatizing, anagram
αναγραφή, η: entry, record, recording, writing
αναγράφω: write, write down, record ‖ (εγγράφω) register, enter
ανάγομαι: (αποπλέω) set sail, sail, make sail ‖ (ξεκινώ, έχω αρχή) go back, originate
ανάγω: (σηκώνω) raise, lift, elevate ‖ (παραπέμπω) refer ‖ (μετατρέπω σε απλούστερο) reduce
αναγωγή, η: reduction
αναγωγικός, -ή, -ό: reducing, reductive
αναγωγος, -η, -ο: (κακομαθημένος) ill-mannered, ill-bred, impolite ‖ (μη απλουστευόμενος) irreducible
αναδασώνω: reforest, replant with trees
αναδάσωση: reforestation
αναδεικνύομαι: βλ. **αναδείχνομαι**

ανάδειξη, η: distinction, eminence ‖ (εκλογή ή διορισμός) appointment, election, nomination

αναδείχνομαι: be distinguished, gain distinction

αναδείχνω: distinguish, make eminent, bring to notice ‖ (εκλέγω ή διορίζομαι) appoint to office, elect

αναδεκτός, ο (θηλ **αναδεκτή**): godson (θηλ: goddaughter)

αναδεξιμιός, ο (θηλ. **αναδεξιμιά**) βλ. α- ναδεκτός

αναδεύω: (μτβ) stir, shake ‖ (αμτβ) stir, toss

αναδημιουργία, η: re-creation

αναδημιουργώ: re-create, create anew

αναδημοσίευση, η: republication

αναδημοσιεύω: republish

αναδίδω: βλ. **αναδίνω**

αναδίνω: emanate, emit, send forth, give off

αναδιοργανώνω: reorganize

αναδιοργάνωση, η: reorganization

αναδιοργανωτής, ο: reorganizer

αναδιπλασιάζω: redouble, reduplicate

αναδιπλασιασμός, ο: redoubling, reduplication

αναδιπλώνω: refold ‖ (μαζεύω) retract

αναδίπλωση, η: refolding ‖ retraction

αναδίφηση, η: search, research, investigation

αναδιφώ: search, research, investigate

αναδουλειά, η: slack business season, slack time, slow business season, lack of work

ανάδοχος, ο: god parent, sponsor ‖ (αρσ) godfather ‖ (θηλ) godmother ‖ (έργου) contractor

αναδρομή, η: return, going back, retrogradation, retrospect

αναδρομικός, -ή, -ό: retroactive, retrospective

αναδύομαι: emerge, issue, rise up, come forth

ανάδυση, η: emergence, emersion, rising

ανάερα: (επιρ) airily, lightly, ethereally

ανάερος, -η, -ο: airy, light, ehtereal ‖ (χωρίς αέρα) airless

αναζήτηση, η: search, quest, investigation

αναζητώ: search, look for, seek, quest, go on a quest

αναζωογόνηση, η: revival, revitalization, invigoration

αναζωογονώ: revive, impart new vigor, revitalize, invigorate

αναζωπυρώ: rekindle, revive

αναθαρρεύω: take heart, regain courage, resume courage

αναθάρρηση, η: courage, regaining of courage

ανάθεμα, το: anathema ‖ (αφορισμός) excommunication ‖ (αφιέρωμα) offering

αναθεματίζω: anathematize, curse

αναθεματισμένος, -η, -ο: accursed, accurst

αναθεματισμός, ο: curse, sursing, anathematizing

ανάθεση, η: charge, entrusting, consignment

αναθέτω: charge, entrust, consign ‖ (α- φιερώνω) dedicate, offer

αναθεώρηση, η: revision, review, reexamination ‖ (δίκης) rehearing, retrial

αναθεωρητικός, -ή, -ό: revisionary, revisional, reviewing

αναθεωρώ: revise, review, re-examine

ανάθημα, το: offering

αναθυμίαση, η: effluvium, fume, poisonous fumes, stench, foul odor

αναίδεια, η: impertinence, impudence, cheek, sauciness

αναιδής, -ές: impertinent, impudent, saucy, cheeky

αναίμακτος, -η, -ο: bloodless, achieved without bloodshed

αναιμία, η: anaemia, anemia

αναιμικός, -ή, -ό: anaemic, anemic ‖ (ασθενικός) weak, listless

αναίρεση, η: repudiation, retraction, refutation ‖ (νομ) appeal ‖ (φόνος) manslaughter

αναιρώ: revoke, repudiate, retract, refute

αναισθησία, η: anaesthesia, anesthesia ‖ (απώλεια αισθήσεων) unconsciousness ‖ (απάθεια) insensibility, insensitivity, insensitiveness

αναισθητικός, -ή, -ό: anaesthetic, anesthetic

αναισθητοποίηση, η: anesthetization

αναισθητοποιώ: βλ. **αναισθητώ**

461

αναίσθητος, -η, -ο: (με χαμένες αισθήσεις) unconscious, senseless, insensate ‖ (απαθής) insensible, insensitive, unfeeling, unmoved

αναισθητώ: anesthetize

αναισχυντία, η: shamelessness, immodesty, barefacedness

αναίσχυντος, -η, -ο: shameless, immodest, barefaced

αναίτιος, -α, -ο: causeless ‖ (αθώος) innocent, guiltless, blameless

ανακαθίζω: sit up

ανακάθομαι: βλ. **ανακαθίζω**

ανακαινίζω: remodel, renovate, renew

ανακαίνιση, η: remodeling, renovation

ανακαινιστής, ο: remodeler, renovator

ανακαλύπτω: discover, find out, detect

ανακάλυψη, η: discovery ‖ detection

ανακαλώ: recall ‖ (καταργώ) revoke, repeal, annul, abolish, abrogate ‖ (παίρνω πίσω) take back, retract ‖ (αποσύρω) withdraw

ανάκατα: (επιρ) helter-skelter, pell-mell, topsy-turvy

ανακατάταξη, η: rearrangement ‖ (στρ) re-enlistment

ανακατατάσσομαι: re-enlist

ανακατατάσσω: rearrange

ανακάτεμα, το: βλ. **ανακάτωμα**

ανακατεύομαι: get mixed, be drawn into ‖ (σε ξένες υποθέσεις) interfere, meddle ‖ (χώνω τη μύτη μου) poke my nose into

ανακατεύω: mix, mingle, blend ‖ (για να διαλύσω) stir ‖ (χαρτιά) shuffle ‖ (κάνω άνω-κάτω) jumble, muddle

ανάκατος, -η, -ο: mixed, mingled ‖ (άνω-κάτω) jumbled, muddled ‖ (μπερδεμένος) tangled, tousled

ανακάτωμα, το: mix, mixing, blend ‖ (άνω-κάτω) jumble, muddle ‖ (μπέρδεμα) tangle ‖ (αηδία) nausea

ανακεφαλαιώνω: sum up, summarize, recapitulate

ανακεφαλαίωση, η: summary, summing up, recapitulation

ανακεφαλαιωτικός, -ή, -ό: recapitulative, recapitulatory

ανακήρυξη, η: βλ. **αναγόρευση**

ανακηρύσσω: βλ. **αναγορεύω**

ανακινώ: (ανακατεύω) βλ. **ανακατεύω** ‖ (φέρνω για συζήτηση) raise, put forward for consideration, bring up

ανάκλαση, η: reflection ‖ (οργανισμού) reflex

ανακλαστικός, -ή, -ό: reflective, reflectional ‖ (οργαν) reflex

ανάκληση: βλ. **ακύρωση**

ανακλητικό, το: (στρ) taps

ανακλητικός, -ή, -ό: βλ. **ακυρωτικός**

ανάκλιντρο, το: couch, sofa, settee, divan

ανακλώ: reflect

ανακοινωθέν το: communique~

ανακοινώνω: announce ‖ (πληροφορώ) inform, notify

ανακοίνωση, η: announcement ‖ (πληροφόρηση) information, notification

ανακολουθία, η: inconsistence, inconsistency

ανακόλουθο, το: anacoluthon

ανακόλουθος, -η, -ο: inconsistent

ανακοπή, η: check, restraint, holding, ‖ (ποινής) reprieve ‖ (απόφασης) appeal

ανακόπτω: check, restrain, hold, stop ‖ (ποινή) reprieve ‖ (απόφαση) appeal

ανακούρκουδα: (επιρ) on one's heels, squatting, cross-legged

ανακουφίζω: relieve, soothe ‖ (ελαφρώνω) mitigate, alleviate, lighten

ανακούφιση, η: relief ‖ (ξαλάφρωμα) mitigation, alleviation

ανακουφιστικός, -ή, -ό: soothing, alleviatory, alleviative, mitigative, mitigatory

ανακρίβεια, η: inaccuracy, inexactitude, inexactness ‖ (σφάλμα) error, incorrectness

ανακριβής, -ές: inaccurate, inexact ‖ (εσφαλμένος) erroneous, incorrect

ανακρίνω: interrogate ‖ (εξετάζω) inquire, question, examine

ανάκριση, η: interrogation ‖ (εξέταση) examination, questioning, inquiry

ανακριτής, ο: interrogator, examiner, inquisitor

ανάκρουση, η: (υποχώρηση) backing up, change of tack ‖ (μουσ) playing

ανακρούω: (υποχωρώ) back up, back out of, change tack ‖ (μουσ) play

ανάκτηση, η: recovery, regaining ‖ (αναχατάληψη) reconquest, retaking

ανακτορικός, -ή, -ό: (σαν ανάκτορο) palatial ‖ (βασιλικός) royal

ανάκτορο, το: palace

ανακτώ: recover, regain, get back again ‖ (ανακαταλαμβάνω) reconquer, retake

ανακύκλωση, η: loop, looping ‖ **κατακόρυφη ~:** looping the loop ‖ **κάνω ~:** loop ‖ **κάνω κατακόρυφη ~:** loop the loop

ανακωχή, η: armistice, truce

αναλαβαίνω: (αμεταβ) recover, get over, regain health ‖ (υποχρέωση) undertake, assume, take on

αναλαμπή, η: flash, gleam ‖ (μτφ) flare, gleam, spark

αναλάμπω: gleam, flash, shine ‖ (μτφ) flare, spark, gleam

ανάλατος, -η, -ο: saltless, without salt ‖ (μτφ) insipid, namby-pamby, vapid

ανάλαφρος, -η, -ο: βλ. **ανάερος**

αναλγησία, η: (ιατρ) analgesia ‖ (απονιά) unfeelingness, callousness, insensitivity, insensitiveness, insensibility

αναλγητικός, -ή, -ό: analgesic, painkilling, painrelieving ‖ (ουσ) analgesic, painkiller

ανάλγητος, -η, -ο: insensible, insensitive, unfeeling, callous

ανάλεκτα, το: analecta, analects

αναληθής, -ές: untrue

ανάληψη, η: (ξαναπιάσιμο) resumption, resuming ‖ (υγείας) recovery ‖ (χρημάτων) withdrawal ‖ (υποχρέωσης) undertaking, assuming ‖ (εκκλ) Ascension

αναλλοίωτος, -η, -ο: unalterable, unchangeable, unaltered ‖ (που δεν χαλά) not perishable, imperishable ‖ (μτφ) constant, unvarying

ανάλογα: (επίρ) proportionately, proportionally, in proportion

αναλογία, η: analogy, proportion, relationship ‖ (μερίδιο) portion

αναλογίζομαι: consider, deliberate upon, think

αναλογικός, -ή, -ό: proportional, proportionate, in proportion, analogical

αναλόγιο, το: bookrest, bookrack, bookstand, lectern

ανάλογος, -η, -ο: analogous, proportional, proportionate

αναλογώ: be analogous, be proportional, be in proportion ‖ (αντιστοιχώ) correspond

ανάλυση, : analysis ‖ (γραμ) parsing

αναλυτικά: (επίρ) analytically

αναλυτικός, -ή, -ό: analytic, analytical, ‖ (μτφ) itemized, detailed

αναλύομαι: be analyzed ‖ (διαλ) dissolve, melt ‖ (ξεσπώ) burst into

αναλύω: analyze ‖ (γραμ) parse ‖ (διαλύω) dilute, dissolve

αναλφαβητισμός, ο: illiteracy

αναλφάβητος, -η, -ο: analphabetic, illiterate

αναλώσιμος, -η, -ο: expendable

αναμαλλιάζω: tousle, dishevel

αναμαλλιασμένος, -η, -ο: (και αναμαλλιάρης): disheveled, tousle-headed

αναμάρτητος, -η, -ο: sinless, without sin

αναμάσημα, το: (μηρυκασμός) rumination, chewing cud

αναμασώ: (μηρυκάζω) ruminate ‖ (μτφ) harp on, repeat

ανάμεικτος, -η, -ο: mixed, assorted, mingled, blended

ανάμειξη, η: mixing, mingling, blending ‖ (επέμβαση) interference, meddling

αναμένω: await, wait ‖ (προσδοκώ) expect

ανάμεσα: between ‖ (εν μέσω) among

αναμεταξύ: (τοπ) between, among ‖ (χρον) meanwhile, meantime

αναμέτρηση, η: (συναγωνισμός) contention, contest ‖ (υπολογισμός) calculation, estimation ‖ (δυναμική αναμέτρηση) showdown

αναμετριέμαι: contend, vie

αναμετρώ: calculate, estimate, consider

αναμηρυκάζω: βλ. **αναμασώ**

αναμηρυκασμός, ο: αναμάσημα

αναμισθώνω: re-lease, lease again, renew a lease

αναμίσθωση, η: renewal of a lease

άναμμα, το: lighting, ignition, kindling ‖ (προσώπου) reddening, flushing ‖ (μτφ) excitement, agitation

αναμμένος, -η, -ο: alight, lit up, lighted, burning ‖ (μτφ) excited, agitated, angry

ανάμνηση, η: remembrance, reminiscence, recollection ‖ (απομνημονεύμα-

αναμνηστικός

τα) memoirs ‖ (τίμησι μνήμης) commemoration

αναμνηστικός, -ή, -ό: commemorative, commemoratory, memorial

αναμονή, η: waiting ‖ (προσδοκία) expectation ‖ **αίθουσα ~ς:** waiting room

αναμορφώνω: reform

αναμόρφωση, η: reform, reformation

αναμορφωτήριο, το: reformatory, reform school

αναμορφωτής, ο: (θηλ. **αναμορφώτρια**) reformer

αναμορφωτικός, -ή, -ό: reformative, reformatory, reformational

αναμόχλευση, η: (μτφ) stirring, rousing, kindling, excitation

αναμοχλεύω: (σηκώνω με μοχλό) lever, lift with a lever ‖ (μτφ) stir, agitate, rouse, kindle, excite

αναμπουμπούλα, η: tumult, commotion, upheaval, hubbub

αναμφίβολα: (επιρ) undoubtedly, indubitably

αναμφίβολος, -η, -ο: doubtless, indubitable, unquestionable

αναμφισβήτητα: (επιρ) indisputably, unquestionably, incontestably

αναμφισβήτητος, -η, -ο: indisputable, unquestionable, incontestable

ανανάς, ο: pineapple

άνανδρα: (επιρ) cowardly

ανανδρία, η: cowardice, cowardliness, yellow streak

άνανδρος, -η, -ο: coward, yellow, yellow-bellied, chicken, chicken-hearted, chicken-livered

ανανεώνω: renew ‖ (ανακαινίζω) βλ. **ανακαινίζω**

ανανέωση, η: renewal ‖ βλ. **ανακαίνιση**

ανανεωτικός, -ή, -ό: renewing

ανανήφω: (μετανοώ) repent, change one's mind

ανάνηψη, η: repentance

αναντικατάστατος, -η, -ο: irreplaceable

αναντίρρητα: (επιρ) βλ. **αναμφισβήτητα**

αναντίρρητος, -η, -ο: βλ. **αναμφισβήτητος**

αναξέω: βλ. αναμοχλεύω (μτφ)

αναξιοπαθής, -ές: suffering unjustifiably or undeservedly

αναξιοπαθώ: suffer unjustifiably or undeservedly

αναξιοπιστία, η: unreliability, unreliableness

αναξιόπιστος, -η, -ο: unreliable, untrustworthy ‖ (οικ) unworthy of credit

αναξιοπρέπεια, η: want of dignity, baseness ‖ (πράξη) indignity

αναξιοπρεπής, -ές: base, undignified

ανάξια (επιρ): unworthily, undeservedly ‖ (ανίκανα) incompetently, incapably, inefficiently

ανάξιος, -α, -ο: unworthy, undeserving, worthless ‖ (ανίκανος) incompetent, incapable, inefficient, unfit

αναξιότητα, η: unworthiness, worthlessness ‖ (ανικανότητα) incompetence, incompetency, inefficiency

αναξιόχρεος, -η, -ο: insolvent

αναπαιστικός, -ή, -ό: anapestic

ανάπαιστος, ο: anapest

αναπαλλοτρίωτος, -η, -ο: (μη απαλλοτριωθείς) not expropriared ‖ (μη απαλλοτριώσιμος) inalienable

αναπάλλω: wave, swing, oscillate, vibrate

ανάπλαση, η: oscillation, waving, vibration

αναπάντεχα (επιρ): unexpectedly

αναπάντεχος, -η, -ο: unexpected, unforeseen ‖ (ξαφνικός) sudden

αναπάντητος, -η, -ο: unanswered

αναπαράγω: reproduce

αναπαραγωγή, η: reproduction ‖ (βιολ) reproduction, breeding

αναπαραδιά, η: poverty, pennilessness

αναπαράσταση, η: representation ‖ (εγκλ) reconstruction

αναπαριστάνω: represent ‖ (εγκλ) reconstruct

ανάπαυλα, η: interval of rest, respite

ανάπαυση, η: rest, relaxation, repose ‖ (στρ) at ease

αναπαυτήριο, το: resort, retreat, snuggery

αναπαυτικά (επιρ): comfortably, restfully, snugly

αναπαυτικός, -ή, -ό: comfortable, restful, snug

αναπαύομαι: rest, relax, take a rest, repose

αναπαύω: rest, give rest

αναπέμπω: send up, send forth

αναπηδώ: jump up, leap up, spring up ‖ (ξαφνιάζομαι) start up

αναπηρία, η: invalidism, disability ‖ (διαν) defect

αναπηρικός, -ή, -ό: invalid ‖ (διαν) defective

ανάπηρος, -η, -ο: disabled, invalid, cripple ‖ (διαν) defective ‖ ~ πολέμου: disabled veteran, disabled ex-serviceman

αναπλάθω: reform, reshape, remodel ‖ (στη μνήμη) recall, recollect, reminisce

ανάπλαση, η: reform, reformation, reshaping, remodelling

αναπλέω: (αποπλέω) set sail, sail ‖ (πλέω αντίθετα) sail up

αναπληρωματικός, -ή, -ό: subsitute, replacement ‖ (που συμπληρώνει) supplementary, complementary

αναπληρώνω: substitute, replace ‖ (συμπληρώνω) supplement ‖ (ξαναγεμίζω) refill

αναπληρωτής, ο: substitute, deputy

ανάπλους, ο: (απόπλους) sailing, setting sail ‖ (αντίθετος πλους) sailing up

αναπνευστήρας, ο: respirator ‖ (οπή εξαερισμού) louver

αναπνευστικός, -ή, -ό: respiratory, breathing

αναπνέω: breathe, respire (και μτφ)

αναπνοή, η: respiration, breath, breathing

ανάποδα: (επίρ) backwards ‖ (επάνω κάτω) upside-down ‖ (μέσα-έξω) inside-out ‖ (ναυτ) astern ‖ ~ ολοταχώς: full astern

αναπόδεικτος:, -η, -ο: (μη αποδειχθείς) unproved ‖ (που δεν αποδεικνύεται) unprovable

ανάποδη, η: wrong side ‖ (πίσω μέρος) back side ‖ (μέσα μέρος) inside out

αναποδιά, η: (κακοτυχία) misfortune, mishap, misadventure, misventure, adversity ‖ (χαρακτήρα) cantankerousness, contrariness

αναποδίζω: go backwards ‖ (ναυτ) go astern

αναποδογυρίζω: overturn, capsize ‖ (γυρίζω ανάποδα) turn upside down

αναποδογύρισμα, το: overturning, capsizing

ανάποδος, -η, -ο: reversed, upside-down ‖ (χαρακτήρας) cantankerous, cortrary

αναπόδραστος, -η, -ο: inevitable, unavoidable

αναπόληση, η: reminiscence, remembrance, recollection

αναπολώ: reminisce, remember, recollect

αναπόσπαστα: (επιρ) inseparably

αναπόσπαστος, -η, -ο: inseparable

αναπότρεπτος, -η, -ο: βλ. αναπόδραστος

αναποφάσιστα: (επιρ) irresolutely, undecidedly ‖ (διστακτικά) hesitatingly, hesitantly

αποφασιστικότητα, η: undecidedness, irresoluteness, irresolution ‖ (διστακτικότητα) hesitancy

αναποφάσιστος, -η, -ο: irresolute, unresolved, undecided ‖ (διστακτικός) hesitant, hesitating

αναπόφευκτα: inevitably, unavoidably

αναπόφευκτος, -η, -ο: βλ. αναπόδραστος

αναπροσαρμογή, η: rearrangement, readjustement

αναπροσαρμόζω: readjust, rearrange, readapt

αναπτερώνω: raise, revive, reanimate

αναπτέρωση, η: raising, revival, reanimation

αναπτήρας, ο: lighter

ανάπτυγμα, το: development ‖ (στρ) deploy ‖ (γεωμ) evolute, development

αναπτυγμένος, -η, -ο: cultured, cultivated, refined ‖ (μέγεθος) developed

ανάπτυξη, η: (μεγάλωμα) growth, development ‖ (στρ) deployment ‖ (αναφορά) detailed explanation, detailed report ‖ (καλλιέργεια) culture, refinement, education

αναπτύσσομαι: grow, develop ‖ (στρ) deploy

αναπτύσσω: (ξεδιπλώνω) unfold, unfurl ‖ (απλώνω) spread, develop, extend ‖ (εξηγώ) explain, report

άναρθρος, -η, -ο: (χωρίς άρθρωση) anarthrous, inarticulate, unjointed ‖ (γραμ) without article ‖ (φωνή) inarticulate, incomprehensible

αναρίθμητος, -η, -ο: βλ. αμέτρητος

αναρμόδιος, -α, -ο: incompetent, unqualified

αναρμοδιότητα, η: incompetence, incompetency, lack or want of jurisdiction

ανάρμοστος, -η, -ο: improper, indecorous, unbecoming, indecent

αναρπάζω: snatch, grasp suddenly ‖ (άνεμος) blow away, carry away

ανάρπαστος, -η, -ο: sold out, eagerly or quickly bought, sold in the highest numbers ‖ (βιβλίο) best seller

αναρριπίζω: fan ‖ (μτφ) kindle, excite

αναρρίπιση, η: βλ. **αναμόχλευση**

αναρρίχηση, η: climbing ‖ (με δυσκολία) clambering, scrambling ‖ (ορειβασία) mountaineering

αναρριχητικός, -ή, -ό: climbing, creeping

αναρριχιέμαι: climb ‖ (με δυσκολία) clamber, scramble ‖ (φυτά) climb, creep, trail

αναρρόφηση, η: suction

αναρροφώ: suck up

αναρρώνω: convallese, recuperate, recover

ανάρρωση, η: convalescence, recuperation, recovery

αναρρωτήριο, το: infirmary ‖ (πλοίου) sick bay

αναρρωτικός, -ή, -ό: convalescent, convalescence, recuperative, recuperation

αναρτήρας, ο: sling, strap, hanger ‖ (τιράντες) suspenders, braces

ανάρτηση, η: hanging, suspension

αναρτώ: hang, suspend

αναρχία, η: anarchy

αναρχικός, -ή, -ό: anarchic, anarchical, anarchistic ‖ (ουσ) anarchist

αναρχισμός, ο: anarchism

άναρχος, -η, -ο: (χωρίς αρχηγό) leaderless ‖ (χωρίς αρχή) without beginning, infinite

αναρωτιέμαι: wonder, ask oneself

ανάσα, η: βλ. **αναπνοή** ‖ (στιγμιαία ξεκούραση) short rest, breather

ανασαίνω: βλ. **αναπνέω**

ανασήκωμα, το: raising, lifting

ανασηκώνω: raise, lift ‖ (μανίκια) roll up

ανασκάλεμα, το: scratch, scratching, turning up ‖ (φωτιά) poking, stirring ‖ (μτφ) βλ. **αναμόχλευση** ‖ (εξέταση) search, examination

ανασκαλεύω: scratch, turn up ‖ (φωτιά)

poke, stir ‖ (μτφ) βλ. **αναμοχλεύω** (μτφ) ‖ (εξετάζω) search, examine, poke into

ανασκάπτω: excavate, dig up ‖ (καταστρέφω) destroy, raze, demolish

ανασκαφή, η: excavation, digging

ανάσκελα: (επίρ) on one's back, supine

ανασκευάζω: rebut, refute, disprove, confute

ανασκευάσιμος, -η, -ο: refutable, disprovable, confutable

ανασκευαστικός, -ή, -ό: rebutting, refuting, disproving

ανασκευή, η: rebuttal, refutal, refutation, disproval, confutation

ανάσκητος, -η, -ο: untrained

ανασκίρτημα, το: start, startle, jump

ανασκιρτώ: start up, startle, become startled, jump

ανασκολοπίζω: impale

ανασκολόπισμα, το: impalement

ανασκολόπιση, η: βλ. **ανασκολόπισμα**

ανασκόπηση, η: review, reviewal, reexamination ‖ (περίληψη) synopsis, abstract, summary

ανασκοπώ: review, re-examine ‖ βλ. **αναμετρώ**

ανασκούμπωμα, το: rolling up

ανασκουμπώνομαι, roll up one's sleeves ‖ (μτφ) get ready, be ready

ανασκουμπώνω: roll up

ανασταίνομαι: rise, be resurrected

ανασταίνω: resurrect, bring back to life, raise from the dead

ανασταλτικός, -ή, -ό: (που διακόπτει ή αναβάλλει) suspensive, suspensory ‖ (που σταματά) checking, curbing, restraining, stopping

ανάσταση, η: resurrection ‖ (Πάσχα) Easter

ανάστατος, -η, -ο: in disorder, in confusion ‖ (ταραγμένος) excited, agitated, upset, distraught, distressed

αναστατώνω: disturb, throw in disorder or confusion ‖ (ταράζω) upset, agitate, excite, distress

αναστάτωση, η: disorder, confusion, disturbance ‖ (ταραχή) agitation, distress, excitement

αναστέλλω: (διακόπτω) suspend, defer ‖

(σταματώ) check, curb, restrain, stop

αναστεναγμός, ο: sigh || (υπόκωφος) moan, groan

αναστενάζω: sigh || (υπόκωφα) moan, groan

αναστηλώνω: restore || *(μτφ)* invigorate, revive, revitalize

αναστήλωση, η: restoration || *(μτφ)* invigoration, revival

ανάστημα, το: stature, height *(και μτφ)*

αναστολέας, ο: pawl, stop

αναστολή, η: (διακοπή) suspension, abeyance, deferment, deferral || (σταμάτημα) restraint, check, stop

αναστρέφω: invert, reverse || (γυρίζω πίσω) turn back

άναστρος, -η, -ο: starless

αναστροφή, η: inversion, reversal

ανάστροφη, η: βλ. **ανάποδη**

ανασυγκρότηση, η: rehabilitation || (αναδιοργάνωση) reorganization, reconstruction

ανασυγκροτώ: rehabilitate || (αναδιοργανώνω) reorganize, reconstruct

ανασύνταξη, η: reformation, reorganization

ανασυντάσσω: re-form, reorganize

ανασύρω: pull up, pull out, draw up

ανασυσταίνω: re-establish

ανασύσταση, η: re-establishment, restoration

ανασφάλιστος, -η, -ο: uninsured

ανάσχεση: βλ. **αναστολή**

ανασχετικός, -η, -ο: βλ. **ανασταλτικός**

ανασχηματίζω: re-form, reconstruct || (κυβέρνηση) reshuffle

ανασχηματισμός: reconstruction, reformation || (κυβερν) reshuffle, reshuffling

αναταράζω: stir, agitate, disturb *(και ·μτφ)*

αναταραχή, η: agitation, stirring, disturbance

ανάταση, η: raising up, lifting, holding up

ανατάσσω: (χειρ) reset, reduce

ανατείνω: raise, lift up, hold up

ανατέλλω: rise || *(μτφ)* appear, dawn

ανατίμηση, η: rise in price, rise || *(οικ)* revaluation

ανατιμώ: raise the price || *(οικ)* revaluate

ανατίναγμα, το: βλ. **ανατίναξη**

ανατινάζομαι: blow up, explode

ανατινάζω: blow up, explode, blast

ανατίναξη, η: blast, explosion, blowing up

ανατίφη, η: barnacle

ανατοκισμός, ο: compound interest

ανατολή, η: (ηλίου) sunrise || (σημείο ορίζοντος) east || (χώρες) orient || **Εγγύς ~:** Levant, Near East, || **Μέση ~:** Middle East || **Άπω ~:** Far East

ανατολικά: *(επίρ)* east, eastward, eastwards

ανατολικός, -ή, -ό: east, eastern

ανατολίτης, ο: (θηλ **ανατολίτισσα**): oriental || (Μιχρασιάτης ή Μεσανατολίτης) Levanter, Levantine

ανατολίτικος, -η, -ο: oriental || Levantine

ανατομείο, το: anatomy laboratory, anatomy lab

ανατομή, η: dissection

ανατομία, η: anatomy

ανατομικός, -ή, -ό: anatomic, anatomical

ανατόμος, ο: anatomist

ανατρεπτικός, -ή, -ό: subversive, undermining, || (ανασκευαστικός) revocatory, refuting

ανατρέπω: subvert, overthrow, || (αναποδογυρίζω) overturn, capsize, upset || (ματαιώνω) frustrate, thwart || (αναιρώ) revoke, refute

ανατρέφω: bring up, raise, rear

ανατρέχω: refer, go back to, recur

ανατριχιάζω: have goose flesh, have goose pimples, shudder, shiver

ανατρίχιασμα, το: βλ. **ανατριχίλα**

ανατριχιαστικός, -ή, -ό: hair-raising, bloodcurdling, horrifying, terrifying

ανατριχίλα, η: goose flesh, goose pimples, shudder, shiver

ανατροπέας, ο: subverter, revolutionary

ανατροπή, η: overthrow || (αναποδογύρισμα) overturning, capsizing || (αναίρεση) refutation, reversal, revocation || (ματαίωση) thwarting, frustration

ανατροφή, η: breeding, raising, upbringing, rearing

ανατύπωμα, το: βλ. **ανατύπωση**

ανατυπώνω: reprint || (ξαναδημοσιεύω) republish

ανατύπωση, η: reprint || (ξαναδημοσί-

467

άναυδος

ευση) republication

άναυδος, -η, -ο: dumfounded, dumb-founded, speechless

άναυλα: *(επίρ)* willy-nilly

αναφαίνομαι: reappear ‖ *(μτφ)* rise, emerge

αναφαίρετος, -η, -ο: unextractable ‖ *(μτφ)* innate, inherent

αναφέρομαι: refer, relate

αναφέρω: report, state ‖ (μνημονεύω) mention, cite, quote

αναφιλητό, το: sobbing

αναφλέγομαι: flame, catch fire, blaze

αναφλέγω: ignite, set fire, set on fire, flame ‖ *(μτφ)* inflame, excite, incense, infuriate

ανάφλεξη, η: ignition, burning, flaming

αναφορά, η: report, statement ‖ (σχέση) relation, reference

αναφορικά: *(επίρ)* concerning, in reference to, re

αναφορικός, -ή, -ό: relative, related, relating, referring to ‖ (γραμ) relative

αναφτερώνω: βλ. **αναπτερώνω**

αναφυλαξία, η: anaphylaxis, allergy

αναφώνηση, η: exclamation, interjection, ejaculation, outcry

αναφωνώ: exlaim, ejaculate, cry out

αναχαιτίζω: restrain, stop, check, hold back, curb

αναχαίτιση, η: restraint, stop, check, checking, holding back

αναχρονισμός, ο: anachronism

αναχρονιστικός, -ή, -ό: anachronistic, anachronistical ‖ *(οπισθοδρ.)* outdated, old fashioned

ανάχωμα, το: embankment, mound, bank ‖ (στρ) vallation, embankment, rampart

αναχώρηση, η: departure

αναχωρώ: depart, leave, go

αναψηλάφηση, η: rehearing, retrial

αναψηλαφώ: retry, rehear

αναψυκτήριο, το: cafeteria, refreshment room, club room, bar room

αναψυκτικό, το: refreshment

αναψυχή, η: recreation, refreshment

αναψύχω: refresh

άνδηρο, το: terrace ‖ (στέγη) roof

ανδραγάθημα, το: feat, exploit, heroic deed

ανδραγαθία, η: βλ. **ανδραγάθημα**

ανδραγαθώ: act bravely, perform feats of valour

ανδραδέλφη, η: sister-in-law

ανδράδελφος, ο: brother-in-law

ανδράποδο, το: slave ‖ *(μτφ)* mean, base, obsequious

άνδρας, ο: man ‖ (σύζυγος) husband ‖ (παλικάρι) brave

ανδρεία, η: bravery, valour, courage, gallantry

ανδρείκελο, το: (ομοίωμα) mannequin, lay figure ‖ (κούκλα) puppet ‖ *(μτφ)* puppet, plaything

ανδρείος, -α, -ο: brave, valiant, valorous, gallant, courageous

ανδριάντας, ο: statue

ανδριαντοποιΐα, η: statuary, sculpture

ανδριαντοποιός, ο: sculptor, statuary

ανδρικός, -ή, -ό: masculine, male ‖ (ανδροπρεπής) manly, virile

ανδρογυναίκα, η: amazon ‖ *(μτφ)* virago

ανδρόγυνο, το: married couple

ανδροπρέπεια, η: virility, manliness, machismo

ανδροπρεπής, -ές: virile, manly, macho

ανεβάζω: lift, raise, carry up, take up

ανεβαίνω: ascend, go up, come up ‖ (υψούμαι) rise

ανέβασμα, το: lifting, raising, rise, carrying up ‖ *(μτφ)* presentation, production

ανεβοκατεβαίνω: go up and down ‖ *(μτφ)* fluctuate, rise and fall

ανεβοκατέβασμα, το: going up and down ‖ *(μτφ)* fluctuation

ανέγγιχτος, -η, -ο: untouched, intact

ανεγείρω: erect, raise, build, construct

ανέγερση, η: erection, raising, building, construction

ανεγνωρισμένος, -η, -ο: recognized

ανειδίκευτος, -η, -ο: unskilled

ανειδοποίητος, -η, -ο: βλ. **απροειδοποίητος**

ανειλικρίνεια, η: insincerity, mendacity, untruthfulness

ανειλικρινής, -ές: insincere, mendacious, untruthful

ανείπωτος, -η, -ο: unspeakable, unutterable, beyond description, inexpressible.

468

indescribable

ανέκαθεν: ever, from the beginning, always

ανεκδιήγητος, -η, -ο: indescribable, inexpressible ‖ (βλ. **ανείπωτος**) ‖ (γελοίος) ridiculous

ανέκδοτο, το: anecdote

ανέκδοτος, -η, -ο: unpublished

ανέκκλητα *(επίρ):* βλ. **αμετάκλητα**

ανέκκλητος, -η, -ο: βλ. **αμετάκλητος**

ανεκμετάλλευτος, -η, -ο: unexploited, not exploited ‖ (μη εκμεταλλεύσιμος) unexploitable, not exploitable

ανεκπαίδευτος, -η, -ο: untrained

ανεκπλήρωτος, -η, -ο: (μη εκπληρωθείς) unfulfilled, unrealized ‖ (μη πραγματοποιήσιμος) unrealizable

ανεκτέλεστος, -η, -ο: not executed, unaccomplished, unfinished ‖ βλ. **ανεκπλήρωτος**

ανεκτικός, -ή, -ό: tolerant, forbearing, indulgent ‖ (υπομονετικός) patient

ανεκτικότητα, η: tolerance, forbearance, indulgence ‖ (υπομονή) patience

ανεκτίμητος -η, -ο: invaluable, priceless, inestimable

ανεκτός, -ή, -ό: tolerable, bearable, endurable

ανέκφραστος, -η, -ο: (που δεν εκφράζεται) inexpressible ‖ (χωρίς έκφραση) expressionless, vacant, blank

ανελέητα *(επίρ)* pitilessly, mercilessly

ανελέητος, -η, -ο: pitiless, merciless

ανελεύθερος, -η, -ο: slavish, oppressive

ανέλκυση, η: lifting, raising ‖ *(ναυτ)* refloating, raising

ανελκυστήρας, ο: elevator, lift

ανελκύω: lift, raise ‖ *(ναυτ)* refloat, raise

ανελλιπής, -ές: (συνεχής) continuous ‖ (πλήρης) complete

ανέλπιστος, -η, -ο: unhoped-for, unexpected, unanticipated

ανεμαντλία, η: wind pump

ανέμελος, -η, -ο: carefree

ανέμη, η: spinning wheel

ανεμίζω: βλ. **αερίζω** ‖ (λιχνίζω) winnow ‖ (κουνώ) wave, brandish

ανέμισμα, το: βλ. **αερισμός** ‖ (λίχνισμα) winnowing ‖ (κούνημα) waving, brandishing

ανεμιστήρας, ο: fan, ventilator

ανεμοβλογιά, η: chicken pox, varicella

ανεμόβροχο, το: rainsquall

ανεμογράφος, ο: recording anemometer, anemograph

ανεμοδαρμένος, -η, -ο: windswept, windy, weather-beaten

ανεμόδαρτος, -η, -ο: βλ. **ανεμοδαρμένος**

ανεμοδείκτης, ο: weather vane, weather cock ‖ (αεροδρομίου) drogue, windsock, airsock, wind cone, windsleeve

ανεμοδέρνομαι: struggle aigainst the wind ‖ (πλοίο) wallow in the swell

ανεμοδέρνω: βλ. **ανεμοδέρνομαι**

ανεμοδούρα, η: βλ. **ανεμοδείκτης** ‖ βλ. **ανέμη** ‖ *(μτφ)* incostant, fickle

ανεμοζάλη, η: windstorm, whirlwind ‖ *(μτφ)* confusion

ανεμοθύελλα, η: wind storm

ανεμολόγιο, το: wind rose ‖ (πυξίδα) compass card

ανεμομαζώματα, τα: easy come, ill-gotten ‖ ~ **διαβολοσκορπίσματα:** easy come, easy go

ανεμόμετρο, το: anemometer

ανεμόμυλος, ο: windmill

ανεμοπλάνο, το: glider, sailplane

ανεμοπύρωμα, το: erysipelas, St. Anthony's fire

άνεμος, ο: wind

ανεμόσκαλα, η: rope-ladder ‖ *(ναυτ)* Jacob's ladder

ανεμοστρόβιλος, ο: tornado, cyclone, twister, whirlwind

ανεμότρατα, η: (πλοίο) trawler ‖ (δίχτυ) trawl

ανεμπόδιστος, -η, -ο: unhindered, unimpeded, unchecked, unrestrained

ανεμώνα, η: anemone, pasqueflower, prairie smoke, windflower

ανενδοίαστα *(επίρ):* unhesitatingly

ανενδοίαστος, -η, -ο: unhesitating

ανένδοτος, -η, -ο: unyielding, inflexible

ανενόχλητος, -η, -ο: untroubled, undisturbed

ανέντιμος, -η, -ο: dishonest

ανεξαίρετα: *(επίρ)* without exception

ανεξαίρετος, -η, -ο: (μη εξαιρεθείς) not excepted ‖ (που δεν μπορεί να εξαιρεθεί) unexceptionable ανεξακρίβωτος, -η, -ο: unconfirmed, unverified

ανεξάλειπτα *(επίρ)*: indelibly, ineffaceably

ανεξάλειπτος, -η, -ο: indelible, ineffaceable

ανεξάντλητος, -η, -ο: inexhaustible

ανεξαρτησία, η: independence

ανεξάρτητα *(επίρ)*: independently, regardless of, irrespective of

ανεξάρτητος, -η, -ο: independent ‖ (πολιτικός) maverick

ανεξέλεγκτος, -η, -ο: βλ. ανεξακρίβωτος ‖ (χωρίς έλεγχο) immune, irresponsible

ανεξέλικτος, -η, -ο: undeveloped

ανεξερεύνητος, -η, -ο: unexplored ‖ (ανεξιχνίαστος) inscrutable, fathomless

ανεξεταστέος, -α, -ο: to be re-examined ‖ *(σχολ)* grade withheld

ανεξήγητα: *(επίρ)* inexplicably

ανεξήγητος, -η, -ο: inexplicable

ανεξιθρησκεία, η: toleration

ανεξικακία, η: forbearance

ανεξίκακος, -η, -ο: forbearing

ανεξίτηλα: *(επίρ)* indelibly

ανεξίτηλος, -η, -ο: indelible

ανεξιχνίαστος, -η, -ο: inscrutable, fathomless ‖ (έγκλημα) unsolved

ανέξοδος, -η, -ο: costless

ανεξόφλητος, -η, -ο: unpaid, unsettled

ανεπαίσθητα *(επίρ)*: imperceptibly

ανεπαίσθητος, -η, -ο: imperceptible

ανεπανόρθωτα *(επίρ)* irreparably

ανεπανόρθωτος, -η, -ο: irreparable

ανεπάντεχος, -η, -ο: βλ. αναπάντεχος

ανεπάρκεια, η: insufficiency, inadequacy, deficiency, shortage

ανεπαρκής, -ές: insufficient, inadequate, deficient

ανέπαφος, -η, -ο: intact, untouched

ανεπηρέαστος, -η, -ο: uninfluenced, unaffected ‖ (αμερόληπτος) unbiased, uninfluenced, unprejudiced

ανεπίδεκτος, -η, -ο: insusceptible, incapable

ανεπίδοτος, -η, -ο: undelivered

ανεπιθύμητος, -η, -ο: undesirable

ανεπικύρωτος, -η, -ο: uncertified, unconfirmed

ανεπίληπτος, -η, -ο: βλ. άμεμπτος

ανεπίλυτος, -η, -ο: (μη λυθείς) unsolved ‖ (που δεν μπορεί να λυθεί) insolvable

ανεπίσημα *(επίρ)*: unofficially ‖ (μη τυπικά) informally ‖ (ινκόγνιτο) incognito

ανεπίσημος, -η, -ο: unofficial ‖ (μη τυπικός) informal

ανεπιστημονικός, -ή, -ό: unscientific

ανεπιστρεπτί: irretrievably

ανεπίτευκτος, -η, -ο: unattainable, unobtainable

ανεπιτήδειος, -α, -ο: awkward, clumsy, inept

ανεπιτηδειότητα, η: awkwardness, clumsiness, inaptitude, ineptitude

ανεπιτήδευτος, -η, -ο: unaffected, natural, artless

ανεπιτυχής, -ές: unsuccessful

ανεπιφύλαχτα *(επίρ)* unreservedly

ανεπιφύλαχτος, -η, -ο: unreserved

ανεπρόκοπος, -η, -ο: indolent, good-for-nothing, slothful, lazy

ανεπτυγμένος, -η, -ο: βλ. αναπτυγμένος

ανέραστος, -η, -ο: loveless, unloved

ανεργία, η: (αργία) idleness, inaction ‖ (αεργία) unemployment

άνεργος, -η, -ο: unemployed, idle

ανερμάτιστος, -η, -ο: (χωρίς έρμα) unballasted ‖ *(μτφ)* inconstant, fickle, unsteady, unreliable

ανερμήνευτος, -η, -ο: (μη μεταφρασθείς) untranslated ‖ (ανεξήγητος) inexplicable

ανερυθρίαστα *(επίρ)*: shamelessly, impudently, impertinently

ανερυθρίαστος, -η, -ο: shameless, impudent, impertinent, unblushing

ανέρχομαι: ascend, go upward, rise ‖ (συμποσούμαι) amount to

ανέρωτος, -η, -ο: pure, without water

άνεση, η: comfort, ease, leisure

ανέσπερος, -η, -ο: never setting, ever shining

ανέστιος, -α, -ο: homeless

ανεστραμμένος, -η, -ο: inverted, reversed

ανέτοιμος, -η, -ο: unprepared, unready

άνετος, -η -ο: comfortable, snug, easy

ανεύθυνα *(επίρ)*: irresponsibly, unaccountably

ανεύθυνος, -η, -ο: irresponsible, unaccountable

ανευλάβεια, η: impiety, irreverence, disrespect

ανευλαβής, -ές: impious, irreverent, disrespectful

ανεύρεση, η: finding, discovery, recovery

ανεφάρμοστος, -η, -ο: (μη εφαρμοσθείς) unapplied, unfitted ‖ (μη εφαρμόσιμος) inapplicable, impracticable

ανέφελος, -η, -ο: cloudless, clear

ανέφικτος, -η, -ο: unfeasible, unattainable, unachievable

ανεφοδιάζω: supply, provision, restock, refill, replenish

ανεφοδιασμός, ο: replenishing, replenishment, provisions

ανέχεια, η: poverty, penury, destitution

ανέχομαι: tolerate, forbear, bear, endure, stand

ανεχόρταγος, -η, -ο: βλ. **αχόρταγος**

ανεχόρταστος, -η, -ο: βλ. **αχόρταγος**

ανεψιά, η: niece

ανεψιός, ο: nephew

ανήθικος, -η, -ο: immoral, dissolute, debased, depraved

ανηθικότητα, η: immorality, dissoluteness, depravation

άνηθο, το: dill, anise, anisum, anethum

άνηθος, ο: βλ. **άνηθο**

ανήκουστος, -η, -ο: unheard of

ανήκω: belong ‖ (έχω σχέση, είμαι μέρος) appertain, pertain ‖ (απροσ) lies

ανήλεος, -η, -ο: merciless, pitiless

ανηλεώς: mercilessly, pitilessly

ανήλικος, -η, -ο: minor, under age, juvenile

ανήλιος, -α, -ο: sunless, dark, overcast

ανήμερα: on the same day

ανήμερος, -η, -ο: savage, wild ‖ (μη εξημερωμένος) untamed, wild

ανήμπορος, -η, -ο: indisposed, sick, ill, unwell

ανήξερος, -η, -ο: ignorant, unaware, unknowing, uninformed

ανησυχητικός, -ή, -ό: disturbing, disquieting, alarming

ανησυχία, η: anxiety, uneasiness, worry, restiveness, restlessness, annoyance

ανήσυχος, -η, -ο: anxious, worried, unseasy, restive, restless, annoyed

ανησυχώ: (μτβ) worry, disturb, annoy ‖ (αμτβ) worry, be worried, be uneasy, be restless

ανηφοριά, η: acclivity, upward slope, ascent

ανηφορίζω: ascend, move upwards, rise, slope upward

ανηφορικός, -ή, -ό: ascending, sloping upward, rising, uphill, upward

ανήφορος, ο: βλ. **ανηφοριά**

ανθεκτικός, -ή, -ό: endurable, durable, lasting, tough, resistant, resistive

ανθεκτικότητα, η: endurance, durability, durableness, toughness, resistivity

ανθεστήρια, τα: anthesteria, feast of flowers

ανθηρός, -ή, -ό: flowering, blooming, blossoming, blossomy ‖ (μτφ) flourishing, blooming

ανθίζω: flower, effloresce, bloom, blossom, ‖ (μτφ) flourish, bloom, blossom

άνθιση, η: flowering, blooming, blossoming, efflorescence ‖ (μτφ) flourishing

άνθισμα, το: βλ. **άνθιση**

ανθισμένος, -η, -ο: efflorescent, in bloom, in blossom

ανθίσταμαι: βλ. **αντιστέκομαι**

ανθόγαλο, το: cream

ανθοδέσμη, η: bunch of flowers, bouquet, nosegay

ανθοδοχείο, το: vase

ανθόκηπος, ο: flower garden

ανθοκομία, η: floriculture

ανθοκόμος, ο: floriculturist

ανθολογία, η: anthology

ανθολογικός, -ή, -ό: anthological

ανθολόγος, ο: anthologist

ανθολογώ: anthologize

ανθόνερο, το: neroli, neroli oil, orange flower oil, rose water

ανθοπωλείο, το: florist's store

ανθοπώλης, ο: florist

ανθοπώλις, η: flower girl

άνθος, το: flower (και μτφ)

ανθός, ο: flower, blossom (και μτφ)

ανθοσκεπής, -ές: flowered, covered with flowers, flowery

ανθόσπαρτος, -η, -ο: strewn with flowers

ανθρακαέριο, το: coal gas

ανθρακαποθήκη, η: coal shed, coal bin, coal bunker

άνθρακας, ο: coal ‖ (χημ) carbon ‖ (ιατρ)

anthrax
ανθράκευση, η: coaling
ανθρακεύω: coal, provide with coal, take on coal
ανθρακιά η: burning coals, embers
ανθρακικός, -ή, -ό: carbonic, carbon, carboniferous
ανθρακίτης, ο: anthracite, hard coal
ανθρακοπωλείο, το: coaler's yard, coaler's store
ανθρακοπώλης, ο: coaler
ανθρακούχος, -α, -ο: carboniferous ‖ (ποτό) carbonate
ανθρακωρυχείο, το: coal mine, colliery
ανθρακωρύχος, ο: coal miner, collier
ανθρωπάριο, το: midget, midge ‖ (μτφ) nonentity
ανθρωπιά, η: humaneness ‖ **της ~ς:** decent, tolerable
ανθρωπινά (επίρ): decently, tolerably
ανθρώπινος, -η, -ο: human
ανθρωπινός, -ή, -ό: humane
ανθρωπίνως: humanly
ανθρωπισμός, ο: humanism ‖ (ανθρωπιά) humaneness
ανθρωπιστής, ο: (θηλ. **ανθρωπίστρια**): humanist
ανθρωπιστικά (επίρ): humanely, humanistically
ανθρωπιστικός, -ή, -ό: humanistic ‖ (αισθήματα) humane
ανθρωποειδής, -ές: humanoid, anthropoid
ανθρωποθυσία, η: human sacrifice
ανθρωποκτονία, η: homicide
ανθρωπολογία, η: anthropology
ανθρωπολογικός, -η, -ο: anthropologic, anthropological
ανθρωπολόγος, ο: anthropologist
ανθρωπομετρία, η: anthropometry
ανθρωπομετρικός, -ή, -ό: anthropometric, anthropometrical
ανθρωπομορφία, η: βλ. **ανθρωπομορφισμός**
ανθρωπομορφικός, -ή, -ό: anthropomorphic
ανθρωπομορφισμός, ο: anthropomorphism
ανθρωπόμορφος, -η, -ο: anthropomorphous, humanoid
άνθρωπος, ο: human being ‖ man

ανθρωπότητα, η: humanity, mankid, the human race
ανθρωποφαγία, η: cannibalism
ανθρωποφαγικός, -ή, -ό: cannibalistic
ανθρωποφάγος, -α, -ο: cannibal, maneating, man-eater
ανθυγιεινός, -ή, -ό: unwholesome, unhealthy, insalubrious, insanitary
ανθυπασπιστής, ο: (USA) sergeant major ‖ (U.K.) warrant officer
ανθυπολοχαγός, ο: second lieutenant
ανθυπομοίραρχος, ο: second lieutenant of constabulary
ανθυποπλοίαρχος, ο: (πολ. ναυτ.) lieutenant junior grade ‖ (εμπορ) mate
ανθυποσμηναγός, ο: (U.S.A.) second lieutenant, A.F. ‖ (U.K.) pilot officer
ανθώ: βλ. **ανθίζω**
ανία, η: boredom, ennui
ανιαρός, -ή, -ό: boring, dull, tiresome
ανίατα: (επίρ) incurably
ανίατος, -η, -ο: incurable
ανίδεος, -η, -ο: ignorant, unknowing ‖ (ανυποψίαστος) unsuspecting
ανιδιοτέλεια, η: unselfishness, disinterestedness, impartiality, disinterest
ανιδιοτελής, -ές: unselfish, disinterested, impartial
ανίερος, -η, -ο: ungodly, profane ‖ (βέβηλος) sacrilegious
ανικανοποίητος, -η, -ο: dissatisfied, discontented
ανίκανος, -η, -ο: incapable, unable, incompetent, impotent ‖ (σεξ) impotent ‖ (ανάπηρος) disabled
ανίκητος, -η, -ο: invincible ‖ (που δεν έχει νικηθεί) undefeated
ανισοβαρής, -ές: (μτφ) one-sided, unilateral
ανισόπλευρος, -η, -ο: unequilateral
ανισόρροπος, -η, -ο: unbalanced, unsteady ‖ (μτφ) unbalanced, mentally deranged, irrational, mad, insane
άνισος, -η, -ο: unequal ‖ (μτφ) unequal, illmatched, inequitable
ανισότητα, η: inequality
ανιστόρητος, -η, -ο: (που δεν ξέρει ιστορία) ignorant of history, not versed in history ‖ (που δεν έχει ιστορηθεί) not storied

ανιστορώ: narrate

ανίσχυρος, -η, -ο: powerless || (αδύνατος) weak || (χωρίς ισχύ) invalid

άνιφτος, -η, -ο: βλ. άπλυτος

ανίχνευση, η: (ιχνηλασία) tracking, trailing || (έρευνα) detection, scouting || (μτφ) investigation, scrutiny || (στρ) scouting

ανιχνευτής, ο: tracker, scout || (ερευνητής) detective, investigator || (στρ) scout

ανιχνευτικός, -ή, -ό: tracking, trailing || (μτφ) investigative, investigation

ανιχνεύω: track, trail || (ερευνώ) detect || (μτφ) investigate, scrutinize || (στρ) scout

ανιψιά, ανιψιός: βλ. ανεψιά, ανεψιός

άνοδος, η: ascent || (μτφ) accession

ανοησία, η: foolishness, folly, nounsense, silliness || (ιδ) baloney, humbug, drivel

ανόητα (επίρ): foolishly

ανόητος, -η, -ο: foolish, nonsensical, silly

ανόθευτος, -η, -ο: unadulterated, pure, unmixed

άνοια, η: βλ. ανοησία || (ιατρ) dementia

άνοιγμα, το: opening || (στόμιο) opening, mouth, aperture, orifice || (τεχν) span

ανοιγοκλείνω: open and shut || (μάτια) blink

ανοίγω: open || (στρόφιγγα) turn on || (διακόπτη) switch on, turn on || (ανθίζω) βλ. ανθίζω || (ιστία) unfurl || (ξεβουλώνω) unplug, unclog

ανοίκειος, -α, -ο: βλ. ανάρμοστος

ανοίκιαστος, -η, -ο: vacant, unrented

ανοικοδόμηση, η: rebuilding, reconstruction || (μτφ) restoration

ανοικοδομώ: rebuild, reconstruct

ανοικοκύρευτος, -η, -ο: untidy, sloppy, unkempt, slovenly

ανοικονόμητος, -η, -ο: unmanageable, unbearable, bothersome

άνοιξη, η: spring, springtime, springtide

ανοιξιάτικος, -η, -ο: spring

ανοιχτόκαρδος, -η, -ο: openhearted, kindly

ανοιχτομάτης, ο: (θηλ. ανοιχτομάτισσα ή ανοιχτομάτα): astute, keen, shrewd, keenly perceptive

ανοιχτός, -ή, -ό: open || (διακόπτης ή στρόφιγγα) on || (ευρύχωρος) spacious. roomy || (ανθισμένος) βλ. ανθισμένος || (κουβαρδάς) βλ. ανοιχτοχέρης

ανοιχτοχέρης, ο: generous, openhanded, freehanded

ανοιχτόχρωμος, -η, -ο: light-colored, pale-colored

ανομβρία, η: βλ. αναβροχιά

ανόμημα, το: transgression, wrong, sin

ανομία, η: (έλειψη νόμου) lawlessness || (παράβαση νόμου) offense, transgression of law, crime

ανομιμοποίητος, -η, -ο: unlegalized

ανομοιογενής, -ές: non-homogeneous

ανομοιοκατάληκτος, -η, -ο: (στίχος) blank verse

ανόμοιος, -α, -ο: dissimilar, unlike, different

ανομοιότητα, η: dissimilarity, unlikeness, difference

άνομος, -η, -ο: lawless || (παράνομος) illegal, illegitimate || (ουσ) outlaw

ανοξείδωτος, -η, -ο: stainless, rustproof

ανόπτηση, η: annealing

ανόργανος, -η, -ο: inorganic

ανοργάνωτος, -η, -ο: disorganized, unorganized

ανορεξιά, η: anorexia, loss of appetite, lack of appetite, want of appetite || (μτφ) low spirits, half-heartedness

ανόρεχτος, -η, -ο: (μτφ) half-hearted

ανορθογραφία, η: misspelling, incorrect spelling

ανορθόγραφος, -η, -ο: misspelled || (που κάνει ανορθογραφίες) poor speller

ανορθογραφώ: misspell

ανορθώνω: erect, raise, lift up || (μτφ) restore, restitute

ανόρθωση, η: erection, raising, lifting up || (μτφ) restoration, restitution

ανορθωτής, ο: erector || (μτφ) restorer || (ηλεκτρ) rectifier

ανορθωτικός, -ή, -ό: erective || (μτφ) restorative

ανόρυξη, η: digging, excavation, mining

ανοσία, η: immunity from disease || (υγεία) health, well-being

ανόσιος, -α, -ο: βλ. ανίερος

ανοσιούργημα, το: abomination

ανοστιά, η: tastelessness || (άχαρη

473

άνοστος

εμφάνιση) gracelessness ‖ *(μτφ)* insipidity, insipidness, vapidity, vapidness
άνοστος, -η, -ο: tasteless, flavorless, ‖ (άχαρος) graceless ‖ *(μτφ)* insipid, vapid, flat
ανούσιος, -α, -ο: βλ. **άνοστος**
ανοχή, η: tolerance, toleration, indulgence, patience, ‖ **οίκος ~ς:** house of prostitution, bordello, bordel, brothel
ανοχύρωτος, -η, -ο: unfortified
ανταγωγή, η: countersuit
ανταγωνίζομαι: antagonize ‖ *(συναγων.)* compete, vie, contend
ανταγωνισμός, ο: antagonism ‖ *(συναγων.)* competition, contention
ανταγωνιστής, ο *(θηλ.* **ανταγωνίστρια):** antagonist, competitor, rival, contender
ανταγωνιστικός, -ή, -ό: antagonistic ‖ competitive
ανταλλαγή, η: exchange, interchange ‖ *(εμπορ)* exchange, barter
αντάλλαγμα, το: exchange, barter
ανταλλακτικό, το: spare, spare part
ανταλλακτικός, -ή, -ό: exchange
ανταλλάξιμος, -η, -ο: exchangeable, interchangeable
ανταλλάσσω: exchange, interchange ‖ *(εμπορ)* exchange, barter
αντάμα: βλ. **μαζί**
ανταμείβω: reward ‖ *(πληρώνω)* recompense
ανταμοιβή, η: reward ‖ *(πληρωμή)* recompense
αντάμωμα, το: βλ. **συνάντηση**
ανταμώνω: βλ. **συναντώ**
αντάμωση, η: βλ. **συνάντηση**
αντανάκλαση, η: reflection ‖ *(μτφ)* repercussion, reflection
αντανακλαστήρας, ο: reflector
αντανακλαστικά, τα: reflexes
αντανακλαστικός, -ή, -ό: reflectional, reflective, reflecting
αντανακλώ: reflect
αντάξιος, -α, -ο: worth, worthy
ανταπαίτηση, η: counterclaim
ανταπαιτώ: counterclaim
ανταπάντηση, η: rejoinder
ανταπαντώ: rejoin
ανταποδίδω: return ‖ *(μτφ)* pay back, retaliate

ανταπόδοση, η: return ‖ *(μτφ)* repayment, retaliation, retribution
ανταποκρίνομαι: come up to, meet, correspond ‖ (ανταπαντώ) rejoin ‖ (αλληλογραφία) correspond
ανταπόκριση, η: correspondence ‖ *(εφημ)* correspondence, dispatch
ανταποκριτής, ο: correspondent
αντάρα, η: overcast, fog ‖ *(μτφ)* uproar, tumult
ανταρκτικός, -ή, -ό: antarctic
ανταρσία, η: revolt, rebellion, insurgence, insurgency, uprising
αντάρτης, ο *(θηλ.* **αντάρτισσα):** rebel, guerilla, guerrilla, partisan
ανταρτικός, -ή, -ό: rebelious, guerrilla
ανταρτοπόλεμος, ο: guerrilla warfare
αντασφαλίζω: reinsure
αντασφάλιση, η: reinsurance
ανταυγαστήρας, ο: reflector
ανταύγεια, η: (φέγγισμα) twinkle, glimmer, gleam ‖ (αντανάκλαση) reflection
αντέγγραφο, το: deed of defeasance
αντέγκληση, η: countercharge ‖ *(μτφ)* argument, angry dispute, wrangle
αντεθνικά *(επίρ)*: antinationally
αντεθνικός, -ή, -ό: antinational
αντεισαγγελέας, ο: assistant district attorney
αντεκδίκηση, η: revenge, reprisal, retaliation, vengeance
αντεκδικούμαι: avenge, revenge, retaliate
αντένα, η: βλ. **κεραία**
αντένδειξη, η: contraindication
αντενέργεια, η: counteraction ‖ (αντίδραση) reaction
αντενεργός, -ή, -ό: counteractive ‖ (αντιδραστικός) reactive, reactionary
αντενεργώ: counteract ‖ (αντιδρώ) react
αντεπανάσταση, η: counterrevolution
αντεπαναστάτης, ο: counterrevolutionist
αντεπαναστατικός, -η, -ο: counterrevolutionary
αντεπεξέρχομαι: cope, contend effectively, meet
αντεπίθεση, η: counterattack
αντεπιστημονικός, -ή, -ό: unscientific
αντεπιτίθεμαι: counterattack
αντεραστής, ο *(θηλ* **αντεράστρια):** rival
αντέρεισμα, το: strut, bracket, support,

474

buttress
άντερο, το: βλ. **έντερο**
αντεροβγάλτης, ο: ripper
αντέφεση, η: counterappeal
αντέχω: endure, bear, stand, tolerate, hold out
άντζα, η: βλ. **γάμπα**
αντηλιά, η: reflected sunlight
αντηρίδα, η: βλ. **αντέρεισμα**
αντήχηση, η: resounding, echo, reverberation
αντηχώ: resound, re-echo, echo back, reverberate
αντί: instead of, in place of, in enchange for ‖ (τιμή) at, for
αντιαεροπορικός, -ή, -ό: antiaircraft
αντιαισθητικός, -ή, -ό: antiaesthetic, garish, gaudy
ανταλγικός, -η, -ο: analgesic, painkilling, pain-relieving
αντιαρματικός, -ή, -ό: antitank
αντιβαίνω: be opposed to, be contrary to, clash with
αντίβαρο, το: counterpoise, counterweight, counterbalance
αντιβασιλέας, ο: regent, viceroy
αντιβασιλεία, η: regency, viceroyalty
αντιβράχιο, το: forearm
αντιγνωμία, η: controversy, dispute, opposite view
αντιγραφέας, ο: copyist, scribe ‖ (μιμητής) reproducer
αντιγραφή, η: copying, transcription, ‖ (μίμηση) reproduction
αντίγραφο, το: copy ‖ (επίσ) transcript ‖ (μίμηση) reproduction
αντιγράφω: copy ‖ (επίσ) transcribe ‖ μιμούμαι reproduce
αντιδημοκρατικός, -ή, -ό: antidemocratic
αντιδημοτικός, -ή, -ό: unpopular
αντιδημοτικότητα, η: unpopularity
αντίδι, το: endive, chicory
αντιδιαδήλωση, η: counterdemonstration
αντιδιαδηλώνω: counterdemonstrate
αντιδικία: litigation, opponency in a lawsuit
αντίδικος, -η, -ο: litigant, opponent in a lawsuit
αντιδιφθερικός, -ή, -ό: antidiphtheric
αντίδοτο, το: antidote

αντίδραση, η: reaction, opposing action, counteraction
αντιδραστήρας, ο: reactor
αντιδραστικός, -ή, -ό: reactive ‖ (πολιτ) reactionary, reactionist
αντιδρώ: react, counteract ‖ (αντιτίθεμαι) oppose
αντίδωρο, το: consecrated bread
αντιζηλία, η: rivalry
αντίζηλος, η, -ο: rival
αντιζυγίζω: counterbalance
αντιθάλαμος, ο: lobby, antechamber
αντίθεση, η: antithesis, opposition ‖ (διαφ) contrast
αντίθετα (επιρ) antithetically, opposite, oppositely, contrarily ‖ (διαφ) contrastingly
αντιθετικός, -ή, -ό: antithetic, antithetical, opposing, opposed
αντίθετος, -η, -ο: opposite, contrary, opposed ‖ (διαφ) contrasting, in contrast
αντίκα, η: antique
αντικαθεστωτικός, -ή, -ό: subversive
αντικαθιστώ: replace, substitute ‖ (φρουρά κλπ) relieve ‖ (εκτοπίζω) supersede
αντικάμαρα, η: βλ. **αντιθάλαμος** ‖ (μτφ) reaction
αντικανονικά (επίρ): irregularly, contrary to the regulations
αντικανονικός, -ή, -ό: irregular, not according to regulations or rule
αντικανονικότητα, η: irregularity
αντικαταβολή, η: refund, reimbursement
αντικατασκοπεία, η: counterintelligence, counterespionage
αντικατάσκοπος, ο: counterspy
αντικατασταίνω: βλ. **αντικαθιστώ**
αντικατάσταση, η: replacement, substitution ‖ (φρουράς, κλπ) relief ‖ (εκτόπιση) supersedure, supersession
αντικαταστάτης, ο (θηλ. **αντικαταστάτρια**): replacement, substitute ‖ (φρουράς, κλπ) relief ‖ (αναπληρωτής) deputy ‖ (που εκτοπίζει) superseder ‖ (εκπρόσωπος) proxy
αντικατηγορία, η: countercharge
αντικατοπτρίζομαι: be reflected, be mirrored
αντικατοπτρίζω: reflect, mirror

475

αντικατοπτρισμός, ο: mirage, fata morgana

αντίκειμαι: be contrary to, be opposed to, oppose

αντικειμενικά *(επίρ):* objectively

αντικειμενικός, -ή, -ό: objective

αντικειμενικότητα, η: objectivity, objectiveness

αντικείμενο, το: object ‖ (θέμα) subject, object

αντικλείδι, το: skeleton key, passkey

αντίκλητος, ο: attorney

αντικνήμιο το: shin ‖ *(ανατ)* tibia

αντικόβω: interrupt

αντικοινοβουλευτικός, -ή, -ό: unparliamentary

αντικοινωνικός, -ή, -ό: (εχθρός κοινωνίας) antisocial ‖ (μη κοινωνικός) unsociable, antisocial

αντικοινωνικότητα, η: antisociality, unsociability, unscociableness

αντικρίζω: (είμαι αντίκρυ) face, front ‖ (είμαι απέναντι) be opposite ‖ (αντιμετωπίζω) confront ‖ (δίνω χρημ. εγγύηση) give security, give guarantee

αντικρινός, -ή, -ό: opposite •

αντίκρισμα, το: *(οικ)* guarantee, security

αντικριστά: *(επίρ)* face to face, vis-à-vis

αντικριστός, -ή, -ό: facing, vis-à-vis

αντίκρουση, η: refutation, rebuttal, confutation

αντικρούω: refute, rebut, confute

αντίκρυ: opposite, facing, across from

αντίκτυπος, ο: repercussion, indirect effect, afterclap, aftereffect

αντικυβερνητικός, -ή, -ό: antigovernment, antigovernmental

αντικυκλώνας, ο: anticyclone

αντιλαϊκός, ο: unpopular

αντίλαλος, ο: resounding, echo

αντιλαλώ: resound

αντιλαμβάνομαι: comprehend, understand ‖ (με αισθήσεις) perceive, sense

αντιλέγω: contradict, gainsay ‖ (αντιμιλώ) talk back

αντιληπτικό, το: perspicacity, perspicaciousness, perceptivity, perceptiveness

αντιληπτικός, -ή, -ό: discerning, perspective, perspicacious, understanding

αντιληπτός, -ή, -ό: comprehensible, understandable, perceptible

αντίληψη, η: comprehension, perception, perspicacity ‖ (γνώμη) opinion, view

αντιλογία, η: contradiction ‖ (αντιμίλημα) back talk, insolent retort

αντίλογος, ο: βλ. **αντιλογία**

αντιλόπη, η: antelope

αντιλυσσικός, -ή, -ό: antirabies

αντιμαγνητικός, -ή, -ό: antimagnetic

αντιμάχομαι: oppose, be opposed to

αντιμετωπίζω: face, confront, oppose defiantly

αντιμετώπιση, η: confrontation, facing, confrontment

αντιμέτωπος, -η, -ο: face to face, facing ‖ confronter

αντιμίλημα, το: back talk, insolent retort

αντιμιλώ: talk back, retort insolently

αντιμισθία, η: (μισθός) salary ‖ (ημερομίσθιο) wages ‖ (αμοιβή) recompense

αντιμόνιο, το: antimony

αντιμωλία, η: confrontation ‖ *(νομ)* contested proceeding

αντιναύαρχος, ο: vice admiral

αντινευραλγικός, -ή, -ό: antineuralgic

αντινομία, η: antinomy, contradiction

αντίξοος, -η, -ο: contrary, unfavorable

αντίο: good bye

αντιπάθεια, η: antipathy, aversion, dislike

αντιπαθής, -ές: repulsive, repugnant, disagreeable

αντιπαθητικός, -ή, -ό: βλ. **αντιπαθής**

αντιπαθώ: dislike, feel distaste, feel aversion

αντιπαιδαγωγικός, -ή, -ό: antipedagogical

αντιπαλεύω: strive, struggle, contend, vie

αντίπαλος, ο: adversary, opponent, rival

αντιπαραβάλλω: compare, collate

αντιπαραβολή, η: comparison, collation

αντιπαράσταση, η: confrontation ‖ βλ. **αντιμωλία**

αντιπαρέρχομαι: pass by, go by ‖ (δεν δίνω σημασία) ignore, disregard

αντιπαροχή, η: return

αντιπατριωτικός, -ή, -ό: unpatriotic

αντιπειθαρχικός, -ή, -ό: contrary to discipline ‖ (μη πειθαρχικός) undisciplined

αντίπερα: on the other side, across, op-

476

posite

αντιπερασπισμός, ο: diversion ‖ (εμπόδιο) difficulty. obstacle

αντιπηκτικός, -ή, -ό: anticoagulant ‖ (αντιπαγωτικό) antifreeze

αντιπλημμυρικός, -ή, -ό: flood preventing. flood controlling

αντιπλοίαρχος, ο: commander

αντίποδες, οι: antipodes

αντιποίηση, η: false pretense

αντίποινα, τα: reprisal, retaliation

αντιποιούμαι: usurp. encroach

αντιπολιτεύομαι: oppose ‖ be in the opposition

αντιπολίτευση, η: opposition

αντιπολιτευτικός, -ή, -ό: oppositional. opposition, oppositionist

αντίπραξη, η: counteraction ‖ (αντίθεση) opposition, antagonism

αντιπροεδρία, η: vice presidency

αντιπρόεδρος, ο: vice president ‖ (επιτροπής ή διοικ. συμβουλίου) co-chairman, deputy chairman

αντιπροσωπεία, η: delegation, legation, deputation

αντιπροσώπευση, η: representation

αντιπροσωπευτικός, -ή, -ό: representative

αντιπροσωπεύω: represent, stand for ‖ (εκπροσωπώ) represent, be a deputy

αντιπρόσωπος, ο: representative, delegate ‖ (εκπρόσωπος) deputy ‖ (πράκτορας) agent

αντιπρόταση, η: counter proposition, counter proposal

αντιπροτείνω: make a counter proposal

αντιπυρετικός, -ή, -ό: antipyretic

αντίρρηση, η: objection, quibble ‖ (αντιλογία) coutradiction

αντιρρησίας, ο: caviler

αντίρροπος, -η, -ο: opposite ‖ counter balancing

αντισεισμικός, -ή, -ό: antiseismic

αντισήκωμα, το: counterpoise, counterbalance, counterweight ‖ (εξαγορά) compensation, recompense

αντισημίτης, ο: anti-semite

αντισημιτικός, -ή, -ό: anti-semitic

αντισημιτισμός, ο: anti-semitism

αντισηπτικός, -ή, -ό: antiseptic

αντισηψία, η: antisepsis

αντίσκηνο, το: tent

αντισμήναρχος, ο: wing commander

αντισταθμίζω: balance. counterbalance. compensate ‖ (ισοφαρίζω) equalize

αντιστάθμιση, η: balance. counterbalance. compensation ‖ (ισοφάριση) equalizing

αντιστάθμισμα, το: βλ. **αντιστάθμιση**

αντίσταση, η: resistance, opposition

αντιστασιακός, -ή, -ό: member of the resistance

αντιστέχομαι: resist, oppose

αντιστήριγμα, το: buttress, stay. brace. support

αντιστηρίζω: buttress, support, prop

αντιστήριξη, η: buttressing. support ‖ τοίχος αντιστήριξης: retaining wall

αντίστιξη, η: counterpoint

αντιστοιχία, η: correspondence, correlation ‖ (ισοδυναμία) equivalence, equivalency

αντίστοιχος, -η, -ο: corresponding, correlative, ‖ (ισοδύναμος) equivalent

αντιστοιχώ: correspond, correlate

αντιστρατεύομαι: oppose, be opposed to

αντιστράτηγος, ο: lieutenant general

αντιστρέφω: invert, reverse

αντιστροφή, η: inversion, reversal

αντίστροφος, -η, -ο: inverted, inverse

αντισυνταγματάρχης, ο: lieutenant colonel

αντισυνταγματικά (επίρ): unconstitutionally

αντισυνταγματικός, -ή, -ό: unconstitutional

αντισυνταγματικότητα, η: unconstititionality

αντισφαίριση, η: tennis, lawn tennis

αντιτάσσομαι: oppose, resist

αντιτάσσω: oppose, interpose, bring against

αντιτίθεμαι: oppose, be opposed to, object, be against

αντιτετανικός, -ή, -ό: antitetanic

αντίτιμο, το: price

αντιτοξίνη, η: antitoxin

αντιτορπιλλικό, το: destroyer ‖ (ιδ) tin can

αντιτριβικός, -ή, -ό: antifriction

αντίτυπο, το: copy ‖ (τεύχος) issue ‖ (έργου) reproduction. replica

477

αντιφάρμακο, το: βλ. αντίδοτο
αντίφαση, η: inconsistence, inconsistency, contradiction
αντιφάσκω: be inconsistent, contradict oneself
αντιφατικός, -ή, -ό: inconsistent, contradictory
αντιφεγγιά, η: βλ. ανταύγεια
αντιφεγγίζω: reflect
αντιφρονώ: differ, disagree, be of a different opinion
αντιφώνηση, η: (λόγος) reply to a speech ‖ (υποσχ. πληρωμής) promisory note
αντίφωνο, το: antiphon, antiphony
αντίχειρας, ο: thumb
αντίχριστος, ο: antichrist
αντίχτυπος, ο: βλ. αντίκτυπος
αντιψυκτικός, -ή, -ό: antifreeze
άντληση, η: pumping
αντλητής, ο: pumper
αντλία, η: pump
αντλώ: pump ‖ (μτφ) draw, derive
αντοχή, η: endurance, durability, strength, stamina
αντράκλα, η: pussley, pusley, purslane
άντρακλας, ο: strapper, strapping, stalwart, big man
άντρας, ο: man ‖ (σύζυγος) husband
αντρεία, η: βλ. ανδρεία
αντρειεύω: become man ‖ get strong
αντρείος, -α, -ο: βλ. ανδρείος
αντρειοσύνη, η: βλ. ανδρεία
αντρειωμένος, -η, -ο: strong, strapping, ‖ βλ. ανδρείος
αντρίκιος, -α, -ο:βλ. ανδρικός και ανδροπρεπής
αντρικός, -ή, -ό: βλ. ανδρικός και ανδροπρεπής
άντρο, το: cave, cavern ‖ (μτφ) den
αντρογυναίκα, η: βλ. ανδρογυναίκα
αντρόγυνο, το: βλ. ανδρόγυνο
αντσούγια, η: anchovy
άντυτος, -η, -ο: undressed, unclothed ‖ (γυμνός) nude, naked, bare
αντωνυμία, η: pronoun
αντωνυμικός, -ή, -ό: pronominal
ανυδρία, η: drought, aridness, aridity, dryness
άνυδρος, -η, -ο: arid, dry, waterless, anhydrous

ανύμφευτος, -η, -ο: βλ. άγαμος
ανυπακοή, η: disobedience ‖ (απειθαρχία) insubordination
ανυπάκουος, -η, -ο: disobedient ‖ (απείθαρχος) insubordinate
ανύπαντρος, -η, -ο: βλ. άγαμος
ανύπαρκτος, -η, -ο: nonexistent
ανυπαρξία, η: nonexistence
ανυπεράσπιστος, -η, -ο: defenseless, undefended
ανυπέρβλητος, -η, -ο: insuperable, insurmountable ‖ (μτφ) incomparable, unsurpassed, unequalled
ανυπερθέτως: without delay, immediately, definitely
ανυπόγραφος, -η, -ο: unsigned
ανυπόδητος, -η, -ο: bare-footed, barefoot
ανυπόκριτα (επίρ): unfeignedly, unaffectedly, sincerely, honestly
ανυπόκριτος, -η, -ο: unfeigned, unaffected, sincere, honest
ανυπόληπτος, -η, -ο: disreputable, not esteemed, not respected
ανυποληψία, η: disreputability, disreputableness, disesteem
ανυπολόγιστος, -η, -ο: incalculable
ανυπόμονα (επίρ): impatiently, eagerly, anxiously
ανυπομονησία, η: impatience, eagerness, anxiety
ανυπόμονος, -η, -ο: impatient, eager, anxious
ανυπομονώ: be impatient, be eager, be anxious ‖ (περιμένω με ανυπομονησία) look forward to
ανύποπτος, -η, -ο: unsuspecting
ανυπόστατος, -η, -ο: βλ. ανύπαρκτος ‖ βλ. αβάσιμος
ανυποστήρικτος, -η, -ο: unsupported ‖ (απροστάτευτος) helpless
ανυπότακτος, -η, -ο: βλ. ανυπάκουος ‖ (στρ. - αυτός που δεν παρουσιάζεται για στράτευση) conscription evader, draft evader ‖ (στρ. - αυτός που απουσιάζει πέραν του κανονικού) AWOL (absent without leave)
ανυποταξία: βλ. ανυπακοή ‖ (αποφυγή στράτευσης) draft evasion ‖ (απουσία πέραν του κανονικού) AWOL (absence without leave)

ανυπόφορος, -η, -ο: βλ. **αβάσταχτος**
ανυποψίαστος, -η, -ο: βλ. **ανύποπτος**
άνυσμα, το: vector
ανυστερόβουλος, -η, -ο: frank, without ulterior motive
ανυφαντής, ο: weaver, spinner
ανυψώνω: elevate, raise, lift, hoist ‖ ανεγείρω) erect ‖ *(μτφ)* exalt, praise, extol
ανύψωση, η: elevation, raising, lifting ‖ (ανέγερση) erection ‖ *(μτφ)* exaltation, praise, extolment
ανυψωτήρας, ο: elevator, lift ‖ (κουζίνας) dumbwaiter
άνω: up, above, over ‖ ~ κάτω: upside down, helter skelter, topsy-turvy ‖ ~ κάτω: *(συγχυσμένος)* upset
ανώγι, το: second floor, upper floor
ανώδυνα *(επίρ)* painlessly
ανώδυνος, -η, -ο: painless
ανώμαλα: *(επίρ)* anomalously, irregularly ‖ *(σεξ)* pervertedly
ανωμαλία, η: anomaly, abnormality, irregularity, unevenness ‖ *(σεξ)* perversion
ανώμαλος, -η, -ο: anomalous, abnormal, irregular, uneven ‖ *(σεξ)* pervert, perverted
ανώνυμα *(επίρ):* anonymously, namelessly
ανωνυμία, η: anonymousness, anonymity, namelessness
ανώνυμος, -η, -ο: anonymous, nameless ‖ *(ουσ)* anonym ‖ (εταιρεία) limited
ανώριμος, -η, -ο: unripe, green, ‖ *(μτφ)* immature
άνωση, η: buoyancy
ανώτατος, -η, -ο: supreme, utmost, paramount, topmost, uppermost
ανώτερος, -η, -ο: upper, higher, superior ‖ *(ουσ)* superior, higher-up
ανωτερότητα, η: superiority
ανωτέρω: above
ανώφελα *(επίρ):* uselessly, fruitlessly, vainly
ανωφελής, -ές: useless, fruitless, vain ‖ (κουνούπι) anopheles
ανώφελος, -η, -ο: βλ. **ανωφελής**
ανωφέρεια, η: βλ. **ανηφοριά**
ανωφερής, -ές: βλ. **ανηφορικός**
ανώφλι, το: lintel
άξαφνα *(επίρ):* βλ. **ξαφνικά**

άξαφνος, -η, -ο: βλ. **ξαφνικός**
αξέβγαλτος, -η, -ο: inexperienced, novice, greenhorn
αξέγνοιαστος, -η, -ο: βλ. **ξέγνοιαστος**
αξεδιάντροπος, -η, -ο: βλ. **ξεδιάντροπος**
αξεθύμαστος, -η, -ο: *(υγρό)* unevaporated, not evaporated ‖ *(μτφ)* inappeasable, not appeased, not calmed
αξεκαθάριστος, -η, -ο: unsettled
αξεμολόγητος, -η, -ο: unconfessed
αξένοιαστος, -η, -ο: βλ. **ξένοιαστος**
άξενος, -η, -ο: inhospitable
αξεπέραστος, -η, -ο: βλ. **ανυπέρβλητος**
άξεστος, -η, -ο: boorish, coarse, crude, a bumpkin
αξέχαστος, -η, -ο: βλ. **αλησμόνητος**
αξία, η: worth, value, merit ‖ (τιμή) price, cost ‖ *(οικ)* security
άξια: *(επίρ)* worthily ‖ (ικανά) capably, ably
αξιαγάπητος, -η, -ο: endearing, lovable, lovely, amiable
αξιέπαινος, -η, -ο: commendable, laudable, praiseworthy
αξιέραστος, -η, -ο: lovely, charming
αξίζω: be worth, cost ‖ *(μτφ)* be worthy ‖ (μου πρέπει) deserve, merit
αξίνα, η: pickaxe
αξιογέλαστος, -η, -ο: laughable
αξιοδάκρυτος, -η, -ο: βλ. **αξιοθρήνητος**
αξιοζήλευτος, -η, -ο: enviable
αξιοθαύμαστα *(επίρ):* admirably
αξιοθαύμαστος, -η, -ο: admirable
αξιοθέατα, τα: sights
αξιοθέατος, -η, -ο: worth seeing, sightly
αξιοθρήνητα: *(επίρ)* deplorably, lamentably, wretchedly
αξιοθρήνητος, -η, -ο: deplorable, lamentable, wretched, miserable
αξιοκατάκριτος, -η, -ο: reprehensible, blameworthy
αξιοκαταφρόνητος, -η, -ο: contemptible, despicable
αξιοκρατία, η: meritocracy
αξιοκρατικός, -η, -ο: meritocratic
αξιολάτρευτος, -η, -ο: adorable
αξιόλογα: *(επίρ)* remarkably, notably, significantly
αξιόλογος, -η, -ο: remarkable, notable, significant

αξιολύπητος

αξιολύπητος, -η, -ο: βλ. αξιοθρήνητος
αξιόμαχος, -η, -ο: battle-ready, in fighting condition
αξιόμεμπτος, -η, -ο: βλ. αξιοκατάκριτος
αξιομίμητος, -η, -ο: worthy of being imitated, exemplary
αξιομνημόνευτος, -η, -ο: memorable, worth being remembered
αξιοπαρατήρητος, -η, -ο: noteworthy
αξιόπιστα: (επίρ) trustworthily, reliably || (πιστευτά) credibly, believably
αξιοπιστία, η: trustworthiness, reliability, reliableness || (πίστη) credibility, credibleness
αξιόπιστος, -η, -ο: trustworthy, reliable, || (πιστευτός) credible, believable
αξιοποίηση, η: utilization || (γης) development
αξιόποινος, -η, -ο: punishable, liable to punishment
αξιοποιώ: utilize || (γη) develop
αξιοπρέπεια, η: dignity, self-respect
αξιοπρεπής, -ές: dignified
αξιοπρεπώς: dignifiedly, with dignity
άξιος, -α, -ο: worthy, meritorious || (ικανός) capable, able || (που του αρμόζει) deserving, worthy
αξιοσέβαστος, -η, -ο: respectable
αξιοσημείωτα: (επιρ) remarkably
αξιοσημείωτος, -η, -ο: remarkable, noteworthy
αξιοσύνη, η: capability, competency
αξιοσύστατος, -η, -ο: recommendable, advisable
αξιότιμος, -η, -ο: honorable
αξιόχρεος, -η, -ο: worthy of credit, solvent
αξίωμα, το: axiom, maxim, postulate || (θέση) office, rank
αξιωματικός, ο: officer
αξιωματικός, -ή, -ό: axiomatic
αξιωματούχος, -α, -ο: dignitary
αξιώνομαι: succeed, manage
αξιώνω: demand, claim
αξίωση, η: demand, claim
αξόδευτος, -η, -ο: unspent
άξονας, ο: axis || (τροχού) axle || (στροφέας) pivot, shaft, spindle
αξονικός, -ή, -ό: axial
αξονίσκος, ο: spindle, pivot

αξούριστος, -η, -ο: βλ. αξύριστος
αξύριστος, -η, -ο: unshaven
άξων: βλ. άξονας
αοίδιμος, -η, -ο: βλ. αξέχαστος
αοιδός, ο: singer, songster || (ποιητής) poet
άοκνος, -η, -ο: βλ. ακούραστος || (φιλόπονος) assiduous, diligent
αόμματος, -η, -ο: sightless, blind
άοπλος, -η, -ο: unarmed
αόρατος, -η, -ο: invisible, unseen
αόριστα: (επιρ) indefinitely, vaguely
αοριστία, η: indefiniteness, vagueness
αοριστολογία, η: obscure words, vague meaning
αοριστολογώ: speak vaguely, speak inexplicitly
αόριστος, ο: indefinite, inclear, vague, inexplicit || (γραμ) aorist || ~ άρθρο: indefinite article
αορτή, η: aorta
αορτήρας, ο: sling, strap
άοσμος, -η, -ο: odorless
απαγγελία, η: recitation, recital, declamation || (απόφαση) pronouncement, formal declaration
απαγγέλλω: recite || (απόφαση) pronounce
απάγκιο, το: lee
απάγκιος, -α, -ο: lee, leeward
απαγκιστρώνομαι: get unhooked, get unpinned
απαγκίστρωση, η: unhooking, unpinning
απαγορευμένος, -η, -ο: prohibited, forbidden
απαγόρευση, η: prohibition, forbiddance, ban
απαγορευτικός, -ή, -ό: prohibitive, prohibiting, prohibitory, forbidding
απαγορεύω: prohibit, forbid, ban
απαγχονίζω: hang
απαγχόνιση, η: βλ. απαγχονισμός
απαγχονισμός, ο: hanging
απάγω: kidnap, abduct
απαγωγέας, ο: kidnapper, abductor
απαγωγή, η: kidnapping, abduction
απάγωτος, -η, -ο: unfrozen
απαθανατίζω: immortalize
απαθανάτιση, η: immortalization
απαθανατισμός, ο: βλ. απαθανάτιση

480

απάθεια, η: apathy, indifference, impassivity, impassiveness ‖ (αναισθησία) callousness

απαθής, -ές: apathetic, indifferent, impassive ‖ (αναίσθητος) callous, insensitive

απαθώς: apathetically, impassively ‖ (αναίσθητα) callously

απαιδαγώγητος, -η, -ο: uneducated ‖ (ανάγωγος) βλ. **ανάγωγος**

απαίδευτος, -η, -ο: uneducated, untaught

απαίρω: *(ναυτ)* set sail

απαισιόδοξα: *(επίρ)* pessimistically

απαισιοδοξία, η: pessimism

απαισιόδοξος, -η, -ο: pessimist, pessimistic

απαίσια: *(επίρ)* hideously, odiously, abhorrently

απαίσιος, -α, -ο: hideous, odious, abhorrent, ghastly

απαίτηση, η: demand, claim

απαιτητικά: *(επίρ)* exigently, exactingly, demandingly

απαιτητικός, -ή, -ό: demanding, exigent, exacting

απαιτούμενος, -η, -ο: necessary

απαιτώ: demand, claim, require, exact

απαλαίνω: βλ. **απαλύνω**

απαλείφω: erase, efface, wipe out, obliterate ‖ *(μαθ)* eliminate

απάλειψη, η: erasure, erasion, erasing, effacement, obliteration, effacing ‖ *(μαθ)* elimination

απαλλαγή, η: release ‖ (γλυτωμός) deliverance ‖ (από υποχρέωση) exemption ‖ (απόλυση) dismissal, discharge

απαλλαγμένος, -η, -ο: exempt, free from

απαλλακτικός, -ή, -ό: releasing, liberating ‖ (από υποχρέωση) exempting

απαλλάσσομαι: be released ‖ (από υποχρέωση) be exempted ‖ (ξεφορτώνομαι) get rid of, rid oneself of

απαλλάσσω: release ‖ (γλυτώνω) deliver, free ‖ (από υποχρέωση) exempt

απαλλοτριώνω: expropriate ‖ βλ. **αποξενώνω**

απαλλοτρίωση, η: expropriation

απαλοιφή, η: βλ. **απάλειψη**

απαλά *(επίρ):* softly, gently, delicately

απαλός, -ή, -ό: soft, gentle, delicate

απαλότητα, η: softness, gentleness

απαλύνω: soften, alleviate, mitigate, soothe

απανεμιά, η: βλ. **απάγκιο**

απάνεμος, -η, -ο: βλ. **απάγκιος**

απάνθισμα, το: anthology

απανθρακώνω: char, reduce to charcoal ‖ (καίω ολότελα) burn to ashes, burn to a cinder, reduce to cinders

απανθράκωση, η: charring ‖ (κάψιμο) burning to a cinder

απάνθρωπα: *(επίρ)* inhumanly, inhumanely

απάνθρωπος, -η, -ο: inhuman, inhumane

άπαντα, τα: complete works

απανταχούσα, η: βλ. **πανταχούσα**

απάντηση, η: answer, reply, response

απαντώ: answer, reply, respond ‖ (συναντώ) meet

απάνω: βλ. **επάνω**

απανωπροίκι, το: paraphernalia

απανωτά: *(επίρ)* consecutively, one on top of the other

απανωτός, -ή, -ό: consecutive

άπαξ: once ‖ (αφού) since, inasmuch as

απαξιώνω: disdain, disregard, scorn

απαράβατα: *(επίρ)* inviolately

απαράβατος, -η, -ο: (που δεν τον έχουν παραβεί) unbroken, inviolate ‖ (που δεν παραβαίνεται) inviolable

απαραβίαστος, -η, -ο: (που δεν έχει παραβιαστεί) unbroken, intact, inviolate ‖ (που δεν παραβιάζεται) burglarproof ‖ inviolable

απαράγραπτος, -η, -ο: imprescriptible, indefeasible

απαράδεκτος, -η, -ο: unacceptable, not acceptable, inadmissible

απαραίτητος, -η, -ο: indispensable

απαράλλαχτος, -η, -ο: identical

απαραμείωτος, -η, -ο: βλ. **αμείωτος**

απαράμιλλος, -η, -ο: incomparable, unrivalled, unsurpassed, matchless, peerless

απαραποίητος, -η, -ο: unfalsified, genuine

απαράσκευος, -η, -ο: unprepared

απαρατήρητος, -η, -ο: unnoticed, unobserved

απαρέγκλιτα: *(επίρ)* inflexibly, firmly

απαρέγκλιτος, -η, -ο: inflexible, firm, unyielding

απαρέμφατο, το: infinitive

απαρέσκεια, η: dislike, displeasure
απαρηγόρητα: (επίρ): inconsolably, disconsolately, despondently
απαρηγόρητος, -η, -ο: inconsolable, disconsolate, despondent
απαρίθμηση, η: enumeration, count
απαριθμώ: enumerate, count
απάρνηση, η: denial, disavowal, abnegation, renunciation
απαρνητής, ο: denier, disavower, renouncer
απαρνιέμαι: deny, disavow, disown, abnegate, renounce
άπαρση, η: weighing anchor
απαρτία, η: quorum
απαρτίζω: constitute
άπαρτος, -η, -ο: βλ. απόρθητος
απαρχαιωμένος, -η, -ο: antiquated, outmoded, outdated, old fashioned
απαρχαιώνομαι: become antiquated, be outmoded, be outdated
απαρχή, η: outset, beginning
άπας: βλ. όλος
απαστράπτω: shine, sparkle, glitter
απασχόληση, η: occupation, || (τράβηγμα προσοχής) distraction
απασχολώ: occupy || (αποσπώ προσοχή) distract || (δίνω εργασία) employ
απατεώνας, ο: shyster, sharp, sharper, impostor, swindler, cheat, humbug, deceiver, fraud
απάτη, η: deceit, deception, swindle, fraud, bunco, humbug, hoax
απατηλά: (επίρ) deceitfully, fraudulently, fallaciously, deceptively
απατηλός, -ή, -ό: deceitful, fraudulent, misleading, fallacious, deceptive
απάτητος, -η, -ο: βλ. απόρθητος || (που δεν πατήθηκε) untrodden
άπατος, -η, -ο: bottomless
απατώ: deceive, swindle, defraud, mislead, cheat, dupe || (σύζυγο) deceive, make a cuckold of, to cuckold
απαυδώ: tire, get tired, get weary || (μτφ) get sick of
άπαυστα ή άπαυτα: (επίρ) incessantly, unceasingly, ceaselessly
άπαυστος, -η, -ο: incessant, unceasing, ceaseless
άπαυτος, -η, -ο: βλ. άπαυστος

απάχης, ο: apache
άπαχος, -η, -ο: lean, thin, meager
απεγνωσμένα: (επίρ): desperately, frantically
απεγνωσμένος, -η, -ο: desperate, frantic, frenzied
απέθαντος, -η, -ο: βλ. αθάνατος
απειθάρχητος, -η, -ο: βλ. απείθαρχος
απειθαρχία, η: insubordination || (απείθεια) disobedience || (έλλειψη πειθαρχίας) lack of discipline
απείθαρχος, -η, -ο: insubordinate || (απειθής) disobedient || (χωρίς πειθαρχία) undisciplined, unruly
απειθαρχώ: disobey
απείθεια, η: βλ. ανυπακοή
απειθής, -ές: βλ. ανυπάκουος
απειθώ: disobey
απεικάζω: portray, represent, depict || (συμπεραίνω) conclude, deduce
απείκασμα, το: picture, representation || (συμπέρασμα) conclusion, deducion
απεικονίζω: depict, portray, picture (μτφ)
απεικόνιση, η: depiction, portrayal, picture, description
απειλή, η: threat, menace, intimidation
απειλητικά: (επίρ): threateningly, menacingly
απειλητικός, -ή, -ό: threatening, menacing, intimidating
απειλώ: threaten, menace, intimidate
απειράριθμος, -η, -ο: βλ. αμέτρητος
απείραχτος, -η, -ο: untouched || βλ. άθικτος || βλ. ανενόχλητος
απειρία, η: inexperience || (άπειρο) infinity
απειροελάχιστος, -η, -ο: infinitesimal, minute
απειρόκαλος, -η, -ο: tasteless, coarse
άπειρο, το: infinity
απειροπόλεμο,ς -η, -ο: inexperienced in warfare
άπειρος, -η, -ο: (χωρίς πείρα) inexperienced, green, greenhorn, tenderfoot || (χωρίς πέρας) infinite, boundless, limitless
απειροστικός, -ή, -ό: infinitesimal
απειροστός, -ή, -ό: βλ. απειροελάχιστος
απεκδύομαι: divest oneself

απέλαση, η: deportation
απελαύνω: deport
απελεύθερος, -η, -ο: emancipated
απελευθερώνω: liberate. free. set free ‖ (σκλάβο) emancipate ‖ (γλυτώνω) deliver. free ‖ (από υποχρ. κλπ) release
απελευθέρωση, η: liberation ‖ (σκλάβου) emancipation ‖ (γλυτωμός) deliverance ‖ (υποχρέωση) release
απελευθερωτής, ο: liberator ‖ emancipator ‖ deliverer ‖ releaser
απελευθερωτικός, -ή, -ό: liberating ‖ emancipative ‖ delivering ‖ releasing
απελπίζομαι: despair, lose hope
απελπισία, η: despair, desperation. desperateness
απελπισμένα: (επίρ) despairingly, desperately, frantically
απελπισμένος, -η, -ο: desperate, frantic
απελπιστικά: (επίρ) hopelessly, desperately
απελπιστικός, -ή, -ό: hopeless, bleak. desperate
απεμπόληση, η: sellout, betrayal
απεμπολώ: sell out, betray one's cause
απέναντι: opposite, across from, facing. face to face
απεναντίας: on the contrary
απένταρος, -η -ο: penniless, destitute. broke. down and out
απέξω: (έξω) outside, out ‖ (από έξω) from outside ‖ (από μνήμης) by heart, by memory, by rote
απεραντολογία, η: prolixity, loquaciousness, loquality, verbosity, verboseness
απεραντολόγος, ο: prolix, loquacious. verbose
απεραντολογώ: be loquacious, be verbose
απέραντος, -η, -ο: vast, boundless. endless, immense
απεραντοσύνη, η: vastness, immenseness, immensity, boundlessness
απέραστος, -η, -ο: impassable ‖ (που δεν τελειώνει) endless
απεργία, η: strike
απεργός, ο: striker
απεργοσπάστης, ο: strikebreaker, scab
απεργώ: strike, go on strike
απερίγραπτα: (επίρ) indescribably, inexpressibly

απερίγραπτος, -η, -ο: indescribable, beyond description, inexpressible
απεριόριστα: (επίρ) illimitably, boundlessly
απεριόριστος, -η, -ο: illimitable, limitless. boundless
απεριποίητος, -η, -ο: unkempt, untidy. uncared-for. messy
απερίσκεπτα: (επίρ) thoughtlessly. carelessly, heedlessly, recklessly
απερίσκεπτος, -η, -ο: thoughtless, careless. heedless, reckless, devil-may-care
απερισκεψία, η: thoughtlessness, carelessness. heedlessness, recklessness
απερίσπαστος, -η, -ο: undistracted, undiverted. concentrated
απερίστροφα: (επίρ): pointblank. straightforwardly, bluntly
απερίστροφος, -η, -ο: pointblank. straightforward. blunt
απέριττα: (επίρ) unaffectedly, simply
απέριττος, -η, -ο: unaffected, simple
απερίφραστα: (επίρ) tersely, concisely
απερίφραστος, -η, -ο: terse, concise
απεσταλμένος, -η, -ο: delegate, envoy
απετάλωτος, -η, -ο: unshod
απευθείας: directly
απευθύνομαι: address
απευθύνω: address, direct
απευθυσμένο, το: rectum
απευκταίο, το: accident, mishap
απεύχομαι: wish something does not happen
απεχθάνομαι: detest, abhor, loathe
απέχθεια, η: detestation, abhorrence, aversion, loathing, repulsion
απεχθής, -ές: detestable, odious, abhorrent, disgusting, loathsome, repulsive
απέχω: be far from, be distant ‖ (μτφ) abstain
απηγορευμένος, -η, -ο: βλ. απαγορευμένος
απηλλαγμένος, -η, -ο: βλ. απαλλαγμένος
απηνής, -ές: merciless, relentless
απηρχαιωμένος, -η, -ο: βλ. απαρχαιωμένος
απήχηση, η: (αντήχηση) βλ. αντήχηση ‖ (μτφ) effect, impression
άπηχτος, -η, -ο: uncougealed
απηχώ: (αντηχώ) βλ. αντηχώ ‖ (μτφ) re-

flect

άπιαστος, -η, -ο: (που δεν πιάστηκε) uncaught, not caught, at large ‖ (που δεν μπορεί να πιαστεί) elusive, slippery ‖ (αμεταχείριστος) unused ‖ (που δεν μπορούμε να τον αντιληφθούμε) intangible, elusive ‖ (πολύ ικανός) adept, a wizard, whiz

απίδι, το: pear

απιδιά, η: pear, peartree

απίθανος, -η, -ο: improbable, unlikely ‖ (απίστευτος) incredible

απιθανότητα, η: improbability, unlikelihood, unlikeliness

απίστευτα: (επίρ) unbelievably, incredibly

απίστευτος, -η, -ο: unbelievable, incredible

απιστία, η: unfaithfulness, infidelity, faithlessness, ‖ (έλλειψη πίστης) disbelief

άπιστος, -η, -ο: unfaithful, faithless ‖ (θρησκ) infidel

απιστώ: be unfaithful, be faithless ‖ (δεν πιστεύω) disbelieve

άπλα, η: (ευρυχωρία) spaciousness ‖ (ανοιχτός χώρος) open space

απλά: (επίρ) simply

απλανής, -ές: fixed ‖ (βλέμμα) fixed, expressionless

άπλαστος, -η, -ο: βλ. **ασχημάτιστος**

άπλετα: (επίρ) abundantly ‖ (φως) brightly, brilliantly

άπλετος, -η, -ο: abundant ‖ (φως) bright, brilliant

απλήγωτος, -η, -ο: unwounded, unhurt

απληροφόρητος, -η, -ο: uninformed, ignorant

απλήρωτος, -η, -ο: unpaid

απλησίαστος, -η, -ο: inapproachable, inaccessible, unapproachable

άπληστα: (επίρ) greedily, voraciously ‖ (πλεονεκτικά) greedily, rapaciously, avariciously

απληστία, η: (αδηφαγία) greediness, voracity, gluttony ‖ (πλεονεξία) greed, rapacity, rapaciousness, avarice, avariciousness

άπληστος, -η, -ο: (αδηφάγος): greedy, voracious, gluttonous ‖ (πλεονέκτης) greedy, rapacious, avaricious

απλογραφία, η: (λογ) single entry

απλοϊκά: (επίρ) simply, naively, simplemindedly

απλοϊκός, -ή, -ό: simple, naive, simpleminded

απλοϊκότητα, η: simplicity, naivete~, naiveness, naivety

απλοποίηση, η: simplification

απλοποιώ: simplify

απλός, -ή, -ό: (όχι πολύπλοκος) simple ‖ (όχι διπλός) single, simple ‖ (όχι εξεζητημένος) simple, unaffected, ‖ βλ. **απλοϊκός**

απλότητα, η: simplicity ‖ singleness

απλούστατα: (επίρ) simply

απλούστευση, η: βλ. **απλοποίηση**

απλουστεύω: βλ. **απλοποιώ**

απλοχέρης, -α, -ικο: βλ. **ανοιχτοχέρης**

απλοχωριά, η: βλ. **άπλα**

απλόχωρος, -η, -ο: spacious, roomy

απλυσιά, η: uncleanliness

άπλυτα, τα: dirty linen (και μτφ) ‖ (μτφ) family skeleton

άπλυτος, -η, -ο: unwashed, unclean

άπλωμα, το: spreading, stretching, extension, ‖ (ρούχων) hanging

απλώνομαι: stretch, extend

απλώνω: spread, stretch, extend ‖ (ρούχα) hang

απλώς: simply, merely

απλωσιά, η: βλ. **άπλα**

απλώστρα, η: clothesline

άπνοια, η: (νηνεμία) stillness, calm, lack of wind ‖ (ιατρ) apnea, apnoea

άπνους, -ουν: (χωρίς αναπνοή) breathless ‖ (νεκρός) lifeless, dead

από: from ‖ (αιτία) out of ‖ (μέσα) by, through ‖ (σύγκρ) than

αποβάθρα, η: (λιμανιού) wharf, pier, dock ‖ (σιδ) platform, landing

αποβαίνω: end up, result, turn out

αποβάλλω: (βγάζω) take off, cast off, pull off ‖ (βγάζω έξω) eject, evict, oust, throw out, expel ‖ (σχολεία) expel ‖ (κάνω αποβολή) miscarry, abort ‖ (χάνω) shed

απόβαρο, το: tare

απόβαση, η: landing

αποβατικός, -ή, -ό: landing ‖ ~ **σκάφος:** landing craft

484

αποβιβάζομαι: disembark, go ashore ‖ *(στρ)* land ‖ *(σιδ)* detrain
αποβιβάζω: disembark, put ashore ‖ *(στρ)* land ‖ *(σιδ)* detrain
αποβίβαση, η: disembarkation ‖ *(σιδ)* detrainment
αποβιώνω: pass away, decease, die
αποβλάκωμα, το: hebetude
αποβλακώνομαι: become stupid, hebetate
αποβλακώνω: make stupid, hebetate
αποβλάκωση, η: βλ. αποβλάκωμα
αποβλέπω: aim, intend ‖ *(στηρίζομαι)* rely
απόβλητος, -η, -ο: outcast ‖ *(απορριφθείς)* reject
αποβολή, η: ejection, eviction, expulsion, ‖ *(σχολ)* expulsion ‖ *(ρίξιμο)* shedding ‖ *(εγγύου)* miscarriage
αποβουτυρωμένος, -η, -ο: low fat
αποβραδίς: last night, last evening
απόβρασμα, το: scum, dregs ‖ *(μτφ)* riffraff, scum
απογαλακτίζω: wean
απογαλακτισμός, ο: weaning
απόγειο, το: *(αέρας)* land breeze ‖ *(άστρου)* apogee ‖ *(μτφ)* apogee, peak, zenith, highest point
απόγειος, -α, -ο: offshore
απογειώνομαι: take off
απογείωση, η: take off
απόγευμα, το: afternoon
απογευματινός, -ή, -ό: afternoon
απογίνομαι: become, end up
απόγνωση, η: despair, desperation, lack of hope
απογοητευμένος, -η, -ο: disappointed, frustrated, discouraged, disillusioned
απογοήτευση, η: disappointment, frustration, discouragement, disillusion, disillusionment
απογοητευτικός, -ή, -ό: disappointing, frustrating, disillusioning
απογοητεύω: disappoint, frustrate, disillusion, discourage
απόγονος, ο: descendant, progeny, offspring
απογραφή, η: *(πληθυσμού)* census ‖ *(ειδών)* inventory
απογραφικός, -ή, -ο: *(πληθ)* census ‖ *(ειδών)* inventorial

απόγραφο, το: copy of deed, attested copy
απογράφω, *(πληθ)* take a census ‖ *(είδη)* inventory, make an inventory
απογυμνώνω: strip, undress, unclothe ‖ *(μτφ)* rob, strip
απογύμνωση, η: stripping, undressing, unclothing ‖ *(μτφ)* robbery, robbing, stripping
αποδεικνύω: βλ. αποδείχνω
αποδεικτικό, το: certificate, testimonial
απόδειξη, η: proof ‖ *(ένδειξη)* evidence, token ‖ *(πληρωμής ή παραλαβής κλπ)* receipt
αποδείχνω: prove, show, demonstrate, evidence
αποδεκατίζω: decimate
αποδεκάτισμα, το: decimation
αποδεκατισμός, ο: βλ. αποδεκάτισμα
αποδέκτης, ο: addressee, recipient, receiver ‖ *(εμπορ)* recipient, consignee ‖ *(επιταγής κλπ)* drawee
αποδεκτός, -ή, -ό: accepted, acceptable, admissible
αποδέχομαι: accept
αποδημητικός, -ή, -ό: migratory
αποδημία, η: migration ‖ *(αναχώρηση)* emigration ‖ *(άφιξη)* immigration
απόδημος, -η, -ο: living abroad or in a foreign country ‖ *(μετανάστης)* immigrant
αποδημώ: migrate ‖ *(αναχ)* emigrate ‖ *(αφιξ)* immigrate
αποδιάλεγμα, το: left-over
αποδίδω: βλ. αποδίνω
αποδίνω: give, render, return ‖ *(αιτία)* ascribe, attribute ‖ *(τιμές)* pay, give ‖ *(παράγω)* bring, produce ‖ *(ερμηνεύω)* render
αποδιοπομπαίος, -α, -ο: outcast, pariah, ‖ ~ τράγος: scapegoat
αποδιωγμένος, -η, -ο: βλ. αποδιοπομπαίος
αποδιώχνω: cast out, chase away
αποδοκιμάζω: disapprove, ‖ *(καταδικάζω)* censure, condemn
αποδοκιμασία, η: disapproval ‖ *(ηθική)* disapprobation, censure
αποδοκιμαστικός, -ή, -ό: disapproving
απόδοση, η: rendering ‖ *(παραγωγή)*

485

αποδοτικός

yield ‖ (μηχανής) efficiency, capacity, ‖ (ποσό παραγωγής) output
αποδοτικός, -ή, -ό: efficient ‖ (παραγ.) productive ‖ (επικερδής) profitable, lucrative
αποδοχή, η: acceptance ‖ (ομολογία) admission ‖ *(πληθ)* salary, emolument, wages
απόδραση, η: escape
αποδυτήριο, το: (γυμναστήριου) locker room ‖ (θεάτρου) dressing room, vestiary ‖ (πλαζ) locker room
αποζημιώνω: remunerate, compensate, indemnify
αποζημίωση, η: remuneration, compensation, indemnity, indemnification
αποζητώ: long for, miss, yearn
αποζώ: (ζω φτωχικά) subsist ‖ (κερδίζω) live on
απόηχος, ο: echo
αποθανατίζω: βλ. **απαθανατίζω**
αποθάρρυνση, η: discouragement, disappointment, frustration
αποθαρρυντικός, -ή, -ό: discouraging, disappointing, frustrating
αποθαρρύνομαι: be discouraged, be disappointed, lose heart, be frustrated
αποθαρρύνω: discourage, disappoint, frustrate
απόθεμα, το: stock, reserve, resource ‖ (κατακάθισμα) deposit
αποθεματικό, το: reserve fund
αποθεραπεία, η: treatment during convalescence
απόθεση, η: placement, laying down ‖ (αποταμίευση) saving up
αποθέτω: place, lay down, put down ‖ (αποταμιεύω) save up
αποθεώνω: apotheosize, deify ‖ *(και μτφ)*
αποθέωση, η: apotheosis, deification *(και μτφ)*
αποθηκάριος, ο: warehouse man
αποθήκευση, η: storage, storing, warehousing
αποθηκεύω: store, warehouse
αποθήκη, η: warehouse ‖ (δωμ) store room, cellar ‖ ~ **όπλων:** arsenal, armory ‖ ~ **πυρομαχικών:** magazine ‖ ~ **αποσκευών:** baggage room

αποθηλάζω: βλ. **απογαλακτίζω**
αποθηλασμός: βλ. **απογαλακτισμός**
αποθηριώνομαι: be infuriated, be mad, be enraged, be furious
αποθηριώνω: infuriate, enrage
αποθησαυρίζω: hoard, save up
αποθνήσκω: βλ. **πεθαίνω**
αποθρασύνομαι: become bold, be emboldened, become impudent
αποθράσυνση, η: boldness, impudence, impudency
αποθρασύνω: embolden
αποίκηση, η: βλ. **αποδημία**
αποικία, η: colony ‖ (εγκατάσταση) settlement
αποικιακός, -ή, -ό: colonial ‖ (πολιτική) colonialism
αποικίζω: colonize, establish a colony
αποίκιση, η: colonization ‖ (εγκατάσταση) settlement
αποικισμός, ο: βλ. **αποίκιση**
αποικιστής, ο: colonizer
αποικιστικός, -ή, -ό: colonizing
άποικος, ο: colonist ‖ βλ. **απόδημος**
αποικώ: βλ. **αποδημώ**
αποκαθηλώνω: unrivet, unnail
αποκαθήλωση, η: unriveting, unnailing ‖ (του Χριστού) the Deposition
αποκαθίσταμαι: be established, settle
αποκαθιστώ: restore, reinstate ‖ (επανορθώνω) rehabilitate
αποκαλυπτήρια, τα: unveiling
αποκαλυπτικός, -ή, -ό: revealing, disclosing, exposing, uncovering ‖ *(θρησκ)* apocalyptic, apocalyptical
αποκαλύπτω: reveal, disclose, expose, uncover
αποκάλυψη, η: revelation, disclosure, uncovering ‖ *(θρησκ)* Apocalypse, Revelation
αποκαλώ: call, name
αποκάμωμα, το: βλ. **αποκαμωμός**
αποκαμωμένος, -η, -ο: weary, tired, fatigued, exhausted, drained
αποκαμωμός, ο: weariness, fatigue, exhaustion
αποκάμνω: be weary, be exhausted, be drained, fatigue ‖ (αποτελειώνω) finish, end
αποκαρδιώνομαι: be disheartened, be

dispirited, lose heart, be discouraged

αποκαρδιώνω: dishearten, dispirit, discourage

αποκαρδίωση, η: disheartening, discouragement, disappointment || (απελπισία) βλ. **απελπισία**

αποκαρδιωτικός, -ή, -ό: βλ. **αποθαρρυντικός**

αποκάρωμα, το: torpor, stupor, lethargy

αποκαρωμένος, -η, -ο: torpid, lethargic, stuporous

αποκαρώνω: stupefy, narcotize || (αμτβ) fall into stupor

αποκάρωση, η: βλ. **αποκάρωμα**

αποκατασταίνω: βλ. **αποκαθιστώ**

αποκατάσταση, η: restoration, reinstatement, || (επανόρθωση) rehabilitation || (υγείας) recovery || (αποζ.) restitution

αποκάτω: under, underneath

απόκεντρος, -η, -ο: remote, out-of-the-way, secluded

αποκεντρώνω: decentralize

αποκέντρωση, η: decentralization

αποκεφαλίζω: decapitate, behead (και μτφ)

αποκεφάλιση, η: decapitation, beheading

αποκεφάλισμα, το: βλ. **αποκεφάλιση**

αποκεφαλισμός, ο: βλ. **αποκεφάλιση**

αποκήρυξη, η: denunciation, disavowal, repudiation, renouncement || βλ. **αποκλήρωση**

αποκηρύσσω: disavow, repudiate, deny, renounce || βλ. **αποκληρώνω**

αποκλείεται: nothing doing, out of the question, nowise, noway

αποκλεισμός, ο: (περιοχής) blockade || (εξαίρεση) exclusion || (κλείσιμο) blocking

αποκλειστικά: (επίρ) exclusively

αποκλειστικός, -ή, -ό: exclusive, || ~ **δικαίωμα:** copyright

αποκλειστικότητα, η: exclusiveness || (δικαίωμα): copyright

αποκλείω: (περιοχή) blockade || (εξαιρώ) exclude || (κλείνω) block

απόκληρος, ο: disinherited || (μτφ) outcast, destitute

αποκληρώνω: disinherit

αποκλήρωση, η: disinheritance

αποκλίνω: (γέρνω): incline, lean, slant,

tilt, tip || (έχω τάση) incline, be inclined. tend toward || (αλλάζω πορεία) diverge. deviate || (κάνω να αλλάξει κατεύθυνση) deflect

απόκλιση, η: (κλίση) inclination, slant, tilt || (τάση) inclination || (αλλαγή πορείας) divergence, deviation, deflection

αποκόβω: cut off, lop, trim || (μπλοκάρω) cut off, block, bar || βλ. **απογαλακτίζω**

αποκοίμημα, το: βλ. **αποκοίμισμα**

αποκοιμιέμαι: fall asleep, go to sleep. drop off, doze off

αποκοιμίζω: lull, lull to sleep || (ξεγελώ) lull, take in, hoodwink, deceive, beguile, guile

αποκοίμισμα, το: falling asleep, dozing || (ξεγέλασμα) lulling, deception, beguiling

αποκοιμούμαι: βλ. **αποκοιμιέμαι**

αποκόλληση, η: (ξεκόλλημα) unsticking, ungluing || (απόσπαση) βλ. **απόσπαση**

αποκολλώ: unstick, unglue

αποκομιδή, η: move, removal, carriage, carrying

αποκομίζω: remove, carry away || (κερδίζω) profit, make, get

αποκόμιση, η: βλ. **αποκομιδή**

αποκόμμα, το: fragment, shred || (εφημερίδας) clipping || (αποθηλασμός) βλ. **αποθηλασμός**

αποκοπή, η: cutting off, lopping, trimming || βλ. **ακρωτηριασμός** || (εργασία κατ' αποκοπή) piece work || βλ. **αποθηλασμός**

αποκόπτω: βλ. **αποκόβω**

αποκορύφωμα, το: βλ. **απόγειο**

αποκορυφώνομαι: culminate, climax, reach a peak

αποκορυφώνω: climax, bring, to a climax, bring to a peak

αποκορύφωση, η: βλ. **αποκορύφωμα**

απόκοσμος, -η, -ο: (ερημικός) secluded, solitary, out-of-the-way || (μτφ) out of this world

αποκοτιά, η: boldness, recklessness, rashness

απόκοτος, -η, -ο: bold, reckless, rash

αποκούμπι, το: rest, prop || (μτφ) protector, protection, support, refuge

απόκρεως, η: βλ. **αποκριά**

487

απόκρημνος, -η, -ο: steep, precipitous, cragged, craggy

αποκριά, η: carnival ‖ (περίοδος) shrovetide

αποκριάτικος, -η, -ο: carnival

αποκρίνομαι: βλ. **απαντώ**

απόκριση, η: βλ. **απάντηση**

απόκρουση, η: repulsion, repelling, repellence, driving back ‖ βλ. **ανασκευή**

αποκρουστικός, -ή, -ό: repulsive, repellent, repelling ‖ (μτφ) repulsive, repugnant, disgusting, repelling

αποκρουστικότητα, η: repulsiveness, repellence

αποκρούω: repel, drive back, repulse ‖ (χτύπημα) stave off, ward off ‖ βλ. **ανασκευάζω**

αποκρύβω: conceal, hide, keep back (βλ. και **κρύβω**) ‖ (θέα) block, hide from view, obstruct

αποκρυπτογράφηση, η: decoding, deciphering, decipherment

αποκρυπτογράφος, ο: decoder, decipherer

αποκρυπτογραφώ: decode, decipher

αποκρύπτω: βλ. **αποκρύβω**

αποκρυσταλλώνω: crystallize (και μτφ)

αποκρυστάλλωση, η: crystallization (και μτφ)

αποκρυφισμός, ο: occultism

αποκρυφιστής, ο: occultist

απόκρυφος, -η, -ο: occult ‖ (μυστικός) secret, mysterious ‖ (θρησκ) apocryphal

απόκρυψη, η: concealment, concealing, hiding, keeping back

αποκτηνώνομαι: imbrute, become brutal

αποκτηνώνω: imbrute, bestialize, brutalize

αποκτήνωση, η: brutalization, bestiality

απόκτηση, η: acquisition, acquirement, attainment

αποκτώ: acquire, obtain, attain, get, achieve

απολαβαίνω: βλ. **απολαμβάνω**

απολαβή, η: (αμοιβή) βλ. **αμοιβή** ‖ (μισθός) salary, wages ‖ (κέρδος) profit, gain, ‖ (έσοδο) income

απολαμβάνω: (έχω κέρδος) get, gain, profit ‖ (διασκεδάζω) enjoy

απόλαυση, η: enjoyment, pleasure

απολαυστικός, -ή, -ό: enjoyable, pleasur-

able

απολαύω: βλ. **απολαμβάνω**

απολειφάδι, το: remainder, remnant, leftover ‖ (άνθρωπος) runt

απόλεμος, -η, -ο: βλ. **άμαχος**

απολεπίζω: scale ‖ (ξεφλουδίζω) peel

απολέπιση, η: scaling ‖ (ξεφλούδισμα) peeling ‖ (ιατρ) exfoliation, desquamation

απολήγω: end up, turn out

απόληψη, η: withdrawal

απολίθωμα, το: fossil ‖ (μτφ) flabbergasted, petrified

απολιθώνω: petrify ‖ (μτφ) petrify, flabbergast

απολίθωση, η: petrifaction (και μτφ)

απολίτιστος, -η, -ο: uncivilized ‖ (μτφ) barbarous, coarse

απολογητής, ο: advocate, defender, intercessor

απολογητικός, -ή, -ό: apologetic

απολογία, η: apologia, defense, defence, plea

απολογισμός, ο: account, report

απολογούμαι: apologize, defend myself, make a formal defense

απολυμαίνω: disinfect

απολύμανση, η: disinfection

απολυμαντής, ο: disinfector

απολυμαντικός, -ή, -ό: disinfecting, disinfectant

απόλυση, η: (εκκλ) end of divine liturgy, end of church services, end of Mass ‖ (υπαλ.) discharge, dismissal, firing, sack ‖ (φυλακ.) release from custody ‖ (στρ) discharge

απόλυτα: (επίρ) absolutely ‖ (πλήρως) completely, entirely

απολυταρχία, η: absolutism

απολυταρχικός, -ή, -ό: absolutistic ‖ (μτφ) dictatorial, despotic

απολυταρχισμός, ο: βλ. **απολυταρχία**

απολυτήριο, το: (γυμν.) diploma, leaving certificate ‖ (στρ) discharge

απολυτήριος, -α, -ο: releasing, leaving, discharge

απόλυτος, -η, -ο: absolute ‖ (μτφ) complete, full ‖ (αριθμητικό) cardinal

απολυτρώνω: βλ. **απελευθερώνω**

απολύτρωση, η: deliverance, redemption

απολύτως: absolutely

απολύω: (ελευθ.) release ‖ (υπαλ.) discharge,dismiss, sack, fire, give the sack ‖ *(στρ)* discharge

απολωλός, το: (πρόβατο) black sheep *(μτφ)*

απομάκρυνση, η: removal, withdrawal, going away ‖ (διώξιμο) discharge, dismissal ‖ (απόκλιση) divergence, swerving

απομακρύνομαι: go away, withdraw, get out of the way ‖ (αποκλίνω) diverge, swerve

απομακρύνω: remove, send away, take away, keep off, avert ‖ (διώχνω) discharge, dismiss

απόμαχος, -η, -ο: army (navy, airforce) veteran ‖ *(μτφ)* retired, pensioner, pensionary ‖ βλ. **απόστρατος**

απομεινάρι, το: remnant, remainder, leftover

απομένω: be left

απόμερος, -η, -ο: βλ. **απόκεντρος**

απομεσήμερο, το: early afternoon

απομίμηση, η: imitation ‖ (αντιγραφή) copy ‖ (παραποίηση) forgery, counterfeit

απομιμούμαι: imitate, copy ‖ (παραποιώ) forge, counterfeit

απομνημονεύματα, τα: memoirs

απομνημόνευση, η: memorizing

απομνημονεύω: memorize

απομονώνω: isolate ‖ (μονώνω) insulate

απομόνωση, η: isolation ‖ (μόνωση) insulation ‖ (φυλακισμένου) solitary confinement

απομονωτήρας, ο: insulator

απομονωτήριο, το: solitary confinement cell

απομονωτικός, -ή, -ό: isolating ‖ *(ηλεκτρ)* insulating, non conductor

απομύζηση, η: suction, sucking ‖ *(μτφ)* bleeding

απομυζώ: suck ‖ *(μτφ)* bleed

απονεκρώνω: mortify, deprive of life

απονέκρωση, η: mortification

απονέμω: (τιμή) award, bestow, confer ‖ (χάρη) grant ‖ (δικαιοσύνη) administer, dispense, mete out

απονενοημένος, -η, -ο: desperate

απόνερα, τα: wake

απονήρευτος, -η, -ο: guileless, artless ‖ (απλός) unsophisticated. innocent

απονιά, η: heartlessness. pitilessness, callousness

απονομή, η: (τιμής) award, bestowal, bestowment, conferral, conferment ‖ (χάρη) grant, granting ‖ (δικ.) dispensation, administering

άπονος, -η, -ο: heartless, pitiless, callous

αποξενώνω: alienate, estrange

αποξένωση, η: alienation, estrangement

απόξεση, η: scraping

αποξηραίνω: desiccate, dry out

αποξήρανση, η: desiccation, drying

αποξηραντήριο, το: desiccator

αποξηραντικός, -ή, -ό: desiccative

αποπαίδι, το: disinherited (child, son. daughter), disowned

απόπαιδο, το: βλ. **αποπαίδι**

αποπαίρνω: snub, treat roughly, rebuke

αποπάνω: from above ‖ (επάνω) on top

απόπατηση, η: evacuation, stool

απόπατος, ο: βλ. **αποχωρητήριο**

αποπατώ: evacuate, defecate, stool

απόπειρα, η: attempt

αποπειρώμαι: attempt

αποπέμπω: send away, dismiss, turn out, put out

αποπερατώνω: complete, finish, terminate

αποπεράτωση, η: completion, termination, finishing

αποπλάνηση, η: (ξελόγιασμα) seduction ‖ (οπτική) aberration

αποπλανητικός, -ή, -ό: (ξελογιαστικός) seductive

αποπλανώ: (ξελογιάζω) seduce

αποπλέω: sail, set sail, sail away, leave port

αποπληκτικός, -ή, -ό: apoplectic

απόπληκτος, -η, -ο: apoplectic, struck with apoplexy

αποπληξία, η: apoplexy

αποπληρωμή, η: paying off, pay off

αποπληρώνω: pay off, settle

απόπλους, ο: sailing, sailing away, departure

αποπλύνω: (ξεπλένω) rinse, wash off ‖ (εκδικούμαι) avenge

489

αποπνέω: exude, give off
αποπνικτικός, -ή, -ό: suffocating, asphyxiating
αποποίηση, η: refusal, declining, declination
αποποιούμαι: refuse, decline, turn down
αποπομπή, η: dismissal
απόρθητος, -η, -ο: impregnable, unconquerable, unassailable
απορία, η: (ανέχεια) βλ. ανέχεια || (αμηχανία), doubt, uncertainty
άπορος, -η, -ο: (φτωχός): needy poor, indigent, || (αδιάβατος) βλ. αδιάβατος
απορρέω: originate, stem, arise from, derive
απόρρητ-ος, -η, -ο: confidential, secret || εξ ~ων: privy to, confidant
απόρριμα, το: refuse, waste || ~τα, τα: rubbish, trash, garbage
απορριπτέος, -α, -ο: rejectable
απορρίπτω: reject, turn down, || (πετάω) cast off, discard || (μαθητή) fail, flunk, give a failing grade
απορρίχνω: miscarry, abort
απόρριψη, η: rejection, turning down, refusal || (μαθητή) fail, failing, flunk
απόρροια, η: result, consequence
απορρόφηση, η: absorption (και μτφ) || (μτφ) absorption, engrossment
απορροφητικός, -ή, -ό: absorptive, absorbent
απορροφιέμαι: be absorbed, || (μτφ) be absorbed, be engrossed
απορροφώ: absorb, suck, soak up || (μτφ) absorb, engross
απορυπαντικό, το: detergent
απορφανίζω: orphan, deprive of parents
απορφάνιση, η: orphanage, orphanhood, orphaning
απορφανισμός, ο: βλ. απορφάνιση
απορώ: wonder, be surprised, be astonished
αποσαφηνίζω: βλ. διασαφηνίζω
αποσαφήνιση, η: βλ. διασάφηση
αποσβένω: βλ. σβήνω || (οικ) liquidate, pay off
απόσβεση, η: extinction, extinguishing || (οικ) liquidation, pay off
αποσβολώνω: (μουντζουρώνω) smear, smudge, soot || (απολιθώνω) disconcert, flabbergast, confound
απόσειση, η: shaking off, riddance
αποσείω: shake off, rid, get rid of
αποσιώπηση, η: suppression, hushing, concealing, concealment
αποσιωπητικά, τα: suspension points
αποσιωπώ: suppress, hush, conceal, pass over
αποσκελετωμένος, -η, -ο: emaciated, wizened
αποσκελετώνω: emaciate, wizen
αποσκευές, οι: luggage, baggage
αποσκίρτηση, η: defection
αποσκιρτώ: defect
αποσκοπώ: aim, intend
αποσκορακίζω: reject, cast off, throw off
αποσκορακισμός, ο: rejection, casting off, throw off
αποσόβηση, η: prevention, averting, warding off
αποσοβώ: avert, prevent, ward off
απόσπαση, η: (αποχωρισμός) detachment, separation, cutting off || (μτφ) detachment, detaching
απόσπασμα, το: (κομμάτι) fragment, extract, passage || (στρ) detachment, detail || (χωροφυλ.) posse
αποσπασματάρχης, ο: (στρ) detachment leader || (χωροφ.) posse leader
Αποσπερίτης, ο: evening star, vesper
αποσπώ: (αποχωρίζω) detach, remove, tear, cut off || (μτφ) detach
απόσταγμα, το: extract, essence, distillate
αποστάζω: distill
αποσταίνω: get tired, be tired
αποστακτήρας, ο: distiller, still
απεσταλμένος, -η, -ο: βλ. απεσταλμένος
αποστάξιμος, -η, -ο: distillable
απόσταξη, η: distillation, distilling
απόσταση, η: distance || (διάστημα) gap ||(και μτφ)
αποστασία, η: defection, apostasy
αποστάτης, ο: defector, apostat
αποστατώ: defect, apostatize
αποστειρώνω: sterilize || (παστεριώνω) pasteurize
αποστείρωση, η: sterilization || (παστερίωση) pasteurization
αποστειρωτήρας, ο: sterilizer || pasteurizer

αποστέλλω: send, dispatch ‖ (προωθώ) forward ‖ (χρημ.) remit

αποστέργω: refuse ‖ (απορρίπτω) reject

αποστέρηση, η: deprivation, dispossession, bereavement

αποστερούμαι: be deprived of, be bereaved

αποστερώ: deprive, bereave, dispossess

αποστεωμένος, -η, -ο: ossified ‖ (μτφ) emaciated

αποστηθίζω: memorize, learn by heart, commit to memory

αποστήθιση, η: memorization

απόστημα, το: (ιατρ) abscess, oedema, edema ‖ (μαθ) slant height, apothem

αποστολέας, ο: sender ‖ addresser, addresser ‖ (εμπορ.) shipper

αποστολή, η: sending, dispatch ‖ (εμπορ.) shipping ‖ (προώθηση) forwarding ‖ (αντιπροσ.) mission ‖ (χρημ.) remittance ‖ (μτφ) mission

αποστολικός, -η, -ο: apostolic

απόστολος, ο: apostle, disciple ‖ (βιβλίο) Epistles

αποστομώνω: silence, shut s.o. up

αποστόμωση, η: silencing

αποστραγγίζω: drain

αποστράγγιση, η: drainage, drain

αποστρατεία, η: retirement ‖ σε ~: in retirement, retired

αποστράτευση, η: demobilization

αποστρατεύομαι: retire from active service ‖ (απολύομαι) be demobilized

αποστρατεύω: (απολύω) demobilize ‖ (βάζω σε αποστρατεία) retire, remove from active service

απόστρατος, ο: (αξιωματικός) retired officer ‖ (μον. υπαξ. ή οπλίτης) veteran

αποστρέφομαι: detest, despise, detest, abhor, loathe

αποστρέφω: (γυρίζω αλλού) avert, turn away

αποστροφή, η: (απέχθεια) βλ. **απέχθεια** ‖ (ρητορ.) apostrophe

απόστροφος, η: apostrophe

αποσυμπλέκω: disengage ‖ (ξεμπερδεύω) disentangle

αποσυγκεντρώνω: decentralize

αποσυγκέντρωση, η: decentralization

αποσυμφόρηση, η: congestion relief, relieving of congestion

αποσυμφορώ: relieve conjestion

αποσυναρμολόγηση, η: disjunction, disjoining, dismantlement

αποσυναρμολογώ: disjoin, dismantle, disjoint

αποσύνδεση, η: disconnection ‖ (αποχωρισμός) dissociation ‖ (βαγονιού) uncoupling

αποσυνδέω: disconnect ‖ (αποχωρίζω) dissociate ‖ (βαγόνι) uncouple

αποσύνθεση, η: decomposition, decay, putrefaction, rotting, rot ‖ (κομμάτιασμα) disintegration, dissolution (και μτφ)

αποσυνθέτω: decompose, decay, putrefy, rot ‖ disintegrate (και μτφ)

αποσύρομαι: (αποχωρώ) retire ‖ (υποχωρώ) withdraw, draw back

αποσύρω: (τραβώ) withdraw ‖ (παίρνω πίσω) retract, take back

αποσφραγίζω: unseal

αποσφράγιση, η: unsealing

αποσχίζομαι: break away ‖ βλ. **αποσκιρτώ**

απόσχιση, η: breaking away ‖ βλ. **αποσκίρτηση**

αποσώνω: complete, finish

απότακτος, ο: dishonorably discharged, expelled from the force

αποταμίευμα, το: savings, reserve, hoard

αποταμίευση, η: saving

αποταμιεύω: save, hoard, put aside ‖ (εφόδια) lay up

απόταξη, η: dishonorable discharge, expulsion from the army (forces, etc)

αποτάσσω: expell, discharge dishonorably

αποτείνομαι: address, appeal to

αποτείνω: direct, address

αποτελείωμα, το: completion, finishing, finish

αποτελειώνω: complete, finish ‖ (σκοτώνω) do away with, do in, kill, give the coup de grâce

αποτέλεσμα, το: result, outcome, consequence, effect

αποτελεσματικά: (επίρ) effectively, effectually, efficaciously

αποτελεσματικός, -ή, -ό: effective, effectual, efficacious

491

αποτελεσματικότητα, η: effectiveness, effectuality, effectualness, efficacy

αποτελματώνω: deadlock, bring to a deadlock, bring to an impasse

αποτελμάτωση, η: deadlock, impasse, morass

αποτελούμαι: consist of, be composed of, comprise

αποτελώ: constitute, make up, compose

αποτεφρώνω: reduce to ashes, burn down ‖ (νεκρό) cremate ‖ (σε κλίβανο) incinerate

αποτέφρωση, η: burning ‖ (νεκρού) cremation ‖ (σε κλίβανο) incineration

αποτεφρωτήρας, ο: crematorium ‖ (κλίβανος) incinerator

αποτίμηση, η: estimation, appraisal, estimate

αποτιμώ: estimate, appraise

αποτινάζω: throw off, shake off

αποτίναξη, η: throwing off, shaking off

αποτίνω: pay back, pay off

απότιση, η: paying back, payment

αποτολμώ: venture, risk, hazard

απότομος, -η, -ο: (απόκρημνος) steep, precipitous, sheer ‖ (ξαφνικός) abrupt ‖ (τρόποι) harsh, gruff, brusque, blunt

αποτραβιέμαι: βλ. **αποσύρομαι**

αποτρελλαίνομαι: become completely mad

αποτρελλαίνω: drive completely mad

αποτρεπτικός, -η, -ο: dissuasive

αποτρέπω: dissuade ‖ (αναχαιτίζω, εμποδίζω) avert, ward off

αποτριχώνω: depilate

αποτρίχωση, η: depilation

αποτριχωτικός, -ή, -ό: depilatory

αποτρόπαιος, -η, -ο: abominable, hideous, ghastly, abhorrent, detestable

αποτροπή, η: dissuasion ‖ (αναχαίτηση) warding off, averting

αποτροπιάζομαι: abhor, deterst, abominate

αποτροπιασμός, ο: abhorrence, aversion, detestation, repugnance

αποτρώγω: finish eating

αποτσίγαρο, ο: cigarette end ‖ (ιδ) butt end, fag end, stub

αποτυγχάνω: βλ. **αποτυχαίνω**

αποτύπωμα, το: imprint, print ‖

δακτυλικό ~: fingerprint

αποτυπώνω: imprint, impress (και μτφ)

αποτύπωση, η: imprint, imprinting, impression

αποτυφλώνω: blind completely (και μτφ)

αποτύφλωση, η: blinding

αποτυχαίνω: fail, fall through ‖ (στόχο) miss

αποτυχημένος, -η, -ο: failed, unsuccessful

αποτυχία, η: failure, miscarriage ‖ (στόχου) miss ‖ (εξετάσεων) failure, flunking

απούλητος, -η, -ο: unsold

απουσία, η: absence

απουσιάζω: be absent

αποφάγια, τα: slops, swill, waste food, table scraps, remnants of food

αποφαίνομαι: proclaim one's opinion, give an opinion ‖ (δικαστήριο) reach a decision

απόφαση, η: decision, resolution ‖ (ενόρκων) verdict

αποφασίζω: decide, resolve, make up one's mind, determine

αποφασιστικά: (επίρ) decidedly, determinedly, resolutely

αποφασιστικός, -ή, -ό: decided, determined, resolute, decisive

αποφασιστικότητα, η: decisiveness, determination, resolution

αποφατικά: (επίρ) negatively

αποφατικός, -ή, -ό: negative

απόφεγγο, το: dimness, faint light

αποφέρω: yield, bring in, produce

αποφεύγω: avoid, keep away from, stay clear of, shun ‖ (διαφεύγω) evade, avoid

απόφθεγμα, το: apophthegm, apothegm, maxim, motto, saying

αποφθεγματικός, -ή, -ό: apophthegmatic, sententious

αποφλοιώνομαι: peel, shed bark

αποφλοιώνω: peel, bark

αποφλοίωση, η: peeling, barking

αποφοίτηση, η: graduation

απόφοιτος, -η, -ο: graduate

αποφοιτώ: finish school, graduate

αποφορά, η: stink, stench, foul odor

αποφράδα, η: accursed day, ill-omened day

αποφράζω: block, obstruct

απόφραξη, η: blocking, obstruction, stoppage

αποφυγή, η: avoidance, shunning, evasion

αποφυλακίζω: release from prison, release from custody

αποφυλάκιση, η: release from prison, release from custody

απόφυση, η: apophysis, outgrowth

αποχαιρετισμός, ο: leave-taking, farewell, goodbye

αποχαιρετιστήριος, -α, -ο: farewell

αποχαιρετώ: (φεύγω) take leave of ΙΙ (λέω αντίο) say good-bye, wish goodbye, bid farewell

αποχαλινώνομαι: get out of control, be unbridled, run amuck

αποχαλινώνω: unbridle *(και μτφ)*

αποχαλίνωση, η: unbridling *(και μτφ)*

αποχαυνώνομαι: become sluggish, become torpid, be dull, be stupefied

αποχαυνώνω: make sluggish, make torpid, stupefy

αποχαύνωση, η: stupor, torpor, sluggishness, dullness

αποχαυνωτικός, -ή, -ό: sluggish, torpid, dulling

αποχέτευση, η: drainage ΙΙ (σύστημα υπονόμων) sewerage

αποχετευτικός, -ή, -ό: drainage, draining ΙΙ (υπονόμων) sewer, sewerage

αποχετεύω: drain

αποχή, η: abstention ΙΙ (από ευχαρίστηση) abstinence

απόχη, η: dragnet ΙΙ (μεγάλο δίχτυ) trawl

αποχρεμπτικός, -ή, -ό: expectorant

απόχρεμψη, η: expectoration

αποχρωματίζω: discolor, decolor, decolorize

αποχρωμάτιση, η: discoloration, decolorization, decoloration

αποχρωμάτισμα, το: βλ. **αποχρωμάτιση**

αποχρωματισμός, ο: βλ. **αποχρωμάτιση**

αποχρών, -ώσα, -όν: sufficient, enough, good ΙΙ ~ **λόγος:** sufficient reason, serious reason

απόχρωση, η: hue, shade, tint, tinge

αποχώρηση, η: (απομάκρυνση) withdrawal, departure ΙΙ (παραίτηση) resignation ΙΙ (στρ) tattoo ΙΙ (σύνταξη) retire-ment

αποχωρητήριο, το: (σπιτιού) bathroom, toilet, water-closet ΙΙ (δημοσ) rest-room, lavatory, toilet ΙΙ (στρ) latrine ΙΙ (ιδ) john, head

αποχωρίζομαι: part with, separate, be separated

αποχωρίζω: separate, dissociate, part, break up

αποχωρισμός, ο: parting, separation

αποχωρώ: (φεύγω) withdraw, retire, depart ΙΙ (παραιτούμαι) resign ΙΙ (βγαίνω συνταξιούχος) retire

απόψε: (σήμερα το βράδυ) this evening ΙΙ (σήμερα τη νύχτα) tonight

άποψη, η: view, sight ΙΙ (από μακριά) vista ΙΙ (μτφ) view aspect, point of view ΙΙ (γνώμη) opinion

αποψιλώνω: βλ. **αποτριχώνω** ΙΙ (μτφ) lay bare, lay waste, defoliate, deforest

αποψίλωση, η: βλ. **αποτρίχωση** ΙΙ (μτφ) defoliation, deforestation

αποψιλωτικός, -ή, -ό: βλ. **αποτριχωτι-κός**

απόψυξη, η: (πάγωμα) refrigeration, freezing, ΙΙ (ξεπάγωμα) defrost, defrosting

αποψύχω: refrigerate, freeze ΙΙ (ξεπαγώνω) defrost

απραγματοποίητος, -η, -ο: βλ. **ανεκπλήρωτος** ΙΙ βλ. **ακατόρθωτος**

άπραγος, -η, -ο: inexperienced, unskilled, unskillful

άπρακτος, -η, -ο: unsuccessful, without success, having gained nothing, having achieved nothing, empty-handed

απραξία, η: inaction, inactivity, standstill

απρέπεια, η: indecency, impopriety

απρεπής, -ές: indecent, improper

άπρεπος, -η, -ο: βλ. **απρεπής**

απρεπώς: (επίρ) indecently, improperly

Απρίλης, ο: βλ. **Απρίλιος**

απριλιάτικος, -η, -ο: April

Απρίλιος, ο: April

απρόβλεπτος, -η, -ο: unforeseen ΙΙ (απροσδόκητος) unexpected, unanticipated

αποβλεψία, η: improvidence

απρογραμμάτιστος, -η, -ο: unscheduled

απροειδοποίητα: (επίρ) without warning

απροειδοποίητος, -η, -ο: unwarned, unnotified

493

απροετοίμαστος, -η, -ο: unprepared, un-ready ‖ (χωρίς προετοιμασίες) impromptu, offhand, extemporaneous
απρόθυμα: (επίρ) unwillingly, reluctantly
απροθυμία, η: reluctance, unwillingness, hesitancy
απρόθυμος, -η, -ο: reluctant, unwilling, hesitant
απροκάλυπτα: (επίρ) openly, undisguisedly, barefacedly
απροκάλυπτος, -η, -ο: undisguised, open, barefaced
απροκατάληπτα: (επίρ) unbiasedly, impartially, without prejudice
απροκατάληπτος, -η, -ο: unbiased, impartial, unprejudiced
απρόκλητος, -η, -ο: unprovoked
απρόκοπος, -η, -ο: βλ. **ανεπρόκοπος**
απρομελέτητος, -η, -ο: unpremeditated
απρονοησία, η: improvidence, thougtlessness, imprudence
απρόοπτος, -η, -ο: sudden, unexpected ‖ βλ. **απρόβλεπτος**
απροπαράσκευος, -η, -ο: βλ. **απροετοίμαστος**
απροσάρμοστος, -η, -ο: maladjusted, misfit
απρόσβατος, -η, -ο: βλ. **άβατος**
απρόσβλητος, -η, -ο: (άτρωτος) impregnable, invulnerable, unassailable ‖ (που δεν προσβάλλεται) unimpeachable
απροσγείωτος, -η, -ο: (ονειροπόλος) utopian, in the clouds, dreamy, woolgatherer
απροσδιόριστος, -η, -ο: inteterminate, indefinite, vague
απροσδόκητα: (επίρ) unexpectedly, suddenly
απροσδόκητος, -η, -ο: unexpected ‖ βλ. **απρόβλεπτος** ‖ βλ. **ξαφνικός**
απρόσεκτος, -η, -ο: inattentive, unmindful, heedless, negligent, inobservant ‖ βλ. **αφηρημένος**
απροσεξία, η: inattentiveness, inattention, heedlessness, neglect ‖ βλ. **αφηρημάδα**
απρόσεχτος, -η, -ο: βλ. **απρόσεκτος**
απρόσιτος, -η, -ο: βλ. **απλησίαστος**
απροσκάλεστος, -η, -ο: βλ. **απρόσκλητος**

απρόσκλητος, -η, -ο: uninvited
απρόσκοπτος, -η, -ο: unimpeded, unhindered, unhampered
απροσμάχητος, -η, -ο: unconquerable, invincible
απρόσμενα: (επίρ) unexpectedly
απρόσμενος, -η, -ο: unexpected
απροσμέτρητος, -η, -ο: immeasurable, incalculable
απροσπέλαστος, -η, -ο: βλ. **απλησίαστος**
απροσπέραστος, -η, -ο: unsurpassed, unsurpassable
απροσποίητα: (επίρ) unaffectedly (βλ. και **ανυπόκριτα**)
απροσποίητος, -η, -ο: unaffected (βλ. **ανυπόκριτος**)
απροστάτευτος, -η, -ο: unprotected, defenseless
απρόσφορος, -η, -ο: (ακατάλληλος) unsuitable, unfitting ‖ (ασύμφορος) unprofitable, unfavorable
απροσχεδίαστος, -η, -ο: unpremeditated ‖ (αυθόρμητος) spontaneous
απρόσωπος, -η, -ο: (όχι προσωπικός) impersonal ‖ (χωρίς πρόσωπο) faceless
απροφάσιστα: (επίρ) without pretext ‖ (ειλικρινά) frankly, sincerely
απροφάσιστος, -η, -ο: without pretext ‖ (ειλικρινής) frank, sincere
απρόφερτος, -η, -ο: (που δεν μπορεί να προφερθεί) unpronouncable ‖ (που δεν έχει προφερθεί) unpronounced
απροφύλαχτος, -η, -ο: (που δεν παίρνει προφυλάξεις) unguarded ‖ (που δεν είναι προστατευμένος) unprotected, undefended, defenseless
απροχώρητο, το: (έπακρο) limit ‖ (αδιέξοδο) βλ. **αδιέξοδο**
άπταιστα: (επίρ) faultlessly ‖ (τέλεια) perfectly, fluently
άπταιστος, -η, -ο: faultless ‖ (τέλειος) perfect, fluent
άπτερος, -η, -ο: (χωρίς φτερούγες) wingless ‖ (χωρίς πούπουλα) featherless ‖ (ζωολ) apterous
απτόητος, -η, -ο: dauntless, undaunted, intrepid
άπτομαι: βλ. **αγγίζω**
απτός, -ή, -ό: tangible, palpable
απύθμενος, -η, -ο: bottomless ‖ (μτφ) un-

fathomable, fathomless

απύρωτος, -η, -ο: unheated

άπω: *(επίρ)* far

απώθηση, η: repulsion, repellence

απωθητικός, -ή, -ό: repulsive, repellent ΙΙ *(μτφ)* repugnant, repulsive

απωθώ: repel, drive back, thrust back, push back ΙΙ *(μτφ)* reject

απώλεια, η: (χάσιμο) loss ΙΙ (στέρηση) deprivation, deprival ΙΙ (θάνατος) bereavement ΙΙ (πολέμου) loss, casualty

απώλητος: βλ. **απούλητος**

απών, απούσα, απόν: absent ΙΙ (αγνοούμενος) missing

άπωση, η: repulsion, repellence, driving back, pushing back

απώτατος, -η, -ο: farthest, furthest, most distant

απώτερος, -η, -ο: farther, further ΙΙ *(μτφ)* ulterior

άρα: therefore, consequently, hence

αραβίδα, η: carbine, carabin

αραβικός, -ή, -ό: arabic

αραβόσιτος, ο: corn, Indian corn, maize

αραβούργημα, το: arabesque

άραγε: can it be? is it possible that?, I wonder if

άραγμα, το: mooring, anchoring

αράδα, η: (γραμμή) line ΙΙ (στίχος, σειρά) row, rank, file ΙΙ (σειρά, ακολουθία) turn

αραδιάζω: (βάζω στη σειρά) line up, put into a line, put into a row ΙΙ (διηγούμαι, απαριθμώ) recount, enumerate

αράδιασμα, το: lining, alignment, putting into a line

αραδιαστά: *(επίρ)* in a line, in a row, aligned

αράζω: moor, anchor, drop anchor, cast anchor

αραθυμία, η: irascibleness, irascibility, irritability, testiness

αράθυμος, -η, -ο: irascible, irritable, easily annoyed, testy

αραιά: *(επίρ)* sparsely, thinly ΙΙ (σπάνια) infrequently, rarely

αραιόμετρο, το: densimeter, areometer

αραιός, -ή, -ό: sparse, thin ΙΙ (όχι πυκνός) thin ΙΙ (σπάνιος) infrequent, rare

αραιότητα, η: sparsity, sparseness, thin-

ness

αραίωμα, το: rarefication, rarefaction, thinning

αραιώνω: *(μτβ)* rarefy, make thin, make less dense, thin ΙΙ *(αμτβ)* rarefy, thin ΙΙ (αφήνω κενό) spread out ΙΙ (λιγοστεύω) cut back, cut down, lessen, make less frequent

αραίωση, η: βλ. **αραίωμα**

αρακάς, ο: pea, sweet pea, beach pea

αραμπάς, ο: wagon

αραμπατζής, ο: wagoner, wagon driver

αραξοβόλι, το: moorage, mooring, anchorage, haven ΙΙ *(μτφ)* haven, refuge

αράπης, ο: negro, black ΙΙ (υποτιμ.) nigger ΙΙ (μπαμπούλας) bogy, bogie, bogle

αραπίνα, η: negress, black

αραποσίτι, το: βλ. **αραβόσιτος**

αραρούτι, το: arrowroot

άραχλος, -η, -ο: wretched, miserable

αράχνη, η: spider

αραχνιά, η: cobweb

αραχνιάζω: be covered with cobwebs, cobwed

αραχνιασμένος, -η, -ο: covered with cobwebs, cobwebbed

αραχνοειδής, -ές: spidery ΙΙ *(ανατ)* arachnoid

αραχνοΰφαντος, -η, -ο: finely woven, gossamer, gossamery

αρβύλα, η: half boot

αργά: *(επίρ)* (σιγανά) slowly ΙΙ (όχι νωρίς) late ΙΙ **κάλιο ~ παρά ποτέ:** better late than never ΙΙ **~ ή γρήγορα:** sooner or later

αργαλειός, ο: loom

αργία, η: (μη εργασία) idleness ΙΙ (έλλειψη δράσης) inaction ΙΙ (γιορτή) holiday ΙΙ (ποινή) suspension

αργίλιο, το: aluminum, aluminium

αργιλοπλαστική, η: ceramics

άργιλος, ο: alumina ΙΙ (πηλός) clay

αργκό, η: slang

αργοκίνητος, -η, -ο: slow-moving ΙΙ (νωθρός) sluggish, sluggard

αργομισθία, η: sinecure ΙΙ (θεσμός) sinecurism

αργόμισθος, -η, -ο: sinecurist

αργοναύτης, ο: argonaut

αργοναυτικός, -η, -ο: argonautic
αργοπορία, η: (βραδυπορία) slowness ‖ (καθυστέρηση) delay
αργοπορώ: (βραδυπορώ) go slowly ‖ (χοντοστέκομαι) loiter, linger ‖ (καθυστερώ) delay ‖ (είμαι αργοπορημένος) be late
αργός, -ή, -ό: (χωρίς εργασία) idle, unemployed ‖ (βραδύς) slow ‖ (μη ενεργός) inactive
αργόσχολος, -η, -ο: idle
αργότερα (επιρ): later
αργυραμοιβός, ο: moneychanger
αργύριο, το (ασημένιο νόμισμα) silver coin, silver piece ‖ (χρήμα) money
αργυρόηχος, -η, -ο: silvery
άργυρος, ο: silver
αργυρός, -ή, -ό: silver ‖ (σαν άργυρος) silvery
αργυρώνητος, -η, -ο: venal, susceptible to bribery, mercenary
αργώ: (είμαι αργός) be idle ‖ (είμαι κλειστός) closed, be closed ‖ (βραδύνω) be late
άρδευση, η: irrigation
αρδευτικός, -ή, -ό: irrigational, irrigation, irrigating
αρδεύω: irrigate
άρδην: (επίρ) wholly, entirely
αρειμάνιος, -α, -ο: (πολεμοχαρής) warlike, bellicose, belligerent, pugnacious ‖ (νταής) bully, pugnacious
αρειοπαγίτης, ο: member of the council of the Areopagus, Areopagite, member of the Supreme Court
Άρειος Πάγος, ο: Areopagus ‖ Supreme Court
αρεοπαγίτης, ο: βλ. αρειοπαγίτης
αρέσκεια, η: pleasure, liking
αρεστός, -ή, -ό: likable, likeable, pleasing, agreeable
αρέσω: be liked, please
αρετή, η: virtue ‖ (εντιμότητα) honesty ‖ (υπεροχή) merit
αρετσίνωτος, -η, -ο: not resinated
αρθραλγία, η: arthralgia
αρθρίδιο, το: short article, feature column, feature article
αρθρικός, -ή, -ό: articular
αρθρίτιδα, η: arthritis

αρθριτικός, -ή, -ό: arthritic
αρθριτισμός, ο: βλ. αρθρίτιδα
άρθρο, το: article ‖ (διάταξη) clause, article
αρθρογράφος, ο: article writer ‖ (ειδικός εφημερίδος) columnist
αρθρώνω: (συνδέω) articulate, unite by forming a joint ‖ (προφέρω) articulate, utter
άρθρωση ,η: (σύνδεση) joint, articulation, ‖ (προφορά) articulation
αρθρωτός, -ή, -ό: articulated, articulate, jointed
άρια, η: aria ‖ (μονωδία) solo, monody
αρίδα, η: (εργαλείο) bit, drill bit ‖ (σκέλος) leg
αρίζωτος, -η, -ο: rootless
αρίθμηση, η: (μέτρηση) count, counting ‖ (απαρίθμηση) enumeration ‖ (αριθμ. σειρά) numbering, numeration
αριθμητήριο, το abacus
αριθμητής, ο: (κλάσματα) numerator ‖ (όργανο) counter ‖ (εγχειρίδιο) reckoner
αριθμητική, η: arithmetic
αριθμητικά: (επίρ) (με την αριθμητική) arithmetically, ‖ (με αριθμούς) numerically
αριθμητικός, -ή, -ό: (της αριθμητικής) arithmetic, arithmetical ‖ (των αριθμών) numeric, numerical
αριθμητός, -ή, -ό: numerable, countable
αριθμογράφος, ο: βλ. αριθμομηχανή
αριθμομηχανή, η: calculator
αριθμός, ο: number ‖ (ψηφίο) numeral, digit ‖ (νούμερο, μέγεθος) size
αριθμώ: number, enumerate
άριος, -α, -ο: aryan
άριστα: (επίρ) excellent
αριστείο, το: first prize ‖ (μετάλλιο) medal of merit ‖ (στρατ. αξίας) medal of military merit ‖ (ανδρείας) cross of valor
αριστερά: (επίρ) on the left, to the left
αριστερίζω: belong to the left, lean towards the Left, be a leftist
αριστερισμός, ο: leftism
αριστερός, -ή, -ό: left ‖ (αριστερόχειρος) left-handend ‖ (πολιτ.) left, leftist
αριστερόχειρας, ο: left-handed

αριστεύω: excell, win first prize ΙΙ *(περνώ με άριστα)* get straight A's

αριστίνδην: *(επίρ)* according to the merit system, meritoriously

αριστοκράτης, ο *(θηλ* **αριστοκράτισσα):** aristocrat

αριστοκρατία, η: aristocracy

αριστοκρατικός, -ή, -ό: aristocratic

άριστος, -η, -ο: excellent ΙΙ *(κάλλιστος)* best

αριστοτέχνημα, το: βλ. **αριστούργημα**

αριστοτέχνης, ο: whiz, artist, master, maestro ΙΙ *(μουσ)* virtuoso, maestro

αριστοτεχνικός, -ή, -ό: masterly

αριστούργημα, το: masterwork, masterpiece

αριστουργηματικός, -ή, -ό: βλ. **αριστοτεχνικός**

αριστούχος, ο: first prize holder, excelling

αρκετά: *(επίρ)* enough, sufficiently, adequately

αρκετός, -ή, -ό: enough, sufficient, adequate

αρκούδα, η: bear

αρκουδάκι, το: *(μικρό αρκούδας)* cub ΙΙ *(παιδικό)* teddy bear

αρκουδίζω: crawl, walk on all fours

αρκουδοτόμαρο, το: bearskin

αρκούντως: *(επίρ)* βλ. **αρκετά**

αρκτικός, -ή, -ό: *(βορ)* arctic ΙΙ *(αρχικός)* initial

άρκτος, η: *(αρκούδα)* bear ΙΙ *(αστερ.)* **Μεγάλη ~:** Ursa Major, Great Bear, Big Dipper. **Μικρά ~:** Ursa Minor, Little Bear, Little Dipper

αρκούμαι: content oneself with, be satisfied with

αρκώ: suffice, be sufficient, be enough

αρλεκίνος, ο: harlequin

αρλούμπα, η: nonsense, trash, rubbish, balderdash ΙΙ *(χυδαίο)* bullshit

άρμα, το: *(όπλο)* weapon, gun, arm, firearm ΙΙ *(αρχαίο)* chariot ΙΙ **~ μάχης:** tank ΙΙ *(χαρνάβαλον)* float

αρμάδα, η: armada

αρμάθα, η: *(μάτσο)* bunch ΙΙ *(σειρά)* string

αρμαθιά, η: βλ. **αρμάθα**

αρμάρι, το: cupboard

άρματα, τα: *(πληθ)* arms, weapons,

firearms ΙΙ **στ' ~!:** to arms!

αρματηλάτης, ο: charioteer

αρματοδρομία, η: chariot race

αρματολός, ο: armatoles ΙΙ *(ένοπλος)* man-at-arms

αρμάτωμα, το: arming, equipping ΙΙ *(πλοίου)* rigging

αρματώνω: *(οπλίζω)* arm, supply with arms, equip with arms ΙΙ *(εξοπλίζω)* equip, rig

αρματωσιά, η: *(εξοπλισμός)* armament, arming ΙΙ *(πανοπλία)* panoply ΙΙ *(πλοίου)* rigging

άρμεγμα, το: milking *(και μτφ)*

αρμέγω: milk *(και μτφ)*

άρμενα, τα: *(πλοίου)* rigging

αρμενίζω: sail, navigate, voyage ΙΙ *(μτφ)* daydream

αρμένισμα, το: sailing, navigation, voyage ΙΙ *(μτφ)* daydream, daydreaming, idle reverie

άρμενο, το: *(ιστίο)* sail ΙΙ *(σκάφος)* boat, ship, craft *(πληθ)* βλ. **άρμενα**

άρμη, η: βλ. **άλμη**

αρμίδι, το: βλ. **ορμίδι**

αρμογή, η: joint

αρμόδιος, -α, -ο: *(κατάλληλος)* suitable, appropriate ΙΙ *(υπεύθυνος)* competent, qualified

αρμοδιότητα, η: *(υπευθυνότητα)* competence, competency ΙΙ *(δικαιοδοσία)* jurisdiction, range of authority, range of control, province

αρμόζω: *(ταιριάζω)* become, be suitable, suit, befit ΙΙ βλ. **συναρμολογώ**

αρμολογώ: βλ. **συναρμολογώ**

αρμονία, η: *(μουσ)* harmony ΙΙ *(συμφ.)* harmony, concord, concordance

αρμόνικα, η: harmonica, mouthorgan

αρμονικά: *(επίρ)* harmonically, harmoniously

αρμονικός, -ή, -ό: harmonic ΙΙ *(συμφ)* harmonious

αρμόνιο, το: organ, harmonium

αρμός, ο: joint

αρμοστής, ο: *(εφαρμοστής)* fitter ΙΙ *(αξίωμα)* governor, deputy, commissioner ΙΙ **ύπατος ~:** high commissioner

αρμύρα, η: saltiness

αρμυρός, -ή, -ό: salty ΙΙ *(μτφ)* expensive

497

αρνάκι

αρνάκι, το: lamb, lambkin, *(και μτφ)*

άρνηση, η: (μη αποδοχή) refusal ‖ (μη παραδοχή) denial ‖ (αποκήρυξη) repudiation, denial ‖ (όχι κατάφαση) negation, negative

αρνησίθεος, ο: atheist

αρνησιθρησκία, η: apostasy

αρνησίθρησκος, -η, -ο: apostate

αρνησικυρία, η: veto, veto message

αρνησίπατρις, ο: renegade, traitor, denier of his country

αρνητής *(θηλ.* αρνήτρια): denier, renegade

αρνητικός, -ή, -ό: negative ‖ (ψήφος) nay

αρνί, το: lamb *(και μτφ)*

αρνιέμαι: βλ. αρνούμαι

αρνίσιος, -α, -ο: (κρέας): lamb, mutton

αρνούμαι: (δεν δέχομαι) refuse, decline ‖ (απωνιέμαι) deny, repudiate, disavow, disown ‖ (απορρίπτω) reject

άρον-άρον: *(επίρ)* (αμέσως) hurry-skurry, hurry-scurry, with undue hurry ‖ (βίαια) willy-nilly, forcibly

άροση, η: plowing, harrowing

αρόσιμος, ο: arable

αροτήρας, ο: plower

αροτριώνω: plow

αροτρίωση, η: βλ. άροση

άροτρο, το: plow, plough

αρουραίος, ο: rat, meadow mouse, field mouse

άρπα, η: harp

άρπαγας, ο: predatory, plunderer, predacious ‖ (σφετεριστής) usurper

αρπάγη, η: hook ‖ (εκσκαφέα) grab ‖ (αγκυροβόλησης) grapnel, grappling

αρπαγή, η: (κλέψιμο) theft, stealing, snatch ‖ (βίαιη αφαίρεση) plunder ‖ (απαγωγή) abduction, rape, kidnapping

αρπάζομαι: (πιάνομαι από) grab catch hold of, take hold of ‖ (μαλώνω): come to blows, scuffle

αρπάζω: grab, snatch, seize *(και μτφ)* ‖ (απάγω) abduct, kidnap ‖ (πιάνω), catch, catch hold of, take hold of ‖ (αρρώστεια) catch ‖ (κλέβω) steal, snatch, pinch

αρπακτικός, -ή, -ό: predatory, predacious, rapacious, plundering ‖ (ζώο) predatory,

beast of prey ‖ (πτηνό) bird of prey

αρπακτικότητα, η: rapacity, rapaciousness, predacity, predaciousness, predatoriness

άρπαξ, ο: βλ. άρπαγας

αρπάχτρα, η: βλ. άρπαγας

αρπιστής, ο *(θηλ.* αρπίστρια*)*: harpist

αρραβώνας, ο (προκαταβολή): earnest, earnest money, ‖ (μνηστεία) betrothal, engagement

αρραβωνιάζομαι: be affianced, be engaged, be betrothed

αρραβωνιάζω: affiance, betroth, engage

αρραβώνιασμα, το: betrothal, engagement

αρραβωνιαστικιά, η: fiance~e

αρραβωνιαστικός, ο: fiance~

αρραβωνίζω: βλ. αρραβωνιάζω

αρραγής, -ές: solid, firm, stanch, staunch

αρράγιστος, -η, -ο: uncracked, not cracked

αρρενωπός, -ή, -ό: virile, manly, masculine, he-man

άρρηκτος, -η, -ο: unbreakable ‖ *(μτφ)* βλ. αρραγής

άρρην, -εν: male ‖ (σύνθετο) he

άρρητος, -η, -ο: (που δεν ειπώθηκε) unsaid, unuttered ‖ (που δεν λέγεται) unspeakable, inexpressible ‖ βλ. απερίγραπτος

αρρυθμία, η: *(ιατρ)* arrhythmia ‖ (ασυμμετρία) irregularity, asymmetry

αρρύθμιστος, -η, -ο: (όχι ρυθμισμένος) not regulated ‖ (όχι τακτοποιημένος) unsettled

άρρυθμος, -η, -ο: *(ιατρ)* arrhythmic, arrhythmical ‖ (όχι με ρυθμό) irregular

αρρυτίδωτος, -η, -ο: unwrinkled, smooth

αρρωσταίνω: *(μτβ)* sicken, make sick ‖ *(αμτβ)* fall sick, become ill, fall ill, fall sick, ail

αρρώστια, η: sickness, illness, ailment, malady, disease

αρρωστιάρης, ο *(θηλ.* αρρωστιάρα*)*: βλ. αρρωστιάρικος

αρρωστιάρικος, -η, -ο: prone to sickness, sickly ‖ *(μτφ)* unhealthy, morbid

άρρωστος, -η, -ο: sick, ill ailing, unwell, indisposed ‖ (πελάτης γιατρού) patient

αρρωστώ: βλ. αρωσταίνω

498

αρσενικοθήλυκος, -ια, -ο: βλ. ερμαφρόδιτος

αρσενικό, το: arsenic

αρσενικός, -ή, -ό: masculine || βλ. άρρην

άρση, η: (σήκωμα) lift, lifting, raising, hoist, hoisting || (κατάργηση) raising, removal, abrogation || (λογοτ) arsis

αρτέμονας, ο: jib

αρτεργάτης, ο (θηλ. αρτεργάτρια): bakery worker

αρτεσιανό, το: artesian well

αρτηρία, η: (ανατ) artery || (συγκ.) artery, thruway, thoroughfare

αρτηριακός, -ή, -ό: arterial

αρτηριοσκλήρωση, η: arteriosclerosis

αρτηριοσκληρωτικός, -ή, -ό: arteriosclerotic

αρτιγέννητος, -η, -ο: new-born, newly-born

αρτίδιο, το: roll

αρτιμελής, -ές: able-bodied

άρτιος, -α, -ο: (ακέραιος) whole, complete, integral || (ζυγός) even

αρτιότητα, η: (ακερ.) integrality, wholenes, completeness

αρτίστας, ο (θηλ. αρτίστα): artist || (του βαριετέ) show-girl, artiste

αρτοκλασία, η: consecration of bread

αρτοποιείο, το: bakery

αρτοποιός, ο: baker

αρτοπωλείο, το: baker's shop

αρτοπώλης, ο: baker

άρτος, ο: bread

αρτοφόρι, το: pyx

άρτυμα, το: seasoning, spice, condiment

αρυτίδωτος, -η, -ο: βλ. αρρυτίδωτος

αρχάγγελος, ο: archangel

αρχαΐζω: archaize, use archaisms

αρχαϊκός, -ή, -ό: archaic

αρχαιοδίφης, ο: antiquary

αρχαιοκάπηλος, ο: antique monger

αρχαιολογία, η: archaeology

αρχαιολογικός, -ή, -ό: archaeologic, archaeological

αρχαιολόγος, ο: archaeologist

αρχαίος, -α, -ο: ancient || (αντίκα) antique

αρχαιότερος, -η, -ο: (σε θέση) senior

αρχαιότητα, η: (εποχή) antiquity || (πληθ: αρχαία μνημεία) antiquities || (σε

θέση) seniority

αρχαιρεσία, η: election

αρχαϊσμός, ο: archaism

αρχάριος, -α, -ο: beginner, novice, tyro || (μαθητευόμενος) apprentice

αρχέγονος, -η, -ο: primitive, primordial, primeval

αρχείο, το: archives, records, files

αρχειοθήκη, η: filing-cabinet

αρχειοφύλακας, ο: custodian of archives, archivist

αρχειοφυλάκιο, το: archives, records office

αρχέτυπο, το: archetype

αρχέτυπος, -η, -ο: archetypal, archetypic

αρχή, η: (έναρξη) beginning, commencement, start || (προέλευση) origin || (αξίωμα) principle || (εξουσία) authority, power

αρχηγείο, το: headquarters

αρχηγέτης, ο: (αρχηγός) chief, leader || (γενάρχης) tribe leader, patriarch, progenitor

αρχηγία, η: command, leadership

αρχηγός, ο: chief, captain, leader || (κεφαλή) head

αρχίατρος, ο: (βαθμός) lieutenant colonel, M.C. || (θέση) Chief Medical officer

αρχιγραμματέας, ο: chief secretary

αρχιδεσμοφύλακας, ο: Chief prison guard, chief warder

αρχιδιάκονος, ο: archdeacon

αρχιδικαστής, ο: chief justice || (προεδρ.) presiding judge

αρχιδούκας, ο: archduke

αρχιδούκισσα, η: archduchess

αρχιεπισκοπή, η: (περιοχή) archdiocese, archbishopric || (οίκημα) archbishop's palace

αρχιεπισκοπικός, -ή, -ό: archiepiscopal

αρχιεπίσκοπος, ο: archbishop

αρχιεπιστάτης, ο (θηλ. αρχιεπιστάτισσα): overseer

αρχιερατικός, -ή, -ό: prelatic

αρχιεργάτης, ο: foreman

αρχιερέας, ο: prelate

αρχίζω: begin, commence, start

αρχιθαλαμηπόλος, ο: (πλοίου) chief steward || (ξενοδοχείου) maitre d' ho\etel || (μεγάρου) head steward, major

domo
αρχικελευστής, ο: (U.S.A.) senior chief petty officer ‖ (Engl.) warrant officer
αρχικά: *(επίρ)* (στην αρχή) at first ‖ (πρώτιστα) primarily
αρχικός, -ή, -ό: initial, original ‖ (πρώτιστος) primary
αρχιληστής, ο: band leader, gang leader
αρχιλογιστής, ο: comptroller, controller, senior accountant
αρχιμάγειρος, ο: chef, chief cook
αρχιμανδρίτης, ο: archimandrite
αρχιμηνιά, η: first day of the month
αρχιμηχανικός, ο: chief engineer
αρχιμουσικός, ο: orchestra conductor, bandmaster
αρχιναύαρχος, ο: (U.S.A.) Fleet Admiral ‖ (Engl) Admiral of the fleet
αρχινοσοκόμος, ο και **η:** head nurse
αρχινώ: βλ. **αρχίζω**
αρχιπέλαγος, το: archipelago
αρχισμηνίας, ο: (U.S.A.) Senior Master Sergeant ‖ (Engl) Flight Sergeant
αρχιστράτηγος, ο: commander-in-chief
αρχισυντάκτης, ο: editor in chief
αρχιτέκτονας, ο: architect
αρχιτεκτονική, η: architecture
αρχιτεκτονικός, -ή, -ό: architectural
αρχιτεχνίτης, ο: master craftsman
αρχιφύλακας, ο: chief guard
αρχιχρονιά, η: first day of the year, new Year's day
άρχομαι: βλ. **αρχίζω**
αρχομανής, -ές: power crazy, power maniac, having a mania for getting into power
αρχοντάνθρωπος: gentleman
άρχοντας, ο *(θηλ.* **αρχόντισσα**): (ευγενής) nobleman, lord, squire ‖ (βαθμούχος) elder
αρχοντιά, η: nobility, distinction
αρχοντικό, το: mansion, manor
αρχοντικός, -ή, -ό: distinguished, noble
αρχοντόπουλο, το *(θηλ.* **αρχοντοπούλα**): young nobleman, young squire
αρχοντοχωριάτης, ο: (πλούσιος αγρότης) country gentleman ‖ (αγροίκος πλούσιος) country cousin, bumpkin, nouveau riche
αρχύτερα: *(επίρ)* earlier

άρχω: rule ‖ (κυβερνώ) govern ‖ (διοικώ) command
άρχων: βλ. **άρχοντας**
αρωγή, η: aid, assistance, succor, relief
αρωγός, ο: succorer, assisting, aiding
άρωμα, το: aroma, fragrance, perfume ‖ (καλλυντικό) perfume, scent
αρωματίζω: scent, perfume
αρωματικός, -ή, -ό: aromatic ‖ (αρωματισμένος): βλ. **λέξη**
αρωματισμένος, -η, -ο: scented
αρωματοποιία, η: perfumery
αρωματοποιός, ο: perfumer
αρωματοπωλείο, το: perfumer's shop, perfumery
αρωματοπώλης, ο: perfumer
ας: (αποδοχή ή συγκατάθεση) let ‖ (ευχή) may ‖ ~ **ζήσει ευτυχισμένος:** happily may he live! ‖ ~ **είναι:** let it be, be it so ‖ ~ **τελειώσουμε:** let's finish
ασαβούρωτος, -η, -ο: βλ. **ανερμάτιστος**
ασάλευτος, -η, -ο: βλ. **αμετακίνητος** ‖ (θάλασσα) calm, smooth
ασανσέρ, το: (U.S.A.) elevator ‖ (Engl) lift
ασάφεια, η: vagueness, obscureness
ασαφής, -ές: vague, obscure, unclear
ασβέστης, ο: lime
ασβέστιο, το: calcium
ασβεστοκάμινος, η: lime kiln
ασβεστόλιθος, ο: limestone
άσβεστος, -η, -ο: βλ. **ασβέστης**
άσβεστος, -η, -ο: βλ. **άσβηστος**
ασβηστώνω: whitewash
άσβηστος, -η, -ο: (που δεν σβήνεται) inextinguishable ‖ (δίψα) unquenchable ‖ *(μτφ)* inextinguishable, undying
ασβόλη, η: soot
ασβός, ο: badger
ασέβεια, η: (συμπεριφ.) disrespect ‖ (ανευλάβεια) impiety
ασεβής, -ές: (συμπερ.) disrespectful, discourteous ‖ *(θρησκ)* impious
ασεβώ: (συμπερ.) be disrespectful, show disrespect ‖ *(θρησκ)* be impious
άσειστος, -η, -ο: βλ. **ασάλευτος**
ασελγαίνω: βλ. **ασελγώ**
ασέλγεια, η: lewdness, lechery, debauchery
ασελγής, -ές: lewd, lecherous, debaucher

500

ασελγώ: (είμαι ασελγής) be lecherous, be lewd || (κάνω ασελγή πράξη) assault, rape, violate

ασέληνος, -η, -ο: moonless

άσεμνος, -η, -ο: indecent, immoral, immodest || (αισχρός) obscene

ασετυλίνη, η: acetylene

ασήκωτος, -η, -ο: ponderous, very heavy, immovable

ασήμαντος, -η, -ο: (μη σημαδεμένος) unmarked || (μηδαμινός) insignificant, unimportant, trivial, trifling, piddling

ασημένιος, -α, -ο: silver || (σαν ασήμι) silvery

ασημής, -ιά, -ί: silvery

ασήμι, το: silver

ασημικά, τα: (σκεύη) silverware || (κοσμήματα) silver, silver jewels

άσημος, -η, -ο: obscure, insignificant, unknown, a nonentity

ασημότητα, η: obscurity, insignificance

ασημώνω: (επαργυρώνω) silverplate || (πληρώνω με ασήμι) pay in silver || (δωροδοκώ) bribe, oil

ασηπτικός, -ή, -ό: aseptic

ασηψία, η: asepsis

ασθένεια, η: (έλλειψη δύναμης) weakness, feebleness, debility || illness, sickness || βλ. αρρώστια

ασθενής, -ές: (χωρίς δύναμη) weak, feeble || βλ. άρρωστος

ασθενικός, -ή, -ό: (χωρίς δύναμη) weak || βλ. αρρωστιάρικος

ασθενοφόρο, το: ambulance

ασθενώ: be sick, be ill, fall sick, fall ill, get sick, ail

άσθμα, το: asthma

ασθμαίνω: pant, be out of breath, gasp for breath, gasp

ασθματικός, -ή, -ό: asthmatic

ασίγαστος, -η, -ο: (που δεν σωπαίνει) unable to stop, unable to keep silent, garrulous, unstoppable || (άσβηστος) undying

ασιδέρωτος, -η, -ο: unpressed

ασίτευτος, -η, -ο: unripe || (κρέας) untenderized, not tenderized

ασιτία, η: starvation, extreme lack of food

άσιτος, -η, -ο: starved, starving

άσκαυλος, ο: bagpipe

άσκαφτος, -η, -ο: undug, unexcavated

ασκέπαστος, -η, -ο: uncovered || (χωρίς στέγη) roofless || (εκτεθειμένος) exposed

ασκεπής, -ές: βλ. ασκέπαστος || (χωρίς καπέλο) bareheaded

ασκέρι, το: (ξεν) mob, horde

άσκεφτος, -η, -ο: thoughtless, inconsiderate

άσκηση, η: exercise, drill || (εξάσκηση) practice, training || (διεξαγωγή) practice || (στρ) drill, maneuvers

ασκητεία, η: asceticism

ασκητεύω: be an ascetic, lead an ascetic life

ασκητής, ο: an ascetic, hermit

ασκητικός, -ή, -ό: ascetic

ασκητισμός, ο: ascetism

ασκί, το: βλ. ασκός

ασκληραγώγητος, -η, -ο: soft, not hardy

άσκοπα: (επίρ) aimlessly, pointlessly, purposelessly

άσκοπος, -η, -ο: aimless, pointless, purposeless

ασκός, ο: goatskin

ασκούμαι: practice, practise, exercise

ασκούπιστος, -η, -ο: not wiped, not dried || (ασάρωτος) unswept

ασκούριαστος, -η, -ο: (που δεν είναι σκουριασμένος) rustless || (που δεν σκουριάζει) stainless

ασκώ: exercise, practice, practise || (γυμνάζω) drill, train || (επάγγελμα) practice

άσμα, το: song, tune, air || (θρησκ) canticle || ~ ασμάτων: canticle of canticles

ασματογράφος, ο: songster, song writer

ασοβάντιστος, -η, -ο: not plastered

ασορτί: (επίρ) matching

άσος, ο: ace

ασουλούπωτος, -η, -ο: ungainly

άσοφος, -η, -ο: βλ. άστοχος || βλ. αμόρφωτος

ασπάζομαι: kiss || (μτφ) embrace, adopt, espouse || βλ. αγκαλιάζω

ασπαίρω: convulse, writhe

ασπάλακας, ο: mole

άσπαρτος, -η, -ο: unsown

ασπασμός, ο: kiss

άσπαστος, -η, -ο: βλ. άθραυστος

ασπίδα, η: shield

ασπιδοειδής, -ές: scutiform, shield-shaped, having the shape of a shield

ασπιδοφόρος, ο: shield bearing, shield bearer

άσπιλος, -η, -ο: spotless, immaculate, free from stain ‖ *(μτφ)* pure, chaste, immaculate

ασπιρίνη, η: aspirin

ασπλαχνία, η: heartlessness, pitilessness

άσπλαχνος, -η, -ο: heartless, pitiless, hard-hearted

άσπονδος, -η, -ο: *(αδυσώπητος)* implacable, inexorable ‖ *(αδιάλλακτος)* irreconcilable, implacable

ασπόνδυλα, τα: invertebrates, invertebrata

ασπόνδυλος, -η, -ο: invertebrate

ασπούδαστος, -η, -ο: βλ. **αμόρφωτος**

ασπράδα, η: whiteness

ασπράδι, το: white

ασπριδερός, -ή, -ό: whitish, pale

ασπρίζω: *(κάνω άσπρο)* whiten, make white ‖ *(με λεύκασμα)* bleach ‖ *(γίνομαι άσπρος)* whiten, become white, turn white ‖ *(ξεθωριάζω)* fade ‖ *(σοβατίζω)* whitewash

ασπρίλα, η: βλ. **ασπράδα** ‖ *(ωχρότητα)* paleness, pallor

άσπρισμα, το: whitening ‖ *(με λεύκασμα)* bleaching ‖ *(σοβάτισμα)* white washing ‖ *(ξεθώριασμα)* fading

ασπριτζής, ο: white washer

ασπρομάλλης, -α, -ικο: white-haired, hoary

ασπροντυμένος, -η, -ο: dressed in white

ασπροπρόσωπος, -η, -ο: white-faced ‖ *(μτφ)* clean, irreproachable

ασπρόρουχα, τα: linen

άσπρος, -η, -ο: white

ασπροφορεμένος, -η, -ο: βλ. **ασπροντυμένος**

ασπροφορώ: be dressed in white

ασπρόχωμα, το: white clay, argil

άσσος, ο: βλ. **άσος**

αστάθεια, η: instability, unstableness, unsteadiness ‖ *(μτφ)* inconstancy, fickleness, instability

ασταθής, -ές: unstable, unsteady ‖ *(μτφ)* inconstant, fickle, unstable ‖

(μεταβλητός) changeable, variable, volatile, streaky

αστάθμητος, -η, -ο: impoderable

αστακός, ο: lobster

ασταμάτητος, -η, -ο: incessant, ceaseless, unceasing

αστασία, η: βλ. **αστάθεια** ‖ *(ιατρ)* astasia

άστατος, -η, -ο: βλ. **ασταθής**

αστέγαστος, -η, -ο: βλ. **άστεγος**

άστεγος, -ή, -ο: roofless ‖ *(μτφ)* roofless, homeless

αστειεύομαι, joke, kid, jest

αστεΐζομαι, βλ. **αστειεύομαι**

αστείο, το: *(αστειολόγημα)* joke ‖ *(φάρσα)* prank, trick, practical joke

αστειολόγημα, το: βλ. **αστείο**

αστειολογώ: βλ. **αστειεύομαι**

αστείος, -α, -ο: funny, amusing, humorous ‖ *(γελοίος)* laughable, ridiculous

αστειότητα, η: βλ. **αστείο**

αστείρευτος, -η, -ο: inexhaustible, limitless, endless

αστεϊσμός, ο: βλ. **αστείο**

αστέρας, ο: star *(και μτφ)*

αστέρι, το: βλ. **αστέρας**

αστερίας, ο: starfish, asteroid

αστέρινος, -η, -ο: starry

αστερίσκος, ο: *(μικρό άστρο)* starlet, small star ‖ *(σημείο)* asterisk

αστερισμός, ο: asterism, constellation

αστεροειδής, ο: asteroid

αστεροειδής, -ές: asteroid, asteroidal, starshaped, stelliform

αστερόεις, -εσα, -εν: starry, studded with stars

αστερόεσσα, η: *(σημαία ΗΠΑ)* starspangled banner

αστεροσκοπείο, το: observatory

αστερωτός, -ή, -ό: *(γεμάτος άστρα)* starry, studded with stars ‖ *(ακτινοειδής)* stellate

αστεφάνωτος, -η, -ο: unmarried ‖ *(σύζυγος)* coomon-law

αστήρ, ο: βλ. **αστέρας**

αστήρικτος, -η, -ο: unsupported, unpropped, unbacked ‖ *(μτφ)* baseless, groundless, untenable, unfounded

αστιγματισμός, ο: astigmatism

αστιγμάτιστος, -η, -ο: βλ. **ακηλίδωτος**

αστικός, -ή, -ό: *(της πόλης)* urban, civic

‖ (των πολιτών) civil ‖~ **δίκαιο:** civil law ‖ ~ **κώδικας:** civil code
αστίλβωτος, -η, -ο: unpolished
αστοιχείωτος, -η, -ο: βλ. **αμόρφωτος**
αστοργία, η: lack of affection, unkindness, indifference
άστοργος, -η, -ο: unkind, indifferent, unfeeling
αστός, ο (*θηλ.* **αστή**): (*που μένει στην πόλη*) city dweller, urbanite ‖ (*αστικής τάξης*) middle class, bourgeois
αστοχασιά, η: thoughtlessness, recklessness, inconsiderateness
αστόχαστος, -η, -ο: thoughtless, reckless, inconsiderate
αστοχία, η: (*αποτυχία*) failure, miss ‖ (*ατυχία*) misfortune, ill luck ‖ (*αδεξιότητα*) awkwardness, clumsiness, impropriety
άστοχος, -η, -ο: (*αποτυχών*) unsuccessful ‖ (*άτυχος*) unfortunate ‖ (*αδέξιος*) awkward, improper, inappropriate
αστοχώ: miss, fail, miss the mark, be unsuccessful
αστράγαλος, ο: ankle ‖ (το οστούν) anklebone,talus, astragalus ‖ (*παιχνίδι*) knucklebones
αστραπή, η: lightning, flash of lightning (*και μτφ*)
αστραπιαία: (*επίρ*): like lightning
αστραπιαίος, -α, -ο: lightning, quick as lightning
αστραπόβροντο, ο: thunderbolt
αστράτευτος, -η, -ο: not drafted ‖ (*απαλλαγμένος*) exempt from military service
αστραφτερός, -ή, -ό: shining, gleaming, sparkling, glittering ‖ (*λαμπρός*) bright
αστράφτω: (*φαινόμενο*) give off flashes of lightning, lighten ‖ (*γυαλίζω*) shine, glitter, sparkle ‖ (*δίνω χαστούκι*) smack in the face
αστρικός, -ή, -ό: stellar, sidereal, astral
αστρίτης, ο: asp
άστρο, το: βλ. **αστέρας**
αστρολάβος, ο: astrolabe
αστρολατρεία, η: star worship
αστρολάτρης, ο: star worshipper
αστρολογία, η: astrology
αστρολόγος, ο: astrologer

αστροναύτης, ο: astronaut, cosmonaut
αστροναυτική, η: astronautics
αστροναυτικός, -ή, -ό: astronautic, astronautical
αστρονομία, η: astronomy
αστρονομικός, -ή, -ό: astronomic, astronomical
αστρονόμος, ο: astronomer
αστροπελέκι, το: bolt, lightning, thunderbolt
αστροφεγγιά, η: starlight
αστροφυσική, η: astrophysics
άστρωτος, -η, -ο: (*κρεβάτι*) unmade ‖ (*δρόμος*) unpaved, macadamized ‖ (*τραπέζι*) unlaid ‖ (*απροσάρμοστος*) unadapted
άστυ, το: city
αστυκλινική, η: municipal clinic
αστυνόμευση, η: policing
αστυνομία, η: police ‖ (*τμήμα ή σταθμός*) police station, precinct ‖ (*σύνολο αστυνομικών*) police force ‖ (*ιδ*) fuzz
αστυνομικός, ο: policeman, police officer ‖ (*ιδ*) cop, copper ‖ **μυστικός ~:** plainclothesman, detective ‖ (*ιδ*) shamus
αστυνομικός, -ή, -ό: police ‖ ~ **κράτος:** police state
αστυνόμος, ο: (*γενικά*) policeman, cop, copper, ‖ (*βαθμός*) police captain, captain of the police
αστυφιλία, η: urbanism
αστυφύλακας, ο: policeman, police officer, cop, copper
ασυγκίνητος, -η, -ο: unfeeling, unmoved, untouched
ασυγκράτητα: (*επίρ*) uncontrollably, irrepressibly, insuppressibly
ασυγκράτητος, -η, -ο: uncontrollable, irrepressible, insuppressible
ασύγκριτα: (*επίρ*) incomparably
ασύγκριτος, -η, -ο: incomparable, matchless, peerless, par excellence
ασυγύριστος, -η, -ο: untidy, messy, disordered
ασυγχρόνιστος, -η, -ο: not synchronized
ασύγχρονος, -η, -ο: asynchronous
ασυγχώρητος, -η, -ο: inexcusable, unpardonable, unforgivable
ασυδοσία, η: (*απαλλαγή από φορολογία*) tax exemption, exemption from taxation

‖ *(μτφ)* immunity, unaccountableness

ασύδοτος, -η, -ο: (από φορολογία) tax exempt, exempt from taxation ‖ *(μτφ)* immune, unaccountable

ασυζητητί: *(επίρ)* unquestionably, without question

ασυζήτητος, -η, -ο: (που δεν συζητήθηκε) undiscussed ‖ (αναντίρρητα) unquestionable, incontrovertible

ασυλία, η: immunity, inviolability ‖ (το άσυλο) asylum

ασύλληπτος, -η, -ο: (που δεν πιάστηκε) uncaught, not caught, at large ‖ (που δεν πιάνεται) elusive, slippery ‖ *(μτφ)* inconceivable

ασυλλόγιστα: *(επίρ)* βλ. **αστόχαστα**

ασυλλόγιστος, -η, -ο: βλ.αστόχαστος

άσυλο, το: asylum ‖ (καταφύγιο) refuge, shelter ‖ **πολιτικό ~:** political asylum ‖ (ασθενών και ηλικιωμένων) home

ασυμβίβαστο, το: incompatibility

ασυμβίβαστος, -η, -ο: (που δεν συμβιβάζεται) uncompromising, inflexible ‖ (που δεν ταιριάζει) incompatible, unmatched ‖ *(νομ)* incompatible

ασυμμετρία, η: asymmetry ‖ (δυσαναλογία) disproportion, disparity

ασύμμετρος, -η, -ο: asymmetric, asymmetrical ‖ (δυσανάλογος) disproportional, disproportionate

ασυμπαθής, -ές: antipathetic, antipathetical

ασυμπάθιστος, -η, -ο: βλ. **ασυμπαθής**

ασυμπλήρωτος, -η, -ο: incomplete, unfinished

ασυμφιλίωτος, -η, -ο: (που δεν συμφιλιώθηκε) unreconciled, not reconciled ‖ (που δεν συμφιλιώνεται) irreconcilable ‖ βλ. **ασυμβίβαστος**

ασύμφορος, -η, -ο: unfavorable, disadvantageous, unprofitable

ασυμφωνία, η: (ανομοιότητα) βλ. **ανομοιότητα** ‖ (έλλειψη συμφωνίας) discord, disagreement, dissent ‖ (έλλειψη αρμονίας) discordance, dissonance

ασύμφωνος, -η, -ο: discordant, conflicting, in conflict

ασυναγώνιστος, -η, -ο: unrivalled, unequalled, peerless

ασυναίρετος, -η, -ο: uncontracted

ασυναίσθητα: *(επίρ)* unconsciously

ασυναίσθητος, -η, -ο: unconscious

ασυναρμολόγητος, -η, -ο: unassembled

ασυνάρμοστος, -η, -ο: βλ. **ασυμβίβαστος**

ασυναρτησία, η: incoherence, incoherency, inconsistence, inconsistency

ασυνάρτητα: *(επίρ)* incoherently

ασυνάρτητος, -η, -ο: incoherent ‖ (ανακόλουθος) inconsistent

ασύνδετος, -η, -ο: unconnected ‖ βλ. **ασυνάρτητος**

ασυνειδησία, η: unscrupulousness, unconscionableness

ασυνειδησία, η: unconsiousness

ασυνείδητος, -η, -ο: βλ. **ασυναίσθητος** ‖ (χωρίς συνείδηση) unscrupulous, unconsionable

ασυνέπεια, η: inconsistence, inconsistency, inconsequence

ασυνεπής, -ές: inconsistent, inconsequent

ασυνεσία, η: imprudence, thoughtlessness

ασύνετος, -η, -ο: unwise, imprudent, thoughtless

ασυνήθιστα: *(επίρ)* unusually, incommonly

ασυνήθιστος, -η, -ο: (που δεν έχει συνηθίσει) unaccustomed, unfamiliar ‖ (ασυνήθης) unusual, uncommon

ασυννέφιαστος, -η, -ο: cloudless *(και μτφ)*

ασυνόδευτος, -η, -ο: unescorted, unaccompanied

ασύντακτος, -η, -ο: out of formation, withdrawn from formation, disorderly ‖ *(γραμ)* asyntactic, syntactically incorrect, incongruous

ασυνταξία, η: syntactical error, error in syntax

ασυντήρητος, -η, -ο: not preserved

ασυντόμευτος, -η, -ο: unabridged, not condensed

ασυντόνιστος, -η, -ο: out of tune *(μτφ)* uncoordinated, incoordinate

ασυντρόφευτος, -η, -ο: βλ. **ασυνόδευτος**

ασυρματιστής, ο: radioman, radio operator

ασύρματος, ο: radio, wireless

ασύστατος, -η, -ο: groundless, unfounded

ασυστηματοποίητος, -η, -ο: without system, not systematic

504

ασύστολα: *(επίρ)* shamelessly, barefaced-
ly

ασύστολος, -η, -ο: shameless, barefaced

ασύχναστος, -η, -ο: unfrequented ‖ *(μτφ)*
remote, out of the way

άσφαιρος, -η, -ο: (όπλο): empty ‖
(φυσίγγιο) blank, blank cartridge

ασφάλεια, η: (έλλειψη κινδύνου) safety
‖ (σιγουριά) surety, sureness ‖
(ασφάλιση) insurance ‖ (ζωής) life in-
surance, life assurance ‖ (αστυνομία)
security, security police ‖ *(ηλεκτρ)* fuse
‖ (μοχλός) catch, safety catch ‖ (όπλου)
safety, safety lock

ασφαλής, -ές: (που δεν κινδυνεύει) safe,
secure ‖ (σίγουρος) sure ‖ (σταθερός)
secure ‖ (εξακριβωμένος) reliable

ασφαλίζω: (κάνω ασφαλές) secure ‖
(κάνω ασφάλιση) insure

ασφάλιση, η: (εξασφάλιση) securement ‖
(συμβόλαιο) insurance ‖ *(κοιν)* security
‖ **κοινωνική** ~ : social security

ασφαλιστήριο, το: insurance policy

ασφαλιστής, ο: insurance underwriter, in-
surance agent, insurer

ασφαλιστικός, -ή, -ό: (που κάνει
ασφαλές) safety ‖ (συμβόλαιο) policy,
insurance policy

ασφάλιστρο, το: *(μηχ)* safety lock, safety
catch, safety pin ‖ (ασφάλειας) premium,
insurance premium

άσφαλτος, η: asphalt, asphaltum, asphal-
tus

ασφαλτοστρώνω: asphalt, pave with as-
phalt, coat with asphalt

ασφαλτόστρωση, η: asphalt paving,
paving with asphalt

ασφαλώς: *(επίρ)* (σε ασφάλεια) safely ‖
(βέβαια) surely, certainly

ασφόδελος, ο: daffodil

ασφράγιστος, -η, -ο: (χωρίς σφραγίδα)
unsealed ‖ (ανοιχτός) open

ασφυκτικός, -η, -ό: βλ. **ασφυχτικός**

ασφυκτιώ: asphyxiate, suffocate

ασφυξία, η: asphyxia, asphyxiation, suf-
focation

ασφυξιογόνο, το: (αέριο): poison ‖ ~
αέριο: poison gas

ασφυξιογόνος, -α, -ο: asphyxiating

ασφυχτικά: *(επίρ)* suffocatingly, swelter-
ingly

ασφυχτικός, -ή, -ό: suffocating, sweltering

άσχετα: *(επίρ)* independently of

άσχετος, -η, -ο: irrelevant, unrelated, un-
connected ‖ *(ιδ)* αδαής ignorant

άσχημα: *(επιρ)* badly

ασχημάδα, η: βλ. **ασχήμια**

ασχημαίνω: *(μτβ)* make ugly, uglify ‖
(αμτβ) become ugly ‖ *(μτφ)* spoil, mar,
flaw

ασχημάνθρωπος, ο: ugly man, mug

ασχημάτιστος, -η, -ο: (χωρίς σχήμα)
formless, shapeless ‖ (αδιαμόρφωτος)
unformed, unshaped ‖ *(μτφ)* undevel-
oped, immature

ασχήμια, η: ugliness ‖ *(μτφ)* impropriety,
indecency

ασχημίζω: βλ. **ασχημαίνω**

ασχήμισμα, το: uglifying, uglification

ασχημογυναίκα, η: ugly woman, hag

ασχημολογία, η: obsenity

ασχημομούρης, ο: ugly man (βλ.
ασχημάνθρωπος)

ασχημονώ: behave indecently

άσχημος, -η, -ο: ugly

ασχημοσύνη, η: impropriety, indecency

ασχολία, η: occupation

ασχολούμαι: be occupied, be engaged,
busy oneself

ασώματος, -η, -ο: bodiless ‖ (άυλος)
bodiless, incorporeal

ασώπαστος, -η, -ο: talkative, garrulous

άσωστος, -η, -ο: inexhaustible, endless

ασωτεύω: (είμαι άσωτος) be prodigal ‖
(σπαταλώ) squander, waste

ασωτία, η: prodigality, wastefulness,
squandering

άσωτος, -η, -ο: prodigal, wasteful, squan-
derer ‖ (ακόλαστος) dissolute, licentious
‖ (ατέλειωτος) βλ. **άσωστος**

ασωφρόνιστος, -η, -ο: incorrigible

αταβισμός, ο: atavism

αταβιστικός, -ή, -ό: atavistic

αταίριαστος, -η, -ο: (που δεν ταιριάζει)
unmatched, inharmonious ‖ (ανόμοιος)
dissimilar ‖ (άπρεπος) βλ. **απρεπής**

ατακτοποίητος, -η, -ο: βλ. **ακατάστατος**
‖ (λογαριασμός) unsettled

άτακτος, -η, -ο: (ακανόνιστος) irregular
‖ (ανυπάκουος) disorderly, unruly, dis-

ατακτώ

obedient ǁ *(που κάνει αταξία)* mischievous, unruly
ατακτώ: be disorderly, be unruly, be mishievous
αταλάντευτος, -η, -ο: unswayed *(και μτφ)*
αταξία, η: (έλλειψη τάξεως) disorder, disordered state, jumble ǁ *(παρεκτροπή)* mischief, unruliness ǁ *(ιατρ)* ataxia
αταξίδευτος, -η, -ο: untraveled
αταξικός, -ή, -ό: (χωρίς κοινων. τάξεις) without social strata, unstratified ǁ *(ιατρ)* ataxic
αταξινόμητος, -η, -ο: unclassified
αταραξία, η: calm, placidness, placidity, calmness, composure
ατάραχος, -η, -ο: calm, placid, composed, unflappable
ατασθαλία, η: disorder
άταφος, -η, -ο: unburied, uninterred, not interred
άτεγκτος, -η, -ο: relentless, inexorable
ατεκνία, η: (στειρότητα) sterility, sterileness, infertility ǁ (έλλειψη παιδιών) childlessness
άτεκνος, -η, -ο: (χωρίς παιδιά) childless ǁ (στείρος) sterile
ατέλεια, η: (έλλειψη τελειότητας) imperfection, defectiveness ǁ (ελάττωμα) defect ǁ *(φορολ.)* exemption
ατελείωτος, -η, -ο: (που δεν έχει τέλος) endless, interminable ǁ (που δεν τελείωσε) unfinished, incomplete
ατελεσφόρητος, -η, -ο: fruitless, ineffective, unproductive
ατελέσφορος, -η, -ο: βλ. **ατελεσφόρητος**
ατελεύτητος, -η, -ο: βλ. **ατελείωτος**
ατελής, -ές: (όχι τέλειος) imperfect, defective, faulty ǁ βλ. **ατελείωτος** ǁ (φορολ.) tax exempted, duty free, tax free
ατελιέ, το: atelier, workshop, studio
ατελώνιστος, -η, -ο: (αφορολ.) duty-free ǁ (που δεν εκτελωνίστηκε) not cleared through customs
ατελώς: *(επίρ):* (όχι τέλεια) imperfectly defectively ǁ (φορολ.) duty free
ατενίζω: stare, gaze, look insistently
ατενώς: *(επίρ):* steadfastly, fixedly ǁ (γυμν. παράγγελμα) attention!

ατέρμων, -ον: endless
άτεχνα *(επίρ):* unskillfully, artlessly, clumsily
άτεχνος, -η, -ο: unskillful, artless
ατζαμής, ο: *(ιδ)* inexpert, inexperienced, clumsy
ατζαμοσύνη, η: inexperience, clumsiness
ατημέλητος, -η, -ο: sloven, slovenly, untidy
άτι, το: βλ. **άλογο**
ατίθασος, -η, -ο: tameless, untamable
ατιμάζω: disgrace, dishonor ǁ (βιάζω) rape, violate
ατίμητος, -η, -ο: invaluable, priceless
ατιμία, η: (έλλειψη τιμής) dishonesty ǁ (άτιμη πράξη) dishonour, dishonor, disgrace, infamy
άτιμος, -η, -ο: dishonest, disgraceful, disreputable
ατιμωρησία, η: impunity, immunity
ατιμωρητί: *(επίρ)* with impunity
ατιμώρητος, -η, -ο: unpunished
ατίμωση, η: disgrace, dishonor, dishonour ǁ (βιασμός) rape, violation
ατιμωτικός, -ή, -ό: disgraceful, dishonorable, ignominious
ατλάζι, το: satin
άτλαντας, ο: atlas
ατλαντικός, -ή, -ό: atlantic
άτλας, ο: βλ. **άτλαντας**
ατμάκατος, η: motorboat, launch
ατμάμαξα, η: locomotive, engine ǁ *(ιδ)* iron horse
ατμήλατος, -η, -ο: βλ. **ατμοκίνητος**
ατμοκίνητος, -η, -ο: steam-driven
ατμολέβης, ο: steam boiler
ατμόλουτρο, το: steam bath
ατμομηχανή, η: steam engine ǁ βλ. **ατμάμαξα**
ατμοπλοΐα, η: steam navigation
ατμόπλοιο, το: steamboat, steamship, steamer
ατμός, ο: (εξάτμιση): vapor ǁ (βρασμού) steam ǁ (αναθυμίαση) fume
ατμόσφαιρα, η: atmosphere
ατμοσφαιρικός, -ή, -ό: atmospheric
άτοκος, -η, -ο: without interest
ατολμία, η: timidity, pusillanimity, timorousness, shyness
άτολμος, -η, -ο: timid, pusillanimous,

timorous. shy

ατομικισμός, ο: individualism

ατομικιστής, ο (θηλ. **ατομικίστρια**): individualist, individualistic

ατομικιστικός, -ή, -ό: individualistic

ατομικός, -ή, -ό: (φυσ) atom, atomic ‖ (προσ.) individual, personal

ατομικότητα, η: individuality, personality ‖ (φυσ) atomicity

ατομισμός, ο: atomism ‖ (προσ.) individuality

ατομιστής, ο: (θηλ. **ατομίστρια**): βλ. **ατομικιστής**

άτομο, το: (φυσ) atom ‖ (προσ.) individual

ατονία, η: atony, debility, languidness

ατονικός, -ή, -ό: atonic, languid

άτονος, -η, -ο: (με ατονία) languid, listless ‖ (χωρίς τόνο) atonic, not accented, unaccented

ατονώ: languish, become listless

ατόπημα, το: βλ. **απρέπεια**

άτοπος, -η, -ο: (παράλογος) absurd, irrational ‖ βλ. **απρεπής** ‖ **η εις ~ απαγωγή:** reductio ad absurdum

ατού, το: trump card (και μτφ)

ατόφιος, -α, -ο: solid, massive

ατρακτοειδής, -ές: fusiform, spindle-shaped

άτρακτος, η: spindle

ατράνταχτος, -η, -ο: unshakeable, immovable (και μτφ)

ατραπός, η: path, trail, track

άτριχος, -η, -ο: hairless

ατρόμητος, -η, -ο: fearless, intrepid

ατροποποίητος, -η, -ο: unmodified

ατροφία, η: atrophy

ατροφικός, -ή, -ό: atrophied

ατροφώ: atrophy

ατρύγητος, -η, -ο: unharvested, not harvested, not gathered

ατρύπητος, -η, -ο: unperforated, not pierced

άτρωτος, -η, -ο: invulnerable ‖ (που δεν πληγώθηκε) unwounded, uninjured, unhurt

ατσαλάκωτος, -η, -ο: unwrinkled

ατσαλένιος, -α, -ο: steel, of steel

ατσάλι, το: steel

ατσάλινος, -η, -ο: βλ. **ατσαλένιος**

άτσαλος, -η, -ο: βλ. **ακατάστατος**

ατσίγγανος, ο: (θηλ. **ατσιγγάνα**): βλ. **τσιγγάνος**

ατσίδα, η: (ιδ) wiz, whiz, quick

αττικός, -ή, -ό: Attic

ατύπωτος, -η, -ο: unprinted ‖ (που δεν μπορεί να τυπωθεί) unprintable

ατύχημα, το: accident ‖ (πάθημα) mishap, misfortune, misadventure

ατυχής, -ές: βλ. **άτυχος**

ατυχία, η: misfortune, adversity, bad luck

άτυχος, -η, -ο: unlucky, unfortunate, ill-fated, ill-starred

ατυχώ: have bad luck, be unfortunate, be unlucky ‖ βλ. **αποτυγχάνω**

αυγερινός, ο: morning star, Lucifer

αυγή, η: dawn, daybreak, break of day (και μτφ)

αυγό, το: egg ‖ (ψαριών) spawn ‖ ~ **μάτι:** sunny-side up ‖ ~ **μελάτο:** soft-boiled egg

αυγοειδής, -ές: oval, egg-shaped, ovate

αυγοθήκη, η: egg-cup

αυγολέμονο, το: whipped egg with lemon

αυγοτάραχο, το: roe

Αύγουστος, ο: August

αυθάδεια, η: impertinence, insolence, sass, impudence, audacity

αυθάδης, -ες: impertinent, insolent, sassy, impudent, audacious

αυθαδιάζω: be impertinent, be impudent, sass, be sassy

αυθαιρεσία, η: arbitrariness, highhandedness

αυθαίρετα: (επίρ) arbitrarily, high handedly

αυθαίρετος, -η, -ο: arbitrary

αυθέντης, ο: master, lord

αυθεντία, η: authority

αυθεντικός, -ή, -ό: authentic, genuine ‖ (με κύρος) authoritative

αυθεντικότητα, η: authenticity, genuineness

αυθημερόν: on the same day

αυθορμησία, η: spontaneousness, spontaneity

αυθόρμητα: (επίρ) spontaneously

αυθόρμητος, -η, -ο: spontaneous

αυθύπαρκτος, -η, -ο selfexistent ‖ (μτφ)

independent
αυθυπαρξία, η: self existence ‖ *(μτφ)* independence
αυθυποβολή, η: autosuggestion
αυλαία, η: curtain
αυλάκι, το: (χαντάκι) ditch, trench, furrow ‖ (αυλακιά) groove ‖ (ρείθρον) gutter
αυλακιά, η: groove ‖ (άνοιγμα αυλακιού) furrow, trench
αυλακώνω: trench, furrow, groove
αυλάκωση, η: corrugation
αυλακωτός, -ή, -ό: (με αυλακιά) grooved, fluted ‖ (με πτυχώσεις) corrugated
αυλάρχης, ο: chamberlain
αυλή, η: (προαύλιο) yard, courtyard, ‖ (βασιλ.) court
αυλητής, ο *(θηλ.* **αυλήτρια):** flutist, flautist
αυλικός, -ή, -ό: court ‖ *(ουσ)* courtier
αυλόγυρος, ο: garden wall, fence
αυλόθυρα, η: garden gate, gate
αυλοκόλακας, ο: toady, servile courtier, apple polisher
αυλόπορτα, η: βλ. **αυλόθυρα**
άυλος, -η, -ο: immaterial ‖ *(μτφ)* ethereal
αυλός, ο: flute, pipe
αυνανίζομαι: masturbate
αυνανισμός, ο: masturbation
αυνανιστής, ο *(θηλ.* **αυνανίστρια):** masturbator
αυξάνω: *(μτβ και αμτβ)* increase, grow ‖ (πολλαπλ.) multiply ‖ (επιταχύνω) accelerate
αύξηση, η: increase, growth ‖ (ταχ) acceleration ‖ (προσαύξ.) increment ‖ *(γραμ)* augment
αυξομειώνομαι: fluctuate, increase and decrease
αυξομείωση, η: fluctuation, increase and decrease
αύξων, -ουσα, -ον: increasing ‖ ~ **αριθμός:** serial number
αϋπνία, η: (αγρυπνία) sleeplessness ‖ *(ασθ.)* insomnia
άυπνος, -η, -ο: sleepless
αύρα, η: breeze ‖ **απόγειος** ~: land breeze ‖ **θαλάσσια** ~: seabreeze
αυριανός, -ή, -ό: tomorrow, of tomorrow ‖ *(μτφ)* future

αύριο: tomorrow
αυστηρός, -ή, -ό: austere, severe, stern, strict, rigorous, harsh
αυστηρότητα, η: austerity, severity, sternness, harshness
αυτάδελφος, ο *(θηλ.* **αυταδέλφη):** blood-brother (blood sister)
αύτανδρος, -η, -ο: with all hands
αυταπάρνηση, η: abnegation, self-denial, self-abnegation
αυταπάτη, η: delusion, self-deception
αυταπατώμαι: deceive oneself, be under a delusion
αυταπόδειχτος, -η, -ο: self-evident
αυταρέσκεια, η: self-conceit, vanity
αυτάρκεια, η: autarky, self-sufficiency
αυταρχικά: *(επίρ)* autarchically despotically
αυταρχικός, -ή, -ό: autarchic, autarchical, despotic
αυταρχικότητα, η: autarchy, despotism
αυτασφάλιση, η: self-insurance
αυτεμβόλιο, το: autoinoculation
αυτενέργεια, η: self-willed act, self-action
αυτεξούσιος, -α, -ο,: independent
αυτεπάγγελτος, -η, -ο: (αυτοδιορισμένος) self-appointed ‖ (επιβεβλημένος) ex officio
αυτή: *(θηλ* αντων. δεικτ.) this ‖ (προσ. αντων.) she
αυτί, το: ear
αυτοβιογραφία, η: autobiography
αυτοβιογραφικός, -ή, -ό: autobiographical
αυτοβουλία, η: initiative, self-will
αυτόβουλος, -η, -ο: voluntary, self-acting
αυτογραφία, -η: autography
αυτογραφικός, -ή, -ό: autographic, autographical
αυτόγραφο, το: autograph
αυτόγραφος, -η, -ο: autograph, autographic
αυτόγυρο, το: autogiro, autogyro
αυτοδημιούργητος, -η, -ο: self-made
αυτοδιάθεση, η: self-determination
αυτοδίδαχτος, -η, -ο: self-taught
αυτοδικαίως: by right ‖ *(νομ, πολ)* dejure
αυτοδικία, η: lyching, lynch law, swamp

law, taking the law into one's hands, act without due process of law

αυτοδιοίκηση, η: self-government

αυτοδιοίκητος, -η, -ο: self-governed

αυτοδιορισμένος, -η, -ο: self-appointed

αυτοέλεγχος, ο: self-control

αυτοθαυμασμός, ο: self-admiration

αυτοθυσία, η: self-sacrifice

αυτοκαλούμενος, -η, -ο: self-styled

αυτοκέφαλος, -η, -ο: self-governed, independent, autonomous

αυτοκινητάδα, η: ride

αυτοκινητάμαξα, η: railcar

αυτοκινητιστής, ο: motorist

αυτοκίνητο, το: automobile, car, motor car

αυτοκινητόδρομος, ο: autobahn, highway

αυτοκίνητος, -η, -ο: automotive

αυτόκλητος, -η, -ο: self-invited, gatecrasher

αυτοκράτειρα, η: empress

αυτοκράτορας, ο: emperor, autocrat

αυτοκρατορία, η: empire

αυτοκρατορικός, -ή, -ό: imperial ‖ (στυλ) empire ‖ (δεσποτικός) autocratic

αυτοκράτωρ, ο: βλ. **αυτοκράτορας**

αυτοκριτική, η: self-criticism

αυτοκτονία, η: suicide *(και μτφ)*

αυτοκτόνος, ο: βλ. **αυτόχειρας**

αυτοκτονώ: commit suicide, kill oneself

αυτοκυβέρνηση, η: self-government ‖ *(μτφ)* self-control

αυτοκυβέρνητος, -η, -ο: self-governed, self-ruled

αυτοκυριαρχία, η: self-control

αυτολεξεί: *(επίρ)* word for word, verbatim, literally

αυτοματικός, -ή, -ό: automatic, mechanical

αυτοματισμός, ο: automatism, automation

αυτόματο, το: automaton

αυτόματος, -η, -ο: automatic *(και μτφ)*

αυτομόληση, η: βλ. **αυτομολία**

αυτομολία, η: desertion ‖ *(πολ)* βλ. **αποστασία**

αυτόμολος, -η, -ο: deserter ‖ *(πολ)* βλ. **αποστάτης**

αυτομολώ: desert, join the enemy, go over to the enemy

αυτονόητος, -η, -ο: evident, self-explanatory, obvious

αυτονομία, η: autonomy

αυτονομικός, -ή, -ό: autonomic

αυτονομιστής, ο *(θηλ.* **αυτονομίστρια):** autonomist

αυτόνομος, -η, -ο: autonomous, autonomic

αυτοπαθής, -ές: *(γραμ)* reflexive

αυτοπεποίθηση: self-confidence

αυτοπροαίρετος, -η, -ο: voluntary

αυτοπροσώπως: *(επίρ)* in person, personally

αυτόπτης, ο: eyewitness

αυτό: βλ. **αυτός**

αυτός, -ή, -ό: *(προσωπ. αντων.)* he, she, it ‖ *(δεικτ. αντων.)* this *(πληθ.:* these)

αυτοσεβασμός, ο: self-respect

αυτοστιγμεί: *(επίρ)* instantly, at once, immediately

αυτοσυνειδησία, η: self-consciousness

αυτοσυντήρηση, η: self-preservation

αυτοσχεδιάζω: improvise, extemporize

αυτοσχεδιασμός, ο: improvisation, extemporaneousness

αυτοσχέδιος, -α, -ο: improvised, makeshift, impromptu, extemporaneous

αυτοτέλεια, η: βλ. **ανεξαρτησία**

αυτοτελής, -ές: βλ. **ανεξάρτητος**

αυτοτιτλοφορούμαι: style oneself

αυτοτραυματισμός, ο: self-inflicted wound

αυτού: *(επίρ)* there, over there, in that place

αυτουργός, ο: perpetrator ‖ **ηθικός ~:** instigator

αυτούσιος, -α, -ο: *(ακέραιος)* βλ. **ακέραιος** ‖ βλ. **αμετάβλητος**

αυτοφυής, -ές: indigenous, intrinsic, selfgrowing

αυτόφωρος, -η, -ο: flagrante delicto, in the very act, red-handed ‖ **επ' ~ω:** in flagrante delicto, in the very act, redhanded

αυτόφωτος, -η, -ο: self-luminous

αυτόχειρας, ο: suicidal

αυτοχειρία, η: βλ. **αυτοκτονία**

αυτοχειριάζομαι: βλ. **αυτοκτονώ**

αυτοχειροτόνητος, -η, -ο: self-ordained, self-appointed

αυτόχθονας, ο: autochthon, autochthonous, autochthonal

αυτοψία, η: autopsy, necropsy, postmortem

αυχένας, ο: *(ανατ)* nape || *(μτφ)* col, saddle, narrow pass

αυχενικός, -ή, -ό: cervical

αφάγωτος, -η, -ο: *(νηστικός)* hungry, not having eaten || *(που δεν φαγώθηκε)* uneaten || *(ακατάλληλος για φάγωμα)* inedible

αφαίμαξη, η: bloodletting, bleeding, venesection

αφαίρεση, η: *(μαθ)* subtraction || *(πάρσιμο)* removal || *(αποκοπή)* excision || *(ελάττωση)* deduction || *(έννοια)* abstraction || *(απόσπαση)* extraction

αφαιρετέος, ο: *(μαθ)* subtrahend || *(που αφαιρείται)* removable

αφαιρέτης, ο: βλ. **αφαιρετέος** *(μαθ)*

αφαιρετικός, -ή, -ό: subtractive

αφαιρώ: *(μαθ)* subtract || *(παίρνω)* remove || *(αποκόπτω)* excise || *(ελαττώνω)* deduct || *(κλέβω)* purloin, steal, filch || *(αποσπώ)* extract

αφαλός, ο: navel

αφάνεια, η: obscurity || *(ασημότητα)* insignificance, obscurity

αφανής, -ές: obscure || *(άσημος)* insignificant || *(αόρατος)* invisible

αφανίζω: exterminate, extirpate, destroy, ruin

αφανισμός, ο: extermination, extirpation, destruction, ruin

αφανιστικός, -ή, -ό: exterminative, exterminatory, destructive, ruinous

αφάνταστα: *(επίρ)* unimaginably

αφάνταστος, -η, -ο: unimaginable

άφαντος, -η, -ο: *(που δεν φαίνεται)* invisible || *(εξαφανισμένος)* lost, out of sight || **γίνομαι ~:** vanish, disappear

αφαρπάζομαι: lose one's temper, flare up, fly into a passion, get angry, get mad

αφαρπάζω: snatch, grab

αφασία, η: aphasia

άφατος, -η, -ο: indescribable, unspeakable, unutterable

αφέγγαρος, -η, -ο: moonless

άφεγγος, -η, -ο: dark

αφεδρώνας, ο: anus, ass, arse

αφειδής, -ές: lavish, profuse, extravagant

αφειδώς: *(επίρ)* lavishly, profusely, extravagantly

αφέλεια η: *(φυσικότητα)* artlessness, ingenuousness || *(απλοϊκότητα)* naivete~, naivety, simplicity || *(χτένισμα)* bangs

αφελής, -ές: *(φυσικός)* artless, ingenuous || *(απλοϊκός)* naive, simple

αφεντάνθρωπος, ο: βλ. **αρχοντάνθρωπος**

αφέντης, ο *(θηλ.* **αφέντρα, αφέντισσα**): *(κύριος)* master || *(προϊστ.)* boss

αφεντικό, το: boss, employer

αφερέγγυος, -α, -ο: insolvent

αφερεγγυότητα, η: insolvency

άφεση, η: *(απόλυση)* discharge || *(συγχώρεση)* absolution, pardon, remission

αφετηρία, η: starting point, starting line || *(μτφ)* beginning

αφέτης, ο: starter

άφευκτος, -η, -ο: βλ. **αναπόδραστος**

αφέψημα, το: decoction

αφή, η: touch

αφήγημα, το: short story, narrative

αφηγηματικός, -ή, -ό: narrative

αφήγηση, η: narration, narrative, account

αφηγητής, ο *(θηλ.* **αφηγήτρια**): narrator

αφηγητικός, -ή, -ό: narrative

αφηγούμαι: narrate

αφήλιο, το: aphelion

αφηνιάζω: bolt || *(μτφ)* run amuck, run amok

αφηνίαση, η: bolting || *(μτφ)* amuck, amok, frenzy

αφήνω: let go of || *(εγκαταλείπω)* abandon, relinquish, leave || *(επιτρέπω)* let, permit || **~ ήσυχον:** let alone

αφηρημάδα, η: absent-mindedness

αφηρημένος, -η, -ο: absent-minded || *(έννοια)* abstract || *(μαθ)* abstract

αφθαρσία, η: indestructibility || *(αιωνιότητα)* eternity

άφθαρτος, -η, -ο: indestructible || *(αιώνιος)* eternal

άφθαστος, -η, -ο: unsurpassed, unexcelled, unrivalled

αφθονία, η: abundance, profusion, plenitude, plentifulness, plethora

άφθονος, -η, -ο: abundant, profuse,

plenty, plethoric, copious, ample
αφθονώ: be plentiful, abound, teem
αφιέρωμα, το: offering
αφιερωμένος, -η, -ο: dedicated, devoted
αφιερώνω: (κάνω αφιέρωμα) dedicate ‖ (δίνω ολόψυχα) devote
αφιέρωση, η: dedication ‖ (δόσιμο) devotion
αφικνούμαι: βλ. **φθάνω**
αφιλόκαλος, -η, -ο: inelegant, tasteless
αφιλοκέρδεια, η: disinterestedness, disinterest, freedom from self-interest
αφιλοκερδής, -ές: disinterested, unselfish, selfless
αφιλοξενία, η: inhospitableness, inhospitality
αφιλόξενος, -η, -ο: inhospitable
αφιλοπατρία, η: lack of patriotism
αφιλόπατρις, -ι: unpatriotic
άφιλος, -η, -ο: friendless
αφιλόστοργος, -η, -ο: βλ. **άστοργος**
αφιλοτιμία, η: lack of mettle, lack of self-respect
αφιλότιμος, -η, -ο: without mettle, wanting in self-respect
αφιλοχρηματία, η: βλ. **αφιλοκέρδεια**
αφιλοχρήματος, -η, -ο: βλ. **αφιλοκερδής**
αφίνω: βλ. **αφήνω**
άφιξη: arrival ‖ (ερχομός) coming
αφιόνι, το: opium (και μτφ)
αφιππεύω: dismount
αφίσα, η: poster
άφλεκτος, -η, -ο: uninflammable, incombustible
αφλογιστία, η: misfire (και μτφ) ‖ **παθαίνω ~ :** misfire
άφλογος, -η, -ο: flameless
αφοβία, η: fearlessness, intrepidness, intrepidity
άφοβος, -η, -ο: fearless, intrepid
αφοδευτήριο, το: βλ. **αποχωρητήριο**
αφομοιώνω: assimilate (και μτφ)
αφομοίωση, η: assimilation
αφομοιωτικός, -ή, -ό: assimilatory, assimilative
αφοπλίζω: disarm (και μτφ)
αφοπλισμός, ο: disarmament, disarming
αφόρετος, -η, -ο: not worn, brand new
αφόρητος, -η, -ο: βλ. **αβάσταχτος**
αφορία, η: infertility, barrenness

αφορίζω: excommunicate
αφορισμός, ο: excommunication ‖ (απόφθεγμα) aphorism
αφορμάριστος, -η, -ο: formless, shapeless
αφορμή, η: reason, cause, motive
αφορμίζω: be inflamed, rankle, fester
αφορολόγητος, -η, -ο: duty-free
άφορος, -η, -ο: infertile, unproductive, barren
αφόρτωτος, -η, -ο: unloaded
αφορώ: concern ‖ **όσον ~α:** as regards, concerning
αφοσιώνομαι: devote oneself ‖ (συνδέομαι στενά) be attached ‖ (δίνομαι ολόψυχα) be dedicated
αφοσίωση, η: devotion ‖ (στοργή) affection
αφότου: since ‖ (για όσο καιρό) as long as
αφού: since ‖ (μια και) since, insomuch ‖ (έπειτα) after
αφουγκράζομαι: βλ. **ακροάζομαι**
άφραστος, -η, -ο: βλ. **απερίγραπτος** ‖ βλ. **ανέκφραστος**
αφράτος, -η, -ο: (σαν αφρός) foamy, frothy ‖ (απαλός και μαλακός) soft, fluffy ‖ (παχουλός) plump
άφραχτος, -η, -ο: without a fence, unfenced, open
αφρίζω: foam, froth (και μτφ)
άφρισμα, το: foaming, frothing
αφρόγαλο, το: cream
αφροδίσια, τα: venereal disease (V.D.)
αφροδισιακός, -ή, -ό: aphrodisiac
αφροδισιολογία, η: venereology
αφροδισιολόγος, ο: venereologist
αφροδίσιος, -α, -ο: venereal
άφρονας, ο: stupid, foolish, idiot
αφροντισιά, η: indifference, neglect
αφρόντιστος, -η, -ο: neglected, uncared for
αφρόπλαστος, -η, -ο: βλ. **αφράτος**
αφρός, ο: foam, froth ‖ (σαπουνιού) lather ‖ (μτφ) cream
αφροσύνη, η: stupidity, folly, foolishness
αφρούρητος, -η, -ο: unguarded
αφρώδης, -ες: foamy, frothy
άφρων: βλ. **άφρονας**
άφταστος, -η, -ο: βλ. **άφθαστος**
άφτιαχτος, -η, -ο: unmade, undone

αφυδατωμένος, -η, -ο: dehydrated
αφυδάτωση, η: dehydration
αφύλαχτος, -η, -ο: βλ. αφρούρητος
άφυλλος, -η, -ο: aphyllous, leafless
αφυπηρέτηση, η: retirement
αφυπηρετώ: retire
αφυπνίζομαι: wake up, awake
αφυπνίζω: wake up, awake, rouse from sleep
αφύπνιση, η: awakening
αφύσικος, -η, -ο: unnatural ‖ (προσποιητός) affected artificial
άφωνος, -η, -ο: (άνθρωπος) speechless, mute ‖ (γραμ) voiceless
αφοσιωμένος, -η, -ο: devoted, dedicated
αφώτιστος, -η, -ο: dark, not illuminated ‖ (μτφ) uneducated, ignorant
αχ!: ah! oh!
αχαΐρευτος, -η, -ο: good-for-nothing, useless
αχάλαστος, -η, -ο: undamaged, intact ‖ (που δεν χαλά) indestructible ‖ (αναλλοίωτος) unspoiled
αχαλίνωτος, -η, -ο: unbridled (και μτφ)
αχαμνός, -ή, -ό: thin, skinny, emaciated
αχανής, -ές: vast, immense
αχαρακτήριστος, -η, -ο: beyond description, infamous, improper
αχαράκωτος, -η, -ο: unruled
αχαριστία, η: ingratitude, ungratefulness, thanklessness
αχάριστος, -η, -ο: ingrate, ungrateful, thankless ‖ (δουλειά) thankless
άχαρος, -η, -ο: graceless
αχαρτοσήμαντος, -η, -ο: unstamped
αχάτης, ο: agate
αχειραγώγητος, -η, -ο: unguided
αχειραφέτητος, -η, -ο: not emancipated, bondman, serf
αχειροποίητος, -η, -ο: not made by human hand
αχειροτόνητος, -η, -ο: not ordained
άχθος, το: weight, burden, load (και μτφ)
αχθοφορικά, τα: porterage
αχθοφόρος, ο: porter
αχιβάδα, η: quahog, quahaug, scallop
αχίλλειος, -α, -ο: (πτέρνα) Achilles' heel
αχινός, ο: sea urchin
αχλάδι, το: pear
αχλαδιά, η: pear, pear tree

αχλή, η: mist, haze (και μτφ)
αχλύς, η: βλ. αχλή
άχνα, η: vapor ‖ (μτφ) breath
αχνάρι, το: foot-print ‖ (ζώου) spoor, track ‖ (μτφ) pattern, template
άχνη, η: vapor ‖ (ψηλή σκόνη) dust
αχνίζω: steam (μτβ και αμτβ)
άχνισμα, το: steaming ‖ (εξάτμιση) evaporation
αχνιστός, -ή, -ό: steaming
αχνός, -ή, -ό: pale ‖ (ουσ) βλ. άχνα
αχολογώ: resound, ring
άχολος, -η, -ο: cool, controlled, calm
άχορδος, -η, -ο: stringless
αχόρταγος, -η, -ο: insatiate, insatiable, greedy
αχός, ο: reverberation
αχούρι, το: barn
άχραντος, -η, -ο: βλ. αγνός
αχρείαστος, -η, -ο: needless, unnecessary
αχρείος, -α, -ο: obscene, filthy, immoral
αχρειότητα, η: obscenity, filth, immorality
αχρέωτος, -η, -ο: (που δεν χρωστά) not in debt ‖ (μη καταλογισθείς) not charged
αχρησίμευτος, -η, -ο: useless
αχρησιμοποίητος, -η, -ο: unused
αχρησιμοποίητος, -η, -ο: unused
αχρηστεύομαι: become useless
αχρηστεύω: render useless, make useless
αχρηστία, η: uselessness
άχρηστος, -η, -ο: useless
αχρονολόγητος, -η, -ο: undated
άχρονος, -η, -ο: (χωρίς ρυθμό) arrhythmic ‖ (αιώνιος) eternal, everlasting
αχρωματικός, -ή, -ό: achromatic
αχρωματισμός, ο: achromatism
αχρωμάτιστος, -η, -ο: unpainted ‖ (μτφ) apolitical, not belonging to a party
αχρωματοψία, η: colorblindness, daltonism
αχρωμία, η: colorlessness
άχρωμος, -η, -ο: (χωρίς χρώμα) colorless ‖ (χλωμός) pale, colorless, colourless
αχτένιστος, -η, -ο: uncombed, unkempt
άχτι, το: (ιδ) grudge
αχτίδα, η: βλ. ακτίνα
αχτύπητος, -η, -ο: (όχι χτυπημένος) unbeaten ‖ανυπέρβλητος) unbeatable, un-

surpassed

αχυβάδα, η: βλ. **αχιβάδα**

άχυμος, -η, -ο: sapless, dry

αχυρένιος, -α, -ο: straw, made of straw

άχυρο, το: straw, chaff ‖ **δεν τρώω ~α:** I am not a dupe

αχυρόστρωμα, το: straw mattress, palliasse, paillasse

αχυρώνας, ο: barn

αχώνευτος, -η, -ο: (που δεν χωνεύεται) indigestible ‖ (που δεν έχει χωνευθεί) undigested ‖ *(μτφ)* odious, offensive, insufferable

αχώριστος, -η, -ο: inseparable

άψαχνος, -η, -ο: lean

άψε σβήσε: *(επίρ)* instantly, in a twinkling, in a jiffy, in no time at all

αψεγάδιαστος, -η, -ο: βλ. **άψογος**

αψέντι, το: absinth, absinthe

αψευδής, -ές: truthful, sincere, indisputable

άψητος, -η, -ο: (ωμός) uncooked, raw unbaked ‖ (μισοψημένος) underdone, rare ‖ *(μτφ)* inexperienced, novice,

green

αψηφησιά, η: (τόλμη) defiance, disdain ‖ (έλλειψη σεβασμού) disrespect

αψηφώ: (δεν λογαριάζω) defy, disdain, scorn ‖ (δεν δίνω σημασία) ignore

αψίδα, η: (τόξο) arch ‖ (θόλος) vault

αψιθιά, η: absinthe

αψίθυμος, -η, -ο: quick-tempered, irascible

αψίκορος, -η, -ο: (που χορταίνει γρήγορα) easily satiated ‖ (που αλλάζει επιθυμίες) changeable, capricious

αψιμαχία, η: skirmish *(και μτφ)*

άψογος, -η, -ο: faultless, blameless, irreproachable

αψύς, -ιά, -ύ: βλ. **αψίθυμος**

αψυχολόγητος, -η, -ο: inadvisable, ill-considered, inexpedient, unwise, impolitic

άψυχος, -η, -ο: lifeless ‖ *(μτφ)* timid, cowardly, yellow

άωτο, το: height, peak, zenith ‖ **άκρο ~:** the height

B

B, β: the 2nd letter of the Greek alphabet ‖ **β´=**2, **β =**2000

βάβω, η: old woman ‖ granny, grannie

βαγαπόντης, ο: vagabond, rogue, knave

βαγαποντιά, η: vagabondism, roguery, knavery

βαγένι, το: barrel

βάγια, η: nursemaid ‖ maid

βαγιά, η: laurel

βάγια, τα: palm leaves

βαγκόν-λι: sleeping car, sleeper

βαγκόν-ρεστωράν: dining car

βαγονέτο, το: *(σιδηρ)* hand car ‖ (ορυχείου) muck car

βαγόνι, το: (επιβ) railroad car, carriage ‖ (φορτ.) freight car, wagon ‖ (κλειστό φορτηγό) box car ‖ (πλατφόρμα) platform car

βάδην: *(επίρ)* walking pace ‖ *(αθλ)* walk

βαδίζω: walk ‖ *(στρ)* march

βάδισμα, το: walk ‖ (είδος, τρόπος) gait

βαζελίνη, η: vaseline

βάζο, το: vase

βάζω: (τοποθετώ) put, place, set ‖ (μέσα) put in ‖ (φορώ) put on ‖ **~ μπρος:** start ‖ (διορίζω) appoint, put ‖ **~ το χέρι μου:** take a hand in ‖ **~ τα δυνατά μου:** do my best

βαθαίνω: deepen *(μτβ και αμτβ)*

βαθιά: *(επίρ)* deeply *(και μτφ)* ‖ *(μτφ)* profoundly

βαθμηδόν: *(επίρ)* gradually

βαθμιαίος, -α, -ο: gradual, occurring in stages

βαθμίδα, η: (σκαλοπάτι) step ‖ *(μτφ)* rank, level

βαθμολογία, η: (οργάνου) grading, graduation ‖ *(μαθ)* grading, marking ‖ (βαθμός μαθητού) mark

βαθμολογώ: (όργανο) grade ‖ *(μαθ)* grade, mark

βαθμός, ο: *(οργ)* degree ‖ *(μαθ)* mark ‖

513

βαθμοφόρος

(τάξη, θέση) rank ‖ (μτφ) degree
βαθμοφόρος, ο: (που έχει βαθμό) ranker ‖ (υπαξ.) non-commissioned officer
βάθος, το: depth ‖ (πυθμένας) bottom ‖ (μτφ) background ‖ (μτφ) profundity
βαθουλός, -ή, -ό: (κοίλος) hollow ‖ (σε βάθος) deep-set
βαθούλωμα, το: hollow, cavity
βαθουλώνω: (μτβ και αμτβ) hollow
βάθρακας, ο: βλ. **βάτραχος**
βαθρακός, ο: βλ. **βάτραχος**
βάθρο, το: (αγάλματος): pedestal ‖ (βάση) base, foundation, basis ‖ (γέφυρας) pier
βάθυνση, η: deepening
βαθύνω: βλ. **βαθαίνω**
βαθύπλουτος, -η, -ο: immensely rich, affluent, opulent, very rich
βαθύριζος, -η, -ο: deep-rooted
βαθύς, -ιά, -ύ: deep (και μτφ) ‖ (ύπνος) sound ‖ (μτφ) profound, deep ‖ (χρώμα) dark
βαθυστόχαστος, -η, -ο: profound
βαθύσφαιρα, η: bathysphere
βαθύφωνος, -η, -ο: (αρσ) bass, basso ‖ (θηλ) contralto
βαθύχορδο, το: double bass, bass viol
Βαΐων, των: (Κυριακή, των): Palm Sunday
βακαλάος, ο: cod
βάκιλος, ο: bacillus
βακτηρίδιο, το: bacterium
βακτήριο, το βλ. **βακτηρίδιο**
βακτηριολογία, η: bacteriology
βακτηριολογικός, -ή, -ό: bacteriological
βακτηριολόγος, ο: bacteriologist
βακχικός, -ή, -ό: bacchic, bacchanalian
βαλανίδι, το: acorn
βαλανιδιά, η: oak, oaktree
βάλανος, η: acorn ‖ (ανατ) glans penis
βαλάντιο, το: purse
βαλαντώνω: (ιδ) (αμτβ) get weary, become exhausted ‖ (μτβ) vex
βαλβίδα, η: valve
βαλές, ο: (τράπουλας) knave, jack
βαλίτσα, η: suitcase, valise, bag
βαλκανικός, -ή, -ό: balkan
βάλλω: (εξακοντίζω) hurl, throw ‖ (πυροβολώ) fire, shoot
βαλς, το: waltz

βάλσαμο, το: balsam, balm ‖ (μτφ) balm
βαλσάμωμα, το: embalmment ‖ (ζώου) taxidermy
βαλσαμώνω: embalm
βάλσιμο, το: placing, putting, setting
βαλτόνερο, το: bog, marshy water
βάλτος, ο: swamp, marsh, fen, bog, moor
βαλτός, -ή, -ό: sicced on, set on purpose
βαλτότοπος, ο: βλ. **βάλτος**
βαλτώδης, -ες: swampy, marshy
βαμβακέλαιο, το: cottonseed oil
βαμβακερός, -ή, -ό: cotton, made of cotton
βαμβάκι, το: cotton
βαμβακοπυρίτις, η: nitro cellulose, guncotton
βαμβακόσπορος, ο: cottonseed
βαμβακοφυτεία, η: cotton, cotton plantation
βάμμα, το: tincture
βάναυσος, -η, -ο: rude, rough, coarse
βαναυσότητα, η: rudeness, coarseness, roughness
βανδαλισμός, ο: vandalism
βάνδαλος, ο: vandal
βανίλια, η: vanilla
βάνω: βλ. **βάζω**
βαπόρι, το: βλ. **ατμόπλοιο** ‖ **έγινε ~:** he got mad
βάραθρο, το: chasm, gorge, abyss
βαραίνω: (πιέζω) weigh, press ‖ (γίνομαι βαρύς) become heavy, put on weight ‖ (νιώθω βαρύς) feel heavy
βαρβαρικός, -ή, -ό: barbaric
βαρβαρισμός, ο: barbarism
βάρβαρος, -η, -ο: barbarous ‖ (ουσ) barbarian
βαρβαρότητα, η: barbarism, atrocity
βαρβάτος, -η, -ο: (άλογο) stallion ‖ (επιβήτωρ) stud ‖ (μτφ) strong, brawny, robust
βάρδια, η: (φρουρά) guard ‖ (φρουρός) watch, sentinel, sentry ‖ (ομάδα ή περίοδος) shift
βάρδος, ο: bard
βαρεία, η: (γραμ) grave accent
βαρέλα, η: large barrel, large cask
βαρελάκι, το: small barrel, small cask, keg
βαρελάς, ο: hooper, cooper, barrel

514

maker

βαρελότο, το: firecracker

βαρετός, -ή, -ό: tiresome, tedious, boring

βαρέων βαρών: heavy weight

βαρήκοος, -η, -ο: hard of hearing

βαριά, η: sledge hammer

βαριά: *(επίρ)* heavily ‖ *(σοβαρά)* seriously ‖ *(κοιμισμένος)* soundly

βαριακούω: be hard of hearing

βαριαναστενάζω: heave a deep sigh, sigh heavily, sigh deeply

βαρίδι, το: (μικρό βάρος) bob ‖ (αντίβαρο) counter weight

βαριέμαι: (τεμπελιάζω) be tired of ‖ (πλήττω) be bored ‖ (εξαντλείται η υπομονή μου) get (be) sick of

βαριεστημένος, -η, -ο: bored

βαριεστώ: be bored

βαριετέ, το: variety show

βάριο, το: barium

βαριόμοιρος, -η, -ο: ill-starred, ill-fated

βάρκα, η: boat ‖ (με κουπιά) rowboat

βαρκάδα, η: boating

βαρκάρης, ο: boatman

βαρκαρόλα, η: barcarolle, barcarole

βαρομετρικός, -ή, -ό: barometric

βαρόμετρο, το: barometer

βαρόνέτος, ο: baronet

βαρόνη, η: baroness

βαρόνος, ο: baron

βάρος, το: weight, load ‖ (φορτίο) load, burden *(και μτφ)* ‖ (σκοτούρα) onus ‖ **εις ~ του:** at his expense ‖ **ειδικό ~:** specific gravity

βαρούλκο, το: (απλή μηχανή) block and tackle ‖ (βίντσι) winch, windlass

βαρυγκομώ: be vexed, be irritated

βαρυθυμία, η: depression, despondency, gloom

βαρύθυμος, -η, -ο: depressed, despondent, gloomy

βαρύνω: βλ. **βαραίνω**

βαρυπενθής, -ές: bereaved, deep in mourning

βαρυποινίτης, ο: long term offender

βαρύς, -ιά, -ύ: heavy, weighty, ponderous ‖ *(μτφ)* heavy, crushing, grave ‖ (βήμα) lumbering, heavy ‖ (σκυθρωπός) sullen, surly ‖ (που δεν μιλιέται) ornery

βαρυσήμαντος, -η, -ο: momentous, of

outstanding significance

βαρυστομαχιά, η: discomfort resulting from indigestion

βαρύτητα, η: (βάρος) βλ. **βάρος** ‖ *(φυσ)* gravity ‖ *(μτφ)* gravity, importance

βαρύτιμος, -η, -ο: (πολύτιμος) valuable, priceless ‖ (ακριβός) costly, expensive

βαρύτονος, -η, -ο: *(γραμ)* grave ‖ *(ουσ)* baritone

βερύφωνος, -η, -ο: βλ. **βαθύφωνος**

βαρυχειμωνιά, η: (κρύος χειμώνας) very cold winter, hard winter ‖ (χειμερ. κακοκαιρία) winter storm, snowstorm

βαρώ: βλ. **κτυπώ**

βαρωνέτος, βαρώνη, βαρώνος: βλ. **βαρονέτος, βαρόνη, βαρόνος**

βασάλτης, ο: basalt

βασανίζω: torture, torment *(και μτφ)* ‖ (ενοχλώ επίμονα) harass, pester ‖ (εξετάζω προσεκτικά) analyze carefully, examine thoroughly

βασανισμός, ο: torture, torment

βασανιστήριο, το: torture, torment *(και μτφ)*

βασανιστής, ο: torturer, tormentor

βασανιστικός, -ή, -ό: tormenting ‖ (ενοχλ.) harassing, pestering

βάσανο, το: torment, ordeal *(και μτφ)*

βάσανος, η: βλ. **βάσανο** ‖ βλ. **βασανιστήριο** (λεπτ. εξέταση) analysis, thorough examination ‖ *(μαθ)* verification

βάση, η: base, foundation ‖ *(μτφ)* basis, ground ‖ (βαθμολογίας) passing mark

βασίζω: base

βασικός, -ή, -ό: basic, fundamental

βασιλεία, η: (πολίτευμα) kingdom ‖ (αξίωμα) reign

βασίλειο, το: kingdom *(και μτφ)*

βασίλεμα, το: setting ‖ (ηλίου) sunset

βασιλεύς, ο: βλ. **βασιλιάς**

βασιλεύω: reign *(και μτφ)* ‖ (δύω) set

βασιλιάς, ο: king

βασιλική, η: (ρυθμός) basilica

βασιλικός, -ή, -ό: royal, regal ‖ (βασιλόφρων) royalist ‖ (φυτό) basil

βασίλισσα, η: queen

βασιλοκτονία, η: regicide

βασιλοκτόνος, ο: regicide

βασιλομήτωρ, η: queen mother

βασιλόπαιδο

βασιλόπαιδο, το: prince
βασιλόπιτα, η: New Year's Day cake
βασιλοπούλα, η: princess
βασιλόπουλο, το: prince
βασιλόφρονας, ο: royalist
βάσιμος, -η, -ο: trustworthy, reliable, sound
βασκαίνω: cast an evil eye
βάσκαμα, το: evil eye
βασκανία, η: βλ. **βάσκαμα**
βάσκανος, -η, -ο: evil eyed ‖ *(μτφ)* envious, jealous
βαστάζος, ο: porter
βαστιέμαι: βλ. **κρατιέμαι**
βαστώ: βλ. **κρατώ** ‖ βλ. **αντέχω**
βατ, το: watt
βάτα, η: padding
βατίστα, η: batiste
βατομουριά, η: berry bush
βατόμουρο, το: black berry, raspberry
βάτος, ο: bramble, brier
βατός, -ή, -ό: passable
βατραχάνθρωπος: frogman
βατραχοπέδιλα, τα: flippers
βάτραχος, ο: frog
βατσίνα, η: vaccine
βαττ, το: βλ. **βατ**
βαυκαλίζω: lull *(και μτφ)*
βαφέας, ο: (υφασμ.) dyer ‖ (μπογιατζής) painter
βαφή, η: dye ‖ (μπογιά) paint ‖ (παπουτσιού) polish
βάφομαι: (μακιγιάρομαι) make up
βαφτίζω: (βυθίζω σε υγρό) dip, immerse, dunk ‖ (άνθρωπο) baptize, christen ‖ (ονομάζω) name, call, nickname
βάφτιση, η: baptism, christening
βαφτίσια, τα: βλ. **βάφτιση**
βαφτισιμιά, η: goddaughter
βαφτισιμιός, ο: god son
βάφτισμα, το: βλ. **βάφτιση** ‖ ~ **του πυρός:** baptism of fire
βαφτιστήρι, το: god child
βαφτιστής, ο: βλ. **νουνός** ‖ (Αγ. Ιωάννης) the Baptist
βαφτιστικιά, η: βλ. **βαφτισιμιά**
βαφτιστικός, ο: βλ. **βαφτισιμιός**
βάφω: dye ‖ (μπογιατίζω) paint ‖ (χρωματίζω) color, colour ‖ (μέταλλο) temper ‖ (παπούτσια) polish

βάψιμο, το: βλ. **βαφή** ‖ (μακιγιάρισμα) make up ‖ (ματιών) mascara
βγάζω: (οδηγώ) lead ‖ (αποχωρίζω) take out, extract ‖ (κερδίζω) make ‖ (δημοσιεύω) publish ‖ (εκλέγω) elect ‖ (διακρίνω) make out ‖ (ονομάζω) name, nickname ‖ (συμπεραίνω) conclude ‖ (αφαιρώ) take off, pull off ‖ (εξαθρώνω) dislocate ‖ (αναδίνω) give off, emit, send forth ‖ (δόντια) to teethe, cut one's teeth ‖ (αφαιρώ δόντι) pull out, extract ‖ (εξάγω) take out
βγαίνω: (εξέρχομαι) go out, come out, get out, step out, walk out, exit ‖ (ανατέλλω) rise ‖ (δημοσιεύομαι, κυκλοφορώ) be out, be published ‖ (εκλέγομαι) be elected ‖ (εξαλείφομαι) come out ‖ (από το θέμα) sidetrack, stray, digress ‖ (αφοδεύω) evacuate
βγάλσιμο, το: (εξαγωγή) taking out ‖ (δοντιού) extraction, pulling out ‖ (εξάρθρωση) dislocation
βδέλλα, η: leech *(και μτφ)*
βδέλυγμα, το: abhorrence, abomination
βδελυρός, -ή, -ό: abhorrent, abominable
βδελύσσομαι: abhor, abominate, detest
βδομάδα, η: week
βέβαια: *(επίρ)* certainly, surely
βέβαιος, -α, -ο: certain, sure
βεβαιότητα, η: certainty, certitude
βεβαιώνω: assure, confirm, affirm ‖ (έγγραφο) certify
βεβαίως: *(επίρ)* βλ. **βέβαια**
βεβαίωση, η: assurance, confirmation ‖ (έγγραφο) certificate
βέβηλος, -η, -ο: profane ‖ (ιερόσυλος) sacrilegious *(και μτφ)*
βεβηλώνω: profane
βεβήλωση, η: profanity, profaneness
βεβιασμένος, -η, -ο: forced
βεγγαλικό, το: fireworks, bengal light
βεγγέρα, η: soiree, evening reception, evening party
βεγόνια, η: βλ. **μπιγκόνια**
βεζίρης, ο: vizier
βελάδα, η: frock-coat
βελάζω: bleat
βελανίδι, το; βελανιδιά, η: βλ. **βαλανίδι, βαλανιδιά**
βέλασμα, το: bleat, bleating

516

βεληνεκές, το: range
βέλο, το: veil
βελόνα, η: needle
βελόνι, το: βλ. βελόνα
βελονιά, η: stitch
βελονιάζω: (περνώ κλωστή) thread a needle || (ράβω) stitch
βελονισμός, ο: acupuncture
βελονοειδής, -ές: acuminate, needle-shaped
βελονωτός, -ή, -ό: βλ. βελονοειδής
βέλος, το: (πολεμ.) arrow (και μτφ) || (παιγν.) dart
βελουδένιος, -α, -ο: velvet, of velvet, velvety (και μτφ)
βελούδινος, -η, -ο: βλ. βελουδένιος
βελούδο, το: velvet
βελτιώνω: better, improve, ameliorate
βελτίωση, η: improvement, betterment, amelioration,
βενεδικτίνη, η: benedictine
βενζίνα, η: gasoline, gas || (brit.) petrol
βενζινάδικο, το: gas station, filling station, service station
βενζινάκατος, η: motor boat
βενζινάροτρο, το: motor plow
βενζίνη, η: βλ. βενζίνα
βεντάγια, η: fan
βεντάλια, η: βλ. βεντάγια
βεντέττα, η: (εκδίκ.) vendetta || (γυναίκα) vamp, fan
βεντούζες, οι: cupping
βέρα, η: wedding ring
βεράντα, η: verandah, veranda || (εισόδου) porch || (αυλής) piazza, porch, veranda
βερβερίτσα, η: squirrel
βέργα, η: (ξύλινη) switch, stick || (μεταλ.) rod
βεργολυγερή, η: willowy
βερεσέ: (επίρ) on credit
βερεσέδια, τα: shopping debts
βερικοκιά, η: apricot
βερίκοκο, το: apricot
βερμούτ, το: vermouth, vermuth
βερνιέρος, ο: vernier
βερνίκι, το: varnish, polish || (μτφ) polish, veneer
βερνικώνω: varnish, polish
βέρος, -α, -ο: true, genuine
βερυκοκιά, βερύκοκο: βλ. βερικοκιά,

βερίκοκο
βεστιάριο, το: (δωμ.) cloakroom || (σύνολο ενδυμάτων) wardrobe
βετεράνος, ο: veteran
βέτο, το: veto
βήμα, το: step, pace || (δρασκελιά) pace, stride || (ρήτορα) rostrum, dais, tribune || (κοχλία) pitch || (ήχος βήματος) step, footstep, tread, || Άγιο ~: Altar
βηματίζω: step, pace
βημάτισμα, το: step, pace
βηματισμός, ο: βλ. βημάτισμα
βήξιμο, το: coughing || βλ. βήχας
βήρυλος, ο: beryl
βήχας, ο: cough
βήχω: cough
βία, η: (για επιβολή) force, violence, || (βιασύνη) hurry, haste || ανωτέρα ~: vis major
βιάζομαι: be in a hurry, be hasty, be in a haste, make haste
βιάζω: (αναγκάζω) force, compel, coerce || (παραβιάζω) force, break open || (διαφθείρω) rape, violate
βιαιοπραγία, η: assault, act of violence || (νομ) assault and battery
βίαιος, -α, -ο: (χαρακτήρας) violent || (υποχρεωτικό) forcible, violent
βιαιότητα, η: violence
βιασμός, ο: violation, rape || (ανηλίκου) statutory rape
βιαστής, ο: rapist
βιαστικά: (επίρ) hurriedly, hastily
βιαστικός, -ή, -ό: hasty, hurried, in a hurry
βιασύνη, η: hurry, haste
βιβλιάριο, το: booklet || (επιταγών) checkbook || (πληρωμής) pay book || (καταθέσεων) bankbook, passbook
βιβλικός, -ή, -ό: biblical
βιβλίο, το: book
βιβλιογραφία, η: bibliography
βιβλιοδεσία, η: book binding
βιβλιοδέτης, ο: book binder
βιβλιοδέτηση, η: βλ. βιβλιοδεσία
βιβλιοδετική, η: book binding
βιβλιοθηκάριος, ο: librarian || (διευθ. βιβλιοθήκης) curator
βιβλιοθήκη, η: (έπιπλο) bookcase || (κτίριο ή αίθουσα) library

βιβλιοκρισία, η: book review
βιβλιολατρεία, η: bibliolatry
βιβλιομανής, ο: bibliomaniac, bookworm
βιβλιομανία, η: bibliomania
βιβλιοπωλείο, το: bookstore, bookshop
βιβλιοπώλης, ο: bookseller, book sales-
man
βιβλιοσυλλέκτης, ο: (θηλ.
βιβλιοσυλλέκτρια): book collector
βιβλιοφάγος, ο: bookworm (και μτφ)
βιβλιόφιλος, -η, -ο: bibliophile, bibliophil,
bibliophilist
βίβλος, η: bible
βίγλα, η: (σκοπιά) sentry box, post ‖
(παρατηρητήριο) observation post
βίδα, η: screw ‖ (μτφ: στριμμένος)
screwball ‖ του έστριψε η ~: he has a
screw loose
βιδάνιο, το: (χαρτοπ.) kitty ‖ (απόπιομα)
dregs, last drops
βιδέλο, το: (μοσχάρι) veal ‖ (δέρμα)
calfskin
βιδολόγος, ο: screwdriver
βίδρα, η: otter
βίδωμα, το: screwing
βιδώνω: screw
βιδωτήρι, το: βλ. βιδολόγος
βίζα, η: visa
βίζιτα, η: βλ. επίσκεψη
βίκος, ο: tare, vetch, common vetch
βίλα, η: villa
βίντσι, το: winch, windlass
βιογραφία, η: biography
βιογραφικός, -ή, -ό: biographical, bio-
graphic ‖ ~ σημείωμα: resume~, bio-
graphical note
βιογράφος, ο: biographer
βιόλα, η: (άνθος) viola, violet ‖ (οργ.)
viola
βιολέτα, η: violet
βιολί, το: violin, fiddle ‖ το ίδιο ~: same
grind ‖ αλλάζω ~: change one's tune
βιολιστής, ο (θηλ. βιολίστρια): violinist,
fiddler
βιολιτζής, ο: βλ. βιολιστής
βιολογία, η: biology
βιολογικός, -ή, -ό: biological
βιολόγος, ο: biologist
βιολονίστας, ο: βλ. βιολιστής
βιολοντσέλο, το: cello, violoncello

βιομηχανία, η: industry ‖ (κατασκευή)
manufacture ‖ (κτίριο) factory, plant
βιομηχανικός, -ή, -ό: industrial
βιομηχανοποίηση, η: industrialization
βιομηχανοποιώ: industrialize
βιομήχανος, ο: industrialist ‖
(κατασκευαστής) manufacturer
βιοπαλαιστής, ο: one who ekes out a liv-
ing
βιοπαλαίω: eke out a living
βιοπάλη, η: struggle for a living
βιοποριστικός, -ή, -ό: bread winning
βίος, ο: life ‖ (ύπαρξη) existence
βιός, το: property, fortune, wealth
βιοτέχνης, ο: handicraftsman
βιοτεχνία, η: handicraft
βιοτικός, -ή, -ό: biotic ‖ ~ ο επίπεδο, το:
cost of living
βιοχημεία, η: biochemistry
βιοχημικός, -ή, -ό: biochemical ‖ (ουσ)
biochemist
βιρτουόζος, ο: virtuoso
βίσων, ο: bison
βιταμίνα, η: vitamin
βιτρίνα, η: (καταστημ.) shop window ‖
(θήκη επίδειξης) show case (και μτφ)
βιτριόλι, το: sulfuric acid, oil of vitriol
βίτσα, η: βλ. βέργα
βιτσιά, η: lash
βίτσιο, το: (συνήθεια) vice ‖ (σεξ ανωμ.)
perversion, vice
βιώσιμος, -η, -ο: viable, capable of living
‖ (μτφ) practicable, feasible
βλαβερός, -η, -ο: harmful, noxious ‖ βλ.
επιζήμιος
βλάβη, η: harm, injury ‖ (μηχ) breakdown,
trouble ‖ (ζημία) damage
βλάκας, ο: stupid, idiot, dolt, blockhead,
imbecile, moron, coot
βλακεία, η: stupidity, idiocy, imbecility
βλακώδης, -ες: stupid, idiotic, imbecilic
βλαμένος, -η, -ο: dotty, daft
βλάμης, ο: (ιδ) swash, swashbuckler,
swaggerer
βλάπτω: harm, be harmful, injure, damage
βλαστάνω: grow, spring up, sprout
βλαστάρι, το: sprout, shoot, bud ‖ (μτφ)
offspring, scion
βλαστήμια, η: (βλασφημία) blaspheme ‖
(βρισιά) curse, oath

518

βλάστημος, -η, -ο: blasphemous
βλαστημώ: (βλασφημώ) blasheme ‖ (βρίζω) curse, swear, revile
βλάστηση, η: growth, vegetation
βλαστίζω: βλ. **βλαστάνω**
βλαστός: βλ. **βλαστάρι**
βλασφημία, βλάσφημος, βλασφημώ: βλ. **βλαστημία, βλάστημος, βλαστημώ**
βλάφτω: βλ. **βλάπτω**
βλαχιά, η: boorishness
βλάχικος, -η, -ο: (των βλάχων) wallachian ‖ (αγροίκος) boorish
βλάχος, ο: (από τη Βλαχία) Wallachian ‖ (αγροίκος) bumpkin, boor ‖ (τσομπάνης) shepherd
βλέμμα, το: look, glance, eye, gaze
βλέννα, η: mucus ‖ (μύξα) nasal mucus ‖ (χυδ.) snot
βλεννογόνος, -α, -ο: mucous
βλεννόρροια, η: gonorrhoea
βλέπε: *(τυπογρ)* q.v. (quod vide), see
βλέπω: see ‖ (αντικρίζω) face, overlook, command
βλεφαρίδα: eyelash
βλεφαρίζω: wink
βλέφαρο, το: eyelid
βλέψη, η: aim, aspiration, prospect
βλήμα, το: missile, projectile
βληματαγωγό, το: caisson
βλητική, η: ballistics
βλητικός, -ή, -ό: ballistic
βλίτο, το: strawberry blite
βλογιά, η: βλ. ευλογιά
βλογιοκομμένος, -η, -ο: pockmarked
βλοσυρός, -ή, -ό: grim, forbidding
βλοσυρότητα, η: grimness
βόας, ο: boa ‖ ~ συσφιγκτήρ: boa constrictor
βογγητό, το: groan, moan, groaning, moaning
βόγγος, ο: βλ. **βογγητό**
βογγώ: groan, moan
βόδι, το: ox ‖ *(μτφ)* dullard, dolt
βοδινός, -ή, -ό: bovine ‖ (κρέας) beef
βοή, η: clamor, din, boom
βοήθεια, η: help, assistance, aid ‖ (ελεημοσύνη) alms ‖ **πρώτες ~ες**: first aid ‖ **όχημα πρώτων ~ών**: ambulance ‖ **σταθμός πρώτων ~ών**: emergency ward, emergency unit, first aid station

βοήθημα, το: help, assistance, aid
βοηθητικός, -ή, -ό: auxiliary ‖ (ευνοϊκός) helpful, favorable ‖ (στρατιώτης) noncombatant
βοηθός, ο: assistant, helper ‖ (βαθμός) assistant
βοηθώ: help, assist, aid
βόθρος, ο: cesspool
βοϊδάμαξα, η: wagon, ox-cart
βολάν, το: (αυτοκινήτου) steering wheel ‖ (αεροπλάνου) control stick, controls ‖ *(ιδ)* joy stick
βολβός, ο: bulb ‖ (μάτι) eyeball
βόλεϊμπολ: volley ball
βόλεμα, το: arrangement, tidying
βολετός, -ή, -ό: practicable, feasible, possible
βολεύω: arrange, tidy ‖ (διευθετώ) settle ‖ (εξυπηρετώ) accommodate ‖ (ταιριάζω) suit
βολή, η: (ρίξιμο) throw ‖ (όπλου) shot, discharge ‖ (απόσταση) range ‖ (άνεση) comfort, convenience
βόλι, το: bullet
βολίδα, η: (βλήμα) missile ‖ *(αστρ)* bolide, meteoric fireball ‖ *(ναυτ)* sounding lead
βολιδοσκόπηση, η: sounding *(και μτφ)* ‖ (γνώμης) canvassing
βολιδοσκοπώ: sound *(και μτφ)* ‖ (γνώμη) canvass
βολικός, -ή, -ό: (άνετος) comfortable, convenient ‖ (ευκαιρία) convenient ‖ (άνθρωπος) easy-going, good-natured
βόλλεϊμπωλ: βλ. **βόλεϊμπολ**
βολοκόπος, ο: harrow
βόλος, ο: lump, clod, chunk ‖ (παιχνίδι) marble
βολπλανέ: volplane
βολτ, το: volt
βόλτα, η: (περιστροφή) revolution ‖ (στροφή) turn ‖ (περίπατος) stroll, walk ‖ **τα φέρνω ~**: manage, make do ‖ **παίρνω την κάτω ~**: go to pot, go to seed, run to seed
βολτάρισμα, το: stroll, walk
βολτάρω: stroll, walk
βόμβα, η: bomb, bombshell *(και μτφ)*
βομβαρδίζω: bomb, bombard *(και μτφ)*
βομβαρδισμός, ο: bombing

βομβαρδιστής, ο: bombardier
βομβαρδιστικό, το: bomber
βομβητής, ο: buzzer
βόμβος, ο: buzz, hum
βομβύκιο, το: cocoon
βομβώ: buzz, hum
βόνασος, ο: bison
βορά, η: prey
βόρβορος, ο: mire, mud, slime *(και μτφ)*
βορειοανατολικός, -ή, -ό: north-east, north-easterly ‖ *(άνεμος)* north-easter
βορειοδυτικός, -ή, -ό: north-west, north-westerly
βόρειος, -α, -ο: north, northern
βοριάς, ο: βλ. **βορράς** ‖ *(άνεμος)* north wind
βορικό, το: boric
βορινός, -ή, -ό: βλ. **βόρειος**
βορράς, ο: north
βοσκή, η: *(βόσκημα)* grazing, pasture ‖ *(μέρος)* pasture
βόσκημα, το: grazing, pasture
βοσκοπούλα, η: shepherdess
βοσκός, ο: *(προβάτων)* shepherd ‖ *(μεγάλων ζώων)* herder, herdsman
βοσκότοπος, ο: pasture, meadow
βόσκω: *(αμτβ)* graze, pasture, browse ‖ *(μτβ)* take to pasture, graze
βόστρυχος, ο: curl, lock, tress, ringlet
βοτάνι, το: herb
βοτανίζω: weed
βοτανική, η: botany
βοτανικός, -ή, -ό: botanical
βοτάνισμα, το: weeding
βότανο, το: herb ‖ *(ζιζάνιο)* weed
βοτανολόγος, ο: botanist
βότκα, η: vodka
βότριδα, η: moth
βότρυς, ο: cluster, bunch
βότσαλο, το: pebble
βουβαίνομαι: become mute, be left speechless
βουβαίνω: make mute ‖ *(μτφ)* leave speechless
βουβάλι, το: buffalo
βούβαλος, ο: βλ. **βουβάλι**
βουβαμάρα, η: muteness, dumbness, speechlessness
βουβός, -ή, -ό: mute, speechless *(και μτφ)*
βουβώνας, ο: groin, loins

βουβωνικός, -ή, -ό: bubonic, inguinal
βουβωνοκήλη, η: inguinal hernia, inguinal rupture
βουδισμός, ο: Buddhism
βουδιστής, ο *(θηλ.* **βουδίστρια**): buddhist
βουζούνι, το: boil, furuncle
βουητό, το: βλ. **βοή**
βουΐζω: buzz, hum
βούισμα, το: βλ. **βουητό**
βούκα, η: βλ. **μπουκιά**
βουκέντρα, η: goad, prod
βουκέντρο, το: βλ. **βουκέντρα**
βούκινο, το: *(σάλπιγγα)* bugle, trumpet ‖ *(κυνηγ.)* hunting horm ‖ *(μτφ)* common knowledge, open secret
βουκολικός, -ή, -ό: bucolic, pastoral
βουκόλος, ο: cowherd, cow-boy, cow-puncher, herdsman, cow-poke
βούλα, η: *(του πάπα)* bull, bulla ‖ *(σφρ)* seal, stamp ‖ *(σημάδι)* spot
βουλεβάρτο, το: boulevard
βούλευμα, το: *(γνωμοδότηση)* decision, judgement ‖ *(νομ)* decree, writ ‖ **απαλλακτικό ~**: nolle prosequi ‖ **παραπεμπτικό ~**: habeas corpus
βουλεύομαι: deliberate
βουλευτήριο, το: congress, parliament, house of commons
βουλευτής, ο *(θηλ.* **βουλευτίνα**): congressman, representative, member of parliament
βουλευτικός, -ή, ό: congressional, parliamentary
βουλή, η: *(θέληση)* will, volition ‖ *(πολ)* βλ. **βουλευτήριο**
βούληση, η: will, volition desire ‖ *(πρόθεση)* intention
βούλιαγμα, το: sinking ‖ *(μτφ)* sinking, collapse
βουλιάζω: *(μτβ και αμτβ)* sink ‖ *(μτφ)* collapse, be ruined
βουλιμία, η: bulimia, gluttony, insatiable appetite
βούλλα, η: βλ. **βούλα**
βουλοκέρι, το: sealing-wax
βούλομαι: will, desire
βούλωμα, το: *(κλείσιμο)* sealing, corking, stopping ‖ *(καπάκι)* cork, stopper, plug, lid
βουλώνω: *(σφραγίζω)* seal, stamp ‖

(βάζω καπάκι) plug, cork, stop
βουναλάκι **το**: hill, hillock, knoll
βούνευρο, το: bullwhip
βουνί, το: βλ. **βουναλάκι**
βουνιά, η: dung, droppings
βουνίσιος, -α, -ο: (άνθρωπος) mountaineer, highlander || (τόπος) mountainous
βουνό, το: mountain
βουνοπλαγιά, η: hillside, mountainside, brae
βουνοσειρά, η: βλ. **οροσειρά**
βούρδουλας, ο: βλ. **βούνευρο** || (μτφ) whip, lash
βουρδουλιά, η: lash
βούρκος, ο: βλ. **βόρβορος**
βουρκώνω: (μάτια) fill with tears || (ουρανός) be overcast, be dark, be covered with clouds
βουρλίζομαι: get mad, be furious
βουρλίζω: drive mad, vex, make furious
βούρλισμα, το: vexation
βούρλο, το: bulrush, sedge, rush, cattail
βούρτσα, η: brush
βουρτσίζω: brush || (γυαλίζω) polish
βούρτσισμα, το: brushing || (γυάλισμα) polishing
βους, ο: βλ. **βόδι**
βουστάσιο, το: cattle ranch, cowshed, dairy farm
βούτα, η: vat, keg
βούτηγμα, το: βλ. **βουτιά** || (κλοπή) swiping, filching, heist
βούτημα, το: dunking cake, biscuit
βουτηχτής, ο: diver || (μτφ) pilferer, filcher, thief
βουτιά, η: dive, plunge || βλ. **βούτηγμα**
βουτσί, το: βλ. **βαρέλι**
βουτυράδικο, το: dairy, butter factory
βουτυράτος, -η, -ο: butter, buttery, made of butter
βούτυρο, το: butter
βουτυρόγαλο, το: buttermilk
βουτυροκομείο, το: βλ. **βουτυράδικο**
βουτυροκόμος, ο: dairyman
βουτυρώνω: butter
βουτώ: (βυθίζω) dip, dunk || (κάνω βουτιά) five, plunge, || (μτφ) swipe, filch, pilfer, steal, snatch
βόχα, η: stench, stink

βοώ: cry, make an outcry
βραβείο, το: prize, award
βράβευση, η: reward, awarding of a prize, prize award
βραβεύω: award a prize, reward
βραγιά, η: lawn, bed
βράγχιο, το: gills
βραδιά, η: βλ. **βράδυ** || βλ. **νύχτα**
βραδιάζομαι: (με παίρνει το βράδυ) be overtaken by night
βραδιάζω: (γ΄ προσ.) it is getting dark, night falls
βραδιάτικα: (επίρ) late in the evening
βραδινός, -ή, -ό: evening || ~ **φόρεμα**: evening gown || ~ **ενδυμασία**: tuxedo, black tie, formal clothing
βράδυ, το: evening
βραδυγλωσσία, η: stutter, stammer, stuttering
βραδύγλωσσος, -η, -ο: stutterer, stammerer, stuttering, stammering
βραδυκίνητος, -η, -ο: slow, sluggish
βραδύνοια, η: dullness, mental deficiency, obtuseness
βραδύνους, ο: dull, mentally deficient, obtuse
βραδύνω: (αμτβ) be late, delay, linger || (μτβ) delay
βραδυπορία, η: straggling, falling behind, slow walk
βραδυπόρος, -α, -ο: straggler, laggard, slow walker
βραδυπορώ: straggle, fall behind, lag behind, walk slowly
βραδύς, -εία, -ύ: slow, sluggish, straggler
βραδύτητα, η: slowness, sluggishness, straggling
βραδυφλεγής, -ές: delay-action, delayed-action
βράζω: boil, stew || (μτφ) seethe, stew || ~ **στο ζουμί μου**: stew in one's own juice
βράκα, η: baggy breeches
βρακί, το: (ανδρ) shorts, underpants, drawers || (γυν) panties, pants, underpants
βράση, η: boiling || (ζύμωση) fermentation || **στη ~ κολλά το σίδερο**: strike while the iron is hot
βρασμός, ο: βλ. **βράση** || (μτφ) agitation,

521

βραστήρας

anger
βραστήρας, ο: boiler
βραστός, -ή, -ό: boiled || (πολύ καυτός) boiling, steaming
βραχιόλι, το: bracelet
βραχίονας, ο: arm (και μτφ) || (διακλάδωση) branch
βράχνα, η: hoarseness
βραχνάδα, η: βλ. **βράχνα**
βραχνάς, ο: (εφιάλτης) nightmare || (άγχος) anxiety, oppressiveness, weight
βραχνιάζω: become hoarse || ~ από τις φωνές: shout oneself hoarse
βράχνιασμα, το: βλ. **βράχνα**
βραχνός, -ή, -ό: hoarse
βράχος, ο: rock (και μτφ) || (ύφαλος) reef
βραχύβιος, -α, -ο: short-lived
βραχύκανος, -η, -ο: short-barreled
βραχυκεφαλία, η: brachycephaly, brachycephalism
βραχυκέφαλος, -η, -ο: brachycephalic, brachycephalous, brachycranic
βραχυκύκλωμα, το: short-circuit
βραχυλογία, η: brachylogy, brief concise speech, terseness
βραχύλογος, -η, -ο: terse, brief, concise || (λακωνικός) laconic
βράχυνση, η: (μίκραιμα) shortening || (συντόμευση) abbreviation || (ιστορίας) abridgement
βραχύνω: (μικραίνω) shorten || (συντομεύω) abbreviate || (ιστορία) abridge
βραχυπρόθεσμος, -η, -ο: short-termed
βραχύς, -εία, -ύ: (κοντός) short || (σύντομος) short, brief
βραχύσωμος, -η, -ο: short
βραχύτητα, η: shortness, brevity
βραχώδης, -ες: rocky
βρέγμα, το: sinciput
βρεγματικός, -η, -ο: sincipital
βρεγμένος, -η, -ο: wet, drenched
βρέξιμο, το: wetting, drenching
βρετίκια, τα: finder's reward
βρεφικός, -ή, -ό: infantile || ~ ηλικία: infancy
βρεφοκομείο, το: foundling asylum, infant asylum, baby farm
βρεφοκτονία, η: infanticide

βρεφοκτόνος, ο (θηλ. **βρεφοκτόνος**): infanticide
βρέφος, το: infant
βρέχω: (καταβρέχω) wet, moisten, drench || (καιρός) rain || (κατουριέμαι) wet
βρίζα, η: rye
βρίζω: curse, swear
βρίθω: teem, swarm with, crawl with
βρίκι, το: brig
βρισιά, η: curse, oath, abuse, insult
βρίσιμο, το: cursing, swearing
βρίσκομαι: be located, be found, be
βρίσκω: find || (ανακαλύπτω) discover || (τυχαία) encounter, come across
βρογχικός, -ή, -ό: bronchial
βρογχίτιδα, η: bronchitis
βρογχοκήλη, η: goiter, goitre, struma
βρογχοπνευμονία, η: bronchopneumonia
βρόγχος, ο: bronchus
βροντερός, -ή, -ό: thundering, thunderous
βροντή, η: thunder, thunderclap
βροντοκοπώ: βλ. **βροντώ**
βρόντος, ο: thunder, roar, din || (μηχανής) thunder, roar, chug || στο ~: in vain || (δυνατό χτυπ.) thump
βροντοφωνώ: thunder
βροντώ: thunder (και μτφ) || (χτυπώ δυνατά) thump || τα ~: (σταματώ) quit, stop, give up || (παραιτούμαι) resign, quit
βροντώδης, -ες: βλ. **βροντερός**
βρούβα, η: herb || δεν τρώω ~ες: I am not a sucker, I am not a dupe
βροχερός, -ή, -ό: rainy, pluvian, pluvial
βροχή, η: rain || ραγδαία ~: downpour, shower, pelting rain || ψιλή ~: drizzle
βροχηδόν: (επίρ): like rain
βρόχι, το: (μτφ) snare, charm
βρόχινος, -η, -ο: rain
βροχόνερο, το: rainwater
βροχόπτωση, η: rainfall
βρόχος, ο: (θηλειά) loop, noose || (σχοινί με βρόχο) lariat, lasso
βρύζα, η: βλ. **βρίζα**
βρυκόλακας, ο: vampire
βρύο, το: moss
βρύση, η: fountain || (πηγή) spring || (κάνουλα) tap, faucet, spigot
βρυχηθμός, ο: roar, roaring
βρυχώμαι: roar

βρώμα, η: (δυσοσμία) stink, stench ‖ (ακαθαρσία) filth, dirt ‖ (παλιογυναίκα) βλ. **βρωμογυναίκα**

βρωμάνθρωπος, ο: dirty man, filthy man, pervert

βρωμερός, -ή, -ό: (δύσοσμος) stinking, foul ‖ (ακάθαρτος) dirty, filthy ‖ (μτφ) vile, nasty

βρώμη, η: oats

βρωμιά, η: filth, dirt (και μτφ)

βρωμιάρης, -α, -ικο: βλ. **βρωμερός**

βρωμίζω: dirty, soil

βρώμικος, -η, -ο: βλ. **βρωμερός**

βρώμιο, το: bromine

βρωμιούχος, -α, -ο: bromide, bromic

βρωμογυναίκα, η: slut, slattern, strumpet, hussy, trollop

βρωμοδουλειά, η: nasty affair, dirty business, dirty work

βρωμόκαιρος, ο: dirty weather, filthy weather

βρωμοκοπώ: βλ. **βρωμώ**

βρωμόλογο, το: obscenity, dirty word

βρωμόσκυλο, το: (μτφ) dirty dog, cur, vermin .

βρωμώ: stink, give off a stench, to emit a foul odor

βρώσιμος, -η, -ο: edible

βύζαγμα, το: sucking, suckling

βυζαίνω: suck, suckle

βυζανιάρικο, το: suckling

βυζαντινός, -ή, -ό: byzantine

βυζάστρα, η: wet nurse

βυζί, το: breast ‖ (αγελάδας, προβάτου κλπ.) udder

βυζούνι, το: βλ. **βουζούνι**

βυθίζομαι: sink

βυθίζω: (βάζω σε νερό) dip, submerge, immerse ‖ (καταβυθίζω) sink

βύθιση, η: (κατάσταση) plunge, dive ‖ (βούλιαγμα) sinking

βύθισμα, το: βλ. **βύθιση** ‖ (πλοίου) draught

βυθοκόρος, η: (μηχάνημα) dredge ‖ (πλοίο) dredger

βυθομέτρηση, η: sounding

βυθομετρώ: sound

βυθός, ο: bottom

βύρσα, η: leather

βυρσοδεψείο, το: tannery

βυρσοδέψης, ο: tanner

βυρσοδεψία, η: tanning

βυσσινής, -ιά, -ύ: purple, purplish red, crimson

βυσσινιά, η: morello tree, sour cherry

βύσσινο, το: morello, sour cherry

βυσσοδομώ: intrigue, scheme, plot

βυτίο, το: cask, barrel

βώδι, βωδινός: βλ. **βόδι, βοδινός**

βωλοκόπος, βώλος: βλ. **βολοκόπος, βόλος**

βωμολοχία, η: obsene word, obscenity

βωμολόχος, ο: foul-mouthed, scurrilous

βωμός, ο: altar

Γ

Γ, γ: the 3rd letter of the Greek alphabet ‖ γ´=3, γ =3000

γαβάθα, η: clay bowl, wooden bowl, earthenware basin

γαβαθωτός, -ή, -ό: hollow, bowl-shaped

γαβγίζω, γάβγισμα: βλ. **γαυγίζω, γαύγισμα**

γαβριάς, ο: urchin, scamp, street urchin

γάγγλιο, το: ganglion

γάγγραινα, η: gangrene

γαγγραινιάζω: gangrene

γαγγραινώδης, -ες: gangrenous

γάδος, ο: codfish

γάζα, η: gauze

γαζέλλα, η: gazelle

γαζέτα, η: (εφημ) gazette ‖ (νόμισμα) copper, penny

γαζί, το: backstitch, stitch ‖ **ψιλό ~:** (μτφ) fun, mockery, teasing

γαζία, η: farnesian acacia, mallow, musk mallow

γάζωμα, το: backstitch, backstitching, stitching

γαζώνω: backstitch, stitch

γαιάνθρακας, ο: coal

γαιανθρακωρυχείο, το: coal mine

γαϊδάρα

γαϊδάρα, η: βλ. γαϊδούρα
γάϊδαρος, ο: ass, donkey ‖ *(μτφ)* ass, jackass ‖ δένω το ~ μου: make good
γαϊδούρα, η: jenny
γαϊδουράγκαθο, το: thistle
γαϊδουράκι, το: small donkey, little donkey, foal
γαϊδουριά, η: coarseness, boorishness, grossness
γαϊδουρινός, -ή, -ό: asinine *(και μτφ)*
γαϊδουροκαβαλαρία, η: donkey ride
γαιοκτήμονας, ο: landowner
γαϊτανάκι, το: *(της αποκριάς)* maypole
γαϊτάνι, το: ribbon
γάλα, το: milk
γαλάζιος, -α, -ο: blue
γαλαζοαίματος, -η, -ο: blue-blooded
γαλαζόπετρα, η: *(λίθος)* turquoise ‖ *(φαρμ)* sulfate of copper
γαλαζωπός, -ή, -ό: bluish
γαλακτερός, -ή, -ό: milky, made with milk
γαλακτικός, -ή, -ό: lactic
γαλακτοειδής, -ές: milky
γαλακτοκομείο, το: dairy
γαλακτοκόμος, ο: dairyman
γαλακτομπούρεκο, το: cream-pie, cream-cake
γαλακτοπωλείο, το: creamery, milk-shop
γαλακτοπώλης, ο: milkman
γαλακτοτροφία, η: milk diet
γαλακτοφόρος, -α, -ο: lactiferous
γαλακτώδης, -ες: lacteal, milky
γαλάκτωμα, το: emulsion
γαλανόλευκος, -η, -ο: blue and white ‖ *(η Ελλ. σημαία)* the Greek flag
γαλανομάτης, -α, -ικο: blue-eyed
γαλανός, -ή, -ό: βλ. **γαλάζιος** ‖ βλ. **γαλανομάτης**
γαλαντομία, η: *(ευγένεια)* gallantry ‖ *(χουβαρντοσύνη)* generosity
γαλαντόμος, ο: *(ευγενής)* gallant ‖ *(ανοιχτοχέρης)* open-handed, generous
γαλαξίας, ο: *(αστρ)* galaxy, milky way ‖ *(δόντι)* milk tooth, baby tooth, deciduous tooth
γαλαρία, η: *(στοά)* gallery, arcade ‖ *(σήραγγα)* tunnel ‖ *(θεάτρ.)* balcony, gallery
γαλατάδικο, το: βλ. **γαλακτοπωλείο**

γαλατάς, ο: βλ. **γαλακτοπώλης**
γαλατερός, -ή, -ό: βλ. **γαλακτερός**
γαλατομπούρεκο: βλ. **γαλακτομπούρεκο**
γαλατόπιτα, η: milk-pie, cream-pie
γαλβανίζω: galvanize *(και μτφ)*
γαλβανισμός, ο: galvanizing
γαλβανόμετρο, το: galvanometer
γαλέος, ο: dogfish
γαλέρα, η: galley
γαλέτα, η: hardtack
γαλήνεμα, το: calm, calmness, calming
γαλήνευση, η: calmness, calming
γαληνεύω: calm, calm down, become calm
γαλήνη, η: calm, calmness, serenity ‖ *(θάλασσας)* calm
γαλήνιος, -α, -ο: calm, serene ‖ *(θαλ.)* calm, smooth
γαληνότατος, -η: *(τίτλος)* serene highness
γαλιάντρα, η: meadowlark
γαλίφης, -ισσα, -ικο: cajoler
γαλιφιά, η: cajolery
Γαλλία, η: France
γαλλικός, -ή, -ό: french
Γάλλος, ο: Frenchman
γαλονάς, ο: striper, ranker
γαλόνι, το: *(βάρος)* gallon ‖ *(αξιωμ. στρατού)* star, pip ‖ *(υπαξ.)* stripe, chevron ‖ *(αξιωμ. ναυτ.)* stripe
γαλοπούλα, η: turkey, turkey hen
γαλόπουλο, το: young turkey
γάλος, ο: turkey cock
γαλότσα, η: galosh, golosh, rubbers
γαλούχηση, η: suckling ‖ *(μτφ)* breeding, upbringing
γαλουχώ: nurse, suckle ‖ *(μτφ)* bring up, rear
γάμα, το: the third letter of the Greek alphabet
γαμβρός, ο: βλ. **γαμπρός**
γαμήλιος, -α, -ο: nuptial, bridal ‖ ~ δώρο: wedding present ‖ ~ τελετή: nuptials, wedding, wedding ceremony
γαμιαίος, -α, -ο: matrimonial, wedding
γάμος, ο: *(τελετή)* nuptials, wedding, wedding ceremony ‖ *(σύζευξη)* marriage, matrimony, wedlock ‖ πολιτικός ~: civil marriage
γάμπα, η: *(ειδικά)* calf, shank ‖ *(γενικά)* leg

524

γαμπριάτικος, -η, -ο: wedding, of a bridegroom

γαμπρός, ο: (μελλόνυμφος) groom, bride-groom ‖ (από κόρη) son-in-law ‖ (από αδελφή) brother-in-law

γαμψός, -ή, -ό: hooked ‖ (μύτη) aquiline

γαμίσι, το: (χυδ) fuck, screwing

γαμώ: (χυδ) fuck, screw

γάνα, η: (χαλκού) patina, verdigris ‖ (γλώσσας) fur ‖ γλώσσα με ~: furred tongue

γανιάζω: (μτφ) be annoyed, get vexed

γάντζος, ο: hook ‖ (πολλαπλός) grapnel, grapple

γάντζωμα, το: hooking, grappling

γαντζώνω: hook, grapple ‖ (μτφ) hook

γάντι, το: glove ‖ (προστατευτικό) gauntlet ‖ πετώ το ~: fling down the gauntlet ‖ με το ~: tactfully, politely, courteously

γάνωμα, το: tinning

γανώνω: tin

γανωτής, ο: tinner

γαργαλάω: tickle ‖ (μτφ) tickle, titilate

γαργαλίζω: βλ. γαργαλάω

γαργάλισμα, το: tickling ‖ (μτφ) titilation

γαργαλισμός, ο: βλ. γαργάλισμα

γαργαλιστικός, -ή, -ό: tickling ‖ (μτφ) titilating, tickling

γαργαλώ: βλ. γαργαλάω

γαργάρα, η: gargle

γαργαρίζω: gargle ‖ (μτφ) purl, murmur

γαργάρισμα, το: βλ. γαργάρα ‖ (μτφ) purling, murmuring

γαργαρισμός, ο: βλ. γαργάρα

γάργαρος, -η, -ο: purling, murmuring ‖ (καθαρός) clear, crystal-clear

γαρδένια, η: gardenia

γαρίδα, η: shrimp

γαρμπής, ο: southwester, southwest wind

γαρνίρισμα, το: garnishing ‖ βλ. γαρνιτούρα

γαρνίρω: garnish

γαρνιτούρα, η: garniture, trimming ‖ (φαγητού) garnish, side-dish

γαρυφαλιά, η: (άνθος) carnation ‖ (μπαχαρικό) clove

γαρύφαλο, το: (άνθος) carnation ‖ (μπαχαρ.) clove

γαστέρα, η: belly ‖ (πόνος) belly-ache

γάστρα, η: pot

γαστρεντερίτιδα, η: gastreenteritis

γαστρικός, -ή, -ό: gastric

γαστριμαργία, η: gluttony, voracity

γαστρίμαργος, -η, -ο: glutton, gluttonous, voracious

γαστρίτιδα, η: gastritis

γαστρονομία, η: gastronomy

γαστρονομικός, -ή, -ό: gastronomic, gastronomical

γαστρονόμος, ο: gastronome, gourmet, gastronomist

γάτα, η: cat, pussy, puss

γατάκι, το: kitten, pussy, kit

γάτος, ο: tomcat

γατούλα, η: βλ. γατάκι

γαυγίζω: bark, bay ‖ (μικρού σκύλου) yip, yap, yelp ‖ (μτφ) bark, yap

γαύγισμα, το: bark, bay, baying ‖ yip, yap, yelp

γαύρος, ο: hornbeam

γδάρσιμο, το: (εκδορά) skinning, flaying ‖ (γρατσουνιά) scratch, skinning

γδάρτης, ο: skinner, fleecer ‖ (μτφ) fleecer

γδέρνω: skin, flay ‖ (μτφ) fleece

γδούπος, ο: thump

γδύνομαι: strip, undress, take off one's clothes

γδύνω: strip, undress ‖ (μτφ) strip, fleece

γδύσιμο, το: stripping, undressing ‖ (μτφ) stripping, fleecing

γδυτός, -ή, -ό: naked, bare, nude, stripped, undressed

γεγονός, το: (συμβάν) event, occurrence, incident, happening ‖ (τυχαίο) occurrence, happening ‖ (σπουδαίο) event ‖ (πραγματικότητα) fact ‖ τετελεσμένο ~: fait accompli, accomplished fact

γέννα, η: gehenna ‖ (μτφ) hell

γειά, η: health ‖ (αποχαιρ.) good-bye, so long, bye-bye ‖ (χαιρ.) hello ‖ (πρόποση) cheers, your health

γείσο, το: (πηλικίου) vizor, visor, bill ‖ (κορνίζα) cornice ‖ (στέγης) eaves

γείτονας, ο: (θηλ. γειτόνισσα) neighbor

γειτονεύω: neighbor, border upon, lie close to, adjoin

γειτονιά, η: neighborhood, vicinity

γειτονικός, -ή, -ό: neighboring, bordering,

525

adjoining || (αισθήματα) neighborly

γειτονόπουλο, το (θηλ. **γειτονοπούλα**): young neighbor || neigbor's child

γελάδα, η: cow

γελαδάρης, ο: herder, cow boy, cowpoke, cow puncher, waddy

γελαδινός, -ή, -ό: cow

γέλασμα, το: βλ. **γέλιο** || (απάτη) swindle, deception, taking in || (περίγελος) laughing stock

γελαστός, -ή, -ό: (που γελά) laughing || (χαμογελαστός) smiling || (μτφ) cheerful

γελάω: βλ. **γελώ**

γελέκο, το: βλ. **γιλέκο**

γελιέμαι: be deceived, be mistaken

γέλιο, το: laugh, laughter || (δυνατό) guffaw || (νευρικό ή κρυφό) giggle || (αντιπαθητικά έντονο) cackle || **ξεσπώ σε** ~ : burst into laughter || **σκάω στα** ~: roar with laughter

γελοιογραφία, η: caricature

γελοιογράφος, ο: caricaturist

γελοιογραφώ: caricature

γελοιοποίηση, η: ridicule, ridiculing

γελοιοποιούμαι: make a fool of myself, become ridiculous, make myself ridiculous

γελοιοποιώ: ridicule, make ridiculous, make a fool of

γελοίος, -α, -ο: ridiculous || (παράλογος) ludicrous

γελοιότητα, η: ridiculousness

γελώ: laugh || (μτφ) twinkle, be merry, be radiant || (απατώ) take in, swindle, fool, deceive

γέλωτας, ο: βλ. **γέλιο**

γελωτοποιός, ο: comedian, clown, || (αυλής) jester || (παλιάτσος) buffoon, clown

γεμάτος, -η, -ο: (πλήρης) full, filled || (όπλο) loaded || (παχύς) thickset, stout, plump || (φορτισμένος) charged

γεμίζω: (μτβ): (πληρώνω) fill || (όπλο) load || (φορτίζω) charge || (φαγητό) stuff || (αμτβ): (πληρούμαι) fill, be filled || (παχαίνω) fill out, put on weight || (φεγγάρι) wax

γέμιση, η: stuffing || (φεγγαριού) waxing

γέμισμα, το: filling || (όπλου) charge || (φεγγαριού) βλ. **γέμιση**

γεμιστήρας, ο: cartridge clip, clip

γεμιστής, ο: loader

γεμιστός, -ή, -ό: stuffed

γενάκι, το: goatee, small chin beard

Γενάρης, ο: January

γενάρχης, ο: progenitor, partriarch

γενάτος, -η, -ο: bearded

γενεά, η: (φυλή) race || (γενιά) generation || (καταγωγή) birth

γενεαλογία, η: genealogy, lineage, ancestry, pedigree

γενεαλογικός, -ή, -ό: genealogical || ~ **δέντρο:** family tree, pedigree

γενέθλια, τα: birthday

γενέθλιος, -α, -ο: natal

γένεια, τα: βλ. **γενειάδα**

γενειάδα, η: beard

γενειοφόρος, -α, -ο: βλ. **γενάτος**

γένεση, η: genesis, origin, creation || (θρησκ) Genesis

γενέτειρα, η: (χώρα) native country, native land || (πόλη) birthplace, place of birth

γενετή, η: βλ. **γέννηση** || **εκ** ~**ς:** by birth, from birth

γενετήσιος, -α, -ο: sexual

γενετική, η: genetic

γενετικός, -ή, -ό: genetic

γένι, το: βλ. **γενειάδα**

γενιά, η: βλ. **γενεά**

γενικά: (επίρ) generally, in general

γενίκευση, η: generalization

γενικευτικός, -ή, -ό: generalizing

γενικεύω: generalize

γενική, η: (γραμ) genitive

γενικός, -ή, -ό: general || (ενός γένους) generic || ~ **επιτελείο:** general staff || ~ **διευθυντής:** general manager

γενικότητα, η: generality

γενίτσαρος, ο: janissary, janizary

γέννα, η: birth, childbirth, parturition, delivery

γενναιοδωρία, η: generosity

γενναιόδωρος, -η, -ο: generous

γενναιόκαρδος, -η, -ο: valiant, brave

γενναίος, -α, -ο: brave, valiant, courageous

γενναιότητα, η: bravery, valor, courage

γενναιοφροσύνη, η: magnanimity, magnanimousness, chivalry γενναιόφρων, -ον: magnanimous, chivalrous

γενναιοψυχία, η: βλ. γενναιοφροσύνη ‖ βλ. γενναιότητα

γενναιόψυχος, -η, -ο: magnanimous, chivalrous ‖ βλ. γενναίος

γέννημα, το: (παιδί) offspring, progeny ‖ (δημιούργημα φαντασίας) creation, fantasy ‖ (προϊόν) crops ‖ ~ και θρέμα: born and raised

γέννηση, η: βλ. γέννα ‖ (θρησκ) Nativity

γεννητικός, -ή, -ό: genital ‖ ~ά όργανα: genitalia, genitals

γεννήτορας, ο: genitor, father

γεννητούρια: βλ. γέννα

γεννήτρια, η: generator

γεννιέμαι: be born

γεννώ: give birth to, bring forth ‖ (γεν. ζώα) drop ‖ (πουλιά) lay ‖ (άλογα, μουλάρια κλπ.) foal ‖ (αγελάδες, ελεφ. κλπ.) calve ‖ (προβ., κατσίκες) yean ‖ (σκυλιά, γουρούνια, κουνέλια κλπ.) litter ‖ (ψάρια) spawn ‖ (μτφ) create, give birth to

γένος, το: βλ. γενεά ‖ (ανθρώπινο) mankind, homo, homo sapiens ‖ (ζώων και φυτών) genus, species, ‖ (γραμ) gender ‖ (φύλο) sex

γερά: (επίρ) (δυνατά) strongly, stoutly, sturdily, ‖ (στερεά) firmly

γεράκι, το: hawk, falcon

γεράματα, τα: old age

γεράνι, το: geranium

γερανός, ο: crane (πουλί και μηχάνημα) ‖ (βίντσι) winch ‖ (βαρούλκο) block and tackle

γέρας, το: βλ. βραβείο

γερατειά, τα: βλ. γεράματα

γέρικος, -η, -ο: old

Γερμανία, η: Germany

γερμανικός, -ή, -ό: Germanic, german

Γερμανός, ο: (θηλ. Γερμανίδα): German ‖ (ειρων) Kraut, Boche

γερμανόφιλος, -η, -ο: Germanophile

γέρνω: (μτβ) tilt, bend, lean ‖ (αμτβ) lean, incline, slant

γερνώ: age, get old, grow old

γέροντας, ο: (θηλ. γερόντισσα): βλ. γέρος, γερόντισσα

γεροντικός, -ή, -ό: senile

γερόντιο, το: little old man

γερόντισσα, η: old woman

γεροντοκόρη, η: old maid, spinster

γεροντοκρατία, η: gerontocracy

γεροντοπαλίκαρο, το: bachelor

γέρος, ο: (θηλ. γριά) old man ‖ (ειρων) codger

γερός, -ή, -ό: (υγιής) healthy, sound, hale ‖ (δυνατός) strong, robust

γερούντιο, το: gerund

γερουσία, η: senate

γερουσιαστής, ο: senator

γέρων: βλ. γέρος

γεύμα, το: (φαγητό) meal ‖ (μεσημεριανό) luncheon, lunch ‖ (επίσημο) dinner

γευματίζω: (μεσημ.) lunch ‖ (επίσ.) dine

γεύομαι: taste (και μτφ)

γεύση, η: (αίσθηση) taste ‖ (νοστιμάδα) flavor, taste

γευστικός, -ή, -ό: tasty ‖ (αναφερόμενος στη γεύση) gustative, gustatory

γέφυρα, η: bridge

γεφύρι, το: βλ. γέφυρα

γεφυροποιία, η: (κατασκ.) bridge building ‖ (επιστ.) bridge engineering

γεφυροποιός, ο: (κατασκ.) bridge builder ‖ (μηχαν.) bridge engineer

γεφυρώνω: bridge (και μτφ), span

γεφύρωση, η: bridging (και μτφ)

γεωγραφία, η: geography

γεωγραφικός, -ή, -ό: geographic, geographical ‖ ~ μήκος: longitude ‖ ~ πλάτος: latitude

γεωγράφος, ο: geographer

γεωδαισία, η: geodesy

γεωδαιτικός, -ή, -ό: geodetic

γεωκεντρικός, -ή, -ό: geocentric

γεωλογία, η: geology

γεωλογικός, -ή, -ό: geologic, geological

γεωλόγος, ο: geologist

γεωμέτρης, ο: geometrician, geometer

γεωμετρία, η: geometry

γεωμετρικός, -ή, -ό: geometric, geometrical

γεώμηλο, το: potato

γεωπονία, η: geoponics, science of agriculture

γεωπονικός, -ή, -ό: geoponic, agricultural

γεωπόνος, ο: agriculturalist, agriculturist

γεωργία ,η: farming, land cultivation ‖

527

γεωργικός

βλ. γεωπονία
γεωργικός, -ή, -ό: farming, agricultural
γεωργός, o: farmer, cultivator ‖ (που οργώνει) plowman
γεώτρηση, η: drilling
γεωτροπισμός, o: geotropism
γεωτρύπανο, το: auger, drill, borer
γη, η: (υδρόγειος) earth, globe ‖ (χώμα) earth, ground ‖ (ξηρά) land ‖ (κτήματα) land
γηγενής, -ές: native, indigenous
γήινος, -η, -ο: (όχι ουράνιος) earthly ‖ (κάτοικος της γης) terrestrial
γήλοφος, o: butte, hillock, knoll
γήπεδο, το: ground, field ‖ (τένις) courts ‖ (γκολφ) links, course
γηραιός, -ά, -ό: aged, elderly, old
γηραλέος, -α, -ο: βλ. γηραιός
γήρας, το: βλ. γεράματα
γηράσκω: βλ. γερνώ
γηρατειά, τα: βλ. γεράματα
γηροκομείο, το: home for the aged
για: for ‖ (για λογαριασμό) on behalf of ‖ (σχετικά με) about ‖ (προς) for ‖ ~ πάντα: for good, for ever ‖ ~ καλά: for good ‖ ~ να δούμε: let's see ‖ ~ την ώρα: for the time being, for the present ‖ ~ το Θεό! for God's sake, for Christ's sake ‖ ~ να: in order that, in order to ‖ (ή) or
γιαγιά, η: grandmother, granny, grandma, grannie
γιαγιάκα, η: granny, grannie
γιακάς, o: collar ‖βλ. πέτο
γιαλός, o: seashore, sandy beach
γιανίτσαρος, o: βλ. γενίτσαρος
γιάντες, το: wishbone
γιαούρτι, το: yogurt, yoghourt, yoghurt
γιαπί, το: (μισοτελειωμένο σπίτι) building under construction ‖ (σκαλωσιές) scaffolding
γιαπιτζής, o: mason
γιασεμί, το: jasmine
γιαταγάνι, το: scimitar, yataghan, yatagan
γιατί: (συνδ) why ‖ (διότι) because
γιατρειά. η: cure, healing
γιατρεύω: cure, heal
γιατρικό, το: medication, medicine, remedy
γιατρίνα, η: βλ. γιατρός ‖ (γυναίκα γιατρού) doctor's wife

γιατρός, o: physician, medical doctor, doctor ‖ (εσωτερικός) intern
γιατροσόφι, το: medication, medicament
γιαχνί, το: stew, ragout
γίγαντας, o: giant (και μτφ)
γιγαντιαίος, -α, -ο: gigantic
γιγάντιος, -α. -ο: βλ. γιγαντιαίος
γιγαντισμός, o: gigantism
γιγάντισσα, η: giantess
γιγαντομαχία, η: gigantomachy, gigantomachia
γιγαντόσωμος, -η, -ο: gigantic
γίγας, o: βλ. γίγαντας
γιγγίβερη, η: ginger
γίδα, η: goat
γίδι, το: kid
γιδοβοσκός, o: goatherd
γιλέκο, το: vest, waistcoat
γινάτι, το: spite ‖ έχω ~ : have a grudge
γίνομαι: become ‖ (φτιάχνομαι) be done ‖ (ωριμάζω) ripen ‖ (λαβαίνω χώρα) happen, occur, take place ‖ (πραγματοποιούμαι) become ‖ (εξελίσσομαι) be getting, become
γινόμενο, το: product
γινωμένος, -η, -ο: (τελειωμένος) done ‖ (ώριμος) ripe
γιόμα, το: βλ. γεύμα
γιομάτος, -η, -ο: βλ. γεμάτος
γιορτάζω: celebrate
γιορτή, η: βλ. εορτή
γιορτινός, -ή, -ό: βλ. εορτάσιμος
γιός, o: son
γιουβαρλάκια, τα: meatballs with rice and whipped egg sauce
γιουλί, το: violet
γιούχα: boo
γιουχαΐζω: boo, hoot
γιουχάρω: βλ. γιουχαΐζω
γιοφύρι, το: βλ. γέφυρα
γιρλάντα, η: (στολίδι) garland, festoon ‖ (φορέματος) border ‖ (ανάγλυφο) festoon
γιωτ, το: βλ. θαλαμηγός
γιώτα, το: iota
γκαβός, -η, -ό: (αλλήθωρος) cross-eyed ‖ (τυφλός) blind
γκάζι, το: (αέριο) gas ‖ (πετρέλαιο) petroleum, oil ‖ (πεντάλ) accelerator pedal

γκαζιέρα, η: gas stove
γκαζόζα, η: carbonated lemonade
γκάιντα, η: bagpipe
γκαμήλα, η: βλ. καμήλα
γκαμπαρντίνα, η: βλ. καμπαρντίνα
γκαράζ, το: garage
γκαρίζω: bray
γκάρισμα, το: bray, braying
γκαρσόν, το: waiter
γκαρσονιέρα, η: efficiency apartment, bachelor apartment
γκαστρωμένη, η: βλ. έγκυος
γκαστρώνω: impregnate
γκάφα, η: gaffe, blunder, faux pas
γκαφατζής, ο: blunderer, blunderbuss
γκέμι, το: rein
γκέτα, η: (χαμηλή) spat, gaiter ‖ (περικνήμιο) gaiter, legging
γκέτο, το: ghetto
γκιαούρης, ο: giaour
γκιλοτίνα, η: guillotine
γκίνια, η: adversity, bad luck, misfortune, ill luck
γκιόνης, ο: small owl, nightjar
γκλάβα, η: (ιδ) noggin, pate
γκλαβανή, η: trapdoor
γκλίτσα, η: shepherd's staff
γκολ, το: goal, score
γκολφ, το: golf
γκόμενα, η: (ιδ) mistress, girlfriend
γκουβερνάντα, η: governess
γκούσα, η: βλ. βρογχοκήλη
γκρεμίζομαι: topple, collapse, crumble ‖ (μτφ: φεύγω) skedaddle, scram, get lost
γκρεμίζω: (πετώ) hurl down, throw down ‖ (ανατρέπω) overthrow, topple ‖ (κατεδαφίζω) demolish, pull down
γκρέμισμα, το: (ρίξιμο) hurling, throw ‖ (ανατροπή) overthrowing, toppling ‖ (κατεδάφιση)demolition, pulling, down
γκρεμός, ο: precipice, crag
γκρι: gray, grey
γκρίζος, -α, -ο: βλ. γκρι
γκριμάτσα, η: βλ. μορφασμός
γκρίνια, η: grumble, grumbling, grousing, carping, nagging
γκρινιάζω: grumble, grouse, carp, nag, grouch
γκρινιάρης, -α, -ικο: grouser, grumbler, nagging, grouchy

γκρουπιέρης, ο: βλ. κρουπιέρης
γλαδιόλα, η (ή γλαδιόλος, ο): gladiola, gladiolus
γλάρος, ο: gull, mew, seagull, seamew
γλάρωμα, το: drowsiness, sleepiness
γλαρώνω: drowse, doze, be sleepy
γλάστρα, η: flowerpot
γλαύκα, η: owl ‖ κομίζεις ~εις Αθήνας: carry coals to Newcastle
γλαυκός, -ή, -ό: (λαμπρός) bright, shining ‖ (γαλάζιος) blue, cerulean, azure, sky-blue
γλαύκωμα, το: glaucoma
γλαυξ, η: βλ. γλαύκα
γλαφυρός, -ή, -ό: (ομαλός) smooth ‖ (κομψός) graceful, elegant, refined
γλαφυρότητα, η: (ομαλότητα) smoothness ‖ (χάρη) grace, elegance, refinement
γλειφιτζούρι, το: lollipop, lollypop
γλείφτης, ο: licker ‖ (δουλοπρεπής) apple polisher, fawner, toady, lickspittle, boot-licker
γλείφω: lick ‖ (μτφ) apple-polish, fawn, bootlick
γλείψιμο, το: licking ‖ (μτφ) apple-polishing, fawning, bootlicking
γλεντζές, ο: convivial, reveler, merry-maker
γλέντι, το: merry-making, revelry ‖ ~ τρικούβερτο: boisterous revelry
γλεντώ: (ξεφαντώνω) make merry, revel ‖ (απολαμβάνω): enjoy ‖ (μτβ) amuse, entertain
γλεύκος, το: must
γλιστερός, -ή, -ό: slippery
γλίστρα, η: slippery place
γλίστρημα, το: slip (και μτφ)
γλιστρίδα, η: βλ. αντράκλα
γλιστρώ: (άθελα) slip (και μτφ) ‖ (κάνω γλίστρα) slide ‖ (είμαι γλιστερός) be slippery ‖ (ξεφεύγω) elude, slip away
γλίσχρος, -η, -ο: meager, skimpy, paltry
γλίτσα, η: grease ‖ (μτφ) filth, dirt
γλοιώδης, -ες: slimy (και μτφ)
γλόμπος, ο: bulb, globe
γλουτός, ο: buttock, rump, butt
γλύκα, η: sweetness ‖ (χαϊδευτ. προσαγόρευση) sweetie, honey, sugar
γλυκά: (επίρ) sweetly
γλυκάδι, το: vinegar

529

γλυκάδια, τα: sweetbread, giblet

γλυκαίνω: sweeten ‖ *(μτφ)* alleviate, soften

γλυκανάλατος, -η, -ο: insipid, graceless

γλυκάνισο, το: (φυτό) anise ‖ (σπόρος) anise, aniseed

γλυκαντικός, -ή, -ό: sweetening, sweetener

γλυκερίνη, η: glycerine

γλύκισμα, το: cake, sweetmeat, pie, pastry

γλυκό, το: βλ. γλύκισμα ‖ sweet, candy, confectionery

γλυκόζη, η: glucose

γλυκοκοιτάζω: give the eye, look at amorously, make eyes at

γλυκοκουβεντιάζω: talk amorously, coo, bill and coo

γλυκομίλητος, -η, -ο: mellifluous, affable, sweet-tongued ‖ *(ειρων.)* glib

γλυκομιλώ: speak kindly, speak tenderly ‖ βλ. γλυκοκουβεντιάζω

γλυκοπατάτα, η: sweet potato

γλυκόπικρος, -η, -ο: bitter-sweet

γλυκόπιστος, -η, -ο: smooth

γλυκόρριζα, η: licorice, liquorice

γλυκός, -ιά, -ό: sweet

γλυκοχαράζει: dawns, day is breaking

γλυκοχάραμα, το: dawn, daybreak

γλυκύτητα, η: βλ. γλύκα

γλύπτης, ο: *(θηλ* γλύπτρια): sculptor, statuary, ‖ (ξύλου) carver, wood carver

γλυπτική, η: sculpture, statuary ‖ (ξύλου) carving

γλυπτό, το: sculpture, engraving

γλυπτός, -ή, -ό: sculptured, carved

γλύπτρια, η: sculptress

γλυτωμός, ο: deliverance, rescue ‖ (διαφυγή) escape

γλυτώνω: *(μτβ)* deliver, free, rescue, save ‖ *(αμτβ)* escape

γλυφάδα, η: brackishness

γλύφανο, το: chisel, burin, graver

γλυφή, η: sculpture, engraving, carving ‖ βλ. γλυπτό

γλυφός, -ή, -ό: brackish

γλύφω: sculpture ‖ (ξύλο) carve ‖ *(μετ)* chisel, sculpture ‖ βλ. γλείφω

γλώσσα, η: (όργανο) tongue ‖ (ομιλία) tongue, language ‖ (ψάρι) flounder, plaice, fluke, sole ‖ *(μτφ)* tongue

γλωσσάριο, το: glossary

γλωσσάς, -ού, -άδικο: (πολυλογάς) prater, garrulous, chatterbox ‖ (αυθάδης) sassy, impertinent, cheeky ‖ (κουτσομπόλης) gossip, gossiper

γλωσσίδι, το: tongue ‖ (κουδουνιού) tongue of a bell, clapper

γλωσσικός, -ή, -ό: lingual, language ‖ *(ανατ)* lingual

γλωσσοδέτης, ο: (πάθηση) tongue-tie ‖ (παιχνίδι) tongue twister

γλωσσολογία, η: linguistics, glossology

γλωσσολόγος, ο: linguist, glossologist

γλωσσομαθής, -ές: polyglot, linguist

γλωσσοτρώγω: malign, gossip maliciously, backbite

γλωσσοφαγία, η: malignant gossip, backbiting

γνάθος, η: jaw

γνέθω: spin

γνέσιμο, το: spinning

γνέφω: beckon, nod

γνέψιμο, το: beckon, beckoning, nod

γνήσιος, -α, -ο: (νόμιμος) legitimate ‖ (αυθεντικός) genuine, authentic

γνησιότητα, η: legitimacy ‖ genuineness, authenticity

γνωμάτευση, η: expert opinion, judgement

γνωματεύω: give an opinion, judge

γνώμη, η: opinion, view ‖ αλλάζω ~: change my mind

γνωμικό, το: motto, maxim ‖ βλ. και αφορισμός

γνωμοδότηση, η: adjudication, consulting, consultation

γνωμοδοτικός, -ή, -ό: consultative, consultatory, advisory

γνωμοδοτώ: βλ. γνωματεύω

γνώμονας, ο: (δείκτης) gnomon, style, style of a sundial ‖ (όργανο) protractor ‖ (μετρητής) meter ‖ *(μτφ)* criterion, standard

γνωρίζομαι: get acquainted, meet ‖ (συστήνομαι) be introduced

γνωρίζω: (ξέρω) know, be aware of, be cognizant ‖ (έχω σχέσεις) be acquainted, know ‖ (συστήνω) introduce ‖ βλ. αναγνωρίζω ‖ βλ. γνωστοποιώ

530

γνωριμία, η: acquaintance
γνώριμος, -η, -ο: acquaintance ‖ βλ. γνωστός
γνώρισμα, το: characteristic, distinguishing feature, distinguishing attribute, mark
γνώση, η: knowledge ‖ βλ. σύνεση
γνώστης, ο: versed, cognizant, connoisseur ‖ βλ. ειδικός
γνωστικός, -ή, -ό: prudent, wise
γνωστοποίηση, η: notification, announcement, notice
γνωστοποιώ: notify, make known, inform, announce
γνωστός, -ή, -ό: known, familiar ‖ βλ. γνώριμος
γόβα, η: pump, slipper
γοβάκι, το: βλ. γόβα
γογγύζω: βλ. βογγώ ‖ βλ. γκρινιάζω
γογγύλι, το: turnip
γογγυσμός, ο: βλ. βογγητό ‖ βλ. γκρίνια
γοερά (επίρ): plaintively, mournfully
γοερός, -ή, -ό: plaintive, mournful, woeful
γόης, ο: (θηλ. γόησσα): βλ. μάγος ‖ (μτφ) charmer
γόησσα, η: βλ. μάγισσα ‖ (μτφ) enchantress, vamp
γοητεία, η: charm, enchantment, attractiveness
γοητευτικός, -ή, -ό: charming, enchanting, attractive, captivating
γοητεύω: charm, attract, enchant, captivate
γόητρο, το: βλ. θέλγητρο ‖ (μτφ) prestige
γολέτα, η: schooner
γόμα, η: (κόλλα) glue ‖ (σβηστήρα) eraser
γομάρι, το: (βάρος) load, burden ‖ βλ. γάϊδαρος
γομολάστιχα, η: eraser
γόμος, ο: charge ‖ βλ. φορτίο
γομφίος, ο: molar
γομώνω: charge, load
γόμωση, η: charge
γόνα, το: βλ. γόνατο
γονατίζω: (αμτβ) kneel, fall to one's knees ‖ (μτβ) make s.b. kneel ‖ βλ. ταπεινώνω ‖ βλ. λυγίζω ‖ βλ. προσκυνώ
γονάτισμα, το: kneeling ‖ βλ. ταπείνωση ‖ βλ. προσκύνημα

γονατιστός, -ή, -ό: on one's knees
γόνατο, το: knee ‖ ως το ~: knee-deep, knee-high
γόνδολα, η: gondola
γονείς, οι: parents
γονικά, τα: βλ. γονείς
γονιμοποίηση, η: fertilization, impregnation
γονιμοποιώ: fertilize, impregnate, fecundate
γόνιμος, -η, -ο: fertile, fecund, prolific ‖ βλ. επινοητικός
γονιμότητα, η: fertility, fecundity
γονιός, ο: father ‖ (πληθ) βλ. γονείς
γόνος, ο: offspring, progeny, scion ‖ (σπέρμα) sperm, semen, seed
γόνυ, το: βλ. γόνατο
γονυκλισία, η: βλ. γονάτισμα
γονυπετώ: βλ. γονατίζω
γόος, ο: βλ. βόγγος ‖ βλ. θρήνος
γόπα, η: (ψάρι) bass ‖ (τσιγάρου) bult end, fag end, stub
γοργοκίνητος, -η, -ο: fast, fleet, swift
γοργόνα, η: sea-maiden, mermaid
γοργοπόδαρος, -η, -ο: swift-footed
γοργά: (επίρ) rapidly, quickly, swiftly, fast
γοργός, -ή, -ό: fast, rapid, quick, swift
γοργότητα, η: rapidity, rapidness, quickness, swiftness
γόρδιος δεσμός: Gordian knot
γορίλας, ο: gorilla (και μτφ)
γούβα, η: (βαθούλωμα) hollow, cavity ‖ (λάκκος) pot-hole
γουδί, το: mortar
γουδοχέρι, το: pestle ‖ το γουδί το ~: harp upon, tell the same story again and again
γουλί, το: stem, stalk, stump ‖ ξυρισμένος ~: close shave ‖ κούρεμα ~: shaved head ‖ βλ. φαλακρός
γουλιά, η: sip, mouthful
γουλιανός, ο: freshwater catfish
γούνα, η: fur
γουναράς, ο: furrier
γουναρικά, τα: furriery
γούπατο, το: depression, hollow, low ground
γουργουρητό, το: rumble, rumbling
γουργουρίζω: rumble
γουργούρισμα, το: βλ. γουργουρητό

γούρι, το: (καλοτυχία) good luck ‖ (αντικείμενο) charm, mascot

γούρικος, -η, -ο: lucky

γουρλίδικος, -η, -ο: βλ. γούρικος

γουρλομάτης, -α, -ικο: popeyed, goggle-eyed

γουρλώνω: goggle, open wide, stare with wide eyes

γούρνα, η: (λάκος) hole, pot-hole ‖ (τεχν. όρος) basin ‖ (ποτίσματος) watering trough

γουρούνα, η: sow

γουρουνάκι, το: piglet, piggy

γουρούνι, το: pig, swine (και μτφ)

γουρουνίσιος, -α, -ο: pig ‖ (σαν γουρούνι) piggish ‖ (κρέας) pork

γουρουνοβοσκός, ο: swineherd

γουρουνόπουλο, το: βλ. γουρουνάκι

γουρουνότριχα, η: bristle

γουρσούζης, γουρσουζιά: βλ. γρουσούζης, κλπ.

γουστάρω: (επιθυμώ) desire, yearn, wish ‖ (μου αρέσει) like ‖ (απολαμβάνω) enjoy

γουστέρα, η: lizard

γουστερίτσα, η: βλ. γουστέρα

γούστο, το: taste ‖ για ~: for the heck of it, for the hell of it

γουφάρι, το: mackerel, bonito

γοφός, ο: hip, haunch

γραβάτα, η: tie, necktie, cravat

γράδο, το: areometer,

γραία, η: βλ. γριά

γραίγος, ο: northeaster, northeast wind

γραΐδιο, το: (ειρων) old hag, crone

Γραικός, ο: Greek

γράμμα, το: (αλφαβήτου) letter, character ‖ (επιστολή) letter ‖~ του νόμου: letter of the law ‖ κατά ~: to the letter, literally

γράμματα, τα: education, learning

γραμμάριο, το: gram, gramme

γραμματέας, ο (η): (θέση και τίτλος) secretary ‖~ Νομαρχίας: county clerk ‖~ Δήμου: town clerk ‖ ~ Πρεσβείας: chancellor

γραμματεία, η: secretariat ‖ (λογοτεχνία) literature

γραμματική, η: grammar

γραμματικός, -ή, -ό: grammatical ‖ (ουσ) secretary

γραμμάτιο, το: bill, note, note of hand, promissory note, I.O.U.

γραμματισμένος, -η, -ο: educated, learned, literate

γραμματοκιβώτιο, το: mailbox, letterbox

γραμματοκομιστής, ο: mailman, postman, letter carrier

γραμματολογία, η: literature ‖ history of literature

γραμματόσημο, το: stamp, postage-stamp

γραμμένος, -η, -ο: written ‖ (μτφ) destined, fated ‖ (ουδ. ουσ.) destiny, fate

γραμμή, η: line ‖ (σειρά) line, row, rank ‖ (κοντυλιά) line, stroke

γραμμικός, -ή, -ό: linear, lineal

γραμμογράφος, ο: drawing-pen

γραμμοσκιά, η: hatch, hatching, hachure

γραμμοσύρτης, ο: βλ. γραμμογράφος

γραμμόφωνο, το: phonograph, gramophone

γραμμωτός, -ή, -ό: ruled, lined ‖ βλ. ριγέ

γρανίτης, ο: granite (και μτφ)

γραπτός, -ή, -ό: written

γραπτώς: (επίρ) in writing

γραπώνω: grab ‖ (συλλαμβάνω) pinch

γρασίδι, το: grass

γράσο, το: grease

γρατσουνιά, η: scratch

γρατσουνίζω: scratch

γρατσούνισμα, το: βλ. γρατσουνιά

γρατσουνώ: βλ. γρατσουνίζω

γραφέας, ο: scribe, clerk, penman

γραφείο, το: (δωμάτιο σπιτιού) study ‖ (εργασίας) office ‖ (υπηρεσία) bureau ‖ (έπιπλο) desk

γραφειοκράτης, ο: bureaucrat

γραφειοκρατία, η: bureaucracy ‖ (συστηματική καθυστέρηση) red tape

γραφειοκρατικός, -ή, -ό: bureaucratic

γραφεύς, ο: βλ. γραφέας

γραφή, η: writing ‖ Αγία Γ ~: Scripture, Holy Scripture, Bible

γραφιάς, ο: βλ. γραφέας

γραφίδα, η: pen, nib

γραφικός, -ή, -ό: (της γραφής) writing ‖ (μτφ) picturesque, colorful ‖~ ή ύλη: stationery ‖ (παράσταση) graphical, graph

γραφικότητα, η: picturesqueness

γραφίτης, ο: graphite, plumbago

γραφολογία, η: graphology

γραφολόγος, ο: graphologist, handwriting expert

γραφομηχανή, η: typewriter

γραφτό, το: destiny, fate

γράφομαι: be written ‖ (σε σχολείο) enrol, matriculate ‖ (σε σύλλογο, κλπ.) join

γράφω: write ‖ (καταχωρίζω) record ‖ (σε σχολείο) enrol

γράψιμο, το: writing ‖ (γραφ. χαρακτ.) handwriting

γρήγορα: (επίρ) fast, quickly, swiftly ‖ (αμέσως) promptly ‖ (ιδ) lickety-split, in a flash

γρηγοράδα, η: rapidity, quickness, swiftness, speed

γρήγορος, -η, -ο: fast, quick, swift, rapid, speedy

γρηγορώ: be vigilant, be alert, be watchful, be awake

γριά, η: old woman ‖το μαλλί της ~ς (γλύκισμα): cotton candy, spun sugar

γρι-γρι: fishing boat

γρίλια, η: grill, grille, slat

γρίπη, η: influenza, grippe, flu

γρίπος, ο: (δίχτυ) dragnet ‖ (καΐκι) fishing boat

γρίππη, η: βλ. **γρίπη**

γρίφος, ο: riddle, enigma ‖ (με εικόνες) rebus

γριφώδης, -ες: puzzling, enigmatic

γροθιά, η: (πυγμή) fist ‖ (χτύπημα) punch, clout, slug, belt

γρόθος, ο: βλ. **γροθιά**

γρονθοκόπημα, το: fisticuff, punch, belt

γρονθοκοπώ: box, punch, clout, slug, belt

γρόνθος, ο: βλ. **γροθιά**

γρόσι, το: groschen, piaster

γρούζω: (γαλοπούλα) gobble ‖ (άνθρωπος) grumble

γρουσουζεύω: bring bad luck

γρουσούζης, -α, -ικο: (άτυχος) ill-fated, unfortunate ‖ (που φέρνει ατυχία) evil, ominous, unlucky

γρουσουζιά, η: bad luck, misfortune

γρυ: not a word, nothing

γρυλίζω: grunt, growl (και μτφ.) ‖ (γουρούνι) grunt

γρύλισμα, το: (γουρουνιού) grunt ‖ grunt, growl, (και μτφ)

γρύλος, ο: (έντομο): cricket ‖ (μηχ) jack

γρυπός, -ή, -ό: hooked, aquiline

γυάλα, η: jar, bowl ‖ (ψαριών) fish-bowl

γυαλάδα, η: shine, gloss, lustre ‖ (ματιών) glaze

γυαλάτος, -η, -ο: bespectacled

γυαλί, το: glass ‖ ~ιά, τα: glasses, eyeglasses, spectacles

γυαλίζω: (μτβ) polish, shine, burnish ‖ (αμτβ) shine, sparkle, glisten

γυαλικά, τα: glassware

γυάλινος, -η, -ο: glass ‖ (σαν γυαλί) glassy

γυάλισμα, το: polishing, shining, burnishing

γυαλιστερός, -ή, -ό: shinig, bright, shiny, glistering

γυαλόχαρτο, το: sandpaper

γυάρδα, η: yard

γυιός, ο: βλ. **γιός**

γυλιός, ο: knapsack

γυμνάζομαι: exercise, train

γυμνάζω: train, drill, exercise ‖ (αθλ) train, coach

γυμνάσια, τα: (στρ) maneuvers

γυμνασιακός, -ή, -ό: high-school

γυμνασιάρχης, ο: principal of a junior high school

γυμνάσιο, το: junior high school ‖ (ευρωπ.) gymnasium

γυμνασιόπαιδο, το: high school student

γύμνασμα, το: exercise

γυμναστήριο, το: gym, gymnasium

γυμναστής, ο (θηλ. **γυμνάστρια**): (προπονητής) coach, trainer ‖ (δάσκαλος) physical education teacher, P.E. teacher ‖ (αθλητής) gymnast

γυμναστική, η: (σωμ. αγωγή) physical education ‖ (άσκηση) exercise ‖ (σύνολο ασκήσεων) gymnastics

γυμνάστρια, η: βλ. **γυμναστής**

γύμνια, η: βλ. **γυμνότητα**

γυμνικός, -ή, -ό: nude

γυμνισμός, ο: nudism

γυμνιστής, ο: (θηλ. **γυμνίστρια**) nudist

γυμνός, -ή, -ό: naked, bare, nude, unclothed ‖ (μτφ) bare

γυμνοσάλιαγκας, ο: slug

γυμνότητα, η: nakedness, nudity ‖ (μτφ) destitution, poverty

γυμνώνομαι: strip, take off one's clothes

533

γυμνώνω: strip, undress ‖ *(μτφ)* strip
γύμνωση, η: stripping, disrobing
γυναίκα, η: woman ‖ (σύζυγος) wife, missis, missus
γυναικαδέλφη, η: sister-in-law
γυναικάδελφος, ο: brother-in-law
γυναικάρα, η: junoesque, big woman
γυναικάς, ο: womanizer, womanchaser
γυναικείος, -α, -ο: woman ‖ (σαν γυναίκα) womanish, effeminate
γυναικίσιος, -α, -ο: βλ. γυναικείος
γυναικόκοσμος, ο: womankind
γυναικοκρατία, η: gynecocracy, government by women, gynarchy ‖ *(ιδ)* petticoat government
γυναικολογία, η: gynecology
γυναικολογικός, -ή, -ό: gynecological
γυναικολόγος, ο: gynecologist
γυναικόπαιδα, τα: women and children ‖ (άμαχος πληθ.) noncombatants
γυναικωνίτης, ο: gynaeceum
γύναιο, το: tart, jade, strumpet
γυνή, η: βλ. γυναίκα
γυπαετός, ο: bearded vulture, lammergeir, lammergeier, lammergeyer, ossifrage
γύπας, ο: vulture
γύρα, η: (κύκλος) circle ‖ (βόλτα) stroll, walk
γυρεύω: seek, search, look for ‖ (ζητώ) ask for
γύρη, η: pollen
γυρίζω: (στρέφω) turn, rotate, revolve, spin *(μτβ και αμτβ)* ‖ (επιστρέφω) return, come back ‖ (ταινία) film, shoot ‖ (τριγυρνώ) roam, wander, gad, rove
γύρινος, ο: tadpole
γύρισμα, το: turn, rotation, revolution ‖ (ρούχου) revers
γυρισμός, ο: return
γυριστός, -ή, -ό: turned up, reversed

γυρνώ: βλ. γυρίζω
γυροβολιά, η: turn
γυρολόγος, ο: huckster, hawker, peddler, street vendor
γύρος, ο: (κύκλος) circle ‖ (κυκλικό αντικείμενο) ring ‖ (περιστροφή) revolution ‖ (περίπατος) stroll, walk ‖ (καπέλου) brim ‖ (φορέματος) hem ‖ (στίβου) lap ‖ (πυγμαχ. και πάλης) round
γυροσκοπικός, -ή, -ό: gyroscopic
γυροσκόπιο, το: gyroscope, gyro
γυροφέρνω: wander, roam ‖ *(μτφ)* manage
γυρτός, -ή, -ό: leaning, inclined
γύρω: round, around, about
γυφτιά, η: meanness
γύφτικος, -η, -ο: gypsy ‖ *(μτφ)* mean
γύφτος, ο: gypsy, gipsy ‖ *(μτφ)* mean
γύψινος, -η, -ο: plaster
γύψος, ο: plaster of Paris, gypsum ‖ (κατάγματος) cast
γύψωμα, το: plastering ‖ (κατάγματος) cast
γυψώνω: plaster
γύψωση, η: βλ. γύψωμα
γωβιός, ο: gudgeon
γωνία, η: *(γεωμ)* angle ‖ (άκρη) corner ‖ (όργανο) set square ‖ (τζάκι) hearth, fireplace ‖ (στήριγμα) bracket ‖ (απόμερο μέρος) corner ‖ **αμβλεία** ~: obtuse angle ‖ **οξεία** ~: acute angle ‖ **ορθή** ~: right angle ‖ ~ **πρόσπτωσης**: angle of incidence ‖ ~: **ανάκλασης**: angle of reflection
γωνιάζω: bevel ‖ (σε ορθη γωνία) squar
γωνιαίος, -α, -ο: (κάνει γωνία) angular ‖ (στη γωνία) corner
γωνιακός, -ή, -ό: βλ. γωνιαίος
γωνιόλιθος, ο: cornerstone
γωνιόμετρο, το: protractor
γωνιώδης, -ες: angular

Δ

Δ, δ: the 4th letter of the Greek alphabet ‖ **δ´**=4 ‖ **δ** =4000
δα (μόριο): **όχι** ~: oh no!, oh come on!, certainly not! ‖ **τόσος** ~, **τόση** ~, **τόσο** ~: that small, so small, as small as that

δάγκαμα, το: βλ. **δάγκωμα**
δαγκαματιά, η: βλ. **δαγκωματιά**
δαγκάνα, η: pincer
δαγκανιάρης, -α, -ικο: biter, snappish ‖ *(μτφ)* biting

δαγκάνω: βλ. δαγκώνω

δάγκειος, ο: dengue, bre...bone fever, dandy

δάγκωμα, το: bite ‖ (εντομου) sting

δαγκωματιά, η: bite

δαγκώνω: bite *(και μτφ)* ‖ (εντόμου) sting

δάδα, η: torch

δαδί, το: pinewood

δαδούχος, ο: torch bearer

δαίδαλος, ο: maze, labyrinthine

δαιδαλώδης, -ες: mazy, labyrinthine ‖ *(μτφ)* complicated, intricate

δαίμονας, ο: demon *(και μτφ)*

δαιμονίζομαι: be possessed ‖ *(μτφ)* be angry, be furious

δαιμονίζω: infuriate, enrage, drive mad

δαιμονικός, -ή, -ό: demoniac

δαιμόνιο, το: demon ‖ *(μτφ)* genius

δαιμόνιος, -α, -ο: genius, ingenious

δαιμονισμένος, -η, -ο: demoniac, possessed

δαιμονιώδης, -ες: devilish ‖ *(μτφ)* frenzied

δαίμων, ο: βλ. δαίμονας

δάκος, ο: olive fly

δάκρυ, το: tear ‖ (σταγόνα δακρύου) teardrop

δακρύβρεχτος, -η, -ο: (γεμάτος δάκρυα) tearful ‖ (μελό) tear-jerker

δακρυγόνος, -α, -ο: lachrymal ‖ ~ αέριο: tear gas

δακρύζω: shed tears, tear, fill with tears

δάκρυο, το: βλ. δάκρυ

δακτυλήθρα, η: thimble

δακτυλιά, η: fingerprint ‖ (ποσότητα) a drop

δακτυλιδένιος, -α, -ο: (σαν δαχτυλίδι) annular, ring-shaped ‖ (μέση) wasp waist

δακτυλίδι, το: ring

δακτυλικός, -ή, -ό: finger, digital ‖ (μέτρο) dactylic ‖ ~ό αποτύπωμα: fingerprint

δακτυλιοειδής, -ές: annular, ring-shaped

δάκτυλο, το: (χεριού) finger ‖ (ποδιού) toe ‖ *(μτφ)* finger ‖ τον παίζω στα ~α: twist (or wrap) around one's little finger

δακτυλογράφηση, η: typewriting

δακτυλογραφία, η: βλ. δακτυλογράφηση

δακτυλογράφος, ο, η: typist

δακτυλογράφω: typewrite, type ‖ (με τυφλό σύστημα) touch-type

δάκτυλος, ο: βλ. δάκτυλο ‖ (μέτρου) centimeter, centimetre ‖ (υάρδας) inch ‖ (στίχος) dactyl

δαλτωνισμός, ο: daltonism ‖ βλ. και αχρωματοψία

δαμάζω: (ζώο) tame, break ‖ *(μτφ)* tame, subdue

δαμάλα, η: cow *(και μτφ)*

δαμάλι, το: calf, heifer

δαμαλίδα, η: *(ασθ.)* vaccinia, cowpox ‖ (μπόλι) vaccine

δαμαλίζω: vaccinate

δαμαλισμός, ο: vaccination

δαμασκηνιά, η: plum, plum tree

δαμάσκηνο, το: plum ‖ (ξερό) prune

δαμάσκο, το: demask

δάμασμα, το: taming, breaking

δαμαστής, ο (θηλ. δαμάστρια): tamer

δαμιζάνα, η: demijohn

δανδής, ο: toff, swish, fop, dandy

δανειακός, -ή, -ό: loan, lending

δανείζομαι: borrow

δανείζω: loan, lend

δανεικός, -ή, -ό: on loan, borrowed

δάνειο, το: loan

δανεισμός, ο: (δόσιμο) lending ‖ (λήψη) borrowing ‖ νόμος εκμίσθωσης και ~ού: lend-lease Act

δανειστής, -τρια: lender, creditor

δανειστικός, -ή, -ό: (που δανείζει) lending ‖ (που αναφέρεται στο δάνειο) loan

Δανία, η: Denmark

Δανικός, -ή, -ό: danish

δαντέλα, η: lace

δαπάνη, η: expense, cost, expenditure, outlay ‖ (σπατάλη) waste

δαπανηρός, -ή, -ό: (ακριβός) costly, expensive, ‖ (σπάταλος) spendthrift, wasteful

δαπανώ: spend ‖ (σπαταλώ) waste

δάπεδο, το: floor

δαρμός, ο: beating ‖ (μαστίγωση) whipping, flogging ‖ (ξυλοφόρτωμα) thrashing

δάρσιμο, το: βλ. δαρμός ‖ (ανατάραγμα γάλατος) churning

δάρτης, ο: flail

δασαρχείο, το: forestry department

δασάρχης, ο: regional forester ‖ (γεν. διευθ. δασών ...ίτους) chief forester

δασεία

δασεία, η: hard breathing mark
δασικός, -ή, -ό: sylvan, forest
δασκάλα, η: teacher, schoolmistress ‖ (ιδ) schoolmarm
δασκάλεμα, το: instruction, advise
δασκαλεύω: instruct, advise
δασκάλισσα, η: βλ. δασκάλα
δάσκαλος, ο: teacher, schoolteacher, schoolmaster
δασμολόγηση, η: assessment, taxation
δασμολογικός, -ή, -ό: assessment, assessorial
δασμολόγιο, το: tariff
δασμός, ο: (φόρος) tax ‖ (εισαγωγής) duty
δασόβιος, -α, -ο: sylvan
δασοκομία, η: forestry, arboriculture
δασολόγος, ο: forester
δασονόμος, ο: ranger, forest policeman
δάσος, το: forest, wood, woods
δασοσκέπαστος, -η, -ο: wooded, woody
δασοφύλακας, ο: forest guard, ranger
δασύλλιο, το: park, grove
δασύμαλλος, -η, -ο: hairy
δασύνω: (βάζω δασεία) aspirate ‖ (πυκνώνω) thicken
δασύς, -εία, -ύ: βλ. δασύμαλλος ‖ (πυκνός) thick, dense ‖ (γραμ) aspirate
δασύτριχος, -η, -ο: βλ. δασύμαλλος
δασώδης, -ες: βλ. δασοσκέπαστος
δασώνω: afforest
δαυκί, το: carrot
δαύκος, ο: parsnip
δαυλί, το: βλ. δαυλός
δαυλός, ο: torch, firebrand
δάφνη, η: laurel (και μτφ)
δάφνινος, -η, -ο: laurel
δαφνόλαδο, το: laurel oil
δαφνοστεφανωμένος, -η, -ο: laureate, crowned with laurels
δαφνοφόρος, -α, -ο: laurel bearing ‖ βλ. δαφνοστεφανωμένος
δαφνώνας, ο: laurel grove
δαχτυλήθρα, η: thimble
δαχτυλιά, η: (αποτύπωμα) fingerprint ‖ (ποσότητα) finger, drop
δαχτυλιδένιος, -α, -ο: annular, ring-shaped ‖ (μέση) waspwaist
δαχτυλίδι, το: ring
δαχτυλικός, -ή, -ό: βλ. δακτυλικός

δάχτυλο, το: βλ. δάκτυλο
δεδικασμένο, το: res adjudicata, res judicata, adjudicated precedent
δεδομένο, το: fact, datum, given
δέηση, η: (παράκληση) supplication, entreaty ‖ (προσευχή) prayer
δείγμα, το: sample, specimen ‖ (ένδειξη) token, sign, proof
δειγματοληψία, η: sampling
δειγματολόγιο, το: samples, collection, sample case,sample list
δείκτης, ο: (οργάνου) pointer, indicator ‖ (ρολογιού) hand ‖ (δάχτυλο) index ‖ (καντράν) needle
δεικτικός, -ή, -ό: (που δείχνει) indicative, indicating ‖ (αντων) demonstrative
δειλά: (επίρ) timidly, shyly, hesitatingly
δείλι, το: afternoon
δειλία, η: shyness, timidity ‖ (ανανδρία) cowardice
δειλιάζω: lose heart, turn chicken, show the white feather, turn yellow
δειλινό, το: βλ. δείλι
δειλός, -ή, -ό: (ντροπαλός) timid, shy ‖ (ανανδρος) coward, chicken, yellow
δεινοπάθημα, το: affliction, distress, suffering, trouble
δεινοπαθώ: suffer, be distressed, be in distress
δεινός, -ή, -ό: fearful, terrible ‖ (ικανός) skilful
δεινόσαυρος, ο: dinosaur
δεινότητα, η: skill, skilfulness, ability
δείπνο, το: (και δείπνος): supper ‖ Μυστικός ~: Last Supper
δειπνώ: sup, have supper
δεισιδαίμονας, ο: superstitious
δεισιδαιμονία, η: superstition
δείχνω: show, point, indicate ‖ (φαίνομαι) show, appear, give the impression
δείχτης: βλ. δείκτης
δέκα: ten
δεκάγωνο, το: decagon
δεκάδα, η: decade, group of ten, ten
δεκαδικός, -ή, -ό: decimal
δεκάδραχμο, το: a ten-drachma bill or coin
δεκάεδρο, το: decahedron
δεκαεννέα ή δεκαεννιά: nineteen
δεκαέξι: sixteen

536

δεκαεπτά: seventeen
δεκαετηρίδα, η: (περίοδος) decade ‖ (επέτειος) tenth anniversary
δεκαετία, η: decade
δεακεφτά: βλ. δεκαεπτά
δεκάζω: bribe, corrupt by bribery
δεκαήμερο, το: ten days' interval ‖ (λογ) Decameron
δεκάλεπτο, το: (νόμισμα) ten lepta piece ‖ (χρον) ten minutes' interval
δεκάλογος, ο: decalog, decalogue, the ten commandments
δεκάμετρο, το: decameter
δεκανέας, ο: corporal
δεκανίκι, το: crutch
δεκάξι: βλ. δεκαέξι
δεκαοχτώ ή δεκαοχτώ: eighteen
δεκαπενθήμερο, το: fortnight ‖ (έκδοση) fortnightly
δεκαπενταριά, η: about fifteen, approximately fifteen
δεκαπέντε: fifteen
δεκαπλασιάζω: multiply by ten
δεκαπλάσιος, -α, -ο: decuple, tenfold
δεκαπλός, -ή, -ό: tenfold
δεκάρα, η: a coin worth ten lepta, a ten-lepta piece ‖ δεν δίνω ~: I don't give a damn
δεκάρι, το: βλ. δεκάδραχμο ‖ (χαρτοπ.) ten
δεκαριά, η: ten, about ten ‖ καμιά ~: about ten
δεκάρικο, το: βλ. δεκάδραχμο
δεκάρικος, -η, -ο: (μτφ) worthless, stupid, silly
δεκαρολογία, η: penny ante
δεκαρολόγος, ο: penny pincher
δεκασμός, ο: bribery, corruption, corruption by bribery
δεκατέσσερες, -α: fourteen
δεκάτη, η: tithe
δεκατίζω: tithe, levy a tithe ‖ (μτφ) decimate
δεκατισμός, ο: decimation
δεκατόμετρο, το: decimeter
δέκατος, -η, -ο: tenth
δεκατρείς, -ία: thirteen
Δεκέμβριος, ο: December
δέκτης, ο: receiver
δεκτικός, -ή, -ό: receptive, susceptible

δεκτός, -ή, -ό: accepted, acceptable ‖ (παραδεκτός) admissible
δελεάζω: entice, allure, bait, decoy, tempt
δελεασμός, ο: enticement, allurement, baiting, temptation
δελεαστικός, -ή, -ό: enticing, alluring, tempting
δέλτα, το: delta
δελτάριο, το: postcard, air letter
δελτίο, το: (αναφορά) report ‖ (ειδήσεων) bulletin ‖ (ανακοίνωση) bulletin ‖ (εισόδου ή αδείας) ticket
δελφίνι, το: dolphin
δέμα, το: (πακέτο) parcel, packet, package ‖ (μπόγος) bundle ‖ (μάτσο) bunch
δεμάτι, το: bundle, bunch, fagot, faggot
δεματιάζω: bundle, bunch
δεμάτιασμα, το: bundling, bunching
δε ή δεν: (αρν. μορ.) not, no
δενδροκομείο, το: arboretum
δενδροκομία, η: arboriculture
δεντράκι, το: sapling, small tree
δεντρί, το: βλ. δεντράκι
δέντρο, το: tree
δεντρογαλιά, η: adder
δεντρολίβανο, το: rosemary
δεντρομολόχα, η: hollyhock
δεντροστοιχία, η: row of trees
δεντροφυτεύω: plant trees
δεντρόφυτος, -η, -ο: wooded, planted with trees, arboreous
δένω: tie ‖ (στέρεα) fasten, bind, fix ‖ (βιβλίο) bind ‖ (με αλυσίδα) fetter, chain, manacle, ‖ (τραύμα) bandage ‖ (πλοίο) moor ‖ (πήζω) thicken, set ‖ (μτφ) bind
δεξαμενή, η: (στέρνα) cistern, tank ‖ (πλοίο) tanker ‖ (ναυπηγείου) dock, basin ‖ (ντεπόζιτο) tank, reservoir
δεξαμενόπλοιο, το: tanker
δεξιά: (επίρ) right, to the right, on the right ‖ (παράγγελμα) right face!
δεξιός, -ά, -ό (ί): right, right hand ‖ (δεξιόχειρας) right-handed ‖ (πολιτικά) right-wing, rightist, right-winger ‖ (ευνοϊκός) favorable ‖ (επιδέξιος) dexterous, adroit, deft
δεξιόστροφος, -η, -ο: clockwise
δεξιοσύνη, η: βλ. δεξιότητα
δεξιότητα, η: adroitness, dexterity, deftness

δεξιόχειρας

δεξιόχειρας, ο: right-handed
δεξιώνομαι: receive, welcome guests
δεξίωση, η: reception
δέομαι: (έχω ανάγκη) need ‖ (προσεύχομαι) pray
δέον, το: necessary, what is needful
δέοντα, τα: greetings, respects, compliments
δεοντολογία, η: ethics, deontology
δέος, το: awe
δέρας, το: fleece ‖ χρυσόμαλλο ~: golden fleece
δέρμα, το: skin, pelt, hide ‖ (κατεργ.) leather
δερματικός, -ή, -ό: dermal, dermic
δερμάτινος, -η, -ο: leather
δερματίτιδα, η: dermatitis
δερματολογία, η: dermatology
δερματολόγος, ο: dermatologist
δερματοπώλης, ο: leather merchant
δέρνω: beat, thrash ‖ (νικώ) beat, whip ‖ (άνεμος) beat, sweep, buffet
δέση, η: βλ. δέσιμο ‖ (φράγμα) dam
δέσιμο, το: tying, binding ‖ (δεσμά) fetter, manacle ‖ (βιβλίου) binding ‖ (πήξιμο) thickening, setting
δεσμά, τα: fetters manacles, chains, bondage ‖ ισόβια ~: life sentence
δέσμευση, η: βλ. δέσιμο ‖ (μτφ) binding, tying, obligation
δεσμευτικός, -ή, -ό: binding, obligatory
δεσμεύω: bind
δέσμη, η: bundle, bunch ‖ (φυτών) sheaf ‖ (ομάδα) cluster ‖ (χαρτοπ.) pack ‖ (ακτίνων) beam
δεσμίδα, η: small bundle, small bunch
δέσμιος, -α, -ο: captive, bound ‖ (μτφ) captive
δεσμός, ο: bond, tie (και μτφ)
δεσμοφύλακας, ο: jailer, jailor, warder ‖ (ιδ) turnkey
δεσμωτήριο, το: (κρατητήριο) jail ‖ (πειθαρχείο) stockade
δεσμώτης, ο: prisoner
δεσπόζω: (εξουσιάζω) dominate, rule ‖ (μτφ) dominate, tower above
δέσποινα, η: mistress, matron ‖ (Παναγία) Holy Virgin, Blessed Virgin
δεσποινίδα, η: young lady ‖ (προσφ.) miss

δεσποσύνη, η: βλ. δεσποινίδα
δεσποτάτο, το: hegemony
δεσποτεία, η: βλ. δεσποτισμός
δεσπότης, ο: (άρχων) despot ‖ (επίσκ.) bishop
δεσποτικό, το:bishop's throne
δεσποτικός, -ή, -ό: despotic
δεσποτισμός, ο: despotism
δέστρα, η: bollard, kevel
δέτης, ο: stay, sheet
δετός, -ή, -ό: tied, bound ‖ (βιβλίο) bound
Δευτέρα, η: Monday ‖ Καθαρή ~: Shrove Monday
δευτερεύων, -ουσα, -ον: secondary ‖ (γραμ) subordinate, dependent
δευτέρι, το: ledger
δευτεροβάθμιος, -α, -ο: second degree ‖ (εκπαίδευση) secondary
δευτεροετής, -ές: second-year ‖ (φοιτητής) sophomore
δευτερόλεπτο, το: second
δευτερολογία, η: rejoinder, replication
δεύτερος, -η, -ο: second
δευτερότοκος, -η, -ο: second-born
δευτέρωμα, το: repetition
δευτερώνω: repeat
δεφτέρι, το: βλ. δευτέρι
δέχομαι: (λαβαίνω): receive ‖ (παραδέχομαι) accept ‖ (ομολογώ) admit ‖ (κάνω δεξίωση) receive, entertain ‖ (συμφωνώ) consent, agree
δεχτός, -ή, -ό: βλ. δεκτός
δεψικός, -ή, -ό: tannic
δήγμα, το: βλ. δάγκωμα
δήθεν: (επίρ) alleged, so-called, apparently
δηκτικός, -ή, -ό: biting (και μτφ), caustic
δηκτικότητα, η: causticity
δηλαδή: id est (i.e.), that is, that is to say, namely, videlicet (viz.)
δηλητηριάζω: poison (και μτφ)
δηλητηρίαση, η: poisoning (και μτφ)
δηλητηριασμένος, -η, -ο: poisoned
δηλητηριαστής, ο (θηλ. δηλητηριάστρια): poisoner
δηλητήριο, το: poison, venom (και μτφ)
δηλητηριώδης, -ες: poisonous, venomous (και μτφ)
δηλώνω: state, declare ‖ (στοιχεία) regis-

538

ter || (στο τελωνείο) declare
δήλωση, η: statement, declaration ||
(στοιχεία) registration
δηλωσίας, ο: renegade
δηλωτικός, -ή, -ό: declaratory, declarative
δημαγωγία, η: demagoguery, demagogism, demagogy
δημαγωγικός, -ή, -ό: demagogic, demagogical
δημαγωγός, ο: demagog, demagogue
δημαρχείο, το: city hall
δημαρχία, η: (αξίωμα ή περίοδος) mayoralty || βλ. **δημαρχείο**
δημαρχιακός, -ή, -ό: mayoral
δημαρχίνα, η: mayoress
δήμαρχος, ο: mayor
δημεγέρτης, ο: agitator
δήμευση, η: confiscation
δημεύω: confiscate
δημηγορία, η: oration || *(ειρων)* harangue
δημηγορώ: orate, speak || *(ειρων)* harangue
δημητριακά, τα: cereals
δήμιος, ο: executioner || (στην αγχόνη) hangman
δημιούργημα, το: creation || (πλάσμα) creature
δημιουργία, η: creation
δημιουργικός, -ή, -ό: creative || βλ. **παραγωγικός**
δημιουργός, ο: creator
δημιουργώ: create
δημογέροντας, ο: elder
δημογραφία, η: demography
δημογραφικός, -ή, -ό: demographic, demographical
δημοδιδάσκαλος, ο *(θηλ.* **δημοδιδασκάλισσα):** elementary school teacher
δημοκοπία, η, δημοκοπικός, δημοκόπος: βλ. **δημαγωγία, δημαγωγικός, δημαγωγός**
δημοκράτης, ο: democrat
δημοκρατία, η: (πολίτευμα) democracy || (χώρα) republic || **Ελληνική ~:** Republic of Greece
δημοκρατικός, -ή, -ό: democratic
δημοπρασία, η: auction
δημοπρατήριο, το: auction hall || (παλιατζίδικα) flea market
δημοπράτης, ο: auctioneer

δημοπρατώ: auction
δήμος, ο: (λαός) public, people, demos || (περιφ.) municipality || (περιοχή μεγάλης πόλης) borough
δημοσία: *(επίρ)* publicly
δημοσιά, η: highway || (χωριού) main street
δημοσίευμα, το: publishing, publication
δημοσίευση, η: publication
δημοσιεύω: publish
δημόσιο, το: (κράτος) state
δημοσιογραφία, η: (επάγγελμα) journalism || (τύπος) press
δημοσιογραφικός, -ή, -ό: journalistic
δημοσιογράφος, ο: journalist, newspaperman
δημόσιος, -α, -ο: public
δημοσιότητα, η: publicity
δημότης, ο: *(θηλ.* **δημότισσα):** citizen
δημοτική, η: (γλώσσα) demotic || (καθομιλουμένη) vernacular
δημοτικό, το: (σχολείο) elementary school, primary school
δημοτικός, -ή, -ό: (σχετικός με δήμο) municipal || (δημόσιος) public || (λαοφιλής) popular || **~ συμβούλιο:** city council
δημοτικότητα, η: popularity
δημοτολόγιο, το: city records
δημοφιλής, -ές: popular
δημοψήφισμα, το: plebiscite
δηνάριο, το: *(αρχ.)* denarius || (σύγχρονο) dinar
δηώνω: plunder, pillage
δήωση, η: plunder, pillage, plundering, pillaging
δι-: (μόριο) bi-, di-
δια *(πρόθ.):* for || (μέσον) by, through, via || **~ ξηράς:** by land, overland || **~ παντός:** for ever || **~ βίου:** for life
διάβα, το: passing, passage
διαβάζω: read || (με προσοχή) peruse || βλ. **μελετώ**
διαβαθμίζω: graduate, grade || (ιεραρχικώς) rank, organize according to rank
διαβάθμιση, η: graduation, grading || (ιεραρχική) hierarchy
διαβαίνω: pass, pass by, get across, go through
διαβάλλω: slander, calumniate, libel, defame

539

διάβαση, η: (πέρασμα) passage, crossing ‖ (τοποθεσία) pass, ‖ (στενό) col ‖ (ποταμού) ford

διάβασμα, το: reading ‖ (προσεκτικό) perusal ‖ βλ. **μελέτη**

διαβασμένος, -η, -ο: (μορφωμένος) learned, literate ‖ (προετοιμασμένος) prepared

διαβατάρικος, -η, -ο: migrant ‖ (πουλί) migratory

διαβατήριο, το: passport

διαβάτης, ο: (περαστικός) passer-by ‖ (οδοιπόρος) wayfarer

διαβατικός, -ή, -ό: passing, transient, transitory

διαβατός, -ή, -ό: passable ‖ (ποταμός) fordable

διαβεβαιώνω: assure, affirm, assert

διαβεβαίωση, η: assurance, affirmation, assertion ‖ βλ. **υπόσχεση**

διάβημα, το: proceeding, step, move, measure

διαβήτης, ο: (όργανο) pair of compasses ‖ (ασθένεια) diabetes

διαβητικός, -ή, -ό: diabetic

διαβιβάζω: (προωθώ): forward ‖ (στέλνω) dispatch, convey ‖ (μεταδίδω) transmit

διαβιβάσεις, οι: (στρ) signal corps

διαβίβαση, η: forwarding ‖ (αποστολή) dispatch ‖ (μετάδοση) transmission

διαβιβρώσκω: corrode, erode, wear away

διαβιώνω: live

διαβίωση, η: living, life

διαβλέπω: (διακρίνω) discern, perveive ‖ (αντιλαμβάνομαι) penetrate

διαβλητικός, -ή, -ό: slanderous, calumniatory, calumnious

διαβόητος, -η, -ο: notorious

διαβολάκι, το: little devil, imp, mischievous little child

διαβολέας, ο: slanderer, calumniator

διαβολεμένος, -η, -ο: devilish (και μτφ)

διαβολή, η: slander, calumny, defamation

διαβολιά, η: devilry, mischief

διαβολικός, -ή, -ό: devilish, diabolical, fiendish

διάβολος, ο: devil, fiend (και μτφ) ‖ **τι στο** ~!: what the hell!, what the heck! ‖ **να σε πάρει ο** ~: God damn you! ‖ **άντε στο** ~!: go to hell! ‖ ~**ε!:** damn! damnation!

διαβολοσκορπίσματα: βλ. **ανεμομαζώματα**

διαβολόσπερμα, το: devil's spawn

διαβουλεύομαι: (σκέπτομαι) deliberate, consider ‖ (συσκέπτομαι) confer ‖ (μηχανορραφώ) plot, intrigue

διαβούλευση, η: βλ. **διαβούλιο**

διαβούλιο, το: (σύσκεψη) conference, meeting ‖ (μηχανορραφία) plot, intrigue

διαβρέχω: soak, saturate, steep, drench

διάβρωση, η: erosion, corrosion

διαβρωτικός, -ή, -ό: eroding, erosive, corroding, corrosive

διαγγελέας, ο: messenger

διάγγελμα, το: (μήνυμα) message ‖ (επίσημο) proclamation

διαγκωνίζομαι: elbow, jostle

διάγνωση, η: diagnosis

διαγνωστική, η: diagnostics

διαγνωστικός, -ή, -ό: diagnostic

διάγραμμα, το: diagram

διαγραφή, η: (σχεδίασμα) sketching ‖ (σβήσιμο) crossing, out, elimination, striking out, erasure

διαγράφομαι: (φαίνομαι) be outlined ‖ (σβήνομαι) βλ. **διαγράφω**

διαγράφω: (απεικονίζω) trace out, sketch ‖ (σβήνω) erase, cross out, strike out, cancel, eliminate

διαγωγή, η: conduct, behaviour

διαγωνίζομαι: (αμιλλώμαι) contend, compete ‖ (παίρνω μέρος σε εξετάσεις) take an examination

διαγώνιος, η: diagonal

διαγώνιος, -α, -ο: diagonal

διαγωνισμός, ο: (άμιλλα) competition ‖ (εξέταση) examination, exam, test

διαδέχομαι: succeed

διαδηλώνω: (φανερώνω) manifest, reveal ‖ (εκδηλώνω) demonstrate ‖ (κάνω διαδήλωση) demonstrate

διαδήλωση, η: demonstration

διαδηλωτής, ο: demonstrator

διάδημα, το: diadem

διαδίδω: propagate, spread, circulate

διαδικασία, η: proceedings, procedure ‖ (δίκης) hearing, proceedings, litigation

διάδικος, ο: litigant

διαδίνω: βλ. **διαδίδω**

διάδοση, η: (πράξη) propagation, spread-

ing ΙΙ (φήμη) rumor
διαδοσίας, ο: runor monger
διαδοχή, η: succession
διαδοχικά: (επίρ) successively
διαδοχικός, -ή, -ό: successive
διάδοχος, ο: successor ΙΙ (θρόνου) heir apparent, crown prince
διαδραματίζω play a part
διαδρομή, η: course, route ΙΙ (με όχημα) ride, drive, ΙΙ (ναυτ) course, tack ΙΙ (μηχ) stroke
διάδρομος, ο: (πέρασμα) passage ΙΙ (σπιτιού) corridor
διαζευγμένος, -η, -ο: divorced
διαζευκτικός, -ή, -ό: disjunctive
διάζευξη, η: separation, disjuction ΙΙ (αποχωρισμός) severance ΙΙ βλ. **διαζύγιο**
διαζύγιο, το: divorce
διάζωμα, το: frieze, cornice
διαθερμία, η: diathermy
διάθεση, η: (τοποθ.) disposition, arrangement ΙΙ (χρησ.) disposal, disposition ΙΙ (κέφι) disposition, mood ΙΙ (γραμ) mood, voice
διαθέσιμος, -η, -ο: (ελεύθερος) available ΙΙ (για χρήση) disposable, available
διαθεσιμότητα, η: (για χρήση) availability, availableness ΙΙ (απομάκρυνση από θέση) suspension
διαθέτης, ο: testator (θηλ. testatrix)
διαθέτω: (τακτοποιώ) dispose, arrange ΙΙ (στρ) deploy ΙΙ (χρησ.) employ, use, avail oneself of. ΙΙ (δίνω) dispose ΙΙ (με διαθήκη) will, bequeath
διαθήκη, η: will, last will and testament ΙΙ **Καινή Δ ~:** New Testament ΙΙ **Παλαιά Δ ~:** Old Testament
διάθλαση, η: refraction
διαθλαστικός, -ή, -ό: refractional, refractive
διαθλώ: refract
διαίρεση, η: division ΙΙ (μτφ) dissenssion
διαιρετέος, ο: dividend
διαιρετέος, -α, -ο: dividable
διαιρέτης, ο: divisor
διαιρετικός, -ή, -ό: dividing
διαιρετός, -ή, -ό: divisible
διαιρετότητα, η: divisibility, divisibleness
διαιρώ: divide
διαισθάνομαι: have a premonition, have a presentiment, feel, sense

διαίσθηση, η: premonition, presentiment, feeling, foreboding
διαισθητικός, -ή, -ό: presentient, premonitory
δίαιτα, η: diet
διαιτησία, η: arbitration ΙΙ (νομ) reference
διαιτητής, ο: arbitrator, arbiter ΙΙ (ποδοσφ) referee ΙΙ (μπέιζμπολ, τένις, κλπ.) umpire
διαιτητική, η: dietetics
διαιτολόγιο, το: regimen
διαιωνίζω: perpetuate ΙΙ (μτφ) protract, prolong
διαιώνιση, η: perpetuation ΙΙ (μτφ) protraction, prolongation
διακαής, -ές: ardent, fervent
διακαινήσιμος, -η,: Eastertide, week after Easter
διακανονίζω: settle
διακανονισμός, ο: settling
διακατέχομαι: feel, be possessed
διακατέχω: possess
διακατοχή, η: possession
διακαώς: (επίρ) ardently, fervently
διάκειμαι: be disposed
διακεκαυμένη, η: (ζώνη) torrid zone
διακεκριμένος, -η, -ο: distinguished, of distinction, eminent
διάκενο, το: (κενό) empty space ΙΙ (διάστημα) interval ΙΙ (μηχ) clearance ΙΙ (παράλειψη) lacuna
διακήρυξη, η: declaration, proclamation
διακηρύσσω: proclaim
διακινδυνεύω: risk, hazard, imperil, jeopardize
διακίνηση, η: transportation
διακινώ: transport
διακλαδίζομαι: branch, branch off, fork
διακλάδωση, η: branching, fork ΙΙ (σιδ) shunt, junction, branching
διακοινώνω: βλ. **ανακοινώνω** ΙΙ (επίσημα) issue a note
διακοίνωση, η: βλ. **ανακοίνωση** ΙΙ (ειδοποίηση) notification ΙΙ (επίσημη) note
διακομιδή, η: βλ. **διακίνηση** ΙΙ transit
διακομίζω: transport
διακομιστικός, -ή, -ό: transit
διακονεύω: beg
διακονία, η: ministry ΙΙ (βαθμός διακόνου) deaconry

διακονιά, η: beggary
διακονιάρης, ο: beggar
διακόνισσα, η: deaconess
διάκονος, ο: deacon
διακοπή, η: interruption ‖ (σταμάτημα) discontinuance, discontinuation ‖ (προσωρ.) suspension ‖ (διάλειμμα) intermission ‖ (πληθ -αργίες) vacation ‖ (πανεπ.) recess
διακόπτης, ο: switch ‖ (αυτομ.) circuit breaker
διακόπτω: interrupt ‖ (σταματώ) discontinue
διακόρευση, η: defloration
διακορεύω: deflower
διάκος, ο: βλ. **διάκονος**
διακοσαριά, η: approximately two hundred, about two hundred
διακόσιοι, -ες, -α: two hundred
διακόσμηση, η: decoration ‖ (εσωτ. χώρων) interior decoration
διακοσμητής, ο (θηλ. **διακοσμήτρια**): decorator ‖ (εσωτ. χώρων) interior decorator, interior designer
διακοσμητικός, -ή, -ό: decorative, ornamental
διάκοσμος, ο: decoration, ornamentation
διακοσμώ: decorate
διακρίνομαι: gain distinction
διακρίνω: (οπτικά) discern, perceive, distinguish ‖ (κάνω διακρίσεις) discriminate ‖ (τιμητ.) distinguish
διάκριση, η: distinciton ‖ (ξεχώρισμα) discrimination ‖ (φυλετική) racial discrimination
διακριτικό, το: insignia ‖ (σήμα πέτου) badge ‖ (σήμα ώμου) shoulder patch
διακριτικός, -ή, -ό: distinctive, distinguishing ‖ (λεπτός) discreet
διακριτικότητα, η: discretion
διακυβέρνηση, η: governing ‖ (διοίκηση χώρας) administration
διακυβερνώ: govern
διακυβεύω: βλ. **διακινδυνεύω**
διακυμαίνομαι: βλ. **κυμαίνομαι**
διακύμανση: fluctuation
διακωμώδηση, η: burlesque, ridicule, travesty
διακωμωδώ: ridicule, travesty
διαλαλώ: (γνωστοποιώ) publicize, an-

nounce, advertise ‖ (εμπόρευμα) cry out, hawk
διαλαμβάνω: contain, include
διαλάμπω: excell, gain distinction
διάλεγμα, το: choosing, choice, selection
διαλέγω: choose, pick, select
διάλειμμα, το: interval, intermission, break, recess
διαλείπω: intermit
διαλείπων, -ουσα, -ον: intermittent
διάλειψη, η: (διακοπή) intermission ‖ (ανωμαλία) irregularity
διαλεκτική, η: dialectics
διαλεκτικός, -ή, -ό: dialectical ‖ (ουσ) dialectician
διάλεκτος, η: dialect ‖ (ιδίωμα) idiom
διαλεκτός, -ή, -ό: βλ. **διαλεχτός**
διάλεξη, η: lecture
διαλευκαίνω: (διευκρινίζω) clarify, elucidate ‖ (ξεκαθαρίζω) clear up, break
διαλεύκανση, η: (διευκρίνιση) clarification, elucidation ‖ (ξεκαθάρισμα) clearing up, breaking
διαλεχτός, -ή, -ό: chosen, select, handpicked, elite
διαλλαγή, η: reconciliation, conciliation
διαλλακτικός, -ή, -ό: conciliatory
διαλλακτικότητα, η: reconcilableness, reconcilability
διαλογή, η: sorting, classification ‖ (ψήφων) vote counting ‖ **δεύτερη ~ ψήφων:** scruting
διαλογίζομαι: ponder, meditate, consider, reflect
διαλογικά: (επίρ) dialogically
διαλογικός, -ή, -ό: dialogic, dialogical
διαλογισμός, ο: meditation, reflection
διάλογος, ο: dialogue
διάλυμα, το: solution
διάλυση, η: βλ. **διάλυμα** ‖ (διαχωρισμός) decomposition ‖ (αποσυναρμολόγηση) disassembly, dismounting ‖ (εξαφάνιση) dispelling ‖ (διασκόρπιση) scattering ‖ (κατάργηση) annulling ‖ (ακύρωση) dissolution ‖ (στρ) dismissal ‖ (ξεπούλημα) liquidation sale ‖ (αραίωμα) dilution
διαλυτικά, τα: dieresis, diaeresis
διαλυτικός, -ή, -ό: dissolving, diluting
διαλυτός, -ή, -ό: soluble, dissolvable
διαλυτότητα, η: solubility, solubleness

διαλύω: (λιώνω) dissolve, melt ‖ (διαχωρίζω) decompose ‖ (αποσυναρμολογώ) disassemble, dismount ‖ (εξαφανίζω) dispell ‖ (διασκορπίζω) scatter ‖ (καταργώ) annul ‖ (αραιώνω) dilute ‖ (ακυρώνω) dissolve ‖ (στρ) dismiss
διαμαντένιος, -α, -ο: diamond
διαμάντι, το: diamond *(και μτφ)*
διαμαντικά, τα: jewellery, jewels
διαμαρτύρηση, η: *(οικ.)* protesting
διαμαρτυρία, η: protest, protestation
διαμαρτύρομαι: protest ‖ (έχω αντίρρηση) object
διαμαρτυρόμενος, -η, -ο: protesting ‖ *(ουσ)* protestant
διαμαρτυρώ: *(οικ.)* protest
διαμάχη, η: conflict, clash, dispute
διαμελίζω: dismember, cut up, mutilate
διαμελισμός, ο: mutilation, dismemberment, cutting up
διαμένω: (προσωρινά) stay, sojourn ‖ (κατοικώ) reside, live
διαμερίζω: divide, portion
διαμέρισμα, το: (κατοικ.) apartment, (U.S.A.), flat (Engl.) ‖ (διοικ.) department ‖ (περιφ.) district ‖ (τμήμα συνόλου) compartment
διάμεσος, -η, -ο: (μεταξύ άλλων) intermediate, intermediary ‖ (μεσολαβητής) intermediary, go-between ‖ *(γεωμ)* median *(ουσ)*
διαμετακομίζω: transport
διαμετακόμιση, η: transit
διαμετοκομιστικός, -ή, -ό: transit
διαμέτρημα, το: caliber, bore
διαμετρικός, -ή, -ό: diametrical, diametral ‖ (αντίθετος) diametric
διάμετρος, η: diameter
διαμήνυση, η: message, announcement, communication
διαμηνώ: apprise, inform, send a message
διαμιάς: *(επίρ)* αμέσως immediately, at once ‖ (ξαφνικά) suddenly
διαμοιράζομαι: share
διαμοιράζω: divide, portion, distribute
διαμοιρασμός, ο: division, distribution, sharing
διαμονή, η: (προσωρινά) stay, sojourn ‖ (κατοικία) residence
διαμονητήριο, το: permanent residence permit, work permit
διαμορφώνομαι: form, be formed
διαμορφώνω: form, shape, mold (U.S.A.), mould (Engl.)
διαμόρφωση, η: formation, shaping, molding ‖ (εδάφους) formation
διαμορφωτής, ο: former, shaper
διαμορφωτικός, -ή, -ό: formative, forming
διαμπερής, -ής, -ές: through, passing through, penetrating
διαμφισβήτηση, η: βλ. αμφισβήτηση ‖ (διεκδίκηση) claim, constestation
διαμφισβητήσιμος, -η, -ο: βλ. αμφισβητήσιμος
διαμφισβητώ: βλ. αμφισβητώ ‖ (διεκδικώ) claim, contest, contend
διάνα, η: bull's eye *(και μτφ)*
διανεμητικός, -ή, -ό: distributive
διανέμω: distribute
διανθίζω: *(μτφ)* adorn, garnish
διανόημα, το: thought, meditation, reflection
διανόηση, η: thought ‖ (νους) brains, intelligence, intellect
διανοητικός, -ή, -ό: mental, intellectual
διανοητικότητα, η: mentality
διάνοια, η: intellect, mind ‖ *(μτφ)* genius
διανοίγω: βλ. ανοίγω ‖ (πλαταίνω) widen, broaden
διάνοιξη, η: βλ. άνοιγμα ‖πλάτυνση widening, broadening
διανομέας, ο: distributor ‖ (ταχ.) mailman, postman, letter carrier
διανομή, η: distribution ‖ (ρόλων) cast of characters
διανοούμαι: think, meditate
διανοούμενος, ο: intellectual
διάνος, ο: turkey
διανυχτέρευση, η: (πέρασμα της νύχτας) spending the night, overnight stay ‖ (αγρύπνια) sitting up all night, keeping awake, vigil ‖ *(στρ)* twenty four hours home leave
διανυκτερεύω: (περνώ τη νύχτα) stay overnight, spend the night ‖ (αγρυπνώ) stay (sit) up all night, keep awake ‖ (κατάστημα) twenty-four hours store, stay open all night
διάνυση, η: (τελείωμα) completion,

finish ‖ (διαδρομή) distance covered
διάνυσμα, το: vector
διανύω: (τελειώνω) complete, finish, terminate ‖ (διατρέχω) cover, traverse
διαξιφισμός, ο: (ξιφομαχία) fencing, sword thrust ‖ *(μτφ)* fencing
διαπαιδαγώγηση, η: education, instruction, breeding
διαπαιδαγωγώ: educate, instruct
διαπάλη, η: strife, struggle
διαπαντός: *(επίρ)* for ever
διαπασών, η: (συγχορδία) diapason ‖ (όργανο) tuning fork ‖ (τόνος) high pitch ‖ (μουσ. διάστημα) octave
διαπεραιώνω: ferry, transport
διαπεραστικός, -ή, -ό: penetrating, piercing *(και μτφ)*
διαπερνώ: penetrate, pierce ‖ *(και μτφ)*
διαπίδυση, η: osmosis
διαπιστευτήριο, το: credentials
διαπιστεύω: accredit
διαπιστώνω: ascertain, find out
διαπίστωση, η: ascertainment ‖ (απόδειξη) proof
διαπλάθω: βλ. **διαπλάσσω**
διαπλανητικός, -ή, -ό: interplanetary
διάπλαση, η: formation, molding
διαπλάσσω: form, shape, mold *(και μτφ)*
διάπλατα: *(επίρ)* wide open, gaping
διαπλαταίνω: widen, broaden
διαπλάτυνση, η: widening
διαπλέω: sail through, sail across
διαπληκτίζομαι: quarrel, bicker, squabble
διαπληκτισμός, ο: quarrel, squabble, bickering
διάπλους, ο: crossing
διαπνέομαι: be disposed, be moved
διαπνοή, η: transpiration, respiration
διαπορθμεύω: ferry, ferry across
διαποτίζω: wet, soak, drench, saturate
διαπότιση, η: soaking, drenching, saturation
διαπραγματεύομαι: (εξετάζω λεπτομερώς) deal, discuss, expound ‖ (κάνω διαπραγματεύσεις) negotiate, bargain
διαπραγμάτευση, η: negotiation, bargaining
διαπραγματεύσιμος, -η, -ο: negotiable
διάπραξη, η: perpetration, committing
διαπράττω: perpetrate, commit

διαπρεπής, -ές: distinguished, famous, well-known, famed, eminent
διαπρέπω: excel, gain distinction, distinguish oneself, become famous
διαπύηση, η: suppuration
διαπύλια, τα: octroi
διαπυούμαι: suppurate
διάπυρος, -η, -ο: white-hot, red-hot ‖ *(μτφ)* ardent, fervent
διαρθρώνω: articulate *(και μτφ)*
διάρθρωση η: articulation *(και μτφ)*
διάρκεια, η: duration ‖ (διάστημα) period, length
διαρκής, -ές: (συνεχής) continuous, incessant ‖ (μόνιμ.) lasting, permanent ‖ *(γραμ)* progressive (U.S.A.), continuous (Engl.)
διαρκώ: last ‖ (συνεχίζω) continue
διαρκώς: *(επίρ)* incessantly, continuously, endlessly
διαρπαγή, η: plunder, pillage, pillaging, looting
διαρπάζω: plunder, pillage, loot, sack
διαρρέω: flow through, traverse, run ‖ (έχω διαρροή) leak
διαρρηγνύω: (σπάζω) break, tear apart, burst ‖ (κάνω διάρρηξη) break into, burglarize, burgle, break and enter
διαρρήχτης, ο: burglar, housebreaker, yegg
διάρρηξη, η: (σπάσιμο) break, rupture, tearing ‖ (κλοπή) burglary, house breaking, breaking and entering
διαρρηχνω: βλ. **διαρρηγνύω**
διαρροή, η: flow ‖ (διαφυγή) leak, leakage
διάρροια, η: diarrhoea, diarrhea
διαρροϊκός, -ή, -ό: diarrhetic, diarrheal
διαρρυθμίζω: (ρυθμίζω) regulate, arrange ‖ (τροποποιώ) modify
διαρρύθμιση, η: regulation, arrangement ‖ modification
διαρχία, η: dyarchy, diarchy
διασάλευση, η: disturbance, agitation
διασαλεύω: disturb, agitate, stir up
διασαλπίζω: trumpet, announce, make public
διασαφηνίζω: elucidate, clarify, make clear
διασαφήνιση, η: elucidation, clarification

544

διασάφηση, η: βλ. **διασαφήνιση** ‖ *(εμπ)* clearance

διασαφώ: *(εμπ)* clear

διάσειση, η: concussion

διασείω: concuss, jar

διάσελο, το: col, narrow pass, saddle

διάσημα, τα: insignia

διάσημος, ο: famous, famed, renowned, celebrated

διασημότητα, η: *(πρόσωπο)* celebrity ‖ *(ιδιότητα)* renown, fame

διασκεδάζω: *(μτβ)* entertain, amuse ‖ *(αμτβ)* amuse oneself, have a good time, have fun

διασκέδαση, η: entertainment, amusement, fun

διασκεδαστικός, -ή, -ό: entertaining, amusing, diverting

διασκελιά, η: stride

διασκελίζω: stride, stride over

διασκέλιση, η: stride

διασκέλισμα, το: βλ. **διασκέλιση**

διασκελισμός, ο: βλ. **διασκέλιση**

διασκέπτομαι: confer

διασκευάζω: *(τροποποιώ)* modify ‖ *(έργο)* adapt

διασκευή, η: *(τροποποίηση)* modification ‖ *(έργου)* adaptation

διάσκεψη, η: conference

διασκορπίζω: scatter, disperse ‖ βλ. **διασπαθίζω**

διασκορπισμός, ο: scatter, scattering, dispersion

διασπαθίζω: squander, dissipate, waste

διασπάθιση, η: squandering, dissipation, waste

διάσπαση, η: *(διαχωρισμός)* split, splitting, bursting, ripping ‖ *(διάσταση)* split ‖ *(ατόμου)* fission ‖ βλ. **διαίρεση**

διασπαστικός, -ή, -ό: disjunctive

διασπείρω: βλ. **διασκορπίζω** ‖ *(μτφ)* spread, disseminate

διασπορά, η: dispersion, scattering ‖ *(μτφ)* spreading, dissemination ‖ *(των Εβραίων)* Diaspora

διασπώ: *(διαχωρίζω)* split, burst, break apart, rip ‖ *(προκαλώ διάσταση)* split, divide

διασταλτικός, -ή, -ό: diastaltic, dilative, dilating

διασταλτός, -ή, -ό: dilatable

διάσταση, η: *(χωρισμός)* severance, separation ‖ *(μετρ.)* dimension ‖ *(ασυμφωνία)* discord, split ‖ *(μτφ)* dimension ‖ *(φυσιολ.)* diastasis

διασταυρώνομαι: cross, intersect

διασταυρώνω: cross ‖ *(μτφ)* cross-check ‖ *(φυσιολ.)* cross, crossbreed

διασταύρωση, η: crossing ‖ *(μτφ)* cross-check ‖ *(σιδηρ. & οδ.)* crossroads, intersection, junction ‖ *(φυσιολ.)* cross, cross-breeding

διαστέλλω: *(ξεχωρίζω)* distinguish ‖ *(αυξάνω διάσταση)* expand ‖ *(διανοίγω)* widen, dilate ‖ *(φουσκώνω)* distend

διάστερος, -η, -ο: starry, full of stars, studded with stars

διάστημα, το: *(απόσταση)* distance ‖ *(διάκενο)* space, interval ‖ *(περίοδος)* period, interval ‖ *(χώρος)* space

διαστημόμετρο, το: dividers

διαστημόπλοιο, το: space ship, spacecraft, space vehicle

διάστικτος, -η, -ο: studded, dotted, spotted

διαστολή, η: *(ξεχώρισμα)* distinction ‖ *(διαστάσεων)* expansion ‖ *(άνοιγμα)* dilation ‖ *(φούσκωμα)* distention ‖ *(φυσιολ.)* diastole

διαστρεβλώνω: twist, distort *(και μτφ)*

διαστρέβλωση, η: twisting, distortion *(και μτφ)*

διάστρεμμα, το: *(στραμπούλιγμα)* sprain ‖ *(εξάρθρωση)* dislocation

διαστρεμμένος, -η, -ο: pervert, perverted

διαστρέφω: βλ. **διαστρεβλώνω** ‖ *(διαφθείρω)* pervert, corrupt

διαστροφέας, ο: perverter

διαστροφή, η: βλ. **διαστρέβλωση** ‖ *(ηθική)* perversion

διασυμμαχικός, -ή, -ό: interallied

διασυρμός, ο: defamation, vilification, aspersion, slander

διασύρω: defame, vilify, asperse, slander

διασχίζω: cross, traverse

διασώζω: βλ. **σώζω** ‖ *(περισώζω)* preserve

διάσωση, η: rescue ‖ *(φύλαγμα)* preservation

διαταγή, η: order, command

διάταγμα, το: decree, edict

διατάζω: order, command

διατακτική, η: warrant, voucher

διάταξη, η: (διευθέτηση) arrangement, disposition ‖ (ρήτρα) specification, stipulation, provision ‖ **ημερησία** ~order of the day

διατάραξη, η: disturbance, agitation ‖ (διαν.) derangement

διαταράσσω: disturb, agitate

διατάσσω: βλ. **διατάζω**

διατείνομαι: claim, maintain

διατελώ: be

διατήρηση, η: maintenance, conservation, preservation

διατηρώ: maintain, preserve ‖ (κρατώ) keep ‖ βλ. **συντηρώ**

διατίμηση, η: (πράξη) valuation, appraisal ‖ (έγγραφο) tariff, price list, rate

διατιμώ: evaluate, appraise, assess

διατομή, η: cross-section

διατρανώνω: manifest, display

διατράνωση, η: manifestation, display

διατρέφω: feed, support

διατρέχω: cover, traverse ‖ ~ **κίνδυνο:** run a risk, be in danger

διάτρηση, η: perforation, boring, drilling ‖ (ιατρ) perforation

διάτρητος, -η, -ο: perforated

διατριβή, η: (παραμονή) stay, sojourn ‖ (απασχόληση) occupation ‖ (πραγματεία) thesis, treatise ‖ (διδακτορική) dissertation

διατρίβω: (μένω) stay, sojourn ‖ (ασχολούμαι) be occupied

διατροφή, η: feeding, support ‖ (νομ) alimony

διατρυπώ: perforate, bore, pierce

διάττοντες, οι: (αστρ) shooting stars, meteors

διατυμπανίζω: advertise, trumpet, shout from the house tops

διατυπώνω: formulate, frame, state

διατύπωση, η: formulation, framing, statement

διαύγεια, η: clarity, clearness (και μτφ)

διαυγής, -ές: clear (και μτφ) ‖ (διαφανής) transparent ‖ (σαφής) clear, lucid

δίαυλος, ο: (ναυτ) channel ‖ (αεροπ) runway, landing strip ‖ (αρχιτ) fluting

διαφαίνομαι: show, show through, appear, come in sight

διαφάνεια, η: transparency, transparence

‖ (σλάιντ) slide, transparency

διαφανής, -ές: transparent, diaphanous ‖ (φόρεμα) see-through

διάφανος, -η, -ο: βλ. **διαφανής**

διαφεντεύω: (υπερασπίζω) champion, defend ‖ (εξουσιάζω) govern

διαφέρον, το: βλ. **ενδιαφέρον**

διαφέρω: differ, be different ‖ (ποικίλω) vary

διαφεύγω: (ξεφεύγω) escape, get away ‖ (αποφεύγω) evade ‖ (χάνω) leak

διαφημίζω: advertise (και μτφ)

διαφήμιση, η: advertising, advertisement, ad

διαφημιστής, ο (θηλ. **διαφημίστρια**): advertiser

διαφημιστικός, -ή, -ό: advertising

διαφθείρω: (καταστρέφω) spoil, damage ‖ (μτφ) corrupt ‖ (εξαγοράζω) bribe ‖ (αποπλανώ) deflower

διαφθορά, η: corruption, vice, depravity

διαφθορέας, ο: corrupter ‖ (γυναικών) deflowerer, violator

διαφιλονίκηση, η: dispute ‖ (διεκδίκηση) claim

διαφιλονικώ: dispute, contest ‖ (διεκδικώ) lay claim, claim

διαφορά, η: difference (και μτφ) ‖ (ποικιλία) variation

διαφορετικά (επίρ): differently, else, or else, otherwise

διαφορετικός, -ή, -ό: different

διαφορίζω: differentiate

διαφορικό, το: differential

διαφορικός, -ή, -ό: differential ‖ ~ **λογισμός:** differential calculus

διαφόριση, η: differentiation

διάφορο, το: (κέρδος) profit, gain ‖ (τόκος) interest

διαφοροποίηση, η: differentiation

διαφοροποιώ: differentiate

διάφορος, -η, -ο: βλ. **διαφορετικός** ‖ (ποικίλος) varied, various ‖ (ετερόκλιτος) miscellaneous

διάφραγμα, το: (χώρισμα) partition ‖ (φωτογρ.) shutter ‖ (ανατ) diaphragm

διαφυγή, η: escape, getting away, evasion ‖ (υγρού, αερίου) leakage, leak

διαφύλαξη, η: safe-keeping, preservation, protection

546

διαφυλάσσω: keep, preserve, protect

διαφωνία, η: disagreement, discord, difference of opinion

διαφωνώ: disagree, differ

διαφωτίζω: enlighten ‖ (κάνω σαφέστερο) elucidate, clear up, clarify

διαφώτιση, η: enlightening, enlightenment ‖ (πολιτ) instruction, propaganda

διαφωτιστής, ο: instructor, propagandist

διαχάραξη, η: marking, tracing ‖ (οροθεσία) delimitation

διαχαράσσω: mark, trace ‖ (οριοθετώ) delimit, delimitate, demarcate ‖ (μτφ) define, plan

διαχειμάζω: winter

διαχείμαση, η: wintering

διαχειρίζομαι: manage ‖ (χειρίζομαι) handle ‖ (νομ) administer, administrate

διαχείριση, η: management ‖ (οικ) administering, administration

διαχειριστής, ο: manager ‖ (οικ) administrator

διαχειριστικός, -ή, -ό: management, managerial ‖ (οικ) administrative

διαχύνω: diffuse

διάχυση, η: diffusion ‖ (μτφ) effusion

διαχυτικός, -ή, -ό: diffusive ‖ (μτφ) effusive, expansive

διαχυτικότητα, η: effusiveness, expansiveness

διάχυτος, -η, -ο: diffuse

διαχωρίζω: separate, part, divide ‖ (βάζω χώρισμα) partition

διαχωρισμός, ο: separation, parting, division ‖ (χώρισμ.) partitioning

διαχωριστικός, -ή, -ό: separating, separative, dividing

διαψεύδομαι: fail, fall through, be disappointed

διαψεύδω: belie, contradict ‖ (μτφ) disappoint

διάψευση, η: denial ‖ (μτφ) disappointment

δίβουλος, -η, -ο: indecisive, irresolute ‖ (μτφ) sly

διγαμία, η: bigamy

δίγαμμα, το: digamma

δίγαμος, -η, -ο: bigamist

διγενής, -ές: (βιολ) bisexual, hermaphroditic, hermaphrodite ‖ (γραμ) of two genders

διγλωσσία, η: bilingualism

δίγλωσσος, -η, -ο: bilingual

δίδαγμα, το: lesson, teaching ‖ (δόγμα) dogma ‖ (ηθ.) moral

διδακτήριο, το: school building, institution of learning

διδακτικός, -ή, -ό: didactic, instructive

διδάκτορας, ο: doctor

διδακτορία, η: doctorate

διδακτορικός, -ή, -ό: doctoral

δίδακτρα, τα: tuition fees

διδασκαλείο, το: School of Education, teachers' college

διδασκαλία, η: teaching, instruction

διδασκαλικός, -ή, -ό: teaching

διδασκάλισσα, η: teacher, schoolteacher, schoolmistress, schoolmarm

διδάσκαλος, ο: teacher, schoolteacher, schoolmaster

διδάσκω: teach, instruct

διδαχή, η: βλ. **διδασκαλία** ‖ (εκκλ) preaching, sermon

δίδραχμο, το: two drachmas piece

δίδυμος, -η, -ο: twin

δίδω: βλ. **δίνω**

διεγείρω: excite, rouse, stir up, stimulate

διέγερση, η: exciting, excitement, rousing, stimulation

διεγερτικός, -ή, -ό: exciting, stimulating

δίεδρος, -η, -ο: dihedral

διεθνής, -ές: international

διεθνικός, -ή, -ό: βλ. **διεθνής**

διεθνισμός, ο: internationalism

διεθνιστής, ο (θηλ. **διεθνίστρια**): internationalist

διεθνοποίηση, η: internationalization

διεθνοποιώ: internationalize

διείσδυση, η: penetration ‖ (στρ) break through, penetration

διεισδύω: penetrate ‖ (στρ) break through, penetrate

διεκδίκηση, η: claim, demand, contention

διεκδικητής, ο: claimant, contestant

διεκδικώ: claim, lay claim, contest

διεκπεραιώνω: (αποτελειώνω) finish, complete ‖ (διοικ.) expedite, dispatch, forward

διεκπεραίωση, η: dispatch, forwarding, expediting

διεκπεραιωτής, ο: expeditor
διεκτραγωδώ: tell the sob story, dramatize
διέλευση, η: passing through, passage
διελκυστίνδα, η: tug of war
διένεξη, η: dispute, quarrel
διενέργεια, η: action
διενεργώ: act
διεξάγω: carry out, conduct, perform ‖ (πόλεμο) wage
διεξαγωγή, η: carrying out, performance ‖ (πολέμου) waging ‖ (νομ) proceedings, litigation
διεξοδικά: (επίρ) in detail, extensively
διεξοδικός, -ή, -ό: detailed, extensive
διέξοδος, η: opening, outlet ‖ (μτφ) outlet, vent ‖ (μέσο διαφ.) way out
διέπω: govern, rule
διερεύνηση, η: investigation, scrutiny, research
διερευνητικός, -ή, -ό: investigatory, investigative, investigating, explorative, exploratory
διερευνώ: investigate, scrutinize, research
διερμηνέας, ο: interpreter ‖ βλ. **μεταφραστής**
διερμηνεία, η: interpretation, interpreting
διερμηνεύω: interpret ‖ βλ. **μεταφράζω**
διέρχομαι: pass by, pass through
διερωτώμαι: ask oneself, wonder
δίεση, η: semitone
διεσπαρμένος, -η, -ο: dispersed, scattered
διεστραμμένος,ς -η, -ο: βλ. **διαστραμμένος**
διετής, -ές: (ηλικία) two-year-old ‖ (διάρκεια) biennial, lasting for two years
διετία, η: two-year period, biennium
διευθέτηση, η: (τακτοποίηση) arrangement ‖ (εξομάλυνση) settlement
διευθετώ: arrange ‖ (μτφ) settle
διεύθυνση, η: (διοικ.) administration, management, direction ‖ (κατεύθυνση) direction ‖ (οικίας) address
διευθυντήριο, το: directorate
διευθυντής, ο (θηλ. **διευθύντρια):** director, manager, head ‖ (σχολείου) head master (θηλ. headmistress), principal ‖ (μουσείου ή βιβλιοθήκης) curator ‖ (ορχήστρας) conductor ‖ (φυλακής) warden ‖ (αστυνομίας) chief, commisioner

διευθύνω: direct, manage ‖ (κατευθύνω) direct ‖ (βάζω διεύθυνση) address
διευκόλυνση, η: facilitation ‖ (εξυπηρέτηση) help, aid, assistance
διευκολύνω: facilitate, make easy ‖ (εξυπηρετώ) help, aid, assist
διευκρινίζω: clarify, elucidate, make clear
διευκρίνιση, η: clarification, elucidation
διεύρυνση, η: widening, enlargement, broadening ‖ (μτφ) delocalization
διευρύνω: widen, broaden, enlarge ‖ (μτφ) delocalize
διεφθαρμένος, -ή, -ό: corrupt, immoral, dissolute
δίζυγο, το: parallel bars
διήγημα, το: short story
διηγηματικός, -ή, -ό: narrative
διηγηματογράφος, ο: short story writer
διήγηση, η: narration, narrative
διηγούμαι: narrate, give an account, relate
διήθηση, η: (φιλτράρισμα) filtration ‖ (διαπότιση) percolation
διηθώ: (φιλτράρω): filter ‖ (διαπερνώ) percolate
διηλεκτρικός, -ή, -ό: dielectric
διημέρευση, η: spending the day, all day stay, staying all day
διημερεύω: spend the day, stay all day
διηπειρωτικός, -ή, -ό: (διαμέσου της ηπείρου) transcontinental ‖ (από ήπειρο σε ήπειρο) intercontinental
διθέσιος, -α, -ο: two-seater
διθυραμβικός, -ή, -ό: dithyrambic (και μτφ)
διθύραμβος, ο: dithyramb (και μτφ)
διΐσταμαι: (μτφ) disagree
διΐστιος, -α, -ο: two-masted
δικάζω: try, judge, adjudicate
δίκαιο, το: (σωστό) right ‖ (νόμος) law ‖ **έχω ~:** I am right ‖ **αστικό ~:** civil law
δικαιόγραφο, το: deed, title deed, title
δικαιοδοσία, η: (τομέας αρμοδιότητας) jurisdiction, province ‖ (περιοχή δικαιοδοσίας) bailiwick
δικαιοδόχος, ο: assignee
δικαιοκρίτης, ο: impartial judge
δικαιολόγηση, η: βλ. **δικαιολογία** ‖ βλ. **δικαίωση**
δικαιολογήσιμος, -η, -ο: justifiable, excusable

δικαιολογητικά, τα: supporting documents, papers
δικαιολογητικός, -ή, -ό: justifying
δικαιολογία, η: justification ‖ (πρόφαση) excuse
δικαιολογώ: justify, vindicate, excuse
δικαιοπραξία, η: (νόμιμη πράξη) legal act, just act ‖ (έγγραφο) judicial act, legal act, deed
δίκαιος, -α, -ο: just, fair, equitable
δικαιοσύνη, η: fairness, justice, equity ‖ (νομ) justice
δικαιούμαι: be entitled, have the right
διακαιούχος, ο: beneficiary
δικαίωμα, το: right
δικαιωματικά: (επίρ) by right, rightfully
δικαιωματικός, -ή, -ό: rightful, by right, legitimate
δικαιώνομαι: prove right, be justified, prove to be right, be vindicated
δικαιώνω: justify, vindicate
δικαίωση, η: justification, vindication
δικανικός, -ή, -ό: judicial, judiciary, court, forensic
δίκανο, το: double-barreled shotgun, double-barreled gun
δίκανος, -η, -ο: double-barreled
δικάσιμος, η: day of trial
δικαστήριο, το: court, court of justice, tribunal
δικαστής, ο: judge, justice
δικαστικός, -ή, -ό: judicial, judiciary
δικάταρτος, -η, -ο: two-masted ‖ (ουσ) two-master
δικέλλα, η: grub hoe, two-pronged fork
δικέφαλος, -η, -ο: two-headed
δίκη, η: trial, lawsuit, action ‖ (εκδίκαση) trial, proceedings
δικηγορικός, -ή, -ό: lawyer, lawyer's ‖ ~ σώμα, ~ σύλλογος: bar
δικηγόρος, ο: attorney at law, lawyer ‖ (στρατ) advocate ‖ (Αγγλ.) barrister, solicitor
δικηγορώ: practice law
δίκιο, το: βλ. δίκαιο ‖ βλ. δικαιοσύνη
δικινητήριος, -α, -ο: twin-engine
δικλίδα, η: valve
δίκλινος, -η, -ο: twin-bed, two-bed
δικογραφία, η: brief
δικόγραφο, το: legal document, judicial

document, judicial deed
δικονομία, η: legal procedure
δίκοπος, -η, -ο: two-edged
δικός, -ή, -ό: (οικείος) intimate ‖ (κτητ.) own ‖ ~ μου, ~ σου, ~ του, ~ της, ~ του, ~ μας, ~ σας, ~ τους: mine, yours, his, hers, its, ours, yours, theirs ‖ ~οί μου: (συγγενείς) my folks
δικοτυλήδονος, -η, -ο: dicotyledonous ‖ (ουσ) dicotyledon
δίκοχο, το: brimless hat, garrison cap, overseas cap
δικράνι, το: pitchfork
δίκρανο, το: βλ. δικράνι
δίκροτο, το: frigate
δίκταμο, το: dittany
δικτάτορας, ο: dictator
δικτατορία, η: dictatorship
δικτατορικός, -ή, -ό: dictatorial
δίκτυο, το: network (και μτφ) ‖ βλ. δίχτυ
δικτύωμα, το: truss
δικτυωτό, το: lattice, lattice-work, netting, trellis
δικτυωτός, -ή, -ό: reticular
δίκυκλο, το: bicycle
δικύλινδρος, -η, -ο: two-cylinder
δίλεπτο, το: two-cent piece
δίλημμα, το: dilemma
διμερής, -ές: binary, biparted, bipartite
διμέτωπος, -η, -ο: two-front
διμηνία, η: two-month period
δίμηνος, -η, -ο: bimonthly
δίμιτος, -η, -ο: bifilar, two-thread
διμοιρία, η: platoon
διμοιρίτης, ο: platoon leader
δίμορφος, -η, -ο: dimorphous
δίνη, η: (ανέμων) eddy ‖ (νερού) whirlpool ‖ (μτφ) vortex
δίνω: give ‖ (κάνω δωρεά) donate ‖ (παραχωρώ) grant ‖ βλ. αποδίδω ‖ (εγχειρίζω) hand ‖ ~ λογαριασμό: account
διογκώνομαι: swell, distend
διογκώνω: swell, blow out, inflate, distend
διόγκωση, η: swelling, distension, inflation
διόδια, τα: toll
δίοδος, η: pass, passage
διοίκηση, η: (πολιτ) administration ‖ (στρ) command
διοικητήριο, το: (πολιτ) headquarters,

549

government house ‖ *(στρ)* headquarters, command post

διοικητής, ο *((θηλ.* **διοικήτρια**): *(πολιτ.)* managing director, president ‖ *(στρ)* commander, commanding officer (C.O.) ‖ *(φρουρίου ή στρατοπέδου)* commandant

διοικητικός, -ή, -ό: *(πολιτ.)* administrative ‖ *(στρ)* command

διοικώ: *(πολ.)* administer, govern, manage ‖ *(στρ)* command

διόλου *(επίρ):* by no means, not at all, not in the least

διομολόγηση, η: treaty

διοξείδιο, το: dioxide

δίοπος, ο: (U.S.A.) Petty Officer 3rd class ‖ (Engl) Leading seaman

διόπτρα, η: field glasses, spyglass, telescope, binoculars

διόπτρα, τα: eyeglasses, glasses, spectacles

διοπτροφόρος, -α, -ο: bespectacled

διορατικός, -ή, -ό: perspicacious, shrewd, perceptive

διορατικότητα, η: perspicaciousness, perspicacity, shrewdness

διοργανώνω: organize

διοργάνωση, η: organizing, organization

διοργανωτής, ο *((θηλ.* **διοργανώτρια**): organizer

διοργανωτικός, -ή, -ό: organizational, organizing

διόρθωμα, το: βλ. **διόρθωση**

διορθώνω: correct ‖ *(επανορθώνω)* rectify, remedy, repair ‖ *(ηθικά)* redress ‖ *(επισκευάζω)* repair, restore ‖ *(τυπογρ.)* proof read

διόρθωση, η: correction ‖ *(επανόρθωση)* rectifying, rectification, reparation ‖ *(ηθ.)* redressing ‖ *(επισκ.)* repairing, reparation ‖ *(τυπ.)* proofreading

διορθωτής, ο *(θηλ.* **διορθώτρια***):* *(τυπογρ.)* proof reader

διορθωτικός, -ή, -ό: corrective, reparative

διορία, η: deadline, time limit

διορίζω: appoint

διορισμός, ο: appointment

διόρυξη, η: excavation, digging

διότι: because

διούρηση, η: urination ‖ *(ιατρ)* diuresis

διουρητικός, -ή, -ό: diuretic

διοχέτευση, η: *(υγρού)* channeling, con-

veyance ‖ *(ηλεκτρ)* transmission, conduct ‖ *(μτφ)* spreading, leakage

διοχετεύω: *(υγρό)* channel, convey ‖ *(ηλεκτρ)* conduct ‖ *(μτφ)* transmit. spread, leak out

δίπατος, -η, -ο: *(διώροφος)* two-storied ‖ *(με δύο πάτους)* double-bottomed

δίπλα: *(επίρ)* beside, side by side ‖ *(κοντά)* near, close by

δίπλα, η: pleat, fold plait ‖ *(γλύκισμα)* puff pastry

διπλάνο, το: biplane

διπλανός, -ή, -ό: adjacent, nearby ‖ *(γείτονας)* next-door

διπλάρωμα, το: coming alongside ‖ *(μτφ)* soliciting, solicitation

διπλαρώνω: come alongside ‖ *(μτφ)* solicit

διπλασιάζω: double

διπλασιασμός, ο: doubling ‖ *(αναδιπλασιασμός)* reduplication

διπλάσιος, -α, -ο: twice as much *(πληθ.* twice as many) ‖ βλ. **διπλός**

διπλογραφία, η: double entry method, double entry system

διπλοκλείδωμα, το: double lock

διπλοπόδι: *(επίρ)* cross-legged

διπλοπρόσωπος, -η, -ο: βλ. **διπρόσωπος**

διπλός, -ή, -ό: double, twofold ‖ *(από δύο μέρη)* duplex ‖ βλ. **διπλάσιος**

διπλότυπος, -η, -ο: duplicate ‖ *(ουσ)* counterfoil, stub

δίπλωμα, το: *(δίπλωση)* doubling, folding ‖ *(πτυχίο)* diploma, degree

διπλωμάτης, ο: diplomat

διπλωματία, η: diplomacy

διπλωματικά: *(επίρ)* diplomatically

διπλωματικός, -ή, -ό: diplomatic *(και μτφ)* ‖ ~ό **σώμα:** diplomatic corps

διπλωματικότητα, η: diplomacy

διπλωματούχος, -α, -ο: *(ανωτάτης σχολής)* degreed ‖ *(με ειδική άδεια)* certified

διπλώνω: fold ‖ *(περιτυλίγω)* wrap up, wrap

διπλωπία, η: diplopia

δίπλωση, η: folding

δίποδος, -η, -ο: bipedal, two-legged, two-footed ‖ *(ουσ)* biped

διπολικός, -ή, -ό: bipolar

δίπορτος, -η, -ο: two-door

δίπρακτος, -η, -ο: two-act

διπροσωπία, η: duplicity, double-dealing
διπρόσωπος, -η, -ο: two-faced
δίπτυχο, το: diptych
διπυρίτης, ο: biscuit, hard tack
δις: (επίρ) twice
δισάκι, το: (ταγάρι) bag, sack ‖ (ζώου) saddle-bag
δισέγγονος, -η: great-grandchild ‖ (αρσ.) great grandson ‖ (θηλ) great-grand-daughter
δισεκατομμύριο, το: billion
δισεκατομμυριούχος, ο: billionaire
δίσεκτο, το: (έτος) leap year
δισκίο, το: tablet, pastille, lozenge
δισκοβολία, η: discus, discus throwing
δισκοβόλος, ο: discus thrower, discobolus
δισκοθήκη, η: (θήκη) album ‖ (κέντρο) discotheque, disco
δισκοπότηρο, το: chalice
δίσκος, ο: (σκεύος) tray ‖ (κύκλος) disk ‖ (γραμμοφ.) record, disc ‖ (αθλητ.) discus ‖ (ζυγός) pan ‖ (εκκλησίας) plate
δισταγμός, ο: hesitation, hesitancy
διστάζω: hesitate ‖ (μτφ) waver, doubt, be irresolute
διστακτικός, -ή, -ό: hesitant, hesitating ‖ (μτφ) wavering, irresolute
δίστηλος, -η, -ο: two-columned
δίστιχο, το: couplet, distich
δίστιχος, -η, -ο: distichous
δίστομος, -η, -ο: βλ. δίκοπος
δισύλλαβος, -η, -ο: dissylabic, dissyllable, of two syllables
δισχιδής, -ές: bifurcate
διτετράγωνος, -η, -ο: biquadratic, of the fourth degree
δίτιμος, -η, -ο: of two values
δίτομος, -η, -ο: two-volume
δίτροχο, το: bicycle
δίτροχος, -η, -ο: two-wheeled
διυλίζω: (φιλτράρω) filter, strain ‖ (με απόσταξη) distil ‖ (σε διυλιστήριο) refine
διύλιση, η: (φιλτράρισμα) filtration, straining ‖ (απόσταξη) distillation ‖ (σε διυλιστήριο) refinement, refining
διυλιστήριο, το: (φίλτρο) filter, strainer ‖ (αποστακτήρας) distillery ‖ (πετρελ.) refinery
διφασικός, -ή, -ό: two-phase

διφθέρα, η: leather ‖ (περγαμηνή) parchment
διφθερίτιδα, η: diptheria
δίφθογγος, ο: diphthong
διφορούμενος, -η, -ο: ambiguous, equivocal ‖ (ουσ) ambiguity, equivocalness
δίφραγκο, το: two-drachma piece
δίφρος, ο: chariot
δίφυλλος, -η, -ο: bifoliate, two-leaved
διφωνία, η: duet
διχάζομαι: dissent, disagree
διχάζω: divide, split (και μτφ)
διχάλα, η: pitchfork
διχαλωτός, -ή, -ό: forked, divided, cloven
διχασμός, ο: division (και μτφ) dichotomy, schism
δίχηλος, -η, -ο: cloven-hoofed
διχογνωμία, η: dissent, dissension, disagreement, variance
διχογνωμώ: differ, disagree
διχόνοια, η: discord, dissension
δίχορδος, -η, -ο: two-stringed
διχοστασία, η: βλ. διχογνωμία
διχοτόμηση, η: bisection
διχοτόμος, η: bisector
διχοτομώ: bisect
δίχρονος, -η, -ο: (μηχ.) two-stroke ‖ (γραμμ.) common ‖ (ηλικίας) two-year-old
διχρωμία, η: dichromatism, dichromism
δίχρωμος, -η, -ο: dichromatic, bicolor, bicolored, bicoloured
δίχτυ, το: net
διχτυωτός, -ή, -ό: reticulate ‖ βλ. δικτυωτός
δίχως: (επίρ) without
δίψα, η: thirst (και μτφ)
διψασμένος, -η, -ο: thirsty
διψήφιος, -α, -ο: two-figure
διψομανής, -ές: dipsomaniac
διψώ: be thirsty, thirst (και μτφ)
διωγμός, ο: (καταδίωξη) chase, pursuit ‖ (μτφ) persecution
διωδία, η: duet
διώκτης, ο (θηλ. διώκτρια): chaser ‖ (μτφ) persecutor
διώκω: (καταδιώκω) chase, give chase, pursue ‖ (νομ) prosecute ‖ (κάνω διωγμό) persecute
διώνυμο, το: binomial

551

δίωξη

δίωξη, η: βλ. **διωγμός** ‖ *(νομ)* prosecution
διώξιμο, το: dissmissal, expulsion, ejection
δίωρος, -η, -ο: two-hour
διώροφος, -η, -ο: two-storied
διώρυγα, η: canal
διώχνω: chase away, dismiss, expel ‖ (απολύω από δουλειά) dismiss, sack, fire
δόγης, ο: doge
δόγμα, το: (αρχή) doctrine, dogma ‖ (θρησκ. αρχή) dogma ‖ (θρησκ. πίστη) denomination
δογματίζω: dogmatize
δογματικός, -ή, -ό: dogmatic *(και μτφ)*
δογματισμός, ο: dogmatism
δογματιστής, ο *(θηλ.* **δογματίστρια**): dogmatist
δοθιήνας, ο: boil, furuncle
δοιάκι, το: rudder
δόκανο, το: trap, snare *(και μτφ)*
δοκάρι, το: beam ‖ (στέγης) rafter ‖ (μεγάλο) girder
δοκιμάζομαι: suffer
δοκιμάζω: try ‖ (γευστικά) taste ‖ (ρούχα) try on ‖ (εξετάζω) test, try ‖ (επιχειρώ) attempt ‖ (κάνω πρόβες έργου) rehearse
δοκιμασία, η: (έλεγχος) test ‖ (εξέταση) examination, test ‖ (βάσανο) suffering
δοκιμαστήριο, το: fitting room
δοκιμαστικός, -ή, -ό: trial, test, testing ‖ ~ **σωλήνας:** test tube
δοκιμή, η: try, trial ‖ (γεύση) taste ‖ (ρούχων) fitting ‖ (εξέταση) test, testing ‖ (πρόβα επιδείξεων) practice ‖ (θεάτρου) rehearsal
δοκίμιο, το: (γραπτό) treatise, essay ‖ (τυπογ.) proof
δοκιμιογράφος, ο: essayist
δόκιμος, -η, -ο: (άξιος) tried, approved, first-rate ‖ (μαθητευόμενος) apprentice, trainee ‖ (κλασσικός) classic ‖ *(ναυτ)* midshipman ‖ (δόκιμος πρωτοετής) plebe
δοκός, η: beam (βλ. **δοκάρι**)
δόκτορας, ο: doctor
δολάριο, το: dollar
δολερός, -ή, -ό: βλ. **δόλιος**
δολιεύομαι: practice trickery
δόλιος, -α, -ο: tricky, crafty, fraudulent
δόλιος, ο *(θηλ.* **δόλια**): (κακόμοιρος)

miserable, poor, wretched
δολιότητα, η: craftiness, fraudulence. fraud
δολιοφθορά, η: sabotage
δολιοφθορέας, ο: saboteur
δολιχοκεφαλία, η: dolichocephalism, dolichocephaly
δολιχοκέφαλος, -η, -ο: dolichocephalus. dolichocephalic
δολιχός, -ή, -ό: elongated, oblong
δολλάριο, το: βλ. **δολάριο**
δολοπλοκία, η: intrigue, plot, scheme
δολοπλόκος, ο: intriguer, schemer, plotter
δόλος, ο: trick, deceit, guile ‖ *(νομ)* fraud
δολοφονία, η: *(ποιν)* murder ‖ *(πολιτ)* assassination
δολοφονικός, -ή, -ό: murderous, murdering
δολοφόνος, ο: *(ποιν)* murderer ‖ *(πολιτ.)* assassin
δόλωμα, το: bait *(και μτφ)* ‖ (τεχνητό) lure, decoy *(και μτφ)*
δολώνω: bait ‖ (νοθεύω) adulterate
δομή, η: structure, constructure
δομικός, -ή, -ό: structural
δόνηση, η: vibration, tremor, shake
δονητής, ο: vibrator
δονκιχωτισμός, ο: quixotism
δόντι, το: tooth *(πληθ* teeth) *(και μτφ)* ‖ (εργαλείου) prong ‖ *(μηχ)* cog ‖ **τρίζω τα ~α:** gnash one's teeth, grind one's teeth ‖ *(μτφ)* show one's teeth ‖ **οπλισμένος ως τα ~α:** arned to the teeth ‖ **έξω απ' τα ~α:** in no uncertain terms
δονώ: vibrate, shake
δόξα, η: glory ‖ ~ **εν υψίστοις:** gloria in excelsis, glory in the highest ‖ ~ **Πατρί:** Gloria Patri, Glory to the Father ‖ ~ **τω Θεώ:** thank God
δοξάζω: glorify, give glory, invest with glory
δοξάρι, το: (τόξο) bow ‖ (για ξαίσιμο) card ‖ (βιολιού) bow
δοξαριά, η: bow-shot
δοξασία, η: (γνώμη) belief ‖ *(θρησκ.)* belief, dogma
δοξασμένος, -η, -ο: glorious
δοξαστικός, -ή, -ό: glorifying ‖ *(εκκλ)* laud
δοξολογία, η: doxology

552

δοξολογώ: praise, extol

δοξομανής, -ές: vainglorious, megalomaniac, overambitious

δοξομανία, η: vainglory, megalomania

δορά, η: hide, skin, pelt

δορκάδα, η: roe, roe deer

δόρυ, το: spear

δορυφόρος, ο: satellite *(και μτφ)*

δόση, η: βλ. **δόσιμο** ‖ (τμ. ποσότητας) dose, portion ‖ *(φαρμάκου)* dose ‖ *(χημ.)* installment

δοσίλογος, ο: (υπεύθυνος) responsible, answerable ‖ (συνεργάτης κατακτητού) collaborationist, collaborator, quisling

δόσιμο, το: giving ‖ (εισφορά) donation, contribution

δοσμένος, -η, -ο: given

δοσοληψία, η: dealing, deal, transaction

δοτική, η: dative

δούκας, ο: duke

δουκάτο, το: (περιοχή) duchy, dukedom ‖ (νόμισμα) ducat

δουκικός, -ή, -ό: ducal

δούκισσα, η: duchess

δουλεία, η: slavery, serfdom, bondage, servitude

δουλειά, η: work ‖ (ασχολία) work, job, occupation ‖ **έχω ~:** I am busy ‖ **δεν είναι δική σου ~:** no business of yours, none of your business ‖ **κοίτα τη ~ σου:** mind your own business

δούλεμα, το: (επεξεργασία) working ‖ (κοροϊδία) pulling s.b's leg, making fun, teasing

δουλεμπόριο, το: slave trade, traffic in slaves

δουλέμπορος, ο: slave trader

δουλευτής, ο: diligent, hard-working, industrious, hard worker

δουλεύω: work ‖ (λειτουργώ) operate, work ‖ (σκληρά) labor ‖ (κοροϊδεύω) pull s.b's leg, make fun, tease, put on

δούλεψη, η: (υπηρεσία) employ, employment

δουλικό, το: maid, maid servant

δουλικά: *(επίρ)* obsequiously, fawningly, servilely, toadily

δουλικός, -ή, -ό: obsequious, fawning, servile, toady, apple-polisher, boot-licker

δουλίτσα, η: small job, odd job ‖ βλ.

δουλικό

δουλοπάροικος, ο: serf, peon

δουλοπρέπεια, η: obsequiousness, servility, toadiness, boot-licking, apple-polishing

δουλοπρεπής, -ές: βλ. **δουλικός**

δούλος, -η, -ο: slave *(και μτφ)* ‖ (υπηρέτης) servant

δουλοφροσύνη, η: βλ.**δουλοπρέπεια**

δούναι, το: debit

δουξ, ο: βλ. **δούκας**

δούρειος ίππος, ο: Trojan horse

δοχείο, το: vessel, pot, container, receptacle ‖ (νυκτός) chamber pot ‖ (δοχείο νυκτός μωρού) potty

δραγουμάνος, ο: dragoman ‖ *(μτφ)* interpreter

δράκα, η: handful *(και μτφ)*

δράκαινα, η: dragon, ogress

δράκοντας, ο: dragon ‖βλ. **δράκος**

δρακόντειος, -α, -ο: draconian, draconic

δράκος, ο: βλ. **δράκοντας** ‖ (παραμυθιού) ogre ‖ *(μτφ)* monster

δράμα, το: drama *(και μτφ)* ‖ *(πληθ - μτφ)* dramatics

δραματικός, -ή, -ό: dramatic

δραματογράφος, ο: dramatist

δραματολόγιο, το: repertory, repertoire

δραματοποίηση, η: dramatization *(και μτφ)*

δραματοποιώ: dramatize *(και μτφ)*

δραματουργία, η: dramaturgy

δραματουργός, ο: dramaturge, dramatist

δράνα, η: trellis, arbor ‖ (κληματαριά) vine

δραπέτευση, η: escape

δραπετεύω: escape, get away

δραπέτης, ο: escapee ‖ (φυλακής) escaped convict, escaped prisoner

δράση, η: action *(και μτφ)*

δρασκελιά, η: stride

δρασκελώ: stride

δραστήριος, -α, -ο: active, energetic, aggressive

δραστηριότητα, η: activity, energy, ag gressiveness

δράστης, ο: perpetrator, culprit

δραστικός, -ή, -ό: drastic, efficient, effective, efficacious

δραστικότητα, η: efficiency, effectiveness,

δράττομαι

efficacy

δράττομαι: *(μτφ)* grasp, take

δραχμή, η: drachma

δρεπάνι, το: (μικρό) sickle ‖ (με μακριά λαβή) scythe

δρέπανο, το: βλ. **δρεπάνι**

δρέπω: cut, gather ‖ *(μτφ)* reap, gather

δριμύς, -ία, -ύ: sharp, keen ‖ *(μτφ)* sharp, acid, caustic

δριμύτητα, η: sharpness, keenness ‖ *(μτφ)* sharpness, acidity

δρόλαπας, ο: windstorm

δρομάδα, η: dromedary

δρομαίος, -α, -ο: hasty, speedy, hurried

δρομάκι, το: lane, narrow street, back street

δρομέας, ο: runner ‖ (ταχύτητος) sprinter

δρομίσκος, ο: βλ. **δρομάκι**

δρομολόγιο, το: (λεπτομ. ταξιδιού) itinerary ‖ (πίνακας) timetable

δρομόμετρο, το: log

δρόμος, ο: (ταχύτητα) speed ‖ (αγώνας) run, running, race ‖ (ταχύτητος) sprint, dash ‖ (οδός) road, street ‖ (κατεύθυνση) way ‖ **ανοίγω ~:** clear the way ‖ **δείχνω το ~:** show the way ‖ **κάμποσο ~ μακριά:** a good way off

δρόμωνας, ο: dromon, dromond, large galley, frigate

δροσάτος, -η, -ο: βλ. **δροσερός**

δροσερός, -ή, -ό: cool ‖ *(μτφ)* fresh

δροσερότητα, η: coolness ‖ *(μτφ)* freshness

δροσιά, η: (ψύχρα) coolness ‖ (σταγόνα) dew, dewdrop

δροσίζομαι: cool oneself, refresh oneself

δροσίζω: *(μτβ)* cool, refresh ‖ *(αμτβ)* cool, get cool

δροσιστικός, -ή, -ό: cooling, refreshing ‖ (ποτό) refreshing, refreshment

δρόσος, η: βλ. **δροσιά**

δρύινος, -η, -ο: oak, oaken

δρυμός, ο: forest

δρυοκολάπτης, ο: woodpecker

δρυς, η: oak, oak tree

δρύφαχτο, το: barrier

δρω: act ‖ (φέρνω αποτέλεσμα) take effect

δρωτσίλα, η: pimple

δυαδικός, -ή, -ό: (διπλός) dual ‖ *(μαθ)* binary

δυάρα, η: two-cent piece ‖ **δεν δίνω ~:** I don't care a damn, I don't give a damn

δυάρι, το: (χαρτοπ.) deuce ‖ (διαμέρισμα) two-room apartment

δυϊκός, ο: *(αριθμ.)* dual

δυϊσμός, ο: dualism

δύναμαι: can, be able, be capable ‖ (έχω την άδεια) may, can

δύναμη, η: *(σωματ.)* strength ‖ (ισχύς) power ‖ (φυσ. ενέργεια) force ‖ *(μτφ)* force ‖ **ένοπλες ~εις:** armed forces ‖ **μεγάλες ~εις:** great powers

δυναμική, η: dynamics

δυναμικό, το: potential

δυναμικός, -ή, -ό: dynamic

δύναμις, η: βλ. **δύναμη**

δυναμίτης, ,ο: dynamite

δυναμίτιδα, η: βλ. **δυναμίτης**

δυναμιτιστής, ο: dynamiter

δυναμό, το: dynamo

δυναμόμετρο, το: dynamometer

δυνάμωμα, το: (ισχυροποίηση) strengthening ‖ (ένταση) intensification ‖ (ενίσχυση) reinforcing, reinforcement

δυναμώνω: *(μτβ)* strengthen, make stronger ‖ *(αμτβ)* become stronger, get strong ‖ (ενισχύω) reinforce, fortify

δυναμωτικό, το: tonic

δυναμωτικός, -ή, -ό: fortifying, strengthening, invigorating

δυναστεία, η: dynasty ‖ *(μτφ)* oppression

δυνάστευση, η: oppression

δυναστευτικός, -ή, -ό: oppressive, despotic

δυναστεύω: oppress, dominate

δυνάστης, ο: oppressor, despot

δυναστικός, -ή, -ό: βλ. **δυναστευτικός**

δυνατά *(επίρ.):* (ισχύς) strongly, powerfully, hard ‖ (ήχος) loudly

δυνατός, -ή, -ό: (ισχύς) strong, powerful, mighty, robust, husky ‖ (στερεός) sturdy ‖ (ήχος) loud ‖ (πραγματοποιήσιμος) possible

δυνατότητα, η: possibility

δύνη, η: dyne

δυνητικός, -ή, -ό: potential ‖ (γραμ) conditional

δύνω: (ουράνια σώματα) set *(και μτφ)* ‖ *(μτφ)* decline, wane, set

δύο: *(αριθμ)* two ‖ (χαρτοπ) pair

δυόσμος, ο: mint

554

δυσανάγνωστος, -η, -ο: illegible
δυσανάλογα: *(επίρ)* disproportionally
δυσαναλογία, η: disproportion, disparity
δυσανάλογος, -η, -ο: disproportional
δυσαναπλήρωτος, -η, -ο: irreplaceable
δυσανασχέτηση, η: discomfiture, indignation
δυσανασχετώ: be disconfitted, be indignant
δυσαρέσκεια, η: displeasure, dissatisfaction, discontent
δυσάρεστος, -η, -ο: unpleasant, disagreeable, unsavory
δυσαρεστώ: displease, offend
δυσαρμονία, η: *(ασυμφ.)* disharmony, discord ‖ *(ηχητική)* dissonance, discord
δυσβάστακτος, -η, -ο: *(πολύ βαρύς)* ponderous, very heavy ‖ *(μτφ)* unbearable, intolerable
δύσβατος, -η, -ο: impassable, unapproachable, inaccessible, rough
δυσδιάκριτος, -η, -ο: indiscernible, indistinct
δυσεντερία, η: dysentery
δυσεξήγητος, -η, -ο: inexplicable, difficult to explain
δυσεπίλυτος, -η, -ο: difficult to solve, hard to solve, insolvable
δυσερμήνευτος, -η, -ο: difficult to interpret, hard to interpret
δυσεύρετος, -η, -ο: hard to find, rare
δύση, η: *(ουραν. σωμ)* setting ‖ *(ηλίου)* sunset ‖ *(σημ. ορίζ.)* west ‖ *(μτφ)* decline, setting ‖ *(πολ. γεωγρ.)* occident
δυσθεράπευτος, -η, -ο: difficult to cure, difficult to heal
δυσθερμαγωγός. ο: bad conductor of heat
δυσθεώρητος, -η, -ο: indiscernible
δυσθυμία, η: depression, dejection, melancholy, low spirits, bad mood
δύσθυμος, -η, -ο: depressed, gloomy, dejected, melancholy
δύσις, η: βλ. δύση
δύσκαμπτος, -η, -ο: unbending, stiff, rigid, inflexible *(και μτφ)*
δυσκαμψία, η: inflexibility, inflexibleness, rigidity, stiffness *(και μτφ)*
δυσκινησία, η: slowness, sluggishness
δυσκίνητος, -η, -ο: slow, sluggish
δυσκοίλιος, -α, -ο: *(προκαλών δυσκοιλιότητα)* costive ‖ *(που έχει δυσκοιλ.)* constipated

δυσκοιλιότητα, η: constipation
δυσκολεύομαι: *(έχω δυσκολίες)* be in difficulties ‖ *(βρίσκω δύσκολο)* find it difficult, find hard
δυσκολεύω: make difficult, make hard ‖ *(φέρω εμπόδια)* hinder, obstruct
δυσκολία, η: difficulty
δυσκολόβρετος, -η, -ο: βλ. δυσεύρετος
δύσκολος, -η, -ο: difficult, hard ‖ *(άνθρωπος)* difficult, finicky, fussy, hard to please
δυσκολοχώνευτος, -η, -ο: difficult to digest, hard to digest, indigestible
δυσμένεια, η: disfavor, disfavour, disgrace
δυσμενής, -ές: unfavorable, unfavourable, adverse
δυσμεταχείριστος, -η, -ο: difficult to use, hard to handle
δύσμοιρος, -η, -ο: unfortunate, unlucky, ill-fated, ill-starred
δυσμορφία, η: deformity, malformation ‖ *(ασχημία)* ugliness
δύσμορφος, -η, -ο: deformed, malformed, misshapen ‖ *(άσχημος)* ugly
δυσνόητος, -η, -ο: difficult to understand, incomprehensible, obscure
δυσοίωνος, -η, -ο: ill-omened, inauspicious
δυσοσμία, η: malodorousness, stench, stink, bad smell, fetidness
δύσοσμος, -η, -ο: malodorous, stinking, foul-smelling, fetid
δύσπεπτος, -η, -ο: βλ. δυσκολοχώνευτος
δυσπεψία, η: indigestion, dyspepsia
δυσπιστία, η: distrust, distrustfulness, doubt, suspicion
δύσπιστος, -η, -ο: doubting, distrustful, suspicious
δυσπιστώ: distrust, doubt, mistrust, be suspicious
δύσπνοια, η: dyspnea, difficulty in breathing
δυσπραγία, η: adversity
δυσπρόσιτος, -η, -ο: inaccessible
δυσπρόφερτος, -η, -ο: unpronounceable, difficult to pronounce
δυστοκία, η: painful delivery, difficult birth
δυστροπία, η: peevishness, cantakerousness, petulance
δύστροπος, -η, -ο: peevish, cantakerous, ill-tempered, petulant
δυστροπώ: behave petulantly, behave

δυστύχημα

peevishly, be ill-tempered
δυστύχημα, το: accident ‖ (ατυχία) misfortune, mishap
δυστυχής, -ές: βλ. **δυστυχισμένος**
δυστυχία, η: βλ. ατυχία ‖ (αθλιότητα) misery, wretchedness
δυστυχισμένος, -η, -ο: miserable, wretched
δύστυχος, ο: βλ. **δυστυχισμένος**
δυστυχώ: be wretched, be miserable ‖ (είμαι σε άθλια οικ. κατάσταση) be badly off, be destitute
δυστυχώς: (επίρ) unfortunately
δυσφήμηση, η: slander, calumny, defamation
δυσφημίζω: slander, calumniate, defame
δυσφήμιση, η: βλ. **δυσφήμηση**
δυσφημώ: βλ **δυσφημίζω**
δυσφορία, η: βλ. **δυσαρέσκεια** ‖ (κακοαδιαθεσία) uneasiness, anxiety
δυσφορώ: be displeased, be discontented ‖ (αίσθημα) feel uneasy
δυσχεραίνω: make difficult, hinder, incommode
δυσχέρεια, η: βλ. **δυσκολία** ‖ (μτφ) hardship, difficulty
δυσχερής, -ές: βλ. **δύσκολος**
δύσχρηστος, -η, -ο: difficult to use, inconvenient ‖ (άβολος) incommodious, inconvenient
δυσώδης, -ες: βλ. **δύσοσμος**
δυσωδία, η: βλ. **δυσοσμία**
δύτης, ο: diver
δυτικός, -ή, -ό: west, western ‖ (πολ.

γεωγρ.) occidental
δύω: (ουράν. σώματα) set (και μτφ) ‖ (μτφ) decline, wane, set
δυωδία, η: duet
δώδεκα: twelve
δωδεκάγωνο, το: dodecagon
δωδεκάδα, η: dozen
δωδεκαδάκτυλο, το: duodenum
δωδεκάεδρο, το: dodecahedron
δωδεκαετής, -ές: βλ. **δωδεκάχρονος**
δωδεκάμηνο, το: twelvemonth
δωδεκαριά, η: about a dozen, a dozen or so
δωδέκατος, -η, -ο: twelfth
δωδεκάχρονος, -η, -ο: twelve-year-old
δώθε: πέρα ~: to and fro
δώμα, το: (ταράτσα) terrace, roof ‖ (διαμέρισμα) apartment ‖ βλ. **δωμάτιο**
δωμάτιο, το: room
δωρεά, η: donation, bequest, grant
δωρεάν: (επίρ) free, gratis
δώρημα, το: βλ. **δωρεά** ‖ βλ. **δώρο**
δωρητής, ο: donor
δωρίζω: present, make a present ‖ (κάνω δωρεά) donate
δώρο, το: present, gift
δωροδοκία, η: bribery, graft
δωροδοκώ: bribe
δωροληψία, η: bribery, grafting, gain by graft
δωσιδικία, η: justiciability
δωσίλογος, ο: βλ. **δοσίλογος**

Ε

Ε, ε: the 5th letter of the Greek alphabet ‖ έ: 5 ‖ ε: 5000
ε!: (επιφ) hey! ‖ ~ και?: so what?
εάν: βλ. **αν**
έαρ: βλ. **άνοιξη**
εαρινός, -ή, -ό: βλ. **ανοιξιάτικος** ‖ vernal ‖ ~ή ισημερία: vernal equinox
εαυτός: oneself ‖ εκτός ~ού: beside oneself
εαυτούλης: one's own self
έβγα, το: exit ‖ είμαι στα έμπα και στα ~: have clout, have connections, can pull strings
εβδομάδα, η: week

εβδομαδιαίος, -α, -ο: weekly, hebdomadal
εβδομηκονταετηρίδα, η: (διάρκεια) seventy years, a period of seventy years ‖ (επέτειος) seventieth anniversary
εβδομηκονταετία, η: period of seventy years
εβδομηκοντούτης, ο: septuagenarian
εβδομηκοστός, -ή, -ό: seventieth
εβδομήντα: seventy
εβδομηντάρης, ο: βλ. **εβδομηκοντούτης**
εβδομηνταριά, η: about seventy
έβδομος, -η, -ο: seventh
εβένινος, -ή, -ό: ebony

556

έβενος, ο: ebony
εβραία, η: jewess
εβραϊκός, -ή, -ό: jewish ‖ (φυλετικός) hebrew ‖ (γλώσσα) yiddish
εβραίικος, -η, -ο: βλ. **εβραϊκός**
εβραίος, -α, -ο: jew, jewish ‖ hebrew ‖ (ειρωνικά) yid, kike
έγγαμος, -η, -ο: married
εγγαστριμυθία, η: ventriloquy, ventriloquism
εγγαστρίμυθος, -η, -ο: ventriloquist
εγγεγραμμένος, -η, -ο: (μαθ) inscribed
εγγειοβελτιωτικός, ο: land ameliorating ‖ (έργα) irrigation and drainage
έγγειος, -α, -ο: land, terrene
εγγίζω: (αμτβ) approach, draw near, touch ‖ (μτβ) touch
εγγλέζικα, τα: (γλώσσα) English
Εγγλέζικος, -η, -ο: English
Εγγλέζος, ο: English
εγγονή, η: granddaughter
εγγόνι, το: grandchild
εγγονός, ο: grandson
εγγράμματος, -η, -ο: literate, educated
εγγραφή, η: (καταγραφή) registration, entry ‖ (σε μαγνητοταινία) recording
έγγραφο, το: document, deed
εγγράφω: (καταγράφω) enter, register ‖ (σε σχολή) enrol, matriculate ‖ (σε μαγνητοταινία) record ‖ (γεωμ) inscribe
εγγύηση, η: guarantee, warranty ‖ (νομ) bail, bond
εγγυητής, ο: (θηλ. **εγγυήτρια**): guarantor, warrantor ‖ (νομ) bondsman
εγγυητικός, -ή, -ό: guarantee
εγγυούμαι: guarantee
εγγύς: near, close
εγγυώμαι: βλ. **εγγυούμαι**
εγείρω: (ανυψώνω) raise ‖ (οικοδομώ) build ‖ (ξυπνώ) rouse, wake
έγερση, η: (σήκωμα) raising ‖ (οικοδ.) building ‖ (ξύπνημα) awakening
εγερτήριο, το: (στρ) reveille
εγκάθειρκτος, -η, -ο: internee, incarcerated, inmate
εγκάθειρξη, η: internment, incarceration, confinement
εγκάθετος, -η, -ο: member of a claque, claquer
εγκαθίδρυση, η: establishment

εγκαθιδρύω: establish
εγκαθίσταμαι: settle, put up, establish residence
εγκαθιστώ: settle, establish ‖ (κάνω εγκατάσταση) install
εγκαίνια, τα: inauguration ‖ (εκκλ) consecration
εγκαινιάζω: inaugurate ‖ (εκκλ) consecrate
έγκαιρα: (επίρ) in time ‖ (ακριβώς στην ώρα) on time
έγκαιρος, -η, -ο: timely, opportune, well-timed
εγκαιροφλεγής, -ές: delay-action, delayed-action
εγκαλώ: sue, file charges, institute legal proceedings, indict
εγκάρδια: (επίρ) cordially, heartily
εγκάρδιος, -α, -ο: cordial, hearty, warm
εγκαρδιότητα, η: cordialness, cordiality, heartiness
εγκαρδιώνω: encourage, hearten
εγκαρδίωση, η: encouragement, heartening
εγκάρσια: (επίρ) transversely, crosswise ‖ (ναυτ) abeam, athwart
εγκάρσιος, -α, -ο: transverse, cross, crosswise ‖ ~α τομή: cross section ‖ (ναυτ) abeam, athwart
εγκαρτέρηση, η: perseverance
εγκαρτερώ: persevere
έγκατα, τα: bowels (και μτφ)
εγκαταλείπω: abandon, desert, leave
εγκατάλειψη: abandonment, desertion
εγκατασταίνω: βλ. **εγκαθιστώ**
εγκατάσταση, η: installation ‖ βλ. **εγκαθίδρυση** ‖ (διαμονή) residence ‖ (επίσημη εγκατάσταση σε αξίωμα) investiture
έγκαυμα, το: burn
έγκειται: (απρόσ.) rests, lies
εγκεφαλικός, -ή, -ό: cerebral, encephalic
εγκεφαλίτιδα, η: encephalitis
εγκέφαλος, -ο: cerebrum, brain ‖ (μυαλό) brain ‖ (νους) mind ‖ (ιθύνων νους, ο «εγκέφαλος») master mind ‖ **ηλεκτρονικός** ~: computer ‖ **πλύση** ~ου: brain washing
έγκλειστος, -η, -ο: confined, imprisoned (βλ. και **εγκάθειρκτος**)
έγκλημα, το: crime
εγκληματίας, ο: criminal

εγκληματικός, -ή, -ό: criminal
εγκληματικότητα, η: criminality ‖ παιδική ~: juvenile delinquency ‖ (έγκλημα γενικά) crime
εγκληματολογία, η: criminology
εγκληματολόγος, ο: criminologist
εγκληματώ: commit a crime
έγκληση, η: indictment, charge
εγκλιματίζομαι: acclimatize oneself, acclimate
εγκλιματίζω: acclimatize, acclimate
εγκλιμάτιση, η: acclimatization, acclimation
εγκλιματισμός, ο: βλ. εγκλιμάτιση
έγκλιση, η: (γραμ) mood
εγκλωβίζω: encage, incage, cage
εγκόλπιο, το: (φυλαχτό) talisman, amulet ‖ (βιβλίο) handbook, manual
εγκολπούμαι: βλ. εγκολπώνομαι
εγκολπώνομαι: (κυριολ.) embrace, hug ‖ (μτφ) embrace, adopt, accept
εγκοπή, η: notch, cut, incision ‖ (αυλακιά) groove
εγκόσμιος, -α, -ο: secular, earthly
εγκράτεια, η: temperance, moderation, self-restraint
εγκρατής, -ές: temperate, moderate, self-restrained, continent
εγκρίνω: approve ‖ (επίσημα) sanction ‖ (επικυρώ) ratify
έγκριση, η: approval ‖ (επίσημη) sanction ‖ (επικύρωση) ratification
έγκριτος, -η, -ο: eminent, distinguished
εγκύκλιος, η: circular
εγκυκλοπαίδεια, η: encyclopedia
εγκυκλοπαιδικός, -ή, -ό: encyclopedic, encyclopedical
εγκυκλοπαιδικότητα, η: encyclopedism
εγκυμονώ: be pregnant (και μτφ)
εγκυμοσύνη, η: pregnancy
έγκυος, η: pregnant, with child ‖ αφήνω ~, καθιστώ ~: impregnate
έγκυρος, -η, -ο: (εν ισχύει) valid ‖ (αξιόπιστος) reliable, well-grounded, authoritative
εγκυρότητα, η: (ισχύς) validity, validness ‖ (πίστη) reliability, reliableness
εγκωμιάζω: praise, extol, laud
εγκωμιαστικός, -ή, -ό: praising, extolling, laudatory

εγκώμιο, το: praise, laudation ‖ (εκκλ) τα ~α: the lamentations
έγνοια, η: care, concern
εγχείρημα, το: (τόλμημα) venture, attempt ‖ (στρ) skirmish, minor encounter, small-scale attack
εγχείρηση, η: operation
εγχειριστικός, -ή, -ό: operating
εγχειρίδιο, το: (μαχαίρι) dagger, poniard ‖ (βιβλίο) handbook, manual
εγχειρίζω: (δίνω) hand ‖ (χειρουργώ) operate
έγχορδος, -η, -ο: stringed ‖ (όργανο) stringed instrument
έγχρωμος, -η, -ο: colored
εγχώριος, -α, -ο: domestic, native, indigenous ‖ (κάτοικος) local, native
εγώ: (αντων) I ‖ (ουσ) ego ‖ βλ. εγωισμός
εγωισμός, ο: egoism, egotism, selfishness ‖ (περηφάνια) arrogance, pride
εγωιστής, ο (θηλ. εγωίστρια): egoist, egotist, selfish
εγωιστικός, -ή, -ό: egoistic, egoistical, egotistic, selfish
εγωκεντρικός, -ή, -ό: egocentric
εγωκεντρισμός, ο: egocentricity
εγωπάθεια, η: egomania ‖ βλ. εγωκεντρισμός
εδάφιο, το: extract, passage, excerpt, paragraph
έδαφος, το: (χώμα) ground, soil, earth ‖ (περιοχή) territory ‖ (τεμάχιο) terrain, tract of land
έδεσμα, το: food, meal
έδρα, η: (κάθισμα) seat, chair ‖ (γραφείο) desk ‖ (αξίωμα) chair ‖ (τόπος) seat
εδραιώνω: strengthen, consolidate
εδραίωση, η: strengthening, consolidation
έδρανο, το: bench
εδρεύω: have one's seat ‖ (κατοικώ) reside
εδώ: here ‖ προς τα ~: hither ‖ ~ κι εκεί: hither and thither, here and there
εδώδιμα, τα: victuals, food, foodstuff
εδωδιμοπωλείο, το: grocery, supermarket
εδώδιμος, -η, -ο: edible
εδώλιο, το: (πάγκος) bench, stool ‖ (κατηγορουμένου) dock
εθελοδουλία, η: submissiveness, servility
εθελόδουλος, -η, -ο: submissive, servile
εθελοθυσία, η: self-sacrifice

558

εθελοντής, ο (θηλ. εθελόντρια): volunteer
εθελοντικά: (επίρ) voluntarily
εθελοντικός, -ή, -ό: voluntary
εθελουσίως: (επίρ) βλ. εθελοντικά
εθίζω: accustom
έθιμο, το: custom
εθιμοτυπία, η: etiquette, protocol
εθισμός, ο: (συνήθεια) habit ΙΙ (εξοικείωση) inurement, immunity
εθνάρχης, ο: ethnarch, leader of the nation, national leader
εθνεγερσία, η: war of independence
εθνικισμός, ο: nationalism ΙΙ (εθν. υπερηφ.) ethnicity
εθνικιστής, ο (θηλ. εθνικίστρια): nationalist
εθνικοποίηση, η: nationalization
εθνικοποιώ: nationalize
εθνικός, -ή, -ό: national ΙΙ (χαρακτηρ. μειονότητας) ethnic
εθνικοσοσιαλισμός, ο: national socialism, nazism
εθνικοσοσιαλιστής, ο: national socialist, nazist, nazi
εθνικότητα, η: nationality
εθνικόφρονας, ο: nationalist, loyalist
εθνισμός, ο: βλ. εθνικότητα ΙΙ (πνεύμα) ethnicity, national spirit
εθνογραφία, η: ethnography
εθνογραφικός, -ή, -ό: ethnographic
εθνομάρτυρας, ο: national martyr
έθνος, το: nation
εθνόσημο, το: coat of ams of a nation
εθνοσυνέλευση, η: national assembly
εθνοσωτήριος , -α, -ο: nation saving
εθνότητα, η: nationality
εθνοφρουρά, η: national guard
εθνοφυλακή, η: militia
έθος, το: habit
ειδάλλως: otherwise
ειδεμή: or else, otherwise
ειδήμων, ο: expert, knowledgeable, well-informed
ειδησεογραφία, η: reportage, news report, reporting of news
είδηση, η: information, news ΙΙ (πληθ) news ΙΙ παίρνω ~: get wind of
ειδικεύομαι: specialize ΙΙ (πανεπιστ.) major
ειδίκευση, η: specialization ΙΙ (πανε-

πιστημιακή) major, majoring
ειδικεύω: (κάνω ειδικό) specialize ΙΙ (μερικεύω) restrict, limit
ειδικός, -ή, -ό: special, specific ΙΙ (ουσ) specialist, expert
ειδικότητα, η: specialty
ειδοποίηση, η: notice, notification
ειδοποιώ: notify, inform
είδος, το: kind, sort ΙΙ (βιολ) species
ειδυλλιακός, -ή, -ό: idyllic, bucolic, pastoral
ειδύλλιο, το: idyll ΙΙ (μτφ) romance, love affair
ειδώλιο, το: idol
είδωλο, το: (φυσ) image ΙΙ (ομοίωμα) idol ΙΙ (ίνδαλμα) idol
ειδωλολάτρης, ο: idolater
ειδωλολατρία, η: idolatry
ειδωλολατρικός, -ή, -ό: idolatrous
είθε: may, would to God, I wish
εικάζω: guess, conjecture ΙΙ (συμπεραίνω) conclude
εικασία, η: guess, conjecture ΙΙ (συμπέρασμα) conclusion
εικαστικές τέχνες: Fine arts
εικόνα, η: picture ΙΙ (ομοίωμα) image ΙΙ (εκκλ) icon
εικονίζω: picture, portray, depict (και μτφ)
εικονικός, -ή, -ό: figurative ΙΙ (πλαστός) feigned, sham, bogus
εικόνισμα, το: icon
εικονογραφημένος, -η, -ο: illustrated
εικονογράφηση, η: illustration
εικονογράφος, ο: iconographer
εικονογραφώ: illustrate
εικονολατρεία, η: iconolatry
εικονολάτρης, ο: iconolater
εικονομαχία, η: iconoclasm
εικονομάχος, ο: iconoclast
εικοσάδα, το: score
εικοσάδραχμο, το: twenty drachmas piece
εικοσάλεπτο, το: twenty cent piece
εικοσάρι, το: βλ. εικοσάδραχμο ΙΙ βλ. εικοσάλεπτο
εικοσαριά, η: about twenty, twenty or so, a score
είκοσι: twenty
εικοστός, -ή, -ό: twentieth

ειλικρίνεια, η: sincerity, frankness, candor
ειλικρινής, -ές: sincere, frank, candid
είλωτας, ο: helot *(και μτφ)*
είμαι: I am ‖ *(απαρέμφ.)* be
ειμαρμένη, η: destiny, fate
είναι: *(απαρέμφ.)* be ‖ *(γ΄ πρόσ.)* is ‖ *(ουσ)* being
ειρηνευτής, ο: peace-maker, pacifier
ειρηνευτικός, -ή, -ό: pacifying
ειρήνη, η: peace
ειρηνικά: *(επίρ)* peacefully
ειρηνικός, -ή, -ό: peaceful ‖ *(γαλήνιος)* pacific, serene
Ειρηνικός: *(ωκεανός)* Pacific ocean
ειρηνισμός, ο: pacifism
ειρηνιστής, ο: pacifist
Ειρηνοδικείο, το: court of justice of the peace
ειρηνοδίκης, ο: justice of the peace
ειρηνοποιός, ο: βλ. **ειρηνευτής**
ειρηνόφιλος, ο: βλ. **ειρηνιστής**
ειρκτή, η: jail, prison
ειρμός, ο: coherence, continuity
είρωνας, ο: ironist, mocker
ειρωνεία, η: irony, sarcasm, mockery ‖ *(λογοτ)* irony
ειρωνεύομαι: mock, jeer, speak ironically
ειρωνικά: *(επίρ)* ironically, sarcastically
ειρωνικός, -ή, -ό: ironical, sarcastic, derisive, tongue-in-cheek
εις: *(πρόθ)* *(μέσα)* in ‖ *(κίνηση)* into, to ‖ *(χρον. όριο)* within, in ‖ *(στάση)* at, in, by ‖ βλ. **και σε**
εισαγγελέας, ο: district attorney (U.S.) ‖ public prosecutor (Engl.)
εισαγγελία, η: district attorney's office
εισάγω: *(κάνω εισαγωγές)* import ‖ *(παρουσιάζω)* introduce
εισαγωγέας, ο: importer
εισαγωγή, η: import ‖ introduction
εισαγωγικά, τα: quotation marks, inverted commas
εισαγωγικός, -ή, -ό: import ‖ introductory ‖ *(προκαταρκτικός)* preliminary
εισακούω: grant
εισβάλλω: invade
εισβολέας, ο: invader
εισβολή, η: invasion
είσδυση, η: penetration

εισδύω: penetrate, slip in, creep in
εισέρχομαι: come in, go in, enter, get in
εισήγηση, η: suggestion, proposal
εισηγούμαι: suggest, propose
εισιτήριο, το: ticket
εισιτήριος, -α, -ο: entrance ‖ **~α εξέταση**: entrance examination
εισόδημα, το: income ‖ *(χώρας ή εταιρείας)* revenue ‖ **φόρος ~τος**: income tax
Εισόδια, τα *(της Θεοτόκου)*: the presentation of Theotokos (Virgin Mary) in the Temple
είσοδος, η: entrance, entry *(πράξη και άνοιγμα)*
εισορμώ: rush into, charge into
εισπλέω: sail into, enter a port
εισπνέω: breathe in, inhale
εισπνοή, η: breathing in, inhalation
εισπράκτορας, ο: *(λεωφορείου)* bus conductor ‖ *(χρημάτων)* collector ‖ *(φόρων)* tax collector
είσπραξη, η: collection
εισπράττω: collect, receive
εισρέω: flow in
εισροή, η: influx
εισφορά, η: contribution ‖ *(υποχρεωτική)* levy
εισχώρηση, η: penetration ‖ *(παράνομη)* illegal entry
εισχωρώ: βλ. **εισδύω**
είτε: either, or, whether ‖ **~ ... ~**: either ... or, whether ... or
εκ: *(πρόθ)* βλ. **από**
εκατό: hundred
εκατόμβη, η: hecatomb *(και μτφ)*
εκατομμύριο: million
εκατομμυριοστός, -ή, -ό: millionth
εκατομμυριούχος, ο: millionaire
εκατοντάβαθμος, -η, -ο: centigrade
εκατοντάδραχμο, το: a hundred drachmas bill
εκατονταετηρίδα, η: centennial, centenary
εκατονταετής, -ές: a hundred year ‖ *(άνθρωπος)* centenarian
εκατονταπλασιάζω: centuple
εκατονταπλάσιος, -α, -ο: centuple
εκατόνταρχος, ο: centurion
εκατοντούτης, ο: centenarian

εκατοστό, το: centimeter
εκατοστόμετρο, το: βλ. **εκατοστό**
εκατοστός, -ή, -ό: hundredth
εκβάθυνση, η: deepening
εκβαθύνω: deepen
εκβάλλω: βλ. **βγάζω** ‖ (ποτάμι) flow into
έκβαση, η: outcome, result, issue, upshot
εκβιάζω: (αναγκάζω) force ‖ (κάνω εκβιασμό) blackmail ‖ (παίρνω εκβιαστικά) extort
εκβιασμός, ο: (αναγκασμός) forcing ‖ (απειλή) blackmail ‖ (εκβιαστικό πάρσιμο) extortion
εκβιαστής, ο: (θηλ. **εκβιάστρια**) blackmailer ‖ extortionist, extortioner
εκβιομηχάνιση, η: industrialization
εκβλάστηση, η: germination
εκβολή, η: (ποταμού) mouth
εκβράζω: wash ashore
έκβρασμα, το: (ξύλα) driftwood ‖ (υπολείμματα φορτίου) jetsam
εκγυμνάζω: train, drill, exercise ‖ (προπονώ) coach
εκγύμναση, η: training, exercise ‖ (προπόνηση) coaching
έκδηλος, -η, -ο: evident, obvious, manifest, clearly apparent
εκδηλώνω: manifest, display, show, demonstrate
εκδήλωση, η: (δείξιμο) display, manifestation, demonstration, show ‖ (δραστηριότητα) activity ‖ **εξωσχολικές ~εις:** extracurricular activities
εκδηλωτικός, -ή, -ό: expressive, demonstrative
εκδίδω: (έντυπο) publish, issue ‖ (τυπώνω) print ‖ (απόφαση) give, pronounce ‖ (οίκον) issue ‖ (εγκληματία ή καταζητούμενο) extradite ‖ (γυναίκα) pimp, procure, pander
εκδικάζω: judge, try
εκδίκαση, η: trial, hearing ‖ **υπό ~:** sub judice
εκδικιέμαι: βλ. **εκδικούμαι**
εκδίκηση, η: revenge, vengeance ‖ (ανταπόδοση) retribution, retaliation
εκδικητής, ο: (θηλ. **εκδικήτρια**) avenger
εκδικητικός, -ή, -ό: revengeful, vindictive
εκδικούμαι: avenge, revenge
εκδιώκω: drive out, drive away, chase

away. kick out
εκδορά, η: (γδάρσιμο) flaying, skinning ‖ (ξέγδαρμα) scratch. skinning
εκδορέας, ο: skinner
έκδοση, η: (εντύπου) publication, edition ‖ (τεύχος) issue ‖ (τύπωμα) printing ‖ (απόφασης) pronouncement, giving ‖ (οικον) issue ‖ (καταζητούμενου) extradition ‖ (γυναικός) procurement, panderism. pandering, pimping
εκδότης, ο (θηλ. **εκδότρια**): εντύπου publisher ‖ (οικ) issuer
εκδοτικός, -ή, -ό: publishing
έκδοτος, -η, -ο: (παραδομένος σε κατάχρηση) addicted ‖ (έκφυλος) dissolute, immoral, depraved
εκδούλευση, η: service, favor
εκδοχή, η: version, interpretation, view
εκδρομέας, ο: excursionist, picknicker ‖ (πεζοπόρος) hiker ‖ (περιηγητής) tourist
εκδρομή, η: excursion, picnic ‖ (πεζοπορία) hike ‖ (περιήγηση) tour
εκεί: there ‖ **προς τα ~:** thither ‖ **εδώ κι ~:** βλ. **εδώ** ‖ **από ~:** from there, thence ‖ **~δά:** right there
εκείθε: thither
εκείνος, -η, -ο: that, that one ‖ (πληθ) those
εκεχειρία, η: armistice. truce, cease-fire
έκζεμα, το: eczema, salt rheum
έκθαμβος, -η, -ο: astounded, dumbfounded, amazed
εκθαμβωτικός, -ή, -ό: dazzling (και μτφ)
εκθειάζω: praise, extol
έκθεμα, το: exhibit, showpiece, exhibition piece
έκθεση, η: (παρουσίαση) display ‖ (ζώων, καλλιτεχν. κλπ) exhibition ‖ (σε επικίνδυνη κατάσταση) exposure ‖ (μαθητ) composition, essay ‖ (γραπτή αναφορά) report ‖ (εμπ κλπ.) exposition ‖ **διεθνής ~:** international fair ‖ **~ ιδεών:** composition
εκθέτης, ο: exhibitor ‖ (μαθ) exponent, power
έκθετο, το: (παιδί) foundling
έκθετος, -η, -ο: exposed, open
εκθέτω: (αποκαλύπτω) expose (και μτφ) ‖ (κάνω έκθεση) exhibit ‖ (σε κίνδυνο) expose ‖ (αναφέρω) report ‖ (διασύρω)

έκθλιψη

compromise

έκθλιψη, η: (στύψιμο) reaming ΙΙ *(γραμ)* elision

εκθρονίζω: dethrone

εκθρόνιση, η: dethronement

εκκαθαρίζω: (υποθέσεις ή λογαριασμό) liquidate, settle ΙΙ (κάνω ξεκαθάρισμα) clean up

εκκαθάριση, η: (υποθ., λογαρ.) liquidation, settlement, clearing ΙΙ (ξεκαθάρισμα) clean up ΙΙ *(και μτφ)* ΙΙ *(στρ)* clean up, mop up

εκκαθαριστικός, -ή, -ό: *(οικον)* liquidating, settling, clearing ΙΙ *(στρ)* mopping up ΙΙ **κάνω ~ επιχείρηση:** mop up

εκκεντρικός, -ή, -ό: eccentric

εκκενώνω: βλ. **αδειάζω** ΙΙ (περιοχή) vacate, evacuate ΙΙ *(στρ)* evacuate ΙΙ (όπλο) discharge, fire

εκκένωση, η: (άδειασμα) emptying ΙΙ (περιοχής) evacuation ΙΙ (όπλου και ηλεκτρ.) discharge

εκκίνηση, η: starting, starting off ΙΙ (σημείο) starting point

έκκληση, η: appeal ΙΙ (στο Θεό) invocation

εκκλησία, η: (συνέλευση) ecclesia ΙΙ (ναός ή πίστη) church

εκκλησιάζομαι: attend mass, go to church

εκκλησίασμα, το: congregation

εκκλίνω: deflect, deviate

εκκοκκίζω: (καλαμπόκι, κλπ) shell ΙΙ (βαμβάκι) gin ΙΙ (φρούτα) pit

εκκοκιστήριο, το: (βάμβακος) cotton gin

εκκολαπτήριο, το: incubator

εκκολάπτομαι: hatch, incubate ΙΙ *(μτφ)* incubate, foment

εκκολάπτω: hatch, incubate

εκκρεμές, το: pendulum

εκκρεμής, -ές: suspended, pendulous ΙΙ *(μτφ)* pending, pendent ΙΙ *(νομ)* in abeyance

εκκρεμότητα, η: pending, abeyance

εκκρεμώ: to be pending, be in abeyance

έκκριμα, το: excretion, secretion

εκκρίνω: excrete, secrete

έκκριση, η: excretion, secretion

εκκωφαντικός, -ή, -ό: deafening

εκλαϊκευση, η: popularization

εκλαϊκευτικός, -ή, -ό: popularizing

εκλαϊκεύω: popularize

εκλαμβάνω: take for

εκλαμπρότατος, ο: (τίτλος) his eminence

εκλέγω: select, pick, choose ΙΙ (σε εκλογές) elect

εκλειπτική, η: ecliptic

εκλείπω: vanish, cease to exist ΙΙ *(μτφ)* pass away

εκλειπών , ο: *(μτφ)* deceased

έκλειψη, η: *(αστρ)* eclipse ΙΙ (εξαφάνιση) disappearance, eclipse

εκλεκτικός, -ή, -ό: eclectic, selective, choosy

εκλέκτορας, ο: elector

εκλεκτός, -ή, -ό: elite, select, choice, chosen

εκλέξιμος, -η, -ο: eligible

εκλεπίζω: scale ΙΙ (ξύνω) scrape

εκλιπαρώ: entreat, implore, beseech, supplicate

εκλογέας, ο: (που έχει δικαίωμα ψήφου) constituent, elector ΙΙ (ψηφοφόρος) voter

εκλογή, η: (διάλεγμα) choice, selection ΙΙ (δικαίωμα εκλογής) option, choice ΙΙ *(πολιτ)* election ΙΙ *(λογοτ)* eclogue

εκλογικός, -ή, -ό: electoral, voting

έκλυση, η: *(μτφ)* depravity, corruption, debauchery

έκλυτος, -η, -ο: dissolute, corrupt, debauchee, libertine, roue~

εκμαγείο, το: cast

εκμάθηση, η: learning, erudition

εκμαίευση, η: elicitation, evocation, extraction

εκμαιεύω: elicit, evoke, extract

εκμεταλλεύομαι: work, operate ΙΙ *(μτφ)* exploit

εκμετάλλευση, η: working, operating ΙΙ *(μτφ)* exploitation

εκμεταλλευτής, ο: exploiter

εκμηδενίζω: annihilate

εκμηδένιση, η: annihilation

εκμισθώνω: lease, hire

εκμίσθωση, η: lease, leasing, hire

εκμισθωτής, ο: lessor, hirer

εκμυζώ: suck ΙΙ *(μτφ)* suck, bleed, exploit

εκμυστηρεύομαι: confide

εκμυστήρευση, η: confiding, confidence, confession

εκναυλώνω: hire (a ship), charter

εκνευρίζω: exasperate, get on one's nerves, irritate

εκνευρισμός, ο: exasperation, nerves, irritation

εκνευριστικός, -ή, -ό: exasperating, irritating

εκούσια: *(επίρ)* willingly, voluntarily

εκούσιος, -α, -ο: voluntary, willing

έκπαγλος, -η, -ο: dazzling

εκπαίδευση, η: education, learning ΙΙ *(στρ)* training ΙΙ **κέντρο ~ης**: boot camp, training camp

εκπαιδευτήριο, το: school, institute of learning

εκπαιδευτικός, -ή, -ό: educational ΙΙ *(ουσ)* educator ΙΙ *(στρ)* training

εκπαιδεύω: educate, instruct, teach ΙΙ *(στρ)* train

εκπαραθύρωση, η: defenestration

εκπατρίζομαι: expatriate

εκπατρίζω: expatriate

εκπατρισμός, ο: expatriation

εκπέμπω: *(αναδίνω)* emit, emanate, send forth, give off ΙΙ *(μεταδίδω)* transmit ΙΙ *(ραδιόφ.)* broadcast ΙΙ *(τηλεόρ.)* telecast

εκπεσμός, ο: *(πτώση)* fall, abatement ΙΙ *(ξεπεσμός)* decadence

εκπηδώ: jump off, spring out

εκπίπτω: deduct, reduce, depreciate ΙΙ *(μτφ)* fall, decline in rank

εκπλέω: sail out, set sail, leave port

εκπληκτικά: *(επίρ)* surprisingly, astonishingly

εκπληκτικός, -ή, -ό: surprising, amazing, astonishing

έκπληκτος, -η, -ο: surprised, astonished

έκπληξη, η: surprise, astonishment, amazement

εκπληρώνω: fulfill ΙΙ *(βλ. εκτελώ)*

εκπλήρωση, η: fulfillment

εκπλήσσω: surprise, astonish, amaze

εκπνέω: exhale, breathe out ΙΙ *(πεθαίνω)* expire ΙΙ *(λήγω)* expire

εκπνοή, η: exhalation, breathing out, expiration ΙΙ *(μτφ)* expiration

εκποίηση, η: sale, liquidation sale

εκποιώ: sell

εκπολιτίζω: civilize, culture

εκπολιτισμός, ο: civilizing, civilization, culture

εκπολιτιστικός, -ή, -ό: cultural

εκπομπή, η: *(ακτινοβολία)* emission, emanation ΙΙ *(μετάδοση)* transmission ΙΙ *(ραδιόφ.)* broadcast ΙΙ *(τηλεόρ.)* telecast

εκπόνηση, η: elaboration, design

εκπονώ: elaborate, design

εκπορεύομαι: emanate, originate

εκπόρθηση, η: capture, conquest

εκπορθώ: capture, take by storm

εκπρόθεσμος, -η, -ο: overdue, past due, delinquent

εκπρόσωπος, ο: representative, delegate

εκπροσωπώ: represent

έκπτωση, η: fall, decline ΙΙ *(τιμών)* discount, reduction ΙΙ *(πληθ περίοδος εκπτώσεων)* sale

έκπτωτος, -η, -ο: deposed

εκπυρσοκρότηση, η: discharge, detonation ΙΙ *(κρότος)* report

εκπυρσοκροτώ: detonate

εκρήγνυμαι: explode, blow up ΙΙ *(μτφ)* break out, burst

εκρηκτικός, -ή, -ό: explosive

έκρηξη, η: explosion, detonation, blast, blow up ΙΙ *(πολέμου)* outbreak ΙΙ *(μτφ)* outburst

εκροή, η: outflow, efflux

έκρυθμος, -η, -ο: irregular, abnormal

εκσκαφέας, ο: excavator, steamshovel, dredger ΙΙ *(μπουλντόζα)* bulldozer

εκσκαφή, η: excavation, digging

εκσπερματίζω: ejaculate

εκσπερμάτιση, η: ejaculation

έκσταση, η: ecstasy, bliss, rapture ΙΙ *(καταληψία)* trance

εκστατικός, -ή, -ό: ecstatic

εκστομίζω: utter, mouth

εκστρατεία, η: *(στρ)* expedition ΙΙ *(καμπάνια)* campaign

εκστρατευτικός, -ή, -ό: expeditionary

εκστρατεύω: *(στρ)* make an expedition, go on an expedition ΙΙ *(κάνω καμπάνια)* campaign

εκσφενδονίζω: hurl, fling, cast

εκσφενδόνιση, η: hurling, flinging

έκτακτα: *(επίρ)* *(τέλεια)* exceptionally, excellently ΙΙ *(παραπανήσια)* extra ΙΙ *(προσωρινά)* temporarily

έκτακτος, -η, -ο: *(εξαιρετικός)* exceptional, excellent ΙΙ *(παραπανήσιος,*

563

έξτρα) extra || (μη ταχτικός) temporary
εκτάριο, το: hectare
έκταση, η: (άπλωμα) spread, spreading, stretching || (αύξηση διαστάσεων) extension, enlargement || (επιφάνεια) spread, stretch, area, size || *(μτφ)* range, reach
εκταφή, η: exhumation *(και μτφ)*
εκτεθειμένος, -η, -ο: exposed || (απροφύλαχτος) unprotected, exposed || *(μτφ)* compromised
εκτείνομαι: stretch, reach, extend, spread
εκτείνω: extend, stretch
εκτέλεση, η: (πραγμάτωση) performance, carrying out, execution, accomplishment || (εκπλήρωση) βλ. **εκπλήρωση** || (μουσική) performance, execution || (κατάδικου) execution
εκτελεστής, ο: (δήμιος) executioner || (διαθήκης) executor
εκτελεστικός, ο: (διοικ.) executive
εκτελώ: perform, execute, carry out || βλ. **εκπληρώνω** || (κατάδικο) execute || ~ **χρέη** (αντικαθιστώ) act, be acting
εκτελωνίζω: clear (customs)
εκτελωνισμός, ο: customs clearance
εκτενής, -ές: extensive, lengthy, long, protracted
εκτενώς: *(επίρ)* extensively, at length
εκτεταμένος, -η, -ο: extensive, lengthy, long
εκτίθεμαι: (μένω ανοιχτός) be exposed || (δίνω υπόσχεση) be committed
εκτίμηση, η: (υπόλειψη) esteem, regard || (υπολογισμός) estimation, appraisal, evaluation, valuation || (ορυκτού) assay
εκτιμητής, η: appraiser || (ορυκτού) assayer
εκτιμώ: (υπολήπτομαι) esteem, value || (υπολογίζω) estimate, appraise, avaluate || (ορυκτό) assay
εκτίναξη, η: jolt, shake
έκτιση, η: expiation
εκτίω: (ποινή) serve, do time
εκτονώνω: loosen, relax
εκτόνωση, η: loosening, relaxation || *(φυσ)* expansion
εκτόξευση, η: shooting, discharge, hurling || (πυραύλου) launching || **πεδίο ~ς:** launch pad, launching pad

εκτοξεύω: shoot, hurl || (πύραυλο) launch || *(μτφ)* hurl, launch
εκτοπίζω: displace || (εξορίζω) exile
εκτόπιση, η: exile
εκτόπισμα, το: displacement
εκτοπισμός, ο: βλ. **εκτόπιση**
έκτος, -η, -ο: sixth
εκτός: *(επίρ)* (έξω) outside, without || (εξαιρουμένου) except, excepting || (επιπλέον) besides, apart from || ~ **εάν:** unless || (πέραν) beyond
έκτοτε: *(επίρ)* since, since then, ever since
εκτραχηλίζομαι: run riot, act with wild abandon
εκτράχυνση, η: (σκλήρυνση) hardening || (χειροτέρεψη) aggravation, worsening
εκτραχύνω: (σκληραίνω) harden || (χειροτερεύω) aggravate, worsen
εκτρέπομαι: deviate, be diverted || *(μτφ)* go astray
εκτρέπω: divert, deflect, turn aside
έκτροπα, τα: acts of violence, riots
εκτροπή, η: deviation, deflection || *(φυσ)* aberration || (πορείας) drift
εκτροχιάζομαι: be derailed, run off the rails || *(μτφ)* go astray
εκτροχιάζω: derail
εκτροχίαση, η: derailment
έκτρωμα, το: abortus, aborted fetus || *(μτφ)* freak, monster
εκτρωματικός, -ή, -ό: abortive *(και μτφ)*
έκτρωση, η: abortion || (αποβολή) miscarriage
εκτυλίσσομαι: develop, evolve, take place
έκτυπος, -η, -ο: in relief
εκτυπώνω: βλ. **τυπώνω** || (κάνω ανάγλυφο) emboss, engrave
εκτύπωση, η: printing || (γλυφή) embossing, engraving || (αποτύπωση) imprinting, printing, print
εκτυφλώνω: *(μτφ)* blind, dazzle
εκτυφλωτικός, -ή, -ό: *(μτφ)* blinding, dazzling
εκφαυλίζω: corrupt
εκφαυλισμός, ο: corruption
εκφέρω: bring out, carry out || *(μτφ)* express, pronounce, utter
εκφοβίζω: frighten, intimidate, terrorize
εκφόβιση, η: intimidation, frightening.

terrorism

εκφοβισμός, ο: βλ. **εκφόβιση**

εκφοβιστικός, -ή, -ό: intimidating, frightening, terrorizing

εκφορά, η: funeral ‖ *(γραμ)* syntax

εκφορτώνω: unload, discharge, unlade

εκφόρτωση, η: unloading, discharge

εκφορτωτής, ο: unloader ‖ *(λιμανιού)* stevedore

εκφράζομαι: express oneself

εκφράζω: express ‖ *(αποκαλύπτω)* reveal, manifest

έκφραση, η: expression

εκφραστικός, -ή, -ό: expressive

εκφυλίζομαι: degenerate *(και μτφ)*

εκφυλισμός, ο: degeneration *(και μτφ)*

έκφυλος, ο: degenerate *(και μτφ)*

εκφώνηση, η: call ‖ *(λόγου)* delivery

εκφωνητής, ο *(θηλ.* **εκφωνήτρια):** speaker, announcer

εκφωνώ: call, pronounce ‖ *(λόγο)* deliver, speak

εκχερσώνω: grub, clear

εκχέρσωση, η: grubbing, clearing

εκχριστιανίζω: christianize, convert to christianity

εκχριστιανισμός, ο: christianization, conversion to christianity

εκχύλισμα, το: extract

εκχύμωση, η: bruise, contusion

εκχύνω: pour out, discharge

εκχωματώνω: excavate, remove earth

εκχωμάτωση, η: excavation, removal of earth

εκχώρηση, η: session, transfer, concession

εκχωρώ: cede, concede, transfer

εκών, -ούσα, -όν: willing, voluntary ‖ ~ **άκων:** willy-nilly

έλα!: *(επιφ)* Oh, come on!, come on!, come now!

ελαία: βλ. **ελιά**

ελαιογραφία, η: oil-painting

ελαιόδεντρο, το: olive tree

ελαιόλαδο, το: olive oil

έλαιον, το: oil

ελαιοτριβείο, το: pressure expeller, olive press

ελαιουργία, η: oil industry

ελαιόχρωμος, -η, -ο: olive colored, coloured, olive green

ελαιώνας, ο: olive grove

ελάσιμος, -η, -ο: ductile

έλασμα, το: metal plate, sheet metal, sheet iron, lamina

ελάσσων, ο: *(μουσ)* minor

ελαστικό, το: *(αυτοκ)* tyre, tire ‖ *(κόμμι)* rubber, india rubber

ελαστικός, -ή, -ό: *(ιδιότητα)* elastic ‖ *(ευκολολύγιστος)* flexible *(και μτφ)*

ελαστικότητα, η: *(ιδιότητα)* elasticity ‖ *(ευκαμψία)* flexibility *(και μτφ)*

ελατήριο, το: spring ‖ *(μτφ)* motive, incentive, incitement

έλατο, το: fir, fir tree

ελάττωμα, το: defect, fault, flaw

ελαττωματικός, -ή, -ό: defective, faulty, imperfect

ελαττώνω: decrease, diminish, lessen ‖ *(χαμηλώνω)* lower, cut down, alleviate

ελάττωση, η: decrease, diminution, lessening

ελαφάκι, το: little deer, fawn, young deer

ελάφι, το: deer ‖ *(αρσ)* stag, buck, hart ‖ *(θηλ)* βλ. **ελαφίνα**

ελαφίνα, η: doe, hind

ελαφοκέρατο, το: antler

ελαφρά: *(επίρ)* lightly, gently

ελαφράδα, η: frivolity, levity

ελαφραίνω: βλ. **ελαφρύνω** ‖ *(χάνω βάρος)* drop weight, lighten, become lighter

ελαφρόμυαλος, -η, -ο: light-headed, harebrained, frivolous

ελαφρόπετρα, η: pumice

ελαφρός, -ή, -ό: *(βάρος)* light *(και μτφ)* ‖ *(ποτό)* weak ‖ *(όχι σοβαρός)* light, frivolous

ελαφρότητα, η: βλ. **ελαφράδα**

ελαφρυντικά, τα: extenuating circumstances

ελαφρυντικός, -ή, -ό: extenuating, mitigating, alleviating

ελαφρύς, -ιά, -ύ: βλ. **ελαφρός**

ελαφρώνω: *(μτβ)* lighten, reduce, relieve ‖ *(αμτβ)* be relieved, feel relieved, take a weight off one's mind

ελάχιστος, -η, -ο: *(υπερθετικός)* least ‖ *(πολύ λίγος)* very little ‖ *(ελάχιστο δυνατό)* minimum

Ελβετία, η: Switzerland

Ελβετικός

Ελβετικός, -ή, -ό: Swiss
Ελβετός, ο *(θηλ.* Ελβετίδα): Swiss
ελεγεία, η: *(λογ)* elegy || *(μτφ)* dirge, lament
ελεγειακός, -ή, -ό: elegiac
ελεγείο, το: βλ. ελεγεία
ελεγκτής, ο: *(που ελέγχει τομέα)* controller || *(οικον)* comptroller, controller, auditor || *(τραίνου)* ticket collector, train inspector || *(επίθ)* inspector
έλεγχος, ο: *(εξουσία)* control || *(οικον)* audit, inspection || *(κρίση)* criticism, reproach || *(επίθ)* inspection, test, check || *(σχολικός)* report
ελέγχω: *(εξουσιάζω)* control || *(οικ)* audit, inspect || *(κριτικάρω)* criticize, reproach || *(επίθ)* insepct, test, check
ελεεινολογώ: deplore, censure
ελεεινός, -ή, -ό: *(αξιολύπητος)* miserable, wretched || *(αξιοκατάκριτος)* deplorable, wretched
ελεήμονας, ο: charitable, benevolent, compassionate
ελεημοσύνη, η: charity, alms
ελέησον: *(εκκλ)* eleison || Κύριε ~: *(εκκλ)* Kyrie eleison || *(επιφ)* Lord have mercy!
έλεος, το: *(συμπόνοια)* mercy, pity || *(συνδρομή)* alms, charity
ελευθερία, η: freedom, liberty
ελευθεριάζω: be unrestrained
ελευθέριος, -α, -ο: liberal, free || *(μτφ)* generous, open-handed || *(ηθ)* licentious, immoral, libertine
ελευθεροκοινωνία, η: *(ναυτ)* pratique, clearance to enter port
ελεύθερος, -η, -ο: free || *(από υποχρεώσεις)* exempt, free || *(μη κατειλημμένος)* vacant, free, unoccupied || *(ανύπαντρος)* bachelor, unmarried, single || ~ σκοπευτής: *(κυριολ.)* sniper || *(μτφ)* free lance || ~ επαγγελματίας: free lance
ελευθερόστομος, -η, -ο: outspoken
ελευθεροτυπία, η: freedom of the press
ελευθερώνομαι: free oneself, get free, be liberated || *(γεννώ)* give birth || *(ξεφορτώνομαι)* get rid, rid oneself
ελευθερώνω: free, liberate, set free || *(κρατούμενο)* release, free || *(από

υποχρέωση)* release, free
ελευθέρωση, η: freeing, deliverance, liberation || *(κρατουμένου και υποχρέωσης)* release, freeing
ελευθερωτής, ο: liberator
έλευση, η: arrival
Ελευσίνια, τα: *(μυστήρια)* Eleusinian mysteries
ελέφαντας, ο: elephant
ελεφαντίαση, η: elephantiasis
ελεφάντινος, -η, -ο: ivory || *(σαν ελέφας)* elephantine
ελεφαντόδοτο, το: *(δόντι)* tusk || *(ύλη)* ivory
ελέφας, ο: βλ. ελέφαντας
ελεώ: *(νιώθω έλεος)* pity, have pity, have mercy || *(δίνω ελεημοσύνη)* give charity, give alms, help
ελιά, η: *(δέντρο)* olive, olive tree || *(καρπός)* olive || *(σώματος)* mole, nevus, birthmark
ελιγμός, ο: maneuver
έλικας,ο: *(σχήμα)* helix, spiral || *(μηχ)* screw, propeller
ελικοειδής, -ές: spiral, meandering
ελικόπτερο, το: helicopter
ελιξίριο, το: elixir
ελίσσομαι: wind, coil || *(προχωρώ ελικοειδώς)* meander, wind || *(κάνω ελιγμούς)* maneuver
έλκηθρο, το: *(μεγάλο όχημα)* sledge || *(μεγάλο έλκηθρο)* sleigh || *(παιδικό)* sled
έλκος, το: ulcer || *(πληγή)* sore
ελκυστήρας, ο: *(όχημα)* tractor || *(αλόγου)* draw-gear, harness
ελκυστικός, -ή, -ό: attractive
ελκύω: draw, pull, drag || *(μτφ)* attract, draw
έλκω: βλ. ελκύω
Ελλάδα, η: Greece, Hellas
ελλανοδίκης, ο: judge
Ελλάς, η: βλ. Ελλάδα
έλλειμμα, το: shortage || *(οικ)* deficit
ελλειπής, -ές: deficient, inadequate, insufficient
ελλειπτικός, -ή, -ό: elliptic
έλλειψη, η: lack, shortage, want, deficiency || *(μαθ)* ellipse
ελλειψοειδής, -ές: ellipsoidal || *(ουσ - ουδ)* ellipsoid

Έλληνας, ο (θηλ. Ελληνίδα): Greek, Hellene

Ελληνικά, τα: (γλώσσα) Greek (language)

Ελληνικός, -ή, -ό: Greek, Hellenic, Grecian

Ελληνισμός, ο: Hellenism

Ελληνιστικός, -ή, -ό: Hellenistic

Ελληνόπαιδο, το: greek boy, young greek

Ελληνόπουλο, το (θηλ Ελληνοπούλα): βλ. Ελληνόπαιδο ‖ (θηλ) greek girl, young greek woman

Ελληνορωμαϊκός, -ή, -ό: Greco-Roman, Graeco-Roman

Ελλήσποντος, ο: Hellespont, Dardanelles

ελλόγιμος, -η, -ο: wise, sage, literate

ελλοχεύω: lurk, lie in ambush

έλξη, η: (τράβηγμα) pull, draft, traction ‖ (φυσ) attraction (και μτφ) ‖ παγκόσμια ~: universal gravitation

ελόγου: (αντων) ‖ ~ μου: me, myself ‖ ~ σου: you, yourself ‖ ~ του, ~ της, κλπ.: he, himself, etc.

ελονοσία, η: malaria, paludism, swamp fever

έλος, το: marsh, swamp, bog, morass, mire

ελπίδα, η: hope ‖ (προσδοκία) expectation

ελπίζω: hope

έλυτρο, το: (σκέπασμα) cover ‖ (εντόμου) elytron ‖ (αερ.) cowling

ελώδης, -ες: marshy, swampy, boggy ‖ ~ πυρετός: βλ. ελονοσία

εμαγιέ: (επίθ) enamelled ‖ (σκεύος) enamelware

εμάς: (αντων) us

εμβαδό, το: area

εμβαδόμετρο, το: planimeter

εμβαδόν, το: βλ. εμβαδό

εμβάζω: remit

εμβαθύνω: examine thoroughly, peruse, probe deeply

έμβασμα, το: remittance

εμβατήριο, το: march

εμβέλεια, η: range

έμβλημα, το: emblem, coat of arms, crest

εμβολή, η: (ιατρ) embolism ‖ (ναυτ) ramming ‖ (στρ) raid

εμβολιάζω: vaccinate, inoculate ‖ (φυτό)

engraft, ingraft, graft

εμβολιασμός, ο: vaccination, inoculation ‖ (φυτ) grafting

εμβολίζω: ram

εμβόλιμος, -η, -ο: embolismic ‖ ~η ημέρα: the 29th of February

εμβόλιο, το: vaccine ‖ (φυτού) graft

εμβολισμός, ο: ramming

έμβολο, το: piston, plunger ‖ (μηχ) piston ‖ (όπλου) rammer

εμβρίθεια, η: (σοβαρότητα) seriousness, profundity ‖ (μάθηση) erudition

εμβριθής, -ές: (σοβαρός) serious, profound ‖ (πολυμαθής) erudite

εμβρυακός, -ή, -ό: fetal, embryonic ‖ (μτφ) embryonic

έμβρυο, το: fetus, embryo

εμβρυοκτονία, η: feticide

εμβρυολογία, η: embryology

εμβρυουλκός, ο: forceps

εμβρυώδης, -ες: βλ. εμβρυακός

εμείς: (αντων) we

εμένα: (αντων) me

έμεση, η: emesis, vomiting

εμετικός, -ή, -ό: emetic, vomitive

εμετός, ο: vomit, vomiting, spew, puke ‖ κάνω ~: vomit, puke, spew, throw up, be sick

εμμένω: persist, adhere to, stick to

έμμεσα: (επίρ) indirectly

έμμεσος, -η, -ο: indirect

έμμετρος, -η, -ο: metrical, in verse

έμμηνα, τα: menses, period, menstruation, monthlies

εμμηνόρροια, η: menstruation

έμμισθος, -η, -ο: (μισθωτός) salaried ‖ (πληρωμένος) paid

εμμονή, η: persistence, obstinacy

έμμονος, -η, -ο: persistent, obstinate ‖ (σταθερός) fixed ‖ ~η ιδέα: fixed idea

έμπα, το: entrance ‖ (μτφ) beginning

εμπάθεια, η: maliciousness, animosity, ill-feeling, spite

εμπαθής, -ές: malicious, ill-feeling, spiteful

εμπαιγμός, ο: mockery ‖ (απάτη) deceit, deception

εμπαίζω: mock ‖ (απατώ) deceive

567

έμπεδα

έμπεδα, τα: (στρ) depot
εμπεδώνω: consolidate
εμπέδωση, η: consolidation
εμπειρία, η: experience
εμπειρικός, -ή, -ό: empirical
εμπειρογνώμονας, ο: expert ‖ (ειδικός) specialist ‖ (τέχνης) connoisseur
εμπειροπόλεμος, -η, -ο: battle-hardened, veteran
έμπειρος, -η, -ο: experienced, skilled
εμπεριστατωμένος, -η, -ο: thorough, detailed
εμπιστεύομαι: (έχω εμπιστοσύνη) trust ‖ (λέω εμπιστευτικά) confide, entrust ‖ (δίνω με εμπιστοσύνη) entrust
εμπιστευτικά: (επίρ) in confidence, confidencially
εμπιστευτικός, -ή, -ό: confidencial, hush-hush
έμπιστος, -η, -ο: trustworthy, reliable ‖ (ουσ) confidant
εμπιστοσύνη, η: confidence, trust, faith
έμπλαστρο, το: plaster
εμπλέκω: (μτφ) involve, implicate
εμπλοκή, η: (μπλέξιμο) involvement, implication ‖ (μηχ) gear ‖ (εμπόδισμα) jamming ‖ (στρ) engagement
εμπλουτίζω: enrich
εμπλουτισμός, ο: enrichment
έμπνευση, η: inspiration
εμπνέω: inspire
εμποδίζω: impede, obstruct, hinder ‖ (παρεμποδίζω) prevent ‖ (σταματώ) block, hold back
εμπόδιο, το: obstacle, obstruction, impediment, hindrance, hurdle ‖ (δρόμος μετ᾽ εμποδίων) hurdles ‖ (ιπποδρομία μετ᾽ εμποδίων) steeplechase
εμπόδιση, η: obstruction, impeding, hindering
εμπόδισμα, το: βλ. εμπόδιον
εμπόλεμος, -η, -ο: belligerent, at war
εμπόρευμα, το: merchandise
εμπορεύομαι: merchandise, trade, engage in commerce
εμπορεύσιμος, -η, -ο: merchantable, marketable
εμπορικό, το: (κατάστημα) shop, store
εμπορικός, -ή, -ό: commercial, mercantile, merchant ‖ ~ αντιπρόσωπος: commer-

cial traveller ‖ ~ό επιμελητήριο: chamber of commerce ‖ ~ό ναυτικό: merchant marine ‖ ~ό πλοίο: merchantman, cargo ship
εμπόριο, το: commerce, trade
εμποροδικείο, το: commercial tribunal
εμποροπανήγυρη, η: fair
εμποροπλοίαρχος, ο: master mariner, master
έμπορος, ο: merchant, trader, dealer
εμπορούπάλληλος, ο: salesperson, shop assistant ‖ (θηλ) saleslady
εμποτίζω: saturate, soak, imbue ‖ (μτφ) imbue
εμποτισμός, ο: saturation, soaking ‖ (μτφ) imbuing
εμπράγματος, -η, -ο: substantial, actual
έμπρακτος, -η, -ο: factual, real, actual
εμπρησμός, ο: arson
εμπρηστής, ο: arsonist ‖ (πυρομανής) pyromaniac, fire-bug
εμπρηστικός, -ή, -ό: incendiary (και μτφ)
εμπριμέ, το: print
εμπρόθεσμος, -η, -ο: within the fixed term, within the time limit
εμπρός: (επίρ) (ενώπιον) in front, before ‖ (πρωτύτερα) before, earlier ‖ (κίνηση) forward, ahead ‖ (συγκρινόμενος με) compared with ‖ πάει ~ (ρολόϊ): is fast ‖ πάει ~ (προοδεύει): gets ahead ‖ ~ μαρς! forward march! ‖ βάζω ~: start the engine ‖ ~ (τηλεφ): hello!, hullo! ‖ ~ ! (απάντηση σε χτύπημα πόρτας): come in!
εμπρόσθιος, -α, -ο: anterior, front, fore
εμπροσθογεμές, το: muzzleloader
εμπροσθοφυλακή, η: vanguard
εμπύηση, η: suppuration, maturation
έμπυο, το: pus, matter, suppuration
εμπύρετος, -η, -ο: feverous, feverish
εμφανής, -ές: (που φαίνεται) visible ‖ (φανερός) apparent, evident, obvious, clear
εμφανίζομαι: appear, make an appearance, come in sight, present oneself
εμφανίζω: present, reveal ‖ βλ. εκθέτω ‖ (φιλμ) develop
εμφάνιση: appearance, apparition ‖ (φιλμ) development
εμφανίσιμος, -η, -ο: good-looking, well-groomed, neat

εμφαντικός, -ή, -ό: emphatic

έμφαση, η: emphasis, intensity of expression, stress ‖ δίνω ~: stress, emphasize, impart emphasis

εμφιαλώνω: bottle

εμφιάλωση, η: bottling

εμφορούμαι: be filled, be actuated

έμφραγμα, το: (ιατρ) infarction

έμφραξη, η: blockage, stoppage, clogging

εμφύλιος, -α, -ο: εμφύλιος ‖ ~ πόλεμος: civil war

εμφύσημα, το: emphysema

εμφυτεύω: implant (και μτφ)

έμφυτος, -η, -ο: innate, inborn, inherent

έμψυχος, -η, -ο: animate, living

εμψυχώνω: animate, encourage, inspirit, hearten

εμψύχωση, η: animation, encouragement, heartening

εμψυχωτικός, -ή, -ό: animating, encouraging, heartening

εν: (πρόθ) in, within ‖ ~ πάσει περιπτώσει: anyway, however ‖ ~τούτοις: nevertheless, none the less, however ‖ ~τάξει: all right ‖ ~ ονόματι: in the name of ‖ βλ. ένα

ένα: βλ. ένας

εναγόμενος, -η, -ο: defendant ‖ (σε διαζύγιο) respondent

ενάγω: sue, institute legal proceedings against, bring suit, charge

ενάγων, -ουσα, -ον: plaintiff

εναγώνιος, -α, -ο: anguished, filled with anguish, agonized, tormented, agonizing

εναέριος, -α, -ο: aerial, overhead, air ‖ (μεταφερόμενος εναερίως) airborne ‖ ~ εφοδιασμός: airdrop

εναίσιμη, η: dissertation, thesis

εναλλαγή, η: alternation ‖ (κύκλωμα) rotation

εναλλακτικός, -ή, -ό: alternative ‖ rotating

εναλλάσσομαι: alternate ‖ (κάνω κύκλωμα) rotate

εναλλασσόμενος, -η, -ο: alternating

εναλλάσσω: alternate ‖ (κάνω κύκλωμα) rotate

ενάμιση: (αρσ) one and a half

ενάμισι: (ουδ) one and a half

ενανθρώπιση, η: incarnation

έναντι: (επίρ) βλ. απέναντι ‖ (οικ) against

ενάντια: (επίρ) contrarily, counter to, contrary to

εναντίον: (επίρ) against

ενάντιος, -α, -ο: contrary, adverse

εναντιότητα, η: contrariness, contrariety, adversity

εναντιωματικός, -ή, -ό: adversative

εναντιώνομαι: oppose, be opposed to ‖ (έχω αντίρρηση) object

εναντίωση, η: opposition ‖ (αντίρρηση) objection

εναποθέτω: deposit, lay

εναπόκειται: (απρόσ) it is up to, it lies with

ενάργεια, η: clarity, clearness, lucidity

εναργής, -ές: clear, lucid

ενάρετος, -η, -ο: virtuous, righteous

έναρθρος, -η, -ο: articulate

εναρκτήριος, -α, -ο: (που κάνει αρχή) first, opening ‖ (που εγκαινιάζει) inaugural

εναρμονίζω: harmonize

εναρμόνιση, η: harmonization

έναρξη, η: beginning, start, starting, opening

ένας, μία, ένα: (αριθμ) one ‖ (κάποιος) a, an ‖ ~-]: one at a time, one by one ‖o ~ τον άλλο: each other, one another

έναστρος, -η, -ο: starry, full of stars

ενατενίζω: gaze, stare

ένατος, -η, -ο: ninth

έναυσμα, το: tinder, fuel ‖ (μτφ) fuel ‖ (στρ) priming

ενδεής, -ές: destitute, needy

ένδεια, η: destitution, want, need

ενδείκνυται: (απρόσ) is necessary, is called for

ενδεικτικό, το: certificate

ενδεικτικός, -ή, -ό: indicative

ένδειξη, η: indication, sign ‖ (νομ) evidence

ένδεκα: eleven

ενδεκαετής, -ές: eleven-year-old

ενδέκατος, -η, -ο: eleventh

ενδέχεται: (απρόσ) it is likely, it is possible, may be likely

ενδεχόμενο, το: eventuality, possibility, contingency ‖ για κάθε ~: just in case

ενδεχόμενος, -η, -ο: possible, probable,

eventual
ενδημία, η: (διαμονή) residence ‖ (ασθένεια) endemic
ενδημικός, -ή, -ό: endemic
ενδημώ: reside
ενδιάμεσος, -η, -ο: intermediary, intermediate, in between
ενδιαφέρομαι: be interested, be concerned, take an interest
ενδιαφερόμενος, -η, -ο: interested, concerned ‖ **για κάθε ~ο:** to whom it may concern
ενδιαφέρον, το: interest, concern
ενδιαφέρω: interest, concern
ενδιαφέρων, -ουσα, -ον: interesting
ενδίδω: give in, yield, give way
ένδικος, -η, -ο: legal, judicial
ενδοδερμικός, -ή, -ό: endodermal
ενδοιασμός, ο: hesitation, second thoughts
ενδοκάρδιο, το: endocardium
ενδοκάρπιο, το: endocarp
ενδοκρινής, -ές: endocrine
ενδοκρινολογία, η: endocrinology
ενδομυϊκός, -ή, -ό: intramuscular
ενδόμυχος, -η, -ο: inmost, secret, innermost, intimate
ένδοξα: (επίρ) gloriously
ένδοξος, -η, -ο: glorious
ενδοστρεφής, -ές: βλ. **ενδόστροφος**
ενδόστροφος, -η, -ο: introvert
ενδότερος, -η, -ο: innermost
ενδοτικός, -ή, -ό: yielding, complying, pliant
ενδοφλέβιος, -α, -ο: intravenous
ενδοχώρα, η: hinterland, back country
ένδυμα, το: garment, clothes ‖ (φόρεμα) dress
ενδυμασία, η: (κοστούμι) suit ‖ (φορεσιά) attire, garb
ενδύομαι: βλ. **ντύνομαι**
ενδύω: βλ. **ντύνω**
ενέδρα, η: ambush, ambuscade, bushwhacking
ενεδρεύω: ambush, ambuscade, bushwhack, lie in ambush, lurk
ένεκα: on account of, because of, by reason of
ενενηκοστός, -ή, -ό: ninetieth
ενενήντα: ninety
ενενηντάρης, ο: nonagenarian

ενέργεια, η: action, energy ‖ (φυσ) energy ‖ **εν ~εία:** (σε λειτουργία) in operation, working, in working order ‖ **αξιωματικός εν ~εία:** on active service
ενεργητικό, το: assets, credit ‖ (μτφ) credit ‖ (φάρμακο) purgative, cathartic
ενεργητικός, -ή, -ό: active, energetic ‖ (φάρμακο) purgative ‖ (γραμ) active
ενεργητικότητα, η: activity, energy
ενεργός, -ή, -ό: active
ενεργούμαι: evacuate, void, move, move the bowels
ενεργώ: act ‖ (φάρμακο) take effect
ένεση, η: injection, shot
ενεστώτας, ο: present tense
ενέχομαι: be implicated, be involved
ενεχυριάζω: pawn
ενεχυρίαση, η: pawnage, pawning
ενέχυρο, το: pawn
ενεχυροδανειστήριο, το: pawnshop
ενεχυροδανειστής, ο: pawnbroker
ένζυμο, το: enzyme
ενηλικιώνομαι: come of age, reach legal age, reach majority
ενηλικίωση, η: majority, legal age, coming of age
ενήλικος, -η, -ο: adult, major, of age
ενήμερος, -η, -ο: aware, informed, acquainted with, up to date
ενημερότητα, η: awareness, familiarity
ενημερώνω: inform, acquaint with, bring up to date
ενημέρωση, η: informing, acquainting, bringing up to date
ενθάδε: (επίρ) here
ενθάρρυνση, η: encouragement, heartening ‖ (υποστήριξη) support
ενθαρρυντικός, -ή, -ό: encouraging, heartening ‖ (υποστήριξη) supporting
ενθαρρύνω: encourage, hearten ‖ (υποστηρίζω) support
ένθερμος, -η, -ο: warm, cordial, hearty, ardent
ενθουσιάζομαι: become enthusiastic, be enthusiastic, enthuse
ενθουσιάζω: fill with enthusiasm, make enthusiastic
ενθουσιασμός, ο: enthusiasm
ενθουσιαστικός, -ή, -ό: enthusiastic
ενθουσιώδης, -ες: enthusiastic, filled with

enthusiasm
ενθρονίζω: enthrone
ενθρόνιση, η: enthronement
ενθύμημα, το: βλ. **ενθύμιο**
ενθύμηση, η: remembrance, recollection
ενθυμίζω: remind
ενθύμιο, το: souvenir, memento, keepsake
ενθυμούμαι: remember, recall, recollect ‖ (κρατώ στο μυαλό) bear in mind
ενιαίος, -α, -ο: uniform, unified, single
ενικός, ο: singular
ενίοτε: (επίρ) sometimes, occasionally, now and then
ενίσταμαι: (προβάλλω αντίρρηση) object ‖ (νομ) appeal ‖ βλ. **εναντιώνομαι**
ενίσχυση, η: reinforcement, strengthening ‖ (υποστήριξη) support ‖ (φυσ) amplification
ενισχυτής, ο: (υποστηρικτής) supporter ‖ (φυσ) amplifier
ενισχυτικός, -ή, -ό: reinforcing, strengthening ‖ supporting ‖ (φυσ) amplifying, booster
ενισχύω: reinforce, strengthen ‖ (υποστηρίζω) support ‖ (φυσ) amplify, boost
εννέα: nine
εννιά: βλ. **εννέα**
εννιακόσιοι, -ες, -α: nine hundred
εννιάμερα, τα: (μνημόσυνο) ninth day memorial service ‖ (προσευχή καθολ.) novena
εννιάμηνα, τα: (μνημ.) ninth month memorial service
έννοια, η: (γεν.) concept, idea ‖ (νόημα) meaning, significance, sense ‖ (ερμηνεία) interpretation ‖ (φροντίδα) care, concern, worry
έννομος, -η, -ο: lawful, legitimate, legal
εννοώ: (καταλαβαίνω) comprehend, understand ‖ (θέλω να πω) mean ‖ (έχω πρόθεση) intend
ενοικιάζεται: (ειδοποίηση) ''vacancy'', ''for rent'', ''now leasing''
ενοικιάζω: (οίκημα) rent ‖ (όχημα) rent, hire
ενοικίαση, η: (οικήματος) renting ‖ (οχήματος κλπ) renting, hiring
ενοικιαστήριο, το: (αγγελία) ''vacancy'' sign, ''for rent'' sign ‖ (συμβόλαιο)

lease contract, lease
ενοικιαστής, ο (θηλ. **ενοικιάστρια**): tenant ‖ (με συμβόλαιο επίσημο) lessee ‖ (ενοικιαστής ενός δωματίου) lodger, roomer
ενοίκιο, το: rent
ένοικος, ο: inhabitant ‖ (νοικάρης) βλ. **ενοικιαστής**
ένοπλος, -η, -ο: armed ‖ ~ **ληστεία:** armed robbery ‖ ~ες **δυνάμεις:** armed forces
ενοποίηση, η: unification ‖ (εταιριών) merger
ενοποιώ: unify ‖ (εταιρειών) merge
ενόραση, η: intuition
ενόργανος, -η, -ο: (με όργανα) instrumental ‖ βλ. **οργανικός**
ενορία, η: parish
ενοριακός, -ή, -ό: parochial, parish
ενορίτης, ο (θηλ. **ενορίτισσα**): parishioner
ένορκος, -η, -ο: sworn, under oath ‖ (ουσ) juror ‖ (πληθ οι ένορκοι): the jury
ενορχηστρώνω: orchestrate
ενορχήστρωση, η: orchestration
ενόσω: as long as, while
ενότητα, η: (ενιαίο σύνολο) unit, unity ‖ (ένωση) unification, unity
ενοχή, η: guilt
ενόχλημα, το: annoying circumstance, inconvenience, trouble
ενόχληση, η: inconvenience, trouble, annoyance, nuisance ‖ (επίμονη) pest
ενοχλητικός, -ή, -ό: troublesome, troubling, annoying ‖ (πρόσωπο) pest
ενοχλώ: trouble, annoy, inconvenience ‖ (επίμονα) pester
ενοχοποίηση, η: incrimination ‖ (μπλέξιμο) implication
ενοχοποιητικός, -ή, -ό: incriminating
ενοχοποιώ: incriminate
ένοχος, -η, -ο: guilty
έγρινος, -η, -ο: βλ. **έρρινος**
ενσαρκώνω: incarnate, embody
ενσάρκωση, η: incarnation, embodiment
ένσημο, το: stamp
ενσκήπτω: break out
ενσπείρω: sow, spread
ενσταλάζω: instill (και μτφ)
ενστάλαξη, η: instilling, instillation (και μτφ)

571

ενσταντανέ, το: snapshot
ένσταση, η: (αντίρρηση) objection ‖ (νομ) appeal
ενστερνίζομαι: embrace, adopt, accept
ένστικτο, το: instinct ‖ από ~: instinctively
ενστικτωδώς: (επίρ) instinctively
ενσυνείδητα: (επίρ) consciously
ενσυνείδητος, -η, -ο: conscious
ενσφηνώνομαι: wedge in, be wedged
ενσφηνώνω: wedge
ενσφράγιστος, -η, -ο: sealed
ενσωματώνω: incorporate
ενσωμάτωση, η: incorporation
ένταλμα, το: warrant ‖ (εντολή δικαστηρίου) writ
ένταξη, η: placing in
ένταση. η: (τέντωμα) tension, strain (και μτφ) ‖ (δυνάμωμα) intensification, intensifying, intensity ‖ (χειροτέρεψη σχέσεων) strain, straining
εντάσσω: place in
εντατικός, -ή, -ό: intensive
ενταύθα: (επίρ) (εδώ) here ‖ (σε επιστολή) in town
ενταφιάζω: bury, inter, inhume
ενταφιασμός, ο: burial, interment
εντείνω: strain, stretch ‖ (δυναμώνω) intensify
εντειχισμένος, -η, -ο: walled-in
έντεκα: βλ. ένδεκα
εντέλεια, η: perfection
εντέλλομαι: order, command
εντελώς: (επίρ) wholly, completely
εντερικός, -ή, -ό: enteric
εντερίτιδα, η: enteritis
εντεριώνη, η: pith
έντερο, το: intestine, bowel, gut
εντεταλμένος, -η, -ο: (αρμόδιος) competent ‖ (υπεύθυνος) responsible, charged with ‖ (ουσ. αντιπρόσωπος) delegate, deputy, agent
εντευκτήριο, το: club
έντεχνος, -η, -ο: skilful, artistic
έντιμος, -η, -ο: honorable ‖ (τίμιος) honest
εντιμότατος, -η, -ο: (τίτλος) right honorable ‖ (προσαγόρευση) ~ε: your honor
εντιμότητα, η: honorableness ‖ (τιμιότητα) honesty ‖ η αυτού ~: his

honor
εντοιχίζω: wall, wall in
εντοιχισμένος, -η, -ο: (έπιπλο) built-in
έντοκος, -η, -ο: at interest, with interest, bearing interest
εντολέας, ο: (που δίνει διαταγή) mandator ‖ (που δίνει παραγγελία) assignor
εντολή, η: (διαταγή) order, command ‖ (επίσημη) mandate, ordinance ‖ (παραγγελία) order ‖ (εκκλ) commandment ‖ κατ' ~: by proxy
εντολοδότης, ο: βλ. εντολέας
εντολοδόχος, ο: (διατασσόμενος) mandatory ‖ (που δέχεται παραγγελία) assignee ‖ (που αντιπροσωπεύει κατ' εντολή) proxy, agent
εντομή, η: βλ. εγκοπή
έντομο, το: insect
εντομοκτόνο, το: insecticide, pesticide
εντομολογία, η: entomology
εντομολόγος, ο: entomologist
εντομοφάγος, -α, -ο: insectivorous ‖ (επιστ) entomophagous
έντονα: (επίρ) intensely
έντονος, -η, -ο: intense ‖ (ύφος ή απάντηση) sharp
εντοπίζω: (περιορίζω σε ένα μέρος) localize ‖ (περιστέλλω) contain, confine, restrict ‖ (προσδιορίζω το μέρος) locate
εντόπιος, -α, -ο: local, native, indigenous
εντόπιση, η: βλ. εντοπισμός
εντοπισμός, ο: (περιορισμός σε ένα μέρος) localization ‖ (περιστολή) confining, restriction ‖ (προσδιορισμός μέρους) locating, location
εντός: (επίρ) in, within, inside ‖ τα ~: the bowels, the entrails, the intestines ‖ ~ ολίγου: after a while, soon, shortly
εντόσθια, τα: entrails, intestines
εντούτοις: however, yet
εντράδα, η: (κυρίως φαγητό) entrée ‖ (κρέας με λαχανικά) ragout, meat and vegetable stew
εντρέπομαι: βλ. ντρέπομαι
εντριβή, η: (πράξη) rubbing, massage ‖ (υγρό) rubbing alcohol
έντρομος, -η, -ο: frightened, terror-stricken, scared, terrified
εντροπή, η: βλ. ντροπή
εντρύφηση, η: enjoyment, reveling in,

delighting in
εντρυφώ: enjoy, revel in, delight in
έντυπο, το: printed matter
έντυπος, -η, -ο: printed
εντυπώνω: imprint *(και μτφ)*
εντύπωση, η: impression ΙΙ *(ζωηρή αίσθηση)* sensation
εντυπωσιάζω: impress
εντυπωσιακός, -ή, -ό: impressive ΙΙ *(που κάνει αίσθηση)* sensational
ενυδρείο, το: aquarium
ενυδρίς, η: βλ. **βίδρα**
ενύπνιο, το: dream
ενυπόγραφος, -η, -ο: signed
ενυπόθηκος, -η, -ο: mortgaged ΙΙ ~ **δάνειο:** collateral loan
ενώ: *(συνδ χρον.)* while, as long as, whilst ΙΙ *(αντιθ.)* whereas, while
ενωμένος, -η, -ο: united, joined, connected ΙΙ **Ε~ες πολιτείες:** United States
ενωμοτάρχης, ο: police sergeant
ενωμοτία, η: squad
ενώνω: unite, connect, join
ενώπιον: βλ. **εμπρός**
ενωρίς: *(επίρ)* βλ. **νωρίς**
ένωση, η: union, unification ΙΙ *(αρμός)* joint, connection ΙΙ *(οργάνωση)* union ΙΙ *(σύνθετη ουσία)* compound ΙΙ *(ηλεκτρ)* short-circuit
ενωτικό, το: hyphen
ενωτικός, -ή, -ό: unifying, connecting ΙΙ *(ουσ)* unionist
εξ: *(προθ)* βλ. **εκ** ΙΙ βλ. **έξη**
εξαγγελία, η: proclamation
εξαγγέλω: proclaim
εξαγιάζω: sanctify
εξαγνίζω: expiate, purify
εξαγνισμός, ο: expiation, purification
εξαγόμενο, το: *(συμπέρασμα)* conclusion ΙΙ *(μαθ)* result
εξαγορά: *(δωροδοκία)* bribe, bribery, graft, pay off ΙΙ *(εξαγορά με πληρωμή)* redemption ΙΙ *(λύτρα)* ransom, redemption
εξαγοράζω: *(δωροδοκώ)* buy off, pay off, bribe, graft ΙΙ *(ξαναποκτώ με πληρωμή)* redeem ΙΙ *(με λύτρα)* ransom, redeem
εξαγριώνομαι: be furious, become furious, be enraged, be infuriated
εξαγριώνω: infuriate, enrage
εξαγρίωση, η: fury, infuriating

εξάγω: *(βγάζω)* extract, take out, pull out ΙΙ *(δόντι)* pull, extract ΙΙ *(εμπορ)* export
εξαγωγέας, ο: exporter
εξαγωγή, η: *(βγάλσιμο)* extraction, taking out, pulling out ΙΙ *(δοντιού)* extraction ΙΙ *(εμπορ)* export
εξαγωγικός, -ή, -ό: export
εξαγωνικός, -ή, -ό: hexagonal
εξάγωνο: hexagon
εξάγωνος, -η, -ο: βλ. **εξαγωνικός**
εξάδα, η: sextet, sextuplet
εξάδελφος, ο *(θήλ.* **εξαδέλφη):** cousin
εξάεδρο, το: hexahedron
εξαερίζω: air, ventilate
εξαερισμός, ο: airing, ventilation
εξαεριστήρας, ο: ventilator, vent
εξαερώνομαι: vaporize, be vaporized, evaporate, be evaporated, be gasified
εξαερώνω: evaporate, vaporize, gasify
εξαέρωση, η: evaporation, vaporization, gasification
εξαετής, -ές: *(κάθε έξι χρόνια)* sexennial ΙΙ *(διάρκεια)* of six years, sexennial ΙΙ *(ηλικία)* six-year-old
εξαθλιώνω: degrade
εξαθλίωση, η: degradation
εξαίρεση, η: *(από κανόνα)* exception ΙΙ *(απαλλαγή από υποχρέωση)* exemption
εξαιρέσιμος, -η, -ο: exempt, exemptible
εξαίρετα: *(επίρ)* exceptionally, excellent
εξαιρετέος, -α, -ο: *(να εξαιρεθεί από κανόνα)* exceptionable ΙΙ *(να απαλλαγεί από υποχρέωση)* exemptible
εξαιρετικά: *(επίρ)* βλ. **εξαίρετα**
εξαιρετικός, -ή, -ό: exceptional
εξαίρετος, -η, -ο: βλ. **εξαιρετικός**
εξαιρώ: *(κάνω εξαίρεση)* except ΙΙ *(απαλάσσω)* exempt
εξαίρω: *(μτφ)* exalt, elevate
εξαίσιος, -α, -ο: exceptional, excellent, splendid
εξαιτίας: *(επίρ)* because of, by reason of
εξακολούθηση, η: continuation
εξακολουθητικά: *(επίρ)* continuously, incessantly
εξακολουθητικός, -ή, -ό: continuous, incessant
εξακολουθώ: continue, carry on, go on, keep on *(μτβ ή αμτβ)*

573

εξακοντίζω

εξακοντίζω: hurl, fling, let fly, launch
εξακοσαριά, η: about six hundred
εξακόσιοι, -ες, -α: six hundred
εξακριβώνω: ascertain, find out, verify
εξακρίβωση, η: ascertainment, verification
εξακύλινδρος, -η, -ο: six-cylinder
εξαλείφω: obliterate, efface, wipe out, blot out
εξάλειψη, η: effacement, obliteration
έξαλλος, -η, -ο: beside oneself, in a frenzy, frenzied, frantic
εξάλλου: *(επίρ)* besides
εξάμβλωμα, το: freak, monster, monstrosity
εξάμβλωση, η: abortion (βλ. **έκτρωση**)
εξαμβλωτικός, -ή, -ό: βλ. **εκτρωματικός**
εξαμελής, -ές: six-member
εξαμερής, -ές: sexpartite
εξάμετρος, -η, -ο: hexametric, hexametrical
εξαμηνία, η: six months, half year, a six-month period ‖ (σχολ.) semester
εξάμηνο, το: βλ. **εξαμηνία**
εξάμηνος, -η, -ο: semi-annual
εξαναγκάζω: force, compel, coerce
εξαναγκασμός, ο: force, compulsion, coercion
εξανδραποδίζω: enslave
εξανδραποδισμός, ο: enslavement
εξανεμίζω: *(μτφ)* scatter, squander
εξάνθημα, το: exanthem, exanthema, skin eruption, rash
εξανθηματικός, -ή, -ό: exanthematous, exanthematic, eruptive
εξανθρωπίζω: humanize ‖ (εκπολιτίζω) civilize
εξανθρωπισμός, ο: humanization ‖ (εκπολιτισμός) civilization
εξανίσταμαι: revolt, rebel
εξάντας, ο: sextant
εξαντλημένος, -η, -ο: exhausted
εξάντληση, η: exhaustion
εξαντλητικός, -ή, -ό: exhaustive
εξαντλώ: exhaust
εξάπαντος: *(επίρ)* definitely, without fail, certainly
εξαπάτηση, η: deception, deceit, fraud
εξαπατώ: deceive, cheat, con, defraud
εξαπίνης: *(επίρ)* by surprise, unexpectedly

εξαπλάσιος, -α, -ο: sextuple, sixfold
εξάπλωση, η: spreading
εξαποδώ, ο: devil, satan, old Nick
εξαπολύω: launch, let loose, hurl
εξαποστέλλω: kick out, send packing, get rid of
εξαπτέρυγα, τα: icons of cherubs
εξάπτομαι: become irritated, get angry, get excited
εξάπτω: irritate, anger, make angry, excite ‖ (ξεσηκώνω) excite
εξαργυρώνω: cash, convert into money ‖ (επιταγή) cash
εξαργύρωση, η: cashing
εξαρθρώνω: disarticulate, disjoint ‖ (μέλους) dislocate
εξάρθρωση, η: disarticulation ‖ (μέλους) dislocation
εξάρι, το: six
έξαρση, η: *(μτφ)* exaltation, elevation
εξάρτημα, το: accessory, component
εξάρτηση, η: dependence
εξάρτυση, η: equipment
εξαρτύω: equip
εξαρτώ: suspend
εξαρτώμαι: depend
εξαρχής: *(επίρ)* from the beginning, from scratch
εξαρχία, η: exarchy, exarchate
έξαρχος, ο: exarch
εξασέλιδος, -η, -ο: six-page
εξασθένηση, η: weakening, attenuation, enfeeblement
εξασθενίζω: weaken, enfeeble, attenuate
εξασθενιτής, ο: *(φυσ)* attenuator
εξασθενώ: weaken, grow weak ‖ (οπτικά) dim, weaken ‖ (ακουσ.) grow faint, become faint
εξάσκηση, η: practice, exercise
εξασκώ: (γυμνάζω) train, exercise drill ‖ (επάγγελμα) practice, practise ‖ *(μτφ)* exert
εξάστηλος, -η, -ο: six-column
εξάσφαιρο, το: six-gun, six-shooter
εξασφαλίζω: secure, ensure, safeguard
εξασφάλιση, η: securing, ensuring
εξατμίζομαι: evaporate *(και μτφ)*
εξατμίζω: evaporate, vaporize
εξάτμιση, η: evaporation, vaporization ‖ (αυτοκ.) exhaust

574

εξαϋλώνω: immaterialize ‖ *(μτφ)* idealize
εξαΰλωση, η: immateriality ‖ *(μτφ)* idealization
εξαφανίζομαι: disappear, vanish, pass out of sight
εξαφανίζω: put out of sight, cut off from sight, cause to disappear ‖ *(μτφ)* wipe out, annihilate
εξαφάνιση, η: disappearance
έξαφνα: *(επίρ)* suddenly, unexpectedly, all of a sudden
εξάχορδος, -η, -ο: six-string
εξαχρειώνομαι: become corrupt, become depraved
εξαχρειώνω: corrupt, deprave
εξαχρείωση, η: corruption, depravity
εξάχρονος, -η, -ο: βλ. **εξαετής**
εξάψαλμος, ο: six psalms ‖ *(μτφ)* tirade, dressing-down
έξαψη, η: excitement ‖ *(θυμός)* irritation, anger
εξεγείρομαι: rise, rebel, revolt *(και μτφ)*
εξεγείρω: rouse ‖ *(μτφ)* rouse, excite
εξέγερση, η: rousing, revolt, rebellion
εξέδρα, η: stand, platform, dais ‖ *(λιμανιού)* jetty, pier, dock
εξεζητημένος, -η, -ο: affected, artificial
εξελιγμένος, -η, -ο: developed, evolved ‖ *(μοντέρνος)* modern, progressive
εξέλιξη, η: development, evolution ‖ *(μτφ)* progression
εξελίσσομαι: develop, evolve ‖ *(ξετυλίγομαι)* unfold ‖ *(μτφ)* progress
εξέλκωση, η: ulceration
εξελληνίζω: *(μεταβάλλω σε Έλληνα)* Hellenize, Grecize ‖ *(μεταφράζω)* translate into Greek, render in Greek
εξελληνισμός, ο: Hellenization ‖ *(μετάφραση)* translation into Greek
εξεμώ: vomit, throw up, puke, spew
εξεπίτηδες: *(επίρ)* intentionally, on purpose, deliberately
εξεργασία, η: elaboration
εξερεθίζω: irritate, nettle, excite
εξερέθιση, η: irritation, nettling, excitement
εξερεθισμός, ο: βλ. **εξερέθιση**
εξερεθιστικός, -ή, -ό: irritating, nettling, exciting
εξερεύνηση, η: exploration ‖ *(λεπτομερής*

έρευνα)* probe, probing
εξερευνητής, ο: explorer
εξερευνητικός, -ή, -ό: exploratory ‖ *(ερευνητικός)* probing
εξερευνώ: explore ‖ *(ερευνώ λεπτομερώς)* probe
εξέρχομαι: βλ. **βγαίνω**
εξετάζω: examine ‖ *(λεπτομερώς)* probe ‖ *(ανακρίνω)* interrogate, question
εξέταση, η: examination ‖ *(λεπτομερής)* probe, probing ‖ *(ανάκριση)* interrogation ‖ **Ιερά Ε~**: Holy Inquisition
εξεταστής, ο *(θηλ.* **εξετάστρια**): examiner
εξέταστρα, τα: examination fees
εξευγενίζω: refine
εξευγενισμός, ο: refinement
εξευμενίζω: appease, mollify, placate
εξευμενισμός, ο: appeasement, mollification, placation
εξευμενιστικός, -ή, -ό: appeasing, placatory, mollifying
εξεύρεση, η: discovery, finding
εξευτελίζω: debase, degrade ‖ *(ταπεινώνω)* humiliate
εξευτελισμός, ο: debasement, degradation ‖ *(ταπείνωση)* humiliation
εξευτελιστικός, -ή, -ό: debasing, degrading ‖ *(ταπεινωτικός)* humiliating
εξέχω: protrude, project, jut out ‖ *(μτφ)* be prominent
έξη, η: habit
εξήγηση, η: explanation, interpretation
εξηγούμαι: explain oneself, make clear ‖ *(με κάποιον)* have it out with
εξηγώ: explain, make clear ‖ *(δίνω ερμηνεία)* interpret
εξήκοντα: βλ. **εξήντα**
εξηκονταετής, -ές: *(ηλικία)* sexagenarian ‖ *(διάρκεια)* sixty-year
εξηκοστός, -ή, -ό: sixtieth
εξηλεκτρίζω: electrify, wire for electric power
εξημερώνω: tame ‖ *(μεταβάλλω σε κατοικίδιο)* domesticate
εξημέρωση, η: taming ‖ *(μεταβολή σε κατοικίδιο)* domestication
εξήντα: sixty
εξηνταβελόνης, ο: close-fisted, niggardly, skinflint
εξηντάρης, ο *(θηλ.* **εξηντάρα**): sexage-

575

εξηνταριά

narian
εξηνταριά, η: about sixty
εξηντλημένος, -η, -ο: exhausted
εξής: *(επίρ)* **εις το ~:** in the future, from now on, henceforth, henceforward ‖ **τα ~:** the following ‖ **ως ~:** as follows ‖ **και ούτω καθ~:** and so on, and so forth
έξι: six
εξιδανίκευση, η: idealization
εξιδανικεύω: idealize
εξίδρωμα, το: exudation
εξιλασμός, ο: βλ. **εξευμενισμός** ‖ *(εκκλ)* expiation, propitiation
εξιλαστήριος, -α, -ο: expiatory, propitiatory
εξιλεώνω: βλ. **εξευμενίζω** ‖ expiate, propitiate
εξιλέωση, η: expiation, propitiation
εξιλεωτικός, -ή, -ό: βλ. **εξιλαστήριος**
εξισλαμίζω: islamize
εξισλαμισμός, ο: islamization
εξίσου: *(επίρ)* equally, likewise
εξιστόρηση, η: narration, account
εξιστορώ: narrate, relate, tell
εξισώνω: (κάνω ίσο) equalize, make equal ‖ (κάνω εξίσωση) equate
εξίσωση, η: equalization ‖ *(μαθ)* equation
εξισωτικός, -ή, -ό: equalizing
εξιτήριο, το: discharge
εξιχνιάζω: track down ‖ *(μτφ)* discover, solve, break, crack
εξιχνίαση, η: tracking ‖ *(μτφ)* discovery, solution
εξοβελίζω: (απορρίπτω) reject ‖ (διώχνω) remove, dismiss, chase away, get rid
εξοβελισμός, ο: (απόρριψη) rejection ‖ (διώξιμο) removal, dismissal
εξόγκωμα, το: swelling, bulge
εξογκώνομαι: swell, bulge out
εξογκώνω: swell ‖ *(μτφ)* exaggerate, magnify
εξόγκωση, η: swelling ‖ *(μτφ)* exaggeration
έξοδα, τα: expenses, expenditure ‖ (κόστος) cost
έξοδος, η: (ενέργεια) exit, egress ‖ (άνοιγμα) opening, exit ‖ (έξοδος για αναγνώριση ή επιχείρηση) sortie ‖ (έξοδος πολιορκουμένων) sally ‖

(ομαδική φυγή) exodus
εξοίδηση, η: tumefaction, intumescence ‖ (πρήξιμο) swelling
εξοικειώνω: familiarize, accustom
εξοικείωση, η: familiarization
εξοικονομώ: manage
εξοκέλλω: run aground, run ashore ‖ *(μτφ)* go astray
εξολκέας, ο: extractor, forceps, ejector
εξολόθρευση, η: extermination, extirpation
εξολοθρεύω: exterminate, extirpate
εξομάλυνση, η: smoothing, levelling, grading ‖ *(μτφ)* smoothing down, settlement
εξομαλύνω: smooth, level, grade ‖ *(μτφ)* smooth down, settle
εξομοιώνω: assimilate, liken
εξομοίωση, η: assimilation, likening
εξομολόγηση, η: confession
εξομολογητής, ο: confessor
εξομολογούμαι: confess
εξομολογώ: hear a confession, confess
εξόν: *(επίρ)* βλ. **εκτός**
εξοντώνω: exterminate, destroy, wipe out, annihilate
εξόντωση, η: extermination, destruction, annihilation
εξοντωτικός, -ή, -ό: exterminatory, exterminative, destructive
εξονυχίζω: probe, examine penetratingly, examine minutely
εξονυχιστικός, -ή, -ό: minute, close
εξοπλίζω: arm ‖ (εφοδιάζω) equip, fit out ‖ *(ναυτ)* rig
εξοπλισμός, ο: arming, armament ‖ equipment ‖ *(ναυτ)* rigging
εξοργίζομαι: be infuriated, get angry
εξοργίζω: infuriate, enrage, irritate
εξοργιστικός, -ή, -ό: infuriating, irritating
εξορία, η: exile, banishment
εξορίζω: exile, banish
εξόριστος, -η, -ο: exiled, in exile ‖ *(ουσ)* exile
εξορκίζω: exorcise ‖ (ικετεύω) entreat
εξορκισμός, ο: exorcism ‖ (ικεσία) entreaty
εξορκιστής, ο: exorcist
εξόρμηση, η: charge, rushing out, sortie, sally

576

εξορμώ: charge, rush out, make a sortie, sally out

εξόρυξη, η: (από γη) mining, digging out || (βγάλσιμο) plucking out, extraction

εξορύσσω: (από γη) mine, dig out || (βγάζω) pluck out, extract

εξοστρακίζω: ostracize *(και μτφ)*

εξοστρακισμός, ο: ostracism *(και μτφ)*

εξουδετερώνω: neutralize

εξουδετέρωση, η: neutralization

εξουθενώνω: annihilate || βλ. **εξευτελίζω**

εξουθένωση, η: annihilation || βλ. **εξευτελισμός**

εξουσία, η: (δύναμη επιβολής) power, control || (δύναμη νόμου) authority, power

εξουσιάζω: have authority, control, rule

εξουσιοδότηση, η: authorization || (έγγραφο) power of attorney

εξουσιοδοτώ: authorize, empower

εξόφθαλμος, -η, -ο: exophthalmus, exophthalmos || *(μτφ)* evident, obvious, clear

εξόφληση, η: pay off, paying, liquidation, settlement

εξοφλητέος, -α, -ο: payable

εξοφλώ: payoff, liquidate, settle an account, clear

εξοχή, η: (προεξοχή) protuberance, protrusion, bulge || (ύπαιθρο) country, countryside, rural area, outdoors

εξοχικός, -ή, -ό: country, rural, outdoor, rustic

έξοχος, -η, -ο: (άνθρωπος) eminent, distinguished, excellent, notable || (πράγμα) excellent, first-class, first-rate

εξοχότατος, -η, -ο: (τίτλος) excellency || ~ε! your excellency

εξοχότητα, η: excellence || (τίτλος) excellency || **αυτού** ~: his excellency || **η ~ σας:** your excellency

εξπρές, το: (τραίνο) express, nonstop || (επιστολή) special delivery

έξτρα: extra

εξτρεμισμός, ο: extremism

εξτρεμιστής, ο: extremist

εξτρεμιστικός, -ή, -ό: extremist

εξύβριση, η: insult, offence

εξυγιαίνω: heal, cure, restore to health || *(μτφ)* restore, ameliorate

εξυγίανση, η: healing, cure, restoration to health || *(μτφ)* restoration, amelioration

εξύμνηση, η: praise, laudation, extolment, eulogy

εξυμνητικός, -ή, -ό: praising, laudatory, extoling, eulogizing

εξυμνώ: praise, laud, extol, eulogize

εξυπακούεται: *(απρόσ)* it is understood, it follows

εξυπηρέτηση, η: service, favor, favour

εξυπηρετικός, -ή, -ό: helpful

εξυπηρετώ: render a service, service, help

εξυπνάδα, η: cleverness, intelligence || (έξυπνος λόγος) witticism, quip, sally || (ανοησία) crack, wisecrack, nonsense

έξυπνος, -η, -ο: clever, intelligent, witty, smart, bright

εξυφαίνω: *(μτφ)* plot, hatch, machinate

εξύφανση, η: *(μτφ)* plotting, hatching, machination

εξυψώνω: elevate, exalt || (επαινώ) extol, praise, glority

εξύψωση, η: elevation, exalting || (έπαινος) extoling, praise, glorification

έξω: *(επίρ)* out, outside, without || (στο εξωτερικό) abroad || ~!: get out! || **πέφτω** ~: (κάνω λάθη) be mistaken || **απ~:** (κυριολ.) from outside || *(μτφ)* by heart || ~ **φρενών:** beside oneself || *(ουσ)* outside, exterior, || **προς τα** ~: outwards || **μια κι'** ~ : at one attempt, at one go

εξώγαμος, -η, -ο: illegitimate

εξώδικος, -η, -ο: extrajudicial || *(μτφ)* unofficial

εξώθυρα, η: βλ. **εξώπορτα**

εξωθώ: drive out, push out || *(μτφ)* drive, instigate, urge

εξωκλήσι, το: chapel

εξώλης, -ες: ~ **και προώλης:** depraved, corrupt

εξωμήτριος, -α, -ο: extrauterine

έξωμος, -η, -ο: de~colletage, de~collete~, low-necked, with bare shoulders

εξωμότης, ο: renegade || βλ. **αποστάτης**

εξώπορτα, η: street door, front door || (κήπου) garden gate

εξωραΐζω: remodel, beautify, embellish

έξωση, η: eviction

εξώστης, ο: balcony
εξώστροφος, -η, -ο: extrovert
εξωσχολικός, -ή, -ό: (εκδήλωση) extracurricular
εξωτερίκευση, η: demonstration, expression, manifestation
εξωτερικεύω: demonstrate, express, manifest
εξωτερικό, το: (το έξω) outside, exterior ‖ (έξω από τη χώρα) abroad, foreign countries
εξωτερικός, -ή, -ό: (απ' έξω) outside, exterior ‖ (έξω από τη χώρα) foreign
εξωτικός, -ή, -ό: exotic
εξωφρενικός, -η, -ο: maddening ‖ (παράλογος) crazy, preposterous, ridiculous
έξω φρενών: βλ. έξω
εξώφυλλο, το: (βιβλίου) cover ‖ (καπλάντισμα) jacket, dust jacket ‖ (παράθυρου) shutter
εορτάζω: celebrate
εορτάσιμος, -η, -ο: festive
εορτή, η: (θρησκ) holiday, feast ‖ (ονομαστική) name-day ‖ (σειρά εορτ. εκδηλ.) festival ‖ **κατόπιν ~ς:** too late
επαγγελία, η: promise ‖ **γη της ~ς:** promised land (και μτφ)
επαγγέλλομαι: (υπόσχομαι) promise ‖ (ασκώ επάγγελμα) practice
επάγγελμα, το: (γενικά) occupation ‖ (ειδικευμένο) vocation ‖ (πτυχιούχου) profession ‖ (τεχνίτης) trade, business
επαγγελματίας, ο: (έμπορος) businessman, tradesman ‖ (τεχνίτης) craftsman ‖ (όχι ερασιτέχνης) professional
επαγγελματικός, -ή, -ό: occupational ‖ (ειδικ.) vocational ‖ (πτυχ.) professional ‖ (όχι ερασιτεχνικός) professional ‖ **~ή σχολή:** vocational school
επαγρύπνηση, η: vigilance, watchfulness, wakefulness
επαγρυπνώ: be vigilant, be watchful, be alert, be wakeful
επαγωγή, η: (λογ.) induction ‖ (ηλεκτρ.) inductance, induction
επαγωγικός, -ή, -ό: inductive
επαγωγός, -ή, -ό: attractive, interesting
έπαθλο, το: prize, trophy
επαινετικός, -ή, -ό: praising, laudatory
έπαινος, ο: praise

επαινώ: praise, commend
επαίσχυντος, -η, -ο: shameful, disgraceful
επαιτεία, η: begging, mendicity
επαίτης, ο: beggar, mendicant
επαιτώ: beg
επακολούθημα, το: consequence, result, outcome
επακόλουθο, το: consequence
επακολουθώ: follow, ensue
επακριβώς: accurately, exactly
έπακρο, το: extreme ‖ **εις το ~:** extremely, to the extreme
επάκτιος, -α, -ο: coast, coastal ‖ **~α πυροβόλα:** coast artillery
επαλείφω: (επιχρίω) coat ‖ (με λιπαρή ουσία) smear
επάλειψη, η: coat, coating
επαλήθευση, η: verification, confirmation
επαληθεύω: verify, confirm
επάλληλος, -η, -ο: (επάνω στον άλλο) superimposed ‖ (διαδοχικός) successive
έπαλξη, η: battlement, crenelation
επαμφοτερίζω: be on the fence
επάναγκες, το: necessary, essential
επανάθέτω: replace, put back in place
επανακαλώ: recall, call back
επανάκληση, η: recall
επανακτώ: recover
επαναλαμβάνω: (ξαναλέω) repeat, say again ‖ (ξανακάνω) resume, recommence
επαναληπτικός, -ή, -ό: repeating ‖ **~ό όπλο:** repeater
επανάληψη, η: repetition ‖ (ξανάρχισμα) resumption ‖ (μαθημάτων) review, repetition ‖ (κιν. ταινία) rerun
επαναπατρίζω: repatriate
επαναπατρισμός, ο: repatriation
επαναπαύομαι: (μένω ήσυχος) rest assured ‖ (βασίζομαι) rely, count on
επανάσταση, η: revolution
επαναστάτης, ο (θηλ. **επαναστάτρια**): revolutionist, rebel
επαναστατικός, -ή, -ό: revolutionary
επαναστατώ: revolt, rise, rebel
επανασυνδέω: reconnect, join again, reunite
επαναφέρω: bring back, restore ‖ (θέμα) introduce again
επαναφορά, η: bringing back, restoration
επανδρώνω: man

επανειλημμένα: *(επίρ)* repeatedly
επανειλημμένος, -η, -ο: repeated
επανεκδίδω: (ξαναβγάζω έκδοση που είχε διακοπεί) republish ‖ (ξανατυπώνω έντυπο που είχε εξαντληθεί) reprint
επανέκδοση, η: republication ‖ reprint
επανεκλέγω: re-elect
επανεκλογή, η: re-election
επανεξετάζω: re-examine
επανεξέταση, η: re-examination
επανεξοπλίζω: re-arm
επανεξοπλισμός, ο: re-arming
επανέρχομαι: return, come back ‖ βλ. επανεξετάζω
επάνοδος, η: return
επανορθώνω: re-erect, restore ‖ (διορθώνω) correct ‖ (αποζημιώνω) repair, redress
επανόρθωση, η: restoration ‖ (διόρθωση) correction ‖ (αποζημίωση) reparation
επανορθωτικός, -ή, -ό: correctional ‖ ~ή φυλακή: reformatory
επάνω: *(επίρ)* on, upon, on top of ‖ (στο πάνω πάτωμα) upstairs ‖ ~ από: over, above, ‖ ~-κάτω: about, approximately
επανωσάγονο, το: upper jaw
επανωτά: *(επίρ)* successively, one after the other, one on top of the other
επανωτός, -η, -ό: successive
επανωφόρι, το: topcoat, overcoat, greatcoat
επάξια: *(επίρ)* deservedly, worthily
επάξιος, -α, -ο: deserving, worthy
επάρατος, -η, -ο: accursed
επάργυρος, -η, -ο: silver-plated
επαργυρώνω: silver-plate
επάρκεια, η: sufficiency, adequacy
επαρκής, -ές: sufficient, adequate, enough
επαρκώ: suffice, be sufficient, be adequate
έπαρση, η: hoisting, lifting, raising ‖ *(μτφ)* conceit, arrogance, haughtiness
επαρχία, η: province, district ‖ (U.S.A.) county
επαρχιακός, -ή, -ό: provincial ‖ (U.S.A.) county
επαρχιώτης, ο *(θηλ. επαρχιώτισσα)*: provincial, rustic
επαρχιώτικος, -η, -ο: provincial
έπαρχος, ο: governor of a province
έπαυλη, η: villa

επαυξάνω: increase, augment
επαύξηση, η: increase, augment, increment
επαύριο, η: the morrow, the following day
επαφή, η: touch, contact ‖ *(στρ)* contact, engagement ‖ έρχομαι σε ~: engage, come in contact ‖ *(ηλεκτρ)* contact
επαχθής, -ές: overwhelming, crushing, oppressive
επείγομαι: be in a hurry
επείγον, το: urgent
επειγόντως: *(επίρ)* urgently
επείγω: be urgent, be pressing
επειδή: because, for
επεισοδιακός, -ή, -ό: incidental ‖ (ταινία επεισοδιακή) serial
επεισόδιο, το: incident *(και μτφ)*
έπειτα: *(επίρ)* then, afterwards, next, after
επέκταση, η: expansion, extension
επεκτείνω: extend, expand
επέλαση, η: charge
επεμβαίνω: interfere, intervene
επέμβαση, η: interference, intervention ‖ (χειρουργική) operation
επένδυση, η: (επίστρωση) coating, covering, lining ‖ *(οικ)* investment
επενδύω: *(οικ)* invest
επενέργεια, η: action, effect
επενεργώ: affect, take effect
επεξεργάζομαι: process, work ‖ (ρετουσάρω) retouch ‖ (λεπτομέρειες) elaborate
επεξεργασία, η: process, working ‖ (ρετούς) retouch ‖ (λεπτομερής) elaboration
επεξηγηματικός, -ή, -ό: explanatory
επεξήγηση, η: explanation, interpretation, clarification, elucidation
επέρχομαι: (συμβαίνω) occur, happen ‖ (επιτίθεμαι) attack, assault, charge
επερώτηση, η: interpellation
επερωτώ: interpellate
επέτειος, η: anniversary ‖ (εορτασμός επίσημος) jubilee
επετηρίδα, η: βλ. επέτειος ‖ (κατάλογος) list, records
επευφημία, η: applause, acclamation, cheer, cheering
επευφημώ: applaud, acclaim, cheer

επηρεάζω: influence, affect
επηρεασμός, ο: influence
επήρεια, η: influence, effect
επί: *(πρόθ)* on, upon ‖ *(πολλαπλ.)* by ‖ *(χρον. διάρκεια)* for ‖ *(για, περί)* about ‖ ~**τέλους:** at last!, finally! ‖ ~**πλέον:** furthermore
επίατρος, ο: major (of Medical Corps)
επιβαίνω: go aboard
επιβάλλομαι: impose, dominate, assert oneself
επιβάλλω: impose, inflict
επιβάρυνση, η: burden ‖ *(μτφ)* aggravation, worsening
επιβαρυντικός, -ή, -ό: aggravating
επιβαρύνω: burden ‖ (κάνω χειρότερη τη θέση) aggravate
επιβάτης, ο: passenger
επιβεβαιώνω: confirm ‖ (επικυρώνω) certify ‖ *(νομ)* corroborate
επιβεβαίωση, η: confirmation ‖ (επικύρωση) certification ‖ *(νομ)* corroboration
επιβεβλημένος, -ή, -ό: necessary
επιβήτορας, ο: (άλογο) stallion ‖ (γενικά) stud
επιβιβάζομαι: (πλοίου) go on board, embark ‖ (αεροπλ.) enplane
επιβιβάζω: (πλοίου) embark, put on board ‖ (τραίνου) entrain ‖ (αεροπλ.) enplane
επιβίβαση, η: embarkation, going on board
επιβιώνω: survive
επιβίωση, η: survival
επιβλαβής, -ές: harmful, injurious
επιβλέπω: supervise, oversee
επίβλεψη, η: supervision
επιβλητικός, -ή, -ό: imposing
επιβολή, η: imposition ‖ (ποινής) infliction ‖ (κανονισμού και νόμου) enforcement
επιβουλεύομαι: have designs on, plot against
επιβουλή, η: design, plot, machination, treachery
επίβουλος, -η, -ο: treacherous, insidious
επιβράβευση, η: reward, award
επιβραβεύω: reward, award a prize
επιβράδυνση, η: retardation, deceleration, negative acceleration

επιβραδύνω: retard, slow down, decelerate
επίγειος, -α, -ο: earthly, terrestrial
επιγλωττίδα, η: epiglottis
επίγνωση, η: awareness, knowledge
επιγονατίδα, η: knee-cap
επίγονος, ο: descendant
επίγραμμα, το: epigram
επιγραμματικός, -ή, -ό: epigrammatic
επιγραφή, η: inscription ‖ (επικεφαλίδα) heading, title, headline
επιγραφική, η: epigraphy
επιδεικνύομαι: show off
επιδεικνύω: show, display ‖ show off
επιδεικτικός, -ή, -ό: showy, ostentatious
επιδεινώνω: worsen, aggravate
επιδείνωση, η: aggravation, worsening
επίδειξη, η: showing off, ostentation ‖ (άσεμνη) exposure
επιδειξίας, ο: exhibitionist
επιδεκτικός, -ή, -ό: receptive, capable
επιδένω: bandage, dress
επιδέξια: *(επίρ)* skilfully, adroitly, dexterously
επιδέξιος, -α, -ο: skilful, adroit, dexterous, clever
επιδερμίδα, η: epidermis ‖ (χρώμα και υφή) complexion
επίδεση, η: bandaging, dressing
επίδεσμος, ο: bandage, dressing
επιδημία, η: epidemic
επιδημικός, -ή, -ό: epidemic, epidemical
επιδίδω: hand, deliver ‖ *(νομ)* serve
επιδικάζω: adjudge, adjudicate
επιδίκαση, η: adjudication
επίδικος, -η, -ο: under trial ‖ (υπό κρίση) in dispute
επιδιορθώνω: repair ‖ (πρόχειρα) patch up, mend
επιδιόρθωση, η: repair
επιδιώκω: pursue, aspire, aim at
επιδίωξη, η: pursuit, aspiration, aim
επιδοκιμάζω: approve ‖ (επίσημα) sanction
επιδοκιμασία, η: approval ‖ (επίσημη) sanction
επίδομα, το: extra pay, allowance ‖ (ανεργίας) unemployment benefits ‖ (σε επιχείρηση) subsidy ‖ (αντιπαροχή) commutation
επίδοξος, -η, -ο: presumptive ‖ ~

κληρονόμος: heir presumptive ‖ ~ διάδοχος: heir apparent, crown prince
επιδόρπια, τα: dessert
επίδοση, η: (παράδοση) delivery ‖ (ρεκόρ) record ‖ (πρόοδος) progress, performance ‖ (νομ) serving
επιδότηση, η: subsidization
επιδοτώ: subsidize
επίδραση, η: influence, effect
επιδρομέας, ο: raider, invader
επιδρομή, η: raid, invasion ‖ (αστυνομίας) raid ‖ αεροπορική ~: air raid
επιδρώ: influence, affect, have influence on, act upon
επιείκεια, η: leniency, clemency ‖ (ανεχτικότητα) indulgence
επιεικής, -ές: lenient ‖ (ανεχτικός) indulgent, tolerant
επίζηλος, -η, -ο: enviable
επιζήμιος, -α, -ο: harmful, injurious
επιζήτηση, η: quest, pursuit
επιζητώ: pursue, seek after, aim at
επιζώ: survive, outlive
επιζωοτία, η: epizootic disease
επιθανάτιος, -α, -ο: death, dying ‖ ~ ρόγχος: death rattle
επίθεμα, το: compress, application
επίθεση, η: attack, assault, offensive
επιθετικός, -ή, -ό: offensive ‖ (άνθρωπος) aggressive ‖ (γραμ) adjectival
επίθετο, το: (γραμ) adjective ‖ (επώνυμο) last name, surname ‖ (λογ) epithet
επιθεώρηση, η: (έλεγχος) inspection, check ‖ (στρ) review, inspection ‖ (θεατρ.) review, revue ‖ (δημοσίευμα) review
επιθεωρητής, ο: inspector
επιθεωρώ: inspect, check ‖ (στρ) inspect, review
επιθυμητός, -ή, -ό: desirable
επιθυμία, η: desire, wish, yearning ‖ (σεξ πόθος) lust
επιθυμώ: desire, wish, yearn ‖ (σεξ) lust ‖ (μου λείπει) miss
επίκαιρος, -η, -ο: opportune, timely ‖ (σύγχρονος) up-to-date ‖ (στρατηγικό σημείο), strategic position
επικαλούμαι: invoke, entreat
επικάλυμμα, το: covering, cover
επικαρπία, η: usufruct

επικασσιτερώνω: tin-plate
επικασσιτέρωση, η: tin-plating
επικατάρατος, -η, -ο: accursed
επίκειμαι: impend, be imminent
επίκεντρο, το: epicenter
επικερδής, -ές: profitable, lucrative
επικεφαλής: (επίρ) at the head ‖ ο ~: the head
επικεφαλίδα, η: heading, headline, title
επικήδειος, -α, -ο: funeral
επικήρυξη, η: "wanted" notice
επικηρύσσω: set a price on
επικίνδυνος, -η, -ο: dangerous, hazardous ‖ -η ταχύτητα: breakneck speed
επίκληση, η: invocation, entreaty, appeal
επικλινής, -ές: inclined, sloping
επικοινωνία, η: communication ‖ (επαφή) contact, intercourse
επικοινωνώ: communicate
επικολλώ: glue, stick
επικονίαση, η: (σοβάτισμα) plastering ‖ (φυτών) pollination
επικός, -ή, -ό: epic
επικούρειος, -α, -ο: epicurean
επικουρία, η: (στρ) reinforcement ‖ (βοήθεια) assistance, aid
επικουρικός, -ή, -ό: reinforcing, supplementary
επίκουρος, ο: auxiliary
επικουρώ: assist, aid
επικράτεια, η: (κυριαρχία) authority, dominion, rule ‖ (κράτος) realm
επικρατέστερος, -η, -ο: predominant, prevailing
επικράτηση, η: predominance, prevalence, preponderance
επικρατώ: predominate, prevail (και μτφ)
επικρίνω: criticize, censure, find fault, reprove
επίκριση, η: criticism, censure, reproof
επικρότηση, η: (έγκριση) approval
επικροτώ: (εγκρίνω) approve, accept
επικρουστήρας, ο: firing pin, hammer
επίκτητος, -η, -ο: acquired
επικυριαρχία, η: suzerainty
επικυρίαρχος, -η, -ο: suzerain
επικυρώνω: ratify, sanction, confirm, validate
επικύρωση, η: ratification, sanction, con-

firmation, validation

επίλαρχος, ο: cavalry major

επιλαχών, -ούσα, -όν: runner-up

επίλεκτος, -η, -ο: select, hand-picked, elite

επιληπτικός, -ή, -ό: epileptic

επιληψία, η: epilepsy

επιλήψιμος, -η, -ο: reprehensible, reproachable, blamable

επιλογή, η: choice, selection

επίλογος, ο: epilogue

επιλόχειος, ο: child bed fever, puerperal fever

επιλοχίας, ο: (U.S.A.) First sergeant, top kick || (Engl.) sergeant-major

επίλυση, η: solution || (τελική λύση) final solution

επίμαχος, -η, -ο: (απόχτημα) contested for || (αμφισβητούμενο) controversial, disputed, under dispute

επιμειξία, η: cross-breeding || (ανάμειξη) intermixing

επιμέλεια, η: diligence, industry, assiduity, assiduousness

επιμελής, -ές: diligent, industrious, assiduous, hard-working

επιμελητεία, η: (στρ) commissariat

επιμελητήριο, το: chamber || **εμπορικό ~:** chamber of commerce

επιμελητής, ο (θηλ **επιμελήτρια**)**:** overseer, superintendent || (εξετάσεων) proctor || (πανεπ.) instructor

επιμελούμαι: take care of, attend, look after

επίμεμπτος, -η, -ο: βλ. **επιλήψιμος**

επιμένω: insist, persist || (με υπομονή) persevere

επιμερίζω: apportion, portion out

επιμερισμός, ο: apportionment, portioning

επιμεριστικός, -ή, -ό: distributive

επιμεταλλώνω: plate

επιμετάλλωση, η: plating

επιμέτρηση, η: mensuration

επιμήκης, -ες: elongated, oblong || ~ **μυελός:** medulla oblongata

επιμήκυνση, η: elongation, lengthening

επιμηκύνω: elongate, lengthen

επιμιξία, η: βλ. **επιμειξία**

επιμίσθιο, το: βλ. **επίδομα**

επιμνημόσυνος, -η, -ο: memorial, commemorative || ~**η δέηση:** memorial service

επιμονή, η: insistence, persistence || (υπομονετική) perseverance

επίμονος, -η, -ο: insistent, persistent || (πεισματικά) obstinate, stubborn, dogged

επίμοχθος, -η, -ο: wearisome, hard, arduous

επιμύθιο, το: moral

επίνειο, το: port

επινεφρίδια, τα: suprarenal glands, adrenal glands

επινίκιος, -α, -ο: victorious, triumphant

επινόηση, η: invention, contrivance

επινοώ: invent, contrive

επιορκία, η: perjury

επίορκος, -η, -ο: perjurer

επιούσιος, -α, -ο: daily || **άρτος ~:** daily bread

επίπαγος, ο: crust

επίπεδο, το: (γεωμ) plane || (μτφ) level, standard || (ιεραρχίας) echelon

επιπεδόκοιλος, -η, -ο: plano-concave

επιπεδόκυρτος, -η, -ο: plano-convex

επιπεδομετρία, η: planimetry

επίπεδος, -η, -ο: level, plane, flat

επιπεδώνω: level

επιπίπτω: attack, fall upon

επίπλαστος, -η, -ο: affected, artificial, feigned

επιπλέον: (επίρ) moreover, furthermore

επίπλευση, η: floatation, flotation

επιπλέω: float

επίπληξη, η: rebuke, reprimand, scolding, reproach || (ποινή) reprimand

επιπλήττω: rebuke, reprimand, scold, reproach || (ποινή) reprimand

έπιπλο, το: piece of furniture || (πληθ) furniture, furnishing

επιπλοκή, η: complication

επιπλοποιός, ο: cabinet maker

επιπλώνω: furnish

επίπλωση, η: (πράξη) furnishing || (έπιπλα) furniture

επιπόλαιος, -α, -ο: (επιφανειακός) superficial || (μτφ) superficial, shallow, frivolous, fickle

επιπολαιότητα, η: frivolity, shallowness,

fickleness

επίπονος, -η, -ο: wearisome, laborious, toilsome, arduous

επιπρόσθετα: *(επίρ)* in addition, besides, furthermore

επιπρόσθετος, -η, -ο: additional

επίπτωση, η: consequence

επιρρεπής, -ές: prone, given to, inclined

επίρρημα, το: adverb

επιρρηματικός, -ή, -ό: adverbial

επιρρίπτω: impute

επιρροή, η: influence

επισείων, ο: *(ναυτ)* pennant

επισημαίνω: (κυρ.) mark ‖ *(μτφ)* locate, range

επισημοποίηση, η: authentication, sanction

επισημοποιώ: authenticate, sanction

επίσημος, -η, -ο: (ανεγν.) official ‖ (τυπικός) formal ‖ (αξιωματούχος) dignitary, official, notable

επισημότητα, η: formality

επίσης: *(επίρ)* also, too, likewise, as well

επισιτίζω: victual

επισιτισμός, ο: victualing

επισκεπτήριο, το: (κάρτα) card, visiting-card ‖ (ώρα) visiting hour

επισκέπτης, ο *(θηλ* **επισκέπτρια):** visitor, caller

επισκέπτομαι: visit, call, pay a visit ‖ (για λίγο) drop by, drop in

επισκευάζω: repair ‖ (πρόχειρα) patch up, mend

επισκευή, η: repair

επίσκεψη, η: visit, call

επισκιάζω: overshadow *(και μτφ)*

επισκίαση, η: overshadowing

επισκοπή, η: bishopric

επισκόπηση, η: review

επίσκοπος, ο: bishop

επισκοπώ: review, examine, oversee

επισκοτίζω: obscure, dim *(και μτφ)*

επισμηναγός, ο: (U.S.A.) Major USAF ‖ (Engl.) squadron leader

επισμηνίας, ο: (U.S.A.) Senior Master Sergeant ‖ (Engl.) Flight-sergeant

επισπεύδω: expedite, rush, hasten, hurry

επίσπευση, η: rushing, hastening

επισταθμία, η: billet

επισταμένως: *(επίρ)* minutely, carefully, attentively

επίσταξη, η: epistaxis, nosebleed

επιστασία, η: superintendence, supervision

επιστάτης, ο: (εποπτεύων) overseer, supervisor ‖ (εργοταξίου) foreman ‖ (σχολείου) custodian, caretaker ‖ (φυλακής) custodian

επιστατώ: oversee, supervise

επιστέγασμα, το: roof, roofing, cover ‖ *(μτφ)* crown

επιστήθιος, -α, -ο: bosom ‖ ~ **φίλος:** bosom friend

επιστήμη, η: science

επιστημονικός, -ή, -ό: scientific

επιστήμονας, ο: scientist ‖ (γενικά πτυχιούχος) professional, degreed

επιστολή, η: letter ‖ (επίσημη) epistle ‖ (εκκλ) Epistle

επιστόμιο, το: mouthpiece ‖ (πυροβόλου) tampion

επιστράτευση, η: mobilization, conscription, draft

επιστρατεύω: mobilize, conscript, draft, call up

επίστρατος, -η, -ο: called up for active duty, mobilized reservist

επιστρέφω: *(μτβ)* give back, return ‖ *(αμτβ)* return, come back ‖ (χρήματα) reimburse, refund, pay back

επιστροφή, η: return

επίστρωμα, το: coating, cover, covering, coat

επιστρώνω: coat, cover

επισυνάπτω: attach

επισύρω: draw, attract

επισφαλής, -ές: precarious, unstable, doubtful

επισφραγίζω: confirm, complete

επισώρευση, η: accumulation, heaping, piling up

επισωρεύω: accumulate, heap, pile up

επιταγή, η: (παραγγελία) order ‖ (τσεκ) check ‖ (τραπεζική) money order ‖ (καθήκον) call, duty

επιτακτικός, -ή, -ό: imperative *(και μτφ)*

επίταξη, η: requisition

επίταση, η: increase, intensifying

επιτάσσω: (διατάζω) command, order ‖ (κάνω επίταξη) requisition, commandeer επιτάφιος, -α, -ο: funeral ‖ (πλάκα) tombstone, gravestone ‖ (επιγραφή ή ύμνος) epitaph ‖ (Μ. Παρασκευή) Good Friday, Good Friday

επιτάχυνση, η: acceleration

επιταχύνω: accelerate ‖ βλ. επισπεύδω

επιτείνω: intensify, strengthen

επιτελάρχης, ο: (μεγάλης μονάδας) chief of staff ‖ (συντάγματος) executive officer

επιτελείο, το: staff

επιτελής, ο: staff officer

επιτελικός, -ή, -ό: staff

επιτελώ: carry out, perform

επιτετραμμένος, -η, -ο: (γενικά) delegate ‖ (διπλωμ.) chargé d'affaires

επίτευγμα, το: achievement, accomplishment

επίτευξη, η: βλ. επίτευγμα ‖ (απόκτηση) obtaining

επιτήδειος, -α, -ο: skilful, clever, dexterous

επιτηδειότητα, η: skill, cleverness, dexterity

επίτηδες: (επίρ) intentionally, on purpose

επιτήδευμα, το: occupation, trade, business

επιτηδευμένος, -η, -ο: affected, artificial

επιτηδεύομαι: be skilled, be skilful

επιτήδευση, η: affectation

επιτήρηση, η: surveillance ‖ (στρ) observation, surveillance ‖ (εξετάσεων) proctoring ‖ (αστυνομική) surveillance

επιτηρητής, ο: overseer ‖ (εξετάσεων) proctor

επιτηρώ: oversee, supervise

επιτίθεμαι: attack, assault, fall upon

επιτίμηση, η: rebuke, reprimand, reproach

επιτιμητικός, -ή, -ό: reprehensive, reproachful

επιτίμιο, το: penance

επίτιμος, -η, -ο: honorary, honourary

επιτόκιο, το: compound interest

επίτοκη, η: with child, nearing childbirth

επιτομή, η: synopsis, summary, abridgement

επίτομος, -η, -ο: abridged, condensed

επιτόπιος, -α, -ο: local

επιτραπέζιος, -α, -ο: table

επιτραχήλιο, το: stole

επιτρέπω: allow, permit

επιτροπεία, η: guardianship

επιτρόπευση, η: βλ. επιτροπεία

επιτροπεύω: be a guardian

επιτροπή, η: committee

επίτροπος, ο: guardian, trustee ‖ (εκκλησίας) churchwarden ‖ λαϊκός ~: commissar ‖ κυβερνητικός ~: commissary, commissioner ‖ ~ στρατοδικείου: prosecuting officer

επιτροχάδην: (επίρ) quickly, cursorily

επιτυγχάνω: βλ. πετυχαίνω

επιτύμβιος, -α, -ο: (πλάκα) tombstone, gravestone ‖ (επιγραφή) epitaph

επιτυχαίνω: βλ. πετυχαίνω

επιτυχής, -ές: successful

επιτυχία, η: success

επιτυχώς: (επίρ) successfully

επιφάνεια, η: surface ‖ ~ θάλασσας: (ύψος) sea level

Επιφάνεια, τα: Epiphany, Twelfth day

επιφανειακά: (επίρ) superficially

επιφανειακός, -ή, -ό: superficial

επιφανής, -ές: distinguished, eminent, illustrious

Επιφάνια, τα: βλ. Επιφάνεια

επιφέρω: cause, bring about, lead

επίφοβος, -η, -ο: menacing, alarming, grave, dangerous

επιφοίτηση, η: divine inspiration

επιφορτίζω: charge (και μτφ), commission

επιφυλακή, η: alert, stand by ‖ σε ~: on the alert, on stand by

επιφυλακτικός, -ή, -ό: circumspect, reserved, guarded

επιφυλακτικότητα, η: circumspection, reserve

επιφύλαξη, η: reservation, qualm, misgiving

επιφυλάσσομαι: reserve

επιφυλάσσω: have in store

επιφυλλίδα, η: serial, feuilleton

επιφώνημα, το: exclamation, interjection

επιφωνηματικός, -ή, -ό: exclamatory, interjectional

επιφώνηση, η: exclamation, ejaculation, interjection

επιχαλκώνω: copper plate

επιχάλκωση, η: copper plating

επίχειρα, τα: deserts

επιχείρημα, το: (εγχείρημα) attempt,

enterprise, venture || *(μτφ)* argument
επιχειρηματίας, ο: businessman
επιχειρηματικός, -ή, -ό: enterprising || *(μτφ)* argumentative
επιχειρηματολογία, η: argumentation
επιχείρηση, η: undertaking, venture || *(οικ)* enterprise, business || *(εταιρεία)* concern, business, enterprise || *(στρ)* operation
επιχειρώ: attempt, undertake, enter upon, try
επιχορήγηση, η: βλ. **επίδομα** || *(οικ)* subsidy
επιχορηγώ: subsidize, grant a subsidy
επίχριση, η: coating, plastering
επίχρισμα, το: coat, plaster
επιχρίω: coat, plaster
επίχρυσος, -η, -ο: gold-plated, gilded
επιχρυσώνω: gold-plate, gild
επιχωματώνω: embank
επιχωμάτωση, η: embankment
επιψευδαργυρώνω: zinc-plate
επιψευδαργύρωση, η: zinc plating
επιψηφίζω: pass, approve by vote
εποικίζω: colonize, settle
εποικισμός, ο: colonization, settling
εποικοδομητικός, -ή, -ό: constructive
έποικος, ο: settler, immigrant, colonist
έπομαι: follow
επόμενος, -η, -ο: following, next, subsequent
επομένως: *(επίρ)* consequently, therefore
επονείδιστος, -η, -ο: ignominious, shameful, disgraceful
επονομάζω: *(δίνω όνομα)* name, call || *(δίνω επίθετο)* surname || *(δίνω παρατσούκλι)* nick-name
επονομασία, η: *(επώνυμο)* surname, last name || *(παρατσούκλι)* sobriquet, soubriquet, nick-name
εποποιία, η: epopee || *(μτφ)* epic
εποπτεία, η: supervision
εποπτεύω: oversee, supervise
επόπτης, ο: overseer, supervisor
εποπτικός, -ή, -ό: supervisory || ~ά **μέσα διδασκαλίας:** audio-visual aids
έπος, το: epic *(και μτφ)*
εποστρακίζομαι: ricochet *(χτυπώ ξώφαλτσα)* glance
εποστρακισμός, ο: ricochet

επουλώνω: heal *(και μτφ)*
επούλωση, η: healing *(και μτφ)*
επουράνια, τα: heavens
επουράνιος, -α, -ο: heavenly
επουσιώδης, -ες: secondary, extraneous, irrelevant, immaterial
εποφθαλμιώ: covet
εποχή, η: *(περίοδος)* epoch, era, age || *(έτους)* season || **που αφήνει~:** epochal, epoch-making
έποχο, το: cinch, girth
επτά: seven || **τα~ θαύματα:** the seven wonders
επτάγωνο, το: heptagon
επτάεδρο, το: heptahedron
επταήμερο, το: seven days, week
επτακόσιοι, -ες, -α: βλ. **εφτακόσιοι**
επτάνησα, τα: Ionian Islands
επταπλάσιος, -α, -ο: sevenfold
επτάψυχος, -η, -ο: having seven lives
επωάζω: hatch, incubate
επώαση, η: hatching, incubation
επωδός, η: refrain
επώδυνος, -η, -ο: painful, hurtful
επωμίδα, η: epaulet
επωμίζομαι: shoulder
επωνυμία, η: *(προσώπου)* sobriquet, soubriquet, appelation || *(παρατσούκλι)* nick-name || *(όργ. ή εταιρείας)* title
επώνυμο, το: last name, surname, family name
επωφελής, -ές: advantageous, beneficial, profitable
επωφελούμαι: take advantage, benefit, profit
ερανίζομαι: collect money || *(μτφ)* take, draw, compile
έρανος, ο: collection, contribution
ερασιτέχνης, ο: amateur
ερασιτεχνικός, -ή, -ό: amateurish
εραστής, ο: lover *(και μτφ)*
εργάζομαι: work || *(κοπιάζω)* toil, labor, labour || *(λειτουργώ)* work, run, function
εργαλείο, το: tool || *(ακριβείας)* instrument || *(μεγάλο)* implement
εργαλειοθήκη, η: toolbox
εργασία, η: *(γενικά)* work || *(επάγγελμα)* work, job, occupation, business || *(χειρονακτική)* labor, labour || *(τέχνη)* workmanship || **ημέρα Ε~ς:** *(γιορτή)*

εργάσιμος

Labor day
εργάσιμος, -η, -ο: (χρόνος) working ‖ (επιδεκτικός εργασίας) workable
εργαστηριακός, -ή, -ό: laboratory
εργαστήριο, το: (επιστ) laboratory ‖ (τεχνίτη) workshop ‖ (καλλιτεχν.) studio, artist's workroom, atelier
εργάτης, ο: worker, workman, laborer, labourer ‖ (βαρούλκο) capstan
εργατιά, η: laborers, labourers, workpeople, working class, workfolk, labor, labour
εργατικός, -ή, -ό: (σχετικός με εργάτη) working, labor, labour ‖ (φιλόπονος) industrious, diligent, hard-working ‖ ~ό συνδικάτο: labor union, labour union ‖ Ε~ κόμμα: labor party, labour party
εργατικότητα, η: industriousness, industry, diligence
εργατοπατέρας, ο: labor union mobster
εργένης, ο: bachelor, single, unmarried
έργο, το: work (και μτφ) ‖ (πράξη) act, deed ‖ (κατασκεύασμα) piece of work, handicraft ‖ (κινημ) movie, film ‖ (θεάτρου) play ‖ (μεγάλο τεχν. έργο) project
εργοδηγός, ο: foreman
εργοδότης, ο: employer
εργολαβία, η: βλ. **εργοληψία** ‖ (μτφ - ειρ.) flirt, courtship
εργολαβικός, -ή, -ό: βλ. **εργοληπτικός**
εργολάβος, ο: βλ. **εργολήπτης** ‖ (γλυκό) macaroon, almond paste cooky
εργολήπτης, ο: contractor
εργοληπτικός, -ή, -ό: contracting, contract
εργοληψία, η: contract, contracting
εργοστασιάρχης, ο: factory owner
εργοστάσιο, το: factory, plant, works
εργόχειρο, το: handicraft, handiwork ‖ (κέντημα) embroidery
έρεβος, το: dark, darkness
ερεθίζομαι: become irritated, get excited ‖ (παθαίνω φλόγωση) be inflamed
ερεθίζω: irritate, excite ‖ (διεγείρω) stimulate, excite ‖ (προκ. φλογ.) inflame
ερεθισμός, ο: irritation, excitement ‖ (διέγερση) stimulation ‖ (φλόγωση) inflamation
ερεθιστικός, -ή, -ό: irritating, irritant ‖ (διεγ.) stimulating
ερείκη, η: heath, heather

ερείπιο, το: ruin ‖ (μτφ) wreck, ruin
ερειπώνω: ruin, wreck
ερείπωση, η: ruination
ερεισίνωτο, το: back rest
έρεισμα, το: support, backing
ερέτης, ο: oarsman, rower
έρευνα, η: (ψάξιμο) search ‖ (επιστ) research ‖ (εξέταση και ανίχνευση) investigation ‖ (σωματική) search, frisk ‖ (βολιδοσκόπηση) canvassing
ερευνητής, ο (θηλ **ερευνήτρια**): (επιστ) researcher ‖ (ανιχν.) investigator ‖ βλ. **εξερευνητής**
ερευνητικός, -ή, -ό: searching, exploratory, investigatory
ερευνώ: (ψάχνω) search ‖ (επιστ) research ‖ (ανιχν.) investigate ‖ (σωματικά) search, frisk ‖ (βολιδοσκοπώ) canvass
ερήμην: (επίρ) by default
ερημητήριο, το: retreat, hermitage
ερημιά, η: (τόπος) wild, wilderness ‖ (μοναξιά) solitude, isolation
ερημικός, -ή, -ό: solitary, wild, uninhabited, desolate
ερημίτης, ο: hermit ‖ (μτφ) hermit, recluse
ερημοδικία, η: by default, judgement by default
ερημονήσι, το: desert island
έρημος, η: desert
έρημος, -η, -ο: deserted, desolate ‖ (ακατοίκητος) uninhabited
ερημοσπίτης, ο: no good, worthless, good-for-nothing
ερημότοπος, ο: wilderness
ερημώνω: devastate, desolate, lay waste
ερήμωση, η: devastation, desolation
έριδα, η: (φιλονικία) quarrel ‖ (διχόνοια) discord ‖ **μήλο της~ς:** apple of discord
ερίζω: quarrel
Ερινύες, οι: the Furies, the Erinyes
έριο, το: wool
έρις, η: βλ. **έριδα**
εριστικός, -ή, -ό: quarrelsome
ερίφι, το: kid
έρμα, το: ballast ‖ (μτφ) backing, support
έρμαιο, το: (των κυμάτων) flotsam, drift-wood ‖ (μτφ) prey
ερμάριο, το: cupboard, closet, sideboard
ερμαφρόδιτος, -η, -ο: hermaphroditic ‖

586

(ουσ) hermaphrodite ‖ *(μυθ)* Hermaphroditus

ερμηνεία, η: interpretation, translation

ερμηνευτής, ο: interpreter, translator

ερμηνεύω: intrerpret, translate

ερμητικός, -ή, -ό: hermetic, hermetical

ερμίνα, η: ermine

ερπετό, το: reptile *(και μτφ)*

ερπετοειδής, -ές: reptilian *(και μτφ)*

ερπετολογία, η: herpetology

έρπης, ο: herpes ‖ ~ **ζωστήρ:** shingles, herpes zoster ‖ ~ **χειλέων:** herpes labialis, cold sore

ερπύστρια, η: caterpillar, chain tread, caterpillar tread

έρπω: creep, crawl *(και μτφ)*

έρρινος, -η, -ο: nasal

ερτζιανός, -ή, -ό: hertzian

ερύθημα, το: blush, flush ‖ *(ιατρ)* erythema

ερυθρίαση, η: blush, blushing, flushing, reddening

ερυθριώ: blush, become red

ερυθρόδανο, το: madder, rubia

ερυθρόδερμος, -η, -ο: redskin ‖ *(ουσ)* redskin, red Indian, Indian

ερυθρός, -ή, -ό: red ‖ **E~ Σταυρός:** Red Cross ‖ **E~ά Θάλασσα:** Red Sea ‖ **E ~ ός στρατός:** the Red army

ερυσίβη, η: ergot

ερυσίπελας, ο: erysipelas, St. Anthony's fire

έρχομαι: come ‖ *(φτάνω)* arrive ‖ *(ταιριάζω)* fit

ερχόμενος, -η, -ο: following, coming, next

ερχομός, ο: coming ‖ *(άφιξη)* arrival

ερωδιός, ο: heron

ερωμένη, η: mistress

ερωμένος, ο: βλ. **εραστής**

ερωταπόκριση, η: question and answer

έρωτας, ο: love ‖ *(μυθ)* Eros, Cupid ‖ *(επιπόλαια αγάπη)* infatuation

ερωτευμένος, -η, -ο: in love, enamored, enamoured

ερωτεύομαι: fall in love ‖ *(ερωτεύομαι επιπόλαια)* be infatuated

ερώτημα, το: question

ερωτηματικό, το: *(γραμ)* question mark, interrogation point

ερωτηματικός, -ή, -ό: interrogative

ερωτηματολόγιο, το: questionnaire

ερώτηση, η: question

ερωτιάρης, -α, -ικο: amorous

ερωτικός, -ή, -ό: love ‖ *(σεξουαλικά)* erotic, amatory ‖ **-ό γράμμα:** love letter

ερωτισμός, ο: eroticism, erotism

ερωτόληπτος, -η, -ο: amorous, love sick

ερωτομανία, η: *(άνδρα)* erotomania, satyriasis ‖ *(γυναίκας)* erotomania, nymphomania

ερωτοτροπία, η: courtship, flirt, flirtation, wooing

ερωτοτροπώ: court, flirt, woo

ερωτοχτυπημένος, -η, -ο: in love, lovesmitten, madly in love

ερωτύλος, ο: βλ. **ερωτιάρης**

ερωτώ: ask, inquire, ask a question

εσείς: you

εσθήτα, η: dress, gown

εσκεμμένος, -η, -ο: intentional, deliberate, premeditated

εσοδεία, η: crop, harvest

έσοδο, το: income, revenue

εσοχή, η: recess, hollow, depression ‖ *(τοίχου)* niche, alcove

εσπέρα, η: evening

εσπερίδα, η: party, evening reception, evening party, soiree

εσπεριδοειδή, τα: citruses, citrus trees, citrus fruit

εσπερινός, -ή, -ό: evening ‖ *(ουσ - εκκλ)* vespers

έσπερος, ο: evening star ‖ *(πλανήτης)* Venus

εσταυρωμένος, -η, -ο: *(ο Χριστός στο σταυρό)* crucifix

εστεμμένος, -η, -ο: crowned

εστία, η: *(τζάκι)* hearth, fireplace ‖ *(οικογ. εστία)* hearth, home ‖ *(κέντρο)* focus *(και μτφ)* ‖ *(μηχ)* furnace, hearth ‖ *(λίχνο)* cradle

εστιακός, -ή, -ό: focal

εστίαση, η: *(φαγητό)* banquet ‖ *(κέντρωση)* focusing

εστιάτορας, ο: restaurantcur, restaurant owner, restaurant manager

εστιατόριο, το: restaurant ‖ *(σάλα φαγητού)* dining room

έστω: so be it, let it be ‖ *(παραδεκτό)* granted ‖ ~ **και:** even εσύ: you

εσφαλμένα: *(επίρ)* erroneously, mistakenly

εσφαλμένος, -η, -ο: mistaken, wrong

εσχάρα, η: *(μαγειρ)* grill ‖ *(τεχ)* grid, gridiron ‖ *(πλέγμα)* grate, grill

εσχατιά, η: end, frontiers

έσχατος, -η, -ο: *(μακρινός)* farthermost, farthest ‖ *(τελευταίος)* last ‖ ~η προδοσία: high treason ‖ ~η των ποινών: capital punishment, death penalty

εσχάτως: *(επίρ)* recently, lately

εσώβρακο, το: shorts, underpants, drawers

εσώκλειστος, -η, -ο: enclosed

εσωκλείω: enclose

εσώρουχα, τα: underwear, undergarment, underclothes

εσωτερικός, -ή, -ό: *(από μέσα)* internal, inside, inner interior ‖ *(ντόπιος)* domestic ‖ *(χώρας)* interior ‖ Υπουργείο Ε~ών: (U.S.A.) Department of the Interior ‖ (Engl.) Home Office

εσώψυχος, -η, -ο: innermost, inmost

εταζέρα, η: *(ράφι)* shelf ‖ *(έπιπλο)* bookcase, chest, chest of drawers

εταίρα, η: prostitute, courtesan ‖ *(που συζεί)* concubine

εταιρεία, η: firm, company, corporation ‖ *(συνεταιρισμός)* partnership ‖ ομόρρυθμη ~: partnership ‖ περιορισμένης ευθύνης: limited liability company (LTD) ‖ ανώνυμος ~: corporation (inc)

εταίρος, ο: *(σύντροφος)* comrade, companion ‖ *(συνεταίρος)* partner ‖ *(μέτοχος)* stock-holder, share-holder ‖ *(συνεργάτης)* associate

εταστικός, -ή, -ό: inquiring, investigative

ετεροβαρής, -ές: unilateral, one-sided

ετερογενής, -ές: heterogeneous

ετεροδικία, η: extraterritoriality

ετεροθαλής, -ές: *(αδελφός)* half brother, step-brother ‖ *(αδελφή)* half sister, step-sister

ετερόκλητος, -η, -ο: miscellaneous

ετερονομία, η: heteronomy

ετερόνομος, -η, -ο: heterenomous

ετερρόρυθμη, η: *(εταιρεία)* joint stock company

ετερώνυμα, τα: *(κλάσματα)* dissimilar fractions, different fractions

ετερώνυμος, -η, -ο: heteronymous

ετησίαι, οι: etesian winds

ετήσιος, -α, -ο: annual, yearly

ετησίως: *(επίρ)* annually, yearly, per annum

ετικέττα, η: *(ταμπέλα)* label ‖ *(εθιμοτυπία)* etiquette

ετοιμάζομαι: prepare, get ready

ετοιμάζω: make ready, ready, prepare

ετοιμασία, η: preparation

ετοιμοθάνατος, -η, -ο: about to die, at the point of death, moribund

ετοιμόλογος, -η, -ο: quick

ετοιμοπόλεμος, -η, -ο: prepared for war

ετοιμόρροπος, -η, -ο: dilapidated, crumbling

έτοιμος, -η, -ο: ready, prepared ‖ *(πράγμα)* ready-made ‖ έσο ~: be prepared

ετοιμότητα, η: *(να είσαι έτοιμος)* preparedness, readiness ‖ *(πνευμ.)* presence of mind, quickness

έτος, το: year ‖ οικονομικό ~: fiscal year

έτσι: *(επίρ)* so, thus, like this, like that, in this way, in this manner ‖ ~ κι ~: so-so, mediocre, middling

ετυμηγορία, η: verdict

ετυμολογία, η: etymology

ετυμολογικός, -ή, -ό: etymologic, etymological

ετυμολογώ: etymologize

Ευαγγέλιο, το: gospel

Ευαγγελισμός, ο: Annunciation

ευαγγελιστής, ο: *(κήρυκας δόγματος)* evangelist ‖ *(οπαδός δόγματος)* evangelical

ευαγή, τα: *(ιδρύματα)* charitable institutions

ευάερος, -η, -ο: airy

ευαισθησία, η: sensitivity, sensiveness

ευαισθητοποίηση, η: sensitization

ευαισθητοποιώ: sensitize

ευαίσθητος, -η, -ο: sensitive

ευάλωτος, -η, -ο: pregnable

ευανάγνωστος, -η, -ο: legible

ευαρέσκεια, η: *(ικανοποίηση)* satisfaction ‖ *(ηθ. αμοιβή)* commendation

ευάρεστος, -η, -ο: pleasant, agreeable

ευαρεστούμαι: have the pleasure

ευάρμοστος, -η, -ο: matched, well-matched

εύγε!: (επίρ) good for you!, bravo!, well done!, good show!

ευγένεια, η: (χαρακτήρα και καταγωγής) nobility, nobleness || (τρόπων) politeness, courtesy, civility

ευγενής, -ές: (χαρακτ. καταγ.) noble || (τρόπος) polite, courteous, civil

ευγενικά: (επίρ) politely, courteously

ευγενικός, -ή, -ό: polite, courteous, civil

εύγευστος, -η, -ο: tasty, savoury

ευγλωττία, η: eloquence

εύγλωττος, -η, -ο: eloquent

ευγνώμονας, ο: grateful, thankful

ευγνωμονώ: be grateful, be thankful

ευγνωμοσύνη, η: gratitude, gratefulness

ευγνώμων, ο: βλ. ευγνώμονας

ευγονική, η: eugenics

ευγονισμός, ο: βλ. ευγονική

ευδαιμονία, η: (ευτυχία) happiness || (ευμάρεια) prosperity, wealth

ευδαιμονώ: (ευτυχώ) be happy || (είμαι σε ευμάρεια) prosper

ευδία, η: fine weather, good weather

ευδιαθεσία, η: cheerfulness, good humor

ευδιάθετος, -η, -ο: cheerful, in good humor

ευδιάκριτος, -η, -ο: distinct, discernible, clear

ευδιάλυτος, -η, -ο: soluble

ευδοκίμηση, η: prosperity, success || (μτφ) thriving

ευδοκιμώ: prosper, succeed, thrive || (μτφ) thrive

ευδοκώ: (δείχνω ενδιαφέρον) be favorably disposed, be favourably disposed, be favorable to, be favourable to || (αποδέχομαι ευνοϊκά) consent, deign

εύδρομο, το: cruiser

ευέλπης, ο: cadet || ~ Α´ (πρωτοετής): plebe

ευέξαπτος, -η, -ο: irritable, quick-tempered, irascible

ευεξήγητος, -η, -ο: easily explained, explicable

ευεξία, η: well-being, welfare, good health || οικονομική ~: prosperity

ευεργεσία, η: benefaction

ευεργέτημα, το: charity, charitable gift, benefaction

ευεργέτης, ο (θηλ. ευεργέτρια): benefactor

ευεργετικός, -ή, -ό: beneficial, beneficent || (που ωφελεί) beneficial

ευεργετούμαι: benefit

ευεργετώ: help, be beneficial, give charity

ευερέθιστος, -η, -ο: βλ. ευέξαπτος

εύζωνας, ο: evzone

ευηλεκτραγωγός, ο: conductor

ευήλιος, -α, -ο: sunny

ευημερία, η: prosperity

ευημερώ: prosper

εύηχος, -η, -ο: euphonic, melodious

ευθανασία, η: euthanasia

ευθεία, η: straight line

ευθερμαγωγός, -ή, -ό: conductive of heat

εύθετος, -η, -ο: suitable, appropriate, proper

εύθικτος, -η, -ο: touchy || βλ. ευαίσθητος

ευθιξία, η: touchiness

εύθραυστος, -η, -ο: fragile, breakable, brittle

ευθυβολία, η: straight shooting, accuracy

ευθύβολος, -η, -ο: straight shooting, accurate

ευθυγραμμίζω: align

ευθυγράμμιση, η: alignment

ευθύγραμμος, -η, -ο: rectilinear

ευθυκρισία, η: soundness of judgement

ευθυμία, η: gaiety, mirth, cheerfulness

ευθυμογράφημα, το: humorous story

ευθυμογράφος, ο: humorist

εύθυμος, -η, -ο: gay, cheerful, merry

ευθυμώ: be gay, be cheerful, be merry || (έρχομαι στο κέφι από πιοτό) get high

ευθύνη, η: responsibility || (υποχρέωση) liability

ευθύνομαι: be responsible, be accountable || (έχω υποχρέωση) be liable

ευθύς, -εία, -ύ: straight (και μτφ) || (μτφ) straight, straightforward, upright, honest

ευθύς: (επίρ) right way, at once, immediately

ευθυτενής, -ές: straight, ramrod-straight

ευθύτητα, η: straightness || (μτφ) straight-forwardness, uprightness, honesty

ευκαιρία, η: occasion, opportunity, chance || (χρόνος) leisure, spare time, time

εύκαιρος, -η, -ο: free, available

ευκαιρώ: be frce, have spare time, have the time

589

ευκάλυπτος, ο: eucalyptus
εύκαμπτος, -η, -ο: flexible, supple, pliant *(και μτφ)*
ευκαμψία, η: flexibility, suppleness, pliancy, pliability, pliableness
ευκατάστατος, -η, -ο: well-off, well-to-do, affluent
ευκαταφρόνητος, -η, -ο: despicable, contemptible ‖ *(μτφ)* negligible
ευκινησία, η: agility, agileness, nimbleness
ευκίνητος, -η, -ο: agile, nimble
ευκοίλιος, -α, -ο: *(άνθρωπος)* with loose bowels ‖ *(φάρμακο)* laxative
ευκοιλιότητα, η: diarrhea, looseness of the bowels
ευκολία, η: ease, facility ‖ *(χάρη)* service, favor, favour ‖ *(πληθ - ανέσεις)* conveniences
ευκολογνώριστος, -η, -ο: easy to recognize, recognizable
ευκολοδιάβαστος, -η, -ο: legible
ευκολομεταχείριστος, -η, -ο: βλ. εύχρηστος
ευκολονόητος, -η, -ο: easy to understand
ευκολόπιστος, -η, -ο: gullible, credulous
εύκολος, -η, -ο: easy ‖ *(γυναίκα)* loose, easy ·
ευκολοχώνευτος, -η, -ο: digestible
ευκολύνομαι: can afford, be able
ευκολύνω: facilitate, make easy
ευκοσμία, η: decency, propriety
εύκοσμος, -η, -ο: decent, proper
εύκρατος, -η, -ο: temperate
ευκρίνεια, η: clarity, distinctness, clearness, lucidity
ευκρινής, -ές: clear, distinct, lucid
ευκτική, η: *(έγκλιση)* optative
ευλάβεια, η: piety, devotion
ευλαβής, -ές: pious, devout
ευλαβικός, -ή, -ό: βλ. ευλαβής
ευλαβούμαι: venerate, respect, honor, honour
εύληπτος, -η, -ο: easy to take ‖ βλ. ευκολονόητος
ευλογημένος, -η, -ο: blessed ‖ *(μτφ)* blessed, damned
ευλογία, η: blessing, benediction ‖ *(μτφ)* blessing
ευλογιά, η: small pox, pox

εύλογος, -η, -ο: justifiable, just
ευλογοφανής, -ές: likely, plausible, probable
ευλογώ: bless ‖ *(δοξάζω)* praise, eulogize
ευλυγισία, η: litheness, suppleness
ευλύγιστος, -η, -ο: lithe, supple, willowy
ευμάρεια, η: prosperity
ευμένεια, η: favor, favour
ευμενής, -ές: favorable, favourable
ευμετάβλητος, -η, -ο: changeable, capricious, fickle
ευμεταχείριστος, -η, -ο: manageable, handy, easy to handle
ευνόητος, -η, -ο: easy to understand
εύνοια, η: favor, favour
ευνοϊκά: *(επίρ)* favorably, favourably
ευνοϊκός, -ή, -ό: favorable, favourable ‖ *(ευοίωνος)* propitious
ευνομία, η: *(δίκαιη νομοθεσία)* just legislation ‖ *(χρηστή διοίκηση)* just administration
ευνοούμενος, -η, -ο: favorite, favourite
ευνουχίζω: castrate, geld
ευνουχισμός, ο: castration ‖ *(ζώα)* castration, gelding
ευνούχος, ο: eunuch
ευνοώ: favor, favour
ευοδώνομαι: reach a successful end, end well, go well
ευοδώνω: bring to a successful end
ευόδωση, η: success, happy end
ευοίωνος, -η, -ο: propitious, auspicious
εύοσμος, -η, -ο: fragrant
ευπάθεια, η: sensitivity, sensitiveness, susceptibility
ευπαθής, -ές: sensitive, susceptible, delicate
ευπαρουσίαστος, -η, -ο: presentable, good-looking
ευπατρίδης, ο: nobleman, peer ‖ *(ιστορ)* eupatrid
ευπείθεια, η: obedience
ευπειθής, -ές: obedient
εύπεπτος, -η, -ο: digestible
ευπιστία, η: credulity, gullibility
εύπιστος, -η, -ο: credulous, gullible
εύπλαστος, -η, -ο: easy to mold, malleable
ευποιία, η: beneficence, charity
ευπορία, η: prosperity, affluence
εύπορος, -η, -ο: well-off, affluent, well-to-

do
ευπορώ: be well-off, be affluent
ευπρέπεια, η: propriety, decency, decorum
ευπρεπής, -ές: proper, decent
ευπρεπίζω: decorate, trim, dress, embellish, remodel
ευπρεπισμός, ο: decoration, trimming, remodeling
ευπρόσβλητος, -η, -ο: (οργανισμός) delicate, susceptible, sensitive ǁ (πράγμα) assailable, exposed, open
ευπρόσδεκτος, -η, -ο: welcome
ευπροσήγορος,-η, -ο: affable
ευπρόσιτος, -η, -ο: accessible, approachable
ευπρόσωπος, -η, -ο: βλ. ευπαρουσίαστος
εύρεση, η: discovery, finding ǁ (επινόηση) invention, contrivance
ευρεσιτεχνία, η: invention ǁ δίπλωμα ~ς: patent
ευρετήριο, το: index, catalogue
εύρημα, το: finding, find ǁ (ανέλπιστο) find, windfall
ευρίσκω: βλ. βρίσκω
εύρυνση, η: widening, enlargement, broadening
ευρύνω: widen, broaden, enlarge (και μτφ)
ευρύς, -εία, -ύ: wide, broad ǁ (και μτφ) ǁ (εκτεταμένος) extensive
ευρύστερνος, -η, -ο: broad-chested, deep-chested
ευρύτητα, η: broadness, breadth, extent ǁ ~ πνεύματος: broad-mindedness
ευρύχωρος, -η, -ο: spacious, roomy ǁ (ρούχο) loose
ευρωπαϊκός, -ή, -ό: european
Ευρωπαίος, ο (θηλ Ευρωπαία): European
Ευρώπη, η: Europe
ευρωστία, η: robustness, huskiness, strength
εύρωστος, -η, -ο: robust, husky, strong
εύσαρκος, -η, -ο: corpulent, stout
ευσέβεια, η: piety, devotion, devoutness
ευσεβής, -ές: pious, devout ǁ ~ πόθος: wishful thinking
εύσημο, το: badge of merit
ευσπλαχνία, η: compassion, mercy
ευσπλαχνικός, -ή, -ό: compassionate, merciful

ευστάθεια, η: stability, firmness, steadiness
ευσταθής, -ές: stable, firm, steady
ευσταλής, -ές: well-built, sturdy, robust
ευστοχία, η: accuracy of aim
εύστοχος, -η, -ο: well-aimed, accurate
ευστροφία, η: agility, nimbleness ǁ (μτφ) acuteness, presence of mind
εύστροφος, -η, -ο: agile, nimble ǁ (μτφ) acute, keen
ευσυγκίνητος, -η, -ο: emotional, sensitive
ευσυνειδησία, η: conscientiousness
ευσυνείδητος, -η, -ο: conscientious, scrupulous, principled
ευσχημος, -η, -ο: (μτφ) plausible
εύσωμος, -η, -ο: big, sturdy, corpulent
εύτακτος, -η, -ο: disciplined, orderly
ευτέλεια, η: meanness, baseness, cheapness
ευτελής, -ές: cheap, mean
ευτολμία, η: daring, boldness
εύτολμος, -η, -ο: daring, bold
ευτράπελος, -η, -ο: humorous, humourous, witty, funny
ευτραφής, -ές: stout, corpulent, portly
ευτρεπίζω: βλ. ευπρεπίζω
ευτύχημα, το: blessing, happy occurence, lucky thing
ευτυχής, -ές: happy ǁ (πανευτυχής) blissful
ευτυχία, η: happiness ǁ (μεγάλη) bliss
ευτυχισμένος, -η, -ο: βλ. ευτυχής
ευτυχώ: be happy ǁ (έχω καλή τύχη) be fortunate, be lucky ǁ βλ. ευημερώ
ευτυχώς: (επίρ) happily, fortunately, luckily
ευυπόληπτος, -η, -ο: respectable, reputable, esteemed
ευυποληψία, η: repute, esteem, respectability
ευφάνταστος, -η, -ο: imaginative
ευφημισμός, ο: euphemism
εύφημος, -η, -ο: commendatory ǁ ~η μνεία: commendation
εύφλεκτος, -η, -ο: flammable, inflammable
ευφλεξία, η: flammability, inflammability
ευφορία, η: (γονιμότητα) fertility, productiveness, fecundity, fruitfulness ǁ (μτφ) euphoria
εύφορος, -η, -ο: fertile, productive,

fecund
ευφράδεια, η: eloquence, fluency
ευφραδής, -ές: eloquent, fluent
ευφραίνω: gladden, fluent
ευφροσύνη, η: pleasure, delight
ευφυής, -ές: intelligent, smart, clever, witty
ευφυΐα, η: intelligence, cleverness, wit
ευφυολόγημα, το: witticism
ευφυολογία, η: βλ. ευφυολόγημα
ευφυολόγος, ο: humorist, witty
ευφωνία, η: euphony
ευφωνικός, -ή, -ό: euphonic
ευχαριστημένος, -η, -ο: satisfied, contented, pleased
ευχαριστήριος, -α, -ο: of thanks
ευχαρίστηση, η: pleasure, satisfaction, contentment
ευχαριστία, η: thanks || *(εκκλ)* eucharist || (ημέρα ευχαριστιών) thanksgiving
ευχάριστος, -η, -ο: agreeable, pleasant, pleasing
ευχαριστώ: thank || (δίνω ευχαρίστηση) please, satisfy, gratify
ευχαρίστως: *(επίρ)* with pleasure, gladly
ευχέλαιο, το: sacred unction, holy unction
ευχέρεια, η: ease, facility
ευχετήριος, -α, -ο: congratulatory
ευχή, η: (επιθυμία) wish || (δέηση) prayer || (ευλογία) blessing
ευχητήριος, -α, -ο: βλ. **ευχετήριος**
ευχολόγιο, το: missal, prayer-book
εύχομαι: (επιθυμώ) wish || (ευλογώ) bless || (προσεύχομαι) pray
εύχρηστος, -η, -ο: handy, convenient
ευψυχία, η: courage, pluck, spirit, grit
εύψυχος, -η, -ο: courageous, plucky, gritty
ευώδης, -ες: fragrant
ευωδιά, η: fragrance
ευωδιάζω: be fragrant, smell sweetly, give off a sweet smell
ευωχία, η: feast, revelry
εφαλτήριο, το: (γυμν.) horse
εφάμιλλος, -η, -ο: equal to, rivalling, on a par with, match for
εφάπαξ: *(επίρ)* once and for all || (χρημ.) lump sum
εφάπτομαι: touch || *(μαθ)* be tangent to
εφαπτομένη, η: tangent
εφαρμογή, η: (συναρμογή) fitting, fit ||

(εκτέλεση) application
εφαρμόζω: fit || *(μτφ)* apply, put into practice
εφαρμόσιμος, -η, -ο: applicable
εφαρμοστής, ο: fitter
εφαρμοστός, -ή, -ό: tight-fitting
εφεδρεία, η: reserve || (οι έφεδροι) reserves
εφεδρικός, -ή, -ό: reserve || (βοηθητικός) auxiliary || (διαθέσιμος) spare || (τροχός) spare wheel
έφεδρος, -η, -ο: reservist
εφεκτικός, -ή, -ό: reserved, guarded, cautious
εφεκτικότητα, η: reserve, guardedness, caution
εφελκυσμός, ο: tension
εφεξής: *(επίρ)* adjacent || (στο εξής) henceforth
έφεση, η: appeal || (τάση, επιθυμία) inclination, desire
εφεσιβάλλω: appeal
εφεσιβάλλων, -ουσα, -ον: appellant
εφεσίβλητος, -η, -ο: appellee
εφέσιμος, -η, -ο: appealable
εφέστιος, -α, -ο: household
εφετείο, το: appelate court, court of appeals
εφέτης, ο: judge of the Court of appeals, appelate
εφετινός, -ή, -ό: of this year, this year's
εφέτος: *(επίρ)* this year
εφεύρεση, η: invention
εφευρέτης, ο: inventor
εφευρετικός, -ή, -ό: inventive
εφευρετικότητα, η: inventiveness
εφευρίσκω: invent
εφηβεία, η: adolescence, puberty
έφηβος, -η, -ο: adolescent, teen-ager
εφημερεύω: be on day duty, be on duty
εφημερίδα, η: newspaper, paper, journal || (κυβέρνησης) gazette
εφημεριδοπώλης, ο: newspaper seller, newsboy
εφημέριος, -α, -ο: vicar, rector, parson
εφήμερος, -η, -ο: ephemeral
εφιάλτης, ο: nightmare *(και μτφ)*
εφιαλτικός, -ή, -ό: nightmarish *(και μτφ)*
εφίδρωση, η: perspiration || *(ιατρ)* diaphoresis

εφιδρωτικός, -ή, -ό: diaphoretic

εφικτός, -ή, -ό: feasible, capable of being accomplished

εφίππιο, το: saddle

έφιππος, -η, -ο: on horseback, mounted, equestrian

εφιστώ: draw || ~ **την προσοχή:** draw attention to

εφοδιάζω: supply, equip, provision

εφοδιασμός, ο: supply

εφόδιο, το: supply, equipment

εφοδιοπομπή, η: convoy

εφοδιοφόρο, το: *(ναυτ & σιδηρ)* tender

έφοδος, η: *(επίθεση)* charge, attack, assault || *(επιθεώρηση ξαφνική)* round, inspection

εφοπλιστής, ο: ship owner

εφορεία, η: Internal Revenue Service

εφορευτικός, -ή, -ό: supervisory

εφορεύω: supervise

εφόρμηση, η: βλ. **έφοδος** || **κάθετη ~:** nose dive

εφορμώ: charge, fall upon

έφορος, ο: *(ιστορ)* ephor || *(εποπτεύων)* supervisor || *(οικον)* Internal Revenue Service Director || *(βιβλιοθ. & αρχαιοτήτων)* curator

εφόσον: insomuch

εφτά: seven

εφτάζυμος, -η, -ο: unleavened

εφτακόσιοι, -ες, -α: βλ. **επτακόσιοι**

εφτάρι, το: seven

εφτάψυχος, -η, -ο: βλ. **επτάψυχος**

εχέγγυο, το: pledge, guarantee || *(για δάνειο)* collateral

εχέγγυος, -α, -ο: creditable, reliable || *(οικ)* solvent

εχεμύθεια, η: discretion, secrecy, pledge of secrecy

εχέμυθος, -η, -ο: discreet, close-mouthed

εχθές: yesterday

έχθρα, η: enmity hostility, animosity, hatred, animus

εχθρεύομαι: be hostile, hate, bear a grudge

εχθρικός, -ή, -ο: hostile, unfriendly, enemy

εχθροπραξία, η: hostility

εχθρός, ο: enemy, foe, hostile

εχθρότητα, η: βλ. **έχθρα**

έχιδνα, η: viper, adder || *(μτφ)* viper, venomous

εχινόκοκκος, ο: echinococcus

εχίνος, ο: *(αρχιτ.)* echinus || *(σκαντζόχοιρος)* hedgehog || *(αχινός)* sea-urchin

εχτές: βλ. **εχθές**

έχω: have || *(κατέχω)* hold, possess || *(διατηρώ)* keep || *(κάνω, κοστίζω)* cost || ~ **δίκαιο:** be right || ~ **άδικο:** be wrong || **την ~ άσχημα:** be in a mess, be in trouble || ~ **το νου μου:** be careful, take care || **τα ~ καλά μ' αυτόν:** I am in good terms with him

εψές: yesterday, last night

εωθινό, το: reveille

έως: *(επίρ)* (χρον) until, till, to || (τοπ) as far as || *(περίπου)* about, approximately

εωσφόρος, ο: Lucifer

Z

Z, ζ: the 6th letter of the Greek alphabet || ζ´: seven || ζ : 7,000

ζαβά: *(επίρ)* crookedly || *(μτφ)* badly, adversely, contrariously

ζαβλάκωμα, το: languor, languidness, listlessness, languishment

ζαβλακώνομαι: languish, become listless, be languid

ζαβολιά, η: cheating, trickery

ζαβολιάρης, -α, -ικο: cheat, trickster

ζαβός, -ή, -ό: crooked || *(μτφ)* cantankerous, contrary, screwball

ζαγάρι, το: hound *(και μτφ)*

ζακέτα, η: jacket, coat

ζακάδα, η: βλ. **ζάλη**

ζάλη, η: dizziness, giddiness || *(μτφ)* daze || *(ίλιγγος)* vertigo

ζαλίζομαι: get dizzy, get giddy || *(μτφ)* be dazed || *(από ποτό)* get high

ζαλίζω: make dizzy, make giddy, daze

ζαλισμένος, -η, -ο: dizzy, giddy, groggy, dazed

ζαμάνια, τα: χρόνια και ~: years and years, ages

ζαμπούκο, το: βλ. ακτέα ή κουφοξυλιά

ζαμπόν, το: ham

ζάπλουτος, -η, -ο: immensely rich, loaded

ζάρα, η: wrinkle, crease

ζαργάνα, η: needlefish

ζαρζαβάτι, το: vegetable

ζαρζαβατικό, το: βλ. ζαρζαβάτι

ζάρι, το: die (πληθ dice)

ζαριά, η: throw of the dice

ζαρκάδι, το: roe, roedeer

ζαρντινιέρα, η: flower stand

ζάρωμα, το: creasing, wrinkling

ζαρωματιά, η: βλ. ζάρα

ζαρώνω: (μτβ & αμτβ) wrinkle, crease ‖ (από φόβο) shrink back, cringe

ζατρίκιο, το: chess

ζαφείρι, το: sapphire

ζάφτι, το: κάνω ~: manage, tame, control

ζαφίρι, το: βλ. ζαφείρι

ζαχαρένιος, -α, -ο: sugary (και μτφ)

ζάχαρη, η: sugar

ζαχαριέρα, η: sugar bowl

ζαχαρίνη, η: saccharine

ζαχαροδιαβήτης, ο: diabetes melitus

ζαχαροκάλαμο, το: sugar cane

ζαχαροπλαστείο, το: candy store, confectionery

ζαχαροπλάστης, ο: confectioner

ζαχαροπλαστική, η: confectionery

ζαχαροποιΐα: sugar industry

ζαχαρότευτλο, το: sugar beet

ζαχάρωμα, το: sugar-coating ‖ (μτφ) cooing, sweet words, flirtation

ζαχαρώνω: sugar, sugar-coat ‖ (μτφ) bill and coo, flirt

ζαχαρωτό, το: candy, sweet

ζέβρα, η: zebra

ζελατίνα, η: (κόλλα) gelatin ‖ (φύλλο) celluloid

ζελέ, το: jelly

ζεματίζω: scald ‖ (εξογκώνω λογαριασμό) fleece, overcharge ‖ (προκαλώ αμηχανία) dumpfound, confound

ζεμάτισμα, το: scalding ‖ (μτφ) fleecing

ζεματιστός, -ή, -ό: scalding

ζεματώ: βλ. ζεματίζω ‖ (αμτβ) be scalding

hot, be very hot

ζεμπίλι, το: straw-bag

ζενίθ, το: zenith (και μτφ)

ζερβόδεξος, -η, -ο: ambidextrous

ζερβός, -ή, -ό: (προς τα αριστερά) left, left-hand ‖ (αριστερόχειρ) left-handed

ζερβοχέρης, -α, -ικο: left-handed

ζερζεβούλης, -ο: little devil (και μτφ)

ζέση, η: boiling ‖ (μτφ) heat, fervour

ζεστά: (επίρ) warmly ‖ (μτφ) enthusiastically

ζέστα, η: warmth ‖ (μεγάλη) heat ‖ (πυρετός) temperature, fever ‖ κάνει ~: it is warm ‖ κάνει ~ (μεγάλη): it is hot

ζεσταίνομαι: get warm, get hot, feel hot

ζεσταίνω: warm, heat

ζέσταμα, το: heating, warming

ζεστασιά, η: warmth

ζέστη, η: βλ. ζέστα

ζεστός, -ή, -ό: warm ‖ (πολύ) hot

ζευγαράκι, το: a pair of young lovers

ζευγάρι, το: (ομοίων) pair ‖ (ανόμοιων) couple ‖ (ανθρώπων) pair, couple ‖ (βόδια) yoke, span ‖ (κυνήγι) brace ‖ (πόκερ) pair ‖ ~α: (πόκερ) two pairs

ζευγαρίζω: plow

ζευγάρισμα, το: plowing

ζευγάρωμα, το: (γενικά) coupling, pairing ‖ (σχηματισμός ζεύγους) pairing, mating ‖ βλ. ζευγάρισμα

ζευγαρώνω: (γενικά) couple, pair ‖ (σχημ. ζεύγη) pair, mate ‖ βλ. ζευγαρίζω

ζευγαρωμένος, -η, -ο: coupled, paired ‖ (άνθρωποι) paired

ζευγάς, ο: plowman

ζεύγη, τα: (πόκερ) two pairs

ζευγίτης, ο: βλ. ζευγάς

ζεύγμα, το: yoke, coupling ‖ (λογοτ) zeugma

ζεύγνύω: yoke, harness

ζευγολάτης, ο: βλ. ζευγάς

ζεύγος, το: βλ. ζευγάρι

ζευκτό, το: truss

ζεύξη, η: yoking, harnessing ‖ (σύνδεση) junction, connection ‖ (γεφύρωση) bridging, span

ζεύω: yoke, harness (και μτφ)

ζέφυρος, ο: zephyr

ζέχνω: βλ. βρωμώ

ζεψιμο, το: yoking, harnessing

ζήλεια, η: jealousy, envy ‖ (ερωτική) jealousy

ζηλευτός, -ή, -ό: enviable, envied

ζηλεύω: be jealous, envy ‖ (είμαι ζηλότυπος) be jealous

ζηλιάρης, -α, -ικο: jealous ‖ βλ. ζηλόφθονος

ζήλος, ο: zeal

ζηλοτυπία, η: jealousy

ζηλότυπος, -η, -ο: βλ. ζηλιάρης

ζηλοτυπώ: βλ. ζηλεύω

ζηλοφθονία, η: envy

ζηλόφθονος, -η, -ο: envious

ζηλοφθονώ: envy

ζηλωτής, ο: zealot

ζημιά, η: damage ‖ (απώλεια) loss

ζημιάρης, -α, -ικο: clumsy, butterfingers

ζημιώνω: damage ‖ (προκαλώ απώλεια) cause loss

ζήση, η: life

ζήτημα, το: question, subject, matter, point, issue ‖ το κάνω ~: make an issue ‖ ~ προς συζήτηση: point at issue ‖ φλέγον ~: burning issue ‖ είναι~ αν: it is doubtful whether ..., it is questionable

ζήτηση, η: demand ‖ βλ. αναζήτηση

ζητιανεύω: beg

ζητιανιά, η: begging, mendicity

ζητιάνος, ο: (θηλ. ζητιάνα): beggar, mendicant

ζήτουλας, ο: βλ. ζητιάνος

ζητώ: ask for ‖ (αναζητώ) look for ‖ (απαιτώ) demand ‖ βλ. ζητιανεύω

ζήτω!: hurrah!, long live

ζητωκραυγάζω: cheer

ζητωκραυγή, η: cheer

ζιγκολό, ο: gigolo

ζιζάνιο, το: weed ‖ (μτφ) mischievous, naughty ‖ (διχόνοια) dissension, discord

ζιμπούλι, το: hyacinth

ζίου-ζίτσου: ju-jitsu

ζόρι, το: force, coercion, violence ‖ (δυσκολία) hardship, difficulty ‖ με το ~: by force, against one's will, willy-nilly

ζορίζω: force, coerce, press, exert pressure

ζόρικος, -η, -ο: (δύσκολος) difficult, hard ‖ (άνθρωπος) difficult, wearisome, irksome, hard to please

ζόρισμα, το: force, coercion ‖ (δυσκολία) difficulty

ζούγκλα, η: jungle (και μτφ)

ζούδι, το: small animal, insect, bug

ζουζούνι, το: insect, bug

ζουζουνίζω: buzz

ζουλάπι, το: wild animal ‖ (μτφ) yokel, boor, blockhead

ζούλημα, το: pressure, squeezing

ζούλισμα, το: βλ. ζούλημα

ζουλώ: press, squeeze

ζουμερός, -η, -ό: juicy, succulent (και μτφ)

ζουμί, το: (χυμός) juice, sap ‖ (φαγητό) broth ‖ (μτφ) gist, essence

ζουμπάς, ο: punch ‖ (κοντοστούπης) midget

ζουμπούλι, το: βλ. ζιμπούλι

ζουπάω: press, squeeze ‖ (κλέβω) pinch, pilfer

ζουπίζω: βλ. ζουπάω

ζουπώ: βλ. ζουπάω

ζούρλα, η: madness, folly, lunacy ‖ (και μτφ)

ζουρλαίνω: drive mad, madden

ζουρλαμάρα, η: βλ. ζούρλια

ζούρλια, η: βλ. ζούρλα

ζουρλομανδύας, ο: strait jacket, straight jacket

ζουρλός, -ή, -ό: mad, crazy, insane ‖ (μτφ) wild

ζουρνάς, ο: oboe, clarinet

ζοφερός, -ή, -ό: dark, gloomy

ζόφος, ο: darkness ‖ (μτφ) gloom

ζοχάδα, η: βλ. ζοχάδες ‖ (μτφ) cantankerousness, peevishness, irritability

ζοχάδας, ο: (μτφ) cantankerous, peevish, irritable, waspish

ζοχάδες, οι: hemorrhoids, piles

ζοχαδιάζω: (μτφ) anger, make angry, irritate

ζοχαδιακός, -ή, -ό: hemorrhoidal ‖ (μτφ) βλ. ζοχάδας

ζυγά, τα: even ‖ μονά ~: even or odd ‖ μονά ~ δικά σου: head you win, tails I lose

ζυγαριά, η: scales, pair of scales, balance

ζύγι, το: (ζύγισμα) weighing ‖ (βαρίδι στάθμης) plumb-line ‖ (βαρίδι ζυγού) weight

ζυγιάζομαι

ζυγιάζομαι: hover
ζύγιασμα, το: hovering
ζυγίζομαι: weigh myself ‖ βλ. ζυγιάζομαι
ζυγίζω: weigh
ζύγισμα, το: βλ. ζύγιση ‖ βλ. ζύγιασμα
ζυγιστής, ο: weigher
ζυγός, ο: yoke *(και μτφ)* ‖ (πλάστιγγα) βλ. ζυγαριά ‖ βλ. διάσελο ‖ (σειρά) rank, line ‖ λύνω τους ~ούς: fall out
ζυγός, -ή, -ό: even (βλ. και ζυγά)
ζυγούρι, το: young lamb
ζύγωμα, το: (πλησίασμα) drawing close, approach, approaching, drawing near ‖ *(ανατ)* zygoma
ζυγωματικά, τα: zygomatic bones
ζυγώνω: draw near, draw close, approach, come near
ζυθοποιείο, το: brewery
ζυθοποιία, η: beer manufacture, brewing
ζυθοποιός, ο: beer manufacturer, brewer
ζυθοπωλείο, το: bar, saloon, beer-house
ζύθος, ο: beer
ζυμάρι, το: dough
ζυμαρικό, το: pasta
ζύμη, η: βλ. ζυμάρι ‖ (μαγιά) yeast, leaven
ζύμωμα, το: kneading ‖ *(μτφ)* seasoning
ζυμωμένος, -η, -ο: *(μτφ)* seasoned
ζυμώνομαι: be kneaded ‖ (παθαίνω ζύμωση) ferment ‖ *(μτφ)* get seasoned
ζυμώνω: knead ‖ (προκαλώ ζύμωση) ferment ‖ *(μτφ)* season
ζύμωση, η: fermentation
ζυμωτήριο, το: kneading trough
ζυμωτής, ο (θηλ. ζυμώτρια): kneader
ζυμωτός, -ή, -ό: kneaded ‖ (σπιτίσιος) home-made ‖ (που έπαθε ζύμωση) leavened
ζω: live ‖ *(μτβ)* support, keep, raise ‖ (περνώ ζωή) lead a life ‖ (ζω κάποιο γεγονός) experience, live
ζωάριο, το: small animal ‖ *(μτφ)* numskull, jerk
ζωγραφιά, η: picture, drawing, painting
ζωγραφίζω: (σχεδιάζω) draw ‖ (σκιτσάρω) sketch ‖ (με μπογιές) paint ‖ *(μτφ)* depict, paint
ζωγραφική, η: painting
ζωγράφισμα, το: (σχεδίασμα) drawing ‖

(σκιτσάρισμα) sketching ‖ (με μπογιές) painting
ζωγραφιστός, -ή, -ό: painted ‖ *(μτφ)* pretty ‖ (πανόμοιος) the picture of ‖ να μην τον δω ούτε ~: I can't stand the sight of him
ζωγράφος, ο: painter
ζωδιακός, -ή, -ό: zodiacal ‖ ~ κύκλος: zodiac
ζώδιο, το: sign of the zodiac ‖ *(μτφ)* stars, fate
ζωέμπορος, ο: cattle dealer
ζωή, η: life ‖ (χρόνος ζωής) life time
ζωηράδα, η: liveliness, briskness
ζωηρεύω: *(μτβ)* brighten, enliven, animate ‖ *(αμτβ)* become lively, be animated, warm up
ζωηρός, -ή, -ό: lively, pert, brisk, active ‖ (άτακτος) wild, pert, naughty ‖ (έντονος) bright
ζωηρότητα, η: liveliness, briskness, pertness, activeness ‖ (αταξία) naughtiness, mischief, pertness
ζωηφόρος, -α, -ο: life-giving, life-bringing
ζωικός, -ή, -ό: animal ‖ (ζωτικός) vital
ζωμός, ο: βλ. ζουμί
ζωνάρι, το: belt, sash ‖ έχω λυτό το ~ για καβγά: have a chip on one's shoulder
ζώνη, η: belt, sash ‖ *(μτφ)* zone, belt ‖ (γεωγρ) zone
ζωντάνεμα, το: return to life, reviving *(και μτφ)*
ζωντανεύω: *(μτβ)* revive, bring back to life, resurrect ‖ *(αμτβ)* return to life, revive, be resurrected ‖ *(μτφ)* animate, revive, brighten, enliven
ζωντάνια, η: liveliness, energy, activeness ‖ *(μτφ)* vividness, liveliness
ζωντανός, -ή, -ό: alive, living, live ‖ βλ. ζωηρός ‖ *(μτφ)* vivid
ζωντόβολο, το: beast, animal *(και μτφ)*
ζωντοχήρα, η: divorced, divorce~e
ζωντοχήρος, ο: divorced
ζώνω: gird, engird, engirdle ‖ *(μτφ)* encircle, surround
ζώο, το: animal, beast *(και μτφ)*
ζωογόνηση, η: animation *(και μτφ)*
ζωογόνος, -α, -ο: life-giving, animating

(και μτφ)
ζωογονώ: animate *(και μτφ)*
ζωοδότης, ο: life giving, giver of life
ζωοδόχος, ο: source of life ‖ ~ **πηγή:** Life-giving fountain
ζωοκλέφτης, ο: cattle thief, rustler, sheep thief
ζωοκλοπή, η: cattle stealing, cattle theft, rustling
ζωολάτρης, ο: zoolater, animal worshiper
ζωολατρία, η: zoolatry, animal worship
ζωολογία, η: zoology
ζωολογικός, -ή, -ό: zoological ‖ ~ **κήπος:** zoological garden, zoo
ζωολόγος, ο: zoologist
ζωομορφισμός, ο: zoomorphism
ζωοπανήγυρη, η: cattle market, cattle fair, animal fair
ζωοτεχνία, η: zootechny
ζωοτεχνικός, -ή, -ό: zootechnical
ζωοτοκία, η: viviparity

ζωοτόκος, -α, -ο: viviparous
ζωοτροφή, η: fodder, feed for livestock
ζωοτροφία, η: (ζώων) feeding of livestock ‖ (ποσότητα τροφής) victuals, provisions, food supplies
ζωοφαγία, η: carnivorousness
ζωοφάγος, -α, -ο: carnivorous, zoophagous
ζωόφιλος, -η, -ο: zoophile
ζωοφόρος, η: frieze
ζωοφυσική, η: zoophysics
ζωόφυτο, το: zoophyte
ζώπυρο, το: tinder, ember
ζωπυρώ: rekindle, revive
ζωστήρας, ο: belt, sash ‖ βλ. **έρπης ζωστήρ**
ζωτικός, -ή, -ό: vital
ζωτικότητα, η: vitality
ζωύφιο, το: louse, flea, vermin
ζωφόρος, η: βλ. **ζωοφόρος**
ζώωδης, -ες: bestial, brutish, brutal *(και μτφ)*

Η

Η, η: the seventh letter of the Greek alphabet ‖ **ή:** eight ‖ **η:** eight thousand
η: the *(fem)*
ή: or ‖ ~ ... ~: either...or
ήβη, η: (ηλικία) puberty, adolescence, teens ‖ *(ανατ)* pubis ‖ *(μυθ)* Hebe
ηβικός, -ή, -ό: pubic
ηγεμόνας, ο: ruler, king, monarch, emperor
ηγεμονία, η: hegemony, rule, dominance, domination
ηγεμονικός, -η, -ο: hegemonic, princely, regal ‖ *(μτφ)* princely, munificent
ηγεσία, η: leadership
ηγέτης, ο: leader
ηγήτορας, ο: leader, chief
ηγούμαι: (προηγούμαι) lead ‖ (είμαι ηγέτης) lead, command, be in command
ηγουμένη, η: mother superior, abbess
ηγούμενος, ο: hegumen, abbot, father superior
ήγουν: βλ. **δηλαδή**
ήδη: *(επίρ)* already, by now, even now

ηδονή, η: (γενικά) pleasure, delight ‖ (σαρκική) carnal pleasure
ηδονίζομαι: take pleasure, delight in
ηδονικός, -ή, -ό: (γενικά) pleasant, delightful, delicious ‖ (σαρκ.) voluptuous
ηδονισμός, ο: hedonism
ηδονοβλεψίας, ο: voyeur, peeping tom
ηδύοσμος, ο: βλ. **δυόσμος**
ηδυπάθεια, η: sensuality
ηδυπαθής, -ές: sensualist, voluptuary
ηδύποτο, το: liqueur
ηθική, η: (το αγαθό) morality, morals ‖ (δεοντολογία και διδασκαλία) ethics
ηθικολογία, η: moralization
ηθικολόγος, ο: moralizer, moralist
ηθικολογώ: moralize
ηθικό, το: morale
ηθικός, -ή, -ό: moral, ethical ‖ βλ. και **ενάρετος**
ηθικότητα, η: morality
ηθογραφία, η: folklore description
ηθοποιία, η: (διαμόρφωση ηθών) moralization ‖ (τέχνη) acting

597

ηθοποιός

ηθοποιός, ο *(θηλ.* **ηθοποιός**): actor *(θηλ* actress)
ήθος, το: ethos, character, nature ‖ *(πληθ)* customs, habits
ηλεκτρίζω: electrify *(και μτφ)*
ηλεκτρικός, -ή, -ό: electric, electrical
ηλέκτριση, η: electrification *(και μτφ)*
ηλεκτρισμός, ο: electricity
ήλεκτρο, το: amber
ηλεκτρογεννήτρια, η: electric generator
ηλεκτρόδιο, το: electrode
ηλεκτροδυναμική, η: electrodynamics
ηλεκτροθεραπεία, η: electrotherapy
ηλεκτροκινητήρας, ο: electric motor
ηλεκτροκίνητος, -η, -ο: driven by electricity
ηλεκτρολογία, η: *(επιστήμη)* electrical engineering
ηλεκτρολογικός, -ή, -ό: electrical
ηλεκτρολόγος, ο: *(τεχνίτης)* electrician ‖ *(πολυτεχνείου)* electrical engineer
ηλεκτρόλυση, η: electrolysis
ηλεκτρολύτης, ο: electrolyte
ηλεκτρομαγνήτης, ο: electromagnet
ηλεκτρομηχανή, η: *(που λειτουργεί με ηλεκτρ.)* electric engine ‖ *(που παράγει ηλεκτρ.)* dynamo
ηλεκτρονική, η: electronics
ηλεκτρονικός, -ή, -ό: electronic, electron ‖ *~ό μικροσκόπιο*: electron microscope
ηλεκτρόνιο, το: electron
ηλεκτροπληξία, η: electrocution
ηλεκτροστατική, η: electrostatics
ηλεκτροτεχνίτης, ο: electrician
ηλεκτροφωτισμός, ο: electric lighting
ηλιάζομαι: sun oneself, sunbathe, lie in the sun
ηλιάζω: expose to the sun
ηλιακός, -ή, -ό: sun, solar ‖ *~ ωρολόγιο*: sundial ‖ *~ σύστημα*: solar system ‖ *~ή κηλίδα*: sunspot
ηλίανθος, ο: sunflower
ηλίαση, η: sunstroke
ηλίθιος, -α, -ο: idiotic, idiot, imbecile, stupid
ηλιθιότητα, η: idiocy, imbecility, stupidity
ηλικία, η: age ‖ *παιδική ~*: childhood ‖ *ανδρική ~*: manhood ‖ *(στρ)* age group
ηλικιωμένος, -η, -ο: aged, elderly, advanced in years, senior citizen
ηλικιώνομαι: age, grow old
ήλιο, το: helium
ηλιοβασίλεμα, το: sunset
ηλιογράφος, ο: heliograph
ηλιοθεραπεία, η: sunbathing ‖ *(ιατρ)* heliotherapy
ηλιόκαμα, το: *(κάψιμο)* sunburn ‖ *(μαύρισμα)* tan, suntan
ηλιοκαμένος,, -η, -ο: *(καμένος)* sunburnt ‖ *(μαυρισμένος)* tanned, sunburnt
ηλιολάτρης, ο: sun worshiper
ηλιολατρία, η: sun worship
ηλιόλουστος, -η, -ο: sunny
ηλιόλουτρο, το: sunbathing
ήλιος, ο: sun ‖ *(αστρ)* sol ‖ *(φυτό)* βλ. ηλίανθος
ηλιοστάσιο, το: solstice
ηλιοτρόπιο, το: heliotrope
ηλιοτροπισμός, ο: heliotropism
ηλιοτυπία, η: heliotype, heliotypy
ηλιοψημένος, -η, -ο: βλ. ηλιοκαμένος
ήλος, ο: rivet
ημεδαπός, -ή, -ό: local, domestic, native
ημέρα, η: day
ημεραργία, η: *(η αργία)* obligatory rest from work ‖ *(πληρωμή)* compensation
ημέρεμα, το: βλ. εξημέρωση ‖ *(μτφ)* calming, cooling down, calmness
ημερεύω: βλ. εξημερώνω ‖ *(μτφ)* calm down, cool, appease
ημερήσιος, -α, -ο: daily, everyday ‖ *(της ημέρας)* diurnal
ημεροδείκτης, ο: calendar
ημερολόγιο, το: βλ. ημεροδείκτης ‖ *(πληροφοριών)* almanac ‖ *(πλοίου)* log book ‖ *(προσωπικό)* diary
ημερομηνία, η: date
ημερομίσθιο, το: day's wages, daily wage
ημερομίσθιος, -α, -ο: wage earner, daily laborer
ημερονύκτιο, το: 24 hours
ήμερος, -η, -ο: *(κατοικίδιος)* domestic, domesticated ‖ *(μτφ)* tame, gentle, peaceful, calm, quiet
ημερότητα, η: gentleness, calmness, quietness
ημέρωμα, το: βλ. εξημέρεμα
ημερώνω: βλ. ημερεύω

598

ημέτερος, -η, -ο: our, ours ‖ (ειρωνικά) clique, our own, our people
ημιάγοιος, -α, -ο: semisavage
ημιαργία, η: half holiday, half-day holiday
ημίγυμνος, -η, -ο: half-naked
ημιεπίσημος, -η, -ο: semi-official
ημιθανής, -ές: half dead
ημίθεος, ο: demigod
ημικρανία, η: migraine
ημικυκλικός, -ή, -ό: semicircular
ημικύκλιο, το: semi-circle
ημιμάθεια, η: sciolism
ημιμαθής, -ές: sciolist, half-educated
ημίμετρα, τα: half measures
ημιμόνιμος, -η, -ο: semipermanent
ημιονηγός, ο: mule skinner, mule driver, muleteer
ημίονος, ο: mule
ημιπεριφέρεια, η: semicircumference
ημιπληγία, η: hemiplegia, stroke
ημίπληκτος, -η, -ο: hemiplegic
ημισέληνος, η: crescent ‖ (μισοφέγγαρο) half-moon
ήμισυ, το: half
ημισφαιρικός, -ή, -ό: hemispherical
ημισφαίριο, το: hemisphere
ημιτελής, -ές: half-finished, incomplete
ημιτόνιο, το: half step, half tone, semi-tone
ημιτονοειδής, -ές: sine, sinusoidal ‖ ~ καμπύλη: sine curve
ημίτονο, το: sine
ημίφως, το: twilight
ημιχρόνιο, το: half-time
ημίψηλο, το: (καπέλο) derby, bowler
ημίωρο, το: half hour
ημπορώ: βλ. **μπορώ**
ηνίο, το: rein, bridle
ηνίοχος, ο: coachman, driver ‖ (άρματος) charioteer
Ηνωμένες Πολιτείες: United States
ηξεύρω: βλ. **ξέρω**
ήπαρ, το: liver ‖ (πληθ **ήπατα** βλ. λέξη)
ήπατα, τα: (μτφ) **μου κόπηκαν τα ~:** I was scared stiff, I was scared out of my wits, I was scared shitless (χυδ)
ηπατίτιδα, η: hepatitis
ήπειρος, η: continent
ηπειρωτικός, -ή, -ό: continental

ήπιος, -α, -ο: mild, meek ‖ (κλίμα) clement, temperate
ηράκλειος, -α, -ο: herculean (και μτφ)
ηρεμία, η: calm, quietness, quietude, tranquillity, stillness
ήρεμος, -η, -ο: calm, quiet, tranquil, still
ηρεμώ: keep still, be still, be quiet, calm down, quiet
ήρωας, ο (θηλ **ηρωίδα**): hero (και μτφ)
ηρωίδα, η: heroine
ηρωικά: (επίρ) heroically
ηρωικός, -ή, -ό: heroic, heroical
ηρωίνη, η: heroin
ηρωισμός, ο: heroism
ηρώο, το: hero's tomb ‖ (πεσόντων σε πόλεμο) war memorial
ήσυχα: (επίρ) quietly, calmly ‖ (προσταγή) be still!
ησυχάζω: (αμτβ) rest, grow quiet, calm down, become calm ‖ (μτβ) calm, quiet, pacify
ησυχαστήριο, το: (δωμάτιο προσωπικό) snuggery ‖ (μέρος που αποσυρόμαστε) resting place, retreat, hermitage
ησυχία, η: stillness, quietness, quietude, calmness ‖ βλ. και **ηρεμία** ‖ (προσταγή) be quiet! be still!
ήσυχος, -η, -ο: quiet, calm, still
ήτοι: βλ. **δηλαδή**
ήττα, η: defeat (και μτφ)
ηττοπάθεια, η: defeatism
ηττοπαθής, -ές: defeatist
ηττώμαι: be defeated
ηφαίστειο, το: volcano
ηφαιστειογενής, -ές: volcanic
ηχηρός, -ή, -ό: loud, resounding, ringing
ηχητικός, -ή, -ό: sound, echo
ηχολογώ: resound, reverberate
ήχος, ο: sound
ηχώ, η: echo
ηχώ: sound, ring, echo, resound, reverberate
ηώ, η: dawn ‖ (μυθ.) Eos, Aurora
ηώκαινος, η: (εποχή) eocene

599

Θ

Θ, θ: the eighth letter of the Greek alphabet ‖ **θ΄:** nine ‖ **θ:** 9000

θα: (μόριο μελλοντικό) shall, will ‖ (μόριο δυνητικό) should, would

θάβω: bury, inter ‖ *(μτφ)* bury

θαλαμάρχης, ο: barracks non commissioned officer

θαλάμη, η: (όπλου) chamber ‖ (φωλιά) nest ‖ *(πληθ ρουθούνια)* nostrils

θαλαμηγός, η: yacht

θαλαμηπόλος, ο, η: (καμαριέρης) chamberlain, valet ‖ (καμαριέρα) maid, chambermaid ‖ (καμαρότος) steward

θαλαμίσκος, ο: cabin, small cabin

θάλαμος, ο: (δωμάτιο) room ‖ (κοιτώνας) bedroom ‖ (νοσοκομείου) ward ‖ (πλοίου) stateroom, cabin ‖ (στρατώνας) barracks, room, barracks room

θαλαμοφύλακας, ο: barracks orderly, barracks duty private

θάλασσα, η: sea ‖ **τα κάνω ~** (αποτυγχάνω, κάνω γκάφα): mess up, botch, make a mess of ‖ **τα κάνω ~** (κάνω φασαρία): raise hell ‖ **τα κάνω ~** (καταστρέφω τα πάντα): wreak havoc, play hell

θαλασσής, -ιά, -ί: sea blue, azure

θαλασσινός, -ή, -ό: sea, marine, maritime ‖ *(ουσ)* seaman ‖ *(πληθ. ουδ.)* sea food

θαλάσσιος, -α, -ο: sea, marine, thalassic

θαλασσογραφία, η: seascape

θαλασσοδάνειο, το: (αγύριστο) loan never to be repaid ‖ (με μεγάλο τόκο) at high interest

θαλασσοδέρνομαι: struggle against the waves ‖ *(μτφ)* be at a loss

θαλασσοκρατία, η: thalassocracy, supremacy on the seas

θαλασσοκρατορία, η: βλ. **θαλασσοκρατία**

θαλασσοκράτειρα, η: thalassocrat

θαλασσόλυκος, ο: sea dog

θαλασσόνερο, το: sea water

θαλασσοπλοΐα, η: navigation

θαλασσοπνίγομαι: drown in the sea ‖ βλ. **θαλασσοδέρνομαι**

θαλασσοποίηση, η: mess, messing, botching, snafu

θαλασσοποιώ: βλ. **θαλασσώνω**

θαλασσοπορία, η: sea-faring, navigation

θαλασσοπόρος, ο: seafarer, navigator

θαλασσοπούλι, το: seabird ‖ *(μτφ)* βλ. **θαλασσόλυκος**

θαλασσοταραχή, η: swell, heavy swell, heavy sea

θαλασσοχελώνα, η: turtle

θαλάσσωμα, το: βλ. **θαλασσοποίηση**

θαλασσώνω: mess up, botch, make a mess of, snafu

θαλερός, -ή, -ό: blooming, in blossom *(και μτφ)* ‖ βλ. **ακμαίος**

θαλερότητα, η: bloom

θάλλω: blossom, bloom ‖ *(μτφ)* flourish, bloom

θάλπος, το: warmth *(και μτφ)* ‖ (περίθαλψη) relief

θάλπω: warm ‖ *(μτφ)* look after, take care of

θαλπωρή, η: warmth *(και μτφ)*

θάμα: βλ. **θαύμα**

θάμβος, το: dazzling, dazing, daze *(και μτφ)*

θάμνος, ο: bush, shrub, underbrush ‖ (αγκαθωτός) bramble

θαμνόφυτος, -η, -ο: bushy

θαμνώδης, -ες: βλ. **θαμνόφυτος**

θαμπάδα, η: dimness, opaqueness ‖ βλ. **θάμπος**

θάμπος, το: βλ. **θάμβος**

θαμπός, -ή, -ό: dim, opaque, lackluster

θάμπωμα, το: βλ. **θαμπάδα**

θαμπώνω: dazzle, daze ‖ *(αμτβ)* dim, become dim

θαμπωτικός, -ή, -ό: dazzling

θαμώνας, ο: customer, regular, patron, habitue~

θανάσιμος, -η, -ο: mortal, deadly ‖ (θανατηφόρος) lethal, mortal, fatal

θανατάς, ο: death ‖ **του ~ά:** about to die,

moribund

θανατηφόρος, -α, -ο: mortal, lethal, fatal

θανατικό, το: deadly epidemic, plague

θανατικός, -ή,-ό: death, capital ‖ **~ή ποινή:** death penalty, capital punishment

θάνατος, ο: death *(και μτφ)*

θανατώνω: put to death, kill ‖ (εκτελώ) execute

θανάτωση, η: killing, kill ‖ (εκτέλεση) execution

θανή, η: βλ. **θάνατος** ‖ (θάψιμο) burial, interment

θάπτω: βλ. **θάβω**

θαρραλέος, -α, -ο: courageous, daring, gritty, plucky

θαρρετός, -ή, -ό: βλ. **θαρραλέος**

θαρρεύω: dare, venture

θάρρος, το: courage, daring, grit, pluck

θαρρώ: take heart, take courage ‖ (νομίζω) believe, suppose, think

θαύμα, το: wonder, miracle, marvel ‖ *(θρησκ)* miracle ‖ **παιδί ~:** childwonder ‖ **επτά ~τα:** seven wonders ‖ **κάνει ~τα:** works wonders

θαυμάζω: admire ‖ (απορώ) wonder

θαυμάσια: *(επίρ)* wonderfully, admirably, marvelously, excellent

θαυμάσιος, -α, -ο: wonderful, admirable, marvelous

θαυμασμός, ο: admiration ‖ (απορία) wonder

θαυμαστής, ο: *(θηλ* **θαυμάστρια):** admirer ‖ (φανατικός οπαδός) fan

θαυμαστικό, το: exclamation point, exclamation mark

θαυμαστός, -ή, -ό: admirable, wonderful, marvelous

θαυματοποιός, ο: magician, conjurer, juggler

θαυματουργός, -ή, -ό: thaumaturge, thaumaturgist ‖ *(μτφ)* wonder worker, miraculous, worker of miracles

θαυματουργώ: work miracles, work wonders

θάφτω: βλ. **θάβω**

θάψιμο, το: burial, interment

θέα, η: view, sight ‖ (από ορισμένο σημείο) aspect ‖ **έχω ~ προς:** overlook

θεά, η: goddess *(και μτφ)*

θέαμα, το: sight, spectacle ‖ (σε κέντρο)

show

θεαματικός, -ή, -ό: spectacular

θεάνθρωπος, ο: theanthropist, Jesus Christ

θεατής, ο: spectator ‖ (αμέτοχος) by-stander

θεατός, -ή, -ό: visible, in view, in sight

θεατρίζω: ridicule, expose to public scorn

θεατρικός, -ή, -ό: theatrical, histrionic, histrionical *(και μτφ)*

θεατρινίστικος, -η, -ο: histrionic, hypo-critical

θεατρινισμός, ο: histrionics

θεατρίνος, ο: *(θηλ* **θεατρίνα):** actor *(θηλ:* actress) *(και μτφ)*

θεατρισμός, ο: ridicule ‖ βλ. **θεατρινισμός**

θέατρο, το: theater ‖ (γεν. κόσμος του θεάτρου) stage ‖ **πολεμικό ~:** theater of war ‖ **έγινε ~:** made a spectacle of himself

θεατρόφιλος, -η, -ο: theatergoer, theater lover

θεατρώνης, ο: producer, impressario

θεία, η: aunt

θειάφι, το: sulfur, sulphur

θειαφίζω: sulfur, treat with sulfur

θειικός, -ή, -ό: sulfuric, sulphuric

θεϊκός, -ή, -ό: divine ‖ *(και μτφ)*

θείο, το: βλ. **θειάφι**

θείος, -α, -ο: βλ. **θεϊκός**

θείος, ο: uncle

θειούχος, -α, -ο: sulfur, sulfurous

θέλγητρο, το: charm

θέλγω: charm, enchant, attract

θέλημα, το: (βούληση) will ‖ (επιθυμία) wish, desire ‖ (μικροδουλειά) errand

θεληματικά: *(επίρ)* willingly, voluntarily, of one's own accord

θεληματικός, -ή, -ό: willing, voluntary

θέληση, η: will, volition ‖ **δύναμη ~ς:** will power

θελκτικός, -ή, -ό: charming, attractive, enchanting, captivating

θέλω: want ‖ βλ. **επιθυμώ** ‖ βλ. **δέχομαι** ‖ βλ. **απαιτώ** ‖ (χρωστώ) owe ‖ βλ. **χρειάζομαι** ‖~ **δεν ~:** whether I like it or not ‖ ~ **να πώ:** I mean

θέμα, το: subject, question, topic, theme, matter ‖ *(γραμ)* stem

θεματοφύλακας

θεματοφύλακας, ο: trustee
θεμελιακός, -ή, -ό: fundamental *(και μτφ)*
θεμέλιο, το: foundation *(και μτφ)*
θεμέλιος, -α, -ο: foundation, fundamental ‖ *(λίθος)* foundation stone ‖ *(μτφ)* corner stone
θεμελιακός, -ες: βλ. **θεμελιακός**
θεμελίωμα, το: laying the foundation ‖ *(εδραίωση)* consolidation
θεμελιώνω: lay the foundation *(και μτφ)* ‖ *(εδραιώνω)* consolidate
θεμελίωση, η: βλ. **θεμέλιωμα**
θεμελιωτής, ο: founder
θέμελο, το: βλ. **θεμέλιο**
Θέμις, η: justice
θεμιτός, -ή, -ό: legal, lawful, legitimate
θεογνωσία, η: reason, good sense
θεογονία, η: theogony
θεόγυμνος, -η, -ο: stark naked
θεοδόλιχος, ο: theodolite
θεόκουφος, -η, -ο: completely deaf
θεοκρατία, η: theocracy
θεολογία, η: theology
θεολογικός, -ή, -ό: theological
θεολόγος, ο: theologian
θεομαχία η: theomachy
θεομηνία, η: wrath of God ‖ *(μτφ)* disaster, calamity, scourge
θεομίσητος, -η, -ο: hated, accursed
θεόμορφος, -η, -ο: theomorphic ‖ *(μτφ)* beautiful, handsome
θεομπαίχτης, ο: ungodly, impious ‖ *(μτφ)* βλ. **απατεώνας**
θεονήστικος, -η, -ο: starving, ravenous
θεοπάλαβος, -η, -ο: raving maniac, stark raving mad *(και μτφ)*
θεόπνευστος, -η, -ο: inspired by God
θεοποίηση, η: deification *(και μτφ)*
θεοποιώ: deify
θεόρατος, -η, -ο: huge, enormous, colossal, immense
Θεός, ο: God ‖ ~ *φυλάξοι*: God forbid
θεοσέβεια, η: piety
θεοσεβής, -ές: pious, devout
θεοσκότεινος, -η, -ο: pitch-dark
θεόστραβος, -η, -ο: completely blind
θεότητα, η: deity, godhead
Θεοτόκος, η: Virgin Mary
θεότρελλος, -η, -ο: βλ. **θεοπάλαβος**

Θεοφάνεια, τα: epiphany
θεοφιλέστατος, ο: *(τίτλος)* his Grace
θεοφοβούμενος, -η, -ο: βλ. **θεοσεβής**
θεραπαινίδα, η: maid
θεραπεία, η: cure, treatment, therapy
θεραπεύσιμος, -η, -ο: curable
θεραπευτήριο, το: hospital, clinic, sanitarium
θεραπευτής, ο *(θηλ* **θεραπεύτρια***)*: healer, therapist
θεραπευτική, η: therapeutics
θεραπευτικός, -ή, -ό: curative, therapeutic, curing
θεραπεύω: cure, heal
θεράποντας, ο: *(υπηρέτης)* servant ‖ *(ιατρός)* attending physician
θέρετρο, το: summer resort
θεριακλής, ο: addict
θεριακλίκι, το: addiction
θέριεμα, το: βλ. **εξαγρίωση** ‖ *(φούντωμα)* growth
θεριεύω: βλ. **εξαγριώνομαι** ‖ *(μεγαλώνω)* grow big, grow tall
θερίζω: mow, reap ‖ *(μτφ)* mow down
θερινός, -ή, -ό: summer ‖ **ή ισημερία**: summer solstice
θεριό, το: βλ. **θηρίο**
θέρισμα, το: mowing, reaping, harvest
θερισμός, ο: βλ. **θέρισμα**
θεριστής, ο *(θηλ* **θερίστρια***)*: mower, reaper, harvester
θεριστικός, -ή, -ό: mowing, reaping ‖ *ή μηχανή*: reaper
θέρμα, η: hot spring
θερμαίνομαι: get warm ‖ *(έχω πυρετό)* run a temperature
θερμαίνω: heat, warm ‖ βλ. **ζωογονώ** ‖ βλ. **ενθαρρύνω**
θέρμανση, η: heating ‖ **κεντρική ~**: central heating
θερμαντήρας, ο: heater
θερμαντικός, -ή, -ό: heating, calorific
θερμασιά, η: βλ. **ελονοσία**
θερμαστής, ο: stoker, fireman
θερμάστρα, η: stove
θέρμη, η: βλ. **θερμασιά** ‖ *(πυρετός)* temperature, fever ‖ *(μτφ)* fervour
θερμίδα, η: calorie
θερμικός, -ή, -ό: thermal, thermic
θερμόαιμος, -η, -ο: hot-blooded (βλ. και

602

ευέξαπτος)
θερμοδυναμική, η: thermodynamics
θερμοκέφαλος, -η, -ο: βλ. **θερμόαιμος**
θερμοκήπιο, το: conservatory, green-house, hot house
θερμοκρασία, η: temperature
θερμόλουτρο, το: hot bath
θερμομετρικός, -ή, -ό: thermometric
θερμόμετρο, το: thermometer
θερμομετρώ: take the temperature
θερμοπηγή, η: βλ. **θέρμα**
θερμοπίδακας, ο: geyser
θερμοπυρηνικός, -ή, -ό: thermonuclear
θερμός, τό: (δοχείο) thermos, thermos bottle
θερμός, -ή, -ό: warm *(και μτφ)* ‖ βλ. **θερμόαιμος**
θερμοσίφωνας, ο: heater
θερμότητα, η: heat ‖ *(μτφ)* warmth
θερμοφόρα, η: hot water bottle
θέρος, το: (εποχή) summer ‖ βλ. **θέρισμα**
θέση, η: (τοποθεσία) place, position, site ‖ (κάθισμα) seat, place ‖ (γνώμη) position ‖ (δουλειά) position, job ‖ (ανώτερη θέση) office ‖ (πόστο) post ‖ *(στρ)* position ‖ (προετοιμασμένη θέση) emplacement
θεσιθήρας, ο: job chaser
θέσμια, τα: institutions ‖ (παράδοση) traditions
θεσμοθεσία, η: βλ. **νομοθεσία**
θεσμοθέτης, ο: βλ. **νομοθέτης**
θεσμοθετώ: βλ. **νομοθετώ**
θεσμός, ο: (συνήθεια) custom, tradition, institution ‖ (νόμος) law ‖ (νομοθέτημα) decree
θεσπέσιος, -α, -ο: divine *(και μτφ)*
θεσπίζω: institute
θέσπιση, η: institution
θέσπισμα, το: (νόμος) decree ‖ (κέλευσμα) command, order ‖ **κλητήριο ~:** summons
θέσφατα, τα: (εντολές) commandments ‖ (χρησμός) oracle
θετικισμός, ο: positivism
θετικιστής, ο: positivist
θετικός, -ή, -ό: positive *(και μτφ)*
θετικότητα, η: positiveness
θετός, -ή, -ό: (γονέας) foster ‖ (παιδί) fostering, adopted

θέτω: place, put, position, lay
θεωρείο, το: (θεάτρου και κινημ.) box ‖ (σταδίου και ιπποδρ.) grandstand ‖ (βουλής) gallery
θεώρημα, το: theorem
θεώρηση, η: (εγγράφου) ratification, certification ‖ (διαβατηρίου) visa
θεωρητικός, -ή, -ό: theoretical, theoretic ‖ *(ουσ)* theoretician
θεωρία, η: theory ‖ βλ. **εμφάνιση**
θεωρώ: (παρατηρώ) view ‖ (κάνω θεώρηση) ratify, certify ‖ (διαβατήριο) visa ‖ (υποθέτω) consider
θηκάρι, το: scabbard, sheath
θήκη, η: (γενικά) case, chest ‖ (εργαλείων) βλ. **εργαλιοθήκη** ‖ (μουσ. οργ.) case ‖ (ξίφους) scabbard ‖ (πιστολιού) holster
θηκιάζω: (κάνω πάκο) pack together ‖ (βάζω στη θήκη ξίφος) sheathe ‖ (βάζω στη θήκη πιστόλι) holster
θηλάζω: *(μτβ)* give the breast, nurse, suckle ‖ *(αμτβ)* suckle
θήλασμα, το: suckling
θηλασμός, ο: βλ. **θήλασμα**
θηλαστικό, το: mammal
θηλαστικός, -ή, -ό: mammalian
θήλαστρο, το: bottle, feeding-bottle
θηλή, η: nipple *(και μτφ)*, teat
θηλιά, η: (κόμπος) slipknot ‖ (βρόχος) loop, noose
θήλυ, το: female
θηλυκό, το: dame, wench, gal
θηλυκός, -ή, -ό: (πρόσωπο) female ‖ (γένος) feminine
θηλυκότητα, η: femininity
θηλυκώνω: button, clasp
θηλυκωτήρι, το: button hook
θηλυπρέπεια, η: effemination
θηλυπρεπής, -ές: effeminate
θήλυς, -εια, -υ: βλ. **θηλυκός**
θημωνιά, η: stack ‖ (σκεπασμένη θημωνιά) rick
θημωνιάζω: stack
θήρα, η: (κυνήγι) hunt, hunting ‖ (θήραμα) game, quarry ‖ *(μτφ)* hunt, chase
θηραϊκή, γη: pozzolana, pozzuolana
θήραμα, το: game
θηρευτής, ο: hunter *(και μτφ)*
θηρευτικός, -ή, -ό: hunting

603

θηρεύω

θηρεύω: hunt *(και μτφ)*
θηρίο, το: wild animal, wild beast, brute
‖ *(πολύ δυνατός, μεγαλόσωμος)* colossus, huge ‖ *(σκληρός)* brute ‖ *(παιδί απείθαρχο)* wild, naughty
θηριοδαμαστής, ο: *(θηλ θηριοδαμάστρια)*: tamer
θηριοτροφείο, το: menagerie
θηριώδης, -ες: bestial, brutal, savage ‖ *(φέρσιμο και πράξη)* atrocious, monstrous
θηριωδία, η: atrocity
θησαυρίζω: hoard, treasure ‖ *(γίνομαι πλούσιος)* become rich, make a fortune, become wealthy
θησαύριση, η: hoarding, wealth
θησαύρισμα, το: βλ. θησαύριση
θησαυρός, ο: treasure *(και μτφ)* ‖ *(λογοτ)* thesaurus
θησαυροφύλακας, ο: treasurer
θησαυροφυλάκιο, το: treasury
θητεία, η: *(στρ)* service ‖ *(σε υπηρεσία ή απασχόληση)* term ‖ *(υποχρεωτική θητεία)*: draft, conscription
θιασάρχης, ο: troupe manager
θίασος, ο: troupe ‖ όλος ο ~: the whole cast
θιασώτης, ο: votarist, votary, devotee, supporter, partisan
θίγω: *(αγγίζω)* touch ‖ *(πλησιάζω)* border, touch ‖ *(αναφέρω θέμα)* touch ‖ *(προσβάλλω)* insult, offend
θλάση, η: break, breaking ‖ *(οστού)* fracture ‖ *(ιστού)* contusion, bruise
θλιβερός, -ή, -ό: sad, sorry, deplorable *(και μτφ)*
θλίβω: press, squeeze, crush ‖ *(μτφ)* distress grieve
θλιμμένος, -η, -ο: sad, distressed, melancholy, sorrowful
θλίψη, η: grief, sorrow, distress
θνησιγενής, -ές: still-born *(και μτφ)*
θνησιμαίος, -α, -ο: dead ‖ βλ. ετοιμοθάνατος
θνησιμότητα, η: *(σύνολο θανάτων)* mortality ‖ *(αναλογία)* mortality rate, death rate
θνητός, -ή, -ό: mortal
θολερός, -ή, -ό: βλ. θολός
θολός, -ή, -ό: *(μη διαυγής)* dull, dim ‖

(ουρανός) cloudy ‖ *(υγρό)* turbid, muddy, cloudy ‖ *(κατάσταση)* unsettled, confused ‖ ψαρεύω σε ~ά νερά: fish in troubled waters
θόλος, ο: dome, vault ‖ *(ουρανίσκος)* palate, roof
θολότητα, η: dullness, dimness ‖ *(υγρού)* turbidity, turbidness, muddiness
θολούρα, η: βλ. θολότητα ‖ *(ζάλη)* dizziness, giddiness
θολώνω: *(αμτβ)* become muddy, become turbid ‖ *(ουρανός)* become cloudy, cloud over ‖ *(μτβ)* make turbid, make muddy, make cloudy
θολωτός, -ή, -ό: vaulted, arched, domed
θορυβοποιός, ο: trouble-maker, rowdy, boisterous
θόρυβος, ο: noise ‖ *(μεγάλος)* uproar, tumult, clamor ‖ *(θόρυβος για κάτι)* ballyhoo
θορυβούμαι: be disconcerted, be uneasy, worry
θορυβώ: make noise, clamor ‖ *(μτφ)* disturb, disconcert
θορυβώδης, -ες: noisy ‖ *(πολύ θορυβώδης)* boisterous, rowdy
θούριο, το: βλ. εμβατήριο ‖ *(πολεμικό τραγούδι)* war song
θράκα, η: cinder
θρανίο, το: desk
θράσος, το: imprudence, cheek, audacity, effrontery, gall
θρασυδειλία, η: false bravery, bravado, bluster
θρασύδειλος, -η, -ο: blusterer
θρασύς, -εία, -ύ: impudent, cheeky, audacious
θρασύτητα, η: βλ. θράσος
θραύση, η: βλ. θλάση ‖ *(μτφ)* havoc ‖ κάνω ~: play havoc, make havoc, wreak havoc
θραύσμα, το: fragment
θραύω: break, smash, shatter, crack
θρέμμα, το: nursling ‖ γέννημα και ~: born and raised
θρεμμένος, -η, -ο: well-fed
θρεπτικός, -ή, -ό: nutritious, nourishing
θρεπτικότητα, η: nutritiousness
θρεφτάρι, το: fattened animal ‖ *(μτφ)* wellfed

604

θρέφω: nourish, feed, nurture || (συντηρώ οικ.) raise, feed || (επουλώνομαι) heal
θρέψη, η: (θρέψιμο) nourishing, feeding || (λειτουργία) alimentation
θρέψιμο, το: βλ. **θρέψη** || (πληγής) healing
θρηνητικός, -ή, -ό: plaintive, mournful
θρηνολογία, η: βλ. **θρήνος** || (κλαψούρισμα) wailing
θρηνολογώ: βλ. **θρηνώ** || (κλαψουρίζω) wail
θρήνος, ο: lamentation, wailing
θρηνώ: lament, wail || (πενθώ) mourn
θρηνώδης, -ες: mournful
θρηνωδία, η: lamentation || βλ. **θρήνος**
θρησκεία, η: religion
θρήσκευμα, το: creed, faith, dogma, religious denomination
θρησκευτικά, τα: (μάθημα) religion
θρησκευτικός, -ή, -ό: religious (και μτφ)
θρησκόληπτος, -η, -ο: fanatically religious, pietistic, pietist
θρησκοληψία, η: piosity, pietism
θρησκομανής, -ές: βλ. **θρησκόληπτος**
θρησκομανία, η: βλ. **θρησκοληψία**
θρήσκος, -α, -ο: religious
θριαμβευτής, ο: (θηλ. **θριαμβεύτρια**): triumphant, triumpher
θριαμβευτικός, -ή, -ό: triumphant, triumphal
θριαμβεύω: triumph
θριαμβικός, -ή, -ό: triumphal
θρίαμβος, ο: triumph
θριγκός, ο: entablature
θροΐζω: rustle, swish || βλ. **ψιθυρίζω**
θρόϊσμα, το: rustling, rustle, swish
θρόμβος, ο: clot || (αίματος) thrombus, blood clot || (μτφ) drop, bead
θρόμβωση, η: thrombosis, clotting
θρονί, το: stool, bench, small bench
θρονιάζομαι: (μτφ) make oneself at home
θρόνος, ο: throne (και μτφ)
θρούμπα, το: drupe, ripe olive
θρυαλλίδα, η: (λάμπας) wick || (εκρηκτικού) fuse (και μτφ)
θρύβω: crumble
θρυλικός, -ή, -ό: legendary
θρύλος, ο: legend || βλ. **διάδοση**
θρύμμα, το: crumb, scrap, fragment

θρυμματίζω: shatter, fragment, crumble, break to pieces
θρυμμάτιση, η: shattering, crumbling
θρυμμάτισμα, το: βλ. **θρυμμάτιση**
θρυμματισμός, ο: βλ. **θρυμμάτιση**
θρυψαλιάζω: βλ. **θρυμματίζω**
θρυψάλιασμα, το: βλ. **θρυμμάτιση**
θρύψαλο, το: βλ. **θρύμμα**
θυγατέρα, η: daughter
θύελλα, η: tempest, storm (και μτφ)
θυελλώδης, -ες: tempestuous, stormy (και μτφ)
θύλακας, ο: (στρ) wedge
θυλάκιο, το: (σακουλάκι) bag || (τσέπη) pocket || (ανατ) sac
θύλακος, ο: bag, pouch (και μτφ)
θύμα, το: victim (και μτφ) || (μτφ) victim, prey || (ευκολόπιστος και αφελής) gudgeon, dupe
θυμάμαι: βλ. **θυμούμαι**
θυμάρι, το: thyme
Θυμέλη, η: altar
θυμηδία, η: hilariousness, hilarity
θύμηση, η: memory, remembrance
θυμητικό, το: memory
θυμίαμα, το: incense (και μτφ)
θυμιατήρι, το: censer, thurible
θυμιατίζω: incense (και μτφ)
θυμιατό, το: βλ. **θυμιατήρι**
θυμίζω: remind
θυμικός, -ή, -ό: thymic
θυμός, ο: wrath, anger, rage
θυμούμαι: remember, recall
θύμωμα, το: βλ. **θυμός**
θυμώνω: (μτβ) anger, make angry, enrage (βλ. και **εξοργίζω**) || (αμτβ) get angry, lose one's patience, lose one's temper || (γίνομαι έξαλλος) flare up, fly into a rage
θύννος, ο: tuna, tunny
θύρα, η: door || βλ. **εξώπορτα**
θυρεοειδής, ο: (αδένας) thyroid
θυρεός, ο: coat of arms, scutcheon, escutcheon
θυρίδα, η: window || (ταχυδρ.) post office box
θυρόφυλλο, το: door shutter, panel
θυρωρείο, το: (πολυκατοικίας ή γραφείου) concierge's room, concierge's office || (φύλακα πύλης) doorman's

θυρωρός

lodge, gate-keeper's lodge
θυρωρός, ο: doorman, doorkeeper, concierge, custodian
θύσανος, ο: tuft, crest ‖ (φούντα) tassel
θυσία, η: sacrifice *(και μτφ)*
θυσιάζω: sacrifice *(και μτφ)*
θυσιαστήριο, το: altar
θύω: βλ. **θυσιάζω**
θώκος, ο: *(μτφ)* seat
θωπεία, η: caress, fondling, pat
θωπευτικός, -ή, -ό: caressing, fondling
θωπεύω: caress, fondle, pat, stroke

θώρακας, ο: *(ανατ)* thorax ‖ (πανοπλίας) corslet, breast-plate, cuirass, armor ‖ (πολεμικού) armor
θωρακίζω: (άνθρωπο) cuirass ‖ (πλοίο) plate with steel
θωρακικός, -ή, -ό: thoracic
θωράκιση, η: armor, steel-plating
θώραξ, ο: βλ. **θώρακας**
θωρητό, το: battleship
θωριά, η: look, appearance ‖ (χρώμα) hue, color, colour ‖ βλ. **βλέμμα**
θωρώ: see, look ‖ (παρατηρώ) observe

Ι

Ι, ι: the ninth letter of the Greek alphabet ‖ ι´: 10 ‖ ͵ι: 10.000
ιαματικός, -ή, -ό: healing, curative, medicinal
ιαμβικός, -ή, -ό: iambic
ίαμβος, ο: iamb, iambus
Ιανουάριος, ο: January
Ιάπωνας,ο: Japanese ‖ (υποτ.) Jap
Ιαπωνία, η: Japan
Ιαπωνικός, -ή, -ό: Japanese
ίαση, η: healing, cure
ιάσιμος, -η, -ο: curable
ίασμος, ο: jasmine
ίασπης, ο: jasper
ιατρείο, το: (γραφ. γιατρού) doctor's office ‖ (κτίριο) medical offices, clinic ‖ (μονάδος) infirmary
ιατρεύω: βλ. **γιατρεύω**
ιατρική, η: medical science, medicine
ιατρικός, -ή, -ό: medical
ιατροδικαστής, ο: medical examiner
ιατροδικαστική, η: forensic medicine
ιατρός, ο: physician, doctor of medicine, doctor (συγκ. M.D.) ‖ (εσωτερικός νοσοκ.) intern ‖ (στρ) medical officer, army surgeon
ιατροσυνέδριο, το: (συνέδριο γιατρών) medical convention ‖ (ανώτατο υγειον. συμβούλιο) board of health
ιαχή, η: outcry, clamor ‖ **πολεμική ~:** war cry
ιβίσκος, ο: okra
ιδανικεύω: idealize

ιδανικός, -ή, -ό: ideal ‖ *(ουσ ουδ)* ideal
ιδανισμός, ο: idealism
ιδέα, η: idea ‖ (γνώμη) thought, notion, idea ‖ (ιδανικό) cause
ιδεαλισμός, ο: idealism
ιδεαλιστής, ο *(θηλ.* **ιδεαλίστρια):** idealist
ιδεαλιστικός, -ή, -ό: idealistic
ιδεατός, -ή, -ό: ideational
ιδεόγραμμα, το: ideogram
ιδεοκρατία, η: βλ. **ιδεαλισμός**
ιδεολογία, η: ideology
ιδεολογικός, -ή, -ό: ideological
ιδεολόγος, ο: idealist
ιδεώδης, -ες: βλ. **ιδανικός**
ιδιαίτερα: *(επίρ)* particularly, in particular
ιδιαίτερος, -η, -ο: (ξεχωριστός) particular ‖ (χαρακτήρ) special, characteristic ‖ (απορρήτων) private ‖ ~ **γραμματεύς:** private secretary
ιδιαιτέρως: *(επίρ)* βλ. **ιδιαίτερα** ‖ (μυστικά) privately
ιδιόγραφος, -η, -ο: autographical
ιδιοκτησία, η: (κυριότητα) ownership ‖ (περιουσία) property
ιδιοκτήτης, ο *(θηλ* **ιδιοκτήτρια):** owner, proprietor *(θηλ* proprietress)
ιδιόκτητος, -η, -ο: privately owned
ιδιομορφία, η: peculiarity, singularity
ιδιόμορφος, -η, -ο: peculiar ‖ (ορυκτ.) idiomorphic
ιδιοπάθεια, η: idiopathy
ιδιόπαθος, -η, -ο: idiopathic

ιδιοποίηση, η: appropriation ‖ (σφετερισμός) usurpation

ιδιοποιούμαι: appropriate ‖ (σφετερίζομαι) usurp

ιδιορρυθμία, η: peculiarity ‖ (παραξενιά) eccentricity, oddness

ιδιόρρυθμος, -η, -ο: peculiar ‖ (παράξενος) eccentric, odd, oddball

ίδιος, -α, -ο: (όμοιος) same ‖ (με ίδιο τρόπο) alike ‖ (ανήκων στον ίδιο) own, one's own ‖ (προσωπικά ο ίδιος) oneself ‖ (ξεχωριστός) particular

ιδιοσυγκρασία, η: idiosyncrasy ‖ (τρόπος αντίδρασης) temperament

ιδιοτέλεια, η: self-interest, selfish motive

ιδιοτελής, -ές: self-interested, selfish

ιδιότητα, η: property, quality ‖ βλ. χαρακτηριστικό

ιδιοτροπία, η: peculiarity, caprice, whim, eccentricity ‖ (ιδιοτροπία της φύσης) freak

ιδιότροπος, -η, -ο: peculiar, capricious, whimsical, eccentric

ιδιοτυπία, η: βλ. ιδιομορφία και ιδιορρυθμία

ιδιότυπος, -η, -ο: βλ. ιδιόμορφος και ιδιόρρυθμος

ιδιοφυής, -ές: talented, ingenious

ιδιοφυΐα, η: genius, talent, ingenuity ‖ είναι ~: he is a genius

ιδιόχειρος, -η, -ο: with one's own hand ‖ βλ. ιδιόγραφος

ιδίωμα, το: idiom ‖ (ανθρώπου) peculiarity ‖ βλ. ιδιότητα

ιδιωματικός, -ή, -ό: idiomatic

ιδίως: (επίρ) chiefly, especially, particularly

ιδιωτεία, η: idiocy

ιδιωτεύω: (είμαι ιδιώτης) be a layman, lead a private life ‖ (έχω δική μου δουλειά) be self-employed

ιδιώτης, ο: layman, ordinary individual ‖ (πάσχει από ιδιωτεία) idiot

ιδιωτικός, -ή, -ό: private

ιδιωτισμός, ο: idiom

ιδού: here! here it is! there! there it is!

ίδρυμα, το: institute, institution, establishment

ίδρυση, η: establishment, foundation, founding, institution

ιδρυτής, ο: founder, institutor

ιδρυτικό, το: (έγγραφο) constitution

ιδρύω: found, establish, institute ‖ βλ. οικοδομώ

ίδρωμα, το: perspiration, sweat, sweating

ιδρώνω: sweat, perspire ‖ (κοπιάζω πολύ) sweat blood

ιδρώτας, ο: sweat, perspiration

ιέραξ, ο: βλ. γεράκι

ιεραποστολή, η: mission

ιεραπόστολος, ο: missionary

ιεράρχης, ο: hierarch

ιεαραρχία, η: hierarchy, totem-pole

ιεραρχικός, -ή, -ό: hierarchical

ιερατείο, το: the clergy

ιερατικός, -ή, -ό: priestly, sacerdotal, hieratical

ιερέας, ο: priest, clergyman

ιέρεια, η: priestess

ιερεμιάδα, η: jeremiad

ιερεύς, ο: βλ. ιερέας

ιερό, το: (εκκλ) sanctum, sanctum sanctorum

ιερογλυφικά, τα: hieroglyphics

ιεροδιάκονος, ο: deacon

ιεροδιδασκαλείο, το: seminary

ιεροδιδάσκαλος, ο: priest-teacher

ιερόδουλος, η: prostitute, whore

ιεροεξεταστής, ο: inquisitor

ιεροκήρυκας, ο: preacher

ιερομάρτυρας, ο: hieromartyr, holy martyr

ιερομόναχος, ο: monk

ιερός, -ή, -ό: holy, sacred ‖ (και μτφ) ‖ Ι-ά Σύνοδος: Holy Synod

ιεροσπουδαστήριο, το: βλ. ιεροδιδασκαλείο

ιεροσυλία, η: sacrilege (και μτφ)

ιερόσυλος, -η, -ο: sacrilegious

ιεροσύνη, η: βλ. ιερατείο ‖ (χειροτονία) ordaining

ιεροτελεστία, η: divine service, holy ceremony

ιερότητα, η: holiness

ιερουργία, η: βλ. ιεροτελεστία

ιερουργώ: officiate

ιεροφάντης, ο: hierophant

ιεροφυλάκιο, το: vestry

ιερωμένος, ο: clergyman

ίζημα

ίζημα, το: sediment, deposit
Ιησουίτης, ο: jesuit
Ιησούς, ο: Jesus ‖ ~ Χριστός: Jesus Christ
ιθαγένεια, η: (εθνικότητα) nationality ‖
  (υπηκοότητα) citizenship
ιθαγενής, -ές: native, indigenous ‖
  (άνθρωπος) native
ιθύνοντες, οι: (αρχηγοί και επικεφαλείς)
  leaders ‖ (κυβερνήτες) rulers
ιθύνουσα (τάξη): ruling class
ικανοποίηση, η: satisfaction, contentment
  ‖ (επανόρθωση) satisfaction
ικανοποιητικός, -ή, -ό: satisfactory
ικανοποιώ: satisfy (και μτφ)
ικανός, -ή, -ό: capable, able ‖ (επαρκής)
  sufficient, adequate ‖ βλ. επιτήδειος
ικανότητα, η: capability, ability, efficien-
  cy ‖ βλ. επιτηδειότητα
ικεσία, η: imploration, entreaty, suppli-
  cation
ικετευτικός, -ή, -ό: imploring, supplica-
  tory, entreating
ικετεύω: implore, entreat, supplicate
ικέτης, ο: implorer, suppliant
ικμάδα, η: sap, vitality
ικρίωμα, το: (σκαλωσιά) scaffold, scaf-
  folding ‖ (εξέδρα) stand, platform ‖
  (καταδίκου) gallows, gallowstree, scaf-
  fold
ίκτερος, ο: icterus, jaundice
ικτίδα, η: weasel
ιλαρά, η: measles
ιλαρός, -ή, -ό: merry, hilarious
ιλαρότητα, η: merriment, hilarity
ιλαροτραγωδία, η: tragicomedy
ίλαρχος, ο: cavalry captain
ίλη, η: cavalry company
ιλιάδα, η: Iliad
ιλιγγιώδης, -ες: giddy, vertiginous ‖
  (μτφ) ~ ταχύτητα: breakneck speed,
  vertiginous speed
ίλιγγος, ο: vertigo
ιμάμης, ο: imam
ιμάντας, ο: belt, strap
ιματιοθήκη, η: wardrobe ‖ (δωμάτιο)
  cloak room
ιματιοφυλάκιο, το: cloakroom, vestiary
ιματισμός, ο: clothes, clothing
ιμπεριαλισμός, ο: imperialism
ιμπεριαλιστής, ο: imperialist

ιμπεριαλιστικός, -ή, -ό: imperialistic
ιμπρεσσάριος, ο: impressario
ιμπρεσιονισμός, ο: impressionism
ιμπρεσιονιστής, ο: impressionist
ίνα, η: fiber, filament
ινάτι, το: βλ. γινάτι
ίνδαλμα, το: ideal (και μτφ)
Ινδιάνος, ο (θηλ Ινδιάνα): Indian ‖
  (πουλί) turkey
Ινδικός, -ή, -ό: Indian ‖ ~ό χοιρίδιο:
  guinea pig
ινιακός, -ή, -ό: occipital
ινίο, το: occiput
ινκόγνιτο, το: incognito
ινστιτούτο, το: institute ‖ επιμορφωτικό
  ~: cultural institute ‖ ~ καλλονής:
  beauty parlor, beauty salon
ιντερμέτζο, το: intermezzo
ίντσα, η: inch
ινφλουέντζα, η: βλ. γρίπη
ινώδης, -ες: fibrous, stringy ‖ (γεμάτο
  ίνες) stringy
ιξόβεργα, η: lime-twig, snare
ίο, το: violet
ιοβόλος, -α, -ο: poisonous, venomous
ιονόσφαιρα, η: inosphere
ιός, ο: (δηλητ.) poison, venom ‖ (φορέας
  ασθενειών) virus
Ιουδαίος, ο: jew
Ιούλιος, ο: July
ίουλος, ο: (τρίχωμα) down ‖ (ζωολ) cen-
  tipede
Ιούνιος, ο: June
ιππασία, η: riding, horseriding ‖ (τέχνη
  ιππευτική) horsemanship, equitation
ιππέας, ο: horseman, rider ‖ (στρ. του
  ιππικού) cavalryman, trooper
ιππευτικός, -ή, -ό: equestrian, riding
ιππεύω: (κάνω ιππασία) ride, go on
  horseback ‖ (ανεβαίνω σε άλογο) mount
ιππικό, το: cavalry
ιππικός, -ή, -ό: βλ. ιππευτικός
ιπποδρομία, η: horserace
ιπποδρόμιο, το: race course ‖ (τσίρκο)
  circus
ιππόδρομος, ο: βλ. ιπποδρόμιο
ιπποδύναμη, η: horse power
ιππόκαμπος, ο: sea horse
ιπποκόμος, ο: liveryman, stableman,
  hostler, groom ‖ (στρ) orderly

608

ιπποπόταμος, ο: hippopotamus (συγκ.) hippo

ίππος, ο: horse ‖ ~ **ιπποδρομιών:** race horse ‖ ~ **καθαρόαιμος:** thorough bred ‖ ~ **ιππασίας:** saddle horse ‖ ~ **άγριος:** mustang ‖ *(μηχ)* horse power

ιπποσκευή, η: harness

ιππότης, ο: knight ‖ *(μτφ)* gallant, gentleman

ιπποτικός, -ή, -ό: chivalrous, knightly ‖ *(μτφ)* chivalrous, gallant

ιπποτισμός, ο: knighthood ‖ *(μτφ)* gallantry, chivalry

ιπποτροφείο, το: stud, stud farm, stud stable

ιπποτρόφος, ο: horse breeder

ιπποφορβείο, το: βλ. **ιπποτροφείο**

ιπτάμενος, -η, -ο: flying ‖ *(αεροπορίας)* flying officer, flight officer ‖ ~**η συνοδός:** air hostess

ίριδα, η: *(ουρ.* τόξο) rainbow ‖ *(ματιού)* iris

ιριδισμός, ο: iridescence

Ιρλανδία, η: Ireland

Ιρλανδικός, -ή, -ό: Irish

Ιρλανδός, -ό: Irish

ίσα: *(επίρ)* (εξίσου) equally ‖ *(κατευθείαν)* straight, straight on, directly ‖ ~**με:** as far as, until, up to ‖ ~-~: exactly, precisely ‖ on the contrary

ισάζω: (κάνω ίσιο) straighten ‖ (κάνω επίπεδο) level, make smooth ‖ (τακτοποιώ) fix, adjust, repair

ίσαλα, τα: water line

ίσαλος, η: (γραμμή) βλ. **ίσαλα**

ίσαμε: βλ. **ίσα**

ισάξιος, -α, -ο: equivalent, equal

ισάριθμος, -η, -ο: equal in number, numerically equal

ισημερία, η: equinox

ισημερινός, ο: equator

ισθμός, ο: isthmus

ίσια: βλ. **ίσα**

ισιάζω: βλ. **ισάζω**

ίσιος, -α, -ο: (ευθύς) straight, direct ‖ (ομαλός) level, smooth ‖ *(μτφ)* straight, straightforward

ίσιωμα, το: level ground

ισιώνω: straighten

ίσκα, η: tinder, punk

ίσκιος, ο: shade ‖ (σκιά αντικειμένου) shadow

ίσο, το: κρατώ το~: accompany ‖ support

ισοβάθμιος, -α, -ο: of the same degree ‖ (ιεραρχία) of the same rank

ισοβάθμος, -η, -ο: βλ. **ισοβάθμιος**

ισοβαρής, -ές: (το ίδιο βάρος) of equal weight ‖ (βαρομετρικά) isobaric

ισόβια, τα: (δεσμά) life sentence

ισόβιος, -α, -ο: lifelong, for life

ισοβίτης, ο: serving a life sentence, a lifer

ισόγειο, το: ground floor, street level

ισογώνιος, -α, -ο: equiangular

ισοδύναμος, -η, -ο: equivalent

ισοδυναμώ: be equivalent

ισοζυγίζω: equilibrate, balance ‖ *(οικ)* balance

ισοζύγιο, το: balance

ισόθερμος, -η, -ο: isothermal

ισολογισμός, ο: balance sheet

ισομετρία, η: isometry

ισομήκης, -ες: of equal length

ίσον: equals, is equal to

ισονομία, η: equality of rights, equal opportunities, equity of law

ισοπαλία, η: *(αθλ)* tie

ισόπαλος, -η, -ο: equal in strength, of equal strength ‖ (αγώνας) tie

ισόπεδος, -η, -ο: level, on the same level ‖ ~ **διάβαση:** grade crossing (U.S.A.), level crossing (Engl.)

ισοπεδώνω: level (και *μτφ*) ‖ (κάνω ομαλό) smooth

ισοπέδωση, η: leveling (και *μτφ*)

ισόπλευρος, -η, -ο: equilateral

ισοπολιτεία, η: βλ. **ισονομία**

ισορροπημένος, -η, -ο: balanced, well-balanced

ισορρόπηση, η: equilibration, balancing

ισορροπία, η: equilibrium, balance

ισορροπώ: balance, equilibrate *(μτβ και αμτβ)*

ίσος, -η, -ο: βλ. **ίσιος**

ισοσκελής, -ές: isosceles

ισοσκελίζω: balance

ισοσταθμίζω: balance, counterbalance

ισότητα, η: equality

ισοτιμία, η: equivalence

ισότιμος, -η, -ο: equivalent ‖ (σε βαθμό)

609

equal in rank
ισότοπο, το: isotope
ισοφαρίζω: *(μτβ)* equal, make equal ‖ (αντισταθμίζω) balance, counterbalance ‖ *(αμτβ)* be equal to
ισόχρονος, -η, -ο: isochronous, isochronal
ισοψηφία, η: equality of votes, tie
Ισπανία, η: Spain
Ισπανικός, -ή, -ό: Spanish
Ισπανός, ο *(θηλ* **Ισπανίδα):** Spaniard, Spanish
Ισραήλ, το: Israel
Ισραηλινός, -ή, -ό: Israeli
Ισραηλίτης, ο *(θηλ* **Ισραηλίτισσα):** Jew, Jewish
Ισραηλιτικός, -ή, -ό: (του Ισραήλ) Israeli ‖ (Εβραϊκός) Jewish
ιστίο, το: sail
ιστιοδρομία, η: sailing ‖ (δρόμος) race
ιστιοπλοΐα, η: βλ. **ιστιοδρομία**
ιστιοφόρο, το: sailing vessel ‖ (μικρό) sail boat
ιστολογία, η: histology
ιστολογικός, -ή, -ό: histologic
ιστόρημα, το: story, narrative, tale ‖ (μικρή νουβέλα) novelette
ιστόρηση, η: narration
ιστορία, η: history ‖ (παραμύθι) story, tale ‖ (βιβλίο σχολικό) history book ‖ **θα έχομε ~ες:** we'll get in trouble ‖ **παλιά ~:** old story
ιστορικό, το: (υπόθεση) resume~, expose~ ‖ (ασθένειας) case history
ιστορικός, -ή, -ό: historic, historical ‖ (ουσ) historian
ιστοριογραφία, η: history writing, historiography
ιστοριογράφος, ο: historiographer ‖ (συγγραφέας ιστοριών) story writer
ιστορώ: narrate, relate
ιστός, ο: (κατάρτι) mast ‖ (σημαίας) staff, flagstaff ‖ (αράχνης) spider web ‖ (αργαλειός) loom ‖ (βιολ) tissue
ισχιακός, -ή, -ό: sciatic
ισχιαλγία, η: sciatica
ισχίο, το: (γοφός) hip, haunch ‖ *(ανατ)* ischium
ισχναίνω: *(μτβ)* make thin, thin, make lean ‖ *(αμτβ)* thin, grow lean
ισχνός, -ή, -ό: lean, thin ‖ *(μτφ)* meager

ισχνότητα, η: leanness, thinness ‖ *(μτφ)* meagerness
ισχυρίζομαι: allege, claim
ισχυρισμός, ο: allegation, claim
ισχυρογνώμονας, ο: obstinate, headstrong, stubborn, mulish, stiff-necked
ισχυρογνωμοσύνη, η: obstinacy, stubborness, mulishness
ισχυροποίηση, η: strengthening, reinforcement ‖ (στοιχείων) corroboration
ισχυροποιώ: strengthen, reinforce ‖ (στοιχεία) corroborate
ισχυρός, -ή, -ό: strong, powerful, mighty ‖ *(νομ)* valid, in force
ισχύς, η: strength, power, might ‖ *(νομ)* force, validity ‖ *(μτφ)* power
ισχύω: have power ‖ *(νομ)* be valid, have validity, be in force
ισώνω: βλ. **ισιώνω**
ίσως: *(επίρ)* maybe, perhaps ‖ βλ. **δυνατόν** ‖ βλ. **πιθανώς**
Ιταλία, η: Italy
Ιταλικός, -ή, -ό: Italian
Ιταλός, ο *(θηλ* **Ιταλίδα):** Italian ‖ (περιφρ.) guinea, dago, eyetie
ιταμός, -ή, -ό: insolent, audacious
ιταμότητα, η: insolence, audacity
ιτιά, η: willow
ιχθυολογία, η: ichthyology
ιχθυολόγος, ο: ichthyologist
ιχθυοπωλείο, το: fish market, fish monger's store
ιχθυοπώλης, ο: fishmonger ‖ *(θηλ)* fishwife
ιχθυοτροφείο, το: fishery, aquarium
ιχθύς, ο: fish
ιχνηλασία, η: tracking, trailing
ιχνηλάτης, ο: tracker
ιχνηλατώ: track down
ιχνογράφημα, το: drawing, sketch
ιχνογραφία, η: drawing, sketching
ιχνογραφώ: draw, sketch
ίχνος, το: track, trail ‖ (αποτύπωμα ποδιού) footprint ‖ (άγριου ζώου) spoor ‖ (υπόλειμμα) vestige, trace
Ιωβηλαίο, το: jubilee
ιώδιο, το: iodine
Ιωνικός, -ή, -ό: Ionian, Ionic ‖ ~ ρυθμός: Ionic order

K

K, κ: the tenth letter of the Greek alphabet ‖ **κ΄:** 20 ‖ **͵κ:** 20.000

κάβα, η: (κρασιού) wine cellar ‖ (χαρτοπ.) bank

καβάκι, το: poplar

καβάλα, η: (ουσ) horse riding ‖ (επίρ) horseback ‖ (σε αντικείμενο) astride

καβαλάρης, ο: horseman, rider ‖ (έφιππος) mounted ‖ (στρ. ιππικού) cavalryman, trooper ‖ (μουσ. οργάνου) bridge

καβαλαρία, η: (ιππικό) cavalry ‖ (έφιππη πορεία) cavalcade ‖ βλ. **καβάλα**

καβαλέτο, το: easel

καβαλιέρος, ο: (συνοδός) escort ‖ (χορού) partner, dancing partner

καβαλίκεμα, το: (καβάλα) horse riding ‖ (ίππευση) mounting ‖ βλ. **επιβολή**

καβαλικεύω: (πάω καβάλα) ride ‖ (ιππεύω) mount ‖ βλ. **επιβάλλομαι** ‖ (μτφ) fuck ‖ ~ **το καλάμι:** (μτφ) be on one's high horse

καβαλίνα, η: manure, dung, droppings

καβάλος, ο: crotch

καβαλώ: βλ. **καβαλικεύω**

καβγαδίζω: quarrel, argue angrily, bicker, wrangle, have a row

καβγάς, ο: quarrel, row, bickering, wrangle

καβγατζής, ο (θηλ **καβγατζού**): quarrelsome, pugnacious, aggressive, crabby

κάβος, ο: (σκοινί) cable, mooring line ‖ (ακρωτήρι) promontory, headland, cape ‖ **παίρνω ~ο:** (μτφ) get wind of

καβούκι, το: (κέλυφος) shell ‖ (οστεώδες) carapace ‖ **μαζεύομαι στο ~ μου:** (μτφ) cringe, shrink back

κάβουρας, ο: crab ‖ (μτφ) slug, sluggard, sluggish

καβουρδίζω: βλ. **καβουρντίζω**

καβούρδισμα, το: βλ. **καβούρντισμα**

καβούρι, το: βλ. **κάβουρας**

καβουρντίζω: roast, scorch (και μτφ)

καβούρντισμα, το: roasting, scorching (και μτφ)

καβουρντιστήρι, το: roaster

καγκελαρία, η: chancellery, chancery

καγκελάριος, ο: chancellor

κάγκελο, το: rail ‖ (φραγμός) bar ‖ (σκάλας ή βεράντας) balustrade ‖ (υποστήριγμα) handrail ‖ (φράχτη) railing

καγκελόφραχτος, -η, -ο: railed ‖ (φραγμένος) barred

καγκουρώ, το: kangaroo

καγχάζω: (γελώ θορυβωδώς) guffaw ‖ (γελώ σαρκαστικά) scoff, laugh sarcastically, laugh derisively

καγχασμός, ο: (θορυβώδες γέλιο) guffaw ‖ (σαρκ. γέλιο) sarcastic laughter, derisive laughter

καδένα, η: chain

καδής, ο: cadi

κάδος, ο: (μικρό δοχείο) bucket ‖ (μεγάλο) keg, cask, vat

κάδρο, το: (πλαίσιο) frame ‖ (εικόνα) painting

καδρόνι, το: timber beam

καζάνι, το: caldron, cauldron ‖ (λέβης) boiler ‖ **βράζουμε στο ίδιο ~:** we are in the same boat

καζάντι, το: profit, gain ‖ (πλούτισμα) riches

καζαντίζω: profit, gain ‖ (πλουτίζω) become rich

καζίκι, το: stake, pale ‖ (μτφ δύσκολο πολύ) backbreaking, impossible, arduous, baffling

καζίνο, το: casino

κάζο, το: mishap

καζούρα, η: teasing, fun, playful mockery ‖ **βάζω ~:** tease, mock playfully, make fun of

καήλα, η: burn, burning ‖ (στομαχιού) heartburn

καημένος, -η, -ο: poor, miserable

καημός, ο: (στεναχώρια) distress, anguish, misery ‖ (λαχτάρα) longing, desire, yearning ‖ (ερωτικός) lovesickness

καθαγιάζω: sanctify, consecrate

καθαγιασμός, ο: sanctification, consecration

611

καθαίρεση, η: *(στρ)* cashiering, punitive discharge, drumming out of the service

καθαιρώ: *(στρ)* cashier, discharge punitively, drum out of the service

καθαρά: *(επίρ)* clearly, distinctly, neatly

καθαρεύουσα, η: refined language, formal Greek language

καθαρίζω: clean, cleanse || (αφαιρώ ξένες ουσίες) clear, purify || (ξεκαθαρίζω) clarify, make clear || (λογαριασμό) settle || βλ. **ξεφλουδίζω** || *(ιδ σκοτώνω)* bump off, do away, polish off

καθάριος, -α, -ο: βλ. **καθαρός**

καθαριότητα, η: cleanliness, cleanness || **η ~ είναι μισή αρχοντιά:** (παροιμία) cleanliness is next to godliness

καθάρισμα, το: clean up, cleaning || βλ. **ξεφλούδισμα** || (σκότωμα) bumping off, polishing off

καθαρισμός, ο: βλ. **καθάρισμα** || (εξαγνισμός) catharsis, purification

καθαριστήριο, το: cleaner's, dry cleaner's, dry cleaning shop

καθαριστής, ο: cleaner || (μεγάρου) janitor

καθαρίστρια, η: cleaner || (μεγάρου) charwoman, cleaning woman, scrubwoman

κάθαρμα, το: *(μτφ)* cur, varmint, scoundrel, villain

καθαρμός, ο: βλ. **καθαρισμός**

καθαρόαιμος, -η, -ο: thoroughbred

καθαρός, -ή, -ό: (όχι βρώμικος) clean || (τακτικός) tidy, neat || (αμιγής) pure, unadulterated || (ευκρινής) clear, distinct || (ουρανός) cloudless, clear || (εισόδημα, βάρος ή κέρδος) net || (ξεκάθαρος) clear, evident, obvious || **~ή αλήθεια:** plain truth, naked truth || **~ή θέα:** plain sight || **~ή τρέλα:** sheer madness

καθαρότητα, η: βλ. **καθαριότητα** || *(μτφ)* clarity, clearness

κάθαρση, η: cleansing, purification, refining || *(μτφ)* catharsis || (με κάθάρσιο) purge, purging, purgation || *(ναυτ)* quarantine

καθάρσιο, το: βλ. **καθαρτικό**

καθαρτήριο, το: purgatory

καθαρτικό, το: cathartic, purgative

καθαρτικός, -ή, -ό: cathartic, purgatory, purgative

καθαυτό: *(επίρ)* really, exactly

κάθε: *(αντων):* each, every || **~ μέρα:** every day || **~ λίγο και λιγάκι:** every now and then || **~ άλλο:** anything but, far from || **~τί:** everything || **~ φορά:** all the time || **~ που:** whenever

καθεαυτού: *(επίρ)* βλ. **καθαυτό**

καθέδρα, η: seat, cathedra || (επισκόπου) cathedral

καθεδρικός, -ή, -ό: cathedral

κάθειρξη, η: incarceration, imprisonment

καθέκαστα, τα: particulars, details

καθέκλα, η: βλ. **καρέκλα**

καθέλκυση, η: launching

καθελκυσμός, ο: βλ. **καθέλκυση**

καθελκύω: launch

καθένας, -μία, -ένα *(αντων):* each, eachone, every one, everybody || (οποιοσδήποτε) anybody

καθεξής: *(επίρ)* consecutively, so on, so forth || **και ούτω ~:** and so on

καθεστώς, το: regime || (το καθιερωμένο) established, status quo, established conditions, established order

καθετή, η: fishing line

καθετήρας, ο: catheter

καθετηριάζω: catheterize

καθετηρίαση, η: βλ. **καθετηριασμός**

καθετηριασμός, ο: catheterization

καθετί: βλ. **κάθε**

κάθετος, -η, -ο: perpendicular, at right angles || βλ. **κατακόρυφος**

καθηγεσία, η: professorship

καθηγητής, ο: *(θηλ* **καθηγήτρια**): professor || **~ γυμνασίου:** highschool teacher || **βοηθός ~:** assistant professor

καθηγητικός, -ή, -ό: professorial

καθήκι, το: *(χυδ)* chamber pot || *(μτφ)* βλ. **κάθαρμα**

καθήκον, το: duty || (έργο) task

καθηλώνω: nail, nail down || *(μτφ)* nail, immobilize, pin

καθήλωση, η: nailing || *(μτφ)* nailing, immobilization, pinning

καθημερινή, η: (μέρα) week-day, workday

καθημερινός, -ή, -ό: every day, daily

καθησιό, το: βλ. **καθισιό**

καθησυχάζω: *(μτβ)* reassure, restore confidence, calm ‖ *(αμτβ)* calm down, be reassured

καθησυχαστικός, -η, -ό: reassuring, calming

κάθιδρος, -η, -ο: wet with sweat, sweating all over

καθιερωμένος, -η, -ο: established, accepted

καθιερώνω: βλ. **καθαγιάζω** ‖ *(μτφ)* establish, introduce

καθιέρωση, η: βλ. **καθαγιασμός** ‖ *(μτφ)* establishment, introduction

καθίζημα, το: sediment, deposit

καθίζηση, η: (υποχώρηση εδάφους) subsidence, caving ‖ (κατολίσθηση) landslide ‖ (καθίζημα) precipitation, sedimentation

καθίζω: *(μτβ)* seat ‖ *(αμτβ)* run aground, strand, sink

καθικετεύω: implore, supplicate, entreat

καθισιά, η: sitting ‖ **μιά ~**: one sitting

καθισιό, το: idling, lazing, loafing ‖ (ανεργία) unemployment

κάθισμα, το: seat ‖ (βούλιαγμα) settling ‖ βλ. **καθίζηση** ‖ (πλοίου) running-aground, grounding, stranding, sinking

καθισμένος, -η, -ο: βλ. **καθιστός**

καθιστικό, το: (δωμάτιο) living room

καθιστικός, -ή, -ό: sedentary

καθιστός, -ή, -ό: seated, sitting

καθιστώ: (κάνω) appoint, make ‖ (συντελώ) make, cause ‖ βλ. **εγκαθιστώ**

καθοδήγηση, η: instruction, advice, guidance

καθοδηγητής, ο: (θηλ. **καθοδηγήτρια**): instructor

καθοδηγώ: instruct, advice, guide

κάθοδος, η: descent ‖ (ηλεκτρ) cathode

καθολικισμός, ο: catholicism

καθολικό, το: (οικ) ledger ‖ (εκκλ) nave

καθολικός, -ή, -ό: catholic, universal, general ‖ (θρησκ) Catholic

καθόλου: *(επίρ)* (γενικά) in general, generally ‖ (διόλου) by no means, not at all, not in the least, no-way

κάθομαι: sit, be seated ‖ (μένω) live, reside ‖ (κατακάθομαι) settle ‖ (πλοίο) run aground, be stranded, sink

καθομιλουμένη, η: (γλώσσα) vernacular, spoken language

καθορίζω: define, fix, determine

καθορισμός, ο: defining, definition, fixing

καθοριστικός, -ή, -ό: defining

καθοσιώνω: βλ. **καθαγιάζω**

καθοσίωση, η: βλ. **καθαγιασμός** ‖ (έγκλημα) high treason

καθόσον: *(επίρ)* as far as, ‖ βλ. **επειδή**

καθότι: *(επίρ)* βλ. **επειδή**

καθρέφτης, ο: looking glass, mirror ‖ *(μτφ)* like glass, crystal-clear

καθρεφτίζομαι: look at oneself in the mirror ‖ λ. **αντανακλώμαι**

καθρεφτίζω: βλ. **αντανακλώ**

καθυποτάζω: subjugate, subdue, conquer

καθυπόταξη, η: subjugation, conquest, subduing

καθυστερημένος, -η, -ο: (αργοπορημένος) late, delayed ‖ (μη αναπτυγμένος) backward ‖ (διανοητικά) retarded

καθυστέρηση, η: delay ‖ (διαν) retardation

καθυστερούμενα, τα: arrears

καθυστερώ: *(μτβ)* delay ‖ βλ. **αναβάλλω** ‖ *(αμτβ)* be late, delay ‖ (μένω πίσω) fall behind

καθώς: *(επίρ)* (όπως) as ‖ (επίσης) as well as ‖ (ενώ) as, while ‖ **~ πρέπει**: proper, rigorously correct

και: *(συνδ)* and ‖ **~ αν, ~ να**: even if ‖ **~ ... ~**: both ‖ **~ τι μ' αυτό**? what of it? so what? ‖ **~ όμως**: nevertheless

καΐκι, το: caique ‖ βλ. **ιστιοφόρο**

καΐλα, η: (κάψιμο) burn, burning ‖ (ζέστη) heat

καϊμάκι, το: (κρέμα) cream ‖ (αφρός) froth ‖ *(μτφ)* cream

καινοζωικός, -ή, -ό: cenozoic

καινός, -ή, -ό: new ‖ (και ασυνήθιστος) novel ‖ **Κ~ή Διαθήκη**: New Testament

καινοτομία, η: innovation

καινοτόμος, ο: innovator

καινοτομώ: innovate

καινούριος, -α, -ο: new

καιρικός, -ή, -ό: weather ‖ βλ. **ατμοσφαιρικός**

καίριος, -α, -ο: βλ. **επίκαιρος** ‖ (αποτελεσματικός) effective ‖ (βασικός) vital ‖ (επικίνδυνος) mortal, deadly

καιρός, ο: *(ατμ)* weather ‖ (χρόνος) time ‖ (ευκαιρία) opportunity, chance ‖ (πε-

613

ρίοδος) period, time ‖ (εποχή) season ‖
μια φορά κι' ένα ~: once upon a time
καιροσκοπία, η: opportunism
καιροσκοπικός, -ή, -ό: opportunistic
καιροσκόπος, ο: opportunist
καιροφυλακτώ: look for an opportunity,
bide one's time ‖ (παραμονεύω) lurk,
lie in wait
καίσαρας, ο: caesar
καισαρική, η (τομή): caesarian section
καϊσί, το: apricot
καϊσιά, η: apricot, apricot tree
καίομαι: burn, be on fire
καίω: burn (και μτφ) ‖ (βάζω φωτιά) set
fire, burn
κακά: (επίρ) badly, ill ‖ (με κακία)
wickedly
κακά, τα: evils, evil ‖ (ιδ) feces, shit, ex-
crement
κακάδι, το: (πληγής) cicatrix, scab, scar
tissue
κακάο, το: cocoa
κακαρίζω: cackle (και μτφ) ‖ (σαν
κλώσσα) cluck
κακάρισμα, το: cackle, cackling (και
μτφ) ‖ (κλώσσας) cluck, clucking
κακαρώνω: (ιδ) kick the bucket
κακέκτυπος, -η, -ο: misprinted ‖ (μτφ)
poor excuse
κακεντρέχεια, η: maliciousness, malevo-
lence ‖ (φθόνος) envy
κακεντρεχής, -ές: malevolent, malicious,
malignant ‖ (φθονερός) envious
κακία, η: wickedness, malice, evil, evil-
ness ‖ βλ. **έχθρα**
κακίζω: blame, reprove
κακιώνω: fall out, get angry
κακό, το: evil ‖ βλ. **ζημία** ‖ βλ. **ατύχημα**
κακοαναθρεμμένος, -η, -ο: spoiled, ill-
bred, ill-mannered
κακοβαλμένος, -η, -ο: badly placed
κακοβουλία, η: βλ. **κακεντρέχεια** ‖
(έχθρα) ill will, enmity
κακόβουλος, -η, -ο: βλ. **κακεντρεχής**
κακογλωσσιά, η: venom, venomous ut-
terance, slander, gossip
κακόγλωσσος, -η, -ο: venomous, slander-
ous, gossip
κακόγνωμος, -η, -ο: βλ. **δύστροπος**
κακόγουστος, -η, -ο: tasteless, having

poor taste
κακογραφία, η: cacography, bad hand-
writing, scrawl
κακοδαιμονία, η: adversity, misfortune,
bane
κακοδιαθεσία, η: (κακή διάθεση) bad
temper ‖ (αδιαθεσία) indisposition
κακοδιάθετος, -η, -ο: (με κακή διάθεση)
bad-tempered, cantankerous ‖
(αδιάθετος) indisposed
κακοήθεια, η: malignance, malignancy,
malevolence ‖ (ιατρ) malignancy
κακοήθης, -ες: malignant, malevolent ‖
(ιατρ) malignant
κακόηχος, -η, -ο: dissonant, discordant ‖
(λέξη) obscene, filthy
κακοκαιρία, η: weather, bad weather
κακοκαρδίζω: (μτβ) displease, distress,
sadden ‖ (αμτβ) grieve, become gloomy,
become sad
κακοκεφαλιά, η: βλ. **ισχυρογνωμοσύνη** ‖
(ανοησία) folly
κακοκέφαλος, **-η,** **-ο:** βλ.
ισχυρογνώμονας ‖ (ανόητος) rash, fool-
ish
κακολογία, η: slander, calumny ‖ βλ.
κακογλωσσιά
κακολόγος, -α, -ο: slanderous ‖ βλ.
κακόγλωσσος
κακολογώ: speak ill of, slander, gossip
κακομαθαίνω: (μτβ) spoil ‖ (αμτβ) be
spoiled, get spoiled, acquire bad habits
κακομαθημένος, **-η,** **-ο:** βλ.
κακοαναθρεμμένος
κακομελετώ: have a bad premonition,
take a gloomy view of, feel pessimistic
κακομεταχειρίζομαι: mistreat, abuse,
maltreat
κακομεταχείριση, η: mistreatment, abuse,
maltreatment
κακομιλώ: (μιλώ άπρεπα) be rude, speak
rudely ‖ (μιλώ όχι σωστά) speak a lan-
guage imperfectly ‖ ~ **τα αγγλικά:** I
speak broken English
κακομοίρης, -α, -ικο: poor, wretched,
unfortunate
κακομοιριά, η: misery, wretchedness
κακομοιριασμένος, **-η,** **-ο:** βλ.
κακομοίρης
κακόμοιρος, -η, -ο: βλ. **κακομοίρης**

καλαμιά

κακόμορφος, -η, -ο: ugly, malformed
κακοντυμένος, -η, -ο: badly dressed ‖ (τσαπατσούλης) sloppy, untidy
κακοπέραση, η: (βάσανα) sufferings, hardship ‖ (δύσκολη ζωή) destitution, privation, hardship
κακοπερνώ: (βασανίζομαι) suffer ‖ (περνώ δύσκολα) be destitute, lead a hard life
κακοπιστία, η: duplicity, bad faith ‖ (παράβαση εμπιστοσύνης) perfidy
κακόπιστος, -η, -ο: (που δεν του έχουν εμπιστοσύνη) untrustworthy, unreliable, ‖ (διαστροφέας) double-dealing, perfidious
κακοπληρωτής, ο: unreliable, bad payer
κακοποίηση, η: βλ. **κακομεταχείριση** ‖ (πρόκληση βλάβης) maltreatment, man-handling, brutalization ‖ (νομ) assault and battery ‖ (διαστρέβλωση) distortion ‖ (βιασμός) rape, violation
κακοποιός, ο: crook, goon, hoodlum, hood, criminal
κακοποιώ: βλ. **κακομεταχειρίζομαι** ‖ (προκαλώ βλάβη) maltreat, brutalize ‖ (νομ) commit assault and battery ‖ (διαστρεβλώνω) distort ‖ (βιάζω) rape, violate
κακοριζικιά, η: βλ. **κακομοιριά** ‖ βλ. **ιδιοτροπία**
κακορίζικος, -η, -ο: βλ. **κακομοίρης** ‖ βλ. **ιδιότροπος** ‖ βλ. **γρουσούζης**
κακός, -ή, -ό: bad, wicked ‖ (πολύ κακός) evil ‖ βλ. **κακεντρεχής** ‖ (άτακτος) mischievous, naughty ‖ **-ό παιδί:** naughty boy
κακοσμία, η: βλ. **δυσοσμία**
κακοστομαχιά, η: indigestion, stomach trouble
κακοσυνηθίζω: βλ. **κακομαθαίνω**
κακοσυσταίνω: βλ. **κακολογώ**
κακοτεχνία, η: unskilful workmanship
κακότεχνος, -η, -ο: tasteless, artless, badly-made, crude
κακότητα, η: βλ. **κακία**
κακοτοπιά, η: rugged ground, dangerous place ‖ (μτφ) pitfall, difficulty
κακότροπος, -η, -ο: βλ. **ανάγωγος** ‖ **ιδιότροπος**
κακοτυχία, η: bad luck, misfortune

κακότυχος, -η, -ο: βλ. **κακομοίρης**
κάκου, του: (επίρ) in vain
κακούργημα, το: crime, felony
κακουργοδικείο, το: criminal court
κακούργος, -α, -ο: criminal, felon ‖ (μτφ) cruel, brute, beast
κακουχία, η: hardship, trial, privation, suffering
κακοφαίνεται: (απρόσ.) hurts, displeases, offends ‖ **μου ~:** it hurts me, I am hurt, it offends me ‖ **μη σου ~:** no hard feelings
κακοφανισμός, ο: hurt, displeasure
κακοφορμίζω: fester, suppurate
κακοφτιαγμένος, -η, -ο: ugly ‖ βλ. **ελαττωματικός** ‖ βλ. **κακότεχνος**
κακοφωνία, η: cacophony, discordance
κακόφωνος, -η, -ο: cacophonic, cacophonous, discordant
κακοχώνευτος, -η, -ο: difficult to digest
κακοψημένος, -η, -ο: badly cooked, underdone
κάκτος, ο: cactus
κακώς: (επίρ) badly, ill
κάκωση, η: bruise, contusion, injury, wound
καλά: (επίρ) well ‖ (επιφ) all right, O.K., very well ‖ **γίνομαι ~:** recover ‖ **κάνω ~:** (γιατρεύω) cure, heal ‖ (καταφέρνω) handle, manage ‖ **για ~:** for good
καλάθι, το: basket ‖ **~ αχρήστων:** waste basket, wastepaper basket
καλαθιά, η: basketful ‖ (γκολ στο μπάσκετ) basket
κάλαθος, ο: βλ. **καλάθι**
καλαθόσφαιρα, η: basketball
καλαθοσφαίριση, η: βλ. **καλαθόσφαιρα**
καλαθοσφαιριστής, ο: basketball player
καλάι, το: tin, pewter
καλαισθησία, η: good taste, taste
καλαισθητική, η: aesthetics
καλαίσθητος, -η, -ο: tasteful, aesthetic
καλαμαράς, ο: (ειρ) scribe
καλαμάρι, το: (θαλασ.) cuttlefish ‖ (μελανοδοχείο) inkstand, inkwell
καλαμένιος, -α, -ο: reed, of reeds, of canes, cane
καλάμι, το: cane, reed ‖ (ποδιού) shin ‖ **καβαλικεύω το ~:** βλ. **καβαλικεύω**
καλαμιά, η: reed ‖ (σταχιού) stubble

615

καλαμίδι, το: fishing rod
κάλαμος, ο: βλ. **καλάμι**
καλαμπόκι, το: βλ. **αραβόσιτος**
καλαμποκιά, η: βλ. **αραβόσιτος**
καλαμπούρι, το: (αστείο) joke ΙΙ (λογοπαίγνιο) pun
καλαμπουρίζω: (αστειεύομαι) joke ΙΙ (κάνω λογοπαίγνιο) pun, make a pun
καλαμωτή, η: wattle, wickerwork, thatch
κάλαντα, τα: carols
καλαπόδι, το: last
καλαφατίζω: caulk
καλαφάτισμα, το: caulking
καλειδοσκόπιο, το: kaleidoscope
κάλεσμα, το: invitation
καλεσμένος, -η, -ο: invited, guest
καλημέρα: (επιφ) good morning, good day, have a nice day
καλημερίζω: bid good morning, say good morning
καληνύχτα: (επιφ) good night
καληνυχτίζω: bid good night, say good night
καλησπέρα: (επιφ) good evening, good afternoon
καλησπερίζω: bid good evening (afternoon)
κάλι, το: potassium
καλιακούδα, η: crow
καλίγωμα, το: horseshoeing
καλιγώνω: shoe a horse
καλικαντζαράκι, το: pixy, imp
καλικάντζαρος, ο: troll, goblin
καλλίγραμμος, -η, -ο: shapely
καλλιγραφία, η: calligraphy, fine handwriting, penmanship
καλλιγραφικός, -ή, -ό: calligraphic
καλλιέπεια, η: βλ. **ευγλωττία**
καλλιεπής, -ές: βλ. **εύγλωττος**
καλλιέργεια, η: (εδάφους) cultivation, tilling ΙΙ (προσωπική βελτίωση) cultivation ΙΙ (κουλτούρα) culture ΙΙ (βιολ) culture
καλλιεργημένος, -η, -ο: cultured
καλλιεργήσιμος, -η, -ο: cultivable
καλλιεργητής, ο: cultivator, farmer
καλλιεργώ: cultivate, till ΙΙ (μτφ) cultivate
καλλικαντζαράκι, το: βλ. **καλικαντζαράκι**
καλλικάντζαρος, ο: βλ. **καλικάντζαρος**

καλλικέλαδος, -η, -ο: βλ. **καλλίφωνος**
κάλλιο: (επίρ) rather, better ΙΙ ~ **πέντε και στο χέρι παρά δέκα και καρτέρι:** a bird in the hand is worth two in the bush ΙΙ ~ **αργά παρά ποτέ:** better late than never
καλλιστεία, τα: beauty pageant, beauty competition
κάλλιστος, -η, -ο: best ΙΙ βλ. **άριστος**
καλλίτερα: (επίρ) better, rather
καλλιτέρευση, η: βλ. **καλυτέρευση**
καλλιτερεύω: βλ. **καλυτερεύω**
καλλιτέχνημα, το: work of art (και μτφ)
καλλιτέχνης, ο (θηλ **καλλιτέχνιδα**): artist
καλλιτεχνία, η: art
καλλιτεχνικός, - ή, - ό: artistic
καλλίφωνος, -η, -ο: sweet-voiced
καλλονή, η: beauty
κάλλος, το: βλ. **καλλονή** ΙΙ (θέλγητρο) charm
καλλυντικά, τα: cosmetics, make-up
καλλωπίζω: beautify, decorate, embellish
καλλωπισμός, ο: beautification, decoration, embellishment
καλλωπιστικός, -ή, -ό: decorative, ornamental
κάλμα, η: calm
καλμάρω: (μτβ) calm ΙΙ (αμτβ) calm down, relax
καλντερίμι, το: (δρόμου) flagstone ΙΙ (από μικρές πέτρες) macadam, cobbled street
καλό, το: good ΙΙ (καλή πράξη) act of kindness, favor ΙΙ (όφελος) benefit ΙΙ **παίρνω με το ~:** cajole, coax, wheedle ΙΙ **για ~ και για κακό:** to be on the safe side, just in case ΙΙ **στο ~!:** farewell, so long
καλοαναθρεμμένος, -η, -ο: well-bred, well-mannered, of good upbringing
καλοβαλμένος, -η, -ο: well-placed ΙΙ (μτφ) well-groomed
καλοβλέπω: (μτφ) covet, have an eye on
καλόβολος, -η, -ο: complaisant, cheerfully obliging
καλογερική, η: monasticism
καλογερίστικος, -η, -ο: monastic
καλόγερος, ο: monk, monastic ΙΙ (σπυρί) carbuncle, boil
καλόγηρος, ο: βλ. **καλόγερος**
καλόγνωμος, -η, -ο: βλ. **καλόβολος**

καλογραμμένος, -η, -ο: well-written

καλογριά, η: nun

καλογρίδα, η: titmouse, tit

καλοζώ: live well

καλοζωία, η: comfort, comfortable life, good life, prosperity

καλοήθης, -ες: benign

καλοθελητής, ο: well-wisher

καλοθρεμμένος, -η, -ο: well-fed

καλοκάγαθος, -η, -ο: benevolent, good-natured, kind

καλοκάθομαι: *(ειρων)* linger, tarry

καλοκαίρι, το: summer

καλοκαιρία, η: fine weather

καλοκαιριάζει: *(απρόσ):* summer is approaching, summer is here, summer begins

καλοκαιριάτικος, -η, -ο: βλ. **θερινός**

καλοκαιρινός, -ή, -ό: βλ. **θερινός**

καλοκαμωμένος, -η, -ο: well-made ‖ (άνθρωπος) well-built, good-looking

καλοκαρδίζω: cheer, gladden, delight

καλόκαρδος, -η, -ο: (πονόψυχος) kind-hearted ‖ (εύθυμος) cheerful, openhearted

καλοκοιτάζω: βλ. **καλοβλέπω**

καλολογικά, τα: *(στοιχεία)* aesthetic elements

καλομαθαίνω: *(μτφ)* βλ. **κακομαθαίνω**

καλομαθημένος, -η, -ο: pampered, spoiled

καλομελετώ: expect the best outcome, be optimistic, take a cheerful view of

καλομίλητος, -η, -ο: mild, affable

καλοντυμένος, -η, -ο: well-dressed, dapper, natty

καλοπέραση, η: comfort, prosperity, comfortable life, good life

καλοπερνώ: live comfortably, lead a comfortable life

καλοπιάνω: coax, cajole, wheedle

καλόπιασμα, το: coaxing, cajolery, wheedling

καλόπιστα: *(επίρ)* in good faith

καλόπιστος, -η, -ο: made in good faith ‖ (ειλικρινής) straight, straightforward

καλοπληρωτής, ο: solvent, good payer

καλοπροαίρετος, -η, -ο: well-disposed

καλορίζικος, -η, -ο: happy, lucky

καλοριφέρ, το: (κεντρ. θερμ.) central heating ‖ (σώμα) radiator ‖ (θερμού αέρα) heater

κάλος, ο: (ποδιού) corn ‖ (στο χέρι ή σώμα) blister ‖ **του πατώ τον ~ !:** *(ιδ)* tread on s.b.'s corn

καλός, -ή, -ό: good ‖ βλ. **καλόκαρδος** ‖ βλ. **αγαθός** ‖ **η ~ή: (όψη)** the right side ‖ **μια και ~ή:** once and for all

καλοστεκούμενος, -η, -ο: βλ. **ακμαίος** ‖ βλ. **εύπορος**

καλοσυνάτος, -η, -ο: βλ. **καλός**

καλοσυνεύει: *(απρόσ.)* the weather is getting better

καλοσύνη, η: goodness, kindness ‖ (χάρη) favor ‖ (καιρός) fine weather

καλοσυνηθίζω: βλ. **καλομαθαίνω**

καλοτάξιδος, -η, -ο: seaworthy

καλότροπος, -η, -ο: βλ. **ευγενικός**

καλοτρώω: eat well

καλοτυχία, η: good luck

καλοτυχίζω: consider happy ‖ (εύχομαι) wish luck

καλότυχος, -η, -ο: lucky, fortunate

καλούδια, τα: goodies

καλούπι, το: form, mold, cast, matrix ‖ (οικοδ.) form

καλούτσικα: *(επίρ)* fairly, passably

καλούτσικος, -η, -ο: goodish, fair, passable

καλοφαγάς, ο: gourmant, gourmet

καλοφαγία, η: good eating

καλοφτιαγμένος, -η, -ο: well-made ‖ βλ. **καλοκαμωμένος**

καλοχώνευτος, -η, -ο: βλ. **ευκολοχώνευτος**

καλοψημένος, -η, -ο: well-done

καλόψυχος, -η, -ο: kind-hearted

καλπαζανιά, η: *(ιδ)* bunco, swindle, mare's nest

καλπάζω: gallop *(και μτφ)*

καλπασμός, ο: gallop

κάλπη, η: ballot box ‖ **βάζω ~ για:** *(ιδ)* run for

κάλπης, -ισσα, -ικο: *(ιδ)* fraud

κάλπικος, -η, -ο: counterfeit ‖ βλ. **κάλπης**

καλπονοθεία, η: falsification (violation) of the ballot (polls)

καλπονόθευση, η: βλ. **καλπονοθεία**

καλπονοθεύω: falsify (violate) the ballot (polls)

καλπουζανιά, η: βλ. **καλπαζανιά**

κάλτσα

κάλτσα, η: (μακριά) stocking ‖ (κοντή) sock ‖ (κοντή κοριτσίστικη) bobby sock
καλτσάκι, το: sock ‖ (κοριτσίστικο) bobby sock
καλτσοβελόνα, η: needle, knitting needle
καλτσοδέτα, η: garter
καλύβα, η: hut, cabin ‖ (παλιόσπιτο) hovel
καλύβι, το: βλ. **καλύβα**
κάλυκας, ο: (φυτ) calyx ‖ (μπουμπούκι) bud ‖ (φυσιγγιού) cartridge
κάλυμμα, το: (σκέπασμα) cover ‖ (καπάκι) lid, cover ‖ (περιτύλιγμα) wrapper ‖ (καλύπτρα) veil ‖ (οικ) coverage
καλυμμαύχι, το: kalimmathion, kamilavka, Greek priest's cap
καλύπτρα, η: βλ. **κάλυμμα**
καλύπτω: cover (και μτφ) ‖ βλ. **κρύβω**
καλύτερα: (επίρ) better
καλυτέρευση, η: improvement, betterment
καλυτερεύω: (μτβ) better, improve ‖ (αμτβ) improve, get better
καλύτερος, -η, -ο: better ‖ **ο ~:** the best
κάλυψη, η: cover, covering (και μτφ) ‖ (οικ) coverage
κάλφας, ο: apprentice
καλώ: (ονομάζω) call, name ‖ (γνέφοντας) beckon ‖ (προστακτικά) summon ‖ (προσκαλώ) invite, ask
καλώδιο, το: cable ‖ (σύρμα) wire
κάλως, ο: rope
καλώς: (επίρ) well, very well (βλ. και **καλά**)
καλωσορίζω: welcome
καλωσόρισμα, το: welcome
καλωσύνη, κλπ.: βλ. **καλοσύνη**
κάμα, το: heat
κάμα, η: dagger, machete
καμάκι, το: spear ‖ (μεγάλο) harpoon
καμάρα, η: arch ‖ βλ. **θόλος** ‖ βλ. **γέφυρα**
κάμαρα, η: room
καμάρι, το: pride
καμαριέρα, η: maid, parlormaid, chambermaid
καμαριέρης, ο: servant, valet
καμαρίλα, η: camarilla
καμαρίνι, το: dressing room

καμαρότος, ο: steward ‖ (βοηθός καμαρότου) cabin boy
καμαρώνω: take pride in, pride oneself on, glory in ‖ (έχω ύφος καμαρωτό) preen oneself, swagger, strut
καμαρωτός, -ή, -ό: (με αψίδα) arched ‖ (με καμάρι) proud ‖ (με ύφος καμαρωτό) swaggering, strutting
καματερό, το: draft animal
κάματος, ο: weariness, fatigue
καμβάς, ο: canvas
καμέλια, η: camellia
καμήλα, η: camel
καμηλιέρης, ο: cameleer
καμηλό, το: camel's-hair
καμηλοπάρδαλη, η: giraffe
κάμηλος, η: βλ. **καμήλα**
καμία: (αντων) βλ. **κανείς**
καμινάδα, η: smokestack, chimney
καμινέτο, το: spirit burner, spirit lamp
καμίνευση, η: smelting, founding
καμινευτής, ο: smelter, founder
καμινεύω: smelt, found
καμίνι, το: furnace, kiln ‖ (μτφ) swelter
κάμινος, η: βλ. **καμίνι**
καμιόνι, το: (Engl.) lorry ‖ (U.S.A.) truck ‖ (τετραξονικό) semitrailer ‖ (μικρό καμιόνι) half truck
καμουτσίκι, το: whip
καμουτσικιά, η: whiplash, stroke of the whip
καμουφλάζ, το: camouflage
καμουφλάρισμα, το: βλ. **καμουφλάζ**
καμουφλάρω: camouflage
καμπάνα, η: church bell ‖ (ιδ) discipline, severe punishment, blow
καμπαναριό, το: belfry
καμπάνια, η: campaign
καμπανίτης, ο: champaigne
καμπαρέ, το: cabaret
καμπαρετζού, η: show girl, chorus girl ‖ (ανήθικη) prostitute, whore
καμπαρντίνα, η: gabardine
καμπή, η: bend, turn, corner ‖ (ποταμού) bend, curve ‖ (απότομη καμπή) elbow ‖ (πολύ απότομη καμπή δρόμου) U-turn, hairpin curve ‖ (μτφ) milestone
κάμπια, η: caterpillar
καμπίνα, η: (επιβ. πλοίου) stateroom ‖ (μικρή καμπίνα) cabin

618

καμπινέ, το: (σπιτιού) bathroom, toilet ‖ (σε δημόσιο χώρο) rest room, lavatory, water closet, toilet ‖ *(στρ)* latrine ‖ *(ιδ)* john, head

καμπινές, ο: βλ. **καμπινέ**

κάμπος, ο: plain, lowland

κάμποσος, -η, -ο: some, sufficient, considerable

καμπόσος, -η, -ο: βλ. **κάμποσος** ‖ **κάνει τον ~:** puts on airs, acts self-important

καμπούρα, η: (σώματος) hunch, hump ‖ (εξόγκωμα) bulge

καμπούρης, -α, -ικο: hunchback, humpback

καμπουριάζω: hunch *(μτβ & αμτβ)* ‖ βλ. **λυγίζω**

κάμπτομαι: (λυγίζω) bend ‖ (ενδίδω) yield, bend ‖ (υποχωρώ) sag, yield

κάμπτω: (λυγίζω) bend ‖ (κάνω να υποχωρήσει) bend, subdue ‖ (γυρίζω) turn, curve

καμπύλη, η: curve

καμπυλόγραμμο, το: (όργανο) French curves

καμπυλόγραμμος, -η, -ο: curvilinear

καμπύλος, -η, -ο: curved

καμπυλότητα, η: curvature

καμφορά, η: camphor

κάμψη, η: bending, flection ‖ *(μτφ)* fall

καμώματα, τα: antics

καμωματού, η: playful

καμωμένος, -η, ο: made, done ‖ βλ. **ώριμος**

καμώνομαι: pretend, feign, put on the false appearance of, sham

καν: *(σύνδ)* even, at least ‖ **ούτε ~:** not even

κανάγιας, ο: βλ. **κάθαρμα**

κανακάρης, -ισσα, -ικο: (μοναχοπαίδι) only child ‖ (αγαπητός) apple of one's eye

κανάλι, το: channel ‖ (διώρυγα) canal

καναπές, ο: couch, sofa, lounge

κανάρι, το: βλ. **καναρίνι**

καναρίνι, το: canary

κανάτα, η: jug ‖ (στάμνα) pitcher

κανατάς: ο: potter

κανάτι, το: βλ. **κανάτα** ‖ chamber pot

κανείς: βλ. **κανένας**

κανέλα, η: cinnamon

κανελής, -ιά, -ί: cinnamon

κανένας, καμιά, κανένα *(αντων.)* nobody, no one ‖ (κάποιος) anyone, anybody, some

κάνη, η: barrel

κανί, το: leg, shank ‖ (αδύνατο πόδι) spindleleg, spindleshank

κανιβαλικός, -ή, -ό: cannibalistic

κανιβαλισμός, ο: cannibalism

κάνιβαλος, ο: cannibal

κάνιστρο, το: hamper, pannier

κανναβάτσο, το: canvas

κάνναβι, το: hemp

καννabούρι, το: hempseed

κάννη, η: βλ. **κάνη**

κανναβαλισμός, καννίβαλος: βλ. **κανιβαλισμός, κανίβαλος**

κανό, το: canoe

κανόνας, ο: (χάρακας) ruler, straightedge ‖ *(μτφ)* rule ‖ *(εκκλ)* canon

κανόνι, το: cannon ‖ (πυροβόλο) gun, piece of artillery ‖ *(ιδ)* bankruptcy ‖ *(ιδ)* failure

κανονιά, η: gunfire

κανονιά, το: βλ. **κανονιοβολισμός**

κανονιέρης, ο: gunner, cannoneer, artilleryman ‖ *(ιδ)* bankrupt, insolvent

κανονίζω: regulate ‖ (τακτοποιώ) put in order ‖ (υπόθεση) arrange, settle ‖ (κάνω σωστό) adjust, set right ‖ (λογαριασμό) settle

κανονικός, -ή, -ό: regular, ordinary, usual ‖ *(γεωμ)* regular

κανονικότητα, η: regularity

κανονιοβολισμός, ο: cannonade, barrage ‖ βλ. **κανονιά**

κανονιοβολώ: cannonade, barrage, bombard with cannon fire

κανονιοφόρος, ο: gunboat

κανονισμός, ο: (ρύθμιση) arrangement, regulation ‖ (κανόνες) regulation

κάνουλα, η: spigot, faucet

καντάδα, η: serenade

καντάδόρος ο: serenader

καντήλα, η: lampion, oil-burning lamp, candle

καντηλανάφτης, ο: *(θηλ.* **καντηλανάφτισσα)**: sexton

καντηλέρι, το: candlestick

καντήλι, το: βλ. **καντήλα**

619

καντίνα, η: canteen ‖ *(στρ)* post exchange, canteen

καντούνι, το: street corner ‖ narrow alley, backstreet

καντρίλια, η: quadrille

κάνω: do, make ‖ βλ. **δημιουργώ** ‖ βλ. **εκτελώ** ‖ βλ. **διαπράττω** ‖ βλ. **καμώνομαι** ‖ βλ. **τακτοποιώ** ‖ ~ **χαρτιά:** (χαρτοπ.) deal ‖ **τα ~ θάλασσα:** βλ. **θάλασσα** ‖ ~ **γρήγορα:** hurry, make haste ‖ **τί ~εις;** how are you? how are you doing? ‖ **πόσο ~ει;** how much is it? ‖ ~ **νερά:** leak, spring a leak ‖ *(μτφ ιδ)* back out, hedge, waver, falter

καούρα, η: βλ. **καΐλα**

καουτσούκ, το: rubber

κάπα, η: cape, cowl, cowled cape

καπάκι, το: cover, lid

καπακώνω: cover *(και μτφ)*

καπάρο, το: earnest, earnest money, deposit

καπάρωμα, το: *(πληρωμή)* paying earnest money, giving a deposit ‖ *(κλείσιμο)* engagement, booking

καπαρώνω: *(πληρώνω καπάρο)* pay earnest money, give a deposit ‖ *(κλείνω θέση)* engage, book

καπάτσος, -α, -ο: capable, skilful, dexterous

καπατσοσύνη, η: ability, capability, dexterity

κάπελας, ο: tavern-keeper

καπελιέρα, η: hat-box

καπέλο, το: hat *(ιδ)* illegal overcharge, illegal price hike up

καπετάνιος, ο: *(πλοίου)* captain, master, skipper ‖ *(οπλαρχηγός)* captain, chieftain

καπηλεία, η: profiteering ‖ *(μτφ)* exploitation, exploiting

καπηλειό, το: tavern

καπηλεύομαι: exploit

κάπηλος, ο: exploiter, monger

καπίστρι, το: bridle, reins, halter ‖ *(μτφ)* yoke

καπιταλισμός, ο: capitalism

καπιταλιστής, ο: capitalist

καπιταλιστικός, -ή, -ό: capitalistic

καπλαμάς, ο: veneer

καπλαντίζω: *(βάζω καπλαμά)* veneer ‖

(βάζω κάλυμμα) cover, put a cover

κάπνα, η: βλ. **καπνιά**

καπναποθήκη, η: tobacco warehouse

καπνέμπορος, ο: tobacco merchant

καπνεργάτης, ο *(θηλ* **καπνεργάτρια):** tobacco worker, tobacco factory worker

καπνεργοστάσιο, το: tobacco factory

καπνιά, η: soot

καπνίζω: smoke *(μτβ & αμτβ)* ‖ (κάνω καπνιστά) smoke, cure ‖ (κρέας) jerk, smoke ‖ **μου ~ει να κάνω κάτι:** (θέλω) take it into one's head to do ‖ **κάνω ό,τι μου ~ει:** do as I please

καπνίλα, η: smell of smoke

κάπνισμα, το: smoking ‖ (κρέατος) jerking, smoking, cure ‖ (απολύμανση) fumigation

καπνιστήριο, το: (δωμάτιο) smoking-room ‖ (τρένου) smoker, smoking car

καπνιστής, ο *(θηλ.* **καπνίστρια):** smoker

καπνιστός, -ή, -ό: smoked, jerked ‖ ~ **κρέας:** jerky, charqui

καπνοβιομηχανία, η: tobacco industry

καπνοβιομήχανος, ο: tobacco factory owner

καπνογόνος, -α, -ο: smoke-producing

καπνοδοχοκαθαριστής, ο: chimney sweeper, chimney sweep

καπνοδόχος, η: βλ. **καμινάδα** ‖ (φουγάρο πλοίων ή μηχανής) funnel

καπνοκαλλιέργεια, η: tobacco growing

καπνοπαραγωγή, η: tobacco production,

καπνοπαραγωγός, ο: tobacco producer, tobacco grower

καπνοπωλείο, το: tobacconist's shop (store)

καπνοπώλης, ο: tobacconist

καπνός, ο: (αέριο) smoke ‖ (φυτό) tobacco ‖ **έγινε ~:** he vanished into thin air ‖ **τι ~ φουμάρει:** what makes him tick, what is he like

καπνοσακούλα, η: pouch

κάποιος, -α, -ο: someone, somebody ‖ (ορισμένος) a certain ‖ (λίγος) some

κάπόνι, το: capon

καπότα, η: βλ. **κάπα** ‖ *(ιδ)* prophylactic, condom, cundum, rubber

κάποτε: *(επίρ)* (μια φορά) once ‖ (πότε-πότε) sometimes, from time to time, every now and then, now and again

κάπου: *(επίρ)* somewhere, some place ‖ *(περίπου)* approximately, about ‖ ~-~: once in a while, occasionally

καπούλια, τα: rump ‖ *(αλόγου)* croup, croupe, rump

κάππαρη, η: caper

καπρί, το: βλ. **κάπρος** ‖ *(ιδ)* lecher, satyr

καπρίτσιο, το: whim, caprice

καπριτσιόζος, -α, -ικο: whimsical, capricious

κάπρος, ο: boar, wild boar

κάπως: *(επίρ)* somewhat, somehow, in some way

κάρα, η: skull

καραβάνα, η: mess-plate, mess-tin ‖ *(ιδ)* old hand, experienced ‖ **λόγια της ~ς:** hombug, baloney

καραβανάς, ο: *(ιδ)* noncom, N.C.O., warrant officer

καραβάνι, το: caravan

καράβι, το: *(γεν)* ship, vessel ‖ βλ. **ιστιοφόρο**

καραβίδα, η: crawfish

καραβοκύρης, ο: *(ιδιοκτήτης)* ship owner ‖ βλ. **καπετάνιος**

καραβόπανο, το: βλ. **ιστίο** ‖ βλ. **κανναβάτσο**

καραβόσκοινο, το: cable, rope, mooring line

καραβοτσακίζομαι: be shipwrecked *(και μτφ)*

καραβοτσακισμένος, -η, -ο: wrecked *(και μτφ)*

καραγκιόζης, ο: karaghiozis ‖ *(μτφ)* clown

καραγκιοζιλίκι, το: silly antics

καραγκιοζοπαίχτης, ο: puppeteer of the shadow theater

καραδοκώ: lurk, watch for

καρακάξα, η: magpie *(και μτφ)*

καραμέλα, η: caramel

καραμελιάζω: caramelize

καραμούζα, η: flute, trumpet

καραμπίνα, η: carbine, carabin

καραμπινιέρος, ο: carabineer, carabineer

καραμπογιά, η: *(μαύρη μπογιά)* black paint ‖ *(ουσία)* copperas

καραμπόλα, η: carom *(και μτφ)*

καραντίνα, η: quarantine

καραούλι, το: sentinel, sentry, watch

καράτι, το: carat

καρατόμηση, η: beheading, decapitation

καρατομώ: behead, decapitate

καράφα, η: carafe, decanter

καράφλα, η: *(ειρ)* bald pate

καρβέλι, το: loaf of bread ‖ *(μτφ)* daily bread

καρβουνιάρης, ο: coaler

κάρβουνο, το: *(άνθρακας)* coal, charcoal ‖ *(μολύβι)* charcoal

κάργα, η: βλ. **καλιακούδα**

κάργα: *(επίρ)* *(γεμάτα)* chock-full, stuffed, jammed ‖ *(σφιχτά)* tightly

καργάρω: *(γεμίζω)* jam, fill to the brim, stuff ‖ *(τεντώνω)* stretch ‖ *(σφίγγω)* tighten

κάρδαμο, το: cress

καρδαμώνω: *(ιδ)* strengthen *(μτβ & αμτβ)*

καρδάρα, η: churn

καρδάρι, το: βλ. **καρδάρα**

καρδερίνα, η: goldfinch

καρδιά, η: heart *(και μτφ)* ‖ *(κέντρο)* core ‖ **με την ~ μου:** from the bottom of one's heart ‖ **μου κάνει ~:** have the heart ‖ **ραγίζω την ~:** break one's heart ‖ **η ~ μου πήγε στην «κούλουρη»:** *(ιδ)* have one's heart in one's mouth ‖ **συγκοπή ~ς:** heart failure

καρδιακός, -ή, -ό: cardiac, heart ‖ *(μτφ)* bosom ‖ *(ασθενής)* cardiac patient ‖ **~ή προσβολή:** heart attack ‖ **~ό νόσημα:** heart disease

καρδιαλγία, η: cardialgia, heartburn

καρδινάλιος, ο: cardinal

καρδιογνώστης, ο: mind-reader

καρδιογράφημα, το: cardiogram

καρδιογράφος, ο: cardiograph

καρδιοειδής, ές: heart-shaped

καρδιολογία, η: cardiology

καρδιολογικός, -ή, -ό: cardiological

καρδιολόγος, ο: cardiologist, heart specialist

καρδιοπάθεια, η: βλ. **καρδιακό νόσημα**

καρδιοπαθής, -ές: βλ. **καρδιακός**

καρδιοχτύπι, το: heartbeat

καρέ, το: *(τετράγωνο)* square ‖ *(πόκερ)* four of a kind ‖ *(ποδόσφ)* goal area

καρέκλα, η: chair ‖ βλ. **κάθισμα**

καριέρα, η: career

καριχατούρα, η: caricature
καρίκωμα, το: darning
καρικώνω: darn
καρίνα, η: keel
καριοφίλι, το: flintlock, firelock
καρκινοβατώ: (μτφ) have no success, get nowhere
καρκίνος, ο: βλ. **κάβουρας** ‖ (ιατρ) cancer ‖ (στίχος) palindrome
καρκίνωμα, το: carcinoma
καρμανιόλα, η: guillotine
καρμπόν, το: carbon paper
καρμπυρατέρ, το: carburetor
καρναβάλι, το: carnival ‖ (άνθρωπος ντυμένος) in fancy dress, in a masquerade costume
καρναβαλίστικα, τα: (ρούχα) fancy dress, masquerade
καρνάβαλος, ο: (προσωποποίηση καρναβαλιού) king carnival ‖ (άρμα καρνάβαλου) float ‖ (παρέλαση καρνάβαλου) carnival parade
καρνάγιο, το: small shipyard
καρνέ, το: notebook ‖ (επιταγών) checkbook
κάρο, το: (δίτροχο) cart ‖ (μεγάλο) wagon ‖ (μεγάλο σκεπαστό) conestoga ‖ (σαράβαλο) jalopy
καρό, το: (τετράγωνο) square ‖ (χαρτοπ.) diamond ‖ (με τετράγωνα) check, checked
καρότο, το: carrot
καρότσα, η: βλ. **κάρο** (αυτοκινήτου) body
καροτσάκι, το: pushcart ‖ (χειράμαξο) barrow ‖ (παιδικό) baby carriage, perambulator, pram ‖ **κάνω ~:** (ιδ) give the bum's rush
καροτσαρία, η: (ιδ) **κάνω ~:** βλ. **κάνω καροτσάκι**
καροτσιέρης, ο: cart driver, carter
καρούλι, το: (κουβαρίστρα) spool ‖ (μεγάλο) spool, reel, drum ‖ (τροχαλία) pulley ‖ (μικρή ρόδα επίπλου) roller
καρούμπαλο, το: lump, bump
καρπαζιά, η: slap on the head, slap on the neck ‖ (μτφ) slap, blow
καρπαζώνω: slap on the head, slap on the neck
καρπερός, -ή, -ό: fruitful, prolific

καρπός, ο: fruit (και μτφ) ‖ (γέννα) offspring ‖ (χεριού) wrist
καρπούζι, το: watermelon
καρπουζιά, η: watermelon, watermelon vine
καρποφάγος, -α, -ο: fruit eating, carpophagous
καρποφορία, η: fructification, fruitfulness ‖ (μτφ) productivity
καρποφόρος, -α, -ο: fruitful, fruit-bearing ‖ (μτφ) fruitful
καρποφορώ: bear fruit, fructify ‖ (μτφ) bear fruit, bring results
καρπώνομαι: enjoy the profits ‖ (επωφελούμαι) enjoy the advantages, benefit, derive profit
καρρέ, καρρό, κάρρο, κλπ. βλ. **καρέ, καρό, κάρο** κλπ
κάρτα, η: card ‖ (ταχ. δελτάριο) postcard, postal card ‖ (επισκεπτήριο) calling card, visiting card
κάρτελ, το: cartel
καρτέλα, η: (τιμής) tag, price tag ‖ (στοιχείων) data card
καρτέρι, το: βλ. **ενέδρα**
καρτερία, η: perseverance ‖ (ανοχή) forbearance
καρτερικός, -ή, -ό: persevering ‖ (ανεκτικός) forbearing
καρτερικότητα, η: βλ. **καρτερία**
καρτερώ: (έχω καρτερία) persevere ‖ (είμαι ανεκτικός) forbear ‖ (περιμένω) wait for, await ‖ (προσδοκώ) expect
καρτόνι, το: βλ. **χαρτόνι**
καρύδα, η: coconut
καρυδένιος, -α, -ο: walnut
καρύδι, το: nut, walnut, pecan ‖ (λαιμού) Adam's apple ‖ **κάθε καρυδιάς ~:** all kinds of people, motley crowd
καρυδιά, η: walnut, walnut tree, pecan tree
καρυδοθραύστης, ο: βλ. **καρυοθραύστης**
καρυδοσπάστης, ο: βλ. **καρυοθραύστης**
καρυδότσουφλο, το: nutshell
καρύκευμα, το: spice
καρυκεύω: spice
καρυοθραύστης, ο: nutcracker
καρυοφύλλι, το: (φυτό) costmary ‖ βλ. **καριοφίλι**
καρυόφυλλο, το: clove

καρφί, το: nail ‖ (μεγάλο) rivet, spike ‖ (αθλητικού παπουτσιού) spike ‖ (αρβύλας) hobnail ‖ (προδότης) stoolie, stooge ‖ **δεν μου καίγεται ~:** be unflappable, not give a damn ‖ **τα κάνω γυαλιά ~ά:** wreak havoc ‖ **κάθομαι στα ~ά:** be on pins and needles

καρφίτσα, η: pin ‖ (κόσμημα) pin, brooch

καρφιτσώνω: pin

καρφοβελόνα, η: nail, rivet

κάρφωμα, το: nailing, riveting ‖ (προδοσία) stooling, betrayal

καρφώνω: pin, nail, rivet ‖ (το μάτι) fix ‖ (μαχαιρώνω) stab ‖ (προδίνω) stool, betray, tell on s.o.

καρφωτός, -ή, -ό: riveted

καρχαρίας, ο: shark, hammerhead ‖ (μτφ) shark

καρωτίδα, η: carotid

κάσα, η: box, chest ‖ (φέρετρο) casket, coffin ‖ (χρημ.) strongbox, safe ‖ (κουφώματος) frame ‖ (πόκερ) dealer ‖ (τυπογρ.) case

κασέλα, η: trunk, chest

κασέρι, το: cheddar, gouda

κασετίνα, η: case

κασίδα, η: scall, scurf

κασιδιάρης, -α, -ικο: scall-headed, scurfy

κάσκα, η: βλ. **κράνος** ‖ (τροπικών) topi, topee

κασκέτο, το: cap

κασκόλ, το: neckerchief, scarf

κασμάς, ο: pickaxe

κασμήρι, το: cashmere

κασόνι, το: βλ. **κιβώτιο**

κάσσα, κασσέλα, κλπ. βλ. **κάσα, κασέλα**

κασσίτερος, ο: tin

κασσιτερώνω: tin, tin-plate, pewter

κασσιτερωτής, ο: pewterer, tinner

κάστα, η: caste

καστανιά, η: chestnut, chestnut tree

καστανιέτα: η: (πληθ) castanets

κάστανο, το: chestnut ‖ **δεν χαρίζει ~α:** He is not a man to be trifled with ‖ **βγάζω τα ~α από τη φωτιά:** pull the chestnuts out of the fire

καστανόξανθος, -η, -ο: auburn

καστανός, -ή, -ό: (μαλλιά) brown ‖ (άλογο) chestnut

καστανόχρωμος, -η, -ο: chestnut

καστανόχωμα, το: chestnut leaf mold

κάστορας, ο: beaver

καστορέλαιο, το: castor oil

καστόρι, το: (δέρμα κάστορα) beaver ‖ (καστόρινο) felt

καστόρινος, -η, -ο: (από δέρμα κάστορα) beaver ‖ (καστόρινο) felt

κάστρο, το: castle ‖ βλ. **φρούριο** ‖ βλ. **ακρόπολη**

κατά: (πρόθ) (εναντίον) against ‖ (κατεύθυνση) on, upon, at ‖ (διάρκεια) during, at ‖ **~ γράμμα:** to the letter, literally ‖ (λέξη προς λέξη) word for word ‖ **~ τύχη:** by chance ‖ **~ βάθος:** at bottom ‖ **~ διαβόλου:** to the devil, to hell and gone ‖ **~ μέρος:** aside ‖ **~ λέξη:** verbatim, word for word

κατάβαθα: (επίρ) deeply, in the very depth

καταβάλλω: (ρίχνω) throw, knock down, fell, overthrow ‖ (νικώ) overcome, overwhelm, subdue ‖ (εξασθενίζω) exhaust, weaken ‖ (προσπάθεια) endeavour ‖ (πληρώνω) pay

καταβαραθρώνω: (μτφ) ruin

καταβαράθρωση, η: ruin, ruination

κατάβαση, η: descent ‖ βλ. **καταφέρεια**

καταβεβλημένος, -η, -ο: exhausted, weakened, worn out, spent

καταβόθρα, η: cesspool ‖ (οχετός) sewer

καταβολάδα, η: layer

καταβολή, η: payment, paying ‖ **από ~ς κόσμου:** since the dawn of time

κατάβρεγμα, το: watering ‖ (ράντισμα) spraying, sprinkling

καταβρεχτήρι, το: watering pot, watering can

καταβρέχω: water ‖ (ραντίζω) spray, sprinkle ‖ (μουσκεύω) soak, drench

καταβροχθίζω: devour (και μτφ)

καταβυθίζομαι: sink

καταβυθίζω: sink ‖ βλ. **βυθίζω**

καταβύθιση, η: sinking

καταγγελία, η: denunciation ‖ βλ. **κατηγορία** ‖ βλ. **ακύρωση**

καταγγέλω: denounce

καταγέλαστος, -η, -ο: laughingstock, ridiculous

καταγής: (επίρ) on the ground, to the

καταγίνομαι

ground, on the floor
καταγίνομαι: occupy oneself with, busy oneself with
κάταγμα, το: fracture
καταγοητεύω: enchant, charm
κατάγομαι: descend from, come from ‖ *(προέρχομαι)* originate
καταγραφή, η: recording, entry ‖ *(απογραφή)* inventory
καταγράφω: record, list ‖ *(κάνω απογραφή)* inventory, make an inventory
καταγωγή, η: descent, origin, lineage ‖ *(εθνικότητα)* nationality, extraction
καταγώγιο, το: speakeasy, den of thieves, haunt of criminals
καταδαμάζω: βλ. **καταβάλλω**
καταδέχομαι: deign, condescend
καταδεχτικός, -ή, -ό: condescending
καταδίδω: betray, stool, tell on s.o.
καταδικάζω: sentence, condemn ‖ *(μτφ)* doom
καταδικαστικός, -ή, -ό: condemnatory, condemning ‖ *(απόφαση)* sentence
καταδίκη, η: sentence, convinction
κατάδικος, -η, -ο: convict, con, condemned, prison inmate
καταδίνω: βλ. **καταδίδω**
καταδιωκτικό, το: *(αεροπλ.)* fighter plane, fighter
καταδιώκω: pursue, chase ‖ *(κάνω διωγμό)* persecute
καταδίωξη, η: pursuit, chase ‖ *(διωγμός)* persecution
καταδολιεύομαι: βλ. **εξαπατώ** ‖ *(νομ)* defraud
καταδολίευση, η: βλ. **απάτη** ‖ *(νομ)* fraud
κατάδοση, η: betrayal, stooling
καταδότης, ο *(θηλ.* **καταδότρια):** stoolie, stooge, stool pigeon, informer
καταδρομέας, ο: *(στρ)* ranger, commando
καταδρομή, η: raid ‖ *(μτφ)* βλ. **κακοτυχία** ‖ **~είς:** *(πληθ - στρ)* rangers, commandos
καταδρομικό, το: cruiser ‖ *(βαρύ)* battle cruiser
καταδυνάστευση, η: oppression
καταδυναστευτικός, -ή, -ό: oppressive
καταδυναστεύω: oppress
καταδύομαι: *(βουτώ)* dive, plunge ‖ βλ.

βυθίζομαι
κατάδυση, η: dive, diving ‖ βλ. **βύθιση**
καταδυτικός, -ή, -ό: diving
καταδύω: βλ. **βυθίζω**
καταζητούμενος, -η, -ο: wanted by the police
καταζητώ: look for, search for ‖ *(αστυν.)* want
κατάθεση, η: *(απόθεση)* laying down ‖ *(χρημ)* deposit ‖ *(νομ)* deposition
καταθέτης, ο *(θηλ* **καταθέτρια):** depositor
καταθέτω: *(αφήνω κάτι)* lay down ‖ *(χρημ)* deposit ‖ *(νομ)* make a deposition, give evidence, depose
καταθλιπτικός, -ή, -ό: oppressive ‖ *(δυσβάσταχτος)* overwhelming
κατάθλιψη, η: oppression ‖ βλ. **θλίψη**
καταθορυβώ: alarm, worry
καταιγίδα, η: storm ‖ βλ. **και θύελλα**
καταιγισμός, ο: hail
καταιγιστικός, -ή, -ό: hail ‖ **~ό πυρ:** barrage
καταισχύνη, η: shame, disgrace
καταισχύνω: shame
κατακάθι, το: sediment, residue, dregs ‖ *(μτφ)* dregs, riff-raff
κατακαθίζω: settle, settle down
κατακάθομαι: βλ. **κατακαθίζω**
κατάκαρδα: *(επίρ)* to heart ‖ *(πολύ βαθιά)* profoundly, seriously ‖ **παίρνω** ~: take it to heart ‖ **θλίβομαι** ~: be cut to the quick
κατακερματίζω: cut to pieces, tear to ribbons
κατακέφαλα: *(επίρ)* *(στο κεφάλι)* on the head ‖ *(με το κεφάλι)* headlong, head first
κατακεφαλιά, η: βλ. **καρπαζιά**
κατακίτρινος, -η, -ο: deathly pale
κατακλείδα, η: to: conclusion
κατάκλειστος, -η, -ο: hermetically closed, hermetic
κατακλίνομαι: lie down
κατακλύζω: flood, inundate *(και μτφ)* ‖ βλ. **γεμίζω**
κατακλυσμιαίος, -α, -ο: diluvian, diluvial ‖ *(μτφ)* cataclysmic
κατακλυσμός, ο: cataclysm, deluge, flood ‖ *(ραγδαία βροχή)* torrential rain ‖ *(μτφ)* deluge

κατάκοιτος, -η, -ο: bedrid, bedridden, confined to bed

κατακόκκινος, -η, -ο: purple || ~ από θυμό: purple with rage

κατακόμβη, η: catacomb

κατάκοπος, -η, -ο: exhausted, jaded, wornout, beaten

κατακόρυφο, το: zenith *(και μτφ)*

κατακόρυφος, -η, -ο: vertical

κατακουράζομαι: be exhausted, be jaded, be worn-out

κατακουράζω: tire out, exhaust, wear out

κατακράτηση, η: illegal detention, forced detention

κατακρατώ: withhold, detain illegally

κατακραυγή, η: outcry

κατακρεουργώ: massacre, butcher, slaughter

κατακρημνίζω: pull down, demolish

κατακρίνω: criticize, censure, reprove

κατάκριση, η: criticism, censure, reproof

κατάκτηση, η: conquest *(και μτφ)*

κατακτητής, ο: conqueror

κατακτώ: conquer

κατακυρώνω: adjudge || (δημοπρασία) declare as sold, knock down

κατακύρωση, η: adjudging, adjudication

καταλαβαίνω: understand, comprehend || βλ. αντιλαμβάνομαι

καταλαμβάνω: take, seize, conquer

καταλεπτώς: *(επίρ)* βλ. λεπτομερώς || (με ακρίβεια) minutely, accurately

κατάλευκος, -η, -ο: snow-white

καταλήγω: end up, end in, come to, result || (τελειώνω) end, come to an end

κατάληξη, η: ending

καταληπτικός, -ή, -ό: cataleptic

καταληπτός, -ή, -ό: comprehendible, comprehensible, intelligible

κατάληψη, η: (πάρσιμο) conquest, capture || (κατοχή) occupation || (κατανόηση) comprehension, understanding

καταληψία, η: catalepsy

κατάλληλος, -η, -ο: appropriate, suitable, fit, proper, befitting

καταλληλότητα, η: suitability, suitableness

καταλογίζω: (ρίχνω ευθύνη) impute ||

βλ. αποδίδω || (δαπάνη) charge

καταλογισμός, ο: (απόδοση ευθύνης) imputation || βλ. απόδοση || (δαπάνη) charge, charging

κατάλογος, ο: list, catalogue || (βιβλιοθήκης) catalog || (φαγητών) menu || (τηλεφωνικός) directory || (δημοτών) register || (αποθήκης) inventory

κατάλοιπο, το: (υπόλοιπο) remainder || (απομεινάρι) remnant || (καταστάλαγμα) residue

κατάλυμα, το: dwelling, lodging || *(στρ)* billet, quarters

καταλυπώ: distress, grieve

κατάλυση, η: (ανατροπή) abolishment || *(στρ)* billet, billeting || *(χημ)* catalysis

καταλύτης, ο: catalyst

καταλύω: (ανατρέπω) abolish || (μένω) stay, take up lodging || *(στρ)* billet, be quartered

καταμαρτυρώ: accuse, give evidence against

κατάματα: *(επίρ)* right in the eyes

κατάμαυρος, -η, -ο: pitch-black

καταμερίζω: apportion

καταμερισμός, ο: apportionment

καταμεσήμερα: *(επίρ)* at high noon

καταμεσήμερο, το: high noon

καταμεσής: *(επίρ)* right in the middle, in the very middle

κατάμεστος, -η, -ο: full, overflowing

καταμέτρηση, η: measurement || *(τεχν)* mensuration || (τοπογρ) surveying || (με απόλυτη ακρίβεια) gauging

καταμετρώ: measure || (τοπογρ) survey || (με ακρίβεια) gauge

κατάμονος, -η, -ο: completely alone

κατάμουτρα: *(επίρ)* face to face, point-blank

καταναγκάζω: βλ. εξαναγκάζω

καταναγκασμός, ο: βλ. εξαναγκασμός

καταναγκαστικός, -ή, -ό: enforced, forced, compulsory || ~ά έργα: hard labor

καταναλίσκω: βλ. καταναλώνω

καταναλώνω: consume || βλ. ξοδεύω || βλ. χρησιμοποιώ

κατανάλωση, η: consumption

καταναλωτής, ο (θηλ. καταναλώτρια): consumer || βλ. πελάτης || βλ. αγοραστής

καταναυμαχώ: defeat in a naval battle
κατανεμητής, ο: distributor
κατανέμω: distribute ‖ βλ. **καταμερίζω**
κατάνευση, η: consent, approval, nod
κατανεύω: nod consent, nod approval
κατανικώ: rout, vanquish ‖ βλ. **υπερνικώ**
κατανόηση, η: comprehension, understanding ‖ (μτφ) understanding
κατανοητός, -ή, -ό: βλ. **καταληπτός**
κατανομή, η: βλ. **καταμερισμός**
κατανοώ: βλ. **καταλαβαίνω**
κατάντημα, το: bad end, plight
κατάντια, η: βλ. **κατάντημα**
κατάντικρυ (επιρ): exactly opposite, right opposite
καταντροπιάζω: βλ. **καταισχύνω**
καταντώ: (μτβ) bring to, reduce ‖ (αμτβ) end up, be reduced to
κατανυκτικός, -ή, -ό: pious
κατάνυξη, η: piety
κατάξερος, -η, -ο: (μέρος) arid, dry, parched by heat ‖ (φυτό) withered
καταξεσχίζω: tear to pieces
καταξοδεύομαι: pay through the nose, pay an exorbitant price, waste
καταξοδεύω: (αμτβ) squander, waste, dissipate ‖ (μτβ) make s.o. pay through the nose
καταπακτή, η: trap door
καταπάνω (επιρ) against, upon, at
καταπάτηση, η: encroachment, infringement
καταπατώ: encroach, infringe
κατάπαυση, η: cessation, cease ‖ ~ εχθροπραξιών: truce, suspension of active hostilities, cease-fire
καταπαύω: cease, stop
καταπέλτης, ο: catapult ‖ (μτφ) invective, vehement denunciation
καταπέτασμα, το: (μτφ) **τρώω το ~:** gluttonize, eat to bursting point
καταπέφτω: fall down, tumble down, drop down ‖ (μτφ) collapse
καταπιάνομαι: engage upon, undertake, begin
καταπιέζω: oppress
καταπίεση, η: oppression
καταπιεστής, ο: oppressor
καταπιεστικός, -ή, -ό: oppressive
καταπίνω: swallow (και μτφ), gulp down

‖ (λαίμαργα) gobble
καταπίπτω: βλ. **καταπέφτω**
καταπλακώνω: crush, flatten, squash
κατάπλασμα, το: poultice
καταπλέω: sail into harbor, put in at, enter port, put into port
καταπληκτικός, -ή, -ό: amazing, fantastic, astonishing
κατάπληκτος, -η, -ο: amazed, astonished
κατάπληξη, η: amazement, astonishment
καταπλήσσω: amaze, astonish, astound
κατάπλους, ο: sailing into harbor, putting into port
καταπνίγω: (μτφ) stifle, suppress, suppress by force, put down
κατάπνιξη, η: suppression
καταπόδι: (επίρ) on one's heels
καταπολεμώ: βλ. **κατανικώ** ‖ (μτφ) fight, struggle against
καταπόνηση, η: exhaustion, fatigue
καταπονητικός, -ή, -ό: exhausting, tiring
καταποντίζομαι: sink, go down (και μτφ)
καταποντίζω: sink, send to the bottom
καταπόντιση, η: βλ. **καταποντισμός**
καταποντισμός, ο: sinking (και μτφ)
καταπονώ: exhaust, fatigue
κατάποση, η: swallowing
καταπότι, το: pill, tablet, pellet
καταπράσινος: (τόπος) verdant
καταπραϋντικός, -ή, -ό: calming, soothing, alleviating
καταπραΰνω: calm, soothe, alleviate ‖ βλ. **κατευνάζω**
καταπρόσωπο: (επίρ) βλ. **κατάμουτρα**
κατάπτυστος, -η, -ο: contemptible, abominable, abject
κατάπτωση, η: downfall, collapse ‖ (εξάντληση) collapse
κατάρα, η: curse (και μτφ) ‖ (επιφ) damn! damnation!
καταραμένος, -η, -ο: accursed, cursed, damned
κατάρατος, -η, -ο: βλ. **καταραμένος**
καταράχι το: ridge, peak
κατάργηση, η: abolition ‖ βλ. **ακύρωση**
καταργώ: abolish ‖ βλ. **ακυρώνω**
καταριέμαι: curse, damn
καταρρακτώδης, -ες: torrential
καταρρακώνω: tear to rags, reduce to

rags ‖ βλ.**εξευτελίζω**

καταρράχτης, ο: cataract, waterfall, cascade ‖ *(ιατρ)* cataract ‖ *(μτφ)* flood, torrent, deluge

κατάρρευση, η: collapse *(και μτφ)*

καταρρέω: fall down, collapse, crumble ‖ *(μτφ)* collapse, break down

καταρρίπτω: (γκρεμίζω) throw down, fell, knock down, pull down ‖ (ανατρέπω) overthrow ‖ (ρεκόρ) break ‖ (αεροπλάνο) shoot down

κατάρριψη, η: (γκρέμισμα) throwing down, felling, knocking down ‖ (ανατροπή) overthrow ‖ (ρεκόρ) breaking

καταρροή, η: catarrh

κατάρρους, ο: βλ. **καταρροή**

κατάρτι, το: mast ‖ **πρωραίο** ~: foremast ‖ **μεσαίο** ~: mainmast ‖ **πρυμναίο** ~: mizzenmast

καταρτίζω: organize, establish, constitute ‖ βλ. **εκπαιδεύω** ‖ βλ. **εξασκώ**

κατάρτιση, η: organization, establishing ‖ (μάθηση) learning, education ‖ βλ. **εξάσκηση**

καταρτισμός, ο: βλ. **κατάρτιση**

κατάσαρκα: *(επίρ)* next to the skin

κατάσβεση, η: extinction, extinguishing *(και μτφ)*

κατασβεστήρας, ο: fire-extinguisher

κατασβήνω: extinguish *(και μτφ)* ‖ βλ. **καταπνίγω**

κατασιγάζω: silence *(και μτφ)* ‖ βλ. **καταπραΰνω**

κατασκευάζω: construct, build, make ‖ βλ. **επινοώ**

κατασκεύασμα, το: work, creation ‖ βλ. **επινόημα**

κατασκευαστής, ο *(θηλ.* **κατασκευάστρια**): builder, constructor ‖ βλ. **δημιουργός**

κατασκευή, η: construction, structure ‖ βλ. **επινόηση**

κατασκηνώνω: camp, make camp, encamp

κατασκήνωση, η: camp, camping

κατασκηνωτής, ο *(θηλ.* **κατασκηνώτρια**): camper

κατασκονισμένος, -η, -ο: covered with dust

κατασκοπεία, η: espionage ‖ (κρυφοκοί-

ταγμα) spying

κατασκόπευση, η: βλ. **κατασκοπεία**

κατασκοπευτικός, -ή, -ό: spy

κατασκοπεύω: spy

κατάσκοπος, ο: spy, intelligence agent, secret agent ‖ βλ. **καταδότης**

κατασκότεινος, -η, -ο: pitch-dark, as dark as pitch

κατασκοτώνομαι: (τραυματίζομαι) get hurt ‖ (κουράζομαι) get exhausted, kill oneself ‖ (προσπαθώ πολύ) fall over oneself

κατασκοτώνω: (δέρνω άσχημα) beat to death, beat s.o. until he is black and blue, beat up

κατασκουριασμένος, -η, -ο: solid with rust

κατασπάζομαι: cover with kisses

κατασπαράζω: tear to pieces

κατασπαταλώ: squander, waste, throw away

κάτασπρος, -η, -ο: snow-white ‖ (κατάχλωμος) deathly pale

καταστάλαγμα, το: βλ. **κατακάθισμα** ‖ βλ. **κατάληξη** ‖ βλ. **κατάντημα**

κατασταλάζω: βλ. **κατακάθομαι** ‖ (γίνομαι καθαρός) become clear ‖ βλ. **καταλήγω**

κατασταλτικός, -ή, -ό: restraining, controlling, repressive

κατάσταση, η: (τρόπος ύπαρξης) state ‖ (συνθήκες) condition, state ‖ (περιστατικά) situation, circumstances ‖ (θέση ή τάξη) situation ‖ (περιουσία) property ‖ (στατιστ. στοιχείων) return ‖ **μισθοδοτική** ~: payroll ‖ (ονομαστική) list ‖ (δημοτολογίου) register, city records ‖ *(νομ)* status

καταστατικό, το: constitution, statute

καταστατικός, -ή, -ό: statutory, constitutional

κατάστεγνος, -η, -ο: bone-dry

καταστέλλω: (περιορίζω) repress, curb, check ‖ βλ. **καταπνίγω** ‖ βλ. **καταπραΰνω**

κατάστηθα: *(επίρ)* in the chest

κατάστημα, το: (κτίριο υπηρεσίας) establishment, building ‖ (εμπορικό) store, shop

καταστηματάρχης, ο: shop owner, store

owner, shop keeper

κατάστικτος, -η, -ο: spotted, dotted ‖ (άλογο) pinto, paint

κατάστιχο, το: ledger, accounts book

καταστιχογραφία, η: book-keeping

καταστολή, η: (περιορισμός) curbing, checking ‖ βλ. **κατάπνιξη** ‖ βλ. **καταπράϋνση**

καταστρατήγηση, η: circumvention of a rule or law

καταστρατηγώ: (κυριολ) defeat by using a stratagem ‖ (μτφ) find a loop-hole, circumvent a rule or law

καταστρεπτικός, -ή, -ό: disastrous, destructive, ruinous, devastating

καταστρέφω: destroy, ruin, devastate

καταστροφέας, ο: destroyer, spoiler

καταστροφή, η: disaster, destruction, ruin, catastrophe, devastation

καταστροφικός, -ή, -ό: βλ. **καταστρεπτικός**

κατάστρωμα, το: βλ. **επίστρωμα** ‖ (πλοίου) deck

καταστρώνω: draw, frame

κατάστρωση, η: drawing up, framing

κατάσχεση, η: confiscation, seizure ‖ (νομ) attachment

κατασχετήριο, το: attachment, writ ordering a seizure

κατάσχω: confiscate, seize ‖ (νομ) attach

κατατακτήριος, α, -ο: gradational

κατάταξη, η: gradation, classification ‖ (στρ εθελουσία) enlistment ‖ (στρ υποχρ.) draft, conscription

καταταράζω: upset, distress, shake, shock

κατατάσσομαι: (θεληματικά) enlist ‖ (υποχρεωτικά) be drafted, be conscripted

κατατάσσω: classify, sort, grade ‖ (στρ θεληματικά) enlist ‖ (υποχρεωτικά) draft, conscript

κατατομή: (διατομή) cross-section ‖ (κατακόρυφη τομή) vertical section ‖ (προφίλ) profile

κατατόπια, τα: (τόπου) every hole and corner, every nook and cranny ‖ (υπόθεσης) ins and outs ‖ **ξέρει όλα τα ~:** he has been up the creek and over the mountain

κατατοπίζω: instruct, explain the details

κατατόπιση, η: instruction, explanation of the details

κατατοπισμός, ο: βλ. **κατατόπιση**

κατατρεγμένος, -η, -ο: persecuted

κατατρεγμός, ο: persecution

κατατρέχω: persecute, be out to get s.o., be after s.o.'s scalp, harass

κατατρίβομαι: waste one's time

κατατρομάζω: (αμτβ) be scared out of one's wits, be scared stiff ‖ (μτβ) frighten, scare s.o. stiff, terrify

κατατροπώνω: rout, vanquish, put to disorderly flight

κατατρόπωση, η: rout, defeat

κατατύχομαι: be troubled, be tormented

κατατρύχω: harass, pester, torment, bother

καταυγάζω: illuminate dazzlingly

καταυγασμός, ο: glare, dazzling illumination, dazzling light

καταυγαστήρας, ο: reflector

καταυλίζομαι: encamp, bivouac

καταυλισμός, ο: camp, bivouac, temporary encampment

καταφανής, -ές: evident, obvious, apparent ‖ (σαφής) clear, lucid

κατάφαση, η: affirmation

καταφάσκω: affirm, answer in the affirmative

καταφατικά: (επίρ) in the affirmative, affirmatively

καταφατικός, -ή, -ό: affirmative ‖ ~ή ψήφος: yea

κατάφατσα: (επίρ) βλ. **κατάμουτρα**

καταφέρνω: (κατορθώνω) manage, suceed ‖ (πείθω) convince, persuade, bring round ‖ (βγάζω πέρα) make out, get along, manage ‖ (νικώ) beat, lick ‖ (χτύπημα) deal, give

καταφέρομαι: speak against, speak spitefully

καταφερτζής, ο (θηλ **καταφερτζού**): artful, cunning ‖ (πειστικός) persuasive

καταφέρω (χτύπημα) deal, give, strike

καταφεύγω: (βρίσκω άσυλο) take refuge ‖ (προσφεύγω) resort, have recourse

καταφθάνω: (φθάνω) arrive ‖ (προλαβαίνω) overtake

καταφιλώ: βλ. **κατασπάζομαι**

καταφορά, η: animosity, grudge ‖ βλ.

κατακραυγή

κατάφορτος, -η, -ο: overloaded, heavily loaded

καταφρόνηση, η: contempt, scorn, disdain

καταφρονητικός, -ή, -ό: contemptuous, scornful, disdainful

καταφρόνια, η: βλ. **καταφρόνηση**

καταφρονώ: despise, feel contempt, scorn

καταφυγή, η: recourse, resort

καταφύγιο, το: refuge, shelter || (ησυχαστήριο) retreat || (αντιαερ.) shelter || (καταφύγιο - τάφρος) dugout || (καταφύγιο με επιχωμάτωση) bunker

κατάφυτος, -η, -ο: verdant, planted all over, covered with vegetation

κατάφωρος, -η, -ο: evident, manifest, clear, flagrant

καταφώτιστος, -η, -ο: βλ. **κατάφωτος**

κατάφωτος, -η, -ο: blazing, dazzlingly illuminated

κατάχαμα: (επίρ) βλ. **καταγής**

καταχαρούμενος, -η, -ο: delighted, overjoyed

καταχερίζω: thrash, beat || βλ. **καρπαζώνω**

καταχθόνιος, -α, -ο: infernal (και μτφ) || (διαβολικός) diabolical, devilish, fiendish

κατάχλωμος, -η, -ο: βλ. **κατακίτρινος**

καταχνιά, η: fog, mist || (καιρός) foggy, misty

καταχραστής, ο (θηλ **καταχράστρια**): embezzler

καταχρεωμένος, -η, -ο: deep in debt

καταχρεώνομαι: to be deep in debt

κατάχρηση, η: (υπερβολ. χρήση) overindulgence, excess || (εξουσίας) abuse, misuse || (χρημ) embezzlement || (εμπιστ.) breach of trust

καταχρηστικός, -ή, -ό: in excess || (μαθ) improper

καταχρώμαι: (εξουσία) abuse, misuse || (χρημ) embezzle || (καλοσύνης κλπ) take advantage

κατάχτηση, η, κλπ: βλ. **κατάκτηση** κλπ **καταχωνιάζω:** hide, bury

καταχωρίζω: record, make an entry, enter

καταχώριση, η: entry, recording, record

καταχωρώ: βλ. **καταχωρίζω**

καταψηφίζω: vote against

καταψήφιση, η: voting against

κατάψυξη, η: (πάγωμα) freeze, freezing || (του ψυγείου) deep freeze, freezer

καταψύχω: freeze

κατεβάζω: bring down, take down, let down || (χαμηλώνω) lower || βλ. **ελαττώνω** || (τόνο φωνής κλπ) drop || βλ. **επινοώ** || (ιδ) gulp down

κατεβαίνω: descend, go down, come down || βλ. **ελαττώνομαι** || (ρ. απρόσ. ιδ.):* get it into one's head

κατεβασιά, η: torrent || βλ. **καταρροή** || (ποδοσφ.) advance

κατέβασμα, το: lowering, taking down || βλ. **κάθοδος**

κατεβατό, το: page

κατεδαφίζω: demolish, tear down, pull down || (ισοπεδώνω) raze

κατεδάφιση, η: demolition

κατειλημμένος, -η, -ο: (πιασμένος) occupied || (κρατημένος) reserved, taken, occupied

κατειργασμένος,   -η,   -ο: βλ. **κατεργασμένος**

κατεπάνω: βλ. **καταπάνω**

κατεπείγων, -ουσα, -ον: very urgent, rush

κατεργάρης, -α, -ικο: (πονηρός) cunning, crafty || (παλιανθρωπάκος) rascal, rogue || (άτακτος) wag

κατεργαριά, η: (πονηριά) craftiness || (πράξη) βλ. **απάτη**

κατεργασία,   η: working || βλ. **επεξεργασία**

κατεργασμένος, -η, -ο: wrought

κάτεργο, το: galley || (πληθ) βλ. **καταναγκαστικά έργα**

κατερειπώνω: raze, wreck

κατερείπωση, η: razing, wrecking

κατέρχομαι: βλ. **κατεβαίνω**

κατεστημένο, το: establishment

κατεστραμμένος, -η, -ο: ruined, destroyed

κατευθείαν: (επίρ) straight on, in a straight line, directly

κατεύθυνση, η: direction || (πορεία) course

κατευθυντήριος, -α, -ο: directive || (ελέγχων) controlling

κατευθύνομαι: head for, take the way to,

629

κατευθύνω

proceed ‖ *(παθ)* be guided
κατευθύνω: direct, head to, guide
κατευνάζω: calm, appease, soothe ‖ βλ.
καταπραΰνω
κατευνασμός, ο: assuagement, mitigation,
moderation
κατευναστικός, -ή, -ό: βλ. **καταπραϋντι-**
κός
κατευόδιο, το: a nice trip, a pleasant
journey, bon voyage
κατευοδώνω: see s.o. off
κατέχω: possess, own ‖ *(μέρος)* occupy,
hold ‖ *(ξέρω)* be aware, know
κατεψυγμένος, -η, -ο: frozen
κατηγόρημα, το: *(γραμ)* predicate
κατηγορηματικά: *(επίρ)* categorically
κατηγορηματικός, -ή, -ό: categorical ‖
(γραμ) predicative
κατηγορηματικότητα, η: categoricalness
κατηγορητήριο, το: indictment
κατηγορία, η: *(απόδοση πράξης)* accusa-
tion, charge ‖ *(τάξη)* category
κατήγορος, ο: *(αυτός που κατηγορεί)* ac-
cuser ‖ *(μηνυτής)* plaintiff ‖ *(εισαγ-*
γελέας) prosecutor
κατηγορούμενο, το: *(γραμ)* predicate,
complement
κατηγορούμενος, -η, -ο: accused, defen-
dant ‖ *(διαζυγίου)* respondent
κατηγορώ: *(ρίχνω βάρος)* blame, put the
blame ‖ *(διατυπώνω κατηγορία)* accuse,
charge, file a charge ‖ *(μηνύω)* sue ‖
(παραπέμπω επίσημα) indict
κατήφεια, η: sullenness, gloom, gloomi-
ness, depression
κατηφής, -ές: sullen, gloomy, depressed,
downcast
κατηφόρα, η: βλ. **κατήφορος**
κατηφοριά, η: βλ. **κατήφορος**
κατηφορίζω: go down, come down, go
downhill ‖ *(είμαι κατηφορικός)*: slope,
descend
κατηφορικός, -ή, -ό: sloping, downhill,
descending
κατήφορος, ο: declivity, descent, down-
grade ‖ *(μτφ)* evil, wrong ways, im-
morality ‖ **παίρνω τον ~:** go downhill,
be on the downgrade, decline ‖ *(οικ.*
πτώση) downswing
κατήχηση, η: catechism

κατηχητής, ο *(θηλ* **κατηχήτρια)**: catechist
κατηχητικό, το: Sunday school
κατηχητικός, -ή, -ό: catechetical
κατηχώ: catechize
κάτι: *(αντων)* something ‖ βλ. **κάποιος** ‖
βλ. **κάπως**
κατιόντες, οι: descendants
κάτισχνος, -η, -ο: skinny, emaciated
κατίσχυση, η: prevalence, domination,
predominance
κατισχύω: prevail, triumph over, pre-
dominate
κατοικήσιμος, -η, -ο: habitable, inhabit-
able
κατοίκηση, η: habitation
κατοικία, η: residence, home, dwelling,
abode
κατοικίδιος, -α, -ο: domestic, domesti-
cated
κατοικοεδρεύω: have one's residence
and place of work
κάτοικος, ο *(χώρας)* **κάτοικος:** *(χώρας)* in-
habitant ‖ *(μόνιμος χώρας ή πόλης)*
resident
κατοικώ: reside, inhabit, dwell
κατολίσθηση, η: landslide
κατονομάζω: nominate, name
κατόπιν: *(επίρ)* βλ. **έπειτα** ‖ *(από πίσω)*
behind ‖ **παίρνω το ~:** track s.o., follow,
dog ‖ **~ εορτής:** too late
κατοπινός, -ή, -ό: following, next
κατόπτευση, η: observation, watch, sur-
vey ‖ *(στρ)* reconnaissance
κατοπτεύω: observe, watch, survey ‖
(στρ) reconnoiter
κατοπτρίζω: reflect *(και μτφ)* mirror
κάτοπτρο, το: mirror (βλ. **καθρέφτης**)
κατόρθωμα, το: feat, exploit, heroic feat
‖ *(ειρων)* big deal
κατορθώνω: manage, succeed, achieve,
accomplish
κατορθωτός, -ή, -ό: feasible, practicable
κατοστάρικο, το: hundred drachma bill
κατούρημα, το: urination, pissing
κατουρλιό, το: piss, urine
κάτουρο, το: βλ. **κατουρλιό**
κατουρώ: piss, urinate ‖ *(ευγενικά)* make
water ‖ *(παιδική λέξη)* pee
κατοχή, η: *(κυριότητα)* possession ‖
(χώρας) occupation

630

κάτοχος, ο: possessor, owner, holder ‖ (γνώστης) versed, conversant

κατοχυρώνω: (μτφ) secure, safeguard

κάτοψη, η: (όψη από πάνω) top view ‖ (σχέδιο) plan

κατρακύλημα, το: tumble (και μτφ) ‖ (μτφ) βλ. **κατήφορος**

κατρακύλισμα, το: βλ. **κατρακύλημα**

κατρακυλώ: tumble, tumble down ‖ (μτφ) βλ. **παίρνω τον κατήφορο**

κατράμι, το: pitch, tar

κατράμωμα, το: tarring

κατραμώνω: tar

κατραπακιά, η: βλ. **καρπαζιά**

κατσαβίδι, το: screwdriver

κατσάβραχα, τα: craggy cliff, rocky mountain, crag

κατσάδα, η: scolding, upbraiding (βλ. **επίπληξη**)

κατσαδιάζω: take to task, rake over the coals, drag over the coals, upbraid (βλ. **επιπλήττω**)

κατσαρίδα, η: roach, cockroach

κατσαρόλα, η: saucepan

κατσαρομάλλης, -α, -ικο: curly, curly-haired

κατσαρός, -ή, -ό: curly (βλ. **κατσαρομάλλης**)

κατσαρώνω: curl

κατσιάζω: wither (μτβ και αμτβ)

κατσίβελος, ο (θηλ. **κατσιβέλα**): gypsy

κατσίκα, η: goat (και μτφ)

κατσικάκι, το: kid

κατσίκι, το: βλ. **κατσικάκι** ‖ βλ. **κατσίκα**

κατσικίσιος, -α, -ο: goat

κατσικοκλέφτης, ο: rustler

κατσιποδιά, η: bad luck

κατσούλα, η: crest ‖ βλ. **κουκούλα**

κατσουλιέρης, ο: lark

κατσούφης, -α, -ικο: sullen, gloomy, crestfallen

κατσουφιά, η: βλ. **κατήφεια**

κατσουφιάζω: be sullen, be gloomy ‖ (καιρός) cloud over

κατσούφιασμα, το: βλ. **κατσουφιά**

κατσουφικός, -η, -ο: βλ. **κατσούφης**

κάτω: (επίρ) down ‖ (χαμηλότερα) below ‖ (προς τα κάτω) downwards ‖ (στο κάτω πάτωμα) downstairs ‖ (επιφ) down with! ‖ **από ~:** under, underneath ‖

(προς το κέντρο της πόλης) downtown ‖ **πάνω ~:** around, approximately, about ‖ **άνω ~:** upside down, a mess ‖ **στο ~ ~:** after all ‖ **~ τα χέρια!:** hands off! ‖ **βάζω ~:** beat, surpass ‖ **δεν το βάζει ~:** he never quits

κατώγι, το: cellar, basement

κατωσάγωνο, το: lower jaw, mandible

κατώτατος, -η, -ο: (ο πιο χαμηλός) lowest ‖ (τελευταίος) least ‖ βλ. **ελάχιστο**

κατώτερος, -η, -ο: (χαμηλότερος) lower ‖ (αξία ή βαθμό) inferior

κατωτερότητα, η: inferiority ‖ **σύμπλεγμα ~ς:** inferiority complex

κατωφέρεια, η: βλ. **κατήφορος**

κατωφερής, -ές: βλ. **κατηφορικός**

κατώφλι, το: threshold (και μτφ) ‖ (το σκαλοπάτι) doorstep

κάτχρος, -η, -ο: βλ. **κατακίτρινος**

καυγάς, κλπ.: βλ. **καβγάς** κλπ.

καύκαλο, το: βλ. **καβούκι** ‖ (κρανίο) skull

καυκάσιος, -α, -ο: caucasian

καυσαέρια, τα: fumes, gases, noxious gases, burned gases

καύση, η: burning ‖ (φυσ) combustion

καύσιμα, τα: fuel

καύσιμος, -η, -ο: combustible ‖ **~η ύλη:** βλ. **καύσιμα**

καυσόξυλο, το: firewood

καυστήρας, ο: burner

καυστικός-ή, -ό: caustic (και μτφ)

καυστικότητα, η: causticity (και μτφ)

καύσωνας, ο: heat, heatwave

καυτερός, -ή, -ό: hot ‖ (μτφ) βλ. **καυστικός**

καυτήρας, ο: cautery

καυτηριάζω: cauterize ‖ (μτφ) criticize, stigmatize

καυτός, -ή, -ό: hot, scalding

καύτρα, η: snuff

καύχημα, το: pride, boast

καύχηση, η: boasting, boast, bragging

καυχησιάρης, -α, -ικο: braggard, boaster

καυχησιολογία, η: βλ. **καύχηση**

καυχησιολόγος, ο: βλ. **καυχησιάρης**

καυχησιολογώ: βλ. **καυχιέμαι**

καυχιέμαι: brag, boast ‖ (είμαι περήφανος) be proud

καφάσι, το: (κιγκλίδωμα) lattice, window lattice ‖ (κιβώτιο) crate ‖ (κλουβί) cage
καφασωτός, -ή, -ό: latticed
καφεΐνη, η: caffeine
καφεκούτι, το: coffee pot ‖ *(μτφ ιδ)* old hag
καφενείο, το: coffee shop, cafe~, coffee house
καφενές, ο: βλ. **καφενείο**
καφενόβιος, -α, -ο: *(ιδ)* slothful, indolent
καφεπώλης, ο: coffee-seller ‖ βλ. **καφετζής**
καφές, ο: coffee
καφετζής, ο: coffee shop owner, coffee shop manager, coffee shopkeeper
καφετζού, η: fortune teller
καφετιέρα, η: coffee pot
καχεκτικός, -ή, -ό: weak, frail, cachectic
καχεξία, η: frailty, cachexia
καχύποπτος, -η, -ο: suspicious, distrustful, doubting
καχυποψία, η: distrust, suspicion, doubt, distrustfulness
κάψα, η: heat, swelter, oppressive heat ‖ (πυρετός) temperature, fever
καψαλίζω: (τσουρουφλίζω) singe, scorch ‖ (ψήνω σε κάρβουνα) broil
καψερός, -ή, -ό: wretch, miserable
κάψη, η: βλ. **κάψα**
κάψιμο, το: βλ. **καύση** ‖ βλ. **έγκαυμα** ‖ βλ. **καΐλα**
καψούλα, η: capsule
καψούλι, το: cap, percussion cap ‖ βλ. **καψούλα**
καψώνω: be hot, swelter
κέδρινος, -η, -ο: cedar
κέδρος, ο: cedar
κέικ, το: cake
κείμαι: βλ. **κείτομαι**
κείμενο, το: text
κειμήλιο, το: heirloom ‖ (πράγμα αξίας) treasure
κείται: ενθάδε ~: (επιτύμβιος) here lies buried
κείτομαι: lie down, lie in bed, recline
κελάηδημα, το: song, warble, warbling, chirping, trill
κελαηδώ: sing, chirp, warble, trill
κελάρι, το: cellar
κελαρύζω: purl, murmur

κελάρυσμα, το: purl, murmur
κελεπούρι, το: (ανέλπιστη ευκαιρία) godsend, windfall, unexpected boon ‖ (πράγμα) bargain
κελευστής, ο: (U.S.A.) petty officer 1st class ‖ (Engl.) petty officer
κέλητας, ο: riding horse ‖ *(στρ)* charger
κελί, το: cell ‖ (κερήθρα) honeycomb
κελλάρι, κελλί: βλ. **κελάρι, κελί**
κέλυφος, το: shell, husk
κενό, το: (άδειο) vacuum, void ‖ (το διάστημα) void ‖ (λευκό διάστημα) blank ‖ (ελεύθερο διάστημα) gap
κενοδοξία, η: vanity, conceit
κενόδοξος, -η, -ο: vain, conceited
κενός, -ή, -ό: empty ‖ (μέρος) vacant ‖ *(μτφ)* empty, inane
κενοτάφιο, το: cenotaph
κενότητα, η: emptiness ‖ *(μτφ)* inanity
κέντα, η: (πόκερ) straight
κένταυρος, ο: centaur
κέντημα, το: (τσίμπημα) sting, bite ‖ (εργόχειρο) embroidery ‖ *(μτφ)* goad
κεντήστρα, η: embroiderer
κεντητός, -ή, -ό: embroidered
κεντρί, το: (εντόμου) sting ‖ βλ. **βουκέντρα** ‖ *(μτφ)* wag, waggish, teaser
κεντρίζω: (εντόμου) sting ‖ (τσιμπώ) prick, prickle ‖ (ζώο) goad *(και μτφ)*
κεντρικός, -ή, -ό: central, center ‖ *(μτφ)* central ‖ (κεντρική υπηρεσία) main, head ‖ **~α γραφεία:** main office, headquarters, head office ‖ **~ διακόπτης:** main switch ‖ **~ δρόμος:** main street
κέντρισμα, το: (εντόμου) sting ‖ (τσίμπημα) prick, prickle ‖ (ζώου) goading *(και μτφ)*
κέντρο, το: center ‖ βλ. **μέσο** *(πολιτ)* center ‖ *(μτφ)* center ‖ **~ εκπαιδεύσεως:** training camp, boot camp ‖ **~ εφοδιασμού:** depot ‖ **~ Διαβιβάσεων:** Signal Corps training camp ‖ **~ εκπαιδεύσεως πυροβολικού:** artillery training depot ‖ **τηλεφωνικό ~:** exchange, telephone exchange, switchboard ‖ **~ βάρους:** center of gravity ‖ (στόχου) bull's eye ‖ (διασκεδάσεως) night club
κεντρομόλος, -α, -ο: centripetal
κεντρόφυγος, -η, -ο: centrifugal
κέντρωμα, το: βλ. **κέντρισμα** ‖ (δέντρων)

grafting

κεντρώνω: center ‖ βλ. **κεντρίζω** ‖ *(δέντρα)* graft

κεντρώος, -α, -ο: βλ. **κεντρικός** ‖ *(πολιτ)* centrist

κεντώ: (τσιμπώ) βλ. **κεντρίζω** ‖ (κάνω κεντήματα) embroider ‖ *(μτφ)* goad

κενώνω: βλ. **αδειάζω** ‖ (σερβίρω) serve, dish up, dish out

κένωση, η: emptying ‖ (αφόδευση) evacuation

κεραία, η: (εντόμου) antenna, feeler ‖ (ασυρμ.) antenna, aerial

κεραμέας, ο: potter

κεραμευτική, η: (αγγειοπλαστική) pottery ‖ (τέχνη κεραμίστα) ceramics

κεραμίδα, η: tile ‖ *(μτφ)* bolt from the blue

κεραμιδαριό, το: pottery ‖ **κάνω ~:** wreak havoc, play hell

κεραμίδι, το: tile, slate ‖ βλ. **γείσο πηλίκιο**

κεραμική, η: ceramics

κεραμικός, -ή, -ό: ceramic

κεραμίστας, ο: ceramist

κεραμουργός, ο: βλ. **κεραμέας**

κεραμωτός, -ή, -ό: tiled

κέρας, το: βλ. **κέρατο** ‖ *(στρ)* wing ‖ (κυνηγ.) horn ‖ (αμαλθείας) cornucopia

κερασένιος, -α, -ο: (από κερασιά) cherry ‖ (σαν κεράσι) cherry, cherry-red

κεράσι, το: cherry

κερασιά, η: cherry, cherry tree

κέρασμα, το: treat, buying a drink

κερασφόρος, -α, -ο: horned ‖ βλ. **κερατάς**

κερατάς, ο: cuckold

κεράτινος, -η, -ο: horn

κέρατο, το: horn ‖ (με κλάδους) antler ‖ (άνθρωπος ανάποδος) cantankerous, grouchy, grumpy

κερατοειδής, ο: (χιτώνας οφθαλμού) cornea

κεράτωμα, το: cuckolding

κερατώνω: cuckold

κεραυνοβόλος, -α, -ο: lightning ‖ (πόλεμος) blitzkrieg ‖ *(ιατρ)* fulminant

κεραυνοβολώ: strike with lightning, strike with a thunderbolt ‖ (με λόγια) fulminate ‖ βλ. **καταπλήσσω**

κεραυνόπληκτος, -η, -ο: thunderstruck,

thunderstricken

κεραυνός, ο: thunderbolt, lightning *(και μτφ)*

κεραυνώνω: βλ. **κεραυνοβολώ**

κέρβερος, ο: cerberus *(και μτφ)*

κερδίζω: (από τύχη) win ‖ (από δουλειά) earn ‖ (ωφελούμαι) gain, profit ‖ (νικώ) win ‖ **~ χρόνο:** gain time ‖ **~ έδαφος:** gain ground

κέρδος, το: gain, profit, winnings, earnings ‖ (ωφέλεια) benefit, profit, gain ‖ (πλεονέκτημα) advantage

κερδοσκοπία, η: profiteering ‖ (με κίνδυνο απώλειας) speculation

κερδοσκοπικός, -ή, -ό: profiteering ‖ (με κίνδυνο) speculative, speculating

κερδοσκόπος, -ο: profiteer ‖ (ριψοκίνδυνος) speculator

κερδοσκοπώ: profiteer ‖ (ριψοκινδυνεύοντας) speculate

κερένιος, -α, -ο: βλ. **κέρινος**

κερί, το: (υλικό) wax ‖ *(εκκλ)* candle ‖ (λαμπάδα) taper

κέρινος, -η, -ο: wax, waxen ‖ βλ. **κατακίτρινος**

κερκίδα, η: (αργαλειού) shuttle ‖ *(ανατ)* radius ‖ (σταδίου) bench, seat, tier of benches, tier of seats

κέρμα, το: (νόμισμα) coin ‖ (για αυτόματη μηχανή) token

κερνώ: (γενικά) treat, buy ‖ (ποτό) buy a drink, stand to a drink

κεροπάνι, το: waxed cloth

κερόπανο, το: oilcloth

κερώνω: wax

κεσάτι, το: slow business

κεσές, ο: yogurt bowl

κετσές, ο: felt

κεφάλαιο, το: *(οικ)* capital, fund ‖ (σύνολο χρημάτων) assets, funds, capital ‖ (βιβλίου) chapter

κεφαλαίο, το: capital letter, upper-case letter

καφαλαιοκράτης, ο: capitalist

κεφαλαιοκρατία, η: capitalism, capital

κεφαλαιοκρατικός, -ή, -ό: capitalistic

κεφαλαιοποίηση, η: capitalization

κεφαλαιοποιώ: capitalize

κεφαλαιούχος, -α, -ο: βλ. **κεφαλαι-οκράτης**

κεφαλαιώδης, -ες: capital, principal, essential

κεφαλαλγία, η: headache

κεφαλάρι, το: (πηγή) spring ‖ (κολώνας) capital, column capital ‖ (γωνιόλιθος) corner stone

κεφαλαριά, η: bridle

κεφάλας, ο: big-headed ‖ *(μτφ)* pig-headed

κεφαλή, η: (κεφάλι) head *(και μτφ)*

κεφάλι, το: head ‖ *(μτφ)* brainy, wise, smart ‖ **με το ~:** headlong, headfirst

κεφαλιά, η: (ποδοσφ.) heading

κεφαλικός, -ή, -ό: cephalic, capital ‖ **~ή ποινή:** capital punishment

κεφαλόδεσμος, ο: (μαντίλι) headband, kerchief ‖ (επίδεσμος) head bandage

κεφαλόπονος, ο: headache

κεφαλόπουλο, το: gudgeon

κέφαλος, ο: mullet

κεφαλόσκαλο, το: (σκάλας) landing ‖ (λιμανιού) pier, dock

κεφαλοτύρι, το: sapsago

κεφάτος, -η, -ο: merry, cheerful, in good spirits ‖ (από ποτό) high

κέφι, το: merriment, gaiety, good spirits ‖ **στο ~:** high

κεφτές, ο: meatball

κεχρί, το: millet

κεχριμπαρένιος, -α, -ο: amber

κεχριμπάρι, το: amber

κηδεία, η: funeral, funeral procession ‖ (τελετή επικήδεια) obsequy

κηδεμόνας, ο: guardian

κηδεμονευόμενος, -η, -ο: ward

κηδεμονεύω: be a guardian

κηδεμονία, η: guardianship

κηδεύω: bury, inter

κηλεπίδεσμος, ο: truss

κήλη, η: hernia

κηλίδα, η: stain *(και μτφ)* ‖ **ηλιακή ~:** sunspot

κηλιδώνω: stain ‖ *(μτφ)* tarnish, taint, stain

κηλίδωση, η: staining ‖ *(μτφ)* tarnish, tarnishing, tainting

κηπευτική, η: gardening

κήπος, ο: garden ‖ (δενδρόκηπος) orchard ‖ **ζωολογικός ~:** zoological garden, zoo

κηπούπολη, η: garden city

κηπουρική, η: gardening ‖ (κλάδος γεωπονίας) horticulture

κηπουρικός, -ή, -ό: gardening ‖ horticultural

κηπουρός, ο: gardener

κηρήθρα, η: honeycomb

κηροπήγιο, το: candlestick, candleholder, pricket ‖ (διακοσμ.) girandole

κηροποιείο, το: chandler's shop

κηροπώλης, ο: chandler

κήρυγμα, το: (προκήρυξη) proclamation, declaration ‖ *(εκκλ)* sermon, preaching *(και μτφ)*

κήρυκας, ο: (που ανακοινώνει) herald ‖ *(εκκλ)* preacher

κηρύκειο, το: caduceus

κήρυξη, η: (διαλάλημα) ‖ (διακήρυξη) declaration, proclamation ‖ (πολέμου) declaration

κηρύσσω: (διαλαλώ) herald ‖ (διακηρύσσω) declare, proclaim ‖ *(εκκλ)* preach ‖ (πόλεμο) declare

κηρωτός, -ή, -ό: waxed

κήτος, το: whale, sea monster

κηφήνας, ο: drone *(και μτφ)*

κι: βλ. **και**

κιάλια, τα: binoculars, field glasses ‖ (μικρά θεάτρου) opera glasses

κιβδηλοποιός, ο: counterfeiter, forger

κίβδηλος, -η, -ο: counterfeit, forged ‖ *(ουσ)* forgery ‖ *(μτφ)* fake, fraud

κιβούρι, το: (τάφος) grave, tomb ‖ (φέρετρο) coffin, casket

κιβώτιο, το: chest, trunk, box ‖ **~ ταχυτήτων:** gear box

κιβωτός, η: ark ‖ **~ του Νώε:** Noah's ark ‖ **ιερά ~** : holy ark ‖ **~ της Διαθήκης:** ark of the covenant

κιγκαλερία, η: hardware

κιγκλίδωμα, το: railing, balustrade *(βλ.* **και κάγκελο)**

κιθάρα, η: guitar

κιθαριστής, ο *(θηλ.* **κιθαρίστρια):** guitar player, guitarist

κιθαρωδός, ο: guitar player and singer, singer who plays the guitar, singer-guitarist

κιλλίβαντας, ο: gun carriage

κιλό, το: kilo, kilogram

κιλοβάτ, το: kilowatt

κιλότα, η: (ιππασίας) jodhpurs, riding breeches ‖ (γυναικεία) panties

κιμάς, ο: ground meat, chopped meat

κιμονό, το: kimono

κιμωλία, η: chalk

κίνα, η: peruvian bark, cinchona

Κίνα, η: China

κίναιδος, ο: homosexual, faggot, fag, fairy, pansy, gay

κινδυνεύω: be in danger, risk, run a risk ‖ βλ. **κοντεύω**

κίνδυνος, ο: danger, hazard, risk

κινέζικος, -η, -ο: chinese ‖ ~α, τα: (γλώσσα) chinese

κινέζος, ο (θηλ. **κινέζα**): Chinese ‖ (περιφρον) chinaman, Chink

κίνημα, το: movement ‖ (μτφ) revolt, rebellion, coup d'e~tat

κινηματίας, ο: rebel

κινηματογράφηση, η: filming

κινηματογραφικός, -ή, -ό: movie, film, cinema ‖ ~ **αστέρας:** movie star, film star ‖ ~ή ταχύτητα: lightning, like a flash of lightning

κινηματογραφιστής, ο: cameraman

κινηματογράφος, ο: (αίθουσα ή κτίριο) cinema, motion-picture theater, movie theater ‖ (τέχνη και βιομηχανία) the cinema, motion-picture industry

κινηματογραφώ: film

κίνηση, η: (ιδιότητα) motion ‖ (κίνημα) movement ‖ (κυκλοφορία) traffic ‖ (ενεργητικότητα) activity ‖ **βάζω σε ~:** put in to motion, start

κινητήρας, ο: motor

κινητήριος, -α, -ο: motive, motor

κινητικός, -ή, -ό: kinetic ‖ ~ή ενέργεια: kinetic energy ‖ ~ή: (ουσ) kinetics

κινητοποίηση, η: mobilization

κινητοποιώ: mobilize

κινητά, τα: (περιουσία) movable property, chattel

κινητός, -ή, -ό: movable, mobile ‖ ~ή εορτή: movable feast

κίνητρο, το: motive ‖ **αρχικό ~:** prime mover

κινίνη, η: quinine

κινίνο, το: βλ. **κινίνη**

κινούμαι: move (και μτφ)

κινώ: move, put into motion ‖ (μεταφέρω) move, transport ‖ (μτφ) move, stir ‖ (ξεκινώ) start, set out

κιόλας: (επίρ) (ήδη) already ‖ (επιπλέον) also, besides, furthermore, more over

κίονας, ο: column, pillar

κιονόκρανο, το: column capital

κιονοστοιχία, η: colonnade

κιόσκι, το: kiosk ‖ (κήπου) gazebo, pavilion

κιρκινέζι, το: kestrel

κίρρωση, η: cirrhosis

κιρσός, ο: varicose vein

κισμέτ, το: kismet, fate

κίσσα, η: magpie

κισσός, ο: ivy

κιτριά, η: citron, citrus tree

κιτρικός, -ή, -ό: citric

κιτρινάδα, η: pallor, paleness, sallowness ‖ βλ. **ίκτερος**

κιτρινιάρης, -α, -ικο: pale, pallid, sallow, sickly yellow

κιτρινίζω: turn yellow, pale, turn pale, blanch ‖ (βάφω κίτρινο) paint yellow

κιτρινίλα, η: βλ. **κιτρινάδα**

κιτρίνισμα, το: paling, blanching

κιτρινοκόκκινος, -η, -ο: titian

κίτρινος, -η, -ο: yellow ‖ (χλωμός) pale, sallow

κιτρινωπός, -ή, -ό: yellowish

κίτρο, το: citron

κλαγγή, η: clank, clang, clanking

κλάδεμα, το: pruning ‖ (θάμνου) trimming, clipping

κλαδευτήρι, το: pruning scissors

κλαδεύω: prune ‖ (θάμνο) trim, clip

κλαδί, το: twig, small branch

κλάδος, ο: branch (και μτφ)

κλαδώνω: branch out

κλαδωτός, -ή, -ό: branched

κλαίγομαι: whine, complain

κλαίω: cry, weep

κλάκα, η: claque

κλάμα, το: crying, weeping, tears ‖ βλ. **θρήνος**

κλαμένος, -η, -ο: in tears, tearful

κλάνω: fart ‖ (ευγενική έκφραση) break wind

κλάξον, το: klaxon, horn, hooter

κλάρα, η: big branch, bough

κλαρί, το: βλ. **κλαδί** ‖ **βγαίνω στο ~:**

(παίρνω ανήθικο δρόμο) go astray, become a prostitute, become a street walker

κλαρίνο, το: clarinet || **στέκομαι ~:** stand to attention, stand ramrod-straight

κλάση, η: class *(και μτφ)* || *(στρ)* age group

κλασικισμός, ο: classicism

κλασικιστής, ο: classicist

κλασικός, -ή, -ό: classic, classical *(και μτφ)* || *(συγγραφέας ή ζωγράφος)* classic

κλάσμα, το: fraction

κλασματικός, -ή, -ό: fractional

κλάψα, η: βλ. **κλάμα** || *(μτφ)* complaint

κλάψας, ο: *(ιδ)* whining, nagging, never satisfied

κλαψιάρης, -α, -ικο: crybaby

κλάψιμο, το: βλ. **κλάμα**

κλαψουρίζω: whine, whimper

κλέβω: steal, swipe, filch, heist, pilfer, purloin || *(ληστεύω)* rob || *(απάγω)* kidnap || βλ. **εξαπατώ ή απατώ**

κλειδαμπαρώνω: lock and bolt

κλειδαράς, ο: locksmith

κλειδαριά, η: lock || *(λουκέτο)* padlock

κλειδαρότρυπα, η: keyhole

κλειδί, το: key *(και μτφ)* || *(εργαλείο)* wrench, spanner || *(κόκαλο)* βλ. **κλειδοκόκαλο**

κλειδοκόκαλο, το: collarbone, clavicle

κλειδοκύμβαλο, το: piano

κλειδούχος, ο: *(σιδ)* switchman

κλείδωμα, το: locking, padlocking

κλείδωνιά, η: βλ. **κλειδαριά**

κλειδώνω: lock, lock up *(και μτφ)* || *(με λουκέτο)* padlock

κλείδωση, η: *(οστών)* joint, articulation || *(δαχτύλων)* knuckle

κλείθρο, το: βλ. **κλειδαριά** || βλ. **κλειδί**

κλειθροποιός, ο: βλ. **κλειδαράς**

κλεινός, -ή, -ό: glorious, illustrious, famous

κλείνω: *(μτβ ή αμτβ)* close, shut || *(συζήτηση ή κείμενο)* conclude || *(διακόπτη)* switch off, turn off || *(στρόφιγγα)* turn off || *(εμποδίζω)*: bar, block || *(τραύμα)* heal || **~ το μάτι:** wink || *(συμφωνία)* clinch

κλείσιμο, το: shutting, closing || *(κατάληξη)* conclusion

κλεισούρα, η: narrow pass, narrow gorge, defile || *(σε κλειστό χώρο)* confinement, staying indoors

κλειστός, -ή, -ό: closed, shut

κλείστρο, το: bolt

κλέος, το: glory, fame

κλεπταποδόχος, ο: fence

κλεπτομανής, -ές: cleptomaniac, kleptomaniac

κλεπτομανία, η: cleptomania, kleptomania

κλεφτά: *(επίρ)* stealthily, furtively, slinkingly || **μπαίνω στα ~:** sneak into || **βγαίνω στα ~:** sneak out

κλέφτης, ο *(θηλ* **κλέφτρα)**: thief || *(διαρ.)* burglar, yegg || *(πορτοφολάς)* pickpocket || *(αρματωλός)* klepht, guerrilla

κλέφτικος, -η, -ο: stealing, thieving || *(των αρματωλών)* klepht, guerrilla

κλεφτοπόλεμος, ο: guerrilla warfare

κλεφτουριά, η: klephts, guerrillas

κλεφτοφάναρο, το: flashlight, torch

κλεψιά, η: βλ. **κλοπή**

κλεψιγαμία, η: common law marriage

κλεψίγαμος, -η, -ο: illegitimate, bastard

κλεψιμαίικος, -η, -ο: stolen

κλέψιμο, το: βλ. **κλοπή** || stealing, swiping

κλεψίτυπος, -η, -ο: counterfeit, illegal copy, pirated book

κλεψύδρα, η: clepsydra, hourglass, water clock

κλήμα, το: vine, vine branch

κληματαριά, η: grape vine, climbing vine

κληματόβεργα, η: vine branch

κληματόφυλλο, το: vine leaf

κλήριγκ, το: *(οικ)* clearing

κληρικός, ο: clergyman, cleric

κληροδότημα, το: legacy, bequest

κληροδοτώ: bequeath

κληρονομιά, η: *(περιουσία)* inheritance, legacy || *(πνευμ. κλπ)* heritage

κληρονομικός, -ή, -ό: hereditary

κληρονομικότητα, η: heredity

κληρονόμος, ο *(θηλ.* **κληρονόμος)**: heir *(θηλ* heiress)

κληρονομώ: inherit *(και μτφ)*

κλήρος, ο: *(λαχνός)* lot || *(μοίρα)* fate, lot || *(ιερωμένος)* clergy

κληρώνω: *(τραβώ κλήρο)* draw lots || *(μοιράζω με κλήρο)* apportion by lots

κλήρωση, η: drawing lots ‖ apportioning by lots

κληρωτός, ο: draftee, conscript

κλήση, η: call, calling, calling up ‖ *(πρόσκληση)* invitation ‖ *(νομ)* summons

κλήτευση, η: writ of summons

κλητεύω: summon

κλητήρας, ο: *(γραφείου)* office boy ‖ *(δικαστικός)* process server, constable ‖ *(δικαστηρίου)* bailiff

κλητική, η: *(γραμ)* vocative

κλητός, -ή, -ό: called

κλίβανος, ο: furnace, oven, kiln

κλίκα, η: clique

κλίμα, το: climate *(και μτφ)* ‖ βλ. **ατμόσφαιρα**

κλίμακα, η: stairs, staircase ‖ *(διαβάθμιση)* scale ‖ *(μτφ)* scale ‖ *(κινητή)* ladder ‖ *(ανεμόσκαλα)* ropeladder

κλιμάκιο, το: *(σκαλοπάτι)* step ‖ *(στρ)* echelon

κλιμακοστάσιο, το: stairway, stairwell, staircase

κλιμακώνω: escalate ‖ *(στρ)* echelon

κλιμάκωση, η: escalation ‖ *(στρ)* formation in echelons

κλιμακωτός, -ή, -ό: *(σε βαθμίδες)* in steps ‖ *(σε κλιμάκια)* in echelons

κλιματισμός, ο: air conditioning

κλιματολογία, η: climatology

κλινάμαξα, η: sleeping car, sleeper

κλίνη, η: βλ. **κρεβάτι**

κλινήρης, -ες: bedrid, bedridden

κλινική, η: *(ιδιωτ.)* hospital ‖ *(λαϊκή)* clinic

κλινικός, -η, -ο: clinical

κλινοσκέπασμα, το: bedspread, coverlid, coverlet ‖ *(κουβέρτα)* blanket ‖ *(πάπλωμα)* comforter, eiderdown, quilt

κλινοστρωμνή, η: bedding ‖ *(στρώμα)* mattress

κλίνω: *(γέρνω)* lean, incline, slant ‖ *(σκύβω)* bend, bow ‖ *(γραμ)* decline, inflect, conjugate ‖ *(έχω τάση)* tend, be inclined, incline

κλισέ, το: cliche~, stereotype plate, electrotype plate

κλίση, η: leaning, incline, slant, inclination ‖ *(πλαγιά)* slope, inclination ‖ *(σκύψιμο)* bending, inclination, bow ‖

(γραμ) declension, conjugation, inflection ‖ *(τάση)* tendency, inclination

κλισιοσκόπιο, το: sight

κλιτός, -ή, -ό: declinable

κλιτύς, η: slope, declivity, inclination

κλοιός, ο: manacle, shackle ‖ *(λαιμού)* collar ‖ *(μτφ)* cordon, iron ring

κλομπ, το: nightstick, club

κλονίζομαι: stagger, totter, be shaken ‖ *(μτφ)* totter, waver, falter

κλονίζω: shake, stagger ‖ *(μτφ)* shake, unsettle

κλονισμός, ο: shaking, staggering ‖ βλ. **δισταγμός** ‖ *(ψυχικός)* shock ‖ *(υγείας)* weakening, damage, impairing

κλοπή, η: theft, heist, filching ‖ *(από διάρρηξη)* burglary ‖ *(ληστεία)* robbery

κλοπιμαίος, -α, -ο: stolen

κλούβα, η: *(ιδ)* patrol wagon, black maria

κλουβί, το: cage

κλούβιος, -α, -ο: addle, bad, spoiled, rotten

κλυδωνίζομαι: pitch and toss, pitch and roll, be tossed by the waves

κλυδωνισμός, ο: pitch and toss, rolling and pitching

κλύσμα, το: enema

κλωβός, ο: βλ. **κλουβί**

κλωθογυρίζω: run around, turn round ‖ *(μτφ)* hedge, tergiversate

κλώθω: spin

κλωνάρι, το: branch, bough

κλωνί, το: βλ. **κλωνάρι**

κλώσιμο, το: spinning

κλώσσα, η: *(που κλωσσά)* brooding hen ‖ *(που έχει μικρά)* mother hen

κλωσσομηχανή, η: incubator

κλωσσοπούλι, το: fledgling, chick

κλωσσόπουλο, το: βλ. **κλωσσοπούλι**

κλωσσώ: brood, sit on

κλωστή, η: thread ‖ **κρέμεται από μία ~:** hangs by a thread

κλωστήριο, το: *(εργοστάσιο)* spinning mill, spinnery ‖ *(μηχανή)* spinning frame, spinning wheel

κλωστούφαντουργείο, το: spinnery

κλώστρα, η: spinner

κλώτσημα, το: *(όπλου ή πυροβόλου)* kick, recoil

637

κλωτσιά

κλωτσιά, η: kick *(και μτφ)*
κλωτσοσκούφι, το: *(μτφ)* whipping boy
κλωτσώ: kick ‖ (όπλο) kick, recoil ‖ *(μτφ)* ride roughshod
κνήμη, η: leg ‖ (γάμπα) shank ‖ *(ανατ)* tibia
κνημίδα, η: (αρχ.) greave ‖ (συγχρ.) legging
κνησμός, o: itch
κνούτο, το: knout
κνώδαλο, το: *(μτφ)* spineless, good-for-nothing
κοάζω: croak
κοβάλτιο, το: cobalt
κόβομαι: cut oneself ‖ *(μτφ)* fall over oneself, be eager to ‖ (σε εξετάσεις) fail, flunk
κόβω: cut ‖ (πετσοκόβω) cut up ‖ (σε φέτες) slice ‖ (αλέθω) grind ‖ (συνήθεια) cut, give up ‖ (κουράζω) tire, exhaust ‖ (σε εξετάσεις) fail, flunk ‖ (σταματώ παροχή) interrupt ‖ (αποκόπτω) cut off ‖ ~ **λάσπη:** scram, skedaddle ‖ ~ **νόμισμα:** mint ‖ ~ **εισιτήριο:** buy a ticket, get a ticket ‖ ~ **δρόμο:** take a short cut ‖ (ξυνίζω) turn sour, sour ‖ ~ **το βήχα:** throw cold water on ‖ ~ **την αναπνοή:** catch one's breath ‖ ~ **κομμάτάκια:** cut to pieces ‖ ~ **χαρτιά:** (χαρτοπ) cut the cards ‖ ~ **μονέδα** *(ιδ):* make money ‖ ~ **το αίμα:** curdle s.b's blood ‖ **το κεφάλι του ~ει:** he's got brains ‖ *(ιδ)* gain the favor of, win
κογιονάρω: pull s.b's leg, make fun of
κογκρέσο, το: congress
κόγχη, η: conch, shell ‖ (ματιού) orbit, eye socket, eyehole
κογχύλι, το: βλ. **κοχύλι**
κόθορνος, o: cothurn, cothurnus, buskin ‖ *(μτφ)* fickle, inconstant
κοιλάδα, η: valley, dale, vale
κοιλαίνω: hollow, make hollow
κοιλαράς, o: (θηλ κοιλαρού): paunchy, potbellied
κοιλιά, η: belly ‖ βλ. **στομάχι** ‖ βλ. **υπογάστριο** (μεγάλη) paunch, potbelly ‖ (εξόγκωμα) belly, bulge
κοιλιακός, -ή, -ό: coeliac, celiac, abdominal
κοιλιόδουλος, -η, -ο: glutton
κοιλόκυρτος, -η, -ο: concavoconvex

κοιλόπονος, o: bellyache, stomach ache ‖ (γέννας) labor
κοίλος, -η, -ο: (βαθουλός) hollow ‖ (μη κυρτός) concave
κοιλότητα, η: (βαθούλωμα) hollow, hollowness ‖ concavity
κοίλωμα, το: hollow, cavity
Κοίμηση, η: (Θεοτόκου) Assumption
κοιμητήριο, το: graveyard, cemetery, churchyard
κοιμίζω: put to sleep ‖ (νανουρίζω) lull to sleep ‖ *(μτφ)* lull, quiet
κοιμισμένος, -η, -ο: asleep ‖ (πολύ αργός) sluggish ‖ (χαζός) slow-witted
κοιμούμαι: sleep, be asleep ‖ (με παίρνει ο ύπνος) fall asleep ‖ (αργώ να αντιδράσω) be sluggish ‖ (είμαι χαζός) be slow-witted, be slow ‖ ~ **όρθιος:** be sluggish, be slow
κοινό, το: the public
κοινόβιο, το: convent
κοινοβουλευτικός, -ή, -ό: parliamentary, congressional
κοινοβούλιο, το: (U.S.A.) Congress ‖ (Engl.) Parliament
κοινοκτημοσύνη, η: common ownership
κοινολόγηση, η: publication, publicizing
κοινολογώ: publicize
κοινοποίηση, η: notification ‖ βλ. **κοινολόγηση**
κοινοποιώ: notify ‖ βλ. **κοινολογώ**
κοινοπολιτεία, η: confederation, commonwealth
κοινοπραξία, η: association, cooperation
κοινός, -ή, -ό: (γενικός) common ‖ (δημόσιος) public, common ‖ (συνηθισμένος) common ‖ (όχι εξαιρετικός) ordinary ‖ ~ **νους:** common sense ‖ ~**ή αγορά:** common market ‖ ~**ή γνώμη:** public opinion
κοινοτάρχης, o: mayor of a village, head of a commune
κοινότητα, η: (ιδιότητα) communion, community ‖ (οργάνωση) community ‖ (χωριό) commune
κοινοτικός, -ή, -ό: community, commune, communal ‖ ~ **κέντρο:** community center
κοινοτοπία, η: triteness, banality, commonplace, platitude
κοινοτοπικός, -ή, -ό: trite, banal, com-

638

monplace
κοινόχρηστα, τα: (πολυκατοικίας) utilities
κοινωνία, η: (σύνολο) society || βλ.
κοινότητα || (μετάληψη) communion ||
~ **των Εθνών:** league of nations
κοινωνικός, -ή, -ό: (της κοινωνίας)
social, || (άνθρωπος) social, gregarious,
convivial
κοινωνικότητα, η: sociability, sociality,
gregariousness
κοινωνιολογία, η: sociology
κοινωνιολόγος, ο: sociologist
κοινωνισμός, ο: socialism
κοινωνιστικός, -ή, -ό: socialistic
κοινωνώ: (αμτβ) participate || (μτφ) receive Holy Communion || (μτβ) administer Holy Communion
κοινώς: (επίρ) commonly
κοινωφελής, -ές: (ίδρυμα) non-profit
κοίταγμα, το: glance, looking || (μτφ)
care, looking after
κοιτάζω: look at, glance || (μτφ) look after || (ασθενή) attend, look after
κοίτασμα, το: layer, stratum, bed, deposit || (φλέβα) vein
κοίτη, η: bed
κοιτίδα, η: cradle (και μτφ)
κοίτομαι: lie
κοιτώ: βλ. **κοιτάζω**
κοιτώνας, ο: (υπνοδωμάτιο) bedroom, bedchamber || (σχολείου) dormitory, dorm
κοκ, το: coke
κοκαΐνη, η: cocaine || (ιδ) coke
κοκέτα, η: (φιλάρεσκη) coquette || βλ. **κουκέτα**
κοκεταρία, η: coquetry
κοκαλένιος, -α, -ο: bone, made of bone
κοκκαλιάζω: stiffen, grow stiff || (κρυώνω): become stiff from cold, freeze
κοκκαλιάρης, -α, -ικο: skinny, scrawny
κοκκάλινος, -η, -ο: βλ. **κοκκαλένιος**
κόκκαλο, το: bone || (παπουτσιού) shoehorn || **πετσί και ~:** skin and bones || **μένω ~:** be thunderstruck
κοκκαλώνω: βλ. **κοκκαλιάζω** || (από φόβο) be scared stiff || (στέκομαι σε στάση προσοχής) come to attention, stand ramrod-straight

κοκκινάδα, η: redness || (προσώπου) blush
κοκκινάδι, το: rouge
κοκκινέλι, το: red wine
κοκκινίζω: redden, turn red, blush || (μαγειρ.) brown
κοκκινίλα, η βλ. **κοκκινάδα**
κοκκίνισμα, το: reddening || (μαγειρ.) browning
κοκκινιστός, -ή, -ό: browned, roast brown
κοκκινογούλι, το: beet
κοκκινομάλλης, -α, -ικο: redhead, redhaired
κόκκινος, -η, -ο: red || (βαθύ κόκκινο) scarlet, purple || (άλογο) bay || (μάγουλο) rosy, red, flushed || (πρόσωπο) ruddy || (πυρακτωμένος) red-hot
κοκκινοσκουφίτσα, η: Red Riding Hood
κοκκινόχωμα, το: argil, red clay
κοκκινωπός, -ή, -ό: reddish
κόκκος, ο: grain (και μτφ) || (σκόνης) speck || (κομματάκι) particle || (καφέ) bean
κοκκοφοίνικας, ο: coconut palm
κοκκύτης, ο: whooping cough
κόκορας, ο: rooster, cock || (όπλου) cock, hammer || (μτφ) bantam, squirt || (παλικαράς) bully
κοκορεύομαι: bluster, swagger
κοκορόμυαλος, -η, -ο: featherbrain
κοκότα, η: prostitute
κοκτέιλ, το: cocktail (και μτφ)
κοκωβιός, ο: gudgeon
κολάζομαι: sin
κολάζω: (τιμωρώ) punish, chastise || (βάζω σε πειρασμό) tempt
κόλακας, ο: flatterer || (δουλοπρεπής κόλακας) sycophant, bootlicker, toady
κολακεία, η: flattery
κολακευτικός, -ή, -ό: flattering || (επαινετικός) complimentary
κολακεύω: flatter || (δουλοπρεπώς) fawn upon, adulate, applepolish
κόλαση, η: hell (και μτφ)
κολάσιμος, -η, -ο: punishable
κολασμένος, -η, -ο: damned
κολασμός, ο: punishment, chastisement
κολατσίζω: snack, have a snack, brunch
κολατσιό, το: snack, brunch

κόλαφος, ο: slap in the face *(και μτφ)*
κολεός, ο: sheath, scabbard
κολιέ, το: necklace
κολικόπονος, ο: βλ. **κολικός**
κολικός, ο: colic
κολιός, ο: mackerel
κόλλα, η: glue, paste ‖ *(για κολλάρισμα)* starch ‖ *(φύλλο χαρτιού)* sheet ‖ ~ **αναφοράς:** legal cap
κολλαρίζω: starch
κολλαριστός, -ή, -ό: starched
κολλάρο, το: collar
κολλέγιο, το: college
κόλλημα, το: gluing, sticking ‖ *(μετάλλου)* soldering
κόλληση, η: βλ. **κόλλημα**
κολλητικός, -ή, -ό: sticky ‖ *(μτφ)* catching, contagious ‖ *(που κολλά)* adhesive
κολλητός, -ή, -ό: glued ‖ *(μέταλλο)* soldered ‖ *(εφαρμοστός)* skin-tight, tight-fitting ‖ *(διπλανός)* adjoining
κολλιτσίδα, η: bur, burdock ‖ *(μτφ)* bur, pest
κολλυβογράμματα, τα: smattering
κολλύριο, το: eyewash, collyrium
κολλώ: stick, glue, paste ‖ *(μέταλλο)* solder ‖ *(μεταδίδω ασθένεια)* give, communicate a disease, infect ‖ *(αρπάζω ασθένεια μεταδοτική)* catch, get ‖ *(γίνομαι φόρτωμα)* stick, pester ‖ *(ενοχλώ, πειράζω)* crowd
κολλώδης, -ες: sticky, clammy
κολοβός, -ή, -ό: *(χωρίς ουρά)* docked ‖ *(με πολύ κοντή ουρά)* bobtail ‖ *(μτφ)* truncate ‖ **φίδι** ~ό: *(ιδ)* venomous, malignant
κολοβώνω: dock ‖ *(μτφ)* truncate
κολοκύθα, η: gourd, calabash
κολοκυθάκι, το: zucchini
κολοκύθας, ο: dolt, blockhead
κολοκύθι, το: pumpkin
κολοκυθιά, η: gourd, calabash, pumpkin plant
κολοκυθόσπορος, ο: pumpkin seed
κολόνα, η: column, pillar ‖ *(μτφ)* pillar
κολόνια, η: cologne, cologne water
κολοσσαίο, το: coliseum, colosseum
κολοσσιαίος, -α, -ο: colossal
κολοσσός, ο: colossus
κόλουρος, -η, -ο: truncated

κολοφώνας, ο: apex, height, acme, zenith
κολπαδόρος, ο: trickster
κολπατζής, ο *(θηλ.* **κολπατζού**): βλ. **κολπαδόρος**
κολπίσκος, ο: bay
κόλπο, το: trick
κόλπος, ο: *(θάλασσας)* gulf, bay ‖ *(στήθη)* bosom, breast ‖ *(καρδιάς)* ventricle ‖ *(αιδοίου)* meatus
κολύμβηση, η: swimming
κολυμβητής, ο *(θηλ* **κολυμβήτρια**): swimmer
κολυμβητικός, -ή, -ό: swimming
κολυμπήθρα, η: font
κολύμπι, το: swimming
κολυμπώ: swim ‖ *(είμαι βυθισμένος)* be immersed ‖ ~ **στα λεφτά:** roll in money ‖ ~ **στον ιδρώτα:** be bathed in sweat
κολώνα, η: βλ. **κολόνα**
κολώνω: back off *(και μτφ)*
κομβιοδόχη, η: buttonhole
κόμη, η: hair
κόμης, ο: (Engl.) earl ‖ *(continent)* count ‖ *(θηλ* **κόμισσα**) countess
κομητεία, η: county, shire
κομήτης, ο: comet
κομίζω: carry, convey, bring, haul
κόμισσα, η: countess
κομιστής, ο *(θηλ* **κομίστρια**): bearer, carrier
κόμιστρα, τα: haulage, transportation fees, carriage fees
κομιτάτο, το: committee
κόμμα, το: *(γραμ)* comma ‖ *(πολιτ)* party ‖ *(κλίκα)* faction, clique
κομμάρα, η: lassitude, fatigue
κομματάκι, το: little bit
κομματάρχης, ο: *(αρχηγός κόμματος)* party leader ‖ *(κομματικός παράγοντας)* campaign manager
κομμάτι, το: piece ‖ *(μικρό)* bit, morsel ‖ *(μεγάλο)* chunk ‖ βλ. **θραύσμα** ‖ *(ζάχαρης)* lump ‖ *(μουσικό)* piece ‖ *(όμορφη κοπέλλα)* dish, tomato
κομματιάζω: break to pieces, cut to pieces, shatter, smash
κομματίζομαι: favor one's party followers, be factious
κομματικός, -ή, -ό: party
κομματισμός, ο: factiousness, political

favoritism

κομμένος, -η, -ο: cut, cut up ‖ (σε φέτες) sliced ‖ (μτφ) done for, exhausted

κόμμι, το: gum, rubber ‖ **ελαστικό ~:** indiarubber

κομμό, το: commode

κομμοδίνο, το: commode, bedside table

κομμουνίζω: have communistic tendencies, be sympathetic with Communist doctrine

κομμουνισμός, ο: communism

κομμουνιστής, ο (θηλ **κομμουνίστρια**): communist

κομμουνιστικός, -ή, -ό: communistic

κόμμωση, η: hairdo, coiffure ‖ (πράξη χτενίσματος) hairdressing

κομμωτήριο, το: hairdresser's

κομμωτής, ο (θηλ **κομμώτρια**): hairdresser

κομοδίνο, το: βλ. **κομμοδίνο**

κομπάζω: boast, brag

κομπάρσος, ο (θηλ **κομπάρσα**): super, supernumerary, extra

κομπασμός, ο: boast, brag, boasting, bragging

κομπαστής, ο: braggart, bragger, boastful

κομπαστικός, -ή, -ό: boastful

κομπιάζω: (κάνω κόμπους) knot ‖ (δυσκολεύομαι να μιλήσω) hem, stumble, falter, speak falteringly, hesitate

κομπίνα, η: (ιδ) racket, bunco, confidence game

κομπιναδόρος, ο: (ιδ) racketeer, bunco artist, con man

κομπινεζόν, το: slip

κομπλέ: complete, full

κόμπλεξ, το: complex

κομπλιμεντάρω: compliment

κομπλιμέντο, το: compliment

κομπογιανίτης, ο: charlatan, quack

κομπογιανίτικος, -η, -ο: quack, charlatanic

κομπόδεμα, το: cache, hoard, bundle

κομποδένω: tie a knot, knot ‖ (μτφ) take at one's word, take for granted

κομπολόι, το: worrybeads ‖ (μοναχού) rosary, beads

κομπορρημονώ: βλ. **κομπάζω**

κομπορρημοσύνη, η: βλ. **κομπασμός**

κόμπος, ο: (από δέσιμο) knot ‖ (δέντρου) knur, knot ‖ (προεξοχή) knurl ‖ (διαστ. δικτύου) junction ‖ (ελάχιστη ποσότητα) drop ‖ (μονάς) knot ‖ **το δένω ~:** take at one's word, believe, take for granted ‖ **εδώ είναι ο ~:** there's the rub ‖ **φτάνει ο ~ στο χτένι:** come to a showdown, force the issue, reach a climax

κομποσκοίνι, το: rosary

κομπόστα, η: compote

κόμπρα, η: cobra

κομπρέσσα, η: compress

κομφετί, το: confetti

κομφόρ, το: conveniences

κομψεύομαι: be foppish, be a dandy

κομψευόμενος, -η, -ο: dandy, fop, foppish, toff

κομψός, -ή, -ό: dapper, elegant, neatly dressed, trim

κομψοτέχνημα, το: work of art

κομψότητα, η: dapperness, elegance

κονία, η: cement

κονιάκ, το: cognac

κονίαμα, το: mortar ‖ βλ. **κονία**

κόνιδα, η: nit

κόνικλος, ο: rabbit

κονικλοτροφείο, το: rabbit warren

κονιοποίηση, η: pulverization

κονιοποιώ: pulverize

κονίστρα, η: arena (και μτφ)

κονκάρδα, η: (σήμα) cockade, rosette ‖ (με όνομα) name tag

κονσέρβα, η: can, tin, canned food, tinned food ‖ (φρούτων) preserves

κονσερβοποιείο, το: cannery

κονσερβοποιία, η: canning

κονσέρτο, το: concert ‖ (σύνθεση) concerto

κοντά: (επίρ) near, close by, close to ‖ (σχεδόν) almost, nearly ‖ (προς) about, towards ‖ **~ στα άλλα:** furthermore, moreover, in addition to ‖ **εδώ ~:** close by

κονταίνω: (μτβ) shorten, make shorter, curtail ‖ (αμτβ) get shorter, grow shorter, shorten

κοντάκι, το: gunstock, butt

κοντακιανός, -ή, -ό: βλ. **κοντούλης**

κοντανασαίνω: gasp, gasp for breath, puff

κοντάρι, το: (άλματος) pole ‖ (δόρυ) spear ‖ (ακοντισμού) javelin ‖ (σημαίας) flagpole, flagstaff ‖ (τοπογράφου) rod, leveling rod, leveling pole, leveling staff ‖ (καμάκι) harpoon

κόντεμα, το: shortening ‖ (πλησίασμα) approaching

κόντες, ο: βλ. **κόμης**

κοντέσσα, η: βλ. **κόμισσα**

κοντεύω: approach, draw near, be near, be about to

κόντης, ο: βλ. **κόμης**

κοντινός, -ή, -ό: near by, neighboring ‖ (σύντομος) short ‖ **ο πιο ~:** the nearest

κοντοβράχι, το: breeches

κοντογυρίζω: loiter, linger

κοντοζυγώνω: draw near

κοντολογής: (επίρ) briefly, in a few words, in short

κοντομάνικος, -η, -ο: short-sleeved

κοντοπίθαρος, -η, -ο: dumpy, squat

κοντοπόδαρος, -η, -ο: short-legged

κοντορεβυθούλης, ο: Tom Thumb

κοντός, -ή, -ό: short

κοντός, ο: βλ. **κοντάρι**

κοντοστέκομαι: tarry, linger ‖ (μτφ) hesitate

κοντοστούπης, ο: midget, pint-sized

κοντόσωμος, -η, -ο: short

κοντούλης, -α, -ικο: βλ. **κοντοστούπης**

κοντόφθαλμος, -η, -ο: short-sighted (και μτφ)

κοντόχοντρος, -η, -ο: short and thickset ‖ βλ. και **κοντοπίθαρος**

κόντρα: (επίρ) against ‖ (αντίθετα σε θέληση ή επιθύμηση) against the grain ‖ **πάω ~:** oppose

κοντράλτο, η: contralto

κοντραμπάσσο, το: tuba, basshorn

κοντραπλακέ, το: plywood

κοντσέρτο, το: βλ. **κονσέρτο**

κοντυλένιος, -α, -ο: (μτφ) willowy, slender

κοντύλι, το: pencil ‖ (οικ) fund, item

κοντυλοφόρος, ο: penholder

κοπάδι, το: (πρόβατα ή κατσίκια κλπ) flock ‖ (βοοειδών) herd ‖ (λύκων κλπ) pack ‖ (πουλιών) flight, bevy, covey ‖ (λιονταριών) pride ‖ (ψαριών) school, shoal ‖ (κοπάδι που μετακινείται) drove ‖ (ανθρώπων) flock ‖ (εντόμων) swarm ‖ (ανθρώπων με κακό σκοπό) pack, mob

κοπάζω: abate, subside, calm down

κοπάνα, η: (ιδ) truancy ‖ **κάνω ~:** truant, be truant

κοπάνι, το: (ιδ) jerk, numbskull

κοπανίζω: (χτυπώ με κόπανο) pound ‖ (τρίβω) grind, crush ‖ (δέρνω άγρια) maul

κόπανος, ο: pestle ‖ (μτφ) jerk, numbskull

κοπανώ: βλ. **κοπανίζω** ‖ (ιδ) βλ. **κοπάνα**

κοπέλα, η: lass, maiden, gal, girl

κοπελιά, η: βλ. **κοπέλα**

κοπετός, ο: βλ. **θρήνος**

κοπή, η: cut, cutting, shearing

κόπια, η: βλ. **αντίγραφο**

κοπιάζω: labor, labour, toil ‖ βλ. **κουράζομαι** ‖ (μπαίνω σε κόπο) bother, take the trouble

κοπιαστικός, -ή, -ό: βλ. **κουραστικός**

κοπίδι, το: chisel

κόπιτσα, η: clasp, hook, clip

κοπιώδης, -ες: βλ. **κουραστικός**

κόπος, ο: labor, labour, toil ‖ βλ. **κούραση** ‖ **μπαίνω στον ~:** bother, take the trouble ‖ **αξίζει τον ~:** it is worth the while, it is worthwhile

κόπρανα, τα: stool, feces, excrement

κοπριά, η: manure, dung ‖ (λίπασμα) compost, manure

κοπρίζω: (μτβ) manure, apply manure ‖ (αμτβ) defecate, stool

κοπρίτης, ο: cur (και μτφ)

κόπρος, η: βλ. **κοπριά**

κοπρόσκυλο, το: cur, mongrel (και μτφ)

κοπτήρας, ο: (δόντι) incisor

κοπτική, η: tailoring

κοπυράϊτ, το: copyright

κόπωση, η: βλ. **κούραση**

κόρα, η: crust

κόρακας, ο: raven, crow

κοράκι, το: βλ. **κόρακας**

κορακίστικα, τα: jargon, gibberish

κορακοζώητος, -η, -ο: longevous, long-lived

κοραλλένιος, -α, -ο: coral (και μτφ)

κοράλλι, το: coral

κοράνι, το: koran

κορασιά, η: βλ. **κοπέλα**

κορασίδα, η: lassie, little girl

κορβανάς, ο: safe, strongbox

κορβέτα, η: corvette

κόρδα, η: string

κορδέλα, η: ribbon, band || (μετροταινία) tape || (δρόμου) ribbon || (πριόνι) band saw

κορδόνι, το: cord, ribbon, string, lace || ~ παπουτσιού: shoelace, shoestring || (φραγμός) cordon

κόρδωμα, το: swagger, preening

κορδώνομαι: swagger, preen oneself on, put on airs

κορδώνω: (ιδ) τα ~: kick the bucket

κορέος, ο: βλ. κοριός

κορεσμένος, -η, -ο: satiated, sated, cloyed, saturated || (χημ) saturated

κορεσμός, ο: satiation, satiety, saturation || (χημ) saturation

κόρη, η: βλ. κοπέλα || (θυγατέρα) daughter || (άγαμη) maiden, maid || (παρθένος) virgin || (οφθαλμού) pupil

κοριός, ο: bedbug

κοριτσάκι, το: little girl, lassie

κορίτσι, το: girl || (παρθένος) virgin || (θυγατέρα) daughter || (φιλενάδα) girl friend

κοριτσίστικος, -η, -ο: girlish

κοριτσόπουλο, το: βλ. κοριτσάκι

κορμί, το: (σώμα) body || (κορμός) trunk

κορμός, ο: trunk || (κύριο μέρος) body, stem

κορμοστασιά, η: stature, bearing

κόρνα, η: horn

κορνάρω: blow the horn

κορνέτα, η: cornet

κορνετίστας, ο: cornetist

κορνιαχτός, ο: dust

κορνίζα, η: (πλαίσιο) frame || (αρχιτ.) cornice

κορνιζάρω: frame

κοροϊδευτικός, -ή, -ό: mocking, derisive, scoffing, derisory

κοροϊδεύω: (ειρωνεύομαι) mock, deride, scoff, laugh at, make fun of || βλ. εξαπατώ

κοροϊδία, η: mockery, derision

κοροϊδο, το: (που τον κυροϊδεύουν) laugh-ingstock, butt, twit || (που τον εξαπατούν) gudgeon, patsy, dupe, dope, sucker

κορομηλιά, η: plumtree

κορόμηλο, το: plum

κορόνα, η: (στέμμα) crown || (αρχιτ.) corona || (διάδημα) coronet || (εθνόσημο) arms || (νόμισμα) crown || (όψη νομίσματος) heads || ~ γράμματα: heads or tails

κόρος, ο: satiety

κορσές, ο: (φαρδύς) corset, stays || (στενός) corselet

κορτάκιας, ο: flirt, flirtatious

κορτάρω: flirt, court, woo

κόρτε, το: flirtation, courtship, wooing

κορυδαλός, ο: skylark

κορύνα, η: (γυμναστικής) indian club

κορυφαίος, -α, -ο: head, leader

κορυφή, η: peak, summit (και μτφ) || (το ανώτερο σημείο αντικειμένου) top || (κεφαλιού) crown || (κρανίου) vertex || (γωνίας) vertex || από την ~ ως τα νύχια: from top to toe

κορυφογραμμή, η: ridge

κορύφωμα, το: apex, culmination, peak, height

κορυφώνομαι: culminate, reach the apex, be at one's height

κορύφωση, η: βλ. κορύφωμα

κορφή, η: βλ. κορυφή

κορφοβούνι, το: peak, summit of a mountain

κορφολογώ: snip the end

κόρφος, ο: bosom, breast || (θάλασσας) gulf, bay

κόρωμα, το: burning || (μτφ) rage, anger

κορώνα, η: βλ. κορόνα

κορωνίδα, η: top, peak, apex (και μτφ)

κορώνω: catch fire, burn || (μτφ) get mad, be furious, be infuriated

κοσκινίζω: sift, screen, sieve (και μτφ)

κόσκινο, το: sieve, screen || κάνω ~: (μτφ) riddle

κοσμαγάπητος, -η, -ο: popular

κοσμάκης, ο: small fry, the masses, the populace, the common people

κόσμημα, το: (στολίδι) ornament (και μτφ) || (μπιζού) jewel

κοσμηματοθήκη, η: casket

κοσμηματοπωλείο, το: jeweler's, jeweler's store

κοσμηματοπώλης, ο: jeweler

κοσμητεία, η: deanship, deanery

κοσμητικός, -ή, -ό: ornamental, decorative || (μακιγιάζ) cosmetic

κοσμήτορας, ο: (πανεπ.) dean, department head || (τελετής) sergeant at arms

κοσμικός, -ή, -ό: (κοινωνικός) social || (που πηγαίνει συχνά σε κοσμικές διασκεδάσεις) socialite || (μη κληρικός) lay, secular || (επίγειος) mundane, worldly, earthly || (του σύμπαντος) cosmic

κόσμιος, -α, -ο: decent, proper, decorous

κοσμιότητα, η: decency, decorum

κοσμοβριθής, -ές: swarming with people

κοσμογονία, η: cosmogony

κοσμογραφία, η: cosmography

κοσμογυρισμένος, -η, -ο: traveled, cosmopolitan, one who has been up the creek and over the mountain (ιδ)

κοσμοϊστορικός, -ή, -ό: of world wide importance, worldshaking

κοσμοκράτορας, ο: world ruler, overlord, ruler of the world

κοσμοκρατορία, η: world rule, universal rule

κοσμολογία, η: cosmology

κοσμοναύτης, ο: cosmonaut, astronaut

κοσμοξακουσμένος, -η, -ο: of world-wide fame

κοσμοπλημμύρα, η: a sea of people, multitudes

κοσμοπολίτης, ο (θηλ **κοσμοπολίτισσα**): (ουσ) cosmopolite || (επίθ) cosmopolitan

κοσμοπολίτικος, -η, -ο: cosmopolitan

κοσμοπολιτισμός, ο: cosmopolitanism

κόσμος, ο: (σύμπαν) cosmos, universe || (ανθρωπότητα κλπ.) world || (άνθρωποι) people || (πλήθος) throng, crowd || **χαλώ τον ~:** (κάνω φασαρία) make a lot of fuss, raise hell || **χαλώ τον ~ο, ή τρώω τον ~ο:** (προσπαθώ όσο μπορώ): move heaven and earth || **πρωτοβγαίνω στον ~** : make one's debut || **φέρνω στον ~:** give birth || **ο κάτω ~:** the nether world || **ο καλός ~:** upper classes, the high society || **δεν χάλασε ο ~:** it is not a big deal

κοσμοσυρροή, η: βλ. **κοσμοπλημμύρα**

κοσμοσωτήριος, -α, -ο: world saving

κοσμοχαλασιά, η: havoc || (μτφ) uproar, outcry

κοσμώ: adorn

κοστίζω: cost (και μτφ) || (είμαι ακριβός)

be costly

κοστολόγιο, το: price-list

κόστος, το: cost

κοστούμι, το: (ενδυμασία) suit || (ειδικό ρούχο) costume

κότα, η: hen, chicken

κότερο, το: cutter || βλ. **θαλαμηγός**

κοτέτσι, το: coop, roost

κοτζάμ (επιθ - ξεν): big, so big, such a big

κοτιγιόν, το: (χορός) cotillion || (χάρτινα καπελάκια, κλπ.) favors, favours

κοτολέτα, η: cutlet

κοτόπιτα, η: chicken pie

κοτόπουλο, το: chicken

κοτόσουπα, η: chicken soup

κοτρόνα, η: boulder

κοτρόνι, το: βλ. **κοτρόνα**

κοτσάνι, το: stalk, stem

κότσι, το: anklebone || (πληθ) (παιχνίδι) knucklebones || (θάρρος) guts, fortitude, || **βαστούν τα ~α του:** has the strength

κοτσίδα, η: plait, braid, pigtail || (αλογοουρά) ponytail

κοτσονάτος, -η, -ο: robust, husky, hardy

κότσος, ο: bun

κότσυφας, ο: merle, blackbird

κότσυφι, το: βλ. **κότσυφας**

κοτυληδόνα, η: cotyledon

κοτώ: dare, venture

κουαρτέτο, το: quartet

κουβάλημα, το: transport, carriage || (μετακόμιση) moving

κουβαλητής, ο (θηλ **κουβαλήτρια**): carrier || (μτφ) good family man

κουβαλώ: carry, transport, move, haul || (τραβώ με το ζόρι) drag || (μετακομίζω) move

κουβάρι, το: ball, clew || **μαλλιά ~α:** (ανάκατα) topsy turvy, confusion, utter disorder || **μαλλιά ~α:** (τσακωμός) a free-for-all brawl

κουβαριάζομαι: curl, huddle

κουβαριάζω: wind into a ball || (τσαλακώνω) rumple, crumple

κουβαρίστρα, η: spool, bobbin

κουβαρντιλίκι, το: (ιδ) generosity, liberality

κουβαρντάς, ο (θηλ **κουβαρντού**): openhanded, generous

κουβάς, ο: bucket, pail
κουβέντα, η: (συζήτηση) conversation, talk, chat ‖ (λόγος) say
κουβεντιάζω: converse, talk, chat ‖ (συζητώ) discuss ‖ (σχολιάζω) criticize, gossip
κουβεντολόι, το: chat, chatter, chitchat, small talk
κουβεντούλα, η: chat, chitchat
κουβέρ, το: cover charge
κουβέρτα, η: blanket ‖ (σκέπασμα) coverlet ‖ (πλοίου) deck
κουβούκλιο, το: (θόλος) canopy ‖ (εκκλ) baldaquin, baldachin
κουδούνι, το: bell
κουδουνίζω: ring, jingle, tinkle
κουδούνισμα, το: ringing
κουδουνίστρα, η: rattle
κουζίνα, η: (μαγειρείο) kitchen ‖ (σκεύος) cooker, range ‖ (είδος μαγειρικής) cuisine
κουζινέτο, το: bearing
κουκέτα, η: berth
κουκί, το: (κόκκος) grain ‖ (όσπριο) fava bean, broadbean
κούκκος, ο: cuckoo ‖ βλ. σκούφος ‖ ρολόι με ~: cuckoo clock ‖ ένας ~ δεν φέρνει την άνοιξη: one swallow does not make a summer ‖ τρεις κι ο ~: two or three, very few
κούκλα, η: doll ‖ (κουκλοθέατρου) puppet ‖ (μοδίστρας) mannequin, dummy ‖ (νήματος) skein ‖ (μτφ) doll
κουκλάκι, το: little doll (και μτφ)
κουκλί, το: βλ. κουκλάκι
κουκλίστικος, -η, -ο: like a doll
κούκλος, ο: male doll ‖ (μτφ) handsome
κουκουβάγια, η: owl
κουκούλα, η: cowl, hood
κουκουλάρικος, -η, -ο: silk
κουκούλι, το: cocoon
κουκούλωμα, το: cowling ‖ (ιδ - απόκρυψη) cover up ‖ (ιδ - γάμος με το ζόρι) shotgun marriage ‖ (ιδ - βιαστικός γάμος) hurried marriage
κουκουλώνω: cowl, cover with a hood ‖ (ιδ - αποκρύπτω) cover up ‖ (ιδ - παντρεύω με το ζόρι) force into marriage ‖ (παντρεύω βιαστικά) hurry into marriage
κουκουνάρα, η: cone, pine cone

κουκουνάρι, το: βλ. κουκουνάρα ‖ (σπόρος) pine cone seed
κουκουναριά, η: pine
κουκούτσι, το: kernel,stone ‖ (πολύ μικρό) pip ‖ (μτφ) grain
κουλαίνω: cripple, cut off one's arm, maim
κουλός, -ή, -ό: cripple, one-armed, one-handed
κουλούρα, η: (ψωμί) roll ‖ (σωσίβιο) life belt
κουλουράς, ο: pretzel seller, roll seller
κουλούρι, το: pretzel, small roll, ring-shaped roll, bun
κουλουριάζομαι: curl, coil
κουλουριάζω: coil, wind up
κουλουρτζής, ο: βλ. κουλουράς
κουλοχέρης, -α, -ικο: βλ. κουλός
κουλτούρα, η: culture
κουμαντάρω: control, manage
κουμάντο, το: control, management
κουμάρι, το: pitcher, jug ‖ (τυχ. παιγν.) gambling
κουμαριά, η: arbutus
κούμαρο, το: arbutus berry
κουμάσι, το: βλ. κοτέτσι ‖ (μτφ) rascal, scoundrel
κουμκάν, το: βλ. κουνκάν
κουμπάρα, η: (γάμου) maid of honor, matron of honor ‖ (νονά) godmother
κουμπαράς, ο: money-box, piggy bank, coin bank
κουμπάρος, ο: (γάμου) best man ‖ (νονός) godfather
κουμπί, το: button ‖ (κολάρου) stud ‖ (μανικετιού) link, cuff link
κουμπότρυπα, η: buttonhole
κουμπούρα, η: pistol ‖ (μτφ) ignorant, block head
κουμπούρι, το: βλ. κουμπούρα
κουμπουριά, η: pistol shot
κούμπωμα, το: buttoning
κουμπώνω: button, button up
κουμπωτήρι, το: button hook
κουνάβι, το: chipmunk, ferret, marten
κουνέλι, το: rabbit
κούνελος, ο: jack rabbit
κούνημα, το: shake, shaking, swing ‖ (πέρα-δώθε) wagging
κούνια, η: (αιώρα) swing ‖ (για ξάπλωμα)

hammock || (μωρού) cradle, crib

κουνιάδα, η: sister-in-law

κουνιάδος, ο: brother-in-law

κουνιέμαι: move || (πέρα-δώθε) swing, rock, shake || (προχωρώ - ιδ) mosey

κουνιστός, -ή, -ό rocking || (σκερτσόζος) mincy, mincing || (θηλυπρεπής) effeminate, fairy, pansy || ~**ή καρέκλα**: rocking chair, rocker

κουνκάν, το: (χαρτοπ.) cooncan, conquian

κουνούπι, το: mosquito || (ενοχλητικός) pest, nuisance

κουνουπίδι, το: cauliflower

κουνουπιέρα, η: mosquito net

κουνώ: βλ. **κινώ** || swing, rock, shake || (σε κούνια) rock || (κεφάλι καταφατικά) nod || (κεφάλι αρνητικά) shake || (χέρι ή μαντήλι) wave || (πέρα-δώθε) wag || (ουρά) wag

κούπα, η: cup, mug, bowl || (χαρτοπ.) heart

κουπαστή, η: gunwale

κουπέ, το: (αμάξι) coupé || (αυτοκ.) coupe, coupé

κουπί, το: oar || (μονόκωπου) paddle || **τραβώ** ~: (σε βάρκα) row || (σε μονόκωπο) paddle

κουπόνι, το: coupon

κούρα, η: cure, therapy

κουράγιο, το: courage, pluck, grit

κουράδι, το: excrement, fecal matter

κουράζομαι: get tired, grow tired, weary

κουράζω: tire, weary, wear out, tucker out || (μτφ) bore

κουραμπιές, ο: bun || (μτφ) noncombatant soldier

κουράρω: cure, attend

κούραση, η: weariness, fatigue || βλ. **εξάντληση**

κουρασμένος, -η, -ο: tired, weary, exhausted || (εμφάνιση) haggard, drawn

κουραστικός, -ή, -ό: tiring, tiresome, wearisome || βλ. **ανιαρός**

κουρέας, ο: barber || (στυλίστας) hairstylist

κουρείο, το: barbershop

κουρελής, ο: (θηλ **κουρελού**): ragged, in rags, dressed in tattered clothes || (ρακοσυλλέκτης) ragman, rag picker

κουρέλι, το: rag, tatter || (μτφ **καταρρακωμένος**) broken down, suffering from a breakdown || **κάνω** ~: humiliate

κουρελιάζω: tatter, tear to shreds, shred || (μτφ) humiliate

κουρελιάρης, α, -ικο: βλ. **κουρελής** || (μτφ) ragtag

κούρεμα, το: (ανθρώπου) haircut || (ζώου) shear, grooming, clipping

κουρεύω: cut the hair, cut s.o.'s hair, trim || (ζώου) shear, clip || (χόρτο) mow

κούρκος, ο: turkey

κουρκούτι, το: (χυλός) pap || (για γλύκισμα) batter

κουρμπάτσι, το: whip

κουρνιάζω: perch, roost

κουρνιαχτός, ο: βλ. **κορνιαχτός**

κουρντίζω: (με ελατήριο) wind, wind up || (μουσ. όργανο) tune || (ιδ. - πειράζω) tease, pull s.o's leg, make fun of

κουρντιστήρι, το: (ελατηρίου) winder || (οργάνου) tuner

κουρούνα, η: rook

κουρούπι, το: pot, earthen pot

κουρουφέξαλα, τα: (ιδ) trash, nonsense, stuff, stuff and nonsense

κούρσα, η: (αγώνας ταχύτητας) race || (διαδρομή) ride || (αυτοκ.) automobile, car

κουρσάρικος, -η, -ο: piratic, piratical

κουρσάρος, ο: corsair, pirate

κούρσεμα, το: piracy

κουρσεύω: plunder, pillage || (κάνω επιδρομή) raid

κουρταλώ: rattle

κουρτίνα, η: curtain

κουσούρι, το: βλ. **ελάττωμα**

κουστωδία, η: escort || (νομ. - φύλαξη) custody

κουτάβι, το: puppy, whelp || (μτφ) naive, simple

κουτάλα, η: ladle

κουταλάκι, το: teaspoon

κουτάλι, το: spoon

κουταλιά, η: spoonful

κουταμάρα, η: foolishness, nonsense

κούτελο, το: forehead

κουτεντές,ο: idiot, jughead, blockhead

κουτί, το: box || (κονσέρβας) can || (πακέτο) parcel || (σπίρτων) matchbox

‖ **του ~ού**: in sartorial elegance, out of a fashion magazine

κουτοπόνηρος, -η, -ο: a sly bumpkin

κουτός, -ή, -ό: stupid, idiot, fool

κουτούκι, το: *(ιδ)* tavern

κουτούλημα, το: βλ. **κουτουλιά**

κουτουλιά, η: butting ‖ βλ. **κεφαλιά**

κουτουλώ: (χτυπώ με το κεφάλι) butt ‖ (είμαι αφελής) be naive, be stupid ‖ (νυστάζω) nod sleepily, nod drowsily

κουτουράδα, η: rashness, rash act

κουτουρού: *(επίρ)* haphazardly, at random, by chance

κούτρα, η: *(ιδ)* βλ. **κούτελο** ‖ βλ. **κεφάλι**

κουτρίζω: βλ. **κουτουλώ**

κουτρουβάλα, η: tumble, somersault

κουτρουβάλημα, το: βλ. **κουτρουβάλα**

κουτρουβαλώ: tumble down, fall head over heels, somersault, turn somersault

κουτρούλης, -α, -ικο: bald ‖ **του ~η ο γάμος, του ~η το πανηγύρι**: hurly-burly, tumult, uproar

κούτσα-κούτσα: *(επίρ) (ιδ)* haltingly, very slowly

κουτσαβάκης, ο: bully

κουτσαίνω: *(μτβ)* cripple, make lame ‖ *(αμτβ)* limp

κούτσαμα, το: lameness

κουτσαμάρα, η: βλ. **κούτσαμα**

κουτσομπολεύω: gossip, tittle-tattle, spread gossip

κουτσομπόλης, -α, -ικο: gossip, gossiper, gossip monger

κουτσομπολιό, το: gossip, tittle-tattle, gossipry

κουτσομύτης, -α, -ικο: snub-nosed, pug-nosed

κουτσοπίνω: nurse a drink

κουτσός, -ή, -ό: lame, limping

κουτσούβελο, το: brat, toddler, kid

κουτσουλιά, η: (πουλιού) bird excrement, bird droppings ‖ (μύγας) flyspeck

κουτσούρεμα, το: mutilation

κουτσουρεύω: mutilate

κούτσουρο, το: stump, log ‖ *(μτφ)* bumpkin

κουτσοχέρης, -α, -ικο: one-handed, one-armed

κουφαίνομαι: become deaf, go deaf, be deafened

κουφαίνω: deafen, make deaf

κουφάλα, η: hollow ‖ *(ιδ)* slut

κουφαμάρα, η: deafness

κουφάρι, το: carcass ‖ (σκάφος) hull

κουφέτο, το: sugared almond

κουφιοκέφαλος, -η, -ο: empty-headed, scatterbrained

κούφιος, -α, -ο: hollow, empty *(και μτφ)* ‖ (δόντι) rotten, decayed

κουφόβραση, η: sultriness, swelter

κουφοξυλιά, η: elder

κούφος, -η, -ο: *(μτφ)* hollow, empty

κουφός, -ή, -ό: deaf ‖ (βαρήκοος) hard of hearing ‖ **κάνω τον ~**: turn a deaf ear

κούφωμα, το: hollow, cavity ‖ (παραθύρου ή πόρτας) frame ‖ βλ. **άνοιγμα**

κουφώνω: hollow, make hollow

κόφα, η: large basket

κοφίνι, το: βλ. **καλάθι**

κοφτά: *(επίρ)* curtly, brusquely, abruptly ‖ **ορθά ~**: frankly, straight forwardly

κοφτερός, -ή, -ό: sharp, keen, cutting

κοφτήριο, το: (πανάκριβο μαγαζί) expensive store ‖ (που βγάζει πολλά) gold mine

κόφτης, ο: (ραφείου) cutter ‖ *(ιδ)* ladykiller

κοφτός, -ή, -ό: cut ‖ *(μτφ)* curt, brusque, abrupt

κόφτω: βλ. **κόβω**

κόχη, η: (γωνιά) corner ‖ (εσοχή) recess, nook, alcove

κοχλάζω: boil ‖ *(μτφ)* seethe, boil

κόχλασμα, το: boil, boiling ‖ *(μτφ)* seething, boiling

κοχλασμός, ο: βλ. **κόχλασμα**

κοχλίας, ο: (σαλιγκάρι) snail ‖ (βίδα) screw, bolt ‖ (ανατ.) cochlea

κοχύλι, το: seashell

κόψη, η: edge

κοψιά, η: βλ. **κόψιμο**

κοψίδι, το: chunk, piece, bit

κόψιμο, το: cut, gash ‖ (πράξη) cutting, gashing ‖ (σταμάτημα) cutting ‖ βλ. **κοιλόπονος** ‖ βλ. **διάρροια** ‖ (σε εξετάσεις) failing, flunking

κοψομεσιάζομαι: break my back, be tuckered out

κοψομεσιάζω: break s.o's back, tucker out

647

κοψοχολιάζω

κοψοχολιάζω: frighten to death
κραγιόν, το: (σχεδ.) crayon ‖ (γυναικός) lipstick
κραδαίνω: brandish, flourish ‖ βλ. **δονώ**
κραδασμός, ο: vibration
κράζω: (πετεινός) crow ‖ (κόρακας) caw ‖ (φωνάζω) call ‖ (κραυγάζω) cry out
κραιπάλη, η: (έκλυτη ζωή) debauchery, dissipation ‖ (όργια) orgy, revelry ‖ (μεθύσι) drunkenness
κράμα, το: mixture ‖ (χαρμάνι) blend ‖ (μεταλ.) alloy, amalgam
κράμβη, η: cabbage
κραμπολάχανο, το: βλ. **κράμβη**
κρανιά, η: cornel
κρανιακός, -ή, -ό: cranial
κρανίο, το: skull ‖ (ανατ.) cranium
κρανιομετρία, η: craniometry
κράνο, το: cornel berry
κράνος, το: helmet ‖ βλ. **κάσκα**
κράξιμο, το: (πετεινού) crow, crowing ‖ (κόρακα) caw, cawing ‖ calling out
κρασάτος, -η, -ο: (χρώματος κρασιού) wine-colored ‖ (μαγειρεμένος) cooked in wine
κράση, η: (ανάμειξη) mixture, mixing ‖ (ανθρώπου) constitution ‖ (γραμ) contraction
κρασί, το: wine
κρασοβάρελο, το: wine barrel, wine cask, tun
κρασοκανάτα, η: wine jug, wine pitcher ‖ (ιδ) wino
κρασοκατάνυξη, η: bender
κρασοπατέρας, ο: wino
κρασοπότηρο, το: wine glass
κρασοπουλειό, το: tavern
κράσπεδο, το: (ποδόγυρος) hem, border ‖ (βουνού) foot ‖ (πεζοδρομίου) curb
κραταιός, -ή, -ό: powerful, mighty
κραταιώνω: fortily, strengthen
κράτει: (προστ.) hold, stop, halt, dessist ‖ (ναυτ.) avast
κρατερός, -ή, -ό: powerful, mighty
κράτημα, το: hold, holding
κρατήρας, ο: crater
κράτηση, η: βλ. **κράτημα** ‖ (περιορισμός) detention, custody, confinement ‖ (μισθού) deduction
κρατητήριο, το: jail, lockup

κρατιέμαι: refrain, hold oneself back ‖ (μτφ) hold out, hold one's own
κρατικοποίηση, η: nationalization
κρατικοποιώ: nationalize
κρατικός, -ή, -ό: state, national
κράτος, το: (εξουσία) power, authority ‖ (χώρα) country, state ‖ **κατά ~:** entirely, completely
κρατούμενο, το: (αριθμ.) reserved, carried to the next column
κρατούμενος, -η, -ο: in custody, detained
κρατώ: hold, have, carry ‖ (διαρκώ) last, keep ‖ (αντέχω) endure, bear ‖ (σταματώ) withhold, keep back ‖ (φυλακίζω) detain, take into custody, give into custody ‖ (από μισθό) deduct ‖ (στηρίζω) support, hold
κραυγάζω: cry, cry out, shout, yell
κραυγή, η: cry, shout, yell
κράχτης, ο: (ντελάλης) crier ‖ (καταστήματος) tout ‖ (μαστροπός) pimp
κρέας, το: meat ‖ βλ. **σάρκα**
κρεατοελιά, η: mole
κρεατόμυγα, η: blowfly, bluebottle
κρεατόπιτα, η: meat pie
κρεατοσάνιδο, το: (σπιτιού) cutting board ‖ (χασάπη) chopping block, chopping board
κρεβάτι, το: bed ‖ ~ **εκστρατείας:** cot ‖ **είμαι στο ~:** be bedridden, be sick
κρεβατίνα, η: arbor
κρεβατοκάμαρα, η: bedroom
κρεβατωμένος, -η, -ο: sick, ill in bed, bed-ridden
κρεβατώνομαι: be sick, fall sick, be bed-ridden
κρέμα, η: cream
κρεμάλα, η: gallows, gibbet
κρεμανταλάς, ο: gangling, gangly
κρέμασμα, το: (ανάρτηση) suspending, hanging, suspension ‖ (απαγχονισμός) hanging
κρεμαστός, -ή, -ό: hanging, suspended ‖ ~**ή γέφυρα:** suspension bridge
κρεμάστρα, η: hanger ‖ (κάπελου) hat rack ‖ (κρεμάστρα ρούχων με βάση) clothes tree, hall tree
κρεματόριο, το: crematorium
κρεμιέμαι: (απαγχονίζομαι) hang oneself ‖ (κρέμομαι) hang, be suspended

648

κρεμμύδι, το: βλ. κρεμμύδι
κρέμομαι: hang, be suspended
κρεμώ: hang, suspend || (απαγχονίζω) hang
κρεοζώτο, το: creosote
κρεοπώλης, ο: butcher
κρεουργώ: butcher, cut up, slaughter
κρεοφάγος, -α, -ο: flesh-eating, carnivorous
κρεπ, το: (λάστιχο) crepe, crepe rubber || (ύφασμα) crepe
κρεπάρω: burst *(και μτφ)*
κρέπι, το: βλ. κρεπ
κρήνη, η: fountain
κρηπίδα, η: (βάση) foundation, groundwork, substructure || (θαλάσσης) wharf, quay || (στήριγμα) support, base
κρηπίδωμα, το: βλ. κρηπίδα || *(σιδηρ)* platform
κρησφύγετο, το: hide-out, hideaway
κριάρι, το: ram
κριθάλευρο, το: barley-flour
κριθαράκι, το: (μανέστρα) noodle || (ματιού) sty
κριθαρένιος, -α, -ο: barley, made of barley
κριθάρι, το: barley
κριθαρίσιος, -α, -ο: βλ. κριθαρένιος
κρίκος, ο: (αλυσσίδας) link || (δακτύλιος) ring || (γρύλος) jack, jackscrew || *(μτφ)* link
κρίμα, το: sin, guilt, transgression || τί ~!: what a pity! what a shame!
κρίνο, το: βλ. κρίνος
κρινόλευκος, -η, -ο: lily-white
κρινολίνο, το: crinoline
κρίνος, ο: lily
κρίνω: judge || (υποθέτω) consider || (αποφασίζω) decide || (κάνω κριτική) criticize
κριός, ο: βλ. κριάρι
κρίση, η: judgement || (γνώμη) view, opinion || (κριτική) criticism || (δύσκολη κατάσταση) crisis || (ασθένειας) fit, attack || (επιδείνωση) exacerbation
κρίσιμος, -η, -ο: critical, crucial
κριτήριο, το: criterion, standard
κριτής, ο: judge
κριτικάρω: judge, review
κριτική, η: criticism *(και μτφ)* || (γραπτή) review

κριτικός, ο: critic
κριτικός, -ή, -ό: critical
κροκάδι, το: yolk
κροκάλη, η: pebble, shingle
κροκέτα, η: croquette
κροκοδείλιος, -α, -ο: crocodile
κροκόδειλος, ο: crocodile
κρόκος, ο: (φυτ.) crocus || (αυγού) yolk
κρομμύδι, το: onion
κρονόληρος, ο: dotard
κρόσσι, το: fringe, tuft
κροταλίας, ο: rattlesnake, diamondback, rattler
κροταλίζω: rattle || (μαστίγιο) crack
κρόταλο, το: rattle || βλ. καστανιέτα
κροταφικός, -ή, -ό: temporal
κρόταφος, ο: temple
κροτίδα, η: firecracker
κρότος, ο: βλ. θόρυβος || (δυνατός απότομος) clap, crash || (υπόκωφος) thump, rumble || (όπλου) report || *(μτφ)* sensation
κροτώ: clap, crack, bang || (βροντώ υπόκωφα) thump, rumble
κρουαζιέρα, η: cruise
κρουνηδόν: *(επίρ)* in torrents
κρουνός, ο: faucet, tap || *(μτφ)* gush, torrents, flow
κρουπιέρης, ο: croupier
κρούση, η: impact || *(στρ)* shock || δύναμη ~ς: task force || (νύξη θέματος) approach, hint, sounding
κρούσμα, το: case
κρούστα, η: crust || (πληγής) scab
κρουστός, -ή, -ό: (όργανο) percussion || (ύφασμα) closely woven, compact
κρούω: (χτυπώ) knock, strike || (κουδούνι) ring || (χορδές) pluck, thrum || ~ τον κώδωνα του κινδύνου: sound the alarm, raise the alarm
κρυάδα, η: chill || *(ιδ)* hogwash
κρύβομαι: hide, keep out of sight, go into hiding, seek refuge
κρύβω: hide, conceal || (βάζω σε κρυψώνα) cache, secrete || (κρύβω πίσω από κάτι) screen, cover || (δεν μαρτυρώ) hold back, withhold, conceal
κρύο, το: cold, chill
κρυολόγημα, το: cold

649

κρυολογώ:

κρυολογώ: catch cold
κρυοπάγημα, το: frostbite
κρύος, -α, -ο: cold, chilly *(και μτφ)*
κρύπτη, η: crypt || βλ. **κρυψώνας**
κρυπτογράφημα, το: cryptograph, cryptogram
κρυπτογραφία, η: cryptography
κρυπτογραφικός, -ή, -ό: cryptographic
κρυπτογραφώ: encode, put into code
κρυσταλλιάζω: freeze to death
κρυσταλλένιος, -α, -ο: (από κρύσταλλο) crystal || (σαν κρύσταλλο) like crystal, crystal-clear
κρυστάλλινος, -η, -ο: βλ. **κρυσταλλένιος**
κρύσταλλο, το: crystal
κρυσταλλώνω: crystallize
κρυστάλλωση, η: crystallization
κρυφά: *(επίρ)* secretly, in secret || (αποφυγή προσοχής) stealthily, furtively || (μυστικά) clandestinely
κρυφακούω: eavesdrop
κρύφιος, -α, -ο: βλ. **κρυφός**
κρυφοβλέπω: look out of the corner of one's eye
κρυφογελώ: smirk, laugh up one's sleeve
κρυφοκοιτάζω: βλ. **κρυφοβλέπω**
κρυφός, -ή, -ό: secret, hidden || (μυστικός) clandestine || (άνθρωπος) secretive
κρυφτό, το: hide and seek
κρυφτούλι, το: βλ. **κρυφτό**
κρύψιμο, το: hiding, concealing
κρυψίνους, ουν: secretive
κρυψώνας, ο: (καταφύγιο) hide out, hideaway || (μυστική αποθήκη) cache
κρύωμα, το: βλ. **κρυολόγημα**
κρυώνω: *(μτβ)* cool, chill || *(αμτβ)* feel cold, grow cold || βλ. **κρυολογώ**
κρωγμός, ο: caw, croak, croaking
κρώζω: (κόρακας) caw, croak, croak || (βάτραχος) croak
κρώξιμο, το: βλ. **κρωγμός**
κτήμα, το: (απόκτημα) possession, property || (κτημ. περιουσία) realty, real estate, land || (αγρόκτημα) farm, ranch
κτηματαγορά, η: real estate office
κτηματίας, ο: land owner
κτηματικός, -ή, -ό: real estate, landed
κτηματολόγιο, το: cadaster
κτηματομεσίτης, ο: realtor, real estate agent

κτηνάλευρο, το: fodder
κτηνάνθρωπος, ο: monster, beast
κτηνιατρείο, το: veterinary clinic, vet hospital
κτηνιατρική, η: veterinary medicine
κτηνιατρικός, -ή, -ό: veterinary
κτηνίατρος, ο: veterinarian, veterinary, veterinary surgeon
κτήνος, το: beast, animal *(και μτφ)*
κτηνοτροφία, η: stockbreeding, raising of livestock
κτηνοτρόφος, ο: stock breeder
κτηνώδης, -ες: bestial, beastly, brutal *(και μτφ)*
κτηνωδία, η: brutality, bestiality
κτηνωδώς: *(επίρ)* brutally
κτήση, η: (απόκτημα) possession || (απόκτηση) acquisition || (χώρα) dominion
κτητικός, -ή, -ό: possessive || (που έχει τάση να αρπάζει) acquisitive || ~ή αντωνυμία: possessive pronoun
κτήτορας, ο: possessor, owner
κτίζω: βλ. **χτίζω**
κτίριο, το: building, structure, edifice
κτίση, η: creation
κτίσμα, το: building || (πλάσμα) creature
κτύπημα, κλπ.: βλ. **χτύπημα** κλπ.
κυάνιο, το: cyanide
κυανόλευκη, η: blue and white, the Greek flag
κυανός, -ή, -ό: blue, azure, sky-blue
κυβερνείο, το: capitol, governor's palace
κυβέρνηση, η: (χώρας) government || (υπουργ. συμβούλιο) Cabinet || (εξουσία) rule, ruling, command
κυβερνήτης, ο: (χώρας) prime minister || (πρόεδρος δημοκρατίας) president || (κυβερνήτης περιοχής) governor || (πολ. πλοίου) captain || (εμπορ. πλοίου) master, skipper
κυβερνητικός, -ή, -ό: (της κυβέρνησης) governmental || (κυβερνήτη) gubernatorial || (οπαδός κυβερν. κόμματος) loyalist
κυβερνώ: (χώρα) govern || (διοικώ) rule, command || (πλοίο) be a captain, be a master || (κάνω ναυσιπλοΐα) steer, navigate
κυβίζω: (κάνω κύβο) cube, make cubic || (υψώνω στον κύβο) cube, raise to the

third power
κυβικός, -ή, -ό: cubic, cube ‖ **~ό μέτρο:** cubic meter
κυβισμός, ο: (υπολογισμός όγκου) cubature, cubage ‖ (τέχνη) cubism
κυβόλιθος, ο: stone block ‖ (οδοστρ.) flagstone, paving stone
κύβος, ο: cube ‖ (ζάρι) die ‖ **ο ~ ερρίφθη:** the die is cast
κυδώνι, το: (φρούτο) quince ‖ (θαλασσινό) pen shell
κυδωνιά, η: quince tree
κύηση, η: gestation, pregnancy
κυκεώνας, ο: jumble, confusion, chaos
κυκλάμινο, το: cyclamen
κυκλικά: (επίρ) circularly, in a circle ‖ (σε περιόδους) cyclically
κυκλικός, -ή, -ό: (σχήμα κύκλου) circular ‖ (περιοδικός) cyclic
κύκλος, ο: (σχήμα) circle ‖ (περίοδος) cycle ‖ (σύνολο ατόμων) circle, set ‖ **φαύλος ~:** vicious circle
κυκλοτερός, -ή, -ό: βλ. **κυκλικός**
κυκλοφορία, η: circulation ‖ (τροχ.) traffic
κυκλοφοριακός, -ή, -ό: circulatory
κυκλοφορώ: (μτβ και αμτβ) circulate (και μτφ)
κύκλωμα, το: βλ. **κύκλωση** ‖ (ηλεκτρ) circuit
κυκλώνας, ο: cyclone, tornado, twister
κυκλώνω: surround, encircle
κυκλώπειος, -α, -ο: cyclopean ‖ (μτφ) immense, gigantic
κύκλωση, η: surrounding
κυκλωτικός, -ή, -ό: surrounding
κύκνειο, το (άσμα): swan song
κύκνος, ο: swan
κύλημα, το: rolling
κυλιέμαι: βλ. **κυλώ** (αμτβ)
κυλικείο, το: (μπουφές) buffet ‖ βλ. **καντίνα** ‖ refreshment room
κυλινδρικός, -ή, -ό: cylindrical ‖ **~ τριβέας:** roller bearing
κύλινδρος, ο: cylinder ‖ (μηχάνημα) roller
κύλισμα, το: βλ. **κύλημα**
κυλώ: roll (μτβ και αμτβ) ‖ (ποτάμι) flow, run ‖ **ο καιρός ~άει:** time flies ‖ βλ. **κατρακυλώ**

κυλλίβαντας, ο: βλ. **κιλλίβαντας**
κυλότα, η: βλ. **κιλότα**
κύμα, το: wave (και μτφ) ‖ (μεγάλο κύμα θαλάσσης) billow
κυμαίνομαι: wave, undulate ‖ (μτφ) fluctuate, waver, oscillate
κύμανση, η: undulation ‖ (μτφ) fluctuation, oscillation
κυματίζω: (κινώ κυματιστά) undulate, wave ‖ (κάνω κύματα) ripple ‖ (σημαία) wave, float, flutter
κυματισμός, ο: undulation, ripple, rippling, flutter, waving
κυματοειδής, -ές: undulating, wavy
κυματοθραύστης, ο: breakwater
κύμβαλο, το: cymbal
κύμινο, το: cumin
κυναίλουρος, ο: cheetah, hunting leopard
κυνηγετικός, -ή, -ό: hunting ‖ **~ σκύλος:** hunter, hound
κυνήγημα, το: βλ. **κυνηγητό** (μτφ) pursuit
κυνηγητό, το: chase, running after ‖ (παιχνίδι) tag
κυνήγι, το: (καταδίωξη) chase, running after, pursuit ‖ (θήρα) hunting, shooting ‖ (θήραμα) game
κυνηγός, ο: hunter, huntsman ‖ (ποδοσφ.) forward
κυνηγώ: (θηρεύω) hunt, shoot ‖ (καταδιώκω) chase, pursue, run after ‖ (επιδιώκω) pursue
κυνικός, -ή, -ό: cynical ‖ (φιλοσ.) cynic
κυνικότητα, η: cynicism
κυοφορία, η: βλ. **κύηση**
κυοφορώ: gestate, be pregnant ‖ (σχεδιάζω) hatch, gestate ‖ (κρύβω) be pregnant with
κυπαρισσένιος, -α, -ο: cypress, made of cypress ‖ (μτφ) willowy
κυπαρίσσι, το: cypress ‖ (ψηλός και στητός) ramrod-straight
κύπελλο, το: cup, mug, goblet ‖ (έπαθλο) cup ‖ **τελικός του ~ου:** cup final
κυπρίνος, ο: carp
κυρ: (ακλ. - συγκ.) Mr.
κυρά, η: (ιδ) mistress ‖ (σύζυγος) missis, missus
κύρης, ο: (αφέντης) master ‖ (πατέρας) sire

κυρία

κυρία, η: lady ‖ (προσαγόρευση) madam, ma'am ‖ (με επίθετο) Mrs ‖ (αφέντισσα) mistress
κυριακάτικος, -η, -ο: sunday
κυριακή, η: Sunday
κυριαρχία, η: sovereignty, dominion ‖ (επί χώρας) suzerainty
κυριαρχικός, -ή, -ό: sovereign
κυρίαρχος, ο: (αυτεξούσιος) sovereign ‖ (που εξουσιάζει) overlord ‖ (ξένης χώρας) suzerain
κυριαρχώ: dominate, rule over ‖ (είμαι αυτεξούσιος) be sovereign
κυριεύομαι: be overcome, be possessed, be seized
κυριεύω: conquer, capture, take ‖ (μτφ) overcome, seize
κυριολεκτικά: (επίρ) literally
κυριολεκτικός, -ή, -ό: literal
κυριολεκτώ: speak literally
κυριολεξία, η: literal meaning, literalness
κύριος, ο: (αφέντης) master ‖ (προσαγόρευση) Sir ‖ (χωρίς όνομα) gentleman ‖ (με όνομα) Mr.
κύριος, -α, -ο: main, chief, principal ‖ ~ο όνομα: proper noun ‖ ~ο άρθρο: leading article, leader
κυριότητα, η: ownership
κυρίως: (επίρ) mainly, chiefly, especially
κύρος, το: (αξία ή σπουδαιότητα) authority, weight, importance ‖ (εγκυρότητα) validity
κυρτός, -ή, -ό: (καμπύλος) curved, curvilinear ‖ (λυγισμένος) bent, crooked ‖ (φακός) convex
κυρτώνω: curve, bend
κυρώνω: validate, ratify ‖ (επιβεβαιώνω) confirm ‖ (νόμο) sanction
κύρωση, η: validation, ratification ‖ (επιβεβαίωση) confirmation, sanction ‖ (ποινή) penalty
κύστη, η: cyst, bladder ‖ **ουροδόχος ~:** urinary bladder ‖ **χοληδόχος ~:** gall bladder
κύτος, το: (ναυτ) hold
κυτταρίνη, η: cellulose
κύτταρο, το: cell
κύφωση, η: kyphosis, humpback
κυψέλη, η: hive (και μτφ) ‖ (του αυτιού) earwax

κώδικας, ο: (αρχ **χειρόγραφα**) codex ‖ (συνθημ.) code ‖ (συλ. νόμων) code
κωδικοποίηση, η: codification
κωδικοποιώ: codify
κωδωνοκρουσία, η: pealing, ringing, chiming
κωδωνοκρούστης, ο: sexton, bell-ringer
κωδωνοστάσιο, το: belfry
κωθώνι, το: (στρατ) rookie ‖ (μτφ) dolt, blockhead
κωκ, το: βλ. **κοκ**
κώλος, ο: buttocks ‖ (ιδ) ass, arse, butt ‖ ~ **και βρακί:** (ιδ) hand in glove, hand and glove, thick, cheek by jowl
κωλοσούσα, η: wagtail
κωλοφωτιά, η: firefly
κώλυμα, το: obstacle, hindrance, impediment
κωλυσιεργία, η: filibuster, obstructionist tactics
κωλυσιεργώ: filibuster, use obstructionist tactics
κωλύω: prevent, hinder ‖ (παρεμποδίζω) block, stop
κωλώνω: (ιδ) falter, draw back, flinch
κώμα, το: coma
κωματώδης, -ες: comatose
κωμειδύλλιο, το: light opera, operetta, musical comedy
κώμη, η: town, small town
κωμικός, -ή, -ό: comic, comical ‖ (αστείος) funny, amusing ‖ (ουσ) comedian
κωμικοτραγικός, -ή, -ό: tragicomic, tragicomical
κωμικοτραγωδία, η: tragicomedy
κωμόπολη, η: town
κωμωδία, η: comedy
κώνειο, το: hemlock
κωνικός, -ή, -ό: conic, conical
κωνοειδής, -ές: cone-shaped
κώνος, ο: cone
κωνοφόρα, τα: conifers
κώπη, η: βλ. **κουπί**
κωπηλασία, η: rowing
κωπηλάτης, ο: rower, oarsman
κωπηλατώ: row
κωφάλαλος, -η, -ο: deaf-mute
κωφεύω: turn a deaf ear
κωφός, ο: βλ. **κουφός**
κώχη, η: βλ. **κόχη**

Λ

Λ, λ: the 11th letter of the Greek alphabet ‖ λ΄: 30 ‖ λ: 30 000

λα, το: *(μουσ)* la

λάβα, η: lava

λαβαίνω: take, receive, get ‖ βλ. και **παίρνω**

λάβαρο, το: banner, standard

λάβδανο, το: laudanum

λαβείν, το: credit

λαβή, η: handle, grip ‖ *(πιστολιού)* butt, handle ‖ *(ξίφους)* hilt, haft ‖ *(πιάσιμο)* grip, handhold ‖ *(μτφ)* excuse, pretext ‖ **δίνω** ~: expose oneself, give rise

λαβίδα, η: tongs, hold ‖ *(πένσα)* pincers, pliers, nippers ‖ *(χειρουργ.)* forceps ‖ *(στρατ)* pincer movement, pincers

λάβρα, η: swelter

λαβράκι, το: bass

λάβρος, -α, -ο: fire-eater

λαβύρινθος, ο: labyrinth, maze *(και μτφ)*

λάβωμα, το: wound

λαβωματιά, η: βλ. **λάβωμα**

λαβώνω: wound

λαγάνα, η: unleavened flat bread

λαγαρίζω: purify, filter

λαγαρός, -ή, -ό: clear

λαγήνα, η: pitcher, crock

λαγήνι, το: βλ. **λαγήνα**

λαγκάδι, το: ravine, gorge ‖ wooded valley

λαγκαδιά, η: βλ. **λαγκάδι**

λαγνεία, η: lust, lewdness, lasciviousness

λάγνος, -α, -ο: lustful, lascivious

λαγοκοιμούμαι: doze, sleep lightly

λαγόνες, οι: loins

λαγός, ο: hare, jack rabbit

λαγουδάκι, το: leveret

λαγούμι, το: underground passage ‖ *(υπόνομος)* sewer

λαγούτο, το: lute

λαγωνικό, το: hound, hunter ‖ *(αστυνομικός)* sleuth, sleuth hound

λαδάδικο, το: βλ. **ελαιοτριβείο**

λαδάς, ο: oil merchant ‖ oil producer

λαδέμπορος, ο: oil merchant

λαδερό, το: oil can ‖ *(επιτραπέζιο)* cruet

λαδερός, -ή, -ό: *(φαγητό)* cooked with oil

λαδής, -ιά, -ί: olive drab

λάδι, το: oil

λαδιά, η: oil-stain ‖ *(μτφ)* humbug, bunco

λαδικό, το: βλ. **λαδερό** ‖ *(ιδ)* old hag

λαδομπογιά, η: oil paint, oil color

λαδόχαρτο, το: oil paper

λάδωμα, το: oiling ‖ *(μηχανής)* lubrication ‖ *(μτφ)* bribing, oiling

λαδώνω: oil ‖ *(μηχ)* lubricate ‖ *(μτφ)* oil, bribe

λαδωτήρι, το: oil can

λαζάνια, τα: lasagna

λαθεύω: err, make an error, make a mistake

λάθος, το: error, mistake ‖ *(παράλειψη)* oversight ‖ *(σφάλμα)* fault ‖ **κατά** ~: by mistake ‖ **κάνεις** ~: you are wrong, you are mistaken

λάθρα: *(επίρ)* secretly, in secret

λαθραίος, -α, -ο: secret, clandestine, furtive ‖ *(εμπόρευμα)* smuggled

λαθρεμπόριο, το: smuggling, contraband

λαθρέμπορος, ο: smuggler

λαθρεπιβάτης, ο *(θηλ* **λαθρεπιβάτισσα):** stowaway

λαθρόβιος, -α, -ο: furtive, shifty ‖ ~**ο έντυπο:** underground paper

λαθροθήρας, ο: poacher

λαθροθηρία, η: poaching

λαθροχειρία, η: swipe, filching

λαΐδη, η: lady

λαϊκός, -ή, -ό: *(μη κληρικός)* lay ‖ *(του λαού)* popular ‖ *(κοινός, ταπεινός)* vulgar ‖ ~**ό μέτωπο:** popular front, people's front

λαίλαπα, η: hurricane *(και μτφ)*

λαιμαργία, η: greed, greediness

λαίμαργος, -η, -ο: greedy, gluttonous, glutton

λαιμαριά, η: bridle

λαιμητόμος, η: guillotine

λαιμοδέτης, ο: neck tie, tie

λαιμός, ο: neck ‖ *(εμπρός μέρος)* throat

λαιμός

‖ βλ. **σβέρκος** ‖ *(μτφ)* neck ‖ **κόβω τον ~ μου:** *(ιδ)* break one's neck ‖ **μου κάθεται στο ~:** *(ιδ)* I can't stomach him
λακέρδα, η: salted mackerel
λακές, o: lackey, flunky
λακίζω: skip, run away
λάκκα, η: hollow, pit, hole ‖ (ξέφωτο) clearing
λακκάκι, το: (στό μάγουλο) dimple
λάκκος, o: pit, deep hole ‖ (τάφος) grave, tomb ‖ (βόθρος) cesspit, cesspool ‖ **κάποιο ~ο έχει η φάβα:** there's a catch, I smell a rat
λακκούβα, η: hollow, hole
λακτίζω: kick, boot
λάκτισμα, το: kick
λακωνικός, -ή, -ό: laconic
λακωνισμός, o: laconism
λάλημα, το: (πουλιού) song, warble, twitter ‖ (πετεινού) crow
λαλιά, η: speech ‖ βλ. **λάλημα**
λαλώ: (πουλιά) sing, twitter, warble ‖ (πετεινού) crow
λάμα, η: (λεπίδα) blade ‖ (έλασμα) sheet, plate, lamina
λαμαρίνα, η: sheet iron
λαμβάνω: βλ. **λαβαίνω**
λαμέ, το: lame~
λάμια, η: lamia *(μτφ)* shrew, harpy
λάμνω: row
λάμπα, η: lamp
λαμπάδα, η: taper, candle
λαμπαδηφορία, η: torch bearing
λαμπαδηφόρος, o: torch bearer
λαμπαδιάζω: flame up
λαμπεράδα, η: brightness, shine ‖ (φωτεινότητα) luminosity
λαμπερός, -ή, -ό: bright, luminous, shining
λαμπηδόνα, η: βλ. **λαμπεράδα**
λαμπικάρω: βλ. **λαγαρίζω**
λαμπίκος, o: still, distiller ‖ *(μτφ)* spick-and-span
λαμπιόνι, το: βλ. **λαμπτήρας**
λαμπογυάλι, το: chimney
λαμποκοπώ: shine, gleam, glitter, sparkle
λαμπρά: *(επίρ)* superbly, excellently, splendidly
λαμπράδα, η: βλ. **λαμπεράδα**
Λαμπρή, η: Easter

λαμπριάτικος, -η, -ο: easter
λαμπρός, -ή, -ό: bright, shining, sparkling ‖ *(μτφ)* splendid, superb, excellent, eminent, brilliant
λαμπρότητα, η: βλ. **λαμπεράδα**
λαμπρύνω: beautify, honor, honour, do honor, do honour
λαμπτήρας, o: lamp ‖ *(ηλεκτρ)* electric lamp
λαμπυρίζω: glitter, twinkle
λαμπύρισμα, το: glitter, twinkle
λάμπω: shine, glitter, gleam ‖ (γυαλίζω) shine, sparkle ‖ (από χαρά) shine, beam, glow, sparkle ‖ (διακρίνομαι) shine, be eminent, distinguish oneself
λάμψη, η: flash, brightness, brilliance, glitter
λανάρι, το: card
λαναρίζω: card
λανάρισμα, το: carding
λανθάνω: be latent
λανσάρω: promote, launch
λάντζα, η: dishwashing
λαντζιέρης, o: dishwasher
λάξευση, η: hewing, carving, chiseling, sculpturing
λαξευτός, -ή, -ό: sculptured *(και μτφ)*
λαξεύω: hew, carve, sculpture
λαογραφία, η: folklore
λαοκρατία, η: people's government, rule by the people ‖ (πολίτευμα) people's republic
λαομίσητος, -η, -ο: hated by the people
λαοπλάνος, -α, -ο: demagogue
λαοπρόβλητος, -η, -ο: chosen by the people
λαός, o: people ‖ (πληθυσμός) populace, population ‖ (κοινός λαός) populace, masses ‖ (κόσμος πολύς) crowd, throng
λάου λάου: *(επίρ) (ιδ)* stealthily, furtively, secretly
λαούτο, το: βλ. **λαγούτο**
λαοφιλής, -ές: popular
λάπαθο, το: sorghum, sorrel
λαπάς, o: rice pap ‖ *(ιδ)* jellyfish
λαρδί, το: lard, fat ַ
λάρνακα, η: reliquary ‖ βλ. **σαρκοφάγος**
λάρυγγας, o: larynx, throat, windpipe ‖ **βγάζω το ~ μου:** shout oneself hoarse
λαρύγγι, τo: βλ. **λάρυγγας** ‖ **βρέχω το ~**

654

μου: wet one's whistle

λαρυγγικός, -ή, -ό: (που αναφέρεται στον λάρυγγα) laryngeal, guttural ‖ βλ. **λαρυγγόφωνος**

λαρυγγισμός, ο: trill, trilling

λαρυγγίτιδα, η: laryngitis

λαρυγγολογία, η: laryngology

λαρυγγολόγος, ο: laryngologist

λαρυγγόφωνος, -η, -ο: guttural

λάσκα: (επίρ) slackly, loosely ‖ (ναυτ) cast off, let go

λασκάρισμα, το: slackering, loosening

λασκάρω: slacken, loosen ‖ (ναυτ) cast off, let go

λάσπη, η: mud ‖ βλ. **βόρβορος** ‖ (υλικό) mortar ‖ (μτφ) mud

λασπολογία, η: mudslinging

λασπόνερο, το: muddy water

λασπώνω: mud, cover with mud, dirty ‖ (μτφ) botch, bungle

λάσο, το: lasso

λαστιχένιος, -α, -ο: rubber ‖ (μτφ) rubbery, lithe

λάστιχο, το: (καουτσούκ) rubber ‖ (πράγμα από λάστιχο) elastic ‖ (αυτοκινήτου) tyre ‖ (σφεντόνα) slingshot

λατέρνα, η: barrel organ, hurdy-gurdy

λατερνατζής, ο: organ grinder

λατίνι, το: lateen

λατινικά, τα: latin

λατομείο, το: quarry

λατόμος, ο: quarrier

λάτρα, η: (ιδ) care ‖ (σπιτιού) housework

λατρεία, η: worship, adoration (και μτφ)

λατρευτής, ο: βλ. **λάτρης**

λατρευτός, -ή -ό: adored, adorable, beloved

λατρεύω: adore, worship (και μτφ) ‖ (αφοσιώνομαι τυφλά) idolize

λάτρης, ο: worshiper ‖ βλ. **θαυμαστής**

λαφιάζομαι: get scared, startle

λαφιάζω: startle, scare

λαφυραγώγηση, η: looting, pillage, sacking

λαφυραγωγώ: loot, pillage, sack

λάφυρο, το: spoils, booty, loot

λαχαίνω: (τυχαίνω) win, fall to one's lot ‖ (συναντώ) encounter, come across ‖ (συμβαίνω) occur, happen

λαχαναγορά, η: vegetable produce market

λαχανιάζω: pant, be out of breath, gasp

for breath

λαχάνιασμα, το: panting, gasping for breath

λαχανίδα, η: cabbage

λαχανικό, το: vegetable

λάχανο, το: cabbage ‖ **δεν τρώω ~α:** I was not born yesterday

λαχανόκηπος, ο: garden, kitchengarden, vegetable garden

λαχανοπωλείο, το: vegetable produce store, greengrocery

λαχανοπώλης, ο: greengrocer

λαχείο, το: lottery, raffle ‖ (σε χορό) door prize ‖ (μτφ) windfall

λαχνός, ο: lot

λαχτάρα, η: (ζωηρή επιθυμία) yen, yearning ‖ (ανησυχία) anxiety, anguish ‖ (ξαφνικός φόβος) fright, scare

λαχταριστός, -ή, -ό: attractive, charming

λαχταρώ: (επιθυμώ ζωηρά) yen, yearn, long, hunger, thirst ‖ (ανυπομονώ) be anxious, long ‖ (τρομάζω) startle, be scared, be frightened

λέαινα, η: lioness

λεβάντα, η: lavender

λεβάντες, ο: easterly, east wind, levanter

λεβαντίνος, ο: levanter, levantine

λεβέντης, ο (θηλ **λεβέντισσα**): (καλοφτιαγμένος και αρρενωπός) stalwart, virile, strapper, strapping ‖ (παλικάρι) brave, buck

λεβεντιά, η: (εμφάνιση) stalwartness, virility ‖ (παλικαριά) valor, bravery, manliness

λέβητας, ο: βλ. **καζάνι**

λεβητοστάσιο, το: boiler room

λεβίθα, η: helminth, intestinal worm

λεγάμενος, -η, -ο: so-and-so, the person in question, the person we were speaking about ‖ (ιδ) lover, boy friend (girl friend)

λεγεώνα, η: legion (και μτφ)

λεγεωνάριος, ο: legionary

λέγω: βλ. **λέω**

λεζάντα, η: legend, caption

λεηλασία, η: sacking, pillage, plunder

λεηλατώ: sack, loot, pillage, plunder

λεία, η: loot, plunder, spoil ‖ (μτφ) prey

λειαίνω: smooth, make even ‖ βλ. **γυαλίζω**

λειμώνας

λειμώνας, ο: βλ. λιβάδι
λείος, -α, -ο: smooth, even ‖ βλ. γυαλιστερός
λείπω: βλ. απουσιάζω ‖ (βρίσκομαι μακριά) be away ‖ (δεν υπάρχω) be missing ‖ μου ~ει: I miss him (her)
λειρί, το: comb, crest ‖ (κόκκορα) cockscomb
λειτούργημα, το: (αξίωμα) office ‖ (υπηρεσία) function, ministry
λειτουργιά, η: (πρόσφορο) Oblation
λειτουργία, η: function, operation, running ‖ (εκκλ) liturgy, service
λειτουργική, η: liturgics
λειτουργός, ο: officer, official, functionary ‖ (εκκλ) clergyman, minister
λειτουργώ: operate, function, work, be in order ‖ (εκκλ) officiate, celebrate mass
λειχήνα, η: (μύκης) lichen ‖ (δερμ.) rash
λείχω: βλ. γλύφω
λείψανο, το: remains ‖ (εκκλ) relics ‖ (πτώμα) cadaver, corpse
λειψανοθήκη, η: reliquary
λειψός, -ή, -ό: deficient, defective, imperfect ‖ (βάρος) underweight ‖ (ψωμί) unleavened ‖ (ιδ) retarded, screwball
λειψυδρία, η: drought ‖ (στενότητα) shortage of water
λειώνω: βλ. λιώνω
λεκάνη, η: (σκεύος) basin, washbowl ‖ (αποχωρητηρίου) toilet ‖ (ουρητηρίου) urinal ‖ (γεωλ) basin ‖ (ανατ) pelvis
λεκανοπέδιο, το: basin
λεκές, ο: stain, spot, smear
λεκιάζω: stain, smear, soil
λεκτικό, το: diction
λεκτικός, -ή, -ό: diction, articulating
λέλεκας, ο: stork ‖ (μτφ) gangling
λελέκι, το: βλ. λέλεκας
λεμβοδρομία, η: boat race, regatta
λέμβος, η: boat ‖ (μικρή με κουπιά) dinghy ‖ (πλοίου) launch ‖ (σωσίβιος) life boat ‖ (χωρίς καρίνα) skiff
λεμβούχος, ο: boatman
λεμονάδα, η: lemonade
λεμόνι, το: lemon
λεμονιά, η: lemon tree
λεμονιέρας, η: reamer
λεμονοστύφτης, ο: βλ. λεμονιέρα

λεμφικός, -ή, -ό: lymphatic
λέμφος, ο: lymph
λέξη, η: word ‖ κατά ~: word for word, verbatim ‖ με μια ~: in a word
λεξίγριφος, ο: rebus
λεξιθήρας, ο: verbose
λεξιθηρία, η: verbosity
λεξικό, το: dictionary, lexicon
λεξικογραφία, η: lexicography
λεξικογράφος, ο: lexicographer
λεξιλόγιο, το: vocabulary ‖ (όρων) terminology ‖ (πίνακας όρων) glossary ‖ (ειδικό λεξιλόγιο) jargon
λεοντάρι, το: lion
λέοντας, ο: βλ. λεοντάρι
λεόντειος, -α, -ο: leonine
λεοντή, η: lion's skin
λεοντιδέας, ο: cub
λεοντόθυμος, -η, -ο: βλ. λεοντόκαρδος
λεοντόκαρδος, -η, -ο: lion-hearted
λεοπάρδαλη, η: leopard
λέπι, το: scale
λεπίδα, η: blade
λεπίδι, το: βλ. λεπίδα
λεπιδωτός, -ή, -ο: scaly
λέπρα, η: leprosy
λεπροκομείο, το: leprosarium
λεπρός, -ή, -ό: leprous ‖ (ουσ) leper
λεπτά, τα: money ‖ (ιδ) dough, mazuma, moola
λεπταίνω: (μτβ) make thin, thin, make slender ‖ (μτφ) refine ‖ (αμτβ) thin, become slender, drop weight
λεπτεπίλεπτος, -η, -ο: weak, sickly, delicate
λεπτό, το: (χρόνου ή γωνιωμ.) minute ‖ (νομισμ.) lepton, cent
λεπτοδείκτης, ο: minutehand
λεπτοδείχτης, ο: βλ. λεπτοδείκτης
λεπτοκαμωμένος, -η, -ο: (λεπτός) βλ. λεπτός ‖ βλ. λεπτεπίλεπτος
λεπτοκαρυά, η: hazel
λεπτολόγος, -α, -ο: (άνθρωπος) punctilious, finicky, niggling ‖ (εξέταση) minute, close
λεπτολογώ: be punctilious, be finicky, split hairs ‖ (εξετάζω με μεγάλη προσοχή) scrutinize, sift, examine minutely
λεπτομέρεια, η: detail, particular
λεπτομερειακός, -ή, -ό: (επουσιώδης) in-

consequential ‖ βλ. **λεπτομερής**
λεπτομερής, -ές: detailed, in detail, minute
λεπτομερώς: (επίρ) in detail, minutely
λεπτός, -ή, -ό: (λιγνός) thin, lean ‖ (λυγερός) slender, willowy, slim ‖ (ευαίσθητος) delicate ‖ (πράγμα) thin ‖ (μτφ) subtle, fine
λεπτότητα, η: thinness, leanness, slimness ‖ (ευαισθησία) delicacy ‖ (τακτ) tact, tactfulness ‖ (μτφ) subtlety
λεπτουργική, η: cabinet-making
λεπτουργός, ο: cabinet maker
λεπτοφυής, -ές: fine, delicate, dainty
λεπτύνω: βλ. **λεπταίνω**
λέρα, η: dirt, filth ‖ (μτφ) cur, vermin, scoundrel
λερός, -ή, -ό: βλ. **λερωμένος**
λερωμένος, -η, -ο: dirty, filthy, grimy, soiled
λερώνομαι: get dirty, get soiled, get filthy
λερώνω: dirty, soil
λεσβία, η: lesbian
λέσχη, η: club ‖ (χαρτοπ.) casino ‖ (οπλιτών) mess, mess hall
λέτσος, ο: sloppy, dowdy, shabby
λεύγα, η: league
λεύκα, η: poplar
λευκαίνω: (μτβ) whiten ‖ (με λευκαντικό) bleach ‖ (αμτβ) whiten, become white, blanch
λευκαντικό, το: bleach
λευκοκύτταρο, το: white corpuscle, leukocyte, leucocyte, white blood cell
λευκόλιθος, ο: magnesite
λευκός, -ή, -ό: white (και μτφ)
λευκοσίδηρος, ο: tin
λευκότητα, η: whiteness
λευκοφορεμένος, -η, -ο: dressed in white
λευκόχρυσος, ο: platinum
λεύκωμα, το: (βιβλίο) album ‖ (ασπράδι) white ‖ (βιολ) albumin
λευκωματούχος, -α, -ο: albuminous
λευτεριά, η: βλ. **ελευθερία**
λεύτερος κλπ.: βλ. ελεύθερος
λευχαιμία, η: leukemia
λεφτά, τα: βλ. **λεπτά**
λεφτό, το: βλ. **λεπτό**
λεχώνα, η: woman in childbed

λέω: say, tell ‖ βλ. **νομίζω** ‖ βλ. **σκοπεύω**
λέων, ο: βλ. **λεοντάρι**
λεωφορείο, το: omnibus, bus
λεωφόρος, η: avenue
λήγουσα, η: (γραμ) ultima
λήγω: terminate, end, finish ‖ (προθεσμία) expire ‖ (οικ) fall due, be due, mature
λήθαργος, ο: lethargy, stupor, torpor
λήθη, η: lethe, oblivion, forgetting ‖ (ξέχασμα) forgetfulness
ληκτικός, -ή, -ό: final
λημέρι, το: den, hideout
λήμμα, το: lemma
ληνός, ο: winepress, wine presser
λήξη, η: end, termination ‖ (κατάληξη) conclusion ‖ (προθεσμίας) expiration
ληξιαρχείο, το: office of vital statistics
ληξίαρχος, ο: head of the office of vital statistics
ληξιπρόθεσμος, -η, -ο: due, expired, mature
λήπτης, ο: receiver, addressee
λησμονιά, η: βλ. **λήθη**
λησμονώ: forget ‖ βλ. **παραμελώ** ‖ βλ. **παραλείπω**
λησμοσύνη, η: βλ. **λησμονιά**
λήσταρχος, ο: gang leader, leader of a gang of robbers
ληστεία, η: robbery (και μτφ) ‖ (με απειλή όπλων) holdup, stickup, robbery at gun-point ‖ (ληστεία από μεταφ. μέσο) highjacking
ληστεύω: rob (και μτφ) ‖ (με απειλή όπλου) hold up, stick up, rob at gunpoint ‖ (από μεταφ. μέσο) highjack
ληστής, ο: robber, bandit, highwayman, brigand
ληστοσυμμορία, η: gang of bandits, band of robbers
ληστρικός, -ή, -ό: robber, bandit ‖ (αρπαχτικός) predatory
λήψη, η: reception, receipt, receiving
λιάζομαι: sunbathe, bask in the sun, lie in the sun, sun oneself
λιάζω: (εκθέτω στον ήλιο) expose to the sun ‖ (ξηραίνω) dry in the sun
λιακάδα, η: sunshine
λιακωτό, το: patio, terrace
λίαν: (επίρ) βλ. **πολύ**
λιανά, τα: small change, change ‖ **κάνω**

λιανίζω

~: explain in detail
λιανίζω: hash, mince, chop into pieces
λιανικός, -ή, -ό: retail
λιανοπώλης, ο: retailer
λιανός, -ή, -ό: thin, skinny
λιανοτούφεκο, το: sporadic fire, sporadic gunfire
λιανοτράγουδο, το: ditty
λιβάδι, το: meadow, grassland ΙΙ (βοσκότοπος) pasture
λιβάνι, το: incense
λιβανίζω: incense ΙΙ *(μτφ)* fawn, adulate
λιβάνισμα, το: incensing ΙΙ *(μτφ)* fawning, adulation
λιβανιστήρι, το: censer
λιβανωτός, ο: βλ. **λιβάνι** ΙΙ *(μτφ)* fawning, adulation
λίβας, ο: scirocco, sirocco, hot and humid south-west wind
λιβελογράφημα, το: βλ. **λίβελος**
λιβελογράφος, ο: libelist, libeler
λίβελος, ο: libel
λίβρα, η: pound
λιβρέα, η: livery
λιγάκι: *(επίρ)* a little bit ΙΙ **σε** ~: shortly, very soon, immediately
λιγδα, η: grease, fat ΙΙ βλ. **λεκές** ΙΙ *(μτφ)* cur, vermin, scoundrel
λιγδιά, η: βλ. **λεκές**
λιγδιάζω: βλ. **λεκιάζω**
λιγδιάρης, -α, -ικο: dirty, filthy, greasy
λιγδώνω: βλ. **λεκιάζω**
λιγνίτης, ο: lignite
λιγνιτωρυχείο, το: lignite mine
λιγνός, -ή, -ό: thin, slim, lean ΙΙ skinny
λίγο: *(επίρ)* little, a little, a bit ΙΙ **σε** ~: soon, shortly, after a while ΙΙ ~ **πολύ:** more or less ΙΙ **παρα** ~: almost, nearly
λιγόζωος, -η, -ο: short lived
λιγοθυμιά, η: βλ. **λιποθυμία**
λιγοθυμώ: βλ. **λιποθυμώ**
λίγος, -η, -ο: little, a little ΙΙ βλ. **σύντομος**
λιγοστεύω: decrease, lessen, abate
λιγοστός, -ή, -ό: inadequate, little
λιγότερος, -η, -ο: less ΙΙ *(πληθ)* **λιγότεροι, -ες, -α:** fewer
λιγουλάκι: *(επίρ)* very little, a little bit
λιγούρα, η: (αναγούλα) nausea ΙΙ (ζάλη) faintness ΙΙ *(μτφ)* yen
λιγουρεύομαι: yen

λιγουριάζω: (προκαλώ αηδία) nauseate ΙΙ (νιώθω αηδία) feel sick
λιγοψυχία, η: (δειλία) faintheartedness ΙΙ (ζάλη) faintness
λιγόψυχος, -η, -ο: fainthearted
λιγοψυχώ: (χάνω το θάρρος) lose heart ΙΙ (ζαλίζομαι) feel faint
λίγωμα, το: βλ. **λιγούρα** ΙΙ *(μτφ)* swoon
λιγώνομαι: (νιώθω λιγούρα) feel faint, be faint ΙΙ (επιθυμώ) yen ΙΙ ~ **από την πείνα:** feel faint from hunger, be starved ΙΙ ~ **από τα γέλια:** burst one's sides with laughing
λιγώνω: βλ. **λιγουριάζω**
λιθάνθρακας, ο: pit coal
λιθανθρακοφόρος, -α, -ο: coal bearing, carboniferous, coal producing
λιθάρι, το: stone
λίθινος, -η, -ο: stone, made of stone
λιθοβόλημα, το: stoning
λιθοβολία, η: *(αθλ)* stone throwing
λιθοβολισμός, ο: βλ. **λιθοβόλημα**
λιθοβολώ: stone
λιθογράφηση, η: lithographing, lithography
λιθογραφία, η: (τέχνη) lithography ΙΙ (έντυπο) lithograph
λιθογραφικός, -ή, -ό: lithographic, lithographical
λιθογράφος, ο: lithographer
λιθόδμητος, -η, -ο: stone-built, stone, of stone
λιθοδομή, η: masonry, stonework
λιθόκτιστος, -η, -ο: βλ. **λιθόδμητος**
λίθος, ο: stone ΙΙ *(ιατρ)* stone, calculus ΙΙ **ακρογωνιαίος** ~: corner stone ΙΙ **λυδία** ~: touchstone ΙΙ ~ **λιθόστρωσης:** flagstone
λιθοστρώνω: pave
λιθόστρωτο, το: pavement
λιθόστρωτος, -η, -ο: paved with stones
λιθόχτιστος, -η, -ο: βλ. **λιθόδμητος**
λικέρ, το: cordial, liqueur
λικνίζω: (μωρό στην κούνια) rock, lull to sleep ΙΙ (κουνώ στα χέρια) dandle ΙΙ (κουνώ πέρα-δώθε) swing, rock
λίκνο, το: cradle, crib ΙΙ *(μτφ)* cradle
λιλά: lilac
λιλιπούτειος, -α, -ο: lilliputian

658

λίμα, η: (πείνα) excessive hunger, starvation ‖ βλ. **απληστία** ‖ (εργαλείο) file ‖ (μτφ) garrulousness, garrulity, chattiness
λιμαδόρος, ο: gasbag, chatterer, garrulous
λιμάνι, το: harbor, harbour, port, haven ‖ (μτφ) haven
λιμάρης, -α, -ικο: greedy, gluttonous, insatiable
λιμάρω: file ‖ (μτφ) chatter
λιμεναρχείο, το: port authority, port office
λιμενάρχης, ο: harbormaster
λιμένας, ο: βλ. **λιμάνι**
λιμενικός, -ή, -ό: port, harbor, harbour
λιμενοβραχίονας, ο: pier, dock, wharf, quay
λιμενοφύλακας, ο: harbor guard
λιμνάζω: stagnate, be stagnant (και μτφ)
λιμναίος, -α, -ο: lacustrine
λίμνασμα, το: stagnation (και μτφ)
λίμνη, η: lake
λιμνοθάλασσα, η: estuary, lagoon
λιμοκοντόρος, ο: coxcomb, fop
λιμοκτονία, η: starvation, famine
λιμοκτονώ: starve, famish, be starved
λιμός, ο: famine
λιμουζίνα, η: limousine
λιμπίζομαι: βλ. **λαχταρώ**
λινάρι, το: flax
λιναρόσπορος, ο: linseed
λινάτσα, η: sackcloth
λινέλαιο, το: linseed oil
λινός, -ή, -ό: linen
λινοτύπης, ο: linotypist, linotyper
λινοτυπία, η: linotype
λιόδεντρο, το: olive tree
λιόλαδο, το: olive oil
λιοντάρι, το: βλ. **λεοντάρι**
λιοπύρι, το: heat, swelter
λιοστάσι, το: olive grove
λιοτριβειό, το: βλ. **ελαιοτριβείο**
λιοτρίβι, το: βλ. **ελαιοτριβείο**
λιπαίνω: (με λάδι) grease, oil, lubricate ‖ (με λίπασμα) fertilize, manure
λίπανση, η: (με λάδι) greasing, lubrication, oiling ‖ (με λίπασμα) fertilization, manuring, fertilizing
λιπαντής, ο: oiler, lubricator
λιπαντικό, το: lubricant
λιπαρός, -ή, -ό: greasy, fat, fatty

λίπασμα, το: compost, manure, fertilizer
λιπόβαρος, -η, -ο: underweight
λιποθυμία, η: faint, fainting, swoon, loss of consciousness
λιπόθυμος, -η, -ο: senseless, unconscious, faint, in a faint
λιποθυμώ: faint, fall senseless, lose consciousness, swoon
λίπος, το: (ζωικό) fat, lard ‖ (λίπανσης) grease
λιπόσαρκος, -η, -ο: βλ. **λιγνός**
λιποτάκτης, ο: deserter
λιποτακτώ: desert
λιποταξία, η: desertion
λιποψυχία, η: faintheartedness
λιπόψυχος, -η, -ο: fainthearted
λιποψυχώ: lose heart, be discouraged
λίρα, η: pound ‖ (χρυσό κέρμα) sovereign
λιρέτα, η: lira
λισγάρι, το: spade, mattock
λίσγος, ο: βλ. **λισγάρι**
λίστα, η: list ‖ (τιμοκατάλογος) price list ‖ (συστηματική) catalogue
λιτανεία, η: (τελετή) litany ‖ (περιφορά) religious procession
λιτοδίαιτος, -η, -ο: temperate, frugal
λιτός, -ή, -ό: βλ. **λιτοδίαιτος** ‖ (τροφή) frugal ‖ (απέριττος) simple, plain
λιτότητα, η: temperance, frugality ‖ (απλότητα) simplicity, plainness
λίτρα, η: βλ. **λίτρο**
λίτρο, το: liter
λιχανός, ο: index finger, forefinger
λιχνίζω: winnow
λίχνισμα, το: winnowing
λιχνιστήρι, το: winnow
λιχούδης, -ισσα, -ικο: gormand, gourmand
λιχουδιά, η: tasty titbit
λιχουδιάρης, -α, -ικο: βλ. **λιχούδης**
λιώνω: (ρευστοποιώ) melt, liquefy, thaw ‖ (πολτοποιώ) pulp ‖ (συνθλίβω) crush, squash ‖ (εξαντλούμαι) be worn out, wear oneself away, pine away ‖ (φθείρομαι) wear out
λοβιτούρα, η: chicanery
λοβός, ο: (ανατ) lobe ‖ (φυτ) pod, husk
λογαριάζω: (μετρώ) count ‖ (υπολογίζω) compute, calculate ‖ (σκοπεύω) consider, intend, aim, reckon

λογαριασμός, ο: (μέτρημα) count ‖ (υπολογισμός) computation, calculation ‖ (εστιατ., ξενοδ. κλπ) bill, ticket, tab ‖ (έσοδα ή έξοδα) account ‖ **κρατώ** ~: keep tabs

λογαριθμικός, -ή, -ό: logarithmic

λογάριθμος, ο: logarithm

λογάς, ο: (θηλ λογού): βλ. **λιμαδόρος**

λόγγος, ο: dense forest, thicket

λογής-λογής: all kinds, all sorts

λόγια, τα: words ‖ (διάδοση) rumor ‖ **λέω μεγάλα** ~: talk big ‖ **βάζω** ~: speak ill of s.b. behind his back ‖ **έρχομαι στα** ~: have words with ‖ **καταπίνω τα** ~ **μου:** eat one's words

λογίζομαι: consider, reckon ‖ (θεωρούμαι) consider oneself, think oneself

λογικά, τα: senses ‖ **στα** ~ **μου:** in one's right senses ‖ **χάνω τα** ~ **μου:** take leave of one's senses ‖ **έλα στα** ~ **σου!:** come to your senses!

λογικεύομαι: (σκέπτομαι λογικά) think reasonably, consider logically, reason ‖ (έρχομαι στα λογικά μου) come to one's senses

λογική, η: logic ‖ (σωστή σκέψη) common sense ‖ βλ. **λογικό**

λογικό, το: reason ‖ βλ. και **λογικά**

λογικός, -ή, -ό: reasonable, rational, logical ‖ (αυτός που σκέφτεται λογικά) sensible, reasonable

λόγιος, -α, -ο: scholar, literate, scholary

λογισμός, ο: (σκέψη) reasoning, thought ‖ (υπολογισμός) calculation, reckoning ‖ (μαθ) calculus

λογιστήριο, το: accounting department, counting house

λογιστής, ο: (πτυχιούχος) accountant ‖ (πρακτικός) book-keeper ‖ (ορκωτός) certified public accountant ‖ (πλοίου) purser

λογιστική, η: accounting, accountancy ‖ (κράτημα βιβλίων) book keeping

λογιστικός, -ή, -ό: accounting, logistic, account

λογιών-λογιών: βλ. **λογής-λογής**

λόγκος, ο: βλ. **λόγγος**

λογογράφος, ο: logographer

λογοδιάρροια, η: incessant jabber, incessant chatter

λογοδοσία, η: account, accounting, report

λογοδοτώ: account for, give an account

λογοκλοπία, η: plagiarism

λογοκλόπος, ο: plagiarist

λογοκρίνω: censor

λογοκρισία, η: censorship

λογοκριτής, ο: censor

λογομαχία, η: words, argument, quarrel, altercation

λογομαχώ: have words, argue, quarrel, altercate

λογοπαίγνιο, το: pun

λόγος, ο: (ομιλία) speech ‖ (κουβέντα) say, word ‖ (μαθ) ratio ‖ (αιτία) reason ‖ (αφορμή) cause ‖ (υποχρέωση) word ‖ (εξήγηση, λογοδοσία) account, explanation ‖ ~**ω τιμής:** word of honor ‖ **δίνω** ~**ο:** account ‖ **ζητώ το** ~**ο:** (θέλω να μιλήσω) ask permission to speak ‖ ~**ο το λόγο:** (ζητώ εξηγήσεις) ask for an explanation ‖ **άξιο** ~**ου:** worth mentioning ‖ **για κανένα** ~**ο:** no way, on no account ‖ **στο** ~**ο μου:** upon my word ‖ **λέω ένα καλό** ~**ο:** put in a good word

λογοτέχνης, ο: literary man, author, writer ‖ (ποιητής) poet

λογοτεχνία, η: literature

λογοτεχνικός, -ή, -ό: literary

λογοτριβή, η: βλ. **λογομαχία**

λόγου χάρη: (επίρ) for example, for instance ‖ (συγκ.) e.g.

λογοφέρνω: βλ. **λογομαχώ**

λογύδριο, το: short speech

λόγχη, η: bayonet ‖ (αρχ) lance

λογχίζω: bayonet, stab with a bayonet

λογχοφόρος, ο: lancer

λοιδορία, η: abuse, ridicule, insult

λοιδορώ: abuse, ridicule, insult

λοιμοκαθαρτήριο, το: lazaret, lazarette, lazaretto

λοιμός, ο: contagious disease, pestilence ‖ plague

λοιμώδης, -ες: pestilent, pestilential

λοίμωξη, η: infection

λοιπόν: well, then ‖ (επομένως) therefore, consequently ‖ (έτσι) thus, so

λοιπός, -ή, -ό: remaining, left, rest ‖ **και τα** ~**ά:** et cetera (etc), and so on ‖ **του**

660

~ού: from now on

λοίσθια, τα: last breath || πνέει τα ~: he is at his last, he is breathing his last

λόξα, η: whim, fancy || (άνθρωπος) batty, screwball

λοξά: (επίρ) obliquely, slantwise || κοιτάζω ~: βλ. λοξοκοιτάζω

λόξεμα, το: diverging, deviation

λοξεύω: (μτβ) slant, slope || (αμτβ) deviate, swerve || (μτφ) go astray

λοξοδρόμηση, η: deviation, swerving || (ναυτ) loxodromic curve, rhumb line

λοξοδρομώ: deviate, change course, shift course || (ναυτ) tack, sail on a rhumb line || (μτφ) go astray

λοξοκοιτάζω: look askance, give a sidelong glance

λοξός, -ή, -ό: inclined, oblique, slanting, sloping || ~ό βλέμμα: sidelong glance || (παράξενος) batty, screwball

λοξότητα, η: obliqueness, slant, obliquity

λόξυγγας, ο: hiccup, hiccough

λόρδα, η: hunger, starvation

λόρδος, ο: lord

λοστός, ο: crowbar

λοστρόμος, ο: boatswain, bosum

λοταρία, η: raffle, lottery

λότος, ο: βλ. λοταρία

λούζομαι: bathe, have a bath, take a bath || (μαλλιά) wash one's hair

λούζω: bathe, give a bath || (μτφ) berate, revile, rail

λουκάνικο, το: sausage || (για σάντουιτς) frankforter, frankfurter || (ζεστό σε σάντουιτς) hot dog

λουκέτο, το: padlock

λούκι, το: (αυλάκι) gutter || (υδροσωλήνας) water pipe

λουκούλλειος, -α, -ο: lucullian

λουκουμάς, ο: honey puff || doughnut

λουκούμι, το: turkish delight

λουλακής, -ιά, -ι: indigo

λουλάκι, το: indigo

λουλουδάτος, -η, -ο: flowered, with a floral pattern

λουλούδι, το: flower, blossom

λουλουδίζω: blossom, bloom

λουλούδισμα, το: blossoming

λούλουδο, το: βλ. λουλούδι

λουμίνι, το: wick

λούξ, το: gas lamp || (επιθ) smart and fashionable, posh, luxurious

λούπινο, το: lupin, lupine

λουρί, το: strap || βλ. ζώνη

λουρίδα, η: βλ. λουρί || band, strip

λούσιμο, το: bathing, bath, washing || (μτφ) berating, reviling, railing

λούσο, το: finery, smart clothes

λουστράρω: polish, burnish

λουστρίνι, το: (δέρμα) patent leather || (παπούτσι) patent leather shoe

λούστρο, το: polish, luster, varnish || (μτφ) veneer

λούστρος, ο: bootblack

λουτήρας, ο: bathtub

λουτρό, το: (πλύσιμο) bath || (δωμάτιο) bathroom

λουτρόπολη, η: spa, summer resort

λουφάζω: (σιωπώ) keep quiet || (φοβάμαι) cower, cringe

λουφές, ο: tip, bribe

λοφίο, το: plume, crest || (πουλιού) crest

λοφίσκος, ο: hillock

λόφος, ο: hill

λοφώδης, -ες: hilly

λοχαγός, ο: captain

λοχίας, ο: sergeant

λόχμη, η: copse, chaparral

λόχος, ο: company

λυγαριά, η: osler

λυγερός, -ή, -ό: willowy, slender, slim

λυγίζω: (μτβ) bend || (αμτβ) bend, curve || (μτφ) yield, give way

λύγισμα, το: bending || (μτφ) yielding

λύγκας, ο: lynx || βλ. λόξυγγας

λυγμός, ο: sob

λύγος, ο: βλ. λυγαριά

λυγώ: βλ. λυγίζω

λυδία λίθος: βλ. λίθος

λυθρίνι, το: gray mullet

λυκάνθρωπος, ο: werewolf, werwolf

λυκαυγές, το: dawn (και μτφ)

λυκειάρχης, ο: principal of a senior high school

λύκειο, το: lyceum || (β΄ κύκλος μέση εκπ.) senior high school

λυκόπουλο, το: wolf-cub || (των προσκόπων) cub scout

λύκος, ο: wolf

λυκόσκυλο, το: german shepherd, alsatian

λυκόφως

λυκόφως, το: twilight *(και μτφ)*
λυμαίνομαι: infest, ravage, plunder, pillage, devastate
λυμεώνας, ο: plunderer, ravager
λυμφατικός, -ή, -ό: lymphatic
λυντσάρισμα, το: lynching
λυντσάρω: lynch
λύνω (κόμπο) untie ‖ (από δέσιμο) unfasten, untie ‖ (χαλαρώνω) loosen ‖ (ελευθερώνω) unloose, release ‖ (αποσυνδέω) dismantle ‖ (βρίσκω λύση) solve ‖ (συμφωνία κλπ) annul, break, cancel ‖ (πολιορκία) raise
λυπάμαι: *(μτβ)* feel sorry, pity ‖ *(αμτβ)* be sorry, be sad
λύπη, η: sorrow, sadness, grief ‖ βλ. λύπηση
λυπημένος, -η, -ο: sorry, sad, grieved, distressed
λυπηρός, -ή, -ό: sad, grievous
λύπηση, η: pity compassion
λυπητερός, -ή, -ό: sorrowful, plaintive, mournful
λυπούμαι: βλ. λυπάμαι
λυπώ: distress, grieve, sadden
λύρα, η: lyre
λυρικός, -ή, -ό: lyric, lyrical
λυρισμός, ο: lyrism, lyricism
λύση, η: (προβλήματος κλπ) solution ‖ (διάλυση) dismantling ‖ (ακύρωση) annulment, cancellation ‖ (πολιορκίας) raising
λύσιμο, το: untying, loosening, unfastening
λύσσα, η: rabies ‖ *(μτφ)* rage, fury
λυσσάζω: (ζώο) be mad ‖ (ανθρ.) be

seized with rabies ‖ *(μτφ)* rage, be mad, be furious ‖ ~ στο ξύλο: beat up, beat s.b. until he is black and blue, beat s.b. thoroughly
λυσσαλέος, -α, -ο: rabid, mad *(και μτφ)*
λυσσιάζω: βλ. λυσσάζω
λυσσιάρικος, -η, -ο: rabid, mad
λυσσομανώ: rage
λυσσώ: βλ. λυσσάζω
λυσσώδης, -ες: βλ. λυσσαλέος
λύτης, ο: solver
λυτός, -ή, -ό: untied, loose, unleashed
λύτρα, τα: ransom
λύτρωμός, ο: deliverance, redemption ‖ *(μτφ)* rescue
λυτρώνω: deliver, free ‖ save, rescue
λύτρωση, η: βλ. λυτρωμός
λυτρωτής, ο: deliverer, redeemer, savior
λυχνάρι, το: oil lamp
λυχνία, η: lamp
λύχνος, ο: βλ. λυχνάρι
λυχνοστάτης, ο: lampstand
λύω: βλ. λύνω
λωλάδα, η: βλ. τρέλλα
λωλαίνω: βλ. τρελλαίνω
λωλαμάρα, η: βλ. τρέλλα
λωλός, -ή, -ό: βλ. τρελλός
λωποδυσία, η: theft, heist, robbery
λωποδύτης, ο (θηλ λωποδύτρια): thief, pickpocket
λωρί, το: βλ. λουρί
λωρίδα, η: βλ. λουρίδα
λώρος, ο: βλ. λουρίδα ‖ cord ‖ ομφάλιος ~: umbilical cord
λωτός, ο: lotus
λωτοφάγος, ο: lotus eater

M

M,μ: the 12th letter of the Greek alphabet ‖ μ´: 40 ‖ μ: 40 000
μα: but ‖ ~ το Θεό!: by God! ‖ ~ την αλήθεια: in truth, truly, indeed
μαβής, -ιά, -ί: violet, lilac
μαγαζί, το: store, shop
μαγαρίζω: befoul, soil, sully
μαγγανεία, η: sorcery, enchantment

μαγγάνιο, το: manganese
μάγγανο, το: (πηγαδιού) wheel ‖ (πιεστηρίου) press ‖ (ροδάνι) spinning wheel
μαγγανοπήγαδο, το: wheelwell
μαγγώνω: grip, squeeze, crush ‖ *(μτφ)* pinch, nab
μαγεία, η: sorcery, magic, witchcraft ‖

βλ. **μάγεμα** ‖ *(μτφ)* magic
μάγειρας, ο *(θηλ* **μαγείρισσα)**: cook ‖ (εστιατορίου) chef ‖ (φαγητού της ώρας) cooker
μαγειρείο, το: (κουζίνα) kitchen ‖ (πλοίου) galley ‖ (μικρό εστιατόριο) eatery, small diner
μαγείρεμα, το: cooking
μαγειρευτός, -ή, -ό: cooked
μαγειρεύω: cook *(και μτφ)*
μαγειρική, η: cooking, cookery ‖ (βιβλίο) cook book
μαγειρικός, -ή, -ό: cook, cooking, kitchen
μαγειριό, το: βλ. **μαγειρείο**
μαγείρισσα, η: βλ. **μάγειρας**
μάγειρος, ο: βλ. **μάγειρας**
μάγεμα, το: spell, magic, bewitchment
μαγευτικός, -ή, -ό: bewitching, enchanting, charming
μαγεύω: bewitch, enchant ‖ (κάνω μάγια) cast a spell, bewitch
μάγια, τα: sorcery, witchcraft, spell ‖ **κάνω ~**: cast a spell
μαγιά, η: (μπύρας) yeast ‖ (προζύμη) leaven
μαγικός, -ή, -ό: magic, magical, bewitching, enchanting
μαγιό, το: bathing suit, swimsuit
μαγιονέζα, η: mayonnaise
μάγισσα, η: witch, sorceress
μαγκάλι, το: brazier
μάγκανο, το: βλ. **μάγγανο**
μαγκανοπήγαδο, το: βλ. **μαγγανοπήγαδο**
μάγκας, ο: (βαρύς τύπος) heavy, punk ‖ (αλήτης) bum, hobo, street arab ‖ (εξυπνάκιας) wise guy
μαγκλαράς, ο: gangling
μαγκούρα, η: stick, heavy stick
μαγκουριά, η: blow with a stick
μαγκούφης, -α, -ικο: rootless, lonely, alone ‖ *(μτφ)* wretch
μαγκώνω: crush, squeeze
μαγνάδι, το: wimple
μαγνησία, η: magnesia
μαγνήσιο, το: magnesium
μαγνήτης, ο magnet *(και μτφ)*
μαγνητίζω: magnetize *(και μτφ)*
μαγνητικός, -ή, -ό: magnetic *(και μτφ)*
μαγνήτιση, η: magnetization, magnetizing
μαγνητισμός, ο: magnetism ‖ βλ. **μαγνήτης**

μαγνητόφωνο, το: tape recorder
μάγος, ο: sorcerer, wizard, magician ‖ **οι τρεις ~οι**: the wise men, the Magi
μαγούλα, η: hillock, mound, bank, knoll
μαγουλάδες, οι: mumps, parotiditis, parotitis
μαγουλήθρα, η: βλ. **μαγουλάδες**
μάγουλο, το: cheek
μαδέρι, το: plank, joist
μάδημα, το: plucking ‖ *(μτφ)* fleecing, swindle, gyp, gypping
μαδιάμ: κάνω γης ~: havoc, play havoc, bring to wrack and ruin
μαδώ: pull off, pluck ‖ *(μτφ)* fleece, swindle, gyp
μαεστρία, η: mastery, masterfulness, masterliness, skill
μαέστρος, ο: conductor ‖ *(μτφ)* maestro, master
μάζα, η: mass *(και μτφ)*
μάζεμα, το: gathering, collecting, picking ‖ (μπάσιμο) shrinkage, shrinking
μαζεμένος, -η, -ο: *(μτφ)* reserved, shy
μαζεύομαι: (συγκεντρώνομαι) gather, assemble, get together ‖ (τραβιέμαι) shrink, draw back ‖ (τακτοποιούμαι, περιορίζομαι) settle down
μαζεύω: gather, collect, pick up ‖ (συσσωρεύω) pile, amass, heap ‖ (κάνω συλλογή) collect ‖ (μπάζω) shrink ‖ (συμμαζεύω) take in hand
μαζί: *(επίρ)* with, together
μαζικός, -ή, -ό: mass
μαζοχισμός, ο: masochism
μαζώνω: βλ. **μαζεύω**
Μάης, ο: βλ. **Μάιος**
μαθαίνω: learn ‖ (διδάσκω) teach ‖ (ακούω είδηση) hear, learn
μαθεύομαι: become known
μάθημα, το: lesson ‖ (διδασκόμενο θέμα) class ‖ **πάω στο ~**: I am going to class ‖ *(μτφ)* lesson
μαθηματικά, τα: mathematics, math., maths
μαθηματικός, ο: mathematician
μαθηματικός, -ή, -ό: mathematical
μαθημένος, -η, -ο: used to, accustomed
μάθηση, η: learning, education ‖ βλ. **πείρα**

663

μαθητεία

μαθητεία, η: (διάστημα σπουδών) period of study ‖ (τεχνίτη) apprenticeship
μαθητευόμενος, -η, -ο: apprentice
μαθητεύω: (φοιτώ): study, attend, be a student ‖ (είμαι μαθητευόμενος) be an apprentice
μαθητής, ο (θηλ **μαθήτρια**): school-boy (school-girl), student ‖ (ιδιωτ. μαθητής) pupil ‖ (οπαδός) disciple
μαθήτρια, η: βλ. **μαθητής**
μαθητολόγιο, το: school register
μαία, η: midwife
μαίανδρος, ο: meander
μαιευτήρας, ο: obstetrician
μαιευτήριο, το: maternity hospital, maternity clinic ‖ (τμήμα σε γεν. νοσοκομείο) maternity ward
μαιευτική, η: obstetrics
μαϊμού, η: monkey (και μτφ)
μαϊμουδίζω: ape, imitate
μάινα, η: calm
μαινάδα, η: maenad, menad, harpy
μαϊνάρω: (μτβ) lower, haul down, strike ‖ (αμτβ) abate, calm
μαίνομαι: rage
μαϊντανός, ο: parsley
Μάιος, ο: May
μαϊστράλι, το: mistral, north-west wind
μαΐστρος, ο: βλ. **μαϊστράλι**
μαιτρέσσα, η: mistress
μακάβριος, -α, -ο: macabre
μακαράς, ο: βλ. **καρούλι**
μακάρι: I wish, God grant, would to God ‖ (ακόμη και αν) even if
μακαρίζω: regard as happy or fortunate
μακάριος, -α, -ο: happy, blessed ‖ βλ. γαλήνιος ‖ βλ. **ατάραχος** ‖ ~ οι οι ελεήμονες: blessed are the merciful ‖ ~οι οι πτωχοί τω πνεύματι: blessed are the poor in spirit
μακαρισμοί, οι: Beatitudes
μακαρίτης, ο (θηλ **μακαρίτισσα**): deceased, late
μακαρονάς, ο: (Ιταλός περιφρ.) wop, dago
μακαρονάδα, η: spaghetti dish, macaroni dish
μακαρόνι, το: macaroni, spaghetti
μακαρονικός, -ή, -ό: macaronic, macaronical
μακελάρης, ο: butcher (και μτφ)

μακελειό, το: massacre, slaughter, carnage
μάκενα, η: machine ‖ (μτφ) racket, bunco, con game
μακέτα, η: model ‖ βλ. **σχέδιο**
μακιαβελικός, -ή, -ό: machiavelian
μακιγιάζ, το: make-up
μακιγιάρομαι: make-up
μάκινα, η: βλ. **μάκενα**
μακραίνω: (κάνω μακρύ) lengthen, make longer ‖ (εκτείνω) extend, stretch out ‖ (γίνομαι μακρύς) become longer, lengthen
μάκρεμα, το: lengthening
μακρηγορία, η: prolixity
μακρηγορώ: be prolix, expatiate
μακριά: (επίρ) far, far away, far off ‖ από ~: from afar
μακρινός, -ή, -ό: distant, far, remote, far off ‖ (σε διάρκεια) long
μακρόβιος, -α, -ο: long-lived, longevous
μακροβιότητα, η: longevity, long-livedness
μακροβούτι, το: dive, underwater swimming
μακροζωία, η: βλ. **μακροβιότητα**
μακρόζωος, -η, -ο: βλ. **μακρόβιος**
μακρόθεν: (επίρ) from afar
μακροθυμία, η: forbearance, tolerance
μακρόθυμος, -η, -ο: forbearing, tolerant
μακρόκοσμος, ο: macrocosm
μακρολαίμης, -α, -ικο: long-necked
μακρολογία, η: βλ. **μακρηγορία**
μακρολογώ: βλ. **μακρηγορώ**
μακρομάλλης, -α, -ικο: long-haired
μακρομάνικος, -η, -ικο: long-sleeved
μακροπόδαρος, -η, -ο: long-legged
μακροπρόθεσμος, -η, -ο: long-term
μάκρος, το: βλ. **μήκος**
μακρός, -ά, -ό: long ‖ (διαρκείας) lengthy, long, extensive ‖ βλ. εκτεταμένος
μακροσκελής, -ές: βλ. **μακροπόδαρος** ‖ (μτφ) extensive, lengthy
μακρόστενος, -η, -ο: oblong, elongated
μακρουλός, -ή, -ό: βλ. **μακρόστενος**
μακροχέρης, -α, -ικο: long-armed
μακροχρόνιος, -α, -ο: long-drawn, of long duration
μακρύνω: βλ. **μακραίνω**
μακρύς, -ιά, -ύ: βλ. **μακρός** ‖ βλ.

μακρόστενος

μαλαγάνα, η: fawner, blandisher, insinuator

μαλαγανιά, η: blandishment, insinuation

μαλάζω: massage, knead ‖ βλ. **καταπραΰνω** ‖ βλ. **μαλακώνω**

μαλακά: *(επίρ)* softly, gently

μαλάκας, ο: masturbator ‖ *(μτφ)* dullard, dolt, nitwit, jerk

μαλακία, η: masturbation

μαλακίζομαι: masturbate

μαλάκιο, το: mollusk

μαλακός, -ή, -ό: soft ‖ (απαλός) soft, tender ‖ (χαρακτήρας) mild, gentle ‖ (επιεικής) lenient ‖ (καιρική κατάσταση) mild, clement

μαλακόστρακο, το: crustacean

μαλακτικός, -ή, -ό: lenitive

μαλάκυνση, η: softening ‖ ~ του εγκεφάλου: softening of the brain

μαλάκωμα, το: softening ‖ *(μτφ)* mollification, softening, calming

μαλακώνω: soften ‖ (κατευνάζω) calm, assuage, mollify ‖ (γίνομαι μαλακός) soften, become soft ‖ (κατευνάζομαι) become calmer, be mollified, calm down

μάλαμα, το: gold *(και μτφ)*

μαλαματένιος, -α, -ο: gold, golden *(και μτφ)*

μαλαματοκαπνίζω: gild

μάλαξη, η: massage

μαλάσσω: βλ. **μαλάζω**

μαλαχτικός, -ή, -ό: βλ. **μαλακτικός**

μάλη, η: βλ. **μασχάλη**

μαλθακός, -ή, -ό: soft *(και μτφ)*

μαλθακότητα, η: softness *(και μτφ)*

μάλιστα: *(επίρ)* yes, certainly

μαλλί, το: wool ‖ (για πλέξιμο) yarn ‖ (τρίχωμα) hair

μαλλιά, τα: (κεφαλιού) hair ‖ ~ά κουβάρια: violent quarrel

μαλλιάζω: grow hair, be covered with hair ‖ ~ει η γλώσσα: *(ιδ)* talk oneself hoarse

μαλλιαρός, -ή, -ό: hairy, woolly, shaggy ‖ ~ή: (γλώσσα) vulgar language, vulgarism

μάλλινος, -η, -ο: wool, woolen

μαλλιοτραβιέμαι: quarrel violently

μαλλοβάμβακος, -η, -ο: of wool and cotton

μαλλοκέφαλα, τα: the hair of the head ‖ πληρώνω τα ~: pay through the nose ‖ χρωστώ τα ~: be deep in debt

μαλλομέταξος, -η, -ο: of wool and silk

μάλλον: *(επίρ)* (περισσότερο) more than (καλύτερο) better, rather, sooner than

μάλωμα, το: (καυγάς) quarrel, dispute, wrangle ‖ (επίπληξη) scolding, reprimand, rebuke ‖ (διακοπή σχέσεων) falling out, break

μαλώνω: (τσακώνομαι) quarrel, wrangle, argue ‖ (επιπλήττω) scold, reprimand, rebuke, reproach ‖ (διακόπτω σχέση) fall out, break

μαμά, η: mummy, mammy

μαμή, η: βλ. **μαία**

μάμη, η: grandmother, granny

μαμόθρεφτος, -η, -ο: coddled, babied, pampered

μαμούδι, το: vermin, grub, bug

μαμούθ, το: mammoth

μάνα, η: mother

μαναβέλα, η: crank

μανάβης, ο: greengrocer, fruit and vegetable seller

μανάβικο, το: greengrocer's shop

μανάλι, το: candleholder, candlestick ‖ (μεγάλο) candelabrum

μανάρι, το: fattened lamb

μανδύας, ο: cloak ‖ (στρ) overcoat, greatcoat

μανεκέν, το: model, mannequin

μανέστρα, η: noodle

μανία, η: mania ‖ (οργή) fury, rage ‖ (ιδιοτροπία) fancy, whim, mania

μανιάζω: rage, be furious

μανιακός, -ή, -ό: maniac ‖ *(μτφ)* furious, raging, enraged

μανιβέλα, η: βλ. **μαναβέλα**

μάνικα, η: rubber hose

μανικέτι, το: cuff

μανίκι, το: sleeve ‖ *(ιδ)* hard, difficult

μανικιούρ, το: manicure

μανικιουρίστα, η: manicurist

μάνι-μάνι: *(επίρ)* quickly

μανιτάρι, το: mushroom ‖ (δηλητηριώδες) toadstool

μανιφέστο, το: manifest

μανιώδης, -ες: *(μτφ)* passionate, inveterate, maniac

μανόμετρο

μανόμετρο, το: manometer, pressure gauge
μανουάλι, το: βλ. **μανάλι**
μανούβρα, η: βλ. **ελιγμός** ‖ (τρένου) shunt, shunting
μανουβράρω: maneuver ‖ *(τρένο)* shunt
μανούρι, το: brick cheese, brie
μάνταλο, το: bolt, latch
μανταλώνω: bolt, latch
μαντάρα, η: *(ιδ)* havoc ‖ **κάνω** ~: play havoc
μανταρίνι, το: mandarin orange, tangerine
μανταρινιά, η: tangerine tree
μαντάρισμα, το: darning
μαντάρω: darn
μαντάτο, το: news, message
μαντεία, η: (προφητεία) prediction, divination, prophecy ‖ (χρησμός) oracle
μαντείο, το: oracle
μάντεμα, το: prediction, divination
μαντέμι, το: cast-iron
μαντεύω: (προφητεύω) predict, foretell, prophesy ‖ (εικάζω) guess, figure
μαντζουράνα, η: marjoram
μάντης, ο: oracle, prophet
μαντίλα, η: kerchief, wimple ‖ (Ν. Αμερ.) mantilla
μαντίλι, το: βλ. **μαντίλα** ‖ *(τσέπης)* handkerchief ‖ (άγιο μαντίλι) veronica
μαντινάδα, η: couplet, heroic couplet
μαντολάτο, το: nougat
μαντολίνο, το: mandolin
μάντρα, η: (αυλόγυρος) enclosure, fenced enclosure ‖ (ζώων, γενικά) pen ‖ (προβάτων) fold ‖ (ταύρων) bullpen ‖ (αλόγων ή γελαδιών) corral ‖ (χοίρων) sty
μαντραγόρας, ο: mandrake
μαντράχαλος, ο: gangling, lanky
μαντρί, το: βλ. **μάντρα**
μαντρόσκυλο, το: sheep dog, mastiff
μαντρώνω: (περικλείω με μάντρα) fence in, wall in, enclose ‖ (βάζω σε μάντρα) corral *(και μτφ)*
μαντύας, ο: βλ. **μανδύας**
μαξιλάρα, η: cushion, bolster
μαξιλάρι, το: cushion ‖ (ύπνου) pillow
μαξιλαροθήκη, η: pillow case
μαόνι, το: mahogany
μαούνα, η: barge ‖ (μεγάλη) lighter

μάπα, η: cabbage ‖ *(ιδ)* mug, pan, face
μάπας, ο: nincompoop. dolt, dunderhead
μάρα, η: η σάρα και η ~: riff raff, rabble
μαραγκός, ο: carpenter ‖ βλ. **λεπτουργός**
μαραγκούδικο, το: carpenter's shop
μαράζι, το: pining away, wasting away ‖ βλ. **θλίψη**
μαραζώνω: pine away, waste away
μάραθο, το: fennel
μαραθώνιος, ο: marathon race
μαραίνομαι: wither, shrivel ‖ *(μτφ)* βλ. **μαραζώνω**
μαραίνω: wither, dry, shrivel
μαρασμός, ο: βλ. **μαράζι**
μαραφέτι, το: gismo, gizmo
μαργαρίνη, η: margarine
μαργαρίτα, η: daisy
μαργαριταρένιος, -α, -ο: pearly
μαργαριτάρι, το: pearl ‖ *(μτφ)* boner, malapropism, gross error
μαργαριτοφόρος, -α, -ο: (όστρακο) pearl oyster
μάργαρος, ο: mother of pearl, nacre
μαρίδα, η: (ευρωπαϊκή) sparling ‖ (Αμερικάνικη) smelt ‖ *(μτφ)* fry, small fry
μαριονέτα, η: pupper *(και μτφ)*
μάρκα, η: (σημάδι) mark ‖ (κέρμα) token ‖ (σήμα κατατεθέν) trademark ‖ (είδος) brand ‖ (αυτοκ.) model ‖ *(ιδ)* sharpie
μαρκάρισμα, το: marking *(και μτφ)*
μαρκάρω: mark *(και μτφ)*
μαρκησία, η: marchioness
μαρκήσιος, ο: marquis
μαρκίζα, η: canopy
μάρκο, το: mark
μαρμαρένιος, -α, -ο: marble, of marble
μαρμάρινος, -η, -ο: βλ. **μαρμαρένιος**
μάρμαρο, το: marble
μαρμαροκονία, η: stucco
μαρμαρυγή, η: βλ. **λάμψη**
μαρμαρώνω: *(μτφ)* be petrified
μαρμελάδα, η: marmalade, jam
μαρξισμός, ο: marxism
μαρξιστής, ο: *(θηλ* **μαρξίστρια***):* marxist
μαρούλι, το: lettuce
μαρς, το: βλ. **εμβατήριο** ‖ (πρόσταγμα) march! ‖ **εμπρός** ~!: forward march!
μαρσάρω: step on the gas

666

μάρσιπος, ο: bag, sack || (ζώου) marsupium

Μάρτης, ο: βλ. **Μάρτιος**

μαρτίνι, το: martini

Μάρτιος, ο: March

μάρτυρας, ο: witness || (που μαρτύρησε) martyr

μαρτυρία, η: testimony || βλ. **κατάθεση** || (απόδειξη) proof || βλ. **κατάδοση**

μαρτυριάρης, -α; -ικο: βλ. **καταδότης**

μαρτυρικός, -ή, -ό: testimonial, evidence || βλ. **βασανιστικός**

μαρτύριο, το: torture, torment || (δεινά) suffering

μαρτυρώ: bear witness, testify, give evidence || βλ. **καταθέτω** || βλ. **καταδίδω** || (υποφέρω) suffer

μας: (προσ. αντων.) us || (κτητ.) our

μασάζ, το: massage

μασέλα, η: denture, dental plate

μάσημα, το: chewing, mastication

μασητήρας, ο: molar

μασιά, η: tongs

μάσκα, η: mask

μασκαραλίκι, το: bloomer, ridicule

μασκαράς, ο: masquerader || (μτφ) scoundrel, rascal

μασκαράτα, η: masquerade, fancy dress

μασκάρεμα, το: masquerading || βλ. **μασκαραλίκι**

μασκαρεύομαι: (βάζω μάσκα) mask || (ντύνομαι καρναβάλι) masquerade, put on a fancy dress, disguise

μασκότ, η: mascot

μασόνος, ο: Mason, Freemason

μασουλώ: βλ. **μασώ**

μασούρι, το: bobbin, skein || βλ. **κουβαρίστρα** || (μτφ - ιδ) mazuma, moola

μαστάρι, το: udder || (ιδ) tit

μαστέλο, το: bucket

μάστιγα, η: βλ. **μαστίγιο** || (μτφ) scourge

μαστίγιο, το: whip, scourge, switch || (ιππέα) riding crop, whip

μαστιγώνω: whip, horsewhip, flog

μαστίζω: βλ. **μαστιγώνω** || (μτφ) scourge, ravage

μαστίχα, η: (ουσία) mastic || (που μασούμε) chewing gum || (ποτό) mastic

μάστορας, ο: (τεχνίτης) skilled worker, mason, carpenter, bricklayer || (αρχιτεχνίτης) boss, master craftsman ||

(πολύ επιδέξιος) whiz, wizard

μαστορεύω: (επιδιορθώνω) mend, repair || (φτιάνω) construct, make

μαστός, ο: breast || βλ. **μαστάρι**

μαστοφόρα, τα: mammals

μαστροπός, ο (θηλ **μαστροπός**): pimp

μαστροχαλαστής, ο: bungler

μασχάλη, η: armpit

μασώ: chew, masticate || ~ τα λόγια: mumble, stammer

ματαιοδοξία, η: vanity, conceit, vainglory

ματαιόδοξος, -η, -ο: vain, conceited, vain-glorius

ματαιοπονία, η: vain effort, vain attempt

ματαιοπονώ: work in vain, try in vain

μάταιος, -α, -ο: futile, vain, useless

ματαιότητα, η: vanity, futility

ματαιώνω: frustrate, thwart, block, foil

ματαίωση, η: frustration, thwarting, foiling

ματζουράνα, η: βλ. **μαντζουράνα**

μάτι, το: eye (και μτφ) || **κακό** ~: evil eye || **αυγό** ~: sunny side up || **βάζω στο** ~, **έχω στο** ~: (κατατρέχω) be out to get s.o., be after s.o's scalp || (επιθυμώ) yearn, set one's heart on || **κλείνω τα** ~**α:** wink || **κάνω γλυκά** ~**α:** make eyes at || **για τα** ~**α:** for appearance's sake

ματιά, η: eye, glance, look || **ρίχνω μια** ~: have a look || **με μια** ~: at a glance

ματιάζω: (βασκαίνω) cast an evil eye

μάτιασμα, το: evil eye

ματίζω: splice

μάτισμα, το: splicing, splice

ματινάδα, η: βλ. **μαντινάδα**

ματογυάλια, τα: glasses, eyeglasses, spectacles || (ηλίου) sunglasses || (ιδ) cheaters

ματόκλαδο, το: eyelash

ματοκυλίζω: βλ. **ματοκυλώ**

ματοκύλισμα, το: bloodshed, carnage, massacre, blood bath

ματοκυλώ: drench in blood, massacre

ματοτσίνορο, τα: βλ. **ματόκλαδο**

ματόφρυδο, το: eyebrow

ματόφυλλο, το: eyelid

μάτς, το: match

ματσαράγγα, η: trick, deception, bunco, congame

ματσαραγγιά, η: βλ. **ματσαράγγα**

ματς-μουτς: *(ιδ)* smooch
μάτσο, το: bunch, bundle, pack || (δέσμη ξύλων ή μετάλλων) fagot, faggot
ματσούκα, η: thick stick, club
ματώνω: bleed *(και μτφ)*
μαυραγορίτης, ο *(θηλ μαυραγορίτισσα)*: black marketer, black marketeer
μαυράδα, η: blackness, darkness || (σημάδι) black spot
μαυράδι, το: black spot
μαυριδερός, -ή, -ό: dark, darkish, brown
μαυρίζω: *(μτβ και αμτβ)* blacken, darken || (στον ήλιο) tan, get a suntan || *(μτφ)* vote against
μαυρίλα, η: βλ. **μαυράδα** || *(μτφ)* gloom
μαυρομάλλης, -α, -ικο: black-haired
μαυρομάτης, -α, -ικο: black-eyed
μαυροπίνακας, ο: blackboard, chalkboard
μαυροπούλι, το: merle, starling, blackbird
μαύρος, -η, -ο: black *(και μτφ)*
μαυροφορεμένος, -η, -ο: dressed in black
μαυροφόρος, -α, -ο: βλ. **μαυροφορεμένος**
μαυσωλείο, το: mausoleum
μαφία, η: Mafia
μάχαιρα, η: βλ. **μαχαίρι** || ~ **έδωσες** ~ **θα λάβεις**: he who lives by the sword shall die by the sword
μαχαίρι, το: knife || βλ. **εγχειρίδιο** || (χειρούργου) scalpel || **βάζω το ~ στο λαιμό**: force s.o at gunpoint || **είναι στα ~α**: at loggerheads || **δίχοπο ~**: *(ιδ)* cuts both ways
μαχαιριά, η: stab
μαχαιροβγάλτης, ο: cutthroat, thug
μαχαιροπήρουνα, τα: cutlery
μαχαιρώνω: knife, stab
μαχαλάς, ο: neighborhood, quarter
μάχη, η: battle, fight, combat || *(μτφ)* struggle, fight || ~ **εκ του συστάδην**: close combat
μαχητής, ο: fighter, combatant, warrior
μαχητικός, -ή, -ό: fighting, fighter, warlike, martial || ~ **αεροπλάνο**: fighter
μάχιμος, -η, -ο: combatant, fighting
μαχμουρλής, -ού, -ίδικο: drowsy, sleepy
μάχομαι: fight, combat *(και μτφ)*
με: *(προθ)* (μαζί) with || (μέσο) by, through, by means of || (επαφή) to || ~ **πλοίο**: by boat || ~ **αεροπλάνο**: by plane || ~ **τα πόδια**: on foot || ~ **τον καιρό**:

given time, eventually || **μάγουλο** ~ **μάγουλο**: cheek to cheek || *(προσ αντ)* me
μέγαιρα, η: virago, hag, shrew
μεγαλείο, το: grandeur, greatness, majesty || ~!: *(επιφ)* excellent, first-rate
μεγαλειότατος, -η: majesty
μεγαλειώδης, -ες: grand, majestic
μεγαλέμπορος, ο: wholesaler
μεγαλεπίβολος, -η, -ο: grandiose, enterprising
μεγαλοδύναμος, ο: the Almighty
μεγαλόκαρδος, -η, -ο: great-hearted, magnanimous
μεγαλομανής, -ές: megalomaniac
μεγαλομανία, η: megalomania
μεγαλοπιάνομαι: assume importance, give oneself airs
μεγαλοποίηση, η: exaggeration, magnification
μεγαλοποιώ: exaggerate, magnify
μεγαλόπολη, η: megalopolis
μεγαλοπρέπεια, η: stateliness, magnificence, grandeur
μεγαλοπρεπής, -ές: stately, magnificent, majestic
μεγάλος, -η, -ο: big, large, great || (αξία) great || (δαπάνη) high || (ενήλικος) grown up, big || (σπουδαίος) big wheel, bigwig, big shot || ~**η βδομάδα**: holy week, passion week || **οι τρεις** ~**οι**: the big three
μεγαλόσταυρος, ο: (Ελλάς του Σωτήρος) Order of the Redeemer || (Αμερική) Medal of Honor || (Αγγλία) Victoria Cross || (Ρωσία) Gold Star Medal, Order of Victory
μεγαλόσωμος, -η, -ο: big
μεγαλούργημα, το: exploit, great deed
μεγαλουργώ: achieve great deeds, achieve great things
μεγαλόφρονας, ο: magnanimous || (περήφανος) arrogant, conceited
μεγαλοφροσύνη, η: magnanimity || (περηφάνεια) arrogance, conceit
μεγαλοφυής, -ές: genius, ingenious, talented
μεγαλοφυΐα, η: genius, ingenuity
μεγαλοφώνως: *(επίρ)* aloud, loudly
μεγαλόχαρη, η: Blessed Virgin
μεγαλοψυχία, η: magnanimity

668

μεγαλόψυχος, -η, -ο: magnanimous, big-hearted, great-hearted

μεγαλύνω: exalt, extol

μεγαλύτερος, -η, -ο: bigger, larger, greater (βλ. μεγάλος) ‖ (ηλικία) older, senior

μεγάλωμα, το: βλ. αύξηση ‖ (ανάπτυξη) growth, growing up ‖ βλ. ανατροφή ‖ βλ. μεγαλοποίηση

μεγαλώνω: (μτβ) enlarge, make bigger ‖ βλ. αυξάνω ‖ (μτβ) grow big, grow, grow up ‖ βλ. ανατρέφω ‖ βλ. μεγαλοποιώ

μέγαρο, το: mansion, manor house ‖ (μεγάλο κτίριο) high-rise building, tall building

μέγας: βλ. μεγάλος

μεγάφωνο, το: (χωνί) megaphone ‖ (ηλεκτρ) bullhorn ‖ (ραδ) loudspeaker

μέγγενη, η: vise, vice

μέγεθος, το: magnitude ‖ (έκταση) extent ‖ (διάσταση) size, greatness ‖ (κακού) enormity

μεγέθυνση, η: enlargement, magnification ‖ (φωτογρ.) blow up, enlargement

μεγεθυντικός, -ή, -ό: magnifying

μεγεθύνω: enlarge, magnify ‖ (φωτογρ.) blow up, enlarge

μεγιστάνας, ο: magnate, mogul

μέγιστο, το: maximum

μέγιστος, -η, -ο: greatest, largest, biggest (βλ. μεγάλος) ‖ (μαθ) greatest

μεδούλι, το: marrow

μέδουσα, η: jelly fish ‖ (μυθ.) Medusa

μεζεδάκι, το: βλ. μεζές

μεζές, ο: appetizer, side-dish, tidbit ‖ παίρνω στο ~έ: scoff, deride, ridicule

μεζούρα, η: tape measure

μεθαύριο: day after tomorrow

μεθεόρτια, τα: (μτφ) aftermath

μέθη, η: drunkenness, intoxication (και μτφ)

μεθοδικός, -ή, -ό: methodical

μέθοδος, η: method ‖ (κατασκευής) process

μεθοκόπημα, το: drinking bout, spree

μεθοκοπώ: get stoned, get roaring drunk

μεθοριακός, -ή, -ό: frontier

μεθόριος, η: frontier

μεθύσι, το: βλ. μέθη

μεθυσμένος, -η, -ο: drunk, intoxicated

μέθυσος, -η, -ο: drunkard, wino

μεθύστακας, ο: βλ. μέθυσος

μεθυστικός, -ή, -ό: intoxicating (και μτφ)

μεθώ: (μτβ) intoxicate, make drunk ‖ (αμτβ) get drunk, be intoxicated

μείγμα, το: βλ. κράμα

μειδίαμα, το: smile ‖ (χαράς και ικανοπ.) grin ‖ (περιφρ. ή ειρων.) smirk

μειδιώ: smile ‖ (με χαρά ή ικανοπ.) grin ‖ (περιφρ. ή ειρων.) smirk

μεικτός, -ή, -ό: mixed ‖ (συγχωνευμένος) amalgamated

μειλίχιος, -α, -ο: gentle, meek, mild

μειλιχιότητα, η: gentleness, meekness

μειοδοσία, η: underbidding, lowest bid

μειοδότης, ο: underbidder

μειοδοτικός, -ή, -ό: underbidding

μειοδοτώ: underbid

μείον: (επίρ) less, minus

μειονέκτημα, το: disadvantage ‖ (ελάττωμα) flaw, defect

μειονεκτικός, -ή, -ό: disadvantageous ‖ (ελαττωματικός) defective, flawy

μειονεκτώ: be at a disadvantage ‖ (έχω ελάττωμα) be defective

μειονότητα, η: minority

μειοψηφία, η: minority

μειοψηφώ: be in the minority, be outvoted

μειώνω: decrease, reduce, lessen, diminish ‖ (περιορίζω πιθανότητες) narrow down ‖ (μτφ) slight

μείωση, η: decrease, reduction, diminution ‖ (πιθανοτήτων) narrowing down ‖ (μτφ) slighting

μειωτέος, ο: (μαθ) minuend

μελαγχολία, η: melancholy, dejection, gloom

μελαγχολικός, -ή, -ό: melancholy, dejected, gloomy

μελαγχολώ: be melancholy, be dejected, be gloomy

μελάνη, η: ink

μελάνι, το: βλ. μελάνη

μελανιά, η: (σημάδι μελάνης) inkstain ‖ (από χτύπημα) bruise, contusion

μελανιάζω: (κάνω μαύρο) make black ‖ (γίνομαι μελανός) turn black, turn blue ‖ ~ στο ξύλο: beat until he is black and blue ‖ ~ από το κρύο: be blue with cold

μελανοδοχείο

μελανοδοχείο, το: inkwell ‖ (με πενοστάτες) inkstand

μελανός, -ή, -ό: black, dark *(και μτφ)*

μελανούρι, το: porgy, blackfish ‖ *(ιδ)* pretty brunette

μελανοχίτωνας, ο: blackshirt

μελανώνω: (περνώ με μελάνη) ink, ink in ‖ (μουτζουρώνω) stain with ink, ink

μελάτος, -η, -ο: (αυγά) soft-boiled ‖ (σαν μέλι) honey

μελαχρινός, -ή, -ό: dark, swarthy ‖ *(ουσ - αρσ)* brunet ‖ *(ουσ - θηλ)* brunette

μελαψός, -ή, -ό: very dark, swarthy

μέλει: (απρόσ.) **δε με** ~: I don't care ‖ **τί με** ~?: who cares?

μελένιος, -α, -ο: made of honey ‖ *(μτφ)* sugary

μελέτη, η: study ‖ (τεχν.) design ‖ (σκέψη) meditation ‖ (γραπτή έκθεση) thesis, treatise

μελετηρός, -ή, -ό: studious

μελετώ: study ‖ (επισταμένα) peruse ‖ (διαλογίζομαι) meditate ‖ (έχω σκοπό) intend, have in mind ‖ βλ. **εξετάζω** ‖ (αναφέρω) mention

μέλημα, το: concern, duty

μέλι, το: honey

μελιά, η: ash, ashtree

μελίρρυτος, -η, -ο: mellifluous

μέλισσα, η: bee

μελίσσι, το: βλ. **κυψέλη** ‖ (σμήνος) swarm

μελισσοκομείο, το: apiary

μελισσοκομία, η: bee-keeping

μελισσοκόμος, ο: apiarist, beekeeper

μελισσοτροφείο, μελισσοτροφία, μελισσοτρόφος: βλ. **μελισσοκομείο** κλπ.

μελισσουργός, ο: bee-eater

μελισσοφάγος, ο: βλ. **μελισσουργός**

μελιστάλαχτος, -η, -ο: βλ. **μελίρρυτος**

μελιτζάνα, η: eggplant

μελιτζανοσαλάτα, η: eggplant salad

μελλοθάνατος, -η, -ο: moribund, about to die

μέλλον, το: future

μέλλοντας, ο: *(γραμ)* future

μελλοντικός, -ή, -ό: future

μελλόνυμφος, -η, -ο: future husband, future wife ‖ *(πληθ)* soon to be wed

μέλλω: (έχω σκοπό) intend, aim ‖ (πρόκειται να κάνω) be about to, be going to ‖ (είναι πεπρωμένο) be destined

μελόδραμα, το: melodrama *(και μτφ)*

μελοδραματικός, -ή, -ό: melodramatic *(και μτφ)*

μελόπιτα, η: honey cake, honey pie ‖ βλ. **κερήθρα**

μελοποίηση, η: melodizing, melodization, setting to music ‖ (σύνθεση) composition

μελοποιός, ο: melodizer, melodist

μελοποιώ: melodize, set to music ‖ (συνθέτω) compose

μέλος, το: (οργάνωσης) member ‖ (σώματος) limb, member ‖ *(μουσ)* melody, tune, air

μελτέμι, το: etesian wind

μελωδία, η: melody

μελωδικός, -ή, -ό: melodious

μεμβράνη, η: membrane ‖ (περγαμηνή) parchment

μεμονωμένος, -η, -ο: isolated, lonely

μέμφομαι: blame, reproach, reprove, censure

μεμψίμοιρος, -η, -ο: grounchy, grumpy, grumbler

μεμψιμοιρώ: grumble, grouch

μεν: *(σύνδ)* **ο** ~ .... **ο δε:** the one .... the other ‖ **ναι** ~: on the one hand ....

μενεξεδένιος, -α, -ο: violet

μενεξές, ο: violet

μένος, το: fury, fervor

μενού, το: menu

μέντα, η: mint, spear mint, peppermint

μενταγιόν, το: pendant, locket

μεντεσές, ο: hinge

μέντιουμ, το: medium

μένω: stay, remain ‖ (διαμένω προσωρινά) stay ‖ (κατοικώ) live, reside ‖ (απομένω) be left ‖ βλ. **επιζώ** ‖ ~ **από:** run out ‖ ~ **πίσω:** fall behind

μέρα, η: day ‖ ~ **μεσημέρι:** in broad daylight

μεράκι, το: βλ. **καημός** ‖ *(μτφ)* taste

μερακλής, -ού, -ίδικο: ardent enthusiast

μεραρχία, η: division

μέραρχος, ο: division commander

μερδικό, το: βλ. **μερίδιο**

μερί, το: thigh

μεριά, η: (τόπος) place ‖ (πλευρά) side

670

μεριάζω: stand back, stand aside, step back, put aside

μερίδα, η: part, portion, section ‖ (φαγητού) portion, helping ‖ (λογιστ.) account ‖ (πολιτ.) faction ‖ (εργασίας) stint

μερίδιο, το: share, portion ‖ βλ. **κλήρος**

μερίζω: share, portion out, divide

μερίκευση, η: particularization

μερικεύω: particularize

μερικοί, -ές, -ά: some, a few

μερικός, -ή, -ό: partial

μέριμνα, η: care, concern ‖ (κοινωνική) relief

μεριμνώ: care for, take care of, look after

μέρισμα, το: (οικ) dividend

μερισμός, ο: division, partition

μεριστικός, -ή, -ό: partitive

μερμήγκι, το: βλ. **μυρμήγκι**

μεροδούλι, το: (δουλειά) one day's work ‖ βλ. **ημερομίσθιο** ‖ ~ **μεροφάγι:** hand-to-mouth

μεροκαματιάρης, ο: βλ. **ημερομίσθιος**

μεροκάματο, το: βλ. **ημερομίσθιο**

μεροληπτικός, -ή, -ό: partial, one-sided ‖ βλ. **προκατειλημμένος**

μεροληπτώ: be partial, take sides

μεροληψία, η: partiality

μερόνυχτο, το: βλ. **ημερονύκτιο**

μέρος, το: (κομμάτι) part, portion, share ‖ βλ. **μερίδιο** ‖ (θέση) place, spot ‖ (τοποθεσία) locality ‖ (πλευρά) side ‖ (ρόλος) part, role ‖ βλ. **αποχωρητήριο** ‖ **κατά** ~: aside, apart ‖ ~ **του λόγου:** part of speech ‖ **παίρνω** ~: participate, take part, have a part ‖ **εκ** ~**ους του:** on behalf of

μεροφάγι, το: daily food ‖ βλ. **μεροδούλι**

μερτικό, το: βλ. **μερίδιο**

μέσα: (επίρ) in, inside, within ‖ (κίνηση) into ‖ (ανάμεσα) among

μέσα, τα: (δύναμη, γνωριμίες) clout, pull, influence ‖ **βάζω** ~: (ενεργώ με γνωριμίες) pull strings

μεσάζοντας, ο: go-between, intermediary, mediator

μεσάζω: intercede, mediate

μεσαίος, -α, -ο: middle ‖ (όχι ακραίος) medium

μεσαίωνας, ο: middle ages

μεσαιωνικός, -ή, -ό: medieval

μεσάνυχτα, τα: midnight

μεσεγγύηση, η: sequestration

μεσεγγυητής, ο: sequestrator

μέση, η: middle ‖ (σώματος) waist ‖ **βγάζω από την** ~: (απομακρύνω) get rid of s.o., put out of the way, oust ‖ (σκοτώνω) bump off, do away with ‖ **τα βγάζω στη** ~: let the cat out of the bag

μεσήλικος, -η, -ο: middle-aged

μεσημβρία, η: (μεσημέρι) midday, noon ‖ (νότος) south

μεσημβρινός, ο: (αστρ) meridian

μεσημβρινός, -ή, -ό: (μεσημεριανός) noon, midday ‖ (νότιος) southern

μεσημέρι, το: noon ‖ **μέρα** ~: βλ. **μέρα**

μεσημεριάζομαι: be overtaken by noon, tarry until noon

μεσημεριανός, -ή, -ό: noon, midday ‖ ~ **ύπνος:** siesta, afternoon nap

μεσημεριάτικα: (επίρ) at high noon

μεσιακός, -ή, -ό: common ‖ (κτήμα) shares

μεσίστιος, -α, -ο: half-mast

μεσιτεία, η: βλ. **μεσολάβηση** ‖ (εργασία μεσίτη) brokerage

μεσιτεύω: βλ. **μεσάζω** ‖ (κάνω τον μεσίτη) be a broker

μεσίτης, ο: βλ. **μεσάζοντας** ‖ (εμπορ) broker ‖ (ακινήτων) realtor, real estate agent

μεσιτικός, -ή, -ό: broker, real estate ‖ ~**ό γραφείο:** real estate office ‖ ~**ά, τα:** brokerage

μέσο, το: middle ‖ βλ. **εσωτερικό** ‖ βλ. **μέσα, τα**

μεσοβασιλεία, η: interregnum

μεσοβδόμαδο, το: the middle of the week

μεσογειακός, -ή, -ό: mediterranean

μεσόγειος, -α, -ο: inland

Μεσόγειος, η: (θάλασσα) mediterranean

μεσοκόβομαι: break my back

μεσόκοπος, -η, -ο: βλ. **μεσήλικος**

μεσολαβή, η: waist grip, waist hold

μεσολάβηση, η: mediation, intercession ‖ (χρον) interval, lapse

μεσολαβητής, ο: βλ. **μεσάζοντας**

μεσολαβώ: βλ. **μεσάζω** ‖ (χρον) come between, intervene

μεσονύκτιο, το: βλ. **μεσάνυχτα**

μέσος

μέσος, -η, -ο: βλ. **μεσαίος** ‖ (κοινός) medium ‖ (όρος) average ‖ (μέση τιμή) mean

μεσοτοιχία, η: partition, party wall

μεσότοιχος, ο: βλ. **μεσοτοιχία**

μεσούρανα, τα: culmination, zenith

μεσουράνημα, το: βλ. **μεσούρανα**

μεσουρανώ: culminate, be at the zenith, be at the highest point ‖ (και μτφ)

μεσοφόρι, το: slip, underskirt

μέσπιλο, το: medlar

μεσσίας, ο: messiah

μεστός, -ή, -ό: βλ. **γεμάτος** ‖ (ώριμος) ripe, mature

μέστωμα, το: ripeness, maturity

μεστώνω: ripen, mature

μέσω: (επίρ) (διαμέσου) via, through ‖ (τρόπος) by means of

μετά: βλ. **με** ‖ (χρον) after, afterwards ‖ βλ. **και έπειτα**

μεταβαίνω: go

μεταβάλλω: change, alter, transform ‖ (μετατρέπω) convert ‖ βλ. **μεταμορφώνω**

μετάβαση, η: going, passage

μεταβατικός, -ή, -ό: transient, transitory ‖ (γραμ) transitive

μεταβιβάζω: transfer ‖ βλ. **μεταφέρω** ‖ βλ. **μεταδίδω**

μεταβίβαση, η: transfer ‖ βλ. **μετάδοση**

μεταβλητός, -ή, -ό: changeable, variable ‖ βλ. **άστατος** ‖ (μαθ) variable

μεταβολή, η: change, alteration ‖ βλ. **μεταμόρφωση** ‖ (πρόσταγμα) about turn!, right about!

μεταβολισμός, ο: metabolism

μεταγγίζω: transfuse

μετάγγιση, η: transfusion

μεταγενέστερος, -η, -ο: posterior, later, subsequent

μεταγλωττίζω: translate

μεταγλώττιση, η: translation

μεταγραφή, η: transcription ‖ (μεταφορά) transfer

μεταγράφω: transcribe ‖ (μεταφέρω) transfer

μεταγωγή, η: transfer, conveyance

μεταγωγικό, το: (πλοίο) transport

μεταγωγικός, -ή, -ό: transport

μεταδίνω: transmit ‖ (πληροφορώ) com-municate, impart, pass on ‖ (ραδ) broadcast ‖ (τηλεορ.) telecast ‖ (ασθένεια) communicate, infect, give

μετάδοση, η: transmission ‖ (πληροφ.) communication, imparting ‖ (ραδ) broad cast ‖ (τηλεορ.) telecast ‖ (ασθένεια) infection, communication

μεταδοτικός, -ή, -ό: transmitting, com-municative ‖ (ασθεν.) contagious, catching, infectious

μετάθεση, η: transposition, transfer ‖ (υπαλλήλου) transfer

μεταθέτω: transpose, transfer ‖ (υπαλ.) transfer

μεταίχμιο, το: (στρ) no man's land ‖ (μτφ) borderline

μετακαλώ: call in, invite, bring in

μετακίνηση, η: movement, move ‖ βλ. **μετατόπιση**

μετακινώ: move, shift ‖ βλ. **μετατοπίζω**

μετάκληση, η: calling, call, invitation

μετακομίζω: βλ. **μεταφέρω** ‖ (αλλάζω σπίτι) move

μετακόμιση, η: βλ. **μεταφορά** ‖ (σπιτιού) change of residence

μεταλαβαίνω: βλ. **κοινωνώ**

μετάληψη, η: communion

μεταλλαγή, η: βλ. **μεταβολή**

μεταλλάκτης, ο: converter

μεταλλείο, το: mine

μεταλλειολόγος, ο: mineralogist ‖ mine engineer

μετάλλευμα, το: ore

μεταλλικός, -ή, -ό: metal, metallic ‖ (νερό) mineral

μετάλλινος, -η, -ο: metal, made of metal

μετάλλιο, το: medal

μέταλλο, το: metal

μεταλλοβιομηχανία, η: metal industry

μεταλλουργείο, το: iron works, metal works

μεταλλουργία, η: metallurgy

μεταλλοφόρος, -α, -ο: metalliferous

μεταλλωρυχείο, το: βλ. **μεταλλείο**

μεταλλωρύχος, ο: miner

μεταμέλεια, η: repentance

μεταμελούμαι: repent

μεταμορφώνομαι: be transformed, meta-morphose ‖ βλ. **μεταμφιέζομαι** ‖ (βιολ) mutate μεταμορφώνω: transform, transfigure ‖ βλ. **μεταμφιέζω**

μεταμόρφωση, η: transformation ‖ βλ. **μεταμφίεση** ‖ *(εκκλ)* transfiguration

μεταμόσχευση, η: transplant, transplanting, transplantation

μεταμοσχεύω: transplant

μεταμφιέζομαι: be disguised

μεταμφιέζω: disguise

μεταμφίεση, η: disguise

μετανάστευση, η: (από την πατρίδα) emigration ‖ (άφιξη σε νέα χώρα) immigration

μεταναστεύω: (φεύγω από πατρίδα) emigrate ‖ (φθάνω στη νέα χώρα) immigrate

μετανάστης, ο *(θηλ **μετανάστρια**):* (αναχωρών) emigrant ‖ (αφικνούμενος) immigrant

μετανιωμός, ο: βλ. **μεταμέλεια**

μετανιώνω: βλ. **μεταμελούμαι** ‖ (αλλάζω γνώμη) change one's mind

μετάνοια, η: βλ. **μεταμέλεια** ‖ (γονάτισμα) prostration, genuflection

μετανοώ: βλ. **μετανιώνω**

μεταξένιος, -α, -ο: silk, silken

μετάξι, το: silk

μεταξινός, -η, -ο: βλ. **μεταξένιος**

μεταξοσκώληκας, ο: silkworm

μεταξουργείο, το: silk factory

μεταξύ: *(επίρ)* (ανάμεσα σε δύο) between ‖ (σε πολλά) among, amongst, amid ‖ *(χρον)* between ‖ **στο ~, εν τω ~:** meanwhile, in the meantime

μεταξωτός, -ή, -ό: βλ. **μεταξένιος**

μεταπείθω: dissuade, prevail upon, make s.o. change his mind

μεταπηδώ: jump over

μεταποίηση, η: βλ. **μετατροπή** ‖ (ρούχων) alteration

μεταποιώ: βλ. **μετατρέπω** ‖ (ρούχα) alter

μεταπολεμικός, -ή, -ό: post war

μεταπολίτευση, η: political change

μεταπουλώ: resell

μεταπράτης, ο: retailer

μετάπτωση, η: sudden change

μεταρρυθμίζω: reform

μεταρρύθμιση, η: reform, reformation

μεταρρυθμιστής, ο *(θηλ **μεταρρυθμί-**στρια):* reformer

μεταρσιώνω: *(μτφ)* exalt, elevate

μετάσταση, η: metastasis ‖ *(μτφ)* defection

μεταστρέφω: turn, divert

μεταστροφή, η: change, turn

μετασχηματίζω: transform, change

μετασχηματιστής, ο: transformer

μετάταξη, η: rearrangement ‖ (υπαλλ.) transfer

μετατάσσω: rearrange ‖ (υπαλλ.) transfer

μετατοπίζω: change place, shift ‖ βλ. **μετακινώ**

μετατόπιση, η: shifting, shift ‖ βλ. **μετακίνηση**

μετατρέπω: convert, change, turn, transform ‖ (μετριάζω ποινή ή πρόστιμο) commute

μετατροπή, η: conversion, transformation ‖ (μετριασμός ποινής) commutation

μεταφέρω: transport, convey, carry ‖ (με φορτηγό) haul ‖ (λογιστ.) carry over

μεταφορά, η: transportation, transport, conveyance ‖ (αλλαγή θέσης ή τροχιάς) transfer ‖ *(λογ)* carrying over, carried over ‖ *(λογοτεχν)* metaphor ‖ **εις ~:** (λογιστ.) to be carried over ‖ **~ δίκης:** change of venue

μεταφορέας, ο: carrier, transporter, conveyor

μεταφορικός, -ή, -ό: transport ‖ *(λογ)* metaphorical, figurative

μεταφράζω: translate

μετάφραση, η: translation

μεταφραστής, ο *(θηλ **μεταφράστρια**):* translator

μεταφυσική, η: metaphysics

μεταφύτευση, η: βλ. **μεταμόσχευση**

μεταφυτεύω: βλ. **μεταμοσχεύω**

μεταχειρίζομαι: (χρησιμοποιώ) use, handle, make use ‖ (συμπεριφέρομαι) treat, handle, deal with

μεταχείριση, η: use, handling ‖ treatment, handling

μεταχειρισμένος, -η, -ο: used, second hand

μετεκπαίδευση, η: post graduate studies

μετεμψύχωση, η: reincarnation

μετενσάρκωση, η: βλ. **μετεμψύχωση**

μετεξεταστέος, -α, -ο: to be re-examined

μετέπειτα: *(επίρ)* after, afterwards, subsequently, later

μετέχω: participate, take part

μετεωρίζω: lift, hoist

μετεωρίτης, ο: meteorite

μετεωρόλιθος, ο: βλ. **μετεωρίτης**

μετεωρολογία, η: meteorology

μετεωρολογικός, -ή, -ό: meteorological

μετεωρολόγος, ο: meteorologist

μετέωρο, το: meteor *(και μτφ)*, shooting star

μετέωρος, -η, -ο: suspended in midair, dangling

μετοικεσία, η: βλ. **μετοίκηση** *(μτφ)* exodus, migration

μετοίκηση, η: change of residence, moving

μέτοικος, ο: βλ. **μετανάστης**

μετοικώ: βλ. **μετακομίζω** ‖ βλ. **μεταναστεύω**

μετονομάζω: change the name

μετονομασία, η: change of name ‖ βλ. **μετωνυμία**

μετόπη, η: metope

μετόπισθεν, τα: the rear

μετοχή, η: *(γραμ)* participle ‖ *(οικ)* stock, share

μετοχικός, -ή, -ό: *(γραμ)* participial ‖ *(οικ)* stock, joint

μέτοχος, ο: *(που συμμετέχει)* participant, sharer, ‖ *(συνέταιρος)* partner ‖ *(συνεργός)* confederate, accomplice ‖ *(οικ)* stock holder, share holder

μέτρημα, το: βλ. **μέτρηση** ‖ *(απαρίθμηση)* count, counting

μετρημένος, -η, -ο: measured ‖ *(περιορισμένος)* few, limited, numbered ‖ *(μτφ)* prudent, moderate, discreet

μέτρηση, η: measurement, measuring, mensuration

μετρητά, τα: cash, ready money ‖ **τοις ~οίς**: cash, in cash ‖ *(μτφ)* at face value, for granted

μετρητής, ο: counter, meter, gage, gauge

μετρητός, -ή, -ό: measurable ‖ *(υπολογιστέος)* calculable

μετριάζω: moderate, cut down, cut back ‖ βλ. **μειώνω** ‖ βλ. **ελαττώνω**

μετριασμός, ο: moderation ‖ βλ. **μείωση ή ελάττωση**

μετρική, η: prosody

μετρικός, -ή, -ό: metric, metrical

μετριοπάθεια, η: moderation

μετριοπαθής, -ές: moderate

μέτριος, -α, -ο: *(κοινός)* ordinary, mediocre, average ‖ *(μέσος)* medium ‖ *(όχι πολύ καλός)* fair, middling

μετριότητα, η: mediocrity ‖ βλ. **μετριοπάθεια**

μετριοφροσύνη, η: modesty

μετριόφρων, ο: modest

μέτρο, το: measure ‖ *(μονάς)* meter ‖ *(κανονικό)* moderation

μετροταινία, η: tape measure, tapeline

μετρώ: *(διαστάσεις)* measure ‖ *(ποσό)* count ‖ *(αριθμώ)* number ‖ *(μτφ - έχω σημασία)* count

μετωνυμία, η: metonymy

μετωπικός, -ή, -ό: frontal ‖ **~ή σύγκρουση**: head-on collision

μέτωπο, το: *(κεφαλής)* forehead, brow ‖ *(στρ)* front ‖ *(όψη)* front, facade ‖ **κατά ~**: frontal, head-on

μέχρι(ς): *(χρον)* till, until, up to ‖ *(τοπ.)* as far as, to ‖ **~ τέλους**: to the end ‖ **~ς ενός**: to the last man

μη: not, do not, don't ‖ **~ με λησμόνει**: *(άνθος)* forget-me-not ‖ **~ μου άπτου**: *(άνθος)* jewelweed, touch-me-not ‖ *(μτφ)* frail, fragile, delicate

μηδαμινός, -ή, -ό: insignificant, worthless

μηδαμινότητα, η: insignificance, nothingness, worthlessness ‖ *(ιδ)* zilch

μηδέ: neither, nor, not even

μηδέν, το: zero, null, naught, cipher ‖ *(ιδ)* zilch

μηδενίζω: *(φέρνω στο μηδέν)* zero ‖ *(βάζω μηδέν)* mark with zero ‖ βλ. **εκμηδενίζω**

μηδενικό, το: cipher ‖ *(μτφ)* nonentity, zilch

μηδενισμός, ο: nihilism

μηδενιστής, ο: nihilist

μήκος, το: length ‖ *(γεωγρ)* longitude, departure ‖ **κατά ~**: along, longitudinally, lengthwise

μηλιά, η: appletree

μηλίγγι, το: βλ. **μηνίγγι**

μηλίτης, ο: cider

μήλο, το: apple ‖ *(προσώπου)* cheekbone

μηλόπιττα, η: apple pie
μήνας, ο: month
μηνιαίο, το: βλ. μηνιάτικο
μηνιαίος, -α, -ο: monthly
μηνιάτικο, το: (μισθός) month's salary ‖ (ημερομίσθια) month's wages ‖ (ενοίκιο) month's rent
μηνίγγι, το: temple
μηνιγγίτιδα, η: meningitis
μήνυμα, το: message, notice
μήνυση, η: suing, filing of charges, suit, lawsuit
μηνυτής, ο (θηλ μηνύτρια): plaintiff, suer
μηνύω: sue, file charges, bring a charge against, institute legal proceedings against
μηνώ: send word, send a message, notify
μήπως: lest, in case ‖ (προφύλαξη) for fear that
μηρός, ο: thigh
μηρυκάζω: ruminate, chew cud ‖ (μτφ) hackney, repeat a cliche~
μηρυκασμός, ο: rumination
μηρυκαστικά, τα: ruminants, ruminantia
μήτε: neither, nor, not either
μητέρα, η: mother (και μτφ) ‖ (συγγενής από μητέρα) maternal
μήτρα, η: (ανατ) womb, uterus ‖ (καλούπι) form, mold, matrix
μητριά, η: stepmother
μητρικός, -ή, -ό: (μητέρας) motherly, maternal ‖ (μήτρας) uterine ‖ ~ή γλώσσα: mother tongue
μητριός, ο: stepfather
μητροκτονία, η: matricide
μητροκτόνος, ο: matricide
μητρομανής, -ές: nymphomaniac
μητρομανία, η: nymphomania
μητρόπολη, η: metropolis ‖ (έδρα μητρόπολης) diocese ‖ (ναός) cathedral
μητροπολίτης, ο: bishop, metropolitan
μητρότητα, η: maternity, motherhood
μητρυιά, η, μητρυιός, ο: βλ. μητριά, μητριός
μητρώω, το: register, records ‖ (δήμου) city register ‖ (στρ) army records ‖ (ποινικό) police record
μηχανεύομαι: machinate, engineer, plot
μηχανή, η: machine, engine ‖ απλή ~: simple machine ‖ ~ εσωτ. καύσης: in-ternal combustion engine ‖ ~ σιδηροδρόμου: locomotive, engine ‖ πολεμική ~: war machine ‖ από ~ς θεός: deus ex machina ‖ (μτφ. τέχνασμα, απάτη) racket, bunco, con-game
μηχάνημα, το: machine, piece of machinery ‖ βλ. συσκευή
μηχανική, η: mechanics
μηχανικό, το: (στρ) corps of engineers
μηχανικός, ο: (πτυχιούχος) engineer ‖ (πρακτικός) mechanic, machinist ‖ πολιτικός ~: civil engineer ‖ (πλοίου) engineer
μηχανικός, -ή, -ό: mechanical (και μτφ)
μηχανισμός, ο: mechanism ‖ (μτφ) machinery
μηχανογράφηση, η: data processing
μηχανοδηγός, ο: engineer, engine-driver
μηχανοκίνητος, -η, -ο: (που κινείται με μηχανή) motorized, mechanically driven ‖ (στρ) motorized, mechanized
μηχανολογία, η: mechanical engineering
μηχανολόγος, ο: mechanical engineer
μηχανοποίηση, η: mechanization
μηχανοποίητος, -η, -ο: machine-made
μηχανορραφία, η: plot, intrigue, machination
μηχανορραφώ: plot, intrigue
μηχανοστάσιο, το: (θάλαμος μηχανών) engine room ‖ (σιδηροδρόμου) roundhouse
μηχανοτεχνίτης, ο: mechanic, machinist
μηχανουργείο, το: machine shop
μηχανουργός, ο: machinist
μία: βλ. ένας
μια: (αορ αρθρ.): a, an (βλ. και ένας)
μιαίνω: pollute, contaminate ‖ (μτφ) stain, tarnish
μίανση, η: pollution, contamination ‖ βλ. βεβήλωση
μιαρός, -ή, -ό: vile, infamous, profane
μίασμα, το: miasma, pollution, infection
μιγάδας, ο: (αριθμός) complex ‖ (άνθρωπος) half-breed, half-caste ‖ (από νέγρο και λευκό) mulatto ‖ (σκυλί) mongrel ‖ (βιολ) hybrid
μίγδην: βλ. φύρδην
μίγμα, το: βλ. κράμα
μίζα, η: (μηχ) starter ‖ (χαρτοπ.) stake ‖ (μερίδιο ύποπτου κέρδους) graft, share

μιζέρια, η: βλ. **κακομοιριά**
μίζερος, -η, -ο: grouser, grouchy
μικραίνω: *(μτβ)* lessen, shorten, reduce ‖ *(αμτβ)* diminish, grow smaller, decrease
μικρεμπόριο, το: retail trade
μικρέμπορος, ο: retailer
μικροαστικός, -ή, -ό: middle-class
μικρόβιο, το: germ, microbe, bacterium
μικροβιολογία, η: microbiology
μικροβιολογικός, -ή, -ό: microbiological
μικροβιολόγος, ο: microbiologist
μικρογραφία, η: miniature
μικροδουλειά, η: errand, odd job, chore, minor task
μικροέξοδα, τα: incidental expenses, petty expenses
μικροκαμωμένος, -η, -ο: small, midge, midget
μικροκλέφτης, ο: petty thief
μικροκλεψιά, η: petty theft
μικροκλοπή, η: βλ. **μικροκλεψιά**
μικρόκοσμος, ο: microcosm ‖ *(νεαροί)* young fry, youngsters, children
μικρολόγος, -α, -ο: quibbler, quibbling, caviller
μικρολογώ: quibble
μικρόμυαλος, -η, -ο: narrow-minded ‖ βλ. **βλάκας**
μικροοργανισμός, ο: microorganism
μικροπράγματα, τα: trifles, trivia, trivialities
μικροπρέπεια, η: meanness, baseness, smallness
μικροπρεπής, -ές: small, mean, base, low
μικρός, -ή, -ό: little, small ‖ βλ. **μικροπρεπής** ‖ βλ. **κοντός** ‖ ~ **δάχτυλος:** little finger, pinky, pinkie ‖ *(παιδί)* little, young
μικροσκοπικός, -ή, -ό: microscopic ‖ *(μτφ)* microscopic, tiny
μικροσκόπιο, το: microscope
μικρόσωμος, -η, -ο: βλ. **μικροκαμωμένος**
μικρότητα, η: smallness *(και μτφ)* ‖ βλ. **μικροπρέπεια**
μικρούλης, -α, -ικο: little, tiny, small, young
μικρούλικος, -η, -ο: βλ. **μικρούλης**
μικρούτσικος, -η, -ο: tiny, weeny
μικρόφωνο, το: microphone
μικροψυχία, η: baseness, pusillanimity

μικρόψυχος, -η, -ο: base, pusillanimous, faint-hearted
μικτός, -ή, -ό: βλ. **μεικτός** ‖ *(μαθ)* mixed ‖ *(σχολείο)* coeducational ‖ ~**ό βάρος:** gross weight
μιλάω: βλ. **μιλώ**
μίλι, το: mile
μιλιά, η: speech
μιλιούνι, το: million ‖ *(μτφ)* multitude, host
μιλιταρισμός, ο: militarism
μιλιταριστής, ο: militarist
μιλιταριστικός, -ή, -ό: militaristic
μιλώ: speak
μίμηση, η: imitation, mimicry
μιμητής, ο: imitator
μιμητικός, -ή, -ό: imitative
μιμική, η: mimicry
μιμόζα, η: mimosa ‖ βλ. **μη μου άπτου**
μίμος, ο: mine, mimic
μιμούμαι: imitate, mimic ‖ *(κάνω απομίμηση)* imitate
μιναρές, ο: minaret
μινιατούρα, η: βλ. **μικρογραφία**
μίνιμουμ, το: minimum
μινιόν, το: petite
μινόρε, το: *(μουσ)* minor
μίξη, η: mixture, mixing ‖ βλ. **κράμα**
μισαλλοδοξία, η: bigotry, intolerance, intolerancy
μισαλλόδοξος, -η, -ο: bigoted, bigot, intolerant
μισανθρωπιά, η: misanthropy
μισάνθρωπος, -η, -ο: misanthrope, misanthropist, misanthropic
μισάνοιχτος, -η, -ο: half-open, ajar
μισεμός, ο: βλ. **μετανάστευση** ‖ departure
μισεύω: βλ. **μεταναστεύω** ‖ leave, depart
μισητός, -ή, -ό: hateful, hated
μίσθαρνος, -η, -ο: mercenary, venal, hireling
μισθοδοσία, η: *(πληρωμή)* payment ‖ βλ. **μισθός** ‖ *(ολική υπαλλήλων)* payroll
μισθοδοτικός, -ή, -ό: pay ‖ ~**ή κατάσταση:** payroll
μισθοδοτώ: pay (a salary or wages)
μισθολόγιο, το: rate of pay
μισθός, ο: salary, pay, paycheck ‖ βλ. **ημερομίσθιο**
μισθοφορικός, -ή, -ό: mercenary

676

μισθοφόρος, ο: mercenary
μίσθωμα, το: rent
μισθώνω: lease, rent ‖ (ανθρώπους) hire, employ ‖ (οχήματα ή πλοία) charter
μίσθωση, η: lease, renting ‖ (κινητού) charter
μισθωτήριο, το: lease ‖ (κινητού) charter
μισθωτής, ο (θηλ μισθώτρια): (ακινήτου) tenant, lessee, lease holder ‖ (υπαλλήλων) hirer, employer
μισθωτός, -ή, -ό: (επί πληρωμή) paid ‖ (με μηνιαίο μισθό) salaried
μισιακός, -ή, -ό: βλ. **μεσιακός**
μισοβρασμένος, -η, -ο: half-boiled
μισογεμάτος, -η, -ο: half-full
μισόγυμνος, -η, -ο: half-naked
μισογύνης, ο: misogynist, woman hater
μισόκλειστος, -η, -ο: βλ. **μισάνοιχτος**
μισοκοιμισμένος, -η, -ο: half-asleep
μισοπεθαμένος, -η, -ο: half-dead
μισός, -ή, -ό: half
μίσος, το: hate, hatred ‖ βλ. **αποστροφή**
μισοστρατίς: (επίρ) halfway
μισοτελειωμένος, -η, -ο: half-finished, incomplete
μισοτιμής: (επίρ) at half price
μισότρελλος, -η, -ο: half mad
μισότριβος, -η, -ο: (ιδ) middle-aged
μισοφέγγαρο, το: crescent
μισοφόρι, το: βλ. **μεσοφόρι**
μιστρί, το: trowel
μίσχος, ο: stem, stalk
μισώ: hate, abhor, loathe ‖ βλ. **απεχθάνομαι**
μίτος, ο: thread
μίτρα, η: miter, mitre
μνεία, η: mention ‖ **εύφημος** ~: citation
μνήμα, το: grave, tomb
μνημείο, το: monument
μνημειώδης, -ες: monumental
μνήμη, η: memory ‖ βλ. **ανάμνηση** ‖ **φέρνω στη** ~: call to mind ‖ **κρατώ στη** ~: keep in mind
μνημονεύω: (αναφέρω) mention ‖ (εκκλ) commemorate
μνημονικό, το: memory
μνημόνιο, το: memorandum
μνημόσυνο, το: memorial service
μνησικακία, η: rancor, vindictiveness
μνησίκακος, -η, -ο: rancorous, vindictive,
spiteful
μνηστεία, η: betrothal, betrothment, engagement
μνηστεύω: betroth, affiance
μνηστή, η: fiance~e
μνηστήρας, ο: fiance~ ‖ (μτφ) claimant, pretender
μόδα, η: fashion, vogue ‖ **της** ~ς: vogue, fashionable
μοδίστρα, η: seamstress, dressmaker
μοιάζω: resemble, be like, look like ‖ (στους γονείς) take after
μοίρα, η: (ριζικό) fate, destiny ‖ βλ. **μερίδιο** ‖ (πυροβ) battalion ‖ (στόλου ή αεροπ.) squadron ‖ (γεωμ) degree
μοιράζομαι: share
μοιράζω: βλ. **διανέμω** ‖ (χαρτοπ.) deal ‖ (σε ίσα μέρη) split
μοιραίος, -α, -ο: fatal
μοίραρχος, ο: (πυροβ.) battalion commander ‖ (ναυτ ή αεροπ) squadron leader ‖ (αστυν.) captain
μοιρασιά, η: sharing, distribution, division ‖ (χαρτοπ.) dealing
μοιρογνωμόνιο, το: protractor
μοιρολάτρης, ο: fatalist
μοιρολατρία, η: fatalism
μοιρολατρικά: (επίρ) fatalistically
μοιρολατρικός, -ή, -ό: fatalistic
μοιρολόγι, το: lamentation dirge (μτφ) wailing
μοιρολογώ: lament, wail
μοιχαλίδα, η: adulteress
μοιχεία, η: adultery
μοιχεύω: commit adultery
μοιχός, ο (θηλ μοιχαλίδα): adulterer ‖ βλ. **μοιχαλίδα**
μολαταύτα: (επίρ) yet, nevertheless, still
μόλις: (επίρ τροπ.) hardly, barely, scarcely ‖ (επιρ. χρον.) just ‖ (συνδ. χρον.) as soon as
μολονότι: (σύνδ.) although, though
μολοντούτο: βλ. **μολαταύτα**
μόλος, ο: pier, jetty, quay
μολοσσός, ο: mastiff
μολόχα, η: hollyhock, mallow
μολύβδινος, -η, -ο: βλ. **μολυβένιος**
μόλυβδος, ο: lead
μολυβένιος, -α, -ο: lead, leaden
μολυβής, -ιά, -ί: slate, dark-gray

677

μολύβι

μολύβι, το: βλ. μόλυβδος ‖lead pencil, pencil ‖ (βόλι) lead
μόλυνση, η: infection, contamination, pollution
μολύνω: infect, contaminate, pollute
μολυσματικός, -ή, -ό: infectious, contagious
μομφή, η: reproach, blame, censure
μονάδα, η: unit ‖ (βιολ) monas, monad
μοναδικός, -ή, -ό: unique, singular (και μτφ)
μονάκριβος, -η, -ο: one and only
μοναξιά, η: loneliness, solitude
μονάρχης, ο: monarch
μοναρχία, η: monarchy
μοναρχικός, -ή, -ό: monarchic, monarchical ‖ (οπαδός) monarchist
μοναστήρι, το: monastery ‖ (γυναικών) convent, nunnery
μοναστικός, -ή, -ό: monastic
μονάχα: (επίρ) only, solely
μοναχή, η: nun
μοναχικός, -ή, -ό: βλ. μοναστικός ‖ (ερημικός) lonely, solitary, isolated
μοναχογιός, ο: the only son
μοναχοκόρη, η: the only daughter
μοναχοπαίδι, το: the only child
μοναχός, ο: monk
μοναχός, -ή, -ό: alone, sole, only
μονέδα, η: (ιδ) money, dough, mazuma
μονή, η: βλ. μοναστήρι
μονιμοποιώ: make permanent
μόνιμος, -η, -ο: permanent
μονιμότητα, η: permanence, permanency
μόνο: (επίρ) βλ. μονάχα ‖ (απλώς και μόνο) merely, solely ‖ ~ και ~: exclusively, just, only ‖ παρά ~: nothing but
μονογαμία, η: monogamy
μονογενής, -ές: βλ. μοναχοπαίδι
μονόγραμμα, το: monogram
μονογραφή, η: initials
μονογράφω: initial
μονόδρομος, ο: one-way street
μονόζυγο, το: horizontal bar
μονοθεΐα, η: monotheism
μονοθεϊσμός, ο: βλ. μονοθεΐα
μονοθεϊστής, ο: monotheist
μονοθέσιος, -α, -ο: single-seater
μονοιάζω: (μτβ) reconcile ‖ (αμτβ) make up

μονοκατοικία, η: house, home, one-family house
μονόκλ, το: monocle
μονοκόμματος, -η, -ο: (από ένα κομμάτι) one-piece ‖ (συμπαγής) solid ‖ (άνθρωπος) stiff ‖ (μτφ) straightforward
μονοκοντυλιά, η: one stroke of the pen
μονοκοπανιά: (επίρ) βλ. μονομιάς
μονοκύτταρος, -η, -ο: unicellular
μονολεκτικός, -ή, -ό: one-word
μονολιθικός, -ή, -ό: monolithic (και μτφ)
μονόλογος, ο: monologue, soliloquy
μονολογώ: talk to oneself
μονομανής, -ές: monomaniac
μονομανία, η: monomania, obsession
μονομαχία, η: duel
μονομάχος, ο: (αυτός που παίρνει μέρος) duelist ‖ (αρχαίος) gladiator
μονομαχώ: duel
μονομερής, -ές: βλ. μονόπλευρος
μονομιάς: (επίρ) all at once, at a single stroke
μονόξυλο, το: (αγρίων) pirogue ‖ (μονόκωπο) canoe
μονοπάτι, το: path, trail
μονόπατος, -η, -ο: βλ. μονώροφος
μονοπλάνο, το: monoplane
μονόπλευρος, -η, -ο: unilateral, one-sided
μονόπρακτος, -η, -ο: one-act
μονοπώληση, η: monopolization
μονοπωλιακός, -ή, -ό: monopolistic
μονοπώλιο, το: monopoly
μονοπωλώ: monopolize
μονορούφι: (επίρ) at one gulp ‖ (μτφ) at a stretch
μόνος, -η, -ο: alone, sole, by oneself ‖ βλ. μοναδικός ‖ ~ μου, ~ σου, κλπ: by oneself, of one's own accord
μονός, -ή, -ό: (απλός) simple, single ‖ (περιττός) odd
μονοσύλλαβο, το: monosyllable
μονοσύλλαβος, -η, -ο: monosyllabic
μονοτονία, η: monotony, routine
μονότονος, -η, -ο: monotonous ‖ (ανιαρός) humdrum, monotonous, wearisome ‖ ~η φωνή: monotone
μονόφθαλμος, -η, -ο: one-eyed
μονόχειρας, ο: one-armed
μονόχνωτος, -η, -ο: unsociable
μονόχορδος, -η, -ο: one-stringed

μονόχρωμος, -η, -ο: monochromatic, monochromic
μοντάρισμα, το: assemblage
μοντάρω: assemble
μοντέλο, το: model
μοντέρνος, -α, -ο: (της μόδας) fashionable ‖ (σύγχρονος) modern, up-to-date
μονύελος, ο: βλ. μονόκλ
μονωδία, η: solo
μονώνω: insulate ‖ βλ. απομονώνω
μονώροφος, -η, -ο: one-storied
μόνωση, η: insulation ‖ βλ. απομόνωση
μονωτήρας, ο: insulator
μοργανατικός, -ή, -ό: morganatic
μοριακός, -ή, -ό: molecular
μόριο, το: molecule ‖ (γραμ) particle (και μτφ)
μορμολύκειο, το: scarecrow
μόρτης, ο (θηλ μόρτισσα): βλ. μάγκας
μορφάζω: make a face, make faces, pull a face, pull faces, grimace ‖ (από πόνο ή δυσαρέσκεια) wince
μορφασμός, ο: grimace, moue ‖ (πόνου ή δυσαρέσκειας) wince
μορφή, η: form, shape ‖ (σιλουέτα) figure, shape ‖ (πρόσωπο) face, look
μορφίνη, η: morphine
μορφινομανής, -ές: drug addict, morphine addict
μορφινομανία, η: morphinism, morphine addiction
μορφολογία, η: morphology
μορφολογικός, -ή, -ό: morphologic, morphological
μορφονιός, ο: (ειρ) pretty boy
μορφωμένος, -η, -ο: educated, learned, erudite
μορφώνω: (δίνω μορφή) shape, form ‖ (δίνω μόρφωση) educate, instruct, teach
μορφωτικός, -ή, -ό: cultural ‖ (που μορφώνει) educational, instructive
μοσχοβόλημα, το: βλ. ευωδία
μοσχοβολώ: βλ. ευωδιάζω
μοσχομυρίζω: βλ. ευωδιάζω
μόστρα, η: showcase
μοσχάρι, το: (ζώο) calf ‖ (κρέας) veal ‖ (μτφ) dolt, blockhead
μοσχαρίσιο, το: (κρέας) veal
μοσχάτο, το: (κρασί) muscate
μοσχοκάρυδο, το: nutmeg

μοσχολίβανο, το: frankincense
μόσχος, ο: βλ. μοσχάρι
μοτοποδήλατο, το: motorbike, moped
μοτοσικλέτα, η: motorcycle
μου: (αντων - κτητ.) my ‖ (αντων - προσ) me
μουγκαίνω: make dumb, strike dumb, make mute
μουγκός, -ή, -ό: βλ. βουβός
μουγκρητό, το: (βοδιού, ταύρου κλπ) bellow ‖ (αγελ.) low, moo ‖ (λεοντ. ή τίγρης κλπ) roar ‖ (μτφ) roar, howl ‖ (πόνου) groan, moan
μουγκρίζω: (βόδι, ταύρος κλπ) bellow ‖ (αγελ.) low, moo ‖ (λεοντ. τίγρη κλπ) roar ‖ (μτφ) roar, howl ‖ (από πόνο) groan, moan
μούγκρισμα, το: βλ. μουγκρητό
μουδιάζω: (μτβ) numb ‖ (αμτβ) numb, become numb (και mtf)
moydiasma, to: numbness
μουδιασμένος, -η, -ο: numb
μουλαράς, ο: βλ. ημιονηγός
μουλάρι, το: βλ. ημίονος ‖ (μτφ) asinine, ass
μουλιάζω: βλ. μουσκεύω
μούλιασμα, το: βλ. μούσκεμα
μούλος, -α, -ικο: bastard
μούμια, η: mummy (και μτφ)
μουνί, το: (χυδ) cunt, pussy
μουνουχίζω: βλ. ευνουχίζω
μουνούχισμα, το: βλ. ευνουχισμός
μουνούχος, ο: βλ. ευνούχος
μουντζούρα, η: smudge, stain ‖ (μτφ) stain
μουντζούρης, ο: grimy, dirty ‖ (τεχνίτης) grease monkey
μουντζουρώνω: smudge, stain ‖ (μτφ) stain
μουντός, -ή, -ό: dark, gray, dull
μουράγιο, το: dock, quay, pier
μούργα, η: dregs
μούργος, ο: sheepdog ‖ (μτφ) boor, bumpkin
μούρη, η: (ζώου) snout ‖ (ανθρ - ιδ) pan, mug
μουριά, η: mulberry tree
μουρλαίνομαι: βλ. τρελαίνομαι
μουρλαίνω: βλ. τρελαίνω
μουρλός, -ή, -ό: βλ. τρελός

μουρμούρα

μουρμούρα, η: (ψιθύρισμα) murmur ‖ βλ. **ψίθυρος** ‖ βλ. **γκρίνια**

μουρμούρης, -α, -ικο: grumbler ‖ βλ. **γκρινιάρης**

μουρμουρητό, το: βλ. **μουρμούρα** *(μτφ)* murmuring, purl, purling

μουρμουρίζω: murmur ‖ βλ. **γκρινιάζω** ‖ *(μτφ)* βλ. **κελαρύζω**

μουρνταρεύω: βλ. **λερώνω** ‖ *(μτφ)* slip, go astray, philander

μουρντάρης, -α, -ικο: βλ. **βρώμικος** ‖ *(μτφ)* philanderer

μουρνταριά, η: βλ. **βρωμιά** *(μτφ)* philandering

μούρο, το: mulberry

μουρούνα, η: cod, codfish

μουρουνόλαδο, το: codliver oil

μούσα, η: muse *(και μτφ)*

μουσαμαδιά, η: raincoat, slicker, mackintosh

μουσαμάς, ο: oilcloth

μουσαφίρης, ο: visitor, guest

μουσείο, το: museum

μούσι, το: goatee

μουσική, η: music ‖ βλ. **ορχήστρα**

μουσικός, ο: musician

μουσικός, -ή, -ό: musical

μουσικοσυνθέτης, ο: composer

μουσικότητα, η: musicality

μούσκεμα, το: soaking, wetting ‖ **τα κάνω ~:** botch, bungle, make a mess of

μουσκεύω: *(μτβ)* soak, wet ‖ *(αμτβ)* get wet, get soaked, be drenched

μουσκίδι, το: drenched, soaking wet

μουσμουλιά, η: medlar

μούσμουλο, το: medlar

μουσούδι, το: βλ. **μούρη** ‖ muzzle

μουσουλμάνος, ο: moslen

μουσουργός, ο: βλ. **μουσικοσυνθέτης**

μουστακαλής, ο: mustachioed

μουστάκι, το: mustache

μουστάρδα, η: mustard

μουστόγρια, η: old hag

μούστος, ο: must

μούτρα, τα: *(ιδ)* **κάνω ~:** (δείχνω ψυχρότητα) give the cold shoulder ‖ (δείχνω δυσαρέσκεια) put on a long face ‖ **κατεβάζω τα ~:** sulk, put on a long face, my face falls ‖ **έχω ~:** (τολμώ) have the face to, have the

cheek to ‖ **πέφτω με τα ~:** fall to

μούτρο, το: βλ. **μούρη** ‖ *(μτφ)* mug, hoodlum

μούτσος, ο: boy (merchant marine)

μουτσούνα, η: βλ. **μάσκα** ‖ βλ. **μούρη**

μουφλουζεύω: go broke

μουφλούζης, ο: broke, penniless, bankrupt

μούχλα, η: mold, mildew ‖ *(μτφ)* fustiness

μουχλιάζω: *(μτβ)* make moldy, make fusty, cover with mildew ‖ *(αμτβ)* become moldy, become fusty ‖ *(μτφ)* become fusty

μουχλιασμένος, -η, -ο: moldy, fusty ‖ *(μτφ)* fusty

μοχθηρία, η: maleficence, malice, maliciousness

μοχθηρός, -ή, -ό: maleficent, malicious

μόχθος, ο: labor, lavour, fatigue, pains

μοχθώ: labor, labour, take pains

μοχλός, ο: lever *(και μτφ)*

μπα!: *(επιφ)* (αποδοκ.) bah! ‖ (έκπληξ.) really! indeed! ‖ (αρν.) nix, no

μπαγαπόντης, ο: rascal

μπαγάσας, ο: βλ. **μπαγαπόντης** ‖ (χαϊδ.) naughty, impish

μπαγιάτικος, -η, -ο: stale *(και μτφ)*

μπαγιονέτα, η: βλ. **ξιφολόγχη**

μπάγκα, η: (χαρτοπ.) bank

μπαγκατέλα, η: bagatelle

μπαγκέτα, η: baton

μπάγκος, ο: βλ. **πάγκος**

μπάζα, η: (χαρτωσιά) round ‖ (κέρδος) winning the pot ‖ (αθέμιτο κέρδος) rake-off ‖ **γερή ~:** rake in, raking in ‖ **δεν πιάνω ~ μπροστά του:** not hold a candle to, be not nearly as good as ‖ **κάνω την ~ μου:** rake in, feather one's nest

μπάζα, τα: rubble

μπάζω: (εισάγω): insert, enter, usher ‖ (μαζεύω) shrink, shrivel

μπαϊλντίζω: βλ. **λιποθυμώ** ‖ βλ. **κουράζομαι**

μπαινοβγαίνω: go in and out

μπαίνω: enter, go in, come in, get in ‖ (πόκερ) come in ‖ (μπάζω) shrink ‖ *(μτφ - καταλαβαίνω)* get it, catch ‖ **~ μέσα:** *(μτφ)* lose money, give (sell) at a loss

680

μπαϊράκι, το: banner, pennon, flag ‖ σηκώνω ~: rise against, revolt

μπάκακας, ο: βλ. βάτραχος

μπακάλης, ο: grocer

μπακαλιάρος, ο: salted cod ‖ (μτφ) scrawny

μπακάλικο, το: grocery store ‖ (σύγχρονο) supermarket

μπακαράς, ο: baccarat, baccara

μπακίρι, το: βλ. χαλκός

μπάλα, η: ball ‖ (δέμα) bale

μπαλαλάικα, η: balalaika

μπαλάντα, η: ballad

μπαλάντζα, η: βλ. ζυγαριά

μπαλαρίνα, η: ballerina

μπαλάσκα, η: βλ. παλάσκα

μπαλένα, η: baleen, whalebone ‖ (του χορσέ) stay

μπαλέτο, το: ballet

μπαλκόνι, το: balcony

μπαλόνι, το: balloon

μπαλτάς, ο: βλ. τσεκούρι

μπάλωμα, το: (κομμάτι υφάσματος) patch ‖ (πράξη) patching, mending

μπαλώνω: mend, patch ‖ (μτφ) patch up

μπάμια, η: okra

μπαμπάκας, ο: daddy, pappy

μπαμπακερός, -ή, -ό, μπαμπάκι, κλπ.: βλ. βαμβακερός, κλπ.

μπαμπάς, ο: dad, papa, pop

μπαμπέσης, -α, -ικο: treacherous, sneaky

μπαμπεσιά, η: treachery

μπαμπόγερος, ο: coot, old codger, old fart

μπαμπόγρια, η: crone, old hag

μπαμπού, το: bamboo

μπαμπούλας, ο: bogeyman, boogieman (και μτφ)

μπάμπω, η: gandma, granny ‖ βλ. μπαμπόγρια

μπανάνα, η: banana

μπανέλα, η: βλ. μπαλένα

μπανιέρα, η: bath tub

μπανιερό, το: βλ. μαγιώ

μπανίζω: (κοιτάζω - ιδ) ogle, gaze ‖ (κρυφοκοιτάζω) peep

μπάνικος, -η, -ο: fetching

μπάνιο, το: (πράξη) bath ‖ (μέρος) bathroom, bath

μπανιστήρι, το: voyeurism, peeping

μπανιστηρτζής, ο: voyeur, peeping Tom

μπάγκα, η: βλ. μπάγκα

μπάντα, η: (πλευρά) side ‖ (ορχήστρα) band, orchestra ‖ κάνω στην ~: move aside, step aside, stand aside ‖ βάζω στην ~: put aside, lay aside, save

μπαντιέρα, η: βλ. παντιέρα

μπαξεβάνης, ο: βλ. κηπουρός

μπαξές, ο: βλ. κήπος

μπαξίσι, το: baksheesh, bakshish, backshish ‖ βλ. φιλοδώρημα

μπαούλο, το: trunk, chest

μπαρ, το: bar

μπαρκάρισμα, το: embarkation, embarking

μπαρκάρω: (μτβ) embark, ship ‖ (αμτβ) embark, go on board

μπάρμπας, ο: uncle ‖ (προσαγ.) old man, pop ‖ έχει ~ στην Κορώνη: he has clout, he has a lot of pull

μπαρμπέρης, ο: βλ. κουρέας

μπαρμπέρικο, το: βλ. κουρείο

μπαρμπούνι, το: mullet

μπαρμπούτι, το: βλ. ζάρια

μπαρούτι, το gunpowder ‖ γίνομαι ~: get mad, get furious ‖ βρωμάει ~: threat looms, danger is imminent

μπαρούφα, η: βλ. μπούρδα

μπάς: βλ. μήπως

μπάσιμο, το: βλ. εισαγωγή ‖ (μάζεμα) shrinking

μπασμένος, -η, -ο: (γνώστης) knowledgeable ‖ (ιδ) being up the creek and over the mountain ‖ (κοντοπίθαρος) gnome

μπάσος, ο: bass

μπασταρδεύω: bastardize

μπαστάρδικος, -η, -ο: βλ. μπάσταρδος

μπάσταρδος, ο: bastard

μπαστούνι, το: cane, walking stick ‖ (χαρτοπ.) spade, club

μπαστουνόβλαχος, ο: boor, clod

μπατάλης, -α, -ικο: flaccid, flabby, gangling

μπατάλικος, -η, -ο: βλ. μπατάλης

μπαταξής, ο: deadbeat

μπαταρία, η: battery

μπαταριά, η: ομοβροντία

μπατάρισμα, το: capsizing, overturn

μπατάρω: overturn, capsize

μπατζάκι, το: trouser leg

μπατζανάκης, ο: brother-in-law
μπάτης, ο: sea breeze
μπατίρης, ο: broke, down and out, penniless
μπάτσα, η: slap, smack
μπατσίζω: slap s.o's face, smack
μπάτσος, ο: βλ. μπάτσα ‖ *(ιδ)* fuzz, cop
μπαφιάζω: puff, huff ‖ βλ. κουράζομαι ‖ βλ. αγανακτώ
μπαχαρικό, το: spice
μπέζ: (χρώμα) beige
μπεζαχτάς, ο: *(ιδ)* safe, strongbox
μπεκάτσα, η: woodcock
μπεκιάρης, ο: bachelor
μπεκρής, ο: drunkard, boozer, wino
μπεκρουλιάζω: go on a spree, go on a drinking bout, booze
μπεκρούλιακας, ο: βλ. μπεκρής
μπελαλίδικος, -η, -ο: troublesome
μπελάς, ο: trouble ‖ (βάρος) onus ‖ βρίσκω τον ~ μου: get into hot water, get into deep water, get in trouble
μπελντές, ο: (τομάτας) tomato sauce ‖ (γλυκό) jelly ‖ βλ. μαρμελάδα
μπεμπέκα, η: baby girl
μπέμπης, ο: baby *(και μτφ)* ‖ *(μτφ)* sissy
μπενζίνα, η: βλ. βενζίνη ‖ (βάρκα) motor boat
μπέρδεμα, το: tangle, entanglement, disorder, confusion
μπερδεύομαι: become entangled ‖ (ανακατεύομαι σε κάτι) get involved, get implicated ‖ (τα χάνω) be confused
μπερδεύω: entangle ‖ (ανακατεύω σε κάτι) involve, implicate ‖ (σαστίζω) confuse
μπερδεψοδουλειά, η: βλ. μπέρδεμα
μπουρδουκλώνω: λ. περδικλώνω
μπερέ, το: beret
μπερμπαντεύω: philander, womanize
μπερμπάντης, ο: philanderer ‖ βλ. μπαγαπόντης
μπερντές, ο: curtain
μπέρτα, η: cloak
μπέσα, η: trust, word of honor
μπετόν, το: concrete ‖ ~ αρμέ: reinforced concrete
μπετονιέρα, η: cement mixer, concrete mixer
μπετούγια, η: latch

μπήγω: stick in, thrust in, drive in
μπήζω: βλ. μπήγω ‖ ~ τις φωνές: yell, scream
μπηχτή, η: *(ιδ)* gibe
μπιγκόνια, η: begonia
μπιζέλι, το: pea
μπιζού, το: jewel
μπικίνι, το: bikini
μπίλια, η: marble ‖ (μπιλιάρδου) ball
μπιλιάρδο, το: billiards
μπιλιέτο, το: βλ. επισκεπτήριο
μπιμπελό, το: nick nack, knick knack
μπιμπερό, το: bottle
μπιμπίκι, το: pimple, acne
μπινές, ο: βλ. κίναιδος
μπίρα, η: beer
μπιραρία, η: bar, tavern, pub
μπισκότο, το: biscuit
μπιτόνι, το: can
μπιφτέκι, το: beefsteak
μπιχλιμπίδι, το: bauble
μπλάστρι, το: βλ. έμπλαστρο
μπλε: blue
μπλέκομαι: βλ. μπερδεύομαι
μπλέκω: βλ. μπερδεύω
μπλέξιμο: βλ. μπέρδεμα
μπλοκ, το: (συνασπισμός) bloc ‖ (σημειωματάριο) writing pad, scratch pad
μπλοκάρισμα, το: blocking, blockade
μπλοκάρω: block, blockade
μπλόκο, το: block
μπλούζα, η: blouse
μπλόφα, η: bluff
μπλοφάρω: bluff
μπογιά, η: paint ‖ (βαφή) dye ‖ (παπουτσιών) polish
μπόγιας, ο: (δήμιος) executioner, hangman ‖ (σκυλιών) dog catcher
μπογιατζής, ο: painter
μπόγος, ο: βλ. δέμα
μπόι, το: βλ. ανάστημα
μποϊκοτάζ, το: boycott
μποϊκοτάρω: boycott
μπόλι, το: vaccine ‖ (φυτών) graft
μπολιάζω: vaccinate, inoculate ‖ (φυτά) graft
μπόλικος, -η, -ο: βλ. άφθονος ‖ βλ. ευρύχωρος
μπολσεβίκος, ο: bolshevik
μπόμπα, η: bomb *(και μτφ)*

μπόμπιρας, ο: bug ‖ (μτφ) midget, runt, pint-sized

μπομπότα, η: cornbread

μποναμάς, ο: New Year's present ‖ (μτφ) gift, present

μποξ, το: box, boxing, pugilism

μποξέρ, ο: boxer, pugilist

μπόρα, η: downpour ‖ βλ. καταιγίδα

μπορδέλο, το: whorehouse, brothel, bordello

μπορεί: perhaps, maybe

μπορετός, -ή, -ό: achievable, possible, practicable

μποργτέλο, το: βλ. μπορδέλο

μπορντούρα, η: border

μπορώ: can, be able, may ‖ (μου επιτρέπεται) may, can

μπόσικος, -η, -ο: βλ. χαλαρός

μποστάνι, το: melon patch

μπότα, η: boot ‖ (ψηλή) jackboot

μποτίλια, η: βλ. μπουκάλα

μποτιλιάρισμα, το: bottling ‖ (μτφ) bottleneck

μποτιλιάρω: bottle ‖ (μτφ) bottleneck

μπουγάδα, η: wash, washing

μπουγάζι, το: βλ. πορθμός ‖ (βουνού) narrow gorge, defile

μπούζι, το: ice ‖ (επίρ) ice-cold, icy

μπουζί, το: spark plug

μπουζούκι, το: bouzouki

μπουζουκοκέφαλος, ο: dolt, clod

μπούκα, η: βλ. στόμιο ‖ στην ~ του ντουφεκιού: bear a grudge

μπουκαδούρα, η: sea breeze

μπουκάλα, η: bottle ‖ μένω ~: (εγκαταλείπομαι) be left in the lurch, be left high and dry ‖ (σε ραντεβού) be stood up

μπουκάλι, το: βλ. μπουκάλα

μπουκαπόρτα, η: βλ. καταπακτή ‖ (πλοίου) porthole

μπουκάρω: rush into, pile into

μπουκέτο, το: βλ. ανθοδέσμη

μπουκιά, η: mouthful ‖ (μτφ) bit, morsel

μπούκλα, η: lock, ringlet

μπούκοτάζ, μποϊκοτάρω: βλ. μποϊκοτάζ κλπ.

μπούκωμα, το: filling one's mouth ‖ βλ. βούλωμα ‖ (μτφ - ιδ) bribe, greasing the hand of, oiling

μπουκώνω: fill one's mouth ‖ βλ. βουλώνω

‖ (μτφ - ιδ) bribe, grease the hand of, oil

μπουλντόγκ, το: bulldog

μπουλντόζα, η: bulldozer

μπουλόνι, το: bolt

μπουλούκι, το: mob, host, horde

μπουλούκος, ο: chubby, plump

μπουμπούκι, το: bud

μπουμπουκιάζω: bud

μπουμπούνας, ο: yahoo, clod, baboon, duffer

μπουμπουνητό, το: thunder, roll of thunder

μπουμπουνίζει: thunders, it is thundering

μπουμπουνοκέφαλος, ο: βλ. μπουμπούνας

μπουναμάς, ο: βλ. μποναμάς

μπουνάτσα, η: calm

μπουνιά, η: βλ. γροθιά

μπούνια, τα: scuppers ‖ ως τα ~: (ιδ) to the limit, to the brim

μπουνταλάς, ο: yokel, gawky, duffer

μπουντρούμι, το: dungeon

μπούρδα, η: poppycock, humbug, bunkum, hot air

μπουρδουκλώνω: βλ. περδικλώνω

μπουρί, το: tube, flue

μπουρίνι, το: βλ. μπόρα ‖ (μτφ) anger, fit of anger

μπουρλότο, το: fireship ‖ (μτφ) conflagration

μπουρμπουλήθρα, η: bubble ‖ (μτφ) βλ. μπούρδα

μπουρνούζι, το: bathrobe

μπούσουλας, ο: compass ‖ χάνω το ~α: lose one's head

μπουσουλίζω: βλ. μπουσουλώ

μπουσουλώ: crawl, creep

μπούστος, ο: bust ‖ (ρούχο) bodice

μπούτι, το: βλ. μηρός ‖ (ζώου) leg

μπουτονιέρα, η: βλ. κουμπότρυπα ‖ (το λουλούδι στο πέτο) boutonniere

μπουφές, ο: (έπιπλο) cupboard, sideboard, buffet ‖ (τραπέζι σερβιρίσματος) buffet ‖ βλ. κυλικείο

μπούφος, ο: horned owl ‖ (μτφ) baboon, chump, dolt

μπουχτίζω: (μτβ) satiate, sate, fill ‖ (αμτβ) eat one's fill, have enough, gorge ‖ (μτφ) be fed up

μπουχτισμένος, -ή, -ο: fed up

683

μπόχα

μπόχα, η: βλ. βρώμα
μπράβο: (επίφ) bravo! good for you!
μπράβος, ο: bravo, goon, gorilla
μπράτσο, το: arm
μπριγιάν, το: diamond
μπριγιαντίνη, η: brilliantine, hair lotion
μπριζόλα, η: steak, chop
μπριζολάκι, το: chop, cutlet
μπρίκι, το: (πλοίο) brig ‖ (σκεύος) coffee pot
μπρίο, το: brio, verve
μπριτζ, το: bridge
μπρόκολο, το: broccoli
μπρος: (επίρ) βλ. εμπρός ‖ βάζω ~: βλ. κατσαδιάζω
μπροστά: βλ. εμπρός
μπροστάντζα, η: down payment
μπροστέλα, η: βλ. ποδιά
μπροστινός, -ή, -ό: βλ. εμπρόσθιος
μπρούμυτα: (επίρ) prone, flat on one's face
μπρούντζινος, -η, -ο: brass, bronze
μπρούντζος, ο: brass, bronze
μπρούσικος, -η, -ο: (κρασί) dry
μπύρα, η: βλ. μπίρα
μυαλό, το: brain ‖ (μτφ) brain, brains, genius
μυαλωμένος, -η, -ο: brainy, smart, prudent
μύγα, η: fly, housefly ‖ βαράω ~ες, χάφτω ~ες: be idle, be lazy, loaf, laze ‖ τον βλέπω σαν ~: think little of, look down on ‖ όποιος έχει τη ~ μυγιάζεται: if the cap fits wear it
μυγδαλιά, η: almond tree
μύγδαλο, το: almond
μυγιάγγιχτος, -η, -ο: touchy
μύδι, το: mussel
μυδραλιοβόλο, το: heavy machine gun
μύδρος, ο: hot iron ‖ (βλήμα) howitzer shell
μυελός, ο: marrow ‖ νωτιαίος ~: spinal marrow, spinal cord ‖ προμήκης ~: medula oblongata
μυζήθρα, η: cottage cheese
μυζώ: suck
μύηση, η: initiation, indoctrination
μύθευμα, το: fiction, lie
μυθικός, -ή, -ό: mythical
μυθιστόρημα, το: novel ‖ βλ. ρομάντσο

μυθιστοριογράφος, ο: novelist
μυθολογία, η: mythology
μυθολογικός, -ή, -ό: mythological
μυθομανής, -ές: mythomaniac
μυθομανία, η: mythomania
μύθος, ο: (μυθολογίας) myth ‖ (αλληγορ. ιστοριούλα) fable ‖ βλ. θρύλος
μυθώδης, -ες: fabled, fabulous
μυϊκός, -ή, -ό: muscular
μυκηθμός, ο: βλ. μούγκρισμα
μύκητας, ο: fungus ‖ βλ. μανιτάρι
μυκτηρίζω: sneer, scoff, jeer, mock
μυκτηρισμός, ο: sneer, jeer, scoffing
μυκώμαι: βλ. μουγκρίζω
μυλόπετρα, η: millstone
μύλος, ο: mill
μυλωνάς, ο: miller
μύξα, η: nasal mucus, phlegm ‖ (χυδ) snot
μυξάρης, -α, -ικο: snotty
μυοκάρδιο, το: myocardium
μυοκαρδίτιδα, η: myocarditis
μύραινα, η: moray
μυριάδα, η: myriad
μυρίζω: (μτβ και αμτβ) smell (και μτφ)
μύριοι, -ες, -α: ten thousand ‖ (μτφ) myriads
μύρισμα, το: βλ. όσφρηση
μυριστικός, -ή, -ό: βλ. αρωματικός
μύρμηγκας, ο: βλ. μυρμήγκι
μυρμήγκι, το: ant
μυρμηγκιάζω: tingle ‖ βλ. μουδιάζω
μυρμήγκιασμα, το: tingling ‖ βλ. μούδιασμα
μυρμηγκότρυπα, η: βλ. μυρμηγκοφωλιά
μυρμηγκοφάγος, ο: anteater
μυρμηγκοφωλιά, η: ant nest, ant hill
μύρο, το: myrrh ‖ βλ. ευωδιά
μυροπωλείο, το: perfumery
μυροπώλης, ο: perfumer
μυρουδιά, η: smell, scent, odor ‖ παίρνω ~: (ιδ) get wind of
μυρσίνη, η: βλ. μυρτιά
μυρτιά, η: myrtle
μυρωδάτος, -η, -ο: fragrant, aromatic, scented
μυρωδιά, η: βλ. μυρουδιά
μυρωδικό, το: βλ. άρωμα ‖ βλ. μπαχαρικό
μύρωμα, το: anointment, anointing

684

μυρώνω: anoint ‖ βλ. **αρωματίζω**
μυς, ο: muscle ‖ βλ. **ποντικός**
μυσαρός, -ή, -ό: βλ. **βδελυρός**
μυσταγωγία, η: mystagogy ‖ catechization
μυστήριο, το mystery
μυστηριώδης, -ες: mysterious
μύστης, ο: initiate ‖ *(μτφ)* expert, versed, knowledgeable
μυστικά: *(επίρ)* secretly
μυστικισμός, ο: mysticism
μυστικιστής, ο: mystic
μυστικό, το: secret
μυστικός, -ή, -ό: secret ‖ (που δεν φανερώνεται) secretive, close-mouthed ‖ (απόρρητος) secret, hush-hush, top secret ‖ ~ή αστυνομία: secret police ‖ ~ δείπνος: Last Supper ‖ ~ αστυνομικός: plainclothesman, detective
μυστικότητα, η: secrecy
μυστρί, το: trowel
μυταράς, -ού, -άδικο: big-nosed
μυτερός, -ή, -ό: pointed, sharp
μυτζήθρα, η: βλ. **μυζήθρα**
μύτη, η: *(ανατ)* nose ‖ βλ. **άκρο** ‖ *(ζώου)* nose, nozzle ‖ βλ. **ράμφος** ‖ τραβώ από τη ~: lead by the nose ‖ **χώνω τη** ~ μου: poke one's nose into ‖ **σηκώνω τη** ~: turn up one's nose, put on airs ‖ ~ του παπουτσιού: point, toe
μύχιος, -α, -ο: innermost, intimate
μυχός, ο: recess, depth
μυώ: initiate, indoctrinate
μυώδης, -ες: muscular
μύωπας, ο: short-sighted, near-sighted, myopic *(και μτφ)*
μυωπία, η: myopia, short-sightedness
μυωπικός, -ή, -ό: myopic, short-sighted, near-sighted *(και μτφ)*
μωαμεθανός, ο: mohammedan
μωβ: mauve, violet
μώλος, ο: pier, dock, quay
μώλωπας, ο: bruise, contusion
μωλωπίζω: bruise, contuse
μωραίνω: make stupid
μωρέ! *(επιφ)* hey! you!
μωρία, η: βλ. **βλακεία**
μωρό, το: baby
μωρολογία, η: nonsense, prattle, stupidity
μωρόπιστος, -η, -ο: naive, gullible
μωρός, -ή, -ό: βλ. **ανόητος**
μωσαϊκό, το: mosaic

N

N, ν: the 13th letter of the Greek alphabet ‖ ν´: 50 ‖ ν: 50 000
να: *(δεικτ.)* here he (she, it) is, there he (she, it) is, here's, there's ‖ *(συνδ.)* to, that, in order to, so as to ‖ βλ. **αν**
ναδίρ, το: nadir
νάζι, το: demureness, feigned shyness
ναζί, ο: nazi
ναζιάρης, -α, -ικο: demure
ναι: yes, yea, yah, yeah, yep, aye
νάιλον, το: nylon
νάμα, το: spring water
νάνι, το: *(παιδ. ιδ)* sleep ‖ κάνω ~: I sleep
νάνος, ο: dwarf, midget ‖ *(μτφ)* midge, midget, pint-sized, runt
νανουρίζω: lull to sleep
νανούρισμα, το: *(πράξη)* lulling to sleep ‖ *(τραγούδι)* lullaby

ναός, ο: *(χριστ.)* church ‖ *(ιερό)* temple
ναργιλές, ο: hookah, waterpipe, narghile, hubble-bubble
νάρθηκας, ο: *(εκκλ)* narthex ‖ *(χειρ.)* splint
ναρκαλιευτικό, το: *(πλοίο)* mine sweeper
νάρκη, η: torpor, lethargy, ‖ *(εκρηκτ.)* mine ‖ χειμερία ~: hibernation
ναρκισσισμός, ο: narcissism
νάρκισσος, ο: narcissus
ναρκοθέτιδα, η: minelayer
ναρκομανής, ο: drug addict
ναρκοπέδιο, το: mine field
ναρκώνω: narcotize ‖ βλ. **μουδιάζω**
νάρκωση, η: βλ. **νάρκη** ‖ narcotization, narcosis
ναρκωτικό, το: narcotic, drug ‖ (που κοιμίζει) mickey finn
νάτριο, το: sodium

ναυάγιο

ναυάγιο, το: shipwreck *(και μτφ)* ‖ (άνθρωπος) wreck
ναυαγός, ο: shipwrecked
ναυαγοσώστης, ο: life guard
ναυαγοσωστική, η: ~ βάρκα: life boat
ναυαγοσωστικό, το: (πλοίο) life-boat
ναυαγώ: be shipwrecked *(και μτφ)* ‖ βλ. αποτυγχάνω
ναυαρχείο, το: admiralty
ναυαρχίδα, η: flagship
ναύαρχος, ο: admiral
ναύκληρος, ο: boatswain, bosun
ναύλο, το: fare, freight
ναύλος, ο: βλ. ναύλο
ναυλοχώ: moor, anchor
ναυλώνω: charter
ναύλωση, η: charter, chartering
ναυλωτής, ο: charterer
ναυμαχία, η: naval battle, sea battle
ναυπηγείο, το: shipyard, dockyard
ναυπηγική, η: ship building
ναυπηγός, ο: ship builder
ναυσιπλοΐα, η: (πλοήγηση) navigation ‖ (κίνηση) sailing ‖ (μεταφορά) shipping
ναύσταθμος, ο: naval base
ναύτης, ο: seaman, sailor, mariner ‖ (που υπηρετεί στο ναυτικό) seaman
ναυτία, η: seasickness ‖ (αηδία) nausea
ναυτίαση, η: βλ. ναυτία
ναυτικό, το: navy ‖ εμπορικό ~: merchant marine
ναυτικός, ο: seaman, sailor
ναυτικός, -ή, -ό: naval, nautical ‖ (θαλάσσιος) maritime
ναυτιλία, η: (πλοήγηση) navigation ‖ (σύνολο πλοίων) merchant marine
ναυτίλος, ο: βλ. ναύτης
ναυτοδικείο, το: admiralty
ναυτολόγιο, το: ship register
ναυτολογώ: man a ship, enlist a crew
ναυτόπαιδο, το: βλ. μούτσος
ναφθαλίνη, η: (ουσία) naphtalene ‖ (για σκώρο) moth-balls
νέα, η: young lady, young girl, lass
νέα, τα: news
νεανίας, ο: youth, boy, young man, lad, youngster
νεάνιδα, η: βλ. νέα
νεανικός, -ή, -ό: youthful, juvenile
νεανικότητα, η: youthfulness

νεαρός, -ή, -ό: βλ. νέος ‖ βλ. νέα ‖ βλ. νεανικός
νέγρικος, -η, -ο: negro
νέγρος, ο (θηλ νέγρα): negro
νέθω: βλ. γνέθω
νέκρα, η: (απόλυτη ησυχία) deathlike silence ‖ (απραξία) standstill
νεκρανάσταση, η: resurrection, revival *(και μτφ)*
νεκρικός, -ή, -ό: funeral, mortuary, death ‖ ~ή σιγή: deathlike silence, dead silence
νεκροθάφτης, ο: gravedigger
νεκροκεφαλή, η: (κρανίο) skull ‖ (παράσταση) death's head
νεκροκρέβατο, το: bier, coffin
νεκρολογία, η: obituary
νεκρομαντεία, η: necromancy
νεκρόπολη, η: necropolis, large cemetery
νεκροπομπός, ο: (που μεταφέρει φέρετρο) pall bearer ‖ (εργολ. κηδειών) mortician, undertaker
νεκρός, -ή, -ό: dead *(και μτφ)* ‖ βλ. άψυχος
νεκροσυλία, η: grave robbing
νεκρόσυλος, ο: grave robber
νεκροταφείο, το: cemetery, graveyard ‖ βλ. νεκρόπολη
νεκροτοκία, η: stillbirth
νεκροτομείο, το: morgue
νεκροτομία, η: autopsy, post-mortem, necropsy
νεκροφάνεια, η: apparent death
νεκροφόρα, η: hearse
νεκροφυλάκειο, το: mortuary, morgue
νεκροψία, η: autopsy, post-mortem
νεκρώνω: deaden *(και μτφ)*
νέκρωση, η: necrosis ‖ *(μτφ)* βλ. νέκρα
νεκρώσιμος, -η, -ο: funeral
νέκταρ, το: nectar *(και μτφ)*
νέμεση, η: nemesis
νέμομαι: profit, reap the profit, enjoy
νέμω: distribute
νεόβγαλτος, -η, -ο: novice, inexperienced
νεογέννητος, -η, -ο: newborn
νεογνό, το: baby, newborn, infant ‖ new born animal
νεόδμητος, -η, -ο: newly built, newly constructed
νεοελληνικός, -ή, -ό: modern Greek

686

νεοκλασικισμός, ο: neoclassicism
νεοκλασικός, -ή, -ό: neoclassic
νεόκτιστος, -η, -ο: βλ. **νεόδμητος**
νεολαία, η: youth
νεολιθικός, -ή, -ό: neolithic
νέον, το: (χημ) neon
νεόνυμφος, ο: newlywed
νεόπλουτος, -η, -ο: nouveau riche
νέος, -α, -ο: βλ. **καινούριος** ΙΙ young, youth ΙΙ (φρέσκος) fresh, new ΙΙ βλ. **πρόσφατος**
νεοσσός, ο: chick, fledgling, nestling
νεοσύλλεκτος, -η, -ο: new recruit, boot, rookie
νεοσύστατος, -η, -ο: newly established
νεότητα, η: youth ΙΙ βλ. **νεολαία**
νεοφερμένος, -η, -ο: newcomer, newly arrived, new arrival
νεόφερτος, -η, -ο: βλ. **νεοφερμένος**
νεόχτιστος, -η, -ο: βλ. **νεόδμητος**
νεποτισμός, ο: nepotism
νεράιδα, η: fairy
νεράκι, το: βλ. **νερό** ΙΙ **το ξέρω** ~: I know it by heart, have thorough knowledge of
νερό, το: water ΙΙ **κάνω το** ~ **μου:** make water, piss ΙΙ **το ξέρω σαν** ~: βλ. **νεράκι** ΙΙ **μια τρύπα στο** ~: failure ΙΙ **του γλυκού** ~**ού:** freshwater ΙΙ **ναύτης του γλυκού** ~**ού:** freshwater sailor ΙΙ **σαν το κρύο** ~: very attractive, very beautiful ΙΙ **μέσα στο** ~: certainly, surely, definitely
νερόβραστος, -η, -ο: boiled in water ΙΙ (μτφ - άνοστο) insipid, slops, wishwash ΙΙ (άνθρωπος) namby-pamby
νεροκολόκυθο, το: gourd, calabash, bottle-gourd
νερομπογιά, η: watercolor, watercolour
νερομπούλι, το: wish-wash, slops
νερόμυλος, ο: water mill
νερόπλυμα, το: βλ. **νερομπούλι**
νεροποντή, η: downpour, shower
νεροπότηρο, το: waterglass
νεροσέλινο, το: watercress
νερουλιάζω: (μυαλό) soften, dull
νερουλός, -ή, -ό: watery, thin
νεροφίδα, η: water snake, water moccasin
νεροχελώνα, η: turtle, marine chelonian
νερόχιονο, το: βλ. **χιονόνερο**
νεροχύτης, ο: kitchen sink
νερωμένος, -η, -ο: mixed with water, diluted

νερώνω: mix with water, dilute
νετάρω: βλ. **τελειώνω** ΙΙ βλ. **εξαντλώ**
νέτα σκέτα: straightforwardly, flatly
νέτος, -η, -ο: net ΙΙ finished, done ΙΙ ~ **σκέτος:** destitute
νεύμα, το: nod, beckoning, sign
νευραλγία, η: neuralgia
νευραλγικός, -ή, -ό: neuralgic
νευρασθένεια, η: neurasthenia, nervous breakdown, nervous exhaustion
νευρασθενικός, -ή, -ό: neurasthenic, suffering from neurasthenia
νευριάζω: (μτβ) irritate, get on s.o's nerves, exasperate ΙΙ (αμτβ) be irritated, get angry, lose one's patience
νευρικός, -ή, -ό: nervous (και μτφ)
νευρικότητα, η: nervousness
νεύρο, το: nerve (και μτφ)
νευροκαβαλίκεμα, το: strain of a muscle, wrench
νευρολογία, η: neurology
νευρολογικός, -ή, -ό: neurological
νευρολόγος, ο: neurologist
νευροπάθεια, η: neuropathy
νευροπαθής, -ές: neuropath
νευρόσπαστο, το: puppet, marionette ΙΙ (μτφ) puppet
νευρώδης, -ες: sinewy (και μτφ)
νεύρωση, η: neurosis
νευρωτικός, -ή, -ό: neurotic
νεύω: nod, beckon, make a sign ΙΙ (με το μάτι) wink
νεφέλη, η: cloud
νεφελώδης, -ες: nebulous, cloudy ΙΙ (μτφ) nebulous
νεφέλωμα, το: nebula
νέφος, το: cloud (και μτφ)
νεφοσκεπής, -ές: βλ. **νεφελώδης**
νεφρίτης, ο: (ασθεν.) nephritis ΙΙ (ορυκτό) nephrite
νεφρό, το: kidney
νέφτι, το: turpentine
νέφωση, η: nebulosity, cloudiness
νεωκόρος, ο: sexton
νεώριο, το: dockyard
νεωτερίζω: innovate, modernize
νεωτερισμός, ο: innovation, modernization ΙΙ (μόδα) novelty, fashion
νεωτεριστής, ο: innovator
νηκτικός, -ή, -ό: natatory, natatorial

νήμα

νήμα, το: thread *(και μτφ)*

νηματουργείο, το: spinnery, spinning mill

νηνεμία, η: calm, calmness, stillness

νηολόγιο, το: register of ships

νηοπομπή, η: convoy || (συνοδό πλοίο) escort

νηοψία, η: ship inspection

νηπιαγωγείο, το: kindergarten

νηπιαγωγός, η: kindergarten teacher

νηπιακός, -ή, -ό: infant, infantile

νήπιο, το: infant, toddler

νηρηίδα, η: nereid

νησάκι, το: small island, isle

νησί, το: island

νησίδα, η: βλ. νησάκι

νησιώτης, ο: *(θηλ* νησιώτισσα): islander

νησιώτικος, -η, -ο: island, insular

νήσος, η: βλ. νησί

νηστεία, η: fast, fasting

νηστεύω: fast

νηστικός, -ή, -ό: hungry, on an empty stomach

νηστίσιμος, -η, -ο: lenten || βλ. σαρακοστιανός

νηφάλιος, -α, -ο: sober *(και μτφ)*

νηφαλιότητα, η: soberness, sobriety

νιαουρίζω: meow, mew

νιαούρισμα, το: meow, mew, mewing

νιάτα, τα: βλ. νεότητα || βλ. νεολαία

νίβω: wash *(και μτφ)*

νίκελ, το: nickel

νικέλιο, το: βλ. νίκελ

νικελώνω: nickel plate

νίκη, η: victory

νικητήριος, -α, -ο: victorious

νικητής, ο *(θηλ* νικήτρια): victor || (σε α-γώνα) winner

νικηφόρος, -α, -ο: victorious

νικοτίνη, η: nicotine

νικώ: defeat, beat || βλ. υπερνικώ

νίλα, η: βλ. καταστροφή || (πείραγμα) practical joke, trick || *(στρ)* haze

νιόβγαλτος, -η, -ο: βλ. νεόβγαλτος

νιόγαμπρος, -η, -ο: βλ. νεόνυμφος

νιόπαντρος, ο: βλ. νεόνυμφος

νιος, -ια, -ιο: βλ. νέος

νιότη, η: βλ. νεότητα

νιόφερτος, -η, -ο: βλ. νεοφερμένος

νιπτήρας, ο: bathroom sink, washstand

νίπτω: βλ. νίβω

νισάφι, το: *(ιδ)* pity, mercy

νισεστές, ο: βλ. άμυλο

νιτρικός, -ή, -ό: nitric

νίτρο, το: niter, saltpeter

νιτρογλυκερίνη, η: nitroglycerin, trinitroglycerin

νιφάδα, η: snowflake

νίψιμο, το: washing, lavation

νιώθω: βλ. καταλαβαίνω || βλ. αισθάνομαι

Νοέμβριος, ο: November

νοερά: *(επίρ)* mentally

νοερός, -ή, -ό: mental

νόημα, το: meaning, significance, sense || βλ. νεύμα

νοημοσύνη, η: intelligence, mentality

νοήμων, -ον: intelligent

νόηση, η: intellect, mentality

νοητός, -ή, -ό: understandable, comprehensible, conceivable

νοθεία, η: (παραποίηση) falsification, forgery || (τροφής) adulteration

νόθευση, η: βλ. νοθεία

νοθεύω: (παραποιώ) falsify, forge || (τροφή) adulterate

νόθος, -η, -ο: (παιδί) bastard, illegitimate || *(βιολ)* hybrid || (σκυλί) mongrel || (πλαστό) forged, forgery

νοιάζει: με ~: it matters, I care

νοιάζομαι: look after, care, be interested || βλ. νοιάζει

νοικάρης, ο: *(θηλ* νοικάρισσα): βλ. ενοικιαστής

νοικάτορας, ο: βλ. ενοικιαστής

νοίκι, το: βλ. ενοίκιο

νοικιάζω: βλ. ενοικιάζω

νοικοκυρά, η: (οικοδέσποινα) housewife || (ιδιοκτήτρια) landlady, owner || (τακτική) tidy, neat

νοικοκυρεύω: tidy up, put in order, make tidy

νοικοκύρης, ο: (οικοδεσπότης) man of the house, head of the family || (ιδιοκτήτης) landlord, owner || (τακτικός) tidy, neat

νοικοκυριό, το: (τακτοποίηση) housekeeping, tidying, housework || (πράγματα) furnishings, household goods

νοικοκυροσύνη, η: tidiness, neatness

688

νοιώθω: βλ. **καταλαβαίνω** ‖ βλ. **αισθάνομαι**

νομάδες, οι: nomads

νομαδικός, -ή, -ό: nomadic, wandering, roving

νομάρχης, ο: chief administrator of a nome ‖ (U.S.A.) county commissioner

νομαρχία, η: nome seat ‖ (U.S.A.) county seat

νομαρχιακός, -ή, -ό: nome, county

νοματαίοι, οι: individuals, heads, persons

νομάτοι, οι: βλ. **νοματαίοι**

νομή, η: (βοσκή) pasture, pasturage ‖ (επικαρπία) usufruct

νομίζω: think, believe ‖ βλ. **υποθέτω** ‖ βλ. **πιστεύω**

νομικά, τα: βλ. **νομική**

νομική, η: law ‖ ~ **Σχολή:** law school

νομικός, -ή, -ό: legal ‖ (εφαρμογή νόμου) juridical ‖ ~ **όρος:** legal term ‖ ~ **σύμβουλος:** legal advisor

νομιμοποίηση, η: legalization

νομιμοποιώ: legalize ‖ (αναγνωρίζω ως νόμιμο) legitimate

νόμιμος, -η, -ο: legal, lawful, rightful, legitimate ‖ (παιδί) legitimate ‖ ~ **κάτοχος:** rightful owner

νομιμότητα, η: legality, legitimacy

νομιμόφρονας, ο: loyal ‖ βλ. **νομοταγής**

νομιμοφροσύνη, η: loyalty

νόμισμα, το: currency ‖ βλ. **κέρμα** ‖ βλ. **χρήμα**

νομισματικός, -ή, -ό: numismatic, monetary

νομισματοκοπείο, το: mint

νομισματολογία, η: numismatics

νομοθεσία, η: legislation, law-making, legislature, law

νομοθέτημα, το: act, statute

νομοθέτης, ο: legislator, lawmaker, lawgiver ‖ (ειρ) solon

νομοθετικός, -ή, -ό: legislative

νομοθετώ: legislate

νομολογία, η: jurisprudence

νομομαθής, -ές: jurisprudent

νομομηχανικός, ο: county engineer

νόμος, ο: law, statute ‖ βλ. **νομοθέτημα** ‖ βλ. **κανόνας**

νομός, ο: nome ‖ (U.S.A.) county

νομοσχέδιο, το: draft of a proposed law, bill

νομοταγής, -ές: law-abiding

νονά, η: βλ. **νουνά**

νονός, ο: βλ. **νουνός**

νοοτροπία, η: mentality

νοσηλεία, η: medical treatment, nursing, medical care

νοσήλια, τα: hospital fees

νοσηλεύω: treat, attend, cure, give medical aid

νόσημα, το: βλ. **νόσος**

νοσηρός, -ή, -ό: unhealthy, unwholesome, morbid (και μτφ)

νοσογόνος, -α, -ο: morbific, pathogenic

νοσοκομείο, το: hospital ‖ (πλοίου) sickbay ‖ (αναρρωτήριο) infirmary

νοσοκόμος, ο (θηλ **νοσοκόμα**)**:** nurse ‖ (βοηθητικός) orderly

νόσος, η: disease, illness, sickness

νοσταλγία, η: nostalgia ‖ (για την πατρίδα ή το σπίτι) homesickness

νοσταλγικός, -ή, -ό: nostalgic, homesick

νοσταλγώ: be homesick, be nostalgic

νοστιμάδα, η: flavor ‖ (μτφ) sauciness, grace

νοστιμεύομαι: yearn, desire, covet

νοστιμεύω: (μτβ) flavor, make tasty ‖ (αμτβ) become tasty

νοστιμιά, η: βλ. **νοστιμάδα**

νοστιμίζω: βλ. **νοστιμεύω**

νόστιμος, -η, -ο: tasty, savory, yummy ‖ (μτφ) saucy, graceful, attractive

νόστος, ο: return to one's country, repatriation, coming back

νοσώ: be ill, be sick

νότα, η: note (διπλ. και μουσ.)

νοτερός, -ή, -ό: humid, damp, moist, wet

νοτιά, η: βλ. **νότος** ‖ (άνεμος) south wind, souther ‖ βλ. **υγρασία**

νοτιάς, ο: south wind, souther

νοτίζω: (μτβ) damp, dampen, moisten ‖ (αμτβ) becom damp, become moist

νοτιοανατολικός, -ή, -ό: south-east ‖ ~ **άνεμος:** southeaster

νοτιοδυτικός, -ή, -ό: south-west ‖ ~ **άνεμος:** southwester

νότιος, -α, -.ο: south, southern, austral

νότος, ο: south

νουβέλα, η: novel

νουθεσία, η: admonition, cautionary·ad-

νουθετώ:

vice
νουθετώ: admonish, caution, counsel
νούλα, η: βλ. **μηδενικό** ‖ *(ιδ)* zilch
νούμερο, το: βλ. **αριθμός** ‖ (μέγεθος) size ‖ (θεατρ.) turn, short act ‖ *(μτφ)* oddball
νουνά, η: godmother
νουνός, ο: godfather
νους, ο: mind, brain, intelligence, intellect, wit ‖ **κοινός ~:** common sense ‖ **έχω το ~ μου: (προσέχω)** keep an eye, mind
νούφαρο, το: water lily
νταγλαράς, ο: *(ιδ)* gangling, gawky
νταής, ο: bully
νταηλίκι, το: bullyragging
ντάλια, η: dahlia
νταλγκάς, ο: *(ιδ)* βλ. **μεράκι**
ντάμα, η: (χορού) partner, dancing partner ‖ (που συνοδεύουμε) date ‖ (χαρτοπ.) queen ‖ (παιχνίδι) checkers (U.S.A.), draughts (Engl.)
νταμάρι, το: βλ. **λατομείο**
νταμιζάνα, η: βλ. **δαμιζάνα**
νταντά, η: nursemaid, nanny ‖ (που θηλάζει) wet nurse
ντατέλα, η: βλ. **δαντέλα**
νταντεύω: nurse, care for a child
νταούλι, το: drum
ντάρα, η: βλ. **απόβαρο**
νταραβέρι, το: βλ. **δοσοληψία** ‖ (σχέση) speaking terms, relation
νταραβερίζομαι: do business, deal
νταρντάνα, η: *(ιδ)* amazon
ντε!: *(επιφ)* **~ και καλά:** willy-nilly ‖ **έλα ~:** hie!, come on! ‖ **λέγε ~:** well, go on! come on speak up!
ντελάλης, ο: βλ. **τελάλης**
ντελικάτος, -η, -ο: frail, delicate, fragile
ντεμοντέ: out of fashion, old-fashioned, outmoded
ντεμπραγιάζ, το: clutch
ντεπόζιτο, το: tank, reservoir ‖ βλ. **δεξαμενή**
ντεραπάρισμα, το: skid, skidding
ντεραπάρω: skid
ντερμπεντέρης, ο (θηλ **ντερμπεντέρισσα**): open-hearted ‖ βλ. **λεβέντης**
ντέρτι, το: *(ιδ)* βλ. **μεράκι**
ντετέκτιβ, ο: detective ‖ *(ιδ)* shamus,

gumshoe, dick
ντεφάκτο: de facto
ντέφι, το: tambourine
ντιβάνι, το: divan, couch, ottoman
ντο: *(μουσ)* do
ντογρού: *(επίρ)* *(ιδ)* straight on, directly
ντοκουμέντο, το: document ‖ βλ. **τεκμήριο**
ντολμάς, ο: stuffed vine leaves ‖ stuffed cabbage leaves
ντομάτα, το: tomato
ντόμινο, το: (ένδυμα ή παιχνίδι) domino
ντόμπρος, -α, -ο: βλ **ειλικρινής**
ντόπιος, -α, -ο: local, native
ντορός, ο: spoor, track
ντόρος, ο: ado, fuss, trouble ‖ *(μτφ)* sensation
ντοσιέ, το: file, dossier
ντουβάρι, το: βλ. **τοίχος** ‖ *(μτφ)* dullard, blockhead, bumpkin
ντουβαρογραψίματα, τα: graffiti
ντουγρού: βλ. **ντογρού**
ντουέτο, το: duet
ντουζίνα, η: dozen
ντουλάπα, η: (σκευών) sideboard, cupboard ‖ (ρούχων) wardrobe
ντουλάπι, το: βλ. **ντουλάπα**
ντουμάνι, το: *(ιδ)* thick smoke
ντουνιάς, ο: *(ιδ)* βλ. **κόσμος**
ντούρος, -α, -ο: erect, straight ‖ (σκληρός) stiff, rigid
ντους, το: shower
ντρέπομαι: (είμαι ντροπαλός) be shy, be bashful, be timid, be self-conscious ‖ (για κάτι που έκανα) be ashamed
ντροπαλός, -ή, -ό: shy, bashful, timid
ντροπή, η: (συστολή) shyness, bashfulness ‖ (αισχύνη) shame
ντροπιάζω: shame, disgrace, put to shame, fill with shame
ντροπιαστικός, -ή, -ό: shameful
ντύνομαι: dress, get dressed, put on one's clothes
ντύνω: dress ‖ (βάζω κάλυμμα) cover
ντύσιμο, το: (πράξη) dressing ‖ (είδος ντυσίματος) outfit, attire
νυγμός, ο: prick, pricking ‖ *(μτφ)* βλ. **νύξη**
νύκτα, κλπ.: βλ. **νύχτα,** κλπ.
νυμφεύομαι: βλ. **παντρεύομαι**

690

νυμφεύω: βλ. **παντρεύω**
νύμφη, η: nymph || βλ. **νύφη**
νυμφίος, ο: bridegroom || *(μτφ)* Christ
νυμφομανής, η: nymphomaniac
νυμφώνας, ο: bridal chamber
νύξη, η: βλ. **νυγμός** || *(μτφ)* hint, allusion
νύστα, η: sleepiness, drowsiness, somnolence
νυσταγμένος, -η, -ο: sleepy, drowsy, somnolent
νυστάζω: be sleepy, be drowsy, feel sleepy
νυσταλέος, -α, -ο: soporific, somnolent *(και μτφ)*
νυστέρι, το: scalpel, lancet
νύφη, η: *(μελλόνυμφη)* bride || *(από γιο)* daughter-in-law || *(από αδελφό)* sister-in-law
νυφικό, το: wedding dress, wedding gown
νυφικός, -ή, -ό: bridal, nuptial
νυφίτσα, η: weasel
νυχθημερόν: *(επίρ)* day and night, night and day
νύχι, το: *(χεριού)* fingernail || *(ποδιού)* toenail || *(πουλιού)* claw, talon || **από την κορφή ως τα ~α:** from head to toe || **περπατώ στα ~α:** walk on tip-toe || **ξύνω τα ~α μου:** *(για καβγά)* have a chip on one's shoulder
νυχιά, η: scratch
νύχτα, η: night || *(σκοτάδι)* dark, darkness
νυχτέρι, το: night work, night job
νυχτερίδα, η: bat

νυχτερινός, -ή, -ό: night, nocturnal || ~ **σχολείο:** night school
νυχτιά, η: βλ. **νύχτα**
νυχτιάτικος, -η, -ο: βλ. **νυχτερινός**
νυχτικιά, η: nightgown, nighty
νυχτικό, το: βλ. **νυχτικιά**
νυχτόβιος, -α, -ο: nocturnal || *(μτφ)* night owl, night hawk
νυχτοπερπάτημα, το: night walking
νυχτοπερπατητής, ο: night walker
νυχτοπούλι, το: owl, grey owl, night hawk || *(μτφ)* night owl, night hawk
νυχτοφύλακας, ο: night watchman
νυχτοφυλακή, η: night watch
νυχτώνει: *(απρόσ.)* night falls, it is getting dark
νυχτώνομαι: be overtaken by night
νωθρός, -ή, -ό: indolent, sluggish, slothful, languid
νωθρότητα, η: indolence, sluggishness, sloth, slothfulness
νωματάρχης, ο: βλ. **ενωματάρχης**
νωπογραφία, η: fresco
νωπός, -ή, -ό: fresh, new || βλ. **υγρός**
νωρίς: *(επίρ)* early || *(ανεπιθύμητα νωρίς)* too soon
νώτα, τα: *(πλάτη)* back || *(στρ)* rear
νωτιαίος, -α, -ο: dorsal, spinal || ~ **μυελός:** spinal cord, spinal marrow
νωχέλεια, η: βλ. **νωθρότητα**
νωχελικός, -ή, -ό: βλ. **νωθρός**
νωχελής, -ές: βλ. **νωθρός**

Ξ

Ξ, ξ: the 14th letter of the Greek alphabet || ξ´: 60 || ξ: 60 000
ξαγκίστρωμα, το: unhooking || *(άγκυρα)* weighing, raising anchor
ξαγκιστρώνω: unhook || *(άγκυρα)* raise anchor, weigh
ξαγορά κλπ.: βλ. **εξαγορά κλπ.**
ξαγρύπνημα, ξαγρύπνια κλπ.: βλ. **αγρύπνια, κλπ.**
ξαδειάζω: have time, be free
ξαδέρφη, κλπ.: βλ. **εξαδέλφη, κλπ**
ξαίνω: card

ξακουσμένος, -η, -ο: famous, well-known, renowned, celebrated
ξακουστός, -ή, -ό: βλ. **ξακουσμένος**
ξαλάφρωμα, το: βλ. **ανακούφιση**
ξαλαφρώνω: βλ. **ανακουφίζω** || βλ. **ανακουφίζομαι**
ξαμολάω: βλ. **εξαπολύω**
ξαμολιέμαι: hurl oneself, rush
ξανά: *(επίρ)* again, once more, anew, afresh, all over again
ξαναβάζω: put back again, replace
ξαναβγάζω: *(από μέσα)* take out again ||

ξαναβγαίνω

(ρούχο) take off again
ξαναβγαίνω: go out again, come out
again ‖ ~ **βουλευτής:** be re-elected
ξαναβλέπω: see again
ξαναβρίσκω: find again ‖ (ξαναποκτώ)
regain ‖ (υγεία) recover
ξανάβω: βλ. **ερεθίζομαι** ‖ βλ. **λαχανιάζω**
ξαναγεννιέμαι: be reborn, come to life
again
ξαναγεννιούμαι: βλ. **ξαναγεννιέμαι**
ξαναγίνομαι: be done again, take place
again, happen again
ξαναγράφω: rewrite, write again
ξαναγυρίζω: turn again, revolve again,
rotate again ‖ (επιστρέφω πάλι) come
back again
ξαναδιαβάζω: read again
ξαναδίνω: give again, return again, give
back
ξαναζώ: live again, return to life
ξαναζωντανεύω: βλ. **ξαναγεννιέμαι**
ξανακάνω: redo, remake ‖ do again
ξανακύλισμα, το: (ασθεν.) relapse
ξανακυλώ: roll again ‖ (ασθεν.) regress,
have a relapse
ξανακοιτάζω: look again
ξαναλέω: say again, repeat, reiterate
ξαναμιλώ: speak again
ξάναμμα, το: βλ. **ερεθισμός** ‖ (μτφ) in-
flammation
ξαναμμένος, -η, -ο: βλ. **ερεθισμένος** ‖ βλ.
λαχανιασμένος
ξαναμωραίνομαι: be in one's dotage, be
in one's second childhood, be senile
ξανάνιωμα, το: rejuvenation, revival ‖
βλ. **ανανέωση**
ξανανιώνω: be rejuvenated, become
young again ‖ βλ. **αναζωογονούμαι**
ξαναπαθαίνω: suffer again, come to grief
again, sustain again ‖ (μτφ) be deceived
again, be duped again, be taken in
again, be hoodwinked again
ξαναπαντρεύομαι: remarry
ξαναπατώ: set foot again
ξαναπουλώ: resell
ξαναρρωσταίνω: become ill again, fall
sick again
ξαναρχίζω: begin again, begin afresh,
recommence, start again
ξανάρχομαι: come again, come back

again
ξαναρωτώ: ask again
ξανασαίνω: take breath again, have a
breather ‖ βλ. **ανακουφίζομαι**
ξανασμίγω: rejoin, meet again ‖ (ενώνω
πάλι) reunite, bring together again
ξανάστροφα: (επίρ) βλ. **ανάποδα**
ξανάστροφος, -η, -ο: βλ. **ανάποδος**
ξανεμίζω: scatter, waste, squander, dissi-
pate
ξανθαίνω: (μτβ) make blond, bleach with
peroxide, peroxide ‖ (αμτβ) become
blond
ξανθομάλλης, -α, -ικο: blond, fair-haired
ξανθός, -ή, -ó: blond (θηλ blond, blonde),
fair ‖ (χρώμα) gold, golden, yellow,
flaxen
ξανθούλα, η: blonde
ξάνοιγμα, το: (εύρυνση) opening, widen-
ing ‖ (εξόδων) overspending ‖ (καιρού)
clearing up
ξανοίγομαι: (διευρύνω τον κύκλο δρά-
σης) overextend, overreach ‖ (έξοδα)
overspend ‖ (εμπιστεύομαι) confide, en-
trust
ξανοίγω: (καιρός) clear up
ξαντό, το: lint
ξάπλα, η: βλ. **ξάπλωμα** ‖ βλ. **τεμπελιά**
ξάπλωμα, το: sprawl, sprawling, lying
down ‖ βλ. **εξάπλωση**
ξαπλώνομαι: lie down, stretch, sprawl ‖
βλ. **εκτείνομαι**
ξαπλώνω: (μτβ) spread, stretch ‖ (αμτβ)
βλ. **ξαπλώνομαι** ‖ (μτφ) fell, cut down
ξαπλωτός, -ή, -ó: sprawling, reclining, ly-
ing down, stretched
ξαπολάω: βλ. **εξαπολύω**
ξαπολιέμαι: βλ. **ξεμολιέμαι**
ξαποσταίνω: βλ. **ξεκουράζομαι**
ξαπόσταμα, το: βλ. **ξεκούραση**
ξαποστέλνω: βλ. **εξαποστέλλω**
ξαρμάτωμα, το: βλ. **αφοπλισμός**
ξαρματώνω: βλ. **αφοπλίζω** ‖ (πλοίο) un-
rig
ξαρμυρίζω: take the salt out
ξάρτι, το: stay ‖ ~α, τα: shrouds
ξασπρίζω: (μτβ και αμτβ) bleach, whiten,
blanch
ξάσπρισμα, το: bleaching, whitening,
blanching

692

ξάστερα: *(επίρ)* straightforwardly, plainly, clearly, flatly

ξαστεριά, η: starriness, starry sky, cloudless sky

ξάστερος, -η, -ο: starry, clear, cloudless ‖ *(μτφ)* clear, straightforward

ξαστερώνω: clear up, become cloudless

ξαφνιάζομαι: startle, start up, be startled

ξαφνιάζω: startle, frighten

ξαφνίζω, ξαφνίζομαι: βλ. **ξαφνιάζω, ξαφνιάζομαι**

ξαφνικά: *(επίρ)* suddenly, all of a sudden

ξαφνικός, -ή, -ό: sudden

ξάφνιασμα, το: surprise, start, startle

ξάφνου: βλ. **ξαφνικά**

ξαφρίζω: scum, skim ‖ *(μτφ)* pinch, swipe, filch

ξάφρισμα, το: scumming, skimming ‖ *(μτφ)* swipe, heist, filching

ξεβασκαίνω: exorcise the evil eye

ξεβάφω: bleach *(μτβ και αμτβ)* ‖ *(μτφ)* fade, be discolored

ξεβγάζω: (ρούχα) rinse, wash ‖ βλ. **ξεπροβοδίζω**

ξεβγαλμένη, η: *(μτφ - ιδ)* slut

ξεβιδώνω: unscrew

ξεβουλώνω: uncork, unplug

ξεβρακώνομαι: take off one's underpants, take off one's shorts

ξεβρακώνω: take off s.o's underpants

ξεβράκωτος, -η, -ο: without trousers, trouserless ‖ *(μτφ)* destitute, penniless

ξεβρωμίζω: cleanse, clean up, remove the dirt

ξεγαντζώνω: unhook

ξέγδαρμα, το: scratch, skinning

ξεγδέρνω: scratch, skin

ξεγέλασμα, το: βλ. **απάτη**

ξεγελώ: βλ. **εξαπατώ**

ξεγεννώ: deliver a woman of, assist in giving birth

ξεγλίστρημα, το: βλ. **γλίστρημα**

ξεγλιστρώ: βλ. **γλιστρώ** ‖ *(μτφ)* escape, slip away

ξεγράφω: βλ. **διαγράφω** ‖ βλ. **λησμονώ** ‖ *(μτφ)* write off, cross off

ξεγυμνώνω: βλ. **γυμνώνω**

ξεγυρίζω: recover

ξεδιάλεγμα, το: βλ. **διάλεγμα**

ξεδιαλέγω: βλ. **διαλέγω**

ξεδιαλύνω: βλ. **ξεκαθαρίζω** ‖ βλ. **εξιχνιάζω**

ξεδιαντροπιά, η: immodesty, shamelessness, brazenness

ξεδιάντροπος, -η, -ο: shameless, brazen, immodest

ξεδίνω: be diverted

ξεδίπλωμα, το: unfolding, unrolling, unfurling

ξεδιπλώνω: unfold, unroll, unfurl

ξεδιψάω: quench one's thirst

ξεδιψώ: βλ. **ξεδιψάω**

ξεδοντιάζομαι: lose one's teeth

ξεδοντιάζω: pull out s.o's teeth ‖ (σπάζω τα δόντια) breake s.o's teeth

ξεδοντιάρης, -α, -ικο: toothless

ξεζεύω: unhitch, unyoke

ξεζουμίζω: extract the juice, squeeze the juice out ‖ *(μτφ)* βλ. **εξαντλώ**

ξεζουμισμένος, -η, -ο: *(μτφ)* βλ. **εξαντλημένος** ‖ βλ. **αδύνατος**

ξεθαρρεύω: take heart, take courage ‖ (παραπαίρνω θάρρος) become too bold

ξεθεμελιώνω: raze, uproot, demolish

ξεθέωμα, το: exhaustion, fatigue

ξεθεώνω: fag out, exhaust, fatigue

ξεθηλυκώνω: unclasp, unbuckle ‖ βλ. **ξεκουμπώνω**

ξεθολώνω: clarify, purify

ξεθυμαίνω: βλ. **εξατμίζομαι** ‖ βλ. **ξεθυμώνω** ‖ (ανακουφίζομαι από κάτι) vent, give vent to ‖ βλ. **καλμάρω** (ξεσπάω σε κάποιον) pick on s.o., take it out on s.o.

ξεθύμασμα, το: βλ. **εξάτμιση** ‖ βλ. **ξεθύμωμα**

ξεθύμωμα, το: calming down

ξεθυμώνω: calm down, be appeased

ξεθωριάζω: fade, be discolored, dicoloured, discolor, dicolour

ξεθωριασμα, το: fading, discoloration, dicolouration

ξεθωριασμένος, -ή, -ό: discolored, faded, colorless

ξέθωρος, -η, -ο: βλ. **ξεθωριασμένος**

ξεκαβαλικεύω: dismount

ξεκαθαρίζω: *(μτβ)* clear up ‖ *(αμτβ)* clear, become clear ‖ (λογαριασμό) settle, liquidate

693

ξεκαθάρισμα

ξεκαθάρισμα, το: clearing, clearance ‖ (λογ§§σμού) settlement, liquidation
ξεκάθαρος, -η, -ο: βλ. καθαρός
ξεκαλοκαιριάζω: spend the summer
ξεκαλοκαιριά, το: summer vacations
ξεκάλτσωτος, -η, -ο: barefoot
ξεκάνω: (χαλώ) undo ‖ βλ. τελειώνω ‖ βλ. ξεπουλώ ‖ (μτφ) bump off
ξεκαρδίζομαι: burst one's sides with laughing
ξεκαρφώνω: detach, unfasten
ξεκάρφωτος, -η, -ο: (μτφ) disconnected, inconsistent, irrelevant
ξεκίνημα, το: start, departure
ξεκινώ: start, depart, set out, set off ‖ (βάζω μπρος) set going, set in motion ‖ (με αυτοκίνητο) drive off, drive away
ξεκλειδώνω: unlock
ξεκλείδωτος, -η, -ο: unlocked
ξεκληρίζω: extirpate, exterminate, wipe out
ξεκλήρισμα, το: extirpation, extermination
ξεκόβω: stray, wander ‖ (από θήλασμα) wean
ξεκοιλιάζω: gut, rip, disembowel
ξεκοκαλίζω: (βγάζω κόκαλα) bone, remove the bones ‖ (τρώω) devour, pick to the bone ‖ βλ. σπαταλώ
ξεκολλώ: (μτβ) unstick, unglue ‖ (αμτβ) get unstuck ‖ (μτφ) get rid of
ξεκομμένα: (επίρ) tersely, to the point
ξεκουμπίδια!: (επιφ) get lost! scram!
ξεκουμπίζομαι: scram, skedaddle, clear out
ξεκουμπίζω: kick out, throw out
ξεκουμπώνω: unbutton
ξεκούμπωτος, -η, -ο: unbuttoned
ξεκουράζομαι: rest, take a rest, have a rest, relax
ξεκουράζω: rest, give a rest, relieve
ξεκούραση, η: βλ. ανάπαυση
ξεκουραστικός, -ή, -ό: restful ‖ βλ. άνετος
ξεκούραστος, -η, -ο: rested ‖ βλ. ξεκουραστικός
ξεκούτης, ο: dotard, senile
ξεκουτιαίνομαι: βλ. ξαναμωραίνομαι
ξεκουτιαίνω: make senile
ξεκουτιάρης, -α, -ικο: βλ. ξεκούτης

ξεκούτιασμα, το: dotage, senility, second childhood
ξεκουφαίνω: deafen, stun
ξεκόφτω: βλ. ξεκόβω
ξεκρέμαστος, -η, -ο: βλ. ξεκάρφωτος (μτφ)
ξεκωλώνομαι: (μτφ) peter out, be all in, be fagged
ξεκωλώνω: βλ. ξεθεώνω
ξελαιμιάζομαι: (μτφ) rubberneck, gawk ‖ βλ. ξελαρυγγίζομαι
ξελαίμιασμα, το: rubbernecking, gawking
ξελαρυγγίζομαι: shout oneself hoarse
ξελασπώνω: scrape the mud off, clean the mud off ‖ (μτφ) get out of a scrape, get out of a difficult position
ξελέω: take back
ξελιγώνομαι: (από πείνα) be famished, be starved ‖ (από γέλια) βλ. ξεκαρδίζομαι
ξελιγώνω: famish ‖ βλ. ξεθεώνω
ξελογιάζω: seduce ‖ (οδηγώ σε κακό) lead astray
ξελόγιασμα, το: seduction
ξελογιαστής, ο: seducer
ξελογιάστρα, η: seductress
ξεμαθαίνω: unlearn ‖ (αφήνω συνήθεια) give up a habit, get out of a habit
ξέμακρα: (επίρ) βλ. μακριά ‖ βλ. απόμερα
ξεμακραίνω: βλ. απομακρύνομαι
ξεμαλλιάζω: (τραβώ τα μαλλιά) pull s.o.'s hair ‖ (ανακατώνω τα μαλλιά) dishevel
ξεμαλλιασμένος, -η, -ο: disheveled
ξεματιάζω: βλ. ξεβασκαίνω
ξεμεθάω: sober up, become sober
ξεμέθυστος, -η, -ο: sober
ξεμεθώ: βλ. ξεμεθάω
ξεμοναχιάζω: take s.o. aside
ξεμουδιάζω: stretch my legs, recover from numbness
ξεμπαρκάρισμα, το: disembarkation
ξεμπαρκάρω: (μτβ) disembark, put ashore ‖ (αμτβ) disembark, go ashore ‖ βλ. ξεφορτώνω
ξεμπέρδεμα, το: disentanglement (και μτφ)
ξεμπερδεύω: disentangle, clear up, resolve ‖ (μτφ) bump off

694

ξεμπλέκω: disentangle oneself, free oneself, rid oneself of

ξεμυαλίζομαι: get infatuated, be seduced

ξεμυαλίζω: βλ. **ξελογιάζω**

ξεμυαλιστής, ο: βλ. **ξελογιαστής**

ξεμυαλίστρα, η: βλ. **ξελογιάστρα**

ξεμυτίζω: βλ. **ξεπροβάλλω** ‖ (τολμώ να βγω) venture out

ξεμωραίνομαι: βλ. **ξαναμωραίνομαι**

ξεμωραίνω: βλ. **ξεχουτιαίνω**

ξεμώραμα, το: βλ. **ξεχούτιασμα**

ξεμωραμένος, -η, -ο: βλ. **ξεχούτης**

ξένα, τα: βλ. **ξενιτιά**

ξενάγηση, η: guided tour

ξεναγός, ο: guide, tourist guide, cicerone

ξενία, η: hospitality

ξενίζω: astonish, surprise

ξενικός, -ή, -ό: foreign, alien ‖ (παράξενα ξενικό) outlandish

ξενιτεύομαι: emigrate, expatriate

ξενιτιά, η: foreign parts, foreign country, foreign land

ξενόγλωσσος, -η, -ο: written in a foreign language

ξενοδουλεύω: work for s.o. else ‖ (σε σπίτι) char

ξενοδοχείο, το: hotel ‖ (άθλιο) flophouse

ξενοδόχος, ο: hotel manager, inn keeper

ξενοιάζομαι: be free from care, be free of worries, be free of responsibilities

ξενοιάζω: βλ. **ξενοιάζομαι**

ξενοικιάζω: terminate the lease, annul the lease ‖ (φεύγω) move out

ξενοίκιαστος, -η, -ο: vacant, free

ξενοκοιμούμαι: stay overnight at

ξένος, -η, -ο: (άγνωστος) stranger, strange ‖ (αλλοδαπός) foreign, alien ‖ (ουσ) foreigner ‖ (φιλοξενούμενος) guest, visitor

ξενοφοβία, η: xenophobia

ξεντύνομαι: undress, take off one's clothes, disrobe, strip

ξεντύνω: undress, strip, disrobe, take off s.o.'s clothes

ξενυχιάζω: step on s.o.'s toes

ξενύχτης, ο: night hawk, night owl

ξενύχτι, το: (αγρυπνία) vigil ‖ (γλέντι ολονύχτιο) allnight spree

ξενυχτώ: (μένω άγρυπνος) stay awake, stay up late ‖ (μένω έξω) stay out all night

ξενώνας, ο: guest room

ξεπαγιάζω: freeze

ξεπάγιασμα, το: freezing ‖ βλ. **χιονίστρα**

ξεπαγώνω: defrost ‖ (λιώνω) thaw

ξεπαστρεύω: (μτφ) bump off, wipe out

ξεπάτωμα, το: (μτφ) βλ.**ξεθέωμα**

ξεπατώνω: exhaust, tire out, fatigue, wear out, fag out

ξεπεζεύω: βλ. **ξεκαβαλικεύω**

ξεπερασμένος, -η, -ο: outdated, out of date

ξεπερνώ: (υπερτερώ) exceed, surpass ‖ (σε δρόμο) outrun ‖ (σε απόσταση) outdistance ‖ (σε όγκο) outgrow ‖ (σε ποιότητα) outclass, exceed ‖ (σε έργα) outdo ‖ (σε εξυπνάδα) outsmart, outfox ‖ (σε αντοχή) outlast, outlive ‖ (σε αριθμό) outnumber ‖ (καβάλα) outride ‖ (σε αίγλη) outshine ‖ (πρόληψη ή συνήθειες) outgrow

ξεπεσμένος, -η, -ο: impoverished

ξεπεσμός, ο: (οικον.) impoverishment ‖ (ποιοτ.) decay, decadence

ξεπετιέμαι: (μεγαλώνω ξαφνικά) shoot up, grow rapidly ‖ (παρουσιάζομαι ξαφνικά) pop up

ξεπέφτω: (οικον.) be impoverished ‖ (ποιοτ.) decline, degenerate

ξεπλανεύω: βλ. **αποπλανώ** ‖ βλ. **ξελογιάζω**

ξέπλεκος, -η, -ο: unbraided, loose ‖ βλ. **ξεμαλλιασμένος**

ξεπλέκω: unbraid, unplait ‖ βλ. **ξεμπλέκω**

ξεπλένω: rinse, wash

ξεπληρώνω: pay off, pay in full

ξέπλυμα, το: rinsing ‖ (μτφ) slops, swill

ξεπλυμένος, -η, -ο: faded

ξεποδαριάζομαι: walk oneself off one's legs

ξεποδαριάζω: walk s.o. off his legs

ξεπορτίζω: sneak out, slip out

ξεπούλημα, το: clearance, sellout ‖ (από πυρκαγιά) fire sale

ξεπουλώ: sell off, sell out

ξεπουπουλίζω: pluck, pull out the feathers ‖ (μτφ) fleece, swindle

ξεπροβάλλω: appear, show up, pop up, pop out

ξεπροβοδίζω: see off

ξεπροβοδώ: βλ. **ξεπροβοδίζω**

ξέρα

ξέρα, η: βλ. ξηρασία || (θάλασσας) reef
ξεράδι, το: dead wood, dead branch ||
    (μτφ) κάτω τα ~α σου!: keep your
    dirty hands off!
ξεραΐλα, η: βλ. ξηρασία
ξεραίνομαι: dry up, wither
ξεραίνω: dry, wither, parch
ξερακιανός, -ή, -ό: scrawny, skinny,
    gaunt
ξέρασμα, το: vomit
ξερατό, το: βλ. ξέρασμα
ξερνώ: vomit, throw up, spew || (μτφ)
    spill, sing
ξερό, το: βλ. ξεράδι || (κεφάλι) pate,
    head, empty head
ξερόβηχας, ο: dry cough
ξεροβήχω: clear one's throat
ξεροβόρι, το: cold norther, cold north
    wind
ξεροβούνι, το: bare mountain, rocky
    mountain
ξεροκέφαλος, -η, -ο: numbskull, pighead-
    ed, mulish
ξεροκόμματο, το: piece of stale bread
ξερολιθιά, η: dry-stone wall, field-stone
    wall
ξερονήσι, το: barren island, desert island
ξεροπήγαδο, το: dry well
ξεροπόταμος, ο: dry stream
ξερός, -ή, -ό: (άνυδρος) dry, arid, barren,
    parched || (μαραμένος) dry, withered ||
    (μτφ) dry || μένω ~: (τα χάνω) be dumb-
    founded, be flabbergasted || (πεθαίνω)
    drop in one's tracks, drop dead
ξεροσταλιάζω: stand still for hours
ξεροτηγανίζω: fry brown, crisp
ξερότοπος, ο: desert, barren land
ξεροφαγία, η: cold meal
ξεροψημένος, -η, -ο: crisp, grilled
ξεροψήνω: crisp, grill
ξερρίζωμα, το: uprooting (και μτφ)
ξερριζώνω: uproot (και μτφ)
ξέρω: know, be aware (βλ. και γνωρίζω)
ξεσελλώνω: unsaddle
ξεσηκώνω: stir, rouse, excite || βλ.
    αναστατώνω || (μτφ) trace, copy
ξεσκάω: βλ. ξεδίνω || βλ. ανακουφίζομαι
    || βλ. ψυχαγωγούμαι
ξεσκάζω: βλ. ξεσκάω
ξεσκάνω: βλ. ξεσκάω

ξεσκαλίζω: reopen, bring up
ξεσκαλώνω: unhook
ξέσκασμα, το: diversion || βλ.
    ανακούφιση || βλ. ψυχαγωγία
ξεσκεπάζω: uncover (και μτφ) || βλ.
    αποκαλύπτω
ξεσκέπαστος,-η, -ο: uncovered
ξέσκεπος, -η, -ο: βλ. ξεσκέπαστος
ξεσκίζω: tear up, tear to pieces, rip
ξεσκλάβωμα, το: βλ. απελευθέρωση
ξεσκλαβώνω: βλ. απελευθερώνω
ξεσκολισμένος, -η, -ο: (μτφ) knowledge-
    able, experienced
ξεσκονίζω: dust, remove dust from,
    brush
ξεσκονιστήρι, το: duster
ξεσκουριάζω: rub off the rust
ξεσκούφωτος, -η, -ο: bare-headed
ξεσπάω: βλ. ξεσπώ
ξεσπάζω: βλ. ξεσπώ
ξεσπαθώνω: draw one's sword || (μτφ)
    stand up for, defend, support
ξεσπιτωμένος, -η, -ο: displaced person
ξεσπιτώνομαι: be dislodged, emigrate, be
    displaced
ξεσπώ: burst out || βλ. ξεθυμαίνω || (ξε-
    σπώ σε κάποιον) pick on s.o, take it
    out on s.o.
ξεστομίζω: mouth, utter
ξεστραβώνομαι: open one's eyes
ξεστρατίζω: go astray
ξεστρώνω: clear, take away, remove
ξέστρωτος, -η, -ο: (κρεβάτι) unmade ||
    (ζώο) unsaddled
ξεσυνηθίζω: (μτβ) disaccustom || (αμτβ)
    give up a habit, rid oneself of the habit,
    unlearn
ξεσφίγγω: loosen
ξεσχίζω: βλ. ξεσκίζω
ξεσχολισμένος, -η, -ο: βλ. ξεσκολισμένος
ξετινάζομαι: (μτφ) be cleaned out
ξετινάζω: shake || (αφήνω απένταρο)
    clean out, fleece || (σωματικά) weaken,
    make a wreck of
ξετρελλαίνομαι: lose one's head, be mad
ξετρελλαίνω: drive mad, turn one's head,
    infatuate
ξετρυπώνω: (μτβ) drive out, ferret out,
    unearth || (αμτβ) pop up, pop out, crop
    up, crop out

696

ξετσίπωμα, το: βλ. ξεδιαντροπιά

ξετσιπώνομαι: lose all sense of shame, be shameless

ξετσίπωτος, -η, -ο: βλ. ξεδιάντροπος

ξετυλίγω: unroll ‖ βλ. ξεδιπλώνω

ξευτελίζω, ξευτελισμένος κλπ.: βλ. εξευτελίζω κλπ.

ξεφάντωμα, το: revelry, spree, merry-making

ξεφαντώνω: revel, go on a spree, make merry, paint the town red

ξεφεύγω: escape, elude, slip away ‖ βλ. αποφεύγω

ξεφλουδίζω: (φρούτο) peel ‖ (δέντρο) bark ‖ (δέρμα) peel

ξεφόρτωμα, το: unloading, discharge ‖ (μτφ) riddance

ξεφορτώνομαι: get rid of, rid oneself of, shake off, get s.o. off one's back

ξεφορτώνω: unload, discharge

ξεφουρνίζω: (μτφ) pop out, spring on

ξεφουσκώνω: (μτβ) deflate, release contained air, empty ‖ (αμτβ) deflate, collapse ‖ (πρίξημο) subside

ξέφραγος, -η, -ο: open, unfenced

ξεφτέρι, το: (πουλί) sparrow hawk ‖ (μτφ) wizard

ξεφτίζω: fray (μτβ και αμτβ)

ξεφτίλισμα, το: βλ. εξευτελισμός

ξεφτώ: βλ. ξεφτίζω

ξεφυλλίζω: turn the pages, skim over

ξεφυσώ: puff, pant, be short of breath

ξεφυτρώνω: sprout, shoot up ‖ (μτφ) crop up, appear suddenly

ξεφωνητό, το: scream, screech, yell, shout, shriek

ξεφωνίζω: scream, screech, shriek

ξέφωτο, το: clearing, glade

ξεχαρβαλωμένος, -η, -ο: disjointed, loose

ξεχαρβαλώνω: disjoint, dislocate, break up

ξεχασιάρης, -α, -ικο: forgetful

ξεχειλίζω: overflow, brim over

ξέχειλος, -η, -ο: brimful, full to the brim

ξεχειλώ: βλ. ξεχειλίζω

ξεχειλωμένος, -η, -ο: baggy

ξεχειλώνω: bag

ξεχειμάζω: βλ. διαχειμάζω

ξεχειμωνιάζω: βλ. διαχειμάζω

ξεχνιέμαι: be absent-mindend, forget oneself

ξεχνώ: forget ‖ (παραλείπω) leave out ‖ βλ. αμελώ

ξεχρεώνομαι: pay off one's debts

ξεχρεώνω: discharge from

ξεχύνομαι: pour out ‖ βλ. ξεχειλίζω

ξέχωρα: βλ. ξεχωριστά

ξεχωρίζω: separate ‖ (κάνω διάκριση) single out, distinguish, discriminate ‖ (διακρίνω) perceive, discern, distinguish ‖ (αμτβ) gain distinction, distinguish oneself

ξεχωριστά: (επίρ) separately ‖ (μακριά) apart ‖ βλ. εκτός από

ξεχωριστός, -ή, -ό: separate ‖ βλ. διαλεχτός

ξεψαχνίζω: pick to the bone ‖ (μτφ) examine minutely, scrutinize, delve into, probe

ξεψυχώ: expire, breathe one's last, give up the ghost

ξηλώνω: unstitch, rip, take apart ‖ (μτφ) rip, take apart

ξημεροβραδιάζομαι: spend the whole day, frequent ‖ haunt

ξημέρωμα, το: dawn, daybreak, first light

ξημερώνει: day breaks

ξημερώνομαι: spend all night, stay awake all night

ξηρά, η: land, dry land

ξηρασία, η: dryness, aridity ‖ (αναβροχιά) drought

ξηρο-: (συνθετικό) βλ. ξερο-

ξίγκι, το: fat, lard

ξιδάτος, -η, -ο: preserved in vinegar, pickled

ξίδι, το: vinegar

ξίκικος, -η, -ο: underweight

ξινάρι, το: βλ. αξίνα

ξινίζω: turn sour

ξινίλα, η: sourness ‖ (στομαχιού) heartburn, pyrosis

ξινόγαλο, το: sour milk

ξινόγλυκος, -η, -ο: bitter-sweet

ξινός, -ή, -ό: sour ‖ βλ. άγουρος ‖ (άνθρωπος) sourpuss

ξιπασιά, η: conceit, arrogance, haughtiness

ξιπασμένος, -η, -ο: conceited, arrogant, haughty

697

ξιφασκία, η: fencing, swordplay
ξιφίας, ο: swordfish
ξιφολόγχη, η: bayonet
ξιφομαχία, η: fencing
ξιφομαχώ: fence
ξίφος, το: sword ‖ (δίκοπο) rapier ‖ (ιππέα) saber ‖ (ξιφασκίας) saber, foil
ξιφουλκώ: βλ. ξεσπαθώνω
ξόανο, το: totem ‖ (μτφ) βλ. βλάκας
ξόβεργα, η: lime-twig
ξοδεύομαι: go to the expense, spend
ξοδεύω: spend ‖ βλ. δαπανώ ‖ βλ. σπαταλώ
ξοδιάζω: βλ. ξοδεύω
ξόρκι, το: βλ. εξορκισμός
ξορκίζω: βλ. εξορκίζω
ξοφλώ: βλ. εξοφλώ
ξύγκι, το: βλ. ξίγκι
ξυλάδικο, το: wood yard ‖ (οικοδο-μίσιμης) timber yard, lumber yard
ξυλεία, η: timber, lumber
ξυλέμπορος, ο: timber merchant
ξυλένιος, -α, -ο: βλ. ξύλινος
ξυλιά, η: blow with a stick, thrashing
ξυλιάζω: stiffen, harden, become hard, become stiff ‖ βλ. ξεπαγιάζω
ξυλίζω: thrash, dust one's jacket
ξύλινος, -η, -ο: wooden
ξύλισμα, το: thrashing, beating
ξύλο, το: wood ‖ βλ. ξύλισμα ‖ τρώω ~: get thrased, get a beating ‖ δίνω ~: thrash, dust one's jacket, beat
ξυλόγλυπτο, το: woodcut
ξυλογραφία, η: wood engraving
ξυλοδεσιά, η: wooden framework
ξυλοκάρβουνο, το: charcoal
ξυλοκερατιά, η: carob tree
ξυλοκέρατο, το: carob
ξυλοκόπημα, το: βλ. ξύλισμα
ξυλοκόπος, ο: woodcutter, lumberjack

ξυλοκοπώ: βλ. ξυλίζω
ξυλόκοτα, η: βλ. μπεκάτσα
ξυλοκρέβατο, το: wooden bed, wooden bedstead ‖ (μτφ) coffin
ξυλοπάπουτσο, το: sabot
ξυλοπόδαρο, το: stilt
ξυλουργείο, το: carpenter's shop
ξυλουργική, η: carpentry, joinery
ξυλουργός, ο: carpenter ‖ βλ. λεπτουργός
ξυλοφόρτωμα, το: βλ. ξύλισμα
ξυλοφορτώνω: βλ. ξυλίζω
ξύνομαι: scratch
ξύνω: scratch ‖ (με εργαλείο) scrape ‖ (μολύβι) sharpen ‖ (μτφ) βλ. διώχνω
ξύπνημα, το: awakening, waking up
ξυπνητήρι, το: alarm clock
ξυπνητός, -ή, -ό: awake, wakeful ‖ (μτφ) alert, clever, smart
ξύπνιος, -α, -ο: βλ. ξυπνητός
ξυπνώ: (μτβ) wake up, rouse ‖ (αμτβ) wake up, awake
ξυπόλητος, -η, -ο: barefoot, barefooted
ξυράφι, το: razor ‖ (λεπίδα) razor blade
ξυρίζομαι: shave (oneself) ‖ (στο κουρείο) get a shave, get shaved
ξυρίζω: shave
ξύρισμα, το: shave, shaving
ξυριστικά, τα: (μηχανή, κλπ.) shaving kit
ξυριστική μηχανή, η: safety razor
ξύσιμο, το: scratch, scratching
ξυστά: (επίρ) superficially, grazingly
ξυστήρα, η: (εργαλείο) scraper, rasp ‖ (μολυβιού) pencil sharpener
ξυστήρι, το: βλ. ξυστήρα
ξύστρα, η: βλ. ξυστήρα ‖ βλ. ξυστρί
ξυστρί, το: curry comb
ξυστρίζω: curry
ξώπετσα: (επίρ) βλ. ξυστά
ξωτικό, το: ghost, sprite, troll, goblin

Ο

Ο, ο: The fifteenth letter of the Greek alphabet ‖ ό: 70 ‖ ο: 70 000
ο, η, το: the
όαση, η: oasis
οβελίας, ο: spit ‖ (μτφ) lamb roasted on the spit
οβελίσκος, ο: obelisk
οβίδα, η: shell
οβιδοβόλο, το: howitzer
οβολός, ο: (αρχ) obolus ‖ (μτφ) mite

698

ογδοηκοστός, -ή, -ό: eightieth
ογδόντα: eighty
ογδοντάρης, -α: octogenarian
όγδοος, -η, -ο: eighth
ογκανίζω: bray
ογκάνισμα, το: bray, braying
ογκηθμός, ο: βλ. ογκάνισμα
ογκόλιθος, ο: block of stone, mass of rock
ογκομετρικός, -ή, -ό: volumetric
όγκος, ο: (φυσ) volume ΙΙ (μεγ.) bulk, mass ΙΙ (ιατρ) tumor
ογκώδης, -ες: bulky, massive, voluminous
ογκώνομαι: swell (και μτφ)
ογκώνω: inflate, swell
οδαλίσκη, η: odalisque
όδευση, η: march, progress, passage ΙΙ (τοπογρ) traverse
οδεύω: march, advance, proceed
οδήγηση, η: driving
οδηγητής, ο (θηλ οδηγήτρια): instructor, guide
οδηγία, η: (για δρόμο) directions ΙΙ (συμβουλή) instruction, direction ΙΙ (επεξήγηση) direction
οδηγός, ο: guide ΙΙ (τροχοφ.) driver ΙΙ (σιδηρ.) conductor ΙΙ (προσκοπ.) guide
οδηγώ: guide, lead ΙΙ (τροχοφ.) drive ΙΙ βλ. καθοδηγώ
οδογέφυρα, η: viaduct
οδοιπορία, η: hike, walk
οδοιπορικός, -ή, -ό: travelling, itinerary ΙΙ (έξοδα) travelling expenses
οδοιπόρος, ο: hiker, wayfarer
οδοιπορώ: hike, walk, travel
οδοκαθαριστής, ο: garbage collector ΙΙ (αυτός που σκουπίζει το δρόμο) street sweeper
οδομαχία, η: street fight
οδόμετρο, το: odemeter
οδονταλγία, η: toothache
οδοντιατρείο, το: dentist's office, dental clinic
οδοντιατρική, η: dentistry
οδοντιατρικός, -ή, -ό: dental
οδοντίατρος, ο: dentist ΙΙ χειρούργος ~: dental surgeon
οδοντικός, -ή, -ό: dental
οδοντόβουρτσα, η: tooth brush
οδοντογιατρός, ο: βλ. οδοντίατρος

οδοντογλυφίδα, η: tooth pick
οδοντόκρεμα, η: tooth paste, dental cream
οδοντόπαστα, η: βλ. οδοντόκρεμα
οδοντοστοιχία, η: denture ΙΙ τεχνητή ~: dental plate, denture
οδοντοτεχνίτης, ο: dental assistant, dental mechanic
οδοντοφυΐα, η: dentition, teething, cutting of teeth
οδοντόφωνος, -η, -ο: dental
οδοντωτός, -ή, -ό: toothed, dentate, cogged ΙΙ ~ τροχός: cogwheel
οδοποιία, η: road construction
οδός, η: way, route ΙΙ (πόλεως) street, road ΙΙ (δρόμος) road ΙΙ (εθνική οδός) highway ΙΙ (μεγάλη αρτηρία) thoroughfare, artery ΙΙ (χωρίς σηματοδότες) freeway ΙΙ (που οδηγεί σε κεντρικό) feeder ΙΙ (μτφ) way, means, channels
οδόσημο, το: street sign, sign post, mile stone
οδόστρωμα, το: pavement, paving, road surface
οδοστρωτήρας, ο: steamroller
οδόφραγμα, το: roadblock
οδύνη, η: pain, ache (και μτφ)
οδυνηρός, -ή, -ό: painful (και μτφ)
οδυρμός, ο: βλ. θρήνος
οδύρομαι: βλ. θρηνώ
Οδύσσεια, η: Odyssey (και μτφ)
όζον, το: ozone
όζω: stink
οζώδης, -ες: gnarled
όθεν: (επίρ) (απ' όπου) from where, whence ΙΙ (άρα) therefore
οθόνη, η: (ύφασμα) linen ΙΙ (κινημ. ή τηλεορ.) screen
Οθωμανός, ο: Ottoman, Turk
οίακας, ο: helm, tiller, rudder (και μτφ)
οίδημα, το: swelling ΙΙ (ιατρ) oedema, edema
οιηματίας, ο: βλ. αλαζόνας
οίηση, η: βλ. έπαρση ή αλαζονεία
οικειοθελής, -ές: βλ. εκούσιος ή θεληματικός
οικειοθελώς: (επίρ) βλ. θεληματικά ή εκούσια
οικειοποίηση, η: appropriation, usurpation

699

οικειοποιούμαι: appropriate, usurp
οικείος, -α, -ο: (συγγενής) relative, related ‖ (γνωστός) familiar ‖ (στενά συνδεδεμένος) intimate
οικειότητα, η: intimacy
οίκημα, το: dwelling, abode, house
οίκηση, η: habitation, dwelling, abode
οικία, η: house ‖ βλ.**κατοικία**
οικιακά, τα: housework
οικιακός, -ή, -ό: domestic, home, family
οικίσκος, ο: cottage, small house ‖ βλ. **καλύβα**
οικισμός, ο: settlement
οικογένεια, η: family *(και μτφ)* ‖ (όλοι αυτοί που ζουν σ' ένα σπίτι) household
οικογενειακός, -ή, -ό: family ‖ ~ό **κειμήλιο:** heirloom ‖ ~ό **μυστικό:** family skeleton
οικογενειάρχης, ο: head of the family ‖ (που φροντίζει) family man
οικοδέσποινα, η: (κυρία του σπιτιού) lady of the house ‖ βλ. **νοικοκυρά** ‖ (που δέχεται ξένους) hostess
οικοδεσπότης, ο: man of the house, master of the house ‖ βλ. **νοικοκύρης** ‖ (που δέχεται ξένους) host
οικοδίαιτος, -η, -ο: domestic
οικοδομή, η: (χτίσιμο) building, construction ‖ βλ. **κτίριο**
οικοδόμημα, το: βλ. **κτίριο**
οικοδόμηση, η: building, construction
οικοδομήσιμος, -η, -ο: suitable for building ‖ βλ. **οικοδομικός**
οικοδομικός, -ή, -ό: building
οικοδόμος, ο: builder ‖ (χτίστης) mason, brick layer
οικοδομώ: build, construct *(και μτφ)*
οικοκυρά, η: βλ. **νοικοκυρά** ‖ βλ. **οικοδέσποινα**
οικοκυρική, η: (οικον.) home economics ‖ βλ. **οικιακά**
οικολογία, η: ecology
οικονομία, η: economy ‖ (αποφυγή σπατάλης) saving, economy, thrift
οικονομικά, τα: finance, finances
οικονομικός, -ή, -ό: economic, financial ‖ (που συμφέρει) economical ‖ ~ή **επιστήμη:** economics
οικονομολογία, η: economics
οικονομολόγος, ο: economist *(και μτφ)*

οικονόμος, ο: (σπιτιού) butler ‖ (ιδρύματος) steward ‖ *(μτφ)* thrifty, economist
οικονομώ: economize, reduce expenses, be frugal, save ‖ **τα** ~: make money
οικόπεδο, το: plot, building plot, lot
οικοπεδούχος, ο: plot owner, land owner
οικοπεδοφάγος, ο: landgrabber
οίκος, ο: house ‖ βλ. **οίκημα** *(εμπορ)* house, firm
οικόσημο, το: coat of arms, scutcheon, escutcheon
οικόσιτος, -η, -ο: βλ. **οικοδίαιτος** ‖ βλ. **οικότροφος**
οικοστολή, η: livery
οικοτροφείο, το: (πανσιόν) boarding house ‖ (σχολείο) boarding school
οικότροφος, -η, -ο: boarder
οικουμένη, η: the world, universe
οικουμενικός, -ή, -ό: ecumenical, universal, world-wide ‖ *(εκκλ)* ecumenical
οικουρώ: stay at home, be confined to one's house
οικτίρω: βλ. **λυπούμαι** ‖ (περιφρονώ) scorn, despise
οίκτος, ο: compassion, pity ‖ (περιφρόνηση) contempt, scorn, disdain
οικτρός, -ή, -ό: miserable, lamentable ‖ βλ. **αξιολύπητος**
οικώ: βλ. **κατοικώ**
οϊμέ!: *(επιφ)* alas
οιμωγή, η: βλ. **θρήνος**
οιμώζω: βλ. **θρηνώ**
οινομαγειρείο, το: hash house, small tavern
οινοπαραγωγή, η: wine production
οινοπαραγωγικός, -ή, -ό: wine producing
οινόπνευμα, το: alcohol
οινοπνευματώδης, -ες: alcoholic
οινοποιία, η: wine making, wine production
οινοποσία, η: wine drinking
οινοπότης, ο: wino
οινοπώλης, ο: vintner
οίνος, ο: wine
οινοχόος, ο: cupbearer
οισοφάγος, ο: gullet, esophagus, oesophagus
οίστρος, ο: gadfly ‖ *(μτφ)* verve, inspiration

οιωνός, ο: omen, auspice, portent
οιωνοσκόπος, ο: augur, diviner
οκαρίνα, η: ocarina
οκλαδόν: (επίρ) (σταυροπόδι) cross-legged || (γονατιστός) on one's knees
οκνηρία, η: laziness, indolence, sloth
οκνηρός, -ή, -ό: lazy, indolent, slothful
οκνός, -ή, -ό: βλ. οκνηρός
οκρίβαντας, ο: easel
οκτάβα, η: octave
οκταγωνικός, -ή, -ό: octagonal
οκτάγωνο, το: octagon
οκτάγωνος, -η, -ο: βλ. οκταγωνικός
οκτάεδρο, το: octahedron
οκτάεδρος, -η, -ο: ochtahedral
οκταετής, -ές: (ηλικία) eight year old || (διάρκεια) eight-year
οκταετία, η: period of eight years
οκτακόσιοι, -ες, -α: eight hundred
οκτακοσιοστός, -ή, -ό: eight hundredth
οκταπλάσιος, -α, -ο: eightfold, octuple
οκταπλός, -ή, -ο: octuple
οκτάπους, ο: octopus
οκτάωρο, το: (δουλειάς) eight hour work
οκτώ: eight
Οκτώβριος, ο: October
ολάκερος, -η, -ο: βλ. ολόκληρος
ολάνοιχτος, ο: wide open, gaping
ολέθριος, -α, -ο: deadly, pernicious, ruinous, disastrous, calamitous
όλεθρος, ο: disaster, ruin, calamity
ολημέρα: (επίρ) βλ. ολημερίς
ολημερίς: (επίρ) all day long
ολιγάνθρωπος, -η, -ο: thinly populated
ολιγάριθμος, -η, -ο: few, small, few in number, not numerous
ολιγάρκεια, η: frugality, temperance, moderation
ολιγαρκής, -ές: frugal, temperate, moderate
ολιγαρχία, η: oligarchy
ολιγαρχικός, -ή, -ό: oligarchic, oligarchical
ολιγοήμερος, -η, -ο: a few days, for a few days, short || βλ. εφήμερος
ολιγόκαινος, -η, -ο: oligocene
ολιγόλογος, -η, -ο: (που μιλά λίγο) laconic, taciturn || (όχι εκτενής) brief, laconic, terse
ολίγον: βλ. λίγο
ολιγόπιστος, -η, -ο: distrustful

ολίγος, ο: βλ. λίγος
ολιγωρία, η: negligence, carelessness
ολιγωρώ: neglect, be negligent, be careless
ολικός, -ή, -ό: total || βλ. ολόκληρος || βλ. γενικός
ολισθαίνω: βλ. γλιστρώ
ολίσθημα, το: slip, slide || (μτφ) slip, fault
ολισθηρός, -ή, -ό: βλ. γλιστερός
ολκή, η: (τράβηγμα) pull, drag || (όπλου) calibcr, bore || (μτφ) caliber
Ολλανδία, η: Holland
Ολλανδικός, -ή, -ό: Dutch
Ολλανδός, ο: (θηλ. Ολλανδή, Ολλανδέζα): Dutch, Dutchman
ολμοβόλο, το: mortar, howitzer
όλμος, ο: mortar
όλο: (επίρ) always, ever and ever, continuously || ~ και: more and, more and more
ολόασπρος, -η, -ο: snow-white
ολόγερος, -η, -ο: sound
ολόγιομος, -η, -ο: full
ολόγραφο, το: holograph
ολογράφως: (επίρ) written in full
ολόγυμνος, -η, -ο: stark naked
ολόγυρα: (επίρ) all around, all round, in a circle
ολοένα: (επίρ) βλ. όλο
ολοζώντανος, -η, -ο: living, alive, quite alive
ολοήμερος, -η, -ο: all-day, lasting all day
ολοΐδιος, -α, -ο: identical, exactly the same, the spitting image
ολοίσιος, -α, -ο: straight || (ευθυτενής) ramrod-straight
ολοκαίνουργιος, -α, -ο: brand new
ολοκαύτωμα, το: holocaust
ολόκληρος, -η, -ο: whole, entire, full || (ακέραιος) complete
ολοκλήρωμα, το: integral
ολοκληρώνω: finish, complete, conclude || (μαθ) integrate
ολοκληρωτικός, -ή, -ό: (συνολ.) complete, total, entire || (πολιτ) totalitarian || (μαθ) integral
ολοκληρωτισμός, ο: totalitarianism
ολόλευκος, -η, -ο: βλ. ολόασπρος
ολολύζω: βλ. θρηνώ

701

ολόμαλλος, -η, -ο: all wool
ολομέλεια, η: all the members, total membership ‖ (νόμιμη απαρτία) quorum
ολομέταξος, -η, -ο: all silk
ολομόναχος, -η, -ο: all alone, lonely, quite alone
ολονυχτία, η: (εκκλ) vigil
ολονύχτιος, -α, -ο: all-night
ολονυχτίς: (επίρ) all night long
ολόρθος, -η, -ο: erect, upright ‖ βλ. όρθιος
όλος, -η, -ο: whole, all ‖ βλ. ολόκληρος ‖ (πληθ) everybody, all, everyone ‖ με τα ~α: hammer and tongs, vigorously, with all one's strength ‖ ~α κι ~α: (μην το παρακάνεις) don't overdo it, don't carry it too far, toe the mark
ολοστρόγγυλος, -η, -ο: round
ολοσχερής, -ές: utter, complete
ολοταχώς: (επίρ) full speed, at top speed ‖ εμπρός ~: full speed ahead ‖ πίσω ~: full speed astern
ολότελα: (επίρ) completely, entirely, utterly, altogether
ολότητα, η: totality, entirety
ολούθε: (επίρ) from every side, from every direction, from everywhere
ολοφάνερος, -η, -ο: quite clear (βλ. και φανερός)
ολόφτυστος, -η, -ο: (απόλυτα όμοιος) spitting image
ολοφύρομαι: βλ. θρηνώ
ολοχρονίς: (επίρ) throughout the year, all the year round
ολόχρυσος, -η, -ο: all gold, solid gold
ολόψυχα: (επίρ) wholeheartedly
ολόψυχος, -η, -ο: wholehearted
Ολυμπιάδα, η: olympiad, olympic games
ολυμπιακός, -ή, -ό: olympic ‖ ~οί αγώνες: olympic games
Ολυμπιονίκης, ο: olympic champion, olympic gold medalist
ολύμπιος, -α, -ο: olympian
ολωσδιόλου: (επίρ) βλ. ολότελα
ομάδα, η: (ατόμων) group ‖ (εργατών) gang, band ‖ (αψύχων) cluster, group ‖ (στρ) squad ‖ (αθλ) team
ομαδάρχης, ο: (στρ) squad leader ‖ (εργ.) foreman ‖ (αθλ) captain
ομαδικά: (επίρ) collectively, in a body,

en masse
ομαδικός, -ή, -ό: collective, mass
ομαλός, -ή, -ό: even, level, smooth ‖ βλ. κανονικός ‖ (μτφ) smooth, uneventful ‖ ~ ρήμα: regular verb ‖ (όχι ανώμαλος) normal
ομαλότητα, η: regularity, evenness, smoothness ‖ (μη ανωμαλία) normalcy, normality
ομαλύνω: smooth, level, grade ‖ (μτφ) smooth
ομάς, η: βλ. ομάδα
όμβριος, -α, -ο: pluvial, rain
ομελέτα, η: omelet
ομήγυρη, η: (συντροφιά) party, circle, company ‖ βλ. συνέλευση
ομήλικος, -η, -ο: βλ. συνομήλικος
όμηρος, ο: hostage
ομιλητής, ο (θηλ ομιλήτρια): speaker ‖ (που κάνει διάλεξη) lecturer
ομιλητικός, -ή, -ό: (που μιλά) garrulous, talkative ‖ (ευπροσήγορος) affable
ομιλία, η: speech ‖ (κουβέντα) talk, conversation ‖ (λόγος) speech, lecture
όμιλος, ο: (ομάδα) group ‖ (σύλλογος) club, association
ομιλουμένη, η: (γλώσσα) vernacular
ομιλώ: βλ. μιλώ
ομίχλη, η: fog ‖ (καταχνιά) mist ‖ (πυκνή ομίχλη) pea soup, dense fog
ομιχλώδης, -ες: foggy, misty
όμμα, το: βλ. βλέμμα ‖ βλ. μάτι
ομοβροντία, η: volley, salvo
ομογάλακτος, -η, -ο: foster
ομογενής, ο (θηλ. ομογενής): (βιολ) homogenous ‖ (ανθρ.) of the same nation, of the same ethnic group
ομοεθνής, -ές: fellow countryman, compatriot
ομοειδής, -ές: similar
ομόθρησκος, -η, -ο: of the same religion, of the same denomination
ομόθυμος, -η, -ο: unanimous
όμοια: (επίρ) equally, alike
ομοιάζω: βλ. μοιάζω
ομοιόβαθμος, -η, -ο: of the same degree ‖ (ιεραρχ) of the same rank
ομοιογενής, -ές: homogeneous
ομοιοκαταληξία, η: rhyme, rime
ομοιομορφία, η: uniformness, uniformity

702

ομοιόμορφος, -η, -ο: uniform
ομοιοπαθής, -ές: fellow sufferer
όμοιος, -α, -ο: similar, alike, like, same ‖
βλ. ισοδύναμος ‖ (μαθ) similar ‖ ~ στον
~: birds of a feather flock together
ομοιότητα, η: similarity, likeness ‖ (το
να μοιάζει) resemblance, likeness
ομοίωμα, το: effigy, simulacrum, dummy
ομοιωματικά, τα: ditto marks
ομόκεντρος, -η, -ο: concentric
ομολογητής, ο: confessor
ομολογία, η: confession ‖ (αποδοχή) ad-
mission ‖ (οικ) bond
ομολογιούχος, -α, -ο: bond-holder
ομόλογο, το: (έγγραφο χρέους) debenture
‖ (γραμμάτιο) promissory note, I.O.U.
‖ βλ. συμφωνητικό
ομολογουμένως: (επίρ) admittedly
ομολογώ: confess ‖ (παραδέχομαι) admit
ομομήτριος, -α, -ο: uterine
ομόνοια, η: accord, concord, concordance
ομονοώ: get on well with, be on good
terms
ομοούσιος, -α, -ο: homoousian
ομοπάτριος, -α, -ο: of the same father
όμορος, -η, -ο: bordering, adjacent
ομόρρυθμος: ~η εταιρεία: partnership,
joint-stock company
ομορφαίνω: (μτβ) beautify, embellish ‖
(αμτβ) become beautiful
ομορφάδα, η: βλ. ομορφιά
ομορφάνθρωπος, ο: handsome man,
good-looking
ομορφιά, η: beauty, handsomeness, pret-
tiness
ομορφοκαμωμένος, -η, -ο: good-looking,
well-built
όμορφος, -η, -ο: handsome, beautiful,
pretty, comely, fair
ομοσπονδία, η: confederacy, federation,
confederation
ομοσπονδιακός, -ή, -ό: federal ‖ ~ό γρα-
φείο ερευνών: Federal Bureau of
Investigation (F.B.I.) ‖ ~ πράκτορας:
G-man
ομόσπονδος, -η, -ο: federal, confederate
ομότιμος, -η, -ο: peer ‖ ~ καθηγητής:
professor emeritus
ομού: (επίρ) βλ. μαζί
ομοφυλοφιλία, η: homosexuality

ομοφυλόφιλος, -η, -ο: homosexual
ομοφωνία, η: unanimity
ομόφωνος, -η, -ο: unanimous
ομπρέλα, η: umbrella ‖ (ήλιου) parasol
ομφάλιος, -α, -ο: umbilical ‖ ~ λώρος:
umbilical cord
ομφαλός, ο: omphalos, navel, umbilicus ‖
(ιδ) bellybutton ‖ (μτφ) omphalos,
navel
ομώνυμος, -η, -ο: homonymous ‖ (γραμ)
homonym ‖ (μαθ) ~α κλάσματα: of
the same denominator
όμως: (σύνδ) however, yet, nevertheless
ον, το: being, creature
όναγρος, ο: onager, wild ass
ονειδίζω: βλ. κακολογώ ‖ βλ. κατηγορώ
‖ (κοροϊδεύω) mock, scoff
όνειδος, το: βλ. ντροπή ‖ βλ. βρισιά
ονειρεύομαι: dream (και μτφ)
ονειρευτός, -ή, -ό: βλ. ονειρώδης
όνειρο, το: dream (και μτφ)
ονειροπόλημα, το: revery, day-dream,
woolgathering
ονειροπόλος, -α, -ο: visionary, dreamer,
woolgatherer
ονειροπολώ: daydream, dream, build cas-
tles in the air
ονειρώδης, -ες: dreamy, fantastic
ονείρωξη, η: wet dream
όνομα, το: name ‖ (ουσ) noun ‖ (ονο-
μασία) appellation ‖ (ιδ) moniker ‖
(φήμη) name, fame ‖ κύριο ~: proper
noun ‖ μικρό ~: first name ‖ για ~
του Θεού: for God's sake ‖ κατ' ~: in
name ‖ εξ ~τος: by name ‖ βγάζω ~:
make a name for oneself
ονομάζω: name, call ‖ (για υποψηφι-
ότητα) nominate ‖ βλ. διορίζω ‖ (ιδ) tag
ονομασία, η: βλ. όνομα ‖ (πράξη)
naming, appellation ‖ βλ. διορισμός ‖
(σε υποψηφιότητα) nomination
ονομαστική, η: (γραμ) nominative
ονομαστικός, -ή, -ό: nominative ‖ (που
έχει ονόματα) name, nominal ‖ (κατ'
όνομα) nominal ‖ ~ή γιορτή: name day
‖ ~ κατάλογος: roll ‖ ~ό προσκλητήριο:
roll call
ονομαστός, -ή, -ό: well-known, famed,
famous, celebrated
ονοματεπώνυμο, το: first name and last

703

name
ονοματίζω: βλ. **ονομάζω** ‖ (αναφέρω)
mention
ονοματολογία, η: nomenclature
ονοματολόγιο, το: roll, register, alphabetical list
ονοματοποιΐα, η: onomatopoeia
όνος, ο: ass, donkey ‖ *(αρσ)* jackass ‖ *(θηλ)* jenny
οντότητα, η: entity
οξαποδώ: βλ. **διάβολος**
οξεία, η: *(γραμ)* acute accent ‖ (γωνία) acute
οξείδιο, το: oxide
οξειδώνομαι: oxidize, rust
οξειδώνω: oxidize, rust, corrode
οξείδωση, η: oxidation, rust, rusting, corrosion
οξιά, η: beech
οξικός, -ή, -ό: acetic
όξινος, -η, -ο: acid, acidulous ‖ βλ. **ξινός**
όξος, το: βλ. **ξίδι**
οξύ, το: acid
οξυά, η: βλ. **οξιά**
οξυγόνο, το: oxygen
οξυγονοκόλληση, η: torch welding, oxyacetylene welding
οξυγώνιος, -α, -ο: acute-angled
οξυδέρκεια, η: perspicaciousness, perspicacity, acumen
οξυδερκής, -ές: perspicacious, clear-sighted, keen
οξυζενέ, το: hydrogen peroxide
οξύθυμος, -η, -ο: quick-tempered, irritable, irascible
οξύμωρο, το: *(σχήμα)* oxymoron
οξύνοια, η: βλ. **οξυδέρκεια**
οξύνους, -ουν: βλ. **οξυδερκής**
οξύνω: sharpen *(και μτφ)* ‖ (σοβαροποιώ, ερεθίζω) aggravate
οξύς, -εία, -ύ: (μυτερός) sharp, pointed ‖ *(μτφ)* penetrating, shrill, piercing ‖ (γωνία) βλ. **οξεία** ‖ (έντονος) sharp ‖ (αίσθηση) keen, acute, sharp
οξύτητα, η: sharpness, acuteness, keenness ‖ *(χημ)* acidity
οξύτονος, -η, -ο: oxytone
οξύφωνος, -η, -ο: tenor
όξω: βλ. **έξω**
οπαδός, ο: follower, partisan, adherent

οπάλιο, το: opal
όπερα, η: opera
οπερέτα, η: light opera, operetta
οπή, η: βλ. **τρύπα**
όπιο, το: opium
οπιομανής, ο: opium addict
όπισθεν: βλ. **πίσω**
οπίσθια, τα: buttocks, posterior ‖ (ζώου) haunches, hind quarters
ο:πίσθιος, -α, -ο: posterior, hind, rear
οπισθογεμές, το: (όπλο) breechloader
οπισθογράφηση, η: endorsement
οπισθογραφώ: endorse
οπισθοδρομικός, -ή, -ό: retrogressive ‖ (άνθρωπος) backward ‖ βλ. **αντιδραστικός**
οπισθοδρομώ: regress, retrograde ‖ βλ. **οπισθοχωρώ**
οπισθοφύλακας, ο: (ποδοσφ.) back
οπισθοφυλακή, η: rearguard
οπισθοχώρηση, η: retreat
οπισθοχωρώ: retreat
οπλαρχηγός, ο: chieftain
οπλασκία, η: arms drill
οπλή, η: hoof
οπλίζω: arm *(και μτφ)* ‖ (δυναμώνω) reinforce, strengthen ‖ (όπλο) load
οπλισμός, ο: armament ‖ βλ. **εφόδια** ‖ *(τεχν)* reinforcement ‖ (ηλεκτρ) armature
οπλιταγωγό, το: troopship
οπλίτης, ο: soldier, private
όπλο, το: weapon ‖ *(στρ)* arm
οπλονόμος, ο: *(ναυτ)* master chief petty officer
οπλοποιός, ο: gunsmith, armorer ‖ *(στρ)* armorer
οπλοπολυβόλο, το: submachine gun, light machine gun
οπλοπωλείο, το: gunshop
οπλοστάσιο, το: armory, arsenal
οπλοφορία, η: carrying a gun ‖ **άδεια ~ς:** licence to carry a gun
οπλοφόρος, ο: βλ. **ένοπλος**
οπλοφορώ: carry a gun
όποιος, -α, -ο: whoever, whichever
οποίος, -α, -ο: ο ~: who, which, that
οποι-οσδήποτε, -αδήποτε, -οδήποτε: whoever, whichever, whatsoever
οπός, ο: sap, juice

οπόταν: *(επίρ)* whenever, when
όποτε: *(επίρ)* any time, whenever, no matter when
οποτεδήποτε: *(επίρ)* βλ. **όποτε**
όπου: *(επίρ)* where ‖ βλ. **οπουδήποτε**
οπουδήποτε: *(επίρ)* wherever, anywhere
οπτάνθρακας, ο: coke
οπτασία, η: apparition, vision
οπτήρας, ο: *(ναυτ)* look-out
οπτική, η: optics
οπτικός, -ή, -ό: optical
οπτικός, ο: (κατασκευαστής φακών) optician ‖ (που μετρά την όραση) optometrist
οπτιμισμός, ο: βλ. **αισιοδοξία**
οπτιμιστής, ο: βλ. **αισιόδοξος**
οπτόπλινθος, ο: brick
οπώρα, η: βλ. **οπωρικό**
οπωρικό, το: fruit tree
οπωροπωλείο, το: fruter's shop, fruterer's shop, fruit market
οπωροπώλης, ο: fruiter, fruiterer, fruit seller
οπωροφόρος, -α, -ο: fruit bearing, fruiter, fruitful, fruit producing
οπωρώνας, ο: orchard
όπως: *(επίρ)* as, like, just as ‖ ~ **κι αν έχει**: be that as it may, in any case ‖ ~ ~: somehow or other ‖ ~ **έτυχε**: at random
οπωσδήποτε: *(επίρ)* whatsoever, be that as it may, without fail ‖ (χωρίς αμφιβολία) definitely
οραγγουτάγγος, ο: βλ. **ουραγκοτάγκος**
όραμα, το: vision
οραματίζομαι: have visions, hallucinate
οραματισμός, ο: ʃhallucination
οραματιστής, ο: visionary
όραση, η: sight, eyesight, vision
ορατός, -ή, -ό: visible
ορατότητα, η: visibility
οργανικός, -ή, -ό: organic
οργανισμός, ο: organism ‖ βλ. **κράση** ‖ (υπηρεσία) organization ‖ (σύνολο διατάξεων) constitution
όργανο, το: (οργανισμού) organ ‖ (εργαλείο) instrument, implement ‖ *(μουσ)* instrument ‖ *(μτφ)* instrument, tool ‖ **τα** ~**α της τάξης**: the minions of law

οργανοπαίκτης, ο: *(μουσικός)* instrumentalist ‖ (πλανόδιος) organ grinder, organist
οργανώνω: organize
οργάνωση, η: organization
οργανωτής, ο *(θηλ* **οργανώτρια**): organizer
οργανωτικός, -ή, -ό: organizing, organizational
οργασμός, ο: orgasm *(και μτφ)* ‖ (ζώων) estrus, heat
οργή, η: βλ. **θυμός** ‖ **στην** ~!, **να πάρει η** ~!: damn! damnation!
οργιά, η: fathom
οργιάζω: have an orgy, debauch
οργιαστικός, -ή, -ό: orgiastic ‖ *(μτφ)* lush, luxuriant
οργίζομαι: βλ. **θυμώνω**
οργίζω: βλ. **θυμώνω, εξοργίζω**
όργιο, το: orgy, debauchery
οργισμένος, -η, -ο: βλ. **θυμωμένος**
οργυιά, η: βλ. **οργιά**
όργωμα, το: tillage, plowing, ploughing
οργώνω: till, plow, plough
ορδή, η: horde
ορδινάντσα, η: βλ. **ορντινάντσα**
ορέγομαι: βλ. **επιθυμώ**
ορειβασία, η: mountain climbing, mountaineering, alpinism
ορειβάτης, ο: mountaineer, mountain climber, alpinist
ορειβατικός, -ή, -ό: mountain, mountaineering ‖ ~**ό πυροβολικό**: mountain artillery
ορεινός, -ή, -ό: (με βουνά) mountainous ‖ (των βουνών) mountain ‖ βλ. **ορεσίβιος**
ορειχάλκινος, -η, -ο: bronze, brass
ορείχαλκος, ο: bronze, brass
ορεκτικό, το: hors d'oeuvre, appetizer
ορεκτικός, -ή, -ό: appetizing
όρεξη, η: appetite ‖ βλ. **επιθυμία**
ορεσίβιος,-α, -ο: highlander, mountaineer
ορθά: *(επίρ)* βλ. **όρθια** ‖ *(μτφ)* rightly, right, correctly ‖ ~ **κοφτά**: flatly, tersely, straightforwardly
ορθάνοιχτος, -η, -ο: βλ. **ολάνοιχτος**
όρθια: *(επίρ)* upright, vertically
όρθιος, -α, -ο: standing, erect ‖ βλ. **ολόρθος** ‖ (αντικείμενο) on end, erect

705

ορθογραφία

ορθογραφία, η: orthography, correct spelling

ορθογραφικός, -ή, -ό: orthographic, spelling ‖ *(μαθ)* orthographic ‖ *~ό λάθος:* spelling mistake

ορθογράφος, ο: orthographer, orthographist

ορθογώνιο, το: rectangle

ορθογώνιος, -α, -ο: rectangular, right-angled ‖ *~ο τρίγωνο:* right-angled triangle

ορθοδοντική, η: orthodontics

ορθοδοξία, η: orthodoxy

ορθόδοξος, -η, -ο: orthodox

ορθολογισμός, ο: rationalism

ορθολογιστής, ο: rationalist

ορθολογιστικός, -ή, -ό: rationalistic

ορθοπεδική, η: orthopedics

ορθοπεδικός, ο: orthopedist

ορθοπεδικός, -ή, -ό: orthopedic

ορθοποδώ: be on one's feet *(και μτφ)*

ορθός, -ή, -ό: βλ. **όρθιος** ‖ correct, right ‖ *(γωνία)* right ‖ *(προβολή)* orthogonal

ορθοσκόπιο, το: orthoscope

ορθοστασία, η: standing, being on one's feet

ορθοστάτης, ο: *(δικτυώματος)* king-post ‖ *(σκηνής)* pole ‖ *(γενικά)* stanchion

ορθότητα, η: correctness, accuracy

ορθοφρονώ: be right-minded, think rightly

όρθρος, ο: Morning Prayer, Matins

ορθώνομαι: stand up, rise ‖ *(ζώο)* rear, rise on the hind legs ‖ *(μτφ)* stand up against

ορθώνω: raise, stand, place upright

ορθώς: *(επίρ)* βλ. **ορθά** *(μτφ)*

οριακός, -ή, -ό: boundary

ορίζοντας, ο: horizon *(και μτφ)*

οριζόντια: *(επίρ)* horizontally

οριζόντιος, -α, -ο: horizontal, level

ορίζω: *(βάζω όριο)* bound, limit, mark ‖ *(ελέγχω)* control, dominate, rule ‖ *(βάζω ορισμό)* define, fix ‖ βλ. **διατάζω** ‖ βλ. **καλωσορίζω, καλωσόρισμα** ‖ βλ. **ορίστε**

όριο, το: limit, boundary ‖ βλ. **σύνορο** ‖ *(μτφ)* scope, boundary

οριοδείκτης, ο: landmark

ορισμένος, -η, -ο: defined, fixed

ορισμός, ο: definition ‖ βλ. **διαταγή**

ορίστε: *(τί είπατε?)* I beg your pardon?, excuse me? ‖ *(περάστε)* do come in ‖ *(τί θέλετε?)* what will you have?, what is your pleasure? ‖ *(πάρτε)* help yourself ‖ *(νάτο)* here it is, there it is ‖ *~ μας!* indeed!, what next!, well I never!

οριστική, η: *(έγκλιση)* indicative mood

οριστικός, -ή, -ό: definite, conclusive, final

ορκίζομαι: be sworn, take the oath, swear

ορκίζω: swear in, put on oath

όρκος, ο: oath ‖ *(σε καθήκον ή σημαία)* pledge

ορκωμοσία, η: swearing in ‖ *(καθήκον ή σημαία)* pledge of allegiance

ορκωτός, -ή, -ό: sworn ‖ *~ό δικαστήριο:* trial jury ‖ *~ λογιστής:* certified public accountant (C.P.A.), chartered accountant

ορμαθός, ο: βλ. **αρμάθα** ‖ βλ. **πλήθος**

ορμέμφυτο, το: instinct

ορμή, η: *(βίαιη κίνηση προς τα εμπρός)* onrush ‖ *(φόρα)* impetus ‖ βλ. **ένταση** ‖ *(τάση ανθρώπου)* impulse, impetuousness, impetuosity ‖ βλ. **ζωτικότητα** ‖ *(σεξουαλική)* sexual desire, lust, passion

ορμηνεύω: βλ. **συμβουλεύω** ‖ βλ. **νουθετώ**

ορμήνια, η: βλ. **συμβουλή** ‖ βλ. **νουθεσία**

ορμητήριο, το: *(στρ)* base of operations ‖ *(κακοποιών)* den, base of operations ‖ *(αφετηρία)* starting place

ορμητικός, -ή, -ό: violent, furious, fiery, impetuous

ορμητικότητα, η: violence, fury, impetuousness

ορμιά, η: *(ψαρέματος)* fishing line ‖ *(πλοίου)* line, rope

ορμίδι, το: βλ. **ορμιά**

ορμίζομαι: moor, drop anchor, anchor

ορμίζω: moor

ορμίσκος, ο: cove

ορμόνη, η: hormone

όρμος, ο: bay, cove, roadstead, roads

ορμώ: rush, dash, dart ‖ *(εναντίον)* rush at, pounce upon

όρνεο, το: βλ. **όρνιο**

όρνιθα, η: hen

ορνίθι, το: chicken

ορνιθοσκαλίσματα, τα: scrawl, scribble

ορνιθοτροφείο, το: poultry farm, hennery

ορνιθώνας, ο: hencoop, chicken coop

όρνιο, το: (αρπακτ. πουλί) bird of prey ‖ (γύπας) vulture ‖ (μτφ) dolt, bumpkin, blockhead

ορντινάντσα, η: (U.S.A.) orderly ‖ (Εγγλ.) batman

οροθεσία, η: delimitation, demarcation, fixing of boundaries

οροθέτηση, η: βλ. οροθεσία

οροθετικός, -ή, -ό: boundary, demarcation, delimitative

οροθετώ: fix the boundaries, delimit

ορολογία, η: terminology

οροπέδιο, το: mesa, tableland, plateau

όρος, το: mountain, mount

όρος, ο: (προϋπόθεση) condition, term, stipulation, provision, proviso ‖ (κατάσταση) condition, circumstance ‖ (ειδ. ονομ.) definition, term ‖ (όριο) limit

ορός, ο: serum

οροσειρά, η: mountain range, cordillera, chain of mountains

ορόσημο, το: landmark (και μτφ)

οροφή, η: (ταβάνι) ceiling ‖ (στέγη) roof

όροφος, ο: floor, story, storey

ορτανσία, η: hortensia, hydrangea

ορτενσία, η: βλ. ορτανσία

όρτσα: (ναυτ) luff

ορτσάρω: (ναυτ) luff

ορτύκι, το: quail

όρυγμα, το: ditch, trench

όρυζα, η: βλ. ρύζι

ορυζόμυλος, ο: rice mill

ορυζώνας, ο: rice paddy, rice field

ορυκτέλαιο, το: mineral oil, distillate of petroleum

ορυκτό, το: ore, mineral

ορυκτολογία, η: mineralogy

ορυκτολογικός, -ή, -ό: mineralogical

ορυκτολόγος, ο: mineralogist

ορυκτός, -ή, -ό: mineral, rock ‖ ~ό αλάτι: halite, rock salt ‖ ~ό βασίλειο: mineral kingdom

όρυξη, η: excavation, digging ‖ (ορυκτών) mining

ορύσσω: excavate, dig ‖ (ορυκτά) mine

ορυχείο, το: mine ‖ βλ. λατομείο

ορφανεύω: be orphaned, become an orphan

ορφάνια, η: orphanhood, orphanage

ορφανός, -ή, -ό: orphaned ‖ (ουσ) orphan

ορφανοτροφείο, το: orphanage

ορφός, ο: βλ. ροφός

ορχεοειδή, τα: orchids

όρχηση, η: dancing, dance

ορχήστρα, η: orchestra, band

όρχις, ο: testicle ‖ (ιδ) balls

όρχος, ο: (τόπος συνεργείων) park ‖ (πεζ.) service company ‖ (πυροβ.) service battalion, artillery park

οσιομάρτυρας, ο: holy martyr

όσιος, -ία, -ιο: righteous ‖ ~ία Μαρία: (ιδ) prude, prig

οσμή, η: βλ. μυρουδιά

όσο: (επίρ) as ‖ τόσο ~: as ... as, so ... as ‖ ~ κι αν: no matter how much, however much ‖ εφ ~: as long as, as far as, in as much as ‖ ~ για ...: as for ‖ ~ αφορά: as regards, regarding, in reference to, concerning ‖ ~ να: until

όσος, -η, -ο: (ισότητα) as much as, as many as, all ‖ βλ. και όσο ‖ ~ κι αν: βλ. όσο κι αν

οσοσδήποτε, οσηδήποτε, οσοδήποτε: βλ. όσος κι αν

όσπρια, τα: pulse

οστεολογία, η: osteology

οστεολόγος, ο: osteologist

οστεοπάθεια, η: osteopathy

οστεώδης, -ες: osseous, bony ‖ (μτφ) βλ. κοκαλιάρης

όστια, η: host

οστό, το: βλ. κόκαλο

οστρακιά, η: scarlatina, scarlet fever

όστρακο, το: shell ‖ (χελώνας) shell, carapace

όστρια, η: south wind, souther

οστριογαρμπής, ο: south-west wind, southwester

οσφραίνομαι: βλ. μυρίζω ‖ (μτφ) get wind of

όσφρηση, η: smell, sense of smell

οσφρητικός, -ή, -ό: olfactory

οσφυαλγία, η: lumbago

οσφύς, η: waist, loin

όταν: (σύνδ): when, whenever, at the time when

ότι: (σύνδ): that ‖ (επίρ) just, as soon as

ό,τι: (αντων): what, whatever

ο,τιδήποτε: (αντων): whatever, whatso-

ever, anything
Ουγγαρία, η: Hungary
Ουγγαρέζος, ο: Hungarian
Ούγγρος, ο: βλ. **Ουγγαρέζος**
ουγκιά, η: ounce
ουδείς, κλπ. : βλ. **κανείς**
ουδέτερος, -η, -ο: neutral ‖ *(γραμ)* neuter
ουδετερότητα, η: neutrality ‖ **πολιτική ~ας:** neutralism
ούζο, το: ouzo
ουΐσκι, το: whisky
ουλαμαγός, ο: platoon leader
ουλαμός, ο: platoon
ουλή, η: scar ‖ *(φρέσκη)* cicatrix
ούλο, το: gum
ουμανισμός, ο: βλ. **ανθρωπισμός**
ουμανιστής, ο: βλ. **ανθρωπιστής**
ουρά, η: tail *(και μτφ)* ‖ *(φορέματος)* train ‖ *(σειρά ανθρώπων)* queue ‖ *(στρ)* rear ‖ **λεφτά με ~:** rolling in money ‖ **χώνω την ~ μου:** meddle
ουραγκοτάγκος, ο: orangutan
ουραγός, ο: bringing up the rear
ουραιμία, η: uremia
ουραίο, το: *(όπλου)* breechblock
ουρανής, -ιά, -ί: sky-blue, cerulean
ουράνια, τα: heavens
ουρανικός, -ή, -ό: *(γραμ)* velar, guttural, palatal
ουράνιο, το: uranium
ουράνιος, -α, -ο: celestial, heavenly ‖ **~ο τόξο:** rainbow ‖ *(μτφ)* heavenly, divine, exquisite, sublime ‖ **~ θόλος:** sky, heaven
ουρανίσκος, ο: palate
ουρανισκόφωνος, -η, -ο: βλ. **ουρανικός**
ουρανοκατέβατος, -η, -ο: *(μτφ)* unexpected, unhoped for
ουρανομήκης, -ες: sky-high
ουρανοξύστης, ο: skyscraper
ουρανός, ο: *(θόλος)* sky, heaven, ‖ *(εκκλ)* heaven ‖ *(στέγαστρο)* canopy ‖ *(πλανήτης)* Uranus ‖ *(στερέωμα)* firmament ‖ **κινώ γη και ~:** move heaven and earth ‖ **έβδομος ~:** seventh heaven
ουρήθρα, η: urethra
ούρηση, η: urination ‖ *(χυδ)* pissing
ουρητήρας, ο: ureter
ουρητήριο, το: βλ. **αποχωρητήριο** ‖ *(λεκάνη)* urinal

ουρί, το: houri
ούριος, -α, -ο: *(άνεμος)* tail wind ‖ *(μτφ)* favorable, propitious
ουρλιάζω: howl, yowl *(και μτφ)*
ούρλιασμα, το: howl, yowl, howling, yowling *(και μτφ)*
ουρλιαχτό, το: βλ. **ούρλιασμα**
ουρμπανισμός, ο: βλ. **αστυφιλία**
ούρο, το: urine
ουροδοχείο, το: chamber pot ‖ *(μωρού)* potty
ουροδόχος, -α, -ο: **~ κύστη:** bladder, urinary bladder
ουρόλιθος, ο: urinary calculus, urolith
ουρολογία, η: urology
ουρολόγος, ο: urologist
ουρώ: βλ. **κατουρώ**
ουσία, η: matter, substance ‖ *(κύριο στοιχείο)* essence, substance, gist ‖ **φαιά ~:** gray matter ‖ *(νομ)* επί της **~ς:** on merits ‖ *(μτφ)* βλ. **νοστιμάδα**
ουσιαστικό, το: *(γραμ)* noun
ουσιαστικός, -ή, -ό: essential, substantial, intrinsic ‖ *(γραμ)* substantive
ουσιώδης, -ες: essential, indispensable, vital
ούτε: *(σύνδ)* nor, neither, not even ‖ **~ ... ~ :** neither .... nor ‖ **~ καν:** not even
ουτιδανός, -ή, -ό: βλ. **ανάξιος** ‖ βλ. **ελεεινός**
ουτοπία, η: utopia
ουτοπικός, -ή, -ό: utopian
ουφ!: *(επιφ)* ugh!
οφειλέτης, ο: debtor
οφειλή, η: debt ‖ *(μτφ)* debt, obligation
οφείλομαι: be due to
οφειλόμενος, -η, -ο: due
οφείλω: owe *(και μτφ)*
όφελος, το: advantage, benefit, gain, profit
οφθαλμαπάτη, η: optical illusion ‖ *(στην έρημο)* mirage
οφθαλμίατρος, ο: ophthalmologist, oculist
οφθαλμολογία, η: ophthalmology
οφθαλμολογικός, -ή, -ό: ophthalmologic, opthalmological
οφθαλμολόγος, ο: βλ. **οφθαλμίατρος**
οφθαλμοπορνεία, η: βλ. **μπανιστήρι**
οφθαλμός, ο: βλ. **μάτι** ‖ **~όν αντί ~ού:** an eye for an eye ‖ **εν ριπή ~ού:** in the

twinkling of an eye
οφθαλμοφανής, -ές: manifest, evident
οφίκιο, το: *(ιδ)* βλ. **αξίωμα**
οφιοειδής, -ές: serpentine, winding, sinuous
όφις, ο: serpent, snake
όφσαϊτ: *(ποδοσφ.)* offside
όχεντρα, η: βλ. **οχιά**
οχετός, ο: sewer, drain pipe || *(υπόνομος)* sewer || **θολωτός** ~: culvert
όχημα, το: vehicle || βλ. **αυτοκίνητο** || βλ. **αμάξι** || βλ. **βαγόνι**
όχθη, η: bank, shore, coast
όχι: no || *(ιδ)* nix, nay || ~ **ακόμα:** not yet: || **οπωσδήποτε** ~: by no means, definitely not
οχιά, η: viper, adder || *(μτφ)* viper
οχλαγωγία, η: hullabaloo, uproar, tumult
οχληρός, -ή, -ό: βλ. **ενοχλητικός**
όχληση, η: βλ. **ενόχληση**

οχλοβοή, η: βλ. **οχλαγωγία**
οχλοκρατία, η: ochlocracy, mob rule
όχλος, ο: mob, rabble
οχτα - κλπ.: βλ. **οκτα -**
οχτρός, ο: βλ. **εχθρός**
οχυρό, το: stronghold, fort, fortress || *(μτφ)* stronghold
οχυρός, -ή, -ό: fortified
οχυρωματικός, -ή, -ό: fortification
οχυρωμένος, -η, -ο: βλ . **οχυρός**
οχυρώνω: fortify || *(με χαρακώματα)* entrench
όψη, η: appearance, look || βλ. **άποψη** || βλ. **πρόσωπο** || βλ. **έκφραση** || *(πλευρά)* side, face || **εκ πρώτης** ~ς: at first sight || **εν** ~**ει:** *(οικ)* at sight || **λαβαίνω υπ** ~: take into account, consider || **εν** ~**ει:** in view
όψιμος, -η, -ο: late, belated, behindhand

Π

Π, π: the sixteenth letter of the Greek alphabet || π´: 80 || **π:** 80 000
παγάνα, η: βλ. **κυνήγι** || βλ. **ενέδρα** || *(παγίδα)* trap, snare || βλ. **καταδίωξη**
παγερός, -ή, -ό: frosty, icy, frigid, freezing *(και μτφ)*
παγερότητα, η: iciness, frigidity, chilliness
παγετός, ο: frost
παγετώνας, ο: glacier, icefall
παγίδα, η: trap, snare || *(λάκος)* pitfall || *(μτφ)* lure
παγίδεμα, το: trap, trapping, ensnaring
παγίδευση, η: βλ. **παγίδεμα**
παγιδευτής, ο: trapper
παγιδεύω: trap, snare || *(μτφ)* lure, ensnare
πάγιος, -α, -ο: fixed, consolidated || βλ. **σταθερός**
παγιώνω: consolidate, secure
παγίωση, η: consolidation
παγκάκι, το: bench
πάγκαλος, -η, -ο: very handsome, very beautiful
πάγκοινος, -η, -ο: public, universal
πάγκος, ο: *(κάθισμα)* βλ. **παγκάκι** || *(μαγαζιού)* counter

παγκόσμιος, -α, -ο: universal, world, world-wide || ~ **πόλεμος:** world war || ~**α έλξη:** universal gravitation || βλ. **διεθνής**
παγκράτιο, το: *(αρχ)* pancratium || *(συγχρ.)* catch, catch-as-catch-can
πάγκρεας, το: pancreas
παγόβουνο, το: iceberg *(και μτφ)*
παγόδα, η: pagoda
παγοδρομία, η: skating || *(σκι)* skiing
παγοδρόμος, ο: skater, skier
παγοθραυστικό, το: ice-breaker
παγοκρύσταλλο, το: icicle
παγόνι, το: peacock
παγοπέδιλο, το: skate || *(σκι)* ski
πάγος, ο: ice || *(παγωνιά)* frost
παγούρι, το: canteen
πάγωμα, το: freezing *(και μτφ)*
παγωμένος, -η, -ο: frozen *(και μτφ)* || *(με κρυοπάγημα)* frostbitten
παγώνι, το: βλ. **παγόνι**
παγωνιά, η: frost, bitter cold
παγωνιέρα, η: ice box
παγώνω: freeze *(μτβ και αμτβ)* || *(σκεπάζω με πάγο)* frost || *(μτφ)* freeze
παγωτό, το: ice cream || *(χωνάκι)* ice cream cone || ~ **κρέμα:** vanilla ice cream

709

παζάρεμα

παζάρεμα, το: bargain, bargaining, dickering, haggling
παζαρεύω: bargain, dicker, haggle
παζάρι, το: βλ. **παζάρεμα** ‖ (τόπος) market, mart ‖ (φιλανθρ.) bazaar
παθαίνω: suffer, sustain, be subjected to, undergo ‖ **την** ~: catch it, come to grief ‖ **καλά τα** ~**ει:** he deserved it
πάθημα, το: mishap, misfortune, accident
πάθηση, η: affliction, complaint, disease, illness
παθητικό, το: (οικ) liabilities ‖ (ζημιά) loss ‖ (χρέος) debit
παθητικός, -ή, -ό: passive ‖ (γεμάτος πάθος) passionate ‖ (γραμ) passive
παθητικότητα, η: passivity, passiveness
παθιάζομαι: be filled with passion ‖ βλ. **αρρωσταίνω**
παθιασμένος, -η, -ο: βλ. **άρρωστος** ‖ βλ. **εμπαθής** ‖ βλ. **φανατικός**
παθογόνος, -α, -ο: pathogenic
παθολογία, η: pathology
παθολογικός, -ή, -ό: pathologic, pathological
παθολόγος, ο: pathologist
πάθος, το: βλ. **πάθηση** ‖ (αισθ) passion (και μτφ) ‖ (βαθύ αίσθημα) pathos ‖ ~ **για:** (ζωηρή επιθ.) passion for
παιάνας, ο: paean
παιγνίδι, το: play ‖ (παιδιά) game ‖ (αθλοπαιδιά) game, sport ‖ (άθυρμα) toy, plaything ‖ (τυχερό) gambling, game of chance ‖ (κόλπο) trick ‖ (μτφ παίγνιο) plaything
παιγνιδιάρης, -α, -ικο: playful
παιγνιδιάρικος, -η, -ο: βλ. **παιγνιδιάρης**
παιγνιδίζω: play
παίγνιο, το: (άθυρμα) plaything ‖ (κοροϊδο) laughingstock
παιγνιόχαρτο, το: playing card
παιδαγωγική, η: pedagogics, pedagogy
παιδαγωγικός, -ή, -ό: pedagogic, pedagogical
παιδαγωγός, ο: pedagogue, educator, teacher
παΐδάκι, το: rib, chop
παιδάκι, το: little child, small child, tot, moppet
παιδαρέλι, το: kid, lad
παιδάριο, το: βλ. **παιδαρέλι**

παιδαριώδης, -ες: childish, puerile (και μτφ), juvenile
παιδεία, η: education, learning ‖ βλ. **και μόρφωση**
παίδεμα, το: ordeal, torment, trial
παιδεμός, ο: βλ. **παίδεμα**
παιδεραστής, ο: pederast, sodomite
παιδεραστία, η: pederasty, sodomy
παιδεύομαι: strife, struggle, labor, try hard
παίδευση, η: βλ. **εκπαίδευση**
παιδεύω: βλ. **εκπαιδεύω** ‖ βλ. **βασανίζω** ‖ βλ. **ενοχλώ**
παιδί, το: child ‖ βλ. **αγόρι**
παιδιά, η: game, sport ‖ βλ. **αστειότητα**
παιδιακίσιος, -η, -ο: βλ. **παιδαριώδης**
παιδιακίστικος, -η, -ο: βλ. **παιδαριώδης**
παιδιαρίζω: act like a child, behave like a child
παιδιάστικος, -η, -ο: βλ. **παιδικός** ‖ βλ. **παιδαριώδης**
παιδιατρική, η: pediatrics
παιδίατρος, ο: pediatrist, pediatrician
παιδικός, -ή, -ό childlike ‖ βλ. **παιδαριώδης** ‖ ~ **σταθμός:** daycare center, nursery ‖ ~**ή εγκληματικότητα:** juvenile delinquency
παιδοκτονία, η: infanticide
παιδοκτόνος, ο: infanticide
παιδονόμος, ο: truant officer
παιδούλα, η: lass, lassie, little girl
παίζω: play ‖ (ταλαντεύομαι) sway, oscillate, swing ‖ (θεατρ.) play, act ‖ **τον** ~ **στα δάχτυλα:** twist him round one's finger ‖ ~ **με τη φωτιά:** court disaster, play with fire ‖ (με κάτι) toy with
παίκτης, ο (θηλ. **παίκτρια**): player ‖ βλ. **χαρτοπαίκτης**
παίνεμα, το: βλ. **έπαινος**
παινεσιάρης, -α, -ικο: βλ. **καυχησιάρης**
παινεύομαι: βλ. **καυχιέμαι**
παινεύω: βλ. **επαινώ**
παίξιμο, το: playing ‖ βλ. **παιγνίδι** ‖ (εκτέλεση) performance
παίρνω: take, get ‖ βλ. **αρπάζω** ‖ (δέχομαι) receive ‖ βλ. **αγοράζω** ‖ (κυριεύω) take, capture ‖ (αντιλαμβάνομαι λανθασμένα) take, mistake ‖ (χωρώ) take, contain, hold ‖ **το** ~ **επάνω μου:** put on airs ‖ ~ **αέρα:** become high and mighty
παιχνίδι, το: βλ. **παιγνίδι**

710

παιχνιδιάρης, κλπ. βλ. **παιγνιδιάρης**
πακετάρω: pack, box, wrap up
πακέτο, το: packet, parcel, pack ‖ ~ τσιγάρα: packet of cigarettes
πάκο, το: βλ. **δέμα** ‖ βλ. **πακέτο**
πάλα, η: scimitar
παλαβομάρα, η: madness, insanity, lunacy (και μτφ)
παλαβός, -ή, -ό: mad, crazy, insane, lunatic, madman ‖ (μτφ) foolhardy, mad
παλαβούτσικος, -η, -ο: kook, gaga
παλάβρα, η: palaver ‖ βλ. **καυχησιά**
παλαβώνω: βλ. **τρελαίνω** ‖ βλ. **τρελαίνομαι**
παλαικός, -ή, -ό: old, archaic ‖ old-fashioned
παλαίμαχος, -η, -ο: veteran
παλαιοβιβλιοπωλείο, το: used books store
παλαιογραφία, η: paleography
παλαιοζωϊκός, -ή, -ό: paleozoic
παλαιολιθικός, -ή, -ό: paleolithic
παλαιοντολογία, η: paleontology
παλαιοπωλείο, το: antique shop, flea-market
παλαιός, -ή, -ό: βλ. **παλιός**
παλαιστής, ο (θηλ **παλαίστρια**): wrestler
παλαίστρα, η: ring, arena ‖ (μτφ) arena
παλαμάκια, τα: clapping hands, applause
παλαμάρι, το: cable, line
παλάμη, η: palm ‖ (μέτρο) hand, handbreadth
παλαμίδα, η: mackerel
παλάντζα, η: βλ. **μπαλάντζα**
παλάσκα, η: cartridge belt
παλάτι, το: palace ‖ (μτφ) palace, mansion
παλέτα, η: palette
παλεύω: wrestle ‖ (μτφ) struggle, fight, strive
πάλη, η: wrestling ‖ (μτφ) struggle, fight, strife ‖ **ελευθέρα** ~: catch-as-catch-can, freestyle wrestling ‖ **Ελληνορωμαϊκή** ~: Greco-Roman wrestling
πάλι: (επίρ) again, once more, anew
παλιάλογο, το: nag, old horse, old nag
παλιανθρωπιά, η: villainy, rascality, meanness
παλιάνθρωπος, ο: rascal, louse, scamp, rogue, mug

παλιατζίδικο, το: βλ. **παλαιοπωλείο**
παλιατσαρία, η: rags, trash
παλιάτσος, ο: clown, bufoon, jester
παλιγγενεσία, η: revival, regeneration, renaissance
παλικαράς, ο: βλ. **γενναίος** ‖ (ειρ) bully, fire-eater ‖ (τολμηρός και ριψοκίνδυνος) swashbuckler, bold
παλικάρι, το: βλ. **παλικαράς** ‖ βλ. **νεαρός** ‖ βλ. **ανύπαντρος** ‖ (του 1821) palikar ‖ ~ **της φακής**: βλ. **παλικαράς** ‖ (του Φαρ Ουέστ) kid
παλικαριά, η: βλ. **γενναιότητα**
παλικαρίσια: (επίρ) bravely, boldly, fearlessly
παλικαρίσιος, -α, -ο: daring, swashbuckling
παλικαρίστικος, -η, -ο: βλ. **παλικαρίσιος**
παλίμπαις, ο: dotard
παλινδρόμηση, η: reciprocation ‖ (όπλου) recoil
παλινδρομικός, -ή, -ό: reciprocating
παλινδρομώ: retrograde ‖ (όπλο) recoil
παλιννόστηση, η: repatriation
παλιννοστώ: be repatriated
παλινόρθωση, η: restoration
παλινωδία, η: recantation, retractation
παλινωδώ: recant, retract
παλιοβρώμα, η: whore, slut, strumpet
παλιόγερος, ο: dirty old man
παλιόγρια, η: old hag
παλιογυναίκα, η: βλ. **παλιοβρώμα** ‖ (κακή) hag, termagant
παλιόκαιρος, ο: filthy weather
παλιοκόριτσο, το: (κακής ανατροφής) hoyden ‖ βλ. **παλιοβρώμα**
παλιόλογα, τα: obscenities, bad language
παλιόμουτρο, το: βλ. **παλιάνθρωπος**
παλιόπαιδο, το: bad boy, scamp
παλιός, -ά, -ό: old ‖ (περασμένης εποχής) old, antiquated
παλιόσκυλο, το: cur (και μτφ)
παλιόσπιτο, το: hovel
παλίρροια, η: tide
παλιώνω: (μτβ) wear out ‖ (αμτβ) grow old
παλλάδιο, το: palladium ‖ (μτφ) safeguard
παλλαϊκός, -ή, -ό: common to all people, of all people, universal
παλλακίδα, η: concubine, mistress

παλληκαράς

παλληκαράς, κλπ: βλ. **παλικαράς** κλπ
πάλλω: throb, palpitate ΙΙ (καρδιά) palpitate, beat ΙΙ *(ηλεκτρ)* vibrate
παλμογράφημα, το: oscillogram
παλμογράφος, ο: oscillograph
παλμός, ο: palpitation, vibration, oscillation ΙΙ (καρδιάς) palpitation, beating
παλούκι, το: βλ. **πάσσαλος** ΙΙ (δύσκολη δουλειά) back-breaking, arduous ΙΙ (δύσκολο πρόβλημα) baffling, stymie ΙΙ (δύσκολη θέση) predicament ΙΙ **του σκοινιού και του ~ού**: βλ. **παλιάνθρωπος**
παλούκωμα, το: impalement
παλουκώνω: impale
παλτό, το: topcoat, overcoat ΙΙ (βαρύ) greatcoat
παμπάλαιος, -α, -ο: ancient
πάμπλουτος, -η, -ο: wealthy, tycoon ΙΙ βλ. **εκατομμυριούχος**
παμπόνηρος, -η, -ο: foxy, cunning, very sly
πάμπτωχος, -η, -ο: destitute, utterly impoverished, indigent
παμφάγος, -α, -ο: omnivorous
πάμφθηνος, -η, -ο: very cheap
παμψηφεί: *(επίρ)* unanimously
παμψηφία, η: unanimity, unanimity of votes
παν, το: βλ. **σύμπαν** ΙΙ (ουσιώδες) essentials, essential thing ΙΙ *(πληθ)* **~τα**: everything ΙΙ **κάνω το ~**: I do all I can, I do my best
πάνα, η: (μωρού) diaper ΙΙ (καθαρίσματος) mop
πανάγαθος, ο: (Θεός) merciful
Παναγία, η: Virgin Mary, Our Lady, Madonna ΙΙ (εικόνα ή άγαλμα) Madonna
Παναγιότατος, ο: (τίτλος) his Holiness
πανάδα, η: freckle
πανάκεια, η: panacea
πανάρχαιος, -α, -ο: ancient, very ancient
πανδαιμόνιο, το: pandemonium *(και μτφ)*
πανδαισία, η: feast *(και μτφ)*
πάνδεινα, τα: βλ. **βάσανα**
πανδημικός, -ή, -ό: pandemic
πάνδημος, -η, -ο: public, universal
πανδοχέας, ο: innkeeper
πανδοχείο, το: inn, hostelry ΙΙ (μεγάλο - ιδ) caravansarai

πανελλήνιος, -α, -ο: panhellenic
πανέμορφος, -η, -ο: very beautiful, beauteous
πανένδοξος, -η, -ο: most glorious
πανεπιστημιακός, -ή, -ό: university ΙΙ ~ **κλάδος**: major ΙΙ **~ή σχολή**: senior college, school of a university
πανεπιστήμιο, το: university
πανέρημος, -η, -ο: βλ. **ολομόναχος**
πανέρι, το: βλ. **κάνιστρο**
πανευτυχής, -ές: jubilant, blissful
πανζουρλισμός, ο: mass hysteria
πανήγυρη, η: festival ΙΙ βλ. **παζάρι**
πανηγύρι, το: βλ. **πανήγυρη** ΙΙ βλ. **γλέντι** ΙΙ **για τα ~α**: ridiculous, worthless
πανηγυρίζω: fete ΙΙ (χαίρομαι) jubilate, rejoice
πανηγυρικός, -ή, -ό: festive, festival ΙΙ (λόγος) panegyric *(και μτφ)*
πανθεϊσμός, ο: pantheism
πανθεϊστικός, -ή, -ό: pantheistic
πάνθεον, το: pantheon
πάνθηρας, ο: panther
πανί, το: cloth, linen, fabric ΙΙ (καραβιού) sail ΙΙ ~ **με** ~: (ιδ) broke, penniless
πανιάζω: *(μτφ)* blanch, turn pale
πανίδα, η: fauna
πανιερότατος, ο: his Grace
πανικά, τα: linen, fabrics
πανικοβάλλομαι: panic
πανικοβάλλω: panic
πανικόβλητος, -η, -ο: panic-stricken, panicky, panicstruck
πανικός, ο: panic
πάνινος, -η, -ο: linen, cloth, of cloth ΙΙ βλ. **βαμβακερός**
πανίσχυρος, -η, -ο: omnipotent, almighty, all-powerful
πανόδετος, -η, -ο: clothbound
πανόμοιος, -α, -ο: identical ΙΙ βλ. **ολόφτυστος**
πανομοιότυπο, το: facsimile
πανοπλία, η: panoply, armour
πάνοπλος, -η, -ο: fully armed, armed to the teeth
πανόραμα, το: panorama
πανοραματικός, -ή, -ό: panoramic
πανοραμικός, -ή, -ό: βλ. **πανοραματικός**
πανοσιότατος, -η, -ο: very reverend
πανούκλα, η: plague

712

πανουργία, η: (ιδιότητα) cunning, craftiness || (τέχνασμα) trick, ruse, wile
πανούργος, -α, -ο: cunning, crafty, wily
πανσέληνος, η: full moon
πανσές, ο: pansy || (άγριος) heartsease, wild pansy
πανσιόν, η: pension, boarding house
πανσοφία, η: omniscience
πάνσοφος, -η, -ο: omniscient
πανστρατιά, η: mobilization of the whole army || (γεν. επιστράτευση) general mobilization
πάντα: (επίρ) always, ever, forever || για ~: for ever, for good, for keeps || μια για ~: once and for all
πανταλόνι, το: trousers, pants || (σπορ ή πρόχειρο) slacks
πανταχούσα, η: archdiocesan circular || (μτφ) blow, rebuke, snub
παντελόνι, το: βλ. πανταλόνι
παντέρημος, -η, -ο: βλ. ολομόναχος
παντεσπάνι, το: sponge cake
παντζάρι, το: beetroot
παντζούρι, το: shutter
παντιέρα, η: βλ. σημαία || σηκώνω ~: βλ. επαναστατώ
παντογνώστης, ο: omniscient
παντοδυναμία, η: omnipotence
παντοδύναμος, -η, -ο: omnipotent || (ο Θεός) almighty
παντοκράτορας, ο: overlord || (Θεός) βλ. παντοδύναμος
παντοκρατορία, η: βλ. παντοδυναμία
παντομίμα, η: pantomime
παντοπωλείο, το: grocery, grocery store || (υπεραγορά) supermarket
παντοπώλης, ο: grocer
πάντοτε: (επίρ) βλ. πάντα
παντοτινά: (επίρ) eternally, everlastingly, for ever
παντοτινός, -ή, -ό: eternal, everlasting
παντού: (επίρ) everywhere
παντόφλα, η: slipper, mule
παντούφλα, η: βλ. παντόφλα
παντρειά, η: βλ. γάμος
παντρεύομαι: marry, get married
παντρεύω: marry, give in marriage
παντρολόγημα, το: match, match-making, arrangement of marriage
πάντως: (επίρ) anyway, in any case, any-

how, at any rate
πανύψηλος, -η, -ο: very tall, towering
πανωβελονιά, η: topstitch
πανώγραμμα, το: βλ. επιγραφή || (επιστολόχαρτου) letterhead
πανωλεθρία, η: disaster || (στρ) rout
πανώλη, η: βλ. πανούκλα
πανώριος, -α, -ο: βλ. πανέμορφος
πανωφόρι, το: βλ. παλτό
παξιμάδα, η: (ιδ) street walker, tart, strumpet
παξιμάδι, το: (φρυγανιά) toast || (γλυκό) rusk || (βίδας) nut
παπαγαλάκι, το: parakeet
παπαγαλίζω: parrot
παπαγάλος, ο: parrot (και μτφ) || (μεγάλος) macaw || (μικρόσωμος) βλ. παπαγαλάκι
παπαδιά, η: priest's wife
παπαδίστικος, -η, -ο: priest-like
παπαδίτσα, η: (έντομο) ladybug
παπαδοκρατία, η: hierocracy
παπαδοπαίδι, το: priest's child
παπαδοπούλα, η: priest's daughter
παπάκι, το: duckling
παπάρα, η: gruel, porridge, panada
παπαρδέλα, η: βλ. μπούρδα
παπαρούνα, η: poppy || γίνομαι ~: blush
πάπας, ο: pope
παπάς, ο: priest, clergyman || (ενορίας) parson, pastor || (τράπουλας) king || παίζω τον ~: βλ. κοροϊδεύω
παπαφίγκος, ο: topgallant sail, square sail
παπί, το: βλ. παπάκι || γίνομαι ~: be drenched, get wet to the skin
πάπια, η: duck || (ουροδοχείο) bedpan || κάνω την ~: play possum
παπιγιόν, το: bow tie
παπικός, -ή, -ό: papal
πάπλωμα, το: quilt, comforter
παπουτσής, ο: shoemaker, bootmaker || (επιδιορθωτής) cobbler
παπούτσι, το: shoe || (ψηλό) boot || (παντοφλέ) loafer, moccasin || (του τένις) sneakers, tennis shoe || (πλεχτό μωρού) bootie, bootee || δίνω τα ~α στο χέρι: kick s.o. out, give the sack, give the boot
παπουτσίδικο, το: shoemaker's shop

παπουτσώνω

παπουτσώνω: shoe, fit with shoes, furnish with shoes

παππούς, o: grandfather, granddad

πάπυρος, o: papyrus

παρά: *(πρόθ)* (εξαίρεση) almost, nearly, by ‖ (αφαίρεση) to, of ‖ (αντίθεση) in spite of, contrary to, despite ‖ (εναλλαγή) every other ‖ *(σύνδ)* rather than ‖ ~λίγο: nearly, almost ‖ ~ τρίχα: by a hair's breath ‖ μέρα ~ μέρα: every other day

πάρα: (μόρ.): very, too

παραβαίνω: violate, break, transgress, infringe

παραβάλλω: compare ‖ (κείμενο) collate

παραβάν, το: screen

παραβαραίνω: *(μτβ)* overload, over burden ‖ *(αμτβ)* become too heavy

παράβαση, η: violation, transgression, breach

παραβάτης, o: violator, transgressor

παραβγαίνω: go out too often ‖ *(μτφ)* compete

παραβιάζω: (ανοίγω με βία) break open, force ‖ (συμφωνία κλπ.) violate, break ‖ (κάνω παράβαση) βλ. παραβαίνω ‖ (άδεια) default

παραβίαση, η: (συμφωνίας κλπ.) violation, breach ‖ (αδείας) default

παραβλέπω: βλ. παραμελώ ‖ (αγνοώ) overlook, ignore, disregard, turn a blind eye

παραβολή, η: (σύγκριση) comparison ‖ (κειμένων) collation ‖ *(λογοτ)* parable ‖ *(μαθ)* parabola

παραβολικός, -ή, -ό: *(λογοτ και μαθ)* parabolic

παράβολο, το: fee

παραγάδι, το: trotline, trawl, trawl line

παραγγελία, η: order ‖ βλ. οδηγία ‖ βλ. εντολή ‖ βλ. μήνυμα ‖ επί ~: to order

παραγγελιοδόχος, o: travelling salesman, canvasser

παραγγέλλω: order ‖ βλ. διατάζω ‖ (γιατρός) prescribe, order ‖ (στέλνω ειδοποίηση) send word

παράγγελμα, το: order, command

παραγγέλνω: βλ. παραγγέλλω

παραγεμίζω: *(μτβ)* overfill, fill to overflowing ‖ *(αμτβ)* over flow ‖ (μαγειρ.) stuff

παραγεμιστός, -ή, -ό: βλ. γεμιστός

παραγεράζω: feel one's age, grow too old

παραγίνομαι: (ξεπερνώ τα όρια) go too far, overdo ‖ (φρούτα) become overripe, mellow

παράγκα, η: hovel, shack, log cabin ‖ (αγοράς) stall

παραγκωνίζω: elbow, push aside

παραγνωρίζομαι: grow too familiar

παραγνωρίζω: (γνωρίζω λανθασμένα) mistake for, take for ‖ (αγνοώ) ignore, disregard ‖ (υποτιμώ) underrate ‖ (κρίνω λανθασμένα) misjudge

παράγοντας, o: factor

παραγραφή, η: *(νομ)* negative prescription

παράγραφος, η: paragraph

παραγράφω: *(νομ)* prescribe

παράγω: produce *(και μτφ)* ‖ (αποφέρω): bear, produce ‖ βλ. και αποφέρω ‖ (σχηματίζω, κάνω αρχή) derive

παραγωγή, η: production ‖ (σύνολο προϊόντων) produce, products, production ‖ (προέλευση) derivation ‖ (ποσό παραγωγής) output ‖ (αναλογία παραγωγής) quota

παραγωγικός, -ή, -ό: productive *(και μτφ)* ‖ (σε αφθονία) prolific *(και μτφ)*

παραγωγικότητα, η: productivity, productiveness

παραγωγός, o: producer

παράγωγος, -η, -ο: derivative

παραδάκι, το: βλ. λεφτά

παραδαρμένη, η: *(ειρων)* belly, stomach

παράδειγμα, το: example, paradigm ‖ για ~: for example, for instance

παραδειγματίζομαι: follow s.o.'s example, learn one's lesson

παραδειγματίζω: exemplify, set an example ‖ (τιμωρώ για παράδειγμα) make an example of s.o.

παραδειγματικός, -ή, -ό: exemplary

παραδεισένιος, -α, ο: βλ. παραδεισιακός

παραδεισιακός, -ή, -ό: paradisaical

παραδείσιο, το: (πουλί) bird of paradise

παραδείσιος, -α, -ο: βλ. παραδεισιακός

παράδεισος, o: paradise, Eden, Garden of Eden *(και μτφ)*

παραδεκτός, -ή, -ό: admitted, accepted,

admissible, acceptable

παραδέρνω: toss, toss about, be tossed

παραδέχομαι: admit, accept ‖ (αναγνωρίζω αξία) acknowledge, accept ‖ (υποθέτω) allow, suppose

παραδίνομαι: surrender ‖ βλ. **υποχωρώ**

παραδίνω: surrender, give up ‖ βλ. **δίνω** ‖ (υπηρεσ. ή καθήκοντα) hand over ‖ (μαθήματα) give, teach

παραδοξολογία, η: paradox, absurdity

παράδοξο, το: (λογοτ.) paradox

παράδοξος, -η, -ο: (λογοτ.) paradoxical ‖ βλ. **παράξενος** ‖ βλ. **ασυνήθιστος**

παραδόπιστος, -η, -ο: skinflint, scrooge, moneybags, greedy

παράδοση, η: (επίδοση) delivery ‖ (στρ) surrender, capitulation ‖ (μαθημάτων) teaching ‖ (πολιτ. κληρονομιά κλπ.) tradition ‖ ~ άνευ όρων: unconditional surrender ‖ ~ υπό όρους: capitulation

παραδοτέος, -α, -ο: to be delivered, due for delivery, deliverable

παραδουλεύτρα, η: domestic help, scrubwoman

παραδουλεύω: overwork

παραδοχή, η: admission, acceptance ‖ (ομολογία) admission

παραδρομή, η: oversight, inadvertence

παράδω: (επίρ) nearer, closer

παραείμαι: be extremely, be too much, be over, be beyond measure

παραέξω: (επίρ) farther out ‖ (επίθ) outer

παραέχω: have too much, have enough and to spare

παραζάλη, η: confusion, fluster

παραζαλίζομαι: lose one's head, be confused, get flustered

παραζαλίζω: confuse, fluster

παραθαλάσσιος, -α, -ο: seaside, shore ‖ βλ. **παράκτιος**

παραθερίζω: spend the summer

παραθέρισμα, το: βλ. **παραθερισμός**

παραθερισμός, ο: summer vacation, spending the summer

παραθεριστής, ο (θηλ. **παραθερίστρια**): summer vacationer

παράθεση, η: (προσφορά) offering, serving ‖ (τοποθ. για σύγκριση) juxtaposition ‖ (γραμ) apposition

παραθετικά, τα: (επιθέτων) comparison ‖ (βαθμοί) positive, comparative and superlative

παραθέτω: (προσφέρω) offer, serve ‖ (τοποθ. για σύγκριση) juxtapose ‖ (αναφέρω) quote, cite

παραθυρεοειδής, ο: (αδένας) parathyroid

παραθύρι, το: βλ. **παράθυρο**

παράθυρο, το: window ‖ (μτφ) loophole

παραθυρόφυλλο, το: βλ. **παντζούρι**

παραίνεση, η: exhortation, incitation, admonition

παραινετικός, -ή, -ό: admonitory, exhortative

παραίσθηση, η: delusion

παραίτηση, η: (από θέση) resignation ‖ (από θρόνο ή εξουσία) abdication ‖ (από δικαίωμα) relinquishment

παραιτούμαι: (από θέση) resign, give up ‖ (από θρόνο ή εξουσία) abdicate ‖ (από δικαίωμα) relinquish ‖ (εγκαταλείπω) give up, call it quits, quit

παραιτώ: βλ. **παρατώ**

παράκαιρος, -η, -ο: untimely, inopportune

παρακαλεστός, -ή, -ό: imploring, entreating

παρακάλια, τα: pleading, implorations, begging

παρακαλώ: (δέομαι) pray, beg ‖ (εκλιπαρώ) beg, entreat, supplicate, beseech ‖ ~!: (απάντηση σ' ευχαριστία) you are welcome! don't mention it!

παρακαμπτήριος, -α, -ο: bypass ‖ (σιδηρ) sidetrack, spur track, siding

παρακάμπτω: bypass, circumvent (και μτφ)

παρακάνω: overdo, overact, carry too far ‖ (υπερβάλλω) exaggerate ‖ (σε ντύσιμο) overdress ‖ (σε δουλειά και επιμέλεια) overexert ‖ (σε απολαύσεις) overindulge

παρακαταθήκη, η: consignment ‖ (αποθεμ.) stock ‖ (εθν. κληρονομιά) heritage

παρακατιανός, -ή, -ό: inferior ‖ (ποιότητα) inferior, shoddy

παρακάτω: (επίρ) lower down, at a lower level

παρακεί: (επίρ) βλ. **παρέχει**

παρακείμενος, ο: present perfect

παρακέντηση

παρακέντηση, η: tap, tapping
παρακινδυνευμένος, -η, -ο: risky, hazardous, reckless
παρακινδυνεύω: risk, hazard
παρακίνηση, η: urge, prompting, incitement, instigation
παρακινώ: urge, promt, incite, instigate, goad
παρακλάδι, το: offshoot *(και μτφ)* ‖ *(δρόμου, ποταμού κλπ.)* branch
παράκληση, η: entreaty, plea, supplication ‖ *(εκκλ)* prayer
παρακλητικός, -ή, -ό: supplicatory, beseching, imploring
παράκλητος, -η, -ο: paraclete, the Comforter, the Holy Ghost
παρακμάζω: decline, decay
παρακμή, η: decline, fall, decay ‖ **ακμή και ~**: rise and fall
παρακοή, η: disobedience ‖ βλ. **απειθαρχία**
παρακοιμάμαι: oversleep
παρακοιμούμαι: βλ. **παρακοιμάμαι**
παρακοιμώμενος, -η, -ο: *(μτφ)* minion, sidekick
παρακολούθηση, η: *(κρυφή ακολούθηση)* following, shadowing, tailing ‖ *(φοίτηση)* attendance ‖ *(άκουσμα με προσοχή)* following, attention ‖ βλ. **επιτήρηση**
παρακολουθώ: *(ακολουθώ κρυφά)* follow, shadow, tail ‖ *(φοιτώ)* attend ‖ *(ακούω προσεκτικά)* follow, pay attention
παράκονος, -η, -ο: disobedience (βλ. και **απείθαρχος**)
παρακουράζω: overexert, overwork
παρακούω: *(ακούω λάθος)* mishear, hear wrongly ‖ *(απειθαρχώ)* disobey
παρακράτηση, η: *(φύλαξη προϊόντος)* holding in store ‖ *(ποσοστού)* deduction
παρακρατώ: *(προϊόν)* hold in store ‖ *(ποσοστό)* deduct ‖ *(κρατώ πολύ)* last too long
παράκρουση, η: *(μουσ)* discord, dissonance ‖ *(ιατρ)* mental disorder
παράκτιος, -α, -ο: coast, littoral, coastal
παρακώλυση, η: preclusion, prevention, hindrance, obstruction
παρακωλύω: preclude, hinder, obstruct, hamper ‖ *(κυκλοφορία)* block
παραλαβαίνω: receive, take possession,
take delivery
παραλαβή, η: receipt, receiving
παραλείπω: omit, leave out, miss
παράλειψη, η: omission ‖ βλ. **παραμέληση**
παραλέω: exaggerate, overstate, magnify beyond the truth
παραλήγουσα, η: *(γραμ)* penult, penultima
παραλήπτης, ο *(θηλ **παραλήπτρια**)*: receiver, recipient ‖ *(εμπορ)* consignee ‖ *(επιστολής)* recipient, addressee ‖ *(επιταγής)* recipient, payee
παραλήρημα, το: delirium, raving
παραληρώ: rave, be delirious, wander
παραλής, ο: moneybags
παραλία, η: seaside, seashore, beach
παράλια, τα: coast, coastline
παραλιακός, -ή, -ό: βλ. **παράκτιος**
παραλίγο: *(επίρ)* almost, nearly
παραλίμνιος, -α, -ο: lacustrine
παράλιος, -α, -ο: βλ. **παραλιακός**
παραλλαγή, η: *(τροποπ.)* variation, change, alteration ‖ *(ποικιλία)* variation
παραλλάζω: *(μτβ και αμτβ)* change, vary
παράλλαξη, η: parallax
παραλληλεπίπεδο, το: parallelepiped
παραλληλίζω: parallel *(και μτφ)*
παραλληλισμός, ο: parallelism
παραλληλόγραμμο, το: parallelogram
παράλληλος, -η, -ο: parallel
παραλογίζομαι: be irrational, act or talk irrationally
παραλογισμός, ο: paralogism
παράλογος, -η, -ο: irrational, illogical, preposterous
παραλυμένος, -η, -ο: βλ. **έκλυτος**
παράλυση, η: paralysis, palsy
παραλυσία, η: βλ. **έκλυση**
παραλυτικός, -ή, -ό: paralytic
παράλυτος, -η, -ο: paralysed, paralytic, palsied ‖ βλ. **μουδιασμένος** ‖ βλ. **έκλυτος**
παραλύω: *(μτβ)* paralyze *(και μτφ)* ‖ *(αμτβ)* be paralyzed
παραμαγούλα, η: parotitis, mumps
παραμάνα, η: *(τροφός)* wet nurse, nursemaid, nurse, nanny ‖ βλ. **γκουβερνάντα** ‖ *(καρφίτσα)* safety pin
παραμεθόριος, -α, -ο: frontier, borderland, marchland

716

παραμέληση, η: negligence, neglect, omission

παραμελώ: neglect ‖ (εργασία ή καθήκον) lie down on the job, neglect

παραμένω: stay, remain ‖ (μένω πολλή ώρα) stay too long, overstay ‖ (κατοικώ) stay, sojourn

παράμερα: *(επίρ)* aside, apart

παραμερίζω: *(μτβ)* set aside, push aside, get out of the way ‖ *(αμτβ)* sidestep, get out of the way ‖ βλ. **παραγκωνίζω**

παράμερος, -η, -ο: remote, out of the way, secluded

παραμέσα: *(επίρ)* farther in, deeper

παράμεσος, ο: (δάχτυλο) ringfinger, third finger

παραμιλώ: (μιλώ πολύ) talk too much ‖ (μόνος μου) talk to oneself ‖ βλ. **παραληρώ**

παραμονεύω: lurk, ambush, waylay

παραμονή, η: (διαμονή) stay, sojourn ‖ (γιορτής) eve

παραμορφωμένος, -η, -ο: misshapen, deformed ‖ (διαστρεβλωμένος) twisted, distorted

παραμορφώνω: misshape, deform, disfigure ‖ βλ. **διαστρεβλώνω**

παραμόρφωση, η: deformation, deformity, disfigurement ‖ βλ. **διαστρέβλωση**

παραμπαίνω: *(μτφ)* βλ. ενοχλώ

παραμπρός: *(επίρ)* farther ahead, farther on

παραμυθάς, ο: fabulist *(και μτφ)*

παραμυθένιος, -α, -ο: fabulous, fabled

παραμύθι, το: fairy tale *(και μτφ)*

παρανάλωμα, το: completely destroyed

παρανόηση, η: misunderstanding, misconception, misapprehension

παράνοια, η: paranoia

παρανοϊκός, -ή, -ό: paranoid, paranoiac

παρανομία, η: illegality, illicitness ‖ (παράνομη πράξη) illegal act, breach of the law, unlawful act, offence ‖ (το να βρίσκεσαι εκτός νόμου) outlawry

παράνομος, -η, -ο: illegal, illicit, unlawful ‖ (εκτός νόμου) outlaw

παρανομώ: act in violation of the law, violate a law ‖ (είμαι εκτός νόμου) be an outlaw

παρανοώ: misunderstand, misapprehend

παράνυμφος, ο: (κουμπάρος) best man ‖ (συνοδός γαμπρού) bridegroom's attendant ‖ (κουμπάρα-παντρεμένη) matron of honor ‖ (κουμπάρα-ανύπαντρη) maid of honor ‖ (συνοδός νύφης) bridesmaid ‖ (μικρό παιδί) page

παρανυχίδα, η: agnail, hangnail

παραξενεύομαι: wonder, be surprised

παραξενιά, η: whim, quirk, eccentricity, caprice

παράξενος, -η, -ο: strange, odd, outlandish ‖ (γελοία παράξενος) ludicrous ‖ (ιδιοτρ.) peculiar, eccentric (βλ. και **ιδιότροπος**)

παραξηλώνω: βλ. **παρακάνω**

παραπαίω: stagger, totter *(και μτφ)*

παραπανίσιος, -α, -ο: excess, surplus, superfluous

παραπάνω: *(επίρ)* (ψηλότερα) higher up, higher ‖ (περισσότερο) more, over, in addition ‖ **με το** ~: to spare ‖ **και με το** ~: with a vengeance

παραπάτημα, το: misstep, slip, stumble, false step ‖ *(μτφ)* misstep, slip, false step

παραπατώ: stumble, slip ‖ βλ. **παραπαίω**

παραπαχαίνω: become obese, become overweight

παραπείθω: mislead

παραπειστικός, -ή, -ό: misleading

παραπεμπτικός, -ή, -ό: reference ‖ *(νομ)* remanding, committing

παραπέμπω: refer ‖ *(νομ)* remand

παραπέρα *(επιρ):* farther down, farther, farther on

παραπεταμένος, -η, -ο: discard, thrown away

παραπέτασμα, το: curtain

παραπέτο, το: bulwark, parapet, breastwork

παραπετώ: discard, throw away ‖ (αδιαφορώ) disregard, discard ‖ (πετώ κατά λάθος) mislay, misplace

παραπέφτω: be mislaid, be misplaced, get lost

παραπήγμα, το: shack, shanty ‖ *(στρ)* Nissen hut

παραπίνω: drink too much

παραπλάνηση, η: βλ. **αποπλάνηση** ‖ βλ. **εξαπάτηση**

παραπλανητικός

παραπλανητικός, -ή, -ό: βλ. παρα-
πειστικός
παραπλανώ: βλ. εξαπατώ ‖ βλ. αποπλανώ
παράπλευρος, -η, -ο: lateral ‖ βλ.
διπλανός
παραπλεύρως: (επίρ) βλ. δίπλα
παραπλέω: sail along ‖ (ακτή) coast
παραπληγία, η: paraplegia
παραπλήρωμα, το: complement ‖ (μαθ)
supplement
παραπληρωματικός, -ή, -ό: supplemen-
tary
παραπλήσιος, -α, -ο: (κοντινός) adjacent,
nearby ‖ (όμοιος) similar, nearest to
παραπόδα!: (στρ) order arms!
παραποίηση, η: tampering, manipulation,
falsification ‖ βλ. αλλοίωση ‖ βλ.
νόθευση
παραποιώ: tamper, manipulate, falsify ‖
βλ. αλλοιώνω ‖ βλ. νοθεύω
παραπομπή, η: reference ‖ βλ.
υποσημείωση ‖ (σημείο) obelisk ‖ (νομ)
remand
παραπονετικός, -ή, -ό: βλ. παραπονιά-
ρικος
παραπονιάρης, -α, -ικο: complainer,
grumbler, whiner ‖ βλ. γκρινιάρης
παραπονιάρικος, -η, -ο: plaintive, mourn-
ful
παραπονιέμαι: βλ. παραπονούμαι
παράπονο, το: complaint, grievance
παραπονούμαι: complain, grumble ‖
(ενοχλητικά) whine ‖ (επίσημα) lodge a
complaint
παραποτάμιος, -α, -ο: riparian, riverine,
riverside
παραπόταμος, ο: tributary, affluent
παράπτωμα, το: misconduct, fault ‖ βλ.
πλημμέλημα
παράρτημα, το: (εφημερ.) extra ‖
(κτιρίου) outbuilding, annex ‖ (βιβλίου)
addendum, annex, appendix ‖ (υπηρ.)
branch
παράς, ο: (μτφ) money, dough, moola
παρασέρνω: carry away, drag along ‖
(από νερό) wash away, sweep away ‖
(από αυτοκίνητο) run over ‖ (μτφ) mis-
guide, lead astray
παράσημο, το: medal, decoration ‖
(τραυματίου) Purple Heart

παρασημοφόρηση, η: decoration
παρασημοφορία, η: βλ. παρασημο-
φόρηση
παρασημοφορώ: decorate ‖ (τραυματία)
award the Purple Heart
παρασιτικός, -ή, -ό: parasitic
παρασιτοκτόνο, το: parasiticide
παράσιτο, το: parasite ‖ (μτφ) parasite,
leech, sponger ‖ (ραδ) static, atmo-
spherics, sferics
παρασιώπηση, η: βλ. αποσιώπηση
παρασιωπώ: βλ. αποσιωπώ
παρασκευάζομαι: prepare, get ready
παρασκευάζω: prepare
παρασκεύασμα, το: preparation
παρασκευαστικός, -ή, -ό: preparatory
παρασκευή, η: preparation ‖ Π~: Friday
παρασκήνια, τα: (το διπλανό της σκηνής)
side scenes ‖ (το πίσω) backstage ‖
(μτφ) behind the scenes
παρασκηνιακός, -ή, -ό: (μτφ) behind the
scenes
παρασόλι, το: parasol
παρασπονδία, η: (υποσχ.) breach of
promise, violation of promise ‖ (συν-
θήκης) violation of a treaty
παρασπονδώ: (υποσχ.) break a promise,
violate a promise ‖ (υποχρ.) violate an
obligation ‖ (συνθήκη) violate a treaty
παρασταίνω: βλ. παριστάνω
παράσταση, η: (απεικόνιση) representa-
tion, portrayal, depiction, picturing ‖
(θεάτρ.) performance, show ‖ (νομ) ap-
pearance ‖ (διαμαρτυρία) βλ. διαμαρ-
τυρία ‖ (απογευμ. παράσταση) matinee
‖ (ψυχολ.) image
παραστάτης, ο (θηλ. παραστάτιδα): at-
tendant ‖ (πόρτας) jamb
παραστατικός, -ή, -ό: representative, ex-
pressive, descriptive ‖ (μαθ) ~ή
γεωμετρία: descriptive geometry
παραστέκομαι: attend, assist, support
παραστέκω: βλ. παραστέκομαι
παράστημα, το: bearing, carriage, posture
παραστολισμένος, -η, -ο: ornate, exces-
sively decorated ‖ (μτφ) overdressed
παραστράτημα, το: going astray, straying,
immoral act
παραστρατημένη, η: loose woman, im-
moral woman, a woman of loose morals,

718

slut

παραστρατίζω: βλ. **παραστρατώ**

παραστρατιωτικός, -ή, -ό: paramilitary

παραστρατώ: go astray

παρασυναγωγή, η: conventicle ‖ *(μτφ)* illegal meeting

παρασύνθετος, -η, -ο: parasynthetic

παρασύνθημα, το: (απάντηση στο σύνθημα) countersign, watchword

παρασύρω: βλ. **παρασέρνω**

παράτα, η: βλ. **παρέλαση**

παράταιρος, -η, -ο: unmached

παράταξη, η: (τοποθ.) order, array ‖ *(στρ)* parade ‖ (πολιτ.) party ‖ ~ **μάχης:** battle order

παράταση, η: extension, prolongation ‖ βλ. **ανανέωση**

παρατάσσω: array, draw up, line up ‖ *(μτφ)* muster

παρατατικός, ο: past progressive, past continuous

παρατείνω: extend, prolong, protract

παρατεταμένος, -η, -ο: (μακρόσυρτος) long-drawn

παρατήρηση, η: (οπτική) observation ‖ (γνώμη ύστερα από μελέτη) remark, observation, note ‖ βλ. **επίπληξη**

παρατηρητήριο, το: observation post ‖ (πύργος) observation tower, watch tower

παρατηρητής, ο: observer ‖ *(στρ)* watcher, lookout, spotter, observer

παρατηρητικός, -ή, -ό: observing, observant, attentive

παρατηρητικότητα, η: observation, power of observation

παρατηρώ: observe, watch ‖ (προφορ. ή γραπτά) remark, make a remark ‖ βλ. **επιπλήττω** ‖ (αντιλαμβάνομαι) notice, perceive, see

παράτολμος, -η, -ο: reckless, foolhardy

παρατονία, η: βλ. **παραφωνία**

παράτονος, -η, -ο: βλ. **παράφωνος**

παρατραβώ: *(μτβ)* carry too far ‖ *(αμτβ)* last too long ‖ βλ. **παρακάνω**

παρατράγουδο, το: (δυσάρεστο επακολούθημα) afterclap ‖ (δυσάρεστο συμβάν) unseemly incident

παρατρώω: glut, gorge, overeat, stuff oneself

παρατσούκλι, το: nickname, monicker,

tag, sobriquet

παρατυπία, η: irregularity ‖ (παράβαση τύπων) breach of etiquette

παράτυπος, -η, -ο: irregular

παράτυφος, ο: paratyphoid fever

παρατώ: βλ. **παραιτούμαι**

παραφέρομαι: lose one's temper, lose one's patience, fly into a passion

παραφθείρω: corrupt, alter

παραφθορά, η: corruption, alteration

παραφίνη, η: paraffin

παραφορά, η: outburst, rage, frenzy

παράφορα: *(επίρ)* passionately, desperately

παράφορος, -η, -ο: (σφοδρός) passionate, fierce ‖ βλ. **ευέξαπτος**

παραφορτώνομαι: pester, plague

παραφορτώνω: overburden, overload

παραφράζω: paraphrase

παράφραση, η: paraphrase

παραφρονώ: go mad, become insane, lose one's mind

παράφρονας, ο: βλ. **τρελός**

παραφροσύνη, η: madness, insanity, lunacy *(και μτφ)*

παραφυάδα, η: offshoot, scion ‖ *(μτφ)* scion, offspring

παραφυλάω: watch, lurk, lie in wait

παραφωνία, η: dissonance ‖ *(μτφ)* discord ‖ **σε ~:** out of tune

παράφωνος, -η, -ο: dissonant, discordant, out of tune

παραφωτίδα, η: porthole

παραχαϊδεύω: pamper, spoil

παραχαράκτης, ο: forger, counterfeiter

παραχάραξη, η: forgery, counterfeiting

παραχαράσσω: forge, counterfeit

παραχειμάζω: winter, spend the winter, pass the winter

παραχώνω: bury

παραχώρηση, η: concession, cession, grant ‖ βλ. **μεταβίβαση**

παραχωρώ: concede, grant ‖ (υποχωρώ) yield ‖ βλ. **μεταβιβάζω**

παραωριμάζω: mellow, become overripe

πάρδαλη, η: βλ. **λεοπάρδαλη**

παρδαλός, -ή, -ό: multicolored, motley, pied ‖ (άλογο) pinto, spotted, piebald ‖ (γυναίκα-μτφ) tart, slut, prostitute, whore

παρέα, η: (συντροφιά) company ‖ (ομάδα) party ‖ **κάνω ~:** pal, keep company

παρεγκεφαλίδα, η: cerebellum

πάρεδρος, ο: (αντικατ.) deputy ‖ (δικαστ.) assessor

παρειά, η: cheek (και μτφ) ‖ (τείχωμα) wall

παρείσακτος, -η, -ο: intruder ‖ (απρόσκλητος) gatecrasher

παρείσδυση, η: intrusion

παρεισδύω: intrude, steal into

παρεκβαίνω: digress, sidetrack

παρέκβαση, η: digression

παρέκει: (επίρ) farther away, farther on

παρεκκλήσι, το: chapel

παρεκκλίνω: deviate, diverge, swerve (και μτφ)

παρέκκλιση, η: deviation, divergence

παρεκτρέπομαι: βλ. **περεκκλίνω** ‖ (μτφ) misconduct, behave improperly

παρεκτροπή, η: misconduct, impropriety

παρέλαση, η: parade ‖ (ιππικού) cavalcade

παρελαύνω: parade, march

παρέλευση, η: passage, lapse ‖ (προθεσμίας) expiration

παρελθόν, το: past

παρέλκυση, η: delay, obstructionist tactics ‖ (νομ) filibuster

παρελκύω: delay ‖ (νομ) filibuster

παρεμβαίνω: interfere, intervene

παρεμβάλλω: interpose

παρέμβαση, η: intervention, interference

παρεμβατισμός, ο: interventionism

παρεμβολή, η: βλ. **παρέμβαση** ‖ insertion ‖ (ηλεκτρ) jam, jamming

παρεμποδίζω: preclude, prevent, obstruct ‖ βλ. **παρακωλύω**

παρεμπόδιση, η: preclusion, obstruction ‖ βλ. **παρακώλυση**

παρεμφερής, -ές: similar

παρενέργεια, η: side effect

παρένθεση, η: insertion ‖ (σημ. στίξ.) parenthesis

παρενθετικός, -ή, -ό: parenthetical

παρενθέτω: βλ. **παρεμβάλλω**

παρενόχληση, η: harassment, bothering ‖ (στρ) harassment

παρενοχλώ: harass, bother, pester ‖ (σεξ) molest

παρεξήγηση, η: misunderstanding, misinterpretation

παρεξηγιέμαι: be insulted, be offended

παρεξηγώ: misunderstand, misinterpret, misconstrue

παρεπιδημώ: sojourn

παρεπόμενα, τα: side issues, consequences ‖ (γνωρίσματα) attributes

πάρεργο, το: moonlighting, sideline

παρερμηνεία, η: misinterpretation (βλ. και **παρεξήγηση**)

παρερμηνεύω: misinterpret (βλ. και **παρεξηγώ**)

παρέρχομαι: pass, elapse

παρευρίσκομαι: be present, attend

παρεφθαρμένος, -η, -ο: (γλωσσ.) corrupt

παρέχω: supply, furnish ‖ (προξενώ) cause, occasion

παρηγορητικός, -ή, -ό: consoling, consolatory, comforting

παρηγοριά, η: consolation, solace

παρήγορος, -η, -ο: βλ. **παρηγορητικός**

παρηγορώ: console, comfort

παρήλικος, -η, -ο: aged, senior citizen, advanced in years

παρήχηση, η: (λογ) alliteration

παρθένα, η: virgin, maiden

παρθεναγωγείο, το: girls' school

παρθενιά, η: virginity, maidenhood

παρθενικός, -ή, -ό: virginal, maiden ‖ **-ό ταξίδι:** maiden voyage

παρθένος, η: βλ. **παρθένα** ‖ βλ. **Παναγία**

Παρθενώνας, ο: Parthenon

πάρθιος, -α, -ο: parthian (και μτφ)

παρίας, ο: parian, outcast

παρίσταμαι: βλ. **παρευρίσκομαι**

παριστάνω: represent, depict, portray ‖ (θέατρο) perform ‖ (ρόλο) play the part

παριστώ: βλ. **παριστάνω**

παρκάρισμα, το: parking ‖ (τόπος) parking lot

παρκάρω: park

παρκέ, το: parquet

παρκέτο, το: βλ. **παρκέ**

πάρκινγκ, το: (μέρος) parking lot ‖ (πράξη) parking

πάρκο, το: park ‖ (κλουβί μωρού) play pen

παρμετζάνα, η: parmesan

παρμπρίζ, το: windscreen

παροδικός, -ή, -ό: passing, short-lived, fleeting

πάροδος, η: βλ. παρέλευση ‖ (δρόμου) alley, side-street ‖ (αδιέξοδος) dead end ‖ (με κατοικίες) mews

παροικία, η: community, colony

πάροικος, o: resident alien

παροιμία, η: proverb, adage, saying

παροιμιώδης, -ες: proverbial (και μτφ)

παρομοιάζω: liken, compare ‖ βλ. μοιάζω

παρόμοιος, -α, -ο: similar, alike, true to life

παρομοίωση, η: comparison, likeness ‖ (λογ) simile

παρόν, το: present

παρονομασία, η: (λογ) paronomasia

παρονομαστής, o: denominator

παροξύνω: βλ. εξάπτω ‖βλ. ερεθίζω

παροξυσμός, o: βλ. ερεθισμός ‖ βλ. έξαψη ‖ (ιατρ) paroxysm ‖ (ξέσπασμα) fit, attack, paroxysm ‖ (νεύρων ή θυμού - id) tantrum

παροξύτονος, -η, -ο: paroxytone

παροπλίζω: disarm ‖ (πλοίο) lay up, put out of commission

παροπλισμός, o: disarming ‖ (πλοίου) laying up, putting out of commission

παροράματα, τα: errata

παροργίζω: βλ. εξοργίζω ‖ βλ. εξερεθίζω

παρόρμηση, η: βλ.παρακίνηση ‖ (ψυχ.) urge, impulse

παρορμητικός, -ή, -ό: impulsive

παρορμώ: βλ. παρακινώ

παρότρυνση, η: βλ. παρακίνηση

παροτρύνω: βλ. παρακινώ

παρουσία, η: presence ‖ Δευτέρα Π~: Second Advent, Second Coming

παρουσιάζομαι: appear, show up ‖ (συστήνομαι) introduce oneself ‖ (στρ) report

παρουσιάζω: present ‖ (συστήνω) introduce

παρουσίαση, η: presentation ‖ (σύσταση) introduction ‖ (εμφάνιση) appearance

παρουσιάσιμος, -η, -ο: presentable

παρουσιαστικό, το: bearing, presence, appearance

παροχέτευση, η: canalization, channeling ‖ (ηλεκτρ) by-pass, shunt

παροχετεύω: canalize, channel ‖ (ηλεκτρ) shunt

παροχή, η: grant, giving, gift ‖ (οικ) allowance

παρόχθιος, -α, -ο: riparian ‖ (ποταμού) riverine, riverside ‖ (λίμνης) lacustrine

παρρησία, η: outspokenness, frankness

πάρσιμο, το: take, taking ‖ βλ. άλωση ‖ (μίχρεμα) taking in, shortering

πάρτα όλα: (παιγνίδι τυχερό) teetotum

παρτέρι, το: flower bed

παρτίδα, η: (μέρος) part ‖ (παιγν.) game

παρτιζάνος, o: partisan, guerrilla

πάρτυ, το: party

παρυφή, η: (ρούχων) hem ‖ (μτφ) fringe, border

παρωδία, η: parody ‖ (μτφ) parody, travesty, mockery, spoof ‖ ~ δίκης: kangaroo court ‖ (θέατρο) skit

παρώθηση, η: βλ. παρακίνηση

παρών, -ούσα, -όν: present ‖ πανταχού ~: ubiquitous, omnipresent

παρωνύμιο, το: βλ. παρατσούκλι

παρωνυχίδα, η: βλ. παρανυχίδα

παρωπίδες, οι: blinders, blinkers (και μτφ)

παρωτίτιδα, η: mumps, parotitis

πάσα, η: (ποδοσφ.) pass ‖ πλάγια ~: lateral

πασαλείβομαι: (μτφ) smatter

πασαλείβω: daub, smear

πασάλειμμα, το: (μτφ) smattering

πασαλείφω: βλ. πασαλείβω

πασαπόρτι, το: βλ. διαβατήριο

πασάς, o: pasha

πασίγνωστος, -η, -ο: well-known, famous ‖ (κακή έννοια) notorious

πασιέντσα, η: (χαρτ.) solitaire

πασιφισμός, o: pacifism

πασιφιστής, o: pacifist

πάσο, το: βλ. βήμα ‖ (χαρτ) pass ‖ πάω ~: pass ‖ με το ~ μου: at one's leisure ‖ περπατώ με το ~ μου: saunter

πασπαλίζω: powder, sprinkle, dust

πασπαρτού, το: master key

πασπατεύω: finger, fumble, grope ‖ (ερωτ.) paw

πασσαλοπήκτης, o: pile driver

πάσσαλος, o: (μικρός) stake ‖ (μεγάλος) pile ‖ (γκολφ) tee

πάστα, η: (ζυμαρ.) pasta ‖ (γλυκ.) tart,

παστάδα

pastry, cake ΙΙ *(μτφ)* stuff
παστάδα, η: bridal chamber
παστεριωμένος, -η, -ο: pasteurized
παστεριώνω: pasteurize
παστερίωση, η: pasteurization
παστίλια, η: lozenge, troche, pastille
παστός, -ή, -ό: salted
πάστρα, η: βλ. **καθαριότητα**
παστρεύω: βλ. **καθαρίζω**
παστρικιά, η: *(ιδ)* slut, tart
παστρικός, -ή, -ό: βλ. **καθαρός**
παστώνω: salt, cure, preserve in salt
Πάσχα, το: Easter
πασχάλια, τα: *(ιδ)* χάνω τα ~ μου: be at a loss, muddle
πασχαλιά, η: βλ. **Πάσχα** ΙΙ *(δέντρο)* lilac ΙΙ *(έντομο)* ladybug
πασχαλινός, -ή, -ό: easter
πασχαλίτσα, η: βλ. **πασχαλιά** *(έντομο)*
πασχίζω: strive, struggle, exert effort
πάσχω: suffer ΙΙ *(είμαι άρρωστος)* suffer, be sick, be ill
πάταγος, ο: din ΙΙ *(μτφ)* sensation
πατάρι, το: loft ΙΙ *(μεσοπάτωμα)* mezzanine
πατάσσω: *(τιμωρώ)* smite, punish, subdue ΙΙ βλ. **καταβάλλω**
πατάτα, η: potato
πατέντα, η: patent
πατέρας, ο: father *(και μτφ)*, sire
πατερίτσα, η: *(δεκανίκι)* crutch ΙΙ *(επισκόπου)* crosier, crook
πάτερο, το: beam, rafter ΙΙ **κολοκύθια στο ~:** stuff, nonsense, stuff and nonsense
πάτημα, το: *(πίεση με πόδια)* stomping, crushing ΙΙ *(ίχνος)* βλ. **πατημασιά** ΙΙ *(θόρυβος βήματος)* tread, footstep ΙΙ *(πρόσχημα)* pretext, excuse
πατημασιά, η: footprint
πατητήρι, το: winepress, wine presser
πατινάδα, η: βλ. **καντάδα**
πατινάρω: skate
πατίνι, το: *(πάγου)* skate ΙΙ *(με ρόδες)* roller skate
πατιρντί, το: *(ιδ)* hullabaloo, racket, clamor
πατόκορφα: *(επίρ)* from head to foot, from top to toe ΙΙ **λούζω ~:** give s.o a dressing-down
πάτος, ο: bottom ΙΙ *(ιδ)* ass, butt, arse,

bottom ΙΙ **μου βγήκε ο ~:** be petered out, be all petered out, be bushed
πατούμενα, τα: βλ. **παπούτσια** *(ιδ)*
πατούνα, η: sole
πατούσα, η: βλ. **πατούνα**
πατραλοίας, ο: βλ. **πατροκτόνος**
πάτρια, τα: ancestral traditions, ancestral institutions
πατριά, η: tribe
πατριαρχείο, το: patriarch's see
πατριάρχης, ο: patriarch
πατριαρχία, η: patriarchy, patriarchate
πατριαρχικός, -ή, -ό: patriarchic, patriarchal
πατρίδα, η: *(χώρα)* fatherland, country, native country, homeland, home ΙΙ *(πόλη)* place of birth, birthplace ΙΙ *(μετανάστη)* old country ΙΙ *(μτφ)* birthplace
πατρικός, -ή, -ό: paternal, fatherly
πάτριος, -α, -ο: ancestral ΙΙ βλ. **πατρικός** ΙΙ **~ο έδαφος:** native soil
πατριός, ο: stepfather
πατριώτης, ο *(θηλ **πατριώτισσα**)*: *(που αγαπά την πατρίδα)* patriot ΙΙ *(συμπατριώτης)* compatriot, fellow countryman
πατριωτικός, -ή, -ό: patriotic
πατριωτισμός, ο: patriotism
πατρογονικός, -ή, -ό: patrimonial, ancestral ΙΙ *(προερχόμενος από προγόνους)* hereditary
πατροκτονία, η: patricide
πατροκτόνος, ο: patricide
πατρολογία, η: patrology
πάτρονας, ο: patron, sponsor
πατροπαράδοτος, -η, -ο: traditional ΙΙ βλ. **πατρογονικός**
πατρότητα, η: paternity, fatherhood *(και μτφ)*
πατρυιός, ο: βλ. **πατριός**
πατρωνυμία, η: patronymic
πατρωνυμικός, -η, -ο: patronymic
πατρώνυμο, το: father's name
πατσαβούρα, η: rag, mop, dish cloth ΙΙ *(ιδ)* slut, whore
πατσάς, ο: tripe
πάτσι: *(επίρ)* quits, even
πατσίζω: get even
πατσομύτης, -α, -ικο: pug-nosed, snubnosed
πατώ: step on, tread on ΙΙ βλ. **κυριεύω** ΙΙ

722

(συνθλίβω) stomp, crush, press ‖ (με αυτοκίνητο) run over ‖ βλ. **παρασπονδώ και παραβαίνω** ‖ (ακουμπώ τον πάτο) touch bottom ‖ ~ **πόδι:** put one's foot down, assert one's will emphatically ‖ **του ~ τον κάλο:** tread on s.o's corn

πάτωμα, το: floor ‖ (όροφος) floor, story, storey

πατώνω: (βάζω πάτωμα) floor, provide with a floor, lay a floor ‖ (πατώ στο βυθό) touch bottom

παύλα, η: dash ‖ **τελεία και ~!:** period!

παύση, η: pause, stop, stoppage, halt ‖ (ολιγόστιγμη διακοπή) pause, respite ‖ (απόλυση) dismissal, discharge ‖ (ποιητ.) caesura ‖ (μουσ) pause ‖ (πληθ - διακοπές σχολ.) holidays

παυσίπονο, το: lenitive, painkiller

παύω: (αμτβ) cease, stop ‖ (μτβ) stop, put an end ‖ (ιδ) lay off, knock off ‖ (απολύω) dismiss, fire, give the sack, discharge ‖ (σιωπώ) stop speaking, keep silent, hold one's tongue

παφλάζω: lap, bubble, gurgle

παφλασμός, ο: lapping, bubbling, gurgle, gurgling sound

παχαίνω: (αμτβ) put on weight, get fat, grow fat, fatten ‖ (μτβ) fatten

πάχνη, η: white frost, hoarfrost

παχνί, το: manger

πάχος, το: fatness, plumpness ‖ (υπερβολικό) obesity ‖ (διάσταση) thickness ‖ (λίπος) fat

παχουλός, -ή, -ό: plump, chubby

παχύδερμος, -η, -ο: thick-skinned, pachyderm (και μτφ)

παχυλός, -ή, -ό: (μτφ) fat ‖ ~ **μισθός:** fat salary, fat paycheck

παχυντικός, -ή, -ό: fattening

παχύνω: βλ. **παχαίνω**

παχύς, -ά, -ύ: fat, corpulent, stout ‖ (υπερβολικά) obese ‖ (κρέας) fat ‖ (διάσταση) thick ‖ **-ύ έντερο:** large intestine ‖ **-ιά λόγια:** empty words

παχυσαρκία, η: fatness, obesity

παχύσαρκος, -η, -ο: fat, obese

παχύτητα, η: thickness ‖ βλ. **παχυσαρκία**

πάω: βλ. **πηγαίνω**

πέδη, η: brake

πεδιάδα, η: plain

πεδικλώνομαι: trip, stumble

πεδικλώνω: trip

πέδιλο, το: sandal ‖ (στήριγμα) base slab ‖ (πεντάλ) pedal

πεδινός, -ή, -ό: plain, flat, level ‖ **~ό πυροβολικό:** field artillery

πεδίο, το: βλ. **πεδιάδα** ‖ (περιοχή) field (και μτφ) ‖ (δραστηριότητα) me~tier ‖N] **μάχης:** battle field, battleground

πεζεύω: dismount

πεζή: (επίρ) on foot

πεζικάριος, ο: infantryman, foot soldier

πεζικό, το: infantry

πεζογραφία, η: prose

πεζογράφος, ο: prose writer

πεζοδρόμιο, το: sidewalk ‖ (Brit) pavement ‖ **του ~ου:** street walker

πεζοναύτης, ο: marine ‖ (ιδ) leatherneck

πεζοπορία, η: hike, walk

πεζοπόρος, ο: hiker

πεζοπορώ: hike, walk, tramp

πεζός, -ή, -ό: (με τα πόδια) pedestrian, on foot ‖ (λογ) prosaic (και μτφ) ‖ (στρ) βλ. **πεζικάριος** ‖ ~ **λόγος:** prose

πεζότητα, η: (μτφ) prosaism, prosaicness, banality

πεζούλι, το: (αντιστήριγμα) terrace ‖ (τοιχάκος) parapet

πεζούρα, η: βλ. **πεζικό**

πεθαίνω: die (και μτφ) ‖ (μτβ) make s.o. die ‖ (μτφ) βλ. **βασανίζω**

πεθαμένος, -η, -ο: dead ‖ βλ. **ψόφιος**

πεθαμός, ο: βλ. **θάνατος** ‖ (μτφ - σκληρή δουλειά) backbreaking, arduous

πεθερά, η: mother-in-law

πεθερικά, τα: father and mother-in-law

πεθερός, ο: father-in-law

πειθαναγκάζω: coerce, compel by pressure, compel by threat

πειθαρχείο, το: (στρ) stockade, guard house ‖ (σοβαρών παραπτωμάτων) disciplinary barracks

πειθαρχία, η: discipline

πειθαρχικός, -ή, -ό: disciplinary ‖ (υπάκουος) obedient

πειθαρχώ: be obedient, obey

πειθήνιος, -α, -ο: obedient, docile

πειθώ: persuasion

πείθω: persuade, convince

πείνα, η: hunger ‖ (λιμός) famine ‖ (στέρηση) penury, extreme want ‖ **πεθαίνω της ~ς**: be famished, be starved

πειναλέος, -α, -ο: starving, ravenous, famished

πεινασμένος, -η, -ο: hungry ‖ βλ. **πειναλέος**

πέϊνιρλί, το: welsh rabbit, welsh rarebit

πεινώ: be hungry ‖ (πολύ) be famished, be starved ‖ (μτφ) be hungry

πείρα, η: experience

πείραγμα, το: josh, teasing, banter

πειράζει: (απρόσ) it matters, to mind ‖ **δεν ~**: it does not matter, I don't mind, never mind

πειράζομαι: take offence, be offended, be hurt, resent

πειράζω: tease, josh ‖ βλ. **ενοχλώ** ‖ βλ. **βλάπτω**

πείραμα, το: experiment ‖ βλ. **δοκιμή**

πειραματίζομαι: experiment

πειραματικός, -ή, -ό: experimental

πειραματισμός, ο: experimentation ‖ βλ. **πείραμα**

πειρασμός, ο: temptation

πειρατεία, η: piracy

πειρατής, ο: pirate, corsair, buccaneer, freebooter

πειρατικός, -ή, -ό: piratical

πειραχτήρι, το: imp, mischievous, teaser

πείσμα, το: (επιμονή) obstinacy, stubbornness, mulishness ‖ (γινάτι) spite

πεισματάρης, -α, -ικο: obstinate, stubborn, mulish

πεισματάρικος, -η, -ο: βλ. **πεισματάρης** ‖ βλ. **πεισματικός**

πεισματικός, -ή, -ό: (με γινάτι) spiteful

πεισματώδης, -ες: determined, stubborn

πεισματώνω: (αμτβ) become stubborn, become obstinate, become obdurate ‖ (μτβ) spite

πεισμώνω: βλ. **πεισματώνω**

πειστήριο, το: (αποδ. στοιχείο) proof ‖ (τεκμ. - νομ) exhibit

πειστικός, -ή, -ό: persuasive, convincing

πειστικότητα, η: persuasiveness

πελαγίσιος, -α, -ο: sea, pelagic

πελαγοδρομία, η: (μτφ) dither, jumble, muddle

πελαγοδρομώ: (μτφ) dither, be in a dither, muddle, bungle

πέλαγος, το: sea, open sea ‖ **Αιγαίο ~**: Aegean sea

πελάγωμα, το: dither, loss, bafflement

πελαγώνω: dither, be stumped, be baffled ‖ βλ. **πελαγοδρομώ**

πελαργός, ο: stork

πελατεία, η: clientele, custom, customers, patronage

πελάτης, ο (θηλ **πελάτισσα**): (θαμώνας) customer, patron ‖ (τακτικός) habitue~, regular ‖ (μαγαζιού) shopper ‖ (δικηγόρου ή μηχαν. κλπ.) client ‖ (γιατρού) patient ‖ (ξενοδοχ.) guest

πελεκάνος, ο: pelican

πελεκητής, ο: carver

πελεκητός, -ή, -ό: hewn, carved

πελεκούδι, το: sliver, chip, shaving ‖ **θα καεί το ~**: paint the town red, go on about of uproarious carousal

πέλεκυς, ο: ax, axe ‖ (μικρός) hatchet ‖ (ινδιάνικος) tomahawk

πελεκώ: cut, chop ‖ (κατεργάζομαι) hew, carve

πελερίνα, η: pelerine, tippet, pelisse

πελιδνός, -ή, -ό: livid, pallid

πέλμα, το: (ποδιού και παπουτσιού) sole ‖ (τεχν) shoe

πελματοβάμονα, τα: (ζωολ) plantigrades

πελότα, η: pin cushion

πελτές, ο: βλ. **μπελντές**

πελώριος, -α, -ο: huge, enormous, mammoth, colossal

Πέμπτη, η: Thursday

πέμπτος, -η, -ο: fifth ‖ **~η φάλαγγα**: fifth column

πεμπτουσία, η: (μτφ) gist, essence

πεμπτοφαλαγγίτης, ο: fifth columnist ‖ (μτφ) agent provocateur

πέμπω: send, dispatch, forward

πένα, η: (γραφίδα) pen ‖ (νόμισμα) penny ‖ (οργάνου) plectrum

πέναλτυ, το: (ποδοσφ.) penalty kick

πενήντα: fifty

πενηντάρης, ο (θηλ **πενηντάρα**): quinquagenarian

πενηντάρι, το: fifty

πενηνταριά, η: about fifty, fifty or so

πενηντάρικο, το: βλ. **πενηντάρι**

πένης, ο: pauper, destitute

πενθερά, η, κλπ.: βλ. **πεθερά** κλπ.

πενθήμερος, -η, -ο: five-day
πένθιμος, -η, -ο: mournful, funeral (και μτφ) || (ρούχα) weeds
πένθος, το: mourning
πενθώ: be in mourning, mourn
πενία, η: penury, want, poverty, need
πενιά, η: (γραφ.) stroke of a pen || (οργ) strum, strumming, plucking
πενικιλίνη, η: penicillin
πενιχρός, -ή, -ό: (φτωχικός) poor, meagre, beggarly || (ανεπαρκής) measly, meagre (και μτφ)
πέννα, η: βλ. πένα
πένομαι: be destitute, live in poverty, be needy
πένσα, η: pincers
πεντάγραμμο, το: staff, stave
πεντάγωνο, το: pentagon
πεντάδα, η: pentad
πεντάδιπλος, -η, -ο: fivefold, quintuple
πεντάδραχμο, το: fiver
πεντάεδρο, το: pentahedron
πενταετής, -ές: quinquenial
πενταετία, η: quinquenium
πένταθλο, το: pentathlon
πεντακάθαρος, -η, -ο: neat as a new pin, very clean
πεντακοσάρικο, το: five hundred drachmas bill
πεντακόσιοι, -ες, -α: five hundred
πεντακοσιοστός, -ή, -ό: five hundredth
πεντάλεπτο, το: (νόμισμα) nickel || (χρον) five minutes
πενταμελής, -ές: five-member
πενταμερής, -ές: pentamerous
πεντάμορφη, η: beauty, extremely beautiful
πενταπλασιάζω: quintuple
πενταπλάσιος, -α, -ο: quintuple, fivefold, quintuplicate
πεντάπλευρος, -η, -ο: five-sided
πεντάρα, η: βλ. πεντάλεπτο (νομ.)
πεντάρι, το: five || (σπίτι) five-room house
πεντάρφανος, -η, -ο: orphaned, fatherless and motherless
πενταφωνία, η: quintet
πεντάχορδος, -η, -ο: five-stringed
πεντάχρονος, -η, -ο: five-year-old
πέντε: five

πεντηκονταετηρίδα, η: fiftieth anniversary || (γάμων) golden anniversary
πεντηκονταετία, η: fifty years
πεντηκοστή, η: Pentecost, whitsunday
πεντηκοστός, -ή, -ό: fiftieth
πεντόβολα, τα: jacks, jackstones
πέος, το: penis || (ιδ) dick, prick
πεπειραμένος, -η, -ο: experienced
πέπλο, το: veil (και μτφ)
πεποίθηση, η: conviction || βλ. βεβαιότητα || βλ. εμπιστοσύνη
πεπόνι, το: cantaloupe, melon
πεπρωμένο, το: destiny
πεπτικός, -ή, -ό: digestive, peptic
πέρα: (επίρ) over there, on the other side, yonder, beyond || ~ για ~: root hog and die, lock stock and barrel, through and through || ~ δώθε: to and fro || τα βγάζω ~: make out, get along, manage, make ends meet || ~ από: further
περαιτέρω: (επίρ) further
πέραμα, το: (μέρος) ferry || (μέσο) ferry, ferryboat
πέρας, το: (άκρο) end, extremety, extreme edge || (τελειωμός) end, completion, finish
πέραση, η: recognition, acceptance, popularity
πέρασμα, το: (χρόνου) passage || (μέρος διάβασης) pass, col || (ρηχό ποταμού) ford || (διάβαση) crossing, passage || (στενό) notch
περασμένα, τα: past, bygone || ~ ξεχασμένα: let bygones be bygones
περασμένος, -η, -ο: past, bygone, gone || (προηγούμενος) last
περαστικά!: speedy recovery, get well soon, rapid recovery
περαστικός, -ή, -ό: (όχι μόνιμος) transient || (διαβάτης) passer-by || (που περνά) passing || (πολυσύχναστος) busy
περατώνω: finish, complete, bring to an end || (βάζω τέλος) terminate
περάτωση, η: completion, end, termination
περβάζι, το: frame
περγαμηνή, η: parchment, scroll
πέργολα, η: pergola
πέρδικα, η: partridge
περδίκι, το: young partridge || (μτφ) fit

περδικλώνομαι

as a fiddle
περδικλώνομαι: περδικλώνω: βλ. **πεδι-
κλώνομαι, πεδικλώνω**
περηφανεύομαι: (καμαρώνω) take pride
in, be proud of ‖ (είμαι περήφανος) be
proud, be haughty, be conceited ‖ βλ.
καυχιέμαι
περηφάνια, η: pride ‖ (υπεροψία) hauti-
ness, conceit, arrogance
περήφανος, -η, -ο: proud ‖ (αλαζόνας)
haughty, arrogant
περί: (πρόθ) (για) about, of, concerning,
regarding ‖ βλ. **γύρω**
περιαδράχνω: grab, grip
περιαυτολογία, η: βλ. **καυχησιολογία**
περιαυτολόγος, -α, -ο: βλ. **καυχησιολόγος**
περιαυτολογώ: βλ. **καυχιέμαι**
περιβάλλον, το: milieu, environment,
surroundings
περιβάλλω: surround, encircle ‖ (μτφ)
think of, hold s.o.
περίβλεπτος, -η, -ο: conspicuous, salient
(και μτφ)
περίβλημα, το: case, jacket ‖ βλ. **κέλυφος**
‖ (περιτύλιγμα) wrapper
περιβόητος, -η, -ο: notorious ‖ (πολύ
κακόφημος) infamous
περιβολάρης, ο (θηλ. **περιβολάρισσα**):
gardener
περιβολή, η: attire
περιβόλι, το: garden ‖ (οπωρ. δέντρων)
orchard
περίβολος, ο: (τοίχος) fence, wall ‖ (χώ-
ρος) enclosure ‖ βλ. **αυλή**
περιβραχιόνιο, το: brassard, armband
περιβρέχω: wash
περιγεγραμμένος, -η, -ο: circumscribed
περίγειο, το: perigee
περίγελος, ο: laughing stock
περιγελώ: mock, deride, scoff, ridicule ‖
βλ. **εξαπατώ**
περιγιάλι, το: βλ. **ακρογιαλιά**
περίγραμμα, το: outline
περιγραφή, η: description, account, de-
piction
περιγραφικός, -ή, -ό: descriptive
περιγραφικότητα, η: descriptiveness
περιγράφω: describe, depict, portray ‖
(γεωμ) circumscribe
περιδέραιο, το: necklace

περιδιαβάζω: wander, walk around,
loiter
περιδίνηση, η: spin
περιδρομιάζω: glut, gorge, sate, satiate
περιεκτικός, -ή, -ό: inclusive ‖ (που χω-
ρά πολλά) capacious ‖ (γραμ) collective
περιεκτικότητα, η: inclusiveness ‖
(μεγάλη χωρητικότητα) capaciousness
περιεργάζομαι: watch, look attentively,
scrutinize
περιέργεια, η: curiosity ‖ βλ. **αδιακρισία**
περίεργος, -η, -ο: (που έχει περιέργεια)
curious, inquiring ‖ βλ. **παράξενος** ‖ βλ.
αδιάκριτος ‖ (που χώνει την μύτη του)
snoopy
περιεχόμενα, τα: contents
περιεχόμενο, το: (μτφ) content, contents
‖ (σημασία) significance
περιέχω: contain, include, hold
περιζήτητος, -η, -ο: much sought after, in
great demand
περίζωμα, το: (γείσο) cornice ‖ βλ.
περβάζι
περιζώνω: βλ. **περιβάλλω**
περιήγηση, η: tour
περιηγητής, ο (θηλ **περιηγήτρια**): tourist
περιηγούμαι: tour
περιήλιο, το: perihelion
περιθάλπω: care for, take care of, look
after
περίθαλψη, η: care, attendance ‖ (φτω-
χών) relief ‖ (ιατρική απόρων) medicaid
‖ (ιατρική παρηλίκων) medicare
περιθωριακός, -ή, -ό: marginal
περιθώριο, το: (χαρτιού) margin ‖ (μτφ)
margin, leeway
περικάλυμμα, το: βλ. **περίβλημα**
περικάρδιο, το: pericardium
περικεφαλαία, η: helmet ‖ (μεσαιωνική)
morion ‖ **βλάκας με ~:** moron, nincom-
poop
περικλείνω: βλ. **περιβάλλω** ‖ (περιφρά-
ζω) fence ‖ βλ. **περιέχω**
περικνημίδα, η: (αρχ) greave ‖ (στρ)
puttee, putty ‖ βλ. **κάλτσα** ‖ βλ. **καλτσο-
δέτα** ‖ **παράσημο της ~ς:** order of the
garter
περικόβω: cut back, cut down, curtail,
cut off
περικοκλάδα, η: convolvulus, bindweed,

726

morning glory
περικοπή, η: (ελάττωση) cutback, curtailment, cutting off ‖ (απόσπασμα) passage, extract
περικόχλιο, το: screw nut
περικύκλωμα, το: surrounding, encirclement
περικυκλώνω: surround, encircle, beset, invest
περικύκλωση, η: surrounding, encircling, ‖ (πολιορκία) siege, investment
περιλαβαίνω: include, contain ‖ (αρπάζω) grab, take hold ‖ *(μτφ)* βλ. **επιπλήττω**
περιλαίμιο, το: βλ. **γιακάς** ‖ βλ. **κολάρο** ‖ (ζώου) collar
περιλάλητος, -η, -ο: renowned, well-known, famous ‖ βλ. **περιβόητος**
περιληπτικός, -ή, -ό: concise, comprehensive, summary ‖ *(γραμ)* βλ. **περιεκτικός**
περίληψη, η: summary, resume~, precis
περιλούζω: *(μτφ)* heap s.o with insults, curse
περίλυπος, -η, -ο: βλ. **λυπημένος** ‖ βλ. **μελαγχολικός**
περιμαζεύω: βλ. **μαζεύω** ‖ (συγκρατώ) take in hand, control, check ‖ (δίνω καταφύγιο) take in, shelter
περιμένω: wait ‖ (με ανυπομονησία) look forward to ‖ (προσδοκώ) expect
περίμετρος, η: perimeter ‖ βλ. **περίγραμμα**
πέριξ: *(επίρ)* βλ. **γύρω** ‖ **τα ~:** outskirts, environs ‖ βλ. **προάστια**
περιοδεία, η: tour, travel
περιοδεύω: tour, travel, make a tour
περιοδικό, το: magazine, periodical
περιοδικός, -ή, -ό: periodic, periodical
περιοδικότητα, η: periodicity
περίοδος, η: period ‖ (εποχή) era, period, epoch ‖ (έμμηνα) period, menstruation, menses, monthlies ‖ **πανί** ~*ου:* sanitary napkin
περίοικος, -η, -ο: neighbor, neighbour
περίοπτος, -η, -ο: βλ. **περίβλεπτος**
περιορίζω: limit, bound ‖ (κλείνω μέσα) confine ‖ (συμμαζεύω) take in hand, check ‖ (ελαττώνω) reduce, cut down, cut back, limit
περιορισμός, ο: limitation ‖ (ελάττωση)

reduction, cutback ‖ (κλείσιμο) confinement, detention ‖ *(στρ)* confinement
περιοριστικός, -ή, -ό: restrictive, limiting, binding
περιουσία, η: fortune, property ‖ (προσωπική) chattel ‖ (ακίνητη) realty, real estate ‖ (εκλιπόντος) estate ‖ (πλούτη) fortune, wealth
περιούσιος, -α, -ο: chosen
περιοχή, η: district, region ‖ *(μτφ)* region
περιπάθεια, η: passion
περιπαθής, -ές: passionate
περιπαίζω: βλ. **περιγελώ**
περιπαικτικός, -ή, -ό: mocking, deriding, derisive
περιπατητικός, -ή, -ό: peripatetic
περίπατος, ο: walk, stroll, promenade ‖ (με όχημα) ride, drive ‖ **πάει** ~: (χάθηκε) be lost ‖ (απέτυχε) be a failure
περιπατώ: βλ. **περπατώ**
περιπέτεια, η: adventure, ‖ (δυσάρεστη) incident, misadventure ‖ (αθώα) lark ‖ (ερωτική) love afair
περιπετειώδης, -ες: adventure, adventurous
περιπλάνηση, η: wandering, roving, roaming
περιπλανιέμαι: wander, rove, roam ‖ (χάνομαι) straggle, stray
περιπλέκω: entangle, intertwine ‖ *(μτφ)* complicate, involve
περιπλέω: circumnavigate
περιπλοκάδα, η: βλ. **περικοκλάδα**
περιπλοκή, η: complication, complexity, ramification ‖ (σε ζήτημα ή υπόθεση) wheels within wheels, complication
περίπλοκος, -η, -ο: complicated, intricate, involved, complex
περίπλους, ο: circumnavigation
περιπνευμονία, η: pneumonia
περιπόθητος, -η, -ο: coveted
περιποίηση, η: care, attendance, attention, complaisance
περιποιητικός, -ή, -ό: courteous, caring, considerate, complaisant
περιποιούμαι: care, look after ‖ (γιατρός) attend ‖ (νοσοκ.) nurse ‖ (φυτά ή φράχτη) manicure ‖ *(μτφ)* dress down, thrash

περιπολάρχης, ο: patrol leader
περιπολία, η: round, patrol
περιπολικό, το: (αστυν.) prowl car, squad car
περίπολος, η: patrol ‖ ~ **μάχης:** combat patrol ‖ **ναυτική ~:** naval patrol
περιπολώ: patrol
περίπου: (επίρ) approximately, about, almost, nearly
περίπτερο, το: (έκθεσης) pavillion ‖ (κήπου) gazebo, pavillion, summer house ‖ (δρόμου) kiosk
περίπτυξη, η: hug, embrace
περίπτωση, η: case, matter ‖ (γεγονός) circumstance ‖ (όρος) condition ‖ **σε καμιά ~:** noway, in no case ‖ **σε κάθε ~:** in any case, anyway, at all events
περισκελίδα, η: βλ. **πανταλόνι**
περίσκεψη, η: caution, prudence
περισκόπιο, το: periscope
περισπασμός, ο: diversion, distraction ‖ (στρ) diversion‖ (μτφ) adversity
περισπούδαστος, -η, -ο: weighty, ponderous, grave
περισπώ: divert, distract ‖ (γραμ) circumflex, mark with a circumflex
περισπωμένη, η: circumflex
περίσσεια, η: (πλεόνασμα) surplus, superabudance, excess ‖ βλ. **αφθονία**
περίσσεμα, το: βλ. **περίσσεια**
περισσεύω: (πλεονάζω) be in excess ‖ (απομένω) be left over
περίσσιος, -α, -ο: excess, surplus ‖ βλ. **άφθονος**
περισσός, -ή, -ό: βλ. **περίσσιος**
περισσότερο: (επίρ) more
περισσότερος, -η, -ο: more, upward of
περίσταση, η: circumstance, event, occasion ‖ βλ. **ευκαιρία**
περιστατικό, το: incident, event, occurrence
περιστέρι, το: pigeon, dove
περιστερώνας, ο: pigeon loft
περιστοιχίζω: surround ‖ βλ. **περικυκλώνω**
περιστολή, η: reduction, decrease, limitation
περιστόμιο, το: frame, rim ‖ (χαλινού) curb
περιστρέφομαι: revolve, turn round ‖

(γρήγορα) spin ‖ (σε τροχιά) orbit
περιστρέφω: turn, rotate, turn round ‖ (γρήγορα) spin, twirl
περιστροφή, η: turn, rotation, revolution ‖ βλ. **υπεκφυγή**
περιστροφικός, -ή, -ό: rotary, rotative, rotatory, revolving
περίστροφο, το: revolver
περιστύλιο, το: peristyle
περισυλλέγω: βλ. **περιμαζεύω**
περισυλλογή, η: (μτφ) thrift, wise economy
περισφίγγω: surround closely, tighten round, squeeze
περισώζω: save
περιτειχίζω: surround with a wall, wall all around
περιτείχισμα, το: wall ‖ (χωμάτινο) vallation, rampart ‖ (μέρος) enclosure
περιτοιχίζω: wall, build a wall around
περιτομή, η: circumcision ‖ **κάνω ~:** circumcise
περιτρέχω: run around, run about, wander, rove
περιτριγυρίζω: surround (και μτφ)
περίτρομος, -η, -ο: terrified, scared, frightened
περιτροπή, η: turn ‖ **εκ ~ς:** by turns, alternately
περιττεύω: be superfluous, be useless
περιττολογία, η: verbiage, prolixity
περιττολόγος, -α, -ο: verbose, prolix
περιττολογώ: be verbose, be prolix
περιττός, -ή, -ό: superfluous, useless, unecessary, needless ‖ (αριθμός) odd
περίττωμα, το: excrement
περιτύλιγμα, το: (πράξη) wrapping ‖ (μέσο) wrapper ‖ **χαρτί ~τος:** wrapping paper
περιτυλίγω: wrap up, roll up
περιυβρίζω: insult, abuse, revile ‖ (μτφ) show contempt
περιφανής, -ές: evident, manifest ‖ (μτφ) remarkable, notable
περιφέρεια, η: periphery, circumference ‖ (κύκλου) circumference ‖ (σώματος) girth ‖ (μτφ) district, area, region ‖ **εκλογική ~:** precinct
περιφερειακός, -ή, -ό: peripheral
περιφέρομαι: (γυρίζω κυκλικά) rotate,

turn round, revolve ‖ (σε τροχιά) orbit ‖ (περπατώ) stroll, walk around ‖ (άσκοπα) loiter

περιφέρω: carry round, take around

περίφημος, -η, -ο: famous, celebrated, renowned ‖ βλ. **εξαιρετικός**

περίφοβος, -η, -ο: βλ. **περίτρομος**

περιφορά, η: rotation, turn ‖ (τροχιά) orbit ‖ (εκκλ) procession

περίφραγμα, το: fence, wall, enclosure

περιφράζω: fence in, enclose, wall, surround

περίφραξη, η: fencing, enclosure, walling

περίφραση, η: circumlocution, periphrasis, periphrase

περιφραστικός, -ή, -ό: circumlocutory, periphrastic ‖ ~ή έκφραση: roundabout expression

περιφρόνηση, η: contempt, disdain, scorn ‖ (αψηφισιά) defiance ‖ (νομ) contempt ‖ **εκφράζω** ~: poohpooh (ιδ)

περιφρονητέος, -α, -ο: contemptible, despicable

περιφρονητικός, -ή, -ό: contemptuous, disdainful, scornful

περιφρονώ: contemn, despise, disdain ‖ (αψηφώ) defy, brave ‖ (φέρομαι υπεροπτικά) disdain, look down upon

περιφρούρηση, η: safeguard, protection

περιφρουρώ: safeguard, protect

περιχαράκωμα, το: circumvallation, entrenchment

περιχαρακώνω: circumvallate, entrench

περιχαράκωση, η: βλ. **περιχαράκωμα**

περίχαρος, -η, -ο: jubilant, joyful

περιχύνω: pour over, spill, drench

περίχωρα, τα: outskirts, suburbs

περιώνυμος, -η, -ο: famed, famous, illustrious, celebrated ‖ βλ. **περιβόητος**

περιωπή, η: eminence (και μτφ) ‖ ~ς: eminent

πέρκα, η: (ψάρι) perch

περνοδιαβαίνω: pass frequently

περνώ: (διατρυπώ) pierce ‖ (εισχωρώ) penetrate ‖ (περνώ μέσα σε) pass through ‖ (διαβαίνω) pass by ‖ (δρόμο ή ποτάμι) cross, get across ‖ (μεταβιβάζω) pass ‖ (παρέρχομαι) pass ‖ βλ. **ξεπερνώ** ‖ (καταχωρίζω) enter, record ‖ (νόμο) pass ‖ (ισχύω) be valid

‖ (επισκέπτομαι για λίγο) drop by ‖ (θεραπεύομαι) pass ‖ (θεωρώ, νομίζω) take for, mistake for ‖ **τα** ~: get on, get along ‖ ~ **μέσα:** come in ‖ (τον καιρό με ασχολία) spend ‖ (τον καιρό με διασκέδαση) pass ‖ (βελόνα) thread

περόνη, η: pin ‖ (ανατομ.) fibula

περονιάζω: βλ. **πιρουνιάζω**

περονόσπορος, ο: mildew

περούκα, η: wig, toupee, peruke, periwig

περπάτημα, το: walking ‖ (τρόπος) gait

περπατησιά, η: βλ. **περπάτημα** ‖ (ίχνος) footprint

περπατώ: walk (μτβ και αμτβ) ‖ (οδηγώ σε περίπατο) take for a walk, walk ‖ (κάνω βόλτα) stroll, promenade ‖ (με κόπο) plod ‖ (αργά) saunter ‖ (καμαρωτά) strut, sashay ‖ (με μικρά βηματάκια ή εξεζητημένα) mince ‖ (σταθερά) tramp ‖ (βαριά) trudge

πέρσι: βλ. **πέρυσι**

περσινός, -ή, -ό: last year

πέρυσι: (επίρ) last year

πέσιμο, το: βλ. **πτώση**

πεσκέσι, το: (ιδ) βλ. **δώρο**

πέστροφα, η: trout

πέταγμα, το: (ρίξιμο) throw, throwing, casting, flinging ‖ (πτήση) flight ‖ (αποβολή) rejection, throwing away

πετάγομαι: (πάω βιαστικά) run, rush ‖ (ξεπετάγομαι) hurl, pop ‖ (μιλώ χωρίς άδεια) intrude, butt in

πετάλι, το: pedal

πεταλίδα, η: limpet

πέταλο, το: (αλόγου) horseshoe ‖ (φυτ.) petal

πεταλούδα, η: (έντομο) butterfly ‖ βλ. **παπιγιόν** ‖ (κολύμπι) trudgen ‖ ~ **της νύχτας:** (μτφ) street walker

πετάλωμα, το: shoeing

πεταλώνω: shoe

πεταλωτής, ο: blacksmith

πέταμα, το: βλ. **πέταγμα** ‖ **για** ~: worthless, trash, trashy

πετάμενο, το: bird (ιδ)

πεταμένος, -η, -ο: cast-off, discarded

πεταχτά, στα: (επίρ) quickly, hurriedly

πεταχτός, -ή, -ό: (που ρίχνεται) flung, thrown ‖ (που εξέχει) jutting out, protruding, sticking out ‖ (ευκίνητος) agile, nimble ‖ βλ. **εύθυμος** ‖ βλ. **ζωηρός**

πετεινός, ο: βλ. **κόκορας**

πετιμέζι, το: molasses

πέτο, το: lapel

πετονιά, η: fishing line

πετόσφαιρα, η: volley ball

πετούμενο, το: βλ. **πετάμενο**

πέτρα, η: stone, rock, boulder ‖ (πολύτιμη) precious stone, gem

πετραδάκι, το: pebble

πετράδι, το: gem, precious stone

πετραχήλι, το: stole ‖ **λαγούς με ~α:** empty promises

πετρέλαιο, το: petroleum, oil ‖ **ακάθαρτο ~:** crude oil, petroleum

πετρελαιοπηγή, η: oil well ‖ **~ές:** oil field

πετρελαιοφόρο, το: (πλοίο) tanker, oiler, oil tanker

πετρελαιοφόρος, -α, -ο: oil producing

πετριά, η: (μτφ) hint

πέτρινος, -η, -ο: stone ‖ **~ τοίχος:** stone wall ‖ (μτφ) of stone

πετροβόλημα, το: βλ. **λιθοβολισμός**

πετροβολώ: βλ. **λιθοβολώ**

πετροκάρβουνο, το: pit coal

πετροσέλινο, το: parsley

πετρότοπος, ο: rocky ground, rocky terrain

πετροχελίδονο, το: martin

πετρόψαρο, το: rockfish

πετρώδης, -ες: rocky, stony

πέτρωμα, το: rock ‖ (απολίθωμα) petrification

πετρώνω: petrify ‖ βλ. **απολιθώνομαι**

πέτσα, η: crust ‖ βλ. **δέρμα** ‖ βλ. **κρέμα** ‖ (μτφ) βλ. **ντροπή**

πετσέτα, η: (προσώπου) towel ‖ (τραπεζιού) serviette, table napkin ‖ (χάρτινη) paper napkin

πετσί, το: βλ. **δέρμα** ‖ **~ και κόκαλο:** skin and bones

πέτσινος, -η, -ο: leather

πετσοκόβω: butcher, cut up, hack, slaughter

πέττο, το: βλ. **πέτο**

πετυχαίνω: succeed, be successful ‖ (στη ζωή ή επιχείρηση) make good, be successful

πετυχημένος, -η, -ο: successful

πετώ: (ρίχνω) throw, cast, hurl, fling, dash ‖ (άχρηστα) throw away, cast off ‖ (ίπταμαι) fly ‖ **~ έξω:** kick out, throw out ‖ **~ τα χρήματα:** waste money, throw away ‖ **~ από χαρά:** jump for joy

πευκιάς, ο: pine wood

πεύκο, το: pine, pinetree

πεύκος, ο: βλ. **πεύκο**

πευκόφυτος, -η, -ο: pine-covered

πευκώνας, ο: βλ. **πευκιάς**

πέφτω: fall, drop ‖ βλ. **λιγοστεύω** ‖ βλ. **εξασθενίζω** (κυριεύομαι) fall ‖ (σκοτώνομαι στη μάχη) fall ‖ (βαριά) plop ‖ (με βρόντο) thud ‖ **~ κάτω:** measure one's length (ιδ) ‖ **~ με τα μούτρα στη δουλειά:** knuckle down ‖ (σωριάζομαι) keel over, drop in one's tracks ‖ **~ έξω:** (πλοίο) run aground ‖ **~ έξω:** (κάνω λάθη) err, make a mistake, be mistaken

πέψη, η: digestion

πηγάδι, το: well

πηγαδίσιος, -α, -ο: well

πηγάζω: (ποταμός) rise ‖ (μτφ) originate, derive, arise from

πηγαινοέρχομαι: go to and fro, come and go ‖ (όχημα) shuttle

πηγαίνω: (αμτβ) go ‖ (πεζός) walk ‖ (φεύγω) leave, go ‖ (ποντάρω) go, punt ‖ (απρόσ.) go, suit ‖ (μτβ) take ‖ **το ρολόϊ ~ει μπροστά:** the watch is fast ‖ **το ρολόϊ ~ει πίσω:** the watch is slow

πηγαίος, -α, -ο: spring ‖ βλ. **αυθόρμητος** ‖ βλ. **αυτόματος**

πηγή, η: spring, fountain, source ‖ (μτφ) source, origin ‖ βλ. **πηγάδι**

πηγούνι, το: chin

πηδάλιο, το: helm, wheel ‖ (οπίσθιο, βάρκας) rudder ‖ (μτφ) helm

πηδαλιούχος, -α, -ο: helmsman

πηδαλιουχούμενο, το: dirigible

πήδημα, το: jump, leap, jumping, bound ‖ (μτφ) jump

πηδώ: jump, leap, bound, vault ‖ (ανατινάζομαι) start, jump ‖ (παραλείπω) skip

πήζω: congeal, set, thicken, coagulate ‖ (γάλα) curdle ‖ (αίμα) coagulate ‖ (στεροποιούμαι) solidify ‖ (τσιμέντο) set ‖ (μτφ - ωριμάζω) mature, ripen

730

πηλάλα, η: run, gallop, quick running
πηλαλώ: run at full speed, gallop
πηλίκιο, το: (στρ στολής εξόδου) visored cap ΙΙ (υπηρεσίας) forage cap ΙΙ (γαλλικού τύπου) kepi ΙΙ (μαθητ.) cap
πηλίκο, το: quotient
πήλινος, -η, -ο: earthen, clay
πηλοπλαστική, η: βλ. κεραμευτική
πηλός, ο: clay ΙΙ βλ. λάσπη ΙΙ (οικοδ.) mortar
πηλοφόρι, το: mortar board ΙΙ (σκάφη) hod
πηνίο, το: βλ. καρούλι ΙΙ βλ. μασούρι ΙΙ (ηλεκτρ) coil
πήξη, η: βλ. πήξιμο
πήξιμο, το: coagulation, congealing, setting, thickening ΙΙ (γάλατος) curdling ΙΙ (στερεοποίηση) solidification ΙΙ (τσιμέντου) setting ΙΙ (αίματος) coagulation ΙΙ (μτφ - ωρίμαση) ripening, maturing
πήρα, η: sack, bag
πηρούνι, το: βλ. πιρούνι
πηρουνιάζω: βλ. πιρουνίζω
πήττα, η: βλ. πίτα
πήχη, η: ell ΙΙ (αρχ) cubit
πηχτός, -ή, -ό: coagulated, set, thick
πήχυς, ο: βλ. πήχη ΙΙ (ανατ) forearm
πι, το: στο ~ και φι: in a jiffy
πια: (επίρ) (αρνητ.) no more, not any longer, no longer ΙΙ (καταφ.) at last, finally
πιανίστας, ο (θηλ πιανίστρια): pianist
πιάνο, το: piano
πιάνομαι: (κρατιέμαι) get hold of, catch hold of ΙΙ (παραλύω) be paralyzed ΙΙ βλ. μουδιάζω ΙΙ (παθαίνω αγκύλωση) get cramped ΙΙ (τσακώνομαι) quarrel, come to blows ΙΙ (αγκιστρώνομαι) catch
πιάνω: catch, catch hold of, take hold of ΙΙ βλ. συλλαμβάνω ΙΙ (πλοίο) touch, arrive, put into port ΙΙ (κερδίζω) land ΙΙ ~ δουλειά: get a job, find a job, start working ΙΙ ~ κουβέντα: start a conversation ΙΙ ~ τόπο: (είμαι χρήσιμος) come in handy ΙΙ (πιάνω χώρο) take up
πιάσιμο, το: (άρπαγμα) hold, grasp, seizure ΙΙ (αφή) touch, feel, feeling ΙΙ (κράτημα) hold, holding ΙΙ (φυτού) rooting, taking root ΙΙ βλ. σύλληψη ΙΙ (παράλυση) paralysis ΙΙ (αγκύλωση)

cramp, stiffness, kink ΙΙ (λαβή) handle
πιασμένος, -η, -ο: (κρατημένος) taken, occupied ΙΙ (συλληφθείς) in custody, arrested, prisoner ΙΙ (με αγκύλωση) cramped, stiff
πιατάκι, το: saucer
πιατέλα, η: platter, salver
πιατικά, τα: tableware, dishes, plates
πιάτο, το: dish, plate ΙΙ (τσαγιού ή καφέ) βλ. πιατάκιΙΙ (σειρά φαγητών) course
πιατοθήκη, η: sideboard
πιάτσα, η: (πλατεία) square, plaza ΙΙ βλ. αγορά ΙΙ (αυτοκ.) taxi stand
πιγούνι, το: βλ. πηγούνι
πίδακας, ο: fountain
πιέζω: press, compress, squeeze ΙΙ (καταπιέζω) oppress ΙΙ (αναγκάζω) press, put the screws on
πίεση, η: pressure, squeeze ΙΙ βλ. καταπίεση ΙΙ (αίματος) pressure
πιεστήριο, το: press ΙΙ (τυπογρ.) printing press
πιεστικός, -ή, -ό: pressing (και μτφ) ΙΙ (καταπιεστικός) oppressive
πιέτα, η: pleat
πιζάμα, η: pajamas, pyjamas
πιθαμή, η: span
πιθανολογούμαι: (γ΄ προσ.) it is probable, it is rumored that
πιθανολογώ: present as probable
πιθανόν: (επίρ) probably, likely
πιθανός, -ή, -ό: probable, likely, potential
πιθανότητα, η: probability, likelihood ΙΙ (μικρή) off chance ΙΙ (μαθ) probability
πιθανώς: (επίρ) βλ. πιθανόν
πιθηκάνθρωπος, ο: ape-man
πιθηκίζω: ape
πιθηκίσιος, -α, -ο: simian
πιθηκοειδής, -ές: ape-like, simian
πίθηκος, ο: ape ΙΙ (μικρόσωμος) monkey
πίθος, ο: crock, jar
πίκα, η: (πείσμα) spite ΙΙ βλ. πείραγμα ΙΙ (χαρτοπ.) spade
πικάντικος, -η, -ο: spicy, piquant
πικάρω: spite
πίκνικ, το: picnic
πίκρα, η: bitterness (και μτφ)
πικράδα, η: bitter taste, bitterness
πικραίνομαι: be embittered, be bitter ΙΙ βλ. λυπούμαι

731

πικραίνω

πικραίνω: embitter ‖ βλ. λυπώ
πικραμύγδαλο, το: bitter almond
πικρία, η: βλ. πίκρα
πικρίζω: have a bitter taste
πικρίλα, η: bitterness
πικρόγλυκος, -η, -ο: bitter-sweet
πικρόγλωσσος, -η, -ο: venomous, biting
πικροδάφνη, η: oleander
πικρός, -ή, -ό: bitter *(και μτφ)*
πικρόχολος, -η, -ο: βλ. ευερέθιστος
πιλατεύω: torment, plague, bother
πιλάφι, το: pilaf, pilaff
πίλημα, το: felt
πιλοποιός, ο: hatter
πίλος, ο: βλ. καπέλο
πιλοτάρω: pilot
πιλότος, ο: pilot
πίνακας, ο: (σχολ.) blackboard ‖ (ζωγραφιά) painting, picture ‖ (κατάλογος) table ‖ *(ηλεκτρ)* panel ‖ ~ περιεχομένων: table of contents ‖ ~ ανακοινώσεων: bulletin board
πινακίδα, η: (ονόματος) name tag, name plate ‖ (ανακοινώσεων) notice board ‖ (αυτοκινήτου) licence plate ‖ (τοπογρ.) plane table
πινάκιο, το: βλ. πιάτο ‖ *(νομ)* list of cases
πινάκλ, το: (χαρτοπ.) pinocle, pinochle
πινακοθήκη, η: gallery
πινγκ-πονγκ, το: table tennis, ping-pong
πινέζα, η: thumbtack ‖ *(brit.)* drawing pin
πινελιά, η: stroke of the brush
πινέλο, το: paintbrush
πίνω: drink ‖ (με σιγανές ρουφιξιές) sip ‖ (μονορούφι) toss off ‖ (με μεγάλες ρουφιξιές) quaff ‖ *(ιδ)* wet one's whistle ‖ βλ. απορροφώ ‖ βλ. καπνίζω
πιο: *(επίρ)* more
πιόνι, το: pawn *(και μτφ)*
πιότερο: *(επίρ)* βλ. πιό
πιοτό, το: βλ. ποτό
πίπα, η: (καπνού) pipe ‖ (τσιγάρου) cigarette holder
πιπεράτος, -η, -ο: peppery *(και μτφ)*
πιπέρι, το: pepper ‖ μαύρο ~: black pepper ‖ κόκκινο ~: red pepper, cayenne pepper
πιπεριά, η: pepper ‖ (καυτερή) chili, hot

pepper ‖ (κοινή) pepper, pimiento
πιπί, το: (ανδρ. μόριο) cock, prick ‖ (βλ. και πέος) ‖ (γυναικείο) pussy ‖ (ούρηση) pee ‖ κάνω ~: pee
πιπιλίζω: suck
πιπίλισμα, το: sucking
πιπιλώ: βλ πιπιλίζω
πιρούνι, το: fork
πιρουνιάζω: fork, spear ‖ *(μτφ)* penetrate
πισθάγκωνα: *(επίρ)* δένω ~: tie s.o.'s hands behind his back
πισίνα, η: swimming pool
πισινός, -ή, -ό: posterior, back, rear, hind ‖ (πρωκτός) buttocks, rump, ass, behind ‖ ~ά πόδια: hind legs ‖ κρατώ ~ή: have a trump card, have an ace up one's sleeve
πισοβελονιά, η: backstitch
πίσσα, η: pitch, bitumen, tar
πισσόστρωμα, το: tarmac
πισσόστρωση, η: βλ. πισσόστρωμα
πισσόχαρτο, το: tarpaper
πισσώνω: tar
πίστα, η: dance floor
πιστευτός, -ή, -ό: believable, credible ‖ βλ. αξιόπιστος
πιστεύω: believe ‖ (έχω πίστη σε) have a faith in, trust ‖ *(ουσ)* το ~: the Apostles' Creed
πίστη, η: faith ‖ βλ. εμπιστοσύνη ‖ (δοξασία) belief ‖ *(οικ)* credit ‖ με καλή ~: in good faith
πιστοδοτώ: credit
πιστόλι, το: pistol, sidearm
πιστολιά, η: pistol shot ‖ *(ιδ)* plug
πιστολίδι, το: gun shots, pistol shots
πίστομα: *(επίρ)* βλ. μπρούμυτα
πιστόνι, το: βλ. έμβολο
πιστοποίηση, η: certification, attestation
πιστοποιητικό, το: certificate, testimonial ‖ ~ γέννησης: birth certificate ‖ ~ γάμου: marriage certificate
πιστοποιώ: certify, attest
πιστός, -ή, -ό: (σε θρησκεία) faithful, believer ‖ βλ. έμπιστος ‖ (οπαδός) loyal, faithful ‖ βλ. ακριβής
πιστότητα, η: fidelity, loyalty ‖ (ακρίβεια) accuracy
πιστώνω: credit, give credit
πίστωση, η: credit, crediting

732

πιστωτής, ο (θηλ πιστώτρια): creditor
πιστωτικός, -ή, -ό: credit, of credit
πίσω: (επίρ) behind, back ‖ αφήνω ~: outrun ‖ μένω ~: fall behind ‖ πάω ~: (ρολόι): be slow ‖ κάνω ~: retreat, move back, fall back ‖ παίρνω από ~: follow
πισώπλατα: (επίρ) behind one's back
πίτα, η: pie
πιτζάμα, η: βλ. πιζάμα
πίτουρο, το: bran
πίτσα, η: pizza
πιτσαρία, η: pizzaria
πιτσιλιά, η: splash ‖ (λάσπης) blob of mud
πιτσιλίζω: splash, spatter
πιτσιρίκα, η: (μικρό κοριτσάκι) moppet, tot ‖ (κοπελίτσα) lassie
πιτσιρικάκι, το: tot
πιτσιρίκι, το: βλ. πιτσιρικάκι
πιτσιρίκος, ο: (μικρό αγόρι) tot ‖ (μικρούλης) youngster, small boy
πιτσούνι, το: squab
πιτυρίδα, η: dandruff
πιωμένος, -η, -ο: drunk, intoxicated, high
πλάβα, η: flat-bottomed boat, scow
πλάγια: (επίρ) obliquely, slantwise ‖ (μτφ) indirectly
πλαγιά, η: slope ‖ (απότομη) scarp ‖ (λόφου) hill side ‖ (βουνού) mountainside
πλαγιάζω: (μτβ) lay down ‖ (αμτβ) lie down ‖ (πάω για ύπνο) go to bed
πλάγιος, -α, -ο: (με κλίση) oblique, sloping, slanting ‖ (λοξός) sidelong ‖ (ύπουλος) left-handed ‖ ~α ματιά: sidelong glance
πλαγιοφυλακή, η: flanker
πλαγκτό, το: plankton
πλαδαρός, -ή, -ό: flaccid, flabby
πλαδαρότητα, η: flaccidness, flaccidity, flabbiness
πλαζ, η: beach
πλάθω: create, form, fashion
πλάι, το: side
πλάι: (επίρ) beside, at the side ‖ (γειτονικά) next door
πλαϊνός, -ή, -ό: βλ. διπλανός
πλαίσιο, το: frame, framework ‖ (αυτοκ.) chassis ‖ (μτφ) range, limit
πλαισιώνω: frame ‖ βλ. περιβάλλω

πλάκα, η: (σχιστολ.) slate ‖ (τσιμέντου) slab ‖ (στρώσης) flag, flagstone, paving stone ‖ (σαπουνιού) cake ‖ (σχολική) slate ‖ (ρολογιού) face, dial ‖ (γραμμοφώνου) record ‖ (τάφου) gravestone, tombstone ‖ (αστείο) gag ‖ για ~: in jest ‖ σπάω ~: have fun ‖ κάνω ~: pull a gag
πλακάκι, το: tile ‖ κάνω ~α: cover up, hush
πλακέ: flat
πλακοστρώνω: pave, flag
πλακόστρωση, η: paving, flagging
πλακόστρωτο, το: pave, flag
πλακόστρωτος, -η, -ο: paved, flagged
πλάκωμα, το: βλ. πλακόστρωση ‖ (πίεση) crush, crushing, pressure, weight ‖ (δυσφορία) weight, oppressiveness ‖ (ιδ - συνουσία) fuck, lay
πλακώνω: βλ. πλακοστρώνω ‖ (πιέζω) crush, press, weigh down, oppress ‖ (ενσκήπτω) overrun ‖ (ιδ συνουσιάζομαι) fuck, lay
πλακωτός, -ή, -ό: βλ. πλακόστρωτος
πλάνεμα, το: seduction ‖ βλ. εξαπάτηση
πλανευτής, ο (θηλ πλανεύτρια): seducer (fem.: seductress) ‖ βλ. δόλιος
πλανεύω: seduce ‖ βλ. εξαπατώ ‖ βλ. παραπλανώ
πλάνη, η: (σφάλμα) error, delusion, mistake, misapprehension ‖ δικαστική ~: miscarriage of justice ‖ (εργαλείο) plane ‖ (μηχανική πλάνη) planer
πλάνητας, ο: wanderer, vagrant
πλανητάριο, το: planetarium
πλανήτης, ο: planet
πλανητικός, -ή, -ό: planetary
πλανίζω: plane
πλάνο, το: plan
πλανόδιος, -α, -ο: itinerant, travelling ‖ ~ έμπορος: hawker, peddler
πλάνος, -α, -ο: βλ. δόλιος ‖ βλ. πλανευτής ‖ βλ. απατηλός
πλαντάζω: be upset, be distraught, fume
πλανιέμαι: βλ. περιπλανιέμαι ‖ βλ. γελιέμαι
πλανώ: βλ. εξαπατώ ‖ βλ. ξεγελώ ‖ βλ. παραπλανώ
πλασάρω: solicit, canvass
πλάση, η: βλ. πλάσιμο ‖ (σύμπαν) creation

πλασιέ, ο: solicitor, traveling salesman, canvasser

πλάσιμο, το: modelling, fashioning, molding ‖ βλ. δημιουργία

πλάσμα, το: creature, being ‖ (φυσ) plasma

πλασματικός, -ή, -ό: nominal, fictitious

πλάστης, ο: βλ. δημιουργός ‖ (για ζυμάρι) rolling pin

πλάστιγγα, η: balance ‖ (μεγάλη) platform scale

πλαστική, η: plastic art ‖ ~ χειρουργική: plastic surgery ‖ ~ προσώπου: face lift

πλαστικός, -ή, -ό: plastic (και μτφ) ‖ ~ χειρούργος: plastic surgeon ‖ -ό δάπεδο: linoleum

πλαστογράφηση, η: βλ. πλαστογραφία

πλαστογραφία, η: forgery ‖ (κατασκευή πλαστού στοιχείου) falsification, tampering, forgery

πλαστογράφος, ο: forger

πλαστογραφώ: forge, counterfeit ‖ (παραποιώ) falsify, tamper

πλαστοπροσωπία, η: (νομ) personation, impersonation ‖ κάνω ~: personate, impersonate

πλαστός, -ή, -ό: counterfeit, forged, false ‖ (μτφ) fictitious, artificial

πλαστότητα, η: falseness, forgery, falsification

πλαστουργός, ο: creator, maker

πλαταγή, η: clap, clapping, clack, clacking

πλαταγίζω: clap, clack ‖ βλ. κροταλίζω ‖ (τα χείλια) smack

πλατάγισμα, το: βλ. πλαταγή ‖ (χειλιών) smack, smacking

πλαταίνω: (μτβ) broaden, widen, make wider ‖ (ρούχο) widen, let out ‖ (αμτβ) broaden, become wider, widen

πλατάνι, το: βλ. πλάτανος

πλάτανος, ο: plane tree, plane, sycamore, buttonwood

πλατεία, η: (πόλης) square, plaza ‖ (αγοράς) market place, mall ‖ (θεάτρου ή κινημ.) main floor ‖ (μέρος μπροστά στη σκηνή) parquet, pit

πλάτη, η: back ‖ βλ. ωμοπλάτη

πλατίνα, η: platinum

πλάτος, το: width, breadth, broadness ‖ (διάσταση) width ‖ γεωγραφικό ~: latitude

πλατσομύτης, -α, -ικο: pug-nosed, snub-nosed

πλατύγυρο, το (καπέλο) wide-brimed hat, stetson, broadbrim

πλατύποδας, ο: flat-footed, flatfoot

πλατυποδία, η: flatfoot, flat-footedness

πλατύς, -ιά, -ύ: wide, broad ‖ (απλωμένος) extensive ‖ (μτφ) extensive,broad, far-reaching

πλατύσκαλο, το: landing

πλατφόρμα, η: (επιβίβασης) platform ‖ (όχημα) flatcar, platform car

πλάτωμα, το: plateau

πλατωνικός, -ή, -ό: platonic

πλέγμα, το: network, grid, truss ‖ (ανατ.) plexus

πλειάδες, ο: pleiades

πλειοδοσία, η: highest bid

πλειοδότης, ο: highest bidder

πλειοδοτώ: make the highest bid, outbid

πλειονότητα, η: majority

πλειονοψηφία, η: βλ. πλειοψηφία

πλειοψηφία, η: majority ‖ με μεγάλη ~: by a large majority

πλειοψηφικός, -ή, -ό: majority

πλειοψηφώ: (εκλέγομαι με διαφορά ψήφων) be elected by a majority of ‖ (παίρνω πλειοψηφία) have the majority, be in the majority

πλειστηριάζω: auction, sell at an auction, sell by an auction

πλειστηριασμός, ο: auction

πλείστος, -η, -ο: most

πλεκτάνη, η: βλ. δολοπλοκία ‖ βλ. μηχανορραφία ‖ βλ. παγίδα

πλέκω: knit ‖ (κάνω πλεξούδα) braid ‖ (υφαίνω) weave

πλεμόνι, το: βλ. πνευμόνι

πλένω: wash ‖ (με σφουγγάρι) scrub ‖ βλ. ξεπλένω ‖ (σε πλυντήριο) launder

πλέξη, η: knitting

πλεξίδα, η: braid, pigtail

πλέξιμο, το: βλ. πλέξη ‖ (μαλλιών) braiding

πλεξούδα, η: βλ. πλεξίδα

πλέον: (επίρ) more ‖ βλ. πια

πλεονάζω: exceed, be in excess, be superfluous ‖ βλ. περισσεύω

πλεόνασμα, το: βλ. περίσευμα

πλεονασμός, ο: (λογοτ) pleonasm, redun-

734

dancy

πλεονέκτημα, το: advantage ‖ βλ. **κέρδος** ‖ βλ. **όφελος** ‖ (που έχει πλεονεκτική θέση) leverage, whiphand

πλεονέκτης, ο: βλ. **άπληστος**

πλεονεκτικός, -ή, -ό: advantageous

πλεονεκτώ: have the advantage, have the whiphand

πλεονεξία, η: βλ. **απληστία**

πλεούμενο, το: βλ. **πλοίο**

πλέριος, -α, -ο: βλ. **πλήρης** ‖ βλ. **ολόκληρος**

πλευρά, η: (πλάγιο μέρος) side ‖ (ανατ.) rib ‖ (στρ) flank ‖ (μτφ) side, point of view, angle

πλευρίζω: (πλοίο) come alongside ‖ (σε προκυμαία) dock ‖ (μτφ) accost

πλευρικός, -ή, -ό: (από το πλάι) side ‖ (ανατ.) costal ‖ (στρ) flank

πλευρίτης, ο: pleurisy

πλευρίτιδα, η: βλ. **πλευρίτης**

πλευριτώνομαι: catch pleurisy ‖ (μτφ) freeze, catch cold

πλευριτώνω: (αμτβ) βλ. **πλευριτώνομαι** ‖ (μτβ) make s.o. catch pleurisy ‖ (μτφ) make s.o.catch cold, freeze

πλευρό, το: βλ. **πλευρά** ‖ **είμαι στο ~ του:** stand by s.o., back s.o.

πλευροκόπημα, το: βλ. **πλευροκόπηση**

πλευροκόπηση, η: outflanking

πλευροκοπώ: outflank

πλεύση, η: (το να επιπλέει) flotation, floataation ‖ βλ. **πλους**

πλεχτό, το: (αυτό που πλέκουμε) knitting ‖ (ρούχο) knitted garment, knitted work, knitted article

πλεχτός, -ή, -ό: knit, knitted, woven

πλέω: sail, navigate ‖ βλ. **επιπλέω**

πληγή, η: wound, injury ‖ (ανοιχτή) sore ‖ (μτφ) scourge, plague, sore

πλήγμα, το: blow (και μτφ)

πληγώνω: wound, injure ‖ (μτφ) wound, hurt

πληθαίνω: (μτβ και αμτβ) multiply, increase

πλήθος, το: (πραγμάτων) a great number, large quantity, a great deal ‖ (κόσμου) crowd, throng, great number ‖ (ο όχλος) hoi polloi

πληθυντικός, ο: (γραμ) plural

πληθύνω: βλ. **πληθαίνω**

πληθυσμός, ο: population

πληθώρα, η: abundance, profusion, plethora

πληθωρικός, -ή, -ό: plethoric

πληθωρισμός, ο: inflation ‖ βλ. **πληθώρα**

πληκτικός, -ή, -ό: boring, tiresome, dull

πλήκτρο, το: (μουσ. οργ. γραφομηχ. κλπ.) key ‖ (εγχόρδου) plectrum ‖ (πετεινού) spur

πλημμελειοδικείο, το: recorder's court, police court

πλημμελειοδίκης, ο: recorder

πλημμέλημα, το: (νομ) misdemeanour, delict ‖ βλ. **παράπτωμα**

πλημμελής, -ές: βλ. **ελαττωματικός**

πλημμύρα, η: flooding, flood, inundation ‖ (λαού) sea

πλημμυρίδα, η: flood tide, flood

πλημμυρίζω: flood, inundate ‖ (μτφ) flood, swarm

πλημμύρισμα, το: flooding, inundation

πλην: (πρόθ) βλ. **εκτός** ‖ (μαθ) minus

πλήξη, η: boredom, ennui

πληρεξούσιο, το: power of attorney

πληρεξούσιος, -α, -ο: attorney, representative ‖ (πολιτ.) plenipotentiary ‖ (αντικαταστάτης) deputy

πληρεξουσιότητα, η: power of attorney

πλήρης, -ες: βλ. **γεμάτος**

πληροφορία, η: information, intelligence, tip, lead ‖ (στρ) intelligence ‖ **υπηρεσία ~ών:** intelligence service ‖ **κεντρική** (κυβερνητική) **υπηρεσία ~ών:** central intelligence agency (C.I.A.)

πληροφοριοδότης, ο: informer, stoolie, nark, snooper

πληροφορούμαι: be informed, get a line on ‖ βλ. **μαθαίνω**

πληροφορώ: inform, notify ‖ (κάνω τον πληροφοριοδότη) snitch, nark

πλήρωμα, το: (πλοίου και αεροσκ.) crew ‖ βλ. **εκκλησίασμα** ‖ βλ. **γέμισμα**

πληρωμή, η: pay, payment ‖ βλ. **μισθός** ‖ βλ. **ημερομίσθιο**

πληρώνω: pay ‖ βλ. **εξοφλώ** ‖ (ανταποδ.) pay back ‖ βλ. **δωροδοκώ**

πλήρωση, η: βλ. **γέμισμα** ‖ βλ. **εκπλήρωση**

πληρωτέος, -α, -ο: payable

πληρωτής, ο: (υπάλληλος ταμείου ή ταμίας) paymaster
πλησιάζω: approach, draw near
πλησίον: (επίρ) βλ. **κοντά** ‖ ο ~: (ουσ) neighbor, fellow-man
πλησμονή, η: βλ. **πληθώρα** ‖ βλ. **κορεσμός**
πλήττω: smite, strike, hit ‖ (έχω πλήξη) be bored
πληχτικός, -ή, -ό: βλ. **πληκτικός**
πλιάτσικο, το: (πράξη) looting, plunder, pillage ‖ (αντικείμενο) loot, booty, spoils
πλιατσικολόγος, ο: looter, marauder, plunderer, pillager
πλιατσικολογώ: loot, maraud, plunder, pillage
πλιθάρι, το: brick
πλίθι, το: βλ. **πλιθάρι**
πλίθινος, -η, -ο: brick, of brick
πλίθος, ο: βλ. **πλιθάρι**
πλιθόχτιστος, -η, -ο: brick, built of bricks
πλινθοδομή, η: brickwork
πλινθοποιείο, το: brickyard
πλισές, ο: βλ. **πιέτα**
πλοήγηση, η: pilotage, piloting
πλοηγός, ο: pilot
πλοηγώ: pilot
πλοιάριο, το: small craft, small vessel
πλοίαρχος, ο: (πολεμ. ναυτ.) captain ‖ (εμπορ. ναυτ.) captain, master, skipper
πλοίο, το: ship, vessel, boat ‖ (λίμνης) laker ‖ (εμπορ.) merchantman ‖ (φορτηγό) cargo boat ‖ (πολεμικό) man-of-war, warship
πλοιοκτήτης, ο (θηλ **πλοιοκτήτρια**): ship owner
πλοκάμι, το: βλ. **κοτσίδα** ‖ βλ. **πλεξίδα** ‖ (πολύποδα) tentacle ‖ (τσουλούφι) strand
πλόκαμος, ο: βλ. **πλοκάμι**
πλοκή, η: plot
πλουμίζω: adorn, ornament ‖ βλ. **κεντώ**
πλουμιστός, -ή, -ό: ornamented
πλους, ο: voyage, passage, sailing, navigation
πλουσιοπάροχος, -η, -ο: profuse, prodigal, generous
πλούσιος, -α, -ο: (με περιουσία) rich, wealthy ‖ βλ. **άφθονος** ‖ βλ. **πολυτελής**

‖ (χώμα) rich, fertile
πλουταίνω: βλ. **πλουτίζω**
πλούτη, τα: riches, wealth ‖ (ιδ) money-bags
πλουτίζω: (μτβ) make rich, enrich ‖ (αμτβ) get rich, become rich, become wealthy
πλουτοκράτης, ο: plutocrat
πλουτοκρατία, η: plutocracy
πλουτοκρατικός, -ή, -ό: plutocratic
πλούτος, ο: βλ. **πλούτη** ‖ βλ. **αφθονία** ‖ βλ. **πολυτέλεια** ‖ (μτφ) wealth
πλυντήριο, το: (μέρος που πλένουν) laundry ‖ (συσκευή) washer ‖ (αυτόματης εξυπηρέτησης) laundromat
πλύντρια, η: βλ. **πλύστρα** ‖ (σε πλυντήριο) laundress
πλύνω: βλ. **πλένω**
πλύση, η: washing
πλύσιμο, το: βλ. **πλύση**
πλυσταριό, το: laundry
πλύστρα, η: washwoman, washerwoman
πλώρη, η: prow, bow
πλωτάρχης, ο: lieutenant commander
πλωτήρας, ο: float ‖ (υδροπλάνου) pontoon
πλωτός, -ή, -ό: navigable ‖ (που πλέει) floating ‖ ~ή γέφυρα: pontoon bridge
πνεύμα, το: βλ. **πνοή** ‖ (ζωή) spirit, ghost ‖ (νους) mind, genius, intelligence ‖ (γραμ) breathing mark ‖ **Άγιο ~:** Holy Ghost, Holy Spirit ‖ **παραδίδω το ~:** give up the ghost ‖ (ο νους ενός σχεδίου) mastermind
πνευματικός, -ή, -ό: spiritual, mental ‖ (μηχ) pneumatic ‖ βλ. **εξομολογητής**
πνευματισμός, ο: spiritualism
πνευματώδης, -ες: witty
πνευμοθώρακας, ο: (ιατρ) pneumothorax
πνεύμονας, ο: lung (και μτφ)
πνευμόνι, το: βλ. **πνεύμονας**
πνευμονία, η: pneumonia
πνευμονικός, -ή, -ό: pulmonary
πνευστός, -ή, -ό: (οργαν) wind (instrument)
πνέω: (αέρας) blow ‖ ~ **μένεα:** be furious, be enraged ‖ ~ **τα λοίσθια:** breathe one's last
πνιγέας, ο: (εγχόρδων) damper ‖ (αυτοκ.) muffler

πνιγερός, -ή, -ό: suffocating, asphyxiating, stifling, choking

πνιγμός, ο: (σε νερό) drowning || (από ασφυξία) suffocation, choking || βλ. **ασφυξία** || βλ. **στραγγαλισμός**

πνίγω: (σε νερό) drown || (από ασφυξία) suffocate, choke, stifle || βλ. **στραγγαλίζω**

πνίξιμο, το: βλ. **πνιγμός**

πνιχτικός, -ή, -ό: βλ. **πνιγερός**

πνοή, η: βλ. **αναπνοή** || (ανέμου) breath || (μτφ) βλ. **έμπνευση**

ποδάγρα, η: podagra, gout

ποδαράκι, το: (χαϊδευτικά ή ειρωνικά) tootsy, tootsie

ποδαράκια, τα: (φαγητό) trotters

ποδάρι, το: βλ. **πόδι**

ποδαρικό, το: (τύχη) omen, luck

ποδαρίλα, η: stink of feet

ποδηλασία, η: biking, cycling

ποδηλάτης, ο: cyclist

ποδήλατο, το: bicycle, bike

ποδηλατοδρομία, η: bicycle race

ποδηλατώ: bike, cycle

πόδι, το: foot || (σκέλος) leg || (ζώου) paw || (ποτηριού) stem || **κούνα τα ~α σου!:** shake a leg || **το βάζω στα ~α:** take a powder, scuttle, light out, scram || **πατώ ~:** (πηγαίνω) set foot || βλ. **στρώνω** || **πατώ ~ και σηκώνω στο ~:** raise the spirits of the dead, raise hell, raise Cain, cause an uproar

ποδιά, η: apron || (τεχνίτη) overall || (παραθύρου) windowsill || (τεχν) apron

ποδοβολητό, το: tramp, heavy tread, footfall

ποδόγυρος, ο: hem, border || (μτφ) women, broads

ποδοπατώ: trample on, tread on || (μτφ) ride roughshod over

ποδόσφαιρα, η: football

ποδοσφαιριστής, ο: (U.S.A.: παίχτης Αμερ. ποδοσφ.) football player || (παίχτης ευρωπ. ποδοσφ.) soccer player || (Engl.) football player

ποδόσφαιρο, το: (U.S.A.: αμερ. ποδοσφ.) football || (ευρωπ. ποδοσφ.) soccer || (Engl.) football || (μηχαν. επιτραπέζιο) pinball

ποδόφρενο, το: footbrake

πόζα, η: pose (και μτφ)

ποζάρω: pose, sit for, model

ποθητός, -ή, -ό: coveted, desirable, desired

πόθος, ο: desire, yearning, longing || (ερωτικός) lust || βλ. **επιθυμία**

ποθώ: yearn, covet || βλ. **επιθυμώ**

ποίημα, το: poem || (ασυνάρτητο) limerick

ποίηση, η: poetry, poesy

ποιητάκος, ο: poetaster

ποιητής, ο (θηλ **ποιήτρια**): poet (θηλ poetess) || (εθνικός) poet laureate

ποιητικός, -ή, -ό: poetic, poetical || **~ή άδεια:** poetic license

ποιήτρια, η: poetess

ποικιλία, η: variety || (σύνολο ανομοιόμορφων) assortment

ποικίλλω: (μτβ και αμτβ) vary, change || βλ. **στολίζω**

ποικίλος, -η, -ο: varied, diverse, motley, miscellaneous

ποικιλόχρωμος, -η, -ο: motley, multicolored

ποιμενάρχης, ο: (εκκλ) bishop, prelate

ποιμένας, ο: (προβάτων) shepherd || (αγελάδων) herder, herdsman || βλ. **ποιμενάρχης**

ποιμενίδα, η: shepherdess

ποιμενικός, -ή, -ό: pastoral, bucolic

ποίμνη, η: βλ. **ποίμνιο**

ποίμνιο, το: (προβάτων) flock || (αγελάδων) herd || (κοπάδι σε κίνηση) drove || (σύνολο βοοειδών) cattle || (μτφ) flock

ποιμνιοστάσιο, το: fold, pen

ποινή, η: penalty || βλ. **τιμωρία** || **εσχάτη ~:** capital punishment, death penalty

ποινικολογία, η: penal law, criminal law, penology

ποινικολόγος, ο: criminologist, penologist, criminal lawyer

ποινικός, -ή, -ό: penal, criminal || **~ή δίωξη:** prosecution || **~ κώδικας:** penal code || **~ή ρήτρα:** penalty

ποιόν, το: βλ. **χαρακτήρας** || βλ. **ιδιότητα** || βλ. **ποιότητα**

ποιός, -ά, -ό: (αντων.): who, which, what

ποιότητα, η: quality || (ήχου) timbre

ποιοτικός, -ή, -ό: qualitative

πόκα, η: poker

πόκερ, το: draw poker
πολέμαρχος, ο: warlord
πολεμική, η: (τέχνη) art of war ‖ (μτφ) polemic
πολεμικό, το: (πλοίο) βλ. πλοίο
πολεμικός, -ή, -ό: war ‖ (μτφ) warlike, martial
πολέμιος, -α, -ο: βλ. πολεμικός ‖ βλ. αντίπαλος ‖ βλ. εχθρός
πολεμιστής, ο (θηλ. πολεμίστρια): warrior
πολεμίστρα, η: loophole, embrasure
πολεμοκάπηλος, ο: war monger, jingo
πόλεμος, ο: war, armed conflict, warfare ‖ κηρύσσω ~: declare war ‖ παγκόσμιος ~: world war ‖ εμφύλιος ~: civil war ‖ κεραυνοβόλος ~: blitzkrieg, blitz ‖ κάνω ~: wage war, be at war
πολεμοφόδια, τα: ammunition, munitions
πολεμοχαρής, -ές: warlike, belligerent
πολεμώ: war, fight, wage war, make war ‖ (προσπαθώ) struggle, strive
πολεοδομία, η: town planning
πολεοδόμος, ο: town planning engineer, town planner
πόλη, η: city, town
πολικός, -ή, -ό: polar ‖ ~ αστέρας: polaris, north star, polar star ‖ ~ή άρκτος: polar bear
πολιομυελίτιδα, η: polio, poliomyelitis, infantile paralysis
πολιορκητής, ο: besieger
πολιορκητικός, -ή, -ό: besieging ‖ ~ό μηχάνημα: siege device
πολιορκία, η: siege, investment
πολιορκώ: besiege, invest
πολιούχος, -α, -ο: patron saint of a city
πολισμάνος, ο: (ιδ) policeman, cop, copper
πολιτεία, η: state ‖ βλ. πολίτευμα ‖ βλ. πόλη
πολιτειακός, -ή, -ό: state
πολίτευμα, το: regime, system of government
πολιτεύομαι: engage in politics, politicize, go into politics
πολιτευτής, ο: politician
πολίτης, ο: citizen ‖ (όχι στρατ. ή κληρικός) civilian
πολιτικά, τα: politics ‖ (ρούχα) mufti,

civvies, civies
πολιτικάντης, ο: politico
πολιτική, η: (τρόπος) policy ‖ βλ. πολιτικά ‖ (μτφ) policy, tactfulness
πολιτικός, ο: politician, statesman
πολιτικός, -ή, -ό: (της πολιτείας) political ‖ (του πολίτη) civil, civilian ‖ (μτφ) politic, tactful ‖ ~ά ρούχα: βλ. πολιτικά
πολιτισμένος, -η, -ο: civilized
πολιτισμός, ο: civilization, culture
πολιτιστικός, -ή, -ό: cultural
πολιτογράφηση, η: naturalization
πολιτογραφώ: naturalize
πολιτοφύλακας, ο: militiaman
πολιτοφυλακή, η: militia
πολίχνη, η: small town
πολλαπλασιάζω: multiply ‖ (αναπαράγω) proliferate
πολλαπλασιασμός, ο: multiplication ‖ (αναπαραγωγή) proliferation, multiplication
πολλαπλασιαστέος, ο: multiplicand
πολλαπλασιαστής, ο: (μαθ) multiplier ‖ (ήχου) amplifier ‖ (μηχ) overdrive
πολλαπλάσιο, το: multiple ‖ ελάχιστο κοινό ~: least common multiple
πολλαπλάσιος, -α, -ο: multiple, multiplex, manifold
πολλαπλός, -ή, -ό: multipartite, multiple
πολλοί, -ές, -ά: many, lots, a lot of ‖ (ιδ) umpteen ‖ οι ~: (όχλος) hoi polloi
πόλος, ο: pole
πολτοποιώ: mash, pulp, masticate
πολτός, ο: pulp, mash ‖ (φαΐ) pap
πολύ: (επίρ) very, very much, much ‖ για ~: long
πολυαγαπημένος, -η, -ο: much beloved, darling
πολυάνθρωπος, -η, -ο: populous, densely populated, crowded
πολυάριθμος, -η, -ο: numerous
πολυάσχολος, -η, -ο: busy, very busy, sedulous
πολυβολείο, το: pill box, machine gun emplacement
πολυβολητής, ο: machine gunner
πολυβόλο, το: machine gun
πολυγαμία, η: polygamy
πολύγαμος, -η, -ο: polygamous
πολύγλωσσος, -η, -ο: polyglot

πολύγραφος, ο: mimeograph, copier, multigraph

πολυγωνικός, -ή, -ό: polygonal

πολύγωνο, το: polygon

πολυδαίδαλος, -η, -ο: intricate

πολυδάπανος, -η, -ο: costly, expensive

πολύεδρο, το: polyhedron

πολύεδρος, -η, -ο: polyhedral

πολυεθνικός, -ή, -ό: multinational

πολυεκατομμυριούχος, -α, -ο: multimillionaire

πολυέλαιος, ο: (εκκλ) corona, chandelier

πολυέλεος, -η, -ο: merciful

πολυέξοδος, -η, -ο: wasteful, spendthrift || βλ. πολυδάπανος

πολυετής, -ές: perennial, long

πολυεύσπλαχνος, -η, -ο: βλ. πολυέλεος

πολύζυγο, το: parallel bars

πολυζωία , η: longevity

πολυθεΐα η,: polytheism

πολυθρήνητος, -η, -ο: lamented, much lamented

πολυθρόνα, η: armchair

πολυθρύλητος, -η, -ο: legendary, famous

πολυκαιρία, η: long time, age

πολυκατοικία, η: appartment complex, appartment building || (ψηλή) high-rise appartment building || (λαϊκή) tenement

πολύκλαυστος, -η, -ο: βλ. πολυθρήνητος

πολυκλινική, η: polyclinic

πολυκοσμία, η: crowds, throng

πολύκροτος, -η, -ο: βλ. περίφημος || βλ. πολυθρύλητος || βλ. περιβόητος

πολυκύμαντος, -η, -ο: rough, wavy, choppy || (μτφ) stormy, adventurous

πολυλογάς, ο (θηλ πολυλογού): garrulous, chatterbox

πολυλογία, η: garrulity, verbiage, chatter, spiel

πολυλογώ: chatter, babble, be garrulous || να μην τα ~: to be brief, to cut a long story short

πολυμάθεια, η: erudition, learning

πολυμαθής, -ές: polymath, erudite, learned, polyhistor

πολυμελής, -ές: large, having many members

πολυμερής, -ές: multipartite || (μτφ) varied, diversified

πολυμήχανος, -η, -ο: ingenious, crafty, resourceful

πολυμορφία, η: multiformity, polymorphism

πολύμορφος, -η, -ο: multiform, polymorphous

πολύξερος, -η, -ο: know-it-all || βλ. πολυμαθής

πολυπαθής, -ές: βλ. πολύπαθος

πολύπαθος, -η, -ο: βλ. severely tried, much afflicted

πολύπειρος, -η, -ο: experienced, old hand, skilled

πολύπλευρος, -η, -ο: multilateral

πολυπληθής, -ές: multitudinous, numerous

πολύπλοκος, -η, -ο: complicated, tortuous, intricate, involved || (που χρειάζεται γνώσεις) sophisticated

πολύποδας, ο: polyp, polypus

πολυπόθητος, -η, -ο: coveted || βλ. επιθυμητός

πολυποίκιλος, -η, -ο: variegated, varied

πολυπρόσωπος, -η, -ο: (μτφ) double-dealing, two-faced

πολύς, πολλή, πολύ: much, a lot || (καιρός) long

πολυσήμαντος, -η, -ο: preponderant, momentous

πολύσπαστο, το: block and tackle

πολύστροφος, -η, -ο: high-speed || (μτφ) ingenious, quick-witted

πολυσύλλαβος, -η, -ο: polysyllabic

πολυσύνθετος, -η, -ο: multifarious || (γραμ) compound || βλ. πολύπλοκος

πολυτάραχος, -η, -ο: turbulent, stormy

πολυτέλεια, η: luxury, sumptuousness || (υπερβολικό έξοδο) lavishness

πολυτελής, -ές: luxurious, posh, plush, rich, sumptuous

πολυτεχνείο, το: polytechnic

πολυτεχνίτης, ο: jack-of-all-trades

πολύτιμος, -η, -ο: valuable, priceless, precious

πολυφαγία, η: polyphagia, gluttony, voraciousness, voracity

πολύφερνος, -η, -ο: rich, eligible

πολύφωτο, το: (οροφής) chandelier || (επιτραπέζιο) candelabrum

πολυχρονεμένος, -η, -ο: long-lived

πολυχρονίζω: (αμτβ) last long, drag, lag || (μτβ) prolong, drag out

739

πολύχρονος, -η, -ο: βλ. πολυχρονεμένος
πολυχρωμία, η: variegation, diversified coloration, polychromy
πολύχρωμος, -η, -ο: variegated, multicolored, motley, polychromous
πολυώνυμο, το: polynomial
πολυώνυμος, -η, -ο: βλ. περίφημος ΙΙ βλ. περιβόητος
πολύωρος, -η, -ο: long, prolonged, long-drawn
πολυώροφος, -η, -ο: high-rise, manystoried
πολώνω: polarize (και μτφ)
πόλωση, η: polarization (και μτφ)
πολωτικός, -ή, -ό: polarizing (και μτφ)
πόμολο, το: handle ΙΙ (στρογγυλό) knob
πομπή, η: procession
πομπός, ο: βλ. συνοδός ΙΙ (ηλεκτρ) transmitter
πομπώδης, -ες: pompous, pontifical, bombastic
πομφόλυγα, η: bubble ΙΙ (μτφ) βλ. αερολογία
πονεμένος, -η, -ο: painful, hurt
πονέντες, ο: wester, west wind
πονετικός, -ή, -ό: compassionate, kindly, kindhearted
πονηράδα, η: βλ. πονηριά
πονηρεύομαι: βλ. υποπτεύομαι ΙΙ (αρχίζω να υποψιάζομαι) get suspicious, become suspicious
πονηρεύω: (βάζω σε υποψίες) make suspicious, rouse suspicions
πονηριά, η: βλ. πανουργία
πονηρός, -ή, -ό: βλ. πανούργος ΙΙ (δόλιος) sly, sneaky, underhand ΙΙ βλ. φιλύποπτος
πονόδοντος, ο: toothache
πονοκεφαλιάζω: (μτβ) give a headache ΙΙ (αμτβ) get a headache, get dizzy
πονοκέφαλος, ο: headache (και μτφ)
πονόλαιμος, ο: sore throat
πόνος, ο: pain, ache ΙΙ (τοκετού) pains, labor, labour ΙΙ (συμπόνια) compassion, pity
πονόψυχος, -η, -ο: βλ. πονετικός
ποντάρισμα, το: stake, staking ΙΙ (ρουλέτα) punting ΙΙ (στήριξη ελπίδων) counting on, counting upon
ποντάρω: stake ΙΙ (σε ρουλέτα) punt ΙΙ (στοιχηματίζω) bet, back ΙΙ (βασίζομαι) count on, count upon

ποντικάκι, το: small mouse
ποντίκι, το: βλ. ποντικός
ποντικοπαγίδα, η: rattrap, mousetrap
ποντικός, ο: rat, mouse
ποντικότρυπα, η: rathole ΙΙ (μτφ) rattrap
ποντικοφάρμακο, το: ratsbane, rat poison
ποντικοφωλιά, η: βλ. ποντικότρυπα
ποντοπόρος, -α, -ο: ocean-going
πόντος, ο: (μετρ) centimeter ΙΙ (θάλασσα) sea ΙΙ βλ. υπαινιγμός ΙΙ (μονάδες σε παιγνίδι) point ΙΙ (πλεξ.) stitch ΙΙ (κάλτσας) run
πονώ: (μτβ) hurt, pain, cause pain ΙΙ (αμτβ) hurt, suffer, feel pain ΙΙ βλ. συμπονώ
πορδή, η: fart (και μτφ)
πορεία, η: march, journey ΙΙ βλ. περπάτημα ΙΙ (κινητού) course ΙΙ (εξέλιξη) course, progress, development ΙΙ φύλλο ~w: marching orders
πορεύομαι: go, walk, march
πορεύω: make ends meet
πόρθηση, η: capture
πορθητής, ο: conqueror
πορθμέας, ο: ferryman
πορθμείο, το: ferry, ferryboat
πορθμός, ο: strait, sound
πόρισμα, το: corollary
πορνεία, η: prostitution
πορνείο, το: bordel, bordello, whorehouse, brothel
πόρνη, η: prostitute, whore
πορνογράφημα, το: porno, porn, pornographic literature
πορνογραφία, η: pornography, porno
πορνογράφος, ο: pornographer
πόρος, ο: βλ. πέρασμα ΙΙ (ποταμού) ford ΙΙ (δερμ) pore ΙΙ βλ. εισόδημα
πόρπη, η: buckle, clasp
πορσελάνη, η: porcelain, china
πόρτα, η: door
πορτιέρης, ο: βλ. θυρωρός
πορτοκαλάδα, η: orangeade, orange juice
πορτοκαλής, -ιά, -ί: orange
πορτοκάλι, το: orange
πορτοκαλιά, η: orange, orange tree
πορτοφολάς, ο: pickpocket
πορτοφόλι, το: wallet, purse, billfold
πορτραίτο, το: portrait
πορφύρα, η: purple

πορφυρογέννητος, -η, -ο: born to the purple

πορφυρός, -ή, -ό: purple

πορώδης, -ες: porous

πόση, η: drink, drinking

πόσιμος, -η, -ο: potable, drinkable ‖ ~ο νερό: drinking water

ποσό, το: amount, quantity, sum ‖ (μεγάλο) oodles (ιδ)

πόσος, -η, -ο: how much (πληθ: how many)

ποσοστό, το: percentage, share ‖ (αναλογία σε καθένα) quota ‖ (χαρτοπ. λέσχης) kitty ‖ (ποσοστ. παράνομου κέρδους) rake off

ποσότητα, η: quantity, amount ‖ (μικρή) modicum, pittance ‖ (μαθ) quantity

ποσοτικός, -ή, -ό: quantitative

πόστα, η: (ιδ) dressing-down ‖ βάζω ~: scold severely, upbraid, berate

ποστίς, το: postiche

πόστο, το: post

ποτ, το: (χαρτοπ.) pot, pool

ποτάμι, το: βλ. ποταμός ‖ (μικρό) stream ‖ βλ. ρυάκι

ποταμιά, η: river basin

ποτάμιος, -α, -ο: riverine, river

ποταμίσιος, -α, -ο: βλ. ποτάμιος

ποταμόκολπος, ο: estuary

ποταμόπλοιο, το: river boat

ποταμός, ο: river (και μτφ)

ποταπός, -ή, -ό: low, contemptible, mean

πότε: (επίρ) when? ‖ ~~: on occasion, on and off, sometimes, from time to time

ποτέ: (επίρ) never, not ever

ποτήρι, το: glass ‖ (μεγάλο μπίρας) schooner ‖ (ποτό) slug

πότης, ο: drinker, hard drinker, heavy drinker, boozer

ποτίζω: (φυτά ή ζώα) water ‖ βλ. αρδεύω ‖ βλ. υγραίνομαι

πότισμα, το: watering ‖ βλ. άρδευση

ποτιστήρι, το: watering pot, watering can

ποτιστικός, -ή, -ό: watering, ‖ βλ. αρδευτικός

ποτό, το: drink, beverage ‖ οινοπνευματώδες ~: alcoholic beverage, liquor

ποτοποιείο, το: distillery

ποτ πουρί, το: (μίγμα διαφόρων) pot pourri ‖ (μουσ) medley

που: (επίρ) where? ‖ (αντων) who, which, that, when, where ‖ ~ και ~: on occasion, on and off, now and then, once in a while ‖ ~ύ το ξέρεις?: how do you know?

πουγκί, το: βλ. πορτοφόλι ‖ βλ. λεφτά

πούδρα, η: face powder

πούθε: (επίρ) from where, whence

πουθενά: (επίρ) nowhere, not anywhere

πουκάμισο, το: shirt

πουλάδα, η: chicken, pullet

πουλάκι, το: birdie, little bird

πουλάρι, το: foal ‖ (αλόγου) colt

πουλερικά, τα: poultry

πούλημα, το: selling, sale ‖ (εξαγορά) sell out

πουλημένος, -η, -ο: (μτφ) mercenary, venal

πουλί, το: bird

πούλι, το: (ταβλιού) backgammon piece ‖ (ντάμας) checkers piece ‖ (στολίδι) tinsel

πούλια, η: βλ. πλειάδες ‖ (στολίδι) tinsel

πούλμαν, το: motor coach, motorbus

πουλώ: sell (και μτφ)

πούμα, η: puma

πουνέντες, ο: βλ. πονέντες

πούντα, η: cold ‖ βλ. πλευρίτιδα

πουντιάζω: catch cold, freeze

πουπουλένιος, -α, -ο: downy, feathery (και μτφ)

πούπουλο, το: down, feather

πουρές, ο: pure~e ‖ (από πατάτες) mashed potatoes

πουρί, το: tartar

πουριτανός ο: puritan

πουρμπουάρ, το: tip, gratuity

πουρνάρι, το: ilex, holm oak

πούρο, το: cigar ‖ (λεπτό) cigarillo

πούσι, το: mist, fog

πούστης, ο: queer, faggot, fag, pansy, queen, gay

πουτάνα, η: whore, prostitute, harlot, street walker

πουτίγκα, η: pudding

πούφ!!: (επιφ) (περιφρ.) pooh! ‖ (αηδίας) ugh!

πράγμα, το: thing ‖ βλ. **αντικείμενο** ‖ (υπόθεση) matter, business ‖ (εμπόρευμα) goods, articles

πραγματεία, η: essay, treatise ‖ (πτυχίου) thesis ‖ (διδακτορική) dissertation

πραγματεύομαι: treat, deal with

πράγματι: (επίρ) really, indeed, actually, truly

πραγματικά: (επίρ) βλ. **πράγματι**

πραγματικός, -ή, -ό: real, actual ‖ βλ. **γνήσιος** ‖ βλ. **αυθεντικός**

πραγματικότητα, η: reality ‖ βλ. **αλήθεια**

πραγματιστής, ο: pragmatist

πραγματογνώμονας, ο: expert, appraiser

πραγματοποιήσιμος, -η, -ο: feasible, practicable, realizable

πραγματοποίηση, η: realization, materialization, actualization ‖ βλ. **εκπλήρωση**

πραγματοποιώ: realize, carry out, accomplish ‖ βλ. **εκπληρώνω**

πρακτικά, τα: minutes

πρακτικογράφος, ο: recorder ‖ (δικαστηρίων) court reporter

πρακτικός, -ή, -ό: practical ‖ (εμπειρικός) empirical ‖ (γιατρός) quack

πράκτορας, ο: agent ‖ **μυστικός ~:** secret agent

πρακτορείο, το: agency

πράμα, το: βλ. **πράγμα** ‖ (ιδ) cunt, pussy

πραμάτεια, η: wares, goods, merchandise

πραματευτής, ο: βλ. **γυρολόγος**

πράξη, η: act, action ‖ (πείρα) practice ‖ (καταχώριση) registration ‖ (έγγραφο) certificate ‖ (θεατρ.) act ‖ (εμπορ.) transaction ‖ (μαθ) operation

πραξικόπημα, το: coup d' e~tat

πράος, -α, -ο: meek

πραότητα, η: meekness

πρασιά, η: (κήπου) parterre, flower bed ‖ (σπιτιού) lawn

πρασινάδα, η: (διακοσμ. φυτό) foliage plant ‖ (χλόη) lawn, verdure ‖ (χρώμα) greenness

πρασινίζω: turn green

πράσινος, -η, -ο: green ‖ **το ~ο:** βλ. **πρασινάδα**

πρασινωπός, -ή, -ό: greenish

πράσο, το: leek ‖ **στα ~α:** (ιδ) in the act, red-handed

πρατήριο, το: store, shop ‖ **~ βενζίνης:** service station, gas station ‖ (Αγγλ.) petrol station

πράττω: βλ. **κάνω** ‖ βλ. **εκτελώ** ‖ βλ. **πραγματοποιώ**

πραϋντικό, το: sedative

πραϋντικός, -ή, -ό: βλ. **καταπραϋντικός**

πραϋνω: βλ. **καταπραϋνω**

πρέζα, η: pinch

πρεζάκιας, ο: drug addict

πρεμιέρα, η: premiere, opening night ‖ (μτφ) grand opening

πρέπει: (απρόσ): must, have to ‖ **καθώς ~:** proper, rigorously correct

πρέσα, η: βλ. **πιεστήριο**

πρεσβεία, η: embassy ‖ (αποστολή) legation

πρέσβειρα, η: (πρεσβευτίνα ή γυναίκα πρεσβευτού) ambassadress

πρεσβευτής, ο: ambassador

πρεσβεύω: βλ. **πιστεύω**

πρέσβης, ο: βλ. **πρεσβευτής**

πρεσβυτεριανός, -ή, -ό: presbyterian

πρεσβύτερος, -η, -ο: elder, older, senior

πρεσβύωπας, ο: presbyopic

πρεσβυωπία, η: presbyopia

πρέσσα, η: βλ. **πρέσα**

πρέφα, η: (χαρτοπ.) preference ‖ **παίρνω ~:** get wind of, smell ‖ (υποπτεύομαι κάτι κακό) smell a rat

πρήζομαι: swell, become swollen

πρήζω: swell ‖ (μτφ) give a hard time

πρηνηδόν: (επίρ) βλ. **μπρούμυτα**

πρήξιμο, το: swelling

πρίγκιπας, ο: prince

πριγκιπικός, -ή, -ό: princely

πριγκίπισσα, η: princess

πρίζα, η: socket

πρίμος, -α, -ο: βλ. **ευνοϊκός**

πριν: (επίρ) before, prior to, previous to, previously ‖ (μπροστά) ahead of, before, in front of ‖ (περασμένο χρον. διάστημα) ago

πρινάρι, το: βλ. **πουρνάρι**

πριόνι, το: saw ‖ (για μέταλλα) hacksaw ‖ (χειροκίνητο) handsaw ‖ (με πλαίσιο) framesaw

πριονίδια, τα: sawdust

πριονίζω: saw

πριονιστήρι, το: sawmill

πριονοκορδέλα, η: bandsaw

πριονωτός, -ή, -ό: saw-toothed
πρίσμα, το: prism ‖ *(μτφ)* angle, view
προ: *(πρόθ) (χρον)* before, ago (βλ. και πριν) ‖ *(τοπ)* in front of, before ‖ ~πάντων, ~παντός: above all, chiefly, especially
προαγγελία, η: prediction, warning, foretelling
προαγγέλλω: herald, predict, foretell, warn
προάγγελος, ο: harbinger, precursor, herald
προαγορά, η: *(εμπορ.* παραδοτέον αργότερα) lay away plan ‖ *(πρό κατασκευής)* buying in advance
προάγω: promote, further, advance ‖ βλ. προβιβάζω ‖ *(σε ακολασία)* solicit, pimp
προαγωγή, η: βλ. προβιβασμός
προαγωγός, ο (η): pimp, pander, panderer, procurer
προαίρεση, η: option ‖ βλ. πρόθεση
προαιρετικός, -ή, -ό: optional
προαισθάνομαι: have a premonition, forebode, have a presentiment
προαίσθημα, το: premonition, hunch, foreboding, presentiment
προαίσθηση, η: βλ. προαίσθημα
προαιώνιος, -α, -ο: agelong
προαλείφομαι: groom oneself for ‖ βλ. προετοιμάζομαι
προάλλες, τις: the other day, a couple of days ago, some days ago
προαναγγέλλω: βλ. προαγγέλλω
προανάκριση, η: preliminary½ interrogation
προανάκρουσμα, το: prelude *(και μτφ)*
προαναφερόμενος, -η, -ο: aforementioned, aforesaid, mentioned above
προαποφασίζω: predetermine, decide in advance
προασπίζω: champion, uphold, defend ‖ βλ. προστατεύω ‖ βλ. υπερασπίζω
προασπιστής, ο: champion, defender, paladin ‖ βλ. προστάτης ‖ βλ. υπερασπιστής
προάστιο, το: suburb
προαύλιο, το: forecourt, front yard
πρόβα, η: *(θεατρ)* rehearsal ‖ *(ρούχα)* fitting

προβάδισμα, το: precedence, precedency
προβαίνω: proceed, carry
προβάλλω: *(προωθώ)* advance, put forward ‖ *(με προβολέα)* project ‖ *(αντίρρηση ή απαίτηση)* raise ‖ *(εμφανίζομαι)* appear, show up
προβάρω: try on
προβατίνα, η: ewe
πρόβατο, το: sheep ‖ *(μικρό)* lamb ‖ *(μτφ)* lamb, sheep
πρόβειος, -α, -ο: sheep ‖ *(κρέας)* mutton
προβιά, η: sheepskin
προβιβάζω: promote
προβιβασμός, ο: promotion
προβλεπτικός, -ή, -ό: foreseeing, long-headed, foresighted ‖ βλ. προνοητικός
προβλεπτικότητα, η: βλ. προνοητικότητα
προβλέπω: *(μαντεύω)* forecast, foresee, predict ‖ *(προνοώ)* provide
πρόβλεψη, η: forecast, prediction, foresight
πρόβλημα, το: problem *(και μτφ)*
προβληματικός, -ή, -ό: problematic, problematical
προβλήτα, η: βλ. προκυμαία
προβολέας, ο: searchlight, spotlight ‖ *(αυτοκ.)* headlight ‖ *(μηχ.* προβολής) projector
προβολή, η: projection ‖ *(διαφημ.)* promotion, publicity
προβοσκίδα, η: *(ελεφ.)* proboscis, trunk ‖ *(εντόμου)* proboscis
προγαμιαίος, -α, -ο: antenuptial
προγενέστερος, -η, -ο: previous, antecedent, anterior, earlier
πρόγευμα, το: breakfast
προγευματίζω: breakfast
προγεφύρωμα, το: *(ποταμού)* bridgehead ‖ *(ακτής)* beachhead *(και μτφ)*
πρόγκα, η: catcall, boo
πρόγνωση η: foresight, foreknowledge, prescience ‖ *(καιρού)* forecast
προγνωστικό, το: forecast ‖ βλ. πρόβλεψη ‖ *(ποδοσφαίρου)* football pool
προγονή, η: stepdaughter
προγόνι, το: stepchild
προγονικός, -ή, -ό: ancestral ‖ βλ. κληρονομικός ‖ *(αμάρτημα)* original sin
πρόγονος, ο: ancestor, forefather, progenitor, sire

προγονός, ο: stepson
προγούλι, το: double chin
πρόγραμμα, το: program, programme ‖ (σχεδ. λεπτομ.) schedule, program ‖ (πολιτικό) platform ‖ (θεάτρου) playbill ‖ (κομπιούτερ) program ‖ (μαθημάτων) curriculum ‖ (τρένου, κλπ) timetable
προγραμματίζω: program, schedule ‖ (κομπιούτερ) program
προγραμματισμός, ο: programming ‖ (υπηρεσία των κομπιούτερς) software
προγραμματιστής, ο (θηλ **προγραμματίστρια**): programmer
προγραφή, η: proscription ‖ (μειονότητας) pogrom
προγράφω: proscribe
προγυμνάζω: (μαθητή) tutor ‖ βλ. **γυμνάζω** ‖ βλ. **προπονώ**
προγύμναση, η: (μαθητ.) tutoring ‖ βλ. **προπόνηση**
προγυμναστής, ο: (μαθητ.) tutor ‖ βλ. **γυμναστής** ‖ βλ. **προπονητής**
πρόδηλος, ο: βλ. **καταφανής**
προδιαγραφή, η: specification, stipulation
προδιαγράφω: specify, prearrange, stipulate
προδιάθεση, η: predisposition
προδιαθέτω: predispose, put into the right frame of mind
προδίδω: betray ‖ (μαρτυράω) tell on s.o., squeak, squeal ‖ βλ. **αποκαλύπτω**
προδικάζω: preconceive, prejudge ‖ βλ. **προβλέπω**
προδίνω: βλ. **προδίδω**
προδοσία, η: betrayal, treason, treachery ‖ (μαρτυριά) squeaking, squealing ‖ **εσχάτη ~:** high treason
προδότης, ο (θηλ **προδότρια**): traitor, betrayer ‖ (χαφιές) informer, stoolie, stool pidgeon, rat, squealer
προδοτικός, -ή, -ό: traitorous, treacherous
προδότρια, η: traitress
πρόδρομος, ο: precursor, forerunner ‖ βλ. **προάγγελος**
προεδρείο, το: (σύνολο μελών) board ‖ (σόβιετ) presidium
προεδρεύω: be president ‖ (συμβουλίου και συνεδρίασης) chair, preside
προεδρία, η: presidency ‖ (συμβ. ή επιτροπής ή συνεδρ.) chair, chairman-

ship
προεδρικός, -ή, -ό: presidential
προεδριλίκι, το: (ιδ) βλ. **προεδρία**
πρόεδρος, ο: president ‖ (συμβ. ή επιτροπής) chairman ‖ (κοινοβουλίου) speaker ‖ (δικαστ.) presiding judge ‖ **~ κυβερνήσεως:** prime minister, head of the cabinet, premier ‖ **~ διοικητικού συμβουλίου:** chairman of the board
προειδοποίηση, η: warning, previous notice
προειδοποιώ: warn, forewarn, warn in advance
προεισαγωγή, η: introduction
προεισαγωγικός, -ή, -ό: introductory
προεκβολή, η: βλ. **προεξοχή**
προεκλογικός, -ή, -ό: pre-election
προέκταση, η: extension, elongation
προεκτείνω: extend, elongate
προέλαση, η: advance
προελαύνω: advance, move forward
προέλευση, η: origin, source ‖ (τόπος προέλευσης) provenance
προεξάρχω: lead
προεξέχω: project, protrude, jut out, be prominent ‖ (από πάνω) overhang
προεξόφληση, η: (οικον.) discount
προεξοφλώ: (οικον.) discount ‖ (πληρώνω προκατ.) pay in advance ‖ (μτφ) take for granted, anticipate
προεξοχή, η: projection, jut, protrusion, prominence ‖ (από πάνω) overhang
προεόρτια, τα: eve
προεργασία, η: preliminary work, preparatory work
προέρχομαι: come from, originate, derive, issue from
προεστός, ο: elder
προετοιμάζω: prepare ‖ βλ. **προδιαθέτω**
προετοιμασία, η: preparation
προεφηβικός, -ή, -ό: preadolescent ‖ **~ή ηλικία:** preadolescence
προέχω: (υπερέχω) excell, be prominent, surpass ‖ (σε σημασία) prevail, predominate
πρόζα, η: prose
προζύμι, το: leaven ‖ βλ. **μαγιά**
προήγηση, η: precedence
προηγούμαι: precede
προηγούμενα, τα: (έχθρα ή διαφορές)

grudge

προηγούμενο, το: precedent

προηγούμενος, -η, -ο: previous, former, prior, earlier

προθάλαμος, ο: (σπιτιού) antechamber || (δημ. κτιρίου) lobby *(και μτφ)* || **άνθρωπος των ~ων:** lobbyist

πρόθεμα, το: prefix

προθερμαίνω: preheat

προθέρμανση, η: preheating || *(μτφ)* warm up

πρόθεση, η: (σκοπός) intention || *(νομ)* intent || *(γραμ)* preposition || **από ~:** intentionally, on purpose

προθεσμία, η: deadline, time limit

προθήκη, η: (βιτρίνα) shopwindow || (πάγκος) showcase

προθυμία, η: eagerness, avidity, earnestness, willingness

προθυμοποιούμαι: (προσφέρομαι εθελοντικά) volunteer, offer || (είμαι πρόθυμος) be eager, be avid, be willing

πρόθυμος, -η, -ο: eager, avid, willing, earnest

πρόθυρα, τα: *(μτφ)* verge, eve

προίκα, η: dowry, dower

προικιά, τα: trousseau

προικίζω: endow *(και μτφ)*

προικοδότηση, η: endowment

προικοθήρας, ο: fortune hunter

προϊόν, το: product *(και μτφ)* || (σύνολο παραγωγής) produce

προΐσταμαι: supervise, oversee, be a foreman

προϊστάμενος, ο *(θηλ* **προϊσταμένη):** supervisor, overseer || (βαθμός υπαλλ.) division head, department head

προϊστορικός, -ή, -ό: prehistoric

πρόκα, η: βλ. **καρφί**

προκαθορίζω: prearrange

προκαθορισμένος, -η, -ο: prearranged

προκάλυψη, η: (σύνορα) frontier || (προστασία) line of defense

προκαλώ: (κάνω πρόκληση) challenge, dare || (προξενώ) βλ. **προξενώ** || (ξεσηκώνω) provoke || *(σεξ)* seduce

προκάνω: βλ. **προφταίνω**

προκαταβάλλω: (προπληρώνω) pay in advance || (δίνω προκαταβολή) give a deposit

προκαταβολή, η: deposit || (δικηγόρου) retainer

προκαταβολικά: *(επίρ)* beforehand, in advance

προκατάληψη, η: prejudice, preconception, bias

προκαταρκτικός, -ή, -ό: preliminary

προκατασκευασμένος, -η, -ο: prefabricated

προκατειλημμένος, -η, -ο: prejudiced, biased

προκάτοχος, ο: predecessor

πρόκειται: (απρόσ) (μέλλω) be going to || (γίνεται λόγος) be a question of, be a matter of, the point is, the question is

προκήρυξη, η: βλ. **διακήρυξη** || βλ. **ανακοίνωση** || (πολιτ.) manifesto || (φέιγ βολάν) flier

προκηρύσσω: proclaim, announce

πρόκληση, η: challenge || (αιτία) provocation || *(σεξ)* seduction

προκλητικός, -ή, -ό: (επιθετικός) provocative, provoking || *(σεξ)* seductive

προκόβω: make good, prosper, succeed, flourish || (ζώα ή φυτά) flourish

προκοίλι, το: paunch, potbelly

προκομμένος, -η, -ο: βλ. **εργατικός** || βλ. **πετυχημένος**

προκοπή, η: βλ. **πρόοδος** || βλ. **εργατικότητα**

προκριματικός, -ή, -ό: preliminary

προκρίνω: predjudge || βλ. **διαλέγω** || βλ. **προτιμώ**

προκυμαία, η: pier, quay, mole, wharf, jetty

προκύπτω: arise, result, follow

προλαβαίνω: (προφταίνω κάποιον) catch up, overtake || (κάνω κάτι πριν από άλλον) anticipate, act in advance || (ματαιώνω) obviate, preclude, forestall || (έχω καιρό) have the time, manage || βλ. **εμποδίζω**

προλεγόμενα, τα: foreword, preface, prologue || (κριτική εισαγωγή) prolegomena, critical introduction

προλεταριάτο, το: proletariat

προλετάριος, ο: proletarian

προληπτικός, -ή, -ό: (που προλαβαίνει) preventive, precautionary || (φάρμακο) preventive || βλ. **δεισιδαίμονας**

πρόληψη

πρόληψη, η: (αποτροπή) prevention ‖ (αντίληψη) prejudice ‖ βλ. **δεισιδαιμονία**

πρόλογος, ο: βλ. **προλεγόμενα** ‖ *(νομ)* preamble

προμάντεμα, το: βλ. **προαίσθημα**

προμαντεύω: βλ. **προβλέπω** ‖ βλ. **προαισθάνομαι**

πρόμαχος, ο: βλ. **προασπιστής**

προμελέτη, η: (προκαταρκτική μελέτη) preliminary design, preliminary study ‖ (προσχεδίαση αξιόποινης πράξης) premeditation ‖ *εκ ~ς:* βλ. **προμελετημένος**

προμελετημένος, -η, -ο: premeditated

προμελετώ: premeditate

προμεσημβρία, η: forenoon ‖ *~ς: (επίρ)* ante meridiem (A.M.)

προμεσημβρινός, -ή, -ό: morning, ante meridian

προμετωπίδα, η: frontispiece

προμήθεια, η: βλ. **εφοδιασμός** ‖ (ποσοστό πωλητού) commission ‖ (ποσοστό μεσίτη ακινήτων ή χρηματιστή) brokerage ‖ (ποσοστό του κεντρ. γραφείου) override

προμηθευτής, ο: supplier, purveyor ‖ (τροφίμων) victualer ‖ (πλοίων) ship chandler

προμηθεύομαι: supply oneself, get supplies, get

προμηθεύω: supply, provide, provision, furnish ‖ βλ. **εφοδιάζω**

προμήνυμα, το: βλ. **προαγγελία** ‖ βλ. **πρόβλεψη** ‖ βλ. **προαίσθηση**

προμηνώ: βλ. **προαγγέλλω** ‖ βλ. **προειδοποιώ**

πρόναος, ο: narthex

προνήπια, τα: (σχολείο ή τάξη) nursery school, day-care center

προνοητικός, -ή, -ό: prudent ‖ βλ. **προβλεπτικός**

προνοητικότητα, η: fore sight, longheadedness

πρόνοια, η: βλ. **μέριμνα** ‖ (σύνεση) prudence ‖ **Θεία Π~:** Providence ‖ (κοινωνική) welfare

προνομιακός, -ή, -ό: βλ. **προνομιούχος**

προνόμιο, το: privilege ‖ (αποκλειστικό προνόμιο) prerogative ‖ (ειδική άδεια) license ‖ (ευρεσιτεχνίας) patent ‖ βλ.

πλεονέκτημα ‖ βλ. **δικαίωμα**

προνομιούχος, -α, -ο: privileged *(και μτφ)*

προνοώ: think of, provide for ‖ βλ. **προβλέπω**

προξενείο, το: consulate

προξενητής, ο *(θηλ* **προξενήτρα**): matchmaker

προξενήτρα, η: βλ. **προξενητής**

προξενιά, η: match, matchmaking

προξενικός, -ή, -ό: consular

πρόξενος, ο: consul ‖ βλ. **αίτιος**

προξενώ: cause, occasion, bring about ‖ (κακό) inflict

προοδευτικός, -ή, -ό: progressive

προοδευτικότητα, η: progressiveness

προοδεύω: progress, make progress, get ahead, advance

πρόοδος, η: progress, progression ‖ *(μαθ)* progression

προοίμιο, το: βλ. **πρόλογος** ‖ *(μτφ)* presage, prelude ‖ βλ. και **προάγγελος**

προοπτική, η: perspective ‖ *(μτφ)* prospects, expectation

προορίζω: intend, destine

προορισμός, ο: destination

προπαγάνδα, η: propaganda

προπαγανδίζω: propagandize

προπαγανδιστής, ο *(θηλ.* **προπαγανδίστρια**): propagandist

προπαγανδιστικός, -ή, -ό: propagandistic

προπαίδευση, η: propaedeutic, preparatory instruction

προπαιδεύω: prepare, groom for

προπαντός: *(επίρ)* βλ. **προ**

προπάντων: *(επίρ)* βλ. **προ**

προπάππος, ο: great-grandfather

προπαραλήγουσα, η: antepenult, antepenultimate

προπαρασκευάζω: βλ. **προετοιμάζω** ‖ βλ. **προγυμνάζω**

προπαρασκευαστικός, -ή, -ό: preparatory

προπαρασκευή, η: βλ. **προετοιμασία**

προπάτορας, ο: ancestor, forefather

προπατορικός, -ή, -ό: ancestral ‖ *~ό* **αμάρτημα:** original sin

προπέλα, η: propeller, propellor, screw

προπέμπω: βλ. **ξεπροβοδίζω**

πρόπερσι: *(επίρ)* two years ago

προπέτασμα, το: screen ‖ *~* **καπνού:**

746

smoke screen
προπέτεια, η: βλ. **αυθάδεια** ‖ βλ.**θράσος**
προπετής, -ές: βλ. **αυθάδης** ‖ βλ. **θρασύς**
προπηλακίζω: *(μτφ)* drag in the mud, throw mud, sling mud
προπηλάκιση, η: *(μτφ)* mudslinging
προπηλακισμός, ο: βλ. **προπηλάκιση**
προπίνω: toast, drink to the honor of, drink to the health of
πρόπλασμα, το: model
προπληρώνω: βλ. **προκαταβάλλω**
πρόποδες, οι: foot
προπολεμικός, -ή, -ό: prewar
προπομπός, ο: βλ. **συνοδός** ‖ *(στρ)* vanguard
προπόνηση, η: practice, training
προπονητής, ο: *(αθλ)* coach
προπονώ: coach, train
προπορεύομαι: precede, lead the way *(και μτφ)*
πρόποση, η: toast
προπύλαια, τα: propylaeum *(πληθ* propylaea) propylon
προπύργιο, το: βλ. **προμαχώνας**
πρόρρηση, η: prophecy, prediction
προς: *(πρόθ)* to, towards ‖ ~ **δέκα δολ. το κιλό:** at ten dollars a kilo ‖ ~ **νότο:** to the south ‖ ~ **το παρόν:** for the time being, for the present ‖ ~ **όφελος:** to one's benefit, to one's advantage ‖ ~ **τιμήν:** in s.o.'s honor ‖ ~ **Θεού:** for Christ's sake!, for God's sake! ‖ **ως** ~: regarding, in regard to ‖ **ένα** ~ **ένα:** one by one
προσαγόρευση, η: address ‖ *(πομπώδης ή επιθετική)* harangue
προσαγορεύω: address ‖ *(πομπωδώς ή επιθετικά)* harangue
προσάγω: bring forward, produce, present
προσαγωγή, η: bringing forward, presentation
προσάναμα, το: kindling, tinder
προσανατολίζομαι: get one's bearings, orient oneself, find one's bearings
προσανατολίζω: orient
προσανατολισμός, ο:orientation
προσάνεμος, -η, -ο: windward
προσαράζω: run aground, strand, be stranded
προσάραξη, η: stranding, running aground

προσαρμογή, η: adaptation
προσαρμόζομαι: adapt oneself
προσαρμόζω: adapt ‖ βλ. **συνδέω**
προσαρμοστικός, -ή, -ό: adaptable
προσαρμοστικότητα, η: adaptability
προσάρτημα, το: βλ. **εξάρτημα** ‖ *(προσθήκη)* appendage, annex
προσάρτηση, η: annexation
προσαρτώ: anex ‖ *(συνδέω)* attach, affix, append
προσαυξάνω: βλ. **επαυξάνω**
προσαύξηση, η: βλ. **επαύξηση**
προσβάλλω: βλ. **επιτίθεμαι** ‖ *(θίγω)* offend, insult, hurt s.o.'s feelings ‖ *(βλάπτω)* impair, harm ‖ *(αμφισβητώ)* challenge
πρόσβαση, η: access, approach
προσβλητικός, -ή, -ό: offensive, insulting, insolent
προσβολή, η: βλ. **επίθεση** ‖ *(ασθενείας)* attack, fit, onset ‖ *(ύβρις)* offence, insult
προσγειώνομαι: touch down, land
προσγειώνω: land ‖ *(ηλεκτρ)* ground
προσγείωση, η: landing, touch down ‖ *(ηλεκτρ)* ground ‖ **ομαλή** ~: soft landing ‖ **σύστημα** ~**ς:** undercarriage ‖ **αναγκαστική** ~: forced landing
προσδένω: attach, fasten
προσδίδω: add to, lend
προσδιορίζω: fix, determine ‖ *(ορίζω)* designate, fix, assign
προσδιορισμός, ο: designation, determination ‖ *(γραμ)* adjunct, complement
προσδοκία, η: expectation
προσδοκώ: expect, anticipate ‖ *(με ανυπομονησία)* look forward to
προσεγγίζω: *(μτβ)* bring near ‖ *(αμτβ)* draw near, near, approach ‖ *(απειλητικά)* loom ‖ *(δουλικά)* sidle
προσέγγιση, η: approach, nearing, oncoming ‖ *(επανασύνδεση σχέσεων)* reapprochement ‖ *(περίπου υπολογισμός)* approximation ‖ **κατά** ~: *(επίρ)* approximately ‖ **με** ~: *(επίθ)* approximate
προσεκτικά: *(επίρ)* carefully, meticulously ‖ *(πολύ)* to a nicety
προσεκτικός, -ή, -ό: careful, attentive, meticulous

προσέλευση, η: βλ. **άφιξη**
προσελκύω: attract, draw ‖ *(μτφ)* win
προσέρχομαι: βλ. **έρχομαι** ‖ βλ. **πλησιάζω** ‖ βλ. **μετέχω** ‖ (παρουσιάζομαι για υπόθεση) present oneself, appear
προσεταιρίζομαι: (παίρνω με το μέρος μου) win over, associate ‖ βλ. **συνεταιρίζομαι**
προσέτι: *(επίρ)* besides, in addition to, moreover
προσευχή, η: prayer ‖ (στο τραπέζι) grace ‖ (σε τελετή) invocation
προσευχητάριο, το: prayer book, missal
προσεύχομαι: pray
προσεχής, -ές: next, following, forthcoming ‖ (μήνας) proximo
προσέχω: pay attention, be attentive ‖ (έχω το νου μου σε κάτι) keep an eye on, watch ‖ (είμαι προσεκτικός) be careful, mind ‖ (βλέπω τυχαία) notice, catch sight of
προσεχώς: *(επίρ)* in the future, in the near future, shortly
προσηλιακός, -ή, -ό: (προς τον ήλιο) sunward ‖ βλ. **ηλιόλουστος**
προσηλυτίζω: proselytize, convert
προσηλυτισμός, ο: proselytization, proselytism
προσήλυτος, ο: proselyte
προσηλώνομαι: be absorbed, become absorbed ‖ βλ. **αφοσιώνομαι**
προσηλώνω: fix, nail, pin ‖ *(μτφ)* fix, look fixedly ‖ (το νου) concentrate
προσήλωση, η: *(μτφ)* absorption, attention, concentration
προσημείωση, η: *(νομ)* lien
προσήνεια, η: affability, approachability, friendliness
προσηνής, -ές: affable, approachable, friendly, outgoing
προσθαλασσώνομαι: land on the sea
πρόσθεση, η: addition ‖ *(ανατ)* prosthesis
προσθετέος, ο: addend
πρόσθετος, -η, -ο: additional
προσθέτω: (συμπληρώνω) add, join, annex ‖ (κάνω πρόσθεση) add, sum up ‖ (λέω επιπλέον) add
προσθήκη, η: βλ. **προσάρτηση** ‖ (προσάρτημα) annex

πρόσθιος, -α, -ο: (κολύμβηση) breast stroke ‖ βλ. **εμπρόσθιος**
προσιτός, -ή, -ό: accessible (και μτφ) ‖ (στα οικονομικά) within one's means ‖ βλ. **προσηνής**
πρόσκαιρος, -η, -ο: temporary, passing, ephemeral
προσκαλώ: invite, call ‖ *(νομ)* summon ‖ (ειδοποιώ) send for ‖ *(στρ)* call up
προσκεκλημένος, -η, -ο: invited ‖ (μουσαφίρης) guest
προσκέφαλο, το: pillow ‖ (αναπαυτικό του καναπέ) cushion ‖ (στενό και μακρύ ντιβανιού) bolster
προσκήνιο, το: proscenium ‖ *(μτφ)* spotlight
πρόσκληση, η: (κάλεσμα) call, calling, summons ‖ (προσκάλεσμα) invitation ‖ *(στρ)* calling up
προσκλητήριο, το: (κάρτα ή γράμμα) invitation ‖ (εκφώνηση ονομάτων) roll call ‖ (πρωινό προσκλ. στρατ.) reveille
προσκόλληση, η: attachment, adhesion, adherence ‖ *(στρ)* attachement ‖ *(μτφ)* clinging, holding on ‖ **της ~ης:** *(ιδ)* leech
προσκολλώ: attach, stick, fasten, adhere ‖ *(στρ)* attach
προσκομίζω: bring, produce, bring forward
πρόσκομμα, το: obstacle, bar, impediment, hindrance ‖ **φέρνω ~τα:** filibuster
πρόσκοπος, ο: (ανιχνευτής) scout ‖ (οργάνωσης) boy-scout
πρόσκρουση, η: bumping, collision
προσκρουστήρας, ο: bumper
προσκρούω: bump, collide, strike ‖ (αντιβαίνω) be opposed to
προσκύνημα, το: (λατρεία) worship, adoration ‖ (επίσκεψη ιερού τόπου) pilgrimage ‖ (υπόκλιση) genuflection ‖ (υποταγή) supplication
προσκύνηση, η: βλ. **προσκύνημα**
προσκυνητάρι, το: prie dieu
προσκυνητής, ο (θηλ **προσκυνήτρια**): pilgrim
προσκυνώ: (σε εκδήλωση λατρείας) worship, adore ‖ (υποκλίνομαι) genuflect ‖ (δηλώνω υποταγή) supplicate, submit
προσκυρώνω: βλ. **επικυρώνω** ‖ *(νομ)* transfer

προσκύρωση, η: βλ. **επικύρωση** ‖ *(νομ)* transfer

προσλαμβάνω: sign on, employ, engage, take, hire

πρόσληψη, η: employment, sign on, hiring

πρόσμειξη, η: blending, mixing

προσμένω: βλ. **περιμένω** ‖ βλ. **προσδοκώ**

προσμετρώ: add to

πρόσμιγμα, το: aggregate

πρόσμιξη, η: βλ. **πρόσμειξη**

προσμονή, η: βλ. **αναμονή** ‖ βλ. **προσδοκία**

πρόσοδος, η: revenue, income

προσοδοφόρος, -α, -ο: profitable, lucrative

προσοικειώνομαι: βλ. **προσεταιρίζομαι** ‖ βλ. **εξοικειώνομαι**

προσόν, το: (προτέρημα) merit ‖ βλ. **πλεονέκτημα** ‖ (απαραίτητο εφόδιο) qualification

προσορμίζω: moor, bring into port

προσοφθάλμιο, το: ocular, eyepiece

προσοχή, η: attention, notice ‖ (φροντίδα) care, caution, precaution ‖ (γυμν.) attention!

πρόσοψη, η: front, façade, face ‖ (αρχιτ.) front elevation

προσόψι, το: towel

προσπάθεια, η: effort, endeavor, attempt ‖ (σκληρή) labor, toil

προσπαθώ: try, make an effort, endeavor, attempt

προσπελάζω: βλ. **προσεγγίζω**

προσπέλαση, η: βλ. **προσέγγιση**

προσπερνώ: overtake ‖ βλ. **ξεπερνώ**

προσπέφτω: supplicate, make a humble entreaty

προσποίηση, η: sham, pretence, feint, affectation

προσποιητός, -ή, -ό: sham, feigned, assumed, affected, makebelieve

προσποιούμαι: sham, make-believe, pretend, feign ‖ ~ **τον άρρωστο:** malinger

πρόσπτωση, η: *(φυσ)* incidence

προσταγή, η: βλ. **διαταγή**

πρόσταγμα, το: βλ. **διαταγή** ‖ **γενικό ~:** overall command

προστάζω: βλ. **διατάζω**

προστακτική, η: *(γραμ)* imperative

προστακτικός, -ή, -ό: imperative, commanding

προστασία, η: protection ‖ βλ. **προάσπιση** ‖ (πατρονάρισμα) patronage ‖ **υπό την ~:** (ψηλή ή ηθική): under the auspices ‖ **υπό την ~ μου:** (προσοχή) under one's wing

προστατευόμενος, ο (θηλ **προστατευόμενη**): prote~ge~

προστατευτικός, -ή, -ό: protective ‖ (καταδεχτικός) patronizing ‖~**ό κάλυμμα:** lee

προστατεύω: protect ‖ βλ. **προασπίζω**

προστάτης, ο (θηλ **προστάτρια**): protector ‖ (γραμμ. και τεχνών) patron ‖ *(ανατ)* prostate

πρόστεγο, το: porte cochere, marquise, marquee

προστιμάρω: fine, impose a fine on

πρόστιμο, το: fine

προστρέχω: turn to

προστριβή, η: friction (και μτφ)

προστυχαίνω: βλ. **προστυχεύω**

προστυχεύω: *(μτβ)* cheapen, vulgarize ‖ *(αμτβ)* become vulgar, cheapen, become cheap

προστυχιά, η: (ευτέλεια) cheapness, vulgarity ‖ (ανηθικότητα) lewdness ‖ (πρόστυχη πράξη ή φέρσιμο) baseness, vileness, vile act ‖ (χυδαιότητα) vulgarity

πρόστυχος, -η, -ο: (ευτελής) cheap, low ‖ (χυδαίος) vulgar ‖ (ανήθικος) lewd, bawdy

προσύμφωνο, το: preliminary contract

προσυπογραφή, η: countersign, countersignature

προσυπογράφω: countersign

πρόσφατα: *(επίρ)* recently, newly, lately, of late

πρόσφατος, -η, -ο: recent, latest, new, of late

προσφέρομαι: (προθυμοποιούμαι) offer ‖ (είμαι κατάλληλος) be suitable, be appropiate, be fitting

προσφέρω: offer, present ‖ βλ.**δίνω** ‖ (για πώληση) market

προσφεύγω: turn to, resort, have recourse to

προσφιλής, -ές: βλ. **αγαπητός** ‖ βλ. **αγαπημένος**

προσφορά, η: (πράξη) offer, proposal ‖ (δημοπρασ.) bid, offer ‖ (το αντικείμενο)

offering
πρόσφορο, το: *(εκκλ)* Oblation
πρόσφορος, -η, -ο: βλ. **κατάλληλος**
πρόσφυγας, ο: refugee, expatriate
προσφυγή, η: resort, recourse ‖ *(νομ)* appeal
προσφυγιά, η: *(πράξη)* expatriation ‖ *(σύνολο προσφύγων)* refugees, expatriates
πρόσφυση, η: adherence, adhesion
πρόσφωλο, το: nest egg
προσφώνηση, η: address
προσφωνώ: address
πρόσχαρος, -η, -ο: cheerful, gay, merry, joyful
προσχεδιάζω: βλ. **προμελετώ**
προσχέδιο, το: draft, preliminary design, rough sketch
πρόσχημα, το: pretext, excuse ‖ **τηρώ τα ~τα:** keep up appearances
προσχολικός, -ή, -ό: preschool
προσχωματικός, -ή, -ό: alluvial
προσχώρηση, η: joining, going over
προσχωρώ: go over, join
πρόσχωση, η: alluvium, silt
πρόσω: *(επίρ)* ahead
προσωδία, η: prosody
προσωνυμία, η: βλ. **παρατσούκλι‖** βλ. **επονομασία**
προσωπάρχης, ο: personnel manager
προσωπείο, το: βλ. **προσωπίδα**
προσωπίδα, η: mask *(και μτφ)*
προσωπιδοφόρος, -α, -ο: masked
προσωπικά, τα: βλ. **προηγούμενα**
προσωπικό, το: personnel, staff
προσωπικός, -ή, -ό: personal
προσωπικότητα, η: *(ιδιότητα)* personality ‖ *(διάσημο πρόσωπο)* personage, personality
πρόσωπο, το: *(άτομο)* person ‖ *(ιδ)* party ‖ *(φάτσα)* face ‖ *(ιδ)* mug, puss ‖ *(έργου)* persona ‖ *(γραμ)* person‖ **νομικό ~:** body corporate ‖ **~α του έργου:** cast of characters ‖ **~ με ~:** face to face
προσωπογραφία, η: portrait
προσωπογράφος, ο: portraitist
προσωποκράτηση, η: custody, detention
προσωποποίηση, η: personification
προσωποποιώ: personify

προσωρινός, -ή, -ό: temporary, provisional ‖ βλ. **παροδικός**
προσωρινότητα, η: temporariness
πρόταση, η: *(γραμ)* sentence, clause ‖ *(μτφ)* proposition, proposal, suggestion ‖ *(νομ)* motion ‖ *(γάμου, κλπ)* proposal
προτάσσω: put forward, push out, put before
προτείνω: βλ. **προτάσσω** ‖ *(μτφ)* propose, suggest, offer
προτείχισμα, το: rampart
προτεκτοράτο, το: protectorate
προτελευταίος, -α, -ο: next to last, last but one
προτεραία, η: day before, preceding day
προτεραιότητα, η: priority, right to precedence, precedence
προτέρημα, το: gift, quality, talent
πρότερος, -η, -ο: βλ.**προηγούμενος** ‖ **εκ των ~ων:** beforehand
προτεστάντης, ο *(θηλ* **προτεστάντισσα):** βλ. **διαμαρτυρόμενος**
προτίθεμαι: intend, mean
προτίμηση, η: preference ‖ *(μεροληπτική)* predilection
προτιμητέος, -α, -ο: preferable
προτιμότερο, (επίρ) preferably, better
προτιμώ: prefer, give preference to, like better ‖ would rather
προτινός, -ή, -ό: βλ. **προηγούμενος**
προτομή, η: bust
προτού: *(επίρ)* βλ. **προτήτερα** ‖ *(σύνδ)* before
προτρεπτικός, -ή, -ό: exhortatory, exhortative, urging
προτρέπω: exhort, urge, spur, incite, prompt
προτρέχω: outrun, run in advance of
προτροπή, η: exhortation, incitation, prompting
πρότυπο, το: original, model ‖ βλ. **πρόπλασμα** ‖ *(μτφ)* model, example, paragon ‖ *(διάτρητο)* stencil
πρότυπος, -η, -ο: model
προϋπαντώ: meet, be present at the arrival of
προϋπαρξη, η: pre-existence
προϋπάρχω: pre-exist
προϋπηρεσία, η: previous service
προϋπόθεση, η: premise, presupposition,

presumption

προϋποθέτω: presuppose. premise. presume ‖ *(παίρνω ως δεδομένο)* take for granted

προϋπολογίζω: budget, estimate

προϋπολογισμός, ο: budget ‖ *(εκτίμηση)* estimate

προύχοντας, ο: βλ. **προεστός** ‖ squire, notable

προφανής, -ές: evident, obvious, clear, apparent, plain

προφανώς: *(επίρ)* evidently, obviously, clearly, apparently

πρόφαση, η: βλ. **πρόσχημα**

προφασίζομαι: state an excuse, allege, pretend

προφέρω: pronounce, articulate ‖ *(ξεστομίζω)* utter

προφητεία, η: prophecy, prediction

προφητεύω: prophesy, foretell, predict, foresee

προφήτης, ο: prophet, seer

προφητικός, -ή, -ό: prophetic

προφίλ, το: profile

προφορά, η: pronunciation ‖ *(ιδιότυπη ή ξενική)* accent

προφορικός, -ή, -ό: oral, verbal ‖ ~ές **εξετάσεις:** oral examinations, orals

προφταίνω: βλ. **προλαβαίνω**

προφυλάγομαι: take precautions, beware, protect oneself

προφυλάγω: protect, guard, shelter, preserve

προφυλακή, η: advance guard, outpost

προφυλακίζω: hold in custody, hold

προφυλάκιση, η: custody, detention, holding in custody

προφυλακτήρας, ο: fender, bumper

προφυλακτικό, το: prophylactic, condom, rubber

προφυλακτικός, -ή, -ό: protecting, precautionary ‖ *(αυτός που φυλάγεται)* cautious, wary ‖ ~ά **μέτρα:** precautions

προφύλαξη, η: precaution, caution, circumspection

προφυλάσσω: βλ. **προφυλάγω**

πρόχειρο, το: *(τετράδιο)* scratch pad, note book

πρόχειρος, -η, -ο: *(χωρίς προπαρασκευή)* impromptu. improvised ‖ *(έτοιμος για*

χρήση) handy, within easy reach ‖ *(όχι προσεγμένος)* sketchy, rough

προχειρότητα, η: *(χωρίς προπαρασκευή)* improvisation, extemporaneousness ‖ *(χωρίς προσοχή)* sketchiness

προχθές: *(επίρ)* day before yesterday

προχρονολογώ: predate, antedate

προχτές: βλ. **προχθές**

πρόχωμα, το: earthwork, dam ‖ *(οχύρωμα)* mound, vallation, rampart

προχώρηση, η: advance, advancement ‖ βλ. **πρόοδος**

προχωρώ: advance, move forward, go forward, go on, move on, go ahead ‖ *(στρ)* advance, march forward, gain ground ‖ βλ. **προοδεύω** ‖ *(δύσκολα ή βαριά)* lug ‖ *(ιδ)* mosey, leg, push on

προψές: *(επίρ)* evening before yesterday, night before last

προώθηση, η: propullsion, propelling, push forward ‖ *(αποστολή)* forwarding

προωθώ: propel, push forward, impel ‖ *(αποστέλλω)* forward ‖ *(προάγω)* push

προώλης: βλ. **εξώλης**

πρόωρα: *(επίρ)* prematurely, untimely

πρόωρος, -η, -ο: premature, untimely ‖ *(πρόωρα αναπτυγμένος)* precocious ‖ βλ. **βιαστικός**

προωστήρας, ο: propeller

πρύμα: *(επίρ)* abaft

πρύμνη, η: stern ‖ *(κατάστρωμα της πρύμνης)* poop, poop deck

πρυμνήσιος, -α, -ο: stern, aft

πρύμος, -α, -ο: *(άνεμος)* tail wind, favorable

πρυτανεύω: *(μτφ)* prevail

πρύτανης, ο: president of a university, dean of faculty

πρώην: *(επίρ)* βλ. **άλλοτε** ‖ *(με ουσ)* former, ex-

πρωθιερέας, ο: dean of a church

πρωθυπουργός, ο: prime minister, premier, head of the cabinet

πρωί, το: morning ‖ *(επίρ)* in the morning ‖ ~~~: early in the morning, at break of day

πρώιμος, -η, -ο: early, premature

πρωιμότητα, η: prematureness, prematurity

πρωινό, το: βλ. **πρωί** ‖ *(φαγητό)* breakfast

751

πρωινός

πρωινός, -ή, -ό: morning
πρωκτός, ο: anus ΙΙ βλ. πισινός
πρώρα, η: βλ. πλώρη
πρώτα: (επίρ) first, firstly, at first ΙΙ βλ.
  προηγουμένως ‖ ~ - - ~: first of all
πρωταγωνιστής, ο (θηλ
  πρωταγωνίστρια): leading actor (θηλ
  leading lady), protagonist ΙΙ (μτφ) pro-
  tagonist
πρωταγωνιστώ: be a protagonist, have
  the leading role
πρωτάθλημα, το: championship
πρωταθλητής, ο (θηλ πρωταθλήτρια):
  champion
πρωταίτιος, -α, -ο: author, cause
πρωτάκουστος, -η, -ο: unheard-of, un-
  precedented
πρωταπριλιά, η: first of April ‖ (μέρα
  του ψέματος) April Fool's Day
πρωτάρης, -α, -ιχο: novice, tyro ‖ (ιδ)
  greenhorn, tenderfoot
πρωταρχικός, -ή, -ό: primary, paramount
πρωτεία, τα: precedence, primacy
πρωτεΐνη, η: protein
πρωτείο, το: first prize
πρωτεργάτης, ο: βλ. πρωτοπόρος ‖ βλ.
  πρωταίτιος
πρωτεύουσα, η: capital
πρωτεύω: be first, take the first place,
  hold the first place
πρώτη, η: βλ. πρεμιέρα
πρωτήτερα: βλ. προτήτερα
πρωτιά, η: first place ‖ κάνω ~: be the
  first to ...
πρωτινός, -ή, -ό: βλ. προγενέστερος ‖
  βλ. περασμένος
πρώτιστα: (επίρ) chiefly, in the first
  place
πρώτιστος, -η, -ο: βλ. πρωταρχικός
πρωτοβάθμιος, -α, -ο: of the first degree
πρωτόβγαλτος, -η, -ο: (καρπός) early ‖
  (κοπέλλα) debutante ‖ βλ. πρωτάρης
πρωτοβουλία, η: initiative ‖ (ελευθερία
  δράσης) free hand
πρωτοβρόχια, τα: first rains in fall
πρωτογενής, -ές: primary ‖ βλ.
  πρωτόγονος ‖ βλ. πρωτότοκος
πρωτογέννητος, -η, -ο: βλ. πρωτότοκος
πρωτόγονος, -η, -ο: primitive (και μτφ)
πρωτοδικείο, το: Court of Common

Pleas
πρωτοδίκης, ο: judge of the Court of
  Common Pleas
πρωτοετής, -ές: first-year ‖ (πανεπιστ.)
  freshman ‖ (στρ. ή ναυτ. σχολής) plebe,
  pleb
πρωτοκαθεδρία, η: (μτφ) forefront, first
  seat, ringside
πρωτόκλιτος, -η, -ο: of the first declension
πρωτοκολλητής, ο: records clerk
πρωτόκολλο, το: (γραφείο) records
  office, register ‖ (εθιμοτυπία) protocol
πρωτοκολλώ: register, enter in the regis-
  ter, record
πρωτόλειο, το: first work
πρωτομαγιά, η: first of May ‖ (γιορτή)
  May Day
πρωτομαθαίνω: (πρώτος) be the first to
  learn, learn first ‖ (για πρώτη φορά)
  learn for the first time
πρωτομάρτυρας, ο: protomartyr, first
  martyr
πρωτομάστορας, ο: head workman, mas-
  ter craftsman
πρωτομηνιά, η: first day of the month
πρωτόνιο, το: proton
πρωτοπαλαιστής, ο: wrestling champion
πρωτοπαλίχαρο, το: second in command,
  lieutenant
πρωτόπαπας, ο: βλ. πρωθιερέας
πρωτόπειρος, -η, -ο: βλ. άπειρος ‖ βλ.
  αρχάριος ‖ βλ. πρωτάρης
πρωτόπλαστοι, οι: Adam and Eve
πρωτοπορία, η: van, leadership, pioneer-
  ing
πρωτοπόρος, ο: pioneer
πρωτοπρεσβύτερος, -η, -ο: βλ. πρωθι-
  ερέας
πρωτοπυγμάχος, ο: boxing champion
πρώτος, -η, -ο: first ‖ (μαθ) prime ‖
  (πρωταρχικός) primary
πρωτοστατώ: play a leading part, lead,
  be the leader
πρωτοτόκια, τα: primogeniture, rights of
  the eldest child
πρωτότοκος, -η, -ο: first born
πρωτοτυπία, η: originality, novelty ‖ βλ.
  εκκεντρικότητα
πρωτότυπος. -η, -ο: original
πρωτοτυπώ: be original

πρωτουργός, ο: βλ. **πρωταίτιος** ‖ βλ. **πρωτοπόρος**

πρωτοφανής, -ές: new, novel ‖ *(μτφ)* fantastic

Πρωτοχρονιά, η: New Year's Day

πρωτοχρονιάτικος, -η, -ο: New Year's

πρωτύτερα: *(επίρ)* previously, before, prior to

πταίσμα, το: error, fault ‖ *(νομ)* misdemeanor

πταισματοδικείο, το: police court

πταισματοδίκης, ο: judge of a police court

πτέρυγα, η: wing *(και μτφ)* ‖ *(εκκλ)* transept

πτερύγιο, το: (ψαριών) fin ‖ (πουλιού) pinion ‖ (άγκυρας) fluke ‖ *(μηχ)* vane ‖ (αεροπ.) wing flap

πτέρωμα, το: plumage

πτηνό, το: bird, fowl

πτηνοτροφείο, το: aviary

πτηνοτροφία, η: aviculture

πτηνοτρόφος, ο: aviarist

πτήση, η: flight

πτητικός, -ή, -ό: volatile

πτίλο, το: feather, plume, down

πτοώ: βλ. **τρομάζω**

πτύελο, το: spittle, saliva, sputum

πτυελοδοχείο, το: cuspidor, spittoon

πτύσσω: fold ‖ (τα πανιά) furl

πτυχή, η: fold, pleat ‖ (τσάκιση) crease

πτυχίο, το: (ο τίτλος) degree ‖ (το έγγραφο) diploma ‖ (θεωρ. επιστ. 4ετούς φοίτησης) Bachelor of Arts (B.A.) ‖ (θεωρ. επιστ. ανώτατο) Master of Arts (M.A.) ‖ (θετικών επιστημών 4ετούς φοίτησης) Bachelor of Science (B.Sc., B.S.) ‖ θετ. επιστ. ανώτατο) Master of Science (M.S.)

πτυχιούχος, -α, -ο: graduate ‖ (θετ. επιστ. 4ετούς φοίτησης) βλ. **πτυχίο** ‖ (θεωρ. επιστ. ανώτατο) βλ. **πτυχίο** ‖ (θετικ. επιστ.) βλ. **πτυχίο**

πτυχώνω: βλ. **πτύσσω**

πτύχωση, η: βλ. **πτυχή**

πτύω: βλ. **φτύνω**

πτώμα, το: corpse ‖ *(ειρων)* carcass ‖ (ζώου) carcass ‖ *(μτφ)* dead

πτωμαΐνη, η: ptomaine

πτώση, η: fall ‖ *(γραμ)* case ‖ (κατακό-ρυφη) drop ‖ *(μτφ)* fall, downfall ‖ (στατιστ.) trough

πτώχευση, η: bankruptcy

πτωχεύω: go bankrupt, be bankrupt

πτωχοκομείο, το: poorhouse

πτωχός, -ή, -ό: βλ. **φτωχός**

πυγμαίος, ο: pygmy *(και μτφ)*

πυγμαχία, η: pugilism, boxing ‖ (το επάγγελμα) prize ring

πυγμάχος, ο: pugilist, boxer ‖ (επαγγελματίας) prize fighter ‖ *(ιδ)* pug ‖ (ελαφρών βαρών) welter weight ‖ (βαρέων βαρών) heavy weight

πυγμαχώ: box ‖ (για άσκηση) spar

πυγμή, η: fist ‖ *(μτφ)* dominance, force

πυγολαμπίδα, η: firefly, lightning bug, glow worm

πυθμένας, ο: bottom

πυκνά: *(επίρ)* closely, densely, thickly ‖ **συχνά ~:** frequently

πυκνοκατοικημένος, -η, -ο: populous, densely populated

πυκνοκατοίκητος, -η, -ο: βλ. **πυκνοκατοικημένος**

πυκνόμετρο, το: densimeter

πυκνόρρευστος, -η, -ο: viscous

πυκνός, -ή, -ό: thick, dense, closely-packed ‖ βλ. **πυκνόρρευστος** ‖ βλ. **συχνός**

πυκνότητα, η: density, thickness ‖ βλ. **συχνότητα**

πυκνώνω: *(μτβ και αμτβ)* thicken, condense ‖ (κάνω συχνό) make frequent ‖ (γραμμές ή τάξεις) close up

πύκνωση, η: condensation, thickening

πυκνωτής, ο: condenser

πύλη, η: gate ‖ (είσοδος) gateway

πυλώνας, ο: gateway, portal

πυλωρός, ο: (φύλακας) gateman, gate keeper ‖ *(ανατ)* pylorus

πυξ: *(επίρ)* **~-λαξ:** with punches and kicks

πυξίδα, η: compass

πύο, το: pus, matter

πυόρροια, η: suppuration, maturation

πυρ, το: fire (και προστ.) ‖ **~ και μανία:** furious ‖ **~ κατά βούληση:** fire at will ‖ **δύναμη ~ός:** firepower ‖ **μεταξύ δύο ~ών:** between two fires ‖ **καταιγισμός ~ός:** barrage

753

πυρά

πυρά, η: fire || (για καύση νεκρού ή μεγάλη φωτιά) pyre
πυρά, τα: βλ. πυρ || (συνεχή) drumfire || καταιγιστικά ~: barrage
πύρα, η: βλ. ζέστη || βλ. φλόγωση
πυράδα, η: βλ. πύρα
πυράκανθος, ο: pyracantha, fire thorn
πυραμίδα, η: pyramid || κόλουρος ~: frustum of a pyramid, truncated pyramid
πυρασφάλεια, η: fire insurance
πύραυλος, ο: rocket
πύραυνο, το: brazier
πυργίσκος, ο: (κτιρίων) turret, pinnacle || (τεθωρακ., αεροπλάνου και θωρηκτού) turret
πυργοδεσπότης, ο (θηλ πυργοδέσποινα): castellan
πύργος, ο: tower || (φρούριο) castle || (θωρηκτού) βλ. πυργίσκος
πυρείο, το: βλ. σπίρτο
πυρέσσω: have a fever
πυρετικός, -ή, -ό: feverish, febrile
πυρετός, ο: fever, temperature || (μτφ) fever
πυρετώδης, -ες: feverish (και μτφ)
πυρετωδώς: (επίρ) feverishly
πυρήνας, ο: (φυσ) nucleus || (μτφ) core, nucleus || βλ. κουκούτσι
πυρηνικός, -ή, -ό: nuclear
πυρίμαχος, -η, -ο: refractory, fire-resisting, fireproof
πύρινος, -η, -ο: fiery, flaming, burning (και μτφ)
πυρίτης, ο: flint
πυρίτιδα, η: powder, gunpowder
πυριτιδαποθήκη, η: powder magazine || (μτφ) powder keg
πυριτικός, -ή, -ό: silicic
πυρίτιο, το: silicon
πυριτόλιθος, ο: βλ. πυρίτης
πυριφλεγής, -ές: flaming, burning
πυρκαγιά, η: fire || (μεγάλης έκτασης) conflagration|| σκάλα ~ς: fire escape
πυροβολάρχης, ο: (βαθμός) captain of the artillery || (τίτλος) battery commander
πυροβολαρχία, η: battery
πυροβολείο, το: battery, gun position, gun emplacement
πυροβολητής, ο: artillerist, artillery man,

gunner
πυροβολικό, το: artillery || βαρύ ~: heavy artillery || πεδινό ~: field artillery
πυροβολισμός, ο: gunshot, shot || (πράξη) firing
πυροβόλο, το: gun, cannon || ~ όπλο: firearm
πυροβολώ: fire, shoot
πυρογραφία, η: pyrography
πυροδότηση, η: firing
πυροδοτώ: fire
πυρολάτρης, ο: fire worshipper
πυρολατρία, η: fire worship
πυρόλιθος, ο: βλ. πυρίτης
πυρομανής, ο: pyromaniac, fire-bug (ιδ)
πυρομανία, η: pyromania
πυρομαχικά, τα: ammunition || (όπλα και βλήματα) munitions
πυροσβεστήρας, ο: fire extinguisher
πυροσβέστης, ο: fireman, fire fighter
πυροσβεστικός, -ή, -ό: fire, fire-fighting || ~ή αντλία: fire engine || ~ή υπηρεσία: fire department, fire company, fire brigade || ~ός σταθμός: fire house, fire station || ~ό σώμα: βλ. ~ή υπηρεσία || αρχηγός ~ής υπηρεσίας: fire marshal
πυροστάτης, ο: trivet, spider
πυροστιά, η: βλ. πυροστάτης
πυροσωλήνας, ο: fuze, fuse
πυροτέχνημα, το: firework, firecracker
πυροφάνι, το: jacklight
πυρπόληση, η: burning, fire, firing || βλ. εμπρησμός
πυρπολητής, ο: (κυβερνήτης πυρπολικού) fire ship captain || βλ.εμπρηστής
πυρπολικό, το: fire ship
πυρπολώ: set fire, set on fire, burn
πύρρειος, -α, -ο: ~ νίκη: Pyrrhic victory
πυρρίχιος, ο: pyrrhic dance
πυρσός, ο: torch, flambeau
πυρώνω: (μτβ) heat, warm || (αμτβ) get hot
πυτζάμα, η: βλ. πιζάμα
πυτιά, η: chymosin, rennase, rennin, rennet
πυώδης, -ες: purulent
πωλείται: (γ΄ προσ): for sale
πώληση, η: sale, selling
πωλητήριο, το: bill of sale
πωλητής, ο (θηλ βλ. πωλήτρια): (που

754

κάνει την πώληση) seller || (υπάλληλος) salesman

πωλήτρια, η: (που κάνει την πώληση) seller || (υπάλληλος) saleslady, saleswoman, salesgirl

πωλώ: βλ. πουλώ

πώμα, το: stopper, plug || (φελλός) cork

|| (καπάκι) lid, cap, cover

πωρωμένος, -η, -ο: callous, remorseless || βλ. διαστραμμένος

πώρωση, η: callousness, remorselessness || βλ. διαστροφή

πως: (σύνδ) that

πώς: (επίρ) how? || what?

Ρ

Ρ, ρ: the 17th letter of the Greek alphabet || ρ´: 100, ϱ: 100 000

ραβασάκι, το: love letter

ραβδί, το: stick, cane || (αξιωματικού) swagger stick

ραβδίζω: beat with a stick, thrash || βλ. μαστιγώνω

ράβδισμα, το: thrashing, beating with a stick || βλ. μαστίγωση

ραβδισμός, ο: βλ. ράβδισμα

ράβδος, η: βλ. μπαστούνι || (επισκόπου) βλ. πατερίτσα || (μαγική) wand || (σιδηροτροχιάς) rail || (στραταρχική ή διευθ. ορχήστρας) baton || (πολύτιμου μετάλλου) bar || (μεταλλική) rod || (ραβδοσκόπου) divining rod, dowsing rod

ραβδοσκοπία, η: dowsing, rhabdomancy

ραβδοσκόπος, ο: dowser, rhabdomancer, waterfinder

ράβδωση, η: groove, corrugation, flute || (ρίγα) stripe

ραβδωτός, -ή, -ό: corrugated, grooved, fluted || (με ρίγες) striped

ραβίνος, ο: rabbi

ράβω: sew || (κάνω βελονιές) stitch || ~ κοστούμι: have a suit made

ράγα, η: βλ. ρώγα

ραγάδα, η: crack, cleft, fissure

ραγδαία: (επίρ) heavily, violently || βρέχει ~: to be pelting with rain, to be pouring, rain heavily

ραγδαίος, -α, -ο: violent || (πτώση) rapid, headlong || ~α βροχή: pelting rain, heavy shower

ράγες, οι: (πληθ) (σιδηροδρόμου) rails

ραγιαδισμός, ο: βλ. δουλοπρέπεια

ραγιάς, ο: slave

ραγίζω: crack, split, fissure

ράγισμα, το: crack, split || βλ. ραγάδα

ραδιενέργεια, η: radioactivity

ραδιενεργός, -ή, -ό: radioactive

ραδίκι, το: chicory

ράδιο, το: (στοιχείο) radium || βλ. ραδιόφωνο

ραδιογραμμόφωνο, το: radio-gramophone, radio with a record player

ραδιογράφημα, το: radiograph, radiogram, x-ray, x-ray photograph

ραδιογραφία, η: radiography, x-ray photography

ραδιοθεραπεία, η: radiotherapy

ραδιολογία, η: radiology

ραδιολόγος, ο: radiologist

ραδιοπομπός, ο: radio transmitter

ραδιοτηλεγράφημα, το: radiogram

ραδιοτηλεγραφία, η: radiotelegraphy

ραδιοτηλέγραφος, ο: radio

ραδιοτηλεφωνία, η: radiotelephony

ραδιοτηλέφωνο, το: radiotelephone, radiophone

ραδιουργία, η: intrigue, underhand scheme, plot, machination

ραδιούργος, -α, -ο: intriguing, intriguer, schemer, scheming

ραδιουργώ: intrigue, scheme, plot, machinate

ραδιοφάρος, ο: radiobeacon

ραδιοφωνία, η: radio, broadcasting

ραδιοφωνικός, -ή, -ό: radio, broadcasting || ~ σταθμός: broadcasting station, radio-station

ραδιόφωνο, το: radio

ραθυμία, η: sloth, slothfulness, indolence, laziness

ράθυμος, -η, -ο: slothful, indolent, lazy

ραιβός, ο: bow- legged, bandy-legged

ραίνω: sprinkle

ρακένδυτος, -η, -ο: tatterdemalion, in rags, tattered, ragged

ρακέτα, η: (τένις) racket, racquet || (πιγκ-πογκ) paddle

ρακί, το: rakee, raki

ράκος, το: rag || *(μτφ)* wreck, nervous wreck, physical wreck

ρακοσυλλέκτης, ο: rag picker, scavenger

ραμί, το: rummy

ράμμα, το: thread || έχω ~τα για τη γούνα σου: you'll be in for it, I have a bone to pick with you, I have in stock a big surprise for you

ραμολιμέντο, το: dotard, senile

ράμπα, η: (θεατρ.) stage || *(σιδηρ)* loading platform

ραμφίζω: peck

ράμφος, το: bill, beak

ρανίδα, η: drop

ραντάρ, το: radar

ραντεβού, το: (γενικά) meeting, rendezvous || (ερωτικό) tryst, date || (γεν:, με αντίθετο φύλο) date || (με γιατρό, κλπ.) appointment || (αγκαζάρισμα) engagement

ράντζο, το: cot, camp bed

ραντίζω: sprinkle, spray

ράντισμα, το: sprinkling, spraying

ραντιστήρι, το: βλ. ποτιστήρι

ράντσο, το: βλ. ράντζο || βλ. αγρόκτημα

ραπανάκι, το: βλ. ραπάνι

ραπάνι, το: radish

ραπίζω: slap s.b's face, smack in the face

ράπισμα, το: slap, slapping

ραπτομηχανή, η: sewing machine

ράπτρια, η: βλ. ράφτρα

ράσο, το: cassock, habit || (κλήρος) clergy

ρασοφόρος, ο: βλ. κληρικός

ράτσα, η: βλ. φυλή || (ζώου) breed || *(μτφ)* cunning, crafty, shrewd || από ~: purebred, thoroughbred

ρατσισμός, ο:racism, racialism, apartheid

ρατσιστής, ο (θηλ ρατσίστρια): racist, racialist

ραφείο, το: tailor's shop

ραφή, η: seam || (χειρουργ.) stitch ||

(ανατ) suture || βλ. ράψιμο

ράφι, το: shelf || μένω στο ~: remain single

ραφινάρισμα, το: refinement *(και μτφ)*

ραφιναρισμένος, -η, -ο: refined

ραφινάρω: refine

ραφινάτος, -η, -ο: βλ. ραφιναρισμένος

ραφτάδικο, το: βλ. ραφείο

ράφτης, ο: tailor, seamster

ραφτικά, τα: money paid to the tailor or seamstress, cost of a tailor-made suit

ράφτρα, η: seamstress

ραχατεύω: loaf, laze, be at leisure

ραχάτι, το: loafing, leisure

ράχη, η: back || βλ. σπονδυλική στήλη || (βουνού) ridge || (απότομη) razorback

ραχιαίος, -α, -ο: dorsal

ραχίτιδα, η: rickets, rachitis

ραχιτικός, -ή, -ό: rachitic

ραχοκοκαλιά, η: βλ. σπονδυλική στήλη || *(μτφ)* backbone

ραχούλα, η: hill, ridge, crest

ράψιμο, το: sewing

ραψωδία, η: rhapsody

ραψωδός, ο: rhapsodist, rhapsode || epic poet

ρε: *(επιφ)* hey! hey, you! || *(μουσ)* re

ρεαλισμός, ο: realism

ρεαλιστής, ο (θηλ ρεαλίστρ

ρεαλιστικός, -ή, -ό: realistic

ρεβεγιόν, το: Christmas Eve ball, . Year's Eve ball

ρεβερέντσα, η: genuflection, curtsy, bow

ρεβίθι, το: chick pea

ρεβόλβερ, το: revolver

ρεγάλο, το: bonus, gratuity

ρέγγα, η: herring || (αρμυρή καπνιστή) bloater

ρεγουλα, η: measure

ρεγουλάρισμα, το: adjustment, regulating, regulation

ρεγουλάρω: adjust, regulate

ρεζέρβα, η: (απόθεμα) stock || (τροχός) spare, spare wheel || (ανταλλακτικό) spare part

ρεζές, ο: βλ. μεντεσές

ρεζίλεμα, το: ridicule, ridiculing, humiliation

ρεζιλεύομαι: make a fool of oneself

ρεζιλεύω: make a fool of, ridicule, humiliate

ρεζίλης, ο: fool. laughingstock, foolish

ρεζίλι, το: βλ. **ρεζίλεμα** ‖ γίνομαι ~: **ρεζιλεύομαι**

ρεζιλίκι, το: βλ. **ρεζίλεμα**

ρείθρο, το: gutter

ρεκλάμα, η: βλ. **διαφήμηση** ‖ (αυτοπροβολή) self-aggrandizement

ρεκλαμαδόρος, ο: βλ. **διαφημιστής** ‖ *(μτφ)* self-aggrandizing ‖ βλ. **φιγουρατζής**

ρεκλαμάρω: βλ. **διαφημίζω**

ρεκόρ, το: record ‖ **καταρρίπτω** ~: break the record ‖ **έχω το** ~: hold the record

ρέκτης, ο: enterprising

ρελάνς, η: (χαρτοπ.) raise ‖ **κάνω** ~: raise

ρέμα, το: βλ. **ρεματιά**

ρεμάλι, το: good-for-nothing, skunk, cur

ρεματιά, η: gorge, ravine

ρεμβάζω: βλ. **ονειροπολώ**

ρεμβασμός, ο: βλ. **ονειροπόλημα**

ρέμβη, η: βλ. **ονειροπόλημα**

ρεμούλα, η: plundering, plunder, pillage, looting

ρεμπελεύω: laze, be lazy ‖ (τριγυρίζω άσκοπα) loiter

ρεμπελιό, το: laziness ‖ (άσκοπο τριγύρισμα) loitering

ρέμπελος, ο: *(μτφ)* lazy, idle ‖ loiterer

ρεμπέτης, ο *(θηλ* **ρεμπέτισσα***)*: tramp, bum

ρεμπούμπλικα, η: felt hat, homburg

ρεντικότα, η: tuxedo, dinner jacket

ρεντίκολο, το: laughing stock

ρεπάνι, το: βλ. **ραπάνι**

ρεπερτόριο, το: repertory, repertoire

ρεπό, το: (ανάπαυση) break, time off ‖ (μέρα ανάπαυσης) day off

ρεπορτάζ, το: reportage

ρεπόρτερ, ο *(θηλ* **ρεπόρτερ***)*: reporter

ρεπούμπλικα, η: βλ. **ρεμπούμπλικα**

ρεπουμπλικανικός, -ή -ό: ~ό **κόμμα:** Republican party

ρεπουμπλικάνος, ο: Republican

ρέπω: incline, lean ‖ *(μτφ)* incline, tend, tend toward

ρεσιτάλ, το: recital

ρέστα, τα: change ‖ (πόκερ) all

ρέστος, -η, -ο: (υπόλοιπος) rest ‖ βλ. **αδέκαρος**

ρετάλι, το: remnant ‖ *(μτφ)* rag, useless ‖ (ανθρ. - ιδ) bum, good-for-nothing

ρετιρέ, το: penthouse

ρετούς, το: retouch

ρετουσάρισμα, το: βλ. **ρετούς**

ρετουσάρω: retouch

ρετσίνα, η: retsina, resinated wine

ρετσίνι, το: resin

ρετσινιά, η: resin stain ‖ *(μτφ)* slander, calumny

ρετσινόλαδο, το: castor oil

ρεύμα, το: (υγρών) current, flow, flux. stream ‖ (ηλεκτρ) current ‖ (αέρος) draught, current ‖ (κρυφό νερού) undertow ‖ *(μτφ)* current ‖ ~ **κόλπου Μεξικού:** Gulf Stream

ρευματικός, -ή, -ό: rheumatic

ρευματισμός, ο: rheumatism

ρεύομαι: belch, eruct

ρεύση, η: flow, flux, flowing ‖ βλ. **ονείρωξη**

ρευστό, το: fluid, liquid

ρευστοποίηση, η: liquefaction ‖ *(μτφ)* liquidation

ρευστοποιώ: liquefy ‖ *(μτφ)* liquidate

ρευστός, -ή, -ό: fuild ‖ *(μτφ)* unstable, fluid

ρευστότητα, η: fluidness, fluidity *(και μτφ)*

ρεύω: languish, flag, decay

ρεφενές, ο: share

ρεφορμιστής, ο *(θηλ* **ρεφορμίστρια***)*: reformist

ρεφρέν, το: refrain

ρέψιμο, το: belch, belching, eructation ‖ (εξάντληση) decay

ρέω: flow, run ‖ (με ορμή) gush, spurt ‖ (σιγανά) trickle

ρήγας, ο: king *(και χαρτοπ.)*

ρήγμα, το: breach ‖ βλ. **ρωγμή** ‖ *(μτφ)* breach, breaking up

ρήμα, το: verb

ρήμαγμα, το: ruin, destruction, devastation

ρημάδι, το: ruin, wreck, derelict *(και μτφ)*

ρημάζω: ruin, destroy, wreck, devastate ‖ βλ. **λεηλατώ**

ρηματικός, -ή, -ό: verbal

ρήξη, η: breach, rupture, break ‖ *(μτφ)* breach, breaking up

ρηξικέλευθος, -η, -ο: pioneer, progressive, innovating

ρήση, η: βλ. **ρητό**

ρήσος, ο: lynx

ρητίνη, η: βλ. **ρετσίνι**

ρητό, το: motto, saying, maxim

ρήτορας, ο: orator

ρητορεύω: orate ΙΙ (πομπωδώς) harangue

ρητορική, η: oratory, rhetoric

ρητορικός, -ή, -ό: rhetorical

ρητός, -ή, -ό: express, explicit ΙΙ ~ **αριθμός:** rational number

ρήτρα, η: proviso, clause

ρηχά, τα: shallows ΙΙ (ρηχή έκταση) wash

ρηχός, -ή, -ό: shallow (και μτφ)

ρίγα, η: (χάρακας) ruler ΙΙ (γραμμή) stripe, line

ρίγανη, η: oregano ΙΙ **κολοκύθια με τη** ~: (ιδ) bosh, nonsense, rubbish

ριγέ: (άκλ) striped

ρίγος, το: shiver, chill, shivering ΙΙ (ιατρ) rigor ΙΙ (ενθουσιασμού, κλπ.) thrill

ριγώ: shiver

ριγώνω: rule, draw lines

ριγωτός, -ή, -ό: (χαρτί) ruled, lined ΙΙ βλ. **ριγέ**

ρίζα, η: root (και μτφ) ΙΙ βλ. **πρόποδες** ΙΙ (μαθ) root ΙΙ (βιολ) radix

ριζά, τα: βλ. **πρόποδες**

ρίζι, το: rice

ριζικό, το: fate, destiny ΙΙ (μαθ) radical

ριζικός, -ή, -ό: radical (και μτφ)

ριζοβολώ: take root

ριζοβούνι, το: βλ. **πρόποδες**

ριζόγαλο, το: rice and milk pudding

ριζοσπάστης, ο: radical

ριζοσπαστικός, -ή, -ό: radical

ριζοσπαστισμός, ο: radicalism

ριζώνω: root (και μτφ)

ρικνός, -ή, -ό: wrinkled, lined

ρίμα, η: βλ. **ομοιοκαταληξία**

ρίνα, η: nose ΙΙ βλ. **λίμα**

ρινγκ, το: ring

ρινίδι, το: βλ. **ρίνισμα**

ρινικός, -ή, -ό: nasal

ρίνισμα, το: filing

ρινόκερος, ο: rhinoceros, rhino

ρινόφωνος, -η, -ο: nasal

ριξιά, η: throw, shot, cast ΙΙ (όπλου) charge

ρίξιμο, το: βλ. **ριξιά** ΙΙ (αποβολή) miscarriage, spontaneous abortion ΙΙ (πέταμα καταγής) felling, dropping ΙΙ (ανατροπή) overthrow ΙΙ (απάτη) swindle, deception, bunco, con game

ριπή, η: (στρ) burst ΙΙ (ανέμου) gust, blast ΙΙ (ματιού) twinkling ΙΙ **εν** ~ **οφθαλμού:** in a twinkling

ριπίδι, το: fan

ριπίζω: fan

ρίχνομαι: throw oneself, hurl oneself, fling oneself ΙΙ (ορμώ) rush, dash, pounce ΙΙ (πέφτω) jump ΙΙ (ερωτικά) make advances ΙΙ ~ **με τα μούτρα:** (μτφ) immerse oneself, plunge

ρίχνω: throw, cast, toss ΙΙ (πετώ κάτω) fell, drop, throw down ΙΙ (εκσφενδονίζω) hurl, fling ΙΙ βλ. **πυροβολώ** ΙΙ βλ. **γκρεμίζω** ΙΙ (ανατρέπω) overthrow ΙΙ (απατώ) con, swindle, take in ΙΙ (ιδέα) put forward, suggest, offer, propose ΙΙ (κάνω αποβολή) miscarry ΙΙ (γράμμα σε γραμματοκιβώτιο) drop ΙΙ ~ **σπόντα:** (ιδ) drop a hint, throw innuendoes ΙΙ **το** ~ **στο πιοτό:** take to drink, take to drinking ΙΙ **το** ~ **έξω:** (ιδ) lark

ρίψη, η: throw ΙΙβλ. **ρίξιμο**

ριψοκινδυνεύω: risk, endanger, jeopardize, imperil ΙΙ (είμαι ριψοκίνδυνος) risk, take risks, be reckless

ριψοκίνδυνος, -η, -ο: risky, hazardous ΙΙ (άνθρωπος) reckless, rash ΙΙ ~**ο εγχείρημα:** risky, long shot

ροβίθι, το: βλ. **ρεβίθι**

ροβολάω: run down, rush down

ρόγχος, ο: rattle, snore ΙΙ **επιθανάτιος** ~: death rattle

ρόδα, η: wheel

ροδακινιά, η: peach, peach tree

ροδάκινο, το: peach

ροδαλός, -ή, -ό: ruddy, rosy, rubicund

ροδάνι, το: spinning-wheel ΙΙ **η γλώσσα πάει** ~: prattle incessantly

ροδέλα, η: washer

ροδή, η: βλ.**τριανταφυλλιά**

ρόδι, το: βλ. **ρόϊδο**

ροδιά, η: pomegranate

ροδίζω: turn rosy, become ruddy

ρόδινος, -η, -ο: rosy ΙΙ (μτφ) rose-colored, bright

758

ρόδο, το: βλ. τριαντάφυλλο
ροδοδάφνη, η: oleander, azalea
ροδόδεντρο, το: rhododendron
ροδοκοκκινίζω: βλ. ροδίζω
ροδοκόκκινος, -η, -ο: βλ. ροδαλός
ροδόνερο, το: βλ. ροδόσταμα
ροδόσταμα, το: rose water
ροδοχάραμα, το: daybreak, break of day, dawn
ροδόχρωμος, -η, -ο: rose-colored, rosy
ροζ, το: pink
ροζέτα, η: (παρασήμου) rosette
ροζιάζω: (δέντρο) gnarl, knot ‖ (άνθρωπος) callus, become callus
ροζιάρικος, -η, -ο: (δέντρο) gnarled, knotty ‖ (άνθρωπος) callused
ρόζος, ο: (ξύλου) knot, burl, node ‖ (ανθρώπου) callus ‖ βλ. κάλος
ροή, η: flow, flux
ροΐ, το: oilcan
ρόιδο, το: pomegranate ‖ τα κάνω ~: (ιδ) botch, bungle, make a mess
ρόκα, η: (γνεσίματος) distaff ‖ (φυτό) rocket
ροκάνα, η: (παιγνίδι) rattle ‖ βλ. ροκάνι
ροκάνι, το: plane
ροκανίδια, τα: shavings
ροκανίζω: (με ροκάνι) plane ‖ (τρώω) gnaw, crunch
ροκφόρ, το: roquefort cheese
ρολό, το: (τύλιγμα) roll ‖ (παραθύρου) blind-roller ‖ (εξώθυρο) shutter
ρολογάς, ο: βλ. ωρολογοποιός
ρολόι, το: (χεριού) wrist watch ‖ (τσέπης) pocket watch, turnip ‖ (επιτραπέζιο ή τοίχου) clock ‖ (με εκκρεμές) pendulum clock ‖ (μεγάλο με εκκρεμές) grandfather clock ‖ βλ. ωρογράφος ‖ βλ. χρονόμετρο ‖ (μετρητής νερού) water meter ‖ ηλιακό ~: sundial ‖ πάει ~: (ιδ) like clockwork
ρόλος, ο: roll ‖ (μέρος θεατρ. ή κιν.) role, part (και μτφ)
ρομάντζα, η: romance
ρομαντζάρω: βλ. ονειροπολώ
ρομάντζο, το: romance (μυθιστ. και ερωτ. δεσμός)
ρομαντικός, -ή, -ό: romantic
ρομαντισμός, ο: romanticism
ρόμβος, ο: rhombus ‖ βλ. σβούρα ‖

(ψάρι) turbot
ρόμπα, η: robe, dressing gown ‖ (μονοκόματη χωρίς κουμπιά) mother hubbard
ρομπότ, το: robot (και μτφ)
ρομφαία, η: broadsword
ρόπαλο, το: club, bat ‖ (αθλητ) bat ‖ (πολεμ.) mace ‖ (αστυν) nightstick, club ‖ (κοντόχοντρο) cudgel
ροπή, η: tendency, propensity, inclination ‖ (φυσ) moment ‖ καμπτική ~: bending moment ‖ βλ. και τάση
ρόπτρο, το: rapper, knocker, doorknocker
ρότα, η: course
ροτόντα, η: rotunda
ρούβλι, το: ruble, rouble
ρούγα, η: back street, alley
ρουζ, το: rouge
ρουθούνι, το: nostril ‖ μπαίνω στο ~: (id) pester, harass ‖δεν έμεινε ~: (id) perished (killed) to the last man
ρουθουνίζω: sniff, snuffle ‖ (γάτα) purr
ρουθούνισμα, το: sniff, snuffle, sniffing ‖ (γάτας) purr, purring
ρουκέτα, η: βλ. πύραυλος
ρουλεμάν, το: (με μπίλιες) ball bearings ‖ (με κυλίνδρους) roller bearings
ρουλέτα, η: roulette
ρουμάνι, το: wood, forest
Ρουμανία, η: Rumania
Ρουμάνος, ο: Rumanian
ρούμι, το: rum
ρούμπα, η: rumba
ρουμπίνι, το: ruby
ρούπι, το: δεν το κουνάω ~: (id) refuse to budge, I won't budge
ρους, ο: course, stream ‖ βλ. ροή (μτφ) course
ρούσος, -α, -ο: red-haired, red, rusty
ρουσφέτι, το: (id) favors, political favors, pork
ρουσφετολογικός, -ή, -ό: pork, favoring ‖ ~ νόμος: pork barrel act
ρουτίνα, η: routine, humdrum, grind
ρουφάω: βλ. ρουφώ
ρούφηγμα, το: drawing in, sucking, sipping
ρουφηξιά, η: mouthful ‖ (μικρή) sip ‖ (κατάποση) gulp ‖ (id) swig
ρουφήχτρα, η: vortex, whirlpool

ρουφιανιά, η: pimping, pandering ‖ βλ. **κατάδοση**

ρουφιάνος, ο (θηλ **ρουφιάνα**): pimp, pander, panderer ‖ βλ. **καταδότης**

ρουφώ: sip, draw in ‖ (αέρα) inhale ‖ (άπληστα) gulp ‖ (id) swig ‖ βλ. **απορροφώ** ‖ (μτφ) suck s.b. dry

ρουχικά, τα: (πληθ) βλ. **ρούχο**

ρουχισμός, ο: clothes, garments

ρούχο, το: (ύφασμα) cloth, material ‖ βλ. **ένδυμα** ‖ (πληθ - id) βλ. **έμμηνα** ‖ (ρούχα μωρού) layette ‖ **χαμένο ~:** (id) good-for-nothing, bum, scoundrel ‖ **τρώγεται με τα ~ του:** he is a grouch

ρόφημα, το: beverage

ροχάλα, η: phlegm, spittle

ροχαλητό, το: snore, snoring

ροχαλίζω: snore

ρόχαλο, το: βλ. **ροχάλα**

ρυάκι, το: rill, small brook, brooklet

ρύγχος, το: snout, muzzle, nose ‖ (μτφ) nozzle

ρυζάλευρο, το: rice powder, rice flour, ground rice

ρύζι, το: rice

ρυζόγαλο, το: rice and milk pudding

ρυθμίζω: regulate, adjust ‖ βλ. **κανονίζω** ‖ (διορθώνω) set right, adjust ‖ (μτφ) arrange ‖ (διευθετώ) settle

ρυθμικός, -ή, -ό: rhythmical

ρύθμιση, η: regulating, adjustment, adjusting ‖ (διόρθωση) adjustment, setting right ‖ (μτφ) settlement

ρυθμιστήρας, ο: regulator, adjuster

ρυθμιστής, ο: regulator ‖ βλ. **ρυθμιστήρας**

ρυθμός, ο: (κινήσεων) rhythm, rate ‖ (μουσ) rhythm, cadence ‖ (αρχιτ.) order

ρύμη, η: (μηχ.) impetus, momentum ‖ βλ. **ρούγα** ‖ (μτφ) course

ρυμοτομία, η: street planning

ρυμούλκα, η: trailer ‖ βλ. **ρυμουλκό**

ρυμούλκηση: towing, tugging ‖ (αυτοκ.) towing

ρυμουλκό, το: (πλοίο) tugboat, towboat, tug ‖ (αυτοκ.) wrecker ‖ βλ. **τρακτέρ**

ρυμουλκώ: tow, tug

ρυπαίνω: βλ. **βρωμίζω**

ρύπανση, η: dirtying, soiling ‖ (οδών) littering

ρυπογράφημα, το: βλ. **πορνογράφημα**

ρυπαρός, -ή, -ό: βλ. **λερωμένος** ‖ βλ. **βρωμερός**

ρύπος, ο: βλ. **βρωμιά**

ρυτίδα, η: wrinkle, line

ρυτιδώνω: wrinkle, line

ρώγα, η: (σταφυλιού) grape, berry ‖ (μαστού) nipple

ρωγμή, η: crevasse, crevice, fissure, crack ‖ βλ. **ρήγμα**

ρωγοβύζι, το: feeding bottle ‖ βλ. **ρώγα μαστού**

ρωμαίικος, -η, -ο: modern greek, vernacular greek

ρωμαϊκός, -ή, -ό: Roman

Ρωμαίος,ο (θηλ **Ρωμαία**): Roman

ρωμαλέος, -α, -ο: strong, husky, powerful, mighty, burly

ρωμαντζάρω, ρωμαντζάρω, κλπ.: βλ. **ρομάντζα** κλπ.

ρώμη, η: strength, huskiness, might

Ρώμη, η: Rome

Ρωμιός, ο (θηλ **Ρωμιά**): Greek

Ρωμιοσύνη, η: the Greeks

Ρωσία, η: Russia

Ρώσσος, ο (θηλ. **Ρωσσίδα**): Russian

ρώτημα, το: βλ. **ερώτημα** ‖ **θέλει ~;:** goes without saying

ρωτώ: ask, ask a question, question

Σ

Σ, σ, ς: the 18th letter of the Greek alphabet ‖ σ´: 200 ‖ **σ:** *200.000*

σα: βλ. **σαν**

σαβάνα, η: savannah

σάβανο, το: shroud

σαβανώνω: shroud

σαββατιανός, -ή, -ό: βλ. **σαββατιάτικος**

σαββατιάτικος, -η, -ο: saturday ‖ weekend

Σάββατο, το: saturday ‖ **Μεγάλο Σ~:** Holy Saturday ‖ **το μήνα που δεν έχει ~:** never, not in a million years

σαββατόβραδο, το: saturday evening
σαββατοκύριακο, το: weekend
σαβούρα, η: (πλοίου) ballast ‖ *(μτφ)* trash, waste, junk
σαβουρώνω: ballast
σαγανάκι, το: βλ. **σαγάνι** ‖ (φαγητό) omelet with cheese
σαγάνι, το: frying-pan ‖ βλ. **σαγανάκι**
σαγή, η: harness
σαγηνευτικός, -ή, -ό: charming, alluring, attractive
σαγηνεύω: charm, allure, attract
σαγήνη, η: charm, allure, allurement, attraction
σάγμα, το: packsaddle
σαγόνι, το: chin ‖ (ανατ.) jaw, jawbone
σαδισμός, ο: sadism
σαδιστής, ο (θηλ **σαδίστρια**): sadist
σαδιστικός, -ή, -ό: sadistic
σαζάνι, το: βλ. **κυπρίνος**
σαθρός, -ή, -ό: crumbling, dilapidated, rotten ‖ *(μτφ)* weak, groundless
σαθρότητα, η: dilapidation, rottenness, decay ‖ *(μτφ)* weakness, groundlessness
σαιζλόγκ, η: chaise longue
σαιζόν, η: season
σαΐνι, το: falcon, hawk ‖ *(μτφ)* smart, sharp, whiz
σαΐτα, η: arrow ‖ (αργαλειού) shuttle ‖ βλ. **δενδρογαλιά**
σάκα, η: (μαθητ.) satchel
σακάκι, το: coat, jacket ‖ (σπορ) blazer
σακαράκα, η: *(μτφ)* jalopy
σακάτεμα, το: crippling, maiming, scotching ‖ *(μτφ)* excruciation
σακατεύω: cripple, maim, scotch, invalid, disable ‖ *(μτφ)* excruciate
σακάτης, ο (θηλ. **σακάτισσα**): cripple, disabled, invalid
σακί, το: βλ. **σάκος**
σακίδιο, το: rucksack, haversack
σάκκα, σακκί, κλπ. βλ. **σάκα** κλπ.
σακοράφα, η: wax-thread needle, packing-needle
σάκος, ο: sack, bag ‖ βλ. **σακίδιο** ‖ βλ. **γυλιός** ‖ (ταχυδρ.) mailbag ‖ (περιεχόμενο) bagful ‖ (τροφής ζώου) nose-bag, feedbag ‖ *(εκκλ)* tunicle
σακούλα, η: small bag ‖ βλ. **χαρτοσακούλα**

σακούλι, το: βλ. **σακούλα** ‖ βλ. **σάκος**
σακουλιάζω: bag, put in a sack, put in a bag ‖ *(μτφ)* bag, hang loosely, be loose
σαχαρίνη, κλπ. βλ. **ζαχαρίνη**
σάχχαρο, το: sugar
σάλα, η: (σπιτιού) parlor, salon, drawing room ‖ (δημοσ) hall
σάλαγος, ο: βλ. **βοή** ‖ βλ. **θόρυβος**
σαλαμάντρα, η: salamander
σαλάμι, το: salami
σαλαμούρα, η: brine
σαλάτα, η: salad ‖ *(μτφ)* muddle, medley ‖ **τα κάνω ~**: βλ. **τα κάνω θάλασσα**
σαλατιέρα, η: salad bowl
σαλάχι, το: ray
σαλβάρι, το: baggy trousers
σάλεμα, το: stirring, budging
σαλέπι, το: (φυτό) salep ‖ (ποτό) saloop
σαλεύω: *(μτβ)* move, stir ‖ *(αμτβ)* budge, stir, move ‖ (λογικά) be deranged
σάλι, το: (ρούχο) shawl ‖ (σχεδία) raft
σάλιαγκας, ο: βλ. **σαλιγκάρι**
σαλιαγκός, ο: βλ. **σαλιγκάρι**
σαλιάρα, η: bib
σαλιάρης, -α, -ικο: slobbery, slobberer ‖ βλ. **πολυλογάς**
σαλιαρίζω: (λέω πολλά) babble, blab ‖ (λέω σαχλά ερωτόλογα) bill and coo
σαλιαρίσματα, τα: slobber (και μτφ)
σαλιαρίστρα, η: βλ. **σαλιάρα**
σαλιγκάρι, το: snail ‖ βλ. **γυμνοσάλιαγκας**
σαλίγκαρος, ο: βλ. **σαλιγκάρι**
σάλιο, το: saliva, sputum, spittle ‖ **τρέχουν τα ~α του**: his mouth waters
σαλμί, το: salmi
σαλόνι, το: βλ. **σάλα** ‖ (πλοίου) saloon
σάλος, ο: (θάλασσας) surge, swell ‖ (ποταμού) turbulence ‖ *(μτφ)* tumult, turmoil
σαλός, -ή, -ό: βλ. **τρελός**
σαλπάρισμα, το: (τράβηγμα άγκυρας) weighing anchor ‖ (αναχώρηση) getting under sail, sailing, leaving the port
σαλπάρω: (την άγκυρα) weigh anchor ‖ (φεύγω) leave port, get under sail
σάλπιγγα, η: (στρ) bugle ‖ (τρομπέτα) trumpet ‖ (ανατ.) tube ‖ (της μήτρας) salpinx, Fallopian tube ‖ **ευσταχιανή ~**: eustachian tube

σαλπιγγίτιδα, η: salpingitis
σαλπιγκτής, ο: *(στρ)* bugler ‖ *(τρομπέτας)* trumpeter
σαλπίζω: bugle ‖ *(καλώ με σάλπιγγα)* call by sounding the bugle
σάλπισμα, το: bugle call
σαλταδόρος, ο: *(mtf - id)* βλ. **κλέφτης**
σαλτάρω: βλ. **πηδώ**
σαλτιμπάγκος, ο: aerialist, circus acrobat ‖ *(μτφ. - παλιάτσος)* buffoon, comedian ‖ *(μτφ. - χωρίς συνέπεια)* fickle
σάλτο, το: βλ. **πήδημα**
σάλτσα, η: sauce, gravy ‖ *(σαλάτας)* dressing
σαμάρι, το: βλ. **σάγμα** ‖ *(κορυφή εδάφους στενή)* razorback ‖ *(τοίχου)* coping
σαμαροσκούτι, το: saddle blanket
σαμαρώνω: put a packsaddle on
σαματάς, ο: *(ιδ)* βλ. **θόρυβος** ‖ βλ. **φασαρία**
σάματι: *(σύνδ)* as if, as though
σάματις: βλ. **σάματι**
σαμιαμίδι, το: gecko, small lizard, gray lizard
σαμοβάρι, το: samovar
σαμόλαδο, το: sesame oil
σαμούρι, το: sable
σαμπάνια, η: champagne
σαμποτάζ, το: βλ. **δολιοφθορά**
σαμποτάρω: sabotage
σαμποτέρ, ο: βλ. **δολιοφθορέας**
σαμπρέλα, η: inner tube
σάμπως: *(σύνδ)* it appears that, I think that, as if, as though
σαν: *(μόριο)* like ‖ *(σύνδ χρον.)* when, whenever, as soon as ‖ *(σύνδ υποθ.)* if ‖ ~ **να ήταν ...:** as if he were ... ‖ ~ **τι?:** like what? ‖ ~ **καλό φαίνεται:** it looks good
σανατόριο, το: sanatorium
σανίδα, η: plank, board ‖ ~ **σιδερώματος:** ironing board ‖ ~ **σωτηρίας:** sheet anchor
σανίδι, το: small plank ‖ βλ. **σανίδα**
σανιδόσκαλα, η: gangplank, gangway
σανίδωμα, το: planking
σανιδώνω: plank
σανός, ο: hay ‖ *(ανακατεμένος με άλλα διάφορα)* fodder

σαντάλι, το: sandal
σάνταλο, το: βλ. **σαντάλι**
σαντιγύ, το: meringue
σάντουϊτς, το: sandwich
σαντούρι, το: zither
σανφασόν: *(επίρ)* higgledy-piggledy
σαξόφωνο, το: saxophone
σαπίζω: rot, decay, decompose ‖ ~ **στη φυλακή:** rot in prison ‖ ~ **στο ξύλο:** beat to a jelly, give a thorough beating
σαπίλα, η: rot, decay, decomposition, putrefaction ‖ *(μτφ)* rottenness, corruption
σάπιος, -α, -ο: rotten, decomposed, putrid ‖ *(μτφ)* rotten, corrupt
σαπουνάδα, η: suds, soapy water ‖ *(αφρός σαπουνάδας)* lather, foam
σαπούνι, το: soap
σαπουνίζω: soap
σαπουνόνερο, το: soapy water, suds
σαπουνόφουσκα, η: soap bubble ‖ *(μτφ)* braggadocio
σαπρός, -ή, -ό: βλ. **σάπιος**
σάπφειρος, ο: sapphire
σαπωνοποιΐα, η: soap manufacture
σαπωνοποιός, ο: soap manufacturer
σάρα, η: βλ. **μάρα**
σαραβαλιάζω: *(μτβ)* wreck, dilapidate, ruin ‖ *(αμτβ)* become dilapidated, become ramshackle
σαράβαλο, το: *(πράγμα)* wreck, ramshackle, broken down, rickety ‖ *(όχημα)* jalopy ‖ *(σπίτι)* rattrap, ramshackle ‖ *(άνθρωπος)* wreck, rickety, feeble
σαράι, το: seraglio
σαράκι, το: woodworm ‖ *(μτφ)* βλ. **θλίψη**
σαρακοστή, η: Lent
σαρακοστιανός, -ή, -ό: lenten ‖~ό **φαγητό:** collation
σαρακοφαγωμένος, -η, -ο: motheaten
σαράντα, η: forty
σαρανταποδαρούσα, η: centipede
σαραντάρης, ο *(θηλ* **σαραντάρα):** forty-year-old
σαρανταριά, η: about forty
σαραντίζω: *(ηλικία)* reach forty, become forty ‖ *(ημέρες)* is forty days since
σαράτσης, ο: saddle maker
σαράφης, ο: money changer
σαρδανάπαλος, ο: *(μτφ)* lewd, bawdy ‖

dirty old man

σαρδέλα, η: sardine, anchovy, pilchard ‖ (γαλόνι βαθμοφόρου - ιδ) chevron, stripe

σαρδόνιος, -α, -ο: sardonic

σαρίδι, το: trash, sweeping

σαρίκι, το: turban

σάρκα, η: flesh

σαρκάζω: sneer, deride

σαρκασμός, ο: sarcasm

σαρκαστικός, -ή, -ό: sarcastic, sneering, nipping

σαρκικός, -ή, -ό: carnal, sexual, sensual

σαρκίο, το: skin, hide

σαρκοβόρος, -α, -ο: carnivorous

σαρκοφάγος, η: sarcophagus

σαρκοφάγος, -α, -ο: βλ. **σαρκοβόρος**

σαρκώδης, -ες: fleshy (και μτφ)

σάρκωμα, το: sarcoma

σάρπα, η: cape, scarf, mantilla

σάρωθρο, το: broom

σάρωμα, το: sweeping

σαρώνω: sweep (και μτφ)

σας: (αντων κτητ) your ‖ (αντων προσ.) you

σασί, το: chassis

σαστίζω: (μτβ) bewilder, confound ‖ (αμτβ) be confounded, be bewildered

σάστισμα, το: bewilderment, confound-edness

σαστισμάρα, η: βλ. **σάστισμα**

σατανάς, ο: satan ‖ (μτφ) devil, satan

σατανικός, -ή, -ό: satanic, satanical (και μτφ)

σατέν, το: satin

σάτιρα, η: satire ‖ (σατιρικό κομμάτι) spoof

σατιρίζω: satirize, spoof

σατιρικός, -ή, -ό: satiric, satirical

σατράπης, ο: satrap ‖ (μτφ) tyrant, despotic

σάτυρος, ο: satyr ‖ (μτφ) satyr, lecher

σαύρα, η: lizard

σαφάρι, το: safari

σαφήνεια, η: lucidity, lucidness, clarity

σαφηνίζω: βλ. **διασαφηνίζω**

σαφής, -ές: lucid, clear, explicit

σαφώς: (επίρ) clearly, explicitly, lucidly

σαχανάκι, σαχάνι βλ. **σαγανάκι, σαγάνι**

σάχης, ο: shah

σάχλα, η: βλ. **σαχλαμάρα**

σαχλαμάρα, η: drivel, rubbish, stuff and nonsense

σαχλαμάρας, ο: driveler, silly

σαχλαμαρίζω: drivel

σάχλας, ο: βλ. **σαχλαμάρας**

σαχλός, -ή, -ό: tasteless, insipid ‖ βλ. **σαχλαμάρας** ‖ ~ό αστείο: practical joke

σάχαλο, το: rickety, feeble, wreck

σβάρνα, η: harrow ‖ **παίρνω** ~: (παρασύρω) sweep away ‖ (πάω ή παίρνω με τη σειρά αδιάκριτα): take one after the other, go to one after the other

σβαρνίζω: harrow ‖ (μτφ) drag

σβάστικα, η: swastika

σβελτάδα, η: nimbleness, lissomeness, limberness, agility

σβέλτος, -η, -ο: nimble, lissome, agile, limber

σβελτοσύνη, η: βλ. **σβελτάδα**

σβερκιά, η: slap on the nape

σβέρκος, ο: scruff, nape ‖ **κάθομαι στο** ~: harass, pester badger

σβήνω: (μτβ) (φωτιά ή φλόγες) extinguish, put out, quench ‖ (κερί) blow out ‖ (γραψίματα) erase ‖ (διαγράφω) strike out, cross out ‖ (ηλεκτρ. φως ή συσκευή) switch off, turn off ‖ (αμτβ) go out, die out ‖ (εξαφανίζομαι) fade, melt away, fade out

σβήσιμο, το: extinction ‖ (γραψίματος) erasure

σβηστήρα, η: eraser

σβηστήρι, το: βλ. **σβηστήρα**

σβολιάζω: (μτβ) lump, clot, make lumpy ‖ (αμτβ) lump, clot, become lumpy

σβολιασμένος, -η, -ο: lumpy

σβόλος, ο: lump, clod, clot ‖ (μικρός) pellet

σβουνιά, η: dung, droppings

σβούρα, η: spinning top ‖ (του πάρτα-όλα) teetotum ‖ (μτφ) never still, restless

σβουρίζω: turn like a top

σγάρα, η: crop

σγουραίνω: (μτβ και αμτβ) curl ‖ (πυκνά) frizzle

σγουρομάλλης, -α, -ικο: curly, curly-haired ‖ (πυκνά σγουρός) frizzly, frizzly-haired

σγουρόμαλλος

σγουρόμαλλος, -η, -ο: βλ. σγουρομάλλης
σγουρός, -ή, -ό: curled, curly ‖ βλ. σγουρομάλλης
σγουρώνω: βλ. σγουραίνω
σε: *(αντων)* you ‖ *(προθ)* in, at, to
σέβας, το: respect, regard, reverence, deference ‖ τα ~η μου: my respects, my regards
σεβάσμιος, -α, -ο: venerable
σεβασμιότατος, ο: *(τίτλος)* most reverend
σεβασμιότητα, η: *(τίτλος)* Reverence
σεβασμός, ο: βλ. σέβας
σεβαστός, -ή, -ό: respected ‖ *(μτφ)* respectable, considerable
σέβη, τα: βλ. σέβας
σεβνταλής, ο: *(ιδ)* amorous, love-sick
σεβντάς, ο: *(ιδ)* love
σέβομαι: respect, revere, venerate ‖ *(τηρώ αυστηρά)* respect ‖ *(προσβλέπω με σεβασμό)* look up to
σεγκοντάρω, σεγκόντο: βλ. σεκοντάρω κλπ.
σείεμαι: shake, swing
σειρά, η: *(συνέχεια ή ακολουθία)* sequence, series, order ‖ *(στίχος)* line, row, rank ‖ *(αράδα)* line ‖ *(ουρά ανθρώπων)* queue, line ‖ *(εναλλαγή)* turn ‖ *(γενεαλογία)* line-age, ancestry ‖ *(μαθ)* series ‖ της ~ς: ordinary ‖ με τη ~: by turns, in turn
σειρήνα, η: *(γόησσα)* siren, temptress ‖ *(μυθ.)* siren ‖ *(όργανο)* siren ‖ ~ ομίχλης: foghorn
σειρήτι, το: ribbon, braid, stripe ‖ *(βαθμοφόρου)* stripe, chevron ‖ *(πηλικίου ανώτ. αξιωματικού)* braid
σείσιμο, το: shake, quake, shaking
σεισμικός, -ή, -ό: seismic
σεισμογράφημα, το: seismogram
σεισμογράφος, ο: seismograph
σεισμολογία, η: seismology
σεισμόμετρο, το: seismometer
σεισμοπαθής, -ές: earthquake victim
σεισμόπληκτος, -η, -ο: βλ. σεισμοπαθής ‖ *(περιοχή)* earthquake stricken, disaster area
σεισμός, ο: seism, earthquake
σείστρο, το: βλ. ντέφι ‖ βλ. κουδουνίστρα
σεΐχης, ο: sheik, sheikh

σείω: shake, move, wave, swing ‖ *(ουρά)* wag
σεκοντάρω: second *(και μτφ)*
σεκόντο, το: second, secondo
σέλα, η: saddle
σελαγίζω: βλ. λάμπω
σέλας, το: βλ. λάμψη ‖ βλ. φως ‖ *(πολικό)* aurora ‖ βόρειο ~: aurora borealis, northern lights ‖ νότιο ~: aurora australis, southern lights
σελάχι, το: βλ. σαλάχι ‖ *(ζώνη)* wide leather belt, cartridge belt, gun belt
σελέμης, ο: bum ‖ βλ. παράσιτο
σελεμίζω: bum
σεληνάκατος, η: lunar module
σελήνη, η: moon
σεληνιάζομαι: have epilepsy, be an epileptic
σεληνιακός, -ή, -ό: lunar
σεληνιασμός, ο: epilepsy
σεληνοφώτιστος, -η, -ο: moonlit
σεληνόφωτο, το: moonlight
σελίδα, η: page *(και μτφ)*
σελίνι, το: shilling
σέλινο, το: celery
σέλλα, η: βλ. σέλα
σελώνω: saddle
σεμινάριο, το: seminary
σεμνοπρέπεια, η: βλ. σεμνότητα ‖ βλ. κοσμιότητα ‖ βλ. αξιοπρέπεια
σεμνοπρεπής, -ές: βλ. σεμνός ‖ βλ. κόσμιος ‖ βλ. αξιοπρεπής
σεμνός, -ή, -ό: decent, modest
σεμνότητα, η: decency, modesty
σεμνοτυφία, η: prissiness, prudishness, prudery
σεμνότυφος, -η, -ο: prissy, prudish, prude
σεμνύνομαι: be proud of
σενάριο, το: scenario, screenplay, script
σεναριογράφος, ο: scenarist, script writer
σεντ, το: cent
σεντίνα, η: bilge, bilge water
σεντόνι, το: sheet
σεντούκι, το: βλ. μπαούλο ‖ βλ. φέρετρο
σεξ, το: sex ‖ βλ. συνουσία
σεξαπίλ, το: sex appeal, oomph
σεξουαλικός, -ή, -ό: sexual
σεξουαλισμός, ο: sexuality
σέξυ *(ακλ)*: sexy, lascivious, voluptuous

σέπαλο, το: sepal

Σεπτέμβριος, ο: September

σεπτός, -ή, -ό: βλ. σεβαστός ΙΙ (λόγω βαθμού ή ηλικίας) august

σεράι, το: βλ. σαράι

σεραφείμ, το: seraph

σερβί (ακλ): (πόκερ) pat

σερβίρισμα, το: serving ΙΙ (υπηρεσία σερβιτόρου) waiting on

σερβίρω: serve ΙΙ (κάνω το σερβιτόρο) wait on

σερβιτόρα, η: waitress

σερβιτόρος, ο: waiter

σερβίτσιο, το: (ομοειδή κομμάτια) set ΙΙ (για όλο το τραπέζι) table setting ΙΙ (για ένα άτομο) cover

σεργιάνι, το: βλ. περίπατος

σεργιανίζω: βλ. περπατώ

σερενάδα, η: serenade

σερενάτα, η: βλ. σερενάδα

σερέτης, ο: βλ. μάγκας

σερίφης, ο: sheriff

σερμαγιά, η: (ιδ) capital

σερμπέτι, το: sherbet

σέρνομαι: crawl, creep, drag ΙΙ (αρρώστια) spread

σέρνω: drag, pull, trail ΙΙ (τα πόδια) plod ΙΙ (κάτι βαρύ) lug ΙΙ (χορό) lead

σερπαντίνα, η: streamer

σερσέμης, ο: (θηλ. ½σερσέμισσα): (ιδ) gawky

σέρτικος, -η, -ο: (καπνός) acrid, strong ΙΙ (άνθρωπος) quick-tempered, irascible

σεσημασμένος, -η, -ο: with a criminal record, with his fingerprints on file

σέσουλα, η: scoop

σεφτές, ο: first sale of the day

σήκωμα, το: lifting, raising ΙΙ (ξύπνημα) rising, getting up, getting out of bed, awakening ΙΙ (τράβηγμα από καταθέσεις) withdrawal ΙΙ (πέους) erection, hard-on

σηκώνομαι: stand up, get up, rise ΙΙ βλ. ξυπνώ ΙΙ βλ. επαναστατώ ΙΙ (από αρρώστια) recover, get well ΙΙ (τρίχες) bristle, stand on end

σηκώνω: lift, raise ΙΙ (κάτι που έπεσε) pick up ΙΙ (άγκυρα) weigh ΙΙ βλ. ξυπνώ ΙΙ (από καταθέσεις) withdraw ΙΙ (μεταφέρω φορτίο) carry ΙΙ (με μηχάνημα) hoist ΙΙ (με κόπο) heave ΙΙ (το ηθικό) boost ΙΙ

(ανέχομαι) take, stand, tolerate ΙΙ (τους ώμους) shrug ΙΙ (τα μανίκια) roll up ΙΙ (κλίμα) be good for s.b's health, be healthy (και μτφ) ΙΙ ~ το τραπέζι: clear the table ΙΙ ~ στο πόδι: disturb, rouse, set in uproar ΙΙ ~ κεφάλι: revolt, rebel ΙΙ δεν ~ αστεία: I will take no nonsense

σηκώτι, το: βλ. συκώτι

σήμα, το: βλ. σημάδι ΙΙ sign, mark ΙΙ (διακριτική κονκάρδα) badge ΙΙ (γενικά, διακριτικό) insignia ΙΙ (σινιάλο) signal ΙΙ (διακριτικό σήμα μονάδος στρατ.) patch ΙΙ (ραντάρ) pip ΙΙ (κινδύνου - ραδιοτηλεγραφ.) S.O.S. ΙΙ (κινδύνου - ραδιοτηλεφων.) mayday ΙΙ (νεύμα) sign ΙΙ ~ κατατεθέν: trade mark ΙΙ βλ. έμβλημα

σημαδεμένος, -η, -ο: marked ΙΙ (σακάτης) crippled ΙΙ (με ουλή στο πρόσωπο): scarface

σημαδεύω: (βάζω σημάδι) mark ΙΙ (σκοπεύω) aim, take aim ΙΙ (αφήνω σημάδι) scar

σημάδι, το: (ένδειξη) mark, sign ΙΙ (πληγής) scar ΙΙ βλ. ίχνος ΙΙ (στόχος) target ΙΙ (σημάδεμα στόχου) aim ΙΙ (οιωνός) omen ΙΙ (στο σώμα εκ γενετής) birthmark, nevus

σημαδιακός, -ή, -ό: βλ. σημαδεμένος ΙΙ (προμήνυμα) augury, omen

σημαδούρα, η: buoy

σημαία, η: (γενικά) flag ΙΙ (σημαία ή λάβαρο έθνους, μονάδας ή οργαν.) colors ΙΙ (πλοίου ή μονάδος με διακριτικό) ensign ΙΙ (αρχηγ. κράτους) standard ΙΙ (στενόμακρη τριγωνική με διακριτικά αξιωμ.) pennon ΙΙ (ναυτ. σινιάλων) pennant ΙΙ (ιππικού - τεθωρ.) standard ΙΙ (λευκή) flag of truce

σημαίνω: (μτβ) (σημαδεύω) mark, stamp ΙΙ (δίνω σήμα) sound, ring ΙΙ (εννοώ) mean, signify ΙΙ (αμτβ) (δίνω σήμα) ring, strike, sound ΙΙ (είμαι αξιόλογος) be important, be significant

σημαιοστολίζομαι: (ιδ) put on my sunday best

σημαιοστολίζω: (πλοίο) dress ship ΙΙ (για πανηγυρισμό) decorate with flags

σημαιοστολισμός, ο: bunting ΙΙ (πλοίου) dressing a ship

σημαιοφόρος, ο: (που κρατά τη σημαία)

flagman, standard bearer ‖ (βαθμός) ensign (U.S.A.), sublieutenant (Engl.) ‖ *(μτφ)* standard bearer

σήμανση, η: (σημάδεμα) marking, stamp, stamping ‖ (αστυν.) criminal records department

σημαντήρας, ο: βλ. **σημαδούρα**

σημαντική, η: βλ. **σημασιολογία**

σημαντικός, -ή, -ό: (που έχει σημασία) significant, significative ‖ (αξιόλογος) significant, important, remarkable ‖ *(μαθ) ~ά* **ψηφία:** significant digits

σήμαντρο, το: gong

σημασία, η: (έννοια) meaning, sense, significance ‖ (σπουδαιότητα) significance, importance ‖ **χωρίς ~:** meaningless ‖ **δεν έχει ~:** it does not matter ‖ **μη δίνεις ~:** don't pay attention

σημασιολογία, η: semantics

σημασιολογικός, -ή, -ό: semantic

σημαφόρος, ο: semaphore

σημείο, το: (ένδειξη) mark, sign ‖ βλ. **ίχνος** ‖ βλ. **οιωνός** ‖ (σύμβολο) symbol ‖ (θέση, μέρος) point, spot ‖ (αριθμ. πράξης) sign ‖ *(γραμ)* mark, point ‖*~ α* **του ορίζοντα:** points of the compass ‖ **τα τέσσερα ~α του ορίζοντα:** cardinal points

σημείωμα, το: note ‖ (υπενθυμιστικό) memorandum, memo ‖ (νομ. και διπλωμ.) memorandum ‖ (κριτικό ή επεξηγημ.) annotation ‖ (βιογραφικό) resume~

σημειωματάριο, το: note book ‖ (πρόχειρο) scratch pad

σημειωμένος, -η, -ο: βλ. **σημαδεμένος**

σημειώνω: (βάζω σημάδι) mark ‖ (γράφω) note, take notes, put down ‖ (γράφω πρόχειρα) jot down ‖ (θεωρώ υπολογίσιμο) mark

σημείωση, η: βλ. **σημείωμα** ‖ (πράξη) noting, jotting down ‖ **βιογραφική ~:** resume~, biographical note

σημειωτής, ο: checker

σημειωτό, το: (γυμναστ.) march in place

σήμερα: *(επίρ)* today, this day ‖ **~ το βράδυ:** this evening

σημερινός, -ή, -ό: today, of today

σήπομαι: βλ. **σαπίζω**

σηπτικός, -ή, -ό: septic, putrefactive

σήραγγα, η: tunnel

σήριαλ, το: serial

σηρικός, -ή, -ό: silk

σηροτροφία, η: sericulture

σηροτρόφος, ο: sericulturist

σησάμι, το: βλ. **σουσάμι**

σήτα, η: sieve, screen

σηψαιμία, η: sapremia, septicemia, blood poisoning

σήψη, η: *(ιατρ)* sepsis ‖ βλ. **σαπίλα**

σθεναρός, -ή, -ό: (ψυχικά) spirited, courageous ‖ βλ. **δυνατός** ‖ βλ. **θαρραλέος**

σθένος, το: (ψυχικό) spirit ‖ βλ. **θάρρος** ‖ βλ. **δύναμη** ‖ *(χημ)* atomicity, valence, valency

σι: *(μουσ)* ti

σιαγώνα, η: βλ. **σαγόνι**

σιάζω: βλ. **ισάζω** ‖ βλ. **διορθώνω** ‖ βλ. **τακτοποιώ** ‖ βλ. **ισιώνω**

σιαλογόνος, -α, -ο: salivary

σίαλος, ο: βλ. **σάλιο**

σιάξιμο, το: βλ. **διόρθωση** ‖ βλ. **τακτοποίηση**

σιγά: *(επίρ)* βλ. **αργά** ‖ βλ. **σιγανά** ‖ βλ. **αθόρυβα** ‖ *~~:* very slowly, little by little, by degrees

σιγαλιά, η: βλ. **ηρεμία** ‖ βλ. **ησυχία** ‖ βλ. **γαλήνη**

σιγανά: *(επίρ)* slowly

σιγανός, -ή, -ό: βλ. **αθόρυβος** ‖ (βραδύς) slow

σιγαρέτο, το: βλ. **τσιγάρο**

σιγαροθήκη, η: cigarette-case

σιγαστήρας, ο: (πιστολιού) silencer ‖ *(μηχ)* muffler

σιγή, η: silence, quiet, hush

σιγοβράζω: simmer ‖ *(μτφ)* simmer, seethe, sizzle

σιγοκαίω: smolder

σιγουράδα, η: βλ. **σιγουριά**

σίγουρα: *(επίρ)* surely, certainly, for sure

σιγουράρω: βλ. **σιγουρεύω**

σιγουρεύω: secure, ensure ‖ *(ιδ)* cinch

σιγουριά, η: certainly ‖ βλ. **βεβαιότητα**

σίγουρος, -η, -ο: (ασφαλής) secure ‖ βλ. **βέβαιος**

σιγώ: keep silent, keep quiet, be silent ‖ βλ. **ηρεμώ**

σιδεράδικο, το: (μαγαζί σιδερά) black-

smith's shop ‖ (εργοστ.) iron works
σιδεράς, ο: (τεχνίτης) blacksmith ‖ (πωλητής) ironmonger
σιδερένιος, -α, -ο: iron (και μτφ)
σιδερικά, τα: (είδη σιδήρου) ironware ‖ (άχρηστα) scrap iron
σίδερο, το: iron ‖ (σιδερόματος) iron, flatiron ‖ **στη βράση κολλάει το ~:** strike while the iron is hot
σιδεροδέσμιος, -α, -ο: in chains, chained, fettered, in irons
σιδεροδοκός, ο: steel beam, iron beam, iron girder, steel girder
σιδεροκέφαλος, -η, -ο: (μτφ) robust, healthy
σιδερόφραχτος, -η, -ο: iron clad
σιδέρωμα, το: pressing, ironing
σιδερώνω: press, iron
σιδηροδρομικός, ο: (υπάλληλος) railroadman
σιδηροδρομικός, -ή, -ό: railroad ‖ **~ή γραμμή:** railroad line, railway line, line
σιδηρόδρομος, ο: railroad (U.S.A.), railway (Eng) ‖ βλ. **τρένο** ‖ **οδοντωτός ~:** rackrailway ‖ βλ. **τελεφερίκ**
σιδηροπαγής, -ές: reinforced
σίδηρος, ο: iron
σιδηροτροχιά, η: rail
σιδηρουργείο, το: βλ. **σιδεράδικο**
σιδηρουργία, η: iron industry
σιδηρουργός, ο: βλ. **σιδεράς**
σιδηρούχος, -α, -ο: ferrous, ferruginous
σίελος, ο: βλ. **σάλιο**
σικ: (ακλ) chic, modish, stylish
σίκαλη, η: rye
σιλό, το: silo
σιλουέτα, η: silhouette
σιλτές, ο: mattress
σιμά: (επίρ) βλ. **κοντά** ‖ βλ. **δίπλα**
σιμιγδάλι, το: semolina
σιμίτι, το: βλ. **κουλούρι**
σιμός, -ή, -ό: βλ. **πλατσομύτης**
σιμούν: ο: (άνεμος) samiel, simoom, simoon
σιμώνω: βλ. **πλησιάζω**
σινάπι, το: mustard, mustard seed
σιναπισμός, ο: mustard plaster, sinapism
σινάφι, το: βλ. **συντεχνία**
σινεμά, το: βλ. **κινηματογράφος**
σινιάλο, το: signal

σιντριβάνι, το: βλ. **πίδακας**
σιρίτι, το: braid ‖ (σε πηλίκιο αξιωματικού) scrambled eggs
σιρόκος, ο: south-east wind
σιρόπι, το: syrup
σίτα, η: βλ. **σήτα**
σιταποθήκη, η: granary
σιταρένιος, -α, -ο: wheat
σιταρήθρα, η: lark, skylark
σιτάρι, το: wheat
σιτευτός, -ή, -ό: fatted ‖ **ο μόσχος ο ~:** fatted calf
σιτεύω: (μτβ) fat, fatten ‖ (αμτβ) become tender
σιτηρά, τα: cereals
σιτηρέσιο, το: (στρ) daily rations
σιτίζω: feed, nourish ‖ βλ. **τροφοδοτώ**
σιτισμός, ο: feeding ‖ βλ. **τροφοδοσία**
σιτιστής, ο: (στρ) (μεγ. μονάδας) quartermaster's assistant ‖ (μικρής μονάδας) unit supply n.c.o.
σιτοβολώνας, ο: granary (και μτφ)
σιτοπαραγωγή, η: wheat production
σιτοπαραγωγός, -ή, -ό: wheat-producing (βλ. **σιτοβολώνας** μτφ)
σίτος, ο: βλ. **σιτάρι**
σιφόνι, το: siphon
σιφονιέρα, η: lowboy, chest of drawers ‖ (ψηλή) highboy (U.S.A.), tallboy (Engl.)
σίφουνας, ο: (στεριάς) twister, tornado, whirlwind ‖ (θάλασσας) waterspout ‖ (μτφ) tornado, whirlwind
σίφωνας, ο: βλ. **σιφόνι** ‖ βλ. **σίφουνας**
σιχαίνομαι: loathe, detest, be sick of, be averse to
σίχαμα, το: disgusting, loathsome, detestable
σιχαμάρα, η: disgust, loathing, aversion ‖ βλ. **σίχαμα**
σιχαμένος, -η, -ο: βλ. **σίχαμα**
σιχαμερός, -ή, -ό: βλ. **σίχαμα**
σιχασιά, η: βλ. **σιχαμάρα**
σιχασιάρης, -α, -ικο: squeamish, fastidious, easily disgusted
σιωπή, η: silence ‖ **~!:** (επιφ) hush!, silence!, be quiet!
σιωπηλός, -ή, -ό: silent, taciturn
σιωπηρός, -ή, -ό: tacit ‖ βλ. **σιωπηλός**
σιωπητήριο, το: (στρ) taps, tattoo
σιωπώ: keep silent, remain silent, be

σκάβω

silent, keep silence, hold one's tongue ‖ *(ιδ)* pipe down

σκάβω: dig, excavate

σκάγι, το: pellet, small shot

σκάζω: *(μτβ)* burst, crack, split ‖ *(μτφ)* exasperate, drive s.o. mad ‖ *(αμτβ)* explode, burst ‖ *(μτφ)* be exasperated, worry ‖ (κλείνω το στόμα μου) shut up ‖ (δραπετεύω) lam, fly the coop ‖ (από το μάθημα) play hooky ‖ (από στρατ. αγγαρεία) goldbrick ‖ ~ **στα γέλια:** burst into laughter, burst one's sides with laughing ‖ ~ **από τη δίψα:** be parched ‖ ~ **από τη ζήλεια:** eat one's heart out

σκαθάρι, το: beetle, bug

σκαιός, -ή, -ό: rude, curt, impolite

σκαιότητα, η: rudeness, curtness

σκάκι, το: chess

σκακιέρα, η: chessboard

σκάλα, η: (οικήματος) stairs, staircase ‖ (μεταξύ δύο κεφαλόσκαλων) flight of stairs ‖ (πυρκαγιάς) fire escape ‖ (εξωτερική) outside stairway ‖ (κινητή) ladder ‖ βλ. **ανεμόσκαλα** ‖ (υπηρεσίας) backstairs ‖ (κρεμαστή πλοίου) accommodation ladder ‖ (κινητή, πλοίου) gangplank, gangway ‖ (μουσική) scale, gamut ‖ βλ. **αποβάθρα** ‖ βλ.**λιμάνι** ‖ (στα μαλλιά) wave ‖ βλ. **αναβολέας**

σκαληνό, το: (τριγ.) scalene

σκαλί, το: βλ. **σκαλοπάτι**

σκαλίζω: dig, hoe ‖ (φωτιά) poke ‖ (κάνω γλυπτό) sculpture, chisel ‖ (μέταλλο ή ξύλο) engrave, etch, carve ‖ *(μτφ)* (ψάχνω για κάτι) rummage ‖ (ψάχνω για να κλέψω) rifle

σκάλισμα, το: digging, hoeing ‖ (φωτιάς) poking ‖ (γλυπτού) sculpturing, sculpting, chiselling ‖ (μετ. ή ξύλον) engraving, etching, carving ‖ *(μτφ)* rummaging, rifling

σκαλιστήρι, το: hoe ‖ (φωτιάς) poker

σκαλιστός, -ή, -ό: chiselled, sculptured, engraved, carved

σκαλοπάτι, το: step ‖ (κινητής σκάλας) rung ‖ *(μτφ)* step

σκαλώνω: βλ. **σκαρφαλώνω** ‖ (αγκιστρώνομαι) get caught ‖ *(μτφ)* strike a snag, come upon a snag, get snafued

σκαλωσιά, η: scaffold ‖ (ολόκληρο

σύστημα) scaffolding

σκαμνάκι, το: βλ. **σκαμνί**

σκαμνί, το: stool ‖ **καθίζω στο** ~: *(ιδ)* have the law on s.b., throw the book at s.b.

σκαμνιά, η: βλ. **μουριά**

σκαμπαβία, η: (μικρή) dinghy ‖ (μεγάλη) launch

σκαμπάζω: βλ. **καταλαβαίνω** ‖ (μπαίνω στο νόημα) get it

σκαμπανεβάζω: βλ. **κλυδωνίζομαι**

σκαμπανέβασμα, το: βλ. **κλυδωνισμός**

σκαμπίλι, το: slap in the face ‖ (δυνατό) whack

σκαμπιλίζω: slap s.o's face, whack

σκανδάλη, η: trigger

σκανδαλιάρης, ο: βλ. **σκανταλιάρης**

σκανδαλίζω: shock, scandalize ‖ (προκαλώ) seduce

σκάνδαλο, το: scandal ‖ βλ. **σκανταλιάρης**

σκανδαλοθήρας, ο: scandal monger

σκανδαλοθηρικός, -ή, -ό: scandal ‖ ~ή **εφημερίδα:** tabloid, scandal sheet

σκανδαλώδης, -ες: scandalous

σκανταλιάρης, -α, -ικο: (που δίνει αφορμή για καβγά) trouble maker ‖ (παιδί) impish, imp, mischievous ‖ (ερωτικά) seducer

σκανταλίζω, σκάνταλο: βλ. **σκανδαλίζω** κλπ.

σκάντζα, η: *(ιδ ναυτ)* change

σκαντζάρω: *(ιδ ναυτ)* change

σκαντζόχοιρος, ο: porcupine, hedgehog

σκάνω: βλ. **σκάζω**

σκαπανέας, ο: (που σκάβει) digger ‖ *(στρ)* sapper, pioneer ‖ *(μτφ)* pioneer

σκαπάνη, η: pick, pickax, pickaxe

σκαπουλάρω: βλ. **δραπετεύω** ‖ βλ. **διαφεύγω** ‖ (από κατηγορία) beat the rap

σκάρα, η: βλ. **εσχάρα**

σκαραβαίος, ο: scarab

σκαρί, το: *(ναυτ)* slip, slipway ‖ (σκαλωσιά που στηρίζει το πλοίο στο ναυπηγείο) stock ‖ *(μτφ - διάπλαση)* constitution, build

σκαρίφημα, το: sketch, outline, draft

σκαρλατίνα, η: βλ. **οστρακιά**

σκαρμός, ο: oarlock, rowlock

768

σκάρος, ο: parrotfish
σκαρπέλο, το: chisel
σκαρπίνι, το: oxford
σκαρτάρω: (πετώ άχρηστο) discard, throw away ΙΙ βλ. **σκαρτεύω**
σκαρτεύω: *(μτβ)* make useless, render worthless ΙΙ *(αμτβ)* become useless, be worthless
σκάρτος, -η, -ο: βλ. **ελαττωματικός** ΙΙ βλ. **άχρηστος**
σκαρφάλωμα, το: βλ. **αναρρίχηση**
σκαρφαλώνω: βλ. **αναρριχιέμαι**
σκαρφίζομαι: βλ. **επινοώ** ΙΙ (σοφίζομαι) concoct
σκαρώνω: *(ναυτ)* put on the stock ΙΙ *(μτφ.* - ετοιμάζω) be up to ΙΙ *(μτφ.* - εξαπατώ ή κοροϊδεύω) trick, take s.o. in, gyp
σκάση, η: βλ. **σκασίλα**
σκασιαρχείο, το: (μαθητού) hooky, truantry, truancy ΙΙ (από δουλειά ή υποχρέωση) truancy ΙΙ *(στρ)* goldbricking
σκασιάρχης, ο: (από σχολείο ή δουλειά) truant ΙΙ *(στρ)* goldbrick
σκασίλα, η: βλ. **στενοχώρια**
σκάσιμο, το: βλ. **ράγισμα** ΙΙ (δέρματος) chap ΙΙ βλ. **έκρηξη** ΙΙ βλ. **σκασιαρχείο** ΙΙ βλ. **στενοχώρια**
σκασμός, ο: βλ. **στενοχώρια** ΙΙ βλ. **ασφυξία** *(επιφ)* shut up! close your trap!
σκαστός, -ή, -ό: βλ. **ηχηρός** ΙΙ (μετρητοίς) cash, cash down, ready money ΙΙ βλ. **σκαπιάρχης** *(δραπέτης)* on the lam
σκατά, τα: shit ΙΙ *(επιφ)* shit!
σκατό, το: βλ. **σκατά** ΙΙ *(μτφ)* little shit, pint-sized
σκατόγερος, ο: old fart
σκατόγρια, η: old fart, old hag, crone
σκατώνω: *(μτφ)* snafu, botch, bungle
σκάφανδρο, το: (ατομικό) diving dress, diving suit ΙΙ (ομαδικό) bathyscaph, bathysphere
σκαφέας, ο: βλ. **σκαφτιάς**
σκάφη, η: (γεν.) trough ΙΙ (πλύσης) washtub
σκάφος, το: (σώμα πλοίου) hull ΙΙ (πλοίο) craft, ship, vessel ΙΙ **αποβατικό ~**: landing craft
σκαφτιάς, ο: digger
σκάψιμο, το: digging, excavating, exca-

vation ΙΙ (χωράφι) plow
σκάω: βλ. **σκάζω** ΙΙ (εξαπατώ ή κοροϊδεύω) trick, take s.o. in, gyp ΙΙ βλ. **σκαρώνω**
σκεβρωμένος, -η, -ο: bent, humped
σκεβρώνω: bend, hump
σκέλεθρο, το: βλ. **σκελετός** (και *μτφ)*
σκελετός, ο: (σώματος) skeleton ΙΙ (τεχν. έργο) skeleton, framework, shell ΙΙ *(μτφ)* skeleton, emaciated, skin and bones, scrawny, skinny
σκελετωμένος, -η, -ο: βλ. **σκελετός** *(μτφ)*
σκέλι, το: βλ. **σκέλος**
σκελίδα, η: clove
σκέλος, το: (σώματος) leg ΙΙ (τριγώνου) side ΙΙ (ορθογ. τριγώνου) leg ΙΙ (διαδρομής) leg
σκεπάζω: cover ΙΙ *(μτφ)* cover, cover up ΙΙ (με καπάκι) put the lid on ΙΙ βλ. και **καλύπτω**
σκέπασμα, το: cover, covering ΙΙ (στέγη) roofing ΙΙ (κρεβατιού) bed cover, blanket ΙΙ βλ. **καπάκι**
σκέπαστρο, το: βλ. **κάλυμμα**
σκεπή, η: roof
σκέπη, η: βλ. **σκέπασμα** ΙΙ *(μτφ)* protection
σκεπτικισμός, ο: skepticism
σκεπτικιστής, ο (θηλ **σκεπτικίστρια**): skeptic, skeptical
σκεπτικό, το: (δικαιολ. απόφασης) preamble
σκεπτικός, -ή, -ό: (γεμάτος σκέψεις) thoughtful, contemplative ΙΙ (αμφίβολος) skeptical, doubtful, hesitant ΙΙ (σε βαθιά συλλογή) pensive, deeply thoughtful
σκεπτικότητα, η: βλ. **σκεπτικισμός**
σκέπτομαι: think, contemplate, reflect ΙΙ (έχω σκοπό) contemplate, think
σκέρτσο, το: flirtatious behaviour, playfulness, coquetry
σκερτσόζος, -α, -ο: flirtatious, playful, coquettish
σκέτος, -η, -ο: βλ. **απλός** ΙΙ βλ. **ανόθευτος** ΙΙ **νέτος ~**: βλ. **νέτος**
σκέτς, το: sketch, skit
σκευαγωγός, ο: *(σιδηρ)* baggage-master
σκευή, η: *(στρ)* equipage
σκευοθήκη, η: sideboard, cupboard

σκεύος

σκεύος, το: utensil
σκευοφόρος, η: *(σιδηρ)* caboose
σκευοφυλάκιο, το: *(εκκλ)* vestry, sacristy
σκευωρία, η: (για ενοχοποίηση) frame-up ‖ βλ. **δολοπλοκία** ‖ βλ. **ραδιουργία** ‖ βλ. **μηχανορραφία**
σκευωρώ: βλ. **ραδιουργώ** ‖ βλ. **μηχανορραφώ**
σκεφτικός, -ή, -ό: βλ. **σκεπτικός**
σκέφτομαι: βλ. **σκέπτομαι**
σκέψη, η: thought, reflection, consideration
σκηνή, η: (τσαντίρι) tent ‖ (ινδιάνου) tepee ‖ (θεάτρου) stage ‖ (μέρος έργου) scene ‖ *(μτφ)* scene ‖ **κάνω ~:** make a scene ‖ **στήνω ~:** pitch a tent
σκηνικά, τα: (θεατρ.) stage property, props
σκηνογραφία, η: stage design, stage designing
σκηνογράφος, ο: stage designer
σκηνοθεσία, η: staging, stage production ‖ *(μτφ)* fabrication, frame-up
σκηνοθέτης, ο: stage manager
σκηνοθετώ: stage, stage-manage ‖ *(μτφ)* fabricate, frame
σκήνωμα, το: *(μτφ)* body (βλ. και **λείψανα**)
σκήπτρο, το: scepter ‖ **κρατώ τα ~α:** dominate, predominate
σκι το: ski
σκιά, η: (αντικειμένου) shadow ‖ (χωρίς ήλιο) shade ‖ (φάντασμα) shade ‖ **φοβάται τη ~ του:** afraid of his own shadow ‖ **~ του εαυτού του:** the shadow of his former self ‖ *(μτφ.* αχώριστος σύντροφος) shadow
σκιαγράφημα, το: outline *(και μτφ)*
σκιαγραφία, η: (σε σχέδιο) shading, hatching ‖ (είδος ζωγραφ.) chiaroscuro
σκιάδι, το: shade, sunshade ‖ (καπέλο) straw hat
σκιάζομαι: be spooked, be startled (βλ. και **τρομάζω**)
σκιάζω: (κάνω σκιά) shade ‖ (βάζω σκιές) shade, hatch ‖ (φοβίζω) spook, startle, scare (βλ. και **τρομάζω**)
σκιαμαχία, η: (μποξ) shadowboxing ‖ *(μτφ)* fight against shadows
σκιαμαχώ: (μποξ) shadowbox ‖ *(μτφ)*

fight shadows
σκιάξιμο, το: spooking, scare (βλ. και **τρομάρα**)
σκίασμα, το: βλ. **σκιαγραφία**
σκιάχτρο, το: scarecrow *(και μτφ)*
σκιερός, -ή, -ό: shadowy, shady
σκίζα, η: splinter (βλ. και **πελεκούδι**)
σκίζομαι: be split ‖ *(μτφ - προσπαθώ πολύ)* do one's best, do to the best of one's power, do one's utmost, do all one can, do everything in one's power, do one's damnedest
σκίζω: split, tear, rip, cleave ‖ *(μτφ - υπερέχω)* carry off the palm, excell
σκίουρος, ο: squirrel
σκιόφως, το: (αμυδρό φως) partial shadow, half-light ‖ (ζωγραφικ) clair-obscure, chiaroscuro ‖ (λυκόφως) twilight, dusk
σκίρο, το: βλ. **σκύρο**
σκίρτημα, το: leap ‖ *(μτφ)* thrill
σκιρτώ: leap ‖ *(μτφ)* thrill, leap
σκίσιμο, το: tear, rent ‖ βλ. **ράγισμα**
σκιτζής, ο: (τσαγκάρης) cobbler ‖ *(μτφ)* bungler, butcher, clumsy
σκιτσάρω: sketch
σκίτσο, το: sketch ‖ (σειράς) cartoon ‖ βλ. **γελοιογραφία**
σκιτσογράφος, ο: cartoonist
σκιώδης, -ες: βλ. **σκιερός** ‖ *(μτφ)* shadowy
σκλαβάκια, τα: (παιγνίδι) prisoner'a base .
σκλαβιά, η: slavery, captivity ‖ *(μτφ)* slavery, drudgery
σκλαβοπάζαρο, το: slave market
σκλάβος, ο *(θηλ.* **σκλάβα):** slave, chattel ‖ βλ. **δουλοπάροικος**
σκλαβώνω: enslave, reduce to slavery ‖ *(μτφ)* oblige
σκλήθρα, η: βλ. **σκίζα**
σκλήθρο, το: βλ. **σκίζα**
σκληραγωγημένος, -η, -ο: rugged, tough, hardy
σκληραγωγία, η: toughening, accustoming to hardship
σκληραγωγώ: toughen, accustom to hardship
σκληράδα, η: βλ. **σκληρότητα**
σκληραίνω: *(μτβ και αμτβ)* harden *(και μτφ)*
σκληρόκαρδος, -η, -ο: hardhearted,

770

pitiless (βλ. και **άκαρδος**)

σκληροκέφαλος, -η, -ο: βλ. **πεισματάρης**

σκληρός, -ή, -ό: hard, tough, rigid, rugged ‖ *(μτφ)* cruel (βλ. και **σκληρόκαρδος** και **άκαρδος**)

σκληρότητα, η: hardness, toughness, rigidity ‖ *(μτφ)* cruelty

σκληροτράχηλος, -η, -ο: hardy, tough ‖ βλ. **πεισματάρης**

σκλήρωση, η: hardening, stiffening ‖ *(ιατρ)* sclerosis

σκνίπα, η: gnat ‖ *(μτφ)* stoned, pissed, potted, plastered

σκοινάκι, σκοινί, κλπ.: βλ. **σχοινάκι** κλπ.

σκόλη, η: βλ. **σχόλη**

σκολιανά, τα: βλ. **σχολιανά**

σκολιός, -ά, -ο: crooked, twisted ‖ βλ. **δύστροπος** ‖ βλ. **ιδιότροπος**

σκολίωση, η: scoliosis, scolioma

σκολόπεντρα, η: βλ. **σαρανταποδαρούσα**

σκονάκι, το: *(φάρμακο)* powder ‖ *(μτφ)* dose ‖ *(μτφ - ποτό)* slug

σκόνη, η: dust ‖ *(κονιοποιημένο πράγμα)* powder ‖ **κάνω ~:** pulverize *(και μτφ)*

σκονίζω: dust, cover with dust, coat with dust, fill with dust

σκοντάφτω: stumble, trip, miss one's step ‖ *(μτφ)* βλ. **σκαλώνω** *(μτφ)*

σκόντο, το: discount

σκόπελος, ο: reef, shoal, bar ‖ *(μτφ)* stumbling block

σκόπευση, η: aiming, sighting ‖ *(κατά κινούμενου στόχου)* trapshooting

σκοπευτήριο, το: shooting range, target range ‖ *(κλειστό)* shooting gallery ‖ *(με κινητούς στόχους)* trap range

σκοπευτής, ο: marksman, good shot ‖ **άριστος ~:** expert marksman ‖ **πολύ καλός ~:** sharpshooter ‖ **ελεύθερος ~:** sniper ‖ **ελεύθερος ~** *(μτφ)* free lance, free lancer

σκοπεύω: aim, take aim ‖ *(μτφ)* aim, intend

σκοπιά, η: βλ. **παρατηρητήριο** ‖ lookout ‖ *(οικίσκος σκοπού)* sentry box ‖ βλ. **βάρδια** ‖ *(μτφ)* angle

σκόπιμος, -η, -ο: *(από σκοπού)* intentional, deliberate ‖ *(για κάποιο σκοπό)* expedient

σκοπιμότητα, η: expediency, expedience

σκοποβολή, η: target practice, shooting

σκοπός, ο: βλ. **στόχος** ‖ *(επιδίωξη)* aim, goal, target ‖ *(πρόθεση)* purpose, intention ‖ *(φρουρός)* lookout, sentinel, sentry, watch ‖ *(μελωδία)* air, tune

σκορβούτο, το: scurvy

σκορδαλιά, η: garlic dressing, garlic dip, garlic sauce

σκόρδο, το: garlic

σκορδοκαΐλα, η: *(ιδ)* **~ μου!:** I don't give a damn!, I don't care a pin!

σκορδόπιστος, ο *(θηλ* **σκορδόπιστη)**: faithless lover

σκόρος, ο: moth

σκοροφαγωμένος, -η, -ο: moth-eaten

σκόρπαινα, η: scorpion fish, sculpin, bullhead

σκορπάω: βλ. **σκορπίζω**

σκορπίζω: scatter, strew, disperse *(μτβ και αμτβ)* ‖ *(μτφ)* scatter, dissipate, waste

σκορπίνα, η: βλ. **σκόρπαινα**

σκόρπιος, -α, -ο: dispersed, strewn, scattered

σκορπιός, ο: scorpion‖ βλ. **σκόρπαινα**

σκορποχέρης, -α, -ικο: βλ. **σπάταλος**

σκορποχώρι, το: scattered wide apart, scattered in different directions

σκορπώ: βλ. **σκορπίζω**

σκορτσάρω: resist, react

σκοτάδι, το: dark, darkness *(και μτφ)* ‖ *(ελαφρύ)* gloom, dusk

σκοταδισμός, ο: obscurantism

σκοταδιστής, ο: obscurant ‖ *(ιδ)* moss-back

σκοτεινιά, η: dark, dusk

σκοτεινιάζει: *(απρόσ)* it is getting dark

σκοτεινιάζω: *(μτβ και αμτβ)* darken ‖ *(ουρανός)* cloud over, become overcast ‖ *(μτφ)* cloud over, become gloomy

σκοτεινός, -ή, -ό: dark, gloomy, obscure ‖ *(ουρανός)* cloudy, overcast ‖ *(από ομίχλη, συννεφιά και καπνό)* murky ‖ βλ. **ασαφής** ‖ *(πρόσωπο)* somber, gloomy, dark

σκοτίζομαι: bother, care

σκοτίζω: darken, obscure ‖ *(μτφ)* bother, pester

σκοτοδίνη, η: βλ. **ζάλη** ‖ βλ. **ίλιγγος**

σκότος

σκότος, το: βλ. σκοτάδι
σκοτούρα, η: βλ. σκοτοδίνη || *(μτφ)* care, trouble, onus
σκότωμα, το: kill, killing
σκοτωμός, ο: βλ. σκότωμα || *(μτφ)* rough-and-tumble struggle, jostling, scrimmage
σκοτώνομαι: (προσπαθώ πολύ) go out of one's way || (κουράζομαι πολύ) overexert oneself, overtax oneself || ~ στη δουλειά: work oneself to death
σκοτώνω: kill || *(ιδ)* bump off, do s.o in, do away with, waste || ~ την ώρα: kill time
σκούζω: scream, screech, howl, shriek, yowl
σκουλαρίκι, το: earring
σκουλήκι, το: worm, maggot || (παράσιτο) mite || (εντέρων) βλ. ταινία || (εντόμου) larva || *(μτφ)* worm
σκουληκιάρης, -α, -ικο: βλ. σκουληκιασμένος
σκουληκιασμένος, -η, -ο: maggoty, infested with maggots
σκουληκοφαγωμένος, -η, -ο: worm-eaten (βλ. και σκουληκιασμένος)
σκούμπα, η: scuba
σκουμπρί, το: mackerel
σκούνα, η: schooner
σκουντάω: βλ. σκουντώ
σκούντημα, το: push, jostle, shove || (με τον αγκώνα) elbowing || (σιγανό σκούντημα) nudge || *(μτφ)* goading, urge, urging
σκουντιά, η: βλ. σκούντημα
σκουντούφλης, -α, -ικο: sourpuss
σκουντουφλώ: βλ. σκοντάφτω
σκουντώ: push, jostle, shove || (με τον αγκώνα) elbow || (ελαφρά) nudge || *(μτφ)* goad, urge
σκούξιμο, το: scream, screech, howl, shriek, yowling
σκούπα, η: broom
σκουπιδαριό, το: (τόπος για σκουπίδια) rubbish dump, rubbish pit || *(μτφ)* rubbishy, littered with rubbish, littered with garbage
σκουπίδι, το: garbage, trash, rubbish, litter, refuse
σκουπιδιάρης, ο: βλ. οδοκαθαριστής

σκουπιδοτενεκές, ο: trash can, garbage can
σκουπίζω: (με σκούπα) sweep || (με πετσέτα) wipe, dry || (με πανί) mop
σκουπόξυλο, το: broomstick
σκουραίνω: darken *(μτβ και αμτβ)*
σκουριά, η: rust
σκουριάζω: rust, corrode || *(μτφ)* rust, run to seed
σκουριασμένος, -η, -ο: rusty, corroded, covered with rust || *(μτφ)* rusty || έχει ~ες ιδέες: he is a mossback
σκούρος, -α, -ο: dark, dark-colored || τα βρίσκω ~α: (οικον. δυσκολίες) fall on bad times || (γενικά βρίσκω δυσκολίες) find things difficult
σκουψί, το: βλ. σκούφια
σκούφια, η: bonnet, cap || (γέρου) nightcap
σκούφος, ο: βλ. σκούφια || (μπερέ) beret
σκρόφα, η: sow || *(μτφ)* slut, whore
σκύβαλο, το: straw, grain refuse
σκύβω: stoop, bend forward, bow || ~ το κεφάλι: (από ντροπή ή λύπη) hang one's head || (σε υποταγή): pay homage
σκιθρωπάζω: βλ. κατσουφιάζω
σκιθρωπός, -ή, -ό: surly, somber || βλ. κατσούφης
σκιθρωπότητα, η: surliness || βλ. κατήφεια
σκύλα, η: bitch *(και μτφ)*
σκυλάκι, το: puppy, whelp || (μικρόσωμο σκυλί) small dog || (χαϊδευτικά) doggie
σκύλευση, η: βλ. λαφυραγώγηση και λεηλασία
σκυλεύω: βλ. λαφυραγωγώ και λεηλατώ
σκυλί, το: dog || δουλεύω σαν ~: work like a Trojan, work like a dog, work oneself to death || γίνομαι ~: be foaming with rage, be livid with rage, rage and fume || είναι ~ μοναχό: one of a kind, in a league by himself
σκυλιάζω: *(μτβ)* make s.b. see red, infuriate || *(αμτβ)* βλ. σκυλί (γίνομαι ~)
σκυλίσιος, -α, -ο: dog, dog's || ~α ζωή: dog's life
σκυλοβρίζω: revile, rail at, abuse profanely, curse
σκυλόδοντο, το: canine tooth, dog tooth, eyetooth

772

σκυλολόι, το: *(μτφ)* rabble, riffraff
σκυλομούρης, -α, -ικο: dog-faced
σκυλοπνίχτης, ο: floating coffin, old tub
σκύλος, ο: βλ. σκυλί ΙΙ *(ιδ)* pooch ΙΙ **και την πίτα σωστή και το ~ χορτάτο:** eat one's cake and have it
σκυλόψαρο, το: dogfish, grayfish ΙΙ βλ. καρχαρίας
σκύμνος, ο: cub
σκύρο, το: gravel, rubble ΙΙ (οδόστρωση) roadmetal
σκυρόδεμα, το: concrete ΙΙ βλ. και μπετόν
σκυροκονίαμα, το: βλ. σκυρόδεμα
σκυρόστρωση, η: macadam
σκυταλοδρομία, η: relay race
σκυφτός, -ή, -ό: bent forward, stooping
σκύφτω: βλ. σκύβω
σκύψιμο, το: bending, stooping, stoop
σκωληκόβρωτος, -η, -ο: βλ. σκουληκοφαγωμένος
σκωληκοειδής, -ή: (απόφυση) vermiform process, vermiform appendix, appendix
σκωληκοειδίτιδα, η: appendicitis
σκώμμα, το: βλ. κοροϊδία ΙΙ βλ. πείραγμα ΙΙ βλ. εμπαιγμός
σκωπτικός, -ή, -ό: βλ. κοροϊδευτικός ΙΙ βλ. ειρωνικός
σκώπτω: βλ. κοροϊδεύω ΙΙ βλ. ειρωνεύομαι ΙΙ βλ. πειράζω
σκωρία, η: βλ. σκουριά ΙΙ *(γεωλ)* scoria
σκώρος, ο: βλ. σκόρος
σκώτι, το: βλ. συκώτι
σλέπι, το: sloop ΙΙ tugboat
σμάλτο, το: enamel
σμαλτώνω: enamel
σμαραγδένιος, -α, -ο: emerald
σμαράγδι, το: emerald
σμαράγδινος, -η, -ο: βλ. σμαραγδένιος
σμάρι, το: swarm ΙΙ βλ. κοπάδι
σμαρίδα, η: βλ. μαρίδα
σμέρνα, η: βλ. μύραινα
σμηναγός, ο: (U.S.A.) captain, USAF ΙΙ (Engl.) Flight lieutenant
σμήναρχος, ο: (U.S.A.) Colonel, USAF ΙΙ (Eng) Group captain
σμηνίας, ο: (U.S.A.) Master Sergeant ΙΙ (Engl) sergeant
σμηνίτης, ο: (U.S.A.) airman ΙΙ (Engl) aircraftman

σμήνος, το: (εντόμων) swarm ΙΙ (από χήνες) gaggle ΙΙ (από αηδόνια) watch ΙΙ (κορυδαλών ή ορτυκιών) bevy ΙΙ (πουλιά γενικά, σε πτήση) flight ΙΙ (αεροπλ.) flight ΙΙ *(μτφ - γυναικών)* gaggle ΙΙ *(μτφ - κοριτσιών)* bevy ΙΙ *(μτφ - γενικά)* crowd, swarm
σμίγω: *(μτβ)* βλ. ανακατεύω ΙΙ βλ. συναντώ ΙΙ *(αμτβ)* βλ. συναντώ ΙΙβλ. συναντιέμαι
σμίκρυνση, η: shortening, reduction, diminution
σμικρύνω: βλ. μικραίνω
σμιλευτός, -ή, -ό: βλ. λαξευτός ΙΙ carved
σμιλεύω: βλ. λαξεύω
σμίλη, η: chisel
σμιχτοφρύδης, -α, -ικο: with brows that meet
σμόκιν, το: tuxedo, dinner jacket
σμπαράλια, τα: smithereens ΙΙ **τα κάνω ~:** smash to smithereens, wreak havoc, break to pieces, smash up
σμπαραλιάζω: βλ. σμπαράλια (τα κάνω σμπαράλια)
σμπάρο, το: shot ΙΙ **μ' ένα ~ δυό τρυγόνια:** kill two birds with one stone
σμπόμπα, η: βλ. σκασιαρχείο
σμύριδα, η: emery
σμυριδόπανο, το: emery cloth
σμυριδοτροχός, ο: grind stone
σμυριδόχαρτο, το: emery board
σμύρνα, η: myrrh ΙΙ βλ. μύραινα
σνομπ, ο, η: snob
σνομπαρία, η: βλ. σνομπισμός ΙΙ βλ. σνομπ ΙΙ snobbish
σνομπισμός, ο: snobbery
σοβαρεύομαι: become serious
σοβαρολογώ: speak seriously ΙΙ (δεν αστειεύομαι) I am serious
σοβαρός, -ή, -ό: serious, solemn, grave
σοβαρότητα, η: seriousness, gravity, solemnity
σοβαροφάνεια. η: consequentiality, consequentialness
σοβαροφανής, -ές: consequential
σοβάς, ο: plaster
σοβατζής, ο: plasterer
σοβατίζω: plaster
σοβιέτ, τα: soviet
σοβώ: impend, be imminent

σόγια

σόγια, η: soy, soybean, soyabean
σόδα, η: (αναψυκτικό) soda, club soda ‖ (χημ) sodium carbonate, sodium bicarbonate, bicarbonate of soda
σοδιά, η: βλ. εσοδεία
σοδιάζω: harvest ‖ βλ. αποταμιεύω
σοδομία, η: sodomy
σοδομισμός, ο: βλ. σοδομία
σόι, το: βλ. γενιά ‖ βλ. καταγωγή ‖ (συγγενολόι) kin, kinsfolk ‖ (είδος) sort, kind ‖ από ~: (ζώο) purebred, thoroughbred ‖ (ανθρ.) of noble birth, from a good family
σοκ, το: shock
σοκάκι, το: back street, narrow street, lane
σοκακόπαιδο, το: street urchin, street Arab
σοκάρω: shock, scandalize, strike with disgust
σόκιν, το: ribald, risque~, shocking, racy
σοκολάτα, η: chocolate
σοκολατάκι, το: bonbon, brownie
σοκολατένιος, -α, -ο: chocolate
σοκολατής, -ιά, -ύ: chocolate
σολ, το: (μουσ) so, sol
σόλα, η: sole ‖ βάζω ~: βλ. σολιάζω
σολιάζω: sole
σολίστ, ο, η: soloist
σολίστας, ο: βλ. σολίστ
σόλο, το: solo
σολοικισμός, ο: solecism
σόλοικος, -η, -ο: solecistic, ungrammatical ‖ (μτφ) βλ. ανάρμοστος και απρεπής
σολομός, ο: salmon
σολομωνική, η: (μτφ) gabble, gibberish
σομιέ, το: spring-mattress
σόμπα, η: stove
σονάτα, η: sonata
σονέτο, το: sonnet
σοπράνο, η: soprano
σορόκος, ο: βλ. σιρόκος
σορόπι, το: βλ. σιρόπι
σορός, η: dead, corpse ‖ βλ.φέρετρο
σορτ, το: short
σορτς, το: βλ. σορτ
Σ.Ο.Σ.: (S.O.S.)
σοσιαλδημοκράτης, ο: social democrat
σοσιαλισμός, ο: socialism
σοσιαλιστής, η (θηλ σοσιαλίστρια): socialist

cialist
σοσιαλιστικός, -ή, -ό: socialistic, socialist ‖ ~ό κόμμα: socialist party
σοσόνι, το: bobby sock
σου: (αντων): your
σουαρέ, το: βλ. βεγγέρα
σουβάς, κλπ.: βλ. σοβάς κλπ.
σουβενίρ, το: memento, souvenir
σούβλα, η: spit (μικρή) skewer
σουβλάκι, το: (ξύλο) skewer ‖ (με το κρέας) shiskebab, shiskabob
σουβλερός, -ή, -ό: pointed
σουβλί, το: awl
σουβλιά, η: (πόνος) stabbing pain
σουβλίζω: (περνώ στη σούβλα) skewer, spit ‖ (διατρυπώ) pierce, run through, stab
σουγιάς, ο: clasp knife
σούζα: (επίρ) standing on the hind legs ‖ (μτφ) at one's beck and call
σουΐπστέικ, το: sweepstake
σουΐτα, η: suite
σουλατσαδόρος, ο: stroller ‖ (μτφ) loiterer
σουλατσάρω: βλ. περπατώ
σουλάτσο, το: βλ. περίπατος
σουλούπι, το: figure, shape
σουλουπώνω: shape, shape up
σουλτάνα, η: sultaness, sultana
σουλτανίνα, η: sultana
σουλτάνος, ο: sultan
σουλφαμίδα, η: sulfanilamide
σούμα, η: βλ. άθροισμα ‖ βλ. σύνολο ‖ (οινοπν.) raw brandy
σουμάδα, η: orgeat
σουμπρέτα, η: soubrette
σουξέ, το: hit, success
σούπα, η: soup ‖ (κονσομέ) consomme~
σουπάρω: sup
σουπέ, το: supper
σουπιά, η: cuttlefish ‖ (μτφ) sneak, sneaky, shifty
σουπιέρα, η: tureen
σούρα, η: βλ. ρυτίδα ‖ βλ. πτύχωση ‖ (μτφ) intoxication
σουραύλι, το: βλ. αυλός ‖ βλ. φλογέρα
σουρεαλισμός, ο: surrealism
σουρεαλιστής, ο (θηλ σουρεαλίστρια): surrealist
σουρεαλιστικός, -ή, -ό: surrealistic

774

σουρομαδιέμαι: tear one's hair
σουρομαδώ: (τραβώ απ' τα μαλλιά) pull s.o.'s hair ‖ (ανακατώνω τα μαλλιά) tousle s.b.'s hair, dishevel
σούρουπο, το: twilight, dusk
σουρουπώνει: βλ. σκοτεινιάζει
σούρτα-φέρτα: dealings ‖ (και μτφ)
σουρτουκεύω: loiter
σουρτούκης, ο (θηλ σουρτούκα): loiterer
σούρωμα, το: (στράγγισμα) filtration, filtering, straining ‖ βλ. ζάρα ‖ βλ. πτυχή ‖ βλ. μεθύσι
σουρωμένος, -η, -ο: βλ. μεθυσμένος
σουρώνω: (στραγγίζω) filter, strain ‖ βλ. ζαρώνω ‖ (πτύσσω) fold, pleat ‖ βλ. μεθώ
σουρωτήρι, το: colander, cullender, strainer
σουσάμι, το: sesame
σουσουράδα, η: wagtail ‖ (μτφ) frivolous, flippant, pert
σούσουρο, το: (θόρυβος) hullabaloo, brouhaha ‖ βλ. σκάνδαλο
σούστα, η: (ελατήριο) spring ‖ (όχημα) trap ‖ (κουμπί) clasp
σουτ!: (επιφ) hush!
σουτ, το: (ποδοσφ.) shot
σουτάρω: (ποδοσφ.) shoot
σουτζουκάκι, το: meat balls on the grill
σουτζούκι, το: βλ.λουκάνικο
σουτιέν, το: bra, brassiere
σούφρα, η: βλ. ζάρα ‖ βλ.ρυτίδα ‖ βλ. πτυχή ‖ (μτφ) filching, pilfering
σούφρωμα, το: βλ. σούφρα ‖ (φρυδιών) frown ‖ (μούτρων) pucker
σουφρώνω: βλ. ζαρώνω ‖ βλ. πτυχώνω ‖ (φρύδια) frown ‖ (μούτρα) pucker ‖ (μτφ) swipe, filch, pilfer
σοφάς, ο: sofa
σοφία, η: sagacity, wisdom
σοφίζομαι: βλ. επινοώ ‖ βλ. εφευρίσκω
σόφισμα, το: sophism
σοφιστεία, η: sophistry ‖ βλ. σόφισμα
σοφιστής, η: sophist
σοφίτα, η: attic, loft, garret
σοφός, -ή, -ο: sagacious, wise, sapient, sage ‖ βλ. συνετός
σπαγέτο, το: spaghetti
σπαγκοραμμένος, -η, -ο: skinflint, pennypincher

σπάγκος, ο: string ‖ (μτφ) βλ. σπαγκοραμμένος
σπάζω: (μτβ και αμτβ) break, shatter, smash, snap, crack ‖ (μτφ) break ‖ ~ πλάκα: have fun ‖ τα ~: paint the town red, have a great time ‖ ~ ρεκόρ: break a record ‖ ~ το κεφάλι μου: rack one's brain ‖ ~ τα μούτρα: break s.b.'s nose, break s.b.'s head (βλ. και ~ στο ξύλο) ‖ ~ στο ξύλο: beat up, give a thorough beating, beat s.b. senseless, thrash ‖ (ιδ) scram, take a powder, beat it
σπάθα, η: saber, broadsword
σπαθάτος, -η, -ο: tall and slim, willowy ‖ βλ. ειλικρινής
σπάθη, η: βλ. ξίφος
σπαθί, το: βλ. ξίφος ‖ (χαρτοπ.) club
σπαθιά, η: lunge, swordstroke
σπαθοφόρος, -α, -ο: swordsman
σπάλα, η: shoulderblade
σπανάκι, το: spinach
σπανακόπιττα, η: spinach pie
σπανίζω: be rare, be scarce
σπάνιος, -α, -ο: rare, uncommon, scarce ‖ (μόνο πληθ) few and far between
σπανίως: (επίρ) rarely, seldom
σπανός, -ή, -ό: one that cannot grow beard
σπάνω: βλ. σπάζω
σπαράγγι, το: asparagus
σπαραγμός, ο: heartache, anguish, heartbreak (βλ. και θλίψη)
σπαράζω: βλ. κατασπαράζω ‖ βλ. σπαρταρώ ‖ (προκαλώ θλίψη) break s.b.'s heart, cut to the quick, cut up ‖ (θλίβομαι) one's heart breaks, be cut to the quick, be cut up, the heart bleeds
σπαρακτικός, -ή, -ό: agonizing, heartrending, heartbreaking
σπαραξικάρδιος, -α, -ο: βλ. σπαρακτικός
σπάραχνα, τα: βλ. βράγχια
σπαραχτικός, -ή, -ό: βλ. σπαρακτικός
σπάργανα, τα: diapers ‖ (φασκιά) swaddle, swaddling clothes ‖ (μτφ) στα ~: in infancy
σπαργανώνω: diaper, put a diaper on, swaddle
σπάρος, ο: sea bream ‖ (μτφ) βλ.τεμπέλης
σπαρτά, τα: crops
σπαρταριστός, -ή, -ό: (που σπαρταρά)

writhing, convulsing, squirming ‖ (γεμάτος ζωή) frisky, lively ‖ ~ό ψάρι: fresh fish

σπαρταρώ: writhe, convulse, squirm ‖ ~ από τα γέλια: convulse with laughter

σπαρτιατικός, -η, -ο: spartan *(και μτφ)*

σπάρτο, το: esparto grass

σπάσιμο, το: break, rupture, fracture ‖ βλ. **θλάση** ‖ βλ. **κάταγμα**

σπασμένος, -η, -ο: broken ‖ **πληρώνω τα** ~**α**: pay the piper

σπασμός, ο: spasm, convulsion

σπασμωδικός, -ή, -ό: spasmodic, convulsive ‖ *(μτφ)* spasmodic

σπαστικός, -ή, -ό: spastic

σπατάλη, η: waste, thoughtless expenditure, lavishness, extravagance, squander, squandering

σπάταλος, -η, -ο: wasteful, scattergood, squanderer, extravagant

σπαταλώ: waste, squander, dissipate

σπάτουλα, η: spatula

σπάω: βλ. **σπάζω**

σπείρα, η: spiral, coil ‖ *(μτφ)* βλ. **συμμορία**

σπείρωμα, το: thread, screw

σπέρμα, το: (φυτών) seed, germ ‖ (ανθρ. και ζώων) sperm, semen

σπερματοζωάριο, το: zoosperm, spermatozoon

σπερματσέτο, το: spermaceti

σπερμολογία, η: groundless rumor (βλ. και **κουτσομπολιό**)

σπερμολόγος, ο: rumor monger (βλ. και **κουτσομπόλης**)

σπέρνω: sow ‖ (σπέρμα) inseminate ‖ *(μτφ)* sow, spread, inseminate

σπεσιαλιτέ, η: specialty

σπεύδω: be hasty, hurry, hasten, make haste ‖ ~**ε βραδέως**: make haste slowly

σπήλαιο, το: cave, grotto ‖ (μεγάλο) cavern ‖ (κοίλωμα) cavity ‖ βλ. και **κουφάλα** ‖ *(ιατρ)* tubercle

σπηλαιολογία, η: speleology

σπηλιά, η: βλ. **σπήλαιο**

σπίθα, η: spark ‖ *(μτφ)* whiz, bright, smart (βλ. και **έξυπνος**)

σπιθαμή, η: βλ. **πιθαμή**

σπιθαμιαίος, -α, -ο: pintsized, midge, midget

σπιθηρίζω: βλ. **σπινθηρίζω**

σπιθίζω: βλ. **σπινθηρίζω**

σπιθούρι, το: βλ. **σπυράκι**

σπιλιάδα, η: squall

σπιλώνω: stain, soil, dirty ‖ *(μτφ)* taint

σπινθήρας, ο: spark ‖ *(μτφ)* flash

σπινθηρίζω: spark, give off sparks ‖ *(μτφ)* sparkle

σπινθηροβόλος, -α, -ο: sparkling, scintillating ‖ *(μτφ)* sparkling ‖ (κρασί) sparkling wine

σπινθηροβολώ: sparkle, scintillate

σπίνος, ο: linnet, finch, goldfinch, chaffinch

σπιουνάρω: stool, inform (βλ. και **καταδίδω**) ‖ βλ. **κατασκοπεύω**

σπιουνιά, η: βλ. **κατάδοση** ‖ βλ. **προδοσία**

σπιούνος, ο: βλ. **καταδότης** ‖ βλ. **κατάσκοπος**

σπιρούνι, το: spur

σπιρουνίζω: spur

σπιρτάδα, η: pungency, acridness ‖ *(μτφ)* βλ. **εξυπνάδα**

σπίρτο, το: βλ. **οινόπνευμα** ‖ (πυρείο) match ‖ *(μτφ)* whiz, bright, smart

σπιρτόζος, -α, -ο: witty, spirited

σπιρτοκούτι, το: matchbox ‖ (που διπλώνει) matchbook

σπιρτόξυλο, το: matchwood

σπιτάκι, το: cot, cottage, small house

σπίτι, το: house ‖ (ιδιοκτ. μονοκατοικία) home, house ‖ βλ. **διαμέρισμα** ‖ (οριζ. ιδιοκτησία) condominium ‖ βλ. **οικογένεια** από ~: from a good family ‖ **σαν στο ~ σου**: make yourself at home ‖ ~ **μου σπιτάκι μου**: home sweet home

σπιτικό, το: home, menage, household

σπιτικός, -ή, -ό: (που γίνεται στο σπίτι) home-made ‖ (που μένει στο σπίτι) domestic, homebody

σπίτισιος, -α, -ο: home-made

σπιτονοικοκυρά, η: landlady

σπιτονοικοκύρης, ο: landlord

σπιτωμένη, η: (γυναίκα) concubine, kept woman, common-law wife

σπιτώνω: lodge, house, provide with quarters ‖ (γυναίκα) keep

σπλάχνα, τα: βλ. **εντόσθια** ‖ *(μτφ)* bowels

σπλαχνίζομαι: pity, feel pity (βλ. και συμπονώ)

σπλαχνικός, -ή, -ό: βλ. ευσπλαχνικός

σπλάχνο, το: (πληθ) βλ. σπλάχνα ‖ (μτφ) offspring, child

σπλήνα, η: spleen

σπληνιάρης, -α, -ικο: (μτφ) spleenful, peevish, irascible, irritable

σπογγαλιέας, ο: sponger, spongefisherman

σπογγαλιεία, η: sponging, spongefishing

σπογγαλιευτικό, το: (πλοίο) sponger

σπόγγος, ο: sponge

σποδός, -ή, -ό: ashes, cinders ‖ (νεκρού) ashes

σπονδείος, -α, -ο: spondee

σπονδή, η: (αρχ) libation ‖ (πληθ) treaty, armistice ‖ ~ στο Βάκχο: carousal, revelry

σπονδυλικός, -ή, -ό: vertebral ‖ ~ή στήλη: spinal column, spine, vertebral column

σπόνδυλος, ο: (ανατ) vertebra ‖ (αρχιτ.) drum

σπονδυλωτός, -ή, -ό: vertebrate

σπόντα, η: (μπιλιάρδου) cushion ‖ (υπαινιγμός) innuendo ‖ από ~: (μτφ) indirectly

σπορ, το: sport

σπορά, η: sowing

σποραδικά: (επίρ) sporadically

σποραδικός, -ή, -ό: sporadic

σπορέας, ο: (γεωργός) sower ‖ (μηχάνημα) seeder

σπορείο, το: nursery

σπορέλαιο, το: seedoil

σπόρι, το: seed

σποριάζω: go to seed, run to seed

σποριάρικος, -η, -ο: seedy

σπόρος, ο: seed (βλ. και σπέρμα)

σπουδάζω: study, attend (school) ‖ (παρακολουθώ ειδικότητα) major

σπουδαία: (επίρ) ~! (επιφ) excellent!, fine!

σπουδαίος, -α, -ο: important, eminent, distinguished ‖ βλ. σοβαρός ‖ (στο είδος του) pip (ιδ) ‖ (σπουδαίο πρόσωπο - id) muckamuck

σπουδαιότητα, η: importance, gravity, magnitude ‖ βλ. σοβαρότητα

σπουδαιοφανής, -ές: consequential

σπούδασμα, το: βλ. σπουδή

σπουδασμένος, -η, -ο: βλ. μορφωμένος

σπουδαστήριο, το: study

σπουδαστής, ο (θηλ σπουδάστρια): student

σπουδή, η: βλ. βιασύνη ‖ (σπούδασμα) study ‖ βλ. και φοίτηση

σπουργίτης, ο: sparrow

σπρωξιά, η: push, jostle, shove ‖ βλ. και σκούντημα

σπρωξίδι, το: jostling, pushing and elbowing

σπρώξιμο, το: βλ. σπρωξιά ‖ (μτφ) goading, urge, encouraging

σπρώχνω: push, shove ‖ βλ. σκουντώ (και μτφ)

σπυράκι, το: (κόκκος) small grain ‖ (εξάνθημα) βλ. σπυρί

σπυρί, το: βλ. κόκκος ‖ (εξάνθημα) pimple, whelk, wheal ‖ (με πύο) furuncle, boil ‖ (επικίνδυνο) carbuncle

σπυριάρης, -α, -ικο: pimply, whelky

σπυρωτός, -ή, -ό: granular, granulated

σταβλάρχης, ο: (επικεφαλής στάβλου) liveryman ‖ (ιξίωμα) equerry

σταβλίζω: stable

σταβλίτης, ο: groom, stable boy, stableman

στάβλος, ο: stable ‖ (μτφ) pigstie ‖ (που παρέχει στέγη επί πληρωμή) livery stable

σταγόνα, η: drop, globule, bead ‖ (νερού) drop ‖ (ιδρώτα) drop, bead

σταγονίδιο, το: droplet

σταγονόμετρο, το: dropper, eye dropper ‖ με το ~: little by little

σταδιακά: (επίρ) by stages

στάδιο, το: stadium ‖ βλ. σταδιοδρομία ‖ (περίοδος) stage

σταδιοδρομία, η: career

σταδιοδρομώ: make a career

στάζω: drip, dribble, trickle

σταθεροποίηση, η: stabilization

σταθεροποιούμαι: level off

σταθεροποιώ: stabilize

σταθερός, -ή, -ό: stable, firm, steady, steadfast

σταθερότητα, η: stability, firmness

σταθμά, τα: weights ‖ δύο μέτρα και

δύο ~: bias

σταθμάρχης, ο: *(σιδηρ)* station master ‖ (αστυνομικός) precinct captain ‖ (λεωφορείων) dispatcher

στάθμευση, η: stop, stopping ‖ (αυτοκ.) parking

σταθμεύω: stop ‖ (αυτοκ.) park

στάθμη, η: (νήμα) plumb line ‖ (με πλαίσιο) plumb rule ‖ (επιφάνεια) level ‖ *(μτφ)* level, standard

σταθμίζω: βλ. **ζυγίζω** ‖ (με νήμα στάθμης) plumb, test the verticality ‖ *(μτφ)* weigh, calculate, estimate

στάθμιση, η: weighing *(και μτφ)*

σταθμός, ο: station, depot ‖ *(σιδηρ)* railroad station ‖ (αστυνομικός) station house, police station, precinct ‖ (λεωφορείων) depot, bus station ‖ (διοδίων) tollhouse ‖ (αυτοκινήτων) parking, parking garage, parking lot ‖ (ταξί) taxi stand ‖ **πυροσβεστικός ~:** fire house, fire station ‖ **ραδιοφωνικός ~:** broadcasting station ‖ *(μτφ)* landmark

στάλα, η: βλ. **σταγόνα**

σταλαγματιά, η: βλ. **σταγόνα**

σταλαγμίτης, ο: stalagmite

σταλάζω: βλ. **στάζω**

σταλακτίτης, ο: stalactite

σταλαματιά, η: βλ. **σταγόνα**

σταλιά, η: βλ. **σταγόνα** ‖ *(μτφ)* wee, weeny, a little bit

στάλσιμο, το: sending

σταμάτημα, το: (στάση) halt, stop ‖ βλ. **αναχαίτηση** ‖ βλ. **διακοπή** ‖ (στιγμιαίο) pause

σταματώ: stop, halt *(μτβ και αμτβ)* ‖ βλ. **αναχαιτίζω** ‖ βλ. **διακόπτω** ‖ (στιγμιαία) pause ‖ (αιμορραγία) stanch, staunch ‖ (από εργασία) lay off

στάμνα, η: ewer, pitcher, large jug

σταμνάκι, το: pitcher, jug

σταμνί, το: βλ. **στάμνα** και **σταμνάκι**

στάμπα, η: βλ. **σφραγίδα** ‖ βλ. **αποτύπωμα**

σταμπάρω: βλ. **σφραγίζω** ‖ βλ. **αποτυπώνω** ‖ **τον ~:** his face is imprinted on my mind, I marked him

στάνη, η: fold, pen

στανιό, το: force, constraint, violence ‖ **με το ~:** βλ. **ζόρι (με το ~)**

σταξιά, η: βλ. **σταγόνα**

στάξιμο, το: dripping, dribbling, trickle, trickling

σταράτα: *(επίρ)* straightforwardly, candidly, tersely

σταράτος, -η, -ο: (χρώμα) light brown, olive, wheat-colored ‖ *(μτφ)* straightforward, candid, terse

σταρένιος, -α, -ο: wheat, of wheat

στάρι, το: βλ. **σιτάρι**

στάση, η: (σταμάτημα) stop, halt, pause ‖ (τόπος στάθμευσης) stop ‖ (διακοπή λειτουργίας) suspension, stop ‖ βλ. **ανταρσία** ‖ βλ. **επανάσταση** ‖ (τρόπος που στέκεται) posture, pose ‖ (τρόπος) attitude, position ‖ **~ λεωφορείου:** bus stop

στασιάζω: rise, rebel, revolt ‖ βλ. **συνωμοτώ**

στασιαστής, ο (θηλ **στασιάστρια**): βλ. **επαναστάτης** ‖ βλ. **αντάρτης**

στασιαστικός, -ή, -ό: βλ. **επαναστατικός**

στασίδι, το: pew

στάσιμος, -η, -ο: motionless, stationary ‖ (νερό) stagnant ‖ (μη προαγόμενος) unfit for promotion

στασιμότητα, η: stagnation, stagnancy

στατήρας, ο: (όργανο) steelyard ‖ (μονάδα) hundredweight, quintal

στατική, η: statics

στατικός, -ή, -ό: static

στατιστική, η: statistics

στατιστικός, -ή, -ό: statistical

σταυλάρχης, σταυλίζω κλπ.: βλ. **στάβλος**

σταυραδερφός, ο: bosom friend, brother

σταυραϊτός, ο: ossifrage, bearded vulture, lammergeir

σταυροβελονιά, η: cross-stitch

σταυροδρόμι, το: crossroads, crossway, intersection

σταυροειδής, -ές: cruciform, cross-shaped

σταυροειδώς: *(επίρ)* crossways, crosswise

σταυροκοπιέμαι: make the sign of the cross, cross oneself repeatedly

σταυρόλεξο, το: crossword puzzle

σταυροπόδι: *(επίρ)* cross-legged

σταυροπροσκύνηση, η: *(εκκλ)* veneration of the Cross

σταυρός, ο: cross ‖ (με το Υριστό) crucifix || **αγκυλωτός** ~: βλ. **σβάστικα** || **κάνω το** ~ **μου:** cross oneself, make the sign of the cross || **Τίμιος** ~: Holy Cross

σταυροφορία, η: crusade *(και μτφ)*

σταυροφόρος, ο: crusader

σταύρωμα, το: crossing || βλ. **σταύρωση** || *(μτφ)* torment, pestering, harassing

σταυρώνω: (βάζω σταυρωτά) cross || (θανατώνω) crucify || *(μτφ)* torment, pester, harass

σταυρωτά: *(επίρ)* βλ. **σταυροειδώς**

σταυρωτός, -ή, -ό: crossed, crossing, folded || ~ **σακάκι:** double-breasted jacket

σταφίδα, η: raisin || **κορινθιακή** ~: currant || *(μτφ)* stoned, pissed, plastered, potted

σταφιδιάζω: (σταφύλι) dry, become dry || *(μτφ)* wizen

σταφιδίνη, η: condensed raisin extract

σταφιδόψωμο, το: raisin bread

σταφυλή, η: βλ. **σταφύλι** || *(ανατ)* uvula

σταφύλι, το: grape

σταφυλίτης, ο: βλ. **σταφυλή** *(ανατ)*

σταφυλίτιδα, η: uvulitis

σταφυλόκοκκος, ο: staphylococcus

στάχυ, το: βλ. **στάχυ**

στάχτη, η: ash, ashes || (χοντρή) cinders || **γίνομαι** ~: burn to a cinder, burn to ashes || **ρίχνω** ~ **στα μάτια:** throw dust in s.b.'s eyes

σταχτής, -ιά, -ί: ashen ||light gray, grizzle || (άλογο) gray, roan

σταχτοδοχείο, το: ashtray

σταχτόνερο, το: βλ. **αλισίβα**

στάχυ, το: spike, ear

σταχτοπούτα, η: cinderella

σταχυολόγημα, το: gleaning *(και μτφ)*

σταχυολογώ: glean *(και μτφ)*

στεατίνη, η: stearin

στεατοπυγία, η: steatopygia

στεγάζω: (βάζω στέγη) roof || (προσφέρω στέγη) house, shelter || βλ. **προστατεύω**

στεγανόποδα, τα: web-footed

στεγανός, -ή, -ό: (για αέρα) airtight || (για νερό) watertight || βλ. **ερμητικός**

στέγαση, η: roofing || (προσφορά στέγης) housing, lodging, sheltering

στέγασμα, το: βλ. **στέγαση** || βλ. **στέγαστρο**

στέγαστρο, το: shelter, cover || βλ. **στέγη**

στέγη, η: roof || *(μτφ)* lodgings, dwelling, house

στέγνα, η: βλ. **ξηρασία**

στεγνοκαθαριστήριο, το: dry cleaner's

στεγνός, -ή, -ό: dry || βλ. **ξερακιανός** || ~**ό καθάρισμα:** dry cleaning

στέγνωμα, το: drying

στεγνώνω: dry, dry up *(μτβ και αμτβ)*

στεγνωτήρας, ο: dryer || (μαλλιών) hair dryer

στεγνωτικό, το: drier, siccative

στεγνωτικός, -ή, -ό: drying, siccative

στειλιάρι, το: helve, handle || *(μτφ)* beating, thrasing

στειλιαρώνω: *(μτφ)* beat up, thrash

στείρος, -α, -ο: sterile, barren *(και μτφ)* || βλ. και **άκαρπος**

στειρότητα, η: sterility, barrenness

στέκα, η: (μπιλιάρδου) cue || *(μτφ)* skinny, lank, scrawny

στεκάμενος, -η, -ο: βλ. **στεκούμενος**

στεκούμενος, -η, -ο: stagnant || *(μτφ)* βλ. **ακμαίος** || βλ. **εύπορος**

στέκι, το: hangout, haunt, stamping ground

στέκομαι: (παύω να βαδίζω) stop, halt, come to a standstill || (μένω όρθιος) stand, be standing || (νερό) be stagnant, stagnate || (αρμόζω) be proper, be fitting || (αποδείχνομαι) prove to be

στέκω: βλ. **στέκομαι**

στέλεχος, το: (φυτό) stem, stalk || (κύριος κορμός) body, stem, trunk || (μηχ) shank, rod || (διπλοτύπων) stub, counterfoil || (ηγετικό πρόσωπο υπηρεσίας ή εταιρίας) officer, executive || (πληθ. - πυρήνας) cadre

στέλνω: send, dispatch (βλ. και **αποστέλλω**)

στέμμα, το: crown || βλ. **διάδημα** || *(αστρον.)* corona

στενά, τα: narrow pass, defile || βλ. **πορθμός**

στεναγμός, ο: βλ. **αναστεναγμός**

στενάζω: βλ. **αναστενάζω** || (κάτω από ζυγό) groan

στεναχωριέμαι, κλπ.: βλ. **στενοχωριέμαι** κλπ

στενεύω

στενεύω: *(μτβ)* narrow, take in ‖ *(πα-πούτσι)* pinch ‖ *(αμτβ)* get narrow, narrow, become narrow
στενό, το: (βουνού) βλ. στενά ‖ (δρομάκι) back street, alley, narrow street
στενογραφία, η: stenography, shorthand
στενογράφος, ο, η: stenographer ‖ (δικαστηρίου) court reporter
στενοδακτυλογράφος, ο, η: shorthand typist
στενόκαρδος, -η, -ο: βλ. μικρόψυχος ‖ βλ. μικροπρεπής
στενοκεφαλιά, η: narrow-mindedness
στενοκέφαλος, -η, -ο: narrow-minded
στενόμακρος, -η, -ο: βλ. μακρόστενος
στενός, -ή, -ό: narrow ‖ (όχι ευρύχωρος) close, tight ‖ (πολύ εφαρμοστός) skin-tight ‖ *(μτφ)* close, intimate
στενοσόκακο, το: narrow alley (βλ. σοκάκι)
στενότητα, η: narrowness, tightness, closeness ‖ (σχέσεων) intimacy ‖ (ανε-πάρκεια) shortage
στενοχωρημένος, -η, -ο: (που έχει στενοχώρια) upset, embarrassed, anxious, uncomfortable ‖ (για κάτι) concerned ‖ (οικονομικά) in financial difficulties, hard up, short of money
στενοχώρια, η: (χώρου) closeness, tightness ‖ (αίσθημα) embarrassment, discomfort, annoyance ‖ (για κάτι) concern ‖ βλ. δυσκολία ‖ οικονομική ~ : financial difficulty
στενοχωριέμαι: be upset, be embarrassed, be annoyed ‖ (για κάτι) be concerned
στενόχωρος, -η, -ο: (χωρίς ευρυχωρία) narrow, close, confined ‖ (που στενοχωριέται εύκολα) apt to be embarrassed (or upset) with very slight cause ‖ (που δίνει στενοχώρια) embarrassing, awkward, upsetting
στενοχωρώ: embarrass, upset, discomfort, annoy
στεντόρειος, -α, -ο: stentorian
στένωμα, το: narrowing ‖ βλ. στενά ‖ βλ. στενωπός ‖ βλ. στενό
στενωπός, η: narrow pass, notch ‖ βλ. στενό
στένωση, η: narrowing ‖ *(ιατρ)* stenosis, stricture

στέπα, η: steppe
στέργω: consent, accede
στερεά, η: mainland ‖ βλ. στεριά ‖ ~ Ελλάς: Central Greece
στέρεμα, το: drying
στερεό, το: solid
στερεομετρία, η: solid geometry
στερεοποίηση, η: solidification
στερεοποιώ: solidify
στερεός, -ή, -ό: solid, firm ‖ βλ. συμπαγής ‖ βλ. σταθερός
στέρεος, -η, -ο: βλ. στερεός
στερεοσκοπικός, -ή, -ό: stereoscopic
στερεοσκόπιο, το: stereoscope
στερεότητα, η: firmness, solidity ‖ βλ. σταθερότητα
στερεοτυπία, η: stereotype ‖ *(μτφ)* stereotype, banality, triteness
στερεότυπος, -η, -ο: *(τυπογρ)* stereotyped ‖ *(αμεταβλ.)* standard, invariable ‖ *(μτφ)* banal, stereotyped, trite
στερεοφωνικός, -ή, -ό: stereo, stereophonic
στερεύω: dry, dry up
στερέωμα, το: consolidation, fixing, strengthening ‖ *(αστρ)* firmament
στερεώνω: fasten, secure, fix ‖ βλ. παγιώνω
στερέωση, η: fastening, securing, consolidation
στέρηση, η: privation, want ‖ βλ. αποστέρηση
στερητικός, -ή, -ό: privative
στεριά, η: land ‖ (στερεό έδαφος, όχι θάλασσα) terra firma, solid ground, dry land
στεριανός, -ή, -ό: (από τη στεριά) land ‖ (όχι θαλασσινός) landlubber
στέριος, -α, -ο: βλ. στερεός
στεριώνω: *(αμτβ)* settle down ‖ *(μτβ)* βλ. στερεώνω
στερλίνα, η: λίρα ~ : pound sterling
στέρνα, η: cistern, reservoir, watertank
στερνά, τα: old age
στέρνο, το: chest ‖ *(ανατ)* breastbone, sternum
στερνός, -ή, -ό: βλ. τελευταίος
στέρξιμο, το: consent, accedence
στερούμαι: lack, go without ‖ βλ. αποστερούμαι

780

στέρφος, -α, -ο: βλ. στείρος
στερώ: βλ. αποστερώ
στεφάνη, η: βλ. στεφάνι ‖ (αρχιτ.)
crown ‖ (δεσμός) hoop ‖ (χείλη) brim ‖
(βοτ.) corolla
στεφάνι, το: garland, wreath (βλ. και
στεφάνη) ‖ (παιγνίδι) hoop ‖ (του
γάμου) wedding crown ‖ βάζω ~ : get
married
στέφανο, το: βλ. στεφάνι
στέφανος, ο: βλ. στεφάνι ‖ (μτφ) laurels
στεφάνωμα, το: crowing ‖ (μτφ) marriage,
wedding
στεφανώνομαι: (μτφ) get married
στεφανώνω: crown ‖ (μτφ) marry (μτβ)
στέφω: βλ. στεφανώνω
στέψη, η: (γάμος) wedding ceremony ‖
(βασιλιά) coronation
στηθάγχη, η: angina pectoris
στηθαίο, το: (οχυρ.) breastwork, bulwark
‖ (μόνιμο οχυρό) parapet ‖ (αρχτ.)
parapet
στηθικός, -ή, -ό: pectoral
στηθόδεσμος, ο: βλ. σουτιέν
στήθος, το: (θώρακας) chest ‖ (μαστοί)
breast, bosom ‖ προτείνω το ~ : breast,
encounter manfully
στηθοσκόπιο, το: stethoscope
στήλη, η: (επιγραφών) stele ‖ (κολόνα)
column, pillar ‖ (ηλεκτρ) pile ‖
(μπαταρία) battery ‖ (τυπογρ) column
‖ βλ. σπονδυλική στήλη
στηλίτευση, η: criticism, censure
στηλιτεύω: criticize, censure
στήμονας, ο: (άνθους) stamen ‖ βλ.
στημόνι
στημόνι, το: warp
στήνω: βλ. ορθώνω ‖ (σκηνή) pitch ‖ (ιδ)
stand s.b. up ‖ ~ ενέδρα: bushwhack,
ambush, ambuscade, lie in ambush ‖ ~
καβγά: pick a quarrel
στήριγμα, το: support, prop, stay ‖ (μτφ)
support, prop
στηρίζομαι: lean on, rest ‖ (μτφ) rely on
στηρίζω: support, prop ‖ (μτφ) base on,
ground
στήσιμο, το: raising, standing ‖ (μτφ)
standing s.b. up
στητός, -ή, -ό: βλ. όρθιος ‖ (μτφ) firm
στιβάδα, η: mass ‖ (χιονιού) bank, drift

στιβαρός, -ή, -ό: βλ. ρωμαλέος
στιβαρότητα, η: βλ. ρώμη
στίβος, ο: field, track and field
στίγμα, το: βλ. λεκές ‖ βλ. κηλίδα ‖
(μτφ) stigma, onus ‖ (ναυτ) position
στιγματίζω: spot, stain (βλ. και λεκιάζω)
‖ (μτφ) stigmatize, blemish, defile ‖ βλ.
στηλιτεύω
στιγμή, η: instant, moment ‖ (σημείο)
dot, point ‖ (γραμ) period ‖ κατάλληλη
~: nick of time, the right moment
στιγμιαίος, -α, -ο: instantaneous, mo-
mentary, fleeting
στιγμιότυπο, το: snapshot
στίζω: dot ‖ (βάζω σημείο στίξης) punc-
tuate
στικτός, -ή, -ό: spotted, dotted ‖ (ζώο)
dapple
στιλ, το: βλ. στυλ
στίλβη, η: glitter, brilliance, brightness,
twinkle
στιλβώνω: polish, burnish, shine, varnish
στιλβωτήριο, το: bootblack's, shoeshine
establishment
στιλβωτής, ο: βλ. λούστρος
στιλέτο, το: dagger, stiletto
στιλίστας, ο: βλ. στυλίστας
στιλπνός, -ή, -ό: βλ. γυαλιστερός
στιλπνότητα, η: βλ. γυαλάδα
στιμάρω: βλ. εκτιμώ
στίξη, η: spotting, dotting, marking with
spots ‖ (γραμ) punctuation ‖ σημεία ~
ς: punctuation marks
στιφάδο, το: meat stewed with onions
στίφος, το: βλ. μπουλούκι
στιχογραφία, η: versification
στιχογράφος, ο: versifier
στιχομυθία, η: terse dialogue
στίχος, ο: (γραμμή) line, row, file ‖
(ποιήματος) line, verse
στιχουργός, ο: βλ. ποιητής ‖ βλ.
ποιητάκος
στλεγγίδα, η: currycomb
στοά, η: (με κολώνες) colonnade ‖ (μέσα
από κτίριο) arcade ‖ (υπόγεια) gallery
‖ (μασόνων) lodge ‖ (μεγάλη με
καταστήματα) mall
στοίβα, η: βλ. σωρός
στοιβαδόρος, ο: stevedore
στοιβάζω: βλ. σωριάζω

στοιχειό

στοιχειό, το: spook, sprite, ghost, goblin
στοιχείο, το: (απλό συστατικό) element ‖ (βασικό στοιχείο) rudiment ‖ (γράμμα) letter ‖ *(νομ)* evidence ‖ *(ηλεκτρ)* cell ‖ (χημ και της φύσης) element
στοιχειοθεσία, η: typesetting
στοιχειοθέτης, ο: typesetter, compositor
στοιχειοθέτηση, η: βλ. στοιχειοθεσία
στοιχειοθετώ: compose, set type
στοιχειώδης, -ες: elementary, rudimentary ‖ *(μτφ)* βλ. ουσιώδης
στοιχειωμένος, -η, -ο: haunted
στοίχημα, το: bet, wager ‖ (ποσό στοιχήματος) bet, stake
στοιχηματίζω: bet, wager, lay a bet
στοιχίζω: cost *(και μτφ)*
στοίχος, ο: line, rank, array, file
στοκ, το: stock
στόκος, ο: stucco, putty
στόλαρχος, ο: fleet commander, commodore
στολή, η: uniform ‖ (υπηρέτη ή θυρωρού) livery ‖ μεγάλη ~ : dress uniform ‖ ~ εκστρατείας: field uniform ‖ ~ υπηρεσίας: service uniform ‖ (γυμνασίων ή αγορείας) olive drabs ‖ ~ ημιεπίσημη ή εξόδου: semidress uniform
στολίδι, το: ornament
στολίζω: adorn, decorate, deck ‖ (χριστ. δέντρο) trim ‖ *(μτφ - βρίζω)* give a dressing-down
στολίσκος, ο: flotilla
στόλισμα, το: βλ. στολίδι ‖ (πράξη) ornamenting, ornamentation, decoration
στολισμός, ο: βλ. στόλισμα (πράξη)
στόλος, ο: fleet ‖ (ναυτικό) navy ‖ εμπορικός ~: merchant marine
στόμα, το: mouth *(και μτφ)* ‖ άσχημο ~ : foul mouth ‖ μεγάλο ~ : big mouth ‖ βουλώνω το ~ : shut s.b's mouth ‖ βουλώνω το ~ μου: shut my mouth
στοματικός, -ή, -ό: oral
στομάχι, το: stomach ‖ *(ιδ.)* tummy, gizzard ‖ μου κάθεται στο ~ : *(ιδ)* I can't stomach him ‖ με γεμάτο *(άδειο)* ~ : on a full (empty) stomach
στομαχιάζω: overload one's stomach, suffer from indigestion
στομάχιασμα, το: indigestion
στομαχικός, -ή, -ό: (του στομαχιού)

stomachal, stomachic, stomachical ‖ (ασθενής) with a stomach ailment, having stomach trouble
στομαχόπονος, ο: stomachache
στόμαχος, ο: βλ. στομάχι
στόμιο, το: mouth, opening, orifice, aperture ‖ (όπλου) muzzle ‖ ~ υπονόμου: manhole
στόμφος, ο: bombast, grandiloquence
στομφώδης, -ες: bombastic, grandiloquent, pompous
στόμωμα, το: (άμβλυνση) blunting ‖ (ενίσχυση) tempering, hardening
στομώνω: (αμβλύνω) blunt ‖ (ενισχύω) temper, harden
στόμωση, η: βλ. στόμωμα
στορ, το: βλ. στόρι
στοργή, η: affection
στοργικός, -ή, -ό: affectionate
στόρι, το: blind ‖ (με οριζόντιες πήχεις) venetian blind
στουμπίζω: βλ. στουμπίζω
στουμπίζω: pound, crush, grind
στουμπώνω: overstuff
στούντιο, το: studio
στουπέτσι, το: white lead, ceruse, lead carbonate
στουπί, το: oakum, wad ‖ *(μτφ)* ~ στο μεθύσι: plastered, stoned, pissed, potted, sotty
στουπόχαρτο, το: blotting paper
στούπωμα, το: (φράξιμο) plugging, stopping, clogging ‖ *(πώμα)* plug, stopper
στουπώνω: (φράζω) plug, stop, clog ‖ (με στουπόχαρτο) blot ‖ *(αμτβ)* get clogged, be plugged
στουρνάρι, το: flint ‖ *(μτφ)* bumpkin, bumkin, boor
στοχάζομαι: βλ. σκέπτομαι §§ βλ. συλλογίζομαι ‖ (βαθιά) cogitate
στοχασμός, ο: meditation ‖ βλ. σκέψη ‖ (βαθύς) cogitation
στόχαστρο, το: sight
στόχος, ο: target, mark *(και μτφ)*
στραβά *(επιρ)*: βλ. λοξά ‖ (λάθος) wrongly, incorrectly, erroneously ‖ το βάζω ~ : be in clover ‖ το βάζω ~ (δεν δίνω σημασία) don't give a damn ‖ *(ουσ)* ~, τα: eyes ‖ άνοιξε τα ~ σου!: pay attention! be careful! ‖ κουτσά ~ : so so

782

στραβάδι, το: (άπειρος) greenhorn, tenderfoot ‖ (νεοσύλλεκτος) boot, rookie
στραβισμός, ο: strabismus, squinting
στραβοκάνης, -α, -ικο: βλ.στραβοπόδης
στραβοκοίταγμα, το: leer, squint, looking distance
στραβοκοιτάζω: squint, leer, look askance
στραβολαίμης, -α, -ικο: wrynecked
στραβολαιμιάζω: have a wryneck ‖ (μτφ - από το κοίταγμα) rubberneck, gawk
στραβομάρα, η: blindness, loss of sight ‖ (μτφ) βλ. κακοτυχία ‖ ~ έχεις?: are you blind? ‖ ~ ! what a howler!, a howling shame!
στραβομουτσουνιάζω: pucker one's lips, pout, make a wry face
στραβόξυλο, το: grouchy, grumpy, cranky, cross-grained
στραβοπάτημα, το: misstep (και μτφ)
στραβοπατώ: miss one's footing, make a false step
στραβοπόδαρος, -η, -ο: βλ. στραβοπόδης
στραβοπόδης, -α, -ικο: (με καμπύλη προς τα έξω) bow-legged, bandy-legged ‖ (με καμπύλη προς τα μέσα) knock-kneed
στραβός, -ή, -ό: βλ. λοξός ‖ βλ. στρεβλός ‖ (όχι σωστός) incorrect, mistaken, faulty ‖ βλ. τυφλός ‖ βλ. στραβόξυλο ‖ παίρνω ~ δρόμο: (μτφ) go astray, go bad, go wrong ‖ αφήνω το ~ δρόμο: (μτφ) go straight
στραβοχυμένος, -η, -ο: lopsided
στραβωμάρα, η: βλ. στραβομάρα
στραβώνομαι: go blind ‖ (κουράζω τα μάτια μου) strain one's eyes
στραβώνω: (κάνω στραβό) bend, twist, distort, make crooked ‖ βλ. τυφλώνω ‖ (αμτβ) bend, become twisted, crook, become crooked
στραγάλι, το: roasted chick pea, roasted lima bean
στραγγαλίζω: strangle, throttle
στραγγαλισμός, ο: strangulation
στραγγαλιστής, ο (θηλ. στραγγαλίστρια): strangler
στραγγίζω: filter, strain ‖ (αδειάζω τελείως) drain ‖ βλ. εξαντλούμαι
στράγγισμα, το: filtration, filtering,

strain ‖ (τέλειο άδειασμα) draining
στραγγιστήρι, το: βλ. σουρωτήρι
στράκα, η: (ήχος) crack, sharp sound, snap ‖ κάνω ~ες: be spectacular, be a dandy
στρακαστρούκα, η: βλ. τρακατρούκα
στραμπούλιγμα, το: sprain, wrench
στραμπουλίζω: sprain, wrench
στραμπουλώ: βλ. στραμπουλίζω
στραπατσάρισμα, το: βλ. στραπάτσο
στραπατσάρω: make havoc of, play havoc with ‖ (αποτυγχάνω) bungle, make a mess ‖ βλ. ταπεινώνω
στραπάτσο, το: havoc, ruin ‖ (αποτυχία) mess, bungle ‖ βλ. ταπείνωση
στρας, ος: tinsel
στράτα, η: βλ. οδός ‖ βλ. δρόμος, δρομάκι, κλπ ‖ κάνω ~: toddle
στρατάρχης, ο: generalissimo ‖ (Engl.) Field Marshal
στράτευμα, το: army ‖ (πληθ.) troops, armies ‖ βλ. ένοπλες δυνάμεις
στρατεύομαι: (καλούμαι) be drafted, be conscripted ‖ (υπηρετώ) serve in the army, be in the services
στράτευση, η: (κλήση) draft, conscription ‖ (υπηρεσία) service, military service
στρατεύσιμος, -η, -ο: (που έχει κληθεί) draftee, conscript ‖ (που υπόκειται σε στράτευση) subject to conscription ‖ (υπηρετών) enlisted man
στρατηγείο, το: (μεραρχίας) division headquarters ‖ (σώματος) corps headquarters ‖ (στρατιάς) army headquarters
στρατήγημα, το: stratagem, ruse
στρατηγία, η: generalship
στρατηγική, η: strategy
στρατηγικός, -ή, -ό: strategic ‖ ~ό σημείο: vantage point, strategic point
στρατηγός, ο: general
στρατηλάτης, ο: βλ. στρατηγός ‖ βλ. αρχιστράτηγος ‖ commander of the army
στρατί, το: βλ. δρομάκι, δρόμος κλπ.
στρατιά, η: army (και μτφ)
στρατιώτης, ο (θηλ. στρατιωτίνα): (γεν.) soldier ‖ (βαθμός) private, enlisted man
στρατιωτικό, το: (στρατός) army ‖ (στρ. θητεία) military service, enlistment ‖ (επάγγελμα) military

στρατιωτικός

στρατιωτικός, -ή, -ό: military ‖ ~ **νόμος:** martial law ‖ **~ή δικαιοσύνη:** military law ‖ **~ή αστυνομία:** military police (MP)

στρατιωτικός, ο: (επαγγελματίας) military

στρατοδικείο, το: court-martial ‖ **ειδικό ~:** special court-martial ‖ **έκτακτο ~ :** summary court-martial

στρατοδίκης, ο: member of a court-martial

στρατοκράτης, ο: militarist

στρατοκρατία, η: militarism ‖ (κυβέρνηση) military government

στρατοκρατικός, -ή, -ό: militaristic

στρατοκρατούμαι: be under military rule

στρατολογία, η: (κατάταξη) recruiting, recruitment ‖ (υποχρεωτική) press, conscription, draft ‖ (υπηρεσία) recruiting office

στρατολόγος, ο: recruiting officer, recruiter ‖ (μτφ) recruiter

στρατολογώ: enlist, recruit ‖ (υποχρεωτικά) press, conscript, draft, levy ‖ (μτφ) recruit, enlist

στρατονομία, η: military police (M.P.)

στρατονόμος, ο: military policeman

στρατοπεδάρχης, ο: camp commandant

στρατοπέδευση, η: encampment, camp

στρατοπεδεύω: camp, encamp ‖ (προσωρινά) bivouac

στρατόπεδο, το: camp, encampment ‖ (προσωρινό) bivouac ‖ (μτφ) camp

στρατός, ο: βλ. **στράτευμα** ‖ βλ. **ένοπλες δυνάμεις** ‖ (όλοι οι στρατιωτικοί) military ‖ (μτφ) army

στρατούλα, η: (μωρού) go-cart

στρατόσφαιρα, η: stratosphere

στρατώνας, ο: barracks, caserne, casern

στρατωνίζω: barrack, house in barracks ‖ (σε μη στρατ. κτίριο) billet

στρεβλός, -ή, -ό: crooked, twisted, distorted ‖ (λαιμός) wry ‖ βλ. **και στραβός** ‖ βλ. **δύστροπος**

στρεβλώνω: twist, distort

στρείδι, το: oyster

στρέμμα, το: 1000 m²

στρεπτόκοκκος, ο: streptococcus

στρεπτομυκίνη, η: streptomycin

στρέφομαι: turn, revolve, rotate

στρέφω: (αμτβ) βλ. **στρέφομαι** ‖ (μτβ)

turn, rotate ‖ βλ. **περιστρέφω**

στρεψοδικία, η: pettifoggery

στρεψόδικος, -η, -ο: pettifogger

στρεψοδικώ: pettifog

στρίβω: twist, twirl ‖ (αμτβ) turn ‖ **το ~:** scat, vamoose, scram ‖ **του ~ει:** lose one's marbles

στρίγγλα, η: banshee ‖ (μτφ) shrew, vixen

στριγγλιά, η: shrewishness ‖ (φωνή) shriek, screech

στριγγλίζω: shriek, screech

στρίγλα, η: βλ. **στρίγγλα**

στριμμένος, -η, -ο: (μτφ) oddball, grouchy, sourpuss

στριμώχνω: crowd, jostle, squeeze ‖ (μτφ) crowd, tree, corner

στρίποδο, το: βλ. **τρίποδο**

στριπτής, το: strip tease ‖ **~ερ, η:** stripteaser, stripper, peeler

στριφογυρίζω: whirl, turn round, spin ‖ (στο κρεβάτι) toss

στρίφωμα, το: hemming

στριφώνω: hem

στρίψιμο, το: twist, twisting ‖ (στροφή) turn

στροβιλίζομαι: βλ. **περιστρέφομαι**

στροβιλίζω: βλ. **περιστρέφω** ‖ βλ. **στριφογυρίζω**

στρόβιλος, ο: (σβούρα) spinning top ‖ βλ. **ανεμοστρόβιλος** ‖ (μηχ) turbine ‖ (χορός) βλ. **βαλς** ‖ (κυκλ. κίνηση ανέμων ή νερού) eddy ‖ βλ. **δίνη**

στρογγυλάδα, η: roundness ‖ βλ. **σφαιρικότητα**

στρογγύλεμα, το: rounding

στρογγυλεύω: (μτβ) round, make round ‖ (αμτβ) round, become round ‖ (μτφ) put on weight, become plump

στρογγυλοκάθομαι: plant oneself

στρογγυλοπρόσωπος, -η, -ο: moon-faced, round-faced

στρογγυλός, -ή, -ό: round (και μτφ) ‖ βλ. **κυκλικός** ‖ βλ. **σφαιρικός**

στρογγυλότητα, η: βλ. **στρογγυλάδα**

στρούγκα, η: βλ. **στάνη**

στρουθί το, βλ. **σπουργίτης**

στρουθοκάμηλος, η: ostrich

στρουμπουλός, -ή, -ό: plump

στρόφαλος, ο: crank ‖ (βλ. και **μανιβέλα**)

στροφέας, ο: pivot ‖ (πόρτας) βλ. μεντεσές

στροφή, η: (αλλαγή κατεύθυνσης) turn, veer, swerve ‖ (καμπή) turn, bend ‖ (απότομη στροφή) elbow ‖ (πολύ απότομη) hairpin curve ‖ βλ. περιστροφή ‖ (ποιήματος) stanza, strophe

στρόφιγγα, η: βλ. στροφέας ‖ βλ. κάνουλα

στρυμώχνω: βλ. στριμώχνω

στρυφνός, -ή, -ό: sharp, harsh ‖ (άνθρωπος) sourpuss, peevish, grouchy ‖ (λόγος) incomprehensible, unintelligible

στρυχνίνη, η: strychnine

στρώμα, το: (εδάφους) layer ‖ (πολλαπλό) stratum ‖ (κρεβατιού) mattress ‖ (πρόχειρο) pallet ‖ (σκόνης, κλπ) layer ‖ (λεπτό στρώμα) film ‖ (μτφ) stratum

στρωματσάδα, η: pallet laid on the floor, sleep on the floor

στρώνομαι: (επιδίδομαι με ζήλο) apply oneself, settle down ‖ βλ. στρογγυλοκάθομαι

στρώνω: (απλώνω) spread, lay ‖ (χαλί, κλπ) lay ‖ ~ κρεβάτι: make ‖ (βελτιώνομαι) improve, get better

στρωσίδι, το: bedding, mattress, bedcover ‖ βλ. χαλί

στρωτήρας, ο: (σιδηροδρ.) tie, crosstie

στρωτός, -ή, -ό: βλ. επίπεδος ‖ βλ. ομαλός

στύβω: press, squeeze, wring ‖ ~ το μυαλό μου: rack one's brain

στυγερός, -ή, -ό: βλ. αποτρόπαιος ‖ βλ. βδελυρός

στυγνός, -ή, -ό: βλ. σκυθρωπός ‖ (απαίσιος) heinous, vile

στυλ, το: style

στυλίστας, ο (θηλ. στυλίστρια): stylist

στυλό, το: βλ. στυλογράφος

στυλοβάτης, ο: pedestal ‖ (μτφ) pillar

στυλογράφος, ο: fountain pen, stylograph, stylographic pen

στύλος, ο: βλ. κολόνα ‖ (τηλεφ. και τηλεγρ) pole ‖ (μτφ) pillar

στυλώνω: prop up, support ‖ ~ τα μάτια: look fixedly, fix one's eyes on

στυπόχαρτο, το: βλ. στουπόχαρτο

στυπτικός, -ή, -ό: styptic

στυπώνω: βλ. στουπώνω

στύση, η: erection

στυφάδα, η: tartness, sourness, acridity, acridness

στυφός, -ή, -ό: tart, sour, acrid

στυφότητα, η: βλ. στυφάδα

στύψη, η: (ουσία) alum ‖ (αιμοστατικό) styptic pencil

στύψιμο, το: pressing, squeezing, wringing

στωικός, -ή, -ό: stoic, stoical ‖ (ουσ) stoic

στωικότητα, η: stoicalness, stoicism

συ: βλ. εσύ

συβαριτικός, -ή, -ό: sybaritic

σύγαμπρος, ο: brother-in-law

συγγένεια, η: relation, kinship, relationship ‖ (χημ) affinity ‖ βλ. σχέση

συγγενεύω: (γίνομαι συγγενής) become related ‖ (είμαι συγγενής) be related

συγγενής, -ές: related, akin (και μτφ)

συγγενικός, -ή, -ό: kindred, related

συγγενολόι, το: kin, kindred, clan, relatives

συγγνώμη, η: pardon, forgiveness ‖ ζητώ ~ : pardon me, I beg your pardon, excuse me, sorry

σύγγραμμα, το: work, writing

συγγραφέας, ο (θηλ. συγγραφέας): writer, author ‖ θεατρικός ~: playright

συγγράφω: write

συγκαίομαι: be chafed, be excoriated, be galled

σύγκαιρος, -η, -ο: simultaneous

συγκαλά, τα: good sense, right mind

συγκαλύπτω: cover, suppress, hush up

συγκάλυψη, η: covering, suppressing, hush up

συγκαλώ: convene, summon, convoke

σύγκαμα, το: chafe, excoriation, gall

συγκατάβαση, η: βλ. συγκατάθεση ‖ condescension

συγκαταβατικός, -ή, -ό: βλ. ενδοτικός ‖ (υποχρεωτικός) obliging, accommodating ‖ (με καταδεκτικότητα) condescending

συγκατάθεση, η: consent, assent, approval

συγκαταλέγω: include, count among, class with

συγκατάνευση, η: βλ. συγκατάθεση

785

συγκατανεύω: consent, assent
συγκατατίθεμαι: βλ. συγκατανεύω
συγκάτοικος, ο: (θηλ. συγκάτοικος):
roommate
συγκατοικώ: share a room or an apart-
ment with s.b.
συγκάτοχος, ο: βλ. συνιδιοκτήτης
συγκεκαλυμμένος, -η, -ο: veiled, disguised
|| ~η απειλή: veiled threat
συγκεκριμενοποιώ: concretize, make
specific
συγκεκριμένος, -η, -ο: concrete, positive,
specific, clear
συγκεντρωμένος, -η, -ο: concentrated,
engrossed, absorbed
συγκεντρώνομαι: get together, gather ||
(μτφ) concentrate, be engrossed || (για
ένα σκοπό) rally
συγκεντρώνω: concentrate, bring togeth-
er, gather || (για ένα σκοπό) rally ||
(στρατεύματα) muster || (εξουσία) cen-
tralize, bring under a single authority
συγκέντρωση, η: gathering, concentration
|| (κοσμική) gathering, get-together ||
(πολιτική) rally, gathering || (εξουσίας)
centralization || (μτφ) concentration ||
στρατόπεδο ~ς: concentration camp
συγκεντρωτικός, -ή, -ό: concentrating,
concentric, collective
συγκερασμός, ο: βλ. ανάμειξη
συγκεφαλαιώνω: sum up, summarize,
epitomize
συγκεφαλαίωση, η: summing up, sum-
mary, epitome
συγκεχυμένος, -η, -ο: obscure, hazy, dim
|| βλ. και δυσδιάκριτος || βλ. και
ασαφής
συγκίνηση, η: emotion, thrill, sensation ||
(ιδ.) vibes
συγκινητικός, -ή, -ό: moving, touching,
emotional
συγκινούμαι: be touched, be moved, be
affected
συγκινώ: move, touch, affect ||
(ξεσηκώνω) thrill, excite
σύγκληση, η: convocation, summons,
calling
σύγκλητος, η: (πανεπ.) faculty || (ειδική
επιτροπή καθηγ.) senate
συγκλίνω: converge || (επιθετικά) zero in

συγκλονίζω: shake, excite, shock, thrill,
stir up
συγκλονιστικός, -ή, -ό: shocking, exciting,
thrilling || (ιστορία) shocker
συγκοινωνία, η: communication ||
(μεταφορά) transport
συγκοινωνώ: communicate || (συνδέομαι)
be connected
συγκόλληση, η: glueing || (μεταλ.) weld-
ing, weld, solder, soldering
συγκολλώ: glue || (μεταλ.) weld, solder
συγκομιδή, η: βλ. εσοδεία
συγκομίζω: reap, harvest (και μτφ)
συγκοπή, η: (γραμ) syncope, contraction
|| (προσωρινή απώλεια αισθήσεων)
syncope, swoon, loss of consciousness ||
(καρδιάς) heart failure
σύγκραμα, το: βλ. κράμα
συγκρατημένος, -η, -ο: reserved, collect-
ed, possessed
συγκράτηση, η: βλ. κράτημα || βλ.
αναχαίτιση
συγκρατιέμαι: contain oneself, control
oneself, refrain
συγκρατούμαι: βλ. συγκρατιέμαι
συγκρατώ: βλ. αναχαιτίζω || (πάθος)
control, contain || (βαστώ ή υποστηρίζω)
support, hold, hold together
συγκρίνω: compare (βλ. και παραβάλλω)
σύγκριση, η: comparison || (κειμένων)
collation
συγκριτικά: (επιρ) comparatively
συγκριτικός, -ή, -ό: comparative
συγκρότημα, το: group (και μτφ) ||
(εθνών) bloc
συγκρότηση, η: forming
συγκροτώ: form, compose
συγκρούομαι: collide, bump into || (μτφ)
clash, conflict || (στρατ.) engage, enter
into conflict
σύγκρουση, η: collision || (μτφ) clash,
conflict || (στρ.) engagement
σύγκρυο, το: shiver, chill
συγκυρία, η: βλ. σύμπτωση
συγκυριαρχία, η: condominium
συγκύριος, ο: βλ. συνιδιοκτήτης
σύγνεφο, το: βλ. σύννεφο
συγνώμη, η: βλ. συγγνώμη
συγυρίζω: tidy, tidy up, make tidy ||
(μτφ) dress down, punish

συγύρισμα, το: tidying ‖ *(μτφ)* dressing down, punishment

συγχαίρω: congratulate ‖ (για ευτυχές γεγονός) felicitate, congratulate ‖ (για επίτευγμα) compliment, congratulate

συγχαρητήρια, τα: congratulations

συγχαρητήριος, -α, -ο: congratulatory

συγχέω: confuse, mistake

συγχρονίζω: synchronize ‖ *(μτφ)* modernize

συγχρονισμός, ο: (πράξη) synchronization ‖ (κατάσταση) synchronism ‖ *(μτφ)* modernization

σύγχρονος, -η, -ο: (που γίνεται την ίδια στιγμή) synchronous ‖ (της ίδιας εποχής) contemporaneous ‖ (άνθρωποι της ίδιας εποχής) contemporary ‖ (ταυτόχρονος) simultaneous ‖ (μοντέρνος) contemporary, up to date

συγχρόνως *(επίρ):* at the same time, simultaneously

συγχρωτίζομαι: meet and mix with, rub shoulders with

συγχρωτισμός, ο: meeting and mixing with, rubbing shoulders with, intercourse

συγχύζομαι: get upset, be perturbed

συγχύζω: upset, perturb

σύγχυση, η: (μπέρδεμα) confusion ‖ *(μτφ)* perturbation, upset

συγχώνευση, η: amalgamation, blend, blending, fusion ‖ (εταιριών) merger, amalgamation

συγχωνεύομαι: merge, blend

συγχωνεύω: amalgamate, blend, fuse ‖ (εταιρεία) merge, amalgamate

συγχώρεση, η: pardon, forgiveness ‖ *(εκκλ.)* absolution, remission

συγχωρητέος, -α, -ο: pardonable, excusable, forgivable

συγχωρώ: pardon, forgive, excuse ‖ *(εκκλ.)* absolve, remit

συδαυλίζω: (σκαλίζω) poke ‖ (ξανανάβω) stir, fan, kindle *(και μτφ)*

σύδεντρο, το: grove, copse

συζευκτικός, -ή, -ό: conjunctive

σύζευξη, η: (ένωση) coupling, joining ‖ (με ζυγό) yoking ‖ βλ. **γάμος**

συζήτηση, η: discussion ‖ (επίσημη ή με διαφορές) debate ‖ βλ. **συνομιλία**

συζητήσιμος, -η, -ο: debatable, questionable

συζητητής, ο: discusser, debater

συζητώ: discuss ‖ (επίσημα ή με διαφορές) debate ‖ βλ. **συνομιλώ**

συζυγής, -ές: conjugate

συζυγία, η: conjugation

συζυγικός, -ή, -ό: conjugal, marital, connubial, spousal

σύζυγος, ο (θηλ. σύζυγος): spouse ‖ *(αρσ)* husband ‖ *(θηλ)* wife

συζώ: (παράνομα) cohabit ‖ *(ιδ)* shack up with

σύθαμπο, το: twilight

συθέμελα *(επίρ):* totally, to the roots

συκαμινιά, η: βλ. **μουριά**

συκιά, η: fig tree

σύκο, το: fig

συκοφάγος, ο: ortolan

συκοφάντης, ο: slanderer, maligner, traducer, calumniator

συκοφαντία, η: slander, calumny, defamation

συκοφαντικός, -ή, -ό: slanderous, defamatory, libellous

συκοφαντώ: slander, malign, traduce, calumniate

συκωταριά, η: entrails

συκώτι, το: liver ‖ **βγάζω τα ~α μου:** puke‖ **πρήζω το ~:** harass

σύληση, η: sacrilege

συλλαβή, η: syllable

συλλαβίζω: (προφέρω συλλαβές) syllable ‖ (σχηματίζω ή διαιρώ σε συλλαβές) syllabicate, syllabify, syllabize ‖ (διαβάζω αργά ή δύσκολα) spell

συλλαβικός, -ή, -ό: syllabic

συλλαβισμός, ο: syllabism, syllabication

συλλαβιστός, -ή, -ό: in syllables

συλλαβόγριφος, ο: rebus

συλλαλητήριο, το: rally

συλλαμβάνω: (πιάνω) catch, seize, catch hold of ‖ *(αστυν.)* arrest, catch ‖ pinch, lag *(ιδ)* ‖ (ιδέα) conceive ‖ (μένω έγκυος) conceive

συλλέγω: (μαζεύω) gather, pick ‖ (κάνω συλλογή) collect

συλλέκτης, ο (θηλ. **συλλέκτρια**): collector

σύλληψη, η: arrest ‖ (πιάσιμο) capture ‖ (ιδέας) conception ‖ (εγκυμοσύνη) conception ‖ **ένταλμα ~ς:** arrest warrant, bench warrant

συλλογέας, o: βλ. **συλλέκτης**

συλλογή, η: (μάζεμα ή συγκέντρωση) collection ‖ (σκέψη) meditation, preoccupation

συλλογιέμαι: βλ. **συλλογίζομαι**

συλλογίζομαι: muse, meditate (βλ. και **σκέπτομαι**) ‖ (κάνω συλλογισμό) reason

συλλογικός, -ή, -ό: collective

συλλογισμένος, -η, -o: preoccupied, thoughtful

συλλογισμός, o: reasoning ‖ (λογική) syllogism

σύλλογος, o: association, society ‖ (λέσχη) club ‖ ~ **καθηγητών του γυμνασίου:** faculty ‖ βλ. **σωματείο**

συλλυπητήρια, τα: condolences, condolement, sympathy

συλλυπητήριος, -α, -o: condolatory, condolence

συλλυπούμαι: condole, offer one's condolences

συλώ: (κάνω ιεροσυλία) commit sacrilege ‖ βλ. **λεηλατώ**

συμβαδίζω: keep up with, keep pace with

συμβαίνω: happen, occur, take place

συμβάλλομαι: enter by contract, contract, enter into a formal agreement

συμβάλλω: contribute, conduce

συμβάν, το: occurrence, happening, event

σύμβαση, η: pact, treaty, compact, contract, convention

συμβατικός, -ή, -ό: conventional

συμβατικότητα, η: conventionality

συμβία, η: wife

συμβιβάζομαι: (συμφιλιώνομαι) be reconciled ‖ (δέχομαι, υποχωρώ) compromise ‖ (έρχομαι σε συμφωνία) agree, come to terms, settle

συμβιβάζω: (συμφιλιώνω) reconcile ‖ (διευθετώ) settle

συμβιβασμός, o: (συμφιλίωση) reconciliation ‖ (διευθέτηση) settlement ‖ (αποδοχή, υποχώρηση) compromise

συμβιβαστικός, -ή, -ό: conciliatory

συμβίωση, η: cohabitation

συμβόλαιο, το: contract ‖ (συμφωνία) agreement ‖ (επίσημο) specialty

συμβολαιογραφείο, το: office of a notary public

συμβολαιογράφος, o: notary public

συμβολή, η: (δρόμων) junction ‖ (ποταμών) confluence ‖ βλ. **συνεισφορά** ‖ βλ. **βοήθεια**

συμβολίζω: symbolize ‖ βλ. **αντιπροσωπεύω**

συμβολικά: (επίο) symbolically

συμβολικός, -ή, -ό: symbolic, symbolical

συμβολισμός, o: symbolism

σύμβολο, το: symbol ‖ βλ. **έμβλημα** ‖ ~ **της πίστης:** the creed ‖ (αριθμ. πράξης) operator

συμβουλάτορας, o: βλ. **σύμβουλος**

συμβουλεύομαι: consult

συμβουλευτικός, -ή, -ό: advisory, consultative ‖ **-ή επιτροπή:** advisory board

συμβουλεύω: advise ‖ (ως ειδικός) counsel

συμβουλή, η: advice ‖ (από ειδικό) counsel

συμβούλιο, το: (γενικά) council ‖ (φιλανθρ. ή κοινωφ. οργανισμού) board of trustees ‖ (εταιρείας) board of directors ‖ (υπουργικό) Cabinet ‖ (δημοτικό) council ‖ **εκπαιδευτικό** ~: board of education

σύμβουλος, o: (γενικά) advisor, adviser ‖ (μέλος συμβουλίου) councilor ‖ (δημοτικός σύμβουλος) councilman ‖ (ειδικός) counselor ‖ (επαγγελμ. σύμβουλος) consultant ‖ (μέλος διοικ. συμβ. εταιρίας) director ‖ (μέλος συμβουλ. κοινων. ιδρ.) trustee ‖ **νομικός** ~: legal advisor ‖ **εκπαιδευτικός** ~: educational advisor ‖ (σοφός σύμβουλος και προστάτης) mentor

συμμάζεμα, το: gathering, picking ‖ (συγύρισμα) tidying ‖ (ανθρώπου) taking in hand

συμμαζεύω: gather, pick ‖ (συγυρίζω) tidy ‖ (άνθρωπο) take in hand

συμμάζωμα, το: βλ. **συμμάζεμα**

συμμαζώνω: βλ. **συμμαζεύω**

συμμαθητής, ο (θηλ **συμμαθήτρια**): (ιδίου σχολείου) school-mate ‖ (ίδιας τάξης) class-mate ‖ (γενικά) fellow-student

συμμαχητής, ο: βλ. **συμπολεμιστής**

συμμαχία, η: alliance ‖ (σύμπραξη) coalition

συμμαχικός, -ή, -ό: allied
σύμμαχος, -η, -ο: allied ‖ *(ουσ)* ally
συμμαχώ: ally oneself with ‖ (μπαίνω σε συμμαχία) enter into an alliance
συμμερίζομαι: share (βλ. και συμμετέχω)
συμμετέχω: participate, take part, partake, be a party to ‖ βλ. συμμερίζομαι
συμμετοχή, η: participation
συμμετρία, η: symmetry
συμμετρικός, -ή, -ό: symmetric, symmetrical
σύμμετρος, ο: βλ. συμμετρικός ‖ (ανάλογος) commensurate
συμμιγής, -ές: mixed ‖ ~ αριθμός: compound number
συμμορία, η: gang, band ‖ (κλίκα) clique ‖ (οργανωμένη συμμορία) mob
συμμορίτης, ο *(θηλ συμμορίτισσα)*: gangster, mobster, goon
συμμορφώνομαι: conform, comply ‖ (δεν απειθαρχώ) toe the line, toe the mark, come to heel
συμμορφώνω: conform, reduce to the same form, adapt, adjust ‖ *(μτφ)* make s.b. toe the line, make s.b. toe the mark, take in hand, bring to heel
συμμόρφωση, η: conformation, adaptation
συμπαγής, -ές: solid, compact
συμπάθεια, η: (συμπόνοια) sympathy ‖ (αγάπη) fondness, liking ‖ (ευνοούμενος) favorite, pet
ᵘπαθής, -ες: nice, likable, pleasing, ᵣable, lovable
οιμπαθητικός, -ή, -ό: βλ. συμπαθής ‖ (μελάνη) invisible ink, sympathetic ink ‖ (νευρικό σύστημα) sympathetic
συμπάθιο, το: βλ. συγγνώμη
συμπαθώ: sympathize, feel sympathy ‖ (αγαπώ) like, be fond of, have a liking for
συμπαιγνία, η: collusion
συμπαίκτης, ο *(θηλ συμπαίκτρια)*: playmate, playfellow ‖ (που παίζουν στην ίδια ομάδα) teammate
σύμπαν, το: universe, macrocosm
συμπαράσταση, η: support, assistance ‖ sympathy
συμπαραστάτης, ο: supporter, partisan, sympathizer

συμπαραστέκομαι: support, sympathize
συμπάσχω: suffer with s.b. else ‖ βλ. συμπονώ
συμπατριώτης, ο *(θηλ συμπατριώτισσα)*: compatriot, fellow countryman
συμπεθέρα, η: mother of one's son-in-law, mother of one's daughter-in-law
συμπεθερεύω: βλ. συμπεθεριάζω
συμπεθεριά, η: βλ. συμπεθεριό
συμπεθεριάζω: be related by marriage
συμπεθεριό, το: relation by marriage
συμπέθερος, ο: father of one's son-in-law, father of one's daughter-in-law
συμπεραίνω: conclude, surmise, draw a conclusion, deduce
συμπέρασμα, το: conclusion, surmise, deduction
συμπερασματικός, -ή, -ό: conclusive, deductive
συμπεριλαμβάνω: include, comprehend, contain, embrace
συμπεριφέρομαι: behave, conduct oneself
συμπεριφορά, η: behavior, conduct (βλ. και διαγωγή)
συμπιέζω: compress, press together, squeeze
συμπίεση, η: compression
συμπιεστής, ο: compressor
συμπίπτω: coincide ‖ (γίνομαι μαζί) concur, coincide
σύμπλεγμα, το: (τέχνη) group ‖ (γραμμάτων) monogram ‖ (διακλαδώσεις) network ‖ (ψυχολ) complex
συμπλέκομαι: scuffle, come to grips, come to blows
συμπλέκτης, ο: clutch
συμπλεκτικός, -ή, -ό: conjunctive, copulative ‖ *(γραμ)* copulative
συμπλέκω: interweave, interlace, twine
συμπλήρωμα, το: (που συμπληρώνει) complement ‖ (προσθήκη) supplement
συμπληρωματικός, -ή, -ό: complementary, supplementary
συμπληρώνω: complete, supplement, fill
συμπλήρωση, η: completion, filling
συμπλοκή, η: scuffle, scrimmage, hand-to-hand fight, engagement ‖ (καυγάς με χτυπήματα) brawl, fisticuffs ‖ *(στρ)* skirmish
σύμπνοια, η: accord, concord, harmony

789

of interests or feelings

συμπολεμιστής, ο: comrade in arms

συμπολεμώ: fight together

συμπολιτεία, η: confederacy, confederation, federation

συμπολίτευση, η: party in power

συμπολίτης, ο (*θηλ* **συμπολίτισσα**): fellow citizen

συμπονετικός, -ή, -ό: compassionate, sympathetic

συμπόνια, η: compassion, sympathy

συμπονώ: feel compassion, sympathize

συμπόσιο, το: banquet, feast

συμποσούμαι: amount to, come to, run to

σύμπραξη, η: coalition, collaboration

συμπράττω: collaborate, cooperate

σύμπτυξη, η: closing up ‖ (οπισθοχώρηση) withdrawal, falling back, retreat

συμπτύσσομαι: close up the ranks ‖ (οπισθοχωρώ) withdraw, fall back, retreat

συμπτύσσω: close up ‖ βλ. **συντομεύω**

σύμπτωμα, το: symptom ‖ βλ. **σημάδι**

συμπτωματικά: *(επίρ)* accidentally, by chance

συμπτωματικός, -ή, -ό: (σχετ. με συμπτώματα) symptomatic ‖ (τυχαίος) accidental, chance

σύμπτωση, η: (που συμπίπτει) coincidence ‖ (τυχαίο συμβάν) chance, accident

συμπυκνωμένος, -η, -ο: condensed ‖ (συμπιεσμένος) compressed

συμπυκνώνω: condense ‖ βλ. **συμπιέζω**

συμπύκνωση, η: condensation ‖ βλ. **συμπίεση**

συμπυκνωτής, ο: condenser

συμφέρον, το: interest, benefit, advantage, end

συμφεροντολογία, η: self-interest ‖ (προσωπικό κίνητρο) selfish motive ‖ (προσ. κέρδος) selfish gain

συμφεροντολογικός, -ή, -ό: self-interested

συμφεροντολόγος, -α, -ο: pursuing personal advantage or interest

συμφερτικός, -ή, -ό: advantageous, profitable, beneficial

συμφέρω: *(συν. απρόσ.):* be to one's advantage, be advantageous, be to one's interests, suit one's interests or purpose

συμφέρων, -ουσα, -ον: βλ. **συμφερτικός**

συμφιλιώνομαι: make up, be reconciled

συμφιλιώνω: reconcile, conciliate

συμφιλίωση, η: reconciliation, conciliation

συμφιλιωτής, ο (*θηλ* **συμφιλιώτρια**): conciliator, reconciler

συμφιλιωτικός, -ή, -ό conciliatory, reconciliatory

συμφοιτητής, ο (*θηλ* **συμφοιτήτρια**): βλ. **συμμαθητής**

συμφοιτώ: attend the same university

συμφορά, η: disaster, calamity

συμφόρηση, η: (υπερβολική συγκέντρωση) congestion (και *μτφ*) ‖ (αποπληξία) stroke, apoplexy ‖ **κυκλοφοριακή ~**: traffic jam

σύμφορος, -η, -ο: βλ. **συμφερτικός**

συμφυρμός, ο: βλ. **ανακάτωμα** ‖ βλ. **ανάμειξη** ‖ (ανακάτωμα φύρδην-μύγδην) jumble

συμφύρω: βλ. **ανακατεύω** ‖ jumble

σύμφυση, η: βλ. **συνένωση** ‖ (*βοτ*) cohesion ‖ (*ανατ*) symphysis

σύμφωνα: *(επίρ)* according, in accordance, in conformity ‖ **~ με**: according to, in accordance with

συμφωνητικό, το: contract, agreement

συμφωνία, η: accord, agreement, concord, accordance, concordance ‖ (σύμβαση) agreement ‖ βλ. **συμφωνητικό** ‖ βλ. **όρος** ‖ *(μουσ)* symphony

συμφωνικός, -ή, -ό: *(μουσ)* symphonic, symphony ‖ *(γραμ)* consonantal ‖ **~ή ορχήστρα**: symphony orchestra

σύμφωνο, το: *(γραμ)* consonant ‖ βλ. **σύμβαση**

σύμφωνος, -η, -ο: in accord, in conformity, agreed, in agreement

συμφωνώ: agree, concur, accord ‖ (είμαι σύμφωνος) agree ‖ (ταιριάζω) match, go with

συμφώνως: *(επίρ)* βλ. **σύμφωνα**

συμψηφίζω: (χρημ. ποσό με χρέος) apply to unpaid amount ‖ (δύο ποσά) set off, balance ‖ (ποινές) make concurrent

συμψηφισμός, ο: (χρημ. ποσού με χρέος) application to unpaid amount ‖ (δύο ποσών) setoff ‖ (ποινές) concurrence of sentences

συν: *(πρόθ)* βλ. **μαζί** ‖ *(μαθ)* plus

συναγελάζομαι: rub shoulders with

συναγερμός, ο: (αεροπορικός) air raid alarm ‖ (μεγάλη συγκέντρωση) rally ‖ *(ναυτ)* general quarters

συναγρίδα, η: gurnard

συνάγω: βλ. **συνάζω** ‖ βλ. **συμπεραίνω** ‖ *(απρόσ.)* it follows

συναγωγή, η: synagogue ‖ βλ. **συγκέντρωση**

συναγωνίζομαι: compete, contend, vie ‖ βλ. **συμπολεμώ**

συναγωνισμός, ο: competition, contention

συναγωνιστής, ο *(θηλ* **συναγωνίστρια**): comrade ‖ βλ. **συμπολεμιστής** ‖ *(που συναγωνίζεται)* competitor ‖ *(αντίπαλος)* rival ‖ *(που παίρνει μέρος παράνομα)* ringer

συνάδελφος, ο: (μέλος ίδιας οργάνωσης) fellow member ‖ (ίδιας θρησκ. οργάνωσης) frater ‖ (ίδιου επαγγέλματος) colleague ‖ (εργάτης στην ίδια ομάδα) mate ‖ (ίδιου κόμματος) comrade ‖ βλ. **συστρατιώτης**

συναδελφοσύνη, η: fellowship

συναδέλφωση, η: fraternization

συνάζω: assemble, gather

συναθροίζω: βλ. **συνάζω**

συνάθροιση, η: βλ. **σύναξη** ‖ βλ. **συγκέντρωση**

συναίνεση, η: βλ. **συγκατάθεση** ‖ βλ. **συμφωνία**

συναινώ: βλ. **συγκατανεύω** ‖ βλ. **συμφωνώ**

συναίρεση, η: *(γραμ)* syneresis

συναισθάνομαι: be conscious of, be aware

συναίσθημα, το: feeling, sense, sensation

συναισθηματικός, -ή, -ό: sentimental

συναίσθηση, η: sense, consciousness ‖ βλ. **επίγνωση**

συναίτιος, -α, -ο: βλ. **συνυπεύθυνος** ‖ βλ. **συνεργός**

συναλλαγή, η: βλ. **δοσοληψία** ‖ βλ. **εμπόριο**

συνάλλαγμα, το: foreign currency

συναλλαγματική, η: promissory note, bill of exchange

συναλλάσσομαι: have dealings, deal, trade, traffic

συναλλάσσω: alternate ‖ βλ. **ανταλλάσσω**

συνάμα: *(επίρ)* βλ. **μαζί** ‖ βλ. **συγχρόνως**

συναναστρέφομαι: associate with, consort, rub shoulders with

συναναστροφή, η: association, company

συνάντηση, η: meeting, encounter ‖ (αθλ.) match

συναντιέμαι: meet ‖ βλ. **και συναντώ**

συναντώ: meet, encounter, come across ‖ (τυχαία) chance upon, meet accidentally ‖ βλ. **αντιμετωπίζω**

σύναξη, η: βλ. **συγκέντρωση** ‖ (μάζεμα) picking, collecting

συναπάντημα, το: chance encounter ‖ **κακό ~:** mishap

συναπαντώ: βλ. **συναντώ** (τυχαία)

συναπτός, -ή, -ό: (ενωμένος) joined together, annexed, appended ‖ βλ. **συνεχής** ‖ βλ. **αδιάκοπος**

συνάπτω: συνδέω ‖ ~ **γάμο:** be joined in wedlock, be united in holy matrimony ‖ ~ **σχέσεις:** associate oneself with s.b. ‖ ~ **εμπορικές σχέσεις:** associate oneself with s.b. in a business undertaking

συναρθρώνω: articulate ‖ βλ. **συναρμολογώ**

συνάρθρωση, η: articulation ‖ βλ. **συναρμολόγηση**

συναρμογή, η: fitting

συναρμόζω: fit together

συναρμολόγηση, η: assemblage, assembling, fitting together, joining together

συναρμολογώ: assemble, fit together, join together

συναρπάζω: thrill, excite, captivate

συναρπαστικός, -ή, -ό: thrilling, exciting, captivating

συνάρτηση, η: interdependence ‖ *(μαθ)* function

συναρτώ: βλ. **συνάπτω** ‖ βλ. **συνδέω** ‖ βλ. **συναρμόζω**

συνασπίζομαι: form a coalition, form a bloc

συνασπισμός, ο: coalition, bloc

συναυλία, η: concert

συναυτουργία, η: βλ. **συνενοχή**

συναυτουργός, ο: βλ. **συνένοχος**

συνάφεια, η: link, connection, contact ‖

791

συναφής

(φυσ) adhesion
συναφής, -ές: linked, connected ‖ βλ. **συνεχόμενος**
συνάχι, το: catarrh
συναχώνομαι: get a catarrh, have a catarrh
σύναψη, η: βλ. **σύνδεση** ‖ (ένωση) union ‖ (σχέσεων) association
συνδαιτυμόνας, ο: table companion
συνδαυλίζω: βλ. **συδαυλίζω**
σύνδεση, η: joining, linkage, connection ‖ βλ. **ένωση** ‖ βλ. **αρμός** ‖ (σε ζεύγη) coupling
σύνδεσμος, ο: bond, connection, union, tie ‖ βλ. **αρμός** βλ. **ένωση** ‖ (στενός δεσμός) bond, tie ‖ (σύλλογος) union, league, association ‖ (αγγελιοφ. ή απεσταλμένος) liaison ‖ (παράνομες σχέσεις) liaison ‖ (γραμ) conjuction ‖ **συμπλεκτικός ~:** copulative conjunction
συνδετήρας, ο: (χαρτιών) paper clip ‖ (τεχν.) connector
συνδετικός, -ή, -ό: connective, connection, binding ‖ (γραμ) conjunctive
συνδέω: connect, join, unite, bind, link ‖ βλ. **ενώνω** ‖ (σε ζεύγη) couple ‖ (αλληλοσυνδέω) interconnect ‖ (με φιλία ή σχέση) bind, tie, join
συνδιαλέγομαι: converse, talk
συνδιάλεξη, η: conversation, talk
συνδιαλλαγή, η: βλ. **συμφιλίωση**
συνδιαλλακτικός, -ή, -ό: βλ. **συμφιλιωτικός**
συνδιαλλάσσομαι: βλ. **συμφιλιώνομαι**
συνδιαλλάσσω: βλ. **συμφιλιώνω**
συνδιασκέπτομαι: confer
συνδιάσκεψη, η: conference ‖ ~ **τύπου:** press conference
συνδιδασκαλία, η: βλ. **συνεκπαίδευση**
συνδικαλισμός, ο: labor unionism, trade unionism, unionism
συνδικαλιστής, ο (θηλ **συνδικαλίστρια**): unionist, trade unionist ‖ (πρόεδρος συνδικάτου) union boss
συνδικάτο, το: (γεν) syndicate ‖ (εργατ.) union, labor union, trade union ‖ (εγκληματικό) syndicate, cosa nostra, crime syndicate
σύνδικος, ο: syndic
συνδρομή, η: βλ. **αρωγή** ‖ βλ. **βοήθεια** ‖

(χρημ. πληρωμή) subscription
συνδρομητής, ο: subscriber
σύνδρομο, το: syndrome
συνδυάζω: combine ‖ (συσχετίζω) associate
συνδυασμένος, -η, -ο: combined ‖ ~**ες επιχειρήσεις:** combined operations
συνδυασμός, ο: combination ‖ (ιδ) combo ‖ (συσχετισμός) association
συνδυαστικός, -ή, -ό: combinational, combinative
συνεδρία, η: βλ. **συνεδρίαση**
συνεδριάζω: meet, hold a meeting, be in session ‖ (id) pow wow ‖ βλ. **συνδιασκέπτομαι**
συνεδρίαση, η: meeting, session ‖ (id) pow wow ‖ βλ. **συνδιάσκεψη**
συνέδριο, το: assembly, meeting, congress ‖ βλ. **συνεδρίαση** ‖ βλ. **συμβούλιο**
σύνεδρος, ο: member of an assembly, assemblyman, congressman ‖ (δικαστ.) judge
συνείδηση, η: conscience ‖ **τύψη ~ς:** pang of remorse, remorse, prick of conscience, prick of remorse
συνειδητός, -ή, -ό: (γίνεται με συναίσθηση) conscientious ‖ (που έχει συναίσθηση) conscious
συνειδός, το: conscience, consciousness
συνειρμός, ο: coherence, sequence
συνεισφέρω: contribute ‖ (id) kick in ‖ (δίνω συνδρομή) subscribe
συνεισφορά, η: contribution
συνεκδοχή, η: synecdoche
συνεκπαίδευση, η: coeducation
συνεκτικός, -ή, -ό: cohesive, tenacious
συνέλευση, η: assembly ‖ βλ. **συνεδρίαση και συνέδριο**
συνεννόηση, η: (επικοινωνία μεταξύ ατόμων) communication ‖ βλ. **συμφωνία** ‖ βλ. **κατανόηση** ‖ (μεταξύ κρατών) entente
συνεννοούμαι: (επικοινωνώ με άλλον) communicate ‖ βλ. **συμφωνώ** ‖ (ανταλλάσσω απόψεις) exchange views
συνενοχή, η: complicity
συνένοχος, ο: accomplice ‖ (χωρίς να λάβει μέρος στο έγκλημα) accessory before the fact ‖ (που κρύβει έγκλημα) accessory after the fact

συνέντευξη, η: interview ‖ (συνάντηση) appointment

συνενώνω: βλ. συνδέω ‖ βλ. ενώνω ‖ (για συνεργασία) unite

συνένωση, η: union

συνεπαίρνω: sweep off s.b.'s feet ‖ βλ. ενθουσιάζω ‖ βλ. συναρπάζω

συνέπεια, η: consequence ‖ βλ. αποτέλεσμα ‖ βλ. επακόλουθο ‖ συμφωνία διαδοχικών πράξεων) consistency

συνεπής, -ές: consistent ‖ (πιστός) true, faithful

συνεπιβάτης, ο: fellow passenger

συνεπτυγμένος, -η, -ο: (κείμενο) abridged

συνεπώς: (επίρ) consequently ‖ (όθεν) therefore

συνεργάζομαι: cooperate, collaborate ‖ βλ. συνεισφέρω ‖ (με εχθρό ή κατακτητή) collaborate ‖ (για κακό σκοπό) be in cahoots

συνεργασία, η: cooperation, collaboration ‖ βλ. συνεισφορά ‖ (με εχθρό ή με κατακτητή) collaboration ‖ (για κακό) cahoots

συνεργάτης, ο (θηλ συνεργάτισσα): cooperator, colleague, cooperative, collaborator ‖ (που συνεισφέρει σε εργασία) contributor ‖ (με εχθρό ή κατακτητή) collaborationist

συνεργατική, η: co-op, cooperative

συνεργείο, το: (τόπος) shop, workshop, works ‖ (ομάδα) gang, team ‖ ~ αυτοκινήτων: service station ‖ ~ αμαξωμάτων: body shop ‖ (τοπογραφικό) party

συνεργία, η: complicity ‖ βλ. και συνενοχή

σύνεργο, το: tool, implement, instrument

συνεργός, ο (θηλ συνεργός): βλ. συνένοχος ‖ (που υποθάλπτει ή υποκινεί έγκλημα) abettor

συνεργώ: βλ. συνεργάζομαι ‖ (για κακό) abet, be an accomplice, be in cahoots

συνερίζομαι: (δίνω σημασία) heed, pay attention ‖ (προσπαθώ να συναγωνιστώ) emulate ‖ βλ. ζηλεύω

συνέρχομαι: assemble, meet ‖ (μτφ) recover, pull oneself together ‖ (από λιποθυμία) regain consciousness, come round ‖ (από αδυναμία) gain strength ‖ (από έκπληξη, απώλεια, κλπ.) get over

σύνεση, η: prudence, caution, wisdom, discretion

συνεσταλμένος, -η, -ο: timid, shy

συνεστίαση, η: βλ. συμπόσιο

συνεταιρίζομαι: enter into partnership, go shares

συνεταιρικός, -ή, -ό: part, joint, common

συνεταιρισμός, ο: (συνεργασία σε δουλειά) partnership ‖ (οργανισμός) association ‖ βλ. συνεργατική

συνέταιρος, ο: partner ‖ βλ. συνεργάτης

συνετίζω: bring s.b. to reason

συνετός, -ή, -ό: prudent, cautious, discreet, wise

συνεύρεση, η: coitus, coition, copulation, sexual intercourse

συνευρίσκομαι: copulate, have sexual intercourse

συνεφαπτομένη, η: (μαθ) cotangent

συνεφέρω: bring s.b. round

συνέχεια, η: continuity, continuation, sequel ‖ (η μη διακοπή) continuity ‖ (επίρ) βλ. συνεχώς

συνεχής, -ές: (με μικρές διακοπές) continual ‖ (αδιάκοπος χρονικά ή τοπικά) continuous ‖ (αδιάκοπος ενέργεια) incessant, ceaseless ‖ βλ. συνεχόμενος

συνεχίζω: continue, go on, keep on

συνέχομαι: adjoin, be adjacent, communicate

συνεχόμενος, -η, -ο: adjoining, communicating

συνεχώς: (επίρ) continuously, incessantly, ceaselessly

συνήγορος, ο: (υποστηρικτής) advocate, defender, supporter ‖ (δικηγόρος) defense attorney, counsel for the defense, defendant's counsel ‖ (στρ) advocate

συνηγορώ: (υποστηρίζω) advocate, speak in favor ‖ (δικ.) defend

συνήθεια, η: habit, custom ‖ (από συνήθη χρήση) usage, use, wont ‖ (πληθ) customs, traditions

συνήθειο, το: βλ. συνήθεια ‖ βλ. έθιμο

συνήθης, -ες: usual, customary ‖ (όχι εξαιρετικός) ordinary, common

συνηθίζω: βλ. εξοικειώνω ‖ (εξοικειώνομαι) get accustomed, get used ‖ (κάνω από συνήθεια) be in the habit

συνηθισμένος, -η, -ο: βλ. συνήθης ‖ (ε-

ξοικειωμένος) accustomed, used to
συνήθως: *(επίρ)* usually, customarily, as usual
συνηλικιώτης, ο: βλ. **συνομήλικος**
συνημίτονο, το: cosine
συνημμένος, -η, -ο: (σε γράμμα) attached, enclosed
συνηρημένος, -η, -ο: *(γραμ)* contracted
σύνθεση, η: (σύνθεση μερών σε ένα σύνολο) synthesis, composition ‖ (έκθεση ιδεών, μουσική, καλλιτεχν. κλπ.) composition
συνθέτης, ο: *(μουσ)* composer ‖ βλ. **στοιχειοθέτης**
συνθετικό, το: (μέρος) component, constituent ‖ (ύλη) βλ. **συνθετικός**
συνθετικός, -ή, -ό: synthetic
σύνθετος, -η, -ο: compound, complex, composite
συνθέτω: (γενικά) compose ‖ βλ. **στοιχειοθετώ**
συνθήκη, η: βλ. **σύμβαση** ‖ *(πληθ -περιστάσεις)* circumstances, conditions ‖ (συμβατικότητα) convention ‖ **κατά ~:** conventional
συνθηκολόγηση, η: (κλείσιμο συνθήκης) conclusion of a treaty, negotiation of a treaty ‖ (παράδοση με όρους) conditional surrender, capitulation
συνθηκολογώ: (κλείνω συνθήκη) conclude a treaty, negotiate a treaty ‖ (παραδίνομαι με όρους) capitulate, surrender under conditions
σύνθημα, το: (σημείο αναγνώρισης ή συνεννόησης) signal, sign ‖ (πολιτικό ή οργάνωσης) slogan ‖ *(στρ)* password
συνθηματικός, -ή, -ό: signal ‖ (σε μυστικό κώδικα) in code
συνθλίβω: βλ. **συμπιέζω**
σύνθλιψη, η: βλ. **συμπίεση**
συνιδιοκτησία, η: condominium ‖ (κοινή κατοχή) joint ownership
συνιδιοκτήτης, ο *(θηλ* **συνιδιοκτήτρια):** joint owner
συνίζηση, η: *(γραμ)* synizesis
συνίσταμαι: consist of, be composed of
συνισταμένη, η: resultant
συνιστώ: (φτιάχνω) establish, form ‖ βλ. **συστήνω** ‖ βλ. **συμβουλεύω** ‖ βλ. **παρακινώ**

συνιστώσα, η: component
συννεφιά, η: overcast, cloudy weather, cloudiness
συννεφιάζω: overcloud, become cloudy, cloud ‖ *(μτφ)* gloom, become gloomy
συννεφιασμένος, -η, -ο: cloudy, overcast
σύννεφο, το: cloud *(και μτφ)*
συννεφοσκέπαστος, -η, -ο: βλ. **συννεφιασμένος**
συννυφάδα, η: sister-in-law, wife of one's brother-in-law
συνοδεία, η: (γενικά) escort ‖ (επισήμου) retinue, suite ‖ *(μουσ)* accompaniment ‖ (προστατευτική) convoy
συνοδεύω: (γενικά) escort ‖ (πάω μαζί) accompany ‖ (για προστασία) convoy ‖ (συνοδεύω κυρία) escort, squire ‖ *(μουσ)* accompany
συνοδοιπόρος, ο: fellow traveller (και πολιτ. όρος)
σύνοδος, η: βλ. **συνέλευση** ‖ βλ. **συνδιάσκεψη** ‖ βλ. **συμβούλιο** ‖ *(εκκλ)* synod ‖ (βουλής) session
συνοδός, ο *(θηλ* **συνοδός):** escort, attendant ‖ (αεροπλάνου) steward *(θηλ* stewardess ή hostess) ‖ βλ. **ιπταμένη ~**
συνοικέσιο, το: βλ. **προξενιό**
συνοικία, η: district, quarter
συνοικισμός, ο: settlement
σύνοικος, ο *(θηλ* **σύνοικος):** βλ. **συγκάτοικος**
συνοικώ: βλ. **συγκατοικώ**
συνολικός, -ή, -ό: total, whole, overall
σύνολο, το: whole, total, entirety ‖ (ολικό άθροισμα) total ‖ *(μαθ)* set
συνομήλικος, -η, -ο: of the same age, contemporary
συνομιλητής, ο *(θηλ* **συνομιλήτρια):** interlocutor, discourser
συνομιλία, η: conversation, talk, discourse ‖ (φιλοκουβεντούλα) chat, chitchat ‖ βλ. **συζήτηση** ‖ *(id)* powwow
συνομιλώ: converse, talk, discourse ‖ (κουβεντιάζω) chat, chitchat ‖ βλ. **συζητώ** ‖ *(id)* powwow
συνομοσπονδία, η: βλ. **ομοσπονδία**
συνομοσπονδιακός, -ή, -ό: βλ. **ομοσπονδιακός**
συνομοταξία, η: division
συνονθύλευμα, το: medley

794

συνονόματος, -η, -ο: namesake
συνοπτικός, -ή, -ό: summary, synoptic, concise
σύνορα, τα: frontier, march, border
συνορεύω: border, march
συνοριακός, -ή, -ό: border, frontier
σύνορο, το: boundary, border ‖ βλ. **σύνορα**
συνουσία, η: coitus, coition, copulation, sexual intercourse, lovemaking, sex ‖ (χυδ) screw, fuck, lay
συνουσιάζομαι: copulate, have sexual intercourse, make sex, make love ‖ (χυδ) screw, fuck, lay
συνοφρύωμα, το: frown, scowl ‖ βλ. **κατήφεια**
συνοφρυώνομαι: frown, scowl ‖ βλ. **κατσουφιάζω**
συνοφρύωση, η: βλ. **συνοφρύωμα**
συνοχή, η: (φυσ) cohesion ‖ (λογική) coherence, coherency
σύνοψη, η: synopsis, summary, abstract ‖ (συντόμευση) compend, compendium, abridgement ‖ (των σπουδαίων σημείων) abstract, pre~cis ‖ (εκκλ) breviary
συνοψίζω: sum up, summarize, synopsize
συνταγή, η: (ιατρ) prescription ‖ (μαγειρ.) recipe ‖ (γενικά) formula, recipe
σύνταγμα, το: (χώρας) constitution ‖ (στρ. μονάς) regiment
συνταγματάρχης, ο: colonel, full colonel ‖ (id) bird colonel
συνταγματικός, -ή, -ό: constitutional ‖ ~η μοναρχία: constitutional monarchy, limited monarchy
συνταγματικότητα, η: constitutionality
συντάκτης, ο: (εφημερίδας) editor ‖ (γενικά) author, writer
συντακτικό, το: (γραμ) syntax
συντακτικός, -ή, -ό: (προσωπ. εφημερίδας) editorial ‖ (γραμ) syntactic, syntactical
σύνταξη, η: (προσ. εφημερίδας) editors, editorial staff ‖ (εργασία συντάκτη) editorship ‖ (γραμ) syntax ‖ (κειμένου) writing, wording, drawing up ‖ (συνταξιούχου) pension ‖ (στρατ. και γυμν.) fall in, form ranks

συνταξιοδότηση, η: pensioning off
συνταξιοδοτώ: pension off, grant a pension
συνταξιούχος, ο (θηλ συνταξιούχα): pensioner, pensionary
συνταράζω: βλ. **ταράζω**
συνταρακτικός, -ή, -ό: world-shaking ‖ βλ. **συγκλονιστικός**
συνταράσσω: βλ. **ταράζω**
συντάσσομαι: (πάω με το μέρος) side with, align oneself with, take sides ‖ (στρ) fall in, form ranks ‖ (γραμ) be governed, be followed by
συντάσσω: compile, draw up, write ‖ (χρησιμοποιώ συντακτικά σε πρόταση) construe ‖ (εφημερίδα) edit ‖ βλ. **διευθετώ** ‖ (συγκροτώ) form, organize
συνταυτίζομαι: concur, agree
συνταυτίζω: identify, consider as identical
συντείνω: contribute, conduce (βλ. και **συμβάλλω**)
σύντεκνος, ο: βλ. **κουμπάρος**
συντέλεια, η: end, finish
συντελεστής, ο: contributor, factor, conducer ‖ (μαθ) coefficient ‖ (φυσ) modulus
συντελεστικός, -ή, -ό: contributive, conducive
συντελώ: complete, consummate ‖ βλ. **συντείνω**
συντέμνουσα, η: (μαθ) cosecant
συντεταγμένη, η: coordinate
συντετριμμένος, -η, -ο: (μτφ) devastated, crushed
συντεχνία, η: guild, trade, trade union
συντήρηση, η: βλ. **διατήρηση** ‖ (ανθρώπου) sustenance, subsistence ‖ (ακινήτων) maintenance
συντηρητικός, ή, -ό: (πολιτ.) conservative ‖ (id) old fogy
συντηρητικότητα, η: conservativeness
συντηρητισμός, ο: conservatism
συντηρώ: βλ. **διατηρώ** ‖ (άνθρωπο) keep, maintain, support ‖ (ακίνητα) maintain
σύντμηση, η: βλ. **συντόμευση**
σύντομα: (επίρ χρον) soon, presently, shortly ‖ (σε συντομία) briefly, in brief, in short
συντόμευση, η: (φράσης ή λέξης) abbreviation ‖ (κειμένου) abridgement
συντομεύω: (χρον) shorten, cut short ‖

795

(μήκος) abridge, shorten
συντομία, η: shortness, brevity
σύντομος, -η, -ο: short, brief ΙΙ (σύντομος και περιληπτικός) succint, concise
συντονίζω: coordinate
συντονισμός, ο: coordination, coordinating
συντονιστής, ο: coordinator
σύντονος, -η, -ο: intensive
συντοπίτης (θηλ **συντοπίτισσα**): fellow countryman ΙΙ βλ. **συμπολίτης**
συντρέχω: succor, help
συντριβή, η: (μτφ) crushing, attrition, break
συντρίβω: crush, smash, shatter (και μτφ) ΙΙ (προκαλώ θλίψη) crush, break
σύντριμμα, το: (αμμοχάλικο) gravel ΙΙ (σιδηρ. γραμμής) ballast ΙΙ βλ. **συντρίμμι**
συντρίμμι, το: fragment, broken piece ΙΙ (μτφ) wreck ΙΙ (πληθ - συντρίμμια) debris
συντριπτικός, -ή, -ό: (μτφ) overwhelming, crushing ΙΙ **~ή πλειοψηφία:** overwhelming majority ΙΙ **~ή εκλογική νίκη:** landslide
συντροφεύω: keep company, accompany
συντροφιά, η: company ΙΙ (όμιλος, παρέα) party
συντροφικός, -ή, -ό: βλ. **κοινός**
σύντροφος, ο: comrade, companion ΙΙ (οργαν. ή κόμματος) comrade ΙΙ (αχώριστος φίλος) sidekick, pal, chum
συντυχαίνω: βλ. **συναντώ** **τυχαία** ΙΙ βλ. **συνομιλώ**
συντυχία, η: βλ. **συνάντηση** ΙΙ βλ. **σύμπτωση**
συνύπαρξη, η: coexistence
συνυπάρχω: coexist
συνυπεύθυνος, -η, -ο: jointly responsible, jointly liable
συνυπηρετώ: serve together, serve with
συνυπογράφω: cosign
συνυφαίνω: (μτφ) scheme, plot, intrigue
συνυφασμένος, -η, -ο: closely connected
συνωθούμαι: βλ. **συνωστίζομαι**
συνωμοσία, η: conspiracy, plot ΙΙ βλ. **ραδιουργία** ΙΙ βλ. **σκευωρία** ΙΙ βλ. **μηχανορραφία**
συνωμότης, ο (θηλ **συνωμότρια**): conspirator

συνωμοτικός, -ή, -ό: conspiratorial
συνωμοτώ: conspire, plot, scheme
συνώνυμα, τα: synonyms
συνώνυμος, -η, -ο: synonymous
συνωστίζομαι: throng, jostle, crush, crowd
συνωστισμός, ο: press, jostle, throng, crush
σύξυλος, -η, -ο: βλ. **ολόκληρος** ΙΙ (πλοίο) crew and cargo, ship and all ΙΙ (μτφ) dumfounded, dumbfounded, speechless
σύριγγα, η: syringe
συρίγγιο, το: fistula
συρίζω: βλ. **σφυρίζω**
συριστικός, -ή, -ό: sibilant
σύρμα, το: wire
συρματένιος, -α, -ο: wire ΙΙ (σαν σύρμα) wiry
συρμάτινος, -η, -ο: βλ. **συρματένιος**
συρματόπλεγμα, το: wire netting ΙΙ (ψιλό) wire gauze ΙΙ (αγκαθωτό) barbed wire
συρματόσκοινο, το: wire rope
συρμός, ο: βλ. **αμαξοστοιχία** ΙΙ βλ. **τρένο** ΙΙ βλ. **μόδα**
σύρραξη, η: conflict, clash
συρρέω: (μτφ) flock, crowd ΙΙ βλ. και **συνωστίζομαι**
σύρριζα: (επίρ) (από τη ρίζα) by the roots ΙΙ (ως τη ρίζα) root and branch ΙΙ (κούρεμα) very closely, close-cropped
συρροή, η: βλ. **συνωστισμός** ΙΙ βλ. **συσσώρευση**
σύρσιμο, το: dragging, tugging, lugging ΙΙ (κίνηση έρποντας) crawl, crawling, creeping
συρτάρι, το: drawer
συρτή, η: troll
σύρτη, η: sandbank
σύρτης, ο: bolt, bar, latch ΙΙ (αυτόματος) springlock
συρτοθηλειά, η: slipknot
συρτός, ο: (χορός) syrtos
συρτός, -ή, -ό: trailing, dragged
συρφετός, ο: riffraff, rabble, mob
σύρω: βλ. **σέρνω**
συσκέπτομαι: confer ΙΙ βλ. **συνεδριάζω**
συσκευάζω: pack ΙΙ βλ. **πακετάρω**
συσκευασία, η: packing
συσκευή, η: apparatus

σύσκεψη, η: conference ΙΙ βλ. **συνεδρίαση**

συσκοτίζω: darken, black out ΙΙ *(μτφ)* obfuscate, obscure, confuse, complicate

συσκότιση, η: black out ΙΙ *(μτφ)* obfuscation, obscurement, confusion, complication

σύσπαση, η: twitch, spasmodic movement, contraction

συσπειρώνομαι: coil, coil oneself ΙΙ *(μτφ)* rally, gather round

συσπειρώνω: coil, wind

συσπείρωση, η: *(μτφ)* rally

συσπουδαστής, ο *(θηλ* **συσπουδάστρια)**: βλ. **συμμαθητής** ΙΙ βλ. **συμφοιτητής**

συσπώ: twitch, contract ΙΙ (φρύδια) frown, scowl

συσσιτιάρχης, ο: mess sergeant

συσσίτιο, το: *(στρ)* mess

συσσωματώνω: incorporate ΙΙ *(μτφ)* unite, rally

συσσωμάτωση, η: incorporation ΙΙ *(μτφ)* union, rally

σύσσωμος, -η, -ο: entire, all together, in a body, the whole

συσσώρευση, η: accumulation, amassment

συσσωρευτής, ο: *(ηλεκτρ)* storage battery (U.S.A.), accumulator (Brit)

συσσωρεύω: accumulate, amass, heap up

συστάδα, η: grove

συστάδην *(επιρ):* **εκ του ~** : at close quarters ΙΙ (μάχη) pitched battle

συσταίνω: βλ. **συστήνω**

σύσταση, η: composition, structure ΙΙ βλ. **ίδρυση** ΙΙ βλ. **συγκρότηση** ΙΙ βλ. **συμβουλή** ΙΙ (διευθ.) address ΙΙ (παρουσίαση προσώπου) introduction ΙΙ (αναφορά για το ποιόν) recommendation ΙΙ (παραπομπή) referral

συστατικά, τα: ingredients, components ΙΙ (πληροφορίες) recommendations, references

συστατικός, -ή, -ό: component, constituent ΙΙ (που συστήνει) introductory ΙΙ (που δίνει πληροφορίες για το ποιόν) of recommendation, recommendatory ΙΙ (που παραπέμπει) referral ΙΙ **~ή επιστολή:** letter of recommendation

συστέλλομαι: contract, shrink ΙΙ *(φυσ)* contract ΙΙ *(μτφ)* be shy, be timid, feel shy

συστέλλω: contract, shrink ΙΙ *(φυσ)* contract

σύστημα, το: system ΙΙ βλ. **μέθοδος** ΙΙ βλ. **συνήθεια**

συστηματικός, -ή, -ό: systematic, systematical ΙΙ βλ. **μεθοδικός**

συστηματοποίηση, η: systematization

συστηματοποιώ: systematize, systemize

συστημένος, -η, -ο: (επιστολή) registered

συστήνω: βλ. **ιδρύω** ΙΙ βλ. **συγκροτώ** ΙΙ βλ. **συμβουλεύω** ΙΙ (υποδεικνύω) recommend ΙΙ (γνωρίζω κάποιον σε άλλον) introduce ΙΙ (παραπέμπω) refer

συστολή, η: contraction, shrinkage, shrinking ΙΙ *(φυσ)* contraction ΙΙ (καρδιάς) systole ΙΙ *(μτφ)* timidity, timidness, shyness

συστρατιώτης, ο: comrade in arms

συστρέφω: twist, contort

συστροφή, η: twist, contortion, twisting

συσφίγγω: tighten, make tighter

συσχετίζω: correlate ΙΙ βλ. **συγκρίνω**

συσχέτιση, η: correlation, correlating ΙΙ βλ. **σύγκριση**

συσχετισμός, ο: βλ. **συσχέτιση**

σύφιλη, η: syphilis

συφιλιδικός, -ή, -ό: syphilitic

συφορά, η: βλ. **συμφορά**

συχαίνομαι κλπ.: βλ. **σιχαίνομαι** κλπ.

συχαρίκια, τα: βλ. **συγχαρητήρια**

συχνά: *(επίρ)* often, frequently

συχνάζω: frequent ΙΙ (τακτικά) haunt *(id)* hang out

συχνός, -ή, -ό: frequent ΙΙ βλ. **επανειλημμένος**

συχνότητα, η: frequency, frequence ΙΙ (μαθ και φυσ) frequency

συχωράω: βλ. **συγχωρώ**

συχωρεμένος, -η, -ο: *(μτφ)* late, deceased

συχώρεση, η: βλ. **συγχώρεση** ΙΙ βλ. **συγγνώμη**

σφαγέας, ο: butcher, slaughterer (και *μτφ)*

σφαγείο, το: slaughterhouse (και *μτφ)*

σφαγή, η: slaughter ΙΙ *(μτφ)* slaughter, massacre, carnage

σφαγιάζω: slaughter, butcher, massacre ΙΙ *(μτφ)* βλ. **καταπατώ** ΙΙ βλ. **αδικώ**

σφαγιαστής, ο: βλ. **σφαγέας** ΙΙ *(μτφ)* violator, infringer

σφαγιο

σφάγιο, το: slaughtered animal
σφαδάζω: writhe (βλ. και σπαρταράω)
σφαδασμός, ο: writhing, convulsion
σφάζω: slay, slaughter ‖ βλ. σφαγιάζω ‖ (μτφ) sting to the quick, touch to the quick
σφαίρα, η: sphere ‖ (σφαιρ. αντικείμενο) sphere, globe ‖ (μτφ) sphere ‖ (όπλου) bullet, cartridge ‖ (υδρόγειος) globe ‖ (αθλ.) shot
σφαιρίδιο, το: globule ‖ βλ. σκάγι
σφαιρικός, -ή, -ό: spherical, globular ‖ (γεωμ) spherical
σφαιρικότητα, η: sphericity, sphericalness
σφαιριστήριο, το: βλ. μπιλιάρδο ‖ (χώρος) poolroom
σφαιροβολία, η: shot-put
σφαιροβόλος, ο: shot-putter
σφαιροειδής, -ές: spherical, globular, oblate
σφαλερός, -ή, -ό: erroneous, faulty
σφαλιάρα, η: whack ‖ βλ. σκαμπίλι
σφαλίζω: βλ. σφαλνώ
σφάλλω: err, be mistaken
σφάλμα, το: error, slip ‖ βλ. παράπτωμα
σφαλνώ: βλ. κλείνω ‖ βλ. κλειδώνω
σφάξιμο, το: βλ. σφαγή
σφαχτάρι, το: βλ. σφάγιο
σφάχτης, ο: βλ. σφαγέας ‖ (πόνος) βλ. σουβλιά
σφαχτό, το: βλ. σφάγιο
σφέδαμνος, ο: maple tree
σφεντόνα, η: sling ‖ (με λάστιχα) sling-shot
σφετερίζομαι: misappropriate, usurp ‖ βλ. και οικειοποιούμαι
σφετερισμός, ο: misappropriation ‖ (δικαιώματος) usurpation ‖ βλ. και οικειοποίηση
σφετεριστής, ο (θηλ σφετερίστρια): usurper
σφήκα, η: wasp, hornet
σφηκοφωλιά, η: hornet's nest (και μτφ)
σφήνα, η: wedge ‖ (συνδετική) cotter
σφηνοειδής, -ές: wedge-shaped ‖ ~ γραφή: cuneiform writing
σφηνώνω: wedge (και μτφ)
σφίγγα, η: sphinx (και μτφ)
σφίγγομαι: (καταβάλλω προσπάθεια) exert oneself, put oneself into strenuous

effort ‖ (έχω δυσκολίες) be in a tight squeeze, be in difficulties
σφίγγω: tighten, make tighter ‖ βλ. συμπιέζω ‖ (στενοχωρώ) press ‖ (στην αγκαλιά) hug ‖ (το χέρι) grip, shake hands ‖ (τα δόντια) clench ‖ (αναγκάζω βίαια) put the screws on ‖ (γίνομαι πυκνός) harden, set, thicken
σφιγκτήρας, ο: βόας ~: boa constrictor
σφίξη, η: tight squeeze, urgency ‖ βλ. δυσκοιλιότητα
σφίξιμο, το: tightening ‖ βλ. πίεση ‖ (στενοχ.) press, pressing ‖ (στην αγκαλιά) hug, hugging ‖ (χεριού) grip, gripping, handshake ‖ (δοντιών) clenching ‖ βλ. σφίξη
σφιχταγκαλιάζω: hug, crush in one's arms
σφιχταγκάλιασμα, το: hug, crushing embrace, bearhug
σφιχτός, -ή, -ό: tight ‖ (πυκνός) hard, thick ‖ βλ. σφιχτοχέρης
σφιχτοχέρης, -α, -ικο: close-fisted, tight-fisted
σφοδρός, -ή, -ό: βλ. βίαιος ‖ βλ. ορμητικός ‖ βλ. παράφορος ‖ (έντονος) vehement
σφοδρότητα, η: violence, fury ‖ (εντονότητα) vehemence
σφουγγαράδικο, το: (πλοίο) βλ. σπογγαλιευτικό
σφουγγαράς, ο: βλ. σπογγαλιέας
σφουγγάρι, το: βλ. σπόγγος
σφουγγαρίζω: scrub, mop
σφουγγάρισμα, το: scrub, scrubbing, mopping
σφουγγαρόπανο, το: mop
σφουγγάτο, το: scrambled eggs, omelet
σφουγγίζω: wipe, clean, sponge
σφραγίδα, η: seal, stamp
σφραγίζω: (βάζω σφραγίδα) seal, set one's seal ‖ (δόντι) fill
σφράγισμα, το: sealing ‖ (δοντιού) filling
σφριγηλός, -ή, -ό: vigorous, brisk, lively, pert
σφρίγος, το: vigor, briskness, pertness, liveliness
σφυγμομέτρηση, η: feeling the pulse ‖ (μτφ - κοινή γνώμη) poll, polling, canvassing ‖ βλ. βολιδοσκόπηση (μτφ)

798

σφυγμομετρώ: feel the pulse, measure the frequency of the pulse ‖ (μτφ - κοινή γνώμη) poll, canvass ‖ βλ. βολιδοσκοπώ (μτφ)

σφυγμός, ο: pulse

σφύζω: pulsate, throb, beat ‖ (μτφ) be full of vigor, be lively

σφύξη, η: βλ. σφυγμός

σφύρα, η: (εργαλ. και αθλητ.) hammer ‖ (ανατ) malleus, hammer ‖ βλ. επικρουστήρας

σφυρήλατος, -η, -ο: forged, hammered

σφυρηλατώ: hammer, forge

σφυρί, το: hammer ‖ βγαίνω στο ~: go under the hammer, be put up for auction ‖ βγάζω στο ~: bring under the hammer, put up for auction

σφύριγμα, το: whistling ‖ (φιδιού) hissing

σφυρίδα, η: bass, pike

σφυρίζω: whistle ‖ (αποδοκιμαστικά) hiss ‖ (φίδι) hiss

σφυρίχτρα, η: whistle

σφυροβολία, η: hammer throw

σφυροβόλος, ο: hammer thrower

σφυροδρέπανο, το: hammer and sickle

σφυροκόπημα, το: βλ. σφυρηλασία ‖ (μτφ) pounding

σφυροκοπώ: βλ. σφυρηλατώ ‖ (μτφ) pound

σχάρα, η: βλ. εσχάρα

σχεδία, η: raft

σχεδιάγραμμα, το: diagram, outline, sketch

σχεδιάζω: sketch, draw, outline ‖ (με υπολογισμούς) design ‖ (κάτοψη) plan ‖ (μτφ) plan, intend

σχεδιαστήριο, το: drafting room

σχεδιαστής, ο (θηλ σχεδιάστρια): draftsman ‖ (με στατ. υπολ.) designer

σχέδιο, το: drawing, outline, sketch ‖ (κάτοψης) design ‖ βλ. σκίτσο ‖ (εγ-γράφου) draft ‖ (μτφ) plan ‖ ~ πόλεως: (υπηρεσία) city planning

σχεδόν: (επίρ) almost, nearly (βλ. και περίπου)

σχέση, η: relation, relationship, connection, bearing ‖ (δεσμός) connection, association ‖ σε ~ με: βλ. σχετικά με

σχετίζομαι: (έχω σχέση) be related, be connected, have bearing ‖ (έχω δεσμό) be acquainted, be intimate with

σχετίζω: connect, relate (βλ. και συσχετίζω)

σχετικά: (επίρ) relatively ‖ ~ με: in relation to, with regard to, with respect to, regarding

σχετικός, -ή, -ό: relative, pertinent, connected ‖ (όχι απόλυτος) relative

σχετικότητα, η: relativity

σχήμα, το: shape, form, figure ‖ (εκκλ) cloth ‖ (τύπος) format ‖ ~ λόγου: figure of speech ‖ (χαιρετισμός) salute

σχηματίζω: form

σχηματικός, -ή, -ό: schematic, form

σχηματισμός, ο: formation, forming ‖ (στρ) formation

σχίζα, η: βλ. σκίζα

σχίζομαι: βλ. σκίζομαι

σχιζοφρένεια, η: schizophrenia

σχιζοφρενής, -ές: schizophrenic

σχίζω: βλ. σκίζω

σχίσμα, το: βλ. σκίσιμο ‖ (μτφ) schism

σχισματικός, -ή, -ό: schismatic

σχισμή, η: cleft, crack, fissure, cranny, crevice

σχιστόλιθος, ο: schist, shale, slate

σχιστός, -ή, -ό: split, cleft, slit

σχοινάκι, το: (παιδικό) skipping-rope

σχοινί, το: rope ‖ (σχοινοβάτη) tightrope

σχοινοβάτης, ο: acrobat, rope-dancer

σχοινοτενής, -ές: long, lengthy, prolonged, long-drawn

σχολάζω: rest, stop work ‖ βλ. σχολνώ ‖ βλ. απολύω

σχολαστικός, -ή, -ό: scholastic ‖ (μτφ) finicky, niggling

σχολείο, το: school ‖ δημοτικό ~: elementary school ‖ κοινοτικό ~: parochial school

σχόλη, η: holiday, day off

σχολή, η: (μέση ή ανωτέρα) school ‖ (πανεπιστημίου) college, school

σχολιάζω: comment ‖ (δυσμενώς) criticize ‖ (σημειώνω επεξηγηματικά) annotate ‖ (κάποιον) talk about

σχολιανά, τα: dressing-down, severe scolding

σχολιαστής, ο (θηλ σχολιάστρια): com-

σχολικός

mentator ‖ (που προσθέτει επεξηγημ. σημειώσεις) annotator

σχολικός, -ή, -ό: school ‖ βλ. και **εκπαιδευτικός**

σχόλιο, το: comment ‖ (σύνολο σχολίων) commentary ‖ (δυσμενές) criticism ‖ (επεξηγ. σημείωση) annotation

σχολνώ: finish classes

σχωρνώ: βλ. **συγχωρώ**

σώβρακο, το: shorts, underpants, drawers ‖ (μακρύ) long johns

σώζω: save, rescue ‖ βλ. **γλυτώνω**

σωθικά, τα: βλ. **εντόσθια**

σωληνάριο, το: tube

σωλήνας, ο: tube, hose, pipe, conduit ‖ (αποχέτευσης) drain pipe ‖ (ποτίσματος) hose

σωληνοειδής, -ές: tubular

σωλήνωση, η: piping ‖ (σειρά σωλήνων) pipe-line

σώμα, το: (γεν) body ‖ (στρ) corps ‖ ~ του εγκλήματος: corpus delicti ‖ ~ νόμων: corpus juris ‖ ~ με ~: βλ. **συστάδην**

σωμασκία, η: physical exercise

σωματάρχης, ο: corps commander, corps commanding general

σωματείο, το: corporation, association ‖ βλ. **συνδικάτο**

σωματεμπορία, η: white slavery

σωματεμπόριο, το: βλ. **σωματεμπορία**

σωματέμπορος, ο: white slaver, procurer, pimp

σωματίδιο, το: particle

σωματικός, -ή, -ό: body, corporeal, corporal, bodily

σωματοφύλακας, ο: bodyguard ‖ (ιστορ) musketeer

σωματοφυλακή, η: body guard

σωματώδης, -ες: stout, corpulent ‖ (μεγαλόσωμος και δυνατός) husky, burly

σώνει: (απρόσ) enough

σώνω: βλ. **σώζω** ‖ finish, exhaust

σώος, -α, -ο: (ακέραιος) entire, whole ‖ (αβλαβής) safe, intact, safe and sound

σωπαίνω: βλ. **σιωπώ** ‖ (μτβ) silence

σωρεία, η: βλ. **σωρός**

σωρεύω: βλ. **συσσωρεύω**

σωρηδόν: (επίρ) in heaps, in piles

σωριάζομαι: collapse, fall in a heap, crumble

σωριάζω: βλ. **συσσωρεύω**

σωρός, ο: heap, pile ‖ (από πέτρες) scree ‖ (μτφ) heaps, a lot of ‖ **ένα ~ό:** (id) umpteen

σωσίας, ο: double

σωσίβιο, το: life preserver ‖ (ζώνη) life belt ‖ (σακάκι) life jacket

σωσίβιος, -α, -ο: life saving ‖ **~α βάρκα:** life boat ‖ **~ο σχοινί:** life line ‖ **~α σχεδία:** life raft

σώσιμο, το: βλ. **διάσωση**

σωστά: (επίρ) precisely, exactly, right

σωστός, -ή, -ό: βλ. **ολόκληρος** ‖ βλ. **ακριβής** ‖ (μτφ) faultless, correct, right

σωτήρας, ο: savior, lifesaver, rescuer ‖ (λυτρωτής) deliverer ‖ (απελευθερωτής) liberator

σωτηρία, η: salvation, deliverance, rescue

σωφέρ, ο: chauffeur

σώφρονας, ο: βλ. **συνετός** ‖ βλ. **εγκρατής**

σωφρονίζω: bring to s.b's senses ‖ (βλ. και **συνετίζω**)

σωφρονιστήριο, το: reformatory, reform school

σωφρονιστικός, -ή, -ό: reformatory, corrective ‖ **~ό ίδρυμα:** βλ. **σωφρονιστήριο**

σωφροσύνη, η: βλ. **σύνεση** ‖ βλ. **φρόνηση**

Τ

Τ, τ: the 19th letter of the Greek alphabet ‖ **τ´:** 300 ‖ **͵τ:** 300000

ταβάνι, το: ceiling

τάβανος, ο: βλ. **αλογόμυγα**

ταβανώνω: ceil, make a ceiling for

ταβατούρι, το: hubbub, din, hullabaloo

ταβέρνα, η: tavern, pub, taproom, taphouse

ταβερνιάρης (θηλ **ταβερνιάρισσα**): taverner, tavern-keeper, tapster

ταβερνόβιος, -α, -ο: barfly

τάβλα, η: board ‖ βλ. **σανίδα** ‖ (id)

stoned, plastered, pissed, potted
τάβλι, το: backgammon
ταγάρι, το: bag, sack
ταγή, η: fodder
ταγίζω: βλ. **ταΐζω**
ταγκάδα, η: tang, rancidity
ταγκιάζω: tang, become rancid
ταγκιασμένος, -η, -ο: βλ. **ταγκός**
ταγκό, το: tango
ταγκός, -ή, -ό: rancid, rank, tangy
τάγμα, το: battalion ‖ *(εκκλ. και παρασημ.)* order
ταγματάρχης, ο: major
τάδε, ο, η, το: such, such and such, so-and-so
τάζω: vow, pledge, make a vow
ταΐζω: feed ‖ βλ. **δωροδοκώ** ‖ βλ. **θηλάζω**
ταινία, η: ribbon, strip, tape ‖ \(κινημ.) film, movie ‖ (αξιώματος) cordon ‖ (παρασήμου) ribbon ‖ (βλ. και **ροζέτα**) ‖ (μετρική) tape measure, tapeline ‖ *(ιατρ)* tapeworm
ταίρι, το: (ένα από δύο όμοια) mate, one of 'a matched pair ‖ (σύντροφος) mate ‖ **δεν έχει ~:** be peerless, be unmatched, have no equal
ταιριάζω: *(μτβ)* pair, match ‖ βλ. **συνδυάζω** ‖ βλ. **συναρμολογώ** — *(αμτβ)* match, suit ‖ (εφαρμόζω) fit
ταιριαστός, -ή, -ό: matched, well-matched
τάϊσμα, το: feeding ‖ βλ. **δωροδοκία** ‖ βλ. **θήλασμα**
τάκα-τάκα: *(επίρ) (id)* lickety-split, pronto
τάκος, ο: wooden block
τακούνι, το: heel ‖ (ψηλό) high heel ‖ (πολύ ψηλό) spike, spike heel
τακτ, το: tact
τακτική, η: tactics ‖ βλ. **μέθοδος** ‖ βλ. **σύστημα**
τακτικός, -ή, -ό: (που γίνεται τακτικά) regular ‖ (ορισμένος) fixed ‖ (με τάξη) orderly, tidy ‖ (αριθμητικό) ordinal ‖ βλ. **συνεπής**
τακτοποίηση, η: arrangement, tidying, ordering ‖ βλ. **διευθέτηση** και **διακανονισμός**
τακτοποιώ: arrange, tidy, set in order ‖ βλ. **διευθετώ** και **διακανονίζω**
τακτός, -ή, -ό: fixed, appointed

ταλαιπωρία, η: hardship ‖ βλ. **κούραση** και **εξάντληση** ‖ βλ. **δυστυχία**
ταλαίπωρος, -η, -ο: βλ. **δύστυχος** ‖ βλ. **άτυχος**
ταλαιπωρώ: torment, harass
ταλαντεύομαι: oscillate, sway ‖ *(μτφ)* oscillate, waver
ταλάντευση, η: oscillation, swaying ‖ *(μτφ)* oscillation, wavering
ταλαντεύω: oscillate, sway
τάλαντο, το: talent, gift ‖ (ειδικό, έμφυτο) knack
ταλαντούχος, -α, -ο: talented, gifted
ταλάντωση, η: βλ. **ταλάντευση**
ταλέντο, το: βλ. **τάλαντο**
τάλιρο, το: five drachmas piece
ταλκ, το: talc
τάμα, το: βλ. **ανάθημα** ‖ βλ. **τάξιμο**
ταμείο, το: (κάσα) till, strongbox ‖ (γραφείο) cashier's office, teller's office ‖ (ταμείου πληρωμών) paymaster's office ‖ (δημόσιο) treasury ‖ **βιβλίο ~ου:** cashbook, ledger
ταμίας, ο: (γενικών πληρ. και εισπρ.) cashier ‖ (σε γκισέ) teller ‖ (πληρωτής) paymaster, payer ‖ (πλοίου) purser ‖ (διοικ. συμβ.) treasurer
ταμιευτήριο, το: savings bank
ταμιεύω: βλ. **αποταμιεύω**
ταμπακιέρα, η: (ταμπάκου) snuffbox ‖ βλ. **σιγαροθήκη**
ταμπάκος, ο: snuff
ταμπέλα, η: (καταστήματος, κλπ.) signboard ‖ (διαφημ.) billboard, bill ‖ (με όνομα) nameplate ‖ βλ. **πινακίδα αυτοκινήτου**
ταμπλάς, ο: βλ. **αποπληξία**
ταμπλό, το: βλ. **πίνακας** ‖ (οργάνων ελέγχου) instrument board, instrument panel ‖ (αυτοκ.) dashboard ‖ **~ βιβάν:** tableau vivant
ταμπόν, το: (σφραγίδας) inkpad
ταμπούρι, το: vallation (βλ. και **προμαχώνας**)
ταμπούρλο, το: drum ‖ (μεγάλο) kettle drum
ταμπουρώνω: βλ. **οχυρώνω**
τανάλια, η: tongs, pincers ‖ βλ. και **λαβίδα**
τανάπαλιν: *(επίρ)* vice versa, conversely

τανγκό

τανγκό, το: βλ. ταγκό
τανκ, το: tank
τανύζομαι: stretch oneself
τανύζω: stretch, spread, stretch out, extend
τάξη, η: (σειρά) order, arrangement, rank ‖ βλ. τακτοποίηση ‖ βλ. διευθέτηση ‖ (όχι αταξία) order ‖ (κατηγορία) order, class ‖ (σχολείου) class ‖ (αίθουσα) classroom ‖ (στρ) ranks, files ‖ εν~ει: all right, O.K. ‖ πολύ εν~ει: on the up and up ‖ πρώτης ~ης: first class, first rate
ταξί, το: cab, taxi, taxicab
ταξιάρχης, ο: βλ. αρχάγγελος
ταξιαρχία, η: brigade
ταξίαρχος, ο: brigadier, brigadier general
ταξιδευτής, ο (θηλ ταξιδεύτρια): traveller
ταξιδεύω: travel, make a trip, journey ‖ (κάνω μικρό ταξίδι αναψυχής) jaunt, make a trip ‖ (δια θαλάσσης) voyage, make a voyage
ταξίδι, το: travel, trip, journey ‖ (μικρό αναψυχής) jaunt, trip ‖ (θαλασσινό) voyage ‖ καλό ~: bon voyage, have a nice trip
ταξιδιάρικος, -η, -ο: (πουλί) migratory, of passage
ταξιδιώτης ο (θηλ ταξιδιώτισσα): βλ. ταξιδευτής
ταξιδιωτικός, -ή, -ό: travel, traveling
ταξιθέτης, ο (θηλ ταξιθέτρια): usher (θηλ: usherette)
ταξιθέτρια, η: βλ. ταξιθέτης
ταξιθέτηση, η: classification, classifying
ταξιθετώ: classify
ταξικός, -ή, -ό: class
ταξίμετρο, το: taximeter
τάξιμο, το: vow, promise
ταξινόμηση, η: βλ. ταξιθέτηση
ταξινομώ: βλ. ταξιθετώ
ταξιτζής, ο: cab driver
τάπα, η: βλ. βούλωμα ‖ (id) stoned, plastered, potted, pissed
ταπεινός, -ή, -ό: humble ‖ βλ. πρόστυχος ‖ βλ. τιποτένιος ‖ βλ. σεμνός
ταπεινοφροσύνη, η: humbleness, humility, modesty
ταπεινώνω: humiliate, humble
ταπείνωση, η: humiliation

ταπεινωτικός, -ή, -ό: humiliating
ταπέτο, το: rug
ταπετσαρία, η: (τοίχου) wallpaper ‖ (επίπλων) upholstery
ταπετσέρης, ο: upholsterer
τάπητας, ο: carpet, rug ‖ επί ~ος: on the carpet (μτφ)
ταπητουργία, η: carpet making
ταπί: (επίρ) (id) busted, broke
τάρα, η: βλ. απόβαρο
τάραγμα, το: shaking, agitation ‖ (μτφ) upset, distress, perturbation
ταράζω: shake, agitate ‖ (μτφ) upset, perturb, distress, disturb
ταρακούνημα, το: shaking
ταρακουνώ: shake violently
ταραμάς, ο: tarama caviar, carp roe
τάρανδος, ο: reindeer
ταραξίας, ο: agitator, trouble maker ‖ βλ. καβγατζής ‖ βλ. ταραχοποιός
ταράσσω: βλ. ταράζω
ταράτσα, η: sundeck, flat roof
ταραχή, η: agitation, disturbance ‖ (μεγάλη) turbulence, tumult ‖ (ψυχική) upset, distress, perturbation ‖ βλ. έκτροπα
ταραχοποιός, ο: agitator, rioter
ταραχώδης, -ες: turbulent, tumultuous (και μτφ)
ταρίφα, η: tariff, schedule of prices, price list
ταρίχευση, η: (ζώου) taxidermy ‖ (ανθρώπων) embalmment, embalming ‖ βλ. πάστωμα
ταριχεύω: (ζώα) stuff and mount animal skin into lifelike position ‖ (ανθρώπους) embalm
ταρσός, ο: tarsus
τάρταρα, τα: tartarus, inferno, infernal region ‖ βλ. έγκατα
ταρταρούγα, η: tortoise shell
τασάκι, το: βλ. σταχτοδοχείο
τάση, η: tension ‖ βλ. τέντωμα και έκταση ‖ (μτφ) tendency, inclination, propensity
τάσι, το: mug
τάσσω: place, post ‖ βλ. ορίζω
ταυρομαχία, η: bullfight
ταυρομάχος, ο: bullfighter, toreador ‖ (που σκοτώνει τον ταύρο) matador

802

ταύρος, ο: bull
ταυτίζω: βλ. συνταυτίζω
ταυτολογία, η: tautology ‖ βλ. πλεονασμός
ταυτόσημος, -η, -ο: equivalent, synonymous, of the same meaning ‖ βλ. όμοιος
ταυτότητα, η: identity
ταυτόχρονος, -η, -ο: simultaneous ‖ (που υπάρχει ταυτόχρονα) concomitant, concurrent
ταφή, η: βλ. ενταφιασμός
ταφόπετρα, η: gravestone, tombstone
τάφος, ο: grave ‖ (μεγάλος θολωτός) burial vault ‖ Πανάγιος Τ~: Holy Sepulcher ‖ βλ. εχέμυθος ‖ έχει το ένα πόδι στον ~: have one foot in the grave
τάφρος, η: ditch, trench (βλ. και όρυγμα) ‖ (χαράκωμα) trench ‖ (φρουρίου) moat
ταφτάς, ο: taffeta
τάχα: (επίρ) (σαν να) as if, as though ‖ (φαινομενικά) apparently, supposedly ‖ βλ. δήθεν
τάχατες: βλ. τάχα
ταχεία, η: (τρένο) express train ‖ (λεωφορείο) express, nonstop ‖ (εμπορικό τρένο) manifest
ταχιά: (επίρ) βλ.αύριο
ταχτικός, -ή, -ό: βλ. τακτικός
ταχυβόλο, το: rapid-fire gun
ταχυδακτυλουργία, η: (τέχνη) conjuring, conjuration, magic ‖ (απάτη) legerdemain, sleight of hand (βλ.και απάτη)
ταχυδακτυλουργός, ο: conjuror, magician, juggler
ταχυδρομείο, το: (υπηρεσία) mail, post ‖ (οίκημα) post office ‖ (αλληλογραφία) mail ‖ όχημα ~: mail car
ταχυδρομικά, τα: postage, mailing charges
ταχυδρομικός, -ή, -ό: post, postal, mail ‖ ~ τομέας: zip code ‖ ~ή θυρίδα: P.O. Box ‖ ~ θυρίδα (σπιτιού) maildrop ‖ ~ό δελτάριο: postcard, postal card ‖ ~ό κιβώτιο: mailbox, postbox ‖ ~ διευθυντής: postmaster ‖ ~ υπάλληλος: post office employee ‖ ~ σάκος: mailbag
ταχυδρομικός, ο: post office employee
ταχυδρόμος, ο: mailman, mailcarrier, postman, letter carrier

ταχυδρομώ: mail, post, send by mail, put in the mail
ταχύμετρο, το: (μετρητής ταχύτητας) tachometer ‖ (τοπογραφ.) tachymeter
ταχύνω: speed up, quicken ‖ βλ. επιταχύνω ‖ βλ. επισπεύδω
ταχυπαλμία, η: palpitation
ταχύς, -εία, -ύ: βλ. γρήγορος ‖ βλ. σβέλτος
ταχύτητα, η: speed, velocity ‖ βλ. γρηγοράδα
ταψί, το: shallow baking tray ‖ χορεύω στο ~: rake over the coals, drag over the coals
τέζα: (επίρ) βλ.τεντωμένος ‖dead (και μτφ) ‖ pooped ‖ (στο μεθύσι) pissed, potted, dead drunk, plastered
τεζάρισμα, το: βλ. τέντωμα ‖ pooping
τεζάρω: βλ. τεντώνω ‖ die, kick the bucket ‖ (εξαντλούμαι) be pooped
τεθλασμένη, η: (γραμμή) crooked line
τείνω: βλ. τεντώνω ‖ βλ. απλώνω ‖ (έχω τάση) be inclined, tend to, have a tendency, incline
τείο, το: βλ. τσάι
τειχίζω: wall, fortify ‖ βλ. περιτειχίζω
τείχισμα, το: βλ. οχύρωση ‖ βλ. τείχος
τείχος, το: wall
τεκές, ο: (id) joint
τεκίλα, η: tequila
τεκμήριο, το: proof, clue, document
τεκμηριώνω: document
τεκμηρίωση, η: documentation
τέκνο, το: child (βλ. και γόνος)
τεκνοποίηση, η: parturition
τεκνοποιώ: give birth
τέκτονας, ο: freemason
τεκτονικός, -ή, -ό: masonic ‖ (γεωλογ) tectonic
τεκτονισμός, ο: freemasonry
τελάλης, ο: crier, public crier
τελάρο, το: frame ‖ (τεντώματος) tenter
τέλεια: (επίρ) perfectly
τελεία, η: period, full stop ‖ άνω ~: semicolon ‖ ~ και παύλα: (μτφ) period
τελειοποίηση, η: perfection
τελειοποιώ: perfect, bring to perfection
τέλειος, -α, -ο: perfect, faultless ‖ (απόλυτα τέλειος) letter-perfect
τελειότητα, η: perfection, faultlessness

τελειόφοιτος

τελειόφοιτος, -η, -ο: (4ετούς πανεπ. ή γυμνασίου) senior ‖ (πενταετούς φοίτησης) graduate student
τελειώνω: (μτβ) finish, end, complete, bring to an end ‖ (αμτβ) end, come to an end, come to a conclusion, finish
τελείως: (επίρ) completely, utterly, entirely
τελειωτικός, -ή, -ό: final, conclusive
τέλεση, η: βλ. εκτέλεση ‖ βλ. πραγματοποίηση
τελεσίγραφο, το: ultimatum
τελεσίδικος, -η, -ο: irrevocable ‖ (νομ) peremptory
τελεσφορώ: bear fruit, effectuate
τελετάρχης, ο: (τελετής ή γεγονότος) marshal ‖ (που παρουσιάζει επισήμους κλπ.) master of ceremonies
τελετή, η: ceremony
τελετουργία, η: rite (βλ. και ιεροτελεστία)
τελετουργώ: βλ. ιερουργώ
τελευταία: (επίρ) recently, of late, lately
τελευταίος, -α, -ο: (δεν ακολουθείται από άλλον) last ‖ (τελευταίος μέχρις στιγμής) latest ‖ βλ. τελειωτικός ‖ βλ. τελικός ‖ στα ~α του: on his last legs
τελεύω: βλ. τελειώνω ‖ βλ. εξαντλούμαι ‖ βλ. πεθαίνω
τελεφερίκ, το: telpher, funicular
τέλη, τα: duties, dues
τέλι, το: βλ. σύρμα
τελικά: (επίρ) finally, in the end, at length, ultimately
τελικός, -ή, -ό: final, ultimate ‖ (αποφασιστικός) definitive, conclusive, decisive
τέλμα, το: βλ. βάλτος
τελματώνω: (μτφ) bog, stalemate
τελμάτωση, η: (μτφ) bogging, stalemate, deadlock
τέλος, το: end, finish, termination ‖ (φόρος) duty (βλ. τέλη) ‖ στο ~: at length, finally ‖ επι~ους: at last, finally, at length ‖ ~ πάντων: anyway, after all
τελώ: perform ‖ βλ. πραγματοποιώ ‖ βλ. εκτελώ
τελωνειακός, ο: customs official, customs employee
τελωνειακός, -ή, -ό: customs
τελωνείο, το: (υπηρεσία) customs ‖

(κτίριο) customhouse
τελώνης, ο: customs officer, customs director
τελώνιο, το: jinni, genie, djinny
τεμαχίζω: βλ. κομματιάζω
τεμάχιο, το: part, piece ‖ (είδους ή εμπορεύματος) article, piece ‖ βλ. κομμάτι
τεμενάς, ο: βλ. υπόκλιση ‖ βλ. δουλοπρέπεια
τέμενος, το: temple ‖ βλ. τζαμί
τέμνουσα, η: (μαθ) secant
τέμνω: intersect ‖ βλ. κόβω ‖ βλ. διαιρώ
τεμπέλης, -α, -ικο: lazy, sluggard, loafer, indolent ‖ (που τεμπελιάζει στο κρεβάτι) slugabed
τεμπελιά, η: laziness, sluggardness, indolence, loafing
τεμπελιάζω: laze, loaf, loll ‖ (τριγυρίζω άσκοπα) loiter
τεμπέλικος, -η, -ο: βλ. τεμπέλης
τεμπελχανάς, ο: βλ. τεμπέλης
τεμπεσίρι, το: βλ. κιμωλία
τέμπλο, το: (εκκλ) retable, reredos
τέναγος, το: βλ. βάλτος
τενεκεδένιος, -α, -ο: tin, made of tin
τενεκές, ο: (ύλη) tin ‖ (αντικείμενο) pail, can ‖ (μτφ) βλ. βλάκας ‖ βλ. τιποτένιος
τενεκετζής, ο: tinsmith, tinner ‖ (πλανόδιος) tinker
τένις, το: tennis
τένοντας, ο: sinew, tendon
τενόρος, ο: tenor
τέντα, η: (σκηνή) tent ‖ (πρόστεγο) awning ‖ (μαρκίζα) marquise, marquee
τέντζερης, ο: kettle, pot
τέντωμα, το: stretching, spreading ‖ (για ξεμούδιασμα) stretching
τεντωμένος, -η, -ο: stretched, spread ‖ βλ. ξαπλωτός
τεντώνομαι: stretch, flex one's limbs, stretch one's limbs ‖ βλ. κορδώνομαι
τεντώνω: stretch, extend, stretch out ‖ (σφίγγω) tighten, stretch ‖ (μτφ) strain
τέρας, το: freak, monster ‖ (μορφώσεως, κλπ.) prodigy ‖ (κακός) monster
τεράστιος, -α, -ο: monstrous, enormous, huge, prodigious ‖ (τεράστιο πράγμα) whopper
τερατολογία, η: teratology ‖ (μτφ) ab-

804

surdity, exaggeration, exaggerated account (βλ. και **παραδοξολογία**)
τερατολόγος, -α, -ο: *(μτφ)* exaggerator
τερατόμορφος, -η, -ο: freakish, monstrous, hideous (και *μτφ*)
τερατούργημα, το: monstrosity (και *μτφ*)
τερατώδης, -ες: monstrous (και *μτφ*)
τερετίζω: warble, chirp, twitter ‖ (γρύλος) chirr
τερέτισμα, το: warble, warbling, chirp, twitter
τερηδόνα, η: (σαράκι) woodworm ‖ (οστών) caries
τέρμα, το: end ‖ (άκρο) extremity ‖ (γραμμής συγκοιν.) terminus, terminal ‖ (ποδοσφ. κλπ.) goal
τερματίζω: *(μτβ)* terminate ‖ (φθάνω στο τέρμα) finish
τερματοφύλακας, ο: goaltender, goalkeeper, goalie
τερμίτης, ο: termite
τερπνός, -ή, -ό: βλ. **ευχάριστος** ‖ βλ. **διασκεδαστικός**
τέρπω: please, delight, amuse
τερτίπι, το: βλ. **κόλπο** ‖ βλ. **τέχνασμα**
τέρψη, η: βλ. **ευχαρίστηση** ‖ βλ. **διασκέδαση**
τεσσαράκοντα, η: παρά μία ~: a thorough beating
τεσσαρακοστός, -ή, -ό: fortieth
τεσσάρι, το: four ‖ (διαμέρισμα) four-room apartment
τέσσερες, -α: four ‖ **με τα ~α:** on all fours ‖ **~α - ~α:** four at a time
τεστ, το: test
τεταγμένη, η: *(μαθ)* ordinate
τέτανος, ο: tetanus, lockjaw
τεταρταίος, ο: (πυρετός) quartan
τετάρτη, η: Wednesday ‖ **Μεγάλη ~Τ:** Holy Wednesday
τεταρτημόριο, το: quadrant
τέταρτο, το: quarter
τέταρτος, -η, -ο: fourth
τετελεσμένος, -η, -ο: completed, done, accomplished, finished ‖ **~ μέλλοντας:** future perfect ‖ **~ο γεγονός:** fait accompli
τετμημένη, η: *(μαθ)* abscissa
τέτοιος, -α, -ο: such, of this kind ‖ βλ. **όμοιος**

τετραγωνίζω: square
τετραγωνικός, -ή, -ό: βλ. **τετράγωνος** ‖ **~ό μέτρο:** square meter ‖ *(μτφ)* irrefutable
τετραγωνισμός, -ο: squaring, quadrature ‖ (ύψωση σε τετράγωνο) squaring
τετράγωνο, το: square
τετράγωνος, -η, -ο: βλ. **τετραγωνικός**
τετράδα, η: four, group of four, set of four
τετράδιο, το: notebook
τετράδιπλος, -η, -ο: fourfold, quadruple
τετράδυμα, τα: quadruplets
τετράεδρο, το: tetrahedron
τετράεδρος, -η, -ο: tetrahedral
τετραετής, -ές: (διάρκεια) quadrennial ‖ (ηλικία) four year old
τετραετία, η: quadrennium
τετρακόσιοι, -ες, -α: four hundred ‖ **τα έχει ~α:** he has brains
τετρακοσιοστός, -ή, -ό: four hundredth
τετράπαχος, -η, -ο: obese, corpulent, very fat
τετραπέρατος, -η, -ο: very clever, wiz, very smart
τετραπλασιάζω: quadruplicate, quadruple
τετραπλάσιος, -α, -ο: βλ. **τετράδιπλος**
τετράπλευρο, το: quadrilateral, quadrangle, quad
τετράπλευρος, -η, -ο: quadrilateral, four-sided
τετραπλός, -ή, -ό: βλ. **τετράδιπλος**
τετράποδο, το: quadruped, four-footed animal ‖ *(μτφ)* βλ. **βλάκας**
τετράπρακτος, -η, -ο: four-act
τετρασέλιδος, -η, -ο: four-page
τετράστιχο, το: quatrain
τετράτροχος, -η, -ο: four-wheeled
τετραφωνία, η: quartet
τετραώροφος, -η, -ο: four-storied
τετριμμένος, -η, -ο: *(μτφ)* trite, banal, hackneyed
τεύτλο, το: βλ. **παντζάρι**
τεύχος, το: issue, number
τέφρα, η: βλ. **στάχτη**
τεφτέρι, το: βλ. **δευτέρι**
τέχνασμα, το: ploy, trick, ruse ‖ βλ. και **στρατήγημα**
τέχνη, η: art ‖ βλ. **επιδεξιότητα** ‖ (ιδιότητα του τεχνίτη) craft ‖ βλ. **επάγγελμα**

τεχνητός

‖ καλές ~ες: fine arts
τεχνητός, -ή, -ό: artificial, facticious ‖
(ψεύτικος) made up, affected, simulated
τεχνική, η: technique
τεχνικός, -ή, -ό: technical
τεχνίτης, ο: (επαγγελματίας) craftsman,
artisan ‖ (τεχνικός) technician ‖ (μτφ)
expert, whiz
τεχνοκράτης, ο: technocrat
τεχνοκρατία, η: technocracy
τεχνοκρίτης, ο: art critic
τεχνολογία, η: technology ‖ (γραμ) pars-
ing
τεχνοτροπία, η: style (βλ. και τεχνική)
τέως: (επίρ) βλ. πρώην
τζαζ, η: jazz ‖ (id) jive
τζάκι, το: fireplace ‖ από ~: highborn, of
noble birth
τζαμαρία, η: glass wall, glass panel
τζάμι, το: pane, window pane
τζαμί, το: mosque
τζαμόπορτα, η: glass door, french door,
french window
τζάμπα: (επίρ) βλ. δωρεάν
τζαμπατζής, ο: bum
τζαμωτός, -ή, -ό: glass, of glass
τζαναμπέτης, ο (θηλ τζαναμπέτισσα):
grouch, grouchy, grumpy, cantankerous,
peevish, prune
τζανεριά, η: wild plum tree
τζάνερο, το: wild plum, plum
τζαντόγρια, η: old hag, old crone
τζελατίνα, η: gelatin, gelatine ‖ (πλαστική
ύλη) celluloid, cellophane
τζερεμές, ο: (id) βλ. πρόστιμο ‖ βλ.
ζημιά ‖ (μτφ) βλ. τεμπέλης
τζίβα, η: fiber, vegetable fiber
τζίνι, το: βλ. τελώνιο ‖ (μτφ) whiz, wiz,
wizard
τζίρος, ο: turnover, overturn
τζίτζικας, ο: cicada, seventeen-year
locust
τζιτζίκι, το: βλ. τζίτζικας
τζιτζιφιά, η: jujube, jujube tree, ziziphus
jujube
τζίτζιφο, το: jujube, chinese date
τζίφος, ο: zilch ‖ βλ.αποτυχία
τζίφρα, η: βλ. μονογραφή
τζογαδόρος, ο: βλ. χαρτοπαίκτης
τζόγος, ο: gambling

τζόκεϋ, ο: jockey
τήβεννος, ο: toga
τηγανητός, -ή, -ό: fried ‖~ές πατάτες:
french fries
τηγάνι, το: skillet, frying pan
τηγανίζω: fry
τηγανίτα, η: waffle, patty ‖ (μεγάλη)
pancake
τήκομαι: melt (βλ. και λιώνω), thaw
τήκω: melt (βλ. και λιώνω), thaw
τηλεβόας, ο: megaphone ‖ (ηλεκτρικός)
bullhorn, loudhailer
τηλεβόλο, το: heavy gun, cannon
τηλεγραφείο, το: telegraph office ‖
(υπηρεσία) wire service, telegraph ser-
vice
τηλεγράφημα, το: wire, telegram ‖ (μέσω
υποβρυχίου καλωδίου) cablegram,
cable
τηλεγραφητής, ο: telegrapher
τηλεγραφία, η: telegraphy
τηλεγραφικός, -ή, -ό: telegraphic
τηλέγραφος, ο: telegraph
τηλεγραφώ: telegraph, wire
τηλεόραση, η: television ‖ (id) telly, tube,
T.V.
τηλεπάθεια, η: telepathy
τηλεπαθητικός, -ή, -ό: telepathic
τηλεπικοινωνία, η: telecommunication
τηλεσκόπιο, το: telescope ‖ (μικρό) spy-
glass
τηλέτυπο, το: teleprinter, teletypewriter,
teletype
τηλεφακός, ο: telephoto lens
τηλεφωνείο, το: (κέντρο) telephone ex-
change ‖ (θάλαμος) telephone booth,
phone booth
τηλεφώνημα, το: telephone call, phone
call, call
τηλεφωνητής, ο (θηλ τηλεφωνήτρια): op-
erator, telephone operator
τηλεφωνήτρια, η: βλ. τηλεφωνητής
τηλεφωνικός, -ή, -ό: phone, telephone,
telephonic ‖ ~ κατάλογος: telephone
book, telephone directory ‖ ~ θάλαμος:
telephone booth
τηλέφωνο, το: telephone, phone ‖ ~ για
το κοινό: payphone
τηλεφωνώ: telephone, phone, make a
call, call up, make a phonecall

806

τοίχωμα

τηλεφωτογραφία, η: (μέθοδος) telephotography ‖ (εικόνα) telephotograph
τηλεχειρισμός, ο: remote control
τήξη, η: melting, thawing, liquefaction
τήρηση, η: keeping, maintenance ‖ (υπακοή, συμμόρφωση) observance
τηρώ: keep, maintain ‖ (υπόσχεση) keep ‖ (υπακούω, συμμορφώνομαι) observe
τι: what? ‖ ~ **μ' αυτό?** what of it?
τιάρα, η: tiara
τίγκα: (επίρ) jammed, full to the brim
τίγρη, η (αρσ **τίγρης**): tigress
τίγρης, ο: tiger
τιθάσευση, η: βλ. **δάμασμα**
τιθασεύω: βλ. **δαμάζω**
τίλιο, το: lime leaves beverage
τιμαλφή, τα: jewels
τιμαλφής, -ές: precious, valuable
τιμάριθμος, ο: cost of living
τιμάριο, το: βλ. **φέουδο**
τιμαριωτικός, -ή, -ό: βλ. **φεουδαρχικός**
τιμή, η: (ηθ.) honor ‖ (υπόληψη) respect ‖ (αξία ηθική) worth, value ‖ (αντίτιμο) price, rate, value ‖ (μαθ) value
τίμημα, το: price, value, cost
τιμημένος, -η, -ο: honored
τιμητής, ο: (επικριτής) critic
τιμητικός, -ή, -ό: honorary
τίμια: (επίρ) honestly, on the square
τίμιος, -α, -ο: honest, square ‖ βλ. **ηθικός** ‖ ~ **παίκτης:** sportsman
τιμιότητα, η: honesty ‖ βλ. **εντιμότητα** ‖ βλ. **ευθύτητα** ‖ (αθλ.) sportsmanship
τιμοκατάλογος, ο: (εμπορ.) tariff ‖ (ειδών) price list ‖ (εστιατορίου) menu
τιμολόγιο, το: invoice, bill ‖ βλ. **ταρίφα**
τιμόνι, το: (γενικά) wheel ‖ (διακυβερν. πλοίου) helm, wheel ‖ (οιάκιο) rudder, tiller ‖ (αυτοκ.) steering wheel ‖ (ποδηλάτου) handlebars ‖ (μτφ) helm
τιμονιέρα, η: (πλοίου) pilot house, wheelhouse
τιμονιέρης, ο: (πλοίου) wheelman, wheelsman, helmsman
τιμώ: honor ‖ βλ. **σέβομαι**
τιμώμαι: βλ. **κοστίζω**
τιμωρία, η: punishment, penalty ‖ (δάρσιμο) chastisement, beating, paddling
τιμωρός, ο: avenger
τιμωρώ: punish ‖ (δέρνω) chastise,

paddle, spank
τίναγμα, το: shake, shaking ‖ (απότομο) βλ. **τράνταγμα**
τινάζομαι: start, jump up, give a start
τινάζω: shake, shake off, toss ‖ (αποτινάζω) shake off ‖ βλ. **τραντάζω** ‖ βλ. **ανατινάζω** ‖ ~ **στον αέρα:** blow up, blast ‖ **τα** ~: kick the bucket
τίποτα: (αντων) nothing, not anything ‖ (id) zilch, nix ‖ (απάντηση σε ευχαριστία) you are welcome, don't mention it, forget it ‖ (μτφ) nothing
τίποτε: βλ. **τίποτα**
τιποτένιος, -α, -ο: paltry, two-bit, piddling, bad egg, bad lot, nothing
τιράντες, οι: suspenders (U.S.A.), braces (Brit.)
τιρμπουσόν, το: corkscrew
τιτάνας, ο: titan
τιτανικός, -ή, -ό: βλ. **τιτάνιος**
τιτάνιος, -α, -ο: titanic
τιτανομαχία, η: clash of titans
τιτιβίζω: warble, twitter
τίτλος, ο: (γεν) title ‖ βλ. **επικεφαλίδα**
τιτλούχος, -α, -ο: (με τίτλο ευγενείας) titled ‖ (που έχει τον τίτλο χωρίς να έχει το βαθμό) titular
τιτλοφορώ: (δίνω τίτλο ή επικεφαλίδα) title ‖ (επονομάζω) entitle ‖ (δίνω τίτλο ευγενείας) bestow a title, entitle
τμήμα, το: (γεν) part, section, portion ‖ (υπηρεσίας) section, department ‖ (κύκλου ή σφαίρας) segment ‖ (σιδηρ) ~ **γραμμής:** section ‖ **αστυνομικό** ~: precinct, police station, station house ‖ **εκλογικό** ~: precinct ‖ (στρ) echelon
τμηματάρχης, ο: head of the department, departmental head, department supervisor
τμηματικός, -ή, -ό: sectional, fragmentary
το: βλ. **ο**
τοιούτος, ο: (id) βλ. **poysthw**
τοιχίζω: (μτβ) wall ‖ (αμτβ) heel, list
τοιχογραφία, η: mural, fresco
τοιχοκολλώ: post placards, placard
τοιχοποιΐα, η: wall construction ‖ (από τούβλα) brickwork ‖ (από πέτρες) masonry
τοίχος, ο: wall
τοίχωμα, το: βλ. **τοίχος** ‖ (διαχωριστικό)

807

partition, inner wall
τόκα, η: *(id)* βλ. *xeiracεa*
τοκετός, ο: parturition, childbirth
τοκίζω: lent at interest ‖ (καταθέτω με τόκο) put into a savings account
τοκιστής, ο: money lender
τοκογλυφία, η: usury
τοκογλύφος, ο: usurer, loan shark
τοκομερίδιο, το: divident
τόκος, ο: interest
τολ, το: *(στρ)* Nissen hut
τόλμη, η: boldness, daring ‖ βλ. **θράσος** ‖ βλ. **θάρρος**
τόλμημα, το: feat, daring deed, bold act
τολμηρός, -ή, -ό: bold, daring ‖ βλ. **θρασύς** ‖ βλ. **θαρραλέος** ‖ (αναιδής) pert ‖ (σόκιν) ribald, risque~ ‖ (παράτολμος) dare-devil
τολμώ: dare, venture
τομάρι, το: βλ. **δέρμα** ‖ (το σώμα) skin ‖ *(μτφ)* βλ. **τιποτένιος** ‖ βλ. **παλιάνθρωπος**
τομάτα, η: βλ. **ντομάτα**
τομέας, ο: sector ‖ **ταχυδρομικός ~:** zip code
τομή, η: (κόψιμο) cut, cutting ‖ (βαθύ κόψιμο) gash, slash ‖ (με εργαλείο ή νυστέρι) incision ‖ *(μαθ)* section ‖ **εγκάρσια ~:** cross section
τόμος, ο: tome, volume
τονίζω: (βάζω τόνο σε λέξη) accent, mark with an accent ‖ (δείχνω έντονα, τονίζω) accentuate, accent ‖ (δίνω έμφαση) emphasize, stress, place emphasis, accentuate ‖ (δίνω ορισμένο τόνο) tone
τονικός, -ή, -ό: tonic
τονισμός, ο: accentuation ‖ βλ. **έμφαση**
τόνος, ο: (ψάρι) tuna, tunny ‖ (μ. βάρους) ton ‖ (ένταση φωνής) tone ‖ (ποιότητα ήχου) timbre ‖ *(γραμ)* accent, accent mark ‖ βλ. **έμφαση** ‖ *(μουσ)* tone, pitch, key ‖ βλ. **ζωηράδα**
τονώνω: vitalize, give vitality, invigorate, brace up, fortify
τόνωση, η: vitalization, vitalizing, invigoration, fortification
τονωτικό, το: cordial, stimulant, tonic
τονωτικός, -ή, -ό: vitalizing, tonic, stimulating, invigorating

τοξευτής, ο: βλ. **τοξότης**
τοξικολογία, η: toxicology
τοξικολογικός, -ή, -ό: toxicological
τοξικομανής, ο: drug addict, junkie
τοξικός, -ή, -ό: toxic
τοξίνη, η: toxin
τόξο, το: (όπλο) bow ‖ (με κοντάκι) crossbow ‖ *(μαθ και ηλεκτρ)* arc ‖ (αψίδα) arch ‖ **ουράνιο ~:** rainbow, iris
τοξότης, ο: archer, bowman
τόπι, το: ball ‖ (υφάσματος) roll
τοπικός, -ή, -ό: local
τοπίο, το: (στεριάς) landscape ‖ (θαλασσινό) seascape
τοπογραφία, η: survey, surveying, topography
τοπογραφικός, -ή, -ό: survey, surveying, topographic, topographical ‖ **~ό συνεργείο:** survey party
τοπογράφος, ο: surveyor, topographer
τοποθεσία, η: place, spot, site, locality ‖ βλ. **τοπίο**
τοποθέτηση, η: placing, laying, putting ‖ (χρημάτων) investment, investing
τοποθετώ: place, lay, put ‖ (χρήματα) invest ‖ (διορίζω) appoint
τόπος, ο: βλ. **τοποθεσία** ‖ βλ. **πατρίδα** ‖ (χώρος) room, space ‖ βλ. **θέση** ‖ *(μαθ)* locus ‖ **αφήνω στον ~:** bump off ‖ **μένω στον ~:** be dead on the spot ‖ **πιάνω ~:** be worth it, be worth one's while, help, be of use
τοποτηρητής, ο: deputy
τοπωνυμία, η: place name, toponymy
τορβάς, ο: βλ. **τουρβάς**
τορναδόρος, ο: turner
τορνευτός, -ή, -ό: *(μτφ)* well-shaped, shapely
τόρνος, ο: lathe
τορπίλα, η: torpedo
τορπιλάκατος, η: torpedo boat, P.T. boat, patrol torpedo boat
τορπίλη, η: βλ. **τορπίλα**
τορπιλίζω: torpedo ‖ *(μτφ)* thwart, frustrate, undermine
τορπιλοβλητικός, -ή, -ό: torpedo ‖ **~ σωλήνας:** torpedo tube
τορπιλοβόλο, το: torpedo-boat destroyer
τόσο: *(επίρ)* so, so much, that, that much ‖ **~ ... όσο:** as ... as, so ... as ‖ **κάθε ~:**

every now and again

τόσος, -η, -ο: so, that, such ‖ **~ δα:** that small, so small

τότε: *(επίρ)* then, at that time ‖ (σε τέτοια περίπτωση) then, in that case ‖ **~ που:** when ‖ **από ~:** thence

τουαλέτα, η: (φόρεμα) dress, evening gown ‖ βλ. **αποχωρητήριο** ‖ (έπιπλο) vanity, dressing table ‖ (περιποίηση) toilet, toilette

τούβλο, το: brick ‖ *(μτφ)* nincompoop, numbskull, dunderhead

τουλάχιστο: *(επίρ)* at least

τούλι, το: gauze, tulle

τουλίπα, η: (φυτό) tulip ‖ (καπνού, κλπ.) plume, puff

τουλούμι, το: βλ. **ασκός** ‖ **βρέχει με το ~:** pours, it rains cats and dogs, it rains heavily ‖ **κάνω ~ στο ξύλο:** give a thorough beating, beat up, beat s.b. senseless

τουλούμπα, η: βλ. **αντλία**

τούμπα, η: somersault, summersault, somerset ‖ βλ. **κατρακύλημα** ‖ βλ. **γήλοφος**

τούμπανο, το: βλ. **τύμπανο**

τουμπάρω: βλ. **αναποδογυρίζω** ‖ *(μτφ)* bring round, con, dupe

τουναντίον: *(επίρ)* on the contrary, conversely

τούνελ, το: βλ. **σήραγγα**

τουπέ, το: pertness ‖ βλ. **αναίδεια** ‖ βλ. **θράσος** ‖ (ύφος) airs

τουρβάς, ο: βλ. **σάκος** ‖ βλ. **δισάκι** ‖ (τροφής ζώου) feedbag, nosebag

τουρισμός, ο: tourism, tour, touring

τουρίστας, ο *(θηλ* **τουρίστρια***):* tourist

τουριστικός, -ή, -ό: tourist

Τουρκία, η: Turkey

Τουρκικός, -ή, -ό: turkish (και γλώσσα)

Τούρκος, ο *(θηλ.* **Τουρκάλα** και **Τούρκισσα***):* Turk

τουρκουάζ, το: turquoise

τουρλού, το: *(id)* medley

τουρλώνω: throw out

τουρμπίνα, η: turbine

τουρνέ, η: tour

τουρσί, το: pickle

τούρτα, η: cake

τουρτουρίζω: shiver, shake from cold

τουρτούρισμα, το: shiver, shivering

τούτος, -η, -ο: this, this one

τούφα, η: (γενικά) tuft ‖ (χόρτου) tuffet

τουφέκι, το: riffle

τουφεκιά, η: rifleshot

τουφεκίδι, το: barrage, concentrated discharge, repeated rifle shots

τουφεκίζω: fire, shoot ‖ (εκτελώ) shoot

τουφεκισμός, ο: (εκτέλεση) shooting

τραβέρσα, η: βλ. **στρωτήρας**

τράβηγμα, το: βλ. **έλξη** ‖ (υγρού) drawing ‖ (στράγγισμα κρασιού) racking ‖ (ταινίας) shooting

τραβιέμαι: (υποχωρώ) shrink, draw back, recoil ‖ (αποσύρομαι) withdraw ‖ (υποφέρω) suffer, have a hard time

τραβώ: βλ. **σέρνω** ‖ (πιστόλι ή σπαθί) draw, pull ‖ βλ. **απορροφώ** ‖ (υγρό) draw ‖ (αποστραγγίδια) rack ‖ (σέρνω πίσω μου) trail ‖ (χαρτί στο πόκερ) draw ‖ (ταινία) shoot ‖ (γοητεύω) attract ‖ (χρήματα) draw, withdraw ‖ (υποφέρω) undergo, have a hard time, suffer ‖ (επιθυμώ) need, want ‖ (μαλλιά) pull ‖ **~ το δρόμο μου:** go one's own way ‖ **~ την προσοχή:** *(αμτβ)* attract attention ‖ **~ την προσοχή:** *(μτβ)* call s.b.'s attention

τραγανίζω: (τρώω τραγανιστά) crunch ‖ (με μικρές μπουκιές) nibble

τραγανός, -ή, -ό: crisp ‖ (ουσ - ουδ) gristle

τραγελαφικός, -ή, -ό: freakish

τραγέλαφος, ο: *(μτφ)* freak

τραγί, το: βλ. **κατσικάκι**

τραγικός, -ή, -ό: tragic, tragical *(και μτφ)*

τραγικός, ο: (ποιητής) tragic

τραγικότητα, η: tragicalness

τραγίσιος, ο: βλ. **κατσικίσιος**

τράγος, ο: he-goat ‖ **αποδιοπομπαίος ~:** scapegoat

τραγούδι, το: song ‖ (σκοπός τραγουδιού) air, tune ‖ (λόγια τραγουδιού) lyrics

τραγουδιστής, ο *(θηλ* **τραγουδίστρια***):* singer ‖ (αυτός που αποδίδει κάποιο τραγούδι) vocalist

τραγουδιστός, -ή, -ό: sung

τραγουδώ: sing ‖ (αποδίδω τραγουδιστά) vocalize ‖ (μονότονα) chant ‖ (μουρμουριστά) hum

809

τραγωδία

τραγωδία, η: tragedy *(και μτφ)*
τραγωδός, ο *(θηλ* τραγωδός): *(αρσ)*
tragedian || *(θηλ)* tragedienne || βλ.
τραγικός (ποιητής)
τραίνο, το: βλ. τρένο
τραχ, το: stage fright
τράκα, η: bumming || (χρημάτων) tapping
|| κάνω ~: bum || κάνω ~: (χρήματα)
touch, wheedle from, tap
τρακαδόρος, ο: bum
τρακάρισμα, το: βλ. σύγκρουση || βλ.
τράκα (απροσδόκητη συνάντηση) en-
counter, casual meeting, unplanned
meeting, unexpected meeting
τρακάρω: bump against, bump into, col-
lide, knock against || βλ. τράκα (κάνω
~)
τρακατρούκα, η: firecracker
τράκο, το: βλ. σύγκρουση
τρακτέρ, το: tractor
τραμ, το: streetcar, trolley, tram
τραμουντάνα, η: norther, north wind
τράμπα, η: *(id)* swap
τραμπάλα, η: (το σανίδι) teeterboard,
seesaw, teeter-totter || (η πράξη) teeter,
seesaw || κάνω ~: βλ. τραμπαλίζομαι
τραμπαλίζομαι: teeter, seesaw
τραμπούκος, ο: βλ. τιποτένιος || (πλη-
ρωμένος παλικαράς) goon
τρανός, -ή, -ό: βλ. μεγάλος
τράνταγμα, το: jolt, jossle, joggle, jarring
τραντάζω: jolt, jar, jossle, joggle
τράπεζα, η: bank || αγία ~: altar
τραπεζάκι, το: (σαλονιού) end table ||
(μικρό τραπέζι) small table || (κρεβα-
τιού) night table
τραπέζι, το: table || κάνω ~: invite to
dinner || βάζω ~, στρώνω ~: set the
table || σηκώνω το ~: clear the table
τραπεζικός, ο: bank employee
τραπεζικός, -ή, -ό: bank, banking
τραπέζιο, το: (U.S.A.) trapezoid || (Engl.)
trapezium
τραπεζίτης, ο: (ιδιοκτ. ή διευθ. τράπεζας)
banker || (δόντι) βλ. γομφίος
τραπεζιτικός, -ή, -ό: βλ. τραπεζικός, -ή, -ό
τραπεζογραμμάτιο, το: banknote, bill,
bank bill
τραπεζοειδής, -ές: trapeziform
τραπεζοκόμος, ο: βλ. σερβιτόρος

τραπεζομάντηλο, το: tablecloth
τράπουλα, η: pack of cards
τραπουλόχαρτο, το: card
τραστ, το: trust
τράτα, η: seine, trammel, trammelnet
τρατάρω: βλ. κερνώ
τραυλίζω: stutter, stammer || βλ. ψευδίζω
τραύλισμα, το: stutter stuttering, stam-
mering || βλ. ψεύδισμα
τραυλός, -ή, -ό: stutterer, stammering ||
βλ. ψευδός
τραύμα, το: (σε μάχη ή συμπλοκή)
wound || (σε δυστύχημα) injury || (ψυ-
χικό) trauma
τραυματίας, ο: wounded
τραυματίζω: traumatize, wound, injure ||
(ψυχ) traumatize
τραυματικός, -ή, -ό: traumatic
τραυματιοφορέας, ο: stretcher-bearer
τραυματισμός, ο: wounding, traumatism,
injury, trauma || (εγκλ.) mayhem
τραχεία, η: windpipe, trachea
τραχηλιά, η: (μωρού) bib
τράχηλος, ο: neck || (αυχένας) nape
τραχύνω: roughen, harshen, make harsh
|| *(μτφ)* irritate
τραχύς, -ιά, -ύ: rough, rugged, coarse,
harsh || (ακουστικά) raspy, grating,
harsh || (δύσκολος) hard, tough
τράχωμα, το: trachoma
τρεις, τρία: three
τρέλα, η: madness, lunacy, insanity ||
(ανόητη πράξη) folly
τρελαίνομαι: go mad, become mad, lose
one's mind *(και μτφ)*
τρελαίνω: drive mad, drive crazy
τρελαμάρα, η: βλ. τρέλα
τρελοκομείο, το: asylum for the mentally
ill, lunatic asylum, madhouse || *(μτφ)*
madhouse
τρελός, -ή, -ό: mad, crazy, insane, lunatic,
out of one's mind || *(id)* loco, loony ||
(πολύ εκκεντρικός ή ιδιότροπος) screw-
ball, loco || (έξαλλος) frantic || σαν ~:
like a madman || ~ για δέσιμο: stark
raving mad || ~ για: crazy about
τρεμοσβήνω: flicker
τρεμούλα, η: trembling, tremor, quivering
|| βλ. ρίγος || βλ. τρόμος
τρεμουλιάζω: βλ. τρέμω || (φωνή) falter,

810

quaver, quiver

τρεμουλιαστός, -ή, -ό: trembling, shaking, shaky || *(φωνή)* quavering, quivering

τρέμω: tremble, shake, shudder || βλ. **ριγώ** || βλ. **ανατριχιάζω** || *(φωνή)* βλ. **τρεμουλιάζω**

τρενάρω: protract, delay

τρένο, το: βλ. **αμαξοστοιχία** || *(του λούνα-παρκ)* roller coaster

τρέξιμο, το: running || βλ. **ροή** || *(πληθ)* βλ. **τρεχάματα**

τρέπω: turn, change || *(μετατρέπω)* convert, change || ~ **σε φυγή:** rout, put to flight || ~ **σε άτακτη φυγή:** put to disorderly flight, rout

τρέφω: βλ. **θρέφω**

τρεχάλα: *(επίρ)* on the double

τρεχάλα, η: running, run

τρεχάματα, τα: *(id)* bustle, bustling activity, being on the go

τρεχαντήρι, το: cutter

τρεχάτος, -η, -ο: running || βλ. **βιαστικός**

τρέχω: run, race || *(σε αγώνα)* race || *(βιαστικά)* scoot, scamper || *(id)* leg || *(υγρό)* flow, run || *(στάζω)* drip || *(έχω διαρροή)* leak || *(id)* happen || **τι ~ει;** what's the matter? what's wrong? what's going on?

τρέχων, -ο: *(μήνας)* instant

τρία: βλ. **τρεις** || *(πόκερ)* three of a kind

τριάδα, η: triad || *(τρεις που ενεργούν μαζί)* trio || *(εκκλ)* trinity

τρίαινα, η: trident

τριακονταετηρίδα, η: thirtieth anniversary || βλ. **τριακονταετία**

τριακονταετία, η: thirty years, a period of thirty years

τριακόσιοι, -ες, -α, : three hundred

τριακοσιοστός, -ή, -ό: three hundredth

τριακοστός, -ή, -ό: thirtieth

τριανδρία, η: triumvirate

τριάντα, η: thirty

τριαντάρης, ο *(θηλ* **τριαντάρα):** thirty years old

τριανταριά, η: thirty, about thirty

τριανταφυλλένιος, -α, -ο: rosy

τριανταφυλλιά, η: rosebush

τριαντάφυλλο, το: rose || *(άγριο)* sweetbriar, dogrose

τριάρι, το: three || *(σπίτι)* three-room

house

τριβέας, ο: bearing || **σφαιρικός ~:** ball bearing || **κυλινδρικός ~:** roller bearing

τριβέλι, το: βλ. **τρυπάνι** || *(id)* pest

τριβελίζω: *(id)* pester

τριβή, η: βλ. **τρίψιμο** || *(φυσ)* friction || *(φθορά)* wear, wear and tear || *(μτφ)* practice

τρίβολος, ο: bur, caltrap, caltrop

τρίβω: rub || *(σε τρίφτη)* grate || βλ. **αλέθω** || *(προκαλώ φθορά)* wear, wear out || *(καθαρίζω με τρίψιμο)* rub down

τριγμός, ο: βλ. **τρίξιμο**

τριγυρίζω: βλ. **περιβάλλω** || *(αμτβ)* knock about, loiter, hang around

τριγύρω: *(επίρ)* βλ. **ολόγυρα**

τριγωνίζω: triangulate

τριγωνικός, -ή, -ό: triangular || *(με τρεις γωνίες)* three-cornered

τριγωνισμός, ο: triangulation

τρίγωνο, το: triangle || *(σχεδίασης):* set square || **ορθογώνιο ~:** right triangle || **ισόπλευρο ~:** equilateral triangle || **ισοσκελές ~:** isosceles triangle

τριγωνομετρία, η: trigonometry

τριγωνομετρικός, -ή, -ό: trigonometric

τρίγωνος, -η, -ο: βλ. **τριγωνικός**

τρίδιπλος, -η, -ο: threefold, triple, treble

τρίδυμος, -η, -ο: triplet

τριετής, -ές: *(περίοδος)* three-year || *(ηλικία)* three-years-old

τριετία, η: a period of three years

τριζόνι, το: cricket

τρίζω: *(πόρτα ή πάτωμα)* creak || *(ξερά κλαδιά ή φωτιά)* crackle || *(σκουριασμένον μετάλλου ή μεντεσέ)* squeak || *(ξερά και συνεχώς)* crepitate || *(δόντια)* gnash, grind || *(ξερά και δυνατά)* grate

τρίημερος, -η, -ο: three-day

τριήρης, η: trireme

τριχ, το: trick

τρικάταρτος, -η, -ο: three-masted

τρικλίζω: teeter, totter, stagger, wobble

τρίκλισμα, το: teeter, totter, tottering, staggering

τρικλοποδιά, η: tripping up || **βάζω ~:** trip

τρίκλωνος, -η, -ο: three-stranded

τρικούβερτος, -η, -ο: three-decked || *(μτφ)* roaring

τρίκυκλο, το: tricycle, velocipede
τρικυμία, η: (θάλασσας) high, precipitous, very rough || βλ. θύελλα || βλ. θαλασσοταραχή
τρικυμιώδης, -ες: (θάλασσα) high, precipitous || βλ. θυελλώδης || (μτφ) tempestuous, stormy
τριλογία, η: trilogy
τριμελής, -ές: three-member, consisting of three members
τριμερής, -ές: tripartite
τριμηνία, η: trimester, quarter
τριμηνιαίος, -α, -ο: quarterly
τρίμηνο, το: βλ. τριμηνία
τρίμηνος, -η, -ο: βλ. τριμηνιαίος
τρίμμα, το: chip, crumb, scrap
τρίξιμο, το: (πόρτας ή πατώματος) creak, creaking || (ξερών κλαδιών ή φωτιάς) crackle, crackling || (σκουριασμένου μετάλλου) squeak, squeaking || (δοντιών) gnashing, grinding || (ξερό και δυνατό) grating
τρίο, το: trio
τρίπατος, -η, -ο: βλ. τριώροφος
τριπλασιάζω: treble, triple
τριπλάσιος, -α, -ο: βλ. τρίδιπλος
τρίπλευρος, -η, -ο: trilateral, three-sided
τριπλός, -ή, -ό: βλ. τρίδιπλος
τριπλότυπο, το: triplicate
τρίποδας, ο: tripod
τριποδίζω: trot
τριποδισμός, ο: trot, trotting
τρίποδο, το: trestle, tripod
τρίπρακτος, -η, -ο: three-act, of three acts
τρίπτυχο, το: triptych
τρισάγιο, το: trisaghion || (νεκρ. ακολουθία) funeral service
τρισάθλιος, -α, -ο: wretched, wretch || βλ. ελεεινός
τρισδιάστατος, -η, -ο: threedimensional
τρισέγγονος, -η, -ο: great-great-grandchild
τρισκατάρατος, -η, -ο: accursed || βλ. σατανάς || βλ. διάβολος
τρίστρατο, το: intersection, crossroads
τρισύλλαβος, -η, -ο: trisyllable, trisyllabic
τριταίος, -α, -ο: tertian
τριτάξιος, -α, -ο: consisting of three grades

Τρίτη, η: Tuesday
τριτοβάθμιος, -α, -ο: third degree
τριτοετής, -ές: third-year || (φοιτητής) junior
τριτόκλιτος, -η, -ο: of the third declension
τρίτομος, -η, -ο: three-volume
τρίτος, -η, -ο: third || (τρίτο πρόσωπο, άσχετο ή ξένο) third party
τρίτροχος, -η, -ο: βλ. τρίκυκλο || three-wheeled
τριτώνω: (μτβ) do for the third time, repeat for the third time || (αμτβ) occur for the third time, happen for the third time
τριφασικός, -ή, -ό: three-phase
τρίφτης, ο: grater
τριφύλλι, το: shamrock, clover, trefoil
τριφωνία, η: trio
τρίχα, η: hair || (σκληρή ή άγρια) bristle || (βούρτσας) bristle || παρά ~: by a whisker, by a hairsbreath || στην ~: fashion plate, dapper, spruced up, spruce || (πληθ) βλ. τρίχες
τρίχες: (ιδ) baloney, bunkum, humbug, rubbish, eyewash
τριχιά, η: rope
τριχοειδής, -ές: (σαν τρίχα) trichoid, hairlike || (αγγείο) capillary
τριχόπτωση, η: alopecia, loss of hair
τρίχορδος, -η, -ο: three-stringed
τριχοτόμηση, η: trisection
τριχοτομώ: trisect
τριχοφάγος, ο: trichosis, alopecia
τριχοφυΐα, η: hair growth, growth of hair
τρίχρωμος, -η, -ο: tricolor, tricolored
τρίχωμα, το: hair, fur
τρίχωση, η: βλ. τριχοφυΐα, η: || βλ. τρίχωμα
τριχωτός, -ή, -ό: hirsute, hairy || (με τραχύ και μακρύ τρίχωμα) shaggy
τριψήφιος, -α, -ο: three-digit, three-figure
τρίψιμο, το: rubbing
τριωδία, η: βλ. τρίο
τριώδιο, το: three weeks before first Sunday in Lent
τριώνυμο, το: (μαθ) trinomial
τρίωρος, -η, -ο: three-hour, of three hours
τριώροφος, -η, -ο: three-storied

τρόλεϊ, το: trolley, trolly

τρόμαγμα, το: βλ. **τρομάρα**

τρομάζω: *(μτβ)* frighten, scare, terrify, spook ‖ *(αμτβ)* be frightened, be scared, be spooked, be startled ‖ *(μτφ)* have difficulty in, can hardly

τρομακτικός, -ή, -ό: scary, frightening ‖ (ταινία) thriller

τρομάρα, η: scare, fright, terror, fear

τρομερός, -ή, -ό: terrible, dreadful, frightful ‖ *(μτφ)* terrific ‖ ~ **παιδί:** enfant terrible

τρομοκράτης, ο: terrorist

τρομοκρατία, η: terrorism

τρομοκρατικός, -ή, -ό: terrorizing, terroristic

τρομοκρατώ: terrorize

τρόμος, ο: terror, overpowering fear, fright, dread

τρόμπα, η: βλ. **αντλία**

τρομπαμαρίνα, η: βλ. **τηλεβόας**

τρομπάρισμα, το: βλ. **άντληση**

τρομπάρω: βλ. **αντλώ**

τρομπέτα, η: trumpet

τρομπόνι, το: trombone

τρομώδης, -ες: *(ιατρ)* tremens ‖ ~ **παροξυσμός:** delirium tremens

τρόπαιο, το: trophy

τροπαιούχος, -α, -ο: victorious, triumphant

τροπαιοφόρος, -α, -ο: βλ. **τροπαιούχος**

τροπάριο, το: canticle, hymn ‖ *(μτφ)* harping, nagging

τροπή, η: turn, deviation ‖ βλ. **μετατροπή** ‖ *(μαθ)* conversion

τρόπιδα, η: βλ. **καρίνα**

τροπικός, -ή, -ό: (των τροπικών) tropical ‖ (κύκλος) tropic ‖ (γραμ) of manner

τροπολογία, η: amendment

τροποποίηση, η: modification

τροποποιώ: modify

τρόπος, ο: manner, way ‖ βλ. **μέθοδος** ‖ βλ. **συμπεριφορά** ‖ (καλοί τρόποι) decorum ‖ **με** ~: tactfully, discreetly ‖ ~ **του λέγειν:** as one might say, so to speak ‖ **με κανένα** ~: nohow, noway, nowise ‖ **με κάθε** ~: by whatever means possible, by hook or by crook ‖ **έχει τον** ~ **του:** he is well-to-do, he is well-off

τροπόσφαιρα, η: troposphere

τρούλος, ο: cupola, dome

τροφαντός, -ή, -ό: βλ. **πρώιμος** ‖ βλ. **αφράτος** ‖ βλ. **καλοθρεμένος**

τροφεία, τα: food expenses, board fees

τροφή, η: food, aliment, nutriment ‖ (θρέψη) nutrition, nourishment ‖ (ζώων) fodder, feed, forage ‖ (ξερό χόρτο για ζώα) provender ‖ (νωπό χόρτο για ζώα) herbage ‖ ~ **και κατοικία:** board and lodging

τρόφιμα, τα: foodstuffs, victuals, provisions

τρόφιμος, -η, -ο: (νοικιαστής) boarder ‖ (ιδρύματος ή φυλακών) inmate

τροφοδοσία, η: provisioning, victualing, supply ‖ (συμπόσιου ή χορού) catering

τροφοδότης, ο: victualer, purveyor, food supplier ‖ (συμποσίου ή χορού) caterer ‖ (που εφοδιάζει πλοία) ship chandler ‖ (σιτιστής πλοίου) steward ‖ (στρ) officer in charge of supplying provisions ‖ (ζώων) feeder

τροφοδοτώ: victual, supply, provision

τροφός, η: nurse, wet nurse

τροχάδην: *(επίρ)* running, at a run ‖ *(ιδ)* on the double

τροχαία, η: traffic police

τροχαϊκός, -ή, -ό: trochaic

τροχαίος, ο: trochee

τροχαίος, -α, -ο: (που ανήκει στην κυκλοφορία) traffic ‖ (που έχει τροχούς) wheeled ‖ (που κινείται με τροχούς) rolling ‖ ~**α κίνηση:** traffic ‖ ~**ο υλικό:** rolling stock

τροχαλία, η: pulley ‖ (σε θήκη) block ‖ **ελεύθερη** ~: movable pulley ‖ **σταθερή** ~: fixed pulley

τροχασμός, ο: trot

τροχιά, η: (γύρω από άλλο σώμα) orbit ‖ (βλήματος) trajectory ‖ βλ. **σιδηροτροχιά**

τροχίζω: sharpen, whet, grind, hone

τροχιοδεικτικός, -ή, -ό: (βλήμα) tracer

τροχιόδρομος, ο: βλ. **τραμ**

τρόχισμα, το: sharpening, whetting

τροχιστής, ο: sharpener

τροχονόμος, ο: traffic policeman

τροχοπέδη, η: brake

τροχοπεδητής, ο: *(σιδηρ)* brakeman, brakesman

τροχοπέδιλο

τροχοπέδιλο, το: roller skate
τροχός, ο: wheel ‖ οδοντωτός ~: pinion, ratchet wheel, sprocket wheel ‖ ~ ακονίσματος: whetstone
τροχόσπιτο, το: trailer, housetrailer
τροχοφόρο, το: vehicle
τροχοφόρος, -α, -ο: wheeled
τρύγημα, το: βλ. τρύγος ‖ (μτφ) fleecing, skinning
τρυγητής, ο: grave harvester ‖ (σταφυλιών κρασιού) vintager
τρυγητός, ο: βλ. τρύγος
τρυγόνι, το: turtledove
τρύγος, ο: grape harvest
τρυγώ: gather grapes, harvest grapes ‖ (μτφ) fleece
τρύπα, η: hole ‖ (λαγούμι) burrow ‖ (βελόνας) eye ‖ (φωλιά) den, lair ‖ (μικρό δωματιάκι) cubbyhole ‖ (χαμόσπιτο, "τρύπα") hovel ‖ κάνω μιά ~ στο νερό: botch, bungle, fail
τρυπάνι, το: drill, auger
τρυπανίζω: drill, bore
τρύπημα, το: boring, puncture, piercing, perforation
τρυπητήρι, το: awl, punch ‖ βλ. σουρωτήρι
τρυπητό, το: βλ. σουρωτήρι
τρυπητός, -ή, -ό: perforated
τρύπιος, -α, -ο: having a hole, with holes, perforated
τρυποκάρυδο, το: tit, titmouse
τρυποφράχτης, ο: wren
τρυπώ: puncture, hole, pierce, make a hole
τρύπωμα, το: (κρύψιμο) holing up ‖ (ραφή) basting, tacking
τρυπώνω: βλ. κρύβω ‖ (αμτβ) hole up ‖ (ραφή) baste, tack
τρυφεράδα, η: βλ. τρυφερότητα
τρυφεραίνω: (μτβ) tenderize, make tender ‖ (αμτβ) become tender
τρυφερός, -ή, -ό: tender, soft ‖ (μτφ) affectionate, tender
τρυφερότητα, η: tenderness ‖ (μτφ) affection, tenderness
τρώγλη, η: den, lair ‖ (μτφ) hovel, rattrap
τρωγλοδύτης, ο (θηλ τρωγλοδύτισσα): troglodyte (και μτφ)

τρώγομαι: (είμαι φαγώσιμος) be edible, can be eaten, be eatable, be fit to be eaten ‖ (είμαι ανεκτός) can be tolerated, be tolerable ‖ (φιλονικώ) hassle, bicker, squabble
τρώγω: βλ. τρώω
τρωκτικό, το: rodent
τρωτός, -ή, -ό: vulnerable, assailable ‖ ~ό σημείο: weak point, Achilles' heel
τρώω: eat ‖ (με μικρές μπουκιές) nibble ‖ βλ. δειπνώ ‖ βλ. γευματίζω ‖ (με μεγάλες μπουκιές ή λαίμαργα) devour ‖ βλ. σπαταλώ ‖ (ενοχλώ υπερβολικά) pester, hassle ‖ βλ. σκοτώνω ‖ ~ ξύλο: get thrashed, get a beating ‖ (φαγουρίζω) itch ‖ ~ τον κόσμο: (ψάχνω παντού) look up and down, search everywhere ‖ βλ. νικώ
τσάγαλο, το: green almond
τσαγιέρα, η: (που βράζει το τσάι) teakettle ‖ (που σερβίρουμε τσάι) teapot
τσαγιερό, το: βλ. τσαγιέρα
τσαγκάρης, ο: βλ. παπουτσής
τσαγκάρικο, το: βλ. παπουτσίδικο
τσαγκαροσούβλι, το: awl
τσαγκός, -ή, -ό: βλ. ταγκός ‖ (μτφ) cantankerous, crabbed, ill-tempered
τσάι, το: tea
τσακάλι, το: jackal, coyote ‖ (μτφ) whiz, wizard
τσακίζομαι: (μτφ) go out of one's way ‖ (φεύγω) scram, skedaddle
τσακίζω: βλ. σπάζω ‖ βλ. συντρίβω ‖ βλ. κομματιάζω ‖ βλ. διπλώνω ‖ βλ. κουράζω ‖ (μτφ) go to pot, go to seed
τσάκιση, η: βλ. πτυχή ‖ (παντελονιού) crease
τσάκισμα, το: βλ. σπάσιμο ‖ βλ. τσάκιση ‖ (πληθ) mincing
τσακμάκι, το: lighter
τσακμακόπετρα, η: flint
τσάκνο, το: twig
τσάκωμα, το: βλ. πιάσιμο ‖ βλ. τσακωμός
τσακωμένος, -η, -ο: (μτφ) on the outs
τσακωμός, ο: βλ. καβγάς ‖ βλ. φιλονικία
τσακώνομαι: (μτφ) lock horns, quarrel, come to blows, wrangle
τσακώνω: βλ. πιάνω ‖ βλ. συλλαμβάνω

814

|| ~ στα **πράσα**: catch red-handed, catch in the act

τσαλαβούτας, ο: *(μτφ)* botcher

τσαλαβουτώ: wallow, slop, splash || *(μτφ)* botch, dabble

τσαλακωμένος, -η, -ο: crumpled, wrinkled

τσαλακώνω: crumble, wrinkle

τσαλαπατώ: stomp, trample underfoot || *(μτφ)* ride roughshod over

τσαλαπετεινός, ο: hoopoe

τσαμπί, το: bunch of grapes

τσαμπουνάω: *(ιδ)* babble

τσάμπουρο, το: grape stalk

τσανάκι, το: βλ. **γαβάθα** || βλ. **κάθαρμα** || *(ιδ - στρ)* orderly

τσανακογλείφτης, ο: bootlicker, apple polisher

τσάντα, η: *(γεν)* bag || (γυναικεία) purse, handbag, reticule || (μεγάλη γυναικεία) totebag || (αγοράς) totebag, shopping bag || (μαθητή) satchel || (ταχυδρόμου) mailbag || (χαρτοφύλακας) briefcase || (μικρό σακουλάκι) pouch

τσαντάκης, ο: *(ιδ)* mugger

τσαντίζω: *(ιδ)* βλ. **εκνευρίζω** || βλ. **πειράζω**

τσαντίρι, το: tent

τσαούσα, η: *(ιδ)* βλ. **μέγαιρα**

τσαούσης, ο: *(ιδ)* βλ.**λοχίας** || strict

τσάπα, η: hoe

τσαπατσούλης, -α, -ικο: (σε εμφάνιση) galoot, sloppy, sloven, slovenly || (αδέξιος) klutz, botcher, bungler

τσαπατσουλιά, η: (εμφάνιση) slovenliness, sloppiness || (αδέξια εργασία) botch, bungle

τσαπί, το: βλ. **τσάπα**

τσαπίζω: hoe

τσάρκα, η: stroll, walk

τσαρλατάνος, ο: charlatan, humbug, mountebank

τσάρος, ο: czar, tzar, tsar

τσαρούχι, το: moccasin, evzone's boot

τσατίζω: βλ. **τσαντίζω**

τσατίλα, η: βλ. **εκνευρισμός** || βλ. **νευρικότητα**

τσατίλας, ο: *(ιδ)* cantankerous, ill-tempered, crabbed, quick-tempered

τσατσάρα, η: comb

τσαχπίνης, -α, -ικο: saucy || βλ. **σκερ-**

τσόζος

τσαχπινιά, η: sauciness || βλ. **σκέρτσο**

τσεβδίζω: βλ.**ψευδίζω**

τσεβδός, -ή, -ό: βλ. **ψευδός**

τσεκ, το: (επιταγή) check (U.S.), cheque (Engl.) || (τραπεζική) bank order

τσεκούρι, το: βλ. **πέλεκυς**

τσεκουριά, η: a blow of the axe

τσεκούρωμα, το: *(μτφ)* blow, severe punishment, getting it in the neck, busting || (μαθητ.) flunking

τσεκουρώνω: *(μτφ)* rake over the coals, punish severely || (μαθητ.) flunk, give a failing grade

τσέλιγκας, ο: (ιδιοκτήτης κοπαδιών) sheep raiser || (βοσκός μεγάλου κοπαδιού) sheep herder || βλ. **τσομπάνος**

τσεμπέρι, το: wimple

τσέπη, η: pocket

τσεπώνω: pocket (και μτφ)

τσέρκι, το: *(τεχν)* stirrup || (ζώστρα) loop

τσέρυ, το: cherry, cherry brandy

τσετσέ, η: tsetse fly, tzetze fly

τσευδίζω κλπ.: βλ. **ψευδίζω** κλπ.

τσιγαρίζω: roast brown, brown, roast lightly, cook lightly || *(μτφ)* torment, pester

τσιγαριστός, -ή, -ό: brown, roasted brown

τσιγάρο, το: cigaret, cigarette

τσιγαροθήκη, η: cigarette case

τσιγαρόχαρτο, το: (χαρτί τσιγάρου) cigarette paper || (ψιλό χαρτί) tissue paper

τσιγγάνος, ο (θηλ **τσιγγάνα**): tzigane, gypsy

τσιγκαλοιφή, η: zinc oxide ointment

τσιγκέλι, το: hook

τσιγκογραφία, η: zincography

τσίγκος, ο: zinc

τσιγκουνεύομαι: be stingy, pinch, be mean

τσιγκούνης, ο (θηλ **τσιγκούνα**): stingy, mean, miserly, miser, penny pincher, close-fisted, close, niggardly, parsimonious

τσιγκουνιά, η: stinginess, meanness, miserliness, niggardliness, parsimony, parsimoniousness

τσίκνα

τσίκνα, η: smell of burning food
τσικνοπέμπτη, η: Shrove Thursday
τσικουδιά, η: βλ. ρακί
τσιληπουρδώ: (ιδ) gallivant
τσιλιβήθρα, η: wagtail ΙΙ (μτφ) pint-sized, pintsize, midget
τσίμα-τσίμα: (επίρ) barely, just
τσιμεντάρω: cement, cover with cement, coat with cement
τσιμέντο, το: cement
τσιμινιέρα, η: βλ. φουγάρο
τσιμουδιά, η: δεν βγάζω ~: not utter a word, remain speechless ΙΙ ~!: hush!, not a word!, hold your tongue! ΙΙ ~ σε κανέναν!: mum's the word!, keep mum about this!
τσιμούρι, το: tick ΙΙ (μτφ) pest, leech, importunate
τσίμπημα, το: (εντόμων) sting, stinging, bite ΙΙ (αγκαθιού) prick, pricking ΙΙ (με το χέρι) pinch ΙΙ (πόνος) pang
τσιμπιά, η: βλ. τσίμπημα
τσιμπίδα, η: tongs, pincers, pinchers, forceps ΙΙ (φωτιάς) tongs
τσιμπιδάκι, το: (μικρή τσιμπίδα) tweezers, pair of tweezers ΙΙ (μαλλιών) hairpin
τσίμπλα, η: rheum
τσιμπλιάρης, -α, -ικο: rheumy-eyed
τσιμπολογώ: nibble, peck at
τσιμπούκι, το: (τουρκικό) chibouque, chibouk ΙΙ (πίπα) pipe, tobacco pipe
τσιμπούρι, το: βλ. τσιμούρι
τσιμπούσι, το: (ιδ) luculian meal, banquet, feast
τσιμπώ: (με το χέρι) pinch ΙΙ (έντομο) sting, bite ΙΙ (με αιχμηρό αντικείμενο) prick, prickle ΙΙ (ψευτοτρώω) peck, nibble ΙΙ (τσιμπώ δόλωμα) bite (και μτφ) ΙΙ βλ. συλλαμβάνω
τσίνουρο, το: βλ. βλεφαρίδα
τσιπ, το: (πόκερ) chip
τσίπα, η: crust ΙΙ (μτφ) shame
τσιπούρα, η: snapper
τσίπουρο, το: βλ. ρακί
τσιράκι, το: apprentice ΙΙ (μτφ) minion
τσιρίδα, η: screech, caterwaul, shriek, squeal
τσιρίζω: screech, caterwaul, shriek, squeal
τσιριμόνια, η: ceremony

τσίρκο, το: circus
τσίρλα, η: diarrhea (χυδ)
τσιρλιάρης, -α, -ικο: (χυδ) diarrhetic ΙΙ (μτφ) yellow, chicken, chicken-livered
τσιρλιό, το: βλ. τσίρλα
τσίρος, ο: dried mackerel ΙΙ (μτφ) wizened, emaciated, skinny
τσιρότο, το: band aid
τσίσια, τα: pee ΙΙ κάνω ~: pee, piddle
τσίτα: (επίρ) tight, tightly
τσίτι, το: calico
τσιτσίδι: (επίρ) stark naked
τσίτσιδος, -η, -ο: stark naked
τσιτσιρίζω: sizzle
τσιτώνω: βλ. τεντώνω ΙΙ βλ. εντείνω
τσιφλίκι, το: manor, extensive farm
τσιφούτης, ο (θηλ τσιφούτισσα): βλ. τσιγκούνης
τσίχλα, η: (μαστίχα) chicle, chewing gum ΙΙ (πουλί) thrush
τσογλάνι, το: (ιδ) punk, hooligan, cad
τσόγλανος, ο: βλ. τσογλάνι
τσόκαρο, το: clog ΙΙ (μτφ) slattern, gossip, gossipmonger
τσολιάς, ο: βλ. εύζωνος
τσομπάνης, ο: shepherd
τσομπανοπούλα, η: young shepherdess
τσομπανόπουλο, το: young shepherd
τσομπάνος, ο: βλ. τσομπάνης
τσομπανόσκυλο, το: sheepdog
τσόνι, το: βλ. σπίνος
τσόντα, η: βλ. συμπλήρωμα
τσοντάρω: (ιδ) kick in ΙΙ βλ. συμπληρώνω
τσουβάλι, το: sack ΙΙ με το ~: heaps, pile, umpteen
τσουβαλιάζω: sack, place in a sack ΙΙ (μτφ) βλ. εξαπατώ ΙΙ (μτφ) collar, round up, grab
τσουγκράνα, η: rake
τσουγκρίζω: βλ. συγκρούομαι ΙΙ toast, touch glasses ΙΙ τα ~ με κάποιον: be on the outs, fall out
τσούγκρισμα, το: (μτφ) quarrel, falling out
τσούζω: smart, sting ΙΙ (μτφ) sting, hurt ΙΙ (κρύο) bitter ΙΙ τα ~: be a wino, be a drunkard
τσουκάλι, το: pot
τσουκνίδα, η: nettle
τσούλα, η: trollop, slut

816

τσουλήθρα, η: slide
τσούλι, το: βλ. κουρέλι
τσουλούφι, το: forelock
τσουλώ: slide
τσούξιμο, το: smarting ‖ *(μτφ)* drinking spree
τσούπρα, η: *(ιδ)* chick, wench
τσουράπι, το: βλ. κάλτσα
τσουρέκι, το: brioche
τσούρμο, το: (πλήρωμα πλοίου) crew ‖ *(μτφ)* βλ. πλήθος
τσουρουφλίζω: βλ. καψαλίζω
τσουρούφλισμα, το: scorching
τσουχτερός, -ή, -ό: smart, keen, nipping, nippy ‖ *(μτφ)* stinging, nipping, hurting ‖ (κρύο) bitter, biting ‖ (τιμή) exorbitant
τσούχτρα, η: jellyfish
τσόφλι, το: shell
τσόχα, η: felt
τσόχινος, -η, -ο: felt, made of felt
τύλιγμα, το: rolling, winding ‖ βλ. περιτύλιγμα ‖ *(μτφ)* conning
τυλίγω: roll, wind ‖ βλ. περιτυλίγω ‖ *(μτφ)* con, dupe
τύλος, ο: βλ. κάλος
τυλώνω: stuff, gorge, fill
τύμβος, ο: tomb
τυμβωρυχία, η: grave robbing
τυμβωρύχος, ο: grave robber
τυμπανισμός, ο: βλ. τυμπανοκρουσία ‖ *(ιατρ)* tympanites
τυμπανιστής, ο (θηλ τυμπανίστρια): drummer
τύμπανο, το: drum ‖ (αυτιού) tympanum, eardrum
τυμπανοκρουσία, η: drumbeat ‖ (συνεχής μονότονη) tattoo
τυπικός, -ή, -ό: (σύμφωνος με τύπους) formal ‖ (επιβαλλόμενος από συνήθεια) conventional ‖ (κύριο γνώρισμα) typical
τυπικότητα, η: formality
τυπογραφείο, το: printing office
τυπογραφία, η: printing ‖ (τέχνη και μέθοδος) typography
τυπογραφικός, -ή, -ό: printing ‖ ~ά λάθη: errata, printing errors
τυπογράφος, ο: printer
τυποποίηση, η: typification, standardization
τυποποιώ: typify, standardize

τύπος, ο: βλ. αποτύπωμα ‖ βλ. καλούπι ‖ βλ. εκμαγείο ‖ (μορφή, είδος) form, type ‖ (υπόδειγμα) type, model ‖ (κανόνας) form ‖ (επιβεβλημένη συνήθεια) convention ‖ (χαρακτήρ. τύπος ανθρώπου) character ‖ (εφημερίδες, κλπ) press ‖ (μαθ και χημ) formula ‖ ~ και υπογραμμός: βλ. υπογραμμός
τυπώνω: print ‖ βλ. εντυπώνω
τυραννία, η: tyranny ‖ βλ. καταπίεση
τυραννικός, -ή, -ό: tyrannical, tyrannic ‖ βλ. καταπιεστικός
τυραννίσκος, ο: petty tyrant
τυράννισμα, το: torment, torture, oppression
τύραννος, ο: tyrant ‖ βλ. καταπιεστής
τυραννώ: tyrannize ‖ (και μτφ) ‖ βλ. καταπιέζω ‖ βλ. βασανίζω
τύρβη, η: βλ. θόρυβος ‖ βλ. φασαρία
τυρί, το: cheese ‖ (φέτα) feta cheese
Τυρινή, η: Dairy Sunday
τυρόγαλο, το: whey, serum
τυροκομείο, το: dairy
τυροκομία, η: cheese-making
τυρόπιτα, η: cheese-pie ‖ (γλύκισμα αμερικ.) cheese cake
τυρός, ο: βλ. τυρί
τυροτρίφτης, ο: grater, cheese grater
τυροφάγος, ο: βλ. τυρινή
τύρφη, η: peat
τύφλα, η: blindness ‖ (από μεθύσι) plastered, pissed, stoned, potted, blind
τυφλαμάρα, η: βλ. τύφλα
τυφλόμυγα, η: (παιχνίδι) blindman's buff
τυφλοπόντικας, ο: mole
τυφλός, -ή, -ό: sightless, blind ‖ ~ό έντερο: blind gut, cecum ‖ ~ή εμπιστοσύνη: blind faith ‖ ~ό σύστημα (γραφομηχανής) touchtype
τυφλοσούρτης, ο: simplified guide book
τυφλότητα, η: blindness
τυφλώνω: blind ‖ *(μτφ)* blindfold, blind, delude
τύφλωση, η: blindness, loss of sight
τυφοειδής, -ές: typhoid
τύφος, ο: typhus ‖ κοιλιακός ~: enteric fever, typhoid fever
τυφώνας, ο: typhoon ‖ (βλ. κυκλώνας και ανεμοστρόβιλος)
τυχαίνω: βλ. συναντώ (τυχαία) ‖ *(αμτβ)*

happen, find myself, happen to be (βλ. και **συμβαίνω**)

τυχαίος, -α, -ο: unexpected, chance, accidental, casual

τυχερός, -ή, -ό: lucky, fortunate ‖ *(ουσ - ουδ)* fate, destiny ‖ *(ουδ - πληθ)* extra pay, tips, extra income

τύχη, η: luck, fortune, lot ‖ (γραφτό) fate, destiny ‖ (τυχαία) chance ‖ **κατά ~:** by chance, accidentally ‖ **στην ~:** haphazardly, at random

τυχοδιώκτης, ο (θηλ **τυχοδιώκτρια**): adventurer (θηλ adventuress)

τυχοδιώκτρια, η: adventuress

τυχοδιωκτικός, -ή, -ό: adventurous

τυχοδιωκτισμός, ο: adventurousness

τυχόν: *(επίρ)* by chance ‖ **μην ~:** lest

τύψη, η: pang of remorse, remorse

τώρα: *(επίρ)* now, at the present time ‖ (αυτόν τον καιρό) nowadays ‖ **ως ~:** until now, up to now, hitherto

τωρινός, -ή, -ό: present, present-day, of today ‖ βλ. **σύγχρονος**

Y

Y, υ: the 20th letter of the Greek alphabet ‖ **ύ:** 400 ‖ **υ:** 400000

ύαινα, η: hyena

υάκινθος, ο: hyacinth

υαλογραφία, η: glass painting

υαλοπίνακας, ο: pane

ύαλος, ο: glass

υαλουργείο, το: glassworks

υαλουργία, η: glasswork, glass making ‖ (αντικειμένων από γυαλί) glass blowing

υαλουργός, ο: glass maker, glass blower

υάρδα, η: yard

ύβος, ο: βλ. **καμπούρα**

υβρεολόγιο, το: invective, berating, railing, volley of curses

ύβρη, η: βλ. **βρισιά**

υβρίζω: βλ. **βρίζω**

υβριστής, ο: abuser

υβριστικός, -ή, -ό: insulting, offensive

υγεία, η: health ‖ **στην ~ σου:** drink a health to you, to your health

υγειονομικός, -ή, -ό: sanitary ‖ **~ή υπηρεσία:** board of health

υγιαίνω: be in good health, be healthy

υγιεινή, η: (επιστήμη) hygiene, hygienics ‖ (τήρηση της υγιεινής) sanitation

υγιεινός, -ή, -ό: healthy, wholesome, salubrious

υγιής, -ές: healthy (και μτφ)

υγραέριο, το: gas, natural gas

υγραίνω: moisten, dampen, wet, damp

υγρασία, η: humidity, moisture, dampness ‖ (ατμοσφ.) humidity

υγρό, το: liquid ‖ βλ. **ρευστό**

υγρόμετρο, το: hygrometer

υγροποίηση, η: liquefaction

υγροποιώ: liquefy

υγρός, -ή, -ό: (όχι στερεός) liquid ‖ βλ. **ρευστός** ‖ (με υγρασία) humid ‖ (νωπός) damp, wet ‖ (γραμ) liquid

υγροσκοπικός, -ή, -ό: hygroscopic

υγροσκόπιο, το: hygroscope

υδαρής, -ές: watery ‖ βλ.**πλαδαρός**

υδατάνθρακας, ο: carbohydrate

υδαταποθήκη, η: reservoir, tank ‖ (για ύψωση στάθμης) water tower

υδατογραφία, η: βλ. **ακουαρέλα**

υδατόπτωση, η: waterfall

υδατοστεγής, -ές: watertight ‖ βλ. **αδιάβροχος**

υδατοσφαίριση, η: water polo

υδατοφράχτης, ο: floodgate, water gate ‖ (φράγμα) dam ‖ (ρυθμιστικό) weir

υδραγωγείο, το: (σωλήνας) aqueduct ‖ (εγκατάσταση) reservoir

υδραγωγός, ο: water conduit, aqueduct

υδραντλία, η: water pump

υδράργυρος, ο: quicksilver, mercury

υδρατμός, ο: steam, water vapor

υδραυλική, η: hydraulics

υδραυλικός, ο: (τεχνίτης) plumber

υδραυλικός, -ή, -ό: hydraulic

υδρεύομαι: be supplied with water, water, take on a supply of water

ύδρευση, η: water supply

υδρία, η: βλ. **στάμνα** ‖ βλ. **κανάτα**

υδρόβιος, -α, -o: aquatic
υδρόγειος, η: earth, the globe
υδρογόνο, το: hydrogen ‖ **βόμβα** ~**ου**: H-bomb, hydrogen bomb
υδροδείκτης, o: water gauge
υδροδοχείο, το: βλ. **παγούρι**
υδροδυναμική, η: hydrodynamics
υδροηλεκτρικός, -ή, -ό: hydroelectric
υδροθεραπεία, η: hydrotherapy, hydrotherapeutics, water cure
υδροθεραπευτική, η: hydrotherapeutics
υδροκεφαλία, η: hydrocephaly, hydrocephalus
υδροκέφαλος, -η, -o: hydrocephalic, hydrocephalous
υδροκήλη, η: hydrocele
υδροκίνητος, -η, -o: water-powered, hydraulic
υδροκυάνιο, το: cyanide, hydrogen cyanide, prussic acid
υδρόμετρο, το: water meter
υδρόμυλος, o: βλ. **νερόμυλος**
υδρονομέας, o: sluice valve, sluice gate
υδροξείδιο, το: hydroxide
υδροπλάνο, το: seaplane, hydroplane ‖ (μεγάλο χωρίς πλωτήρες) flying boat
υδρορρόη, η: gutter, water channel ‖ (οριζόντια, στέγης) roof gutter ‖ (κατακόρυφη στέγης) rainspout
υδροστάθμη, η: water level
υδροστατική, η: hydrostatics
υδροστατικός, -ή, -ό: hydrostatic
υδροστρόβιλος, o: water turbine
υδροσυλλέκτης, o: bilge
υδροσωλήνας, o: water pipe ‖ ~ **πυρκαγιάς**: fire hydrant
υδρόφιλος, -η, -o: hydrophilic ‖ *(βοτ)* hydrophilous
υδροφοβία, η: hydrophobia, rabies
υδροφόρος, η: (όχημα) tender
υδροχαρής, -ές: βλ. **υδρόβιος**
υδροχλωρικός, -ή, -ό: hydrochloric ‖ (οξύ) hydrochloric acid
υδροχόος: water bearer, aquarius
υδρόχρωμα, το: whitewash
υδροχρωματίζω: whitewash
υδρόψυκτος, -η, -o: water-cooled
υδρωπικία, η: dropsy
υδρωπικός, -ή, -ό: dropsical
ύδωρ, το: βλ. **νερό**

ύελος, η: βλ. **γυαλί**
υετός, o: βλ. **βροχή**
υιικός, -ή, -ό: filial
υιοθεσία, η: adoption *(και μτφ)*
υιοθέτηση, η: βλ. **υιοθεσία**
υιοθετώ: adopt *(και μτφ)*
υιός, o: βλ. **γιός**
υλακή, η: βλ. **γάβγισμα**
υλακτώ: βλ. **γαβγίζω**
ύλη, η: *(φυσ)* matter ‖ (ουσία) substance, matter ‖ (περιεχόμενο) subject matter ‖ βλ. **υλικό** ‖ **γραφική** ~: stationery
υλικό, το: material, stuff
υλικός, -ή, -ό: material
υλισμός, o: materialism
υλιστής, o (θηλ **υλίστρια**): materialist
υλιστικός, -ή, -ό: materialistic
υλοποίηση, η: materialization
υλοποιώ: materialize
υλοτομία, η: (κόψιμο ξύλων) wood cutting ‖ (ξυλείας από δάση) lumbering
υλοτόμος, o: (ξυλοκόπος) wood cutter ‖ (ξυλείας δάσους) lumberjack
υλοτομώ: lumber
υμέναιος, o: (γαμήλιο άσμα) hymeneal ‖ βλ. **γάμος**
υμένας, o: membrane
ύμνηση, η: praise, eulogy (βλ. και **εξύμνηση**)
υμνητής, o (θηλ **υμνήτρια**): eulogizer, praiser
υμνητικός, -ή, -ό: βλ. **εξυμνητικός**
υμνολογία, η: βλ. **εξύμνηση**
υμνολογώ: βλ. **εξυμνώ**
ύμνος, o: hymn ‖ *(μτφ)* βλ. **έπαινος** ‖ βλ. **εξύμνηση** ‖ **εθνικός** ~: national anthem ‖ **ακάθιστος** ~: akathist hymn
υμνώ: hymn, sing hymns, glorify, praise ‖ βλ. **εξυμνώ**
υμνωδία, η: hymnody
υμνωδός, o: hymnodist, hymnist
υνί, το: share, plowshare
υπαγόρευση, η: dictation *(και μτφ)*
υπαγορεύω: dictate *(και μτφ)*
υπαγωγή, η: βλ. **ταξινόμιση**
υπαίθριος, -α, -o: open-air, outdoor
ύπαιθρο, το: outdoors
ύπαιθρος, η: country, open country, countryside
υπαινιγμός, o: (έμμεση αναφορά) allusion

819

‖ (με τρόπο) intimation, hint ‖ (μπηχτή ή κρυφή αναφορά) innuendo, insinuation ‖ (υποβοηθητικός) lead

υπαινίσσομαι: (αναφέρω έμμεσα) allude ‖ (λέω με τρόπο) hint, intimate ‖ (ρίχνω σπόντα) insinuate

υπαίτιος, -α, -ο: responsible ‖ βλ. **ένοχος**

υπαιτιότητα, η: responsibility ‖ βλ. **ενοχή**

υπακοή, η: obedience ‖ βλ. **συμμόρφωση** ‖ βλ. **πειθαρχία**

υπάκουος, -η, -ο: obedient ‖ βλ. **πειθαρχικός**

υπακούω: (γεν) obey ‖ (σε κανονισμό) toe the line, toe the mark

υπάλληλος, ο: worker, employee, clerk ‖ (δημόσιος) servant, public servant ‖ (γραφείου) white collar worker, clerk, office worker ‖ (καταστήματος) shop assistant (βλ. **πωλητής** και **πωλήτρια**) ‖ (συνεργείου κλπ.) blue collar worker ‖ (κυβερνητικός ή κρατικός) government employee

υπανάπτυκτος, -η, -ο: underdeveloped

υπαναχώρηση, η: (μτφ) retraction, recantation

υπαναχωρώ: (μτφ) retract, recant

ύπανδρος, -η, -ο: married

υπάνθρωπος, ο: subhuman

υπαξιωματικός, ο: (στρατού) non-commissioned officer (N.C.O.) ‖ (ναυτικού) petty officer (P.O.) ‖ (τεχνικός) warrant officer ‖ (υπαξ. - γραφέας ναυτικού) yeoman

υπαπαντή, η: presentation of the Lord, candlemas

υπαρκτός, -ή, -ό: existing, existent ‖ (που ακόμα υπάρχει) extant

ύπαρξη, η: being, existence ‖ (το να υπάρχεις) existence ‖ (άνθρωπος) being

υπαρξισμός, ο: existentialism

υπαρξιστής, ο (θηλ **υπαρξίστρια**): existentialist

υπαρχηγός, ο: lieutenant, second in command

υπάρχοντα, τα: possessions, property, effects

ύπαρχος, ο: chief mate, chief officer

υπάρχω: exist, be, be extant ‖ (γ΄ προσ.

εν.) there is ‖ (γ΄ προσ. πληθ.) there are

υπασπιστήριο, το: adjutant's office

υπασπιστής, ο: (στρ) adjutant ‖ (υπασπιστής του αρχηγού του στρατού) adjutant general ‖ (υπασπ. στρατηγού ή ναυάρχου) aid-de-camp

υπαστυνόμος, ο: lieutenant (of the police)

ύπατος, -η, -ο: supreme

ύπατος, ο: consul

υπέγγυος, -α, -ο: βλ. **εγγυητής** ‖ βλ. **υπεύθυνος** ‖ (ουσ) collateral, lien

υπέδαφος, το: subsoil

υπεισέρχομαι: intrude oneself

υπεκφεύγω: sidestep

υπεκφυγή, η: runaround, evasion

υπενθυμίζω: remind

υπενθύμιση, η: (πράξη) reminding ‖ (κάτι που θυμίζει) reminder

υπενοικιάζω: sublet, sublease

υπενοικίαση, η: sublease

υπενοικιαστής, ο (θηλ **υπενοικιάστρια**): subtenant

υπενωμοτάρχης, ο: sergeant of the constabulary

υπεξαίρεση, η: larceny ‖ βλ. **οικειοποίηση** ‖ βλ. **σφετερισμός**

υπεξαιρώ: commit larceny ‖ βλ. **οικειοποιούμαι** ‖ βλ. **σφετερίζομαι**

υπέρ: (πρόθ) (τοπ) over ‖ (ποσ) over, more ‖ (ευνοϊκά) for ‖ (ευνοϊκό επιχείρημα) pro ‖ τα ~ και τα κατά: pros and cons

υπεραγαπώ: be very fond of, adore, love dearly

υπεραιμία, η: hyperemia, presence of large blood supply

υπεραισθητός, -ή, -ό: extrasensory

υπερακοντίζω: (μτβ) βλ. **υπερέχω** ‖ βλ. **ξεπερνώ**

υπεραμύνομαι: champion, defend, support

υπεράνθρωπος, -η, -ο: superhuman ‖ (ουσ) superman ‖ **~η προσπάθεια:** superhuman effort

υπεράνω: above, beyond ‖ **~ υποψίας:** above suspicion ‖ **~ όλων:** above all ‖ **~ των δυνάμεων:** beyond one's power

υπεράριθμος, -η, -ο: supernumerary, extra

υπερασπίζομαι: defend oneself ‖ βλ.

υπερασπίζω
υπερασπίζω: defend ‖ *(νομ)* defend, plead

υπεράσπιση, η: defense ‖ *(νομ)* counsel for the defense

υπερασπιστής, ο *(θηλ* **υπερασπίστρια**): defender, champion

υπεραστικός, -ή, -ό: long-distance, toll ‖ ~ό **τηλεφώνημα**: toll-call, long-distance call

υπεραφθονία, η: overabundance, superabundance

υπεράφθονος, -η, -ο: overabundant, super-abundant

υπερβαίνω: overpass, surmount, exceed ‖ ~ **τα όρια**: overstep the bounds,carry things too far ‖ ~**τις δυνάμεις**: be beyond s.b.'s powers

υπερβάλλω: βλ. **ξεπερνώ** ‖ βλ. **υπερέχω** ‖ (μεγαλοποιώ) exaggerate, stretch a point, lay it on thick

υπέρβαση, η: exceeding, excess ‖ overstepping

υπερβασία, η: overstepping

υπερβέβαιος, -α, -ο: (απόλυτα βέβαιος) positive ‖ (με μεγάλη αυτοπεποίηση) overconfident

υπερβολή, η: (πάνω από το κανονικό) excess ‖ (μεγαλοποίηση) exaggeration ‖ *(λογοτ)* hyperbole ‖ *(μαθ)* hyperbola

υπερβολικός, -ή, -ό: (πάνω από το κανονικό) excessive ‖ (μεγαλοποιημένος) exaggerated ‖ (που μεγαλοποιεί) exaggerating, exaggerative ‖ *(μαθ)* hyperbolic

υπερβόρειος, -α, -ο: hyperborean

υπεργολαβία, η: subcontract

υπεργολάβος, ο: subcontractor

υπερδιέγερση, η: overexcitation, overstimulation

υπερένταση, η: overstress, overstrain

υπερεπείγων, -ουσα, -ον: very urgent ‖ (επιστολή) special delivery, express delivery

υπερευαισθησία, η: hypersensitivity, hypersensitiveness, oversensitiveness ‖ (υπερβολική εκδήλωση ευαισθησίας) maudliness

υπερευαίσθητος, -η, -ο: hypersentitive, oversensitive ‖ (που δείχνει υπερβολική ευαισθησία) maudlin

υπερέχω: surpass, exceed, be superior ‖ βλ. **διακρίνομαι** ‖ (αριθμητικά) outnumber ‖ (σε σπουδαιότητα) outweigh ‖ (σε πράξη, εκδήλωση κλπ) outdo ‖ (σε αξία) overshadow

υπερήλικας, ο: βλ. **υπερήλικος**

υπερήλικος, -η, -ο: advanced, very old

υπερημερία, η: past due, overdue payment

υπερηφάνεια, κλπ.: βλ. **περηφάνια κλπ.**

υπερηχητικός, -ή, -ό: supersonic

υπερθεματίζω: outbid *(και μτφ)*

υπερθεμάτιση, η: outbidding

υπερθερμαίνω: overheat

υπερθέρμανση, η: overheating

υπερθετικός, -ο: (βαθμός) superlative

υπέρθυρο, το: door lintel

υπερίπταμαι: hover, fly over

υπερίσχυση, η: predominance, prevalence ‖ βλ. **επικράτηση**

υπερισχύω: predominate, prevail ‖ βλ. **επικρατώ** ‖ βλ. **κατανικώ**

υπερίτης, ο: mustard gas

υπεριώδης, -ες: ultraviolet

υπερκέραση, η: outflanking

υπερκόπωση, η: overexertion, overstrain ‖ (κατάρρευση) breakdown

υπέρμαχος, -η, -ο: champion, paladin, defender

υπερμεγέθης, -ες: huge, enormous

υπέρμετρος, -η, -ο: excessive

υπερμετρωπία, η: hyperopia, hypermetropia, farsightedness

υπερνικώ: overcome, surmount ‖ βλ. **υπερισχύω** ‖ βλ. **κατανικώ**

υπέρογκος, -η, -ο: oversized, huge ‖ *(μτφ)* exorbitant, outrageous

υπεροξείδιο, το: peroxide

υπεροπλία, η: superiority in weapons

υπερόπτης, ο: haughty, lofty, arrogant ‖ βλ. **αλαζόνας**

υπεροπτικός, -ή, -ό: cavalier, haughty ‖ βλ. **αλαζονικός**

ύπερος, ο: pistil

υπεροχή, η: superiority, supremacy, predominance

υπέροχος, -η, -ο: superior, magnificent ‖ *(ιδ)* whacking

υπεροψία, η: haughtiness, arrogance ‖ βλ. **αλαζονεία**

821

υπερπαραγωγή, η: overproduction
υπερπέραν, το: afterlife, beyond
υπερπηδώ: overleap, jump over ‖ *(μτφ)* overcome, surmount
υπερπλήρης, -ες: full, packed, jammed
υπερπόντιος, -α, -ο: transoceanic, overseas, transmarine
υπερσιβηρικός, -ή, -ό: trans-siberian
υπερσιτίζω: overfeed
υπερσιτισμός, ο: overfeeding
υπερσυντέλικος, ο: *(γραμ)* past perfect, pluperfect
υπέρταση, η: hypertension, high blood pressure
υπέρτατος, -η, -ο: supreme
υπέρτερος, -η, -ο: superior
υπερτερώ βλ. **υπερέχω**
υπερτίμηση, η: overestimation ‖ (αύξηση τιμών) rise, overpricing
υπερτιμώ: overestimate ‖ (ανεβάζω τιμή) raise the price, overprice
υπερτροφία, η: hypertrophy
υπερτροφικός, -ή, -ό: hypertrophic
υπέρυθρος, -η, -ο: *(φυσ)* infrared
υπερύψηλος, -η, -ο: βλ. **πανύψηλος**
υπερφαλαγγίζω: outflank
υπερφαλάγγιση, η: outflanking
υπερφίαλος, -η, -ο: βλ. **υπερόπτης** ‖ βλ. **αλαζόνας**
υπερφορτώνω: βλ. **παραφορτώνω**
υπερφυσικός, -ή, -ό: supernatural
υπερώα, η: *(ανατ)* palate
υπερωκεάνιο, το: (πλοίο) ocean-going
υπερώο, το: βλ. **σοφίτα** ‖ (θεάτρου ή κινηματ.) gallery
υπερωρία, η: overtime
υπερωριακός, -ή, -ό: overtime ‖ (πληρωμή) overtime pay, time and a half
υπερωριμάζω: become overripe
υπερώριμος, -η, -ο: overripe
υπεύθυνος, -η, -ο: responsible, answerable, accountable ‖ **καθιστώ ~:** hold responsible
υπευθυνότητα, η: responsibility
υπήκοος, ο: subject, national ‖ (πολίτης) citizen
υπηκοότητα, η: citizenship, nationality
υπήνεμος, -η, -ο: leeward ‖ (πλευρά) lee
υπηρεσία, η: (ανατεθείσα εργασία) duty,

job, service ‖ (διοικ.) service, bureau, department, division ‖ (περίοδος υπηρεσίας) time ‖ βλ. **υπηρετικό προσωπικό** ‖ *(στρ)* duty ‖ **εν ~:** on duty ‖ **ελεύθερος ~ς:** off duty
υπηρεσιακός, -ή, -ό: service
υπηρέτης, ο *(θηλ* **υπηρέτρια***):* *(γεν)* servant, menial, domestic, manservant ‖ (προσωπ. υπηρέτης ανδρός) valet
υπηρετικός, -ή, -ό: (του υπηρέτη) servant, domestic ‖ (σαν υπηρέτης) servile, obsequious
υπηρέτρια, η: maid, maidservant (βλ. και **υπηρέτης**)
υπηρετώ: (γενικά) serve ‖ (είμαι στην υπηρεσία κάποιου) be in the service of, serve ‖ (θητεία) serve
υπίλαρχος, ο: lieutenant (cavalry)
υπνάκος, ο: *(ιδ)* shuteye, forty winks, short nap
υπναράς, ο *(θηλ* **υπναρού***):* sleepyhead, fond of sleeping
υπνηλία, η: somnolence
υπνοβασία, η: somnambulism, noctambulism, sleepwalking
υπνοβάτης, ο *(θηλ* **υπνοβάτισσα***):* somnambulist, sleepwalker
υπνοβατώ: somnambulate
υπνοδωμάτιο, το: bedroom
ύπνος, ο: sleep, slumber ‖ (ελαφρός) doze, nap ‖ (βαθύς) deep sleep ‖ (αφύσικα βαθύς) sopor, stupor ‖ (απογευματινός) siesta ‖ **πάω για ~:** hit the sack, hit the hay *(ιδ)*
ύπνωση, η: hypnosis
υπνωτήριο, το: dormitory, dorm
υπνωτίζω: mesmerize, hypnotize *(και μτφ)*
υπνωτικό, το: *(γεν)* soporific ‖ (φάρμακο) sleep-inducing drug ‖ (χάπι) sleeping pill
υπνωτικός, -ή, -ό: soporiferous, soporific, somniferous
υπνωτισμός, ο: hypnotism, mesmerism
υπνωτιστής, ο *(θηλ* **υπνωτίστρια***):* hypnotist
υπό *(προθ)* βλ. **αποκάτω** ‖ **~ τον όρο:** on condition that ‖ **~ τα όπλα:** under arms
υποανάπτυκτος, -η, -ο: βλ. **υπανάπτυκτος**

υπόβαθρο, το: (βάση στηρίγματος) socle, base ‖ (βάθρο) pedestal
υποβάλλω: (αίτηση, αναφορά, κλπ.) submit ‖ βλ. εισηγούμαι ‖ (κάνω να υποστεί) inflict, cause, subject ‖ *(μτφ)* suggest
υποβαστάζω: support, uphold
υποβιβάζω: (χαμηλώνω) lower, take down ‖ (σε αξία ή θέση) degrade, lower, slight ‖ (σε βαθμό) demote ‖ *(στρ)* bust, break, demote
υποβιβασμός, ο: (χαμήλωμα) lowering ‖ (σε αξία ή θέση) degrading, degradation, lowering ‖ (σε βαθμό) demotion ‖ *(στρ)* busting, demotion
υποβλέπω: βλ. εποφθαλμιώ
υποβλητικός, -ή, -ό: suggestive, evocative ‖ (που προκαλεί δέος) eery, eerie, spooky
υποβοηθώ: βλ. βοηθώ ‖ βλ. συμβάλλω
υποβολέας, ο: prompter
υποβολή, η: (αίτησης, αναφοράς κλπ.) submission ‖ βλ. εισήγηση ‖ infliction, subjection ‖ *(μτφ)* suggestion
υποβόσκω: smolder
υποβρύχιο, το: submarine
υποβρύχιος, -α, -ο: submarine, underwater, undersea
υπογάστριο, το: abdomen
υπογεγραμμένος, -η, -ο: undersigned
υπόγειο, το: basement ‖ (αποθήκη στο υπόγειο) cellar
υπόγειος, -α, -ο: subterranean, underground, below ground level ‖ ~ σιδηρόδρομος: underground railroad, subway ‖ ~ στοά (ή σήραγγα) subway
υπογένειο, το: goatee, small chin beard
υπόγλυκος, -η, -ο: sweetish
υπογραμματέας, ο: (ανώτατος διοικ.) under-secretary ‖ (δικαστηρίου) clerk
υπογραμμίζω: underline *(και μτφ)*
υπογραφή, η: signature
υπογράφω: sign
υποδαυλίζω: fan, stir up, kindle
υποδαύλιση, η: fanning, stirring up, kindling
υποδεέστερος, -η, -ο: βλ. κατώτερος
υπόδειγμα, το: model, example ‖ (εντύπου) form ‖ βλ. δείγμα
υποδειγματικός, -ή, -ό: exemplary

υποδεικνύω: indicate, point out, suggest ‖ βλ. προτείνω
υπόδειξη, η: indication ‖ (πρόταση ή συμβουλή) suggestion, recommendation
υποδείχνω: βλ. υποδεικνύω
υποδεκάμετρο, το: decimeter ‖ βλ. χάρακας
υποδεκανέας, ο: (Η.Π.Α., στρατ.) private 1st class ‖ (Η.Π.Α., πεζοναύτες) lance corporal ‖ (Αγγλία) lance corporal
υποδερμικός, -ή, -ό: hypodermic
υποδέχομαι: receive, meet, welcome, greet
υποδηλώνω: allude, mean, indicate
υπόδημα, το: βλ. παπούτσι
υποδηματοποιείο, το: shoemaker's shop
υποδηματοποιός, ο: shoemaker, bootmaker ‖ βλ. και παπουτσής
υποδιαίρεση, η: subdivision
υποδιαιρώ: subdivide
υποδιευθυντής, ο (θηλ υποδιευθύντρια): (εταιρείας ή υπηρεσίας) assistant director ‖ (παραρτήματος, κλπ) assistant manager ‖ (σχολείου) assistant principal
υπόδικος, -η, -ο: indicted, indictee, defendant, awaiting trial
υποδιοικητής, ο: (στρ. μονάδας) executive officer ‖ (περιοχής, κλπ.) lieutenant-governor ‖ (οργανισμού, κλπ) vice president
υποδομή, η: substructure
υποδόριος, -α, -ο: βλ. υποδερμικός
υπόδουλος, -η, -ο: enslaved, slave
υποδουλώνω: enslave, subjugate
υποδούλωση, η: enslavement, subjugation
υποδοχή, η: reception ‖ βλ. καλωσόρισμα ‖ *(μηχ)* socket
υποδύομαι: play the part, have a part, play the role
υποεπιτροπή, η: subcommittee
υποζύγιο, το: pack animal, beast of burden
υποθαλάσσιος, -α, -ο: undersea, submarine
υποθάλπω: foment, foster ‖ (προστατεύω ή ενθαρρύνω κρυφά) encourage, abet
υπόθεμα, το: βλ. υπόβαθρο ‖ βλ. υπόθετο
υπόθεση, η: (βάση συμπεράσματος) hypothesis, supposition, premise ‖ (χωρίς βεβαιότητα) conjecture, surmise ‖ (με

υποθετικός

βεβαιότητα) presumption ‖ (θέμα ή εργασία) affair, matter, business ‖ (περιεχόμενο έργου) plot, theme, subject ‖ *(νομ)* case ‖ **σπουδαία ~!**: *(ειρ)* big deal! ‖ **δική μου ~**: my business
υποθετικός, -ή, -ό: hypothetical, suppositional ‖ (χωρίς βεβαιότητα) conjectural ‖ (με βεβαιότητα) presumptive ‖ βλ. **υποτιθέμενος**
υπόθετο, το: suppository ‖ (μήτρας) pessary
υποθέτω: (κάνω υπόθεση για συμπέρασμα) hypothesize, suppose, premise ‖ (χωρίς βεβαιότητα) conjecture, surmise ‖ (με βεβαιότητα) presume ‖ (πιστεύω, νομίζω) reckon, guess, suppose
υποθηκεύω: mortgage, hypothecate
υποθήκη, η: mortgage, hypothec ‖ (δικαίωμα κατάσχεσης υποθήκης) lien ‖ βλ. **συμβολή** ‖ βλ. **παραίνεση**
υποθηκοφυλάκειο, το: mortgage office, mortgage registry
υποκαθιστώ: substitute, subrogate
υποκατάστατος, -η, -ο: substitute ‖ βλ. **αναπληρωτής**
υποκατάστημα, το: branch office
υποκειμενικός, -ή, -ό: subjective
υποκειμενικότητα, η: subjectivity, subjectiveness
υποκείμενο, το: subject ‖ *(ειρ)* scoundrel, cur
υποκείμενος, -η, -ο: subject, liable to
υποκελευστής, ο: petty officer 2nd class
υποκίνηση, η: incitation, incitement, provocation, instigation
υποκινητής, ο *(θηλ* **υποκινήτρια)**: inciter, instigator
υποκινώ: incite, provoke, instigate
υποκλέπτω: (πνευμ. εργασία) plagiarize
υποκλίνομαι: bow ‖ (βαθειά, με το γόνατο) genuflect, bend the knee ‖ (με το κεφάλι) incline the head ‖ (δουλοπρεπώς) bow and scrape ‖ (γυναικεία) curtsy, curtsey
υπόκλιση, η: bow ‖ (βαθειά) genuflection ‖ (γυναικεία) curtsy, curtsey
υποκλοπή, η: (πνευμ. εργασίας) plagiarism
υποκόμης, ο: viscount
υποκόμισσα, η: viscountess

υποκόπανος, ο: rifle butt, gunstock, stock
υποκοριστικό, το: diminutive ‖ (κύριου ονόματος) nickname
υπόκοσμος, ο: underworld
υποκρίνομαι: βλ. **υποδύομαι** ‖ (κρύβω αισθήματα ή σκέψεις) dissemble, dissimulate ‖ βλ. **προσποιούμαι** ‖ (παίζω απατηλό ρόλο) play a part, act
υποκρισία, η: hypocrisy
υποκριτής, ο *(θηλ* **υποκρίτρια)**: hypocrite
υποκριτικά: *(επίρ)* hypocritically
υποκριτικός, -ή, -ό: hypocritical
υπόκρουση, η: *(μουσ)* theme song
υποκύπτω: succumb *(και μτφ)*
υπόκωφος, -η, -ο: hollow
υπόλειμμα, το: leftover, remnant ‖ (κατακάθι) residue, dregs
υπολείπομαι: (απομένω) be left, remain ‖ βλ. **υστερώ**
υπόλευκος, -η, -ο: whitish
υπολήπτομαι: esteem, think highly of, think of with respect
υπόληψη, η: esteem, favorable regard, repute
υπολογίζω: estimate ‖ βλ. **λογαριάζω** ‖ *(μτφ)* make much account of
υπολογισμός, ο: estimate ‖ βλ. **λογαριασμός** ‖ βλ. **υστεροβουλία**
υπολογιστής, ο: (βοηθός πτυχ. λογιστού) assistant accountant ‖ (βοηθός πρακτ. λογιστού) assistant bookkeeper ‖ (αριθμομηχανή) calculator ‖ (ηλεκτρον. εγκέφαλος) computer
υπόλογος, -η, -ο: βλ. **υπεύθυνος**
υπόλοιπο, το: *(μαθ)* remainder ‖ (λογιστ.) balance ‖ βλ. **υπόλειμμα**
υπόλοιπος, -η, -ο: remaining, left
υπολοχαγός, ο: (Η.Π.Α.) first lieutenant ‖ (Αγγλία) lieutenant
υπομένω: endure, bear, put up with ‖ βλ. **ανέχομαι** ‖ (είμαι υπομονετικός) be patient
υπομισθώνω: βλ. **υπενοικιάζω**
υπομίσθωση, η: βλ. **υπενοικίαση**
υπομισθωτής, ο *(θηλ* **υπομισθώτρια)**: βλ. **υπενοικιαστής**
υπόμνημα, το: βλ. memorandum
υπόμνηση, η: βλ. **υπενθύμιση**
υπομοίραρχος, ο: lieutenant of the con-

stabulary
υπομονετικά: *(επίρ)* patiently
υπομονετικός, -ή, -ό: patient ‖ *(που αντέχει)* enduring ‖ βλ. **καρτερικός**
υπομονή, η: patience ‖ *(αντοχή)* endurance ‖ βλ. **καρτερία**
υπομονητικά, υπομονητικός: βλ. **υπομονετικά, υπομονετικός**
υπομόχλιο, το: fulcrum
υποναύαρχος, : rear admiral
υπόνοια, η: βλ. **υποψία**
υπονόμευση, η: undermining *(και μτφ)* ‖ *(στρ - υπον. θέσης εχθρού)* sapping ‖ *(στρ - τοποθετ. ναρκών κλπ.)* mining
υπομονευτικός, -ή, -ό: undermining
υπονομεύω: undermine *(και μτφ)* ‖ *(στρ - θέση εχθρού)* sap ‖ *(στρ - τοποθετώ νάρκες κλπ.)* mine ‖ *(μτφ)* undermine, sap
υπόνομος, ο: *(οχετός)* sewer ‖ *(φουρνέλο)* mine
υπονοώ: imply (βλ. και **υποδηλώνω**)
υπόξανθος, -η, -ο: blondish
υπόξινος, -η, -ο: sourish
υποπίπτω: *(σε σφάλμα, κλπ.)* fall into, perpetrate, commit ‖ *(στην αντίληψη, κλπ.)* come to s.b's notice, notice, come to one's notice
υποπλοίαρχος, ο: *(πολ. ναυτικό - Η.Π.Α.)* lieutenant senior grade ‖ *(πολ. ναυτικό - Αγγλ.)* lieutenant ‖ *(εμπ. ναυτικό)* chief mate
υποπόδιο, το: footstool
υποπολλαπλάσιο, το: submultiple
υποπροϊόν, το: by-product
υποπρόξενος, ο: vice consul
υποπτέραρχος, ο: *(ΗΠΑ)* Major general USAF ‖ *(Αγγλ.)* air vice marshal
υποπτεύομαι: suspect ‖ *(κάτι ύποπτο ή κακό)* smell a rat ‖ *(έχω κάποια αμυδρή υποψία)* have an inkling
ύποπτος, -η, -ο: suspect, suspicious ‖ *(ύποπτος επιχειρηματίας)* wildcatter, shyster ‖ *(ύποπτος τύπος)* unsavory ‖ *(ύποπτος κλοπής, αλητείας, κλπ.)* prowler
υπόσαγμα, το: *(σαμαροσκούτι)* saddle blanket ‖ *(αλόγου ιπποδρομίας)* saddle-cloth
υποσημείωση, η: footnote

υποσιτίζω: undernourish
υποσιτισμός, ο: malnutrition, undernourishment
υποσκάπτω: βλ. **υπονομεύω** *(μτφ)*
υποσκελίζω: *(περδικλώνω)* trip, trip up ‖ *(εκτοπίζω κάποιον και παίρνω τη θέση του)* supplant ‖ *(παίρνω τη θέση κάποιου επειδή είμαι καλύτερος)* supersede ‖ βλ. **εκτοπίζω** ‖ βλ. **αντικαθιστώ**
υποσκέλιση, η: supplanting ‖ supersedure, supersession
υποσμηναγός, ο: *(ΗΠΑ)* 1st lieutenant USAF ‖ *(Αγγλ.)* flying officer
υποστάθμη, η: βλ. **κατακάθι** *(και μτφ)*
υποσταθμός, ο: substation
υπόσταση, η: *(φιλοσ.)* hypostasis ‖ βλ. **ύπαρξη** ‖ *(βάση ή θεμέλιο)* substance, foundation, ground, basis
υποστατικό, το: βλ. **κτήμα** ‖ *(οίκημα)* outbuilding, cottage
υπόστεγο, το: shed ‖ *(μεγάλο για αεροσκάφη, κλπ)* hangar ‖ *(μικρό και χαμηλό)* hovel ‖ *(πρόχειρο)* lean-to ‖ *(κήπου ή πάρκου)* belvedere
υποστέλλω: βλ. **κατεβάζω** ‖ *(σημαία)* strike, lower ‖ *(πανιά)* haul down, strike
υποστήριγμα, το: βλ. **στήριγμα** ‖ *(που στηρίζει κάτι απο κάτω)* underpinning, underprop ‖ *(που στηρίζει κάτι όρθιο)* brace ‖ *(που στηρίζει κάτι οριζόντιο)* bracket
υποστηρίζω: support, prop ‖ *(από κάτω)* underpin, underprop, brace ‖ *(με ξύλα)* shore ‖ *(πλοίο υπό επισκευή)* shore ‖ *(μτφ)* support, favor, uphold ‖ *(δίνω πλήρη υποστήριξη)* plump for ‖ *(με χρήματα ή με εγγύηση ή προστασία)* sponsor ‖ *(ισχυρίζομαι)* maintain, hold ‖ *(σεχοντάρω)* back, second
υποστήριξη, η: support, prop ‖ *(μτφ)* support, backing
υποστιγμή, η: comma
υποστολή, η: βλ. **κατέβασμα** ‖ *(σημαίας)* striking, lowering ‖ βλ. **μείωση**
υποστράτηγος, ο: major general
υπόστρωμα, το: substratum ‖ βλ. **υπέδαφος**
υποστυλώνω: *(με πασσάλους)* pile ‖ *(με*

υποσυνείδητος

στύλους) pillar

υποσυνείδητος, -η, -ο: subconscious (και ουσ)

υπόσχεση, η: promise ‖ (επίσημη σε καθήκον κλπ.)˙ pledge ‖ (γάμου, αρραβώνα κλπ.) plight ‖ (λόγος) word

υπόσχομαι: promise ‖ (επίσημα) pledge ‖ (γάμο, αρραβώνα, κλπ) plight ‖ (δίνω το λόγο μου) give one's word

υποταγή, η: subjugation, subservience, subjection, subordination, submission

υποτάζω: subdue, subjugate, subordinate, make subservient, subject

υποτακτική, η: subjunctive

υποτακτικός, ο: βλ. **υποταχτικός**

υπόταση, η: low blood pressure

υποτάσσομαι: submit   \

υποτάσσω: βλ. **υποτάζω**

υποταχτικός, -ή, -ό: submissive, obedient ‖ βλ. **υπηρέτης**

υποτείνουσα, η: hypotenuse

υποτέλεια, η: vassalage, tributariness, subservience ‖ (φόρος) tribute

υποτελής, -ές: vassal, tributary, subservient

υποτιθέμενος, -η, -ο: alleged, presumed, supposed

υποτίθεται: (γ´ προσ) be supposed to

υποτίμηση, η: devaluation ‖ (μτφ) underestimation

υποτιμητικός, -ή, -ό: disparaging, slighting

υποτιμώ: devaluate ‖ (μτφ) underestimate, underrate

υποτροπή, η: (ιατρ) relapse ‖ (νομ) repetition of an offense

υποτροπιάζω: relapse, have a relapse

υποτροπιασμός, ο: βλ. **υποτροπή** (ιατρ)

υποτροπικός, -ή, -ό: subtropical

υποτροφία, η: scholarship

υπότροφος, -η, -ο: scholar

υποτυπώδης, -ες: incomplete, sketchy imperfectly formed, undeveloped

ύπουλος, -η, -ο: slinky, sneaky, shifty, crafty, treacherous

υπουργείο, το: (ΗΠΑ) department ‖ (Αγγλ.) ministry

υπούργημα, το: office, ministry

υπουργικός, -ή, -ό: cabinet ‖ ~ό συμβούλιο: cabinet

υπουργός, ο: (ΗΠΑ) member of the cabinet, head of a department, secretary ‖ (Αγγλ) minister

υπουρίδα, η: crupper

υποφαινόμενος, -η, -ο: βλ. **υπογεγραμμένος** ‖ (ειρ) yours truly

υποφερτός, -ή, -ό: tolerable, bearable ‖ βλ. **καλούτσικος**

υποφέρω: (μτβ) βλ. **αντέχω** ‖ βλ. **υπομένω** ‖ βλ. **ανέχομαι** ‖ (αμτβ) suffer ‖ βλ. **πονώ** ‖ βλ. **πάσχω**

υποφώσκω: glimmer

υποχείριος, -α, -ο: subordinate, under s.b.'s power, under s.b's control

υποχθόνιος, -α, -ο: βλ. **υπόγειος** ‖ (μτφ) infernal

υποχονδρία, η: hypochondria, hypochondriasis

υποχονδριακός, -ή, -ό: hypochondriac

υπόχρεος, -η, -ο: obliged, indebted

υποχρεώνω: (αναγκάζω) force, compel, oblige ‖ (με εξυπηρέτηση) oblige

υποχρέωση, η: obligation ‖ βλ. **καθήκον**

υποχρεωτικός, -ή, -ό: (αναγκαστικός) compulsory, mandatory, obligatory ‖ (εξυπηρετικός) obliging

υποχώρηση, η: βλ. **οπισθοχώρηση** ‖ (μτφ) backing off ‖ βλ. **καθίζηση** ‖ σαλπίζω ~: beat a retreat

υποχωρητικός, -ή, -ό: submissive ‖ βλ. **συμβιβαστικός**

υποχωρώ: retreat, back off, fall back ‖ (καθιζάνω) cave in, fall in ‖ (μτφ) give in, give way

υποψήφιος, -α, -ο: (που προβάλει υποψηφιότητα για αξίωμα ή θέση) candidate ‖ (που κάνει αίτηση για θέση) applicant

υποψηφιότητα, η: candidacy

υποψία, η: suspicion

υποψιάζομαι: βλ. **υποπτεύομαι**

ύπτιος, -α, -ο: supine

υπώρεια, η: foot of a mountain

ύστατος, -η, -ο: last, final, ultimate

ύστερα: (επίρ) afterwards, then, next (βλ. και έπειτα)

υστέρημα, το: βλ. **έλλειμμα** ‖ savings

υστερία, η: hysteria

υστερικός, -ή, -ό: hysterical ‖ (πάσχων) hysteric

υστερισμός, ο: hysterics, attack of hysteria
υστερνός, -ή, -ό: βλ. τελευταίος ‖ βλ. ε-
πόμενος
υστεροβουλία, η: ulterior motive, ulterior
design
υστερόγραφο, το: postscript (P.S.)
ύστερος, -η, -ο: βλ. τελευταίος ‖ βλ.
επόμενος ‖ βλ. κατώτερος
υστερότοκος, -η, -ο: last born
υστεροφημία, η: posthumous fame
υστερώ: (αργοπορώ) fall behind, lag ‖
(μτφ) fall short, be inferior ‖ (έχω
ελλείψεις) lack, be deficient
υφαίνω: weave, spin ‖ (μτφ) weave, plot
υφαίρεση, η: βλ. υπεξαίρεση ‖ (μαθ) dis-
count
ύφαλα, τα: underwater, below waterline
υφαλοκρηπίδα, η: ledge
ύφαλος, ο: reef, shoal, bar
ύφανση, η: weaving ‖ (τρόπος) weave
υφαντήριο, το: weaving mill, weaving
factory
υφαντής, ο (θηλ υφάντρια): weaver
υφαντός, -ή, -ό: woven
υφαντουργείο, το: βλ. υφαντήριο
υφαρπαγή, η: βλ. απάτη ‖ βλ. κλοπή ‖
gypping
υφαρπάζω: gyp, swindle out of ‖ βλ.
κλέβω
ύφασμα, το: cloth, material, fabric, stuff
υφασματέμπορας, ο: clothier, cloth mer-
chant, draper
ύφεση, η: abatement ‖ (ατμοσφ) depres-

sion ‖ (μουσ) flat
υφή, η: texture, weave
υφηγητής, ο (θηλ. υφηγήτρια): assistant
professor ‖ (λέκτορας) lecturer
υφήλιος, -α, -ο: earth, world
υφίσταμαι: undergo ‖ βλ. υποφέρω ‖ βλ.
υπάρχω
υφιστάμενος, ο (θηλ υφισταμένη): sub-
ordinate
ύφος, το: look, mien, air ‖ βλ. στιλ
υφυπουργός, ο: undersecretary
υψηλότατος, ο (θηλ υψηλοτάτη): (τίτλος)
his (her) highness
υψηλότητα, η: (τίτλος) highness
υψηλοφροσύνη, η: βλ. γενναιοφροσύνη
‖ βλ. ιπποτισμός
υψικάμινος, η: blast furnace
υψίπεδο, το: plateau, mesa
ύψιστος, -η, -ο: highest ‖ (ουσ) God
υψίφωνος, ο: (θηλ υψίφωνος): (άντρας)
tenor ‖ (γυναίκα) soprano
υψόμετρο, το: (ύψος) altitude ‖
(μετρητής) altimeter
ύψος, το: height, altitude ‖ (μπόι) height
‖ (σημείου) elevation ‖ (γεωμ) altitude,
height ‖ (μουσ) pitch
ύψωμα, το: hummock, hillock
υψώνω: raise, hoist ‖ βλ. ανυψώνω ‖ βλ.
ανεβάζω ‖ βλ.εξυψώνω ‖ (μαθ.) raise
ύψωση, η: raising, hoisting ‖ βλ. ανύψωση
‖ βλ. ανέβασμα ‖ βλ. εξύψωση ‖ (μαθ)
raising ‖ ~ σε δύναμη: (μαθ) involution

Φ

Φ, φ: the twenty first letter of the Greek
alphabet ‖ φ´: 500 ‖ φ: 500000
φα, το: (μουσ) fa
φάβα, η: (φυτό) vetchling, fava bean ‖
(φαγητό) fave bean pure~e
φαβορί, το: favorite
φαβορίτες, οι: sideburns
φαβοριτισμός, ο: favoritism
φαγάνα, η: βλ. βυθοκόρος ‖ βλ. φαγάς ‖
(που καταναλίσκει πολύ) consuming
φαγάς, -ού, -άδικο: glutton ‖ (βλ. και
λαίμαργος)

φαγγρί, το: seabream
φαγεντιανός, -ή, -ό: faience
φαγητό, το: meal ‖ βλ. γεύμα ‖ βλ.
δείπνο ‖ βλ. τροφή ‖ βλ. κολατσιό ‖
(προχειροετοιμασμένο, το ''βρισκούμε-
νο'') potluck
φαγί, το: βλ.φαγητό
φαγιάντσα, η: βλ. φαγεντιανός
φαγκρί, το: βλ. φαγγρί
φαγοπότι, το: feast, eating and drinking
bout (βλ. και τσιμπούσι)
φαγούρα, η: itch, itching

φάγωμα

φάγωμα, το: eating ‖ βλ. **διάβρωση** ‖ (φθορά) fraying ‖ *(μτφ)* dog-eat-dog, nagging

φαγωμάρα, η: βλ. **φάγωμα** *(μτφ)*

φαγωμός, ο: βλ. **φάγωμα** *(μτφ)*

φαγωμένος, -η, -ο: full, having eaten ‖ (διαβρωμένος) corroded ‖ (φθαρμένος) frayed, worn

φαγώνομαι: fray ‖ *(μτφ)* nag, grumble

φαγώσιμα, τα: βλ. **τρόφιμα**

φαγώσιμος, -η, -ο: edible, eatable

φαεινός, -ή, -ό: bright, brilliant (και *μτφ*)

φαΐ, το: βλ. **φαγητό**

φαιδρός, -ή, -ό: merry, cheerful, gay (βλ. και **εύθυμος** και **πρόσχαρος**) ‖ *(μτφ)* fatuous, ridiculous

φαιδρότητα, η: merriment, cheerfulness, gaiety, joy

φαιδρύνω: cheer, gladden, give joy

φαιλόνι, το: chasuble

φαίνομαι: (είμαι ορατός) be visible ‖ βλ. **εμφανίζομαι** (θεωρούμαι) seem, look ‖ (γ΄ πρόσ. εν.) it seems, methinks

φαινομενικά: *(επίρ)* apparently, evidently, outwardly

φαινομενικός, -ή, -ό: apparent

φαινόμενο, το: phenomenon (και *μτφ*)

φαίνω: βλ. **υφαίνω**

φαιός, -ή(-ά), -ό: βλ. **γκρίζος**

φάκα, η: βλ. **ποντικοπαγίδα** ‖ βλ. **παγίδα**

φάκελο, το: envelope

φάκελος, ο: file, dossier ‖ βλ. **φάκελο**

φακελώνω: (βάζω σε φάκελο) put in an envelope ‖ (σχηματίζω φάκελο για κάποιον ή κάτι) collect information on

φακή, η: lentil ‖ **παλικάρι της ~ς:** blusterer ‖ **αντί πινακίου ~ς:** for a mess of red pottage, for a song

φακίδα, η: freckle

φακιόλι, το: βλ. **τσεμπέρι**

φακίρης, ο: fakeer, fakir ‖ βλ. **θαυματοποιός**

φακλάνα, η: (χυδ) slut, slattern

φακός, ο: lens ‖ (μεγεθυντικός) magnifying glass ‖ (ωρολογοποιού) loupe ‖ βλ. **αμφίκυρτος, επιπεδόκοιλος, επιπεδόκυρτος,** κλπ.

φάλαγγα, η: (στρατ. σχηματισμός) phalanx (και *μτφ*) ‖ (σχηματισμός τακτικής) column ‖ *(ανατ)* phalange, phalanx ‖

(ζυγού) beam ‖ (φασιστική) falange

φαλαγγάρχης, ο: commander of a phalanx

φαλαγγίτης, ο (θηλ **φαλαγγίτισσα):** hoplite ‖ (φασιστικής) falangist

φάλαινα, η: whale ‖ (με μπαλένες) whalebone whale ‖ (αρπακτική) killer whale ‖ *(μτφ)* cow

φαλαινοθήρας, ο: whaler

φαλαινοθηρικό, το: whaleboat, whaler

φαλάκρα, η: (έλλειψη τριχών) baldness ‖ (φαλακρό μέρος) bald pate, bald head

φαλακρός, -ή, -ό: bald (και *μτφ*)

φάλαρα, τα: caparison, trappings

φαλιμέντο, το: βλ. **χρεοκοπία**

φαλίρω: βλ. **χρεοκοπώ**

φαλλικός, -ή, -ό: phallic

φαλλός, ο: phallus ‖ *(ανατ)* βλ. **πέος**

φαλτσάρισμα, το: βλ. **παραφωνία** ‖ *(μτφ)* error

φαλτσάρω: be dissonant, be out of tune ‖ *(μτφ)* err

φαλτσέτα, η: shoemaker's knife

φάλτσο, το: βλ. **φαλτσάρισμα**

φάλτσος, -α, -ο: βλ. **παράφωνος**

φαμελιά, η: βλ. **οικογένεια**

φαμελίτης, ο: βλ. **οικογενειάρχης**

φαμίλια, η: βλ. **οικογένεια**

φάμπρικα, η: βλ. **εργοστάσιο** ‖ *(μτφ)* fabrication

φανάρι, το: βλ. **φανός**

φαναρτζής, ο: tinsmith, tinker, lanternmaker

φανατίζω: fanaticize

φανατικά: *(επίρ)* fanatically

φανατικός, -η, -ο: fanatical ‖ *(ουσ)* fanatic ‖ (φανατικός οπαδός ή θαυμαστής) fan

φανατισμός, ο: fanaticism

φανέλα, η: (ύφασμα) flannel ‖ (εσώρουχο) undershirt ‖ (με κοντά μανίκια) T-shirt, tee shirt

φανελένιος, -α, -ο: flannel

φανερά: *(επίρ)* clearly, manifestly, evidently, plainly

φανερός, -ή, -ό: clear, manifest, evident, plain ‖ (αυτός που φαίνεται) visible

φανέρωμα, το: revelation, revealing, disclosure ‖ βλ. **αποκάλυψη**

φανερώνω: reveal, disclose, let out ‖ βλ. **αποκαλύπτω** ‖ (σημαίνω) mean, indi-

cate, denote
φανέρωση, η: βλ. **φανέρωμα**
φανοκόρος, ο: lamplighter
φανοποιός, ο: βλ. **φαναρτζής**
φανός, ο: lamp, lantern || (ηλεκτρικός) flashlight || (δρόμου) street lamp || (εξωτερικού χώρου) lampion || (θύελλης) hurricane lamp || (κρεμαστός διακοσμητικός) gaselier, gasolier || (γκαζολάμπα) gaslamp, gaslight || βλ. **φάρος** || (αυτοκινήτου) light || (εμπρόσθιος αυτοκ.) headlight || (οπίσθιος αυτοκ.) tail lamp, taillight
φανοστάτης, ο: lamp post
φαντάζομαι: imagine, picture, fancy, visualize || (νομίζω) think, imagine, guess, reckon
φαντάζω: stand out, create a sensation
φανταιζί: βλ. **φανταχτερός**
φανταρία, η: infantry
φαντάρος, ο: foot soldier, infantryman || (γεν. στρατιώτης) private || (στρ. ιδίωμα) dogface, buck private
φαντασία, η: (ψυχ. ικανότητα) imagination || (νοερή εικόνα) fantasy, vision, imagination || (λογοτεχν.) fiction || (λογοτ. έργο με απίθανο θέμα) fantasy || (όχι πραγματικότητα) fantasy, fiction || βλ. **φρενοαπάτη** || βλ. **κομπασμός ή έπαρση** || **με μεγάλη ~:** imaginative || **επιστημονική ~:** science fiction
φαντασιοκόπος, ο: βλ. **φαντασιόπληκτος**
φαντασιόπληκτος, -η, -ο: fantast, visionary, daydreamer
φαντασιοπληξία, η: fancy, daydreaming || (καπρίτσιο) vagary, flight of fancy, caprice, whim
φαντασίωση, η: illusion, vision
φάντασμα, το: phantom, specter, ghost, spook, wraith, phantasm || (κακοποιό) ghoul
φαντασμαγορία, η: phantasmagory, phantasmagoria
φαντασμαγορικός, -ή, -ό: phantasmagoric, phantasmagorical || (γιορτή) gala
φαντασμένος, -η, -ο: βλ. **αλαζόνας** || βλ. **υπερόπτης** || βλ. **ψωροπερήφανος**
φανταστικός, -ή, -ό: (όχι πραγματικός) imaginary, fictitious, fictive || (εξαίρετος)

fantastic || (λογοτ. φαντασίας) fictional
φανταχτερός, -ή, -ό: fanciful, fancy, ornate, gaudy
φάντης, ο: jack, knave
φανφάρα, η: fanfare || βλ. **κομπασμός**
φανφαρονισμός, ο: βλ. **κομπασμός**
φανφαρόνος, ο: βλ. **κομπαστής**
φάουλ, το: foul || (λάκτισμα ύστερα από φάουλ) free kick
φάπα, η: βλ. **καρπαζιά** || βλ. **σφαλιάρα**
φάρα, η: βλ. **γενιά ή σόι**
φαράγγι, το: ravine, canyon, gorge
φαράσι, το: dustpan
φαρδαίνω: (μτβ) widen, broaden || (αμτβ) become wider, widen
φάρδεμα, το: widening, broadening
φαρδίνι, το: farthing
φάρδος, το: βλ. **πλάτος**
φαρδύς, -ιά, -ύ: large, wide, broad (βλ. και **πλατύς**)
φαρέτρα, η: quiver
φαρίνα, η: farina
φαρισαϊκός, -ή, -ό: pharisaic, pharisaical (και μτφ)
φαρισαίος, ο: pharisee (και μτφ)
φαρισαϊσμός, ο: pharisaism
φαρμακαποθήκη, η: dispensary
φαρμακείο, το: drugstore, pharmacy
φαρμακερός, -ή, -ό: βλ. **δηλητηριώδης** (και μτφ)
φαρμακευτική, η: pharmaceutics
φαρμακευτικός, -ή, -ό: pharmacal, pharmaceutic, pharmaceutical
φαρμάκι, το: βλ. **δηλητήριο**
φάρμακο, το: medicament, medication, medicine, drug || (γεν. θεραπευτ. μέσο ή θεραπεία) remedy || (μτφ) remedy
φαρμακόγλωσσος, -η, -ο: venomous, malignant
φαρμακολογία, η: pharmacology
φαρμακομύτης, -α, -ικο: βλ. **φαρμακόγλωσσος**
φαρμακοποιία, η: pharmacopoeia
φαρμακοποιός, ο: apothecary, pharmacist, druggist || (Αγγλ.) chemist
φαρμάκωμα, το: βλ. **δηλητηρίαση** || (μτφ) mortification || βλ. **θλίψη** || βλ. **πίκρα**
φαρμακώνω: βλ. **δηλητηριάζω** || (μτφ) βλ. **πικραίνω** || mortify

φάρος, ο: pharos, lighthouse, beacon
φάρσα, η: farce ‖ *(μτφ)* practical joke
φαρσί: *(επίρ)* fluently, perfectly, effortlessly
φάρυγγας, ο: pharynx
φαρυγγικός, -ή, -ό: pharyngeal, pharyngal
φαρυγγίτιδα, η: pharyngitis
φασαμέν, το: lorgnon, lorgnette
φασαρία, η: (μεγάλος θόρυβος) din, shindy, hullabaloo, uproar, racket, (βλ. και **πανδαιμόνιο**) ‖ (από πολλή δουλειά, κλπ.) hubbub, bustle ‖ (γλέντι με φασαρία) shindig, shindy ‖ (φασαρία πλήθους, φωνών, κλπ.) clamor, tumult ‖ (πυρετώδης κίνηση, ανακατωσούρα) fuss, ado, bustle, commotion ‖ (θορυβώδης ανακατωσούρα ή ταραχή) ruckus ‖ (διατάραξη, ταραχή) disturbance ‖ (ανάκατες φωνές) babel ‖ (βιαστικές κινήσεις και ταραχή) to-do ‖ (ενόχληση) hassle ‖ *(μτφ)* ado ‖ (θορυβώδης καυγάς, κλπ.) fracas ‖ (μπελάδες) trouble
φασαρίας, ο: βλ. **θορυβοποιός**
φάση, η: phase *(και μτφ)*
φασιανός, ο: pheasant
φασισμός, ο: fascism
φασίστας, ο (θηλ **φασίστρια**): fascist
φασιστής, ο: βλ. **φασίστας**
φασιστικός, -ή, -ό: fascist, fascistic
φασκιά, η: βλ. **σπάργανο**
φασκιώνω: βλ. **σπαργανώνω**
φασκομηλιά, η: sage
φάσκω: βλ. **λέω** ‖ ~ **και αντιφάσκω:** contradict oneself, say and unsay
φάσμα, το: βλ. **φάντασμα** ‖ *(φυσ)* spectrum ‖ *(μτφ)* specter, threat
φασματοσκοπία, η: spectroscopy
φασματοσκόπιο, το: spectroscope
φασολάδα, η: bean soup
φασολάκι, το: βλ. **φασόλι φρέσκο**
φασόλι, το: (ξερό) kidney bean, bean ‖ (φρέσκο) string bean ‖ (κόκκος φρέσκου φασολιού) haricot bean
φασουλάδα, η: βλ. **φασολάδα**
φασουλής, ο: buffoon ‖ βλ. **κωμικός**
φασούλι, το: βλ. **φασόλι**
φαταλισμός, ο: fatalism
φαταλιστής, ο: fatalist
φαταούλας, ο: βλ. **άπληστος** ‖ βλ. **λαίμαργος**

φάτνη, η: manger, stall
φατνίο, το: *(ανατ)* alveolus, tooth socket
φάτνωμα, το: panel, wainscot
φατούρα, η: βλ. **τιμολόγιο**
φατρία, η: faction ‖ βλ. **κλίκα**
φάτσα, η: (πρόσωπο) puss, mug, map ‖ (πρόσοψη) face, facade ‖ *(επίρ)* opposite
φαυλόβιος, -α, -ο: βλ. **φαύλος** ‖ βλ. **διεστραμμένος** ‖ βλ. **ανήθικος**
φαυλοκράτης, ο: corruptionist
φαυλοκρατία, η: corrupt practices, political corruption, corrupt rule
φαύλος, ο: corrupt, depraved ‖ βλ. **αχρείος** ‖ βλ. **ανήθικος** ‖ βλ. **διεστραμμένος** ‖ ~ **κύκλος:** vicious circle
φαυλότητα, η: corruption, depravity ‖ βλ. **αχρειότητα** ‖ βλ. **ανηθικότητα**
φαφλατάς, ο: βλ. **φλύαρος** ‖ βλ. **κομπαστής**
φαφούτης, ο (θηλ **φαφούτα, φαφούτισσα**): toothless
Φεβρουάριος, ο: February
φεγγάρι, το: moon ‖ (φως φεγγαριού) moonlight ‖ (ιδ - χρον. διάστημα) spell ‖ (πληθ - ιδ - κακή διάθεση) bad mood
φεγγαροπρόσωπος, -η, -ο: moon-faced
φεγγαροφώτιστος, -η, -ο: βλ. **σεληνοφώτιστος**
φεγγαρόφωτο, το: βλ. **σεληνόφωτο**
φεγγίτης, ο: (οροφής) skylight ‖ (πόρτας) transom
φεγγοβόλημα, το: shine, brilliance, brilliancy
φεγγοβόλος, -α, -ο: brilliant, radiant, shining
φεγγοβολώ: shine, gleam, be radiant
φέγγος, το: gleam, glimmer
φέγγω: (αμτβ) *shine* ‖ (μτβ) light, illuminate
φέιγ-βολάν, το: flier, pamphlet for mass distribution
φείδομαι: spare, save ‖ *(μτφ)* spare
φειδώ, η: thrift, spareness
φειδωλός, -ή, -ό: thrifty, sparing ‖ βλ. **τσιγκούνης**
φελλός, ο: cork ‖ βλ. **ελαφρόμυαλος**
φελόνιο, το: βλ. **φαιλόνιο**
φελούκα, η: felucca
φεμινισμός, ο: feminism
φεμινιστής, ο (θηλ **φεμινίστρια**): feminist

φθονώ

φενάκη, η: (μτφ) βλ. απάτη
φενακίζω: βλ. απατώ ‖ βλ. εξαπατώ
φέξη, η: βλ. ξημέρωμα ‖ στη χάση και στη ~: once in a blue moon
φέξιμο, το: lighting, illumination
φεουδαλισμός, ο: βλ. φεουδαρχία
φεουδάρχης, ο: feudal lord
φεουδαρχία, η: feudalism
φεουδαρχικός, -ή, -ό: feudal
φεουδαρχισμός, ο: βλ. φεουδαρχία
φέουδο, το: feud, fee, fief
φερέγγυος, -α, -ο: solvent ‖ βλ. αξιόπιστος
φερετζές, ο: yashmak, yashmac
φέρετρο, το: coffin, pall ‖ (μεγάλο για έκθεση για προσκύνημα) bier
φερετροποιός, ο: coffin maker
φερέφωνο, το: mouthpiece, spokesman
φέρι-μποτ, το: βλ. φέρρυ-μποτ
φερμάρω: (ιδ) watch, look fixedly, fix one's eyes on
φέρμελη, η: fancy vest
φερμουάρ, το: zipper
φέρνομαι: βλ. φέρομαι
φέρνω: bring, bear, carry ‖ (πάω και φέρνω) fetch ‖ βλ. μεταφέρω ‖ (οδηγώ) lead, take ‖ βλ. εισάγω ‖ βλ. παρακινώ ‖ βλ. προξενώ ‖ βλ. προκαλώ ‖ (αποφέρω) bring, bear, yield ‖ (λέω ή προβάλλω) bring up, plead
φέρομαι: βλ. συμπεριφέρομαι ‖ (λέγεται πως είμαι) be reputed, be alleged ‖ (φέρομαι άσχημα, κακομεταχειρίζομαι) manhandle ‖ (φέρομαι με μεγάλη περιφρόνηση) ride roughshod over
φέρρυ-μποτ, το: ferry boat
φέρσιμο, το: βλ. συμπεριφορά
φερώνυμος, -η, -ο: namesake
φέσι, το: fez ‖ (ιδ) plastered, stoned, pissed, potted ‖ (ιδ) unpaid debt
φέστα, η: fete, feast
φεστιβάλ, το: festival
φέτα, η: (κομμάτι) slice ‖ (τυρί) feta cheese
φετινός, -ή, -ό: of this year, this year's
φετίχ, το: fetish
φετιχισμός, ο: fetishism
φετιχιστής, ο: fetishist
φέτος: (επίρ) this year
φευγάλα, η: flight, escape, running away

‖ βλ. φυγή
φευγαλέος, -α, -ο: fleeting
φευγατίζω: (φυγαδεύω κρυφά) spirit away ‖ (βοηθώ να φύγει) help to escape
φευγάτισμα, το: spiriting away
φευγάτος, -η, -ο: gone
φευγιό, το: βλ. φευγάλα
φεύγω: leave, go, depart, go away, get away ‖ (φεύγω γρήγορα) flee, run away ‖ (βιαστικά) scamper, hurry away ‖ (κρυφά) slip away, steal away, go stealthily ‖ (ιδ) scat, scram ‖ βλ. δραπετεύω ‖ βλ. αποφεύγω
φήμη, η: fame, renown, reputation ‖ (διάδοση) rumor
φημίζομαι: be famous, be well-known
φημισμένος, -η, -ο: famous, well-known
φθάνω: (σε προορισμό) arrive, reach, get ‖ (πλησιάζω) get near, draw near ‖ (καταλήγω, καταντώ) reach, end up, be reduced to ‖ (προλαβαίνω) catch up with, overtake ‖ βλ. επαρκώ ‖ (κατορθώνω, πετυχαίνω) attain, reach ‖ (γ΄ προσ.) suffice, be enough ‖ -ει να: provided that
φθαρτός, -ή, -ό: destructible, perishable
φθείρομαι: decay, waste away, fall into ruin ‖ (μτφ) decay, decline
φθείρω: (από τη χρήση) wear out ‖ (με ξύσιμο ή σύρσιμο) scuff ‖ (με τριβή) fray ‖ βλ. καταστρέφω ‖ (βλάπτω) damage, injure ‖ (διαφθείρω) corrupt
φθήνια, κλπ.: βλ. φτήνια, κλπ.
φθινοπωρινός, -ή, -ό: fall, autumnal, autumn
φθινόπωρο, το: fall, autumn ‖ (μτφ) autumn
φθίνω: waste away, fail, decline ‖ (εξασθενώ) flag, languish ‖ (από νοσταλγία ή θλίψη) pine away ‖ (ελαττώνομαι) fall off, diminish ‖ βλ. φθείρομαι ‖ βλ. μαραίνομαι
φθίση, η: βλ. φθορά ‖ βλ. φυματίωση
φθισιατρείο, το: sanatorium, sanatarium
φθισικός, -ή, -ό: βλ. φυματικός
φθόγγος, ο: sound, articulate sound, vocal sound ‖ (μουσ) note
φθονερός, -ή, -ό: begrudging, envious
φθόνος, ο: envy
φθονώ: begrudge, envy, be envious

831

φθορά

φθορά, η: (από χρήση) wear ‖ (από ξύσιμο) scuffing, scuff ‖ (από τριβή) fraying ‖ βλ. **βλάβη** ‖ βλ. **ζημία** ‖ (από κανονική χρήση ή μεταχείριση) wear and tear ‖ *(μτφ)* decline, decay

φθόριο, το: fluor, fluorine

φθορισμός, ο: fluorescence

φθοροποιός, -ά, -ό: pernicious *(και μτφ)*

φιάλη, η: phial, vial ‖ (με λαβή και σωληνωτό λαιμό) flagon ‖ βλ. **μπουκάλι** ‖ βλ. **καράφα** ‖ βλ. **φλασκί**

φιαλίδιο, το: vial

φιάσκο, το: fiasco

φιγούρα, η: figure ‖ βλ. **σχήμα** ‖ βλ. **μορφή** (χαρτοπ.) face card ‖ (χορού) figure ‖ (επίδειξη) showoff ‖ **κάνω** ~: (επιδεικνύομαι) show off ‖ **κάνω** ~: (έχω ωραίο παρουσιαστικό) cut a dashing figure, cut a fine figure ‖ **είναι για** ~: (χωρίς πραγματική δύναμη ή αξία) he is a figurehead

φιγουράρω: (φαίνομαι, αναφέρομαι) figure ‖ (επιδεικνύομαι) show off ‖ (έχω ελκυστικό παρουσιαστικό) cut a figure (βλ. και **φιγούρα**)

φιγουρατζής, ο (θηλ **φιγουρατζού**): show-off, showy, swaggerer, showman

φιγουρίνι, το: fashion plate *(και μτφ)*

φιδές, ο: vermicelli

φίδι, το: snake, serpent ‖ *(μτφ)* snake ‖ ~ **κολοβό:** *(ιδ)* crafty and treacherous, serpentine, snaky

φιδίσιος, -α, -ο: *(μτφ)* willowy

φιδόδερμα, το: snakeskin

φίλαθλος, -η, -ο: sports fan

φιλαλήθεια, η: veracity, truthfulness

φιλαλήθης, -ες: veracious, truthful

φιλανθρωπία, η: (γεν.) philanthropy ‖ (φιλάνθρωπη πράξη) charity

φιλανθρωπικός, -ή, -ό: philanthropic, charitable, eleemosynary ‖ ~ό **ίδρυμα:** charitable organization

φιλάνθρωπος, -η, -ο: philanthropic, charitable ‖ (ουσ) philanthropist

φιλαράκος, ο: pal, chum

φιλαργυρία, η: avarice ‖ βλ. **τσιγκουνιά**

φιλάργυρος, -η, -ο: avaricious ‖ βλ. **τσιγκούνης**

φιλαρέσκεια, η: (υπερβολή στο ντύσιμο) foppery ‖ (προσοχή στην εμφάνιση) spruceness, dapperness ‖ (παιχνιδιάρικη πρόκληση) coquetry ‖ (υπερβολική κομψότητα) dandyism

φιλάρεσκος, -η, -ο: (που υπερβάλλει στο ντύσιμο) fop, foppish ‖ (που προσέχει την εμφάνισή του) spruce, dapper ‖ (που θέλει να προκαλεί) coquettish ‖ (υπερβολικά κομψός) dandy

φιλαρμονική, η: Philharmonic

φιλαρχία, η: lust for power, love of rule, love of authority

φίλαρχος, -η, -ο: power crazy, powerloving

φιλάσθενος, -η, -ο: sickly, prone to sickness, delicate, weakly

φιλαυτία, η: self-love, selfhood, self-centeredness ‖ βλ. **εγωισμός**

φίλαυτος, -η, -ο: self-loving, self-centered ‖ βλ. **εγωιστής**

φιλειρηνικός, -ή, -ό: peaceful ‖ βλ. **ειρηνόφιλος**

φιλειρηνισμός, ο: pacifism

φιλέκδικος, -η, -ο: βλ. **εκδικητικός**

φιλελευθερισμός, ο: liberalism

φιλελεύθερος, -η, -ο: liberal

φιλέλληνας, ο: philhellene

φιλελληνικός, -ή, -ό: philhellenic

φιλελληνισμός, ο: philhellenism

φίλεμα, το: βλ. **κέρασμα**

φιλενάδα, η: girlfriend, female friend ‖ βλ. **ερωμένη**

φιλεργία, η: βλ. **εργατικότητα**

φίλεργος, -η, -ο: βλ. **εργατικός**

φιλέ, το: βλ. **δίχτυ** ‖ (μαλλιών) hairnet

φιλές, ο: βλ. **φιλέ**

φιλέτο, το: fillet

φιλεύω: βλ. **κερνώ**

φίλη, η: βλ. **φίλος**

φιληδονία, η: sensualism, sensuality

φιλήδονος, -η, -ο: sensual

φίλημα, το: βλ. **φιλί**

φιληνάδα, η: βλ. **φιλενάδα**

φιλήσυχος, -η, -ο: peaceful ‖ βλ. **νομοταγής**

φιλί, το: kiss ‖ (ηχηρό) smack ‖ *(ιδ)* smooch

φιλία, η: friendship ‖ **πιάνω** ~: make friends with, enter into friendship with, strike a friendship

φιλικά: *(επίρ)* friendly, friendlily, amica-

832

bly
φιλικός, -ή, -ό: friendly, amicable ‖ **Φ~ή Εταιρεία:** Friendly Society
φιλιππικός, -ή, -ό: *(μτφ)* philippic
φίλιππος, ο *(θηλ* **φίλιππος):** lover of horses, horse lover
φιλιστρίνι, το: βλ. **φινιστρίνι**
φίλιωμα, τα: βλ. **συμφιλίωση**
φιλιώνω: βλ. **συμφιλιώνω** ‖ βλ. **συμφιλιώνομαι**
φιλμ, το: film
φιλντισένιος, -α, -ο: ivory
φίλντισι, το: ivory
φιλοβασιλικός, -ή, -ό: βλ. **βασιλόφρονας**
φιλοδοξία, η: ambition ‖ (επιθυμία ή αγώνας για κάτι ανώτερο) aspiration
φιλόδοξος, -η, -ο: ambitious ‖ *(που επιθυμεί κάτι ή προσπαθεί για κάτι)* aspiring
φιλοδοξώ: be ambitious ‖ (για κάτι) aspire
φιλοδώρημα, το: βλ. **πουρμπουάρ**
φιλόθρησκος, -η, -ο: βλ. **θρήσκος**
φιλοκαλία, η: βλ. **καλαισθησία**
φιλόκαλος, -η, -ο: βλ. **καλαίσθητος**
φιλοκατήγορος, -η, -ο: fault finding, censorious
φιλοκέρδεια, η: greed, covetousness
φιλοκερδής, -ές: greedy, covetous
φιλολογία, η: βλ. **λογοτεχνία** ‖ (κλάδος αμερικ. Πανεπιστημίου) humanities, English ‖ (σύνολο επιστ. συγγραμάτων): literature ‖ (ιστορ. γλωσσολογία) philology, historical linguistics ‖ *(μτφ)* βλ. **αερολογία** και **φλυαρία**
φιλολογικός, -ή, -ό: literary
φιλόλογος, ο *(θηλ* **φιλόλογος):** (εκπαιδευτικός) teacher of English, English major, humanities major ‖ (ειδικός σε ένα κλάδο φιλολογίας) scholar ‖ (άνθρωπος των γραμμάτων) literary man, man of letters ‖ (ειδικός ιστορ. γλωσσολ.) philologer, philologist
φιλομάθεια, η: thirst for knowledge, thirst for learning, love of learning
φιλομαθής, -ές: fond of learning, thirsty for knowledge
φιλόμουσος, -η, -ο: lover of music ‖ βλ. **φιλομαθής**
φιλονικία, η: dispute, quarrel ‖ (έντονη

και θορυβώδης) affray, altercation, runin, wrangle ‖ (ελαφρή) argument, contention ‖ βλ. **καβγάς**
φιλόνικος, -η, -ο: quarrelsome, contentious, disputatious
φιλονικώ: quarrel, dispute, have words ‖ (έντονα) altercate, wrangle ‖ (ελαφρά) argue ‖ βλ. **καβγαδίζω**
φιλόνομος, -η, -ο: βλ. **νομοταγής**
φιλοξενία, η: hospitality
φιλόξενος, -η, -ο: hospitable
φιλοξενώ: have guests, entertain, receive as guests
φιλόπατρης, -ες: patriotic
φιλοπατρία, η: patriotism, love of one's country
φιλοπόλεμος, -η, -ο: βλ. **πολεμοχαρής**
φιλοπονία, η: βλ. **εργατικότητα**
φιλόπονος, -η, -ο: βλ. **εργατικός**
φιλοπρόοδος, -η, -ο: βλ. **προοδευτικός**
φιλόπτωχος, -η, -ο: charitable ‖ (ταμείο ή υπηρεσία) relief
φίλος, ο *(θηλ* **φίλη):** friend ‖ **στενός ~:** bosom friend, intimate friend ‖ *(ιδ)* buddy, chum, pal ‖ βλ. **εραστής**
φιλοσοφία, η: philosophy
φιλοσοφικά: *(επίρ)* philosophically
φιλοσοφικός, -ή, -ό: philosophic, philosophical
φιλόσοφος, ο: philosopher
φιλοσοφώ: philosophize
φιλοστοργία, η: βλ. **στοργή**
φιλόστοργος, -η, -ο: βλ. **στοργικός**
φιλοτέλεια, η: philately
φιλοτελισμός, ο: βλ. **φιλοτέλεια**
φιλοτελιστής, ο *(θηλ* **φιλοτελίστρια):** philatelist
φιλοτέχνημα, το: work of art
φιλότεχνος, -η, -ο: patron of arts, art lover ‖ (καλλιτέχνης) artist, artistic, skilful
φιλοτεχνώ: construct a work of art, work artistically, elaborate, work with care and detail
φιλοτιμία, η: a sense of honor dignity and duty, mettle
φιλότιμο, το: βλ. **φιλοτιμία** ‖ **φέρνω στο ~:** βλ. **φιλοτιμώ**
φιλότιμος, -η, -ο: one who has a sense of honor dignity and duty, mettlesome

833

φιλοτιμούμαι

φιλοτιμούμαι: be put on one's mettle, make it a point of honor and duty
φιλοτιμώ: put s.b. on his mettle
φιλοφρόνημα, το: courtesy, compliment
φιλοφρόνηση, η: βλ. **φιλοφρόνημα**
φιλοφρονητικός, -ή, -ό: courtesy, courteous, complimentary
φιλοφροσύνη, η: courtesy
φιλοχρηματία, η: βλ. **φιλαργυρία**
φιλοχρήματος, -η, -ο: βλ. **φιλάργυρος**
φίλτατος, -η, -ο: dearest
φιλτράρισμα, το: filtration, straining
φιλτράρω: filter, strain
φίλτρο, το: (μαγικό) philter, love potion ΙΙ (διύλισης) filter, strainer ΙΙ βλ. **στοργή**
φιλύποπτος, -η, -ο: βλ. **καχύποπτος**
φιλυποψία, η: βλ. **καχυποψία**
φιλύρα, η: basswood, linden, lime
φιλώ: kiss ΙΙ (ιδ) smooch
φιμώνω: (βάζω φίμωτρο σε ζώο) muzzle ΙΙ (άνθρωπο) gag ΙΙ (στερώ την ελευθερία του λόγου) gag
φίμωση, η: muzzling, gagging ΙΙ (ιατρ) phimosis
φίμωτρο, το: (ζώου) muzzle ΙΙ (γενικά) gag
φινάλε, το: finale
φινέτσα, η: finesse
φινιστρίνι, το: port hole
φίνος, -α, -ο: fine
φιντανάκι, το: βλ. **φιντάνι**
φιντάνι, το: sprout, bud ΙΙ (μτφ) youngster
φιόγκος, ο: bowknot
φιορντ, το: fjord, fiord
φιόρο, το: βλ. **λουλούδι**
φίρμα, η: firm
φιρμάνι, το: (ιδ) decree
φίσα, η: (χαρτοπ.) chip, counter
φισέκι, το: βλ. **φυσίγγιο**
φισεκλίκι, το: βλ. **φυσιγγιοθήκη**
φίσκα: (επίρ) (ιδ) full, packed, overflowing
φιστίκι, το: peanut, pistachio nut
φιτίλι, το: βλ. **θρυαλλίδα** ΙΙ **βάζω ~α:** (ιδ) incite resentment, sow the seeds of discord, sow the seeds of hatred
φλαμίγκο, το: βλ. **φοινικόπτερος**
φλαμούρι, το: βλ. **φιλύρα** ΙΙ βλ. **τίλιο**
φλαμουριά, η: βλ. **φιλύρα**
φλάμπουρο, το: βλ. **σημαία** ΙΙ βλ. **λάβαρο**

φλάουτο, το: flute
φλας, το: (φωτογρ.) flash ΙΙ (λάμπα) flash lamp ΙΙ (αυτόματος λαμπτήρας μηχανής) flash bulb, flash gun
φλασκί, το: flask
φλέβα, η: vein (ανατ. και ορυκτ.) ΙΙ (καθαρή φλέβα μετάλλου μεταξύ στρωμάτων) lode ΙΙ (λεπτό στρώμα κάρβουνου) seam ΙΙ (γεν.) vein
Φλεβάρης, ο: βλ. **Φεβρουάριος**
φλεβίτιδα, η: phlebitis
φλεβοτομία, η: venesection, phlebotomy
φλέγμα, το: βλ. **φλέμα** ΙΙ (μτφ) phlegm, calm self-possession
φλεγματικός, -ή, -ό: phlegmatic
φλεγμονή, η: inflammation
φλέγομαι: (μτφ) be inflamed, burn
φλέγον, το: (θέμα ή ζήτημα) burning, pressing
φλέγω: inflame, burn, blaze
φλέμα, το: βλ. **ροχάλα** ΙΙ βλ. **μύξα**
φλερτ, το: flirt
φλερτάρισμα, το: βλ. **φλερτ**
φλερτάρω: flirt
φληνάφημα, το: βλ. **φλυαρία** ΙΙ βλ. **μωρολογία**
φλιτζανάκι, το: noggin, small cup
φλιτζάνι, το: cup
φλόγα, η: flame (και μτφ)
φλογέρα, η: reed, pipe, flute
φλογερός, -ή, -ό: flaming, burning (και μτφ), blazing
φλογίζω: βλ. **φλέγω**
φλόγιστρο, το: burner
φλογοβόλο, το: (στρ) flame thrower
φλογοβόλος, -α, -ο: flaming, blazing
φλόγωση, η: βλ. **φλεγμονή**
φλοιός, ο: βλ. **φλούδα** ΙΙ (της γης) crust
φλοίσβος, ο: purl, purling, murmur
φλοκάτα, η: shepherd's cape
φλοκάτη, η: heavy woolen blanket, heavy woolen rug
φλόκος, ο: (ιστίο) sail ΙΙ (μεσαίο ιστίο) mainsail, topsail ΙΙ (του καταρτιού της πλώρης) fore topsail ΙΙ (τριγ. του προβόλου) jib
φλομώνω: stun, numb ΙΙ (γεμίζω καπνό ή μυρωδιά) fill with, pollute with, stink out the place ΙΙ (μτφ) irk, exasperate
φλος, το: (πόκερ) straight flush ΙΙ ~

834

ρουαγιάλ: royal flush

φλοτέρ, το: float

φλούδα, η: (γεν.) skin || (τυριού, κλπ) rind || (φρούτων) peel, rind || (καρυδιών, κλπ.) shell || (δέντρου) bark

φλουρί, το: gold coin, gold piece || γίνομαι ~: (ιδ) blanch, pale

φλυαρία, η: chatter, prattle, tattle, gab, babble, twaddle, garrulity, garrulousness

φλύαρος, -η, -ο: garrulous, talkative, chatterer, chatterbox, babbler, gabby, tattler

φλυαρώ: chatter, gab, twaddle, prattle, babble, prate || (συνεχώς και εκνευριστικά) yak, yap

φλύκταινα, η: phlyctena, vesicle

φλιτζάνι, το: βλ. φλιτζάνι

φλώρος, ο: greenfinch

φοβάμαι: fear, be afraid (και μτφ) || βλ. τρομάζω

φοβέρα, η: βλ. απειλή || βλ. εκφόβιση

φοβερίζω: βλ. απειλώ || βλ. εκφοβίζω

φοβερός, -ή, -ό: fearful, terrible, awful, dreadful, formidable || (μτφ) awe-inspiring, formidable, amazing, first-class

φόβητρο, το: βλ. μπαμπούλας || βλ. σκιάχτρο

φοβητσιάρης, -α, -ικο: timid, timorous, pusillanimous || βλ. δειλός

φοβία, η: phobia || βλ. φόβος

φοβίζω: βλ. τρομάζω (μτβ) || βλ. απειλώ || βλ. εκφοβίζω

φόβος, ο: fear, fright, dread || βλ. τρόμος || βλ. δέος || (φόβος αβεβαιότητας) misgivings

φοβούμαι: βλ. φοβάμαι

φόδρα, η: lining

φοδράρισμα, το: lining

φοδράρω: line

φοίνικας, ο: (δέντρο) date palm, palm, palm tree || (καρπός) date || (μυθ. πουλί) phoenix

φοινίκι, το: βλ. φοίνικας (καρπός) || (γλύκισμα) honey cake

φοινικιά, η: βλ. φοίνικας (δέντρο)

φοινικόπτερος, ο: flamingo

φοίτηση, η: attendance

φοιτητής, ο (θηλ φοιτήτρια): student || (πανεπ. τετραετούς φοίτησης) undergraduate || πρωτοετής ~: freshman ||

δευτεροετής ~: sophomore || τριτοετής ~: junior || τεταρτοετής ~: senior || (πανεπ. πεντaετούς φοίτησης κλπ.) graduate student

φοιτητικός, -ή, -ό: student

φοιτήτρια, η: βλ. φοιτητής

φοιτώ: attend || (παρακολουθώ ειδικό κλάδο) major

φόκο, το: (ιδ) βλ. φωτιά

φόλα, η: leather patch || dog poison

φολίδα, η: squama (βλ. και λέπι)

φολιδωτός, -ή, -ό: scaly, squamous

φονεύω: βλ. σκοτώνω

φονιάς, ο (θηλ φόνισσα): murderer, killer || βλ. δολοφόνος || (πολιτ. ή διασημότητας) assassin || (γονέως) parricide

φονικό, το: βλ. φόνος || (μτφ) carnage

φονικός, -ή, -ό: homicidal, murderous || ~ό όπλο: lethal weapon

φόνισσα, murderess || βλ. φονιάς

φόνος, ο: (σκότωμα) killing || (δολοφονία) murder || (ανθρωποκτονία) homicide || (εξ αμελείας) manslaughter || (πολιτικός κλπ.) assassination || (γονέως) parricide

φοντάν, το: fondant

φόντι, το: (παπουτσιού) vamp

φόντο, το: background, back

φοξ-τεριέ, το: fox-terrier

φοξ-τροτ, το: fox trot

φορά, η: (ορμή) impetus || (χρον. περίοδος) time || (εξέλιξη) course || άλμα μετά ~ς: running jump || μια ~: once || άλλη ~: another time || ακόμη μια ~: once again

φόρα, η: βλ. φορά (ορμή) || (δύναμη) force, violence

φόρα: (επίρ) βγάζω στη ~: let the cat out of the bag

φοράδα, η: mare || (ιδ) cow, big woman

φορατζής, ο: (υπάλλ. εφορίας) internal revenue service employee || (εισπράκτορας φόρων) tax collector

φορέας, ο: carrier

φορείο, το: (ασθενών ή τραυματιών) stretcher, litter || (μεταφ. μέσο) palanquin

φόρεμα, το: dress || βλ. φουστάνι και φούστα

φορεμένος, -η, -ο: worn, used

φορεσιά, η: βλ. ενδυμασία

835

φορητός

φορητός, -ή, -ό: portable
φόρμα, η: (μορφή) shape, form ΙΙ (καλή κατάσταση) shape, kilter ΙΙ (φόρμα τεχνίτη ή εργάτη) coveralls, overall ΙΙ (φόρμα μικρού παιδιού) rompers ΙΙ (εφαρμοστή γυμναστικής, μπαλέτου κλπ.) leotard ΙΙ βλ. καλούπι ΙΙ σε ~: in good shape ΙΙ σε άσχημη ~: (ιδ) out of kilter
φορμάρω: shape, form, give shape
φόρμιγγα, η: harp
φόρμουλα, η: formula
φοροδιαφυγή, η: tax evasion
φορολογήσιμος, -η, -ο: taxable
φορολογία, η: taxation ΙΙ βλ. φόρος
φορολογικός, -ή, -ό: tax, taxation
φορολογούμενος, -η, -ο: tax payer
φορολογώ: tax, impose a tax, put a tax
φόρος, ο: (γεν.) tax ΙΙ (εισαγ. ή εξαγωγής) duty ΙΙ (διοδίων) toll ΙΙ (ακιν. περιουσίας- Αγγλ.) rate ΙΙ (υποτελείας) tribute ΙΙ (υποχρ. καταβολή) impost ΙΙ βλ. τέλη ΙΙ ~ εισοδήματος: income tax
φόρτε, το: forte (και μτφ)
φορτηγίδα, η: βλ. μαούνα
φορτηγό, το: (αυτοκ.) truck (U.S.A.), lorry (Engl) ΙΙ (με ρυμουλκούμενο) trailer truck ΙΙ (ανοιχτό φορτηγό) open truck ΙΙ (δεξαμενή) tank trailer ΙΙ (που μεταφέρει οχήματα) low-bed trailer ΙΙ (φορτηγό πλοίο) freighter, cargo boat ΙΙ (φορτηγό βαγόνι) freight car
φορτίζω: βλ.φορτώνω ΙΙ (ηλεκτρ) charge
φορτικός, -ή, -ό: importunate, pressing
φορτικότητα, η: importunity, importunateness
φορτίο, το: load, burden ΙΙ (μεταφορικού μέσου) cargo ΙΙ (εμπορευμάτων, κλπ.) freight ΙΙ (ηλεκτρ.) charge ΙΙ (βάρος) weight
φόρτιση, η: charge
φορτοεκφορτωτής, ο: longshoreman, docker, stevedore, dock laborer, lumper
φόρτος, ο: burden, heavy load
φόρτωμα, το: loading ΙΙ γίνομαι ~: (ιδ) pester, harass
φορτώνομαι: importune, pester, harass, beset with repeated and insistent requests
φορτώνω: (μτβ) load ΙΙ (μτφ) charge, burden ΙΙ (αμτβ) take cargo, load ΙΙ ~ σε: (ρίχνω την ευθύνη) pin on

φόρτωση, η: loading ΙΙ (αποστολή) shipment
φορτωτής, ο: (που αποστέλνει φορτίο) shipper, shipping agent ΙΙ βλ. φορτοεκφορτωτής
φορτωτικά, τα: (έξοδα λιμανιού) dockage ΙΙ (έξοδα αποστολής) freightage
φορτωτική, η: bill of lading
φορώ: (ντύνομαι) put on, dress ΙΙ (είμαι ντυμένος) have on, wear ΙΙ (ντύνω κάποιον) dress
φουαγιέ, το: foyer, lobby
φουγάρο, το: (βαπορ ιού ή ατμομηχανής) smokestack, funnel ΙΙ (καπνοδόχου ή λέβητος) flue ΙΙ βλ. καπνοδόχος ΙΙ (μτφ) chain smoker
φουκαράς, ο (θηλ φουκαρού): poor devil ΙΙ βλ. κακομοίρης
φουκαριάρης, -α, -ικο: βλ. φουκαράς
φουλ, το: (πόκερ) full house
φουλάρι, το: foulard
φούλι, το: jonquil
φουμαδόρος, ο: (ιδ) smoker
φούμαρα, τα: bluster, boasting ΙΙ βλ. καύχηση ΙΙ βλ. τρίχες
φουμάρω: (ιδ) smoke ΙΙ τι καπνό ~ει?: what makes him tick?
φούμο, το: lampblack ΙΙ βλ. καπνιά
φούντα, η: βλ. θύσανος ΙΙ δουλειές με ~ες: troubles, complications
φουντάρισμα, το: βλ. βούλιαγμα και βύθιση ΙΙ βλ. αγκυροβόλημα
φουντάρω: βλ. βυθίζω ΙΙ βλ. βυθίζομαι ΙΙ βλ. αγκυροβολώ
φούντο, το: βλ. βυθός ΙΙπάω ~: βλ. βυθίζομαι
φουντούκι, το: filbert, hazelnut
φουντουκιά, η: filbert, hazel
φούντωμα, το: lush growth, abundant growth ΙΙ (απότομο δυνάμωμα) flare-up (και μτφ)
φουντωμένος, -η, -ο: luxuriant
φουντώνω: grow lushly, grow abundantly ΙΙ (δυναμώνω απότομα) flare up (και μτφ)
φουντωτός, -ή, -ό: βλ. φουντωμένος ΙΙ (με φούντες) tufty, bushy
φούξια, η: (φυτό και χρώμα) fuchsia
φούρια, η: βλ. βιασύνη ΙΙ βλ. ορμή
φουριόζος, -α, -ο: βλ. βιαστικός ΙΙ βλ.

836

ορμητικός
φούρκα, η: (διχαλ. παλούκι) forked stick, Y-shaped stick ‖ βλ. **θυμός**
φουρκέτα, η: hairpin
φουρκίζομαι: βλ. **θυμώνω** *(αμτβ)*
φουρκίζω: βλ. **εξοργίζω** ‖ βλ. **θυμώνω** *(μτβ)* ‖ βλ. **στραγγαλίζω**
φούρναρης, ο *(θηλ* **φουρνάρισσα):** baker
φουρνάρικο, το: bakery
φουρνάρισσα, η: βλ. **φούρναρης**
φουρνέλο, το: charge, mine, blasting charge
φουρνιά, η: batch
φούρνος, ο: (γεν.) oven‖ βλ. **καμίνι** και **κλίβανος**
φουρτούνα, η: βλ. **τρικυμία** ‖ βλ. **θαλασσοταραχή** ‖ *(μτφ)* βλ. **συμφορά**
φουρτουνιάζω: become stormy ‖ *(μτφ)* βλ. **θυμώνω** *(αμτβ)*
φουσάτο, το: *(ιδ)* army ‖ crowd
φούσκα, η: βλ. **κύστη** ‖ βλ. **μπαλόνι** ‖ βλ. **σαπουνόφουσκα** ‖ βλ.**φουσκάλα**
φουσκάλα, η: blister
φουσκαλιάζω: blister
φουσκοδεντριά, η: budding time
φουσκοθαλασσιά, η: surge, ground swell
φούσκος, ο: *(ιδ)* βλ. **μπάτσος** και **χαστούκι**
φούσκωμα, το: βλ. **εξόγκωμα** ‖ βλ. **πρήξιμο** ‖ βλ. **εξόγκωση** *(και μτφ)* ‖ βλ. **κόρδωμα**
φουσκωμένος, -η, -ο: inflated, swollen, distended
φουσκώνω: (διογκώνω με αέρα) inflate, blow up ‖ (εξογκώνομαι από εσωτ. πίεση) swell, swell out, distend ‖ βλ. **λα χανιάζω** ‖ βλ. **μεγαλοποιώ** και ε **ξογκώνω** *(μτφ)* ‖ βλ. **εξοργίζω** *(μτφ)* puff up, be inflated (βλ. και **κορδώνομαι)**
φουσκωτός, -ή, -ό: round, curved ‖ βλ. **φουσκωμένος**
φούστα, η: skirt
φουστανέλα η: fustanella ‖ (σκωτσέζικη) kilt
φουστάνι, το: dress ‖ βλ. **φούστα**
φούτμπολ, το: foot ball
φουτουρισμός, ο: futurism
φουτουριστικός, -ή, -ό: futuristic
φουφού, η: chafing dish, fire pan, brazier
φουφούλα, η: bloomers

φούχτα, κλπ. βλ. **χούφτα** κλπ.
φραγγέλλιο, το: βλ. **μαστίγιο**
φράγκικος, -η, -ο: βλ. **καθολικός** ‖ West European
φράγκο, το: franc ‖ βλ. **δραχμή**
φραγκοκκλησιά, η: catholic church
φραγκόκοτα, η: heath hen
φραγκοκρατία, η: Frankish domination
φραγκολεβαντίνος, ο: Levantine
φραγκόπαπας, ο: Catholic priest
φραγκοράφτης, ο: βλ. **ράφτης**
φραγκοστάφυλο, το: gooseberry
φραγκοσυκιά, η: prickly pear, cholla
φραγκόσυκο, το: prickly pear
φράγμα, το: (γεν.) barrier ‖ *(τεχν)* dam, barrage ‖ (αλλαγής ρου ή διακανονισμού) weir ‖ (πυρός) barrage ‖ (αστυν. ελέγχου) roadblock ‖ βλ. **φράχτης**
φραγμός, ο: barrier, obstruction ‖ βλ. **εμπόδιο** ‖ (πυρά) βλ. **φράγμα** (πυρός)
φράζω: (φτιάνω φράχτη) fence, hedge, enclose ‖ (βάζω εμπόδιο) bar, block, obstruct ‖ (στήνω φραγμό ή εμπόδιο) barricade ‖ (βουλώνω άνοιγμα ή τρύπα) plug, clog ‖ βλ. **βουλώνω**
φρακάρισμα, το: bottleneck, traffic jam
φρακάρω: get stopped, be immobilized
φράκο, το: tails, swallowtail, formal evening costume
φραμασόνος, ο: βλ. **μασόνος**
φραμπαλάς, ο: furbelow
φράντζα, η: fringe ‖ (χτένισμα) bangs
φραντζόλα, η: loaf
φράξιμο, το: (με φράχτη) fencing, hedging, fence, enclosure ‖ (κλείσιμο περάσματος) barrier, blockage ‖ (βούλωμα) plugging, stopping
φράουλα, η: strawberry
φραουλιά, η: strawberry
φράπα, η: grapefruit
φρασεολογία, η: phraseology
φράση, η: phrase ‖ βλ. **έκφραση**
φραστικός, -ή, -ό: phrasal
φράχτης, ο: (από φυτά ή θάμνους) hedge ‖ (τεχνητός) fence
φρεάρ, το: βλ. **πηγάδι** ‖ (μεταλλείου ή ορυχείου) shaft
φρεάτιο, το: (εισόδου) manhole ‖ (ασανσέρ) elevator shaft ‖ (ορυχείου) sump
φρεγάδα, η: frigate

φρεγάτα, η: βλ. φρεγάδα
φρέζα, η: mill, milling machine
φρένα, τα: βλ. φρένες ‖ βλ. φρένο
φρεναπάτη, η: illusion, delusion, hallucination
φρενάρισμα, το: braking
φρενάρω: brake, apply the brakes
φρένες, οι: reason, mind
φρενιάζω: get furious (βλ. και θυμώνω και εξοργίζω)
φρενίτιδα, η: phrenitis ‖ (μτφ) frenzy
φρένο, το: brake
φρενοβλάβεια, η: βλ. τρέλα και παραφροσύνη
φρενοβλαβής, -ές: βλ. τρελός
φρενοκομείο, το: βλ. τρελοκομείο
φρενολογία, η: βλ. ψυχιατρική
φρενολόγος, ο: βλ. ψυχίατρος
φρενοπαθής, -ές: βλ. τρελός
φρεσκάδα, η: freshness
φρεσκάρισμα, το: freshening up
φρεσκάρομαι: freshen up
φρεσκάρω: freshen, make fresh ‖ (μτφ) remodel, restore
φρέσκο, το: (ιδ) calaboose, clink, hoosegow, jug (βλ. και φυλακή)
φρέσκος, -ια(η), -ο: fresh (και μτφ) ‖ βλ. καινούριος ‖ βλ. δροσερός
φρικαλέος, -α, -ο: βλ. φρικτός
φρικαλεότητα, η: atrocity, horror
φρικασέ, το: fricassee, meat with vegetables and whipped egg sauce
φρίκη, η: horror ‖ προκαλώ ~: give the creeps
φρικιάζω: βλ. ανατριχιάζω ‖ βλ. ριγώ
φρικίαση, η: βλ. ανατριχίλα ‖ βλ. ρίγος
φρικιαστικός, -ή, -ό: βλ. φρικτός
φρικιώ: βλ. φρικιάζω
φρικτός, -ή, -ό: horrible, horrid, hideous
φρικώδης, -ες: βλ. φρικτός
φριχτός, -ή, -ό: βλ. φρικτός
φροκάλι, το: βλ. φρόκαλο
φρόκαλο, το: βλ. σκουπίδι ‖ βλ. σκούπα
φρόνημα, το: βλ. γνώμη ‖ βλ. αυτοπεποίθηση ‖ βλ. ιδεολογία
φρονηματίζω: inspire self confidence ‖ βλ. ενθαρρύνω
φρόνηση, η: prudence, circumspection (βλ. και σωφροσύνη και σύνεση)
φρόνιμα: (επίρ) prudently, wisely, circumspectly ‖ κάθομαι ~: be quiet, be still, behave oneself

φρονιμάδα, η: βλ. φρόνηση ‖ βλ. σωφροσύνη ‖ βλ. σύνεση ‖ modesty
φρονιμεύω: become prudent, grow wise ‖ βλ. φρόνιμα (κάθομαι)
φρονιμίτης, ο: wisdom tooth
φρόνιμος, -η, -ο: βλ. συνετός ‖ βλ. ηθικός ‖ βλ. μετρημένος (μτφ) ‖ βλ. υπάκουος ‖ (που δεν κάνει αταξίες) well-behaved, quiet
φροντίδα, η: care, concern, worry ‖ (έννοια για κάποιον) solicitude
φροντίζω: care for, look after ‖ (για κάτι) see to
φροντιστήριο, το: (γενικά) tutoring school, coaching school ‖ (προετοιμασίας Πανεπ. - U.S.A., προετοιμασίας δημοσίου σχ. - Engl.) prep, prep school, preparatory school ‖ (πανεπιστημιακής προετοιμασίας για προχ. έτος σπουδών) junior college ‖ (πανεπιστημιακό μάθημα άσκησης) tutorial system ‖ (πανεπ. μάθημα άσκησης μεταπτυχιακών σπουδών) seminar
φροντιστής, ο: tutor, coach
φρονώ: hold an opinion, opine (βλ. και νομίζω και πιστεύω)
φρούδος, -η, -ο: βλ. μάταιος
φρουρά, η: (ομάδα φρουρών) guard, watch ‖ (υπηρεσία φρουρού ή φρουράς) sentry, sentry duty, guard, watch ‖ (πόλης) garrison ‖ τιμητική ~: honour guard ‖ βλ. φρούρηση ‖ βάζω (ή αρχίζω) ~: mount guard
φρουραρχείο, το: (αρχηγείο) garrison headquarters ‖ (γραφ. φρουράρχου) garrison commandant's office
φρούραρχος, ο: garrison commandant ‖ (διοικητής φρουρίου) fort commandant
φρούρηση, η: guarding
φρούριο, το: fortress, fort, stronghold, bastion (βλ. και κάστρο)
φρουρός, ο: guard, guardsman ‖ βλ. σκοπός (φρουρός)
φρουρώ: guard, stand guard, keep watch
φρούτο, το: fruit
φρυάζω: βλ. φρενιάζω
φρυγανιά, η: toast

838

φρυγανίζω: toast
φρύγανο, το: dry twigs, dry sticks
φρύδι, το: brow, eyebrow
φρύνος, ο: toad
φταίξιμο, το: fault, blame
φταίχτης, ο (θηλ φταίχτρα): culprit (βλ. και υπεύθυνος)
φταίω: be to blame, be responsible
φτάνω: βλ. φθάνω
φταρνίζομαι: sneeze
φτάρνισμα, το: sneeze, sneezing
φτάσιμο, το: arrival
φτασμένος, -η, -ο: (μτφ) successful
φτελιά, η: elm
φτέρη, η: fern
φτέρνα, η: heel ‖ Αχίλλειος ~: Achilles' heel
φτερνίζομαι κλπ.: βλ. φταρνίζομαι κλπ.
φτερό, το: feather ‖ (μεγάλο ή διακοσμητικό) plume ‖ (αυτοκινήτου) fender, mudguard ‖ βλ. φτερούγα
φτερούγα, η: wing
φτερουγίζω: flap the wings, flutter ‖ (πετώ) fly
φτέρωμα, το: plumage
φτερωτός, -ή, -ό: (με φτερούγες) winged ‖ (με φτέρωμα) feathered, plumose ‖ (μτφ. - γρήγορος) winged
φτηναίνω: (μτβ) cheapen, make cheap ‖ (αμτβ) become cheap, become cheaper, cheapen ‖ (κατεβάζω τις τιμές) lower the price
φτήνεια, η: (το να είναι φτηνό) cheapness, inexpensiveness ‖ (χαμηλές τιμές) low prices
φτηνοδουλειά, η: cheap work ‖ (ιδ) skimping, scamping
φτηνός, -ή, -ό: low-priced, cheap, inexpensive ‖ (ιδ) two-bit
φτιάνω: βλ. φτιάχνω
φτιασίδι, το: cosmetics, make-up, rouge ‖ (για τις βλεφαρίδες) mascara
φτιασίδωμα, το: make-up
φτιασιδώνομαι: make up
φτιασιδώνω: make up
φτιάχνομαι: βλ. φτιασιδώνομαι
φτιάχνω: βλ.διορθώνω ‖ βλ. επισκευάζω ‖ βλ. κάνω ‖ βλ. κατασκευάζω ‖ βλ. τακτοποιώ ‖ βλ. διευθετώ ‖ (καιρός) clear up, change for the better ‖ (πρό-

χειρα) knock together, skimp, scamp ‖ του τη ~: con, take in, swindle, gyp ‖ τα ~: (συνδέομαι ερωτικά) start an affair ‖ τα ~: (συμφιλιώνομαι) make up ‖ (αμτβ. - διορθώνομαι) improve, get better
φτιαχτός, -ή, -ό: made up
φτουρώ: last, be sufficient
φτυάρι, το: shovel ‖ (φούρναρη) peel ‖ (εκσκαφέα) scoop
φτυαριά, η: shovelful
φτυαρίζω: shovel, scoop
φτύμα, το: βλ. σάλιο ‖ βλ. φτύσιμο
φτύνω: spit, spit out ‖ (μτφ - μαρτυρώ) spill
φτύσιμο, το: spitting, spit
φτυστός, -ή, -ό: (ιδ) spitting image
φτωχαίνω: become poor ‖ βλ. πτωχεύω
φτώχεια, η: poverty ‖ (μεγάλη) penury, destitution
φτωχικό, το: modest dwelling, humble abode, small house
φτωχικός, -ή, -ό: poor, humble ‖ (σε ποσότητα) meager, scant
φτωχογειτονιά, η: slum, squalid neighborhood, poor neighborhood
φτωχοκομείο, το: βλ. πτωχοκομείο
φτωχολογιά, η: the poor, the poor people
φτωχός, -ή, -ό: poor, indigent, needy, pauper ‖ (πολύ) destitute ‖ (μτφ) poor
φτωχόσπιτο, το: βλ. φτωχικό ‖ (οικογένεια) poor family
φυγάδας, ο: fugitive, runaway ‖ βλ. λιποτάκτης
φυγάδευση, η: βλ. φευγάτισμα
φυγαδεύω: βλ. φευγατίζω
φυγή, η: flight (άτακτη) rout, disorderly flight ‖ τρέπω σε ~: βλ. τρέπω
φυγοδικία, η: default
φυγόδικος, -η, -ο: fugitive from justice, defaulter
φυγόκεντρος, -η, -ο: centrifugal
φυγομαχώ: avoid battle, refuse battle, shun battle
φυγόποινος, -η, -ο: fugitive from justice
φυγοπονία, η: βλ. τεμπελιά
φυγόπονος, -η, -ο: (που αποφεύγει καθήκον ή δουλειά) shirk, shirker ‖ βλ. τεμπέλης
φυγόστρατος, ο: draft evader

φύκι

φύκι, το: seaweed
φυλάγομαι: βλ. **προφυλάγομαι** και **προσέχω**
φυλάγω: βλ. **προφυλάγω** ‖ βλ. **διατηρώ** ‖ βλ. **φρουρώ** ‖ (βάζω στην πάντα) lay aside, keep, put aside, reserve ‖ (στήνω καρτέρι) lay in ambush, waylay
φύλακας, ο: watchman (βλ. και **νυχτοφύλακας**) ‖ (που φυλάγει ή προστατεύει) guardian, keeper ‖ βλ. **φρουρός** ‖ βλ. **σκοπός** ‖ ~ **άγγελος:** guardian angel ‖ ~ **σιδ. γραμμής:** lineman
φυλακείο, το: βλ. **φυλάκιο**
φυλακή, η: (οίκημα) prison, jail ‖ (ιδ) βλ. **φρέσκο** ‖ (περίοδος υπηρεσίας) watch ‖ **επανορθωτική** ~: house of correction
φυλακίζω: imprison, put in prison, incarcerate, put in jail
φυλάκιο, το: (φρουράς) guardroom, guardhouse ‖ (στρ. θέση) outpost ‖ (σκοπιά) sentry box
φυλάκιση, η: imprisonment, incarceration ‖ (κράτηση) detention, custody
φυλακισμένος, -η, -ο: imprisoned, prisoner ‖ (κατάδικος σε φυλακή) prison inmate
φύλαξη, η: βλ. **προφύλαξη** ‖ βλ. **διατήρηση** ‖ βλ. **φρούρηση**
φύλαρχος, ο: chief of a tribe
φυλάσσω: βλ. **φυλάγω**
φυλαχτό, το: talisman, charm, amulet
φυλάω: βλ. **φυλάγω**
φυλετικός, -ή, -ό: racial ‖ (φυλετ. ομάδας) tribal ‖ βλ. **εθνικός** ‖ ~ **διάκριση:** racism, racialism
φυλή, η: race ‖ (ομάδα) tribe
φυλλάδα, η: (ειρ) tabloid, rag
φυλλάδιο, το: pamphlet, leaflet
φυλλαράκι, το: leaflet, small leaf
φύλλο, το: (φυτ) leaf ‖ (πέταλο λουλουδιού) petal ‖ (τραπουλόχαρτο) card ‖ (χαρτιού) sheet ‖ (πόρτας, παραθύρου κλπ.) leaf ‖ (έλασμα) lamina, sheet, foil ‖ (τεύχος) issue, number ‖ βλ. **εφημερίδα** ‖ ~ **πορείας:** βλ. **πορεία**
φυλλοκάρδι, το: βλ. **φυλλοκάρδια** ‖ **τρέμει το ~ μου:** be filled with fright, be frightened and shaking
φυλλοκάρδια, τα: bottom of one's heart,

cockles of one's heart
φυλλομετρώ: turn the pages ‖ (περνώ τις σελίδες χωρίς να εμβαθύνω) browse, look through casually, skim, run through
φυλλοξήρα, η: phylloxera
φυλλορροώ: shed leaves
φύλλωμα, το: foliage
φύλο, το: (γένος) sex ‖ (βιολ) phylum ‖ βλ. **φυλή** ‖ **το ωραίο ~:** the fair sex
φύμα, το: tubercle
φυματικός, -ή, -ό: tubercular, consumptive ‖ (ιδ) lunger
φυματιολόγος, ο: lung specialist, T.B. specialist
φυματίωση, η: tuberculosis, T.B., phthisis, consumption
φυντάνι, το: βλ. **φιντάνι**
φύομαι: grow, sprout, shoot up
φύρα, η: loss of weight, loss
φυραίνω: lose weight ‖ (σε όγκο) shrink, diminish, lose volume ‖ βλ. **ξαναμωραίνομαι**
φύραμα, το: (μείγμα) blend, mixture ‖ βλ. **ένζυμο** ‖ (μτφ) stripe, sort, feather, stamp
φύρδην-μίγδην: (επίρ) helter-skelter, haphazardly, pell-mell
φυρός, -ή, -ό: βλ. **λειψός** ‖ (συρρικνωμένος) shrunken, shrivelled
φυσαλίδα, η: bubble ‖ βλ. **φουσκάλα**
φυσαρμόνικα, η: (μικρή) harmonica, mouth organ ‖ (ακορντεόν) accordion
φυσέκι, το: βλ. **φυσίγγιο**
φυσεκλίκι, το: βλ. **φυσιγγιοθήκη**
φυσερό, το: blower, bellows
φύση, η: nature (και μτφ) ‖ βλ. και **χαρακτήρας** ‖ βλ. **πέος** ‖ **παρά ~:** preternatural, abnormal
φύσημα, το: blow, blowing, breath ‖ (ριπή ανέμου) gust ‖ (δυνατό φύσημα) blast ‖ **δίνω ~:** (ιδ) kick out ‖ **παίρνω ~:** (ιδ) flee, run away, scram
φυσητήρας, ο: (κήτος) cachalot, sperm whale ‖ βλ. **φυσερό**
φυσίγγι, το: cartridge
φυσιγγιοθήκη, το: cartridge belt
φυσικά: (επίρ) of course, naturally
φυσικά, τα: βλ. **φυσική**
φυσική, η: physics ‖ ~ **ιστορία:** natural history ‖ ~ **πειραματική:** (μάθημα) sci-

840

ence
φυσικό, το: βλ. **φύση** *(μτφ)* και **χαρακτήρας** ‖ βλ. **συνήθεια**
φυσικομαθηματικός, ο: teacher of physics and mathematics
φυσικός, -ή, -ό: (της φύσης) natural ‖ (υλικός) physical ‖ (ανεπιτήδευτος) natural, free from affectation
φυσικός, ο: physicist
φυσικότητα, η: naturalness
φυσικοχημεία, η: physical chemistry
φυσιογνωμία, η: physiognomy, facial features ‖ (αξιόλογος άνθρωπος) personage, person of distinction
φυσιογνωσία, η: physical science ‖ βλ. **βιολογία**
φυσιοδίφης, ο: naturalist
φυσιοθεραπεία, η: physiotherapy, physical therapy
φυσιολάτρης, ο *(θηλ* **φυσιολάτρισσα):** lover of nature
φυσιολογία, η: physiology
φυσιολογικός, -ή, -ό: physiological *(και μτφ)* ‖ βλ. **ομαλός, κανονικός**
φυσιολόγος, ο: physiologist
φυσούνα, η: βλ. **φυσερό**
φυσώ: (γενικά) blow ‖ (ορμητικά) squall ‖ (παίρνω με φύσημα) blow away, blow off ‖ **τα ~:** *(ιδ)* be loaded
φυτεία, η: plantation
φυτευτήρι, το: dibble
φυτευτής, ο: planter
φυτευτός, -ή, -ό: planted ‖ (χωμένος) implanted
φυτεύω: plant *(και μτφ)*
φυτικός, -ή, -ό: vegetable ‖ **~ό βασίλειο:** vegetable kingdom, flora
φυτό, το: plant, vegetable ‖ *(μτφ)* vegetable
φυτοζωώ: scrape along, scrape through, manage precariously
φυτοκομείο, το: nursery
φυτοκομία, η: horticulture
φυτοκόμος, ο: horticulturist
φυτολογία, η: phytology, botany
φυτολογικός, -ή, -ό: phytological, botanical, phytologic
φυτολόγος, ο: botanist
φυτοπαθολογία, η: phytopathology
φυτοπαθολόγος, ο: phytopathologist

φυτοφαγία, η: βλ. **χορτοφαγία**
φυτοφάγος, ο: βλ. **χορτοφάγος** ‖ (ζώο) herbivore, herbivorous
φύτρα, η: germ, embryo ‖ *(μτφ)* βλ. **γένος** και **καταγωγή**
φυτρώνω: sprout, grow, germinate, spring up
φυτώριο, το: nursery *(και μτφ)*
φώκια, η: seal ‖ (μεγάλη) sea elephant, elephant seal
φώλι, το: βλ. **πρόσφωλο**
φωλιά, η: (γεν.) nest ‖ (αγρ. ζώου) den, lair ‖ (τρωκτικού) burrow, earth, hole ‖ (προσωρ. καταφύγιο λαγού, κλπ.) form ‖ (αρπ. πτηνού) aerie, eyry, eyrie ‖ *(μτφ)* nest, den, haunt ‖ **~ πυροβόλου:** gunner's nest
φωλιάζω: nest ‖ *(μτφ)* nestle
φωνάζω: (μιλώ δυνατά) shout, yell ‖ βλ. **τσιρίζω** ‖ βλ.**ουρλιάζω** ‖ (καλώ) call, summon ‖ (στέλνω να φωνάξω) send for ‖ βλ. **διαμαρτύρομαι** ‖ (φωνάζω απότομα) rap ‖ (θριαμβευτικά ή δυνατά) whoop ‖ (οργισμένα) rant, rave, bawl
φωνακλάς, -ού, -άδικο: ranter, bawler
φωνασκία, η: rant, bawling ‖ βλ. **φλυαρία**
φωνασκός, ο: βλ. **φωνακλάς** ‖ βλ. **φλύαρος**
φωνασκώ: βλ. **φωνάζω** ‖ βλ. **φλυαρώ**
φωναχτά: *(επίρ)* loudly, aloud
φωναχτός, -ή, --ό: aloud
φωνή, η: voice ‖ βλ. **ξεφωνητό** ‖ βλ. **κραυγή** *(γραμ)* voice ‖ (πουλιού) bird call ‖ (θριάμβου) whoop
φωνήεν, το: vowel
φωνητική, η: phonetics
φωνητικός, -ή, -ό: (σχετ. με φωνή) vocal ‖ (σχετ. με φωνητική) phonetic
φωνογραφία, η: phonography
φωνογραφικός, -ή, -ό: phonographic, phonographical
φωνογράφος, ο: phonograph
φωνοληψία, η: recording
φωνοταινία, η: (ομιλούσα ταινία) talkie ‖ (ταινία με ομιλία) sound track
φως, το: light ‖ βλ. **όραση** ‖ βλ. **γνώση** ‖ βλ. **λάμπα** ‖ βλ. **σοφία** ‖ βλ. **φωτισμός** ‖ (πόκερ) ante ‖ **φέρνω σε ~:** bring to light
φωστήρας, ο: *(μτφ)* luminary

φωσφορίζω: phosphoresce, scintillate
φωσφορισμός, ο: phosphorescence
φωσφόρος, ο: phosphorus
Φώτα, τα: Epiphany ‖ *(μτφ)* light, learning, knowledge
φωταγώγηση, η: illumination
φωταγωγός, ο: light well ‖ *(παραθυράκι)* skylight
φωταγωγώ: illuminate
φωταέριο, το: gas
φωταψία, η: βλ. **φωταγώγηση** ‖ *(δυνατή)* glare
φωτεινός, -ή, -ό: light, luminous, bright ‖ *(φωτισμένος)* illuminated ‖ βλ. **διαυγής** ‖ βλ. **σαφής** ‖ *(που δίνει φως)* luminary
φωτεινότητα, η: brightness, luminosity
φωτιά, η: fire ‖ *(μεγάλη, καταστρεπτική)* conflagration ‖ *(στο ύπαιθρο)* bonfire ‖ *(στρατοπέδου ή κατασκήνωσης)* campfire ‖ βλ. **εμπρησμός** ‖ βλ. **πυρκαγιά** ‖ **βάζω ~:** set fire *(και μτφ)* ‖ **παίρνω ~:** catch fire *(και μτφ)* ‖ **παίζω με τη ~:** play with fire ‖ **~ για τσιγάρο:** light
φωτίζω: light, illuminate, light up ‖ *(διαφωτίζω)* enlighten ‖ βλ. **εξηγώ**
φώτιση, η: enlightenment ‖ *(φαεινή ιδέα)* inspiration
φωτισμός, ο: lighting, illumination
φωτιστικός, -ή, -ό: illuminating
φωτοβολία, η: emission of light, luminosity, radiation
φωτοβολίδα, η: flare
φωτοβόλος, -α, -ο: luminous, bright, luminary
φωτοβολώ: shine, radiate ‖ βλ. **λάμπω** ‖ βλ. **ακτινοβολώ**
φωτογένεια, η: the quality of being photogenic
φωτογενής, -ές: photogenic
φωτογραφείο, το: photographic studio, photographer's studio
φωτογραφία, η: *(τέχνη)* photography ‖ *(εικόνα)* photo, photograph, picture
φωτογραφίζω: photograph, take a picture
φωτογραφική, η: photography
φωτογραφικός, -ή, -ό: photographic ‖ **~ή μηχανή:** camera
φωτογράφος, ο: photographer
φωτοδότης, ο: light giver
φωτοηλεκτρικός, -ή, -ό: photoelectric
φωτομετρία, η: photometry
φωτόμετρο, το: *(όργανο μέτρησης έντασης)* photometer ‖ *(φωτ. μηχανής)* exposure meter, light meter
φωτοσκίαση, η: hatching
φωτοστέφανο, το: halo
φωτοσύνθεση, η: photosynthesis
φωτοτυπία, η: photocopy, photostatic copy, xerox copy
φωτοτυπικός, -ή, -ό: photostatic ‖ **~ή μηχανή:** photo copier, xerox machine
φωτοχυσία, η: βλ. **φωταψία**

Χ

Χ, χ: the twenty-second letter of the Greek alphabet ‖ **χ΄:** 600, **χ:** 600.000
χα!: *(επίρ)* *(ειρων)* hah!, ha!
χαβάνι, το: βλ. **γουδί**
χαβάς, ο: tune, melody, air ‖ *(ιδ)* harping on, harping upon
χαβιάρι, το: caviar
χαβούζα, η: *(δεξαμενή)* cistern, tank ‖ *(αποχέτευσης)* cesspool, cesspit
χάβρα, η: βλ. **συναγωγή** ‖ *(μτφ)* babel, hullabaloo
χάβω: βλ. **χάφτω**
χαγιάτι, το: pergola, porch
χάδι, το: βλ. **θωπεία** ‖ βλ.**καλόπιασμα**

χαδιάρης, -α, -ικο: cuddly, fond of being cuddled
χαδιάρικος, -η, -ο: cuddling, caressing, fondling ‖ βλ. **χαδιάρης**
χαζεύω: *(κοιτάζω χάσκοντας)* gawk, rubberneck ‖ *(χασομερώ)* muck about, loiter, dawdle
χάζι, το: amusement, entertainment, pleasure ‖ **κάνω ~:** have fun, amuse oneself
χαζογελώ: simper, giggle
χαζοκουβέντα, η: piffle
χαζομάρα, η: *(ιδιότητα)* stupidity, dumbness ‖ *(πράξη)* tomfoolery ‖ *(λόγος)*

nonsense

χαζός, -ή, -ό: dumb, stupid, dense

χαζούλης, -α, -ικο: zany, kook

χαϊβάνι, το: βλ. ζώο ‖ *(μτφ)* βλ. **χαζός** και **κουτός**

χάϊδεμα, το: βλ. **θωπεία** ‖ βλ. **καλόπιασμα**

χαιρετίζω: βλ.**χαιρετώ**

χαιρέτισμα, το: βλ. **χαιρετισμός**

χαιρετίσματα, τα: greetings, regards ‖ *(τυπικά)* compliments

χαιρετισμός, ο: greeting, salutation, hail ‖ *(στρ -* με το χέρι) hand salute ‖ *(στρ -* με όπλα ή πυρά) salute ‖ *(πληθ - εκκλ)* salutations ‖ βλ. **αποχαιρετισμός**

χαιρετούρα, η: *(ιδ)* βλ. **χαιρετισμός**

χαιρετώ: greet, hail ‖ *(στέλνω* χαιρετίσματα) send regards, send greetings ‖ βλ. **αποχαιρετώ** ‖ *(στρ)* salute

χαίρομαι: rejoice, be glad, be happy ‖ *(απολαμβάνω)* enjoy

χαίρω: βλ. **χαίρομαι** ‖ **~ πολύ:** (σε συστάσεις) nice meeting you, glad to meet you

χαίτη, η: mane *(και μτφ)*

χακί, το: khaki

χαλάζι, το: hail *(και μτφ)*

χαλαζίας, ο: quartz

χαλάλι, το: deserved, merited ‖ **~ σου:** you deserved it, you merit it, it's yours

χαλαρός, -ή, -ό: slack, loose ‖ *(μτφ)* relaxed, slack

χαλαρότητα, η: slackness, looseness ‖ *(μτφ)* laxity, slackness

χαλαρώνω: slacken, loosen ‖ *(μτφ)* unbend, relax ‖ *(προσπάθεια)* ease, slacken

χαλάρωση, η: βλ. **χαλαρότητα** ‖ *(μτφ)* βλ. **ύφεση** ‖ βλ. **κάμψη**

χάλασμα, το: *(πράξη)* βλ. **καταστροφή** ‖ βλ. **κατεδάφιση** ‖ βλ. **γκρέμισμα** ‖ *(οίκημα)* ruin

χαλασμένος, -η, -ο: βλ. **καταστρεμμένος** ‖ *(που δεν δουλεύει)* out of order, not working ‖ *(τροφή)* bad, spoilt, rotten

χαλασμός, ο: βλ. **καταστροφή** ‖ βλ. **κοσμοπλημμύρα** ‖ βλ. **αναστάτωση** ‖ βλ. **ενθουσιασμός**

χαλαστής, ο: destroyer

χαλάστρα, η: κάνω ~: upset s.b.'s apple-

cart, put a spoke in s.b's wheel

χαλβάς, ο: halvah, halavah ‖ *(μτφ)* flaccid ‖ clod, duffer

χαλεπός, -ή, -ό: hard, trying, difficult

χαλί, το: βλ. **τάπητας**

χάλι, το: sorry plight, terrible plight

χάλια: *(επίρ)* rotten

χαλίκι, το: *(αμμουδιάς)* shingle ‖ *(λείο)* pebble ‖ *(οικοδομήσιμο)* gravel ‖ *(δρόμου ή σιδηρ. γραμμής)* ballast

χαλικοστρώνω: gravel, ballast

χαλικόστρωση, η: *(στρώσιμο)* gravelling, ballasting ‖ *(στρώμα)* gravel, ballast ‖ *(κατασκευή δρόμου από χαλίκι)* macadamizing

χαλικόστρωτος, -η, -ο: *(δρόμος)* macadam

χαλιναγώγηση, η: bridling *(και μτφ)* (βλ. και **συγκράτηση**)

χαλιναγωγώ: bridle *(και μτφ)* ‖ *(συγκρατώ)* control, contain

χαλινάρι, το: bridle ‖ *(μεταλ. μέρος* χαλινού) bit ‖ *(γκέμια)* rein ‖ *(μτφ)* βλ. **χαλιναγώγηση**

χαλινός, ο: βλ. **χαλινάρι** ‖ *(ανατ)* frenum

χαλινώνω: bridle, put a bridle *(και μτφ)*

χαλίφης, ο: caliph, khalif

χαλκάς, ο: βλ. **κρίκος**

χαλκείο, το: forge, coppersmith's shop ‖ *(μτφ)* place of intrigue, source of false information, source of distorted information or news

χαλκέντερος, -η, -ο: tireless, indefatigable

χαλκέας, ο: βλ. **χαλκιάς**

χαλκεύω: forge, copper ‖ *(μτφ)* fabricate ‖ βλ. **μηχανορραφώ και δολοπλοκώ**

χαλκιάς, ο: coppersmith

χάλκινος, -η, -ο: copper, of copper

χαλκογραφία, η: copperplate

χαλκομανία, η: decal

χαλκός, ο: copper

χάλκωμα, το: copper utensil ‖ βλ. **χαλκός**

χαλκωματάς, ο: βλ. **χαλκιάς** ‖ tinker

χαλκωματένιος, -α, -ο: βλ. **χάλκινος**

χαλκωρυχείο, το: copper mine

χαλνώ: *(μτβ)* damage, ruin ‖ βλ. **καταστρέφω** ‖ βλ. **γκρεμίζω** ‖ βλ. **φθείρω** ‖ *(δουλειά ή σχέδια)* louse, upset s.b's apple cart, put a spoke in s.b's wheel ‖ *(παραχαϊδεύω)* spoil ‖ *(χρήματα)* change, break ‖ βλ. **σπαταλώ** ‖ βλ. **διαφθείρω** ‖

χάλυβας

(αμτβ) break down, be out of order ‖ (α-σχημίζω) lose one's good looks ‖ (καιρός) deteriorate, get worse ‖ (τροφή) spoil, become tainted, become rotten ‖ ~ **τον κόσμο**: (κινώ γη και ουρανό) move heaven and earth ‖ ~ **τον κόσμο**: (κάνω φασαρία) make a clamor, make a din ‖ **τα ~ με κάποιον**: fall out, quarrel ‖ **τα ~ με**: (σύζυγο) become estranged

χάλυβας, ο: βλ. **ατσάλι**
χαλύβδινος, -η, -ο: βλ. **ατσαλένιος**
χαλυβδώνω: steel *(και μτφ)*
χαλυβουργείο, το: steel works
χαλώ: βλ. **χαλνώ**
χαμάδα, η: drupe, ripe olive fallen from the tree
χαμαιλέων, ο: chameleon *(και μτφ)*
χαμαιτυπείο, το: bawdyhouse (βλ. και **πορνείο**)
χαμάλης, ο: βλ. **αχθοφόρος**
χαμαλίατικα, τα: βλ. **αχθοφορικά**
χαμαλίκι, ο: *(μτφ)* drudgery
χαμάμ, το: turkish bath
χαμένος, -η, -ο: lost ‖ *(μτφ)* βλ. **τιποτέ-νιος** ‖ *(μτφ)* lost, bewildered
χαμέρπεια, η: baseness, sliminess
χαμερπής, -ές: base, slimy ‖ (γλύφτης) obsequious
χαμηλοβλεπούσα, η: *(μτφ)* shy, timid ‖ *(ειρ)* prissy, prudish
χαμηλός, -ή, -ό: low ‖ βλ. **κοντός** ‖ (σε έ-νταση) low-key
χαμηλόφωνα: *(επίρ)* in a low voice, in a shoft voice, softly
χαμηλόφωνος, -η, -ο: soft, low-toned
χαμηλώνω: *(μτφ)* lower ‖ βλ. **μειώνω** ‖ *(αμτβ)* become low, lower, diminish ‖ ~ **το κεφάλι**: hang one's head ‖ ~ **τη φωνή**: drop one's voice, lower one's voice
χαμίνι, το: street urchin, scamp
χαμόγελο, το: smile
χαμογελώ: smile
χαμόδεντρο, το: bush, shrub, undergrowth
χαμοκέλα, η: hovel
χαμοκερασιά, η: βλ. **φραουλιά**
χαμοκέρασο, το: βλ. **φράουλα**
χαμόκλαδο, το: βλ. **χαμόδεντρο**
χαμομήλι, το: chamomile, camomile
χαμόμηλο, το: βλ. **χαμομήλι**
χαμός, ο: loss ‖ (εξαφάνιση) disappear-

ance ‖ βλ. **καταστροφή** ‖ βλ. **θάνατος**
χαμόσπιτο, το: βλ. **χαμοκέλα**
χάμου: *(επίρ)* βλ. **χάμω**
χάμουρα, τα: harness
χαμούρα, η: slut, jade
χαμπάρι, το: *(ιδ)* news, message, notice ‖ **παίρνω ~**: get wind of, catch on ‖ **τι ~α?**: (τί νέα?) what's the news? what's new? ‖ **τι ~α?** (τι κάνεις?) how are you? how are you doing? ‖ **δεν παίρνω ~**: I don't understand, I don't get it
χαμπαρίζω: βλ. **καταλαβαίνω** ‖ βλ. **χαμπάρι** (παίρνω) ‖ (υπολογίζω) take notice, bother oneself about
χαμπέρι, το: βλ. **χαμπάρι**
χάμω: *(επίρ)* down, on the floor, on the ground
χάνι, το: inn ‖ (μεγάλο) caravansary, caravanserai
χάννος, ο: milkfish ‖ *(ιδ)* βλ. **κουτός**
χαντάκι, το: ditch, trench
χαντάκωμα, το: ruin, ruination, disaster
χαντακώνω: βλ. **καταστρέφω**
χαντζάρι, το: scimitar, scimiter
χαντζής, ο: inn-keeper
χάντρα, η: bead
χάνομαι: get lost ‖ (καταστρέφομαι) perish, be ruined ‖ βλ. **εξαφανίζομαι** ‖ (ζαλίζομαι) feel faint, feel dizzy
χάνω: lose ‖ (δεν προφταίνω να πάρω ή να πάω) miss ‖ (ξεχνώ πού έβαλα κάτι) mislay, misplace ‖ ~ **τον καιρό**: waste one's time ‖ **τα ~**: (σαστίζω) be bewildered, be confused, be dumfounded ‖ **τα ~**: (τρελαίνομαι) come unglued, go round the bend, go off one's rocker
χάος, το: chaos
χάπι, το: pill
χαρά, η: joy, gladness, happiness, delight, glee ‖ ~ **Θεού**: (καιρός) heavenly weather ‖ **μιά ~**: (θαυμάσια) great! wonderful! ‖ **μια ~**: (υγεία) in perfect health ‖ **τρελός από ~**: beside oneself with joy, mad with joy
χάραγμα, το: βλ. **χαραγματιά** ‖ βλ. **χάραμα**
χαραγματιά, η: incision, cleft, nick, notch
χαράδρα, η: ravine, gorge, canyon
χαράζω: (σε επιφάνεια με όργανο) engrave

844

|| (κάνω χαρακτική) etch, engrave || (ελαφρά το δέρμα) scarify || (κάνω εγκοπή) incise, notch || (κάνω τομή) incise, cut || (γραμμές σε χαρτί) rule || (αποτυπώνω) trace || (σκίζω με όργανο) carve || (σημάδι) mark || (χαράζω χάρτη) map || (μτφ) lay out, map out || (γ´ προσ. ξημερώνει) day is breaking, dawns
χάρακας, ο: ruler, straightedge
χαράκι, το: βλ. **χαρακιά** || (γραμμή τετραδίου) line || (πέτρα) boulder
χαρακιά, η: scratch, nick, notch, incision || βλ. **χαράκι** (γραμμή τετραδίου)
χαρακίρι, το: harakiri, seppuku
χαρακτήρας, ο: (γεν.) character || (ταμπεραμέντο) temperament || βλ. **φύση** || (γραφικός) handwriting, hand || (τυπογρ. στοιχείο) character || (μτφ ευθύτητα) character
χαρακτηρίζω: characterize, designate, qualify || (αποκαλώ) style, designate || (δίνω ορισμό) define
χαρακτηρισμός, ο: characterization, designation, qualification || βλ. **ορισμός**
χαρακτηριστικό, το: feature, characteristic || (μαθ) characteristic || (περιοχής) terrain || (ιδιαίτερο) trait || (γενικά χαρακτηριστικά) outlines
χαρακτηριστικός, -ή, -ό: characteristic
χαράκτης, ο: carver, engraver
χαρακτική, η: engraving, etching
χαράκωμα, το: (χάραξη γραμμών) ruling || (οχύρωμα) trench
χαρακόνω: βλ. **χαράζω** (γραμμές) || βλ. **χαράζω** (κάνω εγκοπή, κλπ.) || (φτιάχνω οχυρό) trench, fortify with a trench
χαράκωση, η: βλ. **χαράκωμα** || (οχυρού) trenching
χάραμα, το: daybreak, dawn
χαραμάδα, η: (στενή σχισμή) cranny || βλ. **ρωγμή** || βλ. **σχισμή** || (σκίσιμο) split || (άνοιγμα) gap
χαραματιά, η: scratch, incision (βλ. και **χαραμάδα**)
χαράμι: (επίρ) wrongly, undeservedly, in vain
χαράμι, το: wrong, undeservedly gained or obtained || ~ **να του γίνει:** may he not enjoy it!
χαραμίζω: waste, spend foolishly or use-

lessly
χαραμοφάγος, -α, -ικο: bum, parasite, drone, loafer
χαραμοφάης, ο: βλ. **χαραμοφάγος**
χάραξη, η: βλ. **χαράκωμα** (γραμμών) || (εντομή) incision, engraving, notching || (μτφ) laying out
χαράσσω: βλ. **χαράζω**
χαράτσι, το: (υποχρ. εισφορά) obligatory contribution || (βαρύς φόρος) heavy taxation, heavy tax
χαράτσωμα, το: βλ. **χαράτσι** || (αναγκ. ή άθελη δαπάνη) forced expenditure, unwilling expenditure
χαρατσώνω: (επιβάλλω αναγκ. εισφορά) impose an obligatory contribution || (επιβάλλω βαρύ φόρο) levy a heavy tax || (αναγκάζω να ξοδέψει) make s.b. spend || (παίρνω λεφτά) exact, touch || βλ. **τράκα** (κάνω)
χαραυγή, η: βλ. **χάραμα**
χάρβαλο, το: βλ. **σαράβαλο**
χαρέμι, το: harem
χάρη, η: (ιδιότητα του χαριτωμένου) grace, gracefulness || βλ. **θέλγητρο** || βλ. **ευγνωμοσύνη** || (εξυπηρέτηση, χατίρι) favor || (νομ) pardon || (προτέρημα, χάρισμα) gift, endowment || (ένεκα, για το σκοπό) sake || (οφειλόμενο σε κάποιον, ένεκα κάποιου) thanks to || **λόγου ~, παραδείγματος ~:** for instance, for example || **για ~ σου:** for your sake || **~ σε σένα:** thanks to you || **κάνω ~ σε κάποιον:** do s.b. a favor, do a favor for s.b.
χαριεντίζομαι: βλ. **ερωτοτροπώ** || βλ. **αστειεύομαι** || (λέω ευφυολογήματα) speak wittily, pass witty remarks
χαριεντισμός, ο: βλ. **ερωτοτροπία** || βλ. **αστεϊσμός** || βλ. **ευφυολόγημα** || (νάζια) mincing
χαρίζομαι: be partial to, favor
χαρίζω: (δίνω) donate, give || βλ. **δωρίζω** || (ποινή) pardon || (δίνω φυσικά χαρίσματα) endow || (ζωή) spare || (οφειλή) remit
χάρις, η: βλ. **χάρη** || βλ. **χάριτες**
χάρισμα, το: donation (βλ. και **δωρεά**) || (προτέρημα) endowment, gift || βλ. **ταλέντο** || (επίρ) gratis, free, without charge, for nothing

χαριστικός

χαριστικός, -ή, -ό: (χατιρικός) favoring, favorable ‖ βλ. μεροληπτικός ‖ ~ή βολή: coup de gra\ece (και μτφ)
Χάριτες, οι: the Graces
χαριτολόγημα, το: pleasantry ‖ βλ. ευφυολόγημα
χαριτολογώ: speak wittily, pass witty remarks
χαριτωμένος, -η, -ο: delightful, charming ‖ (που έχει χάρη) graceful
χάρμα, το: delight, joy, eyeful
χαρμάνι, το: blend
χαρμόσυνος, -η, -ο: joyous, joyful, cheerful
χαροκόπι, το: βλ. ξεφάντωμα και γλέντι
χαροκόπος, ο: βλ. γλεντιζές
χάροντας, ο: (αρχ) charon ‖ βλ. χάρος
χαροπαλεύω: be at death's door, be dying ‖ (μτφ) strive to make ends meet
χαροποιός, -ά, -ό: βλ. χαρμόσυνος
χαροποιώ: gladden, delight, cheer, fill with joy
χάρος, ο: death ‖ όποιον πάρει ο ~: play Russian roulette
χαρούμενος, -η, -ο: merry, glad, cheerful, joyful
χαρούπι, το: carob
χαρουπιά, η: carob, honey locust
χαρταετός, ο: kite
χαρτζιλίκι, το: allowance, pocket money
χαρτζιλικώνω: give allowance, give pocket money
χάρτης, ο: (χαρτί) paper ‖ (γεωγρ) map ‖ (ναυτ) chart ‖ (συνταγματικός) charter
χαρτί, το: paper ‖ (κομμάτι) piece of paper ‖ βλ. τραπουλόχαρτο ‖ ~ υγείας: toilet paper ‖ (πληθ) βλ. χαρτοπαίγνιο
χάρτινος, -η, -ο: paper, of paper
χαρτοβασίλειο, το: (ειρ) bureaucracy, bureaucratic administration, red tape
χαρτογραφία, η: cartography
χαρτογράφος, ο: cartographer
χαρτογραφώ: map, chart
χαρτόδετος, -η, -ο: (βιβλίο) paperbacked ‖ (ουσ) paperback
χαρτοκλέφτης, ο: card sharp, sharper, cardsharper
χαρτοκόπτης, ο: paper knife
χαρτομαντεία, η: card reading
χαρτομάντης, ο (θηλ χαρτομάντισσα):

card reader
χαρτομάντιλο, το: tissue
χαρτόνι, το: paperboard, cardboard, pasteboard ‖ (βιβλιοδεσίας) millboard
χαρτονόμισμα, το: paper money, bill ‖ (Engl) bank-note ‖ (ιδ) greenback, long green
χαρτοπαίγνιο, το: card-playing, gambling
χαρτοπαίζω: play cards
χαρτοπαίκτης, ο (θηλ χαρτοπαίκτρια): card player, gambler
χαρτοπαιξία, η: βλ. χαρτοπαίγνιο
χαρτοπαίχτης, ο (θηλ χαρτοπαίχτρα): βλ. χαρτοπαίκτης
χαρτοποιείο, το: paper mill
χαρτοποιία, η: papermaking
χαρτοπόλεμος, ο: confetti
χαρτοπωλείο, το: stationery
χαρτοπώλης, ο: stationer
χαρτορίχτρα, η: βλ. χαρτομάντης
χαρτοσακούλα, η: paperbag
χαρτοσημαίνω: stamp
χαρτόσημο, το: stamp
χαρτοφύλακας, ο: (θήκη) portofolio ‖ (τσάντα) briefcase
χαρτοφυλάκιο, το: βλ. χαρτοφύλακας ‖ (μτφ) office of a cabinet minister, ministry
χαρτωσιά, η: round ‖ δεν πιάνω ~ μαζί του (κοντά του): be not nearly as good as, not hold a candle to
χαρωπός, -ή, -ό: βλ. χαρούμενος
χασάπης, ο: butcher (και μτφ)
χασάπικο, το: (μαγαζί) butcher's shop ‖ (σφαγείο) butchery
χασάπικος, ο: (χορός) chasapicos, the butcher's dance
χασές, ο: calico
χάση, η: waning of the moon ‖ στη ~ και στη φέξη: βλ. φέξη
χασικλής, ο: hashish smoker (βλ. και ναρκομανής)
χάσικος, -η, -ο: first-rate, first quality, pure
χάσιμο, το: βλ. απώλεια ‖ βλ. ζημιά
χασίς, το: hashish, hasheesh ‖ (ιδ) hash ‖ (φυτό) hemp plant
χασισοπότης, ο: βλ. χασικλής ‖ βλ. ναρκομανής
χάσκα: (επίρ) (ιδ) open-mouthed

846

χασκογελώ: guffaw

χάσκω: (ανοίγω το στόμα) open the mouth wide, gape ‖ (κοιτάζω με ανοιχτό στόμα) gawk, gape ‖ (σχηματίζω άνοιγμα) gape

χάσμα, το: chasm ‖ (διακοπή συνέχειας) gap

χασμουρητό, το: yawn, yawning

χασμουριέμαι: yawn

χασμωδία, η: hiatus ‖ (κενό) lacuna

χασομέρης, ο: idler, loiterer, loafer

χασομέρι, το: idling, loitering, loafing, waste of time

χασομερώ: loaf, loiter, waste one's time

χασούρα, η: βλ. απώλεια

χαστούκι, το: βλ. σκαμπίλι και σφαλιάρα

χαστουκίζω: βλ. σκαμπιλίζω

χατζής, ο: hadji, haji

χατίρι, το: favor, favour ‖ δεν χαλώ ~: I never say no ‖ για το ~ σου: for your sake ‖ κάνω ~: (δείχνω εύνοια) have favorites

χατιρικά: (επίρ) as a favor

χατιρικός, -ή, -ό: βλ. χαριστικός

χαυλιόδοντας, ο: tusk

χαύνος, -η, -ο: βλ. νωθρός ‖ βλ. άτονος ‖ βλ. χαλαρός

χαυνώνω: βλ.αποχαυνώνω

χαύνωση, η: βλ. αποχαύνωση

χαφιεδίζω: snoop, rat, stool ‖ (Engl.) nark

χαφιεδισμός, ο: snooping, stooling, informing

χαφιές, ο: snoop, snooper, rat, stoolie, stool pigeon ‖ (Engl) nark

χάφτω: swallow, gobble ‖ (μτφ) swallow

χαχάμης, ο: βλ. ραβίνος

χαχανίζω: βλ. χασκογελώ

χάχανο, το: guffaw

χάχας, ο: βλ. χαζός ‖ βλ. βλάκας

χαψιά, η: mouthful

χαώδης, -ες: chaotic

χέζομαι: βλ. χέζω ‖ (λερώνομαι ο ίδιος) shit oneself, dirty oneself ‖ (τα κάνω επάνω μου) shit one's pants (και μτφ) ‖ (φοβούμαι πολύ) be scared shitless

χέζω: (χυδ) shit, defecate ‖ (μτφ) revile, berate

χείλι, το: βλ. χείλος

χειλικός, -ή, -ό: labial

χείλος, το: (στόματος) lip ‖ (γκρεμού κλπ.) brink ‖ (τραύματος, κρατήρος, κλπ.) lip ‖ (ποτηριού κλπ.) brim ‖ (όριο, άκρο) verge ‖ γεμάτος ως τα ~η: full to the brim ‖ δαγκώνω τα ~η: bite one's lip

χειλόφωνος, -η, -ο: βλ. χειλικός

χειμαδιό, το: (ξεχείμασμα προβάτων) sheep wintering ‖ (μέρος) winter pasture, fold

χειμάζομαι: winter ‖ (μτφ) suffer, undergo hardships, be distressed

χείμαρρος, ο: torrent (και μτφ)

χειμαρρώδης, -ες: torrential

χειμερινός, -ή, -ό: winter

χειμέριος, -α, -ο: βλ. χειμερινός ‖ ~α νάρκη: βλ. νάρκη

χειμώνας, ο: winter

χειμωνιάζει: (γ΄ πρόσ.) winter is approaching, winter is setting in

χειμωνιάτικος, -η, -ο: βλ. χειμερινός

χειραγωγία, η: (μτφ) βλ. καθοδήγηση ‖ βλ. συμβουλή ‖ βλ. νουθεσία

χειραγωγώ: (μτφ) βλ. καθοδηγώ ‖ βλ. νουθετώ

χειράμαξα, η: (μαστόρων) wheelbarrow ‖ (αχθοφόρων και πωλητών) handcart

χειραφετημένος, -η, -ο: emancipated

χειραφέτηση, η: emancipation

χειραφετώ: emancipate

χειραψία, η: handshake ‖ (σφιχτή) crushing handshake, grip

χειρίδα, η: sleeve

χειρίζομαι: handle, manipulate (και μτφ)

χειρισμός, ο: handling, manipulation (και μτφ)

χειριστήριο, το: (γεν.) controls ‖ (τηλεγρ.) transmitter ‖ (αεροπλ.) control stick ‖ (χειριζόμενο με τα δάχτυλα) key ‖ (οίκημα ή πύργος χειρισμού) control tower

χειριστής, ο (θηλ χειρίστρια): operator ‖ βλ. και πιλότος

χείριστος, -η, -ο: worst

χειροβομβίδα, η: hand grenade

χειρόγραφο, το: manuscript

χειρόγραφος, -η, -ο: written by hand ‖ (έγγραφο γραμμένο με το χέρι του υπογράφοντος) holograph

χειροδικία, η: punishment by the hand of the wronged, personal revenge

χειροδικώ: punish with one's own hands, take personal revenge ‖ (χτυπώ) lift (raise) one's hand against

χειροδύναμος, -η, -ο: strong-handed

χειροκίνητος, -η, -ο: hand-operated, operated manually

χειροκρότημα, το: applause, clapping ‖ (παρατεταμένο) ovation, big hand

χειροκροτώ: applaud, clap, cheer

χειρόκτιο, το: βλ. **γάντι**

χειρολαβή, η: handle, hand hold, handgrip

χειρομαντεία, η: chiromancy, palmistry

χειρομάντης, ο *(θηλ* **χειρομάντισσα)**: chiromancer, palmist, palmister, palm reader

χειρονομία, η: gesture, gesticulation ‖ *(μτφ)* gesture

χειρονομώ: gesture, gesticulate

χειροπέδες, οι: handcuffs, manacles

χειροπιαστός, -ή, -ό: palpable, tangible *(και μτφ)*

χειροπόδαρα: *(επίρ)* hand and foot

χειροποίητος, -η, -ο: handmade

χειρότερα: *(επίρ)* worse ‖ **μη ~**!: (επιφώνημα που εκφράζει ριζικά αντίθετη γνώμη) like hell! ‖ **μη ~**!: (επιφώνημα που εκφράζει ευχή για αποφυγή χειρότερων κακών) God forbid!, may God keep us!

χειροτερεύω: *(μτβ)* worsen, make worse, aggravate ‖ (ποιότητα, αξία ή χαρακτήρα) deteriorate ‖ *(αμτβ)* become worse, degenerate, deteriorate

χειροτέρεψη, η: worsening, change for the worse, deterioration

χειρότερος, -η, -ο: worse ‖ **ο ~**: βλ. **χείριστος** ‖ **τόσο το ~ο**: so much the worse

χειροτέχνημα, το: handiwork, handicraft, artifact

χειροτέχνης, ο: handicraftsman, artisan

χειροτεχνία, η: handiwork, handicraft

χειροτονία, η: ordainment, ordination ‖ *(μτφ)* βλ. **ξύλισμα**

χειροτονώ: ordain ‖ *(μτφ)* βλ. **ξυλοκοπώ**

χειροτροχοπέδη, η: handbrake

χειρουργείο, το: surgery, operating room

χειρουργική, η: surgery

χειρουργικός, -ή, -ό: surgical

χειρούργος, ο: surgeon ‖ *(ιδ)* sawbones ‖

~ οδοντίατρος: βλ. **οδοντίατρος**

χειρουργώ: operate, perform surgery

χειροφίλημα, το: kissing the hand

χειρόφρενο, το: βλ. **χειροτροχοπέδη**

χειρωνακτικός, -ή, -ό: manual ‖ **~ή εργασία**: manual labor

χέλι, το: eel *(και μτφ)*

χελιδόνι, το: swallow

χελιδονόψαρο, το: flying fish

χελώνα, η: (γεν.) tortoise, turtle ‖ (στεριάς) land tortoise, tortoise ‖ (μικρή νερού) water-tortoise ‖ (μεγάλη νερού) turtle ‖ (γλυκού νερού) terrapin ‖ (πολύ μεγάλη νεροχελώνα) snapping turtle ‖ (θαλάσσια μεγάλη) hawksbill ‖ *(μτφ - αργός)* tortoise, snail

χελώνι, το: βλ. **χοιράδωση**

χέρι, το: hand ‖ (μπράτσο και πήχη) arm ‖ βλ. **χειρολαβή** ‖ (εργαλείου) helve ‖ (στρώση μπογιάς) coat ‖ **με το ~**: by hand ‖ **στα ~α**: (συμπλοκή) melee, hand-to-hand ‖ **έρχομαι στα ~α**: come to grips, tangle with, come to blows ‖ **από ~ σε ~**: from hand to hand ‖ **~**]: (πιασμένοι από τα χέρια) hand in hand ‖ **~ - ~**: βλ. **από τα ~α** ‖ **κάτω τα ~α**: hands off! ‖ **ψηλά τα ~α**: hands up! reach! ‖ **βάζω το ~ μου**: (συνεργώ) have a hand in ‖ **απλώνω ~**: lay hands on ‖ **σηκώνω τα ~α**: (εγκαταλείπω προσπάθεια) throw up one's hands ‖ **βάζω** (δίνω) **ένα ~**: (βοηθώ) lend a hand, give a hand ‖ **σηκώνω ~**: (απειλητικά) raise (lift) one's hand against ‖ **δεν σηκώνω ~**: (δεν βοηθώ) not lift a finger ‖ **έχω στο ~ κάποιον**: (έχω επιβολή) have a hold over s.o., he eats out of my hand ‖ **είναι στο ~ μου**: depends on one, have a free hand ‖ **βάζω στο ~**: (τυλίγω, απατώ) con, dupe, gyp ‖ **~ με ~**: directly, immediately ‖ **από πρώτο ~**: at first hand ‖ **βάζω ~**: paw, lay hands on, fondle, neck ‖ **κάλλιο πέντε και στο ~**: a bird in the hand

χερικό, το: first sale, first buy

χερουβείμ, το: cherub *(πληθ* cherubim)

χερούκλα, η: large hand, ham-sized hand, paw

χερούλι, το: βλ. **λαβή** ‖ βλ. **χειρολαβή**

χερσαίος, -α, -ο: terrestrial

χερσόνησος, η: peninsula

χέρσος, -α, -ο: wasteland, wild, uncultivated land ‖ βλ. άγονος

χερσότοπος, ο: wasteland, barren land

χέσιμο, το: shiting, defecation ‖ *(μτφ)* reviling, berating

χέστης, ο: *(ιδ)* yellow, yellow-bellied, chicken, chicken-hearted

χηλή, η: hoof

χημεία, η: chemistry

χημείο, το: laboratory, chemical lab

χημικός, -ή, -ό: chemical

χημικός, ο: *(πτυχιούχος χημείας)* chemist

χήνα, η: *(θηλ)* goose, *(αρσ)* gander ‖ *(μτφ)* goose

χηνοβοσκός, ο: gooseherd

χήνος, ο: βλ. χήνα *(αρσ)*

χήρα, η: widow

χηρεία, η: widowhood ‖ *(μτφ)* unfilled position, vacancy

χηρεύω: be widowed, become widowed, become a widow or a widower ‖ *(μτφ)* be vacant, be unfilled

χήρος, ο: widower

χθες: *(επίρ)* yesterday

χθεσινός, -ή, -ό: yesterday's, of yesterday

χιαστί: *(επίρ)* in the form of a cross ‖ *(εγκάρσια)* crosswise, crossways

χιβάδα, η: quaghog

χίλια: βλ. χίλιοι

χιλιάδα, η: chiliad, thousand

χιλιάρικο, το: a one thousand drachmas bill

χιλιαστής, ο: chiliast, millenarian

χιλιετηρίδα, η: *(περίοδος)* millennium ‖ *(επέτειος)* thousandth anniversary

χιλιετία, η: βλ. χιλιετηρίδα *(περίοδος)*

χιλιόγραμμο, το: kilogram

χίλιοι, -ες, -α: thousand

χιλιομετρικός, -ή, -ό: kilometric

χιλιόμετρο, το: kilometer (km)

χιλιοστημόριο, το: thousandth part

χιλιοστό, το: millimeter (mm)

χιλιοστόμετρο, το: βλ. χιλιοστό

χιλιοστός, -ή, -ό: thousandth

χίμαιρα, η: chimera, chimaera ‖ *(μτφ)* chimera, pipe dream, will-of-the-wisp

χιμαιρικός, -ή, -ό: chimerical *(και μτφ)*

χιμπαντζής, ο: chimpanzee ‖ *(μτφ)* ape

χιμώ: βλ. ορμώ

χινόπωρο, το: βλ. φθινόπωρο

χιονάνθρωπος, ο: snowman

χιονάτος, -η, -ο: snow-white ‖ **Χ~η:** Snowwhite

χιόνι, το: snow ‖ *(μτφ)* βλ. χιονάτος ‖ σαν τα ~: *(ιδ)* I haven't seen you for ages

χιονιά, η: *(καιρός)* snowfall, snowstorm, snowy weather ‖ *(μπάλα)* snowball

χιονιάς, ο: blizzard

χιονίζει: *(γ´ προσ.)*: it snows, it is snowing

χιονίστρα, η: chilblain

χιονοδιώκτης, ο: snowplow

χιονοδρομία, η: skiing

χιονοδρόμος, ο: skier

χιονοθύελλα, η: snowstorm, blizzard

χιονόλευκος, -η, -ο: βλ. χιονάτος

χιονόνερο, το: sleet

χιονονιφάδα, η: snowflake

χιονοπέδιλο, το: snowshoe

χιονοσκέπαστος, -η, -ο: *(ολόκληρος σκεπασμένος)* snow-covered ‖ *(με χιόνι στην κορυφή)* snow-capped

χιονοστιβάδα, η: *(σωρός χιονιού)* snowdrift ‖ *(κατολίσθηση μάζας χιονιού)* avalanche

χιούμορ, το: humor

χιουμορίστας, ο humorist

χιουμοριστικός, -ή, -ό: humoristic, humorous

χιτώνας, ο: *(αρχ)* chiton, tunic ‖ βλ. πουκάμισο ‖ βλ. περίβλημα ‖ κερατοειδής ~: cornea

χιτώνιο, το: *(στρ)* tunic, field-jacket, coat

χλαίνη, η: *(στρ)* belted trench type overcoat, military overcoat ‖ *(κοντή)* mackinaw

χλαμύδα, η: *(αρχ)* chlamys

χλευάζω: βλ. ειρωνεύομαι

χλευασμός, ο: βλ. ειρωνεία και σαρκασμός

χλευαστικός, -ή, -ό: βλ. ειρωνικός και σαρκαστικός

χλεύη, η: βλ. ειρωνεία και σαρκασμός

χλιαρός, -ή, -ό: lukewarm, tepid ‖ *(μτφ)* lukewarm

χλιδή, η: βλ. πολυτέλεια

χλιμιντρίζω: neigh ‖ *(χαμηλόφωνα)* whinny

χλιμίντρισμα, το: neigh, neighing ‖ *(χα-*

χλοερός

μηλόφωνο) whinny
χλοερός, -ή, -ό: verdant
χλόη, η: grass
χλομάδα, κλπ.: βλ. **χλωμάδα,** κλπ.
χλωμάδα, η: paleness, pallor
χλωμιάζω: pale, turn pale, blanch
χλώμιασμα, το: βλ. **χλωμάδα**
χλωμός, -ή, -ό: pale, pasty, pallid
χλωρίδα, η: flora
χλωρικός, -ή, -ό: chloric
χλώριο, το: chlorine
χλωριούχος, -α, -ο: chloride, chloric
χλωρός, -ή, -ό: green
χλωροφόρμιο, το: chloroform
χλωροφύλλη, η: chlorophyll
χνάρι, το: βλ. **αχνάρι**
χνότο, το: smell of breath
χνουδάτος, -η, -ο: fluffy, downy
χνούδι, το: down, fluff
χνουδωτός, -ή, -ό: βλ. **χνουδάτος**
χνώτο, το: βλ. **χνότο**
χοάνη, η: crucible, melting-pot ‖ βλ. **χωνί**
χόβολη, η: embers
χοιράδες, οι: scrofula
χοιράδωση, η: βλ. **χοιράδες**
χοιρίδιο, το: βλ. **γουρουνάκι** ‖ **ινδικό** ~: guinea pig
χοιρινό, το: pork
χοιρινός, -ή, -ό: βλ. **γουρουνίσιος**
χοιροβοσκός, ο: βλ. **γουρουνοβοσκός**
χοιρομέρι, το: ham
χοίρος, ο: βλ. **γουρούνι**
χοιροστάσιο, το: pigsty
χολ, το: βλ. **χωλ**
χολέρα, η: cholera
χολερικός, -ή, -ό: choleraic ‖ *(μτφ)* choleric, bad-tempered
χολή, η: bile, gall *(και μτφ)*
χοληδόχος, η: ~ **κύστη:** gallbladder
χοληστερίνη, η: cholesterin, cholesterol
χολιάζω: *(μτβ και αμτβ)* βλ. **εξοργίζω, εξοργίζομαι και θυμώνω**
χολιασμένος, -η, -ο: βλ. **θυμωμένος** ‖ βλ. **στενοχωρημένος**
χολόλιθος, ο: gallstone
χολοσκάω: *(μτβ)* βλ. **εξοργίζω και θυμώνω** ‖ βλ. **στενοχωρώ** ‖ *(αμτβ)* βλ. **στενοχωριέμαι και συγχύζομαι**
χολοσκάζω: βλ. **χολοσκάω**

χολοσκάνω: βλ. **χολοσκάω**
χολόσκασμα, το: βλ. **στενοχώρια και σύγχυση**
χόνδρινος, -η, -ο: cartilaginous
χονδροειδής, -ές: rough, coarse, awkward, gross ‖ ~**ές σφάλμα:** gross error
χόνδρος, ο: cartilage
χοντραίνω: *(μτβ και αμτβ)* coarsen ‖ βλ. **παχαίνω**
χοντρέμπορος, ο: wholesaler, wholesale dealer
χοντρικός, -ή, -ό: wholesale
χοντροδουλειά, η: rough work
χοντροκαμωμένος, -η, -ο: *(πράγμα)* rough-and-ready ‖ *(άνθρωπος)* husky, thickset
χοντροκεφαλιά, η: βλ. **πείσμα** (επιμονή) ‖ βλ. **ισχυρογνωμοσύνη** ‖ βλ. **βλακεία**
χοντροκέφαλος, -η, -ο: *(μτφ)* chump, clod (βλ. και **βλάκας**) ‖ βλ. **πεισματάρης**
χοντροκοπιά, η: (εργασία) βλ. **χοντροδουλειά** ‖ (συμπεριφορά) grossness, vulgarity, vulgarism, coarseness
χοντρομπαλάς, -ού, -άδικο: βλ. **παχύς** (κοντός και χοντρός) pudgy, chubby
χοντρόπετσος, -η, -ο: thick-skinned *(και μτφ)*
χόντρος, το: thickness ‖ βλ. **πάχος**
χοντρός, -ή, -ό: thick ‖ *(άνθρωπος)* βλ. **παχύς** ‖ (φωνή) deep, husky ‖ *(μτφ)* coarse, vulgar, gross
χορδή, η: (μουσ. όργανο) string ‖ (κύκλου) chord ‖ *(ανατ)* cord ‖ (τόξου τοξοβολίας) bowstring ‖ *(μτφ)* chord ‖ **φωνητική** ~: vocal cord
χορδίζω, κλπ.: βλ. **κουρντίζω**
χορεία, η: group, body
χορευτής, ο *(θηλ* **χορεύτρια):** dancer
χορευτικός, -ή, -ό: dancing, dance
χορεύτρια, η: βλ. **χορευτής** ‖ (βαριετέ) chorus girl ‖ (μπαλέτου) ballet girl, ballet dancer
χορεύω: dance ‖ βλ. **χοροπηδώ** ‖ ~ **στο ταψί:** βλ. **ταψί**
χορήγηση, η: (δόσιμο) donation ‖ βλ. **επίδομα** ‖ βλ. **προμήθεια** ‖ (χρηματική) subsidy ‖ (χάρισμα) grant, granting
χορηγητής, ο *(θηλ* **χορηγήτρια):** βλ. **χορηγός**
χορηγία, η: βλ. **χορήγηση** ‖ **βασιλική** ~:

civil list
χορηγός, ο *(θηλ* **χορηγός)**: donor, grantor ‖ βλ. **προμηθευτής** ‖ *(που δίνει χρημ. χορήγηση)* subsidizer
χορηγώ: grant, donate, allocate ‖ βλ. **προμηθεύω** ‖ *(δίνω χρημ. επιχορήγηση)* subsidize ‖ *(προνόμιο ή άδεια)* license
χορογραφία, η: choreography
χορογράφος, ο: choreographer
χοροδιδασκαλείο, το: dancing school
χοροδιδάσκαλος, ο: dancing-master, teacher of dancing
χοροεσπερίδα, η: ball, evening party
χοροπήδημα, το: leap, caper, gambol ‖ *(αλόγου)* prance, prancing
χοροπηδώ: leap, caper, gambol ‖ *(άλογο)* prance
χορός, ο: *(πράξη)* dance, dancing ‖ *(συγκέντρωση, πάρτυ)* dance, ball ‖ *(ομάδα τραγουδιστών)* chorus ‖ *(φοιτητικός ή μαθητικός λήξεως έτους)* prom
χοροστατώ: *(εκκλ)* officiate
χορταίνω: *(μτβ)* satiate, sate ‖ *(πάρα πολύ)* surfeit, cloy, gorge ‖ *(ικανοποιώ)* satisfy ‖ *(αμτβ)* be full, have one's fill ‖ *(πολύ)* be (feel) surfeited, cloy ‖ *(βαριέμαι)* have enough ‖ *(από κάτι ευχάριστο)* to one's heart's content
χορτάρι, το: βλ. **χόρτο**
χορταριάζω: grass, become covered with grass
χορταρικά, τα: vegetables, greens
χόρταση, η: satiety ‖ *(υπερβολική)* cloying, cloyingness, gorging ‖ *(ικανοποίηση)* satisfaction ‖ *(παραγέμισμα στομαχιού)* repletion
χόρτασμα, το: βλ. **χόρταση**
χορτασμός, ο: βλ. **χόρταση**
χορταστικός, -ή, -ό: filling, substantial ‖ βλ. **άφθονος**
χορτάτος, -η, -ο: full, satiated, satisfied ‖ **η πίτα σωστή και ο σκύλος ~**: βλ. **σκύλος**
χόρτο, το: grass ‖ βλ. **βότανο** ‖ βλ. **χορταρικά**
χορτονομή, η: forage, fodder ‖ *(ξηρή)* provender
χορτόπιτα, η: spinach pie
χορτόσουπα, η: vegetable soup, borscht
χορτοφαγία, η: vegetarianism

χορτοφάγος, -α, -ο: vegetarian ‖ βλ. **φυτοφάγος**
χορωδία, η: *(εκκλ, μαθ, κλπ.)* choir ‖ *(βαριετέ, θεάτρου κλπ)* chorus
χότζας, ο: muezzin
χουβαρνταλίκι, χουβαρντάς: βλ. **κουβαρνταλίκι, κουβαρντάς**
χουζουρεύω: βλ. **ραχατεύω**
χουζούρι, το: βλ. **ραχάτι**
χούι, το: *(ιδ)* habit ‖ *(κακή συνήθεια)* bad habit, vice ‖ *(ιδιοτροπία)* whim
χουλιάρα, η: βλ. **κουτάλα**
χουλιάρι, το: βλ. **κουτάλι**
χουνέρι, το: *(ιδ)* βλ. **πάθημα** ‖ βλ. **απάτη**
χουρμαδιά, η: βλ. **φοίνικας** (δέντρο)
χουρμάς, ο: date
χούφτα, η: hollow of the hand ‖ *(όσο χωρά η φούχτα)* fistful, handful ‖ βλ. **παλάμη**
χουφτιά, η: βλ. **χούφτα** (όσο χωρά)
χουφτιάζω: βλ. **χουφτώνω**
χουφτώνω: cup, clutch in one's fist
χουχουλίζω: blow, warm by blowing
χοχλάζω: βλ. **κοχλάζω**
χοχλακίζω: βλ. **κοχλάζω**
χράμι, το: *(σκέπασμα)* woolen coverlet ‖ βλ. **χαλί**
χρεία, η: βλ. **ανάγκη** ‖ βλ. **έλλειψη** ‖ βλ. **αποχωρητήριο**
χρειάζομαι: *(μτβ)* need (βλ. **χαι θέλω**) ‖ *(αμτβ)* be useful, be necessary, be needed ‖ **τα ~**: *(ιδ)* *(συνήθως στον αόριστο)* lose one's nerve, chicken out
χρεμετίζω: snort ‖ βλ. **χλιμιντρίζω**
χρεμέτισμα, το: snort ‖ βλ. **χλιμίντρισμα**
χρεόγραφο, το: bond, debenture ‖ *(συναλλαγματική)* promissory note, note of hand
χρεοκοπία, η: bankruptcy
χρεοκόπος, ο: bankrupt
χρεοκοπώ: *(μτβ)* bankrupt ‖ *(αμτβ)* go bankrupt
χρεολυσία, η: amortization
χρεολύσιο, το: installment
χρέος, το: debt *(και μτφ)* ‖ *(υποχρέωση)* obligation, duty ‖ *(πληθ)* **εκτελώ ~η**: act as, be acting
χρεοστάσιο, το: moratorium
χρεοφειλέτης, ο: debtor
χρέωμα, το: βλ. **χρέωση**

χρεώνομαι

χρεώνομαι: get into debt, run into debt
χρεώνω: debit, charge with a debt
χρέωση, η: debit
χρεώστης, ο: βλ. χρεοφειλέτης
χρεωστικός, -ή, -ό: debit, of a debt
χρεωστώ: βλ. χρωστώ
χρήμα, το: money
χρήματα, τα: βλ. λεπτά
χρηματαγορά, η: βλ. χρηματιστήριο
χρηματίζομαι: graft, practice graft, take graft, be venal, take bribes
χρηματίζω: serve, be, act as
χρηματικός, -ή, -ό: pecuniary, monetary, money, of money ΙΙ αδίκημα τιμωρούμενο με ~ή ποινή: pecuniary offense ΙΙ ~ό ποσό: sum of money
χρηματισμός, ο: graft, venality, rake-off
χρηματιστήριο, το: stock exchange ΙΙ παίζω στο ~: play the market
χρηματιστής, ο: stockbroker
χρηματοδότης, ο: backer, financial supporter ΙΙ (τηλεοπτικής εκπομπής, κλπ.) sponsor
χρηματοδοτώ: finance, back ΙΙ (τηλεοπτ. εκπομπή, κλπ) sponsor
χρηματοκιβώτιο, το: strongbox, safe
χρηματομεσίτης, ο: stockbroker
χρήση, η: use, usage ΙΙ (νομ) usufruct
χρησικτησία, η: adverse possession
χρησιμεύω: serve, be good for, be of service ΙΙ (είμαι χρήσιμος) be useful
χρησιμοποίηση, : use, utilization
χρησιμοποιώ: utilize, make use of, employ, use
χρήσιμος, -η, -ο: useful
χρησιμότητα, η: usefulness, utility
χρησμοδοσία, η: prophecy, oracle, divination
χρησμοδότης, ο: βλ. μάντης
χρησμοδοτώ: deliver an oracle, prophesy
χρησμός, ο: oracle
χρηστομάθεια, η: chrestomathy
χρηστός, -ή, -ό: βλ. ηθικός ΙΙ βλ. τίμιος
χρηστότητα, η: βλ. ηθικότητα ΙΙ βλ.τιμιότητα
χρίση, η: anointing
χρίζω: (αλείφω) daub, smear, paint ΙΙ (μυρώνω) anoint ΙΙ (μτφ) proclaim, appoint, nominate (βλ. και αναγορεύω)
χρίση, η: smearing, coat, coating ΙΙ

(μύρο) anointing ΙΙ (μτφ) nomination, appointment (βλ. και αναγόρευση)
χρίσμα, το: βλ. επίχρισμα ΙΙ (εκκλ) chrism ΙΙ (μτφ) βλ. αναγόρευση
χριστιανικός, -ή, -ό: christian
χριστιανισμός, ο: (χριστ. θρησκεία και χριστιανοί ως σύνολο) christianity ΙΙ (ο χριστιαν. κόσμος) christendom
χριστιανός, ο: christian ΙΙ (ως επιφ.) man!
χριστιανοσύνη, η: βλ. χριστιανισμός
Χριστός, ο: Christ ΙΙ βλ. Ιησούς ΙΙ ~ και Παναγία!: Jesus Christ!
Χριστούγεννα, τα: Christmas, Yule, Yuletide, Noel ΙΙ καλά ~: merry Christmas
Χριστουγεννιάτικος, -η, -ο: Christmas
χριστόψωμο, το: Christmas pudding, Christmas cake
χρίω: βλ. χρίζω
χροιά, η: (δέρματος) complexion ΙΙβλ. απόχρωση ΙΙ (μτφ) shade, touch
χρόνια, τα: (μόνο πληθ) years ΙΙ ~ πολλά: many happy returns of the day ΙΙ ~ και ζαμάνια: ages, years and years, a very long time
χρονιά, η: year ΙΙ έφαγε της ~ς του: they gave him a thorough beating, they beat him senseless
χρονιάζω: reach the first year, become one year old
χρονιάρης, -α, -ικο: one year old ΙΙ (ζώο) yearling ΙΙ ~α μέρα: holiday
χρονιάρικος, -η, -ο: βλ. χρονιάρης
χρονιάτικο, το: annual salary
χρονίζω: drag on, linger on (βλ. και καθυστερώ)
χρονικά, τα: annals, chronicles
χρονικό, το: chronicle
χρονικογράφος, ο: annalist, chronicler
χρονικός, -ή, -ό: temporal ΙΙ of time
χρόνιος, -α, -ο: chronic (και επί ασθενείας)
χρονογράφημα, το: special feature, column
χρονογράφος, ο: columnist, feature writer
χρονολογία, η: chronology ΙΙ βλ. ημερομηνία
χρονολογικός, -ή, -ό: chronologic,

852

chronological
χρονολογούμαι: date from
χρονολογώ: record the chronology ‖ date
χρονομέτρης, ο: time keeper, timer
χρονομέτρηση, η: timing
χρονομετρία, η: chronometry
χρονομετρικός, -ή, -ό: chronometric
χρονόμετρο, το: chronometer, timepiece
χρονομετρώ: time
χρόνος, ο: (γεν.) time ‖ βλ. **έτος** ‖ βλ. **ηλικία** ‖ (γραμ) *tense* ‖ (μουσ) time ‖ *(πληθ)* period, time, days ‖ **του ~ου:** next year ‖ **και του ~υ:** βλ. **χρόνια πολλά** ‖ **αφήνω ~ους:** kick the bucket
χρονοτριβή, η: lag, delay ‖ (αναβολή συνεχής) procrastination
χρονοτριβώ: lag, delay, linger ‖ (αναβάλλω) procrastinate
χρυσαετός, ο: golden eagle
χρυσαλλίδα, η: pupa, chrysalis
χρυσάνθεμο, το: chrysanthemum
χρυσαφένιος, -α, -ο: (από χρυσάφι) gold ‖ (σαν χρυσός) golden
χρυσαφής, -ιά, -ί: βλ. **χρυσαφένιος**
χρυσάφι, το: βλ. **χρυσός**
χρυσαφικά, τα: jewels, jewelry
χρυσελεφάντινος, -η, -ο: chryselephantine, made of gold and ivory
χρυσή, η: βλ. **ίκτερος**
χρυσίζω: *(αμτβ)* shine like gold ‖ *(μτβ)* gild
χρυσίο, το: βλ. **πλούτη**
χρυσόδετος, -η, -ο: mounted in gold, goldmounted
χρυσοθήρας, ο: prospector, gold digger ‖ *(μτφ)* gold digger
χρυσοκάνθαρος, ο: gold bug, june bug, june beetle ‖ *(μτφ)* moneybags
χρυσοκέντητος, -η, -ο: embroidered with gold
χρυσομάλλης, ο *(θηλ* **χρυσομαλλούσα):** golden-haired
χρυσόμαλλος, -η, -ο: βλ. **χρυσομάλλης** ‖ **~ο δέρας:** golden fleece
χρυσόμυγα, η: (μύγα) bluebottle, blowfly ‖ βλ. **χρυσοκάνθαρος**
χρυσοποίκιλτος, -η, -ο: inlaid with gold, trimmed with gold
χρυσός, ο: gold ‖ (σαν χρυσάφι) golden ‖ (βώλος) nugget ‖ (σε όγκους ή

ράβδους) bullion
χρυσός, -ή, -ό: (από χρυσό) gold ‖ (σαν χρυσό) golden ‖ *(μτφ)* adorable, darling ‖ **~ αιώνας:** golden age ‖ **~οί γάμοι:** golden wedding ‖ **~ κανόνας:** golden rule ‖ **~ή τομή:** golden section ‖ **~ές δουλειές:** roaring trade
χρυσόσκονη, η: gold dust
χρυσόστομος, -η, -ο: silver-tongued
χρυσοφόρος, -α, -ο: gold-bearing, auriferous
χρυσοχέρης, -α, -ικο: βλ. **επιτήδειος** και **επιδέξιος**
χρυσοχοείο, το: (κατάστημα) jeweler's store ‖ (εργαστήριο) goldsmith's shop
χρυσοχόος, ο: (που πουλά) jeweler ‖ (που κατασκευάζει) goldsmith
χρυσόψαρο, το: goldfish
χρύσωμα, το: gold-plating, gilding
χρυσώνω: βλ. **επιχρυσώνω**
χρυσωρυχείο, το: gold mine *(και μτφ)*
χρύσωση, η: βλ. **χρύσωμα**
χρώμα, το: color, colour ‖ βλ. **χροιά** ‖ (βαφή) paint, dye, color, colour ‖ (πόκερ) flush ‖ *(πληθ* έμβλημα, σύμβολο) colors ‖ **αλλάζω ~:** (χλωμιάζω ή κοκκινίζω) change color ‖ **χάνω το ~ μου:** lose color
χρωματίζω: color, dye, paint ‖ *(μτφ)* color, colour ‖ βλ. **χαρακτηρίζω**
χρωματικός, -ή, -ό chromatic
χρωμάτισμα, το: βλ. **χρωματισμός**
χρωματισμός, ο: (πράξη) coloring, painting ‖ βλ. **χρώμα** ‖ βλ. **απόχρωση**
χρωματιστός, -ή, -ό: colored
χρωματοπωλείο, το: paint store
χρωματόσωμα, το: chromosome
χρώμιο, το: chrome, chromium
χρωμολιθογραφία, η: (τέχνη) chromolithography ‖ (κατασκεύασμα) chromolithograph
χρωμόσφαιρα, η: chromosphere
χρωστήρας, ο: paintbrush
χρωστώ: owe, be in debt ‖ *(μτφ)* be indebted, owe
χταπόδι, το: octopus
χτένα, η: comb
χτένι, το: βλ. **χτένα** ‖ βλ. **τσουγκράνα** ‖ (αργαλειού) card ‖ (θαλασσινό) scallop
χτενίζω: comb ‖ (επεξεργάζομαι) brush

χτες

up, polish ‖ (ερευνώ) comb ‖ (εξετάζω ή ψάχνω επίμονα) go over with a fine-toothed comb

χτες: *(επίρ)* βλ. **χθες**

χτίζω: build *(και μτφ)* ‖ βλ. **δημιουργώ**

χτικιάζω: *(μτβ)* make consumptive ‖ *(αμτβ)* become consumptive ‖ *(μτφ)* harass, torment, pester, get in s.b's hair

χτικιάρης, -α, -ικο: βλ. **φυματικός**

χτικιό, το: βλ. **φυματίωση** ‖ *(μτφ)* torment, pest

χτίστης, ο: mason, builder, bricklayer

χτύπημα, το: blow, stroke, knock ‖ (γροθιάς) punch ‖ (δυνατό) lash ‖ (απανωτό) pelting ‖ (αποτέλεσμα χτυπήματος) bruise ‖ βλ. **κρότος** ‖ (πόκερ) raise, raising ‖ *(μτφ)* blow

χτυπητός, -ή, -ό: hammered, beaten ‖ *(μτφ)* striking, loud, showy ‖ (πολύ φανταχτερός) garish, tawdry

χτυπιέμαι: (τσακώνομαι) come to grips, tangle with, come to blows ‖ (από λύπη ή θυμό) tear one's hair with (sorrow or rage)

χτυποκάρδι, το: βλ. **καρδιοχτύπι**

χτύπος, ο: βλ. **χτύπημα** ‖ (καρδιάς) throb, throbbing, beat, beating (βλ. και **καρδιοχτύπι**) ‖ (τικ-τακ ρολογιού) tick, ticking ‖ (χτύπος ρολογιού για την ώρα, κλπ.) stroke ‖ βλ. **κρότος**

χτυπώ: hit, knock, strike ‖ (επανειλημμένα) beat (βλ. και **δέρνω**) ‖ (τα χέρια) clap ‖ (τα πόδια) stamp ‖ (αυγά, σάλτσα κλπ.) whip, beat ‖ (κρέμα, σαντιγύ, κλπ.) whisk ‖ (σήμα προειδ. ή κινδύνου) sound ‖ (κάνω να πονέσει) hurt ‖ (κουδούνι) ring ‖ (σκοτώνω) shoot ‖ (κάνω επίθεση) attack, hit ‖ (καρδιά) throb, beat ‖ (δόντια, από φόβο ή κρύο) chatter ‖ (πόκερ) raise ‖ (ρολόι - κάνω τικ-τακ) tick ‖ (ρολόι - χτυπώ τις ώρες κλπ.) strike ‖ (φτερά) flap, beat ‖ (απανωτά) pelt ‖ (υπόκωφα) thump ‖ (δυνατά και μτφ) smite ‖ (σε πόρτα) knock ‖ (σφίγγει το παπούτσι) pinch, hurt ‖ (αμτβ - μολωπίζομαι) hurt oneself ‖ (αμτβ - κουδουνίζω) ring, peal ‖ ~ **στα νεύρα:** get on s.b.'s nerves ‖ **τα ~ κάτω:** (εγκαταλείπω) throw up one's hands, throw in the towel ‖ ~ **στο κεφάλι:** (κρασί ή επιτυχία) go to one's head ‖ ~ **το κεφάλι μου:** (από μετάνοια) regret having done something ‖ ~ **άσχημα:** (έρχομαι σε χτυπητή αντίθεση) clash, jar with, look bad ‖ **πάρ' τον ένα και χτύπα τον άλλο:** birds of a feather, six of one and half a dozen of the other, tarred with the same brush

χυδαιολογία, η: vulgarity, vulgarism ‖ βλ. **αισχρολογία**

χυδαιολόγος, ο: βλ. **αισχρολόγος**

χυδαιολογώ: use vulgar expressions

χυδαίος, -α, -ο: vulgar ‖ βλ. **αισχρός**

χυδαιότητα, η: βλ. **χυδαιολογία** ‖ βλ. **αισχρολογία**

χυδαϊσμός, ο: vulgarism ‖ (διάλεκτος) slang

χυλόπιτα, η: (γλυκό) hasty pudding ‖ (πληθ - ζυμαρικό) home-made macaroni ‖ τρώω ~: be spurned, be scorned

χυλός, ο: pap ‖ (πέψης) chyle

χυλώνω: *(μτβ και αμτβ)* turn into pap

χύμα: in bulk, unpackaged ‖ βλ. **ανάκατα** ‖ *(μτφ)* βλ. **απερίφραστα**

χυμός, ο: sap, juice ‖ (στομαχιού) chyme

χυμώ: βλ. **ορμώ**

χυμώδης, -ες: juicy

χύνομαι: pour (από δοχείο) spill ‖ (ποταμός) empty into ‖ βλ. **ξεχειλίζω** ‖ βλ. **ορμώ**

χύνω: pour ‖ (αίμα) shed, spill ‖ (δάκρυα ή φως) shed ‖ (από δοχείο) spill ‖ (σε χυτήριο ή καλούπι) cast, found ‖ (αδειάζω) discharge, empty ‖ (χυδ) come (βλ. και **εκσπερματίζω**)

χύσιμο, το: pour, pouring ‖shedding, spilling ‖ (μετάλλων) casting founding ‖ (χυδ) βλ. **εκσπερμάτωση**

χυτήριο, το: foundry

χύτης, ο: founder

χυτός, -ή, -ό: (σε καλούπι) cast, molded ‖ *(μτφ)* shapely, well-shaped

χυτοσίδηρος, ο: cast iron

χύτρα, η: pot

χωλ, το: hall (βλ. και **προθάλαμος**)

χωλαίνω: βλ. **κουτσαίνω** ‖ *(μτφ)* limp, go at a snail's pace, not progress

χωλός, -ή, -ό: βλ. **κουτσός**

χωλότητα, η: βλ. **κούτσαμα**

χώμα, το: soil, dirt, ground, earth ‖ παραγωγικό χώμα: earth ‖ (με σάπιες φυτικές ουσίες) humus ‖ βλ. **πηλός** ‖ βλ. **έδαφος** ‖ (σκόνη) dust

χωματένιος, -α, -ο: earthen

χωμάτινος, -η, -ο: βλ. **χωματένιος**

χωματόδρομος, ο: dirt road, unpaved road

χωματουργία, η: earthwork

χώνεμα, το: βλ. **χώνεψη**

χώνευση, η: βλ. **χώνεψη**

χωνευτήριο, το: crucible, melting-pot

χωνευτικός, -ή, -ό: digestive

χωνευτός, -ή, -ό: (εντοιχισμένος) built-in ‖ (εντοιχισμένος χωρίς να προεξέχει) flush ‖ (χυτός) cast, molded

χωνεύω: digest ‖ (μέταλλο) found, cast ‖ (μτφ) stomach

χώνεψη, η: digestion ‖ (μετάλλων) casting, molding, founding

χωνί, το: funnel ‖ (χάρτινο χωνάκι) cornet ‖ (παγωτού) cone ‖ (για βαρήκοους) ear trumpet, horn ‖ βλ. και **τηλεβόας**

χώνομαι: (τρυπώνω κάπου) slip in, squeeze in ‖ (τρυπώνω για να κρυφτώ) hole up (βλ. και **κρύβομαι**) ‖ (χώνομαι βαθιά, βυθίζομαι) sink ‖ (με δύναμη) thrust oneself in ‖ (παρεμβαίνω απρόσκλητος) intrude, interpose ‖ (σε ξένες υποθέσεις) meddle, put one's oar in, poke one's nose

χώνω: drive in, stick in, put in ‖ (σιγανά ή με τρόπο) slip in ‖ (με δύναμη) thrust in, force into ‖ βλ. **θάβω** ‖ **~ στη φυλακή:** clap in jail ‖ **~ τη μύτη μου:** (ιδ) βλ. **χώνομαι** (σε ξένες υποθέσεις)

χώρα, η: country, land ‖ (ανατ) region ‖ **λαβαίνω ~:** take place, happen, occur ‖ **Κάτω Χ~ες:** (Βέλγιο, Ολλανδία και Λουξεμβούργο) Low Countries ‖ (Ολλανδία) Netherlands

χωρατατζής, ο (θηλ **χωρατατζού**): joker, clown, comedian

χωρατεύω: joke, kid ‖ **δεν ~:** I am not a man to be trifled with

χωρατό, το: joke, jest

χωράφι, το: field, land

χωρητικότητα, η: capacity ‖ (όγκος) volume ‖ (τονάζ) tonnage

χώρια: (επίρ) βλ. **ξεχωριστά**

χωριανός, -ή, -ό: βλ. **χωρικός** ‖ (από το ίδιο χωριό) fellow villager ‖ βλ. **συν-**τοπίτης

χωριάτης, ο (θηλ **χωριάτισσα**): βλ. **χωρικός** ‖ (μτφ) backwoodsman, yokel, boor, boorish

χωριατιά, η: (μτφ) boorishnes (βλ. και **απρέπεια**)

χωριάτικος, -η, -: village, peasant, country ‖ (είδος ή ρυθμός) rustic

χωριατόπαιδο, το: βλ. **χωριατόπουλο** και **χωριατοπούλα**

χωριατοπούλα, η: village girl, peasant girl

χωριατόπουλο, το: village boy, peasant boy

χωριατόσπιτο, το: cot, cottage, village house

χωρίζομαι: βλ. **αποχωρίζομαι** ‖ (διαχωρίζομαι) separate, be divided

χωρίζω: separate, disunite, part ‖ (αποσυνδέω) disjoin, disconnect ‖ (σε μέρη ή κομμάτια) sever, sunder, break up ‖ (βάζω χωριστά) set apart ‖ (απομακρύνω τον ένα από τον άλλο) put asunder, separate ‖ (δρόμος, γραμμή, κλπ) branch off ‖ (σε δύο) split ‖ (από σύζυγο) separate ‖ (παίρνω διαζύγιο) divorce, get a divorce ‖ βλ. **διαχωρίζω** ‖ βλ. **ξεχωρίζω** ‖ βλ. **μερίζω** ‖ βλ. **μοιράζω**

χωρικός, ο (θηλ **χωρική**): villager, peasant, rustic ‖ βλ. **χωριάτης** ‖ **~ά ύδατα:** territorial waters

χωριό, το: passage, excerpt, extract

χωριό, το: village ‖ (μικρό) βλ. **χωριουδάκι** ‖ **κάνουμε ~:** (ιδ) get along, be compatible, see eye to eye ‖ **από δύο ~ά:** hate each other's guts, quarrel violently, break up

χωριουδάκι, το: hamlet, small village

χωρίς: (πρόθ) without ‖ (χωρίς να υπολογίζουμε κάτι άλλο, ξέχωρα) apart from, besides ‖ **~ άλλο:** definitely, without fail, no matter what

χώρισμα, το: (πράγμα που χωρίζει) partition ‖ (χωρισμένο μέρος) compartment, division

χωρισμένος, -η, -ο: separate, divided ‖ (αντρόγυνο) estranged, separated ‖ (με διαζύγιο) divorced ‖ (ζωντοχήρα) divorce~ε

χωρισμός, ο: βλ. **αποχωρισμός** ‖ βλ.

χωριστά

μοιρασιά ‖ (αντρόγυνου) estrangement, separation ‖ βλ. **διαζύγιο**
χωριστά: (επίρ) βλ. **ξεχωριστά**
χωριστός, -ή, -ό: separate ‖ βλ. **ξεχωριστός**
χωρίστρα, η: (μαλλιών) part ‖ **κάνω ~**: part
χωροβάτης, ο: surveyor's level, dumpy level
χώρος, ο: space, area, room ‖ *(φυσ και αστρ)* space ‖ (ελεύθερο μέρος) space, interval ‖ **υπάρχει ~**: there is room
χωροστάθμευση, η: leveling
χωροφύλακας, ο: gendarme, constable ‖ (USA) constable
χωροφυλακή, η: gendarmerie, constabulary ‖ (USA) constabulary, sheriff's department
χωρώ: *(μτβ)* contain, hold ‖ (αίθουσα) seat, contain ‖ *(αμτβ)* get into, go into, fit into ‖ βλ. **προχωρώ**

Ψ

Ψ, ψ: the 23rd letter of the Greek alphabet ‖ **ψ´**: 700, **ψ**: 700.000
ψάθα, η: straw, rush ‖ (από κλαδιά ή χόρτα) thatch ‖ (καλαμωτή) cane ‖ (καπέλο) strawhat ‖ **πεθαίνω στην ~**: die a beggar
ψαθάκι, το: boater, chip hat, straw hat
ψάθινος, -η, -ο: straw, made of straw
ψαθόχορτο, το: thatch
ψαλίδα, η: (εργαλείο) shears ‖ (έντομο) earwig ‖ (λαβή πάλης) scissors
ψαλίδι, το: scissors, pair of scissors ‖ (μεγάλο) βλ. **ψαλίδα** (εργαλείο) ‖ (σιδ. γραμμής) point ‖ (κολύμπι) scissors kick
ψαλιδιά, η: (κόψιμο) cut with scissors ‖ (κολύμπι) βλ. **ψαλίδι** (κολύμπι)
ψαλιδίζω: cut, clip, trim, shear ‖ βλ. **μειώνω και περιορίζω** ‖ βλ. **λογοκρίνω**
ψαλίδισμα, το: βλ. **ψαλιδιά** ‖ βλ. **μείωση και ελάττωση** ‖ βλ. **λογοκρισία**
ψάλλω: chant, sing ‖ βλ. **εξυμνώ** ‖ *(ιδ)* give a dressing-down
ψαλμός, ο: psalm ‖ βλ. **ψάλσιμο και ψαλμωδία**
ψαλμωδία, η: psalmody, chanting
ψάλσιμο, το: chant, chanting
ψαλτήρι, το: (βιβλίο με ψαλμούς) Psalter, Book of Psalms ‖ (μουσ. όργανο) psaltery, psaltry
ψάλτης, ο: chanter
ψαμμίαση, η: urinary calculus, gravel
ψαμμίτης, ο: sandstone
ψαμμόλιθος, ο: βλ. **ψαμμίτης**

ψάξιμο, το: (αναζήτηση) search, quest ‖ (σωματική έρευνα) search, frisking ‖ (για πληροφορίες) looking up ‖ (αδέξιο ή στα σκοτεινά) fumbling
ψαράδικα, τα: fish market
ψαράδικος, -η, -ο: fishing ‖ (πλοίο) fishing-boat
ψαράς, ο: (γεν.) fisher, fisherman ‖ (που χρησιμοποιεί αγκίστρι) angler
ψάρεμα, το: (γεν.) fishing ‖ (με αγκίστρι) angling ‖ *(μτφ)* fishing
ψαρεύω: fish ‖ (με αγκίστρι) angle ‖ (με συρτή) troll ‖ (καβούρια) crab ‖ *(μτφ)* fish, pump ‖ **~ σε θολά νερά**: fish in troubled waters
ψαρής, -ιά, -ί: βλ. **γκρίζος** ‖ (άλογο) dun
ψάρι, το: fish ‖ **ψήνω το ~ στα χείλια**: *(ιδ)* harass, give a hard time, give the devil of a time
ψαριά, η: (κοπάδι) school, shoal ‖ (όσα ψάρια πιάνομε) catch
ψαρική, η: fishing, fishery
ψαρίλα, η: fishy smell, smell of fish
ψαρόβαρκα, η: fishing boat
ψαροκάϊκο, το: (μικρό) βλ. **ψαρόβαρκα** ‖ (μεγάλο) fisherman, fishing boat, fishing vessel
ψαροκόκαλο, το: fish bone ‖ (ραφή ή σχέδιο) herringbone
ψαροκόλλα, η: fish glue, isinglas, bone glue
ψαρομάλλης, -α, -ικο: gray-haired, grizzled
ψαρόνι, το: starling

856

ψαροπούλα, η: βλ. ψαρόβαρκα και ψαροκάικο

ψαροπούλι, το: βλ. ψαρόνι ‖ βλ. αλκυόνα

ψαρός, -ή, -ό: βλ. ψαρής

ψαρόσουπα, η: fish soup

ψαρότοπος, o: fishery, fishing ground, fishing place

ψαροφάγος, o: βλ. αλκυόνα

ψαχνό, το: (κρέας) lean, lean meat ‖ (κότας) white meat ‖ (μτφ) crux, substance, essence ‖ χτυπώ στο ~: shoot to kill

ψάχνω: βλ. αναζητώ ‖ (σε λεξικό ή εγκυκλοπαίδεια) look up ‖ (κάνω σωματική έρευνα) frisk, search ‖ (χωρίς μεγάλη προσπάθεια) poke around ‖ (αδέξια ή στα τυφλά) fumble, grope ‖ (κάνω άνω-κάτω) ransack, rummage ‖ (για να κλέψω) rifle, ransack

ψαχουλεύω: mess around, poke around, fumble

ψεγάδι, το: defect, flaw, fault

ψέγω: criticize, blame, reprove

ψείρα, η: louse ‖ (φυτών) aphid, plant louse ‖ (μτφ) βλ. ψείρας

ψείρας, o: (ιδ) niggling, finicky

ψειριάζω: get infested with lice, become (get) lousy

ψειριάρης, -α, -ικο: lousy

ψειριάρικος, -η, -ο: βλ. ψειριάρης

ψείριασμα, το: lousiness

ψειρίζω: rid of lice, delouse ‖ (μτφ) split hairs, be finicky, niggle

ψεκάζω: spray

ψέκασμα, το: βλ. ψεκασμός

ψεκασμός, o: spray, spraying

ψεκαστήρας, o: spray, sprayer, spray gun ‖ (φαρμάκων) vaporizer ‖ (αρωμάτων ή φαρμάκων) atomizer

ψελλίζω: (χάνω τα λόγια μου) hem, falter, stumble, speak falteringly ‖ (μιλώ μασώντας τα λόγια μου) mumble ‖ βλ. τραυλίζω

ψέλλισμα, το: faltering, hemming ‖ (μάσημα των λόγων) mumbling ‖ βλ. τραυλίσμα

ψέλνω: βλ. ψάλλω

ψέμα, το: lie, falsehood, untruth, mendacity ‖ (ψευτιά, όχι πραγματικότητα) fallacy ‖ (αθώο ή μικρό) fib ‖ (μεγάλο ψέμα) whopper ‖ λέω ~τα: lie, fib

ψες: (επίρ) last night, last evening ‖ βλ. χθες

ψεσινός, -ή, -ό: βλ. χθεσινός

ψευδαίσθηση, η: illusion, hallucination (βλ. και παραίσθηση)

ψευδάργυρος, o: βλ. τσίγκος

ψευδής, -ές: βλ. ψεύτικος

ψευδίζω: lisp, speak with a lisp ‖ βλ. τραυλίζω

ψευδολόγημα, το: βλ. ψέμα

ψευδολογία, η: βλ. ψέμα και ψευτιά

ψευδολόγος, o: βλ. ψεύτης

ψευδολογώ: lie, tell lies, speak untruthfully

ψεύδομαι: βλ. ψευδολογώ

ψευδομάρτυρας, o: false witness

ψευδομαρτυρία, η: false witness, false testimony ‖ βλ. ψευδορκία

ψευδομαρτυρώ: give false witness, commit perjury

ψευδορκία, η: perjury

ψεύδορκος, -η, -ο: perjurer, perjurious

ψεύδος, το: βλ. ψέμα

ψευδός, -ή, -ό: lisper ‖ βλ. τραυλός

ψευδώνυμο, το: alias, assumed name, pseudonym ‖ (φιλολογικό) nom-de-plume ‖ (για ορισμένο σκοπό) nom-de-guerre

ψεύτης, o (θηλ ψεύτρα): liar, mendacious ‖ (που λέει μικροψέματα) fibber ‖ (τερατολόγος) storyteller ‖ βλ. απατεώνας

ψευτιά, η: βλ. ψέμα ‖ βλ. απάτη

ψευτίζω: (μτβ) make inferior, adulterate ‖ (αμτβ) become inferior, become adulterated

ψεύτικος, -η, -ο: false, mendacious, untrue ‖ (κατηγορία ή ισχυρισμός κλπ) trumped up ‖ (όχι αληθινός, πλαστός) phony, phoney ‖ (τεχνητός) artificial ‖ (κατώτερης ποιότητας) cheap, inferior ‖ ~ο μαλλί: postich (βλ. και περούκα)

ψεύτισμα, το: adulteration

ψευτογιατρός, o: quack

ψευτοδουλειά, η: cheap work, unskilful work, botch

ψευτοδουλεύω: mess around, tinker, skimp

ψευτοευαίσθητος, -η, -ο: mawkish

ψευτοζώ: eke out a living

ψευτοτηθικολόγος

ψευτοτηθικολόγος, ο: prissy
ψευτοθόδωρος, ο: *(ιδ)* big liar, great liar
ψευτοπαλικαράς, ο: bucko, blusterer
ψευτοπατριώτης, ο: jingo
ψευτοσεβασμός, ο: lip service
ψευτοφτιάχνω: skimp, scamp
ψευτοφυλλάδα, η: book (paper) full of lies || *(μτφ)* βλ. **ψεύτης**
ψήγμα, το: filing, shavings, chip || (χρυσού) gold dust
ψήκτρα, η: βλ. **βούρτσα**
ψηλά: *(επίρ)* high, high up, aloft || ~τα χέρια: βλ. **χέρι**
ψηλάφηση, η: touching, feeling, fingering || (έρευνα) groping, feeling
ψηλαφητός, -ή, -ό: βλ. **χειροπιαστός** || βλ. **φανερός**
ψηλάφισμα, το: βλ. **ψηλάφηση**
ψηλαφώ: feel, touch, finger || (ψάχνω) grope, feel one's way || βλ. **ερευνώ**
ψηλόλιγνος, -η, -ο: gangly, gangling, lanky, spindly
ψηλομύτης, -α, -ικο: uppity, toplofty (βλ. και **αλαζόνας**)
ψηλός, -ή, -ό: tall, high, lofty || (άνθρωπος) tall || (βουνό κλπ.) high, lofty || (ήχος, φωνή, κλπ.) high, high-pitched || (όχι βαρειά φωνή) tenor || *(μτφ)* high
ψήλωμα, το: βλ. **ύψωμα**
ψηλώνω: *(μτβ)* make taller, make higher, heighten || *(αμτβ)* grow taller
ψημένος, -η, -ο: baked, cooked, broiled || *(μτφ)* old hand
ψήνομαι: (από ζέστη) swelter, burn, get hot || (στον ήλιο) tan || *(μτφ)* become experienced, be up the creek and over the mountain
ψήνω: (σε φούρνο) bake || (σε φωτιά ή φούρνο) roast || (σε σχάρα) grill, broil || (σε ανοιχτή φωτιά ή ψησταριά) barbecue || βλ. **τηγανίζω** || βλ. **μαγειρεύω** || (από υπερβολική ζέστη) swelter, burn
ψησταριά, η: (συσκευή) roaster || (υπαίθρια συσκευή με κάρβουνα) barbecue || (σχάρα) grill, gridiron || (ταβέρνα) grill, grillroom
ψητό, το: roast, roast meat || *(μτφ)* main point
ψητός, -ή, -ό: roast, roasted, baked ||

(στη σχάρα) broiled
ψηφίδα, η: pebble, tile, small stone
ψηφιδωτό, το: mosaic
ψηφίζω: *(μτβ και αμτβ)* vote || (νόμο κλπ.) pass
ψηφίο, το: (γράμμα) letter, character || (αριθμός) digit, figure
ψήφισμα, το: edict, decree, resolution
ψηφοδέλτιο, το: ballot
ψηφοδόχος, η: βλ. **κάλπη**
ψηφοθήρας, ο: vote canvasser
ψηφοθηρία, η: electioneering
ψηφοθηρώ: electioneer
ψήφος, η: vote || βλ. **ψηφοδέλτιο** || (ψήφος για αμφισβητούμενο ζήτημα) suffrage || (δικαίωμα ψήφου) franchise, suffrage || (καταφ. ψήφος) ay, aye || (αποφασ. ψήφος προέδρου) casting vote || (αριθμός ψήφων) poll || **ρίχνω** ~: poll, vote
ψηφοφορία, η: vote, voting, ballot, poll
ψηφοφόρος, ο: (που ψηφίζει) voter, ballotter || (που έχει δικαίωμα ψήφου) elector || (πληθ - σύνολο ψηφοφόρων) electorate
ψηφώ: heed || regard
ψίδι, το: vamp
ψιθυρίζω: whisper (βλ. και **μουρμουρίζω**)
ψιθύρισμα, το: whisper, whispering (βλ. και **μουρμούρισμα**)
ψίθυρος, ο: whisper, whispering
ψιλά, τα: small change
ψιλή, η: *(γραμ)* smooth breathing mark
ψιλικά, τα: notions || (Αγγλ) haberdashery
ψιλικατζής, ο: notions dealer || (Αγγλ) haberdasher || *(μτφ)* small-minded, smalltime
ψιλικατζίδικο, το: notions store || haberdashery
ψιλοδουλειά, η: detail work, fine work
ψιλοκομμένος, -η, -ο: fine-cut, finely chopped
ψιλοκοσκινίζω: sift *(και μτφ)* (βλ. και **λεπτολογώ**)
ψιλοκουβέντα, η: tittle-tattle, chat, palaver, chit chat, small talk
ψιλοκουβεντιάζω: chat, chitchat
ψιλολογώ: βλ. **λεπτολογώ**
ψιλός, -ή, -ό: thin, fine || (φωνή) shrill || (όχι βαρειά φωνή) tenor || ~ό παιχνίδι:

858

(πόκερ) penny ante

ψιμύθιο, το: make up

ψιττακίζω: βλ. **παπαγαλίζω**

ψιττακός, ο: βλ. **παπαγάλος**

ψίχα, η: (ψωμιού, κέικ, κλπ.) crumb ‖ (φυτού, κλπ.) pith ‖ (καρπών) kernel ‖ (μτφ) crumb

ψιχάλα, η: drizzle

ψιχαλίζει: (απρόσ) it drizzles, it is drizzling

ψιχίο, το: βλ. **ψίχουλο**

ψίχουλο, το: small crumb (και μτφ)

ψόγος, ο: βλ. **επίκριση**

ψοφίμι, το: carcass, carrion

ψόφιος, -α, -ο: ½dead (και μτφ) ‖ (από πείνα) starved, famished ‖ (από κούραση) dead, petered out ‖ (νωθρός ή άτολμος) deadbeat ‖ (που θέλει πολύ) dying for

ψοφοδεής, -ές: βλ. **φοβητσιάρης**

ψοφολογώ: (ειρ) be on one's deathbed, be dying

ψόφος, ο: death ‖ (δυνατό κρύο) freezing cold, frost ‖ **κακό ~ να έχει!**: damn him! wish s.b. evil

ψοφώ: (ζώο) die (και ειρ) ‖ (θέλω πολύ να κάνω κάτι) be dying to ‖ **~ στα γέλια**: die of laughing ‖ **~ από το κρύο**: catch one's death of cold

ψυγείο, το: (ηλεκτρικό) refrigerator, fridge ‖ (παγωνιέρα) icebox ‖ (συσκευή ή δοχείο ψύξης) cooler ‖ (μηχ) radiator

ψυκτήρας, ο: cooler (βλ. και **ψυγείο**)

ψυκτικός, -ή, -ό: cooling, freezing

ψυλλιάζομαι: (ιδ) get wind of ‖ (κάτι κακό ή ύπουλο) smell a rat

ψύλλος, ο: flea ‖ **~ στ' άχυρα**: a needle in a haystack ‖ **μπαίνουν ~οι στ' αυτιά**: βλ. **ψυλλιάζομαι** ‖ **για ~ου πήδημα**: over a trife ‖ **καλιγώνω τον ~**: be a whiz, be a whizard

ψύξη, η: refrigeration, cooling ‖ (κρύο) cold, frost

ψυχαγωγία, η: recreation (βλ. και **αναψυχή**)

ψυχαγωγικός, -ή, -ό: recreational

ψυχαγωγώ: entertain, recreate

ψυχανάλυση, η: psychoanalysis ‖ **κάνω ~**: phsychoanalyze

ψυχαναλυτής, ο: psychoanalyst

ψυχή, η: soul ‖ βλ. **σθένος** ‖ (άτομο) soul ‖ βλ. **πεταλούδα** ‖ **αδελφή ~**: soul mate ‖ **δουλεύει με την ~ του**: put one's heart and soul into the work ‖ **δεν υπήρχε ~**: there wasn't a soul to be seen

ψυχιατρείο, το: mental institution, mental home, mental hospital (βλ. και **τρελοκομείο**)

ψυχιατρική, η: psychiatry

ψυχίατρος, ο: psychiatrist ‖ (ιδ) shrink, headshrinker

ψυχικάρα, η: (ειρ) slut, strumpet

ψυχικάρης, -α, -ικο: βλ. **πονετικός, καλόψυχος** και **ελεήμονας**

ψυχικό, το: βλ. **αγαθοεργία, ευεργεσία** και **ευεργέτημα**

ψυχικός, -ή, -ό: psychic, psychical

ψυχοβγάλτης, ο (θηλ **ψυχοβγάλτρια**): difficult, menace

ψυχογιός, ο: adopted son

ψυχοκόρη, η: adopted daughter

ψυχολογία, η: psychology

ψυχολογικός, -ή, -ό: psychologic, psychological ‖ **~ πόλεμος**: psychological warfare

ψυχολόγος, ο: psychologist

ψυχολογώ: psychologize ‖ (κάνω ψυχανάλυση) psychoanalize ‖ (αντιλαμβάνομαι την ψυχ. διάθεση) gain an insight into, read s.b.'s mind

ψυχομάνα, η: foster-mother

ψυχομάχημα, το: βλ. **ψυχομαχητό**

ψυχομαχητό, το: death agony, last gasp (βλ. και **επιθανάτιος ρόγχος**)

ψυχομαχώ: be at the last gasp

ψυχοπάθεια, η: psychopathy, mental disorder

ψυχοπαθής, -ές: psychopath ‖ (ιδ) psycho

ψυχοπαίδα, η: βλ. **ψυχοκόρη**

ψυχοπαίδι, το: adopted child

ψυχοπατέρας, ο: foster-father

ψυχοπιάνομαι: get one's strength back, strengthen

ψυχόπονος, -η, -ο: βλ. **πονετικός**

ψυχοπονώ: βλ. **συμπονώ**

ψυχορράγημα, το: βλ. **ψυχομαχητό**

ψυχορραγώ: βλ. **ψυχομαχώ**

ψύχος, το: βλ. **κρύο** ‖ (κρύος καιρός) cold weather

ψυχοσάββατο, το: All Souls' Day

ψυχοσύνθεση, η: mentality, psychological make-up, psyche

ψυχοσωματικός, -ή, -ό: psychosomatic

ψυχούλα, η: (ιδ) sweetheart, dear heart

ψυχοφθόρος, -α, -ο: soul-destroying

ψύχρα, η: βλ. ψύχος

ψυχρά: (επίρ) coldly (και μτφ) || φέρνομαι ~: give the cold shoulder || κακά και ~: (ιδ) wretchedly

ψυχραιμία, η: sang-froid, equanimity, head, levelheadedness || βλ. και αυτοκυριαρχία || κρατώ την ~ μου: keep one's head

ψύχραιμος, η, -ο: cool-headed, levelheaded, cool

ψυχραίνομαι: (διακόπτω σχέσεις) fall out with, cool down

ψυχραίνω: cool, chill || (παγώνω) freeze, refrigerate || (μτφ) cool

ψυχρόαιμος, -η, -ο: (ζώο) cold-blooded

ψυχρολουσία, η: (μτφ) (ψυχρή υποδοχή ή φέρσιμο) snub, cold shoulder || (αποσδ. χτύπημα) blow, unexpected calamity || (απροσδόκητη διάψευση ελπίδων) thwarting, frustration, jolt || βλ. επίπληξη

ψυχρός, -ή, -ό: βλ. κρύος (και μτφ)

ψυχρότητα, η: coldness, chill (και μτφ)

ψυχρούλα, η: moderate cold, chill

ψύχω: cool, chill || (παγώνω) freeze

ψύχωση, η: psychosis || (μτφ) mania || έχει ~ για: be hell for

ψυχωτικός, -ή, -ό: pshychotic

ψωμάδικο, το: bakery

ψωμάκι, το: roll, bun, small loaf of bread || λέω το ψωμί ~: be destitute, be improverished, lack

ψωμάς, ο: baker

ψωμί, το: bread (και μτφ) || κόβω το ~ του: (σταματώ, εμποδίζω ή παίρνω τη δουλειά) take the bread out of s.b.'s mouth || βγάζω το ~ μου: earn one's bread || φάγαμε ~ κι αλάτι: go through fire and water || έφαγε το ~ του: (είναι άχρηστο): of little worth, useless || λίγα είναι τα ~ά του: his days are numbered

ψωμοζήτης, ο: βλ. ζητιάνος

ψωμοζητώ: βλ. ζητιανεύω

ψωμοτύρι, το:bread and cheese

ψωμώνω: βλ. δυναμώνω || βλ. ωριμάζω

ψώνια, τα: shopping, purchases || ~ ασυλλόγιστα: buying spree

ψωνίζομαι: (ιδ) get picked up

ψωνίζω: buy, purchase || (βγαίνω για ψώνια) go shopping || (ιδ) pick up || την ~: (ιδ) get a screw loose, go mad

ψώνιο, το: βλ. ψώνια || (μτφ) slut, strumpet || (μτφ) screwball || (μτφ) sucker || (μτφ) mania

ψώρα, η: (ανθρώπων) scabies, mange || (ζώων) scab, mange

ψωραλέος, -α, -ο: scabby, scabious, mangy

ψωράλογο, το: (μτφ) nag, jade, hack

ψωριάζω: become scaby, be scabious, become mangy

ψωριάρης, -α, -ικο: βλ. ψωραλέος || (μτφ) βλ. ψωροπερήφανος || (μτφ) βλ. άθλιος

ψωριάρικος, -η, -ο: βλ. ψωραλέος

ψωρίαση, η: psoriasis

ψωροκώσταινα, η: (ειρ) Greece

ψωροπερηφάνια, η: toploftiness, foolish pride (βλ. και σνομπισμός)

ψωροπερήφανος, -η, -ο: uppity, uppish, toplofty (βλ. και σνομπ)

Ω

Ω, ω: the 24th letter of the Greek alphabet || ω´: 800, ω: 800.000

ω!: (επιφ) Oh! Oh!

ωάριο, το: (ώριμο) ovum || (ανώριμο) ovule

ωδείο, το: school of music, conservatory

ωδή, η: ode

ωδική, η: art of singing || (μάθημα) singing lessons

ωδικός, -ή, -ό: singing

ωδίνες, οι: (τοκετού) labor, throes of parturition, pains of childbirth

ώθηση, η: βλ. σπρώξιμο (και μτφ)
ωθώ: βλ. σπρώχνω (και μτφ)
ωιμέ: (επιφ) alas!
ωκεάνειος, -α, -ο: oceanic
ωκεανός, ο: ocean (και μτφ)
ωλένη, η: ulna (βλ. πήχυς, ανατ)
ωμοπλάτη, η: shoulderblade
ώμος, ο: shoulder ‖ (ζώου) withers
ωμός, -ή, -ό: raw, uncooked ‖ βλ. άγουρος
‖ (μτφ) atrocious, cruel ‖ (μτφ) crude
ωμότητα, η: (μτφ) atrocity ‖ (μτφ) cru-
dity, crudeness
ώνια, τα: provisions, supplies
ωοειδής, -ές: ovoid, oval, egg-shaped,
ovate, oviform
ωοθήκη, η: (βιολ) ovary ‖ βλ. αυγοθήκη
ωόν, το: βλ. ωάριο ‖ βλ. αυγό
ωοτοκία, η: (γεν.) egg-laying ‖ (πουλιών)
oviparity ‖ (εντόμων) oviposition
ωοτόκος, -α, -ο: (γεν.) egg-laying ‖
(πουλί) oviparous ‖ (έντομα) ovipostit-
ing
ώπα!: (επίρ) yippee!
ώρα, η: (χρον. διάστημα) hour ‖ (εποχή)
season ‖ (κατάλληλη ή ορισμένη στιγμή)
time ‖ (μτφ) βλ. ρολόι ‖ (μτφ) time,
leisure, free time ‖ τί ~ είναι;: what
time is it? what's the time? ‖ ~ καλή
(επιφ): godspeed!, farewell! ‖ της ~ς:
(φρέσκο) fresh ‖ της ~ς: (φαγητό) cooked
while you wait, cooked to order ‖ για
την ~: for the time being ‖ δεν βλέπω
την ~: cannot wait, look forward to ‖
κακιά ~: evil hour ‖ σε ~ γάμου: of
marriage able age ‖ πάνω στην ~: in the
nick of time ‖ με την ~: (εργασία ή
πληρωμή) by the hour ‖ με την ~: (κάθε
ώρα) hourly, on the hour ‖ οποιαδήποτε
~: at all hours, any time ‖ στην ~: on the
dot, on time ‖ οι μικρές ~ες: the small
hours ‖ με τις ~ες: for hours and hours
ωραία: (επίρ) beautifully, fine, very well
ωραίο, το: the beautiful
ωραίος, -α, -ο: βλ. όμορφος
ωραιότητα, η: βλ. ομορφιά
ωράριο, το: working hours, workday
ωριαίος, -α, -ο: (κάθε ώρα) hourly ‖ (για
μία ώρα) one-hour
ωριμάζω: ripen ‖ (μτφ) mature, ripen
ωρίμαση, η: ripening, maturity

ώριμος, -η, -ο: ripe ‖ (μτφ) mature, ripe
ωριμότητα, η: ripeness, maturity
ωρογράφος, ο: time clock
ωροδείκτης, ο: hour hand
ωρολογάς, ο: βλ. ωρολογοποιός
ωρολογιακός, -ή, -ό: clockwork
ωρολόγιο, το: βλ. ρολόι
ωρολογοποιός, ο: watchmaker, horologer,
clockmaker
ωροσκόπιο, το: horoscope
ωρύομαι: βλ. ουρλιάζω
ως: βλ. έως
ως: (μόρ) βλ. όπως
ώση, η: βλ. ώθηση
ώστε: (σύνδ) therefore, hence, thus ‖
(επίρ) that, as
ωστικός, -ή, -ό: thrusting, push, thrust
ωστόσο: (σύνδ) nevertheless, however,
none the less
ωτακουστής, ο: eavesdropper
ωτακουστώ: eavesdrop
ωτολόγος, ο: otologist
ωτορινολαρυγγολογία, η: otolaryngology
ωτορινολαρυγγολόγος, ο: otolaryngolo-
gist, ear, nose and throat specialist
ωφέλεια, η: βλ. όφελος και κέρδος
ωφέλημα, το: βλ. όφελος και κέρδος
ωφέλιμος, -η, -ο: advantageous, useful,
beneficial
ωφελούμαι: gain, profit, benefit
ωφελώ: benefit, be useful, be profitable,
do good, avail
ωχ!: (επιφ) ouch!
ώχρα, η: ocher, ochre
ωχριώ: βλ. χλωμιάζω ‖ (μτφ) pale, be
outshone
ωχρός, -ή, -ό: βλ. χλωμός
ωχρότητα, η: βλ. χλωμάδα

LIST OF IRREGULAR VERBS

infinitive	past simple	past participle	infinitive	past simple	past participle
arise	arose	arisen	hear	heard	heard
awake	awoke	awaked	hide	hid	hidden
be	was/were	been	hit	hit	hit
beat	beat	beaten	hold	held	held
become	became	become	hurt	hurt	hurt
begin	began	begun	keep	kept	kept
bend	bent	bent	know	knew	known
bet	bet	bet	lay	laid	laid
bite	bit	bitten	lead	led	led
blow	blew	blown	lean	leant	leant
break	broke	broken		leaned	leaned
build	built	built	leave	left	left
burst	burst	burst	lend	lent	lent
buy	bought	bought	let	let	let
catch	caught	caught	lie	lay	lain
choose	chose	chosen	light	lit	lit
come	came	come	lose	lost	lost
cost	cost	cost	make	made	made
cut	cut	cut	mean	meant	meant
deal	dealt	dealt	meet	met	met
dig	dug	dug	mistake	mistook	mistaken
do	did	done	pay	paid	paid
draw	drew	drawn	put	put	put
drink	drank	drunk	quit	quit	quit
drive	drove	driven		quitted	quitted
eat	ate	eaten	read/**ri:d**/	read/**red**/	read/**red**/
fall	fell	fallen	ride	rode	ridden
feed	fed	fed	ring	rang	rung
feel	felt	felt	rise	rose	risen
fight	fought	fought	run	ran	run
find	found	found	say	said	said
fly	flew	flown	see	saw	seen
forbid	forbade	forbidden	seek	sought	sought
forget	forgot	forgotten	sell	sold	sold
forgive	forgave	forgotten	send	sent	sent
freeze	froze	frozen	set	set	set
get	got	got	sew	sewed	sewn/sewed
give	gave	given	shake	shook	shaken
go	went	gone	shall	should	-----
grow	grew	grown	shine	shone	shone
hang	hung	hung	shoot	shot	shot
have	had	had	show	showed	shown

infinitive	past simple	past participle
shrink	shrank	shrunk
shut	shut	shut
sing	sang	sung
sink	sank	sunk
sit	sat	sat
sleep	slept	slept
speak	spoke	spoken
spend	spent	spent
spit	spat	spat
split	split	split
spread	spread	spread
spring	sprang	sprung
stand	stood	stood
steal	stole	stolen
stick	stuck	stuck
sting	stung	stung
stink	stank	stunk
strike	struck	struck
strive	strove	striven
swear	swore	sworn
sweep	swept	swept
swim	swam	swum
swing	swung	swung
take	took	taken
teach	taught	taught
tear	tore	torn
tell	told	told
think	thought	thought
throw	threw	thrown
understand	understood	understood
wake	woke	woken
wear	wore	worn
weave	wove weaved	woven weaved
wed	wedded wed	wedded wed
weep	wept	wept
win	won	won
wind	wound	wound
wring	wrung	wrung
write	wrote	written